〔唐〕李百藥　撰

北齊書

中華書局

唐李百藥撰

北齊書

第一册

卷一至卷二三（紀傳）

中華書局

二十四史

中華書局

出版説明

一

北齊書五十卷，作者唐李百藥，內容記載了公元五三四年前後北魏分裂，東魏政權建立，中經五五〇年齊代東魏，到五七七年齊亡爲止的王朝興亡史。

爲了區別於曾經割據江淮的齊朝，後人稱之爲「北齊」。和北魏一樣，東魏——北齊仍然是鮮卑貴族和漢族地主聯合統治的封建政權。它的疆域南阻長江，和梁、陳兩朝先後對峙，西在今山西、河南、湖北，與西魏——北周分界。

從北齊到隋的五十年間，曾先後有人編寫出幾種不同體裁的北齊史，其中有隋李德林的紀傳體齊書和王劭的編年體齊志。公元六二二年（唐武德五年），唐高祖指派裴矩、祖孝孫、魏徵重寫北齊史，長期没有寫成。六二九年（貞觀三年），唐太宗專設梁、陳、齊、周、隋五朝史的編寫機構，命李百藥寫北齊史。他在其父李德林齊書基礎上參考王劭齊志擴充改寫，六三六年（貞觀十年）全書完成。

李德林（公元五三〇——五九〇）字公輔，博陵安平（今河北深縣）人。他經歷齊、周、

隋三朝，一直擔任詔令和其他重要文件的起草，獲得歷朝皇帝的寵用。在齊官至中書侍郎，在周官至御正下大夫，在隋官至內史令，封安平公，死在懷州刺史任上。他在北齊就參加「國史」即北齊史的編寫，寫成紀傳二十七卷，隋時擴充爲三十八篇。

李百藥（公元五六五——六四八）字重規，隋末官建安（今福建建甌）縣丞。曾參加隋末農民起義，後降唐。入唐後任中書舍人，參加制定五禮和律令。最後官至宗正卿，封安平縣子。

二

傳本北齊書大部份出於後人所補，用北史補的部份，北史具在，而且補的人還常有删節，這部份基本上可有可無；另一部份用唐人史鈔補的，雖也出於北齊書，但把原文删節得不像樣子，除個別地方可供參考外，價値也很低。然而從五十卷全書來説，包括補缺部份在內，它留下了這段歷史的比較全面的材料。其中保留下來的十七卷李百藥原文，還保存了一些不見他書的有用的材料。此外，在具體敍事上，北史常有删改北齊書而錯了的，也可憑本書糾正。如北魏末年的各族人民大起義是南北朝時期規模最大、影響最深的一次武裝起義，北齊書記載了各地起義軍活動的材料，有一些在北史中就作了删削（李元忠附

李愍傳、叱列平傳等）。

在唐初同時編寫的各史中，北齊書對當時封建統治者的醜事記載較多。這是由於隋唐兩朝繼承北周，北齊是一個被戰敗滅亡的割據政權，被認爲是「僭僞」，隋唐編寫北齊史就相對地較少忌諱，同時也藉此證明周滅齊是所謂「有道伐無道」。北齊書之較多揭露性的記敍，也是同吸收王劭齊志的記載有關。劉知幾說，王劭齊志敍事生動，語言通俗，這兩點在北齊書中也仍然有所體現。

東魏、北齊時期，通過廣大勞動人民的生產實踐，鋼鐵冶煉技術上有很大發展，北齊書的方伎傳中記載了綦毋懷文在這方面的新貢獻。方伎傳中還記載了數學家信都芳、天文學家張子信的事跡。具有唯物主義傾向的邢邵和唯心主義者杜弼關於形神問題的辯論，在北齊書中也有比較詳細的記錄，留下了一份哲學史上有價值的文獻。

三

北齊書早在唐代中葉以後就逐漸殘缺，也不斷有人補缺。到北宋初就只有十七卷是李百藥的原文，其餘都是後人以北史和唐人史鈔中相關紀傳補全。這部書初次刻版付印，流傳下來的就是這種補本。我們重編總目時，凡是後人所補的各卷都注上了「補」字。

這部書的最早刻本，據宋晁公武郡齋讀書志的記載，是在北宋末政和中卽十二世紀初。這個最早的刻本早已失傳。我們用來校勘的是：一、有元明兩朝補版的南宋刻本卽三朝本（武漢大學圖書館藏）；二、明萬曆間南京國子監刻本（簡稱南本）；三、明萬曆間北京國子監刻本（簡稱北本）；四、明末毛氏汲古閣本（簡稱汲本）；五、清乾隆四年武英殿本（簡稱殿本）；六、清同治十三年金陵書局本（簡稱局本）；七、商務印書館百衲本二十四史本（簡稱百衲本）。百衲本三十四卷前影印三朝本，三十四卷後影印殘宋本。這七種本子中，我們以三朝本、南本、殿本爲互校的主要本子。爲了避免煩瑣，在三種本子內互校，擇善而從，除少數需要說明者外，一般不出校記。除了版本互校外，我們還通校了太平御覽、册府元龜、北史、資治通鑑、通志中有關部份。

由於北齊書大部份爲後人所補，這給校勘帶來一系列複雜問題，這一些我們將在點校後記中說明。

本書由唐長孺同志點校，陳仲安同志也協助做了不少工作，王文錦同志參加了編輯整理。點校上可能還存在許多錯誤和缺點，殷切希望廣大讀者提出批評意見，以便改進我們的工作。

中華書局編輯部

北齊書目錄

北齊書卷一〔一〕

帝紀第一

神武上

齊高祖神武皇帝，姓高名歡，字賀六渾，渤海蓨人也。六世祖隱，晉玄菟太守。隱生慶，慶生泰，泰生湖，三世仕慕容氏。及慕容寶敗，國亂，湖率衆歸魏，爲右將軍。湖生四子，第三子謐，仕魏位至侍御史，坐法徙居懷朔鎮。謐生皇考樹，性通率，不事家業。住居白道南，數有赤光紫氣之異，隣人以爲怪，勸徙居以避之。皇考曰：「安知非吉？」居之自若。及神武生而皇妣韓氏殂，養於同產姊婿鎮獄隊尉景家。

神武既累世北邊，故習其俗，遂同鮮卑。長而深沉有大度，輕財重士，爲豪俠所宗。目有精光，長頭高顴，齒白如玉，少有人傑表。家貧，及聘武明皇后，始有馬，得給鎮爲隊主。鎮將遼西段長常奇神武貌，謂曰：「君有康濟才，終不徒然。」便以子孫爲託。及貴，追贈長

司空，擢其子寧用之。神武自隊主轉爲函使。嘗乘驛過建興，雲霧晝晦，雷聲隨之，半日乃絕，若有神應者。每行道路，往來無風塵之色。又嘗夢履衆星而行，覺而內喜。爲函使六年，每至洛陽，給令史麻祥使。祥嘗以肉啗神武，神武性不立食，坐而進之。祥以爲慢己，笞神武四十。及自洛陽還，傾產以結客，親故怪問之。答曰：「吾至洛陽，宿衞羽林相率焚領軍張彝宅，朝廷懼其亂而不問，爲政若此，事可知也。財物豈可常守邪？」自是乃有澄清天下之志。與懷朔省事雲中司馬子如及秀容人劉貴、中山人賈顯智爲奔走之友，懷朔戶曹史孫騰、外兵史侯景亦相友結。劉貴嘗得一白鷹，與神武及尉景、蔡儁、子如、賈顯智等獵於沃野。見一赤兔，每搏輒逸，遂至迴澤。澤中有茅屋，將奔入，有狗自屋中出，噬之，鷹兔俱死。神武怒，以鳴鏑射之，狗斃。屋中有二人出，持神武襟甚急。其母兩目盲，曳杖呵其二子曰：「何故觸大家！」出甕中酒，烹羊以飯客。因自言善暗相，遍捫諸人皆貴，而指麾俱由神武。又曰：「子如歷位顯，智不善終。」飯竟出，行數里還，更訪之，則本無人居，乃向非人也。由是諸人益加敬異。

孝昌元年，柔玄鎮人杜洛周反於上谷，神武乃與同志從之。醜其行事，私與尉景、段榮、蔡儁圖之，不果而逃，爲其騎所追。文襄及魏永熙后皆幼，武明后於牛上抱負之。文襄屢落牛，神武彎弓將射之以決去。后呼榮求救，賴榮透下取之以免。〔二〕遂奔葛榮，又亡歸

尒朱榮於秀容。先是，劉貴事榮，盛言神武美，至是始得見，以憔悴故，未之奇也。貴乃爲神武更衣，復求見焉。因隨榮之廐，廐有惡馬，榮命翦之。神武乃不加羈絆而翦，竟不蹄齧，已而起曰：「御惡人亦如此馬矣。」榮遂坐神武於牀下，屛左右而訪時事。神武曰：「聞公有馬十二谷，色別爲羣，將此竟何用也？」榮曰：「但言爾意。」神武曰：「方今天子愚弱，太后淫亂，孽寵擅命，朝政不行，以明公雄武，乘時奮發，討鄭儼、徐紇而清帝側，霸業可舉鞭而成。此賀六渾之意也。」榮大悅，語自日中至夜半，乃出。自是每參軍謀。後從榮徙據幷州，抵揚州邑人龐蒼鷹，止團焦中。〔三〕每從外歸，主人遙聞行響動地。蒼鷹母數見團焦赤氣赫然屬天。又蒼鷹嘗夜欲入，有青衣人拔刀叱曰：「何故觸王！」言訖不見。始以爲異，密覘之，唯見赤蛇蟠牀上，乃益驚異。因殺牛分肉，厚以相奉。蒼鷹母求以神武爲義子。及得志，以其宅爲第，號爲南宅。雖門巷開廣，堂宇崇麗，其本所住團焦，以石堊塗之，留而不毀，至文宣時遂爲宮。既而榮以神武爲親信都督。

于時魏明帝銜鄭儼、徐紇，逼靈太后，未敢制，私使榮舉兵內向。榮以神武爲前鋒。至上黨，明帝又私詔停之。及帝暴崩，榮遂入洛，因將篡位。神武諫，恐不聽，請鑄像卜之，鑄不成，乃止。孝莊帝立，以定策勳，封銅鞮伯。及尒朱榮擊葛榮，令神武喻下賊別稱王者七人。後與行臺于暉破羊侃于泰山，尋與元天穆破邢杲于濟南。累遷第三鎮人酋長，常在榮

帳內。榮嘗問左右曰：「一日無我，誰可主軍？」皆稱尒朱兆。曰：「此正可統三千騎以還，堪代我主衆者唯賀六渾耳。」因誡兆曰：「爾非其匹，終當爲其穿鼻。」乃以神武爲晉州刺史。於是大聚斂，因劉貴貨榮下要人，盡得其意。時州庫角無故自鳴，神武異之，無幾而孝莊誅榮。

及尒朱兆自晉陽將舉兵赴洛，召神武。神武使長史孫騰辭以絳蜀、汾胡欲反，不可委去。兆恨焉。騰復命。神武曰：「兆舉兵犯上，此大賊也，吾不能久事之。」自是始有圖兆計。及兆入洛，執莊帝以北，神武聞之，大驚。又使孫騰僞賀兆，因密覘孝莊所在，將劫以舉義，不果。乃以書喻之，言不宜執天子以受惡名於海內。兆不納，殺帝，而與尒朱世隆等立長廣王曄，改元建明。封神武爲平陽郡公。及費也頭紇豆陵步藩入秀容，逼晉陽，兆徵神武。神武將往，賀拔焉過兒請緩行以弊之。神武乃往往逗遛，〔四〕辭以河無橋不得渡。步藩軍盛，兆敗走。初，孝莊之誅尒朱榮，知其黨必有逆謀，乃密敕步藩令襲其後。步藩既敗兆等，以兵勢日盛。兆又請救於神武，神武內圖兆，復慮步藩後之難除，乃與兆悉力破之。藩死，深德神武，誓爲兄弟。時世隆、度律、彥伯共執朝政，天光據關右，兆據幷州，仲遠據東郡，各擁兵爲暴，天下苦之。

葛榮衆流入幷、肆者二十餘萬，爲契胡陵暴，皆不聊生，大小二十六反，誅夷者半，猶草

竊不止。兆患之，問計於神武。神武曰：「六鎮反殘，不可盡殺，宜選王素腹心者私使統焉。若有犯者，直罪其帥，則所罪者寡。」兆曰：「善，誰可行也？」賀拔允時在坐，請神武。神武拳毆之，折其一齒，曰：「生平天柱時，奴輩伏處分如鷹犬，今日天下安置在王，而阿鞠泥敢誣下罔上，請殺之。」兆以神武爲誠，遂以委焉。神武以兆醉，恐醒後或致疑貳，遂出，宣言受委統州鎮兵，可集汾東受令。乃建牙陽曲川，陳部分。有欵軍門者，絳巾袍，自稱梗楊驛子，願厠左右。訪之，則以力聞，常於幷州市搭殺人者，乃署爲親信。兵士素惡兆而樂神武，於是莫不皆至。居無何，又使劉貴請兆，以幷、肆頻歲霜旱，降戶掘黃鼠而食之，皆面無穀色，徒汙人國土，請令就食山東，待溫飽而處分之。兆從其議。其長史慕容紹宗諫曰：「不可，今四方擾擾，人懷異望，況高公雄略，又握大兵，將不可爲。」兆曰：「香火重誓，何所慮也。」紹宗曰：「親兄弟尚爾難信，何論香火。」時兆左右已受神武金，因譖紹宗與神武舊有隙，兆乃禁紹宗而催神武發。神武乃自晉陽出滏口。路逢尒朱榮妻鄉郡長公主，自洛陽來，馬三百匹，盡奪易之。兆聞，乃釋紹宗而問焉。紹宗曰：「猶掌握中物也。」於是自追神武，至襄垣，會漳水暴長，橋壞。神武隔水拜曰：「所以借公主馬，非有他故，備山東盜耳。王受公主言，自來賜追，今渡河而死不辭，此衆便叛。」兆自陳無此意，因輕馬渡，與神武坐幕下，陳謝，遂授刀引頭，使神武斫己。神武大哭曰：「自天柱薨背，賀六渾更何所仰，願大

家千萬歲，以申力用。今旁人搆間至此，大家何忍復出此言。」兆投刀於地。遂刑白馬而盟，誓爲兄弟。留宿夜飲，尉景伏壯士欲執兆。神武齧臂止之曰：「今殺之，其黨必奔歸聚結。兵饑馬瘦，不可相支，若英雄崛起，則爲害滋甚。不如且置之。兆雖勁捷，而兇狡無謀，不足圖也。」旦日，兆歸營，又召神武，神武將上馬詣之，孫騰牽衣，乃止。兆隔水肆罵，馳還晉陽。兆心腹念賢領降戶家累別爲營，神武僞與之善，觀其佩刀，因取之以殺其從者，從者盡散。於是士衆咸悅，倍願附從。初，魏真君中內學者奏言上黨有天子氣，云在壺關大王山。太武帝於是南巡以厭當之，〔五〕累石爲三封，斬其北鳳凰山，以毀其形。後上黨人居晉陽者，號上黨坊，神武實居之。及是行，舍大王山六旬而進。將出滏口，倍加約束，纖毫之物，不聽侵犯。將過麥地，神武輒步牽馬。遠近聞之，皆稱高儀同將兵整肅，益歸心焉。遂前行，屯鄴，求糧相州刺史劉誕，誕不供。有車營租米，神武自取之。

魏普泰元年二月，神武自軍次信都，高乾、封隆之開門以待，遂據冀州。是月，尒朱度律廢元曄而立節閔帝，欲羈縻神武。三月，乃白節閔帝，封神武爲渤海王，徵使入覲。神武辭。四月癸巳，又加授東道大行臺、第一鎮人酋長。龐蒼鷹自太原來奔，神武以爲行臺郎，尋以爲安州刺史。神武自向山東，養士繕甲，禁侵掠，百姓歸心。乃詐爲書，言尒朱兆將以六鎮人配契胡爲部曲，衆皆愁怨。又爲幷州符，徵兵討步落稽。發萬人，將遣之，孫騰、尉

中華書局

景爲請留五日，如此者再。神武親送之郊，雪涕執別，人皆號慟，哭聲動地。神武乃喻之曰：「與爾俱失鄉客，義同一家，不意在上乃爾徵召。直向西已當死，後軍期又當死，配國人又當死，奈何！」衆曰：「唯有反耳。」神武曰：「反是急計，須推一人爲主。」衆願奉神武。神武曰：「爾鄉里難制，不見葛榮乎，雖百萬衆，無刑法，終自灰滅。今以吾爲主，當與前異，不得欺漢兒，不得犯軍令，生死任吾則可，不爾不能爲取笑天下。」衆皆頓顙，死生唯命。神武曰：「若不得已，〔六〕明日，椎牛饗士，喻以討尒朱之意。封隆之進曰：「千載一時，普天幸甚。」神武曰：「討賊，大順也；拯時，大業也。吾雖不武，以死繼之，何敢讓焉。」

六月庚子，建義於信都，尚未顯背尒朱氏。及李元忠與高乾平殷州，斬尒朱羽生首來謁，神武撫膺，曰：「今日反決矣。」乃以元忠爲殷州刺史。是時兵威既振，乃抗表罪狀尒朱氏。世隆等祕表不通。八月，尒朱兆攻陷殷州，李元忠來奔。孫騰以爲朝廷隔絕，不權立天子，則衆望無所係。十月壬寅，奉章武王融子渤海太守朗爲皇帝，年號中興，是爲廢帝。時度律、仲遠軍次陽平，尒朱兆會之。〔七〕神武用竇泰策，縱反間，度律、仲遠不戰而還。神武乃敗兆於廣阿。十一月，攻鄴，相州刺史劉誕嬰城固守。神武起土山，爲地道，往往建大柱，一時焚之，城陷入地。麻祥時爲湯陰令，神武呼之曰：「麻都！」祥慚而逃。永熙元年正月壬午，拔鄴城，據之。廢帝進神武大丞相、柱國大將軍、太師。是時青州建義，大都督崔

靈珍、大都督耿翔皆遣使歸附。行汾州事劉貴棄城來降。〔八〕閏三月，尒朱天光自長安，兆自并州，度律自洛陽，仲遠自東郡，同會鄴，衆號二十萬，挾洹水而軍，節閔以長孫承業爲大行臺總督焉。神武令封隆之守鄴，自出頓紫陌。時馬不滿二千，步兵不至三萬，衆寡不敵。乃於韓陵爲圓陣，連牛驢以塞歸道，於是將士皆有死志，四面赴擊之。尒朱兆責神武以背己。神武曰：「本戮力者，共輔王室，今帝何在？」兆曰：「永安枉害天柱，我報讎耳。」神武曰：「我昔日親聞天柱計，汝在户前立，豈得言不反邪？且以君殺臣，何報之有，今日義絕矣。」乃合戰，大敗之。尒朱兆對慕容紹宗叩心曰：「不用公言，以至於此。」將輕走。紹宗反旗鳴角，收聚散卒，成軍容而西上。高季式以七騎追奔，度野馬崗，與兆遇。高昂望之不見，哭曰：「喪吾弟矣！」夜久，季式還，血滿袖。斛斯椿倍道先據河橋。初普泰元年十月，歲星、熒惑、鎮星、太白聚於觜，參色甚明。太史占云，當有王者興。是時，神武起於信都，至是而破兆等。四月，斛斯椿執天光、度律送洛陽。〔九〕長孫承業遣都督賈顯智、張歡入洛陽，執世隆、彥伯斬之。兆奔并州。仲遠奔梁州，遂死焉。時凶蠹既除，朝廷慶悅。初未戰之前月，章武人張紹夜中忽被數騎將踰城，至一大將軍前，敕紹爲軍導向鄴，云佐受命者除殘賊。紹迴視之，兵不測，整疾無聲。將至鄴，乃放焉。及戰之日，尒朱氏軍人見陣外士馬四合，蓋神助也。

既而神武至洛陽，廢節閔及中興主而立孝武。孝武既即位，授神武大丞相、天柱大將軍、太師、世襲定州刺史，增封並前十五萬戶。神武辭天柱，減戶五萬。壬辰，還鄴，魏帝餞於乾脯山，執手而別。

七月壬寅，神武帥師北伐尒朱兆。封隆之言：「侍中斛斯椿、賀拔勝、賈顯智等往事尒朱，普皆反噬，今在京師，寵任，必搆禍隙。」神武深以爲然，乃歸天光、度律於京師，斬之。遂自滏口入。尒朱兆大掠晉陽，北保秀容。并州平。神武以晉陽四塞，乃建大丞相府而定居焉。尒朱兆既至秀容，分兵守險，出入寇抄。神武揚聲討之，師出止者數四，兆意怠。神武揣其歲首當宴會，遣竇泰以精騎馳之，一日一夜行三百里，神武以大軍繼之。二年正月，竇泰奄至尒朱兆庭。軍人因宴休惰，忽見泰軍，驚走，追破之於赤洪嶺。兆自縊，神武親臨厚葬之。慕容紹宗以尒朱榮妻子及餘衆自保烏突城，〔一〇〕降，神武以義故，待之甚厚。

神武之入洛也，尒朱仲遠部下都督橋寧、張子期自滑臺歸命，神武以其助亂，且數反覆，皆斬之。斛斯椿由是內不自安，乃與南陽王寶炬及武衞將軍元毗、魏光、王思政搆神武於魏帝。舍人元士弼又奏神武受敕大不敬。故魏帝心貳於賀拔岳。初孝明之時，洛下以兩拔相擊，謠言曰：「銅拔打鐵拔，元家世將末。」好事者以二拔謂拓拔、賀拔，言俱將衰敗之兆。時司空高乾密啓神武，言魏帝之貳，神武封呈。魏帝殺之，又遣東徐州刺史潘紹業密

敕長樂太守龐蒼鷹令殺其弟昂。昂先聞其兄死，以矟刺柱，伏壯士執紹業於路，得敕書於袍領，來奔。神武抱其首，哭曰：「天子枉害司空！」遽使以白武幡勞其家屬。時乾次弟慎在光州，爲政嚴猛，又縱部下取納，魏帝使代之。慎聞難，將奔梁。其屬曰：「公家勳重，必不兄弟相及。」乃弊衣推鹿車歸渤海。逢使者，亦來奔。於是魏帝與神武隙矣。

阿至羅虜正光以前常稱藩，自魏朝多事，皆叛。神武遣使招納，便附款。先是，詔以寇賊平，罷行臺。至是，以殊俗歸降，復授神武大行臺，隨機處分。神武常賚其粟帛，議者以爲徒費無益，神武不從，撫慰如初。其酋帥吐陳等感恩，皆從指麾，救曹泥，取万俟受洛干，大收其用。河西費也頭虜紇豆陵伊利居河池，〔一一〕恃險擁衆，神武遣長史侯景屢招不從。

校勘記

〔一〕北齊書卷一　按此卷原缺，後人以北史卷六齊紀上神武紀補。

〔二〕賴榮透下取之以免　諸本「透」作「遽」。北史卷六百衲本、南本、北本、汲本作「透」，殿本作「遽」。按當時「投」常通作「透」，「透下」卽「投下」。補北齊書者不解其意，故改作「遽」，殿本北史又依北齊書誤文改北史，今從北史百衲本改。

〔三〕後從榮徙據并州抵揚州邑人龐蒼鷹止團焦中　按本書卷一九蔡儁傳稱「太原龐蒼鷹」，又說

蒼鷹「居於州城，高祖客其舍」。考幷州太原郡屬沒有「揚州」縣，只有陽邑縣。疑這裏衍「州」字，當時地名常用同音字，「揚邑」卽「陽邑」。蒼鷹乃太原陽邑人而居於幷州城中。

〔四〕神武乃往往逗遛　「往往」，諸本都脫一「往」字，今據資治通鑑下簡稱通鑑卷一五四四七九三頁。凡校記中所注通鑑頁碼都據中華書局標點本。通志卷一六北齊紀補。

〔五〕太武帝於是南巡以厭當之　諸本「武帝」上無「太」字。册府元龜下簡稱册府卷二〇三二四四六頁。凡校記中所注册府頁碼都據中華書局影印本。通志卷一六有。按上文記眞君年號，作「太武帝」是，今據補。

〔六〕神武曰若不得已　按「曰」字文義不洽，疑是「因」之訛。通志卷一六作「陽」，當因「日」字不可通而改作。

〔七〕時度律仲遠軍次陽平尒朱兆會之　諸本「陽平」作「洛陽」，北史卷六作「晉陽」。按魏書卷一一後廢帝紀中興元年十月己酉條，卷七五尒朱兆傳、尒朱仲遠傳，卷八〇斛斯椿傳、賈顯智傳，北史卷四八尒朱兆傳、尒朱仲遠傳敍這次戰事都說尒朱氏的軍隊集結在陽平。通鑑卷一五五四八一五頁此處也作陽平。陽平今山東莘縣，和當時尒朱兆駐軍的廣阿今河北隆堯縣，高歡所據的信都今河北冀縣，相去都不太遠，洛陽、晉陽遠在後方，不合當時軍事形勢，知皆陽平之誤，今改正。

〔八〕行汾州事劉貴棄城來降　諸本「州」下衍軍字。按本書卷一九、北史卷五三劉貴傳，册府卷一八

六二二五一頁，漢魏南北朝墓誌集釋劉懿卽劉貴墓誌圖版二九四都說他是行汾州事，今據删「軍」字。

〔九〕斛斯椿執天光度律送洛陽　按魏書卷一一後廢帝紀中興二年五三二四月稱「囚送天光、度律於齊獻武王」。當斛斯椿執送二人時，高歡還沒有入洛陽，乃是送於高歡軍前，故這一段下文又說「神武深以爲然，乃歸天光、度律於京師斬之」。京師卽洛陽，如果先已送到洛陽，這句話就解釋不通。這裏「洛陽」二字當是「神武」之誤。

〔一〇〕慕容紹宗以尒朱榮妻子及餘衆自保烏突城　諸本「烏」作「焉」，南本及本書卷二〇慕容紹宗傳作「馬」。北史卷五三紹宗傳作「烏」。按本書卷一七斛律金傳武定三年攻山胡，稱高歡「度赤䂬嶺，會金於烏突戍」。尒朱兆最後戰敗之地，上文說是赤洪嶺，自卽赤䂬嶺，則紹宗所保的城應卽斛律金傳的烏突戍。考隋書卷三〇地理志中離石郡太和縣條、太平寰宇記卷四二石州臨泉縣條都說北周在此地置烏突郡、烏突縣。這裏作「焉」作「馬」均誤，今從北史慕容紹宗傳改正。

〔一一〕河西費也頭虜紇豆陵伊利居河池　南本及北史「河池」作「苦池河」。按魏書卷一一出帝紀永熙三年五三四正月稱高歡「討費也頭於河西苦洩河」。「洩」「泄」同，北史的「苦池河」，當是「苦泄河」之訛，這裏作「河池」，又是「苦泄河」的倒脫。

北齊書卷二〔一〕

帝紀第二

神武下

天平元年正月壬辰，神武西伐費也頭虜紇豆陵伊利於河西，滅之，遷其部於河東。二月，永寧寺九層浮圖災。既而人有從東萊至，云及海上人咸見之於海中，俄而霧起乃滅。說者以爲天意若曰，永寧見災，魏不寧矣，飛入東海，渤海應矣。

魏帝既有異圖，時侍中封隆之與孫騰私言，隆之喪妻，魏帝欲妻以妹。騰亦未之信，心害隆之，洩其言於斛斯椿。椿以白魏帝。又孫騰帶仗入省，擅殺御史。並亡來奔。稱魏帝撾舍人梁續於前，光祿少卿元子幹攘臂擊之，謂騰曰：「語爾高王，元家兒拳正如此。」領軍婁昭辭疾歸晉陽。魏帝於是以斛斯椿兼領軍，分置督將及河南、關西諸刺史。華山王鷙在徐州，神武使邸珍奪其管籥。建州刺史韓賢、濟州刺史蔡儁皆神武同義，魏帝忌之。故省

建州以去賢，使御史中尉綦儁察儁罪，以開府賈顯智爲濟州。儁拒之，魏帝逾怒。

五月下詔，云將征句吳，發河南諸州兵，增宿衞，守河橋。六月丁巳，魏帝密詔神武曰：「宇文黑獺自平破秦、隴，多求非分，脫有變詐，事資經略。但表啓未全背戾，進討事涉忽怱，遂召羣臣，議其可否。僉言假稱南伐，內外戒嚴，一則防黑獺不虞，二則可威吳楚。」時魏帝將伐神武，神武部署將帥，慮疑，故有此詔。〔二〕神武乃表曰：「荆州綰接蠻左，密邇畿服，關隴恃遠，將有逆圖。臣今潛勒兵馬三萬，擬從河東而渡；又遣恒州刺史厙狄干、瀛州刺史郭瓊、汾州刺史斛律金、前武衞將軍彭樂擬兵四萬，從其來違津渡；遣領軍將軍婁昭、相州刺史竇泰、前瀛州刺史堯雄、幷州刺史高隆之擬兵五萬，以討荆州；遣冀州刺史尉景、前冀州刺史高敖曹、濟州刺史蔡儁、前侍中封隆之擬山東兵七萬、突騎五萬，以征江左。皆約所部，伏聽處分。」魏帝知覺其變，乃出神武表，命羣官議之，欲止神武諸軍。神武乃集在州僚佐，令其博議，還以表聞。仍以信誓自明忠款曰：「臣爲嬖佞所間，陛下一旦賜疑，今猖狂之罪，尒朱時討。〔三〕臣若不盡誠竭節，敢負陛下，則使身受天殃，子孫殄絕。陛下若垂信赤心，使干戈不動，佞臣一二人願斟量廢出。」辛未，帝復錄在京文武議意以答神武，使舍人溫子昇草勑，子昇逡巡未敢作。帝據胡牀，拔劍作色。子昇乃爲勑曰：「前持心血，遠以示王，深冀彼此共相體悉，而不良之徒坐生間貳。近孫騰倉卒向

彼，致使聞者疑有異謀，故遣御史中尉綦儁具申朕懷。今得王啓，言誓懇惻，反覆思之，猶所未解。以朕眇身，遇王武略，不勞尺刃，坐爲天子，所謂生我者父母，貴我者高王。今若無事背王，規相攻討，則使身及子孫，還如王誓。皇天后土，實聞此言。近慮宇文爲亂，賀拔勝應之，故纂嚴，欲與王俱爲聲援。宇文今日使者相望，觀其所爲，更無異迹。賀拔在南，開拓邊境，爲國立功，念無可責。君若欲分討，何以爲辭。東南不賓，爲日已久，先朝已來，置之度外。今天下戶口減半，未宜窮兵極武。

朕既闇昧，不知佞人是誰，可列其姓名，令朕知也。〔四〕如聞庫狄干語王云：「本欲取懦弱者爲主，王無事立此長君，使其不可駕御，今但作十五日行，自可廢之，更立餘者。」如此議論，自是王間勳人，豈出佞臣之口。去歲封隆之背叛，今年孫騰逃走，不罪不送，誰不怪王！騰既爲禍始，曾無愧懼，王若事君盡誠，何不斬送二首。王雖啓圖西去，而四道俱進，或欲南度洛陽，或欲東臨江左，言之者猶應自怪，聞之者寧能不疑。王若守誠不貳，晏然居北，在此雖有百萬之衆，終無圖彼之心。王脫信邪棄義，舉旗南指，縱無匹馬隻輪，猶欲奮空拳而爭死。朕本寡德，王已立之，百姓無知，或謂實可。若爲他所圖，則彰朕之惡，假令還爲王殺，幽辱虀粉，了無遺恨。何者？王既以德見推，以義見舉，一朝背德舍義，便是過有所歸。本望君臣一體，若合符契，不圖今日分

疏到此。古語云：「越人射我，笑而道之，吾兄射我，泣而道之。」朕既親王，情如兄弟，所以投筆拊膺，不覺歔欷。

初，神武自京師將北，以爲洛陽久經喪亂，王氣衰盡，雖有山河之固，土地褊狹，不如鄴，請遷都。魏帝曰：「高祖定鼎河洛，爲永永之基，經營制度，至世宗乃畢。王既功在社稷，宜遵太和舊事。」神武奉詔，至是復謀焉。遣三千騎鎭建興，益河東及濟州兵，於白溝虜船不聽向洛，諸州和糴粟運入鄴城。魏帝又勑神武曰：「王若厭伏人情，杜絕物議，唯有歸河東之兵，罷建興之戍，送相州之粟，追濟州之軍，令蔡儁受代，使邸珍出徐，止戈散馬，各事家業，脫須糧廩，別遣轉輸，則讒人結舌，疑悔不生。王高枕太原，朕垂拱京洛，終不舉足渡河，以干戈相指。王若馬首南向，問鼎輕重，朕雖無武，欲止不能，必爲社稷宗廟出萬死之策。決在於王，非朕能定，爲山止簣，相爲惜之。」魏帝時以任祥爲兼尚書左僕射，加開府，祥棄官走至河北，據郡待神武。魏帝乃勑文武官北來者任去留，下詔罪狀神武，爲北伐經營。神武亦勒馬宣告曰：「孤遇尒朱擅權，舉大義於四海，奉戴主上，義貫幽明，橫爲斛斯椿讒構，以誠節爲逆首。昔趙鞅興晉陽之甲，誅君側惡人。今者南邁，誅椿而已。」以高昂爲前鋒，曰：「若用司空言，豈有今日之舉。」司馬子如答神武曰：「本欲立小者，正爲此耳。」魏帝徵兵關右，召賀拔勝赴行在所，遣大行臺長孫承業、大都督潁川王斌之、斛斯椿共

鎭武牢，汝陽王暹鎭石濟，行臺長孫子彥帥前恒農太守元洪略鎭陝，賈顯智率豫州刺史斛斯元壽伐蔡儁。神武使竇泰與左廂大都督莫多婁貸文逆顯智，韓賢逆暹。元壽軍降。泰、貸文與顯智遇於長壽津，顯智陰約降，引軍退。軍司元玄覺之，馳還，請益師。魏帝遣大都督侯幾紹赴之，戰於滑臺東，顯智以軍降，紹死之。

七月，魏帝躬率大衆屯河橋。神武至河北十餘里，再遣口申誠款，魏帝不報。神武乃引軍渡河。魏帝問計於羣臣，或云南依賀拔勝，或云西就關中，或云守洛口死戰。未決。而元斌之與斛斯椿爭權不睦，斌之棄椿徑還，紿帝云：「神武兵至。」卽日，魏帝遜於長安。己酉，神武入洛陽，停於永寧寺。

八月甲寅，召集百官，謂曰：「爲臣奉主，匡救危亂，若處不諫爭，出不陪隨，緩則耽寵爭榮，急便逃竄，臣節安在！」遂收開府儀同三司叱列延慶、兼尚書左僕射辛雄、兼吏部尚書崔孝芬、都官尚書劉廞、兼度支尚書楊機、散騎常侍元士弼並殺之，誅其貳也。士弼籍沒家口。神武以萬機不可曠廢，乃與百僚議以清河王亶爲大司馬，居尚書下舍而承制決事焉。王稱警蹕，神武醜之。神武尋至恒農，遂西剋潼關，執毛洪賓。進軍長城，龍門都督薛崇禮降。神武退舍河東，命行臺尚書長史薛瑜守潼關，大都督庫狄溫守封陵。於蒲津西岸築城，守華州，以薛紹宗爲刺史。高昂行豫州事。神武自發晉陽，至此凡四十啓，魏帝皆

不答。

九月庚寅，神武還於洛陽，〔五〕乃遣僧道榮奉表關中，〔六〕又不答。乃集百僚四門耆老，〔七〕議所推立。以爲自孝昌喪亂，國統中絕，神主靡依，昭穆失序，永安以孝文爲伯考，永熙遷孝明於夾室，業喪祚短，職此之由。遂議立清河王世子善見。議定，白清河王。王曰：「天子無父，苟使兒立，不惜餘生。」乃立之，是爲孝靜帝。魏於是始分爲二。神武以孝武既西，恐逼崤、陝，洛陽復在河外，接近梁境，如向晉陽，形勢不能相接，乃議遷鄴，護軍祖瑩贊焉。〔八〕詔下三日，車駕便發，戶四十萬狼狽就道。神武留洛陽部分，事畢還晉陽。自是軍國政務，皆歸相府。先是童謠曰：「可憐青雀子，飛來鄴城裏，羽翮垂欲成，化作鸚鵡子。」好事者竊言，雀子謂魏帝清河王子，鸚鵡謂神武也。

初孝昌中，山胡劉蠡升自稱天子，年號神嘉，居雲陽谷，西土歲被其寇，謂之胡荒。

二年正月，西魏渭州刺史可朱渾道元擁衆內屬，神武迎納之。壬戌，神武襲擊劉蠡升，大破之。己巳，魏帝褒詔，以神武爲相國，假黃鉞，劍履上殿，入朝不趨。神武固辭。

三月，神武欲以女妻蠡升太子，候其不設備，辛酉，潛師襲之。其北部王斬蠡升首以送。其衆復立其子南海王，神武進擊之，又獲南海王及其弟西海王、北海王、皇后公卿已下四百餘人，胡、魏五萬戶。壬申，神武朝于鄴。

四月，神武請給還人廩各有差。

九月甲寅，神武以州郡縣官多乖法，請出使問人疾苦。

三年正月甲子，神武帥厙狄干等萬騎襲西魏夏州，〔九〕身不火食，四日而至。縛矟爲梯，夜入其城，禽其刺史費也頭斛拔俄彌突，〔一〇〕因而用之。留都督張瓊以鎮守，遷其部落五千戶以歸。西魏靈州刺史曹泥與其壻涼州刺史劉豐遣使請內屬。周文圍泥，水灌其城，不沒者四尺。神武命阿至羅發騎三萬徑度靈州，繞出西軍後，獲馬五十匹，西師乃退。神武率騎迎泥、豐生，拔其遺戶五千以歸，復泥官爵。魏帝詔加神武九錫，固讓乃止。

二月，神武令阿至羅逼西魏秦州刺史建忠王万俟普撥，神武以衆應之。六月甲午，普撥與其子太宰受洛干、豳州刺史叱干寶樂、右衞將軍破六韓常及督將三百餘人擁部來降。〔一一〕

八月丁亥，神武請均斗尺，班於天下。

九月辛亥，汾州胡王迢觸、曹貳龍聚衆反，署立百官，年號平都。神武討平之。

十二月丁丑，神武自晉陽西討，遣兼僕射行臺汝陽王暹、司徒高昂等趣上洛，大都督竇泰入自潼關。

四年正月癸丑，竇泰軍敗自殺。神武次蒲津，以冰薄不得赴救，乃班師。高昂攻剋

上洛。

二月乙酉，神武以并、肆、汾、建、晉、東雍、南汾、泰、陝九州霜旱，人饑流散，請所在開倉賑給。〔一二〕

六月壬申，神武如天池，獲瑞石，隱起成文曰「六王三川」。

十月壬辰，神武西討，自蒲津濟，〔一三〕衆二十萬。周文軍於沙苑。神武以地阨少卻，西人鼓譟而進，軍大亂，棄器甲十有八萬，神武跨橐駝，候船以歸。

元象元年三月辛酉，神武固請解丞相，魏帝許之。

四月庚寅，神武朝于鄴，壬辰，還晉陽。請開酒禁，並賑恤宿衞武官。

七月壬午，行臺侯景、司徒高昂圍西魏將獨孤信於金墉，西魏帝及周文並來赴救。大都督厙狄干帥諸將前驅，神武總衆繼進。八月辛卯，戰於河陰，大破西魏軍，俘獲數萬。司徒高昂、大都督李猛、宋顯死之。〔一四〕西師之敗，獨孤信先入關，周文留其都督長孫子彥守金墉，遂燒營以遁。神武遣兵追奔，至崤，不及而還。初神武知西師來侵，自晉陽帥衆馳赴，至孟津，未濟，而軍有勝負。既而神武渡河，子彥亦棄城走，神武遂毀金墉而還。

十一月庚午，神武朝於京師。十二月壬辰，還晉陽。

興和元年七月丁丑，魏帝進神武爲相國、錄尙書事，固讓乃止。

十一月乙丑，神武以新宮成，朝於鄴。魏帝與神武讌射，神武降階稱賀，又辭渤海王及都督中外諸軍事，詔不許。十二月戊戌，神武還晉陽。

二年十二月，阿至羅別部遣使請降。神武帥衆迎之，出武州塞，不見，大獵而還。

三年五月，神武巡北境，使使與蠕蠕通和。

四年五月辛巳，神武朝鄴，請令百官每月面敷政事，明揚側陋，納諫屏邪，親理獄訟，褒黜勤怠，牧守有愆，節級相坐；椒掖之內，進御以序；後園鷹犬悉皆棄之。六月甲辰，神武還晉陽。

九月，神武西征。十月己亥，圍西魏儀同三司王思政於玉壁城，欲以致敵，西師不敢出。十一月癸未，〔一五〕神武以大雪，士卒多死，乃班師。

武定元年二月壬申，北豫州刺史高愼據武牢西叛。三月壬辰，周文率衆援高愼，圍河橋南城。戊申，神武大敗之於芒山，擒西魏督將已下四百餘人，俘斬六萬計。是時軍士有盜殺驢者，軍令應死，神武弗殺，將至并州決之。明日復戰，奔西軍，告神武所在。西師盡銳來攻，衆潰，神武失馬，赫連陽順下馬以授神武，與蒼頭馮文洛扶上俱走，從者步騎六七人。追騎至，親信都督尉興慶曰：「王去矣，興慶腰邊百箭，足殺百人。」神武勉之曰：「事濟，以爾爲懷州，若死，則用爾子。」興慶曰：「兒小，願用兄。」許之。興慶鬭，矢盡而死。西魏太

師賀拔勝以十三騎逐神武，河州刺史劉洪徽射中其二。勝矟將中神武，段孝先橫射勝馬殪，遂免。豫、洛二州平。神武使劉豐追奔，拓地至弘農而還。

七月，神武貽周文書，責以殺孝武之罪。

八月辛未，魏帝詔神武爲相國、錄尙書事、大行臺，餘如故，固辭乃止。是月，神武命於肆州北山築城，西自馬陵戍，東至土隥，四十日罷。

十二月己卯，神武朝京師，庚辰，還晉陽。

二年三月癸巳，神武巡行冀、定二州，因朝京師。以冬春亢旱，請蠲懸責，賑窮乏，宥死罪以下。又請授老人板職各有差。四月丙辰，神武還晉陽。

十一月，神武討山胡，破平之，俘獲一萬餘戶口，分配諸州。〔一六〕

三年正月甲午，開府儀同三司尒朱文暢、開府司馬任胄、都督鄭仲禮、中府主簿李世林、前開府參軍房子遠等謀賊神武，因十五日夜打簇，懷刃而入，其黨薛季孝以告，並伏誅。丁未，神武請於并州置晉陽宮，以處配口。

三月乙未，神武朝鄴，丙午，還晉陽。

十月丁卯，神武上言，幽、安、定三州北接奚、蠕蠕，請於險要修立城戍以防之，躬自臨履，莫不嚴固。乙未，神武請釋芒山俘桎梏，配以民間寡婦。

四年八月癸巳，神武將西伐，自鄴會兵於晉陽。殿中將軍曹魏祖曰：「不可，今八月西方王，以死氣逆生氣，爲客不利，主人則可。兵果行，傷大將軍。」神武不從。自東、西魏搆兵，鄴下每先有黃黑蟻陣鬬，占者以爲黃者東魏戎衣色，黑者西魏戎衣色，人間以此候勝負。是時，黃蟻盡死。九月，神武圍玉壁以挑西師，不敢應。西魏晉州刺史韋孝寬守玉壁，城中出鐵面，神武使元盜射之，〔一七〕每中其目。用李業興孤虛術，萃其北。北，天險也。乃起土山，鑿十道，又於東面鑿二十一道以攻之。城中無水，汲於汾，神武使移汾，一夜而畢。孝寬奪據土山。頓軍五旬，城不拔，死者七萬人，聚爲一冢。有星墜於神武營，衆驢並鳴，士皆讋懼。神武有疾。

十一月庚子，輿疾班師。庚戌，遣太原公洋鎮鄴。辛亥，徵世子澄至晉陽。有惡鳥集亭樹，世子使斛律光射殺之。己卯，神武以無功，表解都督中外諸軍事，魏帝優詔許焉。是時西魏言神武中弩，神武聞之，乃勉坐見諸貴，使斛律金勑勒歌，神武自和之，哀感流涕。

侯景素輕世子，嘗謂司馬子如曰：「王在，吾不敢有異，王無，吾不能與鮮卑小兒共事。」子如掩其口。至是，世子爲神武書召景。景先與神武約，得書，書背微點，乃來。書至，無點，景不至，又聞神武疾，遂擁兵自固。神武謂世子曰：「我雖疾，爾面更有餘憂色，何也？」世子未對。又問曰：「豈非憂侯景叛耶？」曰：「然。」神武曰：「景專制河南十四年矣，常有飛

揚跋扈志，顧我能養，豈爲汝駕御也！今四方未定，勿遽發哀。庫狄干鮮卑老公，斛律金勑勒老公，並性遒直，終不負汝。可朱渾道元、劉豐生遠來投我，必無異心。賀拔焉過兒樸實無罪過。潘相樂本作道人，心和厚，汝兄弟當得其力。韓軌少戇，宜寬借之。彭相樂心腹難得，宜防護之。少堪敵侯景者唯有慕容紹宗，我故不貴之，留以與汝，宜深加殊禮，委以經略。」

五年正月朔，日蝕，神武曰：「日蝕其爲我耶，死亦何恨。」丙午，陳啓於魏帝。是日，崩於晉陽，時年五十二，祕不發喪。六月壬午，魏帝於東堂舉哀，三日，製緦衰。詔凶禮依漢大將軍霍光、東平王蒼故事，贈假黃鉞、使持節、相國、都督中外諸軍事、齊王璽紱，輼輬車、黃屋、左纛、前後羽葆、鼓吹、輕車、介士，兼備九錫殊禮，諡獻武王。八月甲申，葬於鄴西北漳水之西，魏帝臨送於紫陌。天保初，追崇爲獻武帝，廟號太祖，陵曰義平。天統元年，改諡神武皇帝，廟號高祖。

神武性深密高岸，終日儼然，人不能測，機權之際，變化若神。至於軍國大略，獨運懷抱，文武將吏罕有預之。統馭軍衆，法令嚴肅，臨敵制勝，策出無方。聽斷昭察，不可欺犯。擢人授任，在於得才，苟其所堪，乃至拔於厮養，有虛聲無實者，稀見任用。諸將出討，奉行方略，罔不克捷，違失指畫，多致奔亡。雅尚儉素，刀劍鞍勒無金玉之飾。少能劇飲，自當大任，不過三爵。居家如官。仁恕愛士。始范陽盧景裕以明經稱，魯郡韓毅以工書顯，咸以謀逆見擒，並蒙恩置之第館，教授諸子。其文武之士盡節所事，見執獲而不罪者甚多。故遐邇歸心，皆思效力。至南威梁國，北懷蠕蠕，吐谷渾、阿至羅咸所招納，獲其力用，規略遠矣。

校勘記

〔一〕北齊書卷二　按此卷原缺，後人以北史卷六齊紀上神武紀補。

〔二〕時魏帝將伐神武神武部署將帥慮疑故有此詔　册府卷一八六二二五二頁作「時魏帝將伐帝部，恐帝部將帥慮疑，故有此詔」。按册府所據本顯然沒有「署」字，但文義不順。若如本文，語氣也不太連貫。疑衍「神武」二字，意謂魏帝部署將帥，慮高歡懷疑，故下詔解釋。與上文所述「發河南諸州兵，增宿衞，守河橋」這些「部署」相合；也和詔書中的解釋通貫。

〔三〕今猖狂之罪尒朱時討　北史、册府同上卷頁「今」作「令」，「討」作「計」。南本以下諸本都從北史改。按此句必有訛脫，從北史也同樣費解，今姑依三朝本。

〔四〕朕既闇昧不知佞人是誰可列其姓名令朕知也　通鑑卷一五六四八四六頁無「可列其姓名令朕知也」九字，而下有「傾高乾之死，豈獨朕意，王忽對昂，言兄枉死，人之耳目，何易可輕」二十五

字，不見本書和北史。按通鑑敍高歡這一段事多溢出北史神武紀的話，如同卷四八三六頁載魏主責高歡滅紇豆陵伊利語，同卷四八四五頁「密詔高歡」語皆是。司馬光未必能見到北齊書原文神武紀，較大可能是採取三國典略或高氏小史，但其源仍出於北齊書原文。像這一條二十五字，決非後人所能妄增，疑當是北齊書神武紀所載詔書原文。

〔五〕九月庚寅神武還於洛陽　通鑑卷一五六四八五五頁「九月」作「十月」。考異云：「按歡九月己酉克潼關，己酉，二十九日也，不容庚寅已還至洛陽，庚寅乃九月十日也。」按魏書卷一一出帝紀，永熙三年五三四九月己酉高歡克潼關，卽於是日東還於洛，這個月小盡，二十九日從潼關啓程，卽使明天就到洛陽也是十月了。通鑑改十月是。

〔六〕乃遣僧道榮奉表關中　本書和北史不載表文，却見於通鑑卷一五六四八五五頁，云：「陛下若遠賜一制，許還京洛，臣當式勒文武，式清宮禁。若返正無日，則七廟不可無主，萬國須有所歸，臣寧負陛下，不負社稷。」按通鑑此表或采自他書，但其源當出於北齊書神武紀原文。

〔七〕乃集百僚四門耆老　南本及北史、册府卷一八六二二五四頁、太平御覽下簡稱御覽卷一三〇六三〇頁。凡校記所注御覽頁碼皆據中華書局影印本「四門」作「沙門」，疑是。

〔八〕護軍祖瑩贊焉　諸本「瑩」作「榮」，北史作「瑩」。按祖瑩，北史卷四七有傳，亦載此事，今據改。

〔九〕神武帥厙狄干等萬騎襲西魏夏州　南本、汲本「厙」作「庫」。按「厙」本有舍音，「厙狄」應讀舍

狄。後人以去點者讀作舍，遂分爲二字。作「厙」不致誤讀。本書此姓「庫」「厙」雜出，今統一作「厙」，以後不再出校記。

〔一〇〕斛拔俄彌突 本書卷一七段韶傳「斛拔俄彌突」作「斛律彌娥突」，「律」是「拔」之訛。周書百衲本卷一文帝紀、卷一四賀拔岳傳，北史卷九周本紀上、卷四九賀拔岳傳百衲本，册府卷六六六頁作「解拔彌俄突」。册府「突」訛「定」。這裏有兩個問題，一是「斛拔」和「解拔」之異。據上引，大體上周書作「解拔」，北史和册府中北周部分都採錄周書，所以也作「解拔」。北齊書神武紀已佚，但段韶傳是原文，雖然「律」字錯了，却作「斛」不作「解」。北史卷六齊神武紀百衲本、册府卷一八六二二五四頁都作「斛拔」册府「拔」訛「板」，也因爲北史中北齊部分即採錄北齊書。因此，「斛拔」和「解拔」是周書和北齊書的差異，現在難以判斷是非。第二是「俄彌突」和「彌俄突」之異。覩段韶傳也作「彌娥突」，和周書紀、傳同，而北史紀、傳和以北史補的北齊書神武紀都作「俄彌突」，可知這是北史和周、齊書的異文。今按周書卷一三宋獻公震傳說他小字「彌俄突」，又北史卷九八高車傳見高車主「彌俄突」，可證北史作「俄彌突」是倒誤。此卷以北史補，所以同誤。

〔一一〕六月甲午普撥與其子太宰受洛干至擁部來降 諸本「六月」作「三月」，北史作「六月」。按天平三年五三六三月無甲午，六月甲午是二十五日。又周書卷二文帝紀下記此事在大統二年五三六五月，乃獲悉普撥等東走，宇文泰追他們的時間，則其入東魏，自不能早在三月。通鑑卷一五七四八七三頁考異引三國典略也作「六月」。今從北史改。

〔一二〕二月乙酉神武以幷肆汾建晉東雍南汾泰陝九州霜旱人饑流散請所在開倉賑給 諸本「二月」作「四月」，北史作「二月」。按魏書卷一一〇食貨志稱「所在開倉賑給」在天平四年五三七春。四月乙酉不得云春，知作「二月」是，今從北史改。又「泰」，諸本及北史都作「秦」，食貨志作「泰」。錢大昕二十二史考異下簡稱錢氏考異卷三〇曾歷據魏書食貨志此條和魏、周、齊書中有關泰州紀載，辨魏書卷一〇六下地形志下治蒲坂的「秦州」當作「泰州」。錢引證雖也有個別錯誤，結論是對的。考這個泰州有時也作「太州」，歷見本書卷一七斛律金傳、卷二〇薛循義傳，魏書卷四四薛野賭傳，山右石刻叢編卷二六周故譙郡太守曹□□□碑，其地望卽是治蒲坂的泰州。「泰」和「太」同音通用，足證作「秦」之誤，今據改。

〔一三〕十月壬辰神武西討自蒲津濟 諸本「十月」作「十一月」。通鑑卷一五七四八八三頁考異云：「魏帝紀魏書卷一二十月壬辰敗於沙苑。按長曆，十月壬辰朔，北齊紀誤也。」按是年十一月無壬辰。周書卷二文帝紀下大統三年五三七稱「十月壬辰至沙苑」，與魏書合。這裏「一」字衍，今據删。

〔一四〕司徒高昂大都督李猛宋顯死之 諸本「宋」作「宗」，唯局本作「宋」。按宋顯本書卷二〇北史卷五三有傳，說他死於河陰之戰。魏書卷一二靜帝紀元象元年、周書卷二文帝紀下大統四年都作「宋顯」。今從局本。

〔一五〕十一月癸未 諸本「十一月」作「十二月」，北史作「十一月」。魏書卷一二靜帝紀興和四年五四二稱「十有一月壬午班師」。按是年十一月癸亥朔，壬午是二十日，癸未是二十一日。十二月無癸未。「二」字訛，今改正。

〔一六〕俘獲一萬餘戶口分配諸州 南本及北史卷五、魏書卷一二孝靜帝紀武定二年十一月條都沒有「口」字。按文義不當有「口」字，但册府卷一八六二二五五頁也有，可能「口」上或下面有個數字脫去，今不删。

〔一七〕神武使元盜射之 册府卷一八六二二五六頁「盜」作「溢」。按一般不會以「盜」爲名，疑作「溢」是。

北齊書卷三[一]

帝紀第三

文襄

世宗文襄皇帝諱澄，字子惠，神武長子也，母曰婁太后。生而岐嶷，神武異之。魏中興元年，立爲渤海王世子。就杜詢講學，敏悟過人，詢甚歎服。二年，加侍中、開府儀同三司，尙孝靜帝妹馮翊長公主，時年十二，神情儁爽，便若成人。神武試問以時事得失，辨析無不中理，自是軍國籌策皆預之。

天平元年，加使持節、尙書令、大行臺、并州刺史。三年，入輔朝政，加領左右、京畿大都督。[二]時人雖聞器識，猶以少年期之，而機略嚴明，事無凝滯，於是朝野振肅。元象元年，攝吏部尙書。魏自崔亮以後，選人常以年勞爲制，文襄乃釐改前式，銓擢唯在得人。又沙汰尙書郎，妙選人地以充之。至于才名之士，咸被薦擢，假有未居顯位者，皆致之門下，

以爲賓客，每山園游燕，必見招攜，執射賦詩，各盡其所長，以爲娛適。興和二年，加大將軍，領中書監，[三]仍攝吏部尙書。自正光已後，天下多事，在任羣官，廉潔者寡。文襄乃奏吏部郎崔暹爲御史中尉，糾劾權豪，無所縱捨，於是風俗更始，私枉路絕。乃牓於街衢，具論經國政術，仍開直言之路，有論事上書苦言切至者，皆優容之。

武定四年十一月，神武西討，不豫，班師，文襄馳赴軍所，侍衞還晉陽。五年正月丙午，神武崩，祕不發喪。辛亥，司徒侯景據河南反，潁州刺史司馬世雲以城應之。景誘執豫州刺史高元成、襄州刺史李密、廣州刺史暴顯等。遣司空韓軌率衆討之。夏四月壬申，文襄朝于鄴。六月己巳，韓軌等自潁州班師。丁丑，文襄還晉陽，乃發喪，告喩文武，陳神武遺志。七月戊戌，魏帝詔以文襄爲使持節、大丞相、都督中外諸軍、錄尙書事、大行臺、渤海王。文襄啓辭位，願停王爵。壬寅，魏帝詔太原公洋攝理軍國，遣中使敦喩。八月戊辰，文襄啓申神武遺令，請減國邑分封將督，各有差。辛未，朝鄴，固辭丞相。魏帝詔曰：「既朝野攸憑，安危所繫，不得令遂本懷，須有權奪，可復前大將軍，餘如故。」

議者咸云侯景猶有北望之心，但信命不至耳。又景將蔡遵道北歸，稱景有悔過之心。王以爲信然，謂可誘而致，乃遺景書曰：[四]

先王與司徒契闊夷險，孤子相依，偏所眷屬，義貫終始，情存歲寒。待爲國士者乃

立漆身之節，饋以一餐者便致扶輪之効，況其重於此乎？常以故舊之義，欲將子孫相託，方爲秦、晉之匹，共成劉、范之親。況聞負杖行歌，便以狼顧反噬，不蹈忠臣之路，便陷叛人之地。力不足以自强，勢不足以自保，率烏合之衆，爲累卵之危。西取救於宇文，南請援於蕭氏，以狐疑之心，爲首鼠之事。入秦則秦人不容，歸吳則吳人不信。當是不逞之人，曲爲無端之說，遂懷市虎之疑，乃致投杼之惑。比來舉止，事已可見，人相疑誤，想自覺知。闔門大小，悉在司寇，意謂李氏未滅，猶言少卿可反。孤子無狀招禍，丁天酷罰，但禮由權奪，志在忘私，聊遣偏裨，前驅致討，南兗、揚州應時剋復。即欲乘機席卷縣瓠，屬以炎暑，欲爲後圖，且令還師，待時更舉。

今寒膠向折，白露將團，方憑國靈，龔行天罰。器械精新，士馬强盛，內外感恩，上下勠力，三令五申，可赴湯火。使旗鼓相望，埃塵相接，勢如沃雪，事等注熒。夫明者去危就安，智者轉禍爲福，寧人負我，不我負人，當開從善之途，使有改迷之路。若能卷甲來朝，垂橐還闕者，即當授豫州，必使終君身世。所部文武更不追攝，進得保其祿位，退則不喪功名。今王思政等皆孤軍偏將，遠來深入，然其性命在君掌握，脫能刺之，想有餘力。即相加授，永保疆埸。君門眷屬可以無患，寵妻愛子亦送相還，仍爲通家，共成親好。

君今不能東封函谷，南面稱孤，受制於人，威名頓盡。得地不欲自守，聚衆不以爲强，空使身有背叛之名，家有惡逆之禍，覆宗絕嗣，自貽伊戚。戴天履地，能無愧乎！孤子今日不應遺此，但見蔡遵道云「司徒本無西歸之心，深有悔過之意」，未知此語爲虛爲實。吉凶之理，想自圖之。

景報書曰：

僕鄉曲布衣，[五]本乖藝用，出身爲國，綿歷二紀，[六]犯危履難，豈避風霜，遂得富貴當年，榮華身世。一旦舉旗旆，援鼓枹，北面相抗者何哉？寔以畏懼危亡，恐招禍害故耳。往年之暮，尊王遘疾，神不祐善，祈禱莫瘳。遂使嬖倖弄權，心腹離貳，妻子在宅，無事見圍。及廻歸長社，希自陳狀，簡書未遣，斧鉞已臨。既旌旗相對，咫尺不遠，飛書每奏，冀申鄙情。而羣帥恃雄，眇然弗顧，運戟推鋒，專欲屠滅，掘圍堰水，僅存三版。舉目相看，命縣漏刻，不忍死亡，出戰城下，拘秦送地，豈樂爲之？禽獸惡死，人倫好生，僕實不辜，桓、莊何罪。且尊王平昔見與比肩，勠力同心，共奬帝室，雖復權勢參差，寒暑小異，丞相司徒，雁行而已。福祿官榮，自是天爵，勞而後授，理不相干，欲求吞炭，何其謬也！然竊人之財，猶謂之盜，祿去公室，抑謂不取。今魏德雖衰，天命未改，拜恩私第，何足關言。

賜嗤不能東封函谷，受制於人，當似教僕賢祭仲而褒季氏。〔七〕無主之國，在禮未聞，動而不法，將何以訓。竊以分財養幼，事歸令終，舍宅存孤，誰云隙末。復言僕衆不足以自强，身危如累卵。然億兆夷人，卒降十亂，紂之百克，終自無後，潁川之戰，卽是殷監。輕重由人，非鼎在德，苟能忠信，雖弱必强，殷憂啓聖，處危何苦。況今梁道邕熙，招攜以禮，被我虎文，縻之好爵，方欲苑五岳而池四海，掃氛穢以拯黎元。東覊甌越，西道汧隴，吳越悍勁，帶甲千羣，秦兵冀馬，控弦十萬，大風一振，枯幹必摧，凝霜暫落，秋蔕自殞，此而爲弱，誰足稱雄？又見誣兩端，受疑二國，斟酌物情，一何太甚。昔陳平背楚，歸漢則强，百里出虞，入秦斯霸。蓋昏明由主，用舍在人，奉禮而行，神其吐邪！

書稱士馬精新，剋日齊舉，誇張形勢，必欲相滅。切以寒膠白露，節候乃同，秋風揚塵，馬首何異。徒知北方之力爭，未識西南之合從，苟欲狗意於前塗，不覺坑穽在其側。去危就安，今歸正朔；轉禍爲福，已脫網羅。彼當嗤僕之過迷，此亦笑君之晦昧。今引二邦，揚旌北討，熊虎齊奮，剋復中原，荆、襄、廣、潁已屬關右，項城、縣瓠亦奉江南，幸自取之，何勞見援。然權變非一，理有萬塗，爲君計者，莫若割地兩和，三分鼎峙，燕、衞、趙、晉足相俸祿，齊、曹、宋、魯悉歸大梁。使僕得輸力南朝，北敦姻好，東帛

自行，戎車不駕，僕立當世之功，君卒父禰之業，各保疆壘，聽享歲時，百姓乂寧，四人安堵。孰若驅農夫於壟畝，抗勁敵於三方，避干戈於首尾，當鋒鏑於心腹，縱太公爲將，不能獲存，歸之高明，何以克濟。

來書曰，妻子老幼悉在司寇，以此見要，庶其可反。當是見疑褊心，未識大趣。昔王陵附漢，母在不歸；太上囚楚，乞羹自若。矧伊妻子，而可介意。脫謂誅之有益，欲止不能，殺之無損，〔八〕復加阬戮，家累在君，何關僕也。遵道所說，頗亦非虛，故重陳辭，更論款曲。昔與盟主，事等琴瑟，讒人間之，翻爲讎敵，撫弦搦矢，不覺傷懷，裂帛還書，其何能述。

王尋覽書，問誰爲作。或曰：「其行臺郎王偉。」王曰：「偉才如此，何因不使我知。」王欲間景於梁，又與景書而謬其辭，云本使景陽叛，欲與圖西，西人知之，故景更與圖南爲事。漏其書於梁，梁人亦不之信。

壬申，東魏主與王獵於鄴東，〔九〕馳逐如飛。監衞都督烏那羅受工伐從後呼曰：「天子莫走馬，大將軍怒。」王嘗侍飲，舉大觴曰：「臣澄勸陛下酒。」東魏主不悅曰：「自古無不亡之國，朕亦何用如此生！」王怒曰：「朕！朕！狗脚朕！」使崔季舒毆之三拳，奮衣而出。尋遣季舒入謝。東魏主賜季舒綵，季舒未敢卽受，啓之於王，王使取一段。東魏主以四百疋與之，曰：「亦一段耳。」東魏主不堪憂辱，詠謝靈運詩曰：「韓亡子房奮，秦帝魯連耻，本自江海人，忠義感君子。」因流涕。

三月辛亥，王南臨黎陽，〔一〇〕濟於虎牢，自洛陽從太行而反晉陽。於路遺書百僚，以相戒勵，朝野承風，莫不震肅。又令朝臣牧宰各舉賢良及驍武膽略堪守邊城，務得其才，不拘職業。〔一一〕六月，王巡北邊城戍，賑賜有差。

七月，王還晉陽。辛卯，王遇盜而殂，〔一二〕時年二十九。葬于峻成陵。齊受禪，追諡爲文襄皇帝，廟號世宗。時有童謠曰：「百尺高竿摧折，水底燃燈燈滅。」識者以爲王將殂之兆也。數日前，崔季舒無故於北宮門外諸貴之前誦鮑明遠詩曰：「將軍既下世，部曲亦罕存。」聲甚凄斷，淚不能已，見者莫不怪之。初，梁將蘭欽子京爲東魏所虜，王命以配廚。欽請贖之，王不許。京再訴，王使監廚蒼頭薛豐洛杖之，曰：「更訴當殺爾。」京與其黨六人謀作亂。時王居北城東柏堂莅政，以寵琅邪公主，欲其來往無所避忌，所有侍衞，皆出於外。太史啓言宰輔星甚微，變不出一月。王曰：「小人新杖之，故嚇我耳。」將欲受禪，與陳元康、崔季舒等屛斥左右，署擬百官。京將進食，王却，謂諸人曰：「昨夜夢此奴斫我，宜殺却。」京聞之，置刀於盤，冒言進食。王怒曰：「我未索食，爾何遽來！」京揮刀曰：「來將殺汝！」王自投傷足，入于牀下，賊黨去牀，因而見殺。先是訛言曰「軟脫帽，牀底喘」，其言應矣。時太原公

洋在城東雙堂，入而討賊，臠割京等，皆漆其頭。祕不發喪，徐出言曰：「奴反，大將軍被傷，無大苦也。」

校勘記

〔一〕北齊書卷三　按此卷原缺，後人以北史卷六齊紀上文襄紀上和他書補。各本卷末都有宋人校語，稱：「詳文襄紀，其首與北史同，而末多出東魏孝靜紀。其間與侯景往復書見梁書景傳。其所序列，尤無倫次，蓋雜取之以成此書，非正史也。」查此紀前半自「可復前大將軍，餘如故」以上與北史同；中間敍述高澄和侯景通訊及往來書信，與梁書卷五六侯景傳所載不盡相同，並非錄自梁書；最後一段敍東魏孝靜帝事，也非出自魏書孝靜紀。總之此紀後半確是雜湊而成，「尤無倫次」，不但非北齊書原文，可能還不是補此紀時的面貌。疑補了之後，又有缺失，再度湊合，以致如此。

〔二〕三年入輔朝政加領左右京畿大都督　諸本及北史卷六「領」下有「軍」字，册府卷一八六二二五六頁無。按「領左右」連讀。隋書卷二七百官志中後齊領軍所屬有「領左右府」，魏書卷一一三官氏志雖不載，但魏末元乂、奚康生、尒朱榮、尒朱兆、尒朱世隆都曾帶領左右的官職。魏末此官甚重，據八瓊室金石補正卷二〇高叡造像記稱其父琛高歡弟的官銜便有「領領左右」的一項，重

一「領」字，是全稱。高琛死於天平中，高澄接任是合於當時情勢的。如有「軍」字，則「領軍」連文，「左右」與「京畿大都督」連讀，而京畿大都督却從未分過左右，不可通。今據册府删「軍」字。

〔三〕興和二年加大將軍領中書監　魏書卷一二、北史卷五孝靜帝紀，高澄爲大將軍在武定二年五四四，距興和二年五四〇四年。觀下文說高澄「奏吏部郎崔暹爲御史中尉」，檢本書卷三〇崔暹傳稱「武定初，遷御史中尉」，則這裏「興和」爲「武定」之誤無疑。

〔四〕乃遺景書曰　按此紀所載高澄、侯景往來書也見於梁書卷五六侯景傳，梁書較詳，但也有此有彼無之句，知非出於梁書。文苑英華卷六八五載高澄與侯景書，當是全文，梁書和此紀各有删節。

〔五〕僕鄉曲布衣　諸本「曲」作「一」。册府卷二一五二五七三頁及梁書作「曲」。按侯景和高歡都是懷朔鎮人，同鄉里，所以說「鄉曲布衣」，今據改。

〔六〕出身爲國綿歷二紀　諸本「二」作「一」，梁書作「二」。按梁書上文有「初逢天柱，賜忝帷幄之謀，晚遇永熙，委以干戈之任」句。「天柱」指尒朱榮，侯景投靠尒朱榮，至遲在永安元年五二八，至武定五年五四七作此書時首尾二十年，卽從永熙元年五三二附高歡時算起也有十六年。作「二紀」是，今據改。

〔七〕當似教僕賢祭仲而褒季氏　諸本「褒」作「哀」，梁書作「褒」。按祭仲、季氏乃鄭、魯的權臣。因高澄來書笑侯景「受制於人」，有似教他學祭仲、季氏那樣專擅，故下反駁云：「無主之國，在禮未聞。」作「哀」於文義不協，今據改。

〔八〕殺之無損　諸本「殺」作「救」。册府卷二一五二五七三頁及梁書作「殺」，文義較長，今據改。

〔九〕壬申東魏主與王獵於鄴東　按此紀前半以北史補，北史例稱東魏孝靜帝爲「魏帝」，本書卷四文宣紀、卷三〇崔暹、高德政傳是北齊書原文，也稱「魏帝」。宋人校語以爲這段記載出於魏書孝靜紀，孝靜紀更沒有「東魏主」的稱謂。如果補史者要改，就應改稱「魏帝」，以與全書，特別與此紀前半相符，何故忽然改作「東魏主」？卽此可知不出魏書，何況此段最後「因流涕」三字爲孝靜紀所無。現在我們見到的較早史料中只有唐丘悅的三國典略見御覽、通鑑考異引稱孝靜帝爲「東魏主」，這段敍事，較近情的推測是直接或間接出於此書。

〔一〇〕三月辛亥王南臨黎陽　按上文紀年至武定五年五四七八月，這裏忽接以三月，據北史卷六乃是六年的三月，脫了紀年。

〔一一〕又令朝臣牧宰各舉賢良至不拘職業　按北史卷六載此令在武定六年五四八三月戊申，在上條三月辛亥「南臨黎陽」前四天，這裏敍次顛倒。

〔一二〕辛卯王遇盜而殂　按這是武定七年五四九八月辛卯的事，諸書無異文。這裏不紀年月，連上文便似武定五年七月的事，可謂謬誤之甚。又高澄被刺在鄴城，諸書也無異文。這裏緊接上文「七月王還晉陽」，就像高澄死在晉陽，亦謬。

北齊書卷四

帝紀第四

文宣

顯祖文宣皇帝諱洋，字子進，高祖第二子，世宗之母弟。后初孕，每夜有赤光照室，后私嘗怪之。初，高祖之歸尒朱榮，時經危亂，家徒壁立，后與親姻相對，共憂寒餒。帝時尚未能言，欻然應曰「得活」，太后及左右大驚而不敢言。鱗身，重踝，不好戲弄，深沉有大度。晉陽曾有沙門，乍愚乍智，時人不測，呼爲阿禿師。帝曾與諸童共見之，歷問祿位，至帝，舉手再三指天而已，口無所言。見者異之。高祖嘗試觀諸子意識，各使治亂絲，帝獨抽刀斬之，曰：「亂者須斬。」高祖是之。又各配兵四出，而使甲騎僞攻之。世宗等怖撓，帝乃勒衆與彭樂敵，樂免冑言情，猶擒之以獻。後從世宗行過遼陽山，獨見天門開，餘人無見者。內雖明敏，貌若不足，世宗每嗤之，云：「此人亦得富貴，相法亦何由可解。」唯高祖異之，謂薛琡曰：「此兒意識過吾。」幼時師事范陽盧景裕，默識過人，景裕不能測也。天平二年，授散騎常侍、驃騎大將軍、儀同三司、左光祿大夫、太原郡開國公。武定元年，加侍中。二年，轉尚書左僕射、領軍將軍。五年，授尚書令、中書監、京畿大都督。

武定七年八月，世宗遇害，事出倉卒，內外震駭。帝神色不變，指麾部分，自臠斬羣賊而漆其頭，〔一〕徐宣言曰：「奴反，大將軍被傷，無大苦也。」當時內外莫不驚異焉。乃赴晉陽，親總庶政，務從寬厚，事有不便者咸蠲省焉。

冬十月癸未朔，以咸陽王坦爲太傅，潘相樂爲司空。

十一月戊午，吐谷渾國遣使朝貢。梁齊州刺史茅靈斌、德州刺史劉領隊、南豫州刺史皇甫督等並以州內屬。

十二月己酉，以幷州刺史彭樂爲司徒，太保賀拔仁爲幷州刺史。

八年春正月庚申，梁楚州刺史宋安顧以州內屬。辛酉，魏帝爲世宗舉哀於東堂。梁定州刺史田聰能、洪州刺史張顯等以州內屬。戊辰，魏詔進帝位使持節、丞相、都督中外諸軍事、錄尚書事、大行臺、齊郡王，食邑一萬戶。甲戌，地豆于國遣使朝貢。〔二〕

三月辛酉，又進封齊王，食冀州之渤海長樂安德武邑、瀛州之河間五郡，邑十萬戶。自居晉陽，寢室夜有光如晝。既爲王，夢人以筆點己額。旦以告館客王曇哲曰：「吾其退乎？」曇哲再拜賀曰：「王上加點，便成主字，乃當進也。」

夏五月辛亥，帝如鄴。甲寅，進相國，總百揆，封冀州之渤海長樂安德武邑、瀛州之河間高陽章武、定州之中山常山博陵十郡，邑二十萬戶，加九錫，殊禮，齊王如故。魏帝遣兼太尉彭城王韶、司空潘相樂册命曰：

於戲，敬聽朕命！夫惟天爲大，列晷宿而垂象；謂地蓋厚，疏川岳以阜物。所以四時代序，萬類駢羅，庶品得性，羣形不夭。然則皇王統曆，深視高居，拱默垂衣，寄成師相，此則夏伯、殷尹竭其股肱，周成、漢昭無爲而治。頃者天下多難，國命如旒，則我建國之業將墜於地。齊獻武王奮迅風雲，大濟艱危，爰翼朕躬，國爲再造，經營庶土，以至勤憂。及文襄承構，愈廣前業，康邦夷難，道格穹蒼。王縱德應期，千齡一出，惟幾惟深，乃神乃聖，大崇霸德，實廣相猷。雖冥功妙實，藐絕言象，標聲示迹，典禮宜宣。今申後命，其敬虛受。

王摶風初舉，建旟上地，庇民立政，時雨滂流，下識廉恥，仁加水陸，移風易俗，自齊變魯，此王之功也。仍攝天臺，總參戎律，策出若神，威行朔土，引弓竄跡，松塞無煙，此又王之功也。逮光統前緒，持衡匡合，華戎混一，風海調夷，日月光華，天地清晏，聲接響隨，無思不偃，此又王之功也。遡矣炎方，逌遠正朔，懷文曜武，授略申規，

淮楚連城，灌然桑落，此又王之功也。蠲、峴衿帶，跨躡蕭條，腸胃之地，岳立鴟跱，偏師纔指，渙同冰散，此又王之功也。晉熙之所，險薄江雷，迴隔聲教，迷方未改，命將鞠旅，覆其巢穴，威略風騰，傾懾南海，此又王之功也。羣蠻跋扈，世絕南疆，搖蕩邊垂，亟爲塵梗，懷德畏威，向風請順，傾陬盡落，其至如雲，此又王之功也。胡人別種，延蔓山谷，酋渠萬族，廣袤千里，憑險不恭，恣其桀黠，有樂淳風，相攜叩款，粟帛之調，王府充積，此又王之功也。茫茫涉海，世敵諸華，風行鳥逝，倏來忽往，既飲醇醪，附同膠漆，氈裘委仞，奇獸銜尾，此又王之功也。秦川尚阻，作我仇讐，爰挹椒蘭，飛書請好，天動其衷，辭卑禮厚，區宇乂寧，遐邇畢至，此又王之功也。江陰告禍，民無適歸，蕭宗子弟，尚相投庇，如鳥還山，猶川赴海，荆、江十部，俄而獻割，乘此會也，將混朱方，〔三〕此又王之功也。天平地成，率土咸茂，禎符顯見，史不停筆，既連百木，兼呈九尾，素過秦雀，蒼比周烏，此又王之功也。搜揚管庫，衣冠獲序，禮云樂云，銷沉俱振，輕徭徹賦，矜獄寬刑，大信外彰，深仁遠洽，此又王之功也。王有安日下之大勳，加以表光明之盛德，宣贊洪猷，以左右朕言。昔旦、奭外分，毛、畢入佐，出內之任，王宜總之。

人謀鬼謀，兩儀協契，錫命之行，義申公道。以王踐律蹈禮，軌物蒼生，圓首安志，

率心歸道，是以錫王大路、戎路各一，玄牡二駟。王深重民天，唯本是務，衣食之用，榮辱所由，是用錫王袞冕之服，赤舄副焉。王深廣惠和，易調風化，神祇且格，功德可象，是用錫王軒懸之樂，六佾之舞。王風聲振赫，九域咸綏，遠人率俾，奔走委贄，是用錫王朱戶以居。王求賢選衆，草萊以盡，陳力就列，罔非其人，是用錫王納陛以登。王英圖猛概，抑揚千品，毅然之節，肅是非違，是用錫王武賁之士三百人。王興亡所繫，制極幽顯，糾行天討，罪人咸得，是用錫王鈇鉞各一。王鷹揚豹變，實扶下土，狼顧鴟張，罔不彈射，是用錫王彤弓一、彤矢百、盧弓十、盧矢千。王孝悌之至，通於神明，率民興行，感達區宇，是用錫王秬鬯一卣，珪瓚副焉。往欽哉。其祗順往册，保弼皇家，用終爾休德，對揚我太祖之顯命。

魏帝以天人之望有歸，丙辰，下詔曰：

三才剖判，百王代興，治天靜地，和神敬鬼，庇民造物，咸自靈符，非一人之大寶，實有道之神器。昔我宗祖應運，奄一區宇，歷聖重光，暨於九葉。德之不嗣，仍離屯圮，盜名字者遍於九服，擅制命者非止三公，主殺朝危，人神靡繫，天下之大，將非魏有。賴齊獻武王奮揚靈武，剋剪多難，重懸日月，更綴參辰，廟以掃除，國由再造，鴻勳巨業，無德而稱。逮文襄承構，世業逾廣，邇安遠服，海內晏如，國命已康，生生得性。

迄相國齊王，緯文經武，統茲大業，盡叡窮幾，研深測化，思隨冥運，智與神行，恩比春天，威同夏日，坦至心於萬物，被大道於八方，故百僚師師，朝無秕政，網疏澤洽，率土歸心。外盡江淮，風靡屈膝，辟地懷人，百城奔走，關隴慕義而請好，瀚漠仰德而致誠。伊所謂命世應期，實撫千載。禎符雜遝，異物同途，謳頌塡委，殊方一致，代終之迹斯表，人靈之契已合，天道不遠，我不獨知。

朕入纂鴻休，將承世祀，籍援立之厚，延宗社之算。靜言大運，欣於避賢，遠惟唐、虞禪代之典，近想魏、晉揖讓之風，其可昧興替之禮，稽神祇之望？今便遜於別宮，歸帝位於齊國，推聖與能，眇符前軌。主者宣布天下，以時施行。

又使兼太尉彭城王韶、兼司空敬顯儁奉册曰：

咨爾相國齊王：夫氣分形化，物繫君長，皇王遞興，人非一姓。昔放勳馭世，沉璧屬子；重華握曆，持衡擁璇。所以英賢茂實，昭晰千古，豈盛衰有運，興廢在時，知命不得不授，畏天不可不受。是故漢劉告否，當塗順民，曹歷不永，金行納禪，此皆重規襲矩，率由舊章者也。

我祖宗光宅，混一萬宇。迄於正光之末，奸孽乘權，厥政多僻，九域離盪。永安運窮，人靈殄瘁，羣逆滔天，割裂四海，國土臣民，行非魏有。齊獻武王應期授手，鳳舉龍驤，舉廢極以立天，扶傾柱而鎭地，剪滅黎毒，匡我墜曆，有大德於魏室，被博利於蒼生。及文襄纘軌，誕光前業，內勦凶權，外摧侵叛，遐邇肅晏，功格上玄。王神祇協德，舟梁一世，體文昭武，追變窮微。自舉跡藩旟，頌歌總集，入統機衡，風猷弘遠。及大承世業，扶國昌家，相德日躋，霸風愈邈，威靈斯暢則荒遠奔馳，聲略所播而隣敵順款。以富有之資，運英特之氣，顧盼之間，無思不服。圖諜潛蘊，千祀彰明，嘉禎幽祕，一朝紛委，以表代德之期，用啓興邦之迹，蒼蒼在上，照臨不遠。朕以虛昧，猶未逡巡，靜言愧之，坐而待旦。且時來運往，嬀舜不暇以當陽，世革命改，伯禹不容於北面，況於寡薄，而可踟蹰。是以仰協穹昊，俯從百姓，敬以帝位式授於王。天祿永終，大命格矣。於戲！其祗承曆數，允執其中，對揚天休，斯年千萬，豈不盛歟！

又致璽書於帝，遣兼太保彭城王韶、兼司空敬顯儁奉皇帝璽綬，禪代之禮一依唐虞、漢魏故事。又尚書令高隆之率百僚勸進。戊午，乃卽皇帝位於南郊，升壇柴燎告天曰：

皇帝臣洋敢用玄牡，昭告於皇皇后帝：否泰相沿，廢興迭用，至道無親，應運斯輔。上覽唐、虞，下稽魏、晉，莫不先天揖讓，考歷歸終。魏氏多難，年將三十，孝昌已後，內外去之。世道橫流，蒼生塗炭。賴我獻武，拯其將溺，三建元首，再立宗祧，掃絕羣凶，芟夷奸宄，德被黔黎，勳光宇宙。文襄嗣武，克構鴻基，功浹寰宇，威稜海外，窮

髮懷音，西寇納款，青丘保候，丹穴來庭，扶翼危機，重匡頹運，是則有大造於魏室也。

魏帝以卜世告終，上靈厭德，欽若昊天，允歸大命，以禪於臣洋。夫四海至公，天下爲一，總民宰世，樹之以君。旣川岳啓符，人神效祉，羣公卿士，八方兆庶，僉曰皇極乃顧於上，魏朝推進於下，天位不可以暫虛。遂逼羣議，恭膺大典。猥以寡薄，託於兆民之上，雖天威在顏，咫尺無遠，循躬自省，實懷祇惕。敬簡元辰，升壇受禪，肆類上帝，以答萬國之心，永隆嘉祉，保祐有齊，以被於無窮之祚。

是日，京師獲赤雀，獻於南郊。事畢，還宮，御太極前殿。詔曰：「無德而稱，代刑以禮，不言而信，先春後秋。故知惻隱之化，天人一揆，弘宥之道，今古同風。朕以虛薄，功業無紀。昔先獻武王值魏世不造，九鼎行出，乃驅御侯伯，大號燕、趙，拯厥顚墜，俾亡則存。文襄王外挺武功，內資明德，纂戎先業，闢土服遠。年踰二紀，世歷兩都，獄訟有適，謳歌斯在。故魏帝俯遵曆數，爰念褰裳，遠取唐、虞，終同脫屣。實幽憂未已，志在陽城，而羣公卿士誠守愈切，遂屬代終，居於民上，如涉深水，有眷終朝。始發晉陽，九尾呈瑞，外壇告天，赤雀効祉。惟爾文武不貳心之臣，股肱爪牙之將，左右先王，克隆大業，永言誠節，共斯休祉。思與億兆同始茲日，其大赦天下。改武定八年爲天保元年。其百官進階，男子賜爵，鰥寡六疾義夫節婦旌賞各有差。」

己未，詔封魏帝爲中山王，食邑萬戶；上書不稱臣，荅不稱詔，載天子旌旗，行魏正朔，乘五時副車；封王諸子爲縣公，邑一千戶；奉絹萬匹，錢千萬，粟二萬石，奴婢二百人，水碾一具，田百頃，園一所。詔追尊皇祖文穆王爲文穆皇帝，妣爲文穆皇后，皇考獻武王爲獻武皇帝，皇兄文襄王爲文襄皇帝，祖宗之稱，付外速議以聞。辛酉，尊王太后爲皇太后。乙丑，詔降魏朝封爵各有差。其信都從義及宣力霸朝者，及西來人並武定六年以來南來投化者，不在降限。辛未，遣大使於四方，觀察風俗，問民疾苦，嚴勒長吏，厲以廉平，興利除害，務存安靜。若法有不便於時，政有未盡於事者，具條得失，還以聞奏。甲戌，遷神主於太廟。

六月己卯，高麗遣使朝貢。辛巳，詔曰：「頃者風俗流宕，浮競日滋，家有吉凶，務求勝異。婚姻喪葬之費，車服飲食之華，動竭歲資，以營日富。又奴僕帶金玉，婢妾衣羅綺，始以創出爲奇，後以過前爲麗，上下貴賤，無復等差。今運屬惟新，思蠲往弊，反朴還淳，納民軌物。可量事具立條式，使儉而獲中。」又詔封崇聖侯邑一百戶，以奉孔子之祀，並下魯郡以時修治廟宇，務盡褒崇之至。詔分遣使人致祭於五岳四瀆，其堯祠舜廟，下及孔父、老君等載於祀典者，咸秩罔遺。詔曰：「冀州之渤海、長樂二郡，先帝始封之國，義旗初起之地。并州之太原、青州之齊郡，霸業所在，王命是基。君子有作，貴不忘本，思申恩洽，蠲復

田租。齊郡、渤海可並復一年，長樂復二年，太原復三年。」

詔故太傅孫騰、故太保尉景、故大司馬婁昭、故司徒高昂、故尙書左僕射慕容紹宗、故領軍万俟干、故定州刺史段榮、故御史中尉劉貴、故御史中尉竇泰、故殷州刺史劉豐、故濟州刺史蔡儁等並左右先帝，經贊皇基，或不幸早徂，或殞身王事，可遣使者就墓致祭，並撫問妻子，慰逮存亡。又詔封宗室高岳爲清河王，高隆之爲平原王，高歸彥爲平秦王，高思宗爲上洛王，高長弼爲廣武王，高普爲武興王，高子瑗爲平昌王，高顯國爲襄樂王，高叡爲趙郡王，高孝緒爲脩城王。〔四〕又詔封功臣庫狄干爲章武王，斛律金爲咸陽王，賀拔仁爲安定王，韓軌爲安德王，可朱渾道元爲扶風王，彭樂爲陳留王，潘相樂爲河東王。癸未，詔封諸弟青州刺史浚爲永安王，尙書左僕射淹爲平陽王，定州刺史潡爲彭城王，儀同三司演爲常山王，冀州刺史渙爲上黨王，儀同三司淯爲襄城王，儀同三司湛爲長廣王，湝爲任城王，湜爲高陽王，濟爲博陵王，凝爲新平王，潤爲馮翊王，洽爲漢陽王。

丁亥，詔立王子殷爲皇太子，王后李氏爲皇后。庚寅，詔以太師庫狄干爲太宰，司徒彭樂爲太尉，司空潘相樂爲司徒，開府儀同三司司馬子如爲司空。辛卯，以前太尉、清河王岳爲使持節、驃騎大將軍、司州牧。壬辰，詔曰：「自今已後，諸有文啓論事並陳要密，有司悉爲奏聞。」己亥，以皇太子初入東宮，赦畿內及并州死罪已下，餘州死降，徒流已下一皆

原免。

秋七月辛亥，詔尊文襄妃元氏爲文襄皇后，宮曰靜德。又詔封文襄皇帝子孝琬爲河間王，孝瑜爲河南王。乙卯，以尙書令、平原王隆之錄尙書事，尙書左僕射、平陽王淹爲尙書令。又詔曰：「古人鹿皮爲衣，書囊成帳，有懷盛德，風流可想。其魏御府所有珍奇雜綵常所不給人者，徒爲蓄積，命宜悉出，送內後園，以供七日宴賜。」

八月，詔郡國修立黌序，廣延髦儁，敦述儒風。其國子學生亦仰依舊銓補，服膺師說，研習禮經。往者文襄皇帝所運蔡邕石經五十二枚，〔五〕卽宜移置學館，依次修立。又詔曰：「有能直言正諫，不避罪辜，謇謇若朱雲，諤諤若周舍，開朕意，沃朕心，弼于一人，利兼百姓者，必當寵以榮祿，待以不次。」又曰：「諸牧民之官，仰專意農桑，勤心勸課，廣收天地之利，以備水旱之災。」庚寅，詔曰：「朕以虛寡，嗣弘王業，思所以贊揚盛績，播之萬古。雖史官執筆，有聞無墜，猶恐緒言遺美，時或未書。在位王公文武大小，降及民庶，爰至僧徒，或親奉音旨，或承傳傍說，凡可載之文籍，悉宜條錄封上。」甲午，詔曰：「魏世議定麟趾格，遂爲通制，官司施用，猶未盡善。可令羣官更加論究。適治之方，先盡要切，引綱理目，必使無遺。」

九月癸丑，以散騎常侍、車騎將軍、領東夷校尉、遼東郡開國公、高麗王成爲使持節、侍

中、驃騎大將軍、領護東夷校尉，王、公如故。詔梁侍中、使持節、假黃鉞、都督中外諸軍事、大將軍、承制、邵陵王蕭綸爲梁王。庚午，帝如晉陽，拜辭山陵。是日皇太子入居涼風堂，監總國事。

冬十月己卯，備法駕，御金輅，入晉陽宮，朝皇太后於內殿。辛巳，曲赦并州太原郡晉陽縣及相國府四獄囚。癸未，茹茹國遣使朝貢。乙酉，以特進元韶爲尙書左僕射，并州刺史段韶爲尙書右僕射。丙戌，吐谷渾國遣使朝貢。壬辰，罷相國府，留騎兵、外兵曹，各立一省，別掌機密。

十一月，周文帝率衆至陝城，分騎北渡，至建州。甲寅，梁湘東王蕭繹遣使朝貢。丙寅，帝親戎出次城東。周文帝聞帝軍容嚴盛，歎曰：「高歡不死矣。」遂退師。庚午，還宮。

十二月丁丑，茹茹、庫莫奚國並遣使朝貢。辛丑，帝至自晉陽。

二年春正月丁未，梁湘東王蕭繹遣使朝貢。辛亥，有事于圓丘，以神武皇帝配。癸亥，親耕籍田于東郊。乙酉，前黃門侍郎元世寶、通直散騎侍郎彭貴平謀逆，免死配邊。有事於太廟。甲戌，帝汎舟於城東。

二月壬辰，太尉彭樂謀反，伏誅。壬寅，茹茹國遣使朝貢。

三月丙午，襄城王淯薨。己未，詔梁承制湘東王繹爲梁使持節、假黃鉞、相國，建梁臺，總百揆，承制。〔六〕梁交州刺史李景盛、梁州刺史馬嵩仁、義州刺史夏侯珍洽、新州刺史李漢等並率州內附。庚申，司空司馬子如坐事免。

夏四月壬辰，梁王蕭繹遣使朝貢。

閏月乙丑，室韋國遣使朝貢。

五月丙戌，合州刺史斛斯顯攻剋梁歷陽鎮。丁亥，高麗國遣使朝貢。是月，侯景廢梁簡文，立蕭棟爲主。〔七〕

六月庚午，以前司空司馬子如爲太尉。

七月壬申，茹茹遣使朝貢。癸酉，行臺郎邢景遠破梁龍安戍，獲鎮城李洛文。己卯，改顯陽殿爲昭陽殿。

九月壬申，詔免諸伎作、屯、牧、雜色役隸之徒爲白戶。癸巳，帝如趙、定二州，因如晉陽。

冬十月戊申，起宣光、建始、嘉福、仁壽諸殿。庚申，蕭繹遣使朝貢。丁卯，文襄皇帝神主入于廟。

十一月，侯景廢梁主，僭即僞位於建鄴，自稱曰漢。

十二月，中山王殂。

三年春正月丙申，帝親討庫莫奚於代郡，大破之，獲雜畜十餘萬，分賚將士各有差。以奚口付山東爲民。

二月，茹茹主阿那瓌爲突厥虜所破，瓌自殺；其太子菴羅辰及瓌從弟登注俟利發、注子庫提並擁衆來奔。茹茹餘衆立注次子鐵伐爲主。辛丑，契丹遣使朝貢。

三月戊子，以司州牧清河王岳爲使持節、南道大都督，司徒潘相樂爲使持節、東南道大都督，及行臺辛術率衆南伐。癸巳，詔進梁王蕭繹爲梁主。

夏四月壬申，東南道行臺辛術於廣陵送傳國璽。甲申，以吏部尚書楊愔爲尚書右僕射。丙申，室韋國遣使朝貢。

六月乙亥，清河王岳等班師。丁未，帝至自晉陽。乙卯，帝如晉陽。

九月辛卯，帝自幷州幸離石。

冬十月乙未，至黃櫨嶺，仍起長城，北至社干戍四百餘里，立三十六戍。

十一月辛巳，梁王蕭繹即帝位於江陵，是爲元帝，遣使朝貢。

十二月壬子，帝還宮。戊午，帝如晉陽。

四年春正月丙子，山胡圍離石。戊寅，帝討之，未至，胡已逃竄，因巡三堆戍，大狩而歸。

戊寅，庫莫奚遣使朝貢。己丑，改鑄新錢，文曰「常平五銖」。

二月，送茹茹主鐵伐父登注及子庫提還北。〔八〕鐵伐尋爲契丹所殺，國人復立登注爲主，仍爲其大人阿富提等所殺，國人復立庫提爲主。

夏四月戊戌，帝還宮。戊午，西南有大聲如雷。

五月庚午，帝校獵於林慮山。戊子，還宮。

九月，契丹犯塞。壬午，帝北巡冀、定、幽、安，仍北討契丹。

冬十月丁酉，帝至平州，遂從西道趣長塹。詔司徒潘相樂率精騎五千自東道趣青山。辛丑，至白狼城。壬寅，經昌黎城。復詔安德王韓軌率精騎四千東趣，斷契丹走路。癸卯，至陽師水，倍道兼行，掩襲契丹。甲辰，帝親踰山嶺，爲士卒先，指麾奮擊，大破之，虜獲十萬餘口、雜畜數十萬頭。樂又於青山大破契丹別部。所虜生口皆分置諸州。是行也，帝露頭袒膊，晝夜不息，行千餘里，唯食肉飲水，壯氣彌厲。丁未，至營州。丁巳，登碣石山，臨滄海。

十一月己未，帝自平州，遂如晉陽。

閏月壬寅，梁帝遣使來聘。

十二月己未，突厥復攻茹茹，茹茹舉國南奔。癸亥，帝自晉陽北討突厥，迎納茹茹。乃廢其主庫提，立阿那瓌子菴羅辰爲主，置之馬邑川，給其廩餼繒帛。親追突厥於朔州，突厥請降，許之而還。於是貢獻相繼。

五年春正月癸巳，帝討山胡，從離石道。遣太師、咸陽王斛律金從顯州道，常山王演從晉州道，掎角夾攻，大破之，斬首數萬，獲雜畜十餘萬，遂平石樓。石樓絕險，自魏世所不能至。於是遠近山胡莫不懾服。是月，周文帝廢西魏主，立齊王廓，是爲恭帝。

三月，茹茹菴羅辰叛，帝親討，大破之，辰父子北遁。太保賀拔仁坐違節度除名。

夏四月，茹茹寇肆州。丁巳，帝自晉陽討之，至恒州黃瓜堆，虜騎走。時大軍已還，帝率麾下千餘騎，遇茹茹別部數萬，四面圍逼。帝神色自若，指畫形勢，虜衆披靡，遂縱兵潰圍而出。虜乃退走，〔九〕追擊之，伏尸二十里，獲菴羅辰妻子及生口三萬餘人。

五月丁亥，地豆干、契丹等國並遣使朝貢。丁未，北討茹茹，大破之。

六月，茹茹率部衆東徙，將南侵。帝率輕騎於金山下邀擊之，茹茹聞而遠遁。

秋七月戊子，肅愼遣使朝貢。壬辰，降罪人。庚戌，帝至自北伐。

八月丁巳，突厥遣使朝貢。庚子，以司州牧、清河王岳爲太保，司空尉粲爲司徒，〔一〇〕太子太師侯莫陳相爲司空，尚書令、平陽王淹錄尚書事，常山王演爲尚書令，中書令、上黨王渙爲尚書左僕射。乙亥，儀同三司元旭以罪賜死。丁丑，帝幸晉陽。己卯，開府儀同三司、錄尚書事、平原王高隆之薨。是月，詔常山王演、上黨王渙、清河王岳、平原王段韶等率衆於洛陽西南築伐惡城、新城、嚴城、河南城。

九月，帝親自臨幸，欲以致周師。周師不出，乃如晉陽。

冬十月，西魏伐梁元帝於江陵。詔清河王岳、河東王潘相樂、平原王段韶等率衆救之，未至而江陵陷，梁元帝爲西魏將于謹所殺。梁將王僧辯在建康，共推晉安王蕭方智爲太宰、都督中外諸軍，承制置百官。

十二月庚申，帝北巡至達速嶺，覽山川險要，將起長城。

六年春正月壬寅，清河王岳以衆軍渡江，剋夏首。送梁郢州刺史陸法和。〔一一〕詔以梁散騎常侍、貞陽侯蕭明爲梁主，遣尚書左僕射、上黨王渙率衆送之。

二月甲子，以陸法和爲使持節、都督荆雍江巴梁益湘萬交廣十州諸軍事，〔一二〕太尉公、大都督、西南道大行臺，梁鎮北將軍、侍中、荆州刺史宋莅爲使持節、驃騎大將軍、郢州刺

史。甲戌，上黨王渙剋譙郡。

三月丙戌，上黨王渙剋東關，斬梁將裴之横，俘斬數千。丙申，帝至自晉陽。封世宗二子孝珩爲廣寧王，延宗爲安德王。戊戌，帝臨昭陽殿聽獄決訟。

夏四月庚申，帝如晉陽。丁卯，儀同蕭軌克梁晉熙城，以爲江州。戊寅，突厥遣使朝貢。梁反人李山花自號天子，逼魯山城。

五月乙酉，鎮城李仲侃擊斬之。庚寅，帝至自晉陽。蕭明入于建鄴。丁未，茹茹遣使朝貢。

六月壬子，詔曰：「梁國遘禍，主喪臣離，逷彼炎方，盡生荆棘。興亡繼絶，義在於我，納以長君，拯其危弊，比送梁主，已入金陵。藩禮既修，分義方篤。越鳥之思，豈忘南枝，凡是梁民，宜聽反國，以禮發遣。」丁卯，帝如晉陽。壬申，親討茹茹。甲戌，諸軍大會於祁連池。乙亥，出塞，至厙狄谷，百餘里內無水泉，六軍渴乏，俄而大雨。戊寅，梁主蕭明遣其子章、兼侍中袁泌、兼散騎常侍楊裕奉表朝貢。

秋七月己卯，帝頓白道，留輜重，親率輕騎五千追茹茹。壬午，及於懷朔鎮。帝躬當矢石，頻大破之，遂至沃野，獲其俟利藹焉力婁阿帝、吐頭發郁久閭狀延等，並口二萬餘，牛羊數十萬頭。茹茹俟利郁久閭李家提率部人數百降。壬辰，帝還晉陽。

九月乙卯，帝至自晉陽。

冬十月，梁將陳霸先襲王僧辯，殺之，廢蕭明，復立蕭方智爲主。辛亥，帝如晉陽。

十一月丙戌，高麗遣使朝貢。梁秦州刺史徐嗣輝、南豫州刺史任約等襲據石頭城，並以州內附。壬辰，大都督蕭軌率衆至江，遣都督柳達摩等渡江鎮石頭。東南道行臺趙彥深獲秦郡等五城，戶二萬餘，所在安輯之。己亥，太保、司州牧、清河王岳薨。是月，柳達摩爲霸先攻逼，以石頭降。

十二月戊申，厙莫奚遣使朝貢。

是年，發夫一百八十萬人築長城，自幽州北夏口至恒州九百餘里。

七年春正月甲辰，帝至自晉陽。於鄴城西馬射，大集衆庶而觀之。

二月辛未，詔常山王演等於涼風堂讀尚書奏按，論定得失，帝親決之。

三月丁酉，大都督蕭軌等率衆濟江。

夏四月乙丑，儀同婁叡率衆討魯陽蠻，大破之。丁卯，〔一三〕詔造金華殿。

五月丙申，漢陽王洽薨。是月，帝以肉爲斷慈，遂不復食。

六月乙卯，蕭軌等與梁師戰於鍾山之西，遇霖雨，失利，軌及都督李希光、王敬寶、東方

老、軍司裴英起並沒，士卒散還者十二三。乙丑，梁湘州刺史王琳獻馴象。

是年，修廣三臺宮殿。

秋七月己亥，大赦天下。

八月庚申，帝如晉陽。

九月甲辰，厙莫奚遣使朝貢。

冬十月丙戌，契丹遣使朝貢。是月，發山東寡婦二千六百人以配軍士，有夫而濫奪者五分之一。是月，周文帝殂。〔一四〕

十一月壬子，詔曰：

崐山作鎮，厥號神州；瀛海爲池，是稱赤縣。蒸民乃粒，司牧存焉。王者之制，沿革迭起，方割成災，肇分十二，水土既平，還復九州。道或繁簡，義在通時，殷因於夏，無所改作。然則日月纏於天次，王公國於地野，皆所以上叶玄儀，下符川嶽。逮于秦政，鞭撻區宇，罷侯置守，天下爲家。洎兩漢承基，曹、馬屬統，其間損益，難以勝言。魏自孝昌之季，數鍾澆否，祿去公室，政出多門，衣冠道盡，黔首塗炭。銅馬、鐵脛之徒，黑山、青犢之侶，梟張晉、趙，豕突燕、秦，綱紀從兹而頹，彝章因此而紊。是使豪家大族，鳩率鄉部，託迹勤王，規自署置。或外家公主，女謁內成，昧利納財，啓立州

郡。離大合小，本逐時宜，剖竹分符，蓋不獲已。牧守令長，虛增其數，求功錄實，諒足爲煩，損害公私，爲弊殊久，既乖爲政之禮，徒有驅羊之費。自爾因循，未遑删改。

朕寅膺寶曆，恭臨八荒，建國經野，務存簡易。將欲鎮躁歸靜，反薄還淳，苟失其中，理從刊正。傍觀舊史，逖聽前言，周曰成、康，漢稱文、景，編戶之多，古今爲最。而丁口減於疇日，守令倍於昔辰，非所以馭俗調風，示民軌物。且五嶺內賓，三江迴化，拓土開疆，利窮南海。但要荒之所，舊多浮僞，百室之邑，便立州名，三戶之民，空張郡目。譬諸木犬，猶彼泥龍，循名督實，事歸烏有。今所併省，一依別制。

於是併省三州、一百五十三郡、五百八十九縣、二鎮二十六戍。又制刺史令盡行兼，不給幹物。〔一五〕

十二月，西魏相宇文覺受魏禪。先是，自西河總秦戍築長城東至於海，前後所築東西凡三千餘里，率十里一戍，其要害置州鎮，凡二十五所。

八年春三月，大熱，人或暍死。

夏四月庚午，詔諸取蝦蟹蜆蛤之類，悉令停斷，唯聽捕魚。乙酉，詔公私鷹鷂俱亦禁絕。以太師、咸陽王斛律金爲右丞相，前大將軍、扶風王可朱渾道元爲太傅，開府儀同三司

賀拔仁爲太保，尚書令、常山王演爲司空、錄尚書事，長廣王湛爲尚書令，尚書右僕射楊愔爲尚書左僕射，以并省尚書右僕射崔暹爲尚書右僕射，上黨王渙錄尚書事。是月，帝在城東馬射，敕京師婦女悉赴觀，不赴者罪以軍法，七日乃止。

五月辛酉，冀州民劉向於京師謀逆，黨與皆伏誅。

秋八月己巳，庫莫奚遣使朝貢。庚辰，詔丘、郊、禘、祫、時祀，皆仰市取，少牢不得剖割，有司監視，必令豐備；農社先蠶，酒肉而已；雩、禖、風、雨、司民、司祿、靈星、雜祀，果餅酒脯。唯當務盡誠敬，義同如在。

自夏至九月，河北六州、河南十二州、畿內八郡大蝗。是月，飛至京師，蔽日，聲如風雨。甲辰，詔今年遭蝗之處免租。是月，周冢宰宇文護殺其主閔帝而立帝弟毓，〔一六〕是爲明帝。

冬十月乙亥，陳霸先弑其主方智自立，是爲陳武帝，遣使稱藩朝貢。

是年，於長城內築重城，自庫洛拔而東至於塢紇戍，凡四百餘里。

九年春二月丁亥，降罪人。己丑，詔限仲冬一月燎野，不得他時行火，損昆虫草木。

三月丁酉，帝至自晉陽。

夏四月辛巳，大赦。是夏，大旱。帝以祈雨不應，毀西門豹祠，掘其冢。山東大蝗，差夫役捕而坑之。是月，北豫州刺史司馬消難以城叛，入於周。

五月辛丑，〔一七〕以尚書令、長廣王湛錄尚書事，驃騎大將軍、平秦王歸彥爲尚書左僕射。甲辰，以前尚書左僕射楊愔爲尚書令。

六月乙丑，帝自晉陽北巡。己巳，至祁連池。戊寅，還晉陽。

秋七月辛丑，給京畿老人劉奴等九百四十三人版職及杖帽各有差。戊申，詔趙、燕、瀛、定、南營五州及司州廣平、清河二郡去年螽澇損田，兼春夏少雨，苗稼薄者，免今年租賦。

八月乙丑，至自晉陽。甲戌，帝如晉陽。是月，陳江州刺史沈泰以三千人內附。先是，發丁匠三十餘萬營三臺於鄴下，因其舊基而高博之，大起宮室及遊豫園。至是，三臺成，改銅爵曰金鳳，金獸曰聖應，冰井曰崇光。

十一月甲午，帝至自晉陽，登三臺，御乾象殿，朝讌羣臣，並命賦詩。以新宮成，丁酉，大赦，內外文武普汎一大階。丁巳，梁湘州刺史王琳遣使請立蕭莊爲梁主，仍以江州內屬，令莊居之。

十二月癸酉，詔梁王蕭莊爲梁主，進居九派。〔一八〕戊寅，以太傅可朱渾道元爲太師，司徒尉粲爲太尉，冀州刺史段韶爲司空，錄尚書事、常山王演爲大司馬，錄尚書事、長廣王湛爲

司徒。是月，起大莊嚴寺。

是年，殺永安王浚、上黨王渙。

十年春正月戊戌，以司空侯莫陳相爲大將軍。甲寅，帝如遼陽甘露寺。乙卯，詔於麻城置衡州。〔一九〕

二月丙戌，帝於甘露寺禪居深觀，唯軍國大政奏聞。

三月戊戌，以侍中高德政爲尚書右僕射。丙辰，帝至自遼陽。是月，梁主蕭莊至郢州，遣使朝貢。

閏四月丁酉，以司州牧、彭城王浟爲司空，侍中、高陽王湜爲尚書右僕射。乙巳，以司空、彭城王浟兼太尉，封皇子紹廉爲長樂郡王。

五月癸未，誅始平公元世、〔二〇〕東平公元景式等二十五家，特進元韶等十九家並令禁止。

六月，陳武帝殂，兄子蒨立，是爲文帝。

秋八月戊戌，封皇子紹義爲廣陽郡王，以尚書右僕射、河間王孝琬爲尚書左僕射。癸卯，詔諸軍民或有父祖改姓冒入元氏，或假託攜認，妄稱姓元者，不問世數遠近，悉聽改復

木姓。

九月己巳，帝如晉陽。是月，使酈懷則、陸仁惠使於蕭莊。

冬十月甲午，帝暴崩於晉陽宮德陽堂，時年三十一。遺詔：「凡諸凶事一依儉約。三年之喪，雖曰達禮，漢文革創，通行自昔，義有存焉，同之可也，喪月之斷限以三十六日。嗣主、百僚、內外遐邇奉制割情，悉從公除。」癸卯，發喪，斂於宣德殿。十一月辛未，梓宮還京師。十二月乙酉，殯於太極前殿。乾明元年二月丙申，葬於武寧陵，謚曰文宣皇帝，廟號威宗。〔二〕武平初，又改爲文宣，廟號顯祖。

帝少有大度，志識沉敏，外柔內剛，果敢能斷。雅好吏事，測始知終，理劇處繁，終日不倦。初踐大位，留心政術，以法馭下，公道爲先。或有違犯憲章，雖密戚舊勳，必無容舍，內外清靖，莫不祗肅。至於軍國幾策，獨決懷抱，規模宏遠，有人君大略。又以三方鼎跱，諸夷未賓，修繕甲兵，簡練士卒，左右宿衛置百保軍士。每臨行陣，親當矢石，鋒刃交接，唯恐前敵之不多，屢犯艱危，常致克捷。嘗於東山遊讌，以關隴未平，投杯震怒，召魏收於御前，立爲詔書，宣示遠近，將事西伐。是歲，周文帝殂，西人震恐，常爲度隴之計。

既征伐四克，威振戎夏，六七年後，以功業自矜，遂留連耽湎，肆行淫暴。或躬自鼓舞，

歌謳不息，從旦通宵，以夜繼晝。或袒露形體，塗傅粉黛，散髮胡服，雜衣錦綵。拔刃張弓，遊於市肆，勳戚之第，朝夕臨幸。時乘馲駝牛驢，不施鞍勒，盛暑炎赫，隆冬酷寒，或日中暴身，去衣馳騁，從者不堪，帝居之自若。親戚貴臣，左右近習，侍從錯雜，無復差等。徵集淫嫗，分付從官，朝夕臨視，以爲娛樂。凡諸殺害，多令支解，或焚之於火，或投之於河。沉酗既久，彌以狂惑，至於末年，每言見諸鬼物，亦云聞異音聲。情有蒂芥，必在誅戮，諸元宗室咸加屠勦，永安、上黨並致冤酷，高隆之、高德政、杜弼、王元景、李倩之等皆以非罪加害。嘗在晉陽以矟戲刺都督尉子耀，應手卽殞。又在三臺大光殿上，以鋸鋸都督穆嵩，遂至於死。又嘗幸開府暴顯家，有都督韓悊無罪，忽於衆中喚出斬之。自餘酷濫，不可勝紀。朝野憯憯，各懷怨毒。而素以嚴斷臨下，加之默識强記，百僚戰慄，不敢爲非，文武近臣朝不謀夕。又多所營繕，百役繁興，舉國騷擾，公私勞弊。凡諸賞賚，無復節限，府藏之積，遂至空虛。暨于末年，不能進食，唯數飲酒，麴糵成災，因而致斃。

論曰：〔三〕高祖平定四胡，威權延世。遷鄴之後，雖主器有人，號令所加，政皆自出。顯祖因循鴻業，內外協從，自朝及野，羣心屬望。東魏之地，舉世樂推，曾未期月，玄運集已。始則存心政事，風化肅然，數年之間，翕斯致治。其後縱酒肆欲，事極猖狂，昏邪殘暴，近世未有。饗國弗永，實由斯疾，胤嗣殄絕，固亦餘殃者也。

贊曰：天保定位，受終攸屬。奄宅區夏，爰膺帝籙。勢叶謳歌，情毀龜玉。始存政術，聞斯德音。罔遵克念，乃肆其心。窮理殘虐，盡性荒淫。

校勘記

〔一〕帝神色不變指麾部分自彎斬羣賊而漆其頭　册府卷一九〇二二九九頁、御覽卷一三〇六三一頁「自」下有「若」字。按「指麾部分自若」與上「神色不變」相應，疑傳本脫「若」字。

〔二〕地豆于國遣使朝貢　南本「于」作「干」。按此部見於魏書者多作「于」，見於北史者都作「干」。此外通典卷二〇〇有地頭于傳，册府卷九六九記此部却「于」「干」互見。此紀這一條除南本外都作「于」，南本當卽據北史改，而下文天保五年五月條諸本又都作「干」。今皆仍之，以後不再出校記。

〔三〕將混朱方　諸本「朱」作「來」。册府卷一八六二二五七頁作「朱」。按「朱方」見左傳襄公二十八年，杜注：「朱方，吳邑。」這裏用來泛指南方。「來方」無所取義，今據改。

〔四〕高孝緒爲脩城王　諸本「脩」作「循」，南本作「修」，北史卷七齊文宣紀作「脩」。按本書卷一四高永樂傳稱孝緒「天保初，改封脩城郡王」。隋書卷二九地理志梁州順政郡有「脩城縣」，云「舊置脩城郡」。「循城」無此地名，今據改。

〔五〕往者文襄皇帝所運蔡邕石經五十二枚　諸本「運」都作「建」。北史卷七、册府卷一九四二三三九頁作「運」。張森楷云：「按孝昭紀本書卷六、北史卷七亦云文襄帝所運石經，則『建』字誤也。」按石經本在洛陽，高澄運到鄴。今據北史、册府改。

〔六〕詔梁承制湘東王繹爲梁使持節假黃鉞相國建梁臺總百揆承制　北史卷七「承制」下有「梁王」二字。按下文四月見「梁王蕭繹」，這裏不宜省，當是脫文。

〔七〕是月侯景廢梁簡文立蕭棟爲主　諸本「棟」作「楝」。北史卷七作「棟」。按梁書卷四簡文紀大寶二年記此事，百衲本作「棟」，殿本作「楝」，而卷五六侯景傳和南史卷八梁紀下、卷八〇侯景傳、通鑑卷一六四五〇七一頁都作「棟」。通鑑考異無文，則司馬光所見諸史皆同作「棟」。今據改。

〔八〕送茹茹主鐵伐父登注及子庫提還北　諸本無「父」字，北史卷七有。張森楷云：「按鐵伐是登注次子，自在其國爲主，無待齊之送之，有『父』字是。」按張說是，今據北史補。

〔九〕虜乃退走　諸本「乃」作「不」，於文義不協，南本删「不」字。北史卷七但作「虜走」，南本當卽據北史删。今據册府卷九八四一一五五八頁改。

〔一〇〕以司州牧清河王岳爲太保司空尉粲爲司徒　北史卷七「清河王岳爲太保」下尚有「以安德王軌爲大司馬、扶風王可朱渾道元爲大將軍」，才接司空尉粲。按下文天保八年四月稱「前大將軍扶風王可朱渾道元爲太傅」，則道元先曾以大將軍罷免，這裏顯然脫去二人。

〔一一〕送梁郢州刺史陸法和　按此句語意不足。本書卷一三清河王岳傳稱岳得了郢州後，「先送法和於京師」。這裏「陸法和」下當脫「於京師」三字。

〔一二〕以陸法和爲使持節都督荆雍江巴梁益湘萬交廣十州諸軍事　按地志無萬州。梁代與荆雍梁益湘交廣諸州連稱兼督者常見「郢州」「寧州」。「寧」如寫作「甯」，與「萬」字形較近，疑這裏「萬」是「甯」的形訛。

〔一三〕丁卯　諸本「丁卯」都作「丁亥」，北史卷七作「丁卯」。按天保七年五五六四月有丁卯，無丁亥，今據改。

〔一四〕是月周文帝殂　按上已稱「是月發山東寡婦」，這裏「是月」二字是衍文。

〔一五〕又制刺史令盡行兼不給幹物　册府卷五〇五六〇六四頁「令」作「今」。按隋書卷二四食貨志云：「又制刺史守宰行兼者不給幹。」通典卷五同。又同書卷二七百官志中云：「諸州刺史守令已下幹及力皆聽敕乃給。」「刺史守令」連文，這裏「令」上脫「守」字，册府以不可通，改作「今」。又據隋書食貨志，「盡」字也是衍文。

〔一六〕周冢宰宇文護殺其主閔帝而立帝弟毓　按毓是宇文泰長子，乃閔帝兄，作「弟」誤。

〔一七〕五月辛丑　諸本「辛丑」作「辛巳」，北史卷七作「辛丑」。按天保九年五五八五月有辛丑，無辛巳，今據改。

〔一八〕詔梁王蕭莊爲梁主進居九派　諸本「派」作「泒」，局本作「派」。通鑑卷一六七五一七四頁作「泒」。按字書「泒」卽「沠」，古「流」字。「泒」是水名，又是唐人俗寫的「派」字。這裏以「泒」爲「派」，又訛作「泒」。文選卷十二郭璞江賦：「流九派於潯陽。」太平寰宇記卷一一一江州序稱潯陽郡「彈壓九派」。蕭莊時在湓城，卽潯陽郡治。今從局本。

〔一九〕詔於麻城置衡州　諸本「衡」作「衞」。按隋書卷三一地理志永安郡條云：「後齊置衡州。」永安郡卽黄州，麻城是屬縣。太平寰宇記卷一三一敍黄州云：「北齊天保六年於舊城西南面別築小城，置衡州。」此州置於黄岡黄州治還是麻城，雖有異文，寰宇記紀年也較早，但州名「衡」不名「衞」是明確的，今據改。

〔二〇〕誅始平公元世　「元世」，本書卷二八及北史卷一九元韶傳作「元世哲」，這裏脫「哲」字。

〔二一〕謚曰文宣皇帝廟號威宗　錢氏考異卷三一云：「按乾明初上謚號曰高祖文宣皇帝；天統元年改謚景烈皇帝，廟號威宗；武平元年，復改顯祖文宣皇帝。此紀有脫文。」

〔二二〕論曰　錢氏考異卷三一云：「按百藥史論皆稱『史臣曰』，其稱『論曰』者，皆北史之文也。齊史八紀已亡其七，惟此篇猶是百藥之舊，而論不著史臣，蓋校書依前後篇之例改之。」

北齊書卷五〔一〕

帝紀第五

廢帝

廢帝殷，字正道，文宣帝之長子也，母曰李皇后。天保元年，立爲皇太子，時年六歲。性敏慧。初學反語，於「跡」字下注云自反。時侍者未達其故，太子曰：「跡字，足傍亦爲『跡』，豈非自反耶？」常宴北宮，獨令河間王勿入。左右問其故，太子曰：「世宗遇賊處，河間王復何宜在此。」文宣每言太子得漢家性質，不似我，欲廢之，立太原王。初詔國子博士李寶鼎傅之，寶鼎卒，復詔國子博士邢峙侍講。太子雖富於春秋，而溫裕開朗，有人君之度，貫綜經業，省覽時政，甚有美名。七年冬，文宣召朝臣文學者及禮學官於宮宴會，〔二〕令以經義相質，親自臨聽。太子手筆措問，在坐莫不歎美。九年，文宣在晉陽，太子監國，集諸儒講孝經。今楊愔傳旨，謂國子助教許散愁曰：「先生在世何以自資？」對曰：「散愁自少以來，不

登孌童之牀，不入季女之室，服膺簡策，不知老之將至。平生素懷，若斯而已。」太子曰：「顏子縮屋稱貞，柳下嫗而不亂，未若此翁白首不娶者也。」乃賚絹百疋。後文宣登金鳳臺，〔三〕召太子使手刃囚。太子惻然有難色，再三不斷其首。文宣怒，親以馬鞭撞太子三下，由是氣悸語吃，精神時復昏擾。

十年十月，文宣崩。癸卯，太子卽帝位於晉陽宣德殿，〔四〕大赦，內外百官普加汎級，亡官失爵，聽復資品。庚戌，尊皇太后爲太皇太后，皇后爲皇太后。詔九州軍人七十已上授以板職，武官年六十已上及癃病不堪驅使者，並皆放免。土木營造金銅鐵諸雜作工，一切停罷。

十一月乙卯，以右丞相、咸陽王斛律金爲左丞相，以錄尚書事、常山王演爲太傅，以司徒、長廣王湛爲太尉，以司空段韶爲司徒，以平陽王淹爲司空，高陽王湜爲尚書左僕射，河間王孝琬爲司州牧，侍中燕子獻爲右僕射。戊午，分命使者巡省四方，求政得失，省察風俗，問人疾苦。

十二月戊戌，改封上黨王紹仁爲渔陽王，〔五〕廣陽王紹義爲范陽王，長樂王紹廉爲隴西王。是歲，周武成元年。

乾明元年庚辰，春正月癸丑朔，改元。己未，詔寬徭賦。癸亥，高陽王湜薨。是月，車駕至自晉陽。二月己亥，〔六〕以太傅、常山王演爲太師、錄尚書事，以太尉、長廣王湛爲大司馬、并省錄尚書事，以尚書左僕射、平秦王歸彥爲司空，趙郡王叡爲尚書左僕射。詔諸元良口配沒宮內及賜人者，並放免。甲辰，帝幸芳林園，親錄囚徒，死罪以下降免各有差。

乙巳，太師、常山王演矯詔誅尚書令楊愔、尚書右僕射燕子獻、〔七〕領軍大將軍可朱渾天和、侍中宋欽道、散騎常侍鄭子默。戊申，以常山王演爲大丞相、都督中外諸軍、錄尚書事，以大司馬、長廣王湛爲太傅、京畿大都督，以司徒段韶爲大將軍，以前司空、平陽王淹爲太尉，以司空、平秦王歸彥爲司徒，彭城王浟爲尚書令。又以高麗王世子湯爲使持節、領東夷校尉、遼東郡公、高麗王。是月，王琳爲陳所敗，蕭莊自拔至和州。

三月甲寅，詔軍國事皆申晉陽，稟大丞相常山王規算。壬申，封文襄第二子孝珩爲廣寧王，第三子長恭爲蘭陵王。

夏四月癸亥，詔河南、定、冀、趙、瀛、滄、南膠、光、靑九州，往因螽水，頗傷時稼，遣使分塗贍恤。〔八〕是月，周明帝崩。

五月壬子，以開府儀同三司劉洪徽爲尚書右僕射。

秋八月壬午，太皇太后令廢帝爲濟南王，令食一郡，以大丞相、常山王演入纂大統。是

日，王居別宮。皇建二年九月，殂於晉陽，年十七。

帝聰慧夙成，寬厚仁智，天保間雅有令名。及承大位，楊愔、燕子獻、宋欽道等同輔。以常山王地親望重，內外畏服，加以文宣初崩之日，太后本欲立之，故愔等並懷猜忌。常山王憂悵，乃白太后誅其黨，時平秦王歸彥亦預謀焉。皇建二年秋，天文告變，歸彥慮有後害，仍白孝昭，以王當咎。乃遣歸彥馳驛至晉陽宮殺之。王薨後，孝昭不豫，見文宣爲祟。孝昭深惡之，厭勝術備設而無益也。薨三旬而孝昭崩。大寧二年，葬於武寧之西北，〔九〕諡閔悼王。初文宣命邢卲制帝名殷字正道，帝從而尤之曰：「殷家弟及，『正』字一止，吾身後兒不得也。」邢卲懼，請改焉。文宣不許曰：「天也。」因謂孝昭帝曰：「奪但奪，愼勿殺也。」

校勘記

〔一〕北齊書卷五　按此卷原缺，後人以北史卷七齊紀中廢帝紀補。

〔二〕文宣召朝臣文學者及禮學官於宮宴會　御覽卷一三一六三四頁「宮」上有「東」字。疑當有此字。

〔三〕後文宣登金鳳臺　諸本無「金」字。按金鳳臺見本書卷四文宣紀天保九年。今據北史卷七補。

〔四〕十年十月文宣崩癸卯太子卽帝位於晉陽宣德殿　諸本「十月」作「十一月」。北史卷七、御覽卷一三一六三四頁、册府卷一八八二二七九頁廢帝條作「十月」。按本書卷四文宣紀，高洋死在十月甲午，癸卯卽其後九日。十一月無癸卯。且此紀下文又有「十一月乙卯」事。「一」字衍，今據刪。

〔五〕改封上黨王紹仁爲漁陽王　按本書卷一二文宣四王傳補紹仁封西河王，卷一一文襄六王傳補有漁陽王紹信。這裏「紹仁」當是「紹信」之誤，紹仁爲紹義弟，不應列在紹義前。

〔六〕二月己亥　諸本無「二月」二字，「己亥」作「癸亥」。北史也不紀月，但作「己亥」。通鑑卷一六八五一九六頁作「二月己亥」。按上文已稱「是月，車駕至自晉陽」，正月事已完。下文紀日有「甲辰」「戊申」，本年正月無此日。二月癸未朔，己亥是十七日，甲辰二十二日，戊申二十六日，順序正合。今據通鑑補改。

〔七〕尚書右僕射燕子獻　諸本「右」作「左」，北史卷七作「右」。按上年十一月稱燕子獻爲右僕射。本書卷六孝昭紀補卷三四本傳補同作「右僕射」。「左」字訛，今據北史改。

〔八〕詔河南定冀趙瀛滄南膠光靑九州往因螽水頗傷時稼遣使分塗贍恤　北史卷七「靑」上有「南」字。按定冀趙瀛滄五州都在河北，不應冠以河南，「南膠」無此州名。這裏必有訛脫。北史增「南靑」，則無靑州。膠、光、靑、南靑地相連接，豈有鄰州皆災，靑州獨免之理，也不可通。今「河南」，姑作郡名標，「南膠」只標「膠」字，但這樣便只八州一郡。

〔九〕葬於武寧之西北　按武寧是高洋陵名，「陵」字不宜省。

北齊書卷六[一]

帝紀第六

孝昭

孝昭皇帝演，字延安，神武皇帝第六子，文宣皇帝之母弟也。幼而英特，早有大成之量，武明皇太后早所愛重。魏元象元年，封常山郡公。及文襄執政，遣中書侍郎李同軌就霸府爲諸弟師。帝所覽文籍，源其指歸而不好辭彩。每歎云：「雖盟津之師，左驂震而不衂。」以爲能。[二]遂篤志讀漢書，至李陵傳，恒壯其所爲焉。聰敏過人，所與遊處，一知其家諱，終身未嘗誤犯。同軌病卒，又命開府長流參軍刁柔代之，性嚴褊，不適誘訓之宜，中被遣出。帝送出閤，慘然斂容，淚數行下，左右莫不歔欷。其敬業重舊也如此。

天保初，進爵爲王。五年，除幷省尚書令。帝善斷割，長於文理，省內畏服。七年，從文宣還鄴。文宣以尚書奏事，多有異同，令帝與朝臣先論定得失，然後敷奏。帝長於政術，

剖斷咸盡其理，文宣歎重之。八年，轉司空、錄尙書事。九年，除大司馬，仍錄尙書。

時文宣溺於遊宴，帝憂憤表於神色。文宣覺之，謂帝曰：「但令汝在，我何爲不縱樂？」帝唯啼泣拜伏，竟無所言。文宣亦大悲，抵盃於地曰：「汝以此嫌我，自今敢進酒者，斬之！」因取所御盃盡皆壞棄。後益沉湎，或入諸貴戚家角力批拉，不限貴賤。唯常山王至，內外肅然。帝又密撰事條，將諫，其友王晞以爲不可。帝不從，因間極言，遂逢大怒。順成后本魏朝宗室，文宣欲帝離之，陰爲帝廣求淑媛，望移其寵。帝雖承旨有納，而情義彌重。帝性頗嚴，尙書郎中剖斷有失，輒加捶楚，令史姦慝，便卽考竟。文宣乃立帝於前，以刀環擬脅。召被帝罰者，臨以白刃，求帝之短，咸無所陳，方見解釋。自是不許笞箠郎中。後賜帝魏時宮人，醒而忘之，謂帝擅取，遂以刀環亂築，因此致困。皇太后日夜啼泣，文宣不知所爲。先是禁友王晞，乃捨之，令侍帝。帝月餘漸瘳，不敢復諫。

及文宣崩，帝居禁中護喪事，幼主卽位，乃卽朝班。除太傅、錄尙書，[三]朝政皆決於帝，月餘，乃居藩邸，自是詔勑多不關帝。客或言於帝曰：「鷙鳥捨巢，必有探卵之患，今日之地，何宜屢出。」乾明元年，從廢帝赴鄴，居于領軍府。時楊愔、燕子獻、可朱渾天和、宋欽道、鄭子默等以帝威望旣重，內懼權逼，請以帝爲太師、司州牧、錄尙書事；長廣王湛爲大司馬、錄幷省尙書事，解京畿大都督。帝時以尊親而見猜斥，乃與長廣王期獵，謀之於野。

三月甲戌，[四]帝初上省，旦發領軍府，大風暴起，壞所御車幔，帝甚惡之。及至省，朝士咸集。坐定，酒數行，執尙書令楊愔、右僕射燕子獻、領軍可朱渾天和、侍中宋欽道等於坐。帝戎服與平原王段韶、平秦王高歸彥、領軍劉洪徽入自雲龍門，於中書省前遇散騎常侍鄭子默，又執之，同斬於御府之內。帝至東閤門，都督成休寧抽刃呵帝。帝令高歸彥喩之，休寧厲聲大呼不從。歸彥旣爲領軍，素爲兵士所服，悉皆弛仗，休寧歎息而罷。帝入至昭陽殿，幼主、太皇太后、皇太后並出臨御坐。帝奏愔等罪，求伏專擅之辜。時庭中及兩廊下衞士二千餘人皆被甲待詔，武衞娥永樂武力絕倫，又被文宣重遇，撫刃思効。廢帝性吃訥，兼倉卒不知所言。太皇太后又爲皇太后誓，言帝無異志，唯去逼而已。高歸彥勑勞衞士解嚴，永樂乃內刀而泣。帝乃令歸彥引侍衞之士向華林園，以京畿軍入守門閤，斬娥永樂於園。詔以帝爲大丞相、都督中外諸軍、錄尙書事，相府佐史進位一等。帝尋如晉陽，有詔軍國大政咸諮決焉。

帝旣當大位，知無不爲，擇其令典，考綜名實，廢帝恭己以聽政。太皇太后尋下令廢少主，命帝統大業。

皇建元年八月壬午，皇帝卽位於晉陽宣德殿，大赦，改乾明元年爲皇建。詔奉太皇太

后還稱皇太后，皇太后稱文宣皇后，宮曰昭信。乙酉，詔：自太祖創業已來，諸有佐命功臣子孫絕滅、國統不傳者，有司搜訪近親，以名聞，當量爲立後；諸郡國老人各授版職，賜黃帽鳩杖。又詔：謇正之士並聽進見陳事；軍人戰亡死王事者，以時申聞，當加榮贈；督將、朝士名望素高，位歷通顯，天保以來未蒙追贈者，亦皆錄奏；又以廷尉、中丞，執法所在，繩違按罪，不得舞文弄法；其官奴婢年六十已上免爲庶人。戊子，以太傅、長廣王湛爲右丞相，以太尉、平陽王淹爲太傅，以尙書令、彭城王浟爲大司馬。壬辰，詔分遣大使巡省四方，觀察風俗，問人疾苦，考求得失，搜訪賢良。甲午，詔曰：「昔武王克殷，先封兩代，漢、魏二晉，無廢玆典。及元氏統歷，不率舊章。朕纂承大業，思弘古典，但二王三恪，舊說不同，可議定是非，列名條奏。其禮儀體式亦仰議之。」又詔國子寺可備立官屬，依舊置生，講習經典，歲時考試。其文襄帝所運石經，宜卽施列於學館。外州大學亦仰典司勤加督課。丙申，詔九州勳人有重封者，聽分授子弟，以廣骨肉之恩。

九月壬申，詔議定三祖樂。

冬十一月辛亥，立妃元氏爲皇后，世子百年爲皇太子。賜天下爲父後者爵一級。癸丑，有司奏太祖獻武皇帝廟宜奏武德之樂，舞昭烈之舞；世宗文襄皇帝廟宜奏文德之樂，舞宣政之舞；顯祖文宣皇帝廟宜奏文正之樂，[五]舞光大之舞。詔曰可。庚申，詔以故太師尉

景、故太師竇泰、故太師太原王婁昭、故太宰章武王厙狄干、故太尉段榮、故太師万俟普、故司徒蔡儁、故太師高乾、故司徒莫多婁貸文、故太保劉貴、故太保封祖裔、故廣州刺史王懷十三人配饗太祖廟庭，〔六〕故太師清河王岳、故太宰安德王韓軌、故太宰扶風王可朱渾道元、故太師高昂、故大司馬劉豐、故太師万俟受洛干、故太尉慕容紹宗七人配饗世宗廟庭，故太尉河東王潘相樂、故司空薛脩義、故太傅破六韓常三人配饗顯祖廟庭。是月，帝親戎北討庫莫奚，出長城，虜奔遁，分兵致討，大獲牛馬，括總入晉陽宮。

十二月丙午，車駕至晉陽。

二年春正月辛亥，祀圓丘。壬子，禘於太廟。癸丑，詔降罪人各有差。

二月丁丑，詔內外執事之官從五品已上及三府主簿錄事參軍、諸王文學、侍御史、廷尉三官、尚書郎中、中書舍人，每二年之內各舉一人。

冬十月丙子，以尚書令、彭城王浟爲太保，長樂王尉粲爲太尉。己酉，野雉栖于前殿之庭。

十一月甲辰，詔曰：「朕嬰此暴疾，奄忽無逮。今嗣子沖眇，未閑政術，社稷業重，理歸上德。右丞相、長廣王湛研機測化，體道居宗，人雄之望，海內瞻仰，同胞共氣，家國所憑，

可遺尚書左僕射、趙郡王叡喻旨，徵王統茲大寶。其喪紀之禮一同漢文，三十六日悉從公除，山陵施用，務從儉約。」先是帝不豫而無闕聽覽，是月，崩於晉陽宮，時年二十七。大寧元年閏十二月癸卯，梓宮還鄴，上謚曰孝昭皇帝。庚午，葬於文靖陵。

帝聰敏有識度，深沉能斷，不可窺測。身長八尺，腰帶十圍，儀望風表，迥然獨秀。自居臺省，留心政術，閑明簿領，吏所不逮。及正位宸居，彌所剋勵。輕徭薄賦，勤恤人隱。內無私寵，外收人物，雖后父位亦特進無別。日昃臨朝，務知人之善惡，每訪問左右，冀獲直言。曾問舍人裴澤在外議論得失。澤率爾對曰：「陛下聰明至公，自可遠侔古昔，而有識之士，咸言傷細，帝王之度，頗爲未弘。」帝笑曰：「誠如卿言。朕初臨萬機，慮不周悉，故致爾耳。此事安可久行，恐後又嫌疏漏。」澤因被寵遇。其樂聞過也如此。趙郡王叡與庫狄顯安侍坐。帝曰：「須拔我同堂弟，顯安我親姑子，今序家人禮，除君臣之敬，可言我之不逮。」顯安曰：「陛下多妄言。」曰：「若何？」對曰：「陛下昔見文宣以馬鞭撻人，常以爲非，而今行之，非妄言耶？」帝握其手謝之。又使直言。對曰：「陛下太細，天子乃更似吏。」帝曰：「朕甚知之，然無法來久，將整之以至無爲耳。」又問王晞，晞答如顯安，皆從容受納。性至孝，太后不豫，出居南宮，帝行不正履，容色貶悴，衣不解帶，殆將四旬。殿去南宮五百餘步，鷄鳴而去，辰時方還，來去徒行，不乘輿輦。太后所苦小增，便即寢伏閤外，食飲藥物盡皆躬親。太后常心痛不自堪忍，帝立侍帷前，以爪搯手心，血流出袖。友愛諸弟，無君臣之隔。雄斷有謀，于時國富兵强，將雪神武遺恨，意在頓駕平陽，爲進取之策。遠圖不遂，惜哉！

初帝與濟南約不相害。及輿駕在晉陽，武成鎮鄴，望氣者云鄴城有天子氣。帝常恐濟南復興，乃密行鴆毒，濟南不從，乃扼而殺之。後頗愧悔。初苦內熱，頻進湯散。時有尚書令史姓趙，於鄴見文宣從楊愔、燕子獻等西行，言相與復讎。帝在晉陽宮，與毛夫人亦見焉。遂漸危篤。備禳厭之事，或煑油四灑，或持炬燒逐。諸厲方出殿梁，騎棟上，歌呼自若，了無懼容。時有天狗下，乃於其所講武以厭之。有兔驚馬，帝墜而絕肋。太后視疾，問濟南所在者三，帝不對。太后怒曰：「殺去耶，不用吾言，死其宜矣！」臨終之際，唯扶服牀枕，叩頭求哀。遣使詔追長廣王入纂大統，手書云：「宜將吾妻子置一好處，勿學前人也。」

論曰：〔七〕神武平定四方，威權在己，遷鄴之後，雖主器有人，號令所加，政皆自出。文宣因循鴻業，內外叶從，自朝及野，羣心屬望，東魏之地，舉國樂推，曾未朞月，遂登宸極。始則存心政事，風化肅然，數年之間，朝野安乂。其後縱酒肆欲，事極猖狂，昏邪殘暴，近代未

有，饗國不永，實由斯疾。濟南繼業，大革其弊，風教粲然，搢紳稱幸。股肱輔弼，雖懷厥誠，既不能贊弘道德，和睦親懿，又不能遠慮防身，深謀衞主，應斷不斷，自取其咎。臣既誅夷，君尋廢辱，皆任非其器之所致爾。孝昭早居臺閣，故事通明，人吏之間，無所不委。文宣崩後，大革前弊。及臨尊極，留心更深，時人服其明而譏其細也。情好稽古，率由禮度，將封先代之胤，且敦學校之風，徵召英賢，文武畢集。于時周氏朝政移於宰臣，主將相猜，不無危殆。乃眷關右，實懷兼并之志，經謀宏遠，實當代之明主，而降年不永，其故何哉？豈幽顯之間，實有報復，將齊之基宇止在於斯，帝欲大之，天不許也？

校勘記

〔一〕北齊書卷六　按本卷原缺，後人以北史卷七齊紀中孝昭紀補。

〔二〕每歎云雖盟津之師左驂震而不衂以爲能　南本、北本、殿本「以爲」上有「同軌」二字，三朝本、汲本、局本無。按高演的語意未足，「震而不衂」下當有脫文。後人因不可解，增「同軌」二字，但仍然不可解。今從三朝本。

〔三〕錄尚書　北史卷七、册府卷一八八二二七九頁、御覽卷一三一六三四頁及同書卷五廢帝紀補乾明元年正月條「錄尚書」下都有「事」字。按當有此字，但補北齊書者常省去，今不補，以後也不再

出校記。

〔四〕三月甲戌　按楊愔等被殺，事在二月，歷見本書卷五廢帝紀補、卷三四楊愔傳補。三月甲戌爲二十三日，距楊愔等之死已一月，顯誤。

〔五〕顯祖文宣皇帝廟宜奏文正之樂　錢氏考異卷三一云：「是時以文宣爲『高祖』，此『顯祖』當爲『高祖』之誤。」按北史卷七作「高祖」不誤，當是補此紀者妄改。下「配饗顯祖廟庭」句同誤。

〔六〕十三人配饗太祖廟庭　南、北、殿三本「十三」作「十二」，三朝本、汲本、局本作「十三」。按上列舉配饗諸人止十二人，似作「十二」是。然本書卷一八孫騰傳說他皇建中配饗高祖高洋最初廟號廟庭，是配饗應有孫騰，傳本脫去，致與總數不符，南本遂改「十三」爲「十二」，不知誤在脫文，不在總數。北史元本作「十三」，也是南本臆改而殿本從之。今從三朝本。

〔七〕論曰　按此論前半與卷四文宣紀同。余嘉錫四庫提要辨證卷三北齊書條云：「文宣紀乃百藥原書，孝昭紀則採自北史。李延壽之例，凡帝紀多合數人爲一卷，卷爲一論，即用各書史臣論連綴成文。其齊本紀中以文宣、廢帝、孝昭爲一卷而總論之，故其前半與文宣紀論同。」

北齊書卷七〔一〕

帝紀第七

武成

世祖武成皇帝諱湛，神武皇帝第九子，孝昭皇帝之母弟也。儀表瓌傑，神武尤所鍾愛。神武方招懷荒遠，乃爲帝聘蠕蠕太子菴羅辰女，號「隣和公主」。帝時年八歲，冠服端嚴，神情閑遠，華戎歎異。元象中，封長廣郡公。天保初，進爵爲王，拜尚書令，尋兼司徒，遷太尉。乾明初，楊愔等密相疏忌，以帝爲大司馬，領幷州刺史。帝既與孝昭謀誅諸執政，遷太傅、錄尚書事、領京畿大都督。皇建初，進位右丞相。孝昭幸晉陽，帝以懿親居守鄴，政事咸見委託。二年，孝昭崩，遺詔徵帝入統大位。及晉陽宮，發喪於崇德殿。皇太后令所司宣遺詔，左丞相斛律金率百僚敦勸，三奏，乃許之。

大寧元年冬十一月癸丑，〔二〕皇帝即位於南宮，大赦，改皇建二年爲大寧。乙卯，以司徒、平秦王歸彥爲太傅，以尚書右僕射、趙郡王叡爲尚書令，以太尉尉粲爲太保，以尚書令段韶爲大司馬，以豐州刺史婁叡爲司空，以太傅、平陽王淹爲太宰，以太保、彭城王浟爲太師、錄尚書事，以冀州刺史、博陵王濟爲太尉，以中書監、任城王湝爲尚書左僕射，以幷州刺史斛律光爲右僕射，封孝昭皇帝太子百年爲樂陵郡王。庚申，詔大使巡行天下，求政善惡，問人疾苦，擢進賢良。是歲，周武帝保定元年。

河清元年春正月乙亥，車駕至自晉陽。辛巳，祀南郊。壬午，享太廟。丙戌，立妃胡氏爲皇后，子緯爲皇太子。大赦，內外百官普加汎級，諸爲父後者賜爵一級。己亥，以前定州刺史、馮翊王潤爲尚書左僕射。詔斷屠殺以順春令。

二月丁未，以太宰、平陽王淹爲青州刺史、太傅、領司徒，以領軍大將軍、宗師、平秦王歸彥爲太宰、冀州刺史。乙卯，以兼尚書令、任城王湝爲司徒。詔散騎常侍崔瞻聘于陳。

夏四月辛丑，皇太后婁氏崩。乙巳，青州刺史上言，今月庚寅河、濟清。以河、濟清，改大寧二年爲河清，降罪人各有差。

五月甲申，祔葬武明皇后於義平陵。己丑，以尚書右僕射斛律光爲尚書令。

秋七月，太宰、冀州刺史、平秦王歸彥據州反，詔大司馬段韶、司空婁叡討擒之。[三]乙未，斬歸彥並其三子及黨與二十人於都市。丁酉，以大司馬段韶爲太傅，以司空婁叡爲司徒，以太傅、平陽王淹爲太宰，以尙書令斛律光爲司空，以太子太傅、趙郡王叡爲尙書令，中書監、河間王孝琬爲尙書左僕射。癸亥，行幸晉陽。陳人來聘。

冬十一月丁丑，詔兼散騎常侍封孝琰使於陳。

十二月丙辰，車駕至自晉陽。

是歲，殺太原王紹德。

二年春正月乙亥，帝詔臨朝堂策試秀才。以太子少傅魏收爲兼尙書右僕射。己卯，兼右僕射魏收以阿縱除名。丁丑，以武明皇后配祭北郊。[四]辛卯，帝臨都亭錄見囚，降在京罪人各有差。

三月乙丑，詔司空斛律光督五營軍士築戍於軹關。壬申，室韋國遣使朝貢。丙戌，以兼尙書右僕射趙彥深爲左僕射。

夏四月，幷、汾、晉、東雍、南汾五州蟲旱傷稼，[五]遣使賑恤。戊午，陳人來聘。

五月壬午，詔以城南雙堂閏位之苑，廻造大總持寺。

六月乙巳，齊州言濟、河水口見八龍昇天。乙卯，詔兼散騎常侍崔子武使于陳。庚申，司州牧、河南王孝瑜薨。

秋八月辛丑，詔以三臺宮爲大興聖寺。

冬十二月癸巳，陳人來聘。己酉，周將楊忠帥突厥阿史那木汗等二十餘萬人自恒州分爲三道，殺掠吏人。[六]是時，大雨雪連月，南北千餘里平地數尺，霜晝下，雨血於太原。戊午，帝至晉陽。己未，周軍逼幷州，又遣大將軍達奚武帥衆數萬至東雍及晉州，與突厥相應。

是歲，室韋、庫莫奚、靺鞨、契丹並遣使朝貢。

三年春正月庚申朔，周軍至城下而陳，戰於城西。周軍及突厥大敗，人畜死者相枕，數百里不絕。詔平原王段韶追出塞而還。

三月辛酉，以律令班下，大赦。己巳，盜殺太師、彭城王澂。庚辰，以司空斛律光爲司徒，以侍中、武興王普爲尙書左僕射。甲申，以尙書令、馮翊王潤爲司空。

夏四月辛卯，詔兼散騎常侍皇甫亮使於陳。

五月甲子，帝至自晉陽。壬午，以尙書令、趙郡王叡爲錄尙書事，以前司徒婁叡爲太尉。甲申，以太傅段韶爲太師。丁亥，以太尉、任城王湝爲大將軍。壬辰，行幸晉陽。

六月庚子，大雨晝夜不息，至甲辰乃止。是月，晉陽訛言有鬼兵，百姓競擊銅鐵以捍之。殺樂陵王百年。歸宇文媪于周。

秋九月乙丑，封皇子綽爲南陽王，儼爲東平王。是月，歸閻媪于周。陳人來聘。突厥寇幽州，入長城，虜掠而還。

閏月乙未，詔遣十二使巡行水潦州，免其租調。乙巳，突厥寇幽州。周軍三道並出，使其將尉遲迥寇洛陽，楊㯝入軹關，權景宣趣懸瓠。

冬十一月甲午，迥等圍洛陽。戊戌，詔兼散騎常侍劉逖使於陳。甲辰，太尉婁叡大破周軍於軹關，擒楊㯝。

十二月乙卯，豫州刺史王士良以城降周將權景宣。丁巳，帝自晉陽南討。己未，太宰、平陽王淹薨。壬戌，太師段韶大破尉遲迥等，解洛陽圍。丁卯，帝至洛陽，免洛州經周軍處一年租賦，赦州城內死罪已下囚。己巳，以太師段韶爲太宰，以司徒斛律光爲太尉，幷州刺史蘭陵王長恭爲尙書令。壬申，帝至武牢，經滑臺，次於黎陽，所經減降罪人。丙子，車駕至自洛陽。

是歲，高麗、靺鞨、新羅並遣使朝貢。山東大水，饑死者不可勝計，詔發賑給，事竟不行。

四年春正月癸卯，以大將軍、任城王湝爲大司馬。辛未，幸晉陽。

二月甲寅，詔以新羅國王金眞興爲使持節、東夷校尉、樂浪郡公、新羅王。壬申，以年穀不登，禁酤酒。己卯，詔減百官食稟各有差。

三月戊子，詔給西兗、梁、滄、趙州，司州之東郡、陽平、清河、武都，冀州之長樂、渤海遭水潦之處貧下戶粟，各有差。家別斗升而已，又多不付。是月，彗星見；有物隕於殿庭，如赤漆鼓帶小鈴；殿上石自起，兩兩相對。又有神見於後園萬壽堂前山穴中，其體壯大，不辨其面，兩齒絕白，長出於脣，帝直宿嬪御已下七百人咸見焉。帝又夢之。

夏四月戊午，大將軍、東安王婁叡坐事免。乙亥，陳人來聘。太史奏天文有變，其占當有易王。丙子，乃使太宰段韶兼太尉，持節奉皇帝璽綬傳位於皇太子，大赦，改元爲天統元年，百官進級降罪各有差。又詔皇太子妃斛律氏爲皇后。於是羣公上尊號爲太上皇帝，軍國大事咸以奏聞。始將傳政，使內參乘子尙乘驛送詔書於鄴。子尙出晉陽城，見人騎隨後，忽失之，尙未至鄴而其言已布矣。

天統四年十二月辛未，太上皇帝崩於鄴宮乾壽堂，時年三十二，謚曰武成皇帝，廟號世祖。五年二月甲申，葬於永平陵。

校勘記

〔一〕北齊書卷七　按此卷原缺，後人以北史卷八齊紀下武成紀補。

〔二〕大寧元年冬十一月癸丑　通鑑卷一六八五二一七頁「大」作「太」。本書諸本和北史卷八、册府卷一八二二八四頁、御覽卷一三一六三五頁此條都作「大寧」，但他處也間作「太寧」。李兆洛紀元編、陳垣二十史朔閏表都從通鑑作「太寧」。今按漢魏南北朝墓誌集釋所載石信、圖版三二七法懃禪師圖版三二八、高虬圖版六〇三之二三墓誌都作「大寧」，前二誌卽大寧年所刊，可爲確證。今後凡作「太」者徑改，不再出校記。

〔三〕詔大司馬段韶司空婁叡討擒之　諸本「討」作「計」。北史卷八、册府卷二一一六二五九二頁、通鑑卷一六八五二二四頁作「討」。本書卷一六段韶傳也作「討」。按高歸彥是城破被擒，並非計誘，「計」字訛，今據北史改。

〔四〕己卯兼右僕射魏收以阿縱除名丁丑以武明皇后配祭北郊　按是年正月辛未朔，己卯是九日，丁丑是七日，先後顛倒。

〔五〕夏四月幷汾晉東雍南汾五州蟲旱傷稼　諸本「晉」作「京」，北史卷八作「晉」。按北齊無「京州」。隋書卷二二五行志下稱「河清二年五六三幷、晉已西五州旱」。作「晉」是，今據改。

〔六〕楊忠帥突厥阿史那木汗等至殺掠吏人　諸本「木」下有「可」字。按木汗是突厥可汗，他處也作「木杆」「木扞」。這裏衍「可」字，或「木」下脫「汗」「杆」字。今删「可」字。

北齊書卷八〔一〕

帝紀第八

後主　幼主

後主諱緯，字仁綱，武成皇帝之長子也。母曰胡皇后，夢於海上坐玉盆，日入裙下，遂有娠，天保七年五月五日，生帝於幷州邸。帝少美容儀，武成特所愛寵，拜王世子。及武成入纂大業，大寧二年正月丙戌，立爲皇太子。河清四年，武成禪位於帝。

天統元年夏四月丙子，皇帝卽位於晉陽宮，大赦，改河清四年爲天統。丁丑，以太保賀拔仁爲太師，太尉侯莫陳相爲太保，司空、馮翊王潤爲司徒，錄尚書事、趙郡王叡爲司空，尚書左僕射、河間王孝琬爲尚書令。戊寅，〔二〕以瀛州刺史尉粲爲。太尉斛律光爲大將軍，東安王婁叡爲太尉，〔三〕尚書右僕射趙彥深爲左僕射。

六月壬戌，彗星出文昌東北，其大如手，後稍長，乃至丈餘，百日乃滅。己巳，太上皇帝詔兼散騎常侍王季高使於陳。

秋七月乙未，太上皇帝詔增置都水使者一人。

冬十一月癸未，太上皇帝至自晉陽。己丑，太上皇帝詔改「太祖獻武皇帝」爲「神武皇帝」，廟號「高祖」，「獻明皇后」爲「武明皇后」；其「文宣」謚號委有司議定。

十二月庚戌，太上皇帝狩於北郊。壬子，狩於南郊。乙卯，狩於西郊。壬戌，太上皇帝幸晉陽。丁卯，帝至自晉陽。庚午，有司奏改「高祖文宣皇帝」爲「威宗景烈皇帝」。

是歲，高麗、契丹、靺鞨並遣使朝貢。河南大疫。

二年丙戌春正月辛卯，祀圓丘。癸巳，祫祭於太廟，詔降罪人各有差。丙申，以吏部尚書尉瑾爲尚書右僕射。庚子，行幸晉陽。

二月庚戌，太上皇帝至自晉陽。壬子，陳人來聘。

三月乙巳，太上皇帝詔以三臺施興聖寺。以旱故，降禁囚。

夏四月，陳文帝殂。

五月乙酉，以兼尚書左僕射、武興王普爲尚書令。己亥，封太上皇帝子儼爲東平王，〔四〕

仁弘爲齊安王，仁堅爲北平王，[五]仁英爲高平王，仁光爲淮南王。

六月，太上皇帝詔兼散騎常侍韋道儒聘於陳。

秋八月，太上皇帝幸晉陽。

冬十月乙卯，[六]以太保侯莫陳相爲太傅，大司馬、任城王湝爲太保，太尉婁叡爲大司馬，徙馮翊王潤爲太尉，[七]開府儀同三司韓祖念爲司徒。

十一月，大雨雪。盜竊太廟御服。

十二月乙丑，陳人來聘。

是歲，殺河間王孝琬。突厥、靺鞨國並遣使朝貢。於周爲天和元年。

三年春正月壬辰，太上皇帝至自晉陽。乙未，大雪，平地二尺。戊戌，太上皇帝詔京官執事散官三品已上各舉三人，五品已上各舉二人，稱事七品已上及殿中侍御史、尚書都、檢校御史、主書及門下錄事各舉一人。鄴宮九龍殿災，延燒西廊。

二月壬寅朔，帝加元服，大赦，九州職人各進四級，內外百官普進二級。

夏四月癸丑，太上皇帝詔兼散騎常侍司馬幼之使於陳。

五月甲午，太上皇帝詔以領軍大將軍、東平王儼爲尚書令。乙未，大風晝晦，發屋拔樹。

六月己未，太上皇帝詔封皇子仁幾爲西河王，仁約爲樂浪王，[八]仁儉爲潁川王，仁雅爲安樂王，仁統爲丹陽王，[九]仁謙爲東海王。

閏六月辛巳，左丞相斛律金薨。壬午，太上皇帝詔尚書令、東平王儼錄尚書事，以尚書左僕射趙彥深爲尚書令，并省尚書左僕射婁定遠爲尚書左僕射，中書監徐之才爲右僕射。

秋八月辛未，太上皇帝詔以太保、任城王湝爲太師，太尉、馮翊王潤爲大司馬，太宰段韶爲左丞相，太師賀拔仁爲右丞相，太傅侯莫陳相爲太宰，大司馬婁叡爲太傅，大將軍斛律光爲太保，司徒韓祖念爲大將軍，司空、趙郡王叡爲太尉，尚書令、東平王儼爲司徒。

九月己酉，太上皇帝詔：「諸寺署所綰雜保戶姓高者，[一〇]天保之初雖有優勑，權假力用未免者，今可悉蠲雜戶，任屬郡縣，一準平人。」丁巳，太上皇帝幸晉陽。

是秋，山東大水，人饑，僵尸滿道。

冬十月，突厥、大莫婁、室韋、百濟、靺鞨等國各遣使朝貢。

十一月丙午，[一一]以晉陽大明殿成故，大赦，文武百官進二級，免并州居城、太原一郡來年租賦。癸未，[一二]太上皇帝至自晉陽。

十二月己巳，太上皇帝詔以故左丞相、趙郡王琛配饗神武廟庭。

四年正月，詔以故清河王岳、河東王潘相樂十人並配饗神武廟庭。癸亥，太上皇帝詔兼散騎常侍鄭大護使於陳。

三月乙巳，太上皇帝詔以司徒、東平王儼爲大將軍，南陽王綽爲司徒，開府儀同三司徐顯秀爲司空，開府儀同三司、廣寧王孝珩爲尚書令。

夏四月辛未，鄴宮昭陽殿災，及宣光、瑤華等殿。辛巳，太上皇帝幸晉陽。

五月癸卯，以尚書右僕射胡長仁爲左僕射，中書監和士開爲右僕射。壬戌，太上皇帝至自晉陽。自正月不雨至於是月。

六月甲子朔，大雨。甲申，大風，拔木折樹。是月，彗星見于東井。

秋九月丙申，周人來通和，太上皇帝詔侍中斛斯文略報聘于周。

冬十月辛巳，以尚書令、廣寧王孝珩爲錄尚書，左僕射胡長仁爲尚書令，右僕射和士開爲左僕射，中書監唐邕爲右僕射。

十一月壬辰，太上皇帝詔兼散騎常侍李翥使於陳。是月，陳安成王頊廢其主伯宗而自立。

十二月辛未，太上皇帝崩。丙子，大赦，九州職人普加四級，[一三]內外百官並加兩級。戊寅，上太上皇后尊號爲皇太后。[一四]甲申，詔細作之務及所在百工悉罷之。又詔掖庭、晉陽、中山宮人等及鄴下、并州太官官口二處，其年六十已上及有癃患者，仰所司簡放。庚寅，詔天保七年已來諸家緣坐配流者，所在令還。

是歲，契丹、靺鞨國並遣使朝貢。

五年春正月辛亥，詔以金鳳等三臺未入寺者施大興聖寺。是月，殺定州刺史、博陵王濟。

二月乙丑，詔應宮刑者普免刑爲官口。又詔禁網捕鷹鷂及畜養籠放之物。癸酉，大莫婁國遣使朝貢。己丑，改東平王儼爲琅邪王。詔侍中叱列長叉使於周。[一五]是月，殺太尉、趙郡王叡。

三月丁酉，以司空徐顯秀爲太尉，并省尚書令婁定遠爲司空。是月，行幸晉陽。

夏四月甲子，詔以并州尚書省爲大基聖寺，晉祠爲大崇皇寺。乙丑，車駕至自晉陽。

秋七月己丑，詔降罪人各有差。戊申，詔使巡省河北諸州無雨處，境內偏旱者優免租調。

冬十月壬戌，詔禁造酒。

十一月辛丑，詔以太保斛律光爲太傅，大司馬、馮翊王潤爲太保，大將軍、琅邪王儼爲

大司馬。

十二月庚午，以開府儀同三司、蘭陵王長恭爲尚書令。庚辰，以中書監魏收爲尚書右僕射。

武平元年春正月乙酉朔，改元。太師、并州刺史、東安王婁叡薨。戊申，詔兼散騎常侍裴獻之聘于陳。

二月癸亥，以百濟王餘昌爲使持節、侍中、驃騎大將軍、帶方郡公，王如故。己巳，以太傅、咸陽王斛律光爲右丞相，并州刺史、右丞相、安定王賀拔仁爲錄尚書事，冀州刺史、任城王湝爲太師。丙子，降死罪已下囚。

閏月戊戌，錄尚書事、安定王賀拔仁薨。

三月辛酉，以開府儀同三司徐之才爲尚書左僕射。

夏六月乙酉，以廣寧王孝珩爲司空。甲辰，以皇子恒生故，大赦，內外百官普進二級，九州職人普進四級。己酉，詔以開府儀同三司唐邕爲尚書右僕射。

秋七月癸丑，封孝昭皇帝子彥基爲城陽王，彥康爲定陵王，彥忠爲梁郡王。甲寅，以尚

書令、蘭陵王長恭爲錄尚書事，中領軍和士開爲尚書令。癸亥，靺鞨國遣使朝貢。癸酉，以華山王凝爲太傅。

八月辛卯，行幸晉陽。

九月乙巳，立皇子恒爲皇太子。

冬十月辛巳，以司空、廣寧王孝珩爲司徒，以上洛王思宗爲司空，封蕭莊爲梁王。戊子，曲降并州死罪已下囚。己丑，復改威宗景烈皇帝謚號爲「顯祖文宣皇帝」。

十二月丁亥，車駕至自晉陽。詔右丞相斛律光出晉州道，〔一六〕修城戍。

二年春正月丁巳，詔兼散騎常侍劉環儁使於陳。戊寅，以百濟王餘昌爲使持節、都督、東青州刺史。

二月壬寅，以錄尚書事、蘭陵王長恭爲太尉，并省錄尚書事趙彥深爲司空，尚書令和士開錄尚書事，左僕射徐之才爲尚書令，右僕射唐邕爲左僕射，吏部尚書馮子琮爲右僕射。

夏四月壬午，以大司馬、琅邪王儼爲太保。甲午，陳遣使連和，謀伐周，朝議弗許。

六月，段韶攻周汾州，剋之，獲刺史楊敷。

秋七月庚午，太保、琅邪王儼矯詔殺錄尚書事和士開於南臺。〔一七〕即日誅領軍大將軍厙狄伏連、書侍御史王子宜等，〔一八〕尚書右僕射馮子琮賜死殿中。〔一九〕

八月己亥，行幸晉陽。

九月辛亥，以太師、任城王湝爲太宰，馮翊王潤爲太師。己未，左丞相、平原王段韶薨。戊午，曲降并州界內死罪已下各有差。庚午，殺太保、琅邪王儼。壬申，陳人來聘。

冬十月，罷京畿府入領軍府。己亥，車駕至自晉陽。

十一月庚戌，詔侍中赫連子悅使於周。丙寅，以徐州行臺、廣寧王孝珩錄尚書事。庚午，以錄尚書事、廣寧王孝珩爲司徒。癸酉，以右丞相斛律光爲左丞相。

三年春正月己巳，祀南郊。辛亥，追贈故琅邪王儼爲楚帝。〔二〇〕

二月己卯，以衞菩薩爲太尉。辛巳，以并省吏部尚書高元海爲尚書右僕射。庚寅，以左僕射唐邕爲尚書令，侍中祖珽爲左僕射。是月，勑撰玄洲苑御覽，後改名聖壽堂御覽。

三月辛酉，詔文武官五品已上各舉一人。是月，周誅冢宰宇文護。

夏四月，周人來聘。

秋七月戊辰，誅左丞相、咸陽王斛律光及其弟幽州行臺、荆山公豐樂。

八月庚寅，廢皇后斛律氏爲庶人。以太宰、任城王湝爲右丞相，太師、馮翊王潤爲太

尉，蘭陵王長恭爲大司馬，廣寧王孝珩爲大將軍，安德王延宗爲司徒。〔二一〕使領軍封輔相聘于周。戊子，拜右昭儀胡氏爲皇后。己丑，以司州牧、北平王仁堅爲尚書令，特進許季良爲左僕射，彭城王寶德爲右僕射。癸巳，行幸晉陽。是月，聖壽堂御覽成，勑付史閣，後改爲脩文殿御覽。

九月，陳人來聘。

冬十月，降死罪已下囚。甲午，拜弘德夫人穆氏爲左皇后，大赦。

十二月辛丑，廢皇后胡氏爲庶人。

是歲，新羅、百濟、勿吉、突厥並遣使朝貢。於周爲建德元年。

四年春正月戊寅，以并省尚書令高阿那肱爲錄尚書事。庚辰，詔兼散騎常侍崔象使於陳。

是月，鄴都、并州並有狐媚，多截人髮。

二月乙巳，拜左皇后穆氏爲皇后。丙午，置文林館。乙卯，以尚書令、北平王仁堅爲錄尚書事。丁巳，行幸晉陽。是月，周人來聘。

三月辛未，盜入信州，殺刺史和士休，南兗州刺史鮮于世榮討平之。庚辰，車駕至晉陽。

夏四月戊午，以大司馬、蘭陵王長恭爲太保，大將軍、定州刺史、南陽王綽爲大司馬，太

尉衛菩薩爲大將軍，〔三二〕司徒、安德王延宗爲太尉，司空、武興王普爲司徒，開府儀同三司、宜陽王趙彥深爲司空。癸丑，祈皇祠壇壝蕝之內忽有車軌之轍，按驗傍無人跡，不知車所從來。乙卯，詔以爲大慶，班告天下。己未，周人來聘。

五月丙子，詔史官更撰魏書。癸巳，以領軍穆提婆爲尚書左僕射，以侍中、中書監段孝言爲右僕射。是月，開府儀同三司尉破胡、長孫洪略等與陳將吳明徹戰於呂梁南，大敗，破胡走以免，洪略戰沒，遂陷秦、涇二州。明徹進陷和、合二州。是月，殺太保、蘭陵王長恭。

六月，明徹進軍圍壽陽。壬子，幸南苑，從官暍死者六十人。以錄尚書事高阿那肱爲司徒。丙辰，詔開府王師羅使於周。

九月，校獵于鄴東。

冬十月，陳將吳明徹陷壽陽。辛丑，殺侍中崔季舒、張彫虎，散騎常侍劉逖、封孝琰，黃門侍郎裴澤、郭遵。癸卯，行幸晉陽。

十二月戊寅，以司徒高阿那肱爲右丞相。是歲，高麗、靺鞨並遣使朝貢，突厥使來求婚。

五年春正月乙丑，置左右娥英各一人。

二月乙未，車駕至自晉陽。朔州行臺、南安王思好反。辛丑，行幸晉陽。尚書令唐邕等大破思好，思好投水死，焚其屍，〔三三〕並其妻李氏。丁未，車駕至自晉陽。甲寅，以尚書令唐邕爲錄尚書事。

夏五月，大旱，晉陽得死魃，長二尺，面頂各二目。帝聞之，使刻木爲其形以獻。庚午，大赦。丁亥，陳人寇淮北。

秋八月癸卯，行幸晉陽。甲辰，以高勱爲尚書右僕射。〔三四〕

是歲，殺南陽王綽。

六年春三月乙亥，車駕至自晉陽。丁丑，烹妖賊鄭子饒於都市。是月，周人來聘。

夏四月庚子，以中書監陽休之爲尚書右僕射。癸卯，靺鞨遣使朝貢。

秋七月甲戌，行幸晉陽。

八月丁酉，冀、定、趙、幽、滄、瀛六州大水。是月，周師入洛川，屯芒山，攻逼洛城，縱火船焚浮橋，河橋絕。

閏月己丑，遣右丞相高阿那肱自晉陽禦之，師次河陽，周師夜遁。庚辰，以司空趙彥深爲司徒，斛律阿列羅爲司空。辛巳，以軍國資用不足，稅關市、舟車、山澤、鹽鐵、店肆，輕重各有差，開酒禁。

七年春正月壬辰，詔去秋已來，水潦人饑不自立者，所在付大寺及諸富戶濟其性命。甲寅，大赦。乙卯，車駕至自晉陽。

二月辛酉，括雜戶女年二十已下十四已上未嫁悉集省，隱匿者家長處死刑。二月丙寅，〔三五〕風從西北起，發屋拔樹，五日乃止。

夏六月戊申朔，日有食之。庚申，司徒趙彥深薨。

秋七月丁丑，大雨霖。是月，以水潦遣使巡撫流亡人戶。

八月丁卯，行幸晉陽。雉集於御坐，獲之，有司不敢以聞。詔營邯鄲宮。

冬十月丙辰，帝大狩於祁連池。周師攻晉州。癸亥，帝還晉陽。甲子，出兵，大集晉祠。庚午，帝發晉陽。癸酉，帝列陣而行，上雞棲原，與周齊王憲相對，至夜不戰，周師斂陣而退。

十一月，周武帝退還長安，留偏師守晉州。高阿那肱等圍晉州城。戊寅，帝至圍所。

十二月戊申，周武帝來救晉州。庚戌，戰於城南，〔三六〕我軍大敗。帝棄軍先還。癸丑，入晉陽，憂懼不知所之。甲寅，大赦。帝謂朝臣曰：「周師甚盛，若何？」羣臣咸曰：「天命未改，一得一失，自古皆然。宜停百賦，安慰朝野，收拾遺兵，背城死戰，以存社稷。」帝意猶

豫，欲向北朔州。乃留安德王延宗、廣寧王孝珩等守晉陽。若晉陽不守，卽欲奔突厥。羣臣皆曰不可，帝不從其言。開府儀同三司賀拔伏恩、封輔相、慕容鍾葵等宿衞近臣三十餘人西奔周師。乙卯，詔募兵，遣安德王延宗爲左，廣寧王孝珩爲右。延宗入見，帝告欲向北朔州。延宗泣諫，不從。帝密遣王康德與中人齊紹等送皇太后、皇太子於北朔州。丙辰，帝幸城南軍，勞將士，其夜欲遁，諸將不從。丁巳，大赦，改武平七年爲隆化元年。其日，穆提婆降周。詔除安德王延宗爲相國，委以備禦，延宗流涕受命。帝乃夜斬五龍門而出，欲走突厥，從官多散，領軍梅勝郎叩馬諫，乃廻之鄴。時唯高阿那肱等十餘騎，廣寧王孝珩、襄城王彥道續至，得數十人同行。戊午，延宗從衆議卽皇帝位於晉陽，改隆化爲德昌元年。

庚申，帝入鄴。辛酉，延宗與周師戰於晉陽，大敗，爲周師所虜。帝遣募人，重加官賞，雖有此言，而竟不出物。廣寧王孝珩奏請出宮人及珍寶班賜將士，帝不悅。斛律孝卿居中受委，帶甲以處分，請帝親勞，爲帝撰辭，且曰宜慷慨流涕，感激人心。帝既出臨衆，將令之，不復記所受言，遂大笑，左右亦羣咍，將士莫不解體。於是自大丞相已下太宰、三師、大司馬、大將軍、三公等官並增員而授，或三或四，不可勝數。甲子，皇太后從北道至。引文武一品已上入朱華門，賜酒食，給紙筆，問以禦周之方。羣臣各異議，帝莫知所從。又引高元海、宋士素、盧思道、李德林等，欲議禪位皇太子。先是望氣者言，當有革易，於是依天統

故事，授位幼主。

幼主名恒，帝之長子也。母曰穆皇后，武平元年六月生於鄴。其年十月，立爲皇太子。

隆化二年春正月乙亥，卽皇帝位，時八歲，改元爲承光元年，大赦，尊皇太后爲太皇太后，帝爲太上皇帝，后爲太上皇后。於是黃門侍郎顏之推、中書侍郎薛道衡、侍中陳德信等勸太上皇帝往河外募兵，更爲經略，若不濟，南投陳國，從之。丁丑，太皇太后、太上皇后自鄴先趣濟州。[二七]周師漸逼，癸未，幼主又自鄴東走。己丑，周師至紫陌橋。癸巳，燒城西門。太上皇將百餘騎東走。乙亥，[二八]渡河入濟州。其日，幼主禪位於大丞相、任城王湝，令侍中斛律孝卿送禪文及璽紱於瀛州，孝卿乃以之歸周。又爲任城王詔，尊太上皇爲無上皇，幼主爲守國天王。留太皇太后濟州，遣高阿那肱留守。太上皇並皇后攜幼主走青州，韓長鸞、鄧顒等數十人從。太上皇既至青州，卽爲入陳之計。而高阿那肱召周軍，約生致齊主，而屢使人告言，賊軍在遠，已令人燒斷橋路。太上所以停緩。周軍奄至青州，太上窘急，將遜於陳，置金囊於鞍後，與長鸞、淑妃等十數騎至青州南鄧村，爲周將尉遲綱所獲。[二九]送鄴，周武帝與抗賓主禮，並太后、幼主、諸王俱送長安，封帝溫國公。至建德七年，誣與宜州刺史穆提婆謀反，及延宗等數十人無少長咸賜死，神武子孫所存者一二而已。至

大象末，陽休之、陳德信等啓大丞相隋公，請收葬，聽之，葬長安北原洪瀆川。

帝幼而令善，及長，頗學綴文，置文林館，引諸文士焉。而言語澀吶，無志度，不喜見朝士。自非寵私昵狎，未嘗交語。性懦不堪，人視者，卽有忿責。其奏事者，雖三公令錄莫得仰視，皆略陳大旨，驚走而出。每災異寇盜水旱，亦不貶損，唯諸處設齋，以此爲修德。雅信巫覡，解禱無方。

初琅邪王舉兵，人告者誤云庫狄伏連反，帝曰：「此必仁威也。」又斛律光死後，諸武官舉高思好堪大將軍，帝曰：「思好喜反。」皆如所言。遂自以策無遺算，乃益驕縱。盛爲無愁之曲，帝自彈胡琵琶而唱之，侍和之者以百數。人間謂之無愁天子。嘗出見羣厲，盡殺之，或剝人面皮而視之。

任陸令萱、和士開、高阿那肱、穆提婆、韓長鸞等宰制天下，陳德信、鄧長顒、何洪珍參預機權。各引親黨，超居非次，官由財進，獄以賄成，其所以亂政害人，難以備載。諸宮奴婢、閹人、商人、胡戶、雜戶、歌舞人、見鬼人濫得富貴者將萬數。庶姓封王者百數，不復可紀。開府千餘，儀同無數。領軍一時二十，連判文書，各作依字，不具姓名，莫知誰也。諸貴寵祖禰追贈官，歲一進，位極乃止。

宮掖婢皆封郡君，宮女寶衣玉食者五百餘人，一裙直萬疋，鏡臺直千金，競爲變巧，朝衣夕弊。承武成之奢麗，以爲帝王當然。乃更增益宮苑，造偃武脩文臺，其嬪嬙諸宮中起鏡殿、寶殿、瑇瑁殿，丹青彫刻，妙極當時。又於晉陽起十二院，壯麗逾於鄴下。所愛不恒，數毀而又復。夜則以火照作，寒則以湯爲泥，百工困窮，無時休息。鑿晉陽西山爲大佛像，一夜然油萬盆，光照宮內。又爲胡昭儀起大慈寺，未成，改爲穆皇后大寶林寺，窮極工巧，運石塡泉，勞費億計，人牛死者不可勝紀。御馬則藉以氈罽，食物有十餘種，將合牝牡，則設靑廬，具牢饌而親觀之。狗則飼以粱肉。馬及鷹犬乃有儀同、郡君之號，故有赤彪儀同、逍遙郡君、凌霄郡君，高思好書所謂「駿龍」、「逍遙」者也。犬於馬上設褥以抱之，鬬雞亦號開府，犬馬雞鷹多食縣幹。[三〇]鷹之入養者，稍割犬肉以飼之，至數日乃死。

又於華林園立貧窮村舍，帝自弊衣爲乞食兒。又爲窮兒之市，躬自交易。寫築西鄙諸城，使人衣黑衣爲羌兵，鼓噪凌之，親率內參臨拒，或實彎弓射人。自晉陽東巡，單馬馳騖，衣解髮散而歸。

又好不急之務，曾一夜索蝎，及旦得三升。特愛非時之物，取求火急，皆須朝徵夕辦，當勢者因之，貸一而責十焉。賦斂日重，徭役日繁，人力旣殫，帑藏空竭。乃賜諸佞幸賣官，或得郡兩三，或得縣六七，各分州郡，下逮鄉官亦多降中旨，[三一]故有敕用州主簿，敕用

郡功曹。於是州縣職司多出富商大賈，競爲貪縱，人不聊生。爰自鄴都及諸州郡，所在徵稅，百端俱起。凡此諸役，皆漸於武成，至帝而增廣焉。然未嘗有帷薄淫穢，唯此事頗優於武成云。

初河清末，武成夢大蝟攻破鄴城，故索境內蝟膏以絕之。識者以後主名聲與蝟相協，亡齊徵也。又婦人皆剪剔以着假髻，而危邪之狀如飛鳥，至於南面，則髻心正西。始自宮內爲之，被於四遠，天意若曰元首剪落，危側當走西也。又爲刀子者刃皆狹細，名曰盡勢。遊童戲者好以兩手持繩，拂地而却上，跳且唱曰「高末」，高末之言，蓋高氏運祚之末也。然則亂亡之數蓋有兆云。

論曰：武成風度高爽，經算弘長，文武之官，俱盡其力，有帝王之量矣。但愛狎庸豎，委以朝權，帷薄之間，淫侈過度，滅亡之兆，其在斯乎？玄象告變，傳位元子，名號雖殊，政猶己出，迹有虛飾，事非憲典，聰明臨下，何易可誣。又河南、河間、樂陵等諸王，或以時嫌，或以猜忌，皆無罪而殞，非所謂知命任天道之義也。

後主以中庸之姿，懷易染之性，永言先訓，敎匪義方。始自襁褓，至于傳位，隔以正人，

閉其善道。養德所履，異乎春誦夏弦；過庭所聞，莫非不軌不物。輔之以中宮嬭媼，屬之以麗色淫聲，縱韝紲之娛，恣朋淫之好。語曰「從惡若崩」，蓋言其易。武平在御，彌見淪胥，罕接朝士，不親政事，一日萬機，委諸凶族。內侍帷幄，外吐絲綸，威厲風霜，志迴天日，虐人害物，搏噬無厭，賣獄鬻官，溪壑難滿。重以名將貽禍，忠臣顯戮，始見浸弱之萌，俄觀土崩之勢，周武因機，遂混區夏，悲夫！蓋桀、紂罪人，其亡也忽焉，自然之理矣。

鄭文貞公魏徵總而論之曰：神武以雄傑之姿，始基霸業；文襄以英明之略，伐叛柔遠。于時喪君有君，師出以律。河陰之役，摧宇文如反掌；渦陽之戰，掃侯景如拉枯。故能氣攝西鄰，威加南服，王室是賴，東夏宅心。文宣因累世之資，膺樂推之會，地居當璧，遂遷魏鼎。懷譎詭非常之才，運屈奇不測之智，網羅俊乂，明察臨下，文武名臣，盡其力用。親戎出塞，命將臨江，定單于於龍城，納長君於梁國，外內充實，疆埸無警，胡騎息其南侵，秦人不敢東顧。既而荒淫敗德，罔念作狂，爲善未能亡身，餘殃足以傳後。得以壽終，幸也；胤嗣不永，宜哉。孝昭地逼身危，逆取順守，外敷文教，內蘊雄圖，將以牢籠區域，奄一函夏，享齡不永，勣用無成。若或天假之年，足使秦、吳旰食。武成即位，雅道陵遲，昭、襄之風，摧焉已墜。洎乎後主，外內崩離，衆潰於平陽，身禽於青土。天道深遠，或未易談，吉凶由

人，抑可揚搉。

覩夫有齊全盛，控帶遐阻，西苞汾、晉，南極江、淮，東盡海隅，北漸沙漠，六國之地，我獲其五，九州之境，彼分其四。料甲兵之衆寡，校帑藏之虛實，折衝千里之將，帷幄六奇之士，比二方之優劣，無等級以寄言。然其太行、長城之固自若也，江淮、汾晉之險不移也，帑藏輸稅之賦未虧也，士庶甲兵之衆不缺也；然而前王用之而有餘，後主守之而不足，其故何哉？前王之御時也，沐雨櫛風，拯其溺而救其焚，信賞必罰，安而利之，既與共其存亡，故得同其生死。後主則不然，以人從欲，損物益己。彫牆峻宇，甘酒嗜音，廓肆遍於宮園，禽色荒於外內，俾晝作夜，罔水行舟，所欲必成，所求必得。既不軌不物，又暗於聽受，忠信不聞，萋斐必入，視人如草芥，從惡如順流。佞閹處當軸之權，婢媼擅迴天之力，賣官鬻獄，亂政淫刑，刳剒被於忠良，祿位加於犬馬，讒邪並進，法令多聞，持瓢者非止百人，搖樹者不唯一手。於是土崩瓦解，衆叛親離，顧瞻周道，咸有西歸之志。方更盛其宮觀，窮極荒淫，謂黔首之可誣，指白日以自保。驰倒戈之旅，抗前歌之師，五世崇基，一舉而滅，豈非鐫金石者難爲功，摧枯朽者易爲力歟？

抑又聞之：皇天無親，唯德是輔；天時不如地利，地利不如人和。齊自河清之後，逮于武平之末，土木之功不息，嬪嬙之選無已，征稅盡，人力殫，物產無以給其求，江海不能贍其欲。所謂火既熾矣，更負薪以足之，數既窮矣，又爲惡以促之，欲求大厦不燔，延期過曆，不亦難乎！由此言之，齊氏之敗亡，蓋亦由人，匪唯天道也。

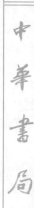

校勘記

〔一〕北齊書卷八　按此卷原缺，後人以北史卷八齊紀下後主紀補。三朝本卷末有宋人校語「此卷與北史同」。

〔二〕戊寅　諸本「戊寅」作「庚寅」。北史卷八、通鑑卷一六九五二五二頁作「戊寅」。按天統元年五六五四月癸丑朔，有「戊寅」，無「庚寅」，今據北史改。

〔三〕以瀛州刺史尉粲爲太尉斛律光爲大將軍東安王婁叡爲太尉　通鑑卷一六九五二五二頁此條胡三省注：「尉粲、婁叡並爲太尉，此承齊紀之誤。按尉粲傳本書卷一五粲爲太傅，當從之。」殿本考證云：「考武成紀本書卷七河清三年五六四冬十二月，以斛律光爲太尉，是『太尉』二字當屬下句讀。『爲』字下指「尉粲爲」下，疑脫『太傅』二字。」按武成紀補大寧元年五六一十一月稱「以太尉尉粲爲太保」。太保班在太尉上，不應此時又退到太尉。當如殿本考證之說，「尉粲爲」下脫「太傅」二字。

〔四〕封太上皇帝子儼爲東平王　按本書卷七武成紀補河清三年五六四九月已稱封儼爲東平王，這

裏重出。

〔五〕仁堅爲北平王　諸本「堅」都作「固」。按下武平三年五七二兩見北平王仁堅。卷一二武成十二王傳補也稱「北平王貞字仁堅」。李百藥北齊書據其父德林舊稿寫成。德林避隋諱，改「堅」爲「固」，這一處百藥漏改，北史仍之，此紀又仍北史之舊。今回改以歸一致。

〔六〕冬十月乙卯　諸本「乙卯」作「己卯」，北史卷八作「乙卯」。按天統二年五六六十月有「乙卯」，無「己卯」，今據改。

〔七〕徒馮翊王潤爲太尉　張森楷云：「北史改官，例不稱『徒』。此『徒』字蓋當爲『徒』，上脫『司』字。後人見『徒』字於義不屬，妄改爲『徒』。」按高潤在天統元年五六五四月爲司徒。這次改官，他人都書原官，不應高潤獨缺，張說是。

〔八〕仁約爲樂浪王　按卷一二武成十二王傳補無「仁約」，仁幾下面是樂平王仁邕。此人疑名約，字仁邕，這裏本無「仁」字，後人見兄弟名都有「仁」字，也加了此字。「樂浪」「樂平」不知孰是。

〔九〕仁統爲丹陽王　北史卷八無「仁」字。本書卷一二武成十二王傳補作「丹陽王仁直」。通鑑卷一七〇五二六六頁考異云：「北齊書帝紀名統，今從列傳，統謂仁直。」據此，則司馬光所見北齊書後主紀也作「統」，與北史同。按此「仁」字和上條「仁約」之「仁」都是後人所加。後主名緯字仁綱，

儼字仁威和約字仁邕，紘字仁直一例。此紀或稱名，或稱字。

〔一〇〕諸寺署所縮雜保戶姓高者　「雜保戶」不可解，「保」當是「役」之訛。本書卷四文宣紀天保二年五五一九月稱：「詔免諸伎作、屯、牧雜色役隸之徒爲白戶。」「雜色役隸之徒」卽雜役戶。

〔一一〕十一月丙午　諸本「丙午」都作「甲午」，北史卷八作「景午」卽丙午。按天統三年五六七十一月無「甲午」，有「丙午」，今據改。

〔一二〕癸未　按本年十一月無「癸未」。通鑑卷一七〇五二七二頁作「癸丑」，疑是。

〔一三〕大赦九州職人普加四級　諸本和北史卷八「四」都作「一」。文館詞林卷六七〇魏收北齊後主大赦詔卽是這次大赦所發的詔書，稱「普加四級」。按此紀天統三年五六七二月、武平元年五七〇六月大赦都說「九州職人，普加四級」。「一」字誤，今據文館詞林改。

〔一四〕上太上皇后尊號爲皇太后　三朝本、南本、北本、汲本、殿本「太上皇后」上無「上」字。局本及北史卷八、册府卷一八九二二九二頁有。按此字不宜省，今從局本。

〔一五〕詔侍中叱列長叉使於周　諸本和北史卷八「叉」作「文」，本書卷二〇叱列平傳作「又」，北史卷五三叱列平傳、卷九三梁蕭氏傳、通鑑卷一七〇五二七九頁作「叉」。按漢魏南北朝墓誌集釋有馮忱妻叱李綱子墓誌稱「祖長乂，齊侍中、許昌王」。隋書卷一高祖紀上開皇二年、四年兩見叱李長叉。「乂」「叉」同，「叱李」卽「叱列」的異譯。今據墓誌改。

〔一六〕詔右丞相斛律光出晉州道　諸本及北史卷八「右」作「左」。按此紀於本年二月稱以斛律光爲右丞相，明年十一月升左丞相，卷一七本傳同。這裏「左」字顯誤，今改正。

〔一七〕太保琅邪王儼矯詔殺錄尚書事和士開於南臺　諸本「太保」作「太尉」，北史卷八作「太保」。按此紀於本年四月書儼爲太保，卷一二琅邪王儼傳補同。今據北史改。

〔一八〕書侍御史王子宜等　諸本「書侍御史」作「侍書御史」，北史卷八作「書侍御史」。本書卷一二琅邪王儼傳補作「治書侍御史」，隋書卷二一天文志五代災應變、通鑑卷一七二五二九四頁同儼傳。按本應作「治書侍御史」，北史避唐諱去「治」字，補此紀者以「書侍御史」罕見，妄加乙改，今從北史乙正。又本書琅邪王儼傳也以北史補，本無「治」字，今有此字，亦補此傳者所增，却增得對。

〔一九〕尚書右僕射馮子琮賜死殿中　諸本「右」作「左」，北史卷八作「右」。本書卷四〇、北史卷五五馮子琮傳也是一作「左」，一作「右」。按此紀於本年二月書馮子琮爲右僕射，隋書卷二一天文志五代災應變、卷二二五行志上木沴都稱「右僕射馮子琮」。「左」字誤，今據北史改。

〔二〇〕追贈故琅邪王儼爲楚帝　諸本「帝」作「王」，北史卷八作「帝」。按贈帝事亦見本書卷一二補、北史卷五二儼本傳。「王」字誤，今據北史改。

〔二一〕安德王延宗爲司徒　諸本「司徒」上有「大」字，北史卷八無。按北齊制度司徒、司空都不加大，今據北史删。

〔二二〕太尉衛菩薩爲大將軍　諸本和北史卷八「太尉」上有「大司馬」三字。按此紀於武平三年五七二二月稱「以衛菩薩爲太尉」，沒有說他兼大司馬。而且以太尉遷大將軍，正合常規，大司馬班在大將軍上，菩薩如已官大司馬，一般無還大將軍之例。這裏是涉上「南陽王綽爲大司馬」而誤重，今删。

〔二三〕思好投水死焚其屍　諸本和北史卷八「水」作「火」。按本書卷一四補、北史卷五一高思好傳說他軍敗，「投水而死」，又說「屠剝焚之」。若已投火，不待再焚。這裏本亦作「投水」，後人不知焚屍是死後的事，以爲投水豈能焚，妄改作「火」。今據本傳改。

〔二四〕以高勱爲尚書右僕射　三朝本、北本、汲本、局本「勱」作「勵」，南本從北史卷八作「勱」，殿本從之。按本書卷一三、北史卷五一清河王岳傳作「勱」，而舊唐書卷六五高士廉傳、新唐書卷九五高儉傳作「勵」。金石錄卷二四高士廉塋兆記跋云：「唐史及元和姓纂皆云士廉父名『勵』，而北史作『勱』。今此碑與北史合，蓋唐史及姓纂轉寫誤爾。」據碑，作「勵」誤，今從南本。

〔二五〕二月丙寅　上文已見「二月辛酉」，這裏不應重出二月。隋書卷二三五行志下常風作「三月」。但這年三月又沒有丙寅。則也可能衍「二月」二字。今不改。

〔二六〕十二月戊申周武帝來救晉州庚戌戰於城南　諸本無「周」字，今據北史卷八補。又諸本「庚戌」

作「庚申」。北史卷八、御覽卷一三一六二六頁、周書卷六武帝紀建德六年五七七十二月都作「庚戌」。按上文見「戊申」，下文見「癸丑」，中間只能是「庚戌」，今據改。

〔二七〕丁丑太皇太后太上皇后自鄴先趣濟州　諸本和北史卷八「太上皇」下無「后」字。通鑑卷一七三五三六九頁有。按下文說癸丑燒城西門指鄴城，太上皇率百餘騎東走。丁丑是三日，癸丑是十九日，後主太上皇既已丁丑「趣濟州」，怎會在癸丑又自鄴東走？檢周書六武帝紀下建德六年五七七正月癸巳云：「齊主先送其母並妻子於青州，及城陷，乃率數十騎東走。」據此知此紀所云丁丑趣濟州的是後主的母妻。這裏脫一「后」字，今據通鑑補。

〔二八〕乙亥　按這年正月乙亥朔，上文紀癸巳已是十九日，怎會又退到一日。乙亥必誤，通鑑卷一七三五三七〇頁作「乙未」，疑是。

〔二九〕爲周將尉遲綱所獲　按周書卷六武帝紀下建德六年五七七正月記追擒北齊後主的是尉遲勤。勤父綱死於天和四年五六九，見周書卷二〇本傳。此紀誤。

〔三〇〕犬馬雞鷹多食縣幹　三朝本、北本、汲本、局本「幹」作「邑」。北史卷八作「幹」。按食幹是北齊制度，屢見本書。當是補此傳者不知食幹之制，臆改爲「邑」。南本、殿本已據北史回改，今從之。

〔三一〕下逮鄉官亦多降中旨　諸本及北史卷八「旨」作「者」。御覽卷一三一六三七頁、通歷卷九、通典卷一四作「旨」，按「中旨」屢見本書卷三八元文遙傳補、卷四〇馮子琮傳補，今據改。

北齊書卷九[一]

列傳第一

神武婁后　文襄元后　文宣李后　孝昭元后　武成胡后　後主斛律后　胡后　穆后

神武明皇后婁氏，諱昭君，贈司徒內干之女也。少明悟，强族多聘之，並不肯行。及見神武於城上執役，驚曰：「此眞吾夫也。」乃使婢通意，又數致私財，使以聘己，父母不得已而許焉。神武既有澄清之志，傾產以結英豪，密謀祕策，后恒參預。及拜渤海王妃，閫閫之事悉決焉。

后高明嚴斷，雅遵儉約，往來外舍，侍從不過十人。性寬厚，不妬忌，神武姬侍，咸加恩待。神武嘗將西討出師，后夜孿生一男一女，左右以危急，請追告神武。后弗聽曰：「王出統大兵，何得以我故輕離軍幕。死生命也，來復何爲！」神武聞之，嗟歎良久。沙苑敗後，侯

景屢言請精騎二萬，必能取之。神武悅，以告于后。后曰：「若如其言，豈有還理，得獺失景，亦有何利。」乃止。神武逼於茹茹，欲娶其女而未決。后曰：「國家大計，願不疑也。」及茹茹公主至，后避正室處之。神武愧而拜謝焉，曰：「彼將有覺，願絕勿顧。」慈愛諸子，不異己出，躬自紡績，人賜一袍一袴。手縫戎服，以帥左右。弟昭，以功名自達，其餘親屬，未嘗爲請爵位。每言有材當用，義不以私亂公。文襄嗣位，進爲太妃。文宣將受魏禪，后固執不許，帝所以中止。天保初，尊爲皇太后，宮曰宣訓。濟南卽位，尊爲太皇太后。尚書令楊愔等受遺詔輔政，疏忌諸王。太皇太后密與孝昭及諸大將定策誅之，下令廢立。孝昭卽位，復爲皇太后。孝昭帝崩，太后又下詔立武成帝。大寧二年春，太后寢疾，衣忽自舉，用巫媼言改姓石氏。四月辛丑，崩於北宮，時年六十二。五月甲申，合葬義平陵。

太后凡孕六男二女，皆感夢：孕文襄則夢一斷龍；孕文宣則夢大龍，首尾屬天地，張口動目，勢狀驚人；孕孝昭則夢蠕龍於地；孕武成則夢龍浴於海；孕魏二后並夢月入懷；孕襄城、博陵二王夢鼠入衣下。后未崩，有童謠曰「九龍母死不作孝」。及后崩，武成不改服，緋袍如故。未幾，登三臺，置酒作樂。帝女進白袍，[二]帝怒，投諸臺下。和士開請止樂，帝大怒，撻之。帝於昆季次實九，蓋其徵驗也。

文襄敬皇后元氏，魏孝靜帝之姊也。孝武帝時，封馮翊公主而歸於文襄。容德兼美，曲盡和敬。初生河間王孝琬，時文襄爲世子，三日而孝靜帝幸世子第，贈錦綵及布帛萬疋。世子辭，求通受諸貴禮遺，於是十屋皆滿。次生兩公主。文宣受禪，尊爲文襄皇后，居靜德宮。及天保六年，文宣漸致昏狂，乃移居於高陽之宅，而取其府庫，曰：「吾兄昔姦我婦，我今須報。」乃淫於后。其高氏女婦無親疏，皆使左右亂交之於前。以葛爲絙，令魏安德主騎上，使人推引之，又命胡人苦辱之。帝又自呈露，以示羣下。武平中，后崩，祔葬義平陵。

文宣皇后李氏，諱祖娥，趙郡李希宗女也。容德甚美。初爲太原公夫人。及帝將建中宮，高隆之、高德正言漢婦人不可爲天下母，宜更擇美配。楊愔固請依漢、魏故事，不改元妃。而德正猶固請廢后而立段昭儀，欲以結勳貴之援，帝竟不從而立后焉。帝好捶撻嬪御，乃至有殺戮者，唯后獨蒙禮敬。天保十年，改爲可賀敦皇后。孝昭卽位，降居昭信宮，號昭信皇后。武成踐祚，逼后淫亂，云：「若不許，我當殺爾兒。」后懼，從之。後有娠，太原王紹德至閤，不得見，慍曰：「兒豈不知耶，姊姊腹大，故不見兒。」后聞之，大慚，由是生女不舉。帝橫刀詬曰：「爾殺我女，我何不殺爾兒！」對后前築殺紹德。后大哭，帝愈怒，裸后亂撾撻之，號天不已。盛以絹囊，流血淋漉，投諸渠水，良久乃蘇，犢車載送妙勝尼寺。后性

愛佛法，因此爲尼。齊亡入關。隋時得還趙郡。

孝昭皇后元氏，開府元蠻女也。初爲常山王妃。天保末，賜姓步六孤。孝昭卽位，立爲皇后。帝崩，梓宮之鄴。始渡汾橋，武成聞后有奇藥，追索之不得，使閹人就車頓辱。降居順成宮。武成既殺樂陵王，元被閟隔，不得與家相知。宮闈內忽有飛語，帝令檢推，得后父兄書信，元蠻由是坐免官。后以齊亡入周氏宮中。隋文帝作相，放還山東。

武成皇后胡氏，安定胡延之女。其母范陽盧道約女，初懷孕，有胡僧詣門曰「此宅瓠蘆中有月」，既而生后。天保初，選爲長廣王妃。產後主日，鴞鳴於產帳上。武成崩，尊爲皇太后，陸媼及和士開密謀殺趙郡王叡，出婁定遠、高文遙爲刺史。和、陸諂事太后，無所不至。初武成時，后與諸閹人褻狎。武成寵幸和士開，每與后握槊，因此與后姦通。自武成崩後，數出詣佛寺，又與沙門曇獻通。布金錢於獻席下，又挂寶裝胡牀於獻屋壁，武成平生之所御也。乃置百僧於內殿，託以聽講，日夜與曇獻寢處。以獻爲昭玄統。僧徒遙指太后以弄曇獻，乃至謂之爲太上者。帝聞太后不謹而未之信，後朝太后，見二少尼，悅而召之，乃男子也。於是曇獻事亦發，皆伏法，並殺元、山、王三郡君，皆太后之所昵也。帝自晉陽

奉太后還鄴，至紫陌，卒遇大風。舍人魏僧伽明風角，奏言卽時當有暴逆事。帝詐云鄴中有急，彎弓纏矟，馳入南城，令鄧長顒幽太后北宮，仍有勑內外諸親一不得與太后相見。久之，帝復迎太后。太后初聞使者至，大驚，慮有不測。每太后設食，帝亦不敢嘗。周使元偉來聘，作述行賦，敍鄭莊公克段而遷姜氏，文雖不工，當時深以爲愧。齊亡入周，恣行姦穢。隋開皇中殂。

後主皇后斛律氏，左丞相光之女也。初爲皇太子妃。後主受禪，立爲皇后。武平三年正月生女，帝欲悅光，詐稱生男，爲之大赦。光誅，后廢在別宮，後令爲尼。齊滅，嫁爲開府元仁妻。

後主皇后胡氏，隴東王長仁女也。胡太后失母儀之道，深以爲愧，欲求悅後主，故飾后於宮中，令帝見之。帝果悅，立爲弘德夫人，進左昭儀，大被寵愛。斛律后廢，陸嫗欲以穆夫人代之，太后不許。祖孝徵請立胡昭儀，遂登爲皇后。陸嫗既非勸立，又意在穆夫人，其後於太后前作色而言曰：「何物親姪女作如此語言！」太后問有何言，曰：「不可道。」固問之，乃曰：「語大家云，太后行多非法，不可以訓。」太后大怒，喚后出，立剃其髮，送令還家。帝思之，每致物以通意。後與斛律廢后俱召入內，數日而鄴不守。後亦改嫁。

後主皇后穆氏，名邪利，本斛律后從婢也。母名輕霄，本穆子倫婢也，轉入侍中宋欽道家，姦私而生后，莫知氏族，或云后卽欽道女子也。小字黃花，後字舍利。欽道婦妒，黥輕霄面爲「宋」字。欽道伏誅，黃花因此入宮，有幸於後主，宮內稱爲舍利太監。女侍中陸太姬知其寵，養以爲女，薦爲弘德夫人。武平元年六月，生皇子恒。於時後主未有儲嗣，陸陰結待，以監撫之任不可無主，時皇后斛律氏，丞相光之女也，慮其懷恨，先令母養之，立爲皇太子。陸以國姓之重，穆、陸相對，又奏賜姓穆氏。胡庶人之廢也，陸有助焉，故遂立爲皇后，大赦。初，有折衝將軍元正烈於鄴城東水中得璽以獻，文曰「天王后璽」，蓋石氏所作。詔書頒告，以爲穆后之瑞焉。武成時，爲胡后造眞珠裙袴，所費不可稱計，被火所燒。後主既立穆皇后，復爲營之。屬周武遭太后喪，詔侍中薛孤、康買等爲弔使，又遣商胡齎錦綵三萬疋與弔使同往，欲市眞珠爲皇后造七寶車，周人不與交易，然而竟造焉。先是童謠曰：「黃花勢欲落，清觴滿盃酌。」言黃花不久也。後主自立穆后以後，昏飲無度，故云清觴滿盃酌。陸息駱提婆詔改姓爲穆，陸。太姬，皆以皇后故也。〔三〕后既以陸爲母，提婆爲家，更不採輕霄。輕霄後自療面，欲求見，太后、陸嫗使禁掌之，〔四〕竟不得見。

校勘記

〔一〕北齊書卷九　按此卷原缺，後人以北史卷一四后妃傳下北齊部分補。傳目仍北齊書的原目，不列附傳諸妃嬪。補此傳者按目補人，所以北史有傳而此傳目錄不載的一概不補。其實北齊書目錄不載，並非傳內無文。又今本此傳無序，初學記卷一〇中宮部妃嬪引北齊書，卽此傳的序。北史后妃傳序乃併合魏、周、齊三書后妃傳序而成。其中敍北齊妃嬪位號一段和初學記所引北齊書基本相同。初學記是類書，引文刪節較多，所以比北史簡略，但個別文字也可以訂正北史的訛文。

〔二〕帝女進白袍　通鑑卷一六八五二三三頁「帝女」作「宮女」。隋書卷二三五行志下心腹之痾「帝女」作「侍者」。按「帝女」當有誤，通鑑恐亦是以意改。

〔三〕陸太姬皆以皇后故也　按這句文義不順。下「陸」字下當脫「號曰」二字，卷五〇恩倖傳補云：「及穆后立，令萱號曰太姬」，可證。

〔四〕欲求見太后陸嫗使禁掌之　北史卷一四作「欲求見，爲太姬陸嫗使禁掌之」。按穆后立後，胡太后已和後主有猜嫌，豈能和陸令萱一起禁止輕霄之見其女。這裏「太后」當是「太姬」之訛，「太姬陸嫗」連文。

北齊書卷十[一]

列傳第二

高祖十一王

永安簡平王浚　平陽靖翼王淹　彭城景思王浟　上黨剛肅王渙
襄城景王淯　任城王湝　高陽康穆王湜　博陵文簡王濟
華山王凝　馮翊王潤　漢陽敬懷王洽

神武皇帝十五男：武明婁皇后生文襄皇帝、文宣皇帝、孝昭皇帝、襄城景王淯、武成皇帝、博陵文簡王濟，王氏生永安簡平王浚，穆氏生平陽靖翼王淹，大尒朱氏生彭城景思王浟、華山王凝，韓氏生上黨剛肅王渙，小尒朱氏生任城王湝，游氏生高陽康穆王湜，鄭氏生馮翊王潤，馮氏生漢陽敬懷王洽。[二]

永安簡平王浚，字定樂，神武第三子也。初神武納浚母，當月而有孕，及產浚，疑非己類，不甚愛之。而浚早慧，後更被寵。年八歲時，問於博士盧景裕曰：「『祭神如神在。』爲有神邪，無神邪？」對曰：「有。」浚曰：「有神當云祭神神在，何煩『如』字？」景裕不能答。及長，嬉戲不節，曾以屬請受納，大見杖罰，拘禁府獄，既而見原。後稍折節，頗以讀書爲務。元象中，封永安郡公。豪爽有氣力，善騎射，爲文襄所愛。文宣性雌懦，每參文襄，有時涕出。浚常責帝左右，何因不爲二兄拭鼻，由是見銜。累遷中書監、兼侍中。出爲青州刺史，頗好畋獵，聰明矜恕，上下畏悅之。天保初，進爵爲王。[三]文宣末年多酒，浚謂親近曰：「二兄舊來不甚了了，自登祚已後，識解頓進。今因酒敗德，朝臣無敢諫者，大敵未滅，吾甚以爲憂，欲乘驛至鄴面諫，不知用吾不。」人有知，密以白帝，又見銜。八年來朝，從幸東山。帝裸裎爲樂，雜以婦女，又作狐掉尾戲。浚進言，此非人主所宜。帝甚不悅。浚又於屏處召楊遵彥，譏其不諫。帝時不欲大臣與諸王交通，遵彥懼以奏。帝大怒曰：「小人由來難忍！」遂罷酒還宮。浚尋還州，又上書切諫。詔令徵浚，浚懼禍，謝疾不至。上怒，馳驛收浚，老幼泣送者數千人。至，盛以鐵籠，與上黨王渙俱置北城地牢下，飲食溲穢共在一所。明年，帝親將左右臨穴歌謳，令浚和之。浚等惶怖且悲，不覺聲戰。帝爲愴然，因泣，將赦之。長廣王湛先與浚不睦，進曰：「猛獸安可出穴。」帝默然。浚等聞之，呼長廣小字曰：「步落稽，皇天見汝！」左右聞者，莫不悲傷。浚與渙皆有雄略，爲諸王所傾服，帝恐爲害，乃自刺渙，又使壯士劉桃枝就籠亂刺。槊每下，浚、渙輒以手拉折之，號哭呼天。於是薪火亂投，燒殺之，塡以石土。後出，皮髮皆盡，屍色如炭，天下爲之痛心。

後帝以其妃陸氏配儀同劉郁捷，舊帝蒼頭也，以軍功見用，時令郁捷害浚，故以配焉。後數日，帝以陸氏先無寵於浚，勑與離絕。乾明元年，贈太尉。無子，詔以彭城王浟第二子準嗣。

平陽靖翼王淹，字子邃，神武第四子也。元象中，封平陽郡公，累遷尚書左僕射。天保初，進爵爲王，歷位尚書令、開府儀同三司、司空、太尉。皇建初，爲太傅，與彭城、河間王並給仗身、[四]羽林百人。大寧元年，遷太宰。性沉謹，以寬厚稱。河清三年，薨於晉陽，或云酖終。還葬鄴，贈假黃鉞、太宰、錄尚書事。子德素嗣。

彭城景思王浟，字子深，神武第五子也。元象二年，拜通直散騎常侍，封長樂郡公。博士韓毅教浟書，見浟筆迹未工，戲浟曰：「五郎書畫如此，忽爲常侍開國，今日後宜更用心。」浟正色答曰：「昔甘羅幼爲秦相，未聞能書。凡人唯論才具何如，豈必動誇筆迹。博士當今

能者，何爲不作三公？」時年蓋八歲矣。毅甚慚。

武定六年，出爲滄州刺史，爲政嚴察，部內肅然。守令參佐，下及胥吏，行遊往來，皆自齎糧食。浟纖介知人間事。有濕沃縣主簿張達嘗詣州，夜投人舍，食雞羹，浟察知之。守令畢集，浟對衆曰：「食雞羹何不還價直也。」達即伏罪。合境號爲神明。又有一人從幽州來，驢馱鹿脯。至滄州界，脚痛行遲，偶會一人爲伴，遂盜驢及脯去。明旦，告州。浟乃令左右及府僚吏分市鹿脯，不限其價。其主見脯識之，推獲盜者。轉都督、定州刺史。時有人被盜黑牛，背上有白毛。長史韋道建謂中從事魏道勝曰：「使君在滄州日，擒姦如神，若捉得此賊，定神矣。」浟乃詐爲上府市牛皮，[五]倍酬價直，使牛主認之，因獲其盜。建等歎服。又有老母姓王，孤獨，種菜三畝，數被偷。浟乃令人密往書菜葉爲字，明日市中看菜葉有字，獲賊。爾後境內無盜，政化爲當時第一。天保初，封彭城王。四年，徵爲侍中，人吏送別悲號。有老公數百人相率具饌曰：「自殿下至來五載，人不識吏，吏不欺人，百姓有識已來，始逢今化。殿下唯飲此鄉水，未食此鄉食，聊獻疏薄。」浟重其意，爲食一口。七年，轉司州牧，選從事皆取文才士明剖斷者，當時稱爲美選。州舊案五百餘，浟未期悉斷盡。別駕羊脩等恐犯權戚，乃詣閤諮陳。浟使告曰：「吾直道而行，何憚權戚，卿等當成人之美，反以權戚爲言。」脩等慚悚而退。後加特進，兼司空、太尉，州牧如故。太妃薨，解任，尋詔

復本官。俄拜司空，兼尚書令。濟南嗣位，除開府儀同三司、尚書令、領大宗正卿。皇建初，拜大司馬，兼尚書令，轉太保。武成入承大業，遷太師、錄尚書事。浟明練世務，果於斷決，事無大小，咸悉以情。趙郡李公統預高歸彥之逆，其母崔氏卽御史中丞崔昂從父子，兼右僕射魏收之內妹也。依令，年出六十，例免入官。崔增年陳訴，所司以昂、收故，崔遂獲免。浟摘發其事，昂等以罪除名。

自車駕巡幸，浟常留鄴。河清三年三月，〔六〕羣盜田子禮等數十人謀劫浟爲主，詐稱使者，徑向浟第，至內室，稱勑牽浟上馬，臨以白刃，欲引向南殿。浟大呼不從，遂遇害，時年三十二，朝野痛惜焉。初浟未被劫前，其妃鄭氏夢人斬浟頭持去，惡之，數日而浟見殺。贈假黃鉞、太師、太尉、錄尚書事，給輼輬車。子寶德嗣，位開府，兼尚書左僕射。

上黨剛肅王渙，字敬壽，神武第七子也。天姿雄傑，俶儻不羣，雖在童幼，恒以將略自許。神武壯而愛之，曰：「此兒似我。」及長，力能扛鼎，材武絕倫。每謂左右曰：「人不可無學，但要不爲博士耳。」故讀書頗知梗概，而不甚耽習。元象中，封平原郡公。文襄之遇賊，渙年尚幼，在西學，聞宮中讙，驚曰：「大兄必遭難矣！」彎弓而出。武定末，除冀州刺史，在州有美政。天保初，封上黨王，歷中書令、尚書左

僕射。與常山王演等築伐惡諸城。遂聚鄴下輕薄，淩犯郡縣，爲法司所糾。文宣戮其左右數人，渙亦被譴。六年，率衆送梁王蕭明還江南，仍破東關，斬梁特進裴之橫等，威名甚盛。八年，錄尚書事。

初，術士言亡高者黑衣，由是自神武後，每出行，不欲見沙門，爲黑衣故也。是時文宣幸晉陽，以所忌問左右曰：「何物最黑？」對曰：「莫過漆。」帝以渙第七子爲當之，乃使庫眞都督破六韓伯昇之鄴徵渙。渙至紫陌橋，殺伯昇以逃，憑河而度，土人執以送帝。鐵籠盛之，與永安王浚同置地牢下。歲餘，與浚同見殺，時年二十六。以其妃李氏配馮文洛，是帝家舊奴，積勞位至刺史，帝令文洛等殺渙，故以其妻妻焉。

至乾明元年，收二王餘骨葬之，贈司空，諡曰剛肅。有勑李氏還第。而文洛尚以故意，修飾詣李。李盛列左右，引文洛立於階下，數之曰：「遭難流離，以至大辱，志操寡薄，不能自盡，幸蒙恩詔，得反藩閫。汝是誰家孰奴，猶欲見侮！」於是杖之一百，流血灑地。渙無嫡子，庶長子寶嚴以河清二年襲爵，位金紫光祿大夫、開府儀同三司。

襄城景王淯，神武第八子也。容貌甚美，弱年有器望。元象中，封章武郡公。天保初，封襄城郡王。二年春，薨。齊氏諸王選國臣府佐，多取富商羣小、鷹犬少年，唯襄城、廣寧、蘭陵王等頗引文藝清識之士，當時以此稱之。乾明元年二月，贈假黃鉞、太師、太尉、錄尚書事。無子，詔以常山王演第二子亮嗣。

亮字彥道，性恭孝，美風儀，好文學。爲徐州刺史，坐奪商人財物免官。後主敗奔鄴，亮從焉，遷兼太尉、太傅。周師入鄴，亮於啓夏門拒守。諸軍皆不戰而敗，周軍於諸城門皆入，亮軍方退走。亮入太廟行馬內，慟哭拜辭，然後爲周軍所執。入關，依例授儀同，分配遠邊，卒於龍州。

任城王湝，神武第十子也。少明慧。天保初封。自孝昭、武成時，車駕還鄴，常令湝鎮晉陽，〔七〕總幷省事，歷司徒、太尉、幷省錄尚書事。

天統三年，拜太保、幷州刺史，別封正平郡公。〔八〕時有婦人臨汾水浣衣，有乘馬人換其新靴馳而去者，婦人持故靴，詣州言之。湝召城外諸嫗，以靴示之，紿曰：「有乘馬人在路被賊劫害，遺此靴焉，得無親屬乎？」一嫗撫膺哭曰：「兒昨著此靴向妻家。」如其語，捕獲之。時稱明察。武平初，遷太師、司州牧，出爲冀州刺史，加太宰，遷右丞相、都督、青州刺史。湝頻牧大藩，雖不潔己，然寬恕爲吏人所懷。五年，青州崔蔚波等夜襲州城，湝部分倉卒之際，咸得齊整，擊賊，大破之。拜左丞相，轉瀛州刺史。及後主奔鄴，加湝大丞相。

及安德王稱尊號於晉陽，使劉子昂修啓於湝：「至尊出奔，宗廟既重，羣公勸迫，權主號令，事寧終歸叔父。」湝曰：「我人臣，何容受此啓。」執子昂送鄴。帝至濟州，禪位於湝，啓竟不達。湝與廣寧王孝珩於冀州召募得四萬餘人，拒周軍。周齊王憲來伐，先遣送書並赦詔，湝並沉諸井。戰敗，湝、孝珩俱被擒。憲曰：「任城王何苦至此？」湝曰：「下官神武帝子，兄弟十五人，幸而獨存，逢宗社顚覆，今日得死，無愧墳陵。」憲壯之，歸其妻子。將至鄴城，湝馬上大哭，自投于地，流血滿面。至長安，尋與後主同死。

妃盧氏賜斛斯徵，蓬首垢面，長齋不言笑。徵放之，乃爲尼。隋開皇三年，表請文帝葬湝及五子於長安北原。

高陽康穆王湜，神武第十一子也。天保元年封。十年，稍遷尚書令。以滑稽便辟，有寵於文宣，常在左右，〔九〕行杖以撻諸王。太后深銜之。其妃父護軍長史張晏之嘗要道拜湜，湜不禮焉。帝問其故，對曰：「無官職漢，何須禮。」帝於是擢拜晏之爲徐州刺史。文宣崩，兼司徒，導引梓宮，吹笛，云「至尊頗知臣不」，又擊胡鼓爲樂。太后杖湜百餘，未幾薨。太后哭之哀，曰：「我恐其不成就，與杖，何期帶創死也。」乾明初，贈假黃鉞、太師、司徒、錄尚書事。子士義襲爵。

博陵文簡王濟，神武第十二子也。天保元年封。濟嘗從文宣巡幸，在路忽憶太后，遂逃歸。帝怒，臨以白刃，因此驚恍。歷位太尉。河清初，出爲定州刺史。天統五年，在州語人云：「計次第亦應到我。」後主聞之，陰使人殺之。贈假黃鉞、太尉、錄尚書事。子智襲爵。

華山王凝，神武第十三子也。天保元年，封新平郡王，九年，改封安定，十年，封華山。〔一〇〕歷位中書令、齊州刺史，就加太傅。薨於州，贈左丞相、太師、錄尚書。凝諸王中最爲孱弱，妃王氏，太子洗馬王洽女也，與倉頭姦，凝知而不能限禁。後事發，王氏賜死，詔杖凝一百。其愚如此。

馮翊王潤，字子澤，神武第十四子也。幼時，神武稱曰：「此吾家千里駒也。」天保初封。歷位東北道大行臺、右僕射、都督、定州刺史。潤美姿儀，年十四五，母鄭妃與之同寢，有穢雜之聲。及長，廉慎方雅，習於吏職，至摘發隱僞，姦吏無所匿其情。開府王迴洛與六州大都督獨孤枝侵竊官田，受納賄賂，潤按舉其事。二人表言，王出送臺使，登魏文舊壇，南望歎息，不測其意。武成使元文遙就州宣勑曰：「馮翊王少小謹愼，在州不爲非法，朕信之熟

矣。登高遠望，人之常情，鼠輩欲輕相間構，曲生眉目。」於是迴洛決鞭二百，獨孤枝決杖一百。尋爲尚書令，領太子少師，歷司徒、太尉、大司馬、司州牧、太保、河南道行臺、領錄尚書，別封文成郡公，太師、太宰，復爲定州刺史。薨，贈假黃鉞、左丞相。子茂德嗣。

漢陽敬懷王洽，字敬延，神武第十五子也。天保元年封。五年，薨，年十三。乾明元年，贈太保、司空。無子，以任城王第二子建德爲後。

校勘記

〔一〕北齊書卷十　按此卷原缺，後人以北史卷五一神武諸子傳補。三朝本、南本、局本於傳末有宋人校語，云：「此卷與北史同。」

〔二〕馮氏生漢陽敬懷王洽　三朝本、南本、汲本、局本和北史卷五一「馮」作「馬」，北本、殿本作「馮」。按北史卷一四后妃傳下見「馮娘」，但云「生浮陽公主」。然北史此傳高歡姬妾附見者類皆有子，其子却不列舉。此傳馮氏當卽此人。故從北、殿本。

〔三〕天保初進爵爲王　諸本「天保」作「保定」，唯局本作「天保」。按保定是周武帝年號，高浚封王在天保元年六月，見本書卷四文宣紀。今從局本。

〔四〕並給仗身　三朝本、北本、殿本「身」作「衛」。南本、汲本、局本和北史卷五一百衲本作「身」。按仗身是高級官員的衛士。唐代五品以上職事官及鎭戍皆給仗身，見通典卷三五。敦煌所出西魏大統十三年五四六計帳已見仗身名目，則北朝已有，今從南本。

〔五〕乃詐爲上府市牛皮　北史卷五一「府」作「符」。按「上符」指上級下達的公文，疑作「符」是。

〔六〕河清三年三月　諸本「三月」作「二月」，北史作「三月」。按事見本書卷七武成紀補河清三年五六四三月。北史是，今據改。

〔七〕自孝昭武成時車駕還鄴常令湝鎭晉陽　按孝昭帝自卽位至死，未曾還鄴，「孝昭」二字疑衍。

〔八〕別封正平郡公　諸本「正平」倒作「平正」，北史卷五一作「正平」。按魏書卷一〇六地形志上正平郡屬東雍州，「平正郡」不見地志。今據北史乙正。

〔九〕有寵於文宣常在左右　三朝本、南本、汲本、局本「常」作「帝」，他本及北史卷五一無此字。按通鑑卷一六八五一九三—九四頁、通志卷八五齊宗室傳都作「常」。通志錄自北史，知傳本北史脫此字，本書的三朝本則「常」訛作「帝」。今據通鑑、通志改。

〔一〇〕十年封華山　諸本及北史卷五一「十年」作「十五年」。殿本考證云：「『天保止十年，『五』字應是衍文。」按上稱「九年」，這裏只能是十年，殿本考證說是。今刪「五」字。

北齊書卷十一[一]

列傳第三

文襄六王

河南康舒王孝瑜　廣寧王孝珩　河間王孝琬
蘭陵武王孝瓘　安德王延宗　漁陽王紹信

文襄六男：文敬元皇后生河間王孝琬，宋氏生河南王孝瑜，王氏生廣寧王孝珩，蘭陵王長恭不得母氏姓，陳氏生安德王延宗，燕氏生漁陽王紹信。

河南康舒王孝瑜，字正德，文襄長子也。初封河南郡公，齊受禪，進爵爲王。歷位中書令、司州牧。

初，孝瑜養於神武宮中，與武成同年相愛。將誅楊愔等，孝瑜預其謀。及武成卽位，禮

遇特隆。帝在晉陽，手敕之曰：「吾飲汾淸二盃，勸汝於鄴酌兩盃。」其親愛如此。孝瑜容貌魁偉，精彩雄毅，謙愼寬厚，兼愛文學，讀書敏速，十行俱下，覆棊不失一道。初，文襄於鄴東起山池遊觀，時俗眩之。孝瑜遂於第作水堂、龍舟，植幡矟於舟上，數集諸弟宴射爲樂。武成幸其第，見而悅之，故盛興後園之玩，於是貴賤慕斆，處處營造。

武成常使和士開與胡后對坐握槊，孝瑜諫曰：「皇后天下之母，不可與臣下接手。」帝深納之。後又言趙郡王父死非命，不可親。由是叡及士開皆側目。士開密告其奢僭，叡又言山東唯聞河南王，不聞有陛下。帝由是忌之。尒朱御女名摩女，本事太后，孝瑜先與之通，後因太子婚夜，孝瑜竊與之言。武成大怒，頓飲其酒三十七盃。體至肥大，腰帶十圍。使婁子彥載以出，酖之於車。至西華門，煩熱躁悶，投水而絕。贈太尉、錄尚書事。子弘節嗣。

孝瑜母，魏吏部尚書宋弁孫也，本魏潁川王斌之妃，爲文襄所納，生孝瑜，孝瑜還第，爲太妃。孝瑜妃，盧正山女，武成胡后之內姊也。孝瑜薨後，宋太妃爲盧妃所譖訴，武成殺之。

廣寧王孝珩，文襄第二子也。歷位司州牧、尚書令、司空、司徒、錄尚書、大將軍、大司馬。孝珩愛賞人物，學涉經史，好綴文，有伎藝。嘗於廳事壁自畫一蒼鷹，見者皆以爲眞，

又作朝士圖，亦當時之妙絕。

後主自晉州敗奔鄴，詔王公議於含光殿。孝珩以大敵旣深，事藉機變。宜使任城王領幽州道兵入土門，揚聲趣幷州；獨孤永業領洛州兵趣潼關，揚聲趣長安；臣請領京畿兵出滏口，鼓行逆戰。敵聞南北有兵，自然潰散。又請出宮人珍寶賜將士，帝不能用。承光卽位，以孝珩爲太宰。與呼延族、莫多婁敬顯、尉相願同謀，期正月五日，[二]孝珩於千秋門斬高阿那肱，相願在內以禁兵應之，族與敬顯自遊豫園勒兵出。旣而阿那肱從別宅取便路入宮，事不果。乃求出拒西軍，謂阿那肱、韓長鸞、陳德信等云：「朝廷不賜遣擊賊，豈不畏孝珩反耶？孝珩破宇文邕，遂至長安，反時何與國家事。以今日之急，猶作如此猜疑。」高、韓恐其變，出孝珩爲滄州刺史。至州，以五千人會任城王於信都，共爲匡復計。周齊王憲來伐，兵弱不能敵。怒曰：「由高阿那肱小人，吾道窮矣！」齊叛臣乞扶令和以矟刺孝珩墜馬，奴白澤以身扞之，孝珩猶傷數處，遂見虜。齊王憲問孝珩齊亡所由，孝珩自陳國難，辭淚俱下，俯仰有節。憲爲之改容，親爲洗創傅藥，禮遇甚厚。孝珩獨歎曰：「李穆叔言齊氏二十八年，今果然矣。自神武皇帝以外，吾諸父兄弟無一人得至四十者，命也。嗣君無獨見之明，宰相非柱石之寄，恨不得握兵符，受廟算，展我心力耳。」至長安，依例授開府、縣侯。後周武帝在雲陽，宴齊君臣，自彈胡琵琶，命孝珩吹笛。辭曰：「亡國之音，不足聽也。」固命

之，舉笛裁至口，淚下嗚咽，武帝乃止。其年十月，疾甚，啓歸葬山東，從之。尋卒，令還葬鄴。

河間王孝琬，文襄第三子也。天保元年封。天統中，累遷尚書令。初，突厥與周師入太原，武成將避之而東。孝琬叩馬諫，請委趙郡王部分之，必整齊，帝從其言。孝琬免冑將出，帝使追還。周軍退，拜幷州刺史。

孝琬以文襄世嫡，驕矜自負。河南王之死，諸王在宮內莫敢舉聲，唯孝琬大哭而出。又怨執政，爲草人而射之。和士開與祖珽譖之，云：「草人擬聖躬也。又前突厥至州，孝琬脫兜鍪抵地，云『豈是老嫗，須着此』。此言屬大家也。」初，魏世謠言：「河南種穀河北生，白楊樹頭金雞鳴。」珽以說曰：「河南、河北，河間也。金雞鳴，孝琬將建金雞而大赦。」帝頗惑之。時孝琬得佛牙，置於第內，夜有神光。昭玄都法順請以奏聞，[三]不從。帝聞，使搜之，得鎮庫矟幡數百。帝聞之，以爲反。訊其諸姬，有陳氏者無寵，誣對曰「孝琬畫作陛下形哭之」，然實是文襄像，孝琬時時對之泣。帝怒，使武衞赫連輔玄倒鞭撾之。孝琬呼阿叔，帝怒曰：「誰是爾叔？敢喚我作叔！」孝琬曰：「神武皇帝嫡孫，文襄皇帝嫡子，魏孝靜皇帝外甥，何爲不得喚作叔也？」帝愈怒，折其兩脛而死。瘞諸西山，帝崩後，乃改葬。子正禮嗣，幼聰穎，

能誦左氏春秋。齊亡，遷綿州卒。

蘭陵武王長恭，一名孝瓘，文襄第四子也。累遷幷州刺史。突厥入晉陽，長恭盡力擊之。芒山之敗，〔四〕長恭爲中軍，率五百騎再入周軍，遂至金墉之下，被圍甚急，城上人弗識，長恭免冑示之面，乃下弩手救之，於是大捷。武士共歌謠之，爲蘭陵王入陣曲是也。歷司州牧、青瀛二州，頗受財貨。後爲太尉，與段韶討柏谷，又攻定陽。韶病，長恭總其衆。前後以戰功別封鉅鹿、長樂、樂平、高陽等郡公。

芒山之捷，後主謂長恭曰：「入陣太深，失利悔無所及。」對曰：「家事親切，不覺遂然。」帝嫌其稱家事，遂忌之。及在定陽，其屬尉相願謂曰：「王既受朝寄，何得如此貪殘？」長恭未答。相願曰：「豈不由芒山大捷，恐以威武見忌，欲自穢乎？」長恭曰：「然。」相願曰：「朝廷若忌王，於此犯便當行罰，求福反以速禍。」長恭泣下，前膝請以安身術。相願曰：「王前既有勳，今復告捷，威聲太重，宜屬疾在家，勿預事。」長恭然其言，未能退。及江淮寇擾，恐復爲將，歎曰：「我去年面腫，今何不發。」自是有疾不療。武平四年五月，帝使徐之範飲以毒藥。長恭謂妃鄭氏曰：「我忠以事上，何辜於天，而遭鴆也。」妃曰：「何不求見天顏。」長恭曰：「天顏何由可見。」遂飲藥薨。贈太尉。

長恭貌柔心壯，音容兼美。爲將躬勤細事，每得甘美，雖一瓜數果，必與將士共之。初在瀛州，行參軍陽士深表列其贓，免官。及討定陽，士深在軍，〔五〕恐禍及。長恭聞之曰：「吾本無此意。」乃求小失，杖士深二十以安之。嘗入朝而僕從盡散，唯有一人，長恭獨還，無所譴罰。武成賞其功，命賈護爲買妾二十人，唯受其一。有千金責券，臨死日，盡燔之。

安德王延宗，文襄第五子也。母陳氏，廣陽王妓也。延宗幼爲文宣所養，年十二，猶騎置腹上，令溺己臍中，抱之曰：「可憐止有此一箇。」問欲作何王，對曰：「欲作衝天王。」文宣問楊愔，愔曰：「天下無此郡名，願使安於德。」於是封安德焉。爲定州刺史，於樓上大便，使人在下張口承之。以蒸豬糝和人糞以飼左右，有難色者鞭之。孝昭帝聞之，使趙道德就州杖之一百。道德以延宗受杖不謹，又加三十。又以囚試刀，驗其利鈍。驕縱多不法。武成使撻之，殺其昵近九人，從是深自改悔。蘭陵王芒山凱捷，自陳兵勢，諸兄弟咸壯之。延宗獨曰：「四兄非大丈夫，何不乘勝徑入？使延宗當此勢，關西豈得復存。」及蘭陵死，妃鄭氏以頸珠施佛。廣寧王使贖之。延宗手書以諫，而淚滿紙。河間死，延宗哭之淚亦甚。又爲草人以像武成，鞭而訊之曰：「何故殺我兄！」奴告之，武成覆臥延宗於地，馬鞭撾之二百，幾死。後歷司徒、太尉。

及平陽之役，後主自禦之，命延宗率右軍先戰，城下擒周開府宗挺。及大戰，延宗以麾下再入周軍，莫不披靡。諸軍敗，延宗獨全軍。後主將奔晉陽，延宗言：「大家但在營莫動，以兵馬付臣，臣能破之。」帝不納。及至幷州，又聞周軍已入雀鼠谷，〔六〕乃以延宗爲相國、幷州刺史，總山西兵事。謂曰：「幷州，阿兄自取，兒今去也。」延宗曰：「陛下爲社稷莫動，臣爲陛下出死力戰。」駱提婆曰：「至尊計已成，王不得輒沮。」後主竟奔鄴。在幷將率咸請曰：「王若不作天子，諸人實不能出死力。」延宗不得已，即皇帝位，下詔曰：「武平孱弱，政由宦豎，釁結蕭牆，盜起疆埸。斬關夜遁，莫知所之，則我高祖之業將墜於地。王公卿士，猥見推逼，今便祇承寶位。可大赦天下，改武平七年爲德昌元年。」以晉昌王唐邕爲宰輔，齊昌王莫多婁敬顯、沭陽王和阿于子、〔七〕右衞大將軍段暢、武衞將軍相里僧伽、開府韓骨胡、侯莫陳洛州爲爪牙。衆聞之，不召而至者，前後相屬。延宗容貌充壯，坐則仰，偃則伏，人笑之，乃赫然奮發。氣力絕異，馳騁行陣，勁捷若飛。傾覆府藏及後宮美女，以賜將士，籍沒內參千餘家。後主謂近臣曰：「我寧使周得幷州，不欲安德得之。」左右曰：「理然。」延宗見士卒，皆親執手，陳辭自稱名，流涕嗚咽。衆皆爭爲死，童兒女子亦乘屋攘袂，投甎石以禦周軍。特進、開府那盧安生守太谷，以萬兵叛。周軍圍晉陽，望之如黑雲四合。延宗命莫多婁敬顯、韓骨胡拒城南，和阿于子、段暢拒城東。延宗親當周齊王於城北，奮大矟，往來督戰，所

向無前。尚書令史沮山亦肥大多力，捉長刀步從，殺傷甚多。武衞蘭芙蓉、綦連延長皆死於陣。

阿于子、段暢以千騎投周。周軍攻東門，際昏，遂入。進兵焚佛寺門屋，飛焰照天地。延宗與敬顯自門入，夾擊之，周軍大亂，爭門相填壓，齊人從後斫刺，死者二千餘人。周武帝左右略盡，自拔無路，承御上士張壽輒牽馬頭，賀拔佛恩以鞭拂其後，崎嶇僅得出。齊人奮擊，幾中焉。城東阨曲，佛恩及降者皮子信爲之導，僅免，時四更也。延宗謂周武帝崩於亂兵，使於積屍中求長鬣者，不得。時齊人既勝，入坊飲酒，盡醉臥，延宗不復能整。周武帝出城，饑甚，欲爲遁逸計。齊王憲及柱國王誼諫，以爲去必不免。延宗叛將段暢亦盛言城內空虛。周武帝乃駐馬，鳴角收兵，俄頃復振。詰旦，還攻東門，剋之，又入南門。延宗戰，力屈，走至城北，於人家見禽。周武帝自投下馬，執其手。延宗辭曰：「死人手何敢迫至尊。」帝曰：「兩國天子，有何怨惡，直爲百姓來耳。勿怖，終不相害。」使復衣帽，禮之。先是，高都郡有山焉，絕壁臨水，忽有黑書見，云「齊亡延宗」，洗視逾明。帝使人就寫，使者改亡爲上。至是應焉。延宗敗前，在鄴廳事，見兩日相連置，以十二月十三日晡時受勑守幷州，明日建尊號，不間日而被圍，經宿，至食時而敗。年號德昌，好事者言其得二日云。既而周武帝問取鄴計。辭曰：「亡國大夫不可以圖存，此非臣所及。」强問之，乃曰：「若任城王

撥鄰，臣不能知，若今主自守，陛下兵不血刃。」

及至長安，周武與齊君臣飲酒，令後主起舞，延宗悲不自持。屢欲仰藥自裁，傅婢苦執諫而止。未幾，周武誣後主及延宗等，云遙應穆提婆反，使並賜死。皆自陳無之，延宗攘袂，泣而不言。皆以椒塞口而死。明年，李妃收殯之。〔八〕

後主之傳位於太子也，孫正言竊謂人曰：「我武定中爲廣州士曹，〔九〕聞襄城人曹普演有言，高王諸兒，阿保當爲天子，至高德之承之，當滅。」阿保謂天保，德之謂德昌也，承之謂後主年號承光，其言竟信云。

漁陽王紹信，文襄第六子也。歷特進、開府、中領軍、護軍、青州刺史。行過漁陽，與大富人鍾長命同牀坐。太守鄭道蓋謁，長命欲起，紹信不聽，曰：「此何物小人，而主人公爲起。」乃與長命結爲義兄弟，妃與長命妻爲姊妹，責其闔家幼長皆有贈賄，鍾氏因此遂貧。齊滅，死於長安。

校勘記

〔一〕北齊書卷十一　按此卷原缺，後人以北史卷五二齊宗室諸王傳下文襄諸子傳補。三朝本、南

本卷後有宋人校語「此卷與北史同」。

〔二〕期正月五日　諸本「月」作「旦」。北史卷五二及册府卷二八六三三六八頁作「月」。按正旦五日不可通，今據北史改。

〔三〕夜有神光昭玄都法順請以奏聞　諸本「昭」作「照室」二字，北史卷五二單作「照」。按魏書卷一一四釋老志、隋書卷二七百官志中，魏末齊初管理佛教的機構叫「昭玄」，北齊置大統一人，統一人。昭玄大統也叫昭玄都，北史卷三二崔暹傳見昭玄都法上，本書卷二四杜弼傳見昭玄都僧遠。北史「昭」訛「照」，補此傳者以爲不可通，妄加「室」字，今改正。

〔四〕芒山之敗　册府卷二一八二六一六頁「敗」作「戰」，通志卷八五北齊宗室傳作「役」。按河清三年五六四芒山之戰，北齊獲勝，詳見本書卷一六段韶傳、卷一七斛律光傳，此段下文也說「大捷」，這裏「敗」字必誤。

〔五〕及討定陽士深在軍　諸本「定」下有「州」字，北史無。按定州屬北齊，這時並未發生什麼變化，高長恭是北齊王子，怎會去攻討。上文已云長恭和段韶攻定陽，這裏正指此事。後人以「陽士深」連讀，妄增「州」字，今據北史删。

〔六〕又聞周軍已入雀鼠谷　三朝本、南本、北本、殿本「雀」作「䨾」，卽「貂」字。汲本、局本作「勛」，不成字。按水經注卷六汾水「又南過冠爵津」，注云：「汾津名，在界休縣之西南，俗謂之雀鼠谷，數十里間道險隘。」通鑑卷一七二五三六〇頁敍周軍追齊後主事，胡注引宋白曰：「靈石縣東南有高壁嶺、雀鼠谷、汾水關，皆汾西險固之地。」雀鼠谷是周軍自晉州經靈石、介休向太原進軍的必經之路，別無所謂「䨾鼠谷」，今改正。

〔七〕洓陽王和阿于子　諸本及北史卷五二「洓」作「沭」，局本及通鑑卷一七二五三六二頁、通志卷八五北齊宗室傳作「洓」。按洓陽屬東海郡，見隋書卷三一地理志下，今從局本。

〔八〕李妃收殯之　諸本「妃」作「起」，北史卷五二作「妃」。按本書卷三七魏收傳補、北史卷三三李孝貞傳都說延宗娶李氏，作「妃」是，今據改。

〔九〕我武定中爲廣州士曹　諸本「武定」作「保定」，北史作「武定」。按此事又見本書卷四九綦母懷文傳補，亦作「武定」。保定是周武帝年號，這時高洋早已稱帝，與下文「高王諸兒」云云不符。今據北史改。

北齊書卷十二[一]

列傳第四

文宣四王

太原王紹德　范陽王紹義　西河王紹仁　隴西王紹廉

孝昭六王

樂陵王百年　始平王彥德　城陽王彥基　定陽王彥康

汝陽王彥忠　汝南王彥理

武成十二王

南陽王綽　琅邪王儼　齊安王廓　北平王貞

高平王仁英　淮南王仁光　西河王仁幾　樂平王仁邕

潁川王仁儉　安陽王仁雅　丹陽王仁直　東海王仁謙

文宣五男：李后生廢帝及太原王紹德，馮世婦生范陽王紹義，裴嬪生西河王紹仁，顏嬪生隴西王紹廉。

太原王紹德，文宣第二子也。天保末，爲開府儀同三司。武成因怒李后，罵紹德曰：「你父打我時，竟不來救！」以刀環築殺之，親以土埋之遊豫園。武平元年，詔以范陽王子辨才爲後，襲太原王。

范陽王紹義，文宣第三子也。初封廣陽，後封范陽。歷位侍中、清都尹。好與羣小同飲，擅置內參，打殺博士任方榮。[二]武成嘗杖之二百，送付昭信后，后又杖一百。及後主奔鄴，以紹義爲尚書令、定州刺史。周武帝克并州，以封輔相爲北朔州總管。此地齊之重鎮，諸勇士多聚焉。前長史趙穆、[三]司馬王當萬等謀執輔相，迎任城王於瀛州。事不果，便迎紹義。紹義至馬邑。輔相及其屬韓阿各奴等數十人皆齊叛臣，自肆州以北城戍二百八十餘盡從輔相，及紹義至，皆反焉。紹義與靈州刺史袁洪猛引兵南出，欲取并州，至新興而肆州已爲周守。前隊二儀同以所部降周。周兵擊顯州，執刺史陸瓊，又攻陷諸城。紹義還保北朔。周將宇文神舉軍逼馬邑，紹義遣杜明達拒之，兵大敗。紹義曰：「有死而已，不能降人。」遂奔突厥。衆三千家，令之曰：「欲還者任意。」於是哭拜別者太半。突厥他鉢可汗謂文宣爲英雄天子，以紹義重踝似之，甚見愛重，凡齊人在北者，悉隸紹義。高寶寧在營州，表上尊號，紹義遂即皇帝位，稱武平元年。[四]以趙穆爲天水王。他鉢聞寶寧得平州，亦招諸部，各舉兵南向，云共立范陽王作齊帝，爲其報讎。周武帝大集兵於雲陽，將親北伐，遇疾暴崩。紹義聞之，以爲天贊己。盧昌期據范陽，亦表迎紹義。俄而周將宇文神舉攻滅昌期。其日，紹義適至幽州，聞周總管出兵于外，欲乘虛取薊城，列天子旌旗，登燕昭王冢，乘高望遠，部分兵衆。神舉遣大將軍宇文恩將四千人馳救幽州，半爲齊軍所殺。紹義聞范陽城陷，素服舉哀，迴軍入突厥。周人購之於他鉢，又使賀若誼往說之。他鉢猶不忍，遂僞與紹義獵於南境，使誼執之。流于蜀。紹義妃渤海封孝琬女，自突厥逃歸。紹義在蜀，遺妃書云：「夷狄無信，送吾於此。」竟死蜀中。

西河王紹仁，文宣第四子也。天保末，爲開府儀同三司。尋薨。

隴西王紹廉，文宣第五子也。初封長樂，後改焉。性粗暴，嘗拔刀逐紹義，紹義走入廐，閉門拒之。紹義初爲清都尹，未及理事，紹廉先往，喚囚悉出，率意決遣之。能飲酒，一舉數升，終以此薨。

孝昭七男：元后生樂陵王百年，桑氏生襄城王亮，出後襄城景王，諸姬生汝南王彥理、始平王彥德、城陽王彥基、定陽王彥康、汝陽王彥忠。

樂陵王百年，孝昭第二子也。孝昭初即位，在晉陽，羣臣請建中宮及太子，帝謙未許，都下百僚又請，乃稱太后令立爲皇太子。帝臨崩，遺詔傳位於武成，並有手書，其末曰：「百年無罪，汝可以樂處置之，勿學前人。」大寧中，封樂陵王。河清三年五月，白虹圍日再重，又横貫而不達。赤星見，帝以盆水承星影而蓋之，一夜盆自破。欲以百年厭之。會博陵人賈德胄教百年書，百年嘗作數「勑」字，德胄封以奏。帝乃發怒，使召百年。百年被召，自知不免，割帶玦留與妃斛律氏。見帝於玄都苑涼風堂，使百年書「勑」字，驗與德胄所奏相似。遣左右亂捶擊之，又令人曳百年遶堂且走且打，所過處血皆遍地。氣息將盡，曰：「乞命，願與阿叔作奴。」遂斬之，棄諸池，池水盡赤，於後園親看埋之。妃把玦哀號，不肯食，月餘亦死，玦猶在手，拳不可開，時年十四，其父光自擘之，乃開。後主時，改九院爲二十七院，掘得一小屍，緋袍金帶，一髻一解，一足有靴。諸內參竊言，百年太子也，或言太原王紹德。詔以襄成王子白澤襲爵樂陵王。齊亡，入關，徙蜀死。

汝南王彥理，武平初封王，位開府、清都尹。齊亡，入關，隨例授儀同大將軍，封縣子。女入太子宮，故得不死。隋開皇中，卒幷州刺史。

始平王彥德、城陽王彥基、定陽王彥康、汝陽王彥忠與汝南同受封，並加儀同三司，後事闕。

武成十三男：胡皇后生後主及琅邪王儼，李夫人生南陽王綽，後宮生齊安王廓、北平王貞、高平王仁英、淮南王仁光、西河王仁幾、樂平王仁邕、潁川王仁儉、安樂王仁雅、丹陽王仁直、東海王仁謙。

南陽王綽，字仁通，武成長子也。以五月五日辰時生，至午時，後主乃生。武成以綽母李夫人非正嫡，故貶爲第二，初名融，字君明，[五]出後漢陽王。河清三年，改封南陽，別爲漢陽置後。

綽始十餘歲，留守晉陽。愛波斯狗，尉破胡諫之，歘然斫殺數狗，狼藉在地。破胡驚走，不敢復言。後爲司徒、冀州刺史，好裸人，使踞爲獸狀，縱犬噬而食之。左轉定州，汲井水爲後池，在樓上彈人。好微行，遊獵無度，恣情強暴，云學文宣伯爲人。有婦人抱兒在

路，走避入草，綽奪其兒飼波斯狗。婦人號哭，綽怒，又縱狗使食，狗不食，塗以兒血，乃食焉。後主聞之，詔鎖綽赴行在所。至而宥之。問在州何者最樂。對曰：「多取蠍將蛆混，[六]看極樂。」後主卽夜索蠍一斗，比曉得三二升，置諸浴斛，使人裸臥斛中，號叫宛轉。帝與綽臨觀，喜噱不已，謂綽曰：「如此樂事，何不早馳驛奏聞。」綽由是大爲後主寵，拜大將軍，朝夕同戲。韓長鸞聞之，除齊州刺史。將發，長鸞令綽親信誣告其反，奏云：「此犯國法，不可赦。」後主不忍顯戮，使寵胡何猥薩後園與綽相撲，搤殺之。瘞於興聖佛寺。經四百餘日乃大斂，顏色毛髮皆如生，俗云五月五日生者腦不壞。綽兄弟皆呼父爲兄兄，嫡母爲家家，乳母爲姊姊，婦爲妹妹。[七]齊亡，妃鄭氏爲周武帝所幸，請葬綽。勑所司葬於永平陵北。

琅邪王儼，字仁威，武成第三子也。初封東平王，拜開府、侍中、中書監、京畿大都督、領軍大將軍、領御史中丞，遷司徒、[八]尚書令、大將軍、錄尚書事、大司馬。魏氏舊制，中丞出，清道，與皇太子分路行，王公皆遙住車，去牛，頓軛於地，以待中丞過，其或遲違，則赤棒棒之。自都鄴後，此儀浸絕，武成欲雄寵儼，乃使一依舊制。初從北宮出，將上中丞，凡京畿步騎，領軍之官屬，中丞之威儀，司徒之鹵簿，莫不畢備。帝與胡后在華林園東門外張幕，隔青紗步障觀之。遣中貴驟馬趣仗，不得入，自言奉勑，赤棒應聲碎其鞍，馬驚人墜。帝

大笑，以爲善。更勑令駐車，傳語良久，觀者傾京邑。儼恒在宮中，坐含光殿以視事，諸父皆拜焉。帝幸幷州，儼常居守，每送駕，或半路，或至晉陽，乃還。王師羅常從駕，後至，武成欲罪之，辭曰：「臣與第三子別，留連不覺晚。」武成憶儼，爲之下泣，舍師羅不問。儼器服玩飾，皆與後主同，所須悉官給。於南宮嘗見新冰早李，還，怒曰：「尊兄已有，我何意無！」從是，後主先得新奇，屬官及工匠必獲罪。太上、胡后猶以爲不足。儼常患喉，使醫下針，張目不瞬。又言於帝曰：「阿兄懦，何能率左右？」帝每稱曰：「此黠兒也，當有所成。」以後主爲劣，有廢立意。

武成崩，改封琅邪。儼以和士開、駱提婆等奢恣，盛修第宅，意甚不平，嘗謂曰：「君等所營宅早晚當就？何太遲也。」二人相謂曰：「琅邪王眼光奕奕，數步射人，向者暫對，不覺汗出，天子前奏事尚不然。」由是忌之。

武平二年，出儼居北宮，五日一朝，不復得每日見太后。四月，詔除太保，餘官悉解，猶帶中丞，督京畿。以北城有武庫，欲移儼於外，然後奪其兵權。治書侍御史王子宜與儼左右開府高舍洛、中常侍劉辟疆說儼曰：「殿下被疏，正由士開間構，何可出北宮入百姓叢中也。」儼謂侍中馮子琮曰：「士開罪重，兒欲殺之。」子琮心欲廢帝而立儼，因贊成其事。儼乃令子宜表彈士開罪，請付禁推。子琮雜以他文書奏之，後主不審省而可之。儼誑領軍厙狄

伏連曰：「奉勑令領軍收士開。」伏連以諮子琮，且請覆奏。子琮曰：「琅邪王受勑，何須重奏。」伏連信之，伏五十人於神獸門外，詰旦，執士開送御史。儼使馮永洛就臺斬之。

儼徒本意唯殺士開，及是，因逼儼曰：「事既然，不可中止。」儼遂率京畿軍士三千餘人屯千秋門。帝使劉桃枝將禁兵八十人召儼。桃枝遙拜，儼命反縛將斬之，禁兵散走。帝又使馮子琮召儼，儼辭曰：「士開昔來實合萬死，謀廢至尊，剃家家頭使作阿尼，故擁兵馬欲坐着孫鳳珍宅上，臣爲是矯詔誅之。尊兄若欲殺臣，不敢逃罪，若放臣，願遣姊姊來迎臣，臣卽入見。」姊姊卽陸令萱也，儼欲誘出殺之。令萱執刀帝後，聞之戰慄。又使韓長鸞召儼，儼將入，劉辟疆牽衣諫曰：「若不斬提婆母子，殿下無由得入。」廣寧、安德二王適從西來，欲助成其事，曰：「何不入？」辟疆曰：「人少。」安德王顧衆而言曰：「孝昭帝殺楊遵彥，止八十人，今乃數千，何言人少？」後主泣啓太后曰：「有緣更見家家，無緣永別。」乃急召斛律光，儼亦召之。光聞殺士開，撫掌大笑曰：「龍子作事，固自不似凡人。」入見後主於永巷。帝率宿衛者步騎四百，授甲將出戰。光曰：「小兒輩弄兵，與交手卽亂。鄙諺云『奴見大家心死』，至尊宜自至千秋門，琅邪必不敢動。」皮景和亦以爲然，後主從之。光步道，使人出曰：「大家來。」儼徒駭散。帝駐馬橋上，遙呼之，儼猶立不進。光就謂曰：「天子弟殺一漢，何所苦。」執其手，強引以前。請帝曰：「琅邪王年少，腸肥腦滿，輕爲舉措，長大自不復然，願寬其

罪。」帝拔儼帶刀環亂築，辮頭，良久乃釋之。收伏連及高舍洛、王子宜、劉辟疆、都督翟顯貴於後園，帝親射之而後斬，皆支解，暴之都街下。文武職吏盡欲殺之。光以皆勳貴子弟，恐人心不安，趙彥深亦云春秋責帥，於是罪之各有差。儼之未獲罪也，鄴北城有白馬佛塔，是石季龍為澄公所作，儼將修之。巫曰：「若動此浮圖，北城失主。」不從，破至第二級，得白蛇長數丈，回旋失之，數旬而敗。

自是太后處儼於宮內，食必自嘗之。陸令萱說帝曰：「人稱琅邪王聰明雄勇，當今無敵，觀其相表，殆非人臣。自專殺以來，常懷恐懼，宜早為計。」何洪珍與和士開素善，亦請殺之。未決，以食輿密迎祖珽問之，珽稱周公誅管叔，季友酖慶父，帝納其言。以儼之晉陽，使右衞大將軍趙元侃誘執儼。元侃曰：「臣昔事先帝，日見先帝愛王，今寧就死，不能行。」帝出元侃為豫州刺史。九月下旬，帝啓太后曰：「明旦欲與仁威出獵，須早出早還。」是夜四更，帝召儼，儼疑之。陸令萱曰：「兄兄喚，兒何不去。」儼出至永巷，劉桃枝反接其手。儼呼曰：「乞見家家、尊兄！」桃枝以袂塞其口，反袍蒙頭負出，至大明宮，鼻血滿面，立殺之，時年十四。不脫靴，裹以席，埋於室內。帝使啓太后，臨哭十餘聲，便擁入殿。明年三月，葬於鄴西，贈謚曰楚恭哀帝，以慰太后。有遺腹四男，生數月皆幽死。以平陽王淹孫世俊嗣。

儼妃，李祖欽女也，進為楚帝后，居宣則宮。齊亡，乃嫁焉。

齊安王廓，字仁弘，武成第四子也。性長者，無過行。位特進、開府、儀同三司、定州刺史。

北平王貞，字仁堅，武成第五子也。沉審寬恕。帝常曰：「此兒得我鳳毛。」位司州牧、京畿大都督，兼尚書令、錄尚書事。帝行幸，總留臺事。〔九〕積年，後主以貞長大，漸忌之。阿那肱承旨，令馮士幹劾繫貞於獄，奪其留後權。

高平王仁英，武成第六子也。舉止軒昂，精神無檢格。位定州刺史。

淮南王仁光，武成第七子也。性躁且暴，位清都尹。次西河王仁幾，〔一〇〕生而無骨，不自支持；次樂平王仁邕，次潁川王仁儉；次安樂王仁雅，從小有瘖疾；次丹陽王仁直；次東海王仁謙。皆養於北宮。琅邪王死後，諸王守禁彌切。武平末年，仁邕已下始得出外，供給儉薄，取充而已。尋後主窮蹙，以廓為光州，貞為青州，仁英為冀州，仁儉為膠州，仁直為濟州刺史。自廓已下，多與後主死於長安。仁英以清狂，仁雅以瘖疾，獲免，俱徙蜀。隋開皇中，追仁英，詔與蕭琮、陳叔寶修其本宗祭祀。未幾而卒。

後主五男：穆皇后生幼主，諸姬生東平王恪，次善德，次買德，次質錢。胡太后以恪嗣琅邪王，尋夭折。齊滅，周武帝以任城已下大小三十王歸長安，皆有封爵。其後不從戮者散配西土，皆死邊。

論曰：文襄諸子，咸有風骨，雖文雅之道，有謝間、平，然武藝英姿，多堪禦侮。縱咸陽賜劍，覆敗有徵，若使蘭陵獲全，未可量也，而終見誅翦，以至土崩，可為太息者矣。安德以時艱主暗，匿迹韜光，及平陽之陣，奮其忠勇，蓋以臨難見危，義深家國。德昌大舉，事迫羣情，理至淪亡，無所歸命。廣寧請出後宮，竟不獲遂，非孝珩辭致，有謝李同，自是後主心識去平原已遠。〔一一〕存亡事異，安可同年而說。武成殘忍姦穢，事極人倫。太原跡異猜嫌，情非釁逆，禍起昭信，遂及淫刑。嗟乎！欲求長世，未之有也。以孝昭德音，庶可慶流後嗣，百年之酷，蓋濟南之濫觴。其云「莫効前人」之言，可為傷歎，各愛其子，豈其然乎？琅邪雖無師傅之資，而早聞氣尚。士開淫亂，多歷歲年，一朝勦絕，慶集朝野，以之受斃，深可痛焉。然專戮之釁，未之或免，贈帝謚恭，矯枉過直，觀過知仁，不亦異於是乎？

校勘記

〔一〕北齊書卷十二　按此卷原缺，後人以北史卷五二文宣諸子、孝昭諸子、武成諸子、後主諸子傳補。三朝本、南本卷末有宋人校語：「此卷與北史同」。

〔二〕擅置內參打殺博士任方榮　北史卷五二「置」作「致」。通志卷八五齊宗室傳作「使」。按「內參」就是宮庭閹官，諸王家的閹人不能叫「內參」，王公貴族家照例都有閹人，不能說是「擅置」。「致」是「招致」，意謂交結宮庭閹官。通志作「使」，和「打死博士」事連接起來，亦通。作「置」當誤。

〔三〕前長史趙穆　諸本「長史」作「卒長」，北史卷五二、通鑑卷一七三五三七四頁作「長史」。按趙穆和司馬王當萬並舉，長史、司馬是軍府的首要僚屬，作「卒長」誤，今據北史改。

〔四〕稱武平元年　錢氏考異卷四〇云：「『元年』當作『九年』。蓋後主以武平八年失國，紹義逃奔突厥。至次年因高寶寧上表勸進，乃稱帝，仍用武平之號，不自改元也。」按錢說是。

〔五〕初名融字君明　諸本脫「初」字，今據北史卷五二補。

〔六〕多取蠍將蛆混　通鑑卷一七一五三三七頁作「多聚蠍於器，置狙其中，觀之極樂」。按把蠍和蛆混在一起，與後文所述暴行不類。狙是猴子。高緯使蠍螫猴，後主乃逕使螫人，正是封建統治者發泄其殘虐狂的表現。疑「蛆」當作「狙」。

中華書局

〔七〕綽兄弟皆呼父爲兄兄嫡母爲家家乳母爲姊姊婦爲妹妹　按此數語和前後文不相連貫，突然插入。疑是下文琅邪王儼傳中語。儼曾說「剩家家頭」「願遣姊姊來迎臣」，陸令萱說「兄兄喚，兒何不去」，故有此解釋。不知何以羼入綽傳，又作「綽兄弟」云云。又陸令萱所說「兄兄」，指後主，則是稱兄爲「兄兄」。這裏的「父」字疑誤。

〔八〕遷司徒　諸本和北史卷五二「司徒」上有「大」字。按北齊司徒、司空不加「大」字，今刪。

〔九〕帝行幸總留臺事　按前云：「帝常曰：『此兒得我鳳毛。』」帝指武成帝，則「帝行幸」之「帝」也當指武成。但上已說高貞官爲「兼尚書令、録尚書事」，都是後主武平二年五七一和四年事，且正因居此官，故總留臺，卽留鄴的尚書省事，則此「帝」又指後主。相隔一行，兩「帝」字非指一人，殊不分明。

〔一〇〕次西河王仁幾　諸本「西河」倒作「河西」，北史卷五二作「西河」。按前總敍武成諸子，也作「西河」，今乙正。

〔一一〕非孝珩辭致有謝李同自是後主心識去平原已遠　諸本「去」下有「矣」字，北史無。按：史記卷七六平原君傳，記秦軍圍趙都邯鄲，邯鄲人李同說平原君出宮人散家財以募勇士，平原君從之，邯鄲得全。今孝珩請後主出後宮而不見從，齊固以亡，非孝珩不及李同，乃後主識見距平原君太遠。「矣」乃涉「去」字形似而衍，今刪。

北齊書卷十三

列傳第五

趙郡王琛 子叡　清河王岳 子勱

趙郡王琛，字永寶，高祖之弟也。少時便弓馬，有志氣。高祖既匡天下，中興初，授散騎常侍、鎮西將軍、金紫光祿大夫。既居禁衞，恭勤慎密，率先左右。太昌初，除車騎大將軍、左光祿大夫，封南趙郡公，食邑五千戶。尋拜驃騎大將軍、特進、開府儀同三司、散騎常侍。永熙二年，除使持節、都督定州刺史、六州大都督。琛推誠撫納，拔用人士，甚有聲譽。及斛斯椿等釁結，高祖將謀內討，以晉陽根本，召琛留掌後事，以爲幷、肆、汾大行臺僕射，領六州九酋長大都督，其相府政事琛悉決之。天平中，除御史中尉，正色糾彈，無所回避，遠近肅然。尋亂高祖後庭，高祖責罰之，因杖而斃，時年二十三。贈使持節、侍中、都督冀定滄瀛幽殷幷肆雲朔十州諸軍事、驃騎大將軍、冀州刺史、太尉、尚書令，謚曰貞平。天統

三年，又贈假黃鉞、左丞相、太師、錄尚書事、冀州刺史，進爵爲王，配饗高祖廟庭。子叡嗣。

叡小名須拔，生三旬而孤，聰慧夙成，特爲高祖所愛，養於宮中，令游娘母之，恩同諸子。魏興和中，襲爵南趙郡公。至四歲，未嘗識母，其母則魏華陽公主也。有鄭氏者，叡母之從母姊妹之女，戲語叡曰：「汝是我姨兒，何因倒親游氏。」叡因問訪，遂精神不怡。高祖甚以爲怪，疑其感疾，欲命醫看之。叡對曰：「兒無患苦，但聞有所生，欲得暫見。」高祖驚曰：「誰向汝道耶？」叡具陳本末。高祖命元夫人令就宮與叡相見，叡前跪拜，因抱頭大哭。高祖甚以悲傷。語平秦王曰：「此兒天生至孝，我兒子無有及者。」遂爲休務一日。叡初讀孝經，至「資於事父」，輒流涕歔欷。十歲喪母，高祖親送叡至領軍府，爲叡發喪，舉聲殞絕，哀感左右，三日水漿不入口。高祖與武明婁皇后慇懃敦譬，方漸順旨。居喪盡禮，持佛像長齋，至于骨立，杖而後起。高祖令常山王共臥起，日夜說喩之。並敕左右不聽進水，雖絕清漱，午後輒不肯食。由是高祖食必喚叡同案。其見愍惜如此。高祖崩，哭泣嘔血。及壯，將爲婚娶，而貌有戚容。世宗謂之曰：「我爲爾娶鄭述祖女，門閥甚高，汝何所嫌而精神不樂？」叡對曰：「自痛孤遺，常深膝下之慕，方從婚冠，彌用感切。」言未卒，嗚咽不自勝。世宗爲之憫默。勵己勤學，常夜久方罷。武定末，除太子庶子。顯祖受禪，進封爵爲趙郡

王，〔一〕邑一千二百戶，遷散騎常侍。

叡身長七尺，容儀甚偉，閑習吏職，有知人之鑒。二年，出爲定州刺史，加撫軍將軍、六州大都督，時年十七。叡留心庶事，糾擿姦非，勸課農桑，接禮民儁，所部大治，稱爲良牧。三年，加儀同三司。六年，詔叡領山東兵數萬監築長城。于時盛夏六月，叡在途中，屏除蓋扇，親與軍人同其勞苦。而定州先有冰室，每歲藏冰，長史宋欽道以叡冒犯暑熱，遂遣輿冰，倍道追送。正值日中停軍，炎赫尤甚，人皆不堪，而送冰者至，咸謂得冰一時之要。叡乃對之歎息云：「三軍之人，皆飲溫水，吾以何義，獨進寒冰，非追名古將，實情所不忍。」遂至消液，竟不一嘗。兵人感悅，遐邇稱歎。先是，役徒罷作，任其自返。丁壯之輩，各自先歸；羸弱之徒，棄在山北，加以饑病，多致僵殞。叡於是親帥所部，與之俱還，配合州鄉，部分營伍，督帥監領，强弱相持，遇善水草，卽爲停頓，分有餘，贍不足，賴以全者十三四焉。

七年，詔以本官都督滄瀛幽安平東燕六州諸軍事、滄州刺史。八年，徵叡赴鄴，仍除北朔州刺史，都督北燕、北蔚、北恒三州，及庫推以西黃河以東長城諸鎭諸軍事。叡慰撫新遷，量置烽戍，內防外禦，備有條法，大爲兵民所安。有無水之處，禱而掘井，鍫鍤裁下，泉源湧出，至今號曰趙郡王泉。

九年，車駕幸樓煩，叡朝於行宮，仍從還晉陽。時濟南以太子監國，因立大都督府，與

尚書省分理衆事，仍開府置佐。顯祖特崇其選，乃除叡侍中、攝大都督府長史。叡後因侍宴，顯祖從容顧謂常山王演等曰：「由來亦有如此長史不？吾用此長史何如？」演對曰：「陛下垂心庶政，優賢禮物，須拔進居蟬珥之榮，退當委要之職，自昔以來，實未聞如此銓授。」帝曰：「吾於此亦自謂得宜。」十年，轉儀同三司、侍中、將軍、長史，王如故。尋加開府儀同三司、驃騎大將軍、太子太保。孝昭臨崩，預受顧託，奉迎世祖於鄴，以功拜尚書令，別封浮陽郡公，監太史，太子太傅，議律令。又以討北狄之功，封潁川郡公。復拜尚書令，攝大宗正卿。天統中，追贈叡父琛假黃鉞，母元氏贈趙郡王妃，諡曰貞昭，〔二〕華陽長公主如故，有司備禮儀就墓拜授。時隆冬盛寒，叡跣步號哭，面皆破裂，嘔血數升。及還，不堪參謝，帝親就第看問。拜司空，攝錄尚書事。突厥嘗侵軼至幷州，帝親御戎，六軍進止皆令取叡節度。〔三〕以功復封宣城郡公。攝宗正卿，進拜太尉，監議五禮。叡久典朝政，清眞自守，譽望日隆，漸被疏忌，乃撰古之忠臣義士，號曰要言，以致其意。

世祖崩，葬後數日，叡與馮翊王潤、安德王延宗及元文遙奏後主云：「和士開不宜仍居內任。」並入奏太后，因出士開爲兗州刺史。太后曰：「士開舊經驅使，欲留過百日。」叡正色不許。數日之內，太后數以爲言。有中官要人知太后密旨，謂叡曰：「太后意既如此，殿下

何宜苦違。」叡曰：「吾國家事重，死且不避，若貪生苟全，令國家擾攘，非吾志也。況受先皇遺旨，委寄不輕。今嗣主幼沖，豈可使邪臣在側。不守之以正，何面戴天。」遂重進言，詞理懇切。太后令酌酒賜叡。叡正色曰：「今論國家大事，非爲卮酒！」言訖便出。其夜，叡方寢，見一人可長丈五，臂長丈餘，當門向牀，以臂壓叡，良久，遂失所在。叡意甚惡之，便起坐獨歎曰：「大丈夫命運一朝至此！」恐爲太后所殺，且欲入朝，妻子咸諫止之。叡曰：「自古忠臣，皆不顧身命，社稷事重，吾當以死効之，豈容令一婦人傾危宗廟。且和士開何物豎子，如此縱橫，吾寧死事先皇，不忍見朝廷顚沛。」至殿門，又有人曰：「願殿下勿入，慮有危變。」叡曰：「吾上不負天，死亦無恨。」入見太后，太后復以爲言，叡執之彌固。出至永巷，遇兵被執，送華林園，於雀離佛院令劉桃枝拉而殺之，時年三十六。大霧三日，朝野宛惜之。期年後，詔聽以王禮葬，竟無贈諡焉。

子整信嗣。歷散騎常侍、儀同三司。好學有行檢，少年時因獵墜馬，傷腰脚，卒不能行起，終於長安。琛同母弟惠寶早亡，元象初，贈侍中、尚書令、都督四州諸軍事、青州刺史。天統三年，重贈十州都督，封陳留王，諡曰文恭，以清河王岳第十子敬文嗣。

清河王岳，字洪略，高祖從父弟也。父翻，字飛雀，魏朝贈太尉，諡孝宣公。岳幼時孤貧，人未之知也，長而敦直，姿貌嶷然，沈深有器量。初岳家于洛邑，高祖每奉使入洛，必止于岳舍。岳母山氏，嘗夜起，見高祖室中有光，密往覘之，乃無燈，卽移高祖於別室，如前所見。怪其神異，詣卜者筮之，遇乾之大有，占之曰：「吉，易稱『飛龍在天，大人造也』，飛龍九五大人之卦，貴不可言。」山氏歸報高祖。後高祖起兵於信都，山氏聞之，大喜，謂岳曰：「赤光之瑞，今當驗矣，汝可間行從之，共圖大計。」岳遂往信都。高祖見之，大悅。

中興初，除散騎常侍、鎭東將軍、金紫光祿大夫，領武衞將軍。高祖與四胡戰于韓陵，高祖將中軍，高昂將左軍，岳將右軍。中軍敗績，賊乘之，岳舉麾大呼，橫衝賊陣，高祖方得回師，表裏奮擊，因大破賊。以功除衞將軍、右光祿大夫，仍領武衞。太昌初，除車騎將軍、左光祿大夫，領左右衞，封清河郡公，食邑二千戶。母山氏，封爲郡君，授女侍中，入侍皇后。時尒朱兆猶據幷州，高祖將討之，令岳留鎭京師，遷驃騎大將軍、儀同三司。天平二年，除侍中、六州軍事都督，尋加開府。岳辟引時賢，以爲僚屬，論者以爲美。尋都監典書，復爲侍學，除使持節、六州大都督、冀州大中正。俄拜京畿大都督，其六州事悉詣京畿。高祖統務晉陽，岳與侍中孫騰等在京師輔政。元象二年，遭母憂去職。岳性至孝，盡力色養，母若有疾，衣不解帶，及遭喪，哀毀骨立。高祖深以憂之，每日遣人勞勉。尋起復本任。

二年，[四]除兼領軍將軍。興和初，世宗入總朝政，岳出爲使持節、都督、冀州刺史，侍中、驃騎、開府儀同如故。三年，轉青州刺史。岳任權日久，素爲朝野畏服，及爲二藩，[五]百姓望風讋憚。武定元年，除晉州刺史、西南道大都督，得綏邊之稱。時岳遇患，高祖令還幷治療，疾瘳，復令赴職。

及高祖崩，侯景叛，世宗徵岳還幷，共圖取景之計。而梁武帝乘間遣其貞陽侯明率衆於寒山，擁泗水灌彭城，與景爲掎角聲援。岳總帥諸軍南討，與行臺慕容紹宗等擊明，大破之，臨陣擒明及其大將胡貴孫，自餘俘馘數萬。景乃擁衆於渦陽，與左衞將軍劉豐等相持。岳回軍追討，又破之，景單騎逃竄。六年，以功除侍中、太尉，餘如故，別封新昌縣子。又拜使持節、河南總管、大都督，統慕容紹宗、劉豐等討王思政於長社。思政嬰城自守，岳等引洧水灌城。紹宗、劉豐爲思政所獲，關西出兵援思政，岳內外防禦，甚有謀算。城不沒者三板。會世宗親臨，數日城下，獲思政等。以功別封眞定縣男，世宗以爲己功，故賞典弗弘也。

世宗崩，顯祖出撫晉陽，令岳以本官兼尚書左僕射，留鎮京師。天保初，進封清河郡王，尋除使持節、驃騎大將軍、開府儀同三司、宗師、司州牧。五年，加太保。梁蕭繹爲周軍所逼，遣使告急，且請援。冬，詔岳爲西南道大行臺，都統司徒潘相樂等救江陵。六年正

月，師次義陽，遇荊州陷，因略地南至郢州，獲梁州刺史司徒陸法和，仍剋郢州。岳先送法和於京師，遣儀同慕容儼據郢城。朝廷知江陵陷，詔岳旋師。

岳自討寒山、長社及出隨、陸，並有功績，威名彌重。而性華侈，尤悅酒色，歌姬舞女，陳鼎擊鐘，諸王皆不及也。初，高歸彥少孤，高祖令岳撫養，輕其年幼，情禮甚薄。歸彥內銜之而未嘗出口。及歸彥爲領軍，大被寵遇，岳謂其德己，更倚賴之。歸彥密構其短。岳於城南起宅，聽事後開巷。歸彥奏帝曰：「清河造宅，僭擬帝宮，制爲永巷，但唯無闕耳。」顯祖聞而惡之，漸以疏岳。仍屬顯祖召鄴下婦人薛氏入宮，而岳先嘗喚之至宅，由其姊也。帝懸薛氏姊而鋸殺之，讓岳以爲姦民女。岳曰：「臣本欲取之，嫌其輕薄不用，非姦也。」帝益怒。六年十一月，使高歸彥就宅切責之。岳憂悸不知所爲，數日而薨，故時論紛然，以爲賜鴆也。朝野歎惜之。時年四十四。詔大鴻臚監護喪事，贈使持節、都督冀定滄瀛趙幽濟七州諸軍、太宰、太傅、定州刺史，假黃鉞，給轀輬車，贈物二千段，謚曰昭武。

初岳與高祖經綸天下，家有私兵，並畜戎器，儲甲千餘領。世宗之末，岳以四海無事，表求納之。世宗敦至親之重，推心相任，云：「叔屬居肺腑，職在維城，所有之甲，本資國用，叔何疑而納之。」文宣之世，亦頻請納，又固不許。及將薨，遣表謝恩，並請上甲于武庫，至此葬畢，方許納焉。皇建中，配享世宗廟庭。後歸彥反，世祖知其前譖，曰：「清河忠烈，盡

力皇家，而歸彥毀之，問吾骨肉。」籍沒歸彥，以良賤百口賜岳家。後又思岳之功，重贈太師、太保，餘如故。子勱嗣。

勱，字敬德，夙智早成，爲顯祖所愛。年七歲，遣侍皇太子。後除青州刺史，拜日，顯祖戒之曰：「叔父前牧青州，甚有遺惠，故遣汝慰彼黎庶，宜好用心，無墜聲績。」勱流涕對曰：「臣以蒙幼，濫叨拔擢，雖竭庸短，懼忝先政。」帝曰：「汝旣能有此言，吾不慮也。」尋追授武衞將軍、領軍、祠部尚書、開府儀同三司。以清河地在畿內，改封樂安王。轉侍中、尚書右僕射，出爲朔州行臺僕射。

後主晉州敗，太后從土門道還京師，[六]勑勱統領兵馬，侍衞太后。時佞幸閹寺，猶行暴虐，民間鷄猪，悉放鷹犬搏噬取之。勱收儀同三司苟子溢猶軍，欲行大戮。太后有令，然後釋之。劉文殊竊謂勱曰：「子溢之徒，言成禍福，何容如此，豈不慮後生毀謗耶？」勱攘袂語文殊曰：「自獻武皇帝以來，撫養士卒，委政親賢，用武行師，未有折衂。今西寇已次幷州，達官多悉委叛，正坐此輩專政弄權，所以內外離心，衣冠解體。若得今日斬此卒，明日及誅，亦無所恨。王國家姻婭，須同疾惡，返爲此言，豈所望乎！」

太后還至鄴，周軍續至，人皆恟懼，無有鬭心，朝士出降，晝夜相屬。勱因奏後主曰：

「今所翻叛，多是貴人，至於卒伍，猶未離貳。請追五品已上家屬，置之三臺，因脅之曰：『若戰不捷，卽退焚臺。』此曹顧惜妻子，必當死戰。且王師頻北，賊徒輕我，今背城一決，理必破之，此亦計之上者。」後主卒不能用。齊亡入周，依例授開府。隋朝歷楊、楚、光、洮四州刺史。開皇中卒。

史臣曰：易稱「天地盈虛，與時消息，況於人乎。」蓋以通塞有期，汚隆適道。舉世思治，則顯仁以應之；小人道長，則儉德以避之。至若負博陸之圖，處藩屏之地，而欲迷邦違難，其可得乎。趙郡以跗萼之親，當顧命之重，高揖則宗社易危，去惡則人神俱泰。是用安夫一德，同此貞心，蹊畏途而不疑，履危機而莫懼。以斯忠義，取斃凶慝。豈道光四海，不遇周成之明；將朝去三仁，終見殷墟之禍。不然則邦國殄瘁，何影響之速乎？清河屬經綸之會，自致青雲，出將入相，翊成鴻業，雖漢朝劉賈，魏室曹洪，俱未足論其高下。天保不辰，易生悔咎，固不可掩其風烈，適以彰顯祖之失德云。

贊曰：趙郡英偉，風範凝正。天道無親，斯人斯命。赫赫清河，于以經國。末路小疵，非爲敗德。

校勘記

〔一〕進封爵爲趙郡王　諸本趙郡上有「南」字。按高叡封趙郡王，見本書卷四文宣紀天保元年六月，本書和北史紀傳都稱叡爲趙郡王，從無「南趙郡王」之稱。八瓊室金石補正卷二〇有高叡造像記三段和修定國寺頌、修定國寺塔銘碑，題記都作「趙郡王」。此傳稱叡父琛封南趙郡公，叡初襲父爵，至天保封王時則是趙郡而非南趙郡，所以目錄和傳首也稱「趙郡王琛」。這裏「南」字衍，今據刪。

〔二〕謚曰貞昭　諸本「貞」作「眞」，北史卷五一齊宗室諸王傳上作「貞」。按高琛謚「貞平」，上一字例從夫謚，作「貞」是，今據改。

〔三〕突厥嘗侵軼至幷州帝親御戎六軍進止皆令取叡節度　按上文記天統中追贈叡父母事，天統三年五六七　似此事也在天統中。據本書卷七武成紀補、周書卷五武帝紀和相關紀傳，周和突厥聯合攻齊幷州在河淸二年五六三十二月至次年正月，早於追贈叡父母三年。北史卷五一此事前記「河淸二年」，疑此傳脫去。然有此四字，敍次也顚倒。

〔四〕二年　按上已見元象二年，這裏重出，當是衍文，否則前「二年」爲「元年」之誤。

〔五〕及爲二藩　三朝本作「及二爲藩」，他本作「及出爲藩」。册府宋本卷六八九作「及爲二藩」明本訛

作「久爲二藩」。按「二藩」指高岳任刺史的冀、青二州。三朝本「爲」「二」誤倒，南本以讀不可通，改「二」作「出」。今據册府改。

〔六〕太后從土門道還京師　諸本「土」作「玉」，通鑑卷一七二五三六六頁作「土」。太平寰宇記卷六一鎭州石邑縣韓信山條引隋圖經，稱「土門口西入井陘，卽向太原路是也」。土門是河北通向山西的井陘道之口，胡太后從北朔州今山西朔縣還鄴今河北磁縣，通過井陘，作「土門」是，今據改。

北齊書卷十四〔一〕

列傳第六

廣平公盛　陽州公永樂弟長弼　襄樂王顯國

上洛王思宗子元海　弟思好　平秦王歸彥

武興王普　長樂太守靈山嗣子伏護

廣平公盛，神武從叔祖也。寬厚有長者風。神武起兵於信都，以盛爲中軍大都督，封廣平郡公。歷位司徒、太尉。天平三年，薨於位。贈假黃鉞，太尉、太師、錄尚書事。無子，以兄子子瑗嗣。天保初，改封平昌王，卒於魏尹。

陽州公永樂，神武從祖兄子也。太昌初，封陽州縣伯，進爵爲公。累遷北豫州刺史。河陰之戰，司徒高昂失利退。永樂守河陽南城，昂走趣城，西軍追者將至，永樂不開門，昂遂

爲西軍所擒。神武大怒，杖之二百。後罷豫州，家產不立。神武問其故，對曰：「裴監爲長史，辛公正爲別駕，受王委寄，斗酒隻雞不入。」神武乃以永樂爲濟州，仍以監、公正爲長史、別駕。謂永樂曰：「爾勿大貪，小小義取莫復畏。」永樂至州，監、公正諫不見聽，以狀啓神武。神武封啓以示永樂。然後知二人淸直，並擢用之。永樂卒於州。贈太師、太尉、錄尚書事，謚曰武昭。無子，從兄思宗以第二子孝緖爲後，〔二〕襲爵。天保初，改封脩城郡王。

永樂弟長弼，小名阿伽。性粗武，出入城市，好毆擊行路，時人皆呼爲阿伽郎君。以宗室封廣武王。時有天恩道人，至兇暴，橫行閭肆，後入長弼黨，專以鬬爲事。文宣並收掩付獄，天恩黨十餘人皆棄市，長弼鞭一百。尋爲南營州刺史，在州無故自驚走，叛亡入突厥，竟不知死所。

襄樂王顯國，神武從祖弟也。無才伎，直以宗室謹厚，天保元年，封襄樂王，位右衞將軍。卒。

上洛王思宗，神武從子也。性寬和，頗有武幹。天保初，封上洛郡王。歷位司空、太傅。薨於官。

子元海，累遷散騎常侍。願處山林，脩行釋典。文宣許之。乃入林慮山，經二年，絕棄人事，志不能固，啓求歸。徵復本任，便縱酒肆情，廣納姬侍。又除領軍，器小志大，頗以智謀自許。

皇建末，孝昭幸晉陽，武成居守，元海以散騎常侍留典機密。初孝昭之誅楊愔等，謂武成云「事成以爾爲皇太弟」。及踐祚，乃使武成在鄴主兵，立子百年爲皇太子，武成甚不平。先是，恒留濟南於鄴，除領軍庫狄伏連爲幽州刺史，以斛律豐樂爲領軍，以分武成之權。武成留伏連而不聽豐樂視事。乃與河南王孝瑜僞獵，[三]謀於野，暗乃歸。先是童謠云：「中興寺內白鳧翁，四方側聽聲雍雍，道人聞之夜打鐘。」時丞相府在北城中，即舊中興寺也。鳧翁，謂雄雞，蓋指武成小字步落稽也。道人，濟南王小名。打鐘，言將被擊也。既而太史奏言北城有天子氣。昭帝以爲濟南應之，乃使平秦王歸彥之鄴，迎濟南赴并州。武成先咨元海，[四]並問自安之計。元海曰：「皇太后萬福，至尊孝性非常，殿下不須別慮。」武成曰：「豈我推誠之意耶？」元海乞還省一夜思之。武成即留元海後堂。元海達旦不眠，唯遶牀徐步。夜漏未曙，武成遽出，曰：「神算如何？」答云：「夜中得三策，恐不堪用耳。」因說梁孝王懼誅入關事，請乘數騎入晉陽，先見太后求哀，後見主上，請去兵權，以死爲限，求不干朝政，必保太山之安。此上策也。若不然，當具表，云『威權大盛，恐取謗衆口』，請靑、齊二

州刺史。沉靜自居，必不招物議。此中策也。」更問下策。曰：「發言即恐族誅。」因逼之，答曰：「濟南世嫡，主上假太后令而奪之。今集文武，示以此勑，執豐樂，斬歸彥，尊濟南，號令天下，以順討逆，此萬世一時也。」武成大悅，狐疑，竟未能用。乃使鄭道謙卜之，皆曰：「不利舉事，靜則吉。」又召曹魏祖，問之國事。對曰：「當有大凶。」又時有林慮令姓潘，知占候，密謂武成曰：「宮車當晏駕，殿下爲天下主。」武成拘之於內以候之。又令巫覡卜之，多云不須舉兵，自有大慶。武成乃奉詔，令數百騎送濟南於晉陽。

及孝昭崩，武成即位，除元海侍中、開府儀同三司、太子詹事。河清二年，元海爲和士開所譖，被捶馬鞭六十。責云：「爾在鄴城，說我以弟反兄，幾許不義！鄴城兵馬抗并州，幾許無智！不義無智，若爲可使？」出爲兗州刺史。元海後妻，陸太姬甥也，故尋被追任使。武平中，與祖珽共執朝政。元海多以太姬密語告珽。珽求領軍，元海不可，珽乃以其所告報太姬。姬怒，出元海爲鄭州刺史。鄴城將敗，徵爲尚書令。周建德七年，於鄴城謀逆，伏誅。

元海好亂樂禍，然詐仁慈，不飲酒噉肉。文宣天保末年敬信內法，乃至宗廟不血食，皆元海所謀。及爲右僕射，又說後主禁屠宰，斷酤酒。然本心非靖，故終致覆敗。思宗弟思好。

思好本浩氏子也，思宗養以爲弟，遇之甚薄。少以騎射事文襄。及文宣受命，爲左衞大將軍。本名思孝，天保五年，討蠕蠕，文宣悅其驍勇，謂曰：「爾擊賊如鶻入鴉羣，宜思好事。」故改名焉。累遷尚書令、朔州道行臺、朔州刺史、開府、南安王，甚得邊朔人心。

後主時，斫胥光弁奉使至州，[五]思好迎之甚謹，光弁倨敖，思好因心銜恨。武平五年，遂舉兵反。與并州諸貴書曰：「主上少長深宮，未辨人之情僞，昵近凶狡，疏遠忠良。遂使刀鋸刑餘，貴溢軒階，商胡醜類，擅權帷幄，剝削生靈，劫掠朝市。闇於聽受，專行忍害。幽母深宮，無復人子之禮；二弟殘戮，頓絕孔懷之義。仍縱子立奪馬於東門，光弁擎鷹於西市，駮龍得儀同之號，逍遙受郡君之名，犬馬班位，榮冠軒冕。人不堪役，思長亂階。趙郡王叡實曰宗英，社稷惟寄；左丞相斛律明月，世爲元輔，威著鄰國。無罪無辜，奄見誅殄。孤旣忝預皇枝，實蒙殊奬，今便擁率義兵，指除君側之害。幸悉此懷，無致疑惑。」行臺郎王行思之辭也。

思好至陽曲，自號大丞相，置百官，以行臺左丞王尙之爲長史。武衞趙海在晉陽掌兵，時倉卒不暇奏，矯詔發兵拒之。軍士皆曰：「南安王來，我輩唯須唱萬歲奉迎耳。」帝聞變，使唐邕、莫多婁敬顯、劉桃枝、中領軍厙狄士文馳之晉陽，帝勒兵續進。思好軍敗，與行思投水而死。其麾下二千人，桃枝圍之，且殺且招，終不降以至盡。時帝在道，叱奴世安自晉

陽送露布於平都，遇斛斯孝卿。[六]孝卿誘使食，因馳詣行宮，叫已了。帝大歡，左右呼萬歲。良久，世安乃以狀自陳。帝曰：「告示何物事，[七]乃得坐食。」於是賞孝卿而免世安罪。暴思好屍七日，然後屠剝焚之，烹尙之於鄴市，令內參射其妃於宮內，仍火焚殺之。思好反前五旬，有人告其謀反。韓長鸞女適思好子，故奏有人誣告諸貴，事相扇動，不殺無以息後，乃斬之。思好旣誅，死者弟伏闕下訴求賻兄，長鸞不爲通也。

平秦王歸彥，字仁英，神武族弟也。父徽，魏末坐事當徙涼州，行至河、渭間，遇賊，以軍功得免流。因於河州積年。以解胡言，爲西域大使，得胡師子來獻，以功得河東守。[八]尋遂死焉。徽於神武舊恩甚篤。及神武平京洛，迎喪以穆同營葬。[九]贈司徒，謚曰文宣。

初徽嘗過長安市，與婦人王氏私通而生歸彥，至是年已九歲。神武追見之，撫對悲喜。稍遷徐州刺史。歸彥少質朴，後更改節，放縱好聲色，朝夕酣歌。妻魏上黨王元天穆女也，貌不美而甚嬌妬，數忿爭，密啓文宣求離，事寢不報。天保元年，封平秦王。嫡妃康及所生母王氏並爲太妃。善事二母，以孝聞。徵爲兼侍郎，稍被親寵。以討侯景功，別封長樂郡公，除領軍大將軍，領軍加大，自歸彥始也。文宣誅高德正，金寶財貨悉以賜之。乾明初，拜司徒，仍總知禁衞。

初濟南自晉陽之鄴，楊愔宣勅，留從駕五千兵於西中，陰備非常。至鄴數日，歸彥乃知之，由是陰怨楊、燕。楊、燕等欲去二王，問計於歸彥。歸彥詐喜，請共元海量之。元海亦口許心違，馳告長廣。長廣於是誅楊、燕等。孝昭將入雲龍門，都督成休寧列仗拒而不內，歸彥諭之，然後得入，進向柏閣、永巷亦如之。孝昭踐祚，以此彌見優重，每入常在平原王段韶上。以爲司空，兼尚書令。〔一〇〕齊制，宮內唯天子紗帽，臣下皆戎帽，特賜歸彥紗帽以寵之。

孝昭崩，歸彥從晉陽迎武成於鄴。及武成卽位，進位太傅，領司徒，常聽將私部曲三人帶刀入仗。從武成還都，諸貴戚等競要之，其所往處，一坐盡傾。歸彥既地居將相，志意盈滿，發言陵侮，旁若無人。議者以威權震主，必爲禍亂。上亦尋其前翻覆之跡，漸忌之。高元海、畢義雲、高乾和等咸數言其短。上幸歸彥家，召魏收對御作詔草，〔二〕欲加右丞相。收謂元海曰：「至尊以右丞相登位，今爲歸彥威名太盛，故出之，豈可復加此號。」乃拜太宰、冀州刺史，卽乾和繕寫。晝日，仍勑門司不聽輒入內。時歸彥在家縱酒，經宿不知，至明欲參，至門知之，大驚而退。及通名謝，勑令早發，別賜錢帛、鼓吹、醫藥，事事周備。又勑武職督將悉送至青陽宮，拜而退，莫敢共語。唯與趙郡王叡久語，時無聞者。

至州，不自安，謀逆，欲待受調訖，班賜軍士，望車駕如晉陽，乘虛入鄴。爲其郎中令呂

思禮所告，詔平原王段韶襲之。歸彥舊於南境置私驛，聞軍將逼，報之，便嬰城拒守。先是，冀州長史宇文仲鸞、司馬李祖挹、別駕陳季璩、中從事房子弼、長樂郡守尉普興等疑歸彥有異，使連名密啓，歸彥追而獲之，遂收禁仲鸞等五人，仍並不從，皆殺之。軍已逼城，歸彥登城大叫云：「孝昭皇帝初崩，六軍百萬衆悉由臣手，投身向鄴迎陛下，當時不反，今日豈有異心。正恨高元海、畢義雲、高乾和誑惑聖上，疾忌忠良。但爲殺此三人，卽臨城自刎。」其後城破，單騎北走，至交津見獲，鎖送鄴。帝令趙郡王叡私問其故。歸彥曰：「使黃頷小兒牽挽我，何可不反。」曰：「誰耶？」歸彥曰：「元海、乾和豈是朝廷老宿。如趙家老公時，又詎懷怨。」於是帝又使讓焉。對曰：「高元海受畢義雲宅，用作本州刺史，給後部鼓吹。臣爲藩王、太宰，仍不得鼓吹。正殺元海、義雲而已。」上令都督劉桃枝牽入，歸彥猶作前語望活。帝命議其罪，皆云不可赦。乃載以露車，銜枚面縛，劉桃枝臨之以刃，擊鼓隨之，並子孫十五人皆棄市。贈仁州刺史。

魏時山崩，得石角二，藏在武庫。文宣入庫，賜從臣兵器，特以二石角與歸彥。謂曰：「爾事常山不得反，事長廣得反，反時，將此角嚇漢。」歸彥額骨三道，着幘不安。文宣嘗見之，怒，使以馬鞭擊其額，血被面，曰：「爾反時當以此骨嚇漢。」其言反竟驗云。

武興王普，字德廣，歸彥兄歸義之子也。性寬和有度量。九歲，歸彥自河州俱入洛，神武使與諸子同遊處。天保初，封武興郡王。武平二年，累遷司空。六年，爲豫州道行臺、尚書令。後主奔鄴，就加太宰。周師逼，乃降。卒於長安。贈上開府、豫州刺史。

長樂太守靈山，字景嵩，神武族弟也。從神武起兵信都，終於長樂太守。贈大將軍、司空，謚曰文宣。子懿，卒於武平鎮將，無子，文宣帝以靈山從父兄齊州刺史建國子伏護爲靈山後。

伏護，字臣援，粗有刀筆。天統初，累遷黃門侍郎。伏護歷事數朝，恒參機要，而性嗜酒，每多醉失，末路逾劇，乃至連日不食，專事酣酒，神識恍惚，遂以卒。贈兗州刺史。建國侯孫乂襲。〔三〕乂少謹。武平末，給事黃門侍郎。隋開皇中，爲太府少卿，坐事卒。

校勘記

〔一〕北齊書卷十四　按此卷原缺，後人以北史卷五一齊宗室諸王傳上相同諸傳補。三朝本卷末有宋人校語「此卷與北史同」。

〔二〕從兄思宗以第二子孝緒爲後　諸本「思宗」作「恩」，冊府卷二八四三三四八頁作「恩宗」，北史卷

五一作「思宗」。按北齊宗室無名「恩」者。思宗本卷有傳，冊府「思」字已訛「恩」，但「宗」字未脫，足證北史是對的，今據改。

〔三〕乃與河南王孝瑜僞獵　諸本及北史卷五一「河南」都作「河陽」，唯南本作「河南」。按孝瑜封河南王，見本書卷四文宣紀天保元年七月、卷一一孝瑜傳補。今從南本。

〔四〕武成先咨元海　諸本「武成」下衍「王」字，今據北史卷五七刪。

〔五〕斫胥光弁奉使至州　諸本及北史卷五一「胥」作「骨」。錢氏考異卷四〇云：「廣韻入聲十八藥『漢複姓有斫胥氏，何氏姓苑云：今平陽人。』此作『骨』字，相似而譌也。恩倖傳北史卷九二作『斫胥光弁』，『斫』又『斫』之譌，卽一人。」按錢說是，今據改。

〔六〕遇斛斯孝卿　按本書卷二〇有斛律孝卿傳附其父羌舉傳後，他是後主時「朝臣典機密者」之一，應卽此人，「斯」字疑是「律」之訛。

〔七〕帝曰告示何物事　北史卷五一「示」作「爾」，通志卷八五齊宗室傳作「爾告何物事」。按告示是後世才有的名稱，後主豈能作此語。「爾」簡寫作「尓」，與「示」字形近而訛，疑通志是，意謂爾所告者是何等事。北史「爾告」作「告爾」，當是傳本倒誤。

〔八〕以功得河東守　北史卷五一作「以功行河東事」。按高徽事見魏書卷九肅宗紀孝昌元年十月和卷三二高湖傳後，他沒有任過河東守或行河東事。傳稱莫折念生起義後，他被河州一些官

員推爲「行河州事」，抗拒起義軍，不久城破受誅。北史「行河東事」，「東」乃「州」之訛，補此傳者又改作「得河東守」。

〔九〕迎喪以穆同營葬　按「穆」不知何人，這裏必有脫誤。

〔一〇〕以爲司空兼尙書令　按歸彥先已由司空遷司徒，這時皇建元年五六〇正以擁戴高演受演重用，豈有降退之理。據卷七武成紀補大寧元年五六一十一月乙卯稱「以司徒平秦王歸彥爲太傅」，則以先仍是「司徒」可知。這裏「司空」乃「司徒」之訛。

〔一一〕上幸歸彥家召魏收對御作詔草　按「對御作詔草」，極言其機密。觀下文說「晝日，仍勑門司不聽輒入內，時歸彥在家縱酒，經宿不知」。可見作詔本不欲歸彥得知，事實上也沒有知道。豈有「幸歸彥家」，卽在其家作詔之事。通鑑卷一六八五三一九頁云：「伺歸彥還家，召魏收於帝前作詔草。」疑當作「上幸歸彥還家」，意謂高湛以歸彥還家爲幸，乘機作詔解除其中樞要職。

〔一二〕建國侯孫乂襲　按此語不可解。「侯」字疑是「從」之訛。

北齊書卷十五〔一〕

列傳第七

竇泰　尉景　婁昭 兄子叡　厙狄干 子士文　韓軌　潘樂

竇泰，字世寧，大安捍殊人也。本出淸河觀津胄，祖羅，魏統萬鎭將，因居北邊。父樂，魏末破六韓拔陵爲亂，與鎭將楊鈞固守，遇害。泰貴，追贈司徒。初，泰母夢風雷暴起，若有雨狀，出庭觀之，見電光奪目，駛雨霑灑，寤而驚汗，遂有娠。期而不產，大懼。有巫曰：「渡河湔裙，產子必易。」便向水所，忽見一人，曰：「當生貴子，可從而南。」泰母從之。俄而生泰。及長，善騎射，有勇略。泰父兄戰歿於鎭，泰身負骸骨歸尒朱榮。以從討邢杲功，賜爵廣阿子。神武之爲晉州，請泰爲鎭城都督，參謀軍事。〔二〕累遷侍中、京畿大都督，尋領御史中尉。泰以勳戚居臺，雖無多糾舉，而百僚畏懼。

天平三年，神武西討，令泰自潼關入。四年，泰至小關，爲周文帝所襲，衆盡沒，泰自

殺。初泰將發鄴，鄴有惠化尼謠云：「竇行臺，去不回。」未行之前，夜三更，忽有朱衣冠幘數千人入臺，云「收竇中尉」，宿直兵吏皆驚，其人入數屋，俄頃而去。旦視關鍵不異，方知非人。皆知其必敗。贈大司馬、太尉、錄尙書事，謚曰武貞。泰妻，武明婁后妹也。泰雖以親見待，而功名自建。齊受禪，祭告其墓。皇建初，配享神武廟庭。子孝敬嗣。位儀同三司。

尉景，字士眞，善無人也。秦、漢置尉候官，其先有居此職者，因以氏焉。景性溫厚，頗有俠氣。魏孝昌中，北鎭反，景與神武入杜洛周中，仍共歸尒朱榮。以軍功封博野縣伯。後從神武起兵信都。韓陵之戰，唯景所統失利。神武入洛，留景鎭鄴。尋進封爲公。景妻常山君，神武之姊也。以勳戚，每有軍事，與厙狄干常被委重，而不能忘懷射利，神武每嫌責之。轉冀州刺史，又大納賄，發夫獵，死者三百人。厙狄干與景在神武坐，請作御史中尉。神武曰：「何意下求卑官。」干曰：「欲捉尉景。」神武大笑，令優者石董桶戲之。董桶剝景衣，曰：「公剝百姓，董桶何爲不剝公？」神武誡景曰：「可以無貪也。」景曰：「與爾計生活孰多，我止人上取，爾割天子調。」神武笑不答。改長樂郡公。歷位太保、太傅，坐匿亡人見禁止。使崔暹謂文襄曰：「語阿惠兒，富貴欲殺我耶！」神武聞之泣，詣闕曰：「臣非尉

景，無以至今日。」三請，帝乃許之。於是黜爲驃騎大將軍、開府儀同三司。神武造之，景恚臥不動，叫曰：「殺我時趣耶！」常山君謂神武曰：「老人去死近，何忍煎迫至此。」又曰：「我爲爾汲水胝生。」因出其掌。神武撫景，爲之屈膝。先是，景有果下馬，文襄求之，景不與，曰：「土相扶爲牆，人相扶爲王，一馬亦不得畜而索也。」神武對景及常山君責文襄而杖之。常山君泣救之。景曰：「小兒慣去，放使作心腹，何須乾啼濕哭不聽打耶！」尋授青州刺史，〔三〕操行頗改，百姓安之。徵授大司馬。遇疾，薨於州。贈太師、尚書令。齊受禪，以景元勳，詔祭告其墓。皇建初，配享神武廟庭，追封長樂王。

子粲，少歷顯職，性粗武。天保初，封厙狄干等爲王，粲以父不預王爵，大恚恨，十餘日閉門不朝。帝怪，遣使就宅問之。〔四〕隔門謂使者曰：「天子不封粲父爲王，粲不如死。」使云：「須開門受勑。」粲遂彎弓隔門射使者。使者以狀聞之，文宣使段韶諭旨。粲見韶，唯撫膺大哭，不答一言。文宣親詣其宅慰之，方復朝請。尋追封景長樂王。粲襲爵。位司徒、太傅薨。子世辯嗣。周師將入鄴，令辯出千餘騎覘候，出滏口，登高阜西望，遙見羣烏飛起，〔五〕謂是西軍旗幟，卽馳還，比至紫陌橋，不敢回顧。〔六〕隋開皇中，卒於淅州刺史。〔七〕

婁昭，字菩薩，代郡平城人也，武明皇后之母弟也。祖父提，雄傑有識度，家僮千數，牛馬以谷量。性好周給，士多歸附之。魏太武時，以功封眞定侯。父內干，有武力，未仕而卒。昭貴，魏朝贈司徒。齊受禪，追封太原王。昭方雅正直，有大度深謀，腰帶八尺，弓馬冠世。神武少親重之。昭亦早識人，恒曲盡禮敬。數隨神武獵，每致請不宜乘危歷險。

神武將出信都，昭贊成大策，卽以爲中軍大都督。從破尒朱兆於廣阿，封安喜縣伯，改濟北公，〔八〕又徙濮陽郡公，授領軍將軍。魏孝武將貳於神武，昭以疾辭還晉陽。從神武入洛，兗州刺史樊子鵠反，以昭爲東道大都督討之。子鵠旣死，諸將勸昭盡捕誅其黨。昭曰：「此州無狀，横被殘賊，其君是怨，其人何罪。」遂皆捨焉。後轉大司馬，仍領軍。遷司徒，出爲定州刺史。昭好酒，晚得偏風，雖愈，猶不能處劇務，在州事委僚屬，昭舉其大綱而已。薨於州。贈假黃鉞、太師、太尉，謚曰武。齊受禪，詔祭告其墓，封太原王。皇建初，配享神武廟庭。長子仲達嗣。改封濮陽王。

次子定遠，少歷顯職，外戚中偏爲武成愛狎。別封臨淮郡王。武成大漸，與趙郡王等同受顧命，位司空。趙郡王之奏黜和士開，定遠與其謀，遂納士開賄賂，成趙郡之禍，其貪鄙如此。尋除瀛州刺史。初定遠弟季略，穆提婆求其伎妾，定遠不許。因高思好作亂，提婆令臨淮國郎中令告定遠陰與思好通。後主令開府段暢率三千騎掩之，令侍御史趙秀通至州，以贓貨事劾定遠。定遠疑有變，遂縊而死。

昭兄子叡。〔九〕叡字佛仁，父拔，魏南部尚書。叡幼孤，被叔父昭所養。爲神武帳內都督，封掖縣子，累遷光州刺史，在任貪縱，深爲文襄所責。後改封九門縣公。齊受禪，得除領軍將軍，別封安定侯。叡無他器幹，以外戚貴幸，縱情財色。爲瀛州刺史，聚斂無厭。皇建初，封東安王。大寧元年，進位司空。平高歸彥於冀州，還拜司徒。河清三年，濫殺人，爲尚書左丞宋仲羡彈奏，經赦乃免。尋爲太尉，以軍功進大司馬。武成至河陽，仍遣總偏師赴懸瓠。叡在豫境留停百餘日，專行非法，詔免官，以王還第。尋除太尉，薨。贈大司馬。子子彥嗣。〔一〇〕位開府儀同三司。

厙狄干，善無人也。曾祖越豆眷，魏道武時以功割善無之西臘汙山地方百里以處之，後率部落北遷，因家朔方。干梗直少言，有武藝。魏正光初，除掃逆黨，授將軍，宿衞於內。以家在寒鄉，不宜毒暑，冬得入京師，夏歸鄉里。孝昌元年，北邊擾亂，奔雲中，爲刺史費穆送于尒朱榮。以軍主隨榮入洛。〔一一〕

後從神武起兵，破四胡於韓陵，封廣平縣公，尋進郡公。河陰之役，諸將大捷，唯干兵退。神武以其舊功，竟不責黜。尋轉太保、太傅。及高仲密以武牢叛，神武討之，以干爲大都督前驅。干上道不過家，見侯景不遑食，景使騎追饋之。時文帝自將兵至洛陽，軍容甚盛。諸將未欲南度，干決計濟河。神武大兵繼至，遂大破之。還爲定州刺史，不閑吏事，事多擾煩，然清約自居，不爲吏人所患。遷太師。天保初，以天平元勳佐命，〔一二〕封章武郡王，轉太宰。

干尚神武妹樂陵長公主，以親地見待。自預勤王，常總大衆，威望之重，爲諸將所伏。而最爲嚴猛，曾詣京師，魏譙王元孝友於公門言戲過度，〔一三〕諸公無能面折者，干正色責之，孝友大慚，時人稱善。薨，贈假黃鉞、太宰，給輼輬車，謚曰景烈。干不知書，署名爲「干」字，逆上畫之，時人謂之穿錐。又有武將王周者，署名先爲「吉」而後成其外，二人至子孫始並知書。干，皇建初配享神武廟庭。子敬伏，位儀同三司，卒。子士文嗣。〔一四〕

士文性孤直，雖隣里至親，莫與通狎。在齊，襲封章武郡王，位領軍將軍。周武帝平齊，山東衣冠多來迎，唯士文閉門自守。帝奇之，授開府儀同三司，隨州刺史。〔一五〕隋文受禪，加上開府，封湖陂縣子。

尋拜貝州刺史。性清苦，不受公料，家無餘財。其子嘗噉官厨餅，士文枷之於獄累日，杖之二百，步送還京。僮隸無敢出門。所買鹽菜，必於外境。凡有出入，皆封署其門，親故絕迹，慶弔不通。法令嚴肅，吏人貼服，道不拾遺。凡有細過，士文必陷害之。嘗入朝，遇上賜公卿入左藏，任取多少。人皆極重，士文獨口銜絹一匹，兩手各持一匹。上問其故，士文曰：「臣口手俱足，餘無所須。」上異之，別賚遺之。〔一六〕士文至州，發擿姦吏，尺布斗粟之贓，無所寬貸，得千人奏之，悉配防嶺南。親戚相送，哭聲遍於州境。至嶺南，遇瘴癘死者十八九，於是父母妻子唯哭士文。士文聞之，令人捕搦，捶楚盈前，而哭者彌甚。司馬京兆韋焜、清河令河東趙達二人並苛刻，唯長史有惠政。時人語曰：「刺史羅刹政，司馬蝮蛇瞋，長史含笑判，清河生喫人。」上聞，歎曰：「士文暴過猛獸。」竟坐免。未幾爲雍州長史，謂人曰：「我向法深，不能窺候要貴，無乃必死此官。」及下車，執法嚴正，不避貴戚，賓客莫敢至門。人多怨望。士文從妹爲齊氏嬪，有色，齊滅後，賜薛公長孫覽。覽妻鄭氏妬，譖之文獻后，后令覽離絕。士文恥之，不與相見。後應州刺史唐君明居母憂，娉以爲妻，由是君明、士文並爲御史所劾。士文性剛，在獄數日，憤恚而死。家無餘財，有三子，朝夕不繼，親賓無贍之者。

韓軌，字百年，太安狄那人也。少有志操，性深沉，喜怒不形於色。神武鎮晉州，引爲鎮城都督。及起兵於信都，軌贊成大策。從破尒朱兆於廣阿，又從韓陵陣，封平昌縣侯。仍督中軍，從破尒朱兆於赤谼嶺。〔一七〕再遷泰州刺史，〔一八〕甚得邊和。神武巡泰州，欲以軌還，仍賜城人戶別絹布兩匹。州人田昭等七千戶皆辭不受，唯乞留軌。神武嘉歎，乃留焉。頻以軍功，進封安德郡公。還瀛州刺史，在州聚斂，爲御史糾劾，削除官爵。未幾，復其安德郡公。歷位中書令、司徒。齊受禪，封安德郡王。軌妹爲神武所納，生上黨王渙，復以勳庸，歷登台鉉。常以謙恭自處，不以富貴驕人。後拜大司馬，從文宣征蠕蠕，在軍暴疾薨。贈假黃鉞、太宰、太師，諡曰肅武。皇建初，配饗文襄廟庭。

子晉明嗣。天統中，改封東萊王。晉明有俠氣，諸勳貴子孫中最留心學問。好酒誕縱，招引賓客，一席之費，動至萬錢，猶恨儉率。朝庭處之貴要之地，必以疾辭。告人云：「廢人飲美酒、對名勝，安能作刀筆吏返披故紙乎？」武平末，除尚書左僕射，百餘日便謝病解官。

潘樂，字相貴，廣寧石門人也。本廣宗大族，魏世分鎮北邊，因家焉。父永，有技藝，襲爵廣宗男。樂初生，有一雀止其母左肩，占者咸言富貴之徵，因名相貴，後始爲字。及長，寬厚有膽略。初歸葛榮，〔一九〕授京兆王，時年十九。榮敗，隨尒朱榮，爲別將討元顥，以功封敷城縣男。

齊神武出牧晉州，引樂爲鎮城都將。從破尒朱兆於廣阿，進爵廣宗縣伯。累以軍功拜東雍州刺史。神武嘗議欲廢州，樂以東雍地帶山河，境連胡、蜀，形勝之會，不可棄也。遂如故。後破周師於河陰，議欲追之，令追者在西，不願者東，唯樂與劉豐居西。神武善之，以衆議不同而止。改封金門郡公。文宣嗣事，鎮河陽，破西將楊檦等。時帝以懷州刺史平鑒等所築城深入敵境，欲棄之。樂以軹關要害，必須防固，乃更修理，增置兵將，而還鎮河陽。拜司空。齊受禪，樂進璽綬。進封河東郡王，遷司徒。周文東至崤、陝，遣其行臺侯莫陳崇自齊子嶺趣軹關，儀同楊檦從鼓鐘道出建州，陷孤公戍。詔樂總大衆禦之。樂晝夜兼行，至長子，遣儀同韓永興從建州西趣崇，崇遂遁。又爲南道大都督，討侯景。樂發石鼈，南度百餘里，〔二〇〕至梁涇州。涇州舊在石梁，侯景改爲懷州，〔二一〕樂獲其地，仍立涇州。又克安州。除瀛州刺史，仍略淮、漢。天保六年，薨於懸瓠。贈假黃鉞、太師、大司馬、尚書令。〔二二〕

子子晃嗣。諸將子弟，率多驕縱，子晃沉密謹愨，以清淨自居。尚公主，拜駙馬都尉。武平末，爲幽州道行臺右僕射、幽州刺史。周師將入鄴，子晃率突騎數萬赴援。至博陵，知鄴城不守，詣冀州降。周授上開府。隋大業初卒。

校勘記

〔一〕北齊書卷十五　按此卷原缺，後人以北史卷五三、卷五四中相同諸人傳補。三朝本、南本、局本卷末有宋人校語「此卷與北史同」。

〔二〕參謀軍事　通志卷一五二此下有：「從起義信都，封廣阿伯，從破四胡。及神武入洛，以預謀定策，除車騎大將軍、儀同三司，進爵爲公。尒朱兆敗保秀容，分兵守嶮。神武每揚聲云欲討之，師出復止，如是數四。神武揣兆歲首必應會飲，使泰率精騎先驅，一日一夜五百里。兆軍人因宴休惰，忽見泰軍，莫不奪氣，神武因而剋之」，凡一百十一字不見此傳和北史卷五四本傳。按通志北齊諸傳，凡溢出北史字句，大抵出於北齊書原文，如斛律金父子、段榮父子傳都是這情況。今以此卷竇泰等六人傳和通志核對，通志都有多少不等的溢出字句。疑南宋時北齊書此卷原文，還沒有完全絕跡，鄭樵偶得見之，得以用來補上一些文句。如此段所說竇泰從高歡起兵後，加官進爵，和竇泰墓誌漢魏南北朝墓誌集釋圖版二〇五基本符合，又如下文竇泰死後贈官，通志

多「定州刺史」，也和墓誌相同。鄭樵不見墓誌，所增却與之相合，也可推知所據爲較原始的材料，當卽北齊書原文。其進攻尒朱兆一事今見本書卷一和北史卷六的神武紀，或李延壽截取傳中語入紀。由竇泰傳所增之情況看來，則以下五人傳中通志溢出北史字句也可能是北齊書佚文。但這些多半是歷官和其他無關重要語句，今不一一列舉。

〔三〕尋授青州刺史　通志卷一五二此句上有「元象初，周文遣金祚、皇甫知達入據東雍，景督諸軍討擒之」二十三字。按此事又見本書卷二七可朱渾元傳補，但沒有提到尉景，北史卷五三可朱渾元傳不載，而同卷金祚傳稱祚「入據東雍州，神武遣尉景攻降之」。此段所增二十三字疑出北齊書原文。

〔四〕遣使就宅問之　諸本脫「使」字，據北史卷五四補。

〔五〕遙見羣烏飛起　諸本及北史卷五四「烏」作「鳥」。御覽卷九二〇四〇八一頁引北史、通鑑卷一七三五三六九頁作「烏」。胡注：「西軍旗幟皆黑，齊人時恇懼，望見烏飛，以爲周師已至。」按胡注很清楚。御覽引在羽族部烏類，可知宋人所見北史都作「烏」，今據改。

〔六〕比至紫陌橋不敢回顧　諸本及北史卷五四無「回」字，局本有。按局本當據通鑑卷一七三五三六九頁補。册府卷四五三五三七三頁作「迴」，御覽卷九二〇四〇八一頁作「返」。今從局本。

〔七〕卒於淅州刺史　諸本「淅」作「浙」，北史百衲本卷五四作「淅」。按隋書卷三〇地理志中淅陽郡條云：「西魏置淅州」，楊守敬以爲卽魏書卷一〇六地形志的析州隋書地理志考證卷三。地在東、西魏邊界，故雙方都有此州。今據北史改，以後逕改，不再出校記。

〔八〕改齊北公　通志卷一五二此下有「又從拔鄴，破四胡，累拜驃騎大將軍、開府」十六字。又下文「從神武入洛」下有「魏孝靜之立也，昭預大策」十字。疑出北齊書原文。

〔九〕昭兄子叡　按卷四八外戚傳婁叡重出。北齊書既把他列入外戚傳，這裏必不附見，這是補此傳者草率抄錄北史之故。

〔一〇〕子子彥嗣　諸本及北史卷五四「彥」作「産」，按八瓊室金石補正卷二一司徒公婁叡華嚴經碑跋引安陽金石志稱碑側名有「王世子子彥，第二子仲彥」。本書卷一一河南王孝瑜傳記敵殺孝瑜的人亦作婁子彥。今據改。

〔一一〕以軍主隨榮入洛　通志卷一五二此下有「授伏波將軍，神武臨晉州，請干爲都督」十五字。疑是北齊書原文所有，無此十五字，則厙狄干既在洛陽，何以又從高歡起兵，不明。

〔一二〕天保初以天平元勳佐命　南、北、殿、局四本及北史卷五四厙狄干傳「天平」作「干」。按「天平元勳佐命」當指追隨高歡擁立孝靜帝和遷鄴的人。今從三朝本。

〔一三〕魏譙王元孝友於公門言戲過度　張森楷云：「孝友始爲臨淮王，齊受禪，降臨淮公，未嘗封譙，此文疑誤。」張說據本書卷二八補、北史卷一六元孝友傳。按當是「淮」訛「譙」，後人又删「臨」字。

〔一四〕子士文嗣　錢氏考異卷三一云：「按士文隋之酷吏，隋史已爲立傳，不應闌入齊書，蓋後人以厙狄干傳亡，取北史補之，而不知限斷之例，遂併士文傳牽入之。」

〔一五〕隨州刺史　諸本「隨州」訛「隋州」，今據北史卷五四改。

〔一六〕別齎遺之　北史卷五四「齎」作「賞」。按隋書卷七四本傳作「別加賞物，勞而遣之」。疑北史本删節隋書作「別賞遣之」。傳本北史「遣」訛「遺」。補北齊書者又改「賞」爲「齎」。

〔一七〕從破尒朱兆於赤谼嶺　通志卷一五二下有「除車騎大將軍。出爲晉州刺史，慰諭山胡，莫不綏附」二十字。按下云「再遷泰州刺史」，卽因先曾任晉州刺史，所以說「再遷」。北史删去此段，「再遷」二字便沒有着落。

〔一八〕再遷泰州刺史　諸本及北史卷五四韓軌傳「泰州」作「秦州」。按此句下通志卷一五二多出：「軌性寬和，罕行楚撻，甚得邊民之心。西魏前後遣將東伐，又周文帝自屯鹽倉，軌身先士卒，每戰必剋」三十九字。從這段文字中，可證此處的秦州實卽治河東郡蒲坂的泰州。魏書地形志已訛作秦州見卷二校記。其地爲東、西魏歷年爭戰之所，故云「西魏前後遣將東伐」。所謂「周文帝自屯鹽倉」。據唐書卷三八地理志陝州平陸縣條云：「西有鹽倉」，地卽北魏的河北郡，與蒲坂相接。「秦」字訛，今改正。下「神武巡秦州」句同改。

〔一九〕寬厚有膽略初歸葛榮　通志卷一五二作：「寬厚有膽略。北鎮亂，魏臨淮王彧北討至雲中，問士人膽略者，或以樂對。或乃召爲軍主，每摧堅陷陣，轉統軍。樂以天下多事，遂歸葛榮。」凡溢出四十六字。

〔二〇〕南度百餘里　通志此下有「淮南聞大軍至，所在棄城走」十一字。

〔二一〕侯景改爲懷州　北史卷五三、册府卷四二九五一一五頁、通志卷一五二「懷」作「淮」，疑「懷」字誤。

〔二二〕贈假黃鉞太師大司馬尚書令　通志卷一五二此下有：「神武再破周文也，樂皆先鋒摧陣。邙山之役，樂因勢追之。至其營所，仍大抄掠，樂獲周文金帶一袋。貪貨稽留，不卽東返。于時周文於陣可擒，失而不獲者，實樂貪貨之由也。神武忿之，以大捷之後，恕而不問」一段文字。按此事見於北史卷五三彭樂傳而更詳。鄭樵似不致竄改北史彭樂傳中語入潘樂傳，且今通志同卷自有彭樂傳，全同北史。如果鄭樵以彼樂爲此樂，就應删去彭樂傳中此事，何以兩傳重出？北齊書無彭樂傳，疑北齊書本以此爲潘樂事。北史別據其他史料爲彭樂傳，則以爲彭樂事。通志兩取之，以致重複。

北齊書卷十六

列傳第八

段榮 子韶 子孝言

段榮，字子茂，姑臧武威人也。祖信，仕沮渠氏，後入魏，以豪族徙北邊，仍家於五原郡。父連，安北府司馬。榮少好曆術，專意星象。正光初，語人曰：「易云『觀於天文以察時變』，又曰『天垂象，見吉凶』。今觀玄象，察人事，不及十年，當有亂矣。」或問曰：「起於何處，當可避乎？」榮曰：「構亂之源，此地爲始，恐天下因此橫流，無所避也。」未幾，果如言。榮遇亂，與鄉舊攜妻子，南趣平城。屬杜洛周爲亂，榮與高祖謀誅之，事不捷，共奔尒朱榮。

後高祖建義山東，榮贊成大策。爲行臺右丞，西北道慰喻大使，巡方曉喻，所在下之。高祖南討鄴，留榮鎭信都，仍授鎭北將軍、定州刺史。時攻鄴未克，所須軍資，榮轉輸無闕。高祖入洛，論功封姑臧縣侯，邑八百戶。轉授瀛州刺史。榮妻，皇后姊也，榮恐高祖招私親

之議，固推諸將，竟不之州。尋行相州事，後爲濟州刺史。天平三年，轉行泰州事。〔一〕榮性溫和，所歷皆推仁恕，民吏愛之。初高祖將圖關右，與榮密謀，榮盛稱未可。及渭曲失利，高祖悔之，曰：「吾不用段榮之言，以至於此。」四年，除山東大行臺、大都督，甚得物情。元象元年，授儀同三司。二年五月卒，年六十二。贈使持節、定冀滄瀛四州諸軍事、定州刺史、太尉、尚書左僕射，諡曰昭景。皇建初，配饗高祖廟庭。二年，重贈大司馬、尚書令、武威王。長子韶嗣。

韶，字孝先，小名鐵伐。少工騎射，有將領才略。高祖以武明皇后姊子，益器愛之，常置左右，以爲心腹。

建義初，領親信都督。中興元年，從高祖拒尒朱兆，戰於廣阿。高祖謂韶曰：「彼衆我寡，其若之何？」韶曰：「所謂衆者，得衆人之死；强者，得天下之心。尒朱狂狡，行路所見，裂冠毁冕，拔本塞源，邙山之會，搢紳何罪，兼殺主立君，不脫旬朔，天下思亂，十室而九。王躬昭德義，除君側之惡，何往而不克哉！」高祖曰：「吾雖以順討逆，奉辭伐罪，但弱小在强大之間，恐無天命，卿不聞之也？」答曰：「韶聞小能敵大，小道大淫，皇天無親，唯德是輔。尒朱外賊天下，內失善人，知者不爲謀，勇者不爲鬭，不肖失職，賢者取之，復何疑也。」遂與兆

戰，兆軍潰。攻劉誕於鄴。及韓陵之戰，韶督率所部，先鋒陷陣。尋從高祖出晉陽，追尒朱兆於赤谼嶺，平之。以軍功封下洛縣男。又從襲取夏州，擒斛律彌娥突，〔二〕加龍驤將軍、諫議大夫，累遷武衞將軍。後迴賜父爵姑臧縣侯，〔三〕其下洛縣男啓讓繼母弟寧安。

興和四年，從高祖禦周文帝於邙山。高祖身在行間，爲西魏將賀拔勝所識，率銳來逼。韶從傍馳馬引弓反射，一箭斃其前驅，追騎懾憚，莫敢前者。西軍退，賜馬並金，進爵爲公。

武定四年，從征玉壁。時高祖不豫，攻城未下，召集諸將，共論進止之宜。謂大司馬斛律金、司徒韓軌、左衞將軍劉豐等曰：「吾每與段孝先論兵，殊有英略，若使比來用其謀，亦可無今日之勞矣。吾患勢危篤，恐或不虞，欲委孝先以鄴下之事，何如？」金等曰：「知臣莫若君，實無出孝先。」仍謂韶曰：「吾昔與卿父冒涉險艱，同奬王室，建此大功。今病疾如此，殆將不濟，宜善相翼佐，克茲負荷。」卽令韶從顯祖鎭鄴，召世宗赴軍。高祖疾甚，顧命世宗曰：「段孝先忠亮仁厚，智勇兼備，親戚之中，唯有此子，軍旅大事，宜共籌之。」五年春，高祖崩於晉陽，祕不發喪。俄而侯景構亂，世宗還鄴，韶留守晉陽。世宗還，賜女樂十數人，金十斤，繒帛稱是，封長樂郡公。世宗征潁川，韶留鎭晉陽。別封眞定縣男，行并州刺史。顯祖受禪，別封朝陵縣，又封霸城縣，加位特進。啓求歸朝陵公，乞封繼母梁氏爲郡君。顯祖嘉之，別以梁氏爲安定郡君。又以霸城縣侯讓其繼母弟孝言。論者美之。

天保三年，爲冀州刺史、六州大都督，有惠政，得吏民之心。四年十二月，梁將東方白額潛至宿預，招誘邊民，殺害長吏，淮、泗擾動。五年二月，詔徵韶討之。旣至。會梁將嚴超達等軍逼涇州；又陳武帝率衆將攻廣陵，刺史王敬寶遣使告急；復有尹思令，衆萬餘人，謀襲盱眙。三軍咸懼。韶謂諸將曰：「自梁氏喪亂，國無定主，人懷去就，强者從之。霸先等智小謀大，政令未一，外託同德，內有離心，諸君不足憂，吾揣之熟矣。」乃留儀同敬顯儁、堯難宗等圍守宿預，〔四〕自將步騎數千人倍道赴涇州。塗出盱眙，思令不虞大軍卒至，望旗奔北。進與超達合戰，大破之，盡獲其舟艦器械。謂諸將士曰：「吳人輕躁，本無大謀，今破超達，霸先必走。」卽迴赴廣陵。陳武帝果遁去。追至楊子柵，望揚州城乃還，大獲其軍資器物，旋師宿預。六月，韶遣辯士喻白額禍福，白額於是開門請盟。韶與行臺辛術等議，且爲受盟。盟訖，度白額終不爲用，因執而斬之，並其諸弟等並傳首京師。江淮帖然，民皆安輯。顯祖嘉其功，詔賞吳口七十人，封平原郡王。淸河王岳之克郢州，執司徒陸法和，韶亦豫行，築魯城，〔五〕於新蔡立郭默戍而還。皇建元年，領太子太師。

大寧二年，除并州刺史。高歸彥作亂冀州，詔與東安王婁叡率衆討平之。遷太傅，賜女樂十人，並歸彥果園一千畝。仍蒞并州，爲政舉大綱，不存小察，甚得民和。

十二月，周武帝遣將率羌夷與突厥合衆逼晉陽，〔六〕世祖自鄴倍道兼行赴救。突厥從

北結陣而前，東距汾河，西被風谷。時事既倉卒，兵馬未整，世祖見如此，亦欲避之而東。尋納河間王孝琬之請，令趙郡王盡護諸將。時大雪之後，周人以步卒爲前鋒，從西山而下，去城二里。諸將咸欲逆擊之。韶曰：「步人氣勢自有限，今積雪既厚，逆戰非便，不如陣以待之。彼勞我逸，破之必矣。」既而交戰，大破之，敵前鋒盡殪，無復孑遺，自餘通宵奔遁。仍令韶率騎追之，出塞不及而還。世祖嘉其功，別封懷州武德郡公，進位太師。

周冢宰宇文護母閻氏先配中山宮，護聞閻尚存，乃因邊境移書，請還其母，並通鄰好。時突厥屢犯邊，韶軍於塞下。世祖遣黃門徐世榮乘傳齎周書問韶。韶以周人反覆，本無信義，比晉陽之役，其事可知。護外託爲相，其實王也。既爲母請和，不遣一介之使申其情理，乃據移書，卽送其母，恐示之弱。如臣管見，且外許之，待後放之未晚。不聽。遂遣使以禮將送。

護既得母，仍遣將尉遲迥等襲洛陽。詔遣蘭陵王長恭、大將軍斛律光率衆擊之，軍於邙山之下，逗留未進。世祖召謂曰：「今欲遣王赴洛陽之圍，但突厥在此，復須鎭禦，王謂如何？」韶曰：「北虜侵邊，事等疥癬，今西羌窺逼，便是膏肓之病，請奉詔南行。」世祖曰：「朕意亦爾。」乃令韶督精騎一千，發自晉陽。五日便濟河，與大將共量進止。韶旦將帳下二百騎與諸軍共登邙阪，聊觀周軍形勢。至大和谷，便値周軍，卽遣馳告諸營，追集兵馬。仍與諸將結陣以待之。韶爲左軍，蘭陵王爲中軍，斛律光爲右軍，與周人相對。韶遙謂周人曰：「汝宇文護幸得其母，不能懷恩報德，今日之來，竟何意也？」周人曰：「天遣我來，有何可問。」韶曰：「天道賞善罰惡，當遣汝送死來耳。」周軍仍以步人在前，上山逆戰。韶以彼徒我騎，且却且引，待其力弊，乃遣下馬擊之。短兵始交，周人大潰。其中軍所當者，亦一時瓦解，投墜溪谷而死者甚衆。洛城之圍，亦卽奔遁，盡棄營幕，從邙山至穀水三十里中，軍資器物彌滿川澤。車駕幸洛陽，親勞將士，於河陰置酒高會，策勳命賞，除太宰，封靈武縣公。天統三年，除左丞相，永昌郡公，食滄州幹。

武平二年正月，出晉州道，到定隴，築威敵、平寇二城而還。二月，周師來寇，遣韶與右丞相斛律光、太尉蘭陵王長恭同往捍禦。以三月暮行達西境。有栢谷城者，乃敵之絕險，石城千仞，諸將莫肯攻圍。韶曰：「汾北、河東，勢爲國家之有，若不去栢谷，事同痼疾。計彼援兵，會在南道，今斷其要路，救不能來。且城勢雖高，其中甚狹，火弩射之，一旦可盡。」諸將稱善，遂鳴鼓而攻之，城潰，獲儀同薛敬禮，大斬獲首虜，仍城華谷，置戍而還。封廣平郡公。

是月，周又遣將寇邊。右丞相斛律光先率師出討，韶亦請行。五月，攻服秦城。周人於姚襄城南更起城鎭，東接定陽，又作深塹，斷絕行道。韶乃密抽壯士，從北襲之。又遣人

潛渡河，告姚襄城中，令內外相應，渡者千有餘人，周人始覺。於是合戰，大破之，獲其儀同若干顯寶等。諸將咸欲攻其新城。韶曰：「此城一面阻河，三面地險，不可攻，就令得之，一城地耳。〔七〕不如更作一城壅其路，破服秦，併力以圖定陽，計之長者。」將士咸以爲然。六月，徙圍定陽，〔八〕其城主開府儀同楊範固守不下。〔九〕韶登山望城勢，乃縱兵急攻之。七月，屠其外城，大斬獲首級。時韶病在軍中，以子城未克，謂蘭陵王長恭曰：「此城三面重澗險阻，並無走路，唯恐東南一處耳。賊若突圍，必從此出，但簡精兵專守，自是成擒。」長恭乃令壯士千餘人設伏於東南澗口。其夜果如所策，賊遂出城，伏兵擊之，大潰，範等面縛，盡獲其衆。

韶疾甚，先軍還。以功別封樂陵郡公。竟以疾薨。上舉哀東堂，贈物千段、溫明祕器、轀輬車，軍校之士陳衞送至平恩墓所，〔一〇〕發卒起冢。贈假黃鉞、使持節、都督朔幷定趙冀滄齊兗梁洛晉建十二州諸軍事、相國、太尉、錄尚書事、朔州刺史，謚曰忠武。

韶出總軍旅，入參帷幄，功既居高，重以婚媾，望傾朝野。長於計略，善於御衆，得將士之心，臨敵之日，人人爭奮。又雅性溫愼，有宰相之風。敎訓子弟，閨門雍肅，事後母以孝聞，齊世勳貴之家罕有及者。然僻於好色，雖居要重，微服間行。有皇甫氏，魏黃門郎元瑀之妻，弟謹謀逆，皇甫氏因沒官。韶美其容質，上啓固請，世宗重違其意，因以賜之。尤嗇於財，雖親戚故舊略無施與。其子深尚公主，並省丞郎在家佐事十餘日，事畢辭還，人唯賜一盃酒。長子懿嗣。

懿，字德猷，有姿儀，頗解音樂，又善騎射。天保初，尚潁川長公主。累遷行臺右僕射，兼殿中尚書，出除兗州刺史。卒。子寶鼎嗣。尚中山長公主，武平末，儀同三司。隋開皇中，開府儀同三司、驃騎大將軍，大業初，卒於饒州刺史。

韶第二子深，字德深。美容貌，寬謹有父風。天保中，受父封姑臧縣公。大寧初，拜通直散騎侍郎。二年，詔尚永昌公主，未婚，主卒。河清三年，又詔尚東安公主。以父頻著大勳，累遷侍中、將軍、源州大中正，〔一一〕食趙郡幹。韶病篤，詔封深濟北王，以慰其意。武平末，徐州行臺左僕射、徐州刺史。入周，拜大將軍，郡公，坐事死。

韶第三子德舉，武平末，儀同三司。周建德七年，在鄴城與高元海等謀逆，誅。

韶第四子德衡，武平末，開府儀同三司，隆化時，濟州刺史。入周，授儀同大將軍。

韶第七子德堪，武平中，儀同三司。隋大業初，汴州刺史，卒於汝南郡守。

榮第二子孝言，少警發有風儀。魏武定末，起家司徒參軍事。齊受禪，其兄韶以別封霸城縣侯授之。累遷儀同三司、度支尚書、清都尹。

孝言本以勳戚緒餘，致位通顯，至此便驕奢放逸，無所畏憚。曾夜行，過其賓客宋孝王家宿，〔一二〕喚坊民防援，不時應赴，遂拷殺之。又與諸淫婦密遊，爲其夫覺，復恃官勢，拷掠而殞。時苑內須果木，科民間及僧寺備輸，悉分向其私宅種植。又殿內及園須石，差車牛從漳河運載，復分車迴取。事悉聞徹，出爲海州刺史。尋以其兄故，徵拜都官尚書，食陽城郡幹，仍加開府。遷太常卿，除齊州刺史，以贓賄爲御史所劾。屬世祖崩，遇赦免。拜太常卿，轉食河南郡幹，遷吏部尚書。

祖珽執政，將廢趙彥深，引孝言爲助。除兼侍中，入內省，典機密，尋卽正，仍吏部尚書。孝言既無深鑒，又待物不平，抽擢之徒，非賄則舊。有將作丞崔成，忽於衆中抗言曰：「尚書天下尚書，豈獨段家尚書也！」孝言無辭以答，惟厲色遣下而已。尋除中書監，加特進。又託韓長鸞，共構祖珽之短。及祖出後，孝言除尚書右僕射，仍掌選舉，恣情用捨，請謁大行。勑濬京城北隍，孝言監作，儀同三司崔士順、將作大匠元士將、太府少卿酈孝裕、尚書左民郎中薛叔昭、司州治中崔龍子、清都尹丞李道隆、鄴縣令尉長卿、臨漳令崔象、成安令高子徹等並在孝言部下。典作日，別置酒高會，諸人膝行跪伏，稱觴上壽，或自陳屈滯，更請轉官，孝言意色揚揚，以爲己任，皆隨事報答，許有加授。富商大賈多被銓擢，縱令進用人士，咸是粗險放縱之流。尋遷尚書左僕射，特進、侍中如故。

孝言富貴豪侈，尤好女色。後娶妻定遠妾董氏，大耽愛之，爲此內外不和，更相糾列，坐爭免官徙光州。隆化敗後，有勑追還。孝言雖黷貨無厭，恣情酒色，然舉止風流，招致名士，美景良辰，未嘗虛棄，賦詩奏伎，畢盡歡洽。雖草萊之士，粗閑文藝，多引入賓館，與同興賞，其貧躓者亦時有乞遺。世論復以此多之。齊亡入周，授開府儀同大將軍，後加上開府。

史臣曰：段榮以姻戚之重，遇時來之會，功伐之地，亦足稱焉。韶光輔七君，克隆門業，每出當閫外，或任以留臺，以猜忌之朝，終其眉壽。屬亭候多警，爲有齊上將，豈其然乎？當以志謝矜功，名不逾實，不以威權御物，不以智數要時，欲求覆餗，其可得也？語曰「率性之謂道」，此其効歟？

贊曰：榮發其原，韶大其門。位因功顯，望以德尊。

校勘記

〔一〕天平三年轉行泰州事　三朝本、汲本「泰」作「恭」，他本作「秦」。按當時無「恭州」，秦州屬西魏。「恭」和「秦」都是「泰」之訛（參卷二校記），今改正。

〔二〕斛律彌娥突　按「律」是「拔」之訛，詳卷二校記。

〔三〕後迴賜父爵姑臧縣侯　三朝本、殿本「迴」作「恩」。南、北、局三本及北史卷五四段韶傳作「迴」，今從之。又諸本「爵」都作「榮」，北史作「爵」。按上文稱段榮封姑臧縣侯，這時是把段榮封爵迴賜給韶。諸本皆誤，今據北史改。

〔四〕乃留儀同敬顯儁堯難宗等圍守宿預　三朝本及册府卷三五四（四二〇七頁）「難宗」作「難示」，南本單作「雄」，北、汲、殿、局四本作「雄示」。按堯雄死於東魏興和四年（五四二），見本書卷二〇、北史卷二七本傳，這裏是說天保五年（五五四）以後的事，雄已久死，南本顯誤。陳書卷一武帝紀紹泰二年（北齊天保七年五五六）三月載北齊南侵諸將中有堯難宗，通鑑卷一六六（五一四二頁）同。北史卷三一高德正傳說高洋稱帝，堯難宗染赤雀以獻，亦卽此人。三朝本「難」字不誤，「宗」已訛作「示」，今據改。

〔五〕築魯城　諸本「魯」作「層」。册府卷四一〇（四八七二頁）作「魯」。按通典卷一七七臨汝郡魯山縣條云：「高齊則於縣東北一十七里築魯城以禦周。」作「魯」是，今據册府改。

〔六〕十二月周武帝遣將率羌夷與突厥合衆逼晉陽　按周與突厥合攻晉陽，事在北齊河清二年十二月至三年正月間（五六四），歷見本書卷七武成紀（補）、周書卷五武帝紀（保定三年）和相關諸傳。這裏承

上文則在大寧二年（五六二—三），誤。疑上脫「河清二年」四字。

〔七〕就令得之一城地耳　諸本無「一」字，語氣不完，今據御覽卷三〇二（一三九一頁）、通典卷一五四補。

〔八〕徙圍定陽　諸本「徙」作「從」，北史卷五四作「徙」。按段韶是主將，「從圍」不可通。當時諸將欲攻新城，以段韶言轉而攻定陽，作「徙」是，今據北史改。

〔九〕共城主開府儀同楊範固守不下　按本書卷八後主紀（補）武平二年（五七一）六月記此事稱「獲刺史楊敷」。楊敷，周書卷三四有傳，記他守汾州被俘事甚詳，似作「範」誤。但諸本和册府卷三六九（四三八四頁）、通典卷一五四都作「楊範」，今不改。

〔一〇〕軍校之士陳衞送至平恩墓所　諸本及北史卷五四「陳」作「陣」，據册府卷三八二（四五四三頁）改。

〔一一〕源州大中正　按「源州」不見地志。段氏郡望是涼州姑臧，疑「源」是「涼」之訛。

〔一二〕過其賓客宋孝王家宿　諸本「宋」作「宗」，册府卷三〇六（三六一一頁）、北史卷五四段孝言傳作「宋」。按本書卷四六宋世良傳附見從子孝王，記他曾爲段孝言的開府參軍。「宗」字誤，今據改。

北齊書卷十七

列傳第九

斛律金 子光 羨

斛律金，字阿六敦，朔州勑勒部人也。高祖倍侯利，〔一〕以壯勇有名塞表，道武時率戶內附，賜爵孟都公。祖幡地斤，殿中尚書。父大那瓌，光祿大夫、第一領民酋長。天平中，金貴，贈司空公。

金性敦直，善騎射，行兵用匈奴法，望塵識馬步多少，嗅地知軍度遠近。初爲軍主，與懷朔鎮將楊鈞送茹茹主阿那瓌還北。瓌見金射獵，深歎其工。後瓌入寇高陸，金拒擊破之。正光末，破六韓拔陵構逆，金擁衆屬焉，陵假金王號。金度陵終敗滅，乃統所部萬戶詣雲州請降，即授第二領民酋長。稍引南出黃瓜堆，爲杜洛周所破，部衆分散，金與兄平二人脫身歸尒朱榮。榮表金爲別將，累遷都督。孝莊立，賜爵阜城縣男，加寧朔將軍、屯騎校

尉。從破葛榮、元顥，頻有戰功，加鎮南大將軍。

及尒朱兆等逆亂，高祖密懷匡復之計，金與婁昭、厙狄干等贊成大謀，仍從舉義。高祖南攻鄴，留金守信都，領恒、雲、燕、朔、顯、蔚六州大都督，〔二〕委以後事。別討李脩，破之，加右光祿大夫。會高祖於鄴，仍從平晉陽，追滅尒朱兆。太昌初，以金爲汾州刺史、當州大都督，進爵爲侯。從高祖破紇豆陵於河西。天平初，遷鄴，使金領步騎三萬鎮風陵以備西寇，軍罷，還晉陽。從高祖戰於沙苑，不利班師，因此東雍諸城復爲西軍所據，遣金與尉景、厙狄干等討復之。元象中，周文帝復大舉向河陽。高祖率衆討之，使金徑往太州，爲犄角之勢。金到晉州，以軍退不行，仍與行臺薛脩義共圍喬山之寇。俄而高祖至，仍共討平之，因從高祖攻下南絳、邵郡等數城。武定初，北豫州刺史高仲密據城西叛，周文帝入寇洛陽。高祖使金統劉豐、步大汗薩等步騎數萬守河陽城以拒之。〔三〕高祖到，仍從破密。軍還，除大司馬，改封石城郡公，邑一千戶，轉第一領民酋長。三年，高祖出軍襲山胡，〔四〕分爲二道。以金爲南道軍司，由黃櫨嶺出。高祖自出北道，度赤洪嶺，會金於烏突戍，合擊破之。軍還，出爲冀州刺史。四年，詔金率衆從烏蘇道會高祖於晉州，仍從攻玉壁。軍還，高祖使金總督大衆，從歸晉陽。

世宗嗣事，侯景據潁川降於西魏，詔遣金帥潘樂、薛孤延等固守河陽以備。西魏使其大都督李景和、若干寶領馬步數萬，欲從新城赴援侯景。金率衆停廣武以要之，景和等聞而退走。還爲肆州刺史，仍率所部於宜陽築楊志、百家、呼延三戍，置守備而還。侯景之走南豫，西魏儀同三司王思政入據潁川。世宗遣高岳、慕容紹宗、劉豐等率衆圍之。復詔金督彭樂、可朱渾道元等出屯河陽，斷其奔救之路。又詔金率衆會攻潁川。事平，復使金率衆從崿坂送米宜陽。西魏九曲戍將馬紹隆據險要斷，金破之。以功別封安平縣男。

顯祖受禪，封咸陽郡王，刺史如故。其年冬，朝晉陽宮。金病，帝幸其宅臨視，賜以醫藥，中使不絕。病愈還州。三年，就除太師。帝征奚賊，金從帝行。軍還，帝幸肆州，與金宴射而去。四年，解州，以太師還晉陽。車駕復幸其第，六宮及諸王盡從，置酒作樂，極夜方罷。帝忻甚，詔金第二子豐樂爲武衞大將軍，因謂金曰：「公元勳佐命，父子忠誠，朕當結以婚姻，永爲蕃衞。」仍詔金孫武都尚義寧公主。成禮之日，帝從皇太后幸金宅，皇后、太子及諸王等皆從，其見親待如此。

後以茹茹爲突厥所破，種落分散，慮其犯塞，驚擾邊民，乃詔金率騎二萬屯白道以備之。而虜帥豆婆吐久備將三千餘戶密欲西過，候騎還告，金勒所部追擊，盡俘其衆。茹茹但鉢將舉國西徙，金獲其候騎送之，並表陳虜可擊取之勢。顯祖於是率衆與金共討之於吐賴，獲二萬餘戶而還。進位右丞相，食齊州幹，遷左丞相。

肅宗踐阼，納其孫女爲皇太子妃。又詔金朝見，聽步挽車至階。世祖登極，禮遇彌重，又納其孫女爲太子妃。金長子光大將軍，次子羨及孫武都並開府儀同三司，出鎮方岳，其餘子孫皆封侯貴達。一門一皇后，二太子妃，三公主，尊寵之盛，當時莫比。金嘗謂光曰：「我雖不讀書，聞古來外戚梁冀等無不傾滅。女若有寵，諸貴妬人；女若無寵，天子嫌人。我家直以立勳抱忠致富貴，豈可藉女也？」辭不獲免，常以爲憂。天統三年薨，〔五〕年八十。世祖舉哀西堂，後主又舉哀於晉陽宮。贈假黃鉞、使持節、都督朔定冀并瀛青齊滄幽肆晉汾十二州諸軍事、〔六〕相國、太尉公、錄尚書、朔州刺史，酋長、王如故，贈錢百萬，謚曰武。子光嗣。

光，字明月，少工騎射，以武藝知名。魏末，從金西征，周文帝長史莫者暉時在行間，〔七〕光馳馬射中之，因擒於陣，光時年十七。高祖嘉之，即擢爲都督。世宗爲世子，〔八〕引爲親信都督，稍遷征虜將軍，累加衞將軍。武定五年，封永樂縣子。嘗從世宗於洹橋校獵，見一大鳥，雲表飛颺，光引弓射之，正中其頸。此鳥形如車輪，旋轉而下，至地乃大鵰也。世宗取而觀之，深壯異焉。丞相屬邢子高見而歎曰：「此射鵰手也。」當時傳號落鵰都督。尋兼左衞將軍，進爵爲伯。

齊受禪，加開府儀同三司，別封西安縣子。天保三年，從征出塞，光先驅破敵，多斬首虜，並獲雜畜。還，除晉州刺史。東有周天柱、新安、牛頭三戍，招引亡叛，屢爲寇竊。七年，光率步騎五千襲破之，又大破周儀同王敬儁等，獲口五百餘人，雜畜千餘頭而還。九年，又率衆取周絳川、白馬、澮交、翼城等四戍。〔九〕除朔州刺史。十年，除特進、開府儀同三司。二月，率騎一萬討周開府曹迴公，斬之。柏谷城主儀同薛禹生棄城奔遁，遂取文侯鎮，立戍置柵而還。乾明元年，除幷州刺史。皇建元年，進爵鉅鹿郡公。〔一〇〕時樂陵王百年爲皇太子，肅宗以光世載醇謹，兼著勳王室，納其長女爲太子妃。大寧元年，除尚書右僕射，食中山郡幹。二年，除太子太保。河清二年四月，光率步騎二萬築勳掌城於軹關西，仍築長城二百里，置十三戍。三年正月，周遣將達奚成興等來寇平陽，詔光率步騎三萬禦之，興等聞而退走。光逐北，遂入其境，獲二千餘口而還。其年三月，遷司徒。四月，率騎北討突厥，獲馬千餘匹。是年冬，周武帝遣其柱國大司馬尉遲迥、齊國公宇文憲、柱國庸國公可叱雄等，衆稱十萬，寇洛陽。〔一一〕光率騎五萬馳往赴擊，戰於邙山，迥等大敗。光親射雄，殺之，斬捕首虜三千餘級，迥、憲僅而獲免，盡收其甲兵輜重，仍以死者積爲京觀。世祖幸洛陽，策勳班賞，遷太尉，又封冠軍縣公。先是世祖命納光第二女爲太子妃，天統元年，拜爲皇后。其年，光轉大將軍。三年六月，父喪去官，其月，詔起光及其弟羨並復前任。秋，除太

保，襲爵咸陽王，並襲第一領民酋長，別封武德郡公，徙食趙州幹，遷太傅。

十二月，周遣將圍洛陽，壅絕糧道。武平元年正月，詔光率步騎三萬討之。軍次定隴，周將張掖公宇文桀、中州刺史梁士彥、開府司水大夫梁景興等又屯鹿盧交道，光擐甲執銳，身先士卒，鋒刃纔交，桀衆大潰，斬首二千餘級。直到宜陽，與周齊國公宇文憲、申國公擒跋顯敬相對十旬。光置築統關、豐化二城，以通宜陽之路。軍還，行次安鄴，憲等衆號五萬，仍躡軍後。光縱騎擊之，憲衆大潰，虜其開府宇文英、都督越勤世良、韓延等，又斬首三百餘級。憲仍令桀及其大將軍中部公梁洛都與景興、士彥等步騎三萬於鹿盧交塞斷要路。光與韓貴孫、呼延族、王顯等合擊，大破之，斬景興，獲馬千匹。詔加右丞相，幷州刺史。其冬，光又率步騎五萬於玉壁築華谷、龍門二城，與憲、顯敬等相持，憲等不敢動。光乃進圍定陽，仍築南汾城，置州以逼之，夷夏萬餘戶並來內附。

二年，率衆築平隴、衞壁、統戎等鎮戍十有三所。周柱國枹罕公普屯威、柱國韋孝寬等，步騎萬餘，來逼平隴，與光戰於汾水之北，光大破之，俘斬千計。又封中山郡公，增邑一千戶。軍還，詔復令率步騎五萬出平陽道，攻姚襄、白亭城戍，皆克之，獲其城主儀同、大都督等九人，捕虜數千人。又別封長樂郡公。是月，周遣其柱國紇干廣略圍宜陽。光率步騎五萬赴之，大戰於城下，乃取周建安等四戍，捕虜千餘人而還。軍未至鄴，勑令便放兵散。

光以爲軍人多有勳功，未得慰勞，若卽便散，恩澤不施，乃密通表請使宣旨，軍仍且進。朝廷發使遲留，軍還，將至紫陌，光仍駐營待使。帝聞光軍營已逼，心甚惡之，急令舍人追光入見，然後宣勞散兵。拜光左丞相，又別封清河郡公。

光入，常在朝堂垂簾而坐。祖珽不知，乘馬過其前。光怒，謂人曰：「此人乃敢爾！」後珽在內省，言聲高慢，光適過，聞之，又怒。珽知光忿，而賂光從奴而問之曰：「相王瞋孝徵耶？」曰：「自公用事，相王每夜抱膝歎曰：『盲人入，國必破矣！』」穆提婆求娶光庶女，不許。帝賜提婆晉陽之田，光言於朝曰：「此田，神武帝以來常種禾，飼馬數千匹，以擬寇難，今賜提婆，無乃闕軍務也？」由是祖、穆積怨。

周將軍韋孝寬忌光英勇，乃作謠言，令間諜漏其文於鄴，曰「百升飛上天，明月照長安」，又曰「高山不推自崩，槲樹不扶自竪」。祖珽因續之曰：「盲眼老公背上下大斧，饒舌老母不得語。」令小兒歌之於路。提婆聞之，以告其母令萱。萱以饒舌，斥己也，盲老公，謂珽也，遂相與協謀，以謠言啓帝曰：「斛律累世大將，明月聲震關西，豐樂威行突厥，女爲皇后，男尚公主，謠言甚可畏也。」帝以問韓長鸞，鸞以爲不可，事寢。祖珽又見帝請間，唯何洪珍在側。帝曰：「前得公啓，卽欲施行，長鸞以爲無此理。」珽未對，洪珍進曰：「若本無意則可，既有此意而不決行，萬一泄露如何？」帝曰：「洪珍言是也。」猶豫未決。會丞相府佐封士讓

密啓云：「光前西討還，勑令放兵散，光令軍逼帝京，將行不軌，事不果而止。家藏弩甲，奴僮千數，每遣使豐樂、武都處，陰謀往來。若不早圖，恐事不可測。」啓云「軍逼帝京」，會帝前所疑意，謂何洪珍云：「人心亦大聖，我前疑其欲反，果然。」帝性至怯懦，恐卽變發，令洪珍馳召祖珽告之。又恐追光不從命。珽因云：「正爾召之，恐疑不肯入。宜遣使賜其一駿馬，語云『明日將往東山遊觀，王可乘此馬同行』，光必來奉謝，因引入執之。」帝如其言。頃之，光至，引入涼風堂，劉桃枝自後拉而殺之，時年五十八。於是下詔稱光謀反，今已伏法，其餘家口並不須問。尋而發詔，盡滅其族。

光性少言剛急，嚴於御下，治兵督衆，唯仗威刑。版築之役，鞭撻人士，頗稱其暴。自結髮從戎，未嘗失律，深爲隣敵所懾憚。罪既不彰，一旦屠滅，朝野痛惜之。周武帝聞光死，大喜，赦其境內。後入鄴，追贈上柱國、崇國公。〔一二〕指詔書曰：「此人若在，朕豈能至鄴。」

光有四子。長子武都，歷位特進、太子太保、開府儀同三司、梁兗二州刺史。所在並無政績，唯事聚斂，侵漁百姓。光死，遣使於州斬之。次須達，中護軍、開府儀同三司，先光卒。次世雄，開府儀同三司。次恒伽，假儀同三司。並賜死。光小子鍾，年數歲，獲免。周朝襲封崇國公。隋開皇中卒於驃騎將軍。

羨，字豐樂，少有機警，尤善射藝，高祖見而稱之。世宗擢爲開府參軍事。遷征虜將軍、中散大夫，加安西將軍，進封大夏縣子，除通州刺史。顯祖受禪，進號征西，別封顯親縣伯。河清三年，轉使持節，都督幽、安、平、南、北營、東燕六州諸軍事，幽州刺史。其年秋，突厥衆十餘萬來寇州境，羨總率諸將禦之。突厥望見軍威甚整，遂不敢戰，卽遣使求欵。慮其有詐，且喻之曰：「爾輩此行，本非朝貢，見機始變，未是宿心。若有實誠，宜速歸巢穴，別遣使來。」於是退走。天統元年夏五月，突厥木汗遣使請朝獻，羨始以聞，自是朝貢歲時不絕，羨有力焉。詔加行臺僕射。羨以北虜屢犯邊，須備不虞，自庫堆戍東拒於海，隨山屈曲二千餘里，其間二百里中凡有險要，或斬山築城，或斷谷起障，並置立戍邏五十餘所。又導高梁水北合易京，東會於潞，因以灌田，邊儲歲積，轉漕用省，公私獲利焉。其年六月，丁父憂去官，與兄光並被起復任，還鎮燕薊。三年，加位特進。〔三〕四年，遷行臺尚書令，別封高城縣侯。

武平元年，加驃騎大將軍。時光子武都爲兗州刺史。羨歷事數帝，以謹直見推，雖極榮寵，不自矜尙，至是以合門貴盛，深以爲憂。乃上書推讓，乞解所職，優詔不許。其年秋，進爵荊山郡王。

三年七月，光誅，勑使中領軍賀拔伏恩等十餘人驛捕之。遣領軍大將軍鮮于桃枝、洛州行臺僕射獨孤永業便發定州騎卒續進，仍以永業代羨。伏恩等旣至，門者白使人衷甲馬汗，宜閉城門。羨曰：「勑使豈可疑拒？」出見之，伏恩把手，遂執之，死於長史廳事。臨終歎曰：「富貴如此，女爲皇后，公主滿家，常使三百兵，何得不敗！」及其五子世達、世遷、世辨、世酋、伏護，餘年十五已下者宥之。羨未誅前，忽令其在州諸子自伏護以下五六人，鎖頸乘驢出城，合家皆泣送之至門，日晚而歸。吏民莫不驚異。行燕郡守馬嗣明醫術之士，爲羨所欽愛，乃竊問之，答曰：「須有禳厭。」數日而有此變。

羨及光並少工騎射，其父每日令其出畋，〔四〕還卽較所獲禽獸。光所獲或少，必麗龜達腋。羨雖獲多，非要害之所。光常蒙賞，羨或被捶撻。人問其故，金答云：「明月必背上着箭，豐樂隨處卽下手，其數雖多，去兄遠矣。」聞者咸服其言。

金兄平，便弓馬，有幹用。魏景明中，釋褐殿中將軍，遷襄威將軍。正光末，六鎭擾亂，隸大將軍尉賓北討。軍敗，爲賊所虜。後走奔其弟金於雲州，進號龍驤將軍。與金擁衆南出，至黃瓜堆，爲杜洛周所破，部落離散。及歸尒朱榮，待之甚厚，以平襲父爵第一領民酋長。

高祖起義，以都督從。稍遷平北將軍、顯州刺史，加鎭南將軍，封固安縣伯。尋進爲侯，行肆州刺史。周文帝遣其右將軍李小光據梁州，平以偏師討擒之。出爲燕州刺史。入兼左衞將軍，領衆一萬討北徐賊，破之，除濟州刺史。侯景度江，詔平爲大都督，率青州刺史敬顯儁、左衞將軍厙狄伏連等略定壽陽、宿預三十餘城。事罷還州，加開府，進位驃騎大將軍，進爵爲公。顯祖受禪，別封羨陽侯。行兗州刺史，以黷貨除名。後除開府儀同三司。廢帝卽位，拜特進，食滄州樂陵郡幹。皇建初，封定陽郡公，拜護軍。後爲青州刺史，卒。贈太尉。

史臣曰：斛律金以高祖撥亂之始，翼成王業，忠欵之至，成此大功，故能終享遐年，位高百辟。觀其盈滿之戒，動之徽也，纔及後嗣，遂至誅夷，雖爲威權之重，蓋符道家所忌。光以上將之子，有沈毅之姿，戰術兵權，暗同韜略，臨敵制勝，變化無方。自關、河分隔，年將四紀。以高祖霸王之期，屬宇文草創之日，出軍薄伐，屢挫兵鋒。而大寧以還，東隣浸弱，關西前收巴蜀，又殄江陵，叶建瓴而用武，成并吞之壯氣。斛律治軍誓衆，式遏邊鄙，戰則前無完陣，攻則罕有全城，齊氏必致拘原之師，秦人無復啓關之策。而世亂讒勝，詐以震主之威；主暗時艱，自毀藩籬之固。昔李牧之爲趙將也，北翦胡寇，西却秦軍，郭開譖之，牧死趙滅。其議誅光者，豈秦之反間歟，何同術而同亡也！內令諸將解體，外爲强鄰報讐。嗚呼！後之君子可爲深戒。

贊曰：赳赳咸陽，邦家之光。明月忠壯，仍世將相。聲振關右，勢高時望。迫此威名，易與讒謗。始自工言，終斯交喪。

校勘記

〔一〕高祖倍侯利　諸本「侯」作「侯」，北史卷五四斛律金傳、卷九八高車傳作「侯」。張森楷云：「據高車傳載歌謠云『求良夫，當如倍侯』，『夫』『侯』古韵通用，『侯』字則失韵。」按張說是，今據北史改。

〔二〕領恒雲燕朔顯蔚六州大都督　諸本無「蔚」字。錢氏考異卷三一以爲當脫「蔚州」。按錢說是。本書卷二四孫搴傳稱「時又大括燕、恒、雲、朔、顯、蔚、二夏州、高平、平涼之民以爲軍士」。「蔚州」和上五州連稱。這六州都是北魏以北邊軍鎭改置的州，魏末僑置在幽、肆、幷、汾等州境內，是北鎭流民聚居之地。今補「蔚」字。

〔三〕高祖使金統劉豐步大汗薩等步騎數萬守河陽城以拒之　諸本「步大汗」倒作「大步汗」；又

「薩」字三朝本作「薛」，汲本、局本及册府卷三五四四二〇五頁作「薛」。按步大汗薩，本書卷二〇有傳，「大步汗」乃誤倒；「薩」字是「薛」的別體，錢氏考異卷三一有說。今從本傳作「步大汗薩」。

〔四〕三年高祖出軍襲山胡　按本書卷二神武紀補、魏書卷一二孝靜紀，事在武定二年五四四十一月。「三年」當作「二年」。

〔五〕天統三年薨　諸本「三」作「二」，殿本依北史卷五四改作「三」。按斛律金死於天統三年五六七，見下文斛律光傳和本書卷八後主紀補。今從殿本。

〔六〕贈假黃鉞使持節都督朔定冀并瀛青齊滄幽肆晉汾十二州諸軍事　諸本「贈」作「賜」，北史卷五四作「贈」，按死後例稱贈官，今據改。又諸本無「晉」字，十二州缺了一州，今據册府卷三八二四五四一頁補。

〔七〕周文帝長史莫者暉時在行間　諸本「者」作「孝」，三朝本作「者」，百衲本依他本改作「孝」，册府卷三九五四六八七頁倒作「莫暉者」。按「莫者」複姓，見元和姓纂輯本卷一四、廣韻卷五鐸韻、通志氏族略。今從三朝本。

〔八〕世宗為世子　諸本「宗」作「祖」。按「世祖」是高湛，他從未為「世子」。「世祖」乃「世宗」之訛，指高澄。高歡為渤海王，立澄為世子，見本書卷三文襄紀補，且下文明云武定五年「嘗從世宗於

洹橋校獵」。「祖」字誤，今改正。

〔九〕又率衆取周絳川白馬澮交翼城等四戍　諸本「澮交」作「澮文」。按水經注卷六云：「澮水出河東絳縣東高山。」酈注：「澮水又西南，與諸水合，謂之『澮交』。」澮交在翼城東，東南有白馬山、白馬川，西有澮水，四戍鄰接，都因地立名。今據水經注改。

〔一〇〕進爵鉅鹿郡公　諸本脫「公」字，從北史卷五四、通志卷一五二補。

〔一一〕是年冬周武帝遣其柱國大司馬尉遲迥齊國公宇文憲柱國庸國公可叱雄等衆稱十萬寇洛陽　諸本「周武帝」作「周文帝」。按是年指河清三年，卽周武帝保定四年五六四，「文」字顯為「武」字之誤，今改正。

〔一二〕追贈上柱國崇國公　諸本無「崇國」二字。張森楷云：「據北史是『上柱國崇國公』，此誤脫文，下文『襲封崇國公』，亦其一證。」按張說是，今據北史補。

〔一三〕其年六月丁父憂去官至三年加位特進　按「其年」承上文是天統元年五六五。據上斛律金傳金死在天統三年，斛律光傳也說光於天統三年六月丁父憂，與卷八後主紀補合。這裏「其年」當作「三年」，「加位特進」之「三年」當作「其年」，紀年誤倒。

〔一四〕其父每日令其出畋　諸本「每」作「母」，今從北史卷五四、册府卷八四六一〇〇四四頁改。

北齊書卷十八

列傳第十

孫騰　高隆之　司馬子如

孫騰，字龍雀，咸陽石安人也。祖通，仕沮渠氏為中書舍人，沮渠滅，入魏，因居北邊。及騰貴，魏朝贈通使持節、侍中、都督雍華岐豳四州諸軍事、驃騎大將軍、司徒公、尚書左僕射、雍州刺史，贈騰父機使持節、侍中、都督冀定滄瀛殷五州諸軍事、太尉公、尚書令、冀州刺史。

騰少而質直，明解吏事。魏正光中，北方擾亂，騰間關危險，得達秀容。屬尒朱榮建義，騰隨榮入洛，例除冗從僕射。尋為高祖都督府長史，從高祖東征邢杲。師次齊城，有撫宜鎮軍人謀逆，〔一〕將害督帥。騰知之，密啓高祖。俄頃事發，高祖以有備，擒破之。高祖之為晉州，騰為長史，加後將軍，封石安縣伯。高祖自晉陽出滏口，行至襄垣，尒朱兆率衆

追。高祖與兆宴飲於水湄，誓為兄弟，各還本營。明旦，兆復招高祖，高祖欲安其意，將赴之，臨上馬，騰牽衣止之。兆乃隔水肆罵，馳還晉陽。高祖遂東。及起義信都，騰以誠欵，常預謀策。騰以朝廷隔絕，號令無所歸，不權有所立，則衆將沮散，苦請於高祖，高祖從之，遂立中興主。除侍中，尋加使持節、六州流民大都督、北道大行臺。高祖進軍於鄴，初留段榮守信都，尋遣榮鎮中山，仍令騰居守。及平鄴，授相州刺史，改封咸陽郡公，增邑通前一千三百戶。入為侍中。時魏京兆王愉女平原公主寡居，騰欲尚之，公主不許。侍中封隆之無婦，公主欲之，騰妬隆之，遂相間構。高祖啓免騰官，請除外任，俄而復之。

騰以高祖腹心，入居門下，與斛斯椿同掌機密。椿既生異端，觸塗乖謬。〔二〕騰深見猜忌，慮禍及己，遂潛將十餘騎馳赴晉陽。高祖入討斛斯椿，留騰行并州事，又使騰為冀相殷定滄瀛幽安八州行臺僕射、行冀州事，復行相州事。

天平初，入為尚書左僕射，內外之事，騰咸知之，兼司空、尚書令。時西魏遣將寇南兗，詔騰為南道行臺，率諸將討之。騰性尫怯，無威略，失利而還。又除司徒。初北境亂離，亡一女，及貴，遠加推訪，終不得，疑其為人婢賤。及為司徒，奴婢訴良者，不研虛實，率皆免之，顧免千人，冀得其女。時高祖入朝，左右有言之者，高祖大怒，解其司徒。武定中，使於

青州，括浮逃戶口，遷太保。初博陵崔孝芬養貧家子賈氏以爲養女，孝芬死，其妻元更適鄭伯猷，攜賈於鄭氏。賈有姿色，騰納之。始以爲妾，其妻袁氏死，騰以賈有子，正以爲妻，詔封丹陽郡君，復請以袁氏爵迴授其女。違禮肆情，多此類也。

騰早依附高祖，契闊艱危，勤力恭謹，深見信待。〔三〕及高祖置之魏朝，寄以心腹，遂志氣驕盈，與奪由己，求納財賄，不知紀極，生官死贈，非貨不行，餚藏銀器，盜爲家物，〔四〕親狎小人，專爲聚斂。在鄴，與高岳、高隆之、司馬子如號爲四貴，非法專恣，騰爲甚焉。高祖屢加譴讓，終不悛改，朝野深非笑之。武定六年四月薨，時年六十八。贈使持節、都督冀定等五州諸軍事、冀州刺史、太師、開府、錄尚書事，謚曰文。天保初，以騰佐命，詔祭告其墓。皇建中，配享高祖廟庭。子鳳珍嗣。鳳珍庸暗，武平中，卒於開府儀同三司。

高隆之，字延興，本姓徐氏，云出自高平金鄉。父幹，魏白水郡守，爲姑壻高氏所養，因從其姓。隆之貴，魏朝贈司徒公、雍州刺史。隆之後有參議之功，高祖命爲從弟，仍云渤海蓨人。

隆之身長八尺，美鬚髯，深沉有志氣。魏汝南王悅爲司州牧，以爲戶曹從事。建義初，釋褐員外散騎常侍，與行臺于暉出討羊侃於太山，暉引隆之爲行臺郎中，又除給事中。與

高祖深自結託。高祖之臨晉州，引爲治中，行平陽郡事。

從高祖起義山東，以爲大行臺右丞。魏中興初，除御史中尉，領尚食典御。從高祖平鄴，行相州事。從破四胡於韓陵，太昌初，除驃騎大將軍、儀同三司。西魏文帝曾與隆之因酒忿競，文帝坐以黜免。高祖責隆之不能協和，乃啓出爲北道行臺，轉幷州刺史，封平原郡公，邑一千七百戶。隆之請減戶七百，並求降己四階讓兄騰，並加優詔許之，仍以騰爲滄州刺史。高祖之討斛斯椿，以隆之爲大行臺尚書。及大司馬、清河王亶承制，拜隆之侍中、尚書右僕射，領御史中尉。廣費人工，大營寺塔，爲高祖所責。

天平初，丁母艱解任，尋詔起爲幷州刺史，入爲尚書右僕射。〔五〕時初給民田，貴勢皆占良美，貧弱咸受瘠薄。隆之啓高祖，悉更反易，乃得均平。又領營構大將，〔六〕京邑制造，莫不由之。增築南城，周迴二十五里。以漳水近於帝城，起長隄以防汎溢之患。又鑿渠引漳水周流城郭，造治水碾磑，〔七〕並有利於時。

魏自孝昌已後，天下多難，刺史太守皆爲當部都督，雖無兵事，皆立佐僚，所在頗爲煩擾。隆之表請自非實在邊要，見有兵馬者，悉皆斷之。又朝貴多假常侍以取貂蟬之飾，隆之自表解侍中，並陳諸假侍中服用者，請亦罷之。詔皆如表。自軍國多事，冒名竊官者不可勝數，隆之奏請檢括，向五萬餘人，而羣小諠囂，隆之懼而止。詔監起居事，進位司徒公。

武定中，爲河北括戶大使。追還，授領軍將軍、錄尚書事，尋兼侍中。續出行青州事，追還，拜太子太師、兼尚書左僕射、吏部尚書，遷太保。時世宗作宰，風俗肅清，隆之時有受納，世宗於尚書省大加責辱。

齊受禪，進爵爲王。尋以本官錄尚書事，領大宗正卿，監國史。隆之性小巧，至於公家羽儀、百戲、服制時有改易，不循典故，時論非之。於射堋上立三像人爲壯勇之勢。顯祖曾至東山，因射謂隆之曰：「射堋上可作猛獸，以存古義，何爲置人？終日射人，朕所不取。」隆之無以對。

初世宗委任兼右僕射崔暹、黃門郎崔季舒等，及世宗崩，隆之啓顯祖並欲害之，不許。顯祖以隆之舊齒，委以政事，季舒等仍以前隙，乃譖云：「隆之每見訴訟者，輒加哀矜之意，以示非己能裁。」顯祖以其受任既重，知有冤狀，便宜申滌，何得委過要名，非大臣義。天保五年，禁止尚書省。隆之曾與元昶宴飲，〔八〕酒酣，語昶曰：「與王交遊，當生死不相背。」人有密言之者。又帝未登庸之日，隆之意常侮帝。帝將受魏禪，大臣咸言未可，隆之又在其中。帝深銜之。因此，遂大發怒，令壯士築百餘下。放出，渴將飲水，人止之，隆之曰：「今日何在！」遂飲之。因從駕，死於路中，年六十一。贈冀定瀛滄幽五州諸軍事、大將軍、太尉、太保、冀州刺史，陽夏王。竟不得謚。

隆之雖不涉學，而欽尚文雅，縉紳名流，必存禮接。寡姊爲尼，事之如母，訓督諸子，必先文義。世甚以此稱之。顯祖末年，既多猜害，追忿隆之，誅其子德樞等十餘人，並投漳水。又發隆之冢，出其屍，葬已積年，其貌不改，斬截骸骨，亦棄於漳流，遂絕嗣。乾明中，詔其兄子子遠爲隆之後，襲爵陽夏王，還其財產。初，隆之見信高祖，性多陰毒，睚眦之忿，無不報焉。儀同三司崔孝芬以結婚姻不果，太府卿任集同知營構，頗相乖異，瀛州刺史元晏請託不遂，前後構成其罪，並誅害之。終至家門殄滅，論者謂有報應焉。

司馬子如，字遵業，河內溫人也。八世祖模，晉司空、南陽王。模世子保，晉亂出奔涼州，〔九〕因家焉。魏平姑臧，徙居於雲中，其自序云爾。父興龍，魏魯陽太守。

子如少機警，有口辯，好交遊豪傑，與高祖相結託，分義甚深。孝昌中，北州淪陷，子如攜家口南奔肆州，爲尒朱榮所禮遇，假以中軍。〔一〇〕榮之向洛也，以子如爲司馬，持節、假平南將軍，監前軍。次高都，榮以建興險阻，往來衝要，有後顧之憂，以子如行建興太守、當郡都督。永安初，封平遙縣子，邑三百戶，仍爲大行臺郎中。榮以子如明辯，能說時事，數遣奉使詣闕，多稱旨，孝莊亦接待焉。葛榮之亂，相州孤危，榮遣子如間行入鄴，助加防守。葛榮平，進爵爲侯。元顥入洛，人情離阻，以子如曾守鄴城，頗有恩信，乃令行相州事。顥

平，徵爲金紫光祿大夫。

尒朱榮之誅，子如知有變，自宮內突出，至榮宅，棄家隨榮妻子與尒朱世隆等走出京城。世隆便欲還北。子如曰：「事貴應機，兵不厭詐，天下恟恟，唯强是視，於此際會，不可以弱示人。若必走北，卽恐變故隨起，不如分兵守河橋，迴軍向京，出其不意，或可離潰。假不如心，猶足示有餘力，使天下觀聽，懼我威强。」於是世隆還逼京城。魏長廣王立，兼尚書右僕射。前廢帝以爲侍中、驃騎大將軍、儀同三司，進爵陽平郡公，邑一千七百戶。固讓儀同不受。高祖起義信都，世隆等知子如與高祖有舊，疑慮，出爲南岐州刺史。子如憤恨，泣涕自陳，而不獲免。

高祖入洛，子如遣使啓賀，仍敍平生舊恩。尋追赴京，以爲大行臺尚書，朝夕左右，參知軍國。天平初，除左僕射，與侍中高岳、侍中孫騰、右僕射高隆之等共知朝政，甚見信重。高祖鎭晉陽，子如時往謁見，待之甚厚，並坐同食，從旦達暮，及其當還，高祖及武明后俱有賚遺，率以爲常。

子如性既豪爽，兼恃舊恩，簿領之務，與奪任情，公然受納，無所顧憚。興和中，以爲北道行臺，巡檢諸州，守令已下，委其黜陟。子如至定州，斬深澤縣令；至冀州，斬東光縣令。皆稽留時漏，致之極刑。若言有進退，少不合意，便令武士頓曳，白刃臨項。士庶惶懼，不

知所爲。轉尚書令。子如義旗之始，身不參預，直以高祖故舊，遂當委重，意氣甚高，聚斂不息。時世宗入輔朝政，內稍嫌之，尋以贓賄爲御史中尉崔暹所劾，禁止於尚書省。詔免其大罪，削官爵。未幾，起行冀州事。子如能自厲改，甚有聲譽，發擿姦偽，僚吏畏伏之。轉行并州事。詔復官爵，別封野王縣男，邑二百戶。

齊受禪，以有翼贊之功，別封須昌縣公，尋除司空。子如性滑稽，不治檢裁，言戲穢褻，識者非之。而事姊有禮，撫諸兄子慈篤，當時名士並加欽愛，世以此稱之。然素無鯁正，不能平心處物。世宗時，中尉崔暹、黃門郎崔季舒俱被任用。世宗崩，暹等赴晉陽。子如乃啓顯祖，言其罪惡，仍勸誅之。其後子如以馬度關，爲有司所奏。顯祖引子如數讓之曰：「崔暹、季舒事朕先世，有何大罪，卿令我殺之？」因此免官。久之，猶以先帝之舊，拜太尉。尋以疾薨，時年六十四。贈使持節、都督冀定瀛滄懷五州諸軍事、太師、太尉、懷州刺史，贈物一千段，諡曰文明。

子消難嗣。尚高祖女，以主婿、貴公子，頻歷中書、黃門郎，光祿少卿。出爲北豫州刺史，鎭武牢。消難博涉史傳，有風神，然不能廉潔，在州爲御史所劾。又於公主情好不睦，公主譖訴之，懼罪，遂招延隣敵，走關西。

子如兄纂，先卒，子如貴，贈岳州刺史。纂長子世雲，輕險無行，累遷衞將軍、潁州刺史。世雲本無勳業，直以子如故，頻歷州郡。恃叔之勢，所在聚斂，仍肆姦穢。將見推治，內懷驚懼，侯景反，遂擧州從之。時世雲母弟在鄴，便傾心附景，無復顧望。諸將圍景於潁川，世雲臨城遙對諸將，言甚不遜。世宗猶以子如恩舊，免其諸弟死罪，徙於北邊。侯景於渦陽敗後，世雲復有異志，爲景所殺。

世雲弟膺之，字仲慶。少好學，美風儀。天平中，子如貴盛，膺之自尚書郎歷中書、黃門郎。子如別封須昌縣公，迴授膺之。膺之家富於財，厚自封殖。王元景、邢子才之流以夙素重之。以其疏簡傲物，竟天保世，淪滯不齒。乾明中，王晞白肅宗，除衞尉少卿。河清末，光祿大夫。患泄利，積年不起，至武平中，猶不堪朝謁，就家拜儀同三司。好讀太玄經，注揚雄蜀都賦。每云：「我欲與揚子雲周旋。」齊亡歲，以利疾終，時年七十一。

膺之弟子瑞，天保中爲定州長史，遷吏部郎中。擧清勤平約。遷司徒左長史，兼廷尉卿，以平直稱。乾明初，領御史中丞，正色擧察，爲朝廷所許。以疾去職，就拜祠部尚書。卒，贈瀛州刺史，諡曰文節。

子瑞弟幼之，清貞有素行，少歷顯位。隋開皇中，卒於眉州刺史。子瑞妻，令萱之妹，及令萱得寵於後主，重贈子瑞懷州刺史，諸子亦並居顯職。同遊，武平末給事黃門侍郎。同迴，太府卿。同憲，通直常侍。然同遊終爲嘉吏，隋開皇中尚書民部侍郎，卒於遂州

刺史。

史臣曰：高祖以晉陽戎馬之地，霸圖攸屬，治兵訓旅，遙制朝權，京臺機務，情寄深遠。孫騰等俱不能清貞守道，以治亂爲懷，厚斂貨財，塡彼溪壑。昔蕭何之鎭關中，荀彧之居許下，不亦異於是乎！賴世宗入輔，責以驕縱，厚遇崔暹，奮其霜簡，不然則君子屬厭，豈易問焉。孫騰牽裾之誠，有足稱美。隆之勞其志力，經始鄴京，又並是潛德僚寀，早申任遇，崇其名器，未失朝序。子如徒以少相親重，情深昵狎，義非草昧，恩結寵私，勳德莫聞，坐致台輔。猶子之愛，訓以義方，膺之風素可重，幼之淸簡自立，有足稱也。

贊曰：閎、散胥附，蕭、曹扶翼。齊運勃興，孫、高陳力。黷貨無厭，多慚袞職。司馬滑稽，巧言令色。

校勘記

〔一〕有撫宜鎭軍人謀逆　按「撫宜鎭」不見他處，疑爲撫冥鎭之訛。

〔二〕觸塗乖謬　三朝本「觸塗」作「解塗」，他本作「漸至」，册府卷三四五四〇八五頁作「觸塗」。按「觸塗

乖謬」猶言隨處不能協調。三朝本「觸」訛「解」，後人以不可通臆改爲「漸至」，今從冊府改。

〔三〕深見信待　諸本「信待」倒作「待信」，今從北史卷五四孫騰傳、冊府卷三四五四〇八五頁乙正。

〔四〕餚藏銀器盜爲家物　南、北、殿、局四本「餚藏」作「府藏」，三朝本、汲本及北史卷五四作「餚藏」。按北齊光祿寺有「餚藏署」，見隋書卷二七百官志中，今從三朝本。

〔五〕入爲尚書右僕射　諸本「尚書」下衍「令」字，今據冊府卷一九六二三五八頁刪。

〔六〕又領營構大將　三朝本、北本、殿本「將」下有「軍」字，南本、局本有「作」字。北史卷五四高隆之傳、冊府卷一九六宋本作「營構大將」。按當時主持大建築的官僚稱「大將」。魏書卷六七崔光附子勵傳、漢魏南北朝墓誌集釋元乂墓誌圖版七八之二記元乂曾充當建築明堂的「明堂大將」。又魏書卷一二孝靜紀興和二年見「營構主將」，卷四五韋閬附姜儉傳見「營構都將」。「大將」或「主將」、「都將」是主持「營構」的大官。「軍」或「作」皆衍文，今據北史及冊府刪。

〔七〕造治水碾磑　諸本無「水」字，北史卷五四無「治」字，冊府卷一九六二三五八頁作「造水治碾磑」。按上文說「鑿渠引漳水周流城郭」，可知造治的必是水碾磑。北史避唐高宗諱刪「治」字。北齊書較早的本子當同冊府，「治水」二字誤倒，後人以不可通刪「水」字，今補正。

〔八〕隆之曾與元昶宴飲　通鑑卷一六五五一一六頁「昶」作「旭」。按元昶見魏書卷二一咸陽王禧傳，死於天平二年五三五，下距天保五年五五四高隆之死時已十九年。元旭見魏書卷一九城陽王長

壽傳，其人齊初尙存。本書卷四文宣紀天保五年八月乙亥稱元旭「以罪賜死」，隔四天己卯，高隆之亦死。通鑑以爲賜死的元旭便是和高隆之宴飲的人，疑是。

〔九〕晉亂出奔涼州　諸本「涼」作「梁」。按下云「魏平姑臧，徙居於雲中」，姑臧是涼州治所，「梁」乃「涼」之訛，今改正。

〔一〇〕假以中軍　漢魏南北朝墓誌集釋司馬遵業卽子如墓誌云：「卽假中堅將軍。」按「中軍」是中軍將軍的簡稱，「中堅將軍」不能省作「中軍」。李百藥北齊書乃承其父德林舊稿，疑德林避隋諱以「中堅」爲「中軍」，百藥因而未改。

北齊書卷十九

列傳第十一

賀拔允　蔡儁　韓賢　尉長命　王懷　劉貴　任延敬
莫多婁貸文　高市貴　厙狄迴洛　厙狄盛　薛孤延
張保洛　侯莫陳相

賀拔允，字可泥，〔一〕神武尖山人也。祖爾頭，父度拔，俱見魏史。允便弓馬，頗有膽略，與弟岳殺賊帥衞可肱，仍奔魏。廣陽王元深上允爲積射將軍，持節防滏口。深敗，歸尒朱榮。允父子兄弟並以武藝知名，榮素聞之。見允，待之甚厚。建義初，除征東將軍、光祿大夫，封壽陽縣侯，邑七百戶。永安中，除征北將軍、蔚州刺史，進爵爲公。魏長廣王立，改封燕郡公，兼侍中。使茹茹，還至晉陽，值高祖將出山東，允素知高祖非常人，早自結託。高祖以其北士之望，尤親禮之。遂與允出信都，參定大策。魏中興初，轉司徒，領尙書令。高

祖入洛，進爵爲王，轉太尉，加侍中。

魏武帝之猜忌高祖也，以允弟岳深相委託，潛使來往。當時咸慮允爲變。及岳死，武帝又委岳弟勝心腹之寄。〔二〕高祖重其舊，久全護之。天平元年乃賜死，時年四十八，高祖親臨哭。贈定州刺史、五州軍事。

允有三子，長子世文，次世樂，次難陀。興和末，高祖並召與諸子同學。武定中，勑居定州，賜其田宅。

蔡儁，字景彥，廣寧石門人也。父普，北方擾亂，奔走五原，守戰有功。拜寧朔將軍，封安上縣男，邑二百戶。尋卒，贈輔國將軍、燕州刺史。

儁豪爽有膽氣，高祖微時，深相親附。與遼西段長、太原龐蒼鷹俱有先知之鑒。長爲魏懷朔鎮將，嘗見高祖，甚異之，謂高祖云：「君有康世之才，終不徒然也，請以子孫爲託。」興和中，啓贈司空公。子寧，相府從事中郎，天保初，兼南中郎將。蒼鷹交遊豪俠，厚待賓旅，居於州城。高祖客其舍，初居處於蝸牛廬中，蒼鷹母數見廬上赤氣屬天。蒼鷹亦知高祖有霸王之量，每私加敬，割其宅半以奉高祖，由此遂蒙親識。高祖之牧晉州，引爲兼治中從事史，行義寧郡事。及義旗建，蒼鷹乃棄家間行歸高祖，高祖以爲兼行臺倉部郎中。卒

於安州刺史。

儁初爲杜洛周所虜，時高祖亦在洛周軍中，高祖謀誅洛周，儁預其計。事泄，走奔葛榮，仍背葛榮歸尒朱榮。榮入洛，爲平遠將軍、帳內別將。從破葛榮，除諫議大夫。又從平元顥，[三]封烏洛縣男。隨高祖舉義，爲都督。高祖平鄴，及破四胡於韓陵，儁並有戰功。太昌中，出爲濟州刺史，爲治嚴暴，又多受納，然亦明解有部分，吏民畏服之。性好賓客，頗稱施與。後胡遷等據兗州作逆，儁與齊州刺史尉景討平之。

魏武帝貳於高祖，以濟州要重，欲令腹心據之。陰詔御史構儁罪狀，欲以汝陽王代儁，由是轉行兗州事。高祖以儁非罪，啓復其任。武帝不許，除賈顯智爲刺史，率衆赴州。儁防守嚴備，顯智憚之，至東郡，不敢前。

天平中，爲都督，隨領軍婁昭攻樊子鵠於兗州，又與行臺元子思討元慶和，俱平之。侯深反，復以儁爲大都督，率衆討之，深敗走。又轉揚州刺史。天平三年秋，卒於州，時年四十二。贈持節、侍中、都督、冀州刺史、尚書令、司空公，謚曰威武。齊受禪，詔祭告其墓。皇建初，配享高祖廟庭。

韓賢，字普賢，廣寧石門人也。壯健有武用。初隨葛榮作逆，榮破，隨例至并州，尒朱榮擢充左右。榮妻子北走，世隆等立魏長廣王曄爲主，除賢鎮遠將軍、屯騎校尉。先是，世隆等攻建州及石城，賢並有戰功。尒朱度律用爲帳內都督，封汾陽縣伯，邑四百戶。

普泰初，除前將軍、廣州刺史。屬高祖起義，度律以賢素爲高祖所知，恐其有變，遣使徵之。賢不願應召，乃密遣羣蠻，多舉烽火，有如寇難將至。使者遂爲啓，得停。賢仍潛遣使人通誠於高祖。高祖入洛，尒朱官爵例皆削除，以賢遠送誠款，令其復舊。太昌初，累遷中軍將軍、光祿大夫，出爲建州刺史。武帝西入，轉行荆州事。

天平初，爲洛州刺史。民韓木蘭等率土民作逆，賢擊破之，親自按檢，欲收甲仗。有一賊窘迫，藏於死屍之間，見賢將至，忽起斫之，斷其脛而卒。賢雖武將，性和直，不甚貪暴，所歷雖無善政，不爲吏民所苦。昔漢明帝時，西域以白馬負佛經送洛，因立白馬寺，其經函傳在此寺，形制淳朴，世以爲古物，歷代藏寶。賢無故斫破之，未幾而死，論者或謂賢因此致禍。贈侍中、持節、定營安平四州軍事、大將軍、尚書令、司空公、定州刺史。子裔嗣。

尉長命，太安狄那人也。父顯，魏鎮遠將軍、代郡太守。長命性和厚，有器識。扶陽之亂，[四]寄居太原。及高祖將建大義，長命參計策，從高祖破四胡於韓陵，拜安南將軍。樊子鵠據兗州反，除東南道大都督，與諸軍討平之。轉鎮范陽城，就拜幽州刺史，督安、平二

州事。州居北垂，土荒民散，長命雖多聚斂，然以恩撫民，少得安集。尋以疾去職。未幾，復徵拜車騎大將軍、都督西燕幽滄瀛四州諸軍事、幽州刺史。卒於州。贈以本官，加司空，謚曰武壯。

子興敬，便弓馬，有武藝，高祖引爲帳內都督。出爲常山公府參軍事，賜爵集中縣伯。晉州民李小興羣聚爲賊，興敬隨司空韓軌討平之，進爵爲侯。高祖攻周文帝於邙山，興敬因戰爲流矢所中，卒。贈涇、岐、豳三州軍事，爵爲公，謚曰閔莊。高祖哀惜之，親臨弔，賜其妻子祿如興敬存焉。子士林嗣。

王懷，字懷周，不知何許人也。少好弓馬，頗有氣尚，值北邊喪亂，早從戎旅。韓樓反於幽州，懷知其無成，陰結所親，以中興初叛樓歸魏，拜征虜將軍、第一領民酋長、武周縣侯。[五]

高祖東出，懷率其部人三千餘家，隨高祖於冀州。義旗建，高祖以爲大都督，從討尒朱兆於廣阿，破之，除安北將軍、蔚州刺史。又隨高祖攻鄴，克之，從破四胡於韓陵，進爵爲侯。仍從入洛，拜車騎將軍，改封盧鄉縣侯。

天平中，除使持節、廣州軍事。梁遣將湛僧珍、楊暕來寇，懷與行臺元晏擊項城，拔之，

擒暕。[六]又從高祖襲克西夏州。還，爲大都督，鎮下館，除儀同三司。元象初，爲大都督，與諸將西討，遇疾卒於建州。贈定幽恒肆四州諸軍事、刺史、司徒公、尚書僕射。懷以武藝勳誠爲高祖所知，志力未申，論者惜其不遂。皇建初，配饗高祖廟庭。

劉貴，秀容陽曲人也。父乾，魏世贈前將軍、肆州刺史。貴剛格有氣斷，歷尒朱榮府騎兵參軍。建義初，以預定策勳，封敷城縣伯，邑五百戶。除左將軍、太中大夫，尋進爲公。榮性猛急，貴尤嚴峻，每見任使，多愜榮心，遂被信遇，位望日重，加撫軍將軍。永安三年，除涼州刺史。建明初，尒朱世隆專擅，以貴爲征南將軍、金紫光祿、兼左僕射、西道行臺，使抗孝莊行臺元顯恭於正平。貴破顯恭，擒之，並大都督裴儁等，復除晉州刺史。普泰初，轉行汾州事。高祖起義，貴棄城歸高祖於鄴。太昌初，以本官除肆州刺史，轉行建州事。天平初，除陝州刺史。四年，除御史中尉、肆州大中正。其年，加行臺僕射，與侯景、高昂等討獨孤如願於洛陽。

貴凡所經歷，莫不肆其威酷。修營城郭，督責切峻，非理殺害，視下如草芥。然以嚴斷濟務，有益機速。性峭直，攻訐無所迴避，故見賞於時。雖非佐命元功，然與高祖布衣之舊，特見親重。興和元年十一月卒。贈冀定并殷瀛五州軍事、太保、太尉公、錄尚書事、冀

州刺史，謚曰忠武。齊受禪，詔祭告其墓。皇建中，配享高祖廟庭。長子元孫，員外郎、肆州中正，早卒。贈肆州刺史。次子洪徽嗣。武平末，假儀同三司，奏門下事。

任延敬，廣寧人也。伯父桃，太和初爲雲中軍將，延敬隨之，因家焉。延敬少和厚，有器度。初從葛榮爲賊，榮署爲王，甚見委任。榮敗，延敬擁所部先降，拜鎮遠將軍、廣寧太守，賜爵西河縣公。

後隨高祖建義，中興初，累遷光祿大夫。太昌初，累轉尚書左僕射，進位開府儀同三司。延敬位望既重，能以寬和接物，人士稱之。及斛斯椿釁發，延敬棄家北走，至河北郡，因率土民據之，以待高祖。

魏武帝入關，荊蠻不順，以延敬爲持節南道大都督，討平之。天平初，復拜侍中。時范陽人盧仲延率河北流人反於陽夏，〔七〕西兗州民田龍聚衆應之，以延敬爲大都督、東道軍司，率都督元整、叱列陀等討之。尋爲行臺僕射，除徐州刺史。時梁遣元慶和及其諸將寇邊，延敬破梁仁州刺史黃道始於北濟陰，又破梁儁於單父，俘斬萬人。又拜侍中。在州大有受納，然爲政不殘，禮敬人士，不爲民所疾苦。

潁州長史賀若徽執刺史田迅據城降西魏，〔八〕復令延敬率豫州刺史堯雄等討之。西魏

遣其將怡鋒率衆來援，延敬等與戰失利，收還北豫，仍與行臺侯景、司徒高昂等相會，共攻潁川，拔之。元象元年秋，卒於鄴，時年四十五。贈使持節、太保、太尉公、錄尚書事、都督冀定瀛幽安五州諸軍事、冀州刺史。子冑嗣。

冑輕俠，頗敏惠。少在高祖左右，天平中，擢爲東郡太守。家本豐財，又多聚斂，動極豪華，賓客往來，將迎至厚。尋以贓污爲有司所劾，高祖捨之。及解郡，高祖以爲都督。興和末，高祖攻玉壁還，以晉州西南重要，留清河公岳爲行臺鎮守，以冑隸之。冑飲酒遊縱，不勤防守，高祖責之。冑懼，遂潛遣使送款於周。爲人糾列，窮治未得其實，高祖特免之，謂冑曰：「我推誠於物，謂卿必無此理。且黑獺降人，首尾相繼，卿之虛實，於後何患不知。」冑內不自安。是時，儀同尒朱文暢及參軍房子遠、鄭仲禮等並險薄無賴，冑厚與交結，乃陰圖殺逆。武定三年正月十五日，因高祖夜戲，謀將竊發。有人告之，令捕窮治，事皆得實。冑及子弟並誅。

莫多婁貸文，太安狄那人也。驍果有膽氣。從高祖舉義。中興初，除伏波將軍、武賁中郎將、虞候大都督。從擊尒朱兆於廣阿，有功，加前將軍，封石城縣子，邑三百戶。又從破四胡於韓陵，進爵爲侯。從平尒朱兆於赤谼嶺。兆窮迫自經，貸文獲其屍。遷左廂大都督。斛斯椿等釁起，魏武帝遣賈顯智據守石濟。高祖令貸文率精銳三萬，與竇泰等於定州相會，同趣石濟，擊走顯智。天平中，除晉州刺史。汾州胡賊爲寇竊，高祖親討焉，以貸文爲先鋒，每有戰功。還，賚奴婢三十人、牛馬各五十匹、布一千疋，仍爲汾、陝、東雍、晉、泰五州大都督。後與太保尉景攻東雍、南汾二州，克之。

元象初，除車騎大將軍、儀同、南道大都督，與行臺侯景攻獨孤如願於金墉城。周文帝軍出函谷，景與高昂議整旅厲卒，〔九〕以待其至。貸文請率所部，擊其前鋒，景等固不許。貸文性勇而專，不肯受命，以輕騎一千軍前斥候，西過瀍澗，〔一〇〕遇周軍，戰沒。贈幷肆恒雲朔五州軍事、幷州刺史、尚書右僕射、司徒公。

子敬顯，彊直勤幹，少以武力見知。恒從斛律光征討，數有戰功。光每命敬顯前驅，安置營壘，夜中巡察，或達旦不睡。臨敵置陳，亦令敬顯部分將士，造次之間，行伍整肅。深爲光所重。位至領軍將軍，恒檢校虞候事。武平中，車駕幸晉陽，每令敬顯督留臺兵馬，糾察盜賊，京師肅然。七年，從後主平陽，敗歸幷州，與唐邕等推立安德王稱尊號。安德敗，文武羣官皆投周軍，〔一一〕唯敬顯走還鄴。授司徒。周武帝平鄴城之明日，執敬顯斬於閶闔門外，責其不留晉陽也。〔一二〕

高市貴，善無人也。少有武用。孝昌初，恒州內部勑勒劉崙等聚衆反，市貴爲都督，率衆討崙，一戰破之。累遷撫軍將軍、諫議大夫。及尒朱榮立魏莊帝，市貴預翼戴之勳。遷衞將軍、光祿大夫、秀容大都督、第一領民酋長，賜爵上洛縣伯。尒朱榮擊葛榮於滏口，以市貴爲前鋒都督。榮平，除使持節、汾州刺史，尋爲晉州刺史。紇豆陵步藩之侵亂幷州也，高祖破之，市貴亦從行有功，除驃騎大將軍、儀同三司，封常山郡公，邑一千五百戶。

高祖起義，市貴預其謀。及樊子鵠據州反，隨大都督婁昭討之。子鵠平，除西兗州刺史，不之州。天平初，復除晉州刺史。高祖尋以洪峒要險，遣市貴鎮之。

高祖沙苑失利，晉州行事封祖業棄城而還，州民柴覽聚衆作逆。高祖命市貴討覽，覽奔柴壁，市貴破斬之。是時，東雍、南汾二州境多羣賊，聚爲盜，〔一三〕因市貴平覽，皆散歸復業。後秀容人五千戶叛應山胡，復以市貴爲行臺，統諸軍討平之。元象中，從高祖破周文帝於邙山。重除晉州刺史、西道軍司，率衆擊懷州逆賊潘集。未至，遇疾道卒。贈幷汾懷建東雍五州軍事、太尉公、幷州刺史。子阿那肱貴寵，封成皐王。勑令其第二子孔雀承襲。

厙狄迴洛，代人也。少有武力，儀貌魁偉。初事尒朱榮爲統軍，預立莊帝，轉爲別將，賜爵毋極伯。從破葛榮，轉都督。榮死，隸尒朱兆。高祖舉兵信都，迴洛擁衆歸義。從破

四胡於韓陵，以軍功補都督，加後將軍、太中大夫，封順陽縣子，邑四百戶。遷右廂都督。從征山胡，先鋒斬級，除朔州刺史。破周文於河陽，轉授夏州刺史。邙山之役，力戰有功，增邑通前七百戶。世宗嗣事，從平潁川。天保初，除建州刺史。肅宗卽位，封順陽郡王。大寧初，轉朔州刺史，食博陵郡幹。轉太子太師，遇疾卒。贈使持節、都督定瀛恒朔雲五州軍事、大將軍、太尉公，定州刺史，賻物一千段。

厙狄盛，懷朔人也。性和柔，少有武用。初爲高祖親信都督，除伏波將軍，每從征討。以功封行唐縣伯，復累加安北將軍，幽州刺史，加中軍將軍，爲豫州鎭城都督。以勳舊進爵爲公。世宗減封二百戶，以增其邑。除征西大將軍、開府儀同三司、朔州刺史。齊受禪，改封華陽縣公。又除北朔州刺史，以華陽封邑在遠，隨例割并州之石艾縣、肆州之平寇縣、原平之馬邑縣各數十戶，合二百戶爲其食邑。〔四〕未幾，例罷，拜特進，卒。贈使持節、都督朔瀛趙幽安五州諸軍事、太尉公、朔州刺史。

薛孤延，代人也。少驍果，有武力。韓樓之反，延隨衆屬焉。後與王懷等密計討樓，爲樓尉帥乙弗醜所覺，力戰破醜，遂相率歸。行臺劉貴表爲都督，加征虜將軍，賜爵永固縣

侯。後隸高祖爲都督，仍從起義。破介朱兆於廣阿，因從平鄴，以功進爵爲公，轉大都督。從破四胡於韓陵，加金紫光祿大夫。從追介朱兆於赤谼嶺，除第一領民酋長。孝靜立，拜潁州刺史，累加車騎將軍。天平四年，從高祖西伐。至蒲津，竇泰於河南失利，高祖班師，延殿後，且戰且行，一日斫折刀十五口。還，轉梁州刺史。從征玉壁，又轉恒州刺史。從破周文帝於邙山，進爵爲縣公，邑一千戶。

高祖嘗閱馬於北牧，道逢暴雨，大雷震地。前有浮圖一所，高祖令延視之。延乃馳馬按矟直前，未至三十步，雷火燒面，延唱殺，繞浮圖走，火遂滅。延還，眉鬢及馬鬃尾俱燋。高祖歎曰：「薛孤延乃能與霹靂鬭。」其勇決如此。

又頻從高祖討破山胡，西攻玉壁。入爲左衞將軍，改封平秦郡公。爲左廂大都督，與諸軍將討潁州。延專監造土山，以酒醉爲敵所襲據。潁州平，諸將還京師，讌於華林園。世宗啓魏帝，坐延於階下以辱之。後兼領軍將軍，出爲滄州刺史，別封溫縣男，邑三百戶。齊受禪，別賜爵都昌縣公。性好酒，率多昏醉。而以勇決善戰，每大軍征討，常爲前鋒，故與彭、劉、韓、潘同列。天保二年，爲太子太保，轉太子太傅。八年，除肆州刺史，加開府儀同三司，食洛陽郡幹，尋改食河間郡幹。

張保洛，代人也，自云本出南陽西鄂。家世好賓客，尚氣俠，頗爲北土所知。保洛少率健，善弓馬。魏孝昌中，北鎭擾亂，保洛亦隨衆南下。葛榮僭逆，以保洛爲領左右。榮敗，仍爲介朱榮統軍，累遷揚烈將軍、奉車都尉。後隸高祖爲都督，從討步蕃。及高祖起義，保洛爲帳內，從破介朱兆於廣阿。尋遷右將軍、中散大夫，仍以帳內從高祖圍鄴城，既拔，除平南將軍、光祿大夫。從破介朱兆等於韓陵，因隨高祖入洛，加安東將軍。後高祖啓減國邑，分授將士。保洛隨例封昌平縣蒲家城鄉男一百戶。

魏出帝不協於高祖，令儀同賈顯智率豫州刺史斛斯壽東趣濟州。高祖遣大都督竇泰濟自滑臺拒顯智，保洛隸泰前驅。事定，轉都督。

從高祖襲夏州，剋之。万俟受洛干之降也，高祖遣保洛與諸將於路接援。元象初，除西夏州刺史，當州大都督，又以前後功，封安武縣伯，邑四百戶。轉行蔚州刺史。從高祖攻周文帝於邙山，圍玉壁，攻龍門。還，留鎭晉州。

世宗卽位，以保洛爲左廂大都督。後出晉州，加征西將軍。王思政之援潁州，攻圍未克。世宗仍令保洛鎭楊志塢，使與陽州爲掎角之勢。〔五〕潁川平，尋除梁州刺史。

顯祖受禪，仍爲刺史，所在聚斂爲務，民吏怨之。濟南初，出爲滄州刺史，封敷城郡王。爲在州聚斂，免官，削奪王爵。及卒，贈以前官，追復本封。子默言嗣。武平末，衞將軍。

以帳內從高祖出山東，有麴珍、段琛、牒舍樂、尉摽、乞伏貴和及弟令和、王康德，並以軍功至大官。

麴珍字舍洛，西平酒泉人也。壯勇善騎射。以帳內從高祖晉州，仍起義，所在征討。武定末，封富平縣伯。天保初，食黎陽郡幹，除晉州刺史。武平初，遷豫州道行臺、尚書令、豫州刺史，卒，贈太尉。

段琛字懷寶，代人也。少有武用。從高祖起義信都。天保中，光州刺史。

牒舍樂，武成開府儀同三司、〔六〕營州刺史，封漢中郡公。戰歿關中。

尉摽，代人也。大寧初，封海昌王。子相貴嗣，武平末，晉州道行臺尚書僕射、晉州刺史。爲行臺左丞侯子欽等密啓周武請師，欽等爲內應。周武自率衆至城下，欽等夜開城門引軍入，鎖相貴送長安。尋卒。弟相願，強幹有膽略。武平末，領軍大將軍。自平陽至并州，及到鄴，每立計將殺高阿那肱，廢後主，立廣寧王，事竟不果。及廣寧被出，相願拔佩刀斫柱而歎曰：「大事去矣，知復何言！」

貴和及令和兄弟，武平末，並開府儀同三司。令和，領軍將軍。并州未敗前，與領軍大將軍韓建業、武衞大將軍封輔相相繼投周軍。令和授柱國，封西河郡公。隋大業初，卒於秦州總管。

建業、輔相，俱不知所從來。建業授上柱國，封郇國公，隋開皇中卒。輔相，上柱國，封郡公。周武平并州，卽以爲朔州總管。康德，代人也。歷數州刺史、并省尙書，封新蔡郡王。

侯莫陳相，代人也。祖伏頽，魏第一領民酋長。父斛古提，朔州刺史、白水郡公。相尋除蔚州刺史，〔一七〕仍爲大行臺，節度西道諸軍事。又遷車騎將軍，顯州刺史。入除太僕卿。頃之，出爲汾州刺史。別封安次縣男，又別封始平縣公。天保初，除太師，轉司空公，〔一八〕進爵爲白水王，邑一千一百戶。累授太傅，進食建州幹，別封義寧郡公。武平二年四月，薨於州，年八十三。贈假黃鉞、使持節、督冀定瀛滄濟趙幽并朔恒十州軍事、右丞相、太宰、太尉公、朔州刺史。有二子。長子貴樂，尙公主，駙馬都尉。次子晉貴，武衞將軍、梁州刺史。隆化時，并州失守，晉貴遣使降周，授上大將軍，封信安縣公。

史臣曰：高祖世居雲代，以英雄見知。後遇尒朱，武功漸振，鄉邑故人，彌相推重。賀拔允以昆季乖離，處猜嫌之地，初以舊望矜護，而竟不獲令終，比於吳、蜀之安瑾、亮，方知

器識之淺深也。劉貴、蔡儁有先見之明，霸業始基，義深匡贊，配饗清廟，豈徒然哉。韓賢等及間義舉，競趣戎行，憑附末光，申其志力，化爲公侯，固其宜矣。

贊曰：帝鄉之親，世有其人。降靈雲朔，載挺良臣。功名之地，望古爲隣。

校勘記

〔一〕字可泥　按周書卷一四賀拔勝傳末云：「兄允，字阿泥」，本書卷一神武紀上補說高歡稱允爲阿鞠泥。則「阿泥」是「阿鞠泥」的簡稱，疑此傳「可」字爲「阿」之訛。

〔二〕武帝又委岳弟勝心腹之寄　北史卷四九賀拔允傳「弟」作「兄」。按魏書卷八〇、周書卷一四賀拔勝傳都說勝是岳兄，此傳作「弟」誤。

〔三〕又從平元顥　諸本「顥」作「顯」。按元顥事見魏書卷十孝莊紀、卷二十一本傳，今據北史卷五三蔡儁傳改。

〔四〕扶陽之亂　按「扶陽」無考，疑是「拔陵」之訛，指破落韓拔陵領導的北鎭起義。

〔五〕武周縣侯　張森楷云：「據下文進爵爲侯，則此不得已是侯也。疑『侯』字誤」。

〔六〕天平中除使持節廣州軍事梁遣將湛僧珍楊暕來寇懷與行臺元晏擊項城拔之擒暕　諸本「元晏」作「元景」，「項城」作「須城」。魏書卷九八蕭衍傳，「天平二年五三五正月，衍將湛僧珍寇南兗州，州軍擊破之。行臺元晏又破湛僧珍等於項城，虜其刺史楊瞟」，和此傳所述顯然是一事，唯「元景」作「元晏」，「須城」作「項城」，「楊暕」作「楊瞟」。按魏書卷一二孝靜紀天平元年五三四閏十二月云，「蕭衍以元慶和爲鎭北將軍、魏王，入據平瀨鄉」，二年正月乙亥又云，「兼尙書右僕射、東南道行臺元晏討元慶和，破走之」，魏書卷一九元慶和傳附汝陰王天賜傳、北史卷一七同稱，「蕭衍以爲北道總督、魏王，至項城，朝廷出師討之，望風退走」。凡上引紀載和蕭衍傳合，也卽和此傳所載是一回事。湛僧珍等當是護送元慶和的梁將。據上引，這次東魏方面的主將是元晏，擊敗梁軍的地點是項城，「景」和「須」字都是訛文，今改正。唯「楊暕」和「楊瞟」不知孰是。

〔七〕時范陽人盧仲延率河北流人反於陽夏　諸本「陽」作「楊」。按魏書卷一二孝靜紀天平三年五三六二月稱「陽夏太守盧公纂據郡南叛，大都督元整破之」，與此傳所載爲一事。當時地名雖多用同音字，但地志陽夏從沒有作「楊」的，今據改。

〔八〕潁州長史賀若徽執刺史田迅據城降西魏　諸本「州」作「川」。張森楷云：「『川』字是『州』之誤，州有長史，郡不得有長史也。」按賀若徽卽賀若敦之父統，其事歷見本書卷二〇堯雄傳，周書卷二八賀若敦傳、魏書卷一二孝靜紀天平四年五三七十月條徽訛徵，都作「潁州長史」。張說是，今據各史紀傳改。

〔九〕景與高昂議整旅厲卒　諸本脫「景」字，今據北史卷五三莫多婁貸文傳、册府卷四四七五三〇八

頁補。

〔一〇〕西過瀍澗遇周軍戰沒　諸本「瀍」作「源」。册府卷四四七五三〇八頁作「瀍」。按周書卷二文帝紀大統四年五三八記此事稱進軍「瀍東」。瀍澗是當時常見地名，魏書卷一一出帝紀太昌元年九月乙巳稱「南過洛汭，遂至瀍澗」。「源」乃「瀍」之訛，今據册府改。

〔一一〕文武羣官皆投周軍　諸本「武」訛作「帝」，不可通，今據册府卷三七二四四三一頁改。

〔一二〕責其不留晉陽也　諸本「晉」作「平」，北史卷五三作「晉」。按上文說他敗歸并州，後又走還鄴。周書卷六武帝紀下建德六年正月記周武帝責他三罪，第一條就是「從并走鄴，攜妾棄母」。并州治晉陽，北史是，今據改。

〔一三〕是時東雍南汾二州境多羣賊聚爲盜　册府卷三五四四二〇四頁無「賊」字。按文義疑「賊」字衍。

〔一四〕隨例割并州之石艾縣肆州之平寇縣原平之馬邑縣各數十戶合二百戶爲其食邑　諸本「原平」作「原州」，三朝本作「原平」。按原州地屬北周，北齊豈能割其領戶以封人，且馬邑與原州也相去絕遠。作「原州」顯誤。原平是縣名，屬肆州雁門郡，見魏書卷一〇六地形志上。馬邑縣不見魏志，隋書卷三〇地理志中有馬邑郡而無馬邑縣。或北齊有此縣，隋志失載。但「原平之馬邑」也不可通，此「之」字當是「縣」字之誤。原文當作「割并州之石艾縣、肆州之平寇縣、原平縣、馬邑縣各數十戶，合二百戶爲其食邑。」

〔一五〕世宗仍令保洛鎭楊志塢使與陽州爲掎角之勢　北、汲、殿、局四本「陽」作「揚」，三朝本、南本作「陽」，百衲本依他本改作「揚」。按魏書卷一〇六地形志中，陽州治宜陽。本書卷一七斛律金傳，說在侯景以潁川降西魏後，他「仍率所部於宜陽築楊志、百家、呼延三戍，置守備而還」。張保洛之鎭楊志塢當即在置戍後不久。據水經注卷一五伊水注，塢在廣成澤西大戲水的南岸，當在今伊川縣，即在宜陽亦即陽州之東不遠。據守此地和陽州「爲掎角之勢」，可以控制西魏通向河南的要道。治壽春的揚州和治項城的北揚州都距楊志塢甚遠。今從三朝本。

〔一六〕武成開府儀同三司　諸本「武成」下有「初」字，三朝本無。北史卷五三張保洛傳末「武成」作「武威人」。錢氏考異卷三一云：「『武成』疑是『武威』之譌。此段附出諸臣各著里居，不應舍樂獨殊其例。當云『武威人』而其下尚有脫文爾。」按本書卷二〇慕容儼傳末亦稱「武威騍舍樂」。這裏「武威」訛「武成」，又脫「人」字，諸本以不可通以意增「初」字。

〔一七〕尋除蔚州刺史　按這裏似以蔚州刺史爲斛古提官，但觀下文却是侯莫陳相自己的官。北史卷五三侯莫陳相傳在「白水郡公」下有「相七歲喪父，號慕過人。及長，性雄傑。後從神武起兵，破四胡於韓陵，力戰有功，封陽平縣伯，改封白水郡公」一段。北史中北齊紀傳即出於北齊書，知此傳在「白水郡公」下脫去一大段敍述侯莫陳相早年事跡的文字。當因兩見「白水郡公」，抄刻時誤把後一「白水郡公」下的文字接在前一「白水郡公」下，便擠掉了這段早年事跡，以致父

子歷官混淆。

〔一八〕天保初除太師轉司空公　張森楷云：「文宣紀卷四天保五年『以太子太師侯莫陳相爲司空』，此蓋誤脫『太子』二字。」按魏齊官品，三師、二大、三公爲序。太師是三師之首，司空乃三公之末，豈有以太師轉司空之理。張說是。

北齊書卷二十

列傳第十二

張瓊　斛律羌舉　堯雄　宋顯　王則　慕容紹宗
薛脩義　叱列平　步大汗薩　慕容儼

張瓊，字連德，代人也。少壯健，有武用。魏世自盪寇將軍，爲朔州征虜府外兵參軍。隨葛榮爲亂，榮敗，尒朱榮以爲都督。討元顥有功，除汲郡太守。建明初，爲東道慰勞大使，封行唐縣子，邑三百戶。轉太尉長史，出爲河內太守，除濟州刺史。尒朱兆敗，歸高祖，還汾州刺史。天平中，高祖襲克夏州，以爲慰勞大使，仍留鎭之。尋爲周文帝所陷，卒。贈使持節燕恒雲朔四州諸軍事、大將軍、司徒公、恒州刺史。有二子。長忻，次遵業。忻，普泰中爲都督，隨尒朱世隆。以功尚魏平陽公主，除駙馬都尉、大將軍、開府儀同三司、建州刺史、南鄭縣伯。瓊常憂其太盛，每語親識曰：「凡人官爵，莫若處中，忻位秩太

高，深爲憂慮。」而忻豪險放縱，遂與公主情好不協，尋爲武帝所害，時稱瓊之先見。遵業，討元顥有功，封固安縣開國子，除寧遠將軍、雲州大中正。天平中，除清河太守，尋加安西將軍、建州刺史。武定中，隨儀同劉豐討侯景，爲景所擒。景敗，殺遵業於渦陽。喪還，世宗親自臨弔，贈幷肆幽安四州軍事、開府儀同三司、幷州刺史。

斛律羌舉，太安人也。世爲部落酋長。父謹，魏龍驤將軍、武川鎭將。羌舉少驍果，有膽力。永安中，從尒朱兆入洛，有戰功，深爲兆所愛遇，恒從征伐。高祖破兆，方始歸誠。高祖以其忠於所事，亦加嗟賞。

天平中，除大都督，令率步騎三千導衆軍西襲夏州，剋之。後從高祖西討，大軍濟河，集諸將議進趣之計。羌舉曰：「黑獺聚兇黨，强弱可知，若欲固守，無糧援可恃。今揣其情，已同困獸，若不與其戰，而逕趣咸陽，咸陽空虛，可不戰而克。拔其根本，彼無所歸，則黑獺之首縣於軍門矣。」諸將議有異同，遂戰於渭曲，大軍敗績。

天平末，潁川人張儉聚衆反叛，西通關右，羌舉隨都督侯景、高昂等討破之。元象中，除清州刺史，封密縣侯。興和初，高祖以爲中軍大都督，尋轉東夏州刺史。時高祖欲招懷遠夷，令羌舉使於阿至羅，宣揚威德，前後稱旨，甚被知賞。卒於州，時年三十六。高祖深

悼惜之。贈并恒二州軍事、恒州刺史。

子孝卿，少聰敏幾悟，有風檢，頻歷顯職。武平末，侍中、開府儀同三司，封義寧王，知內省事，典外兵、騎兵機密。是時，朝綱日亂，政由羣豎。自趙彥深死，朝貴典機密者，唯孝卿一人差居雅道，不至貪穢。後主至齊州，以孝卿爲尚書令。又以中書侍郎薛道衡爲侍中，封北海王。二人勸後主作承光主詔，禪位任城王，令孝卿齎詔策及傳國璽往瀛州。孝卿便詣鄴城，歸於周武帝，仍從入長安，授納言上士。隋開皇中，位太府卿，卒於民部尚書。

代人劉世清，祖拔，魏燕州刺史；父巍，金紫光祿大夫。世清，武平末，侍中、開府儀同三司，任遇與孝卿相亞。情性甚整，周愼謹密，在孝卿之右。能通四夷語，爲當時第一。後主命世清作突厥語翻涅盤經，以遺突厥可汗，勑中書侍郎李德林爲其序。世清，隋開皇中，卒於開府、親衞驃騎將軍。

堯雄，字休武，上黨長子人也。祖暄，魏司農卿。父榮，員外侍郎。雄少驍果，善騎射，輕財重氣，爲時輩所重。永安中，拜宣威將軍、給事中、持節慰勞恒燕朔三州大使。仍爲都督，從叱列延討劉靈助，平之，拜鎭東將軍、燕州刺史，封城平縣伯，〔一〕邑五百戶。義旗初建，雄隨尒朱兆敗於廣阿，遂率所部據定州以歸高祖。時雄從兄傑，尒朱兆用

爲滄州刺史，至瀛州，知兆敗，亦遣使歸降。高祖以其兄弟俱有誠欵，便留傑行瀛州事。尋以雄爲車騎大將軍、瀛州刺史以代傑，進爵爲公，增邑五百戶。于時禁網疏闊，官司相與聚斂，唯雄義然後取，復能接下以寬恩，甚爲吏民所懷附。

魏武帝入關，雄爲大都督，隨高昂破賀拔勝於穰城。周旋征討三荆，仍除二豫、揚、郢四州都督，豫州刺史。元洪威據潁州叛，民趙繼宗殺潁川太守邵招，據樂口，自稱豫州刺史，北應洪威。雄率衆討之，繼宗敗走。民因雄之出，遂推城人王長爲刺史，據州引西魏。雄復與行臺侯景討平之。梁將李洪芝、王當伯襲破平鄉城，侵擾州境。雄設伏要擊，生擒洪芝、當伯等，俘獲甚衆。梁司州刺史陳慶之復率衆逼州城，雄出與戰，所向披靡，身被二創，壯氣益厲，慶之敗，棄輜重走。後慶之復圍南荆州，雄曰：「白苟堆，梁之北面重鎭，因其空虛，攻之必剋，彼若聞難，荆圍自解，此所謂機不可失也。」遂率衆攻之，慶之果棄荆州來。未至，雄陷其城，擒梁鎭將苟元廣，兵二千人。梁以元慶和爲魏王，侵擾南境。雄率衆討之，大破慶和於南頓。尋與行臺侯景破梁楚城。豫州民上書，〔二〕更乞雄爲刺史，復行豫州事。

潁州長史賀若徽執刺史田迅據州降西魏，詔雄與廣州刺史趙育、揚州刺史是云寶等谷總當州士馬，〔三〕隨行臺任延敬並勢攻之。西魏遣其將怡鋒率衆援之，延敬等與戰失利。育，寶各還本州，據城降敵。雄收集散卒，保大梁。〔四〕周文帝因延敬之敗，遣其右丞韋孝寬等攻豫州。雄都督郭丞伯、程多寶等舉豫州降敵，執刺史馮邕並家屬及部下妻子數千口，欲送之長安。至樂口，雄外兵參軍王恒伽、都督赫連僑等數十騎從大梁邀之，斬多寶，拔雄等家口還大梁。西魏以丞伯爲潁川太守，雄仍與行臺侯景討之。雄別攻破樂口，擒丞伯。進討懸瓠，逐西魏刺史趙繼宗、韋孝寬等。復以雄行豫州事。西魏以是云寶爲揚州刺史，據項城；義州刺史韓顯據南頓。雄復率衆攻之，一日拔其二城，擒顯及長史丘岳，寶遁走，獲其妻妾將吏二千人，皆傳送京師。加驃騎大將軍。仍隨侯景平魯陽，除豫州刺史。

雄雖武將，而性質寬厚，治民頗有誠信，爲政去煩碎，舉大綱而已。撫養兵民，得其力用，在邊十年，屢有功績，豫人於今懷之。又愛人物，多所施與，賓客往來，禮遺甚厚，亦以此見稱。興和三年，徵還京師，尋領司、冀、瀛、定、齊、青、膠、兗、殷、滄十州士卒十萬人，巡行西南，分守險要。四年，卒於鄴，時年四十四。贈使持節、都督青徐膠三州軍事、大將軍、司徒公、徐州刺史，諡武恭。子師嗣。

雄弟奮，字彥舉。解褐宣威將軍、給事中，轉中堅將軍、金紫光祿大夫，賜爵安夷縣子。從高祖平鄴，破尒朱兆等，進爵爲伯。出爲南汾州刺史，胡夷畏憚之。西魏行臺薛崇禮舉衆攻奮，與戰，大破之，崇禮兄弟乞降，送於相府。轉奮驃騎將軍、左光祿大夫、潁州刺史，

卒。贈兗豫梁三州諸軍事、司空、兗州刺史。

雄從父兄傑，字壽。性輕率，嗜酒，頗有武用。歷給事中、羽林監。從高祖破紇豆陵步藩有功，除鎭東將軍，封樂城縣伯，邑百戶。出爲滄州刺史。屬義兵起，歸高祖。從平鄴及破尒朱兆，進爵爲侯。後爲都督，率衆隨樊子鵠討元樹於譙城，平之。仍除南兗州，多所取受，然性果決，吏民畏之。尋加行兗州事。元象初，拜車騎大將軍、儀同三司，進爵爲公。出爲磨城鎭大都督，轉安州刺史，卒於州。贈使持節、滄瀛二州諸軍事、尚書右僕射，滄州刺史，諡曰闕

宋顯，字仲華，燉煌効穀人也。性果敢，有幹用。初事尒朱榮爲軍主，擢爲長流參軍。永安中，除前軍、襄垣太守，轉榮府記室參軍。從平元顥，加平東將軍。榮死，世隆等向洛，復以顯爲襄垣太守。普泰初，遷使持節、征北將軍、晉州刺史。後歸高祖，以爲行臺右丞。樊子鵠據兗州反，前西兗州刺史乙瑗、譙郡太守辛景威屯據五梁，以應子鵠。高祖以顯行西兗州事，率衆討破之，斬瑗，景威遁走。拜西兗州刺史。時梁州刺史鹿永吉據州外叛，西魏遣博陵王元約、趙郡王元景神率衆迎接。顯勒當州士馬邀破之，斬約等，仍與左衞將軍斛律平共會大梁。拜儀同三司。在州多所受納，然勇決有氣幹，檢御左右，咸能得其心力。

中華書局

及河陰之戰，深入赴敵，遂沒于行陣。贈司空公。

顯從祖弟繪，少勤學，多所博覽，好撰述。魏時，張緬晉書未入國，繪依准裴松之注國志體，注王隱及中興書。〔五〕又撰中朝多士傳十卷，姓系譜錄五十篇。以諸家年歷不同，多有紕繆，乃刊正異同，撰年譜錄，未成。河清五年並遭水漂失。〔六〕繪雖博聞强記，而天性恍惚，晚又遇風疾，言論遲緩。及失所撰之書，乃撫膺慟哭曰：「可謂天喪予也！」天統中卒。

王則，字元軌，自云太原人也。少驍果，有武藝。初隨叔父魏廣平內史老生征討，〔七〕每有戰功。老生爲朝廷所知，則頗有力。初以軍功除給事中，賜爵白水子。後從元天穆討邢杲，輕騎深入，爲杲所擒。元顥入洛，則與老生俱降顥，顥疑老生，遂殺之。則奔廣州刺史鄭先護，與同拒顥。顥敗，遷征虜將軍，出爲東徐州防城都督。

尒朱榮之死也，東徐州刺史斛斯椿其枝黨，內懷憂怖。時梁立魏汝南王悅爲魏主，資其士馬，送境上，椿遂翻城降悅。則與蘭陵太守李義擊其偏師，破之。魏因以則行北徐州事。後隸尒朱仲遠，仲遠敗，始歸高祖。仍加征南將軍、金紫光祿大夫。初隨荊州刺史賀拔勝，後從行臺侯景，周旋征討，屢有功績。

天平初，行荊州事，都督三荊、二襄、南雍六州軍事，荊州刺史。則有威武，邊人畏服之。淯曲之役，則爲西師圍逼，遂棄城奔梁，梁尋放還，高祖恕而不責。元象初，除洛州刺史。則性貪惏，在州取受非法，舊京取像，毀以鑄錢，于時世號河陽錢，皆出其家。武定中，復隨侯景西討。景於潁川作逆，時則鎮柏崖戍，世宗以則有武用，徵爲徐州刺史。景既南附，梁遣貞陽侯蕭明率大衆向徐州，以爲影響，堰清水灌州城。〔八〕則固守歷時，而取受猥雜，鎻送晉陽，世宗恕其罪。武定七年春，卒，時年四十八。贈青齊二州軍事、司空、青州刺史，謚曰烈懿。

則弟敬寶，少歷顯位。後爲東廣州刺史，與蕭軌等攻建業，不克，沒焉。

慕容紹宗，慕容晃第四子太原王恪後也。曾祖騰，歸魏，遂居於代。祖都，岐州刺史。父遠，恒州刺史。紹宗容貌恢毅，少言語，深沉有膽略。尒朱榮卽其從舅子也。值北邊撓亂，紹宗攜家屬詣晉陽以歸榮，榮深待之。及榮稱兵入洛，私告紹宗曰：「洛中人士繁盛，驕侈成俗，若不加除翦，恐難制馭。吾欲因百官出迎，仍悉誅之，謂可爾不？」紹宗對曰：「太后臨朝，淫虐無道，天下憤惋，共所棄之。公既身控神兵，心執忠義，忽欲殲夷多士，謂非長策，深願三思。」榮不從。後以軍功封索盧縣子，尋進爵爲侯。從高祖破羊侃，又與元天穆平邢杲，累遷并州刺史。

紇豆陵步蕃逼晉陽，尒朱兆擊之，累爲步蕃所破，欲以晉州徵高祖，共圖步蕃。〔九〕紹宗諫曰：「今天下擾擾，人懷覬覦，正是智士用策之秋。高晉州才雄氣猛，英略蓋世，譬諸蛟龍，安可借以雲雨。」兆怒曰：「我與晉州推誠相待，何忽輒相猜阻，橫生此言！」便禁止紹宗，數日方釋。遂割鮮卑隸高祖。高祖共討步蕃，滅之。及高祖舉義信都，兆以紹宗爲長史，又命爲行臺，率軍壺關，以抗高祖。及廣阿、韓陵之敗，兆乃撫膺自咎，謂紹宗曰：「比用卿言，今豈至此。」

兆之敗於韓陵也，士卒多奔，兆懼，將欲潛遁。紹宗建旗鳴角，招集義徒，軍容既振，與兆徐而上馬。後高祖從鄴討兆於晉陽，兆窘急，走赤谼嶺，自縊而死。紹宗行到烏突城，〔一〇〕見高祖追至，遂攜榮妻子及兆餘衆自歸。高祖仍加恩禮，所有官爵並如故，軍謀兵略，時參預焉。

天平初，遷都鄴，庶事未周，乃令紹宗與高隆之共知府庫圖籍諸事。二年，宜陽民李延孫聚衆反，乃以紹宗爲西南道軍司，率都督厙狄安盛等討破之。軍還，行揚州刺史，尋行青州刺史。丞相府記室孫搴屬紹宗以兄爲州主簿，〔一一〕紹宗不用。搴譖之於高祖，云：「慕容紹宗嘗登廣固城長歎，謂其所親云『大丈夫有復先業理不』。」由是徵還。元象初，西魏將獨孤如願據洛州，梁、潁之間，寇盜鋒起。高祖命紹宗率兵赴武牢，與行臺劉貴等平之。進爵爲公，除度支尚書。後爲晉州刺史、西道大行臺，還朝，遷御史中尉。屬梁人劉烏黑入寇徐方，〔一二〕令紹宗率兵討擊之，大破，因除徐州刺史。烏黑收其散衆，復爲侵竊，紹宗密誘其徒黨，數月間，遂執烏黑殺之。

侯景反叛，命紹宗爲東南道行臺，加開府，轉封燕郡公，與韓軌等詣瑕丘，以圖進趣。梁武帝遣其兄子貞陽侯淵明等率衆十萬，〔一三〕頓軍寒山，與侯景掎角，擁泗水灌彭城。仍詔紹宗爲行臺，節度三徐、二兗州軍事，與大都督高岳等出討，大破之，擒淵明及其將帥等，俘虜甚衆。乃迴軍討侯景於渦陽。于時景軍甚衆，前後諸將往者莫不爲其所輕。及聞紹宗與岳將至，深有懼色，謂其屬曰：「岳所部兵精，紹宗舊將，宜共慎之。」於是與景接戰，諸將持疑，無肯先者，紹宗麾兵徑進，諸將從之，因而大捷，景遂奔遁。軍還，別封永樂縣子。初高祖末命世宗云：「侯景若反，以慕容紹宗當之。」至是，竟立功効。

西魏遣其大將王思政入據潁州，又以紹宗爲南道行臺，與太尉高岳、儀同劉豐等率軍圍擊，堰洧水以灌之。時紹宗頻有凶夢，意每惡之。乃私謂左右曰：「吾自年二十已還，恒有蒜髮，昨來蒜髮忽然自盡。以理推之，蒜者算也，吾算將盡乎？」未幾，與豐臨堰，見北有塵氣，乃入艦同坐。暴風從東北來，遠近晦冥，舟纜斷，飄艦徑向敵城。紹宗自度不免，遂投水而死，時年四十九。三軍將士莫不悲惋，朝廷嗟傷。贈使持節二青、二兗、齊、濟、光七

州軍事，尚書令，太尉，青州刺史，謚曰景惠。除其長子士肅爲散騎常侍。尋以謀反，伏誅。朝廷以紹宗功，罪止士肅身。皇建初，配饗世宗廟庭。士肅弟建中，襲紹宗爵。武平末，儀同三司。隋開皇中，大將軍、疊州總管。

薛脩義，〔一四〕字公讓，河東汾陰人也。曾祖紹，魏七兵尚書、太子太保。祖壽仁，河東河北二郡守、秦州刺史、汾陰公。父寶集，定陽太守。

脩義少而姦俠，輕財重氣，招召豪猾，時有急難相奔投者，多能容匿之。魏咸陽王爲司州牧，用爲法曹從事。魏北海王顥鎭徐州，引爲墨曹參軍。正光末，天下兵起，顥爲征西將軍，都督華、豳、東秦諸軍事，兼左僕射、西道行臺，以脩義爲統軍。時有詔，能募得三千人者用爲別將。於是脩義還河東，仍歷平陽、弘農諸郡，合得七千餘人，即假安北將軍、西道別將。俄而東西二夏、南北兩華及豳州等反叛，顥進討之。脩義率所部，頗有功。絳蜀賊陳雙熾等聚汾曲，詔脩義爲大都督，與行臺長孫稚共討之。脩義以雙熾是其鄉人，遂輕詣壘下，曉以利害，熾等遂降。拜脩義龍門鎭將。

後脩義宗人鳳賢等作亂，圍鎭城。脩義亦以天下紛擾，規自縱擅，遂與鳳賢聚衆爲逆，自號黃鉞大將軍。詔都督宗正珍孫討之。軍未至，脩義慚悔，乃遣其帳下孫懷彥奉表自

陳，乞一大將招慰。魏孝明遣西北道大行臺胡元吉奉詔曉喩，脩義降。鳳賢等猶據險屯結，長孫稚軍於弘農，珍孫軍靈橋，未能進。脩義與其從叔善樂、從弟嘉族等各率義勇爲攻取之勢，與鳳賢書示其禍福。鳳賢降，拜鳳賢龍驤將軍、假節、稷山鎭將，夏陽縣子、邑三百戶。封脩義汾陰縣侯，邑八百戶。

尒朱榮以脩義豪猾反覆，錄送晉陽，與高昂等並見拘防。榮赴洛，以脩義等自隨，置於駝牛署。榮死，魏孝莊以脩義爲弘農、河北、河東、正平四郡大都督。時高祖爲晉州刺史，見脩義，待之甚厚。及尒朱兆立魏長廣王爲主，除脩義右將軍、陝州刺史，假安南將軍。魏前廢帝初，以脩義爲持節、後將軍、南汾州刺史。

高祖起義信都，破四胡於韓陵，遣徵脩義，從至晉陽，以脩義行并州事。又從高祖平尒朱兆。武帝之入關也，高祖奉迎臨潼關，以脩義爲關右行臺，自龍門濟河。西魏北華州刺史薛崇禮屯楊氏壁，〔一五〕脩義以書招之，崇禮率萬餘人降。樊子鵠之據兗州，脩義從大司馬婁昭破平之。天平中，除衞將軍、南中郎將，帶汲郡太守，頓丘、淮陽、東郡、黎陽五郡都督。〔一六〕還東徐州。

元象初，拜儀同。沙苑之役，從諸軍退。還，行晉州事封祖業棄城走，脩義追至洪洞，說祖業還守，而祖業不從。脩義還據晉州，安集固守。西魏儀同長孫子彥圍逼城下，脩義

開門伏甲以待之，子彥不測虛實，於是遁去。高祖甚嘉之，就拜晉州刺史、南汾、東雍、陝四州行臺，賞帛千疋。脩義在州，擒西魏所署正平太守段榮顯。招降胡酋胡垂黎等部落數千口，表置五城郡以安處之。高仲密之叛，以脩義爲西南道行臺，爲犄角聲勢，不行。尋除齊州刺史，以黷貨除名。追其前守晉州功，復其官爵，仍拜衞尉卿。時山胡侵亂晉州，遣脩義追討，破之。進爵正平郡公，加開府。世宗以高祖遺旨，減封二百戶，別封脩義爲平鄉男。天保初，除護軍，別封藍田縣公，又拜太子太保。五年七月卒，時年七十七。贈晉太華三州諸軍事、司空、晉州刺史，贈物三百段。子文殊嗣。

脩義從弟嘉族，性亦豪爽。釋褐員外散騎侍郎，稍遷正平太守。屬高祖在信都，嘉族聞而赴義。從平四胡於韓陵，除華州刺史。及賀拔岳拒命，令嘉族置騎河上，以禦大軍。嘉族遂棄其乘馬，浮河而度，歸於高祖。由是拜揚州刺史，卒於官。子震，字文雄。天平初，受旨鎭守龍門，陷於西魏。元象中，方得逃還。高祖嘉其至誠，除廣州刺史。後從慕容紹宗討侯景，以功別封膚施縣男。天保四年，從討山胡，破茹茹，並有功績，累遷譙州刺史。

脩義從子元穎，父光熾，東雍州刺史、太常卿。元穎廉謹有信義，起家永安王參軍。行秀容縣事，有清名。累轉定州別駕，舉清平勤幹，除漁陽太守。

叱列平，字殺鬼，代郡西部人也，世爲酋帥。平有容貌，美鬚髯，善騎射。襲第一領民酋長，臨江伯。孝昌末，拔陵反叛，茹茹餘衆入寇馬邑，〔一七〕平以統軍屬，有戰功，補別將。後牧子作亂，劉胡崙、斛律可那律俱時構逆，以平爲都督，討定胡崙等。魏孝莊初，除武衞將軍。隨尒朱榮破葛榮，平元顥，遷中軍都督、右衞將軍，封廮陶縣伯，邑七百戶。榮死，平與榮妻及尒朱世隆等北走。長廣王曄立，授右衞將軍，加京畿大都督。

時尒朱氏凌僭，平常慮危禍，會高祖起義，平遂歸誠。從平鄴，破四胡於韓陵。仲遠旣走，以平爲東郡大行臺。軍還，從高祖平尒朱兆。復從領軍婁昭討樊子鵠平之。授使持節、華州刺史。高仲密之叛，平從高祖破周文帝於邙山。武定初，除鄜州刺史。五年，加儀同三司，鎭河陽。八年，進爵爲侯。天保初，授兗州刺史，尋加開府，別封臨洮縣子。三年，與諸將南討江淮，克陽平郡。陳人攻圍廣陵，〔一八〕詔平統河南諸軍赴援，陳人退，乃還。五年夏，卒於州，時年五十一。贈瀛滄幽三州軍事、瀛州刺史、中書監，謚曰莊惠。子孝中嗣。弟長叉。〔一九〕武平末，侍中、開府儀同三司，封新寧王。隋開皇中，上柱國，卒於涇州長史。雖無他伎，前在官以清幹著稱。

步大汗薩，太安狄那人也。曾祖榮，仕魏歷金門、化正二郡太守。父居，龍驤將軍、領

民別將。正光末,六鎮反亂,薩乃將家避難南下,奔尒朱榮於秀容。後從榮入洛,以軍功除揚武軍帳內統軍,〔三〇〕賜爵江夏子。從平葛榮,累前後功,加鎮南將軍。榮死後,從尒朱兆入洛,補帳內大都督,從兆拒戰於韓陵。兆敗,薩以所部降。高祖以爲第三領民酋長,累遷秦州鎮城都督、北雍州刺史。天平中,轉東壽陽三泉都督。元象中,行燕州,累遷臨川領民大都督,賜爵長廣伯。時茹茹寇鈔,屢爲邊害,高祖撫納之,遣薩將命。還,拜儀同三司。出爲五城大都督,鎮河陽。又加車騎大將軍、開府,進封行唐縣公,減勃海三百戶以增其封。仍授晉州刺史,別封安陵縣男,邑二百戶,加驃騎大將軍。齊受禪,改封義陽郡公。

慕容儼,字恃德,清都成安人,慕容廆之後也。父叱頭,魏南頓太守,身長一丈,腰帶九尺。武平初,追贈開府儀同三司、尚書左僕射、持節、都督滄恒二州軍事、恒州刺史。

儼容貌出羣,衣冠甚偉,不好讀書,頗學兵法,工騎射。正光中,魏河間王元琛率衆救壽春,辟儼左廂軍主,以戰功賞帛五十疋。軍次西硤石,因解渦陽之圍,平倉陵城、荊山戍。梁遣將鄭僧等要戰,儼擊之,斬其將蕭喬,梁人奔遁。又襲破王神念等軍,擒二百餘人,神念僅以身免。三年,梁遣將攻東豫州,大都督元寶掌討之。儼爲別將。鄭海珍與戰,〔三一〕斬其軍主朱僧珍、軍副秦太。又擊賊王苟於陽夏,平之。

孝昌中,尒朱榮入洛,授儼京畿南面都督。永安中,西荊州爲梁將曹義宗所圍,儼應募赴之。時北育太守宋帶劍謀叛,儼乃輕騎出其不意,直至城下,語云:「大軍已到,太守何不迎?」帶劍造次惶恐不知所爲,便出迎,儼即執之,一郡遂定。又破梁將馬元達、蔡天起、柳白嘉等,累有功。除強弩將軍。與梁將王玄眞、董當門等戰,並破之,解穰城圍,克復南陽、新鄉。轉積射將軍,持節、豫州防城大都督。

尒朱敗,與豫州刺史李恩歸高祖。以勳累遷安東將軍、高梁太守,〔三二〕轉五城太守、東雍州刺史。沙苑之敗,西魏荊州刺史郭鸞率衆攻儼,拒守二百餘日,晝夜力戰,大破鸞軍,追斬三百餘級,又擒西魏刺史郭他。時諸州多有翻陷,唯儼獲全。進號鎮南將軍。武定三年,率師解襄州圍。頻使茹茹。又從攻玉壁,賜帛七百疋並衣帽等。五年,鎮河橋五城。侯景叛,儼擊陳郡賊,獲景麾下庫狄曷賴及僞署太守鄭道合、兗州刺史王彥夏、行臺狄暢等,擒斬百餘級。旋軍項城,又擒景僞署刺史辛光及蔡遵,並其部下二千人。六年,除譙州刺史,屢有戰功,多所降附。七年,又除膠州刺史。

天保初,除開府儀同三司。六年,梁司徒陸法和、儀同宋莅等率其部下以郢州城內附。〔三三〕時清河王岳帥師江上,乃集諸軍議曰:「城在江外,人情尚梗,必須才略兼濟,忠勇過人,可受此寄耳。」衆咸共推儼。岳以爲然,遂遣鎮郢城。始入,便爲梁大都督侯瑱、任約率水陸軍奄至城下。儼隨方禦備,瑱等不能克。又於上流鸚鵡洲上造荻洪竟數里,以塞船路。人信阻絕,城守孤懸,衆情危懼,儼導以忠義,又悅以安之。城中先有神祠一所,俗號城隍神,公私每有祈禱。於是順士卒之心,乃相率祈請,冀獲冥祐。須臾,衝風欻起,驚濤涌激,漂斷荻洪。約復以鐵鎖連治,防禦彌切。儼還共祈請,風浪夜驚,復以斷絕,如此者再三。城人大喜,以爲神助。瑱移軍於城北,造柵置營,焚燒坊郭,產業皆盡。約將戰士萬餘人,各持攻具,於城南置營壘,南北合勢。儼乃率步騎出城奮擊,大破之,擒五百餘人。先是郢城卑下,兼土疏頹壞,儼更修繕城雉,多作大樓。又造船艦,水陸備具,工無暫闕。蕭循又率衆五萬,與瑱、約合軍,夜來攻擊。儼與將士力戰終夕,至明,約等乃退。追斬瑱驍將張白石首,瑱以千金贖之,不與。夏五月,瑱、約等又相與並力,悉衆攻圍。城中食少,糧運阻絕,無以爲計,唯煮槐楮、桑葉並紵根、水萍、葛、艾等草及靴、皮帶、觔角等物而食之。人有死者,卽取其肉,火別分噉,唯留骸骨。儼猶申令將士,信賞必罰,分甘同苦,死生以之。自正月至於六月,人無異志。

後蕭方智立,遣使請和。顯祖以城在江表,據守非便,有詔還之。儼望帝,悲不自勝。帝呼令至前,執其手,持儼鬚鬢,脫帽看髮,歎息久之。謂儼曰:「觀卿容貌,朕不復相識,自古忠烈,豈能過此!」儼對曰:「臣恃陛下威靈,得申愚節,不屈豎子,重奉聖顏。今雖夕死,沒而無恨。」帝嗟稱不已。除趙州刺史,進伯爲公,賜帛一千疋、錢十萬。

九年,又討賊有功,賜帛一百疋、錢十萬。十年,詔除揚州行臺,與王貴顯、侯子監將兵衞送蕭莊。築郭默、若邪二城。與陳新蔡太守魯悉達戰大蛇洞,破走之。又監蕭莊、王琳軍,與陳將侯瑱、侯安都戰於蕪湖,敗歸。皇建初,別封成陽郡公。天統二年,除特進。四年十月,又別封猗氏縣公,並賜金銀酒鍾各一枚、胡馬一匹。五年四月,進爵爲義安王。武平元年,出爲光州刺史。儼少任俠,交通輕薄,遨遊京洛間。及從征討,每立功効,經略雖非所長,而有將帥之節。所歷諸州,雖不能清白守道,亦不貪殘。卒,贈司徒、尚書令。子子顒,給事黃門侍郎。

尒朱將帥,義旗建後歸順立功者,武威牒舍樂、代郡范舍樂亦致通顯。

牒舍樂,少從尒朱榮爲軍主、統軍,後西河領民都督。尒朱兆敗,率衆歸高祖,拜鎮西將軍、金紫光祿大夫。以都督隸侯景,破賀拔勝於穰城。又與諸將討平靑、兗、荊三州,拜鎮西將軍、營州刺史。天保初,封漢中郡公。後因戰,沒於關中。

范舍樂,有武藝,筋力絕人。魏末,從崔暹、李崇等征討有功,授統軍。後入尒朱榮軍中,頻有戰功,授都督。後隨尒朱兆破步藩於梁郡。高祖義旗舉,棄兆歸信都。從高祖破兆於廣阿、韓陵,並有功,賜爵平舒男。每從征役,多有克捷。除相府左廂大都督。尋出爲

東雍州刺史。世宗嗣事，封平舒縣侯，拜儀同。天保中，進位開府。

又有代人厙狄伏連，字仲山，少以武幹事尒朱榮，至直閤將軍。後從高祖建義，賜爵蛇丘男。世宗輔政，遷武衞將軍。天保初，儀同三司。四年，除鄭州刺史，尋加開府。伏連質朴，勤於公事，直衞官闕，曉夕不離帝所，以此見知。鄙吝愚狠，無治民政術。及居州任，專事聚斂。性又嚴酷，不識士流。開府參軍多是衣冠士族，伏連加以捶撻，逼遣築牆。武平中，封宜都郡王，除領軍大將軍。尋與瑯琊王儼殺和士開，伏誅。伏連家口有百數，盛夏之日，料以倉米二升，不給鹽菜，常有饑色。冬至之日，親表稱賀，其妻爲設豆餅。伏連問此豆因何而得，妻對向於食馬豆中分減充用。伏連大怒，典馬、掌食之人並加杖罰。積年賜物，藏在別庫，遣侍婢一人專掌管籥。每入庫檢閱，必語妻子云：「此是官物，不得輒用。」至是籍錄，並歸天府。

史臣曰：高祖霸業始基，招集英勇。張瓊等雖識非先覺，而運屬時來，驅馳戎旅，日不暇給，義宜禦侮，契協宏圖，臨敵制勝，有足稱也。慕容紹宗兵機武略，在世見推。昔事尒朱，固執忠義，不用范增之言，終見烏江之禍。侯景狠戾，固非後主之臣，末命緒言，實表知人之鑒。寒山、渦水，往若摧枯，算盡數奇，逢斯厄運。悲夫！

贊曰：霸圖立肇，王業是因。偉哉諸將，實曰功臣。永懷耿、賈，無累清塵。

校勘記

〔一〕封城平縣伯　諸本「城平」倒作「平城」。唯三朝本作「城平」。按魏書卷四二堯暄傳附見堯雄，稱雄爵是城平縣開國公，由伯進公，邑名仍舊。今從三朝本。

〔二〕尋與行臺侯景破梁楚城豫州民上書　諸本無「城」字，「豫」字作「二」，成爲「破梁楚二州」。册府卷三五四四二〇四頁亦無「城」字，但「豫」字不作「二」。按北史卷二七堯雄傳作「破梁楚城，豫州民上書」云云。梁指梁朝，楚城是西楚州治所魏書卷一〇六地形志中。天平三年五三六侯景攻取梁的楚州曆見魏書卷一二、北史卷五孝靜紀，梁書卷三二陳慶之傳，而魏書卷九八蕭衍傳卽作「楚城」。這裏先脫「城」字，後人又妄改「豫」爲「二」。今從北史、册府補改。

〔三〕詔雄與廣州刺史趙育揚州刺史是云寶等各總當州士馬　諸本「云」作「育」，北史卷二七但作「是寶」，周書卷二文帝紀下大統三年、通鑑卷一五七四八八九頁作「是云寶」。按魏書卷一一三官氏志：「是云氏後改是氏」。北史從改姓去「云」字。諸本「育」字乃涉上趙育而誤，今改正。

〔四〕雄收集散卒保大梁　諸本「梁」下有「州」字，北史卷二七無。按下文兩見「大梁」，魏書卷一〇六地形志中，梁州「治大梁城」。「州」字衍，今據北史刪。

〔五〕注王隱及中興書　這裏疑有脫文，當云：「注王隱晉書及何法盛晉中興書」，如求簡省，也可作「注王隱及何法盛書」。今上舉王隱而無書名，下舉書名，又不出何法盛姓名，又「中興書」上無「晉」字，都不妥。

〔六〕河清五年並遭水漂失　張森楷云：「河清四年四月卽改天統，無五年，此『五』字誤。」

〔七〕初隨叔父魏廣平內史老生征討　諸本「廣平」下有「王」字，北史卷五三王則傳無「王」字。按郡爲王國，則太守稱內史，無於國名下又加「王」字之例。「王」字衍，今據北史刪。

〔八〕堰清水灌州城　諸本「清水」作「泗水」，三朝本及册府宋本卷四〇〇作「清水」。按魏書卷一二孝靜紀、卷九八蕭衍傳，本書卷一三清河王岳傳、卷二〇慕容儼傳記此事都作「泗水」，但南史卷五一蕭明傳載梁武帝與明勑却說「引清水以灌彭城」。以後陳太建九年五七七陳將吳明徹又曾堰清水灌彭城，見陳書卷九吳明徹傳、周書卷四〇王軌傳。通鑑卷一七三五三八四頁太建十年，胡注云：「酈道元曰，『清水卽泗水之別名』。」今戴震校水經注改作「清水卽泗水之別名也」，誤。所以諸史「清」「泗」互見。這裏本當作「清」，後人改作「泗」。今從三朝本。

〔九〕欲以晉州徵高祖共圖步藩　按高歡這時正在晉州刺史任上，故下文慕容紹宗稱之爲高晉州，哪有又以晉州徵之的事。據魏書卷一一前廢帝紀普泰元年五三一四月載以高歡爲冀州刺史。高歡自晉州東出，在信都起兵，卽因自晉州赴任冀州之故。這裏「晉州」當是「冀州」之誤。

否則「以」字爲「从」之訛。

〔一〇〕紹宗行到烏突城　諸本「烏」訛「馬」，今據北史卷五三慕容紹宗傳改。詳見卷一校記。

〔一一〕尋行青州刺史丞相府記室孫搴屬紹宗以兄爲州主簿　諸本「青」作「豫」，北史卷五三作「青」。張森楷云：「案搴是樂安人本書卷二四本傳，屬青州，不屬豫州，疑北史是。」按州主簿例用本州人。又下文說孫搴譖紹宗於高歡，說「紹宗嘗登廣固城長歎」。廣固城在青州之益都，卽紹宗先世南燕的故都，可證北史作「青州」是，今據改。

〔一二〕屬梁人劉烏黑入寇徐方　諸本無「人」字，三朝本「梁」下空一格。今據册府卷三五四四二〇六頁補。

〔一三〕梁武帝遣其兄子貞陽侯淵明等率衆十萬　三朝本「淵明」作「深明」，諸本作「淵明」。按其人本名「淵明」。唐人避諱，梁書百衲本作「深明」，本書和南、北史單稱「明」。這裏三朝本作「深明」，和此傳下文及其他紀傳單作「明」不同，疑「深」字亦後人所加，又再改作「淵明」。「淵明」是本名，今從諸本。今後不再出校記。

〔一四〕薛脩義　諸本「脩義」都作「循義」。北史卷五三本傳作「脩義」，他處多同本傳。本書以北史補的部分同作「脩義」，本傳是原文，則作「循義」。錢氏考異卷三一云：「魏齊碑刻『人』旁多从『彳』旁，故『脩』『循』二字多相混。」按魏書卷一〇孝莊紀永安三年五三〇十月作「修義」。今一

律作「脩義」，今後不再出校記。

〔一五〕西魏北華州刺史薛崇禮屯楊氏壁　諸本「楊」作「陽」。按周書卷三五薛端傳記薛崇禮降東魏後，東魏曾派兵據楊氏壁。楊氏壁是黃河西岸的險要，屢見魏書卷四一源子雍傳、周書卷二文帝紀大統三年、卷一五于謹傳等。這裏「陽」字誤，今據改。

〔一六〕頓丘淮陽東郡黎陽五郡都督　錢氏考異卷三一云：「淮陽與汲郡回遠，恐是『濮陽』之譌。」按錢說是，薛脩義以南中郎將帶職，五郡應該都屬司州。

〔一七〕孝昌末拔陵反叛茹茹餘衆入寇馬邑　按魏書卷九肅宗紀「茹茹主阿那瓌率衆犯塞」，在正光四年五二三二月，破落汗拔陵起義在次年三月。孝昌元年五二五北魏勾結茹茹主阿那瓌入塞鎮壓起義軍。前一次和起義軍無關，這裏所說孝昌末的一次，則是北魏政權勾結來的。史文敍事牽連不清，企圖以「茹茹入塞」駕罪破落汗拔陵的起義，故爲辯之。

〔一八〕三年與諸將南討江淮克陽平郡陳人攻圍廣陵　按天保三年卽梁元帝承聖元年五五二。據陳書卷一高祖紀，這一年陳霸先曾二次統兵到廣陵。統兵的雖是陳霸先，改梁爲陳，還在其後五年。這裏「陳人」應作「梁人」。

〔一九〕弟長叉　諸本「叉」作「乂」，今據北史卷五三叱列平傳改。參卷八校記。

〔二〇〕以軍功除揚武軍帳內統軍　張森楷云：「『揚武』下疑當有『將』字。」

〔二一〕儼爲別將鄭海珍與戰　諸本「爲」作「督」，三朝本及冊府卷三五四四二〇三頁作「爲」。按慕容儼據上文只是軍主，魏時軍主一般應經由統軍一級才升別將，哪有以軍主督別將之理。「督」字原當作「爲」，但「別將」下有脫文，後人以不可解，改作「督」。今從三朝本。

〔二二〕高梁太守　按魏無「高梁郡」，當是「高涼」之訛。魏書卷一〇六地形志上，高涼郡屬東雍州。

〔二三〕六年梁司徒陸法和儀同宋莅等率其部下以郢州城內附　諸本「六年」作「三年」，北史卷五三慕容儼傳作「六年」。按本書卷四文宣紀、卷一三清河王岳傳、卷三二陸法和傳記此事都在天保六年五五五，今據北史改。

北齊書卷二十一

列傳第十三

高乾 弟愼　弟昂　弟季式　封隆之 子子繪　從子孝琬　孝琰

高乾，字乾邕，渤海蓨人也。父翼，字次同，豪俠有風神，爲州里所宗敬。孝昌末，葛榮作亂於燕、趙，朝廷以翼山東豪右，卽家拜渤海太守。至郡未幾，賊徒愈盛，翼部率合境，徙居河、濟之間。魏因置東冀州，以翼爲刺史，加鎭東將軍、樂城縣侯。及尒朱兆弒莊帝，〔一〕翼保境自守。謂諸子曰：「主憂臣辱，主辱臣死，今社稷阽危，人神憤怨，破家報國，在此時也。尒朱兄弟，性甚猜忌，忌則多害，汝等宜早圖之。先人有奪人之心，時不可失也。」事未輯而卒。中興初，贈使持節、侍中、太保、錄尙書事、冀定瀛相殷幽六州諸軍事、冀州刺史，諡曰文宣。

乾性明悟，俊偉有知略，美音容，進止都雅。少時輕俠，數犯公法，長而修改，輕財重

義，多所交結。魏領軍元叉，權重當世，以意氣相得，接乾甚厚。起家拜員外散騎侍郎，領直後，轉太尉士曹、司徒中兵，遷員外。〔二〕

魏孝莊之居藩也，乾潛相託附。及尒朱榮入洛，乾東奔於翼。莊帝立，遙除龍驤將軍、通直散騎常侍。乾兄弟本有從橫志，見榮殺害人士，謂天下遂亂，乃率河北流人反於河、濟之間，受葛榮官爵，屢敗齊州士馬。莊帝尋遣右僕射元羅巡撫三齊，乾兄弟相率出降。朝廷以乾爲給事黃門侍郎。尒朱榮以乾前罪，不應復居近要，莊帝聽乾解官歸鄉里。於是招納驍勇，以射獵自娛。榮死，乾馳赴洛陽，莊帝見之，大喜。時尒朱徒黨擁兵在外，莊帝以乾爲金紫光祿大夫、河北大使，令招集鄉閭爲表裏形援。乾垂涕奉詔，弟昂援劍起舞，請以死自効。

俄而尒朱兆入洛。尋遣其監軍孫白鷂百餘騎至冀州，託言普徵民馬，欲待乾兄弟送馬，因收之。乾既宿有報復之心，而白鷂忽至，知將見圖，乃先機定策，潛勒壯士，襲據州城，傳檄州郡，殺白鷂，執刺史元仲宗。推封隆之權行州事，爲莊帝舉哀，三軍縞素。乾昇壇誓衆，辭氣激揚，涕淚交下，將士莫不哀憤。北受幽州刺史劉靈助節度，共爲影響。俄而靈助被殺。

屬高祖出山東，揚聲來討，衆情莫不惶懼。乾謂其徒曰：「吾聞高晉州雄略蓋世，其志

不居人下。且尒朱無道，殺主虐民，正是英雄効義之會也。今日之來，必有深計，吾當輕馬奉迎，密參意旨，諸君但勿憂懼，聽我一行。」乾乃將十數騎於關口迎謁。乾既曉達時機，閑習世事，言辭慷慨，雅合深旨。高祖大加賞重，仍同帳寢宿。時高祖雖內有遠圖，而外跡未見。尒朱羽生爲殷州刺史，高祖密遣李元忠舉兵逼其城，令乾率衆僞往救之。乾遂輕騎入見羽生，與指畫軍計。羽生與乾俱出，因擒之，遂平殷州。又共定策推立中興主，拜乾侍中、司空。先是信都草創，軍國權輿，乾遭喪不得終制。及武帝立，天下初定，乾乃表請解職，行三年之禮。詔聽解侍中，司空如故，封長樂郡公，邑一千戶。乾雖求退，不謂便見從許。既去內侍，朝廷罕所關知，居常怏怏。

武帝將貳於高祖，望乾爲己用，嘗於華林園讌罷，獨留乾，謂之曰：「司空奕世忠良，今日復建殊効，相與雖則君臣，實亦義同兄弟，宜共立盟約以敦情契。」殷勤逼之。乾對曰：「臣世奉朝廷，遇荷殊寵，以身許國，何敢有貳。」乾雖有此對，然非其本心。事出倉卒，又不謂武帝便有異圖，遂不固辭，而不啓高祖。及武帝置部曲，乾乃私謂所親曰：「主上不親勳賢，而招集羣豎。數遣元士弼、王思政往來關西，與賀拔岳計議。又出賀拔勝爲荊州刺史，外示疏忌，實欲樹黨，令其兄弟相近，冀據有西方。禍難將作，必及於我。」乃密啓高祖。高祖召乾詣并州，面論時事，乾因勸高祖以受魏禪。高祖以袖掩其口曰：「勿妄言。今啓司空

復爲侍中，門下之事，一以相委。」高祖屢啓，詔書竟不施行。

乾以頻請不遂，知變難將起，密啓高祖，求爲徐州，乃除使持節、都督三徐諸軍事、開府儀同三司、徐州刺史。指期將發，而帝知乾泄漏前事，乃詔高祖云：「曾與乾邕私有盟約，今復反覆兩端。」高祖便取乾前後數啓論時事者，遣使封送武帝。帝召乾邕示之，禁於門下省，對高祖使人，責乾前後之失。乾曰：「臣以身奉國，義盡忠貞，陛下既立異圖，而乃云臣反覆。以匹夫加諸，尚或難免，況人主推惡，復何逃命。欲加之罪，其無辭乎？功大身危，自古然也。若死而有知，庶無負莊帝。」遂賜死，時年三十七。乾臨死，神色不變，見者莫不歎惜焉。時武衞將軍元整監刑，謂乾曰：「頗有書及家人乎？」乾曰：「吾兄弟分張，各在異處，今日之事，想無全者，兒子既小，未有所識，亦恐巢傾卵破，夫欲何言。」後高祖討斛斯椿等，次盟津，謂乾弟昂曰：「若早用司空之策，豈有今日之舉也。」天平初，贈使持節、都督冀定滄瀛幽齊徐青光兗十州軍事、太師、錄尚書事、冀州刺史，諡曰文昭。長子繼叔襲祖樂城縣侯，〔三〕令弟二子呂兒襲乾爵。

乾弟慎，字仲密，頗涉文史，與兄弟志尚不同，偏爲父所愛。魏中興初，除滄州刺史、東南道行臺尚書。太昌初，遷光州刺史，加驃騎大將軍、儀同三司。時天下初定，聽慎以本鄉

部曲數千人自隨。慎爲政嚴酷，又縱左右，吏民苦之。兄乾死，密棄州將歸高祖，武帝勑青州斷其歸路。慎間行至晉陽，高祖以爲大行臺左丞，轉尚書，當官無所迴避，時咸畏憚之。自義旗之後，安州民恃其邊險，不賓王化，尋以慎爲行臺僕射，率衆討平之。天平末，拜侍中，加開府。

元象初，出爲兗州刺史。尋徵爲御史中尉，選用御史，多其親戚鄉閭，不稱朝望，世宗奏令改選焉。慎前妻吏部郎中崔暹妹，爲慎所棄。暹時爲世宗委任，慎謂其搆己，性既狷急，積懷憤恨，因是罕有糾劾，多所縱舍。高祖嫌責之，彌不自安。出爲北豫州刺史，遂據武牢降西魏。慎先入關。周文帝率衆東出，高祖破之於邙山。慎妻子將西度，於路盡禽之。高祖以其勳家，啓慎一房配沒而已。

昂，字敖曹，乾第三弟。幼稚時，便有壯氣。長而俶儻，膽力過人，龍眉豹頸，姿體雄異。其父爲求嚴師，令加捶撻。昂不遵師訓，專事馳騁，每言男兒當橫行天下，自取富貴，誰能端坐讀書，作老博士也。與兄乾數爲劫掠，州縣莫能窮治。招聚劍客，家資傾盡，鄉閭畏之，無敢違迕。父翼常謂人曰：「此兒不滅我族，當大吾門，不直爲州豪也。」建義初，兄弟共舉兵，既而奉旨散衆，仍除通直散騎侍郎，封武城縣伯，邑五百戶。乾

解官歸，與昂俱在鄉里，陰養壯士。尒朱榮聞而惡之，密令刺史元仲宗誘執昂，送於晉陽。永安末，榮入洛，以昂自隨，禁於駝牛署。既而榮死，魏莊帝卽引見勞勉之。時尒朱世隆還逼宮闕，帝親臨大夏門指麾處分。昂既免縲紲，被甲橫戈，志凌勁敵，乃與其從子長命等推鋒徑進，所向披靡。帝及觀者莫不壯之。卽除直閤將軍，賜帛千疋。

昂以寇難尚繁，非一夫所濟，乃請還本鄉，招集部曲。仍除通直常侍，〔四〕加平北將軍。所在義勇，競來投赴。尋值京師不守，遂與父兄據信都起義。殷州刺史尒朱羽生潛軍來襲，奄至城下，昂不暇擐甲，將十餘騎馳之，羽生退走，人情遂定。後廢帝立，除使持節、冀州刺史以終其身。仍爲大都督，率衆從高祖破尒朱兆於廣阿。及平鄴，別率所部領黎陽。〔五〕又隨高祖討尒朱兆於韓陵，昂自領鄉人部曲王桃湯、東方老、呼延族等三千人。高祖曰：「高都督純將漢兒，恐不濟事，今當割鮮卑兵千餘人共相參雜，於意如何？」昂對曰：「敖曹所將部曲，練習已久，前後戰鬭，不減鮮卑，今若雜之，情不相合，勝則爭功，退則推罪，願自領漢軍，不煩更配。」高祖然之。及戰，高祖不利，軍小却，兆等方乘之。高岳、韓匈奴等以五百騎衝其前，斛律敦收散卒躡其後，昂與蔡儁以千騎自栗園出，橫擊兆軍，兆衆由是大敗。是日微昂等，高祖幾殆。

太昌初，始之冀州。尋加侍中、開府，進爵爲侯，邑七百戶。兄乾被殺，乃將十餘騎奔

晉陽，歸於高祖。及斛斯椿釁起，高祖南討，令昂爲前驅。武帝西遁，昂率五百騎倍道兼行，至於崤陝，不及而還。尋行豫州刺史，仍討三荆諸州不附者，並平之。天平初，除侍中、司空公。昂以兄乾薨於此位，固辭不拜，轉司徒公。

時高祖方有事關隴，以昂爲西南道大都督，徑趣商洛。山道峻隘，已爲寇所守險，昂轉鬬而進，莫有當其鋒者。遂攻克上洛，獲西魏洛州刺史泉企，並將帥數十人。會竇泰失利，召昂班師。時昂爲流矢所中，創甚，顧謂左右曰：「吾以身許國，死無恨矣，所可歎息者，不見季式作刺史耳。」高祖聞之，即馳驛啓季式爲濟州刺史。

昂還，復爲軍司大都督，統七十六都督，與行臺侯景治兵於武牢。御史中尉劉貴時亦率衆在北豫州，與昂小有忿爭，昂怒，鳴鼓會兵而攻之。侯景與冀州刺史万俟受洛干救解乃止。其俠氣淩物如此。于時，鮮卑共輕中華朝士，唯憚服於昂。高祖每申令三軍，常鮮卑語，昂若在列，則爲華言。昂嘗詣相府，掌門者不納，昂怒，引弓射之。高祖知而不責。

元象元年，進封京兆郡公，邑一千戶。與侯景等同攻獨孤如願於金墉城，周文帝率衆救之。戰於邙陰，昂所部失利，左右分散，單馬東出，欲趣河梁南城，門閉不得入，遂爲西軍所害，時年四十八。[六]贈使持節、侍中、都督冀定滄瀛殷五州諸軍事、太師、大司馬、太尉公、錄尚書事、冀州刺史，謚忠武。子突騎嗣，早卒。世宗復召昂諸子，親簡其第三子道豁

嗣。皇建初，追封昂永昌王。道豁襲，武平末，開府儀同三司。入周，授儀同大將軍。開皇中，卒於黃州刺史。

季式，字子通，乾第四弟也。亦有膽氣。中興初，拜鎮遠將軍、正員郎，遷衞將軍、金紫光祿大夫，尋加散騎常侍，領主衣都統。太昌初，除尚食典御。

天平中，出爲濟州刺史。山東舊賊劉盤陀、史明曜等攻劫道路，剽掠村邑，齊、兗、青、徐四州患之，歷政不能討。季式至，皆破滅之。尋有濮陽民杜靈椿等攻城剽野，聚衆將萬人，季式遣騎三百，一戰擒之。又陽平路文徒黨緒顯等立營柵爲亂，季式討平之。又有羣賊破南河郡，[七]季式遣兵臨之，應時斬戮。自茲以後，遠近清晏。季式兄弟貴盛，並有勳於時，自領部曲千餘人，馬八百匹，戈甲器仗皆備，故凡追督賊盜，多致克捷。有客嘗謂季式曰：「濮陽、陽平乃是畿內，既不奉命，又不侵境，而有何急，遣私軍遠戰？萬一失脫，豈不招罪？」季式曰：「君言何不忠之甚也。我與國義同安危，豈有見賊不討之理。且賊知臺軍卒不能來，又不疑外州有救，未備之間，破之必矣。兵尚神速，何得後機，若以獲罪，吾亦無恨。」

元象中，西寇大至。高祖親率三軍以禦之，陣於邙北，師徒大敗，河中流尸相繼，敗兵

首尾不絕。人情騷動，謂世事艱難。所親部曲請季式曰：「今日形勢，大事去矣，可將腹心二百騎奔梁，既得避禍，不失富貴。何爲坐受死也？」季式曰：「吾兄弟受國厚恩，與高王共定天下，一旦傾危，亡去不義。若社稷顚覆，當背城死戰，安能區區偸生苟活。」是役也，司徒歿焉。

入爲散騎常侍。興和中，行晉州事。解州，仍鎮永安戍。高愼以武牢叛，遣信報季式。季式得書驚懼，卽狼狽奔告高祖。高祖昭其至誠，待之如舊。武定中，除侍中，尋加冀州大中正。時世宗先爲此任，啓以迴授。爲都督，從清河公攻王思政於潁川，拔之。以前後功加儀同三司。天保初，封乘氏縣子，仍爲都督，隨司徒潘樂征討江、淮之間。爲私使樂人於邊境交易，還京，坐被禁止，尋而赦之。四年夏，發疽卒，年三十八。贈侍中、使持節、都督滄冀州諸軍事、開府儀同三司、冀州刺史，謚曰恭穆。

季式豪率好酒，又恃舉家勳功，不拘檢節。與光州刺史李元忠生平遊款，在濟州夜飲，憶元忠，開城門，令左右乘驛持一壺酒往光州勸元忠。朝廷知而容之。兄愼叛後，少時解職。黃門郎司馬消難，左僕射子如之子，又是高祖之壻，勢盛當時。因退食暇，尋季式與之酣飲。留宿旦日，重門並閉，關籥不通。消難固請云：「我是黃門郎，天子侍臣，豈有不參朝

之理？且已一宿不歸，家君必當大怪。今若又留我狂飲，我得罪無辭，恐君亦不免譴責。」季式曰：「君自稱黃門郎，又言畏家君怪，欲以地勢脅我邪？高季式死自有處，初不畏此。」消難拜謝請出，終不見許。酒至，不肯飲。季式云：「我留君盡興，君是何人，不爲我痛飲。」命左右索車輪括消難頸，又索一輪自括頸，仍命酒引滿相勸。消難不得已，欣笑而從之，方乃俱脫車輪，更留一宿。是時失消難兩宿，莫知所在，內外驚異。及消難出，方具言之。世宗在京輔政，白魏帝賜消難美酒數石，珍羞十輿，並令朝士與季式親狎者，就季式宅讌集。其被優遇如此。

翼長兄子永樂、次兄子延伯，並和厚有長者稱，俱從翼舉義。永樂官至衞將軍、右光祿大夫、冀州大中正，出爲博陵太守，以民事不濟，自殺。贈使持節、督滄冀二州諸軍事、儀同三司、冀州刺史。子長命，本自賤出，年二十餘始被收舉。猛暴好殺，然亦果於戰鬬。初於大夏門拒尒朱世隆，以功累遷左光祿大夫。高祖遙授長命雍州刺史，封沮陽鄉男，一百戶，尋進封鄢陵縣伯，增二百戶。武定中，隨儀同劉豐討侯景，爲景所殺。贈冀州刺史。延伯歷中散大夫、安州刺史，封萬年縣男，邑二百戶。天保初，加征西將軍，進爵爲子。卒，贈太府少卿。

自昂初以豪俠立名，爲之羽翼者，呼延族、劉貴珍、劉長狄、東方老、劉士榮、成五、〔八〕韓願生、劉桃棒，隨其建義者，李希光、劉叔宗、劉孟和。並仕宦顯達。

孟和名協，浮陽饒安人也。孟和少好弓馬，率性豪俠。幽州刺史劉靈助之起兵也，孟和亦聚衆附昂兄弟，昂遙應之。及靈助敗，昂乃據冀州，孟和爲其致力。會高祖起義冀州，以孟和爲都督。中興初，拜通直常侍。二年，除安東將軍，尋加征東將軍、金紫光祿。以建義勳，賜爵長廣縣伯。天平中，衞將軍、上黨內史，罷郡，除大丞相司馬。武定元年，坐事死。

叔宗字元纂，樂陵平昌人。和謹，頗有學業，舉秀才。稍遷滄州治中。永安中，加鎭遠將軍、諫議大夫。兄海寶，少輕俠，然爲州里所愛。昂之起義也，海寶率鄉閭襲滄州以應昂，〔九〕昂以海寶權行滄州事。前范陽太守刁整心附尒朱，遣弟子安壽襲殺海寶。叔宗仍歸於昂。中興初，高祖除前將軍、廷尉少卿。太昌初，加鎭軍將軍、光祿大夫。天平初，除車騎將軍、左光祿大夫。二年卒。贈使持節、儀同、定州刺史。

老，安德鬲人。〔一〇〕家世寒微，身長七尺，膂力過人。少粗獷無賴，結輕險之徒共爲賊盜，鄉里患之。魏末兵起，遂與昂爲部曲。義旗建，仍從征討，以軍功除殿中將軍。累遷平遠將軍，除魯陽太守。後除南益州刺史，領宜陽太守，賜爵長樂子。老頻爲二郡，出入數

年，境接羣蠻，又隣西敵，至於攻城野戰，率先士卒，屢以少制衆，西人憚之。顯祖受禪，別封陽平縣伯，遷南兗州刺史。後與蕭軌等渡江，戰沒。

希光，渤海蓨人也。父紹，魏長廣太守。希光隨高乾起義信都。中興初，除安南將軍、安德郡守。後爲世祖開府長史。武定末，從高岳平潁川，封義寧縣開國侯，歷潁、梁、南兗三州刺史。天保中，揚州刺史，與蕭軌等渡江，戰沒。贈開府儀同三司、西兗州刺史。子子令，尙書外兵郎中。武平末，通直常侍。隋開皇中，卒於易州刺史。希光族弟子貢，以與義旗之功，官至吏部郎，後爲兗州刺史。坐貪暴爲世宗所殺。

顯祖責陳武廢蕭明，命儀同蕭軌率希光、東方老、裴英起、王敬寶步騎數萬伐之。以七年三月渡江，襲剋石頭城。五將名位相侔，英起以侍中爲軍司，蕭軌與希光並爲都督，軍中抗禮，不相服御，競說謀略，動必乖張。頓軍丹陽城下，值霖雨五十餘日，及戰，兵器並不堪施用，故致敗亡。將帥俱死，士卒得還者十二三，所沒器械軍資不可勝紀。蕭軌、王敬寶事行，史闕其傳。

裴英起，河東人。其先晉末渡淮，寓居淮南之壽陽縣。祖彥先，隨薛安都入魏，官至趙郡守。父約，渤海相。英起聰慧滑稽，好劇談，不拘儀檢，仕魏至定州長史。世宗引爲行臺左丞。天保中，都官尙書，兼侍中，及戰沒，贈開府、尙書左僕射。

封隆之，字祖裔，小名皮，渤海蓨人也。父回，魏司空。隆之性寬和，有度量。弱冠，州郡主簿，起家奉朝請，領直後。汝南王悅開府，爲中兵參軍。

初，延昌中，道人法慶作亂冀方，自號「大乘」，衆五萬餘，遣大都督元遙及隆之擒獲法慶，賜爵武城子。俄兼司徒主簿、河南尹丞。時青、齊二州士民反叛，隆之奉使慰諭，咸卽降款。永安中，除撫軍府長史。尒朱兆等屯據晉陽，魏朝以河內要衝，除隆之龍驤將軍、河內太守，尋加持節、後將軍、假平北將軍、當郡都督。未及到郡，屬尒朱兆入洛，莊帝幽崩。

隆之以父遇害，常懷報雪，因此遂持節東歸，圖爲義舉。時高乾告隆之曰：「尒朱暴逆，禍加至尊，弟與兄並荷先帝殊常之眷，豈可不出身爲主，以報讐恥乎？」隆之對曰：「國恥家怨，痛入骨髓，乘機而動，今實其時。」遂與乾等定計，夜襲州城，剋之。乾等以隆之素爲鄉里所信，乃推爲刺史。隆之盡心慰撫，人情感悅。

尋高祖自晉陽東出，隆之遣子子繪奉迎於滏口，高祖甚嘉之。旣至信都，集諸州郡督將僚吏等議曰：「逆胡尒朱兆窮凶極虐，天地之所不容，人神之所捐棄，今所在蜂起，此天亡之時也。欲與諸君翦除凶羯，其計安在？」隆之對曰：「尒朱暴虐，天亡斯至，神怒民怨，衆叛

親離，雖握重兵，其強易弱。而大王乃心王室，首唱義旗，天下之人，孰不歸仰，願大王勿疑。」中興初，拜左光祿大夫、吏部尙書。尒朱兆等軍於廣阿，十月，高祖與戰，大破之。乃遣隆之持節爲北道大使。高祖將擊尒朱兆等於韓陵，留隆之鎭鄴城。尒朱兆等走，以隆之行冀州事，仍領降俘三萬餘人，分置諸州。

尋徵爲侍中。時高祖自洛還師於鄴。隆之將赴都，因過謁見，啓高祖曰：「斛斯椿、賀拔勝、賈顯智等往事尒朱，中復乖阻，及討仲遠，又與之同，猜忍之人，志欲無限。又叱列延慶、侯。念賢皆在京師，〔一一〕王授以名位，此等必搆禍隙。」高祖經宿乃謂隆之曰：「侍中昨言實是深慮。」尋封安德郡公，邑二千戶，進位儀同三司。于時朝議以尒朱榮佐命前朝，宜配食明帝廟庭。隆之議曰：「榮爲人臣，親行殺逆，安有害人之母，與子對饗？考古詢今，未見其義。」從之。詔隆之參議麟趾閣，以定新制。又贈其妻祖氏范陽郡君。隆之表以先爵富城子及武城子轉授弟子孝琬等，朝廷嘉而從之。後爲斛斯椿等搆之於魏帝，逃歸鄉里。高祖知其被誣，召赴晉陽。魏帝尋以本官徵之，隆之固辭不赴。仍以隆之行幷州刺史。魏淸河王亶爲大司馬。長史。〔一二〕

天平初，復入爲侍中，預遷都之議。魏靜帝詔爲侍講，除吏部尙書，加侍中，以本官行冀州事。陽平民路紹遵聚衆反，自號行臺，破定州博陵郡，虜太守高永樂，南侵冀州。隆之

令所部長樂太守高景等擊破之，生擒紹遵，送於晉陽。元象初，除冀州刺史，尋加開府。時初召募勇果，都督李八、高法雄、封子元等不願遠戍，聚衆為亂。隆之率州軍破平之。興和元年，復徵為侍中。隆之素得鄉里人情，頻為本州，留心撫宇，吏民追思，立碑頌德。轉行梁州事，又行濟州事，徵拜尚書右僕射。武定初，北豫州刺史高仲密將叛，遣使陰通消息於冀州豪望，使為內應，輕薄之徒，頗相扇動。詔隆之馳驛慰撫，遂得安靜。世宗密書與隆之云：「仲密枝黨同惡向西者，〔三〕宜悉收其家累，以懲將來。」隆之以為恩旨既行，理無追改，今若收治，示民不信，脫或驚擾，所虧處大。乃啓高祖，事遂得停。

隆之自義旗始建，首參經略，奇謀妙算，密以啓聞，手書削藁，罕知於外。高祖嘉其忠謹，每多從之。復以本官行濟州事，轉齊州刺史。武定三年卒官，年六十一。詔遣主書監神貴就弔，賻物五百段。贈使持節、都督滄瀛二州諸軍事、驃騎大將軍、瀛州刺史、司徒公。高祖以隆之勳舊，追榮未盡，復啓贈使持節、都督冀瀛滄齊濟五州諸軍事、冀州刺史、太保，餘如故，謚曰宣懿。高祖後至冀州境，次於交津，追憶隆之，顧謂冀州行事司馬子如曰：「封公積德履仁，體通性達，自出納軍國，垂二十年，契闊艱虞，始終如一。以其忠信可憑，方以後事託之。何期報善無徵，奄從物化，言念忠賢，良可痛惜。」為之流涕。令參軍宋仲羨以太牢就祭焉。長子早亡。第二子子繪嗣。

子繪，字仲藻，小名搔。性和理，有器局。釋褐祕書郎中。尒朱兆之害魏莊帝也，與父隆之舉義信都，奉使詣高祖。至信都，召署開府主簿，仍典書記。中興元年，轉大丞相主簿，加伏波將軍，從高祖征尒朱兆。及平中山，軍還，除通直常侍、左將軍，領中書舍人。母憂解職，尋復本任。太昌中，從高祖定幷、汾、肆數州，平尒朱兆及山胡等，加征南將軍、金紫光祿大夫。魏武帝末，斛斯椿等佞倖用事，父隆之以猜忌，懼難潛歸鄉里，子繪亦棄官俱還。孝靜初，兼給事黃門侍郎，與太常卿李元忠等並持節出使，觀省風俗，問人疾苦。還，赴晉陽，從高祖征夏州。二年，除衞將軍、平陽太守，尋加散騎常侍。晉州北界霍太山，舊號千里徑者，山坂高峻，每大軍往來，士馬勞苦。子繪啓高祖，請於舊徑東谷別開一路。高祖從之，仍令子繪領汾、晉二州夫修治，旬日而就。高祖親總六軍，路經新道，嘉其省便，賜穀二百斛。後大軍討復東雍，平柴壁及喬山、〔四〕紫谷絳蜀等，子繪恒以太守前驅慰勞，徵兵運糧，軍士無乏。興和初，自郡徵補大行臺吏部郎中。

武定元年，高仲密以武牢西叛，周文帝擁衆東侵，高祖於邙山破之，乘勝長驅，遂至潼關。或諫不可窮兵極武者，高祖總命羣僚議其進止。子繪言曰：「賊帥才非人雄，偸竊名號，遂敢驅率亡叛，送死伊瀍。天道禍淫，一朝瓦解。雖僅以身免，而魂膽俱喪。混一車書，正在今日，天與不取，反得其咎。時難遇而易失，昔魏祖之平漢中，不乘勝而取巴蜀，失在遲疑，悔無及已。伏願大王不以為疑。」高祖深然之。但以時既盛暑，方為後圖，遂命班師。

三年，父喪去職。四年，高祖西討，起為大都督，領冀州兵赴鄴，從高祖自滏口西趣晉州，會大軍於玉壁。復以子繪為大行臺吏部郎中。及高祖病篤，師還晉陽，引入內室，面受密旨，銜命山東，安撫州郡。高祖崩，祕未發喪，世宗以子繪為渤海太守，令馳驛赴任。世宗親執其手曰：「誠知此郡未允勳望，但時事未安，須卿鎮撫。且衣錦晝遊，古人所貴。善加經略，綏靜海隅，不勞學習常太守向州參也。」仍聽收集部曲一千人。後進秩一等，加驃騎將軍。天保二年，除太尉長史。三年，頻以本官再行南青州事。四年，坐事免。六年，行南兗州事，尋除持節海州刺史，不行。

七年，改授合州刺史。到州未幾，值蕭軌、裴英起等江東敗沒，行臺司馬恭發歷陽，徑還壽春，疆埸大駭。兼在州器械，隨軍略盡，城隍樓雉，虧壞者多。子繪乃修造城隍樓雉，繕治軍器，守禦所須畢備，人情漸安。尋勑於州營造船艦，子繪為大使，總監之。陳武帝曾遣其護軍將軍徐度等率輕舟從柵口歷東關入巢湖，徑襲合肥，規燒船舫。以夜一更潛寇城下，子繪率將士格戰，陳人奔退。

九年，轉鄭州刺史。子繪曉達政事，長於綏撫，歷宰州郡，所在安之。徵為司徒左長史，行魏尹事。乾明初，轉大司農，尋正除魏尹。皇建中，加驃騎大將軍。大寧二年，遷都官尚書。

高歸彥作逆，召子繪入見昭陽殿。帝親詔子繪曰：「冀州密邇京甸，歸彥敢肆凶悖。已勑大司馬、平原王段孝先總勒重兵，乘機電發；司空、東安王婁叡督率諸軍，絡繹繼進。卿世載名德，恩洽彼州，故遣參贊軍事，隨便慰撫。宜善加謀略，以稱所寄。」即以其日馳傳赴軍。子繪祖父世為本州，百姓素所歸附。既至，巡城諭以禍福，民吏降款，日夜相繼，賊中動靜，小大必知。賊平，仍勑子繪權行州事。

尋徵還，勑與羣官議定律令，加儀同三司。後突厥入逼晉陽，詔子繪行懷州事，乘驛之任。還為七兵尚書，轉祠部尚書。河清三年暴疾卒，年五十。世祖深歎惜之。贈使持節、瀛冀二州軍事、冀州刺史、開府儀同、尚書右僕射，謚曰簡。子寶蓋嗣。武平末，通直常侍。

子繪弟子繡，武平中，渤海太守、霍州刺史。陳將吳明徹侵略淮南，子繡城陷，被送揚州。齊亡後，逃歸。隋開皇初，終於通州刺史。子繡外貌儒雅，而俠氣難忤。司空婁定遠，子繡兄之壻也，為瀛州刺史。子繡在渤海，定遠過之，對妻及諸女讌集，言戲微有褻慢，子繡大怒，鳴鼓集衆將攻之。俄頃，兵至數千，馬將千匹。定遠免冠拜謝，久乃釋之。

隆之弟延之，字祖業。少明辨，有世用。起家員外郎。中興初，除中堅將軍。高祖以爲大行臺左光祿大夫，〔一五〕封郟城縣子，行渤海郡事。以都督從妻昭討樊子鵠，事平，除青州刺史。延之好財利，在州多所受納。後行晉州事，高祖沙苑失利還，延之棄州北走。高祖大怒，同罪人皆死，以隆之故，獨得免。興和二年卒，年五十四。贈使持節、都督冀殷瀛三州諸軍事、驃騎大將軍、尚書左僕射、司徒、冀州刺史，謚曰文恭。子孝纂嗣。

隆之弟子孝琬，字子蒨。父祖曹，〔一六〕魏冀州平北府長史。以隆之佐命之功，贈雍州刺史、殿中尚書。孝琬七歲而孤，獨爲隆之所鞠養，慈愛甚篤。年十六，本州辟主簿。魏永熙二年，隆之啓以父爵富城子授焉。三年，釋褐開府參軍事。天平中，輕車將軍、司徒主簿。武定中，爲顯祖開府主簿，遷從事中郎將，領東宮洗馬。天保二年卒，時年三十六，帝聞而歎惜焉。贈左將軍、太府少卿。孝琬性恬靜，頗好文詠。太子少師邢卲、七兵尚書王昕並先達高才，與孝琬年位懸隔，晚相逢遇，分好遂深。孝琬靈櫬言歸，二人送於郊外，悲哭悽慟，有感路人。

孝琬弟孝琰，字士光。少修飾學尚，有風儀。年十六，辟州主簿，釋褐秘書郎。天保元年，爲太子舍人，出入東宮，甚有令望。丁母憂，解任。除晉州法曹參軍。尋徵還，復除太子舍人。乾明初，爲中書舍人。皇建初，司空掾、秘書丞。散騎常侍，聘陳使主，已發道途，遙授中書侍郎。還，坐事除名。天統三年，除并省吏部郎中、南陽王友，赴晉陽典機密。

和士開母喪，託附者咸往奔哭。鄴中富商丁鄒、嚴興等並爲義孝，有一士人，亦哭在限。孝琰入弔，出謂人曰：「嚴興之南，丁鄒之北，有一朝士，號叫甚哀。」聞者傳之。士開知而大怒。其後會黃門郎李懷奏南陽王綽專恣，士開因譖之曰：「孝琰從綽出外，乘其副馬，捨離部伍，別行戲話。」時孝琰女爲范陽王妃，爲禮事因假入辭。帝遂決馬鞭百餘，放出，又遣高阿那肱重決五十，幾致於死。還京，在集書省上下，從是沉廢。士開死後，爲通直散騎常侍。後與周朝通好，趙彥深奏之，詔以爲聘周使副。祖珽輔政，又奏令入文林館，撰御覽。孝琰文筆不高，但以風流自立，善於談謔，威儀閑雅，容止進退，人皆慕之。嘗謂祖珽云：「公是衣冠宰相，異於餘人。」近習聞之，大以爲恨。

尋以本官兼尚書左丞，其所彈射，多承意旨。時有道人曇獻者，爲皇太后所幸，賞賜隆厚，車服過度。又乞爲沙門統，後主意不許，但太后欲之，遂得居任，然後主常憾焉。因有僧尼以他事訴競者，辭引曇獻。上令有司推劾。孝琰案其受納貨賄，致於極法，因搜索其家，大獲珍異，悉以沒官。由是正授左丞，仍令奏門下事。性頗簡傲，不諧時俗，恩遇漸高，

彌自矜誕，舉動舒遲，無所降屈。識者鄙之。與崔季舒等以正諫同死，時年五十一。子開府行參軍君確、君靜等二人徙北邊，少子君嚴、君贊下蠶室。南安之敗，君確二人皆坐死。

史臣曰：高、封二公，無一人尺土之資，奮臂而起河朔，將致勤王之舉，以雪莊帝之讎，不亦壯哉！旣剋本藩，成其讓德，異夫韓馥懾袁紹之威。然力謝時雄，才非命世，是以奉迎麾旆，用叶本圖。高祖因之，遂成霸業。重以昂之膽力，氣冠萬物，韓陵之下，風飛電擊。然則齊氏元功，一門而已。但以非潁川元從，異豐、沛故人，腹心之寄，有所未允。露其啓疏，假手天誅，枉濫之極，莫過於此。子繪才幹，可稱克荷堂構，弈世載德，斯爲美焉。

贊曰：烈烈文昭，雄圖斯契，灼灼忠武，英資冠世。門下之酷，進退惟谷。黃河之濱，蹈義亡身。封公矯矯，共濟時屯，比承明德，暉光日新。

校勘記

〔一〕及尒朱兆弒莊帝　諸本「兆」作「榮」，北史卷三一高乾傳作「兆」。按魏孝莊帝爲尒朱兆所殺，見魏書卷一〇孝莊紀、卷七五尒朱兆傳，今據北史改。

〔二〕遷員外　北史卷三一作「稍遷員外散騎常侍」。按「員外散騎常侍」不宜省稱「員外」，當是脫「散騎常侍」四字。

〔三〕長子繼叔襲祖樂城縣侯　北史卷三一「洛」作「樂」。錢氏考異卷三一云：「按乾父翼封樂城縣侯，此稱『洛城』，前後互異。」按當時地名多用同音字，非由字訛，但傳內前後應一致，今改作「樂」。

〔四〕仍除通直常侍　諸本「通直」下有「郎」字，册府卷七六二九〇五三頁無。北史卷三一高昂傳作「除通直散騎常侍」。按「通直散騎常侍」省稱「通直常侍」，「郎」字衍，今據册府删。

〔五〕別率所部領黎陽　按「領」字疑是「鎭」之訛，不則「黎陽」下脫「太守」二字。

〔六〕時年四十八　按昂死於元象元年五三八，年四十八，上推生於太和十五年四九一。據上高乾傳及本書卷一神武紀，其兄高乾死於永熙二年五三三，年三十七，當生於太和二十一年四九七，這樣，高昂反比其兄大了六歲。又其胞弟季式死於天保四年五五三，年三十八，算來小於高昂二十五歲，也太懸殊。這裏四十八疑是三十八之誤。

〔七〕又有羣賊破南河郡　按魏無南河郡，疑「南」下脫「清」字。南清河郡屬濟州見魏書卷一〇六地形志中，高季式方任此州刺史。

〔八〕成五　諸本及北史卷三一高季式傳「五」下有「彪」字，三朝本「五」作「王」，册府卷八四八一〇〇

八二頁作「成五」。按其人姓名當是「成五虎」，避唐諱，北齊書去「虎」字，北史改「虎」爲「彪」。三朝本「五」訛「王」，南本以下據北史改。今從册府。

〔九〕海寶率鄉閭襲滄州以應昂　三朝本、南本、汲本、局本「滄州」作「滄海」，北本訛作「倉海」，唯殿本作「滄州」。按下文說「昂以海寶權行滄州事」，知作「滄州」是，今從殿本。

〔一〇〕老安德鬲人　諸本「老」下有「字」字，北史卷三一無。錢氏考異卷三一云：「安德郡名，非『老』之字，蓋校書者妄加『字』耳。」按魏書卷一〇六地形志上冀州安德郡有鬲縣。錢說是，今據北史刪。

〔一一〕又叱列延慶侯念賢皆在京師　按「侯」下疑脫「深」字。侯深本名「淵」，本書避唐諱改，魏書卷八〇有傳。

〔一二〕魏清河王亶爲大司馬長史　南本、局本無「爲」字。按若無「爲」字，則似高隆之以「行幷州刺史」見上文兼大司馬長史，幷州和洛陽遙遠，豈能兼任。疑「爲大司馬」下有脫文，當云：「魏清河王亶爲大司馬，以隆之爲長史」元亶爲大司馬，見魏書卷一一出帝紀永熙三年(五三四)八月。今無可參證，仍從三朝本。

〔一三〕仲密枝黨同惡向西者　諸本無「者」字，據册府卷六五五七八四六頁補。

〔一四〕平柴壁及喬山　諸本「柴壁」作「紫壁」。按本書卷一九高市貴傳說市貴鎮洪峒，沙苑戰後，「州

民柴覽」反抗東魏，高市貴破柴壁事，和此傳所載時地都相符合。柴壁之名早見於晉書卷一一七姚興載記，魏書卷三〇安同傳、卷三三李先傳，其地正在汾水邊。「紫」字乃涉下「紫谷」而訛，今改正。

〔一五〕高祖以爲大行臺左光祿大夫　張森楷云：「『左』字下當有『丞』字，屬上爲句。大行臺固無左光祿大夫也。若讀『臺』字斷句，則延之此時，官尚卑微，豈得躋茲顯秩。」按張說是，但別無他據，今仍原文。

〔一六〕父祖曹　北史卷二四封隆之傳云：「弟興之，字祖胄。」錢氏考異卷三一云：「以隆之字祖裔推之，當以『胄』爲正。傳失書其名爾。」

北齊書卷二十二

列傳第十四

李元忠　族弟密　族人愍　族叔景遺　盧文偉　孫詢祖　族人勇　李義深

李元忠，趙郡柏人人也。曾祖靈，魏定州刺史、鉅鹿公。祖恢，鎮西將軍。父顯甫，安州刺史。元忠少厲志操，居喪以孝聞。襲爵平棘子。魏清河王懌爲司空，辟爲士曹參軍；遷太尉，復啓爲長流參軍。懌後爲太傅，尋被詔爲營構明堂大都督，又引爲主簿。元忠粗覽史書及陰陽數術，解鼓箏，兼好射彈，有巧思。遭母憂，去任。未幾，相州刺史、安樂王鑒請爲府司馬，元忠以艱憂，固辭不就。

初元忠以母老多患，乃專心醫藥，研習積年，遂善於方技。性仁恕，見有疾者，不問貴賤，皆爲救療。家素富實，其家人在鄉，多有舉貸求利，元忠每焚契免責。鄉人甚敬重之。魏孝明時，盜賊蜂起，清河有五百人西戍，還經南趙郡，以路梗共投元忠。奉絹千疋，元忠

唯受一疋，殺五羊以食之，遣奴爲導，曰：「若逢賊，但道李元忠遣送。」奴如其言，賊皆捨避。

永安初，就拜南趙郡太守，以好酒無政績。值洛陽傾覆，莊帝幽崩，元忠棄官還家，潛圖義舉。會高祖率衆東出，便自往奉迎。乘露車，載素箏濁酒以見高祖，因進從橫之策，備陳誠款，深見嘉納。時刺史尒朱羽生阻兵據州，元忠先聚衆於西山，〔一〕仍與大軍相合，擒斬羽生。卽令行殷州事。中興初，除中軍將軍、衞尉卿。二年，轉太常卿、殷州大中正。後以從兄瑾年長，以中正讓之。尋加征南將軍。武帝將納后，卽高祖之長女也，詔元忠與尚書令元羅致娉於晉陽。高祖每於宴席論敘舊事，因撫掌欣笑云：「此人逼我起兵。」賜白馬一匹。元忠戲謂高祖曰：「若不與侍中，當更覓建義處。」高祖答曰：「建義處不慮無，止畏如此老翁不可遇耳。」元忠曰：「止爲此翁難遇，所以不去。」因捋高祖鬚而大笑。高祖亦悉其雅意，深相嘉重。後高祖奉送皇后，仍田於晉澤，元忠馬倒被傷，當時殞絕，久而方蘇。高祖親自撫視。其年封晉陽縣伯，邑五百戶。後以微譴失官。時朝廷離貳，義旗多見猜阻。斛斯椿等以元忠淡於榮利，又不以世事經懷，故不在嫌嫉之地。尋兼中書令。

天平初，復爲太常。後加驃騎將軍。四年，除使持節、光州刺史。時州境災儉，人皆菜色，元忠表求賑貸，俟秋徵收。被報，聽用萬石。元忠以爲萬石給人，計一家不過升斗而已，徒有虛名，不救其弊，遂出十五萬石以賑之。事訖表陳，朝廷嘉而不責。興和末，拜

侍中。

元忠雖居要任，初不以物務干懷，唯以聲酒自娛，大率常醉。家事大小，了不關心。園庭之內，羅種果藥，親朋尋詣，必留連宴賞。每挾彈攜壺，敖遊里閈，遇會飲酌，蕭然自得。常布言於執事云：「年漸遲暮，志力已衰，久忝名官，以妨賢路。若朝廷厚恩，未便放棄者，乞在閑冗，以養餘年。」武定元年，除東徐州刺史，固辭不拜。乃除驃騎大將軍、儀同三司。曾貢世宗蒲桃一盤。[二]世宗報以百練縑，遺其書曰：「儀同位亞台鉉，識懷貞素，出藩入侍，備經要重。而猶家無擔石，室若懸磬，豈輕財重義，奉時愛己故也。久相嘉尚，嗟詠無極，恒思標賞，有意無由。忽辱蒲桃，良深佩帶。聊用絹百疋，以酬淸德也。」其見重如此。孫騰、司馬子如嘗共詣元忠，見其坐樹下，擁被對壺，庭室蕪曠。謂二公曰：「不意今日披藜藿也。」因呼妻出，衣不曳地。二公相顧歎息而去，大餉米絹衣服，元忠受而散之。三年，復以本官領衞尉卿。其年卒於位，年六十。詔贈縑布五百疋，使持節、督定冀殷幽四州諸軍事、大將軍、司徒、定州刺史，諡曰敬惠。初元忠將仕，夢手執炬火入其父墓，中夜驚起，甚惡之。且告其受業師，占云：「大吉，此謂光照先人，終致貴達矣。」子搔嗣。

搔，字德況，少聰敏，有才藝，音律博弈之屬，多所通解。曾采諸聲，別造一器，號曰八絃，時人稱其思理。起家司徒行參軍。累遷河內太守，百姓安之。入爲尙書儀曹郎。天保

八年卒。

元忠族弟密，字希邕，平棘人也。祖伯膺，魏東郡太守，贈幽州刺史。父煥，治書侍御史、河內太守，贈青州刺史。密少有節操，屬尒朱兆殺逆，乃陰結豪右，與渤海高昂爲報復之計。屬高祖出山東，密以兵從舉義，遙授幷州刺史，封容城縣侯，邑四百戶。尒朱兆至廣阿，高祖令密募殷、定二州兵五千人鎮黃沙、井陘二道。及兆韓陵敗還晉陽，隨軍平兆。高祖乃以薛脩義行幷州事，授密建州刺史。又除襄州刺史，在州十餘年，甚得安邊之術，威信聞於外境。高祖頻降手書勞問，並賜口馬。侯景外叛，誘密執之，授以官爵。景敗歸朝，朝廷以密從景非元心，不之罪也。天保初，以舊功授散騎常侍，復本爵縣侯，卒。贈殿中尙書、濟州刺史。密性方直，有行檢。因母患積年，得名醫治療，不愈。乃精習經方，洞曉針藥，母疾得除。當世皆服其明解，由是亦以醫術知名。

缺魏末行護軍司馬、[三]武邑太守。天保初，司空長史。大寧、武平中，淸河、廣平二郡守，銀靑光祿大夫。齊亡後卒。子道謙，武平中，侍御史。道謙弟道貞，南靑州司馬，爲逆賊邢杲所殺。[四]贈北徐州刺史。

元忠宗人愍，字魔憐，形貌魁傑，見異於時。少有大志，年四十，猶不仕州郡，唯招致姦俠，以爲徒侶。孝昌之末，天下兵起，愍潛居林慮山，觀候時變。賊帥鮮于脩禮、毛普賢作亂，詔遣大都督長孫稚討之。稚素聞愍名，召兼帳內統軍。軍達呼沱，賊來逆戰，稚軍爲賊所敗。愍遂歸家。安樂王元鑒爲北道大行臺，至鄴，以賊衆盛强，未得前。遣使徵愍，表授武騎常侍、假節、別將，鎮鄴城東郭。葛榮之圍信都，餘黨南抄，陽平以北，皆爲賊有。鑒命愍爲前驅，別討之，頗有斬獲。及鑒謀逆，愍乃詐患暴風，鑒信之，因此得免。未幾，大都督源子邕屯安陽，大都督裴衍屯鄴城，西討鑒。愍棄家口奔子邕，仍被徵赴洛，除奉車都尉，持節鎮汁河，別將。汁河在鄴之西北，重山之中，并、相二州交境。以葛榮南逼，故用愍鎮之。榮遣其叔樂陵王葛萇率精騎一萬擊愍，愍據險拒戰，萇不得前。尒朱榮至東關，愍乃見榮。榮欲分賊勢，遣愍別道向襄國，襲賊署廣州刺史田怙軍。愍未至襄國，已擒葛榮。卽表授愍建忠將軍；分廣平易陽、襄國，南趙郡之中丘三縣爲易陽郡，[五]以愍爲太守，賜爵襄國侯。

永安末，假平北將軍、持節、當郡大都督，遷樂平太守。未之郡，洛京傾覆，愍率所部西保石門山，潛與幽州刺史劉靈助及高昂兄弟、安州刺史盧曹等同契義舉。[六]助敗，愍遂入石門。[七]高祖建義，以書招愍，愍奉書，擁衆數千人以赴高祖，高祖親迎之。除使持節、征

南將軍、都督相州諸軍事、相州刺史，兼尙書西南道行臺、州都督。[八]令愍率本衆西還舊鎮，高祖親送之。愍至鄉，據馬鞍山，依險爲壘，徵糧集兵，以爲聲勢。尒朱兆出井陘，高祖破兆於廣阿。愍統其本衆，屯故城以備尒朱兆。相州旣平，命愍還鄴，除西南道行臺都官尙書，復屯故城。尒朱兆等將至，高祖徵愍參守鄴城。

太昌初，除太府卿。後出爲南荆州刺史、當州大都督。此州自孝昌以來，舊路斷絕，前後刺史皆從間道始得達州。愍勒部曲數千人，徑向懸瓠，從比陽復舊道，[九]且戰且前三百餘里，所經之處，卽立郵亭，蠻左大服。梁遣其南司州刺史任思祖、隨郡太守桓和等率馬步三萬，兼發邊蠻，圍逼下溠戍。愍躬自討擊，破之。詔加車騎將軍。愍於州內開立陂渠，溉稻千餘頃，公私賴之。轉行東荆州，仍除驃騎將軍、東荆州刺史、當州大都督，加散騎常侍。天平二年，卒。贈使持節、定殷二州軍事、儀同、定州刺史。

元忠族叔景遺，少雄武，有膽力，好結聚亡命，共爲劫盜，鄉里每患之。永安末，其兄南鉅鹿太守無爲以贓罪爲御史糾劾，禁於州獄。景遺率左右十餘騎，詐稱臺使，徑入州城，劫無爲而出之。州軍追討，竟不能制。由是以俠聞。及高祖舉義於信都，景遺赴於軍門。高祖素聞其名，接之甚厚。命與元忠舉兵於西山，仍與大軍俱會，擒刺史尒朱羽生。以功除

龍驤將軍，昌平縣公，邑八百戶。尒朱兆來伐，又力戰有功，除使持節、大都督、左將軍。太昌初，進爵昌平郡公，增邑三百戶，加車騎將軍。天平初，出爲潁州刺史。未幾，爲前潁川太守元洪威所襲殺。贈侍中、殷滄二州軍事、大將軍、開府、殷州刺史。子伽林襲。

盧文偉，字休族，范陽涿人也。爲北州冠族。父敞，出後伯假。文偉少孤，有志尚，頗涉經史，篤於交遊，少爲鄉閭所敬。州辟主簿。年三十八，始舉秀才。除本州平北府長流參軍，說刺史裴儁按舊迹修督亢陂，溉田萬餘頃，民賴其利，修立之功，多以委文偉。文偉旣善於營理，兼展私力，家素貧儉，因此致富。

孝昌中，詔兼尚書郎中，時行臺常景啓留爲行臺郎中。及北方將亂，文偉積稻穀於范陽城，時經荒儉，多所賑贍，彌爲鄉里所歸。尋爲杜洛周所虜。洛周敗，復入葛榮，榮敗，歸家。時韓樓據薊城，文偉率鄉閭屯守范陽，與樓相抗。乃以文偉行范陽郡事。防守二年，與士卒同勞苦，分散家財，拯救貧乏，莫不人人感說。尒朱榮遣將侯深討樓，平之，文偉以功封大夏縣男，邑二百戶，除范陽太守。深乃留鎮范陽。及榮誅，文偉知深難信，乃誘之出獵，閉門拒之。深失據，遂赴中山。

莊帝崩，文偉與幽州刺史劉靈助同謀起義。靈助克瀛州，留文偉行事，自率兵赴定州，爲尒朱榮將侯深所敗。文偉棄州，走還本郡，仍與高乾邕兄弟共相影響。屬高祖至信都，文偉遣子懷道奉啓陳誠，高祖嘉納之。中興初，除安東將軍、安州刺史。時安州未賓，仍居帥任，行幽州事，加鎭軍、正刺史。時安州刺史盧曹亦從靈助舉兵，助敗，因據幽州降尒朱兆，兆仍以爲刺史，據城不下。文偉不得入州，卽於郡所爲州治。太昌初，遷安州刺史，累加散騎常侍。天平末，高祖以文偉行東雍州事，轉行青州事。

文偉性輕財，愛賓客，善於撫接，好行小惠，是以所在頗得人情，雖有受納，吏民不甚苦之。經紀生資，常若不足，致財積聚，承候寵要，餉遺不絕。興和三年卒於州，年六十。贈使持節、侍中、都督定瀛殷三州軍事、司徒、尚書左僕射、定州刺史，謚曰孝威。

子恭道，性溫良，頗有文學。州辟主簿。李崇北征，以爲開府墨曹參軍。自文偉據范陽，屢經寇難，恭道常助父防守。七兵尚書郭秀素與恭道交款，及任事，每稱薦之，高祖亦聞其名。天平初，特除龍驤將軍、范陽太守。在郡有德惠。先文偉卒。贈使持節、都督幽平二州軍事、幽州刺史、度支尚書，謚曰定。

子詢祖，襲祖爵大夏男。有術學，文章華靡，爲後生之俊。舉秀才入京。李祖勳嘗宴文士，顯祖使小黃門勑祖勳母曰：「茹茹旣破，何故無賀表？」使者佇立待之。諸賓皆爲表，詢祖俄頃便成。後朝廷大遷除，同日催拜。詢祖立於東止車門外，爲二十餘人作表，文不加點，辭理可觀。

詢祖初襲爵封大夏男，有宿德朝士謂之曰：「大夏初成。」應聲答曰：「且得燕雀相賀。」天保末，以職出爲築長城子使。自負其才，內懷鬱怏，遂毀容服如賤役者以見楊愔。愔曰：「故舊皆有所縻，唯大夏未加處分。」詢祖厲聲曰：「是誰之咎！」旣至役所，作築長城賦，其略曰：「板則紫柏，杵則木瓜，何斯材而斯用也？草則離離靡靡，緣崗而殖，但使十步而有一芳，余亦何辭間於荊棘。」邢卲曾戲曰：「卿少年才學富盛，戴角者無上齒，恐卿不壽。」對曰：「詢祖初聞此言，實懷恐懼，見丈人蒼蒼在鬢，差以自安。」卲甚重其敏贍。旣有口辯，好臧否人物，嘗語人曰：「我昨東方未明，過和氏門外，已見二陸兩源，森然與槐柳齊列。」蓋謂彥師、仁惠與文宗、那延也。邢卲盛譽盧思道，以詢祖爲不及。詢祖曰：「見未能高飛者借其羽毛，知逸勢沖天者剪其翅翮。」謗毀日至，素論皆薄其爲人。長廣太守邢子廣目二盧云：「詢祖有規檢禰衡，思道無冰稜文舉。」後頗折節。歷太子舍人、司徒記室，卒官。有文集十卷，皆致遺逸。嘗爲趙郡王妃鄭氏製挽歌詞，其一篇云：「君王盛海內，伉儷盡寰中。女儀掩鄭國，嬪容映趙宮。春豔桃花水，秋度桂枝風。遂使叢臺夜，明月滿牀空。」

恭道弟懷道，性輕率好酒，頗有慕尚。以守范陽勳，出身員外散騎侍郎。文偉遣奉啓詣高祖。中興初，加平西將軍、光祿大夫。元象初，行臺薛琡表行平州事，徵赴霸府。興和中，行汾州事。懷道家預義舉，高祖親待之。出爲烏蘇鎭城都督，卒官。

懷道弟宗道，性粗率，重任俠。歷尚書郎、通直散騎常侍，後行南營州刺史。嘗於晉陽置酒，賓遊滿坐。中書舍人馬士達目其彈箜篌女妓云：「手甚纖素。」宗道卽以此婢遺士達，士達固辭，宗道便命家人將解其腕，士達不得已而受之。將赴營州，於督亢陂大集鄉人，殺牛聚會。有一舊門生酒醉，言辭之間，微有疏失，宗道遂令沉之於水。後坐酷濫除名。

文偉族人勇，字季禮。父璧，魏下邳太守。勇初從兄景裕俱在學，其叔同稱之曰：「白頭必以文通，季禮當以武達，興吾門在二子也。」幽州反者僕骨那以勇爲本郡范陽王，時年十八。後葛榮作亂，又以勇爲燕王。

義旗之起也，盧文偉召之，不應。尒朱滅後，乃赴晉陽。高祖署勇丞相主簿。屬山西霜儉，運山東鄉租輸，皆令載實，〔一〇〕違者治罪，令勇典其事。琅邪公主虛僦千餘車，勇繩劾之。公主訴於高祖，〔一一〕而勇守法不屈。高祖謂郭秀曰：「盧勇懔懔有不可犯之色，眞公直人也，方當委之大事，豈直納租而已。」遷汝北太守，行陝州事，轉行洛州事。

元象元年，官軍圍廣州，數旬未拔。行臺侯景聞西魏救兵將至，集諸將議之。勇進觀形勢，於是率百騎，各籠一匹馬。至大隗山，知魏將李景和率軍將至。勇多置幡旗於樹頭，分騎爲十隊，鳴角直前，擒西魏儀同程華，斬儀同王征蠻，驅馬三百匹，通夜而還。〔三〕廣州守將駱超以城降，高祖令勇行廣州事。

以功授儀同三司、陽州刺史，鎮宜陽。〔三〕叛民韓木蘭、陳忻等常爲邊患，勇大破之。啓求入朝，高祖賜勇書曰：「吾委卿陽州，唯安枕高臥，無西南之慮矣。但依朝廷所委，表啓宜停。卿之妻子任在州住，當使漢兒之中無在卿前者。」武定二年卒，年三十二。勇有馬五百匹，繕造甲仗六車，遺啓盡獻之朝廷。賻物之外，別賜布絹四千疋。贈司空、冀州刺史，謚曰武貞侯。

李義深，趙郡高邑人也。祖眞，魏中書侍郎。父紹宗，〔四〕殷州別駕。義深學涉經史，有當世才用。解褐濟州征東府功曹參軍，累加龍驤將軍。義旗初，歸高祖於信都，以爲大行臺郎中。中興初，除平南將軍、鴻臚少卿。義深見尒朱兆兵盛，遂叛高祖奔之。兆平，高祖恕其罪，以爲大丞相府記室參軍。累遷左光祿大夫、相府司馬，所經稱職。轉幷州長史。

時刺史可朱渾道元不親細務，民事多委義深，甚濟機速。復爲大丞相司馬。武定中，除齊州刺史，好財利，多所受納。天保初，行鄭州事，轉行梁州事，尋除散騎常侍，爲陽夏太守。段業告其在州聚斂，被禁止，送梁州窮治，未竟。三年，遇疾卒於禁所，年五十七。

子騊駼，有才辯，尚書郎、鄴縣令。武平初，兼通直散騎常侍聘陳，爲陳人所稱。後爲壽陽道行臺左丞，與王琳等同陷。周末逃歸。開皇初，永安太守。卒於絳州長史。

子正藻，明敏有才幹。武平末，儀同開府行參軍、判集書省事。以父騊駼沒陳，正藻便謝病解職，憂思毀瘠，居處飲食若在喪之禮，人士稱之。隋開皇中，歷尚書工部員外郎、盩厔縣令。卒於宜州長史。

騊駼弟文師，中書舍人、齊郡太守。

義深兄弟七人，多有學尙。第二弟同軌以儒學知名。第六弟稚廉別有傳。

義深族弟神威。曾祖融，魏中書侍郎。神威幼有風裁，傳其家業，禮學粗通義訓。又好音樂，撰集樂書，近於百卷。魏武之末，尙書左丞。天保初，卒。贈信州刺史。

史臣曰：元忠本自素流，有聞敎義，人倫之譽，未以縱橫許之。屬莊帝幽崩，羣胡矯擅，士之有志力者皆望勤王之師。及高祖東轅，事與心會，一遇雄姿，遂瀝肝膽，以石投水，豈徒然哉？旣享功名，終知止足，進退之道，有可觀焉。文偉望重地華，早有志尙，間關夷險之際，終遇英雄之主，雖禮秩未弘，亦爲佐命之一。詢祖詞情豔發，早著聲名，負其才地，肆情矜矯，京華人士，莫不畏其舌端。任遇未聞，弱年夭逝，若得終介眉壽，通塞未可量焉。

贊曰：晉陽、大夏，抱質懷文。蹈仁履義，感會風雲。盧嬰貨殖，李厭囂氛。始終之操，清濁斯分。義深參贊，有謝忠勤。

校勘記

〔一〕元忠先聚衆於西山　諸本無「山」字，册府卷七六五九〇九五頁有。按本傳後附李景遺傳，稱高歡命他「與元忠擧兵於西山，仍與大軍俱會，擒刺史尒朱羽生」，所記爲一事，作「西山」與册府合。西山是元忠父顯甫及元忠所居，見北史卷三三李靈傳末。今據册府補。

〔二〕曾貢世宗蒲桃一盤　諸本「蒲桃」下有「酒」字。北史卷三三李元忠傳及御覽卷九七二四三〇八頁無。按下高澄回書說：「忽辱蒲桃，良深佩帶」，知「酒」字衍，今據刪。

〔三〕魏末行護軍司馬　按上文已說李密天保初卒。這裏和下文却又敍魏末到齊末的歷官，又云：「齊亡後卒」，令人不知所謂。其實自此以下直到「齊亡後卒」，乃是另一人的事跡。脫去其名。

考唐書卷七二上宰相世系表趙郡李氏西祖房載李密之祖伯膺，伯膺下兩格有「弘節，北齊廣平郡太守」，弘節下一格有「道謙，太府卿」。弘節官和此段所云「大寧、武平中淸河、廣平二郡守」相合，子名道謙亦同。疑這段是敍述弘節事，於上「醫術知名」下脫去「從弟弘節」等字。

〔四〕道謙弟道貞南青州司馬爲逆賊邢杲所殺　按邢杲起兵，在魏建義元年五二八，至齊武平元年五七〇凡四十二年。傳稱道貞父在大寧、武平中官清河、廣平二郡太守，其兄道謙也在武平中爲侍御史，而道貞却在四十多年前已官南青州司馬被殺，殊不可解。疑「道貞」下又有脫文，其官南青州司馬被殺者乃另一人。

〔五〕分廣平易陽襄國南趙郡之中丘三縣爲易陽郡　按「三縣」指易陽、襄國和中丘。魏書卷一〇六地形志上司州魏尹有易陽，注云：「晉屬廣平，天平初屬。」則在天平遷都，設置魏尹之前，易陽和襄國同屬廣平郡。這裏「廣平」指郡，下當脫「之」字。又魏志不記置易陽郡事，亦因遂卽廢罷之故。

〔六〕潛與幽州刺史劉靈助及高昂兄弟安州刺史盧曹等同契義擧　諸本「昂」作「昇」，册府卷七六五九〇九六頁作「昂」。按高昂兄弟起兵，受劉靈助節度，事見本書卷二一高乾傳，「昇」字訛，今據册府改。

〔七〕慜遂入石門　諸本作「石門」，三朝本「石」作「西」，百衲本依他本改作「石」，册府卷七六五九〇九

六頁作「西山」。疑本作「西山」，三朝本「山」訛「門」，後人因上有「西保石門山」事，又改「西」爲「石」。

〔八〕州都督　諸本「州都督」上有「當」字，三朝本無，册府卷七六五九〇九六頁作「大都督」。按李愍以相州刺史都督相州諸軍事，卽是「當州都督」，下又加「州都督」或「當州都督」，殊爲重複，疑册府作「大都督」是。

〔九〕從比陽復舊道　諸本「比陽」作「北陽」，册府卷六九一八二四一頁作「比湯」。按比陽今泌陽在北魏時置鎭，漢魏南北朝墓誌集釋寇臻墓誌圖版二〇六稱臻曾官「泚陽鎭將」，「泚陽」卽「比陽」，而魏書卷四二寇臻傳也訛作「北陽」。卷七下高祖紀下太和二十二年三月元宏由湖陽到懸瓠，中間經過比陽。李愍是由懸瓠今汝南到南荆州今泌陽東也須經此地。這一帶也正是所謂太胡山蠻、板橋蠻的居地，所以下面說「蠻左大服」。「北陽」無此地名，今改正。

〔一〇〕運山東鄉租輸皆令載實　北史卷三〇盧勇傳及册府卷二〇〇二四一二頁、卷七一九八五六一頁無「鄉」字。疑「鄉」字衍。

〔一一〕公主訴於高祖　諸本「高祖」作「太祖」，册府卷二〇〇、卷七一九頁數同上條作「高祖」。按本書例稱「高祖」，且一篇之中，前後異稱，很不恰當，今從册府改。

〔一二〕通夜而還　册府卷三六四四三三六頁「通」作「逼」，較長。

〔一三〕陽州刺史鎭宜陽　諸本「陽」作「揚」。按魏書卷一〇六地形志中宜陽屬陽州。「揚」字訛，今改正。下「委卿陽州」同改。

〔一四〕父紹宗　北史卷三三李義深傳、唐書卷七二上宰相世系表趙郡李氏南祖房都作「紹字嗣宗」，疑「紹」下脫「字嗣」二字。

北齊書卷二十三

列傳第十五

魏蘭根　崔㥄子瞻

魏蘭根，鉅鹿下曲陽人也。父伯成，魏太山太守。蘭根身長八尺，儀貌奇偉，汎覽羣書，誦左氏傳、周易，機警有識悟。起家北海王國侍郎，歷定州長流參軍。丁母憂，居喪有孝稱。將葬常山郡境，先有董卓祠，祠有柏樹。蘭根以卓凶逆無道，不應遺祠至今，乃伐柏以爲槨材。人或勸之不伐，蘭根盡取之，了無疑懼。遭父喪，廬於墓側，負土成墳，憂毀殆於滅性。後爲司空、司徒二府記室參軍，轉夏州平北府長史，入爲司徒掾，出除本郡太守，並有當官之能。

正光末，尚書令李崇爲本郡都督，率衆討茹茹，〔一〕以蘭根爲長史。因說崇曰：「緣邊諸鎭，控攝長遠。昔時初置，地廣人稀，或徵發中原强宗子弟，或國之肺腑，寄以爪牙。中年

以來，有司乖實，號曰府戶，役同廝養，官婚班齒，致失清流。而本宗舊類，各各榮顯，顧瞻彼此，理當憤怨。更張琴瑟，今也其時，靜境寧邊，事之大者。宜改鎭立州，分置郡縣，凡是府戶，悉免爲民，入仕次敍，一准其舊，文武兼用，威恩並施。此計若行，國家庶無北顧之慮矣。」崇以奏聞，事寢不報。軍還，除冠軍將軍，轉司徒右長史，假節，行豫州事。

孝昌初，轉岐州刺史。從行臺蕭寶寅討破宛川，〔二〕俘其民人爲奴婢，以美女十人賞蘭根。蘭根辭曰：「此縣界於强虜，皇威未接，無所適從，故成背叛。今當寒者衣之，飢者食之，奈何將充僕隸乎？」盡以歸其父兄。部內麥多五穗，鄰州田鼠爲災，犬牙不入岐境。屬秦隴反叛，蕭寶寅敗於涇州，高平虜賊逼岐州，州城民逼囚蘭根降賊。寶寅至雍州，收輯散亡，兵威復振，城民復斬賊刺史侯莫陳仲和，推蘭根復任。朝廷以蘭根得西土人心，加持節、假平西將軍、都督涇岐東秦南岐四州軍事，兼四州行臺尚書。尋入拜光祿大夫。

孝昌末，河北流人南渡，以蘭根兼尚書，使齊、濟、二兗四州安撫，並置郡縣。河間邢杲反於青、兗之間，〔三〕杲，蘭根之甥也。復詔蘭根銜命慰勞，杲不下，仍隨元天穆討之。還，除太府卿，辭不拜。轉安東將軍、中書令。

莊帝之將誅尒朱榮也，蘭根聞其計，遂密告尒朱世隆。榮死，蘭根恐莊帝知之，憂懼不知所出。時應詔王道習見信於莊帝，蘭根乃托附之，求得在外立功。道習爲啓聞，乃以蘭

根爲河北行臺於定州率募鄉曲，〔四〕欲防井陘。時尒朱榮將侯深自范陽趣中山，蘭根與戰，大敗，走依渤海高乾。屬乾兄弟舉義，因在其中。〔五〕高祖至，以蘭根宿望，深禮遇之。中興初，加車騎大將軍、尙書右僕射。

及高祖將入洛陽，遣蘭根先至京師。時廢立未決，令蘭根觀察魏前廢帝。〔六〕帝神采高明，蘭根恐於後難測，遂與高乾兄弟及黃門崔㥄同心固請於高祖，言廢帝本是胡賊所推，今若仍立，於理不允。高祖不得已，遂立武帝。廢帝素有德業，而爲蘭根等構毁，深爲時論所非。

太昌初，除儀同三司，尋加開府，封鉅鹿縣侯，邑七百戶。啓授兄子同達。蘭根既預義勳，位居端揆，至是始敍復岐州勳，封永興縣侯，邑千戶。高乾之死，蘭根懼，去宅，避於寺。武帝大加譴責，蘭根憂怖，乃移病解僕射。天平初，以病篤上表求還鄉里。魏帝遣舍人石長宣就家勞問，猶以開府儀同，門施行馬，歸於本鄉。二年卒，時年六十一。贈冀定殷三州軍事、定州刺史、司徒公、侍中，諡曰文宣。蘭根雖以功名自立，然善附會，出處之際，多以計數爲先，是以不爲清論所許。

長子相如，祕書郎中。以建義勳，尋加將軍。襲父爵，遷安東將軍、殷州別駕，入爲侍御史。武定三年卒。次子敬仲。肅宗時，佐命功臣配享，而不及蘭根。敬仲表訴，帝以詔

命既行，難於追改，擢敬仲爲祠部郎中。卒於章武太守。

蘭根族弟明朗，頗涉經史，粗有文性。累遷大司馬府法曹參軍，兼尙書金部郎中。元顥入洛陽，明朗爲南道行臺郎中，爲顥所擒。後棄顥逃還，除龍驤將軍、中散大夫，賜爵鉅鹿侯。永安末，蘭根爲河北行臺，引明朗爲左丞。及蘭根中山之敗，俱歸高祖。中興初，拜撫軍將軍，出爲安德太守。後轉衞將軍、右光祿大夫、定州大中正。武定初，爲顯祖諮議參軍。出爲平陽太守，爲御史所劾，因被禁止。遇病卒。

明朗從弟愷，少抗直有才辯。魏末，辟開府行參軍，稍遷尙書郎、齊州長史。天保中，聘陳使副。遷青州長史，固辭不就。楊愔以聞。顯祖大怒，謂愔云：「何物漢子，我與官，不肯就！明日將過，我自共語。」是時顯祖已失德，朝廷皆爲之懼，而愷情貌坦然。顯祖切責之，仍云：「死與長史孰優，任卿選一處。」愷答云：「能殺臣者是陛下，不受長史者是愚臣，伏聽明詔。」顯祖謂愔云：「何慮無人作官職，苦用此漢何爲，放其還家，永不收採。」由是積年沉廢。後遇楊愔於路，微自披陳。楊答曰：「發詔授官，咸由聖旨，非選曹所悉，公不勞見訴。」愷應聲曰：「雖復零雨自天，終待雲興四嶽。公豈得言不知？」楊欣然曰：「此言極爲簡要，更不須多語。」數日，除霍州刺史。在職有治方，爲邊民悅服。大寧中，卒於膠州刺史。

愷從子彥卿，魏大司農季景之子。武平中，兼通直散騎常侍，聘陳使副。

彥卿弟瞻，學識有詞藻。武平初，殿中御史，遷中書舍人，待詔文林館。隋開皇中，太子舍人、著作郎。撰後魏書九十二卷，甚得史體，時稱其善云。

崔㥄，字長孺，清河東武城人也。父休，魏七兵尙書，贈僕射。㥄狀貌偉麗，善於容止，少有名望，爲當時所知。初爲魏世宗挽郎，釋褐太學博士。永安中，坐事免歸鄉里。高祖於信都起義，㥄歸焉。高祖見之，甚悅，以爲諮議參軍。尋除給事黃門侍郎，遷將軍、〔七〕右光祿大夫。

高祖入洛，議定廢立。太僕綦儁盛稱普泰主賢明，可以爲社稷主。㥄曰：「若其明聖，自可待我高王，徐登九五。既爲逆胡所立，何得猶作天子。若從儁言，王師何名義舉？」由是中興、普泰皆廢，更立平陽王爲帝。以建義功，封武城縣公，邑一千四百戶，進位車騎大將軍、左光祿大夫，仍領黃門郎。

㥄居門下，恃預義旗，頗自矜縱。尋以貪汙爲御史糾劾，因逃還鄉里，遇赦始出。高祖以㥄本預義旗，復其黃門。天平初，爲侍讀，監典書。尋除徐州刺史，給廣宗部曲三百、清河部曲千人。㥄性豪慢，寵妾馮氏，假其威刑，恣情取受，風政不立。初㥄爲常侍，求人修

起居注。或曰：「魏收可。」㥄曰：「收輕薄徒耳。」更引祖鴻勛爲之。既居樞要，又以盧元明代收爲中書郎，由是收銜之。及收聘梁，過徐州，㥄備刺史鹵簿而送之，使人相聞魏曰：「勿怪儀衞多，稽古之力也。」收報曰：「白崔徐州，建義之勳，何稽古之有！」㥄自以門閥素高，特不平此言。收乘宿憾，故以挫之。罷州，除七兵尙書、清河邑中正。

趙郡李渾嘗讌聚名輩，詩酒正驩譁，㥄後到，一坐無復談話者。鄭伯猷歎曰：「身長八尺，面如刻畫，謦欬爲洪鍾響，胸中貯千卷書，使人那得不畏服！」

㥄每以籍地自矜，謂盧元明曰：「天下盛門，唯我與爾，博崔、趙李，何事者哉！」崔暹聞而銜之。高祖葬後，㥄又竊言：「黃頷小兒堪當重任不？」暹外兄李愼以㥄言告暹。暹啓世宗，絕㥄朝謁。㥄要拜道左。世宗發怒曰：「黃頷小兒，何足拜也！」於是鎖㥄赴晉陽而訊之，㥄不伏。暹引邢子才爲證，子才執無此言。㥄在禁，謂子才曰：「卿知我意屬太丘不？」子才出告㥄子瞻云：「尊公意正應欲結姻於陳元康。」瞻有女，乃許妻元康子，求其父。元康爲言之於世宗曰：「崔㥄名望素重，不可以私處言語便以殺之。」世宗曰：「若免其性命，猶當徙之遐裔。」元康曰：「㥄若在邊，或將外叛，以英賢資寇敵，非所宜也。」世宗曰：「既有季珪之罪，還令輸作可乎？」元康曰：「嘗讀崔琰傳，追恨魏武不弘。㥄若在作所而殞，後世豈道公不殺也？」世宗曰：「然則奈何？」元康曰：「崔㥄合死，朝野莫不知之，公誠能以寬濟猛，特

輕其罰，則仁德彌著，天下歸心。」乃舍之。㥄進謁奉謝，世宗猶怒曰：「我雖無堪，忝當大任，被卿名作黃頷小兒，金石可銷，此言難滅！」

天保初，除侍中，監起居。以禪代之際，參掌儀禮，別封新豐縣男，邑二百戶，迴授第九弟約。㥄一門婚嫁，皆是衣冠之美，吉凶儀範，爲當時所稱。婁太后爲博陵王納㥄妹爲妃，勑中使曰：「好作法用，勿使崔家笑人。」婚夕，顯祖舉酒祝曰：「新婦宜男，孝順富貴。」㥄奏曰：「孝順出自臣門，富貴恩由陛下。」

五年，出爲東兗州刺史，復攜馮氏之部。㥄尋遇偏風，而馮氏驕縱，受納狼藉，爲御史所劾，與㥄俱召詣廷尉。尋有別勑，斬馮於都市。㥄以疾卒於獄中，年六十一。

㥄歷覽羣書，兼有詞藻，自中興立後，迄於武帝，詔誥表檄多㥄所爲。然率性豪侈，溺於財色，諸弟之間，不能盡雍穆之美，世論以此譏之。㥄素與魏收不協。收既專典國史，㥄恐被惡言，乃悅之曰：「昔有班固，今則魏子。」收笑而憾不釋。子瞻嗣。

瞻，字彥通，聰朗强學，有文情，善容止，神采嶷然，言不妄發。年十五，刺史高昂召署主簿，清河公岳辟爲開府西閤祭酒。崔暹爲中尉，啓除御史，以才望見收，非其好也。高祖入朝，還晉陽，被召與北海王晞陪從，俱爲諸子賓友。〔八〕仍爲相府中兵參軍，轉主簿。世宗

崩，祕未發喪，顯祖命瞻兼相府司馬使鄴。魏孝靜帝以人日登雲龍門，其父㥄侍宴，又勑瞻令近御坐，亦有應詔詩，問邢卲等曰：「此詩何如其父？」咸云：「㥄博雅弘麗，瞻氣調清新，並詩人之冠。」讌罷，共嗟賞之，咸云「今日之讌併爲崔瞻父子」。

天保初，兼幷省吏部郎中。尋丁憂，起爲司徒屬。楊愔欲引瞻爲中書侍郎。時盧思道直中書省，因問思道曰：「我此日多務，都不見崔瞻文藻，卿與其親通，理當相悉。」思道答曰：「崔瞻文詞之美，實有可稱，但舉世重其風流，所以才華見沒。」愔云：「此言有理。」便奏用之。事既施行。愔又曰：「昔裴瓚晉世爲中書郎，神情高邁，每於禁門出入，宿衞者肅然動容。崔生堂堂之貌，亦當無愧裴子。」

皇建元年，除給事黃門侍郎。與趙郡李概爲莫逆之友。概將東還，瞻遺之書曰：「仗氣使酒，我之常弊，詆訶指切，在卿尤甚。足下告歸，吾於何聞過也？」瞻患氣，兼性遲重，雖居二省，竟不堪敷奏。加征虜將軍，除清河邑中正。肅宗踐祚，皇太子就傅受業，詔除太子中庶子，徵赴晉陽。勑專在東宮，調護講讀，及進退禮度，皆歸委焉。太子納妃斛律氏，勑瞻與鴻臚崔劼撰定婚禮儀注。仍面受別旨曰：「雖有舊事，恐未盡善，可好定此儀，以爲後式。」

大寧元年，除衞尉少卿，尋兼散騎常侍，聘陳使主。瞻詞韻溫雅，南人大相欽服。乃

言：「常侍前朝通好之日，何意不來？」其見重如此。還除太常少卿，加冠軍將軍，轉尚書吏部郎中。因患取急十餘日。舊式，百日不上解官，吏部尚書尉瑾性褊急，以瞻舉指舒緩，曹務繁劇，遂附驛奏聞，因而被代。瞻遂免歸鄉里。天統末，加驃騎大將軍，就拜銀青光祿大夫。武平三年卒，時年五十四。贈使持節、都督濟州軍事、大理卿、刺史，謚曰文。

瞻性簡傲，以才地自矜，所與周旋，皆一時名望。在御史臺，恒於宅中送食，備盡珍羞，別室獨飡，處之自若。有一河東人士姓裴，亦爲御史，伺瞻食，便往造焉。瞻不與交言，又不命匕筯。裴坐觀瞻食罷而退。明日，裴自攜匕筯，恣情飲噉。瞻方謂裴云：「我初不喚君食，亦不共君語，君遂能不拘小節。昔劉毅在京口，冒請鵝炙，豈亦異於是乎？君定名士。」於是每與之同食。

㥄昆季仲文，有學尚，魏高陽太守、清河內史。興和中，爲丞相掾。沙苑之敗，仲文持馬尾以渡河，波中乍沒乍出。高祖望見曰：「崔掾也。」遽遣船赴接。旣濟，勞之曰：「卿爲親爲君，不顧萬死，可謂家之孝子，國之忠臣。」加中軍將軍。天保初，拜散騎常侍、光祿大夫。七年卒，年六十。子偃，武平中，歷太子洗馬、尚書郎。偃弟儦，學識有才思，風調甚高。武平中，琅琊王大司馬中兵參軍。參定五禮，待詔文林館。隋仁壽中，卒於通直散騎常侍。

叔仁，魏潁州刺史。子彥武，有識用，朝歌令。隋開皇初，魏州刺史。子侃，魏末兼通直常侍，聘梁使。子極，武平初太子僕，卒於武德郡守。子聿，魏東莞太守。子約，司空祭酒。〔九〕

㥄族叔景鳳，字鸞叔，㥄五世祖逞玄孫也。景鳳涉學，以醫術知名。魏尚藥典御，天保中譙州刺史。景鳳兄景哲，魏太中大夫、司徒長史。子國，字法峻，幼好學，汎覽經傳，多伎藝，尤工相術。天保初尚藥典御，乾明拜高陽郡太守、太子家令，武平假儀同三司，卒於鴻臚卿。法峻以武平六年從駕在晉陽，嘗語中書侍郎李德林云：「此日看高相王以下文武官人相表，俱盡其事，口不忍言。唯弟一人，更應富貴，當在他國，不在本朝，吾亦不及見也。」其精妙如此。

㥄族子肇師，魏尚書僕射亮之孫也。父士太，諫議大夫。肇師少時疏放，長遂變節，更成謹厚。涉獵經史，頗有文思。襲父爵樂陵男。釋褐，開府東閤祭酒，轉司空外兵參軍，還大司馬府記室參軍。天平初，轉通直侍郎，爲慰勞青州使。至齊州界，爲土賊崔迦葉等所虜，欲逼與同事。肇師執節不動，諭以禍福，賊遂捨之。乃巡慰青部而還。元象中，數以中舍人接梁使。武定中，復兼中正員郎，〔一〇〕送梁使徐州。還，勑修起居注。尋兼通直散騎常侍，聘梁副使。轉中書舍人。天保初，參定禪代禮儀，封襄城縣男，仍兼中書侍郎。二年卒，時年四十九。

史臣曰：蘭根早有名行，爲時論所稱；長孺才望之美，見重當世。並功參霸迹，位遇通顯，與李元忠、盧文偉蓋義旗之人物歟？魏之要幸附會，崔以門地驕佷，雖有周公之美，猶以爲累德，況未足喻其高下也。瞻詞韻溫雅，風神秀發，亦一時之領袖焉。

贊曰：崔、魏才望，見重霸初。名教之跡，其猶病諸。彥通尙志，家風有餘。

校勘記

〔一〕正光末尙書令李崇爲本郡都督率衆討茹茹　北史卷五六魏蘭根傳「本郡」二字作「大」。按魏書卷六六李崇傳稱「崇以本官都督北討諸軍事」。這時李崇官位很高，不會加上「本郡都督」的官銜，「本郡都督」也不是元帥之任。疑本作「以本官爲大都督」，傳本脫訛。

〔二〕從行臺蕭寶寅討破宛川　諸本「宛川」作「宛州」，北史卷五六、册府卷四〇四四八一一頁、御覽卷二五七一〇二五頁作「宛川」。按地形志無「宛州」。隋書卷二九地理志上扶風郡陳倉縣條注云：「後魏曰宛川。」魏書卷五九蕭寶寅傳、卷七三崔延伯傳載鎭壓秦隴起義軍事，稱「追至小隴」，小隴據水經注卷一七卽在陳倉，亦卽「宛川」之西。此傳所記卽這次戰事。「州」字訛，今據改。

〔三〕河間邢杲反於靑兗之間　北史卷五六「兗」作「光」。按邢杲在北海起兵，正在靑、光之間。北史卷一五元天穆傳稱「邢杲東掠光州，盡海而還」。疑作「光」是。

〔四〕於定州率募鄉曲　諸本及北史「定州」上無「於」字，讀不通，今據通志卷一五五魏蘭根傳補。

〔五〕屬乾兄弟舉義因在其中　諸本「其中」作「中山」，北史卷五六百衲本作「其中」。按上文說蘭根在中山被侯深卽侯淵所敗，「走依渤海高乾」，這時不可能又在中山，今據北史百衲本改。

〔六〕令蘭根觀察魏前廢帝　諸本「前」字作「後」，北史卷五六作節閔帝，亦卽前廢帝。按高歡命蘭根到洛陽，觀察前廢帝，魏書卷一一前廢帝紀有明文。且前廢帝乃尒朱氏所立，故下文蘭根說「本是胡賊所推」，後廢帝則高歡所立，也和此語不符。今改正。

〔七〕遷將軍　北史卷五六「遷」作「衞」。按單稱「將軍」，不知爲何等將軍，疑北史是。

〔八〕被召與北海王晞陪從俱爲諸子賓友　諸本「晞」作「師」，殿本及北史卷二四崔瞻傳作「晞」。按王晞等四人被選與高歡諸子遊，見本書卷三一王晞傳，晞，北海劇人。今從殿本。

〔九〕叔仁魏潁州刺史王子約司空祭酒　按魏書卷六九、北史卷二四崔㥄傳，仲文、叔仁、子侃、子約皆崔㥄之弟，此傳自「叔仁」以下諸弟都沒有加上「某人弟」，眉目不淸。

〔一〇〕武定中復兼中正員郎　按「中正員郎」不可解。「正」字上疑有脫文。

北齊書

唐　李百藥　撰

第　二　册

卷二四至卷五〇　（傳）

中　華　書　局

北齊書卷二十四

列傳第十六

孫搴 陳元康 杜弼

孫搴，字彥舉，樂安人也。少厲志勤學，自檢校御史再遷國子助教。太保崔光引修國史，頻歷行臺郎，以文才著稱。崔祖螭反，搴預焉，逃於王元景家，遇赦乃出。孫騰以宗情薦之，未被知也。

會高祖西討，登風陵，命中外府司馬李義深、相府城局李士略共作檄文，二人皆辭，請以搴自代。高祖引搴入帳，自為吹火，催促之。搴援筆立成，其文甚美。高祖大悅，即署相府主簿，專典文筆。又能通鮮卑語，兼宣傳號令，當煩劇之任，大見賞重。賜妻韋氏，既士人子女，又兼色貌，時人榮之。尋除左光祿大夫，常領主簿。

世宗初欲之鄴，總知朝政，高祖以其年少，未許。搴為致言，乃果行。恃此自乞特進，

世宗但加散騎常侍。時又大括燕、恒、雲、朔、顯、蔚、二夏州、高平、平涼之民以為軍士，逃隱者身及主人、三長、守令罪以大辟，沒入其家。於是所獲甚眾，搴之計也。

搴學淺而行薄，邢卲嘗謂之曰：「更須讀書。」搴曰：「我精騎三千，足敵君羸卒數萬。」嘗服棘刺丸，李諧等調之曰：「卿棘刺應自足，何假外求。」坐者皆笑。司馬子如與高季式召搴飲酒，醉甚而卒，時年五十二。高祖親臨之。子如叩頭請罪。高祖曰：「折我右臂，仰覓好替還我。」子如舉魏收、季式舉陳元康，以繼搴焉。贈儀同三司、吏部尚書、青州刺史。

陳元康，字長猷，廣宗人也。父終德，魏濟陰內史，終於鎮南將軍、金紫光祿大夫。元康貴，贈冀州刺史，謚曰貞。元康頗涉文史，機敏有幹用。魏正光五年，從尚書令李崇北伐，以軍功賜爵臨清縣男。普泰中，除主書，加威烈將軍。天平元年，〔一〕修起居注。二年，遷司徒府記室參軍，尤為府公高昂所信待。出為瀛州開府司馬，加輔國將軍。所歷皆為稱職，高祖聞而徵焉。稍被任使，以為相府功曹參軍，內掌機密。

高祖經綸大業，軍務煩廣，元康承受意旨，甚濟速用。性又柔謹，通解世事。高祖嘗怒世宗，於內親加毆蹋，極口罵之，出以告元康。元康諫曰：「王教訓世子，自有禮法，儀刑式瞻，豈宜至是。」言辭懇懇，至于流涕。高祖從此為之懲忿。時或恚撻，輒曰：「勿使元康知之。」其敬憚如此。高仲密之叛，高祖知其由崔暹故也，將殺暹。世宗匿而為之諫請。高祖曰：「我為舍其命，須與苦手。」世宗乃出暹而謂元康曰：「卿若使崔得杖，無相見也。」暹在廷，解衣將受罰。元康趨入，歷階而昇，且言曰：「王方以天下付大將軍，有一崔暹不能容忍耶？」高祖從而宥焉。世宗入輔京室，崔暹、崔季舒、崔昂等並被任使，張亮、張徽纂並高祖所待遇，然委任皆出元康之下。時人語曰：「三崔二張，不如一康。」魏尚書僕射范陽盧道虔女為右衞將軍郭瓊子婦，〔二〕瓊以死罪沒官，高祖啓以賜元康為妻，元康乃棄故婦李氏，識者非之。元康便辟善事人，希顏候意，多有進舉，而不能平心處物，溺於財利，受納金帛，不可勝紀，放責交易，徧於州郡，為清論所譏。

從高祖破周文帝於邙山，大會諸將，議進退之策。咸以為野無青草，人馬疲瘦，不可遠追。元康曰：「兩雄交戰，歲月已久，今得大捷，便是天授，時不可失，必須乘勝追之。」高祖曰：「若遇伏兵，孤何以濟？」元康曰：「王前沙苑還軍，〔三〕彼尚無伏，今奔敗若此，何能遠謀。若捨而不追，必成後患。」高祖竟不從。以功封安平縣子，邑三百戶。尋除平南將軍、通直常侍，轉大行臺郎中，徙右丞。及高祖疾篤，謂世宗曰：「邙山之戰，不用元康之言，方貽汝患，以此為恨，死不瞑目。」高祖崩，祕不發喪，唯元康知之。

世宗嗣事，又見任待。拜散騎常侍、中軍將軍，別封昌國縣公，邑一千戶。侯景反，

世宗逼於諸將，欲殺崔暹以謝之。密語元康。元康諫曰：「今四海未清，綱紀已定。若以數將在外，苟悅其心，枉殺無辜，虧廢刑典，豈直上負天神，何以下安黎庶。晁錯前事，願公慎之。」世宗乃止。高岳討侯景未克，世宗欲遣潘相樂副之。〔四〕元康曰：「相樂緩於機變，不如慕容紹宗，且先王有命，稱其堪敵侯景，公但推赤心於此人，則侯景不足憂也。」是時紹宗在遠，世宗欲召見之，恐其驚叛。元康曰：「紹宗知元康特蒙顧待，新使人來餉金，以致其誠款。元康欲安其意，故受之而厚答其書。保無異也。」世宗乃任紹宗，遂以破景。賞元康金五十斤。王思政入潁城，諸將攻之，不能拔。元康進計於世宗曰：「公匡輔朝政，未有殊功，雖敗侯景，本非外賊。今潁城將陷，願公因而乘之，足以取威定業。」世宗令元康馳驛觀之。復命曰：「必可拔。」世宗於是親征，既至而克，賞元康金百鋌。

初魏朝授世宗相國、齊王，世宗頻讓不受。乃召諸將及元康等密議之，諸將皆勸世宗恭應朝命。元康以為未可。又謂魏收曰：「觀諸人語專欲誤王。我向已啓王，受朝命，置官僚，元康叨忝或得黃門郎，但時事未可耳。」崔暹因間之，薦陸元規為大行臺郎，欲以分元康權也。元康既貪貨賄，世宗內漸嫌之，元康頗亦自懼。又欲用為中書令，以閑地處之，事未施行。

屬世宗將受魏禪，元康與楊愔、崔季舒並在世宗坐，將大遷除朝士，共品藻之。世宗家

蒼頭奴蘭固成先掌廚膳，甚被寵昵。先是，世宗杖之數十，吳人性躁，〔五〕又恃舊恩，遂大忿恚，與其同事阿改謀害世宗。阿改時事顯祖，常執刀隨從，云「若聞東齋叫聲」，即以加刃於顯祖。是日，值魏帝初建東宮，羣官拜表。事罷，顯祖出東止車門，別有所之，未還而難作。固成因進食，置刀於盤下而殺世宗。元康以身扞蔽，被刺傷重，至夜而終，時年四十三。楊愔狼狽走出，季舒逃匿於廁，庫眞紇奚舍樂扞賊死。〔六〕是時祕世宗凶問，故殯元康於宮中，託以出使南境，虛除中書令。明年，乃詔曰：「元康識超往哲，才極時英，千仞莫窺，萬頃難測。綜核戎政，彌綸霸道，草昧邵陵之謀，翼贊河陽之會，運籌定策，盡力盡心，進忠補過，亡家徇國。掃平逋寇，廓清荊楚，申、甫之在隆周，子房之處盛漢，曠世同規，殊年共美。大業未融，山隤奄及，悼傷既切，宜崇茂典。贈使持節、都督冀定瀛殷滄五州諸軍事、驃騎大將軍、司空公、冀州刺史，追封武邑縣一千戶，舊封並如故，諡曰文穆。賻物一千二百段。大鴻臚監喪事。凶禮所須，隨由公給。」元康母李氏，元康卒後，哀慼發病而終，贈廣宗郡君，諡曰貞昭。

元康子善藏，溫雅有鑒裁，武平末假儀同三司、給事黃門侍郎。隋開皇中，尚書禮部侍郎。大業初，卒於彭城郡贊治。

元康弟諶，官至大鴻臚。次季璩，鉅鹿太守，轉冀州別駕。平秦王歸彥反，季璩守節不

從，因而遇害。贈衞尉卿、趙州刺史。

杜弼，字輔玄，中山曲陽人也，小字輔國。自序云，本京兆杜陵人，九世祖鷟，晉散騎常侍，因使沒趙，遂家焉。祖彥衡，淮南太守。父慈度，繁畤令。弼幼聰敏，家貧無書，年十二，寄郡學受業，講授之際，師每奇之。同郡甄琛爲定州長史，簡試諸生，見而策問，義解閑明，應答如響，大爲琛所歎異。其子寬與弼爲友。州牧任城王澄聞而召問，深相嗟賞，許以王佐之才。澄、琛還洛，稱之於朝，丞相高陽王等多相招命。延昌中，以軍功起家，除廣武將軍、恒州征虜府墨曹參軍，典管記。弼長於筆札，每爲時輩所推。

孝昌初，除太學博士，帶廣陽王驃騎府法曹行參軍，行臺度支郎中。還，除光州曲城令。爲政清靜，務盡仁恕，詞訟止息，遠近稱之。時天下多難，盜賊充斥，徵召兵役，塗多亡叛。朝廷患之。乃令兵人所齎戎具，道別車載；又令縣令自送軍所。時光州發兵，弼送所部達北海郡，州兵一時散亡，唯弼所送不動。他境叛兵，並來攻劫，欲與同去。弼率所領親兵格鬬，終莫肯從，遂得俱達軍所。軍司崔鍾以狀上聞。其得人心如此。普泰中，吏曹下訪守令尤異，弼已代還，東萊太守王昕以弼應訪。弼父在鄉，爲賊所害，弼行喪六年。以常調除御史，加前將軍、太中大夫，領內正字。臺中彈奏，皆弼所爲。諸御史出使所上文簿，

委弼覆察，然後施行。

遷中軍將軍、北豫州驃騎大將軍府司馬。未之官，儀同竇泰總戎西伐，詔弼爲泰監軍。及泰失利自殺，弼與其徒六人走還陝州，刺史劉貴鎖送晉陽。高祖詰之曰：「竇中尉此行，吾前具有法用，乃違吾語，自取敗亡。爾何由不一言諫爭也？」弼對曰：「刀筆小生，唯文墨薄技，便宜之事，議所不及。」高祖益怒。賴房謨諫而獲免。左遷下灌鎭司馬。

元象初，高祖徵弼爲大丞相府法曹行參軍，署記室事，轉大行臺郎中，尋加鎭南將軍。高祖又引弼典掌機密，甚見信待。或有造次不及書教，直付空紙，即令宣讀。弼嘗承閒密勸高祖受魏禪，高祖舉杖擊走之。相府法曹辛子炎諮事，云須取署，子炎讀「署」爲「樹」。高祖大怒曰：「小人都不知避人家諱！」杖之於前。弼進曰：「禮，二名不偏諱，孔子言『徵』不言『在』，言『在』不言『徵』。子炎之罪，理或可恕。」高祖罵之曰：「眼看人瞋，乃復牽經引禮！」叱令出去。弼行十步許，呼還，子炎亦蒙釋宥。世子在京聞之，語楊愔曰：「王左右頗有此人方正，庶天下皆蒙其利，豈獨吾家也。」

弼以文武在位，罕有廉潔，言之於高祖。高祖曰：「弼來，我語爾。天下濁亂，習俗已久。今督將家屬多在關西，黑獺常相招誘，人情去留未定。江東復有一吳兒老翁蕭衍者，專事衣冠禮樂，中原士大夫望之以爲正朔所在。我若急作法網，不相饒借，恐督將盡投黑

獺，士子悉奔蕭衍，則人物流散，何以爲國？爾宜少待，吾不忘之。」及將有沙苑之役，弼又請先除內賊，却討外寇。高祖問內賊是誰。弼曰：「諸勳貴掠奪萬民者皆是。」高祖不答，因令軍人皆張弓挾矢，舉刀按矟以夾道，使弼冒出其間，曰：「必無傷也。」弼戰慄汗流。高祖然後喻之曰：「箭雖注，不射；刀雖舉，不擊；矟雖按，不刺。爾猶頓喪魂膽。諸勳人身觸鋒刃，百死一生，縱其貪鄙，所取處大，不可同之循常例也。」弼于時大恐，因頓顙謝曰：「愚癡無智，不識至理，今蒙開曉，始見聖達之心。」

後從高祖破西魏於邙山，命爲露布，弼手即書絹，曾不起草。以功賜爵定陽縣男，邑二百戶，加通直散騎常侍、中軍將軍。奉使詣闕，魏帝見之於九龍殿，曰：「朕始讀莊子，便值秦名，定是體道得眞，玄同齊物。聞卿精學，聊有所問。經中佛性、法性爲一爲異？」弼對曰：「佛性、法性，止是一理。」詔又問曰：「佛性既非法性，何得爲一？」對曰：「性無不在，故不說二。」詔又問曰：「說者皆言法性寬，佛性狹，寬狹既別，非二如何？」弼又對曰：「在寬成寬，在狹成狹，若論性體，非寬非狹。」詔問曰：「既言成寬成狹，何得非寬非狹？若定是狹，亦不能成寬。」對曰：「以非寬狹，故能成寬狹，寬狹所成雖異，能成恒一。」上悅稱善。乃引入經書庫，賜地持經一部，帛一百疋。平陽公淹爲幷州刺史，高祖又命弼帶幷州驃騎府長史。

弼性好名理，探味玄宗，自在軍旅，帶經從役。注老子道德經二卷，表上之曰：「臣聞乘

風理弋，追逸羽於高雲；臨波命鈎，引沉鱗於大壑。苟得其道，爲工共事，在物既爾，理亦固然。竊惟道、德二經，闡明幽極，旨冥動寂，用周凡聖。論行也，清淨柔弱；語迹也，成功致治。實衆流之江海，乃羣藝之本根。臣少覽經書，偏所篤好，雖從役軍府，而不捨遊息。鑽味既久，斐亹如有所見，〔七〕比之前注，微謂異於舊說。情發於中而彰諸外，輒以管窺，遂成穿鑿。無取於遊刃，有慚於運斤，不足破秋毫之論，何以解連環之結。本欲止於門內，貽厥童蒙，兼以近資愚鄙，私備忘闕。不悟姑射凝神，汾陽流照，蓋高之聽卑，邇言在察。春末奉旨，猥蒙垂誘，令上所注老子，謹冒封呈，並序如別。」詔答云：「李君遊神冥窅，獨觀恍惚，玄同造化，宗極羣有。從中被外，周應可以裁成；自己及物，運行可以資用。隆家寧國，義屬斯文。卿才思優洽，業尚通遠，息棲儒門，馳騁玄肆，既啓專家之學，且暢釋老之言。戶列門張，途通徑達，理事兼申，能用俱表，彼賢所未悟，遺老所未聞，旨極精微，言窮深妙。朕有味二經，倦於舊說，歷覽新注，所得已多，嘉尚之來，良非一緒。已勑殺青編，藏之延閣。」又上一本於高祖，一本於世宗。

武定中，遷衞尉卿。會梁遣貞陽侯淵明等入寇彭城，大都督高岳、行臺慕容紹宗率諸軍討之，詔弼爲軍司，攝行臺左丞。〔八〕臨發，世宗賜胡馬一匹，語弼曰：「此廐中第二馬，孤恒自乘騎，今方遠別，聊以爲贈。」又令陳政務之要可爲鑒戒者，錄一兩條。弼請口陳曰：

「天下大務，莫過賞罰二論，賞一人使天下人喜，罰一人使天下人服。但能二事得中，自然盡美。」世宗大悅曰：「言雖不多，於理甚要。」握手而別。破蕭明於寒山，別與領軍潘樂攻拔梁潼州，仍與岳等撫軍恤民，合境傾賴。

六年四月八日，魏帝集名僧於顯陽殿講說佛理，弼與吏部尚書楊愔、中書令邢卲、祕書監魏收等並侍法筵。勑弼昇師子座，當衆敷演。昭玄都僧達及僧道順並緇林之英，問難鋒至，往復數十番，莫有能屈。帝曰：「此賢若生孔門，則何如也？」

關中遣儀同王思政據潁州，太尉高岳等攻之。弼行潁州事，攝行臺左丞。時大軍在境，調輸多費，弼均其苦樂，公私兼舉，大爲州民所稱。潁州之平也，世宗曰卿試論王思政所以被擒。弼曰：「思政不察逆順之理，不識大小之形，不度强弱之勢，有此三蔽，宜其俘獲。」世宗曰：「古有逆取順守，大吳困於小越，弱燕能破强齊。卿之三義，何以自立？」弼曰：「王若順而不大，大而不强，强而不順，於義或偏，得如聖旨。今既兼備衆勝，鄙言可以還立。」世宗曰：「凡欲持論，宜有定指，那得廣包衆理，欲以多端自固？」弼曰：「大王威德，事兼衆美，義博故言博，非義外施言。」世宗曰：「若爾，何故周年不下，孤來即拔？」弼曰：「此蓋天意欲顯大王之功。」

顯祖引爲兼長史，加衞將軍，轉中書令，仍長史。進爵定陽縣侯，增邑通前五百戶。弼

志在匡贊，知無不爲。顯祖將受魏禪，自晉陽至平城都，〔九〕命弼與司空司馬子如馳驛先入，觀察物情。踐祚之後，勑命左右箱入柏閤。以預定策之功，遷驃騎將軍、衞尉卿，別封長安縣伯。

嘗與邢卲扈從東山，共論名理。邢以爲人死還生，恐爲蛇畫足。弼答曰：「蓋謂人死歸無，非有能生之力。然物之未生，本亦無也，無而能有，不以爲疑。因前生後，何獨致怪？」邢云：「聖人設教，本由勸獎，故懼以將來，理望各遂其性。」弼曰：「聖人合德天地，齊信四時，言則爲經，行則爲法，而云以虛示物，以詭勸民，將同魚腹之書，有異鑿楹之誥，安能使北辰降光，龍宮韞櫝。就如所論，福果可以鎔鑄性靈，弘奬風教，爲益之大，莫極於斯。此卽眞教，何謂非實？」邢云：「死之言『澌』，精神盡也。」弼曰：「此所言澌，如射箭盡，手中盡也。小雅曰『無草不死』，月令又云『靡草死』，動植雖殊，亦此之類。無情之卉，尚得還生；含靈之物，何妨再造。若云草死猶有種在，則復人死亦有識。識種不見，謂以爲無者。神之在形，亦非自矚，離朱之明不能覩。雖蔣濟觀眸，〔一〇〕賢愚可察；鍾生聽曲，山水呈狀。乃神之工，豈神之質。猶玉帛之非禮，鍾鼓之非樂，以此而推，義斯見矣。」邢云：「季札言無不之，亦言散盡，若復聚而爲物，不得言無不之也。」弼曰：「骨肉下歸於土，魂氣則無不之，此乃形墜魂遊，往而非盡。如鳥出巢，如蛇出穴。由其尚有，故無所不之；若令無也，之將焉

適？延陵有察微之識，知其不隨於形；仲尼發習禮之歎，美其斯與形別。〔一一〕若許以廓然，然則人皆季子。不謂高論，執此爲無。」邢云：「神之在人，猶光之在燭，燭盡則光窮，人死則神滅。」弼曰：「舊學前儒，每有斯語，羣疑衆惑，咸由此起。蓋辨之者未精，思之者不篤。竊有末見，可以覈諸。燭則因質生光，質大光亦大；人則神不係於形，形小神不小。故仲尼之智，必不短於長狄；孟德之雄，乃遠奇於崔琰。神之於形，亦猶君之有國。國實君之所統，君非國之所生。不與同生，孰云俱滅？」邢云：「捨此適彼，生生恒在。周、孔自應同莊周之鼓缶，和桑扈之循歌？」弼曰：「共陰而息，尚有將別之悲；窮轍以遊，亦與中途之歎。況曰聯體同氣，化爲異物，稱情之服，何害於聖。」邢云：「鷹化爲鳩，鼠變爲鴽，黃母爲鱉，皆是生之類也。〔一二〕類化而相生，猶光去此燭，復然彼燭。」弼曰：「鷹未化爲鳩，鳩則非有。鼠。既非二有，何可兩立。〔一三〕光去此燭，得燃彼燭，神去此形，亦託彼形，又何惑哉？」〔一四〕邢云：「欲使土化爲人，木生眼鼻，造化神明，不應如此。」弼曰：「腐草爲螢，老木爲蠈，造化不能，誰其然也？」

其後別與邢書云：「夫建言明理，宜出典證，而違孔背釋，獨爲君子。若不師聖，物各有心，馬首欲東，誰其能禦。奚取於適衷，何貴於得一。逸韻雖高，管見未喻。」前後往復再三，邢卲理屈而止，文多不載。

又以本官行鄭州事，未發，爲家客告弼謀反，收下獄，案治無實，久乃見原。因此絶朝見。復坐第二子廷尉監臺卿斷獄稽遲，與寺官俱爲郎中封靜哲所訟。事既上聞，顯祖發怒，遂徙弼臨海鎮。時楚州人東方白額謀反，南北響應，臨海鎮爲賊帥張綽、潘天合等所攻，弼率厲城人，終得全固。顯祖嘉之，敕行海州事，即所徙之州。在州奏通陵道並韓信故道。又於州東帶海而起長堰，外遏鹹潮，內引淡水。敕並依行。轉徐州刺史，未之任，又除膠州刺史。

弼儒雅寬恕，尤曉吏職，所在清潔，爲吏民所懷。耽好玄理，老而愈篤。又注莊子惠施篇、易上下繫，名新注義苑，並行於世。弼性質直，前在霸朝，多所匡正。及顯祖作相，致位僚首，初聞揖讓之議，猶有諫言。顯祖嘗問弼云：「治國當用何人？」對曰：「鮮卑車馬客，會須用中國人。」顯祖以爲此言譏我。高德政居要，不能下之，乃於衆前面折云：「黃門在帝左右，何得聞善不驚，唯好減削抑挫！」德政深以爲恨，數言其短。又令主書杜永珍密啓弼在長史日，受人請屬，大營婚嫁。顯祖內銜之。弼恃舊仍有公事陳請。十年夏，上因飲酒，積其愆失，遂遣就州斬之，時年六十九。既而悔之，驛追不及。長子蕤、第四子光，遠徙臨海鎮。次子臺卿，先徙東豫州。乾明初，並得還鄴。天統五年，追贈弼使持節、揚郢二州軍事、開府儀同三司、尚書右僕射、揚州刺史，謚曰文肅。

蕤、臺卿，並有學業。臺卿文筆尤工，見稱當世。蕤，字子美。武平中大理少卿，兼散騎常侍，聘陳使主。末年，吏部郎中。隋開皇中，終於開州刺史。臺卿字少山，歷中書、黃門侍郎，兼大著作、修國史。武平末，國子祭酒，領尚書左丞。周武帝平齊，命尚書左僕射陽休之以下知名朝士十八人隨駕入關，蕤兄弟並不預此名。臺卿後雖被徵，爲其聾疾放歸。隋開皇中，徵爲著作郎，歲餘以年老致事，詔許之。特優其禮，終身給祿，未幾而終。

史臣曰：孫搴便藩左右，處文墨之地，入幕未久，情義已深。及倉卒致殞，高祖折我右臂，雖戎旋未卷，愛惜才子，不然何以成霸王之業。太史公云：「非死者難，處死者難。」「或重於太山，或輕於鴻毛。」斯其義也。元康以智能才幹，委質霸朝，綢繆帷幄，任寄爲重。及難無苟免，忘生殉義，可謂得其地焉。楊愔自謂異行奇才，冠絕夷等，弒逆之際，趨而避之，是則非處死者難，死者亦難也。顯祖弱齡藏器，未有朝臣所知，及北宮之難，以年次推重，故受終之議，時未之許焉。杜弼識學甄明，發言讜正，禪代之際，先起異圖。王怒未怠，卒蒙顯戮。直言多矣，能無及是者乎？

贊曰：彥舉驅馳，才高行詖。元康忠勇，舍生存義。卬卬輔玄，思極談天，道亡時晦，身沒名全。

校勘記

〔一〕天平元年　諸本「天平」作「天保」，獨殿本作「天平」。按陳元康死於天保改元前，作「天保」誤。下文稱「遷司徒府記室參軍，尤爲府公高昂所信待」。高昂天平初爲司徒，見本書卷二一高昂傳，作「天平」是。今從殿本。

〔二〕魏尚書僕射范陽盧道虔女爲右衞將軍郭瓊子婦　三朝本及册府卷九四三一一〇九頁「虔」作「處」，他本及北史卷五五陳元康傳作「虞」，通志卷一五四陳元康傳作「虔」。按魏書卷四七有盧道虔傳，死後贈尚書右僕射，魏時別無官尚書僕射之盧道處或盧道虞。「處」「虞」都是「虔」的形訛，今據通志改。

〔三〕王前沙苑還軍　諸本「前」下有「涉」字，北史卷五五及册府卷二〇九二五一三頁、卷七二一八五八五頁無。按册府這兩條都採自北齊書，而與北史同，知本無此字，今據删。

〔四〕世宗欲遣潘相樂副之　諸本「欲」作「乃」。北史卷五五及册府卷一九九二四〇〇頁、卷四六八五五七五頁作「欲」。按「乃遣」是已遣之意，「欲遣」是想遣而未決的意思。覩下文顯然還沒有「遣」。册府這兩條都採自北齊書而與北史同，知「乃」字誤，今據改。

〔五〕吳人性躁　諸本「吳」作「其」。册府卷四六六五五四九頁、通志卷一五四作「吳」。按蘭固成，本書卷三文襄紀補作蘭京，說是梁人被俘，所以這裏稱爲「吳人」。又通志記北齊事，溢出北史者一般即出自北齊書，知這裏本亦作「吳」，「其」乃形近而訛，今據改。

〔六〕庫眞紇奚舍樂扞賊死　南、北、殿、局四本「眞」作「直」，三朝本、汲本作「眞」，無「奚」字。按紇奚複姓，其人見本書卷二五王紘傳。三朝本、汲本脫「奚」字，今從南本。「庫眞都督」見本書卷一〇上黨王渙傳、南史卷八〇侯景傳「都」訛「部」；庫直見本書卷二五王紘傳、卷四一皮景和傳、舊唐書卷四二職官志。未知孰是，今從三朝本。

〔七〕鑽味既久斐亹如有所見　諸本「斐亹」作「斐文亹」三字，册府卷八二二九七六六頁作「亹亹」，嚴可均全北齊文卷五作「斐亹」。按「亹」同「亹」，「斐文亹」不可解。「亹」同「亹」，「斐亹」、「亹亹」是强勉之意。諸本誤分「亹」爲二字，今改正。

〔八〕攝行臺左丞　諸本作「攝臺左右」，無此官名，今據册府卷三八二四五四二頁及北史卷五五杜弼傳改。

〔九〕自晉陽至平城都　按平城都疑平都城倒誤，詳卷三〇校記。

〔一〇〕雖蔣濟覩眸　諸本「蔣濟」作「孟軻」。三朝本、汲本及文苑英華卷七五八作「蔣濟」。按御覽卷三六六一六八七頁引蔣子語曰：「兩目不相爲視。昔吳有二人，共評王者，一人曰好，一人曰醜，久

之不決。……王有定形，二人察之有得失，非苟相反，眼睛異耳。」此蔣子疑卽蔣濟。這段話與杜弼語似不相應，可能還有上下文。孟軻論觀眸知人，見孟子離婁上，人所習知，不會訛作蔣濟。必是後人疑作「蔣濟」無據，臆改作「孟軻」。今從三朝本。

〔一一〕美其斯與形別 英華卷七五八作「美夫神與形別」。按二人討論的是形神關係問題。作「斯」無意義，疑作「神」是。

〔一二〕皆是生之類也 英華卷七五八「生」上有「有」字，疑當有此字。

〔一三〕鷹未化爲鳩鳩則非有鼠既非二有何可兩立 諸本「既非二有」脫「非」字。按英華卷七五八此段作「鷹未化鳩，鳩則非有。爲此「爲」字當在上「化」字下，錯簡在此。鼠未化爲鴽，曰明本無此字，據傳增湘校本增。此「曰」字當是「鼠」字殘缺則以無。論□相之疑當作「云」，乃似並對之稱，既非二有，何可兩立。」英華雖也多訛文，却可知此傳「鼠」下有脫文。原文當作：「鷹未化爲鳩，鳩則非有；鼠未化爲鴽，鼠則以無。論□相云，乃似並對之稱，既非二有，何可兩立。」文義尚可解釋。英華既也有訛字，不能徑補。但「鼠」下有脫文，「既二有」當作「既非二有」可以肯定，故但於「鼠」字下句斷，並補「非」字。

〔一四〕又何惑哉 英華卷七五八「惑」作「貳」。按這是說「神去此形，亦託彼形」，神是一非二，也是宣揚唯心主義神不滅論的觀點。疑作「貳」是。

北齊書卷二十五

列傳第十七

張纂 張亮 張耀 趙起 徐遠 王峻 王紘

張纂，字徽纂，代郡平城人也。父烈，桑乾太守。纂初事尒朱榮，又爲尒朱兆都督長史。爲兆使於高祖，遂被顧識。高祖舉義山東，劉誕據相州拒守，〔一〕時纂亦在其中。高祖攻而拔之，以纂參丞相軍事。

纂性便僻，左右出內，稍見親待，仍補行臺郎中。高祖啓滅國封，分賞文武，纂隨例封壽張伯。魏武帝末，高祖赴洛，以趙郡公琛爲行臺，守晉陽，以纂爲右丞。轉相府功曹參軍事，除右光祿大夫。使於茹茹，以銜命稱旨。歷中外、丞相二府從事中郎。邙山之役，大獲俘虜，高祖令纂部送京師，魏帝賜絹五百疋，封武安縣伯。

復爲高祖行臺右丞，從征玉壁。大軍將還山東，行達晉州，忽值寒雨，士卒饑凍，至有死者。州以邊禁不聽人城。于時纂爲別使，遇見，輒令開門內之，分寄民家，給其火食，多所全濟。高祖聞而善之。

纂事高祖二十餘歲，傳通敎令，甚見親賞。世宗嗣位，侯景作亂潁川，招引西魏。以纂爲南道行臺，與諸將率討之。還，除瀛州刺史。會世宗。入爲太子少傅。〔二〕後與平原王段孝先、行臺尚書辛術等攻圍東楚，仍拔廣陵、涇州數城，斬賊帥東方白額。授儀同三司，監築長城大使，領步騎數千鎮防北境。還，遷護軍將軍，尋卒。

張亮，字伯德，西河隰城人也。少有幹用，初事尒朱兆，拜平遠將軍，以功封隰城縣伯，邑五百戶。高祖討兆於晉陽，兆奔秀容。兆左右皆密通誠款，唯亮獨無啓疏。及兆敗，竄於窮山，令亮及倉頭陳山提斬己首以降，皆不忍，兆乃自縊於樹。伯德伏屍而哭。高祖嘉歎之。授丞相府參軍事，漸見親待，委以書記之任。天平中，爲世宗行臺郎中，典七兵事，雖爲臺郎，而常在高祖左右。遷行臺右丞。

高仲密之叛也，與大司馬斛律金守河陽。〔三〕周文帝於上流放火船燒河橋。亮乃備小艇百餘艘，皆載長鎖，鎖頭施釘。火船將至，卽馳小艇，以釘釘之，引鎖向岸，火船不得及

橋。橋之獲全，亮之計也。

武定初，拜太中大夫。薛琡嘗夢亮於山上掛絲，以告亮，且占之曰：「山上絲，幽字也。君其爲幽州乎？」數月，亮出爲幽州刺史。屬侯景叛，除平南將軍、梁州刺史。尋加都督揚、潁等十一州諸軍事，兼行臺殿中尚書，轉都督二豫、揚、潁等八州軍事、征西大將軍、豫州刺史、尚書右僕射、西南道行臺。攻梁江夏、潁陽等七城皆下之。

亮性質直，勤力强濟，深爲高祖、世宗所信，委以腹心之任。然少風格，好財利，久在左右，不能廉潔，及歷諸州，咸有黷貨之聞。武定末，徵拜侍中、汾州大中正。天保初，授光祿勳，加驃騎大將軍、儀同三司，別封安定縣男。轉中領軍，尋卒於位，贈司空公。

張耀，字靈光，上谷昌平人也。父鳳，晉州長史。耀少而貞謹，頗曉吏職。解褐給事中，轉司徒水曹行參軍。義旗建，高祖擢爲中軍大都督韓軌府長史。及軌除瀛、冀二州刺史，又以耀爲軌諮議參軍。後爲御史所劾，州府僚佐及軌左右以贓罪掛網者百有餘人，唯耀以清白獨免。徵爲丞相府倉曹。

顯祖嗣事，遷相府掾。天保初，賜爵都亭鄉男，攝倉、庫二曹事，諸有賜給，常使耀典之。轉祕書丞，遷尚書右丞。顯祖曾因近出，令耀居守。帝夜還，耀不時開門，勒兵嚴備。

帝駐蹕門外久之，催迫甚急。耀以夜深，眞僞難辯，須火至面識，門乃可開，於是獨出見帝。帝笑曰：「卿欲學郅君章也。」乃使耀前開門，然後入，深嗟賞之，賜以錦綵。出爲南青州刺史，未之任。肅宗輔政，累遷祕書監。

耀歷事累世，奉職恪勤，咸見親待，未嘗有過。每得祿賜，散之宗族，性節儉率素，車服飲食，取給而已。好讀春秋，月一遍，時人比之賈梁道。趙彥深嘗謂耀曰：「君研尋左氏，豈求服虔、杜預之紕繆邪？」耀曰：「何爲其然乎？左氏之書，備敍言事，惡者可以自戒，善者可以庶幾。故厲己溫習，非欲詆訶古人之得失也。」天統元年，世祖臨朝，耀奏事，遇暴疾，仆於御前。帝下座臨視，呼數聲不應。帝泣曰：「豈失我良臣也！」旬日卒，時年六十三。詔稱耀忠貞平直，溫恭廉慎。贈開府儀同三司、尚書右僕射、燕州刺史，謚曰貞簡。

趙起，字興洛，廣平人也。父達，幽州錄事參軍。起性沉謹有幹用。義旗建，高祖以段榮爲定州刺史，以起爲榮典籤，除奉車都尉。天平中，徵爲相府騎曹，累加中散大夫。世宗嗣事，出爲建州刺史，累遷侍中。起，高祖世頻爲相府騎兵二局，典知兵馬十有餘年。至顯祖卽阼之後，起罷州還闕，雖歷位九卿、侍中，常以本官監兵馬，出內驅使，居腹心之寄，與二張相亞。出爲西兗州刺史，糾劾禁止，歲餘，以無驗獲免。河清二年，徵還晉陽。三年，又加祠部尚書、開府。天統初，轉太常卿，食琅邪郡幹。二年，除滄州刺史，加六州都督。武平中，卒於官。

徐遠，字彥遐，廣寧石門人也。其先出自廣平。曾祖定，爲雲中軍將、平朔戍主，因家於朔。遠少習吏事，郡辟功曹。未幾，與太守率戶赴義旗，署防城都督，除瓔陶縣令。高祖以遠閑習書計，命爲丞相騎兵參軍事，常征伐克濟軍務，深爲高祖所知。累歷鉅鹿、陳留二郡太守。天保初，爲御史所劾，遇赦免，沉廢二年。顯祖以遠勳舊，特用爲領軍府長史，〔三〕累遷東徐州刺史，入爲太中大夫。河清初，加衞將軍。二年，除使持節、都督東楚州諸軍事、東楚州刺史。天統二年，授儀同三司、衞尉。四年，加開府、右光祿大夫。武平初卒。

遠爲治慕寬和，有恩惠。至東楚，其年冬，邑郭大火，城民亡產業，遠躬自赴救，對之流涕，仍爲經營，皆得安立。長子世榮，中書舍人、黃門侍郎。

王峻，字巒嵩，靈丘人也。明悟有幹略。高祖以爲相府墨曹參軍，坐事去官。久之，顯祖爲儀同開府，引爲城局參軍。累遷恒州大中正，世宗相府外兵參軍。隨諸軍平淮陰，賜爵北平縣男。除營州刺史。

營州地接邊城，賊數爲民患。峻至州，遠設斥候，廣置疑兵，每有賊發，常出其不意要擊之，賊不敢發，合境獲安。先是刺史陸士茂詐殺失韋八百餘人，因此朝貢遂絕。至是，峻分命將士，要其行路，失韋果至，大破之，虜其首帥而還。因厚加恩禮，放遣之。失韋遂獻誠款，朝貢不絕，峻有力焉。初茹茹主菴羅辰率其餘黨東徙，峻度其必來，預爲之備。未幾，菴羅辰到，頓軍城西。峻乃設奇伏大破之，獲其名王郁久閭豆拔提等數十人，送於京師。菴羅辰於此遁走。帝甚嘉之。〔四〕遷祕書監。

廢帝卽位，除洛州刺史、河陽道行臺左丞。皇建中，詔於洛州西界掘長塹三百里，置城戍以防間諜。河清元年，徵拜祠部尚書。詔詣晉陽檢校兵馬，俄而還鄴，轉太僕卿。及車駕巡幸，常與吏部尚書尉瑾輔皇太子、諸親王同知後事。仍賜食梁郡幹，還侍中，除都官尚書。及周師寇逼，詔峻以本官與東安王婁叡、武興王普等自鄴率衆赴河陽禦之。車駕幸洛陽，以懸瓠爲周人所據，復詔峻爲南道行臺，與婁叡率軍南討。未至，周師棄城走，仍使慰輯永、郢二州。四年春，還京師。坐違格私度禁物並盜截軍糧，有司依格處斬，家口配沒。特詔決鞭一百，除名配甲坊，蠲其家口。會赦免，停廢私門。天統二年，授驃騎大將軍、儀同三司，尋加開府。武平初，除侍中。四年卒。贈司空公。

王紘，字師羅，太安狄那人也，爲小部酋帥。父基，頗讀書，有智略。初從葛榮反，榮授基濟北王、寧州刺史。後葛榮破，而基據城不下，尒朱榮遣使喻之，然後始降。榮後以爲府從事中郎令，率衆鎭磨川。榮死，紇豆陵步藩虜基歸河西，後逃歸尒朱兆。高祖平兆，以基爲都督，除義寧太守。基先於葛榮軍與周文帝相知，及文帝據有關中，高祖遣基與長史侯景同使於周文帝，文帝留基不遣。基後逃歸，除冀州長史，後行肆州事。元象初，累遷南益州、北豫州刺史。所歷皆好聚斂，然性和直，吏民不甚患之。興和四年冬爲奴所害，時年六十五。贈征東將軍、吏部尚書、定州刺史。

紘少好弓馬，善騎射，頗愛文學。性機敏，應對便捷。年十三，見揚州刺史太原郭元貞。元貞撫其背曰：「汝讀何書？」對曰：「誦孝經。」曰：「孝經云何？」曰：「在上不驕，爲下不亂。」元貞曰：「吾作刺史，豈其驕乎？」紘曰：「公雖不驕，君子防未萌，亦願留意。」元貞稱善。年十五，隨父在北豫州，行臺侯景與人論掩衣法爲當左，爲當右。尚書敬顯儁曰：「孔子云：『微管仲，吾其被髮左衽矣。』以此言之，右衽爲是。」紘進曰：「國家龍飛朔野，雄步中原，五帝異儀，三王殊制，掩衣左右，何足是非。」景奇其早慧，賜以名馬。

興和中，世宗召爲庫直，除奉朝請。世宗暴崩，紘冒刃捍禦，以忠節賜爵平春縣男，賚帛七百段、綾錦五十疋、錢三萬並金帶駿馬，仍除晉陽令。

天保初，加寧遠將軍，頗爲顯祖所知待。帝嘗與左右飲酒，曰：「快哉大樂。」紘對曰：「亦有大樂，亦有大苦。」帝曰：「何爲大苦？」紘曰：「長夜荒飲不寤，亡國破家，身死名滅，所謂大苦。」帝默然。後責紘曰：「爾與紇奚舍樂同事我兄，舍樂死，爾何爲不死！」紘曰：「君亡臣死，自是常節，但賊豎力薄斫輕，故臣不死。」帝使燕子獻反縛紘，長廣王捉頭，帝手刃將下。紘曰：「楊遵彥、崔季舒逃走避難，位至僕射、尚書，冒死效命之士，反見屠戮，曠古未有此事。」帝投刃於地曰：「王師羅不得殺。」遂捨之。

乾明元年，昭帝作相，補中外府功曹參軍事。皇建元年，進爵義陽縣子。河清三年，與諸將征突厥，加驃騎大將軍。天統元年，除給事黃門侍郎，加射聲校尉，四遷散騎常侍。

武平初，開府儀同三司。紘上言：「突厥與宇文男來女往，必當相與影響，南北寇邊。宜選九州勁勇强弩，〔六〕多據要險之地。伏願陛下哀忠念舊，愛孤恤寡，矜愚嘉善，舍過記功，敦骨肉之情，廣寬仁之路，思堯、舜之風，慕禹、湯之德，克己復禮，以成美化，天下幸甚。」

五年，陳人寇淮南，〔七〕詔令羣官共議禦捍。封輔相請出討擊。紘曰：「官軍頻經失利，人情騷動，若復興兵極武，出頓江、淮，恐北狄西寇，乘我之弊，傾國而來，則世事去矣。莫若薄賦省徭，息民養士，使朝廷協睦，遐邇歸心，征之以仁義，鼓之以道德，天下皆當肅淸，豈直僞陳而已。」高阿那肱謂衆人曰：「從王武衞者南席。」衆皆同焉。尋兼侍中，聘於周。使還卽正，未幾而卒。紘好著述，作鑒誡二十四篇，頗有文義。

史臣曰：張纂等並趨事霸朝，申其功用，皆有齊之良臣也。伯德之慟哭伏屍，靈光之拒關駐蹕，有古人風焉。

贊曰：纂、亮、耀、起、徐遠、紘、峻，奉日高昇，凌風遠振。樹死拒關，終明信順。

校勘記

〔一〕劉誕據相州拒守　諸本「誕」作「延」。殿本作「誕」，考證云：「按神武本紀：『十一月攻鄴，相州刺史劉誕嬰城固守』，則此『延』是『誕』之譌。」按殿本作「誕」是，今從之。

〔二〕會世宗入爲太子少傅　按高澄從未爲太子少傅，而且忽插此句，和張纂事全不相涉。「世宗」下當有脫文，入爲太子少傅的是張纂。

〔三〕與大司馬斛律金守河陽　諸本「大司馬」作「大司徒」，北史卷五五張亮傳作「大司馬」。按北魏司徒不加「大」字。本書卷一七斛律金傳沒有說他曾官司徒，但說他於平高仲密後除「大司馬」。

這裏稱金後授之官，北史是，今據改。

〔四〕顯祖以遠勳舊特用爲領軍府長史　諸本「特」作「將」，册府卷二一一二五三三頁作「特」。按作「將」，屬上讀似贅，屬下讀又和下文不貫。今從册府改。

〔五〕帝甚嘉之　按茹茹東徙，事在天保五年五五四，見本書卷四文宣紀。「帝」乃指高洋。這裏上文牽連下來，不知此「帝」是誰。且北齊書例稱廟號，疑本作「顯祖」，「帝」字乃後人所改。

〔六〕宜選九州勁勇强弩　三朝本、汲本、局本及册府卷五三〇六三三八頁「勁勇」作「中男」，南、北、殿三本作「勁勇」。按北齊定制：十六已上，十七已下爲中，十八爲丁，二十充兵見隋書卷二四食貨志，發兵守險，可能也及於中男，但不可能專選中男，且和下「强弩」也連不起來。他本作「勁勇」，恐也是以意改定，無可參證，今姑從之。

〔七〕五年陳人寇淮南　按本書卷八後主紀補陳書卷五宣帝紀，陳將吳明徹攻淮南在齊武平四年，陳太建五年五七三。下文記王紘使周事，後主紀也在武平四年六月。這裏「五年」當作「四年」。

北齊書卷二十六〔一〕

列傳第十八

薛琡　敬顯儁　平鑒

薛琡，字曇珍，河南人。其先代人，本姓叱干氏。父豹子，〔二〕魏徐州刺史。琡形貌魁偉，少以幹用稱。爲典客令，每引客見，儀望甚美。魏帝召而謂之曰：「卿風度峻整，姿貌秀異，後當升進，何以處官？」琡曰：「宗廟之禮，不敢不敬，朝廷之事，不敢不忠，自此以外，非庸臣所及。」

正光中，〔三〕行洛陽令，部內肅然。有犯法者，未加拷掠，直以辭理窮覈，多得其情。於是豪猾畏威，事務簡靜。時以久旱，京師見囚悉召集華林，理問冤滯，洛陽繫獄，唯有三人。魏孝明嘉之，賜縑百疋。

遷吏部，尚書崔亮奏立停年之格，〔四〕不簡人才，專問勞舊。琡上書，言：「黎元之命，繫

於長吏，若得其人，則蘇息有地，任非其器，爲患更深。若使選曹唯取年勞，不簡賢否，便義均行雁，次若貫魚，執簿呼名，一吏足矣，數人而用，何謂銓衡。請不依此。」書奏不報。後因引見，復進諫曰：「共治天下，本屬百官。是以漢朝常令三公大臣舉賢良、方正、有道、直言之士，以爲長吏，監撫黎元。自晉末以來，此風遂替。今四方初定，務在養民。臣請依漢氏更立四科，令三公貴臣各薦時賢，以補郡縣，明立條格，防其阿黨之端。」詔下公卿議之，事亦寢。

元天穆討邢杲也，以琡爲行臺尚書。時元顥已據酇城。天穆集文武議其所先。議者咸以杲衆甚盛，宜先經略。琡以爲邢杲聚衆無名，雖强猶賊；元顥皇室昵親，來稱義舉，此恐難測。杲鼠盜狗竊，非有遠志，宜先討顥。天穆以羣情所欲，遂先討杲。杲降軍還，顥入洛。天穆謂琡曰：「不用君言，乃至於此。」

天平初，高祖引爲丞相長史。琡宿有能名，深被禮遇，軍國之事，多所聞知。琡亦推誠盡節，屢進忠讜。高祖大舉西伐，將度蒲津。琡諫曰：「西賊連年饑饉，無可食啗，故冒死來入陝州，欲取倉粟。今高司徒已圍陝城，粟不得出。但置兵諸道，勿與野戰，比及來年麥秋，人民盡應餓死，寶炬、黑獺，自然歸降。願王無渡河也。」侯景亦曰：「今者之舉，兵衆極大，萬一不捷，卒難收斂。不如分爲二軍，相繼而進，前軍若勝，後軍合力，前軍若敗，後軍

承之。」高祖皆不納，遂有沙苑之敗。累遷尚書僕射，卒。臨終，勑其子斂以時服，踰月便葬，不聽干求贈官。自制喪車，不加彫飾，但用麻爲流蘇，繩用網絡而已。明器等物並不令置。

琡久在省闥，閑明簿領，當官剖斷，敏速如流。然天性險忌，情義不篤，外似方格，內實浮動。受納貨賄，曲法舞文，深情刻薄，多所傷害，士民畏惡之。魏東平王元匡妾張氏淫逸放恣，琡初與姦通，後納以爲婦。惑其讒言，逐前妻于氏，不認其子，家內怨忿，競相告列，深爲世所譏鄙。贈青州刺史。

敬顯儁，字孝英，平陽人。少英俠有節操，交結豪傑。爲羽林監。高祖臨晉州，儁因使謁見，與語說之，乃啓爲別駕。及義舉，以儁爲行臺倉部郎中。從攻鄴，令儁督造土山。城拔，又從平西胡。〔五〕轉都官尚書，與諸將征討，累有功。又從高祖平寇難，破周文帝。敗侯景，平壽春，定淮南。又略地三江口，多築城戍。累除兗州刺史，卒。〔六〕

平鑒，字明達，燕郡薊人。父勝，安州刺史。鑒少聰敏，頗有志力。受學於徐遵明，不爲章句，雖崇儒業，而有豪俠氣。孝昌末，盜賊蜂起，見天下將亂，乃之洛陽，與慕容儼騎馬

爲友。〔七〕鑒性巧，夜則胡畫，以供衣食。謂其宗親曰：「運有汚隆，亂極則治。并州戎馬之地，尒朱王命世之雄，杖義建旗，奉辭問罪，勞忠竭力，今也共時。」遂相率奔尒朱榮於晉陽，因陳靜亂安民之策。榮大奇之，卽署參軍，前鋒從平鞏、密，每陣先登。除撫軍、襄州刺史。

高祖起義信都，鑒自歸。高祖謂鑒曰：「日者皇綱中弛，公已早竭忠誠。今尒朱披猖，又能去逆從善。搖落之時，方識松筠。」卽啓授征西。懷州刺史。〔八〕

鑒奏請於州西故軹道築城以防遏西寇，朝廷從之。尋而西魏來攻。是時新築之城，糧仗未集，舊來乏水，衆情大懼。南門內有一井，隨汲卽竭。鑒乃具衣冠俯井而祝，至旦有井泉涌溢，合城取之。魏師敗還，以功進位開府儀同三司。

時和士開以佞幸勢傾朝列，〔九〕令人求鑒愛妾劉氏，鑒卽送之。仍謂人曰：「老公失阿劉，與死何異。要自爲身作計，不得不然。」由是除齊州刺史。鑒歷牧八州，再臨懷州，所在爲吏所思，立碑頌德。入爲都官尚書。令〔一〇〕

校勘記

〔一〕北齊書卷二十六　按此卷文與北史不同，且較北史簡略，後無論贊。錢氏考異卷三一認爲曾經後人刪改，或是北齊書此卷已亡，後人以高氏小史補。

〔二〕父豹子　北本、殿本及北史卷二五「豹」作「彪」。他本作「豹」。按薛虎子附魏書卷四四薛野䐗傳。北齊書作「豹」，北史作「彪」，都是避唐諱。北本、殿本乃依北史改。

〔三〕正光中　諸本「光」作「元」。按「正元」無此年號，今從北史卷二五薛琡傳改。

〔四〕遷吏部尙書崔亮奏立停年之格　北史卷二五「吏部」下有「郎中先是吏部」六字。這裏刪簡失當。

〔五〕又從平西胡　按「西胡」當是「四胡」之訛。四胡指尒朱兆等，屢見本書紀傳。金石萃編卷三〇敬史君即顯儁碑止敍他從平尒朱兆事，別無所謂「平西胡」。

〔六〕累除兗州刺史卒　按此傳刪節過甚，敍事缺漏。如敬史君碑有云：「燕司失馭，犏荒作逆，連黑山之衆，峙黃巾之勢，縱橫海表，陸梁幽、冀。震感皇衷，命公是討」云云。分明是一次相當規模的農民起義，敬顯儁是殘酷鎭壓這次起義的劊子手。傳文一無紀載，或原文本有而給刪節掉。這件有關東魏初年農民起義的史事就給埋滅了。

〔七〕與慕容儼騎馬爲友　北史卷五五平鑒傳、册府卷八四八　一〇八二頁此句作「與慕容儼以客騎馬爲業」，當是借馬給人騎坐，自己趕馬。這裏刪節，文義不明。

〔八〕卽啟授征西懷州刺史　錢氏考異卷三一云：「『征西』下當有脫文。」按上文稱高歡信都起兵，「鑒自歸」，則此懷州刺史也是高歡所啟授，但據北史卷五五平鑒傳，鑒遷懷州刺史，在高澄當

國時。「征西」下顯然有脫文，錢說是。

〔九〕時和士開以佞幸勢傾朝列　按這個「時」字直接上文西魏進攻懷州。而和士開當權得勢至早也在武成帝高湛時，那時西魏早亡。據北史卷五五在此以前尙有一段敍事，直到「河淸二年，重拜懷州刺史」，才說「和士開使求鑒愛妾阿劉」。這裏又是刪節失當，以致把河淸二年五六三或以後的事和在其前十餘年的事西魏攻懷州據卷一五潘樂傳當在天保元年（五五〇）說成同時，甚謬。

〔一〇〕人爲都官尙書令　按「都官尙書令」無此官。北史卷五五云：「卒於都官尙書。」下敍贈官和其子事跡。此「令」字疑衍。但下有缺文，也可能「令」字屬下讀。今於「書」字下斷句。

北齊書卷二十七〔一〕

列傳第十九

万俟普子洛　可朱渾元　劉豐　破六韓常

金祚　韋子粲

万俟普，字普撥，太平人，其先匈奴之別種也。雄果有武力。正光中，破六韓拔陵構逆，授普太尉。率部下降魏，授後將軍，第二領民酋長。高祖起義，普遠通誠款，高祖甚嘉之。斛斯椿逼帝西出，授司空、秦州刺史，據覆䩞城。高祖平夏州，普乃率其部落來奔，高祖躬自迎接，授普河西公。累遷太尉、朔州刺史，卒。

子洛，字受洛干。豪壯有武藝，騎射過人，爲鄕閭所伏。拔陵反，隨父歸順，除顯武將軍。隨尒朱榮每有戰功，累遷汾州刺史、驃騎將軍。及起義信都，遠送誠款，高祖嘉其父子

俱至，甚優其禮。除撫軍，兼靈州刺史。武帝入關，除左僕射。天平中，隨父東歸，封建昌郡公，再遷領軍將軍。與諸將圍獨孤如願於金墉，及河陰之戰，並有功。高祖以其父普尊老，特崇禮之，嘗親扶上馬。洛免冠稽首曰：「願出死力以報深恩。」及此役也，諸軍北渡橋，洛以一軍不動。謂西人曰：「万俟受洛干在此，能來可來也！」西人畏而去。高祖以雄壯，名其所營地爲回洛城。洛慷慨有氣節，勇銳冠時，當世推爲名將。興和初卒。

可朱渾元，字道元。〔二〕自云遼東人，世爲渠帥，魏時擁衆內附，曾祖護野肱終於懷朔鎭將，遂家焉。元寬仁有武略，少與高祖相知。北邊擾亂，遂將家屬赴定州，値鮮于修禮作亂，元擁衆屬焉。葛榮併修禮，復以元爲梁王。遂奔尒朱榮，以爲別將，隸天光征關中，以功爲渭州刺史。

侯莫陳悅之殺賀拔岳也，周文帝率岳所部還共圖悅。元時助悅，悅走，元收其衆，入據秦州，爲周攻圍，苦戰，結盟而罷。元旣早被高祖知遇，兼其母兄在東，嘗有思歸之志，恒遣表疏與高祖陰相往來。周文忌元智勇，知元懷貳，發兵攻之。元乃率所部，發自渭州，西北渡烏蘭津。周文頻遣兵邀之，元戰必摧之。引軍歷河、源二州境，〔三〕乃得東出。靈州刺史

曹遲女婿劉豐與元深相交結。元因說豐以高祖英武非常，克成大業，豐自此便有委質之心，遂資遣元。元從靈州東北入雲州。高祖聞其來也，遣平陽守高嵩持金環一枚以賜元，並運資糧，遠遣候接。元至晉陽，引見執手，賜帛千疋並奴婢田宅。兄弟四人先在并州者，進官爵。元所部督將，皆賞以爵邑。封元縣公，除車騎大將軍。

討西魏儀同金祚、皇甫智遠於東雍，擒之。還并州刺史。又與諸將征伐，頻有克捷降下。天保初，封扶風王。頻從顯祖討山胡、茹茹，累有戰功。遷太師，薨。贈假黃鉞、太宰、錄尙書。元善於御衆，行軍用兵，務在持重，前後出征，未嘗負敗。及卒，朝廷深悼之。皇建初，配享世宗廟庭。

劉豐，字豐生，普樂人也。〔四〕有雄姿壯氣，果毅絕人，有口辯，好說兵事。破六韓拔陵之亂，豐以守城之功，除普樂太守。魏永安初，除靈州鎭城大都督。周文授以衞大將軍，豐不受，乃遣攻圍，不克。豐遠慕高祖威德，乃率戶數萬來奔。高祖上豐爲平西將軍、南汾州刺史。遂與諸將征討，平定寇亂。又從高祖破周文於河陰，豐功居多，高祖執手嗟賞。入爲左衞將軍，出除殷州。

王思政據長社，世宗命豐與清河王岳攻之。豐建水攻之策，遂遏洧水以灌之，水長，魚鱉皆游焉。九月至四月，城將陷。豐與行臺慕容紹宗見北有白氣，同入船。忽有暴風從東北來，正晝昏暗，飛沙走礫，船纜忽絕，漂至城下。豐游水向土山，爲浪所激，不時至，西人鉤之。並爲敵人所害。豐壯勇善戰，爲諸將所推。死之日，朝野駭惋。贈大司馬、司徒公、尙書令，諡曰忠。子暐嗣。

破六韓常，字保年，附化人，匈奴單于之裔也。右谷蠡王潘六奚沒於魏，其子孫以潘六奚爲氏，後人訛誤，以爲破六韓。世領部落，其父孔雀，世襲酋長。孔雀少驍勇。時宗人拔陵爲亂，以孔雀爲大都督、司徒、平南王。孔雀率部下一萬人降於尒朱榮，詔加平北將軍、第一領民酋長，卒。

常沉敏有膽略，善騎射，累遷平西將軍。高祖起義，常爲附化守，與万俟受洛干東歸，高祖嘉之，上爲撫軍。與諸將征討，又從高祖攻擊諸寇，累遷車騎大將軍、開府，封平陽公。除洛州刺史。常啓世宗曰：「常自鎭河陽以來，頻出關口，太谷二道，北荆已北，〔五〕洛州已南，所有要害，頗所知悉。而太谷南口去荆路蹤一百，經赤工坂，是賊往還東西大道，中間曠絕一百五十里，賊之糧餽，唯經此路。愚謂於彼選形勝之處，營築城戍，安置士馬，截其遠還，自然不能更有行送。」世宗納其計，遣大司馬斛律金等築楊志、百家、呼延三鎭。常秩滿，還晉陽，拜太保、滄州刺史，卒。贈尙書令、司徒公、太傅、第一領民酋長，假王，諡曰忠武。

金祚，字神敬，安定人也。性驍雄，尙氣任俠。魏正光中，隴右賊起，詔雍州刺史元猛討之，召募狠家，〔六〕以爲軍導，祚應選。以軍功累遷龍驤將軍、靈州刺史。高祖舉義，尒朱天光率關右之衆與仲遠等北抗義師。天光留祚東秦，總督三州，鎭靜二州。天光敗，歸高祖，〔七〕除車騎大將軍。邙山之戰，以大都督從破西軍。祚除華州刺史，加開府儀同三司，別封臨濟縣子，卒。贈司空。

韋子粲，字暉茂，京兆人。曾祖閬，魏咸陽守。父儁，都水使者。子粲仕郡功曹史，累遷爲大行臺郎中，從尒朱天光平關右。孝武入關，以爲南汾州刺史。神武命將出討，城陷，

子弟俱破獲，送晉陽，蒙放免。以粲爲并州長史，累遷豫州刺史，卒。初子粲兄弟十三人，子姪親屬，闔門百口悉在西魏。以子粲陷城不能死難，多致誅滅，歸國獲存，唯與弟道諧二人而已。諧與粲俱入國。粲富貴之後，遂特棄道諧，令其異居，所得廩祿，略不相及，其不顧恩義如此。

校勘記

〔一〕北齊書卷二十七　按此卷文與北史不同，後無論贊，傳中高歡、高澄稱廟號。錢氏考異卷三一認爲曾經後人刪改，或是北齊書此卷已亡，後人以高氏小史補。

〔二〕字道元　諸本「道」作「通」。北史卷五三可朱渾元傳作「道」。按本書和魏書、北史、通鑑凡稱可朱渾元字者都作「道元」。「通」字訛，今據改。

〔三〕引軍歷河源二州境　按魏無「源州」。上文說「元乃率所部發自渭州西北，渡烏蘭津」。通鑑卷一五七四八六〇頁胡注：「烏蘭津在平涼西北」。平涼卽魏原州治。疑「源」乃「原」之訛。

〔四〕普樂人也　御覽卷二七五一二八五頁無此四字，却有「本出河間樂城」六字，不知所出。可能是北齊書此傳原文。

〔五〕北荆已北　諸本「北荆」作「北制」。按「北制」無此地名，「制」字是「荆」之訛。本傳下文明說

「太谷南口去荆路踰一百」，又說高澄採納破落韓常築城的建議，命斛律金等「築楊志、百家、呼延三鎮」。據魏書卷一〇六地形志中北荆州條云：「武定二年五四四置，領伊陽、新城、汝北三郡」，其中汝北郡的治所後來即移在楊志塢。可知築城正在北荆和洛州間。「制」字訛，今改正。

〔六〕召募狠家　册府卷八四八一〇〇八二頁「狠家」作「良家」。按「狠家」，當時別無紀載，疑作「良」是。

〔七〕天光敗歸高祖　張森楷云：「北史卷五三金祚傳謂祚初莫知所歸，神武遣侯景慰諭解甲，後據東雍州，遣尉景攻降之。據可朱渾元傳見同卷有『討西魏儀同金祚、皇甫智達於東雍，擒之』之文，與北史合，是也。此太簡略，殊非事實。」按此傳以某種史鈔補，删節過多。下文說「別封臨濟縣子」，前面却沒有記金祚的本封何爵，也是删節之失。

北齊書卷二十八〔一〕

列傳第二十

元坦　元斌　元孝友　元暉業　元弼　元韶

元坦，祖魏獻文皇帝，咸陽王禧第七子。禧誅後，兄翼、樹等五人相繼南奔，故坦得承襲，改封敷城王。永安初，復本封咸陽郡王，累遷侍中。莊帝從容謂曰：「王才非荀、蔡，中歲屢遷，當由少長朕家，故有超授。」初禧死後，諸子貧乏，坦兄弟爲彭城王勰所收養，故有此言。

孝武初，其兄樹見禽。坦見樹既長且賢，慮其代己，密勸朝廷以法除之。樹知之，泣謂坦曰：「我往因家難，不能死亡，寄食江湖，受其爵命。今者之來，非由義至，求活而已，豈望榮華。汝何肆其猜忌，忘在原之義，腰背雖偉，善無可稱。」坦作色而去。樹死，竟不臨哭。

坦歷司徒、太尉、太傅，加侍中、太師、錄尚書事、宗正、司州牧。雖祿厚位尊，貪求滋甚，賣獄鬻官，不知紀極。爲御史劾奏免官，以王歸第。尋起爲特進，出爲冀州刺史，專復聚斂。每百姓納賦，除正稅外，別先責絹五疋，然後爲受。性好畋漁，無日不出，秋冬獵雉兔，春夏捕魚蟹，鷹犬常數百頭。自言寧三日不食，不能一日不獵。入爲太傅。〔二〕齊天保初准例降爵，封新豐縣公，除特進、開府儀同三司。坐子世寶與通直散騎侍郎彭貴平因酒醉誹謗，妄說圖識，有司奏當死，詔並宥之。坦配北營州，死配所。

元斌，字善集，祖魏獻文皇帝。父高陽王雍，〔三〕從孝莊於河陰遇害。斌少襲祖爵，歷位侍中、尚書左僕射。斌美儀貌，性寬和，居官重慎，頗爲齊文襄愛賞。齊天保初，准例降爵，爲高陽縣公，拜右光祿大夫。二年，從文宣討契丹還，至白狼河，〔四〕以罪賜死。

元孝友，祖魏太武皇帝。兄臨淮王彧無子，〔五〕令孝友襲爵。累遷滄州刺史，爲政溫和，好行小惠，不能清白，而無所侵犯，百姓亦以此便之。魏靜帝宴文襄於華林，孝友因醉自譽，又云：「陛下許賜臣能。」帝笑曰：「朕恒聞王自道清。」文襄曰：「臨淮王奉旨舍罪。」於是君臣俱笑而不罪。

孝友明於政理，嘗奏表曰：

令制：百家爲黨族，二十家爲閭，五家爲比鄰。百家之內，有帥二十五人，徵發皆免，苦樂不均。羊少狼多，復有蠶食。此之爲弊久矣。京邑諸坊，或七八百家唯一里正、二史，庶事無闕，而況外州乎？請依舊置三正之名不改，而百家爲族，四閭，閭二比。〔六〕計族少十二丁，得十二疋貲絹。略計見管之戶應二萬餘族，一歲出貲絹二十四萬疋。十五丁爲一番兵，計得一萬六千兵。此富國安人之道也。

古諸侯娶九女，士一妻一妾。晉令：諸王置妾八人；郡君、侯，妾六人。官品令：第一第二品有四妾，第三第四有三妾，第五第六有二妾，第七第八有一妾。所以陰教聿修，繼嗣有廣。廣繼嗣孝也，修陰教禮也。而聖朝忽棄此數，由來漸久，將相多尚公主，王侯娶后族，故無妾媵，習以爲常。婦人不幸，生逢今世，〔七〕舉朝既是無妾，天下殆皆一妻。設令人强志廣娶，則家道離索，身事迍邅，內外親知，共相嗤怪。凡今之人，通無準節。父母嫁女，則敎以妬，姑姊逢迎，必相勸以忌。以制夫爲婦德，以能妬爲女工。自云不受人欺，畏他笑我。王公猶自一心，已下何敢二意。夫妬忌之心生，則妻妾之禮廢，妻妾之禮廢，則姦淫之兆興，斯臣之所以毒恨者也。請以王公第一品娶八，通妻以備九女，稱事二品備七，三品四品備五，五品六品則一妻二妾。限以一

周，悉令充數。若不充數，及待妾非禮，使妻妬加捶撻，免所居官。其妻無子而不娶妾，斯則自絕，無以血食祖父，請科不孝之罪，離遣其妻。

臣之赤心，義唯家國，欲使吉凶無不合禮，貴賤各有其宜，省人帥以出兵丁，立倉儲以豐穀食，設賞格以擒姦盜，行典令以示朝章，庶使足食足兵，人信之矣。又冒申妻妾之數，正欲使王侯將相功臣子弟，苗胤滿朝，傳祚無窮。此臣之志也。

詔付有司，議奏不同。

孝友又言：「今人生爲皂隸，葬擬王侯，存沒異途，無復節制。崇壯丘隴，盛飾祭儀，鄰里相榮，稱爲至孝。又夫婦之始，王化所先，共食合瓢，足以成禮。而今之富者彌奢，同牢之設，甚於祭槃，累魚成山，山有林木之像，鸞鳳斯存。徒有煩勞，終成委棄。仰惟天意，其或不然。請自茲以後，若婚葬過禮者，以違旨論。官司不加糾劾，卽與同罪。」

孝友在尹積年，以法自守，甚著聲稱，然性無骨鯁，善事權勢，爲正直者所譏。齊天保初，准例降爵，封臨淮縣公，拜光祿大夫。二年冬被詔入晉陽宮，出與元暉業同被害。

元暉業，字紹遠，魏景穆皇帝之玄孫。少險薄，多與寇盜交通。長乃變節，涉子史，亦頗屬文，而慷慨有志節。歷位司空、太尉，加特進，領中書監，錄尚書事。文襄嘗問之曰：「比何所披覽？」對曰：「數尋伊、霍之傳，不讀曹、馬之書。」

暉業以時運漸謝，不復圖全，唯事飲啗，一日一羊，三日一犢。又嘗賦詩云：「昔居王道泰，濟濟富羣英；今逢世路阻，狐兔鬱縱橫。」齊初，降封美陽縣公，開府儀同三司、特進。暉業之在晉陽也，無所交通，居常閑暇，乃撰魏藩王家世，號爲辯宗錄四十卷行於世。位望隆重，又以性氣不倫，每被猜忌。

天保二年，從駕至晉陽，於宮門外駡元韶曰：「爾不及一老嫗，背負璽與人，何不打碎之。我出此言，卽知死也，然爾亦詎得幾時！」文宣聞而殺之，亦斬臨淮公孝友。孝友臨刑，驚惶失措，暉業神色自若。仍鑿冰沉其屍。暉業弟昭業，頗有學問，位諫議大夫。莊帝幸洛南，昭業立於閶闔門外叩馬諫，帝避之而過，後勞勉之。位給事黃門侍郎、衞將軍、右光祿大夫，卒。諡曰文侯。

元弼，字輔宗，魏司空暉之子。〔八〕（性剛正，有文學。位中散大夫。以世嫡應襲先爵，爲季父尚書僕射麗因于氏親寵，遂奪弼王爵，橫授同母兄子誕。於是弼絕棄人事，託疾還私第。宣武徵爲侍中，〔九〕弼上表固讓，入嵩山，以穴爲室，布衣蔬食，卒。建義元年，〔一〇〕子暉業訴復王爵。永安三年追贈尚書令、司徒公，諡曰文獻。初弼嘗夢人謂之曰：「君身不得傳世封，其紹先爵者，君長子紹遠也。」弼覺，卽告暉業，終如其言。）

元韶字世胄，魏孝莊之姪。避尒朱之難，匿於嵩山。〔一一〕性好學，美容儀。初尒朱榮將入洛，父劭恐，以韶寄所親滎陽太守鄭仲明。仲明尋爲城人所殺，韶因亂與乳母相失，遂與仲明兄子僧副避難。路中爲賊逼，僧副恐不免。因令韶下馬。〔一二〕僧副謂客曰：「窮鳥投人，尚或矜愍，況諸王如何棄乎？」僧副舉刃逼之，客乃退。韶逢一老母姓程，哀之，隱於私家十餘日，莊帝訪而獲焉，襲封彭城王。齊神武帝以孝武帝后配之。魏室奇寶，多隨后入韶家。有二玉鉢相盛，可轉而不可出；馬瑙榼容三升，玉縫之。皆稱西域鬼作也。歷位太尉、侍中、錄尚書、司州牧，進太傅。

齊天保元年，降爵爲縣公。韶性行溫裕，以高氏婿，頗膺時寵。能自謙退，臨人有惠政。好儒學，禮致才彥，愛林泉，修第宅，華而不侈。文宣帝剃韶鬢鬚，加以粉黛，衣婦人服以自隨，曰：「我以彭城爲嬪御。」譏元氏微弱，比之婦女。

十年，太史奏云：「今年當除舊布新。」文宣謂韶曰：「漢光武何故中興？」韶曰：「爲誅諸劉不盡。」於是乃誅諸元以厭之。遂以五月誅元世哲、景式等二十五家，〔一三〕餘十九家並禁止之。韶幽於京畿地牢，絕食，啗衣袖而死。及七月，大誅元氏，自昭成已下並無遺焉。或父祖爲王，或身常貴顯，或兄弟强壯，皆斬東市。其嬰兒投於空中，承之以矟。前後死者

凡七百二十一人，悉投屍漳水，剖魚多得爪甲，都下爲之久不食魚。

贊曰：元氏蕃熾，憑茲慶靈，道隨終運，命偶淫刑。

校勘記

〔一〕北齊書卷二十八　按此卷原缺，後人以北史卷一六、卷一七、卷一九、卷二一相同諸人傳補。卷末贊語當出北齊書原文。三朝本、南本卷末有宋人校語云：「此卷牽合北史而成。」

〔二〕入爲太傅　諸本「太傅」作「太常」，北史卷一九元坦傳附咸陽王禧傳作「太傅」。按坦爲太傅，見魏書卷一二孝靜紀武定七年十月。此作「太常」，誤。今據北史改。

〔三〕祖魏獻文皇帝父高陽王雍　張森楷云：「案魏書獻文六王傳卷二一上，斌是高陽王雍世子泰之子，則獻文乃其曾祖，雍其祖也。下文有『襲祖爵』，尚不誤。」按這是補此傳者誤讀北史本傳所致。

〔四〕至白狼河　諸本「狼」作「浪」。北史卷一九元斌傳附高陽王雍傳作「狼」。按白狼水見水經注卷一四大遼水注，云「水出右北平白狼縣東南」。「浪」字訛，今據改。

〔五〕祖魏太武皇帝兄臨淮王彧無子　按北史卷一六臨淮王譚傳，元孝友爲譚曾孫，則太武是孝友

高祖。這裏「祖」上脫「高」字。又三朝本、北本、汲本、局本「彧」作「譚」，譚是孝友曾祖，顯誤。南本、殿本已校改作「彧」，今從之。

〔六〕而百家爲族四閭閭二比　三朝本、汲本及北史卷一六元孝友傳「族」作「於」，三朝本、汲本不重「閭」字。南、北、殿、局四本及魏書卷一八元孝友傳無「族」字。按「於」字爲「族」之訛，上文明言「百家爲黨族」，下文說「族少十二丁」可證。魏書脫「族」字，南本當以「百家爲於」不可通，從魏書删，他本從之。今「於」字改正作「族」，「閭」字從諸本及魏書、北史重。

〔七〕婦人不幸生逢今世　北史卷一六、魏書卷一八「不」作「多」。覩上下文義，疑作「多」是。

〔八〕元弼字輔宗魏司空暉之子　三朝本、北本、汲本、殿本無「暉」字，南本、局本「暉」作「鬱」，册府卷八一三九六七七頁作「暉」。錢氏考異卷三一云：「考北史卷一七弼字邕明，不字輔宗，其父鬱亦未爲司空，或諸元別有仕齊名弼者，而後人妄牽合之。」按魏末有兩元弼，其一附北史卷一七濟陰王小新成傳，乃元鬱子。此傳除傳首十一字外，卽以北史此元弼傳補。如錢氏所考，其人字邕明，父亦未爲司空，和傳首無一相合。且傳稱其死在魏永安三年五三〇，和東魏、北齊沒有發生關係，不應北齊書爲他立傳。又一元弼附北史卷一五常山王遵傳，其人字宗輔傳首作輔宗，不知孰是，父名暉，死贈司空，與傳首十一字合。北史本傳說他死於齊天保三年五五二，歷官尚書令、中書監、錄尚書事。歷官並見魏書卷一二孝靜紀天平元年五三四十月、武定二年五四四三月。此人在東魏當大官，死在北齊初，顯爲此卷有傳的元弼。由於此傳只殘存傳首十一字，補此傳者只見北史卷一七也有一元弼，就截取補入，實屬張冠李戴，傳非其人。三朝本或係有意删去「暉」字，或係脫文。南本不僅採北史卷一七補上「鬱」字，以湊合下文，而且發見此傳前一人元暉業却是這個元弼字邕明者之子，認爲不該子先父後，便貿然把元弼傳提在元暉業傳之前，北本、殿本從之，可算錯上加錯。今據册府補「暉」字。下文「性剛正」直到傳終都是另一元弼的事，和北齊書無涉，今加括號。

〔九〕宣武徵爲侍中　諸本「徵」作「中」。北史卷一七作「徵」。按「宣武」是元恪謚，非年號，「中」字訛，今據改。

〔一〇〕建義元年　諸本「建義」作「建元」。按魏無「建元」年號，建義是孝莊帝第一個年號，今據北史卷一七改。

〔一一〕魏孝莊之姪避尒朱之難匿於嵩山　按此十四字不見魏書卷二一下、北史卷一九元韶傳。這裏已說避難事，忽然接上「性好學，美容儀」六字，接着又追敍「尒朱榮將入洛」，元韶避難遇程姓老母事，前後重複，敍次淩亂。疑傳首「元韶字世胄」，合此十四字共十九字，是北齊書殘存原文。避難事已敍訖，本無下文追敍語。補此傳者逕將北史本傳接在殘存的十九字下，以致如此。

〔一二〕路中爲賊逼僧副恐不免因令韶下馬　南、北、殿三本「中」下無「爲」字，「僧副」作「客」，三朝本、汲本、局本及北史卷一九如上摘句。按原文當作「僧副」。但「不免」下有脫文，其事不詳。後人疑僧副是反對拋棄元韶的人，何以反令韶下馬，遂改「僧副」爲「客」。今從三朝本。

〔一三〕誅元世哲景式等二十五家　諸本「式」作「武」。按本書卷四文宣紀天保十年五月稱誅始平公元世、東平公元景式等二十五家。元景式見魏書卷一九下元略傳附南安王楨傳，乃略嗣子。「武」字訛，今據改。

北齊書卷二十九[一]

列傳第二十一

李渾 渾弟繪 李璵 鄭述祖

李渾,字季初,趙郡栢人人也。曾祖靈,魏鉅鹿公。父遵,魏冀州征東府司馬,京兆王愉冀州起逆,害遵。渾以父死王事,除給事中。時四方多難,乃謝病,求爲青州征東府司馬。與河間邢卲、北海王昕俱奉老母、攜妻子同赴青、齊。未幾而尒朱榮入洛,衣冠殲盡。論者以爲知機。永安初,除散騎常侍。

普泰中,崔社客反於海岱,攻圍青州。詔渾爲征東將軍、[二]都官尙書、行臺赴援。而社客宿將多謀,諸城各自保,固壁清野。時議有異同。渾曰:「社客賊之根本,圍城復踰晦朔。烏合之衆,易可崩離。若簡練驍勇,銜枚夜襲,徑趣營下,出其不意,咄嗟之間,便可擒殄。如社客執擒,則諸郡可傳檄而定。何意冒熱攻城,疲損軍士。」諸將遲疑,渾乃決行。

未明,達城下,賊徒驚散,生擒社客,斬首送洛。海隅清定。

後除光祿大夫,兼常侍,聘使至梁。梁武謂之曰:「伯陽之後,久而彌盛,趙李人物,今實居多。常侍曾經將領,今復充使,文武不墜,良屬斯人。」使還,爲東郡太守,以贓徵還。世宗使武士提以入,渾抗言曰:「將軍今日猶自禮賢耶!」世宗笑而捨之。

天保初,除太子少保,邢卲爲少師,楊愔爲少傅,論者爲榮。以參禪代儀注,賜爵涇陽縣男。刪定麟趾格。尋除海州刺史。土人反,[三]共攻州城。城中多石,無井,常食海水。賊絕其路。城內先有一池,時旱久涸,一朝天雨,泉流涌溢。賊以爲神,應時駭散。渾督勵將士,捕斬渠帥。渾妾郭氏在州干政納貨,坐免官。卒。

子湛,字處元。涉獵文史,有家風。爲太子舍人,兼常侍,聘陳使副。襲爵涇陽縣男。[四]渾與弟繪、緯俱爲聘梁使主,[五]湛又爲使副,是以趙郡人士,目爲四使之門。

繪,字敬文。年六歲,便自願入學,家人偶以年俗忌,約而弗許。[六]伺其伯姊筆牘之間,而輒竊用,未幾遂通急就章。內外異之,以爲非常兒也。及長,儀貌端偉,神情朗儁。河間邢晏,卽繪舅也。與繪清言,歎其高遠。每稱曰:「若披雲霧,如對珠玉,宅相之寄,良在此甥。」齊王蕭寶夤引爲主簿記室,專管表檄,待以賓友之禮。司徒高邕辟爲從事中郎,徵至洛。時勑侍中西河王、祕書監常景選儒學十人緝撰五禮,繪與太原王乂同掌軍禮。魏靜帝於顯陽殿講孝經、禮記,繪與從弟騫、裴伯茂、[七]魏收、盧元明等俱爲錄議。素長筆札,尤能傳受,緝綴詞議,簡舉可觀。天平初,世宗用爲丞相司馬。每罷朝,文武總集,對揚王庭,[八]常令繪先發言端,爲羣僚之首。音辭辯正,風儀都雅,聽者悚然。

武定初,兼常侍,爲聘梁使主。梁武帝問繪:「高相今在何處?」繪曰:「今在晉陽,肅遏邊寇。」梁武曰:「黑獺若爲形容?高相作何經略?」繪曰:「黑獺遊魂關右,人神厭毒,連歲凶災,百姓懷土。丞相奇略不世,畜銳覬釁,攻昧取亡,勢必不遠。」梁武曰:「如卿言極佳。」與梁人汎言氏族。袁狎曰:「未若我本出自黃帝,姓在十四之限。」繪曰:「兄所出雖遠,當共車千秋分一字耳。」一坐大笑。前後行人,皆通啓求市,繪獨守清尙,梁人重其廉潔。

使還,拜平南將軍、高陽內史。郡境舊有猛獸,民常患之。繪欲修檻,遂因鬬死。咸以爲化感所致,皆請中上。繪不聽。高祖東巡郡國,在瀛州城西駐馬久立,使慰之曰:「孤在晉,[九]知山東守唯卿一人用意。及入境觀風,信如所聞。但善始令終,將位至不次。」河間守崔謀恃其弟暹勢,從繪乞麋角鴿羽。繪答書曰:「鴿有六翮,飛則沖天,麋有四足,走便入海。下官膚體疏嬾,手足遲鈍,不能逐飛追走,遠事佞人。」是時世宗使暹選司徒長史,暹薦繪,既而不果,咸謂由此書。天保初,爲司徒右長史。繪質性方重,未嘗趨事權勢,以此久

而屈沉。卒。

公緒,字穆叔,渾族兄藉之子。性聰敏,博通經傳。魏末冀州司馬,屬疾去官。後以侍御史徵,不至,卒。

公緒沉冥樂道,不關世務,故誓心不仕。尤善陰陽圖緯之學。嘗語人云:「吾每觀齊之分野,福德不多,國家世祚,終於四七。」及齊亡之歲,[一〇]上距天保之元二十八年矣。公緒潛居自待,雅好著書,撰典言十卷,又撰質疑五卷,[一一]喪服章句一卷,古今略記二十卷,玄子五卷,趙語十三卷,並行於世。

李璵,字道璠,隴西成紀人,涼武昭王暠之五世孫。父韶,並有重名於魏代。璵溫雅有識量。釋褐太尉行參軍,累遷司徒右長史。及遷都於鄴,留於後,監掌府藏,及撤運宮廟材木,以明幹見稱。累遷驃騎大將軍、東徐州刺史。解州還,遂稱老疾,不求仕。齊受禪,追璵兼前將軍,[一二]導從於圜丘行禮。璵意不願策名兩朝,雖以宿舊被徵,過事卽絕朝請。天保四年卒。

子詮、韞。詮、韞無行。[一三]詮以女妻穆提婆子懷廆,超遷臨漳令、儀同三司。韞與陸令

嘗女弟私通，令嘗奏授太子舍人。

弟瑾，字道瑜，名在魏書。才識之美，見稱當代。瑾六子，產之、〔一四〕倩之、壽之、禮之、行之、凝之，並有器望。行之與兄弟深相友愛，又風素夷簡，爲士友所稱。范陽盧思道是其舅子，嘗贈詩云：「水衡稱逸人，潘、楊有世親，〔一五〕形骸預冠蓋，心思出風塵。」時人以爲實錄。

璵從弟曉，字仁略。魏太尉虔子。學涉有思理。釋褐員外侍郎。尒朱榮之害朝士，將行，曉衣冠爲鼠所噬，遂不成行，得免河陰之難。及遷都鄴，曉便寓居淸河，託從母兄崔㥄宅。〔一六〕給良田三十頃，曉遂築室安居，訓勗子姪，無復宦情。武定末，以世道方泰，乃入都從仕。除頓丘守，卒。

鄭述祖，字恭文，滎陽開封人。祖羲，魏中書令。父道昭，魏祕書監。述祖少聰敏，好屬文，有風檢，爲先達所稱譽。釋褐司空行參軍。天保初，累遷太子少師、儀同三司、兗州刺史。時穆子容爲巡省使，歎曰：「古人有言：『聞伯夷之風，貪夫廉，懦夫有立。』今於鄭兗州見之矣。」

初述祖父爲光州，〔一七〕於城南小山起齋亭，刻石爲記。述祖時年九歲。及爲刺史，往尋

舊迹，得一破石，有銘云：「中岳先生鄭道昭之白雲堂。」述祖對之嗚咽，悲動羣僚。有人入市盜布，其父怒曰：「何忍欺人君！」執之以歸首，述祖特原之。自是之後，境內無盜。人歌之曰：「大鄭公，小鄭公，相去五十載，風教猶尙同。」

述祖能鼓琴，自造龍吟十弄，云嘗夢人彈琴，寤而寫得。當時以爲絕妙。所在好爲山池，松竹交植，盛饌以待賓客，將迎不倦。未貴時，在鄉單馬出行，忽有騎者數百，見述祖皆下馬，曰「公在此」，行列而拜。述祖顧問從人，皆不見，心甚異之。未幾被徵，終歷顯位。及病篤，乃自言之。且曰：「吾今老矣，一生富貴足矣，以淸白之名遺子孫，死無所恨。」遂卒於州。述祖女爲趙郡王叡妃。述祖常坐受王拜，命坐，王乃坐。妃薨後，王更娶鄭道蔭女。王坐受道蔭拜，王命坐，乃敢坐。王謂道蔭曰：「鄭尙書風德如此，又貴重宿舊，君不得譬之。」子元德，多藝術，官至琅邪守。

元德從父弟元禮，字文規。少好學，愛文藻，有名望。世宗引爲館客，歷太子舍人。崔昂妻，即元禮之姊也，魏收又昂之妹夫。昂嘗持元禮數篇詩示盧思道，〔一八〕乃謂思道云：「看元禮比來詩詠，亦當不減魏收？」答云：「未覺元禮賢於魏收，但知妹夫疏於婦弟。」元禮入周，卒於始州別駕。

校勘記

〔一〕北齊書卷二十九　按此卷與北史不同，而無論贊。三朝本、南本卷末有宋人校語云：「此卷雖非北史而無論贊，疑尙非正史。」錢氏考異卷三一認爲似經後人刪改，或北齊書此卷已亡，後人以高氏小史補。

〔二〕詔渾爲征東將軍　諸本「將」下脫「軍」字，今據册府卷三五四四二〇四頁補。

〔三〕士人反　三朝本、南本「士」作「亡」。北、汲、殿、局四本及北史卷三三作「士」。按「亡人」指逃亡人民，亦可通。但「士人」屢見本書及魏書，似作「士」是。

〔四〕兼常侍聘陳使副襲爵涇陽縣男　三朝本、南本、汲本、局本無「使副襲爵涇陽縣男」八字。北本當是依北史卷三三補，殿本從之。按若無「使副」字，則下文「湛又爲使副」，「又」字無據，今從北本。

〔五〕渾與弟繪緯俱爲聘梁使主　諸本「緯」作「偉」，北史卷三三作「緯」。張森楷云：「按緯字乾經，則當從『系』爲是。」今按魏書卷四九李靈傳附見作「系」，去掉「緯」字的右邊，乃避北齊後主高緯諱，可知字當從「系」，今據北史改。

〔六〕家人偶以年俗忌約而弗許　北史卷三三及册府卷七七五九二〇六頁「偶以」倒作「以偶」。按册府此條出北齊書，却與北史同。「偶年」是指雙數的年齡，或當時忌偶年上學，後人不解，乙作「偶以」。

〔七〕裴伯茂　諸本「茂」作「莊」，北史卷三三李繪傳作「茂」。按魏書卷八五文苑傳有「裴伯茂」，「莊」字訛，今據改。

〔八〕每罷朝文武總集對揚王庭　北史卷三三、册府卷四六七五五六三頁「罷」作「霸」。按既已「罷朝」，又說「對揚王庭」，連不起來。當時習稱高歡父子掌握的政權機構叫「霸朝」。李繪是丞相司馬，長史、司馬是相府首僚，故下云：「爲羣僚之首。」這裏正是說丞相府中的集會，「對揚王庭」指的是渤海王之庭。疑作「霸」是。

〔九〕孤在晉　册府卷六七二八〇三六頁「晉」下有「陽」字。疑此傳脫去。

〔一〇〕及齊亡之歲　三朝本、汲本作「帝年則及亡之歲」，不可解，局本刪「帝年則」三字，南本據北史卷三三改作「及齊亡之歲」，北、殿二本從之。按「帝年則」三字必有訛脫，南本改作未必合於原文，但無從參證，今姑從之。

〔一一〕又撰質疑五卷　北史卷三三「質疑」上有「禮」字。按無此字，不知所質之疑爲何，當是脫去。

〔一二〕追璵兼前將軍　南、北、殿、局四本「追」作「進」，三朝本、汲本作「追」，百衲本依他本改作「進」。按北史卷一〇〇序傳也作「追」。李璵先已官驃騎大將軍，位一品，前將軍在第三品見魏書卷一一三官氏志，不能說進。上文說他已稱老疾，不求仕，必已回鄉，今追他來鄴任職，作「追」是，今從三

朝本。

〔一三〕子詮驄誦韞無行　錢氏考異卷三一云：「案北史序傳卷一〇〇瑍子詮，詮弟讌，讌弟誦，誦弟世蘊。中略傳失載讌一人，又以韞爲誦兄，皆不若北史之可信。」按此傳「詮」下脫「讌誦」二字，原文當作「子詮、讌、誦、韞，誦、蘊無行」，觀下文先敍誦之無行，才敍蘊之劣跡，可知「無行」不止韞一人。今於「子銓韞」句斷。

〔一四〕瑾六子產之　諸本「產」作「彥」。魏書卷三九李寶傳、北史卷一〇〇序傳作「產」。按產之字孫僑，春秋時，鄭子產名僑，今名產字僑，名字相應。漢魏南北朝墓誌集釋卷八盧文搆墓誌跋引文搆妻李月相墓誌，稱月相曾祖韶，祖瑾，父產之，可證作「產」是，今據改。

〔一五〕潘楊有世親　諸本「楊」作「陽」，殿本作「楊」，北史卷一〇〇作「揚」。按潘楊世親見文選卷五六潘安仁楊仲武誄。「陽」字訛，今從殿本。

〔一六〕託從母兄崔㥄宅　諸本「㥄」作「悛」，北史卷一〇〇作「陵」。按崔㥄，本書卷二三有傳，㥄清河人，與此傳「曉便寓居清河」語合。「悛」「陵」都是形近而訛，今改正。

〔一七〕初述祖父爲光　諸本及北史卷三五鄭述祖傳「光」作「兗」。北史此句上多「還光州刺史」句。按魏書卷五六、北史卷三五稱述祖父道昭由祕書監出爲光州刺史，轉青州刺史，從未做過兗州刺史。八瓊室金石補正卷一四載鄭道昭雲峰山石刻十七種，論經書詩，題銜是光州刺史。雲

峰山在掖縣，即光州治所。同書卷二一又載光州刺史鄭述祖重登雲峰山題記，內容說的即此傳下文所云「往尋舊跡」的事。鄭道昭、述祖父子先後都任光州刺史，都曾在光州刻石，證據明白。知「兗」乃「光」的形訛，今改正。又北史上有「還光州刺史」句，敍述祖歷官本不誤，當是補此傳者以爲上下文說的是兗州事，逕自刪去。

〔一八〕昂嘗持元禮數篇詩示盧思道　諸本無「昂」字。按若無「昂」字，便似魏收持元禮詩示思道，和下文不合，今據北史卷三五補。

北齊書卷三十〔一〕

列傳第二十二

崔暹　高德政　崔昂

崔暹，字季倫，博陵安平人，漢尚書寔之後也，世爲北州著姓。父穆，州主簿。暹少爲書生，避地渤海，依高乾，以妹妻乾弟慎。慎後臨光州，〔二〕啓暹爲長史。趙郡公琛鎮定州，〔三〕辟爲開府諮議。隨琛往晉陽，高祖與語說之，以兼丞相長史。高祖舉兵將入洛，留暹佐琛知後事。謂之曰：「丈夫相知，豈在新舊。軍戎事重，留守任切，家弟年少，未閑事宜，凡百後事，一以相屬。」握手殷勤，至於三四。後遷左丞、吏部郎，主議麟趾格。

暹親遇日隆，好薦人士，言邢卲宜任府僚，兼任機密，世宗因以徵卲，甚見親重。言論之際，卲遂毀暹。世宗不悅，謂暹曰：「卿說子才之長，子才專言卿短，此癡人也。」暹曰：「子才言暹短，暹說子才長，皆是實事，不爲嫌也。」高慎之叛，與暹有隙，高祖欲殺之，世宗

救免。

武定初，遷御史中尉，選畢義雲、盧潛、宋欽道、李愔、崔瞻、杜蕤、嵇曄、酈伯偉、崔子武、李廣皆爲御史，世稱其知人。

世宗欲假暹威勢。諸公在坐，令暹高視徐步，兩人挈裾而入，世宗分庭對揖，暹不讓席而坐，觴再行，便辭退。世宗曰：「下官薄有蔬食，願公少留。」暹曰：「適受勑在臺檢校。」遂不待食而去，世宗降階送之。旬日後，世宗與諸公出之東山，遇暹於道，前驅爲赤棒所擊，世宗回馬避之。

暹前後表彈尚書令司馬子如及尚書元羨、雍州刺史慕容獻，〔四〕又彈太師咸陽王坦、并州刺史可朱渾道元，罪狀極筆，並免官。其餘死黜者甚衆。高祖書與鄴下諸貴曰：「崔暹昔事家弟爲定州長史，後吾兒開府諮議，及遷左丞吏部郎，吾未知其能也。始居憲臺，乃爾糾劾。咸陽王、司馬令並是吾對門布衣之舊，尊貴親昵，無過二人，同時獲罪，吾不能救，諸君其愼之。」高祖如京師，羣官迎於紫陌。高祖握暹手而勞之曰：「往前朝廷豈無法官，而天下貪婪，莫肯糾劾。中尉盡心爲國，不避豪强，遂使遠邇肅清，羣公奉法。衝鋒陷陣，大有其人，當官正色，今始見之。今榮華富貴，直是中尉自取，高歡父子，無以相報。」賜暹良馬，使騎之以從，且行且語。暹下拜，馬驚走，高祖爲擁之而授轡。魏帝宴於華林園，謂高祖曰

「自頃朝貴、牧守令長、所在百司多有貪暴，侵削下人。朝廷之中有用心公平，直言彈劾，不避親戚者，王可勸酒。」高祖降階，跪而言曰：「唯御史中尉崔暹一人。謹奉明旨，敢以酒勸，並臣所射賜物千疋，乞回賜之。」帝曰：「崔中尉爲法，道俗齊整。」暹謝曰：「此自陛下風化所加，大將軍臣澄勸獎之力。」世宗退謂暹曰：「我尚畏羨，何況餘人。」由是威名日盛，內外莫不畏服。

高祖崩，未發喪，世宗以暹爲度支尚書，兼僕射，委以心腹之寄。暹憂國如家，以天下爲己任。世宗車服過度，誅戮變常，言談進止，或有虧失，暹每厲色極言，世宗亦爲之止。有囚數百，世宗盡欲誅之，每催文帳。暹故緩之，不以時進，世宗意釋，竟以獲免。

自出身從官，常日晏乃歸。侵曉則與兄弟問母之起居，暮則嘗食視寢，然後至外齋對親賓。一生不問家事。魏、梁通和，要貴皆遣人隨聘使交易，暹惟寄求佛經。梁武帝聞之，爲繕寫，以幡花贊唄送至館焉。然而好大言，調戲無節。密令沙門明藏著佛性論而署己名，傳諸江表。子達拏年十三，暹命儒者權會教其說周易兩字，乃集朝貴名流，令達拏昇高座開講。趙郡眭仲讓陽屈服之，〔五〕暹喜，擢爲司徒中郎。〔六〕鄴下爲之語曰：「講義兩行得中郎。」此皆暹之短也。

顯祖初嗣霸業，司馬子如等挾舊怨，言暹罪重，謂宜罰之。高隆之亦言宜寬政網，去苛

察法官，黜崔暹，則得遠近人意。顯祖從之。及踐祚，譖毀之者猶不息。帝乃令都督陳山提等搜暹家，甚貧匱，唯得高祖、世宗與暹書千餘紙，多論軍國大事。帝嗟賞之。仍不免衆口，乃流暹於馬城，晝則負土供役，夜則置地牢。歲餘，奴告暹謀反，鎖赴晉陽，無實，釋而勞之。

尋遷太常卿。帝謂羣臣曰：「崔太常清正，天下無雙，卿等不及。」初世宗欲以妹嫁暹子，而會世宗崩，遂寢。至是，羣臣讌於宣光殿，貴戚之子多在焉。顯祖歷與之語，於坐上親作書與暹曰：「賢子達拏，甚有才學。亡兄女樂安主，魏帝外甥，內外敬待，勝朕諸妹，思成大兄宿志。」乃以主降達拏。天保末，爲右僕射。帝謂左右曰：「崔暹諫我飲酒過多，然我飲何所妨？」常山王私謂暹曰：「至尊或多醉，太后尚不能致言，吾兄弟杜口，僕射獨能犯顏，內外深相感愧。」十年，暹以疾卒，帝撫靈而哭。贈開府。

達拏溫良清謹，有識學，少歷職爲司農卿。入周，謀反伏誅。天保時，顯祖嘗問樂安公主：「達拏於汝何似？」答曰：「甚相敬重，唯阿家憎兒。」顯祖召達拏母入內，殺之，投屍漳水。齊滅，達拏殺主以復讐。

高德政，字士貞，渤海蓨人。父顥，〔七〕魏滄州刺史。德政幼而敏慧，有風神儀表。顯

祖引爲開府參軍，知管記事，甚相親狎。高祖又擢爲相府掾，委以腹心。遷黃門侍郎。世宗嗣業，如晉陽，顯祖在京居守，令德政參掌機密，彌見親重。世宗暴崩，事出倉卒，羣情草草。勳將等以纘戎事重，勸帝早赴晉陽。帝亦回遑不能自決，夜中召楊愔、杜弼、崔季舒及德政等，始定策焉。以楊愔居守。

德政與帝舊相昵愛，言無不盡。散騎常侍徐之才、館客宋景業先爲天文圖讖之學，又陳山提家客楊子術有所援引，並因德政，勸顯祖行禪代之事。德政又披心固請。帝乃手書與楊愔，具論諸人勸進意。德政恐愔猶豫不決，自請馳驛赴京，託以餘事，唯與楊愔言，愔方相應和。

德政還未至，帝便發晉陽，至平都城，〔八〕召諸勳將入，告以禪讓之事。諸將等忽聞，皆愕然，莫敢答者。時杜弼爲長史，密啓顯祖云：「關西是國家勁敵，若今受魏禪，恐其稱義兵挾天子而東向，王將何以待之？」顯祖入，召弼入與徐之才相告。之才云：「今與王爭天下者，彼意亦欲爲帝，譬如逐兔滿市，一人得之，衆心皆定。今若先受魏禪，關西自應息心。縱欲屈強，止當逐我稱帝。必宜知機先覺，無容後以學人。」弼無以答。帝已遣馳驛向鄴，書與太尉高岳、尚書令高隆之、領軍婁叡、侍中張亮、黃門趙彥深、楊愔等。岳等馳傳至高陽驛。帝使約曰：「知諸貴等意，不須來。」唯楊愔見，高岳等並還。帝以衆人意未協，又先得

太后旨云：「汝父如龍，汝兄如虎，尚以人臣終，汝何容欲行舜、禹事？此亦非汝意，正是高德政教汝。」又說者以爲昔周武王再駕盟津，然始革命，於是乃旋晉陽。自是居常不悅。徐之才、宋景業等每言卜筮雜占陰陽緯候，必宜五月應天順人，德政亦勸不已。仍白帝追魏收。收至，令撰禪讓詔册、九錫、建臺及勸進文表。

至五月初，帝發晉陽。德政又錄在鄴諸事條進於帝，帝令陳山提馳驛齎事條並密書與楊愔。大略令撰儀注，防察魏室諸王。山提以五月至鄴，〔九〕楊愔卽召太常卿邢卲、七兵尚書崔㥄、度支尚書陸操、詹事王昕、黃門侍郎陽休之、中書侍郎裴讓之等議撰儀注。六日，要魏太傅咸陽王坦等總集，引入北宮，留于東齋，受禪後，乃放還宅。帝初發至亭前，〔一〇〕所乘馬忽倒，意甚惡之，大以沉吟。至平城都，便不復肯進。德政、徐之才苦請帝曰：「山提先去，若爲形容，恐其漏泄不果。」卽命司馬子如、杜弼馳驛續入，觀察物情。七日，子如等至鄴，衆人以事勢已決，無敢異言。

八日，楊愔書中旨，以魏襄城王旭〔一一〕並司空公潘相樂、侍中張亮、黃門趙彥深入通奏事。魏孝靜在昭陽殿，引見。旭云：「五行遞運，有始有終，齊王聖德欽明，萬方歸仰，臣等昧死聞奏，願陛下則堯禪舜。」魏帝便斂容曰：「此事推挹已久，謹當遜避。」又道：「若爾，須作詔。」中書侍郎崔劼奏云：「詔已作訖。」卽付楊愔進於魏靜帝。凡有十餘條，悉書。魏靜

云：「安置朕何所，復若爲去？」楊愔對：「在北城別有館宇，還備法駕，依常仗衞而去。」魏靜帝於是下御坐，就東廊，口詠范蔚宗後漢書贊云：「獻生不辰，身播國屯，終我四百，永作虞賓。」所司尋奏請發。魏靜帝曰：「人念遺簪弊屨，欲與六宮別，可乎？」乃入與夫人嬪御以下訣別，莫不歔欷掩涕。嬪趙國李氏口誦陳思王詩云：「王其愛玉體，俱享黃髮期。」魏靜帝登車出萬春門，直長趙道德在車中陪侍，百官在門外拜辭。遂入北城下司馬子如南宅。

帝至城南頓所。受禪之日，除德政爲侍中，尋封藍田公。七年，遷尚書右僕射，〔三〕兼侍中，食渤海郡幹。德政與尚書令楊愔綱紀政事，多有弘益。

顯祖末年，縱酒酣醉，所爲不法，德政屢進忠言。後召德政飲，不從，又進言於前，諫曰：「陛下道我尋休，今乃甚於既往，其若社稷何，其若太后何！」帝不悅，又謂左右云：「高德政恒以精神淩逼人。」德政甚懼，乃稱疾屏居佛寺，兼學坐禪，爲退身之計。帝謂楊愔曰：「我大憂德政，其病何似？」愔以禪代之際，因德政言情切至，方致誠款，常內忌之。由是答云：「陛下若用作冀州刺史，病卽自差。」帝從之，德政見除書而起。帝大怒，召德政謂之曰：「聞爾病，我爲爾針。」親以刀子刺之，血流霑地。又使曳下，斬去其趾。劉桃枝捉刀不敢下。帝起臨階砌，切責桃枝曰：「爾頭卽墮地！」因索大刀自帶，欲下階。桃枝乃斬足之三指。帝怒不解，禁德政於門下，其夜開城門，以輿送還家。旦日，德政妻出寶物滿四牀，欲

以寄人。帝奄至於宅，見而怒曰：「我府藏猶無此物！」詰其所從得，皆諸元賂之。遂曳出斬之。時妻出拜，又斬之，並其子祭酒伯堅。德政死後，顯祖謂羣臣曰：「高德政常言宜用漢，除鮮卑，此卽合死。又教我誅諸元，我今殺之，爲諸元報讎也。」帝後悔，贈太保，嫡孫王臣襲焉。

崔昂，字懷遠，博陵安平人也。祖挺，魏幽州刺史。昂年七歲而孤，伯父吏部尚書孝芬嘗謂所親曰：「此兒終當遠至，是吾家千里駒也。」昂性端直少華，沉深有志略，堅實難傾動。少好章句，頗綜文詞。世宗廣開幕府，引爲記室參軍，委以腹心之任。

世宗入輔朝政，召爲開府長史。時勳將親族賓客在都下，放縱多行不軌，孫騰、司馬子如之門尤劇。昂受世宗密旨，以法繩之，未幾之間，內外齊肅。遷尚書左丞，其年，又兼度支尚書。左丞兼尚書，近代未有，唯昂獨爲冠首，朝野榮之。

武定六年，甘露降於宮闕，文武官僚同賀顯陽殿。魏帝問僕射崔暹、尚書楊愔等曰：「自古甘露之瑞，漢、魏多少，可各言往代所降之處，德化感致所由。」次問昂，昂曰：「案符瑞圖，王者德致於天，則甘露降。吉凶兩門，不出符瑞，故桑雉爲戒，實啓中興，小鳥孕大，未聞福感。所願陛下雖休勿休。」帝爲斂容曰：「朕既無德，何以當此。」

齊受禪，遷散騎常侍，兼太府卿、大司農卿。二寺所掌，世號繁劇，昂校理有術，下無姦僞，經手歷目，知無不爲，朝廷歎其至公。又奏上橫市妄費事三百一十四條，詔下，依啓狀速議以聞。其年，與太子少師邢卲議定國初禮，仍封華陽男。又詔删定律令，損益禮樂，令尚書右僕射薛琡等四十三人在領軍府議定。又勑昂云：「若諸人不相遵納，卿可依事啓聞。」昂奉勑笑曰：「正合生平之願。」昂素勤慎，奉勑之後，彌自警勗，部分科條，校正今古所增損十有七八。轉廷尉卿。昂本性清嚴，凡見黷貨輩，疾之若讎，以是治獄文深，世論不以平恕相許。

顯祖幸東山，百官預讌，升射堂。帝召昂於御坐前，謂曰：「舊人多出爲州，我欲以臺閣中相付，當用卿爲令僕，勿望刺史。卿六十外當與卿本州，中間，州不可得也。」後九卿以上陪集東宮，帝指昂及尉瑾、司馬子瑞謂太子曰：「此是國家柱石，汝宜記之。」未幾，復侍讌金鳳臺，帝歷數諸人，咸有罪負，至昂曰：「崔昂直臣，魏收才士，婦兄妹夫，俱省罪過。」天保十年，策拜儀同燕子獻，百司陪列，昂在行中。帝特召昂至御所，曰：「歷思羣臣可綱紀省闥者，唯冀卿一人。」卽日除爲兼右僕射。數日後，昂因入奏事，帝謂尚書令楊愔曰：「昨不與崔昂正者，言其太速，欲明年眞之。終是除正，何事早晚，可除正僕射。」明日，卽拜爲眞。楊愔少時與昂不平，顯祖崩後，遂免昂僕射，除儀同三司。後坐事除名，卒祠部尚書。

昂有風調才識，舊立堅正剛直之名。然好探揣上意，感激時主，或列陰私罪失，深爲顯祖所知賞，發言奬護，人莫之能毁。議曹律令，京畿密獄，及朝廷之大事多委之。尚嚴猛，好行鞭撻，雖苦楚萬端，對之自若。前者崔暹、季舒爲之親援，後乃高德政是其中表，常有挾恃，意色矜高，以此不爲名流所服。子液嗣。

校勘記

〔一〕按此卷與北史不同，稱廟號，不稱謚，但後無論贊。錢氏考異卷三一認爲經後人删改，或北齊書此卷已亡，後人以高氏小史補。

〔二〕愼後臨光州　三朝本、汲本無「愼」字。北史卷三二崔暹傳作「愼後臨光、滄二州」。南本依北史補「愼」字，北、殿、局三本從之。按此字不宜省。三朝本多省文，當是高氏小史之類史鈔原來就這樣，不一定是版刻脫去。但不少不應省的字，今皆從南、北本補，不一一出校記。

〔三〕趙郡公琛鎮定州　按本書卷一三趙郡王琛傳高琛封的是南趙郡公，八瓊室金石補正卷二〇載琛子叡天保七年造無量壽佛像記也稱琛爲南趙郡公。這裏「趙」上當有「南」字。

〔四〕雍州刺史慕容獻　北史卷三二、册府卷五一一六一三八頁、卷五二〇六二〇七頁「雍」作「殷」。按東魏無雍州，疑作「殷」是。

〔五〕趙郡眭仲讓陽屈服之　諸本「眭」作「睦」。按姓氏書無「睦」姓，今據北史卷三二改。詳卷四五校記。

〔六〕還喜擢爲司徒中郎　諸本「擢」下有「奏」字。三朝本、汲本、局本「擢」作「躍」，南、北、殿三本作「擢」。張元濟以爲「喜躍」連文，作「躍」是北齊書敍。按「擢奏」於文義不洽。北史卷三二作「用仲讓爲司徒中郎」，通志卷一五三、御覽卷六一五二七六六頁引三國典略並作「擢仲讓爲司徒中郎」，都沒有「奏」字。三朝等本「喜躍」連讀，雖可通，從北史通志、御覽看來也不是原文。今從南、北、殿本作「擢」，據北史、通志刪「奏」字。

〔七〕父顥　諸本「顥」作「顯」。按魏書卷五七高祐傳、北史卷三一高允傳、唐書卷七一下宰相世系表渤海高氏並作「顥」，「顯」乃形近而訛，今據改。

〔八〕至平都城　南、殿、局三本作「平城都」，三朝本、北本、汲本作「平都城」，但下文「至平城都便不復肯進」句，却又同作「平城都」。此外，作「平城都」的還有卷二四杜弼傳、卷四九宋景業傳。又本書卷一四高思好傳作「平都」，而北史卷五一思好傳作「城平都」。按通鑑卷一六三五〇四二頁作「平都城」。胡注：「九城志：遼州遼山縣有平城鎭。宋白曰：遼州平城縣，本漢涅縣地，晉置武鄉縣，此地屬焉。隋開皇十六年於趙簡子所立平都故城置平城縣。」宋白之說本於元和郡縣志卷一七儀州平城縣條太平寰宇記卷四四太原郡平城縣條同。據此，知隋開皇十六年之前，此地當

名平都或平都故城，開皇十六年立縣，始名平城。在東魏、北齊時既無平城之名，也不該稱之爲「都」。疑作「平都城」是。但作「平城都」者較多，或別有據，今皆不改。

〔九〕山提以五月至鄴　按上文已見「五月初」，這裏不應又記「五月」。下文有「六日」「七日」「八日」，此「五月」當是「五日」之訛，但北史卷三一也作「五月」，今不改。

〔一〇〕帝初發至亭前　北史卷三一及通鑑卷一六三五〇四三頁作「前亭」。胡注：「前亭在晉陽之東，平都城之西。」據胡注前亭有此地名，似作「亭前」誤。但不知所本，今不改。

〔一一〕魏襄城王旭　諸本及北史卷五魏孝靜紀「旭」作「昶」，魏書卷一二孝靜紀作「旭」。按襄城王元旭見魏書卷一九下城陽王長壽傳，孝靜紀屢見其人，武定六年五四八官大司馬。元昶見魏書卷二一咸陽王禧傳，其人封太原王，死於天平二年五三五。封邑不同，人也久死。「昶」字訛，今據改。下「昶云」句同改。

〔一二〕七年遷尚書右僕射　張森楷云：「帝紀卷四文宣紀德政爲右僕射在十年三月，疑此『七』字誤。」

北齊書卷三十一〔一〕

列傳第二十三

王昕　弟晞

王昕，字元景，北海劇人。六世祖猛，秦苻堅丞相，家於華山之鄜城。父雲，仕魏朝有名望。

昕少篤學讀書，太尉汝南王悅辟騎兵參軍。舊事，王出射，武服持刀陪從，昕未嘗依行列。悅好逸遊，或騁騎信宿，昕輒棄還。悅乃令騎馬在前，手爲驅策。昕舍轡高拱，任馬所之。左右言其誕慢。悅曰：「府望惟在此賢，不可責也。」悅數散錢於地，令諸佐爭拾之，昕獨不拾。悅又散銀錢以目昕，昕乃取其一。悅與府僚飲酒，起自移牀，人爭進手，昕獨執版却立。悅於是作色曰：「我帝孫帝子帝弟帝叔，今爲宴適，親起輿牀。卿是何人，獨爲偃蹇！」對曰：「元景位望微劣，不足使殿下式瞻儀形，安敢以親王僚寀，從厮養之役。」悅謝焉。

坐上皆引滿酣暢，昕先起，臥閑室，頻召不至。悅乃自詣呼之曰：「懷其才而忽府主，可謂仁乎？」昕曰：「商辛沉湎，其亡也忽諸，府主自忽，微僚敢任其咎。」悅大笑而去。

累遷東萊太守。後吏部尚書李神儁奏言，比因多故，常侍遂無員限，今以王元景等爲常侍，定限八員。加金紫光祿大夫。武帝或時袒露，〔二〕與近臣戲狎，每見昕，即正冠而斂容焉。昕體素甚肥，遭喪後，遂終身羸瘠。楊愔重其德業，以爲人之師表。遷祕書監。

昕少與邢卲俱爲元羅賓友，及守東萊，卲舉室就之。郡人以卲是邢杲從弟，會兵將執之，昕以身蔽伏其上，呼曰：「欲執邢子才，當先殺我。」卲乃免焉。

昕雅好清言，詞無淺俗。在東萊，獲殺其同行侶者，詰之未服，昕謂之曰：「彼物故不歸，卿無恙而反，何以自明？」邢卲後見世宗，說此言以爲笑樂。昕聞之，故詣卲曰：「卿不識造化。」還謂人曰：「子才應死，我罵之極深。」

顯祖以昕疏誕，非濟世所須，罵之曰：「好門戶，惡人身。」又有讒之者曰：「王元景每嗟水運不應遂絕。」帝愈怒，乃下詔徙幽州。後徵還，除銀青光祿大夫，判祠部尚書事。帝怒臨漳令嵇曄及舍人李文師，以曄賜薛豐洛，文師賜崔士順爲奴。鄭子默私謂昕曰：「自古無朝士作奴。」昕曰：「箕子爲之奴，何言無也？」子默遂以昕言啓顯祖，仍曰：「王元景比陛下於殷紂。」楊愔微爲解之。帝謂愔曰：「王元景是爾博士，爾語皆元景所教。」帝後與朝臣酣飮，

昕稱病不至。帝遣騎執之，見方搖膝吟詠，遂斬於御前，投尸漳水，天保十年也。有文集二十卷。子顗。

昕母清河崔氏，學識有風訓，生九子，並風流藴藉，世號王氏九龍。

弟晞，字叔朗，小名沙彌。幼而孝謹，淹雅有器度，好學不倦，美容儀，有風則。魏末，隨母兄東適海隅，與邢子良遊處。子良愛其清悟，與其在洛兩兄書曰：「賢弟彌郎，意識深遠，曠達不羈，簡於造次，言必詣理，吟詠情性，往往麗絕。恐足下方難爲兄，不假慮其不進也。」〔三〕魏永安初，第二兄暉聘梁，啓晞釋褐除員外散騎侍郎，徵署廣平王開府功曹史。晞願養母，竟不受署。母終後，仍屬遷鄴。遨遊鞏洛，悅其山水，與范陽盧元明、鉅鹿魏季景結侶同契，往天陵山，浩然有終焉之志。

及西魏將獨孤信入洛，署爲開府記室。晞稱先被犬傷，困篤不起。有故人疑其所傷非猘，書勸令起。晞復書曰：「辱告存念，見令起疾，循復眷旨，似疑吾所傷未必是猘。吾豈顧其必猘，但理契無疑耳。就足下疑之，亦有過說。足下既疑其非猘，亦可疑其是猘，其疑半矣。若疑其是猘而營護，雖非猘亦無損；〔四〕疑其非猘而不療，儻是猘則難救。然則過療則致萬全，過不療或至死。若王晞無可惜也，則不足取，既取之，便是可惜。奈何奪其萬全，

任其或死。且將軍威德所被，飇飛霧襲，方掩八紘，豈在一介。若必從隗始，先須濟其生靈。足下何不從容爲將軍言也。」於是方得見寬。俄而信返，晞遂歸鄴。

齊神武訪朝廷子弟忠孝謹密者，令與諸子遊。晞與清河崔瞻、頓丘李度、范陽盧正通首應此選。文襄時爲大將軍，握晞等手曰：「我弟並向成長，志識未定，近善狎惡，不能不移。吾弟成立，不負義方，卿祿位常亞吾弟。若苟使迴邪，致相詿誤，罪及門族，非止一身。」晞隨神武到晉陽，補中外府功曹參軍帶常山公演友。

齊天保初，行太原郡事。及文宣昏逸，常山王數諫，帝疑王假辭於晞，欲加大辟。王私謂晞曰：「博士，明日當作一條事，爲欲相活，亦圖自全，宜深體勿怪。」乃於衆中杖晞二十。帝尋發怒，聞晞得杖，以故不殺，髡鉗配甲坊。居三年，王又固諫爭，大被歐撻，閉口不食。太后極憂之。帝謂左右曰：「儻小兒死，奈我老母何？」於是每問王疾，謂曰：「努力强食，當以王晞還汝。」乃釋晞令往。王抱晞曰：「吾氣力惙然，恐不復相見。」晞流涕曰：「天道神明，豈令殿下遂斃此舍。至尊親爲人兄，尊爲人主，安可與校計。殿下不食，太后亦不食，殿下縱不自惜，不惜太后乎？」言未卒，王强坐而飯。晞由是得免徒，還爲王友。

王復錄尚書事，新除官者必詣王謝職，去必辭。晞言於王曰：「受爵天朝，拜恩私第，自古以爲干紀。朝廷文武，出入辭謝，宜一約絕。主上顒顒，賴殿下扶翼。」王納焉。常從容

謂晞曰：「主上起居不恒，卿耳目所具，吾豈可以前逢一怒，遂爾結舌。卿宜爲撰諫草，吾當伺便極諫。」晞遂條十餘事以呈。切諫王曰：「今朝廷乃爾，欲學介子匹夫輕一朝之命，狂藥令人不自覺，刀箭豈復識親疏，一旦禍出理外，將奈殿下家業何，奈皇太后何！乞且將順，日慎一日。」王歔欷不自勝，曰：「乃至是乎？」明日見晞曰：「吾長夜九思，今便息意。」便命火對晞焚之。後王承間苦諫，遂至忤旨。帝使力士反接，拔白刃注頸，罵曰：「小子何知，欲以吏才非我，是誰教汝！」王曰：「天下噤口，除臣誰敢有言。」帝催遣捶楚，亂杖抶數十，會醉臥得解。爾後褻黷之好，遍於宗戚，所往留連，俾晝作夜，唯常山邸多無適而去。

及帝崩，濟南嗣立。王謂晞曰：「一人垂拱，吾曹亦保優閑。」因言朝廷寬仁慈恕，眞守文良主。晞曰：「天保享祚，東宮委一胡人，今卒覽萬機，駕馭雄傑。如聖德幼冲，未堪多難，而使他姓出納詔命，必權有所歸。殿下雖欲守藩職，其可得也！〔五〕假令得遂冲退，自謂保家祚得靈長不？」王默然思念，久之曰：「何以處我？」晞曰：「周公抱成王朝諸侯，攝政七年，然後復子明辟，幸有故事，惟殿下慮之。」王曰：「我安敢自擬周公。」〔六〕晞曰：「殿下今日地望，欲避周公得耶？」王不答。帝臨發，勑王從駕，除晞并州長史。

及王至鄴，誅楊、燕等，詔以王爲大丞相、都督中外諸軍事，督攝文武。還至并，乃延晞謂曰：〔七〕「不早用卿言，使羣小弄權，幾至傾覆。今君側雖獲暫清，終當何以處我？」晞曰：

「殿下往時地位，猶可以名教出處。今日事勢，遂關天時，非復人理所及。」有頃，奏趙郡王叡爲左長史，晞爲司馬。每夜載入，晝則不與語，以晞儒緩，恐不允武將之意。後進晞密室曰：「比王侯諸貴每見煎迫，言我違天不祥，恐當或有變起，吾正欲以法繩之。」晞曰：「朝廷比者疏遠親戚，寧思骨血之重。殿下倉卒所行，非復人臣之事，芒刺在背，交戟入頸，上下相疑，何由可久。且天道不恒，虧盈迭至，神幾變化，肹蠁斯集。雖執謙挹，粃糠神器，便是違上玄之意，墜先帝之基。」王曰：「卿何敢發非所宜言，須致卿於法。」晞曰：「竊謂天時人事，同無異謀，是以冒犯雷霆，不憚斧鉞。今日得披肝膽，抑亦神明攸贊。」王曰：「拯難匡輔，方俟聖哲，吾何敢私議，幸勿多言。」尋有詔以丞相任重，普進府僚一班，晞以司馬領吏部郎中。丞相從事中郎陸杳將出使，臨別握晞手曰：「相王功格區宇，天下樂推，歌謠滿道，物無異望。杳等願披赤心而忽奉外使，無由面盡短誠，寸心謹以仰白。」晞尋述杳言。王曰：「若內外咸有異望，趙彥深朝夕左右，何因都無所論。自以卿意試密與言之。」晞以事隙問彥深。彥深曰：「我比亦驚此音謠，每欲陳聞，則口噤心戰。弟既發論，吾亦昧死一披肝膽。」因亦同勸。

是時諸王公將校四方岳牧表陳符命。乾明元年八月，昭帝踐祚，詔晞曰：「何爲自同外客，略不可見。自今假非局司，但有所懷，隨宜作一牒，候少隙卽徑進也。」因勑尚書陽休

之、鴻臚卿崔劼等三人，每日本職務罷，並入東廊，共舉錄歷代廢禮墜樂、職司廢置、朝饗異同、輿服增損。或道德高儁，久在沉淪；或巧言眩俗，妖邪害政；爰及田市舟車、徵稅通塞、婚葬儀軌、貴賤齊衰，〔八〕有不便於時而古今行用不已者，或自古利用而當今毀棄者：悉令詳思，以漸條奏，未待頓備，遇憶續聞。朝晡給與御食，畢景聽還。時百官請建東宮，勑未許。〔九〕每令晞就東堂監視太子冠服，導引趨拜。爲太子太傅，晞以局司奉璽綬。皇太子釋奠，又兼中庶子。帝謂曰：「今既當劇職，不得尋常舒慢也。」

帝將北征，勑問外間比何所聞。晞曰：「道路傳言，車駕將行。」帝曰：「庫莫奚南侵，我未經親戎，因此聊欲習武。」晞曰：「鑾駕巡狩，爲復可爾，若輕有驅使，恐天下失望。」帝曰：「此懦夫常慮，吾自當臨時斟酌。」帝使齋帥裴澤、主書蔡暉伺察羣下，好相誣枉，朝士呼爲裴、蔡。時二人奏車駕北征後，人言陽休之、王晞數與諸人遊宴，〔一〇〕不以公事在懷。帝杖休之、晞脛各四十。帝斬人於前，問晞曰：「此人合死不？」晞曰：「罪實合死，但恨其不得死地。臣聞刑人於市，與衆棄之，殿廷非殺戮之所。」帝改容曰：「自今當爲王公改之。」

帝欲以晞爲侍中，苦辭不受，或勸晞勿自疏。晞曰：「我少年以來，閱要人多矣，充詘少時，鮮不敗績。且性實疏緩，不堪時務，人主恩私，何由可保，萬一披猖，求退無地。非不愛作熱官，但思之爛熟耳。」百官嘗賜射，晞中的，當得絹，爲不書箭，有司不與。晞陶陶然曰：

「我今可謂武有餘文不足矣。」晞無子，帝將賜之妾，使小黃門就宅宣旨，皇后相聞晞妻。晞令妻答，妻終不言，晞以手拊胸而退。帝聞之笑。孝昭崩，哀慕殆不自勝，因以羸敗。武成本忿其儒緩，由是彌嫌之，因奏事大被訶叱，而雅步晏然。歷東徐州刺史、祕書監。武平初，遷大鴻臚，加儀同三司，監修起居注，待詔文林館。

性閑淡寡欲，雖王事鞅掌，而雅操不移。在幷州，雖戎馬塡閭，未嘗以世務爲累。良辰美景，嘯詠遨遊，登臨山水，以談讌爲事，人士謂之物外司馬。常詣晉祠，賦詩曰：「日落應歸去，魚鳥見留連。」忽有相王使至，召晞不時至。明日丞相西閤祭酒盧思道謂晞曰：「昨被召已朱顏，得不以魚鳥致怪？」晞緩笑曰：「昨晚陶然，頗以酒漿被責，卿輩亦是留連之一物，豈直在魚鳥而已。」及晉陽陷敗，與同志避周兵東北走。山路險迥，懼有土賊，而晞溫酒服膏，曾不一廢，每未肯去，行侶尤之。晞曰：「莫尤我，我行事若不悔，久作三公矣。」

齊亡，周武以晞爲儀同大將軍、太子諫議大夫。隋開皇元年，卒於洛陽，年七十一。贈儀同三司、曹州刺史。

校勘記

〔一〕北齊書卷三十一　按本卷王昕傳與北史不同。錢氏考異卷三一云：「此傳稱廟號，或是齊書原文，弟晞傳則全是北史。亦無論贊。」按王昕傳雖非以北史補，但較北史簡略，敍事次序也似有更動，仍是以高氏小史之類的史鈔補。

〔二〕武帝或時袒露　按此「武帝」乃北魏孝武帝。北史卷二四王晞傳省「魏」字，然上有太昌紀年，下有「齊文宣踐祚」明文，其爲北魏孝武帝自明。此傳既省去上下文，這裏「魏」字不宜省。

〔三〕不假慮其不進也　北、汲、殿三本及北史卷二四「假」作「暇」，三朝本、南本、局本作「假」。百衲本依他本改作「暇」。按「不假」意卽「不須」。通志卷一五三王晞傳也作「假」。此傳和通志都出於北史，知北史本來也作「假」，「暇」乃後人所改，北本、汲本又據傳本北史改此傳，今從三朝本。

〔四〕雖非猘亦無損　諸本無「非」字。北史卷二四、冊府卷九〇五一〇七三五頁、通志卷一五三有。按文義當有「非」字，今據補。

〔五〕天保享祚東宮委一胡人至其可得也　北史無異文，通志卷一五三敍王晞語遠爲詳備，今轉錄於後：

「天保享祚，〔左右無柱石之材，〕東宮委一胡人，〔令習鞭轡，自幼而長，不聞雅正。〕今卒覽萬機，駕馭雄桀。如聖德幼沖，未堪多難，〔殿下宜朝夕承旨，〕而〔勿〕使他姓〔貴戚〕出納詔命，必〔致矯弄，〕權有所歸。殿下雖欲守藩職，〔樂爲善，〕其可得乎？假令得遂沖退，自審家祚得保靈長不？」

以上方括號內文字皆此傳北史同所無。兩相比較，此傳載王晞語六十七字顯爲刪節上引文而成。並且刪節還不甚恰當，例如「勿使他姓貴戚，出納詔命，必致矯弄，權有所歸」，刪去了「勿」字和「致矯弄」三字，和原意便大有出入。「他姓貴戚」指楊愔、可朱渾天和、燕子獻，三人都是高歡女壻，「貴戚」二字也不宜刪。通志敍北齊事溢出北史文句通常卽本北齊書。疑此傳在南宋時尚有北齊書原文，鄭樵得取以入通志。

〔六〕王曰我安敢自擬周公　通志卷一五三此句上有：「他日，王又問晞曰：『外人有何議論？』對曰『見源文宗云：錄王宜居內夾輔，不可出外。又陽休之亦云：昔周公朝讀百篇書，夕見七十士，猶恐不得人。錄王何所嫌疑，乃爾不接賓客。』」此六十七字也不見此傳及北史。通鑑卷一六八五一九六頁有此紀載，而文字不盡相同，云：「或謂演曰：『鷙鳥離巢，必有探卵之患，今日王何宜屢出！』中山太守陽休之詣演，演不見。休之謂王友王晞曰：『昔周公朝讀百篇書，夕見七十士，猶恐不足，錄王何所嫌疑，乃爾拒絕賓客。』」通鑑此段移在高演和王晞問答之前，次序不同，「或謂演曰」幾句採自北史孝昭紀，陽休之的話全同通志，却只說休之告王晞如此，不云晞告高演。疑通志出於北齊書，通鑑則綜合三國典略之類，有所增損。

〔七〕還至幷乃延晞謂曰　通志卷一五三作：「還幷州，及至，延晞內齋，謂曰：『近人說吾在京舉措何如？』晞曰：『伏聞殿下精誠感天，誅五罪而天下服。往日奉辭，恐二儀崩墜，何悟神武潛斷，朝

廷廓清。』」然後接上「王曰：『不早用卿言』」云云。上多「內齋」二字，下自「謂曰」以下四十六字，爲此傳及北史所無，疑亦出北齊書原文。

〔八〕貴賤齊衰　北史卷二四「齊」作「等」。疑北史是。

〔九〕百官請建東宮勑未許　按此下稱王晞「就東堂監視太子冠服，導引趨拜，爲太子太傅」，和「以局司奉璽授」，都是敍立皇太子的儀節。如太子未立，何以忽授王晞太子太傅之官？王晞奉什麽璽？都不可解。此句下必有脫文，北史已然。

〔一〇〕時二人奏車駕北征後人言陽休之王晞數與諸人遊宴　三朝本、北本、汲本「奏」作「奉」。南、殿、局三本及北史卷二四作「奏」。又北史無「人言」二字。按若是裴、蔡「奉車駕北征」，陽、王被責又由於「人言」，則此事與裴、蔡毫不相干，何須在上面特別記使二人「伺察羣下」的事。知作「奏」是。今從南本。

北齊書卷三十二〔一〕

列傳第二十四

陸法和　王琳

陸法和，不知何許人也。隱於江陵百里洲，衣食居處，一與苦行沙門同。耆老自幼見之，容色常不定，人莫能測也。或謂自出嵩高，遍遊遐邇。既入荊州汶陽郡高安縣之紫石山，〔二〕無故捨所居山，俄有蠻賊文道期之亂，時人以爲預見萌兆。

及侯景始告降於梁，法和謂南郡朱元英曰：「貧道共檀越擊侯景去。」元英曰：「侯景爲國立効，師云擊之，何也？」法和曰：「正自如此。」及景渡江，法和時在青谿山，元英往問曰：「景今圍城，其事云何？」法和曰：「凡人取果，宜待熟時，不撩自落。檀越但待侯景熟，何勞問也。」固問之，乃曰：「亦克亦不克。」

景遣將任約擊梁湘東王於江陵，法和乃詣湘東乞征約，召諸蠻弟子八百人在江津，二

日便發。湘東遣胡僧祐領千餘人與同行。法和登艦大笑曰：「無量兵馬。」江陵多神祠，人俗恒所祈禱，自法和軍出，無復一驗，人以爲神皆從行故也。至赤沙湖，與約相對，法和乘輕船，不介冑，沿流而下，去約軍一里乃還。謂將士曰：「聊觀彼龍睡不動，吾軍之龍甚自踴躍，卽攻之。若得待明日，當不損客主一人而破賊，然有惡處。」遂縱火舫於前，而逆風不便，法和執白羽麾風，〔三〕風勢卽返。約衆皆見梁兵步於水上，於是大潰，皆投水而死。約逃竄不知所之。法和曰：「明日午時當得。」及期而未得。人問之，法和曰：「吾前於此洲水乾時建一剎，語檀越等，此雖爲剎，實是賊標，今何不向標下求賊也。」如其言，果於水中見約抱剎，仰頭裁出鼻，遂擒之。約言求就師目前死。法和曰：「檀越有相，必不兵死，且於王有緣，決無他慮，王於後當得檀越力耳。」湘東果釋用爲郡守。及魏圍江陵，約以兵赴救，力戰焉。

法和既平約，往進見王僧辯於巴陵，謂曰：「貧道已斷侯景一臂，其更何能爲，檀越宜卽遂取。」〔四〕乃請還，謂湘東王曰：「侯景自然平矣，無足可慮。蜀賊將至，法和請守巫峽待之。」乃總諸軍而往，親運石以塡江，三日，水遂分流，横之以鐵鎖。武陵王紀果遣蜀兵來渡，峽口勢蹙，進退不可。王琳與法和經略，一戰而殄之。

軍次白帝，謂人曰：「諸葛孔明可謂名將，吾自見之。此城旁有其埋弩箭鏃一斛許。」因

播表令掘之，如其言。又嘗至襄陽城北大樹下，畫地方二尺，令弟子掘之，得一龜，長尺半，以杖叩之曰：「汝欲出不能得，已數百歲，不逢我者，豈見天日乎？」爲授三歸，龜乃入草。初八疊山多惡疾人，法和爲采藥療之，不過三服皆差，卽求爲弟子。山中毒虫猛獸，法和授其禁戒，不復噬螫。所泊江湖，必於峯側結表，云「此處放生。」漁者皆無所得，才有少獲，輒有大風雷。船人懼而放之，風雨乃定。晚雖將兵，猶禁諸軍漁捕。有竊違者，中夜猛獸必來欲噬之，或亡其船纜。有小弟子戲截蛇頭，來詣法和。法和曰：「汝何意殺蛇。」因指以示之，弟子乃見蛇頭齚袴襠而不落。法和使懺悔，爲蛇作功德。又有人以牛試刀，一下而頭斷，來詣法和。法和曰：「有一斷頭牛，就卿徵命殊急，若不爲作功德，一月內報至。」其人弗信，少日果死。法和又爲人置宅圖墓，以避禍求福。嘗謂人曰：「勿繫馬於碓。」其人行過鄉曲，門側有碓，因繫馬於其柱。入門中，憶法和戒，走出將解之，馬已斃矣。

梁元帝以法和爲都督、郢州刺史，封江乘縣公。法和不稱臣，其啓文朱印名上，自稱司徒。梁元帝謂其僕射王褒曰：「我未嘗有意用陸爲三公，而自稱何也？」褒曰：「彼既以道術自命，容是先知。」梁元帝以法和功業稍重，遂就加司徒，都督、刺史如故。部曲數千人，通呼爲弟子，唯以道術爲化，不以法獄加人。又列肆之內，不立市丞牧佐之法，無人領受，但以空檻籥在道間，上開一孔受錢。賈客店人隨貨多少，計其估限，自委檻中。行掌之司，夕

方開取，條其孔目，輸之於庫。又法和平常言若不出口，時有所論，則雄辯無敵，然猶帶蠻音。善爲攻戰具。在江夏，大聚兵艦，欲襲襄陽而入武關。梁元帝使止之。法和曰：「法和是求佛之人，尚不希釋梵天王坐處，豈規王位。但於空王佛所與主上有香火因緣，見主人應有報至，故求援耳。今既被疑，是業定不可改也。」於是設供食，具大餢薄餅。及魏舉兵，法和自郢入漢口，將赴江陵。梁元帝使人逆之曰：「此自能破賊，但鎭郢州，不須動也。」法和乃還州，堊其城門，着粗白布衫、布袴、邪巾，大繩束腰，坐葦席，終日乃脫之。及聞梁元帝敗滅，復取前凶服着之，哭泣受弔。梁人入魏，果見餢餅焉。法和始於百里洲造壽王寺，旣架佛殿，更截梁柱，曰：「後四十許年佛法當遭雷電，此寺幽僻，可以免難。」及魏平荆州，宮室焚燼，總管欲發取壽王佛殿，嫌其材短，乃停。後周氏滅佛法，此寺隔在陳境，故不及難。

天保六年春，淸河王岳進軍臨江，法和舉州入齊。文宣以法和爲大都督十州諸軍事、太尉公、西南道大行臺，大都督、五州諸軍事、荆州刺史、安湘郡公宋莅爲郢州刺史，〔五〕官爵如故。莅弟簉爲散騎常侍、儀同三司、湘州刺史、義興縣公。梁將侯瑱來逼江夏，齊軍棄城而退，法和與宋莅兄弟入朝。文宣聞其奇術，虛心相見，備三公鹵簿，於城南十二里供帳以待之。法和遙見鄴城，下馬禹步。辛術謂曰：「公旣萬里歸誠，主上虛心相待，何爲作此

術？」法和手持香爐，步從路車，至於館。明日引見，給通幰油絡網車，仗身百人。詣闕通名，不稱官爵，不稱臣，但云荆山居士。文宣宴法和及其徒屬於昭陽殿，賜法和錢百萬、物千段、甲第一區、田一百頃、奴婢二百人、生資什物稱是，宋莅千段，其餘儀同、刺史以下各有差。法和所得奴婢，盡免之，曰：「各隨緣去。」錢帛散施，一日便盡。以官所賜宅營佛寺，自居一房，與凡人無異。三年間再爲太尉，世猶謂之居士。無疾而告弟子死期，至時，燒香禮佛，坐繩牀而終。浴訖將斂，屍小，縮止三尺許。文宣令開棺視之，空棺而已。法和書其所居壁而塗之，及剝落，有文曰：「十年天子爲尚可，百日天子急如火，周年天子遞代坐。」又曰：「一母生三天，兩天共五年。」說者以爲婁太后生三天子，自孝昭卽位，至武成傳位後主，共五年焉。

法和在荆郢，有少姬，年可二十餘，自稱越姥，身披法服，不嫁，恒隨法和東西。或與其私通十有餘年。今者賜棄，別更他淫。〔六〕有司考驗並實。越姥因爾改適，生子數人。

王琳，字子珩，會稽山陰人也。父顯嗣，梁湘東王國常侍。琳本兵家，〔七〕元帝居藩，琳姊妹並入後庭見幸，琳由此未弱冠得在左右。少好武，遂爲將帥。太淸二年，侯景渡江，遣琳獻米萬石。未至，都城陷，乃中江沉米，輕舸還荆州。稍遷

岳陽內史，以軍功封建寧縣侯。侯景遣將宋子仙據郢州，琳攻剋之，擒子仙。又隨王僧辯破景。後拜湘州刺史。

琳果勁絕人，又能傾身下士，所得賞物，不以入家。麾下萬人，多是江淮羣盜。平景之勳，與杜龕俱爲第一，恃寵縱暴於建業。王僧辯禁之不可，懼將爲亂，啓請誅之。琳亦疑禍，令長史陸納率部曲前赴湘州，身徑上江陵。將行，謂納等曰：「吾若不返，子將安之？」咸曰：「請死相報。」泣而別。及至，帝以下吏，而廷尉卿黃羅漢、太府卿張載宣喻琳軍。陸納等及軍人並哭對使者，莫肯受命，乃執黃羅漢，殺張載。載性深刻，爲帝所信，荆州疾之如讎，故納等因人之欲，抽腸繫馬脚，使繞而走，腸盡氣絕，又臠割備五刑而斬之。梁元遣王僧辯討納，納等敗走長沙。是時湘州未平，武陵王兵又甚盛，江陵公私恐懼，人有異圖。納啓申琳罪，〔八〕請復本位，永爲奴婢。〔九〕梁元乃鎖琳送長沙。時納兵出方戰，會琳至，僧辯升諸樓車以示之。納等投戈俱拜，舉軍皆哭，曰：「乞王郎入城，卽出。」及放琳入，納等乃降，湘州平。仍復本位，使琳拒蕭紀。紀平，授衡州刺史。

梁元性多忌，以琳所部甚衆，又得衆心，故出之嶺外，又受都督、廣州刺史。其友主書李膺，帝所任遇，琳告之曰：「琳蒙拔擢，常欲畢命以報國恩。今天下未平，遷琳嶺外，如有萬一不虞，安得琳力。忖官正疑琳耳。琳分望有限，可得與官爭爲帝乎？何不以琳爲雍州

刺史，使鎮武寧，琳自放兵作田，爲國禦捍。若警急，動靜相知。孰若遠棄嶺南，相去萬里，一日有變，將欲如何？琳非願長坐荆南，正以國計如此耳。」隮然其言，不敢啓，故遂率其衆鎮嶺南。

梁元爲魏圍逼，乃徵琳赴援，除湘州刺史。琳師次長沙，知魏平江陵，已立梁王詧。乃爲梁元舉哀，三軍縞素。遣别將侯平率舟師攻梁。琳屯兵長沙，傳檄諸方，爲進趨之計。時長沙藩王蕭韶及上遊諸將推琳主盟。侯平雖不能渡江，頻破梁軍，又以琳兵威不接，翻更不受指麾。琳遣將討之，不克，又師老兵疲不能進。乃遣使奉表詣齊，並獻馴象；又使獻款於魏，求其妻子；亦稱臣於梁。

陳霸先既殺王僧辯，推立敬帝，以侍中司空徵。琳不從命，乃大營樓艦，將圖義舉。琳將帥各乘一艦，每行，戰艦以千數，以「野猪」爲名。陳武帝遣將侯安都、周文育等誅琳，仍受梁禪。〔一〇〕安都歎曰：「我其敗乎，師無名矣。」逆戰於沌口，琳乘平肩輿，執鉞而麾之，禽安都、文育，其餘無所漏。唯以周鐵虎一人背恩，斬之。鎖安都、文育置琳所坐艦中，令一閹豎監守之。琳乃移湘州軍府就郢城，帶甲十萬，練兵於白水浦。琳巡軍而言曰：「可以爲勤王之師矣，溫太眞何人哉！」江南渠帥熊曇朗、周迪懷貳，琳遣李孝欽、樊猛與余孝頃同討之。三將軍敗，並爲敵所囚。安都、文育等盡逃還建業。

初魏剋江陵之時，永嘉王莊年甫七歲，逃匿人家，後琳迎還湘中，衞送東下。及敬帝立，出質於齊，請納莊爲梁主。文宣遣兵援送，仍遣兼中書令李騊駼册拜琳爲梁丞相、都督中外諸軍、錄尚書事。舍人辛慤、游詮之等齎璽書江表宣勞，自琳以下皆有頒賜。琳乃遣兄子叔寶率所部十州刺史子弟赴鄴，奉莊纂梁祚於郢州。莊授琳侍中、使持節、大將軍、中書監，改封安城郡公，其餘並依齊朝前命。及陳霸先卽位，〔一一〕琳乃輔莊次於濡須口。齊遣揚州道行臺慕容儼率衆臨江，爲其聲援。陳遣安州刺史吳明徹江中夜上，將襲湓城。琳遣巴陵太守任忠大敗之，明徹僅以身免。

琳兵因東下，陳遣司空侯安都等拒之。〔一二〕侯瑱等以琳軍方盛，引軍入蕪湖避之。時西南風忽至，琳謂得天道，將直取揚州。侯瑱等徐出蕪湖，躡其後。比及兵交，西南風翻爲瑱用。琳兵放火燧以擲船者，皆反燒其船。琳船艦潰亂，兵士投水死十二三，其餘皆棄船上岸，爲陳軍所殺殆盡。初琳命左長史袁泌、御史中丞劉仲威同典兵侍衞莊，及軍敗，泌遂降陳，仲威以莊投歷陽。

琳尋與莊同降鄴都。孝昭帝遣琳出合肥，鳩集義故，更圖進取。琳乃繕艦，分遣招募，淮南傖楚，皆願戮力。陳合州刺史裴景暉，琳兄珉之壻也，請以私屬導引齊師。孝昭委琳與行臺左丞盧潛率兵應赴，〔一三〕沉吟不決。景暉懼事泄，挺身歸齊。孝昭賜琳璽書，令鎮壽陽，其部下將帥悉聽以行，乃除琳驃騎大將軍、開府儀同三司、揚州刺史，封會稽郡公，又增兵秩，〔一四〕兼給鐃吹。琳水陸戒嚴，將觀釁而動。屬陳氏結好於齊，使琳更聽後圖。琳在壽陽，與行臺尚書盧潛不協，更相是非，被召還鄴，武成弘而不問。除滄州刺史，後以琳爲特進、侍中。所居屋脊無故剝破，出赤蚯數升，落地化爲血，蠕蠕而動。又有龍出於門外之地，雲霧起，晝晦。

會陳將吳明徹來寇，帝勑領軍將軍尉破胡等出援秦州，令琳共爲經略。琳謂所親曰：「今太歲在東南，歲星居斗牛分，太白已高，皆利爲客，我將有喪。」又謂破胡曰：「吳兵甚銳，宜長策制之，愼勿輕鬭。」破胡不從，遂戰，軍大敗，琳單馬突圍，僅而獲免。還至彭城，帝令便赴壽陽，並許召募。又進封琳巴陵郡王。陳將吳明徹進兵圍之，堰淝水灌城，而皮景和等屯於淮西，竟不赴救。明徹晝夜攻擊，城內水氣轉侵，人皆患腫，死病相枕。從七月至十月，城陷被執，百姓泣而從之。吳明徹恐其爲變，殺之城東北二十里，時年四十八，哭者聲如雷。有一叟以酒脯來酹，盡哀，收其血，懷之而去。傳首建康，懸之於市。

琳故吏梁驃騎府倉曹參軍朱瑒致書陳尚書僕射徐陵求琳首曰：

竊以朝市遷貿，傳骨梗之風；歷運推移，表忠貞之跡。故典午將滅，徐廣爲晉家遺老；當塗已謝，馬孚稱魏室忠臣。用能播美於前書，垂名於後世。梁故建寧公琳，洛濱

餘胄，沂川舊族，〔一五〕立功代邸，效績中朝，當離亂之辰，總方伯之任。爾乃輕躬殉主，以身許國，實追蹤於往彥，信踵武於前修。而天厭梁德，上思匡繼，徒蘊包胥之念，終遘萇弘之眚。洎王業光啓，鼎祚有歸，於是遠跡山東，寄命河北。雖輕旅臣之歎，猶懷客卿之禮，感茲知己，忘此捐軀。至使身沒九泉，頭行萬里。〔一六〕誠復馬革裹屍，遂其生平之志；原野暴骸，會彼人臣之節。〔一七〕然身首異處，有足悲者；封樹靡卜，良可愴焉。

瑒早簉末席，降薛君之吐握，荷魏公之知遇。是用霑巾雨袂，痛可識之顏；回腸疾首，切猶生之面。伏惟聖恩博厚，明詔爰發，赦王經之哭，許田橫之葬，瑒雖芻賤，竊亦有心。琳經蒞壽陽，頗存遺愛；曾遊江右，非無餘德。比肩東閣之吏，繼踵西園之賓，願歸彼境，〔一八〕還修窀穸。庶孤墳既築，或飛銜土之燕；豐碑式樹，時留墮淚之人。近故舊王綰等已有論牒，仰蒙制議，不遂所陳。昔廉公告逝，卽淝川而建塋域；孫叔云亡，仍芍陂而植楸檟。由此言之，抑有其例。不使壽春城下，唯傳報葛之人；滄洲島上，獨有悲田之客。味死陳祈，伏待刑憲。

陵嘉其志節。又明徹亦數夢琳求首，並爲啓陳主而許之。仍與開府儀同主簿劉韶慧等持其首還於淮南，權瘞八公山側，義故會葬者數千人。瑒等乃間道北歸，別議迎接。尋有揚州人茅知勝等五人密送葬柩達於鄴。贈十五州諸軍事、揚州刺史、侍中、特進、開府

錄尚書事，謚曰忠武王，葬給輼輬車。

琳體貌閑雅，立髮委地，喜怒不形於色。雖無學業，而强記內敏，軍府佐吏千數，皆識其姓名。刑罰不濫，輕財愛士，得將卒之心。少任將帥，屢經喪亂，雅有忠義之節。雖本圖不遂，鄰人亦以此重之，待遇甚厚。及敗，爲陳軍所執。吳明徹欲全之，而其下將領多琳故吏，爭來致請，並相資給，明徹由此忌之，故及於難。當時田夫野老，知與不知，莫不爲之歔欷流泣。觀其誠信感物，雖李將軍之恂恂善誘，殆無以加焉。

琳十七子。長子敬，在齊襲王爵，武平末，通直常侍。第九子衍，隋開皇中開府儀同三司，大業初，卒於渝州刺史。

校勘記

〔一〕北齊書卷三十二　按此卷原缺。文與北史卷八九陸法和傳、南史卷六四王琳傳基本相同，但也有小異，偶有溢出南、北史本傳的字句，疑非直接錄自南、北史，仍出於某種史鈔。

〔二〕既入荆州汶陽郡高安縣之紫石山　諸本「安」作「要」。按隋書卷三一地理志下夷陵郡遠安縣條注：「舊曰高安，置汶陽郡。」太平寰宇記卷一四七云：「晉安帝立高安縣，屬汶陽郡。」「要」乃「安」的形訛，今據改。

〔三〕法和執白羽麾風　北史卷八九陸法和傳「羽」下有「扇」字，疑此傳脫去。

〔四〕檀越宜卽遂取　北史卷八九「遂」作「逐」。按「卽」「遂」重複，疑當作「逐」。

〔五〕文宣以法和爲大都督十州諸軍事太尉公西南道大行臺大都督五州諸軍事荆州刺史安湘郡公宋莅爲郢州刺史　諸本及北史卷八九無「道大行臺」四字。按無此四字，則「西南大都督」當連讀。但這個「大都督」是宋莅的官，不能混淆。二人授官，見本書卷四文宣紀天保六年二月，今據補。宋莅，文宣紀和卷二〇慕容儼傳作「宋茝」，未知孰是。

〔六〕今者賜棄別更他淫　按這是越姥呈告官府的話，故下云「有司考驗並實」。上面敍事，與此語聯不起來，當有脫文。

〔七〕父顯嗣梁湘東王國常侍琳本兵家　南史卷六四王琳傳無「父顯嗣」至「琳」十一字。按此十一字非補此傳者所能妄增，當是北齊書原文偶得保存於補傳所據的某種史鈔中。今舉此一例，說明此傳並非直抄南史，以下溢出南史的字句，不再出校記。

〔八〕納啓中琳罪　南史卷六四「琳」下有「無」字，疑當有此字。

〔九〕永爲奴婢　南史卷六四、册府卷四一二四八九九頁「永」作「求」，疑是。又這裏文氣不啣接，當有脫字。

〔一〇〕陳武帝遣將侯安都周文育等誅琳仍受梁禪　諸本「仍」作「乃」，於文義不洽，今據南史卷六四、册府卷三五四四二〇四頁改。

〔一一〕及陳霸先卽位　南史卷六四「陳霸先卽位」作「陳文帝立」。按王琳這次進攻在陳永定三年五五九十一月，陳文帝蒨已卽位，陳書卷三文帝紀有明文。作「陳霸先」顯誤。當是補此傳者妄改。

〔一二〕陳遣司空侯安都等拒之　南史卷六四「遣」下有「太尉侯瑱」四字。按這次戰事，陳軍主將是侯瑱，陳書卷九侯瑱傳說：「以瑱爲都督，侯安都等並隸焉。」此傳不應舉安都而遺瑱。觀下文兩稱「侯瑱等」，這裏當是脫去「太尉侯瑱」四字。

〔一三〕行臺左丞盧潛率兵應赴　諸本「左」作「右」，南史卷六四作「左」。按本書卷二四盧潛傳也作「左丞」，「右」字訛，今據改。

〔一四〕又增兵秩　三朝本「秩」作「杖」，他本作「仗」，南史卷六四、册府卷三七二四四三〇頁作「秩」。按這裏講的是升官加祿的事。「兵」指供本官役使的「事力」，「秩」指「祿秩」。隋書卷二七百官志中稱北齊制度各級官僚「各給事力」，「給事力」也作「給兵」。本書卷一七斛律金傳說他家「常使三百兵」，卷三九祖珽傳說「給兵七十人」，卽指給事力。給祿之制，同一品級又分爲「秩」，如「官一品祿歲八百匹，二百匹爲一秩」。知「杖」「仗」是「秩」字形近而訛，今據南史改。

〔一五〕沂川脅族　諸本「川」作「州」，南史卷六四作「川」，册府卷八〇四九五四九頁作「水」。按隋書卷三一地理志琅邪郡條云：「舊置北徐州，後周改曰沂州」，太平寰宇記卷二三沂州條云：「周武帝宣政元年，改北徐州爲沂州。」周滅齊前，不得有沂州之稱。今據南史改。

〔一六〕頭行萬里　諸本「萬」作「千」，南史卷六四、文苑英華卷六九三朱瑒與徐陵請王琳首書作「萬」。按「頭顱方行萬里」，見三國魏志卷六袁紹傳末注引典略。「千」字誤，今據改。

〔一七〕原野暴骸會彼人臣之節　英華卷六九三「骸」作「體」，「會」作「全」。按「骸」「體」兩通。「會」字疑當作「全」。

〔一八〕顧歸彼境　英華卷六九三「歸」下有「元」字。按此書本意就在求歸王琳的頭，當有「元」字。

北齊書卷三十三[一]

列傳第二十五

蕭明　蕭祗　蕭退　蕭放　徐之才

蕭明，[二]蘭陵人，梁武帝長兄長沙王懿之子。在其本朝，甚爲梁武所親愛。少歷顯職，封湞陽侯。[三]太清中，以爲豫州刺史。

梁主既納侯景，詔明率水陸諸軍趣彭城，大圖進取。又命兗州刺史南康嗣王會理總馭羣帥，指授方略。明渡淮未幾，官軍破之，盡俘其衆。魏帝升門樓，親引見明及諸將帥，釋其禁，送於晉陽。世宗禮明甚重，謂之曰：「先王與梁主和好十有餘年，聞彼禮佛文，常云奉爲魏主，並及先王，此甚是梁主厚意。不謂一朝失信，致此紛擾。自出師薄伐，無戰不克，無城不陷，今自欲和，非是力屈。境上之事，知非梁主本心，當是侯景違命扇動耳。侯可遣使諮論，[四]若猶存先王分義，重成通和者，吾不敢違先王之旨，侯及諸人並即放還。」於是

使人以明書告梁主，梁主乃致書以慰世宗。

天保六年，梁元爲西魏所滅，顯祖詔立明爲梁主，前所獲梁將湛海珍等皆聽從明歸，令上黨王渙率衆以送。是時梁太尉王僧辯、司空陳霸先在建鄴，推晉安王方智爲丞相。[五]顯祖賜僧辯、霸先璽書，僧辯未奉詔。上黨王進軍，明又與僧辯書，往復再三，陳禍福，僧辯初不納。既而上黨王破東關，斬裴之横，江表危懼。僧辯乃啓上黨求納明，遣舟艦迎接。王饗梁朝將士，及與明刑牲歃血，載書而盟。於是梁輿東度，齊師北反。侍中裴英起衛送明入建鄴，遂稱尊號，改承聖四年爲天成元年，大赦天下，宇文黑獺、賊詧等不在赦例。以方智爲太子，[六]授王僧辯大司馬。明上表遣第二息章馳到京都，拜謝宮闕。冬，霸先襲殺僧辯，復立方智，以明爲太傅、建安王。[七]霸先奉表朝廷，云僧辯陰謀篡逆，故誅之。方智請稱臣，永爲藩國，齊遣行臺司馬恭及梁人盟於歷陽。明年，詔徵明。霸先猶稱藩，將遣使送明，會明疽發背死。

梁將王琳在江上與霸先相抗，顯祖遣兵納梁永嘉王蕭莊主梁祀。九年二月，自湓城濟江，三月，卽帝位於郢州，年號天啓，王琳總其軍國，追謚明曰閔皇帝。明年莊爲陳人所敗，遂入朝，封爲侯。朝廷許以興復，竟不果。後主亡之日，莊在鄴飲氣而死。

蕭祗，字敬式，梁武弟南平王偉之子也。少聰敏，美容儀。在梁，封定襄侯，位東揚州刺史。于時江左承平，政寬人慢，祗獨莅以嚴切，梁武悅之。遷北兗州刺史。太清二年，侯景圍建鄴。祗聞臺城失守，遂來奔。以武定七年至鄴，文襄令魏收、邢卲與相接對。歷位太子少傅，領平陽王師，封淸河郡公。齊天保初，授右光祿大夫，領國子祭酒。時梁元帝平侯景，復與齊通好，文宣欲放祗等還南。俄而西魏剋江陵，遂留鄴都，卒。贈中書監、車騎大將軍，揚州刺史。

蕭退，梁武帝弟司空鄱陽王恢之子也。退在梁，封湘潭侯，位青州刺史。建鄴陷，與從兄祗俱入東魏。齊天保中，位金紫光祿大夫，卒。子慨，深沉有禮，樂善好學，攻草隸書。南士中稱爲長者。歷著作佐郎，待詔文林館，卒於司徒從事中郎。

蕭放，字希逸，隨父祗至鄴。祗卒，放居喪以孝聞。所居廬室前有二慈烏來集，各據一樹爲巢，自午以前，馴庭飲啄，午後更不下樹，每臨時，舒翅悲鳴，全似哀泣。家人伺之，未常有闕。時以爲至孝之感。服闋，襲爵。武平中，待詔文林館。放性好文詠，頗善丹青，因此在宮中披覽書史及近世詩賦，監畫工作屏風等雜物見知，遂被眷待。累遷太子中庶子、

散騎常侍。

徐之才，丹陽人也。父雄，事南齊，位蘭陵太守，以醫術爲江左所稱。之才幼而儁發，五歲誦孝經，八歲略通義旨。曾與從兄康造梁太子詹事汝南周捨宅聽老子。捨爲設食，乃戲之曰：「徐郎不用心思義，而但事食乎？」之才答曰：「蓋聞聖人虛其心而實其腹。」捨嗟賞之。年十三，召爲太學生，粗通禮、易。彭城劉孝綽、河東裴子野、吳郡張嵊等每共論周易及喪服儀，酬應如響。咸共歎曰：「此神童也。」孝綽又云：「徐郎燕頷，有班定遠之相。」陳郡袁昂領丹陽尹，辟爲主簿，人務事宜，皆被顧訪。郡廨遭火，之才起望，夜中不著衣，披紅服帕出房，[八]映光爲昂所見。功曹白請免職，昂重其才術，仍特原之。豫章王綜出鎭江都，復除豫章王國左常侍，[九]又轉綜鎭北主簿。

及綜入魏，三軍散走，之才退至呂梁，橋斷路絕，遂爲魏統軍石茂孫所止。綜入魏旬月，位至司空。魏聽綜收斂僚屬，乃訪之才在彭泗，啓魏帝云：「之才大善醫術，兼有機辯。」詔徵之才。孝昌二年，至洛，勑居南館，禮遇甚優。從祖謇子踐啓求之才還宅。之才藥石多効，又閑涉經史，發言辯捷，朝賢競相要引，爲之延譽。武帝時，封昌安縣侯。天平中，齊神武徵赴晉陽，常在內館，禮遇稍厚。武定四年，自散騎常侍轉祕書監。文宣作相，普加黜

陟。楊愔以共南土之人，不堪典祕書，轉授金紫光祿大夫，以魏收代領之。之才甚快快不平。

之才少解天文，兼圖讖之學，共館客宋景業參校吉凶，〔一〇〕知午年必有革易，因高德政啓之。文宣聞而大悅。時自婁太后及勳貴臣，咸云關西既是勁敵，恐其有挾天子令諸侯之辭，不可先行禪代事。之才獨云：「千人逐兔，一人得之，諸人咸息。須定大業，何容翻欲學人。」又援引證據，備有條目，帝從之。登祚後，彌見親密。之才非唯醫術自進，亦爲首唱禪代，又戲謔滑稽，言無不至，於是大被狎昵。尋除侍中，封池陽縣伯。見文宣政令轉嚴，求出，除趙州刺史，竟不獲述職，猶爲弄臣。

皇建二年，除西兗州刺史。未之官，武明皇太后不豫，之才療之，應手便愈，孝昭賜采帛千段、錦四百疋。之才既善醫術，雖有外授，頃卽徵還。既博識多聞，由是於方術尤妙。大寧二年春，武明太后又病。之才弟之範爲尙藥典御，勑令診候。內史皆令呼太后爲石婆，蓋有俗忌，故改名以厭制之。之範出告之才曰：「童謠云：『周里跂求伽，豹祠嫁石婆，斬冢作媒人，唯得一量紫綖靴。』今太后忽改名，私所致怪。」之才曰：「跂求伽，胡言去已。豹祠嫁石婆，豈有好事？斬冢作媒人，但令合葬自斬冢。唯得紫綖靴者，得至四月，何者？紫之爲字『此』下『系』，『綖』者熟，當在四月之中。」之範問靴是何義。之才曰：「靴者革旁

化，寧是久物？」至四月一日，后果崩。

有人患脚跟腫痛，諸醫莫能識。之才曰：「蛤精疾也，由乘船入海，垂脚水中。」疾者曰：「實曾如此。」之才爲剖得蛤子二，大如榆莢。又有以骨爲刀子靶者，五色斑斕。之才曰：「此人瘤也。」問得處，云於古冢見髑髏額骨長數寸，試削視，有文理，故用之。其明悟多通如此。

天統四年，累遷尙書左僕射，俄除兗州刺史，特給鐃吹一部。之才醫術最高，偏被命召。武成酒色過度，恍惚不恒，曾病發，自云初見空中有五色物，稍近，變成一美婦人，去地數丈，亭亭而立。食頃，變爲觀世音。之才云：「此色欲多，大虛所致。」卽處湯方，服一劑，便覺稍遠，又服，還變成五色物，數劑湯，疾竟愈。帝每發動，暫遣騎追之，針藥所加，應時必効，故頻有端執之舉。入秋，武成小定，更不發動。和士開欲依次轉進，以之才附籍兗州，卽是本屬，遂奏附除刺史，以胡長仁爲左僕射，士開爲右僕射。〔一一〕及十月，帝又病動，語士開云：「恨用之才外任，使我辛苦。」其月八日，勑驛追之才。帝以十日崩，之才十一日方到，既無所及，復還赴州。在職無所侵暴，但不甚閑法理，頗亦疏慢，用捨自由。

五年冬，後主徵之才。尋左僕射闕，之才曰：「自可復爲之績。」武平元年，重除尙書左僕射。之才於和士開、陸令萱母子曲盡卑狎，二家苦疾，救護百端。由是遷尙書令，封西陽郡王。祖珽執政，除之才侍中、太子太師。之才恨曰：「子野沙汰我。」珽目疾，故以師曠比之。

之才聰辯強識，有兼人之敏，尤好劇談體語，〔一二〕公私言聚，多相嘲戲。鄭道育常戲之才爲師公。之才曰：「既爲汝師，又爲汝公，在三之義，頓居其兩。」又嘲王昕姓云：「有言則誑，近犬便狂，加頸足而爲馬，施角尾而爲羊。」盧元明因戲之才云：「卿姓是未入人，名是字之誤，『之』當爲『乏』也。」〔一三〕卽答云：「卿姓在亡爲虐，在丘爲虛，生男則爲虜，養馬則爲驢。」又嘗與朝士出遊，遙望羣犬競走，諸人試令目之。之才卽應聲云：「爲是宋鵲，爲是韓盧，爲逐李斯東走，爲負帝女南徂。」李諧於廣坐，因稱其父名，曰：「卿嗜熊白生否？」之才曰：「平平耳。」又曰：「卿此言於理平否？」諧遽出避之，道逢其甥高德正。德正曰：「舅顏色何不悅？」諧告之故。德正徑造坐席，連索熊白。之才謂坐者曰：「箇人諱底？」衆莫知。〔一四〕之才曰：「生不爲人所知，死不爲人所諱，此何足問？」唐邕、白建方貴，時人言云：「并州赫赫唐與白。」之才蔑之。元日，對邕爲諸令史祝曰：「見卿等位當作唐、白。」又以小史好嚼筆，故嘗執管就元文遙口曰：「借君齒。」其不遜如此。

歷事諸帝，以戲狎得寵。武成生齲牙，問諸醫。尙藥典御鄧宣文以實對，武成怒而撻之。後以問之才，拜賀曰：「此是智牙，生智牙者聰明長壽。」武成悅而賞之。爲僕射時，語

人曰：「我在江東，見徐勉作僕射，朝士莫不佞之。今我亦是徐僕射，無一人佞我，何由可活！」之才妻魏廣陽王妹，之才從文襄求得爲妻。和士開知之，乃淫其妻。之才遇見而避之，退曰：「妨少年戲笑。」其寬縱如此。年八十，卒。贈司徒公、錄尙書事，謚曰文明。

長子林，字少卿，太尉司馬。次子同卿，太子庶子。之才以其無學術，每歎云：「終恐同廣陵散矣。」

弟之範，亦醫術見知，位太常卿，特聽襲之才爵西陽王。入周，授儀同大將軍。開皇中卒。

校勘記

〔一〕北齊書卷三十三　按此卷原缺，三朝本、南本卷末有宋人校語云：「此卷與北史同。」錢氏考異卷三一認爲北史無蕭明傳，此篇是北齊書原文，蕭祗以下皆以北史補入。

〔二〕蕭明　按魏書卷一二孝靜紀、卷九八蕭衍傳作「蕭淵明」。本書和南、北史去「淵」字，梁書改「淵」作「深」，都是避唐諱。

〔三〕封湞陽侯　諸本「湞」作「須」。錢氏考異卷三一云：「『須』當作『湞』，卽貞陽也。」按蕭淵明封邑，本書和南、北史、魏書、梁書相關紀傳都作貞陽。湞陽本漢縣，宋泰始三年（四六七）改貞陽（宋書卷三七

洲郡志，然南齊書卷一五州郡志仍作湞陽。這裏「須陽」是「湞陽」之訛，隋書卷三一地理志也是「湞」訛作「須」。今據改。

〔四〕侯可遣使諸論　諸本「論」作「諭」，三朝本作「論」，百衲本依他本改「諭」。按通鑑卷一六一四九七四頁也作「論」。今從三朝本。

〔五〕推晉安王方智爲丞相　南、北、殿三本「丞相」上有「太宰」二字，三朝本、汲本、局本無。按南史卷五一蕭明傳，方智官稱是「太宰、都督中外諸軍事、承制置百官」。梁書卷六敬帝紀、陳書卷一武帝紀都說推方智爲「太宰承制」，從沒有「丞相」之稱。此傳原文也當是「太宰承制」，「承制」訛作「丞相」。三朝本又脫「太宰」二字。南本等據南史補「太宰」，却仍「丞相」之訛。今姑從三朝本。

〔六〕以方智爲太子　諸本「子」作「傅」，唯南本據南史卷五一改作「子」。按梁書卷六敬帝紀、卷四五王僧辯傳、陳書卷一武帝紀都說蕭淵明稱帝後，以方智爲皇太子，作「太傅」誤，今從南本。

〔七〕以明爲太傅建安王　按梁書卷六敬帝紀，敬帝卽位後封蕭淵明爲建安郡公，至死沒有進封爲王，這裏「王」字當作「公」。

〔八〕披紅服帕出房　三朝本、汲本「房」作「戻」，南本訛作「尸」，北、殿、局三本作「戸」。按北史卷九〇徐之才傳、册府卷九四四一一一三頁、通志卷一八三徐之才傳都作「房」，此傳出於北史，本亦作「房」，三朝本訛「戻」，他本以意改作「戸」。今據北史改。又「紅服帕」，北史、通志「服」作「䏰」，疑皆「腹」之訛。釋名卷五云：「帕腹，橫帕其腹也」，可證。

〔九〕復除豫章王國左常侍　諸本「左」作「右」。北史卷九〇、通志卷一八三作「左」。按漢魏南北朝墓誌集釋徐之才墓誌圖版三四三之二亦作「左」，今據改。

〔一〇〕共館客宋景業參校吉凶　諸本「宋」訛「宗」，按宋景業，本書卷四九補、北史卷八九有傳，又見於本書卷三〇高德政傳，今改正。

〔一一〕以胡長仁爲左僕射士開爲右僕射　諸本無「左僕射士開爲」六字，北史卷九〇有。按本書卷八後主紀天統四年五月癸卯稱「以尚書右僕射胡長仁爲左僕射，中書監和士開爲右僕射。」胡以右轉左，卽代之才，和士開則代胡，這就是此傳上文所說「士開欲依次轉進」的實施。這裏脫去六字，「依次轉進」一語便無着落，今據北史補。

〔一二〕尤好劇談體語　南、北、殿、局四本「體」作「謔」，三朝本、汲本及北史卷九〇作「體」。張元濟云：「按體語卽反切隱語，見封演聞見記卷二。」按張說是，今從三朝本。

〔一三〕名是字之誤之當爲乏也　諸本無「之當爲乏也」五字，北史卷九〇有，但「乏」字作「之」。按册府卷九四七一一一五四頁、通志卷一八三徐之才傳並有「之當爲乏也」五字。盧元明以徐之才姓名爲戲，上文拆「徐」字爲「未入人」，這裏是說「之才」應該是「乏才」的誤寫。北史「乏」字訛「之」，不可解，補此傳者就删去此語，於是所謂「名是字之誤」也就不知何意。今據册府補正。

〔一四〕衆莫知　北史卷九〇作「衆莫之聽」。按南、北朝封建士大夫最重家諱。高德政是當朝顯貴，爲了避免犯他的諱，所以知道他父祖之名也不能說，並非不知。疑北史是。

北齊書卷三十四〔一〕

列傳第二十六

楊愔 燕子獻 宋欽道 鄭頤

楊愔，字遵彥，小名秦王，弘農華陰人。父津，魏時累爲司空侍中。愔兒童時，口若不能言，而風度深敏，出入門閭，未嘗戲弄。六歲學史書，十一受詩、易，好左氏春秋。幼喪母，曾詣舅源子恭。子恭與之飲。問讀何書，曰：「誦詩。」子恭曰：「誦至渭陽未邪。」愔便號泣感噎，子恭亦對之歔欷，遂爲之罷酒。子恭後謂津曰：「常謂秦王不甚察慧，從今已後，更欲刮目視之。」愔一門四世同居，家甚隆盛，昆季就學者三十餘人。學庭前有柰樹，實落地，羣兒咸爭之，愔頹然獨坐。其季父暐適入學館，見之大用嗟異，顧謂賓客曰：「此兒恬裕，有我家風。」宅內有茂竹，遂爲愔於林邊別葺一室，命獨處其中，常以銅盤具盛饌以飯之。因以督厲諸子曰：「汝輩但如遵彥謹慎，自得竹林別室、銅盤重肉之食。」愔從父兄黃門侍郎昱特

相器重，曾謂人曰：「此兒駒齒未落，已是我家龍文。更十歲後，當求之千里外。」昱嘗與十餘人賦詩，愔一覽便誦，無所遺失。及長，能清言，美音制，風神俊悟，容止可觀。人士見之，莫不敬異，有識者多以遠大許之。

正光中，隨父之幷州。性既恬默，又好山水，遂入晉陽西懸甕山讀書。孝昌初，津爲定州刺史，愔亦隨父之職。以軍功除羽林監，賜爵魏昌男，不拜。及中山爲杜洛周陷，全家被囚縶。未幾，洛周滅，又沒葛榮，榮欲以女妻之，又逼以僞職。愔乃託疾，密含牛血數合，於衆中吐之，仍佯瘖不語。榮以爲信然，乃止。永安初，還洛，拜通直散騎侍郎，時年十八。元顥入洛，時愔從父兄侃爲北中郎將，鎭河梁。愔適至侃處，便屬乘輿失守，夜至河。侃雖奉迎車駕北渡，而潛欲南奔，愔固諫止之。遂相與扈從達建州。除通直散騎常侍。愔以世故未夷，志在潛退，乃謝病，與友人中直侍郎河間邢卲隱於嵩山。

及莊帝誅尒朱榮，其從兄侃參贊帷幄。朝廷以其父津爲幷州刺史、北道大行臺，愔隨之任。有邯鄲人楊寬者，求義從出藩，愔請津納之。俄而孝莊幽崩，愔時適欲還都，行達邯鄲，過楊寬家，爲寬所執。至相州，見刺史劉誕，以愔名家盛德，甚相哀念，付長史慕容白澤禁止焉。遣隊主鞏榮貴防禁送都。至安陽亭，愔謂榮貴曰：「僕家世忠臣，輸誠魏室，家亡國破，一至於此。雖曰囚虜，復何面目見君父之讎。得自縊於一繩，傳首而去，君之惠也。」

榮貴深相憐感，遂與俱逃。愔乃投高昂兄弟。

既潛竄累載，屬神武至信都，遂投刺轅門。便蒙引見，贊揚興運，陳訴家禍，言辭哀壯，涕泗橫集，神武爲之改容。卽署行臺郎中。大軍南攻鄴，歷楊寬村，寬於馬前叩頭請罪。愔謂曰：「人不識恩義，蓋亦常理，我不恨卿，無假驚怖。」時鄴未下，神武命愔作祭天文，燎畢而城陷。由是轉大行臺右丞。于時霸圖草創，軍國務廣，文檄教令，皆自愔及崔㥄出。遭離家難，以喪禮自居，所食唯鹽米而已，哀毀骨立。神武愍之，恒相開慰。及韓陵之戰，愔每陣先登，朋僚咸共怪歎曰：「楊氏儒生，今遂爲武士，仁者必勇，定非虛論。」頃之，表請解職還葬。一門之內，贈太師、太傅、丞相、大將軍者二人，太尉、錄尚書及中書令者三人，僕射、尚書者五人，刺史、太守者二十餘人。追榮之盛，古今未之有也。及喪柩進發，吉凶儀衞亘二十餘里，會葬者將萬人。是日隆冬盛寒，風雪嚴厚，愔跣步號哭，見者無不哀之。尋徵赴晉陽，仍居本職。

愔從兄幼卿爲岐州刺史，以直言忤旨見誅。愔聞之悲懼，因哀感發疾，後取急就鴈門溫湯療疾。郭秀素害其能，因致書恐之曰：「高王欲送卿於帝所。」仍勸其逃亡。愔遂棄衣冠於水濱若自沉者，變易名姓，自稱劉士安，入嵩山，與沙門曇謨徵等屛居削迹。又潛之光州，因東入田橫島，以講誦爲業，海隅之士，謂之劉先生。太守王元景陰佑之。

神武知愔存，遣愔從兄寶猗齎書慰喻，仍遣光州刺史奚思業令搜訪，以禮發遣。神武見之悅，除太原公開府司馬，轉長史，復授大行臺右丞，封華陰縣侯，遷給事黃門侍郎，妻以庶女。又兼散騎常侍，爲聘梁使主。至碻磝戍，州內有愔家舊佛寺，入精廬禮拜，見太傅容像，悲感慟哭，嘔血數升，遂發病不成行，輿疾還鄴。久之，以本官兼尚書吏部郎中。武定末，以望實之美，超拜吏部尚書，加侍中、衞將軍，侍學典選如故。

天保初，以本官領太子少傅，別封陽夏縣男。又詔監太史，遷尚書右僕射。尚太原長公主，卽魏孝靜后也。會有雉集其舍，又拜開府儀同三司、尚書左僕射，〔二〕改封華山郡公。九年，徙尚書令，又拜特進、驃騎大將軍。十年，封開封王。〔三〕文宣之崩，百僚莫有下淚，愔悲不自勝。濟南嗣業，任遇益隆，朝章國命，一人而已，推誠體道，時無異議。乾明元年二月，爲孝昭帝所誅，時年五十。天統末，追贈司空。

愔貴公子，早著聲譽，風表鑒裁，爲朝野所稱。家門遇禍，唯有二弟一妹及兄孫女數人，撫養孤幼，慈旨溫顏，咸出人表。重義輕財，前後賜與，多散之親族，羣從弟姪十數人，並待而舉火。頻遭迍厄，冒履艱危，一飧之惠，酬答必重，性命之讎，捨而不問。

典選二十餘年，獎擢人倫，以爲己任。然取士多以言貌，時致謗言，以爲愔之用人，似貧士市瓜，取其大者。愔聞，不屑焉。其聰記强識，半面不忘。每有所召問，或單稱姓，或

單稱名，無有誤者。後有選人魯漫漢，自言猥賤，獨不見識。愔曰：「卿前在元子思坊，騎禿尾草驢，經見我不下，以方麴鄣面，我何不識卿？」漫漢驚服。又調之曰：「名以定體，漫漢果自不虛。」又令吏唱人名，誤以盧士深爲士琛，士深自言。愔曰：「盧郎玉潤，所以從玉。」自尚公主後，衣紫羅袍，金縷大帶。遇李庶，頗以爲恥，謂曰：「我此衣服，都是內裁，既見子將，不能無愧。」

及居端揆，權綜機衡，千端萬緒，神無滯用。自天保五年已後，一人喪德，維持匡救，實有賴焉。每天子臨軒，公卿拜授，施號發令，宣揚詔册。愔辭氣溫辯，神儀秀發，百僚觀聽，莫不悚動。自居大位，門絕私交。輕貨財，重仁義，前後賞賜，積累巨萬，散之九族，架篋之中，唯有書數千卷。太保、平原王隆之與愔鄰宅，愔嘗見其門外有富胡數人，謂左右曰：「我門前幸無此物。」性周密畏愼，恒若不足，每聞後命，愀然變色。

文宣大漸，以常山、長廣二王位地親逼，深以後事爲念。愔與尚書左僕射平秦王歸彥、〔四〕侍中燕子獻、黃門侍郎鄭子默受遺詔輔政，並以二王威望先重，咸有猜忌之心。初在晉陽，以大行在殯，天子諒闇，議令常山王在東館，欲奏之事，皆先諮決。二旬而止。仍欲以常山王隨梓宮之鄴，留長廣王鎮晉陽。執政復生疑貳，兩王又俱從至于鄴。子獻立計，欲處太皇太后於北宮，政歸皇太后。又自天保八年已來，爵賞多濫，至是，愔先自表解

其開府封王，〔五〕諸叨竊恩榮者皆從黜免。由是嬖寵失職之徒，盡歸心二叔。高歸彥初雖同德，後尋反動，以疏忌之跡盡告兩王。可朱渾天和又每云：「若不誅二王，少主無自安之理。」宋欽道面奏帝，稱二叔威權既重，宜速去之。帝不許，曰：「可與令公共詳其事。」愔等議出二王爲刺史。以帝仁慈，恐不可所奏，乃通啓皇太后，具述安危。有宮人李昌儀者，北豫州刺史高仲密之妻，坐仲密事入宮。太后以昌儀宗情，甚相昵愛。太后以啓示之，昌儀密啓太皇太后。愔等又議不可令二王俱出，乃奏以長廣王爲大司馬、并州刺史，常山王爲太師、錄尚書事。

及二王拜職，於尚書省大會百僚，愔等並將同赴。子默止之，云：「事不可量，不可輕脫。」愔云：「吾等至誠體國，豈有常山拜職，有不赴之理，何爲忽有此慮？」長廣旦伏家僮數十人於錄尚書後室，仍與席上勳貴數人相知。並與諸勳冑約，行酒至愔等，我各勸雙盃，彼必致辭。我一曰「捉酒」，二曰「捉酒」，三曰「何不捉」，爾輩卽捉。及宴如之。愔大言曰：「諸王構逆，欲殺忠良邪！尊天子，削諸侯，赤心奉國，未應及此。」常山王欲緩之，長廣王曰：「不可。」於是愔及天和、欽道皆被拳杖亂毆擊，頭面血流，各十人持之。使薛孤延、康買執子默於尚藥局。子默曰：「不用智者言，以至於此，豈非命也。」

二叔率高歸彥、賀拔仁、斛律金擁愔等唐突入雲龍門。見都督叱利騷，招之不進，使騎

殺之。開府成休寧拒門，歸彥喻之，乃得入。送愔等於御前。長廣王及歸彥在朱華門外。太皇太后臨昭陽殿，太后及帝側立。常山王以塼叩頭，進而言曰：「臣與陛下骨肉相連。楊遵彥等欲擅朝權，威福自己，王公以還，皆重足屏氣。共相脣齒，以成亂階，若不早圖，必爲宗社之害。臣與湛等爲國事重，賀拔仁、斛律金等惜獻皇帝基業，共執遵彥等領入宮，未敢刑戮，專輒之失，罪合萬死。」帝時默然，領軍劉桃枝之徒陛衞，叩刀仰視，帝不睨之。太皇太后令却仗，不肯。又厲聲曰：「奴輩卽今頭落。」乃却。因問楊郎何在。賀拔仁曰：「一目已出。」太皇太后愴然曰：「楊郎何所能，留使不好耶！」乃讓帝曰：「此等懷逆，欲殺我二兒，次及我，爾何縱之？」帝猶不能言。太皇太后怒且悲，王公皆泣。太皇太后曰：「豈可使我母子受漢老嫗斟酌。」太后拜謝。常山王叩頭不止。太皇太后謂帝：「何不安慰爾叔。」帝乃曰：「天子亦不敢與叔惜，豈敢惜此漢輩？但願乞兒性命，兒自下殿去，此等任叔父處分。」遂皆斬之。長廣王以子默昔讒己，作詔書，故先拔其舌，截其手。太皇太后臨愔喪，哭曰：「楊郎忠而獲罪。」以御金爲之一眼，親內之，曰：「以表我意。」常山王亦悔殺之。先是童謠曰：「白羊頭尾禿，羖攊頭生角。」又曰：「羊羊喫野草，不喫野草遠我道，不遠打爾腦。」又曰：「阿麼姑禍也，道人姑夫死也。」羊爲愔也，「角」文爲用刀，「道人」謂廢帝小名，太原公主嘗作尼，故曰「阿麼姑」，愔、子獻、天和皆帝姑夫云。於是乃以天子之命下詔罪之，罪止一身，

家口不問。尋復簿錄五家，王晞固諫，乃各沒一房，孩幼兄弟皆除名。〔六〕遵彥死，仍以中書令趙彥深代總機務。鴻臚少卿陽休之私謂人曰：「將涉千里，殺騏驥而策蹇驢，可悲之甚。」愔所著詩賦表奏書論甚多，誅後散失，門生鳩集所得者萬餘言。

燕子獻，字季則，廣漢下洛人。少時相者謂之曰：「使役在胡代，富貴在齊趙。」其後，遇宇文氏稱霸關中，用爲典籤，將命使於茹茹。子獻欲驗相者之言，來歸。高祖見之大悅，尚淮陽公主，〔七〕甚被待遇。顯祖時，官至侍中、開府。濟南卽位之後，委任彌重，除右僕射。子獻素多力，頭又少髮，當狼狽之際，排衆走出省門，斛律光逐而擒之。子獻歎曰：「丈夫爲計遲，遂至於此矣。」

可朱渾天和，道元之季弟也。以道元勳重，尚東平公主。累遷領軍大將軍，開府。濟南王卽位，加特進，改博陵公，與楊愔同被殺。

宋欽道，廣平人，魏吏部尚書弁孫也。初爲大將軍主簿，典書記。後爲黃門侍郎。又令在東宮教太子習事。〔八〕鄭子默以文學見知，亦被親寵。欽道本文法吏，不甚諳識古今，凡有疑事，必詢於子默。二人幸於兩宮，雖諸王貴臣莫不敬憚。欽道又遷祕書監。與楊愔

同詔贈吏部尚書、趙州刺史。〔九〕

鄭頤，字子默，彭城人。高祖據，魏彭城守，自滎陽徙焉。頤聰敏，頗涉文義。初爲太原公東閤祭酒，與宋欽道特相友愛，欽道每師事之。楊愔始輕宋、鄭，不爲之禮。俄而自結人主，與參顧命。欽道復舊與濟南欵狎，共相引致，無所不言。乾明初，拜散騎常侍。二人權勢之重，與愔相埒。愔見害之時，〔一〇〕邢子才流涕曰：「楊令君雖其人，死日恨不得一佳伴。」頤後與愔同詔追贈殿中尚書、廣州刺史。〔一一〕頤弟抗，字子信，頗有文學。武平末，兼左右郎中，待詔文林館。

校勘記

〔一〕北齊書卷三十四　按此卷原缺，三朝本及南本卷後有宋人校語云：「此卷與北史同」。今查楊愔傳和北史卷四一楊愔傳基本相同，只字句小有出入。其附傳不像出於北史，燕子獻傳稱齊帝廟號，可朱渾天和傳、宋欽道傳敍歷官詳於北史。鄭頤傳雖似節抄北史，也有個別字句溢出北史之外，疑仍是採取某種史鈔。

〔二〕又拜開府儀同三司尚書左僕射　諸本「左」作「右」。按前已云「遷尚書右僕射」，不應重複。本

書卷四文宣紀載愔於天保三年五五二四月遷右僕射，八年四月遷左。這裏「右」字顯爲「左」之訛，今改正。

〔三〕十年封開封王　按隋書卷三〇地理志中滎陽郡開封縣條云：「東魏置郡，後齊廢。」元和郡縣志卷八汴州開封縣條說天保七年廢寰宇記卷一同。此傳云楊愔在天保十年封開封王，又本書卷四一皮景和傳說他在齊末曾封開封郡公，和地志所記不合。考本書卷四文宣紀天保七年大規模裁省郡縣，達三州、一百五十三郡之多，地志所記，必非無據。疑楊愔實非封開封王，所封郡缺失，這裏乃因下文「開府封王」而誤。至皮景和之封是訛文還是齊末復置此郡，已無可考。參下「開府封王」條校記。

〔四〕尚書左僕射平秦王歸彥　諸本「左」作「右」。北史卷四一作「左」。按高歸彥於天保九年五五八遷左僕射，廢帝乾明元年五六〇正月以左僕射遷司空，見本書卷四文宣紀、卷五廢帝紀補。「右」字誤，今據改。

〔五〕愔先自表解其開府封王　諸本及北史卷四一「開」下無「府」字。三朝本獨有。按楊愔封開封王，已可疑。這裏更當有「府」字。唐書卷七二下宰相世系表弘農楊氏下載楊愔的官爵是「北齊尚書令、開府、王」，是新唐書編者所見材料只是「開府封王」，所封之郡已不可考。其證一。通鑑卷一六八五一九八頁記此事作「乃先自表解開府及開封王」，知司馬光所見北史及此書本傳也作「開府封王」，只因上文有封開封王的話，才增作「開府及開封王」。其證二。「開府封王」一語亦見他處，本書卷五〇恩倖傳末就有三次一次作「封王開府」，北史卷九二恩幸傳末更有四次之多。據此，知本有「府」字，後人妄刪。今從三朝本。

〔六〕孩幼兄弟皆除名　北史卷四一「孩幼」下有「盡死」二字。按「孩幼」未必都做官，怎能「除名」，當脫「盡死」二字。

〔七〕尚淮陽公主　諸本及北史卷四一燕子獻傳「淮陽」作「陽翟」，唯三朝本作「淮陽」。按册府卷八六〇一〇二一七頁也作「淮陽」。此傳不出北史，敍事不同，北史作「陽翟」，此自作「淮陽」，册府可證。今從三朝本。

〔八〕又令在東宮教太子習事　三朝本無「習」字，諸本都有。北史卷二六宋欽道傳作「吏」。按「事」上當有一字，三朝本脫，今從諸本。

〔九〕與楊愔同詔贈吏部尚書趙州刺史　諸本「詔」作「誅」，三朝本作「詔」，又無「吏部尚書、趙州刺史」八字。按楊愔於天統末追贈司空，宋欽道等也在同一詔書中追贈，所以說「同詔贈」。下鄭頤傳可證。他本都依北史改，不知此傳本不出北史。今從三朝本。又三朝本所缺八字，乃所據史鈔有意刪節，非脫文，但無此八字，語氣不完。他本都據北史補，百衲本也從他本，今從諸本。

〔一〇〕愔見害之時　自此句至傳末「待詔文林館」，共六十三字，三朝本無，他本據北史卷四一鄭頤傳

末補。按這是有意刪節，非脫文，但補上情事較盡，今從他本。

〔一一〕頤後與愔同詔追贈殿中尚書廣州刺史　諸本「追」作「進」，北史卷四一作「追」。按頤先無贈官，說進贈無據。且此六十三字乃明人以北史補，今據北史改。

北齊書卷三十五〔一〕

列傳第二十七

裴讓之 弟諏之 讞之　皇甫和　李構　張宴之　陸卬　王松年　劉褘

裴讓之，字士禮。年十六喪父，殆不勝哀，其母辛氏泣撫之曰：「棄我滅性，得爲孝子乎？」由是自勉。辛氏，高明婦則，又閑禮度。夫喪，諸子多幼弱，廣延師友，或親自教授。內外親屬有吉凶禮制，多取則焉。

讓之少好學，有文俊辯，早得聲譽。魏天平中舉秀才，對策高第。累遷屯田主客郎中，省中語曰：「能賦詩，裴讓之。」爲太原公開府記室。與楊愔友善，相遇則清談竟日。愔每云：「此人風流警拔，裴文季爲不亡矣。」梁使至，帝令讓之攝主客郎。

第二弟諏之奔關右，兄弟五人皆拘繫。神武問曰：「諏之何在？」答曰：「昔吳、蜀二國，

諸葛兄弟各得遂心，況讓之老母在，君臣分定，失忠與孝，愚夫不爲。伏願明公以誠信待物，若以不信處物，物亦安能自信？以此定霸，猶却行而求道耳。」神武善其言，兄弟俱釋。歷文襄大將軍主簿，兼中書舍人，後兼散騎常侍聘梁。文襄嘗入朝，讓之導引，容儀蘊藉，文襄目之曰：「士禮佳舍人。」遷長兼中書侍郎，領舍人。

齊受禪，靜帝遜居別宮，與諸臣別，讓之流涕歔欷。以參掌儀注，封寧都縣男。帝欲以爲黃門郎，或言其體重，不堪趨侍，乃除清河太守。至郡未幾，楊愔謂讓之諸弟曰：「我與賢兄交欵，企聞善政。適有人從清河來，云姦吏斂迹，盜賊清靖。期月之期，翻然更速。」清河有二豪吏田轉貴、孫舍興久吏姦猾，多有侵削，因事遂脅人取財。計贓依律不至死。讓之以其亂法，殺之。時清河王岳爲司州牧，遣部從事案之。侍中高德政舊與讓之不協，案奏言：「當陛下受禪之時，讓之眷戀魏朝，嗚咽流涕，比爲內官，情非所願。」既而楊愔請救之，云：「罪不合死。」文宣大怒，謂愔曰：「欲得與裴讓之同冢耶！」於是無敢言者。事奏，竟賜死於家。讓之次弟諏之。

諏之，字士正，少好儒學，釋褐太學博士。嘗從常景借書百卷，十許日便返。景疑其不能讀，每卷策問，應答無遺。景歎曰：「應奉五行俱下，禰衡一覽便記，今復見之於裴生矣。」

楊愔闔門改葬，託諏之頓作十餘墓誌，〔二〕文皆可觀。讓之、諏之及皇甫和弟亮並知名於洛下，時人語曰：「諏勝於讓，和不如亮。」司空高乾致書曰：「相屈爲戶曹參軍。」諏之復書不受署。沛王開大司馬府，辟爲記室。遷鄴後，諏之留在河南，西魏領軍獨孤信入據金墉，以諏之爲開府屬，號曰「洛陽遺彥」。信敗，諏之居南山，洛州刺史王元軌召爲中從事。西師忽至，尋退，遂隨西師入關。周文帝以爲大行臺倉曹郎中，卒。贈徐州刺史。

讞之，字士平，七歲便勤學，早知名。累遷司徒主簿。楊愔每稱歎云：「河東士族，京官不少，唯此家兄弟，全無鄉音。」讞之雖年少，不妄交遊，唯與隴西辛術、趙郡李繪、頓丘李構、清河崔瞻爲忘年之友。昭帝梓宮將還鄴，轉儀曹郎，尤悉歷代故事、儀注，喪禮皆能裁正。爲永昌太守，客旅過郡，出私財供給，人間所無，預代下出，爲吏人所懷。〔三〕齊亡仕周，卒伊川太守。

皇甫和，字長諧，安定朝那人，其先因官寓居漢中。祖澄，南齊秦、梁二州刺史。父徽，字子玄，梁安定、略陽二郡守。魏正始二年，隨其妻父夏侯道遷入魏，道遷別上勳書，欲以

徽爲元謀。徽曰：「創謀之始，本不關預，雖貪榮賞，內愧於心。」遂拒而不許。梁州刺史羊靈祐重其敦實，表爲征虜府司馬，卒。和十一而孤，母夏侯氏，才明有禮則，親授以經書。及長，深沉有雅量，尤明禮儀，宗親吉凶，多相諮訪。卒於濟陰太守。

李構，字祖基，黎陽人。祖平，魏尚書僕射。構少以方正見稱，釋褐開府參軍，累遷譙州刺史，卒。

構從父弟庶，魏大司農諧子。方雅好學，風流規檢，甚有家風。稍遷臨漳令。魏書出，庶與盧斐、王松年等訟其不平，並繫獄。魏收書王慧龍自云太原人，又言王瓊不善事；盧同附盧玄傳；李平爲陳留人，云其家貧賤。故斐等致訟，語楊愔云：「魏收合誅。」愔黨助魏收，遂白顯祖罪斐等，並髡頭鞭二百。庶死於臨漳獄中，庶兄岳痛之，終身不歷臨漳縣門。

張宴之，字熙德。幼孤有至性，爲母鄭氏教誨，動依禮典。從尒朱榮平元顥，賜爵武成子，累遷尚書二千石郎中。高岳征潁川，復以爲都督中兵參軍兼記室。宴之文士，兼有武

幹，每與岳帷帳之謀，又常以短兵接刃，親獲首級，深爲岳所嗟賞。天保初，文宣爲高陽王納宴之女爲妃，令赴晉陽成禮。宴之後園陪讌，坐客皆賦詩。宴之詩云：「天下有道，主明臣直，雖休勿休，永貽世則。」文宣笑曰：「得卿箴諷，深以慰懷。」後行北徐州事，尋卽眞，爲吏人所愛。御史崔子武督察州郡，至北徐州，無所案劾，唯得百姓所制清德頌數篇。乃歎曰：「本求罪狀，遂聞頌聲。」還兗州刺史，未拜，卒。贈齊州刺史。

陸卬，字雲駒。少機悟，美風神，好學不倦，博覽羣書，五經多通大義。善屬文，甚爲河間邢卲所賞。卲又與卬父子彰交遊，嘗謂子彰曰：「吾以卿老蚌遂出明珠，意欲爲羣拜紀可乎？」由是名譽日高，儒雅搢紳，尤所推許。起家員外散騎侍郎，歷文襄大將軍主簿，中書舍人，兼中書侍郎，〔四〕以本職兼太子洗馬。自梁、魏通和，歲有交聘，卬每兼官燕接，在帝席賦詩，卬必先成，〔五〕雖未能盡工，以敏速見美。

除中書侍郎，修國史。以父憂去職，居喪盡禮，哀毀骨立。詔以本官起。文襄時鎭鄴，嘉其至行，親詣門以慰勉之。卬母魏上庸公主，初封藍田，高明婦人也，甚有志操。卬昆季六人，並主所生。故邢卲常謂人云：「藍田生玉，固不虛矣。」主教訓諸子，皆稟義方，雖創巨

痛深，出於天性，然動依禮度，亦母氏之訓焉。卬兄弟相率廬於墓側，負土成墳，朝廷深所嗟尙，發詔褒揚，改其所居里爲孝終里。服竟當襲，不忍嗣侯。

天保初，常山王薦卬器幹，文宣面授給事黃門侍郎，遷吏部郎中。上洛王思宗爲清都尹，辟爲邑中正，食貝丘縣幹。遭母喪，哀慕毀悴，殆不勝喪，至沉篤，頓昧伏枕。又感風疾。第五弟搏遇疾臨終，謂其兄弟曰：「大兄尫病如此，性至慈愛，搏之死日，必不得使大兄知之，哭泣聲必不可聞徹，致有感慟。」家人至於祖載，方始告之。卬聞而悲痛，一慟便絕，年四十八。卬自在朝，篤愼固密，不說人短，不伐己長，言論清遠，有人倫鑒裁，朝野甚悲惜之。贈衞將軍、青州刺史，謚曰文。所著文章十四卷，行於世。齊之郊廟諸歌，多卬所制。子乂嗣，襲爵始平侯。

王松年，少知名。文襄臨幷州，辟爲主簿，累遷通直散騎常侍，副李緯使梁。還，歷位尙書郎中。魏收撰魏書成，松年有謗言，文宣怒，禁止之，仍加杖罰。歲餘得免，除臨漳令，遷司馬、別駕、本州大中正。孝昭擢拜給事黃門侍郎。帝每賜坐，與論政事，甚善之。孝昭崩，松年馳驛至鄴都宣遺詔，發言涕泗，迄於宣罷，容色無改，辭吐諧韻。宣訖，號慟自絕於地，百官莫不感慟。還晉陽，兼侍中，護梓宮還鄴。諸舊臣避形迹，無敢盡哀，唯松年哭甚流涕，朝士咸恐。武成雖忿松年戀舊情切，亦雅重之。以本官加散騎常侍，食高邑縣幹，〔六〕參定律令，前後大事多委焉。兼御史中丞。發晉陽之鄴，在道遇疾卒。贈吏部尙書、幷州刺史，謚曰平。第三子卲，最知名。

劉禕，字彥英，彭城人。父世明，魏兗州刺史。禕性弘裕，有威重，容止可觀，雖昵友密交，朝夕遊處，莫不加敬。好學，善三禮，吉凶儀制，尤所留心。魏孝昌中，釋巾太學博士。累遷睢州刺史，邊人服其威信，甚得疆場之和。世宗輔政，降書褒獎，云：「以卿家世忠純，奕代冠冕。賢弟賢子，並與吾共事，懷抱相託，亦自依然。宜勗心力，以副所委，莫慮不富貴。」秩滿，逕歸鄉里侍父疾，竟不入朝。父喪，沉頓累年，非杖不起。世宗致辟，禕稱疾不動。五子，璿、玘、璞、瑗、瓚，並有志節，爲世所稱。〔七〕

校勘記

〔一〕北齊書卷三十五　按此卷原缺，宋本、三朝本及南本卷末有宋人校語云：「此卷與北史同。」按

李構傳敍籍貫歷官與北史卷四三本傳不同，且稱齊帝廟號；劉禕北史無傳。此二傳當是據高氏小史之類的史鈔補。其他各傳出於北史，字句也偶有異同。

〔二〕楊愔閭門改葬託諫之頓作十餘墓誌　三朝本、百衲本無「改」字，「託」作「訖」。按誌石置於墓穴，豈有葬訖而作誌之理。今從南北等本。

〔三〕人間所無預代下出爲吏人所懷　諸本及北史卷三八「人間所無，預代下出」作「民間無所預，代去北史作下日」。三朝本如上摘句，册府卷六八八八二〇四頁作「人間所無，預代下民所出」。按這裏美化封建官吏，敍事虛僞，已不待論。三朝本和册府說他暫時代墊，則以後仍要徵收，若如他本及北史，說成「民間無所預」，去事實更遠。今從三朝本。

〔四〕中書舍人兼中書侍郎　諸本「侍郎」作「郎中」，北史卷二八陸卬傳作「侍郎」。按中書省無郎中。御覽卷六〇〇二七〇一頁引三國典略稱「高澄嗣渤海王，聞謝挺、徐陵來聘，遣中書侍郎陸卬於滑臺迎勞」，時間亦相當。知北史是，今據改。下云「除中書侍郎」，乃是正除，非重複。

〔五〕在帝席賦詩卬必先成　北史卷二八、册府卷八五〇一〇一一二頁無「帝」字。御覽卷六〇〇二七〇一頁引三國典略亦無。按上文說的是陸卬接待梁使，所云賦詩卽在此種宴會上，「帝」字疑衍。

〔六〕食高邑縣幹　諸本「幹」作「侯」。按「食幹」是北齊制度，屢見本書和北史，隋書卷二七百官志中也有紀載。「侯」應稱「封」，從無食某縣侯的紀載。今據北史卷三五王松年傳改。

〔七〕五子璿玘璞瑗瓚並有志節爲世所稱　御覽卷三七九一七五二頁引北齊書云：「劉禕五子，並有志行，爲世所稱。璿字祖玉，聰敏機悟，美姿儀，爲其舅北海王昕所愛。顧座曰：『可謂珠玉在傍，覺我質穢』。」按册府卷八八三一〇四六二頁也有這一段，只是誤以爲劉禕，作「劉禕聰敏機悟」云云，下全同御覽。此段文字爲北齊書劉禕傳佚文無疑。原文當詳劉璿始末，五子也必不止敍璿一人。

北齊書卷三十六〔一〕

列傳第二十八

邢卲

邢卲，字子才，〔二〕河間鄚人，魏太常貞之後。父虬，魏光祿卿。卲小字吉，少時有避，遂不行名。年五歲，魏吏部郎清河崔亮見而奇之，曰：「此子後當大成，位望通顯。」十歲，便能屬文，雅有才思，聰明强記，日誦萬餘言。族兄巒，有人倫鑒，謂子弟曰：「宗室中有此兒，非常人也。」少在洛陽，會天下無事，與時名勝專以山水遊宴爲娛，不暇勤業。嘗因霖雨，乃讀漢書，五日，略能遍記之。後因飲謔倦，方廣尋經史，五行俱下，一覽便記，無所遺忘。文章典麗，既贍且速。年未二十，名動衣冠。嘗與右北平陽固、河東裴伯茂、從兄罘、河南陸道暉等至北海王昕舍宿飲，相與賦詩，凡數十首，皆在主人奴處。旦日奴行，諸人求詩不得，卲皆爲誦之。諸人有不認詩者，奴還得本，不誤一字。諸人方之王粲。吏部尚書隴西李

神儁大相欽重，引爲忘年之交。

釋巾爲魏宣武挽郎，除奉朝請，遷著作佐郎。深爲領軍元叉所禮，叉新除尚書令，〔三〕神儁與陳郡袁翻在席，叉令卲作謝表，須臾便成，以示諸賓。神儁曰：「邢卲此表，足使袁公變色。」孝昌初，與黃門侍郎李琰之對典朝儀。自孝明之後，文雅大盛，卲雕蟲之美，獨步當時，每一文初出，京師爲之紙貴，讀誦俄遍遠近。于時袁翻與范陽祖瑩位望通顯，文筆之美，見稱先達，以卲藻思華贍，深共嫉之。每洛中貴人拜職，多憑卲爲謝表。嘗有一貴勝初受官，大集賓食，翻與卲俱在坐。翻意主人託其爲讓表。遂命卲作之。翻甚不悅，每告人云：「邢家小兒嘗客作章表，〔四〕自買黃紙，寫而送之。」卲恐爲翻所害，乃辭以疾。屬尚書令元羅出鎮青州，啓爲府司馬。遂在青土，終日酣賞，盡山泉之致。

永安初，累遷中書侍郎，所作詔誥，文體宏麗。及尒朱榮入洛，京師擾亂，卲與弘農楊愔避地嵩高山。〔五〕普泰中，兼給事黃門侍郎，尋爲散騎常侍。太昌初，勑令恒直內省，給御食，〔六〕令覆按尚書門下事，凡除大官，先問其可否，然後施行。除衞將軍、國子祭酒。以親老還鄉，詔所在特給兵力五人，並令歲一入朝，以備顧問。丁母憂，哀毁過禮。

後楊愔與魏收及卲請置學，〔七〕（奏曰：

世室明堂，顯於周、夏；〔八〕一黌兩學，盛自虞、殷。所以宗配上帝，以著莫大之嚴；宣布下土，

以彰則天之軌。養黃髮以詢哲言，育青衿而敷教典，用能享國長久，風徽萬祀者也。爰暨亡秦，改革其道，坑儒滅學，以蔽黔黎。故九服分崩，祚終二代。炎漢勃興，更修儒術。故西京有六學之義，東都有三本之盛。逮自魏、晉，撥亂相因，兵革之中，學校不絕。仰惟高祖孝文皇帝稟聖自天，道鏡今古，列校序於鄉黨，敦詩書於郡國。但經始事殷，戎軒屢駕，未遑多就，弓劍弗追。世宗統曆，聿遵先緒，永平之中，大興板築。續以水旱，戎馬生郊，雖逮爲山，還停一簣。而明堂禮樂之本，乃鬱荊棘之林；膠序德義之基，空盈牧豎之跡；城隍嚴固之重，闕塼石之功；墉構顯望之要，少樓榭之飾。加以風雨稍侵，漸致虧墜。非所謂追隆堂構，儀刑萬國者也。伏聞朝議以高祖大造區夏，道侔姬文，擬祀明堂，式配上帝。今若基址不修，乃同丘畎，卽使高皇神享，闕於國陽，宗事之典，有聲無實。此臣子所以匪寧，億兆所以佇望也。

臣又聞官方授能，所以任事，事既任矣，酬之以祿。如此則上無曠官之譏，下絕尸素之謗。今國子雖有學官之名，無教授之實，何異兔絲燕麥，南箕北斗哉？

昔劉向有言，王者宜興辟雍、陳禮樂以風天下。夫禮樂所以養人，刑法所以殺人，而有司勤勤，請定刑法，至於禮樂，則曰未敢。是敢於殺人，不敢於養人也。臣以爲當今四海淸平，九服寧宴，經國要重，理應先營，脫復稽延，則劉向之言徵矣。但事不兩興，須有進退。以臣愚量，宜罷尚方雕靡之作，頗省永寧土木之功，並減瑤光材瓦之力，兼分石窟鐫琢之勞，及諸事役非世急者，三時

農隙，修此數條。使辟雍之禮，蔚爾而復興；諷誦之音，煥然而更作。美榭高墉嚴壯於外，槐宮棘寺顯麗於中。更明古今，重遵鄉飲，敦進郡學，精課經業，如此則元、凱可得之於上序，游、夏可致之於下國，豈不休歟！

靈太后令曰：「配饗大禮，爲國之本，比以戎馬在郊，未遑修繕。今四表晏寧，當勑有司，別議經始。」

累遷太常卿、〔九〕中書監，攝國子祭酒。是時朝臣多守一職，帶領二官甚少，卲頓居三職，並是文學之首，當世榮之。文宣幸晉陽，路中頻有甘露之瑞，朝臣皆作甘露頌，〔一〇〕尚書符令卲爲之序。及文宣皇帝崩，凶禮多見訊訪，勑撰哀策。後授特進，卒。

卲率情簡素，內行修謹，兄弟親姻之間，稱爲雍睦。博覽墳籍，無不通曉，晚年尤以五經章句爲意，窮其指要。吉凶禮儀，公私諮稟，質疑去惑，爲世指南。每公卿會議，事關典故，卲援筆立成，證引該洽，帝命朝章，取定俄頃。詞致宏遠，獨步當時，與濟陰溫子昇爲文士之冠，世論謂之溫、邢。鉅鹿魏收，雖天才艷發，而年事在二人之後，故子昇死後，方稱邢、魏焉。雖望實兼重，不以才位傲物。脫略簡易，不修威儀，車服器用，充事而已。有齋不居，坐臥恒在一小屋。果餌之屬，或置之梁上，賓至，下而共噉。天姿質素，特安異同，士無賢愚，皆能顧接，對客或解衣覓蝨，且與劇談。有書甚多，而不甚讎校。見人校書，常笑曰：「何愚之甚，天下書至死讀不可遍，焉能始復校此。且誤書思之，更是一適。」妻弟李季節，才學之士，謂子才曰：「世間人多不聰明，思誤書何由能得。」子才曰：「若思不能得，便不勞讀書。」與婦甚疏，未嘗內宿。自云嘗晝入內閤，爲狗所吠，言畢便撫掌大笑。性好談賞，不能閑獨，公事歸休，恒須賓客自伴。事寡嫂甚謹，養孤子恕，慈愛特深。在兗州，有都信云恕疾，便憂之，廢寢食，顏色貶損。及卒，人士爲之傷心，〔一一〕痛悼雖甚，竟不再哭，賓客弔慰，抆淚而已。其高情達識，開遣滯累，東門吳以還，所未有也。〔一二〕有集三十卷，見行於世。子大寶，有文情。孽子大德、大道，略不識字焉。

校勘記

〔一〕北齊書卷三十六　按此卷原缺，後人以北史卷四三邢卲傳補，但刪節很多，字句也有異同。

〔二〕邢卲字子才　諸本「卲」作「邵」，他處也或作「劭」。按「卲」與「劭」通，作「邵」誤。今一律作「卲」，他處不再出校記。

〔三〕又新除尚書令　諸本及北史卷四三邢卲傳，「除」下衍「遷」字，據册府卷八三九九九六一頁、通志卷一五五邢卲傳删。

〔四〕邢家小兒嘗客作章表　諸本「嘗」作「當」，三朝本、百衲本作「嘗」，北史卷四三作「常」。按「客

作」連文，卽受人僱傭之意。哀翻譏笑邢卲爲貴人作章表有同受僱。作「嘗」或「常」是，後人不解客作之意，臆改爲「當」。今從三朝本。

〔五〕及尒朱榮入洛京師擾亂卲與弘農楊愔避地嵩高山　諸本及北史卷四三「榮」作「兆」，册府卷九四九一一一七〇頁作「榮」。按北史卷四八尒朱榮傳稱永安三年五三〇八月榮被殺前，揚言赴洛陽，「京師人懷憂懼，中書舍人邢子才之徒已避之東出」。又本書卷三四楊愔傳補也敍愔與邢卲隱居嵩山事於尒朱榮被殺前。知作「兆」誤，今據册府改。

〔六〕給御食　諸本「御食」作「御史」，南本、局本作「御食」。按「給御史」不易解釋。通志卷一五五也作「食」，本書卷三一王晞傳稱「朝晡給與御食」，知作「御食」是。今從南本。

〔七〕後楊愔與魏收及卲請置學　南、北、汲、殿、局五本「請置學」下有「及修立明堂」五字，三朝本、百衲本及北史卷四三無。又北史「魏收」作「魏元义」。錢氏考異卷三九北史邢卲條云：「按史敍此事於太昌北魏孝武帝年號五三二之後，元义死已久，北齊書以爲魏收者爲近之。然考之魏書李崇傳卷六六，此奏實出於崇，與楊愔、魏收、邢卲諸人初不相涉。」按此傳所云楊愔等所請乃是置學。這時元义、李崇都已前死。明是楊愔等請置學之奏文已缺，北史誤本將同卷李崇傳文羼入邢卲傳。以北史補北齊書此傳者又沿其誤。唯北史和較早的北齊書版本尚無「及修建明堂」五字，而李崇之奏，却以請修建明堂爲主，令人有文不對題之感。明人校勘北齊書，爲之補苴罅洞，又增

此五字，可謂錯上加錯。今從三朝本無五字，下文自「奏曰」以下至「別議經始」共六百六十三字本非此傳中語，今用括號標出，以示區別。

〔八〕世室明堂顯於周夏　北史卷四三、册府卷六〇三七二四一頁無此八字。按這是李崇奏文的開頭見魏書卷六六，北史羼入邢卲傳時當亦有此八字，後人校北史者見上只說楊愔等請建學，與明堂無關，故逕删去。取北史補此傳時，八字尚未删。

〔九〕累遷太常卿　北史卷四三「累遷」下多出五百六十八字，當是補此傳者删節。

〔一〇〕文宣幸晉陽路中頻有甘露之瑞朝臣皆作甘露頌　諸本「文宣」作「世宗」，北史卷四三無此二字。册府卷五五一六六一〇頁、通志卷一五五作「文宣」。按通志傳文卽錄自北史，疑北史本亦有此二字。此傳亦出北史，北史例稱帝諡，這裏忽稱世宗廟號，明是補此傳者所改或所據北史已脫去，以意增。今據上文，稱邢卲以太常卿兼中書監、國子祭酒。本書卷四三許惇傳敍惇與邢卲爭大中正事，卽稱邢卲官爲中書監，又說許惇憑附宋欽道，出卲爲刺史。宋欽道得勢已在高洋晚年，則邢卲爲中書監也必在高洋時，可證他作甘露頌不可能在高澄世宗時。又邢卲甘露詩、甘露頌今存藝文類聚卷九八，通篇都只歌頌皇帝，不及宰輔，高澄未登帝位，也不像高澄當國時的作品。今據册府、通志改。

〔一一〕養孤子恕慈愛特深至及卒人士爲之傷心　張森楷云：「按北史邢臧傳卷四三言子恕仕隋，卒於沂

州長史，則卲不得見其卒也。」按本書卷四九馬嗣明傳補敍他爲邢卲子大寶診脈，預知其不出一年便死，果「未期而卒」，事在高洋時。知死者是卲子大寶，而非其姪恕。「及卒」當作「及子大寶卒」，脫「子大寶」三字。

〔一二〕東門吳以還所未有也　諸本無「門」字，南本依北史卷四三增。按東門吳子死不憂，見列子力命篇，今從南本。

北齊書卷三十七〔一〕

列傳第二十九

魏收

魏收，字伯起，小字佛助，鉅鹿下曲陽人也。曾祖緝，祖韶。〔二〕父子建，字敬忠，贈儀同、定州刺史。收年十五，頗已屬文。及隨父赴邊，好習騎射，欲以武藝自達。滎陽鄭伯調之曰：「魏郎弄戟多少？」收慚，遂折節讀書。夏月，坐板牀，隨樹陰諷誦，積年，板牀爲之銳減，而精力不輟。以文華顯。

初除太學博士。及尒朱榮於河陰濫害朝士，收亦在圍中，以日晏獲免。吏部尚書李神儁重收才學，奏授司徒記室參軍。永安三年，除北主客郎中。節閔帝立，妙簡近侍，詔試收爲封禪書，收下筆便就，不立稿草，〔三〕文將千言，所改無幾。時黃門郎賈思同侍立，深奇之，白帝曰：〔四〕「雖七步之才，無以過此。」遷散騎侍郎，尋勑典起居注，並修國史，兼中書侍

郎，時年二十六。

孝武初，又詔收攝本職，文誥塡積，事咸稱旨。黃門郎崔㥄從齊神武入朝，熏灼於世，收初不詣門。㥄爲帝登阼赦，云「朕託體孝文」，收嗤其率直。正員郎李愼以告之，㥄深憤忌。時節閔帝殂，令收爲詔。㥄乃宣言：收普泰世出入幃幄，一日造詔，優爲詞旨，然則義旗之士盡爲逆人；又收父老，合解官歸侍。南臺將加彈劾，賴尚書辛雄爲言於中尉綦儁，乃解。收有賤生弟仲同，先未齒錄，因此怖懼，上籍，遣還鄉扶侍。孝武嘗大發士卒，狩於嵩少之南旬有六日。時天寒，朝野嗟怨。帝與從官及諸妃主，奇伎異飾，多非禮度。收欲言則懼，欲默不能已，乃上南狩賦以諷焉，時年二十七，雖富言淫麗，而終歸雅正。帝手詔報焉，甚見褒美。鄭伯謂曰：「卿不遇老夫，猶應逐兎。」

初神武固讓天柱大將軍，魏帝勑收爲詔，令遂所請。欲加相國，問品秩，收以實對，帝遂止。收既未測主相之意，以前事不安，求解，詔許焉。久之，除帝兄子廣平王贊開府從事中郎，收不敢辭，乃爲庭竹賦以致己意。尋兼中書舍人，與濟陰溫子昇、河間邢子才齊譽，世號三才。時孝武猜忌神武，內有間隙，收遂以疾固辭而免。其舅崔孝芬怪而問之，收曰：「懼有晉陽之甲。」尋而神武南上，帝西入關。

收兼通直散騎常侍，副王昕使梁，昕風流文辯，收辭藻富逸，梁主及其羣臣咸加敬異。

先是南北初和，李諧、盧元明首通使命，二人才器，並爲鄰國所重。至此，梁主稱曰：「盧、李命世，王、魏中興，未知後來復何如耳？」收在館，遂買吳婢入館，其部下有買婢者，收亦喚取，遍行姦穢，梁朝館司皆爲之獲罪。人稱其才而鄙其行。在途作聘遊賦，辭甚美盛。使還，尚書右僕射高隆之求南貨於昕、收，不能如志，遂諷御史中尉高仲密禁止昕、收於其臺，久之得釋。

及孫搴死，司馬子如薦收，召赴晉陽，以爲中外府主簿。以受旨乖忤，頻被嫌責，加以箠楚，久不得志。會司馬子如奉使霸朝，收假其餘光。子如因宴戲言於神武曰：「魏收天子中書郎，一國大才，願大王借以顏色。」由此轉府屬，然未甚優禮。

收從叔季景，有才學，歷官著名，並在收前，然收常所欺忽。季景、收初赴并，頓丘李庶者，故大司農諧之子也，以華辯見稱，曾謂收曰：「霸朝便有二魏。」收率爾曰：「以從叔見比，便是耶輸之比卿。」耶輸者，故尚書令陳留公繼伯之子也，愚癡有名，好自入市肆，高價買物，商賈共所嗤玩。收忽季景，故方之，〔五〕不遜例多如此。

收本以文才，必望穎脫見知，位既不遂，求修國史。崔暹爲言於文襄曰：「國史事重，公家父子霸王功業，皆須具載，非收不可。」文襄啓收兼散騎常侍，修國史。武定二年，除正常侍，領兼中書侍郎，仍修史。魏帝宴百僚，問何故名人日，皆莫能知。收對曰：「晉議郎董勛

答問禮俗云：『正月一日爲雞，二日爲狗，三日爲豬，四日爲羊，五日爲牛，六日爲馬，七日爲人。』」時邢邵亦在側，甚恧焉。自魏、梁和好，書下紙每云：「想彼境內寧靜，此率土安和。」梁後使，其書乃去「彼」字，自稱猶著「此」，欲示無外之意。收定報書云：「想境內清晏，今萬國安和。」梁人復書，依以爲體。後神武入朝，靜帝授相國，固讓，令收爲啓。啓成呈上，文襄時侍側，神武指收曰：「此人當復爲崔光。」四年，神武於西門豹祠宴集，謂司馬子如曰：「魏收爲史官，書吾等善惡，聞北伐時，諸貴常餉史官飲食，司馬僕射頗曾餉不？」因共大笑。仍謂收曰：「卿勿見元康等在吾目下趨走，謂吾以爲勤勞，我後世身名在卿手，勿謂我不知。」尋加兼著作郎。

收昔在洛京，輕薄尤甚，人號云「魏收驚蛺蝶」。文襄曾遊東山，令給事黃門侍郎顥等宴。文襄曰：「魏收恃才無宜適，〔六〕須出其短。」往復數番，收忽大唱曰：「楊遵彥理屈已倒。」愔從容曰：「我綽有餘暇，山立不動，若遇當塗，恐翩翩遂逝。」當塗者，魏；翩翩者，蛺蝶也。文襄先知之，大笑稱善。文襄又曰：「向語猶微，宜更指斥。」愔應聲曰：「魏收在并作一篇詩，對衆讀訖，云：『打從叔季景出六百斛米，』〔七〕亦不辨此。」遠近所知，非敢妄語。」文襄喜曰：「我亦先聞。」衆人皆笑。收雖自申雪，不復抗拒，終身病之。

侯景叛入梁，寇南境，文襄時在晉陽，令收爲檄五十餘紙，不日而就。又檄梁朝，令送侯景，初夜執筆，三更便成，文過七紙。文襄善之。魏帝曾季秋大射，普令賦詩，收詩末云：「尺書徵建鄴，折簡召長安。」文襄壯之，顧諸人曰：「在朝今有魏收，便是國之光采，雅俗文墨，通達縱橫。我亦使子才、子昇時有所作，至於詞氣，並不及之。吾或意有所懷，忘而不語，語而不盡，意有未及，收呈草皆以周悉，此亦難有。」又勑兼主客郎接梁使謝珽、徐陵。侯景既陷梁，梁鄱陽王範時爲合州刺史，文襄勑收以書喻之。範得書，仍率部伍西上，刺史崔聖念入據其城。文襄謂收曰：「今定一州，卿有其力，猶恨『尺書徵建鄴』未効耳。」

文襄崩，文宣如晉陽，令與黃門郎崔季舒、高德正，吏部郎中尉瑾於北第掌機密。轉祕書監，兼著作郎，又除定州大中正。時齊將受禪，楊愔奏收置之別館，令撰禪代詔册諸文，遣徐之才守門不聽出。天保元年，除中書令，仍兼著作郎，封富平縣子。

二年，詔撰魏史。四年，除魏尹，故優以祿力，專在史閣，不知郡事。初帝令羣臣各言爾志，收曰：「臣願得直筆東觀，早成魏書。」故帝使收專其任。又詔平原王高隆之總監之，其署名而已。帝勑收曰：「好直筆，我終不作魏太武誅史官。」始魏初鄧彥海撰代記十餘卷，其後崔浩典史，游雅、高允、〔八〕程駿、李彪、崔光、李琰之徒世修其業。浩爲編年體，彪始分作紀、表、志、傳，書猶未出。宣武時，命邢巒追撰孝文起居注，書至太和十四年，〔九〕又命崔鴻、王遵業補續焉。下訖孝明，事甚委悉。濟陰王暉業撰辨宗室錄三十卷。收於是部通直

常侍房延祐、司空司馬辛元植、國子博士刁柔、裴昂之、尚書郎高孝幹專總斟酌，〔一〇〕以成魏書。辨定名稱，隨條甄舉，又搜採亡遺，綴續後事，備一代史籍，表而上聞之。勒成一代大典：凡十二紀，九十二列傳，合一百一十卷。五年三月奏上之。秋，除梁州刺史。收以志未成，奏請終業，許之。十一月，復奏十志：天象四卷，地形三卷，律曆二卷，禮樂四卷，食貨一卷，刑罰一卷，靈徵二卷，官氏二卷，釋老一卷，凡二十卷，續於紀傳，合一百三十卷，分爲十二帙。其史三十五例，二十五序，九十四論，前後二表一啓焉。

所引史官，恐其凌逼，唯取學流先相依附者。房延祐、辛元植、眭仲讓〔一一〕雖夙涉朝位，並非史才。刁柔、裴昂之以儒業見知，全不堪編緝。高孝幹以左道求進。修史諸人祖宗姻戚多被書錄，飾以美言。收性頗急，不甚能平，夙有怨者，多沒其善。每言：「何物小子，敢共魏收作色，舉之則使上天，按之當使入地。」初收在神武時爲太常少卿修國史，得陽休之助，因謝休之曰：「無以謝德，當爲卿作佳傳。」休之父固，魏世爲北平太守，以貪虐爲中尉李平所彈獲罪，載在魏起居注。收書云：「固爲北平，甚有惠政，坐公事免官。」又云：「李平深相敬重。」尒朱榮於魏爲賊，收以高氏出自尒朱，且納榮子金，故滅其惡而增其善，論云：「若修德義之風，則韋、彭、伊、霍夫何足數。」〔一二〕

時論既言收著史不平，文宣詔收於尚書省與諸家子孫共加論討，前後投訴百有餘人，

云「遺其家世職位」，或云「其家不見記錄」，或云「妄有非毀」。收皆隨狀答之。范陽盧斐父同附出族祖玄傳下，頓丘李庶家傳稱其本是梁國蒙人，[一三]斐、庶譏議云：「史書不直。」收性急，不勝其憤，啓誣其欲加屠害。帝大怒，親自詰責。斐曰：「臣父仕魏，位至儀同，功業顯著，名聞天下，與收無親，遂不立傳。博陵崔綽，位止本郡功曹，更無事迹，是收外親，乃爲傳首。」收曰：「綽雖無位，名義可嘉，所以合傳。」帝曰：「卿何由知其好人？」收曰：「高允曾爲綽讚，稱有道德。」帝曰：「司空才士，爲人作讚，正應稱揚。亦如卿爲人作文章，道其好者豈能皆實？」收無以對，戰慄而已。但帝先重收才，不欲加罪。時太原王松年亦謗史，及斐、庶並獲罪，各被鞭配甲坊，或因以致死，盧思道亦抵罪。然猶以羣口沸騰，敕魏史且勿施行，令羣官博議。聽有家事者入署，不實者陳牒。於是衆口諠然，號爲「穢史」，投牒者相次，收無以抗之。時左僕射楊愔、右僕射高德正二人勢傾朝野，與收皆親，收遂爲其家並作傳。二人不欲言史不實，抑塞訴辭，終文宣世更不重論。又尚書陸操嘗謂愔曰：「魏收魏書可謂博物宏才，有大功於魏室。」愔謂收曰：「此謂不刊之書，傳之萬古。但恨論及諸家枝葉親姻，過爲繁碎，與舊史體例不同耳。」收曰：「往因中原喪亂，人士譜牒，遺逸略盡，是以具書其支流。望公觀過知仁，以免尤責。」

八年夏，除太子少傅、監國史，復參議律令。三臺成，文宣曰：「臺成須有賦。」愔先以告

收，收上皇居新殿臺賦，其文甚壯麗。時所作者，自邢卲已下咸不逮焉。收上賦前數日乃告卲。卲後告人曰：「收甚惡人，不早言之。」帝曾遊東山，敕收作詔，宣揚威德，譬喻關西，俄頃而訖，詞理宏壯。帝對百僚大嗟賞之。仍兼太子詹事。收娶其舅女，崔昂之妹，產一女，無子。魏太常劉芳孫女，中書郎崔肇師女，夫家坐事，帝並賜收爲妻，時人比之賈充置左右夫人。然無子。後病甚，恐身後嫡媵不平，乃放二姬。[一四]及疾瘳追憶，作懷離賦以申意。文宣每以酣宴之次，云：「太子性懦，宗社事重，終當傳位常山。」收謂楊愔曰：「古人云，太子國之根本，不可動搖。至尊三爵後，每言傳位常山，令臣下疑貳。若實，便須決行。此言非戲。魏收既忝師傅，正當守之以死，但恐國家不安。」愔以收言白於帝，自此便止。帝數宴喜，收每預侍從。皇太子之納鄭良娣也，有司備設牢饌，帝既酣飲，起而自毀覆之。仍詔收曰：「知我意不？」收曰：「臣愚謂良娣既東宮之妾，理不須牢，仰惟聖懷，緣此毀去。」帝大笑，握收手曰：「卿知我意。」安德王延宗納趙郡李祖收女爲妃，後帝幸李宅宴，而妃母宋氏薦二石榴於帝前。問諸人莫知其意，帝投之。收曰：「石榴房中多子，王新婚，妃母欲子孫衆多。」帝大喜，詔收「卿還將來」，仍賜收美錦二疋。十年，除儀同三司。帝在宴席，口敕以爲中書監，命中書郎李愔於樹下造詔。愔以收一代盛才，難於率爾，久而未訖。比成，帝已醉醒，遂不重言，愔仍不奏，事竟寢。

及帝崩於晉陽，驛召收及中山太守陽休之參議吉凶之禮，並掌詔誥。仍除侍中，遷太常卿。文宣謚及廟號、陵名，皆收議也。及孝昭居中宰事，命收禁中爲諸詔文，積日不出。轉中書監。皇建元年，除兼侍中、右光祿大夫，仍儀同、監史。收先副王昕使梁，不相協睦。時昕弟晞親密。而孝昭別令陽休之兼中書，在晉陽典詔誥，收留在鄴，蓋晞所爲。收大不平，謂太子舍人盧詢祖曰：「若使卿作文誥，我亦不言。」又除祖珽爲著作郎，欲以代收。司空主簿李翥，文詞士也。聞而告人曰：「詔誥悉歸陽子烈，著作復遣祖孝徵，文史頓失，恐魏公發背。」於時詔議二王三恪，收執王肅、杜預義，以元、司馬氏爲二王，通曹備三恪。詔諸禮學之官，皆執鄭玄五代之議。孝昭后姓元，議恪不欲廣及，故議從收。又除兼太子少傅，解侍中。

帝以魏史未行，詔收更加研審。收奉詔，頗有改正。及詔行魏史，收以爲直置祕閣，外人無由得見。於是命送一本付并省，一本付鄴下，任人寫之。

大寧元年，加開府。河清二年，兼右僕射。時武成酣飲終日，朝事專委侍中高元海。元海凡庸，不堪大任，以收才名振俗，都官尚書畢義雲長於斷割，乃虛心倚仗。收畏避不能匡救，爲議者所譏。帝於華林別起玄洲苑，備山水臺觀之麗，詔於閣上畫收，其見重如此。

始收比溫子昇、邢卲稍爲後進，[一五]卲既被疏出，子昇以罪幽死，收遂大被任用，獨步一

時。議論更相訾毀，各有朋黨。收每議陋邢卲文。卲又云：「江南任昉，文體本疏，魏收非直模擬，亦大偸竊。」收聞乃曰：「伊常於沈約集中作賊，何意道我偸任昉。」任、沈俱有重名，邢、魏各有所好。武平中，黃門郎顏之推以二公意問僕射祖珽，珽答曰：「見邢、魏之臧否，卽是任、沈之優劣。」收以溫子昇全不作賦，邢雖有一兩首，又非所長，常云：「會須作賦，始成大才士。唯以章表碑誌自許，此外更同兒戲。」[一六]自武定二年已後，國家大事詔命，軍國文詞，皆收所作。每有警急，受詔立成，或時中使催促，收筆下有同宿構，敏速之工，邢、溫所不逮，其參議典禮與邢相埒。

既而趙郡。公。增年獲免，[一七]收知而過之，事發除名。其年又以託附陳使封孝琰，牒令其門客與行，遇崑崙舶至，得奇貨猓然褥表、美玉盈尺等數十件，罪當流，以贖論。三年，起除清都尹。尋遣黃門郎元文遙敕收曰：「卿舊人，事我家最久，前者之罪，情在可恕。比令卿爲尹，非謂美授，但初起卿，斟酌如此。朕豈可用卿之才而忘卿身，待至十月，當還卿開府。」天統元年，除左光祿大夫。二年，行齊州刺史，尋爲眞。

收以子姪少年，申以戒厲，著枕中篇，其詞曰：

吾曾覽管子之書，其言曰：「任之重者莫如身，途之畏者莫如口，期之遠者莫如年。以重任行畏途，至遠期，惟君子爲能及矣。」追而味之，喟然長息。若夫岳立爲重，有潛

戴而不傾；山藏稱固，亦趨負而弗停；呂梁獨浚，能行歌而匪惕；焦原作險，或躋踵而不驚；九陔方集，故眇然而迅舉；五紀當定，想窅乎而上征。苟任重也有度，則任之而愈固；乘危也有術，蓋乘之而靡恤。彼期遠而能通，〔一八〕果應之而可必。豈神理之獨爾，亦人事其如一。嗚呼！處天壤之間，勞死生之地，攻之以嗜欲，牽之以名利，粱肉不期而共臻，珠玉無足而俱致；於是乎驕奢仍作，危亡旋至。然則上知大賢，唯幾唯哲，或出或處，不常其節。其舒也濟世成務，其卷也聲銷迹滅。玉帛子女，椒蘭律呂，諂諛無所先；稱肉度骨，膏脣挑舌，怨惡莫之前。勳名共山河同久，志業與金石比堅。斯蓋厚棟不橈，遊刃砉然。逮於厥德不常，喪其金璞。馳騖人世，鼓動流俗。挾湯日而謂寒，包蟻蛭而未足。源不清而流濁，表不端而影曲。嗟乎！膠漆詎堅，〔一九〕寒暑甚促。反利而成害，化榮而就辱。欣戚更來，得喪仍續。至有身禦魑魅，魂沉狴獄。詎非足力不強，迷在當局。孰可謂車戒前傾，人師先覺。

聞諸君子，雅道之士，遊遨經術，厭飫文史。筆有奇鋒，談有勝理。孝悌之至，神明通矣。審道而行，量路而止。自我及物，先人後己。情無繫於榮悴，心靡滯於慍喜。不養望於丘壑，不待價於城市。言行相顧，慎終猶始。有一於斯，鬱爲羽儀。恪居展事，知無不爲。或左或右，則髦士攸宜；無悔無吝，故高而不危。異乎勇進忘退，苟得

患失，射千金之產，邀萬鍾之秩，投烈風之門，趣炎火之室，載蹶而墜其貽宴，或蹲乃喪其貞吉。可不畏歟！可不戒歟！

門有倚禍，事不可不密；牆有伏寇，言不可而失。宜諦其言，宜端其行。言之不善，行之不正。鬼執强梁，人囚徑廷。幽奪其魄，明夭其命。不服非法，不行非道。公鼎爲己信，私玉非身寶。過涅爲紺，踰藍作青。〔二〇〕持繩視直，置水觀平。時然後取，未若無欲。知止知足，庶免於辱。

是以爲必察其幾，舉必慎於微。知幾慮微，斯亡則稀。既察且慎，福祿攸歸。昔蘧瑗識四十九非，顏子幾三月不違。〔二一〕跬步無已，至於千里。覆一簣進，及於萬仞。故云行遠自邇，登高自卑，可大可久，與世推移。月滿如規，後夜則虧。槿榮于枝，望暮而萎。夫奚益而非損，孰有損而不害？益不欲多，利不欲大。唯居德者畏其甚，體眞者懼其大。道尊則羣謗集，任重而衆怨會。其達也則尼父棲遑，其忠也而周公狼狽。無曰人之我狹，在我不可而覆。無曰人之我厚，在我不可而咎。如山之大，無不有也；如谷之虛，無不受也；能剛能柔，重可負也；能信能順，險可走也；能知能愚，期可久也。周廟之人，三緘其口。漏卮在前，欹器留後。俾諸來裔，傳之坐右。

其後羣臣多言魏史不實，武成復勑更審，收又回換。遂爲盧同立傳，崔綽返更附出。

楊愔家傳，本云「有魏以來一門而已」，至是改此八字；〔二二〕又先云「弘農華陰人」，乃改「自云弘農」，以配王慧龍自云太原人。此其失也。

尋除開府、中書監。武成崩，未發喪。在內諸公以後主卽位有年，疑於赦令。諸公引收訪焉，收固執宜有恩澤，乃從之。掌詔誥，除尙書右僕射，總議監五禮事，位特進。收奏請趙彥深、和士開、徐之才共監。先以告士開，士開驚辭以不學。收曰：「天下事皆由王，五禮非王不決。」士開謝而許之。多引文士令執筆，儒者馬敬德、熊安生、權會實主之。武平三年薨。贈司空、尙書左僕射，謚文貞。有集七十卷。

收碩學大才，然性褊，不能達命體道。見當途貴遊，每以言色相悅。然提獎後輩，以名行爲先，浮華輕險之徒，雖有才能，弗重也。初河間邢子才及季景與收並以文章顯，世稱大邢小魏，〔二三〕言尤俊也。收少子才十歲，子才每曰：「佛助寮人之偉。」後收稍與子才爭名，文宣貶子才曰：「爾才不及魏收。」收益得志。自序云：「先稱溫、邢，後曰邢、魏。」然收內陋邢，心不許也。收既輕疾，好聲樂，善胡舞。文宣末，數於東山與諸優爲獼猴與狗鬬，帝寵狎之。收外兄博陵崔巖嘗以雙聲嘲收曰：「愚魏衰收。」收答曰：「顏巖腥瘦，是誰所生，羊頤狗頰，頭團鼻平，飯房笭籠，著孔嘲玎。」其辯捷不拘若是。既緣史筆，多憾於人，齊亡之歲，收冢被發，棄其骨于外。先養弟子仁表爲嗣，位至尙書膳部郎中。隋開皇中卒於溫縣令。

校勘記

〔一〕北齊書卷三十七　按此卷原缺，宋本、三朝本、南本、局本卷末有宋人校語云：「此傳與北史同，但不序世家，又無論贊，疑非正史。」按此傳與北史卷五六魏收傳基本相同，只字句小有出入，但傳首敍世系有異。疑北齊書原文殘存傳首世系，以下後人以北史補。

〔二〕曾祖緝祖韶　北史卷五六魏收傳、魏書卷一〇四自序收祖名「悅」。按魏書卷九二魏溥妻房氏傳稱溥子緝，「緝子悅爲濟陰太守」，魏書卷九一王叡附子椿傳稱「椿妻鉅鹿魏悅女」，又有「兄子建」和「兄子收」之語。知「韶」當作「悅」。

〔三〕詔試收爲封禪書收下筆便就不立稿草　御覽卷六〇〇二七〇一頁引北齊書云：「魏收鉅鹿人，以文章見知。曾奉詔爲封禪文。收對曰：『封禪者，帝之盛事，昔司馬長卿尙絕筆於此，以臣下材，何敢擬議。臣雖愚淺，敢不竭作。』乃於御前下筆便就，不立稿草。」按自「收對曰」已下至「乃於御前」三十九字爲本書和魏書、北史所無，自是北齊書原文，但御覽也加删節，故文意不貫。

〔四〕白帝曰　三朝本、百衲本、北本、汲本、局本無「白」字，南本依北史卷五六增此字，殿本從之。按御覽同上卷頁也有「白」字。若無，則下面的話便是節閔帝語，何必特別敍述賈思同侍立。今從

南本。

〔一五〕收忽季景故方之　諸本無「故」字。南本及北史卷五六「忽」下有「以」字，南本當卽依北史增。册府卷九四四一一二三頁有「故」字。按册府多據補本北齊書，知原有此字，今據補。

〔一六〕魏收恃才無宜適　諸本「無宜適」三字作「使氣卿」。三朝本、百衲本及北史卷五六、册府卷八〇〇九五〇五頁、御覽卷九四五四一九七頁都作「無宜適」。按宋書卷八八薛安都傳有「小子無宜適」語，這是當時口語，南本以下妄改，今從三朝本。

〔一七〕打從叔季景出六百斛米　北史卷五六「斛米」作「斗番」。按此語作「斛米」作「斗番」都不可解。

〔一八〕游雅高允　諸本脫「雅高」二字。按游雅、高允參預修史，並見魏書卷四八及卷五四本傳，今據魏書卷一〇四自序補。

〔一九〕宣武時命邢巒追撰孝文起居注書至太和十四年　諸本無「至」字，於文義不合，今據北史卷五六補。

〔二〇〕專總斟酌　北史卷五六、魏書卷一〇四皆百衲本「專」作「傳」，册府卷五五六六六七八頁作「博」。按「博總」卽廣泛收集之意。疑本作「博」，訛作「傳」，後人以讀不可通，又去人旁。

〔二一〕眭仲讓　諸本「眭」訛「睦」，南、北、殿三本「仲」又訛「元」。今據北史卷五六改。參卷四五校記。

〔一二〕若修德義之風則韋彭伊霍夫何足數　諸本「韋」作「韓」，三朝本、百衲本作「韋」。按魏書卷七四尒朱榮傳論作「彭韋」。「彭、韋」指大彭、豕韋，是傳說中的商代霸主，故置於伊尹、霍光之前。韓信、彭越均不善終，和尒朱榮相似，與此論所謂「修德義之風」，「夫何足數」語不合。今從三朝本。

〔一三〕頓丘李庶家傳稱共本是梁國蒙人　諸本「蒙」作「家」。洪頤煊諸史考異卷一二云：「梁國家人當是蒙人之訛。」按李庶是李平之孫見魏書卷六六李平傳，這一家是北魏外戚。平伯父峻，見魏書卷八三外戚傳，說他是「梁國蒙縣人，元皇后兄也」，卷一三文成元皇后李氏傳也說她是「梁國蒙縣人」。洪說是，今改正。

〔一四〕乃放二姬　三朝本、百衲本、汲本、局本及册府卷九四一一一〇八二頁「放」作「殺」，南、北、殿三本及北史卷五六作「放」。按封建地主殘暴兇惡，殺二姬完全可能。但北史卷四二劉芳附孫逖傳說「其姊爲任氏婦，沒入宮，勅以賜魏收」，又云「逖姊魏家者，收時已放出，逖因次欲嫁之」，所云「二姬」，其一卽劉芳孫女，知作「放」是。今從南本。

〔一五〕始收比溫子昇邢卲稍爲後進　諸本「比」作「與」，南本依北史卷五六改，今從之。

〔一六〕唯以章表碑誌自許此外更同兒戲　御覽卷五八七二六四五頁引三國典略作「唯以章表自許，此同兒戲」。按如此傳，則是章表碑誌之外，連作賦也同兒戲，和上文「會須作賦，始成大才士」之語矛盾。疑御覽是，這裏衍「外更」二字。

〔一七〕既而趙郡公增年獲免　張森楷云：「案彭城王浟傳卷一〇，此是趙郡李公統母事，此但作『趙郡公』三字，當有脫文。」按張說是。

〔一八〕彼期遠而能通　諸本「期」作「其」。北史卷五六、册府卷八一七九七二〇頁作「期」。按上文說「期之遠者莫如年」，作「期」是，今據改。

〔一九〕膠漆詎堅　諸本「詎」作「謂」。北史卷五六、册府同上卷頁作「詎」。按文義作「詎」是，今據改。

〔二〇〕過涅爲紺踰藍作青　三朝本「涅」作「濕」，他本都作「緇」百衲本也依他本改「緇」，北史卷五六、册府同上卷頁作「涅」。按淮南子俶眞篇云：「以涅染緇，則黑於涅，以藍染青，則青於藍」，這二句卽取此義，作「涅」是，三朝本形訛作「濕」，尚存痕跡，今據北史、册府改。

〔二一〕昔蘧瑗識四十九非顏子幾三月不違　三朝本、百衲本及北史卷五六、册府宋本卷八一七「幾」上有「隣」字。他本無。按「隣幾」卽「其殆庶幾」之意，本當有「隣」字，但這樣就和上句不對。疑上句「識」字上下先脫一字，後人遂删「隣」字以就對偶。今上句脫字無從補入，這裏也不補。

〔二二〕楊愔家傳本云有魏以來一門而已至是改此八字　諸本「云」作「無」，三朝本、百衲本及北史卷五六、册府卷五六一一六七五〇頁作「云」。又諸本及北史「改」並作「加」，册府作「改」。按今魏書卷五八楊播傳卽所謂「楊愔家傳」無此八字，獨見於北史卷四一楊播傳論。若魏書定本「加此八字」，

何故不見於傳世諸本？知魏書初稿，特書此八字以媚楊愔，後來楊愔被殺，又削去八字，以示不親楊氏。李延壽認爲不該削去，故在北史傳論中又據魏書初稿寫上此八字。李延壽於魏收傳中說「此其指魏收失也」，是說他削去不對，不是說有此八字不對。這裏「云」字先訛「亡」，又寫作「無」，後人遂倂下「改」字也改作「加」。北齊書舊本和北史「云」字尚不誤，而「改」字唯册府獨是。今從三朝本及册府。

〔二三〕初河間邢子才及季景與收並以文章顯世稱大邢小魏　北史卷五六「子才」下有「子明」二字。按邢昕字子明，子才族子，見魏書卷八三文苑傳、北史卷四三邢巒傳。傳云「大邢小魏」，當時必以子才、子明爲大小邢，季景與收爲大小魏，才有這話，這裏當脫「子明」二字。

北齊書卷三十八[一]

列傳第三十

辛術　元文遙　趙彥深

辛術，字懷哲，少明敏，有識度。解褐司空冑曹參軍，與僕射高隆之共典營構鄴都宮室，術有思理，百工克濟。再遷尚書右丞。出爲清河太守，政有能名。追授并州長史，遭父憂去職。清河父老數百人詣闕請立碑頌德。文襄嗣事，與尚書左丞宋遊道、中書侍郎李繪等並追詣晉陽，俱爲上客。累遷散騎常侍。

武定八年，侯景叛，[二]除東南道行臺尚書，封江夏縣男，與高岳等破侯景，擒蕭明。還東徐州刺史，爲淮南經略使。齊天保元年，侯景徵江西租稅，術率諸軍渡淮斷之，燒其稻數百萬石。還鎮下邳，人隨術北渡淮者三千餘家。東徐州刺史郭志殺郡守。文宣聞之，勑術自今所統十餘州地諸有犯法者，刺史先啓聽報，以下先斷後表聞。齊代行臺兼總人事，自

術始也。安州刺史、臨清太守、盱眙蘄城二鎮將犯法，術皆案奏殺之。睢州刺史及所部郡守俱犯大辟，朝廷以其奴婢百口及資財盡賜術，三辭不見許，術乃送詣所司，不復以聞。邢卲聞之，遺術書曰：「昔鍾離意云『孔子忍渴於盜泉』，便以珠璣委地，足下今能如此，可謂異代一時。」及王僧辯破侯景，術招攜安撫，城鎮相繼款附，前後二十餘州。於是移鎮廣陵。獲傳國璽送鄴，文宣以璽告於太廟。此璽卽秦所制，方四寸，上紐交盤龍，其文曰：「受命于天，既壽永昌。」二漢相傳，又傳魏、晉。懷帝敗，沒於劉聰。聰敗，沒於石氏。石氏敗，晉穆帝永和中，濮陽太守戴僧施得之，遣督護何融送于建鄴。歷宋、齊、梁，梁敗，侯景得之。景敗，侍中趙思賢以璽投景南兗州刺史郭元建，送于術，故術以進焉。尋徵爲殿中尚書，領太常卿，仍與朝賢議定律令。遷吏部尚書，食南兗州梁郡幹。

遷鄴以後，大選之職，知名者數四，互有得失，未能盡美。文襄帝少年高朗，所弊者疏；袁叔德沉密謹厚，所傷者細；楊愔風流辨給，取士失於浮華。唯術性尙貞明，取士以才器，循名責實，新舊參舉，管庫必擢，門閥不遺。考之前後銓衡，在術最爲折衷，甚爲當時所稱舉。天保末，文宣嘗令術選百員官，參選者二三千人，術題目士子，人無謗讟，其所旌擢，後亦皆致通顯。

術清儉，寡嗜慾。勤於所職，未嘗暫懈。臨軍以威嚴，牧人有惠政。少愛文史，晚更修

學，雖在戎旅，手不釋卷。及定淮南，凡諸資物一毫無犯，唯大收典籍，多是宋、齊、梁時佳本，鳩集萬餘卷，并顧、陸之徒名畫，二王已下法書數亦不少，[三]俱不上王府，唯入私門。及還朝，頗以饋遺權要，物議以此少之。十年卒，年六十。皇建二年，贈開府儀同三司、中書監、青州刺史。子閣卿，尚書郎。閣卿弟衡卿，有識學，開府參軍事。隋大業初，卒於太常丞。

元文遙，字德遠，河南洛陽人，魏昭成皇帝六世孫也。五世祖常山王遵。[四]父嗁，有孝行，父卒，廬於墓側而終。文遙貴，贈特進、開府儀同三司、中書監，謚曰孝。文遙敏慧夙成，濟陰王暉業每云：「此子王佐才也。」暉業嘗大會賓客，有人將何遜集初入洛，諸賢皆讚賞之。河間邢卲試命文遙，誦之幾遍可得？文遙一覽便誦，時年十餘歲。濟陰王曰：「我家千里駒，今定如何？」邢云：「此殆古來未有。」

起家員外散騎常侍。遭父喪，服闋，除太尉東閣祭酒。以天下方亂，遂解官侍養，隱於林慮山。

武定中，文襄徵爲大將軍府功曹。齊受禪，於登壇所受中書舍人，宣傳文武號令。楊遵彥每云：「堪解穰侯印者，必在斯人。」後忽被中旨幽執，竟不知所由。如此積年。文宣後

自幸禁獄，執手愧謝，親解所著金帶及御服賜之，卽日起爲尚書祠部郎中。孝昭攝政，除大丞相府功曹參軍，典機密。及踐祚，除中書侍郎，封永樂縣伯，參軍國大事。及帝大漸，與平秦王歸彥、趙郡王叡等同受顧託，迎立武成。卽位，任遇轉隆，歷給事黃門侍郎、散騎常侍、侍中、中書監。天統二年，詔特賜姓高氏，籍屬宗正，子弟依例歲時入朝。再遷尚書左僕射，進封寧都郡公，侍中。

文遙歷事三主，明達世務，每臨軒，多命宣勑，號令文武，聲韻高朗，發吐無滯。然探測上旨，時有委巷之言，故不爲知音所重。齊因魏朝，宰縣多用廝濫，至於士流恥居百里。文遙以縣令爲字人之切，遂請革選。於是密令搜揚貴游子弟，發勑用之。猶恐其披訴，總召集神武門，令趙郡王叡宣旨唱名，厚加慰喩。士人爲縣，自此始也。既與趙彥深、和士開同被任遇，雖不如彥深清貞守道，又不爲士開貪淫亂政，在於季、孟之間。然性和厚，與物無競，故時論不在彥深之下。初文遙自洛遷鄴，惟有地十頃，家貧，所資衣食而已。魏之將季，宗姓被侮，有人冒相侵奪，文遙卽以與之。及貴，此人尙在，乃將家逃竄。文遙大驚，追加慰撫，還以與之，彼人愧而不受，彼此俱讓，遂爲閑田。

至後主嗣位，趙郡王叡、婁定遠等謀出和士開，文遙亦參其議。叡見殺，文遙由是出爲西兗州刺史。詣士開別，士開曰：「處得言地，使元家兒作令僕，深愧朝廷。」既言而悔，仍執

手慰勉之。猶慮文遙自疑，用其子行恭爲尚書郎，以慰其心。士開死，自東徐州刺史徵入朝，竟不用，卒。

行恭美姿貌，有父風，兼俊才，位中書舍人，待詔文林館。齊亡，陽休之等十八人同入關，稍遷司勳下大夫。隋開皇中，位尚書郎，坐事徙瓜州而卒。行恭少頗驕恣，文遙令與范陽盧思道交遊。文遙嘗謂思道云：「小兒比日微有所知，是大弟之力，然白擲劇飲，甚得師風。」思道答云：「郎辭情俊邁，自是克荷堂構，而白擲劇飲，亦天性所得。」行恭弟行如，亦聰慧早成，武平末，任著作佐郎。

趙彥深，自云南陽宛人，漢太傅憙之後。高祖父難，爲淸河太守，有惠政，遂家焉，淸河後改爲平原，故爲平原人也。本名隱，避齊廟諱，改以字行。父奉伯，仕魏位中書舍人、行洛陽令。彥深貴，贈司空。彥深幼孤貧，事母甚孝。年十歲，曾候司徒崔光。光謂賓客曰：「古人觀眸子以知人，此人當必遠至。」性聰敏，善書計，安閑樂道，不雜交遊，爲雅論所歸服。昧爽，輒自掃門外，不使人見，率以爲常。

初爲尚書令司馬子如賤客，供寫書。子如善其無誤，欲將入觀省舍。隱靴無氈，衣帽穿弊，子如給之。用爲書令史，月餘，補正令史。〔五〕神武在晉陽，索二史，子如舉彥深。後

拜子如開府參軍，超拜水部郎。及文襄爲尚書令攝選，〔六〕沙汰諸曹郎，隱以地寒被出爲滄州別駕，辭不行。子如言於神武，徵補大丞相功曹參軍，專掌機密，文翰多出其手，稱爲敏給。神武曾與對坐，遣造軍令，以手捫其額曰：「若天假卿年，必大有所至。」每謂司徒孫騰曰：「彥深小心恭慎，曠古絕倫。」

及神武崩，祕喪事，文襄慮河南有變，仍自巡撫，乃委彥深後事，轉大行臺都官郎中。臨發，握手泣曰：「以母弟相託，幸得此心。」旣而內外寧靜，彥深之力。及還發喪，深加褒美，乃披郡縣簿爲選封安國縣伯。從征潁川，時引水灌城，城雉將沒，西魏將王思政猶欲死戰。文襄令彥深單身入城告喩，卽日降之，便手牽思政出城。先是，文襄謂彥深曰：〔七〕「吾昨夜夢獵，遇一羣豕，吾射盡獲之，獨一大豕不可得。卿言當爲吾取，須臾獲豕而進。」至是，文襄笑曰：「夢驗矣。」卽解思政佩刀與彥深曰：「使卿常獲此利。」

文宣嗣位，仍典機密，進爵爲侯。天保初，累遷祕書監，以爲忠謹，每郊廟，必令兼太僕卿，執御陪乘。轉大司農。帝或巡幸，卽輔贊太子，知後事。出爲東南道行臺尚書、徐州刺史，爲政尚恩信，爲吏人所懷，多所降下。所營軍處，士庶追思，號趙行臺頓。文宣璽書勞勉，徵爲侍中，仍掌機密。河淸元年，進爵安樂公，累遷尚書左僕射、齊州大中正、監國史，還尚書令，爲特進，封宜陽王。武平二年拜司空，爲祖珽所間，出爲西兗州刺史。四年，徵

爲司空，轉司徒。丁母憂，尋起爲本官。七年六月暴疾薨，時年七十。

彥深歷事累朝，常參機近，溫柔謹慎，喜怒不形於色。自皇建以還，禮遇稍重，每有引見，或升御榻，常呼官號而不名也。凡諸選舉，先令銓定，提獎人物，皆行業爲先，輕薄之徒，弗之齒也。孝昭旣執朝權，羣臣密多勸進，彥深獨不致言。孝昭嘗謂王晞云：「若言衆心皆謂天下有歸，何不見彥深有語。」晞以告，彥深不獲已，陳請，其爲時重如此。常遜言恭己，未嘗以驕矜待物，所以或出或處，去而復還。母傅氏，雅有操識。彥深三歲，傅便孀居，家人欲以改適，自誓以死。彥深五歲，傅謂之曰：「家貧兒小，何以能濟？」彥深泣而言曰：「若天哀矜，兒大當仰報。」傅感其意，對之流涕。及彥深拜太常卿，還，不脫朝服，先入見母，跪陳幼小孤露，蒙訓得至於此。母子相泣久之，然後改服。後爲宜陽國太妃。彥深有七子，仲將知名。

仲將，沉敏有父風。溫良恭儉，雖對妻子，亦未嘗怠慢，終日儼然。學涉羣書，善草隸。雖與弟書，書字楷正，云草不可不解，若施之於人，卽似相輕易，若與當家中卑幼，又恐其疑所在宜爾，是以必須隸筆。彥深乞轉以萬年縣子授之。位給事黃門侍郎、散騎常侍。隋開皇中，位吏部郎，終於安州刺史。

齊朝宰相，善始令終唯彥深一人。然諷朝廷以子叔堅爲中書侍郎，頗招物議。時馮子

琮子慈明、祖珽子君信並相繼居中書，故時語云：「馮、祖及趙，穢我鳳池。」然叔堅身材最劣。

校勘記

〔一〕北齊書卷三十八　按此卷原缺，後人以北史卷五〇辛術傳、卷五五元文遙傳、趙彥深傳補。宋本、三朝本卷末有宋人校語云：「此卷與北史同。」

〔二〕武定八年侯景叛　殿本依北史卷五〇辛術傳「八」改「六」，他本都作「八」。按魏書卷一二孝靜帝紀，事在武定五年五四七。此傳下文敍高岳破侯景，擒蕭明也都是五年的事，作「八」作「六」均誤。

〔三〕二王已下法書數亦不少　諸本「法書」倒作「書法」，今據北史卷五〇乙正。

〔四〕魏昭成皇帝六世孫也五世祖常山王遵　張森楷云：「按魏書昭成子孫傳卷一五，言遵是昭成子壽鳩之子，則是昭成孫也。遵旣爲五世祖，豈得爲昭成六世孫。『六』當爲『七』之誤。」

〔五〕用爲書令史月餘補正令史　諸本「書」上有「尚」字，北史卷五五無。按通典卷二二歷代都事、主事、令史條云：「北齊尚書郎判事，正令史側坐，書令史過事」，同書上文敍晉、宋蘭臺事，已有正、書令史的名目。知此傳「尚」字乃後人妄加，今據北史刪

〔六〕及文襄爲尚書令攝選　諸本「攝」作「令」，南本及北史卷五五作「攝令選」。按本書卷三文襄紀稱「元象元年，攝吏部尚書」高澄以尚書令攝吏部尚書卽是攝選。本書卷四〇尉瑾傳補、馮子琮傳補都有以僕射攝選的記載。諸本作「令」誤，南本從北史也衍一「令」字，今改正。

〔七〕先是文襄謂彥深曰　諸本無「先是」二字，北史有。按這是追敍的話，所以下文稱「至是，文襄笑曰：夢驗矣」。此二字不宜省，今據北史補。

北齊書卷三十九〔一〕

列傳第三十一

崔季舒　祖珽

崔季舒，字叔正，博陵安平人。父瑜之，〔二〕魏鴻臚卿。季舒少孤，性明敏，涉獵經史，長於尺牘，有當世才具。年十七，爲州主簿，爲大將軍趙郡公琛所器重，言之於神武。神武親簡丞郎，補季舒大行臺都官郎中。文襄輔政，轉大將軍中兵參軍，甚見親寵。以魏帝左右，須置腹心，擢拜中書侍郎。文襄爲中書監，移門下機事總歸中書，〔三〕又季舒善音樂，故內伎亦通隸焉，內伎屬中書，自季舒始也。文襄每進書魏帝，有所諫請，或文辭繁雜，季舒輒修飾通之，得申勸戒而已。靜帝報答霸朝，恒與季舒論之，云：「崔中書是我妳母。」轉黃門侍郎，領主衣都統。雖迹在魏朝，而心歸霸府，密謀大計，皆得預聞。於是賓客輻湊，傾心接禮，甚得名譽，勢傾崔暹。暹嘗

於朝堂屏人拜之曰：「暹若得僕射，皆叔父之恩。」其權重如此。

時勳貴多不法，文襄無所縱捨，外議以季舒及崔暹等所爲，甚被怨疾。及文襄遇難，文宣將赴晉陽，黃門郎陽休之勸季舒從行，曰：「一日不朝，其間容刀。」季舒性愛聲色，心在閑放，遂不請行，欲恣其行樂。司馬子如緣宿憾，及尚食典御陳山提等共列其過狀，由是季舒及暹各鞭二百，徙北邊。

天保初，文宣知其無罪，追爲將作大匠，再遷侍中。俄兼尚書左僕射、儀同三司，大被恩遇。乾明初，楊愔以文宣遺旨，停其僕射。遭母喪解任，起復，除光祿勳，兼中兵尚書。出爲齊州刺史，坐遣人渡淮互市，亦有贓賄事，爲御史所劾，會赦不問。武成居藩，曾病，文宣令季舒療病，備盡心力。大寧初，追還，引入慰勉，累拜度支尚書、開府儀同三司。營昭陽殿，勅令監造。以判事式爲胡長仁密言其短，出爲西兗州刺史。爲進典籤於吏部，被責免官，又以詣廣寧王宅，決馬鞭數十。及武成崩，不得預於哭泣。久之，除膠州刺史，還侍中、開府，食新安、河陰二郡幹。加左光祿大夫，待詔文林館，監撰御覽。加特進、監國史。季舒素好圖籍，暮年轉更精勤，兼推薦人士，獎勸文學，時議翕然，遠近稱美。

祖珽受委，奏季舒總監內作。珽被出，韓長鸞以爲珽黨，亦欲出之。屬車駕將適晉陽，季舒與張雕議：以爲壽春被圍，大軍出拒，信使往還，須稟節度；兼道路小人，或相驚恐，云

大駕向幷，畏避南寇；若不啓諫，必動人情。遂與從駕文官連名進諫。時貴臣趙彥深、唐邕、段孝言等初亦同心，臨時疑貳，季舒與爭未決。長鸞遂奏云：「漢兒文官連名總署，聲云諫止向幷，其實未必不反，宜加誅戮。」帝卽召已署表官人集含章殿，以季舒、張雕、劉逖、封孝琰、裴澤、郭遵等爲首，並斬之殿庭，長鸞令棄其屍於漳水。自外同署，將加鞭撻，趙彥深執諫獲免。季舒等家屬男女徙北邊，〔四〕妻女子婦配奚官，小男下蠶室，沒入貲產。

季舒大好醫術，天保中，於徙所無事，更銳意研精，遂爲名手，多所全濟。雖位望轉高，未曾懈怠，縱貧賤厮養，亦爲之療。

庶子長君，尚書右外兵郎中。〔五〕次鏡玄，著作佐郎。並流於遠惡。未幾，季舒等六人妻以年老放出。後南安王思好更稱朝廷罪惡，以季舒等見害爲詞，悉召六人兄弟子姪隨軍趣晉陽。事敗，長君等並從戮，六人妻又追入官。周武帝滅齊，詔斛律光與季舒等六人同被優贈，季舒贈開府儀同大將軍、定州刺史云。

祖珽，字孝徵，范陽遒人也。父瑩，魏護軍將軍。珽神情機警，詞藻遒逸，少馳令譽，爲世所推。起家祕書郎，對策高第，爲尚書儀曹郎中，典儀注。嘗爲冀州刺史万俟受洛制清德頌，其文典麗，由是神武聞之。時文宣爲幷州刺史，署珽開府倉曹參軍，神武口授珽三十

六事，出而疏之，一無遺失，大爲僚類所賞。時神武送魏蘭陵公主出塞嫁蠕蠕，魏收賦出塞及公主遠嫁詩二首，珽皆和之，大爲時人傳詠。

珽性疏率，不能廉愼守道。倉曹雖云州局，乃受山東課輸，由此大有受納，豐於財產。又自解彈琵琶，能爲新曲，招城市年少歌儛爲娛，遊集諸倡家。與陳元康、穆子容、任冑、元士亮等爲聲色之遊。諸人嘗就珽宿，出山東大文綾幷連珠孔雀羅等百餘疋，令諸嫗擲樗蒲賭之，以爲戲樂。〔六〕參軍元景獻，故尚書令元世儁子也，其妻司馬慶雲女，是魏孝靜帝姑博陵長公主所生。珽忽迎景獻妻赴席，與諸人遞寢，亦以貨物所致。其豪縱淫逸如此。常云：「丈夫一生不負身。」已文宣罷州，珽例應隨府，規爲倉局之間，致請於陳元康，元康爲白，由是還任倉曹。珽又委體附參軍事攝典籤陸子先，並爲畫計，請糧之際，令子先宣教，出倉粟十車，爲僚官捉送。神武親問之，珽自言不受署，歸罪子先，神武信而釋之。珽出而言曰：「此丞相天緣明鑒，然實孝徵所爲。」性不羈放縱，曾至膠州刺史司馬世雲家飲酒，遂藏銅疊二面。厨人請搜諸客，果於珽懷中得之，見者以爲深恥。所乘老馬，常稱騮駒。又與寡婦王氏姦通，每人前相聞往復。裴讓之與珽早狎，於衆中嘲珽曰：「卿那得如此詭異，老馬十歲，猶號騮駒；一妻耳順，尚稱娘子。」于時喧然傳之。後爲神武中外府功曹，神武宴僚屬，於坐失金叵羅，竇泰令飲酒者皆脫帽，於珽髻上得之，神武不能罪也。後爲秘書丞，領舍人，事文襄。州客至，請賣華林遍略。文襄多集書人，一日一夜寫畢，退其本曰：「不須也。」珽以遍略數帙質錢樗蒲，文襄杖之四十。又與令史李雙、倉督成祖等作晉州啓，請粟三千石，代功曹參軍趙彥深宣神武教，給城局參軍。事過典籤高景略，疑其定不實，〔七〕密以問彥深，彥深答都無此事，遂被推檢，珽卽引伏。神武大怒，決鞭二百，配甲坊，加鉗，其穀倍徵。未及科，會幷州定國寺新成，神武謂陳元康、溫子昇曰：「昔作芒山寺碑文，時稱妙絕，今定國寺碑當使誰作詞也？」元康因薦珽才學，幷解鮮卑語。乃給筆札就禁所具草。二日內成，其文甚麗。神武以其工而且速，特恕不問，然猶免官，散參相府。文襄嗣事，以爲功曹參軍。及文襄遇害，元康被傷創重，倩珽作書屬家累事，幷云：「祖喜邊有少許物，宜早索取。」珽乃不通此書，喚祖喜私問，得金二十五鋌，唯與喜二鋌，餘盡自入己。盜元康家書數千卷。祖喜懷恨，遂告元康二弟叔諶、季璩等。叔諶以語楊愔，愔嚬眉答曰：「恐不益亡者。」因此得停。文宣作相，珽擬補令史十餘人，皆有受納，據法處絞，上尋捨之。又盜官遍略一部。事發，〔八〕文宣付從事中郎王士雅推檢，〔九〕並書與平陽公淹，令錄珽付禁，勿令越逸。淹遣田曹參軍孫子寬往喚，珽受命，便爾私逃。黃門郎高德正副留臺事，謀云：「珽自知有犯，驚竄是常，但宜一命向祕書，稱『奉幷州約束須五經三部』，仰丞親檢校催遣」，如此則珽意安，夜當還宅，然後掩取。珽果如德正圖，遂還宅。薄晚，就家掩之，縛珽送廷尉。據犯

枉法處絞刑。文宣以珽伏事先世，諷所司命特寬其罰，遂奏免死除名。天保元年，復被召從駕，依除免例，參於晉陽。

珽天性聰明，事無難學，凡諸伎藝，莫不措懷，文章之外，又善音律，解四夷語及陰陽占候，醫藥之術尤是所長。文宣帝雖嫌其數犯憲，而愛其才伎，令直中書省，掌詔誥。珽通密狀，列中書侍郎陸元規，勑令裴英推問，元規以應對忤旨，被配甲坊。除珽尚藥丞，尋遷典御。又奏造胡桃油，復爲割截免官。文宣每見之，〔一〇〕常呼爲賊。文宣崩，普選勞舊，除爲章武太守。會楊愔等誅，不之官，授著作郎。數上密啓，爲孝昭所忿，勑中書門下二省斷珽奏事。

珽善爲胡桃油以塗畫，乃進之長廣王，因言「殿下有非常骨法，孝徵夢殿下乘龍上天」。王謂曰：「若然，當使兄大富貴。」及卽位，是爲武成皇帝，擢拜中書侍郎。帝於後園使珽彈琵琶，和士開胡舞，各賞物百段。士開忌之，出爲安德太守，轉齊郡太守，以母老乞還侍養，詔許之。會江南使人來聘，爲中勞使。〔一一〕尋爲太常少卿、散騎常侍、假儀同三司，掌詔誥。初珽於乾明、皇建之時，知武成陰有大志，遂深自結納，曲相祗奉。武成於天保世頻被責，心常銜之。珽至是希旨，上書請追尊太祖獻武皇帝爲神武，高祖文宣皇帝改爲威宗景烈皇帝，以悅武成，從之。

時皇后愛少子東平王儼，願以爲嗣，武成以後主體正居長，難於移易。珽私於士開曰：「君之寵幸，振古無二，宮車一日晚駕，欲何以克終？」士開因求策焉。珽曰：「宜說主上，云襄、宣、昭帝子俱不得立，今宜命皇太子早踐大位，以定君臣。若事成，中宮少主皆德君，此萬全計也。君此且微說，令主上粗解，珽當自外上表論之。」士開許諾。因有彗星出，太史奏云除舊布新之徵。珽於是上書，言：「陛下雖爲天子，未是極貴。按春秋元命苞云：『乙酉之歲，除舊革政。』今年太歲乙酉，宜傳位東宮，令君臣之分早定，且以上應天道。」並上魏獻文禪子故事。帝從之。由是拜祕書監，加儀同三司，大被親寵。

既見重二宮，遂志於宰相。先與黃門侍郎劉逖友善，乃疏侍中尚書令趙彥深、侍中左僕射元文遙、侍中和士開罪狀，〔三〕令逖奏之。逖懼不敢通，其事頗泄，彥深等先詣帝自陳。帝大怒，執珽詰曰：「何故毀我士開？」珽因厲聲曰：「臣由士開得進，本無欲毀之意，陛下今既問臣，臣不敢不以實對。士開、文遙、彥深等專弄威權，控制朝廷，與吏部尚書尉瑾內外交通，共爲表裏，賣官鬻獄，政以賄成，天下歌謠。若爲有識所知，安可聞於四裔！陛下不以爲意，臣恐大齊之業隳矣。」帝曰：「爾乃誹謗我！」珽曰：「不敢誹謗，陛下取人女。」帝曰：「我以其儉餓，故收養之。」珽曰：「何不開倉賑給，乃買取將入後宮乎？」帝益怒，以刀環築口，鞭杖亂下，將撲殺之。大呼曰：「不殺臣，陛下得名，殺臣，臣得名。若欲得名，莫殺臣，爲陛下合金

丹。」遂少獲寬放。珽又曰：「陛下有一范增不能用，知可如何？」帝又怒曰：「爾自作范增，以我爲項羽邪！」珽曰：「項羽人身亦何由可及，但天命不至耳。項羽布衣，率烏合衆，五年而成霸王業。陛下藉父兄資，財得至此，臣以項羽未易可輕。臣何止方於范增，縱張良亦不能及。張良身傅太子，猶因四皓，方定漢嗣。臣位非輔弼，疏外之人，竭力盡忠，勸陛下禪位，使陛下尊爲太上，子居宸扆，於己及子，俱保休祚。蕞爾張良，何足可數。」帝愈恚，令以土塞其口，珽且吐且言，無所屈撓。乃鞭二百，配甲坊，尋徙於光州。刺史李祖勳遇之甚厚。別駕張奉禮希大臣意，上言：「珽雖爲流囚，常與刺史對坐。」勑報曰：「牢掌。」奉禮曰：「牢者，地牢也。」乃爲深坑，置諸內，苦加防禁，桎梏不離其身，家人親戚不得臨視。夜中以蕪菁子燭熏眼，因此失明。

武成崩，後主憶之，就除海州刺史。是時陸令萱外干朝政，其子穆提婆愛幸。珽乃遺陸媼弟悉達書曰：「趙彥深心腹深沉，欲行伊、霍事，儀同姊弟豈得平安，何不早用智士耶？」和士開亦以珽能決大事，欲以爲謀主，故棄除舊怨，虛心待之。與陸媼言於帝曰：「襄、宣、昭三帝，其子皆不得立，今至尊猶在帝位者，實由祖孝徵。此人有大功，宜報重恩。孝徵心行雖薄，奇略出人，緩急眞可憑仗。且其雙盲，必無反意，請喚取問其謀計。」從之，入爲銀青光祿大夫、祕書監，加開府儀同三司。和士開死後，仍說陸媼出彥深，以珽爲侍中。

在晉陽，通密啓請誅琅邪王。其計既行，漸被任遇。

又太后之被幽也，珽欲以陸媼爲太后，撰魏帝皇太后故事，爲太姬言之。謂人曰：「太姬雖云婦人，實是雄傑，女媧已來無有也。」太姬亦稱珽爲國師、國寶。由是拜尚書左僕射，監國史，加特進，入文林館，總監撰書，封燕郡公，食太原郡幹，給兵七十人。所住宅在義井坊，旁拓隣居，大事修築，陸媼自往案行。勢傾朝野。斛律光甚惡之，遙見竊罵云：「多事乞索小人，欲行何計數！」常謂諸將云：「邊境消息，處分兵馬，趙令嘗與吾等參論之。盲人掌機密來，全不共我輩語，止恐悞他國家事。」又珽頗聞其言，因其女皇后無寵，以謠言聞上曰：「百升飛上天，明月照長安。」令其妻兄鄭道蓋奏之。帝問珽，珽證實。又說謠云：「高山崩，槲樹舉，盲老翁背上下大斧，多事老母不得語。」珽并云「盲老翁是臣」，云與國同憂戚，勸上行，語「其多事老母，似道女侍中陸氏」。帝以問韓長鸞、穆提婆，并令高元海、段士良密議之，衆人未從。因光府參軍封士讓啓告光反，遂滅其族。

珽又附陸媼，求爲領軍，後主許之。詔須覆奏，取侍中斛律孝卿署名。孝卿密告高元海，元海語侯呂芬、穆提婆云：「孝徵漢兒，兩眼又不見物，豈合作領軍也。」明旦面奏，具陳珽不合之狀，并書珽與廣寧王孝珩交結，無大臣體。珽亦求面見，帝令引入。珽自分疏，並云與元海素相嫌，必是元海譖臣。帝弱顏不能諱，曰：「然。」珽列元海共司農卿尹子華、太府

少卿李叔元、平準令張叔略等結朋樹黨。遂除子華仁州刺史，叔元襄城郡太守，叔略南營州錄事參軍。陸媼又唱和之，復除元海鄭州刺史。珽自是專主機衡，總知騎兵、外兵事。內外親戚，皆得顯位。後主亦令中要數人扶侍出入，著紗帽直至永巷，出萬春門向聖壽堂，每同御榻論決政事，委任之重，羣臣莫比。

自和士開執事以來，政體隳壞，珽推崇高望，官人稱職，內外稱美。復欲增損政務，沙汰人物。始奏罷京畿府，併於領軍，事連百姓，皆歸郡縣。宿衞都督等號位從舊官名，文武章服並依故事。又欲黜諸閹豎及羣小輩，推誠朝廷，爲致治之方。陸媼、穆提婆議頗同異。珽乃諷御史中丞麗伯律令劾主書王子冲納賄，〔一三〕知其事連穆提婆，欲使贓罪相及，望因此坐，并及陸媼。猶恐後主溺於近習，欲因后黨爲援，請以皇后兄胡君瑜爲侍中、中領軍，又徵君瑜兄梁州刺史君璧，欲以爲御史中丞。陸媼聞而懷怒，百方排毀，卽出君瑜爲金紫光祿大夫，解中領軍，君璧還鎭梁州。皇后之廢，頗亦由此。王子冲釋而不問。珽日益以疏，又諸宦者更共譖毀之，無所不至。後主問諸太姬，憫默不對，及三問，乃下牀拜曰：「老婢合死，本見和士開道孝徵多才博學，言爲善人，故舉之。比來看之，極是罪過，人實難知。老婢合死。」後主令韓長鸞檢案，得其詐出勑受賜十餘事，以前與其重誓不殺，遂解珽侍中、僕射，出爲北徐州刺史。珽求見後主，韓長鸞積嫌於珽，遣人推出栢閤。珽固求面見，坐不肯

行。長鸞乃令軍士牽曳而出，立珽於朝堂，大加誚責。上道後，令追還，解其開府儀同、郡公，直爲刺史。

至州，會有陳寇，百姓多反。珽不關城門，守埤者皆令下城靜坐，街巷禁斷行人，鷄犬不聽鳴吠。〔一四〕賊無所聞見，不測所以，疑惑人走城空，不設警備。珽忽然令大叫，鼓譟聒天，賊大驚，登時走散。後復結陣向城，珽乘馬自出，令錄事參軍王君植率兵馬，仍親臨戰。賊先聞其盲，謂爲不能拒抗。忽見親在戎行，彎弧縱鏑，相與驚怪，畏之而罷。時穆提婆憾之不已，欲令城陷沒賊，雖知危急，不遣救援。〔一五〕珽且戰且守十餘日，賊竟奔走，城卒保全。卒於州。

子君信，涉獵書史，多諸雜藝。位兼通直散騎常侍，聘陳使副，中書郎。珽出，亦見廢免。君信弟君彥，容貌短小，言辭澁訥，少有才學。隋大業中，位至東平郡書佐。郡陷翟讓，因爲李密所得，密甚禮之，署爲記室，軍書羽檄皆成其手。及密敗，爲王世充所殺。

珽弟孝隱，亦有文學，早知名。詞章雖不逮兄，亦機警有辯，兼解音律。魏末爲散騎常侍，迎梁使。時徐君房、庾信來聘，名譽甚高，魏朝聞而重之，接對者多取一時之秀，盧元景之徒並降階攝職，更遞司賓。孝隱少處其中，物議稱美。

孝隱從父弟茂，頗有辭情，然好酒性率，不爲時重。大寧中，以經學爲本鄉所薦，除給

事，以疾辭，仍不復仕。珽受任寄，故令呼茂，茂不獲已，暫來就之。珽欲爲奏官，茂乃逃去。

珽族弟崇儒，涉學有辭藻，少以幹局知名。武平末，司州別駕、通直常侍。入周，爲容昌郡太守。隋開皇初，終宕州長史。

校勘記

〔一〕北齊書卷三十九　按此卷原缺，後人以北史卷三二崔季舒傳、卷四七祖珽傳補，但文字也間有異同。

〔二〕父瑜之　諸本「瑜之」作「子瑜」，三朝本、百衲本作「瑜之」。按魏書卷五七崔挺傳見從弟瑜之，卽崔季舒父。北史卷三二崔挺傳云：「挺從父子瑜」，意謂挺從父之子名瑜，瑜之雙名去「之」字。後人校北齊書，誤讀北史，以「子瑜」二字連讀，遂改「瑜之」爲「子瑜」，誤。今從三朝本。

〔三〕移門下機事總歸中書　諸本「總」下衍「管」字，今據北史卷三二崔季舒傳删。

〔四〕季舒等家屬男女徙北邊　按下云：「妻女子婦配奚官。」則婦女不徙北邊。這句「男女」當作「男子」。

〔五〕尚書右外兵郎中　諸本「右外兵郎中」作「右丞兵部郎中」。按隋書卷二七百官志，北齊無兵部，

五兵尚書所屬有右外兵曹，郎中一人。諸本皆誤，今從北史卷三二改。

〔六〕由此大有受納至以爲戲樂　三朝本、百衲本、汲本、局本及册府卷七三〇八六八六頁此段作「大文綾並連珠孔雀羅等百餘疋，令諸嫗擲樗蒱，調新曲。招城市年少，歌儛爲娛。遊諸倡家，與陳元康、穆子容、任胄、元士亮等爲聲色之遊。」按南、北、殿三本此段全同北史卷四七祖珽傳，當卽依北史改。北齊書補本祖珽傳的原文當如三朝本及册府，乃是删節顚倒北史文字而成。然文義不如北史明白，今從南本。

〔七〕宣神武敎給城局參軍事過典籤高景略疑其定不實　三朝本、百衲本及册府卷七三〇八六八六頁「事」字在「典籤」下作「過典籤事」，他本及北史卷四七、册府卷八三九九九六一頁作「事過典籤」，又「疑其」下無「定」字。按此句文字疑有訛脫。但南北朝時州長官的批示、命令必經典籤覆核，所以說「事過典籤」，今從他本及北史。

〔八〕皆有受納據法處絞上尋捨之又盜官遍略一部事發　南本無「據法處絞，上尋捨之」八字，當是脫文。北本、殿本依北史卷四七改作「皆有受納，而諸取敎判幷盜官遍略一部，時又除殿本訛「際」珽祕書丞兼中書舍人。還鄴後其事皆發。」三朝本、百衲本、汲本、局本及册府卷七三〇八六八六頁並如上摘句。按北齊書此傳補入時原文當同三朝等本，乃節錄北史，括取大意，而「據法處絞，上尋捨之」八字又爲北史所無。合上「皆有受納」一條觀之，知此傳雖出北史，却非直鈔，頗

疑也採自某種史鈔，於北史本有增删，非補此傳者所改竄。此段文字可通，北本乃補所不必補，今從三朝本。

〔九〕文宣付從事中郎王士雅推檢　北史卷四七「雅」字注「闕」，册府卷七三〇八六八六頁亦無此字。通志卷一五五作「淹」，乃涉下「平陽公淹」而衍。疑「士」下本闕一字，作「雅」也因涉下「雅」字而衍誤。

〔一〇〕文宣每見之　諸本「見」作「規」，北史卷四七及册府卷七三〇八六八六頁作「見」，南本據北史改。按「規」是「規勸」，於文義不協，當因涉上「陸元規」而訛，今從南本。

〔一一〕爲中勞使　北史卷四七「中」作「申」。疑「中」字訛。

〔一二〕乃疏侍中尚書令趙彥深侍中左僕射元文遙侍中和士開罪狀　三朝本、百衲本、北本、汲本、殿本無「侍中左僕射元文遙」八字，南本、局本依北史卷四七增。按下文祖珽明以「士開、文遙、彥深」並提，這裏不應删去文遙，北本也因知其不合，於「和士開」下加一「等」字。今從南本。

〔一三〕珽乃諷御史中丞麗伯律令劾主書王子冲納賄　諸本「律」作「律」，百衲本作「律」。按「麗伯律」當是「酈伯偉」之訛。伯偉歷見魏書卷四二酈範傳，本書卷三〇崔暹傳補，北史卷三〇盧潛傳、卷八一劉晝傳及八瓊室金石補正卷二二李功曹墓誌。其人乃酈範孫，名中，歷官御史及冀州、仁州刺史，趙郡太守。武平四年五七三與盧潛等守壽陽，爲陳所虜。祖珽當國在武平三年，這時

伯偉爲御史中丞，時間亦無不合。當是「酈」省作「麗」，「偉」訛作「律」，當時彳旁常寫作亻，「律」即「律」字，三朝本已下各本遂逕作「律。」

〔一四〕街巷禁斷行人鷄犬不聽鳴吠　三朝本、百衲本、汲本，無「不聽鳴吠」四字，南、北、殿、局四本及北史卷四七有但南本「不聽」訛「不敢」。按册府卷六九一八二四一頁也有此四字，當是三朝等本脫去，今從北、殿諸本。

〔一五〕雖知危急不遣救援　三朝本、百衲本、汲本「遣」作「追」，下無「救援」二字。他本依北史改作。按「不追」意謂不追其還鄴，似亦可通。但當時城方被圍，即使穆提婆對祖珽沒有仇恨，也不應忽追刺史入朝。今從他本。

北齊書卷四十〔一〕

列傳第三十二

尉瑾　馮子琮　赫連子悅　唐邕　白建

尉瑾，字安仁。父慶賓，爲魏肆州刺史。瑾少而敏悟，好學慕善。稍遷直後。司馬子如執政，瑾取其外生皮氏女，由此擢拜中書舍人。既是子如姻戚，數往參詣，因與先達名輩微相款狎。世宗入朝，因命瑾在鄴北宮共高德正典機密。肅宗輔政，累遷吏部尚書。世祖踐阼，趙彥深本子如賓僚，元文遙、和士開並帝鄉故舊，共相薦達，任遇彌重。又吏部銓衡所歸，事多祕密，由是朝之幾事，頗亦預聞。尋兼右僕射，攝選，未幾卽眞。病卒。世祖方在三臺飲酒，文遙奏聞，遂命徹樂罷飲。

瑾外雖通顯，內闕風訓，閨門穢雜，爲世所鄙。然亦能折節下士，意在引接名流，但不別之。及官高任重，便大躁急，省內郎中將論事者逆卽瞋罵，不可諮承。既居大選，彌自驕

狠。子德載嗣。

馮子琮，信都人，北燕主馮跋之後也。父靈紹，度支郎中。子琮性聰敏，涉獵書傳，爲肅宗除領軍府法曹，〔二〕典機密，攝庫部。肅宗曾閱簿領，試令口陳，子琮闇對，無有遺失。子琮妻，胡皇后妹也。遷殿中郎，加東宮管記。又奉別詔，令共胡長粲輔導太子，轉庶子。天統元年，世祖禪位後主。世祖御正殿，謂子琮曰：「少君左右宜得正人，以卿心存正直，今以後事相委。」除給事黃門侍郎，領主衣都統。世祖在晉陽，既居舊殿，少帝未有別所，詔子琮監造大明宮。宮成，世祖親自巡幸，怪其不甚宏麗。子琮對曰：「至尊幼年，纂承大業，欲令敦行節儉，以示萬邦。兼此北連天闕，不宜過復崇峻。」世祖稱善。

及世祖崩，僕射和士開先恒侍疾，祕喪三日不發。子琮問士開不發喪之意。士開引神武、文襄初崩並祕喪不舉，至尊年少，恐王公有貳心，意欲普追集涼風堂，然後與公詳議。時太尉錄尚書事趙郡王叡先恒居內，預帷幄之謀，子琮素知士開忌叡及領軍臨淮王婁定遠，恐其矯遺詔出叡外任，奪定遠禁衞之權，因答云：「大行，神武之子，今上又是先皇傳位，羣臣富貴者皆是至尊父子之恩，但令在內貴臣一無改易，王公已下必無異望。世異事殊，不得與霸朝相比。且公出宮門已經數日，〔三〕升遐之事，行路皆傳，久而不舉，恐有他變。」

於是乃發喪。

元文遙以子琮太后妹夫，恐其獎成太后干政，說趙郡王及士開出之，拜鄭州刺史，卽令之任。子琮除州，非後主本意，中旨殷勤，特給後部鼓吹，加兵五十人，並聽將物度關至州。未幾，太后爲齊安王納子琮長女爲妃，子琮因請假赴鄴，遂授吏部尙書。其妻恃親放縱，請謁公行，賄貨填積，守宰除授，先定錢帛多少，然後奏聞，其所通致，事無不允，子琮亦不禁制。俄遷尙書右僕射，〔四〕仍攝選。和士開居要日久，子琮舊所附託，卑辭曲躬，事事諮稟。士開弟休與盧氏婚，子琮檢校趨走，與士開府僚不異。是時內官除授多由士開奏擬，〔五〕子琮既恃內戚，兼帶選曹，自擅權寵，頗生間隙。琅邪王儼殺士開，子琮與其事。就內省絞殺之。子琮微有識鑒，及位望轉隆，宿心頓改。擢引非類，以爲深交；縱其子弟，官位不依倫次；又專營婚媾，歷選上門，例以官爵許之，旬日便驗。子慈正。

赫連子悅，字士欣，勃勃之後也。魏永安初，以軍功爲濟州別駕。及高祖起義，侯景爲刺史，景本尒朱心腹，子悅勸景起義，景從之。除林慮守。世宗往晉陽，路由是郡，因問所不便。悅答云：「臨水、武安二縣去郡遙遠，山嶺重疊，車步艱難，若東屬魏郡，則地平路近。」世宗笑曰：「卿徒知便民，不覺損幹。」子悅答云：「所言因民疾苦，不敢以私潤負心。」世

宗云：「卿能如此，甚善，甚善。」仍勑依事施行。在郡滿，更徵爲臨漳令。後除鄭州刺史，于時新經河淸大水，民多逃散，子悅親加恤隱，戶口益增，治爲天下之最。入爲都官尙書，鄭州民八百餘請立碑頌德，有詔許焉。後以本官兼吏部。子悅在官，唯以清勤自守，既無學術，又闕風儀，人倫清鑒，去之彌遠，一旦居銓衡之首，大招物議。由是除太常卿，卒。

唐邕，字道和，太原晉陽人，其先自晉昌徙焉。父靈芝，魏壽陽令。邕少明敏，有治世才具。太昌初，或薦於高祖，命其直外兵曹，典執文帳。

邕善書計，强記默識，以幹濟見知，擢爲世宗大將軍府參軍。及世宗崩，事出倉卒，顯祖部分將士，鎮壓四方，夜中召邕支配，造次便了，顯祖甚重之。顯祖頻年出塞，邕必陪從，專掌兵機。識悟閑明，承受敏速，〔六〕自督將以還，軍吏以上，勞効由緒，無不諳練，每有顧問，占對如響。或於御前簡閱，雖三五千人，邕多不執文簿，暗唱官位姓名，未常謬誤。七年，於羊汾堤講武，令邕總爲諸軍節度。事畢，仍監宴射之禮。是日，顯祖親執邕手，引至太后前，坐於丞相斛律金之上，啓太后云：「唐邕强幹，一人當千。」仍別賜錦綵錢帛。邕非唯强濟明辨，然亦善揣上意，進取多途，是以恩寵日隆，委任彌重。顯祖又嘗對邕白太后云：「唐邕分明强記，每有軍機大事，手作文書，口且處分，耳又聽受，實是異人。」一日之中，六度賜物。又嘗解所服青鼠皮裘賜邕，云：「朕意在車馬衣裘與卿共弊。」十年，從幸晉陽，除兼給事黃門侍郎，領中書舍人。顯祖嘗登童子佛寺，望并州城曰：「此是何等城？」或曰：「此是金城湯池，天府之國。」帝云：「我謂唐邕是金城，此非金城也。」其見重如此。其後語邕曰：「卿劬勞既久，欲除卿作州。頻勑楊遵彥更求一人堪代卿者，遵彥云比還訪文武，如卿之徒實不可得，所以遂停此意。卿宜勉之。」顯祖或時切責侍臣不稱旨者：「觀卿等舉措，不中與唐邕作奴。」其見賞遇多此類。

肅宗作相，除黃門侍郎。於華林園射，特賜金帶寶器服玩雜物五百種。天統初，除侍中、并州大中正，又拜護軍，餘如故。邕以軍民教習田獵，依令十二月，月別三圍，以爲人馬疲敝，奏請每月兩圍。世祖從之。後出爲趙州刺史，餘官如故。世祖謂邕曰：「朝臣未有帶侍中、護軍、中正作州者，以卿故有此舉，放卿百餘日休息，至秋間當卽追卿。」還右僕射，又遷尙書令，封晉昌王，錄尙書事。屬周師來寇，丞相高阿那肱率兵赴援，邕配割不甚從允，因此有隙。肱譖之，遣侍中斛律孝卿宣旨責讓，留身禁止，尋釋之。車駕將幸晉陽，勑孝卿總知騎兵度支，事多自決，不相詢稟。邕自恃從霸朝以來常典樞要，歷事六帝，恩遇甚重，一旦爲孝卿所輕，負氣鬱怏，形於辭色。帝平陽敗後，狼狽還鄴都。邕懼那肱譖之，恨斛律孝卿輕己，遂留晉陽，與莫多婁敬顯等崇樹安德王爲帝。信宿城陷，邕遂降周，依例授儀同

大將軍。卒於鳳州刺史。

邕性識明敏，通解時事，齊氏一代，典執兵機。凡是九州軍士、四方勇募，强弱多少，番代往還，及器械精粗、糧儲虛實，精心勤事，莫不諳知。自大寧以來，奢侈糜費，比及武平之末，府藏漸虛。邕度支取捨，大有裨益。然既被任遇，意氣漸高，其未經府寺陳訴，越覽詞牒，條數甚多，俱爲憲臺及左丞彈糾，並御注放免。司空從事中郎封長業、太尉記室參軍平濤並爲徵官錢違限，邕各杖背二十。齊時宰相未有撾撻朝士者，至是甚駭物聽。

邕三子。長子君明，開府儀同三司。開皇初，卒於應州刺史。次子君徹，中書舍人。隋順、戎二州刺史，大業中，卒於武賁郎將。少子君德，以邕降周伏法。

齊朝因高祖作相，丞相府外兵曹、騎兵曹分掌兵馬。及天保受禪，諸司監咸歸尙書，唯此二曹不廢，令唐邕、白建主治，謂之外兵省、騎兵省。〔七〕其後邕、建位望轉隆，各爲省主，令中書舍人分判二省事，故世稱唐、白云。

白建，字彥舉，太原陽邑人也。初入大丞相府騎兵曹，典執文帳，明解書計，爲同局所推。天保十年，兼中書舍人。肅宗輔政，除大丞相騎兵參軍。河清三年，突厥入境，代、忻二牧悉是細馬，合數萬匹，在五臺山北柏谷中避賊。〔八〕賊退後，勑建就彼檢校，續使人詣建

間領馬，送定州付民養飼。建以馬久不得食，瘦弱，遠送恐多死損，遂違勑以便宜從事，隨近散付軍人。啓知，勑許焉。戎乘無損，建有力焉。武平末，歷特進、侍中、中書令。

建雖無他才，勤於在公，屬王業始基，戎寄爲重，建與唐邕俱以典執兵馬致位卿相。晉陽，國之下都，每年臨幸，徵詔差科，責成州郡。本藩僚佐爰及守宰，諸承陳請，趨走無暇。諸子幼稚，俱爲州郡主簿，新君選補，必先召辟。男婚女嫁，皆得勝流。當世以爲榮寵之極。武平七年卒。

校勘記

〔一〕北齊書卷四十　按此卷文甚簡略，後無論贊，但稱齊帝廟號，文字也與北史不同。錢氏考異卷三一認爲似經後人删改，或北齊書此卷已亡，後人以高氏小史補。

〔二〕性聰敏涉獵書傳爲肅宗除領軍府法曹　南本、局本及册府卷七九九九四九一頁無「除」字，他本皆有。按若無「除」字，則是肅宗高演官領軍將軍時，馮子琮爲領軍府法曹，但據本書卷六孝昭紀不言高演曾爲此官。北史卷五五馮子琮傳云：「性識聰敏，爲外祖鄭伯猷所異。」此傳「爲」字下當有脫文。南本、册府以「爲」字從下讀，以「除」字爲衍文，恐非。

〔三〕且公出宮門已經數日　北史卷五五「出」上有「不」字。按本書卷五〇和士開傳，高湛病，士開

卽「入侍湯藥」，死時，士開在宮內，祕喪三日不發。數日之內，不出宮門可知。此云：「出宮門已經數日」，與事實不符。册府卷四六五五五三五頁作「公出門已經數日」，「出門」指出家門，與「不出宮門」意同，這裏非脫「不」字，卽衍「宮」字。

〔四〕俄遷尚書右僕射　諸本「右」作「左」，北史卷五五、册府卷四八二五七五〇頁、卷六三八七六五四頁作「右」。按子琮自武平二年四月遷右僕射，七月被殺，並未遷官，作「左」誤，今據北史改。參見卷八校記。

〔五〕是時內官除授多由士開奏擬　北史卷五五「內官」作「內外」，疑北史是。

〔六〕承受敏速　諸本「受」作「變」，北史卷五五唐邕傳、册府卷七八九九四九一頁作「受」。按文義作「承受」較長，册府本出北齊書而與北史同，知「變」字訛，今據册府改。

〔七〕謂之外兵省騎兵省　諸本無「騎兵省」三字。按二人分治外兵、騎兵兩省，下文稱「各爲省主」可證。此傳脫去三字，今據北史卷五五補。

〔八〕在五臺山北栢谷中避賊　册府卷六六二七九一八頁無「北」字，下有「經二十餘日」五字，當是此傳脫文。

北齊書卷四十一

列傳第三十三

暴顯　皮景和　鮮于世榮　綦連猛　元景安　獨孤永業　傅伏　高保寧

暴顯，字思祖，魏郡斥邱人也。祖喟，魏琅邪太守、朔州刺史，因家邊朔。父誕，魏恒州刺史、左衞將軍，樂安公。顯幼時，見一沙門指之曰：「此郎子有好相表，大必爲良將，貴極人臣。」語終失僧，莫知所去。

顯少經軍旅，善於騎射，曾從魏孝莊帝出獵，一日之中手獲禽獸七十三。孝昌二年，除羽林監。〔一〕中興元年，除襄威將軍、晉州車騎府長史。後從高祖於信都舉義，授中堅將軍、散騎侍郎、帳內大都督，加安東將軍、銀青光祿大夫，屯留縣開國侯。天平二年，除渤海郡守。元象元年，除雲州大中正，兼武衞將軍，加鎮東將軍。二年，除北徐州刺史，當州大都

督。從高祖與西師戰於邙山，高祖令顯守河橋鎮，據中潬城。武定二年，除征南將軍、廣州刺史。侯景反於河南，爲景所攻，顯率左右二十餘騎突出賊營，拔難歸國。時高岳、慕容紹宗等討景，卽配顯士馬，隨岳等破景於渦陽。武定六年，拜太府卿。從世宗平王思政於潁川，授潁州刺史。七年，轉鄭州刺史。八年，加驃騎將軍，進侯爲公，通前食邑一千三百戶。天保元年，加衞大將軍，刺史如故。三年，〔二〕與清河王高岳襲歷陽，取之。爲贓貨，解鄭州，大理禁止。處斷未訖，爲合肥被圍，遣與步汗薩、慕容儼等同攻梁北徐州。擒刺史王強。與梁秦州刺史嚴超達戰於涇城，〔三〕破之。五年，授儀同三司。其年，又與高岳南臨漢水，攻下梁西楚州，獲刺史許法光。于時梁將蕭循與侯瑱等圍慕容儼於郢州，復以顯爲水軍大都督，從攝口入江救之。〔四〕師還，加開府儀同三司，賞帛五百疋。十年，食幽州范陽郡幹。乾明元年，除車騎大將軍。皇建元年，轉封樂安郡開國公。二年，除趙州刺史。河清元年，遷洛州刺史。二年，復除朔州刺史，秩滿歸。天統元年，加特進、驃騎大將軍，封定陽王。四年卒，年六十六。

皮景和，琅邪下邳人也。父慶賓，魏淮南王開府中兵參軍事。正光中，因使懷朔，遇世亂，因家廣寧之石門縣。

景和少通敏，善騎射。初以親信事高祖，後補親信副都督。武定二年，征步落稽。世宗疑賊有伏兵，令景和將五六騎深入一谷中，值賊百餘人，便共格戰，景和射數十人，莫不應弦而倒。高祖嘗令景和射一野豕，一箭而獲之，深見嗟賞，除庫直正都督。天保初，授假節、通州刺史，封永寧縣開國子。後從襲庫莫奚，加左右大都督。又從度黃龍，征契丹，定稽胡。尋從討茹茹主菴羅辰於陘北，又從平茹茹餘燼。景和趫捷，有武用，每有戰功。十年，食安樂郡幹。乾明元年，除武衞將軍，兼給事黃門侍郎。肅宗作相，以本官攝大丞相府從事中郎。大寧元年，除儀同三司、散騎常侍、武衞大將軍，尋加開府。二年，出爲梁州刺史。三年，突厥圍逼晉陽，令景和馳驛赴京，督領後軍赴幷州，未到間，賊已退。仍除領左右大將軍，食齊郡幹，又除幷省五兵尚書。天統元年，遷殿中尚書。二年，除侍中。

景和於武職之中，兼長吏事，又性識均平，故頻有美授。周通好之後，冠蓋往來，常令景和對接，每與使人同射，百發百中，甚見推重。武平中，詔獄多令中黃門等監治，恒令景和按覆，據理執正，由是過無枉濫。

後除特進、中領軍，封廣漢郡開國公。又隨斛律光率衆西討，剋姚襄、白亭二城，[五]別封永寧郡開國公。又除領軍將軍。又從軍拔宜陽城，封開封郡開國公。琅邪王之殺和士開也，兵指西闕，內外惶惑，莫知所爲。景和請後主出千秋門自號令。事平，除尚書右僕

射、趙州刺史。[六]尋遷河南行臺尚書右僕射、洛州刺史。

陳將吳明徹寇淮南，令景和率衆拒之，除領軍大將軍，封文城郡王，轉食高陽郡幹。軍至租口，[七]值土人陳暄等作亂，景和平之。又有陽平人鄭子饒，詐依佛道，設齋會，用米麵不多，供贍甚廣，密從地藏漸出餅飯，愚人以爲神力，見信於魏、衞之間。將爲逆亂，謀泄，掩討漏逸。乃潛渡河，聚衆數千，自號長樂王，已破乘氏縣，又欲襲西兗州城。景和自南兗州遣騎數百擊破之，斬首二千餘級，生擒子饒，送京師烹之。及吳明徹圍壽陽，勑令景和與賀拔伏恩等赴救。景和以尉破胡軍始喪敗，怯懦不敢進，頓兵淮口，頻有勑使催促，然始渡淮。屬壽陽已陷，狼狽北還，器械軍資，大致遺失。陳將蕭摩訶率步騎於淮北倉陵城截之，[八]景和得整旅逆戰，摩訶退歸。是時拒吳明徹者多致傾覆，唯景和全軍而還，由是獲賞，除尚書令，別封西河郡開國公，賜錢二十萬，酒米十車。時陳人聲將渡淮，令景和停軍西兗州，爲拒守節度。武平六年病卒，年五十五。贈侍中、使持節、都督定恒朔幽定平六州諸軍事、[九]太尉公、錄尚書事、定州刺史。

長子信，機悟有風神，微涉書傳。武平末，開府儀同三司、武衞將軍，於勳貴子弟之中，稱其識鑒。於幷州降周軍，授上開府、軍正大夫。隋開皇中，卒於洮州刺史。

少子宿達，武平末太子齋帥，有才藻檢行。開皇中，通事舍人。丁母憂，起復，將赴京，

辭靈慟哭而絕，久而獲蘇，不能下食，三日致死。

鮮于世榮，漁陽人也。父寶業，懷朔鎮將，武平初，贈儀同三司、祠部尚書、朔州刺史。世榮少而沉敏，有器幹。興和二年，爲高祖親信副都督，稍遷平西將軍、賜爵石門縣子。後頻從顯祖討茹茹，破稽胡。又從高岳平郢州，除持節、河州刺史，食朝歌縣幹。尋爲肅宗丞相府諮議參軍。皇建中，除儀同三司、武衞將軍。天統二年，加開府，又除鄭州刺史。武平中，以平信州賊，除領軍將軍，轉食上黨郡幹。從平高思好，封義陽王。七年，後主幸晉陽，令世榮以本官判尚書右僕射事，貳北平王北宮留後。尋有勑令與吏部尚書袁聿修在尚書省檢試舉人。爲乘馬至雲龍門外入省北門，爲憲司舉奏免官。後主圍平陽，除世榮領軍將軍。周師將入鄴，除領軍大將軍、太子太傅，於城西拒戰，敗被擒，爲周武所殺。世榮雖武人無文藝，以朝危政亂，每竊歎之。見徵稅無厭，賜與過度，發言歎惜。子子貞，武平末假儀同三司。

綦連猛，字武兒，代人也。其先姬姓，六國末，避亂出塞，保祁連山，因以山爲姓，北人語訛，故曰綦連氏。父元成，燕郡太守。

猛少有志氣，便習弓馬。永安三年，尒朱榮徵爲親信。至洛陽，榮被害，卽從爾朱世隆出奔建州，仍從尒朱兆入洛。其年，又從兆討紇豆陵步蕃，補都督。普泰元年，加征虜將軍、中散大夫。猛父母兄弟皆在山東，尒朱京纏欲投高祖，謂猛曰：「王以爾父兄皆在山東，每懷不信，爾若不走，今夜必當殺爾，可走去。」猛以素蒙兆恩，拒而不從。京纏曰：「我今亦欲去，爾從我不？」猛又不從。京纏乃舉矟曰：「爾不從，我必刺爾。」猛乃從之。去城五十餘里，卽背京纏復歸尒朱。及兆敗，乃歸高祖。高祖問曰：「尒朱京纏將爾投我，爾中路背去何也？」猛乃具陳服事之理，不可貳心。高祖曰：「爾莫懼，服事人法須如此。」遂補都督。

步落稽等起逆，在覆釜山，使猛討之，大捷，特被賞賚。元象元年，從高祖向河陽，與周文帝戰於邙山。[一〇]二年，除平東將軍、中散大夫。其年，又轉中外府帳內都督，賞邙山之功，封廣興縣開國君。[一一]

五年，梁使來聘，云有武藝，求訪北人，欲與相角。世宗遣猛就館接之，雙帶兩鞬，左右馳射。兼共試力，挽强，梁人引弓兩張，力皆三石，猛遂併取四張，疊而挽之，過度。梁人嗟服之。

其年，除撫軍將軍，別封石城縣開國子，食肆州平寇縣幹。天保元年，除都督、東秦州刺史，別封雍州京兆郡覆城縣開國男。[一二]從顯祖討契丹，大獲戶口。又隨斛律敦北征茹

茹，敕令猛輕將百騎深入覘候。還至白道，與軍相會，因此追躡，遂大破之。賚帛三百段。七年，除武衞將軍、儀同三司。九年，轉武衞大將軍。乾明初，加車騎大將軍。皇建元年，封石城郡開國伯，尋進爵爲君。二年，除領左右大將軍，從肅宗討奚賊，大捷，獲馬二千疋，牛羊三萬頭。河清二年，加開府。突厥侵逼晉陽，敕猛將三百騎覘賊遠近。行至城北十五里，遇賊前鋒，以敵衆多，遂漸退避。賊中有一驍將，超出來鬭。猛遙見之，卽亦挺身獨出，與其相對，俯仰之間，刺賊落馬，因卽斬之。三年，別封武安縣開國君，加驃騎大將軍。天統元年，遷右衞大將軍，乃奉世祖敕，恒令在嗣主左右，兼知內外機要之事。三年，除中領軍。四年，轉領軍將軍，別封義寧縣開國君。五年，除幷省尚書左僕射，餘如故。除幷省尚書令、領軍大將軍，封山陽王。

猛自和士開死後，漸預朝政，疑議與奪，咸亦咨稟。趙彥深以猛武將之中頗疾姦佞，言議時有可采，故引知機事。祖珽既出彥深，以猛爲趙之黨與，乃除光州刺史。已發至牛蘭，忽有人告和士開被害日猛亦知情，遂被追止。還，入內禁留，籍錄家口。尋見釋，削王爵，止以開府赴州。在任寬惠淸愼，吏民稱之。淮陰王阿那肱與猛有舊，每欲攜引之，會有敕徵詣闕，似欲委寄。韓長鸞等沮難，復除膠州刺史。尋徵還，令在南兗防捍。後主平陽敗還，又徵赴鄴，除大將軍。齊亡入周，尋卒。

元景安，魏昭成五世孫也。高祖虔，魏陳留王。父永，少爲奉朝請。自積射將軍爲元天穆薦之於尒朱榮，參立孝莊之謀，賜爵代郡公。加將軍、〔一三〕太中大夫、二夏、幽三州行臺左丞，〔一四〕持節招納降戶四千餘家。榮又啓封永朝那縣子，邑三百戶，持節南幽州刺史，〔一五〕假撫軍將軍。天平初，高祖以爲行臺左丞，尋除潁州刺史，又爲北揚州刺史。天保中，徵拜大司農卿，遷銀青光祿大夫，依例降爵爲乾郷男。大寧二年，遷金紫光祿大夫。

景安沉敏有幹局，少工騎射，善於事人。釋褐尒朱榮大將軍府長流參軍，加寧遠將軍，又轉榮大丞相府長流參軍。高祖平洛陽，領軍婁昭薦補京畿都督，父永啓迴代郡公授之，加前將軍，太中大夫。隨武帝西入。天平末，大軍西討，景安臨陣自歸，高祖嘉之，卽補都督。興和中，轉領親信都督。邙山之役，力戰有功，賜爵西華縣都鄉男，代郡公如故。世宗入朝，景安隨從在鄴。于時江南款附，朝貢相尋，景安妙閑馳騁，雅有容則，每梁使至，恒令與斛律光、皮景和等對客騎射，見者稱善。世宗嗣事，啓減國封分錫將士，封石保縣開國子，邑三百戶，加安西將軍。又授通州刺史，加鎭西將軍，轉子爲伯，增邑通前六百戶，餘如故。天保初，加征西將軍，別封興勢縣開國伯，帶定襄縣令，賜姓高氏。三年，從破庫莫奚於代川，轉領左右大都督，餘官並如故。四年，從討契丹於黃龍，領北平太守。後頻從駕再

破茹茹，遷武衞大將軍，又轉領左右大將軍，兼七兵尚書。

時初築長城，鎭戍未立，突厥強盛，慮或侵邊，仍詔景安與諸軍緣塞以備守。督領既多，且所部軍人富於財物，遂賄貨公行。顯祖聞之，遣使推檢，同行諸人贓汙狼藉，唯景安纖毫無犯。帝深嘉歎，乃詔有司以所聚斂贓絹伍百疋賜之，以彰淸節。

又轉都官尚書，加儀同三司，食高平郡幹，又拜儀同三司。〔一六〕乾明元年，轉七兵尚書，加車騎大將軍。皇建元年，又兼侍中，馳驛詣鄴，慰勞百司，巡省風俗。

肅宗嘗與羣臣於西園讌射，文武預者二百餘人。設侯去堂百四十餘步，中的者賜與良馬及金玉錦綵等。有一人射中獸頭，去鼻寸餘。唯景安最後有一矢未發，帝令景安解之，景安徐整容儀，操弓引滿，正中獸鼻。帝嗟賞稱善，特賚馬兩疋，玉帛雜物又加常等。

大寧元年，加開府。二年，轉右衞將軍，尋轉右衞大將軍。天統初，判幷省尚書右僕射，尋出爲徐州刺史。四年，除豫州道行臺僕射、豫州刺史，加開府儀同三司。〔一七〕武平三年，進授行臺尚書令，刺史如故，封歷陽郡王。景安之在邊州，鄰接他境，綏和邊鄙，不相侵暴，人物安之。又管內蠻多華少，景安被以威恩，咸得寧輯，比至武平末，招慰生蠻輸租賦者數萬戶。六年，徵拜領軍大將軍。入周，以大將軍、大義郡開國公率衆討稽胡，戰沒。

子仁，武平末儀同三司、武衞，隋驃騎將軍，卒於丹陽太守。

初永兄祚襲爵陳留王，祚卒，子景皓嗣。天保時，諸元帝室親近者多被誅戮。疏宗如景安之徒議欲請姓高氏，景皓云：「豈得棄本宗，逐他姓，大丈夫寧可玉碎，不能瓦全。」景安遂以此言白顯祖，乃收景皓誅之，家屬徙彭城。由是景安獨賜姓高氏，自外聽從本姓。永弟种，子豫字景豫，美姿儀，有器幹。永安中，羽林監。元顥入洛，以守河內功，賜爵永安君。後爲濮陽郡守。魏彭城王韶引爲開府諮議參軍，韶出鎭定州，啓爲定州司馬。及景安告景皓慢言，引豫言相應和。豫占云：「爾時以衣袖掩景皓口，云『兄莫妄言』。」及問景皓，與豫所列符同，獲免。自外同聞語者數人，皆流配遠方。豫卒於徐州刺史。

獨孤永業，字世基，本姓劉，中山人。母改適獨孤氏，永業幼孤，隨母爲獨孤家所育養，遂從其姓焉。止於軍士之中，有才幹，便弓馬。被簡擢補定州六州都督，宿衞晉陽。或稱其有識用者，世宗與語悅之，超授中外府外兵參軍。天保初，除中書舍人，豫州司馬。永業解書計，善歌舞，甚爲顯祖所知。

乾明初，出爲河陽行臺右丞，遷洛州刺史，又轉左丞，刺史如故，加散騎常侍。宜陽深在敵境，周人於黑澗築城戍以斷糧道，永業亦築鎭以抗之。治邊甚有威信，遷行臺尚書。至河清三年，周人寇洛州，永業恐刺史段思文不能自固，馳入金墉助守。周人爲土山地道，

曉夕攻戰，經三旬，大軍至，寇乃退。永業久在河南，善於招撫，歸降者萬計。選其二百人爲爪牙，每先鋒以寡敵衆，周人憚之。加儀同三司，賞賜甚厚。性鯁直，不交權勢。斛律光求二婢弗得，毀之於朝廷。河清末，徵爲太僕卿，以乞伏貴和代之，於是西境蹙弱，河洛人情騷動。

武平三年，遣永業取斛律豐洛，因以爲北道行臺僕射、幽州刺史。尋徵爲領軍將軍。河洛民庶，多思永業，朝廷又以疆埸不安，除永業河陽道行臺僕射、洛州刺史。周武帝親攻金墉，永業出兵禦之，問曰：「是何達官，作何行動？」周人曰：「至尊自來，主人何不出看客。」永業曰：「客行怱速，是故不出。」乃通夜辦馬槽二千。周人聞之，以爲大軍將至，乃解圍去。永業進位開府，封臨川王。有甲士三萬，初聞晉州敗，請出兵北討，奏寢不報，永業慨憤。又聞并州亦陷，爲周將常山公所逼，乃使其子須達告降於周。周武授永業上柱國。宣政末，出爲襄州總管。大象二年，爲行軍總管崔彥睦所殺。

傅伏，太安人也。父元興，儀同、北蔚州刺史。伏少從戎，以戰功稍至開府、永橋領民大都督。周帝前攻河陰，伏自橋夜渡，入守中潭城。南城陷，被圍二旬不下，救兵至。周師還。伏謂行臺乞伏貴和曰：「賊已疲弊，願得精騎二千追擊之，可捷也。」貴和弗許。

武平六年，除東雍州刺史，會周兵來逼，伏出戰，却之。周剋晉州，執獲行臺尉相貴，以之招伏，伏不從。後主親救晉州，以伏爲行臺右僕射。周軍來掠，伏擊走之。周克并州，遣韋孝寬與其子世寬來招伏曰：「并州已平，故遣公兒來報，便宜急下。」授上大將軍、武鄉郡開國公，卽給告身，以金馬碯二酒鍾爲信。伏不受，謂孝寬曰：「事君有死無貳，此兒爲臣不能竭忠，爲子不能盡孝，人所讐疾，願卽斬之，以號令天下。」

周帝自鄴還至晉州，遣高阿那肱等百餘人臨汾召伏。伏出軍隔水相見，問至尊今在何處。阿那肱曰：「已被捉獲，別路入關。」伏仰天大哭，率衆入城，於廳事前北面哀號良久，然後降。周帝見之曰：「何不早下？」伏流涕而對曰：「臣三世蒙齊家衣食，被任如此，革命不能自死，羞見天地。」周帝親執其手曰：「爲臣當若此，朕平齊國，唯見公一人。」乃自食一羊肋，以骨賜伏，曰：「骨親肉疏，所以相付。」遂別引之與同食，令於侍伯邑宿衞，〔一〇〕授上儀同，勑之曰：「若卽與公高官，恐歸投者心動，努力好行，無慮不富貴。」又問前救河陰得何官職。伏曰：「蒙一轉，授特進、永昌郡開國公。」周帝謂後主曰：「朕前三年教習兵馬，決意往取河陰，正爲傅伏能守，城不可動，是以收軍而退。公當時賞授何其薄也。」賜伏金酒巵。後以爲岷州刺史，尋卒。

齊軍晉州敗後，兵將罕有全節者。其殺身成仁者，有儀同叱干苟生，鎮南兗州，周帝破鄴，赦書至，苟生自縊死。

又有開府、中侍中宦者田敬宣，本字鵬，蠻人也。年十四五，便好讀書。旣爲閹寺，伺隙便周章詢請，每至文林館，氣喘汗流，問書之外，不暇他語。及視古人節義事，未嘗不感激沉吟。顏之推重其勤學，甚加開獎，後遂通顯。後主之奔青州，遣其西出，參伺動靜，爲周軍所獲。問齊主何在，紿云已去。毆捶服之，每折一支，辭色愈厲，竟斷四體而卒。

又有雷顯和，晉州敗後，爲建州道行臺左僕射。周帝使其子招焉，顯和禁其子而不受。聞鄴城敗乃降。

後主失并州，使開府紇奚永安告急於突厥他鉢略可汗。及聞齊滅，他鉢處永安於吐谷渾使下。永安抗言曰：「本國旣敗，永安豈惜賤命，欲閉氣自絕，恐天下不知大齊有死節臣，唯乞一刀，以顯示遠近。」他鉢嘉其壯烈，贈馬七十匹而歸。

高保寧，代人也，不知其所從來。武平末，爲營州刺史，鎮黃龍，夷夏重其威信。周師將至鄴，幽州行臺潘子晃徵黃龍兵，保寧率驍銳并契丹、靺鞨萬餘騎將赴救。至北平，知子晃已發薊，又聞鄴都不守，便歸營。周帝遣使招慰，不受勑書。范陽王紹義在突厥中，上表勸進，范陽署保寧爲丞相。及盧昌期據范陽城起兵，保寧引紹義集夷夏兵數萬騎來救之。

至潞河，知周將宇文神舉已屠范陽，還據黃龍，竟不臣周。

史臣曰：皮景和等爰自霸某，策名戎幕，間關夷險，迄於末運，位高任重，咸遂本誠，亦各遇其時也。傅伏之徒，俱表忠節，不然則丹青簡册安可貴乎？

贊曰：唯此諸將，榮名是保，不愆不忘，以斯終老。傅子之輩，逢茲不造，未遇烈風，誰知勁草。

校勘記

〔一〕孝昌二年除羽林監　北史卷五三暴顯傳不載此事。按孝昌是魏孝明帝元詡年號，元詡死後，佘朱榮入洛，擁立孝莊帝元子攸。本傳上文說「曾從魏孝莊帝出獵」，下接孝昌年號，次序顚倒，必有誤。

〔二〕三年　諸本「三年」作「二年」，唯百衲本同册府卷三五四　四二〇七頁作「三年」。按高岳南伐，事在天保三年五五二，見本書卷四文宣紀。今從百衲本。

〔三〕與梁秦州刺史嚴超達戰於涇城　諸本「秦」作「泰」，三朝本、百衲本及册府卷三五四　四二〇七頁作「秦」。按梁書卷五元帝紀承聖三年也作「秦」。「秦州」屢見梁、陳書。「泰」字訛。今從三

朝本。

〔四〕從攝口入江救之　錢氏考異卷三一云：「『攝』當作『灄』。」

〔五〕剋姚襄白亭二城　諸本無「襄」字。按本書卷一七斛律光傳云：「攻姚襄、白亭城戍皆克之。」周書卷一二齊王憲傳亦見姚襄城。元和郡縣志卷一五慈州吉昌縣稱此城「在縣西五十二里，本姚襄所築」，並記斛律光、段韶「破周兵於此城，遂立碑以表其功，其碑見存」。是「姚」下脫「襄」字無疑，今據補。

〔六〕除尚書右僕射趙州刺史　按授右僕射例當見本紀，今卷八後主紀補不載，疑此是行臺之僕射，故兼趙州刺史。下文說「還河南行臺尚書右僕射、洛州刺史」，也是以行臺僕射兼刺史。這裏「除」字下當脫「某某行臺」四字。

〔七〕軍至柤口　三朝本、百衲本、北本、汲本、殿本「柤」作「祖」，南本、局本作「渦」，册府卷四一二(五〇三五頁)作「相」。按柤口，見水經注卷二六沭水注，爲柤水入沭水之口，地在今沭陽、宿遷間。陳書卷五宣帝紀太建五年齊武平四年、五七三四月，陳將吳明徹進攻淮南，六月記「淮陽、沭陽郡並棄城走」，所以皮景和由此道進軍。「祖」「相」都是「柤」字形訛，南本臆改作「渦」，今改正。

〔八〕陳將蕭摩訶率步騎於淮北倉陵城截之　按通鑑卷一七一五三二九頁敍此事，胡注：「地形志魏書卷一〇六中揚州淮南郡壽春縣：『故楚，有倉陵城。』水經注：淮水東流與潁口會，東南逕蒼陵北，又東北流逕壽春縣故城西。」則蒼陵地在壽春附近，在淮南，不在淮北。這裏「北」當作「南」。

〔九〕贈侍中使持節都督定恒朔幽定平六州諸軍事　諸本「恒」作「常」。按當時無「常州」，本是「恒」字，宋人避諱改，今改正。又六州中有兩定州。下有「定州刺史」贈官，上「定」字是，下「定」字則是「安」之訛。魏書卷一〇六地形志中安州條注：「元象中寄治幽州北界。」

〔一〇〕元象元年從高祖向河陽與周文帝戰於邙山　按本書卷二神武紀下補 芒山之戰在武定元年五四三，在元象元年五三八後六年。又元象止二年，而下文說「五年梁使來聘」，疑「元象」爲「武定」之誤。或「河陽」下有脫文，脫去武定紀年。

〔一一〕封廣興縣開國君　北史卷五三綦連猛傳作「封廣興縣侯」，册府卷三八二四五四二頁作「封廣興開國公」。按北齊封爵無「君」的一等，然此傳下文又云：「封石城縣開國伯，尋進爵爲君」，又云：「別封武安縣開國君」「別封義寧縣開國君」；同卷元景安附從弟豫傳也稱「賜爵永安君」，若是字訛，不應五處同訛。據下文由石城縣伯進爵爲君，則必高於伯可知。考本書卷二八元孝友傳孝友上奏引晉令云：「諸王置妾八人，郡君、侯妾六人。」魏書卷一八元孝友傳「郡君」作「郡公」，可知「君」是「公」的別稱，故這裏册府逕作「公」。

〔一二〕別封雍州京兆郡覆城縣開國男　按魏書卷一〇六地形志下京兆郡無「覆城縣」，當是霸城縣之訛。

〔一三〕加將軍　張森楷云：「『將軍』上當有脫文，否則將軍名號繁多，品亦懸絕，不知爲何等將軍也。」

〔一四〕二夏幽三州行臺左丞　按幽州和二夏州相距遙遠，不當合一行臺，「幽」當是「豳」之訛。

〔一五〕南幽州刺史　按地志無「南幽州」。魏書卷五八楊椿傳、卷五九蕭寶夤傳並見「南豳州」。周書卷二文帝紀下魏廢帝三年「改南豳爲寧州」，可知北魏末直至西魏有「南豳州」。這裏「南幽」當是「南豳」之訛。

〔一六〕又拜儀同三司　按和上文「加儀同三司」重複，當是衍文。

〔一七〕加開府儀同三司　按上文已云「大寧元年加開府」，這裏重出，必有一處是衍文。

〔一八〕令於侍伯邑宿衛　北史卷五三傳伏傳「邑」作「色」。按「侍伯色宿衛」卽在侍伯名色下宿衛。疑作「色」是。

北齊書卷四十二

列傳第三十四

陽斐　盧潛　崔劼　盧叔武　陽休之　袁聿修

陽斐，字叔鸞，北平漁陽人也。〔一〕父藻，魏建德太守，贈幽州刺史。孝莊時，斐於西兗督護流民有功，賜爵方城伯。歷侍御史，兼都官郎中、廣平王開府中郎，修起居注。

興和中，除起部郎中，兼通直散騎常侍，聘於梁。梁尚書羊侃，魏之叛人也，與斐有舊，欲請斐至宅，三致書，斐不答。梁人曰：「羊來已久，經貴朝遷革，李、盧亦詣宅相見，卿何致難？」斐曰：「柳下惠則可，吾不可。」梁主乃親謂斐曰：「羊侃極願相見，今二國和好，天下一家，安得復論彼此？」斐終辭焉。使還，除廷尉少卿。

石濟河溢，橋壞，斐修治之。又移津於白馬，中河起石潬，兩岸造關城，累年乃就。東郡太守陸士佩以黎陽關河形勝，欲因山即壑以爲公家苑囿。遺斐書曰：「當諮大將軍以足

下爲匠者。」斐答書拒曰：「當今殷憂啓聖，運遭昌曆。故大丞相天啓霸功，再造太極；大將軍光承先構，嗣績丕顯。國步始康，民勞未息。誠宜輕徭薄賦，勤恤民隱，詩不云乎：『民亦勞止，迄可小康，惠此中國，以綏四方。』古之帝王亦有表山刊樹，未足盡其意；下輦成宴，詎能窮其情。正足以靡天地之財用，剝生民之髓腦。是故孔子對葉公以來遠，酬哀公以臨民，所問雖同，所急異務故也。相如壯上林之觀，揚雄騁羽獵之辭，雖係以隤牆填壍，亂以收罝落網，而言無補於風規，祇足昭其愆戾也。」

尋轉尚書右丞。天保初，除鎮南將軍、尚書吏部郎中。以公事免，久之，除都水使者。顯祖親御六軍，北攘突厥，仍詔斐監築長城。作罷，行南譙州事，加通直散騎常侍，壽陽道行臺左丞。遷散騎常侍，食陳留郡幹。未幾，除徐州刺史，帶東南道行臺左丞。乾明元年，徵拜廷尉卿，遷衞大將軍，兼都官尚書，行太子少傅，徙殿中尚書，以本官監瀛州事。抗表致仕，優詔不許。頃之，拜儀同三司，食廣阿縣幹。卒於位。贈使持節、都督北豫光二州諸軍事、驃騎大將軍、儀同三司、中書監、北豫州刺史，謚曰敬簡。子師孝，中書舍人。

盧潛，范陽涿人也。祖尚之，魏濟州刺史。父文符，通直侍郎。潛容貌瓌偉，善言談，少有成人志尚。儀同賀拔勝辟開府行參軍，補侍御史。世宗引爲大將軍西閤祭酒，轉中外府中兵參軍，機事强濟，爲世宗所知，言其終可大用。王思政見獲於潁川，世宗重其才識。潛曾從容白世宗云：「思政不能死節，何足可重！」世宗謂左右曰：「我有盧潛，便是更得一王思政。」天保初，除中書舍人，以奏事忤旨免。尋除左民郎中，坐譏議魏書，與王松年、李庶等俱被禁止。會清河王岳將救江陵，特赦潛以爲岳行臺郎。還，遷中書侍郎，尋遷黃門侍郎。黃門鄭子默奏言，潛從清河王南討，清河王令潛說梁將侯瑱，大納賂遺，還不奏聞。顯祖杖潛一百，仍截其鬚，左遷魏尹丞。尋除司州別駕，出爲江州刺史，所在有治方。

肅宗作相，以潛爲揚州道行臺左丞。先是梁將王琳爲陳兵所敗，擁其主蕭莊歸壽陽，朝廷以琳爲揚州刺史，勑潛與琳爲南討經略。琳部曲義故多在揚州，〔二〕與陳寇鄰接。潛輯諧內外，甚得邊俗之和。陳秦、譙二州刺史王奉國、〔三〕合州刺史周令珍前後入寇，潛輒破平之，以功加散騎常侍，食彭城郡幹。遷合州刺史，左丞如故。又除行臺尚書，尋授儀同三司。王琳銳意圖南，潛以爲時事未可。屬陳遣移書至壽陽，請與國家和好。潛爲奏聞，仍上啓且願息兵。依所請。由是與琳有隙，更相表列。世祖追琳入京，除潛揚州刺史，領行臺尚書。

潛在淮南十三年，任總軍民，大樹風績，甚爲陳人所憚。陳主與其邊將書云：「盧潛猶在壽陽，聞其何當還北，此虜不死，方爲國患，卿宜深備之。」顯祖初平淮南，給十年優復。年

滿之後，逮天統、武平中，徵稅煩雜。又高元海執政，斷漁獵，人家無以自資。諸商胡負官責息者，宦者陳德信縱其妄注淮南富家，令州縣徵責。又勑送突厥馬數千疋於揚州管內，令土豪貴買之。錢直始入，便出勑括江、淮間馬，並送官廐。由是百姓騷擾，切齒嗟怨。潛隨事撫慰，兼行權略，故得寧靖。

武平三年，徵爲五兵尚書。揚州吏民以潛戒斷酒肉，篤信釋氏，大設僧會，以香華緣道，流涕送之。潛歎曰：「正恐不久復來耳。」至鄴未幾，陳將吳明徹渡江侵掠，復以潛爲揚州道行臺尚書。五年，與王琳等同陷。〔四〕尋死建業，年五十七，其家購屍歸葬。贈開府儀同三司、尚書右僕射、兗州刺史。無子，以弟士邃子元孝爲嗣。

士邃，字子淹，少爲崔昂所知，昂云：「此昆季足爲後生之俊，但恨其俱不讀書耳。」歷侍御史、司徒祭酒、尚書郎、鄴縣令、尚書左右丞、吏部郎中，出爲中山太守，帶定州長史。齊亡後卒。

潛從祖兄懷仁，字子友，魏司徒司馬道將之子。懷仁涉學有文辭，情性恬靖，常蕭然有閑放之致。歷太尉記室、弘農郡守，不之任，卜居陳留界。所著詩賦銘頌二萬餘言，又撰中表實錄二十卷。懷仁有行檢，善與人交，與琅邪王衍、隴西李壽之情好相得。曾語衍云：「昔太丘道廣，許劭知而不顧；嵇生性惰，鍾會過而絕言。吾處季、孟之間，去其泰甚。」衍以

爲然。武平末卒。

懷仁兄子莊之，少有名望。官歷太子舍人、定州別駕、東平太守。武平中都水使者，卒官。

懷仁從父弟昌衡，魏尚書左僕射道虔之子。武平末尚書郎。沉靖有才識，風儀蘊籍，容止可觀。天保中，尚書王昕以雅談獲罪，諸弟尚守而不墜，自茲以後，此道頓微。昌衡與頓丘李若、彭城劉泰珉、河南陸彥師、隴西辛德源、太原王脩並爲後進風流之士。

昌衡從父弟思道，魏處士道亮之子，神情俊發，少以才學有盛名。武平末，黃門侍郎，待詔文林館。

思道從父兄正達、正思、正山，魏右光祿大夫道約之子。〔五〕正達尚書郎，正思北徐州刺史、太子詹事、儀同三司，正山永昌郡守。兄弟以后舅，武平中並得優贈。

正山子公順，早以文學見知。武平中符璽郎，待詔文林館。與博陵崔君洽、隴西李師上同志友善，從駕晉陽，寓居僧寺，朝士謂「康寺三少」，〔六〕爲物論推許。

正達從父弟熙裕，父道舒。爲長兄道將讓爵，由是熙裕襲固安伯。虛淡守道，有古人之風，爲親表所敬重。

潛從祖兄懸之，魏尚書義僖之子。清靖寡欲，卒於司徒記室參軍。

崔劼，字彥玄，本清河人。曾祖曠，南渡河，居青州之東，時宋氏於河南立冀州，〔七〕置郡縣，卽爲東清河郡人。〔八〕南縣分易，更爲南平原貝丘人也。〔九〕世爲三齊大族。祖靈延，宋長廣太守。父光，魏太保。

劼少而清虛寡欲，好學有家風。魏末，自開府行參軍歷尚書儀曹郎、祕書丞，修起居注，中書侍郎。興和三年，兼通直散騎常侍，使于梁。天保初，以議禪代，除給事黃門侍郎，加國子祭酒，直內省，典機密。清儉勤慎，甚爲顯祖所知。拜南青州刺史，在任有政績。皇建中，入爲祕書監、齊州大中正，轉鴻臚卿，遷并省度支尚書，俄授京省，尋轉五兵尚書，監國史，在臺閣之中，見稱簡正。世祖之將禪後主，先以問劼，劼諫以爲不可，由是忤意，出爲南兗州刺史。代還，重爲度支尚書、儀同三司，食文登縣幹。尋除中書令，加開府，待詔文林館，監撰新書。遇病卒，時年六十六。贈齊州刺史、尚書右僕射，謚曰文貞。

初和士開擅朝，曲求物譽，諸公因此頗爲子弟干祿，世門之冑，多處京官，而劼二子拱、撝並爲外任。弟廓之從容謂劼曰：「拱、撝幸得不凡，何爲不在省府之中、清華之所，而並出外藩，有損家代。」劼曰：「立身以來，恥以一言自達，今若進兒，與身何異。」卒無所求。聞者莫不歎服。

拱，天統中任城王湝丞相諮議參軍、管記室。撝，揚州錄事參軍。廓之沉隱有識量，以學業見稱。自臨水令爲琅邪王儼大司馬西閤祭酒，遷領軍功曹參軍。武平中卒。

盧叔武，〔一〇〕范陽涿人，青州刺史文偉從子也。父光宗，有志尚。叔武兩兄觀、仲宣並以文章顯於洛下。叔武少機悟，豪率輕俠，好奇策，慕諸葛亮之爲人。爲賀拔勝荊州開府長史。勝不用其計，棄城奔梁。叔武歸本縣，築室臨陂，優遊自適。世宗降辟書，辭疾不到。天保初復徵，不得已，布裘乘露車至鄴。楊愔往候之，以爲司徒諮議，稱疾不受。

肅宗卽位，召爲太子中庶子，加銀青光祿大夫。問以世事，叔武勸討關西，畫地陳兵勢曰：「人衆敵者當任智謀，智謀鈞者當任勢力，〔一一〕故强者所以制弱，富者所以兼貧。今大齊之比關西，强弱不同，貧富有異，而戎馬不息，未能吞併，此失於不用强富也。輕兵野戰，勝負難必，是胡騎之法，非深謀遠算萬全之術也。宜立重鎭於平陽，與彼蒲州相對，深溝高壘，運糧積甲，築城戍以屬之。彼若閉關不出，則取其黃河以東，長安窮蹙，自然困死。如彼出兵，非十萬以上，不爲我敵，所供糧食，皆出關內。我兵士相代，年別一番，穀食豐饒，運送不絕。彼來求戰，我不應之，彼若退軍，卽乘其弊。自長安以西，民疏城遠，敵兵來往，實有艱難，與我相持，農作且廢，不過三年，彼自破矣。」帝深納之。又願自居

平陽，成此謀略。上令元文遙與叔武參謀，撰平西策一卷。未幾帝崩，事遂寢。

世祖踐阼，拜儀同三司、都官尚書，出爲合州刺史。武平中，遷太子詹事、右光祿大夫。叔武在鄉時有粟千石，每至春夏，鄉人無食者令自載取，至秋，任其償，都不計校。然而歲歲常得倍餘。既在朝通貴，自以年老，兒子又多，遂營一大屋，曰：「歌於斯，哭於斯。」魏收曾來詣之，訪以洛京舊事，不待食而起，云：「難爲子費。」叔武留之，良久食至，但有粟飧葵菜，木椀盛之，片脯而已。所將僕從，亦盡設食，一與此同。齊滅，歸范陽，遭亂城陷，叔武與族弟士遂皆以寒餧致斃。周將宇文神舉以其有名德，收而葬之。

叔武族孫臣客，父子規，魏尚書郎、林慮郡守。臣客風儀甚美，少有志尚，雅有法度，好道家之言。其姊爲任城王妃，天保末，任城王致之於朝廷，由是擢拜太子舍人。遷司徒記室，請歸侍祖母李。李强之令仕，不得已而順命，除太子舍人、太子中庶子。武平中，兼散騎常侍聘陳，還，卒於路。贈鄭州刺史、鴻臚卿。

陽休之，字子烈，右北平無終人也。父固，魏洛陽令，贈太常少卿。休之儁爽有風概，少勤學，愛文藻，弱冠擅聲，爲後來之秀。幽州刺史常景、王延年並召爲州主簿。

魏孝昌中，杜洛周破薊城，休之與宗室及鄉人數千家南奔章武，轉至青州。是時葛榮

寇亂，河北流民多湊青部。休之知將有變，乃請其族叔伯彥等曰：「客主勢異，競相凌侮，禍難將作。如鄙情所見，宜潛歸京師避之。」諸人多不能從。休之垂涕別去。俄而邢杲作亂，伯彥等咸爲土民所殺，〔二〕一時遇害，諸陽死者數十人，唯休之兄弟獲免。

莊帝立，解褐員外散騎侍郎，尋以本官領御史，遷給事中、太尉記室參軍，加輕車將軍。李神儁監起居注，啓休之與河東裴伯茂、范陽盧元明、河間邢子明等俱入撰次。永安末，洛州刺史李海啓除冠軍長史。普泰中，兼通直散騎侍郎，加鎮遠將軍，尋爲太保長孫稚府屬。尋勑與魏收、李同軌等修國史。太昌初，除尚書祠部郎中，尋進征虜將軍、中散大夫。賀拔勝出爲荆州刺史，啓補驃騎長史。勝爲行臺，又請爲右丞。勝經略樊、沔，又請爲南道軍司。俄而魏武帝入關，勝令休之奉表詣長安參謁。時高祖亦啓除休之太常少卿。尋屬勝南奔，仍隨至建業。休之聞高祖推奉靜帝，乃白勝啓梁武求還，以天平二年達鄴，仍奉高祖命赴晉陽。其年冬，授世宗開府主簿。明年春，世宗爲大行臺，復引爲行臺郎中。

四年，高祖幸汾陽之天池，於池邊得一石，上有隱起，其文曰「六王三川」。高祖獨於帳中問之，此文字何義。對曰：「六者是大王之字，王者當王有天下，此乃大王符瑞受命之徵。既於天池得此石，可謂天意命王也，吉不可言。」高祖又問三川何義。休之曰：「河、洛、伊爲三川，亦云涇、渭、洛爲三川。河、洛、伊，洛陽也；涇、渭、洛，今雍州也。大王若受天命，終

應統有關右。」高祖曰：「世人無事常道我欲反，今聞此，更致紛紜，愼莫妄言也。」

元象初，錄荆州軍功，封新泰縣開國伯，食邑六百戶，除平東將軍、太中大夫、尚書左民郎中。興和二年，兼通直散騎常侍，副清河崔長謙使於梁。武定二年，除中書侍郎。時有人士戲嘲休之云：「有觸藩之羝羊，乘連錢之驄馬，從晉陽而向鄴，懷屬書而盌把。」尚書左丞盧斐以其文書請謁，啓高祖禁止，會赦不治。五年，兼尚食典御。七年，除太子中庶子，遷給事黃門侍郎，進號中軍將軍、幽州大中正。八年，兼侍中，持節奉璽書詣幷州，敦喩顯祖爲相國、齊王。是時，顯祖將受魏禪，發晉陽，至平陽郡，〔三〕爲人心未一，且還幷州，恐漏泄，仍斷行人。休之性疏放，使還，遂說其事，鄴中悉知。於後高德政以聞，顯祖忿之而未發。齊受禪，除散騎常侍，修起居注。頃之，坐詔書脫誤，左遷驍騎將軍，積前事也。尋以禪讓之際，參定禮儀，別封始平縣開國男，以本官兼領軍司馬。後除都水使者，歷司徒掾、中書侍郎，尋除中山太守。顯祖崩，徵休之至晉陽，經紀喪禮。乾明元年，兼侍中，巡省京邑。仍拜大鴻臚卿，領中書侍郎。皇建初，以本官兼度支尚書，加驃騎大將軍，領幽州大中正。肅宗留心政道，每訪休之治術。休之答以明賞罰，愼官方，禁淫侈，恤民患爲政治之先。帝深納之。大寧中，除都官尚書，轉七兵、祠部。河清三年，出爲西兗州刺史。天統初，徵爲光祿卿，監國史。休之在中山及治西兗，俱有惠政，爲吏民所懷。去官之後，百姓樹碑頌

德。尋除吏部尚書，食陽武縣幹，除儀同三司，又加開府。休之多識故事，諳悉氏族，凡所選用，莫不才地俱允。加金紫光祿大夫。武平元年，除中書監，尋以本官兼尚書右僕射。二年，加左光祿大夫，兼中書監。三年，加特進。五年，正中書監，餘並如故。尋以年老致仕，抗表辭位，帝優答不許。六年，除正尚書右僕射。未幾，又領中書監。

休之本懷平坦，爲士友所稱。晚節：說祖珽撰御覽，書成，加特進，及珽被黜，便布言於朝廷，云先有嫌隙。及鄧長顒、顏之推奏立文林館，之推本意不欲令耆舊貴人居之，休之便相附會，與少年朝請、參軍之徒同入待詔。又魏收監史之日，立高祖本紀，取平四胡之歲爲齊元。收在齊州，恐史官改奪其意，上表論之。武平中，收還朝，勑集朝賢議其事。休之立議從天保爲限斷。魏收存日，猶兩議未決。收死後，便諷動內外，發詔從其議。後領中書監，便謂人云：「我已三爲中書監，用此何爲？」隆化還鄴，舉朝多有遷授，封休之燕郡王。又謂其所親云：「我非奴，何意忽有此授。」凡此諸事，深爲時論所鄙。

休之好學不倦，博綜經史，文章雖不華靡，亦爲典正。邢、魏歿後，以先達見推。位望雖高，虛懷接物，爲搢紳所愛重。周武平齊，與吏部尚書袁聿修、衞尉卿李祖欽、度支尚書元脩伯、大理卿司馬幼之、司農卿崔達拏、祕書監源文宗、散騎常侍兼中書侍郎李若、散騎常侍給事黃門侍郎李孝貞、給事黃門侍郎盧思道、給事黃門侍郎顏之推、通直散騎常侍兼

中書侍郎李德林、通直散騎常侍兼中書舍人陸乂、中書侍郎薛道衡、中書舍人高行恭、辛德源、王劭、陸開明十八人同徵，令隨駕後赴長安。盧思道有所撰錄，止云休之與孝貞、思道同被召者是其誣罔焉。尋除開府儀同，歷納言中大夫、太子少保。大象末，進位上開府，除和州刺史。隋開皇二年，罷任，終於洛陽，年七十四。所著文集三十卷，又撰幽州人物志並行於世。

子辟彊，武平末尚書水部郎中。辟彊性疏脫，無文藝，休之亦引入文林館，爲時人嗤鄙焉。

袁聿修，字叔德，陳郡陽夏人。魏中書令翻之子也，出後叔父躍。七歲遭喪，居處禮度，有若成人。九歲，州辟主簿。性深沉有鑒識，清淨寡欲，與物無競，深爲尚書崔休所知賞。魏太昌中，釋褐太保開府西閤祭酒。年十八，領本州中正。尋兼尚書度支郎，仍歷五兵左民郎中。武定末，太子中舍人。天保初，除太子庶子，以本官行博陵太守。數年，大有聲績，遠近稱之。八年，兼太府少卿，尋轉大司農少卿，又除太常少卿。皇建二年，遭母憂去職，尋詔復前官，加冠軍、輔國將軍，除吏部郎中。未幾，遷司徒左長史，加驃騎大將軍，領兼御史中丞。司徒錄事參軍盧思道私貸庫錢四十萬娉太原王乂女爲妻，〔四〕而王氏已先納

陸孔文禮娉爲定，聿修坐爲首僚，又是國之司憲，知而不劾，被責免中丞。尋遷祕書監。

天統中，詔與趙郡王叡等議定五禮。出除信州刺史，卽其本鄉也，時人榮之。爲政清靖，不言而治，長吏以下，爰逮鰥寡孤幼，皆得其歡心。武平初，御史普出過詣諸州，梁、鄭、兗、豫疆境連接，州之四面，悉有舉劾，御史竟不到信州，其見知如此。及解代還京，民庶道俗，追別滿道，或將酒脯，涕泣留連，競欲遠送。既盛暑，恐其勞弊，往往爲之駐馬，隨舉一酌，示領其意，辭謝令還。還京後，州民鄭播宗等七百餘人請爲立碑，斂縑布數百疋，託中書侍郎李德林爲文以紀功德。府省爲奏，勑報許之。尋除都官尚書，仍領本州中正，轉吏部尚書、儀同三司，尚書尋卽眞。

聿修少平和溫潤，素流之中，最有規檢。以名家子歷任淸華，時望多相器待，許其風監。在郎署之日，値趙彥深爲水部郎中，同在一院，因成交友。彥深後被沙汰停私，[一五]門生藜藿，聿修猶以故情，存問來往。彥深任用，銘戢甚深，雖人才無愧，蓋亦由其接引。爲吏部尚書以後，自以物望得之。初馮子琮以僕射攝選，婚嫁相尋，聿修常非笑之，語人云：「馮公營婚，日不暇給。」及自居選曹，亦不能免，時論以爲地勢然也。在官廉謹，當時少匹。魏、齊世，臺郎多不免交通饟遺，聿修在尚書十年，未曾受升酒之饋。尚書邢邵與聿修舊款，每於省中語戲，常呼聿修爲清郎。大寧初，聿修以太常少卿出使巡省，仍命考校官人得

失。經歷兗州，時邢邵爲兗州刺史，別後，遣送白紬爲信。聿修退紬不受，與邢書云：「今日仰過，[一六]有異常行，瓜田李下，古人所愼，多言可畏，譬之防川，願得此心，不貽厚責。」邢亦忻然領解，報書云：「一日之贈，率爾不思，老夫忽忽意不及此，敬承來旨，吾無間然。弟昔爲清郎，今日復作清卿矣。」及在吏部，屬政塞道喪，若違忤要勢，卽恐禍不旋踵，雖以清白自守，猶不免請謁之累。

齊亡入周，授儀同大將軍、吏部下大夫。大象末，除東京司宗中大夫。隋開皇初，加上儀同，還東京都官尚書。東京廢，入朝，又除都官尚書。二年，出爲熊州刺史。尋卒，年七十二。

子知禮，武平末儀同開府參軍事。隋開皇中，侍御史，歷尚書民部考功侍郎。大業初，卒於太子中舍人。

史臣曰：崔彥玄奕世載德，不忝其先；盧詹事任俠好謀，志尚宏遠；陽僕射位高望重，鬱爲時宗；袁尚書清明在躬，以器能見任；與陽斐、盧潛並朝之良也。有齊季世，權歸佞幸，賴諸君維持名教，不然則拔本塞源，裂冠毀冕，安可道哉。

贊曰：惟茲數公，心安寵辱，不夷不惠，坐鎭流俗。

校勘記

[一] 北平漁陽人也　南本及魏書卷七二、北史卷四七陽尼傳都稱「北平無終人」，本卷陽休之和陽斐是同族，休之傳也稱北平無終人。按兩漢漁陽縣屬漁陽郡。晉時郡縣俱廢。北魏幽州漁陽郡有漁陽縣，且無終亦屬漁陽郡。見魏書卷一〇六地形志上。自漢以來，漁陽縣無屬北平郡的紀載。這裏稱「北平漁陽人」當誤。

[二] 琳部曲義故多在揚州　諸本「義故」倒作「故義」。按南、北朝史籍習見「部曲義故」一語，今據冊府卷六九二八二五二頁乙正。

[三] 陳秦譙二州刺史王奉國　諸本「秦譙」作「泰譙」，冊府卷三八二四五四二頁作「秦雍」。按陳之秦州見隋書卷三一地理志下江都郡六合縣條及梁、陳書，今據冊府改。冊府「雍」乃「譙」之訛。

[四] 五年與王琳等同陷　北史卷三〇盧潛傳此事敍於武平四年五七三後。按本書卷八後主紀補，陳取壽陽在四年十月，陳書卷五宣帝紀在太建五年十月，卽武平四年。這裏「五」字誤。

[五] 魏右光祿大夫道約之子　諸本「約」作「幼」，殿本依北史卷三〇作「約」。按魏書卷四七盧玄傳也作「道約」，今從殿本。

[六] 從駕晉陽寓居僧寺朝士謂康寺三少　冊府卷七七七九二三一頁「康」作「唐」。按晉陽古唐國，疑作「唐」是。

[七] 居青州之東時宋氏於河南立冀州　魏書卷六七、北史卷四四崔光傳並云：「居青州之時水。」按「時水」見水經注卷二六淄水注。疑「東時」爲「時水」之倒訛。

[八] 卽爲東清河郡人　魏書卷六七、北史卷四四崔光傳並云：「卽爲東清河鄃人」，疑「郡」乃「鄃」之訛。

[九] 南縣分易更爲南平原貝丘人也　北史卷四四無上「南」字。按上「南」字於文義不洽，必誤，北史則脫去此字。又魏、齊都沒有南平原郡。貝丘縣在魏屬東清河郡，北齊以東清河、東平原倂入廣川郡，合爲東平原郡，貝丘始屬東平原。具見隋書卷三〇地理志中齊郡長山縣條、淄川縣條及太平寰宇記卷一九淄州及長山縣條。據此，北魏到高齊只有東平原郡，齊代改易郡縣，貝丘也屬於東平原郡，別無「南平原」之名。這裏「南」字當是「東」之訛。

[一〇] 盧叔武　錢氏考異卷三一云：「北史卷三〇作『叔彪』。唐人諱『虎』，史家多改爲『武』，亦有作『彪』者，此人蓋名『叔虎』也。」按魏書卷四七盧溥傳，溥五世孫有叔虔，父兄名與此傳合，亦卽一人。「虔」是「虎」字形似而訛，也可能唐人避諱追改唐人避諱偶亦用形近字代。亦可證其人本名「叔虎」。

[一一] 人衆敵者當任智謀智謀鈞者當任勢力　諸本「智謀」二字不重，今據冊府卷八四九一〇〇八八頁

補。

〔一二〕伯彥等咸爲土民所殺　諸本「土民」作「士民」，北史卷四七陽休之傳作「土人」。按魏書卷一四元天穆傳敍邢杲起事云：「所在流人，先爲土人凌忽。」土人亦屢見魏書、北史，這裏「土」訛作「士」，今據北史改。

〔一三〕發晉陽至平陽郡　按平陽在晉陽西南，由晉陽赴鄴不會經過平陽。本書卷三〇高德政傳云「帝便發晉陽，至平都城」云云。平都城，他處又倒作「平城都」。這裏「平陽郡」當是「平城都」之訛。詳卷三〇校記。

〔一四〕娉太原王乂女爲妻　諸本「乂」作「義」。北史卷四七、册府宋本卷五二二作「乂」明本「乂」訛「文」。按北史卷三五王劭傳末見王乂，當卽其人。「義」字訛，今據改。

〔一五〕彥深後被沙汰停私　諸本「私」作「秩」，北史卷四七袁聿修傳、册府卷四五八五四三六頁、御覽卷四〇八一八八四頁引後齊書並作「私」。按南齊書卷三四虞玩之傳載建元二年四八〇詔云：「停私而云隸役。」「停私」卽在家閒住，「停」是休停，「私」與官相對。這裏本同北史作「私」，後人臆改作「秩」，今據北史改。

〔一六〕今日仰過　諸本「仰過」作「仰遇」，北史卷四七作「傾過」，册府卷六五四七八三七頁作「仰過」。按文義當作「仰過」，今據册府改。

北齊書卷四十三

列傳第三十五

李稚廉　封述　許惇　羊烈　源彪

李稚廉，趙郡高邑人也。齊州刺史義深之弟。稚廉少而寡欲，爲兒童時，初不從家人有所求請。家人嘗故以金寶授之，終不取，强付，輒擲之於地。州牧以其蒙稚而廉，故名曰稚廉。聰敏好學，年十五，頗尋覽五經章句。屬葛榮作亂，本郡紛擾，違難赴京。永安中，釋褐奉朝請。普泰初，開府記室、龍驤將軍、廣州征南府錄事參軍，不行。尋轉開府諮議參軍事、前將軍。

天平中，高祖擢爲泰州開府長史、平北將軍。稚廉緝諧將士，軍民樂悅。高祖頻幸河東，大相嗟賞。轉爲世宗驃騎府長史。詔以濟州控帶川陸，接對梁使，尤須得人，世宗薦之，除濟州儀同長史。又遷瀛州長史。高祖行經冀州，總合河北六州文籍，商校戶口增損。

高祖親自部分，多在馬上，徵責文簿，指景取備，事緒非一。稚廉每應機立成，恒先期會，莫不雅合深旨，爲諸州准的。高祖顧謂司馬子如曰：「觀稚廉處分，快人意也。」因集文武數萬人，令郞中杜弼宣旨慰勞，仍詰諸州長史、守令等，諸人並謝罪，稚廉獨前拜恩，觀者咸歎美之。其日，賜以牛酒。高祖還幷，以其事告世宗。世宗喜而語人曰：「吾足知人矣。」

世宗嗣事，召詣晉陽，除霸府掾。謂杜弼曰：「幷州王者之基，須好長史，各舉所知。」時互有所稱，〔一〕皆不允。衆人未答。世宗乃謂陳元康曰：「我教君好長史處，李稚廉卽其人也。」遂命爲幷州長史。常在世宗第內，與隴西辛術等六人號爲館客，待以上賓之禮。

天保初，除安南將軍、太原郡守。顯祖嘗召見，問以治方，語及政刑寬猛，帝意深文峻法，稚廉固以爲非，帝意不悅。語及楊愔，誤稱爲楊公。以應對失宜，除濟陰郡守，帶西兗州刺史。徵拜太府少卿，尋轉廷尉少卿，還太尉長史。肅宗卽位，兼散騎常侍、省方大使。行還，所奏多見納用。除合州刺史，亦有政績，未滿，行懷州刺史。還朝，授兼太僕卿，轉大司農卿、趙州大中正。天統元年，加驃騎大將軍、大理卿，世稱平直。爲南青州刺史，未幾，徵爲幷省都官尙書。武平五年三月，卒於晉陽，年六十七。贈儀同三司、信義二州刺史、吏部尙書。

封述，字君義，勃海蓨人也。父軌，廷尉卿、濟州刺史。述有幹用，年十八爲濟州征東府鎧曹參軍。高道穆爲御史中尉，啓爲御史。遷大司馬清河王開府記室參軍，兼司徒主簿。太昌中，除尚書三公郎中，以平幹稱。天平中，增損舊事爲麟趾新格，其名法科條，皆述删定。梁散騎常侍陸晏子、沈警來聘，以述兼通直郎使梁。還，遷世宗大將軍府從事中郎，監京畿事。武定五年，除彭城太守、當郡督，再行東徐州刺史。武定七年，除廷尉少卿。八年，兼給事黄門侍郎。齊受禪，與李獎等八人充大使，巡省方俗，問民疾苦。天保三年，除清河太守，遷司徒左長史，行東都事，〔二〕尋除海州刺史。大寧元年，徵授大理卿。河清三年，勑與錄尚書趙彦深、僕射魏收、尚書陽休之、國子祭酒馬敬德等議定律令。天統元年，遷度支尚書。三年，轉五兵尚書，加儀同三司。武平元年，除南兗州刺史，更滿還朝，除左光祿大夫，又除殿中尚書。

述久爲法官，明解律令，議斷平允，深爲時人所稱。而厚積財產，一無饋遺，雖至親密友貧病困篤，亦絕於拯濟，朝野物論甚鄙之。外貌方整而不免請謁，廻避進趨，頗致嗤駭。前妻河內司馬氏。一息，爲娶隴西李士元女，大輸財娉，及將成禮，猶競懸違。述忽取供養像對士元打像作誓，士元笑曰：「封公何處常得應急像，須誓便用。」一息娶范陽盧莊之女。述又逕府訴云：「送贏乃嫌腳跛，評田則云鹹薄，銅器又嫌古廢。」皆爲吝嗇所及，每致紛紜。

子元，武平末太子舍人。

述弟詢，字景文。魏員外郎，武定中永安公開府法曹，稍遷尚書起部郎中，轉三公郎，出爲東平原郡太守，遷定州長史，又除河間郡守，入爲尚書左丞，又爲濟南太守。隋開皇中卒。詢闕涉經史，清素自持，歷官皆有幹局才具，治郡甚著聲績，民吏敬而愛之。

許惇，字季良，高陽新城人也。父護，魏高陽、章武二郡太守。惇清識敏速，達於從政，任司徒主簿，以能判斷，見知時人，號爲入鐵主簿。稍遷陽平太守。當時遷都鄴，陽平卽是畿郡，軍國責辦，賦斂無准，又勳貴屬請，朝夕徵求，惇並御之以道，上下無怨。治爲天下第一，特加賞異，圖形於闕，詔頒天下。遷魏尹，出拜齊州刺史，轉梁州刺史，治並有聲。遷大司農。會侯景背叛，王思政入據潁城，王師出討，惇常督漕，軍無乏絕。引洧水灌城，惇之策也。遷殿中尚書。惇美鬚髯，下垂至帶，省中號爲長鬣公。顯祖嘗因酒酣，握惇鬚髯稱美，遂以刀截之，唯留一握。惇懼，因不復敢長，時人又號爲齊鬚公。世祖踐祚，領御史中丞，爲膠州刺史。尋追爲司農卿，又遷大理卿，再爲度支尚書，歷太子少保、少師、光祿大夫、開府儀同三司、尚書右僕射、特進，賜爵萬年縣子，食下邳郡幹。以年老致仕於家，三年卒。〔三〕

惇少純直，晚更浮動。齊朝體式，本州大中正以京官爲之。同郡邢卲爲中書監，德望甚高，惇與卲競中正，〔四〕遂馮附宋欽道，出卲爲刺史，朝議甚鄙薄之。雖久處朝行，歷官清顯，與邢卲、魏收、陽休之、崔劼、徐之才之徒比肩同列，諸人或談說經史，或吟詠詩賦，更相嘲戲，欣笑滿堂，惇不解劇談，又無學術，或竟坐杜口，或隱几而睡，深爲勝流所輕。

子文紀，武平末度支郎中。文紀弟文經，勤學方雅，身無擇行，口無戲言。武平末，殿中侍御史。隋開皇初侍御史，兼通直散騎常侍，聘陳使副，主爵侍郎。卒於相州長史。

惇兄遜，字仲讓，有幹局，乾明中平原太守，卒，贈信州刺史。遜子文高，司徒掾。

羊烈，字信卿，太山鉅平人也。晉太僕卿琇之八世孫，魏梁州刺史祉之弟子。父靈珍，魏兗州別駕。烈少通敏，自修立，有成人之風。好讀書，能言名理，以玄學知名。魏孝昌中，烈從兄侃爲太守，據郡起兵外叛。烈潛知其謀，深懼家禍，與從兄廣平太守敦馳赴洛陽告難。朝廷將加厚賞，烈告人云：「譬如斬手全軀，所存者大爾，豈有幸從兄之敗以爲己利乎？」卒無所受。

弱冠，州辟主簿，又兼治中從事。刺史方以吏事爲意，以幹濟見知。釋巾太師咸陽王行參軍，遷祕書郎。顯祖初爲儀同三司，開府。倉曹參軍事。〔五〕天保初，授太子步兵校尉、

輕車將軍，尋遷幷省比部郎中，除司徒屬，頻歷尚書祠部，左、右民郎中，所在咸爲稱職。九年，除陽平太守，治有能名。是時，頻有災蝗，犬牙不入陽平境，勑書褒美焉。皇建二年，遷光祿少卿，加龍驤將軍、兗州大中正，又進號平南將軍。天統中，除太中大夫，兼光祿少卿。武平初，除驃騎將軍、義州刺史，尋以老疾還鄉。周大象中卒。

烈家傳素業，閨門修飾，爲世所稱，一門女不再醮。魏太和中，於兗州造一尼寺，女寡居無子者並出家爲尼，咸存戒行。烈天統中與尚書畢義雲爭兗州大中正。義雲盛稱門閥，云我累世本州刺史，卿世爲我家故吏。烈答云：「卿自畢軌被誅以還，寂無人物，近日刺史，皆是疆埸之上彼此而得，何足爲言。豈若我漢之河南尹，晉之太傅，名德學行，百代傳美。且男清女貞，足以相冠，自外多可稱也。」蓋譏義雲之帷薄焉。

祉子深，魏中書令。深子肅，以學尚知名，世宗大將軍府東閤祭酒。乾明初，冀州治中。趙郡王爲巡省大使，肅以遲緩不任職解，朝議以肅無罪，尋復之。天統初，遷南兗州長史。武平中，入文林館撰書，尋出爲武德郡守。

烈弟脩，有才幹，大寧中卒於尚書左丞。子玄正，武平末將作丞。隋開皇中民部侍郎。卒於隴西郡贊治。

源彪，字文宗，西平樂都人也。父子恭，魏中書監、司空，文獻公。文宗學涉機警，少有名譽。魏孝莊永安中，以父功賜爵臨潁縣伯，除員外散騎常侍。天平四年，涼州大中正。遭父憂去職。武定初，服闋，吏部召領司徒記室，加平東將軍。世宗攝選，沙汰臺郎，以文宗爲尚書祠部郎中，仍領記室。轉太子洗馬。天保元年，除太子中舍人。乾明初，出爲范陽郡守。皇建二年，拜涇州刺史。文宗以恩信待物，甚得邊境之和，爲鄰人所欽服，前政被抄掠者，多得放還。天統初，入爲吏部郎中，遷御史中丞，典選如故。尋除散騎常侍，仍攝吏部，加驃騎大將軍。屬秦州刺史宋嵩卒，朝廷以州在邊垂，以文宗往蒞涇州，頗著聲績，除秦州刺史，乘傳之府，特給後部鼓吹。文宗爲治如在涇州時。李孝貞聘陳，陳主謂孝貞曰：「齊朝還遣源涇州來瓜步，直可謂和通矣。」尋加儀同三司。武平二年，徵領國子祭酒。三年，遷祕書監。

陳將吳明徹寇淮南，歷陽、瓜步相尋失守。〔六〕趙彥深於起居省密訪文宗曰：「吳賊侏張，遂至於此，僕妨賢既久，憂懼交深，今者之勢，計將安出？弟往在涇州，甚悉江、淮間情事，今將何以禦之？」對曰：「荷國厚恩，無由報効，有所聞見，敢不盡言。但朝廷精兵必不肯多付諸將，數千已下，復不得與吳楚爭鋒，命將出軍，反爲彼餌。尉破胡人品，王之所知。進既不得，退又未可，敗績之事，匪朝伊夕。王出而能入，朝野傾心，脫一日參差，悔無所及。

以今日之計，不可再三。國家待遇淮南，失之同於蒿箭。如文宗計者，不過專委王琳，淮南招募三四萬人，風俗相通，能得死力，兼令舊將淮北捉兵，足堪固守。且琳之於曇頊，不肯北面事之明矣，竊謂計之上者。若不推赤心於琳，別遣餘人掣肘，復成速禍，彌不可爲。」彥深歎曰：「弟此良圖，足爲制勝千里，但口舌爭來十日，已不見從。〔七〕時事至此，安可盡言。」因相顧流涕。

武平七年，周武平齊，與陽休之、袁聿修等十八人同勑入京，授儀同大將軍、司成下大夫。隋開皇初，授莒州刺史，至州，遇疾去官。開皇六年卒，年六十六。文宗以貴遊子弟昇朝列，才識敏贍，以幹局見知。然好遊詣貴要之門，故時論以爲善於附會。

子師，少好學，明辨有識悟，尤以吏事知名。河清初，司空參軍事，歷侍御史、太常丞、尚書左外兵郎中。隋開皇中尚書比部、考功侍郎。大業初，卒於大理少卿。

文宗弟文舉，亦有才幹，歷尚書比部、二千石郎中，定州長史，帶中山郡守。卒於太尉長史。

文宗從父兄楷，字那延，有器幹，善草隸書。歷尚書左民部郎中、〔八〕治書侍御史、長樂、中山郡守、京畿長史、黃門郎、假儀同三司。

齊滅，朝貴知名入周京者：度支尚書元脩伯，魏文成皇帝之後，清素寡欲，明識理體。少歷顯職，尚書郎、治書侍御史，司徒左長史、數郡太守、光州刺史，所在皆著聲績。及爲度支，屬政荒國蹙，儲藏虛竭，賦役繁興。脩伯憂國如家，恤民之勞，兼濟時事，詢謀宰相，朝夕孜孜，與錄尚書唐邕廻換取捨，頗有裨益。周朝授儀同大將軍、載師大夫。其事行史闕，故不列於傳。齊末又有幷省尚書隴西辛愨、散騎常侍長樂潘子義並以才幹知名。入仕周、隋，位歷通顯云。

論曰：李稚廉等以材能器幹，所在咸著聲名。封述聚積財賄，斂於鄙吝，季良以學淺爲累，文宗以附會見稱。然則羊、李二賢足爲具美，士人君子可不慎與？

贊曰：惟茲數賢，幹事貞固，生被雌黃，歿存緗素。封及源、許，終爲身蠹。

校勘記

〔一〕時互有所稱　三朝本「互」作「牙」，南本以下諸本作「雅」，百衲本作「乎」，即「互」，冊府卷七二八宋本作「㸦」，影明本作「玄」，皆「互」的形訛。按「乎」先訛「牙」，南本臆改作「雅」，他本從之。今從百衲本。

〔二〕行東都事　按北齊無「東都」，疑是「東郡」之訛。

〔三〕三年卒　按上不記年號，據本書卷八後主紀，許惇以武平三年爲左僕射，武平之後，隆化、德昌、承光都非常短暫，此三年必是武平三年，上脫「武平」二字。

〔四〕同郡邢卲爲中書監德望甚高惇與卲競中正　按邢卲是河間鄚人，許惇是高陽新城人，並非同郡。二郡同屬瀛州，所爭者是州大中正。州也可稱郡，疑「同郡」爲「同部」之訛。

〔五〕顯祖初爲儀同三司開府倉曹參軍事　按「開府」下有脫文，當云：「顯祖初爲儀同三司，開府〔以烈爲〕倉曹參軍事。」若非脫，則上云「顯祖初」，下又云「天保初」，殊嫌重複。本書卷四文宣紀高洋於天平二年授儀同三司，可證。

〔六〕陳將吳明徹寇淮南歷陽瓜步相尋失守　諸本「淮」作「江」，北史卷二八源彪傳作「淮」。按齊與陳隔江爲界，江南是陳地，歷陽、瓜步都在江北。「江」字顯誤，今據北史改。

〔七〕但口舌爭來十日已不見從　北史卷二八「已」下有「是」字，冊府卷四七七五七〇一頁「已」下有「足終」二字。按原文當同冊府作「十日已足，終不見從」。北史「是」字贅，疑也是「足」之訛。

〔八〕歷尚書左民部郎中　按隋書卷二七百官志中稱後齊度支尚書所統六曹，有「左戶」「右戶」，即「左民」「右民」，隋志避唐諱改。又通典卷二三戶部尚書條，隋開皇三年改度支爲民部，統度支、民部、金部、倉部四曹。知北齊只稱「左民」「右民」，無「部」字，至隋始有「民部」，却不分左右。這裏「部」字當是衍文。

北齊書卷四十四

列傳第三十六

儒林

李鉉　刁柔　馮偉　張買奴　劉軌思　鮑季詳　邢峙
劉晝　馬敬德子元熙　張景仁　權會　張思伯　張雕
孫靈暉　石曜

班固稱「儒家者流，蓋出於司徒之官，助人君順陰陽，行教化」者也。聖人所以明天道，正人倫，是以古先哲王率由斯道。高祖生於邊朔，長於戎馬之間，因魏氏喪亂之餘，屬尒朱殘酷之舉，文章咸盪，禮樂同奔，弦歌之音且絕，俎豆之容將盡。及仗義建旗，掃清區縣，以正君臣，以齊上下；至乎一人播越，九鼎潛移，文武神器，顧眄斯在；猶且援立宗支，重安社稷，豈非蹈名教之地，漸仁

義之風與？

屬疆埸多虞，戎車歲駕，雖庠序之制有所未遑，而儒雅之道遽形心慮。魏天平中，范陽盧景裕同從兄禮於本郡起逆，高祖免其罪，置之賓館，以經教授太原公以下。及景裕卒，又以趙郡李同軌繼之，二賢並大蒙恩遇，待以殊禮。同軌之亡，復徵中山張雕、渤海李鉉、刁柔、中山石曜等遞爲諸子師友。及天保、大寧、武平之朝，亦引進名儒，授皇太子諸王經術。

然爰自始基，暨於季世，唯濟南之在儲宮，性識聰敏，頗自砥礪，以成其美，自餘多驕恣傲狠，動違禮度，日就月將，無聞焉爾。鏤冰雕朽，迄用無成，蓋有由也。夫帝子王孫，稟性淫逸，況義方之情不篤，邪僻之路競開，自非得自生知，體包上智，而內有聲色之娛，外多犬馬之好，安能入便篤行，出則友賢者也。徒有師傅之資，終無琢磨之實。下之從化，如風靡草，是以世冑之門，罕聞强學。若使貴遊之輩，飾以明經，可謂稽山竹箭，加之以括羽，俯拾青紫，斷可知焉。而齊氏司存，或失其守，師、保、疑、丞皆賞勳舊，國學博士徒有虛名，唯國子一學，生徒數十人耳。欲求官正國治，其可得乎？冑子以通經仕者唯博陵崔子發、廣平宋遊卿而已，自外莫見其人。

幸朝章寬簡，政網疏闊，遊手浮惰，十室而九。故橫經受業之侶，遍於鄉邑；負笈從宦之徒，不遠千里。伏膺無怠，善誘不倦。入閭里之內，乞食爲資；憩桑梓之陰，動逾千數。〔一〕燕、趙之俗，此衆尤甚。齊制，諸郡並立學，置博士助教授經，學生俱差逼充員，士流及豪富之家皆不從調。備員既非所好，墳籍固不關懷，又多被州郡官人驅使。縱有遊惰，亦不檢治，皆由上非所好之所致也。諸郡俱得察孝廉，其博士、助教及遊學之徒通經者，推擇充舉。射策十條，通八以上，聽九品出身，其尤異者亦蒙抽擢。

凡是經學諸生，多出自魏末大儒徐遵明門下。河北講鄭康成所注周易。遵明以傳盧景裕及清河崔瑾，景裕傳權會，權會傳郭茂。權會早入京都，郭茂恒在門下教授。其後能言易者多出郭茂之門。河南及青、齊之間，儒生多講王輔嗣所注周易，師訓蓋寡。齊時儒士，罕傳尚書之業，徐遵明兼通之。遵明受業於屯留王總，傳授浮陽李周仁及渤海張文敬及李鉉、權會，並鄭康成所注，非古文也。下里諸生，略不見孔氏注解。武平末，河間劉光伯、信都劉士元始得費甝義疏，乃留意焉。其詩、禮、春秋尤爲當時所尚，諸生多兼通之。三禮並出遵明之門。徐傳業於李鉉、沮儁、田元鳳、馮偉、紀顯敬、呂黃龍、夏懷敬。李鉉又傳授刁柔、張買奴、鮑季詳、邢峙、劉晝、熊安生。安生又傳孫靈暉、郭仲堅、丁恃德。其後生能通禮經者多是安生門人。諸生盡通小戴禮，於周、儀禮兼通者十二三焉。通毛詩者多出於魏朝博陵劉獻之。獻之傳李周仁，周仁傳董令度、程歸則，歸則傳劉敬和、張思伯、劉軌

思。其後能言詩者多出二劉之門。河北諸儒能通春秋者，並服子慎所注，亦出徐生之門。張買奴、馬敬德、邢峙、張思伯、張雕、劉晝、鮑長暄、王元則並得服氏之精微。又有衞覬、陳達、潘叔度雖不傳徐氏之門，亦爲通解。又有姚文安、秦道靜初亦學服氏，後更兼講杜元凱所注。其河外儒生俱伏膺杜氏。其公羊、穀梁二傳，儒者多不措懷。論語、孝經，諸學徒莫不通講。諸儒如權會、李鉉、刁柔、熊安生、劉軌思、馬敬德之徒多自出義疏。雖曰專門，亦皆粗習也。

今序所錄諸生，或終於魏朝，或名宦不達，縱能名家，又闕其由來及所出郡國，並略存其姓名而已。俱取其尤通顯者列於儒林云。熊安生名在周史，光伯、士元著於隋書，輒不重述。

李鉉，字寶鼎，渤海南皮人也。九歲入學，書急就篇，月餘便通。家素貧苦，常春夏務農，冬乃入學。年十六，從浮陽李周仁受毛詩、尚書，章武劉子猛受禮記，常山房虬受周官、儀禮，漁陽鮮于靈馥受左氏春秋。鉉以鄉里無可師者，遂與州里楊元懿、河間宗惠振等結侶詣大儒徐遵明受業。居徐門下五年，常稱高第。二十三，便自潛居，討論是非，撰定孝經、論語、毛詩、三禮義疏及三傳異同、周易義例合三十餘卷。用心精苦，曾三冬不畜枕，每

至睡時，假寐而已。年二十七，歸養二親，因教授鄉里，生徒恒至數百。燕、趙間能言經者，多出其門。

年三十六，丁父喪。服闋，以鄉里寡文籍，來遊京師，讀所未見書。州舉秀才，除太學博士。武定中，李同軌卒後，高祖令世宗在京妙簡碩學，以教諸子。世宗以鉉應旨，徵詣晉陽。時中山石曜、北平陽絢、北海王晞、清河崔瞻、廣平宋欽道及工書人韓毅同在東館，師友諸王。鉉以去聖久遠，文字多有乖謬，感孔子「必也正名」之言，乃喟然有刊正之意。於講授之暇，遂覽說文，爰及倉、雅，刪正六藝經注中謬字，名曰字辨。顯祖受禪，從駕還都。天保初，詔鉉與殿中尚書邢卲、中書令魏收等參議禮律，仍兼國子博士。時詔北平太守宋景業、西河太守綦毋懷文等草定新曆，錄尚書平原王高隆之令鉉與通直常侍房延祐、國子博士刁柔參考得失。尋正國子博士。廢帝之在東宮，顯祖詔鉉以經入授，甚見優禮。數年，病卒。特贈廷尉少卿。及還葬故郡，太子致祭奠之禮，並使王人將送，儒者榮之。楊元懿、〔二〕宗惠振官亦俱至國子博士。

刁柔，字子溫，渤海人也。父整，魏車騎將軍、贈司空。柔少好學，綜習經史，尤留心禮儀。性强記，至於氏族內外，多所諳悉。初爲世宗挽郎，出身司空行參軍。喪母，居喪以孝

聞。永安中，除中堅將軍、奉車都尉，加冠軍將軍、中散大夫。元象中，隨例到晉陽，高祖以爲永安公府長流參軍，又令教授諸子。天保初，除國子博士、中書舍人。魏收撰魏史，啓柔等與同其事。柔性頗專固，自是所聞，收常所嫌憚。又參議律令。時議者以爲立五等爵邑，承襲者無嫡子，立嫡孫，無嫡孫，立嫡子弟，無嫡子弟，立嫡孫弟。〔三〕柔以爲無嫡孫，應立嫡曾孫，不應立嫡子弟。議曰：

柔案禮立適以長，故謂長子爲嫡子。嫡子死，以嫡子之子爲嫡孫，死則曾、玄亦然。然則嫡子之名，本爲傳重。故喪服曰：「庶子不爲長子三年，不繼祖與禰也。」〔四〕禮記公儀仲子之喪，「檀弓曰：『何居，我未之前聞。仲子舍其孫而立其子何也？』〔五〕子服伯子曰：『仲子亦猶行古之道也，昔者文王舍伯邑考而立武王發，微子舍其孫腯而立弟衍，仲子亦猶行古之道也。』」鄭注曰：「伯子爲親者諱耳，〔六〕立子非也。文王之立武王，權也。微子嫡子死，立其弟衍，殷禮也。」「子游問諸孔子，孔子曰：『不，立孫。』」注曰：「據周禮。」然則商以嫡子死，立嫡子之母弟，周以嫡子死，立嫡子之子爲嫡孫。故春秋公羊之義，嫡子有孫而死，質家親親先立弟，文家尊尊先立孫。喪服云：「爲父後者爲出母無服。」小記云：「祖父卒而後爲祖母後者三年。」爲出母無服者，喪者不祭故也。爲祖母三年者，大宗傳重故也。今議以嫡孫死而立嫡子母弟，〔七〕嫡子母弟者則爲父後矣。嫡子母弟本非承嫡，以無嫡，故得爲父後。則嫡孫之弟，理亦應得爲父後。則是父卒然後爲祖後者服斬，既得爲祖服斬，而不得爲傳重者，未之聞也。若用商家親親之義，本不應嫡子死而立嫡孫。〔八〕若從周家尊尊之文，豈宜舍其孫而立其弟？或文或質，愚用惑焉。小記復云：「嫡婦不爲舅後者則姑爲之小功。」注云：「謂夫有廢疾他故若死無子不受重者。小功，庶婦之服。凡父母於子，舅姑於婦，將不傳重於嫡，及將所傳重者非嫡，服之皆如衆子庶婦也。」言死無子者，謂絕世無子，非謂無嫡子。如其有子，焉得云無後？夫雖廢疾無子，婦猶以嫡爲名。嫡名既在，而欲廢其子者，其如禮何！禮有損益，代相沿革，必謂宗嫡可得而變者，則爲後服斬，亦宜有因而改。

七年夏卒，時年五十六。柔在史館未久，逢勒成之際，志存偏黨。魏書中與其內外通親者並虛美過實，深爲時論所譏焉。

馮偉，字偉節，中山安喜人也。身長八尺，衣冠甚偉，見者肅然敬憚。少從李寶鼎遊學，李重其聰敏，恒別意試問之。多所通解，尤明禮傳。後還鄉里，閉門不出將三十年，不問生產，不交賓客，專精覃思，無所不通。趙郡王出鎮定州，以禮迎接，命書三至，縣令親至其門，猶辭疾不起。王將命駕致請，

佐史前後星馳報之，縣令又自爲其整冠履，不得已而出。王下廳事迎之，止其拜伏，分階而上，留之賓館，甚見禮重。王將舉充秀才，固辭不就。歲餘請還。王知其不顧拘束，以禮發遣，贈遺甚厚，一無所納，唯受時服而已。及還，終不交人事，郡守縣令每親至其門。歲時或置羊酒，亦辭不納。門徒束脩，一毫不受。耕而飯，蠶而衣，簞食瓢飲，不改其樂，竟以壽終。

張買奴，平原人也。經義該博，門徒千餘人。諸儒咸推重之，名聲甚盛。歷太學博士、國子助教，天保中卒。

劉軌思，渤海人也。說詩甚精。少事同郡劉敬和，敬和事同郡程歸則，故其鄉曲多爲詩者。軌思，天統中任國子博士。

鮑季詳，渤海人也。甚明禮，聽其離文析句，自然大略可解。兼通左氏春秋，少時恒爲李寶鼎都講，後亦自有徒衆，諸儒稱之。天統中，卒於太學博士。從弟長暄，兼通禮傳。武平末，爲任城王湝丞相掾，恒在京教授貴遊子弟。齊亡後，歸鄉里講經，卒於家。

邢峙，字士峻，河間鄚人也。少好學，耽玩墳典，遊學燕、趙之間，通三禮、左氏春秋。天保初，郡舉孝廉，授四門博士，遷國子助教，以經入授皇太子。峙方正純厚，有儒者之風。厨宰進太子食，有菜曰「邪蒿」，峙命去之，曰：「此菜有不正之名，非殿下所宜食。」顯祖聞而嘉之，賜以被褥縑纊，拜國子博士。皇建初，除清河太守，有惠政，民吏愛之。以年老謝病歸，卒於家。

劉晝，字孔昭，渤海阜城人也。少孤貧，愛學，負笈從師，伏膺無倦。與儒者李寶鼎同鄉里，甚相親愛，受其三禮。又就馬敬德習服氏春秋，俱通大義。恨下里少墳籍，便杖策入都。知太府少卿宋世良家多書，乃造焉。世良納之。恣意披覽，晝夜不息。河清初，還冀州，舉秀才入京，〔九〕考策不第。乃恨不學屬文，方復緝綴辭藻，言甚古拙。制一首賦，以「六合」爲名，自謂絕倫，吟諷不輟。乃歎曰：「儒者勞而少工，見於斯矣。我讀儒書二十餘年而答策不第，始學作文，便得如是。」曾以此賦呈魏收，收謂人曰：「賦名六合，其愚已甚，及見其賦，又愚於名。」晝又撰高才不遇傳三篇。在皇建、大寧之朝，又頻上書，言亦切直，多非世要，終不見

收采。自謂博物奇才，言好矜大，每云：「使我數十卷書行於後世，不易齊景之千駟也。」而容止舒緩，舉動不倫，由是竟無仕進。天統中，卒於家，年五十二。

馬敬德，河間人也。少好儒術，負笈隨大儒徐遵明學詩、禮，略通大義而不能精。遂留意於春秋左氏，沉思研求，晝夜不倦，解義爲諸儒所稱。教授於燕、趙間，生徒隨之者衆。河間郡王每於教學追之，將舉爲孝廉，固辭不就。乃詣州求舉秀才，舉秀才例取文士，州將以其純儒，無意推薦。敬德請試方略，乃策問之，所答五條，皆有文理。乃欣然舉送至京。依秀才策問，唯得中第，乃請試經業，問十條並通。擢授國子助教，遷太學博士。天統初，除國子博士。世祖爲後主擇師傅，趙彥深進之，入爲侍講。其妻夢猛獸將來向之，敬德走超叢棘，妻伏地不敢動。敬德占之曰：「吾當得大官。超棘，過九卿也。爾伏地，夫人也。」後主既不好學，敬德侍講甚疏，時時以春秋入授。武平初，猶以師傅之恩，超拜國子祭酒，加儀同三司、金紫光祿大夫，領瀛州大中正，卒。贈開府、瀛滄安州諸軍事、瀛州刺史。其後侍書張景仁封王，趙彥深云：「何容侍書封王，侍講翻無封爵。」於是亦封敬德廣漢郡王。子元熙襲。

元熙字長明，少傳父業，兼事文藻。以父故，自青州集曹參軍超還通直侍郎，待詔文林

館，轉正員。武平中，皇太子將講孝經，有司請擇師友。帝曰：「馬元熙朕師之子，文學不惡，可令教兒。」於是以孝經入授皇太子，儒者榮其世載。性和厚，在內甚得名譽，皇太子亦親敬之。隋開皇中，卒於秦王文學。

張景仁者，濟北人也。幼孤家貧，以學書爲業，遂工草隸，選補內書生。與魏郡姚元標、潁川韓毅、同郡袁買奴、滎陽李超等齊名，世宗並引爲賓客。天保八年，勑授太原王紹德書，除開府參軍。後主在東宮，世祖選善書人性行淳謹者令侍書，景仁遂被引擢。小心恭慎，後主愛之，呼爲博士。歷太子門大夫、員外散騎常侍、諫議大夫。後主登祚，除通直散騎常侍。及奏，御筆點除「通」字，〔一〇〕遂正常侍。左右與語，猶稱博士。

胡人何洪珍有寵於後主，欲得通婚朝士，以景仁在內官位稍高，遂爲其兄子取景仁第二息子瑜之女。因此表裏，恩遇日隆。景仁多疾，每遣徐之範等治療，給藥物珍羞，中使問疾，相望於道。是後，勑有司恒就宅送御食。

遷假儀同三司、銀青光祿大夫，食恒山縣幹。車駕或有行幸，在道宿處，每送步障爲遮風寒。進位儀同三司，尋加開府，侍書、餘官並如故。每旦須參，即在東宮停止。及立文林館，中人鄧長顒希旨，奏令總制館事，除侍中。四年，封建安王。洪珍死後，長顒猶存舊款，

更相彌縫，得無墜退。除中書監，以疾卒。贈侍中、齊濟等五州刺史、司空公。

景仁出自寒微，本無識見，一旦開府、侍中、封王。其妻姓奇，莫知氏族所出，容制音辭，事事庸俚。既詔除王妃，與諸公主、郡君同在朝謁之例，見者爲其慚悚。子瑜，薄傳父業，更無餘伎，以洪珍故，擢授中書舍人，轉給事黃門侍郎。長息子玉，起家員外散騎侍郎。景仁性本卑謙，及用胡人、巷伯之勢，坐致通顯，志操頗改，漸成驕傲。良馬輕裘，徒從擁冗，高門廣宇，當衢向街。諸子不思其本，自許貴遊。自蒼頡以來，八體取進，一人而已。

權會，字正理，河間鄚人也。志尚沉雅，動遵禮則。少受鄭易，探賾索隱，妙盡幽微，詩、書、三禮，文義該洽，兼明風角，妙識玄象。魏武定初，本郡貢孝廉，策居上第，解褐四門博士。僕射崔暹引爲館客，甚敬重焉，命世子達拏盡師傅之禮，會因此聞達。暹欲薦會與馬敬德等爲諸王師，會性恬靜，不慕榮勢，恥於左宦，〔一一〕固辭。暹亦識其意，遂罷薦舉。尋被尚書符追著作，修國史，監知太史局事。皇建中，轉加中散大夫，餘並如故。

會參掌雖繁，教授不闕。性甚儒懦，似不能言，及臨機答難，酬報如響，動必稽古，辭不虛發，由是爲儒宗所推。而貴遊子弟慕其德義者，或就其宅，或寄宿鄰家，晝夜承閑，受其學業。會欣然演說，未嘗懈怠。

雖明風角，解玄象，至於私室，輒不及言，學徒有請問者，終無所說。每云：「此學可知不可言。諸君並貴遊子弟，不由此進，何煩問也。」會唯有一子，亦不以此術教之，其謹密也如此。嘗令家人遠行，久而不反。其行人還，垂欲至宅，乃逢寒雪，寄息他舍。會方處學堂講說，忽有旋風瞥然，吹雪入戶。會乃笑曰：「行人至，何意中停。」遂命使人令詣某處追尋，果如其語。每爲人占筮，小大必中。但用爻辭、彖象以辯吉凶，易占之屬，都不經口。會本貧生，無僕隸，初任助教之日，恒乘驢上下。且其職事處多，每須經歷，及其退食，非晚不歸。嘗夜出城東門，鐘漏已盡，會唯獨乘驢。忽有二人，一人牽頭，一人隨後，有似相助，其回動輕漂，有異生人。漸漸失路，不由本道。會心甚怪之，遂誦易經上篇，一卷不盡，前後二人，忽然離散。會亦不覺墮驢，因爾迷悶，至明始覺。方知墮驢之處，乃是郭外，纔去家數里。

有一子，字子襲，聰敏精勤，幼有成人之量。不幸先亡，臨送者爲其傷慟，會唯一哭而罷，時人尚其達命。

武平年，自府還第，在路無故馬倒，遂不得語，因爾暴亡，時年七十六。注易一部，行於世。會生平畏馬，位望所至，不得不乘，果以此終。

張思伯，河間樂城人也。善說左氏傳，爲馬敬德之次。撰刊例十卷，行於時。亦治毛詩章句，以二經教齊安王廓。武平初，國子博士。

張雕，〔二〕中山北平人也。家世貧賤，而慷慨有志節，雅好古學。精力絕人，負篋從師，不遠千里。偏通五經，尤明三傳，弟子遠方就業者以百數，諸儒服其強辨。

魏末，以明經召入霸府，高祖令與諸子講讀。起家殄寇將軍，稍遷太尉長流參軍、定州主簿。從世宗赴并，除常山府長流參軍。天保中，爲永安王府參軍事。顯祖崩於晉陽，攝兼祠部郎中，典喪事，從梓宮還鄴。乾明初，除國子博士。遷平原太守，坐贓賄失官。世祖即位，以舊恩除通直散騎侍郎。琅邪王儼求博士精儒學，有司以雕應選，時號得人。尋爲涇州刺史。未幾，拜散騎常侍，復爲儼講。值帝侍講馬敬德卒，乃入授經書。帝甚重之，以爲侍讀，與張景仁並被尊禮，同入華光殿，共讀春秋。加國子祭酒，假儀同三司，待詔文林館。

胡人何洪珍大蒙主上親寵，與張景仁結爲婚媾。雕以景仁宗室，自託於洪珍，傾心相禮，情好日密，公私之事，雕常爲其指南。時穆提婆、韓長鸞與洪珍同侍帷幄，知雕爲洪珍謀主，甚忌惡之。洪珍又奏雕監國史。尋除侍中，加開府，奏度支事，大被委任，言多見從。特勑奏事不趨，呼爲博士。雕自以出於微賤，致位大臣，勵精在公，有匪躬之節，欲立功效，以報朝恩，論議抑揚，無所回避。宮掖不急之費，大存減省，左右縱恣之徒，必加禁約，數譏切寵要，獻替帷扆。上亦深倚仗之，方委以朝政。雕便以澄清爲己任，意氣甚高，嘗在朝堂謂鄭子信曰：「向入省中，見賢家唐令處分極無所以，若作數行兵帳，雕不如邕，若致主堯、舜，身居稷、契，則邕不如我。」其矜誕如此。

長鸞等慮其干政不已，陰圖之。會雕與侍中崔季舒等諫帝幸晉陽，長鸞因譖之，故俱誅死。臨刑，帝令段孝言詰之。雕致對曰：「臣起自諸生，謬被抽擢，接事累世，常蒙恩遇，位至開府、侍中，光寵隆洽。每思塵露，微益山海，今者之諫，臣實首謀，意善功惡，無所逃死。伏願陛下珍愛金玉，開發神明，數引賈誼之倫，論說治道，令聽覽之間，無所擁蔽，則臣雖死之日，猶生之年。」歔欷流涕，俯而就戮，侍衞左右莫不憐而壯之，時年五十五。子德沖等徙於北邊，南安之反，德沖及弟德揭俱死。

德沖和謹謙讓，善於人倫，聰敏好學，頗涉文史。以帝師之子，早見旌擢。歷員外散騎侍郎、太師府掾，入爲中書舍人，隨例待詔。其父之戮也，德沖在殿庭執事，目見冤酷，號哭殞絕於地，久之乃蘇。

孫靈暉，長樂武強人也。魏大儒祕書監惠蔚，靈暉之族曾王父也。靈暉少明敏，有器度。惠蔚一子早卒，其家書籍多在焉。靈暉年七歲，便好學，日誦數千言，唯尋討惠蔚手錄章疏，不求師友。三禮及三傳皆通宗旨，然就鮑季詳、熊安生質問疑滯，其所發明，熊、鮑無以異也。舉冀州刺史秀才，〔三〕射策高第，授員外將軍。後以儒術甄明，擢授太學博士。遷北徐州治中，轉潼郡太守。

天統中，勑令朝臣推舉可爲南陽王綽師者，吏部尚書尉瑾表薦之，徵爲國子博士，授南陽王經。王雖不好文學，亦甚相敬重，啟除其府諮議參軍。綽除定州刺史，仍隨之鎮。綽所爲猖蹶，靈暉唯默默憂顇，不能諫止。綽欲以管記馬子結爲諮議參軍，乃表請轉靈暉爲王師，以子結爲諮議。朝廷以王師三品，啟奏不合。後主於啟下手答，云「但用之」，仍手報南陽書，並依所奏。儒者甚以爲榮。綽除大將軍，靈暉以王師領大將軍司馬。綽誅，停廢。從綽死後，每至七日及百日終，靈暉恒爲綽請僧設齋，轉經行道。齊亡後數年卒。

子萬壽，聰識機警，博涉羣書，禮傳俱通大義，有辭藻，尤甚詩詠。齊末，陽休之辟爲開府行參軍。隋奉朝請、滕王文學、豫章長史。卒於大理司直。

馬子結者，其先扶風人也。世居涼土，太和中入洛。父祖俱清宦。子結兄弟三人，皆涉文學。陽休之牧西兗，子廉、子尚、子結與諸朝士各有詩言贈，陽總爲一篇酬答，詔詩云

「三馬俱白眉」者也。子結以開府行參軍擢爲南陽王管記，隨綽定州。綽每出遊獵，必令子結走馬從禽。子結既儒緩，衣垂帽落，或噭或啼，令騎驅之，非墜馬不止，綽以爲歡笑。由是漸見親狎，啟爲諮議云。

石曜，字白曜，中山安喜人，亦以儒學進。居官至淸儉。武平中黎陽郡守，值斛律武都出爲兗州刺史，武都卽丞相咸陽王世子，皇后之兄，性甚貪暴。先過衞縣，令丞以下聚斂絹數千匹以遺之。及至黎陽，令左右諷動曜及郡治下縣官。曜手持一縑而謂武都曰：「此是老石機杼，聊以奉贈。自此來並須出於吏民，吏民之物，一毫不敢輒犯。」武都亦知曜淸素純儒，笑而不責。著石子十卷，言甚淺俗。後終於譙州刺史。此外行事史闕焉。

贊曰：大道旣隱，名敎是遵，以斯建國，以此立身。帝圖雜霸，儒風未純，何以不墜，弘之在人。

校勘記

〔一〕 憩桑梓之陰動踰千數　北史卷八一儒林傳「千」作「十」，疑北史是。

〔二〕 楊元懿　諸本「楊」作「陽」，據北史卷八一及上文改。

〔三〕 無嫡子弟立嫡孫弟　諸本「孫」上有「子」字。北史卷二六刁柔傳無。按此句意謂嫡子無弟則立嫡孫之弟，諸本衍「子」字。今據北史刪。

〔四〕 故喪服曰庶子不爲長子三年不繼祖與禰也　按儀禮喪服傳無「與禰」二字，「不繼祖與禰」是禮記喪服小記語，但引號不能分開。

〔五〕 仲子舍其孫而立其子何也　諸本下「子」字作「弟」，北史卷二六及册府卷五八三六九八七頁作「子」。按禮記檀弓上原是「子」字，今據北史、册府改。

〔六〕 鄭注曰伯子爲親者諱耳　諸本「伯」作「仲」，册府同上卷頁作「伯」。按禮記檀弓上鄭注原是「伯」字，今據册府改。

〔七〕 今議以嫡孫死而立嫡子母弟　諸本「孫」上有「子」字，北史卷二六無。按上文明說「議者以爲無嫡孫，立嫡子弟」，諸本衍「子」字，今據北史刪。

〔八〕 本不應嫡子死而立嫡孫　諸本「孫」上有「子」字。南本及册府同上卷頁無。北史卷二六作「本不應舍嫡子而立嫡孫」，亦無下「子」字。按上文說「商以嫡子死立嫡子之母弟」，所以這裏反駁議者，說如用商制，那就不該嫡子死，不立嫡子之母弟而立嫡孫。南本及册府是，今據刪下「子」字。北史「舍嫡子」下當脫「之母弟」三字。

〔九〕 河淸初還冀州舉秀才入京　按下文云：「在皇建、大寧之朝，又頻上書。」河淸元年是五六二在皇建五六〇大寧五六一之後，而敍在前，時間顚倒。北史卷八一劉晝傳不記年號，而敍晝上書在高演卽位後，也就是皇建、大寧間。疑「河淸」紀年誤。

〔一〇〕 御筆點除通字　御覽卷二二四一〇六五頁「通」下有「直」字。按上文說「除通直散騎常侍」，經點除後「遂正常侍」，卽正除散騎常侍，則點除者應是「通直」二字，這裏「通」下當脫「直」字。

〔一一〕 恥於左宦　諸本「左宦」作「仕宦」，百衲本作「左宦」；北史卷八一權會傳百衲本作「左宦」，殿本作「左官」。按漢書卷一四諸侯王表「作左官之律」，服虔注「仕於諸侯爲左官」。權會不願爲諸王師，正是恥於左官。左宦官同卽左官。「仕」字訛，今從百衲本。

〔一二〕 張雕　北史卷八一作「張彫武」，序作「張彫」；本書卷八後主紀補武平四年十月作「張彫虎」，通志卷一六齊本紀作「張雕虎」。錢氏考異卷三一、卷四〇都有說。其人本名雕虎「彫」通用，本書和北史避唐諱或去「虎」字，或改「虎」作「武」。其作「彫虎」者後人所改。

〔一三〕 舉冀州刺史秀才　北史卷八一孫靈暉傳「冀州」下無「刺史」二字。按文義或衍「刺史」二字，或是「冀州刺史舉秀才」之誤倒。

北齊書卷四十五

列傳第三十七

文苑

祖鴻勳　李廣　樊遜　劉逖　荀士遜

顏之推　袁奭　韋道遜　江旰　眭豫　朱才　荀仲舉　蕭慤　古道子

夫玄象著明，以察時變，天文也；聖達立言，化成天下，人文也；達幽顯之情，明天人之際，其在文乎。逖聽三古，彌綸百代，制禮作樂，騰實飛聲，若或言之不文，豈能行之遠也。子曰：「文王既沒，文不在茲？」大聖踵武，邈將千載，其間英賢卓犖，不可勝紀，咸宜韜筆寢牘，未可言文，斯固才難不其然也。至夫游、夏以文詞擅美，顏回則庶幾將聖，屈、宋所以後塵，卿、雲未能輟簡。於是辭人才子，波駭雲屬，振鵷鷺之羽儀，縱雕龍之符采，人謂得玄珠於赤水，策奔電於崑丘，開四照於春華，成萬寶於秋實。

然文之所起，情發於中。人有六情，稟五常之秀；情感六氣，順四時之序。其有帝資懸解，天縱多能，摛黼黻於生知，問珪璋於先覺，譬雕雲之自成五色，猶儀鳳之冥會八音，斯固感英靈以特達，非勞心所能致也。縱其情思底滯，關鍵不通，但伏膺無怠，鑽仰斯切，馳騖勝流，周旋益友，强學廣其聞見，專心屏於涉求，畫繢飾以丹青，彫琢成其器用，是以學而知之，猶足賢乎已也。謂石爲獸，射之洞開，精之至也。積歲解牛，砉然游刃，習之久也。自非渾沌無可鑿之姿，窮奇懷不移之情，安有至精久習而不成功者焉。善乎魏文之著論也：「人多不强力，貧賤則懾於饑寒，富貴則流於逸樂，遂營目前之務，而遺千載之功，日月逝於上，體貌衰於下，忽然與萬物遷化，斯志士大痛也。」

沈休文云：「自漢至魏，四百餘年，辭人才子，文體三變。」然自茲厥後，軌轍尤多。江左梁末，彌尚輕險，始自儲宮，刑乎流俗，雜惉懘以成音，故雖悲而不雅。爰逮武平，政乖時蠹，唯藻思之美，雅道猶存，履柔順以成文，蒙大難而能正。原夫兩朝叔世，俱肆淫聲，而齊氏變風，屬諸絃管，梁時變雅，在夫篇什。莫非易俗所致，並爲亡國之音；而應變不殊，感物或異，何哉？蓋隨君上之情欲也。

有齊自霸圖云啓，廣延髦儁，開四門以納之，舉八紘以掩之，鄴京之下，煙霏霧集，河間邢子才、鉅鹿魏伯起、范陽盧元明、鉅鹿魏季景、清河崔長儒、河間邢子明、范陽祖孝徵、樂安孫彥舉、中山杜輔玄、北平陽子烈並其流也。復有范陽祖鴻勳亦參文士之列。天保中，李愔、陸卬、崔瞻、陸元規並在中書，參掌綸誥。其李廣、樊遜、李德林、盧詢祖、盧思道始以文章著名。皇建之朝，常侍王晞獨擅其美。河清、天統之辰，杜臺卿、劉逖、魏騫亦參知詔敕。自愔以下，在省唯撰述除官詔旨，其關涉軍國文翰，多是魏收作之。及在武平，李若、荀士遜、李德林、薛道衡爲中書侍郎，諸軍國文書及大詔誥俱是德林之筆，道衡諸人皆不預也。

後主雖溺於羣小，然頗好諷詠，幼稚時，曾讀詩賦，語人云：「終有解作此理不？」及長亦少留意。初因畫屏風，敕通直郎蘭陵蕭放及晉陵王孝式錄古名賢烈士及近代輕豔諸詩以充圖畫，帝彌重之。後復追齊州錄事參軍蕭慤、趙州功曹參軍顏之推同入撰次，猶依霸朝，謂之館客。放及之推意欲更廣其事，又祖珽輔政，愛重之推，又託鄧長顒漸說後主，屬意斯文。三年，祖珽奏立文林館，於是更召引文學士，謂之待詔文林館焉。珽又奏撰御覽，詔珽及特進魏收、太子太師徐之才、中書令崔劼、散騎常侍張雕、中書監陽休之監撰。珽等奏追通直散騎侍郎韋道遜、陸乂、太子舍人王劭、〔一〕衞尉丞李孝基、殿中侍御史魏澹、中散大夫劉仲威、袁奭、國子博士朱才、奉車都尉眭道閑、〔二〕考功郎中崔子樞、左外兵郎薛道衡、幷省主客郎中盧思道、司空東閤祭酒崔德、〔三〕太學博士諸葛漢、奉朝請鄭公超、殿中侍御史

鄭子信等入館撰書，幷敕放、慤、之推等同入撰例。復令散騎常侍封孝琰、前樂陵太守鄭元禮、衞尉少卿杜臺卿、通直散騎常侍王訓、前南兗州長史羊肅、〔四〕通直散騎常侍馬元熙、幷省三公郎中劉珉、開府行參軍李師上、〔五〕溫君悠入館，亦令撰書。復命特進崔季舒、前仁州刺史劉逖、散騎常侍李孝貞、中書侍郎李德林續入待詔。尋又詔諸人各舉所知，又有前濟州長史李翥、前廣武太守魏騫、前西兗州司馬蕭溉、前幽州長史陸仁惠、鄭州司馬江旰、前通直散騎侍郎辛德源、陸開明、通直郎封孝騫、太尉掾張德沖、幷省右民郎高行恭、司徒戶曹參軍古道子、前司空功曹參軍劉顗、獲嘉令崔德儒、給事中李元楷、晉州治中陽師孝、太尉中兵參軍劉儒行、司空祭酒陽辟疆、司空士曹參軍盧公順、司徒中兵參軍周子深、開府參軍王友伯、崔君洽、魏師謇並入館待詔，又敕右僕射段孝言亦入焉。御覽成後，所撰錄人亦有不時待詔，付所司處分者。凡此諸人，亦有文學膚淺，附會親識，妄相推薦者十三四焉。雖然，當時操筆之徒，搜求略盡。其外如廣平宋孝王、信都劉善經輩三數人，論其才性，入館諸賢亦十三四不逮之也。待詔文林，亦是一時盛事，故存錄其姓名。

自邢子才以還，或身終魏朝，已入前史；或名位既重，自有列傳；或附其家世；或名存後書。輒略而不載。今綴序祖鴻勳等列於文苑者焉。自外有可錄者，存之篇末。

祖鴻勳，涿郡范陽人也。父愼，仕魏歷雁門、咸陽太守，治有能名。卒於金紫光祿大夫，贈中書監、幽州刺史，謚惠侯。鴻勳弱冠與同郡盧文符並爲州主簿。僕射臨淮王彧表薦鴻勳有文學，宜試以一官，敕除奉朝請。人謂之曰：「臨淮舉卿，便以得調，竟不相謝，恐非其宜。」鴻勳曰：「爲國舉才，臨淮之務，祖鴻勳何事從而謝之。」彧聞而喜曰：「吾得其人矣。」及葛榮南逼，出爲防河別將，守滑臺。永安初，元羅爲東道大使，〔六〕署封隆之、邢卲、李渾、李象、鴻勳並爲子使。除東濟北太守，以父老疾爲請，竟不之官。後城陽王徽奏鴻勳爲司徒法曹參軍事，赴洛，徽謂之曰：「吾聞臨淮相舉，竟不到門，今來何也？」鴻勳曰：「今來赴職，非爲謝恩。」轉廷尉正。

後去官歸鄉里。與陽休之書曰：

陽生大弟：吾比以家貧親老，時還故郡。在本縣之西界，有雕山焉。其處閑遠，水石淸麗，高巖四匝，良田數頃，家先有野舍於斯，而遭亂荒廢，今復經始。卽石成基，憑林起棟。蘿生映宇，泉流繞階。月松風草，緣庭綺合；日華雲實，傍沼星羅。簷下流煙，共霄氣而舒卷；園中桃李，雜椿柏而蔥蒨。時一褰裳涉澗，負杖登峯，心悠悠以孤上，身飄飄而將逝，杳然不復自知在天地間矣。若此者久之，乃還所住。孤坐危石，撫

琴對水，獨詠山阿，舉酒望月，聽風聲以興思，聞鶴唳以動懷。企莊生之逍遙，慕尙子之淸曠。首戴萌蒲，身衣縕襏，出藝粱稻，歸奉慈親，緩步當車，無事爲貴，斯已適矣，豈必撫塵哉。〔七〕

而吾生旣繫名聲之韁鎖，就良工之剞劂。振佩紫臺之上，鼓袖丹墀之下。采金匱之漏簡，訪玉山之遺文。敝精神於丘墳，盡心力於河漢。摛藻期之鞶繡，發議必在芬香。茲自美耳，吾無取焉。

嘗試論之。夫崑峯積玉，光澤者前毁；瑤山叢桂，芳茂者先折。是以東都有挂冕之臣，南國見捐情之士。斯豈惡粱錦，好蔬布哉，蓋欲保其七尺，終其百年耳。今弟官位旣達，聲華已遠，象由齒斃，膏用明煎，旣覽老氏谷神之談，應體留侯止足之逸。若能翻然淸尙，解佩捐簪，則吾於茲，山，莊可辦。一得把臂入林，挂巾垂枝，攜酒登巘，舒席平山，道素志，論舊款，訪丹法，語玄書，斯亦樂矣，何必富貴乎？去矣陽子，途乖趣別，緬尋此旨，杳若天漢。已矣哉，書不盡意。

梁使將至，敕鴻勳對客。高祖曾徵至幷州，作晉祠記，好事者玩其文。位至高陽太守，在官淸素，妻子不免寒餒，時議高之。天保初卒官。

李廣，字弘基，范陽人也，其先自遼東徙焉。廣博涉羣書，有才思文議之美，少與趙郡李謇齊名，爲邢、魏之亞。而訥於言，敏於行。魏安豐王延明鎭徐州，署廣長流參軍。釋褐盪逆將軍。尒朱仲遠牒爲大將軍記室，加諫議大夫。荆州行臺辛纂上爲行臺郎中，尋爲車騎府錄事參軍。中尉崔暹精選御史，皆是世胄，廣獨以才學兼御史，修國史。南臺文奏，多其辭也。平陽公淹辟爲中尉，轉侍御史。顯祖初嗣霸業，命掌書記。天保初，欲以爲中書郎，遇其病篤而止。

廣曾欲早朝，未明假寐，忽驚覺，謂其妻云：「吾向似睡，忽見一人出吾身中，語云：『君用心過苦，非精神所堪，今辭君去。』」因而惚怳不樂，數日便遇疾，積年不起，資產屢空，藥石無繼。廣雅有鑒識，度量弘遠，坦平無私，爲士流所愛，歲時共贍遺之，賴以自給。竟以疾終。曾薦畢義雲於崔暹，廣卒後，義雲集其文筆十卷，託魏收爲之敍。其族人子道亦有文章。

樊遜，字孝謙，河東北猗氏人也。祖琰，父衡，並無官宦。而衡性至孝，喪父，負土成墳，植柏方數十畝，朝夕號慕。遜少學，常爲兄仲優饒。旣而自責曰：「名爲人弟，獨受安逸，可

不愧於心乎？」欲同勤事業。母馮氏謂之曰：「汝欲謹小行耶？」遜感母言，遂專心典籍，恒書壁作「見賢思齊」四字，以自勸勉。屬本州淪陷，寓居鄴中，爲臨漳小史。縣令裴鑒莅官淸苦，致白雀等瑞，遜上淸德頌十首。鑒大加賞重，擢爲主簿，仍薦之於右僕射崔暹，與遼東李廣、渤海封孝琰等爲暹賓客。人有譏其靖默不能趣時者，遜常服東方朔之言，陸沉世俗，避世金馬，何必深山蒿廬之下，遂借陸沉公子爲主人，擬客難，製客誨以自廣。後崔暹大會賓客，大司馬、襄城王元旭時亦在坐，論欲命府僚。暹指遜曰：「此人學富才高，佳行參軍也。」旭目之曰：「豈能就耶？」遜曰：「家無蔭第，不敢當此。」武定七年，世宗崩，暹徙於邊裔，賓客咸散，遜遂往陳留而居之。

梁州刺史劉殺鬼以遜兼錄事參軍，仍舉秀才。尙書案舊令，下州三載一舉秀才，爲五年已貢開封人鄭祖獻。計至此年未合。兼別駕王聰抗議，右丞陽斐不能却。尙書令高隆之曰：「雖遜才學優異，待明年仕非遠。」遜竟還本州。八年，轉兼長史，從軍南討。軍還，殺鬼移任潁川，又引遜兼潁州長史。天保元年，本州復召舉秀才。二年春，會朝堂對策罷，中書郎張子融奏入。至四年五月，遜與定州秀才李子宣等以對策三年不調，被付外，上書請從聞罷，詔不報。

梁州重表舉遜爲秀才。五年正月制詔問升中紀號，遜對曰：〔八〕

臣聞巡嶽之禮，勤在虞書，省方之義，著於易象。往帝前王，罔唯一姓，封金刊玉，億有餘人。仲尼之觀梁甫，不能盡識；夷吾之對齊桓，所存未幾。然盛德之事，必待太平，苟非其人，更貽靈譴。秦皇無道，致雨風之災；漢武奢淫，有奉車之害。及文叔受命，炎精更輝，四海安流，天下輯睦，劍賜騎士，馬駕鼓車，乃用張純之文，始從伯陽之說。至於魏、晉，雖各有君，量德而處，莫能擬議。蔣濟上言於前，徒穢紙墨；袁淮發論於後，終未施行。世歷三朝，年將十祀，啓聖之期，茲爲昌會。然自水德不競，函谷封塗，天馬息歌，苞茅絕貢。我太祖收寶鷄之瑞，握鳳皇之書，體一德以匡朝，屈三分而事主，蕩此妖寇，易如沃雪。但昌既受命，發乃行誅，雖太白出高，中國宜戰，置之度外，望共遷善。伏惟陛下以神武之姿，天然之略，馬多冀北，將異山西，涼風至，白露下，北上太行，東臨碣石，方欲吞巴蜀而掃崤函，苑長洲而池江漢。復恐迎風縱火，芝艾共焚，按此六軍，未中九伐。夫周發牙璋，漢馳竹使，義在濟民，非聞好戰。至如投鼠忌器之說，蓋是常談；文德懷遠之言，豈識權道。今三臺令子，六郡良家，蓄銳須時，裹糧待詔。未若龍驤虎服，先收隴右之民，電轉雷驚，因取荆南之地。昔秦舉長平，金精食昴，楚攻鉅鹿，枉矢胥流，況我威靈，能無協讚。但使彼之百姓一覩六軍，似見周王，若逢司隸。然後除其苛令，與共約法，振旅而還，止戈爲武，標金南海，勒石東

山，紀天地之奇功，被風聲於千載。若令馬兒不死，子陽尚在，便欲案明堂之圖，草射牛之禮，比德論功，多慚往列，升中告禪，臣用有疑。

又問求才審官，遜對曰：

臣聞彫獸畫龍，徒有風雲之勢；金舟玉馬，終無水陸之功。三駕禮賢，將收實用，但處一毛不拔，復何足取。是以堯作虞賓，遂全箕山之操；周移商鼎，不納孤竹之言。但處士盜名，雖云久矣；朝臣竊位，蓋亦實多。漢拜丞相，便有鍾鼓之妖；魏用三公，乃致孫權之笑。〔九〕故山林之與朝廷，得容非毀；肥遁之與賓王，翻有優劣。至於時非蹈海，而日羞作秦民；事異出關，而言恥從衞亂。雖復星干帝座，不易高尚之心；月犯少微，終存耿介之志。

自我太嶽之後，克廣洪業，禹至神宗，舜格文祖。陛下受天之明命，光華日月，爰自納麓，乃格文祖，儀天地以設官，象星辰而布職。漢家神鳳，慚用紀年；魏氏青龍，羞將改號。上膺列宿，咸是異人；下法山川，莫非奇士。所以畫堂甲觀，修德日新，廟鼎歌鍾，王勳歲委。循名責實，選衆舉能，朝無銅臭之公，世絕錢神之論。昔百里相秦，名存雀籙；蕭、張輔沛，姓在河書。今日公卿，抑亦天授，與之爲治，何欲不從。〔一〇〕未必稽首天師，方聞牧馬之術；膝行山上，始得治身之道。但使帝德休明，自强不息，甲夜親書，支日迺奏。周昌桀、紂之論，欣然開納；劉毅桓、靈之比，終自含弘。高懸王爵，唯能是與，管庫靡遺，漁鹽畢錄。無令桓譚非讖，官止於郡丞；趙壹負才，位終於計掾。則天下宅心，幽明知感，歲精仕漢，風伯朝周，眞人去而復歸，台星坼而還斂，詩稱多士，易載羣龍，從此而言，可以無愧。

又問釋道兩教，遜對曰：

臣聞天道性命，聖人所不言，蓋以理絕涉求，難爲稱謂。伯陽道德之論，莊周逍遙之旨，遺言取意，猶有可尋。至若玉簡金書，神經祕錄，三尺九轉之奇，絳雪玄霜之異，淮南成道，犬吠雲中，子喬得仙，劍飛天上，皆是憑虛之說，海棗之談，求之如係風，學之如捕影。而燕君、齊后、秦皇、漢帝，信彼方士，冀遇其眞，徐福去而不歸，欒大往而無獲。猶謂升遐倒影，抵掌可期；祭鬼求神，庶或不死。江璧既返，還入驪山之墓；龍媒已至，終下茂陵之墳。方知劉向之信洪寶，沒有餘責；王充之非黃帝，比爲不相。又末葉已來，大存佛教，寫經西土，畫像南宮。昆池地黑，以爲劫燒之灰；春秋夜明，謂是降神之日。法王自在，變化無窮，置世界於微塵，納須彌於黍米。蓋理本虛無，示諸方便。而妖妄之輩，苟求出家，〔一一〕藥王燔軀，波論灑血，〔一二〕假未能然，猶當克命。寧有改形易貌，有異生人，恣意放情，還同俗物。龍宮餘論，鹿野前言，此而得容，道風前墜。

伏惟陛下受天明命，屈己濟民，山鬼効靈，海神率職。湘中石燕，沐時雨而羣飛；臺上銅烏，覩和風而杓轉。以周都洛邑，治在鎬京，漢宅咸陽，魂歸豐、沛，汾、晉之地，王迹維始，眷言巡幸，且勞經略。猶復降情文苑，斟酌百家，想執玉於瑤池，念求珠於赤水。竊以王母獻環，由感周德；上天錫珮，實報禹功。二班勒史，兩馬製書，未見三世之辭，無聞一乘之旨。帝樂王禮，尚有時而沿革；左道怪民，亦何疑於沙汰。

又問刑罰寬猛，遜對曰：

臣聞惟王建國，刑以助禮，猶寒暑之贊陰陽，山川之通天地。爰自末葉，法令稍滋，秦篆無以窮書，楚竹不能盡載。有司因此，開以二門，高下在心，寒熱隨意。周官三典，棄之若吹毛；漢律九章，違之如覆手。遂使長平獄氣，得酒而後消；東海孝婦，因災而方雪。詔書挂壁，有善而莫遵；姦吏到門，無求而不可。皆由上失其道，民不見德。而議者守迷，不尋其本。鍾繇、王朗追怨張蒼，祖訥、梅陶共尤文帝。便謂化屍起偃，在復肉刑；致治興邦，無關周禮。伏惟陛下昧旦坐朝，〔一三〕留心政術，明罰以糾諸侯，申恩以孩百姓。黃旗紫蓋，已絕東南；白馬素車，將降軹道。若復峻典深文，臣實未悟。何則？人肖天地，俱稟陰陽，安則願存，擾則圖死。故王者之治，務先禮樂，如有未從，刑書乃用，寬猛兼設，水火俱陳，未有專任商、韓而能長久。昔秦歸士會，晉盜來

奔，舜舉皋陶，不仁自遠。但令釋之、定國迭作理官，龔遂、文翁繼爲郡守，科閒律令，〔一四〕一此憲章，欣聞汲黯之言，泣斷昭平之罪。則天下自治，大道公行，乳獸含牙，蒼鷹垂翅，楚王錢府，不復須封，漢獄冤囚，自然蒙理。後服之徒，旣承風而慕化；有截之內，皆蹈德而詠仁。號以成、康，何難之有？

又問禍福報應，遜對曰：

臣聞五方易辨，尙待指南；百世可知，猶須吹律。況復天道祕遠，神迹難源，不有通靈，孰能盡悟。乘査至於河漢，唯覩牽牛，假寐遊於上玄，止逢翟犬。〔一五〕造化之理，旣寂寞而無傳；報應之來，固難得而妄說。但秦穆有道，句芒錫年，〔一六〕虢公凉德，蓐收降禍。高明在上，定自有知，不可謂神冥昧難信。若夫仲尼厄於陳、蔡，孟軻困於齊、梁，自是不遇其時，寧關性命之理。子胥無君，馬遷附下，〔一七〕受誅取辱，何可尤人。至如協律見親，櫂船得幸，從此而言，更不足怪。周王漂杵，致天之罰；白起誅降，行己之意。是以七百之祚，仍加姬氏；杜郵之戮，還屬武安。

昔漢問上計，不過日蝕；晉策秀才，止於寒火。前賢往士，咸用爲難。推古比今，臣見其易。然草萊百姓，過荷恩私，三折寒膠，再遊金馬，王言昭賁，思若有神，〔一八〕占對失圖，伏深悚懼。

尙書擢第，以遜爲當時第一。

十二月，清河王岳爲大行臺率衆南討，以遜從軍。明年，顯祖納貞陽侯爲梁主，岳假遜大行臺郎中，使於南，與蕭脩、侯瑱和解。遜往來五日，得脩等報書，岳因與脩盟于江上。大軍還鄴，遜仍被都官尙書崔昂舉薦。詔付尙書，考爲清平勤幹，送吏部。

七年，詔令校定羣書，供皇太子。遜與冀州秀才高乾和、瀛州秀才馬敬德、許散愁、韓同寶、洛州秀才傅懷德、懷州秀才古道子、廣平郡孝廉李漢子、渤海郡孝廉鮑長暄、陽平郡孝廉景孫、前梁州府主簿王九元、前開府水曹參軍周子深等十一人同被尙書召共刊定。時祕府書籍紕繆者多，遜乃議曰：「按漢中壘校尉劉向受詔校書，每一書竟，表上，輒言：臣向書、長水校尉臣參書，太史公、太常博士書，〔一九〕中外書合若干本以相比校，然後殺青。今所讎校，供擬極重，出自蘭臺，御諸甲館。向之故事，見存府閣，卽欲刊定，必藉衆本。太常卿邢子才、太子少傅魏收、吏部尙書辛術、司農少卿穆子容、前黃門郎司馬子瑞、故國子祭酒李業興並是多書之家，請牒借本參校得失。」祕書監尉瑾移尙書都坐，凡得別本三千餘卷，五經諸史，殆無遺闕。

八年，詔尙書開東西二省官選，所司策問，遜爲當時第一。左僕射楊愔辟遜爲其府佐。遜辭曰：「門族寒陋，訪第必不成，乞補員外司馬督。」愔曰：「才高不依常例。」特奏用之。九年，有詔超除員外將軍。後世祖鎭鄴，召入司徒府管書記。及登祚，轉授主書，遷員外散騎侍郎。天統初，病卒。

劉逖，字子長，彭城叢亭里人也。祖芳，魏太常卿。父檝，金紫光祿大夫。逖少而聰敏，好弋獵騎射，以行樂爲事，愛交遊，善戲謔。郡辟功曹，州命主簿。魏末徵詣霸府，世宗以爲永安公浚開府行參軍。逖遠離鄉家，倦於羈旅，發憤自勵，專精讀書。晉陽都會之所，霸朝人士攸集，咸務於宴集。逖在遊宴之中，卷不離手，值有文籍所未見者，則終日諷誦，或通夜不歸，其好學如此。亦留心文藻，頗工詩詠。天保初，行定陶縣令，坐姦事免，十餘年不得調。乾明年，兼員外散騎常侍，使於梁主蕭莊，還，兼三公郎中。皇建元年，除太子洗馬。肅宗崩，從世祖赴晉陽，除散騎侍郎，兼儀曹郎中。久之，兼中書侍郎。和士開寵要，逖附之，正授中書侍郎，入典機密。兼散騎常侍，聘陳使主，還，除通直散騎常侍。尋遷給事黃門侍郎，修國史，加散騎常侍。又除假儀同三司，聘周使副。二國始通，禮儀未定，逖與周朝議論往復，斟酌古今，事多合禮，兼文辭可觀，甚得名譽。使還，拜儀同三司。世祖崩，出爲江州刺史。祖珽執政，徙爲仁州刺史。祖珽旣出，徵還，待詔文林館，重除散騎常侍，奏門下事。未幾，與崔季舒等同時被戮，時年四十九。

初逖與珽以文義相得，結雷、陳之契，又爲弟俊聘珽之女。珽之將免趙彥深等也，先以告逖，仍付密啓，令其奏聞。彥深等頗知之，先自申理，珽由此疑逖告其所爲。及珽被出，逖遂遣弟離婚，其輕交易絕如此。所制詩賦及雜文文筆三十卷。子逸民，開府行參軍。

逖弟詧，少聰明，好文學。天統、武平之間，歷殿中侍御史，兼散騎侍郎，迎勞陳使，尙書儀曹郎。周大象末，卒於黎州治中。子玄道，有人品識用，定州騎兵參軍。

逖從子顗，字君卿。祖廞，魏尙書，爲高祖所殺。顗父濟及濟弟璲俱奔江南。顗出後。〔二〇〕武定中從璲還北。璲賜爵臨潁子，大寧中卒於司徒司馬。顗好文學，工草書，風儀甚美。歷瀛州外兵參軍、司空功曹，待詔文林館，除大理司直。隋開皇中鄜州司馬，卒。

荀士遜，廣平人也。好學有思理，爲文淸典，見賞知音。武定末，舉司州秀才，〔二一〕迄天保十年不調。皇建中，馬敬德薦爲主書。世祖時，轉中書舍人。狀貌甚醜，以文辭見用。曾有事須奏，値世祖在後庭，因左右傳通者不得士遜姓名，〔二二〕乃云醜舍人。世祖曰：「必士遜也。」看封題果是，內人莫不忻笑。後主卽位，累遷中書侍郎，號爲稱職。與李若等撰

典言行於世。齊滅年卒。

顏之推，字介，琅邪臨沂人也。九世祖含，從晉元東渡，官至侍中、右光祿、西平侯。父勰，梁湘東王繹鎮西府諮議參軍。世善周官、左氏，之推早傳家業。年十二，值繹自講莊、老，便預門徒。虛談非其所好，還習禮、傳，博覽羣書，無不該洽，詞情典麗，甚爲西府所稱。繹以爲其國左常侍，加鎮西墨曹參軍。好飲酒，多任縱，不修邊幅，時論以此少之。繹遣世子方諸出鎮郢州，以之推掌管記。值侯景陷郢州，頻欲殺之，〔二三〕賴其行臺郎中王則以獲免。被囚送建業。〔二四〕景平，還江陵。時繹已自立，以之推爲散騎侍郎，奏舍人事。後爲周軍所破。大將軍李顯慶重之，〔二五〕薦往弘農，令掌其兄陽平公遠書翰。〔二六〕值河水暴長，具船將妻子來奔，經砥柱之險，時人稱其勇決。顯祖見而悅之，卽除奉朝請，引於內館中，侍從左右，頗被顧眄。天保末，從至天池，以爲中書舍人，令中書郎段孝信將勑書出示之推。之推營外飲酒，孝信還以狀言，顯祖乃曰：「且停。」由是遂寢。河清末，被舉爲趙州功曹參軍，尋待詔文林館，除司徒錄事參軍。之推聰穎機悟，博識有才辯，工尺牘，應對閑明，大爲祖珽所重，令掌知館事，判署文

書。尋遷通直散騎常侍，俄領中書舍人。帝時有取索，恒令中使傳旨，之推稟承宣告，館中皆受進止。所進文章，皆是其封署，於進賢門奏之，待報方出。兼善於文字，監校繕寫，處事勤敏，號爲稱職。帝甚加恩接，顧遇逾厚，爲勳要者所嫉，常欲害之。崔季舒等將諫也，之推取急還宅，故不連署。及召集諫人，之推亦被喚入，勘無其名，方得免禍。尋除黃門侍郎。

及周兵陷晉陽，帝輕騎還鄴，窘急計無所從，之推因宦者侍中鄧長顒進奔陳之策，仍勸募吳士千餘人以爲左右，取青、徐路共投陳國。帝甚納之，以告丞相高阿那肱等。阿那肱不願入陳，乃云吳士難信，不須募之。勸帝送珍寶累重向青州，且守三齊之地，若不可保，徐浮海南渡。雖不從之推計策，然猶以爲平原太守，令守河津。齊亡入周，大象末爲御史上士。隋開皇中，太子召爲學士，甚見禮重。尋以疾終。有文三十卷、撰家訓二十篇，並行於世。曾撰觀我生賦，文致清遠，其詞曰：

仰浮清之藐藐，俯沉奧之茫茫，已生民而立教，乃司牧以分疆，內諸夏而外夷狄，驟五帝而馳三王。大道寢而日隱，小雅摧以云亡，哀趙武之作孽，怪漢靈之不祥，旄頭玩其金鼎，典午失其珠囊，瀍澗鞠成沙漠，神華泯爲龍荒，吾王所以東運，我祖於是南翔。晉中宗以琅邪王南渡，之推琅邪人，故稱吾王。去琅邪之遷越，宅金陵之舊章，作羽儀於新邑，樹杞梓於水鄉，傳清白而勿替，守法度而不忘。

逮微躬之九葉，頹世濟之聲芳。問我良之安在，鍾厭惡於有梁，養傅翼之飛獸，梁武帝納亡人侯景，授其命，遂爲反叛之基。子貪心之野狼。武帝初養臨川王子正德爲嗣，生昭明後，正德還本，特封臨賀王。猶懷怨恨。經叛入北而還，積財養士，每有異志也。初召禍於絕域，重發釁於蕭牆。正德求征侯景，至新林，叛投景，景立爲主，以攻臺城。雖萬里而作限，聊一葦而可航，指金闕以長鎩，向王路而蹶張。勤王踰於十萬，曾不解其搤吭，嗟將相之骨鯁，皆屈體於犬羊。臺城陷，援軍並問訊二宮，致敬於侯景也。武皇忽以厭世，白日黯而無光，既饗國而五十，何克終之弗康。嗣君聽於巨猾，每凜然而負芒。自東晉之違難，寓禮樂於江湘，迄此幾於三百，左衽浹於四方，詠苦胡而永歎，吟微管而增傷。

世祖赫其斯怒，奮大義於沮漳。孝元帝時爲荆州刺史。授犀函與鶴膝，建飛雲及艅艎，北徵兵於漢曲，南發餫於衡陽。湘州刺史河東王譽、〔二七〕雍州刺史岳陽王詧並隸荆州都督府。昔承華之賓帝，實兄亡而弟及，昭明太子薨，乃立晉安王爲太子。逮皇孫之失寵，歎扶車之不立。〔二八〕河東、岳陽皆昭明子。嫡皇孫驩出封豫章王而薨。間王道之多難，各私求於京邑，襄陽阻其銅符，長沙閉其玉粒。遽自戰於其地，豈大勛之暇集，子既殞而姪攻，昆亦圍而叔襲，褚乘城而宵下，杜倒戈而夜入，孝元以河東不供船艎，乃遣世子方等爲刺史。大軍掩至，河東不暇遣拒。世子信

用羣小，貪其子女玉帛，遂欲攻之，故河東急而逆戰，世子爲亂兵所害。孝元發怒，又使鮑泉圍河東。而岳陽宣言大獵，卽擁衆襲荆州，求解湘州之圍。時襄陽杜岸兄弟怨其見劫，不以實告，又不義此行，率兵八千夜降，岳陽於是遁走。河東府褚顯族據投岳陽。〔二九〕所以湘州見陷也。行路彎弓而含笑，骨肉相誅而涕泣，周旦其猶病諸，孝武悔而焉及。

方幕府之事殷，謬見擇於人羣，未成冠而登仕，財解履以從軍。時年十九，釋褐湘東國右常侍，以軍功加鎮西墨曹參軍。非社稷之能衞。童汪錡。〔三〇〕闕僅書記於階闥，罕羽翼於風雲。及荆王之定霸，始讎恥而圖雪，舟師次乎武昌，撫軍鎮於夏汭。時遣徐州刺史徐文盛領二萬人屯武昌、蘆州拒侯景將任約，又第二子綏寧度方諸爲世子，〔三一〕拜中撫軍將軍、郢州刺史以盛聲勢。濫充選於多士，在參戎之盛列，慚四白之調護，厠六友之談說，時遷中撫軍外兵參軍，掌管記，與文珪、劉民英等與世子遊處。雖形就而心和，匪余懷之所說。緊深宮之生貴，矧垂堂與倚衡，欲推心以厲物，樹幼齒以先聲。中撫軍時年十五。愾敷求之不器，乃畫地而取名，仗禦武於文吏，以虞預爲郢州司馬，領城防事。委軍政於儒生。以鮑泉爲郢州行事，總攝州府也。值白波之猝駭，逢赤舌之燒城，王凝坐而對寇，向詡拱以臨兵。〔三二〕任約爲文盛所困，侯景自上救之，舟艦鑿漏，軍饑卒疲，數戰失利。乃令宋子仙、任約步道偸郢州城，預無備，故陷賊。莫不變蝯而化鵠，皆自取首以破腦。將睥睨於渚宮，先憑陵於他道，景欲攻荆州，路由巴陵。懿永寧之龍蟠，永寧公王僧辯據巴

陵城，善於守禦，景不能進。奇護軍之電掃。護軍將軍陸法和破任約於赤亭湖，景退走，大潰。犇虜快其餘毒，縲囚膏乎野草，幸先生之無勸，賴滕公之我保，之推執在景軍，例當見殺。景行臺郎中王則初無舊識，再三救護，獲免，囚以還都。劙鬼錄於岱宗，招歸魂於蒼昊，時解衣訖而獲全。苟性命之重賜，銜若人以終老。

賊棄甲而來復，肆猰距之鴟鳶，積假履而弒帝，憑衣霧以上天，用速災於四月，奚聞道之十年。臺城陷後，梁武曾獨坐歎曰：「侯景於文爲小人百日天子。」及景以大寶二年十一月十九日僭位，至明年三月十九日棄城逃竄，是一百二十日，蓋天道紀大數，〔三三〕故文爲百日。言與公孫述俱稟十二，而旬歲不同。就狄俘於舊壤，陷戎俗於來旋，慨黍離於淸廟，愴麥秀於空廛，鼖鼓臥而不考，景鐘毀而莫懸，野蕭條以橫骨，邑闃寂而無煙。疇百家之或在，中原冠帶隨晉渡江者百家，故江東有百譜，至是在都者覆滅略盡。覆五宗而翦焉。獨昭君之哀奏，唯翁主之悲絃。公主子女見辱見讎。經長干以掩抑，長干舊顏家巷。展白下以流連，靖侯以下七世墳塋皆在白下。深燕雀之餘恩，感桑梓之遺虔，得此心於尼甫，信茲言乎仲宣。湯西土之有衆，資方叔以薄伐，永寧公以司徒爲大都督。撫鳴劍而雷咤，振雄旗而雲窣，千里追其飛走，三載窮於巢窟，屠蚩尤於東郡，挂郅支於北闕。既斬侯景，烹屍於建業市，百姓食之，至於肉盡齕骨，傳首荆州，懸於都街。弔幽魂之冤枉，掃園陵之蕪沒，殷道是以再興，夏祀於焉不忽，但遺恨於炎崑，火延宮而累月。侯景既走，義師採穭失火，〔三四〕燒宮殿蕩盡也。

指余櫂於兩東，侍昇壇之五讓，欽漢官之復覩，赴楚民之有望。攝絳衣以奏言，忝黃散於官謗，時爲散騎侍郎，奏舍人事也。或校石渠之文，王司徒表送祕閣舊書八萬卷，乃詔比校，部分爲正御、副御、重雜三本。左民尚書周弘正、黃門郎彭僧朗、直省學士王珪、戴陵校經部，左僕射王褒、吏部尚書宗懷正、員外郎顏之推、直學士劉仁英校史部，廷尉卿殷不害、御史中丞王孝紀、中書郎鄧藎、金部郎中徐報校子部，右衞將軍庾信、中書郎王固、晉安王文學宗善業、直省學士周確校集部也。時參柏梁之唱。顧甌甌之不算，濯波濤而無量，屬瀟湘之負罪，陸納。兼岷峨之自王。武陵王。竚既定以鳴鸞，修東都之大壯。詔司農卿黃文超營殿。

驚北風之復起，慘南歌之不暢。秦兵繼來。守金城之湯池，轉絳宮之玉帳。孝元自曉陰陽兵法，初聞賊來，頗爲厭勝，被圍之後，每歎息，知必敗。徒有道而師直，翻無名之不抗。孝元與宇文丞相斷金結和，無何見滅，是師出無名。民百萬而囚虜，書千兩而煙煬，溥天之下，斯文盡喪。北於墳籍少於江東三分之一，梁氏剝亂，散逸湮亡。唯孝元鳩合，通重十餘萬，史籍以來，未之有也。兵敗悉焚之，海內無復書府。憐嬰孺之何辜，矜老疾之無狀，奪諸懷而棄草，踣於塗而受掠。冤乘輿之殘酷，軫人神之無狀，載下車以黜喪，揜桐棺之藁葬。雲無心以容與，風懷憤而憀悢。井伯飲牛於秦中，子卿牧羊於海上。留釧之妻，人銜其斷絕；擊磬之子，家纏其悲愴。

小臣恥其獨死，實有愧於胡顏，牽痾疻而就路，時患腳氣。策駑蹇以入關。官疲驢瘦馬。下無景而屬蹈，上有尋而亟搴，嗟飛蓬之日永，恨流梗之無還。若乃玄牛之旌，九龍之路，土圭測影，璿璣審度，或先聖之規模，乍前王之典故，與神鼎而偕沒，切仙宮之永慕。爾其十六國之風教，七十代之州壤，接耳目而不通，詠圖書而可想，何黎氓之匪昔，徒山川之猶曩。每結思於江湖，將取弊於羅網，聆代竹之哀怨，聽出塞之嘹朗，對皓月以增愁，臨芳樽而無賞。

自太淸之內釁，彼天齊而外侵，始蹙國於淮滸，遂壓境於江潯。侯景之亂，齊氏深斥梁家土宇，江北、淮北唯餘廬江、晉熙、高唐、新蔡、西陽、齊昌數郡。至孝元之敗，於是盡矣，以江爲界也。獲仁厚之麟角，剋儁秀之南金，爰衆旅而納主，車五百以夐臨，齊遣上黨王渙率兵數萬納梁貞陽侯明爲主。返季子之觀樂，釋鍾儀之鼓琴。梁武聘使謝挺、徐陵始得還南，凡厥梁臣，皆以禮遣。竊聞風而淸耳，傾見日之歸心，試拂蓍以貞筮，遇交泰之吉林。之推聞梁人返國，故有犇齊之心。以丙子歲旦筮東行吉不，遇泰之坎，乃喜曰：「天地交泰而更習，坎重險，行而不失其信，此吉卦也，但恨小往大來耳。」後遂吉也。譬欲秦而更楚，假南路於東尋，乘龍門之一曲，歷砥柱之雙岑。冰夷風薄而雷呴，陽侯山載而谷沉，〔三五〕侔挈龜以憑濬，類斬蛟而赴深，昏揚舲於分陝，曙結纜於河陰。水路七百里一夜而至。追風飇之逸氣，從忠信以行吟。

遭厄命而事旋，舊國從於採芑，先廢君而誅相，訖變朝而易市。至鄴，便值陳興而梁滅，故不得還南。遂留滯於漳濱，私自憐其何已，謝黃鵠之迴集，恧翠鳳之高峙，曾微令思之對，空竊彥先之仕，纂書盛化之旁，待詔崇文之裏，齊武平中，署文林館待詔者僕射陽休之、祖孝徵以下三十餘人，之推專掌，其撰修文殿御覽、續文章流別等皆詣進賢門奏之。珥貂蟬而就列，執麾蓋以入齒。時以通直散騎常侍遷黃門郎也。欵一相之故人，故人祖僕射掌機密，吐納帝令也。賀萬乘之知己，秪夜語之見忌，寧懷厥之足恃。諫諂言之矛戟，惕險情之山水，由重裘以寒勝，用去薪而沸止。時武職疾文人，之推蒙禮遇，每構創痏。故侍中崔季舒等六人以諫誅，之推爾日隣禍。而儕流或有毀之推於祖僕射者，僕射察之無實，所知如舊不忘。

予武成之燕翼，〔三六〕遵春坊而原始，唯驕奢之是修，亦佞臣之云使。武成奢侈，後宮御者數百人，食於水陸貢獻珍異，至乃厭飽，棄於厠中。褌衣悉羅纈錦繡珍玉，織成五百一段。爾後宮掖遂爲舊事。後主之在宮，乃使駱提婆母陸氏爲之，又胡人何洪珍等爲左右，後皆預政亂國焉。惜染絲之良質，惰琢玉之遺祉，用夷吾而治臻，昵狄牙而亂起。祖孝徵用事，則朝野翕然，政刑有綱紀矣。駱提婆等苦孝徵以法纏己，譖而出之。於是教令昏僻，至于滅亡。誠怠荒於度政，惋驅除之神速，肇平陽之爛魚，次太原之破竹。晉州小失利，便棄軍還并，又不守并州，犇走向鄴。寔未改於弦望，遂□□□□□，及都□而昇降，懷墳墓之淪覆。迷識主而狀入，競已棲而擇木，六馬紛其顚沛，千官散於犇

中華書局

逐，無寒瓜以療饑，靡秋螢而照宿，時在季冬，故無此物。讎敵起於舟中，胡、越生於輦轂。壯安德之一戰，邀文武之餘福，屍狼藉其如莽，血玄黃以成谷，後主奔後，安德王延宗收合餘燼，於并州夜戰，殺數千人。周主欲退，齊將之降周者告以虛實，故留至明而安德敗也。天命縱不可再來，猶賢死廟而慟哭。乃詔余以典郡，據要路而問津，除之推爲平原郡，據河津，以爲奔陳之計。斯呼航而濟水，郊鄉導於善鄰，〔三七〕約以鄴下一戰不尅，當與之推入陳。不羞寄公之禮，願爲式微之賓。忽成言而中悔，矯陰疏而陽親，信諂謀於公王，〔三八〕競受陷於姦臣。丞相高阿那肱等不願入南，又懼失齊主則得罪於周朝，故疏間之推。所以齊主留之推守平原城，而索船渡濟向青州。阿那肱求自鎮濟州，乃啓報應齊主云：「無賊，勿怱怱。」遂道周軍追齊主而及之。曩九圍以制命，今八尺而由人，四七之期必盡，百六之數溘屯。趙郡李穆叔調妙占天文算術，〔三九〕齊初踐祚計止於二十八年。至是如期而滅。

予一生而三化，備荼苦而蓼辛，在揚都值侯景殺簡文而篡位，〔四〇〕於江陵逢孝元覆滅，至此而三爲亡國之人。鳥焚林而鍛翮，魚奪水而暴鱗，嗟宇宙之遼曠，愧無所而容身。夫有過而自訟，始發曚於天真，遠絕聖而棄智，妄鎖義以羈仁，舉世溺而欲拯，王道鬱以求申。既銜石以塡海，終荷戟以入秦，亡壽陵之故步，臨大行以逡巡。向使潛於草茅之下，甘爲畎畝之人，無讀書而學劍，莫抵掌以膏身，委明珠而樂賤，辭白璧以安貧，堯、舜不能榮

其素樸，桀、紂無以汙其清塵，此窮何由而至，茲辱安所自臻。而今而後，不敢怨天而泣麟也。

之推在齊有二子，長曰思魯，次曰敏楚，〔四一〕不忘本也。之推集在，思魯自爲序錄。

袁奭，字元明，陳郡人，梁司空昂之孫也。父君方，梁侍中。奭，蕭莊時以侍中奉使貢。莊敗，除琅邪王儼大將軍諮議，入館，遷太中大夫。

韋道遜，京兆杜陵人。曾祖肅，隨劉義眞渡江。祖崇，自宋入魏，〔四二〕寓居河南洛陽，官至華山太守。道遜與兄道密、道建、道儒並早以文學知名。道密，魏永熙中開府祭酒。因患恍惚，沉廢於家。道建，天保末卒司農少卿。道儒，歷中書黃門侍郎。道遜，武平初尚書左中兵，加通直散騎侍郎，入館，加通直常侍。

江旰，字季，濟陽人也。〔四三〕祖柔之，蕭齊尚書右丞。叔父革，梁都官尚書。旰，梁末給事黃門郎，因使至淮南，爲邊將所執，送鄴。稍遷鄭州司馬，入館，除太尉從事中郎，轉太子家令。齊亡，逃還建業。終於都官尚書。

眭豫，字道閑，〔四四〕趙郡高邑人。父寂，梁北平太守。道閑弱冠，州舉秀才。天保中，參議禮令，歷晉州道行臺郎、大理正、奉車都尉。入館，遷員外散騎常侍，尋兼祠部郎中。隋開皇中，卒於洛州司馬。豫宗人仲讓，天保時尚書左丞。

朱才，字待問，吳都人。〔四五〕蕭莊在淮南，以才兼散騎常侍，副袁奭入朝。莊敗，留鄴。稍遷國子博士、諫議大夫。齊亡，客遊信都而卒。

荀仲舉，字士高，潁川人，世江南。仕梁爲南沙令，從蕭明於寒山被執。長樂王尉粲甚禮之。與粲劇飲，齧粲指至骨。顯祖知之，杖仲舉一百。或問其故，答云：「我那知許，當是正疑是麞尾耳。」〔四六〕入館，除符璽郎。後以年老家貧，出爲義寧太守。仲舉與趙郡李概交款，概死，仲舉因至其宅，爲五言詩十六韻以傷之，詞甚悲切，世稱其美。

蕭慤，字仁祖，梁上黃侯曄之子。天保中入國，武平中太子洗馬。

古道子，河內人。父起，魏太中大夫。道子有幹局，當官以强濟知名，歷檢校御史、司空田曹參軍。自袁奭等俱涉學有文詞。荀仲舉、蕭慤工於詩詠。慤曾秋夜賦詩，其兩句云「芙蓉露下落，楊柳月中疎」，爲知音所賞。

贊曰：九流百氏，立言立德，不有斯文，寧資刊勒。乃眷淫靡，永言麗則，雅以正邦，哀以亡國。

校勘記

〔一〕王劭　諸本「劭」作「邵」，據隋書卷六九、北史卷三五本傳改。

〔二〕奉車都尉眭道閑　諸本「眭」訛「睦」，今據北史卷八三文苑傳序改。詳下眭豫條校記。

〔三〕崔德　北史卷八三作「崔德立」，下又多出「太傅行參軍崔儦」七字。按北史文苑傳序敍北齊事全本北齊書，疑傳本北齊書「德」下脫八字。

〔四〕前南兗州長史羊肅　諸本無「南」字，北史卷八三有。按羊肅見本書卷四三羊烈傳，稱肅於「天統初還南兗州長史，武平中入文林館撰書。」北史作「南兗州」是，這裏脫文，今據補。

〔五〕開府行參軍李師上　諸本「上」作「正」，北史卷八三、册府卷六〇七七二八二頁作「上」。按本書卷四二盧潛傳末、北史卷一〇〇序傳並見「李師上」，序傳稱他曾「待詔文林館」，與此序合。諸本作「師正」誤，今據北史改。

〔六〕永安初元羅爲東道大使　諸本「羅」作「擢」，唯百衲本作「羅」。按元羅爲東道大使，歷見魏書卷一〇孝莊紀建義元年五月北史卷五孝莊紀同，同書卷一六京兆王黎傳。建義元年五二八九月即改元永安，與此傳合。諸本作「擢」誤，今從百衲本。

〔七〕豈必撫麈哉　南本「麈」作「塵」，册府卷八一三九六七八頁「撫麈」下有「而遊」二字。按初學記卷一八交友引東方朔與公孫弘書有云：「大丈夫相知，何必撫麈而遊。」知册府有「而遊」二字是，傳本北齊書並脫。南本作「塵」，乃臆改。

〔八〕遜對曰　三朝本、百衲本、汲本、局本及册府宋本卷六四八「遜」作「孝謙」。按原文當作「孝謙」，南、北本及册府明本作「遜」，皆後人所改。然此傳前後都稱遜，獨對策稱孝謙，或北齊書本不載此文，後人從他書補入。今從南、北諸本作「遜」，以歸一律。下文「遜對曰」三處，同此，不再出校記。

〔九〕魏用三公乃致孫權之笑　諸本「致」作「至」，據册府卷六四八七七七一頁改。

〔一〇〕與之爲治何欲不從　三朝本、百衲本「不從」二字殘缺，他本作「不逐」，册府同上卷頁作「不從」。

按百衲本下一字雖殘，尚可辨「從」字的下半，知「逐」字乃後人以意補，今據册府補。

〔一一〕苟求出家　南、北、汲、殿、局五本「苟求」作「棄家」，三朝本、百衲本作「苟家」，册府同上卷頁作「苟求」。知百衲本所據之宋本「求」字已訛作「家」，後人以「苟家」不可通，又改「苟」作「棄」，誤。今據册府改。

〔一二〕波論灑血　諸本「波論」作「波斯」，三朝本、百衲本及册府同上卷頁作「波論」。按經律異相卷八記薩陀波崙以血灑地。「波論」即「波崙」，後人不解，臆改作「波斯」，今從三朝本。

〔一三〕昧且坐朝　諸本「且」作「爽」，百衲本作「三」，册府同上卷頁作「且」。按本是「且」字，百衲本所據宋本已訛作「三」，後人以意改作「爽」，誤。今據册府改。

〔一四〕科閒律令　册府同上卷頁「科閒」作「科簡」。按「科閒」「科簡」不可解，當是「料簡」之訛，有審核去取之意。蔡中郎集太尉楊公碑有云：「沙汰虛冗，料簡貞實」。册府「簡」字尚未訛，可證。

〔一五〕止逢翟犬　諸本「犬」作「火」，獨殿本作「犬」。按册府宋本卷六四八作「犬」。「翟犬」事見史記卷一〇五扁鵲傳，今從殿本。

〔一六〕但秦穆有道勾芒錫年　諸本「年」作「祥」，百衲本作「手」，册府卷六四八七七七一頁作「年」。按墨子卷八明鬼上稱鄭穆公應是秦穆公之誤，見孫詒讓墨子閒詁見勾芒神，有「使予錫女壽十年有九」之語。册府作「年」是，百衲本所據宋本訛作「手」，後人以不可解，臆改作「祥」，今據册府改。

〔一七〕子胥無君馬遷附下　諸本「君」作「首」，「附」作「腐」，百衲本作「首」同諸本，下一字作「附」，册府同上卷頁如上摘句。按「子胥無君」指導吳滅楚，鞭楚平王屍事；「馬遷附下」指爲叛將李陵中辨事。這裏樊遜是說二人罪有應得，故接着說「受誅取辱，何可尤人」，語氣相貫。百衲本所據宋本「君」已誤「首」，「附」字未誤，後人又改「附」作「腐」。上句指子胥伏劍而死，下句指司馬遷受宮刑，似乎有據，但下「何可尤人」句便無照應，今從册府改。

〔一八〕思若有神　諸本「思」作「恩」，册府同上卷頁作「思」。按這裏是說文思敏捷，若有神助，作「思」是，今據改。

〔一九〕太史公太常博士書　諸本「太史」作「大夫」，册府卷六〇八七三〇二頁作「太史」，北史卷八三樊遜傳無「太史公」三字。按漢書卷三〇藝文志如淳注引劉歆七略云：「外則有太常、太史、博士之藏」。知「大夫」是「太史」之訛，今據册府改。又劉向表上諸書未見有言及太史書者，故北史削去。

〔二〇〕顓出後　按「後」下當脫「琰」字，顓出後琰，故後從琰還北。

〔二一〕武定末舉司州秀才　諸本「州」訛「馬」，「司馬秀才」不可通，今據北史卷八三荀士遜傳改。

〔二二〕因左右傳通者不得士遜姓名　諸本「傳」作「轉」，北史卷八三、御覽卷二二二一〇五五頁作「傳」。今據改。

〔二三〕值侯景陷郢州頻欲殺之　通志卷一七六顏之推傳、御覽卷六四二二八七四頁引北齊書「郢州」下有「之推被執」四字。按通志本錄北史，其溢出北史文句，北齊部分大都即採北齊書，今北史卷八三顏之推傳無此四字，而與御覽引北齊書合。疑傳本北齊書脫去。

〔二四〕賴其行臺郎中王則以獲免被囚送建業　三朝本、百衲本、汲本「被」上有「屢」字，「被」下又有「免」字，讀不可通。御覽同上卷頁引北齊書此句作「賴其行臺郎中王則，屢獲救免，囚送建鄴。」按下之推觀我生賦自注云：「景行臺郎中王則初無舊識，再三救護，獲免。」傳文本據自注，「再三救護獲免」簡括爲「屢獲救免」，原文當如御覽所引。百衲本所據之宋本已有訛衍顚倒，後人以意改作如上摘句。

〔二五〕大將軍李顯慶重之　三朝本、百衲本、汲本、局本「顯」下無「慶」字，南、北、殿三本據北史卷八三改作「穆」。按周書卷三〇李穆傳，穆字顯慶。此傳原文作「李顯慶」，「慶」字錯簡在下文。今乙正。

〔二六〕令掌其兄陽平公遠書翰　諸本「遠」上有「慶」字，「翰」作「幹」。按周書卷二五李遠傳，封陽平公，乃李穆兄。這裏「慶」字乃上文錯簡，「書幹」乃「書翰」之訛，今據北史卷八三乙改。

〔二七〕湘州刺史河東王譽　三朝本、百衲本、南本、北本、殿本「湘」作「相」，汲本、局本作「湘」。按梁無相州，梁書卷五五河東王譽傳，譽官湘州刺史。今從汲本。

〔二八〕歎扶車之不立　盧文弨校注顏氏家訓附顏之推傳注云：「『扶車』疑是『綠車』。獨斷：綠車名曰皇孫車，天子有孫，乘之。」嚴式誨刻家訓附補校注引錢大昕云：「『扶車』疑是『扶蘇』之訛，蓋以秦太子扶蘇比昭明太子也。」按「扶車」疑有誤，盧、錢二說，不知孰是。

〔二九〕河東府褚顯族據投岳陽　百衲本「府」作「苻」。按「苻」是氏姓，不得云「河東苻褚」，且此聯「褚乘城」「杜倒戈」相對，「褚」是姓非名，疑作「苻」誤，今從諸本作「府」，指河東王軍府。但其事不見他書記載，無可是正。

〔三〇〕童汪錡　諸本「汪」作「注」。按童汪錡「執干戈以衞社稷」，見左傳哀公十一年。「注」字訛，今改正。

〔三一〕又第二子綏寧度方諸爲世子　嚴刻家訓附補校注引錢大昕云：「『度』當作『侯』，下『陽侯』字亦訛『度』可証。」錢氏考異卷三一云：「此下脫一句。」

〔三二〕向詡拱以臨兵　諸本「向」作「白」，南本又改「詡」作「羽」。李詳愧生叢錄卷一據後漢書向栩傳，栩請「遣諸將於河上讀孝經」，以拒黃巾起義軍事，以爲「白詡」乃「向栩」之訛。又稱錢大昕已有此說。按錢說未見，「白」字顯爲「向」之訛，今改正。「詡」「栩」同音通用，今仍之。

〔三三〕莾天道紀大數　「莾」字不可解，或是「蓋」之訛。

〔三四〕侯景既走義師採穭失火　諸本「穭」作「櫓」。按「穭」卽「稆」。後漢書卷九獻帝紀建安元年八月

稱「羣僚饑乏，尚書郎以下自出採稆」，李賢注：「稆與穭同。」稆或穭卽自生稻。此句正用後漢書典故，「櫓」字訛，今改正。

〔三五〕冰夷風薄而雷呴陽侯山載而谷沉　諸本「陽侯」作「陽度」。按「度」是「侯」的形訛，上句「冰夷」卽「馮夷」，乃神話中河神，「陽侯」也是神話中的水神。漢書卷八七上揚雄傳載反離騷，有云：「淩陽侯之素波兮」，這裏是以「陽侯」代替「波浪」。

〔三六〕予武成之燕翼　局本「予」作「子」。按「予」字於文義不洽，疑是「子」之訛。

〔三七〕郊鄉導於善鄰　按「郊」字不可通，疑是「效」之訛。

〔三八〕信諂謀於公王　諸本「王」作「主」，三朝本作「王」，據張元濟校勘記稿，百衲本所據之宋本也作「王」。按公主諂謀事無考，「公王」當是泛指高阿那肱等，今從三朝本。但此句末字應是仄聲，「王」字平聲，亦可疑。

〔三九〕趙郡李穆叔調妙占天文算術　按李穆叔卽李公緒，本書卷二九附李渾傳補。「調」字於文義不協，疑是衍文。

〔四〇〕在揚都値侯景殺簡文而篡位　諸本「揚」作「陽」。按當時習稱建康爲「揚都」。晉書卷九二庾闡傳稱闡作揚都賦，爲世所重。「陽」字訛，今改正。

〔四一〕次日敏楚　錢氏考異卷三一云：「『敏』當作『慜』，卽『愍』字。」

〔四二〕曾祖肅隨劉義眞渡江祖崇自宋入魏　諸本「肅」作「蕭」，「崇」作「儒」。殿本考證云：「按魏書卷四五及北史卷二六韋閬傳並云：從子崇，字洪基，父肅隨義眞渡江。又崇二子，猷之、休之。休之子道建、道儒。道遜之父不可考，然當祖崇，此云祖儒，似有誤。」張森楷云：「肅子果名儒，則道遜兄不當名道儒。六朝人最重家諱，豈得輕易觸犯如此？據下文，道遜於道建、道儒爲弟，卽俱是休之子，『儒』卽『崇』之誤也。又本傳云：儒官至華山太守，而魏書韋閬傳亦正云：『崇爲華山太守卒。』則『儒』斷爲『崇』之誤無疑。」按殿本考證及張考已詳。『蕭』『儒』二字皆訛，今據魏書、北史改正。

〔四三〕江旰字季濟陽人也　諸本「濟陽」倒作「陽濟」。按江氏族望是濟陽考城，今乙正。

〔四四〕眭豫字道閑　諸本「眭」作「睦」。張元濟北齊書跋云：「按本傳，睦豫，趙郡高邑人。本書崔暹傳卷三〇『趙郡睦仲讓陽屈之』，魏收傳卷三七『房延祐、辛元植、睦仲讓雖夙涉朝位，並非史才。』北史此二傳『睦仲讓』均作『眭仲讓』。又魏書逸士傳卷九〇有眭夸者，亦趙郡高邑人。又慕容寶傳卷九五有『中書令眭邃』，汲古本亦誤作『睦』，而監本則作『眭』。按百衲本作「眭」。由此推之，眭氏必爲趙郡鉅族，且當時人物亦甚盛。竊疑睦豫爲眭豫之訛。」按張說是，此傳序文中「睦道閑」，北史百衲本也作「眭」，而殿、局本改作「陸」。此傳明言仲讓爲豫宗人，道閑卽是豫字，北史二處都作「眭」，這裏「睦」也是「眭」之訛無疑，今改正。

〔四五〕吳都人　殿本考證云：「『都』當作『郡』。」

〔四六〕當是正疑是麈尾耳　册府卷九一四一〇八二四頁、御覽卷六五〇二九〇六頁引三國典略「麈」作「鹿」。按麈雖本是鹿類，但當時「麈尾」已是蠅拂一類用具之名，不可食。正是以爲鹿尾，故「啗之至骨」。疑作「鹿」是。

北齊書卷四十六[一]

列傳第三十八

循吏

張華原　宋世良 弟世軌　郎基　孟業　崔伯謙　蘇瓊
房豹　路去病

先王疆理天下,司牧黎元,刑法以禁其姦,禮教以防其欲。故分職命官,共理天下。書云:「知人則哲,能官人安人則惠。」睿哲之君,必致清明之臣,昏亂之朝,多有貪殘之吏。高祖撥亂反正,以卹隱爲懷,故守令之徒,才多稱職。仍以戰功諸將,出牧外藩,不識治體,無聞政術。非唯暗於前言往行,乃至始學依判付曹,聚斂無厭,淫虐不已,雖或直繩,終無悛革。於戲!此朝廷之大失。大寧以後,風雅俱缺,賣官鬻獄,上下相蒙,降及末年,黷貨滋甚。齊氏循良,如辛術之徒非一,多以官爵通顯,別有列傳。如房仲幹之屬,在武平之末能

卓爾不羣,斯固彌可嘉也。今掇張華原等列於循吏云。

張華原,字國滿,代郡人也。少明敏,有器度。高祖開驃騎府,引爲法曹參軍,遷大丞相府屬,仍侍左右。從於信都,深爲高祖所親待,高祖每號令三軍,常令宣諭意旨。周文帝始據雍州也,高祖猶欲以逆順曉之,使華原入關說焉。周文密有拘留之意,謂華原曰:「若能屈驥足於此,當共享富貴,不爾命懸今日。」華原曰:「渤海王命世誕生,殆天所縱,以明公蕞爾關右,便自隔絕,故使華原銜喻公旨。明公不以此日改圖,轉禍爲福,乃欲賜脅,有死而已。」周文嘉其亮正,乃使東還。高祖以華原久而不返,每歎惜之,及聞其來,喜見於色。

累遷爲兗州刺史,人懷感附,寇盜寢息。州獄先有囚千餘人,華原皆決遣。至年暮,唯有重罪者數十人,華原亦遣歸家申賀,依期至獄。先是州境數有猛獸爲暴,自華原臨州,忽有六駮食之,咸以化感所致。後卒官,州人大小莫不號慕。

宋世良,字元友,廣平人。年十五,便有膽氣,應募從軍北討,屢有戰功。尋爲殿中侍御史,詣河北括戶,大獲浮惰。還見汲郡城旁多骸骨,移書州郡,令悉收瘞。其夜,甘雨霶霈。還,孝莊勞之曰:「知卿所括得丁倍於本帳,若官人皆如此用心,便是更出一天下也。」

出除清河太守。世良才識閑明,尤善治術,在郡未幾,聲問甚高。郡東南有曲堤,成公一姓阻而居之,羣盜多萃於此。人爲之語曰:「寧度東吳、會稽,不歷成公曲堤。」世良施八條之制,盜奔他境。民又謠曰:「曲堤雖險賊何益,但有宋公自屏跡。」後齊天保中大赦,郡先無一囚,羣吏拜詔而已。獄內穭生,桃樹、蓬蒿亦滿。每日衙門虛寂,無復訴訟者。其冬,醴泉出於界內。及代至,傾城祖道。有老人丁金剛泣而前,謝曰:「己年九十,記三十五政,君非唯善治,清亦徹底。今失賢君,民何濟矣。」莫不攀援涕泣。除東郡太守,卒官。世良強學,好屬文,撰宇略五篇、宋氏別錄十卷。與弟世軌俱有孝友之譽。

世軌,幼自嚴整。好法律,稍遷廷尉卿。洛州民聚結欲劫河橋,吏捕案之,連諸元徒黨千七百人。崔暹爲廷尉,[二]以之爲反,數年不斷。及世軌爲少卿,判其事爲劫。於是殺魁首,餘從坐悉捨焉。時大理正蘇珍之亦以平幹知名。寺中爲之語曰:「決定嫌疑蘇珍之,視表見裏宋世軌。」時人以爲寺中二絕。南臺囚到廷尉,世軌多雪之。仍移攝御史,將問其濫

狀,中尉畢義雲不送,移往復不止。世軌遂上書,極言義雲酷擅。顯祖引見二人,親勑世軌曰:「我知臺欺寺久,卿能執理與之抗衡,但守此心,勿慮不富貴。」勑義雲曰:「卿比所爲誠合死,以志在疾惡,故且一恕。」仍顧謂朝臣曰:「此二人並我骨鯁臣也。」及疾卒,廷尉、御史諸繫囚聞世軌死,皆哭曰:「宋廷尉死,我等豈有生路!」

世良從子孝王,學涉,亦好緝綴文藻。形貌短陋而好臧否人物,時論甚疾之。爲段孝言開府參軍,又薦爲北平王文學。求入文林館不遂,因非毀朝士,撰別錄二十卷,[三]會平齊,改爲關東風俗傳,更廣見聞,勒成三十卷以上之。言多妄謬,篇第冗雜,無著述體。

郎基,字世業,中山人。身長八尺,美鬚髯,汎涉墳典,尤長吏事。起家奉朝請,累遷海西鎮將。梁吳明徹率衆攻圍海西,基獎勵兵民,固守百餘日,軍糧且罄,戎仗亦盡,乃至削木爲箭,剪紙爲羽。圍解還朝,僕射楊愔迎勞之曰:「卿本文吏,遂有武略。削木剪紙,皆無故事,班、墨之思,何以相過。」

後帶潁川郡,積年留滯,數日之中,剖判咸盡,而臺報下,並允基所陳。條綱既疏,獄訟清息,官民遐邇,皆相慶悅。基性清慎,無所營求,曾語人云:「任官之所,木枕亦不須作,況

重於此事。」唯頗令寫書。潘子義曾遺之書曰：「在官寫書，亦是風流罪過。」基答書曰：「觀過知仁，斯亦可矣。」後卒官，柩將還，遠近將送，莫不攀轅悲哭。

孟業，字敬業，鉅鹿安國人。家本寒微，少爲州吏。性廉謹，同僚諸人侵盜官絹，分三十疋與之，拒而不受。魏彭城王韶拜定州，除典籤。長史劉仁之謂業曰：「我處其外，君居其內，同心戮力，庶有濟乎。」未幾仁之徵入爲中書令，臨路啓韶云：「殿下左右可信任者唯有孟業，願專任之。餘人不可信也。」又與業別，執手曰：「今我出都，〔四〕君便失援，恐君在後，不自保全。唯正與直，願君自勉。」業唯有一馬，因瘦而死。韶以業家貧，令州府官人同食馬肉，欲令厚償，業固辭不敢。韶乃戲業曰：「卿邀名人也。」對曰：「業以微細，伏事節下，既不能裨益，寧可損敗清風。」後高祖書與韶云：「典籤姓孟者極能用心，何不置之目前。」〔五〕韶，高祖之壻也。仁之後爲兗州，〔六〕臨別謂吏部崔暹曰：「貴州人士，唯有孟業，宜銓舉之，他人不可信也。」崔暹問業曰：「君往在定州，有何政績，使劉西兗如此欽歎？」答曰：「稟性愚直，唯知自修，無他長也。」

天保初，清河王岳拜司州牧，聞業名行，復召爲法曹。業形貌短小，及謁見，岳心鄙其眇小，笑而不言。後尋業斷決之處，乃謂業曰：「卿斷決之明，可謂有過軀貌之用。」尋還東郡守，以寬惠著。其年，麥一莖五穗，其餘三穗四穗共一莖，合郡人以爲政化所感。尋以病卒。

崔伯謙，字士遜，博陵人。父文業，鉅鹿守。伯謙少孤貧，善養母。高祖召赴晉陽，補相府功曹，稱之曰：「清直奉公，眞良佐也。」遷瀛州別駕。世宗以爲京畿司馬，勞之曰：「卿聘足瀛部，已著康歌，督府務殷，是用相授。」族弟暹，當時寵要，謙與之僚舊同門，非吉凶，未曾造請。

後除濟北太守，恩信大行，乃改鞭用熟皮爲之，不忍見血，示恥而已。有朝貴行過郡境，問人太守治政何如。對曰：「府君恩化，古者所無。因誦民爲歌曰：『崔府君，能治政，易鞭鞭，布威德，民無爭。』」客曰：「既稱恩化，何由復威？」曰：「長吏憚威，民庶蒙惠。」徵赴鄴，百姓號泣遮道。以弟讓在關中，不復居內任，除南鉅鹿守，事無巨細，必自親覽。民有貧弱未理者，皆曰：「我自有白鬚公，不慮不決。」後爲銀青光祿大夫，卒。

蘇瓊，字珍之，武强人也。父備，仕魏至衞尉少卿。瓊幼時隨父在邊，嘗謁東荆州刺史曹芝。芝戲問曰：「卿欲官不？」對曰：「設官求人，非人求官。」芝異其對，署爲府長流參軍。文襄以儀同開府，引爲刑獄參軍，每加勉勞。并州嘗有强盜，長流參軍推其事，所疑賊並已拷伏，失物家並識認，唯不獲盜贓。文襄付瓊更令窮審，乃別推得元景融等十餘人，並獲贓驗。〔七〕文襄大笑，語前妄引賊者曰：「爾輩若不遇我好參軍，幾致枉死。」

除南清河太守，〔八〕其郡多盜，及瓊至，民吏肅然，姦盜止息。或外境姦非，輒從界中行過者，無不捉送。零縣民魏雙成失牛，〔九〕疑其村人魏子賓，送至郡，一經窮問，知賓非盜者，卽便放之。雙成訴云：「府君放賊去，百姓牛何處可得？」瓊不理，密走私訪，別獲盜者。從此畜牧不收，多放散，云：「但付府君。」有鄰郡富豪將財物寄置界內以避盜，爲賊攻急，告曰：「我物已寄蘇公矣。」賊遂去。平原郡有妖賊劉黑狗，構結徒侶，通於滄海。瓊所部人連接村居，無相染累。鄰邑於此伏其德。郡中舊賊一百餘人，悉充左右，人間善惡，及長吏飲人一盃酒，無不卽知。瓊性清慎，不發私書。道人道研爲濟州沙門統，資產巨富，在郡多有出息，常得郡縣爲徵。及欲求謁，度知其意，每見則談問玄理，應對肅敬，研雖爲債數來，無由啓口。其弟子問其故，研曰：「每見府君，徑將我入青雲間，何由得論地上事。」郡民趙潁

曾爲樂陵太守，八十致事歸。五月初，得新瓜一雙自來送。潁恃年老，苦請，遂便爲留，仍致於聽事梁上，竟不剖。人遂競貢新果，至門間，知潁瓜猶在，相顧而去。有百姓乙普明兄弟爭田，積年不斷，各相援引，乃至百人。瓊召普明兄弟對衆人諭之曰：「天下難得者兄弟，易求者田地，假令得地失兄弟心如何？」因而下淚，衆人莫不灑泣。普明弟兄叩頭乞外更思，分異十年，遂還同住。每年春，總集大儒衞觊隆、〔一〇〕田元鳳等講於郡學，朝吏文案之暇，悉令受書，時人指吏曹爲學生屋。禁斷淫祠，婚姻喪葬皆教令儉而中禮。又蠶月預下綿絹度樣於部內，其兵賦次第並立明式，至於調役，事必先辦，郡縣長吏常無十杖稽失。當時州郡無不遣人至境，訪其政術。天保中，郡界大水，人災，絕食者千餘家。瓊普集部中有粟家，自從貸粟以給付饑者。州計戶徵租，復欲推其貸粟。綱紀謂瓊曰：「雖矜饑餧，恐罪累府君。」瓊曰：「一身獲罪，且活千室，何所怨乎？」遂上表陳狀，使檢皆免，人戶保安。此等相撫兒子，咸言府君生汝。在郡六年，人庶懷之，遂無一人經州。前後四表，列爲尤最。遭憂解職，故人贈遺，一無所受。尋起爲司直、廷尉正，〔一一〕朝士嗟其屈。尚書辛述曰：「既直且正，名以定體，不慮不申。」

初瓊任清河太守，〔一二〕裴獻伯爲濟州刺史，酷於用法，瓊恩於養人。房延祐爲樂陵郡，過州。裴問其外聲，祐云：「唯聞太守善，刺史惡。」裴云：「得民譽者非至公。」祐答言：「若爾，

黃霸、龔遂君之罪人也。」後有勑，州各舉清能。裴以前言，恐爲瓊陷，瓊申其枉滯，議者尙其公平。畢義雲爲御史中丞，以猛暴任職，理官忌憚，莫敢有違。瓊推察務在公平，得雪者甚衆，寺署臺案，始自於瓊。遷三公郎中。趙州及清河、南中有人頻告謀反，〔一三〕前後皆付瓊推撿，事多申雪。尙書崔昂謂瓊曰：「若欲立功名，當更思餘理，仍數雪反逆，身命何輕？」瓊正色曰：「所雪者怨枉，不放反逆。」昂大慚。京師爲之語曰：「斷決無疑蘇珍之。」

還左丞，行徐州事。〔一四〕徐州城中五級寺忽被盜銅像一百軀，有司徵檢，四鄰防宿及縱跡所疑，逮繫數十人，瓊一時放遣。寺僧怨訴不爲推賊，瓊遣僧，謝曰：「但且還寺，得像自送。」爾後十日，抄賊姓名及贓處所，徑收掩，悉獲實驗，賊徒欵引，道俗歎伏。舊制以淮禁不聽商販輒度。淮南歲儉，啓聽淮北取糴。後淮北人饑，復請通糴淮南，遂得商估往還，彼此兼濟，水陸之利，通於河北。後爲大理卿而齊亡，仕周爲博陵太守。

房豹，字仲幹，清河人。祖法壽，魏書有傳。父翼宗。〔一五〕豹體貌魁岸，美音儀。釋褐開府參軍，兼行臺郎中，隨慕容紹宗。紹宗自云有水厄，遂於戰艦中浴，並自投於水，冀以厭當之。豹曰：「夫命也在天，豈人理所能延促。公若實有災眚，恐非禳所能解，若其實無，何

禳之有。」紹宗笑曰：「不能免俗，爲復爾耳。」〔一六〕未幾而紹宗遇溺，時論以爲知微。

遷樂陵太守，鎭以凝重，哀矜貧弱，豹階庭簡靜，囹圄空虛。郡治瀕海，水味多鹹苦，豹命鑿一井，遂得甘泉，遐邇以爲政化所致。豹罷歸後，井味復鹹。齊滅，還鄉園自養，頻徵辭疾。終於家。

路去病，陽平人也。風神踈朗，儀表瓌異。釋褐開府參軍。勑用士人爲縣宰，〔一七〕以去病爲定州饒陽令。去病明閑時務，性頗嚴毅，人不敢欺，然至廉平，爲吏民歎服。擢爲成安令。京城下有鄴、臨漳、成安三縣，輦轂之下，舊號難治，重以政亂時難，綱維不立，功臣內戚，請囑百端。去病消息事宜，以理抗答，勢要之徒，雖厮養小人莫不憚其風格，亦不至嫌恨。自遷鄴以還，三縣令治術，去病獨爲稱首。周武平齊，重其能官，與濟陰郡守公孫景茂二人不被替代，發詔褒揚。隋大業中，卒於冀氏縣令。〔一八〕

校勘記

〔一〕北齊書卷四十六　按此卷前有序，後無論贊，諸傳內容都較北史簡略，其中或稱齊帝廟號，也

有溢出北史的字句。錢氏考異卷三一認爲經後人刪改，或是北齊書此卷已亡，後人以高氏小史補。但卷中蘇瓊傳却稱齊帝謚，文字幾乎全同北史，只有個別溢出之句。

〔二〕崔暹爲廷尉　北史卷二六宋隱傳「崔暹」作「崔昂」。按本書卷三〇崔暹傳沒有說他曾爲廷尉，而崔昂傳說昂於天保中爲廷尉卿。疑北史是。

〔三〕撰別錄二十卷　北史卷二六「別錄」作「朝士別錄」。按單稱「別錄」便和宋世良的宋氏別錄相混。「朝士」二字不宜省。

〔四〕今我出都　殿本考證疑「出」爲「入」字之訛。按：六朝時人謂出至京城爲「出都」，此不誤。

〔五〕後高祖書與韶云典籤姓孟者極能用心何不置之目前　按北史卷八六孟業傳稱「業尋被譖出外，行縣事」。後神武書責韶云：「典籤姓孟者極能用心，何乃令出外也。」本傳略去孟業出外事，所謂「何不置之目前」，語無來歷。必是刪節原文失當所致。

〔六〕仁之後爲兗州　北史卷八六「兗州」上有「西」字。按下文稱「劉西兗」，這裏「西」字不宜省。

〔七〕並獲贓驗　諸本「贓」作「賊」。北史卷八六、冊府卷六一八七四三二頁「賊」作「贓」。按冊府錄自補本北齊書，而與北史同，知本作「贓」，上云「唯不獲盜贓」，可證，今據改。

〔八〕除南清河太守　諸本「除」下衍「瓊累遷」三字，不可通，今據北史卷八六刪。

〔九〕零縣民魏雙成失牛　諸本「零」下有「陵」字。按魏書卷一〇六地形志中濟州南清河郡有零縣，

無零陵。「陵」字衍，今據地形志刪。

〔一〇〕衞覬隆　諸本「覬」作「顗」，北史卷八六作「覬」。按本書卷四四儒林傳序稱治春秋者有衞覬，卽衞覬隆的省稱，今據改。

〔一一〕尋起爲司直廷尉正　諸本「司」作「日」，北史卷八六作「司」。按隋書卷二七百官志後齊大理寺有「司直」十人。「日」字誤，今據改。

〔一二〕初瓊任清河太守　按前云瓊爲南清河太守，南清河屬濟州，故下文敍濟州刺史裴獻伯酷於用法，有「刺史惡，太守善」之語，這裏「清河」上當脫「南」字。

〔一三〕趙州及清河南中有人頻告謀反　諸本「河」上無「清」字，北史卷八六、冊府卷六一八七四二八頁有。按「河南中」不可通。魏書卷一二孝靜紀天平元年置四中郎將，濟北置南中。這裏南中卽指南中郎將轄區。諸本脫「清」字，今據補。

〔一四〕還左丞行徐州事　北史卷八六作「還徐州行臺左丞，行徐州事」，這裏略去「徐州行臺」四字，便像以尙書省左丞出任行徐州事，刪節失當。

〔一五〕祖法壽魏書有傳父翼宗　按魏書卷四三房法壽傳，法壽子伯祖，伯祖子翼北史卷三九同，則法壽是房豹曾祖，這裏「祖」上當脫「曾」字。「翼宗」作「翼」，乃雙名單稱。

〔一六〕不能免俗爲復爾耳　諸本無「耳」字，據北史卷三九房豹傳及冊府卷八〇七九五九五頁補。

〔一七〕勑用士人爲縣宰　諸本「士」作「土」，殿本依北史卷八六路去病傳改。按用士人爲縣宰，事見本書卷三八元文遙傳。「土」字訛，今從殿本。

〔一八〕發詔褒揚隋大業中卒於冀氏縣令　北史卷八六「褒揚」下有「去病後以尉遲迥事」一句，語尚未完，顯有脫文。則所謂「大業中卒於冀氏縣令」者，是否去病，尚不可知。

北齊書卷四十七〔一〕

列傳第三十九

酷吏

邸珍　宋遊道　盧斐　畢義雲

夫人之性靈，稟受或異，剛柔區別，緩急相形，未有深察是非，莫不肆其情欲。至於詳觀水火，更佩韋弦者鮮矣。獄吏爲患，其所從來久矣。自魏途不競，網漏寰區，高祖懲其寬怠，頗亦威嚴馭物，使內外羣官，咸知禁網。今錄邸珍等以存酷吏，懲示勸勵云。

邸珍，字寶安，本中山上曲陽人也。從高祖起義，拜爲長史，性嚴暴，求取無厭。後兼尙書右僕射、大行臺，節度諸軍事。珍御下殘酷，衆士離心，爲民所害。後贈定州刺史。

宋遊道，廣平人，其先自燉煌徙焉。〔二〕父季預，爲渤海太守。遊道弱冠隨父在郡，父亡，吏人贈遺，一無所受，事母以孝聞。與叔父別居，叔父爲奴誣以逆，遊道誘令返，雪而殺之。〔三〕魏廣陽王深北伐，請爲鎧曹，及爲定州刺史，又以爲府佐。廣陽王爲葛榮所殺，元徽誣其降賊，收錄妻子，遊道爲訴得釋，與廣陽王子迎喪返葬。中尉酈善長嘉其氣節，引爲殿中侍御史，臺中語曰：「見賊能討宋遊道。」

孝莊卽位，除左中兵郎中，爲尙書令臨淮王彧譴責，遊道乃執版長揖曰：「下官謝王瞋，不謝王理。」卽日詣闕上書曰：「徐州刺史元孚頻有表云：『僞梁廣發士卒，來圖彭城，乞增羽林二千。』以孚宗室重臣，告請應實，所以量奏給武官千人。孚今代下，以路阻自防，遂納在防羽林八百人，辭云：『疆境無事，乞將還家。』臣忝局司，深知不可。尙書令臨淮王彧卽孚之兄子，遣省事謝遠三日之中八度逼迫，云宜依判許。臣不敢附下罔上，孤負聖明。但孚身在任，乞師相繼，及其代下，便請放還，進退爲身，無憂國之意。所請不合，其罪下科。彧乃召臣於尙書都堂云：『卿一小郎，憂國之心，豈厚於我？』醜罵溢口，不顧朝章，右僕射臣世隆、吏部郎中臣薛琡已下百餘人並皆聞見。臣實獻直言，云：『忠臣奉國，事在其心，亦復何簡貴賤。比自北海入洛，王不能致身死難，方淸宮以迎暴賊。鄭先護立義廣州，王

復建旗往討。趨惡如流，伐善何速。今得冠冕百僚，乃欲爲私害政。』爲臣此言，或賜怒吏甚。臣既不佞，干犯貴臣，乞解郎中。」帝召見遊道嘉勞之。或亦奏言：「臣忝冠百僚，遂使一郎攘袂高聲，肆言頓挫，乞解尚書令。」帝乃下勑聽解臺郎。

後除司州中從事。時將還鄴，會霖雨，行旅擁於河橋。遊道於幕下朝夕宴歌，行者曰：「何時節作此聲也，固大癡。」遊道應曰：「何時節而不作此聲也，亦大癡。」

後神武自太原來朝，見之曰：「此人宋遊道耶？常聞其名，今日始識其面。」遷遊道別駕。後日，神武之司州，饗朝士，舉觴屬遊道曰：「飲高歡手中酒者大丈夫，卿之爲人，合飲此酒。」及還晉陽，百官辭於紫陌。神武執遊道手曰：「甚知朝貴中有憎忌卿者，但用心，莫懷畏慮，當使卿位與之相似。」於是啓以遊道爲中尉。文襄執請，乃以吏部郎中崔暹爲御史中尉，以遊道爲尚書左丞。文襄謂暹、遊道曰：「卿一人處南臺，一人處北省，當使天下肅然。」遊道入省，劾太師咸陽王坦、太保孫騰、司徒高隆之、司空侯景、錄尚書元弼、尚書令司馬子如官貸金銀，催徵酬價，雖非指事贓賄，終是不避權豪。又奏駁尚書違失數百條，省中豪吏王儒之徒並鞭斥之。始依故事，於尚書省立門名，以記出入早晚，令僕已下皆側目。

魏安平王坐事亡，章武二王及諸王妃、太妃是其近親者皆被徵責。都官郎中畢義雲主其事，有奏而禁，有不奏輒禁者。遊道判下廷尉科罪，高隆之不同。於是反誣遊道厲色挫辱己，遂枉考羣令史證成之，與左僕射襄城王旭、尚書鄭述祖等上言曰：「飾僞亂眞，國法所必去；附下罔上，王政所不容。謹案尚書左丞宋遊道名望本闕，功績何紀。屬永安之始，朝士亡散，乏人之際，叨竊臺郎。躁行諂言，肆其姦詐，罕識名義，不顧典文，人鄙其心，衆畏其口。出州入省，歷忝淸資，而長惡不悛，曾無忌諱，毀譽由己，憎惡任情。比因安平王事，遂肆其褊心，因公報隙，與郎中畢義雲遞相糾舉。又左外兵郎中魏叔道牒云：『局內降人左澤等爲京畿送省，令取保放出。』大將軍在省日，判『聽』。遊道發怒曰：『往日官府何物官府，將此爲例！』又云：『乘前旨格，成何物旨格！』依事請問，遊道並皆承引。案律：『對捍詔使，無人臣之禮，大不敬者死。』對捍使者尚得死坐，況遊道吐不臣之言，犯慢上之罪，口稱夷、齊，心懷盜跖，欺公賣法，受納苞苴，產隨官厚，財與位積，雖贓汚未露，而姦詐如是。舉此一隅，餘詐可驗。今依禮據律處遊道死罪。」是時朝士皆分爲遊道不濟。而文襄聞其與隆之相抗之言，謂楊遵彥曰：「此眞是鯁直大剛惡人。」遵彥曰：「譬之畜狗，本取其吠，今以數吠殺之，恐將來無復吠狗。」詔付廷尉，遊道坐除名。文襄使元景康謂曰：「卿早逐我向并州，不爾，他經略殺卿。」遊道從至晉陽，以爲大行臺吏部，又以爲太原公開府諮議。及平陽公爲中尉，遊道以諮議領書侍御史。尋以本官兼司徒左長史。

及文襄疑黃門郎溫子昇知元瑾之謀，繫之獄而餓之，食敝襦而死。棄屍路隅，遊道收而葬之。文襄謂曰：「吾近書與京師諸貴，論及朝士，卿僻於朋黨，將爲一病。今卿眞是重舊節義人，此情不可奪。子昇吾本不殺之，卿葬之何所憚。天下人代卿怖者，是不知吾心也。」尋除御史中尉。

東萊王道習參御史選，限外投狀，道習與遊道有舊，使令史受之。文襄怒，杖遊道而判之曰：「遊道稟性遒悍，是非肆口，吹毛洗垢，瘡疵人物。往與郎中蘭景雲忿競，列事十條。及加推窮，便是虛妄。方共道習凌侮朝典，法官而犯，特是難原，宜付省科。」遊道被禁，獄吏欲爲脫枷，遊道不肯曰：「此令命所着，〔四〕不可輒脫。」文襄聞而免之。遊道抗志不改。天保元年，以遊道兼太府卿，乃於少府覆檢主司盜截，得鉅萬計。姦吏返誣奏之，下獄。尋得出，不歸家，徑之府理事。卒，遺令薄葬，不立碑表，不求贈謚。贈瓜州刺史。武平中，以子士素久典機密，重贈儀同三司，謚曰貞惠。

遊道剛直，疾惡如讎，見人犯罪，皆欲致之極法。彈糾見事，又好察陰私。問獄察情，捶撻嚴酷。兗州刺史李子貞在州貪暴，遊道案之。文襄以貞預建義勳，意將含忍。遊道疑陳元康爲其內助，密啓云：「子貞、元康交遊，恐其別有請囑。」文襄怒，於尚書都堂集百僚，撲殺子貞。又兗州人爲遊道生立祠堂，像題曰「忠淸君」。遊道別劾吉寧等五人同死，有欣

悅色。朝士甚鄙之。

然重交遊，存然諾之分。歷官嚴整，而時大納賄，分及親故之艱匱者，其男女孤弱爲嫁娶之，臨喪必哀，躬親襄事。爲司州綱紀與牧昌樂、西河二王乖忤，〔五〕及二王薨，每事經恤之。與頓丘李獎一面，便定死交。獎曰：「我年位已高，會用弟爲佐史，令弟北面於我足矣。」遊道曰：「不能。」既而獎爲河南尹，辟遊道爲中正，使者相屬，以衣帢待之，握手歡謔。元顥入洛，獎受其命，出使徐州，都督元孚與城人趙紹兵殺之。遊道爲獎訟寃，得雪，又表爲請贈，迴己考一汎階以益之。又與劉廞結交，〔六〕託廞弟粹於徐州殺趙紹。後劉廞伏法於洛陽，粹以徐州叛，官軍討平之，〔七〕梟粹首於鄴市。孫騰使客告市司，得錢五百萬後聽收。遊道時爲司州中從事，令家人作劉粹所親，於州陳訴，依律判「許」而奏之。勑至，市司猶不許。遊道杖市司，勑使速付。騰聞大怒。〔八〕時李獎二子構、訓居貧，遊道後令其求三富人死事，判免之，凡得錢百五十萬，盡以入構、訓。其使氣黨俠如此。時人語曰：「遊道獼猴面，陸操科斗形，意識不關貌，何謂醜者必無情。」構嘗因遊道會客，因戲之曰：「賢從在門外，大好人，宜自迎接。」爲通名稱「族弟遊山」。遊道出見之，乃獼猴衣帽也。將與構絕，構謝之，豁然如舊。遊道死後，構爲定州長史，遊道第三子士遜爲墨曹、博陵王管記，與典籤共誣奏構。構於禁所祭遊道而訴焉。士遜晝臥如夢者，見遊道怒己曰：「我與構恩義，汝豈不知，何共

小人謀陷清直之士！」士遜驚跪曰：「不敢、不敢。」旬日而卒。

遊道每戒其子士素、士約、士慎等曰：「吾執法太剛，數遭屯蹇，性自如此，子孫不足以師之。」諸子奉父言，柔和謙遜。

士素沉密少言，有才識。稍遷中書舍人。趙彥深引入內省，參典機密，歷中書、黃門侍郎，〔九〕遷儀同三司、散騎常侍，常領黃門侍郎。自處機要近二十年，周愼溫恭，甚爲彥深所重。初祖珽知朝政，出彥深爲刺史。珽奏以士素爲東郡守，中書侍郎李德林白珽留之，由是還除黃門侍郎，共參機密。士約亦爲善士，官尚書左丞。

盧斐，字子章，范陽涿人也。父同，魏殿中尚書。斐性殘忍，以强斷知名。世宗引爲相府刑獄參軍，謂之云：「狂簡，斐然成章，非佳名字也。」天保中，稍遷尚書左丞，別典京畿詔獄，酷濫非人情所爲。無問事之大小，拷掠過度，於大棒車輻下死者非一。或嚴冬至寒，置囚於冰雪之上；或盛夏酷熱，暴之日下。枉陷人致死者，前後百數。又伺察官人罪失，動卽奏聞，朝士見之，莫不重跡屏氣，皆目之爲盧校事。〔一〇〕斐後以謗史，與李庶俱病鞭死獄中。

畢義雲，小字陁兒。少粗俠，家在兗州北境，常劫掠行旅，州里患之。晚方折節從官，累

遷尚書都官郎中。性嚴酷，事多幹了。齊文襄作相，以爲稱職，令普勾僞官，專以車輻考掠，所獲甚多。然大起怨謗。曾爲司州吏所訟，云其有所減截，幷改換文書。文襄以其推僞，衆人怨望，並無所問，乃拘吏數人而斬之。〔一一〕因此銳情訊鞫，威名日盛。

文宣受禪，除治書侍御史，彈射不避勳親。累遷御史中丞，繩劾更切。然豪橫不平，頻被怨訟。前爲汲郡太守翟嵩啓列：義雲從父兄僧明負官債，先任京畿長吏，不受其屬，立限切徵，由此挾嫌，數遣御史過郡訪察，欲相推繩。又坐私藏工匠，家有十餘機織錦，並造金銀器物。乃被禁止。尋見釋，以爲司徒左長史。尚書左丞司馬子瑞奏彈義雲，稱：「天保元年四月，竇氏皇姨祖載日，〔一二〕內外百官赴第弔省，義雲唯遣御史投名，身遂不赴。又義雲啓云：『喪婦孤貧，後娶李世安女爲妻。』世安身雖父服未終，其女爲祖已就平吉，特乞闇迎，不敢備禮。』及義雲成婚之夕，衆儲備設，剋日拜閣，鳴騶清路，盛列羽儀，兼差臺吏二十人，責其鮮服侍從車後。直是苟求成婚，誣罔干上。義雲資產宅宇足稱豪室，忽道孤貧，亦爲矯詐。法官如此，直繩焉寄。又駕幸晉陽，都坐判：『拜起居表，四品以下五品已上令預前一日赴南都署表，〔一三〕三品以上臨日署訖。』義雲乃乖例，署表之日，索表就家先署，臨日遂稱私忌不來。」於是詔付廷尉科罪，尋勑免推。子瑞又奏彈義雲事十餘條，多煩碎，罪止罰金，不至除免。子瑞從兄消難爲北豫州刺史，義雲遣御史張子階詣州采風聞，先禁其典籤家客等，消難危懼，遂叛入周。時論歸罪義雲，云其規報子瑞，事亦上聞。爾前讌賞，義雲常預，從此後集見稍疏，聲望大損。

乾明初，子瑞遷御史中丞。鄭子默正被任用，義雲之姑卽子默祖母，遂除度支尚書，攝左丞。子默誅後，左丞便解。孝昭赴晉陽，高元海留鄴，義雲深相依附。知其信向釋氏，常隨之聽講，爲此款密，無所不至。及孝昭大漸，顧命武成。高歸彥至都，武成猶致疑惑。元海遣犢車迎義雲入北宮參審，遂與元海等勸進，仍從幸晉陽，參預時政。尋除兗州刺史，給後部鼓吹，卽本州也，軒昂自得，意望銓衡之舉。見諸人自陳，逆許引接。又言離別暫時，非久在州。先有鐃吹，至於案部行遊，遂兩部並用。猶作書與元海，論敍時事。元海入內，不覺遺落，給事中李孝貞得而奏之，爲此元海漸疏，孝貞因是兼中書舍人。又高歸彥起逆，義雲在州私集人馬，並聚甲仗，將以自防，實無他意。爲人所啓。及歸彥被擒，又列其朋黨專擅，爲此追還。武成猶錄其往誠，竟不加罪，除兼七兵尚書。

義雲性豪縱，頗以施惠爲心，累世本州刺史，家富於財，士之匱乏者，多有拯濟。及貴，恣情驕侈，營造第宅宏壯，未幾而成。閨門穢雜，聲遍朝野。爲郎，與左丞宋遊道因公事忿競，遊道廷辱之云：「雄狐之詩，千載爲汝。」義雲一無所荅。然酷暴殘忍，非人理所及，爲家尤甚，子孫僕隸，常瘡痍被體。有孽子善昭，性至凶頑，與義雲侍婢姦通，搒掠無數，爲其着

籠頭，繫之庭樹，食以芻秣，十餘日乃釋之。夜中，義雲被賊害，卽善昭所佩刀也，遺之於義雲庭中。〔一四〕善昭聞難奔哭，家人得佩刀，善昭怖，便走出，投平恩墅舍。旦日，世祖令舍人蘭子暢就宅推之。爾前，義雲新納少室范陽盧氏，有色貌。子暢疑盧姦人所爲，將加拷掠。盧具列善昭云爾，乃收捕繫臨漳獄，將斬之。邢卲上言，此乃大逆，義雲又是朝貴，不可發。乃斬之於獄，棄屍漳水。

校勘記

〔一〕北齊書卷四十七　按此卷前有序，後無論贊。錢氏考異卷三一云：「疑百藥書止存序及邸珍一篇，宋遊道以下取北史補之。」按所存的序雖與北史卷八七序文不同，却比較短，似經删節，非北齊書此序原貌。邸珍傳極簡，也不像北齊書原文。各傳基本上與北史相同，亦偶有字句增損。盧斐傳稱齊帝廟號，宋遊道、畢義雲二傳有溢出北史之句。知補北齊書者仍是據某種史鈔補錄。

〔二〕宋遊道廣平人其先自燉煌徙焉　按魏書卷五二、北史卷三四宋繇傳說，繇敦煌人，北涼亡後，至京師平城，遊道卽其玄孫，並無自敦煌徙廣平的事。據元和姓纂輯本卷八，廣平宋氏與敦煌宋氏本非一支。此傳所云「廣平人，自敦煌徙焉」，必是後人妄改。

〔三〕遊道誘令返雪而殺之　册府卷七五五八九九八五頁作「遊道誘令退伏，覔雪叔而殺奴」。這裏「雪」下當脫「叔」字。

〔四〕此令命所着　南本、局本「命」作「公」，北史卷三四宋遊道傳作「此令公命所着」。按當時習稱高澄爲大將軍。這時嗣渤海王，錄尚書事，也可稱「錄王」。稱「令公」和高澄的官位不合，今從三朝等本，但「令」「命」重複，疑亦有誤。

〔五〕爲司州綱紀與牧昌樂西河二王乖忤　諸本「昌樂」作「樂昌」，「西河」作「河西」，北史作「樂昌」「西河」。按昌樂王誕見魏書卷二一上高陽王雍傳，西河王悰見魏書卷一九上京兆王子推傳。二人都曾在東魏初官司州牧。誕死於天平三年五三六。宋遊道在遷鄴前後也即天平間爲司州中從事，正值元誕、元悰相繼爲司州牧時，知「樂昌」「西河」都是誤倒，今並乙正。

〔六〕又與劉廞結交　諸本「劉」作「尉」，北史卷三四、册府卷八八二一〇四四八頁作「劉」。按劉廞爲劉芳子，魏書卷五五劉芳傳記廞弟粹事與此傳合。「尉」字訛，今據改，下「尉粹」同改。參下條校記。

〔七〕後劉廞伏法於洛陽粹以徐州叛官軍討平之　諸本脫「劉廞伏法於洛陽粹以徐州叛官軍討」十五字，不可通。今據北史卷三四及册府卷八八二一〇四四八頁補。

〔八〕騰聞大怒　北史卷三四此下有「遊道立理以抗之，既收粹尸，厚加贈遺」十五字。按無此十五

字，於事未盡，疑此傳脫去。

〔九〕稍遷中書舍人趙彥深引入內省參典機密歷中書黃門侍郎　三朝本、百衲本無「稍遷」至「歷」十八字。按無此十八字，雖似可通。然下云「甚爲彥深所重」，不加「趙」字，正因上文已見。南、北諸本據北史補，是，今從之。

〔一〇〕皆目之爲盧校事　諸本「事」作「書」，北史卷三〇盧斐傳、册府卷六一九七四四二頁作「事」。按三國時魏、吳都置校事，歷見三國志卷一四程昱附孫曉傳、卷二四高柔傳、卷五二顧雍傳，其職務是偵察糾舉百官。盧斐「伺察官人罪失，動即奏聞」，有似魏吳的校事，所以有「盧校事」的稱號。「校書」與情事不合，今據改。

〔一一〕乃拘吏數人而斬之　北史卷三九畢義雲傳無「人」字。按「數」是責數，疑「人」字衍。

〔一二〕竇氏皇姨祖載日　諸本「皇」下有「后」字，北史卷三九無。按北齊無姓竇的皇后。竇氏皇姨指竇泰妻婁黑女。漢魏南北朝墓誌集釋圖版三二二婁黑女墓誌，即題「竇公夫人皇姨」。婁黑女是高歡妻姊，故有此稱。「后」字衍，今據刪。

〔一三〕四品以下五品已上令預前一日赴南都署表　諸本無「以下」二字。按若無二字，則「四品五品已上」包括了一至三品，而下文明云「三品以上，臨日署訖」，顯然三品以上自爲一類。這裏脫「以下」二字，今據北史卷三九補。

〔一四〕卽善昭所佩刀也遺之於義雲庭中　按此二句和上文義不貫，疑本在下文「家人得佩刀」下，錯簡在此。又「義雲庭中」，三朝本、百衲本及北史卷三九作「善昭庭中」。南本以下諸本作「義雲庭中」。按於義雲庭中得善昭佩刀，故善昭怖而出走。通志卷一七一畢義雲傳也作「義雲庭中」，似北史本同通志，後人據誤本北齊書回改。南本當卽據通志改，今從之。

北齊書卷四十八[一]

列傳第四十

外戚

趙猛　婁叡　尒朱文暢　鄭仲禮　李祖昇　元蠻

胡長仁

自兩漢以來，外戚之家罕有全者，其傾覆之跡，逆亂之機，皆詳諸前史。齊氏后妃之族，多自保全，唯胡長仁以譖訴貽禍，斛律光以地勢被戮，俱非女謁盛衰之所致也。今依前代史官，述外戚云爾。

趙猛，太安狄那人。姊爲文穆皇帝繼室，生趙郡王琛。[二]猛性方直，頗有器幹。高祖

舉義，遷南營州刺史，卒。

婁叡，[三]字佛仁，武明皇后兄子也。父壯，魏南部尚書。叡少好弓馬，有武幹，爲高祖帳內都督。從破尒朱於韓陵，累遷開府儀同、驃騎大將軍。叡無器幹，唯以外戚貴幸，而縱情財色，爲時論所鄙。皇建初，封東安王。高歸彥反於冀州，詔叡往平之。還，拜司徒公。周兵寇東關，叡率軍赴援，頻戰有功，擒周將楊㯹等。進大司馬，出總偏師，赴懸瓠。叡在豫境，留停百餘日，侵削官私，專行非法，坐免官。尋授太尉。薨。

尒朱文暢，榮第四子也。初封昌樂王。其姊魏孝莊皇后，及四胡敗滅，高祖納之，待其家甚厚，文暢由是拜肆州刺史。家富於財，招致賓客，既藉門地，窮極豪侈。與丞相司馬任冑、主簿李世林、都督鄭仲禮、房子遠等深相愛狎，[四]外示杯酒之交，而潛謀逆亂。自魏氏舊俗，以正月十五日夜爲打竹簇之戲，[五]有能中者，即時賞帛。任冑令仲禮藏刀於袴中，因高祖臨觀，謀爲竊發，事捷之後，共奉文暢爲主。爲任氏家客薛季孝告高祖，問皆具伏。以其姊寵故，止坐文暢一房。

弟文略，以兄文羅卒無後，[六]襲梁郡王。以兄文暢事，當從坐，高祖特加寬貸。文略聰明儁爽，多所通習。世宗嘗令章永興於馬上彈胡琵琶，奏十餘曲，試使文略寫之，遂得其八。世宗戲之曰：「聰明人多不老壽，梁郡其慎之。」文略對曰：「命之修短，皆在明公。」世宗愴然曰：「此不足慮也。」初高祖遺令恕文略十死，恃此益橫，多所凌忽。平秦王有七百里馬，文略敵以好婢，賭而取之。明日，平秦致請。文略殺馬及婢，以二銀器盛婢頭馬肉而遺之。平秦王訴之於文宣，繫於京畿獄。[七]文略彈琵琶，吹橫笛，謠詠，倦極便臥唱挽歌。居數月，奪防者弓矢以射人曰：「不然，天子不憶我。」有司奏之，伏法。文略嘗大遺魏收金，請爲其父作佳傳，收論尒朱榮比韋、彭、伊、霍，[八]蓋由是也。

鄭仲禮，滎陽開封人，魏鴻臚嚴庶子也。少輕險，有膂力。高祖嬖寵其姊，以親戚被昵，擢帳內都督。嘗執高祖弓刀，出入隨從。任冑爲好酒不憂公事，高祖責之，冑懼，謀爲逆。賴武明婁后爲請，故仲禮死，不及其家。

李祖昇，趙國平棘人，顯祖李皇后之長兄。父希宗，上黨守。祖昇儀容瓌麗，垂手過膝，睦姻好施，文學足以自通。仕至齊州刺史，爲徒兵所害。

弟祖勳。顯祖受禪，除祕書丞。及女爲濟南王妃，除侍中，封丹陽王。濟南廢，爲光州

刺史。祖勳性貪慢，兼妻崔氏驕豪干政，時論鄙之。以數坐贓，免官。無才幹，自少及長，居官皆因內寵，無可稱述，卒。

元蠻，魏太師江陽王繼子，肅宗元皇后之父也。歷光祿卿。天保十年，大誅元氏，肅宗爲蠻苦請，因是追原之，賜姓步六孤氏。尋病卒。

胡長仁，字孝隆，安定臨涇人，武成皇后之兄。父延之，魏中書令。長仁累遷右僕射及尚書令。世祖崩，預參朝政，封隴東王。左丞鄒孝裕、[九]郎中陸仁惠、盧元亮厚相結託。長仁每上省，孝裕必方駕而來。省務既繁，簿案堆積，令史欲諮都座，日有百數。孝裕屏人私話，朝退亦相隨，仁惠、元亮又伺閒而往，停斷公事，時人號爲三佞，長仁私遊密席，處處追尋。孝裕勸其求進，和士開深疾之，於是奏除孝裕爲章武郡守，元亮等皆出。孝裕又說長仁曰：「王陽臥疾，士開必來，因而殺之。入見太后，不過百日失官，便代其處。」士開知其謀，徙孝裕爲北營州建德郡守。後長仁倚親，驕豪無畏憚。士開出爲齊州刺史。長仁怨憤，謀令刺士開，事覺，遂賜死。尋而後主納長仁女爲后，重加贈謚，長仁弟等前後七人並賜王爵，合門貴盛。[一〇]

從祖兄長粲。父僧敬，卽魏孝靜帝之舅，位至司空。長粲少而敏悟，以外戚起家給事中，遷黃門侍郎。後主踐祚，長粲被勑與黃門馮子琮出入禁中，專典敷奏。世祖崩，與領軍婁定遠、錄尚書趙彥深、和士開、高文遙、領軍綦連猛、高阿那肱、僕射唐邕同知朝政，時人號爲八貴。於後，定遠、文遙並出，唐邕專典外兵，綦連猛、高阿那肱別總武任，長粲常在左右，兼宣詔令，從幸晉陽。後主卽位，富於春秋，庶事皆歸委長粲，長粲盡心毗奉，甚得名譽。又爲侍中。長仁心欲入處機要之地，爲執政不許，長仁疑長粲通謀，大以爲恨。遂言於太后，發其陰私，請出爲州，後主不得已從焉。除趙州刺史。及辭，長粲流涕，後主亦憫默。至州，因沐髮手不得舉，失音，卒。

校勘記

〔一〕北齊書卷四十八　按此卷前有序，後無論贊。序很簡短，不像北齊書本文原貌。錢氏考異卷三一認爲經後人刪節，或北齊書此卷已亡，後人以高氏小史補。

〔二〕生趙郡王琛　三朝本、百衲本、北本、汲本、局本及北史卷八〇趙猛傳「王」都作「公」。南本、殿本作「王」。按高琛初封實是南趙郡公，非趙郡公，死後追封趙郡王。這裏若作「公」，則上脫「南」字。南本當是以意改，然於本傳有據，今從之。

〔三〕婁叡　按此傳與本書卷一五婁昭附婁叡傳重出。參卷一五校記。

〔四〕與丞相司馬任胄主簿李世林都督鄭仲禮房子遠等深相愛狎　諸本「遠」作「建」，北史卷四八尒朱文暢傳，本書卷二神武紀補、卷一九任延敬傳，文館詞林卷六六二後魏節閔帝應作孝靜帝伐尒朱文暢等詔作「遠」。按房子遠乃房謨子，見北史卷五五房謨傳，「建」字訛，今據改。

〔五〕以正月十五日夜爲打竹簇之戲　北史卷四八無「竹」字。按本書卷二神武紀補、通鑑卷一五九四九二五頁都但稱「打簇」，疑「竹」字涉下「簇」字之首而衍。

〔六〕弟文略以兄文羅卒無後　南、北、殿三本及北史卷四八「文羅」作「叉羅」，三朝本、百衲本作「文羅」，汲本、局本訛作「叉羅」。按魏書卷一〇孝莊紀建義元年五二八四月稱封「尒朱榮次子叉羅爲梁郡王」，卷七四尒朱榮傳也作「叉羅」，疑本名實是「叉羅」，取「夜叉」「羅刹」之稱，後來嫌其不雅，才改作「文羅」，也像元叉死後，墓誌改「叉」爲「乂」見漢魏南北朝墓誌集釋圖版七八。故其弟文殊、文暢、文略上一字也都是「文」。今從三朝本。

〔七〕明日平秦致請至訴之於文宣繫於京畿獄　三朝本、百衲本「平秦」下有「使」字，無「致請」以下至「京畿獄」三十三字，北本、殿本如上摘句，南本「平秦」下，有「王使人」三字。按此傳前文都稱齊帝廟號，而此三十三字中，忽稱高洋爲「文宣」，知南本以下諸本同有的三十三字乃以北史卷四八補，南本獨有的三字，也是據北史補。但如三朝本無此三十三字便情事不明，和下文也連不起來，顯有脫文。此傳不出於北史，所脫是否卽此三十三字却不可知。今姑從北、殿本。

〔八〕收論尒朱榮比韋彭伊霍　諸本「韋」作「韓」，北史卷四八作「韋」。按魏書卷七四尒朱榮傳作「彭韋伊霍」。「韓」字訛，今據改。參卷三七校記。

〔九〕左丞鄒孝裕　北史卷八〇胡長仁傳「鄒」作「酈」。按本書卷一六段孝言傳見太府少卿酈孝裕。疑作「鄒」誤。

〔一〇〕長仁弟等前後七人並賜王爵合門貴盛　按北史卷八〇作「長仁子君璧襲爵隴東王，君璧弟君瑋及長仁弟長雍等前後七人並賜爵，合門貴盛」。所謂「前後七人」中有子有弟，此傳籠統稱「長仁弟七人」，乃草率刪節所致。

北齊書卷四十九[一]

列傳第四十一

方伎

由吾道榮　王春　信都芳　宋景業　許遵　吳遵世
趙輔和　皇甫玉　解法選　魏寧　綦母懷文　張子信
馬嗣明

易曰：定天下之吉凶，成天下之亹亹，莫善於蓍龜。是故天生神物，聖人則之。又神農、桐君論本草藥性，黃帝、岐伯說病候治方，皆聖人之所重也。故太史公著龜策、日者及扁鵲倉公傳，皆所以廣其聞見，昭示後昆。齊氏作霸以來，招引英俊，但有藝能，無不畢策，今並錄之以備方伎云。

由吾道榮，琅邪人。少好道法，與其同類相求入長白、太山潛隱，具聞道術。仍遊鄒、魯之間，習儒業。晉陽人某，大明法術，乃尋之，是人爲人家庸力，無識之者，[二]久乃訪知。其人道家符水、呪禁、陰陽歷數、天文、藥性無不通解，以道榮好尚，乃悉授之。是人謂道榮云：「我本恒岳仙人，有少罪過，爲天官所謫。今限滿將歸，卿宜送吾至汾水。」及河，值水暴長，橋壞，船渡艱難。是人乃臨水禹步，以一符投水中，流便絕。俄頃水積將至天，是人徐自沙石上渡。唯道榮見其如是，傍人咸云水如此長，此人遂能浮過，共驚異之。道榮仍歸本部，隱於琅邪山，辟穀，餌松朮茯苓，求長生之祕。尋爲顯祖追往晉陽。至遼陽山中，有猛獸去馬十步，所追人驚怖將走。道榮以杖畫地成火坑，猛獸遽走。俄值國廢，道榮歸周。隋初乃卒。又有張遠遊者，顯祖時令與諸術士合九轉金丹。及成，顯祖置之玉匣，云：「我貪世間作樂，不能即飛上天，待臨死時取服。」

王春，河東人。少好易占，明風角，遊於趙、魏之間，飛符上天。高祖起於信都，引爲館客。韓陵之戰，四面受敵，從寅至午，三合三離。高祖將退軍，春叩馬諫曰：「比未時，必當大捷。」遽縛其子詣王爲質，不勝請斬之。俄而賊大敗。其後每從征討，其言多中，位徐州刺史，卒。

信都芳，河間人。少明算術，爲州里所稱。有巧思，每精研究，忘寢與食，或墜坑坎。嘗語人云：「算之妙，機巧精微，我每一沉思，不聞雷霆之聲也。」其用心如此。以術數干高祖，爲館客，授參軍。丞相倉曹祖珽謂芳曰：「律管吹灰，術甚微妙，絕來既久，吾思所不至，卿試思之。」芳遂留意，十數日，便云：「吾得之矣，然終須河內葭莩灰。」後得河內葭莩，用其術，應節便飛，餘灰即不動也。不爲時所重，竟不行，故此法遂絕云。芳又撰次古來渾天、地動、欹器、漏刻諸巧事，並畫圖，名曰器準。又著樂書、遁甲經、四術周髀宗。芳又私撰歷書，名爲靈憲歷，算月有頻大頻小，食必以朔，證據甚甄明。每云：「何承天亦爲此法，不能精，靈憲若成，必當百代無異議。」書未就而卒。

宋景業，廣宗人。明周易，爲陰陽緯候之學，兼明歷數。魏末，任北平守。顯祖作相，在晉陽，景業因高德政上言：「易稽覽圖曰：『鼎，五月，聖人君，天與延年齒，東北水中，庶人王，高得之。』謹案東北水謂渤海也，高得之，明高氏得天下也。」是時，魏武定八年五月也。[三]高德政、徐之才並勸顯祖應天受禪，乃之鄴。至平城都，[四]諸大臣沮計，將還。賀

拔仁等又云：「景業誤王，宜斬之以謝天下。」顯祖曰：「景業當爲帝王師，何可殺也。」還至并，顯祖令景業筮，遇乾之鼎。景業曰：「乾爲君，天也。易曰：『時乘六龍以御天。』鼎，五月卦也。宜以仲夏吉辰御天受禪。」或曰：「陰陽書，五月不可入官，犯之卒於其位。」景業曰：「此乃大吉，王爲天子，無復下期，豈得不終於其位。」顯祖大悅。天保初，授散騎侍郎。

又有荊次德，有術數，預知尒朱榮成敗，又言代魏者齊。葛榮聞之，故自號齊王。待次德以殊禮，問其天人之事。對曰：「齊當興，東海出天子，今王據渤海，是齊地。又太白與月并，宜速用兵，遲則不吉。」榮不從也。[五]

許遵，高陽人。明易，善筮，兼曉天文、風角、占相、逆刺，其驗若神。高祖引爲館客，自言祿命不富貴，不橫死，是以任性疏誕，多所犯忤，高祖常容借之。[六]邙陰之役，[七]遵謂李業興曰：「彼爲火陣，我木陣，火勝木，我必敗。」果如其言。清河王岳以遵爲開府田曹記室。岳封王，以告遵，遵曰：「蜜蜂亦作王。」岳後將救江陵，遵曰：「此行致後凶，宜辭疾勿去。」岳曰：「勢不免去，正當與君同行。」遵曰：「好與生人相隨，不欲共死人同路。」還。岳至京尋喪。顯祖無道日甚，遵語人曰：「多折算來，吾筮此狂夫何時當死。」遂布算滿牀，大言曰：「不出冬初，我乃不見。」顯祖以十月崩，遵果以九月死。

吳遵世，字季緒，渤海人。少學易，入恒山從隱居道士遊處。數年，忽見一老翁謂之云：「授君開心符。」遵世跪取吞之，遂明占候。後出遊京洛，以易筮知名。魏武帝之將卽位也，使遵世筮之，遇明夷之賁曰：「初登于天，後入于地。」帝曰：「何謂也？」遵世曰：「初登于天，當作天子。後入于地，不得久也。」終如其言。世祖以丞相在京師居守，自致猜疑，甚懷憂懼，謀將起兵，每宿蓍令遵世筮之，遵世云：「不須起動，自有大慶。」俄而趙郡王奉太后令以遺詔追世祖。及卽祚，授其中書舍人，固辭疾。

趙輔和，淸都人。少以明易善筮爲館客。高祖崩於晉陽，葬有日矣，世宗書令顯祖親卜宅兆相於鄴西北漳水北原。顯祖與吳遵世擇地，頻卜不吉，又至一所，命遵世筮之，遇革，遵世等數十人咸云不可用。輔和少年，在衆人之後，進云：「革卦於天下人皆凶，唯王家用之大吉。革彖辭云：『湯武革命，應天順人。』」[八]顯祖遽登車，顧云：「卽以此地爲定。」卽義平陵也。有一人父疾，是人詣館別託相知者筮之，遇泰，筮者云：「此卦甚吉，疾愈。」是人喜。出後，和謂筮者云：「泰卦乾下坤上，然則入土矣，豈得言吉？」果以凶問至。和大寧、武平中筮後宮誕男女及時日多中，遂授通直常侍。

皇甫玉，不知何許人。善相人，常遊王侯家。世宗自潁川振旅而還，顯祖從後，玉於道旁縱觀，謂人曰：「大將軍不作物，會是道北垂鼻涕者。」顯祖旣卽位，試玉相術，故以帛巾袜其眼，而使歷摸諸人。至於顯祖，曰：「此是最大達官。」於任城王，曰：「當至丞相。」於常山、長廣二王，並亦貴，而各私掐之。至石動統，曰：「此弄癡人。」至供膳，曰：「正得好飲食而已。」玉嘗爲高歸彥相，曰：「位極人臣，但莫反。」歸彥曰：「我何爲反？」玉曰：「不然，公有反骨。」玉謂其妻曰：「殿上者不過二年。」[九]妻以告舍人斛斯慶，慶以啓帝，帝怒召之。玉每照鏡，自言當兵死，及被召，謂其妻曰：「我今去不迴，若得過日午時，或當得活。」旣至正中，遂斬之。

世宗時有吳士，雙盲而妙於聲相，世宗歷試之。聞劉桃枝之聲，曰：「有所繫屬，然當大富貴，王侯將相多死其手，譬如鷹犬爲人所使。」聞趙道德之聲，曰：「亦繫屬人，富貴翕赫，不及前人。」聞太原公之聲，曰：「當爲人主。」聞世宗之聲，不動，崔暹私掐之，乃謬言：「亦國主也。」世宗以爲我羣奴猶當極貴，況吾身也。

解法選，河內人。少明相術，鑒照人物，[一〇]皆如其言。頻爲和士開相中，士開牒爲府參軍。

魏寧，鉅鹿人。以善推祿命徵爲館客。武成親試之，皆中。乃以己生年月託爲異人而問之，寧曰：「極富貴，今年入墓。」武成驚曰：「是我！」寧變辭曰：「若帝王自有法。」又有陽子術，語人曰：「謠言：『盧十六，雉十四，[一一]犍子拍頭三十二。』且四八天之大數，太上之祚，恐不過此。」旣而武成崩，年三十二也。

綦母懷文，不知何郡人。以道術事高祖。武定初，官軍與周文戰於邙山。是時官軍旗幟盡赤，西軍盡黑。懷文言於高祖曰：「赤火色，黑水色，水能滅火，不宜以赤對黑。土勝水，宜改爲黃。」高祖遂改爲赭黃，所謂河陽幡者。

又造宿鐵刀，其法燒生鐵精以重柔鋌，數宿則成剛。以柔鐵爲刀脊，[一二]浴以五牲之溺，淬以五牲之脂，斬甲過三十札。今襄國冶家所鑄宿柔鋌，[一三]乃其遺法，作刀猶甚快利，不能截三十札也。懷文云：「廣平郡南幹子城是干將鑄劍處，其土可以瑩刀。」懷文官至信州刺史。

又有孫正言，謂人曰：「我昔武定中爲廣州士曹，聞城人曹普演言，高王諸兒，阿保當爲天子，至高德之承之，當滅。」阿保謂天保，德之謂德昌也，滅年號承光，卽承之也。

張子信，河內人也。性淸淨，頗涉文學。少以醫術知名，恒隱於白鹿山。時遊京邑，甚爲魏收、崔季舒等所禮，有贈答子信詩數篇。後魏以太中大夫徵之，[一四]聽其時還山，不常在鄴。

又善易卜風角。武衞奚永洛與子信對坐，有鵲鳴於庭樹，鬬而墮焉。子信曰：「鵲言不善，向夕若有風從西南來，歷此樹，拂堂角，則有口舌事。今夜有人喚，必不得往，雖勑，亦以病辭。」子信去後，果有風如其言。是夜，琅邪王五使切召永洛，且云勑喚。永洛欲起，其妻苦留之，稱墜馬腰折。詰朝而難作。子信，齊亡卒。

馬嗣明，[一五]河內人。少明醫術，博綜經方，甲乙、素問、明堂、本草莫不咸誦。爲人診候，一年前知其生死。邢邵子大寶患傷寒，嗣明爲之診，候脉，退告楊愔云：「邢公子傷寒不治自差，然脉候不出一年便死，覺之晚，不可治。」楊、邢並侍讌內殿，[一六]顯祖云：「子才兒，我欲乞其隨近一郡。」楊以此子年少，未合剖符。[一七]讌罷，奏云：「馬嗣明稱大寶脉惡，一年內恐死，若其出郡，醫藥難求。」遂寢。大寶未期而卒。

楊令患背腫，嗣明以練石塗之便差。作練石法：以粗黃色石鵝鴨卵大，猛火燒令赤，內淳醋中，自屑，頻燒至石盡，取石屑曝乾，擣下簁。和醋以塗腫上，無不愈。後遷通直散騎常侍。針灸孔穴，往往與明堂不同。

從駕往晉陽，至遼陽山中，數處見牓，云有人家女病，若有能治差者，購錢十萬。諸名醫多尋牓至，問病狀，不敢下手。唯嗣明獨治之。問其病由，〔一八〕云曾以手將一麥稵，即見一赤物長二寸似蛇，入其手指中，因驚怖倒地，即覺手臂疼腫，漸及半身俱腫，痛不可忍，呻吟晝夜不絕。嗣明爲處方服湯。比嗣明從駕還，女平復。嗣明，隋初卒。

校勘記

〔一〕北齊書卷四十九　按此卷前有序，後無論贊，序較簡短，不像北齊書本文原貌。錢氏考異卷三一認爲經後人刪節，或北齊書此卷已亡，後人以高氏小史補。

〔二〕乃尋之是人爲人家庸力無識之者　諸本無上「之」字，「爲人家庸力」作「爲其家庸力」。按若如諸本則當讀作「乃尋是人，爲其家庸力」，卽是由吾道榮爲這晉陽人庸力。若果如此，既已到了其人之家，何以下又說「久乃訪知」。知諸本脫誤，今據北史卷八九由吾道榮傳、册府卷八七六一〇三九頁補改。

〔三〕是時魏武定八年五月也　北史卷八九宋景業傳「五月」作「三月」。按高洋代魏在五月，五月辛亥三日赴鄴。在此以先，已曾一度由晉陽赴鄴，行至平城都折還，具見下文。第一次赴鄴折還已在五月前，宋景業因高德政上言應更在其先，知作「五月」誤。

〔四〕至平城都　「平城都」疑當作「平都城」。參卷三〇校記。

〔五〕葛榮聞之故自號齊王至榮不從也　北史卷八九劉靈助傳後附沙門靈遠，卽荆次德。此段「齊」下無「王」字，下稱「齊神武至信都，靈遠與勃海李嵩來謁，神武待靈遠以殊禮，問其天文人事」，下與此傳同，唯末無「榮不從也」四字。按北史敍述明白，「待次德以殊禮」者是高歡，次德這段鬼話也是對高歡之問。所以說「今王據勃海」。此傳刪節失當，移作葛榮和次德的問答，而且還妄加「榮不從也」四字，坐實葛榮，不僅不顧文義，草率武斷，而且歪曲事實。

〔六〕高祖常容借之　諸本「借」作「惜」，北史卷八九許遵傳、册府卷八七六一〇三九四頁作「借」。按册府本錄自補本北齊書而同北史，知本作「借」，且於文義也較長，今據改。

〔七〕邙陰之役　册府同上卷頁「邙陰」作「河陰」。按「邙陰」二字不是「邙」字爲「河」之訛，便是「陰」字爲「山」之訛。河陰之戰，東魏損失較重，册府作「河陰」是。

〔八〕湯武革命應天順人　諸本「人」作「民」，當是後人以爲避唐諱而誤改，今據易彖辭改。

〔九〕謂其妻曰殿上者不過二年　按北史卷八九皇甫玉傳上有「孝昭賜趙郡王」云云，所謂「殿上者」乃指高演，此傳刪去上文，這裏便不知「殿上者」指的是誰，也是刪節失當。

〔一〇〕少明相術鑒照人物　張森楷云：「北史卷八九於『少明相術』下有『又受易於權會，亦頗工筮』，爲袁叔德占，勸其盡家之官；又相叔德『終爲吏部尙書，鑒照人物。』此並脫之，而以『鑒照人物』，屬之法選，非也。」按「鑒照人物」是指吏部尙書職在選用官吏而言，這裏刪節割裂，却非脫文。

〔一一〕盧十六雉十四　諸本「雉」作「稚」，北史卷八九作「雉」。按「盧」「雉」是古代賭博中名色，又說文，雉有十四種。作「稚」無義，今據改。

〔一二〕以柔鐵爲刀脊　御覽卷三四五一五八七頁「鐵」作「鋌」。

〔一三〕今襄國冶家所鑄宿柔鋌　御覽同上卷頁「宿」下有「鐵」字。

〔一四〕後魏以太中大夫徵之　北史卷八九張子信傳作「大寧中徵爲尙藥典御，武平初，又以大中大夫徵之」。大寧、武平都在齊末。下文接敍琅邪王儼事，在武平二年。武平是北齊後主年號，疑這裏「後魏」當作「後主」。

〔一五〕馬嗣明　御覽卷七二三三二〇二頁引北齊書敍馬嗣明事，文字和此傳不同，和北史卷九〇馬嗣明傳也不同，但事跡並無出入。又其中稱楊愔、邢卲爲「兩公」，不似北齊書原文，疑是引自三國典略，誤標北齊書。

〔一六〕楊邢並侍讌內殿　諸本無「楊」字，北史卷九〇、册府卷八五九一〇二〇二頁有。御覽同上卷頁作「兩公侍讌」。按既稱「並侍」，應有二人，諸本脫「楊」字，今據補。

〔一七〕楊以此子年少未合剖符　諸本「楊」作「勿」。「此」字，三朝本、百衲本訛作「以」，他本作「卿」。册府上作「勿」同諸本，下一字獨作「此」。按若作「勿以卿或此子年少」，則是高洋的話。而北史卷九〇此句却作「楊以年少未合剖符」，御覽卷七二三三二〇二頁作「愔曰：『年少未可。』」則以爲楊愔的話。據上文馬嗣明診斷大寶一年內必死，僅告楊愔，邢卲未知。所以高洋要給大寶官做，在邢卲面前，楊愔不欲直說，姑以「年少」爲言，至讌罷人散，始以馬語告知高洋。若以此句爲高洋語，則下文「讌罷奏云」，又是誰奏？知北史作楊愔語是。此傳「勿」字乃「楊」字殘缺而訛。「此」字，三朝本及百衲本所據之宋本訛作「以」，不可通，南、北本臆改爲「卿」，他本從之。今據北史、御覽、册府改。

〔一八〕問其病由　諸本無「問」字，北史卷九〇、册府卷八五九一〇二〇二頁、御覽同上卷頁都有。按文義應有此字，今據補。

北齊書卷五十〔一〕

列傳第四十二

恩倖

郭秀　和士開　穆提婆　高阿那肱　韓鳳　韓寶業等

甚哉齊末之嬖倖也，蓋書契以降未之有焉。心利錐刀，居台鼎之任；智昏菽麥，當機衡之重。刑殘閹宦、蒼頭盧兒、西域醜胡、龜茲雜伎，封王者接武，開府者比肩。非直獨守弄臣，且復多干朝政。賜予之費，帑藏以虛；杼軸之資，剝掠將盡。縱龜鼎之祚，卜世靈長，屬此淫昏，無不亡之理，齊運短促，固其宜哉。高祖、世宗情存庶政，文武任寄，多貞幹之臣，唯郭秀小人，有累明德。天保五年之後，雖罔念作狂，所幸之徒唯左右驅馳，內外褻狎，其朝廷之事一不與聞。大寧之後，姦佞浸繁，盛業鴻基，以之顛覆。生民免夫被髮左衽，非不幸也。今緝諸凶族為佞幸傳云。其宦者之徒，尤是亡齊之一物。醜聲穢跡，千端萬緒，其

事闕而不書，仍略存姓名，附之此傳之末。其帝家諸奴及胡人樂工，叨竊貴幸，今亦出焉。

郭秀，范陽涿人。〔二〕事高祖為行臺右丞，親寵日隆，多受賂遺。秀遇疾，高祖親臨視之，問所欲官。乃啓為七兵尚書，除書未至而卒。家無成人子弟，高祖自至其宅，親使錄知其家資粟帛多少，然後去。命其子孝義與太原公已下同學讀書。初秀忌楊愔，誑脅令其逃亡。秀死後，愔還，高祖追忿秀，即日斥孝義，終身不齒。

和士開，字彥通，清都臨漳人也。其先西域商胡，本姓素和氏。父安，恭敏善事人，稍遷中書舍人。魏孝靜嘗夜中與朝賢講集，命安看斗柄所指，安答曰：「臣不識北斗。」高祖聞之，以為淳直。後為儀州刺史。

士開幼而聰慧，選為國子學生，解悟捷疾，為同業所尚。天保初，世祖封長廣王，辟士開府行參軍。世祖性好握槊，士開善於此戲，由是遂有斯舉。加以傾巧便僻，又能彈胡琵琶，因此親狎。嘗謂王曰：「殿下非天人也，是天帝也。」王曰：「卿非世人也，是世神也。」其深相愛如此。顯祖知其輕薄，不令王與小人相親善，責其戲狎過度，徙長城。後除京畿士

曹參軍，長廣王請之也。

世祖踐祚，累除侍中，加開府。遭母劉氏憂，帝聞而悲惋，遣武衞將軍呂芬詣宅，晝夜扶侍，成服後方還。其日，帝又遣以犢車迎士開入內，帝見，親自握手，愴惻下泣，曉喻良久，然後遣還，并諸弟四人並起復本官。其見親重如此。除右僕射。帝先患氣疾，因飲酒輒大發動，士開每諫不從。屬帝氣疾發，又欲飲，士開淚下歔欷不能言。帝曰：「卿此是不言之諫。」因不復飲。言辭容止，極諸鄙褻，以夜繼晝，無復君臣之禮。至說世祖云：「自古帝王，盡為灰燼，堯、舜、桀、紂，竟復何異。陛下宜及少壯，恣意作樂，縱橫行之，即是一日快活敵千年。國事分付大臣，何慮不辦，無為自勤苦也。」世祖大悅。其年十二月，〔三〕世祖寢疾於乾壽殿，士開入侍醫藥。世祖謂士開有伊、霍之才，殷勤屬以後事，臨崩，握士開之手曰：「勿負我也。」仍絕於士開之手。

後主以世祖顧託，深委仗之。又先得幸於胡太后，是以彌見親密。趙郡王叡與婁定遠等謀出士開，引諸貴人共為計策。屬太后觴朝貴於前殿，叡面陳士開罪失，云：「士開先帝弄臣，城狐社鼠，受納貨賄，穢亂宮掖，臣等義無杜口，冒死以陳。」太后曰：「先帝在時，王等何不道，今日欲欺孤寡耶！但飲酒，勿多言。」叡詞色愈厲。或曰：「不出士開，朝野不定。」叡等或投冠於地，或拂衣而起，言詞咆勃，無所不至。明日，叡等共詣雲龍門，令文遙入奏

之，太后不聽。段韶呼胡長粲傳言，太后曰：「梓宮在殯，事大怱速，欲王等更思量。」趙郡王等遂並拜謝，更無餘言。太后及後主召見問士開，士開曰：「先帝羣官之中，待臣最重，陛下諒闇始爾，大臣皆有覬覦心，若出臣，正是剪陛下羽翼。宜謂叡等云：『令士開為州，待過山陵，然後發遣。』叡等謂臣眞出，必心喜之。」後主及太后然之，告叡等如士開旨，以士開為兗州刺史。山陵畢，叡等促士開就路。士開載美女珠簾及條諸寶玩以詣定遠，謝曰：「諸貴欲殺士開，蒙王特賜性命，用作方伯。今欲奉別，謹具上二女子、一珠簾。」定遠喜，謂士開曰：「欲得還入不？」士開曰：「在內久，常不自安，今得出，實稱本意，不願更入，但乞王保護，長作大州刺史。今日遠出，願得一辭覲二宮。」定遠許之。士開由是得見太后及後主，進說曰：「先帝一旦登遐，臣愧不能自死。觀朝貴勢欲以陛下為乾明。臣出之後，必有大變，復何面見先帝於地下。」因慟哭。帝及太后皆泣，問計將安出。士開曰：「臣已得入，復何所慮，正須數行詔書耳。」於是詔出定遠青州刺史，責趙郡王叡以不臣之罪，召入而殺之。復除士開侍中、右僕射。定遠歸士開所遺，加以餘珍賂之。武平元年，封淮陽王，除尚書令、錄尚書事，復本官悉得如故。

世祖時，恒令士開與太后握槊，又出入臥內無復期限，遂與太后為亂。及世祖崩後，彌自放恣，琅邪王儼惡之，與領軍厙狄伏連、侍中馮子琮、御史王子宜、武衞高舍洛等謀誅之。

伏連發京畿軍士，帖神武、千秋門外，並私約束，不聽士開入殿。其年七月二十五日旦，〔四〕士開依式早參，伏連前把士開手曰：「今有一大好事。」王子宜便授一函，云：「有勑令王向臺。」遣兵士防送，禁於治書侍御廳事。儼遣都督馮永洛就臺斬之，時年四十八，簿錄其家口。後誅儼等。上哀悼，不視事數日，追憶不已。詔起復其子道盛爲常侍，又勑其弟士休入內省參典機密，〔五〕詔贈士開假黃鉞、十州諸軍事、左丞相、太宰如故。〔六〕

士開稟性庸鄙，不閱書傳，發言吐論，惟以諂媚自資。河清、天統以後，威權轉盛，富商大賈朝夕填門，朝士不知廉恥者多相附會，甚者爲其假子，與市道小人同在昆季行列。又有一人士，曾參士開，值疾。醫人云：「王傷寒極重，進藥無効，應服黃龍湯。」士開有難色。是人云：「此物甚易與，王不須疑惑，請爲王先嘗之。」一舉便盡。士開深感此心，爲之强服，遂得汗病愈。其勢傾朝廷也如此。雖以左道事之者，不問賢愚無不進擢；而以正理干忤者，亦頗能捨之。士開見人將加刑戮，多所營救，旣得免罪，卽命諷喻，責其珍寶，謂之贖命物。雖有全濟，皆非直道云。

穆提婆，本姓駱，漢陽人也。父超，以謀叛伏誅。提婆母陸令萱嘗配入掖庭，後主繈褓之中，令其鞠養，謂之乾阿妳，遂大爲胡后所昵愛。令萱姦巧多機辯，取媚百端，宮掖之中，

獨擅威福。天統初，奏引提婆入侍後主，朝夕左右，大被親狎，嬉戲醜褻，無所不爲。寵遇彌隆，官爵不知紀極，遂至錄尚書事，封城陽王。令萱又佞媚，穆昭儀養之爲母，是以提婆改姓穆氏。及穆后立，令萱號曰太姬，此卽齊朝皇后母氏之位號也，視第一品，班在長公主之上。自武平之後，令萱母子勢傾內外矣。庸劣之徒皆重跡屏氣焉。自外殺生予奪不可盡言。晉州軍敗，後主還鄴，提婆奔投周軍，令萱自殺，子孫大小皆棄市，籍沒其家。

高阿那肱，善無人也。其父市貴，從高祖起義。那肱爲庫典，〔七〕從征討，以功勤擢爲武衞將軍。肱妙於騎射，便僻善事人，每宴射之次，大爲世祖所愛重。又諂悅和士開，尤相褻狎，士開每爲之言，彌見親待。後主卽位，累遷幷省尚書左僕射，封淮陰王，又除幷省尚書令。

肱才伎庸劣，不涉文史，識用尤在士開之下，而姦巧計數亦不逮士開。旣爲世祖所幸，多令在東宮侍後主，所以大被寵遇。士開死後，後主謂其識度足繼士開，遂致位宰輔。武平四年，令其錄尚書事，又總知外兵及內省機密。尚書郎中源師嘗諮肱云：「龍見，當雩。」問師云：「何處龍見？作何物顏色？」師云：「此是龍星見，須雩祭，非是眞龍見。」肱云：「漢兒强知星宿！」其牆面如此。又爲右丞相，餘如故。

周師逼平陽，後主於天池校獵，晉州頻遣馳奏，從旦至午，驛馬三至，肱云：「大家正作樂，何急奏聞。」至暮，使更至，云：「平陽城已陷，賊方至。」乃奏知。明早旦，卽欲引軍，淑妃又請更合一圍。及軍赴晉州，令肱率前軍先進，仍總節度諸軍。後主謂肱曰：「戰是耶，不戰是耶？」肱曰：「勿戰，却守高梁橋。」安吐根曰：「一把子賊，馬上刺取擲着汾河中。」〔八〕帝意未決。諸內參曰：「彼亦天子，我亦天子，彼尚能遠來，我何爲守塹示弱？」帝曰：「此言是也。」於是漸進。提婆觀戰，東偏頗有退者，提婆去曰：「大家去！大家去！」帝以淑妃奔高梁關。開府奚長諫曰：〔九〕「半進半退，戰之常體，今兵衆全整，未有傷敗，陛下舍此安之？御馬一動，人情驚亂，且速還安慰之。」武衞張常山自後至，亦曰：「軍尋收回，甚整頓，圍城兵亦不動，至尊宜迴，不信臣言，乞將內參往視。」帝將從之。提婆引帝肘曰：「此言難信。」帝遂北馳。有軍士告稱那肱遣臣招引西軍，今故聞奏。後主令侍中斛律孝卿檢校，孝卿云：「此人妄語。」還至晉，那肱腹心告肱謀反，又以爲妄，斬之。乃顚沛還鄴，侍衞逃散，唯那肱及內官數十騎從行。

後主走度太行後，那肱以數千人投濟州關，仍遣覘候。每奏：「周軍未至，且在靑州集兵，未須南行。」及周將軍尉遲迥至關，〔一〇〕肱遂降。時人皆云肱表款周武，必仰生致齊主，故不速報兵至，使後主被擒。肱至長安，授大將軍，封公，爲隆州刺史，誅。初天保中，顯祖

自晉陽還鄴，陽愚僧阿秃師於路中大叫，呼顯祖姓名云：「阿那瓌終破你國。」是時茹茹主阿那瓌在塞北强盛，顯祖尤忌之，所以每歲討擊，後亡齊者遂屬阿那肱云。雖作「肱」字，世人皆稱爲「瓌」音，斯固「亡秦者胡」，蓋懸定於窈冥也。

韓鳳，字長鸞，昌黎人也。父永興，靑州刺史。鳳少而聰察，有膂力，善騎射。稍遷都督，後主居東宮，年幼稚，世祖簡都督二十人送令侍衞，鳳在其數。後主親就衆中牽鳳手曰：「都督看兒來。」因此被識，數喚共戲。

後主卽位，累遷侍中、領軍，總知內省機密。祖珽曾與鳳於後主前論事。珽語鳳云：「强弓長矛無容相謝，軍國謀算，何由得爭。」鳳答曰：「各出意見，豈在文武優劣。」封昌黎郡王。男寶仁尚公主，〔一一〕在晉陽賜第一區，其公主生男昌滿月，駕幸鳳宅，宴會盡日。軍國要密，無不經手，與高阿那肱、穆提婆共處衡軸，號曰三貴，損國害政，日月滋甚。壽陽陷沒，鳳與穆提婆聞告敗，握槊不輟，曰：「他家物，從他去。」後帝使於黎陽臨河築城戍，曰：「急時且守此作龜茲國子，更可憐人生如寄，唯當行樂，何因愁爲？」君臣應和若此。其弟萬歲，及二子寶行、寶信並開府儀同。寶信尚公主，駕復幸其宅，親戚咸蒙官賞。

鳳母鮮于，段孝言之從母子姊也，爲此偏相參附，奏遣監造晉陽宮。陳德信馳驛檢行，

見孝言役官夫匠自營宅，即語云：「僕射爲至尊起臺殿未訖，何容先自營造？」鳳及穆提婆亦遣孝言分工匠爲己造宅，德信還具奏聞。及幸晉陽，又以官馬與他人乘騎。上因此發忿，與提婆並除名，亦不露其罪。仍毁其宅，公主離婚。復被遣向鄴吏部門參。及後主晉陽走還，被勑入內，尋詔復爵。從後主走度河，到青州，并爲周軍所獲。

鳳於權要之中，尤嫉人士，崔季舒等冤酷，皆鳳所爲。每朝士諮事，莫敢仰視，動致呵叱，輒詈云：「狗漢大不可耐，唯須殺却。」若見武職，雖厮養末品亦容下之。仕隋，位終於隴州刺史。

韓寶業、盧勒叉、齊紹，並高祖舊左右，〔一二〕唯門閹驅使，不被恩遇。歷天保、皇建之朝，亦不至寵幸，但漸有職任。寶業至長秋卿，勒叉等或爲中常侍。世祖時有曹文摽、鄧長顒輩，亦有至儀同食幹者，唯長顒武平中任參宰相，干預朝權。後寶業、勒叉、齊紹、子徵並封王，不過侵暴。於後主之朝，有陳德信等數十人，並肆其姦佞，敗政虐人，古今未有。多授開府，罕止儀同，亦有加光祿大夫，金章紫綬者。多帶侍中、中常侍，〔一三〕此二職乃數十人，又皆封王、開府。恒出入門禁，往來園苑，趨侍左右，通宵累日。承候顏色，競進諂諛，莫不發言動意，多會深旨。一戲之賞，動踰巨萬，丘山之積，貪吝無厭。猶以波斯狗爲儀同、郡

君，分其幹祿。神獸門外有朝貴憩息之所，時人號爲解卸廳。諸閹或在內多日，暫放歸休，所乘之馬牽至神獸門階，然後升騎，飛鞭競走，數十爲羣，馬塵必坌。諸朝貴爰至唐、趙、韓、駱皆隱聽趨避，不敢爲言。

高祖時有蒼頭陳山提、蓋豐樂、劉桃枝等數十人，俱驅馳便僻，頗蒙恩遇。天保、大寧之朝，漸以貴盛，至武平時皆以開府、封王，其不及武平者則追贈王爵。

又有何海及子洪珍皆爲王，〔一四〕尤爲親要。洪珍侮弄權勢，鬻獄賣官。又有史醜多之徒胡小兒等數十，〔一五〕咸能舞工歌，亦至儀同開府、封王。諸宦者猶以宮掖驅馳，便煩左右，漸因昵狎，以至大官。蒼頭始自家人，情寄深密，及於後主，則是先朝舊人，以勤舊之勞，致此叨竊。至於胡小兒等眼鼻深嶮，一無可用，非理愛好，排突朝貴，尤爲人士之所疾惡。其以音樂至大官者：沈過兒官至開府儀同，王長通年十四五，便假節通州刺史。

時又有開府薛榮宗，常自云能使鬼。及周兵之逼，言於後主曰：「臣已發遣斛律明月將大兵在前去。」帝信之。經古冢，榮宗謂舍人元行恭是誰冢，行恭戲之曰：「林宗冢。」復問林宗是誰，行恭曰：「郭元貞父。」榮宗前奏曰：「臣向見郭林宗從冢出，着大帽，吉莫靴，插馬鞭，問臣『我阿貞來不』。」是時羣妄多皆類此。

贊曰：危亡之祚，昏亂之朝，小人道長，君子道消。

校勘記

〔一〕北齊書卷五十　按此卷前有序，後有贊，稱齊帝廟號。錢氏考異卷三一認爲是北齊書原文。但諸傳內容基本上不出北史所有，且較北史簡略，兩相比較，删節痕跡顯著，並有删節不當之處。但其中也有溢出北史的字句，其序與北史恩倖傳序出入較多，贊則北史所無。疑此卷仍出自高氏小史之類史鈔。這種史鈔基本上以北史卷九二恩倖傳中相關諸傳爲主，改帝號爲廟號，而加上北齊書序贊，插入北齊書的個別字句，並非直錄北齊書原文。

〔二〕范陽涿人　諸本「涿」下衍「郡」字，今據北史卷九二郭秀傳删。

〔三〕其年十二月　北史卷九二和士開傳無「其年十二月」五字。按北史上文載天統四年士開歷官，此傳略去，忽標「其年」，不知道究是哪一年。此五字疑是摘自北齊書，却忘去前文删節。

〔四〕其年七月二十五日旦　北史卷九二無此句。按此承上文武平元年，「其年」自卽指武平元年，但士開被殺實在武平二年七月，見卷八後主紀補、卷一二琅琊王儼傳補。這又是據北齊書插入此句，忘却前文沒有記武平二年北齊書原文當有，致有此誤。

〔五〕又勑其弟士休入內省參典機密　諸本「休」作「伾」，北史卷九二作「休」。按和士休，見本書卷八後主紀補武平四年三月，北史卷五五馮子琮傳。本書卷四〇馮子琮傳補作「休」，乃雙名單稱。「伾」字訛，今據北史改。

〔六〕詔贈士開假黃鉞十州諸軍事左丞相太宰如故　北史卷九二作「詔贈士開假黃鉞右丞相太宰司徒公錄尚書事」。按左丞相、太宰都不是士開原官，怎麼能說「如故」，「如故」上當有「錄尚書事」「王」等原來官爵。這一條當是據北齊書所記贈官删節而誤。

〔七〕那肱爲庫典　北史卷九二高阿那肱傳「典」作「直」。按「庫直」或「庫眞」屢見史籍，疑「典」字訛。

〔八〕一把子賊馬上刺取擲着汾河中　三朝本、百衲本「擲着」訛作「郎者」，南、北、殿三本依北史卷九二高阿那肱傳單作「擲」，無「着」字，汲、局二本「擲着」作「一擲」。按通鑑卷一七二五三五八頁、御覽卷三二三一四八七頁引三國典略都作「擲着」，三朝本、百衲本「郎者」乃形近而訛。今據改。

〔九〕帝以淑妃奔高梁關開府奚長諫曰　三朝本、百衲本作「帝以淑妃奔高梁應閑府奚長諫曰」。南本以下各本及北史卷九二「高梁」下無「關」字，「奚長」下有「樂」字。按通鑑卷一七二五三五九頁「高梁關」作「高梁橋」，御覽卷三二三一四八七頁引三國典略作「高梁關」，三朝本、百衲本「應閑」乃「關開」二字形近而訛。據通鑑，「奚長」下亦無「樂」字，乃雙名單稱，並非脫文。今據御覽、通

鑑改正三朝本訛文。

〔一〇〕及周將軍尉遲迥至關　按周書卷六武帝紀、卷二一尉遲迥傳補都沒有說尉遲迥參加這次戰爭，武帝紀建德六年五七七正月稱「齊主走青州，遣大將軍尉遲勤率二千騎追之。」「迥」乃「勤」之誤。

〔一一〕男寶仁尙公主　北史卷九二韓鳳傳「寶仁」作「寶行」。按下文云：「二子，寶行、寶信」，疑北史是。

〔一二〕韓寶業盧勒叉齊紹並高祖舊左右　北史卷九二「韓寶業」上有「宦者」二字，「齊紹」下有「秦子徵」三字。按自韓寶業以下諸人都是「宦者」，應當標明。下文說「寶業、勒叉、齊紹、子徵並封王。」此處不舉秦子徵，下文忽有沒有姓的子徵，甚爲突然，顯是刪節不當。

〔一三〕多帶侍中中常侍　北史卷九二「帶」下有「甲」字。按隋書卷二七百官志中稱後齊有「中侍中省」，官有「中侍中、中常侍、中給事中」，都是宦官充當。北史「甲」乃「中」之訛，此傳「帶」下脫「中」字。

〔一四〕又有何海及子洪珍皆爲王　按北史卷九二這句上面有「武平時有胡小兒」云云七十餘字，知何海是胡人。本書卷四四張景仁傳、張雕傳並見胡人何洪珍，可證。此傳刪去上文，直承敍述蒼頭一段，就像何海父子也是蒼頭，顯見刪節失當。

〔一五〕又有史醜多之徒胡小兒等數十　按北史上文已標明「胡小兒」，所以這裏只說「其何朱弱、史醜

多之徒十數人」，無須再說明其爲「胡小兒。」此傳刪去上文，却在這裏標上「胡小兒」名目，就把上面何海父子納入蒼頭一類中了。刪節移易的痕跡甚顯，其非北齊書原文更無可疑。

點校後記

傳本北齊書殘缺過半，由唐以後人補全。宋嘉祐中一〇五六——六三校刊此書，在部分後補的卷末附有校語，說明不是北齊書原文。清代錢大昕考訂，只有卷四、卷一三、卷一六、卷一七、卷一八、卷一九、卷二〇、卷二一、卷二二、卷二三、卷二四、卷二五、卷四一、卷四二、卷四三、卷四四、卷四五、卷五〇，共十八卷是原文。〔一〕我們認爲卷五〇恩倖傳雖有序有贊，稱齊帝廟號，符合原文特點，但傳文出於北史，其中且有刪節北史失當之處，痕跡顯然，也不像是北齊書原文。所以現存原文實止十七卷，餘外三十三卷皆後人所補。

補缺的情況大致分爲兩類：一是以北史中相同紀傳補的，也往往有所刪改，這類居多數。二是以唐人某種史鈔補的，這是少數。這種史鈔雖直接出於北齊書，却刪節過甚，十分疏略，有時弄得前後不相銜接，甚至文字也讀不通。是這種史鈔本身就這樣呢，還是補傳的人又會大加刪削，我們還弄不清楚。〔二〕此外，還有幾卷是拼湊北史和其他材料而成。卷三文襄紀前半出於北史，中間和後段却是雜採他書；卷三一王昕傳當是以某種史鈔補，附弟王晞傳却出於北史；卷三四楊愔傳以北史補，附傳燕子獻等却和北史不同。更奇怪的是卷二八元弼傳開頭十二字，元韶傳開頭十四字，卷三七魏收傳敍世系十八字，和北史不

同，直接間接當出於北齊書原文，但下面接的却是北史傳文。〔三〕

補缺情況如此淩亂，其故可能由於各卷逐漸缺失，也逐漸有人補缺，既非一時所補，亦非一手所補，當然取材不能一致。宋以前當有幾種各不相同的補本北齊書，宋太平興國二年九七七編輯太平御覽，所引北齊書基本上已同今本，但還留有一些所據補本不同的痕跡。〔四〕到景德二年一〇〇五編輯册府元龜時，所引北齊書缺卷諸條，除個別條文外全同今本。五十年後，官校宋、齊、梁、陳、魏、周、北齊七史，雖說「詔天下藏書之家悉上異本」，〔五〕但以後刻版，恐卽以館閣舊藏亦卽册府所據的舊本付刻，既沒有搜羅到十七卷之外的原文，也沒有補缺的異同。是否當時此書並沒有得到「異本」，還是校刊草率，我們也難斷定。但似不能說宋時再也沒有十七卷以外的原文存在。本書卷一五竇泰等六人傳是以北史相同諸人傳補的，而南宋鄭樵的通志卷一五二中，此六人傳却有不少溢出於北史的文句，這些文句決非鄭樵所能臆造。通志北齊紀傳全本北史，間有增添文句，卽據北齊書，同卷的段榮、斛律金傳可證。很可能卷一五的北齊書原文南宋時還沒有絕跡，鄭樵才能採入通志。

此書第一次刻版付印至遲在政和中一一一一——一一一八，〔六〕此本早已無存。南宋時曾和其他六史重刻，〔七〕版片本在杭州，明初移到南京國子監，歷宋、元、明三朝都曾隨時補刻一

些版片，抽換漫漶不堪的舊版，卽所謂「三朝本」。沒有補版的南宋本今天也未見留傳。三朝本既隨時補修，同稱三朝本，補版多少各不相同。明代中葉以後，這副版片越來越漫漶，補版也越多。萬曆十七年一五八九南京國子監祭酒趙用賢重刻新本，據北史作了許多補改。以後不久刻印的北京國子監二十一史本補改更有增加，清乾隆四年一七三九武英殿二十四史本則是以北本爲主而兼取南本。這兩種本子都屬於南本系統。三朝本仍在印行，到清代中葉業巳模糊一片，被稱爲「邋遢本」。明末毛氏汲古閣的十七史本、以汲本爲底本的淸同治十三年一八四七金陵書局本，和一九三七年上海商務印書館影印的百衲本二十四史本，〔八〕直接間接都繼承三朝本這個系統。

從版本的角度看，北宋本、南宋本、三朝本一系相承，現存較早的三朝本應該最接近於北宋付刊時的北齊書面貌。南本系統的校刊者不知道補缺各卷一部分本來不是以北史補，以北史補的部分也並非都照本直抄。有時文字晦澀，比對北史，似是訛脫，其實不一定是訛脫，而是刪節失當所致。南、北本多據北史改補是不恰當的。但是完全抹殺南本這個系統的校改也是不恰當的。首先，補缺各卷多數是以北史補的，一定程度上相當於北史的另一版本。有的確是訛脫，當然可以北史校改；就是由於刪節不當，以致文字不通的，以北史校改也是以原文校刪改本的問題，不能說毫無理由。另外一部分不是以北史補，但和

北史同出於北齊書，作爲外校，北史也有很大的參考價値，據以作一些必要的補改，很難一概斥爲「竄易」「臆改」。例如：卷二六薛琡傳有這樣幾句，三朝本作：「前軍若勝，後軍合力，前軍若敗，後軍承之。」北、殿本據北史補改作：「前軍若勝，後軍合力，前軍若敗，後軍承之。」文義較明白。此傳雖非以北史補，但通典卷一五六引文同北史，根據一般情況，通典引文當採自北齊書，則北齊書原文當與北史同，爲什麼不能據以補改呢？又如卷四八尒朱文暢附弟文略傳也不出北史，其中有一段，三朝本作「平秦王有七百里馬，文略敵以好婢，賭而取之。明日，平秦使文略彈琵琶，吹橫笛，倦極便臥唱挽歌。居數月，奪防者弓矢以射人，曰：『不然，天子不憶我。』有司奏之，伏法。」先說文略和高歸彥打賭，又說高使他吹彈歌唱，最後說有人防他，他奪弓矢射人，以致被殺。前後不相銜接，看了不知所云。南本以下各本據北史在「明日平秦使」下補「致請，文略殺馬及婢，以二銀器盛婢頭馬肉而遺之。平秦王訴之於文宣，繫於京畿獄」三十三字，情事始明。不談刪去三十三字，掩蓋了封建貴族的殘暴罪行，而且不記文略下獄，怎能理解他奪防者弓矢一節事呢？雖然我們不知道北齊書原文是否全同北史，但應該有這三十三字所包的內容，補上也不能算錯。

根據上述理由，我們以三朝本、南本、殿本爲主要互校本。〔九〕既照顧原來面貌，凡各本有異文而兩通的，或無法判斷是非的，一律從三朝本；同時也接受南、殿本必要的和可取的

補改。下面我們舉卷三九祖珽傳爲例。

祖珽傳是以北史補的，但其中和北史頗多不同，較長的異文有兩處。

一、北史卷四七本傳原文：「倉曹雖云州局，乃受山東課輸，由此大有受納，豐於財產。又自解彈琵琶，能爲新曲，招城市年少歌儛爲娛，遊集諸倡家。與陳元康、穆子容、任胄、元士亮等爲聲色之遊。諸人嘗就珽宿，出山東大文綾幷連珠孔雀羅等百餘疋，令諸嫗擲樗蒲賭之，以爲戲樂。」三朝本這段作：「倉曹雖云州局，乃受山東課輸。大文綾並連珠孔雀羅等百餘疋，令諸嫗擲樗蒲，調新曲，招城市年少歌儛爲娛。遊諸倡家，與陳元康、穆子容、任胄、元士亮等爲聲色之遊。」册府元龜卷七三〇同三朝本，顯然這是宋初以來這篇補傳的原貌。同時也很明顯，這是補傳刪節顚倒北史文字而成，並非別有所據。但刪節顚倒得很成問題。「乃受山東課輸」下刪去「由此大有受納，豐於財產」十字，文氣不完，忽移後文「大文綾」云云接上，更不貫串。在「令諸嫗擲樗蒲」下刪去「賭之」二字，和原意也未合。南本據北史改是有理由的。因此這段我們從南本，並出校記說明。

二、北史原文：「珽擬補令史十餘人，皆有受納，而諮取教判，並盜官遍略一部。時又除珽秘書丞兼中書舍人。還鄴後，其事皆發。」此傳三朝本這段作：「珽擬補令史十餘人，皆有受納，據法處絞，上尋捨之。又盜官遍略一部。事發……」册府元龜卷七三〇同三朝本，也

是宋初以來補傳的原貌。南本這段從三朝本，而刪去不見北史的「皆有受納，據法處絞」八字。北本據北史改，殿本從之。這段三朝本雖有刪節，而文義明白，且比北史多出八字，可能別有所據，南本刪去八字固不當，北本據北史改也未是，因此我們從三朝本。

三朝本兩段同樣可證爲宋初補傳原貌，我們按照具體內容作了不同處理，既照顧補傳的原貌，却不曲徇某些有害文義上瞭解的「原貌」。當然，諸如此類取彼捨此，不免帶着主觀性，我們也感到很難斟酌盡善。

上面是此傳中兩段較長的異文，至於三本間單文隻字的異文到處都是，僅此傳中就不下三十處，他校異文尙不在內。爲了避免煩瑣，大都不出校記。三本間異文文字較長的，則根據需要出一些校記。例如上舉尒朱文略傳的一段，祖珽傳的第一段，這都是明知補本原貌同三朝本，或南、殿本所補改未必同原貌而仍從南、殿本的。至於單文隻字，有的是非明確，例如祖珽傳開頭第一句「范陽遒人也」，三朝本、殿本「遒」字訛「狄道」，「曾至膠州刺史司馬世雲家飲酒」，三朝本「州」訛「東」，「卿那得如此詭異」，三朝本「卿」下衍「珽」字，「須五經三部」，殿本「須」訛「頒」；「除章武太守」，南、殿本「章」訛「寧」之類。有的雖有異同而文義兩通，例如「配甲坊加鉗」，南、殿本「鉗」下有「錮」字；「楊愔等誅，不之官」，南、殿本據北史「楊」上增「會」字；「今至尊猶在帝位者」，南本據北史「猶」作「獨」；「推誠朝廷」，

南本據北史「朝廷」作「延士」之類。這二類，前一類捨非從是，後一類則例從三朝本，一般都不出校記。

以上我們檢查了北齊書殘缺和補缺的基本情況、由於補缺而帶來的版本校勘上的特殊問題，說明了我們處理這些問題的想法，並以祖珽傳作爲具體例子。這樣處理是否恰當，很難自信，希望讀者指正。

〔一〕錢大昕廿二史考異卷三一，原文舉紀、傳第幾，今改全書卷數。

〔二〕錢大昕推測可能以唐人高峻的小史補。高氏小史已亡，今天無從比對，據宋人明確指出以高氏小史補的魏書卷三三宋隱等傳，比較完整，並不那樣疏脫簡略。唐人史鈔種類很多，今既無從確知，只好稱之爲「某種史鈔」。

〔三〕魏末宗室有兩個元弼，十二字以下，補傳者以北史另一個元弼的傳接上，張冠李戴，非常荒謬。

〔四〕御覽所標北齊書，引文多同北史，不一定都是標目之誤，或所據補本北齊書和今本不同。例如卷三文襄紀今本以北史和他書雜湊而成，御覽卷一三〇所引却全採北史。又如今本卷八後主紀以北史補，御覽卷一三一北齊後主條所引一大半也同北史，但後段敍後主昏亂却和

北史大異，而與唐人馬總通歷卷九北齊後主條相同。似御覽所據補本北齊書文襄紀全用北史，後主紀則以北史、通歷拼湊而成，和今補本不同。

〔五〕〔六〕晁公武郡齋讀書志卷二上宋書條。

〔七〕後人據前條晁公武所說紹興十四年一一四四井憲孟在四川眉山重刊七史的話，稱今傳本南宋刊七史爲「蜀大字本」或「眉山七史本」。實際上今傳本南宋刊七史是在浙江刻的。

〔八〕百衲本前三十四卷據涵芬樓藏三朝本，卷三十五至卷五十據所謂「宋蜀大字本」影印，共實也是較早的三朝本。影印時曾據殿本大量修改，改正了許多原本訛文，但也有改錯的。

〔九〕我們所據武漢大學藏三朝本和百衲本前三十四卷所據本同。三十五卷後百衲本所據別一三朝本較善，也作爲主要互校本之一。南本是以北史校改之始，殿本兼用南、北二本而流傳較廣，所以把這幾個本子作爲主要互校本。

〔唐〕令狐德棻等　撰

周書

中華書局

二十四史

唐　令狐德棻等撰

周書

第一册

卷一至卷一七（紀傳）

中華書局

中華書局

出版説明

一

公元六世紀二十年代，黄河流域的各族人民大起義，瓦解了統治中國北部的北魏（公元三九六至五三四）封建王朝。在這場激烈的階級搏鬥中，地主階級紛紛組織反動武裝，共同鎮壓起義軍，同時又互相争霸。最後在北方形成東魏（公元五三四至五五〇）和西魏（公元五三五至五五六）兩個封建割據政權，與割據江淮以南的梁（公元五〇二至五五七）政權三分鼎立。後來，東魏改齊（公元五五〇至五七七），西魏改周（公元五五七至五八一）——後人稱它爲「北周」。在南方，陳（公元五五七至五八九）也取代了梁。

西魏、北周封建政權是以鮮卑豪強宇文泰爲首的鮮卑貴族和漢族地主的聯合統治。這個政權的統治區域大致包括今陝西、寧夏、甘肅和四川的大部、山西西南部、湖北西部以及河南西部。公元五七七年，周滅齊，統一北方。五八一年，楊堅代周，建立隋朝。

周書雖以周題名，實際上是記述從公元五三四年東、西魏分裂到五八一年楊堅代周爲止四十八年的西魏、北周史。

公元六二一年（唐武德四年），起居舍人令狐德棻向李淵（唐高祖）建議編寫梁、陳、齊、周、隋五朝「正史」。他的意見被採納，並指派了各史編寫人員，但没有認真進行。六二九年（貞觀三年），舊事重提，德棻擔任周書的主編，參加編寫的有岑文本和崔仁師。六三五年（貞觀十年），周書和其他四朝史同時完成。

令狐德棻（公元五八三至六六六），宜州華原（陝西耀縣）人，出身門閥貴族，官至國子祭酒。他在唐初頗有文名，曾多次參加官書的編寫。在歷史書方面，他還參加和主持過新晉書、五代史志和所謂「國史」（卽唐史）以及李世民（唐太宗）、李治（唐高宗）兩朝實録的編寫。岑文本，鄧州棘陽（河南新野）人，也是唐初著名文人，官至中書令。周書中的史論多半是他寫的。崔仁師，定州安喜（河北定縣）人，官至中書侍郎、參知機務。

二

周書主編人令狐德棻的祖父令狐整是北周的大將軍，宇文政權骨幹人物之一，其他兩個編寫人也在不同程度上和宇文政權有千絲萬縷的聯繫。而更重要的是，這樣的家世不止是周書編者所特有，包括唐朝王室在内的唐初當權人物，也多半就是西魏、北周骨幹人物的嫡派子孫。這樣就規定了對周書的特殊要求，卽不僅要竭力歌頌宇文政權的骨幹人

物，所謂「關右舊族」、「八柱國、十二大將軍」，而且嘖嘖歎賞「今之稱門閥者，咸推八柱國家」。凡是唐朝的達官貴戚，周書總要想法爲他們在周代的祖先立傳，並往往不惜歪曲事實加以頌揚。比如，杜杲並無多少值得記載的事跡，但他却是唐朝宰相杜如晦的曾伯祖，杜家是關中頭等門閥，唐朝諺語説「城南韋、杜，去天尺五」，周書没有杜家的傳，不是「缺陷」嗎？因此特爲杜杲立專傳，但由於事跡實在不多，只得把他出使陳朝的一些無謂的應對之辭塞進傳中，以充篇幅。蕭詧是梁朝的宗室，爲了爭奪帝位，不惜勾結西魏軍隊進攻梁朝的疆土，導致江陵十餘萬人民淪爲奴婢的慘禍，自己卑躬屈節，充當西魏軍監護下的傀儡皇帝。而書中竟給他作出「蓋有英雄之志，霸王之略」這樣與本人立身行事截然相反的評語。其所以如此，正是因爲這個蕭詧是唐朝另一個宰相蕭瑀的祖父。這類例子，周書中舉不勝舉。連唐代另一封建史家劉知幾也説：唐初編寫五朝史的特點，是「朝廷貴臣，必父祖有傳」，而且「事有不同，言多爽實」。這種情況，雖爲五朝史所共有，但周書顯得比較突出。

周書在收集、考訂史料方面也存在着問題。它的資料來源，大致可以分爲兩類。一是舊史，包括西魏史官柳虯所寫（可能周代史官曾經續寫）的官史和隋代牛弘没有完成的周史；二是唐初爲了修史而徵集的家狀之類。牛史是本書的藍本。劉知幾曾經説過，周書只憑

牛史，「重加潤色」，「不能别求他述，用廣異文」，可見周書根據的資料是很貧乏的。而且在很有限的資料範圍内，考核修訂的工作也是很草率的。我們曾將庾信爲當時官僚貴族所作的碑志和本書有關列傳比對，年月歷官常有出入，其中有些可以確定是本傳錯了的。還有不少記事記年自相矛盾的地方。

雖然周書作爲資料也很不完備，而且有不少錯誤，但是這部書對於我們研究、瞭解這段歷史還有一定的資料價值。它基本上反映了宇文政權的建立，建立後三個封建政權間（特别是東西魏或齊周間）的戰争，以及宇文政權上層内訌的有關情況。周書只有紀和傳，没有志，一些有關土地、賦役以及所謂禮、樂、刑、政等制度的資料，寫入五代史志，和隋書合編。但從散見於紀傳的零星記載中，也保存了一些諸如奴婢、部曲、客女的地位，徵庸代役的開端，府兵制度的産生等，對於後來隋唐兩代有影響的社會關係、政治、軍事制度的片斷的資料。本書最後一篇異域傳混淆了當時國内少數民族和外國的界限，也有不少歪曲事實和侮辱性的記載。但其中也包含一些可供參考的歷史資料，特别是各少數民族的傳中反映了一些各族人民配合漢族人民反抗封建統治的頑强鬥争。另外，傳中第一次記載了突厥、稽胡的歷史。散見於本書紀傳的各地人民武裝起義，西起秦隴（李賢傳、史寧傳）中，東至幽州（宇文神舉傳），南達襄陽（伊婁穆傳）、巴蜀（陸騰傳、伊婁穆傳、崔謙傳、柳昂傳等），東至幽州（宇文神舉傳），南達襄陽（伊婁穆

傳），北到太原（宇文神舉傳），以致迫近國都長安的蓮勺也是「數有羣盜」（劉志傳）。這些都是當時各地人民反抗封建統治的歷史資料。

唐以前記述這段歷史的史籍都没有傳下來。稍後編寫的北史，其中西魏、北周部分基本上是删節周書，很少補充改正。删改之處，有些是對的，有些却是删節不當或是改錯了的。因此，就現存的有關這段歷史的資料來説，周書成書較早，保存的資料也比較原始。

三

周書在宋初已經殘缺，後人以北史和唐人某種史鈔補上。公元一〇〇五年（宋景德二年）編輯册府元龜，引用周書缺卷各條已是後人的補本。宋人曾在本書缺卷後附有校語，説明不是周書原文，清人錢大昕也曾加考證。我們重新檢查，殘缺情況是：卷一八、卷二四、卷二六、卷三一、卷三二共五卷全缺；卷三六可能全缺，可能半缺；卷二一大半缺。此外，也有宋初未缺而傳世各本脱去的大段文字，如卷六武帝紀下、卷三九杜杲傳都脱去幾百字，但册府元龜引文却没有缺。

周書最早刻印的確切年月我們還不清楚。舊本宋人安燾、王安國、林希的目録序，

内有「今既鏤板以傳學官」的話。據序文和宋晁公武郡齋讀書志、李燾續通鑑長編，校刊南北朝各史的工作是公元一〇六一年（宋嘉祐六年）開始交給「館閣官」辦理的。今考王安國和林希都在熙寧初任職館閣，安國死於一〇七四年（熙寧七年），則周書第一次刻板應在一〇六八至一〇七四年即熙寧元年至七年間。這個最早的本子早已不存。一一七四年（紹興十四年），周書和其他六史在眉山重刻，即所謂「宋蜀本」或「眉山七史本」。這個本子也没有流傳下來。現在流傳的是南宋翻刻，并有元明兩代補板的所謂「三朝本」。

我們用以互校的是下列七種本子：

一、南宋刻元明遞修本　與百衲本的底本同，校記中簡稱「宋本」。

二、明萬曆間趙用賢刻南京國子監本　校記中簡稱「南本」。

三、明萬曆間蕭雲舉刻北京國子監本　校記中簡稱「北本」。南、北監本都曾據北史或以意改補一些文字，底本都是有元明補板的南宋本。

四、明末毛氏汲古閣本　校記中簡稱「汲本」。底本不詳，與宋本、南本異者多同北本。

五、清乾隆四年（公元一七三九年）武英殿本　校記中簡稱「殿本」。底本是北本。

六、清同治十三年（公元一八七四年）金陵書局本　校記中簡稱「局本」。底本是汲古

閣本。

七、一九三四年上海商務印書館影印「宋蜀刻元明遞修本」（實是南宋臨安刻本，非蜀本。）校記中簡稱「百衲本」。此本雖説影印，但多據他本改正錯字，也有改錯了的，實際上成爲另外一種本子。

在上列七種本子中，殿本刻誤和古體、異體字較少，所以我們採用殿本爲底本。除版本校勘外，我們還通校了册府元龜和北史中有關部分。

本書是由唐長孺同志點校的，陳仲安同志也做過不少工作。編輯整理工作由王文錦同志擔任。全部點校工作早在一九六五年完成，業已制版。付印前又改正了一些標點、校勘上的錯誤。限於水平，可能還有許多未發現的問題，希望廣大讀者提出批評意見，以便再版時作進一步的修改。

中華書局編輯部

周書目錄

周書卷一

帝紀第一

文帝上

太祖文皇帝姓宇文氏，諱泰，字黑獺，代武川人也。其先出自炎帝神農氏，爲黃帝所滅，子孫遯居朔野。有葛烏菟者，〔一〕雄武多算略，鮮卑慕之，奉以爲主，遂總十二部落，世爲大人。其後曰普回，因狩得玉璽三紐，有文曰皇帝璽，普回心異之，以爲天授。其俗謂天曰宇，謂君曰文，因號宇文國，并以爲氏焉。

普回子莫那，〔二〕自陰山南徙，始居遼西，是曰獻侯，爲魏舅生之國。九世至侯豆歸，〔三〕爲慕容晃所滅。其子陵仕燕，拜駙馬都尉，封玄菟公。魏道武將攻中山，陵從慕容寶禦之。寶敗，陵率甲騎五百歸魏，拜都牧主，賜爵安定侯。天興初，徙豪傑於代都，陵隨例遷武川焉。陵生系，系生韜，並以武略稱。韜生肱。

肱任俠有氣幹。正光末，沃野鎮人破六汗拔陵作亂，〔四〕遠近多應之。其僞署王衞可孤徒黨最盛，〔五〕肱乃糾合鄉里斬可孤，其衆乃散。後避地中山，遂陷於鮮于修禮。修禮令肱還統其部衆。後爲定州軍所破，歿於陣。武成初，追尊曰德皇帝。

太祖，德皇帝之少子也。母曰王氏，孕五月，夜夢抱子昇天，纔不至而止。寤而告德皇帝，德皇帝喜曰：「雖不至天，貴亦極矣。」生而有黑氣如蓋，下覆其身。及長，身長八尺，方顙廣額，美鬚髯，髮長委地，垂手過膝，背有黑子，宛轉若龍盤之形，面有紫光，人望而敬畏之。少有大度，不事家人生業，輕財好施，以交結賢士大夫。

少隨德皇帝在鮮于修禮軍。及葛榮殺修禮，太祖時年十八，〔六〕榮遂任以將帥。太祖知其無成，與諸兄謀欲逃避，計未行，會爾朱榮擒葛榮，定河北，太祖隨例遷晉陽。榮以太祖兄弟雄傑，懼或異己，遂託以他罪，誅太祖第三兄洛生，復欲害太祖。太祖自理家冤，辭旨慷慨，榮感而免之，益加敬待。

孝昌二年，燕州亂，太祖始以統軍從榮征之。〔七〕先是，北海王顥奔梁，梁人立爲魏主，令率兵入洛。魏孝莊帝出居河內以避之。榮遣賀拔岳討顥，仍迎孝莊帝。太祖與岳有舊，乃以別將從岳。及孝莊帝反正，以功封寧都子，邑三百戶，遷鎮遠將軍、步兵校尉。

万俟醜奴作亂關右，孝莊帝遣爾朱天光及岳等討之，太祖遂從岳入關，先鋒破僞行臺

尉遲菩薩等。及平醜奴，定隴右，太祖功居多，遷征西將軍、金紫光祿大夫，增邑三百戶，加直閤將軍，行原州事。時關隴寇亂，百姓凋殘，太祖撫以恩信，民皆悅服。咸喜曰：「早值宇文使君，吾等豈從逆亂。」太祖嘗從數騎於野，忽聞簫鼓之音，以問從人，皆云莫之聞也。

普泰二年，爾朱天光東拒齊神武，留弟顯壽鎮長安。秦州刺史侯莫陳悅爲天光所召，將軍衆東下。岳知天光必敗，欲留悅共圖顯壽，而計無所出。太祖謂岳曰：「今天光尙邇，悅未有二心，若以此事告之，恐其驚懼。然悅雖爲主將，不能制物，若先說其衆，必人有留心。進失爾朱之期，退恐人情變動，乘此說悅，事無不遂。」岳大喜，卽令太祖入悅軍說之，悅遂不行。乃相率襲長安，令太祖輕騎爲前鋒。太祖策顯壽怯懦，聞諸軍將至，必當東走，恐其遠遁，乃倍道兼行。顯壽果已東走，追至華山，擒之。

太昌元年，岳爲關西大行臺，以太祖爲左丞，領岳府司馬，加散騎常侍。事無巨細，皆委決焉。

齊神武既破爾朱，遂專朝政。太祖請往觀之。既至并州，齊神武問岳軍事，太祖口對雄辯，〔八〕齊神武以爲非常人，欲留之。太祖詭陳忠款，乃得反命，遂星言就道。齊神武果遣追之，至關，不及。太祖還謂岳曰：「高歡非人臣也。逆謀所以未發者，憚公兄弟耳。然凡欲立大功，匡社稷，未有不因地勢，總英雄，而能克成者也。侯莫陳悅本實庸材，遭逢際

會，遂叨任委，旣無憂國之心，亦不爲高歡所忌。但爲之備，圖之不難。今費也頭控弦之騎不下一萬，夏州刺史斛拔彌俄突勝兵之士三千餘人，〔九〕及靈州刺史曹泥，並恃其僻遠，常懷異望。河西流民紇豆陵伊利等，戶口富實，未奉朝風。今若移軍近隴，扼其要害，示之以威，服之以德，卽可收其士馬，以實吾軍。西輯氐羌，北撫沙塞，還軍長安，匡輔魏室，此桓文舉也。」岳大悅，復遣太祖詣闕請事，密陳其狀。魏帝深納之。加太祖武衞將軍，還令報岳。

岳遂引軍西次平涼，謀於其衆曰：「夏州鄰接寇賊，須加綏撫，安得良刺史以鎮之？」衆皆曰：「宇文左丞卽其人也。」岳曰：「左丞吾之左右手也，如何可廢。」沈吟累日，乃從衆議。於是表太祖爲使持節、武衞將軍、〔一〇〕夏州刺史。太祖至州，伊利望風款附，而曹泥猶通使於齊神武。

魏永熙三年春正月，岳欲討曹泥，遣都督趙貴至夏州與太祖計事。太祖曰：「曹泥孤城阻遠，未足爲憂。侯莫陳悅怙衆密邇，貪而無信，必將爲患，願早圖之。」岳不聽，遂與悅俱討泥。二月，至於河曲，岳果爲悅所害。其士衆散還平涼，唯大都督趙貴率部曲收岳屍還營。於是三軍未有所屬，諸將以都督寇洛年最長，相與推洛以總兵事。洛素無雄略，威令不行，乃謂諸將曰：「洛智能本闕，不宜統御，近者迫於羣議，推相攝領，今請避位，更擇賢材。」於是趙貴言於衆曰：「元帥忠公盡節，暴於朝野，勳業未就，奄罹凶酷。豈唯國喪良宰，固亦衆無所依。必欲糾合同盟，復讎雪恥，須擇賢者，總統諸軍。舉非其人，則大事難集，雖欲立忠建義，其可得乎。竊觀宇文夏州，英姿不世，雄謨冠時，遠邇歸心，士卒用命。加以法令齊肅，賞罰嚴明，眞足恃也。今若告喪，必來赴難，因而奉之，則大事集矣。」〔一一〕諸將皆稱善。乃命赫連達馳至夏州，告太祖曰：「侯莫陳悅不顧盟誓，棄恩背德，賊害忠良，羣情憤惋，控告無所。公昔居管轄，恩信著聞，今無小無大，咸願推奉。衆之思公，引日成歲，願勿稽留，以慰衆望也。」太祖將赴之，夏州吏民咸泣請曰：「聞悅今在（永）〔水〕洛，〔一二〕去平涼不遠。若已有賀拔公之衆，則圖之實難。願且停留，以觀其變。」太祖曰：「悅旣害元帥，自應乘勢直據平涼，而反趑趄，屯兵水洛，吾知其無能爲也。且難得易失者時也，不俟終日者幾也，今不早赴，將恐衆心自離。」都督彌姐元進規欲應悅，密圖太祖。事發，斬之。

太祖乃率帳下輕騎，馳赴平涼。時齊神武遣長史侯景招引岳衆，太祖至安定，遇之，謂景曰：「賀拔公雖死，宇文泰尙存，〔一三〕卿何爲也？」景失色，對曰：「我猶箭耳，隨人所射，安能自裁。」景於此卽還。太祖至平涼，哭岳甚慟。將士且悲且喜曰：「宇文公至，無所憂矣。」

於時，魏孝武帝將圖齊神武，聞岳被害，遣武衞將軍元毗宣旨慰勞，追岳軍還洛陽。毗到平涼，會諸將已推太祖。侯莫陳悅亦被勅追還，悅旣附齊神武，不肯應召。太祖謂諸將

曰：「侯莫陳悅枉害忠良，復不應詔命，此國之大賊，豈可容之！」乃命諸軍戒嚴，將以討悅。

及元毗還，太祖表於魏帝曰：「臣前以故關西大都督臣岳，竭誠奉國，橫罹非命，三軍喪氣，朝野痛惜。都督寇洛等，銜冤茹感，志雪讎恥。以臣昔同幕府，苦賜要結。臣便以今月十四日，輕來赴軍，當發之時，已有別表。旣爲衆情所逼，權掌兵事。詔召岳軍入京，此乃爲國良策。但高歡之衆，已至河東，侯莫陳悅猶在水洛。況此軍士多是關西之人，皆戀鄉邑，不願東下。今逼以上命，悉令赴闕，〔一四〕悅躡其後，歡邀其前，首尾受敵，其勢危矣。臣殞身王事，誠所甘心，恐敗國殄人，所損更大。乞少停緩，更思後圖，徐事誘導，漸就東引。」太祖志在討悅，而未測朝旨，且兵衆未集，假此爲詞。因與元毗及諸將刑牲盟誓，同奬王室。

初，賀拔岳營於河曲，有軍吏獨行，忽見一老翁，鬚眉皓素，謂之曰：「賀拔岳雖復據有此衆，然終無所成。當有一宇文家從東北來，後必大盛。」言訖不見。此吏恆與所親言之，至是方驗。

魏帝詔太祖曰：「賀拔岳旣殞，士衆未有所歸，卿可爲大都督，卽相統領。知欲漸就東下，良不可言。今亦徵侯莫陳悅士馬入京。若其不來，朕當親自致罰。宜體此意，不過淹留。」太祖又表曰：「侯莫陳悅違天逆理，酷害良臣，自以專戮罪重，不恭詔命，阻兵水洛，彊

梁秦隴。臣以大有既班，忍抑私憾，頻聞悅及都督可朱渾元等歸闕早晚，而悅並維縶使人，不聽反報。觀其指趣，勢必異圖。臣正爲此，未敢自拔。兼順衆情，乞少停緩。」太祖乃與悅書責之曰：

頃者正光之末，天下沸騰，塵飛河朔，霧塞荆沔。故將軍賀拔公攘袂勃起，志寧寓縣。授戈南指，拯皇靈於已墜；擁旄西邁，濟百姓於淪胥。西顧無憂，緊公是賴。勳茂賞隆，遂征關右。此乃行路所知，不籍一二談也。

君實名微行薄，本無遠量。故將軍降遷高之志，〔一五〕篤彙征之理，乃申啓朝廷，薦君爲隴右行臺。朝議以君功名闕然，未之許也。遂頻煩請謁，至於再三。天子難違上將，便相聽許。是亦遐邇共知，不復煩之翰墨。縱使木石爲心，猶當知感；況在生靈，安能無愧。加以王室多故，高氏專權，主上虛心，寄隆晉鄭。君復與故將軍同受密旨，屢結盟約，期於畢力，共匡時難。而貌恭心狠，妬勝嫉賢，口血未乾，匕首已發。協黨國賊，共危本朝，孤恩負誓，有靦面目。豈不上畏於天，下慚於地！

吾以弱才，猥當藩牧，蒙朝廷拔擢之恩，荷故將軍國士之遇。聞問之日，魂守驚馳。便陳啓天朝，暫來奔赴，衆情所推，遂當戎重。比有敕旨，召吾還闕，亦有別詔，令君入朝。雖操行無聞，而年齒已宿。今日進退，唯君是視。君若督率所部，自山隴東

邁，吾亦總勒師徒，北道還闕。共追廉、藺之迹，同慕寇、賈之風。如其首鼠兩端，不時奉詔，專戮違旨，國有常刑，枕戈坐甲，指日相見。幸圖利害，無貽噬臍。

悅既懼太祖謀己，詐爲詔書與秦州刺史万俟普撥，令與悅爲黨援。普撥疑之，封詔以呈太祖。太祖表之曰：「臣自奉詔總平涼之師，責重憂深，不遑啓處。訓兵秣馬，唯思竭力。前以人戀本土，侯莫陳悅窺窬進退，量度且宜住此。今若召悅授以內官，臣列旆東轅，匪朝伊夕。朝廷若以悅堪爲邊扞，乞處以瓜、涼一藩。不然，則終致猜虞，於事無益。」

初，原州刺史史歸爲岳所親任，河曲之變，反爲悅守。悅遣其黨王伯和、成次安將兵二千人助歸鎮原州。太祖遣都督侯莫陳崇率輕騎一千襲歸，擒之，并獲次安、伯和等，送於平涼。太祖表崇行原州事。万俟普撥又遣其將叱干保洛領二千騎來從軍。

三月，太祖進軍至原州。衆軍悉集，諭以討悅之意，士卒莫不懷憤。太祖乃表曰：「臣聞誓死酬恩，覆宗報主，人倫所急，赴蹈如歸。自大都督臣岳歿後，臣頻奉詔還闕，秣馬戒途，志不俟旦。直以督將已下，咸稱賀拔公視我如子，今讐恥未報，亦何面目以處世間，若得一雪寃酷，萬死無恨。且悅外附彊臣，內違朝旨。臣今上思逐惡之志，下遂節士之心，冀仗天威，爲國除害。小違大順，實在茲辰。克定之後，伏待斧鉞。」

夏四月，引兵上隴，留兄子導爲都督，鎮原州。太祖軍令嚴肅，秋毫無犯，百姓大悅。識者知其有成。軍出木峽關，大雨雪，平地二尺。太祖知悅怯而多猜，乃倍道兼行，出其不意。悅果疑其左右有異志者，左右亦不安，衆遂離貳。聞大軍且至，退保略陽，留一萬餘人據守水洛。太祖至水洛，命圍之，城降。太祖卽率輕騎數百趣略陽，以臨悅軍。悅大懼，乃召其部將議之。皆曰「此鋒不可當」，勸悅退保上邽以避之。時南秦州刺史李弼亦在悅軍，乃間道遣使，請爲內應。其夜，悅出軍，軍中自驚潰，將卒或相率來降。太祖縱兵奮擊，大破之。虜獲萬餘人，馬八千疋。悅與其子弟及麾下數十騎遁走。太祖曰：「悅本與曹泥應接，不過走向靈州。」乃令原州都督導邀其前，都督賀拔頴等追其後。導至牽屯山追及悅，斬之。太祖入上邽，收悅府庫，財物山積，皆以賞士卒，毫釐無所取。左右竊一銀鏤甕以歸，太祖知而罪之，卽(割)〔剖〕賜將士，〔一六〕衆大悅。

時涼州刺史李叔仁爲其民所執，舉州騷擾。宕昌羌梁(企)〔仚〕定引吐谷渾寇金城。〔一七〕渭州及南秦州氐、羌連結，所在蜂起。南岐至于瓜、鄯，跨州據郡者，不可勝數。太祖乃令李弼鎮原州，夏州刺史拔也惡蚝鎮南秦州，渭州刺史可朱渾元還鎮渭州，衞將軍趙貴行秦州事。徵豳、涇、東秦、岐四州粟以給軍。

齊神武聞秦隴克捷，乃遣使於太祖，甘言厚禮，深相倚結。太祖拒而不納。時齊神武已有異志，故魏帝深仗太祖。乃徵二千騎鎮東雍州，助爲聲援，仍令太祖稍引軍而東。太

祖乃遣大都督梁禦率步騎五千鎮河、渭合口，爲圖河東之計。太祖之討悅也，悅遣使請援於齊神武，神武使其都督韓軌將兵一萬據蒲坂，而雍州刺史賈顯送船與軌，〔一八〕請軌兵入關。太祖因梁禦之東，乃逼召顯赴軍。禦遂入雍州。

魏帝遣著作郎姚幼瑜持節勞軍，進太祖侍中、驃騎大將軍、開府儀同三司、關西大都督、略陽縣公，承制封拜，使持節如故。於是以寇洛爲涇州刺史，李弼爲秦州刺史，前略陽郡守張獻爲南岐州刺史。盧待伯拒代，遣輕騎襲擒之，待伯自殺。

時魏帝方圖齊神武，又遣徵兵。太祖乃令前秦州刺史駱超爲大都督，率輕騎一千赴洛。進授太祖兼尚書僕射、關西大行臺，餘官封如故。太祖乃傳檄方鎮曰：

蓋聞陰陽遞用，盛衰相襲，苟當百六，無間三五。皇家創歷，陶鑄蒼生，保安四海，仁育萬物。運距孝昌，屯沴屢起，隴、冀騷動，燕、河狼顧。雖靈命重啓，蕩定有期，而乘釁之徒，因生羽翼。

賊臣高歡，器識庸下，出自輿皂，罕聞禮義，直以一介鷹犬，効力戎行，靦冒恩私，遂階榮寵。不能竭誠盡節，專挾姦回，乃勸爾朱榮行茲篡逆。及榮以專政伏誅，世隆以凶黨外叛，歡苦相敦勉，令取京師。又勸吐萬兒復爲弑虐，〔一九〕暫立建明，以令天下，假推普泰，欲竊威權。並歸廢斥，俱見酷害。於是稱兵河北，假討爾朱，亟通表奏，云

取讒賊。既行廢黜，遂將篡弒。以人望未改，恐鼎鑊交及，乃求宗室，權允人心。天方與魏，必將有主，翊戴聖明，誠非歡力。而歡阻兵安忍，自以爲功。廣布腹心，跨州連郡，端揆禁闈，莫非親黨。皆行貪虐，窫窳生人。而舊將名臣，正人直士，橫生瘡痏，動挂網羅。故武衛將軍伊琳，清貞剛毅，禁旅攸屬；直閣將軍鮮于康仁，忠亮驍傑，爪牙斯在：歡收而戮之，曾无聞奏。司空高乾，是其黨與，每相影響，謀危社稷。但以姦志未從，恐先洩漏，乃密白朝廷，使殺高乾，方哭對其弟，稱天子橫戮。孫騰、任祥，歡之心膂，並使入居樞近，伺國間隙，知歡逆謀將發，相繼逃歸，歡益加撫待，亦無陳白。

然歡入洛之始，本有姦謀。令親人蔡儁作牧河、濟，〔二〇〕厚相恩贍，以爲東道主人。故關西大都督、清水公賀拔岳，勳德隆重，興亡攸寄，歡好亂樂禍，深相忌毒，乃與侯莫陳悅陰圖陷害。幕府以受律專征，便卽討戮。歡知逆狀已露，稍懷旅距，遂遣蔡儁拒代，令竇泰佐之。又遣侯景等云向白馬，輔世珍等徑趣石濟，高隆之、疋婁昭等屯據壺關，〔二一〕韓軌之徒擁衆蒲坂。於是上書天子，數論得失，訾毀乘輿，威侮朝廷。藉此微庸，冀茲大寶。谿壑可盈，禍心不測。或言徑赴荊楚，開疆於外；或言分詣伊洛，取彼讒人；或言欲來入關，與幕府決戰。今聖明御運，天下清夷，百寮師師，四隩來暨。人盡忠良，誰爲君側？而歡威福自己，生是亂階，緝構南箕，指鹿爲馬，包藏凶逆，伺我神

器。是而可忍，孰不可容！

幕府折衝宇宙，親當受脤，銳師百萬，彀騎千羣，裹糧坐甲，唯敵是俟，義之所在，糜軀匪恡。況頻有詔書，班告天下，稱歡逆亂，徵兵致伐。今便分命將帥，應機進討。或趣其要害，或襲其窟宅，電繞蛇擊，霧合星羅。而歡違負天地，毒被人鬼，乘此掃蕩，易同俯拾。歡若渡河，稍逼宗廟，則分命諸將，直取并州，幕府躬自東轅，電赴伊洛；若固其巢穴，未敢發動，亦命羣帥，百道俱前，轘裂賊臣，以謝天下。

其州鎮郡縣，率土人黎，或州鄉冠冕，或勳庸世濟，並宜捨逆歸順，立效軍門。封賞之科，已有別格。凡百君子，可不勉歟。

太祖謂諸將曰：「高歡雖智不足而詐有餘，今聲言欲西，其意在入洛。吾欲令寇洛率馬步萬餘，自涇州東引；王羆率甲士一萬，先據華州。歡若西來，王羆足得抗拒；如其入洛，寇洛卽襲汾晉。吾便速駕，直赴京邑。使其進有內顧之憂，退有被躡之勢。一舉大定，此爲上策。」衆咸稱善。

秋七月，太祖帥衆發自高平，前軍至於弘農。而齊神武稍逼京邑，魏帝親總六軍，屯於河橋，令左衞元斌之、領軍斛斯椿鎭武牢，遣使告太祖。太祖謂左右曰：「高歡數日行八九百里，曉兵者所忌，正須乘便擊之。而主上以萬乘之重，不能決戰，〔二二〕方緣津據守。且長河萬里，扞禦爲難，若一處得度，大事去矣。」卽以大都督趙貴爲別道行臺，自蒲坂濟，趣并州。遣大都督李賢將精騎一千赴洛陽。〔二三〕會斌之與斛斯椿爭權不協，斌之遂棄椿還，紿帝云：「高歡兵至。」

七月丁未，帝遂從洛陽率輕騎入關，太祖備儀衞奉迎，謁見東陽驛。太祖免冠泣涕謝曰：「臣不能式遏寇虐，遂使乘輿遷幸。請拘司敗，以正刑書。」帝曰：「公之忠節，曝於朝野。朕以不德，負乘致寇。今日相見，深用厚顏。責在朕躬，無勞謝也。」乃奉帝都長安。披草萊，立朝廷，軍國之政，咸取太祖決焉。仍加授大將軍、雍州刺史，兼尚書令，進封略陽郡公，別置二尚書，隨機處分，解尚書僕射，餘如故。太祖固讓，詔敦諭，乃(授)〔受〕。〔二四〕初，魏帝在洛陽，許以馮翊長公主配太祖，未及結納，而帝西遷。至是，詔太祖尚之，拜駙馬都尉。

八月，齊神武襲陷潼關，侵華陰。太祖率諸軍屯霸上以待之。齊神武留其將薛瑾守關而退。〔二五〕太祖乃進軍討瑾，虜其卒七千，還長安，進位丞相。

冬十月，齊神武推魏清河王亶子善見爲主，徙都於鄴，是爲東魏。

十一月，遣儀同李虎與李弼、〔二六〕趙貴等討曹泥於靈州，虎引河灌之。明年，泥降，遷其豪帥于咸陽。

閏十二月，魏孝武帝崩。太祖與羣公定策，尊立魏南陽王寶炬爲嗣，是爲文皇帝。

校勘記

〔一〕葛烏菟　北史卷九周本紀上作「葛烏兔」。

〔二〕莫那　「那」原作「郍」，諸本皆作「𨚗」，北史卷九周本紀上作「那」。按「郍」「𨚗」都是「那」的別寫，今逕改作「那」。以後不出校記。

〔三〕侯豆歸　張森楷云：「晉書載記作『逸豆歸』。」按見晉書卷一〇九慕容皝載記。

〔四〕破六汗拔陵　張森楷云：「魏書孝明紀卷九，按當云肅宗紀作『破落汗』，源子雍卷四一、賀拔勝傳卷八〇並同。北齊書、北史紀傳皆作『破六韓』。」按周書卷一四賀拔勝傳又作「破六汗」。北史卷四九賀拔勝傳作「破六韓」。汗、韓，落、六皆譯音之異。以後不再出校記。

〔五〕衞可孤　張森楷云：「北史卷九周本紀上作『衞可瓌』。」按魏書卷八〇賀拔勝傳也作「衞可瓌」，北齊書卷一九賀拔允傳又作「衞可肱」。譯音之異。

〔六〕及葛榮殺修禮太祖時年十八　按卷二稱宇文泰死時年五十二；北史卷九周本紀上作「五十」。魏書卷九肅宗紀孝昌二年五二六年七月，元洪業殺鮮于修禮，葛榮又殺洪業。周書文帝紀云葛榮殺修禮，不是事實。如孝昌二年，宇文泰年十八，則由此下推到西魏恭帝三年五五六年止得四十八歲，與五十、五十二皆不合。

中華書局

〔一七〕孝昌二年燕州亂太祖始以統軍從榮征之　北史周本紀上載此事不紀年。按「從榮」是從爾朱榮。孝昌二年五二六年宇文泰還在葛榮領導的起義軍中，豈能從爾朱榮。考魏書卷一〇孝莊紀永安二年五二九年二月稱：「燕州民王慶祖聚衆於上黨，自稱爲王，柱國大將軍爾朱榮討擒之。」周書所云「燕州亂」，卽指這次起義，則「孝昌二年」實是「永安二年」之誤。

〔一八〕太祖口對雄辯　册府元龜以下簡稱册府卷六六六頁。校記中所注册府頁數，皆據中華書局影印本「口對」作「占對」。按「占對」爲當時習用語，也屢見本書，疑是。

〔一九〕斛拔彌俄突　宋本、明修南監本下簡稱南本、汲古閣本下簡稱汲本、金陵書局本下簡稱局本「斛拔」都作「解拔」。張元濟以爲「斛」字誤，張森楷以爲「斛」字是。按本書卷一四賀拔岳傳宋本、北史卷九周本紀上、卷四九賀拔岳傳、册府卷六六六頁也都作「解拔」。知周書紀傳同沿自周書的北史周紀和册府卷六都作「解拔」。殿本周書紀傳作「斛拔」，當是據北史卷六齊本紀上百衲本或通鑑卷一五一四八七〇頁。校記中所注通鑑頁數，皆據中華書局排印本改。檢北齊書卷一六段榮附子韶傳作「斛律彌娥突」，當是後人疑「斛拔」姓罕見，妄改「拔」作「律」，原當作「斛拔」。北史卷六齊本紀上作「斛拔彌俄突」，殿本作「賀拔」，也是後人所改。北齊書卷一神武紀、册府卷一八六二二五四頁同，唯「彌俄」誤倒作「俄彌」。知北齊書同沿自北齊書的北史齊本紀和册府卷一八六都作「斛拔」北齊書神武紀以北史補，但北史大致也出於北齊書。「解」和「斛」的不同既出於周、齊二書的互異，所以北史就也紀周事時作「解」，紀齊事時作「斛」，很難斷其是非。但就周書的版本校勘來說，作「解」是。

〔一〇〕於是表太祖爲使持節武衞將軍　御覽卷一〇五五〇四頁。校記中所注御覽頁數，皆據中華書局影印本。作「持節、衞將軍」。按上面已云魏帝「加太祖武衞將軍」，何須再行表請。魏書卷一一三官氏志衞將軍在第二品，武衞將軍在從第三品，疑御覽是。

〔一一〕則大事集矣　宋本「則」作「卽」。

〔一二〕（氷）〔水〕洛　諸本同誤。卷十七若干惠傳，宋本作「水洛」。張元濟云：「按水洛城在陝西秦鳳路，見宋史。」張說是，今據改。以後逕改。

〔一三〕宇文泰尙存　宋本、南本「泰」作「諱」，此是令狐德棻等承用周修舊史的避諱，忘掉改換，後人始改作「泰」。以下這樣的異同，不出校記。

〔一四〕悉令赴闕　册府卷六六七頁「闕」作「闕」。按上文稱「追岳軍赴洛陽」，下文宇文泰與侯莫陳悅書亦云「比有勅旨，召吾赴闕」。作「闕」較長。

〔一五〕降遷高之志　册府卷六六八頁作「行遷喬之志」。按文意是說賀拔岳提拔侯莫陳悅。「行」與「降」未知孰是，「遷喬」用詩經語甚合。但諸本皆同作「高」，故不改。

〔一六〕卽（割）〔剖〕賜將士　宋本、南本、汲本、局本「割」都作「剖」。按北史周本紀上、册府卷六六九頁、通鑑卷一五六四八四二頁也都作「剖」，義亦較長，今據改。

〔一七〕宕昌羌梁（企）〔仚〕定　卷四九宕昌羌傳「企」作「仚」，北史卷五西魏文帝紀大統四年作「仙」，卷六〇侯莫陳崇附弟順傳、卷六一獨孤信傳並作「仚」，而周書卷一六獨孤信傳、卷一九侯莫陳順傳仍作「企」。按「仚」字見說文，云「人在山上也」。廣韻卷二云：「仚，輕舉貌。」干祿字書有仚企二字，云：「上高舉貌，許延反……下企望，丘賜反。」干祿字書辨二字不同，可知唐代常相混，今以北史或作「仙」證之，知當作「仚」。字書又別出「屳」字，字彙以爲卽「仙」字，恐實自「仚」字演變。今據改作「仚」。

〔一八〕雍州刺史賈顯　殿本考證云：「通鑑作『賈顯度』，下文『乃逼召顯赴軍』，通鑑作『乃逼顯度赴軍』，」按卷一五六，四八四四頁無「乃逼顯度赴軍」語。張森楷以爲「溫公所見本尙有『度』字，此誤脫文」。按賈顯卽賈顯度，當時二名有單舉一字之例，但也應該稱「賈度」，今單舉「顯」字，卽與其弟顯智相混。

〔一九〕又勸吐萬兒復爲弑虐　魏書卷七五爾朱兆傳云：「字萬仁」，「吐萬兒」卽兆。北史卷三六薛辯附曾孫孝通傳見「吐萬仁」，梁書卷三二陳慶之傳見「驃騎將軍吐沒兒」，都是指爾朱兆。按北史卷四八爾朱榮傳云：「又北人語訛，語『爾朱』爲『人主』。」「爾」訛「人」可證「兒」「仁」北人讀音也相似。「萬仁」省「吐」字。

〔二〇〕令親人蔡儁　宋本、南本、汲本、局本「儁」都作「攜」，北史卷九周本紀上作「儁」，册府卷六七〇頁作「儁」。張元濟云：「北齊書作『儁』，字書『儁』『儁』『雋』並同。」張森楷云：「新本『攜』作『儁』，與北齊書紀傳合，是也。」按二張說是，諸本作「攜」並誤。下「蔡儁拒代」同。

〔二一〕高隆之疋婁昭等屯據壺關　北史周本紀上作「高隆之及婁昭等屯據壺關」。按婁昭北齊書卷一五、北史卷五四都有傳。魏書卷一一三官氏志：「匹婁氏後改爲婁氏。」「匹婁」亦作「疋婁」，見姚薇元北朝胡姓考九一頁。周書用本姓，北齊書、北史用改姓，均可。「壺」原作「壷」，宋本、汲本、局本、册府卷六七〇頁和上引北史都作「壺」。按壺關是地名，作「壷」誤，今逕改。

〔二二〕不能決戰　北史周本紀上、通鑑卷一五六四八五〇頁都作「不能度河決戰」，通典卷一五六引此語同。按「不能度河決戰」與下「方緣津據守」語意相連，當是脫去「度河」二字，杜佑、司馬光所見本尙未脫。

〔二三〕精騎一千　汲本、局本「騎」作「兵」。

〔二四〕詔敦諭乃（授）〔受〕　宋本、南本、汲本、局本「授」都作「受」。張元濟、張森楷都以爲作「授」誤，今據改。

〔二五〕薛瑾　北史卷六齊本紀上、北齊書卷一神武紀、册府卷一八六二二五四頁「瑾」作「瑜」，北史卷五魏孝武帝紀作「華按是薛之訛長瑜」，本書卷二〇賀蘭祥傳又作「薛長孺」，北史卷六一賀蘭祥傳「孺」作「儒」。通鑑卷一五六四八五四頁作「薛瑜」，考異云：「北史按當云周書作『薛瑾』，典略作『薛

長瑜』，北齊帝紀作『薛瑜』。今從北齊書。」按魏書卷四二薛辯傳附見云：「長瑜，天平中爲征東將軍、洛州刺史，擊賊潼關，沒於陳」，自卽此人。當時習慣，雙名常單稱，又在名的上下加一字爲字，其例也極多。其人可能名「瑜」字「長瑜」，也可能名「長瑜」，單稱作「瑜」。疑「瑾」字誤。但諸本皆同，今不改。

〔二六〕儀同李虎　宋本、南本「虎」並作「諱」。殿本考證云：「『虎』，北史作『諱』。」以爲「令狐德棻等作史不應直書『李虎』，蓋後人刊刻時妄改」。按原本自應作「諱」，但改得並不妄。以後改「諱」作「虎」，不再出校記。

周書卷二

帝紀第二

文帝下

魏大統元年春正月己酉，進太祖督中外諸軍事、〔一〕錄尚書事、大行臺，改封安定郡王。太祖固讓王及錄尚書事，魏帝許之，乃改封安定郡公。東魏遣其將司馬子如寇潼關，太祖軍霸上，子如乃回軍自蒲津寇華州，刺史王羆擊走之。

三月，太祖以戎役屢興，民吏勞弊，乃命所司斟酌今古，參考變通，可以益國利民便時適治者，爲二十四條新制，奏魏帝行之。

二年春三月，東魏襲陷夏州，留其將張瓊、許和守之。

夏五月，秦州刺史、建中王万俟普撥率所部叛入東魏。〔二〕太祖勒輕騎追之，至河北千

餘里，不及而還。

三年春正月，東魏寇龍門，屯軍蒲坂，造三道浮橋度河。又遣其將竇泰趣潼關，高敖曹圍洛州。太祖出軍廣陽，召諸將曰：「賊今掎吾三面，又造橋於河，示欲必渡，是欲綴吾軍，使竇泰得西入耳。久與相持，其計得行，非良策也。且歡起兵以來，泰每爲先驅，其下多銳卒，屢勝而驕。今出其不意，襲之必克。克泰則歡不戰而自走矣。」諸將咸曰：「賊在近，捨而遠襲，事若蹉跌，悔無及也。」太祖曰：「歡前再襲潼關，吾軍不過霸上。今者大來，兵未出郊。賊顧謂吾但自守耳，無遠鬭意。又狃於得志，有輕我之心。乘此擊之，何往不克。賊雖造橋，不能徑渡。此五日中，〔三〕吾取竇泰必矣。公等勿疑。」庚戌，太祖率騎六千還長安，聲言欲保隴右。辛亥，謁帝而潛出軍。癸丑旦，至小關。竇泰卒聞軍至，惶懼，依山爲陣，未及成列，太祖縱兵擊破之，盡俘其衆萬餘人。斬泰，傳首長安。高敖曹適陷洛州，執刺史泉企，〔四〕聞泰之歿，焚輜重棄城走。齊神武亦撤橋而退。企子元禮尋復洛州，斬東魏刺史杜密。〔五〕太祖還軍長安。

六月，遣儀同于謹取楊氏壁。太祖請罷行臺，帝復申前命，太祖受錄尚書事，餘固讓，乃止。

秋七月，徵兵會咸陽。

八月丁丑，太祖率李弼、獨孤信、梁禦、趙貴、于謹、〔六〕若干惠、怡峯、劉亮、王悳、侯莫陳崇、李遠、達奚武等十二將東伐。至潼關，太祖乃誓於師曰：「與爾有衆，奉天威，誅暴亂。惟爾士，〔七〕整爾甲兵，戒爾戎事，無貪財以輕敵，無暴民以作威。用命則有賞，不用命則有戮。爾衆士其勉之。」遣于謹居軍前，狥地至槃豆。東魏將高叔禮守柵不下，謹急攻之，乃降。獲其戍卒一千，送叔禮於長安。戊子，至弘農。東魏將高干、〔八〕陜州刺史李徽伯拒守。於時連雨，太祖乃命諸軍冒雨攻之。庚寅，城潰，斬徽伯，虜其戰士八千。高干走度河，令賀拔勝追擒之，並送長安。於是宜陽、邵郡皆來歸附。先是河南豪傑多聚兵應東魏，至是各率所部來降。

齊神武懼，率衆十萬出壺口，趨蒲坂，將自后土濟。又遣其將高敖曹以三萬人出河南。是歲，關中饑。太祖既平弘農，因館穀五十餘日。時戰士不滿萬人，聞齊神武將度，乃引軍入關。齊神武遂度河，逼華州。刺史王羆嚴守。知不可攻，乃涉洛，軍於許原西。太祖據渭南，徵諸州兵皆〔未〕會。〔九〕乃召諸將謂之曰：「高歡越山度河，遠來至此，天亡之時也。吾欲擊之何如？」諸將咸以衆寡不敵，請待歡更西，以觀其勢。太祖曰：「歡若得至咸陽，人情轉騷擾。今及其新至，便可擊之。」即造浮橋於渭，令軍人齎三日糧，輕騎度渭，輜重自渭南夾渭而西。

冬十月壬辰，至沙苑，距齊神武軍六十餘里。齊神武聞太祖至，引軍來會。癸巳旦，候騎告齊神武軍且至。太祖召諸將謀之。李弼曰：「彼衆我寡，不可平地置陣。此東十里有渭曲，可先據以待之。」遂進軍至渭曲，背水東西為陣。李弼為右拒，趙貴為左拒。命將士皆偃戈於葭蘆中，聞鼓聲而起。申時，齊神武至，望太祖軍少，競馳而進，不為行列，總萃於左軍。兵將交，太祖鳴鼓，士皆奮起。于謹等六軍與之合戰，李弼等率鐵騎橫擊之，絕其軍為二隊，大破之，〔一〇〕斬六千餘級，臨陣降者二萬餘人。齊神武夜遁，追至河上，復大克獲。前後虜其卒七萬。留其甲士二萬，餘悉縱歸。收其輜重兵甲，獻俘長安。還軍渭南，於是所徵諸州兵始至。乃於戰所，准當時兵士，人種樹一株，以旌武功。進太祖柱國大將軍，增邑并前五千戶。李弼等十二將亦進爵增邑。并其下將士，賞各有差。

遣左僕射、馮翊王元季海為行臺，與開府獨孤信率步騎二萬向洛陽；洛州刺史李顯趨荊州；賀拔勝、李弼渡河圍蒲坂。牙門將高子信開門納勝軍，東魏將薛崇禮棄城走，勝等追獲之。太祖進軍蒲坂，略定汾、絳。於是許和殺張瓊以夏州降。初，太祖自弘農入關後，東魏將高敖曹圍弘農，聞其軍敗，退守洛陽。獨孤信至新安，敖曹復走度河，信遂入洛陽。東魏潁川長史賀若統與密縣人張儉執刺史田迅舉城降。〔一一〕滎陽鄭榮業、鄭偉等攻梁州，擒其刺史鹿永吉；清河人崔彥穆、檀琛攻滎陽，擒其郡守蘇定：〔一二〕皆來附。自梁、陳已西，將吏降者相屬。

於是東魏將堯雄、趙育、是云寶出潁川，欲復降地。太祖遣儀同宇文貴、梁遷等逆擊，大破之。趙育來降。東魏復遣將任祥率河南兵與雄合，儀同怡峯與貴、遷等復擊破之。又遣都督韋孝寬取豫州。是云寶殺其東揚州刺史那（椿）〔椿〕，以州來附。〔一三〕

四年春三月，太祖率諸將入朝。禮畢，還華州。

七月，東魏遣其將侯景、厙狄干、高敖曹、（元）〔韓〕軌、〔一四〕可朱渾元、莫多婁貸文等圍獨孤信於洛陽。齊神武繼其後。先是，魏帝將幸洛陽拜園陵，會信被圍，詔太祖率軍救信，魏帝亦東。

八月庚寅，太祖至穀城，莫多婁貸文、可朱渾元來逆，臨陣斬貸文，元單騎遁免，悉虜其衆送弘農。遂進軍瀍東。是夕，魏帝幸太祖營，於是景等夜解圍去。及旦，太祖率輕騎追之，至於河上。景等北據河橋，南屬邙山為陣，與諸軍合戰。太祖馬中流矢，驚逸，遂失所之，因此軍中擾亂。都督李穆下馬授太祖，軍以復振。於是大捷，斬高敖曹及其儀同李猛、西兗州刺史宋顯等，虜其甲士一萬五千，赴河死者以萬數。

是日置陣既大，首尾懸遠，從旦至未，戰數十合，氛霧四塞，莫能相知。獨孤信、李遠居右，趙貴、怡峯居左，戰並不利，又未知魏帝及太祖所在，皆棄其卒先歸。開府李虎、念賢等為後軍，遇信等退，即與俱還。由是乃班師，洛陽亦失守。大軍至弘農，守將皆已棄城西走。所虜降卒在弘農者，因相與閉門拒守。進攻拔之，誅其魁首數百人。

大軍之東伐也，關中留守兵少，而前後所虜東魏士卒，皆散在民間，乃謀為亂。及李虎等至長安，計無所出，乃與公卿輔魏太子出次渭北。關中大震恐，百姓相剽劫。於是沙苑所俘軍人趙青雀、雍州民于伏德等遂反。青雀據長安子城，伏德保咸陽，與太守慕容思慶各收降卒，以拒還師。長安大城民皆相率拒青雀，每日接戰。魏帝留止閿鄉，遣太祖討之。長安父老見太祖至，悲且喜曰：「不意今日復得見公！」士女咸相賀。華州刺史導率軍襲咸陽，斬思慶，擒伏德，南度渭與太祖會攻青雀，破之。太傅梁景睿先以疾留長安，遂與青雀通謀，至是亦伏誅。關中於是乃定。魏帝還長安，太祖復屯華州。

冬十一月，東魏將侯景攻陷廣州。

十二月，是云寶襲洛陽，東魏將王元軌棄城走。都督趙剛襲廣州，拔之。自襄、廣以西城鎮復內屬。

五年冬，大閲於華陰。

六年春，東魏將侯景出三鵶，將侵荆州，太祖遣開府李弼、獨孤信各率騎五千出武關，景乃退還。

夏，茹茹度河至夏州，太祖召諸軍屯沙苑以備之。

七年春三月，稽胡帥、夏州刺史劉平伏據上郡叛，〔一五〕遣開府于謹討平之。

冬十一月，太祖奏行十二條制，恐百官不勉於職事，又下令申明之。

八年夏四月，大會諸軍於馬牧。

冬十月，齊神武侵汾、絳，圍玉壁。太祖出軍蒲坂，將擊之。軍至皂莢，齊神武退。太祖度汾追之，遂遁去。

十二月，魏帝狩於華陰，大饗將士。太祖率諸將朝於行在所。〔一六〕

九年春，東魏北豫州刺史高仲密舉州來附，太祖帥師迎之，令開府李遠爲前軍。至洛

陽，遣開府于謹攻栢谷塢，拔之。

三月，齊神武至河北。太祖還軍瀍上以引之。齊神武果度河，據邙山爲陣，不進者數日。太祖留輜重於瀍曲，士皆銜枚，夜登邙山。未明，擊之，齊神武單騎爲賀拔勝所逐，僅而獲免。太祖率右軍若干惠等大破齊神武軍，悉虜其步卒。趙貴等五將軍居左，戰不利。齊神武軍復合，太祖又不利，夜乃引還。既入關，屯渭上。齊神武進至陝，開府達奚武等率軍禦之，乃退。太祖以邙山之戰，諸將失律，上表請自貶。魏帝報曰：「公膺期作宰，義高匡合，仗鉞專征，舉無遺算。朕所以垂拱九載，實資元輔之力，俾九服寧謐，誠賴翊贊之功。今大寇未殄，而以諸將失律，便欲自貶，深虧體國之誠。宜抑此謙光，恤予一人。」於是廣募關隴豪右，以增軍旅。

冬十月，大閲於櫟陽，還屯華州。

十年夏五月，太祖入朝。

秋七月，魏帝以太祖前後所上二十四條及十二條新制，方爲中興永式，乃命尚書蘇綽更損益之，總爲五卷，班於天下。於是搜簡賢才，以爲牧守令長，皆依新制而遣焉。數年之間，百姓便之。

冬十月，大閲於白水。

十一年春三月，令曰：

古之帝王所以外建諸侯內立百官者，非欲富貴其身而尊榮之，蓋以天下至廣，非一人所能獨治，是以博訪賢才，助己爲治。若其知賢也，則以禮命之。其人聞命之日，則慘然曰：「凡受人之事，任人之勞，何捨己而從人。」又自勉曰：「天生儁士，所以利時。彼人主者，欲與我爲治，安可苟辭。」於是降心而受命。及居官也，則晝不甘食，夜不甘寢，思所以上匡人主，下安百姓，不遑恤其私而憂其家，故妻子或有饑寒之弊而不顧也。於是人主賜之以俸祿，尊之以軒冕，而不以爲惠也。賢臣受之，亦不以爲德也。位不虛加，祿不妄賜。爲人君者，誠能以此道授官，爲人臣者，誠能以此情受位，則天下之大，可不言而治矣。昔堯、舜之爲君，稷、契之爲臣，用此道也。及後世衰微，此道遂廢，乃以官職爲私恩，爵祿爲榮惠。人君之命官也，親則授之，愛則任之。人臣之受位也，可以尊身而潤屋者，則迂道而求之；損身而利物者，則巧言而辭之。於是至公之道沒，而姦詐之萌生。天下不治，正爲此矣。

今聖主中興，思去澆僞。諸在朝之士，當念職事之艱難，負闕之招累，夙夜兢兢，

如臨深履薄。才堪者，則審己而當之；不堪者，則收短而避之。使天官不妄加，王爵不虛受，則淳素之風，庶幾可反。

冬十月，大閲於白水，遂西狩岐陽。

十二年春，涼州刺史宇文仲和據州反。瓜州民張保害刺史成慶，以州應仲和。太祖遣開府獨孤信討之。東魏遣其將侯景侵襄州，太祖遣開府若干惠率輕騎擊之。至穰，景遁去。

夏五月，獨孤信平涼州，擒仲和，遷其民六千餘家於長安。瓜州都督令狐延起義誅張保，瓜州平。

七月，太祖大會諸軍於咸陽。

九月，齊神武圍玉壁，大都督韋孝寬力戰拒守，齊神武攻圍六旬不能下，其士卒死者什二三。會齊神武有疾，燒營而退。

十三年春正月，茹茹寇高平，至于方城。是月，齊神武薨。其子澄嗣，是爲文襄帝。與其河南大行臺侯景有隙，景不自安，遣使請舉河南六州來附。齊文襄遣其將韓軌、厙狄干

等圍景於潁川。〔七〕

三月，太祖遣開府李弼率軍援之，軌等遁去。景請留收轄河南，遂徙鎮豫州。於是遣開府王思政據潁川，弼引軍還。

秋七月，侯景密圖附梁。太祖知其謀，悉追還前後所配景將士。景懼，遂叛。

冬，太祖奉魏帝西狩於岐陽。

十四年春，魏帝詔封太祖長子毓爲寧都郡公，食邑三千戶。初，太祖以平元顥、納孝莊帝之功，封寧都縣子，至是改縣爲郡，而以封毓，用彰勤王之始也。

夏五月，進授太祖太師。太祖奉魏太子巡撫西境，自新平出安定，登隴，刻石紀事。下安陽，至原州，歷北長城，大狩。將東趣五原，至蒲川，聞魏帝不豫，遂還。既至，帝疾已愈，於是還華州。

是歲，東魏遣其將高岳、慕容紹宗、劉豐生等，率衆十餘萬圍王思政於潁川。

十五年春，太祖遣大將軍趙貴帥軍至穰，兼督東南諸州兵以援思政。高岳起堰，引洧水以灌城，自潁川以北皆爲陂澤，救兵不得至。

夏六月，潁川陷。初，侯景自豫州附梁，後遂度江，圍建業。梁司州刺史柳仲禮以本朝有難，帥兵援之。梁竟陵郡守孫暠舉郡來附，太祖使大都督苻貴往鎮之。及景克建業，仲禮還司州，率衆來寇，暠以郡叛。太祖大怒。

冬十一月，遣開府楊忠率兵與行臺僕射長孫儉討之，攻克隨郡。忠進圍仲禮長史馬岫於安陸。

是歲，盜殺齊文襄於鄴，其弟洋討賊，擒之，仍嗣其事，是爲文宣帝。

十六年春正月，柳仲禮率衆來援安陸，楊忠逆擊於漴頭，〔八〕大破之，擒仲禮，悉虜其衆。馬岫以城降。

三月，魏帝封太祖第二子震爲武邑公，邑二千戶。先是，梁雍州刺史、岳陽王詧與其叔父荊州刺史、湘東王繹不睦，乃稱蕃來附，遣其世子嶚爲質。及楊忠擒仲禮，繹懼，復遣其子方平來朝。

夏五月，齊文宣廢其主元善見而自立。

秋七月，太祖率諸軍東伐，拜章武公導爲大將軍，總督留守諸軍事，屯涇北以鎮關中。

九月丁巳，軍出長安。時連雨，自秋及冬，諸軍馬驢多死。遂於弘農北造橋濟河，自蒲坂還。於是河南自洛陽，河北自平陽以東，遂入於齊矣。

十七年春三月，魏文帝崩，皇太子嗣位，太祖以冢宰總百揆。梁邵陵王蕭綸侵安陸，大將軍楊忠討擒之。

冬十月，太祖遣大將軍王雄出子午，伐上津、魏興；大將軍達奚武出散關，伐南鄭。

魏廢帝元年春，王雄平上津、魏興，以其地置東梁州。〔九〕

夏四月，達奚武圍南鄭，月餘，梁州刺史、宜豐侯蕭循以州降。武執循還長安。

秋八月，東梁州民叛，率衆圍州城，太祖復遣王雄討之。

侯景之克建業也，還奉梁武帝爲主。居數旬，梁武以憤恚薨。景又立其子綱，尋而廢綱自立。歲餘，綱弟繹討景，擒之，遣其舍人魏彥來告，仍嗣位於江陵，是爲元帝。

二年春，魏帝詔太祖去丞相大行臺，爲都督中外諸軍事。

二月，東梁州平，遷其豪帥於雍州。

三月，太祖遣大將軍、魏安公尉遲迥率衆伐梁武陵王蕭紀於蜀。

夏四月，太祖勒銳騎三萬西踰隴，度金城河，至姑臧。吐谷渾震懼，遣使獻其方物。

五月，蕭紀潼州刺史楊乾運以州降，引迥軍向成都。

秋七月，太祖自姑臧至於長安。

八月，克成都，劍南平。

冬十一月，尚書元烈謀作亂，事發，伏誅。

三年春正月，始作九命之典，以敍內外官爵。以第一品爲九命，第九品爲一命。改流外品爲九秩，亦以九爲上。又改置州郡及縣：改東雍爲華州，北雍爲宜州，南雍爲蔡州，華州爲同州，北華爲鄜州，〔一〇〕東秦爲隴州，南秦爲成州，北秦爲交州，東荊爲淮州，南荊爲昌州，東夏爲延州，南夏爲長州，東梁爲金州，南梁爲隆州，北梁爲靜州，陽都爲汾州，南汾爲勳州，汾州爲丹州，南豳爲寧州，南岐爲鳳州，南洛爲上州，南廣爲淯州，南襄爲湖州，西涼爲甘州，西郢爲鴻州，西益爲利州，東巴爲集州，北應爲輔州，恒州爲均州，沙州爲深州，寧州爲麓州，義州爲巖州，新州爲溫州，江州爲沔州，西安爲鹽州，安州爲始州，并州爲隨州，肆州爲塘州，冀州爲順州，淮州爲純州，揚州爲潁州，司州爲憲州，南平爲昇州，南郢爲歸州，青州爲眉州。凡改州四十六，置州一，改郡一百六，改縣二百三十。

自元烈誅，魏帝有怨言。魏淮安王育、〔二一〕廣平王贊等垂泣諫之，帝不聽。於是太祖與公卿定議，廢帝，尊立齊王廓，是爲恭帝。

魏恭帝元年夏四月，帝大饗羣臣。魏史柳虯執簡書於朝曰：「廢帝，文皇帝之嗣子。年七歲，文皇帝託於安定公曰：『是子才，由于公，不才，亦由于公，宜勉之。』公既受茲重寄，居元輔之任，又納女爲皇后，遂不能訓誨有成，致令廢黜，負文皇帝付屬之意，此咎非安定公而誰？」太祖乃令太常盧辯作誥諭公卿曰：〔二二〕「嗚呼！我羣后暨衆士，維文皇帝以襁褓之嗣託於予，訓之誨之，庶厥有成。而予罔能革變厥心，〔二三〕庸暨乎廢，墜我文皇帝之志。嗚呼！茲咎予其焉避。予實知之，矧爾衆人之心哉。惟予之顏，豈惟今厚，將恐來世以予爲口實。」乙亥，詔封太祖子邕爲輔城公，憲爲安城公，邑各二千戶。

茹茹乙旃達官寇廣武。五月，遣柱國趙貴追擊之，斬首數千級，收其輜重而還。

秋七月，太祖西狩至於原州。

梁元帝遣使請據舊圖以定疆界，又連結於齊，言辭悖慢。太祖曰：「古人有言『天之所棄，誰能興之』，其蕭繹之謂乎。」

冬十月壬戌，遣柱國于謹、中山公護、大將軍楊忠、韋孝寬等步騎五萬討之。

十一月癸未，師濟於漢。中山公護與楊忠率銳騎先屯其城下，據江津以備其逸。丙申，〔二四〕謹至江陵，列營圍守。辛亥，進攻城，其日克之。擒梁元帝，殺之，并虜其百官及士民以歸。沒爲奴婢者十餘萬，其免者二百餘家。立蕭詧爲梁主，居江陵，爲魏附庸。梁將王僧辯、陳霸先於丹陽立梁元帝第九子方智爲主。

魏氏之初，統國三十六，大姓九十九，後多絕滅。至是，以諸將功高者爲三十六國後，次功者爲九十九姓後，所統軍人，亦改從其姓。

二年，梁廣州刺史王琳寇邊。冬十一月，〔二五〕遣大將軍豆盧寧帥師討之。

三年春正月丁丑，初行周禮，建六官。以太祖爲太師、大冢宰，柱國李弼爲太傅、大司徒，趙貴爲太保、大宗伯，獨孤信爲大司馬，于謹爲大司寇，侯莫陳崇爲大司空。初，太祖以漢魏官繁，思革前弊。大統中，乃命蘇綽、盧辯依周制改創其事，尋亦置六卿官，然爲撰次未成，衆務猶歸臺閣。至是始畢，乃命行之。

夏四月，太祖北巡狩。

秋七月，度北河。王琳遣使來附，以琳爲大將軍、長沙郡公。魏帝封太祖子直爲秦郡公，招爲正平公，邑各一千戶。

九月，太祖有疾，還至雲陽，命中山公護受遺輔嗣子。

冬十月乙亥，崩於雲陽宮，還長安發喪。時年五十二。甲申，葬於成陵，〔二六〕謚曰文公。孝閔帝受禪，追尊爲文王，廟曰太祖。武成元年，追尊爲文皇帝。

太祖知人善任使，從諫如流，崇尚儒術，明達政事，恩信被物，能駕馭英豪，一見之者，咸思用命。沙苑所獲囚俘，釋而用之，河橋之役，率以擊戰，皆得其死力。諸將出征，授以方略，無不制勝。性好朴素，不尚虛飾，恆以反風俗，復古始爲心。

史臣曰：水曆將終，羣凶放命，或威權震主，或釁逆滔天。咸謂大寶可以力征，神物可以求得，莫不闚闟九鼎，睥睨兩宮，而誅夷繼及，亡不旋踵。是知巨君篡盜，終成建武之資；仲潁凶殘，實啓當塗之業。天命有底，庸可滔乎。〔二七〕太祖田無一成，衆無一旅，驅馳戎馬之際，躡足行伍之間。屬與能之時，應啓聖之運，鳩集義勇，糾合同盟，一舉而殄仇讎，再駕而匡帝室。於是內詢帷幄，外仗材雄，推至誠以待人，弘大順以訓物。高氏籍甲兵之衆，恃戎馬之彊，屢入近畿，志圖吞噬。及英謀電發，

神旆風馳，弘農建城濮之勳，沙苑有昆陽之捷。取威定霸，以弱爲彊。紹元宗之衰緒，創隆周之景命。南清江漢，西舉巴蜀，北控沙漠，東據伊瀍。乃擯落魏晉，憲章古昔，修六官之廢典，成一代之鴻規。德刑並用，勳賢兼敍，遠安邇悅，俗阜民和。億兆之望有歸，揖讓之期允集。功業若此，人臣以終。盛矣哉！非夫雄略冠時，英姿不世，天與神授，緯武經文者，孰能與於此乎。昔者，漢獻蒙塵，曹公成夾輔之業；晉安播蕩，宋武建匡合之勳。校德論功，綽有餘裕。

至於渚宮制勝，闔城孥戮；茹茹歸命，盡種誅夷：雖事出於權道，而用乖於德教。周祚之不永，或此之由乎。

校勘記

〔一〕進太祖督中外諸軍事　張森楷云：「『督』上當有『都』字。」按册府卷六（七〇頁）、卷七二（八一八頁）、通鑑卷一五七（四八六一頁）「督」上並有「都」字，張所疑有據，但諸本皆同，今不補。

〔二〕建中王　宋本、南本「中」作「忠」，北史卷六齊本紀上、北齊書卷一神武紀同。按隋書卷二九地理志京兆郡三原縣條云：「後周置建忠郡。」但郡實是北魏末建。北史卷四九毛遐附弟鴻賓傳說魏孝明帝因爲鴻賓兄弟鎮壓關中起義軍和反抗蕭寶夤的叛變有「功」，「改三原縣爲建中郡」，字

作「中」。但太平寰宇記卷三一耀州三原縣條引周地圖記却作「忠」。周書卷一六獨孤信傳見「建忠縣伯」，卷三一韋孝寬傳見「建忠郡公」，並作「忠」。立郡所以旌表毛氏兄弟，恐以作「忠」爲是。

〔三〕此五日中　宋本、北史周本紀上「此」作「比」。

〔四〕泉企　泉企，周書卷四四、北史卷六六都有傳，周書作「企」，北史作「仚」，卷三一高允附高昂傳作「仚」，而北齊書卷二一高乾附弟昂傳作「企」。二字常相混，未知孰是，今悉仍其舊。

〔五〕杜密　卷四四泉企傳、通鑑卷一五七四八七六頁「密」作「窋」。

〔六〕于謹　「謹」原作「瑾」。宋本、南本、汲本、局本都作「謹」，按于瑾卽唐瑾，卷三二有傳，名輩較後，豈能在十二將之列。今逕改。

〔七〕惟爾士　御覽卷三〇七一四一二頁「爾」下有「衆」字，疑當有此字。

〔八〕高干　汲本「干」作「于」，北史卷九周本紀上作「千」。參卷三三校記第一七條。

〔九〕徵諸州兵皆〔未〕會　北史周本紀上「皆」作「未」。通典卷一五六記這次戰事和通鑑卷一五七四八八四頁「皆」下有「未」字。按下文屢言衆寡不敵，在戰勝後又說「還軍渭南，於是所徵諸州兵始至」，顯然在戰時尚未至。諸本皆脫，今據通典、通鑑補。

〔一〇〕絕其軍爲二隊大破之　北史周本紀上、册府卷一二五一五〇〇頁、御覽卷三〇九一四二三頁、通典

卷一五六、通鑑卷一五七四八八五頁「隊」都作「遂」，屬下讀爲「遂大破之」，文義較長。但諸本都作「隊」，今不改。

〔一一〕東魏潁川長史賀若統與密縣人張儉執刺史田迅舉城降　張森楷云：「『川』當作『州』，潁川是郡，不得有長史也。」按作「潁州長史」者有本書卷二八賀若敦傳、魏書卷一二孝靜紀、北齊書卷一九任延敬傳、卷二〇堯雄傳、北史卷六〇宇文貴傳，作「潁州刺史」者有本書卷一九宇文貴傳殿本，他本作「潁川」，別見卷一九校記第二八條。其名則周書紀傳都作「統」，北齊書任延敬傳、堯雄傳、北史卷五三任祥傳都作「徽」，魏書孝靜紀作「徵」，不成字，也是「徽」之訛。大抵東魏、北齊知其名爲「徽」，或是統之初名、小名。其官則作「刺史」顯誤，下云「執刺史田迅」可證，作「長史」是。「潁州」「潁川」是州郡之異，據隋書卷二七百官志中北齊的刺史屬官有「長史」。知作「潁州長史」是。但諸本皆同，今不改。又「田迅」，通鑑卷一五七四八八八頁作「田迄」。按本書卷二八賀若敦傳、魏書卷一二孝靜紀、北史卷五三任祥傳都作「田迅」，疑通鑑誤。

〔一二〕蘇定　宋本「定」作「宿」，本書卷三六、北史卷六七崔彥穆傳、通鑑卷一五七四八八九頁又作「蘇淑」。按「宿」「淑」音近，「宿」「定」形似，未知孰是。

〔一三〕東揚州刺史那(椿)〔椿〕以州來附　宋本、南本「椿」作「椿」，汲本作「椿」，注云「一作『椿』」。北史周本紀上、通鑑卷一五七四八八九頁也作「椿」，「椿」字誤，今據改。宋本及北史卷九周本紀上百衲本「揚」作「楊」，古書常通用。唯通鑑卷一五七四八八九頁又作「陽州」。按魏書卷一〇六地形志無「東揚州」，「陽州」治宜陽。北齊書卷二〇堯雄傳稱是云寶「云」，原作「育」，誤以揚州刺史攻潁州，後來「還本州，據城降敵」，所云「本州」和「以州來附」之州，自卽揚州。堯雄傳又說「西魏以是育寶爲揚州刺史，據項城」，蓋卽以所據之地授官。魏書卷一〇六地形志中：「北揚州，天平二年置，治項城。」隋書卷三〇地理志中淮陽郡項城條云：「東魏置揚州，梁改曰殷州，東魏又改曰北揚州。」據此，知天平二年置此州，本無「北」字，那時治於壽春的北魏揚州，已爲梁有，故寄治項城，侯景降梁，改爲殷州，到侯景渡江，壽春又歸東魏，乃復壽春的揚州而加「北」字於治項城的揚州。隋志前後兩稱東魏，卽因此故。是云寶據以降西魏之州，既是治項城的「揚州」，則不但通鑑作「陽州」誤，卽此處作「東揚州」亦衍「東」字。北齊書以是云寶是東魏揚州刺史亦誤，刺史是那椿。

〔一四〕(元)〔韓〕軌　宋本、南本、册府卷六七一頁「元」作「韓」。按韓軌，北齊書卷一五、北史卷五四有傳，雖不載攻圍洛陽事，然此處與侯景等諸將並列，應卽其人，今據改。

〔一五〕劉平伏　卷一五于謹傳作「劉平」，乃雙名單稱。

〔一六〕朝於行在所　「行在所」原倒作「行所在」。諸本及北史卷九周本紀上都作「行在所」，今逕乙正。

〔一七〕厙狄干　諸本「厙」都作「庫」。按「厙」亦音舍，後人因爲有兩種讀法，始以去點者讀作舍北朝胡姓考一八二頁有說。周書原文恐當作「庫」，但異讀已久，今不改。

〔一八〕楊忠逆擊於漴頭　卷一九楊忠傳「漴」作「淙」，通鑑卷一六二五〇三五頁作「潀」，考異云：「太清紀作『潼頭』，在去年十二月，今從典略。」參見卷一九楊忠傳校記第四七條。

〔一九〕王雄平上津魏興以其地置東梁州　按隋書卷二九地理志西城郡條云：「梁置梁州，尋改爲南梁州，西魏改置東梁州。」楊守敬隋書地理志考證以下簡稱楊氏考證卷二以爲「南梁」乃「東梁」之誤。考周書卷四四李遷哲傳，說他曾爲梁之東梁州刺史。可知梁代置州就名東梁，治魏興，並非西魏改名，更非創置此州。又卷四四泉企附子仲遵傳，說他隨王雄佔領上津、魏興後，「遂於上津置南洛州，以仲遵爲刺史」，則上津別自爲州，不屬東梁，與本紀不合。隋書卷三十地理志上洛郡上津縣條云：「舊置北上洛郡，梁改爲南洛州，西魏又改爲上州。」卷四四扶猛傳說他曾爲梁南洛、北司二州刺史，可知南洛州治上津，亦始於梁。西魏佔領其地，並未併合改置，故下面廢帝三年正月改置州郡中卽有「東梁爲金州」「南洛爲上州」的明文。本紀此條當云「以其地置南洛州、東梁州」，今本脫去「南洛州」三字。至於因梁之舊而云「置」者，當因魏本無此二州，在西魏爲創置也。

〔二〇〕北華爲鄜州　錢大昕廿二史考異下簡稱錢氏考異卷三二云：「隋書地理志見卷二九上郡條『鄜』作

『敷』。」楊氏考證卷一云：「據地形志『敷城郡』『敷城縣』，則周書與元和志所云，皆當從志隋書地理志作『敷』。此因隋大業改『敷』作『鄜』，遂蒙西魏之稱云。」按八瓊室金石補正卷二五翟賓墓誌云：「周二年除敷州敷卽敷中部郡守」，當時石刻都作「敷」，楊說是。但周書皆作「鄜」，或原本如此，今不改，以後不再出校記。

〔二一〕魏淮安王育　御覽卷一〇五五〇四頁引周書作「臨淮王」。按通鑑卷一六五五一一〇頁亦作「臨淮」，然卷一六六五一四〇頁却又作「淮安」。卷三八元偉傳末，北史卷六〇傳末都作「淮安」。這裏可能原作「臨淮」，但未必是。參卷一六校記第三〇條。

〔二二〕作誥諭公卿　諸本及宋本册府卷五五四「誥」都作「告」。北史卷九周本紀上、明本册府作「誥」。疑都據北史改。

〔二三〕而予罔能革變厥心　北史卷九周本紀上、册府卷五五四六六五五頁、御覽卷一〇五五〇四頁「革」作「弗」。按「弗」可作去解，作「弗」未必誤。

〔二四〕丙申　宋本、南本、汲本「丙」都作「景」，乃是避唐諱。原本當作「景」，後人追改。以後此字不再出校記。

〔二五〕冬十一月　北史周本紀上「十一月」作「十月」。通鑑卷一六六五一三七頁同周書。

〔二六〕時年五十二甲申葬於成陵　北史周本紀上作「時年五十。十二月甲申，葬於成陵」。按年齡不

合，已見卷一校勘記第六條。八瓊室金石補正卷二三強獨樂文帝廟造象碑稱宇文泰「春秋五十，薨於長安」，和北史同。疑周書本同北史，亦作「時年五十。十二月甲申葬於成陵」。傳寫脫去一個「十」字也可能脫去「月」字，不可通，後人又删「月」字如脫去的是「月」字，則又删「十」字，遂合而爲「年五十二」，甲申也繫於十月了。通鑑卷一六六五一五五頁與北史同，考異無說，知司馬光所見的周書這一條並無異文。

〔二七〕天命有底庸可滔乎　北史周本紀上「滔」作「慆」。按「滔」「慆」都有「慢」義，可通。然左傳昭二十七年孟懿子、陽貨伐鄆，子家子曰：「天命不慆久矣。」杜注：「慆，疑也。」這裏和上「天命有底」相連，疑作「慆」是。

周書卷三

帝紀第三

孝閔帝

孝閔皇帝諱覺，字陁羅尼，太祖第三子也。母曰元皇后。大統八年，生於同州官舍。九歲，封略陽郡公。〔一〕時有善相者史元華見帝，退謂所親曰：「此公子有至貴之相，但恨其壽不足以稱之耳。」魏恭帝三年三月，命爲安定公世子。四月，拜大將軍。十月乙亥，太祖崩，丙子，嗣位太師、大冢宰。十二月丁亥，魏帝詔以岐陽之地封帝爲周公。庚子，禪位於帝。詔曰：「予聞皇天之命不於常，惟歸於德。故堯授舜，舜授禹，時其宜也。天厭我魏邦，垂變以告，惟爾罔弗知。予雖不明，敢弗龔天命，格有德哉。今踵唐虞舊典，禪位於周，庸布告遐邇焉。」使大宗伯趙貴持節奉册書曰：「咨爾周公，帝王之位弗有常，有德者受命，時乃天道。予式時庸，荒求於唐虞之彝踵。曰我魏德之終舊矣，我邦小大罔弗知，今其可久

佛於天道而不歸有德歟。時用詢謀。僉曰公昭考文公，格勳德於天地，丕濟生民。洎公躬，又宣重光。故玄象徵見於上，謳訟奔走於下，天之歷數，用實在焉。予安敢弗若。是以欽祗聖典，遜位於公。公其享茲大命，保有萬國，可不愼歟。」魏帝臨朝，遣民部中大夫、濟北公元迪致皇帝璽紱。固辭。公卿百辟勸進，太（師）〔史〕陳祥瑞，〔二〕乃從之。是日，魏帝遜于大司馬府。

元年春正月辛丑，卽天王位。柴燎告天，朝百官於路門。追尊皇考文公爲文王，皇妣爲文后。大赦天下。封魏帝爲宋公。是日，槐里獻赤雀四。百官奏議云：「帝王之興，罔弗更正朔，明受之於天，革民視聽也。逮於尼父，稽諸陰陽，云行夏之時，後王所不易。今魏曆告終，周室受命，以木承水，實當行錄，正用夏時，式遵聖道。惟文王誕玄氣之祥，有黑水之讖，服色宜烏。」制曰可。以大司徒、趙郡公李弼爲太師，大宗伯、南陽公趙貴爲太傅、大冢宰，大司馬、河內公獨孤信爲太保、大宗伯，柱國、中山公護爲大司馬。以大將軍寧都公毓、高陽公達奚武、武陽公豆盧寧、小司寇陽平公李遠、小司馬博陵公賀蘭祥、小宗伯魏安公尉遲迥等並柱國。

壬寅，祠圓丘。詔曰：「予本自神農，其於二丘，宜作厥主。始祖獻侯，啓土遼海，肇有

國基，配南北郊。文考德符五運，受天明命，祖于明堂，以配上帝，廟為太祖。」癸卯，祠方丘。甲辰，祠太社。初除市門稅。乙巳，祠太廟。丁未，會百官於乾安殿，班賞各有差。

戊申，詔曰：「上天有命，革魏於周，致予一人，受茲大號。予惟古先聖王，罔弗先于省視風俗，以求民瘼，然後克治。矧予眇眇，又當草昧，若弗尙于達四聰、明四目之訓者，其有聞知哉。有司宜分命方別之使，所在巡撫。五教何者不宣，時政有何不便；得無脩身潔己，才堪佐世之人，而不為上所知；寃枉受罰，幽辱于下之徒，而不為上所理；孝義貞節，不為有司所申；鰥寡孤窮，不為有司所恤；曁黎庶衣食豐約，賦役繁省，災厲所興，水旱之處：並宜具聞。若有年八十已上，所在就加禮餼。」辛亥，祠南郊。壬子，立王后元氏。

乙卯，詔曰：「惟天地草昧，建邦以寧。今可大啓諸國，為周藩屏。」於是封太師李弼為趙國公，太傅趙貴為楚國公，太保獨孤信為衞國公，大司寇于謹為燕國公，大司空侯莫陳崇為梁國公，大司馬、中山公護為晉國公，邑各萬戶。辛酉，祠太廟。癸亥，親耕籍田。丙寅，於劍南陵井置陵州，武康郡置資州，遂寧郡置遂州。

二月癸酉，朝日於東郊。乙亥，改封永昌郡公廣為天水郡公。戊寅，祠太社。

丁亥，楚國公趙貴謀反，伏誅。詔曰：

朕文考昔與羣公洎列將衆官，同心戮力，共治天下。自始及終，二十三載，迭相匡

弼，上下無怨。是以羣公等用升余於大位。朕雖不德，豈不識此。是以朕於羣公，同姓者如弟兄，異姓者如甥舅。冀此一心，平定宇內，各令子孫，享祀百世。而朕不明，不能輯睦，致使楚公貴不悅于朕，與万俟幾通、叱奴興、王龍仁、長孫僧衍等陰相假署，圖危社稷。事不克行，為開府宇文盛等所告。及其推究，咸伏厥辜。興言及此，心焉如痗。但法者天下之法，朕既為天下守法，安敢以私情廢之。書曰「善善及後世，惡惡止其身」，其貴、通、興、龍仁罪止一家，僧衍止一房，餘皆不問。惟爾文武，咸知時事。

太保獨孤信有罪免。

甲午，以大司空、梁國公侯莫陳崇為太保，大司馬、晉國公護為大冢宰，柱國、博陵公賀蘭祥為大司馬，高陽公達奚武為大司寇，大將軍、化政公宇文貴為柱國。己亥，秦州、涇州各獻木連理。歲星守少微，經六十日。

三月庚子，會文武百官，班賜各有差。己酉，柱國、衞國公獨孤信賜死。壬子，詔曰：「(浙)〔淅〕州去歲不登，〔三〕厥民饑饉，朕用憫焉。其當州租輸未畢者，悉宜免之。兼遣使巡檢，有窮餒者，並加賑給。」癸亥，省六府士員，三分減一。

夏四月己巳，以少師、平原公侯莫陳順為柱國。〔四〕壬申，詔死罪以下，各降一等。壬午，謁成陵。乙酉，還宮。丁亥，祠太廟。

五月癸卯，歲星犯太微上將，太白犯軒轅。己酉，槐里獻白鷰。帝欲觀漁於昆明池，博士姜須諫，乃止。

秋七月壬寅，帝聽訟於右寢，多所哀宥。甲辰，月掩心後星。辛亥，祠太廟。熒惑犯東井北端第二星。

八月戊辰，祠太社。辛未，詔曰：「朕甫臨大位，政教未孚，使我民農，〔五〕多陷刑網。今秋律已應，將行大戮，言念羣生，責在於朕。宜從肆眚，與其更新。其犯〔死〕者宜降從流，〔六〕流以下各降一等。不在赦限者，不從此降。」甲午，詔曰：「帝王之治天下，罔弗博求衆才，以乂厥民。今二十四軍宜舉賢良堪治民者，軍列九人。被舉之人，於後不稱厥任者，所舉官司，皆治其罪。」

九月庚申，詔曰：「朕聞君臨天下者，非由一人，時乃上下同心所致。今文武之官及諸軍人不霑爵封者，宜各授兩大階。」〔七〕改太守為郡守。

帝性剛果，見晉公護執政，深忌之。司會李植、軍司馬孫恒以先朝佐命，入侍左右，亦疾護之專，乃與宮伯乙弗鳳、賀拔提等潛謀，請帝誅護。帝然之。又引宮伯張光洛同謀。光洛密白護，護乃出植為梁州刺史，恒為潼州刺史。鳳等遂不自安，更奏帝，將召羣公入，〔八〕因此誅護。光洛又白之。時小司馬尉遲綱總統宿衞兵，護乃召綱共謀廢立。令綱入殿中，

詐呼鳳等論事。既至，以次執送護第，並誅之。綱仍罷散禁兵，帝方悟，無左右，獨在內殿，令宮人持兵自守。護又遣大司馬賀蘭祥逼帝遜位。遂幽於舊邸，月餘日，以弒崩，時年十六。植、恒等亦遇害。

及武帝誅護後，乃詔曰：「愼始敬終，有國彝典；事亡如存，哲王通制。義崇追遠，禮貴尊親。故略陽公至德純粹，天姿秀傑。屬魏祚告終，寶命將改，謳歌允集，歷數攸歸，上協蒼靈之慶，下昭后祇之錫。而禍生肘腋，釁起蕭牆，白獸噬驂，蒼鷹集殿，幽辱神器，弒酷乘輿，寃結生民，毒流寓縣。今河海澄淸，氛沴消蕩，追尊之禮，宜崇徽號。」遣太師、蜀國公(過)〔迥〕於南郊上謚曰孝閔皇帝，〔九〕陵曰靜陵。

史臣曰：孝閔承既安之業，應樂推之運，柴天竺物，正位君臨，邇無異言，遠無異望。雖黃初代德，太始受終，不之尙也。然政由寧氏，主懷芒刺之疑；祭則寡人，臣無復子之請。以之速禍，宜哉。

校勘記

〔一〕九歲封略陽郡公　北史卷九周本紀上、御覽卷一〇五五〇五頁「九」作「七」，但御覽卷七三〇三三九頁也同周書作「九」。

〔二〕太（師）〔史〕陳祥瑞　宋本、南本和北史周本紀上「師」都作「史」。張元濟以爲「師」字誤。按在宇文泰死後，閔帝受禪，命李弼爲太師前，無人任此官，且陳祥瑞正是太史的職司，今據改。

〔三〕（浙）〔淅〕州　按當時並無「浙州」。隋書卷三〇地理志淅陽郡條云：「西魏置淅州」，「浙」乃「淅」之誤，今據改。本書「淅州」幾乎都同此誤，此後逕改，不出校記。

〔四〕以少師平原公侯莫陳順爲柱國　張森楷云：「順傳卷一九作『安平郡公』，與此不同。」按卷一六卷末及北史卷六〇傳末載十二大將軍，也稱平原郡開國公侯莫陳順。

〔五〕使我民農　册府卷八三九七七頁作「使乎民庶」。

〔六〕其犯（死）者宜降從流　按下云「流以下各降一等」，則上「降從流」自爲對犯死罪者而言，諸本皆脫，今據册府卷八三九七七頁補。

〔七〕宜各授兩大階　册府卷七九九二〇頁「授」作「進」。

〔八〕張光洛　北史卷九周本紀上、御覽卷一〇五五〇五頁「光」作「先」。按卷一一宇文護傳、北史卷五七周宗室傳都作「光」，疑作「先」誤。

〔九〕太師蜀國公（過）〔迥〕　宋本「過」作「迥」，册府卷二九三二〇頁同，但「蜀」訛「屬」。南本、局本作「迥」。張

元濟以爲「過」字誤。按周武帝時封蜀公而姓尉遲者，唯迥一人，「過」字之誤無疑。今從局本改。

周書卷四

帝紀第四

明帝

世宗明皇帝諱毓，小名統萬突，太祖長子也。母曰姚夫人，永熙三年，太祖臨夏州，生帝於統萬城，因以名焉。大統十四年，封寧都郡公。十六年，行華州事。尋拜開府儀同三司、宜州諸軍事、宜州刺史。魏恭帝三年，授大將軍，鎮隴右。孝閔帝踐阼，進位柱國，轉岐州諸軍事、岐州刺史。治有美政，黎民懷之。及孝閔帝廢，晉公護遣使迎帝於岐州。秋九月癸亥，至京師，止於舊邸。甲子，羣臣上表勸進，備法駕奉迎。帝固讓，羣臣固請，是日，卽天王位，大赦天下。乙丑，朝羣臣於延壽殿。

冬十月癸酉，太師、趙國公李弼薨。己卯，以大將軍、昌平公尉遲綱爲柱國。乙酉，祠圓丘。丙戌，祠方丘。甲午，祠太社。柱國、陽平公李遠賜死。是月，梁相陳霸先廢其主蕭

方智而自立，是爲陳武帝。

十一月庚子，祠太廟。丁未，祠圓丘。丁巳，詔曰：「帝王之道，以寬仁爲大。魏政諸有輕犯未至重罪、及諸村民一家有犯乃及數家而被遠配者，並宜放還。」

十二月庚午，謁成陵。癸酉，還宮。庚辰，以大將軍、輔城公邕爲柱國。戊子，赦長安見囚。甲午，詔曰：「善人之後，猶累世獲宥，況魏氏以德讓代終，豈容不加隱卹。元氏子女自坐趙貴等事以來，所有沒入爲官口者，悉宜放免。」

二年春正月乙未，以大冢宰、晉公護爲太師。辛亥，親耕籍田。癸丑，立王后獨孤氏。丁巳，雍州置十二郡。又於河東置蒲州，〔一〕河北置虞州，弘農置陝州，正平置絳州，宜陽置熊州，邵郡置邵州。

二月癸未，詔曰：「王者之宰民也，莫不同四海，一遠近，爲父母而子之。一物失所，若納于隍。賊之境土，本同大化，往因時難，致阻東西。遂使疆埸之間，互相抄掠。興言及此，良可哀傷。自元年以來，有被掠入賊者，悉可放免。」自冬不雨，至於是月方大雪。

三月甲午，齊北豫州刺史司馬消難舉州來附，遣柱國、高陽公達奚武與大將軍楊忠率衆迎之。改雍州刺史爲雍州牧，京兆郡守爲京兆尹。以廣業、脩城二郡置康州，葭蘆郡置

文州。戊申，長安獻白雀。庚申，詔曰：「三十六國，九十九姓，自魏氏南徙，皆稱河南之民。今周室既都關中，宜改稱京兆人。」

夏四月己巳，以太師、晉公護爲雍州牧。庚午，熒惑入軒轅。辛未，降死罪一等，五歲刑已下皆原之。甲戌，王后獨孤氏崩。甲申，葬敬后。

五月乙未，以大司空、梁國公侯莫陳崇爲大宗伯。

六月癸亥，嚈噠遣使獻方物。己巳，板授高年刺史、守、令，恤鰥寡孤獨各有差。分長安爲萬年縣，並治京城。辛未，幸昆明池。壬申，長安獻白烏。遣使分行州郡，理囚徒，察風俗，掩骼埋胔。

秋七月甲午，遣柱國、寧蜀公尉遲迥率衆於河南築安樂城。丙申，順陽獻三足烏。

八月甲子，羣臣上表稱慶。詔曰：「夫天不愛寶，地稱表瑞，莫不威鳳巢閣，圖龍躍沼，豈直日月珠連，風雨玉燭。是以鉤命決曰『王者至孝則出』，元命苞曰『人君至治所有』。虞舜烝烝，來兹異趾；周文翼翼，翔此靈禽。文考至德下覃，遺仁爰被，遠符千載，降斯三足。將使三方歸本，九州翕定。惟此大體，〔二〕景福在民。予安敢讓宗廟之善，〔三〕弗宣大惠。可大赦天下，文武官普進二級。」

九月辛卯，以大將軍楊忠、大將軍王雄並爲柱國。〔四〕甲辰，封少師元羅爲韓國公，以紹

魏後。丁未，幸同州。過故宅，賦詩曰：「玉燭調秋氣，金輿歷舊宮。還如過白水，更似入新豐。霜潭漬晚菊，寒井落疎桐。舉盃延故老，令聞歌大風。」

冬十月辛酉，還宮。乙丑，遣柱國尉遲迥鎮隴右。長安獻白兔。

十二月辛酉，突厥遣使獻方物。癸亥，太廟成。辛巳，以功臣琅邪貞獻公賀拔勝等十三人配享太祖廟庭。壬午，大赦天下。

武成元年春正月己酉，太師、晉公護上表歸政，帝始親覽萬機。軍旅之事，護猶總焉。初改都督諸州軍事爲總管。丙辰，封大將軍、章武孝公導子亮爲永昌公，翼爲西陽公。

三月癸巳，陳六軍，帝親擐甲冑，迎太白於東方。秦郡公直鎮蒲州。吐谷渾寇邊，庚戌，遣大司馬、博陵公賀蘭祥率衆討之。

四月戊午，武當郡獻赤烏。甲戌，雲。〔五〕秦州獻白馬朱鬣。

五月戊子，詔曰：「皇王之迹不一，因革之道已殊，莫不播八政以成物，兆三元而爲紀。是以容成創定於軒轅，羲和欽若於唐世，鴻範九疇，大弘五法。易曰：『澤中有火，革，君子以治歷明時。』故歷之爲義大矣。但忽微成象，象極則差；分積命時，時積斯舛。開闢至於獲麟，二百七十六萬歲，晷度推移，餘分盈縮，南正無聞，疇人靡記。暑往寒來，理乖攸序，敬授民時，何其積謬。昔漢世巴郡洛下閎善治歷，云後八百歲，當有聖人定之。自火行至今，木德應其運矣，朕何讓焉。可命有司，傍稽六曆，仰觀七曜，博推古今，造我周曆，量定以聞。」己亥，聽訟於正武殿。辛亥，以大宗伯、梁國公侯莫陳崇爲大司徒，大司寇、高陽公達奚武爲大宗伯，武陽公豆盧寧爲大司寇，柱國、輔城公邕爲大司空。乙卯，詔曰：「比屢有糾發官司赦前事。此雖意在疾惡，但先王制肆眚之道，令天下自新。若又推問，自新何由哉。如此之徒，有司勿爲推究。惟庫廄倉廩與海內所共，漢帝有云『朕爲天下守財耳』。若有侵盜公家財畜錢粟者，魏朝之事，年月既遠，一不須問。自周有天下以來，雖經赦宥，而事跡可知者，有司宜即推窮。得實之日，但免其罪，徵備如法。」賀蘭祥攻拔洮陽、洪和二城，吐谷渾遁走。

閏月庚申，高昌遣使獻方物。

六月戊子，大雨霖。詔曰：「昔唐咨四嶽，殷告六眚，覩災興懼，咸寘時雍。朕撫運應圖，作民父母，弗敢怠荒，以求民瘼。而霖雨作沴，害麥傷苗，隤屋漂垣，洎于昏墊。諒朕不德，蒼生何咎。刑政所失，罔識厥由。公卿大夫士爰及牧守黎庶等，今宜各上封事，讜言極諫，罔有所諱。朕將覽察，以答天譴。其遭水者，有司可時巡檢，條列以聞。」庚子，詔曰：「潁川從我，是曰元勳；無忘父城，實起王業。文考屬天地草昧，造化權輿，拯彼橫流，匡兹

頹運。賴英賢盡力，文武同心，翼贊大功，克隆帝業。而被堅執銳，櫛風沐雨，永言疇昔，良用憮然。至若功成名遂，建國剖符，予惟休也。其有致死王事，妻子無歸者，朕甚傷之。凡是從先王向夏州，發夏州從來，見在及薨亡者，並量賜錢帛，稱朕意焉。」是月，陳武帝薨，兄子蒨立，是謂文帝。

秋八月己亥，改天王稱皇帝，追尊文王爲帝，〔六〕大赦改元。壬子，以大將軍、安城公憲爲益州總管。癸丑，增御正四人，位上大夫。

九月乙卯，以大將軍、天水公廣爲梁州總管。辛未，進封輔城公邕爲魯國公，安城公憲爲齊國公，秦郡公直爲衞國公，正平公招爲趙國公。封皇弟儉爲譙國公，純爲陳國公，盛爲越國公，達爲代國公，通爲冀國公，逌爲滕國公。進封天水公廣爲蔡國公，高陽公達奚武爲鄭國公，武陽公豆盧寧爲楚國公，博陵公賀蘭祥爲涼國公，寧蜀公尉遲迥爲蜀國公，化政公宇文貴爲許國公，陳留公楊忠爲(隋)〔隨〕國公，〔七〕昌平公尉遲綱爲吳國公，武威公王雄爲庸國公。邑各萬戶。

冬十月甲午，以柱國、吳國公尉遲綱爲涇州總管。是月，齊文宣帝薨，子殷嗣立。以柱國、蜀國公尉遲迥爲秦州總管。

二年春正月癸丑朔，大會羣臣於紫極殿，始用百戲焉。三月辛酉，重陽閣成，會羣公列將卿大夫及突厥使者於芳林園，賜錢帛各有差。夏四月，帝因食遇毒。庚子，大漸。詔曰：

人生天地之間，禀五常之氣，天地有窮已，五常有推移，人安得長在。是以生而有死者，物理之必然。處必然之理，修短之間，何足多恨。朕雖不德，性好典墳，披覽聖賢餘論，未嘗不以此自曉。今乃命也，夫復何言。諸公及在朝卿大夫士，軍中大小督將、軍〔人〕等，〔八〕並立勳效，積有年載，輔翼太祖，成我周家。今朕纘承大業，處萬乘之上，此乃上不負太祖，下不負朕躬，朕得啓手啓足，從先帝於地下，實無恨於心矣。所可恨者，朕享大位，可謂四年矣，不能使政化循理，黎庶豐足，九州未一，二方猶梗，顧此懷恨，目用不瞑。唯冀仁兄冢宰，洎朕先正、先父、公卿大臣等，協和爲心，勉力相勸，勿忘太祖遺志，提挈後人，朕雖沒九泉，形體不朽。

今大位虛曠，社稷無主。朕兒幼稚，未堪當國。魯國公邕，朕之介弟，寬仁大度，海內共聞，能弘我周家，必此子也。夫人貴有始終，公等事太祖，輔朕躬，可謂有始矣，若克念世道艱難，輔邕以主天下者，可謂有終矣。哀死事生，人臣大節，公等思念此言，令萬代稱歎。

朕禀生儉素，非能力行菲薄，每寢大布之被，服大帛之衣，凡是器用，皆無雕刻。身終之日，豈容違棄此好。喪事所須，務從儉約，斂以時服，勿使有金玉之飾。若以禮不可闕，皆令用瓦。小斂訖，七日哭。文武百官各權辟衰麻，且以素服從事。葬日，選擇不毛之地，因地勢爲墳，勿封勿樹。且厚葬傷生，聖人所誡，朕既服膺聖人之教，安敢違之。凡百官司，勿異朕此意。四方州鎮使到，各令三日哭，哭訖，悉權辟凶服，還以素服從事，待大例除。非有呼召，各按部自守，不得輒奔赴闕庭。禮有通塞隨時之義，葬訖，內外悉除服從吉。三年之內，勿禁婚娶，飲食一令如平常也。

時事殷猥，病困心亂，止能及此。如其事有不盡，准此以類爲斷。死而近思，〔九〕古人有之。朕今忍死，書此懷抱。

其詔卽帝口授也。辛丑，崩於延壽殿，時年二十七，謚曰明皇帝，廟稱世宗。五月辛未，葬於昭陵。

帝寬明仁厚，敦睦九族，有君人之量。幼而好學，博覽羣書，善屬文，詞彩溫麗。及卽位，集公卿已下有文學者八十餘人於麟趾殿，刊校經史。又捃採衆書，自羲、農以來，訖於魏末，敍爲世譜，凡五百卷云。所著文章十卷。〔一〇〕

史臣曰：世宗寬仁遠度，叡哲博聞。處代邸之尊，實文昭之長。豹姿已變，龍德猶潛，而百辟傾心，萬方注意。及乎迎宣黜賀，入纂大宗，而禮貌功臣，敦睦九族，率由恭儉，崇尚文儒，亹亹焉其有君人之德者矣。始則權臣專制，政出私門；終乃鴆毒潛加，享年不永。惜哉！〔一一〕

校勘記

〔一〕河東置蒲州　「置」原作「至」，諸本都作「置」，今逕改。

〔二〕惟此大體　冊府卷二二二二五一一頁卷八三三九七八頁、御覽卷九二〇四〇八三頁「體」作「禮」，較長。

〔三〕予安敢讓宗廟之善　冊府卷二二三二五一一頁、御覽卷九二〇四〇八三頁「讓」作「攘」，較長。

〔四〕大將軍王雄並爲柱國　諸本「王」都作「楊」。殿本考證云：「按楊雄至武帝時始顯，又其傳中卷二九楊紹傳附見無爲柱國事。王雄傳卷一九云：『孝閔帝踐祚，授少傅，增邑二千戶，進位柱國大將軍』，其爲王雄無疑。今改正。但傳云孝閔帝踐祚，進柱國大將軍，而本紀雄爲柱國，乃在明帝二年，亦與傳不合。」按殿本改「楊」作「王」是對的，隋書卷四三觀德王雄傳，授柱國在周末，非明帝時。北史卷九周本紀上正作「王雄」。至王雄傳進位柱國在孝閔帝踐祚後，明帝武成初之前，

未爲不合。

〔五〕甲戌雲　本紀很少特書某日雲之例，某日雩常見史籍，疑「雲」爲「雩」之訛。

〔六〕追尊文王爲帝　北史卷九周本紀上作「追尊文王爲文皇帝」。冊府卷二一九三一九頁作「追尊文王爲文帝」，下多「祖考爲德皇帝」六字。按卷一文帝紀明云武成初，追尊宇文泰父肱爲德皇帝，此處疑當有此語。

〔七〕楊忠爲(隋)〔隨〕國公　宋本「隋」作「隨」。按改「隨」稱「隋」乃後事，今據改。此後逕改，不出校記。

〔八〕軍中大小督將軍〔人〕等　北史「軍」下有「人」字。按督將、軍人爲當時習用語，此脫「人」字，今據補。

〔九〕死而近思　北史周本紀上作「死而可忍」，與下「朕今忍死」句相啣接，疑是。

〔一〇〕敍爲世譜凡五百卷云所著文章十卷　北史周本紀上「五百卷」作「百卷」。隋書卷三五經籍志四後周明帝集九卷。

〔一一〕惜哉　宋本上多「嗚呼」二字。

周書卷五

帝紀第五

武帝上

高祖武皇帝諱邕，字禰羅突，太祖第四子也。母曰叱奴太后。大統九年，生於同州，有神光照室。幼而孝敬，聰敏有器質。太祖異之，曰：「成吾志者，必此兒也。」年十二，封輔城郡公。孝閔帝踐阼，拜大將軍，出鎮同州。世宗即位，遷柱國，授蒲州諸軍事、蒲州刺史。武成元年，入爲大司空、治御正，進封魯國公，領宗師。甚爲世宗所親愛，朝廷大事，多共參議。性沉深有遠識，非因顧問，終不輒言。世宗每歎曰：「夫人不言，言必有中。」

武成二年夏四月，世宗崩，遺詔傳帝位於高祖。高祖固讓，百官勸進，乃從之。壬寅，即皇帝位，大赦天下。冬十二月，改作露門、應門。

是歲，齊常山王高演廢其主殷而自立，是爲孝昭帝。

保定元年春正月戊申，詔曰：「寒暑亟周，奄及徂歲，改元命始，國之典章。朕祗承寶圖，宜遵故實。可改武成三年爲保定元年。嘉號既新，惠澤宜布，文武百官，各增四級。」以大冢宰、晉國公護爲都督中外諸軍事，令五府總於天官。庚戌，祠圓丘。壬子，祠方丘。甲寅，祠感生帝於南郊。乙卯，祠太社。辛酉，突厥遣使獻其方物。戊辰，詔曰：「履端開物，實資元后；代終成務，諒惟宰棟。故周文公以上聖之智，翼彼姬周，爰作六典，用光七百。自茲厥後，代失其緒，俾巍巍之化，歷千祀而莫傳；郁郁之風，終百王而永墜。我太祖文皇帝稟純和之氣，挺天縱之英，德配乾元，功侔造化，故能捨末世之弊風，蹈隆周之叙典，誕述百官，厥用允集。所謂乾坤改而重構，豈帝王洪範而已哉。朕入嗣大寶，思揚休烈。今可班斯禮於太祖廟庭。」己巳，祠太廟，班太祖所述六官焉。癸酉，吐谷渾、高昌並遣使獻方物。甲戌，詔先經兵戎官年六十已上，〔一〕及民七十已上，節級板授官。乙亥，親耕籍田。丙子，大射於正武殿，賜百官各有差。

二月己卯，遣大使巡察天下。於洮陽置洮州。甲午，朝日於東郊。乙未，突厥、宕昌並遣使獻方物。丙午，省轝輦，去百戲。弘農上言九尾狐見。

三月丙寅，改八丁兵爲十二丁兵，率歲一月役。

夏四月丙子朔，日有食之。庚寅，以少傅、吳公尉遲綱爲大司空。丁酉，白蘭遣使獻犀甲、鐵鎧。

五月丙午，封孝閔皇帝子康爲紀國公，皇子贇爲魯國公。晉公護獲玉斗以獻。戊辰，突厥、龜茲並遣使獻方物。

六月乙酉，遣治御正殷不害等使於陳。

秋七月戊申，詔曰：「亢旱歷時，嘉苗殄悴。豈獄犴失理，刑罰乖衷歟？其所在見囚：死以下，〔二〕一歲刑以上，各降本罪一等；百鞭以下，悉原免之。」更鑄錢，文曰「布泉」，以一當五，與五銖並行。己酉，追封皇伯父顥爲邵國公，以晉公子江陵公會爲後；次伯父連爲杞國公，以章武孝公子永昌公亮爲後；第三伯父洛生爲莒國公，以晉公子崇業公至爲後；又追封武邑公震爲宋國公，以世宗子實爲後：並襲封。己巳，熒惑入輿鬼，犯積尸。

九月甲辰，南寧州遣使獻滇馬及蜀鎧。乙巳，客星見於翼。

冬十月甲戌，日有蝕之。戊寅，熒惑犯太微上將，合焉。

十一月乙巳，以大將軍、衞國公直爲雍州牧。陳遣使來聘。進封柱國、廣武公竇熾爲鄧國公。丁巳，狩於岐陽。是月，齊孝昭帝薨，弟長廣王湛代立，是爲武成帝。

十二月壬午，至自岐陽。

是歲，追封皇族祖仲爲虞國公。

二年春正月壬寅，初於蒲州開河渠，同州開龍首渠，以廣灌溉。丁未，以陳主弟頊爲柱國，送還江南。

閏月己丑，詔柱國以下，帥都督以上，母妻授太夫人、夫人、郡君、縣君各有差。癸巳，太白入昴。己亥，柱國、大司馬、涼國公賀蘭祥薨。洛州民周共妖言惑衆，假署將相，事發伏誅。

二月壬寅，熒惑犯太微上相。癸丑，以久不雨，降宥罪人，京城三十里內禁酒。梁主蕭詧薨。以大將軍、蔡國公廣爲秦州總管。

三月壬午，熒惑犯左執法。

夏四月甲辰，禁屠宰，旱故也。丁巳，南陽獻三足烏。湖州上言見二白鹿從三角獸而行。己未，於伏流城置和州。癸亥，詔曰：「比以寇難猶梗，九州未一，文武之官立功效者，雖錫以茅土，而未(及)〔給〕租賦。〔三〕諸柱國等勳德隆重，宜有優崇，各准別制，邑戶聽寄食他縣。」

五月庚午，以山南衆瑞並集，大赦天下，百官及軍人，普汎二級。南陽宛縣三足烏所

集，免今年役及租賦之半。壬辰，以柱國隨國公楊忠爲大司空，吳國公尉遲綱爲陝州總管。

六月己亥，以柱國蜀國公尉遲迥爲大司馬，邵國公會爲蒲州總管。分山南荆州、安州、襄州、江陵爲四州總管。

秋七月己巳，封開府賀拔緯爲霍國公。乙亥，太白犯輿鬼。

九月戊辰朔，日有蝕之。陳遣使來聘。

冬十月戊戌，詔曰：「樹之元首，君臨海內，本乎宣明教化，亭毒黔黎；豈唯尊貴其身，侈富其位。是以唐堯疏葛之衣，麤糲之食，尙臨汾陽而永歎，登姑射而興想。況無聖人之德而嗜欲過之，何以克厭衆心，處于尊位，朕甚恧焉。今巨寇未平，軍戎費廣，百姓空虛，與誰爲足。凡是供朕衣服飲食，四時所須，爰及宮內調度，朕今手自減削。縱不得頓行古人之道，豈曰全無庶幾。凡爾百司，安得不思省約，勗朕不逮者哉。」辛亥，帝御大武殿大射，公卿列將皆會。戊午，講武於少陵原。分南寧州置恭州。

十一月丁卯，以大將軍衞國公直、大將軍趙國公招並爲柱國。又以招爲益州總管。壬午，熒惑犯歲星於危南。

十二月，益州獻赤烏。

三年春正月辛未，改光遷國爲遷州。乙酉，太保、梁國公侯莫陳崇賜死。壬辰，於乞銀城置銀州。

二月庚子，初頒新律。辛丑，詔魏大統九年以前，都督以上身亡而子孫未齒敍者，節級授官。渭州獻三足烏。辛酉，詔曰：「二儀創闢，玄象著明；三才已備，曆數昭列。故書稱欽若敬授，易序治曆明時。此先代一定之典，百王不易之務。伏惟太祖文皇帝，敬順昊天，憂勞庶政，曆序六家，以陰陽爲首。洎予小子，弗克遵行，惟斯不安，夕惕若厲。自頃朝廷權輿，事多倉卒，乖和爽序，違失先志。致風雨愆時，疾厲屢起，嘉生不遂，萬物不長，〔四〕朕甚傷之。自今舉大事、行大政，非軍機急速，皆宜依月令，以順天心。」

三月乙丑朔，日有蝕之。丙子，宕昌遣使獻生猛獸二，詔放之南山。乙酉，益州獻三足烏。

夏四月乙未，以柱國、鄭國公達奚武爲太保，大將軍韓果爲柱國。己亥，帝御正武殿錄囚徒。癸卯，大雩。癸丑，有牛足生於背。戊午，幸太學，以太傅、燕國公于謹爲三老而問道焉。初禁天下報讎，犯者以殺人論。壬戌，詔百官及民庶上封事，極言得失。

五月甲子朔，避正寢不受朝，旱故也。甲戌，雨。

秋七月戊辰，行幸原州。庚午，陳遣使來聘。丁丑，幸津門，問百年，賜以錢帛，又賜高

年板職各有差，降死罪一等。

八月丁未，改作露寢。

九月甲子，自原州登隴山。熒惑犯太微上將。丙戌，幸同州。戊子，詔柱國楊忠率騎一萬與突厥伐齊。己丑，蒲州獻嘉禾，異畝同穎。初令世襲州郡縣者改爲五等爵，州封伯，郡封子，縣封男。

冬十月壬辰，熒惑犯左執法。乙巳，以開府、杞國公亮爲梁州總管。庚戌，陳遣使來聘。

十有二月辛卯，至自同州。遣太保、鄭國公達奚武率騎三萬出平陽以應楊忠。是月，有人生子男，而陰在背後如尾，兩足指如獸爪。有犬生子，腰以後分爲二身，兩尾六足。

四年春正月庚申，楊忠破齊長城，至晉陽而還。

二月庚寅朔，日有蝕之。甲午，熒惑犯房右驂。

三月己未，熒惑又犯房右驂。庚辰，初令百官執笏。

夏四月癸卯，以柱國、鄧公竇熾爲大宗伯。

五月壬戌，封世宗長子賢爲畢國公。丁卯，突厥遣使獻方物。癸酉，以大將軍、安武公

李穆爲柱國。丁亥，改禮部爲司宗，大司禮爲禮部，大司樂爲樂部。

六月庚寅，改御伯爲納言。

秋七月戊午，(粟)〔栗〕特遣使獻方物。〔五〕戊寅，焉耆遣使獻名馬。

八月丁亥朔，日有蝕之。詔柱國楊忠率師與突厥東伐，至北河而還。戊子，以柱國齊公憲爲雍州牧，許國公宇文貴爲大司徒。

九月丁巳，以柱國、衞國公直爲大司空，封開府李昞爲唐國公，〔六〕若干鳳爲徐國公。陳遣使來聘。是月，以皇世母閻氏自齊至，大赦天下。

閏月己亥，以大將軍韋孝寬、大將軍長孫儉並爲柱國。

冬十月癸亥，以大將軍陸通、大將軍宇文盛、蔡國公廣並爲柱國。甲子，詔大將軍、大冢宰、晉國公護率軍伐齊，帝於太廟庭授以斧鉞。於是護總大軍出潼關，大將軍權景宣率山南諸軍出豫州，少師楊摽出(枳)〔軹〕關。〔七〕丁卯，幸沙苑勞師。癸酉，還宮。

十一月甲午，柱國、蜀國公尉遲迥率師圍洛陽，柱國、齊國公憲營於邙山，晉公護次於陝州。

十二月，權景宣攻齊豫州，刺史王士良以州降。壬戌，齊師渡河，晨至洛陽，諸軍驚散。尉遲迥率麾下數十騎扞敵，得却，至夜引還。柱國、庸國公王雄力戰，死之。遂班師。楊摽

於軹關戰沒。權景宣亦棄豫州而還。

五年春正月甲申朔，廢朝，以庸國公王雄死王事故也。辛卯，白虹貫日。庚子，令荆州、安州、江陵等總管並隸襄州總管府，以柱國、大司空、衞國公直爲襄州總管。甲辰，太白、熒惑、歲星合於婁。

二月辛酉，詔陳國公純、柱國許國公宇文貴、神武公竇毅、南安公楊(薦)〔荐〕等，〔八〕如突厥逆女。甲子，郢州獲綠毛龜。丙寅，以柱國安武公李穆爲大司空，綏德公陸通爲大司寇。

三月戊子，柱國、楚國公豆盧寧薨。壬申，行幸岐州。

夏四月，齊武成禪位於其太子緯，自稱太上皇帝。

五月丙戌，以皇族父興爲大將軍，襲虞國公封。己亥，詔左右武伯各置中大夫一人。

六月庚申，彗星出三台，入文昌，犯上將，後經紫宮西垣入危，漸長一丈餘，指室、壁。後百餘日，稍短，長二尺五寸，在虛、危滅。辛未，詔曰：「江陵人年六十五以上爲官奴婢者，已令放免。其公私奴婢有年至七十以外者，所在官司，宜贖爲庶人。」

秋七月辛巳朔，日有蝕之。庚寅，行幸秦州。降死罪以下。辛丑，遣大使巡察天下。

八月丙子，至自秦州。

九月乙巳，益州獻三足烏。

冬十月辛亥，改函谷關城爲通洛防。

十一月庚辰，岐州上言一角獸見。甲午，吐谷渾遣使獻方物。丁未，陳遣使來聘。

天和元年春正月己卯，日有蝕之。辛巳，露寢成，幸之。令羣臣賦古詩，京邑耆老並預會焉，頒賜各有差。癸未，大赦改元，百官普加四級。己亥，親耕籍田。丁未，於宕昌置宕州。以柱國、昌寧公長孫儉爲陝州總管。遣小載師杜杲使於陳。

二月戊申，以開府、中山公訓爲蒲州總管。戊辰，詔三公已下各舉所知。庚午，日鬭，光遂微，日裏烏見。

三月丙午，祠南郊。

夏四月己酉，益州獻三足烏。辛亥，雩。甲子，日有交暈，白虹貫之。是月，陳文帝薨，子伯宗嗣立。

五月庚辰，帝御正武殿，集羣臣親講禮記。吐谷渾龍涸王莫昌率戶內附，以其地爲扶州。甲午，詔曰：「道德交喪，禮義嗣興。褒四始於一言，美三千於爲敬。是以在上不驕，處滿不溢，富貴所以長守，邦國於焉乂安。故能承天靜地，和民敬鬼，明並日月，道錯四時。朕雖庸昧，有志前古。甲子乙卯，禮云不樂。萇弘表昆吾之稔，杜蕢有揚觶之文。自世道喪亂，禮儀紊毀，此典茫然，已墜於地。昔周王受命，請聞顓頊。廟有戒盈之器，室爲復禮之銘。矧伊末學，而能忘此。宜依是日，省事停樂。庶知爲君之難，爲臣不易。貽之後昆，殷鑒斯在。」

六月丙午，以大將軍、枹罕公辛威爲柱國。

秋七月戊寅，築武功、郿、斜谷、武都、留谷、津坑諸城，以置軍人。壬午，詔：「諸胄子入學，但束脩於師，不勞釋奠。釋奠者，學成之祭，自今卽爲恆式。」

八月己未，詔：「諸有三年之喪，或負土成墳，或寢苫骨立，一志一行，可稱揚者，仰本部官司，隨事言上。當加弔勉，以厲薄俗。」

九月乙亥，信州蠻冉令賢、向五子王反，詔開府陸騰討平之。

冬十月乙卯，太白晝見，經天。甲子，初造山雲儛，以備六代之樂。

十一月丙戌，行幸武功等新城。十二月庚申，還宮。

二年春正月癸酉朔，日有蝕之。己亥，親耕籍田。

三月癸酉，改武遊園爲道會苑。丁亥，初立郊丘壇壝制度。

夏四月乙巳，省東南諸州：以潁州、歸州、溳州、均州入唐州，〔九〕油州入純州，鴻州入淮州，洞州入湖州，睢州入襄州，憲州入昌州。以大將軍、陳國公純爲柱國。

五月壬申，突厥、吐谷渾、安息並遣使獻方物。丁丑，進封柱國、安武公李穆爲申國公。己丑，歲星與熒惑合於井。

六月辛亥，尊所生叱奴氏爲皇太后。甲子，月入畢。

閏月庚午，地震。戊寅，陳湘州刺史華皎率衆來附，遣襄州總管衞國公直率柱國綏(國)〔德〕公陸通、〔一〇〕大將軍田弘、權景宣、元定等，將兵援之，因而南伐。壬辰，以大將軍、譙國公儉爲柱國。丁酉，歲星、太白合於柳。戊戌，襄州上言慶雲見。

秋七月辛丑，梁州上言鳳凰集於楓樹，羣鳥列侍以萬數。甲辰，立露門學，置生七十二人。庚戌，太白犯軒轅。壬子，以太傅、燕國公于謹爲雍州牧。

九月，衞國公直等與陳將淳于量、吳明徹戰於沌口，王師失利。元定以步騎數千先度，遂沒江南。

冬十月辛卯，日出入時，有黑氣一，大如盃，在日中。甲午，又加一焉。經六日乃滅。

十一月戊戌朔，日有蝕之。癸丑，太保、許國公宇文貴薨。

三年春正月辛丑，祠南郊。

二月丁卯，幸武功。丁亥，還宮。

三月癸卯，皇后阿史那氏至自突厥。甲辰，大赦天下，亡官失爵，並聽復舊。丁未，大會百寮及四方賓客於路寢，賜衣馬錢帛各有差。甲寅，以柱國陳國公純爲秦州總管，蔡國公廣爲陝州總管。

夏四月辛巳，以太保、鄭國公達奚武爲太傅，大司馬、蜀國公尉遲迥爲太保，柱國、齊國公憲爲大司馬。戊午，太傅、柱國、燕國公于謹薨。己未，太白犯井北軒第一星。

五月庚戌，祠太廟。庚申，行幸醴泉宮。

六月甲戌，有星孛於東井，北行一月，至輿鬼，乃滅。

秋七月壬寅，柱國、隨國公楊忠薨。戊午，至自醴泉宮。己未，客星見房，漸東行入天市，犯營室，至奎，四十餘日乃滅。

八月乙丑，韓國公元羅薨。齊請和親，遣使來聘，詔軍司馬陸逞、[二]兵部尹公正報聘焉。癸酉，帝御大德殿，集百僚及沙門、道士等親講禮記。

九月庚戌，太白與鎮星合於角。

冬十月癸亥，祠太廟。丙戌，太白入氐。丁亥，上親率六軍講武於城南，京邑觀者，輿馬彌漫數十里，諸蕃使咸在焉。

十一月壬辰朔，日有蝕之。甲辰，行幸岐陽。壬子，遣開府崔彥穆、小賓部元暉使於齊。甲寅，陳安成王頊廢其主伯宗而自立，是爲宣帝。

十二月丁丑，至自岐陽。是月，齊武成帝薨。

四年春正月辛卯朔，廢朝，以齊武成薨故也。遣司會、河陽公李綸等會葬於齊，仍弔賻焉。

二月癸亥，以柱國、昌寧公長孫儉爲夏州總管。戊辰，帝御大德殿，集百僚、道士、沙門等討論釋老義。歲星逆行，掩太微上將。庚午，有流星大如斗，出左攝提，流至天津，滅後，有聲如雷。

夏四月(乙)[己]巳，[三]齊遣使來聘。

五月己丑，帝制象經成，集百僚講說。封魏廣平公子元謙爲韓國公，以紹魏後。庚戌，行幸醴泉宮。丁巳，柱國、吳國公尉遲綱薨。

六月，築原州及涇州東城。

秋七月辛亥，至自醴泉宮。丁巳，突厥遣使獻馬。

八月庚辰，盜殺孔城防主，以其地入齊。

九月辛卯，遣柱國、齊國公憲率衆於宜陽築崇德等城。

冬十一月辛亥，柱國、昌寧公長孫儉薨。

十二月壬午，罷隴州。

五年春二月己巳，邵惠公顥孫胄自齊來歸。改邵國公會爲譚國公，封胄爲邵國公。

三月辛卯，進封柱國韋孝寬爲鄖國公。甲辰，初令宿衛官住關外者，將家累入京，不樂者，解宿衛。

夏四月甲寅，以柱國宇文盛爲大宗伯。行幸醴泉宮。省帥都督官。丙寅，遣大使巡天下。[四]以陳國公純爲陝州總管。

六月壬辰，封開府梁睿爲蔣國公。庚子，降有罪人，並免逋租懸調等，以皇女生故也。

七月，鹽州獻白兔。乙卯，至自醴泉宮。辛巳，以柱國、譙國公儉爲益州總管。

九月己卯，太白、歲星合於亢。

冬十月辛巳朔，日有蝕之。丙戌，太白、鎮星合於氐。丁酉，太傅、鄭國公達奚武薨。

十一月乙丑，追封章武孝公導爲豳國公，以蔡國併於豳。丁卯，柱國、豳國公廣薨。

十二月癸巳，大將軍鄭恪率師平越巂，置西寧州。

是冬，齊將斛律明月寇邊，於汾北築城，自華谷至於龍門。

六年春正月己酉朔，廢朝，以露門未成故也。詔柱國、齊國公憲率師禦斛律明月。丁卯，以大將軍張掖公王傑、譚國公會、鴈門公田弘、魏國公李暉等並爲柱國。

二月己丑夜，有蒼雲廣三尺許經天，自戌加辰。

三月己酉，齊國公憲自龍門度河，斛律明月退保華谷，憲攻拔其新築五城。

夏四月戊寅朔，日有蝕之。己卯，熒惑犯輿鬼。辛卯，信州蠻渠冉祖喜、冉龍驤舉兵反，遣大將軍趙誾率師討平之。甲午，以柱國、燕國公于寔爲涼州總管，[五]大將軍、杞國公亮爲秦州總管。庚子，以大將軍、滎陽公司馬消難爲柱國。陳國公純、鴈門公田弘率師取齊宜陽等九城。以大將軍武安公侯莫陳瓊、太安公閻慶、[六]神武公竇毅、南陽公叱羅協、平高公侯伏侯龍恩並爲柱國。封開府斛斯徵爲岐國公，右宮伯長孫覽爲薛國公。

五月癸卯，[七]遣納言鄭詡使於陳。丙寅，以大將軍唐國公李昞、中山公訓、杞國公亮、上庸公陸騰、安義公宇文丘、北平公寇紹、許國公宇文善、犍爲公高琳、鄭國公達奚震、隴

東公楊纂、常山公于翼並爲柱國。

六月乙未，以大將軍、太原公王秉爲柱國。〔一七〕是月，齊將段孝先攻陷汾州。

秋七月乙丑，以大將軍、越國公盛爲柱國。

八月癸未，鎮星、歲星、太白合於氐。

九月庚申，月在婁，蝕之既，光不復。癸酉，省掖庭四夷樂、後宮羅綺工人五百餘人。

冬十月壬午，(冀)〔冀〕國公通薨。〔一八〕乙未，遣右武伯谷會琨、御正蔡斌使於齊。壬寅，上親率六軍講武於城南。

十一月壬子，以大將軍梁國公侯莫陳芮、大將軍李意並爲柱國。丙辰，齊遣使來聘。丁巳，行幸散關。十二月己丑，還宮。

是冬，牛大疫，死者十六七。

建德元年春正月戊午，帝幸玄都觀，親御法座講說，公卿道俗論難，事畢還宮。降死罪及流罪一等，其五歲刑已下，並宥之。

二月癸酉，遣大將軍、昌城公(孫)深使於突厥，〔一九〕司(賓)〔宗〕李際、〔二〇〕小賓部賀遂禮使於齊。乙酉，柱國、安義公宇文丘薨。

三月癸卯朔，日有蝕之。齊遣使來聘。丙辰，誅大冢宰晉國公護、護子柱國譚國公會、會弟大將軍莒國公至、崇業公靜，並柱國侯伏侯龍恩、龍恩弟大將軍萬壽、大將軍劉勇等。大赦，改元。罷中外府。癸亥，以太傅、蜀國公尉遲迥爲太師，柱國鄧國公竇熾爲太傅，大司空、申國公李穆爲太保，齊國公憲爲大冢宰，衞國公直爲大司徒，趙國公招爲大司空，柱國枹罕公辛威爲大司寇，綏德公陸通爲大司馬。詔曰：「民亦勞止，則星動於天；作事不時，則石言於國。故知爲政欲靜，靜在寧民；爲治欲安，安在息役。頃興造無度，徵發不已，加以頻歲師旅，農畝廢業。去秋灾蝗，年穀不登，民有散亡，家空杼軸。朕每旦恭己，夕惕兢懷。自今正調以外，無妄徵發。庶時殷俗阜，稱朕意焉。」

夏四月甲戌，以代國公達、滕國公逌並爲柱國。詔荊州、安州、江陵等總管停隸襄州。己卯，以柱國張掖公王傑爲涇州總管，魏國公李暉爲梁州總管。詔公卿以下各舉所知。遣工部代公達、小禮部辛彥之使於齊。丙戌，詔百官軍民上封事，極言得失。丁亥，詔斷四方非常貢獻。庚寅，追尊略陽公爲孝閔皇帝。癸巳，立魯國公贇爲皇太子。大赦天下，百官各加封級。

五月，封衞國公直長子賓爲莒國公，紹莒莊公洛生後。壬戌，帝以大旱，集百官於庭，詔之曰：「盛農之節，亢陽不雨，氣序愆度，蓋不徒然。豈朕德薄，刑賞乖中歟？將公卿大臣或非其人歟？宜盡直言，無得有隱。」公卿各引咎自責。其夜澍雨。

六月庚子，改置宿衞官員。

秋七月辛丑，陳遣使來聘。丙午，辰星、太白合於東井。己酉，月犯心中星。

九月庚子朔，日有蝕之。庚申，扶風掘地得玉盃以獻。

冬十月庚午，詔江陵所獲俘虜充官口者，悉免爲民。辛未，遣小匠師楊勰、齊馭唐則使於陳。柱國、大司馬、綏德公陸通薨。

十一月丙午，上親率六軍講武城南。庚戌，行幸羌橋，集京城以東諸軍都督以上，頒賜有差。乙卯，還宮。壬戌，以大司空、趙國公招爲大司馬。乙未，月犯心中星。

十二月壬申，行幸斜谷，集京城以西諸軍都督已上，頒賜有差。丙戌，還宮。己丑，帝御正武殿，親錄囚徒，至夜而罷。庚寅，幸道會苑，以上善殿壯麗，遂焚之。

二年春正月辛丑，祠南郊。乙巳，以柱國、鴈門公田弘爲大司空，大將軍、徐國公若干鳳爲柱國。庚戌，復置帥都督官。乙卯，祠太廟。

閏月己巳，陳遣使來聘。

二月辛亥，白虹貫日。甲寅，詔皇太子贇撫巡西土。壬戌，遣司會侯莫陳凱、太子宮尹

鄭譯使於齊。熒惑犯輿鬼，入積尸。省雍州內八郡，併入京兆、馮翊、扶風、咸陽等郡。

三月己卯，皇太子於岐州獲二白鹿以獻。詔答曰：「在德不在瑞。」癸巳，省六府諸司中大夫以下官，府置四司，以下大夫爲之官長，上士貳之。

夏四月己亥，祠太廟。丙辰，增改東宮官員。

五月丁卯，熒惑犯右執法。丁丑，以柱國周昌公侯莫陳瓊爲大宗伯，滎陽公司馬消難爲大司寇，上庸公陸騰爲大司空。

六月庚子，省六府員外諸官，皆爲丞。甲辰，月犯心中星。壬子，皇孫衍生，文武官普加一階。大選諸軍將帥。丙辰，帝御露寢，集諸軍將，勗以戎事。庚申，詔諸軍旌旗皆畫以猛獸、鷙鳥之象。

秋七月己巳，祠太廟。自春末不雨，至於是月。壬申，集百寮於大德殿，帝責躬罪己，問以治政得失。戊子，雨。

八月丙午，改三夫人爲三妃。關內大蝗。

九月乙丑，陳遣使來聘。癸酉，太白犯右執法。戊寅，以柱國、鄭國公達奚震爲金州總管。詔曰：「政在節財，禮唯寧儉。而頃者婚嫁競爲奢靡，牢羞之費，罄竭資財，甚乖典訓之理。有司宜加宣勒，使咸遵禮制。」壬午，納皇太子妃楊氏。

冬十月癸卯，齊遣使來聘。甲辰，六代樂成，帝御崇信殿，集百官以觀之。

十一月辛巳，帝親率(大)〔六〕軍講武於城東。〔二〕癸未，集諸軍都督以上五十人於道會苑大射，帝親臨射宮，大備軍容。

十二月癸巳，集羣臣及沙門、道士等，帝升高座，辨釋三教先後，以儒教為先，道教為次，佛教為後。以大將軍、樂川公赫連達為柱國。詔曰：「尊年尚齒，列代弘規，序舊酬勞，哲王明範。朕嗣承弘業，君臨萬邦，驅此兆庶，寘諸仁壽。軍民之間，年多耆耋，眷言衰暮，宜有優崇。可頒授老職，使榮霑邑里。」戊午，聽訟於正武殿，自旦及夜，繼之以燭。

三年春正月壬戌，朝羣臣於露門。冊柱國齊國公憲、衞國公直、趙國公招、譙國公儉、陳國公純、越國公盛、代國公達、滕國公逌並進爵為王。己巳，祠太廟。庚午，突厥遣使獻馬。癸酉，詔：「自今已後，男年十五，女年十三已上，爰及鰥寡，所在軍民，以時嫁娶，務從節儉，勿為財幣稽留。」乙亥，親耕籍田。丙子，初服短衣，享二十四軍督將以下，試以軍旅之法，縱酒盡歡。詔以往歲年穀不登，民多乏絕，令公私道俗，凡有貯積粟麥者，皆准口聽留，以外盡糶。

二月壬辰朔，日有食之。丁酉，紀國公康、畢國公賢、酆國公貞、宋國公實、漢國公贊、

秦國公贄、曹國公允並進爵為王。丙午，令六府各舉賢良清正之人。癸丑，柱國、許國公宇文善有罪免。乙卯，行幸雲陽宮。丙辰，詔曰：「民生而靜，純懿之性本均；感物而遷，嗜欲之情斯起。雖復雲鳥殊世，文質異時，莫不限以隄防，示之禁令。朕君臨萬寓，覆養黎元，思振頹綱，納之軌式。比因人有犯，與衆棄之，所在羣官有愆過者，咸聽首露，莫不輕重畢陳，纖毫無隱。斯則風行草偃，從化無違，導德齊禮，庶幾可致。但上失其道，有自來矣，凌夷之弊，反本無由，宜加蕩滌，與民更始。可大赦天下。」庚申，皇太后不豫。

三月辛酉，至自雲陽宮。癸酉，皇太后叱奴氏崩。帝居倚廬，朝夕共一溢米。羣臣表請，累旬乃止。詔皇太子贇總釐庶政。

夏四月乙卯，齊遣使弔賵會葬。丁巳，有星孛於東北紫宮垣，長七尺。

五月庚申，葬文宣皇后於永固陵，帝袒跣至陵所。辛酉，詔曰：「齊斬之情，經籍彝訓，近代沿革，遂亡斯禮。伏奉遺令，既葬便除，攀慕几筵，情實未忍。三年之喪，達於天子，古今無易之道，王者之所常行。但時有未諧，不得全制。軍國務重，庶自聽朝。〔三〕縗麻之節，苫廬之禮，率遵前典，以申罔極。百寮以下，宜依遺令。」公卿上表，固請俯就權制，過葬即吉。帝不許，引古禮答之，羣臣乃止。於是遂申三年之制，五服之內，亦令依禮。初置太子諫議員四人，文學十人；皇弟、皇子友員各二人，學士六人。丁卯，荊州獻白烏。戊辰，

詔故晉國公護及諸子，並追復先封，改葬加謚。丙子，初斷佛、道二教，經像悉毀，罷沙門、道士，並令還民。並禁諸淫祀，禮典所不載者，盡除之。

六月丁未，集諸軍將，教以戰陣之法。壬子，更鑄五行大布錢，以一當十，與布泉錢並行。戊午，詔曰：「至道弘深，混成無際，體包空有，理極幽玄。但歧路既分，派源逾遠，淳離朴散，形氣斯乖。遂使三墨八儒，朱紫交競；九流七略，異說相騰。道隱小成，其來舊矣。不有會歸，爭驅靡息。今可立通道觀，聖哲微言，先賢典訓，金科玉篆，秘賾玄文，所以濟養黎元，扶成教義者，並宜弘闡，一以貫之。俾夫翫培塿者，識嵩岱之崇崛；守磧礫者，悟渤澥之泓澄，不亦可乎。」

秋七月庚申，行幸雲陽宮。乙酉，衞王直在京師舉兵反，欲突入肅章門。司武尉遲運等拒守。直敗，率百餘騎遁走。京師逃雨三旬，是日霽。戊子，至自雲陽宮。

八月辛卯，擒直於荊州，免為庶人。乙未，詔自建德元年八月以前犯罪，未被推糾，於後事發失官爵者，並聽復舊。丙申，行幸雲陽宮。

九月庚申，幸同州。戊辰，以柱國、大宗伯、周昌公侯莫陳瓊為秦州總管。

冬十月丙申，御正楊尚希、禮部盧愷使於陳。戊戌，雍州獻蒼烏。庚子，詔蒲州民遭饑乏絕者，令向郿城以西，及荊州管內就食。甲寅，行幸蒲州。乙卯，曲赦蒲州見囚大辟以

下。丙辰，行幸同州。始州民王鞅擁衆反，大將軍鄭恪討平之。

十一月戊午，以柱國、大司空、上庸公陸騰為涇州總管。于闐遣使獻名馬。己巳，大閱於城東。甲戌，至自同州。

十二月戊子，大會衞官及軍人以上，賜錢帛各有差。辛卯，月掩太白。詔荊、襄、安、延、夏五州總管內，有能率其從軍者，〔三〕授官各有差。其貧下戶，給復三年。丙申，改諸軍軍士並為侍官。丁酉，利州上言騶虞見。癸卯，集諸軍講武於臨皋澤。涼州比年地震，壞城郭，地裂，涌泉出。

校勘記

〔一〕詔先經兵戎官年六十已上　冊府卷五五六一六頁「兵戎」作「有職」。北史卷一〇周本紀下但云「高年官」。

〔二〕死以下　冊府卷八三九七八頁「死」上有「殊」字，疑當有此字。

〔三〕而未(及)〔給〕租賦　宋本「及」作「給」，按冊府卷五〇五六〇六五頁亦作「給」。今據改。

〔四〕萬物不長　宋本、南本「長」作「昌」。

〔五〕(栗)〔粟〕特　按粟特，古西邊部族名，魏書卷一〇二、北史卷九七都有傳，今據改。

〔六〕封開府李昞爲唐國公　宋本、南本「昞」作「諱」，北本、汲本作「虎」。殿本考證云：「按通鑑卷一六四，五〇六六頁李虎卒於魏大統十七年五月。新、舊唐書唐太祖本紀太當作高，下同，太祖父昞封唐國公。此唐有天下之號所自起也。大約此書原本，凡李虎、李昞俱稱『李諱』。後人妄改，又不深考，故此處與下文『以大將軍唐國公李昞爲柱國』並訛作『李虎』，今改正」。按考證說是。

〔七〕少師楊攙出(枳)〔軹〕關　卷十一宇文護傳、卷三四楊攙傳、北史卷一〇周本紀下、御覽卷一〇五五〇五頁、通鑑卷一六九五二四五頁「枳」都作「軹」，册府卷一一九一四二五頁作「軟」，亦「軹」之訛字。軹關、軹縣都以軹道得名，從戰國策及漢書地理志以來的地志沒有作「枳」的，今據改。下「楊攙於枳關戰沒」逕改。

〔八〕楊(薦)〔荐〕　宋本、南本、局本「薦」作「荐」。按楊荐，卷三三有傳。今據改。

〔九〕以潁州歸州湞州均州入唐州　錢氏考異卷三二云：「按隋志漢東郡唐城縣：『西魏立肆州，尋曰唐州。後周省均、歂、湞、歸四州入，改曰唐州原注：此四字疑譌。』又安貴縣：『梁置北郢州，西魏改爲歂州。』此紀有『潁』無『歂』，『歂』與『潁』行書相似，未知孰是。」楊氏隋志考證卷九疑周書誤。

〔一〇〕杜國綏(國)〔德〕公陸通　宋本「國」作「德」。册府卷一二一一四五二頁、卷一二六一五一〇頁並作「德」。按卷三二陸通傳正作「綏德郡公」。此紀在前則保定五年二月，在後則建德元年三月並見綏德公陸通，今據改。

〔一一〕陸逞　「逞」原作「程」。諸本都作「逞」。張元濟以爲「程」字誤。云：「見傳二十四。」按卷三二即列傳二四陸通傳附弟逞記有使齊事。今逕改。

〔一二〕夏四月(乙)〔己〕巳　宋本作「己巳」，張元濟云：「正月辛卯朔，四月不應有乙巳，見北史卷一〇周本紀下。」按張說是，今據改。

〔一三〕遣大使巡天下　北史卷一〇周本紀下、明本册府卷一六一一九四五頁「巡」下有「察」字。按此卷保定元年二月，五年七月及卷七宣帝紀宣政元年八月都有遣大使巡察天下的紀載，知此處脫「察」字。但諸本皆同，今不補。

〔一四〕于寔　「寔」原作「實」。宋本、南本、北本、汲本、局本都作「寔」。按于寔附卷十五于謹傳。今逕改。

〔一五〕太安公閻慶　宋本、南本「太」作「大」。張元濟以爲「太」字誤，云：「見傳十二。」按卷二〇即傳一二閻慶傳稱封大安郡公。魏書卷一〇六地形志朔州有大安郡。而西夏州又有「太安郡」。北齊書卷一五竇泰傳、韓軌傳，卷一九尉長命、莫多婁貸文、斛律羌舉諸傳，卷二〇步大汗薩傳，卷二五王紘傳都作「太安」人，這是魏書地形志朔州的「大安」。北史諸人傳也是「太」「大」雜出。雖似作「大安」是，今不改。

〔一六〕五月癸卯　北史卷一〇周本紀下「癸卯」作「癸亥」。按天和六年五月戊申朔，癸亥是十六日，無癸卯，此誤。

〔一七〕以大將軍太原公王柬爲柱國　北史卷一〇周本紀下「柬」作「秉」。按本書卷一八王思政傳思政封太原郡公，子康。而北史卷六二王思政傳又稱：「子康……思政陷後，詔以因水城陷，非戰之罪，……以康襲爵太原公……保定二年，歷安、襄二州總管，位柱國。」周書卷六武帝紀下建德四年正月：「以太原公王康爲襄州總管。」歷官紀年不同，當是北史王思政傳有誤，然必是一人。北史本傳的紀載可以證明當時姓王的太原公只有思政之子，但其人之名「柬」「秉」「康」不同。考北史避唐諱「昞」嫌名，「秉」或改「執」，而人名「秉」者常改作「康」。魏書卷四九崔秉，北史卷三二百衲本作崔康，殿本已改作「秉」，却沒有改淨。魏書卷六三王肅傳，弟秉，北史卷四二「秉」也作「康」。魏書卷四下世祖紀太平眞君五年七月稱「東雍州刺史沮渠秉謀叛」，北史卷三九薛安都傳作「沮渠康。」王思政之子當名「秉」，「康」是諱改，「柬」乃形訛。周書建德四年條也作「王康」，而於王思政傳原缺，後人所補作「秉」，或後人回改。通常避諱用音近或義同字代，此取形近之字，也是特例。

〔一八〕(翼)〔冀〕國公通薨　北史卷一〇周本紀下、通鑑卷一七〇五二九七頁「翼」作「冀」。按卷四明帝紀武成元年八月條，卷一三文閔明武宣諸子傳皆云通封冀國公。今據改。

〔一九〕昌城公(孫)深　殿本考證云：「北史卷一〇周本紀下及通鑑卷一七一，五三〇一頁俱無『孫』字。按『深』卽

宇文護之子，『孫』字當衍。」按考證說是，今據刪。

〔二〇〕司(賓)〔宗〕李際　諸本及册府卷一四二一七三二頁都作「司宗李祭」，北史周本紀下作「司宗李際」。殿本考證云據通鑑卷一七一，五三〇一頁改。按通鑑作「司賓」，雖或別有所據，但今無可考，不宜以孤證輕改諸本及他書相同之字，今回改。「際」字見北史，通鑑作「李除」亦「際」之訛，今仍殿本改字。

〔二一〕帝親率(大)〔六〕軍講武於城東　北史卷一〇周本紀下「率」作「帥」，「大」作「六」。册府卷一二四一四八四頁亦作「六」。按本卷天和二年十月、六年十月、建德元年十一月並有「親率六軍講武城南」的紀載，知此處也應作「六軍」，今據改。

〔二二〕庶自聽朝　册府卷二七二九五頁「庶」作「須」，較長。

〔二三〕有能率其從軍者　册府卷一二四一四八八頁「其」作「募」。按「率募從軍」爲當時習用語。「率其」文義不順，若非「其」下有脫文，卽爲「率募」之誤。

周書卷六

帝紀第六

武帝下

建德四年春正月戊辰，以柱國枹罕公辛威爲寧州總管，太原公王康爲襄州總管。初置營軍器監。壬申，詔曰：「今陽和布氣，品物資始，敬授民時，義兼敦勸。詩不云乎：『弗躬弗親，庶民弗信。』刺史守令，宜親勸農，百司分番，躬自率導。事非機要，並停至秋。鰥寡孤獨不能自存者，所在量加賑卹。逋租懸調，兵役殘功，並宜蠲免。」癸酉，行幸同州。

二月丙戌朔，日有蝕之。辛卯，改置宿衞官員。己酉，柱國、廣德公李意有罪免。

三月丙辰，遣小司寇淮南公元(衞)[偉]、納言伊婁謙使於齊。〔一〕郡縣各省主簿一人。丙寅，至自同州。甲戌，以柱國、趙王招爲雍州牧。

夏四月甲午，柱國、燕國公于寔有罪免。丁酉，初令上書者並爲表，於皇太子以下稱啓。

六月，詔東南道四總管內，自去年以來新附之戶，給復三年。

秋七月丙辰，行幸雲陽宮。己未，禁五行大布錢不得出入關，布泉錢聽入而不聽出。丁卯，至自雲陽宮。甲戌，陳遣使來聘。

丙子，召大將軍以上於大德殿，帝曰：「太祖神武膺運，創造王基，兵威所臨，有征無戰。唯彼僞齊，猶懷跋扈。雖復戎車屢駕，而大勳未集。朕以寡昧，纂承鴻緒，往以政出權宰，無所措懷。自親覽萬機，便圖東討。惡衣菲食，繕甲治兵，數年已來，戰備稍足。而僞主昏虐，恣行無道，伐暴除亂，斯實其時。今欲數道出兵，水陸兼進，北拒太行之路，東扼黎陽之險。若攻拔河陰，兗、豫則馳檄可定。然後養銳享士，以待其至。但得一戰，則破之必矣。王公以爲何如？」羣臣咸稱善。丁丑，詔曰：

高氏因時放命，據有汾、漳，擅假名器，歷年永久。朕以亭毒爲心，遵養時晦，遂敦聘好，務息黎元。而彼懷惡不悛，尋事侵軼，背言負信，竊邑藏姦。往者軍下宜陽，釁由彼始；兵興汾曲，事非我先。此獲俘囚，禮送相繼；彼所拘執，曾無一反。加以淫刑妄逞，毒賦繁興，齊、魯軫殄悴之哀，幽、并啓來蘇之望。既禍盈惡稔，衆叛親離，不有一戎，何以大定。今白藏在辰，涼風戒節，厲兵詰暴，時事惟宜。朕當親御六師，龔行天罰。庶憑祖宗之靈，潛資將士之力，風馳九有，電掃八紘。可分命衆軍，指期進發。

以柱國陳王純爲前一軍總管，滎陽公司馬消難爲前二軍總管，鄭國公達奚震爲前三軍總管，越王盛爲後一軍總管，周昌公侯莫陳瓊爲後二軍總管，趙王招爲後三軍總管，齊王憲率衆二萬趣黎陽，隨國公楊堅、廣寧侯薛迥舟師三萬自渭入河，〔二〕柱國梁國公侯莫陳芮率衆一萬守太行道，申國公李穆帥衆三萬守河陽道，常山公于翼帥衆二萬出陳、汝。壬午，上親率六軍，衆六萬，直指河陰。

八月癸卯，入于齊境。禁伐樹踐苗稼，犯者以軍法從事。丁未，上親率諸軍攻河陰大城，拔之。進攻子城，未克。上有疾。

九月辛酉夜，班師，水軍焚舟而退。齊王憲及于翼、李穆等所在克捷，降拔三十餘城，皆棄而不守。唯以王藥城要害，令儀同三司韓正守之。正尋以城降齊。戊寅，至自東伐。己卯，以華州刺史、畢王賢爲荊州總管。

冬十月戊子，初置上柱國、上大將軍官，改開府儀同三司爲開府儀同大將軍，儀同三司爲儀同大將軍，又置上開府、上儀同官。甲午，行幸同州。

閏月，齊將尉相貴寇大寧，延州總管王慶擊走之。以柱國齊王憲、蜀國公尉遲迥爲上

柱國，柱國代王達爲益州總管，大司寇滎陽公司馬消難爲梁州總管。詔諸畿郡各舉賢良。

十一月己亥，〔三〕改置司內官員。

十二月辛亥朔，日有食之。庚午，至自同州。丙子，陳遣使來聘。

是歲，岐、寧二州民饑，開倉賑給。

五年春正月癸未，行幸同州。辛卯，行幸河東涑川，集關中、河東諸軍校獵。甲午，還同州。丁酉，詔曰：「朕克己思治，而風化未弘。永言前古，載懷夕惕。可分遣大使，周省四方，察訟聽謠，問民卹隱。其獄犴無章，侵漁黎庶，隨事究驗，條錄以聞。若政績有施，治綱克舉；及行宣圭蓽，道著丘園，並須撿審，依名騰奏。其鰥寡孤獨，實可哀矜，亦宜賑給，務使周贍。」廢布泉錢。戊申，初令鑄錢者絞，其從者遠配爲民。

二月辛酉，遣皇太子贇巡撫西土，仍討吐谷渾，戎事節度，並宜隨機專決。

三月庚子，月犯東井第一星。壬寅，至自同州。文宣皇后服再期，戊申，祥。

夏四月乙卯，行幸同州。開府、清河公宇文神舉攻拔齊陸渾等五城。

五月壬辰，〔四〕至自同州。

六月戊申朔，日有食之。辛亥，祠太廟。丙辰，利州總管、紀王康有罪，賜死。丁巳，行

幸雲陽宮。月掩心後星。庚午，熒惑入輿鬼。

秋七月乙未，京師旱。

八月戊申，皇太子伐吐谷渾，至伏俟城而還。乙卯，至自雲陽宮。乙丑，陳遣使來聘。

九月丁丑，大醮於正武殿，以祈東伐。

冬十月，帝謂羣臣曰：「朕去歲屬有疹疾，遂不得克平逋寇。前入賊境，備見敵情，觀彼行師，殆同兒戲。又聞其朝政昏亂，政由羣小，百姓嗷然，朝不謀夕。天與不取，恐貽後悔。若復同往年，出軍河外，直爲撫背，未扼其喉。然晉州本高歡所起之地，鎮攝要重，今往攻之，彼必來援，吾嚴軍以待，擊之必克。然後乘破竹之勢，鼓行而東，足以窮其窟穴，混同文軌。」諸將多不願行。帝曰：「幾者事之微，不可失矣。若有沮吾軍者，朕當以軍法裁之。」

己酉，帝總戎東伐。以越王盛爲右一軍總管，杞國公亮爲右二軍總管，隨國公楊堅爲右三軍總管，譙王儉爲左一軍總管，大將軍竇（泰）〔恭〕爲左二軍總管，〔五〕廣化公丘崇爲左三軍總管，齊王憲、陳王純爲前軍。庚戌，熒惑犯太微上將。戊午，歲星犯太陵。癸亥，帝至晉州，遣齊王憲率精騎二萬守雀鼠谷，陳王純步騎二萬守千里徑，鄭國公達奚震步騎一萬守統軍川，大將軍韓明步騎五千守齊子嶺，（焉）〔烏〕氏公尹昇〔六〕步騎五千守（鍾）鼓〔鍾〕鎮，〔七〕涼城公辛韶步騎五千守蒲津關，柱國、趙王招步騎一萬自華谷攻齊汾州諸城，柱國

宇文盛步騎一萬守汾水關。遣內史王誼監六軍，攻晉州城。帝屯於汾曲。齊王憲攻洪洞、永安二城，並拔之。是夜，虹見於晉州城上，首向南，尾入紫微宮，長十餘丈。帝每日自汾曲赴城下，親督戰，城中惶窘。庚午，齊行臺左丞侯子欽出降。壬申，齊晉州刺史崔景嵩守城北面，夜密遣使送款，上開府王軌率衆應之。未明，登城鼓譟，齊衆潰，遂克晉州，擒其城主特進、開府、海昌王尉相貴，俘甲士八千人，送關中。甲戌，以上開府梁士彥爲晉州刺史，加授大將軍，留精兵一萬以鎮之。又遣諸軍徇齊諸城鎮，並相次降款。

十一月己卯，齊主自并州率衆來援。帝以其兵新集，且避之，乃詔諸軍班師，遣齊王憲爲後拒。是日，齊主至晉州，憲不與戰，引軍度汾。齊主遂圍晉州，晝夜攻之。齊王憲屯諸軍於涑水，爲晉州聲援。河東地震。癸巳，至自東伐。獻俘於太廟。甲午，詔曰：「僞齊違信背約，惡稔禍盈，是以親總六師，問罪汾、晉。兵威所及，莫不摧殄，賊衆危惶，烏栖自固。〔八〕暨元戎反斾，方來聚結，遊魂境首，尚敢趦趄。朕今更率諸軍，應機除剪。」丙申，放齊諸城鎮降人還。丁酉，帝發京師。壬寅，度河，與諸軍合。

十二月戊申，次於晉州。初，齊攻晉州，恐王師卒至，於城南穿塹，自喬山屬於汾水。庚戌，帝帥諸軍八萬人，置陣東西二十餘里。帝乘常御馬，從數人巡陣處分，所至輒呼主帥姓名以慰勉之。將士感見知之恩，各思自厲。將戰，有司請換馬。帝曰：「朕獨乘良馬何所之？」齊主亦於塹北列陣。申後，齊人塡塹南引。帝大喜，勒諸軍擊之，齊人便退。齊主與其麾下數十騎走還并州。齊衆大潰，〔九〕軍資甲仗，數百里間，委棄山積。

辛亥，帝幸晉州，仍率諸軍追齊主。諸將固請還師，帝曰：「縱敵患生。卿等若疑，朕將獨往。」諸將不敢言。〔一〇〕甲寅，齊主遣其丞相高阿那肱守高壁。〔一一〕帝麾軍直進，那肱望風退散。丙辰，師次介休，齊將韓建業舉城降，以爲上柱國，封郇國公。〔一二〕丁巳，大軍次并州，齊主留其從兄安德王延宗守并州，自將輕騎走鄴。〔一三〕是日，詔〔齊王公以下〕曰：

〔夫樹之以君，司牧黔首，蓋以除其苛慝，恤其患害。朕君臨萬國，志清四海，思濟一世之人，寘之仁壽之域。嗟彼齊趙，獨爲匪民，乃睠東顧，載深長想。僞主涼德早聞，醜聲夙著，酒色是耽，盤游是悅。閹豎居阿衡之任，胡〕〔一四〕人寄喉脣之重。棟梁骨鯁，翦爲仇讎；狐、趙緒餘，降成皁隸。民不見德，唯虐是聞。朕懷茲漏網，置之度外，正欲各靜封疆，共紓民瘼故也。

爾之主相，曾不是思，欲構厲階，反貽其梗。我之率土，咸求傳刃，帷幄獻兼弱之謀，爪牙奮干戈之勇，贏糧坐甲，若赴私讎。是以一鼓而定晉州，再舉而摧逋醜。僞丞相高阿那肱驅逼餘燼，〔一五〕竊據高壁；僞定南王韓建業作守介休，規相抗擬。聊示兵威，應時崩潰，那肱則單馬宵遁，建業則面縛軍和，爾之逃卒，所知見也。

若其懷遠以德，則爾難以德綏；處隣以義，則爾難以義服。且天與不取，道家所忌，攻昧侮亡，兵之上術。朕今親馭羣雄，長驅宇內，六軍舒斾，萬隊啓行。勢與雷電爭威，氣逐風雲齊舉。王師所次，已達近郊，望歲之民，室家相慶，來蘇之后，思副厥誠。僞主若妙盡人謀，深達天命，牽羊道左，銜璧轅門，當惠以焚櫬之恩，待以列侯之禮。僞將相王公已下，衣冠士民之族，如有深識事宜，建功立効，官榮爵賞，各有加隆。若下愚不移，守迷莫改，則委之執憲，以正刑書。嗟爾庶士，胡寧自棄。或我之將卒，逃彼逆朝，無間貴賤，皆從蕩滌。善求多福，無貽後悔。璽書所至，咸使聞知。

自是齊之將帥，降者相繼。封其特進、開府賀拔伏恩爲郜國公，其餘官爵各有差。

戊午，高延宗僭卽僞位，改年德昌。己未，軍次并州。庚申，延宗擁兵四萬出城抗拒，帝率諸軍合戰，齊人退，帝乘勝逐北，率千餘騎入東門，詔諸軍繞城置陣。至夜，延宗率其衆排陣而前，城中軍却，人相蹂踐，大爲延宗所敗，死傷略盡。齊人欲閉門，以閫下積尸，〔一六〕扉不得闔。帝從數騎，崎嶇危險，僅得出門。至明，率諸軍更戰，大破之，擒延宗，并州平。

壬戌，詔曰：

昔天厭水運，龍戰于野，兩京圮隔，四紀于茲。朕垂拱巖廊，君臨宇縣，相邠民於海內，混楚弓於天下，一物失所，有若推溝。方欲德綏未服，義征不譓。僞主高緯，放

命燕齊，怠慢典刑，俶擾天紀，加以背惠怒鄰，棄信忘義。朕應天從物，伐罪弔民，一鼓而蕩平陽，再舉而摧勍敵。僞署王公，相繼道左。高緯智窮數屈，逃竄草間。僞安德王高延宗擾攘之閒，遂竊名號，與僞齊昌王莫多婁敬顯等，收合餘燼，背城抗敵。王威既振，魚潰鳥離，破竹更難，建瓴非易，〔一七〕延宗衆散，解甲軍門。根本既傾，枝葉自實，幽青海岱，折簡而來，冀北河南，傳檄可定。八紘共貫，六合同風，方當偃伯靈臺，休牛桃塞，無疆之慶，非獨在余。

漢皇約法，除其苛政，姬王輕典，刑彼新邦。思覃惠澤，被之率土，新舊臣民，皆從蕩滌。可大赦天下。高緯及王公以下，若釋然歸順，咸許自新。諸亡入僞朝，亦從寬宥。官榮次序，依例無失。其齊僞制令，卽宜削除。鄒魯縉紳，幽并騎士，一介可稱，並宜銓錄。百年去殺，雖或難希，期月有成，庶幾可勉。

丙寅，出齊宮中金銀寶器珠翠麗服及宮女二千人，班賜將士。以柱國趙王招、陳王純、越王盛、杞國公亮、梁國公侯莫陳芮、庸國公王謙、北平公寇紹、鄭國公達奚震並爲上柱國。封齊王憲子安城郡公質爲河閒王，大將軍廣化公丘崇爲潞國公，神水公姬願爲原國公，廣業公尉遲運爲盧國公。諸有功者，封授各有差。癸酉，帝率六軍趣鄴。以上柱國、陳王純爲并州總管。

六年春正月乙亥，齊主傳位於其太子恆，改年承光，自號爲太上皇。壬辰，帝至鄴。齊主先於城外掘塹竪柵。癸巳，帝率諸軍圍之，齊人拒守，諸軍奮擊，大破之，遂平鄴。齊主先送其母并妻子於青州，及城陷，乃率數十騎走青州。遣大將軍尉遲勤率二千騎追之。是戰也，於陣獲其齊昌王莫多婁敬顯。帝責之曰：「汝有死罪者三：前從并走鄴，攜妾棄母，是不孝；外爲僞主戮力，內實通啓於朕，是不忠；送款之後，猶持兩端，是不信。如此用懷，不死何待。」遂斬之。是日，西方有聲如雷者一。

甲午，帝入鄴城。齊任城王湝先在冀州，齊主至河，遣其侍中斛律孝卿送傳國璽禪位於湝。孝卿未達，被執送鄴。詔去年大赦班宣未及之處，皆從赦例。封齊開府、洛州刺史獨孤永業爲應國公。丙申，以上柱國、越王盛爲相州總管。己亥，詔曰：「自晉州大陣至于平鄴，身殞戰場者，其子卽授父本官。」尉遲勤擒齊主及其太子恆於青州。

庚子，詔曰：「僞齊之末，姦佞擅權，濫罰淫刑，動挂羅網，〔一八〕僞右丞相、咸陽王故斛律明月，〔一九〕僞侍中、特進、開府故崔季舒等七人，或功高獲罪，或直言見誅。朕兵以義動，翦除凶暴，表閭封墓，事切下車。宜追贈諡，并窆措。其見存子孫，各隨蔭敍錄。家口田宅沒官者，並還之。」

辛丑，詔曰：「僞齊叛渙，竊有漳濱，世縱淫風，事窮彫飾。或穿池運石，爲山學海；或層臺累構，槩日凌雲。以暴亂之心，極奢侈之事，有一於此，未或弗亡。朕菲食薄衣，以弘風教，追念生民之費，尙想力役之勞。方當易茲弊俗，率歸節儉。其東山、南園及三臺可並毀撤。瓦木諸物，凡入用者，盡賜下民。山園之田，各還本主。」

二月丙午，論定諸軍功勳，置酒於齊太極殿，會軍士以上，班賜有差。丁未，齊主至，帝降自阼階，以賓主之禮相見。高湝在冀州擁兵未下，遣上柱國、齊王憲與柱國、隨公楊堅率軍討平之。齊定州刺史、范陽王高紹義叛入突厥。齊諸行臺州鎭悉降，關東平。合州五十五，郡一百六十二，縣三百八十五，〔二〇〕戶三百三十萬二千五百二十八，〔二一〕口二千萬六千(六)〔八〕百八十六。〔二二〕乃於河陽、幽、青、南兗、豫、徐、北朔、定並置總管府，相、并二總管各置宮及六府官。

癸丑，詔曰：「無侮煢獨，事顯前書；哀彼矜人，惠流往訓。僞齊末政，昏虐寔繁，災甚滔天，毒流比屋。無罪無辜，係虜三軍之手；不飲不食，僵仆九逵之門。〔二三〕朕爲民父母，職養黎人，念甚泣辜，誠深罪己。除其苛政，事屬改張，宜加寬宥，兼行賑卹。自僞武平三年以來，河南諸州之民，僞齊被掠爲奴婢者，不問官私，並宜放免。其住在淮南者，亦卽聽還，願(往)〔住〕淮北者，〔二四〕可隨便安置。其有癃殘孤老，饑餒絕食，不能自存者，仰刺史守令及親

民長司，躬自檢校。無親屬者，所在給其衣食，務使存濟。」

乙卯，帝自鄴還京。丙辰，以柱國、隨公楊堅爲定州總管。

三月壬午，詔山東諸州，各舉明經幹治者二人。若奇才異術，卓爾不羣者，弗拘多少。

夏四月乙巳，至自東伐。列齊主於前，其王公等並從，車轝旗幟及器物以次陳於其後。大駕布六軍，備凱樂，獻俘於太廟。京邑觀者皆稱萬歲。戊申，封齊主爲溫國公。庚戌，大會羣臣及諸蕃客於露寢。乙卯，廢蒲、陝、涇、寧四州總管。己巳，祠太廟。詔曰：「東夏既平，王道初被，齊氏弊政，餘風未殄。朕劬勞萬機，念存康濟。恐淸淨之志，未形四海，下民疾苦，不能上達，寢興軫慮，用切於懷。宜分遣使人，巡方撫慰，觀風省俗，宣揚治道。有司明立條科，務在弘益。」

五月丁丑，以柱國、譙王儉爲大冢宰。庚辰，以上柱國杞國公亮爲大司徒，鄭國公達奚震爲大宗伯，梁國公侯莫陳芮爲大司馬，柱國應國公獨孤永業爲大司寇，鄖國公韋孝寬爲大司空。辛巳，大醮於正武殿，以報功也。己丑，祠方丘。詔曰：「朕欽承丕緒，寢興寅畏，惡衣菲食，貴昭儉約。上棟下宇，土階茅屋，猶恐居之者逸，作之者勞，詎可廣廈高堂，肆其嗜欲。往者，冢臣專任，制度有違，正殿別寢，事窮壯麗。非直雕牆峻宇，深戒前王，而綈構弘敞，有踰淸廟。不軌不物，何以示後。兼東夏初平，民未見德，率先海內，宜自朕始。其

露寢、會義、崇信、含仁、雲和、思齊諸殿等，農隙之時，悉可毀撤。雕斲之物，並賜貧民。繕造之宜，務從卑朴。」癸巳，行幸雲陽宮。戊戌，詔曰：「京師宮殿，已從撤毀。并、鄴二所，華侈過度，誠復作之非我，豈容因而弗革。諸堂殿壯麗，並宜除蕩，甍宇雜物，分賜窮民。三農之隙，別漸營構，止蔽風雨，務在卑狹。」庚子，陳遣使來聘。是月，青城門無故自崩。

六月丁未，至自雲陽宮。辛亥，御正武殿錄囚徒。癸亥，於河州鷄鳴防置旭州，甘松防置芳州，廣川防置弘州。甲子，帝東巡。丁卯，詔曰：「同姓百世，婚姻不通，蓋惟重別，周道然也。而娶妻買妾，有納母氏之族，雖曰異宗，猶爲混雜。自今以後，悉不得娶母同姓，以爲〔妻〕妾。〔三五〕其已定未成者，即令改聘。」

秋七月己卯，封齊王憲第四子廣都公負爲莒國公，紹莒莊公洛生後。〔三六〕癸未，應州獻芝草。丙戌，行幸洛州。己丑，詔山東諸州舉有才者，上縣六人，中縣五人，下縣四人，赴行在所，共論治政得失。戊戌，以上柱國、庸公王謙爲益州總管。

八月壬寅，議定權衡度量，頒於天下。其不依新式者，悉追停。詔曰：「以刑止刑，世輕世重。罪不及嗣，皆有定科。雜役之徒，獨異常憲，一從罪配，百世不免。罰既無窮，刑何以措。道有沿革，宜從寬典。凡諸雜戶，悉放爲民。配雜之科，因之永削。」甲子，鄭州獻九尾狐，皮肉銷盡，骨體猶具。帝曰：「瑞應之來，必昭有德。若使五品時敍，四海和平，家識

孝慈，人知禮讓，乃能致此。今無其時，恐非實錄。」乃命焚之。

九月壬申，以柱國鄧國公竇熾、申國公李穆並爲上柱國。戊寅，初令民庶已上，唯聽衣綢、綿綢、絲布、圓綾、紗、絹、綃、葛、布等九種，餘悉停斷。朝祭之服，不拘此例。甲申，絳州獻白雀。壬辰，詔東土諸州儒生，明一經已上，並舉送，州郡以禮發遣。癸卯，封上大將軍、上黃公王軌爲郯國公。吐谷渾遣使獻方物。

冬十月戊申，行幸鄴宮，戊午，改葬德皇帝於冀州。帝服緦，哭於太極殿，百官素服哭。是月，誅溫國公高緯。

十一月庚午，百濟遣使獻方物。壬申，封皇子充爲道王，兌爲蔡王。癸酉，陳將吳明徹侵呂梁，徐州總管梁士彥出軍與戰，不利，退守徐州。遣上大將軍、郯國公王軌率師討之。是月，稽胡反，遣齊王憲率軍討平之。

詔自永熙三年七月已來，去年十月已前，東土之民，被抄略在化內爲奴婢者；及平江陵之後，良人沒爲奴婢者：並宜放免。所在附籍，一同民伍。若舊主人猶須共居，聽留爲部曲及客女。

詔曰：「正位於中，有聖通典。質文相革，損益不同。五帝則四星之象，三王制六宮之數。劉、曹已降，等列彌繁，選擇遍於生民，命秩方於庶職。椒房丹地，有衆如雲。本由嗜欲之情，非關風化之義。朕運當澆季，思復古始，無容廣集子女，屯聚宮掖。弘贊後庭，事從約簡。可置妃二人，世婦三人，御妻三人，自茲以外，悉宜減省。」

己亥晦，日有蝕之。

初行刑書要制。持杖羣彊盜一匹以上，不持杖羣彊盜五匹以上，監臨主掌自盜二十匹以上，小盜及詐偽請官物三十匹以上，正長隱五戶及十丁以上、隱地三頃以上者，至死。〔三七〕刑書所不載者，自依律科。

十二月戊午，吐谷渾遣使獻方物。己未，東壽陽土人反，率衆五千襲并州城，刺史東平公宇文神舉破平之。庚申，行幸并州宮。移并州軍人四萬戶於關中。丙寅，以柱國、滕王逌爲河陽總管。丁卯，以柱國、隨國公楊堅爲南兗州總管，上柱國、申國公李穆爲并州總管。戊辰，廢并州宮及六府。是月，北營州刺史高寶寧據州反。

宣政元年春正月癸酉，吐谷渾偽趙王他婁屯來降。壬午，行幸鄴宮。分相州廣平郡置洺州，清河郡置貝州，黎陽郡置黎州，汲郡置衞州；分定州常山郡置恆州；分并州上黨郡置潞州。辛卯，行幸懷州。癸巳，幸洛州。詔於懷州置宮。

二月甲辰，柱國、大冢宰譙王儉薨。丁巳，帝至自東巡。乙丑，以上柱國越王盛爲大冢宰，陳王純爲雍州牧。

三月戊辰，於蒲州置宮。廢同州及長春二宮。壬申，突厥遣使獻方物。甲戌，初服常冠。以皁紗爲之，加簪而不施纓導，其制若今之折角巾也。上大將軍、郯國公王軌破陳師於呂梁，擒其將吳明徹等，俘斬三萬餘人。丁亥，詔：「柱國故豆盧寧征江南武陵、南平等郡，所有民庶爲人奴婢者，悉依江陵放免。」壬辰，改元。

夏四月壬子，初令遭父母喪者，聽終制。庚申，突厥入寇幽州，殺掠吏民。議將討之。

五月己丑，帝總戎北伐。遣柱國原公姬願、東平公宇文神舉等率軍五道俱入。發關中公私驢馬，悉從軍。癸巳，帝不豫，止于雲陽宮。丙申，詔停諸軍事。

六月丁酉，帝疾甚，還京。其夜，崩於乘輿。時年三十六。遺詔曰：

人肖形天地，稟質五常，脩短之期，莫非命也。朕君臨宇縣，十有九年，未能使百姓安樂，刑措罔用，所以昧旦求衣，分宵忘寢。昔魏室將季，海內分崩，太祖扶危翼傾，肇開王業。燕趙榛蕪，久竊名號。朕上述先志，下順民心，遂與王公將帥，共平東夏。雖復妖氛蕩定，而民勞未康。每一念此，如臨冰谷。將欲包舉六合，混同文軌。今遘疾大漸，氣力稍微，有志不申，以此歎息。

天下事重，萬機不易。王公以下，爰及庶僚，宜輔導太子，副朕遺意。令上不負太

祖，下無失爲臣。朕雖瞑目九泉，無所復恨。

朕平生居處，每存菲薄，非直以訓子孫，亦乃本心所好。喪事資用，須使儉而合禮，墓而不墳，自古通典。隨吉卽葬，葬訖公除。四方士庶，各三日哭。妃嬪以下無子者，悉放還家。

諡曰武皇帝，廟稱高祖。己未，葬於孝陵。

帝沉毅有智謀。初以晉公護專權，常自晦迹，人莫測其深淺。及誅護之後，始親萬機。克己勵精，聽覽不怠。用法嚴整，多所罪殺。號令懇惻，唯屬意於政。羣下畏服，莫不肅然。性既明察，少於恩惠。凡布懷立行，皆欲踰越古人。身衣布袍，寢布被，無金寶之飾，諸宮殿華綺者，皆撤毁之，改爲土階數尺，不施櫨栱。其雕文刻鏤，錦繡纂組，一皆禁斷。後宮嬪御，不過十餘人。勞謙接下，自彊不息。以海內未康，銳情教習。至於校兵閱武，步行山谷，履涉勤苦，皆人所不堪。平齊之役，見軍士有跣行者，帝親脫靴以賜之。每宴會將士，必自執杯勸酒，或手付賜物。至於征伐之處，躬在行陣。性又果決，能斷大事。故能得士卒死力，以弱制強。破齊之後，遂欲窮兵極武，平突厥，定江南，一二年間，必使天下一統，此其志也。

史臣曰：自東西否隔，二國爭彊，戎馬生郊，干戈日用，兵連禍結，力敵勢均，疆場之事，一彼一此。高祖纘業，未親萬機，慮遠謀深，以蒙養正。及英威電發，朝政惟新，內難既除，外略方始。乃苦心焦思，克己勵精，勞役爲士卒之先，居處同匹夫之儉。脩富民之政，務彊兵之術，乘讐人之有釁，順大道而推亡。五年之間，大勳斯集。攄祖宗之宿憤，拯東夏之阽危，盛矣哉，其有成功者也。若使翌日之瘳無爽，經營之志獲申，黷武窮兵，雖見譏於良史，雄圖遠略，足方駕於前王者歟。

校勘記

〔一〕遣小司寇淮南公元(衞)〔偉〕納言伊婁謙使於齊　按卷三八元偉傳，偉封淮南縣公，建德二年官小司寇，四年使於齊。北史卷一五常山王遵附偉傳同。此處之「元衞」自爲「元偉」之誤。通鑑卷一七二五三四三頁亦作「衞」。考異曰：「謙傳隋書卷五四作『拓跋偉』，今從周書帝紀。」則司馬光所見周書已作「元衞」。「元」爲「拓跋」改姓，「拓跋」又爲「元」之復姓，伊婁謙傳也可證出使者是元偉。今據改。

〔二〕廣寧侯薛迴　「迴」原作「迥」。諸本及册府卷一一七一三九三頁「迴」都作「迥」。北史周本紀下作「廣寧公侯莫陳迴」，侯莫陳當是賜姓，或涉下「侯莫陳芮」而誤。按隋書卷六五薛世雄傳云：「父回，字道弘，仕周官至涇州刺史」，當卽其人，而又作「回」，但可以旁證作「迴」是。今據諸本及册府逕改。「侯」，局本及北史、通鑑卷一七二五三四五頁作「公」，未知孰是。

〔三〕十一月己亥　汲本、局本「己亥」作「庚寅」。按是月辛巳朔，庚寅爲十日，己亥爲十九日。

〔四〕五月壬辰　册府卷一一三一三四三頁「辰」作「寅」。按是月戊寅朔，壬辰爲十五日，壬寅爲二十五日。

〔五〕竇(泰)〔恭〕　張森楷云：「『泰』當作『恭』，竇恭是竇熾子，事見熾傳周書卷三〇。北史卷一〇周本紀下亦誤。」按册府卷一一七一三九四頁、御覽卷一〇五五〇六頁正作「恭」。張說是，今據改。

〔六〕(焉)〔烏〕氏公尹昇　北史卷一〇周本紀下、册府卷一一七一三九四頁「焉」作「烏」，北史「昇」作「升」册府作「尹昇」，知採自周書。「昇」「升」互通。「焉氏」則無此郡縣。當從北史、册府作「烏氏」。通鑑卷一七二五三五三頁作「焉氏公尹升」，胡注以爲「焉氏」卽魏書地形志涼州番和郡之燕支縣。按魏書卷一〇六地形志安定郡有烏氏縣，云「二漢、晉屬安定」。則卽漢書地理志之「烏氏」。漢志顏師古注「氏音支」，知「氏」字誤。尹昇所封亦卽此縣，作「焉氏」誤，不必強以燕支縣實之。今據改。

〔七〕(鍾)鼓〔鍾〕鎭　宋本、南本及北史周本紀下、册府卷一一七一三九四頁、通鑑卷一七二五三五三頁「鍾鼓」都作「鼓鍾」。通鑑胡注引水經注卷四河水注教水所經有鼓鍾上峽、鼓鍾川、鼓鍾城。知「鍾鼓」爲「鼓鍾」誤倒，今據改。

〔八〕烏栖自固　宋本「烏」作「鳥」，汲本作「烏」，下注一作「鳥」。册府卷一一七一三九四頁亦作「鳥」。

〔九〕齊主亦於塹北列陣至齊衆大潰　册府卷一一七一三九四頁、御覽卷二八〇一三〇五頁此段作：「齊主册府訛作「王」亦於塹北御覽訛作「此塹」列陣。帝欲薄之，以礙塹遂止。自旦至申，相持不決。申後，齊人塡塹南引。帝大喜，勒諸軍擊之。兵纔合，齊人便退。帝御覽脫「退帝」二字逐北，斬首萬有御覽無「有」字餘級。齊主與其麾下數十騎走還幷州。於是齊衆大潰。」按册府此段多出今本周書三十一字。今本周書此段和北史全同，當因殘缺，後人以北史補。大致從此開始直到詔書「人寄喉舌之重」以上，都已缺失，敍事部分後人用北史補上，而詔書不見北史，就留下了空白。其實空白遠不止詔書所缺。册府、御覽編纂時所據本這段缺文尚在。甚至通鑑所據也還是未殘本。通鑑卷一七二五三五八——五九頁敍這次戰事，册府、御覽多出今本的文字基本上都有，僅用字稍微有改動而已。可知這一大段的殘缺和以北史補亡當在南宋時。

〔一〇〕諸將不敢言　册府卷一一七一三九五頁下有「癸丑軍次汾水關」五字，今本周書及北史周本紀下無。通鑑卷一七二五三六〇頁作「癸丑至汾水關」。

〔一一〕齊主遣其丞相高阿那肱守高壁　册府卷一一七一三九五頁「肱」作「瓌」，下多「率兵一萬」四字。

通鑑卷一七二五三六〇頁亦云：「高阿那肱所部兵尙一萬，守高壁。」按北齊書卷五〇恩倖高阿那肱傳云：「雖作『肱』字，世人皆稱爲『瓌』音」，當時兩字通用。周書原文實皆作「瓌」，這裏是以北史補，才作「肱」，後人却連下文「瓌」字一律改成「肱」。但如北齊書所說，高阿那肱的「肱」字乃是正字，而且周書傳刻已久作「肱」，故不回改。册府多四字，與通鑑合，足證今本這一段以北史補。

〔一二〕齊將韓建業舉城降以爲上柱國封郇國公　册府卷一一七一三九五頁「齊將」下多「開府」二字，無「封郇國公」四字。通鑑卷一七二五三六一頁作「齊開府儀同三司韓建業舉城降，以爲上柱國，封郇公」，北史、册府都有刪節，北史去「開府」之官，册府刪去封公。周書原本當皆有之，觀通鑑可知。但通鑑於舊史稱「開府」者例增「儀同三司」四字，非有別據。

〔一三〕齊主留其從兄安德王延宗守并州自將輕騎走鄴　册府卷一一七一三九五頁「延宗」下有「等」字。按自此以上至「齊主亦於塹北列陣」都是以北史補。多一「等」字，本可不舉，却可以證明武帝紀缺失首尾。

〔一四〕是日詔〔齊王公以下〕曰〔夫樹之以君至胡〕　原作「是日詔曰此下缺」。按北史卷一〇周本紀下作「是日詔齊王公以下，示以逆順之道」，而不載詔書。補周書者見下面殘缺詔書，乃改作「是日詔曰」，而注云「此下缺」。册府卷一六四一九七七頁有詔書全文，文館詞林卷六六二有後周武帝伐

北齊詔二首，第二首卽此詔而缺其尾。今據補「詔」下五字，「曰」下八十二字。又，「嗟」字文館詞林作「緬」。

〔一五〕高阿那肱　宋本和册府卷一六四一九七七頁「肱」都作「瓌」。前「高阿那肱守高壁」條乃是以北史補，故作「肱」參校記第一一條。後人疑其前後異稱，就連後面「瓌」字都改作「肱」。今南本此詔中兩「肱」字尙留有挖改痕跡。知周書本都作「瓌」。下六行「那肱則單馬宵遁」條「肱」字同，不別出校記。

〔一六〕閤下積尸　宋本和北史卷一〇周本紀下、册府卷一一七一三九五頁「閤」作「闔」。

〔一七〕破竹更難建瓴非易　這二句的上文言齊軍潰敗之狀。如要接着說齊軍不能抵抗，應用「負隅」「當車」等字面來表示，今用「破竹」「建瓴」，知是說周軍勢大，「建瓴」更合關中之兵東下之意，但「更難」「非易」却又說難以取勝，顯然矛盾。疑「更」「非」二字誤倒，當作「破竹非難，建瓴更易」，則文意相貫。

〔一八〕動挂羅網　「挂」原作「持」，諸本及北史周本紀下、册府卷一三八一六六七頁「持」都作「挂」，今逕改。

〔一九〕僞右丞相咸陽王故斛律明月　按北齊書卷一七斛律金附子光傳、北史卷八齊本紀上北齊書此卷缺，後人以北史補斛律光死前已由右丞相轉左丞相。凡稱官封，應以最後爲定，此處「右」當作「左」。但諸本及北史、册府皆同，或所本的詔書已誤，今不改。

〔二〇〕合州五十五郡一百六十二縣三百八十五　北史卷一〇周本紀下同。隋書卷二九地理志序作「州九十有七郡一百六十縣三百六十五」。按隋志於郡數不過去其畸零之數。縣數作「三百六十五」，則「六」「八」二字易混，雖不知孰是，原來當無歧異。唯州數相差甚多。楊氏考證以爲「恐周書、北史均誤」。至御覽卷三二四一四九二頁作「州五十」，則當是脫去下「五」字。

〔二一〕戶三百三十萬二千五百二十八　北史周本紀下脫「三百」二字。册府卷四八六五八〇八頁作「二百三萬」，尾數同，通典卷七作「三百三萬」，尾數同，隋書卷二九地理志序亦作「三百三萬」而不舉尾數。册府之「二百三萬」，「二」當是「三」之誤。疑今周書諸本衍「十」字。

〔二二〕口二千萬六千〔六〕〔八〕百八十六　宋本「六百」作「八百」，北史周本紀下、册府卷四八六五八〇八頁、御覽卷三二四一四九二頁、通典卷七都作「八百」，今據改。

〔二三〕偃仆九逵之門　宋本「逵」作「達」，册府卷一四六一七七四頁、文館詞林卷六七〇後周武帝大赦詔作「九逵之間」。

〔二四〕願〔往〕〔住〕淮北者　宋本及北史、文館詞林卷六七〇「往」作「住」。按此指願意留住在淮北的淮南人。作「住」是，今據改。

〔二五〕悉不得娶母同姓以爲〔妻〕妾　局本及北史卷一〇周本紀下「妾」上有「妻」字，按上云：「娶妻買

妾，有納母氏之族」，知妻妾當並在禁例，今據補。

〔二六〕封齊王憲第四子廣都公負爲莒國公紹莒莊公洛生後　卷一〇莒莊公洛生傳作「廣都公貢」。卷一二齊王憲傳稱憲六子貴、質、賨、貢、乾禧、乾洽，貢出後莒莊公。北史卷五八周室諸王傳同。按宇文泰諸孫，名多從貝，而字皆上乾下某。洛生傳作「貢」誤。卷一三衞王直傳稱其第二子名「貢」，不應重複，但「負」也不像人名。今不改。

〔二七〕持杖羣彊盜一匹以上至隱地三頃以上者至死　北史周本紀下、册府卷六一一七三三九頁「者」作「皆」，通鑑卷一七三五三八三頁作「若地頃以上皆死」。按「至死」包括「持杖羣彊盜一匹以上」以至「隱地」諸罪條，「者」疑當作「皆」字。三頃與一頃，未知孰是。

周書卷七

帝紀第七

宣帝

宣皇帝諱贇，字乾伯，高祖長子也。母曰李太后。武成元年，生於同州。保定元年五月丙午，封魯國公。建德元年四月癸巳，高祖親告廟，冠於阼階，立爲皇太子。詔皇太子巡撫西土。文宣皇后崩，高祖諒闇，詔太子總朝政，五旬而罷。高祖每巡幸四方，太子常留監國。五年二月，又詔皇太子巡西土，因討吐谷渾。

宣政元年六月丁酉，高祖崩。戊戌，皇太子卽皇帝位，尊皇后爲皇太后。癸丑，歲星、熒惑、太白合於東井。甲子，誅上柱國、齊王憲。封開府于智爲齊國公。

閏月乙亥，詔山東流民新復業者，及突厥侵掠家口破亡不能存濟者，竝給復一年。立妃楊氏爲皇后。辛巳，以上柱國趙王招爲太師，陳王純爲太傅，柱國代王達、滕王逌、盧國

公尉遲運、薛國公長孫覽竝爲上柱國。進封柱國、平陽郡公王誼爲揚國公。[一]是月，幽州人盧昌期據范陽反，詔柱國、東平公宇文神舉帥衆討平之。

秋七月辛丑，月犯心前星。乙巳，祠太廟。丙午，祠圓丘。戊申，祠方丘。庚戌，以小宗伯、岐國公斛斯徵爲大宗伯。丙辰，熒惑、太白合於七星。己未，太白犯軒轅大星。壬戌，以柱國、南兗州總管、隨公楊堅爲上柱國、大司馬。癸亥，尊所生李氏爲帝太后。

八月丙寅，夕月於西郊。長安、萬年二縣民居在京城者，給復三年。壬申，行幸同州。遣大使巡察諸州。詔制九條，宣下州郡：一曰，決獄科罪，皆準律文；二曰，母族絕服外者，聽婚；三曰，以杖決罰，悉令依法；四曰，郡縣當境賊盜不擒獲者，竝仰錄奏；五曰，孝子順孫義夫節婦，表其門閭，才堪任用者，卽宜申薦；六曰，或昔經驅使，名位未達，或沉淪蓬蓽，文武可施，宜竝採訪，具以名奏；七曰，僞齊七品以上，已敕收用，八品以下，爰及流外，若欲入仕，皆聽預選，降二等授官；八曰，州舉高才博學者爲秀才，郡舉經明行修者爲孝廉，上州、上郡歲一人，下州、下郡三歲一人；九曰，年七十以上，依式授官，鰥寡困乏不能自存者，竝加稟恤。以大司徒、杞國公亮爲安州總管，上柱國、薛國公長孫覽爲大司徒，柱國、揚國公王誼爲大司空。庚辰，太白入太微。丙戌，以柱國、永昌公椿爲大司寇。

九月丁酉，熒惑入太微。以柱國宇文盛、張掖公王傑、枹罕公辛威、鄖國公韋孝寬竝爲上柱國。庚戌，封皇弟元爲荆王。詔諸應拜者，皆以三拜成禮。汾州稽胡帥劉受邏千舉兵反，[二]詔上柱國、越王盛爲行軍元帥，率衆討平之。庚申，熒惑犯左執法。

冬十月癸酉，至自同州。以大司空、揚國公王誼爲襄州總管。戊子，百濟遣使獻方物。

十一月己亥，講武於道會苑，帝親擐甲冑。是月，突厥寇邊，圍酒泉，殺掠吏民。

十二月甲子，以柱國、畢王賢爲大司空。癸未，熒惑入氐，仍留經一月。己丑，以上柱國、河陽總管滕王逌爲行軍元帥，率衆伐陳。免京師見徒，竝令從軍。

大象元年春正月癸巳，受朝於露門，帝服通天冠、絳紗袍，羣臣皆服漢魏衣冠。大赦，改元大成。初置四輔官，以上柱國大冢宰越王盛爲大前疑，相州總管蜀國公尉遲迥爲大右弼，申國公李穆爲大左輔，大司馬隨國公楊堅爲大後丞。癸卯，封皇子衍爲魯王。甲辰，東巡狩。丙午，日有背。以柱國、常山公于翼爲大司徒。辛亥，以柱國、許國公宇文善爲大宗伯。癸丑，日又背。戊午，行幸洛陽。立魯王衍爲皇太子。

二月癸亥，詔曰：

河洛之地，世稱朝市。上則於天，陰陽所會；下紀於地，職貢路均。聖人以萬物阜安，乃建王國。時經五代，世歷千祀，規模弘遠，邑居壯麗。自魏氏失馭，城闕爲墟，

君子有戀舊之風，小人深懷土之思。

我太祖受命酆鎬，胥宇崤函，蕩定四方，有懷光宅。高祖神功聖略，混一區宇，往巡東夏，省方觀俗，布政此宮，遂移氣序。朕以眇身，祗承寶祚，庶幾聿修之志，敢忘燕翼之心。一昨駐蹕金墉，備嘗遊覽，百王制度，基趾尙存，今若因修，爲功易立。宜命邦事，修復舊都。奢儉取文質之間，功役依子來之義。北瞻河內，咫尺非遙，前詔經營，今宜停罷。

於是發山東諸州兵，增一月功爲四十五日役，起洛陽宮。常役四萬人，以迄于晏駕。幷移相州六府於洛陽，稱東京六府。殺柱國、徐州總管、郯國公王軌。停南討諸軍。以趙王招女爲千金公主，嫁於突厥。戊辰，以上柱國、鄖國公韋孝寬爲徐州總管。乙亥，行幸鄴。丙子，初令授總管刺史及行兵者，加持節，餘悉罷之。辛巳，詔曰：

有聖大寶，實惟重器，玄天表命，人事與能，幽顯同謀，確乎不易。域中之大，實懸定於杳冥；天下爲公，蓋不避於內舉。我大周感蒼昊之精，受河洛之錫，武功文德，光格區宇，創業垂統，永光無窮。朕以寡薄，祗承鴻緒，上賴先朝得一之迹，下藉羣后不貳之心。職貢與雲雨俱通，憲章共光華竝亘。圓首方足，咸登仁壽，思隆國本，用弘天曆。

皇太子衍，地居上嗣，正統所歸。遠憑積德之休，允叶無疆之祚。帝王之量，未肅而成；天祿之期，不謀已至。朕今傳位於衍。乃睠四海，深合謳歌之望；俾予一人，高蹈風塵之表。萬方兆庶，知朕意焉。可大赦天下，改大成元年爲大象元年。

帝於是自稱天元皇帝，所居稱天臺，冕有二十四旒，〔二〕〔車〕服旗鼓，〔三〕皆以二十四爲節。內史、御正皆置上大夫。皇帝衍稱正陽宮，置納言、御正、諸衞等官，皆准天臺。尊皇太后爲天元皇太后。封內史上大夫鄭譯爲沛國公。癸未，日初出及將入時，其中竝有烏色，大如鷄卵，經四日滅。戊子，以上柱國大前疑越王盛爲太保，大右弼蜀公尉遲迥爲大前疑，代王達爲大右弼。辛卯，詔徙鄴城石經於洛陽。又詔曰：「洛陽舊都，今既修復，凡是元遷之戶，竝聽還洛州。此外諸民欲往者，亦任其意。河陽、幽、相、豫、亳、青、徐七總管，受東京六府處分。」

三月壬寅，以上柱國、薛國公長孫覽爲涇州總管。庚申，至自東巡，大陳軍伍，帝親擐甲冑，入自青門。皇帝衍備法駕從入。百官迎於青門外。其時驟雨，儀衞失容。辛酉，封趙王招第二子貫爲永康縣王。〔四〕

夏四月壬戌朔，有司奏言日蝕，不視事。過時不食，乃臨軒。立妃朱氏爲天元帝后。癸亥，以杜國、畢王賢爲上柱國。己巳，祠太廟。壬午，大醮於正武殿。戊子，太白、歲星、辰星合於東井。

五月辛亥，以洺州襄國郡爲趙國，以齊州濟南郡爲陳國，以豐州武當、安富二郡爲越國，以潞州上黨郡爲代國，以荆州新野郡爲滕國，邑各一萬戶。令趙王招、陳王純、越王盛、代王達、滕王逌竝之國。癸丑，有流星大如斗，出太微，落落如遺火。是月，遣使簡視京兆及諸州士民之女，充選後宮。突厥寇幷州。

六月丁卯，有流星大如鷄子，出氐，西北流，長一丈，入月中。己巳，月犯房北頭第二星。乙酉，有流星大如斗，出營室，流入東壁。是月，咸陽有池水變爲血。發山東諸州民，修長城。

秋七月庚寅，以大司空、畢王賢爲雍州牧，大後丞、隨國公楊堅爲大前疑，柱國、滎陽公司馬消難爲大後丞。壬辰，熒惑掩房北頭第一星。丙申，納大後丞司馬消難女爲正陽宮皇后。尊天元帝太后李氏爲天皇太后。壬子，改天元帝后朱氏爲天皇后。立妃元氏爲天右皇后，妃陳氏爲天左皇后。

八月庚申，行幸同州。壬申，還宮。甲戌，以天左皇后父大將軍陳山提、天右皇后父開府元晟竝爲上柱國。山提封鄅國公，晟封翼國公。開府楊雄爲邘國公，〔五〕乙弗寔戴國公。初，高祖作刑書要制，用法嚴重。及帝卽位，以海內初平，恐物情未附，乃除之。至是大醮於正武殿，告天而行焉。〔六〕辛巳，熒惑犯南斗第五星。壬午，以上柱國、雍州牧、畢王賢爲太師，上柱國、郇國公韓建業爲大左輔。是月，所在有蟻羣鬭，各方四五尺，死者什八九。

九月己酉，太白入南斗。乙卯，以酆王貞爲大冢宰。上柱國、鄖國公韋孝寬爲行軍元帥，率行軍總管杞國公亮、郕國公梁士彥以伐陳。遣御正杜杲、禮部薛舒使於陳。

冬十月壬戌，歲星犯軒轅大星。是日，帝幸道會苑大醮，以高祖武皇帝配。醮訖，論議於行殿。是歲，初復佛像及天尊像。至是，帝與二像俱南面而坐，大陳雜戲，令京城士民縱觀。乙酉，熒惑、鎭星合於虛。是月，相州人段德擧謀反，伏誅。

十一月乙未，幸溫湯。戊戌，行幸同州。壬寅，還宮。己酉，有星大如斗，出張，東南流，光明燭地。丁巳，初鑄永通萬國錢，以一當十，〔七〕與五行大布竝行。是月，韋孝寬拔壽陽，杞國公亮拔黃城，梁士彥拔廣陵。陳人退走。於是江北盡平。

十二月戊午，以災異屢見，帝御路寢，見百官。詔曰：

穹昊在上，聰明自下，吉凶由人，妖不自作。朕以寡德，君臨區寓，大道未行，小信非福。始於秋季，及此玄冬，幽顯殷勤，屢貽深戒。至有金入南斗，木犯軒轅，熒惑干房，又與土合，流星照夜，東南而下。然則南斗主於爵祿，軒轅爲於後宮，房曰明堂，布政所也，火土則憂孽之兆，流星乃兵凶之驗。豈其官人失序，女謁尙行，政事乖方，憂

患將至？何其昭著，若斯之甚。上瞻俯察，朕實懼焉。將避正寢，齋居克念，惡衣減膳，去飾撤懸，披不諱之誠，開直言之路。欲使刑不濫及，賞弗踰等，選擧以才，宮闈修德。宜宣諸內外，庶盡弼諧，允叶民心，用消天譴。

於是舍仗衞，往天興宮。百官上表勸復寢膳，許之。甲子，還宮。御正武殿，集百官及宮人內外命婦，大列妓樂，又縱胡人乞寒，用水澆沃爲戲樂。乙丑，行幸洛陽。帝親御驛馬，日行三百里。四皇后及文武侍衞數百人，竝乘驛以從。仍令四后方駕齊驅，或有先後，便加譴責，人馬頓仆相屬。己卯，還宮。

二年春正月丁亥，帝受朝于道會苑。癸巳，祀太廟。乙巳，造二扆，畫日月之象，以置左右。戊申，雨雪。雪止，又雨細黃土，移時乃息。乙卯，詔江左諸州新附民，〔八〕給復二十年。初稅入市者，人一錢。

二月丁巳，帝幸露門學，行釋奠之禮。戊午，突厥遣使獻方物，且逆千金公主。乙丑，改制詔爲天制詔，敕爲天敕。壬午，尊天元皇太后爲天元上皇太后，天皇太后李氏曰天元聖皇太后。癸未，立天元皇后楊氏爲天元大皇后，天皇后朱氏爲天大皇后，天右皇后元氏爲天右大皇后，天左皇后陳氏爲天左大皇后。正陽宮皇后直稱皇后。是日，〔九〕洛陽有禿

鷙鳥集於新營太極殿前。滎州有黑龍見，與赤龍鬬於汴水之側，黑龍死。

三月丁亥，賜百官及民大酺。詔曰：「盛德之後，是稱不絕，功施於民，義昭祀典。孔子德惟藏往，道實生知，以大聖之才，屬千古之運，載弘儒業，式叙彝倫。〔一○〕至如幽贊天人之理，裁成禮樂之務，故以作範百王，垂風萬葉。朕欽承寶曆，服膺教義，眷言洙、泗，懷道滋深。且褒成啓號，〔一一〕雖彰故實，旌崇聖績，猶有闕如。可追封爲鄒國公，邑數准舊。并立後承襲。別於京師置廟，以時祭享。」戊子，行軍總管、杞國公亮舉兵反，襲行軍元帥、鄖國公韋孝寬於豫州。亮不勝，孝寬獲而殺之。辛卯，以永昌公椿爲杞國公，紹簡公連後。行幸同州。增候正，前驅戒道，爲三百六十重，自應門至於赤岸澤，數十里間，幡旗相蔽，鼓樂俱作。又令武賁持鈒馬上，稱警蹕，以至於同州。乙未，改同州宮爲天成宮。庚子，至自同州。詔天臺侍衞之官，皆著五色及紅紫綠衣，以雜色爲緣，名曰品色衣。有大事，與公服間服之。壬寅，詔內外命婦皆執笏，其拜宗廟及天臺，皆俛伏。甲辰，初置天中大皇后。立天左大皇后陳氏爲天中大皇后，立妃尉遲氏爲天左大皇后。

夏四月乙丑，有星大如斗，出天厨，流入紫宮，抵鉤陳乃滅。己巳，祀太廟。己卯，詔曰：「朕以寡薄，昧於治方，不能使天地休和，陰陽調序。自春涉夏，甘澤未豐，既軫西郊之歎，將虧南畝之業。興言夕惕，無忘鑒昧。〔一二〕良由德化未敷，政刑多舛，萬方有罪，責在朕躬。思覃寬惠，被之率土。見囚死罪並降從流，流罪從徒，五歲刑已下悉皆原宥。其反叛惡逆不道，及常赦所不免者，不在降例。」壬午，幸(中)〔仲〕山祈雨。〔一三〕至咸陽宮，雨降。甲申，還宮。令京城士女於衢巷作音樂以迎候。

五月己丑，以上柱國、大前疑、隨國公楊堅爲揚州總管。甲午夜，帝備法駕幸天興宮。乙未，帝不豫，還宮。詔隨國公堅入侍疾。甲辰，有星大如三斗，出太微端門，流入翼，聲若風鼓幡旗。丁未，追趙、陳、越、代、滕五王入朝。己酉，大漸。御正下大夫劉昉，與內史上大夫鄭譯矯制，以隨國公堅受遺輔政。是日，帝崩於天德殿。時年二十二，謚曰宣皇帝。

七月丙申，葬定陵。

帝之在東宮也，高祖慮其不堪承嗣，遇之甚嚴。朝見進止，與諸臣無異，雖隆寒盛暑，亦不得休息。性既嗜酒，高祖遂禁醪醴不許至東宮。帝每有過，輒加捶扑。嘗謂之曰：「古來太子被廢者幾人，餘兒豈不堪立耶。」於是遣東宮官屬錄帝言語動作，每月奏聞。帝憚高祖威嚴，矯情修飾，以是過惡遂不外聞。

嗣位之初，方逞其欲。大行在殯，曾無戚容，即閱視先帝宮人，逼爲淫亂。纔及踰年，便恣聲樂，采擇天下子女，以充後宮。好自矜夸，飾非拒諫。禪位之後，彌復驕奢，耽酗於後宮，或旬日不出。公卿近臣請事者，皆附奄官奏之。所居宮殿，帷帳皆飾以金玉珠寶，光

華炫燿，極麗窮奢。及營洛陽宮，雖未成畢，其規模壯麗，踰於漢魏遠矣。

唯自尊崇，無所顧憚。國典朝儀，率情變改。後宮位號，莫能詳錄。每對臣下，自稱爲天。以五色土塗所御天德殿，各隨方色。又於後宮與皇后等列坐，用宗廟禮器罇彝珪瓚之屬以飲食焉。又令羣臣朝天臺者，皆致齋三日，清身一日。車旗章服，倍於前王之數。既自比上帝，不欲令人同己。嘗自帶綬及冠通天冠，加金附蟬，顧見侍臣武弁上有金蟬，及王公有綬者，並令去之。又不聽人有高大之稱，諸姓高者改爲姜，九族稱高祖者爲長祖，曾祖爲次長祖，官名凡稱上及大者改爲長，有天者亦改之。又令天下車皆以渾成木爲輪，禁天下婦人皆不得施粉黛之飾，唯宮人得乘有輻車，加粉黛焉。西陽公溫，杞國公亮之子，即帝之從祖兄子也。其妻尉遲氏有容色，因入朝，帝遂飲之以酒，逼而淫之。亮聞之，懼誅，乃反。纔誅溫，即追尉遲氏入宮，初爲妃，尋立爲皇后。

每召侍臣論議，唯欲興造變革，未嘗言及治政。其後遊戲無恒，出入不(飾)〔節〕，羽儀仗衞，〔一四〕晨出夜還。或幸天興宮，或遊道會苑，陪侍之官，皆不堪命。散樂雜戲魚龍爛漫之伎，常在目前。好令京城少年爲婦人服飾，入殿歌舞，與後宮觀之，以爲喜樂。

擯斥近臣，多所猜忌。又吝於財，略無賜與。恐羣臣規諫，不得行己之志，常遣左右密伺察之，動止所爲，莫不鈔錄，小有乖違，輒加其罪。自公卿已下，皆被楚撻，其間誅戮黜免者，不可勝言。每笞捶人，皆以百二十爲度，名曰天杖。宮人內職亦如之。后妃嬪御，雖被寵嬖，亦多被杖背。於是內外恐懼，人不自安，皆求苟免，莫有固志，重足累息，以逮於終。

史臣曰：高祖識嗣子之非才，顧宗祏之至重，滯愛同於晉武，則哲異於宋宣。但欲威之以檟楚，期之於懲肅，義方之教，豈若是乎。卒使昏虐君臨，姦回肆毒，善無小而必棄，惡無大而弗爲。窮南山之簡，未足書其過；盡東觀之筆，不能記其罪。然猶獲全首領，及子而亡，幸哉。

校勘記

〔一〕進封柱國平陽郡公王誼爲揚國公　宋本、南本、北本及北史卷一○周本紀下、通鑑卷一七三五三九○頁「揚」都作「楊」。按「揚」「楊」古多通用。下「柱國揚國公王誼爲大司空」條、「以大司空揚國公王誼爲襄州總管」條，以及他處中所載王誼封國往往「揚」「楊」雜出，今皆不改，也不再出校記。

〔二〕汾州稽胡帥劉受邏千　册府卷九八四一一五六○頁、卷一三越王盛傳「千」作「干」。按當時北邊

人常以「受邏干」爲名，北齊有万俟受洛干。疑作「干」是。

〔三〕（室）〔車〕服旗鼓　宋本、南本、汲本及北史周本紀下、册府卷一八〇二一五九頁、御覽卷一〇五五〇六頁「室」都作「車」，今據改。明本册府「鼓」又作「章」，宋本仍作「鼓」。

〔四〕封趙王招第二子貫爲永康縣王　卷一三趙王招傳作「永康公貫」，北史卷五八作「永康王貫」。按縣王之稱未見他例，疑有誤。

〔五〕開府楊雄爲邘國公　周書卷二九楊紹傳末云：「子雄嗣，大象末上柱國、邽國公。」隋書卷四三觀德王雄傳作「邘國公」。北史卷六八楊紹附子雄傳先作「邘」，後又作「邘」此據百衲本，殿本仍作「邘」。按「邽公」只見周書楊紹傳。「邘」是古國名，疑當作「邘」。

〔六〕初高祖作刑書要制至告天而行焉　北史卷一〇周本紀下「至是」下有「爲刑經聖制，其法深刻」九字。御覽卷六三六二八四九頁「初」上有「詔罷高祖所約法」七字，至「乃除之」止。按如周書之文，好似「刑書要制」廢而復行，如北史所述，則廢「刑書要制」在先，這時「告天而行的是宣帝的刑經聖制」。考隋書卷二五刑法志云：「大象元年又下詔曰：『高祖所立刑書要制，用法深重，其一切除之。』」下又云：「於是又廣刑書要制而更峻其法，謂之刑經聖制。」據隋志所述，大象元年廢刑書要制，不記月日，以後宣帝所制定的刑經聖制也沒有說何時頒佈，而確是兩件事，並非刑書要制先廢後復。周書卷四〇樂運傳，樂運上疏有云：「豈有削嚴刑之詔，未及半祀，便卽追改，更嚴前

制」，正是指的廢刑書要制，行刑書聖制事。北史的記載大致可信。這年八月「告天而行」的，就是刑經聖制。疑周書原來和北史同，後來脫去九字，但册府卷六一一七三三九頁已同今本，知脫去已久了。至御覽多出的七字，倒像八月是廢刑書要制之時，恐未可據。

〔七〕以一當十　宋本、汲本、局本「十」作「千」。張元濟以爲「十」字誤，云見北史。按北史周本紀下及御覽卷八三六三七三三頁、通典卷九、通鑑卷一七三五四〇一頁都作「千」。隋書卷二四食貨志、册府卷五〇〇五九九三頁作「十」。

〔八〕詔江左諸州新附民　北史周本紀下「左」作「右」。按上年十一月稱「江北盡平」，此詔卽對這些州而言，所以謂之「新附」。疑作「江右」是。

〔九〕是日　宋本及北史周本紀下「日」作「月」。

〔一〇〕式敍彝倫　「式」原作「世」。諸本及册府卷四九五五四頁「世」都作「式」。按文義作「式」是，今逕改。

〔一一〕且褒成啓號　宋本且字缺作□。册府卷四九五五四頁「且」作「而」。疑本作「而」，宋本所據之底本，此字缺，故作□。後來諸本作「且」，乃是以意補之。

〔一二〕無忘鑒昧　宋本及册府卷八三九七九頁「昧」作「寐」，並通。疑本作「寐」。

〔一三〕幸（中）〔仲〕山祈雨　通典卷一四二、隋書卷一四、通鑑卷一七四五四〇七頁「中」都作「仲」。通鑑胡注：「顏師古曰：仲山，卽今九嵕山之東仲山是也。括地志：仲山在雍州雲陽縣西十五里。」「中」字誤，今據改。

〔一四〕出入不（飾）〔節〕羽儀仗衞　北史周本紀下、通鑑卷一七三五三九七頁「飾」作「節」。按如作「飾」，則當連下讀。周宣帝出行常大陳儀衞，豈得謂之「不飾羽儀仗衞」。正因其多隨從，故下云「陪侍之官皆不堪命」。「飾」字誤，今據改。

周書卷八

帝紀第八

靜帝

靜皇帝諱衍，後改爲闡，宣帝長子也。母曰朱皇后。建德二年六月，生於東宮。大象元年正月癸卯，封魯王。戊午，立爲皇太子。二月辛巳，宣帝於鄴宮傳位授帝，居正陽宮。

二年夏五月乙未，宣帝寢疾，詔帝入宿於露門學。己酉，宣帝崩，帝入居天臺，廢正陽宮。大赦天下，停洛陽宮作。庚戌，上天元上皇太后尊號爲太皇太后。天元聖皇太后李氏爲太帝太后，天元大皇后楊氏爲皇太后，天大皇后朱氏爲帝太后。其天中大皇后陳氏、天右大皇后元氏、天左大皇后尉遲氏竝出俗爲尼。柱國、漢王贊爲上柱國、右大丞相，上柱國、揚州總管、隨國公楊堅爲假黃鉞、左大丞相，柱國、秦王贄爲上柱國。帝居諒闇，百官總己以聽於左大丞相。壬子，以上柱國、鄖國公韋孝寬爲相州總管。罷入市稅錢。

六月戊午，以柱國許國公宇文善、神武公竇毅、修武公侯莫陳瓊、大安公閻慶竝爲上柱國。趙王招、陳王純、越王（達）〔盛〕、代王（盛）〔達〕、〔一〕滕王逌來朝。庚申，復行佛、道二教，舊沙門、道士精誠自守者，簡令入道。辛酉，以柱國杞國公椿、燕國公于寔、郜國公賀拔伏恩竝爲上柱國。甲子，相州總管尉遲迥舉兵不受代。詔發關中兵，卽以孝寬爲行軍元帥，率軍討之。上柱國、畢王賢以謀執政，被誅。以上柱國秦王贄爲大冢宰，杞國公椿爲大司徒。己巳，詔南定、北光、衡、巴四州民爲宇文亮抑爲奴婢者，竝免爲民，復其本業。甲戌，有赤氣起西方，漸東行，遍天。庚辰，罷諸魚池及山澤公禁者，與百姓共之。以柱國、蔣國公梁睿爲益州總管。

秋七月甲申，突厥送齊范陽王高紹義。庚寅，申州刺史李慧起兵。〔二〕辛卯，月掩氐東南星。甲午，月掩南斗第六星。庚子，詔趙、陳、越、代、滕五王入朝不趨，劍履上殿。滎州刺史、邵國公宇文胄舉兵，遣大將軍、清河公楊素討之。丁未，隨公楊堅爲都督內外諸軍事。己酉，鄖州總管司馬消難舉兵，以柱國、楊國公王誼爲行軍元帥，率軍討之。壬子，歲星與太白合於張，有流星大如斗，出五（軍）〔車〕，〔三〕東北流，光明燭地。趙王招、越王盛以謀執政被誅。癸丑，封皇弟術爲鄴王，衎爲郢王。〔四〕是月，豫州、荊州、襄州三總管內諸蠻，各率種落反，焚燒村驛，攻亂郡縣。

八月庚申，益州總管王謙舉兵不受代，卽以梁睿爲行軍元帥，率軍討之。丁卯，封上柱國、枹罕公辛威爲宿國公，開府怡昻爲鄀國公。庚午，韋孝寬破尉遲迥於鄴城，迥自殺，相州平。移相州於安陽，其鄴城及邑居皆毀廢之。分相州陽平郡置毛州，昌黎郡置魏州。〔五〕丙子，以漢王贊爲太師，上柱國、并州總管、申國公李穆爲太傅，宋王實爲大前疑，秦王贄爲大右弼，燕國公于寔爲大左輔。己卯，詔曰：

朕祗承洪業，二載於茲。藉祖考之休，憑宰輔之力，經天緯地，四海晏如。逆賊尉遲迥，才質凡庸，志懷姦慝，因緣戚屬，位冠朝倫。屬上天降禍，先皇晏駕，萬國深鼎湖之痛，四海窮遏密之悲。獨幸天災，欣然放命，稱兵擁衆，便懷問鼎。乃詔六師，肅茲九伐，而凶徒孔熾，充原蔽野。諸將肆雷霆之威，壯士縱貔貅之勢，芟夷蘩拂，〔六〕所在如莽，直指漳濱，擒斬元惡，羣醜喪魄，咸集鼓下。順高秋之氣，就上天之誅，兩河妖孽，一朝清蕩。自朝及野，喜抃相趨。昔上皇之時，不言爲治，聖人宰物，有教而已。未戢干戈，實深慚德。思弘寬簡之政，用副億兆之心，可大赦天下。其共迴元謀，執迷不悟，及迥子姪，逆人司馬消難、王謙等，不在赦例。

庚辰，司馬消難擁其衆以魯山、甑山二鎭奔陳，遣大將軍、宋安公元景山率衆追擊，〔七〕俘斬五百餘人，鄖州平。沙州氐帥、開府楊永安聚衆應王謙，遣大將軍、樂寧公達奚儒討之。〔八〕

以上柱國、神武公竇毅爲大司馬，齊國公于智爲大司空。廢相、靑、荊、金、晉、梁六州總管。

九月甲申，熒惑與歲星合於翼。丙戌，廢河陽總管爲鎭，隸洛州。以小宗伯、竟陵公（陽）〔楊〕慧爲大宗伯。〔九〕壬辰，廢皇后司馬氏爲庶人。甲午，熒惑入太微。戊戌，以柱國、楊國公王誼爲上柱國。辛丑，分潼州管內新遂普合及瀘州管內瀘戎六州竝隸信州總管府。己酉，熒惑犯左執法。庚戌，以柱國常山公于翼、化政公宇文忻竝爲上柱國。進封翼爲任國公，忻爲英國公。壬子，丞相去左右之號，隨公楊堅爲大丞相。

冬十月甲寅，日有蝕之。乙卯，〔一〇〕有流星大如五斗，出張，南流，光明燭地。壬戌，陳王純以怨執政，被誅。大丞相、隨國公楊堅加大冢宰，五府總於天官。戊寅，梁睿破王謙於劍南，追斬之，傳首京師。益州平。

十一月甲辰，達奚儒破楊永安於沙州。沙州平。乙巳，歲星守太微。丁未，上柱國、鄖國公韋孝寬薨。

十二月壬子，以柱國、蔣國公梁睿爲上柱國。癸丑，熒惑入氐。丁巳，以柱國邗國公楊雄、（爲）普安公賀蘭蕃、〔一一〕郇國公梁士彥、上大將軍新（安）〔寧〕公叱列長（文）〔叉〕、〔一二〕武鄉公崔弘度、大將軍中山公宇文恩、濮陽公宇文述、渭原公和干子、任城公王景、漁陽公楊銳、

上開府廣宗公李崇、隴西公李詢並爲上柱國。庚申,以柱國、楚國公豆盧勣爲上柱國。癸亥,詔曰:「詩稱『不如同姓』,傳曰『異姓爲後』。蓋明辯親疎,皎然不雜。太祖受命,龍德猶潛。籙表革代之文,星垂除舊之象,三分天下,志扶魏室,多所改作,冀允上玄。文武羣官,賜姓者衆,本殊國邑,實乖胙土。不歆非類,異骨肉而共烝嘗;不愛其親,在行路而敍昭穆。且神徵革姓,本爲曆數有歸;天命在人,推讓終而弗獲。故君臨區寓,累世於茲。不可仍遵謙挹之旨,久行權宜之制。諸改姓者,悉宜復舊。」甲子,大丞相、隨國公楊堅進爵爲王,以十郡爲國。辛未,代王達、滕王逌並以謀執政被誅。壬申,以大將軍、長寧公楊勇爲上柱國、大司馬,小冢宰、始平公元孝矩爲大司寇。

大定元年春正月壬午,詔曰:「朕以不天,夙遭極罰。光陰遄速,遽及此辰。窮慕纏綿,言增號絕。踰祀革號,憲章前典,可改大象三年爲大定元年。」乙酉,歲星逆行,守右執法;熒惑掩房北第一星。丙戌,詔曰:「帝王設官,惟才是務,人臣報國,薦賢爲重。去歲已來,屢有妖寇,宰臣英算,咸得清蕩。逆亂之後,兵車始竭,遐邇勞役,生民未康。居官之徒,致治者寡。斯故上失其道,以至於茲,亦由下有幽人,未展其力。今四海寧一,八表無塵,元輔執鈞,垂風揚化。若使天下英傑,盡升於朝,銓衡陟降,量才而處,垂拱無爲,庶幾可至。」

於是遣戎秩上開府以上,職事下大夫以上,外官刺史以上,各舉清平勤幹者三人。被舉之人,居官三年有功過者,所舉之人,隨加賞罰。以大司馬、長寧公楊勇爲洛州總管。

二月庚申,大丞相、隨王楊堅爲相國,總百揆,更封十郡,通前二十郡,劍履上殿,入朝不趨,贊拜不名,備九錫之禮,加璽、鉞、遠遊冠,相國印綠綟綬,位在諸王上。又加冕十有二旒,建天子旌旗,出警入蹕,乘金根車,駕六馬,備五時副車,置旄頭雲罕,樂舞八佾,設鍾簴宮懸。王后、王子爵命之號,並依魏晉故事。甲子,隨王楊堅稱尊號,帝遜于別宮。

隋氏奉帝爲介國公,邑萬戶,車服禮樂一如周制,上書不爲表,答表不稱詔。有其文,事竟不行。開皇元年五月壬申,崩,時年九歲,隋志也。謚曰靜皇帝,葬恭陵。

史臣曰:靜帝越自幼冲,紹茲衰緒。內相挾孫、劉之詐,戚藩無齊、代之彊。隋氏因之,遂遷龜鼎。雖復岷峨投袂,翻成陵奪之威;漳滏勤王,無救宗周之殞。嗚呼,以太祖之克隆景業,〔一三〕未踰二紀,不祀忽諸。斯蓋宣帝之餘殃,非孺子之罪戾也。

校勘記

〔一〕越王(達)〔盛〕代王(盛)〔達〕 局本及北史周本紀下作「越王盛代王達」。按卷一三文閔明武宣諸子傳越王名盛,代王名達。這裏是誤倒,今據改。

〔二〕申州刺史李慧起兵 卷二一尉遲迥傳、北史周本紀下、卷六二尉遲迥傳、通鑑卷一七四五四一六頁「慧」都作「惠」。唐書卷七十上宗室世系表作「慧」。

〔三〕有流星大如斗出五(軍)〔車〕 宋本、南本、局本「軍」作「車」。張元濟以爲「軍」字誤。按隋書卷二一天文志亦作「五車」,「五車」是星座名,今據改。

〔四〕封皇弟術爲鄴王衎爲郢王 殿本考證云:「按通鑑卷一七四,五四二〇頁周主封其弟衍爲葉王,術爲郢王,與此互異。又按諸王傳周書卷一三宣帝五當作三子,朱皇后生靜皇帝,王姬生鄴王衍,皇甫姬生郢王術。是衍爲兄,術爲弟。今本紀乃以術爲兄,衍爲弟,而王號亦互異。此本紀訛也。又『衍』,本紀作『衎』。靜帝初既名衍,則其弟焉得復以衍爲名。此諸王傳訛也。」按北史周本紀下、百衲本、卷五八周室諸王傳、册府卷二六五三一四四頁都作「萊王衎郢王術」。周書卷一三文閔明武宣諸子傳、殿本北史周本紀下作「鄴王衎郢王術」。諸書次序都是先衎後術,考證以爲本紀弟兄誤倒是對的。諸書雖同作「衎」,但卷七宣帝紀、卷八靜帝紀都說靜帝初名衍,卷五武帝紀上建德二年六月壬子稱「皇孫衍生」,與周書卷八靜帝紀、北史卷一〇周本紀下所云靜帝於「建德二年六月生於東宮」的紀載相合。靜帝既名衍,不能兄弟同名,考證以爲當從本紀作「衎」,也是

有理由的。此外,諸書所紀王號也有紛歧。北史紀傳及册府以衍衎所封爲「萊王」,周書紀傳及殿本北史周本紀下作「鄴王」。通鑑卷一七四五四二〇頁作「葉王」,「葉」恐是「萊」之誤。「鄴」是北齊故都,又是縣名,恐不以封王。諸王封國,多取州名。隋書卷三〇地理志東萊郡條稱「舊置光州,開皇五年改曰萊州」,或改名在周末。疑作「萊」是。

〔五〕昌黎郡置魏州 錢氏考異卷三二云:「昌黎當作昌樂。」按隋書卷三〇地理志武陽郡條云:「後周置魏州。」屬縣有繁水,云:「舊曰『昌樂』,置昌樂郡,東魏郡廢,後周又置。」據隋志,魏州當治貴鄉郡貴鄉縣。或昌樂復改郡時,貴鄉尚未立郡,爲昌樂郡屬縣。錢說是。

〔六〕芟夷縈拂 册府卷八三九七七九頁「縈」作「剪」,較長。

〔七〕大將軍宋安公元景山 張森楷云:「隋書元景山傳卷三九言自宋安郡公徙爲平原郡公,此稱故封,疑誤。」按傳稱景山已進位爲「上大將軍」,此亦稱故官。

〔八〕大將軍樂寧公達奚儒 通鑑卷一七四五四二九頁同。胡注:「長儒襲父慶爵樂安郡公。志隋書卷三〇地理志云:『北海郡博昌縣,舊曰樂安。』『寧』當作『安』,『儒』上逸『長』字。」張森楷云:「隋書卷五三有達奚長儒傳,不言名儒,且言初襲爵樂安公,進成安郡公。討楊永安時,進爵久矣,初未嘗爲樂寧公也。此文有誤。」按長儒單稱儒,乃雙名單稱之例。據傳則不但「樂寧」爲誤,且亦應稱「成安公」。

〔九〕以小宗伯竟陵公（陽）〔楊〕慧爲大宗伯　北史周本紀下作「楊慧」，通鑑卷一七四五四二九頁作「楊惠」。按隋書卷四四滕穆王瓚傳云：「一名慧，高祖母弟也。」他在周封竟陵郡公，楊堅當國時爲大宗伯，應卽其人。這裏作「陽」誤，今據改。「楊惠」是楊雄初名，未嘗爲大宗伯，通鑑亦誤。參見卷一九校記第六〇條。

〔一〇〕乙卯　「卯」原作「酉」，諸本都作「卯」。按是月癸丑朔，乙卯是三日，無乙酉。今逕改。

〔一一〕柱國邗國公楊雄（爲）普安公賀蘭蕃　張森楷云：疑「爲」字衍。按北史周本紀下無「爲」字，今據刪。又「邗」當作「邘」，見上卷校記第五條。

〔一二〕上大將軍新（安）〔寧〕公叱列長（文）〔叉〕　諸本「安」都作「寧」。宋本、汲本、局本「文」作「叉」，汲本、局本注云：「一作文。」按北齊書卷二〇叱列平傳稱平子長叉，在齊封新寧王，隋開皇中上柱國。北史卷五三叱列平傳「乂」又作「叉」。漢魏南北朝墓誌集釋馮忱妻叱李綱子墓誌圖版五二一稱：「祖長叉，齊許昌公，周少司徒，脩按卽「治」字信州總管、相州刺史、上柱國、新寧密公。」「叱李」卽「叱列」異譯，在齊封許昌公，北齊書和北史本傳未言。或是先封許昌公，後封新寧王。入周仍其故封而降爵爲公。其名應作「叉」，作「文」「乂」皆誤，今據改。

〔一三〕以太祖之克隆景業　北史周本紀下論作「文皇之經啓鴻基，武皇之克隆景業」。北史此論以周書武、宣、靜三帝紀論合成，疑此「太祖」下脫「之經啓鴻基高祖」七字。

周書卷九

列傳第一

皇后

文帝元皇后　文宣叱奴皇后　孝閔帝元皇后　明帝獨孤皇后　武帝阿史那皇后　武帝李皇后　宣帝楊皇后　宣帝朱皇后　宣帝陳皇后　宣帝元皇后　宣帝尉遲皇后　靜帝司馬皇后

書紀有虞之德，載「釐降二女」；詩述文王之美，稱「刑于寡妻」。是知婚姻之道，男女之別，實有國有家者之所愼也。自三代迄于魏晉，興衰之數，得失之迹，備乎傳記，故其詳可得聞焉。若娉納以德，防閑以禮，大義正於宮闈，王化行於邦國，則坤儀式固，而鼎命惟

永矣。至於邪僻旣進，法度莫修，冶容迷其主心，私謁蠹其朝政，則風化凌替，而宗社不守矣。夫然者，豈非皇王之龜鑑與。

周氏率由姬制，內職有序。太祖創基，修衽席以儉約；高祖嗣曆，節情欲於矯枉。宮闈有貫魚之美，戚里無私溺之尤，可謂得人君體也。宣皇外行其志，內逞其欲，溪壑難滿，採擇無厭。恩之所加，莫限廝皁；榮之所及，無隔險詖。於是升蘭殿而正位，踐椒庭而齊體者，非一人焉；階房帷而拖青紫，承恩倖而擁玉帛者，非一族焉。雖辛、癸之荒淫，趙、李之傾惑，曾未足比其髣髴也。民厭苛政，弊事實多，太祖之祚忽諸，特由於此。故敍其事以爲皇后傳云。

文帝元皇后，魏孝武帝之妹。初封平原公主，適開府張歡。〔一〕歡性貪殘，遇后無禮，又嘗毆后侍婢。后怒，訴之於帝，帝乃執歡殺之。改封后爲馮翊公主，以配太祖，生孝閔帝。大統七年，薨。〔二〕魏恭帝三年十二月，合葬成陵。孝閔帝踐祚，追尊爲王后。武成初，又追尊爲皇后。

文宣叱奴皇后，代人也。太祖爲丞相，納后爲姬，生高祖。天和(元)〔二〕年六月，尊爲皇太后。〔三〕建德(二)〔三〕年三月癸酉，崩。〔四〕四月丁巳，葬〔永〕固陵。〔五〕

孝閔帝元皇后名胡摩，魏文帝第五女。初封晉安公主。帝之爲略陽公也，尙焉。及踐阼，立爲王后。帝被廢，后出俗爲尼。建德初，高祖誅晉國公護，上帝尊號爲孝閔帝，以后爲孝閔皇后，居崇義宮。隋氏革命，后出居里第。大業十二年，殂。

明帝獨孤皇后，太保、衞國公信之長女。帝之在藩也，納爲夫人。二年正月，立爲王后。四月，崩，葬昭陵。武成初，追崇爲皇后。世宗崩，與后合葬。

武帝阿史那皇后，突厥木扞可汗俟斤之女。〔六〕突厥滅茹茹之後，盡有塞表之地，控弦

數十萬，志陵中夏。〔七〕太祖方與齊人爭衡，結以爲援。俟斤初欲以女配帝，既而悔之。高祖卽位，前後累遣使要結，乃許歸后於我。保定五年二月，詔陳國公純、許國公宇文貴、神武公竇毅、南(陽)〔安〕公楊荐等，〔八〕奉備皇后文物及行殿，幷六宮以下百二十人，至俟斤牙帳所，迎后。俟斤又許齊人以婚，將有異志。純等在彼累載，不得反命。雖諭之以信義，俟斤不從。會大雷風起，飄壞其穹廬等，旬日不止。俟斤大懼，以爲天譴，乃備禮送后。(及)純等設行殿，列羽儀，奉之以歸。〔九〕天和三年三月，后至，高祖行親迎之禮。后有姿貌，善容止，高祖深敬焉。

宣帝卽位，尊爲皇太后。大象元年二月，改爲天元皇太后。二年二月，又尊爲天元上皇太后。册曰：「天元皇帝臣贇，奉璽綬册，謹上天元皇太后尊號曰天元上皇太后。伏惟窮神盡智，含弘載物，道洽萬邦，儀刑四海。聖慈訓誘，恩深明德，雖册徽號，未極尊嚴。是用增奉鴻名，光縟常禮。俾誠敬有展，歡慰在茲，福祉無疆，億兆斯賴。」宣帝崩，靜帝尊爲太皇太后。隋開皇二年殂，年三十二。隋文帝詔有司備禮册，祔葬於孝陵。

武帝李皇后名娥姿，楚人也。于謹平江陵，后家被籍沒。至長安，太祖以后賜高祖，後稍得親幸。大象元年二月，改爲天元帝太后。〔一〇〕七月，又尊爲天皇太后。二年，尊爲天元聖皇太后。册曰：「天元皇帝臣贇，奉璽綬册，謹上天皇太后尊號曰天元聖皇太后。伏惟月精効祉，坤靈表貺，瑞肇丹陵，慶流華渚。雖率由令典，夙奉徽號，而因心盡敬，未極尊名。是用思弘稱首，上昭聖德，敢竭誠敬，永綏福履。顯揚慈訓，貽厥孫謀。」宣帝崩，靜帝尊爲太帝太后。隋開皇元年三月，出俗爲尼，改名常悲。八年殂，年五十三，以尼禮葬于京城南。

宣帝楊皇后名麗華，隋文帝長女。帝在東宮，高祖爲帝納后爲皇太子妃。宣政元年閏六月，立爲皇后。帝後自稱天元皇帝，號后爲天元皇后。尋又立天皇后及左右皇后，與后爲四皇后焉。二年，詔曰：「帝降二女，后德所以儷君；天列四星，妃象於焉垂耀。朕取法上玄，稽諸令典，爰命四后，內正六宮，庶弘贊柔德，廣修粢盛。比殊禮雖降，稱謂曷宜，其因天之象，增錫嘉名。」於是后與三皇后並加(太)〔大〕焉。〔一一〕帝遣使持節册后爲天元大皇后曰：「咨爾含章載德，體順居貞，肅恭享祀，儀刑邦國，是用嘉茲顯號，式暢徽音。爾其敬踐厥猷，寅荅靈命，對揚休烈，可不愼歟。」尋又立(爲)天中大皇后，〔一二〕與后爲五皇后。

后性柔婉，不妬忌，四皇后及嬪御等咸愛而仰之。帝後昏暴滋甚，喜怒乖度。嘗譴后，

欲加之罪，后進止詳閑，辭色不撓。帝大怒，遂賜后死，逼令引訣。后母獨孤氏聞之，詣閤陳謝，叩頭流血，然後得免。帝崩，靜帝尊后爲皇太后，居弘聖宮。

初，宣帝不豫，詔后父入禁中侍疾。及大漸，劉昉、鄭譯等因矯詔以后父受遺輔政。后初雖不預謀，然以嗣主幼冲，恐權在他族，不利於己，聞昉、譯已行此詔，心甚悅之。後知其父有異圖，意頗不平，形於言色。及行禪代，憤惋逾甚。隋文帝既不能譴責，內甚愧之。開皇六年，封后爲樂平公主。後又議奪其志，后誓不許，乃止。大業五年，從煬帝幸張掖，殂於河西，年四十九。煬帝還京，詔有司備禮，祔葬后於定陵。

宣帝朱皇后名滿月，吳人也。其家坐事，沒入東宮。帝之爲太子，后被選掌帝衣服。帝年少，召而幸之，遂生靜帝。大象元年，立爲天元帝后，尋改爲天皇后。二年，又改爲天大皇后。册曰：「咨爾彌宣四德，訓範六宮，軒庭列序，堯門表慶，嘉稱既降，盛典宜膺。爾其飾性履道，無愆禮正，永固休祉，可不愼歟。」后本非良家子，又年長於帝十餘歲，疏賤無寵。以靜帝故，特尊崇之，班亞楊皇后焉。宣帝崩，靜帝尊爲帝太(皇)后。〔一三〕隋開皇元年，出俗爲尼，名法淨。六年殂，年四十一，以尼禮葬京城。

宣帝陳皇后名月儀，自云潁川人，大將軍山提第八女也。大象元年六月，以選入宮，拜爲德妃。月餘，立爲天左皇后。二年二月，改天左大皇后。册曰：「咨爾儀範柔閑，操履凝潔，淑問彰於遠近，令則冠於宮闈。是用申彼寵章，加茲徽號。爾其復禮問詩，披圖顧史，永隆嘉命，可不慎歟。」三月，又詔曰：「正內之重，風化之基，嘉耦之制，代多殊典。軒、嚳繼軌，〔一四〕次妃並四；虞舜受命，厥娶猶三。禮非相襲，隨時不無。朕祗承寶圖，載弘徽號，自我改作，超革先古。曰天元居極，五帝所以仰崇；王者稱尊，列后於焉上儷。且坤儀比德，土數惟五，既緝恆典，宜取斯儀。四大皇后外，可增置天中大皇后一人。天中大皇后爰主粢盛，〔一五〕徽音日躋，肇建嘉名，宜膺顯册。」於是以后爲天中大皇后。帝崩，后出家爲尼，改名華光。

后父山提本高氏之隸。〔一六〕仕齊，官至特進、開府、東兗州刺史、謝陽王。高祖平齊，拜大將軍，封（浙）〔淅〕陽郡公。〔一七〕大象元年，以后父超授上柱國，進封鄅國公，除大宗伯。

宣帝元皇后名樂尚，〔一八〕河南洛陽人也。開府晟之第二女。年十五，被選入宮，拜爲貴妃。大象元年七月，立爲天右皇后。二年二月，改爲天右大皇后。〔一九〕册曰：「咨爾資靈姜水，載德塗山，懿淑內融，徽音潛暢。是用加茲寵數，式光踐禮。爾其聿修儀範，肅膺顯册，

祗承休命，可不慎歟。」帝崩，后出俗爲尼，改名華勝。初，后與陳后同時被選入宮，俱拜爲妃，及升后位，又同日受册，帝寵遇二后，禮數均等，年齒復同，特相親愛。及爲尼後，李、朱及尉遲后等並相繼殞沒，而二后于今尚存。后父晟，少以元氏宗室，拜開府。大象（末）〔元〕年七月，〔二〇〕以后父進位上柱國，封翼國公。

宣帝尉遲皇后名熾繁，蜀國公迥之孫女。有美色。初適杞國公亮子西陽公溫，以宗婦例入朝，帝逼而幸之。及亮謀逆，帝誅溫，進后入宮，拜爲長貴妃。大象二年三月，立爲天左大皇后。册曰：「咨爾門膺積善，躬表靈貺，徽音茂德，朕實嘉之。是用弘茲盛典，申彼寵章。爾其克慎厥猷，寅荅景命，永承休烈，可不慎歟。」帝崩，后出俗爲尼，改名華首。隋開皇十五年，殂，年三十。

靜帝司馬皇后名令姬，柱國、滎陽公消難之女。大象元年二月，宣帝傳位於帝，七月，爲帝納爲皇后。册曰：「坤道成形，厚德於焉載物；陰精迭運，重光所以麗天。在昔皇王，膺乾御曆，內政爲助，昭被圖篆。惟爾門積慶靈，家韜休烈，徽音令範，無背一時。是用命

爾，作儷皇極。爾其克勵婉心，肅膺盛典，追皇、英之逸軌，庶任、姒之芳塵，褘翟有光，粢盛無怠，雖休勿休，以隆嘉祚。」二年九月，隋文帝以后父擁衆奔陳，廢后爲庶人。後嫁爲隋司（州）〔隸〕刺史李丹妻，〔二一〕于今尚存。

史臣曰：孔子稱「夷狄之有君，不如諸夏之亡也」。是以周納狄后，富辰謂之禍階；晉升戎女，卜人以爲不吉。斯固非謬焉。自周氏受命，逮乎高祖，年踰三紀，世歷四君。業非草昧之辰，事殊權宜之日，乃弃同即異，以夷亂華。捐婚姻之彝序，求豺狼之外利。既而報者倦矣，施者無厭，向之所謂和親，未幾已成讎敵。奇正之道，有異於斯。于時高祖雖受制於人，未親庶政，而謀士韞奇，直臣鉗口。過矣哉！

歷觀前載，以外戚而居宰輔者多矣。申、呂則曠代無聞，呂、霍則與時俱盛。傾漢室者王族，喪周祚者楊氏。何滅亡之禍，合若符契焉。斯魏文所以發一槩之詔也已。

校勘記

〔一〕初封平原公主適開府張歡　張森楷云：「北齊書張忻傳卷二〇張瓊傳作『平陽公主』，『張歡』作『張

忻』。『忻』、『歡』誼同，豈避高歡諱改歟。」按錢氏考異卷四〇已指出「齊史避諱，改歡爲欣」。

〔二〕生孝閔帝大統七年甍　北史卷一四后妃傳下作「大統十七年」。按卷三孝閔帝紀謂帝以大統八年生，其母不當死在前。當從北史。

〔三〕天和（元）〔二〕年六月尊爲皇太后　宋本、南本「元」作「三」。卷五武帝紀事在二年，今從紀改。

〔四〕建德（二）〔三〕年三月癸酉崩　御覽卷一四〇六八三頁「二」作「三」。按卷五武帝紀叱奴后死於建德三年三月癸酉，御覽是，今據改。

〔五〕四月丁巳葬〔永〕固陵　「四月」北史卷一四后妃傳下作「五月」。按卷五武帝紀上葬在五月庚申。又諸本「固」上都有「永」字，與武帝紀合，今據補。

〔六〕突厥木扞可汗　北史卷一四后妃傳下宋本作「木杅」，殿本作「木杆」。考之其他紀載，或作「木汗」周書卷一九楊忠傳、卷二八史寧傳、卷五〇異域傳、北史卷六一史寧傳，或作「木杆」北史卷一一附本紀敍楊忠事，卷九九突厥傳。隋書卷八四突厥傳局本作「扞」，百衲本「杅」、「扞」雜出。「杅」爲「杆」之誤，「汗」、「扞」音同，「杆」音亦相近，譯音無定字。

〔七〕控弦數十萬志陵中夏　御覽卷一四〇六八四頁作「控弦十數萬，於是陵逼中原」。

〔八〕南（陽）〔安〕公楊荐　卷五武帝紀保定五年、卷三三楊荐傳、北史卷一四后妃傳下「陽」都作「安」，今據改。

〔九〕乃備禮送后（及）純等設行殿列羽儀奉之以歸　北史卷一四后妃傳下省作「乃禮送后，純等奉之以歸」。按上文言純等入突厥迎后，「奉備皇后文物及行殿」，知行殿羽儀乃純等所設所列，「奉之以歸」亦純等奉之以歸。「純等」二字自應屬下讀，這裏衍「及」字，今據北史刪。

〔一〇〕後稍得親幸大象元年二月改爲天元帝太后　錢氏考異卷三二云：「按『親幸』之下，當云『生宣帝。宣帝宣政元年七月尊爲帝太后』。」按錢氏實據北史卷一四后妃傳下補。周書云「大象元年二月改爲天元帝太后」，若無先尊爲帝太后之文，則「改」字無理，知「親幸」下有脫文。御覽卷一四〇六八四頁作「高祖幸之，生宣帝。宣帝卽位，尊爲天元聖皇太后」，也有刪節。

〔一一〕於是后與三皇后並加（太）〔大〕焉　張森楷云：「北史卷一四后妃傳下『太』作『大』，是。下同。」按張說是，今據改。以下「太皇后」皆逕改「大皇后」，不出校記。

〔一二〕尋又立（爲）天中大皇后　殿本考證云：「按天中大皇后大原作「太」，誤，陳月儀也。楊后本册立爲天元大皇后，未嘗改册爲天中大皇后。北史卷一四后妃傳下『立』下無『爲』字，於文義爲協。」按考證說是，今據刪。

〔一三〕靜帝尊爲帝太（皇）后　北史卷一四后妃傳下「太」下無「皇」字。張森楷云：「北史是。」按卷八靜帝紀正作「帝太后」，「皇」字衍，今據刪。

〔一四〕軒轝繼軌　宋本「軌」作「軏」，不成字，當是「範」之訛。

〔一五〕天中大皇后爰主粢盛　按這是陳月儀由天左改册天中的册文，「爰主粢盛」云云是贊揚陳未改册時的話，疑「中」當作「左」。

〔一六〕本高氏之隸　殿本考證云：「北史卷一四后妃傳下作本爾朱兆之隸，未知孰是。」按御覽卷一四〇六八四頁同北史。張森楷云：「二史皆是也。山提初爲兆隸，兆使殺己，不從。兆死，轉事高歡爲蒼頭。各據一端而言，其實非有二也。」張所云出北齊書卷二五張亮傳，卷五〇恩倖傳。

〔一七〕（浙）〔淅〕陽郡公　張森楷云：「『浙』當作『淅』，北史卷一四后妃傳下正作『淅』。」按張說是，今據改。

〔一八〕名樂尚　諸本「樂」都作「藥」。北史卷一四后妃傳下、御覽卷一四〇六八四頁作「樂」，疑殿本據北史改。

〔一九〕改爲天右大皇后　殿本考證云：「『天右』，舊本俱訛作『天元』。」按殿本當據卷七宣帝紀及北史卷一四后妃傳下改。局本從殿本。

〔二〇〕大象（末）〔元〕年七月　宋本「末」作「元」。張元濟以爲作「末」誤，云「見帝紀」卷七宣帝紀。按張說是，今據改。但宣帝紀稱元晟封公在八月，此作七月，蓋誤以立皇后之月爲封后父之月。

〔二一〕後嫁爲隋司（州）〔隸〕刺史李丹妻　殿本考證云：「『司州』，諸本俱訛爲『司隸』，今據北史卷一四后妃傳下改正」。按隋無司州，隋書卷二八百官志司隸臺有刺史十四人，巡察畿外，卷一〇禮儀志五軺車條、卷六六房彥謙傳、卷六七裴藴傳並見「司隸刺史」，此作「司隸」不誤，殿本妄改，今回改。

周書卷十

列傳第二

邵惠公顥 子什肥　導　（護）　什肥子胄　導子廣　亮　翼　椿　衆

杞簡公連　莒莊公洛生 子菩提　虞國公仲 子興

邵惠公顥，太祖之長兄也。德皇帝娶樂浪王氏，是爲德皇后。生顥，次杞簡公連，次莒莊公洛生，次太祖。顥性至孝，德皇后崩，哀毀過禮，鄉黨咸敬異焉。德皇帝與衞可孤戰於武川南河，臨陣墜馬，顥與數騎奔救，擊殺數十人，賊衆披靡，德皇帝乃得上馬引去。俄而賊追騎大至，顥遂戰歿。保定初，追贈太師、柱國大將軍、大冢宰、大都督、恆朔等十州諸軍事、恆州刺史。封邵國公，邑萬戶。謚曰惠。顥三子什肥、導、護。護別有傳。

什肥年十五而惠公歿，〔一〕自傷早孤，事母以孝聞。永安中，太祖入關，什肥不能離母，

遂留晉陽。及太祖定秦、隴，什肥爲齊神武所害。保定初，追贈大將軍、小冢宰、大都督、冀定等州諸軍事、冀州刺史。襲爵邵國公。謚曰景。子胄嗣。

胄少而孤貧，頗有幹略。景公之見害也，以年幼下蠶室。保定初，詔以晉公護子會紹景公封。天和中，與齊通好，胄始歸關中。授大將軍、開府儀同三司，襲爵邵公。尋除宗師中大夫，進位大將軍，出爲原州刺史，轉滎州刺史。大象末，隋文帝輔政，胄舉州兵應尉遲迥，與清河公楊素戰，敗，遂走，追獲於石濟，遂斬之。國除。

（胄子）〔會字〕乾仁，〔二〕幼好學，聰惠。魏恭帝二年，以護平江陵之功，賜爵江陵縣公。保定初，紹景公後，拜驃騎大將軍、開府儀同三司。二年，除蒲州潼關六防諸軍事、蒲州刺史。胄至自齊，改封譚國公。尋進位柱國。建德初，與護同伏誅。三年五月，追贈，復封舊爵。

導字菩薩。少雄豪，有仁惠，太祖愛之。初與諸父在葛榮軍中，榮敗，遷晉陽。及太祖隨賀拔岳入關，導從而西，常從征伐。太祖討侯莫陳悅，以導爲都督，鎮原州。及悅敗，北走出故塞，導率騎追之，至牽屯山及悅，斬之，傳首京師。以功封饒陽縣侯，〔三〕邑五百戶，拜冠軍將軍，加通直散騎常侍。魏文帝卽位，以定策功，進爵爲公，增邑五百戶，拜使持節、散

騎常侍、車騎大將軍、左光祿大夫。三年，太祖東征，導入宿衞，拜領軍將軍、大都督。齊神武渡河侵馮翊，太祖自弘農引軍入關，導督左右禁旅會於沙苑，與齊神武戰，大破之。進位儀同三司。明年，魏文帝東征，留導爲華州刺史。及趙青雀、于伏德、慕容思慶等作亂，導自華州率所部兵擊之，擒伏德，斬思慶。進屯渭橋，會太祖軍。事平，進爵章武郡公，增邑并前二千戶。尋加侍中、開府、驃騎大將軍、太子少保。高仲密以北豫降，太祖率諸將輔魏皇太子東征，復以導爲大都督、華東雍二州諸軍事，行華州刺史。導治兵訓卒，得守捍之方。〔四〕及大軍不利，東魏軍追至稠桑，知關中有備，乃退。會侯景舉河南來附，遣使請援，朝議將應之，乃徵爲隴右大都督、秦南等十五州諸軍事、〔五〕秦州刺史。及齊氏稱帝，太祖發關中兵討之，魏文帝遣齊王廓鎭隴右，徵導還朝。拜大將軍、大都督、三雍二華等二十三州諸軍事，屯咸陽。大軍還，乃旋舊鎭。

導性寬明，善於撫御，凡所引接，人皆盡誠。臨事敬愼，常若弗及。太祖每出征討，導恆居守，深爲吏民所附，朝廷亦以此重之。魏恭帝元年十二月，薨於上邽，年四十四。朝議以導撫和西戎，威恩顯著，欲令世鎭隴右，以彰厥德，乃葬於上邽城西無疆原。華戎會葬有萬餘人，奠祭於路，悲號滿野，皆曰「我君捨我乎」。大小相率，負土成墳，高五十餘尺，周迴八十餘

步。爲官司所止，然後泣辭而去。其遺愛見思如此。天和五年，重贈太師、柱國、豳國公。導五子，廣、亮、翼、椿、衆。亮、椿並出後於杞。

廣字乾歸。少方嚴，好文學。初封永昌郡公。孝閔帝踐阼，改封天水郡公。世宗卽位，授驃騎大將軍、開府儀同三司，出爲秦州刺史。武成初，進位大將軍，〔七〕遷梁州總管，進封蔡國公，增邑萬戶。保定初，入爲小司寇。尋以本官鎭蒲州，兼知潼關等六防諸軍事。〔三〕〔一〕年，除秦州總管、十三州諸軍事、秦州刺史。〔八〕廣性明察，善綏撫，民庶畏而悅之。時晉公護諸子及廣弟杞國公亮等，服玩侈靡，踰越制度，廣獨率由禮則，又折節待士，朝野以是稱焉。嘗侍食於高祖，所食瓜美，持以奉進，高祖悅之。四年，進位柱國。廣以晉公護久擅威權，勸令挹損，護不能納。天和三年，除陝州總管，以病免。及孝公追封豳國公，詔廣襲爵。

初，廣母李氏以廣患彌年，憂而成疾，因此致沒。廣既居喪，更加綿篤，乃以毀薨。世稱母爲廣病，廣爲母亡，慈孝之道，極於一門。高祖素服親臨，百僚畢集。其故吏儀同李充信等上表曰：

臣聞資孝成忠，生民高義；旌德樹善，有國常規。竊惟故豳國公臣廣，懿親令望，具瞻攸在，道冠羣后，功懋維城。受脤建旆，威行秦、隴；班條驅傳，化溢崤、函。比腠理舛和，奉詔還闕，藥石所及，沉痾漸愈。而災釁仍集，丁此窮憂，至性過人，遂增舊

疾，因茲毀頓，以至薨殂。尋繹貫切，不能自已。

臣等接事，每承餘論。仰之平昔，約己立身，位極上公，賦兼千乘，所獲祿秩，周贍無餘，器用服玩，取給而已。每言及終始，尤存簡素。非秦政而褒吳禮，譏石椁而美厚薪。今卜兆有期，先遠方及，誠恐一從朝露，此志莫伸。伏惟陛下弘不世之慈，垂霈然之澤，留情既往，降愍幽魂，爰敕有司，申其宿志，窀穸之禮，庶存儉約。

詔曰：「省充信等表，但增哀悼。豳國公廣藩屏令望，宗室表儀，言著身文，行成士則。方憑懿戚，用匡朝政，奄丁荼蓼，便致毀滅。啓手歸全，無忘雅操。言念既往，震于厥心。昔河間才藻，追敍於中尉；東海謙約，見稱於身後。可斟酌前典，率由舊章。使易簀之言，得申遺志；黜殯之請，無虧令終。」於是贈本官，加太保。葬於隴西。所司一遵詔旨，竝存儉約。子洽嗣。大定中，隋文輔政，〔九〕以宗室被害，國除。

亮字乾德。武成初，封永昌郡公。後襲烈公爵，除開府儀同三司、梁州總管。天和末，拜宗師中大夫，進位大將軍。豳國公薨，以亮爲秦州總管，廣之所部，悉以配焉。亮在州甚無政績。尋進位柱國。晉公護誅後，亮心不自安，唯縱酒而已。高祖手勑讓之。建德中，高祖東伐，以亮爲右第二軍總管。并州平，進位上柱國。仍從平鄴，遷大司徒。宣帝卽位，出爲安州總管。大象初，詔以亮爲行軍總管，與元帥、鄖國公韋孝寬等伐陳。亮自安陸道

攻拔黃城，輒破江側民村，掠其生口，以賜士卒。軍還至豫州，亮密謂長史杜士峻曰：「主上淫縱滋甚，社稷將危。吾既忝宗枝，不忍坐見傾覆。今若襲取鄖國公而并其衆，推諸父爲主，鼓行而前，誰敢不從。」遂夜將數百騎襲孝寬營。會亮國官茹寬知其謀，先以馳告，孝寬乃設備。亮不克，遁走，孝寬追斬之。子明坐亮誅。詔以亮弟椿爲烈公後。

翼字乾宜。武成初，封西陽郡公。早薨，謚曰昭。無子，以杞國公亮子溫爲嗣。後坐亮反誅，國除。

椿字乾壽。初封永昌郡公。保定中，授開府儀同三司、宗師中大夫。建德初，加大將軍。尋除岐州刺史。四年，關中民饑，椿表陳其狀，璽書勞慰。因令所在開倉賑卹。四年，高祖東伐，〔一〇〕椿與齊王憲攻拔武濟等五城。五年，高祖出晉州，椿率衆屯棲雞原。〔一一〕宣帝卽位，拜大司寇。亮誅後，詔令紹烈公封。尋進位上柱國，轉大司徒。大定初，爲隋文帝所害，并其五子西陽公道宗、本、仁隣、武子、禮獻。〔一二〕

衆字乾道。保定初，封天水郡公。少而不惠，語默不常，人莫能測。隋文帝踐極，初欲封爲介公，後復誅之，并二子仲和、孰倫。

杞簡公連，幼而謹厚，臨敵果毅。隨德皇帝逼定州，軍於唐河，遂俱歿。保定初，追贈使持節、太傅、柱國大將軍、大司徒、大都督、定冀等十州諸軍事、定州刺史；封杞國公，邑五千戶；謚曰簡。子（光）〔元〕寶爲齊神武所害。〔一三〕保定初，追贈大將軍、小司徒、〔大〕都督、幽燕等六州諸軍事、〔一四〕幽州刺史。襲爵杞國公，謚曰烈。以章武公導子亮嗣。

莒莊公洛生，少任俠，尙武藝，及壯，有大度，好施愛士。北州賢俊，皆與之遊，而才能多出其下。及葛榮破鮮于修禮，乃以洛生爲漁陽王，仍領德皇帝餘衆。時人皆呼爲洛生王。洛生善將士，〔一五〕帳下多驍勇。至於攻戰，莫有當其鋒者，是以克獲常冠諸軍。爾朱榮定山東，收諸豪傑，遷於晉陽，洛生時在虜中。榮雅聞其名，心憚之。尋爲榮所害。保定初，追贈使持節、太保、柱國大將軍、大冢宰、大宗伯、大都督、幷肆等十州諸軍事、幷州刺史；封莒國公，邑五千戶；謚曰莊。

子菩提，爲齊神武所害。保定初，追贈大將軍、小宗伯、大都督、肆恆等六州諸軍事、肆州刺史，襲爵莒國公，謚曰穆。以晉公護子至爲嗣。

至字乾附。初封崇業公，後襲穆公爵。建德初，〔坐〕父護誅，〔一六〕詔以衞王直子賓爲穆

公後。三年，追復至爵。

賓字乾瑞。尋坐直誅。建德六年，更以齊王憲子廣都公（眞）〔貢〕襲爵。

（眞）〔貢〕字乾禎。〔一七〕宣帝初，被誅，國除。

虞國公仲，德皇帝從父兄也。卒于代。保定初，追贈使持節、太傅、柱國大將軍、大司徒、大都督、燕平等十州諸軍事、燕州刺史；封虞國公，邑三千戶。子興嗣。

興生，兵亂，與仲相失，年又冲幼，莫知其戚屬遠近。與太祖兄弟，初不相識。齊神武寇沙苑，興預在行間，軍敗被虜，隨例散配諸軍。興性弘厚，有志度，雖流離世故，而風範可觀。魏恭帝二年，舉賢良，除本郡丞，徙長隰縣令。保定二年，詔仲子興始附屬籍。〔一八〕高祖以興宗戚近屬，尊禮之甚厚，拜使持節、驃騎大將軍、開府儀同三司、都督，封大寧郡公。尋除宗師中大夫。四年，出爲涇州刺史。五年，又徵拜宗師，加大將軍，襲爵虞國公。天和二年薨，高祖親臨，慟焉。詔大司空、申國公李穆監護喪事。贈使持節、柱國大將軍、大都督、恆幽等六州諸軍事、恆州刺史，謚曰靖。子洛嗣。

洛字永洛。〔一九〕九歲，命爲虞國公世子。天和四年，詔襲興爵。建德初，拜使持節、車騎大將軍、儀同三司。及靜帝崩，隋文帝以洛爲介國公，爲隋室賓云。

史臣曰：自古受命之君及守文之主，非獨異姓之輔也，亦有骨肉之助焉。其茂親有魯衞梁楚，其疎屬有凡蔣荆燕，咸能飛聲騰實，不泯於百代之後。至若豳孝公之勳烈，而加之以善政；蔡文公之純孝，〔二〇〕而飾之以儉約：峩峩焉，足以轥轢於前載矣。當隋氏之起，乘天威而服海內，將相王侯，莫不隳肝膽以効款，援符命以頌德。胄以葭莩之親，據一州而叶義舉，可謂忠而能勇。功業不遂，悲夫！亮實庸才，圖非常於巨逆。古人稱不度德、不量力者，其斯之謂歟。

校勘記

〔一〕什肥年十五而惠公歿　據上文，宇文顥邵惠公死在六鎭起義之初，不能早於正光五年五二四年。卷一一晉蕩公護傳載其母閻姬書，自云「三子，」大者屬鼠」，大者卽指什肥，應該生於永平元年戊子五〇八年，到正光五年是十七歲。閻姬自述其子生肖當可信，這裏的「年十五」應有誤。參卷一一校記第一條。

〔二〕（胄子）〔會字〕乾仁　北史卷五七周宗室傳稱「會字乾仁」。張森楷云：「案下所敍事皆是會，非胄子也。『胄子』二字是彼刻誤。」今按張說是，且以「乾」爲字者都和胄同輩，胄子矮了一輩，不能也以「乾」排行。今據北史改。

〔三〕以功封饒陽縣侯　宋本無「侯」字。北史卷五七周宗室傳「侯」作「伯」。「侯」與「伯」未知孰是。

〔四〕守捍之方　殿本考證云：「舊本俱作『定捍之方』，依北史卷五七改。」

〔五〕秦南等十五州諸軍事　按隋書卷二九地理志上巴東郡武寧縣條云：「後周置南州」，然和秦州不相連接，且置於周代，疑此「南」字下有脫文。

〔六〕秦州刺史　宋本「秦」作「泰」。按宇文導任秦州刺史踰三年，死後葬於秦州治所上邽，秦州和他無關，恐作「秦」是。

〔七〕武成初進位大將軍　文苑英華卷九四八庾信周故大將軍趙公宇文廣墓誌銘作「二年拜大將軍」，在武成建元前一年五三八年。

〔八〕（三）〔二〕年除秦州總管十三州諸軍事秦州刺史　宋本「三」作「二」。張元濟以爲「三」字誤，云「見紀五」。按宇文廣除秦州刺史見卷五武帝紀保定二年五六二年二月。英華卷九四八宇文廣墓誌在二年閏月。張說是，今據改。

〔九〕大定中隋文輔政　宋本作「太定」。按周書卷八靜帝紀、北史卷一〇周本紀下都作「大定」。但卷四八蕭詧傳，大定是後梁宣帝年號，這是很近的事，後梁又是周的屬國，似不應重複。「太」「大」在年號中從來多混淆，究未知孰是。

〔一〇〕四年高祖東伐　張森楷云：「上文已出四年，此不應復出，當誤衍四年字。」按兩四年下所記事都不誤，張以爲這裏的「四年」爲衍文是對的。

〔一一〕棲雞原　張森楷云：「齊王憲傳卷一二作『雞棲原』，是也。此誤倒文。」按張說是。

〔一二〕幷其五子西陽公道宗本仁隣武子禮獻　張森楷云：「上西陽公賓傳云『以杞國公亮子温爲嗣，後坐亮反，誅，國除』，則不得更有西陽公也。而此云云，豈温誅後，更以道紹封歟？」按若有人紹封，就不能說「國除」。這裏可能封邑名有誤。又五子之名共九字，必有一人單名，但別無可考，不能確切點斷。

〔一三〕(光)〔元〕寶　張森楷云：「晉煬公護傳卷一一載母閻姬書，稱『汝叔母賀拔及兒元寶』，卽此子也。『光』『元』形近，未知孰是。」按北史卷五七周宗室傳、册府卷二九六三四七五頁都作「元」，今據改。

〔一四〕追贈大將軍小司徒〔大〕都督幽燕等六州諸軍事　宋本作「大都督」。張元濟以爲殿本脫「大」字。按保定初追贈沒於東魏、北齊的宗室，伯父和從兄弟都加大都督，元寶不應獨異，今據補。

〔一五〕洛生善將士　北史卷五七周宗室傳、册府卷二七一三二一〇頁「善」下有「撫」字，較長。

〔一六〕建德初〔坐〕父護誅　殿本考證云：「北史卷五七周宗室傳作『後坐父護誅』。此脫一『坐』字。」按無「坐」字不可通，考證說是，今據補。

〔一七〕更以齊王憲子廣都公(眞)〔貢〕襲爵(眞)〔貢〕字乾禎　北史卷五七周宗室傳稱：「而齊王憲子廣都郡公貢襲，貢字乾貞。」名、字都不同。名應作「貢」，見卷六校記第二六條，今據改。貢之字不見卷一二齊王憲傳，但所載其弟兄之字，除乾洽外，下一字都從示，這裏作「禎」是對的。

〔一八〕韶仲子興始附屬籍　北史卷五七周宗室傳云：「韶訪仲子孫，興始附屬籍。」文義較長，疑這裏「韶」下脫「訪」字，「子」下脫「孫」字。

〔一九〕洛字永洛　宋本「永」作「水」。按水洛城常訛作「永洛」。洛可能以地爲字，宋本未必誤。

〔二〇〕蔡文公之純孝　蔡文公指宇文廣，廣後襲封豳國公，爲了避免與上文豳孝公重「豳」字，故稱其初封。但本傳不載廣謚「文」，只見於北史卷五七周宗室傳。史臣論既稱其謚，疑廣傳脫去「謚曰文」語。

周書卷十一

列傳第三

晉蕩公護　叱羅協　馮遷

晉蕩公護字薩保，太祖之兄邵惠公顥之少子也。幼方正有志度，特爲德皇帝所愛，異於諸兄。年十一，惠公薨，〔一〕隨諸父在葛榮軍中。榮敗，遷晉陽。太祖之入關也，護以年小不從。普泰初，自晉陽至平涼，時年十七。〔二〕太祖諸子並幼，遂委護以家務，內外不嚴而肅。太祖嘗歎曰：「此兒志度類我。」

及出臨夏州，留護事賀拔岳。岳之被害，太祖至平涼，以護爲都督。從征侯莫陳悅，破之。後以迎魏帝功，封水池縣伯，邑五百戶。大統初，加通直散騎常侍、征虜將軍。以預定樂勳，進爵爲公，增邑通前一千戶。從太祖擒竇泰，復弘農，破沙苑，戰河橋，並有功。遷鎮東將軍、大都督。八年，進車騎大將軍、儀同三司。邙山之役，護率衆先鋒，爲敵人所圍，都

督侯伏侯龍恩挺身扞禦，方得免。是時，趙貴等軍亦退，太祖遂班師。護坐免官，尋復本位。十二年，加驃騎大將軍、開府儀同三司，進封中山公，增邑四百戶。十五年，出鎮河東，遷大將軍。與于謹征江陵，〔三〕護率輕騎爲先鋒，晝夜兼行，乃遣裨將攻梁臨邊城鎮，並拔之。並擒其候騎，進兵徑至江陵城下。城中不意兵至，惶窘失圖。護又遣騎二千斷江津，收舟艦以待。大軍之至，圍而克之。以功封子會爲江陵公。初，襄陽蠻帥向天保等萬有餘落，恃險作梗。及師還，護率軍討平之。初行六官，拜小司空。

太祖西巡至牽屯山，遇疾，馳驛召護。護至涇州見太祖，而太祖疾已綿篤。謂護曰：「吾形容若此，必是不濟。諸子幼小，寇賊未寧，天下之事，屬之於汝，宜勉力以成吾志。」護涕泣奉命。行至雲陽而太祖崩。護祕之，至長安乃發喪。時嗣子冲弱，彊寇在近，人情不安。護綱紀內外，撫循文武，於是衆心乃定。先是，太祖常云「我得胡力」。當時莫曉其旨，至是，人以護字當之。尋拜柱國。太祖山陵畢，護以天命有歸，遣人諷魏帝，遂行禪代之事。

孝閔帝踐阼，拜大司馬，封晉國公，邑一萬戶。趙貴、獨孤信等謀襲護，護因貴入朝，遂執之，黨與皆伏誅。拜大冢宰。

時司會李植、軍司馬孫恆等，在太祖之朝，久居權要。〔四〕見護執政，恐不見容。乃密要

宮伯乙弗鳳、張光洛、賀拔提、元進等爲腹心，說帝曰：「護誅（朔）〔趙〕貴以來，〔五〕威權日盛，謀臣宿將，爭往附之，大小政事，皆決於護。以臣觀之，將不守臣節，恐其滋蔓，願早圖之。」帝然其言。鳳等又曰：「以先王之聖明，猶委植、恆以朝政，今若左提右挈，何向不成。且晉公常云我今夾輔陛下，欲行周公之事。臣聞周公攝政七年，然後復子明辟，陛下今日，豈能七年若此乎。深願不疑。」帝愈信之。數將武士於後園講習，爲執縛之勢。

護微知之，乃出植爲梁州刺史，恆爲潼州刺史，欲遏其謀。後帝思植等，每欲召之。護諫曰：「天下至親，不過兄弟。若兄弟自搆嫌隙，他人何易可親。太祖以陛下富於春秋，顧命託臣以後事。臣既情兼家國，寔願竭其股肱。若使陛下親覽萬機，威加四海，臣死之日，猶生之年。但恐除臣之後，姦回得逞其欲，非唯不利陛下，亦恐社稷危亡。臣所以勤勤懇懇，干觸天威者，但不負太祖之顧託，保安國家之鼎祚耳。不意陛下不照愚臣款誠，忽生疑阻。且臣既爲天子兄，復爲國家宰輔，知更何求而懷冀望。伏願陛下有以明臣，無惑讒人之口。」因泣涕，久之乃止。帝猶猜之。

鳳等益懼，密謀滋甚。遂克日將召羣公入讌，執護誅之。光洛具以其前後謀告護，護乃召柱國賀蘭祥、小司馬尉遲綱等，以鳳謀告之。祥等竝勸護廢帝。時綱總領禁兵，護乃遣綱入宮，召鳳等議事，及出，以次執送護第。因罷散宿衞兵，遣祥逼帝，幽於舊邸。於是

召諸公卿畢集，護流涕謂曰：「先王起自布衣，躬親行陣，勤勞王業，三十餘年。寇賊未平，奄棄萬國。寡人地則猶子，親受顧命。以略陽公既居正嫡，與公等立而奉之，革魏興周，爲四海主。自卽位以來，荒淫無度，昵近羣小，疎忌骨肉，大臣重將，咸欲誅夷。若此謀遂行，社稷必致傾覆。寡人若死，將何面目以見先王。今日寧負略陽，不負社稷爾。寧都公年德兼茂，仁孝聖慈，四海歸心，萬方注意。今欲廢昏立明，公等以爲如何？」羣臣咸曰：「此公之家事，敢不惟命是聽。」於是斬鳳等於門外，幷誅植、恆等。尋亦弒帝。迎世宗於岐州而立之。

二年，拜太師，賜輅車冕服。封子至爲崇業郡公。初改雍州刺史爲牧，以護爲之，幷賜金石之樂。武成元年，護上表歸政，帝許之。軍國大事尙委於護。帝性聰睿，有識量，護深憚之。有李安者，本以鼎俎得寵於護，稍被升擢，位至膳部下大夫。至是，護乃密令安因進食於帝，加以毒藥。帝遂寢疾而崩。護立高祖，百官總己以聽於護。

自太祖爲丞相，立左右十二軍，總屬相府。太祖崩後，皆受護處分，凡所徵發，非護書不行。護第屯兵禁衞，盛於宮闕。事無巨細，皆先斷後聞。保定元年，以護爲都督中外諸軍事，令五府總於天官。或有希護旨，云周公德重，魯立文王之廟，以護功比周公，宜用此禮。於是詔於同州晉國第，立德皇帝別廟，使護祭焉。三年，詔曰：「大冢宰晉國公，智周萬物，道濟天下，所以克成我帝業，安養我蒼生。況親則懿昆，任當元輔，而可同班羣品，齊位衆臣！自今詔誥及百司文書，並不得稱公名，以彰殊禮。」護抗表固讓。

初，太祖創業，卽與突厥和親，謀爲掎角，共圖高氏。是年，乃遣柱國楊忠與突厥東伐。破齊長城，至幷州而還。期後年更舉，南北相應。齊主大懼。先是，護母閻姬與皇第四姑及諸戚屬，竝沒在齊，皆被幽縶。護居宰相之後，每遣間使尋求，莫知音息。至是，竝許還朝，且請和好。四年，皇姑先至。齊主以護既當權重，乃留其母，以爲後圖。仍令人爲閻作書報護曰：

天地隔塞，子母異所，三十餘年，存亡斷絕，肝腸之痛，不能自勝。想汝悲思之懷，復何可處。吾自念十九入汝家，今已八十矣。既逢喪亂，備嘗艱阻。恆冀汝等長成，得見一日安樂。何期罪釁深重，存沒分離。吾凡生汝輩三男三女，〔六〕今日目下，不覩一人。興言及此，悲纏肌骨。賴皇齊恩卹，差安衰暮。又得汝楊氏姑及汝叔母紇干、汝嫂劉新婦等同居，〔七〕頗亦自適。但爲微有耳疾，大語方聞。行動飲食，幸無多恙。今大齊聖德遠被，特降鴻慈，既許歸吾於汝，又聽先致音耗。積稔長悲，豁然獲展。此乃仁侔造化，將何報德！

汝與吾別之時，年尙幼小，以前家事，或不委曲。昔在武川鎭生汝兄弟，大者屬鼠，

次者屬兔，汝身屬蛇。鮮于修禮起日，吾之闔家大小，先在博陵郡住。相將欲向左人城，行至唐河之北，被定州官軍打敗。汝祖及二叔，時俱戰亡。汝叔母賀拔及兒元寶，汝叔母紇干及兒菩提，幷吾與汝六人，同被擒捉入定州城。未幾間，將吾及汝送與元寶掌。賀拔、紇干，各別分散。寶掌見汝云：「我識其祖翁，形狀相似。」時寶掌營在唐城內。經停三日，寶掌所掠得男夫、婦女，可六七十人，〔八〕悉送向京。吾時與汝同被送限。至定州城南，夜宿同鄉人姬庫根家。茹茹奴望見鮮于修禮營火，語吾云：「我今走向本軍。」既至營，遂告吾輩在此。明旦日出，汝叔將兵邀截，吾及汝等，還得向營。汝時年十二，〔九〕共吾並乘馬隨軍，可不記此事緣由也？於後，吾共汝在受陽住。〔一〇〕時元寶、菩提及汝姑兒賀蘭盛洛，〔一一〕幷汝身四人同學。博士姓成，爲人嚴惡，（淩）〔汝〕等四人謀欲加害。〔一二〕吾共汝叔母等聞之，〔一三〕各捉其兒打之。唯盛洛無母，獨不被打。其後爾朱天柱亡歲，賀拔阿斗泥在關西，遣人迎家累。時汝叔亦遣奴來富迎汝及盛洛等。汝時著緋綾袍、銀裝帶，盛洛著紫織成纈通身袍、黃綾裏，竝乘騾同去。盛洛小於汝，汝等三人竝呼吾作「阿摩敦」。如此之事，當分明記之耳。今又寄汝小時所著錦袍表一領，至宜檢看，知吾含悲戚多歷年祀。〔一四〕

屬千載之運，逢大齊之德，矜老開恩，許得相見。一聞此言，死猶不朽，況如今者，

勢必聚集。禽獸草木，母子相依，吾有何罪，與汝分離，今復何福，還望見汝。言此悲喜，死而更蘇。世間所有，求皆可得，母子異國，何處可求。假汝貴極王公，富過山海；有一老母，八十之年，飄然千里，死亡旦夕，不得一朝暫見，不得一日同處，寒不得汝衣，饑不得汝食，汝雖窮榮極盛，光耀世間，汝何用爲？於吾何益？吾今日之前，汝既不得申其供養，事往何論。今日以後，吾之殘命，唯繫於汝，爾戴天履地，中有鬼神，勿云冥昧而可欺負。

汝楊氏姑，今雖炎暑，猶能先發。關河阻遠，隔絕多年，書依常體，慮汝致惑，是以每存款質，兼亦載吾姓名。當識此理，不以爲怪。

護性至孝，得書，悲不自勝，左右莫能仰視。報書曰：

區宇分崩，遭遇災禍，違離膝下，三十五年。受形稟氣，皆知母子，誰同薩保，如此不孝！宿殃積戾，唯應賜鍾，豈悟網羅，上嬰慈母。但立身立行，不負一物，明神有識，宜見哀憐。而子爲公侯，母爲俘隸，熱不見母熱，寒不見母寒，衣不知有無，食不知饑飽，泯如天地之外，無由暫聞。晝夜悲號，繼之以血，分懷冤酷，終此一生，死若有知，冀奉見於泉下爾。不謂齊朝解網，惠以德音，摩敦、四姑，並許矜放。初聞此旨，魂爽飛越，號天叩地，不能自勝。四姑卽蒙禮送，平安入境，以今月十八日於河東拜見。遙

奉顏色，崩動肝腸。但離絕多年，存亡阻隔，相見之始，口未忍言，唯敍齊朝寬弘，每存大德。云與摩敦雖處宮禁，常蒙優禮，今者來鄴，恩遇彌隆。矜哀聽許摩敦垂敕，[一五]曲盡悲酷，備述家事。伏讀未周，五情屠割。書中所道，無事敢忘。摩敦年尊，又加憂苦，常謂寢膳貶損，或多遺漏；伏奉論述，次第分明。一則以悲，一則以喜。當鄉里破敗之日，薩保年已十餘歲，隣曲舊事，猶自記憶；況家門禍難，親戚流離，奉辭時節，先後慈訓，刻肌刻骨，常纏心腑。

天長喪亂，四海橫流。太祖乘時，齊朝撫運，兩河、三輔，各值神機。原其事跡，非相負背。太祖升遐，未定天保，薩保屬當猶子之長，親受顧命。雖身居重任，職當憂責，至於歲時稱慶，子孫在庭，顧視悲摧，心情斷絕，胡顏履戴，負媿神明。霈然之恩，[一六]既以霑洽，愛敬之至，施及傍人。草木有心，禽魚感澤，況在人倫，而不銘戴。有家有國，信義爲本，伏度來期，已應有日。一得奉見慈顏，永畢生願。生死肉骨，豈過今恩，負山戴岳，未足勝荷。二國分隔，理無書信，主上以彼朝不絕子母之恩，亦賜許奉答。不期今日，得通家問，伏紙嗚咽，言不宣心。蒙寄薩保別時所留錦袍表，年歲雖久，宛然猶識，抱此悲泣。至于拜見，事歸忍死，知復何心！

齊朝不卽發遣，更令與護書，要護重報，往返再三，而母竟不至。朝議以其失信，令有司移

齊曰：

夫有義則存，無信不立，山岳猶輕，兵食非重。故言誓弗違，垂耳所以享國；祝史無媿，隨會所以爲盟。未有司牧生民，君臨有國，可以忘義而多食言者也。自數屬屯夷，時鍾圮隔，皇家親戚，淪陷三紀。仁姑、世母，望絕生還。彼朝以去夏之初，德音爰發，已送仁姑，許歸世母。乃稱煩暑，指尅來秋。謂其信必由衷，嘉言無爽。今落木戒候，氷霜行及，方爲世母虛設詭詞，未議言歸，更徵酬答。子女玉帛，既非所須，保境寧民，又云匪報。詳觀此意，全乖本圖。愛人以禮，豈爲姑息。要子責誠，質親求報，實傷和氣，有悖天經。我之周室，太祖之天下也，焉可捐國顧家，殉名虧實！不害所養，斯曰仁人。臥鼓潛鋒，孰非深計。若令迭爭尺寸，兩競錐刀，瓦震長平，則趙分爲二；兵出函谷，則韓裂爲三。安得猶全，謂無損益。

大冢宰位隆將相，情兼家國，銜悲茹血，分畢冤魂，豈意噬指可尋，倚門應至。徒聞善始，卒無令終，百辟震驚，三軍憤惋。不爲孝子，當作忠臣。去歲北軍深入，數俘城下。雖曰班師，餘功未遂。今茲馬首南向，更期重入。晉人角之，我之職矣。聞諸道路，早已戒嚴，非直北拒，又將南略。儻欲自送，此之願也。如或嬰城，未能求敵，詰朝請見，與君周旋。爲惠不終，祇增深怨。愛親無慢，垂訓尼父；矜卹窮老，貽則周

文。環玦之義，事不由此，自應內省，豈宜有問。

移書未送而母至。舉朝慶悅，大赦天下。護與母睽隔多年，一旦聚集，凡所資奉，窮極華盛。每四時伏臘，高祖率諸親戚，行家人之禮，稱觴上壽。榮貴之極，振古未聞。

是年也，突厥復率衆赴期。護以齊氏初送國親，未欲卽事征討，復慮失信蕃夷，更生邊患。不得已，遂請東征。九月，詔曰：「神若軒皇，尙云三戰；聖如姬武，且曰一戎。弧矢之威，干戈之用，帝王大器，誰能去兵。太祖丕受天明，[一七]造我周室，日月所照，罔不率從。高氏乘釁跋扈，竊有并、冀，世濟其惡，腥穢彰聞。皇天震怒，假手突厥，驅略汾、晉，掃地無遺。季孟勢窮，伯珪日蹙，坐待滅亡，鑒之愚智。故突厥班師，仍屯彼境，更集諸部，傾國齊至，星流電擊，數道俱進，期在仲冬，同會并、鄴。大冢宰晉公，朕之懿昆，任隆伊、呂，平一宇宙，惟公是屬。朕當親執斧鉞，廟庭祗受。[一八]有司宜勒衆軍，量程赴集。進止遲速，委公處分。」於是徵二十四軍及左右廂散隸、及秦隴巴蜀之兵、諸蕃國之衆二十萬人。十月，帝於廟庭授護斧鉞。出軍至潼關，乃遣柱國尉遲迥率精兵十萬爲前鋒，大將軍權景宣率山南之兵出豫州，少師楊檦出軹關。護連營漸進，屯軍弘農。迥攻圍洛陽。柱國齊公憲、鄭國公達奚武等營於邙山。

護性無戎略，且此行也，又非其本心。故師出雖久，無所克獲。護本令塹斷河陽之路，

遏其救兵，然後同攻洛陽，使其內外隔絕。諸將以爲齊兵必不敢出，唯斥候而已。值連日陰霧，齊騎直前，圍洛之軍，一時潰散。唯尉遲迥率數十騎扞敵，齊公憲又督邙山諸將拒之，乃得全軍而返。權景宣攻克豫州，尋以洛陽圍解，亦引軍退。楊檦於軹關戰沒。護於是班師。以無功，與諸將稽首請罪，帝弗之責也。

天和二年，護母薨，尋有詔起令視事。四年，護巡歷北邊城鎮，至靈州而還。五年，又詔曰：「光宅曲阜，魯用郊天之樂；地處參墟，晉有大蒐之禮。所以言時計功，昭德紀行。使持節、太師、都督中外諸軍事、柱國大將軍、大冢宰晉國公，體道居貞，含和誕德，地居戚右，才表棟隆。國步艱難，寄深夷險，皇綱締構，事均休戚。故以迹冥殆庶，理契如仁。今文軌尙隔，方隅猶阻，典策未備，聲名多闕，〔一九〕宜賜軒懸之樂，六佾之舞。」

護性甚寬和，然暗於大體。自恃建立之功，久當權軸。凡所委任，皆非其人。兼諸子貪殘，僚屬縱逸，恃護威勢，莫不蠹政害民。上下相蒙，曾無疑慮。高祖以其暴慢，密與衞王直圖之。

七年三月十八日，護自同州還。〔二〇〕帝御文安殿，見護訖，引護入含仁殿朝皇太后。先是帝於禁中見護，常行家人之禮。護謁太后，太后必賜之坐，帝立侍焉。至是護將入，帝謂之曰：「太后春秋既尊，頗好飲酒。不親朝謁，或廢引進。〔二一〕喜怒之間，時有乖爽。比雖犯

顏屢諫，未蒙垂納。兄今既朝拜，願更啓請。」因出懷中酒誥以授護曰：「以此諫太后。」護既入，如帝所戒，讀示太后。未訖，帝以玉珽自後擊之，護踣於地。又令宦者何泉以御刀斫之。泉惶懼，斫不能傷。時衞王直先匿於戶內，乃出斬之。

初，帝欲圖護，王軌、宇文神舉、宇文孝伯頗豫其謀。是日，軌等並在外，更無知者。殺護訖，乃召宮伯長孫覽等告之，即令收護子柱國譚國公會、大將軍莒國公至、崇業公靜、正平公乾嘉，及乾基、乾光、乾蔚、乾祖、乾威等，并柱國侯伏侯龍恩、龍恩弟大將軍萬壽、大將軍劉勇、中外府司錄尹公正、袁傑、膳部下大夫李安等，於殿中殺之。齊王憲白帝曰：「李安出自皁隸，所典唯庖廚而已。既不預時政，未足加戮。」高祖曰：「公不知耳，世宗之崩，安所爲也。」十九日，詔曰：

君親無將，將而必誅。太師、大冢宰、晉公護，地寔宗親，義兼家國。爰初草創，同濟艱難，遂任總朝權，寄深國命。不能竭其誠効，罄以心力，盡事君之節，申送往之情。朕兄故略陽公，英風秀遠，神機穎悟，地居聖胤，禮歸當璧。遺訓在耳，忍害先加。永尋摧割，貫切骨髓。世宗明皇帝聰明神武，〔惟幾〕藏智。〔二二〕護內懷凶悖，外託尊崇。凡厥臣民，誰亡怨憤。

朕纂承洪基，十有三載，委政師輔，責成宰司。護志在無君，義違臣節。懷茲蠆毒，逞彼狼心，任情誅暴，肆行威福，朋黨相扇，賄貨公行，所好加羽毛，所惡生瘡痏。朕約己菲躬，情存庶政。每思施寬惠下，輒抑而不行。遂使戶口凋殘，征賦勞劇，家無日給，民不聊生。且三方未定，邊隅尙阻，疆場待戎旗之備，武夫資扞城之力。侯伏〔侯〕龍恩、〔二三〕萬壽、劉勇等，未効庸勳，先居上將，高門峻宇，甲第彫墻，寔繁有徒，同惡相濟。民不見德，唯利是眎。百姓嗷嗷，道路以目；含生業業，相顧鉗口。常恐七百之基，忽焉顚墜，億兆之命，一旦阽危，上累祖宗之靈，下負蒼生之責。

今肅正典刑，護已即罪，其餘凶黨，咸亦伏誅。氛霧既清，遐邇同慶。朝政惟新，兆民更始。可大赦天下，改天和七年爲建德元年。

護世子訓爲蒲州刺史。其夜，遣柱國、越國公盛乘傳往蒲州，徵訓赴京師，至同州賜死。護長史代郡叱羅協、司錄弘農馮遷及所親任者，皆除名。護子昌城公深使突厥，遣開府宇文德齎璽書就殺之。三年，詔復護及諸子先封，諡護曰蕩，並改葬之。

叱羅協本名與高祖諱同，後改焉。少寒微，嘗爲州小吏，以恭謹見知。恆州刺史楊鈞擢爲從事。及魏末，六鎭搔擾，客於冀州。冀州爲葛榮所圍，刺史以協爲統軍，委以守禦。俄而城陷，協沒於榮。榮敗，事汾州刺史爾朱兆，頗被親遇，補錄事參軍。兆爲天柱大將

軍，轉司馬。兆與齊神武初戰不利，還上黨，令協在建州督軍糧。後使協至洛陽，與其諸叔計事，謀討齊神武。兆等軍敗，還并州，令協治肆州刺史。兆死，遂事竇泰，泰甚禮之。泰爲御史中尉，以協爲治書侍御史。泰向潼關，協爲監軍。泰死，協亦見獲。太祖以其在關歲久，〔二四〕授大丞相府東閤祭酒、撫軍將軍、銀青光祿大夫，轉錄事參軍，遷主簿，加通直散騎常侍，攝大行臺郎中，累遷相府屬從事中郎。

協歷仕二京，詳練故事。又深自克勵，太祖頗委任之。然猶以其家屬在東，疑其有戀本之望。及河橋戰不利，協隨軍而還。太祖知協不貳，封冠軍縣男，邑二百戶。尋加車騎將軍、左光祿大夫。九年，除直閤將軍、恆州大中正，加都督，進爵爲伯，增邑八百戶。尋遷大都督、儀同三司。

初，太祖欲經略漢中，令協行南岐州刺史，并節度東益州戎馬事。魏廢帝元年，即授南岐州刺史。時東益州刺史楊辟邪據州反。二年，協率所部兵討之，軍次涪水。會有氐賊一千人斷道破橋。協遣儀同仇買等行前擊之，賊開路，協乃領所部漸進。又有氐賊一千人邀協，協乃將兵四百人守硤道，與賊短兵接戰，賊乃退避。辟邪棄城走，協追斬之，羣氐皆伏。以功授開府。仍爲大將軍尉遲迥長史，率兵伐蜀。既入劍閣，迥令協行潼州事。

時有五城郡氐酋趙雄傑等扇動新、潼、始三州民反叛，聚結二萬餘人，在州南三里，隔

涪水，據槐林山，置柵拒守。梓潼郡民鄧朏、王令公等招誘鄉邑萬餘人，復在州東十里，涪水北，置柵以應之。同遏州城。城中糧少，軍人乏食。協撫安內外，咸無異心。遣儀同伊婁訓、〔二五〕大都督司馬裔等將步騎千餘人，夜渡涪水擊雄傑，一戰破之。令公以雄傑敗，亦棄柵走還本郡。復與鄧朏等更率萬餘人，於郡東南隔水置柵，斷絕驛路。協遣儀同楊長樂、與司馬裔等率師討之；復遣大都督裴孟嘗領百姓繼進，〔二六〕爲其聲勢。孟嘗既至梓潼，值水漲不得卽渡。而王令公、鄧朏見孟嘗騎少，乃將三千餘人圍之數重。孟嘗以衆寡不敵，各棄馬短兵接戰。從辰至午，於陣斬令公及朏等。賊徒既失渠帥，遂卽散走。其徒黨仍據舊柵。而孟嘗方得渡水與長樂合。卽勒兵攻柵，經三日，賊乃請降。此後數有反叛，協輒遣兵討平之。

魏恭帝三年，太祖徵協入朝，論蜀中事，乃賜姓宇文氏，增邑通前一千五百戶。晉公護既殺孫恆、李植等，欲委腹心於司會柳慶、司憲令狐整等。慶、整並辭不堪，俱薦協。語在慶、整傳。護遂徵協入朝。既至，護引與同宿，深寄託之。協欣然承奉，誓以軀命自効。護大悅，以爲得協之晚。卽授軍司馬，委以兵事。尋轉治御正，又授護府長史，進爵爲公，增邑一千戶。常在護側，陳說時事，多被納用。世宗知其材識庸淺，每折之。數謂之曰：「汝何知也！」猶以護所親任，難卽屏黜，每含容之。及世宗崩，便授協司會中大夫、中外府長

史。協形貌瘦小，舉措褊急。既以得志，每自矜高。朝士有來請事者，輒云「汝不解，吾今教汝」，及其所言，多乖事衷。當時莫不笑之。

保定二年，〔二七〕追論平蜀功，別封一子縣侯。又於蜀中食邑一千戶，入其租賦之半。晉公護以協竭忠於己，每提獎之，頻考上中，賞以粟帛。遷少保，轉少傅，進位大將軍，爵南陽郡公，兼營作副監。宮室既成，以功賜爵洛邑縣公，回授一子。協既受護重委，冀得婚連帝室，乃求復舊姓叱羅氏。護爲奏請，高祖許之。又進位柱國。護以協年老，許其致仕，而協貪榮，未肯告退。護誅，協除名。

建德三年，高祖以協宿齒，授儀同三司，賜爵南陽郡公，時與論說舊事。是歲卒，年七十六。子金嗣。〔二八〕

馮遷字羽化。父漳，州從事。及遷官達，追贈儀同三司、陝州刺史。遷少修謹，有幹能，州辟從事。魏神龜中，刺史楊鈞引爲中兵參軍事，轉定襄令，尋爲幷州水曹參軍。所歷之職，咸以勤恪著稱。

及魏孝武西遷，乃棄官，與直閤將軍馮靈豫入關。卽從魏孝武復潼關，定回洛，除給事中。後從太祖擒竇泰，復弘農，戰沙苑，皆有功。授都督、龍驤將軍、羽林監，封獨顯縣伯；

邑六百戶。及洛陽之戰，遷先登陷陣，遂中重瘡，僅得不死。以功加輔國將軍、軍師都督，進爵爲侯。久之，出爲廣漢郡守。時蜀土初平，人情擾動，遷政存簡恕，夷俗頗安之。魏恭帝二年，就加車騎將軍、大都督、通直散騎常侍，鎭樊城。尋拜漢東郡守。

孝閔帝踐阼，入爲晉公護府掾，加車騎大將軍、儀同三司，進爵臨高縣公。尋遷護府司錄，進授驃騎大將軍、開府儀同三司。遷性質直，小心畏愼，雖居樞要，不以勢位加人。兼明練時事，善於斷決。每校閱文簿，孜孜不倦，從辰逮夕，未嘗休止。以此甚爲護所委任。後以其朝之舊齒，欲以衣錦榮之，乃授陝州刺史，進爵隆山郡公，增邑幷前二千戶。遷本寒微，不爲時輩所重，一旦刺舉本州，唯以謙恭接待鄉邑，人無怨者。復入爲司錄，轉工部中大夫，歷軍司馬，遷小司空。自天和已後，遷以年老，委任稍衰。及護誅，猶除名。建德末，卒於家，時年七十八。子恕，位至儀同三司、伏夷鎭將、平寇縣伯。

護所委信者，又有朔方邊平，位至大將軍、軍司馬、護府司馬。護敗，亦除名。

史臣曰：仲尼有言：「可與適道，未可與權。」夫道者，率禮之謂也；權者，反經之謂也。率禮由乎正理，易以成佐世之功；反經繫乎非常，難以定匡時之業。故得其人則治，伊尹

放太甲，周旦相孺子是也；不得其人則亂，新都遷漢鼎，晉氏傾魏族是也。是以先王明上下之序，聖人重君臣之分。委質同於股肱，受爵均其休戚。當其親受顧託，位居宰衡，雖復承利劒，臨沸鼎，不足以讋其慮；據帝圖，君海內，不足以回其心。若斯人者，固以功與山嶽爭其高，名與穹壤齊其久矣。

有周受命之始，宇文護寔預艱難。及太祖崩殂，諸子冲幼，羣公懷等夷之志，天下有去就之心。卒能變魏爲周，俾危獲乂者，護之力也。向使加之以禮讓，繼之以忠貞，桐宮有悔過之期，未央終天年之數，則前史所載，焉足以道哉。然護寡於學術，昵近羣小，威福在己，征伐自出。有人臣無君之心，爲人主不堪之事。忠孝大節也，違之而不疑；廢弑至逆也，行之而無悔。終於身首橫分，妻孥爲戮，不亦宜乎。

校勘記

〔一〕年十一惠公薨　按卷一〇邵惠公顥傳，顥隨父肱和六鎭起義軍作戰而死。卷一四賀拔勝傳，宇文肱組織豪強武裝，在起義軍佔領武川後。起義軍佔領武川年月史無明文。據魏書卷六六李崇傳，在臨淮王彧和李叔仁被起義軍擊敗後，孝明帝在一次會議上有「武川乖防，復陷凶手」的話，又說「去歲阿那瓌叛逆，遣李崇令北征」。據卷九肅宗紀，李崇北征阿那瓌在正光四年 五二三

年，臨淮王彧之敗在五年五二四年。則起義軍佔領武川，宇文肱組織武裝反抗，宇文顥戰死，均不得早於五年。本傳載其母閻姬與護書說她三子「大者什肥屬鼠，次者導屬兔，汝護身屬蛇」。什肥年歲不合，已見上卷校記第一條。宇文護屬蛇，應生於延昌二年癸巳五一三年，到正光五年乃十二歲，非十一歲。

〔二〕普泰初自晉陽至平涼時年十七　按自延昌二年五一三年到普泰元年五三一年應年十九，非十七。

〔三〕十五年出鎮河東遷大將軍與于謹征江陵　按卷二文帝紀下，征江陵在魏恭帝元年五五四年，距大統十五年五四九年已五年。這裏自「十五年」連敘下來，易生誤會。北史卷五七周宗室傳同。

〔四〕久居權要　「久」原作「允」。宋本、南本、汲本及通鑑卷一六七五一六五頁「允」都作「久」，二張以爲「允」字誤。今逕改。

〔五〕護誅〔朔〕〔趙〕貴以來　宋本、南本、局本及通鑑卷一六七五一六五頁「朔」都作「趙」。張森楷云：「新本作『朔』非。」今據改。

〔六〕吾凡生汝輩三男三女　北史卷五七周宗室傳作「三男二女」。

〔七〕汝嫂劉新婦等　北史卷五七周宗室傳作「汝嫂劉及汝新婦等」。

〔八〕六七十人　北史卷五七「十」作「千」。

〔九〕汝時年十二　按上文敍「鮮于脩禮起日」云云。宇文護生於延昌二年五一三年，十二歲爲正光五

年五二四年，這時北鎮羣衆尚未遷徙河北，哪裏會有鮮于脩禮起義的事。脩禮起義據魏書卷九肅宗紀在孝昌二年五二六年正月。這是據奏報朝廷之時書之，其起實當在上年，宇文護年十三。閻姬記其子生肖必不誤，年齡則耄老或有誤記，又刊本也可能訛「十三」爲「十二」。

〔一〇〕吾共汝在受陽住　北史卷五七周宗室傳「受」作「壽」。「受」「壽」同音通用見楊氏隋書地理志考證卷五太原郡文水縣、壽陽縣條。本傳前文和卷一文帝紀、卷一〇宗室什肥導洛生傳、卷二〇賀蘭祥傳都說遷「晉陽」，可能以晉陽重鎮包舉旁縣。

〔一一〕賀蘭盛洛　卷二〇賀蘭祥傳「洛」作「樂」，錢氏考異卷三二云：「『洛』『樂』文異音同。」

〔一二〕博士姓成爲人嚴惡〔淩〕〔汝〕等四人謀欲加害　張森楷云：「上文無名淩者，『淩等』二字不知何解。豈屬上嚴惡爲句歟？北史卷五七周宗室傳『淩』作『汝』，當是。」按「淩等」不可通，今據北史改。

〔一三〕吾共汝叔母等聞之　「之」，宋本、汲本、局本和北史卷五七周宗室傳都作「知」，兩通，今不改。

〔一四〕知吾含悲戚　北史卷五七周宗室傳「悲」下有「抱」字，文義較長。

〔一五〕矜哀聽許摩敦垂勅　北史卷五七周宗室傳「矜哀」上有「重降」二字，文義較長。

〔一六〕霈然之恩　北史卷五七周宗室傳、通鑑卷一六九五二四四頁「霈然」上都有「齊朝」二字，文義較長。

〔一七〕太祖丕受天明　册府卷二六九三一九一頁作「丕承天命」，「命」字較長。

〔一八〕廟庭祇受　宋本「庭」作「廷」，通用。張元濟云：「『受』當作『授』。」按張說是，但諸本皆同，今不改。

〔一九〕聲名多闕　宋本「名」作「明」。按「聲明」疑用左傳桓二年「昭其聲也」「昭其明也」的話。

〔二〇〕七年三月十八日護自同州還　按下面接着就敍護被殺事。卷五武帝紀記護被殺在三月丙辰。錢氏考異卷三二云：「按是年三月癸卯朔，丙辰則月十四日也。護傳云『三月十八日』，與紀異。」

〔二一〕不親朝謁或廢引進　北史卷五七周宗室傳「不」作「諸」。按太后雖也可能接見羣臣，畢竟不是常事，不能以「不親朝謁」作爲過失。從下句看來，疑作「諸」是。

〔二二〕聰明神武〔惟幾〕臧智　「臧智」上原注「缺二字」，今據文館詞林卷六六九補。

〔二三〕侯伏〔侯〕龍恩　張森楷云：「『伏』下當更有一『侯』字。」按本傳前文和卷五武帝紀文館詞林卷六六九都作「侯伏侯龍恩」，張說是，今據補。

〔二四〕太祖以其在關歲久　册府卷七七八八九一頁「關」下有「中」字。按本傳前文協於大統三年五三七被俘，在關中並不久。「在關」固費解，「在關中歲久」也和事實不符，疑有誤。

〔二五〕儀同伊婁訓　張森楷云：「案伊婁穆傳卷二九載有同協破趙雄傑事，則非必有二人，蓋是『訓』字刻誤。」按張以爲伊婁訓即伊婁穆是對的，但或是初名與二名之歧，不一定是誤刻。

〔二六〕復遣大都督裴孟嘗領白姓繼進　册府卷三五五四二一五頁「百姓」作「百騎」，按下云「王令公鄧腦見孟嘗騎少」，知作「騎」是。但諸本皆同，今不改。

〔二七〕保定二年　「定」原作「安」，諸本都作「定」。「保定」是周武帝年號，今逕改。

〔二八〕子金剛　北史卷五七周宗室傳「金」下有「剛」字。

周書卷十二

列傳第四

齊煬王憲

齊煬王憲字毗賀突，太祖第五子也。性通敏，有度量，雖在童齔，而神彩嶷然。初封涪城縣公。少與高祖俱受詩、傳，咸綜機要，得其指歸。太祖嘗賜諸子良馬，惟其所擇。憲獨取駁馬。太祖問之，對曰：「此馬色類既殊，或多駿逸。若從軍征伐，牧圉易分。」太祖喜曰：「此兒智識不凡，當成重器。」後從獵隴上，經官馬牧，太祖每見駁馬，輒曰：「此我兒馬也。」命左右取以賜之。魏恭帝元年，進封安城郡公。〔一〕孝閔帝踐阼，拜驃騎大將軍、開府儀同三司。

世宗卽位，授大將軍。武成初，除益州總管、益寧巴瀘等二十四州諸軍事、〔二〕益州刺史，進封齊國公，邑萬戶。初，平蜀之後，太祖以其形勝之地，不欲使宿將居之。諸子之中，

欲有推擇。徧問高祖已下，誰能此行。並未及對，而憲先請。太祖曰：「刺史當撫衆治民，非爾所及。以年授者，當歸爾兄。」憲曰：「才用有殊，不關大小。試而無効，甘受面欺。」太祖大悅，以憲年尙幼，未之遣也。世宗追遵先旨，故有此授。憲時年十六，善於撫綏，留心政術，辭訟輻湊，聽受不疲。蜀人懷之，共立碑頌德。尋進位柱國。

保定中，徵還京，拜雍州牧。〔三〕及晉公護東伐，以尉遲迥爲先鋒，圍洛陽。憲與達奚武、王雄等軍於邙山。自餘諸軍，各分守險要。齊兵數萬，奄出軍後，諸軍恇駭，竝各退散。唯憲與王雄、達奚武率衆拒之。而雄爲齊人所斃，三軍震懼。憲親自督勵，衆心乃安。時晉公護執政，雅相親委，賞罰之際，皆得預焉。

天和三年，以憲爲大司馬，治小冢宰，雍州牧如故。〔四〕四年，齊將獨孤永業來寇，盜殺孔城防主能奔達，以城應之。詔憲與柱國李穆將兵出宜陽，築崇德等五城，絕其糧道。齊將斛律明月率衆四萬，築壘洛南。五年，憲涉洛邀之，明月遁走。憲追之，及于安業，〔五〕屢戰而還。是歲，明月又率大衆於汾北築城，西至龍門。晉公護謂憲曰：「寇賊充斥，戎馬交馳，遂使疆場之間，生民委弊。豈得坐觀屠滅，而不思救之。汝謂計將安出？」曰：「如憲所見，兄宜暫出同州，以爲威勢，憲請以精兵居前，隨機攻取。非惟邊境淸寧，亦當別有克獲。」護然之。

六年，乃遣憲率衆二萬，出自龍門。齊將新蔡王王康德以憲兵至，潛軍宵遁。憲乃西歸。仍掘移汾水，水南堡壁，復入於齊。齊人謂略不及遠，遂弛邊備。憲乃渡河，攻其伏龍等四城，二日盡拔。又進攻張壁，克之，獲其軍實，夷其城壘。斛律明月時在華谷，弗能救也，北攻姚襄城，陷之。〔六〕時汾州又見圍日久，糧援路絕。憲遣柱國宇文盛運粟以饋之。憲自入兩乳谷，襲克齊柏社城，進軍姚襄。齊人嬰城固守。憲使柱國、譚公會築石殿城，以爲汾州之援。齊平原王段孝先、蘭陵王高長恭引兵大至，憲命將士陣而待之。大將軍韓歡爲齊人所乘，遂以奔退，憲身自督戰，齊衆稍却。會日暮，乃各收軍。

及晉公護誅，高祖召憲入，憲免冠拜謝。帝謂之曰：「天下者，太祖之天下，吾嗣守鴻基，常恐失墜。冢宰無君凌上，將圖不軌，吾所以誅之，以安社稷。汝親則同氣，休戚共之，事不相涉，何煩致謝。」乃詔憲往護第，收兵符及諸簿書等。

尋以憲爲大冢宰。時高祖既誅宰臣，親覽朝政，方欲導之以政，齊之以刑，爰及親親，亦爲刻薄。憲既爲護所委任，自天和之後，威勢漸隆。護欲有所陳，多令憲聞奏。其間或有可不，憲慮主相嫌隙，每曲而暢之。高祖亦悉其心，〔七〕故得無患。然猶以威名過重，終不能平，雖遙授冢宰，寔奪其權也。

開府裴文舉，憲之侍讀，高祖常御內殿，引見之。謂曰：「晉公不臣之迹，朝野所知，朕

所以泣而誅者，安國家，利百姓耳。昔魏末不綱，太祖匡輔元氏；有周受命，晉公復執威權。積習生常，便謂法應須爾。豈有三十歲天子而可爲人所制乎。且近代以來，又有一弊，暫經隸屬，便卽禮若君臣。此乃亂代之權宜，非經國之治術。詩云：『夙夜匪解，以事一人。』一人者，止據天子耳。雖陪侍齊公，〔八〕不得卽同臣主。且太祖十兒，寧可悉爲天子。卿宜規以正道，勸以義方，輯睦我君臣，協和我骨肉。無令兄弟，自致嫌疑。」文舉拜謝而出，歸以白憲。憲指心撫几曰：「吾之夙心，公寧不悉，但當盡忠竭節耳，知復何言。」

建德〔二〕〔三〕年，進爵爲王。〔九〕憲友劉休徵獻王箴一首，憲美之。休徵後又以此箴上高祖。高祖方剪削諸弟，甚悅其文。憲常以兵書繁廣，難求指要，乃自刊定爲要略五篇，至是表陳之。高祖覽而稱善。

其秋，高祖幸雲陽宮，遂寢疾。衞王直於京師舉兵反。高祖召憲謂曰：「衞王搆逆，汝知之乎？」憲曰：「臣初不知，今始奉詔。直若逆天犯順，此則自取滅亡。」高祖曰：「汝卽爲前軍，吾亦續發。」直尋敗走。高祖至京師，憲與趙王招俱入拜謝。高祖曰：「管蔡爲戮，周公作輔，人心不同，有如其面。但愧兄弟親尋干戈，於我爲不足耳。」初，直內深忌憲，憲隱而容之。且以帝之母弟，每加友敬。晉公護之誅也，直固請及憲。高祖曰：「齊公心迹，吾自悉之，不得更有所疑也。」及文宣皇后崩，直又密啓云：「憲飮酒食肉，與平日不異。」高祖曰：

「吾與齊王異生，俱非正嫡，特爲吾意，今袒括是同。汝當愧之，何論得失。汝親太后之子，偏荷慈愛。今但須自勗，無假說人。」直乃止。

四年，高祖將欲東討，獨與內史王誼謀之，餘人莫得知也。後以諸弟才略，無出於憲右，遂告之。憲卽贊成其事。及大軍將出，憲表上私財以助軍費曰：「臣聞撫機適運，理藉時來，兼弱攻昧，事資權道。伏惟陛下繼明作聖，闡業弘風，思順天心，用恢武略。方使長虵外翦，宇宙大同，軍民內向，車書混一。竊以龍旗雷動，天網雲布，芻粟糧餼，或須周給。昔邊隅未靜，卜式願上家財；江海不澄，〔一〇〕衞茲請獻私粟。臣雖不敏，敢忘景行。謹上金寶等一十六件，少助軍資。」詔不納，而以憲表示公卿曰：「人臣當如此，朕貴其心耳，寧須物乎。」乃詔憲率衆二萬爲前軍，趣黎陽。高祖親圍河陰，未克。憲攻拔武濟，進圍洛口，收其東西二城。以高祖疾，班師。是歲，初置上柱國官，以憲爲之。

五年，大舉東討，憲率精騎二萬，復爲前鋒，守雀鼠谷。高祖親圍晉州。憲進兵克洪同、永安二城，〔一一〕更圖進取。齊人焚橋守險，軍不得進，遂屯於永安。齊主聞晉州見圍，乃將兵十萬，自來援之。時柱國、陳王純頓軍千里徑，大將軍、永昌公椿屯雞棲原，大將軍宇文盛守汾水關，並受憲節度。憲密謂椿曰：「兵者詭道，去留不定，見機而作，不得遵常。汝今爲營，不須張幕，可伐栢爲菴，示有形勢。令兵去之後，賊猶致疑也。」時齊主分軍萬人向

千里徑，又令其衆出汾水關，自率大兵與椿對陣。宇文盛馳騎告急，憲自以千騎救之。齊人望谷中塵起，相率遽退。盛與柱國侯莫陳芮涉汾逐之，多有斬獲。俄而椿告齊衆稍逼，憲又回軍赴之。會椿被敕追還，率兵夜返。齊人果謂栢菴爲帳幕也，不疑軍退，翌日始悟。

時高祖已去晉州，留憲爲後拒。齊主自率衆來追，至於高梁橋。憲以精騎二千，阻水爲陣。齊領軍段暢直進至橋。憲隔水招暢與語，語畢，憲問暢曰：「若何姓名？」暢曰：「領軍段暢也。公復爲誰？」憲曰：「我虞（侯）〔候〕大都督耳。」〔一二〕暢曰：「觀公言語，不是凡人，今日相見，何用隱其名位？」陳王純、梁公侯莫陳芮、內史王誼等並在憲側。暢固問不已。憲乃曰：「我天子太弟齊王也。」指陳王以下，並以名位告之。暢鞭馬而去，憲卽命旋軍，而齊人遽追之，戈甲甚銳。憲與開府宇文忻各統精卒百騎爲殿以拒之，斬其驍將賀蘭豹子、山褥瓌等百餘人，齊衆乃退。憲渡汾而及高祖於玉壁。

高祖又令憲率兵六萬，還援晉州。憲遂進軍，營于涑水。齊主攻圍晉州，晝夜不息。間諜還者，或云已陷。憲乃遣柱國越王盛、大將軍尉遲迥、〔一三〕開府宇文神舉等輕騎一萬夜至晉州。憲進軍據蒙坑，爲其後援，知城未陷，乃歸涑川。尋而高祖東轅，次于高顯，憲率所部，先向晉州。明日，諸軍總集，稍逼城下。齊人亦大出兵，陣於營南。高祖召憲馳往觀之。憲返命曰：「是易與耳，請破之而後食。」帝悅曰：「如汝所言，吾無憂矣。」憲退，內史柳

虯私謂憲曰：「賊亦不少，王安得輕之？」憲曰：「憲受委前鋒，情兼家國，掃此逋寇，事等摧枯。商周之事，公所知也，賊兵雖衆，其如我何。」既而諸軍俱進，應時大潰。其夜，齊主遁走，憲輕騎追之。既及永安，高祖續至。齊人收其餘衆，復據高壁及洛女砦。高祖命憲攻洛女，破之。明日，與大軍會於介休。

時齊主已走鄴，留其從兄安德王延宗據并州。延宗因僭僞號，出兵拒戰。高祖進圍其城，憲攻其西面，克之。延宗遁走，追而獲之。以功進封第二子安城公質爲河間王，拜第三子賨爲大將軍。仍詔憲先驅趣鄴。明年，進克鄴城。

齊任城王湝、廣寧王孝珩等據守信都，有衆數萬。高祖復詔憲討之。仍令齊主手書與湝曰：「朝廷遇緯甚厚，諸王無恙。叔若釋甲，則無不優待。」湝不納，乃大開賞募，多出金帛，沙門求爲戰士者，亦數千人。憲軍過趙州，湝令間諜二人覘窺形勢，候騎執以白憲。憲乃集齊之舊將，遍示之。又謂之曰：「吾所爭者大，不在汝等。今放汝還，可卽充我使。」乃與湝書曰：

山川有間，每深勞佇，仲春戒節，納履惟宜。承始届兩河，仍圖三（位）〔魏〕，〔一四〕二者交戰，想無虧德。昔魏曆云季，海內橫流，我太祖撫運乘時，大庇黔首。皇上嗣膺下武，式隆景業，興稽山之會，總盟津之師。雷駭唐郊，則野無橫陣；雲騰晉水，則地靡

嚴城。襲僞之酋，既奔竄於草澤；竊號之長，亦委命於旌門。德義振於無垠，威風被於有截。彼朝宿將舊臣，良家戚里，俱升榮寵，皆縻好爵。是使臨漳之下，効死爭驅；營丘之前，奮身畢命。此豈唯人事，抑亦天時。宜訪之道路，無俟傍說。

吾以不武，任總元戎，受命安邊，路指幽、冀。列邑名藩，莫不屈膝，宣風導禮，皆荷來蘇。足下高氏令王，英風夙著，古今成敗，備諸懷抱，豈不知一木不維大厦，三諫可以逃身哉！且殷微去商，侯服周代；項伯背楚，賜姓漢朝。去此弗圖，苟狥亡轍，家破身殞，爲天下笑。又足下諜者爲候騎所拘，軍中情實，具諸執事。知以弱卒瑣甲，欲抗堂堂之師；縈帶汚城，〔一五〕冀保區區之命。戰非上計，無待卜疑；守乃下策，或未相許。已勒諸軍，分道並進，相望非遠，憑軾有期。兵交命使，古今通典，不俟終日，所望知幾也。

憲至信都，湝陣於城南，憲登張耳冢以望之。俄而湝所署領軍尉相願僞出略陣，遂以衆降。相願，湝心腹也，衆甚駭懼。湝大怒，殺其妻子。明日復戰，遂破之，俘斬三萬人，擒湝及孝珩等。憲謂湝曰：「任城王何苦至此？」湝曰：「下官神武帝子，兄弟十五人，幸而獨存。逢宗社顛覆，今日得死，無愧墳陵。」憲壯之，命歸其妻子，厚加資給。又問孝珩。孝珩布陳國難，辭淚俱下，俯仰有節。憲亦爲之改容。

憲素善謀，多算略，尤長於撫御，達於任使，摧鋒陷陣，爲士卒先，羣下感悅，咸爲之用。齊人夙聞威聲，無不憚其勇略。及并州之捷，長驅敵境，芻牧不擾，軍無私焉。

先是，稽胡劉沒鐸自稱皇帝，又詔憲督趙王招等討平之。語在稽胡傳。

憲自以威名日重，潛思屏退。及高祖欲親征北蕃，乃辭以疾。高祖變色曰：「汝若憚行，誰爲吾使？」憲懼曰：「臣陪奉鑾輿，誠爲本願，但身嬰疹疾，不堪領兵。」帝許之。

尋而高祖崩，宣帝嗣位，以憲屬尊望重，深忌憚之。時高祖未葬，諸王在內治服。司衞長孫覽總兵輔政，而諸王有異志，〔一六〕奏令開府于智察其動靜。及高祖山陵還，諸王歸第。帝又命智就宅候憲，因是告憲有謀。帝乃遣小冢宰宇文孝伯謂憲曰：「三公之位，宜屬親賢，今欲以叔爲太師，九叔爲太傅，十一叔爲太保，叔以爲何如？」憲曰：「臣才輕位重，滿盈是懼。三師之任，非所敢當。且太祖勳臣，宜膺此舉。若專用臣兄弟，恐乖物議。」孝伯反命，尋而復來曰：「詔王晚共諸王俱至殿門。」憲獨被引進，帝先伏壯士於別室，至即執之。憲辭色不撓，固自陳說。帝使于智對憲。憲目光如炬，與智相質。或謂憲曰：「以王今日事勢，何用多言？」憲曰：「我位重屬尊，一旦至此，死生有命，寧復圖存。但以老母在堂，恐留茲恨耳。」因擲笏於地。乃縊之。時年三十五。〔一七〕以于智爲柱國，封齊國公。又殺上大將軍安邑公王興、上開府獨孤熊、開府豆盧紹等，皆以昵於憲也。帝既誅憲，無以爲辭，故託興

等與憲結謀，遂加其戮。時人知其寃酷，咸云伴憲死也。

憲所生母達步干氏，茹茹人也。建德三年，册爲齊國太妃。憲有至性，事母以孝聞。太妃舊患風熱，屢經發動，憲衣不解帶，扶侍左右。憲或東西從役，每心驚，其母必有疾，乃馳使參問，果如所慮。憲六子，貴、質、賨、貢、乾禧、乾洽。

貴字乾福，少聰敏，涉獵經史，尤便騎射。始讀孝經，便謂人曰：「讀此一經，足爲立身之本。」天和四年，始十歲，封安定郡公，邑一千五百戶。太祖之初爲丞相也，始封此郡，未嘗假人，至是封貴焉。年十一，從憲獵於鹽州，一圍之中，手射野馬及鹿十有五頭。建德二年，册拜齊國世子。四年，授車騎大將軍、儀同三司。尋出爲豳州刺史。貴雖出自深宮，而留心庶政。性聰敏，過目輒記。嘗道逢二人，謂其左右曰：「此人是縣黨，何因輒行？」左右不識，貴便說其姓名，莫不嗟伏。白獸烽經爲商人所燒，烽帥納貨，不言其罪。他日，此帥隨例來參，貴乃問云：「商人燒烽，何因私放？」烽帥愕然，遂即首服。其明察如此。五年四月卒，年十七。高祖甚痛惜之。

質字乾祐，初封安城公。後以憲勳，進封河間郡王。賨字乾禮，大將軍、中壩公。貢出後莒莊公。乾禧，安城公。乾洽，龍涸公。並與憲俱被誅。

史臣曰：自兩漢逮乎魏、晉，其帝弟帝子衆矣，唯楚元、河間、東平、陳思之徒以文儒播美，任城、琅邪以武功馳譽。何則？體自尊極，長於宮闈，佚樂侈其心，驕貴蕩其志，故使奇才高行，終鮮於天下之士焉。齊王奇姿傑出，獨牢籠於前載。以介弟之地，居上將之重，智勇冠世，攻戰如神，敵國繫以存亡，鼎命由其輕重。比之異姓，則方、召、韓、白，何以加茲。挾震主之威，屬道消之日，斯人而嬰斯戮，君子是以知周祚之不永也。昔張耳、陳餘賓客厮役，所居皆取卿相。而齊之文武僚吏，其後亦多至台牧。異世同符，可謂賢矣。

校勘記

〔一〕魏恭帝元年進封安城郡公　文苑英華卷八九〇庾信齊王憲神道碑作「周元年，進爵安城郡公」。

〔二〕除益州總管益寧巴瀘等二十四州諸軍事　「瀘」原作「盧」，諸本都作「瀘」。按隋書卷二九地理志上瀘川郡條云「梁置瀘州」，應即齊王憲所督，今逕改。

〔三〕保定中徵還京拜雍州牧　英華齊王憲碑作「天和元年徵還，行雍牧」。

〔四〕天和三年以憲爲大司馬治小冢宰雍州牧如故　英華齊王憲碑稱「二年天和拜大司馬，仍理小冢

宰」。

〔五〕及于安業　北齊書卷一七斛律金附子光傳、文苑英華卷六五〇庾信移齊河陽執事文「業」作「鄴」。

〔六〕北攻姚襄城陷之　北史卷五八周室諸王傳、御覽卷三〇九一四二三頁「北」上有「乃」字。按攻陷姚襄城者乃斛律光之齊軍，無「乃」字，似周軍攻陷姚襄城。疑當有「乃」字。

〔七〕高祖亦悉其心　宋本「其」字下有空格。北史卷五八周室諸王傳作「悉其此心」，「其」「此」連在一起，語法不妥，但可證這裏「其」字下確脫一字。

〔八〕一人者止據天子耳雖陪侍齊公　宋本和北史卷五八周室諸王傳「耳」作「爾」，屬下讀，後人誤以「爾」作虛字，改作「耳」。但屬上讀亦通，今不改。

〔九〕建德〔二〕〔三〕年進爵爲王　宋本「二」作「三」，二張都以爲據卷五武帝紀作「三年」是。按武帝紀建德三年五七四年正月憲等兄弟八人同日由國公「進爵爲王」，又本傳在這條後即敍衞王直之變，據紀也是三年事，知「二」字誤，今據改。

〔一〇〕江海不澄　宋本「海」作「湖」。

〔一一〕克洪同永安二城　張森楷云：「『同』疑當作『洞』。」按北史卷五八周室諸王傳、通鑑卷一七二五三五五頁正作「洪洞」，張說是。但諸本皆同，今不改。

[一二]我虞(侯)[候]大都督耳　宋本和北史卷五八周室諸王傳、御覽卷三〇二一三八九頁「侯」作「候」，二張皆以爲作侯非。今據改。

[一三]大將軍尉遲迥　按尉遲迥於建德四年位居上柱國，又沒有參加這次戰爭。「迥」字定誤。卷四〇尉遲運傳稱「高祖將伐齊，召運參議，東夏底定，頗有力焉」。卷六武帝紀建德五年十二月賞功，尉遲運進封盧國公。又其弟尉遲勤也以大將軍從征，見武帝紀建德六年正月。不知是「運」，還是「勤」。

[一四]承始屆兩河仍圖三(位)[魏]　冊府卷四一六四九五七頁「承」下有「茲」字，「位」作「魏」。按「三位」不可通，今據改。

[一五]縈帶汚城　冊府卷四一六四九五七頁「汚」作「扞」。

[一六]而諸王有異志　局本和北史卷五八周室諸王傳「而」作「恐」。局本當據北史改。按本傳既以齊王爲冤死，作「恐」較長

[一七]時年三十五　英華齊王憲碑作「春秋三十有四」。按傳和碑都說憲除益州總管，時年十六。但哪年出鎮，却有紛歧。傳稱武成初，據卷四明帝紀武成元年五五九年八月稱「以大將軍安城公憲爲益州總管」。武成元年憲十六歲，則宣政元年五七八年正得三十五歲，傳不誤。碑却說武城「城」當作「成」二年出去都督益寧二十四州，差了一年，到宣政元年，也正好三十四歲，碑也不誤。但年齡「三十五」與「三十四」必有一誤。

周書卷十三

列傳第五

文閔明武宣諸子

文帝十三子。姚夫人生世宗，後宮生宋獻公震，文元皇后生孝閔皇帝，文宣皇后叱奴氏生高祖、衞剌王直，達步干妃生齊王憲，[一]王姬生趙僭王招，後宮生譙孝王儉、陳惑王純、越野王盛、代奰王達、冀康公通、滕聞王逌。齊煬王別有傳。

宋獻公震，字彌俄突。幼而敏達，年十歲，誦孝經、論語、毛詩。後與世宗俱受禮記、尚書於盧誕。大統十六年，封武邑公，二千戶。[二]尚魏文帝女，其年薨。保定元年，追贈使持節、柱國大將軍、少師、大司馬、大都督、青徐等十州諸軍事、青州刺史；進封宋國公，增邑并前一萬戶。無子，以世宗第三子寔爲嗣。[三]寔字乾辯，建德三年，進爵爲王。大象中，爲大前疑。尋爲隋文帝所害，國除。

衞剌王直，字豆羅突。魏恭帝三年，封秦郡公，邑一千戶。武成初，出鎮蒲州，拜大將軍，進衞國公，邑萬戶。保定初，爲雍州牧，尋進位柱國，轉大司空，出爲(梁)[襄]州總管。[四]天和中，陳湘州刺史華皎舉州來附，詔直督綏德公陸通、大將軍田弘、權景宣、元定等兵赴援，與陳將淳于量、吳明徹等戰於沌口。直軍不利，元定遂投江南。[五]直坐免官。

直高祖母弟，性浮詭，貪狠無賴。以晉公護執政，遂貳於帝而昵護。及沌口還，慍於免黜，又請帝除之，冀得其位。帝夙有誅護之意，遂與直謀之。及護誅，帝乃以齊王憲爲大冢宰。直既乖本望，又請爲大司馬，意欲總知戎馬，得擅威權。帝揣知其意，謂之曰：「汝兄弟長幼有序，寧可反居下列也？」乃以直爲大司徒。

建德三年，進爵爲王。初，高祖以直第爲東宮，更使直自擇所居。直歷觀府署，無稱意者，至廢陟屺佛寺，欲居之。齊王憲謂直曰：「弟兒女成長，理須寬博，此寺褊小，詎是所宜。」直曰：「一身尚不自容，何論兒女！」憲怪而疑之。直嘗從帝校獵而亂行，帝怒，對衆撻之。自是憤怨滋甚。及帝幸雲陽宮，直在京師，舉兵反，攻肅章門。司武尉遲運閉門拒守，直不得入。語在運傳。直遂遁走，追至荆州，獲之，免爲庶人，囚於別宮。尋而更有異志，遂誅之，及其子賀、貢、塞、響、賈、祕、津、乾理、乾璪、乾悰等十人，[六]國除。

趙僭王招，字豆盧突。幼聰穎，博涉羣書，好屬文。學庾信體，詞多輕豔。魏恭帝三

年，封正平郡公，邑一千戶。武成初，進封趙國公，邑萬戶。保定中，拜爲柱國，出爲益州總管。建德元年，授大司空，轉大司馬。三年，進爵爲王，除雍州牧。四年，大軍東討，[七]招爲後三軍總管。五年，又從高祖東伐，率步騎一萬出華谷，攻齊汾州。及幷州平，進位上柱國。東夏底定，又爲行軍總管，與齊王討稽胡。招擒賊帥劉沒鐸，斬之，胡寇平。宣政中，拜太師。大象元年五月，詔以洛州襄國郡邑萬戶爲趙。招出就國。二年，宣帝不豫，徵招及陳、越、代、滕五王赴闕。比招等至而帝已崩。

隋文帝輔政，加招等殊禮，入朝不趨，劍履上殿。隋文帝將遷周鼎，招密欲圖之，以匡社稷。乃邀隋文帝至第，飲於寢室。招子員、貫及妃弟魯封、所親人史胄，皆先在左右，佩刀而立。又藏兵刃於帷席之間，後院亦伏壯士。隋文帝從者多在閤外，唯楊弘、元胄、胄弟威及陶徹坐於戶側。招屢以佩刀割瓜啖隋文帝，隋文帝未之疑也。元胄覺變，扣刀而入。招乃以大觴親飲胄酒，又命胄向厨中取漿。胄不爲之動。滕王逌後至，隋文帝降階迎之，元胄因得耳語曰：「形勢大異，公宜速出。」隋文帝共逌等就坐，須臾辭出。後事覺，陷以謀反。其年秋，誅招及其子德廣公員、永康公貫、越攜公乾銑、[八]弟乾鈴、乾鏗等，國除。招所著文集十卷，行於世。

譙孝王儉，字侯幼突。武成初，封譙國公，邑萬戶。天和中，拜大將軍，尋遷柱國，出爲

益州總管。建德三年，進爵爲王。五年，東伐，以本官爲左一軍總管，攻永固城，拔之。進平幷、鄴，拜大冢宰。是歲，稽胡反，詔儉爲行軍總管，與齊王憲討之。[九]有胡帥自號天柱者，據守河東，儉攻破之，斬首三千級。宣政元年二月，薨。子乾惲嗣。大定中，爲隋文帝所害，國除。

陳惑王純，字堙智突。武成初，封陳國公，邑萬戶。保定中，除岐州刺史，加開府儀同三司。使於突厥迎皇后，拜大將軍。尋進位柱國，出爲秦州總管，轉陝州總管，督鴈門公田弘拔齊宜陽等九城。建德三年，進爵爲王。四年，大軍東伐，純爲前一軍總管。以帝寢疾，班師。五年，大軍復東討，詔純爲前一軍，率步軍二萬守千里徑。幷州平，進位上柱國，即拜幷州總管。宣政中，除雍州牧，遷太傅。大象元年五月，以濟南郡邑萬戶爲陳。純出就國。二年，朝京師。時隋文帝專政，翦落宗枝，遂害純，幷世子謙及弟屋公讓、讓弟議等，國除。

越野王盛，字立久突。武成初，封越國公，邑萬戶。天和中，進爵爲王。[一〇]四年，大軍伐齊，盛爲後一軍總管。五年，大軍又東討，盛率所領，拔齊高顯等數城。幷州平，進位上柱國。從平鄴，拜相州總管。宣政元年，入爲大冢宰。汾州稽胡帥劉(愛)[受]邏千反，[一一]詔盛率諸軍討平之。大象元年，遷大前疑，轉太保。其年，詔以豐州武當、安富二郡邑萬戶爲越。盛出就國。二年，朝京師。其秋，爲隋文帝所害，幷其子忱、悰、恢、慣、忻等五人，國除。

代㚖王達，字度斤突。性果決，善騎射。武成初，封代國公，邑萬戶。天和元年，拜大將軍、右宮伯，拜左宗衞。建德初，進位柱國，出爲荊淮等十四州十防諸軍事、荊州刺史。在州有政績，高祖手勑褒美之。所管灃州刺史蔡澤黷貨被訟，[一二]贓狀分明。以其世著勳庸，不可加戮；若曲法貸之，[一三]又非奉上之體。乃令所司，精加按劾，密表奏之。事竟得釋，終亦不言。其處事周愼如此。

達雅好節儉，食無兼膳，侍姬不過數人，皆衣綈衣。又不營資產，國無儲積。左右嘗以爲言，達從容應之曰：「君子憂道不憂貧，何煩於此。」三年，進爵爲王。出爲益州總管。高祖東伐，以爲右一軍總管。[一四]齊淑妃馮氏，尤爲齊後主所幸，齊平見獲，帝以達不邇聲色，特以馮氏賜之。宣帝卽位，進位上柱國。大象元年，拜大右弼。其年，詔以潞州上黨郡邑萬戶爲代。達出就國。二年，朝京。其年冬，爲隋文帝所害，及其世子執、弟蕃國公轉等，國除。

冀康公通，字屈率突。武成初，封冀國公，邑萬戶。天和六年十月，薨。子絢嗣。建德三年，進爵爲王。大象中，爲隋文帝所害，[一五]國除。

滕聞王逌，字爾固突。少好經史，解屬文。武成初，封滕國公，邑萬戶。天和末，拜大將軍。建德初，進位柱國。三年，進爵爲王。六年，爲行軍總管，與齊王憲征稽胡。逌破其渠帥穆友等，[一六]斬首八千級。還，除河陽總管。宣政元年，進位上柱國。其年，伐陳，詔逌爲元帥，節度諸軍事。大象元年五月，詔以荊州新野郡邑萬戶爲滕。逌出就國。二年，朝京。其年冬，爲隋文帝所害，幷子懷德公祐、祐弟箕國公裕、弟禮禧等，國除。逌所著文章，頗行於世。

孝閔帝一男。陸夫人生紀厲王康。

紀厲王康，字乾定。[一七]保定初，封紀國公，邑萬戶。建德三年，進爵爲王。仍出爲總管利始等五州、大小劍二防諸軍事、利州刺史。康驕矜無軌度，信任僚佐盧奕等，遂繕脩戎器，陰有異謀。司錄裴融諫止之，康不聽，乃殺融。五年，詔賜康死。子湜嗣。大定中，爲隋文帝所害，國除。

明帝三男。徐妃生畢剌王賢，後宮生酆王貞、宋王寔。〔一八〕

畢剌王賢，字乾陽。保定四年，封畢國公。建德三年，進爵爲王。出爲華州刺史，遷荆州總管，進位柱國。宣政中，入爲大司空。大象初，進位上柱國、雍州牧、太師。明年，宣帝崩。賢性強濟，有威略。慮隋文帝傾覆宗社，言頗泄漏，尋爲所害，并其子弘義、恭道、樹孃等，國除。

酆王貞，字乾雅。初封酆國公。建德三年，進爵爲王。大象初，爲大冢宰。後爲隋文帝所害，并子濟陰郡公德文，國除。

武帝生七男。〔一九〕李皇后生宣帝、漢王贊，厙汗姬生秦王贄、曹王允，馮姬生道王充，薛世婦生蔡王兌，鄭姬生荆王元。

漢王贊，字乾依。初封漢國公。建德三年，進爵爲王，仍柱國。大象末，隋文帝輔政，欲順物情，乃進上柱國、右大丞相。外示尊崇，寔無綜理。及諸方略定，又轉太師。尋爲隋文帝所害，并其子淮陽公道德、弟道智、道義等，國除。

秦王贄，字乾信。初封秦國公。建德三年，進爵爲王。上柱國、大冢宰、大右弼。〔二〇〕尋

爲隋文帝所害，并其子忠誠公靖智、弟靖仁等，國除。

曹王允，字乾仕。初封曹國公。建德三年，進爵爲王。

道王充，字乾仁。建德六年，封王。

蔡王兌，字乾俊。建德六年，封王。

荆王元，字乾儀。宣政元年，封王。元及兌、充、允等竝爲隋文帝所害，國除。

宣帝三子。朱皇后生靜皇帝，王姬生鄴王(衎)〔衍〕，〔二一〕皇甫姬生郢王術。

鄴王(衎)〔衍〕，大象二年，封王。

郢王術，大象二年，封王。與(衎)〔衍〕並爲隋文帝所害，國除。

史臣曰：昔賢之議者，咸云以周建五等，歷載八百；秦立郡縣，二世而亡。雖得失之迹可尋，是非之理互起，而因循莫變，復古未聞。良由著論者溺於貴達，司契者難於易業，詳求適變之道，未窮於至當也。嘗試論之：

夫皇王迭興，爲國之道匪一；賢聖間出，立德之指殊塗。斯豈故爲相反哉，亦云治而已矣。何則？五等之制，行於商周之前；郡縣之設，始於秦漢之後。論時則澆淳理隔，易地則用捨或殊。譬猶干戈日用，難以成垓下之業；稷嗣所述，不可施成周之朝。是知因時制宜者，爲政之上務也；觀民立教者，經國之長策也。且夫列封疆，建侯伯，擇賢能，置牧守，循名雖曰異軌，責實抑亦同歸。盛則與之共安，衰則與之共患。共安繫乎善惡，非禮義無以敦風；共患寄以存亡，非甲兵不能靖亂。是以齊、晉帥禮，鼎業傾而復振；溫、陶釋位，王綱弛而更張。然則周之列國，非一姓也，晉之羣臣，非一族也，豈齊、晉強於列國，溫、陶賢於羣臣者哉，蓋勢重者易以立功，權輕者難以盡節故也。由此言之，建侯置守，乃古今之異術；兵權勢位，蓋安危之所階乎。

太祖之定關右，日不暇給，既以人臣禮終，未遑藩屏之事。晉蕩輔政，爰樹其黨，宗室長幼，竝據勢位，握兵權，雖海內謝隆平之風，而國家有盤石之固矣。高祖克翦芒刺，思弘政術，懲專朝之爲患，忘維城之遠圖，外崇寵位，內結猜阻。自是配天之基，潛有朽壤之墟矣。宣皇嗣位，凶暴是聞，芟刈先其本枝，削黜遍於公族。雖復地惟叔父，親則同生，文能附衆，武能威敵，莫不謝卿士於當年，從侯服於下國。號爲千乘，勢侔匹夫。是以權臣乘其機，謀士因其隙，遷龜鼎速於俯拾，殲王侯烈於燎原。悠悠邃古，未聞斯酷。豈非摧枯振

朽，易爲力乎。

向使宣皇采姫、劉之制，覽聖哲之術，分命賢戚，布於內外，料其輕重，間以親疎，首尾相持，遠近爲用。使其勢位也足以扶危，其權力也不能爲亂。事業既定，僥倖自息。雖使臥赤子，朝委裘，社稷固以久安，億兆可以無患矣。何后族之地，而勢能窺其神器哉。

校勘記

〔一〕達步干妃生齊王憲　張森楷云：「諸王例皆舉謚，不應憲獨去之。據下稱齊煬王，則此當是刻捝。」按張說是，北史卷五八周室諸王傳正作「生齊煬王憲」，但諸本皆同，今不補。又達步干妃，北史無「干」字。

〔二〕封武邑公二千戶　按本卷諸王封爵，都說封某公，邑若干戶，這裏「公」下當因涉上「武邑」而脫「邑」字。

〔三〕以世宗第三子寔爲嗣　卷五武帝紀上、北史卷一〇周本紀下保定元年五六一年七月和北史卷五八周室諸王傳「寔」都作「實」。此外卷五武帝紀建德三年五七四年二月，卷八靜帝紀大象二年五八〇年八月見宋公或宋王實北史卷一〇周本紀下同。「寔」「實」雖互通，這一輩弟兄，名都從貝，作「實」爲是。但諸本皆同，今不改。

〔四〕出爲(梁)〔襄〕州總管　北史卷五八周室諸王傳「梁」作「襄」。按本條上稱「保定初」，下稱「天和中」，知直出任總管在保定間。卷五武帝紀上保定五年五六五年正月記「衞王直爲襄州總管」，却沒有爲梁州總管的紀載。又本傳在這一條下面接着就敍述天和中陳湘州刺史華皎來附，詔直督諸軍赴援事。卷五武帝紀上天和二年五六七年閏六月紀載此事，也稱「遣襄州總管衞王直……等將兵援之」。可知直所任爲襄州總管而非梁州。今據改。

〔五〕元定遂投江南　按卷五武帝紀天和二年五六七年九月作「遂沒江南」。卷三四元定傳說陳將徐度「與定通和，許放還國，定乃解仗就船，遂爲度等所執」，則是受欺被執，並非投附。疑這裏「投」爲「沒」之訛。

〔六〕及其子賀貢塞響賈祕津乾理乾璪乾悰等十人　按貢是齊王憲子，曾出嗣莒莊公，後與憲同誅，見卷一二憲傳。卷一〇莒莊公傳稱以衞王直之子賓爲穆公洛生子後。傳稱賓「坐直誅」。卷五武帝紀建德元年五七二年五月也載衞公直長子賓封莒國公嗣洛生後的事。據此知直有子名「賓」，這裏「貢」當是「賓」之誤。由於二人先後出嗣莒公，又皆以父誅從坐，遂致混淆。

〔七〕三年進爵爲王除雍州牧四年大軍東討　按周書武帝紀下載趙王招爲雍州牧在建德四年五七五年三月。這裏的「四年」應移在「除雍州牧」上。

〔八〕越攜公乾銑　殿本考證云：「北史卷五八周室諸王傳無『攜』同攜字。」張森楷云：「無『攜』字則徒爲越

公，與越王盛同封，當無此理。然諸公被誅，當無諡，此又不得獨有，疑本是『嶲』字，刻誤加旁手耳。」按册府卷二六五三一四三頁載趙王招子「乾封甌越公」，脫「銑」字，「甌越」不是郡名，自是字訛，然可證舊本於乾銑封爵久已模糊。張說推測近情，但也不能解釋北史單作「越公」，册府訛爲「甌越」之故。

〔九〕拜大冢宰是歲稽胡反詔儉爲行軍總管與齊王憲討之　卷六武帝紀下、卷四九稽胡傳都說齊王憲「討」稽胡在建德六年五七七年。這裏的「是歲」遙承「五年東伐」之文，似卽指五年。但「是歲」之上，記着「拜大冢宰」一事，據卷六武帝紀下其事在建德六年五月，「討」稽胡卽在十一月。因知「拜大冢宰」之上脫「六年」二字，「是歲」指六年。

〔一〇〕天和中進爵爲王　張森楷云：「『天和』當是『建德』之誤，帝紀卷五武帝紀上可證，各傳亦並無以天和進爵者。」按北史卷五八周室諸王傳、册府卷二六五三一四三頁都作「建德三年五七四年，進爵爲王」，且本傳接敍「四年伐齊」，也是建德四年。這裏顯有訛奪，或如張說「天和」是「建德」之誤，但更可能是「天和中」下有脫文。卷五武帝紀上於天和六年五七一年稱「以大將軍、越國公盛爲柱國」。周書之例，諸王大臣進位柱國，幾乎都見傳中，本卷衞、趙、譙、陳、代、滕諸王傳都有何時進柱國的紀載。可知這裏「天和中」下當有「進柱國」語。今脫去此事可能還有別事和「建德三年」四字，遂似封王也在「天和中」。

〔一一〕汾州稽胡帥劉(愛)〔受〕邏干反　卷七宣帝紀、卷四九稽胡傳、册府卷九八四一一五六〇頁、北史卷九六稽胡傳百衲本。殿本作「父」乃「受」之訛「愛」都作「受」，今據改。參卷七校記第二條。

〔一二〕澧州刺史　錢氏考異卷三二云：「案後周無澧州，疑是『豐州』之誤。」按宋本周書卷一七蔡祐傳和北史卷五八周室諸王傳「澧」作「禮」，殿本周書蔡祐傳作「澧」。未知孰是。錢說亦是疑辭，今各仍之。

〔一三〕若曲法貸之　諸本「貸」都作「貰」，殿本當據北史卷五八周室諸王傳改，按原文當作「貰」，但「貸」亦通，今不改。

〔一四〕高祖東伐以爲右一軍總管　卷六武帝紀下建德四年五七五年七月伐齊，無左右軍名號；次年，再伐齊，右一軍總管是越王盛，這裏紀載似有誤。

〔一五〕大象中爲隋文帝所害　北史卷五八周室諸王傳「大象」作「大定」。

〔一六〕穆友　卷四九稽胡傳、北史卷九六稽胡傳「友」都作「支」。

〔一七〕字乾定　北史卷五八周室諸王傳「定」作「安」。

〔一八〕宋王寔　按「寔」當作「實」，見本卷校記第三條。諸本在下面都注「寔傳缺」三字。殿本考證云：「按宋獻公震傳云：『無子，以世宗第二子寔爲嗣，寔字乾辯』，是寔傳已附於前矣。」知此三字爲清館臣所刪。

〔一九〕武帝生七男　張森楷云：「『生』字不當有，蓋誤衍，據前後敍各帝子可見。」

〔二〇〕建德三年進爵爲王上柱國大冢宰大右弼　按贊進上柱國，任大冢宰、大右弼，據卷八靜帝紀在大象二年五八〇年五月宣帝死後先後遷升，距建德三年五七四年中隔六年。疑「上柱國」上有脫文。

〔二一〕王姬生鄴王(衎)〔衎〕　殿本考證云：「此與下文『鄴王衎大象二年封王』，二『衎』字據本紀卷八靜帝紀皆當作『衎』。」按考證說是，今據改。參卷八校記第四條。

周書卷十四

列傳第六

賀拔勝 弟岳 兄允 念賢

賀拔勝字破胡，神武尖山人也。其先與魏氏同出陰山。有如回者，魏初爲大莫弗。祖爾頭，〔一〕驍勇絕倫，以良家子鎮武川，因家焉。獻文時，茹茹數爲寇，北邊患之。爾頭將遊騎深入覘候，前後以八十數，悉知虜之倚伏。〔二〕後雖有寇至，不能爲害。以功賜爵龍城侯。〔三〕父度拔，性果毅，爲武川軍主。

魏正光末，沃野鎮人破六汗拔陵反，南侵城邑。懷朔鎮將楊鈞聞度拔名，召補統軍，配以一旅。〔四〕其賊僞署王衞可孤徒黨尤盛，既圍武川，又攻懷朔。勝少有志操，善騎射，北邊莫不推其膽略。時亦爲軍主，從度拔鎮守。既圍經年，而外援不至，勝乃慷慨白楊鈞曰：「城圍蹙迫，事等倒懸，請告急於大軍，乞師爲援。」鈞許之。乃募勇敢少年十餘騎，夜伺隙

潰圍而出。賊追及之。勝曰：「我賀拔破胡也。」賊不敢逼。至朔州，白臨淮王元彧曰：「懷朔被圍，旦夕淪陷，士女延首，企望官軍。大王帝室藩維，與國休戚，受任征討，理宜唯敵是求。今乃頓兵不進，猶豫不決。懷朔若陷，則武川隨亦危矣。逆賊因茲，銳氣百倍，雖有韓、白之勇，良、平之謀，亦不能爲大王用也。」或以勝辭義懇至，許以出師，還令報命。勝復突圍而入，賊追之，射殺數人。至城下，大呼曰：「賀拔破胡與官軍至矣。」城中乃開門納之。鈞復遣勝出覘武川，而武川已陷，勝乃馳還。懷朔亦潰，勝父子遂爲賊所虜。後隨度拔與德皇帝合謀，率州里豪傑輿珍、念賢、乙弗庫根、尉遲眞檀等，招集義勇，襲殺可孤。朝廷嘉之，未及封賞，會度拔與鐵勒戰沒。孝昌中，追贈安遠將軍、肆州刺史。

初，度拔殺可孤之後，令勝馳告朔州，未反而度拔已卒。刺史費穆奇勝才略，厚禮留之，遂委其事，〔五〕常爲遊騎。于時廣陽王元深在五原，〔六〕爲破六汗賊所圍，晝夜攻戰。召勝爲軍主。勝乃率募二百人，開東城門出戰，斬首百餘級。賊遂退軍數十里。廣陽以賊稍卻，因拔軍向朔州，勝常爲殿。以功拜統軍，加伏波將軍。又隸僕射元纂鎮恆州。時有鮮于阿胡擁朔州流民，南下爲寇。恆州城中人乃潛與謀，以城應之。勝與兄允弟岳相失，南投肆州。允、岳投爾朱榮。榮與肆州刺史尉慶賓搆隙，引兵攻肆州。肆州陷，榮得勝，大悅曰：「吾得卿兄弟，天下不足平也。」

勝委質事榮。時杜洛周阻兵幽、定，葛榮據有冀、瀛。榮謂勝曰：「井陘險要，我之東門。意欲屈君鎮之，未知君意如何？」勝曰：「少逢兵亂，險阻備嘗，每思効力，以報(已)〔己〕知。〔七〕今蒙驅使，實所願也。」榮乃表勝爲鎮遠將軍、別將，〔八〕領步騎五千鎮井陘。孝昌末，〔九〕從榮入洛，以定策立孝莊帝功，封易陽縣伯，邑四百戶。累遷直閤將軍、通直散騎常侍、平南將軍、光祿大夫、撫軍將軍。從太宰元穆北征葛榮，〔一〇〕爲前鋒大都督。戰於滏口，大破之，虜獲數千人。時洛周餘燼韓婁在薊城結聚，〔一一〕爲遠近之害。復以勝爲大都督，鎮中山。婁素聞勝威名，竟不敢南寇。元顥入洛陽，孝莊帝出居河內。榮徵勝爲前軍大都督，領千騎與爾朱兆自硤石度，大破顥軍，擒其子領軍將軍冠受，及梁將陳思保等，遂前驅入洛。拜武衞將軍、金紫光祿大夫，增邑六百戶，進爵眞定縣公，遷武衞將軍，加散騎常侍。〔一二〕

及榮被誅，事起倉卒，勝復隨世隆至于河橋。勝以爲臣無讎君之義，遂勒所部還都謁帝。大悅，〔一三〕以本官假驃騎大將軍、東征都督，率騎一千，會鄭先護討爾朱仲遠。爲先護所疑，置之營外，人馬未得休息。俄而仲遠兵至，與戰不利，乃降之。復與爾朱氏同謀，立節閔帝。以功拜右衞將軍，〔一四〕進車騎大將軍、儀同三司、左光祿大夫。〔一五〕

齊神武懷貳，爾朱氏將討之。度律自洛陽引兵，兆起幷州，仲遠從滑臺，三帥會於鄴

東。時勝從度律。度律與兆不平。勝以臨敵搆嫌，取敗之道，乃與斛斯椿詣兆營和解之，反爲兆所執。度律大懼，遂引軍還。兆將斬勝，數之曰：「爾殺可孤，罪一也；天柱薨後，復不與世隆等俱來，而東征仲遠，罪二也。我欲殺爾久矣，今復何言？」勝曰：「可孤作逆，爲國巨患，勝父子誅之，其功不小，反以爲罪，天下未聞。天柱被戮，以君誅臣，勝寧負朝廷？〔一六〕今日之事，生死在王。但去賊密邇，骨肉搆隙，自古迄今，未有不破亡者。勝不憚死，恐王失策。」兆乃捨之。勝既得免，行百餘里，方追及度律軍。齊神武既克相州，兵威漸盛。於是爾朱兆及天光、仲遠、度律等衆十餘萬，陣於韓陵。兆率鐵騎陷陣，出齊神武之後，將乘其背而擊之。度律惡兆之驕悍，懼其陵己，勒兵不肯進。勝以其攜貳，遂率麾下降于齊神武。度律軍以此先退，遂大敗。

太昌初，以勝爲領軍將軍，尋除侍中。孝武帝將圖齊神武，以勝弟岳擁衆關西，欲廣其勢援，乃拜勝爲都督三荆、二郢、南襄、南雍七州諸軍事，進位驃騎大將軍、開府儀同三司、荆州刺史，加授南道大行臺尚書左僕射。勝攻梁下溠戍，〔一七〕擒其戍主尹道珍等。又使人誘動蠻王文道期，率其種落歸款。梁雍州刺史蕭續擊道期不利，漢南大駭。勝遣大都督獨孤信、軍司史寧。歐陽酇城。〔一八〕南雍州刺史長孫亮、南荆州刺史李魔憐、大都督王元軌取久山、白泊，都督拔略昶、史仵龍取義城、均口，擒梁將莊思延，獲甲卒數千人。攻馮翊、安定、

（溤）〔沔〕陽，竝平之。〔一九〕勝軍於樊、鄧之間。梁武勅續曰：「賀拔勝北間驍將，爾宜慎之。」續遂城守不敢出。尋進位中書令，〔二〇〕增邑二千戶，進爵琅邪郡公。續遣柳仲禮守穀城，勝攻之未拔。屬齊神武與帝有隙，詔勝引兵赴洛，至廣州，猶豫未進，而帝已西遷。勝還軍南陽，遣右丞（楊）〔陽〕休之奉表入關，〔二一〕又令府長史元穎行州事。〔二二〕勝自率所部，將西赴關中，進至淅陽，詔封勝太保、〔二三〕錄尚書事。時齊神武已陷潼關，屯軍華陰。勝乃還荊州。州民鄧誕執元穎，北引侯景。勝至，景逆擊之，勝軍不利，率麾下數百騎，南奔梁。

在江表三年，梁武帝遇之甚厚。勝常乞師北討齊神武，既不果，乃求還。梁武帝許之，親餞於南苑。勝自是之後，每行執弓矢，見鳥獸南向者皆不射之，以申懷德之志也。既至長安，詣闕謝罪。朝廷嘉其還，乃授太師。

後從太祖擒竇泰於小關，加授中軍大都督。又從太祖攻弘農。勝自陝津先渡河，東魏將高干遁，勝追獲，囚之。下河北，擒郡守孫晏。崔乂。〔二四〕從破東魏軍於沙苑，追奔至河上。仍與李弼別攻河東，略定汾、絳。增邑并前五千戶。河橋之役，勝大破東魏軍。太祖命勝收其降卒而還。及齊神武悉衆攻玉壁，勝以前軍大都督從太祖追之於汾北。又從戰邙山。時太祖見齊神武旗鼓，識之，乃募敢勇三千人，配勝以犯其軍。勝適與齊神武相遇，因告之曰：「賀六渾，賀拔破胡必殺汝也。」〔二五〕時募士皆用短兵接戰，勝持矟追齊神武數里，

刃垂及之。會勝馬爲流矢所中，死，比副騎至，齊神武已逸去。勝歎曰：「今日之事，吾不執弓矢者，天也！」

是歲，勝諸子在東者，皆爲齊神武所害。勝憤恨，因動氣疾。大統十年，薨于位。臨終，手書與太祖曰：「勝萬里杖策，歸身闕庭，冀望與公掃除逋寇。不幸殞斃，微志不申。願公內先協和，順時而動。若死而有知，猶望魂飛賊庭，以報恩遇耳。」太祖覽書，流涕久之。

勝長於喪亂之中，尤工武藝，走馬射飛鳥，十中其五六。太祖每云：「諸將對敵，神色皆動，唯賀拔公臨陣如平常，眞大勇也。」自居重位，始愛墳籍。乃招引文儒，討論義理。性又通率，重義輕財，身死之日，唯有隨身兵仗及書千餘卷而已。

初，勝至關中，自以年位素重，見太祖不拜，尋而自悔，太祖亦有望焉。後從太祖宴于昆明池，時有雙鳧游於池上，太祖乃授弓矢於勝曰：「不見公射久矣，請以爲歡。」勝射之，一發俱中。因拜太祖曰：「使勝得奉神武，以討不庭，皆如此也。」太祖大悅。自是恩禮日重，勝亦盡誠推奉焉。贈定冀等十州諸軍事、定州刺史、太宰、錄尚書事，諡曰貞獻。明帝二年，以勝配享太祖廟庭。

勝無子，以弟岳子仲華嗣。大統三年，賜爵樊城公。魏廢帝時，爲通直郎、散騎常侍，遷黃門郎，加車騎大將軍、儀同三司，驃騎大將軍、開府儀同三司。六官建，拜守廟下大夫。

孝閔帝踐阼，襲爵琅邪公，除利州刺史。大象末，位至江陵總管。

勝兄弟三人，竝以豪俠知名。兄允字阿泥，〔二六〕魏孝武時，位至太尉，封燕郡王，爲神武所害。

岳字阿斗泥。少有大志，愛施好士。初爲太學生，及長，能左右馳射，驍果絕人。不讀兵書而暗與之合，識者咸異之。

與父兄誅衞可孤之後，廣陽王元深以岳爲帳內軍主。又表爲彊弩將軍。後與兄勝俱鎮恆州。州陷，投爾朱榮。榮待之甚厚，以爲別將，尋爲都督。每居帳下，與計事，多與榮意合，益重之。榮士馬既衆，遂與元天穆謀入匡朝廷。謂岳曰：「今女主臨朝，政歸近習。盜賊蜂起，海內沸騰，王師屢出，覆亡相繼。吾累世受恩，義同休戚。今欲親率士馬，電赴京師，內除君側，外清逆亂。取勝之道，計將安出？」岳對曰：「夫立非常之事，必俟非常之人。將軍士馬精彊，位任隆重。若首舉義旗，伐叛匡主，何往而不尅，何向而不摧。古人云『朝謀不及夕，言發不俟駕』，此之謂矣。」榮與天穆相顧良久，曰：「卿此言，眞丈夫之志也。」

未幾而魏孝明帝暴崩，榮疑有故，乃舉兵赴洛。配岳甲卒二千爲先驅，至河陰。榮既殺害朝士，時齊神武爲榮軍都督，勸榮稱帝，左右多欲同之，榮疑未決。岳乃從容進而言

曰：「將軍首舉義兵，共除姦逆，功勤未立，逆此謀，可謂速禍，未見其福。」榮尋亦自悟，乃尊立孝莊。岳又勸榮誅齊神武以謝天下。左右咸言：「高歡雖復庸疏，言不思難，今四方尚梗，事藉武臣，請捨之，收其後効。」榮乃止。以定策功，授前將軍、太中大夫，賜爵樊城（郡）〔鄉〕男。〔二七〕復爲榮前軍都督，破葛榮於滏口。遷平東將軍、金紫光祿大夫。坐事免。詔尋復之。從平元顥，轉左光祿大夫、武衞將軍。

時万俟醜奴僭稱大號，關中騷動，朝廷深以爲憂。榮將遣岳討之。岳私謂其兄勝曰：「醜奴擁秦、隴之兵，足爲勍敵。若岳往而無功，罪責立至；假令尅定，恐讒愬生焉。」勝曰：「汝欲何計自安？」岳曰：「請爾朱氏一人爲元帥，岳副貳之，則可矣。」勝然之，乃請於榮。榮大悅，乃以天光爲使持節、督二雍二岐諸軍事、〔二八〕驃騎大將軍、雍州刺史，以岳爲持節、假衞將軍、左大都督，又以征西將軍代郡侯莫陳悅爲右〔大〕都督，〔二九〕竝爲天光之副以討之。時赤水蜀賊，阻兵斷路。天光之衆，不滿二千。及軍次潼關，天光有難色。岳曰：「蜀賊草竊而已，公尚遲疑，若遇大敵，將何以戰。」天光曰：「今日之事，一以相委，公宜爲吾制之。」於是進軍，賊拒戰於渭北，破之，獲馬二千疋，軍威大振。

天光與岳進至雍州，榮又續遣兵至。時醜奴自率大衆圍岐州，遣其大行臺尉遲菩薩、僕射万俟仵同向武功，南渡渭水，〔攻圍趨柵〕。天光使岳率千騎赴〕援。菩薩攻柵已尅，還岐

州。[三〇]岳以輕騎八百北渡渭，擒其縣令二人，獲甲首四百，殺掠其民以挑。菩薩率步騎二萬至渭北。[三一]岳以輕騎數十與菩薩隔水交言。岳稱揚國威，菩薩自言彊盛，往復數反。菩薩乃自驕踞，令省事傳語岳。岳怒曰：「我與菩薩言，卿是何人，與我對語？」省事恃隔水，應答不遜。岳舉弓射之，應弦而倒。時已逼暮，於是各還。岳密於渭南傍水，分精騎數十爲一處，隨地形便置之。明日，自將百餘騎，隔水與賊相見。岳漸前進，先所置騎隨岳而進，騎既漸增，賊不復測其多少。行二十里許，至水淺可濟之處，岳便馳馬東出，以示奔遁。賊謂岳走，乃棄步兵，南渡渭水，輕騎追岳。岳東行十餘里，依橫岡設伏兵以待之。賊以路險不得齊進，前後繼至，半度岡東，岳乃回與賊戰，身先士卒，急擊之，賊便退走。岳號令所部，賊下馬者，皆不聽殺。賊顧見之，便悉投馬。俄而虜獲三千人，馬亦無遺，遂擒菩薩。仍渡渭北，降步卒萬餘，竝收其輜重。

醜奴尋棄岐州，北走安定，置栅於平亭。天光方自雍至岐，與(兵)〔岳〕合勢。[三二]軍至汧、渭之間，宣言遠近曰：「今氣候漸熱，非征討之時，待秋涼更圖進取。」醜奴聞之，遂以爲實，分遣諸軍散營農於岐州之北百里細川，使其太尉侯元進領兵五千，[三三]據險立栅。其千人以下爲栅者有數處，且戰且守。[三四]岳知其勢分，乃密與天光嚴備。晡時，潛遣輕騎先行路，[三五]於後諸軍盡發。昧旦，攻圍元進栅，拔之，卽擒元進。諸所俘執皆放之，自餘諸栅悉

降。岳星言徑趣涇州，其刺史侯幾長貴以城降。[三六]醜奴乃棄平亭而走，欲向高平。岳輕騎急追，明日，及醜奴於平涼之長坑，一戰擒之。高平城中又執蕭寶寅以(歸)〔降〕。[三七]賊行臺万俟道洛率衆六千，退保牽屯山。岳攻之。道洛敗，率千騎而走，追之不及，遂得入隴，投略陽賊帥王慶雲。慶雲以道洛驍果絕倫，得之甚喜，以爲大將軍。天光又與岳度隴至慶雲所居水洛城。慶雲、道洛頻出城拒戰，竝擒之。餘衆皆降，悉坑之，死者萬七千人。三秦、河、渭、瓜、涼、鄯州咸來歸款。賊帥夏州人宿勤明達降於平涼，後復叛，岳又討擒之。天光雖爲元帥，而岳功効居多。加車騎將軍，進爵爲伯，邑二千戶。尋授都督涇北豳二夏四州諸軍事、涇州刺史，進爵爲公。

天光入洛，使岳行雍州刺史。建明中，拜驃騎大將軍，增邑五百戶。普泰初，除都督二岐東秦三州諸軍事、儀同三司、岐州刺史，進封清水郡公，[三八]增邑通前三千戶。尋加侍中，給後部鼓吹，進位開府儀同三司，兼尚書左僕射、隴右行臺，仍停高平。二年，加都督三雍三秦二岐二華諸軍事、雍州刺史。天光將率衆拒齊神武，遣問計於岳。岳報曰：「王家跨據三方，士馬殷盛，高歡烏合之衆，豈能爲敵。然師克在和，但願同心戮力耳。若骨肉離隔，自相猜貳，則圖存不暇，安能制人。如下官所見，莫若且鎭關中，以固根本；分遣銳師，與衆軍合勢。進可以克敵，退可以克全。」天光不從，果敗。岳率軍下隴赴雍，擒天光弟顯壽

以應齊神武。

魏孝武卽位，加關中大行臺，增邑千戶。永熙二年，孝武密令岳圖齊神武，遂刺心血，持以寄岳，詔岳都督二雍二華二岐豳四梁三益巴二夏蔚寧涇二十州諸軍事、大都督。齊神武旣忌岳兄弟功名，岳懼，乃與太祖協契。語在太祖本紀。岳自詣北境，安置邊防。率衆趣平涼西界，布營數十里，託以牧馬於原州，爲自安之計。先是，費也頭万俟受洛干、鐵勒斛律沙門、斛拔彌俄突、[三九]紇豆陵伊利等，竝擁衆自守，至是皆款附。秦、南秦、河、渭四州刺史又會平涼，受岳節度。唯靈州刺史曹泥不應召，乃通使於齊神武。三年，岳召侯莫陳悅於高平，將討之，令悅爲前驅。而悅受齊神武密旨圖岳，〔岳〕弗之知也，[四〇]而先又輕悅。悅乃誘岳入營，共論兵事，令其壻元洪景斬岳於幕中。朝野莫不痛惜之。贈侍中、太傅、錄尚書、都督關中三十州諸軍事、[四一]大將軍、雍州刺史，謚曰武壯，葬以王禮。

子緯嗣，拜開府儀同三司。保定中，錄岳舊德，進緯爵霍國公，尚太祖女。

侯莫陳悅，少隨父爲駝牛都尉。長於西，[四二]好田獵，便騎射。會牧子作亂，遂歸爾朱榮。榮引爲府長流參軍，稍遷大都督。魏孝莊帝初，除征西將軍、金紫光祿大夫，封柏人縣侯，邑五百戶。爾朱天光西討，榮以悅爲天光右都督，[四三]本官如故。西伐克獲，功亞於賀拔岳。以本將軍除鄯州刺史。建明中，拜車騎大將軍、渭州刺史，進爵白水郡公，增邑五百

戶。普泰中，除驃騎大將軍、儀同三司、秦州刺史。及天光赴洛，悅與岳俱下隴趣雍州，擒天光弟顯壽。魏孝武初，加開府儀同三司、都督隴右諸軍事，仍加秦州刺史。[四四]及悅殺岳，岳衆莫不服從。悅猶豫，不卽撫納，乃遷隴右。[四五]太祖勒衆討之，悅遂亡敗。語在太祖本紀。悅子弟及同謀殺岳者八九人，竝伏誅。唯中兵參軍豆盧光走至靈州，後奔晉陽。悅自殺岳後，神情恍忽，不復如常。恆言「我纔睡卽夢見岳云：『兄欲何處去！』隨逐我不相置」。因此彌不自安，而致破滅。

念賢字蓋盧。美容質，頗涉書史。爲兒童時，在學中讀書，有善相者過學，諸生競詣之，賢獨不往。笑謂諸生曰：「男兒死生富貴在天也，何遽相乎。」少遭父憂，居喪有孝稱。後以破衞可孤功，除別將。尋招慰雲州高車、鮮卑等，皆降下之。除假節、平東將軍，封屯留縣伯，邑五百戶。建義初，爲大都督，鎭井陘，加撫軍將軍、黎陽郡守。爾朱榮入洛，拜車騎將軍、右光祿大夫、太僕卿，兼尚書右僕射、東〔道〕行臺，[四六]進爵平恩縣公，增邑五百戶。普泰初，除使持節、瀛州諸軍事、驃騎將軍、瀛州刺史。永熙中，拜第一領民酋長，加散騎常侍，行南兗州事。尋進號驃騎大將軍，入爲殿中尙書，加儀同三司。魏孝武欲討齊神武，以

賢爲中軍北面大都督，進爵安定郡公，增邑一千戶，加侍中、開府儀同三司。大統初，拜太尉，出爲秦州刺史，加太傅，給後部鼓吹。三年，轉太師、都督河涼瓜鄯渭洮沙七州諸軍事、大將軍、河州刺史。久之還朝，兼錄尚書事。河橋之役，賢不力戰，乃先還，自是名譽頗減。五年，除都督秦渭原涇四州諸軍事、秦州刺史。薨於州。謚曰昭定。

賢於諸公皆爲父黨，自太祖以下，咸拜敬之。子華，性和厚，有長者風。官至開府儀同三司、合州刺史。

史臣曰：勝、岳昆季，以勇略之姿，當馳競之際，並邀時投隙，展効立功。始則委質爾朱，中乃結款高氏，太昌之後，即帝圖高，察其所由，固非守節之士。及勝垂翅江左，憂魏室之危亡，奮翼關西，感梁朝之顧遇，有長者之風矣。終能保其榮寵，良有以焉。岳以二千之羸兵，抗三秦之勍敵，奮其智勇，克翦凶渠，雜種畏威，遐方慕義，斯亦一時之盛也。卒以勳高速禍，無備嬰戮。惜哉！陳涉首事不終，有漢因而創業；賀拔元功夙殞，太祖藉以開基。「不有所廢，君何以興」，信乎其然矣。

校勘記

〔一〕祖爾頭　魏書卷八〇賀拔勝傳「頭」作「逗」，乃譯音之異。

〔二〕悉知虜之倚伏　「伏」原作「仗」。諸本都作「伏」。二張以爲「仗」字訛。張元濟云：「『兵機倚伏』，見宇文貴傳卷十九。」二張說是，今逕改。

〔三〕以功賜爵龍城侯　殿本考證云：「『侯』，北史卷四九賀拔允傳作『男』。」按魏書卷八〇賀拔勝傳也作「男」。

〔四〕配以一旅　宋本、南本、北本、汲本「旅」都作「族」。北史卷四九賀拔允傳作「旅」。殿本當據北史改，局本從殿本。按賀拔氏本出北邊民族，先世爲大莫弗。「配以一族」是命他統率賀拔本族成員。原本恐是「族」字。但「旅」字亦通，今不回改。

〔五〕遂委其事　殿本考證云：「北史卷四九賀拔允附弟勝傳作『委以兵事』，文義較顯。」

〔六〕廣陽王元深　魏書卷八〇賀拔勝傳「深」作「淵」。按周書、北史避唐諱改「淵」作「深」。以後不出校記。

〔七〕以報(巳)〔己〕知　宋本、局本「巳」作「己」，册府卷三八九四六二二頁作「以報知己」，「己知」猶「知己」，今依宋本、局本改。

〔八〕榮乃表勝爲鎭遠將軍別將　魏書卷八〇賀拔勝傳作「轉積射將軍，爲別將」。

〔九〕孝昌末從榮入洛　按魏書卷九肅宗紀，孝昌只三年，次年改武泰元年五二八年，二月肅宗死，四月爾朱榮入洛，立孝莊帝，改元建義參卷一〇孝莊紀。這裏應作「武泰初」。

〔一〇〕從太宰元穆北征葛榮　按魏書卷一〇孝莊紀建義元年四月以元天穆爲太尉，九月「詔太尉公上黨王天穆討葛榮」。列傳中多以最終之官爲稱，此稱太宰，亦不誤。又「元天穆」稱「元穆」乃雙名單稱。

〔一一〕時洛周餘燼韓婁在薊城結聚　按魏書卷一〇孝莊紀永安元年五二八年十二月稱「葛榮餘黨韓樓據幽州反」，卷七四爾朱榮傳作「葛榮枝黨韓婁」，卷八〇侯淵傳作「葛榮別帥韓樓」，卷九一劉靈助傳作「葛榮餘黨韓婁」北史有關紀傳與魏書同。「樓」「婁」音同，當時紀載據耳聞傳寫，無須深辨。但相關紀傳都沒有以韓婁爲杜洛周起義軍的一部。

〔一二〕拜武衞將軍金紫光祿大夫增邑六百戶進爵眞定縣公遷武衞將軍加散騎常侍　張森楷云：「上方『拜武衞將軍』，未有轉官之文，而更云遷武衞將軍，理不可通，疑上下必有一誤。」按魏書卷八〇賀拔勝傳稱勝以征北將軍，轉武衞將軍，「尋除衞將軍，加散騎常侍」，似乎賀拔勝以武衞將軍遷衞將軍。但魏書卷一〇孝莊紀永安三年五三〇年十一月稱「以右衞將軍賀拔勝爲東征都督」，卷一一前廢帝紀普泰元年五三一年三月、四月兩見「右衞將軍賀拔勝」。據此，疑周書本條第二個武衞是右衞之誤，魏書本傳是「衞」上脫「右」字。

〔一三〕還都謁帝大悅　按文義應重一「帝」字，疑誤脫。

〔一四〕復與爾朱氏同謀立節閔帝以功拜右衞將軍　魏書卷八〇也說「普泰初五三一年，除右衞將軍」。按魏書卷一〇孝莊紀永安三年五三〇年已稱賀拔勝爲右衞將軍，豈待立節閔帝有功始遷，與周書和魏書本傳的紀載顯然矛盾。至魏書本傳稱賀拔勝以第二品之衞將軍除第三品之右衞將軍，錯誤更不待言，參第一二條校記。今按魏書卷一一後廢帝紀，在爾朱氏韓陵戰敗後，稱「前廢帝卽節閔帝普泰初賀拔勝……於陣降」。可知前廢帝卽節閔帝普泰初賀拔勝乃是以右衞將軍遷鎭軍將軍。魏書卷一一三官氏志鎭軍將軍在從第二品，以第三品的右衞將軍升遷，正合。

〔一五〕左光祿大夫　魏書卷八〇賀拔勝傳「左」作「右」。

〔一六〕勝寧負朝廷　殿本考證云：「北史卷四九及通鑑卷一五五，四八一五頁俱云：『勝寧負王，不負朝廷』，本書脫去四當云三字。」張森楷云：「新本無『負王不』三字，誤挩文。」按諸本都無此三字，張所據本乃局本，當是從殿本考證據北史補。補上三字文義較長，但「寧負朝廷」作「豈負朝廷」解亦可通，今不補。

〔一七〕勝攻梁下溠戍　卷一六獨孤信傳、卷二八史寧傳同作「下溠」，魏書卷八〇賀拔勝傳作「下迮」。通鑑卷一四三四四七三頁齊永元二年十一月「魏東荆州刺史桓暉入寇，拔下笮戍」。胡注：「下笮戍在沔北，直襄陽東北。」方輿紀要卷七九襄陽府襄陽縣下笮城條，以爲下笮、下迮是一地，賀

拔勝所攻即此。根據胡、顧之說，下迮戍應在今襄陽東北。至於下溠應以溠水爲名。據隋書卷三一地理志下漢東郡唐城縣條稱「隋開皇十六年，改下溠曰唐城」。通典卷一七一州郡序目上稱梁重鎭有下溠戍，在「漢東郡棗陽縣東南」。今隨縣西北，棗陽東南溠水旁有唐縣鎭，當卽其地。與胡、顧所云在襄陽東北的「下笮」或「下迮」非一地。當時賀拔勝南攻，至於「沔北蕩爲丘墟」，襄陽以至隨縣一帶同在進攻範圍中，本條所攻之戍究是「下迮」或「下溠」，難以斷定。

〔一八〕勝遣大都督獨孤信軍司史寧歐陽酇城　張森楷云：「魏書卷八〇賀拔勝傳云：『攻酇陽城，並平之』，此乃有似人名，疑誤。」按卷二九宇文虬傳云：「魏孝武初，從獨孤信在荆州，破梁人於下溠，遂平歐陽酇城」，與此傳合，「史寧」下當脫「攻」或「取」「平」等字。唯「歐陽」亦有可疑。魏書卷五八楊播附子侃傳載梁豫州刺史裴邃「治合肥城，規相掩襲」，故意通知魏人，說「此亦須營歐陽，設交境之備」，則歐陽當在合肥、壽春間南北交界處，距離下溠、酇城很遠，必是別一歐陽。魏書賀拔勝傳之「酇陽城」，無此地名，疑亦是歐陽酇城的脫誤。

〔一九〕攻馮翊安定（馮）〔沔〕陽並平之　册府卷三五五四二一一頁「安」下脫「定」字，「馮」作「沔」，魏書卷八〇賀拔勝傳也作「沔陽」。「馮陽」無此地名，與「沔」形似，又涉上「馮翊」而誤。今據改。

〔二〇〕尋進位中書令　北史卷四九賀拔允附弟勝傳、册府卷三五五四二一一頁「中」作「尙」。

〔二一〕（楊）〔陽〕休之　張森楷云：「『楊』當作『陽』，北齊書卷四二陽休之傳可證。」按張說是，今據改。

〔二二〕元穎　局本和通鑑一五六四八五三頁「穎」作「穎」。汲本這裏同殿本，而下面「州民鄧誕執元穎」，又作「潁」。北史百衲本卷四九賀拔允附弟勝傳作「穎」，後面又作「潁」。北史殿本都作「潁」「潁」卽「潁」，「潁」是水名，別無他義，疑作「穎」或「潁」是。

〔二三〕詔封勝太保　張森楷云：「『封』當作『拜』。此官，非爵也，而云『封』，誤矣。」按北史卷四九賀拔允附弟勝傳作「授」。

〔二四〕下河北擒郡守孫晏崔乂　北史卷四九賀拔允附弟勝傳無「崔乂」二字。按郡守恐不得同時有二人，這裏當有訛脫。

〔二五〕因告之曰賀六渾賀拔破胡必殺汝也　北史卷四九賀拔允附弟勝傳「因告之曰」作「連叱而字之曰」，册府卷三九五上四六八八頁作「因字呼之曰」，通鑑卷一五八四九一六頁作「因字之曰」。按下面稱高歡爲「賀六渾」，卽是呼其小字。册府記周事都採周書，疑周書本與册府同。

〔二六〕兄允字阿泥　魏書卷八〇賀拔勝附兄允傳、北齊書卷一九、北史卷四九賀拔允傳「阿」都作「可」。北史卷六齊本紀上高歡稱允爲「阿鞠泥」北齊書卷一神武紀以北史補。北朝胡姓考一一九頁注五以爲「阿鞠泥」爲允之本名，「阿泥」爲省稱，「可」爲「阿」之誤。

〔二七〕賜爵樊城（郡）〔鄉〕男　張森楷云：「男例不得食郡，郡字非也。魏書卷八〇賀拔勝傳作『鄉男』，當是。」按北史卷四九賀拔允附弟岳傳「郡」也作「鄉」。張說是，今據改。

〔二八〕乃以天光爲使持節督二雍二岐諸軍事　魏書卷七五爾朱天光傳作「乃除天光使持節、都督雍岐二州諸軍事」。按這裏「督」上應有「都」字。「二雍二岐」與「雍岐二州」不知孰是。

〔二九〕又以征西將軍代郡侯莫陳悅爲右（大）都督　魏書卷八〇侯莫陳悅傳、北史卷四九賀拔允附弟岳傳、同卷侯莫陳悅傳，「右都督」都作「右廂大都督」。魏書卷七五爾朱天光傳作「大都督」。按賀拔岳和侯莫陳悅分統左右廂，岳爲大都督，悅不應只是都督，這裏脫「大」字，上引諸條可證，今據補。

〔三〇〕時醜奴自率大衆圍岐州遣其大行臺尉遲菩薩僕射万俟仵同向武功南渡渭水〔攻圍趨栅天光使岳率千騎赴〕援菩薩攻栅已剋還岐州　「万」原作「方」，諸本都作「万」，万俟是常見的複姓，今逕改。北史卷四九賀拔允附弟岳傳「万俟仵」作「万俟行醜」。在「南渡渭水」下多「攻圍趨栅，天光使岳率千騎赴」十二字。魏書卷八〇賀拔勝附弟岳傳亦然，只是文字稍異。册府卷四三〇、五一二五頁本條採自魏書。通鑑卷一五四、四七七二頁略同魏書、北史。按周書本條脫了十二字，乍讀像是遣尉遲菩薩去援菩薩，不可通，今姑據北史補。

〔三一〕殺掠其民以挑菩薩率步騎二萬至渭北　魏書卷八〇賀拔勝附弟岳傳重「菩薩」二字册府卷四三〇、五一二五頁本條採自魏書。通鑑卷一五四四七七二頁作「岳故殺掠其民以挑之」。按「挑」下當脫「菩薩」二字或「之」字。

〔三二〕與（兵）〔岳〕合勢　局本「兵」作「岳」。張森楷云：「新本『岳』作『兵』誤。」按諸本都作「兵」張所據是局本。魏書卷七五爾朱天光傳、北史卷四八爾朱天光傳、卷四九賀拔允附弟岳傳、册府卷三五五四二一〇頁、通鑑卷一五四四七七三頁都作「岳」，局本當是據北史等史籍改。今從之。

〔三三〕侯元進　卷一六侯莫陳崇傳、魏書卷七五爾朱天光傳、卷八〇賀拔勝附弟岳傳、北史卷四九賀拔允附弟岳傳都作「侯伏侯元進」。鄧名世古今姓氏書辨證卷二二「侯伏侯氏改爲侯氏」。北朝胡姓考侯氏條八二頁以爲「侯」當爲「侯」之訛。則本條是從改姓。

〔三四〕且戰且守　魏書卷七五爾朱天光傳「戰」作「耕」，通典卷一五三兵六示緩條作「田」。按上云醜奴「分遣諸軍散營農於岐州之北百里細川」，作「耕」或「田」較長。

〔三五〕潛遣輕騎先行路　魏書卷七五爾朱天光傳、通典卷一五三兵六示緩條「路」上有「斷」字，文義較長。

〔三六〕侯幾長貴　魏書卷七五爾朱天光傳作「侯幾長貴」，下注一「疑」字，卷八〇賀拔勝附弟岳傳作「侯機長貴」，通典卷一五三兵六示緩條作「侯長貴」。按魏書卷一一三官氏志云：「侯幾氏後改爲幾氏。」陳毅魏書官氏志疏證引廣韻、通志氏族略、姓解、古今姓氏書辨證都作「侯畿」，只有元和姓纂引官氏志作「侯畿」，陳氏認爲「侯」字誤。北朝胡姓考一一〇頁據上引魏書的兩條作「侯幾」「侯機」，又北史卷六齊本紀上見「大都督侯幾紹」，認爲「侯」字誤。今按「幾」「機」「畿」都

是譯音，除魏書官氏志應有定字外，他處可以互用。「俟」和「侯」則必有一誤，陳、姚各有所據，不知孰是。

〔三七〕高平城中又執蕭寶寅以〔歸〕〔降〕　宋本、南本、局本都作「又執蕭寶夤以降」，北本、汲本和册府三五五四二二〇頁「寅」字同殿本，「歸」也作「降」。按南齊書卷五〇、南史卷四四本傳作「寶寅」，魏書卷五九、北史卷二九本傳作「寶夤」，通鑑從南齊書、南史。「寅」「夤」通，今後不再出校記。「歸」字則殿本考證云：「依北史卷四九賀拔允附弟岳傳改正」，二張都以爲作「降」是，今回改。

〔三八〕普泰初至進封清水郡公　按魏書卷八〇賀拔勝附弟岳傳進封清水郡公在普泰前。

〔三九〕斛拔彌俄突　諸本「斛」都作「解」。本書當作「解」。見卷一校記第九條。

〔四〇〕而悅受齊神武密旨圖岳〔岳〕弗之知也　北史卷四九賀拔允附弟岳傳「岳」下重「岳」字。按文義應有此字，今據補。

〔四一〕贈侍中太傅錄尚書都督關中三十州諸軍事　魏書卷八〇賀拔勝附弟岳傳「太傅」作「太保」，北史卷四九賀拔允附弟岳傳「三十」作「二十」。

〔四二〕長於西　魏書卷八〇、北史卷四九侯莫陳悅傳「西」上有「河」字，較長。

〔四三〕榮以悅爲天光右都督　按「右」下當有「大」字，見本卷第二九條校記。但這裏可能是省文，和賀拔岳傳左右大都督爲對文者不同，故不補。

〔四四〕仍加秦州刺史　魏書卷八〇侯莫陳悅傳無「加」字，北史卷四九侯莫陳悅傳「加」作「兼」。按悅本是秦州刺史，何須加授。這個「加」字非衍文即「兼」字之誤。

〔四五〕乃遷隴右　魏書卷八〇、北史卷四九侯莫陳悅傳都作「乃還入隴」，通鑑卷一五六四八三七頁同。按悅本督隴右，爲秦州刺史，這次由平涼到隴右，是還本州，而不是遷徙，疑作「還」是。

〔四六〕兼尚書右僕射東〔道〕行臺　張森楷云：「『東』下當有『道』字。」按北史卷四九念賢傳正作「東道行臺」。張說是，今據補。

周書卷十五

列傳第七

寇洛　李弼 弟檦　于謹 子寔

寇洛，上谷昌平人也。累世爲將吏。父延壽，和平中，以良家子鎮武川，因家焉。

洛性明辨，不拘小節。正光末，以北邊賊起，遂率鄉親避地於并、肆，因從爾朱榮征討。及賀拔岳西征，洛與之鄉里，乃募從入關。破赤水蜀，以功拜中堅將軍、屯騎校尉、別將，封臨邑縣男，邑二百戶。又從岳獲賊帥尉遲菩薩於渭水，破侯伏侯元進於百里細川，擒万俟醜奴於長坑。洛每力戰，並有功。加龍驤將軍、都督，進爵安鄉縣子，累遷征北將軍、衞將軍。於平涼，以洛爲右都督。〔一〕

侯莫陳悅既害岳，欲并其衆。時初喪元帥，軍中惶擾，洛於諸將之中，最爲舊齒，素爲衆所信，乃收集將士，志在復讎，共相糾合，遂全衆而反。既至原州，衆咸推洛爲盟主，統岳之衆。

洛復自以非才，乃固辭，與趙貴等議迎太祖。魏帝以洛有全師之功，除武衞將軍。〔二〕太祖至平涼，以洛爲右大都督。從討侯莫陳悅，平之，拜涇州刺史。魏孝武西遷，進爵臨邑縣伯，邑五百戶。尋進位驃騎大將軍、儀同三司，進爵爲公，增邑五百戶。

大統初，魏文帝詔曰：「往者侯莫陳悅遠同逆賊，潛害故清水公岳，志在兼并。當時造次，物情驚駭。使持節、驃騎大將軍、儀同三司、前涇州刺史、大都督、臨邑縣開國公寇洛，忠款自心，勳誠早立，遂能糾合義軍，以待大丞相。見危授命，推賢而奉，此而不賞，何以勸勵將來。可加開府，進爵京兆郡公。」封洛母宋氏爲襄城郡君。又轉領軍將軍。三年，出爲華州刺史，加侍中。與獨孤信復洛陽，移鎮弘農。四年，從太祖與東魏戰於河橋。軍還，洛率所部鎮東雍。五年，卒於鎮，時年五十三。贈使持節、侍中、都督雍華豳涇原三秦二岐十州諸軍事、太尉、尚書令、驃騎大將軍、雍州刺史，謚曰武。

子和嗣。世宗二年，錄勳舊，以洛配享太祖廟庭，賜和姓若口引氏，改封松陽郡公。後至開府儀同三司、賓部中大夫。

洛弟紹，位至上柱國、北平郡公。

李弼字景和，遼東襄平人也。〔三〕六世祖根，慕容垂黃門侍郎。〔四〕祖貴醜，平州刺史。〔五〕父永，太中大夫，贈涼州刺史。

弼少有大志，膂力過人。屬魏室喪亂，語所親曰：「丈夫生世，會須履鋒刃，平寇難，〔六〕安社稷以取功名；安能碌碌依階資以求榮位乎。」魏永安元年，爾朱天光辟爲別將，從天光西討，破赤水蜀。以功拜征虜將軍，封石門縣伯，邑五百戶。又與賀拔岳討万俟醜奴、万俟道洛、王慶雲，皆破之。弼恆先鋒陷陣，所向披靡，賊咸畏之，曰「莫當李將軍前也」。

天光赴洛，弼因隸侯莫陳悅，爲大都督，加通直散騎常侍。太昌初，(受)〔授〕清水郡守，〔七〕恆州大中正。尋除南秦州刺史。隨悅征討，屢有剋捷。及悅害賀拔岳，軍停隴上。弼諫悅曰：「岳既無罪而公害之，又不能撫納其衆，使無所歸。宇文夏州收而用之，得其死力，咸云爲主將報讐，其意固不小也。今宜解兵謝之，不然，恐必受禍。」悅惶惑，計無所出。弼知悅必敗，乃謂所親曰：「宇文夏州才略冠世，德義可宗。侯莫陳公智小謀大，豈能自保。吾等若不爲計，恐與之同至族滅。」會太祖軍至，悅乃棄秦州南出，據險以自固。翌日，弼密通使太祖，許背悅來降。夜，弼乃勒所部云：「侯莫陳公欲還秦州，汝等何不束裝？」弼妻，悅之姨也，特爲悅所親委，衆咸信之。人情驚擾，不可復定，皆散走，爭趣秦州。弼乃先馳據城門以慰輯之，遂擁衆以歸太祖。悅由此遂敗。太祖謂弼曰：

「公與吾同心，天下不足平也。」破悅，得金寶奴婢，悉以好者賜之。仍令弼以本官鎭原州。尋拜秦州刺史。

太祖率兵東下，徵弼爲大都督，領右軍，攻潼關及迴洛城，剋之。大統初，進位儀同三司、雍州刺史。尋又進位驃騎大將軍、開府儀同三司。從平竇泰，先鋒陷敵，斬獲居多。太祖以所乘騅馬及竇泰所著牟甲賜弼。又從平弘農。與齊神武戰於沙苑，弼率軍居右，而左軍爲敵所乘。弼呼其麾下六十騎，〔八〕身先士卒，橫截之，賊遂爲(三)〔二〕，因大破。〔九〕以功拜特進，爵趙郡公，增邑一千戶。又與賀拔勝攻剋河東，略定汾、絳。四年，從太祖東討洛陽，弼爲前驅。東魏將莫多婁貸文率衆數千，奄至穀城。弼倍道而前，遣軍士鼓譟，曳柴揚塵。貸文以爲大軍至，遂遁走。弼追躡之，虜其衆，斬貸文，傳首大軍所。翌日，又從太祖與齊神武戰於河橋，每入深陷陣，身被七創，遂爲所獲，圍守數重。弼佯若創重，殞絕於地。守者稍懈，弼睨其旁有馬，因躍上西馳，得免。五年，遷司空。六年，侯景據荊州，弼與獨孤信禦之，景乃退走。九年，從戰邙山，轉太尉。十三年，侯景率河南六州來附，東魏遣其將韓軌圍景於潁川。太祖遣弼率軍援景，諸將咸受弼節度。弼至，軌退。王思政又進據潁川，弼乃引還。十四年，北稽胡反，弼討平之。遷太保，加柱國大將軍。魏廢帝元年，賜姓徒河氏。〔一〇〕太祖西巡，令弼居守，後事皆諮稟焉。六官建，拜太傅、大司徒。屬茹茹爲突厥所逼，舉國請降，弼率前軍迎之。給前後部羽葆鼓吹，賜雜綵六千段。及晉公護執政，朝之大事，皆與于謹及弼等參議。孝閔帝踐阼，除太師，進封趙國公，邑萬戶。前後賞賜累巨萬。

弼每率兵征討，朝受令，夕便引路，不問私事，亦未嘗宿於家。其憂國忘身，類皆如此。兼復性沉雄，有深識，故能以功名終。元年十月，薨於位，年六十四。世宗即日舉哀，比葬，三臨其喪。發卒穿冢，給大輅、龍旂，陳軍至于墓所。謚曰武。尋追封魏國公，配食太祖廟庭。

子(輝)〔耀〕。次子(耀)〔輝〕，尚太祖女義安長公主，遂以爲嗣。〔一一〕

輝大統中，起家員外散騎侍郎，賜爵義城郡公，歷撫軍將軍、大都督、鎭南將軍、散騎常侍。輝常臥疾朞年，太祖憂之，日賜錢一千，〔一二〕供其藥石之費。及魏廢帝有異謀，太祖乃授輝武衞將軍，總宿衞事。尋而帝廢，除車騎大將軍、儀同三司。魏恭帝二年，加驃騎大將軍、儀同三司，出爲岐州刺史。從太祖西巡，率公卿子弟，別爲一軍。孝閔帝踐阼，除荊州刺史。尋襲爵趙國公，改魏國公。保定中年，加將軍。〔一三〕天和六年，進位柱國。建德元年，出爲總管梁洋等十州諸軍事、梁州刺史。時渠、蓬二州生獠，積年侵暴，輝至州綏撫，竝來歸附。璽書勞之。

(輝)〔耀〕既不得爲嗣，朝廷以弼功重，乃封(輝)〔耀〕邢國公，〔一四〕位至開府。子寬，大象末，上大將軍、蒲山郡公。輝弟衍，大象末，大將軍、眞鄉郡公。衍弟綸，最知名，有文武才用。以功臣子，少居顯職，歷吏部、內史下大夫，竝獲當官之譽。位至司會中大夫、開府儀同三司，封河陽郡公。爲聘齊使主。早卒。子長雅嗣。綸弟晏，建德中，開府儀同三司、大將軍、趙郡公。從高祖平齊，歿於幷州。子璟以晏死王事，即襲其爵。弼弟檦。

檦字靈傑。〔一五〕長不盈五尺，性果決，有膽氣。少事爾朱榮。魏永安元年，以兼別將從榮破元顥，拜討逆將軍。及榮被害，檦從爾朱世隆奉榮妻奔河北。又隨爾朱兆入洛。賜爵泄城郡男，〔一六〕遷都督。普泰元年，元樹自梁入據譙城，檦從行臺樊子鵠擊破之，遷右將軍。

魏孝武西遷，檦從大都督元斌之與齊神武戰於成皋。兵敗，遂與斌之奔梁。梁主待以賓禮，後得逃歸。大統元年，授撫軍將軍，進封晉陽縣子，邑四百戶。尋爲太祖帳內都督。從復弘農，破沙苑。檦跨馬運矛，衝鋒陷陣，隱身鞍甲之中。敵人見之，皆曰「避此小兒」。不知檦之形貌，正自如是。太祖初亦聞檦驍悍，未見其能，至是方嗟歎之。謂檦曰：「但使膽決如此，何必須要八尺之軀也。」以功進爵爲公，增邑四百戶。尋從宇文貴與東魏將任祥、堯雄等戰於潁川，皆破之。徵爲太子中庶子。九年，從戰邙山，遷持節、大都督。十三

年，拜車騎大將軍、儀同三司。又從彌討稽胡，㯹功居多，除幽州刺史，[一七]增邑三百戶。十五年，拜驃騎大將軍、開府儀同三司。魏廢帝初，從趙貴征茹茹，論功爲最，改封封山縣公，增邑并前二千一百戶。孝閔帝踐阼，進位大將軍。武成初，又從豆盧寧征稽胡，大獲而還。進爵汝南郡公。出爲總管延綏丹三州諸軍事、延州刺史。四年，卒於鎭。[一八]贈恆朔等五州刺史。

㯹無子，以彌子椿嗣。先以㯹勳功，封魏平縣子。大象末，開府儀同三司、大將軍、右宮伯，改封河東郡公。

于謹字思敬，河南洛陽人也。小名巨彌。[一九]曾祖婆，魏懷荒鎭將。祖安定，平涼郡守、高平郡將。[二〇]父提，隴西郡守，荏平縣伯。保定二年，以謹著勳，追贈使持節、柱國大將軍、太保、建平郡公。

謹性沉深，有識量，略窺經史，尤好孫子兵書。屛居閭里，未有仕進之志。或有勸之者，謹曰：「州郡之職，昔人所鄙，台鼎之位，須待時來。吾所以優遊郡邑，聊以卒歲耳。」太宰元穆見之，歎曰：「王佐材也。」

及破六汗拔陵首亂北境，引茹茹爲援，大行臺僕射元纂率衆討之。[二一]宿聞謹名，辟爲鎧曹參軍事，從軍北伐。茹茹聞大軍之逼，遂逃出塞。纂令謹率二千騎追之，至郁對原，前後十七戰，盡降其衆。後率輕騎出塞覘賊，屬鐵勒數千騎奄至，謹以衆寡不敵，退必不免，乃散其衆騎，使匿叢薄之間，又遣人升山指麾，若分部軍衆者。賊望見，雖疑有伏兵，既恃其衆，不以爲慮，乃進軍逼謹。謹以常乘駿馬一紫一騧，賊先所識，乃使二人各乘一馬，突陣而出。賊以爲謹也，皆爭逐之。謹乃率餘軍擊之，其追騎遂奔走，因得入塞。

正光四年，行臺廣陽王元深治兵北伐，[二二]引謹爲長流參軍，特相禮接。所有謀議，皆與謹參之。乃使其子佛陁拜焉，其見待如此。遂與廣陽王破賊主斛律野穀祿等。時魏末亂，羣盜蜂起，謹乃從容謂廣陽王曰：「自正光以後，海內沸騰，郡國荒殘，農商廢業。今殿下奉義行誅，遠臨關塞，然醜類蟻聚，其徒實繁，若極武窮兵，恐非計之上者。謹願稟大王之威略，馳往喻之，必不勞兵甲，可致清蕩。」廣陽王然之。謹兼解諸國語，乃單騎入賊，示以恩信。於是西部鐵勒酋長乜列河等，[二三]領三萬餘戶並款附，相率南遷。廣陽王欲與謹至折敷嶺迎接之。[二四]謹曰：「破六汗拔陵兵衆不少，聞乜列河等歸附，必來要擊。彼若先據險要，則難與爭鋒。今以乜列河等餌之，當競來抄掠，然後設伏以待，必指掌破之。」廣陽然其計。拔陵果來要擊，破乜列河於嶺上，部衆皆沒。[二五]謹伏兵發，賊遂大敗，悉收得乜列河之衆。魏帝嘉之，除積射將軍。

孝昌元年，又隨廣陽王征鮮于脩禮。軍次白牛邏，會章武王爲脩禮所害，[二六]遂停軍中山。侍中元晏宣言於靈太后曰：「廣陽王以宗室之重，受律專征，今乃盤桓不進，坐圖非望。又有于謹者，智略過人，爲其謀主。風塵之隙，恐非陛下之純臣矣。」靈太后深納之。詔於尚書省門外立牓，募能獲謹者，許重賞。謹聞之，乃謂廣陽曰：「今女主臨朝，取信讒佞，脫不明白殿下素心，便恐禍至無日。謹請束身詣闕，歸罪有司，披露腹心，自免殃禍。」廣陽許之。謹遂到牓下曰：「吾知此人。」衆人共詰之。謹曰：「我卽是也。」有司以聞。靈太后引見之，大怒。謹備論廣陽忠款，兼陳停軍之狀。靈后意稍解，遂捨之。尋加別將。

二年，梁將曹義宗據守穰城，數爲邊患。乃令謹與行臺尙書辛纂率兵討之。相持累年，經數十戰。進拜都督、宣威將軍、冗從僕射。孝莊帝卽位，除鎭遠將軍，尋轉直寢。又隨太宰元天穆討葛榮，平邢杲，拜征虜將軍。從爾朱天光破万俟醜奴，封石城縣伯，邑五百戶。普泰元年，除征北大將軍、金紫光祿大夫、散騎常侍。又隨天光平宿勤明達，別討夏州賊賀遂有伐等，[二七]平之，授大都督。從天光與齊神武戰於韓陵山，天光旣敗，謹遂入關。賀拔岳表謹留鎭，除衞將軍、咸陽郡守。

太祖臨夏州，以謹爲防城大都督，兼夏州長史。及岳被害，太祖赴平涼。謹乃言於太

祖曰：「魏祚陵遲，權臣擅命，羣盜蜂起，黔首嗷然。明公仗超世之姿，懷濟時之略，四方遠近，咸所歸心。願早建良圖，以副衆望。」太祖曰：「何以言之？」謹對曰：「關右，秦漢舊都，古稱天府，將士驍勇，厥壤膏腴，西有巴蜀之饒，北有羊馬之利。今若據其要害，招集英雄，養卒勸農，足觀時變。且天子在洛，逼迫羣兇，若陳明公之懇誠，算時事之利害，請都關右，帝必嘉而西遷。然後挾天子而令諸侯，奉王命以討暴亂，桓、文之業，千載一時也。」太祖大悅。會有勅追謹爲(關)[閤]內大都督，[二八]謹因進都關中之策，魏帝納之。

尋而齊神武逼洛陽，謹從魏帝西遷。仍從太祖征潼關，破迴洛城，授使持節、車騎大將軍、儀同三司、北雍州刺史，進爵藍田縣公，邑一千戶。大統元年，拜驃騎大將軍、開府儀同三司。其年，夏陽人王遊浪聚據楊氏壁謀逆，謹討擒之。是歲，大軍東伐，[二九]謹爲前鋒。至盤豆，東魏將高叔禮守險不下，攻破之。拔虜其卒(又)[一千]。因此拔弘農，[三〇]擒東魏陝州刺史李(徽)[徽]伯。[三一]齊神武至沙苑，謹從太祖與諸將力戰，破之，進爵常山郡公，增邑一千戶。又從戰河橋，拜大丞相府長史，兼大行臺尙書。稽胡帥夏州刺史劉平叛，[三二]謹率衆討平之。除大都督、恆并燕肆雲五州諸軍事、大將軍、恆州刺史。入爲太子太師。九年，復從太祖東征，別攻柏谷塢，拔之。邙山之戰，大軍不利，謹率其麾下僞降，立於路左。齊神武軍乘勝逐北，不以爲虞。追騎過盡，謹乃自後擊之，敵人大駭。獨孤信又集兵士於

後奮擊，齊神武軍遂亂，以此大軍得全。十二年，拜尚書左僕射，領司農卿。及侯景款附，請兵爲援，太祖命李弼率兵應之。謹諫曰：「侯景少習兵權，情實難測。且宜厚其禮秩，以觀其變。即欲遣兵，良用未可。」太祖不聽。尋復兼大行臺尚書、丞相府長史，率兵鎮潼關，加授華州刺史，贈秬鬯一卣，圭瓚副焉。俄拜司空，增邑四百戶。十五年，進位柱國大將軍。齊氏稱帝，太祖征之，以謹爲後軍大都督。別封一子鹽亭縣侯，邑一千戶。魏恭帝元年，除雍州刺史。

初，梁元帝平侯景之後，於江陵嗣位，密與齊氏通使，將謀侵軼。其兄子岳陽王詧時爲雍州刺史，以梁元帝殺〔其〕兄譽，〔三三〕遂結讐隙。據襄陽來附，仍請王師。乃令謹率衆出討。太祖餞於青泥谷。長孫儉問謹曰：「爲蕭繹之計，將欲如何？」謹曰：「耀兵漢、沔，席卷渡江，直據丹陽，是其上策；移郭內居民，退保子城，峻其陴堞，以待援至，是其中策；若難於移動，據守羅郭，是其下策。」儉曰：「揣繹定出何策？」謹曰：「必用下策。」儉曰：「彼棄上而用下，何也？」對曰：「蕭氏保據江南，綿歷數紀。屬中原多故，未遑外略。又以我有齊氏之患，必謂力不能分。且繹懦而無謀，多疑少斷。愚民難與慮始，皆戀邑居，既惡遷移，當保羅郭。所以用下策也。」謹乃令中山公護及大將軍楊忠等，率精騎先據江津，斷其走路。梁人竪木柵於外城，廣輪六十里。〔三四〕尋而謹至，悉衆圍之。梁主屢遣兵於城南出戰，〔三五〕輒爲謹

所破。旬有六日，外城遂陷。梁主退保子城。翌日，率其太子以下，面縛出降，尋殺之。虜其男女十餘萬人，收其府庫珍寶。得宋渾天儀、梁日晷銅表、魏相風烏、銅蟠螭(跌)〔趺〕、〔三六〕大玉徑四尺圍七尺、及諸轝輦法物以獻，軍無私焉。立蕭詧爲梁主，振旅而旋。太祖親至其第，宴語極歡。賞謹奴婢一千口，及梁之寶物，并金石絲竹樂一部，別封新野郡公，邑二千戶。謹固辭，太祖不許。又令司樂作常山公平梁歌十首，使工人歌之。

謹自以久當權勢，位望隆重，功名既立，願保優閑。乃上先所乘駿馬及所著鎧甲等。太祖識其意，乃曰：「今巨猾未平，公豈得便爾獨善。」遂不受。六官建，拜大司徒。〔三七〕

及太祖崩，孝閔帝尚幼，中山公護雖受顧命，而名位素下，羣公各圖執政，莫相率服。護深憂之，密訪於謹。謹曰：「夙蒙丞相殊睠，情深骨肉。今日之事，必以死爭之。若對衆定策，公必不得辭讓。」明日，羣公會議。謹曰：「昔帝室傾危，人圖問鼎。丞相志在匡救，投袂荷戈，故得國祚中興，羣生遂性。今上天降禍，奄棄庶寮。嗣子雖幼，而中山公親則猶子，兼受顧託，軍國之事，理須歸之。」辭色抗厲，衆皆悚動。護曰：「此是家事，素雖庸昧，何敢有辭。」謹既太祖等夷，護每申禮敬。至是，謹乃趨而言曰：「公若統理軍國，謹等便有所依。」遂再拜。羣公迫於謹，亦再拜，因是衆議始定。

孝閔帝踐阼，進封燕國公，邑萬戶。遷太傅、大宗伯，與李弼、侯莫陳崇等參議朝政。

及賀蘭祥討吐谷渾也，謹遙統其軍，授以方略。

保定二年，謹以年老，上表乞骸骨。詔報曰：「昔師尚父年踰九十，召公奭幾將百歲，皆勤王家，自彊不息。今元惡未除，九州不一，將以公爲舟檝，弘濟於艱難，豈容忘二公之雅操，而有斯請。朕用恧焉。公若更執謙沖，有司宜斷啓。」

三年四月，詔曰：「樹以元首，主乎教化，率民孝悌，置之仁壽。是以古先明后，咸若斯典，立三老五更，躬自袒割。朕以眇身，處茲南面，何敢遺此黃髮，不加尊敬。太傅、燕國公謹，執德淳固，爲國元老，饋以乞言，朝野所屬。可爲三老，有司具禮，擇日以聞。」謹上表固辭，詔答不許。又賜延年杖。高祖幸太學以食之。三老入門，皇帝迎拜門屏之間，三老答拜。有司設三老席於中楹，南向。太師、晉國公護升階，設几(施)〔於〕席。〔三八〕三老升席，南面憑几而坐，以師道自居。大司(馬)〔寇〕、楚國公寧升階，〔三九〕正舄。皇帝升階，立於斧扆之前，西面。有司進饌，皇帝跪設醬豆，親自袒割。三老食訖，皇帝又親跪授爵以酳。有司撤訖。皇帝北面立而訪道。三老乃起立於席後。皇帝曰：「猥當天下重任，自惟不才，不知政治之要，公其誨之。」三老答曰：「木受繩則正，后從諫則聖。自古明王聖主，皆虛心納諫，以知得失，天下乃安。唯陛下念之。」又曰：「爲國之本，在乎忠信。是以古人云去食去兵，信不可失。國家興廢，莫不由之。願陛下守而勿失。」又曰：「治國之道，必須有法。法者，國

之綱紀。綱紀不可不正，所正在於賞罰。若有功必賞，有罪必罰，則有善者日益，〔四〇〕爲惡者日止。若有功不賞，有罪不罰，則天下善惡不分，下民無所措其手足矣。」又曰：「言行者立身之基，言出行隨，誠宜相顧。願陛下三思而言，九慮而行。若不思不慮，必有過失。天子之過，事無大小，如日月之蝕，莫不知者。願陛下慎之。」三老言畢，皇帝再拜受之，三老答拜焉。禮成而出。

及晉公護東伐，謹時老病，護以其宿將舊臣，猶請與同行，詢訪戎略。軍還，賜鐘磬一部。天和二年，又賜安車一乘。尋授雍州牧。三年，薨于位，年七十六。高祖親臨，詔譙王儉監護喪事，賜繒綵千段，粟麥五千斛，〔四一〕贈本官，加使持節、太師、雍恆等二十州諸軍事、雍州刺史，謚曰文。及葬，王公已下，咸送出郊外。配享於太祖廟庭。

謹有智謀，善於事上。名位雖重，愈存謙挹。每朝參往來，不過從兩三騎而已。朝廷凡有軍國之務，多與謹決之。謹亦竭其智能，弼諧帝室。故功臣之中，特見委信，始終若一，人無間言。每教訓諸子，務存靜退。加以年齒遐長，禮遇隆重，子孫繁衍，皆至顯達，當時莫與爲比焉。子寔嗣。

寔字賓實，少和厚。年未弱冠，入太祖幕府，從征潼關及迴洛城。大統三年，又從復弘

農，戰沙苑。以前後功，封萬年縣子，邑五百户，授主衣都統。河橋之役，先鋒陷陣。軍還，寔又爲内殿，除通直散騎常侍，轉太子右衛率，加都督。又從太祖戰於邙山。十一年，詔寔侍講東宫。侯景來附，遣寔與諸軍援之，平九曲城。進大都督，遷儀同三司，加散騎常侍。十四年，除尚書。是歲，太祖與魏太子西巡，寔時從。太祖刻石於隴山之上，録功臣位，以次鐫勒，預以寔爲開府儀同三司。至十五年，方授之。尋除(滑)〔渭〕州刺史，〔四二〕特給鼓吹一部，進爵爲公，增邑二百户。魏恭帝二年，羌東念姐率部落反，結連吐谷渾，每爲邊患。遣大將軍豆盧寧討之，踰時不剋。又令寔往，遂破之。太祖手書勞問，賜奴婢一百口，馬一百疋。孝閔帝踐祚，授民部中大夫，進爵延壽郡公，邑二千户。又進位大將軍，除勳州刺史，入爲小司寇。天和二年，延州蒲川賊郝三郎等反，攻逼丹州。遣寔率衆討平之，斬三郎首，獲雜畜萬餘頭。乃除延州刺史。五年，襲爵燕國公，進位柱國，以罪免。尋復本官，除涼州總管。大象二年，加上柱國，拜大左輔。隋開皇元年，薨。贈司空，謚曰安。

子顗，大象末，上開府、吴州總管、新野郡公。顗弟仲文，大將軍、延壽郡公。仲文弟象賢，儀同三司，尚高祖女。

寔弟翼，自有傳。翼弟義，上柱國、潼州總管、建平郡公。義弟禮，上大將軍、趙州刺史、安平郡公。禮弟智，初爲開府，以受宣帝旨，告齊王憲反，遂封齊國公。尋拜柱國、涼州總

管、大司空。智(初)弟紹，〔四三〕上開府、綏州刺史、華陽郡公。紹弟弼，上儀同、平恩縣公。弼弟蘭，上儀同、襄陽縣公。蘭弟曠，上儀同，贈恆州刺史。

史臣曰：賀拔岳變起倉卒，侯莫陳悅意在兼幷，于時將有離心，士無固志。洛撫緝散亂，抗禦仇讐。全師而還，敵人絕覬覦之望；度德而處，霸王建匡合之謀。此功故不細也。李弼、于謹懷佐時之略，逢啓聖之運，綢繆顧遇，締構艱難，帷幄盡其謨猷，方面宣其庸績，擬巨川之舟檝，爲大厦之棟梁。非惟攀附成名，抑亦材謀自取。及謹以耆年碩德，譽重望高，禮備上庠，功歌司樂，常以滿盈爲戒，覆折是憂。不有君子，何以能國。

校勘記

〔一〕於平涼以洛爲右都督　張森楷云：「『於』上當有捝誤，否則於文不屬。」按北史卷五九寇洛傳作「及岳爲大行臺，以洛爲右都督」，這裏「於」上疑脫「及岳爲大行臺」六字，「爲大行臺於平涼」連讀。

〔二〕除武衛將軍　按洛先已爲衛將軍，魏書卷一一三官氏志載太和後職令在第二品，武衛將軍則在

從第三品，這裏說是因功遷除，豈有反而降品之理，前後必有一誤。

〔三〕遼東襄平人也　北史卷六〇李弼傳作「隴西成紀人」。按遼東是本貫，隴西是西魏時所改。見陳寅恪唐代政治史述論稿一二頁。

〔四〕六世祖根慕容垂黃門侍郎　北史卷六〇李弼傳「根」作「振」，「黃門侍郎」作「黃門郎」。新唐書卷七二上宰相世系表也作「根」，官是「中書令」。官爵多假託，且世系表一般每把祖先官爵提高，無須深究。「根」與「振」未知孰是。又世系表自根至弼只有四世，也不合。

〔五〕祖貴醜平州刺史　新唐書卷七二上宰相世系表單稱貴，官爵提高爲征東將軍、汝南公。

〔六〕丈夫生世會須履鋒刃平寇難　「世」原作「死」。諸本和北史卷六〇李弼傳都作「世」，張元濟以爲「死」字誤。張說是，今逕改。

〔七〕(受)〔授〕清水郡守　局本「受」作「授」，張森楷以爲作「受」誤。按「受」字不合，今從改。

〔八〕弼呼其麾下六十騎　北史卷六〇李弼傳「六十」作「九十」。

〔九〕賊遂爲(三)〔二〕因大破　北史卷六〇李弼傳、册府卷四一九四九九六頁都作「賊分爲二，因册府作「遂」大破之」。按卷一文帝紀載這次戰事，作「絕其軍爲二隊，大破之」「隊」當作「遂」，見卷二校記第一〇條。通鑑卷一五七四八八五頁作「東魏兵中絕爲二，遂大破之」。這裏「三」當是「二」之訛，今據改。又「破」下也應有「之」字。

〔一〇〕賜姓徒河氏　諸本和北史卷六〇李弼傳「河」都作「何」。舊唐書卷五三、新唐書卷八四李密傳也都作「何」。但隋書卷三九豆盧勣傳却作「徒河」。譯音無定字，今不改。

〔一一〕子(輝)〔耀〕次子(耀)〔輝〕尚太祖女義安長公主遂以爲嗣　張森楷云：「北史卷六〇李弼傳稱『子曜居長，以次子暉尚文帝女』，與此長幼互異，北史是也。」張以爲北史是，却沒有說明理由。今按本條既云嗣爵者名耀，下文却又說輝襲爵趙國公，改魏國公。趙是弼始封，魏是改封，顯然嗣弼者爲輝。前後自相矛盾，其證一。卷二五李賢傳附從子基傳稱宇文泰「唯託意諸壻，以爲心膂。基與義成公李暉、常山公于翼等俱爲武衛將軍，分掌禁旅」。據此，宇文泰的女壻是李輝而非李耀，其證二。這裏長次顛倒，今改正。又「耀」「輝」，北史作「曜」「暉」。按李暉屢見周書卷五武帝紀天和六年五七一年正月，建德元年五七二年四月，卷二五李賢附從子基傳，卷四九異域傺傳。李曜見舊唐書卷五三、新唐書卷八四李密傳，文苑英華卷九四八魏徵撰李密墓誌銘。只有隋書卷七〇李密傳，唐書卷七二上宰相世系表作「耀」。疑作「曜」「暉」是。

〔一二〕日賜錢一千　北史卷六〇李弼傳作「賜錢一千萬」。

〔一三〕保定中年加將軍　張森楷云：「『此』『年』字上，『加』字下當有捝文，否則辭不相屬，且不知是何等將軍也。」按上稱「加驃騎大將軍」，下稱「進位柱國」，這裏「加」下當脫「大」字。

〔一四〕(輝)〔耀〕既不得爲嗣朝廷以弼功重乃封(輝)〔耀〕邢國公　兩「輝」字北史卷六〇李弼傳作「曜」。

按北史是，見本卷校記第一一條，今據改，但仍從「光」作「耀」，和前文一致。

〔一五〕㯳字靈傑　北史卷六〇李弼附弟㯳傳「靈」作「雲」。

〔一六〕賜爵泜城郡男　張森楷云：『「郡」字誤，說見賀拔勝傳』見卷一四校記第二七條。按張說是，但不知是「縣男」或「鄉男」，故不改。

〔一七〕除幽州刺史　按幽州是東魏地，西魏不聞僑置。這是實授刺史，不像封爵或贈官可以空名遙授，疑爲「豳州」之訛。

〔一八〕四年卒於鎭　張森楷云：「此不知是何四年，若蒙上『武成初』，則止二年，無四年也。北史無文，今亦闕疑。」

〔一九〕小名巨彌　北史卷二三于栗磾附六世孫謹傳「彌」作「引」。

〔二〇〕祖安定平涼郡守高平郡將　北史本傳、新唐書卷七二下宰相世系表作「高平郡都將」。張森楷云：「『郡將非官，當時稱太守爲郡將，不爲典要。北史作高平郡都將，是也。』按郡將不是正式官稱，郡都將也無此官，疑當作「高平鎭都將」。

〔二一〕及破六汗拔陵首亂北境引茹茹爲援大行臺僕射元纂率衆討之　按魏書卷九肅宗紀，正光四年五二三年二月茹茹主阿那瓌犯塞，四月李崇、元纂北征茹茹。這時破落汗拔陵尙未起義，完全談不到「引茹茹爲援」。而起義之後，北魏政權卽勾引阿那瓌參加鎭壓起義軍，茹茹可汗援助的是

北魏政權而不是破六汗拔陵，更是史實昭然。校記例不考事，但此條顚倒事實，厚誣起義軍，不可不辯。

〔二二〕正光四年行臺廣陽王元深治兵北伐　按魏書卷九肅宗紀李崇率廣陽王淵深本名淵，北史、周書、齊書避唐諱改統軍鎭壓起義軍在正光五年五二四年五月，此誤。

〔二三〕鐵勒酋長乜列河　北史本傳、通典卷一五六兵九「乜」都作「也」。下面幾個「乜」字同。

〔二四〕折敷嶺　北史本傳、通典卷一五六兵九「折」作「析」。北史「敷」作「郭」，通典作「敦」。疑本作「敦」，周書誤其左爲「敷」，北史誤其右爲「郭」。

〔二五〕部衆皆沒　「沒」，原作「歿」。諸本和北史本傳都作「沒」。二張都以爲「歿」字誤，今逕改。

〔二六〕孝昌元年又隨廣陽王征鮮于脩禮軍次白牛邏會章武王爲脩禮所害　魏書卷九肅宗紀，鮮于脩禮起義在孝昌二年五二六年正月，五月命廣陽王淵率章武王融領兵鎭壓，九月章武王融在白牛邏戰死。按鮮于脩禮之起實在孝昌元年五二五年，本紀據奏報而書，所以記在次年。至於命將出兵據詔下年月，大致可據。出兵既在二年，融之戰死當然不會在上年。這裏「孝昌元年」是「二年」之誤。又據肅宗紀和魏書卷一九下章武王太洛附孫融傳、北史卷一六廣陽王建附孫深傳，融死時，義軍領袖已是葛榮。這裏說融「爲脩禮所害」，也不確。

〔二七〕賀遂有伐　宋本「伐」作「代」，汲本、局本作「伐」，下有注云：「一作代。」

〔二八〕會有勅追謹爲（閤）〔閤〕內大都督　册府卷三四五四〇八六頁「關內」作「門內」，卷三八一四五四四頁作「閤門」。按這時宇文泰方任關西大都督卷一文帝紀，于謹是其部將，豈得爲關內大都督。册府兩條都有錯字，互證知應作「閤或閣內大都督」。侯莫陳順、楊寬、竇熾、趙剛在孝武入關前，都曾充閤內大都督或閣內都督見周書卷一九、卷二二、卷三〇、卷三三本傳。魏書卷八〇斛斯椿傳稱椿曾勸孝武帝「置閤內都督部曲」。這些都可以證明魏有此官。閤內都督職任禁衞，于謹人在關中，要他上洛陽赴任，所以本傳說「勅追」。西遷時，于謹人在洛陽，所以下文說「從魏帝西遷」。若是關中大都督，則于謹卽在其地，何須「勅追」，也不能說「隨孝武西遷」。今參證考定，「關」改作「閤」。

〔二九〕其年夏陽人王遊浪聚據楊氏壁謀逆謹討擒之是歲大軍東伐　按卷二文帝紀下于謹取楊氏壁在大統三年五三七年六月，東伐在這年八月。這裏「其年」乃承上文大統元年五三五年，所敍却是三年事。且才云「其年」，又稱「是歲」，亦是重複。「其年」下當有脫文，或「其」爲「三」之誤。

〔三〇〕拔虜其卒（又）〔一千〕因此拔弘農　宋本「又」作「一人」。張元濟以爲「又」字誤，云「卒一人」疑當作「率一人」。按「又」字誤，張說也未是。卷二文帝紀下云：「東魏將高叔禮守柵不下，謹急攻之，乃降。獲其戍卒一千。」知宋本「一人」爲「一千」之訛，尙可縱跡。而宋本「一人」二字連接甚密，後來刻本以「一人」不可解，又誤合作「又」，似是而非。今據文帝紀改。

〔三一〕擒東魏陝州刺史李（徵）〔徽〕伯　卷二文帝紀下，北史本傳、卷五魏本紀下、卷九周本紀上、魏書卷一二孝靜紀「徵」都作「徽」。按魏書卷三六李順附族人李裔傳，稱「裔字徽伯」，在陝州刺史任上，西魏攻陷州城，「被執見害」。隋書卷四六李雄傳稱：「父徽伯，齊當云東魏陝州刺史，陷于周當云西魏。」歷考諸書，都作「徽伯」北史卷三三李裔傳作「伯徽」，乃倒誤，今據改。

〔三二〕劉平　卷二文帝紀下大統七年五四一年三月、卷四九稽胡傳、北史卷九六稽胡傳都作「劉平伏」。這裏作「平」，乃雙名單稱。

〔三三〕其兄子岳陽王詧時爲雍州刺史以梁元帝殺〔其〕兄譽　北史本傳、册府卷三五五四二一七頁「兄」上有「其」字。按譽是詧之兄，若無「其」字，便像是元帝兄。今據補。

〔三四〕六十里　南史卷八梁本紀下作「七十里」。

〔三五〕梁主屢遣兵於城南出戰　「主」原作「王」。宋本、南本、局本都作「主」。殿本、北本、汲本在下文也稱「梁主」，知這裏刻誤，今逕改。

〔三六〕銅蟠螭（趺）〔趺〕　北史本傳「趺」作「趺」。張元濟云：「諸本同誤，當從北史作『趺』。」張說是，今據改。

〔三七〕拜大司徒　張森楷云：「帝紀卷二文帝紀下作『大司寇』。李弼爲大司徒，紀傳文同，則謹不得爲司徒也。北史卷二三本傳正是『寇』字。」按張說是，册府卷三〇九三六四二頁亦云：「後周于謹初仕

魏，爲大司寇。」但諸本皆同，今不改。

〔三八〕設几（施）〔於〕席　諸本和册府卷五五六一六頁、御覽卷五三五二四二八頁、通典卷六七養老條「施」都作「於」。張元濟云：「『設几於席』，乃承上文『有司設三老席於中楹』而言，殿本乃云『設几施席』，一似原未有席者，豈非自相牴牾。」按張說是。北史本傳誤作「設席施几」，殿本蓋據北史妄改，今回改。

〔三九〕大司（馬）〔寇〕楚國公寧　册府卷五五六一六頁、御覽卷五三五二四二八頁、通典卷六七養老條「大司馬」作「大司寇」。按卷四明帝紀武成元年五五九年五月書豆盧寧爲大司寇，卷一九豆盧寧傳，稱武成初討稽胡，軍還，遷大司寇。自這年到保定五年五六五年寧卒前，紀傳都沒有說他遷官。卷五武帝紀保定五年二月陸通爲大司寇，三月書「寧薨」，則陸通卽在寧病篤時代寧，也可證寧終於大司寇之官。養老乞言，事在保定三年五六三年，而武帝紀於保定二年五六二年六月書尉遲迥爲大司馬。到天和三年五六八年迥升太保，始以齊王憲爲大司馬。保定三年大司馬是尉遲迥，也很清楚。據此知這條「大司馬」當從册府、御覽作「大司寇」。今據改。

〔四〇〕則有善者日益　北史本傳、御覽五三五二四二八頁、通典卷六七養老條「有」作「爲」，較長。

〔四一〕粟麥五千斛　北史本傳無「五」字。

〔四二〕尋除（滑）〔渭〕州刺史　各本「渭」都作「滑」，北史卷二三于粟磾附于寔傳作「渭」。按北周境內無

滑州，渭州在今甘肅省隴西縣境，其地與羌族相接，所以下文說他鎮壓羌族的反抗。作「渭」是，今據改。

〔四三〕智（初）弟紹　北史本傳無「初」字。按于智見卷七宣帝紀初卽位未改元，卷一二齊王憲傳，其他紀載也從沒有「智初」之稱。這裏乃涉及上「禮弟智，初爲開府」句誤衍，今刪。

周書卷十六

列傳第八

趙貴　獨孤信　侯莫陳崇

趙貴字元貴，〔一〕天水南安人也。曾祖達，魏庫部尚書、臨晉子。祖仁，以良家子鎮武川，因家焉。

貴少穎悟，有節槩。魏孝昌中，天下兵起，貴率鄉里避難南遷。屬葛榮陷中山，遂被拘逼。榮敗，爾朱榮以貴爲別將，從討元顥有功，賜爵燕樂縣子，授伏波將軍、武賁中郎將。從賀拔岳平關中，賜爵魏平縣伯，邑五百戶。累遷鎮北將軍、光祿大夫、都督。〔二〕

及岳爲侯莫陳悅所害，將吏奔散，莫有守者。貴謂其黨曰：「吾聞仁義豈有常哉，行之則爲君子，違之則爲小人。朱伯厚、王叔治感意氣微恩，尚能蹈履名節；況吾等荷賀拔公國士之遇，寧可自同衆人乎？」涕泣歔欷。於是從之者五十人。乃詣悅詐降，悅信之。因請收葬岳，言辭慷慨，悅壯而許之。貴乃收岳屍還，與寇洛等糾合其衆，〔三〕奔平涼，共圖拒悅。貴首議迎太祖，語在太祖紀。太祖至，以貴爲大都督，領府司馬。悅平，以本將軍、持節，行秦州事、當州大都督。爲政清靜，民吏懷之。

齊神武舉兵向洛，使其都督韓軌，進據蒲坂。太祖以貴爲行臺，與梁禦等討之。未濟河而魏孝武已西入關。拜車騎大將軍、儀同三司、兼右衞將軍。時曹泥據靈州拒守，以貴爲大都督，與李弼等率衆討之。進爵爲侯，增邑五百戶。又以預立魏文帝勳，進爵爲公，增邑通前一千五百戶。尋授岐州刺史。時以軍國多務，藉貴力用，遂不之部。仍領大丞相府左長史，加散騎常侍。梁企定稱亂河右，以貴爲隴西行臺，率衆討破之。從太祖復弘農，戰沙苑，拜侍中、驃騎大將軍、開府儀同三司，進爵中山郡公，除雍州刺史。從戰河橋，貴與怡峯爲左軍，戰不利，先還。又從援玉壁，齊神武遁去。高仲密以北豫州降，太祖率師迎之，與東魏人戰於邙山。貴爲左軍，失律，諸軍因此並潰。坐免官，以驃騎、大都督領本軍。尋復官爵，拜御史中尉，加大將軍。東魏將高岳、慕容紹宗等圍王思政於潁川，貴率軍援之，東南諸州兵亦受貴節度。東魏人遏洧水灌城，軍不得至，思政遂沒。貴乃班師。尋拜柱國〔大〕將軍，〔四〕賜姓乙弗氏。茹茹寇廣武，貴擊破之，斬首數千級，收其輜重，振旅而還。六官建，以貴爲太保、大宗伯，改封南陽郡公。孝閔帝踐阼，遷太傅、大冢宰，進封楚國公，邑

萬戶。

初，貴與獨孤信等皆與太祖等夷，及孝閔帝卽位，晉公護攝政，貴自以元勳佐命，每懷怏怏，有不平之色，乃與信謀殺護。及期，貴欲發，信止之。尋爲開府宇文盛所告，被誅。

獨孤信，雲中人也，本名如願。魏氏之初，有三十六部，其先伏留屯者，爲部落大人，與魏俱起。祖俟尼，和平中，以良家子自雲中鎭武川，因家焉。父庫者，爲領民酋長，少雄豪有節義，北州咸敬服之。

信美容儀，善騎射。正光末，與賀拔度等同斬衞可孤，〔五〕由是知名。以北邊喪亂，避地中山，爲葛榮所獲。信既少年，好自修飾，服章有殊於衆，軍中號爲獨孤郎。

及爾朱氏破葛榮，以信爲別將。從征韓婁，信疋馬挑戰，擒賊漁陽王袁肆周，〔六〕以功拜員外散騎侍郎。尋轉驍騎將軍，因鎭滏口。元顥入洛，榮以信爲前驅，與顥黨戰於河北，破之。拜安南將軍，賜爵爰德縣侯。〔七〕

建明初，出爲荆州新野鎭將，帶新野郡守。尋遷荆州防城大都督，帶南鄉守。頻典二部，皆有聲績。賀拔勝出鎭荆州，乃表信爲大都督。從勝攻梁下溠戍，破之，遷武衞將軍。

及勝弟岳爲侯莫陳悅所害，勝乃令信入關，撫岳餘衆。屬太祖已統岳兵，信與太祖鄉里，少相友善，相見甚歡。因令信入洛請事，至雍州，大使元毗又遣信還荆州。尋徵信入朝，魏孝武雅相委任。

及孝武西遷，事起倉卒，信單騎及之於瀍澗。孝武歎曰：「武衞遂能辭父母，捐妻子，遠來從我。世亂識貞良，豈虛言哉。」卽賜信御馬一疋，進爵浮陽郡公，邑一千戶。

時荆州雖陷東魏，民心猶戀本朝。乃以信爲衞大將軍、都督三荆州諸軍事，兼尙書右僕射、東南道行臺、大都督、荆州刺史以招懷之。信至武陶，東魏遣其弘農郡守田八能，率蠻左之衆，拒信於淅陽；又遣其都督張齊民，以步騎三千出信之後。信謂其衆曰：「今我士卒不滿千人，而首尾受敵。若却擊齊民，則敵人謂爲退走，必來要截。未若先破八能。」遂奮擊，八能敗而齊民亦潰。信乘勝襲荆州。東魏刺史辛纂勒兵出戰。士庶既懷信遺惠，信臨陣喻之，莫不解體。因而縱兵擊之，纂大敗，奔城趨門，未及闔，信都督楊忠等前驅斬纂。語在忠傳。於是三荆遂定。就拜車騎大將軍、儀同三司。

東魏又遣其將高敖曹、侯景等率衆奄至。信以衆寡不敵，遂率麾下奔梁。居三載，梁武帝方始許信還北。信父母既在山東，梁武帝問信所往，信答以事君無二。梁武帝深義之，禮送甚厚。

大統三年秋，至長安。自以虧損國威，上書謝罪。魏文帝付尙書議之，七兵尙書、陳郡王(王言)〔玄〕等議，〔八〕以爲「邊將董戎，龔行天罰，喪師敗績，國刑無捨。荆州刺史獨孤如願，任當推轂，遠襲襄、宛，斬賊帥辛纂，傳首京師，論功語効，寔合嘉賞。但庸績不終，旋致淪沒，責成之義，朝寄有違。然孤軍數千，後援未接，賊衆我寡，難以自固。旣經恩降，理絕刑書。昔秦有孟明，漢捨廣利，卒能改過立功，垂芳竹帛。以今方古，抑有成規。臣等參議，請赦罪，復其舊職」。魏文帝詔曰：「如願荆、襄之役，寔展功効。旣屬強寇，力屈道窮，歸賊不可，還朝路絕，適事求宜，未足稱過。違難如吳，〔九〕誠貫夷險，義全終始，良可嘉歎。復情存謙退，款心謝責。寧容議及恩降，止云免咎，斯則事失權宜，理乖通變。可轉驃騎大將軍，加侍中、開府，其使持節、儀同三司、浮陽郡公悉如故。」

尋拜領軍。仍從太祖復弘農，破沙苑。改封河內郡公，增邑二千戶。時俘虜中有信親屬，始得父凶問，乃發喪行服。尋起爲大都督，率衆與馮翊王元季海入洛陽。潁、豫、襄、廣、陳留之地，竝相繼款附。四年，東魏將侯景等率衆圍洛陽。信據金墉城，隨方拒守，旬有餘日。及太祖至瀍東，景等退走。信與李遠爲右軍，戰不利，東魏遂有洛陽。六年，侯景寇荆州，太祖令信與李弼出武關。景退，以信爲大使，慰撫三荆。

尋除隴右十州大都督、〔一〇〕秦州刺史。先是，守宰闇弱，政令乖方，民有冤訟，歷年不能

斷決。及信在州，事無壅滯。示以禮教，勸以耕桑，數年之中，公私富實。流民願附者數萬家。太祖以其信著遐邇，故賜名爲信。七年，岷州刺史、赤水蕃王梁仚定舉兵反，詔信討之。仚定尋爲其部下所殺。而仚定子弟，仍收其餘衆。信乃勒兵向萬年，頓三交口。賊幷力拒守，信因詭道趨稠松嶺。〔一一〕賊不虞信兵之至，望風奔潰。乘勝逐北，徑至城下，賊竝出降。加授太子太保。邙山之戰，大軍不利。信與于謹收散卒自後擊之，齊神武追騎驚擾，諸軍因此得全。十二年，涼州刺史宇文仲和據州不受代，太祖令信率開府怡峯討之。仲和嬰城固守，信夜令諸將以衝梯攻其東北，信親帥壯士襲其西南，值明剋之。〔一二〕擒仲和，虜其民六千戶，送于長安。拜大司馬。十三年，大軍東討。時以茹茹爲寇，令信移鎭河陽。十四年，進位柱國大將軍。錄剋下溠、守洛陽、破岷州、平涼州等功，增封，聽回授諸子。於是第二子善封魏寧縣公，第三子穆文侯縣侯，〔一三〕第四子藏義寧縣侯，邑各一千戶；第五子順項城縣伯，〔一四〕第六子陁建忠縣伯，邑各五百戶。信在隴右歲久，啓求還朝，太祖不許。或有自東魏來者，又告其母凶問，信發喪行服。屬魏太子與(世)〔太〕祖巡北邊，〔一五〕因至河陽弔信。信陳哀苦，請終禮制，又不許。於是追贈信父庫者司空公，追封信母費連氏常山郡君。十六年，大軍東討，信率隴右數萬人從軍，至崤坂而還。遷尙書令。六官建，拜大司馬。孝閔帝踐阼，遷太保、大宗伯，進封衞國公，邑萬戶。

趙貴誅後，信以同謀坐免。居無幾，晉公護又欲殺之，以其名望素重，不欲顯其罪，逼令自盡於家。時年五十五。

信風度弘雅，有奇謀大略。太祖初啓霸業，唯有關中之地，以隴右形勝，故委信鎭之。既爲百姓所懷，聲振鄰國。東魏將侯景之南奔梁也，魏收爲檄梁文，矯稱信據隴右不從宇文氏，仍云無關西之憂，欲以威梁人也。又信在秦州，嘗因獵日暮，馳馬入城，其帽微側。詰旦，而吏民有戴帽者，咸慕信而側帽焉。其爲鄰境及士庶所重如此。

子羅，先在東魏，乃以次子善爲嗣。及齊平，羅至。善卒，又以羅爲嗣。羅字羅仁。大象元年，除楚安郡守，授儀同大將軍。

善〔子〕〔字〕伏陁，〔一六〕幼聰慧，善騎射，以父勳，封魏寧縣公。魏廢帝元年，又以父勳，授驃騎大將軍、開府儀同三司，加侍中，進爵長安郡公。〔一七〕孝閔帝踐阼，除河州刺史。以父負釁，久廢於家。保定三年，乃授龍州刺史。天和六年，襲爵河內郡公，邑二千戶。從高祖東討，以功授上開府。尋除兗州刺史，政存簡惠，百姓安之。卒於位，年三十八。贈使持節、柱國、定趙恆滄瀛五州諸軍事、定州刺史。

信長女，周明敬后；第四女，元貞皇后；第七女，隋文獻后。周隋及皇家，三代皆爲外戚，自古以來，未之有也。

隋文帝踐極，乃下詔曰：「褒德累行，往代通規；追遠愼終，前王盛典。故使持節、柱國、河內郡開國公信，風宇高曠，獨秀生人，睿哲居宗，清猷映世。宏謨長策，道著於弼諧；緯義經仁，事深於拯濟。方當宣風廊廟，亮采台階，而世屬艱危，功高弗賞。眷言令範，事切于心。今景運初開，椒闈肅建。載懷塗山之義，無忘褒紀之典。可贈太師、上柱國、冀定相滄瀛趙恆洺貝十州諸軍事、〔一八〕冀州刺史，〔封〕趙國公，〔一九〕邑一萬戶。謚曰景。」追贈信父庫者使持節、太尉、上柱國、定恆滄瀛平燕六州諸軍事、定州刺史，封趙國公，邑一萬戶。謚曰恭。信母費連氏，贈太尉恭公夫人。

侯莫陳崇字尚樂，代郡武川人。其先，魏之別部，居庫斛眞水。五世祖曰太骨都侯。其後，世爲渠帥。祖允，〔二〇〕以良家子鎭武川，因家焉。父興，殿中將軍、羽林監。

崇少驍勇，善馳射，謹慤少言。年十五，隨賀拔岳與爾朱榮征葛榮。又從元天穆討邢杲，平之。以功除建威將軍。別從岳破元顥於洛陽。遷直寢。

後從岳入關，破赤水蜀。時万俟醜奴圍岐州，遣其將尉遲菩薩將兵向武功。〔二一〕崇從岳力戰破之，乘勝逐北，解岐州圍。又赴百里細川，破賊帥侯伏侯元進柵。醜奴率其餘

衆奔高平，崇與輕騎逐北，至涇州長坑及之。賊未成列，崇單騎入賊中，於馬上生擒醜奴。於是大呼，衆悉披靡，莫敢當之。後騎益集，賊徒因悉逃散，遂大破之。岳以醜奴所乘馬及寶劍金帶賞崇。除安北將軍、太中大夫、都督，封臨涇縣侯，邑八百戶。

及岳爲侯莫陳悅所害，崇與諸將同謀迎太祖。太祖至軍，原州刺史史歸猶爲悅守。太祖遣崇襲歸。崇潛軍夜往，輕將七騎，直到城下，餘衆皆伏於近路。歸見騎少，遂不設備。崇卽入據城門。時李遠兄弟在城內，先知崇來，於是中外鼓噪，伏兵悉起，遂擒歸，斬之。以崇行原州事。仍從平悅，轉征西將軍。又遣崇慰撫秦州，別封廣武縣伯，邑七百戶。

大統元年，除涇州刺史，加散騎常侍、大都督，進爵爲公，累遷車騎大將軍、儀同三司、驃騎大將軍、開府儀同三司，改封彭城郡公，邑三千戶。三年，從擒竇泰，復弘農，破沙苑，增邑二千戶。四年，從戰河橋，崇功居多。七年，稽胡反，崇率衆討平之。尋除雍州刺史，兼太子詹事。十五年，進位柱國大將軍，轉少傅。魏恭帝元年，出爲寧州刺史，遷尚書令。六官建，拜大司空。孝閔帝踐阼，進封梁國公，邑萬戶，加太保。歷大宗伯、大司徒。

保定三年，〔二二〕崇從高祖幸原州，高祖夜還京師，竊怪其故。崇謂所親人常昇曰：「吾昔聞卜筮者言，晉公今年不利。車駕今忽夜還，不過是晉公死耳。」於是衆皆傳之。或有發其事者。高祖召諸公卿於大德殿，責崇。崇惶恐謝罪。其夜，護遣使將兵就崇宅，逼令自殺。

禮葬如常儀。謚曰躁。護誅後，改謚曰莊閔。

子芮嗣。拜大將軍，進位柱國。從高祖東伐，率衆守太行道。并州平，授上柱國。仍從平鄴，拜大司馬。

崇弟瓊，字世樂。年八歲喪父，養母至孝，善事諸兄，內外莫不敬之。以軍功封靈丘縣男，邑三百戶。從魏孝武入關，爲太祖直盪都督。大統二年，〔二三〕遷尚藥典御。三年，拜太子右衞率，進爵爲侯。從獨孤信征梁仚定。累遷北秦州刺史。十四年，拜車騎大將軍、儀同三司。孝閔帝踐阼，進爵武安縣公，增邑并前二千戶。出爲郢州刺史。武成二年，遷金州總管、六州諸軍事、金州刺史。保定元年，拜大將軍。天和四年，轉荆州總管、十四州八防諸軍事、荆州刺史。尋進位柱國，進爵同昌郡公。〔二四〕建德二年，拜大宗伯，出爲秦州總管。四年，從高祖東伐，爲後二軍總管。尋改封武威郡公。〔二五〕大象二年，加上柱國。

瓊弟凱，字敬樂。性剛正，頗好經史。隨兄崇，以軍功賜爵下蔡縣男。大統元年，爲東宮侍書。從太祖擒竇泰，破沙苑陣，以功拜寧遠將軍。累遷羽林監、東宮洗馬、太子庶子，進授都督。十四年，兄崇以平原州功，賜爵靈武縣侯，詔聽轉授凱。累遷東宮武衞率、尚書

右丞，轉左丞，進位車騎大將軍、儀同三司。六官建，授司門下大夫。孝閔帝踐阼，拜工部中大夫，進位開府儀同三司，轉司憲中大夫，進爵爲公，復除工部中大夫。世宗初，出爲宜州刺史。武成二年，入爲禮部中大夫。保定中，復爲陵州刺史，轉丹州刺史。所在頗有政績。天和中，入爲司會中大夫。建德二年，爲聘齊使主。

史臣曰：蕭何文吏自愛，懼秦法誅戮，乃推奉漢高；李通家傳讖術，知劉氏當興，遂翊戴光武。終而白水復禹，中陽纂堯。方策以爲美談，功臣仰其徽烈。趙貴志懷忠義，首倡大謀，爰啓聖明，克復讎恥。關中全百二之險，[二六]周室定三分之業，彼此一時，足爲連類。獨孤信威申南服，化洽西州。信著遐方，光照隣國。侯莫陳崇以勇悍之氣，當戰爭之利，[二七]輕騎啓高平之扉，疋馬得長坑之捷。[二八]竝以宏材遠略，附鳳攀龍，績著元勳，位居上衮。而識慙明悊，咸以凶終，惜哉！信雖不免其身，慶延于後。三代外戚，何其盛歟。

初，魏孝莊帝以爾朱榮有翊戴之功，拜榮柱國大將軍，位在丞相上。榮敗後，此官遂廢。大統三年，魏文帝復以太祖建中興之業，始命爲之。其後功參佐命，望實俱重者，亦居此職。自大統十六年以前，任者凡有八人。太祖位總百揆，督中外軍。魏廣陵王欣，元氏懿戚，從容禁闈而已。此外六人，各督二大將軍，分掌禁旅，當爪牙禦侮之寄。當時榮盛，莫與爲比。故今之稱門閥者，咸推八柱國家云。今并十二大將軍錄之於左。

使持節、太尉、柱國大將軍、大都督、尚書左僕射、隴右行臺、少師、隴西郡開國公李虎，

使持節、太傅、柱國大將軍、大宗伯、大司徒、廣陵王元欣，[二九]

使持節、太保、柱國大將軍、大都督、大宗伯、趙郡開國公李弼，

使持節、柱國大將軍、大都督、大司馬、河內郡開國公獨孤信，

使持節、柱國大將軍、大都督、大司寇、南陽郡開國公趙貴，

使持節、柱國大將軍、大都督、大司空、常山郡開國公于謹，

使持節、柱國大將軍、大都督、少傅、彭城郡開國公侯莫陳崇。

右與太祖爲八柱國。後竝改封，此竝太祖時爵。

使持節、大將軍、大都督、少保、廣平王元贊，

使持節、大將軍、大都督、淮〔安〕王元育，[三〇]

使持節、大將軍、大都督、齊王元廓，

使持節、大將軍、大都督、秦七州諸軍事、[三一]秦州刺史、章武郡開國公宇文導，

使持節、大將軍、大都督、平原郡開國公侯莫陳順，

使持節、大將軍、大都督、雍七州諸軍事、雍州刺史、高陽郡開國公達奚武，

使持節、大將軍、大都督、陽平公李遠，

使持節、大將軍、大都督、范陽郡開國公豆盧寧，

使持節、大將軍、大都督、化政郡開國公宇文貴，

使持節、大將軍、大都督、荆州諸軍事、荆州刺史、博陵郡開國公賀蘭祥，

使持節、大將軍、大都督、陳留郡開國公楊忠，

使持節、大將軍、大都督、岐州諸軍事、岐州刺史、武威郡開國公王雄。

右十二大將軍，又各統開府二人。每一開府領一軍兵，是爲二十四軍。自大統十六年以前，十二大將軍外，念賢及王思政亦作大將軍。然賢作牧隴右，思政出鎮河南，竝不在領兵之限。此後功臣，位至柱國及大將軍者衆矣，咸是散秩，無所統御。六柱國、十二大將軍之後，有以位次嗣掌其事者，而德望素在諸公之下，不得預於此列。

校勘記

〔一〕元貴　殿本考證云：「北史卷五九趙貴傳作元寶。」

〔二〕累遷鎮北將軍光祿大夫都督　北史本傳、册府卷三〇九三六四三頁、卷八〇四九五五一頁「都督」上有「大」字。按卷一文帝紀上魏永熙三年正月稱「都督趙貴」，二月，賀拔岳被殺，即稱大都督趙貴。周書諸將傳中「大都督」有時省「大」字，不一定是脫文，以後只是版本有異同或加不加「大」字於史事有關的，才出校記。

〔三〕貴乃收岳屍還與寇洛等糾合其衆　北史本傳、册府卷八〇四九五五一頁「還」下有「營」字。册府此條採周書而稍删簡，疑周書本有「營」字。宋本「其衆」作「之衆」，册府作「餘衆」。「之」字雖誤，知此字舊本模糊，作「其」作「餘」都以意補，未知孰是。

〔四〕尋拜柱國〔大〕將軍　局本「柱國」下有「大」字，蓋據北史卷五九趙貴傳補。按柱國將軍無此官，今據局本補。

〔五〕正光末與賀拔度等同斬衞可孤　「正」原作「聖」。張森楷云：「『聖』當作『正』，『度』下當更有一『拔』字。」按正光是魏孝明帝年號，張說是，今逕改。賀拔度拔事見卷一四賀拔勝傳。這裏是雙名單稱，不是脫文。

〔六〕袁肆周　北史卷六一獨孤信傳作「表賜周」。

〔七〕賜爵受德縣侯　北史本傳「受」作「受」。

〔八〕陳郡王(王言)〔玄〕等　殿本考證云：「北史卷六一獨孤信傳作『陳郡王玄等』爲是。」按卷三八元偉傳末載元魏宗室有「七兵尚書陳郡王元玄」。考證說是。今據改。

〔九〕達難如吳　諸本「如」都作「勾」，疑作「勾」是。

〔一〇〕尋除隴右十州大都督　北史本傳、册府卷三〇九三六四四頁、卷三四五四〇八七頁都作「十一州」。

〔一一〕稠松嶺　諸本「稠」都作「綢」，殿本當據北史卷六一獨孤信傳改。

〔一二〕值明剋之　北史本傳、册府卷三六九四三八四頁「值」作「達」。通典卷一五三兵六、通鑑卷一五九四九三七頁又作「遲」。疑本作「遲」，音近訛爲「值」，形似誤作「達」。

〔一三〕文侯縣侯　殿本考證云：「北史卷六一獨孤信傳作『必要縣侯』。」按册府卷一三〇一五六五頁作「必安縣侯」。考北齊書卷一七斛律金附子光傳稱光曾攻取周「文侯鎮」，其地可能曾置縣。

〔一四〕項城縣伯　北史本傳作「武成縣侯」，册府卷一三〇一五六五頁作「武城縣伯」。

〔一五〕屬魏太子與(世)〔太〕祖巡北邊　按卷二文帝紀下大統十四年五四八年五月稱：「太祖奉魏太子巡撫西境」，這次由安定至原州，歷北長城而返，也可說北巡。這裏「世」字是「太」之誤，今據改。

〔一六〕善(子)〔字〕伏陁　局本和北史本傳「子」作「字」。按下云：「以父勳封魏寧縣公」，據上文以父勳封魏寧縣公者卽是善自己，「子」字誤，今據改。

〔一七〕進爵長安郡公　北史本傳作「長城郡公」。

〔一八〕冀定相滄瀛趙恆洺貝十州諸軍事　按這裏只有九州，脫一州。

〔一九〕〔封〕趙國公　宋本、南本、局本和北史本傳「趙」上都有「封」字，今據補。

〔二〇〕祖允　北史卷六〇侯莫陳崇傳「允」作「元」。

〔二一〕遣其將李尉遲菩薩將兵向武功　殿本考證云：「『李』字下有脫字。」按万俟醜奴部下未見李姓將領，「李」字恐是衍文。

〔二二〕保定三年　「三」原作「二」。諸本和北史本傳都作「三」。張元濟云：「按下文云其夜護逼崇自殺。查崇死在保定三年，見紀五卷五武帝紀。」按張說是，今逕改。

〔二三〕大統二年　「二」原作「三」。諸本都作「二」。張元濟以爲「三」字誤。云「下文有三年」。按張說是，今逕改。

〔二四〕同昌郡公　周書卷五武帝紀建德二年五七三年五月、三年九月、四年七月都作「周昌公」。按隋書卷二九地理志上同昌郡同昌縣條云「西魏置」。又尙安縣條云：「大業初，置同昌郡。」在西魏、北周時同昌是縣不是郡。周昌郡雖無可考，但屢見武帝紀，疑是。

〔二五〕尋改封武威郡公　北史卷六〇侯莫陳崇附兄順傳稱瓊「封脩武郡公」。按卷八靜帝紀大象二年五八〇年六月見「脩武公侯莫陳瓊」，疑作「脩武」是。

〔二六〕關中全百二之險　「百二」原倒作「二百」，諸本都作「百二」，今逕乙。

〔二七〕當戰爭之利　北史卷六〇傳論「利」作「秋」。按作「利」亦可通，而「秋」較長。

〔二八〕疋馬得長坑之捷　宋本作「疋馬得長捷之後」。張元濟云：「北史卷六〇傳論作『迮馬得長坑之俊』。」按宋本「後」字當爲「俊」之誤。疑這裏本有訛字。諸本這句文從字順，未必原文如此。

〔二九〕大宗伯大司徒廣陵王元欣　北史卷六〇傳末「大宗伯」作「大宗師」。按元欣是宗室，疑作「大宗師」是。

〔三〇〕淮〔安〕王元育　北史卷六〇傳末「淮」下有「安」字。按卷二文帝紀魏廢帝三年、卷三八元偉傳末附元氏宗室都作「淮安王元育」北史卷五魏本紀五，廢帝三年同。今據補。通鑑卷一六五五一一〇頁作「臨淮王」，但卷一六三五〇五九頁胡注却作「淮王」，知胡氏所見周書已脫「安」字。雖通鑑亦當有據，然此處作「淮安」是。參卷二校記第二一條。

〔三一〕大都督秦七州諸軍事　北史殿本卷六〇傳末「秦七州諸軍事」作「北州諸軍事」。卷一〇邵惠公顥附子導傳作「秦南等十五州諸軍事」。

周書卷十七

列傳第九

梁禦　若干惠　怡峯　劉亮　王德

梁禦字善通，其先安定人也。後因官北邊，遂家於武川，改姓爲紇豆陵氏。高祖俟力提，從魏太祖征討，位至揚武將軍、定陽侯。

禦少好學，進趨詳雅。及長，更好弓馬。爾朱天光西討，知禦有志略，引爲左右，授宣威將軍、都將。共平關右，除鎭西將軍、東益州刺史、[一]第一領民酋長，封白水縣伯，[二]邑三百戶。轉征西將軍、金紫光祿大夫。

後從賀拔岳鎭長安。及岳被害，禦與諸將同謀翊戴太祖。從征侯莫陳悅，遷武衞將軍。太祖既平秦隴，方欲引兵東下，雍州刺史賈顯持兩端，[三]通使於齊神武。太祖微知其意，以禦爲大都督、雍州刺史，領前軍先行。既與顯相見，因說顯曰：「魏室陵遲，天下

鼎沸。高歡志在凶逆，梟夷非遠。宇文夏州英姿不世，算略無方，方欲扶危定傾，匡復京洛。公不於此時建立功効，乃懷猶豫，恐禍不旋踵矣。」顯卽出迎太祖，禦遂入鎭雍州。授車騎大將軍、儀同三司。

大統元年，轉右衞將軍，進爵信都縣公，邑一千戶。尋授尙書右僕射。從太祖復弘農，破沙苑，加侍中、開府儀同三司，進爵廣平郡公，增邑一千五百戶。出爲東雍州刺史。爲政舉大綱而已，民庶稱焉。四年，薨於州。臨終唯以國步未康爲恨，言不及家。贈太尉、尙書令、雍州刺史，謚曰武昭。

子睿襲爵。天和中，拜開府儀同三司。以禦佐命有功，[四]進蔣國公。大象末，除益州總管，加授柱國。睿將之任，而王謙舉兵，拒不受代。[五]仍詔睿爲行軍元帥，討謙，破之。進位上柱國。

若干惠字惠保，代郡武川人也。其先與魏氏俱起，以國爲姓。父樹利周，從魏廣陽王深征葛榮，戰沒，贈冀州刺史。

惠年弱冠，從爾朱榮征伐，定河北，破元顥，以功拜中堅將軍。復以別將從賀拔岳西

征，解岐州圍，擒万俟醜奴，平水洛，定隴右，每力戰有功。封北平縣男，邑二百戶。累遷鎭遠將軍、都督、直寢、征西將軍、金紫光祿大夫。及岳爲侯莫陳悅所害，惠與寇洛、趙貴等同謀翊戴太祖。仍從平悅，拜直閤將軍。

魏孝武西遷，除右衞將軍、大都督，進爵魏昌縣伯，邑五百戶。出爲北華州刺史，加使持節、驃騎將軍。大統初，拜儀同三司，進爵爲公，增邑五百戶。從擒竇泰，復弘農，破沙苑，惠每先登陷陣。加侍中、開府，進爵長樂郡公，增邑通前二千二百戶。四年，魏文帝東巡洛陽，與齊神武戰於河橋，惠力戰破之，大收降卒。七年，遷中領軍。

及高仲密舉北豫州來附，太祖帥師迎之。軍至洛陽，齊神武於邙山將以邀我，太祖乃徙輜重於瀍曲，夜勒兵襲之。及戰，惠爲右軍，與中軍大破之，逐北數里，虜其步卒。齊神武兵乃萃於左軍，軍將趙貴等與戰不利，諸軍因之竝退。時會日暮，齊神武兵屢來攻惠，惠擊之，皆披靡。至夜中，齊神武騎復來追惠，惠徐乃下馬，顧命廚人營食。食訖，謂左右曰：「長安死，此中死，異乎？」乃建旗鳴角，收諸敗軍而還。齊神武追騎憚惠，疑有伏兵，不敢逼。至弘農，見太祖，陳賊形勢，恨其垂成之功，覆於一簣，於是歔欷不能自勝。太祖壯之。

尋拜秦州刺史，未及之部，遷司空。[六]惠性剛質，有勇力，容貌魁岸。善於撫御，將士莫不懷恩，人思効節。十二年，東魏將侯景侵襄州，惠率兵擊走之。明年，景請內附，朝議

欲收輯河南，令惠以本官鎭魯陽，以爲聲援。遇疾，薨於軍。

惠於諸將年最少。早喪父，事母以孝聞。太祖嘗造射堂新成，與諸將宴射。惠竊歎曰：「親老矣，何時辦此乎？」太祖聞之，卽日徙堂於惠宅。其見重如此。及薨，太祖爲之流涕者久之。惠喪至，又臨撫焉。贈本官，加秦州刺史，謚曰武烈。子鳳嗣。

鳳字達摩，少沉深，有識度。大統末，襲父爵長樂郡公，尙太祖女。魏廢帝二年，授驃騎大將軍、開府儀同三司。魏恭帝三年，除左宮伯。尋出爲洛州刺史。徵拜大馭中大夫。保定四年，追錄佐命之功，封鳳徐國公，增邑幷前五千戶。建德二年，拜柱國。

怡峯字景阜，遼西人也。本姓默台，因避難改焉。高祖寬，燕遼西郡守。魏道武時，率戶歸朝，拜羽眞，賜爵長虵公。曾祖文，冀州刺史。

峯少從征役，以驍勇聞。永安中，假龍驤將軍，爲都將，從賀拔岳討万俟醜奴，以功授給事中、明威將軍，轉征虜將軍、都督，賜爵蒲陰縣男。及岳被害，峯與趙貴等同謀翊戴太祖。進爵爲伯。時原州刺史史歸猶爲侯莫陳悅守，太祖令峯與侯莫陳崇討擒之。

及齊神武與魏孝武帝構隙，帝頻勑太祖簡銳卒入衞京邑。太祖乃令峯與都督趙貴等

率輕騎赴洛陽。至潼關，值魏孝武西遷，峯卽從太祖拔回洛，復潼關。拜安東將軍、華州刺史。尋轉大都督。討曹泥有功，進爵華陽縣公，邑一千戶。大統(二)〔三〕年，從太祖破竇泰於小關。〔七〕還，拜散騎常侍、車騎大將軍、儀同三司。又從復弘農，破沙苑，進爵樂陵郡公。仍與元季海、獨孤信復洛陽。〔八〕峯率奇兵至成皋，入其郛，收其戶口而還。東魏遣行臺任祥率步騎萬餘攻潁川，峯復以輕騎五百邀擊之，自是威名轉盛。加授開府儀同三司。東魏圍洛陽，峯與季海守金墉。太祖至，圍解，卽與東魏戰於河橋。時峯爲左軍，不利，與李遠先還，太祖因此班師。詔原其罪。拜東西北三夏州諸軍事、夏州刺史。後與于謹討劉平伏，從解玉壁圍，平栢谷塢，竝有功。涼州刺史宇文仲和反，峯與于謹討之。〔九〕十五年，東魏圍潁川，峯與趙貴赴援。至南陽，遇疾卒，時年五十。

峯沉毅有膽略，得士卒心，當時號爲驍將。太祖嗟悼者久之。贈華州刺史，謚曰襄威。

子昂嗣。官至開府儀同三司。朝廷追錄峯功，封昂鄭國公。〔一〇〕昂弟光，少以峯勳，賜爵安平縣侯，起家員外散騎常侍，累遷司土中大夫、左武伯，出爲汾、涇、豳三州刺史，加開府儀同三司，進爵龍河縣公。光弟春，少知名，歷官吏部下大夫、儀同三司。

劉亮中山人也，本名道德。祖祐連，魏蔚州刺史。父持眞，〔一一〕鎭遠將軍、領民酋長。魏大統中，以亮著勳，追贈車騎大將軍、儀同三司、恆州刺史。

亮少倜儻，有從橫計略，姿貌魁傑，見者憚之。普泰初，以都督從賀拔岳西征，解岐州圍，擊侯伏侯元進、万俟道洛、万俟醜奴、宿勤明達及諸賊，〔一二〕亮常先鋒陷陣。以功拜大都督，封廣興縣子，邑五百戶。

侯莫陳悅害岳，亮與諸將謀迎太祖。悅平，悅之黨豳州刺史孫定兒仍據州不下，涇、秦、靈等諸州悉與定兒相應，衆至數萬，推定兒爲主，以拒義師。太祖令亮襲之。定兒以義兵猶遠，未爲之備。亮乃將二十騎，先竪纛於近城高嶺，卽馳入城中。定兒方置酒高會，卒見亮至，衆皆駭愕，莫知所爲。亮乃麾兵斬定兒，縣首，號令賊黨。仍遙指城外纛，命二騎曰：「出追大軍。」賊黨恟懼，一時降服。於是諸州羣賊，皆卽歸款。

及太祖置十二軍，簡諸將以將之，亮領一軍。每征討，常與怡峯俱爲騎將。魏孝武西遷，以迎駕功，除使持節、右光祿大夫、左大都督、南秦州刺史。大統元年，以復潼關功，進位車騎大將軍、儀同三司，改封饒陽縣伯，邑五百戶。尋加侍中。從擒竇泰，復弘農及沙苑之役，亮竝力戰有功。遷開府儀同三司、大都督，進爵長廣郡公，邑通前二千戶。以母憂去職，居喪毀瘠。太祖嗟其至性，每愛惜之。俄起復本官。

亮以勇敢見知，爲時名將，兼屢陳謀策，多合機宜。太祖乃謂之曰：「卿文武兼資，卽孤之孔明也。」乃賜名亮，并賜姓侯莫陳氏。十年，出爲東雍州刺史。爲政清淨，百姓安之。在職三歲，卒於州，時年四十。喪還京師，太祖親臨之，泣而謂人曰：「股肱喪矣，腹心何寄！」令鴻臚卿監護喪事。追贈太尉，謚曰襄，配享太祖廟庭。

子昶，尙太祖女西河長公主。大象中，位至柱國、秦靈二州總管。以亮功，封彭國公，邑五千戶。昶弟靖，〔一三〕天水郡守。靖弟恭，開府儀同三司、饒陽縣伯。恭弟幹，上儀同三司、褒中侯。

王德字天恩，代郡武川人也。少善騎射，雖不經師訓，而以孝悌見稱。魏永安二年，從爾朱榮討元顥，攻河內，應募先登。以功除討夷將軍，進爵內官縣子。〔一四〕又從賀拔岳討万俟醜奴，平之。別封深澤縣男，邑二百戶，加龍驤將軍、中散大夫。及侯莫陳悅害岳，德與寇洛等定議翊戴太祖。加征西將軍、金紫光祿大夫、平涼郡守。德雖不知書，至於斷決處分，良吏無以過也。涇州所部五郡，〔一五〕而德常爲最。

及魏孝武西遷，以奉迎功，進封下博縣伯，邑五百戶，行東雍州事。在州未幾，百姓懷

之。賜姓烏丸氏。大統元年，拜衞將軍、右光祿大夫，進爵爲公，增邑一千戶，加車騎大將軍、儀同三司、北雍州刺史。其後常從太祖征伐，累有戰功。又從破齊神武於沙苑，加開府、侍中，進爵河間郡公，增邑通前二千七百戶。先是河、渭間種羌屢叛，以德有威名，爲夷民所附，除河州刺史。德綏撫有方，羣羌率服。十三年，授大都督、原靈顯三州五原蒲川二鎭諸軍事。十四年，除涇州刺史。卒於州。謚曰獻。

德性厚重廉愼，言行無擇。母年幾百歲，後德終。

子慶，小名公奴，性謹厚。官至開府儀同三司。初德喪父，家貧無以葬，乃賣公奴并一女以營葬事。因遭兵亂，不復相知。及德在平涼始得之，遂名曰慶。

史臣曰：梁禦等負將率之材，蘊驍銳之氣，遭逢喪亂，馳騖干戈，艱難險阻備嘗，而功名未立。及殷憂啓聖，豫奉興王，參謀締構之初，宣力經綸之始，遂得連衡灌、酈，方駕張、徐，可謂遇其時也。竝中年卽世，遠志未申，惜哉！惠、德本以果毅知名，而能率由孝道，難矣。圖史所歎，何以加焉。勇者不必有仁，斯不然矣。

校勘記

〔一〕除鎮西將軍東益州刺史　北史卷五九梁禦傳無「東」字。

〔二〕封白水縣伯　北史本傳「伯」作「侯」。

〔三〕雍州刺史賈顯　張森楷云：「『顯』下當有『度』字，魏書賈顯度傳卷八〇可證。」參卷一校記第一八條。

〔四〕以禦佐命有功　「禦」原作「預」。諸本和北史卷五九梁禦傳都作「禦」。按北周功臣之子在武帝時因父佐命功進爵者很多，卽此卷內若干惠子鳳，怡峯子昂，劉亮子昶都是。知殿本作「預」誤，今逕改。

〔五〕而王讓擧兵拒不受代　局本「授」作「受」。按「授」字顯誤，今逕改。

〔六〕遷司空　張森楷云：「按北史魏文帝紀卷五大統十三年五四七年以若干惠爲司空。此乃敍於十二年之前，則十一年事矣。紀傳當云北史帝紀與周書本傳不同，未知孰誤。」

〔七〕大統〔二〕〔三〕年從太祖破竇泰於小關　按破竇泰在大統三年五三七年，周書卷二文帝紀下和周書北史有關紀傳都一樣，這裏作「二年」誤，今據改。

〔八〕仍與元季海獨孤信復洛陽　「仍」原作「乃」。諸本和北史卷六五怡峯傳都作「仍」，文義較長，今逕改。

〔九〕涼州刺史宇文仲和反峯與于謹討之　按本書卷二文帝紀大統十二年五四六年載：「涼州刺史宇文仲和反。瓜州民張保害刺史成慶，以州應仲和。太祖遣開府獨孤信討之。」卷十六獨孤信傳、卷二五李賢傳、卷二八史寧傳也都說獨孤信是這次戰役的主持者，別無于謹主持這次戰役的記載。這裏作于謹是涉上文而誤。

〔一〇〕封昂鄭國公　卷八靜帝紀大象二年五八〇年八月稱封「開府怡昂爲鄀國公」。按「鄭」是達奚武封國，武死，子震襲爵，此時尚在，也沒有改封，不可能再封一個鄭國公見卷一九達奚武傳。疑當從紀作「鄀」。殿本北史卷六五怡峯傳稱「封昂長沙郡公」百衲本「郡公」上注「闕」字，乃是初封，周書本傳不載。

〔一一〕父持眞　北史卷六五劉亮傳「持」作「特」。

〔一二〕宿勤明達　「勤」原作「勒」。宋本、南本、局本「勒」都作「勤」。張元濟云：「北史爾朱天光傳卷四八作『勤』。」又云：「周書卷十八王思政傳、北史卷五魏紀五普泰元年五三一年作『勒』。」張氏似不能斷定其是非。按「勤」「勒」周書、北史中常多混淆。但魏書都作「宿勤」，卷一一前廢帝紀普泰元年四月條、七月條，卷四一源賀附孫子雍傳，卷七三崔延伯傳，卷七五爾朱天光傳都見「宿勤明達」，又卷九五徒何慕容廆傳見慕容泓的謀臣宿勤崇、慕容暐的司馬宿勤黎，沒有作「宿勒」的。這裏作「勒」誤，今逕改。以後皆逕改，不再出校記。

〔一三〕昶弟靖　北史本傳「靖」作「靜」。

〔一四〕進爵內官縣子　北史卷六五「內」作「同」。按「內官縣」不見紀載，疑當作「同」。

〔一五〕涇州所部五郡　錢氏考異卷三二云：「案魏志魏書卷一〇六下地形志下涇州領安定、隴東、新平、隨平、平涼、平原六郡，未知此時省何郡也。」

中華書局

二十四史

周書

唐　令孤德棻等撰

第二冊

卷一八至卷三四（傳）

中華書局

周書卷十八〔一〕

列傳第十

王羆 子慶遠　孫述　王思政

王羆字熊羆，京兆霸城人，漢河南尹王遵之後，世爲州郡著姓。羆剛直木彊，處物平當，州郡敬憚之。魏太和中，除殿中將軍。先是南岐、東益氐羌反叛，王師戰不利，乃令羆領羽林五千鎮梁州，討平諸賊。還，授右將軍、西河內史。辭不拜。時人謂之曰：「西河大邦，俸祿殷厚，何爲致辭？」羆曰：「京洛材木，盡出西河，朝貴營第宅者，皆有求假。如其私辦，即力所不堪，若科發民間，又違法憲。以此辭耳。」

梁將曹義宗圍荊州，勑羆與別將裴衍率兵赴救。遂與梁人戰，大破之。于時諸方鼎沸，所在凋殘。荊州新經寇難，尤藉慰撫。以羆爲荊州刺史，進號撫軍將軍。梁復遣曹義宗衆數萬圍荊州，堰水灌城，不沒者數板。時既內外多虞，未遑救援，乃遺羆鐵券，云城全

當授本州刺史。城中糧盡，羆煮粥，與將士均分而食之。每出戰，嘗不擐甲冑，大呼曰：「荊州城，孝文皇帝所置。天若不祐國家，使賊箭中王羆；不爾，王羆須破賊。」屢經戰陣，亦不被傷。彌歷三年，義宗方退。進封霸城縣公。尋遷車騎大將軍、涇州刺史。未及之部，屬太祖徵兵爲勤王之舉，請前驅効命，遂爲大都督，鎮華州。

魏孝武西遷，拜驃騎大將軍，加侍中、開府。嘗修州城未畢，梯在外。齊神武遣韓軌、司馬子如從河東宵濟襲羆，羆不之覺。比曉，軌衆已乘梯入城。羆尚臥未起，聞閤外洶洶有聲，便袒身露髻徒跣，持一白挺，大呼而出。敵見之驚，逐至東門，左右稍集，合戰破之。軌衆遂投城遁走。時關中大饑，徵稅民間穀食，以供軍費。或隱匿者，令遞相告，多被勞棰，以是人有逃散。唯羆信著於人，莫有隱者，得粟不少諸州，而無怨讟。

沙苑之役，齊神武士馬甚盛。太祖以華州衝要，遣使勞羆，令加守備。羆語使人曰：「老羆當道臥，貉子安得過！」〔二〕太祖聞而壯之。及齊神武至城下，謂羆曰：「何不早降？」羆乃大呼曰：「此城是王羆冢，〔三〕生死在此，欲死者來。」齊神武遂不敢攻。

時茹茹渡河南寇，候騎已至豳州。〔四〕朝廷慮其深入，乃徵發士馬，屯守京城，塹諸街巷，以備侵軼。左僕射周惠達召羆議之。〔五〕羆不應命，謂其使曰：「若茹茹至渭北者，王羆率鄉里自破之，不煩國家兵馬。何爲天子城中，遂作如此驚動。由周家小兒恇怯致此。」

熙輕侮權勢，守正不回，皆此類也。未幾，還鎮河東。〔六〕

熙性儉率，不事邊幅。嘗有臺使，熙爲其設食。使乃裂其薄餅緣。熙曰：「耕種收穫，其功已深；舂爨造成，用力不少。乃爾選擇，當是未饑。」命左右撤去之。使者愕然大慚。又有客與熙食瓜，〔客削瓜〕侵膚稍厚，〔七〕熙意嫌之。及瓜皮落地，乃引手就地，取而食之。客甚有愧色。性又嚴急，嘗有吏挾私陳事者，熙不暇命捶扑，乃手自取鞾履，持以擊之。每至享會，親自秤量酒肉，分給將士。時人尚其均平，嗤其鄙碎。大統七年，卒於鎮，贈太尉。

子慶遠，弱冠以功臣子拜直閤將軍。先熙卒，孫述嗣。

述字長述，少聰敏，有識度。年八歲，太祖見而奇之，曰：「王公有此孫，足爲不朽。」卽以爲鎮遠將軍，拜太子舍人。以祖憂去職。述幼喪父，爲熙所鞠養。及居喪，深合禮度。于時東西交爭，金革方始，羣官遭喪者，卒哭之後，皆起令視事。述請終禮制，辭理懇切。太祖令中使就視，知其哀毀，乃特許之。喪畢，襲爵扶風郡公，累遷上大將軍。

王思政字思政，太原祁人。容貌魁偉，有籌策。魏正光中，解褐員外散騎侍郎。屬万俟醜奴、宿勤明達等擾亂關右，北海王顥率兵討之，啓思政隨軍。軍事所有謀議，竝與之參詳。

時魏孝武在藩，素聞其名，顥軍還，乃引爲賓客，遇之甚厚。及登大位，委以心膂，遷安東將軍。預定策功，封祁縣侯。俄而齊神武潛有異圖，帝以思政可任大事，拜中軍大將軍、大都督，總宿衞兵。思政乃言於帝曰：「高歡之心，行路所共知矣。洛陽四面受敵，非用武之地。關中有崤、函之固，一人可禦萬夫。且士馬精彊，糧儲委積，進可以討除逆命，退可以保據關、河。宇文夏州糾合同盟，願立功効。若聞車駕西幸，必當奔走奉迎。藉天府之資，因已成之業，一二年間，〔八〕習戰陣，勸耕桑，修舊京，何慮不克。」帝深然之。及齊神武兵至河北，帝乃西遷。進爵太原郡公。

大統之後，思政雖被任委，自以非相府之舊，每不自安。太祖曾在同州，與羣公宴集，出錦罽及雜綾絹數段，〔九〕命諸將樗蒱取之。物既盡，太祖又解所服金帶，令諸人遍擲，曰：「先得盧者，卽與之。」羣公將遍，莫有得者。次至思政，乃斂容跪坐而自誓曰：「王思政羇旅歸朝，蒙宰相國士之遇，方願盡心効命，上報知己。若此誠有實，令宰相賜知者，願擲卽爲盧；若內懷不盡，神靈亦當明之，使不作也，便當殺身以謝所奉。」辭氣慷慨，一坐盡驚。卽拔所佩刀，橫於膝上，攬樗蒱，拊髀擲之。比太祖止之，已擲爲盧矣。徐乃拜而受。自此之後，太祖期寄更深。

轉驃騎將軍。令募精兵，從獨孤信取洛陽，仍共信鎮之。及河橋之戰，思政下馬，用長矟左右橫擊，一擊踣數人。時陷(害)[陣]既深，〔一〇〕從者死盡，思政被重創悶絕。會日暮，敵將收軍。思政久經軍旅，每戰唯著破弊甲，敵人疑非將帥，故免。有帳下督雷五安於戰處哭求思政，會其已蘇，遂相得。乃割衣裹創，扶思政上馬，夜久方得還。仍鎮弘農。思政以玉壁地在險要，請築城。卽自營度，移鎮之。遷并州刺史，仍鎮玉壁。八年，東魏來寇，思政守禦有備，敵人晝夜攻圍，卒不能克，乃收軍還。以全城功，受驃騎大將軍。復命思政鎮弘農。於是修城郭，起樓櫓，營田農，積芻秣，凡可以守禦者，皆具焉。弘農之有備，自思政始也。

十二年，加特進、荊州刺史。州境卑濕，城塹多壞。思政方命都督藺小歡督工匠繕治之。掘得黃金三十斤，夜中密送之。至旦，思政召佐吏以金示之，曰「人臣不宜有私」，悉封金送上。太祖嘉之，賜錢二十萬。思政之去玉壁也，太祖命舉代己者，思政乃進所部都督韋孝寬。其後東魏來寇，孝寬卒能全城。時論稱其知人。

十三年，侯景叛東魏，擁兵梁、鄭，爲東魏所攻。景乃請援乞師。當時未卽應接。思政以爲若不因機進取，後悔無及。卽率荊州步騎萬餘，從魯關向陽翟。思政入守潁川。景引兵向豫州，外稱略地，乃密遣送款於梁。思政分布諸軍，據景七州十二鎮。〔一一〕太祖乃以所

授景使持節、太傅、大將軍、兼中書令、〔一二〕河南大行臺、河南諸軍事，回授思政。思政竝讓不受。頻使敦喻，唯受河南諸軍事。

東魏太尉高嶽、行臺慕容紹宗、儀同劉豐生等，率步騎十萬來攻潁川。城內臥鼓偃旗，若無人者。嶽恃其衆，謂一戰可屠，乃四面鼓噪而上。思政選城中驍勇，開門出突。嶽衆不敢當，引軍亂退。嶽知不可卒攻，〔一三〕乃多修營壘。又隨地勢高處，築土山以臨城中。飛梯火車，晝夜攻之。〔一四〕思政亦作火䂎，因迅風便投之土山。又以火箭射之，燒其攻具。仍募勇士，縋而出戰。嶽衆披靡，其守土山人亦棄山而走。〔一五〕齊文襄更益嶽兵，堰洧水以灌城。城中水泉涌溢，不可防止。懸釜而炊，糧力俱竭。慕容紹宗、劉豐生及其將慕容永珍共乘樓船以望城內，令善射者俯射城中。俄而大風暴起，船乃飄至城下。城上人以長鉤牽船，弓弩亂發。紹宗窮急，投水而死。豐生浮向土山，復中矢而斃。生擒永珍。思政謂之曰：「僕之破亡，在於晷漏。誠知殺卿無益，然人臣之節，守之以死。」乃流涕斬之。并收紹宗等尸，以禮埋瘞。

齊文襄聞之，乃率步騎十一萬來攻。自至堰下，督勵士卒。水壯，城北面遂崩。〔一六〕水便滿溢，無措足之地。思政知事不濟，率左右據土山，謂之曰：「吾受國重任，本望平難立功。精誠無感，遂辱王命。今力屈道窮，計無所出。唯當効死，以謝朝恩。」因仰天大哭。

左右皆號慟。思政西向再拜，便欲自刎。先是，齊文襄告城中人曰：「有能生致王大將軍者，封侯，重賞。若大將軍身有損傷，親近左右，皆從大戮。」都督駱訓謂思政曰：「公常語訓等，但將我頭降，非但得富貴，亦是活一城人。今高相既有此言，公豈不哀城中士卒也！」固共止之，不得引決。齊文襄遣其常侍趙彥深就土山執手申意。引見文襄，辭氣慷慨，無撓屈之容。文襄以其忠於所事，禮遇甚厚。

思政初入潁川，士卒八千人，城既無外援，亦無叛者。思政常以勤王爲務，不營資產。嘗被賜園地，〔一七〕思政出征後，家人種桑果。及還，見而怒曰：「匈奴未滅，去病辭家，況大賊未平，何事產業！」命左右拔而棄之。故身陷之後，家無畜積。及齊受禪，以爲都官尚書。子秉。〔一八〕

史臣曰：王羆剛峭有餘，弘雅未足。情安儉率，志在公平。既而奮節危城，抗辭勍敵，梁人爲之退舍，高氏不敢加兵。以此見稱，信非虛。進不隕門風，〔一九〕亦足稱也。王思政驅馳有事之秋，慷慨功名之際。及乎策名霸府，作鎮潁川，設縈帶之險，修守禦之術，以一城之衆，抗傾國之師，率疲乏之兵，當勁勇之卒，猶能亟摧大敵，屢建奇功。忠節冠於本朝，義

聲動於隣聽。雖運窮事蹙，城陷身囚，壯志高風，亦足奮於百世矣。

校勘記

〔一〕卷十八　按此卷敍事遠簡於北史，又很不明晰。北史諸傳照例載歷官要比所據的本史簡略，這卷恰相反，歷官不及北史詳備。疑周書此卷已缺，後人以某種節本補。

〔二〕老羆當道臥貆子安得過　殿本考證云：「『貆』，北史王羆傳卷六二、通鑑卷一五七，四八八三頁俱作『貉』。胡三省通鑑注云：『貉子曰貆。』按貉子曰貆，貆未可以言貉也。」按宋本册府卷四〇〇及御覽卷三一九一四七〇頁作「貛」明本册府已改作「貉」。「貛」乃「貛」之訛，同「貆」。知作「貆」是。又這二句北史置於韓軌、司馬子如偷襲華州時，王羆大呼而出，作此語。周書是沙苑戰時，王羆對宇文泰派來的使者語。紀載不同。

〔三〕此城是王羆冢　北史卷六二王羆傳、册府卷四〇〇四七五六頁、御覽卷三一九一四七〇頁「冢」作「家」。而通鑑卷一五七四八八四頁也作「家」。「冢」字有「城亡與亡」之意，疑作「冢」是。

〔四〕時茹茹渡河南寇候騎已至豳州　按北史本傳在此前尚有王羆移鎮河東，進爵扶風郡公，和河橋之役，王羆怎樣安定軍心，周書本傳都不載。特別是漏載徵拜雍州刺史一事，便把王羆直到「茹茹南寇」時還留在華州刺史任上。下文却紀載周惠達要和王羆商議防守京城，好像特地從華州調他上長安議事。其實，正由於他是雍州刺史，是駐在長安的地方長官，才必須和他商議防守京城。今本周書漏掉此事，便前後不相照應。簡略至此，知此傳決非周書原文。

〔五〕左僕射周惠達　北史本傳「左」作「右」。張森楷云：「作『右』是，此誤，周惠達傳卷二二可證。」

〔六〕未幾還鎮河東　按北史本傳在沙苑戰後，有「移鎮河東」的紀載，這是第二次，所以說「還鎮」，今本周書無此語，却仍然說「還鎮」，極爲粗疏。

〔七〕又有客與羆食瓜〔客削瓜〕侵膚稍厚　宋本、汲本、局本及御覽卷九七八四三三三頁「侵膚」上有「客削瓜」三字。北史本傳百衲本作「客削瓜皮，侵肉殿本作內稍厚」。張元濟以爲殿本誤脫三字，今據補。

〔八〕一二年間　册府卷四〇四四八一一頁作「一二十年間」。

〔九〕出錦罽及雜綾絹數段　北史卷六二王思政傳「數」下有「千」字，疑是。

〔一〇〕時陷（害）〔陣〕既深　張森楷云：「北史本傳『害』作『陣』，是。」按册府卷三九五四六九〇頁也作「陣」。今據改。

〔一一〕據景七州十二鎮　卷二文帝紀下大統十三年、卷一五李弼傳都說侯景「舉李弼傳作「率」河南六州來附」。錢氏考異卷三二據之疑這裏作「七州」誤。

〔一二〕兼中書令　北史本傳、册府卷四〇九四八六二頁、通鑑卷一六〇四九五五頁「中」都作「尚」。按行

臺是尚書臺的行臺，例帶尚書令、尚書僕射、左右丞等官，侯景是河南大行臺，作「尚書令」是。

〔一三〕嶽衆不敢當引軍亂退嶽知不可卒攻　御覽卷三一九一四七〇頁「敢」作「能」，「亂退」下有「思政登城遙見岳陣不整，乃率步騎三千，出邀擊之，殺傷甚衆，然後還城，設守禦之備」，多出三十三字，乃接「岳知不可卒攻」。此當是周書原文。册府卷四〇〇四七五四頁記守城事和今本周書同，則御覽可能從唐人類書中轉引。又「高嶽」北齊書卷一三本傳「嶽」作「岳」，然他處也或作「嶽」，本是一字。

〔一四〕飛梯火車晝夜攻之　宋本及御覽卷三一九一四七〇頁「火車」作「大車」。「晝夜攻之」，北史本傳作「盡攻擊之法」，御覽作「晝夜盡攻擊之法」。疑周書原文當同御覽。

〔一五〕其守土山人亦棄山而走　御覽卷三一九一四七〇頁下有「思政卽命據其兩土山，置折北史本傳作「樓」堞以助防守。岳等於是奪氣，不敢復攻」二十六字。然後接「齊文襄更益岳兵」。北史本傳也有「據其兩土山，置樓堞以助防守」語，知周書原文當同御覽。

〔一六〕督勵士卒水壯城北面遂崩　通典卷一六一兵一四「士卒」下多「增功築堰，時盛夏」七字。按通典所載齊周戰事，似都採自周書。這裏多出七字，也當是周書原文。以上諸條，可證周書此卷原缺，後人以某種節本補。

〔一七〕嘗被賜園地　御覽卷二七六一三八六頁「地」作「池」。

〔一八〕子秉　北史本傳「秉」作「康」，疑避唐諱改，參卷五校記第一七條。

〔一九〕信非虛逝不隕門風　北史卷六二傳末論前半即錄自此傳，此處「虛」下有「矣至」二字，文義明白，否則容易誤讀爲「信非虛逝」，疑本書傳本脫此二字。

周書卷十九

列傳第十一

達奚武 子震　侯莫陳順　豆盧寧　宇文貴

楊忠　王雄

達奚武字成興，代人也。祖眷，魏懷荒鎮將。父長，汧城鎮將。武少倜儻，好馳射，爲賀拔岳所知。岳征關右，引爲別將，武遂委心事之。以戰功拜羽林監、子都督。及岳爲侯莫陳悅所害，武與趙貴收岳屍歸平涼，同翊戴太祖。從平悅，除中散大夫、都督，封須昌縣伯，邑三百戶。魏孝武入關，授直寢，轉大丞相府中兵參軍。大統初，出爲東秦州刺史，加散騎常侍，進爵爲公。

齊神武與竇泰、高敖曹三道來侵，太祖欲并兵擊竇泰，諸將多異議，唯武及蘇綽與太祖意同，遂擒之。齊神武乃退。太祖進圖弘農，遣武從兩騎覘候動靜，武與其候騎遇，卽便交

戰，斬六級，獲三人而反。齊神武趣沙苑，太祖復遣武覘之。武從三騎，皆衣敵人衣服。至日暮，去營百步，下馬潛聽，得其軍號。因上馬歷營，若警夜者，有不如法者，往往撻之。具知敵之情狀，以告太祖。太祖深嘉焉。遂從破之。除大都督，進爵高陽郡公，拜車騎大將軍、儀同三司。

四年，太祖援洛陽，武率騎一千爲前鋒。至穀城，〔一〕與李弼破莫多婁貸文。進至河橋，武又力戰，斬其司徒高敖曹。遷侍中、驃騎大將軍、開府儀同三司。出爲北雍州刺史。〔二〕復戰邙山，時大軍不利，齊神武乘勝進至陝。武率兵禦之，乃退。久之，進位大將軍。

十七年，詔武率兵三萬，經略漢川。梁將楊賢以武興降，梁深以白馬降，武分兵守其城。梁梁州刺史、宜豐侯蕭循固守南鄭，武圍之數旬，循乃請服，武爲解圍。會梁武陵王蕭紀遣其將楊乾運等將兵萬餘人救循，循於是更據城不出。恐援軍之至，表裏受敵，乃簡精騎三千，逆擊乾運於白馬，大破之。乾運退走。武乃陳蜀軍俘級於城下。循知援軍被破，乃降，率所部男女三萬口入朝，自劍以北悉平。明年，武振旅還京師。朝議初欲以武爲柱國，武謂人曰：「我作柱國，不應在元子孝前。」固辭不受。以大將軍出鎮玉壁。武乃量地形勝，立樂昌、胡營、新城三防。齊將高苟子以千騎攻新城，武邀擊之，悉虜其衆。

孝閔帝踐阼，拜柱國、大司寇。齊北豫州刺史司馬消難舉州來附，詔武與楊忠迎消難

以歸。武成初，轉大宗伯，進封鄭國公，邑萬戶。齊將斛律敦侵汾、絳，武以萬騎禦之，敦退。武築栢壁城，留開府權嚴、薛羽生守之。〔三〕

保定三年，遷太保。其年，大軍東伐。隨公楊忠引突厥自北道，武以三萬騎自東道，期會晉陽。武至平陽，後期不進，而忠已還，武尚未知。齊將斛律明月遺武書曰：「鴻鶴已翔於寥廓，羅者猶視於沮澤也。」武覽書，乃班師。出爲同州刺史。明年，從晉公護東伐。時尉遲迥圍洛陽，爲敵所敗。武與齊王憲於邙山禦之。至夜，收軍。憲欲待明更戰，武欲還，固爭未決。武曰：「洛陽軍散，人情駭動。若不因夜速還，明日欲歸不得。武在軍旅久矣，備見形勢。大王少年未經事，豈可將數營士衆，一旦棄之乎。」憲從之，遂全軍而返。天和三年，轉太傅。

武貴時，奢侈好華飾。及居重位，不持威儀，行常單馬，左右止一兩人而已。外門不施戟，恆晝掩一扉。或謂武曰：「公位冠羣后，功名蓋世，出入儀衞，須稱具瞻，何輕率若是？」武曰：「子之言，非吾心也。吾在布衣，豈望富貴，不可頓忘疇昔。且天下未平，國恩未報，安可過事威容乎。」言者慙而退。

武之在同州也，時屬天旱，高祖勑武祀華岳。岳廟舊在山下，常所禱祈。武謂僚屬曰：「吾備位三公，不能燮理陰陽，遂使盛農之月，久絕甘雨，天子勞心，百姓惶懼。忝寄既重，

憂責實深。不可同於衆人，在常祀之所，必須登峯展誠，尋其靈奧。」岳既高峻，千仞壁立，巖路嶮絕，人跡罕通。武年踰六十，唯將數人，攀藤援枝，然後得上。於是稽首祈請，陳百姓懇誠。晚不得還，即於岳上藉草而宿。夢見一白衣人來，執武手曰：「快辛苦，甚相嘉尚。」武遂驚覺，益用祗肅。至旦，雲霧四起，俄而澍雨，遠近霑洽。高祖聞之，璽書勞武曰：「公年尊德重，弼諧朕躬。比以陰陽愆序，時雨不降，命公求祈，止言廟所。不謂公不憚危險，遂乃遠陟高峯。但神道聰明，無幽不燭，感公至誠，甘澤斯應。聞之嘉賞，無忘于懷。今賜公雜綵百疋，公其善思嘉猷，匡朕不逮。念坐而論道之義，勿復更煩筋力也。」

武性貪恡，其爲大司寇也，在庫有萬釘金帶，當時寶之，武因入庫，乃取以歸。主者白晉公護，以武勳，不彰其過，因而賜之。時論深鄙焉。五年十月，薨，年六十七。贈太傅、十五州諸軍事、同州刺史。謚曰桓。子震嗣。

震字猛畧。少驍勇，便騎射，走及奔馬，膂力過人。大統初，起家員外散騎常侍。太祖嘗於渭北校獵，時有兔過太祖前，震與諸將競射之，馬倒而墜，震足不傾躓，因步走射之，一發中兔。顧馬纔起，遂回身騰上。太祖喜曰：「非此父不生此子。」賜武雜綵一百段。〔四〕十六年，封昌邑縣公，一千戶。〔五〕累遷撫軍將軍、銀青光祿大夫、通直散騎常侍、車騎大將軍、

儀同三司、散騎常侍。世宗初，拜儀同、〔司〕右中大夫，〔六〕加驃騎大將軍、開府儀同三司，改封普寧縣公。武（平）〔成〕初，〔七〕進爵廣平郡公，除華州刺史。震雖生自膏腴，少習武藝，然導民訓俗，頗有治方。秩滿還朝，爲百姓所戀。

保定四年，大軍東討，諸將皆奔退，震與敵交戰，軍遂獨全。天和元年，進位大將軍，率衆征稽胡，破之。六年，拜柱國。建德初，襲爵鄭國公，〔八〕出爲金州總管、十一州九防諸軍事、金州刺史。四年，從高祖東伐，爲前三軍總管。五年，又從東伐，率步騎一萬守統軍川，攻克義寧、烏蘇二鎮，破并州。進位上柱國。仍從平鄴，賜妾二人、女樂一部及珍玩等，拜大宗伯。震父嘗爲此職，時論榮之。宣政中，出爲原州總管、三州二鎮諸軍事、原州刺史。尋罷歸。隋開皇初，薨於家。

震弟惎，車騎將軍、渭南縣子。大象末，爲益州刺史，與王謙據蜀起兵。尋敗，被誅。

侯莫陳順，太保、梁國公崇之兄也。少豪俠，有志度。初事爾朱榮爲統軍，後從賀拔勝鎮井陘。武泰初，討葛榮，平邢杲，征韓婁，皆有功。拜輕車將軍、羽林監。又從破元顥，進寧朔將軍、越騎校尉。普泰元年，除持節、征西將軍，封木門縣子，邑三百戶。尋加散騎常

侍、千牛備身、衞將軍、閤內大都督。從魏孝武入關。順與太祖同里閈，素相友善，且其弟崇先在關中，太祖見之甚歡。乃進爵彭城郡公，邑一千戶。

大統元年，拜衞尉卿，授儀同三司。及梁企定圍逼河州，以順爲大都督，與趙貴討破之，即行河州事。後從太祖破沙苑，以功增邑千戶。

四年，魏文帝東討，與太尉王盟、僕射周惠達等留鎮長安。時趙青雀反，盟及惠達奉魏太子出次渭北。順於渭橋與賊戰，頻破之，賊不敢出。魏文帝還，親執順手曰：「渭橋之戰，卿有殊力。」便解所服金鏤玉梁帶賜之。

南岐州氐苻安壽自號太白王，攻破武都，州郡騷動。復以順爲大都督，往討之。而賊屯兵要險，軍不得進。順乃設反間，離其腹心；立信賞，誘其徒屬。安壽知勢窮迫，遂率部落一千家，赴軍款附。時順弟崇又封彭城郡公，封順河間郡公。〔九〕十六年，拜大將軍，出爲荊州總管、山南道五十二州諸軍事、荊州刺史。孝閔帝踐阼，拜少師，進位柱國。其年薨。

豆盧寧字永安，昌黎徒何人。其先本姓慕容氏，前燕之支庶也。高祖勝，以燕。皇始

初，歸魏，〔一〇〕授長樂郡守，賜姓豆盧氏，或云避難改焉。父長，〔一一〕柔玄鎮將，有威重，見稱於時。武成初，以寧著勳，追贈柱國大將軍、少保、〔一二〕涪陵郡公。

寧少驍果，有志氣，身長八尺，美容儀，善騎射。永安中，以別將隨爾朱天光入關，加授都督。又以破万俟醜奴功，賜爵靈壽縣男。嘗與梁仚定遇於平涼川，相與肄射。乃於百步懸莎草以射之，七發五中。定服其能，贈遺甚厚。天光敗後，侯莫陳悅反，太祖討悅，寧與李弼率衆歸太祖。

魏孝武西遷，以奉迎勳，封河陽縣伯，邑五百戶。大統元年，除前將軍，進爵爲侯，增邑三百戶。遷顯州刺史、顯州大中正。尋拜撫軍將軍、銀青光祿大夫，進爵爲公，增邑五百戶。授鎮東將軍、金紫光祿大夫。從太祖擒竇泰，復弘農，破沙苑，除武衞大將軍，〔一三〕兼大都督。尋進車騎大將軍、儀同三司，增邑八百戶。拜北華州刺史，在州未幾，以廉平著稱。加散騎常侍。七年，從于謹破稽胡帥劉平伏於上郡。及梁仚定反，以寧爲軍司，監隴右諸軍事。賊平，進位侍中、使持節、驃騎大將軍、開府儀同三司。九年，從太祖迎高仲密，與東魏戰於邙山，遷左衞將軍，〔一四〕進爵范陽郡公，增邑四百戶。十六年，拜大將軍。羌帥傍乞鐵(忽)〔怱〕及鄭五醜等反叛，〔一五〕寧率衆討平之。魏恭帝二年，改封武陽郡公，遷尚書右僕射。梁將王琳遣其將侯方兒、〔一六〕潘純陁寇江陵，寧與蔡祐、鄭永等討之，方兒等遁走。三

年，武興氐及固(査)〔道〕氐魏大王等，〔一七〕相應反叛，寧復討平之。孝閔帝踐阼，授柱國大將軍。武成初，出爲同州刺史。復督諸軍討稽胡郝阿保、劉桑德等，破之。軍還，遷大司寇，進封楚國公，邑萬戶，別食鹽亭縣一千戶，收其租賦。保定四年，授岐州刺史。屬大兵東討，寧輿疾從軍。五年，薨於同州，時年六十六。〔一八〕贈太保、同鄜等十州諸軍事、同州刺史。謚曰昭。

初寧未有子，養弟永恩子勣。及生子讚，親屬皆請讚爲嗣。寧曰：「兄弟之子，猶子也，吾何擇焉。」遂以勣爲世子。世以此稱之。及寧薨，勣襲爵，少歷顯位，大象末，上柱國、利州總管。讚以寧勳，建德初，賜爵華陽縣侯。〔一九〕累遷開府儀同大將軍、進爵武陽郡公。

永恩少有識度，爲時輩所稱。初隨寧事侯莫陳悅，後與寧俱歸太祖，授殄寇將軍。以迎魏孝武功，封新興縣伯，邑五百戶。屢逢征討，皆有功，拜龍驤將軍、中散大夫。大統八年，除直寢、右親信都督，尋轉都督，加通直散騎常侍。十六年，拜使持節、車騎大將軍、儀同三司。魏廢帝元年，進位驃騎大將軍、開府儀同三司。二年，出爲成州刺史。〔二〇〕魏恭帝元年，進爵龍(來)〔支〕縣侯。〔二一〕三年，大將軍、安政公史寧隨突厥可汗入吐谷渾，令永恩率騎五千鎮河、鄯二州，以爲邊防。孝閔帝踐祚，授鄯州刺史，改封沃野縣公，增邑一千戶。尋轉隴右總管府長史。武成元年，遷都督利沙文三州諸軍事、利州刺史。時文州蠻叛，永恩率兵擊破之。保定元年，入爲司會中大夫。二年，復出爲隴右總管府長史。〔二二〕寧以佐命元勳封楚國公，請以先封武陽郡三千戶益沃野之封，詔許焉。又增邑并前四千五百戶。〔二三〕尋卒官，年四十八。〔二四〕贈少保、幽冀等五州諸軍事、幽州刺史。謚曰敬。子通嗣。

宇文貴字永貴，其先昌黎大棘人也。徙居夏州。父莫豆干。保定中，以貴著勳，追贈柱國大將軍、少傅、夏州刺史、安平郡公。貴母初孕貴，夢有老人抱一兒授之曰：「賜爾是子，俾壽且貴。」及生，形類所夢，故以永貴字之。

貴少從師受學，嘗輟書歎曰：「男兒當提劍汗馬以取公侯，〔二五〕何能如先生爲博士也！」正光末，破六汗拔陵圍夏州，刺史源子雍嬰城固守，以貴爲統軍救之。〔二六〕前後數十戰，軍中咸服其勇。後送子雍還，賊帥叱干麒麟、薛崇禮等處處屯聚，出兵邀截，貴每奮擊，輒破之。除武騎常侍。又從子雍討葛榮，軍敗奔鄴，爲榮所圍。賊屢來攻，貴每縋而出戰，賊莫敢當其鋒。然兇徒寔繁，圍久不解。貴乃於地道潛出，北見爾朱榮，陳賊兵勢，榮深納之。因從榮擒葛榮於滏口，加別將。又從元天穆平邢杲，轉都督。元顥入洛，貴率鄉兵從爾朱榮焚河橋，力戰有功。加征虜將軍，封革融縣侯，邑一千戶。除郢州刺史，入爲武衞將軍、(閣)

〔閤〕內大都督。〔二七〕

從魏孝武西遷，進爵化政郡公。大統初，遷右衞將軍。貴善騎射，有將率才。太祖又以宗室，甚親委之。三年，進車騎大將軍、儀同三司。與獨孤信入洛陽。

東魏潁州(刺)〔長〕史賀若統據潁川來降，〔二八〕東魏遣其將堯雄、趙育、是云寶率衆二萬攻潁。〔二九〕貴自洛陽率步騎二千救之，軍次陽翟。雄等已度馬橋，去潁川三十里，〔三〇〕東魏行臺任祥又率衆四萬餘，與雄合。諸將咸以彼衆我寡，不可爭鋒。貴曰：「兵機倚伏，固不可以常理論。古人能以寡制衆者，皆由預覩成敗，決必然之策耳。吾雖闇於成事，然謂進與賀若合勢，爲計之上者。請爲諸軍說之。堯雄等必以爲潁川孤危，勢非其敵，又謂吾寡弱獨進，若悉力以攻潁，必指掌可破。既陷潁川，便與任祥軍合，同惡相濟，爲害更甚。吾今屯兵陽翟，便是入其數內。若賀若一陷，吾輩坐此何爲。進據潁川，有城可守。雄見吾入城，出其不意，進則狐疑，退則不可。然後與諸軍盡力擊之，何往不克。願勿疑也。」遂入潁川。雄等稍前，貴率千人背城爲陳，與雄合戰，貴馬中流矢，乃短兵步鬬。士衆用命。雄大敗輕走，趙育於陳降，獲其輜重，俘萬餘人，盡放令還。任祥聞雄敗，遂不敢進。尋而儀同怡峯率騎五百赴貴，貴乘勝逼祥。祥退保宛陵，追及之。會日暝，結陳相持。明旦合戰，俘斬甚多。祥軍既敗，是云寶亦降。

師還。魏文帝在天遊園，以金巵置侯上，命公卿射中者，卽以賜之。貴一發而中。帝笑曰：「由基之妙，正當爾耳。」進侍中、驃騎大將軍、開府儀同三司。歷夏岐二州刺史。十六年，遷中外府左長史，進位大將軍。

宕昌王梁彌定爲宗人獠甘所逐，來奔。又有羌酋傍乞鐵怱因梁仚定反後，據有渠株川，〔三一〕擁種類數千家，與渭州民鄭五醜扇惑諸羌同反，憑險置柵者十餘所。太祖令貴與豆盧寧、史寧討之。貴等擒斬鐵怱及五醜。史寧又別擊獠甘，破之，乃納彌定。幷於渠株川置岷州。朝廷美其功，遂於栗坂立碑，以紀其績。

魏廢帝初，出爲岐州刺史。二年，授大都督、興西蓋等六州諸軍事、〔三二〕興州刺史。先是興州氐反，自貴至州，人情稍定。貴表請於梁州置屯田，數州豐足。三年，詔貴代尉遲迥鎭蜀。時隆州人開府李光賜反於隴亭，〔三三〕與其黨帛玉成、寇食堂、譙淹、蒲皓、馬術等攻圍隆州。州人李祏亦聚衆反，開府張遁擧兵應之。〔三四〕貴乃命開府叱奴興救隆州，又令開府成亞擊祏及遁。勢蹙遂降，執送京師。除都督益潼等八州諸軍事、益州刺史，就加小司徒。先是蜀人多劫盜，貴乃召任俠傑健者，署爲遊軍二十四部，令其督捕，由是頗息。孝閔帝踐阼，進位柱國，拜御正中大夫。〔三五〕武成初，與賀蘭祥討吐谷渾。軍還，進封許國公，邑萬戶。舊爵廻封一子。遷大司空，〔三六〕治小冢宰，歷大司徒，遷太保。

貴好音樂，耽弈棊，留連不倦。然好施愛士，時人頗以此稱之。保定之末，使突厥迎皇后。天和二年，還至張掖，薨。贈太傅，謚曰穆。

子善嗣。歷位開府儀同三司、大將軍、柱國、洛州刺史。以罪免，尋復本官，除大宗伯。大象末，進位上柱國。善弟忻，少以父軍功賜爵化政郡公。〔三七〕驍勇絕倫，有將帥才畧。大象末，位至上柱國，進封英國公。忻弟愷，少好學，頗解屬文，雜藝多通，尤精巧思。亦以父軍功賜爵雙泉縣伯。尋襲祖爵安平郡公。起家右侍上士，稍遷御正中大夫。保定中，位至上開府。〔三八〕

是云寶、趙育既至，初並拜車騎大將軍、儀同三司。寶後累遷至大將軍、都督涼甘瓜州諸軍、涼州刺史，賜爵洞城郡公。世宗時，吐谷渾侵逼涼州，寶與戰不利，遂歿於陣。

楊忠，弘農華陰人也。小名奴奴。高祖元壽，魏初，爲武川鎭司馬，因家於神武樹頹焉。〔三九〕祖烈，龍驤將軍、太原郡守。〔四〇〕父禎，以軍功除建遠將軍。〔四一〕屬魏末喪亂，避地中山，結義徒以討鮮于脩禮，遂死之。保定中，以忠勳，追贈柱國大將軍、少保、興城郡公。

忠美髭髯，身長七尺八寸，狀貌瓌偉，武藝絕倫，識量沉深，有將帥之畧。年十八，客遊

泰山。會梁兵攻郡，陷之，遂被執至江左。在梁五年，從北海王顥入洛，除直閤將軍。顥敗，爾朱度律召爲帳下統軍。及爾朱兆以輕騎自幷州入洛陽，忠時預焉。賜爵昌縣伯，拜都督，又別封小黃縣伯。從獨孤信破梁下溠戍，平南陽，並有功。

及齊神武擧兵內侮，忠時隨信在洛，遂從魏孝武西遷，進爵爲侯。仍從平潼關，破回洛城。除安西將軍、銀青光祿大夫。東魏荆州刺史辛纂據穰城，忠從獨孤信討之，纂戰敗退走。信令忠與都督康洛兒、元長生爲前驅，馳至其城，叱門者曰：「今大軍已至，城中有應，爾等求活，何不避走！」門者盡散。忠與洛兒、長生乘城而入，彎弓大呼，纂兵衞百餘人莫之敢禦，斬纂以狥，城中懾服。居半歲，以東魏之逼，與信奔梁。梁武帝深奇之，以爲(大)〔文〕德主帥、〔四二〕關外侯。

大統三年，與信俱歸闕。太祖召居帳下。嘗從太祖狩於龍門，忠獨當一猛獸，左挾其腰，右拔其舌。太祖壯之。北臺謂猛獸爲「揜于」，因以字之。從擒竇泰，破沙苑。遷征西將軍、金紫光祿大夫，進爵襄城縣公。河橋之役，忠與壯士五人力戰守橋，敵人遂不敢進。以功除左光祿大夫、雲州刺史，兼大都督。又與李遠破黑水稽胡，幷與怡峯解玉壁圍，轉洛州刺史。邙山之戰，先登陷陳。除大都督，進車騎大將軍、儀同三司、散騎常侍。追封母蓋氏爲北海郡君。尋除都督朔燕顯蔚四州諸軍事、朔州刺史，加侍中、驃騎大將軍、

開府儀同三司。及東魏圍潁川，蠻帥(日)〔田〕杜淸據險爲亂，〔四三〕忠率兵討平之。

時侯景渡江，梁武喪敗，其西義陽郡守馬伯符以下溠城降。〔四四〕朝廷因之，將經畧漢、沔，乃授忠都督三荆二襄二廣南雍平信隨江二郢淅十五州諸軍事，鎭穰城。以伯符爲鄉導，攻梁齊興郡及昌州，皆克之。梁雍州刺史、岳陽王蕭詧雖稱藩附，而尙有貳心。忠自樊城觀兵於漢濱，〔四五〕易旗遞進，實騎二千，詧登樓望之，以爲三萬也，懼而服焉。

梁司州刺史柳仲禮留其長史馬岫守安陸，自率兵騎一萬寇襄陽。〔四六〕初，梁竟陵郡守孫暠以其郡來附，太祖命大都督符貴往鎭之。及仲禮至，暠乃執貴以降。仲禮又進遣其將王叔孫與暠同守。太祖怒，乃令忠帥衆南伐。攻梁隨郡，克之，獲其守將桓和。所過城戍，望風請服。忠乃進圍安陸。仲禮聞隨郡陷，恐安陸不守，遂馳歸赴援。諸將恐仲禮至則安陸難下，請急攻之。忠曰：「攻守勢殊，未可卒拔。若引日勞師，表裏受敵，非計也。南人多習水軍，不閑野戰。仲禮回師在近路，吾出其不意，以奇兵襲之，彼怠我奮，一擧必克，則安陸不攻自拔，諸城可傳檄而定也。」於是選騎二千，銜枚夜進，遇仲禮於淙頭。〔四七〕忠親自陷陳，擒仲禮，悉俘其衆。馬岫以安陸降，王叔孫斬孫暠，以竟陵降，皆如忠所策。梁元帝遣使送子方畧爲質，幷送載書，請魏以石城爲限，梁以安陸爲界。乃旋師。進爵陳留郡公。

十七年，梁元帝逼其兄邵陵王綸。綸北度，與其前西陵郡守羊思達〔四八〕要隨、陸土豪段

珍寶、夏侯珍洽，合謀送質於齊，欲來寇掠。汝南城主李素，[四九]綸故吏也，開門納焉。梁元帝密報太祖，太祖乃遣忠督衆討之。詰旦陵城，日昃而尅。擒蕭綸，數其罪而殺之；幷獲其安樂侯昉，亦殺之。初，忠之擒柳仲禮，遇之甚厚。仲禮至京師，乃譖忠於太祖，言其在軍大取金寶珍玩等。太祖欲覆按之，惜其功高，乃出忠。忠忿恚，悔不殺仲禮。故至此獲綸等，竝加戮焉。忠間歲再舉，盡定漢東之地。寬以御衆，甚得新附之心。

魏恭帝初，賜姓普六如氏，[五〇]行同州事。及于謹伐江陵，忠為前軍，屯江津，遏其走路。梁人束刃於象鼻以戰，忠射之，二象反走。及江陵平，朝廷立蕭詧為梁(王)〔主〕，[五一]令忠鎮穰城以為掎角之勢。別討沔曲諸蠻，皆克之。

孝閔帝踐阼，入為小宗伯。齊人寇東境，忠出鎮蒲坂。及司馬消難請降，忠與柱國達奚武援之。於是共率騎士五千，人兼馬一疋，從間道馳入齊境五百里。前後遣三使報消難而皆不反命。去〔北〕豫州三十里，[五二]武疑有變，欲還。忠曰：「有進死，無退生。」獨以千騎夜趨城下，四面峭絕，徒聞擊柝之聲。武親來，麾數百騎以西。忠勒餘騎不動，候門開而入，乃馳遣召武。時齊鎮城伏敬遠勒甲士二千人據東陴，[五三]舉烽嚴警。武憚之，不欲保城，乃多取財帛，以消難及其屬先歸。忠以三千騎為殿，到洛南，皆解鞍而臥。齊衆來追，至於洛北。忠謂將士曰：「但飽食，今在死地，賊必不敢渡水當吾鋒。」齊兵陽若渡水，忠馳將擊之，

齊兵不敢逼，遂徐引而還。武歎曰：「達奚武自是天下健兒，今日服矣！」進位柱國大將軍。

武成元年，進封隨國公，邑萬戶，別食竟陵縣一千戶，收其租賦。尋治御正中大夫。

保定二年，遷大司空。時朝議將與突厥伐齊，公卿咸曰：「齊氏地半天下，國富兵強。若從漠北入幷州，極為險阻，且大將斛律明月未易可當。今欲探其巢窟，非十萬不可。」忠獨曰：「師克在和不在衆，萬騎足矣。明月豎子，亦何能為。」三年，乃以忠為元帥，大將軍楊纂、李穆、王傑、爾朱敏及開府元壽、田弘、慕容延等十餘人皆隸焉。[五四]又令達奚武帥步騎三萬，自南道而進，期會晉陽。忠乃留敏據什賁，遊兵河上。忠出武川，過故宅，祭先人，饗將士，席卷二十餘鎮。齊人守陘嶺之隘，忠縱奇兵奮擊，大破之。又留楊纂屯靈丘為後拒。突厥木汗可汗控(也)〔地〕頭可汗、[五五]步(雖)〔離〕可汗等，[五六]以十萬騎來會。四年正月朔，攻晉陽。是時大雪數旬，風寒慘烈，齊人乃悉其精銳，鼓噪而出。突厥震駭，引上西山不肯戰。衆皆失色。忠令其衆曰：「事勢在天，無以衆寡為意。」乃率七百人步戰，死者十四五。以武後期不至，乃班師。齊人亦不敢逼。突厥於是縱兵大掠，自晉陽至(欒)〔平〕城七百餘里，[五七]人畜無孑遺，俘斬甚衆。高祖遣使迎勞忠於夏州。及至京師，厚加宴賜。高祖將以忠為太傅，晉公護以其不附己，難之；乃拜總管涇(幽)〔豳〕靈雲鹽顯六州諸軍事、涇州刺史。[五八]

是歲，大軍又東伐，晉公護出洛陽，令忠出沃野以應接突厥。時軍糧既少，諸將憂之，而計無所出。忠曰：「當權以濟事耳。」乃招誘稽胡諸首領，咸令在坐。使王傑盛軍容，鳴鼓而至。忠陽怪而問之。傑曰：「大冢宰已平洛陽，天子聞銀、夏之間生胡擾動，故使傑就公討之。」又令突厥使者馳至而告曰：「可汗更入幷州，留兵馬十餘萬在長城下，故遣問公，若有稽胡不服，欲來共公破之。」坐者皆懼，忠慰喩而遣之。於是諸胡相率歸命，饋輸塡積。屬晉公護先退，忠亦罷兵還鎮。又以政績可稱，詔賜錢三十萬、布五百疋、穀二千斛。

天和三年，以疾還京。高祖及晉公護屢臨視焉。尋薨，年六十二，贈太保、同朔等十三州諸軍事、同州刺史，本官如故。謚曰桓。子堅嗣。

弟整，[五九]建德中，開府、陳留郡公，從高祖平齊，歿於幷州。以整死王事，詔其子智積襲其官爵。整弟(惠)〔慧〕，[六〇]大象末，大宗伯、竟陵縣公。(惠)〔慧〕弟嵩，以忠勳，賜爵興城郡公，早卒。嵩弟達，亦以忠勳，爵周郡公。[六一]

王雄字胡布頭，[六二]太原人也。父崙以雄(傑)著勳，追贈柱國大將軍、[六三]少傅、安康郡公。

雄儀貌魁梧，少有謀畧。永安末，從賀拔岳入關，除征西將軍、金紫光祿大夫。魏孝武西遷，授都督，封臨貞縣伯，[六四]邑五百戶。大統初，進爵為公，增邑二百戶。拜武衞將軍，加驃騎將軍，增邑八百戶，進大都督。尋拜儀同三司，增邑三百戶。遷開府儀同三司，加侍中，出為岐州刺史。進爵武威郡公，進位大將軍，行同州事。十七年，雄率軍出子午谷，圍梁上津、魏興。明年，克之，以其地為東梁州。[六五]尋而復叛，又令雄討之。魏恭帝元年，賜姓可頻氏。[六六]孝閔帝踐阼，授少傅，增邑二千戶，進位柱國大將軍。武成初，進封庸國公，邑萬戶。尋出為涇州總管諸軍事、涇州刺史。

保定四年，從晉公護東征。雄在塗遇病，乃自力而進。至邙山，與齊將斛律明月接戰。雄馳馬衝之，殺三人，明月退走，雄追之。明月左右皆散，矢又盡，惟餘一奴一矢在焉。雄按矟不及明月者丈餘，曰：「惜爾不殺得，但任爾見天子。」[六七]明月乃射雄，中額，[六八]抱馬退走，至營而薨。時年五十八。贈使持節、太保、同華等二十州諸軍事、同州刺史，謚曰忠。子謙嗣，自有傳。

史臣曰：太祖接喪亂之際，乘戰爭之餘，發迹平涼，撫征關右。于時外虞孔熾，內難方

賬，羽檄交馳，戎軒屢駕。終能蕩淸逋孽，克固鴻基。雖稟筭於廟謨，實責成於將帥。達奚武等竝兼資勇略，(感)〔咸〕會風雲。〔六九〕或効績中權，或立功方面，均分休慼，同濟艱難。可謂國之爪牙，朝之禦侮者也。而武協規太祖，得儁小(間)〔關〕，〔七〇〕周瑜赤壁之謀，賈詡烏巢之策，何能以尙。一言興邦，斯近之矣。

校勘記

〔一〕至轂城　宋本、南本、汲本、局本「成」都作「城」。張元濟以爲「成」字非，云：「見李弼傳卷一五。」按當時地名「城」字常寫作「成」，非必訛字。但這裏他本都作「城」，自以作「城」爲是，今逕改。

〔二〕出爲北雍州刺史　北史卷六五達奚武傳無「北」字。

〔三〕齊將斛律敦侵汾絳武以萬騎禦之敦退武築栢壁城留開府權嚴薛羽生守之　北齊書卷一七斛律金傳「字阿六敦」，北史卷五四斛律金傳云「本名敦」，「敦」是省稱，也卽其漢名。但其事不見金傳，唯附子光傳稱齊天保十年卽周武成元年，公元五五九年二月「率騎一萬，討周開府曹迴公，斬之，栢谷城主儀同薛禹生棄城奔遁」，時間正相合。這裏以爲斛律金事，恐是記載有誤。「薛羽生」作「薛禹生」，北齊記載得之耳聞，疑作「羽」是。「栢壁城」北齊書作「栢谷城」。按元和郡縣志卷一四絳州正平縣條云：「柏壁在縣西南二十里。」北齊書卷一六段榮附子韶傳載韶語云：「汾北、

河東勢爲國家之有，若不去栢谷，事同痼疾。」則柏壁、栢谷城同是汾絳間的要塞，當是一城。武成元年五五九年守將薛羽生雖然「棄城奔遁」，但齊也未能久據此險，所以在齊武平二年卽周天和六年，公元五七二年，段韶重又攻取此城。

〔四〕賜武雜綵一百段　册府卷八四五一〇〇三二頁「武」作「震」。

〔五〕封昌邑縣公一千戶　北史卷六五達奚武附子震傳「昌邑」作「魏昌」。按魏書地形志無昌邑縣。疑本作「封魏昌縣公，邑一千戶」。脫「魏」字，又「邑」字誤移在「昌」字下。然太平寰宇記一四濟州金鄉縣有昌邑故城云「漢爲縣，高齊天保七年省廢」，又似魏有此縣，今不改。

〔六〕拜儀同〔司〕右中大夫　張森楷云：「此官罕見，疑有挩衍誤字。」按北史本傳作「司右中大夫」，此官見通典卷三九後周官品正五命。這裏脫「司」字。今據補。

〔七〕武(平)〔成〕初　張森楷云：「『平』當作『成』，武平是齊後主年號，周但有武成。」按張說是，今據改。

〔八〕建德初襲爵鄭國公　按卷五武帝紀上天和六年五七一年見「鄭國公達奚震」。「建德初」當作「天和末」。

〔九〕明年加驃騎大將軍開府儀同三司行西夏州事安平郡公　按上文敍渭橋之戰和南岐州氐苻安壽事都在大統四年五三八年，則明年是五年。北史卷六〇侯莫陳崇附兄順傳作「六年」，不知孰是。又北史「安平」作「平原」。卷三閔帝紀元年四月見「少師平原公侯莫陳順」，卷一六傳末載十二大將軍也稱侯莫陳順爲平原郡公。疑作「平原」是。

〔一〇〕高祖勝以燕皇始初歸魏　張森楷云：「『燕』下當有某官，挩去。以『皇始』是魏年，燕無之，不得云『以燕皇始初』也。」按「燕」也可能是衍文。

〔一一〕父長　北史卷六八豆盧寧傳「長」作「萇」。文苑英華卷九二五庾信豆盧永恩神道碑作「長」。

〔一二〕追贈柱國大將軍少保　文苑英華卷九一九庾信慕容寧卽豆盧寧神道碑「少保」作「少師」。

〔一三〕除武衞大將軍　北史本傳無「武」字。

〔一四〕遷左衞將軍　英華慕容寧神道碑「左」作「右」。

〔一五〕羌帥傍乞鐵(忽)〔怱〕　卷三三趙剛傳宋本作「鐵怱」，卷四九異域宕昌羌傳宋本作「鐵葱」，殿本都作「鐵忽」。北史本傳作「鐵公」，卷六〇宇文貴傳作「鐵怱」。册府卷二九一三四二五頁作「鐵怱」，通鑑卷一六三五〇三六頁作「鐵恖」。按北史本傳「公」字是「怱」之訛。「怱」「怱」「恖」音同。「忽」是「怱」之訛，今據改。以後逕改，不別出校記。

〔一六〕侯方兒　英華慕容寧碑「兒」作「仁」。按「仁」和「兒」北人讀音同。正如爾朱兆字「萬仁」，本書文帝紀作「爾朱吐萬兒」。參卷一校記第一九條。

〔一七〕固(查)〔道〕氐魏大王　張森楷云：「異域傳卷四九作『固道氐魏天王』，是也。此疑誤刻。」按固道

是南岐州所屬廢郡名見魏書卷一〇六地形志下、隋書卷二九地理志上河池郡梁泉縣條，張說是，今據改。「大」「天」不知孰是。

〔一八〕時年六十六　英華慕容公碑作「春秋六十有二」。

〔一九〕賜爵華陽縣侯　北史卷六八豆盧寧傳附子讚「華陽」作「華陰」。

〔二〇〕二年出爲成州刺史　文苑英華卷九二五庾信豆盧永恩碑事在「三年」。

〔二一〕進爵龍(來)〔支〕縣侯　英華豆盧永恩碑「龍來」作「龍支」。按隋書卷二九地理志上枹罕郡屬縣有龍支，云：「後魏曰北金城，西魏改焉。」「龍來」，無此縣名，今據改。

〔二二〕二年復出爲隴右總管府長史　英華豆盧永恩碑事在「三年」。

〔二三〕又增邑并前四千五百戶　英華豆盧永恩碑作「四千七百戶」。

〔二四〕年四十八　英華豆盧永恩碑作「春秋五十八」。按豆盧寧卒於保定五年五六五年，年六十六或六十二。豆盧恩卒於保定二五六二年或三年，年四十八，則弟兄年齡相距十餘歲。傳稱恩隨寧同事侯莫陳悅，似年歲相差不多，疑碑作「五十八」是。

〔二五〕男兒當提劍汗馬　「汗」原作「汙」。諸本和北史卷六〇宇文貴傳都作「汗」，是。今逕改。

〔二六〕刺史源子雍嬰城固守以貴爲統軍救之　北史卷六〇宇文貴傳、册府卷三九五四六九三頁無「救之」二字。按「救之」二字文義不順，似乎另外有人委他爲統軍去救源子雍。却又並無主名。册

府此條雖有訛字，也有删節，但下文「前後數十戰」等語是北史本傳所沒有的，知採自周書，却同北史無「救之」二字。疑原文本無此二字。

〔二七〕（關）〔閤〕內大都督　按「關」爲「閤」之訛，見卷一五校記第二八條。

〔二八〕東魏潁州（刺）〔長〕史賀若統據潁川來降　汲本、局本作「潁川刺史」，册府卷四一九四九九六頁作「潁川長史」。按當作「長史」，見卷二校記第一一條。今據改。

〔二九〕率衆二萬攻潁　北史本傳、册府卷四一九四九九六頁「潁」下有「川」字。疑此脫去。

〔三〇〕去潁川三十里　北史本傳「三」作「四」。

〔三一〕據有渠株川　卷四九宕昌羌傳「株」作「林」。

〔三二〕授大都督興西蓋等六州諸軍事　按「西蓋州」不見紀載。卷二文帝紀下魏廢帝三年正月曾改「西益爲利州」，州和興州相鄰，「西蓋」當是「西益」之訛。宇文貴都督此州在魏廢帝二年，明年就改爲利州了。

〔三三〕李光賜　北史本傳「賜」作「易」，册府卷四二三五〇三五頁作「易」，此條册府採自北史，「易」乃「易」之訛，仍是周書和北史之異。

〔三四〕州人李祏亦聚衆反開府張遁舉兵應之　北史本傳「祏」作「拓」，「遁」作「道」，册府卷四二三五〇三五頁宇文貴爲大將軍條採自北史，而「拓」又作「柘」「遁」作「道」同。「拓」「祏」、「遁」「道」未知孰是。參卷三六校記第三四條。

〔三五〕孝閔帝踐阼進位柱國拜御正中大夫　八瓊室金石補正卷二三強獨樂文帝廟碑云：「今從柱國大將軍、大都督、甘州諸軍事、化政郡開國公宇文貴，邊戍岷蜀，因防武康。」按本傳前云「都督益、潼等八州諸軍事、益州刺史」。碑立於閔帝卽位之初，必是已改督或加督甘州，所以傳於這條後說「武成初與賀蘭祥討吐谷渾」，宇文貴正是以都督甘州諸軍事的身份從事這次戰役。傳失載都督甘州諸軍事。

〔三六〕遷大司空　張森楷云：「此遷不見於紀。保定四年卷五武帝紀上但云許國公宇文貴爲大司徒，不云自大司空遷。」按傳繫此遷於武成初貴與賀蘭祥攻吐谷渾之後。考武成元年五五九年三月「討吐谷渾」，五月宇文邕卽武帝爲大司空，次年四月，邕卽位。保定元年五六一年三月尉遲綱爲大司空。武成二年五六〇年四月到保定元年三月，近一年間大司空缺位，如傳文不誤，則宇文貴任大司空只有在此時。

〔三七〕少以父軍功賜爵化政郡公　按隋書卷四〇、北史卷六〇宇文忻傳說忻自以守玉壁功進爵化政郡公，不是因父功賜爵，與此不同。

〔三八〕保定中位至上開府　按卷六武帝紀下建德四年五七五年十月始置上開府、上儀同官，宇文愷不可能於保定中已經位至上開府。隋書卷六八宇文愷傳云：「高祖隋文帝楊堅爲丞相，加上開府。」楊堅爲丞相，在大象二年五月宣帝死後，「保定中」當作「大象中」。

〔三九〕因家於神武樹頹焉　魏書卷一〇六上地形志上朔州神武郡屬縣作「殊頹」。

〔四〇〕祖烈龍驤將軍太原郡守　按隋書卷一高祖紀爲太原郡守者是烈父惠嘏，烈乃平原太守。北史卷一一隋本紀上同。

〔四一〕父禎以軍功除建遠將軍　隋書高祖紀「建」作「寧」。北史隋本紀上同。

〔四二〕以爲（大）〔文〕德主帥　文德是殿名。文德主帥屢見南朝史籍。「大」字誤，今改正。

〔四三〕蠻帥（日）〔田〕杜清　張森楷云：「『日』不見於姓氏書。蠻傳卷四九作『田杜淸』是。」按「田」是蠻族大姓，作「日」誤，今據改。「杜」「杜」未知孰是。

〔四四〕其西義陽郡守馬伯符以下溠城降　按隋書卷三一地理志下漢東郡唐城縣條云：「後魏曰濉西，置義陽郡，西魏改濉西爲下溠。」馬伯符以下溠城降，自卽上引隋志義陽郡的太守，據隋志上不加「西」字。隋書卷三〇地理志中淮安郡桐柏縣條云：「又梁置西義陽郡」，在今桐柏縣東，和在今棗陽、隨縣間的下溠城隔着一座桐柏山。梁時將「西」字加在另一個「義陽」頭上，卽因在此義陽之西。通鑑卷一六二五〇三一頁稱「魏楊忠將至義陽，太守馬伯符以下溠城降之」，不云「西義陽」。本條「西」字疑衍。

〔四五〕忠自樊城觀兵於漢濱　御覽卷二八八一三三〇頁「樊」作「穰」。按前云楊忠「鎭穰城」，所以說「自穰城」，意謂自穰城而來。若是「樊城」則「自」字沒有道理。且樊城卽在漢濱，何須自漢濱觀兵於漢濱。况樊城這時爲蕭詧所據，周軍應在進軍樊城時，虛張聲勢。若已到了樊城，兵數多寡易於暴露，豈能如後文所云「易旗遞進」，使蕭詧誤以二千騎爲三萬。知「樊城」應從御覽作「穰城」。

〔四六〕自率兵騎一萬寇襄陽　通典卷一五六兵九「兵」作「步」，較長。北史卷一一隋本紀上亦作「樊城」，沿誤已久。今不改。

〔四七〕遇仲禮於淙頭　卷二文帝紀下、北史卷一一隋本紀上、南史卷三八柳仲禮傳「淙」都作「漴」。參卷二校記第一八條。

〔四八〕西陵郡守羊思達　梁書卷五六侯景傳作「西陽太守羊思建」。

〔四九〕汝南城主李素　南史卷五三邵陵王倫傳作「李素孝」，這裏是雙名單稱。

〔五〇〕賜姓普六如氏　北史隋本紀上「如」作「茹」。按魏書卷一一三官氏志作「普陋茹」。譯音無定字。

〔五一〕立蕭詧爲梁（王）〔主〕　「主」原作「王」。北史隋本紀上「王」作「主」。按卷二文帝紀下魏恭帝元年十一月、卷一五于謹傳、卷四八蕭詧傳都作「梁主」。蕭詧稱梁王在大統十六年五五〇年，江陵破後，卽由西魏立爲皇帝，作「主」是。今據改。

〔五二〕去（北）豫州三十里　北史卷一一隋本紀上和通典卷一五九兵十二「豫州」上都有「北」字。按司馬消難是高齊的北豫州刺史。他舉州歸附，周遣兵接應，自然也到北豫州。此脫「北」字，今據

補。

〔五三〕甲士二千人　北史隋本紀上「二」作「三」。

〔五四〕慕容延　北史隋本紀上「延」作「近」。

〔五五〕控（也）〔地〕頭可汗　宋本、汲本、局本和北史隋本紀上「也」作「地」。卷三三楊荐傳、通鑑卷一六九五二三七頁作「地頭可汗」，無「控」字。册府卷四四七五三〇八頁作「控頭可汗」，「控」下當是脱去一字。張元濟據楊荐傳，以爲「也」字誤。按張說是，今據改。楊荐傳和通鑑作「地頭」，則當以「控」字爲動詞。

〔五六〕步（雖）〔離〕可汗　北史隋本紀上、册府卷四四七五三〇八頁、通鑑卷一六九五二三七頁「雖」都作「離」。按隋書卷八四突厥傳稱佗鉢可汗「又以其弟褥但可汗子爲步離可汗，居西方」。北史卷九九突厥傳無「子」字。事在木杆死後，和這裏的步離可汗，自非一人。但也可旁證「雖」當作「離」。今據諸書改。

〔五七〕自晉陽至（欒）〔平〕城七百餘里　北史隋本紀上、册府卷四四七五三〇八頁「欒」作「平」。按欒城即今河北欒城縣。突厥這次是和周軍會攻晉陽，並未深入河北。册府此條採自周書，知周書本亦作「平」，今據改。

〔五八〕乃拜總管涇（幽）〔豳〕靈雲鹽顯六州諸軍事涇州刺史　錢氏考異卷三二云：「按幽州與涇絶遠，當

是豳州之誤。」按錢說是，今據改。

〔五九〕弟整　張森楷云：「弟上當有『堅』字。緣整是堅弟，若如此文，則整似忠弟矣。」

〔六〇〕整弟（惠）〔慧〕　隋書卷四四滕穆王瓚傳云：「一名慧，高祖母弟也。」北史卷七一隋宗室諸王傳同。張森楷云：「『慧』『惠』古字通用，但時觀德王雄一名惠見隋書卷四三觀德王雄傳及北史卷六八楊紹附子雄傳。混而無別，似當作『慧』爲是。」按張說是，卷八静帝紀之（陽）〔楊〕慧即其人，正作「慧」。今據改。

〔六一〕嵩弟達亦以忠勳爵周郡公　按當時無「周郡」。隋書卷四四衞昭王爽傳云：「字師仁，小字明達，高祖異母弟也。周世在襁褓中以太祖楊忠軍功封同安郡公。」北史卷七一隋宗室諸王傳同。這裏稱其小字亦是鮮卑名，又單稱「達」，實是一人。隋書卷三一地理志下同安郡懷寧縣條云：「大業三年置同安郡。」後周無此郡，疑爲「周安」之訛。隋書卷二九通川郡西流縣條云：「西魏『又置開州及周安、萬安、江會三郡』，周安郡至開皇初始廢。又巴東郡新浦縣條云：「後周置周安郡，開皇初郡廢。」則周有二周安郡。疑楊達封的是周安郡公，周書此條脱「安」字，北史「周」訛「同」。

〔六二〕字胡布頭　北史卷六〇王雄傳作「字雄胡布頭」。

〔六三〕父崙以雄（傑）著勳追贈柱國大將軍　張森楷云：「『傑』字不當有，北史本傳無『傑』字。」按張說是，今據删。

〔六四〕封臨貞縣伯　張森楷云：「北史本傳『貞』作『眞』。據地志魏書卷一〇六下地形志下有臨眞東夏州無『臨貞』，作『貞』誤，當依北史。」按北史百衲本也作「貞」。但「貞」當作「眞」，張說是。

〔六五〕以其地爲東梁州　「東」原作「果」，諸本都作「東」。周書卷二文帝紀下魏廢帝元年稱「王雄平上津、魏興，以其地置東梁州」，知「果」爲「東」之訛。又當時上津實別置南洛州，紀傳皆脱。見卷二校記第一九條。

〔六六〕賜姓可頻氏　北齊書卷一七斛律光傳稱王雄爲「可叱雄」，「叱」和「頻」不知孰是，也可能可叱頻乃三字姓，各省其一。

〔六七〕惜爾不殺得但任爾見天子　北史本傳作「惜爾不得殺，但生將爾見天子」。册府卷四二五五〇五七頁、通鑑卷一六九五二四八頁略同北史，按「任爾見天子」句解釋不通。册府此條採自周書，只節删數字。疑周書本與北史同。

〔六八〕明月乃射雄中額　北史卷六〇王雄傳、册府卷四二五五〇五七頁、御覽卷三一〇一四二五頁「乃」作「反」。按當時斛律光在前奔逃，背對着王雄，「反射」較長。

〔六九〕（感）〔感〕會風雲　宋本「感」作「感」。汲本、局本作「感」，注云：「一作感。」按北史將此傳論置於卷六五達奚武等十四人傳後，「感」也作「感」。今據改。

〔七〇〕得儁小（間）〔關〕　北史卷六五達奚武等傳後論「小間」作「小關」。按此句指達奚武贊同宇文泰

并兵擊竇泰，於小關斬泰之事見本傳和卷二文帝紀，北史是，今據改。

周書卷二十

列傳第十二

王盟　賀蘭祥　尉遲綱　叱列伏龜　閻慶

王盟字子件，[一]明德皇后之兄也。其先樂浪人。六世祖波，前燕太宰。祖珍，魏黃門侍郎，贈幷州刺史、樂浪公。父羆，伏波將軍，以良家子鎮武川，因家焉。

魏正光中，破六汗拔陵攻陷諸鎮，盟亦爲其所擁。拔陵破後，流寓中山。孝昌初，除積射將軍，從蕭寶夤西征。寶夤僭逆，盟遂逃匿民間，以觀其變。及爾朱天光入關，盟出從之。隨賀拔岳爲前鋒，擒万俟醜奴，平秦隴，常先登力戰。拜征西將軍、平秦郡守。太祖將討侯莫陳悅，徵盟赴原州，以爲留後大都督，鎮高平。悅平，除原州刺史。

魏孝武至長安，封魏昌縣公，邑一千戶。大統初，復加車騎大將軍、儀同三司。三年，徵拜司空，尋轉司徒。迎魏文帝悼后於茹茹。[二]加侍中，遷太尉。[三]魏文帝東征，以留後

大都督行雍州事，節度關中諸軍。趙青雀之亂，盟與開府李虎輔魏太子出頓渭北。事平，進爵長樂郡公，增邑幷前二千戶，賜姓拓（拔）〔王〕氏。[四]東魏侵汾川，圍玉壁，盟以左軍大都督守蒲坂。軍還，遷太保。九年，進位太傅，加開府儀同三司。

盟姿度弘雅，仁而汎愛。雖位居師傅，禮冠羣后，而謙恭自處，未嘗以勢位驕人。魏文帝甚尊重之。及有疾，數幸其第，親問所欲。其見禮如此。大統十一年，薨，贈本官，謚曰孝定。

子勵，[五]字醜興，性忠果，有才幹。年十七，從太祖入關，及太祖平秦隴，定關中，勵常侍從。太祖嘗謂之曰：「爲將，坐見成敗者上也，被堅執銳者次也。」勵曰：「意欲兼之。」太祖大笑。尋拜平東將軍、散騎常侍，賜爵梁甫縣公。大統初，爲千牛備身直長，領左右，出入臥內，小心謹肅。魏文帝嘗曰：「王勵可謂不二心之臣也。」沙苑之役，勵以都督領禁兵從太祖。勵居左翼，與帳下數十人用短兵接戰，當其前者，死傷甚衆。勵亦被傷重，遂卒於行間，時年二十六。太祖深悼焉。贈使持節、太尉、領尚書令、十州諸軍事、雍州刺史，追封咸陽郡公，謚曰忠武。子弼襲爵。尙魏安樂公主，官至撫軍將軍、大都督、通直散騎常侍。

勵弟懋，字小興。盟之西征，以懋尚幼，留在山東。永安中，始入關，與盟相見，遂從征伐。大統初，賜爵安平縣子，授揚烈將軍。從盟迎魏悼后還，拜城門校尉。魏文帝東征，以

撫軍將軍兼太子左率，留守。俄轉右率。歷尙食典御、領左右、武衞將軍。錄前後功，進爵爲公，增邑千戶，遷右衞將軍。于時疆場交兵，未申喪紀，服齊斬者，並墨縗從事。及盟薨，懋上表辭位，乞終喪制。魏文帝不許。累遷大都督、散騎常侍、使持節、車騎大將軍、儀同三司、驃騎大將軍、開府儀同三司、侍中、左衞將軍、領軍將軍。

懋性溫和，小心敬愼。宿衞宮禁，[六]十有餘年，勤恪當官，未嘗有過。魏文帝甚嘉之。廢帝二年，除南岐州刺史，進爵安寧郡公，增邑幷前二千戶。魏恭帝二年，遷大將軍、大都督。後拜小司寇。卒于官。子悅嗣。官至大將軍、同州刺史，改封濟南郡公。

盟兄子顯，幼而敏悟，沉靜少言。初爲太祖帳內都督，累遷奉車都尉、寧朔將軍、車騎大將軍、儀同三司、燕朔顯蔚四州諸軍事、燕州刺史、驃騎大將軍、開府儀同三司、光祿卿、鳳州刺史，賜爵洛邑縣公，進位大將軍，卒。子誼嗣。

誼倜儻有大志，深爲高祖所親委。少歷顯職，見重於時。位至柱國、平陽郡公。宣帝卽位，進封揚國公，[七]拜大司空。大象末，襄州總管、上柱國。

賀蘭祥字盛樂。[八]其先與魏俱起，有紇伏者，[九]爲賀蘭莫何弗，因以爲氏。其後有以

良家子鎮武川者，遂家焉。父初眞，少知名，爲鄉閭所重。尙太祖姊建安長公主。保定二年，追贈太傅、柱國、常山郡公。

祥年十一而孤，居喪合禮。長於舅氏，特爲太祖所愛。雖在戎旅，常博延儒士，教以書傳。太祖初入關，祥與晉公護俱在晉陽，後乃遣使迎致之，語在護傳。年十七，解褐奉朝請，加威烈將軍。祥少有膽氣，志在立功。尋擢補都督，恒在帳下。從平侯莫陳悅，又迎魏孝武。以前後功，封撫夷縣伯，邑五百戶。仍從擊潼關，獲東魏將薛長孺。[一〇]又攻回洛城，拔之。還，拜左右直長，進爵爲公，增邑幷前一千三百戶。大統三年，從儀同于謹攻楊氏壁，祥先登，克之。遷右衞將軍，加持節、征虜將軍。沙苑之役，詔祥留衞京師。後以留守功，增邑八百戶。尋除鎮西將軍。四年，魏文帝東伐，祥領軍從戰河橋，以功加使持節、大都督。八年，遷車騎大將軍、儀同三司、散騎常侍。九年，從太祖與東魏戰於邙山，進位驃騎大將軍、開府儀同三司，加侍中。

十四年，除都督三荆南襄南雍平信江隨二郢淅十二州諸軍事、荆州刺史，進爵博陵郡公。先是，祥嘗行荆州事，雖未朞月，頗有惠政，至是重往，百姓安之。由是漢南流民，襁負而至者日有千數。遠近蠻夷，莫不款附。祥隨機撫納，咸得其歡心。時盛夏亢陽，祥乃親巡境內，觀政得失。見有發掘古冢，暴露骸骨者，乃謂守令曰：「此豈仁者之爲政耶。」於是

命所在收葬之，卽日澍雨。是歲，大有年。州境先多古墓，其俗好行發掘，至是遂息。

祥雖太祖密戚，性甚清素。州境南接襄陽，西通岷蜀，物產所出，多諸珍異。時既與梁通好，行李往來，公私贈遺，一無所受。梁雍州刺史、岳陽王蕭詧，欽其節儉，乃以竹屏風、絺綌之屬及以經史贈之。祥難違其意，取而付諸所司。太祖後聞之，並以賜祥。尋被徵還。

十六年，拜大將軍。太祖以涇渭溉灌之處，渠堰廢毀，乃命祥脩造富平堰，開渠引水，東注於洛。功用既畢，民獲其利。魏廢帝二年，行華州事。後改華州爲同州，仍以祥爲刺史。尋拜尚書左僕射。六官建，授小司馬。孝閔帝踐阼，進位柱國，遷大司馬。時晉公護執政，祥與護中表，少相親愛，軍國之事，護皆與祥參謀。及誅趙貴，廢孝閔帝，祥有力焉。

武成初，吐谷渾侵涼州，詔祥與宇文貴總兵討之。祥乃遣其軍司檄吐谷渾曰：

夫二氣既分，三才定位，樹之以君，本爲黔首，豈使悖義違道，肆於民上？昔魏氏不綱，羣方幅裂，豺狼橫噬，龜玉已毀，喁喁黔黎，咸墜塗炭。我先皇神武應期，一匡天下，東戡南剪，無思不服。天鑒有周，世篤英聖，遂廓洪基，奄荒萬寓。固則神皋西嶽，險則百二猶在。卿士師師，羣后率職。故知三靈之所睠集，四隩之所來蘇也。

彼國世在西垂，作藩於魏。值中原政亂，遂阻皇風，首鼠兩端，伺我邊隙。先皇含垢藏疾，仍存聘享，欲睦之以隣好，申之以婚姻。彼國苞藏禍心，屢違盟約，外結仇讎，

自貽近患，是故往年致突厥之師也。自爾迄今，蜂蠆彌毒，入我姑臧，俘我河縣，芟夷我菽麥，虔劉我蒼生。我皇武以止戈，文以懷遠，德覃四海，化溢八荒。以彼惡稔禍盈，故命龔行九伐。武臣猛將，天張雷動，皆六郡良家，三秦精銳，揮戈擐甲，同萃龍沙。柱國、博陵公祥，貴戚重望，乃文乃武，受脤廟堂，元戎啓路；太傅、燕國公(于)謹，〔一一〕英猷不世，應變無窮，仗旄指麾，爲其謀主；柱國、化政公貴，早播威聲，奇正兼設，直取龍涸，濟自南河。突厥與國睦親，同恥反道，驅引弓之民，總穹廬之衆，解鞍成山，雲蒸霧合。

往歲王師西伐，成都不守；桴鼓南臨，江陵底定。鑿空萬里，闢地千都，荒服畏威，膜拜厥角。成敗之機，較然可見。若能轉禍爲福，深識事宜，君臣相率，輿櫬稽顙，則爵等顯除，永蕃西服；如其徘徊危邦，覬延時漏，覆宇湮祀，〔一二〕良助寒心。幸思嘉謀，以圖去就。

遂與吐渾廣定王、鍾留王等戰，〔一三〕破之。因拔其洮陽、(共)〔洪〕和二城，〔一四〕以其地爲洮州。撫安西土，振旅而還。進封涼國公，邑萬戶。保定(四)〔二〕年薨，〔一五〕年四十八。贈使持節、太師、同岐等十二州諸軍事、〔一六〕同州刺史。謚曰景。

有七子，敬讓璨師寬知名。敬少歷顯職，封化隆縣侯。後襲爵涼國公，位至柱國大將軍、華州刺史。讓，大將軍、鄜州刺史、〔一七〕河東郡公。璨，開府儀同三司、宜陽縣公。〔一八〕〔建德五年，從高祖於幷州，戰歿，贈上大將軍，追封清都郡公。師，尚世宗女，位至上儀同大將軍、幽州刺史、博陵郡公。寬，開府儀同大將軍、武始郡公。祥弟隆，大將軍、襄樂縣公。〕〔一九〕

隋文帝與祥有舊，開皇初，追贈上柱國。

尉遲綱字婆羅，蜀國公迥之弟也。少孤，與兄迥依託舅氏。太祖西討關隴，迥、綱與母昌樂大長公主留于晉陽，〔二〇〕後方入關。從太祖征伐，常陪侍帷幄，出入臥內。後以迎魏孝武功，拜殿中將軍。大統元年，授帳內都督，從儀同李虎討曹泥，破之。又從破竇泰。以功封廣宗縣伯，邑五百戶。仍從復弘農，克河北郡，戰沙苑，皆有功。

綱驍果有膂力，善騎射。太祖甚寵之，委以心膂。河橋之戰，太祖馬中流矢，因而驚奔。綱與李穆等左右力戰，衆皆披靡，太祖方得乘馬。以前後功，增邑八百戶，進爵爲公，仍拜平遠將軍、步兵校尉。八年，加通直散騎常侍、太子武衞率、前將軍，轉帥都督。東魏圍玉壁，綱從太祖救之。九年春，太祖復與東魏戰於邙山，大軍不利，人心離解。綱勵將士，盡心翊衞。遷大都督。十四年，拜車騎大將軍、儀同三司，加散騎常侍，增邑三百戶。

俄遷驃騎大將軍、開府儀同三司，加侍中，進爵昌平郡公。〔二一〕十七年，出爲華州刺史。魏廢帝二年，拜大將軍，兼領軍將軍。及帝有異謀，言頗漏泄。太祖以綱職典禁旅，使密爲之備。俄而帝廢，立齊王，仍以綱爲中領軍，總宿衞。

綱兄迥率衆伐蜀，綱從太祖送之於城西，見一走兔，太祖命綱射之。誓曰：「若獲此兔，必當破蜀。」俄而綱獲兔而反。太祖喜曰：「事平之日，當賞汝佳口。」及克蜀，賜綱侍婢二人。又常從太祖北狩雲陽，值五鹿俱起，綱獲其三。每從遊宴，太祖以珍異之物令諸功臣射而取之，綱所獲輒多。

孝閔帝踐阼，綱以親戚掌禁兵，除小司馬。又與晉公護廢帝，語在護傳。世宗卽位，進位柱國大將軍。武成元年，進封吳國公，邑萬戶，除涇州總管、五州十一防諸軍事、涇州刺史。是歲，大長公主薨于京師，綱去職。尋起復本官。保定元年，拜少傅。俄而授大司空。二年，出爲陝州總管、七州十三防諸軍事、陝州刺史。四年，晉公護東討，乃配綱甲士，留鎮京師。綱以天子在宮，必無內慮，乃請出外，頓於咸陽。大軍還，綱復歸鎮。天和二年，以綱政績可稱，賜帛千段、穀六千斛、錢二十萬，增邑四百戶。陳公純等以皇后阿史那氏自突厥將入塞，詔徵綱與大將軍王傑率衆迎衞於境首。三年，追論河橋之功，封一子縣公，邑一千戶。四年五月，薨于京師，時年五十三。贈太保、十二州諸軍事、同州刺史。謚曰武。

第三子安，〔二二〕以嫡嗣。大象末，位至柱國。安兄運，別有傳。運弟勱，少歷顯位。大象末，青州總管。起兵應伯父迥，事在迥傳。安弟敬，尚世宗女河南公主，位至儀同三司。

叱列伏龜字摩頭陁，〔二三〕代郡西部人也。世爲部落大人。魏初入附，遂世爲第一領民酋長。至龜，容貌瓌偉，腰帶十圍，進止詳雅，兼有武藝。嗣父業，復爲領民酋長。魏正光五年，廣陽王深北征，請龜爲寧朔將軍，委以帳內兵事。尋除善無郡守。孝昌三年，又除別將，從長孫稚西征。以戰功，累遷征西將軍、金紫光祿大夫。後還洛，授都督，遂爲齊神武所寵任，加授大都督。沙苑之敗，隨例來降。太祖以其豪門，解縛禮之。仍以邵惠公女妻之。大統四年，封長樂縣公，邑一千戶。自此常從太祖征討，亟有戰功。八年，出爲北雍州刺史，加大都督。尋進位車騎大將軍、儀同三司、散騎常侍。十四年，徵拜侍中，加驃騎大將軍、開府儀同三司，除恆州刺史，增邑通前一千四百戶。十七年，卒。子椿嗣。

椿字千年。世宗時，拜車騎大將軍、儀同三司。尋遷驃騎大將軍、開府儀同三司，改封永世縣公，邑一千二百戶。保定二年，授幽州刺史。〔二四〕天和初，除左宮伯，進位大將軍。

閻慶字仁慶，〔二五〕河南河陰人也。曾祖善，仕魏，歷龍驤將軍、雲州鎮將，因家于雲州之盛樂郡。祖提，使持節、車騎大將軍、燉煌鎮都大將。父進，有謀略，勇冠當時。正光中，拜龍驤將軍。屬衞可孤作亂，攻圍盛樂。進率衆拒守，緜歷三載，晝夜交戰，未嘗休息，以少擊衆，城竟獲全。以功拜盛樂郡守。

慶幼聰敏，重然諾，風儀端肅，望之儼然。及衞可孤侵逼盛樂，慶隨父固守，頗有力焉。拜別將，稍遷輕車將軍，加給事中。後以軍功，拜步兵校尉、中堅將軍。

既而齊神武舉兵入洛，魏孝武西遷，慶謂所親曰：「高歡跋扈，將有篡逆之謀，豈可苟安目前，受其控制也！」遂以大統三年，自宜陽歸闕。太祖謂慶曰：「高歡逆亂，宇內分崩，羣盜競興，人皆徇己。卿遂能盡忠貞之節，重君臣之義，背逆歸順，捨危就安，雖古人所稱，何以加也。」即拜中堅將軍、奉車都尉。河橋之役，以功拜前將軍、太中大夫，遷後將軍，封安次縣子，邑四百戶。及邙山之戰，先登陷陳。拜撫軍將軍、大都督，進爵爲伯，增邑五百戶。

慶善於綏撫，士卒未休，未嘗先舍，故能盡其死力，屢展勳勞。累遷使持節、車騎大將軍、儀同三司、散騎常侍、驃騎大將軍、開府儀同三司、雲州大中正，加侍中，賜姓大野氏。

孝閔帝踐祚，出爲河州刺史，進爵石保縣公，增邑千戶。州居河外，地接戎夷。慶留心撫納，頗稱簡惠。就拜大將軍，進爵大安郡公，邑戶如舊。入爲小司空，除雲州刺史，轉寧州刺史。慶性寬和，不苛察，百姓悅之。天和六年，進位柱國。

晉公護母，慶之姑也。護雖擅朝，而慶未嘗阿附。及護誅，高祖以此重之。乃詔慶第十二子毗尚帝女清都公主。〔二六〕慶雖位望隆重，婚連帝室，常以謙慎自守，時人以此稱之。建德二年，抗表致仕，優詔許焉。慶既衰老，恆嬰沉痼。宣帝以其先朝耆舊，特異常倫，乃詔靜帝至第問疾。賜布帛千段。醫藥所須，令有司供給。大象二年，拜上柱國。隋文帝踐極，又令皇太子就第問疾，仍供醫藥之費。開皇二年薨，時年七十七。贈司空、荊譙淅湖灃廣蒙七州諸軍事、荊州刺史。謚曰成。

長子常，先慶卒。次子毗嗣。〔二七〕大象末，位至大將軍。

史臣曰：中陽御曆，沛邑多封侯；白水配天，南陽皆貴戚。是知階緣近屬，以取寵榮，其來尚矣。王盟等始以親黨升朝，終以才能進達，勤宣運始，位列周行。實參迹於功臣，蓋弗由於恩澤也。

校勘記

〔一〕字子仵　北史卷六一王盟傳無「子」字。

〔二〕三年徵拜司空尋轉司徒迎魏文帝悼后於茹茹　張森楷云：「北史文帝紀卷五三月大統四年『立蠕蠕女郁久閭氏爲皇后，大赦，以司空王盟爲司徒』。與此前後互異，未知孰是。」

〔三〕加侍中遷太尉　張森楷云：「帝紀北史卷五文帝紀不書此遷，而八年書：『以太尉王盟爲太保。』據六年『太尉扶風王孚薨』，未除代人，疑盟即以其年遷太尉也。」按盟遷太尉不能早於大統六年五四〇年元孚死前。但本傳在遷太尉後接敍魏文帝東征和趙青雀事都在四年五三八年，似在迎茹茹后之後，即遷太尉。但這時元孚尚在，顯有牴牾。合上條來看，傳敍王盟遷官似都提前。

〔四〕賜姓拓（拔）〔王〕氏　諸本「拔」都作「王」。北史卷六一王盟傳作「拔」。按元和姓纂緝本十九鐸拓王氏條云：「狀曰：本姓王，樂浪人，祖羆，後魏伏波將軍，鎮武川。賜姓拓王氏。」此王羆即王盟父，雖敍賜姓較早，但可證諸本作「拓王」是。殿本乃據北史改，今回改。

〔五〕子勵　殿本考證云：「北史本傳作『勱』，及後諸『勵』字同。」

〔六〕宿衞宮禁　「宮」原作「官」。諸本及北史本傳都作「宮」，是。今逕改。

〔七〕進封揚國公　「揚」原作「陽」。諸本都作「揚」，北史卷六一王盟傳附從孫誼傳作「楊」。作「揚」

是，今逕改。

〔八〕字盛樂　殿本考證云：「晉蕩公護傳卷一一作『盛洛』，北史卷六一賀蘭祥傳亦同當云亦作『盛樂』，未知孰是。」按「樂」「洛」都是譯音。

〔九〕有紇伏者　北史卷六一賀蘭祥傳「紇」作「乞」。

〔一〇〕獲東魏將薛長孺　北史本傳「孺」作「儒」。卷五孝武帝紀永熙三年五三四年作「華薛之訛長瑜」。此外或作「薛瑜」，或作「薛瑾」，非常混亂，疑作長瑜是。別見卷一校記第二五條。

〔一一〕太傅燕國公（于）謹　册府卷四一六四九五六頁無「于」字。按上賀蘭祥，下宇文貴都不出姓，于謹不應獨有，今據刪。

〔一二〕覆宇湮祀　册府卷四一六四九五七頁「宇」作「宗」。這是成語，「宇」當是「宗」的形訛，但亦可通，今不改。

〔一三〕鍾留王　諸本和卷五〇吐谷渾傳都作「鐘」。北史本傳作「鍾」。張元濟以為「鐘」字誤。按譯音無定字，今不改。

〔一四〕因拔其洮陽（共）〔洪〕和二城　宋本、南本「共」作「洪」，汲本、局本作「共」，注云：「一作『洪』。」張元濟以為「共」字誤，云「見吐谷渾傳卷五〇」。按北史本傳、册府卷三五五四二一二頁、周書卷五明帝紀都作「洪」。隋書卷二九地理志上臨洮郡當夷縣條云：「後周置，又立洪和郡。」知這裏作「共」

誤。今據改。

〔一五〕保定（四）〔二〕年薨　卷五武帝紀上載賀蘭祥死，在保定二年五六二年閏月。通鑑卷一六八五二一九頁同，唯置於正月己亥，疑誤。按武帝紀這年六月稱「尉遲迥為大司馬」，即是代替賀蘭祥，敍事甚明。「四年」為「二年」之誤，今據改。

〔一六〕贈使持節太師同岐等十二州諸軍事　北史本傳百衲本「十二」作「十三」，殿本同周書。

〔一七〕讓大將軍鄜州刺史　北史本傳「鄜」作「鄭」。

〔一八〕宜陽縣公　宋本、南本和北史本傳「宜」作「宣」。張元濟云：「宜陽縣，北魏屬義州，疑『宜陽』是。」

〔一九〕〔建德五年至襄樂縣公〕　此六十六字，原脫，今據宋本補。所補諸子及弟歷官也見於北史卷六一賀蘭祥傳末，只有很少幾字增刪。

〔二〇〕留于晉陽　「于」原作「守」。諸本和北史卷六二尉遲迥附弟綱傳都作「于」。二張都以為「守」字誤。今逕改。

〔二一〕進爵昌平郡公　北史卷六二尉遲迥附弟綱傳倒作「平昌」。按魏書卷一〇六上地形志上東燕州平昌郡領縣二，其一為「昌平」；隋書卷三〇地理志中涿郡屬縣有昌平，云：「舊置東燕州及平昌郡。」東燕州和所屬郡縣，地形志雖說東魏天平年置，其實乃是舊有，天平時只是僑置而已。據此，似乎北魏末只有平昌郡，昌平是其屬縣。但北齊書卷二二李元忠附族叔景遺傳在太昌初五三二年進封昌平郡公，北史卷六九楊荐傳本書卷三〇楊荐傳以北史補稱其父曾為「昌平郡守」，則似魏曾置此郡。這裏作「昌平」也未必就錯。

〔二二〕第三子安　北史本傳「三」作「二」。

〔二三〕叱列伏龜　元和姓纂輯本五質作「叱伏列」。岑仲勉四校記云：「今周書二〇作『叱列伏』。廣韻、姓解、通志作『叱伏列』。疏證陳毅魏書官氏志疏證謂『叱列伏』即『叱列』，非三字姓，其說尚待研考。」姚氏北朝胡姓考二九九頁根據上述姓氏諸書，以為「周書『列』『伏』二字誤倒」。不同意陳氏叱列姓，伏龜雙名之說。注四云：「傳文下單稱龜，知其姓非僅為『叱列』。」按姚說是，卷四七姚僧垣傳載其子「永世公叱伏列椿」，亦作「叱伏列」。

〔二四〕保定二年授幽州刺史　按幽州是齊境，「幽」疑是「豳」之訛。

〔二五〕字仁慶　北史卷六一閻慶傳「慶」作「度」。

〔二六〕第十二子毗　按傳末云：「長子常，先慶卒，次子毗嗣。」與此矛盾。

〔二七〕次子毗嗣　殿本考證云：「『嗣』按當作『毗』監本誤『稚』，今從北史。」按宋本、南本、北本、汲本都作「稚」。若稚以次子襲爵，則上條毗為第十二子不誤，但隋書卷六八閻毗傳稱「七歲襲爵石保縣公」，即慶所封之爵，又似確以毗為嗣。

周書卷二十一[一]

列傳第十三

尉遲迥 王謙 司馬消難

尉遲迥字薄居羅，代人也。其先，魏之別種，號尉遲部，因而姓焉。父俟兜，性弘裕，有鑒識，尚太祖姊昌樂大長公主，生迥及綱。俟兜病且卒，呼二子，撫其首曰：「汝等並有貴相，但恨吾不見爾，各宜勉之。」

迥少聰敏，美容儀。及長，有大志，好施愛士。稍遷大丞相帳內都督。尚魏文帝女金明公主，拜駙馬都尉。從太祖復弘農，破沙苑，皆有功。累遷尚書左僕射，兼領軍將軍。迥通敏有幹能，雖任兼文武，頗允時望。太祖以此深委仗焉。後拜大將軍。

侯景之渡江，梁元帝時鎮江陵，既以內難方殷，請脩鄰好。其弟武陵王紀，在蜀稱帝，率衆東下，將攻之。梁元帝大懼，乃移書請救，又請伐蜀。太祖曰：「蜀可圖矣。取蜀制

梁，[二]在茲一舉。」乃與羣公會議，諸將多有異同。唯迥以爲紀既盡銳東下，蜀必空虛，王師臨之，必有征無戰。太祖深以爲然，謂迥曰：「伐蜀之事，一以委汝，計將安出？」迥曰：「蜀與中國隔絕百有餘年，恃其山川險阻，不虞我師之至。宜以精甲銳騎，星夜襲之。平路則倍道兼行，險途則緩兵漸進，出其不意，衝其腹心。蜀人既駭官軍之臨速，必望風不守矣。」於是乃令迥督開府元珍、[三]乙弗亞、(万)俟呂陵始、[四]叱奴興、綦連[雄]、宇文昇[五]等六軍，甲士一萬二千，騎萬疋，伐蜀。以魏廢帝二年春，自散關由固道出白馬，趣晉壽，開平林舊道。前軍臨劍閣，紀安州刺史樂廣，以州先降。紀梁州刺史楊乾運時鎮潼州，[六]又降。六月，迥至潼州，大饗將士，引之而西。紀益州刺史蕭撝不敢戰，遂嬰城自守。進軍圍之。初，紀至巴郡，聞迥來侵，遣譙淹回師，爲撝外援。迥分遣元珍、乙弗亞等以輕騎破之，遂降。撝前後戰數十合，皆爲迥所破。撝與紀子宜都王肅，[七]及其文武官屬，詣軍門請見，迥以禮接之。其吏人等，各令復業。唯收僮隸及儲積以賞將士。號令嚴肅，軍無私焉。詔迥爲大都督、益潼等十八州諸軍事、益州刺史。以平蜀功，封一子爲公。自劍閣以南，得承制封拜及黜陟。迥乃明賞罰，布恩威，綏緝新邦，經略未附，夷夏懷而歸之。

迥性至孝，色養不怠。身雖在外，所得四時甘脆，必先薦奉，然後敢嘗。大長公主年高多病，迥往在京師，每退朝參候起居，憂悴形於容色。大長公主每爲之和顏進食，以寧迥心。太祖知其至性，徵迥入朝，以慰其母意。遣大鴻臚郊勞，仍賜迥袞冕之服。蜀人思之，立碑頌德。孝閔踐阼，進位柱國大將軍。又以迥有平蜀之功，同霍去病冠軍之義，封寧蜀公。進蜀公，爵邑萬戶。

宣帝卽位，以迥爲大前疑，出爲相州總管。宣帝崩，隋文帝輔政，以迥望位夙重，懼爲異圖，乃令迥子魏安公惇齎詔書以會葬徵迥。尋以鄖公韋孝寬代迥爲總管。[八]迥以隋文帝當權，將圖篡奪，遂謀舉兵，留惇而不受代。隋文帝又使候正破六汗裒詣迥喻旨，密與總管府長史晉昶等書，令爲之備。迥聞之，殺長史及裒。乃集文武士庶，登城北樓而令之曰：「楊堅以凡庸之才，藉后父之勢，挾幼主而令天下，威福自己，賞罰無章，不臣之迹，暴於行路。吾居將相，與國舅甥，同休共戚，義由一體。先帝處吾於此，本欲寄以安危。今欲與卿等糾合義勇，匡國庇人，進可以享榮名，退可以終臣節。卿等以爲何如？」於是衆咸從命，莫不感激。乃自稱大總管，承制署置官司。于時趙王招已入朝，留少子在國，迥又奉以號令。迥弟子勤，時爲青州總管，亦從迥。迥所管相、衞、黎、毛、洺、貝、趙、冀、瀛、滄，勤所統青、膠、光、莒諸州，皆從之。衆數十萬。滎州刺史邵公宇文胄、申州刺史李惠、[九]東楚州刺史費也利進、[一〇]東潼州刺史曹孝達，[一一]各據州以應迥。迥又北結高寶寧以通突厥；南連陳人，許割江、淮之地。

隋文帝於是徵兵討迥，卽以韋孝寬爲元帥。惇率衆十萬入武德，軍於沁東。孝寬等諸軍隔水相持不進。隋文帝又遣高熲馳驛督戰。惇布兵二十里，麾軍小却，欲待孝寬軍半度擊之。孝寬因其小却，鳴鼓齊進，惇大敗。孝寬乘勝進至鄴。迥與子惇、祐等又悉其卒十三萬，陳於城南。迥別統萬人，皆綠巾錦襖，號曰黃龍兵。勤率衆五萬，自青州赴迥，以三千騎先到。迥舊習軍旅，雖老猶被甲臨陣。其麾下千兵，[一二]皆關中人，爲之力戰。孝寬等軍失利而却。鄴中士女，觀者如堵。高熲與李詢整陣，先犯觀者，因其擾而乘之。迥大敗，遂入鄴。迥走保北城，孝寬縱兵圍之。李詢、賀樓子幹以其屬先登。迥上樓，射殺數人，乃自殺。勤、惇等東走，[一三]并追獲之。餘衆，月餘皆斬之。

迥末年衰耄，惑於後妻王氏，而諸子多不睦。以開府、小御正崔達拏爲長史，餘委任亦多用齊人。達拏文士，無籌略，舉措多失綱紀，不能有所匡救。迥自起兵至敗，六十八日。武德中，迥從孫庫部員外郎耆福上表，請改葬。朝議以迥忠於周室，有詔許之。

王謙字勑萬，太保雄之子也。性恭謹，無他才能。以父功，累遷驃騎大將軍、開府。孝閔踐祚，治右小武伯。雄從晉公護東討，爲齊人所斃。朝議以謙父殞身行陣，特加殊寵，乃

授謙柱國大將軍。以情禮未終，固辭不拜。高祖手詔奪情，襲爵庸公，邑萬戶。(後)〔從〕皇太子討吐谷渾，〔一四〕力戰有功。是時高祖東征，謙又力戰，進上柱國、益州總管。

時〔隋文帝秉政〕，謙令司錄賀若昂奉表詣闕。〔一五〕昂還，具陳京師事勢。謙以世受國恩，將圖匡復，遂舉兵，署官司。所管益、潼、新、始、龍、邛、青、瀘、戎、寧、汶、陵、遂、合、楚、資、眉、普十八州及嘉、渝、臨、渠、蓬、隆、通、興、武、庸十州之人多從之。總管長史乙弗虔、益州刺史達奚惎勸謙據險觀變。隆州刺史〔高〕阿(史)那瓌〔一六〕爲謙畫三策曰：「公親率精銳，直指散關，蜀人知公有勤王之節，必當各思効命，此上策也；出兵梁、漢，以顧天下，此中策也；坐守劍南，發兵自衞，此下策也。」謙參用其中下之策。

梁睿未至大劍，謙遣兵鎮始州。隋文卽以睿爲行軍元帥，便發利、鳳、文、秦、成諸州兵討之。達奚惎、乙弗虔等衆十萬攻利州。聞睿至，衆潰。睿乘其弊，縱兵深入。惎、虔密使詣睿，請爲內應以贖罪。謙不知之，並令守成都。謙先無籌略，承藉父勳，遂居重任。初謀舉兵，咸以地有江山之險，進可以立功，退可以自守。且任用多非其才。及聞睿兵奄至，惶懼，乃自率衆迎戰。又以惎、虔之子爲左右軍。行數十里，軍皆叛。謙以二十騎奔新都，〔一七〕縣令王寶斬之，傳首京師。惎、虔以成都降，隋文以其首謀，斬之。〔高〕阿(史)那瓌亦誅。

司馬消難字道融，河內溫人。父子如，爲齊神武佐命，位至尚書令。消難幼聰惠，微涉經史，好自矯飾，以求名譽。起家著作郎。子如既當朝貴，〔一八〕消難亦愛賓客。邢子才、王元景、魏收、陸卬、崔贍等皆遊其門。尋拜駙馬都尉、光祿卿，出爲北豫州刺史。屬齊文宣末年，昏虐滋甚。消難既懼禍及，常有自全之謀，曲意撫納，頗爲百姓所附。文宣在幷，驛召其弟上黨王渙，渙懼於屠害，遂斬使者東奔。數日間搜捕鄴中，鄴中大擾。後竟獲於濟州。渙之初走，朝士私相謂曰：「今上黨亡叛，似赴成皋。若與司馬北豫州連謀，必爲國患。」此言遂達於文宣，文宣頗疑之。消難懼，密令所親裴藻間行入關，請舉州來附。晉公護遣達奚武、楊忠迎之，消難遂與武俱入朝。授大將軍、滎陽公。從高祖東伐，遷大後丞。納女爲靜帝后。尋出爲(交)〔鄖〕州總管。〔一九〕

隋文帝輔政，消難既聞蜀公迥不受代，遂欲與迥合勢，亦舉兵應之。以開府田廣等爲腹心，殺總管長史侯莫陳杲、鄖州刺史蔡澤等四十餘人。所管鄖、隨、溫、應、(士)〔土〕、順、沔、環、岳九州，〔二〇〕魯山、甑山、沌陽、應城、平靖、武陽、上明、(須)〔溳〕水八鎮，〔二一〕並從之。使其子泳質於陳以求援。〔二二〕隋文帝命襄州總管王誼爲元帥，發荊襄兵以討之。八月，消難聞誼軍將至，夜率其麾下，歸於陳。陳宣帝以爲都督安(趙)〔隨〕九州八鎮、〔二三〕車騎將軍、司

空、隨公。〔二四〕

初，楊忠之迎消難，結爲兄弟，情好甚篤。隋文每以叔禮事之。及陳平，消難至京，特免死，配爲樂戶。經二旬放免。猶被舊恩，特蒙引見。尋卒于家。性貪淫，輕於去就。故世之言反覆者，皆引消難云。其妻高氏，齊神武之女。在鄴，敬重之。後入關，便相弃薄。消難之赴(卬)〔鄖〕州，〔二五〕留高及三子在京。高言於隋文曰：「滎陽公性多變詐，今以新寵自隨，必不顧妻子，願防慮之。」消難入陳，而高母子因此獲免。

史臣曰：尉遲迥地則舅甥，職惟台袞，沐恩累葉，荷睠一時，居形勝之地，受藩維之託，顚而不扶，憂責斯在。及主威云謝，鼎業將遷，九服移心，三靈改卜，遂能志存赴蹈，投袂稱兵。忠君之勤未宣，違天之禍便及。校其心，翟義、葛誕之儔歟。

校勘記

〔一〕卷二十一　按此卷原本殘缺，尉遲迥傳和王謙傳後人以某種節本補，敍事歷官比北史簡略，但也有字句爲北史所無。司馬消難傳及傳論似未闕。

〔二〕取蜀制梁　殿本考證云：「『梁』，諸本訛作『勝』，今從北史卷六二尉遲迥傳。」按「勝」字亦可通，但「梁」字較長，今不回改。

〔三〕開府元珍　通鑑卷一六五 五〇九八頁「元」作「原」。

〔四〕(万)俟呂陵始　宋本、南本、北本、汲本「万」都作「萬」。殿本考證云：「北史卷六二尉遲迥傳『万俟呂陵始』作『侯呂陵始』。」按卷四四楊乾運傳也作「侯呂陵始」，卷三七韓褒傳：「賜姓侯呂陵氏。」又魏書卷二太祖紀登國八年，北史卷九八高車傳都見侯呂鄰部，北史同卷蠕蠕傳見可汗豆侖妻「侯呂陵氏」。據上所引似這裏應從北史改。但姚氏北朝胡姓考呂氏條一一八頁云：「姓纂六止按檢姓纂輯本無此條、氏族略五、辯證二十二皆載『俟呂鄰氏改爲呂氏』」，又引魏孝文帝弔比干碑陰有「俟呂阿倪」，以爲「侯、俟因形似而譌，當以比干碑爲正」。按「侯」「俟」形近，各有所據，不知孰是。這條顯係作「俟呂陵」，後人才妄加「万」字。今據刪。

〔五〕綦連(雄)宇文昇　汲本、局本「昇」作「升」。殿本考證云：「北史『綦連』作『綦連雄』。」按「綦連」是二字姓，這裏脫去其名，今據補。

〔六〕紀梁州刺史楊乾運　卷二文帝紀下魏廢帝二年稱「蕭紀潼州刺史楊乾運以州降」，梁書卷五元帝紀承聖二年五月條和卷五五武陵王紀傳作「潼州刺史楊虔運」武陵王紀傳「虔」作「乾」。南史卷五三武陵王紀傳還說：「初楊乾運求爲梁州刺史，不得，紀以爲潼州刺史。」並認爲這是乾運降魏的

中華書局

原因。通鑑卷一六五五〇九九頁採取了南史這段紀載。如上諸書所載，似乎楊乾運未嘗被任爲梁州刺史。然卷四四楊乾運傳却又明言在蕭紀稱帝後，曾拜乾運爲「車騎將軍、十三州諸軍事、梁州刺史，鎮潼州」，卷四二蕭撝傳也稱：「又令梁州刺史楊乾運守潼州。」又似在降魏前已任梁州刺史。紀載不同，今皆不改。

〔七〕宜都王肅　北史本傳「肅」上有「圓」字。按此亦雙名單稱。

〔八〕以郞公章孝寬代迥爲總管　諸本「迥」都作「之」。殿本當是依北史改。作「之」與作「迥」都可通。今不回改。

〔九〕申州刺史李惠　卷八靜帝紀大象二年「惠」作「慧」。參卷八校記第二條。

〔一〇〕東楚州刺史費也利進　殿本考證云：「北史『進』下有『國』字。」

〔一一〕東潼州刺史曹孝達　諸本和通鑑卷一七四五四一六頁「達」都作「遠」。張森楷云：「北史本傳『遠』作『達』。據隋書源雄傳卷三九是『達』字，疑作『遠』誤。」按殿本當是依北史改。「達」「遠」不知孰是，今不回改。又通鑑「潼」上無「東」字。按這個潼州見隋書卷三一地理志下下邳郡夏丘縣條，另外又有見隋書卷二九地理志上金山郡的「潼州」，潼本條的潼州後得，故加「東」字。

〔一二〕其麾下千兵　殿本考證云：「北史無『千』字，疑衍。」

〔一三〕勸惇等東走　「等」原作「䢽」。諸本都作「等」，北本作「葬」，也是「等」的形訛。殿本校勘者知

「葬」字誤，却不去檢對他本，就據北史本傳改，而「䢽」又訛作䢽。今逕改作「等」。

〔一四〕（後）〔從〕皇太子討吐谷渾　宋本、南本、汲本、局本「後」都作「從」，較長，今據改。

〔一五〕是時高祖東征謙又力戰進上柱國益州總管時〔隋文帝秉政〕謙令司錄賀若昂奉表詣闕　按卷六武帝紀，謙進上柱國在建德五年五七六年，出任益州總管在六年，這從上面「是時建德五年高祖東征」連下來是可以的。但是令賀若昂奉表，緊接着起兵反對楊堅，乃宣帝死後，靜帝初即位時的事，却下一「時」字和上面的事在時間上連接起來，便一起歸到建德五、六年間了。據北史卷六〇王雄附子謙傳，於建德「六年授益州總管十八州諸軍事」下有「及宣帝崩，隋文帝輔政，以梁睿爲益州總管」十七字，敍事方明。冊府卷三七三四四三六頁作「時隋文帝秉政，謙令司錄賀若昂奉表詣闕」，也較北史簡略，但紀時却沒有錯。周書這卷原本至少前一大半已缺，後人以高氏小史或某種類書補，他書刪節不當，也就跟着錯。但「隋文帝秉政」五字宋初編冊府元龜時所見周書還是有的，以後又缺了這五字，更不可通。今姑據冊府補五字。北史和周書本有異同，原本周書王謙傳缺的未必僅此十七字，不便據補。

〔一六〕隆州刺史(高)阿(史)那瓌　張森楷云：「北史本傳作『高阿那肱』。『肱』『瓌』雙聲近同，誤衍『史』字，挩去『高』字。」按張說是，宋本冊府卷三七三作「高阿那瓌」明本瓌作肱，今據刪補。十四行「(高)阿(史)那瓌亦誅」條同。

〔一七〕謙以二十騎奔新都　隋書卷三七梁睿傳「二」作「三」。北史卷五九梁禦附子睿傳同。

〔一八〕子如既當朝貴　北史卷五四司馬子如附子消難傳「貴」下有「盛」字，較長。

〔一九〕尋出爲(交)〔邛〕州總管　北史本傳「交」作「邛」。錢氏考異卷三二云：「『交州』當爲『邛州』之譌，卽『郧』字也。」按司馬消難爲邛州總管，卷八靜帝紀大象二年七月有明文。錢說是，下文稱所管九州，卽以「邛」爲首。局本作「邛」，當據北史改。今從之。

〔二〇〕所管邛隨溫應(士)〔土〕順沔環岳九州　陳書卷五宣帝紀太建十二年八月條，「土」作「士」，「環」作「儇」。錢氏考異卷三二云：「『士』當作『土』，『環』當作『溳』。」按土州見隋書卷三一地理志下漢東郡土山縣條，溳州見安陸郡吉陽縣條。錢氏當據隋志。但宋書卷三六州郡志二襄陽郡有「環水長」南齊書卷十五州郡志同，「環水」卽「溳水」。本條的「環」字未必錯。今只改「士」作「土」。又「沔」原作「汅」，今從南本、汲本、局本逕改。

〔二一〕魯山甑山沌陽應城平靖武陽上明(須)〔溳〕水八鎮　陳書卷五宣帝紀太建十二年八月，此條「須水」作「涓水」。冊府卷二一五二五七一頁「須水」作「溳水」，宋本冊府卷三七三作「溳水」，明本作「涓水」。按須水在滎陽東南，涓水有二，一在山東，一在湖南，都離邛、隨諸州很遠。隋書卷三一漢東郡安貴縣條云「西魏改定陽曰安貴，改北郢州爲溳州，又尋廢爲溳水郡」，這個郡至開皇初始廢。當時郡鎮並置的很多，八鎮中應城、平靖、上明都也是郡並見隋志漢東、安陸郡下。冊府卷

二一五作「溳水」是，今據改。

〔二二〕使其子泳質於陳　諸本「泳」都作「冰」。北史本傳作「永」，冊府卷三七三四四三六頁作「氷」。未知孰是。

〔二三〕陳宣帝以爲都督安(趙)〔隨〕九州八鎮　錢氏考異卷三二云：「『趙』當作『隨』。」按錢說是。陳書卷五宣帝紀太建十二年八月條正作「隨」，今據改。

〔二四〕隨公　「隨」原作「隋」，這是陳朝封司馬消難的邑號，更不應有此誤，陳書卷五宣帝紀太建十二年正作「隨」，今逕改。

〔二五〕消難之赴(印)〔邛〕州　局本及北史卷五四司馬子如附子消難傳「印」作「邛」。局本當據北史改。按消難是邛州總管，今據改。

周書卷二十二

列傳第十四

周惠達 馮景　楊寬 兄穆 儉　柳慶 子機

周惠達字懷文，章武文安人也。父信，少仕州郡，歷樂鄉、平舒、平成三縣令，〔一〕皆以廉能稱。

惠達幼有志操，好讀書，美容貌，進退可觀，見者莫不重之。魏齊王蕭寶夤爲瀛州刺史，召惠達及河間馮景同在閤中，甚禮之。及寶夤還朝，惠達隨入洛陽。領軍元乂勢傾海內，惠達嘗因寶夤與乂言論，乂歎重之，於座遺惠達衣物。孝昌初，魏臨淮王彧北討，以惠達爲府長流參軍。及万俟醜奴等構亂，蕭寶夤西征，惠達復隨入關。寶夤後與賊戰不利，退還，仍除雍州刺史，令惠達使洛陽。未還，而寶夤反謀聞於京師。有司以惠達是其行人，將執之。乃私馳還，至潼關，遇大使楊侃。侃謂惠達曰：「蕭氏逆謀已成，何爲故入獸口？」

惠達曰：「蕭王爲左右所誤，今往，庶其改圖。」及至，寶夤反形已露，不可彌縫，遂用惠達爲光祿勳、中書舍人。寶夤既敗，人悉逃散，唯惠達等數人從之。寶夤語惠達曰：「人生富貴，左右咸言盡節，及遭厄難，乃知歲寒也。」

賀拔岳獲寶夤送洛，留惠達爲府祭酒，給其衣馬，即與參議。岳爲關中大行臺，以惠達爲從事中郎。嘗使至洛，魏孝武與惠達語及世難。惠達陳天下事勢，述岳有誠節，唯以憂國定亂爲事。言辭激切，帝甚嘉之。及還，具以白岳。岳曰：「人生於天，受命於君，豈有利人榮祿，而不憂其禍難？卿之所奏，實獲吾心。」自是更被親禮。岳每征討，恆命惠達居守。又轉岳府屬。〔二〕

岳爲侯莫陳悅所害，悅得惠達，欲官之。惠達辭以疾，不見許，乃遁入漢陽之麥積崖。悅平，惠達歸於太祖，即用秦州司馬，安輯隴右。及太祖爲大都督總管兵起雍，〔三〕復以惠達爲府司馬，便委任焉。魏孝武詔太祖尚馮翊長公主，以惠達爲長史，赴洛陽奉迎。至潼關，遇孝武已西，即令惠達先。太祖謂惠達曰：「昔周之東遷，晉鄭是依。今乘輿播越，降臨關右，吾雖猥當其任，而才愧昔人。卿宜勠力，共成功業，以取富貴也。」對曰：「惠達宦遊有年，屬明公一匡之運，富貴之事，非所敢望。但願明公威德加於天下，惠達得効其尺寸，則志願畢矣。」

太祖爲大將軍、大行臺，以惠達爲行臺尚書、大將軍府司馬，封文安縣子，邑三百戶。太祖出鎮華州，留惠達知後事。于時既承喪亂，庶事多闕。惠達營造戎仗，儲積食糧，簡閱士馬，以濟軍國之務，時甚賴焉。爲安東將軍，拜太子少傅，進爵爲伯，增邑三百戶。尋除中書令，進爵爲公，增邑通前九百戶，加衞大將軍、左光祿大夫。四年，兼尚書右僕射。〔四〕其年，太祖與魏文帝東征，惠達輔魏太子居守，總留臺事。惠達前後辭讓，帝手詔答曰：「西顧無憂，唯公是屬。蕭、寇之重，深所寄懷。」及邙山失律，人情駭動。趙青雀率東人據長安子城反，惠達奉太子出渭橋北以禦之。軍還，青雀等伏誅。拜吏部尚書。久之，復爲右僕射。

自關右草創，禮樂缺然。惠達與禮官損益舊章，至是儀軌稍備。魏文帝因朝奏樂，顧謂惠達曰：「此卿之功也。」尋拜儀同三司。

惠達雖居顯職，性謙退，善下人，盡心勤公，進拔良士。以此人皆敬而附之。十年，薨。子題嗣。隋開皇初，以惠達著績前代，追封蕭國公。

馮景字長明，少與惠達同志相友。延（景）〔昌〕中，〔五〕梁人寇抄徐、揚，景謂蕭寶夤曰：「今梁寇憑凌，朝廷思靖邊之將。王若能先驅効命，非唯雪家國之恥，亦是保身之長策也。」

寶夤深然之。及寶夤爲大都督，以景爲功曹參軍。後爲右僕射，引景入省，領尚書都令史。正光中，寶夤爲關西大行臺，又假景陵江將軍，領大行臺都令史，從寶夤征討。寶夤將舉兵反，景固諫，不從。

寶夤敗後，景還洛。朝廷先聞景有諫言，故免之。除奉車都尉。汝陽王元叔昭爲隴右大行臺，啓景爲行臺郎中。賀拔岳爲大都督，又以景爲從事中郎。太祖平侯莫陳悅，除景洛陽郡守，〔六〕尋兼行臺左丞，留守原州。魏孝武西遷，封高陽縣伯，邑三百戶。遷散騎常侍、行臺尚書，加瀛州刺史。大統初，行涇州事。後以疾卒。

楊寬字景仁，〔七〕弘農華陰人也。祖恩，魏鎮遠將軍、河間內史。〔八〕父鈞，博學彊識，舉秀才，拜大理平，轉廷尉正。累遷，歷洛陽令、左中郎將（軍）、〔九〕華州大中正、河南尹、廷尉卿、安北將軍、七兵尚書、北道大行臺、恆州刺史、懷朔鎮將（軍），〔一〇〕卒於鎮。贈侍中、司空公，追封臨貞縣伯，謚曰恭。

寬少有大志，每與諸兒童遊處，必擇高大之物而坐之，見者咸異焉。及長，頗解屬文，尤尚武藝。弱冠，除奉朝請。屬鈞出鎮恆州，請從展効，乃改授將軍、高闕戍主。時茹茹既

亂，其主阿那瓌來奔，魏帝遣使納之，詔鈞率兵衞送。寬亦從，以功拜行臺郎中。時北邊賊攻圍鎮城，鈞卒，城民等推寬守禦。尋而城陷，寬乃北走茹茹。後討鎮賊，破之，寬始得還朝。

魏廣陽王深與寬素相委昵，深犯法得罪，寬被逮捕。魏孝莊時爲侍中，與寬有舊，藏之於宅，遇赦得免。除宗正丞。北海王顥少相器重，時爲大行臺，北征葛榮，欲啓寬爲左右丞，〔一一〕與參謀議。寬辭以孝莊厚恩未報，義不見利而動。顥未之許。顥妹婿李神軌謂顥曰：「楊寬義士也，匹夫猶不可奪志，況義士乎。王今彊之以行，亦恐不爲人用。」顥乃止。

孝莊踐阼，拜通直散騎侍郎，領河南尹丞，行洛陽令。

邢杲反，寬以都督從太宰、上黨王元天穆討平之。就拜通直散騎常侍。師未還，屬元顥自梁入洛，孝莊出居河內。天穆懼，計無所出，集諸將謀之。寬曰：「吳人輕跳，非王之敵。況懸軍深入，師老兵疲，彊弩之末，何能爲也。願徑取成皋，會兵伊洛，戮帶定襄，於是乎在。此事易同摧朽，王何疑焉。」天穆然之，乃引軍趣成皋，令寬與爾朱能爲後拒。〔一二〕尋以衆議不可，乃回赴石濟。寬夜行失道，後期。諸將咸言：「寬少與北海周旋，今不來矣。」天穆答曰：「楊寬非輕於去就者也，其所逗留，必有他故。吾當爲諸君保明之。」語訖，候騎白寬至。天穆撫髀而笑曰：「吾固知其必來。」遽出帳迎之，握其手曰：「是所望也。」即給牛

三十頭、車五乘、綿絹一十五車、羊五十口。與天穆俱謁孝莊於太行，拜散騎常侍、安東將軍。仍爲都督，從平河內，進圍北中。

時梁將陳慶之爲顥兵守北門，〔一三〕天穆駐馬圍外，遣寬至城下說慶之。寬先自稱姓名，然後與語，備陳利害，勸令早降。慶之不答。久之，乃曰：「賢兄撫軍在此，頗欲相見。」寬答曰：「僕兄既力屈(凶)〔王〕威，〔一四〕迹淪逆黨，人臣之理，何煩相見。向所以先申姓名者，豈不知兄在彼乎。直以信不見疑，忠爲令德耳。僕之昆季，幸不待言。但當議良圖，自求多福。」天穆聞之，謂左右曰：「楊寬大異人，何至不惜形便如此。」自是彌敬重之。孝莊反正，拜中軍將軍、太府卿、華州大中正，封澄城縣伯，邑三百戶。

爾朱榮被誅，其從弟世隆等擁部曲燒城門，出據河橋，還逼京師。進寬鎮北將軍、使持節、大都督，隨機扞禦。世隆謂寬曰：「豈忘太宰相知之深也？」寬答曰：「太宰見愛以禮，人臣之交耳。今日之事，事君常節。」世隆北走，寬追至河內。俄而爾朱兆陷洛陽，囚執孝莊帝。寬還洛不可，遂自成皋奔梁。至建業，聞孝莊帝弒崩，寬發哀盡禮。梁武義之，待之甚厚。尋而禮送還朝。至下邳，爾朱仲遠啓復寬官爵，留爲大行臺吏部尚書。

孝武初，改授散騎常侍、驃騎將軍、給事黃門侍郎，監內典書事。時夏州戍兵數千人據兗州反，詔寬兼侍中，節度諸軍討平之。中尉綦儁與寬有宿憾，誣以他罪，劾之。孝武謂侍

臣等曰：「楊寬清直，朕極知其無罪，但不能杜法官之奏耳。」事下廷尉，尋得申釋。又除黃門侍郎，兼武衞將軍。孝武與齊神武有隙，遂召募騎勇，廣增宿衞。以寬爲閤內大都督，專總禁旅。從孝武入關，兼吏部尚書。錄從駕勳，進爵華山郡公，邑一千二百戶。大統初，遷車騎大將軍、太子太傅、儀同三司。三年，使茹茹，迎魏文悼后。還，拜侍中、都督涇州諸軍事、涇州刺史。五年，除驃騎大將軍、開府儀同三司、都督東雍州諸軍事、東雍州刺史，即本州也。十年，轉河州刺史。十六年，兼大丞相府司馬。

朝議欲經略漢川，而梁宜豐侯蕭循固守南鄭。十七年，寬從大將軍達奚武討之。梁武陵王蕭紀遣將楊乾運率兵萬餘人救循，武令寬督開府王傑、賀蘭願德等邀擊之。軍至白馬，與乾運合戰，破之，俘斬數千人。軍還，除南豳州刺史。魏廢帝初，入爲尚書左僕射、將作大監，坐事免。魏恭帝二年，除廷尉卿。世宗初，拜大將軍，增邑一千二百戶。從賀蘭祥討吐谷渾，破之，別封宜陽縣公，邑一千戶。除小冢宰，轉御正中大夫。武成二年，詔寬與麟趾學士參定經籍。

寬性通敏，有器識。頻牧數州，號爲清簡。歷居臺閣，有當官之譽。然與柳慶不協，欲按成其罪，時論頗以此譏之。保定元年，除總管梁興等十九州諸軍事、梁州刺史。其年，薨於州。贈華陝虞上潞五州刺史。謚曰元。子紀嗣。大象末，官至上儀同大將軍、虞部下大

夫。

寬二兄，穆、儉。穆字紹叔。魏永安中，除華州別駕。孝武末，寬請以澄城縣伯讓穆，詔許之。仍拜中軍將軍、金紫光祿大夫，除車騎將軍、都督幷州諸軍事、幷州刺史。卒於家。贈驃騎大將軍、開府儀同三司、華州刺史。

儉字景則。偉容儀，有才行。魏正始中，起家侍御史，加奉朝請，遷員外散騎侍郎。孝昌中，除鎮遠將軍、頓丘太守。未及述職，元顥啓請隨軍。建義初，兼給事黃門侍郎、左將軍、太府少卿。元顥入洛，授撫軍將軍。孝莊反正，廢於家。尋拜散騎常侍、都督潁州諸軍事、潁州刺史。建明中，加征南將軍、金紫光祿大夫。孝武初，除衞將軍、北雍州刺史。政尚寬惠，夷夏安之。孝武西遷，除侍中、驃騎將軍。大統初，以本官行東秦州事，加使持節、當州大都督。從破齊神武於沙苑，封夏陽縣侯，邑八百戶。七年，領大丞相府諮議參軍，出爲都督東雍華二州諸軍事、驃騎大將軍、開府儀同三司、華州刺史。八年，卒於家。贈本官，謚曰靜。

柳慶字更興，解人也。五世祖恭，仕後趙，爲河東郡守。後以秦、趙喪亂，乃率民南徙，居於汝、潁之間，故世仕江表。祖縉，宋同州別駕，宋安郡守。〔一五〕父僧習，齊奉朝請。魏景明中，與豫州刺史裴叔業據州歸魏。歷北地、潁川二郡守，揚州大中正。

慶幼聰敏，有器量。博涉羣書，不治章句。好飲酒，閑於占對。年十三，因曝書，僧習謂慶曰：「汝雖聰敏，吾未經特試。」乃令慶於雜賦集中取賦一篇，千有餘言，慶立讀三徧，便即誦之，無所遺漏。時僧習爲潁川郡，地接都畿，民多豪右。將選鄉官，皆依倚貴勢，競來請託。選用未定。僧習謂諸子曰：「權貴請託，吾並不用。其使欲還，皆須有答。汝等各以意爲吾作書也。」慶乃具書草云：「下官受委大邦，選吏之日，有能者進，不肖者退。此乃朝廷恆典。」僧習讀書，歎曰：「此兒有意氣，丈夫理當如是。」即依慶所草以報。起家奉朝請。

慶出後第四叔，及遭父憂，議者不許爲服重。慶泣而言曰：「禮者蓋緣人情，若於出後之家，更有苴斬之服，可奪此從彼。今四叔薨背已久，情事不追。豈容奪禮，乖違天性！」時論不能抑，遂以苦塊終喪。既葬，乃與諸兄負土成墳。服闋，除中堅將軍。

魏孝武將西遷，〔一六〕除慶散騎侍郎，馳傳入關。慶至高平見太祖，共論時事。太祖即請奉迎輿駕，仍命慶先還復命。時賀拔勝在荊州，帝屏左右謂慶曰：「高歡已屯河北，關中兵既未至，朕欲往荊州，卿意何如？」慶對曰：「關中金城千里，天下之彊國也。宇文泰忠誠奮

發，朝廷之良臣也。以陛下之聖明，仗宇文泰之力用，進可以東向而制羣雄，退可以閉關而固天府。此萬全之計也。荊州地非要害，衆又寡弱，外迫梁寇，內拒歡黨，斯乃危亡是懼，寧足以固鴻基？以臣斷之，未見其可。」帝深納之。及帝西遷，慶以母老不從。獨孤信之鎭洛陽，乃得入關。除相府東閤祭酒，領記室，轉戶曹參軍。八年，遷大行臺郎中，領北華州長史。十年，除尚書都兵，郎中如故，并領記室。

時北雍州獻白鹿，羣臣欲草表陳賀。尚書蘇綽謂慶曰：「近代以來，文章華靡，逮于江左，彌復輕薄。洛陽後進，祖述不已。相公柄民軌物，君職典文房，宜製此表，以革前弊。」慶操筆立成，辭兼文質。綽讀而笑曰：「枳橘猶自可移，況才子也。」尋以本官兼雍州別駕。廣陵王元欣，魏之懿親。其甥孟氏，屢爲匈橫。或有告其盜牛。慶捕推得實，趣令就禁。孟氏殊無懼容，乃謂慶曰：「今若加以桎梏，後復何以脫之？」欣亦遣使辨其無罪。孟氏由此益驕。慶於是大集僚吏，盛言孟氏依倚權戚，侵虐之狀。言畢，便令笞殺之。此後貴戚斂手，不敢侵暴。

有賈人持金二十斤，詣京師交易，寄人停止。每欲出行，常自執管鑰。無何，緘閉不異而失之。謂主人所竊，郡縣訊問，主人遂自誣服。慶聞而歎之，乃召問賈人曰：「卿鑰恆置何處？」對曰：「恆自帶之。」慶曰：「頗與人同宿乎？」曰：「無。」「與人同飲乎？」曰：「日者曾與

一沙門再度酣宴，醉而晝寢。」慶曰：「主人特以痛自誣，〔一七〕非盜也。彼沙門乃眞盜耳。」即遣吏逮捕沙門，乃懷金逃匿。後捕得，盡獲所失之金。十二年，改三十六曹爲十二部，詔以慶爲計部郎中，別駕如故。

有胡家被劫，郡縣按察，莫知賊所，隣近被囚繫者甚多。慶以賊徒既衆，似是烏合，既非舊交，必相疑阻，可以詐求之。乃作匿名書多牓官門曰：「我等共劫胡家，徒侶混雜，終恐泄露。今欲首，懼不免誅。若聽先首免罪，便欲來告。」慶乃復施免罪之牓。居二日，廣〔陵〕王欣家奴面縛自告牓下。〔一八〕因此推窮，盡獲黨與。慶之守正明察，皆此類也。每歎曰：「昔于公斷獄無私，闢高門可以待封。儻斯言有驗，吾其庶幾乎。」十三年，封清河縣男，邑二百戶，兼尚書右丞，攝計部。十四年，正右丞。〔一九〕

太祖嘗怒安定國臣王茂，將殺之，而非其罪。朝臣咸知，而莫敢諫。慶乃進曰：「王茂無罪，奈何殺之？」太祖愈怒，聲色甚厲，謂慶曰：「王茂當死，卿若明其無罪，亦須坐之。」乃執慶於前。慶辭氣不撓，抗聲曰：「竊聞君有不達者爲不明，臣有不爭者爲不忠。慶謹竭愚誠，實不敢愛死，但懼公爲不明之君耳。願深察之。」太祖乃悟而赦茂，已不及矣。太祖默然。明日，謂慶曰：「吾不用卿言，遂令王茂冤死。可賜茂家錢帛，以旌吾過。」尋進爵爲子，增邑三百戶。十五年，加平南將軍。十六年，太祖東討，以慶爲大行臺右丞，加撫軍將軍。

還轉尚書右丞，加通直散騎常侍。魏廢帝初，除民部尚書。

慶威儀端肅，樞機明辨。太祖每發號令，常使慶宣之。天性抗直，無所回避。太祖亦以此深委仗焉。二年，授車騎大將軍、儀同三司。魏恭帝初，進位驃騎大將軍、開府儀同三司、尚書右僕射，轉左僕射，領著作。六官建，拜司會中大夫。孝閔帝踐阼，賜姓宇文氏，進爵平齊縣公，增邑通前一千五百戶。

晉公護初攝政，欲引爲腹心。慶辭之，頗忤旨。又與楊寬有隙，及寬參知政事，慶遂見疎忌，出爲萬州刺史。世宗尋悟，留爲雍州別駕，領京兆尹。武成二年，除宜州刺史。慶自爲郎，迄于司會，府庫倉儲，並其職也。及在宜州，寬爲小冢宰，乃囚慶故吏，求其罪失。按驗積六十餘日，吏或有死於獄者，終無所言，唯得剩錦數匹。〔二〇〕時人服其廉慎。保定三年，又入爲司會。

先是，慶兄檜爲魏興郡守，爲賊黃寶所害。〔二一〕檜子三人，皆幼弱，慶撫養甚篤。後寶率衆歸朝，朝廷待以優禮。居數年，檜次子雄亮白日手刃寶於長安城中。晉公護聞而大怒，執慶及諸子姪皆囚之。讓慶曰：「國家憲綱，皆君等所爲。雖有私怨，寧得擅殺人也！」對曰：「慶聞父母之讎不同天，昆弟之讎不同國。明公以孝治天下，何乃責於此乎。」護愈怒，慶辭色無所屈，卒以此免。天和元年十二月薨。時年五十，贈鄜綏丹三州刺史，謚曰景。

子機嗣。

機字匡時，少有令譽，風儀辭令，爲當世所推。歷小納言、開府儀同三司、司宗中大夫。大象中，御正上大夫、華州刺史。

機弟弘，字匡道，少聰穎，亦善草隸，〔三二〕博涉羣書，辭彩雅贍。與弘農楊素爲莫逆之交。解巾中外府記室參軍。建德初，除內史上士，歷小宮尹、御正上士。〔三三〕陳遣王偃民來聘，高祖令弘勞之。偃民謂弘曰：「來日，至於藍田，正逢滋水暴長，所齎國信，溺而從流。今所進者，假之從吏。請勒下流人，見爲追尋此物也。」〔三四〕弘曰：「昔淳于之獻空籠，前史稱以爲美。足下假物而進，詎是陳君之命乎。」偃民慙不能對。高祖聞而嘉之，盡以偃民所進之物賜弘，(乃)〔仍〕令報聘。〔三五〕占對詳敏，見稱於時。使還，拜內史都上士，遷御正下大夫。尋卒於官，時年三十一。高祖甚惜之。贈晉州刺史。楊素誄之曰：「山陽王弼，風流長逝。潁川荀粲，零落無時。修竹夾池，永絕梁園之賦；長楊映沼，無復洛川之文。」其爲士友所痛惜如此。有文集行於世。

慶三兄，鷟、虯、檜，虯、檜並自有傳。鷟好學，善屬文。魏臨淮王記室參軍事。早卒。子帶韋，字孝孫。深沉有度量，少好學。身長八尺三寸，美風儀，善占對。韓賢素爲洛

州刺史，〔三六〕召爲主簿。後與諸父歸朝，太祖辟爲參軍。

時侯景作亂江右，太祖令帶韋使江、郢二州，與梁邵陵、南平二王通好。行至安州，值假賓等反，〔三七〕帶韋乃矯爲太祖書以撫安之，〔三八〕竝卽降附。既至郢，見邵陵，具申太祖意。邵陵卽(時)〔使〕隨帶韋報命。〔三九〕以奉使稱旨，授轉輔國將軍、中散大夫。

十七年，太祖遣大將軍達奚武經略漢川，以帶韋爲治行臺左丞，從軍南討。時梁宜豐侯蕭循守南鄭，武攻之未拔。乃令帶韋入城說循曰：「足下所固者險，所恃者援，所守者民。今王師深入棧道，長驅漢川，此則所憑之險不足固也；武興陷沒於前，白馬破亡於後，自餘川谷酋豪，路阻而不敢進，此則所望之援不可恃也；夫顧親戚，懼誅夷，貪榮慕利，此生人常也，今大兵總至，長圍四合，戮逃亡以勸安居，賞先降以招後服，人人懷轉禍之計，家家圖安堵之謀，此則所部之民不可守也。且足下本朝喪亂，社稷無主，盡忠將何所託，死節不足成名，竊爲足下不取也。僕聞賢者相時而動，智者因變立功。當今爲足下計者，莫若肉袒軍門，歸命下吏，免生民於塗炭，全髮膚於孝道。必當紆青拖紫，裂土分珪，名重當時，業光後嗣。豈若進退無據，身名俱滅者哉。」循然之，後乃降。

魏廢帝元年，出爲解縣令。二年，加授驃騎將軍、左光祿大夫。明年，轉汾陰令。發摘姦伏，百姓畏而懷之。世宗初，入爲地官上士。武成元年，授帥都督、治御伯下大夫，遷武藏下大夫。保定三年，授大都督。四年，加儀同三司、中外府掾。天和(六)〔二〕年，〔四〇〕封康城縣男，邑五百戶，轉職方中大夫。三年，授兵部中大夫。雖頻徙職，仍領武藏。尋丁母憂。起爲職方中大夫。五年，轉武藏中大夫。俄遷驃騎大將軍、開府儀同三司。凡居劇職，十有餘年，處斷無滯，官曹清肅。

時譙王儉爲益州總管，漢王贊爲益州刺史。高祖乃以帶韋爲益州總管府長史，領益州別駕，輔弼二王，總知軍民事。建德中，大軍東討，徵帶韋爲前軍總管齊王憲府長史。齊平，以功授上開府儀同大將軍，進爵爲公，增邑一千戶。陳王純出并州，〔四一〕以帶韋爲并州司會、并州總管府長史。六年，卒於位，時年五十五。諡曰愷。子祚嗣。少有名譽。大象末，宣納上士。

史臣曰：周惠達見禮於寶夤，楊寬荷恩於晉泰。〔四二〕既而蕭氏獲罪，莊帝出居，遂能契闊寇戎，不以興(王)〔亡〕革慮；〔四三〕崎嶇危難，不以夷險易心。斯固篤終之士。柳慶束帶立朝，懷匪躬之節；莅官從政，著清白之美。竝遭逢興運，各展志能，譽重搢紳，望隆端揆，非虛云也。然慶畏避權寵，違忤宰臣，雖取詘於一時，實獲申於千載矣。

校勘記

〔一〕歷樂鄉平舒平成三縣令 北史卷六三周惠達傳「平成」作「成平」。按魏書卷一〇六上地形志上瀛州章武郡領縣有「成平」「平舒」。惠達本章武文安人，其父爲本郡二縣令，似較可信。疑這裏作「平成」是倒誤。

〔二〕又轉岳府屬 北史本傳作「惠達爲岳府屬，岳爲侯莫陳悅所害」。知「屬」字連上讀，「府屬」連文。惠達先由岳府祭酒轉關中大行臺從事中郎。從事中郎屬於行臺，雖同爲賀拔岳的屬官，府與臺却有區別。這時又由行臺屬官轉府屬。

〔三〕及太祖爲大都督總管兵起雍 張森楷云：「太祖紀當云文帝紀無爲總管事，兵亦不起雍，此五字上下蓋有挩誤。」按疑「管」字衍，「起」當作「赴」。卷一文帝紀上稱「禦梁禦遂入雍州。魏帝……進太祖……關西大都督」。宇文泰本在秦隴，孝武帝爲了牽制高歡，「命太祖稍引軍而東」，得了雍州，被任爲關西大都督，卽在長安開府，所以說「爲大都督，總(管)兵(起)〔赴〕雍」。

〔四〕四年兼尚書右僕射 北史本傳「四年」上有「大統」二字。這裏不標明年號，不知是何四年。疑上有脫文。

〔五〕延(景)〔昌〕中 張森楷云：「『景』當作『昌』。」張說是，今據改。

〔六〕除景洛陽郡守　張森楷云：「『洛』疑當作『略』，以略陽是隴右地，而洛陽非宇文泰此時所有。」

〔七〕字景仁　北史卷四一楊敷附叔父寬傳「景」作「蒙」。

〔八〕祖恩魏鎮遠將軍河間內史　北史本傳「內史」作「太守」。按郡稱太守，王國稱內史。今不知恩任職在何時，河間爲郡爲國無可考。

〔九〕左中郎將（軍）　張森楷云：「左中郎無將軍之名，『軍』字衍文。」張說是，今據刪。

〔一〇〕懷朔鎮將（軍）　張森楷以爲「軍」字衍。按北史本傳無「軍」字，今據刪。

〔一一〕欲啓寬爲左右丞　北史本傳無「右」字，疑此「右」字衍。

〔一二〕爾朱能　北史本傳、御覽卷三〇二一三八九頁「能」作「兆」。按「爾朱能」不見其他紀載，疑「能」爲「兆」之訛。

〔一三〕時梁將陳慶之爲顥兵守北門　北史本傳，「兵」上有「勒」字，較長。

〔一四〕僕兄旣力屈（凶）〔王〕威　諸本和册府卷三七三四四三二頁「凶」都作「王」。殿本當據北史改，局本從殿本。張元濟云：「『王』指北海王顥，言時楊寬兄儉爲灝撫軍將軍。」按張說是，今據改。

〔一五〕祖緡宋同州別駕宋安郡守　宋本、南本、北本、汲本第一個「宋」都作「守」。北史卷六四柳虯傳作「祖緝宋州別駕」。按「緡」「緝」不知孰是。宋無「同州」。宋安郡見宋書卷三六州郡志二，司州義陽太守環水長條，郡是宋明帝所立，在宋屬司州。據州郡志宋明帝時的司州僑置於南豫州之義陽郡，宋安郡卽從義陽分置。據此，本條「同州」實爲「司州」之訛，北史脫「司」字，諸本作「守」是「宋」之形訛。柳緡當是以司州別駕帶宋安郡守。

〔一六〕魏孝武將西遷　「遷」原作「還」。諸本和北史卷六四柳虯附弟慶傳都作「遷」，是。今逕改。

〔一七〕主人特以痛自誣　「痛」原作「病」。宋本、南本、局本及御覽卷二六三一二三一頁作「痛」。二張都以爲「病」字誤。今逕改。

〔一八〕廣（陽）〔陵〕王欣家奴　張森楷云：「卽上文之廣陵王欣也。按欣是廣陵惠王羽孫，則嗣廣陵，非廣陽也。『陽』字誤。北史卷六四柳虯附弟慶傳是『陵』字。」按張說是，廣陵王元欣見卷一六傳末和卷三八元偉傳末。今據改。

〔一九〕兼尚書右丞攝計部十四年正右丞　北史本傳作「除尚書左丞攝計部」。按下文又云：「十六年，太祖東討，以慶爲大行臺右丞，加撫軍將軍。還轉尚書右丞。」而卷四六孝義柳檜傳云：「弟慶爲尚書左丞」，正是大統十六、七年事五五〇——五五一年，「左」「右」也不同。

〔二〇〕唯得剩錦數匹　宋本和北史本傳「剩」作「乘」，汲本作「剩」。張元濟云：「『乘』可作覆解。剩，餘也。府庫不應有餘，有餘必有缺。『乘錦』猶言覆巾。」按「剩」字較長，言不但無缺失，且有剩餘。張云府庫不應有餘，殊爲武斷，出納之間，尺寸贏縮是可以有剩的。唐代所謂回殘剩利且成爲財政收入的一種項目。但乘錦也可能如張說或其他解釋。

〔二一〕爲賊黃寶所害　北史卷六四柳虯附弟慶傳作「黃衆寶」。按此雙名單稱。

〔二二〕亦善草隸　按上面沒有說誰善草隸，這裏「亦」字前無所承。考北史卷六四柳虯傳稱：「父僧習，善隸書」，卽柳機之祖，所以說機「亦善草隸」。周書旣分傳柳虯弟兄，於柳慶傳中不載「僧習善隸書」，這裏的「亦」字就不可通。北史柳氏弟兄子姪合爲一傳，却於此反改作「工草隸」。大抵柳氏諸傳多據子孫家狀，周書分列數卷，致有此誤，今不改。

〔二三〕御正上士　「御」原作「卿」。諸本和北史卷六四柳虯附從子弘傳、册府卷六二一七四七五頁都作「御」。張元濟以爲「卿」字誤，云：「見盧辯傳卷二四。」按張說是，今逕改。

〔二四〕請勒下流人見爲追尋此物也　册府卷六二一七四七五頁「流下」無「人見」二字。

〔二五〕（乃）〔仍〕令報聘　宋本、南本和北史卷六四柳虯附從子弘傳、册府卷六二一七四七五頁「乃」都作「仍」。張元濟以爲「乃」字誤，今據改。

〔二六〕韓賢素爲洛州刺史　按北齊書卷十九韓賢傳，賢字普賢，天平初，爲洛州刺史，似卽此人。此處衍一「素」字。柳慶歸西魏，在獨孤信入洛之後，卽天平中。

〔二七〕值假賓等反　北史百衲本、殿本卷六四柳虯傳附從子帶韋「假」作「叚」，局本作「段」，疑是。

〔二八〕乃矯爲太祖書以撫安之　「安」原作「定」。諸本和北史柳虯傳附帶韋都作「安」。今逕改。

〔二九〕卲陵卽（時）〔使〕隨帶韋報命　宋本「卽」下缺一字。諸本都作「時」。百衲本作「使」，可能所據宋本不缺。「使」字較長，若作「時」，像是蕭綸自己隨帶韋報命。今據百衲本改。

〔三〇〕天和（六）〔二〕年　北史柳虯傳附帶韋「六」作「二」。按下紀年有「三年」「五年」。下文稱譙王儉爲益州總管，據卷五武帝紀上事在天和五年五七〇年，知「三年」「五年」也都是天和三年、五年。這裏當從北史作「二年」。今據改。

〔三一〕陳王純出幷州　北史柳虯傳附帶韋作「鎭幷州」，疑這裏「出」下脫「鎭」字。

〔三二〕楊寬荷恩於晉泰　張森楷云：「『晉』疑當作『普』。」按「普泰」是節閔帝年號。據本傳楊寬被逮捕，「孝莊帝時爲侍中，與寬有舊，藏之於宅」。以後楊寬不受北海王顥左右丞之召，「辭以孝莊厚恩未報」，傳論下面也明云「莊帝出居」，和節閔帝全無干涉。其因廣陽王淵犯法牽連，事更在前，不是「普泰」中事。這裏的「晉」雖是「普」之訛，但作「普泰」也不合事實。今不改。

〔三三〕不以興（王）〔亡〕革慮　宋本、南本「王」作「亡」。張元濟以爲「王」字誤，今據改。

周書卷二十三

列傳第十五

蘇綽

蘇綽字令綽，武功人，魏侍中則之九世孫也。累世二千石。父協，武功郡守。

綽少好學，博覽羣書，尤善筭術。從兄讓爲汾州刺史，〔一〕太祖餞於東都門外。臨別，謂讓曰：「卿家子弟之中，誰可任用者？」讓因薦綽。太祖乃召爲行臺郎中。在官歲餘，太祖未深知之。然諸曹疑事，皆詢於綽而後定。所行公文，綽又爲之條式。臺中咸稱其能。後太祖與僕射周惠達論事，惠達不能對，請出外議之。乃召綽，告以其事，綽卽爲量定。惠達入呈，太祖稱善，謂惠達曰：「誰與卿爲此議者？」惠達以綽對，因稱其有王佐之才。太祖曰：「吾亦聞之久矣。」尋除著作佐郎。

屬太祖與公卿往昆明池觀漁，行至城西漢故倉地，〔二〕顧問左右，莫有知者。或曰：「蘇

綽博物多通，請問之。」太祖乃召綽。具以狀對。太祖大悅，因問天地造化之始，歷代興亡之迹。綽既有口辯，應對如流。太祖益喜。乃與綽並馬徐行至池，竟不設網罟而還。遂留綽至夜，問以治道，太祖臥而聽之。綽於是指陳帝王之道，兼述申韓之要。太祖乃起，整衣危坐，不覺膝之前席。語遂達曙不厭。詰朝，謂周惠達曰：「蘇綽眞奇士也，吾方任之以政。」卽拜大行臺左丞，參典機密。自是寵遇日隆。綽始制文案程式，朱出墨入，及計帳、戶籍之法。

大統三年，齊神武三道入寇，諸將咸欲分兵禦之，獨綽意與太祖同。遂併力拒竇泰，擒之於潼關。四年，加衞將軍、右光祿大夫，封美陽縣子，〔三〕邑三百戶。加通直散騎常侍，進爵爲伯，增邑二百戶。十年，授大行臺度支尚書，〔四〕領著作，兼司農卿。

太祖方欲革易時政，務弘強國富民之道，故綽得盡其智能，贊成其事。減官員，置二長，并置屯田以資軍國。又爲六條詔書，奏施行之。其一，先治心，曰：

凡今之方伯守令，皆受命天朝，出臨下國，論其尊貴，並古之諸侯也。是以前世帝王，每稱共治天下者，唯良宰守耳。明知百僚卿尹，雖各有所司，然其治民之本，莫若宰守之最重也。凡治民之體，先當治心。心者，一身之主，百行之本。心不清淨，則思慮妄生。思慮妄生，則見理不明。見理不明，則是非謬亂。是非謬亂，則一身不能自治，安能治民也！是以治民之要，在清心而已。夫所謂清心者，非不貪貨財之謂也，乃欲使心氣清和，志意端靜。心和志靜，則邪僻之慮，無因而作。邪僻不作，則凡所思念，無不皆得至公之理。率至公之理以臨其民，則彼下民孰不從化。是以稱治民之本，先在治心。

其次又在治身。凡人君之身者，乃百姓之表，一國之的也。表不正，不可求直影；的不明，不可責射中。今君身不能自治，而望治百姓，是猶曲表而求直影也；君行不能自脩，而欲百姓脩行者，是猶無的而責射中也。故爲人君者，必心如清水，形如白玉。躬行仁義，躬行孝悌，躬行忠信，躬行禮讓，躬行廉平，躬行儉約，然後繼之以無倦，加之以明察。行此八者，以訓其民。是以其人畏而愛之，則而象之，不待家教日見而自興行矣。

其二，敦教化，曰：

天地之性，唯人爲貴。明其有中和之心，仁恕之行，異於木石，不同禽獸，故貴之耳。然性無常守，隨化而遷。化於敦樸者，則質直；化於澆僞者，則浮薄。浮薄者，則衰弊之風；質直者，則淳和之俗。衰弊則禍亂交興，淳和則天下自治。治亂興亡，無不皆由所化也。

然世道彫喪，已數百年。大亂滋甚，且二十歲。民不見德，唯兵革是聞；上無教化，惟刑罰是用。而中興始爾，大難未平，加之以師旅，因之以饑饉，凡百草創，率多權宜。致使禮讓弗興，風俗未改。比年稍登稔，徭賦差輕，衣食不切，則教化可脩矣。凡諸牧守令長，宜洗心革意，上承朝旨，下宣教化矣。

夫化者，貴能扇之以淳風，浸之以太和，被之以道德，示之以朴素。使百姓亹亹，中遷於善，〔五〕邪僞之心，嗜慾之性，潛以消化，而不知其所以然，此之謂化也。然後教之以孝悌，使民慈愛；教之以仁順，使民和睦；教之以禮義，使民敬讓。慈愛則不遺其親，和睦則無怨於人，敬讓則不競於物。三者既備，則王道成矣。此之謂教也。先王之所以移風易俗，還淳反素，垂拱而治天下以至太平者，莫不由此。此之謂要道也。

其三，盡地利，曰：

人生天地之間，以衣食爲命。食不足則饑，衣不足則寒。饑寒切體，而欲使民興行禮讓者，此猶逆坂走丸，勢不可得也。是以古之聖王，知其若此，故先足其衣食，然後教化隨之。夫衣食所以足者，在於地利盡。地利所以盡者，由於勸課有方。主此教者，在乎牧守令長而已。民者冥也，智不自周，必待勸教，然後盡其力。諸州郡縣，每至歲首，必戒敕部民，無問少長，但能操持農器者，皆令就田，墾發以時，勿失其所。及

布種既訖，嘉苗須理，麥秋在野，蠶停於室，若此之時，皆宜少長悉力，男女併功，若援溺、救火、寇盜之將至，[六]然後可使農夫不廢其業，蠶婦得就其功。若有遊手怠惰，早歸晚出，好逸惡勞，不勤事業者，則正長牒名郡縣，守令隨事加罰，罪一勸百。此則明宰之教也。

夫百畝之田，必春耕之，夏種之，秋收之，然後冬食之。此三時者，農之要也。若失其一時，則穀不可得而食。故先王之戒曰：「一夫不耕，天下必有受其饑者；一婦不織，天下必有受其寒者。」若此三時不務省事，[七]而令民廢農者，是則絕民之命，驅以就死然。單劣之戶，及無牛之家，勸令有無相通，使得兼濟。三農之隙，及陰雨之暇，又當教民種桑、植果，藝其菜蔬，脩其園圃，畜育雞豚，以備生生之資，以供養老之具。[八]

夫爲政不欲過碎，碎則民煩；勸課亦不容太簡，簡則民怠。善爲政者，必消息時宜而適煩簡之中。故詩曰：「不剛不柔，布政優優，百祿是求。」[九]如不能爾，則必陷於刑辟矣。

其四，擢賢良，曰：

天生烝民，不能自治，故必立君以治之。人君不能獨治，故必置臣以佐之。上至

帝王，下及郡國，置臣得賢則治，失賢則亂，此乃自然之理，百王不能易也。

今刺史守令，悉有僚吏，皆佐治之人也。刺史府官則命於天朝，其州吏以下，並牧守自置。自昔以來，州郡大吏，但取門資，多不擇賢良；末曹小吏，唯試刀筆，並不問志行。夫門資者，乃先世之爵祿，無妨子孫之愚瞽；刀筆者，乃身外之末材，不廢性行之澆僞。若門資之中而得賢良，是則策騏驥而取千里也；若門資之中而得愚瞽，是則土牛木馬，形似而用非，不可以涉道也。若刀筆之中而得志行，是則金相玉質，內外俱美，實爲人寶也；若刀筆之中而得澆僞，是則飾畫朽木，悅目一時，不可以充榱椽之用也。今之選舉者，當不限資蔭，唯在得人。苟得其人，自可起厮養而爲卿相，伊尹、傅說是也，而況州郡之職乎。苟非其人，則丹朱、商均雖帝王之胤，不能守百里之封，而況於公卿之胄乎。由此而言，觀人之道可見矣。[一〇]

凡所求材藝者，爲其可以治民。若有材藝而以正直爲本者，必以其材而爲治也；若有材藝而以姦僞爲本者，將由其官而爲亂也，何治之可得乎。是故將求材藝，必先擇志行。其志行善者，則舉之；其志行不善者，則去之。

而今擇人者多云「邦國無賢，莫知所舉」。此乃未之思也，非適理之論。所以然者，古人有言：明主聿興，不降佐於昊天；大人基命，不擢才於后土。常引一世之人，治一世之務。故殷、周不待稷、契之臣，魏、晉無假蕭、曹之佐。仲尼曰：「十室之邑，必有忠信如丘者焉。」豈有萬家之都，而云無士。但求之不勤，擇之不審，或用之不得其所，任之不盡其材，故云無耳。古人云：「千人之秀曰英，萬人之英曰儁。」今之智效一官，行聞一邦者，豈非近英儁之士也。但能勤而審察，去虛取實，各得州郡之最而用之，則民無多少，皆足治矣。孰云無賢！

夫良玉未剖，與瓦石相類；名驥未馳，與駑馬相雜。[一一]及其剖而瑩之，馳而試之，玉石駑驥，然後始分。彼賢士之未用也，混於凡品，竟何以異。要任之以事業，責之以成務，方與彼庸流較然不同。昔呂望之屠釣，百里奚之飯牛，甯生之扣角，管夷吾之三敗，當此之時，悠悠之徒，豈謂其賢。及升王朝，登霸國，積數十年，功成事立，始識其奇士也。於是後世稱之，不容於口。彼瓌偉之材，不世之傑，尚不能以未遇之時，自異於凡品，況降此者哉。若必待太公而後用，是千載無太公；必待夷吾而後任，是百世無夷吾。所以然者，士必從微而至著，功必積小以至大，豈有未任而已成，不用而先達也。若識此理，則賢可求，士可擇。得賢而任之，得士而使之，則天下之治，何向而不可成也。

然善官人者必先省其官。官省，則善人易充，善人易充，則事無不理；官煩，則必

雜不善之人，雜不善之人，則政必有得失。故語曰：「官省則事省，事省則民清；官煩則事煩，事煩則民濁。」清濁之由，在於官之煩省。案今吏員，其數不少。昔民殷事廣，尚能克濟，況今戶口減耗，依員而置，猶以爲少。如聞在下州郡，尚有兼假，擾亂細民，甚爲無理。諸如此輩，悉宜罷黜，無得習常。

非直州郡之官，宜須善人，爰至黨族閭里正長之職，皆當審擇，各得一鄉之選，以相監統。夫正長者，治民之基。基不傾者，上必安。

凡求賢之路，自非一途。然所以得之審者，必由任而試之，考而察之。起於居家，至於鄉黨，訪其所以，觀其所由，則人道明矣，賢與不肖別矣。率此以求，則庶無愆悔矣。

其五，卹獄訟，曰：

人受陰陽之氣以生，有情有性。性則爲善，情則爲惡。善惡既分，而賞罰隨焉。賞罰得中，則惡止而善勸；賞罰不中，則民無所措手足。民無所措手足，則怨叛之心生。是以先王重之，特加戒慎。夫戒慎者，欲使治獄之官，精心悉意，推究事源。先之以五聽，參之以證驗，妙覩情狀，窮鑒隱伏，使姦無所容，罪人必得。然後隨事加刑，輕重皆當，赦過矜愚，得情勿喜。又能消息情理，斟酌禮律，無不曲盡人心，遠明大教，使獲罪

者如歸。此則善之上也。然宰守非一，不可人人皆有通識，推理求情，時或難盡。唯當率至公之心，去阿枉之志，務求曲直，念盡平當。聽察之理，必窮所見，然後栲訊以法，不苛不暴，有疑則從輕，未審不妄罰，隨事斷理，獄無停滯。此亦其次。若乃不仁恕而肆其殘暴，〔一二〕同民木石，專任捶楚。巧詐者雖事彰而獲免，辭弱者乃無罪而被罰。有如此者，斯則下矣，非共治所寄。今之宰守，當勤於中科，而慕其上善。如在下條，則刑所不赦。

又當深思遠大，念存德教。先王之制曰，與殺無辜，寧赦有罪；與其害善，寧其利淫。明必不得中，寧濫捨有罪，不謬害善人也。今之從政者則不然。深文巧劾，寧致善人於法，不免有罪於刑。所以然者，皆非好殺人也，〔一三〕但云爲吏寧酷，可免後患。此則情存自便，不念至公，奉法如此，皆姦人也。夫人者，天地之貴物，一死不可復生。然楚毒之下，以痛自誣，不被申理，遂陷刑戮者，將恐往往而有。是以自古以來，設五聽三宥之法，著明愼庶獄之典，此皆愛民甚也。凡伐木殺草，田獵不順，尚違時令，而虧帝道；況刑罰不中，濫害善人，寧不傷天心、犯和氣也！天心傷，和氣損，而欲陰陽調適，四時順序，萬物阜安，蒼生悅樂者，不可得也。故語曰，一夫吁嗟，王道爲之傾覆，正謂此也。凡百宰守，可無愼乎。

若有深姦巨猾，傷化敗俗，悖亂人倫，不忠不孝，故爲背道者，殺一利百，〔一四〕以清王化，重刑可也。識此二途，則刑政盡矣。

其六，均賦役，曰：

聖人之大寶曰位。何以守位曰仁，何以聚人曰財。明先王必以財聚人，〔一五〕以仁守位。國而無財，位不可守。是故（五）三〔五〕以來，〔一六〕皆有征稅之法。雖輕重不同，而濟用一也。今逆寇未平，軍用資廣，雖未遑減省，以卹民瘼，然令平均，使下無匱。〔一七〕夫平均者，不捨豪彊而徵貧弱，不縱姦巧而困愚拙，此之謂均也。故聖人曰：「蓋均無貧。」

然財貨之生，其功不易。織紝紡績，起於有漸，非旬日之間，所可造次。必須勸課，使預營理。絹鄉先事織紝，麻土早脩紡績。先時而備，至時而輸，故王賦獲供，下民無困。如其不預勸戒，臨時迫切，復恐稽緩，以爲己過，捶扑交至，取辦目前。富商大賈，緣茲射利，有者從之貴買，無者與之舉息。〔一八〕輸稅之民，於是弊矣。

租稅之時，雖有大式，至於斟酌貧富，差次先後，皆事起於正長，而繫之於守令。若斟酌得所，則政和而民悅；若檢理無方，則吏姦而民怨。又差發徭役，多不存意。致令貧弱者或重徭而遠戍，富彊者或輕使而近防。守令用懷如此，不存卹民之心，皆王政之罪人也。

太祖甚重之，常置諸座右。又令百司習誦之。其牧守令長，非通六條及計帳者，不得居官。

自有晉之季，文章競爲浮華，遂成風俗。太祖欲革其弊，因魏帝祭廟，羣臣畢至，乃命綽爲大誥，奏行之。其詞曰：

惟中興十有一年，仲夏，庶邦百辟，咸會於王庭。柱國泰洎羣公列將，〔一九〕罔不來朝。時迺大稽百憲，敷于庶邦，用綏我王度。皇帝曰：「昔堯命羲和，允釐百工。舜命九官，庶績咸熙。武丁命說，克號高宗。時惟休哉，朕其欽若。格爾有位，胥暨我太祖之庭，朕將丕命女以厥官。」

六月丁巳，皇帝朝格於太廟，凡厥具僚，罔不在位。

皇帝若曰：「咨我元輔、羣公、列將、百辟、卿士、庶尹、御事，朕惟寅敷祖宗之靈命，稽于先王之典訓，以大誥于爾在位。昔我太祖神皇，肇膺明命，以創我皇基。烈祖景宗，廓開四表，底定武功。暨乎文祖，誕敷文德，龔惟武考，不實其舊。自時厥後，陵夷之弊，用興大難于彼東丘，則我黎人，咸墜塗炭。惟台一人，纘戎下武，夙夜祗畏，若涉大川，罔識攸濟。是用稽於帝典，揆於王廷，〔二〇〕拯我民瘼。惟彼哲王，示我彝訓，〔二一〕曰天生蒸民，罔克自乂，上帝降鑒叡聖，植元后以乂之。惟時元后弗克獨乂，博求明

德，命百辟羣吏以佐之。肆天之命辟，辟之命官，惟以卹民，弗惟逸念。〔二二〕辟惟元首，庶黎惟趾，股肱惟弼。上下一體，各勤攸司，茲用克臻於皇極。故其彝訓曰：『后克艱厥后，臣克艱厥臣，政迺乂。』今台一人，膺天之嘏，既陟元后。股肱百辟又服我國家之命，〔二三〕罔不咸守厥職。嗟夫，后弗艱厥后，臣弗艱厥臣，於政何弗斁，〔二四〕嗚呼艱哉！凡爾在位，其敬聽命。」

皇帝若曰：「柱國，唯四海之不造，載繇二紀。天未絕我太祖列祖之命，用錫我以元輔。國家將墜，公惟棟梁。皇之弗極，公作相。〔二五〕百揆諐度，公惟大錄。公其允文允武，克明克乂，廸七德，敷九功，龕暴除亂，下綏我蒼生，旁施於九土。若伊之在商，周之有呂，說之相丁，用保我無疆之祚。」

皇帝若曰：「羣公、太宰、太尉、司徒、司空。惟公作朕鼎足，以弼乎朕躬。宰惟天官，克諧六職。尉惟司武，武在止戈。徒惟司衆，敬敷五教。空惟司土，利用厚生。惟時三事，若三階之在天；惟茲四輔，若四時之成歲。天工人其代諸。」

皇帝若曰：「列將，汝惟鷹揚，作朕爪牙，寇賊姦宄，蠻夷猾夏，汝徂征，綏之以惠，董之以威。刑期於無刑，萬邦咸寧。俾八表之內，莫違朕命，時汝功。」

皇帝若曰：「庶邦列辟，汝惟守土，作民父母。民惟不勝其饑，故先王重農；不勝

二十四史

其寒，故先王貴女功。民之不率於孝慈，則骨肉之恩薄；弗惇於禮讓，則爭奪之萌生。惟茲六物，寔爲教本。嗚呼！爲上在寬，寬則民怠。齊之以禮，不剛不柔，稽極於道。」

皇帝若曰：「卿士、庶尹、凡百御事，王省惟歲，〔二六〕卿士惟月，庶尹惟日，御事惟時。歲月日時，罔易其度，百憲咸貞，庶績其凝。嗚呼！惟若王官，陶均萬國，若天之有斗，斟元氣，酌陰陽，弗失其和，蒼生永賴；悖其序，萬物以傷。時惟艱哉！」

皇帝若曰：「惟天地之道，一陰一陽；禮俗之變，一文一質。爰自三五，以迄於茲，匪惟相革，惟其救弊，匪惟相襲，惟其可久。惟我有魏，承乎周之末流，接秦漢遺弊，襲魏晉之華誕，五代澆風，因而未革，將以穆俗興化，庸可暨乎。嗟我公輔、庶僚、列侯，朕惟否德，其一心力，祗慎厥艱，克遵前王之丕顯休烈，弗敢怠荒。咨爾在位，亦協乎朕心，惇德允元，惟厥難是務。克捐厥華，卽厥實，背厥僞，崇厥誠。勿（愆）〔譽〕勿忘，〔二七〕一乎三代之彝典，歸於道德仁義，用保我祖宗之丕命。荷天之休，〔二八〕克綏我萬方，永康我黎庶。戒之哉！戒之哉！朕言不再。」

柱國泰洎庶僚百辟拜手稽首曰：「『亶聰明作元后，元后作民父母。』惟三五之王，率繇此道，用臻於刑措。自時厥後，歷千載而未聞。惟帝念功，將反叔世，逖致於雍。庸錫降丕命于我羣臣。博哉王言，非言之難，行之實難。罔不有初，鮮克有終。商書

曰：『終始惟一，德迺日新。』惟帝敬厥始，慎厥終，以躋日新之德，則我羣臣，敢不夙夜對揚休哉。惟茲大誼，未光於四表，以邁種德，俾九域幽遐，咸昭奉元后之明訓，率遷於道，永膺無疆之休。」

帝曰：「欽哉。」

自是之後，文筆皆依此體。

綽性儉素，不治產業，家無餘財。以海內未平，常以天下爲己任。博求賢俊，共弘治道，凡所薦達，皆至大官。太祖亦推心委任，而無閒言。太祖或出遊，常預署空紙以授綽，若須有處分，則隨事施行，及還，啓之而已。〔二九〕綽嘗謂治國之道，當愛民如慈父，訓民如嚴師。每與公卿議論，自晝達夜，事無巨細，若指諸掌。積思勞倦，遂成氣疾。十二年，卒於位，時年四十九。

太祖痛惜之，哀動左右。及將葬，乃謂公卿等曰：〔三〇〕「蘇尚書平生謙退，敦尚儉約。吾欲全其素志，便恐悠悠之徒，有所未達；如其厚加贈謚，又乖宿昔相知之道。進退惟谷，孤有疑焉。」尚書令史麻瑤越次而進曰：「昔晏子，齊之賢大夫，一狐裘三十年。及其死也，遣車一乘。齊侯不奪其志。綽既操履清白，謙挹自居，愚謂宜從儉約，以彰其美。」太祖稱善，因薦瑤於朝廷。及綽歸葬武功，唯載以布車一乘。太祖與羣公，皆步送出同州郭門外。太祖親於車後酹酒而言曰：「尚書平生爲事，妻子兄弟不知者，吾皆知之。惟爾知吾心，吾知爾意。方欲共定天下，不幸遂捨我去，奈何！」因舉聲慟哭，不覺失卮於手。至葬日，又遣使祭以太牢，太祖自爲其文。

綽又著佛性論、七經論，並行於世。明帝二年，以綽配享太祖廟庭。子威嗣。

威少有父風，襲爵美陽伯。娶晉公護女新興公主，拜車騎大將軍、儀同三司，進爵懷道縣公。建德初，稍遷御伯下大夫。〔三一〕大象末，開府儀同大將軍。

隋開皇初，以綽著名前代，乃下詔曰：「昔漢高欽無忌之義，魏武挹子幹之風，前代名賢，後王斯重。魏故度支尚書、美陽伯蘇綽，文雅政事，遺跡可稱。展力前王，垂聲著績。宜開土宇，用旌善人。」於是追封邳國公，邑二千戶。

綽弟椿，字令欽。性廉慎，沉勇有決斷。正光中，關右賊亂，椿應募討之，授盪寇將軍。累功（封）遷奉朝請、〔三二〕厲威將軍、中散大夫，賜爵美陽子，加都督、持節、平西將軍、太中大夫。大統初，拜鎮東將軍、金紫光祿大夫，賜姓賀蘭氏。四年，出爲武都郡守。改授西夏州長史，除帥都督，行弘農郡事。

椿當官疆濟，〔三三〕特爲太祖所知。十四年，置當州鄉帥，〔三四〕自非鄉望允當衆心，不得預

焉。乃令驛追椿領鄉兵。其年，破槃頭氏有功，〔三五〕除散騎常侍，加大都督。十六年，征隨郡，軍還，除武功郡守。既爲本邑，以清儉自居，小大之政，必盡忠恕。尋授使持節、車騎大將軍、儀同三司，進爵爲侯。武成二年，進位驃騎大將軍、開府儀同三司、大都督。保定三年，卒。子植嗣。

史臣曰：書云：「惟后非賢弗乂，惟賢非后罔食」。是以知人則哲，有國之所先；用之則行，爲下之常道。若乃庖廚、胥靡、種德、微管之臣，罕聞於世；黜魯、逐荆、抱關、執戟之士，無乏於時。斯固典謨所以昭則，風雅所以興刺也。誠能監前事之得喪，勞虛己於吐握，其知賢也必用，其授爵也勿疑，則舜禹湯武之德可連衡矣，稷契伊呂之流可比肩矣。

太祖提劍而起，百度草創。施約法之制於競逐之辰，脩治定之禮於鼎峙之日。終能斲彫爲朴，變奢從儉，風化既被，而下肅上尊；疆埸屢擾，而內親外附。斯蓋蘇令綽之力也。名冠當時，慶流後嗣，宜哉。

校勘記

中華書局

〔一〕從兄讓爲汾州刺史　卷三八蘇亮傳附弟讓作「南汾州刺史」。

〔二〕行至城西漢故倉地　通鑑卷一五七四八六五頁「地」作「池」。胡注引水經注：「泬水枝渠至章門西，飛渠引水入城，東爲倉池，池在未央宮西。」見卷一六渭水注。胡注又云：「蘇綽傳亦云：行至長安城西漢故倉池。」據此知倉池是漢以來的池名，司馬光和胡三省所見周書「地」都作「池」。胡氏所以要注明「蘇綽傳亦云」，想當時諸本已多訛作「地」。

〔三〕封美陽縣子　北史卷六三蘇綽傳「子」作「伯」。

〔四〕十年授大行臺度支尚書　北史本傳作「十一年」。

〔五〕中遷於善　北史本傳、冊府卷四七三五六四二頁「中」作「日」。

〔六〕若援溺救火寇盜之將至　北史本傳、冊府仝上卷頁「援溺」作「揚湯」，冊府宋本「將」作「時」。按文義「援溺」較長。但「揚湯救火」是說「揚湯」本不足以救火，但危急之際，就連些湯也被用上，也未嘗不可通。疑後人以「揚湯」但有「止沸」之語，故改爲「援溺」。

〔七〕若此三時不務省事　「時」原作「者」，宋本、汲本、局本和北史本傳、冊府卷四七三都作「時」，是，今逕改。

〔八〕以供養老之具　「老」原作「生」。諸本和北史本傳、冊府卷四七三五六四三頁都作「老」，今逕改。

〔九〕布政優優百祿是求　冊府卷四七三「百祿」上有「則」字。

〔一〇〕觀人之道可見矣　北史本傳、冊府卷四七三「觀」作「官」，疑周書原作「官」。

〔一一〕名驥未馳與駑馬相雜　冊府宋本卷四七三「雜」作「類」。

〔一二〕若乃不仁恕而肆其殘暴　冊府卷四七三五六四四頁「不」下有「以」字，疑當有此字。

〔一三〕皆非好殺人也　北史本傳、冊府卷四七三五六四五頁「皆非」作「非皆」，疑是。

〔一四〕殺一利百　諸本都作「礪」，冊府卷四七三宋本作「例」，乃「利」之誤，明本改作「儆」。按殿本雖從北史改，然以冊府作「例」觀之，恐本同北史，今不改。

〔一五〕明先王必以財聚人　冊府卷四七三無「先」字。

〔一六〕是故(五)三(五)以來　北史本傳、冊府卷四七三「五三」作「三五」。按通常都說「三五」，很少倒用，且下文也有「三五之王」語，今據改。

〔一七〕然令平均使下無匱　北史本傳、冊府卷四七三「然」下有「宜」字。北史「匱」作「怨」，冊府宋本作「愧」，乃「匱」之誤，明本作「怨」，當是依北史改。

〔一八〕無者與之舉息　宋本、南本、北本、汲本都作「舉之興息」，冊府卷四七三宋本作「舉之興息」，明本同殿本周書。殿本、局本周書和明本冊府都是依北史改。張元濟云：「有錢者高價向大賈買入，無錢者舉債而與之息，疑殿本誤。」按張說可通，宋本冊府「與息」作「興息」似更明白。但「與之舉息」也可解釋爲無錢者向之大賈舉債而償息。今不改。

〔一九〕柱國泰泊羣公列將　宋本、南本「泰」作「諱」，北本、汲本作「虎」，冊府卷六三七〇一頁作「柱國泊羣公」。殿本考證云：「按李虎亦爲柱國，但虎位周文之下，詔文似舉周文以統百官。今依北史改正。」按原文應作「諱」，乃沿周史舊文，冊府刪「諱」字，而不知是誰，所以沒有填名，後人刋周書因爲周書例諱李虎，就誤改作「虎」字。殿本依北史改是。

〔二〇〕揆於王廷　北史本傳、冊府仝上卷頁「廷」作「度」，較長。

〔二一〕示我彝訓　宋本、南本、北本、汲本和北史本傳、冊府仝上卷頁「彝」都作「通」，疑是殿本臆改，局本從殿本。

〔二二〕弗惟逸念　北史本傳、冊府仝上卷頁「念」作「豫」。

〔二三〕又服我國家之命　北史本傳、冊府仝上卷頁「又」作「乂」。

〔二四〕於政何弗斁　北史本傳、冊府仝上卷頁「於政」作「政於」。

〔二五〕公作相　北史本傳、冊府仝上卷頁「公」下有「惟」字。按上文「公惟棟梁」，下文「公惟大録」，都有「惟」字，疑此脫去。

〔二六〕王省惟歲　冊府卷六三七〇二頁「省」作「者」。

〔二七〕勿(愆)〔諐〕勿忘　宋本「愆」作「信」。北史本傳、冊府仝上卷頁作「諐」。張元濟云：「當從北史。」

按詩大雅假篇，「不愆不忘」，抑篇「勿愆於儀」，禮記引作「諐」，但也可能「愆」是「愆」之譌。今從北史、冊府改。

〔二八〕荷天之休　北史本傳、冊府仝上卷頁「荷」作「符」。

〔二九〕啓之而已　北史本傳、通鑑卷一五九四九四四頁「之」作「知」，較長。

〔三〇〕乃謂公卿等曰　宋本、南本、北本、汲本和冊府卷一四一一七〇七頁「謂」都作「詔」。殿本當依北史改，局本從殿本。按殿、局本所以改字，大致疑宇文泰未稱帝，不得稱詔。不知唐修周書多據周朝修的舊史，如「泰」作「諱」之類，都一仍其舊。這裏用「詔」字也是舊史如此。且作爲文書，只有天子稱詔；用作動詞，從來沒有限於天子，如「父詔其子」之類，在文章中常見。殿、局本之改，甚爲輕率。但「謂」字亦通，不再回改。

〔三一〕稍遷御伯下大夫　北史卷六三蘇綽附子威傳作「拜稍伯下大夫」，兩官都見通典卷三九周品令，未知孰是。

〔三二〕累功(封)遷奉朝請　冊府卷三五五四二〇九頁「功」下無「封」字。張森楷云：「封下當有缺文。」按「封」字也可能是衍文，今據冊府刪。

〔三三〕椿當官彊濟　「彊」原作「疆」。張元濟云：「諸本同誤，當作『彊』。」按這是刊本之誤，張說是，今逕改。

〔三四〕置當州鄉帥　宋本作「党州鄉師」，南本、北本、汲本作「黨州鄉帥」。北史卷六三蘇綽附弟椿傳「帥」作「師」。張元濟云：「按鄉師見周禮地官。」按鄉帥指領鄉兵的帥都督，卷三二柳敏傳「加帥都督，領本鄉兵」，卷三七郭彥傳「大統十二年初選當州首望統領鄉兵，除帥都督」，都可證。這裏作「當州鄉帥」不誤。

〔三五〕破槃頭氏有功　「氏」原作「氐」。諸本和北史本傳都作「氐」。今逕改。

周書卷二十四〔一〕

列傳第十六

盧辯

盧辯字景宣，范陽涿人。累世儒學。父靖，〔二〕太常丞。

辯少好學，博通經籍，舉秀才，爲太學博士。以大戴禮未有解詁，辯乃注之。其兄景裕爲當時碩儒，謂辯曰：「昔侍中注小戴，今爾注大戴，庶纂前修矣。」〔三〕

及帝入關，事起倉卒，辯不及至家，單馬而從。或問辯曰：「得辭家不？」辯曰：「門外之治，以義斷恩，復何辭也。」孝武至長安，授給事黃門侍郎，領著作。太祖以辯有儒術，甚禮之，朝廷大議，常召顧問。〔四〕趙青雀之亂，魏太子出居渭北。辯時隨從，亦不告家人。其執志敢決，皆此類也。尋除太常卿、太子少傅。魏太子及諸王等，皆行束脩之禮，受業於辯。進爵范陽公，轉少師。

自魏末離亂，孝武西遷，朝章禮度，湮墜咸盡。辯因時制宜，皆合軌度。性彊記默契，能斷大事。凡所創制，處之不疑。累遷尚書右僕射。〔五〕世宗卽位，進位大將軍。帝嘗與諸公幸其第，儒者榮之。出爲宜州刺史。薨，配食太祖廟庭。子慎。

初，太祖欲行周官，命蘇綽專掌其事。未幾而綽卒，乃令辯成之。於是依周禮建六官，〔六〕置公、卿、大夫、士，並撰次朝儀，車服器用，多依古禮，革漢、魏之法。事竝施行。今錄辯所述六官著之於篇。天官府管冢宰等衆職，地官府領司徒等衆職，春官府領宗伯等衆職，夏官府領司馬等衆職，秋官府領司寇等衆職，冬官府領司空等衆職。史雖具載，文多不錄。

辯所述六官，太祖以魏恭帝三年始命行之。自茲厥後，世有損益。〔七〕宣帝嗣位，事不師古，官員班品，隨意變革。至如初置四輔官，及六府諸司復置中大夫，并御正、內史增置上大夫等，則載於外史。餘則朝出夕改，莫能詳錄。于時雖行周禮，其內外衆職，又兼用秦漢等官。今略舉其名號及命數，附之於左。〔八〕其紀傳內更有餘官而於此不載者，亦史闕文也。

柱國大將軍、大將軍。右正九命。

驃騎、車騎等大將軍，開府、儀同三司，〔九〕雍州牧。右(正)九命。〔一〇〕

驃騎、車騎等將軍，左、右光祿大夫，戶三萬以上州刺史。右正八命。

征東、征西、征南、征北、中軍、鎮軍、撫軍等將軍,左、右金紫光祿大夫,大都督,戶二萬以上州刺史,京兆尹。右八命。

平東、平西、平南、平北、前、後將軍,左、右將軍,左、右銀青光祿大夫,帥都督,戶一萬以上〔州〕刺史,〔一一〕柱國大將軍府長史、司馬、司錄。右正七命。

冠軍、輔國等將軍,太中、中散等大夫,都督,戶五千以上〔州〕刺史,戶一萬五千以上郡守。右七命。

鎮遠、建忠等將軍,諫議、誠議等大夫,〔一二〕別將,開府長史、司馬、司錄,〔戶不滿五千以下州刺史〕,〔一三〕戶一萬以上郡守,大呼藥。〔一四〕右正六命。

中堅、寧朔等將軍;左、右中郎將;儀同府、正八命州長史,司馬,司錄;戶五千以上郡守;小呼藥。〔一五〕右六命。

寧遠、揚烈(伏波)等將軍;〔一六〕左、右員外常侍;統軍;驃騎車騎府、八命州長史,司馬,司錄;柱國大將軍府中郎掾〔屬〕;〔一七〕戶一千以上郡守;長安、萬年縣令。右正五命。

〔伏波〕、輕車〔等〕將軍;〔一八〕奉車、奉騎等都尉;四征中鎮撫軍府、正七命州長史,司馬,司錄;〔一九〕開府府中郎掾屬;戶不滿千以下郡守;戶七千以上縣令;正八命州呼藥。右五命。

宣威、明威等將軍;武賁、冗從等給事;儀同府中郎掾屬;柱國大將軍府列曹參軍;四平前後左右將軍府、七命州長史,司馬,司錄;正八命州別駕;戶四千以上縣令;八命州呼藥。右正四命。

襄威、厲威將軍;給事中;奉朝請;軍主;開府府列曹參軍;冠軍輔國府、正六命州長史,司馬,司錄;正七命州別駕;正八命州治中;七命郡丞;戶二千以上縣令;〔二〇〕正七命州呼藥。右四命。

威烈、討寇將軍,左、右員外侍郎,幢主,儀同府、正八命州列曹參軍,柱國府參軍,鎮遠建忠中堅寧朔府長史、司(錄)〔馬〕,〔二一〕正六命州別駕,正七命州治中,正六命郡丞,戶五百以上縣令,七命州呼藥。右正三命。

蕩寇、蕩難將軍,武騎常侍、侍郎,開府府參軍,驃騎車騎府、八命州列曹參軍,寧遠揚烈伏波輕車府長史,正六命州治中,六命郡丞,戶不滿五百以下縣令,戍主,正六命州呼藥。右三命。

殄寇、殄難將軍,彊弩、〔積弩〕司馬,〔二二〕四征中鎮撫〔軍〕府、正七命州列曹參軍,〔二三〕正五命郡丞。右正二命。

掃寇、掃難將軍,〔武騎〕、武威司馬,〔二四〕四平前後左右府、七命州列曹參軍,戍副,五命郡丞。右二命。

曠野、橫野將軍,殿中、員外二司馬,冠軍輔國府、正六命州列曹參軍。右正一命。

武威、武牙將軍,淮海、山林二都尉,鎮遠建忠中堅寧朔寧遠揚烈伏波輕車府列曹參軍。右一命。

周制:封郡縣五等爵者,皆加開國;授柱國大將軍、開府、儀同者,並加使持節、大都督;其開府又加〔驃騎大將軍、侍中;其儀同又加〕車騎大將軍、散騎常侍;〔二五〕其授總管刺史,則加使持節、諸軍事。以此為常。大象元年,詔總管刺史及行兵者,加持節,餘悉罷之。建德四年,增置上柱國大將軍,改儀同三司為儀同大將軍。

校勘記

〔一〕卷二十四　按此卷紀事遠較北史卷三〇盧同附從子辯傳簡略,歷官更多刪削,傳末又沒有史臣論。錢氏考異卷三二目錄序條已指出此卷不是周書原文。今以此卷與北史對校,脫漏雖多,個別辭句也有出於北史外者,當是後人取高氏小史或其他以周書為底本的某種節錄本補。對本書脫漏處和前卷一八、卷二一同例,基本上不據北史補,只校文字歧異,和指出較重要的刪節處。

〔二〕父靖　魏書卷七六盧同傳末、北史卷三〇盧同附子斐傳末作「靜」。

〔三〕庶纂前修矣　殿本考證云:「此下北史有節閔帝立云云。按下文云『及帝入關』,帝謂孝武也。作史者若不載節閔帝即位事,則當云『及孝武入關』,不當云『帝入關』也。以北史校之,知此明有遺脫。」按此下北史敍辯入關前事達一百四十五字。考證說遺脫,實是刪節不當。

〔四〕朝廷大議常召顧問　宋本、南本、北本、汲本和册府卷七五八 九〇二五頁「常召」都作「當日」,殿本當依北史改,局本從殿本。按「常召」較長,但「當日」也可通,猶言立即顧問。

〔五〕累遷尚書右僕射　北史本傳作「累遷尚書令」。疑各自刪節周書,但書令而略僕射是可以的,書僕射而略令,乃是刪節失當。

〔六〕於是依周禮建六官　按此下至「魏恭帝三年始命行之」凡一百二十六字。北史本傳刪略只二十三字。由此知今本盧辯傳非據北史刪節。在「始命行之」下北史略敍官制四十五字,今本周書無。

〔七〕自玆厥後世有損益　以下北史本傳敍明帝、武帝二朝官制增省凡一百七十二字,今本周書無。按隋書卷二七百官志中記北周官制,末云:「所設官名,訖於周末,多有改更,並具盧傳,不復重序云。」知原本盧傳詳記「多有改更」之處。今本卻只於下略敍宣帝時的改制,寥寥數語。北史盧傳當也據周書而有刪節,今出於今本周書外者尚一百七十二字,可見這卷的疏略。

〔八〕今略舉其名號及命數附之於左　按下所載官名命數大致和北史同,各有訛脫。通典卷三九載

周官品最詳備，周書、北史只舉六官以外的官，通典並舉無遺。通志卷一五七盧辯傳末也可參考。以下但舉顯然訛脫之處。

〔九〕驃騎車騎等大將軍開府儀同三司　北史和通典卷三九以下不舉卷數作「驃騎大將軍、開府儀同三司，車騎大將軍、儀同三司」。按通典、北史兩將軍和他們的例加官相連，通志卷一五七以下不舉卷數亦同。這裏却把兩將軍相連，開府儀同三司次序在車騎大將軍上，今反在下。又簡稱「開府、儀同三司」以代「開府儀同三司」和「儀同三司」，也易誤會。諸將軍連敍，下面都有次序失當之病，不贅舉。

〔一〇〕有（正）九命　北史、通典無「正」字，這裏是衍文，今刪。

〔一一〕戶一萬以上〔州〕刺史　按前後文都作「州刺史」，且「戶一萬以上州」連文，不應省「州」字。今據北史、通志補。下同。

〔一二〕諫議誠議等大夫　通典、通志「誠」作「諮」。

〔一三〕〔戶不滿五千以下州刺史〕　按七命列「戶五千以上州刺史」，正六命自應有「戶不滿五千以下州刺史」，今據北史、通典、通志補。

〔一四〕大呼藥　北史、通典正六命無此官。

〔一五〕小呼藥　北史、通典「小」作「大」。下面也沒有「小呼藥」。

〔一六〕寧遠揚烈（伏波）等將軍　這裏伏波將軍在正五命，北史、通典在五命，作：「伏波將軍、奉車都尉，輕車將軍、奉騎都尉。」通志正五命亦但有「寧遠、揚烈等將軍」，「伏波將軍」在五命。按魏書卷一一三官氏志伏波將軍、奉車都尉、輕車將軍同在從五品，隋書卷二八百官志下記隋官品，伏波輕車二將軍同在從七品。且此敍官品，每品必首舉兩將軍，獨正五命有三將軍，而五命却只舉輕車一將軍，於例也不合。今從北史、通典、通志刪。

〔一七〕柱國大將軍府中郎掾〔屬〕　北史、通典、通志「掾」下有「屬」字。按下文某府中郎掾屬凡兩見。知當有「屬」字，今據補。

〔一八〕〔伏波〕輕車〔等〕將軍　「伏波」原誤移上。通志五命作「伏波、輕車等將軍」，今補正。

〔一九〕正七命州長史司馬司錄　通典無司錄。

〔二〇〕戶二千以上縣令　通典「二」作「三」。

〔二一〕鎮遠建忠中堅寧朔府長史司（錄）〔馬〕　北史、通典「司錄」作「司馬」。是，今據改。通志既有「司錄」，又有「司馬」，乃誤增，府屬依命數遞減，下寧遠、揚烈等將軍只有「長史」可證。

〔二二〕殄寇殄難將軍彊弩〔積弩〕司馬　北史、通典作「殄寇將軍、彊弩司馬，殄難將軍、積弩司馬」。通志作「彊弩、積弩等司馬」。按「彊弩」下應有「積弩」二字，今據補。

〔二三〕四征中鎮撫〔軍〕府正七命州列曹參軍　通志作「四征、中、鎮、撫將軍府」。按上文五命有「四征中鎮撫軍府、正七命州長史，司馬，司錄」。「中鎮撫軍」是中軍、鎮軍、撫軍三將軍之簡稱，「軍」字不可省，通志衍「將」字，但「軍」字未脫。今據上文補。

〔二四〕掃寇掃難將軍〔武騎〕武威司馬　北史、通典作「掃寇將軍、武騎司馬，掃難將軍、武威司馬」。「武威」上應有「武騎」二字，今據補。

〔二五〕並加使持節大都督其開府又加〔驃騎大將軍侍中其儀同又加〕車騎大將軍散騎常侍　按周制驃騎大將軍例加開府儀同三司，車騎大將軍例加儀同三司。今脫去十二字，變成「其開府又加車騎大將軍」，和制度不合，今據北史、通志補。

周書卷二十五

列傳第十七

李賢 弟遠

李賢字賢和，其先隴西成紀人也。曾祖富，魏太武時以子都督討兩山屠各歿於陣，贈寧西將軍、隴西郡守。祖斌，襲領父兵，鎮於高平，因家焉。父文保，早卒。魏大統末，以賢兄弟著勳，追贈涇原東秦三州刺史、司空。

賢幼有志節，不妄舉動。嘗出遊，遇一老人，鬚眉皓白，謂之曰：「我年八十，觀士多矣，未有如卿者。必爲台牧，卿其勉之。」九歲，從師受業，略觀大旨而已，不尋章句。或謂之曰：「學不精勤，不如不學。」賢曰：「夫人各有志，賢豈能彊學待問，領徒授業耶，唯當粗聞教義，補己不足。至如忠孝之道，實銘之於心。」問者慙服。年十四，遭父喪，撫訓諸弟，友愛甚篤。

魏永安中，万俟醜奴據岐、涇等諸州反叛，魏孝莊遣爾朱天光率兵擊破之。其黨万俟道洛、費連少渾猶據原州，未知醜奴已敗。天光遣使造賢，令密圖道洛。天光率兵續進。會賊黨万俟阿寶戰敗逃還，私告賢曰：「醜奴已敗，王師行至此。阿寶以性命相投，願能存濟。」賢因令阿寶僞爲醜奴使，紿道洛等曰：「今已破臺軍，須與公計事，令阿寶權守原州，公宜速往。」道洛等信之，是日便發。既出而天光至，遂克原州。道洛乃將麾下六千人奔于牽屯山。天光見賢曰：「道洛之出，子之力也。」賢又率鄉人出馬千匹以助軍，天光大悅。時原州亢旱，天光以乏水草，乃退舍城東五十里，牧馬息兵。令都督長孫邪利行原州事，以賢爲主簿。道洛復乘虛忽至，時賊黨千餘人在城中，密爲內應，引道洛入城，遂殺邪利。賢復率鄉人殊死拒戰，道洛乃退走。

又有賊帥達符顯圍逼州城，晝夜攻戰，屢被摧衂。賢間道赴雍州，詣天光請援。天光許之，賢乃返。而賊營壘四合，無因入城。候日向夕，乃僞負薪，與賊樵采者俱得至城下。城中垂布引之，賊衆方覺，乃弓弩亂發。射之不中，遂得入城，告以大軍將至。賊聞之，便卽散走。累遷威烈將軍、殿中將軍、高平令。

賀拔岳爲侯莫陳悅所害，太祖西征。賢與其弟遠、穆等密應侯莫陳崇。以功授都督，仍守原州。及大軍將至秦州，悅棄城走，太祖令兄子導勒兵追之，以賢爲前驅。轉戰四百餘里，至牽屯山及之，悅自刎於陣。賢亦被重瘡，馬中流矢。太祖嘉之，賞奴婢、布帛及雜畜等，授持節、撫軍大將軍、都督。[一]

魏孝武西遷，太祖令賢率騎兵迎衞。時山東之衆，多欲逃歸。帝乃令賢以精騎三百爲殿，衆皆憚之，莫敢亡叛。封下邽縣公，[二]邑一千戶。俄授左都督、安東將軍，還鎮原州。

大統二年，州民豆盧狼害都督大野樹兒等，據州城反。賢乃招集豪傑與之謀曰：「賊起倉卒，便誅二將，其勢雖盛，其志已驕。然其政令莫施，唯以殘剝爲業。夫以羈旅之賊，而馭烏合之衆，勢自離解。今若從中擊之，賊必喪膽。如吾計者，指日取之。」衆皆從焉。賢乃率敢死士三百人，分爲兩道，乘夜鼓噪而出。羣賊大驚，一戰而敗，狼乃斬關遁走。賢輕與三騎追斬之。遷原州長史，尋行原州事。

四年，莫折後熾連結賊黨，所在寇掠。賢率鄉兵與行涇州事史寧討之。後熾列陣以待。賢謂寧曰：「賊聚結歲久，徒衆甚多，數州之人，皆爲其用。我若總一陣併力擊之，彼既同惡相濟，理必總萃於我。其勢不分，衆寡莫敵。我便救尾，無以制之。今若令諸軍分爲數隊，多設旗鼓，掎角而前，以脅諸栅。公別統精兵，直指後熾，按甲而待，莫與交鋒。後熾欲前，則憚公之銳。諸栅欲出，則懼我疑兵。令其進不得戰，退不得走，以候其懈，擊之必破。後熾一敗，則衆栅不攻自拔矣。」寧不從，屢戰頻北。賢乃率數百騎徑掩後熾營，收其妻子、僮

隸五百餘人，并輜重等。屬後熾與寧戰勝，方欲追奔，忽聞賢至，乃棄寧與賢接戰。賢手斬十餘級，生獲六人，賊遂大敗。後熾單騎遁走。師還，以功賞奴婢四十口，雜畜數百頭。

八年，授原州刺史。賢雖少從戎旅，而頗閑政事，撫導鄉里，甚得民和。十二年，隨獨孤信征涼州，平之。又撫慰張掖等五郡而還。俄而茹茹圍逼州城，剽掠居民，驅擁畜牧。賢欲出戰，大都督王德猶豫未決。賢固請，德乃從之。賢勒兵將出，賊密知之，乃引軍退。賢因率騎士追擊，斬二百餘級，捕虜百餘人，獲駞馬牛羊二萬頭，財物不可勝計。所掠之人，還得安堵。加授使持節、車騎大將軍、儀同三司。

十六年，遷驃騎大將軍、開府儀同三司。太祖之奉魏太子西巡也，至原州，遂幸賢第，讓齒而坐，行鄉飲酒禮焉。其後，太祖又至原州，令賢乘輅，備儀服，以諸侯會遇禮相見，然後幸賢第，歡宴終日。凡是親族，頒賜有差。

魏恭帝元年，進爵河西郡公，[三]增邑通前二千戶。後以弟子植被誅，賢坐除名。俄授使持節、車騎大將軍、儀同三司。時荊州羣蠻反，開府潘招討之。令賢與賀若敦率騎士七千，別道邀截，擊蠻帥文子榮，大破之。遂於平州北築汶陽城以鎮之。尋治郢州刺史。時以巴、湘初附，詔賢總監諸軍，略定，乃遷江夏民二千餘戶以實安州，并築甑山城而還。保定二年，詔復賢官爵，仍授瓜州刺史。

高祖及齊王憲之在襁褓也，以避忌，不利居宮中。太祖令於賢家處之，六載乃還宮。因賜賢妻吳姓宇文氏，養爲姪女，賜與甚厚。及高祖西巡，幸賢第，詔曰：「朕昔冲幼，爰寓此州。使持節、驃騎大將軍、開府儀同三司、大都督、瓜州諸軍事、瓜州刺史賢，斯土良家，勳德兼著，受委居朕，輔導積年。念其規弼，功勞甚茂。食彼桑椹，尚懷好音，矧茲惠矣，其庸可忘？今巡撫居此，不殊代邑，舉目依然，益增舊想。雖無屬籍，朕處之若親。凡厥昆季乃至子姪等，可並豫宴賜。」於是令中侍上士尉遲愷往瓜州，降璽書勞賢，賜衣一襲及被褥，并御所服十三環金帶一要、中廐馬一匹、金裝鞍勒、雜綵五百段、銀錢一萬。賜賢弟申國公穆亦如之。子姪男女中外諸孫三十四人，各賜衣一襲。又拜賢甥厙狄樂爲儀同。賢門生昔經侍奉者，二人授大都督，四人授帥都督，六人別將。奴已免賤者，五人授軍主，未免賤者十二人酬替放之。

四年，王師東討，朝議以西道空虛，慮羌、渾侵擾，乃授賢使持節、河州總管、三州七防諸軍事、河州刺史。河州舊非總管，至是創置焉。賢乃大營屯田，以省運漕；多設斥候，以備寇戎。於是羌、渾斂迹，不敢向東。五年，宕昌寇邊，百姓失業，乃於洮州置總管府以鎮遏之。遂廢河州總管，改授賢洮州總管、七防諸軍事，洮州刺史。屬羌寇石門戍，撤破橋道，以絕援軍，賢率千騎禦之，前後斬獲數百人，賊乃退走。羌復引吐谷渾數千騎，將入西

疆。賢密知之，又遣兵伏其隘路，復大敗之。虜遂震懾，不敢犯塞。俄廢洮州總管，還於河州置總管府，復以賢爲之。

高祖思賢舊恩，徵拜大將軍。天和四年三月，卒於京師，時年六十八。高祖親臨，哀動左右。贈使持節、柱國大將軍、大都督、涇原秦等十州諸軍事、原州刺史。謚曰桓。子端嗣。

端字永貴，歷位開府儀同三司、司會中大夫、中州刺史。從高祖平齊，於鄴城戰歿，贈上大將軍，追封襄陽公，謚曰果。端弟吉，儀同三司。吉弟崇，〔四〕位至太府中大夫、上柱國、廣宗郡公。崇弟孝軌，開府儀同大將軍、升遷縣伯。孝軌弟詢，少歷顯位。大象末，上柱國、隴西郡公。

賢弟遠，字萬歲。幼有器局，志度恢然。嘗與羣兒爲戰鬬之戲，指麾部分，便有軍陣之法。郡守見而異之，召使更戲。羣兒懼而散走，遠持杖叱之，復爲向勢，意氣雄壯，殆甚於前。郡守曰：「此小兒必爲將軍，非常人也。」及長，涉獵書傳，略知指趣而已。

魏正光末，天下鼎沸，勑勒賊胡琛侵逼原州，〔五〕其徒甚盛。遠昆季率勵鄉人，欲圖拒守，而衆情猶懼，頗有異同。遠乃按劍而言曰：「頃年以來，皇家多難。匈黨乘機，肆其毒螫。王略未振，緩其梟夷。正是忠臣立節之秋，義士建功之日。丈夫豈可臨難苟免，當在

死中求生耳。諸人並世載忠貞，沐浴教義，今若棄同即異，去順効逆，雖五尺童子，猶或非之，將復何顏以見天下之士。有異議者，請以劍斬之！」於是衆皆股慄，莫不聽命。乃相與盟歃，遂深壁自守。而外無救援，城遂陷。其徒多被殺害，唯遠兄弟並爲人所匿，得免。遠乃言於賢曰：「今逆賊孔熾，屠戮忠良。遠欲間行入朝，請兵救援。兄晦迹和光，可以免禍。內伺釁隙，因變立功。若王師西指，得復表裏相應，既殉國家之急，且全私室之危。豈若窘迫凶威，坐見夷滅！」賢曰：「是吾心也。」遂定東行之策。遠乃崎嶇寇境，得達京師。魏朝嘉之，授武騎常侍。俄轉別將，賜帛千匹，并弓刀衣馬等。

及爾朱天光西伐，乃配遠精兵，使爲鄉導。天光欽遠才望，特相引接，除伏波將軍、長城郡守、原州大中正。

後以應侯莫陳崇功，遷高平郡守。太祖見遠，與語悅之，令居麾下，甚見親遇。及魏孝武西遷，授假節、銀青光祿大夫、主衣都統，封安定縣伯，邑五百戶。魏文帝嗣位之始，思享遐年，以遠字可嘉，令扶帝升殿。遷使持節、征東大將軍，進爵爲公，增邑千戶，仍領左右。從征竇泰，復弘農，並有殊勳。授都督、原州刺史。太祖謂遠曰：「孤之有卿，若身體之有手臂之用，豈可暫輟於身。本州之榮，乃私事耳。卿若述職，則孤無所寄懷。」於是遂令遠兄賢代行州事。沙苑之役，遠功居最，除車騎大將軍、儀同三司，進爵陽平郡公，邑三千戶。尋

從獨孤信東略，遂入洛陽。爲東魏將侯景等所圍。太祖至，乃解。及河橋之戰，遠與獨孤信爲右軍，不利而退。除大丞相府司馬。軍國機務，遠皆參之，畏避權勢，若不在己。時河東初復，民情未安，太祖謂遠曰：「河東國之要鎮，非卿無以撫之。」乃授河東郡守。遠敦獎風俗，勸課農桑，肅遏姦非，兼修守禦之備。曾未朞月，百姓懷之。太祖嘉焉，降書勞問。徵爲侍中、驃騎大將軍、開府儀同三司。魏建東宮，授太子少傅，尋轉少師。

東魏北豫州刺史高仲密請舉州來附。時齊神武屯兵河陽。太祖以仲密所據遼遠，難爲應接，諸將皆憚此行。遠曰：「北豫遠在賊境，高歡又屯兵河陽，常理而論，實難救援。但兵務神速，事貴合機。古人有言：『不入獸穴，安得獸子。』〔六〕若以奇兵出其不意，事或可濟。脫有利鈍，故是兵家之常。如其顧望不行，便無克定之日。」太祖喜曰：「李萬歲所言，差強人意。」乃授行臺尚書，前驅東出。太祖率大軍繼進。遠乃潛師而往，拔仲密以歸。仍從太祖戰於邙山。時大軍不利，遠獨整所部爲殿。尋授都督義州弘農等二十一防諸軍事。〔七〕

遠善綏撫，有幹略，守戰之備，無不精銳。每厚撫〔境〕外〔之〕人，〔八〕使爲間諜，敵中動靜，必先知之。至有事泄被誅戮者，亦不以爲悔。其得人心如此。嘗校獵於莎柵，見石於叢蒲中，〔九〕以爲伏兔，射之而中，鏃入寸餘。就而視之，乃石也。太祖聞而異之，賜書曰：

「昔李將軍廣親有此事，公今復爾，可謂世載其德。雖熊渠之名，不能獨擅其美。」

東魏將段孝先率步騎二萬趣宜陽，以送糧爲名，然實有窺窬之意。遠密知其計，遣兵襲破之，獲其輜重器械。孝先遁走。太祖乃賜所乘馬及金帶牀帳衣被等，幷雜綵二千匹，拜大將軍。

頃之，除尚書左僕射。遠白太祖曰：「遠，秦隴匹夫，才藝俱爾。平生念望，不過一郡守耳。遭逢際會，得奉聖明。主貴臣遷，以至於此。今位居上列，爵邁通侯，受委方面，生殺在手。非直榮寵一時，亦足光華身世。但尚書僕射，任居端揆，今以賜授，適所以重其罪責。明公若欲全之，乞寢此授。」太祖曰：「公勳德兼美，朝廷欽屬，選衆而擧，何足爲辭。且孤之於公，義等骨肉，豈容於官位之間，便致退讓，深乖所望也。」遠不得已，方拜職。太祖又以第十一子達令遠子之，卽代王也。其見親待如此。

時太祖嫡嗣未建，明帝居長，已有成德；孝閔處嫡，年尚幼冲。乃召羣公謂之曰：「孤欲立子以嫡，恐大司馬有疑。」大司馬卽獨孤信，明帝敬后父也。衆皆默，未有言者。遠曰：「夫立子以嫡不以長，禮經明義。略陽公爲世子，公何所疑。若以信爲嫌，請卽斬信。」便拔刀而起。太祖亦起曰：「何事至此！」信又自陳說，遠乃止。於是羣公並從遠議。出外拜謝信曰：「臨大事，不得不爾。」信亦謝遠曰：「今日賴公，決此大議。」六官建，授小司寇。孝閔帝踐阼，進位柱國大將軍，邑千戶。復鎭弘農。

遠子植，在太祖時已爲相府司錄參軍，掌朝政。及晉公護執權，恐不被任用，乃密欲誅護。語在孝閔帝紀。謀頗漏泄，護知之，乃出植爲梁州刺史。尋而廢帝，召遠及植還朝。遠恐有變，沉吟久之，乃曰：「大丈夫寧爲忠鬼，安能作叛臣乎！」遂就徵。既至京師，護以遠功名素重，猶欲全宥之。乃引與相見，謂之曰：「公兒遂有異謀，非止屠戮護身，乃是傾危宗社。叛臣賊子，理宜同疾，公可早爲之所。」乃以植付遠。遠素鍾愛於植，植又口辯，乃云初無此謀。遠謂爲信然。詰朝，將植謁護，護謂植已死，乃曰：「陽平公何意乃自來也？」左右云：「植亦在門外。」護大怒曰：「陽平公不信我矣！」乃召入，仍命遠同坐，令帝與植相質於遠前。植辭窮，謂帝曰：「本爲此謀，欲安社稷，利至尊耳。今日至此，何事云云。」遠聞之，自投於牀曰：「若爾，誠合萬死。」於是護乃害植，幷逼遠令自殺。時年五十一。植弟叔諧、叔謙、叔讓亦死。餘並以年幼得免。

建德元年，晉公護誅，乃詔曰：「故使持節、柱國大將軍、大都督、陽平郡開國公遠，早蒙驅任，夙著勳績，內參帷幄，外屬藩維。竭誠王室，乃罹橫禍。言念貞良，追增傷悼。宜加榮寵，用彰忠節。」贈本官，加陝熊等十五州諸軍事、陝州刺史。謚曰忠。隋開皇初，追贈上柱國、黎國公，邑三千戶，改謚曰懷。植及諸弟，並加贈謚。

植弟基，字仲和。幼有聲譽，美容儀，善談論，涉獵羣書，尤工騎射。太祖召見奇之，乃令尚義歸公主。大統十年，釋褐員外散騎常侍。後以父勳，封建安縣公，邑一千戶。累遷撫軍將軍、銀青光祿大夫、通直散騎常侍，領大丞相親信。俄轉大都督、進爵清河郡公。太祖扶危定傾，威權震主，及魏廢帝卽位之後，猜隙彌深。時太祖諸子，年皆幼冲，章武公導、中山公護復東西作鎭，唯託意諸壻，以爲心膂。基與義城公李暉、常山公于翼等俱爲武衞將軍，分掌禁旅。帝深憚之，故密謀遂泄。魏恭帝卽位，遷使持節、車騎大將軍、儀同三司，加散騎常侍，進爵燉煌郡公，尋加侍中、驃騎大將軍、開府儀同三司，拜陽平國世子。六官建，授御正中大夫。孝閔帝踐阼，出爲海州刺史。〔一〇〕

尋以兄植被收，例合坐死。既以主貴，又爲季父穆所請，得免。武成二年，除江州刺史。既被譴謫，常憂懼不得志。保定元年，卒於位，年三十一。申公穆尤所鍾愛，每哭輒悲慟，謂其所親曰：「好兒捨我去，門戶豈是欲興。」宣政元年，追贈使持節、上開府儀同三司、大將軍、曹徐譙三州刺史、燉煌郡公，謚曰孝。子威嗣。

威字安民，起家右侍上士，累遷至開府儀同三司，又改襲遠爵陽平郡公。從高祖平齊，以功授上開府、拜軍司馬。宣帝卽位，進授大將軍，出爲熊州刺史。大象末，位至柱國。

史臣曰：李賢和兄弟，屬亂離之際，居戎馬之間，志略縱橫，忠勇奮發，亟摧勍敵，屢涉艱危，而功未書於王府，仕不過於州郡。及逢時値主，策名委質，或使煩莫府，〔一一〕或契闊戎行，荷生成之恩，蒙國士之遇，俱縻好爵，各著勳庸。遂得任兼文武，聲彰內外，位高望重，光國榮家，跗萼連暉，椒聊繁衍，冠冕之盛，當時莫比焉。自周迄隋，鬱爲西京盛族，雖金、張在漢，不之尚也。

然而太祖初崩，嗣君冲幼。內則功臣放命，外則強寇臨邊。晉公以猶子之親，膺負圖之託，遂能撫寧家國，開翦異端，革魏興周，遠安邇悅。功勤已著，過惡未彰。李植受遇先朝，宿參機務，恐威權之已去，懼將來之不容，生此厲階，成茲貝錦，乃以小謀大，由疎間親。主無昭帝之明，臣有上官之訴。嫌隙既兆，釁故因之。啓冢宰無君之心，成閔皇廢弑之禍，植之由也。李遠既闕義方之訓，又無先見之明，以是誅夷，非爲不幸。

校勘記

〔一〕授持節撫軍大將軍都督　北史卷五九李賢傳作「授假節、撫軍將軍、大都督」。

〔二〕封下邽縣公　北史本傳「下」作「上」。按魏書卷一〇六下地形志下無下邽縣，雍州馮翊郡蓮芍縣注云：「有下封城。」下封卽下邽，避拓跋珪諱改，志云下封城，明此縣魏末已廢。隋書卷二九地理志上馮翊郡有下邽縣，沒有說縣的廢置，當是西魏復置。李賢封公在孝武初入關時，疑尙無此縣。上邽魏改上封，是秦州天水郡治。不論李賢所封是上邽或下邽，「邽」字都應作「封」。

〔三〕進爵河西郡公　北史作「西河郡公」。

〔四〕吉弟崇　張森楷云：「北史作『吉弟孝軌』，崇則孝軌弟詢之弟也。」按周書，李崇行第在三，北史在五。隋書卷三七李穆傳附兄子詢，詢弟崇。但也有可疑。據崇傳，他死於開皇三年（五八三年），年四十八。而詢傳稱詢死時年四十九。隋書卷二高祖紀下，詢死於開皇八年（五八八年），那時李崇已前卒五年了。據此則詢小於崇四歲，疑周書所記行第是。

〔五〕勅勒賊胡琮　張森楷云：「魏書（卷九肅宗紀正光五年）作『胡琛』，通鑑（卷一五〇，四六七七頁）同，是。此『琮』字誤。」按北史卷四八爾朱榮附從子天光傳云：「初高平鎭城人赫連貴恩等爲逆，共推勅勒酋長胡琛爲主，號高平王」，「琛」、「琮」自是一人，而作「琮」只此傳一見，當如張說，是「琛」之訛。但諸本和北史李遠傳同作「琮」，今不改。

〔六〕不入獸穴安得獸子　宋本「安」作「不」，都通。「虎」改「獸」，避唐諱。

〔七〕尋授都督義州弘農等二十一防諸軍事　錢氏考異卷三二云：「『義州』當作『義川』。隋志（卷三〇地

理志中）恆農之盧氏縣，西魏置義川郡。」楊氏隋志考證卷三於弘農郡盧氏縣西魏置義川郡條下云：「當云『置義州義川郡』。寰宇記（卷六虢州盧氏縣條）西魏大統中於盧氏縣立東義州。」楊氏還考證見於卷二八權景宣附郭賢傳的義州就是置於盧氏的義州，史籍所見東義州也就是這個州。據此，這裏作「義州」，未必是「義川」之誤。又「弘農」魏書卷一〇六中地形志中作「恆農」，乃避魏諱改。李遠任此職尙在魏時，應仍作「恆農」。

〔八〕每厚撫〔境〕外〔之〕人　宋本「外」下有「之」字。北史卷五九李賢附弟遠傳、册府卷四一一宋本、明本（四八八七頁）都作「每厚撫境外之人」。按册府此條採自周書，此句却和北史同。又北史此等處通常每加簡省，而此反多出二字。知舊本周書先脫去「境」字，後人以不可通，就把「之」字也刪掉。今據補。

〔九〕見石於叢蒲中　北史本傳、御覽卷七四五（三三〇八頁）「蒲」作「薄」，疑是。

〔一〇〕出爲海州刺史　錢氏考異卷三二云：「此後周之海州，未審治所。」按北史作浙州，「浙」乃「淅」之訛。疑當從北史。

〔一一〕或使煩莫府　「使煩」疑當作「便蕃」。左傳襄十一年「便蕃左右」，杜注：「便蕃，數也。」但諸本皆同，北史無文，今不改。

周書卷二十六〔一〕

列傳第十八

長孫儉　長孫紹遠（弟澄　兄子兕）　斛斯徵

長孫儉，河南洛陽人也。本名慶明。其先，魏之枝族，姓托拔氏。〔二〕孝文遷洛，改爲長孫。五世祖嵩，魏太尉、北平王。

儉少方正，有操行，狀貌魁梧，神彩嚴肅，雖在私室，終日儼然。性不妄交，非其同志，雖貴遊造門，亦不與相見。孝昌中，起家員外散騎侍郎，〔三〕從爾朱天光破隴右。太祖臨夏州，以儉爲錄事，深器敬之。賀拔岳被害，太祖赴平涼，凡有經綸謀策，儉皆參預。從平侯莫陳悅，留儉爲秦州長史。時西夏州仍未內屬，而東魏遣許和爲刺史，儉以信義招之，和乃舉州歸附。卽以儉爲西夏州刺史，總統三夏州。

時荆襄初附，太祖表儉功績尤美，宜委東南之任，授荆州刺史、東南道行臺僕射。所部

鄭縣令泉璨爲民所訟，推治獲實。儉卽大集僚屬而謂之曰：「此由刺史教誨不明，信不被物，是我之愆，非泉璨之罪。」遂於廳事前，肉袒自罰，捨璨不問。於是屬城肅勵，莫敢犯法。魏文帝璽書勞之。太祖又與儉書曰：「近行路傳公以部內縣令有罪，遂自杖三十，用肅羣下。吾昔聞『王臣謇謇，匪躬之故』，蓋謂憂公忘私，知無不爲而已。未有如公刻身罰己以訓羣僚者也。聞之嘉歎。」荆蠻舊俗，少不敬長。儉殷勤勸導，風俗大革。務廣耕桑，兼習武事，故得邊境無虞，民安其業。吏民表請爲儉構清德樓，樹碑刻頌，朝議許焉。在州遂歷(二)〔七〕載。〔四〕

徵授大行臺尙書，兼相府司馬。嘗與羣公侍坐於太祖，及退，太祖謂左右曰：「此公閑雅，孤每與語，嘗肅然畏敬，恐有所失。」他日，太祖謂儉曰：「名實理須相稱，尙書既志安貧素，可改名儉，以彰雅操。」

又除行臺僕射、荆州刺史。時梁岳陽王蕭詧內附，初遣使入朝，至荆州。儉於廳事列軍儀，具戎服，與使人以賓主禮相見。儉容貌魁偉，音聲如鐘，大爲鮮卑語，遣人傳譯以問客。客惶恐不敢仰視。日晚，儉乃著帬襦紗帽，引客宴於別齋。因序梁國喪亂，朝廷招攜之意，發言可觀。使人大悅。出曰：「吾所不能測也。」

及梁元帝嗣位於江陵，外敦隣睦，內懷異計。儉密啓太祖，陳攻取之謀。於是徵儉入

朝，問其經畧。儉對曰：「今江陵既在江北，去我不遠。湘東即位，已涉三年。觀其形勢，不欲東下。骨肉相殘，民厭其毒。荊州軍資器械，儲積已久，若大軍西討，〔五〕必無匱乏之慮。且兼弱攻昧，武之善經。國家既有蜀土，若更平江漢，撫而安之，收其貢賦，以供軍國，天下不足定也。」太祖深然之，乃謂儉曰：「如公之言，吾取之晚矣。」令儉還州，密爲之備。尋令柱國、燕公于謹總戎衆伐江陵。平，以儉元謀，賞奴婢三百口。〔六〕太祖與儉書曰：「本圖江陵，由公畫計，今果如所言。智者見未萌，何其妙也。但吳民離散，事藉招懷，南服重鎮，非公莫可。」遂令儉鎮江陵。進爵昌寧公，遷大將軍，移鎮荊州，總管五十二州。〔七〕

儉舊嘗詣闕奏事，時值大雪，遂立於雪中待報，自旦達暮，竟無惰容。其奉公勤至，皆此類也。三年，以疾還京。爲夏州總管，〔八〕薨，遺啓世宗，〔九〕請葬於太祖陵側，并以官所賜之宅還官。〔一〇〕詔皆從之。追封鄶公。〔一一〕荊民儀同趙超等七百人，感儉遺愛，詣闕請爲儉立廟樹碑，詔許之。詔曰：〔一二〕「昔叔敖辭沃壤之地，蕭何就窮僻之鄉，以古方今，無慙曩哲。言尋嘉尙，弗忘于懷。而有司未達大體，遽以其第即便給外。今還其妻子。」子隆。〔一三〕

長孫紹遠字師，河南洛陽人。少名仁。父稚，〔一四〕魏太師、錄尙書、上黨王。

紹遠性寬容，有大度，望之儼然，朋儕莫敢褻狎。雅好墳籍，聰慧過人。時稚作牧壽春，紹遠幼，年甫十三。稚管記王碩聞紹遠彊記，心以爲不然。遂白稚曰：「伏承世子聰慧之姿，發於天性，目所一見，誦之於口。此既歷世罕有，竊願驗之。」於是命紹遠試焉。讀月令數紙，纔一偏，誦之若流。自是碩乃歎服。

魏孝武初，累遷司徒右長史。及齊神武稱兵而帝西遷，紹遠隨稚奔赴。又累遷殿中尙書、錄尙書事。太祖每謂羣公曰：「長孫公任使之處，令人無反顧憂。漢之蕭、寇，何足多也。然其容止堂堂，足爲當今模楷。」六官建，拜大司樂。孝閔踐阼，封上黨公。

初，紹遠爲太常，廣召工人，創造樂器，土木絲竹，各得其宜。爲黃鍾不調，〔一五〕紹遠每以爲意。嘗因退朝，經韓使君佛寺前過，浮圖三層之上，有鳴鐸焉。忽聞其音，雅合宮調，取而配奏，方始克諧。紹遠乃啓世宗行之。紹遠所奏樂，以八爲數。故梁黃門侍郎裴正上書，以爲昔者大舜欲聞七始，下洎周武，爰創七音。持林鐘作黃鐘，以爲正調之首。詔與紹遠詳議往復，於是遂定以八爲數焉。授小司空。高祖讀史書，見武王克殷而作七始，又欲廢八而懸七，并除黃鐘之正宮，用林鐘爲調首。紹遠奏云：「天子懸八，肇自先民，百王共軌，萬世不易。下逮周武，甫修七始之音。詳諸經義，又無廢八之典。且黃鐘爲君，天子正位，今欲廢之，未見其可。」後高祖竟（廢）〔行〕七音。〔一六〕屬紹遠遘疾，未獲面陳，慮有司遽

損樂器，乃書與樂部齊樹之。缺〔一七〕後疾甚，乃上遺表又陳之而卒。帝省表涕零，深痛惜之。〔一八〕

澄字士亮。年十歲，司徒李琰之見而奇之，遂以女妻焉。十四，從征討，〔一九〕有策謀，勇冠諸將。及長，容貌魁岸，風儀溫雅。魏孝武初，除征東將軍、渭州刺史。

魏文帝嘗與太祖及羣公宴，從容言曰：「孝經一卷，人行之本，諸公宜各引要言。」澄應聲曰：「夙夜匪懈，以事一人。」座中有人次曰：「匡救其惡。」既而出閤，太祖深歎澄之合機，而譏其次答者。

後從太祖援玉壁，又從戰邙山，進位驃騎大將軍、開府。孝閔踐阼，拜大將軍，封義門公，爲玉壁總管。卒，自喪初至及葬，世宗三臨之。典祀中大夫宇文容諫曰：「君臨臣喪，自有節制。今乘輿屢降，恐乖禮典。」世宗不從。〔二〇〕

澄操履清約，家無餘財。太祖嘗謂曰：「我於公間，志無所惜，公有所須，宜即具道。」澄曰：「澄自頂至足，皆是明公恩造。即如今者，實無所須。」雅對賓客，〔二一〕接引忘疲。雖不飲酒，而好觀人酣興。常恐座客請歸，每勅中廚別進異饌，留之止。

兕字若汗，性機辯，彊記博聞，雅重賓遊，尤善談論。從魏孝武西遷。天和初，累遷驃騎大將軍、開府，遷絳州刺史。

斛斯徵字士亮，河南洛陽人。父椿，太傅、尙書令。徵幼聰穎，五歲誦孝經、周易，識者異之。及長，博涉羣書，尤精三禮，兼解音律。有至性，居父喪，朝夕共一溢米。以父勳累遷太常卿。〔二二〕

自魏孝武西遷，雅樂廢缺，徵博採遺逸，稽諸典故，創新改舊，方始備焉。又樂有錞于者，近代絕無此器，或有自蜀得之，皆莫之識。徵見之曰：「此錞于也。」衆弗之信。徵遂依干寶周禮注以芒筒捋之，其聲極振，衆乃歎服。徵乃取以合樂焉。六官建，拜司樂中大夫，進位驃騎大將軍、開府。

後高祖以徵治經有師法，詔令教授皇太子。〔二三〕宣帝時爲魯公，與諸皇子等咸服青衿，行束脩之禮，受業於徵，仍並呼徵爲夫子。儒者榮之。

宣帝嗣位，遷上大將軍、大宗伯。時高祖初崩，梓宮在殯，帝意欲速葬，令朝臣議之。徵與內史宇文孝伯等固請依禮七月，帝竟不許。帝之爲太子也，宮尹鄭譯坐不能以正道調護，被譴除名。而帝雅親愛譯，至是拜譯內史中大夫，甚委任之。譯乃獻新樂，十二月各一

笙，每一笙用十六管。帝令與徵議之，徵駁而奏，帝頗納焉。及高祖山陵還，帝欲作樂，復令議其可不。徵曰：「孝經云『聞樂不樂』。聞尚不樂，其況作乎。」鄭譯曰：「旣云聞樂，明卽非無。止可不樂，何容不奏。」帝遂依譯議。譯因此銜之。

帝後肆行非度，昏虐日甚。徵以荷高祖重恩，嘗備位師傅，若生不能諫，死何以見高祖。乃上疏極諫，指陳帝失，帝不納。譯因譖之，遂下徵獄。獄卒張元哀之，〔三〕乃以佩刀穿獄牆，遂出之。元卒被拷而終無所言。徵遇赦得免。

隋文踐極，例復官，除太子太傅，詔修撰樂書。開皇初，薨。子諺。徵所撰樂典十卷。

校勘記

〔一〕卷二十六 此卷原缺，後人以高氏小史或其他以周書爲底本的某種節錄本補。錢氏考異卷三二目錄序條已指出此卷「非德棻原本」，但「與北史多異」。今基本上不以北史補脫漏，例見前。

〔二〕姓托拔氏 汲本、局本「托」作「託」。按魏書卷一一三官氏志：「次兄爲拓跋氏，後改爲長孫氏。」卷一一九 三七四六頁 還說長孫嵩姓拔拔。姚氏北朝胡姓考 一二頁 長孫氏條歷引通鑑、古今姓氏書辯證卷三七、孝文帝弔比干文證明長孫氏「原姓拔拔，而非拓跋」。據此，這裏「托拔」當爲「拔拔」之訛。但文苑英華九〇五庾信拓跋

儉碑已作「拓」。若非後人所改，可能原姓拔拔，孝文帝時改長孫，西魏復姓時沒有恢復原姓，由於本是皇室宗支而改姓拓跋。唐代已不再辨別其先後不同，修周書時就逕稱「托拔」。今不改。

〔三〕孝昌中起家員外散騎侍郎 拓拔儉碑云：「年十八，解褐員外散騎侍郎。」據碑，儉死在天和四年五六九年，「春秋七十有八」，當生於魏孝文帝太和十六年 四九二年，到十八歲是世宗永平二年 五〇九年，距離孝昌 五二五——五二七年 很遠，和下文「從爾朱天光破隴右」更是連不上。若非碑文年齡有誤，則這裏的「孝昌」年號恐非，而下面又必有刪節。

〔四〕在州遂歷〔一〕〔七〕載 北史卷二二長孫嵩附五世孫儉傳「二」作「七」。張森楷云：「北史作『七』是。若二載則爲時非久，不足道也。」按張說是。拓拔儉碑云，大統「六年，以公爲使持節都督三荆、二襄、南雍、平、信、江、隨、郢、淅 淅 一十二州諸軍事，荆州刺史，東南道行臺僕射」，又云：「十二年，除大行臺尙書，仍爲大丞相司馬。」由大統六年 五四〇年 至十二年 五四六年 計得七年。今據北史改。

〔五〕若大軍西討 册府卷四〇五 四八一四頁「西」作「南」。按由關中攻荆州，應該是「南討」，疑「西」字誤。

〔六〕尋令柱國燕公于謹總戎衆伐江陵平以儉元謀賞奴婢三百口 殿本考證云：「北史『平』字上有『事』字，此處挩去。」按文義應有「事」字。

〔七〕總管五十二州 拓拔儉碑「二」作「三」。

〔八〕三年以疾還京爲夏州總管 按上文沒有紀載長孫儉從荆州徵還和以後歷官，就像長孫儉自荆州以疾還京。據北史本傳儉在荆州徵拜小冢宰，天和初，出任陝州總管。周書卷五武帝紀上天和元年 五六六年 正月稱「以柱國昌寧公長孫儉爲陝州總管」，四年 五六九年 二月「爲夏州總管」。拓跋儉碑記歷官更詳，也說他在天和元年任「陝州刺史、都督八州二十防諸軍事」。可知這次是從陝州還京。推測周書原文和北史一樣上面記有天和初任陝州總管的事，所以這裏「三年」不出年號。刪節者刪去了他入周以後到天和元年的歷官，却忘了在「三年」上加「天和」年號。這樣，緊接在任荆州總管之後，就像事在西魏廢帝三年，可謂疏漏之甚。又拓跋儉碑載歷官最詳，却不云任夏州總管，而且說「天和四年，謝病故京，薨於私第」，和北史「薨於夏州總管」不符。但遷鎭夏州，見於武帝紀，疑是未到任而卒，故碑不書。

〔九〕遺啓世宗 張森楷云：「『世宗』當作『高祖』，儉卒於天和四年，非世宗時也。」按張說是。疑原文亦如北史但云遺啓請葬於太祖陵側。「世宗」二字爲後人妄加。

〔一〇〕并以官所賜之宅還官 北史本傳、册府卷七六 八七六頁 無上「官」字。疑本無此字。

〔一一〕追封鄶公 北史「鄶」作「鄫」。按拓拔儉碑也作「鄫」。

〔一二〕詔曰 北史本傳上有「建德元年」四字。按上文趙超等請立碑，「詔許之」是一件事。「詔曰」的內容是命以還官故宅給妻子，是另一件事。這裏刪去「建德元年」四字，好像詔書就是趙超請立碑的答詔，甚不分明。

〔一三〕子隆 北史本傳載詔書，前後尙有數語，又有其子長孫隆的簡歷和「隆弟平，最知名」句。殿本考證據此以爲「遺脫」。按實是刪節本如此，非脫文。

〔一四〕父稚 殿本考證云：「北史 卷二二長孫道生附玄孫澄傳 云：『父承業。』又北史長孫冀歸傳 附於卷二二長孫道生傳云：『孝文以其幼承家業，賜名幼，字承業。』按北魏書 卷二五長孫道生附曾孫冀歸傳 云：『高祖以其幼承家業，賜名稚，字承業。』『幼』與『稚』同義，唐人諱『治』，高宗諱也。北史上於高宗時，故李延壽改『稚』爲『幼』，此書成於貞觀時，故不諱嫌名也。」按幼卽稚，亦卽承業、冀歸，考證是。

〔一五〕爲黃鍾不調 宋本、南本、局本和北史卷二二長孫道生附玄孫紹遠傳、册府卷五六七 六八一七頁「爲」都作「唯」。作「爲」亦可通，今不改。

〔一六〕後高祖竟（廢）〔行〕七音 北史本傳「廢」作「行」。按上文說高祖「又欲廢八而用七」，這裏却說「廢七音」，前後矛盾。今從北史改。

〔一七〕乃書與樂部齊樹之 缺 北史本傳云：「乃與樂部齊樹書曰：『伏聞朝廷前議，而欲廢八縣七。然則天子縣八，有自來矣，古先聖殊塗一致。逮周武克殷，逆取順守，專用干戈，事乖揖讓，反求經

義，是用七音，蓋非萬代不易之典。其縣八笱簴，不得毀之。宜待我疾瘳，當別奏聞。』」北史所載雖未必無刪節，但大略完具，可以補周書之缺。「齊樹之」，北史無「之」字。按隋書卷一四音樂志中稱開皇二年五八二年「命工人齊樹提撿校樂府」，當卽一人。

〔一八〕帝省表涕零深痛惜之　殿本考證云：「北史傳末有『重贈柱國大將軍，謚曰獻，號樂祖，配饗廟庭，子覽嗣』二十字。此亦脫去。」按非脫去，是刪節周書原文。下面附弟澄傳，傳末應有「弟澄」二字，今無此二字，下面接着就說「澄字士亮」，不知道他和長孫紹遠是什麼關係，也是刪節之失。

〔一九〕十四從征討　北史本傳「從」下有「父承業」三字，疑周書原本有之。刪去便不知從誰征討。

〔二〇〕世宗不從　北史本傳下有「其爲上所追惜如此，子蠑嗣」十一字，原本當有之。又傳末當有「兄子兕」三字。今接敘長孫兕事，不知兕與紹遠及澄的關係。

〔二一〕雅對賓客　册府卷八六八一〇三〇六頁、御覽卷八四八三七九二頁「對」作「好」，較長。

〔二二〕以父勳累遷太常卿　北史卷四九斛斯椿附子徵傳作「以父勳賜爵城陽郡公。大統末起家通直散騎常侍，稍遷兼太常少卿」。按以父勳受爵是當時通例。這裏刪去賜爵，似以父勳遷官，與事例不符。

〔二三〕詔令教授皇太子　北史本傳「太」作「諸」。張森楷云：「據下云『宣帝時爲魯公』，則未爲太子也，當依北史爲是。」按張說是，但諸本皆同，也可能舊史追稱，今不改。

〔二四〕獄卒張元哀之　北史本傳作「張元平」。周書下文云「元卒被拷而終無所言」，北史「卒」作「平」。若「卒」爲「平」之訛，則周書這裏「元」下脫「平」字。若北史「平」字爲「卒」之訛，則因此處訛「平」，後人於上「元」下加「平」字。兩種可能性都有。

周書卷二十七

列傳第十九

赫連達　韓果　蔡祐　常善　辛威

厙狄昌　田弘　梁椿　梁臺　宇文測 弟深

赫連達字朔周，（成）〔盛〕樂人，〔一〕勃勃之後也。曾祖庫多汗，因避難改姓杜氏。

達性剛鯁，有膽力。少從賀拔岳征討有功，拜都將，賜爵長廣鄉男，遷都督。及岳爲侯莫陳悅所害，軍中大擾。趙貴建議迎太祖，諸將猶豫未決。達曰：「宇文夏州昔爲左丞，明略過人，一時之傑。今日之事，非此公不濟。趙將軍議是也。達請輕騎告哀，仍迎之。」諸將或欲南追賀拔勝，或云東告朝廷。達又曰：「此皆遠水不救近火，何足道哉。」貴於是謀遂定，令達馳往。太祖見達慟哭，問故，達以實對。太祖遂以數百騎南赴平涼，引軍向高平，令達率騎據彈箏峽。時百姓惶懼，奔散者多。有數村民，方扶老弱、驅畜牧，欲入山避難，

軍士爭欲掠之。達曰：「遠近民黎，多受制於賊，今若值便掠縛，何謂伐罪弔民！不如因而撫之，以示義師之德。」乃撫以恩信，民皆悅附，於是迭相曉語，咸復舊業。太祖聞而嘉之。悅平，加平東將軍。太祖謂諸將曰：「當清水公遇禍之時，君等性命懸於賊手，雖欲來告，其路無從。杜朔周冒萬死之難，遠來見及，遂得共盡忠節，同雪讎恥。雖藉衆人之力，實賴杜子之功。勞而不酬，何以勸善。」乃賜馬二百匹。達固讓，太祖弗許。魏孝武入關，褒敍勳義，以達首逆元帥，匡復秦、隴，進爵魏昌縣伯，邑五百戶。

從儀同李虎破曹泥，除鎭南將軍、金紫光祿大夫，加通直散騎常侍，增邑并前一千戶。從復弘農，戰沙苑，皆有功。又增邑八百戶，除（泉）〔白水〕郡守，〔二〕轉帥都督，加持節，除濟州刺史。詔復姓赫連氏。以達勳望兼隆，乃除雲州刺史，卽本州也。進爵爲公，拜大都督，尋授儀同三司。

從大將軍達奚武攻漢中。梁宜豐侯蕭循拒守積時，後乃送款。武問諸將進止之宜。開府賀蘭願德等以其食盡，欲急攻取之。達曰：「不戰而獲城，策之上者。無容利其子女，貪其財帛。窮兵極武，仁者不爲。且觀其士馬猶彊，城池尙固，攻之縱克，必將彼此俱損。如其困獸猶鬭，則成敗未可知。況行師之道，以全軍爲上。」武曰：「公言是也。」乃命將帥各申所見。於是開府楊寬等並同達議，武遂受循降。師還，遷驃騎大將軍、開府儀同三司，加

侍中，進爵藍田縣公。

六官初建，授左遂伯。出爲隴州刺史。保定初，遷大將軍、夏州總管、三州五防諸軍事。達雖非文吏，然性質直，遵奉法度，輕於鞭撻，而重慎死罪。性又廉儉，邊境胡民或饋達以羊者，達欲招納異類，報以繒帛。主司請用官物，達曰：「羊入我廚，物出官庫，是欺上也。」命取私帛與之。識者嘉其仁恕焉。尋進爵樂川郡公。建德二年，進位柱國，薨。子邃嗣。大象中位至大將軍、蒲州刺史。

韓果字阿六拔，代武川人也。少驍雄，善騎射。賀拔岳西征，引爲帳內。擊万俟醜奴及其枝黨，轉戰數十合，並破之。膂力絕倫，被甲荷戈，升陟峯嶺，猶涉平路，雖數十百日，不以爲勞。以功授宣(武)〔威〕將軍、〔三〕子都督。從太祖討平侯莫陳悅，遷都督，賜爵邯鄲縣男。魏孝武入關，進爵石〔城〕縣伯，〔四〕邑五百戶。大統初，進爵爲公，增邑通前一千戶，加通直散騎常侍。

果性彊記，兼有權畧。所行之處，山川形勢，備能記憶。兼善伺敵虛實，揣知情狀，有潛匿溪谷欲爲間偵者，果登高望之，所疑處，往必有獲。太祖由是以果爲虞候都督。每從

征行，常領候騎，晝夜巡察，略不眠寢。

從襲竇泰於潼關，太祖依其規畫，軍以勝返。賞眞珠金帶一腰、〔五〕帛二百匹，授征虜將軍。又從復弘農，攻拔河南城，獲郡守一人，論功爲最。破沙苑，戰河橋，並有功，授撫軍將軍、銀青光祿大夫，增邑九百戶。遷朔州刺史，轉安州刺史，加帥都督。九年，從戰邙山，軍還，除河東郡守。又從大軍破稽胡於北山。胡地險阻，人迹罕至，果進兵窮討，散其種落。稽胡憚果勁健，號爲著翅人。太祖聞之，笑曰：「著翅之名，寧減飛將。」累遷大都督、車騎大將軍、儀同三司、驃騎大將軍、開府儀同三司，出爲宜州刺史。錄前後功，進爵褒中郡公。魏恭帝元年，授大將軍。從賀蘭祥討吐谷渾，以功別封一子縣公。武成二年，又率軍破稽胡，大獲生口。賜奴婢一百口，除寧州刺史。保定三年，拜少師，進位柱國。四年，從尉遲迥圍洛陽。軍退，果所部獨全。天和初，授華州刺史，爲政寬簡，吏民稱之。建德初，薨。

子明嗣。大象末，位至上大將軍、黎州刺史。與尉遲迥同謀，被誅。

蔡祐字承先，其先陳留圉人也。曾祖紹爲夏州鎮將，徙居高平，因家焉。祖護，魏景明初，爲陳留郡守。父襲，名著西州。正光中，万俟醜奴寇亂關中，襲乃背賊，棄妻子，歸洛

陽。拜齊安郡守。及魏孝武西遷，仍在關東。後始拔難西歸，賜爵平舒縣伯，除岐、夏二州刺史，〔六〕卒。贈原州刺史。

祐性聰敏，有行檢。襲之背賊東歸也，祐年十四，事母以孝聞。及長，有膂力，便騎射。太祖在原州，召爲帳下親信。太祖遷夏州，以祐爲都督。

及侯莫陳悅害賀拔岳，諸將遣使迎太祖。將赴，夏州首望彌姐元進等陰有異計。太祖微知之，先與祐議執元進。祐曰：「狼子野心，會當反噬，今若執縛，不如殺之。」太祖曰：「汝大決也。」於是召元進等入計事。太祖曰：「隴賊逆亂，與諸人戮力討之。觀諸人輩似有不同者。」太祖微以此言動之，因目祐。祐即出外，衣甲持刀直入，瞋目叱諸人曰：「與人朝謀夕異，豈是人也！蔡祐今日必斬姦人之頭。」因按劍臨之。舉座皆叩頭曰：「願有簡擇。」祐乃叱元進而斬之，并其黨並伏誅。一坐皆戰慄，不敢仰視。於是與諸將結盟，同心誅悅。太祖以此知重之。乃謂祐曰：「吾今以爾爲子，爾其父事我。」後從討悅，破之。

又從迎魏孝武於潼關。以前後功，封萇鄉縣伯，邑五百戶。大統初，加寧朔將軍、羽林監，尋持節、員外散騎常侍，進爵爲侯，增邑一千一百戶。從太祖擒竇泰，復弘農，戰沙苑，皆有功，授平東將軍、太中大夫。

又從太祖戰於河橋，祐乃下馬步鬭，手殺數人。左右勸乘馬以備急卒。祐怒曰：「丞相

養我如子，今日豈以性命爲念！」遂率左右十餘人，齊聲大呼，殺傷甚多。敵以其無繼，遂圍之十餘重，謂祐曰：「觀君似是勇士，但弛甲來降，豈慮無富貴耶。」祐罵之曰：「死卒！吾今取頭，〔七〕自當封公，何假賊之官號也。」乃彎弓持滿，四面拒之。東魏人弗敢逼，乃募厚甲長刀者，直進取祐。去祐可三十步，左右勸射之，祐曰：「吾曹性命，在一矢耳，豈虛發哉。」敵人漸進，可十步，祐乃射之，正中其面，應弦而倒，便以矟刺殺之。因此，戰數合，唯失一人。敵乃稍卻。祐徐引退。是戰也，我軍不利。太祖已還。祐至弘農，夜中與太祖相會。太祖見祐至，字之曰：「承先，爾來，吾無憂矣。」太祖心驚，不得寢，枕祐股上，乃安。以功進爵爲公，增邑三百戶，授京兆郡守。

九年，東魏〔北〕豫州刺史高仲密舉州來附。〔八〕太祖率軍援之，與齊神武遇，戰於邙山。祐時著明光鐵鎧，所向無前。敵人咸曰「此是鐵猛獸也」，皆遽避之。俄授青州刺史，轉原州刺史，加帥都督，尋除大都督。十三年，遭父憂，請終喪紀。弗許。遷車騎大將軍、儀同三司，加驃騎大將軍、開府儀同三司、侍中，賜姓大利稽氏，進爵懷寧郡公。

魏恭帝二年，中領軍。六官建，授兵部中大夫。江陵初附，諸蠻騷動，詔祐與大將軍豆盧寧討平之。〔九〕三年，拜大將軍，給後部鼓吹。以前後功，增邑并前四千戶，別封一子縣伯。太祖不豫，祐與晉公護、賀蘭祥等侍疾。及太祖崩，祐悲慕不已，遂得氣疾。

孝閔帝踐阼，拜少保。祐與尉遲綱俱掌禁兵，遞直殿省。時帝信任司會李植等，謀害晉公護，祐每泣諫，帝不聽。尋而帝廢。

世宗即位，拜小司馬，少保如故。帝之爲公子也，與祐特相友昵，至是禮遇彌隆。御膳每有異味，輒輟以賜祐；羣臣朝宴，每被別留，或至昏夜，列炬鳴笳，送祐還宅。祐以過蒙禮遇，常辭疾避之。至於婚姻，尤不願交於勢要。尋以本官權鎮原州。〔一〇〕頃之，授(宣)〔宜〕州刺史，〔一一〕未之部，因先氣疾動，卒於原州。時年五十四。

祐少有大志，與鄉人李穆，布衣齊名。嘗相謂曰：「大丈夫當建立功名，以取富貴，安能久處貧賤邪！」言訖，各大笑。穆即申公也。後皆如其言。及從征伐，常潰圍陷陣，爲士卒先。軍還之日，諸將爭功，祐終無所競。太祖(乃)〔每〕歎之，〔一二〕嘗謂諸將曰：「承先口不言勳，孤當代其論叙。」其見知如此。性節儉，所得祿皆散與宗族，身死之日，家無餘財。贈使持節、柱國大將軍、大都督、五州諸軍事、原州刺史。謚曰莊。子正嗣。官至使持節、車騎大將軍、儀同三司。

祐弟澤，頗好學，有幹能。起家魏廣平王參軍、丞相府兼記室，加宣(武)〔威〕將軍、〔一三〕給事中。從尉遲迥平蜀，授帥都督，賜爵安彌縣男。稍遷司輅下大夫、車騎大將軍、儀同三司、澧州刺史。〔一四〕在州受賂，總管代王達以其功臣子弟，密奏貰之。後爲(邛)〔邵〕州刺史，〔一五〕不從司馬消難，被害。

常善，高陽人也。世爲豪族。〔一六〕父安成，魏正光末，茹茹寇邊，以統軍從鎮將慕容勝與戰，大破之。時破六汗拔陵作亂，欲逼安成。不從，乃率所部討陵。以功授伏波將軍，給鼓節。後與拔陵連戰，卒於陣。

善，魏孝昌中，從爾朱榮入洛，授威烈將軍、都督，加龍驤將軍、中散大夫、直寢，封房城縣男，邑三百戶。後從太祖平侯莫陳悅，除天水郡守。魏孝武西遷，授武衞將軍，進爵武始縣伯，增邑二百戶。大統初，加平東將軍，進爵爲侯。擒竇泰，復弘農，破沙苑，累有戰功。除使持節、衞將軍，假驃騎大將軍、秦州刺史。四年，從戰河橋，加大都督，進爵爲公，除涇州刺史。屬茹茹入寇，抄掠北邊，善率所部破之，盡獲所掠。拜車騎大將軍、儀同三司，遷驃騎大將軍、開府儀同三司，西安州刺史。轉蔚州刺史。頻莅三蕃，頗有政績。魏恭帝二年，進爵永陽郡公，增邑二千戶。

孝閔帝踐阼，拜大將軍、寧州總管。保定二年，入爲小司徒。四年，突厥出師與隨公楊忠東伐，令善應接之。五年夏，卒，時年六十四。贈使持節、柱國大將軍、大都督、延夏鹽恒燕五州諸軍事、延州刺史。子昇和嗣。〔一七〕先以善勳，拜儀同三司。

辛威，隴西人也。祖大汗，魏渭州刺史。父生，河州四面大都督。及威著勳，追贈大將軍、涼甘等五州刺史。

威少慷慨，有志略。初從賀拔岳征討有功，假輔國將軍、都督。及太祖統岳之衆，見威奇之，引爲帳內。尋授羽林監，封白土縣伯，邑五百戶。從迎魏孝武，因攻回洛城，功居最。大統元年，拜寧遠將軍，增邑二百戶。累遷通直散騎常侍，進爵爲侯，增邑三百戶。從擒竇泰，復弘農，戰沙苑，並先鋒陷敵，勇冠一時。以前後功，授撫軍將軍、銀青光祿大夫。從于謹破襄城。又從獨孤信入洛陽，經河橋陣，加持節，進爵爲公，增邑八百戶。五年，授揚州刺史，加大都督。十三年，遷車騎大將軍、儀同三司，驃騎大將軍、開府儀同三司，賜姓普(毛)〔屯〕氏，〔一八〕出爲鄜州刺史。威時望既重，朝廷以桑梓榮之，遷河州刺史，本州大中正。頻領二鎮，頗得民和。

閔帝踐阼，拜大將軍，進爵枹罕郡公，增邑五千戶。〔一九〕及司馬消難來附，威與達奚武率衆援接。保定初，復率兵討丹州叛胡，破之。三年，與達奚武攻陽關，拔之。明年，從尉遲迥圍洛陽。還，拜小司馬。天和初，進位柱國。復爲行軍總管，討綏、銀等諸州叛胡，並平之。六年，從齊王憲東伐，拔伏龍等五城。建德初，拜大司寇。三年，遷少傅，〔二〇〕出爲寧州總管。〔二一〕宣政元年，進位上柱國。大象二年，進封宿國公，增邑并前五千戶，復爲少傅。其年冬，薨，時年六十九。

威性持重，有威嚴。歷官數十年，未嘗有過，故得以身名終。兼其家門友義，五世同居，世以此稱之。子永達嗣。大象末，以威勳，拜儀同大將軍。

厙狄昌字恃德，神武人也。少便騎射，有膂力。及長，進止閑雅，膽氣壯烈，每以將帥自許。年十八，爾朱天光引爲幢主，加討夷將軍。從天光定關中，以功拜寧遠將軍、奉車都尉、統軍。天光敗，又從賀拔岳。授征西將軍、金紫光祿大夫。及岳被害，昌與諸將議翊戴太祖。從平侯莫陳悅，賜爵陰盤縣子，加衞將軍、右光祿大夫。

後從太祖迎魏孝武，復潼關，改封長子縣子，邑八百戶。大統初，進爵爲公，增邑一千戶。從破竇泰，授車騎將軍、左光祿大夫。又從復弘農，戰沙苑，昌皆先登陷陣。太祖嘉之，授帥都督。四年，從戰河橋，除冀州刺史。後與于謹破胡賊劉平伏於上郡，授馮翊郡守。

久之，轉河北郡守。十三年，錄前後功，授大都督、通直散騎常侍。又從隨公楊忠破蠻賊田社清，〔三〕昌功爲最，增邑三百戶，拜儀同三司。尋遷開府儀同三司。十六年，出爲東夏州刺史。魏廢帝元年，進爵方城郡公，增邑幷前四千一百戶。六官建，授稍伯中大夫。孝閔帝踐阼，拜大將軍。後以疾卒。

田弘字廣畧，高平人也。少慷慨，志立功名，膂力過人，敢勇有謀畧。魏永安中，陷於万俟醜奴。爾朱天光入關，弘自原州歸順，授都督。

及太祖初統衆，弘求謁見，乃論世事，〔三〕深被引納，卽處以爪牙之任。又以迎魏孝武功，封鶉陰縣子，邑五百戶。太祖常以所著鐵甲賜弘云：「天下若定，還將此甲示孤也。」大統三年，轉帥都督，進爵爲公。從太祖復弘農，戰沙苑，解洛陽圍，破河橋陣，弘功居多，累蒙殊賞，賜姓紇干氏。尋授原州刺史。以弘勳望兼至，故以衣錦榮之。太祖在同州，文武並集，乃謂之曰：「人人如弘盡心，天下豈不早定。」卽授車騎大將軍、儀同三司。魏廢帝元年，加驃騎大將軍、開府儀同三司。

平蜀之後，梁信州刺史蕭韶等各據所部，未從朝化，詔弘討平之。又討西平叛羌及鳳

州叛氐等，並破之。弘每臨陣，摧鋒直前，〔四〕身被一百餘箭，破骨者九，馬被十矟，朝廷壯之。信州羣蠻反，又詔弘與賀若敦等平之。孝閔帝踐阼，進爵鴈門郡公，邑通前二千七百戶。

保定元年，出爲岷州刺史。弘雖武將，而動遵法式，百姓頗安之。三年，從隨公楊忠伐齊，拜大將軍。〔五〕明年，又從忠東伐。師還，乃旋所鎭。吐谷渾寇西邊，宕昌羌潛相應接，詔弘討之，獲其二十五王，拔其七十(二)〔六〕柵，〔六〕遂破平之。

天和二年，陳湘州刺史華皎來附，弘從衞公直赴援。與陳人戰，不利，仍以弘爲江陵總管。及陳將吳明徹來寇，弘與梁主蕭巋退保(總)〔紀〕南，〔七〕令副總管高琳拒守，明徹退，乃還江陵。尋以弘爲仁壽城主，以逼宜陽。齊將段孝先、斛律明月出軍定隴以爲宜陽援，弘與陳公純破之，遂拔宜陽等九城。以功增邑五百戶，進位柱國大將軍。建德二年，拜大司空，〔八〕遷少保。三年，出爲總管襄郢昌豐唐蔡六州諸軍事、襄州刺史。薨于州。

子恭嗣。〔九〕少有名譽，早歷顯位。大象末，位至柱國、小司馬。朝廷又追錄弘勳，進恭爵觀國公。

梁椿字千年，代人也。祖屈朱，魏昌平鎭將。父提，內(正)〔三〕郎。〔十〕

椿初以統軍從爾朱榮入洛，復從榮破葛榮於滏口，以軍功進授都將。後從賀拔岳討平万俟醜奴、蕭寶夤等，遷中堅將軍、屯騎校尉、子都督。普泰初，拜征西將軍、金紫光祿大夫。二年，除高平郡守，封盧奴縣男，邑一百戶。太昌元年，進授都督。從太祖平侯莫陳悅，拜衞將軍、右光祿大夫。大統初，進爵欒城縣伯，增邑五百戶。出爲隴東郡守。尋進爵爲公，增邑五百戶，遷梁州刺史。從復弘農，戰沙苑，與獨孤信入洛陽，從宇文貴破東魏將堯雄等，累有戰功。授車騎大將軍、儀同三司、大都督。從戰河橋，進爵東平郡公，增邑一千戶。俄遷侍中、驃騎大將軍、開府儀同三司。七年，從于謹討稽胡劉平伏，椿擒其別帥劉持塞。又從獨孤信討岷州羌梁仚定，破之。除清州刺史。〔三〕在州雖無他政績，而夷夏安之。十三年，從李弼赴潁川援侯景。別攻閻韓鎭，斬其鎭城徐衞。城主卜貴洛率軍士千人降。以功增邑四百戶。孝閔帝踐阼，除華州刺史，改封清陵郡公，增邑通前三千七百戶。二年，入爲少保，〔三〕轉少傅。保定元年，拜大將軍。卒於位。贈恆鄜延丹寧五州諸軍事，行恆州刺史，謚曰烈。

椿性果毅，善於撫納，所獲賞物，分賜麾下，故每踐敵場，咸得其死力。雅好儉素，不營

貲產，時論以此稱焉。

子明，魏恭帝二年，以椿功襲爵豐陽縣公。〔三〕尋授大都督，遷車騎大將軍、儀同三司、散騎常侍，治小吏部，歷小御伯、御正下大夫。保定五年，詔襲椿爵，舊封回授弟朗。天和中，改封樂陵郡公，除上州刺史，增邑幷前四千三百戶。

梁臺字洛都，長池人也。父去斤，魏獻文時爲隴西郡守。

臺少果敢，有志操。孝昌中，從爾朱天光討平關、隴，一歲之中，大小二十餘戰，以功授子都督，賜爵隴城鄉男。普泰初，進授都督。後隸侯莫陳悅討南秦州羣盜，平之。悅表臺爲假節、衞將軍、左光祿大夫，進封隴城縣男，邑二百戶。尋行天水郡事，轉行趙平郡事。頻治郡，頗有聲績。未幾，天光追臺還，引入帳內。及天光敗於寒陵，〔四〕賀拔岳又引爲心膂。

岳爲侯莫陳悅所害，臺與諸將議翊戴太祖。從討悅，破之。又拜天水郡守。大統初，復除趙平郡守。又與太僕石猛破兩山屠各，詔增邑一百戶，轉平涼郡守。時莫折後熾結聚輕剽，寇掠居民。州刺史史寧討之，歷時不克。臺陳賊形勢，兼論攻取之策，寧善而從之，

遂破賊徒。復與于謹破劉平伏。錄前後勳，授潁州刺史，賜姓賀蘭氏。從援玉壁，戰邙山，授帥都督。大統十五年，拜南夏州刺史，加通直散騎常侍、本州大中正，增邑二百戶。魏廢帝二年，遷使持節、車騎大將軍、儀同三司，進驃騎大將軍、開府儀同三司，加侍中。孝閔帝踐阼，進爵中部縣公，增邑通前一千戶。武成中，從賀蘭祥征洮陽，先登有功，別封綏安縣侯，邑一千戶。詔聽轉授其子元慶。

保定四年，拜大將軍。時大軍圍洛陽，久而不拔。齊騎奄至，齊公憲率兵禦之。乃有數人爲敵所執，已去陣二百餘步，臺望見之，憤怒，單馬突入，射殺兩人，敵皆披靡，執者遂得還。齊公憲每歎曰：「梁臺果毅膽決，不可及也。」五年，拜鄜州刺史。

臺性疎通，恕己待物。至於涖民處政，尤以仁愛爲心。不過識千餘字，口占書啓，辭意可觀。年過六十，猶能被甲跨馬，足不躡鐙。馳射弋獵，矢不虛發。後以疾卒。

宇文測字澄鏡，太祖之族子也。高祖中山、曾祖豆頹、祖騏驎、父永，仕魏，位並顯達。

測性沉密，少篤學，每旬月不窺戶牖。起家奉朝請、殿中侍御史，累遷司徒右長史、安東將軍。尚宣武女陽平公主，拜駙馬都尉。及魏孝武疑齊神武有異圖，詔測詣太祖言，令

密爲之備。太祖見之甚歡。使還，封廣川縣伯，邑五百戶。尋從孝武西遷，進爵爲公。太祖爲丞相，以測爲右長史，軍國政事，多委任之。又令測詳定宗室昭穆遠近，附於屬籍。除通直散騎常侍、黃門侍郎。

大統四年，拜侍中、長史。〔三五〕六年，坐事免。尋除使持節、驃騎大將軍、開府儀同三司、大都督，行汾州事。測政存簡惠，頗得民和。地接東魏，數相鈔竊，或有獲其爲寇者，多縛送之。測皆命解縛，置之賓館，然後引與相見，如客禮焉。仍設酒餚宴勞，放還其國，并給糧餼，衞送出境。自是東魏人大慙，乃不爲寇。汾、晉之間，各安其業。兩界之民，遂通慶弔，不復爲仇讎矣。時論稱之，方於羊叔子。或有告測與外境交通，懷貳心者。太祖怒曰：「測爲我安邊，吾知其無貳志，何爲間我骨肉，生此貝錦！」乃命斬之。仍許測以便宜從事。

八年，加金紫光祿大夫，轉行綏州事。每歲河冰合後，突厥即來寇掠，先是常預遣居民入城堡以避之。測至，皆令安堵如舊。乃於要路數百處並多積柴，仍遠斥候，〔三六〕知其動靜。是年十二月，突厥從連谷入寇，去界數十里。測命積柴之處，一時縱火。突厥謂有大軍至，懼而遁走，自相蹂踐，委棄雜畜及輜重不可勝數。測徐率所部收之，分給百姓。自是突厥不敢復至。測因請置戍兵以備之。

十年，徵拜太子少保。十二年十月，卒於位，時年五十八。太祖傷悼，親臨慟焉。仍令

水池公護監護喪事。贈本官，謚曰靖。

測性仁恕，好施與，衣食之外，家無蓄積。在洛陽之日，曾被竊盜，所失物，即其妻陽平公主之衣服也。州縣擒盜，并物俱獲。測恐此盜坐之以死，乃不認焉。遂遇赦得免。盜既感恩，因請爲測左右。及測從魏孝武西遷，事極狼狽，此人亦從測入關，竟無異志。子該嗣。歷官內外，位至上開府儀同三司、臨淄縣公。測弟深。

深字奴干。〔三七〕性鯁正，有器局。年數歲，便累石爲營伍，并折草作旌旗，布置行列，皆有軍陣之勢。父永遇見之，乃大喜曰：「汝自然知此，於後必爲名將。」

至永安初，起家祕書郎。時羣盜蜂起，深屢言時事，爾朱榮雅知重之。拜厲武將軍。尋除車騎府主簿。三年，授子都督，領宿衞兵卒。及齊神武舉兵入洛，孝武西遷。既事起倉卒，人多逃散，深撫循所部，並得入關。以功賜爵長樂縣伯。

太祖以深有謀略，欲引致左右，圖議政事。大統元年，乃啓爲丞相府主簿，加朱衣直閤。尋轉尚書直事郎中。

及齊神武屯蒲坂，分遣其將竇泰趣潼關，高敖曹圍洛(陽)〔州〕。〔三八〕太祖將襲泰，諸將咸難之。太祖乃隱其事，陽若未有謀者，而獨問策於深。對曰：「竇氏，歡之驍將也，頑凶而

勇，戰亟勝而輕敵，歡每仗之，以爲禦侮。今者大軍若就蒲坂，則高歡拒守，竇泰必援之，內外受敵，取敗之道也。不如選輕銳之卒，潛出小關。竇性躁急，必來決戰，高歡持重，未即救之，則竇可擒也。既虜竇氏，歡勢自沮。回師禦之，可以制勝。」太祖喜曰：「是吾心也。」軍遂行，果獲泰而齊神武亦退。深又說太祖進取弘農，復克之。太祖大悅，謂深曰：「君即吾家之陳平也。」

是冬，齊神武又率大衆度河涉洛，至於沙苑。諸將皆有懼色，唯深獨賀。太祖詰之，曰：「賊來充斥，何賀之有？」對曰：「高歡之撫河北，甚得衆心，雖乏智謀，人皆用命，以此自守，未易可圖。今懸師度河，非衆所欲，唯歡恥失竇氏，愎諫而來。所謂忿兵，一戰可以擒也。此事昭然可見，不賀何爲。請假深一節，發王羆之兵，邀其走路，使無遺類矣。」太祖然之。尋而大破齊神武軍，如深所策。

四年，從戰河橋。六年，別監李弼軍討白額稽胡，並有戰功。俄進爵爲侯，歷通直散騎常侍、東雍州別駕、使持節、大都督、東雍州刺史。深爲政嚴明，示民以信，抑挫豪右，吏民懷之。十七年，入爲雍州別駕。魏恭帝二年，進車騎大將軍、儀同三司、散騎常侍。六官建，拜小吏部下大夫。

孝閔帝受禪，進位驃騎大將軍、開府儀同三司　遷吏部中大夫。武成元年，除(幽)〔豳〕

州刺史，〔三九〕改封安化縣公。二年，徵拜宗師大夫，轉軍司馬。保定初，除京兆尹。入爲司會中大夫。

深少喪父，事兄甚謹。性多奇譎，好讀兵書。既在近侍，每進籌策。及在選曹，頗獲時譽。性仁愛，情隆宗黨。從弟神(譽)〔舉〕、神慶幼孤，深撫訓之，〔四〇〕義均同氣，世亦以此稱焉。天和三年，卒於位。贈使持節、少師、恆雲蔚三州刺史，謚曰成康。子孝伯，自有傳。

史臣曰：太祖屬禍亂之辰，以征伐定海內，大則連兵百萬，繫以存亡，小則轉戰邊亭，不閱旬月。是以人無少長，士無賢愚，莫不投筆要功，橫戈請奮。若夫數將者，並攀翼雲漢，底績屯夷，雖運移年世，而名成終始，美矣哉！以赫連達之先識，而加之以仁恕；蔡祐之敢勇，而終之以不伐。斯豈企及所致乎，抑亦天性也。宇文測昆季，政績謀猷，咸有可述，其當時之良臣歟。

校勘記

〔一〕(成)〔盛〕樂人　宋本、汲本、局本「成」作「盛」，汲本、局本注「一作成」。北史卷六五赫連達傳，册

府卷一三二　一五九八頁、卷七八二　九二九四頁都作「盛」。按魏書卷一〇六上地形志上雲州有盛樂郡。「成樂」是漢縣名見前漢書卷二八地理志、續漢書郡國志。這裏自當作「盛」，今據改。又册府卷七八二作「雲中盛樂人」，「雲中」二字似非宋人所加，疑周書本有此二字。傳本脫去。

〔二〕除(泉)〔白水〕郡守　張森楷云：「據魏隋二志，郡無單名『泉』者。『泉』上疑有捝誤。」按册府卷三八二　四五四七頁「泉」作「白水」。魏書卷一〇六地形志下白水郡屬華州，諸本誤并爲一字，今據改。

〔三〕宣(武)〔威〕將軍　宋本、南本、册府卷八四五　一〇〇三二頁「武」作「威」。張元濟以爲「武」字誤，云：「見盧辯傳卷二四。」按張說是。魏書卷一一三官氏志載太和後職令，宣威將軍第六品，沒有「宣武」號。今據改。

〔四〕進爵石(城)縣伯　張森楷云：「縣無單名『石』者。北史卷六五韓果傳不載此封，而云『大統初，累進爵爲石城公』，與周書下文『大統初進爵爲公』之文合，則此是石城縣也。」按張說是，册府卷三八二　四五四七頁正作「石城縣伯」，今據補。

〔五〕賞眞珠金帶一腰　宋本、南本、北本、汲本「眞」都作「以」。殿本當從北史改，局本從殿本。

〔六〕除岐夏二州刺史　北史卷六五蔡祐傳「夏」作「雍」。

〔七〕吾今取頭　册府卷三七三　四四三三頁作「吾今日取汝頭」，卷三九五　四六八九頁作「吾今取汝頭」。「取」下當有「汝」字，語氣方完，疑傳本脫去。

〔八〕東魏〔北〕豫州刺史高仲密舉州來附　北史本傳、周書卷二文帝紀下、北史卷九周本紀、魏書卷一二孝靜帝紀都作「北豫州」，這裏當脫「北」字。今據補。

〔九〕六官建授兵部中大夫江陵初附諸蠻騷動詔祐與大將軍豆盧寧討平之　按卷二文帝紀平江陵在魏恭帝元年，六官建在三年，據卷四九蠻傳，祐與豆盧寧攻蠻，在恭帝二年前，亦卽元年。這裏敍事顚倒。

〔一〇〕尋以本官權鎭原州　宋本、南本、北本、汲本「權」都作「獲」。殿本當從北史改，局本從殿本。按上文說蔡祐謙退，原文或周書所據舊史當有請外任語，所以說「獲鎭原州」。今無此語，則「獲」字無理。

〔一一〕授(宜)〔宣〕州刺史　宋本、南本「宣」作「宜」。北史本傳也是百衲本作「宜」，殿本作「宣」。張元濟以爲「宣」字誤。按隋書卷二九地理志上京兆郡華原縣條云：「後魏置北雍州，西魏改爲宜州。」宜州是陝地。今據改。

〔一二〕太祖(乃)〔每〕歎之　宋本及北史本傳、册府卷四三一　五一三四頁、御覽卷二七六　一二八六頁「乃」作「每」。按「乃」字文義不協，今據改。

〔一三〕宣(武)〔威〕將軍　宋本、南本「武」作「威」是。今據改。參本卷校記第三條。

〔一四〕澧州刺史　宋本和北史卷五八代王達傳「澧」作「禮」。卷一三代王達傳作「灃」。錢氏考異卷三

二疑是豐州之譌。按卷三七郭彥傳亦見「澧州」，恐別有其地。

〔一五〕後爲(邛)〔邛〕州刺史　汲本作「邛」，不成字，局本作「邛」，北史本傳作「卭」。按卷二一司馬消難傳作「邛州刺史蔡澤」。邛州是司馬消難管內，局本是，今據改。

〔一六〕高陽人也世爲豪族　按高陽是瀛州屬郡，不是鎭。下文稱其父安成從鎭將慕容勝與茹茹戰，不知是哪一鎭。疑「世爲豪族」下當有徙居北邊某鎭的話，傳本脫去。

〔一七〕子昇和嗣　北史卷六五常善傳「昇」作「昂」。

〔一八〕賜姓普(毛)〔屯〕氏　張森楷云：「『毛』當作『屯』，見齊書斛律光傳卷十七。按傳見枹罕公普屯威，北史卷六五辛威傳亦是『屯』字。」按張說是，文苑英華卷九一一庾信有普屯威碑。今據改。

〔一九〕增邑五千戶　普屯威碑作「一千戶」。按辛威最後封宿國公，傳稱增邑并前五千戶碑作五千五百戶，則此時不可能一次增邑卽五千戶，疑當從碑。

〔二〇〕三年遷少傅　普屯威碑「三」作「二」。按卷五武帝紀建德二年五月載「滎陽公司馬消難爲大司寇」，知辛威已由大司寇遷少傅，疑碑作「二年」是。

〔二一〕出爲寧州總管　卷六武帝紀建德四年正月書辛威爲寧州總管，傳繫於三年後，大致相符。但普屯威碑却說：「建德四年爲河州倪注本作寧州，是據周書改總管、都督七州諸軍事，卽爲河州大中正。公之桑梓，本於此地，再爲連率，頻仍衣錦。」據碑則建德四年五七五年辛威任職河州而非寧州。

按傳在前曾說「遷河州刺史，本州大中正」，事在大統十三年五四七年後，周代魏五五六年前。碑文不載此事，但於大統十六年五五〇年任鄜州刺史後稱「公頻領兩牧」。傳於任河州刺史後稱「頻領二鎮」，所云「兩牧」「二鎮」都指鄜州、河州二地。傳世碑文脫去遷河州刺史數語，「兩牧」就存鄜州一牧，語不可解。正因他在西魏末年曾任河州刺史，建德四年是再任，所以碑文才說「再爲連率」。他郡望隴西，實際是河州人，碑稱河州是他的「桑梓」之地，死後「反葬於河州金城郡之苑川鄉」可證。以河州人而兩次出牧河州，所以碑說「頻仍衣錦」。如果他是寧州總管，即使如倪本以寧州總管兼河州大中正，這些話也是安不上的。因爲總管總得在治所，既在寧州，怎能說「桂陽仙人，還歸鄉里，故老親賓，酣歌相慶」呢？庾信碑文寫於開皇元年五八一年，距辛威之死只三年，敍歷官當無誤。據碑，辛威於保定四年五六四年曾任寧州總管，周書紀傳誤移於建德四年，其實此年是任「河州總管」。

〔二二〕田祉清　卷四九豐傳「祉」作「杜」。

〔二三〕乃論世事　「乃」原作「及」。諸本和北史卷六五田弘傳「及」都作「乃」，是。今逕改。

〔二四〕摧鋒直前　宋本作「鋒推直前」，乃是誤倒。北史本傳百衲本作「推鋒直前」，殿本「推」作「摧」。按文苑英華卷九〇五庾信紇干弘神道碑作「推鋒直上」全周文卷一五錄碑文又作「摧」，倪注本作「推」。。按文選卷六左太沖魏都賦有「推鋒積紀」語，晉書卷六二祖逖傳有「推鋒越河」語，北齊書卷二一高昂傳亦有「推鋒逕進」語，知作「推」是。但「摧鋒」亦通，今不改。

〔二五〕三年從隨公楊忠伐齊拜大將軍　紇干弘碑云：「四年，拜大將軍。」

〔二六〕拔其七十(二)〔六〕柵　宋本、南本「二」作「六」，紇干弘碑也作「六」。此傳基本上是據碑文寫的，今據改。

〔二七〕退保(總)〔紀〕南　宋本、南本「總」作「紀」，汲本、局本作「總」，注「一作紀」。二張都以爲「總」字誤。張元濟云「高琳傳卷二九蕭撝傳卷四八並作『紀』」。按張說是。今據改。

〔二八〕建德二年拜大司空　紇干弘碑作「建德元年」。按卷五武帝紀田弘爲大司空在建德二年正月，而元年十一月已書「以大司空趙國公招爲大司馬」。也可能在元年末。

〔二九〕子恭嗣　張森楷云：「北史『恭』上有『仁』字，此誤挩去。」按紇干弘碑也作「世子恭」，或是雙名單稱。

〔三〇〕父提內(正)〔三〕郎　宋本「正」作「三」百衲本從諸本改作「正」。按魏書卷一一三官氏志述魏初制度云：「幢將員六人主三郎、衞士直宿禁中者」，魏書卷三〇豆代田傳「子求周爲內三郎」，陸眞傳「拜內三郎」，卷三四陳建傳「擢爲三郎」，宋書卷九五索虜傳見「三郎大帥」。作「三郎」是，今據改。

〔三一〕除淸州刺史　宋本、南本「淸」作「渭」，汲本、局本作「淸」，注「一作渭」。魏書卷一〇六地形志無「淸州」，疑作「渭」是。

〔三二〕二年入爲少保　按此「二年」接着上文孝閔帝踐阼，但孝閔帝元年九月被廢，無二年。此二年當是明帝的二年。疑上有脫文。

〔三三〕以椿功襲爵豐陽縣公　北史卷六五梁椿傳「襲」作「賜」。按上文述椿前後受爵並無豐陽的封邑，而且梁椿尚在，無故由其子襲爵，也說不通，疑當作「賜」。

〔三四〕及天光敗於寒陵　按魏書卷七四爾朱兆、爾朱天光傳和其他相關紀載「寒陵」多作「韓陵」。然藝文類聚卷七七有溫子昇寒陵山寺碑，即作「寒陵」。當時地名常用同音字，無須斷其是非。

〔三五〕拜侍中長史　北史卷五七周宗室廣川公測傳但云「歷位侍中」，不擧「長史」。按上文已稱「太祖爲丞相，以測爲右長史」，疑「侍中」下脫「仍兼」二字。

〔三六〕仍遠斥候　册府卷三九〇四六三四頁「遠」下有「道」字，通典卷一五三「道」作「遣」。

〔三七〕深字奴干　北史卷五七廣川公測附弟深傳「干」作「于」。

〔三八〕高敖曹圍洛(陽)〔州〕　宋本和北史本傳「陽」作「州」。按魏、周、齊相關紀傳、通鑑卷一五七四八七六頁都說高敖曹攻圍的是洛州或稱上洛，周書卷四四泉企傳紀載甚詳。且洛陽久爲東魏所有，何須攻圍。今據改。

〔三九〕除(幽)〔豳〕州刺史　北史本傳「幽」作「豳」。張森楷云：「作『豳』是。」按張說是，幽州不在周管內。今據改。

〔四〇〕從弟神(譽)〔擧〕神慶幼孤深撫訓之　北史本傳「譽」作「擧」。按卷四〇宇文神擧傳云：「神擧早歲而孤，有夙成之量，族兄安化公深器異之。」傳末云：「弟神慶。」知北史作「擧」是，今據改。

周書卷二十八

列傳第二十

史寧　陸騰　賀若敦　權景宣

史寧字永和，建康〔袁〕〔表〕氏人也。〔一〕曾祖豫，仕沮渠氏爲臨松令。魏平涼州，祖灌隨例遷於撫寧鎮，〔二〕因家焉。父遵，初爲征虜府鎧曹參軍。屬杜洛周構逆，六鎮自相屠陷，遵遂率鄉里二千家奔恆州。其後恆州爲賊所敗，遵復歸洛陽。拜樓煩郡守。及寧著勳，追贈散騎常侍、征西大將軍、涼州刺史，謚曰貞。

寧少以軍功，拜別將。遷直閤將軍、都督，宿衞禁中。尋加持節、征東將軍、金紫光祿大夫。賀拔勝爲荆州刺史，寧以本官爲勝軍司，率步騎一千，隨勝之部。值荆蠻騷動，三鵶路絕，寧先驅平之。因撫慰蠻左，翕然降附，遂稅得馬一千五百匹供軍。尋除南郢州刺史。及勝爲大行臺，表寧爲大都督。率步騎一萬攻梁下溠戍，〔三〕破之，封武平縣伯，邑五百戶。

又攻拔梁齊興鎮等九城，獲戶二萬而還。未及論功，屬魏孝武西遷，東魏遣侯景率衆寇荆州，寧隨勝奔梁。梁武帝引寧至香磴前，〔四〕謂之曰：「觀卿風表，終至富貴，我當使卿衣錦還鄉。」寧答曰：「臣世荷魏恩，位爲列將，天長喪亂，本朝傾覆，不能北面逆賊，幸得息肩有道。儻如明詔，欣幸實多。」因涕泣橫流，梁武爲之動容。在梁二年，勝乃與寧密圖歸計。寧曰：「朱异既爲梁主所信任，請往見之。」勝然其言。寧乃見异，申以投分之言，微託思歸之意，辭氣雅至。异亦嗟挹，謂寧曰：「桑梓之思，其可忘懷？當爲奏聞，必望遂所請耳。」未幾，梁主果許勝等歸。

大統二年，寧自梁歸闕，進爵爲侯，增邑三百戶。久之，遷車騎將軍、行涇州事。時賊帥莫折後熾寇掠居民，寧率州兵與行原州事李賢討破之。轉通直散騎常侍、東義州刺史。東魏亦以故胡梨苟爲東義州刺史。〔五〕寧僅得入州，梨苟亦至，寧迎擊，破之，斬其洛安郡守馮善道。州既鄰接疆埸，百姓流移，寧留心撫慰，咸來復業。

十二年，轉涼州刺史。寧未至而前刺史宇文仲和據州作亂。詔遣獨孤信率兵與寧討之，寧先至涼州，爲陳禍福，城中吏民皆相率降附。仲和仍據城不下，尋亦克之。加車騎大將軍、儀同三司、大都督、涼西涼二州諸軍事、散騎常侍、涼州刺史。十五年，遷驃騎大將軍、開府儀同三司，加侍中，進爵爲公。

十六年，宕昌叛羌獠甘作亂，逐其王彌定而自立，并連結傍乞鐵怱及鄭五醜等，詔寧率軍與宇文貴、豆盧寧等討之。寧別擊獠甘，而山路險阻，纔通單騎，獠甘已分其黨立柵守險。寧進兵攻之，遂破其柵。獠甘率三萬人逆戰，寧復大破之，追奔至宕昌。獠甘將百騎走投生羌鞏廉玉。〔六〕彌定遂得復位。寧以未獲獠甘，密欲圖之，乃揚聲欲還。獠甘聞之，復招引叛羌，依山起柵，欲攻彌定。寧謂諸將曰：「此羌入吾術中，當進兵擒之耳。」諸將思歸，咸曰：「生羌聚散無常，依據山谷，今若追討，恐引日無成。且彌定還得守蕃，將軍功已立矣。獠甘勢弱，彌定足能制之。以此還師，策之上者。」寧曰：「一日縱敵，數世之患，豈可捨將滅之寇，更煩再舉。人臣之禮，知無不爲。以此諸君不足與計事也。〔七〕如更沮衆，寧豈不能斬諸君邪！」遂進軍，獠甘衆亦至，與戰，大破之，生獲獠甘，狥而斬之。并執鞏廉玉送闕。所得軍實，悉分賞將士，寧無私焉。師還，詔寧率所部鎮河陽。寧先在涼州，戎夷服其威惠，遷鎮之後，邊民並思慕之。

魏廢帝元年，復除涼甘瓜三州諸軍事、涼州刺史。初茹茹與魏和親，後更離叛。尋爲突厥所破，殺其主阿那瓌。部落逃逸者，仍奉瓌之子孫，抄掠河右。寧率兵邀擊，獲瓌子孫二人，并其種落酋長。自是每戰破之，前後獲數萬人。進爵安政郡公。三年，吐谷渾通使於齊，〔八〕寧擊獲之，就拜大將軍。寧後遣使詣太祖請事，太祖卽以所服冠履衣被及弓箭甲

矟等賜寧。謂其使人曰：「爲我謝涼州，孤解衣以衣公，推心以委公，公其善始令終，無損功名也。」

時突厥木汗可汗假道涼州，將襲吐渾，太祖令寧率騎隨之。軍至番禾，吐渾已覺，奔於南山。木汗將分兵追之，令俱會於青海。寧謂木汗曰：「樹敦、賀眞二城，是吐渾巢穴。今若拔其本根，餘種自然離散，此上策也。」木汗從之，卽分爲兩軍。木汗從北道向賀眞，寧趣樹敦。渾娑周國王率衆逆戰，寧擊斬之。踰山履險，遂至樹敦。敦是渾之舊都，〔九〕多諸珍藏。而渾主先已奔賀眞，留其征南王及數千人固守。寧進兵攻之，退，渾人果開門逐之，〔一〇〕因回兵奮擊，門未及闔，寧兵遂得入。生獲其征南王，俘虜男女、財寶，盡歸諸突厥。渾賀羅拔王依險爲柵，周回五十餘里，欲塞寧路。寧攻其柵，破之，俘斬萬計，獲雜畜數萬頭。木汗亦破賀眞，虜渾主妻子，大獲珍物。寧還軍於青海，與木汗會。木汗握寧手，歎其勇決，并遺所乘良馬，令寧於帳前乘之，木汗親自步送。突厥以寧所圖必破，皆畏憚之，咸曰：「此中國神智人也。」及將班師，木汗又遺寧奴婢一百口、馬五百匹、羊一萬口。寧乃還州。尋被徵入朝，屬太祖崩，寧悲慟不已，乃請赴陵所盡哀，并告行師克捷。

孝閔帝踐阼，拜小司徒，出爲荆襄淅郢等五十二州及江陵鎮防諸軍事、荆州刺史。寧有識晝，諳兵權，臨敵指撝，皆如其策，甚得當時之譽。及在荆州，頗自奢縱貪濁，不修法

度。嘗出，有人訴州佐曲法，寧還付被訟者治之。自是有事者不復敢言，聲名大損於西州。保定三年，卒於州。謚曰烈。子雄嗣。

雄字世武。少勇敢，膂力過人，便弓馬，有算略。年十四，從寧於牽屯山奉迎太祖。仍從校獵，弓無虛發。太祖數異之。尋尙太祖女永富公主。除使持節、驃騎大將軍、開府儀同三司，累遷駕部中大夫、大馭中大夫。從柱國、枹罕公辛威鎭金城，遂卒於軍，時年二十四。雄弟祥，以父勳賜爵武遂縣公。祥弟雲，亦以父勳賜爵武平縣公，歷位司織下大夫，儀同大將軍。雲弟威，亦以父勳賜爵武當縣公。

陸騰字顯聖，代人也。高祖俟，魏征西大將軍、東平王。祖彌，夏州刺史。〔二〕父旭，性雅澹，好老易緯候之學，撰五星要訣及兩儀眞圖，頗得其指要。太和中，徵拜中書博士，稍遷散騎常侍。知天下將亂，遂隱於太行山。孝莊卽位，屢徵不起。後贈幷汾恆肆四州刺史。

騰少慷慨有大節，解巾員外散騎侍郎、司徒府中兵參軍。爾朱榮入洛，以騰爲通直散騎侍郎、帳內都督。從平葛榮，以功賜爵淸河縣伯。普泰初，遷朱衣直閣。尙安平主，卽東萊王貴平女也。魏孝武幸貴平第，見騰，與語悅之，謂貴平曰：「阿翁眞得好壻。」卽擢爲通

直散騎常侍。及孝武西遷，騰時使靑州，遂沒於鄴。東魏興和初，徵拜征西將軍，領陽城郡守。

大統九年，大軍東討，以騰所據衝要，遂先攻之。時兵威甚盛，長史麻休勸騰降，不許，拒守經月餘，城陷被執。太祖釋而禮之，問其東間消息，騰盛陳東州人物，又敍述時事，辭理抑揚。太祖笑曰：「卿眞不背本也。」卽拜帳內大都督。未幾，除太子庶子，遷武衞將軍。既爲太祖所知，願立功效，不求內職，太祖嘉之。十三年，拜車騎大將軍、儀同三司。

魏廢帝元年，安康賊黃衆寶等作亂，連結漢中，衆數萬，攻圍東梁州。城中糧盡，詔騰率軍自子午谷以援之。騰乃星言就道，至便與戰，大破之。軍還，拜龍州刺史。太祖謂騰曰：「今欲通江(由)〔油〕路，直出南(奏)〔秦〕，〔三〕卿宜善思經略。」騰曰：「必望臨機制變，未敢預陳。」太祖曰：「此是卿取柱國之日，卿其勉之。」卽解所服金帶賜之。州民李廣嗣、李武等憑據巖險，以爲堡壁，招集不逞之徒，攻刧郡縣，歷政不能治。騰密令多造飛梯，身率麾下，夜往掩襲，未明，四面俱上，遂破之，執廣嗣等於鼓下。其黨有任公忻者，更聚徒衆，圍逼州城。乃語騰曰：「但免廣嗣及武，卽散兵請罪。」騰謂將士曰：「吾若不殺廣嗣等，可謂隳軍實而長寇讐，事之不可者也。公忻豎子，乃敢要人！」卽斬廣嗣及武，以首示之。賊徒沮氣，於是出兵奮擊，盡獲之。

魏恭帝三年，拜驃騎大將軍、開府儀同三司，轉江州刺史，爵上庸縣公，邑二千戶。陵州木籠獠恃險麤獷，每行抄刧，詔騰討之。獠既因山爲城，攻之未可拔。騰遂於城下多設聲樂及諸雜伎，示無戰心。諸賊果棄其兵仗，或擕妻子臨城觀樂。騰知其無備，密令衆軍俱上，諸賊惶懼，不知所爲。遂縱兵討擊，盡破之，斬首一萬級，俘獲五千人。

世宗初，陵、眉、戎、江、資、邛、新、遂八州夷夏及合州民張瑜兄弟幷反，衆數萬人，攻破郡縣。騰率兵討之。轉潼州刺史。武成元年，詔徵騰入朝，世宗面勑之曰：「益州險遠，非親勿居，故令齊公作鎭。卿之武略，已著遐邇，兵馬鎭防，皆當委卿統攝。」於是徙隆州刺史，隨憲入蜀。及趙公招代憲，復請留之。

保定元年，遷隆州總管，領刺史。二年，資州槃石民反，殺郡守，據險自守，州軍不能制。騰率軍討擊，盡破斬之。而蠻、獠兵及所在蜂起，〔三〕山路險阻，難得掩襲。騰遂量山川形勢，隨便開道。蠻獠畏威，承風請服。所開之路，多得古銘，並是諸葛亮、桓溫舊道。是年，鐵山獠抄斷內江路，使驛不通。騰乃進軍討之。欲至鐵山，乃僞還師。賊不以爲虞，遂不守備。騰出其不意擊之，應時奔潰。一日下其三城，斬其魁帥，俘獲三千人，招納降附者三萬戶。

帝以騰母在齊，未令東討。適有其親屬自東還朝者，晉公護(奉)〔奏〕令僞告騰云：〔四〕

「齊爲無道，已誅公家，母兄並從塗炭。」蓋欲發其怒也。騰乃發哀泣血，志在復讐。四年，齊公憲與晉公護東征，請騰爲副。趙公招時在蜀，復留之。晉公護與招書曰：「今朝廷令齊公掃蕩河、洛，欲與此人同行。汝彼無事，且宜借吾也。」於是命騰馳傳入朝，副憲東討。五年，拜司憲中大夫。

天和初，信州蠻、蜑據江峽反叛，連結二千餘里，自稱王侯，殺刺史守令等。又詔騰率軍討之。騰乃先趣益州，進驍勇之士，兼具樓船，泝外江而下。軍至湯口，分道奮擊，所向摧破。乃築京觀以旌武功。語在蠻傳。涪陵郡守蔺休祖〔五〕又據楚、向、臨、容、開、信等州，地方二千餘里，阻兵爲亂。復詔騰討之。初與大戰，斬首二千餘級，俘獲千餘人。當時雖摧其鋒，而賊衆既多，自夏及秋，無日不戰，師老糧盡，遂停軍集市，更思方略。賊見騰不出，四面競前。騰乃激勵其衆，士皆爭奮，復攻拔其魚令城，大獲糧儲，以充軍實。又破銅盤等七柵，前後斬獲四千人，幷舩艦等。又築臨州、集市二城，以鎭遏之。騰自在龍州，至是前後破平諸賊，凡賞得奴婢八百口，馬牛稱是。於是巴蜀悉定，詔令樹碑紀績焉。

四年，遷江陵總管。陳遣其將章昭達率衆五萬、舩艦二千圍江陵。衞王直聞有陳寇，遣大將軍趙誾、李遷哲等率步騎赴之，並受騰節度。時遷哲等守外城，陳將程文季、雷道勤夜來掩襲，遷哲等驚亂，不能抗禦。騰夜遣開門，出甲士奮擊，大破之。陳人奔潰，道勤中

流矢而斃，虜獲二百餘人。陳人又決龍川寧邦堤，〔一六〕引水灌江陵城。騰親率將士戰於西堤，破之，斬首數千級，陳人乃遁。六年，進位柱國，進爵上庸郡公，增邑通前三千五百戶。建德二年，徵拜大司空，尋出爲涇州總管。宣政元年冬，薨於京師。贈本官加并汾等五州刺史，重贈大後丞。謚曰定。子玄嗣。

玄字士鑒，騰入關時，年始七歲。仕齊爲奉朝請，歷成平縣令。齊平，高祖見玄，特加勞勉，即拜地官府都上士。大象末，爲隋文相府內兵參軍。玄弟融，字士傾，最知名，少歷顯職。大象中，位至大將軍、定陵縣公。

賀若敦，代人也。父統，爲東魏潁州長史。大統〔二〕〔三〕年，執刺史田迅以州降。〔一七〕至長安，魏文帝謂統曰：「卿自潁川從我，何日能忘。」即拜右衞將軍、散騎常侍、兗州刺史，賜爵當亭縣公。〔一八〕尋除北雍州刺史。卒，贈侍中、燕朔恆三州刺史、司空公，謚曰哀。

敦少有氣幹，善騎射。統之謀執迅也，慮事不果，又以累弱既多，難以自拔，沉吟者久之。敦時年十七，乃進策曰：「大人往事葛榮，已爲將帥；後入爾朱，禮遇猶重。〔一九〕韓陵之役，〔二〇〕屈節高歡，既非故人，又無功效，今日委任，無異於前者，正以天下未定，方藉英雄之

力。一旦清平，豈有相容之理。以敦愚計，恐將來有危亡之憂。願思全身遠害，不得有所顧念也。」統乃流涕從之，遂定謀歸太祖。時羣盜蜂起，各據山谷。大龜山賊張世顯潛來襲統，敦挺身赴戰，手斬七八人，賊乃退走。統大悅，謂左右僚屬曰：「我少從軍旅，戰陣非一，如此兒年時膽略者，未見其人。非唯成我門戶，亦當爲國名將。」

明年，從河內〔公〕獨孤信於洛陽，〔二一〕被圍。敦彎弓三石，箭不虛發。信大奇之，乃言於太祖。太祖異之，引置麾下，授都督，封安陵縣伯，邑四百戶。嘗從太祖校獵於甘泉宮，時圍人不齊，獸多逃逸，太祖大怒，人皆股戰。圍內唯有一鹿，俄亦突圍而走。敦躍馬馳之，鹿上東山，敦棄馬步逐至山半，便掣之而下。太祖大悅，諸將因得免責。累遷太子庶子、撫軍將軍、通直散騎常侍、大都督、車騎大將軍、散騎常侍、儀同三司，進爵廣鄉縣侯。敦既有武藝，太祖恆欲以將帥任之。魏廢帝二年，拜右衞將軍，俄加驃騎大將軍、開府儀同三司，進爵爲公。

時岷蜀初開，民情尚梗。巴西人譙淹據南梁州，與梁西江州刺史王開業共爲表裏，扇動羣蠻。太祖令敦率軍討之。山路艱險，人迹罕至。敦身先將士，攀木緣崖，倍道兼行，乘其不意。又遣儀同扶猛破其別帥向鎮侯於白帝。淹乃與開業并其黨泉玉成、〔二二〕侯造等率衆七千，口累三萬，自墊江而下，就梁王琳。敦邀擊，破之。淹復依山立柵，南引蠻帥向白

彪爲援。敦設反間，離其黨與，因其懈怠，復破之。斬淹，盡俘其衆。進爵武都公，增邑通前一千七百戶，拜典祀中大夫。

尋出爲金州都督、七州諸軍事、金州刺史。向白彪又與蠻帥向五子等聚衆爲寇，圍逼信州。詔敦與開府田弘赴救，未至而城已陷。進與白彪等戰，破之，俘斬二千人。仍進軍追討，遂平信州。是歲，荊州蠻帥文子榮自號仁州刺史，擁逼土人，據沮漳爲逆。復令敦與開府潘招討之，〔二三〕擒子榮，并虜其衆。

武成元年，入爲軍司馬。自江陵平後，巴、湘之地並內屬，每遣深人守之。至是陳將侯瑱、侯安都等圍逼湘州，遏絕糧援。乃令敦率步騎六千，度江赴救。瑱等以敦孤軍深入，規欲取之。敦每設奇伏，連戰破瑱，乘勝徑進，遂次湘州。因此輕敵，不以爲虞。俄而霖雨不已，秋水汎溢，陳人濟師，江路遂斷。糧援既絕，人懷危懼。敦於是分兵抄掠，以充資費。恐瑱等知其糧少，乃於營內多爲土聚，覆之以米，集諸營軍士，人各持囊，遣官司部分，若欲給糧者。因召側近村民，陽有所訪問，令於營外遙見，隨即遣之。瑱等聞之，良以爲實。乃據守要險，欲曠日以老敦師。敦又增修營壘，造廬舍，示以持久。湘、羅之間，遂廢農業。瑱等無如之何。

初，土人亟乘輕船，載米粟及籠鷄鴨以餉瑱軍。敦患之，乃僞爲土人，裝船伏甲士於

中。瑱兵人望見，謂餉船之至，逆來爭取。敦甲士出而擒之。敦軍數有叛人乘馬投瑱者，輒納之。敦又別取一馬，牽以趣船，令船中逆以鞭鞭之。如是者再三，馬便畏船不上。後伏兵於江岸，遣人以招瑱軍，〔二四〕詐稱投附。瑱便遣兵迎接，競來牽馬。馬既畏船不上，敦發伏掩之，盡殪。此後實有饋餉及亡命奔瑱者，猶謂敦之設詐，逆遣扞擊，並不敢受。

相持歲餘，瑱等不能制，求借船送敦度江。敦慮其或詐，拒而弗許。瑱復遣使謂敦曰：「驃騎在此既久，今欲給船相送，何爲不去？」敦報云：「湘州是我國家之地，爲爾侵逼。敦來之日，欲相平殄。既未得一決，所以不去。」瑱後日復遣使來，敦謂使者云：「必須我還，可舍我百里，當爲汝去。」瑱等留船於江，將兵去津路百里。敦覘知非詐，徐理舟檝，勒衆而還。在軍病死者十五六。晉公護以敦失地無功，除名爲民。

保定二年，拜工部中大夫。尋出爲金州總管、七州諸軍事、金州刺史。三年，從柱國楊忠引突厥破齊長城，至并州而還，以敦爲殿。別封一子順義縣公，邑一千戶。五年，除中州刺史，鎮函谷。

敦恃功負氣，顧其流輩皆爲大將軍，敦獨未得，兼以湘州之役，全軍而反，不蒙旌賞，翻被除名，每懷怨怒。屬有臺使至，乃出怨言。晉公護怒，遂徵敦還，逼令自殺。時年四十九。〔二五〕建德初，追贈大將軍。謚曰烈。

子弼，有文武材略。大象末，位至開府儀同大將軍、揚州刺史、襄邑縣公。弼弟誼，亦知名。官至柱國、海陵縣公。〔二六〕

權景宣字暉遠，天水顯親人也。父曇騰，〔二七〕魏隴西郡守。贈秦州刺史。

景宣少聰悟，有氣俠，宗黨皆歎異之。年十七，魏行臺蕭寶夤見而奇之，表爲輕車將軍。及寶夤敗，景宣歸鄉里。太祖平隴右，擢爲行臺郎中。魏孝武西遷，授鎮遠將軍、步兵校尉，加平西將軍、秦州大中正。大統初，轉祠部郎中。

景宣曉兵權，有智略。從太祖拔弘農，破沙苑，皆先登陷陣。轉外兵郎中。從開府于謹援洛陽，景宣督課糧儲，軍以周濟。時初復洛陽，將修繕宮室，景宣率徒三千，先出採運。會東魏兵至，司州牧元季海等以衆少拔還，屬城悉叛，道路擁塞。景宣將二十騎，且戰且走。從騎略盡，景宣輕馬突圍，手斬數級，馳而獲免，因投民家自匿。景宣以久藏非計，乃僞作太祖書，招募得五百餘人，保據宜陽，聲言大軍續至。東魏將段琛等率衆至九曲，憚景宣，不敢進。景宣恐琛審其虛實，乃將腹心自隨，詐云迎軍，因得西遁。與儀同李延孫相會，攻孔城。洛陽以南，尋亦來附。太祖即留景宣守張白塢，節度東南義軍。東魏將王元(凱)

〔軌〕入洛，〔二八〕景宣與延孫等擊走之，以功授大行臺右丞。〔二九〕進屯宜陽，攻襄城，拔之，獲郡守王洪顯，俘斬五百餘人。太祖嘉之，徵入朝。錄前後功，封顯親縣男，邑三百戶。除南陽郡守。郡鄰敵境，舊制，發民守防三十五處，多廢農桑，而姦宄猶作。景宣至，並除之，唯修起城樓，多備器械，寇盜斂迹，民得肆業。百姓稱之，立碑頌德。太祖特賞粟帛，以旌其能。遷廣州刺史。

侯景舉河南來附，景宣從僕射王思政經略應接。既而侯景南叛，恐東魏復有其地，以景宣爲大都督、豫州刺史，鎮樂口。東魏亦遣張伯德爲刺史。伯德令其將劉貴平率其戍卒及山蠻，屢來攻逼。景宣兵不滿千人，隨機奮擊，前後擒斬三千餘級，貴平乃退走。進授使持節、車騎大將軍、儀同三司。潁川陷後，太祖以樂口等諸城道路阻絕，悉令拔還。襄州刺史杞秀以狼狽得罪。〔三〇〕景宣號令嚴明，戎旅整肅，所部全濟，獨被優賞。仍留鎮荊州，委以鵶南之事。

初，梁岳陽王蕭詧將以襄陽歸朝，仍勒兵攻梁元帝於江陵。詧叛將杜岸乘虛襲之。景宣乃率騎三千，助詧破岸。詧因是乃送其妻王氏及子寮入質。景宣又與開府楊忠取梁將柳仲禮，拔安陸、隨郡。久之，隨州城民吳士英等殺刺史黃道玉，因聚爲寇。景宣以英等小賊，可以計取之，若聲其罪，恐同惡者衆。迺與英書，僞稱道玉凶暴，歸功英等。英果信之，

遂相率而至。景宣執而戮之，散其黨與。進攻應城，拔之，獲夏侯珍洽。於是應、禮、安、隨並平。朝議以景宣威行南服，迺授并安肆郢新應六州諸軍事、并州刺史。尋進驃騎大將軍、開府儀同三司，加侍中，兼督江北司二州諸軍事，進爵爲伯，邑五百戶。唐州蠻田魯嘉自號豫州伯，引致齊兵，大爲民患。景宣又破之，獲魯嘉，以其地爲郡。轉安州刺史。梁定州刺史李洪遠初款後叛，景宣惡其懷貳，密襲破之，虜其家口及部衆。洪遠脫身走免。自是酋帥慑服，無敢叛者。

燕公于謹征江陵，景宣別破梁司空陸法和 司馬羊亮於涓水。〔三一〕又遣別帥攻拔魯山。多造舟艦，益張旗幟，臨江欲度，以懼梁人。梁將王琳在湘州，景宣遺之書，諭以禍福。琳遂遣長史席豁因景宣請舉州款附。孝閔帝踐阼，徵爲司憲中大夫，尋除基鄀硤平四州五防諸軍事、江陵防主，加大將軍。

保定四年，晉公護東討，景宣別討河南。齊豫州刺史王士良、永州刺史蕭世怡並以城降。景宣以開府謝徹守永州，開府郭彥守豫州，以士良、世怡及降卒一千人歸諸京師。尋而洛陽不守，乃棄二州，拔其將士而還。至昌州而羅陽蠻反，景宣回軍破之，斬首千級，獲生口二千、雜畜千頭，迻闕。還次灞上，晉公護親迎勞之。

天和初，授荊州總管、十七州諸軍事、荊州刺史，進爵千金郡公。陳湘州刺史華皎舉州

款附，表請援兵。勑景宣統水軍與皎俱下。景宣到夏口，陳人已至。而景宣以任遇隆重，遂驕傲恣縱，多自矜伐，兼納賄貨，指麾節度，朝出夕改。將士憤怒，莫肯用命。及水軍始交，一時奔北，〔三二〕船艦器仗，略無孑遺。時衞公直總督諸軍，以景宣負敗，欲繩以軍法。朝廷不忍加罪，遣使就軍赦之。尋遇疾卒。贈河渭鄀三州刺史，謚曰恭。

子如璋嗣。位至開府、膠州刺史。如璋弟如玖，〔三三〕儀同大將軍、廣川縣侯。

景宣之去樂口，南荊州刺史郭賢據魯陽以拒東魏。

賢字道因，趙興陽州人也。〔三四〕父雲，涼州司馬。賢性彊記，學涉經史。魏正光末，賊帥宿勤明達圍逼豳州，刺史畢暉補賢統軍，〔三五〕與之拒守。後爲州主簿，行北地郡事。以征討有功，授都督。

大統二年，齊神武襲陷夏州。太祖慮其南下，與朝臣議之。賢進曰：「高歡兵士雖衆，智勇已竭，策其舉措，必不敢遠來。昔賀拔公初薨，關中振駭，而歡不能因利乘便，進取雍州，是其無智。及鑾駕西遷，六軍寡弱，毛鴻賓喪敗，關門不守，又不能乘此危機，以要一戰，是其無勇。今上下同心，士民戮力，歡志沮喪，寧敢送死。且幽夏荒阻，千里無烟，縱欲南侵，資糧莫繼。以此而言，不來必矣。」齊神武後果退，如賢所策。

尋加伏波將軍，從王思政鎮弘農。授使持節、行義州事、當州都督。轉行弘農郡事。賢質直有算略，思政甚重之，禦邊之謀，多與賢參決。十二年，除輔國將軍、南〔荆〕州刺史。〔三六〕

及侯景來附，思政遣賢先出三鵶，鎮於魯陽。加大都督，封安武縣子，邑四百戶。尋進車騎大將軍、儀同三司，加散騎常侍。及潁川被圍，東魏遣蠻酋魯和扇動羣蠻，規斷鵶路。和乃遣其從弟與和爲漢廣郡守，率其部曲，侵擾州境。賢密簡士馬，輕往掩襲，大破之，遂擒魯和。既而潁川陷，權景宣等並拔軍西還，自魯陽以東，皆附東魏。〔東魏〕將彭樂因之，遂來攻逼。〔三七〕賢撫循將士，咸爲盡其力用，樂不能克，乃引軍退。而東魏又以土民韋默兒爲義州刺史，鎮父城以逼賢。賢又率軍攻默兒，擒之。轉廣州刺史。

後從尉遲迥伐蜀，行安州事。魏恭帝元年，行寧蜀郡事，兼益州長史。以平蜀勳，進爵爲伯，增邑五百戶。轉行始州事。孝閔帝踐阼，進位驃騎大將軍、開府儀同三司，進爵爲侯，增邑通前一千四百戶。世宗初，除〔迎〕〔匠〕師中大夫。〔三八〕尋出爲勳州刺史，鎮玉壁。武成二年，遷安應等十二州諸軍事、安州刺史，進爵樂昌縣公。賢在官雖無明察之譽，以廉平待物，去後頗亦見思。保定三年，轉陝州刺史。天和元年，卒於位。贈少保、寧蔚朔三州刺史，謚曰節。

賢衣服飲食雖以儉約自處，而居家豐麗，室有餘貲。時論譏其詐云。子正嗣。

史臣曰：昔耿恭抗勁虜於疏勒，馬敦拒羣兵於汧城，雖以生易死，終賴王師之助，其嘉聲峻節，亦見稱於良史焉。賀若敦志節慷慨，〔三九〕深入敵境，勍敵絕其糧道，長江阻其歸塗，勢危而策出無方，事迫而雄心彌厲。故能使士卒感其義，敵人畏其威，利涉死地，全師而返。非夫忘生以徇國者，其孰能若此者乎。俯窺元定之傳，〔四〇〕曾糞土之不若也。誠宜裂地以賞之，分職以授之；而茂勳莫紀，嚴刑已及。嗟乎！政之紕繆，一至於此！天下是以知宇文護不能終其位焉。

史寧、權景宣並以將帥之才，受內外之寵。總戎薄伐，著剋敵之功；布政滋民，垂稱職之譽。若此者，豈非有國之良翰歟。然而史在末年，貨財虧其雅志。權亦晚節矜驕，喪其威聲。傳曰「終之實難」，其斯之謂矣。

陸騰志氣懔然，雅仗名節。及授戎律，建藩麾，席卷巴梁，則功著銘典；雲撤江漢，則聲流帝籍。身名俱劭，其最優乎。

校勘記

〔一〕建康〔袁〕〔表〕氏人也　錢氏考異卷三二云：「此涼州之建康，非揚州之建康也。『袁氏』當爲『表氏』之譌。」按錢說是。表氏是漢以來的舊縣，屬酒泉郡見漢書卷二八地理志下、續漢書郡國志、晉書卷一四地理志上。建康郡，前涼張駿置見晉書卷一四地理志。表氏縣當時改屬建康參洪亮吉十六國疆域志卷七、卷一〇。今據改。

〔二〕撫寧鎮　按北邊無「撫寧鎮」，當是「撫冥」之訛。

〔三〕下溠戍　魏書卷八〇賀拔勝傳「溠」作「𨑳」。詳見卷一四校記第一七條。

〔四〕香磴前　宋本和北史卷六一史寧傳「磴」作「蹬」。張元濟以爲「磴」字誤。

〔五〕東魏亦以故胡梨苟爲東義州刺史　北史無「故」字。張森楷以爲「此誤衍文」。

〔六〕走投生羌𨯳廉玉　諸本「玉」都作「王」。殿本當依北史改。按通鑑卷一六三五〇三六頁也作「玉」，似作「玉」是，但也不能確定作「王」必誤。

〔七〕以此諸君不足與計事也　册府卷四二〇五〇〇五頁「此」下有「觀」字，語氣完足，疑傳本脫去。

〔八〕三年吐谷渾通使於齊　北史本傳「三」作「二」。按卷五〇吐谷渾傳記此事在魏廢帝二年。疑北史是。

〔九〕敦是渾之舊都　張森楷云：「北史『敦』上有『樹』字。此是地名，不合省文，蓋誤脫漏。」按張說是。但諸本皆同，册府卷三五五四二一七頁也無「樹」字，當時二字人名常被簡省，地名省文非不可能，今不補。

〔一〇〕寧進兵攻之退渾人果開門逐之　張森楷云：「北史『退』上有『僞』字，于文較晰。」按册府卷三五五四二一七頁也有「僞」字。此條册府採自周書，疑原有此字，傳本脫去。

〔一一〕祖彌夏州刺史　北史卷二八陸俟附子馛傳末稱馛弟歸，歸子珍。「珍」和「彌」的簡寫「弥」形近，未知孰是。

〔一二〕今欲通江（由）〔油〕路直出南（奏）〔秦〕　北史卷二八陸俟附玄孫騰傳「奏」作「秦」，册府卷七七八九一頁「由」作「油」，「奏」作「秦」。張森楷云：「『奏』當作『秦』，時州、郡、縣無名『南奏』者，魏、隋二志可證。」按張說是。又水經注卷三二涪水注有江油戍，隋書卷二九地理志上平武郡有江油縣，云「後魏楊氏考證云當作西魏置江油郡」，都作「油」。今「由」「奏」據改作「油」「秦」。

〔一三〕而蠻獠兵及所在蜂起　北史本傳作「而蠻子反」，册府卷三九三四六五八頁作「蠻獠反」。按「及」字疑當作「反」。

〔一四〕晉公護（奉）〔奏〕令僞告騰云　張森楷云：「護只有奉詔耳，安得奉令，疑『奉』字衍。北史作『奏』。」按「奉」是「奏」之訛，非衍文，今據改。

〔一五〕涪陵郡守藺休祖　北史本傳「藺」作「蘭」。

〔一六〕陳人又決龍川寧邦堤　北史本傳、周書卷四四李遷哲傳、通鑑卷一七〇五二八九頁「邦」作「朔」。

〔一七〕大統(二)〔三〕年執刺史田迅以州降　按卷二文帝紀下、卷一九宇文貴傳事在大統三年五三七年多,作「二年」誤,今據改。

〔一八〕賜爵當亭縣公　金石萃編卷三九賀若誼碑作「當亭子」。

〔一九〕禮遇猶重　宋本「猶」作「尤」,通。

〔二〇〕韓陵之役　宋本「役」作「後」。

〔二一〕從河內〔公〕獨孤信於洛陽　北本、汲本「內」作「西」。北史卷六八賀若敦傳「內」下有「公」字。按卷一六獨孤信傳信此時封「河內郡公」,北史是,今據補。

〔二二〕泉玉成　汲本、局本「泉」字下注「一作帛」。卷一九宇文貴傳亦作「帛玉成」,疑作「帛」是。

〔二三〕復令敦與開府潘招討之　宋本、南本、北本、汲本「招」都作「詔」。北史本傳作「段詔」。按卷四四陽雄傳、卷四九蠻傳都作「潘招」,殿本恐據蠻傳改,局本從殿本。然不知孰是。段韶是北齊大將,顯誤。

〔二四〕遣人以招璝軍　北史賀若敦傳、御覽卷三一九一四七〇頁、通鑑卷一六八五二〇九頁、通典卷一六一載此事「遣北史、通鑑作「使」人」下都有「乘畏船馬」四字。今無四字,敍事欠明晰,當是傳本脫去。

〔二五〕時年四十九　按上文說敦「年十七」,勸父統降西魏,事在大統三年五三七年,上推當生於正光二年五二一年。敦被逼自殺,傳繫於保定五年五六五年除中州刺史之下。自正光二年至保定五年,應得四十五歲。前後所記年齡不符。這裏有三種可能。一、敦死於天和四年五六九年,本傳紀年未明晰;二、上文「時年十七」爲「二十一」之誤;三、「四十九」爲「四十五」之誤。似以第三種推測較近情。

〔二六〕敦弟誼亦知名官至柱國海陵縣公　賀若誼在周官爵,隋書卷三九賀若誼傳說周末「進爵范陽郡公,授上大將軍」,北史賀若敦附子弼傳末說是「拜洛州刺史,進封建威縣侯」。其進位柱國,改封海陵郡公,隋書、北史都說是隋開皇時事。按誼在周未位柱國,也沒有封海陵縣公,所以隋書稱「改封」,而不云「進封」。疑「知名」下有記周末官爵語,今脫去;「官至」上又脫「開皇初」三字。

〔二七〕父曇騰　宋本「騰」作「勝」,汲本、局本作騰,注「一作勝」。

〔二八〕東魏將王元(凱)〔軌〕　北史卷六一權景宣傳「凱」作「軌」。張森楷云:「『凱』當作『軌』,事見魏書孝靜紀卷十二。按檢孝靜紀無此文,當是周書卷二文帝紀之誤、齊書王元軌傳卷二〇王則傳,時無『王元凱』其人也。」按張說是。冊府卷三五五四二一四頁、卷三八二四五四八頁都作「王元軌」,今據改。

〔二九〕授大行臺右丞　北史本傳「右」作「左」。

〔三〇〕襄州刺史杞秀　冊府卷四一八四九八四頁「杞」作「范」。

〔三一〕別破梁司空陸法和司馬羊亮於溳水　按梁書卷五元帝紀承聖三年三月條,北史卷八九陸法和傳,法和官司徒,未嘗爲司空,「空」當作「徒」。

〔三二〕景宣到夏口(至)一時奔北　陳書卷一二徐度傳云:「華皎據湘州反,引周兵下至沌口」,周書卷五武帝紀上天和二年九月條、卷一三衞剌王直傳都稱「戰於沌口」。地名不同,未知孰是。

〔三三〕子如璋嗣位至開府膠州刺史如璋弟如玖　下「如璋」原作「如漳」。宋本、南本、局本和北史本傳前後都作「如璋」,汲本前後都作「如漳」,北本、殿本前作「璋」,後作「漳」。按其弟名也從玉旁,作「璋」是,今逕改。「如玖」北史作「仕玠」,未知孰是。

〔三四〕趙興陽州人也　魏書卷一〇六下地形志下豳州趙興郡鄜縣有陽周,隋書卷二九地理志上北地郡羅川縣條云:「舊曰陽周。」按陽周是漢縣。當時地名雖常用同音字,但「陽州」另有其地,應作「周」是。

〔三五〕刺史畢暉補賢統軍　張森楷云:「魏書畢衆敬傳卷六一作『祖暉』,此不合省『祖』字,蓋誤挩文。」按此雙名單稱,今不補。

〔三六〕除輔國將軍南〔荆〕州刺史　錢氏考異卷三二云:「『南』下脫『荆』字。後魏本以魯陽爲廣州,至是,郭賢以南荆州刺史鎮魯陽。其後轉廣州刺史,改從舊名,非移鎮也。」按錢說是。景宣傳末云「景宣之去樂口,南荆州刺史郭賢據魯陽以拒東魏」,可證。後周置南州在今四川萬縣西,當

時尚未屬周隋書卷二九地理志巴東郡武寧縣條,顯誤。

〔三七〕自魯陽以東皆附東魏〔東魏〕將彭樂因之遂來攻逼　冊府卷四〇〇四七五四頁重「東魏」二字。按文義應重,否則不可通,今據補。

〔三八〕除(迎)〔匠〕師中大夫　按「迎師」無此官。通典卷三九敍周官品有「匠師中大夫」,「迎」「匠」形近而訛,今據改。

〔三九〕賀若敦志節慷慨　宋本、南本「節」作「略」,汲本、局本作「節」,注「一作略」,北史卷六八傳論也作「略」。

〔四〇〕俯窺元定之傳　張森楷云:「『傳』疑當作『儔』。」按張說有理,但無確證,今不改。

周書卷二十九

列傳第二十一

王傑　王勇　宇文虯　宇文盛弟丘　耿豪
高琳　李和　伊婁穆　楊紹　王雅
達奚寔　劉雄　侯植

王傑，金城直城人也，本名文達。高祖萬國，魏伏波將軍、燕州刺史。父巢，龍驤將軍、榆中鎮將。

傑少有壯志，每以功名自許。善騎射，有膂力。魏孝武初，起家子都督。後從西遷，賜爵都昌縣子。太祖奇其才，擢授揚烈將軍、羽林監，尋加都督。太祖嘗謂諸將曰：「王文達萬人敵也，但恐勇決太過耳。」復潼關，破沙苑，爭河橋，戰邙山，皆以勇敢聞。親待日隆，賞賜加於倫等。於是賜姓宇文氏。除岐州刺史，加撫軍將軍、銀青光祿大夫，進爵爲公，邑八

百戶。累遷大都督、車騎大將軍、儀同三司、侍中、驃騎大將軍、開府儀同三司。

魏恭帝元年，從于謹圍江陵。時柵內有人善用長矟，戰士將登者，多爲所斃。謹令傑射之，應弦而倒。登者乃得入，餘衆繼進，遂拔之。謹喜曰：「濟我大事者，在公此箭也。」孝閔帝踐阼，進爵張掖郡公，增邑一千戶，出爲河州刺史。朝廷以傑勳望俱重，故授以本州。保定三年，進位大將軍。[一]三年，詔傑與隨公楊忠自(漢)〔漠〕北伐齊，至幷州而還。[二]天和三年，除宜州刺史，增邑通前三千六百戶。六年，從齊公憲東禦齊將斛律明月，進位柱國。建德初，除涇州總管。

傑少從軍旅，雖不習吏事，所歷州府，咸以忠恕爲心，以是頗爲百姓所慕。宣帝卽位，拜上柱國。大象元年，薨，時年六十五。贈河鄯鄧延洮宕翼七州諸軍事、河州刺史，追封鄂國公。謚曰威。子孝僊，[三]大象末，位至開府儀同大將軍。

王勇，代武川人也，本名胡仁。少雄健，有膽決，便弓馬，膂力過人。魏永安中，万俟醜奴等寇亂關隴，勇占募隨軍討之，以功授寧朔將軍、奉車都尉。又數從侯莫陳悅、賀拔岳征討，功每居多，拜別將。

及太祖爲丞相，引爲帳內直盪都督，加後將軍、太中大夫，封包信縣子，邑三百戶。大統初，增邑四百戶，進爵爲侯。從擒竇泰，復弘農，戰沙苑，氣蓋衆軍，所當必破。太祖歎其勇敢，賞賜特隆。進爵爲公，邑一千五百戶，拜鎭南將軍，授帥都督。從討趙青雀，平之，論功居最，除衞大將軍、殷州刺史，加通直散騎常侍，兼太子武衞率。

邙山之戰，勇率敢死之士三百人，竝執短兵，大呼直進，出入衝擊，殺傷甚多，敵人無敢當者。是役也，大軍不利，唯勇及王文達、耿令貴三人力戰，皆有殊功。太祖於是賞帛二千疋，[四]令自分之。軍還，皆拜上州刺史。以雍州、岐州、北雍州擬授勇等，然州頗有優劣，又令探籌取之。勇遂得雍州，文達得岐州，令貴得北雍州。仍賜勇名爲勇，令貴名豪，文達名傑，以彰其功。

十三年，授大都督，遷使持節、車騎大將軍、儀同三司。十五年，進侍中、驃騎大將軍、開府儀同三司。魏恭帝元年，從柱國趙貴征茹茹，破之。勇追擊，獲雜畜數千頭。進爵新陽郡公，增邑通前二千戶，仍賜姓庫汗氏。六官建，拜稍伯中大夫。又論討茹茹功，別封永固縣伯，邑五百戶。時有別封者，例聽回授次子，勇獨請封兄子元興，[五]時人義之。尋進位大將軍。世宗初，岷山羌豪羣廉俱和叛，勇帥師討平之。

勇性雄猛，爲當時驍將。然矜功伐善，好揚人之惡，時論亦以此鄙之。柱國侯莫陳崇，

勳高望重，與諸將同謁晉公護，閗勇數論人之短，乃於衆中折辱之。勇遂慙恚，因疽發背而卒。子昌嗣，官至大將軍。

宇文虯字樂仁，代武川人也。性驍悍，有膽略。少從軍征討，累有戰功。魏永安中，除征虜將軍、中散大夫，加都督。魏孝武初，從獨孤信在荆州，破梁人於下溠，遂平歐陽、酇城。[六]虯俘獲甚多。又攻南陽、廣平二城，擒郡守一人。以功加安西將軍、銀青光祿大夫、員外、直閤將軍、閤內都督，封南安縣侯，邑九百戶。及孝武西遷，以獨孤信爲行臺，信引虯爲帳內都督。破田八能及擒東魏荆州刺史辛纂，虯功居多。尋隨信奔梁。

大統三年，歸闕。朝廷論前後功，增邑四百戶，進爵爲公。擒竇泰，復弘農，及沙苑、河橋之戰，皆有功。增邑八百戶，進車騎將軍、左光祿大夫。七年，除漢陽郡守，又從獨孤信討梁仚定，破之。十一年，出爲南秦州刺史，[七]加車騎大將軍、儀同三司，進驃騎大將軍、開府儀同三司。追論斬辛纂功，增邑一千戶。十七年，與大將軍王雄征上津、魏興等，竝平之。又於白馬與武陵王蕭紀將楊乾運戰，破之。虯每經行陣，必身先卒伍，故上下同心，戰無不克。尋而魏興復叛，虯又與王雄討平之。俄除金州刺史，進位大將軍。後以疾卒。

宇文盛字保興，代人也。曾祖伊與敦、祖長壽、父文孤，〔六〕並爲沃野鎮軍主。

盛志力驍雄。初爲太祖帳內，從破侯莫陳悅，授威烈將軍，封漁陽縣子，邑三百戶。大統三年，兼都督。從擒竇泰，復弘農，破沙苑，授都督、平遠將軍、步兵校尉，進爵爲公，增邑八百戶。除馮翊郡守，加帥都督，西安州大中正、通直散騎常侍、撫軍將軍，增邑三百戶。累遷大都督、車騎大將軍、儀同三司、驃騎大將軍、開府儀同三司、鹽州刺史。及楚公趙貴謀爲亂，盛密赴京告之。貴誅，授大將軍，進爵忠城郡公，除涇州都督，賜甲一領、奴婢二百口、馬五百疋，牛羊及莊田、什物等稱是。仍從賀蘭祥平洮陽、(共)〔洪〕和二城，〔七〕別封一子甘棠縣公。轉延州總管，進位柱國。

天和五年，入爲大宗伯。六年，與柱國王傑從齊公憲東討。時汾州被圍日久，憲遣盛運粟以給之。仍赴姚襄城，受憲節度。齊將段孝先率兵大至，盛力戰拒之。孝先退，乃築大寧城而還。建德二年，授少師。五年，從高祖東伐，率步騎一萬，守汾水關。宣帝卽位，拜上柱國，增邑通前四千六百戶。大象中，薨。子述嗣。大象末，上柱國、濮陽公。

盛弟丘。丘字胡奴，起家襄威將軍、奉朝請、都督，賜爵臨邑縣子。稍遷輔國將軍、大

都督。預告趙貴謀，拜車騎大將軍、儀同三司，進爵安義縣侯，邑一千戶。加驃騎大將軍、開府儀同三司，進爵爲公，除咸陽郡守。遷汾州刺史。入爲左宮伯，進位大將軍。出爲延綏丹三州三防諸軍事、延州刺史。轉涼甘瓜三州諸軍事、涼州刺史，加柱國大將軍。建德元年，薨，時年六十。贈柱國、宜鄜等州刺史。子隴嗣。

耿豪，鉅鹿人也。本名令貴。其先避劉、石之亂，居遼東，因仕於燕。曾祖超，率衆歸魏，遂家於神武川。〔一〇〕

豪少麤獷，有武藝，好以氣淩人。賀拔岳西征，引爲帳內。岳被害，歸太祖，以武勇見知。豪亦自謂所事得主。從討侯莫陳悅及迎魏孝武，錄前後功，封平原縣子，邑三百戶，除寧朔將軍、奉車都尉。遷征虜將軍，加通直散騎常侍，進爵爲侯，增邑七百戶。從擒竇泰，復弘農，豪先鋒陷陣，加前將軍、中散大夫。沙苑之戰，豪殺傷甚多，血染甲裳盡赤。太祖見之，歎曰：「令貴武猛，所向無前，觀其甲裳，足以爲驗，不須更論級數也。」於是進爵爲公，增邑通前一千五百戶。除鎮北將軍、金紫光祿大夫、南郢州刺史。

九年，從太祖戰於邙山，豪謂所部曰：「大丈夫見賊，須右手拔刀，左手把矟，直刺直斫，愼莫皺眉畏死。」遂大呼獨入，敵人鋒刃亂下，當時咸謂豪歿。俄然奮刀而還。戰數合，當豪前者，死傷相繼。又謂左右曰：「吾豈樂殺人，但壯士除賊，不得不爾。若不能殺賊，又不爲人所傷，何異逐坐人也。」太祖嘉之，拜北雍州刺史。十三年，論前後戰功，進授車騎大將軍、儀同三司，增邑通前一千八百戶。十五年，賜姓和稽氏，進位侍中、驃騎大將軍、開府儀同三司。

豪性凶悍，言多不遜。太祖惜其驍勇，每優容之。豪亦自謂意氣冠羣，終無所屈。李穆、蔡祐初與豪同時開府，後並居豪之右。豪意不平，謂太祖曰：「外聞物議，謂豪勝李穆、蔡祐。」太祖曰：「何以言之？」豪曰：「世言李穆、蔡祐，丞相髆膊；耿豪、王勇，丞相咽項。以咽項在上，故爲勝也。」豪之麤猛，皆此類。十六年，卒，時年四十五。太祖痛惜之，贈以本官，加朔州刺史。子雄嗣，位至大將軍。

高琳字季珉，〔一一〕其先高句麗人也。六世祖欽，爲質於慕容廆，遂仕於燕。五世祖宗，率衆歸魏，拜第一領民酋長，賜姓羽眞氏。祖明、父遷仕魏，咸亦顯達。琳母嘗祓禊泗濱，遇見一石，光彩朗潤，遂持以歸。是夜夢見一人，衣冠有若仙者，謂其母曰：「夫人向所將來

之石，是浮磬之精。若能寶持，必生令子。」其母驚寤，便舉身流汗，俄而有娠。及生，因名琳字季珉焉。〔一二〕

魏正光初，起家衞府都督。從元天穆討邢杲，破梁將(沈)〔陳〕慶之，〔一三〕以功轉統軍。又從爾朱天光破万俟醜奴，論功爲最，除寧朔將軍、奉車都尉。後隨天光敗於韓陵山，琳因留洛陽。

魏孝武西遷，從入關。至溱水，爲齊神武所追，拒戰有功，封鉅野縣子，邑三百戶。大統初，進爵爲侯，增邑四百戶，轉龍驤將軍。頃之，授直閤將軍，遷平西將軍，加通直散騎常侍。三年，從太祖破齊神武於沙苑，轉安西將軍，進爵爲公，增邑八百戶。累遷衞將軍、銀青光祿大夫、右光祿大夫。四年，從擒莫多婁貸文。仍戰河橋，琳先驅奮擊，勇冠諸軍。太祖嘉之，謂之曰：「公卽我之韓、白也。」拜太子左庶子。尋以本官鎮玉壁。復從太祖戰邙山，除正平郡(中正)〔守〕，〔一四〕加大都督，增邑三百戶。齊將東方老來寇，琳率衆禦之。老恃其勇健，直前趣琳。短兵接，琳擊之，老中數瘡而退，謂其左右曰：「吾經陣多矣，未見如此健兒。」後乃密使人勸琳東歸，琳斬其使以聞。進使持節、車騎大將軍、儀同三司、散騎常侍。除鄜州刺史，加驃騎大將軍、開府儀同三司、侍中。

孝閔帝踐阼，進爵犍爲郡公，邑一千戶。武成初，從賀蘭祥征吐谷渾，以勳別封一子許

昌縣公，邑一千戶，除延州刺史。又從柱國豆盧寧討稽胡郝阿保、劉桑德等，破之。二年，文州氐酋反，詔琳率兵討平之。師還，帝宴羣公卿士，仍命賦詩言志。琳詩末章云：「寄言竇車騎，爲謝霍將軍，何以報天子？沙漠靜妖氛。」帝大悅曰：「獯獫陸梁，未時款塞，卿言有驗，國之福也。」

保定初，授梁州總管、十州諸軍事。天和二年，徙丹州刺史。三年，遷江陵〔副〕總管。〔一五〕時陳將吳明徹來寇，總管田弘與梁主蕭巋出保紀南城，唯琳與梁僕射王操固守江陵三城以抗之。晝夜拒戰，凡經十旬，明徹退去。巋表言其狀，帝乃優詔追琳入朝，親加勞問。進授大將軍，仍副衞公直鎮襄州。六年，進位柱國。建德元年，薨，時年七十六。贈本官，加冀定齊滄州五州諸軍事、〔一六〕冀州刺史，諡曰襄。

子儒，少以父勳賜爵許昌(郡)〔縣〕公，〔一七〕拜左侍上士。後襲爵犍爲郡公，位至儀同大將軍。

李和本名慶和，其先隴西狄道人也。後徙居朔方。父僧養，以累世雄豪，善於統御，爲夏州酋長。

和少敢勇，有識度，狀貌魁偉，爲州里所推。賀拔岳作鎮關中，乃引和爲帳內都督。以破諸賊功，稍遷征北將軍、金紫光祿大夫，賜爵思陽公。尋除漢陽郡守。治存寬簡，百姓稱之。

至大統初，加車騎將軍、左光祿大夫、都督，累遷使持節、車騎大將軍、儀同三司、散騎常侍、侍中、驃騎大將軍、開府儀同三司、夏州刺史，賜姓宇文氏。太祖嘗謂諸將曰：「宇文慶和，智略明贍，立身恭謹，累經委任，每稱吾意。」遂賜名意焉。改封永豐縣公，邑一千戶。保定二年，除司憲中大夫，進爵義城郡公。尋又改封德廣郡公，出爲洛州刺史。和前在夏州，頗留遺惠，及有此授，商洛父老，莫不想望德音。和至州，以仁恕訓物，獄訟爲之簡靜。天和三年，進位大將軍，拜延綏丹三州武安伏夷安民三防諸軍事、延州刺史。六年，進柱國大將軍。建德元年，改授延綏銀三州文安伏夷安民周昌梁和五防諸軍事。以罪免。尋復柱國。

隋開皇元年，遷上柱國。和立身剛簡，老而逾勵，諸子趨事，若奉嚴君。以意是太祖賜名，市朝已革，慶和則父之所命，義不可違。至是，遂以和爲名。二年，薨，贈本官，加司徒公、徐兗邳沂海泗六州刺史。諡曰肅。子徹嗣。

伊婁穆字奴干，代人也。父靈，善騎射，爲太祖所知。太祖嘗謂之曰：「昔伊尹保衡於殷，〔一八〕致主堯舜。卿既姓伊，庶卿不替前緒。」於是賜名尹焉。歷金紫光祿大夫、衞將軍、隆州刺史，賜爵盧奴縣公。

穆弱冠爲太祖內親信，以機辯見知，授奉朝請，常侍左右。邙山之役，力戰有功，拜子都督、丞相府參軍事，轉外兵參軍。累遷帥都督、平東將軍、中散大夫，歷中書舍人、尚書駕部郎中、撫軍將軍、大都督、通直散騎常侍。嘗入白事，太祖望見悅之，字之曰：「奴干作儀同面見我矣。」於是拜車騎大將軍、儀同三司，賜封安陽縣伯，邑五百戶。轉大丞相府掾，遷從事中郎，除給事黃門侍郎。

魏廢帝二年，穆使於蜀。屬伍城郡人趙雄傑與梓潼郡人王令公、鄧朏等搆逆，衆二萬餘人，阻涪水立柵，進逼潼州。穆遂與刺史叱羅協率兵破之。增邑五百戶。

孝閔帝踐阼，拜兵部中大夫，治御正，進爵爲侯，增邑五百戶。尋進位驃騎大將軍、開府儀同三司。保定初，授軍司馬，進爵爲公。四年，除金州總管、八州諸軍事、金州刺史。天和二年，增邑二千一百戶。又爲民部中大夫。

衞公直出鎮襄州，以穆爲長史。郢州城民王道胄反，〔一九〕襲據州城。直遣穆率百餘騎

馳往援之。穆至城下，頻破胄衆。會大將軍高琳率衆繼進，胄等乃降。唐州山蠻恃險逆命，穆率軍討之。蠻酋等保據石窟一十四處，穆分軍進討，旬有四日，並破之，虜獲六千五百人。六年，進位大將軍。建德初，授荊州，復以穆爲總管府長史。〔二〇〕穆頻貳戚藩，甚得匡贊之譽。

入爲小司馬。從柱國李穆平軹關等城，賞布帛三百疋、粟三百石、田三十頃。五年，從皇太子討吐谷渾。還，穆殿，爲渾人圍。會劉雄救至，乃得解。後以疾卒。

楊紹字子安，弘農華陰人也。祖興，魏新平郡守。父國，中散大夫。〔二一〕

紹少慷慨有志略，屢從征伐，力戰有功。魏永安中，授廣武將軍、屯騎校尉、直盪別將。普泰初，封平鄉男，邑一百戶，加征西將軍、金紫光祿大夫。

魏孝武初，遷衞將軍、右光祿大夫，進爵冠軍縣伯，邑百戶。大統元年，進爵爲公，增邑六百戶。〔二二〕累遷車騎將軍、通直散騎常侍、驍衞將軍、左光祿大夫。四年，出爲鄜城郡守。紹性恕直，兼有威惠，百姓安之。稽胡恃衆與險，屢爲抄竊。紹率郡兵從侯莫陳崇討之，疋馬先登，破之於默泉之上。加帥都督、驃騎、常侍，〔二三〕朔州大中正。十三年，錄前後功，增

邑通前二千二百戶，除燕州刺史。累遷大都督、車騎大將軍、儀同三司。

復從大將軍達奚武征漢中。時梁宜豐侯蕭循固守梁州。[二四]紹以爲懸軍敵境，圍守堅城，曠日持久，糧饟不繼，城中若致死於我，懼不能歸，請爲計以誘之。乃頻至城下挑戰，設伏待之。循初不肯出。紹又遣人罵辱之，循怒，果出兵，紹率衆僞退。城降。[二五]以功授輔國將軍、中散大夫，聽回授一子。

又從柱國、燕國公于謹圍江陵。紹鬬於枇杷門，流矢中股而力戰不衰。事平，賞奴婢一百口，進驃騎大將軍、開府儀同三司，[二六]除衡州刺史，[二七]賜姓叱利氏。[二八]孝閔帝踐阼，進位大將軍。[二九]保定二年，卒，贈成文等八州刺史。[三〇]謚曰信。子雄嗣，大象末，上柱國、邽國公。[三一]

王雅字度容，闡熙新(固)〔国〕人也。[三二]少而沈毅，木訥寡言，有膽勇，善騎射。太祖聞其名，召入軍，累有戰功。除都督，賜爵居庸縣子。[三三]

東魏將竇泰入寇，雅從太祖擒之於潼關。沙苑之戰，雅謂所部曰：「彼軍殆有百萬，今我不滿萬人，以常理論之，實難與敵。但相公神武命世，股肱王室，以順討逆，豈計衆寡。

丈夫若不以此時破賊，何用生爲！」乃擐甲步戰，所向披靡，太祖壯之。又從戰邙山。時大軍不利，爲敵所乘，諸將皆引退，雅獨廻騎拒之。敵人見其無繼，步騎競進。雅左右奮擊，頻斬九級，敵衆稍却，雅乃還軍。太祖歎曰：「王雅舉身悉是膽也。」錄前後功，進爵爲伯，除帥都督、鄜城郡守。政尙簡易，吏人安之。遷大都督、延州刺史，轉夏州刺史，加車騎大將軍、儀同三司，進驃騎大將軍、開府儀同三司。

世宗初，除汾州刺史。勵精爲治，人庶悅而附之，自遠至者七百餘家。保定初，復爲夏州刺史，卒于州。

子世積嗣。少倜儻有文武幹略。大象末，上大將軍、宜陽郡公。[三四]

達奚寔字什伏代，河南洛陽人也。高祖涼州，魏征西將軍、山陽公。父顯相，武衞將軍。

寔少修立，有幹局。起家給事中，加冠軍將軍。魏孝武初，授都督，鎮弘農。後從西遷，封臨汾縣伯，邑六百戶。遷大行臺郎中，仍與行臺郎神鎮潼關。[三五]及潼關失守，即與大都督陽山武戰於關，[三六]東魏人甚憚之。從太祖擒竇泰，復弘農，破沙苑，皆力戰有功，增邑三百戶，加車騎將軍、左光祿大夫。十三年，又授大行臺郎中、相府掾，轉從事中郎。寔性嚴重，太祖深器之。累遷大都督、持節、通直散騎常侍。魏廢帝二年，除中外府司馬。

大軍伐蜀，以寔行南岐州事，兼都軍糧。[三七]先是，山氐生獷，不供賦役，歷世羈縻，莫能制御。寔導之以政，氐人感悅，竝從賦稅。[三八]於是大軍糧餼，咸取給焉。尋徵還，仍爲司馬。六官建，拜蕃部中大夫，加驃騎大將軍、開府儀同三司，進爵平陽縣公。武成二年，授御正中大夫，治民部，兼晉公護司馬。

保定元年，出爲文州刺史，卒於州，時年四十九。贈文康二州刺史。謚曰恭。子豐嗣。

劉雄字猛雀，臨洮子城人也。少機辯，慷慨有大志。大統中，起家爲太祖親信。尋授統軍、宣威將軍、給事中，除子城令，加都督、輔國將軍、中散大夫，兼中書舍人，賜姓宇文氏。孝閔帝踐阼，加大都督，歷司市下大夫，齊右下大夫，治小駕部，進車騎大將軍、儀同三司。保定四年，治中外府屬，從征洛陽。

天和二年，遷駕部中大夫。四年，兼齊公憲府掾，從憲出宜陽，築安義等城。五年，齊相斛律明月率衆通關城以援宜陽。[三九]先是，國家與齊通好，約言各保境息民，不相侵擾。

至是，憲以齊人失信，令雄使於明月，責其背約。雄辭義辯直，齊人憚焉。使還，兼中(府)外〔府〕掾。[四〇]尋加驃騎大將軍、開府儀同三司，封周昌縣伯，邑六百戶。齊人又於姚襄築伏龍等五城，以處戍卒。[四一]雄從齊公憲攻之，五城皆拔。憲復遣雄與柱國宇文盛於齊長城已西，連營防禦。齊將段孝先等率衆圍盛。營外先有長塹，大將軍韓歡與孝先交戰不利，雄身負排，率所部二十餘人，據塹力戰，孝先等乃止。軍還，遷軍司馬，進爵爲侯，邑一千四百戶。

建德初，授納言，轉軍正，復爲納言。二年，轉內史中大夫，除(侯)〔候〕正。[四二]高祖嘗從容謂雄曰：「古人云：『富貴不歸故鄉，猶衣錦夜遊。』今以卿爲本州，何如？」雄稽首拜謝。於是詔以雄爲河州刺史。雄先已爲本縣令，復有此授，鄉里榮之。四年，從柱國李穆出軹關，攻邵州等城，拔之。以功獲賞。

五(千)〔年〕，皇太子西征吐谷渾，[四三]雄自涼州從滕王逌率軍先入渾境，去伏侯城二百餘里，[四四]逌遣雄先至城東舉火，與大軍相應。渾洮王率七百餘騎逆戰。雄時所部數百人先竝分遣斥候，在左右者二十許人。雄即率與交戰，斬首七十餘級，雄亦亡其三騎。自是從逌連戰之，雄功居多，賞物甚厚。及軍還，伊婁穆殿，爲賊所圍。皇太子命雄救之。雄率騎一千解穆圍。增邑三百戶，加上開府儀同三司。

其年，大軍東討，雄從齊王憲拔洪洞，下永安。軍還，仍與憲廻援晉州。未至，齊後主已率大兵親自攻圍，晉州垂陷。憲遣雄先往察其軍勢。雄乃率步騎千人，鳴鼓角，遙報城中。尋而高祖兵至，齊主遁走。從平并州，拜上大將軍，進爵趙郡公，邑二千戶，舊封廻授一子。明年，從平鄴城，進柱國。其年，從齊王憲總北討稽胡。〔四五〕軍還，出鎮幽州。宣政元年四月，突厥寇幽州，擁略居民。雄出戰，爲突厥所圍，臨陣戰歿。贈亳州總管、七州諸軍事、亳州刺史。子昪嗣。以雄死王事，大象末，授儀同大將軍。

侯植字仁幹，上谷人也。燕散騎常侍龕之八世孫。高祖恕，魏北地郡守。子孫因家于北地之三水，〔四六〕遂爲州郡冠族。父欣，(秦)〔泰〕州刺史、〔四七〕奉義縣公。

植少倜儻，有大節，容貌奇偉，武藝絕倫。正光中，起家奉朝請。尋而天下喪亂，羣盜蜂起，植乃散家財，率募勇敢討賊。以功拜統軍，遷清河郡守。後從賀拔岳討万俟醜奴等，每有戰功，除義州刺史。在州甚有政績，爲夷夏所懷。

及齊神武逼洛陽，植從魏孝武西遷。大統元年，授驃騎將軍、都督，賜姓侯伏侯氏。從太祖破沙苑，戰河橋，進大都督，加左光祿大夫。涼州刺史宇文仲和據州作逆，植從開府獨

孤信討擒之，拜車騎大將軍、儀同三司，封肥城縣公，邑一千戶。〔四八〕又賜姓賀屯。魏恭帝元年，從于謹平江陵，進驃騎大將軍、開府儀同三司，賜奴婢一百口，別封一子沂源縣伯。六官建，拜司倉下大夫。孝閔帝踐阼，進爵郡公，增邑通前二千戶。

時帝幼冲，晉公護執政，植從兄龍恩爲護所親任。及護誅趙貴，而諸宿將等多不自安。植謂龍恩曰：「今主上春秋既富，安危繫於數公。共爲唇齒，尚憂不濟，况以纖介之間，自相夷滅！植恐天下之人，因此解體。兄既受人任使，安得知而不言。」龍恩竟不能用。植又乘間言於護曰：「君臣之分，情均父子，理須同其休戚，期之始終。明公以骨肉之親，當社稷之寄，與存與亡，在於茲日。願公推誠王室，擬迹伊、周，使國有泰山之安，家傳世祿之盛，則率土之濱，莫不幸甚。」護曰：「我蒙太祖厚恩，且屬當猶子，誓將以身報國，賢兄應見此心。卿今有是言，豈謂吾有他志耶。」又聞其先與龍恩言，乃陰忌之。植懼不免禍，遂以憂卒。贈大將軍、(正)〔平〕(陽)〔揚〕光三州諸軍事、平州刺史，〔四九〕謚曰節。〔五〇〕子定嗣。〔五一〕

及護伏誅，龍恩與其弟大將軍、武平公萬壽竝預其禍。高祖治護事，知植忠於朝廷，乃特免其子孫。定後位至車騎大將軍、儀同三司。

史臣曰：王傑、王勇、宇文虬之徒，咸以果毅之姿，效節於擾攘之際，終能居堅(執)〔覆〕銳，〔五二〕立禦侮之功，裂膏壤，據勢位，固其宜也。仲尼稱「無求備於一人」，信矣。夫文士懷溫恭之操，其弊也愞弱；武夫稟剛烈之質，其失也敢悍。故有使酒不遜之禍，拔劍爭功之尤。大則莫全其生，小則僅而獲免。耿豪、王勇，不其然乎。

校勘記

〔一〕保定三年進位大將軍　「位」原作「爵」。宋本、南本、局本作「位」。張元濟云：「按大將軍非爵」，以爲「爵」字誤。按張說是，今逕改。「三年」疑有誤，見下條。

〔二〕三年詔傑與隨公楊忠自(漢)〔漠〕北伐齊至并州而還　按上已出「保定三年」，不應重複。詔楊忠伐齊在保定三年五六三年十二月，「至并州而還」在四年正月，見卷五武帝紀上、卷一九楊忠傳。這裏承上保定三年，應作「其年」，如果包舉還師，則也可繫於四年。若這條的「三」字不誤，則上條的「三」字必誤。又卷一九楊忠傳，這次伐齊，楊忠北出武川，和突厥會師南下，攻晉陽，去「漠北」絕遠。「漢」乃「漠」之訛。卷一九楊忠傳有「若從漠北入并州，極爲險阻」語，可證，今據改。

〔三〕子孝僊　北史卷六六王傑傳作「遷」。

〔四〕賞帛二千疋　「二」原作「一」，諸本和册府卷三八二四五四八頁、卷八二四九七九二頁、御覽卷三一

〇一四二五頁都作「二」，殿本刻誤，今逕改。

〔五〕勇獨請封兄子元興　北史本傳無「元」字，乃雙名單稱。

〔六〕破梁人於下溠遂平歐陽酆城　「下溠」魏書卷八〇賀拔勝傳作「下迮」。見卷一四校記第一七條。

〔七〕十一年出爲南秦州刺史　册府卷三八二四五四八頁作「十二年」。

〔八〕曾祖伊與敦祖長壽父文孤　北史卷七九宇文述傳「伊」作「佰」，「文孤」單作「孤」。

〔九〕仍從賀蘭祥平洮陽(供)〔洪〕和二城　按「供」字誤，今改正，見卷二〇校記第一四條。

〔一〇〕遂家於神武川　北史卷六六耿豪傳無「神」字。

〔一一〕字季珉　御覽卷三九八一八三八頁「季」作「秀」。

〔一二〕字季珉焉　册府明本卷八二四九七九二頁「季」作「秀」，宋本册府作「季」。御覽卷三九八一八三八頁作「因以名字焉」，下有「及長，有大度智略」七字，今本周書無。

〔一三〕破梁將(沈)〔陳〕慶之　張森楷云：「『沈』當作『陳』。沈是宋臣，陳事具見梁書紀傳。」按張說是，册府卷三八二四五四九頁正作「陳慶之」。今據改。

〔一四〕除正平郡(中正)〔守〕　宋本、南本、北本、汲本皆無「正」字。張元濟云：「按『中』乃『守』之訛，見北史卷六六高琳傳。」按張說是，册府卷三七三四四三三頁也作「正平郡守」。今據改。

〔一五〕遷江陵(副)總管　北史本傳作「副總管」。按卷二七田弘傳，弘爲江陵總管，「令副總管高琳拒

守」。本傳下文也明言「總管田弘」。這裏脱「副」字，今據補。

〔一六〕加冀定齊滄州五州諸軍事　張森楷云：「『滄州』之『州』字誤。」按張說是，冀、定、齊、滄只四州，與「五州諸軍事」不合，「州」字乃一州名之誤，但不知是哪一州。

〔一七〕子儒少以父勳賜爵許昌(郡)〔縣〕公　宋本「郡」作「縣」。張森楷云：「『郡』當作『縣』，上文可證。」按上文稱「以勳別封一子許昌縣公」。張未見宋本，所說正合。今據改。

〔一八〕昔伊尹保衡於殷　宋本「保」字模糊，百衲本及北史卷六六伊婁穆傳、册府卷八二四九七九二頁「保」作「阿」。

〔一九〕郢州城民王道胄反　册府卷三八二四五五〇頁「胄」作「冑」。

〔二〇〕建德初授荆州復以穆爲總管府長史　按「授荆州」沒有主名，上有缺文。據下文「穆頻貳戚藩」句，其人必是宗室近支。卷一三代王達傳，他在建德初出爲荆州刺史，時地相合。原文當云「建德初，代公達授荆州，復以穆爲總管府長史」。

〔二一〕祖興魏新平郡守父國中散大夫　文館詞林卷四五二薛道衡後周大將軍楊紹碑銘下簡稱楊紹碑作「祖國，鎮西將軍，父定，新興太守」，則國是紹之祖。碑是紹子雄隋初所立，疑傳誤。

〔二二〕進爵冠軍縣伯邑百戶大統元年進爵爲公增邑六百戶　楊紹碑先云「封饒陽縣開國伯，邑二百戶」，在授征西將軍之前。又云「尋封荆州冠軍縣開國公，邑五百戶」。按傳先已封平鄉男一百

戶，進封爲伯，應增食邑，「百戶」當作「三百戶」。據傳楊紹以「冠軍縣伯」進爵爲公，據碑則以「饒陽縣伯」進封「冠軍縣公」，食邑也有不同。

〔二三〕加帥都督驃騎常侍　張森楷云：「『驃』當作『散』，否則『驃騎』下省將軍二字，尚可正名，若省『散騎』二字，則不知是何常侍矣。」

〔二四〕宜豐侯蕭循　宋本「宜豐」作「恆農」。按南史卷五二鄱陽王恢附孫脩傳稱「封宜豐侯」，周書、北史有關紀傳和通鑑卷一六四五〇九〇頁都作「宜豐」，唯周書卷二文帝紀下魏廢帝元年，宋本作「宜農」，無此地名。知「恆農」乃「宜豐」之訛。又「脩」「循」二字古籍每多混淆，本書和梁書都作蕭循，南史本傳作「脩」，但南北史都「循」「脩」或修互見。漢魏南北朝墓誌集釋蕭翹墓誌圖版五〇五稱翹爲「太保公宜豐王循第四子」，循未嘗封王，但可證其封邑是「宜豐」，其名爲「循」。

〔二五〕紹率衆僞退城降　按僞退怎能迫使蕭循投降。通鑑卷一六四五〇八七頁云：「循怒，出兵與戰。都督楊紹伏兵擊之，殺傷殆盡。」下一句話既不見本書卷一九達奚武傳和北史卷六八楊紹傳，當即出於此傳。知「僞退」下當有「伏兵擊之殺傷殆盡」等語，傳本脱去。

〔二六〕事平賞奴婢一百口進驃騎大將軍開府儀同三司　楊紹碑作「郢都於是底定，拜開府儀同三司，封儻城郡公，邑三千戶」。按碑云拜開府，可以包括驃騎大將軍。而傳不言改封「儻城」，據隋書卷四三觀德王雄傳說楊紹封儻城縣公，雖「郡」「縣」不同，知此傳遺漏。

〔二七〕除衡州刺史　按衡州是齊地，在今麻城，見北齊書卷四文宣紀天保十年、隋書卷三一地理志下永安郡條。周之衡州不知在何處。楊紹碑說他「歷任燕按此周之燕州，亦不知所在、敷、豳三州刺史」，不舉「衡州」，疑「衡」字誤。

〔二八〕賜姓叱利氏　北史本傳作「賜姓叱呂引氏」。按魏書卷一一三官氏志既有「叱利氏」，又有「叱呂氏」，「叱呂引」當即「叱呂」，與「叱利」不是一姓，不知孰是。

〔二九〕孝閔帝踐阼進位大將軍　楊紹碑作「天和元年，進位大將軍」。

〔三〇〕保定二年卒贈成文等八州刺史　楊紹碑稱「以周建德元年卒於豳州，贈成、文、鄧、扶、洮五州諸軍事，成州刺史」，按卒年自當以碑爲正。贈官州數不同，隋書卷四三觀德王雄傳稱紹「仕周歷八州刺史」，當是合燕、敷、豳三州及贈官之五州。疑周書誤。

〔三一〕子雄嗣大象末上柱國邘國公　隋書卷四三觀德王雄傳作「大象中，進爵邘國公」，北史卷六八楊紹附子雄傳百衲本先作「邘」，後作「邗」，疑作「邘」是。參卷七校記第五條。

〔三二〕闡熙新(固)〔囼〕人也　北史卷六八王雅傳百衲本「固」作「囼」，殿本同周書。魏書卷一〇六下地形志下夏州闡熙郡有新囼縣，隋書卷二九地理志上朔方郡長澤縣條作新囼。楊氏隋志考證卷一云：「隋書王世積傳卷四〇『闡熙新囼人』。又周書王雅傳『闡熙新固人』，『固』當是誤字。案玉篇：『囼』古『國』字。」按楊說是，今據改。

〔三三〕賜爵居庸縣子　「庸」原作「康」。諸本和北史本傳、册府卷八三五九九一二頁都作「庸」。二張以爲「康」字誤。按魏書卷一〇六上地形志上東燕州上谷郡有居庸縣。殿本刻誤，今逕改。

〔三四〕大象末上大將軍宜陽郡公　隋書卷四〇王世積傳稱「高祖受禪，進封宜陽郡公」，北史本傳附子世積傳同。不在大象末。

〔三五〕仍與行臺郎神鎮潼關　按這時鎮守潼關的將領是毛鴻賓見北史卷四九毛遐附弟鴻賓傳，未任行臺。郎神也不見紀載。册府卷三九三四六五八頁無「仍與行臺郎神」六字。疑涉上「行臺郎中」而衍。

〔三六〕即與大都督陽山武戰於關　册府卷三九三四六五八頁作「即與大都督楊山武楊當作陽拒魏於關」。按陽山武即陽雄之父猛卷四四陽雄傳，乃是西魏將。册府文義較明，照周書的說法，倒像陽爲東魏將了。疑「戰」上脱「拒」字。

〔三七〕兼都軍糧　册府卷四八三五七七八頁「都」下有「督」字，疑當有此字。

〔三八〕竝從賦稅　册府卷四八三五七七八頁「稅」作「役」。按上云「不供賦役」，疑作「役」是。

〔三九〕築通關城以援宜陽　北齊書卷一七斛律金附子光傳「通」作「統」。

〔四〇〕兼中(府)外〔府〕掾　原作「中府外掾」。張森楷云：「『外』字當在府上，此誤倒文。」按上已云雄「治中外府屬」。中外府是都督中外諸軍事府的省稱。張說是，今乙正。

〔四一〕以處戍卒　宋本「戍」作「戎」。

〔四二〕除〔侯〕〔候〕正　北史卷六六劉雄傳、册府卷七八二九二九四頁「侯」作「候」，是。今據改。

〔四三〕以功獲賞五〔千〕〔年〕皇太子西征吐谷渾　按「獲賞」當斷句，或下有脫文。「五千」是「五年」之訛。皇太子贇「討吐谷渾」，見卷六武帝紀建德五年。本傳在下文又說「其年，大軍東討，雄從齊王憲拔洪洞，下永安，仍與憲迴援晉州」，據卷六武帝紀和卷一二齊王憲傳也都是建德五年的事。如果上文沒有標明五年，則這個「其年」便直承上文「四年」之後，不但把進攻吐谷渾列於四年，而且把伐齊平幷州一概記在四年了。因知「千」爲「年」之訛。今改正。

〔四四〕伏侯城　卷六武帝紀建德五年八月條作「伏俟城」，卷五〇吐谷渾傳殿本作「伏俟」，宋本前作「伏侯」，後作「伏俟」。按隋書卷八三吐谷渾傳、通典卷一九〇吐谷渾條都作「伏俟」，「侯」字疑誤。

〔四五〕其年從齊王憲總北討稽胡　按「總」下當脫「兵」字。

〔四六〕侯植字仁幹上谷人也至高祖恕魏北地郡守子孫因家于北地之三水　八瓊室金石補正賀屯植墓誌作「字永顯，建昌郡人也」。字不同，或是二字，或先後改易。傳稱上谷人，是指郡望，下稱他「家於北地之三水」，實是三水人。按魏書卷一〇六下地形志下三水屬涇州新平郡。隋書卷二九地理志上北地郡有三水縣。太平寰宇記卷三四邠州三水縣條云：「大統十四年移縣於今邠州西北一十五里。」改屬北地，亦當在此時。隋之北地郡乃是地形志豳州的西北地郡，和治富平的

雍州北地郡非一地。侯植的高祖在魏時官北地郡守，豈能因官徙居新平郡之三水。這自然不可靠。但居於三水，是事實。建昌郡，魏書地形志屬涼州。漢魏南北朝墓誌集釋七賀屯植墓誌跋云：「又後改新平爲建昌」，注云「此非地形志涼州之建昌郡，參楊守敬說」。今檢諸地志及寰宇記不見所謂「新平後改建昌」之說，楊氏隋志考證亦無此語。或趙氏別有所據。

〔四七〕父欣〔秦〕〔泰〕州刺史　諸本「秦」都作「泰」。張森楷以爲「秦」字誤。按魏書卷一〇六下地形志下別有秦州，領河東、北鄉二郡，和治上封的秦州並置。錢氏考異卷三〇據魏、周、齊書中多見泰州，而不見地形志，以爲「此『秦州』當爲泰州之譌」。本條的「泰州」諸本不誤，當是殿本妄改，今改正。

〔四八〕封肥城縣公邑一千戶　賀屯植墓誌載歷官，末云：「肥城縣開國公、食邑一千七百戶」，食戶數不同。傳又稱：「孝閔帝踐阼，進爵郡公，增邑通前二千戶」，墓誌不紀此事，似即以縣公終。

〔四九〕贈大將軍〔正〕〔平〕〔陽〕〔揚〕光三州諸軍事平州刺史　宋本「陽」作「楊」，南本、北本、汲本、局本都作「揚」。張森楷云：「『陽』誤，作『揚』是。」按既稱平州刺史，諸軍事所舉的第一個州，也應是平州。賀屯植墓誌稱：「追贈公使持節、驃騎大將軍、開府儀同三司、大都督、光揚平三州諸軍事、光州刺史。」植爲宇文護所忌，死後恐只贈本官。大將軍或是誅護後加贈。傳之「正州」，據誌也可證爲「平州」之訛，但哪一州刺史也不同。「正」「陽」今據諸本和墓誌改。

〔五〇〕諡曰節　賀屯植墓誌云：「諡曰斌公。」按可能是初諡「斌」，宇文護死後，因他曾觸犯權臣，故改諡「節」。

〔五一〕子定嗣　賀屯植墓誌稱「世子定遠」。其他五子，上一字都是「定」字，若是雙名單稱，也應舉下一字。知「定」下脫「遠」字。

〔五二〕終能屠堅〔執〕〔覆〕銳　宋本、汲本、局本「執」作「覆」。二張以爲「執」字誤。按北史卷六六傳論也作「覆」。今據改。

周書卷三十

列傳第二十二

竇熾 兄子毅 于翼 李穆

竇熾字光成，扶風平陵人也。漢大鴻臚章十一世孫。章子統，靈帝時，爲鴈門太守，避竇武之難，亡奔匈奴，遂爲部落大人。後魏南徙，子孫因家於代，賜姓紇豆陵氏。累世仕魏，皆至大官。父略，平遠將軍。以熾著勳，贈少保、柱國大將軍、建昌公。

熾性嚴明，有謀略，美鬚髯，身長八尺二寸。少從范陽祁忻受毛詩、左氏春秋，略通大義。善騎射，膂力過人。魏正光末，北鎮擾亂，熾乃隨略避地定州，因沒於葛榮。榮欲官略，略不受。榮疑其有異志，遂留略於冀州，將熾及熾兄善隨軍。

魏永安元年，爾朱榮破葛榮，熾乃將家隨榮於并州。時葛榮別帥韓婁、郝長衆數萬人據薊城不下，以熾爲都督，從驃騎將軍侯深討之。熾手斬婁，以功拜揚烈將軍。三年，除員

外散騎侍郎，遷給事中。建明元年，加武厲將軍。

魏孝武即位，茹茹等諸番並遣使朝貢，帝臨軒宴之。有鴟飛鳴於殿前，帝素知熾善射，因欲示遠人，乃給熾御箭兩隻，命射之。鴟乃應弦而落，諸番人咸歎異焉。帝大悅，賜帛五十疋。尋率兵隨東南道行臺樊子鵠追爾朱仲遠，仲遠奔梁。時梁主又遣元樹入寇，攻陷譙城，遂據之。子鵠令熾率騎兵擊破之，封行唐縣子，邑五百戶。尋拜直閤將軍、銀青光祿大夫，領華騮令，進爵上洛縣伯，邑一千戶。

時帝與齊神武搆隙，以熾有威重，堪處爪牙之任，拜閤內大都督。遷撫軍將軍，朱衣直閤，遂從帝西遷。仍與其兄善重至城下，與武衞將軍高金龍戰於千秋門，敗之。因入宮城，取御馬四十疋并鞍勒，進之行所。帝大悅，賜熾及善駿馬各二疋、駑馬十疋。〔一〕

大統元年，以從駕功，別封眞定縣公，除東豫州刺史，加衞將軍。從擒竇泰，復弘農，破沙苑，皆有功，增邑八百戶。河橋之戰，諸將退走。熾時獨從兩騎爲敵人所追，至邙山，熾乃下馬背山抗之。俄而敵衆漸多，三面攻圍，矢下如雨。熾騎士所執弓，並爲敵人所射破，熾乃總收其箭以射之，所中人馬皆應弦而倒。敵以殺傷既多，乃相謂曰：「得此人未足爲功。」〔二〕乃稍引退。熾因其怠，遂突圍得出。又從太保李弼討白額稽胡，破之，除車騎將軍。

高仲密以北豫州來附，熾率兵從太祖援之。至洛陽，會東魏人據邙山爲陣，太祖命留輜重於瀍曲，率輕騎奮擊，中軍與右軍大破之，悉虜其步卒。熾獨追至石濟而還。遷車騎大將軍、儀同三司、散騎常侍，增邑一千戶。十三年，進使持節、驃騎大將軍、開府儀同三司，加侍中，增邑通前三千九百戶。〔三〕出爲涇州刺史，莅職數年，政號清淨。改封(武)安〔武〕縣公，〔四〕進授大將軍。

魏廢帝元年，除大都督、原州刺史。熾抑挫豪右，申理幽滯，每親巡壟畝，勸民耕桑。在州十載，甚有政績。州城之北，有泉水焉，熾屢經遊踐，嘗與僚吏宴於泉側，因酌水自飲曰：「吾在此州，唯當飲水而已。」〔五〕及去職之後，人吏感其遺惠，每至此泉者，莫不懷之。

魏恭帝元年，進爵廣武郡公。屬茹茹寇廣武，熾率兵與柱國趙貴分路討之。茹茹聞軍至，引退。熾度河至麴伏川追及，〔六〕與戰，大破之，斬其酋帥郁久閭是發，獲生口數千，及雜畜數萬頭。孝閔帝踐阼，增邑二千戶。武成二年，拜柱國大將軍。世宗以熾前朝忠勳，望實兼重，欲獨爲造第。熾辭以天下未定，干戈未偃，不宜輒發徒役，世宗不許。尋而帝崩，事方得寢。

保定元年，進封鄧國公，邑一萬戶，別食資陽縣一千戶，收其租賦。四年，授大宗伯，隨晉公護東征。天和五年，出爲宜州刺史。先是，太祖田於渭北，令熾與晉公護分射走兔，熾

一日獲十七頭，護獲十一頭。護恥其不及，因以爲嫌。至是，熾又以高祖年長，有勸護歸政之議，護惡之，故左遷焉。及護誅，徵太傅。

熾既朝之元老，名位素隆，至於軍國大謀，常與參議。嘗有疾，高祖至其第而問之，因賜金石之藥。其見禮如此。帝於大德殿將謀伐齊，熾時年已衰老，乃扼腕曰：「臣雖朽邁，請執干櫓，首啓戎行。得一覩誅翦鯨鯢，廓清寰宇，省方觀俗，登岳告成，然後歸魂泉壤，無復餘恨。」高祖壯其志節，遂以熾第二子武當公恭爲左二軍總管。齊平之後，帝乃召熾歷觀相州宮殿。熾拜賀曰：「陛下眞不負先帝矣。」帝大悅，賜奴婢三十人，及雜繒帛千疋，進位上柱國。

宣政元年，兼雍州牧。及宣帝營建東京，以熾爲京洛營作大監。宮苑制度，皆取決焉。大象初，改食樂陵縣，邑戶如舊。隋文帝輔政，停洛陽宮作，熾請入朝。屬尉遲迥舉兵，熾乃移入金墉城，簡練關中軍士得數百人，與洛州刺史、平涼公元亨同心固守，仍權行洛州鎭事。相州平，熾方入朝。屬隋文帝初爲相國，百官皆勸進。熾自以累代受恩，遂不肯署牋。時人高其節。

隋文帝踐極，拜太傅，加殊禮，贊拜不名。開皇四年八月，薨，時年七十八。贈本官、冀滄瀛趙衞貝魏洛八州諸軍事、冀州刺史。謚曰恭。

熾事親孝，奉諸兄以悌順聞。及其位望隆重，而子孫皆處列位，遂爲當時盛族。子茂嗣。茂有弟十三人，〔七〕恭、威最知名。恭位至大將軍。從高祖平齊，封贊國公，除西兗州總管，以罪賜死。

熾兄善，以中軍大都督、南城公從魏孝武西遷。後仕至太僕、衞尉卿、汾北華瀛三州刺史、〔八〕驃騎大將軍、開府儀同三司、永富縣公。謚曰忠。子榮定嗣。起家魏文帝千牛備身。稍遷平東將軍、大都督，進驃騎大將軍、儀同三司。歷佽飛中大夫、右司衞上大夫。大象中，位至大將軍。熾兄子毅。

毅字天武。父岳，早卒。及毅著勳，追贈大將軍、冀州刺史。毅深沉有器度，事親以孝聞。魏孝武初，起家爲員外散騎侍郎。時齊神武擅朝，毅慨然有殉主之志。及孝武西遷，遂從入關，封奉高縣子，邑六百戶，除符璽郎。從擒竇泰，復弘農，戰沙苑，皆有功。拜右將軍、太中大夫，進爵爲侯，增邑一千戶。累遷持節、撫軍將軍、通直散騎常侍。魏廢帝二年，授車騎大將軍、儀同三司、大都督，進爵安武縣公，增邑一千四百戶。魏恭帝元年，進授驃騎大將軍、開府儀同三司、大都督，改封永安縣公，出爲幽州刺史。〔九〕孝閔帝踐阼，進爵神武郡公，增邑通前五千戶。保定三年，徵還朝，治左宮伯，轉小宗伯，尋拜

大將軍。

時與齊人爭衡，戎車歲動，竝交結突厥，以爲外援。在太祖之時，突厥已許納女於我，齊人亦甘言重幣，遣使求婚。狄固貪婪，便欲有悔。朝廷乃令楊荐等累使結之，往反十餘，方復前好。至是，雖期往逆，猶懼改圖。以毅地兼勛戚，素有威重，乃命爲使。及毅之至，齊使亦在焉。突厥君臣，猶有貳志。毅抗言正色，以大義責之，累旬乃定，卒以皇后歸。朝議嘉之，別封成都縣公，邑一千戶，進位柱國。出爲同州刺史，遷蒲州總管，徙金州總管，加授上柱國，入爲大司馬。隋開皇初，拜定州總管。累居藩鎭，咸得民和。二年，薨於州，年六十四。贈襄郢等六州刺史，謚曰肅。毅性溫和，每以謹愼自守，又尚太祖第五女襄陽公主，特爲朝廷所委信。雖任兼出入，〔一〇〕未嘗有矜惰之容，時人以此稱焉。子賢嗣。

賢字託賢，〔一一〕志業通敏，少知名。天和二年，策拜神武國世子。宣政元年，授使持節儀同大將軍。隋開皇中，襲爵神武公，除遷州刺史。

〔毅〕（有）〔第〕二女卽唐太穆皇后。〔一二〕武德元年，詔贈司空、穆總管荊郢硤夔復沔岳沅（澧）〔澧〕鄂十州諸軍事、荊州刺史，封杞國公。〔一三〕幷追贈賢金遷房直均五州諸軍事、金州刺史，襲杞國公。〔一四〕又追贈賢子紹宣秦州刺史，幷襲賢爵。紹宣無子，仍以紹宣兄孝宣子德藏爲嗣。

于翼字文若，太師、燕公謹之子。美風儀，有識度。年十一，尙太祖女平原公主，拜員外散騎常侍，封安平縣公，邑一千戶。大統十六年，進爵郡公，加大都督，領太祖帳下左右，禁中宿衞。遷鎭南將軍、金紫光祿大夫、散騎常侍、武衞將軍。謹平江陵，所贈得軍實，分給諸子。〔一五〕翼一無所取，唯簡賞口內名望子弟有士風者，別待遇之。太祖聞之，特賜奴婢二百口，翼固辭不受。尋授車騎大將軍、儀同三司，加侍中、驃騎大將軍、開府儀同三司。六官建，除左宮伯。

孝閔帝踐阼，出爲渭州刺史。翼兄寔先莅此州，頗有惠政。翼又推誠布信，事存寬簡，夷夏感悅，比之大小馮君焉。時吐谷渾入寇河右，涼鄯河三州咸被攻圍，使來告急。秦州都督遣翼赴援，不從。寮屬咸以爲言。翼曰：「攻取之術，非夷俗所長。此寇之來，不過抄掠邊牧耳。安能頓兵城下，久事攻圍！掠而無獲，勢將自走。勞師以往，亦無所及。翼揣之已了，幸勿復言。」居數日間至，〔一六〕果如翼所策。賀蘭祥討吐谷渾，翼率州兵先鋒深入。以功增邑一千二百戶。尋徵拜右宮伯。

世宗雅愛文〔士〕〔史〕，〔一七〕立麟趾學，在朝有藝業者，不限貴賤，皆預聽焉。乃至蕭撝、

王褒等與卑鄙之徒同爲學士。翼言於帝曰：「蕭撝，梁之宗子；王褒，梁之公卿。今與趨走同儕，恐非尙賢貴爵之義。」帝納之，詔翼定其班次，於是有等差矣。

世宗崩，翼與晉公護同受遺詔，立高祖。保定元年，徙軍司馬。三年，改封常山（縣）〔郡〕公，〔一八〕邑二千九百戶。天和初，遷司會中大夫，增邑通前三千七百戶。三年，皇后阿史那氏至自突厥，高祖行親迎之禮，命翼總司儀制。狄人雖蹲踞無節，然咸憚翼之禮法，莫敢違犯。遭父憂去職，居喪過禮，爲時輩所稱。尋有詔，起令視事。高祖又以翼有人倫之鑒，皇太子及諸王等相傅以下，竝委翼選置。其所擢用，皆民譽也，時論僉謂得人。遷大將軍，總中外宿衞兵事。

晉公護以帝委翼腹心，內懷猜忌。轉爲小司徒，加拜柱國。雖外示崇重，實疎斥之。及誅護，帝召翼，遣往河東取護子中山公訓，仍代鎭蒲州。翼曰：「冢宰無君陵上，自取誅夷。元惡旣除，餘孽宜殄。然皆陛下骨肉，猶謂疎不間親。陛下不使諸王而使臣異姓，非直物有横議，愚臣亦所未安。」帝然之，乃遣越王盛代翼。

先是，與齊陳二境，各修邊防，雖通聘好，而每歲交兵。然一彼一此，不能有所克獲。高祖旣親萬機，將圖東討，詔邊城鎭，竝益儲偫，加戍卒。二國聞之，亦增修守禦。翼諫曰：「宇文護專制之日，興兵至洛，不戰而敗，所喪實多。數十年委積，一朝糜散。雖爲護無制

勝之策，亦由敵人之有備故也。且疆場相侵，互有勝敗，徒損兵儲，非策之上者。不若解邊嚴，減戎防，〔二九〕繼好息民，敬待來者。彼必（善）〔喜〕於通和，〔三〇〕懈而少備，然後出其不意，一舉而山東可圖。若猶習前蹤，恐非蕩定之計。」帝納之。

建德二年，出爲安隨等六州五防諸軍事、安州總管。時屬大旱，涓水絕流。舊俗，每逢亢陽，禱白兆山祈雨。高祖先禁羣祀，山廟已除。翼遣主簿祭之，即日澍雨霑洽，歲遂有年。民庶感之，聚會歌舞，頌翼之德。

四年，高祖將東伐，朝臣未有知者，遣納言盧韞等前後乘驛，三詣翼問策焉。翼贊成之。及軍出，詔翼率荊、楚兵二萬，自宛、葉趣襄城，大將軍張光洛、鄭恪等竝隸焉。旬日下齊一十九城。所部都督，輒入民村，即斬以狥。由是百姓欣悅，赴者如歸。屬高祖有疾，班師，翼亦旋鎭。

五年，轉陝熊等七州十六防諸軍事、宜陽總管。翼以宜陽地非襟帶，請移鎭於陝。詔從之，仍除陝州刺史，總管如舊。其年，大軍復東討，翼自陝入九曲，攻拔造澗等諸城，徑到洛陽。齊洛州刺史獨孤永業開門出降，河南九州三十鎭，一時俱下。襄城民庶等喜復見翼，竝壺漿塞道。尋即除洛懷等九州諸軍事、河陽總管。

尋徙豫州總管，給兵五千人、馬千疋以之鎭，幷配開府及儀同等二十人。仍勑河陽、襄州、安州、荊州（泗）〔四〕州總管內有武幹者，〔三一〕任翼徵牒，不限多少。儀同以下官爵，承制先授後聞。陳將魯天念久圍光州，聞翼到汝南，望風退散。霍州蠻首田元顯，負險不賓，於是，送質請附。陳將任蠻奴悉衆攻顯，顯立柵拒戰，莫有異心。〔三二〕及翼還朝，元顯便叛。其得殊俗物情，皆此類也。

大象初，徵拜大司徒。詔翼巡長城，立亭鄣。西自鴈門，東至碣石，創新改舊，咸得其要害云。仍除幽定七州六鎭諸軍事、幽州總管。先是，突厥屢爲寇掠，〔三三〕居民失業。翼素有威武，兼明斥候，自是不敢犯塞，百姓安之。

及尉遲迥據相州舉兵，以書招翼。翼執其使，幷書送之。于時隋文帝執政，賜翼雜繒一千五百段、粟麥一千五百石，幷珍寶服玩等，進位上柱國，封任國公，增邑通前五千戶，別食任城縣一千戶，收其租賦。翼又遣子讓通表勸進，幷請入朝。隋文帝許之。

開皇初，拜太尉。或有告翼，云往在幽州欲同尉遲迥者，隋文召致（淸）〔清〕室，〔三四〕遣理官按驗。尋以無實見原，仍復本位。三年五月，薨。贈本官、加蒲晉懷絳邵汾六州諸軍事、蒲州刺史，謚曰穆。

翼性恭儉，與物無競，常以滿盈自戒，故能以功名終。子璽，官至上大將軍、軍司馬、黎陽郡公。璽弟詮，上儀同三司、吏部下大夫、常山公。詮弟讓，儀同三司。

尉遲迥之舉兵也，河西公李賢弟穆爲幷州總管，亦執迥子送之。

李穆字顯慶，少明敏，有度量。太祖入關，便給事左右，深被親遇。穆亦小心謹肅，未嘗懈怠。太祖嘉之，遂處以腹心之任，出入臥內，當時莫與爲比。及侯莫陳悅害賀拔岳，太祖自夏州赴難，而悅黨史歸據原州，猶爲悅守。太祖令侯莫陳崇輕騎襲之。穆先在城中，與兄賢、遠等據城門應崇，遂擒歸。以功授都督。從迎魏孝武，封永平縣子，邑三百戶。〔三五〕擒竇泰，復弘農，竝有戰功。沙苑之捷，穆又言於太祖曰：「高歡今日已喪膽矣，請速逐之，則歡可擒也。」太祖不聽。論前後功，進爵爲公。

河橋之戰，太祖所乘馬中流矢驚逸，太祖墜於地，軍中大擾。敵人追及之，左右皆奔散，穆乃以策抶太祖，因大罵曰：「爾曹主何在？爾獨住此！」敵人不疑是貴人也，遂捨之而過。穆以馬授太祖，遂得俱免。是日微穆，太祖已不濟矣。自是恩盼更隆。擢授武衞將軍，加大都督、車騎大將軍、儀同三司，進爵（武）安〔武〕郡公，〔三六〕增邑一千七百戶。前後賞賜，不可勝計。久之，太祖美其志節，乃歎曰：「人之所貴，唯身命耳，李穆遂能輕身命之重，濟孤於難。雖復加之以爵位，賞之以玉帛，未足爲報也。」乃特賜鐵券，恕以十死。進驃騎

大將軍、開府儀同三司、侍中。初，穆授太祖以驄馬，其後中廏有此色馬者，悉以賜之。又賜穆世子惇安樂郡公，姊一人爲郡君，餘姊妹竝爲縣君，兄弟子姪及緦麻以上親幷舅氏，皆霑厚賜。其見褒崇如此。

從解玉壁圍，拜安定國中尉。尋授同州刺史，入爲太僕卿。征江陵功，封一子長城縣侯，〔三七〕邑千戶。尋進位大將軍，賜姓拓拔氏。〔三八〕俄除原州刺史，又以賢子爲平高郡守，遠子爲平高縣令，竝加鼓吹。穆自以叔姪一家三人，皆牧宰鄉里，恩遇過隆，固辭不拜。太祖不許。後轉雍州刺史，入爲小冢宰。孝閔帝踐阼，增邑通前三千七百戶，又別封一子爲縣伯。穆請迴封賢子孝軌，許之。

及遠子植謀害晉公護，植誅死，穆亦坐除名。時植弟基任淅州刺史，例合從坐。穆頻詣護，請以子惇、怡等代基死，辭理酸切，聞者莫不動容。護矜之，遂特免基死。

世宗即位，拜驃騎大將軍、開府儀同三司、大都督、安武郡公、直州刺史。武成二年，拜少保。保定二年，進位大將軍。三年，從隨公楊忠東伐。還，拜小司徒，遷柱國大將軍，別封一子郡公，邑二千戶。五年，遷大司空。天和二年，進封申國公，邑五千戶，舊爵迴授一子。建德元年，遷太保。尋出爲原州總管。四年，高祖東征，令穆率兵三萬，別攻軹關及河北諸縣，竝破之。後以帝疾班師，棄而不守。六年，進位上柱國，除幷州總管。時東夏再平，

人情倚接，穆鎮之以靜，百姓懷之。大象元年，遷大左輔，總管如舊。二年，加太傅，仍總管。

及尉遲迥舉兵，穆子榮欲應之。穆弗聽曰：「周德旣衰，愚智共悉。天時若此，吾豈能違天。」乃遣使謁隋文帝，幷上十三環金帶，蓋天子之服也，以微申其意。時迥子誼爲朔州刺史，亦執送京師。迥令其所署行臺韓長業攻陷潞州，執刺史趙威，署城民郭子勝爲刺史。穆遣兵討之，獲子勝。隋文帝嘉之，以穆勞効同破鄴城第一勳，加三轉，聽分授其二子榮、才及兄賢子孝軌。榮及才並儀同大將軍，孝軌進開府儀同大將軍。又別封子雄爲密國公，邑三千戶。

穆長子惇，字士宇。〔二九〕大統四年，以穆功賜爵安平縣侯，尋授車騎大將軍、儀同三司、大都督，進爵爲公。太祖令功臣世子並與略陽公遊處，惇於時輩之中，特被引接。每有遐方服玩，異域珍奇，無不班錫。俄（受）〔授〕小武伯，〔三〇〕進爵安樂郡公。天和三年，遷驃騎大將軍、開府儀同三司、鳳州刺史。卒於位。贈大將軍、原靈幽三州刺史。

史臣曰：竇熾儀表魁梧，器識雄遠。入參朝政，則嘉謀以陳；出總蕃條，則惠政斯洽。

竇毅忠肅奉上，溫恭接下，茂實彰於本朝，義聲揚於殊俗。並以國華民望，論道當官，榮映一時，慶流來葉。及熾遲疑勸進，有送故之心，雖王公恨恨，〔三一〕何以加此。語曰：「君使臣以禮，臣事君以忠。」然則効忠之迹或殊，處臣之理斯一，權言指要，其維致命乎。是以典午擅朝，葛公休爲之投袂；新都篡盜，翟仲文所以稱兵。及東郡誅夷，竟速漢朝之禍；淮南覆敗，無救魏室之亡。而烈士貞臣，赴蹈不已，豈忠義所感，視死如歸者歟。于、李之送往事居，有曲於此。翼旣功臣之子，地卽姻親；穆乃早著勳庸，深寄肺腑。並兼文武之任，荷累世之恩，理宜與存與亡，同休同戚。加以受扞城之託，總戎馬之權，勢力足以勤王，智能足以衞難。乃宴安寵祿，曾無釋位之心；報使獻誠，但務隨時之義。弘名節以高貴，豈所望於二公。若捨彼天時，徵諸人事，顯慶起晉陽之甲，文若發幽薊之兵，叶契岷峨，約從漳滏，北控沙漠，西指崤函，則成敗之數，未可量也。

校勘記

〔一〕駑馬十疋　冊府卷三五五四二〇九頁「馬」下有「各」字。

〔二〕得此人未足爲功　北史卷六一竇熾傳「此」下有「三」字。按上云「熾時獨從兩騎」，並熾爲三人，疑脫「三」字。

〔三〕增邑通前三千九百戶　宋本、南本「九」作「六」。

〔四〕改封（武）安（武）縣公　宋本和北史本傳作「安武縣公」。張元濟以爲「武安」誤倒，云：「安武縣屬豳州，武安縣屬司州。」按武安不在西魏境內，當時常有遙封，尚難斷其必誤。但下附兄子毅傳云「魏廢帝二年，進爵安武縣公」，當是熾讓爵與毅。今據宋本及北史改。

〔五〕吾在此州唯當飲水而已　「此」原作「北」。諸本和北史本傳都作「此」。今逕改。

〔六〕麴伏川　諸本「伏」都作「使」。汲本、局本注「一作仗」，「仗」乃「伏」之訛。按北史本傳作「伏」，殿本當依北史改。

〔七〕子茂嗣茂有弟十三人　新唐書卷七一上宰相世系表竇氏稱熾六子，擧六子之名，並無茂。必是茂和其他六弟後系不顯，竇氏譜系就排除了他們。

〔八〕汾北華瀛三州刺史　新唐書宰相世系表作「汾、華、隴三州刺史」。按瀛州不在西魏、周境內，疑作「隴州」是。

〔九〕出爲幽州刺史　按幽州不在西魏境內，疑是豳州之訛。

〔一〇〕雖任兼出入　宋本「入」作「納」，北史卷六一竇熾附兄子毅傳作「內」。按卷三七傳論稱傳中諸人「歷官出內」殿本改作「歷官外內」，北史卷七〇傳論採周書此論，「出內」作「出納」。卷四四陽雄傳宋本也有「任兼出內」語，他本「內」作「納」。可知「出內」是當時習用語，猶言「中外」。後人以罕

見或改「內」作「納」，或改「出」作「外」。這裏的「入」字原來當同北史作「內」，宋本已改作「納」，他本又改作「入」。但意義相同，今不回改。

〔一一〕子賢嗣賢字託賢　「託賢」新唐書宰相世系表作「招賢」。

〔一二〕（毅）（有）〔第〕二女卽唐太穆皇后　諸本都脫「毅」字。按若無「毅」字，便似這個「太穆皇后」爲竇賢之女。「有二女」也和下文不連。今據局本、北史補改。

〔一三〕詔贈司空穆總管荆郢硤夔復沔岳沅（澧）〔澧〕鄂十州諸軍事荆州刺史封杞國公　按「穆」字不可解，傳中不見竇穆其人，或涉上「太穆皇后」而衍。「澧」，宋本、汲本、局本作「澧」，與岳、沅地近，今據改。此條疑有訛脫，見下校記。

〔一四〕並追贈賢金遷房直均五州諸軍事金州刺史襲杞國公　按上「詔贈司空」等官別無主名，應卽是竇賢贈官，何以又重出？如果此條贈賢官不誤，則上面的贈官又是何人？據世系表稱竇毅爲「杞國公」，上面贈官應是贈毅。

〔一五〕謹平江陵所贈得軍實分給諸子　北史卷二三于栗磾附翼傳「贈」作「賜」。按卷一五于謹傳稱宇文泰「賞謹奴婢一千口及梁之寶物」。周書尊宇文泰，所以稱「賞」稱「賜」，「贈」字疑誤。

〔一六〕居數日問至　宋本「問」作「間」。張元濟云：「『間』，間諜也。」按作「間」較長，但作「問」亦通，今不改。

〔一七〕世宗雅愛文(士)〔史〕　宋本「士」作「忠」，北史本傳、册府卷四九五五四頁、卷四六五五五二六頁作「史」。按宋本「忠」字乃「史」之訛。後人以「文忠」不可通，改作「士」。今改正。

〔一八〕改封常山(縣)〔郡〕公　宋本和北史本傳「縣」作「郡」。按魏有常山郡，無常山縣，置縣是隋代的事見魏書卷一〇六上地形志上定州常山郡、隋書卷三〇地理志中恆山郡眞定縣。今據改。

〔一九〕減戎防　册府卷四〇七四八四六頁「戎」作「戍」。按「戍」和「防」是當時駐防軍事單位的名稱，疑作「戍」是。

〔二〇〕彼必(善)〔喜〕於通和　北史本傳、册府卷四〇七四八四六頁「善」作「喜」。按「善」字文義不洽，册府此條採周書，知本亦作「喜」，今據改。

〔二一〕仍勑河陽襄州安州荆州(泗)〔四〕州總管內有武幹者　錢氏考異卷三二云：「『泗』當作『四』，襄、安、荆三州並河陽爲四，後周無泗州也。」按周改東楚州爲泗州在大象二年五八〇年，見楊氏隋志考證卷七下邳郡條，這時無泗州。錢說是。册府卷七七八九一頁正作「四」，今據改。

〔二二〕莫有異心　宋本、南本「異」作「離」。

〔二三〕先是突厥屢爲寇掠　諸本「掠」都作「抄」。

〔二四〕召致(淸)〔淸〕室　宋本、汲本、局本「淸」作「淸」。二張皆云「淸」疑爲「請」字之訛。按請室亦可作淸室，見王先謙漢書補注卷四八賈誼傳，今據改。

〔二五〕邑三百戶　册府卷三四五四〇八七頁「三」作「二」。

〔二六〕進爵(武)安〔武〕郡公　隋書卷三七李穆傳、北史卷五九李賢附弟穆傳「武安」作「安武」。按本傳下文稱李穆一度革去官爵後，世宗即位，復封安武郡公。卷五武帝紀保定四年、五年兩見「安武公李穆」，知作「安武」是，今乙正。又隋書卷二九地理志上安定郡朝那縣條云：「西魏置安武郡及析置安武縣。」李穆是郡公，上官(寶)〔𢢀〕是縣公，可以並封。

〔二七〕征江陵功封一子長城縣侯　北史本傳作「從于謹平江陵，以功別封一子長城縣侯」。此處語氣不完，當有脫誤。

〔二八〕賜姓拓拔氏　諸本「拓」作「擒」。北齊書卷一七斛律金附子光傳見周將「申國公擒拔顯敬擒，殿本作搨」，即李穆，穆字顯慶，齊人避高歡家諱作「敬」。「拓」「擒」都是譯音，此處原作「擒」，殿本依北史改。

〔二九〕穆長子惇字士字　隋書本傳「字」作「獻」，北史本傳從隋書。

〔三〇〕俄(受)〔授〕小武伯　宋本「受」作「授」，是，今據改。

〔三一〕雖王公恨恨　汲本、局本「恨恨」下注「一作悢悢」。按御覽卷四九六二二六七頁引王祥別傳稱晉「受禪」時，「祥神色不加怡，時人爲之語曰：『王公恨恨，有送故之情也。』」這裏正用此典故，但文義上「悢悢」較長，不能說作「恨恨」必是。

周書卷三十一〔一〕

列傳第二十三

韋孝寬　韋夐　梁士彥

韋叔裕字孝寬，京兆杜陵人也，少以字行。世爲三輔著姓。祖直善，〔二〕魏馮翊、扶風二郡守。父旭，武威郡守。建義初，爲大行臺右丞，加輔國將軍、雍州大中正。永安二年，拜右將軍、南(幽)〔豳〕州刺史。〔三〕時氐賊數爲抄竊，旭隨機招撫，竝卽歸附。尋卒官。贈司空、冀州刺史，謚曰文惠。

孝寬沉敏和正，涉獵經史。〔四〕弱冠，屬蕭寶夤作亂關右，乃詣闕，請爲軍前驅。朝廷嘉之，卽拜統軍。隨馮翊公長孫承業西征，每戰有功。拜國子博士，行華(陰)〔山〕郡事。〔五〕屬侍中楊侃爲大都督，出鎭潼關，引孝寬爲司馬。侃奇其才，以女妻之。永安中，授宣威將軍、給事中，尋賜爵山北縣男。普泰中，以都督從荆州刺史源子恭鎭襄城，〔六〕以功除(淅)〔析〕陽郡守。〔七〕時獨孤信爲新野郡守，(司)〔同〕荆州，〔八〕與孝寬情好款密，政術俱美，荆部吏人，號爲聯璧。孝武初，以都督鎭城。

文帝自原州赴雍州，命孝寬隨軍。及尅潼關，卽授弘農郡守。從擒竇泰，兼左丞，節度宜陽兵馬事。仍與獨孤信入洛陽城守。復與宇文貴、怡峯應接潁州義徒，破東魏將任祥、堯雄於潁川。孝寬又進平樂口，下豫州，獲刺史馮邕。又從戰於河橋。時大軍不利，邊境騷然，乃令孝寬以大將軍行宜陽郡事。〔九〕尋遷南兗州刺史。

是歲，東魏將段琛、堯傑復據宜陽，遣其(揚)〔陽〕州刺史牛道恆扇誘邊民。〔一〇〕孝寬深患之，乃遣諜人訪獲道恆手迹，令善學書者僞作道恆與孝寬書，論歸款意，又爲落燼燒迹，若火下書者，還令諜人送於琛營。〔一一〕琛得書，果疑道恆，其所欲經略，皆不見用。孝寬知其離阻，日出奇兵掩襲，〔一二〕擒道恆及琛等，崤、澠遂淸。

大統五年，進爵爲侯。八年，轉晉州刺史，尋移鎭玉壁，兼攝南汾州事。先是山胡負險，屢爲劫盜，孝寬示以威信，州境肅然。進授大都督。

十二年，齊神武傾山東之衆，志圖西入，以玉壁衝要，先命攻之。連營數十里，至於城下，乃於城南起土山，欲乘之以入。當其山處，城上先有兩高樓。孝寬更縛木接之，命極高峻，多積戰具以禦之。齊神武使謂城中曰：「縱爾縛樓至天，我會穿城取爾。」遂於城南鑿地

道。又於城北起土山，攻具，晝夜不息。〔一三〕孝寬復掘長塹，要其地道，仍飭戰士屯塹。城外每穿至塹，戰士即擒殺之。又於塹外積柴貯火，敵人有伏地道內者，便下柴火，以皮韛吹之。吹氣一衝，〔一四〕咸即灼爛。城外又造攻車，車之所及，莫不摧毀。雖有排楯，莫之能抗。孝寬乃縫布爲縵，隨其所向則張設之。布既懸於空中，其車竟不能壞。城外又縛松於竿，〔一五〕灌油加火，規以燒布，并欲焚樓。孝寬復長作鐵鉤，利其鋒刃，火竿來，以鉤遙割之，松麻俱落。外又於城四面穿地，作二十一道，分爲四路，於其中各施梁柱，作訖，以油灌柱，放火燒之，柱折，城並崩壞。孝寬又隨崩處豎木柵以扞之，敵不得入。城外盡其攻擊之術，孝寬咸拒破之。

神武無如之何，乃遣倉曹參軍祖孝徵謂曰：「未聞救兵，何不降也？」孝寬報云：「我城池嚴固，兵食有餘，攻者自勞，守者常逸。豈有旬朔之間，已須救援。適憂爾衆有不反之危。孝寬關西男子，必不爲降將軍也。」俄而孝徵復謂城中人曰：「韋城主受彼榮祿，或復可爾，自外軍士，何事相隨入湯火中耶。」乃射募格於城中云：「能斬城主降者，拜太尉，封開國郡公，邑萬戶，賞帛萬疋。」孝寬手題書背，反射城外云：「若有斬高歡者，一依此賞。」孝寬弟子遷，先在山東，又鎖至城下，臨以白刃，云若不早降，便行大戮。孝寬慷慨激揚，略無顧意。士卒莫不感勵，人有死難之心。

神武苦戰六旬，傷及病死者十四五，智力俱困，因而發疾。其夜遁去。後因此忿恚，遂殂。魏文帝嘉孝寬功，令殿中尚書長孫紹遠、左丞王悅至玉壁勞問，授驃騎大將軍、開府儀同三司，進爵建忠郡公。

廢帝二年，爲雍州刺史。先是，路側一里置一土候，經雨頹毀，每須修之。自孝寬臨州，乃勒部內當候處植槐樹代之。既免修復，行旅又得庇廕。周文後見，怪問知之，曰：「豈得一州獨爾，當令天下同之。」於是令諸州夾道一里種一樹，十里種三樹，百里種五樹焉。

恭帝元年，以大將軍與燕國公于謹伐江陵，平之，以功封穰縣公。還，拜尚書右僕射，賜姓宇文氏。(二)〔三〕年，周文北巡，〔一六〕命孝寬還鎮玉壁。周孝閔帝踐阼，拜小司徒。明帝初，參麟趾殿學士，考校圖籍。

保定初，以孝寬立勳玉壁，遂於玉壁置勳州，仍授勳州刺史。齊人遣使至玉壁，求通互市。晉公護以其相持日久，絕無使命，一日忽來求交易，疑別有故。又以皇姑、皇世母先沒在彼，因其請和之際，或可致之。遂令司門下大夫尹公正至玉壁，共孝寬詳議。孝寬乃於郊盛設供帳，令公正接對使人，兼論皇家親屬在東之意。使者辭色甚悅。〔一七〕時又有汾州胡抄得關東人，孝寬復放東還，並致書一牘，具陳朝廷欲敦鄰好。遂以禮送皇姑及護母等。

孝寬善於撫御，能得人心。所遣間諜入齊者，皆爲盡力。亦有齊人得孝寬金貨，遙通書疏。故齊動靜，朝廷皆先知。時有主帥許盆，孝寬托以心膂，令守一戍。盆乃以城東入。孝寬怒，遣諜取之，俄而斬首而還。其能致物情如此。

汾州之北，離石以南，悉是生胡，抄掠居人，阻斷河路。孝寬深患之。而地入於齊，無方誅翦。欲當其要處，置一大城。乃於河西徵役徒十萬，甲士百人，遣開府姚岳監築之。岳色懼，以兵少爲難。孝寬曰：「計成此城，十日即畢。既去晉州四百餘里，一日創手，二日僞境始知；設令晉州徵兵，二日方集，謀議之間，自稽三日，計其軍行，二日不到。我之城隍，足得辦矣。」乃令築之。齊人果至南首，疑有大軍，乃停留不進。其夜，又令汾水以南，傍介山、稷山諸村，所在縱火。齊人謂是軍營，遂收兵自固。版築克就，卒如其言。〔一八〕

四年，進位柱國。時晉公護將東討，孝寬遣長史辛道憲啓陳不可，護不納。既而大軍果不利。後孔城遂陷，宜陽被圍。孝寬乃謂其將帥曰：「宜陽一城之地，未能損益。然兩國爭之，勞師數載。彼多君子，寧乏謀猷。若棄崤東，來圖汾北，我之疆界，必見侵擾。今宜於華谷及長秋速築城，以杜賊志。脫其先我，圖之實難。」於是畫地形，具陳其狀。晉公護令長史叱羅協謂使人曰：「韋公子孫雖多，數不滿百。汾北築城，遣誰固守？」事遂不行。天和五年，進爵鄖國公，增邑通前一萬戶。

是歲，齊人果解宜陽之圍，經略汾北，遂築城守之。其丞相斛律明月至汾東，請與孝寬

相見。明月云：「宜陽小城，久勞戰爭。今既入彼，欲於汾北取償，幸勿怪也。」孝寬答曰：「宜陽彼之要衝，汾北我之所棄。我棄彼圖，取償安在？且君輔翼幼主，位重望隆，理宜調陰陽，撫百姓，焉用極武窮兵，搆怨連禍！且滄、瀛大水，千里無烟，復欲使汾、晉之間，橫屍暴骨？苟貪尋常之地，塗炭疲弊之人，竊爲君不取。」

孝寬參軍曲巖頗知卜筮，謂孝寬曰：「來年，東朝必大相殺戮。」孝寬因令巖作謠歌曰：「百升飛上天，明月照長安。」百升，斛也。又言：「高山不摧自崩，槲樹不扶自豎。」令諜人多齎此文，遺之於鄴。祖孝徵既聞，更潤色之，明月竟以此誅。

建德之後，武帝志在平齊。孝寬乃上疏陳三策。其第一策曰：

臣在邊積年，頗見間隙，不因際會，難以成功。是以往歲出軍，徒有勞費，功績不立，由失機會。何者？長淮之南，舊爲沃土，陳氏以破亡餘燼，猶能一舉平之。齊人歷年赴救，喪敗而反，內離外叛，計盡力窮。傳不云乎：「讎有釁焉，不可失也。」今大軍若出軹關，方軌而進，兼與陳氏共爲掎角；并令廣州義旅，出自三鵶；又募山南驍銳，沿河而下；復遣北山稽胡絕其并、晉之路。凡此諸軍，仍令各募關、河之外勁勇之士，厚其爵賞，使爲前驅。岳動川移，雷駭電激，百道俱進，並趨虜庭。必當望旗奔潰，所向摧殄。一戎大定，實在此機。

其第二策曰：

若國家更爲後圖，未即大舉，宜與陳人分其兵勢。三鵶以北，萬春以南，廣事屯田，預爲貯積。募其驍悍，立爲部伍。彼既東南有敵，戎馬相持，我出奇兵，破其疆埸。彼若興師赴援，我則堅壁清野，待其去遠，還復出師。常以邊外之軍，引其腹心之衆。我無宿舂之費，彼有奔命之勞。一二年中，必自離叛。且齊氏昏暴，政出多門，鬻獄賣官，唯利是視，荒淫酒色，忌害忠良。闔境熬然，不勝其弊。以此而觀，覆亡可待。然後乘間電掃，事等摧枯。

其第三策曰：

竊以大周土宇，跨據關、河，蓄席卷之威，持建瓴之勢。太祖受天明命，與物更新，是以二紀之中，大功克舉。南清江、漢，西龕巴、蜀，塞表無虞，河右底定。唯彼趙、魏，獨爲榛梗者，正以有事三方，未遑東略。遂使漳、滏遊魂，更存餘晷。昔勾踐亡吳，尚期十載；武王取亂，猶煩再舉。今若更存遵養，且復相時，臣謂宜還崇鄰好，申其盟約。安人和衆，通商惠工，蓄銳養威，觀釁而動。斯則長策遠馭，坐自兼并也。

書奏，武帝遣小司寇淮南公元(衞)〔偉〕、〔一九〕開府伊婁謙等重幣聘齊。爾後遂大舉，再駕而定山東，卒如孝寬之策。

孝寬每以年迫懸車，屢請致仕。帝以海內未平，優詔弗許。至是復稱疾乞骸骨。帝曰：「往已面申本懷，何煩重請也。」

五年，帝東伐，過幸玉壁。觀禦敵之所，深歎羨之，移時乃去。孝寬自以習練齊人虛實，請爲先驅。帝以玉壁要衝，非孝寬無以鎮之，乃不許。及趙王招率兵出稽胡，與大軍掎角，乃敕孝寬爲行軍總管，圍守華谷以應接之。孝寬克其四城。武帝平晉州，復令孝寬還舊鎮。

及帝凱還，復幸玉壁。從容謂孝寬曰：「世稱老人多智，善爲軍謀。然朕唯共少年，一舉平賊。公以爲何如？」孝寬對曰：「臣今衰耄，唯有誠心而已。然昔在少壯，亦曾輸力先朝，以定關右。」帝大笑曰：「實如公言。」乃詔孝寬隨駕還京。拜大司空，出爲延州總管，進位上柱國。

大象元年，除徐兗等十一州十五鎮諸軍事、徐州總管。又爲行軍元帥，狥地淮南。乃分遣杞公宇文亮攻黃城，郕公梁士彥攻廣陵，孝寬率衆攻壽陽，竝拔之。初孝寬到淮南，所在皆密送誠款。然彼五門，尤爲險要，陳人若開塘放水，即津濟路絕。孝寬遽令分兵據守之。陳刺史吳文育果遣決堰，〔二〇〕已無及。於是陳人退走，江北悉平。

軍還，至豫州，宇文亮舉兵反，潛以數百騎襲孝寬營。時亮國官茹寬密白其狀，〔二一〕孝寬有備。亮不得入，遁走，孝寬追獲之。詔以平淮南之功，別封一子滑國公。

及宣帝崩，隋文帝輔政，時尉遲迥先爲相州總管，詔孝寬代之。又以小司徒叱列長乂爲相州刺史，〔二二〕先令赴鄴。孝寬續進，至朝歌，迥遣大都督賀蘭貴齎書候孝寬。孝寬留貴與語以察之，疑其有變，遂稱疾徐行。又使人至相州求醫藥，密以伺之。既到湯陰，逢長乂奔還。孝寬兄子魏郡守藝又棄郡南走。孝寬審訐其狀，乃馳還。所經橋道，皆令毀撤，驛馬悉擁以自隨。又勒(騎)〔驛〕將曰：〔二三〕「蜀公將至，可多備餚酒及芻粟以待之。」迥果遣儀同梁子康將數百騎追孝寬，驛司供設豐厚，所經之處，皆輒停留，由是不及。

時或勸孝寬，以爲洛京虛弱，素無守備，河陽鎮防，悉是關東鮮卑，迥若先往據之，則爲禍不小。乃入保河陽。河陽城內舊有鮮卑八百人，家竝在鄴，見孝寬輕來，謀欲應迥。孝寬知之，遂密造東京官司，詐稱遣行，分人詣洛陽受賜。既至洛陽，竝留不遣。因此離解，其謀不成。

六月，詔發關中兵，以孝寬爲元帥東伐。七月，軍次河陽。迥所署儀同薛公禮等圍逼懷州，孝寬遣兵擊破之。進次懷縣永(橋)城(橋)之東南。〔二四〕其城既在要衝，雉堞牢固，迥已遣兵據之。諸將士以此城當路，請先攻取。孝寬曰：「城小而固，若攻而不拔，損我兵威。今破其大軍，此亦何能爲也。」於是引軍次于武陟，大破迥子惇，惇輕騎奔鄴。軍次於鄴西

門豹祠之南。迥自出戰，又破之。迥窮迫自殺。兵士在小城中者，盡坑於遊豫園。諸有未服，皆隨機討之，關東悉平。十月，凱還京師。十一月薨，時年七十二。贈太傅、十二州諸軍事、雍州牧。謚曰襄。

孝寬在邊多載，屢抗強敵。所有經略，布置之初，人莫之解；見其成事，方乃驚服。雖在軍中，篤意文史，政事之餘，每自披閱。末年患眼，猶令學士讀而聽之。又早喪父母，事兄嫂甚謹。所得俸祿，不入私房。親族有孤遺者，必加振贍。朝野以此稱焉。長子諶年已十歲，魏文帝欲以女妻之。孝寬辭以兄子世康年長。帝嘉之，遂以妻世康。孝寬有六子，總、壽、霽、津知名。

韋敻字敬遠。〔二五〕志尚夷簡，澹於榮利。弱冠，被召拜雍州中從事，非其好也，遂謝疾去職。前後十見徵辟，皆不應命。屬太祖經綸王業，側席求賢，聞敻養高不仕，虛心敬悅，遣使辟之，備加禮命。雖情論甚至，而竟不能屈。彌以重之，亦弗之奪也。所居之宅，枕帶林泉，敻對翫琴書，蕭然自樂。〔二六〕時人號爲居士焉。至有慕其閑素者，或載酒從之，敻亦爲之盡歡，接對忘倦。

明帝卽位，禮敬逾厚。乃爲詩以貽之曰：「六爻貞遯世，三辰光少微。潁陽讓逾遠，滄州去不歸。香動秋蘭佩，風飄蓮葉衣。坐石窺仙洞，乘槎下釣磯。嶺松千仞直，巖泉百丈飛。聊登平樂觀，遠望首陽薇。〔二七〕詎能同四隱，來參余萬機。」敻答帝詩，願時朝謁。帝大悅，敕有司日給河東酒一斗，號之曰逍遙公。

時晉公護執政，廣營第宅。嘗召敻至宅，訪以政事。敻仰視其堂，徐而歎曰：「酣酒嗜音，峻宇雕牆，有一於此，未或弗亡。」護不悅。有識者以爲知言。

陳遣其尚書周弘正來聘，素聞敻名，請與相見。朝廷許之。弘正乃造敻，談讌盈日，恨相遇之晚。後請敻至賓館，敻〔不〕時赴。〔二八〕弘正仍贈詩曰：「德星猶未動，眞車詎肯來。」其爲時所欽挹如此。

武帝嘗與敻夜宴，大賜之縑帛，令侍臣數人負以送出。敻唯取一疋，示承恩旨而已。帝以此益重之。孝寬爲延州總管，敻至州與孝寬相見。將還，孝寬以所乘馬及轡勒與敻。敻以其華飾，心弗欲之。笑謂孝寬曰：「昔人不棄遺簪墜履者，惡與之同出，不與同歸。吾雖不逮前烈，然捨舊錄新，亦非吾志也。」於是乃乘舊馬以歸。

武帝又以佛、道、儒三教不同，詔敻辨其優劣。敻以三教雖殊，同歸於善，其迹似有深淺，其致理殆無等級。〔二九〕乃著三教序奏之。帝覽而稱善。時宣帝在東宮，亦遺敻書，并令

以帝所乘馬迎之，問以立身之道。敻對曰：「傳不云乎，儉爲德之恭，侈爲惡之大。欲不可縱，志不可滿。竝聖人之訓也，願殿下察之。」

敻子瓘行隨州刺史，因疾物故，孝寬子總復於并州戰歿。一日之中，凶問俱至。家人相對悲慟，而敻神色自若。謂之曰：「死生命也，去來常事，亦何足悲。」援琴撫之如舊。

敻又雅好名義，虛襟善誘。雖耕夫牧豎有一介可稱者，皆接引之。特與族人處玄及安定梁曠爲放逸之友。少愛文史，留情著述，手自抄錄數十萬言。晚年虛靜，唯以體道會眞爲務。舊所製述，咸削其藁，故文筆多竝不存。

建德中，敻以年老，預戒其子等曰：「昔士安以蘧篨束體，王孫以布囊繞尸，二賢高達，非庸才能繼。吾死之日，可斂舊衣，勿更新造。使棺足周尸，牛車載柩，墳高四尺，壙深一丈。其餘煩雜，悉無用也。朝晡奠食，於事彌煩，吾不能頓絕汝輩之情，可朔望一奠而已。仍薦素蔬，勿設牲牢。親友欲以物弔祭者，竝不得爲受。吾常恐臨終恍惚，故以此言預戒汝輩。瞑目之日，勿違吾志也。」

宣政元年二月，卒於家，時年七十七。武帝遣使祭，賻賵有加。其喪制葬禮，諸子等竝遵其遺戒。子世康。

梁士彥字相如，〔三〇〕安定烏氏人也。少任俠，好讀兵書，頗涉經史。周武帝將平東夏，聞其勇決，自扶風郡守除爲九曲鎭將，進位上開府，封建威縣公。齊人甚憚之。

後以熊州刺史從武帝拔晉州，進位大將軍，除晉州刺史。及帝還，齊後主親攻圍之，樓堞皆盡，短兵相接。士彥慷慨自若，謂將士曰：「死在今日，吾爲爾先。」於是勇猛齊奮，號聲動天，無不一當百。齊兵少却，乃令妻及軍人子女晝夜修城，〔三一〕三日而就。武帝大軍亦至，〔三二〕齊師圍解。士彥見帝，捋帝鬚泣，帝亦爲之流涕。時帝欲班師，士彥叩馬諫，帝從之。執其手曰：「朕有晉州，爲平齊之基，宜善守之。」及齊平，封郕國公，位上柱國、〔三三〕雍州總管。〔三四〕宣帝卽位，除徐州總管。與烏丸軌禽陳將吳明徹、裴忌於呂梁，〔三五〕略定淮南地。

隋文帝作相，轉亳州總管。尉遲迥反，爲行軍總管，及韋孝寬擊之。令家僮梁默等爲前鋒，士彥繼之，所當皆破。

及迥平，除相州刺史。深見忌，乃代還京師。閑居無事，恃功懷怨，與宇文忻、劉昉等謀反。將率僮僕，候上享廟之際以發機。復欲於蒲州起事，略取河北，捉黎陽關，塞河陽路，劫調布爲牟甲，募盜賊爲戰士。其甥裴通知而奏之。帝未發其事，授晉州刺史，欲觀其志。士彥欣然謂昉等曰：「天也！」又請儀同薛摩兒爲長史，帝從之。後與公卿朝謁，帝令執

士彥、忻、昉等於行間。詰之狀，猶不伏，捕薛摩兒至，對之。摩兒具論始末，云第二子剛垂泣苦諫，第三子叔諧曰「作猛獸須成班」。士彥失色，顧曰：「汝殺我！」於是伏誅。年七十二。

有子五人。操字孟德，位上開府、義鄉縣公，早卒。剛字永固，位大將軍、〔三六〕通政縣公、涇州刺史。以諫父獲免，徙瓜州。叔諧坐士彥誅。

梁默者，士彥之蒼頭也，驍武絕人。士彥每從征伐，常與默陷陣。仕周，位開府。開皇末，以行軍總管從楊素征突厥，進位大將軍。又從平楊諒，授柱國。大業五年，從煬帝征吐谷渾，力戰死之。贈光祿大夫。

校勘記

〔一〕卷三十一　按此卷缺，後人以北史補，韋敻、梁士彥兩傳疑本是附傳。

〔二〕祖直善　諸本「善」都作「喜」。殿本當是據北史卷六四韋孝寬傳改。

〔三〕拜右將軍南（幽）〔豳〕州刺史　張森楷云：「『幽』當作『豳』，據下之『氐賊抄竊』，氐不得在幽州也。」按南豳州不見魏書地形志，但見於卷五八楊播附弟椿傳、卷五九蕭寶夤傳，知魏末有此州。楊氏隋志考證卷一有考。張說是，今據改。

〔四〕涉獵經史　通志卷一五七韋孝寬傳，下有「年十五，便有壯志，善籌算，識者稱之」十四字，不見

北史，可能是傳本北史脫去，也可能是周書原文。

〔五〕行華(陰)〔山〕郡事　宋本和北史本傳「陰」作「山」。按魏書卷一〇六下地形志下華州華山郡領華陰縣，華陰不是郡名。今據改。

〔六〕從荆州刺史源子恭鎮襄城　北史本傳「襄」作「穰」。按荆州治穰城（魏書卷一〇六下地形志下），疑作「穰」是，但襄城也屬荆州，分兵出鎮，也有可能，今不改。

〔七〕以功除(衙)〔析〕陽郡守　宋本「衙」作「析」。二張皆以爲「衙」字誤。張元濟云：「析陽郡屬析州，見魏書地形志卷一〇六下。」按張說是，今據改。

〔八〕時獨孤信爲新野郡守(司)〔同〕荆州　宋本、汲本、局本「司」作「同」。殿本考證云：「北史云『同隸荆州』。『司』字疑『同』字之訛，并脫一『隸』字。」按「司」字不可通，今據改。

〔九〕乃令孝寬以大將軍行宜陽郡事　北史本傳「大」作「本」。按孝寬這時名位尚低，似不能卽授大將軍，疑當作「本」。

〔一〇〕遣其(揚)〔陽〕州刺史牛道恆扇誘邊民　通鑑卷一五八四九〇一頁「揚」作「陽」。按陽州治宜陽（見魏書卷一〇六中地形志中）。本傳上云「段琛、堯傑復據宜陽」，下云「擒道恆及琛等，崤澠遂清」，則道恆當是陽州刺史，此作「揚州」誤。孝寬雖遷南兗州刺史，實仍在宜陽附近。今據改。

〔一一〕還令諜人送於琛營　通典卷一五一、通鑑卷一五八四九〇一頁、通志卷一五七韋孝寬傳「送於」作

「遺之於」。按「遺之」是假作遺失，使段琛信以爲眞，文義較長。

〔一二〕日出奇兵掩襲　北史本傳、通典卷一五一「日」作「因」，較長。

〔一三〕又於城北起土山攻具晝夜不息　册府明本卷四〇〇四七五五頁「攻具」上有「積」字，較長。但册府宋本及北史皆無此字，或明本以意補。通典卷一六一「起土山」下無「攻具」二字，有「且作且攻」四字，疑周書韋孝寬傳原本當同通典。

〔一四〕吹氣一衝　北史本傳和册府卷四〇〇四七五五頁、通典卷一六一「吹」都作「火」，較長。

〔一五〕城外又縛松於竿　殿本考證云：「通鑑卷一五九四九四二頁作『縛松麻於竿』。按下文有『松麻俱落』句，知此脫一『麻』字，北史亦脫。」按通典卷一六一「松」下也有「麻」字。疑周書原文有此字。

〔一六〕(二)〔三〕年周文北巡　宋本和北史「二」作「三」。按卷二文帝紀下北巡在魏恭帝三年，今據改。

〔一七〕使者辭色甚悅　通志本傳作「於是使者忻然，辭色甚悅」。按通志多據北史，此傳却有多出的辭句，可能是傳本北史脫去，也可能是周書原文。

〔一八〕汾州之北至卒如其言　御覽卷四四九二〇六六頁所引和今本頗異，轉錄如左：

武帝保定元年。汾晉之北，離石之南，悉是羌胡。而地居齊境，抄掠我東鄙。朝庭患之。韋孝寬乃於要害，欲置大城，以扼其吭。興役十萬，甲士百人，遣姚岳監之。岳有難色，謂孝寬曰：「國家每於境外築城，未嘗不動大衆。今深入胡境，密邇齊師，以兵百騎，何以禦役！」孝寬曰：「事有萬途，兵非一勢，君但受成規，無所憂也。計築城十日卽畢。今齊君徵兵，三日方集；謀議之間，自稽三日；計其軍行，二日不到；我之城隍辦矣。」乃令築之。齊人果如期而至界首。疑有伏軍，不敢進迫。其夕，岳令緣汾傍山，處處舉火。齊人謂有大軍，因示自固。猶豫之間，土功已畢。齊師遂退。

按此段文字頗多溢出於今本周書之外，如姚岳謂孝寬語三十一字卽今本所無，但也有字句爲今本有而御覽無者。有的還是比較重要的話，如「旣去晉州四百餘里，一日創手，二日敵境始知」，無此二語計算日期便少了二天。御覽這一段必出於周書原本，但也多删削，還有訛脫。如「生胡」作「羌胡」就顯然是錯的。御覽這段雖然可以推測爲出於原本周書，但是否直接採自周書，還未能斷言。因爲册府卷四一〇四八七三頁叙孝寬築城事便已和北史及今本周書孝寬傳完全相同了。

〔一九〕淮南公元(衛)〔偉〕　張森楷云：「淮南公自有傳卷三八，作元偉。」按張說是，今據改。參卷六校記第一條。

〔二〇〕陳刺史吳文育果遣決堰　宋本和北史本傳「育」作「立」。

〔二一〕時亮囯官茹寬密白其狀　北史本傳和周書卷一〇邵惠公顥附孫亮傳、通鑑卷一七四五四〇五頁「囯」作「國」。

〔二二〕叱列長义　「义」原作「文」。按卷八靜帝紀宋本、汲本、局本「文」作「义」，是，今逕改。參卷八校記第一二條。

〔二三〕又勅(騎)〔驛〕將曰　宋本和北史本傳、册府卷三六八四三四二頁「騎」作「驛」。隋書卷四七韋世康附弟藝傳作「復謂驛司曰」。按驛將是主驛之將，亦卽「驛司」。作「騎」誤，今據改。

〔二四〕懷縣永(橋)城〔橋〕　宋本和北史本傳、册府卷三五五四二一九頁、通鑑卷一七四五四二一頁都作「永橋城」。按「永橋」是鎮名。北史卷六二尉遲迥傳稱「永橋鎮將紇豆陵惠以城降迥」。殿本誤倒，今乙正。

〔二五〕韋敻字敬遠　御覽卷四〇八一八八五頁「敬」作「弘」，卷五〇五二三〇六頁仍作「敬」。按韋敻是孝寬兄，見隋書卷四七韋世康傳、北史卷六四韋孝寬傳。今在孝寬傳末旣沒有提出「兄敻」，在敻傳雖提到孝寬，也沒有說是敻弟。傳一開頭就是「韋敻字敬遠」，似乎與孝寬毫不相干。張森楷云：「敻傳不當與孝寬同列。據本書王雄、王謙，于謹、于翼各自爲傳之例推之，則原文斷不如此亂也。據此傳文全同北史，蓋是後人取北史補者。」按韋敻如獨傳，其人與孝寬不類，也不宜同在一卷。疑本附孝寬傳。補此卷者抄北史孝寬傳到「孝寬有六子，總、壽、霽、津知名」而止。「孝寬兄敻」一句在這附見的四子事跡後，隔了三百多字，就顧不得抄上。接着抄敻傳又妄加「韋」字。這樣就變成獨傳的形式。後人寫目錄也就變成「韋敻」而不是在孝寬下小字寫「兄

衺」，沿誤至今。

〔二六〕蕭然自樂　宋本和北史卷六四韋孝寬附兄敻傳「樂」作「逸」。張元濟以爲「樂」字誤。按「樂」亦通，今不改。

〔二七〕遠望首陽薇　諸本和北史本傳、册府卷九七一一六一頁「遠」都作「遙」，疑殿本誤。按周書、北史、册府錄此詩互有異同，但皆無關文義，不再列舉。

〔二八〕敻〔不〕時赴　局本和北史本傳「時」上有「不」字，局本當從北史補。册府卷八八二一〇四四八頁、御覽卷四〇八一八八五頁作「未赴」，無「時」字。按文義應有「不」或「未」字，今從局本補「不」字。

〔二九〕其致理殆無等級　宋本和北史百衲本「殆」作「如」。宋本册府卷八四〇作「加」，亦「如」字之訛，明本册府改作「若」。

〔三〇〕梁士彥　按士彥在周無多事跡，死於隋代。此傳以北史補，下半叙入隋後爲隋文誅死事，不該闌入周書。疑士彥亦是附傳，因與孝寬同平相州，故連類而及。補者全取北史，其人始末備見，目錄遂升爲獨傳。

〔三一〕乃令妻及軍人子女　隋書卷四〇、北史卷七三梁士彥傳、册府卷四〇〇四七五六頁「妻」下都有「妾」字册府無「及」字，疑周書脫「妾」字。

〔三二〕武帝大軍亦至　宋本、南本和北史本傳「大」作「六」。按隋書本傳作「帝率六軍亦至」，北史此

傳全採隋書，周書又以北史補，作「六」是。百衲本修作「大」，誤。

〔三三〕及齊平封郕國公位上柱國　卷八靜帝紀稱士彥進上柱國在大象二年五八〇年十二月。這裏置於平齊之後，宣帝即位前，則當是建德六年至宣政元年間五七七——五七八年。按建德五年士彥守晉州時位上開府、大將軍見卷六武帝紀，平齊後封公，進位「柱國」，正相當。這裏當衍「上」字。然隋書、北史皆同，或原文已誤。

〔三四〕雍州總管　隋書、北史本傳「總管」作「主簿」。按雍州是京都所在，周代置牧。任雍州牧者照例是皇室親貴。平齊前後任雍州牧者是趙王招，宣政元年五七八年陳王純繼任並見卷六武帝紀。這些親貴實際並不管事，宇文招又屢次出征，疑管事的實爲主簿。正如親貴出任總管，往往以長史主持府事一樣。這樣的主簿、長史地位與一般的主簿、長史不同。士彥當是雍州主簿，補周書者疑其身分不合，故改作「總管」，實誤。

〔三五〕宣帝即位除徐州總管與烏丸軌禽陳將吳明徹裴忌於呂梁　按梁士彥在建德六年五七七年已任徐州總管，吳明徹攻呂梁，也在這年。王軌敗陳軍，擒吳明徹在宣政元年五七八年三月。武帝死在這年六月並見卷六武帝紀。卷四〇王軌傳王軌即烏丸軌稱敗陳軍後，「高祖嘉之，進位柱國，仍拜徐州總管」。其事在武帝死前甚明。疑隋書衍「宣帝即位」四字，北史、周書並承其誤。

〔三六〕剛字永固位大將軍　隋書本傳作「上大將軍」，北史脫「上」字，故周書亦脫。

周書卷三十二〔一〕

列傳第二十四

申徽　陸通弟逞　柳敏　盧柔　唐瑾

申徽字世儀，魏郡人也。六世祖鍾，爲後趙司徒。冉閔末，中原喪亂，鍾子邃避地江左。曾祖爽仕宋，位雍州刺史。祖隆道，宋北兗州刺史。父明仁，郡功曹，早卒。

徽少與母居，盡心孝養。及長，好經史。性審慎，不妄交遊。遭母憂，喪畢，乃歸於魏。元顥入洛，以元邃爲東徐州刺史，邃引徽爲主簿。顥敗，邃被檻車送洛陽，故吏賓客並委去，唯徽送之。及邃得免，乃廣集賓友，歎徽有古人風。尋除太尉府行參軍。

孝武初，徽以洛陽兵難未已，遂間行入關見文帝。文帝與語，奇之，薦之於賀拔岳。岳亦雅相敬待，引爲賓客。文帝臨夏州，以徽爲記室參軍，兼府主簿。文帝察徽沉密有度量，每事信委之。乃爲大行臺郎中。時軍國草創，幕府務殷，四方書檄，皆徽之辭也。以迎孝

武功，封博平縣子，本州大中正。大統初，進爵爲侯。四年，拜中書舍人，修起居注。河橋之役，大軍不利，近侍之官，分散者衆，徽獨不離左右。魏帝稱歎之。十年，遷給事黃門侍郎。

先是，東陽王元榮爲瓜州刺史，其女壻劉彥隨焉。〔二〕及榮死，瓜州首望表榮子康爲刺史，彥遂殺康而取其位。屬四方多難，朝廷不遑問罪，因授彥刺史。頻徵不奉詔，又南通吐谷渾，將圖叛逆。文帝難於動衆，欲以權略致之。乃以徽爲河西大使，密令圖彥。徽輕以五十騎行，既至，止於賓館。彥見徽單使，不以爲疑。徽乃遣一人微勸彥歸朝，以揣其意。彥不從。徽又使贊成其住計，彥便從之，遂來至館。徽先與瓜州豪右密謀執彥，遂叱而縛之。彥辭無罪。徽數之曰：「君無尺寸之功，濫居方嶽之重。恃遠背誕，不恭貢職，戮辱使人，輕忽詔命。計君之咎，實不容誅。但授詔之日，本令相送歸闕，所恨不得申明罰以謝邊遠耳。」於是宣詔慰勞吏人及彥所部，復云大軍續至，城內無敢動者。使還，遷都官尚書。

十二年，瓜州刺史成慶爲城人張保所殺，都督令狐延等起義逐保，啓請刺史。以徽信洽西土，拜假節、瓜州刺史。徽在州五稔，儉約率下，邊人樂而安之。十六年，徵兼尚書右僕射，加侍中、驃騎大將軍、開府儀同三司。廢帝二年，進爵爲公，〔三〕正右僕射，賜姓宇文氏。

徽性勤敏，〔四〕凡所居官，案牘無大小，皆親自省覽。以是事無稽滯，吏不得爲姦。後雖歷公卿，此志不懈。出爲襄州刺史。時南方初附，舊俗，官人皆通餉遺。徽性廉慎，乃畫楊震像於寢室以自戒。及代還，人吏送者數十里不絕。徽自以無德於人，慨然懷愧，因賦詩題於清水亭。長幼聞之，競來就讀。遞相謂曰：「此是申使君手迹。」並寫誦之。

明帝以御正任總絲綸，更崇其秩爲上大夫，員四人，號大御正，又以徽爲之。歷小司空、少保，出爲荆州刺史，入爲小司徒、小宗伯。天和六年，上疏乞骸骨，詔許之。薨，贈泗州刺史，〔五〕謚曰章。

子康嗣。位瀘州刺史，司織下大夫、上開府。康弟敦，汝南郡守。敦弟靜，齊安郡守。〔六〕靜弟處，上開府、同昌縣侯。卒。

陸通字仲明，吳郡人也。曾祖載，從宋武帝平關中，軍還，留載隨其子義眞鎭長安，遂沒赫連氏。魏太武平赫連氏，載仕魏任中山郡守。父政，性至孝。其母吳人，好食魚，北土魚少，政求之常苦難。後宅側忽有泉出而有魚，遂得以供膳。時人以爲孝感所致，因謂其泉爲孝魚泉。初從爾朱天光討伐，及天光敗，歸文帝。文帝爲行臺，以政爲行臺左丞、原州

長史，賜爵中都縣伯。大統中，卒。

通少敦敏好學，有志節。幼從在河西，〔七〕遂逢寇難，與政相失。通乃自拔東歸，從爾朱榮。榮死，又從爾朱兆。及爾朱氏滅，乃入關。文帝時在夏州，引爲帳內督。頃之，賀拔岳爲侯莫陳悅所害，時有傳(兵)〔岳〕軍府已亡散者，〔八〕文帝憂之，通以爲不然。居數日，問至，果如所策。自是愈見親禮，遂晝夜陪侍，家人罕見其面。通雖處機密，愈自恭謹，文帝以此重之。後以迎孝武功，封都昌縣伯。大統元年，進爵爲侯。從禽竇泰，復弘農。沙苑之役，力戰有功。

又從解洛陽圍。軍還，屬趙青雀反於長安，文帝將討之，以人馬疲弊，不可速行。又謂青雀等一時陸梁，不足爲慮。乃云：「我到長安，但輕騎臨之，必當面縛。」通進曰：「青雀等既以大軍不利，謂朝廷傾危，同惡相求，遂成反亂。然其逆謀久定，必無遷善之心。且其詐言大軍敗績，東寇將至，若以輕騎往，百姓謂爲信然，更沮兆庶之望。大兵雖疲弊，精銳猶多。以明公之威，率思歸之衆，以順討逆，何慮不平。」文帝深納之，因從平青雀。錄前後功，進爵爲公，徐州刺史。以寇難未平，留不之部。與于謹討劉平伏，加大都督。從文帝援玉壁，進儀同三司。

九年，高仲密以地來附，通從若干惠戰於邙山，衆軍皆退，唯惠與通率所部力戰。至夜中乃陰引還，敵亦不敢逼。進授驃騎大將軍、開府儀同三司、太僕卿，賜姓步六孤氏，進爵綏德郡公。周孝閔踐阼，拜小司空。保定五年，累遷大司寇。

通性柔謹，雖久處列位，常清慎自守。所得祿賜，盡與親故共之，家無餘財。常曰：「凡人患貧而不貴，不患貴而貧也。」建德元年，轉大司馬。其年薨。通弟逞。

逞字季明。初名彥，字世雄。魏文帝常從容謂之曰：「爾既溫裕，何因乃字世雄？且爲世之雄，非所宜也。於爾兄弟，又復不類。」遂改焉。逞少謹密，早有名譽。兄通先以軍功別受茅土，乃讓父爵中都縣伯，令逞襲之。起家羽林監、文帝內親信。時輩皆以驍勇自達，唯逞獨兼文雅。文帝由此加禮遇焉。大統十四年，參大丞相府軍事，尋兼記室。保定初，累遷吏部中大夫，歷(藩)〔蕃〕部、御伯中大夫，〔九〕進驃騎大將軍、開府儀同三司，徙授司宗中大夫，轉軍司馬。逞幹識詳明，歷任三府，所在著績。朝廷嘉之，進爵爲公。

天和三年，齊遣侍中斛斯文略、中書侍郎劉逖來聘。初修隣好，盛選行人。詔逞爲使主，尹公正爲副以報之。逞美容止，善辭令，敏而有禮，齊人稱焉。還屆近畿，詔令路車(飾)〔儀〕服，〔一〇〕郊迎而入。時人榮之。四年，除京兆尹。都界有豕生數子，經旬而死。其家又有豶，遂乳養之，諸豚賴之以活。時論以逞仁政所致。俄遷司會中大夫，出爲河州

刺史。

晉公護雅重其才，表爲中外府司馬，頗委任之。尋復爲司會，兼納言，遷小司馬。及護誅，坐免官。頃之，起爲納言。又以疾不堪劇任，乃除宜州刺史。故事，刺史奉辭，例備鹵簿。逞以時屬農要，奏請停之。武帝深嘉焉，詔遂其所請，以彰雅操。逞在州有惠政，吏人稱之。東宮初建，授太子太保。卒，贈大將軍。子操嗣。

柳敏字白澤，河東解縣人，晉太常純之七世孫也。父懿，魏車騎大將軍、儀同三司、汾州刺史。

敏九歲而孤，事母以孝聞。性好學，涉獵經史，陰陽卜筮之術，靡不習焉。年未弱冠，起家員外散騎侍郎。累遷河東郡丞。朝議以敏之本邑，故有此授。敏雖統御鄉里，而處物平允，甚得時譽。

及文帝剋復河東，見而器異之，乃謂之曰：「今日不喜得河東，喜得卿也。」即拜丞相府參軍事。俄轉戶曹參軍，(掌)〔兼〕記室。〔一一〕每有四方賓客，恆令接之，爰及吉凶禮儀，亦令監綜。又與蘇綽等修撰新制，爲朝廷政典。遷禮部郎中，封武城縣子，加帥都督，領本鄉

兵。俄進大都督。遭母憂，居喪旬日之間，鬢髮半白。尋起爲吏部郎中。毀瘠過禮，杖而後起。文帝見而歎異之，特加廩賜。及尉遲迥伐蜀，以敏爲行軍司馬。軍中籌略，並以委之。益州平，進驃騎大將軍、開府儀同三司，加侍中，遷尚書，賜姓宇文氏。六官建，拜禮部中大夫。

孝閔帝踐阼，進爵爲公，又除河東郡守，尋復徵拜禮部。出爲郢州刺史，甚得物情。及將還朝，夷夏士人感其惠政，並齎酒餚及土產候之於路。敏乃從他道而還。復拜禮部。後改禮部爲司宗，仍以敏爲之。

敏操履方正，性又恭勤，每日將朝，必夙興待旦。又久處臺閣，明練故事，近(議)〔儀〕或乖先典者，〔二〕皆按據舊章，刊正取中。遷小宗伯，監修國史。轉小司馬，又監修律令。進位大將軍，出爲鄜州刺史，以疾不之部。武帝平齊，進爵武德郡公。敏自建德以後，寢疾積年，武帝及宣帝並親幸其第問疾焉。

開皇元年，進位上大將軍、太子太保。其年卒。贈五州諸軍事、晉州刺史。臨終誡其子等，喪事所須，務從簡約。其子等並涕泣奉行。少子昂。

昂字千里，幼聰穎有器識，幹局過人。武帝時，爲內史中大夫、開府儀同三司，賜爵文城郡公。當途用事，百寮皆出其下。昂竭誠獻替，知無不爲，謙虛自處，未嘗驕物。時論以

此重之。武帝崩，受遺輔政。稍被宣帝疎，然不離本職。隋文帝爲丞相，深自結納。文帝以爲大宗伯。拜日，遂得偏風，不能視事。文帝受禪，疾愈，加上開府，拜潞州刺史。昂見天下無事，上表請勸學行禮。上覽而善之，優詔答昂。自是天下州縣皆置博士習禮焉。昂在州甚有惠政。卒官。子調嗣。

盧柔字子剛。少孤，爲叔母所養，撫視甚於其子。柔盡心溫凊，亦同己親。宗族歎重之。性聰敏，好學，未弱冠，解屬文，但口吃不能持論。頗使酒誕節，爲世所譏。司徒、臨淮王彧見而器之，以女妻焉。

及魏孝武與齊神武有隙，詔賀拔勝出牧荊州，柔謂因此可著功績，遂從勝之荊州。以柔爲大行臺郎中，掌書記。軍中機務，柔多預之。及勝爲太保，以柔爲掾，加冠軍將軍。孝武後召勝引兵赴洛，勝以問柔。曰：「高歡託晉陽之甲，意實難知。公宜席卷赴都，與決勝負，存沒以之，此忠之上策也。若北阻魯陽，南并舊楚，東連兗、豫，西接關中，帶甲十萬，觀釁而動，亦中策也。舉三荊之地，通款梁國，可以身免，功名去矣。策之下者。」勝輕柔年少，笑而不應。

及孝武西遷，東魏遣侯景襲穰，勝敗，遂南奔梁。柔亦從之。勝頻表梁求歸，武帝覽表，嘉其辭彩。既知柔所製，因遣舍人勞問，并遺縑錦。後與勝俱還，行至襄陽，齊神武懼勝西入，遣侯景以輕騎邀之。勝及柔懼，乃棄船山行，贏糧冒險，經數百里。時屬秋霖，徒侶凍餒，死者太半。至豐陽界，柔迷失道，獨宿僵木之下，寒雨衣濕，殆至於死。

大統二年，至長安。封容城縣男，邑二百戶。太祖重其才，引爲行臺郎中，加平東將軍，除從事中郎，與蘇綽對掌機密。時沙苑之後，大軍屢捷，汝、潁之間，多舉義來附。書翰往反，日百餘牒。柔隨機報答，皆合事宜。進爵爲子，增邑三百戶，除中書舍人。遷司農少卿，轉郎，兼著作，撰起居注。後拜黃門侍郎。文帝知其貧，解衣賜之。魏廢帝元年，加車騎大將軍、儀同三司、散騎常侍、中書監。

孝閔帝踐阼，拜小內史，遷內史大夫，進位開府。卒於位。所作詩頌碑銘檄表啓行於世者數十篇。子愷嗣。

愷字長仁。涉獵經史，有當世幹能。起家齊王記室。歷吏部、內史上士，禮部下大夫。尋爲聘陳副使。大象初，拜東京吏部下大夫。

唐瑾字附璘。父永。性溫恭，〔三〕有器量，博涉經史，雅好屬文。身長八尺二寸，容貌甚偉。年十七，周文聞其名，乃貽永書曰：「聞公有二子：曰陵，從橫多武略；瑾，雍容富文雅。可並遣入朝，孤欲委以文武之任。」因召拜尚書員外郎、相府記室參軍事。軍書羽檄，瑾多掌之。從破沙苑，戰河橋，並有功，封姑臧縣子。累遷尚書右丞、吏部郎中。于時魏室播遷，庶務草創，朝章國典，瑾並參之。遷戶部尚書，進位驃騎大將軍、開府儀同三司，賜姓宇文氏。

時燕公于謹勳高望重，朝野所屬。白文帝，言瑾學行兼修，願與之同姓，結爲兄弟，庶子孫承其餘論，有益義方。文帝歎異者久之，更賜瑾姓(萬)〔万〕紐于氏。〔四〕瑾乃深相結納，敦長幼之序；謹亦庭羅子孫，行弟姪之敬。其爲朝望所宗如此。進爵臨淄縣伯，轉吏部尚書。銓綜衡流，雅有人倫之鑒。時六尚書皆一時之秀，周文自謂得人，號爲六俊。然瑾尤見器重。以父憂去職，尋起令視事。

于謹南伐江陵，以瑾爲元帥府長史。軍中謀略，多出瑾焉。江陵既平，衣冠仕伍，並沒爲僕隸。瑾察其才行，有片善者，輒議免之，賴瑾獲濟者甚衆。時論多焉。及軍還，諸將多因虜掠，大獲財物。瑾一無所取，唯得書兩車，載之以歸。或白文帝曰：「唐瑾大有輜重，悉是梁朝珍玩。」文帝初不信之，然欲明其虛實，密遣使檢閱之，唯見墳籍而已。乃歎曰：「孤

知此人來二十許年，明其不以利干義。向若不令檢覘，恐常人有投杼之疑，所以益明之耳。凡受人委任，當如此也。」論平江陵功，進爵爲公。

六官建，授禮部中大夫，出爲蔡州刺史。歷(柘)〔拓〕州、硤州，〔一五〕所在皆有德化，人吏稱之。轉荆州總管府長史。入爲吏部中大夫，歷御正、納言中大夫。曾未十旬，遂遷四職，搢紳以爲榮。久之，除司宗中大夫，兼內史。尋卒于位。贈小宗伯，謚曰方。

瑾性方重，有風格。退朝休(暇)〔假〕，〔一六〕恆著衣冠以對妻子。遇迅雷風烈，〔一七〕雖閑夜宴寢，必起，冠帶端笏危坐。又好施與，家無餘財，所得祿賜，常散之宗族。其尤貧者，又割膏腴田宇以賑之。所留遺子孫者，並墝埆之地。朝野以此稱之。撰新儀十篇。所著賦頌碑誄二十餘萬言。孫大智嗣。

瑾次子令則，性好篇章，兼解音律，文多輕豔，爲時人所傳。天和中，以齊馭下大夫使於陳。大象中，官至樂部下大夫。仕隋，位太子左庶子。皇太子勇廢，被誅。

校勘記

〔一〕卷三十二　按此卷殘缺，其中有全以北史補者，申徽、陸通、柳敏、唐瑾四傳皆是，而盧柔傳記歷官比北史詳，其中字文泰或稱「太祖」，或稱「文帝」，疑是雜取北史和他書而成。錢氏考異卷三

二目錄序條以爲此卷全取北史，微誤。

〔二〕其女壻劉彥隨焉　張森楷云：「令狐整傳卷三六『劉』作『鄧』。」按通鑑卷一五九四九三六頁也作「鄧」，册府卷六五七七八七一頁作「劉」。未知孰是。

〔三〕進爵爲公　按上文稱申徽初封博平縣子，則進爵爲侯爲公，封邑必仍是博平。元和姓纂輯本卷三申氏條稱：「裔孫徽，後周北海公」，與此不同。

〔四〕徽性勤敏　宋本和北史卷六九申徽傳「敏」作「至」。按此傳本以北史補，疑作「至」是。

〔五〕贈泗州刺史　按申徽死於天和六年或其後不久，此時周無泗州，若「泗」字不誤，則當是大象二年後追贈。參卷三〇校記第二一條。

〔六〕敦弟靜齊安郡守　北史本傳無「安」字。元和姓纂輯本卷三申氏條云徽「生靖，彬國公」，「靜」作「靖」。封公或是其後人僞造。

〔七〕幼從在河西　北史卷六九陸通傳「從」下有「政」字。按政是其父名，疑此脫去。

〔八〕時有傳(兵)〔岳〕軍府已亡散者　局本和北史、册府卷四〇五四八一三頁「兵」作「岳」。局本當依北史改。按「岳」指賀拔岳，是，今據改。

〔九〕保定初累遷吏部中大夫歷(蕃)〔蕃〕部御伯中大夫　文苑英華卷九〇〇庾信步陸逞碑云：「尋遷駕部中大夫、領兵部中大夫、領蕃部」，歷官無吏部，又「藩」作「蕃」。北史卷六九陸通附弟逞傳也作「蕃」。張森楷云：「加旁非。」按通典卷三九周官品正五命有「蕃部」，張說是，今據改。

〔一〇〕詔令路車(飾)〔儀〕服　宋本、南本及北史本傳、册府卷六五四七八三二頁「飾」作「儀」，汲本、局本作「飾」，注「一作儀」。周書此傳以北史補，當同北史，今據改。

〔一一〕俄轉戶曹參軍(掌)〔兼〕記室　宋本、南本和北史卷六七柳敏傳、册府卷七五八八六七頁「掌」作「兼」。按此傳以北史補，當同北史，今據改。

〔一二〕近(議)〔儀〕或乖先典者　宋本、南本和北史本傳、册府卷四六二五五〇九頁「議」都作「儀」。按此傳以北史補，當同北史，今據改。

〔一三〕唐瑾字附璘父永性溫恭　張森楷云：「瑾當著里居而不著者，非史缺文，蓋後人取北史以補周書，而北史故立有唐永傳卷六七。今不依永傳補邑里，『性』上又不著『瑾』字，非也。」

〔一四〕更賜瑾姓(萬)〔万〕紐于氏　北史卷六七唐永附子瑾傳「萬」作「万」，是，今據改。

〔一五〕歷(柘)〔拓〕州硤州　宋本「柘」作「祏」，北史本傳作「拓」。按隋書卷三一地理志夷陵郡條云：「梁置宜州，西魏改曰拓州，後周改曰硤州。」「柘」是「拓」之訛，今據改。又隋志以爲硤州即拓州所改，則唐瑾雖似歷官二州，實止一地。然下云「所在皆有德化」，又似實是二州，不詳。

〔一六〕退朝休(暇)〔假〕　宋本、南本和北史「暇」作「假」。按此傳以北史補，當同北史，今據改。

〔一七〕遇迅雷風烈　「風烈」原倒作「烈風」。北史作「風烈」。按此用論語「迅雷風烈必變」成語，此傳

出於北史，必是誤倒，今逕乙正。

周書卷三十三〔一〕

列傳第二十五

厙狄峙　楊荐　趙剛　王慶　趙昶　王悅
趙文表

厙狄峙，其先遼東人，本姓段氏，匹磾之後也，因避難改焉。後徙居代，世爲豪右。祖淩，武威郡守。父貞，上洛郡守。

峙少以弘厚知名，善騎射，有謀略。仕魏，位高陽郡守。爲政仁恕，百姓頗悅之。孝武西遷，峙乃棄官從入關。大統元年，拜中書舍人，參掌機密，以恭謹見稱。遷黃門侍郎。

時與東魏爭衡，戎馬不息，蠕蠕乘虛，屢爲邊患。朝議欲結和親，乃使峙往。峙狀貌魁梧，善於辭令。蠕蠕主雅信重之，自是不復爲寇。太祖謂峙曰：「昔魏絳和戎，見稱前史。以君方之，彼有愧色。」封高邑縣公，邑八百戶。遷驃騎將軍、岐州刺史，加散騎常侍，增邑

二百戶，〔二〕開府儀同三司。恭帝元年，徵拜侍中。

蠕蠕滅後，突厥強盛，雖與文帝通好，而外連齊氏。太祖又令峙銜命喻之。突厥感悟，卽執齊使，歸諸京師。錄前後功，拜大將軍、安豐郡公，邑通前二千戶。尋除小司空。

孝閔踐阼，轉小司寇。世宗初，爲都督益潼等三十一州諸軍事、益州刺史。峙性寬和，尙清靜，甚爲夷獠所安。保定四年，除（宣）〔宜〕州刺史。〔三〕天和三年，入爲少師。峙以年老，表乞骸骨，手詔許之。五年，卒。贈同州刺史。謚曰定。

子嶷嗣。少知名，起家吏部上士。歷小內史、小納言，授開府階，遷職方中大夫，爲蔡州刺史。卒於官。子授嗣。

楊荐字承略，秦郡寧夷人也。父寶，昌平郡守。〔四〕荐幼孤，早有名譽。性廉謹，喜怒不形於色。魏永安中，隨爾朱天光入關討羣賊，封高邑縣男。文帝臨夏州，補帳內都督。及平侯莫陳悅，使荐入洛陽請事。魏孝武帝授文帝關西大行臺，仍除荐直閤將軍。時馮翊長公主嫠居，孝武意欲歸諸文帝，乃令武衞元毗喻旨。荐歸白，文帝又遣荐入洛陽請之。孝武卽許焉。孝武欲向關中，荐贊成其計。孝武曰：「卿歸語行臺迎我。」文帝又遣荐與長史

宇文測出關候接。〔五〕孝武至長安，進爵清水縣子。

魏大統元年，蠕蠕請和親。文帝遣荐與楊寬使，幷結婚而還。進爵爲侯。又使荐納幣於蠕蠕。魏文帝郁久閭后崩，文帝遣僕射趙善使蠕蠕更請婚。善至夏州，聞蠕蠕貳於東魏，欲執使者。善懼，乃還。文帝乃使荐往，賜黃金十斤、雜綵三百疋。荐至蠕蠕，責其背惠食言，幷論結婚之意。蠕蠕感悟，乃遣使隨荐報命焉。

及侯景來附，文帝令荐與鎭遏。荐知景翻覆，遂求還，具陳事實。文帝乃遣使密追助景之兵。尋而景叛。

十六年，大軍東討。文帝恐蠕蠕乘虛寇掠，乃遣荐往更論和好，以安慰之。進使持節、驃騎大將軍、開府儀同三司，加侍中。

孝閔帝踐阼，除御伯大夫，進爵姚谷縣公。仍使突厥結婚。突厥可汗弟地頭可汗阿史那厙頭居東面，與齊通和，說其兄欲背先約。計謀已定，將以荐等送齊。荐知其意，乃正色責之，辭氣慷慨，涕泗橫流。可汗慘然良久曰：「幸無所疑，當共平東賊，然後發遣我女。」乃令荐先報命，仍請東討。以奉使稱旨，遷大將軍。保定四年，又納幣於突厥。還，行小司馬，又行大司徒。從陳公純等逆女於突厥，進爵南安郡公。天和三年，遷總管、梁州刺史。後以疾卒。

趙剛字僧慶，河南洛陽人也。曾祖蔚，魏幷州刺史。祖寧，高平太守。父和，太平中，陵江將軍，南討度淮，〔六〕聞父喪，輒還。所司將致之於法，和曰：「罔極之恩，終天莫報。若許安厝，禮畢而卽罪戮，死且無恨。」言訖號慟，悲感傍人。主司以聞，遂宥之。喪畢，除寧遠將軍。大統初，追贈右將軍、膠州刺史。

剛少機辯，有幹能。起家奉朝請。累遷鎭東將軍、銀青光祿大夫，歷大行臺郎中、征東將軍，加金紫階，領司徒府從事中郎，加閤內都督。及魏孝武與齊神武搆隙，剛密奉旨召東荆州刺史馮景昭率兵赴闕。未及發，而神武已逼洛陽，孝武西遷。景昭集府僚文武，議其去就。司馬馮道和請據州待北方處分。剛曰：「公宜勒兵赴行在所。」久之更無言者。剛抽刀投地曰：「公若爲忠臣，可斬道和；如欲從賊，可見殺。」景昭感悟，遂率衆赴關右。屬侯景逼穰城，東荆州人楊祖歡等起兵應景，〔七〕以其衆邀景昭於路。景昭戰敗，剛遂沒於蠻。後自贖免。乃見東魏東荆州刺史李魔憐，勸令歸關西。魔憐納之，使剛至幷州密觀事勢。神武引剛內宴，因令剛齎書申勅荆州。剛還報魔憐，仍說魔憐斬祖歡等，以州歸西。魔憐乃使剛入朝。

大統初，剛於霸上見太祖，具陳關東情實。太祖嘉之，封陽邑縣子，邑三百戶，除車騎將軍、左光祿大夫。論復東荊州功，進爵臨汝縣伯，邑五百戶。

初，賀拔勝、獨孤信以孝武西遷之後，並流寓江左。至是剛言於魏文帝，請追而復之。乃以剛爲兼給事黃門侍郎，使梁魏興，齎移書與其梁州刺史杜懷寶等論隣好，并致請勝等移書。寶即與剛盟歃，受移赴建康，〔八〕仍遣行人隨剛報命。是年，又詔剛使三荊，聽在所便宜從事。使還，稱旨，進爵武城縣侯，除大丞相府帳內都督。復使魏興，重申前命。尋而梁人禮送賀拔勝、獨孤信等。

頃之，御史中尉董紹進策，請圖梁漢。以紹爲行臺、梁州刺史，率士馬向漢中。剛以爲不可，而朝議已決，遂出軍。紹竟無功而還，免爲庶人。除剛潁川郡守，加通直散騎常侍、衞大將軍。

從復弘農。進拜大都督、東道軍司，節度開府李延孫等七軍，攻復陽城，擒太守王智納。轉陳留郡守。東魏行臺吉寧率衆三萬攻陷郡城，剛突出，還保潁川，重行郡事。復爲侯景所破，乃率餘衆赴洛陽。大行臺元海遣剛還郡徵糧。〔九〕時景衆已入潁川，剛於西界招復陽翟二萬戶，轉輸送洛。明年，洛陽不守。剛遠隔敵中，連戰破東魏廣州刺史李仲侶。時侯景別帥陸太、潁川郡守高沖等衆八千人，寇襄城等五郡。剛簡步騎五百，大破沖等。

開府李延孫爲長史楊伯簡所害，〔一〇〕剛擊斬之。又攻拔廣州，進軍陽翟。侯景自鄴入魯陽，〔一一〕與剛接戰。旬有三日，旋軍宜陽。時河南城邑，一彼一此。剛復出軍伊、洛，侯景亦度河築城。剛前後下景三郡，獲郡守一人，別破其行臺梅遷，斬首千餘級。除尚書金部郎中。高仲密以北豫州來附，兼大行臺左丞，持節赴潁川節度義軍。師還，剛別破侯景前驅於南陸，復獲其郡守二人。

時有流言傳剛東叛，齊神武因設反間，聲遣迎接。剛乃率騎襲其下塢，〔一二〕拔之，露板言狀。太祖知剛無貳，乃加賞賚焉。除營州刺史，進爵爲公，增邑二百戶，加大都督、車騎大將軍、儀同三司、散騎常侍。

（渭）〔渭〕州民鄭五醜構逆，〔一三〕與叛羌傍乞鐵怱相應，令剛往鎮之。將發，魏文帝引見內寢，舉觴屬剛曰：「昔侯景在東，爲卿所困。黠羌小豎，豈足勞卿謀慮也。」時五醜已剋定夷鎮，所在立柵。剛至，並攻破之，散其黨與。五醜於是西奔鐵怱。剛又進破鐵怱僞廣寧郡。屬宇文貴等西討，詔以剛行渭州事，資給糧餼。鐵怱平，所獲羌卒千人，配剛軍中，敎以戎旅，皆盡其力用。加驃騎大將軍、開府儀同三司，入爲光祿卿。六官建，拜膳部中大夫。孝閔帝踐阼，進爵浮陽郡公。出爲利州總管、利沙方渠四州諸軍事。沙州氐恃險逆命，剛再討服之。方州生獠自此始從賦役。剛以僞信州濱江負阻，遠連殊俗，蠻左強獷，歷世不賓，乃表請討之。詔剛率利沙等十四州兵，兼督儀同十人、馬步一萬往經略焉。仍加授渠州刺史。剛初至，渠帥憚其軍威，相次降款。後以剛師出踰年，士卒疲弊，尋復亡叛。後遂以無功而還。又與所部儀同尹才失和，被徵赴闕。遇疾，卒於路。年五十七。贈（忠）〔中〕淅涿三州刺史。〔一四〕謚曰成。子元卿嗣。

王慶字興慶，太原祁人也。父因，魏靈州刺史、懷德縣公。

慶少開悟，有才略。初從文帝征伐，復弘農，破沙苑，並有戰功，每獲殊賞。大統十年，授殿中將軍。孝閔帝踐阼，晉公護引爲典籤。慶樞機明辨，漸見親待。授大都督。武成元年，以前後功，賜爵始安縣男。二年，行小賓部。保定二年，使吐谷渾，與共分疆，〔一五〕仍論和好之事。渾主悅服，遣所親隨慶貢獻。

初，突厥與周和親，許納女爲后。而齊人知之，懼成合從之勢，亦遣使求婚，財饋甚厚。突厥貪其重賂，便許之。朝議以魏氏昔與蠕蠕結婚，遂爲齊人離貳。今者復恐改變，欲遣使結之。遂授慶左武伯，副楊荐爲使。是歲，遂興入并之役。慶乃引突厥騎，與隨公楊忠至太原而還。以齊人許送皇姑及世母，朝廷遂與通和。突厥聞之，復致疑阻，於是又遣慶

往喻之。可汗感悅，結好如初。五年，復與宇文貴使突厥逆女。自此，以慶信著北蕃，頻歲出使。

後更至突厥，屬其可汗暴殂，突厥謂慶曰：「前後使來，逢我國喪者，皆務面表哀。況今二國和親，豈得不行此事。」慶抗辭不從。突厥見其守正，卒不敢逼。武帝聞而嘉之。錄慶前後使功，遷開府儀同三司、兵部大夫，〔一六〕進爵爲公。

歷丹、中二州刺史。爲政嚴肅，吏不敢欺。大象元年，授小司徒，加上大將軍、總管汾石二州五鎮諸軍事、汾州刺史。又除延州總管，進位柱國。開皇元年，進爵平昌郡公。卒于鎮。贈上柱國，謚曰莊。子淹嗣。

趙昶字長舒，天水南安人也。曾祖襄，仕魏至中山郡守，因家於代。祖泓，廣武令。父琛，上洛郡守。

昶少聰敏，有志節。弱冠，以材力聞。孝昌中，起家拜都督，鎮小平津。魏北中郎將高千甚敬重之。〔一七〕千牧兗州，以昶行臨渙、北梁二郡事。大統初，千還鎮陝，〔一八〕又以昶爲長史、中軍都督。太祖平弘農，擢爲相府典籤。

大統九年，大軍失律於邙山，清水氐酋李鼠仁自軍逃還，憑險作亂。隴右大都督獨孤信頻遣軍擊之，不克。太祖將討之，欲先遣觀其勢。顧問誰可爲。〔一九〕左右莫對。昶曰：「此小豎爾，以公威，孰不聽命。」〔二〇〕太祖壯之，遂令昶使焉。昶見鼠仁，喻以禍福。羣凶聚議，或從或否。其逆命者，復將加刃於昶。而昶神色自若，志氣彌厲。鼠仁感悟，遂相率降。氐梁道顯叛，攻南由。〔二一〕太祖復遣昶慰諭之，道顯等皆卽款附。東秦州刺史魏光因徙其豪帥四十餘人幷部落於華州，太祖卽以昶爲都督領之。先是，汾州胡叛，再遣昶慰勞之，皆知其虛實。及大軍往討，昶爲先驅，遂破之。以功封章武縣伯，邑五百戶。

十五年，拜安夷郡守，帶長蛇鎭將。氐族荒獷，世號難治，昶威懷以禮，莫不悅服。期歲之後，樂從軍者千餘人。加授帥都督。時屬軍機，科發切急，氐情難之，復相率謀叛。昶又潛遣誘說，離間其情，因其攜貳，遂輕往臨之。羣氐不知所爲，咸來見昶。乃收其首逆者二十餘人斬之，餘衆遂定。朝廷嘉之，除大都督，行南秦州事。時氐帥蓋鬧等反，昶復討擒之。進撫軍將軍，加通直散騎常侍。又與史寧破宕昌羌、獠二十餘萬。拜武州刺史、〔二二〕車騎大將軍、儀同三司、諸州軍事。

魏恭帝初，加驃騎大將軍、開府儀同三司。潭水羌叛，殺武陵、潭水二郡守。昶率儀同

駱天义等騎步五千討平之。〔二三〕

世宗初，鳳州人仇周貢、魏興等反，自號周公，有衆八千人。破廣化郡，攻沒諸縣，分兵西入，圍廣業、修城二郡。廣業郡守薛爽、修城郡守杜杲等請昶爲援。昶遣使報杲，爲周貢黨樊伏興等所獲。興等知昶將至，解修城圍，據泥功嶺，設六伏以待昶。昶至，遂遇其伏，合戰，破之。廣業之圍亦解。昶追之至泥陽川而還。興州人段吒及氐酋姜多復反，〔二四〕攻沒郡縣，昶討斬之。語在氐傳。

昶自以被拔擢居將帥之任，傾心下士。虜獲氐、羌，撫而使之，皆爲昶盡力。太祖常曰：「不煩國家士馬而能威服氐、羌者，趙昶有之矣。」至是，世宗錄前後功，進爵長道郡公，賜姓宇文氏，賞勞甚厚。二年，徵拜賓部中大夫，行吏部。尋以疾卒。

王悅字衆喜，京兆藍田人也。少有氣幹，爲州里所稱。魏永安中，爾朱天光西討，引悅爲其府騎兵參軍，除石安令。

太祖初定關、隴，悅率募鄉里從軍，屢有戰功。大統元年，除平東將軍、相府刑獄參軍，封藍田縣伯，邑六百戶。四年，東魏將侯景攻圍洛陽，太祖赴援。悅又率鄉里千餘人，從軍至洛陽。將戰之夕，悅罄其行資，市牛饗戰士。及戰，悅所部盡力，斬獲居多。六年，加通直散騎常侍，遷大行臺右丞。十年，轉左丞。久居管轄，頗獲時譽。十二年，齊神武親率諸軍圍玉壁，大都督韋孝寬拒守累旬，敵方引退。朝廷以寬勳重，遣尚書長孫紹遠爲大使，悅爲副使，勞問寬等，并校定勳人。

十三年，侯景據河南來附，仍請兵爲援。太祖先遣韋法保、賀蘭願德等帥衆助之。悅言於太祖曰：「侯景之於高歡，始則篤鄉黨之情，末乃定君臣之契，位居上將，職重台司，論其分義，有同魚水。今歡始死，景便離貳。豈不知君臣之道有虧，忠義之禮不足？蓋其所圖既大，不卹小嫌。然尚能背德於高氏，豈肯盡節於朝廷。今若益之以勢，援之以兵，非唯侯景不爲池中之物，亦恐朝廷貽笑將來也。」太祖納之，乃遣行臺郎中趙士憲追法保等，而景尋叛。

十四年，授雍州大中正、帥都督，加衞將軍、右光祿大夫、都督。率所部兵從大將軍楊忠征隨郡、安陸，竝平之。時懸兵深入，悅支度路程，勒其部伍，節減糧食。及至竟陵，諸軍多有匱乏，悅出粟米六百石分給之。太祖聞而嘉焉。尋拜京兆郡守，加使持節、車騎大將軍、儀同三司、散騎常侍，遷大行臺尚書。

又領所部兵從達奚武征梁漢。軍出，武令悅說其城主楊賢。〔二五〕悅乃貽之書曰：「夫惟

德是輔，天道之常也；見機而作，人事之會也。梁主內虧刑政，外闕藩籬。匹夫攘袂，舉國傾覆。非直下民離心，抑亦上玄所棄。我相公膺千齡之運，創三分之業，道洽區中，威振方外。聲敎所被，風行草偃；兵車所指，雲除霧廓。斯固天下所共聞，無俟一談也。〔二六〕大將軍高陽公，韞韜略之祕，總熊羆之旅，受脤廟堂，威懷巴漢。先附者必賞，後服者必誅。君兵糧既寡，救援路絕。欲守，則城池無縈帶之險；欲戰，則士卒有土崩之勢。以此求安，未見其可。昔韓信背項，前典以爲美談；黃權歸魏，良史稱其盛烈。事有變通，今其則也。」賢於是遂降。

悅白武云：「白馬要衝，是必爭之地。今城守寡弱，易可圖也。若蜀兵更至，攻之實難。」武然之，令悅率輕騎七百，徑趣白馬。悅先示其禍福，其將梁深遂以城降。梁武陵王紀果遣其將任奇率步騎六千，〔二七〕欲先據白馬。行次闕城，〔二八〕聞已降，乃還。及梁州平，太祖卽以悅行刺史事。招攜初附，民吏安之。

魏廢帝二年，徵還本任。屬改行臺爲中外府，尚書員廢，以儀同領兵還鄉里。悅既久居顯職，及此之還，私懷快快。猶陵駕鄉里，失宗黨之情。其長子康，恃（悅）舊望，〔二九〕遂自驕縱。所部軍人，將有婚禮，康乃非理凌辱。軍人訴之。悅及康竝坐除名，仍配流遠防。及于謹伐江陵，平，悅從軍展効，因留鎭之。

中華書局

孝閔踐阼，依例復官。授郢州。〔一〇〕尋拜使持節、驃騎大將軍、開府儀同三司、大都督、司水中大夫，進爵藍田縣侯。遷司憲中大夫，賜姓宇文氏，又進爵河北縣公。悅性儉約，不營生業，雖出入榮顯，家徒四壁而已。世宗手勅勞勉之，賜粟六百石。保定元年，卒於位。康嗣。官至司邑下大夫。〔一一〕

趙文表，其先天水西人也，後徙居南鄭。累世爲二千石。父江，〔一二〕性方嚴，有度量。歷官東巴州刺史、計部中大夫、驃騎大將軍、開府儀同三司、御伯中大夫，封昌國縣伯。贈虞絳二州刺史，謚曰貞。

文表少而修謹，志存忠節。便弓馬，能左右馳射。好讀左氏春秋，略舉大義。起家爲太祖親信。魏恭帝元年，從開府田弘征山南，以功授都督。復從平南巴州及信州，遷帥都督。又從許國公宇文貴鎮蜀，行昌城郡事。加中軍將軍、左金紫光祿大夫。保定元年，除許國公府司馬，轉大都督。五年，授畿伯下大夫。又爲許國公府長史。尋拜車騎大將軍、儀同三司。

仍從宇文貴使突厥，迎皇后，進止儀注，皆令文表典之。文表斟酌而行，皆合禮度。及

皇后將入境，突厥託以馬瘦，行徐。文表慮其爲變，遂說突厥使羅莫緣曰：「后自發彼蕃，已淹時序，途經沙漠，人馬疲勞。且東寇每伺間隙，吐谷渾亦能爲變。今君以可汗之愛女，結姻上國，曾無防慮，豈人臣之體乎。」莫緣然之，遂倍道兼行，數日至甘州。以迎后功，別封伯陽縣伯，邑六百戶。

天和三年，除梁州總管府長史。所管地名恆陵者，〔一三〕方數百里，竝生獠所居，恃其險固，常懷不軌。文表率衆討平之。遷蓬州刺史，政尙仁恕，夷獠懷之。加驃騎大將軍、開府儀同三司。又進位大將軍，爵爲公。

大象中，拜吳州總管。時開府于顗爲吳州刺史。及隋文帝執政，尉遲迥等舉兵，遠近騷然，人懷異望。顗自以族大，且爲國家肺腑，懼文表圖己，謀欲先之。乃稱疾不出。文表往問之，顗遂手刃文表。因令吏人告云「文表謀反」，仍馳啓其狀。隋文以諸方未定，恐顗爲變，遂授顗吳州總管以安之。後知文表無異志，雖不罪顗，而聽其子仁海襲爵。

校勘記

〔一〕卷三十三　按此卷殘缺，傳後無論，當出後人補苴。但諸傳情況頗不一樣，其中厙狄峙傳記歷官詳於北史，而前後稱宇文泰或作太祖，或作文帝，當是雜取北史和他書湊成。楊荐、王慶二傳

全同北史。趙剛、趙昶、王悅、趙文表四傳，紀事敍官都比北史詳備，稱廟號不稱某帝，疑是周書原文，或出於源自周書的某種史鈔。錢氏考異卷三二以爲「亦取北史而小有異同」，其實眞出于北史者止二傳而已。

〔二〕增邑二百戶　諸本「二」都作「三」。

〔三〕保定四年除（宣）〔宜〕州刺史　北史卷六九厙狄峙傳「宣」作「宜」。按宣州是陳地，周無宣州。隋書卷二九地理志上京兆郡華原縣條云：「後魏置北雍州，西魏改爲宜州。」今據改。

〔四〕父寶昌平郡守　按魏書卷一〇六上地形志上東燕州平昌郡屬有昌平縣，則魏時昌平不是郡，但卷二〇尉遲綱傳、北齊書卷二二李元忠附族叔景遺傳都曾封昌平郡公，或曾置郡。

〔五〕又遣荐與長史宇文測出關候接　按卷二七宇文測傳，測「從孝武西遷，進爵爲公。太祖爲丞相，以測爲右長史」。據此，宇文測由洛陽從孝武西遷，尙未充任長史。據卷二二周惠達傳以長史出關候駕者是惠達。此誤。

〔六〕太平中陵江將軍南討度淮　張森楷云：「魏無太平年號，二字必有一誤。」按南討渡淮當指熙平元年魏軍攻硤石、浮山堰以救壽陽事見魏書卷九肅宗紀，「太平」當爲「熙平」之訛。但世宗永平間自義陽以至壽陽，沿淮也常有戰事見魏書卷八世宗紀，也可能是「永平」之訛。今不改。

〔七〕東荊州人楊祖歡等起兵應景　北史卷六九趙剛傳無「祖」字，乃雙名單稱。

〔八〕受移赴建康　北史本傳「赴」作「送」。按文義作「送」是。

〔九〕大行臺元海遣剛還郡徵糧　張森楷云：「『海』上當有『季』字，見魏書孝靜紀卷一二。」按亦見周書卷二文帝紀下、卷三八元偉傳末。此雙名單稱。

〔一〇〕開府李延孫爲長史楊伯簡所害　張森楷云：「李延孫傳卷四三『簡』作『蘭』。」按北史百衲本卷六六李延孫傳作「蘭」，殿本作「闌」，通鑑卷一五八四九〇〇頁也作「蘭」，疑作「簡」誤。

〔一一〕侯景自鄴入魯陽　按鄴是東魏都，卽使自鄴出兵，也從無自鄴入某地的書法。凡稱自某地入某地者，地必相近，疑「鄴」乃「葉」之訛。魯陽卽今魯山縣，和葉今葉縣相近。

〔一二〕下塢　北史本傳「下」作「丁」。

〔一三〕（漕）〔渭〕州民鄭五醜構逆　北史本傳「漕」作「渭」。按「漕州」不見地志。卷一九宇文貴傳、卷四九宕昌傳、通鑑卷一六三五〇三六頁都作「渭」，今據改。

〔一四〕贈（忠）〔中〕淅涿三州刺史　「淅」原訛作「浙」。北史百衲本本傳「忠淅」作「中淅」殿本「淅」亦訛作「浙」。「淅」字今逕改作「淅」。隋書卷三〇地理志中河南郡新安縣條云：「後周置中州。」「忠」也是「中」之訛，今據改。「涿」，北史作「涿」。「涿」是郡，不是州，且與中、淅二州相去懸遠，亦非。但不知原作何字，今不改。

〔一五〕與共分疆　宋本和北史卷六九王慶傳、册府卷六五三七八二三頁「共」作「其」。

〔一六〕兵部大夫　北史本傳作「兵部中大夫」。

〔一七〕魏北中郎將高千甚敬重之　「千」，卷二文帝紀下諸本作「于」，汲本作「于」；北史卷九周本紀上作「千」，卷六九趙昶傳百衲本作「千」，殿本作「于」。疑當作「干」。

〔一八〕大統初千還鎭陝　宋本、南本「還」作「遷」。按兩通。

〔一九〕顧問誰可爲　張森楷云：「『爲』下當有『使』字。若但此，則文義不足。」

〔二〇〕以公威孰不聽命　張森楷云：「『以』上當有『臨』若『加』字。」

〔二一〕氐梁道顯叛攻南由　「由」原作「田」。諸本都作「由」。北史本傳百衲本作「由」，殿本作「田」。張元濟以爲「田」字誤，云「見氐傳」卷五〇。按魏書卷一〇六下地形志下岐州武都郡有南田縣，而隋書卷二九地理志上扶風郡作「南由縣」。楊氏隋志考證卷一云：「作南田誤。」楊說是，今逕改。

〔二二〕拜武州刺史　卷四九氐傳作「督成、武、沙三州諸軍事，成州刺史」。

〔二三〕儀同駱天义　北史本傳「义」作「人」。

〔二四〕氐酋姜多　「姜」原作「羌」。諸本及周書卷四九、北史卷九六氐傳都作「姜」，殿本刻誤，今逕改。

〔二五〕軍出武令悅說其城主楊賢　按這裏但稱城主，不舉城名。卷一九達奚武傳稱「梁將楊賢以武興降」，疑脫「武興」二字。

〔二六〕無俟二談也　殿本考證云：「『二』字上疑脫『一』字。」

〔二七〕任奇　殿本考證云：「北史卷六九王悅傳作『任珍奇』。」按此是雙名單稱。

〔二八〕行次隰城　北史卷六九王悅傳「隰」作「闗」。按白馬城即陽平闗見水經注卷二七沔水注。疑作「闗」是。

〔二九〕其長子康恃（悅）舊望　宋本、南本、北本、汲本「恃」下無「悅」字。殿本當是據北史補，局本從殿本。按「舊望」卽舊姓、望族，藍田王氏之爲舊望，不因悅一人，不得據北史以補周書，今删。

〔三〇〕授郢州　殿本考證云：「北史云『授郢州刺史』，脫『刺史』二字。」按此或是省文。

〔三一〕官至司邑下大夫　通典卷三九後周官品無司邑下大夫，正四命冬官諸下大夫中有司色，這裏「司邑」疑是「司色」之訛。但卷三五裴俠傳亦作「司邑」，今皆不改。

〔三二〕父江　北史卷六九趙文表傳「江」作「珏」。

〔三三〕所管地名恆陵者　北史本傳「陵」作「稜」。按卷四九獠傳亦作「恆稜」，疑作「稜」是。

周書卷三十四

列傳第二十六

趙善　元定　楊摽　裴寬　楊敷

趙善字僧慶，太傅、楚國公貴之從祖兄也。祖國，魏龍驤將軍、洛州刺史。父更，安樂太守。

善少好學，涉獵經史，美容儀，沉毅有遠量。永安初，爾朱天光爲肆州刺史，辟爲主簿，深器重之。天光討邢杲及万俟醜奴，以善爲長史。軍中謀議，每參預之。天光爲關右行臺，表善爲行臺左丞，加都督、征虜將軍。普泰初，賞平關、隴之功，拜驃騎將軍、大行臺、〔一〕散騎常侍，封山北縣伯，邑五百戶。俄除持節、東雍州諸軍事、雍州刺史。〔二〕天光東拒齊神武於韓（令）陵，〔三〕善又以長史從。及天光敗見殺，善請收葬其屍，齊神武義而許之。賀拔岳總關中兵，乃遣迎善，復以爲長史。岳爲侯莫陳悅所害，善共諸將翊戴太祖，仍

從平悅。

魏孝武西遷，除都官尚書，改封襄城縣伯，增邑五百戶。頃之，爲北道行臺，與儀同李虎等討曹泥，克之。遷車騎大將軍、儀同三司、尚書右僕射，進爵爲公，增邑并前一千五百戶。

大統三年，轉左僕射，兼侍中，監著作，領太子詹事。善性溫恭，有器局，雖位居端右，而逾自謙退。其職務克舉，則曰某官之力；若有罪責，則曰善之咎也。時人稱其公輔之量。太祖亦雅敬重焉。

九年，從戰邙山，屬大軍不利，善爲敵所獲，遂卒於東魏。建德初，朝廷與齊通好，齊人乃歸其柩。其子絢表請贈謚。〔四〕詔贈大將軍、大都督、岐宜寧豳四州諸軍事、岐州刺史。謚曰敬。

子度，字幼濟，車騎大將軍、儀同三司。度弟絢，字會績，驃騎大將軍、開府儀同三司、淅資二州刺史。

元定字願安，河南洛陽人也。祖比頹，魏安西將軍、務州刺史。〔五〕父道龍，征虜將軍、

鉅鹿郡守。

定惇厚少言，內沉審而外剛毅。永安初，從爾朱天光討關隴羣賊，並破之。除襄（虜）〔威〕將軍。〔六〕及賀拔岳被害，定從太祖討侯莫陳悅，以功拜平遠將軍、步兵校尉。魏孝武西遷，封高邑縣男，邑二百戶。從擊潼關，拔回洛城，進爵為伯，增邑三百戶，加前將軍、太中大夫。從擒竇泰，復弘農，破沙苑，戰河橋，定皆先鋒，當其前者，無不披靡。以前後功，累遷都督、征東將軍、金紫光祿大夫、帥都督，增邑三百戶。邙山之役，敵人如堵，定奮矟衝之，殺傷甚衆，無敢當者。太祖親觀之，論功為最，賞物甚厚。十三年，授河北郡守，加大都督、通直散騎常侍，增邑通前一千戶。定有勇略，每戰必陷陣，然未嘗自言其功。太祖深重之，諸將亦稱其長者。十五年，遷使持節、車騎大將軍、開府儀同三司，進爵為公。魏廢帝二年，以宗室，進封建城郡王。（二）〔三〕年，行周禮，爵隨例改，封長湖郡公。〔七〕世宗初，拜岷州刺史。威恩兼濟，甚得羌豪之情。先時生羌據險不賓者，至是並出山谷，從征賦焉。及定代還，羌豪等感戀之。保定中，授左宮伯中大夫。久之，轉左武伯中大夫，進位大將軍。

天和二年，陳湘州刺史華皎舉州歸梁，梁主欲因其隙，更圖攻取，乃遣使請兵。詔定從衞公直率衆赴之。梁人與華皎皆為水軍，定為陸軍，直總督之，俱至夏口。而陳郢州堅守

不下。直令定率步騎數千圍之。陳遣其將淳于量、徐度、吳明徹等水陸來拒。量等以定已度江，勢分，遂先與水軍交戰。而華皎所統之兵，更懷疑貳，遂為陳人所敗。皎得脫身歸梁。定既孤軍懸隔，進退路絕，陳人乘勝，水陸逼之。定乃率所部斫竹開路，且行且戰，欲趣湘州，而湘州已陷。徐度等知定窮迫，遣使偽與定通和，重為盟誓，許放還國。定疑其詭詐，欲力戰死之。而定長史〔長〕孫隆及諸將等多勸定和，〔八〕定乃許之。於是與度等刑牲歃血，解仗就船。遂為度等所執，〔所部〕衆軍亦被囚虜，〔九〕送詣丹陽。居數月，憂憤發病卒。子樂嗣。

楊摽字顯進，正平高涼人也。〔一〇〕祖貴、父猛，並為縣令。

摽少豪俠有志氣。魏孝昌中，爾朱榮殺害朝士，〔一一〕大司馬、城陽王元徽逃難投摽，摽藏而免之。孝莊帝立，徽乃出，復為司州牧。由是摽以義烈聞。擢拜伏波將軍、給事中。元顥入洛，孝莊欲往晉陽就爾朱榮，詔摽率其宗人收船馬渚。摽未至，帝已北度太行，摽遂匿所收船，不以資敵。及爾朱榮奉帝南討，至馬渚，摽乃具船以濟王師。顥平，封肥如五百戶，〔一二〕加鎮遠將軍、步兵校尉，行濟北郡事。進都督、平東將軍、太中大夫。

從魏孝武入關，進爵為侯，增邑八百戶，加撫軍、銀青光祿大夫。時東魏遷鄴，太祖欲知其所為，乃遣摽間行詣鄴以觀察之。使還，稱旨，授通直散騎常侍、車騎將軍。稽胡恃險不賓，屢行抄竊，以摽兼黃門侍郎，往慰撫之。摽頗有權略，能得邊情，誘化酋渠，多來款附，乃有隨摽入朝者。

時弘農為東魏守，摽從太祖攻拔之。然自河以北，猶附東魏。摽父猛先為邵郡白水令，〔一三〕摽與其豪右相知，請微行詣邵郡，舉兵以應朝廷。太祖許之。摽遂行，與土豪王覆憐等陰謀舉事，密相應會者三千人，內外俱發，遂拔邵郡。擒郡守程保及令四人，並斬之。衆議推摽行郡事，摽以因覆憐成事，遂表覆憐為邵郡守。以功授大行臺左丞，率義徒更為經略。於是遣諜人誘說東魏城堡，旬月之間，正平、河北、南（涉）〔汾〕、二絳、建州、（大）〔太〕寧等城，〔一四〕並有請為內應者，大軍因攻而拔之。以摽行正平郡事，左丞如故。齊神武敗於沙苑，其將韓軌、潘洛、可朱渾元等為殿，〔一五〕摽分兵要截，殺傷甚衆。東雍州刺史馬恭懼摽威聲，〔一六〕棄城遁走。摽遂移據東雍州。

太祖以摽有謀略，堪委邊任，乃表行建州事。時建州遠在敵境三百餘里，然摽威恩夙著，所經之處，多並贏糧附之。比至建州，衆已一萬。東魏刺史車折于洛出兵逆戰，〔一七〕摽擊敗之。又破其行臺斛律俱步騎二萬於州西，大獲甲仗及軍資，以給義士。由是威名大

振。東魏遣太保侯景攻陷正平，〔一八〕復遣行臺薛循義率兵與斛律俱相會，於是敵衆漸盛。摽以孤軍無援，且腹背受敵，謀欲拔還。恐義徒背叛，遂偽為太祖書，遣人若從外送來者，云已遣軍四道赴援。因令人漏泄，使所在知之。又分土人義首，令領所部四出抄掠，擬供軍費。摽分遣訖，遂於夜中拔還邵郡。朝廷嘉其權以全軍，即授建州刺史。

時東魏以正平為東雍州，遣薛榮祖鎮之。摽將謀取之，乃先遣奇兵，急攻汾橋。榮祖果盡出城中戰士，於汾橋拒守。其夜，摽率步騎二千，從他道濟，遂襲克之。進驃騎將軍。既而邵郡民以郡東叛，郡守郭武安脫身走免。摽又率兵攻而復之。轉正平郡守。又擊破東魏南絳郡，虜其郡守屈僧珍。錄前後功，別封郃陽縣伯，邑五百戶。

邙山之戰，摽攻拔柏谷塢，因即鎮之。及大軍不利，摽亦拔還。而東魏將侯景率騎追摽，摽與儀同韋法保同心抗禦，且前經十數里，〔一九〕景乃引退。太祖嘉之，賜帛三百疋。復授建州刺史，鎮車箱。摽久從軍役，未及葬父，至是表請還葬。詔贈其父車騎大將軍、儀同三司、晉州刺史，贈其母夏陽縣君，並給儀衞。州里榮之。

及齊神武圍玉壁，別令侯景趣齊子嶺。摽恐入寇邵郡，率騎禦之。景聞摽至，斫木斷路者六十餘里，猶驚而不安，遂退還河陽。其見憚如此。十二年，進授大都督，加晉建二州諸軍事。又攻破蓼塢，獲〔東〕魏將李顯，〔二〇〕進儀同三司。尋遷開府，復除建州邵郡河內汲

郡黎陽等諸軍事，領邵郡。十六年，大軍東討，授大行臺尚書，率義衆先驅敵境，攻其四戍，拔之。時以齊軍不出，乃追擳還。併肥如、郈陽二邑，合一千八百戶，改封華陽縣侯。又於邵郡置邵州，以擳爲刺史，率所部兵鎮之。

保定四年，遷少師。其年，大軍圍洛陽，詔擳率義兵萬餘人出軹關。然擳自鎮東境二十餘年，數與齊人戰，每常克獲，以此遂有輕敵之心。時洛陽未下，而擳深入敵境，又不設備。齊人奄至，大破擳軍。擳以衆敗，遂降於齊。擳之立勳也，有慷慨壯烈之志，及軍敗，遂就虜以求苟免。時論以此鄙之。朝廷猶錄其功，不以爲罪，令其子襲爵。

擳之敗也，新平郡守韓盛亦於洛陽戰沒。

盛字文熾，南陽(渚)〔堵〕陽人也。〔二一〕五世祖遠，爲鄭縣令，因徙居京兆之渭南焉。曾祖良，舉秀才，奉朝請、姑臧令。祖與，魏儻城郡守，贈直州刺史。父先藻，安夷鄜城二郡守，贈鎮遠將軍、義州刺史。

盛幼有操行，涉獵經史，兼善騎射，膂力過人。魏大統初，起家開府行參軍。轉參軍事。從李遠積年征討，每有戰功。累遷至都督、輔國將軍、中散大夫、帥都督、持節、平東將軍、太中大夫、銀青光祿大夫、大都督。明帝二年，封臨淄縣子，邑三百戶。保定四年，授使

持節、車騎大將軍、儀同三司、虞部下大夫，出爲新平郡守。居官清靜，嚴而不殘，矜恤孤貧，抑挫豪右，賊盜止息，郡治肅然。尋以本官從晉公護東討，於洛陽戰沒。贈淅洛義三州刺史，謚曰壯。子謙嗣。官至大都督。

盛二兄，德輿、仲恭。德輿姿貌魁傑，有異常人。歷官持節、車騎大將軍、儀同三司、通洛慈澗防主、邵州刺史、任城縣男。仲恭美容儀，澹於榮利。郡累辟爲功曹、中正。仲恭答曰：「第五之號，豈減驃騎乎！」〔二二〕後歷廣原、靈原、新豐三縣令，所在皆有聲績。有八子，並有志操。少子紉約，後最知名。

裴寬字長寬，河東聞喜人也。祖德歡，魏中書郎、河內郡守。父靜慮，銀青光祿大夫，贈汾州刺史。

寬儀貌瓌偉，博涉羣書，弱冠爲州里所稱。與二弟漢、尼是和知名。〔二三〕親歿，撫弟以篤友聞。滎陽鄭孝穆〔二四〕常謂從弟文直曰：「裴長寬兄弟，天倫篤睦，人之師表。吾愛之重之。汝可與之遊處。」年十三，以選爲魏孝明帝挽郎，釋褐員外散騎侍郎。魏孝武末，除廣陵王府直兵參軍，加寧朔將軍、員外散騎常侍。及孝武西遷，寬謂其諸弟曰：「權臣擅命，乘輿播越，戰爭方始，當何所依？」諸弟咸不能對。寬曰：「君臣逆順，大義昭然。今天子西幸，理無東面，以虧臣節。」乃將家屬避難於大石巖。〔二五〕獨孤信鎮洛陽，始出見焉。

時汾州刺史韋子粲降於東魏，子粲兄弟在關中者，咸已從坐。其季弟子爽先在洛，窘急，乃投寬。寬開懷納之。遇有大赦，或傳子爽合免，因爾遂出。子爽卒以伏法。獨孤信召而責之。寬曰：「窮來見歸，義無執送。今日獲罪，是所甘心。」以經赦宥，遂得不坐。〔二六〕

大統五年，授都督、同軌防長史，加征虜將軍。十三年，從防主韋法保向潁川，解侯景圍。景密圖南叛，軍中頗有知者。以其事計未成，外示無貳，往來諸軍間，侍從寡少。軍中名將，必躬自造，至於法保，尤被親附。寬謂法保曰：「侯景狡猾，必不肯入關。雖託款於公，恐未可信。若仗兵以斬之，〔二七〕亦一時之計也。如曰不然，便須深加嚴警，不得信其誑誘，自貽後悔。」法保納之，然不能圖景，但自固而已。

十四年，與東魏將彭樂、〔樂〕恂戰於新城，〔二八〕因傷被擒。至河陰，見齊文襄。寬舉止詳雅，善於占對，文襄甚賞異之。謂寬曰：「卿三河冠蓋，材識如此，我必使卿富貴。關中貧(校)〔狹〕，〔二九〕何足可依，勿懷異圖也。」因解鏁付館，厚加其禮。寬乃裁臥氈，夜縋而出，因得遁還，見於太祖。太祖顧謂諸公曰：「被堅執銳，或有其人，疾風勁草，歲寒方驗。裴長寬爲高澄如此厚遇，乃能冒死歸我。雖古之竹帛所載，何以加之！」乃手書署寬名下，授持

節、帥都督，封夏陽縣男，邑三百戶，并賜馬一疋、衣一襲，即除孔城城主。

十六年，遷河南郡守，仍鎮孔城。尋加撫軍、大都督、通直散騎常侍。魏廢帝元年，進使持節、車騎大將軍、儀同三司、散騎常侍。孝閔帝踐阼，進爵爲子。寬在孔城十三年，與齊洛州刺史獨孤永業相對。永業有計謀，多譎詐，或聲言春發，秋乃出兵，掩蔽消息，倏忽而至。寬每揣知其情，用兵邀擊，無不克之。永業常戒其所部曰：「但好鎮孔城，〔三〇〕自外無足慮。」其見憚如此。齊伊川郡守梁鮮，常在境首抄掠。太祖患之，命寬經略焉。鮮行過妻家，椎牛宴飲，既醉之後，不復自防。寬密知之，遣兵往襲，遂斬之。太祖嘉焉，賜奴婢、金帶、粟帛等。武成二年，徵拜司(士)〔土〕中大夫。〔三一〕

保定元年，出爲(汾)〔沔〕州刺史。〔三二〕尋轉魯山防主。四年，加驃騎大將軍、開府儀同三司。天和二年，行復州事。三年，除溫州刺史。初陳氏與國通和，每脩聘好。自華皎附後，乃圖寇掠。沔州既接敵境，事資守備，於是復以寬爲沔州刺史。而州城埤狹，〔三三〕器械又少，寬知其難守，深以爲憂。又恐秋水暴長，陳人得乘其便。即白襄州總管，請戍兵，〔三四〕并請移城於羊蹄山，權以避水。總管府許增兵守禦，不許遷移城。寬乃量度年常水至之處，豎大木於岸，以備船行。襄州所遣兵未至，陳將程靈洗已率衆至於城下。遂分布戰艦，四面攻之。水勢猶小，靈洗未得近城。寬每簡募驍兵，令夜掩擊，頻挫其銳。相持旬日，靈洗

無如之何。俄而雨水暴長，所豎木上，皆通船過。靈洗乃以大艦臨逼，拍干打樓，應卽摧碎，弓弩大石，[三五]晝夜攻之。苦戰三十餘日，死傷過半。女垣崩盡，陳人遂得上城。短兵相拒，猶經二日。外無繼援，力屈。城陷之後，水便退縮。陳人乃執寬至揚州，尋被送嶺外。經數載，後還建業，[三六]遂卒於江左。時年六十七。子義宣後從御正杜杲使於陳，始得將寬柩還。開皇元年，隋文帝詔贈襄郢二州刺史。

義宣起家譙王儉府記室，轉司金二命士，合江令。寬弟漢。

漢字仲霄，[三七]操尚弘雅，聰敏好學。嘗見人作百字詩，一覽便誦。魏孝武初，解褐員外散騎侍郎。大統五年，除大丞相府士曹行參軍，補墨曹參軍。漢善尺牘，尤便簿領，理識明贍，決斷如流。相府爲之語曰：「日下粲爛有裴漢。」十一年，李遠出鎭弘農，啓漢爲司馬。遠特相器遇。尋加安東將軍、銀青光祿大夫、成都上士。[三八]尋轉司車路下大夫。與工部郭彥、太府高賓等參議格令，[三九]每較量時事，必有條理，彥等咸敬異之。加帥都督。天和中，復與司宗孫恕、典祀薛愼同爲八使，巡察風俗。五年，加車騎大將軍、儀同三司。

漢少有宿疾，恆帶虛羸，劇職煩官，非其好也。時晉公護擅權，搢紳等多諂附之，以圖仕進。唯漢直道固守，[四〇]八年不徙職。性不飮酒，而雅好賓遊。每良辰美景，必招引時

彥，宴賞留連，間以篇什。當時人物，以此重之。自寬沒後，遂斷絕遊從，不聽琴瑟，歲時伏臘，哀慟而已。[四一]撫養兄弟子，情甚篤至。借人異書，必躬自錄本。至于疹疾彌年，亦未嘗釋卷。建德元年卒，時年五十九。贈晉州刺史。

子鏡民，少聰敏，涉獵經史。爲大將軍、譚公會記室參軍。後歷宋王寔侍讀，[四二]轉記室，遷司錄。宣政初，吏部上士。大象末，春官府都上士。漢弟尼。[四三]

尼字景尼，性弘雅，有器局。起家奉朝請。除梁王東閤祭酒，遷從事中郎，加通直散騎常侍。隴西李際、范陽盧誕並有高名於世，與尼結忘年之交。魏恭帝元年，以本官從于謹平江陵，大獲軍實，[四四]謹恣諸將校取之。餘人皆競取珍玩，尼唯取梁元帝素琴一張而已。謹深歎美之。六官建，拜御正下大夫。尋以疾卒。贈輔國將軍、隨州刺史。

子之隱，趙王招府記室參軍。之隱弟師民，好學有識度，見稱於時。起家秦王（贇）〔贄〕府記室參軍，[四五]仍兼侍讀。寬族弟鴻。

鴻少恭謹，有幹略，歷官內外。孝閔帝踐阼，拜輔城公司馬，加儀同三司。爲晉公護雍州治中，累遷御正中大夫，進位開府儀同三司，轉民部中大夫。保定末，出爲中州刺史、九曲城主。鎭守邊鄙，甚有扞禦之能。衞公直出鎭襄州，以鴻爲襄州司馬。天和初，拜郢州刺史，轉襄州總管府長史，賜爵高邑縣侯。從直南征，軍敗，遂沒。尋卒於陳。朝廷哀之，贈豐資遂三州刺史。

楊敷字文衍，華山公寬之兄子也。父暄，字景和。性朗悟，有識學。弱冠拜奉朝請，歷員外散騎侍郎、華州別駕、尚書右中兵郎中、輔國將軍、諫議大夫。以別將從魏廣陽王深征葛榮，爲榮所害。贈殿中尚書、華夏二州諸軍事、鎭西將軍、華州刺史。

敷少有志操，重然諾。每覽書傳，見忠臣烈士之事，常慨然景慕之。魏建義初，襲祖鈞爵臨貞縣伯，邑四百戶。除員外羽林監。大統元年，拜奉車都尉。歷尚書左士郎中、祠部郎中、大丞相府墨曹參軍、帥都督、平東將軍、太中大夫，加撫軍將軍、通直散騎常侍。魏恭帝二年，遷廷尉少卿。所斷之獄，號稱平允。

孝閔帝踐阼，進爵爲侯，增邑幷前八百戶。除小載師下大夫，使北豫州迎司馬消難，還，授使持節、蒙州諸軍事、蒙州刺史。先是蠻左等多受齊假署，數爲亂逆。敷推誠布信，隨方慰撫，蠻左等感之，相率歸附。敷乃送其首四十餘人赴闕，請因齊所假而授之。諸蠻

等愈更感悅，州境獲寧。特降璽書勞問，加車騎大將軍、儀同三司。保定中，徵爲司水中大夫。夷夏吏民，及荆州總管長孫儉並表請留之。時議欲東討，將委敷以舟艦轉輸之事，故弗許焉。陳公純鎭陝（西）〔州〕，以敷爲總管長史。五年，轉司木中大夫、[四六]軍器副監。敷明習吏事，所在以勤察著名，每歲奏課居最，累獲優賞。進位驃騎大將軍、開府儀同三司。

天和六年，出爲汾州諸軍事、汾州刺史，進爵爲公，增邑一千五百戶。齊將段孝先率衆五萬來寇，梯衝地道，晝夜攻城。敷親當矢石，隨事扞禦，拒守累旬。孝先攻之愈急。時城中兵不滿二千，戰死者已十四五，糧儲又盡，公私窮蹙。齊公憲總兵赴救，憚孝先，不敢進軍。敷知必陷沒，乃召其衆謂之曰：「吾與卿等，俱在邊鎭，實願同心戮力，破賊全城。但彊寇四面攻圍日久，吾等糧食已盡，救援斷絕。守死窮城，非丈夫也。今勝兵之士，猶數百人，欲突圍出戰，死生一決。儻或得免，猶冀生還，受罪闕庭，孰與死於寇乎！[四七]吾計決矣，於諸君意何如？」衆咸涕泣從命。敷乃率見兵夜出，擊殺齊軍數十人。齊軍衆稍卻。俄而孝先率諸軍盡銳圍之，敷殊死戰，矢盡，爲孝先所擒。齊人方欲任用之，敷不爲之屈，遂以憂懼卒於鄴。[四八]高祖平齊，贈使持節、大將軍、淮廣復三州諸軍事、三州刺史，謚曰忠壯。葬於華陰舊塋。

子素，有文武材略。大象末，上柱國、清河郡公。

史臣曰：自三方鼎峙，羣雄競逐，俊能馳騖，各吠非主。爭奮厲其智勇，思赴蹈於仁義。臨危不顧，前哲所難。趙善等或行彰於孝友，或誠顯於忠槩，咸躬志力，俱徇功名。兵凶戰危，城孤援絕。楊敷、趙善，類龐德之勢窮；元定、裴寬，同黃權之無路。王旅不振，非其罪也。敷少而慷慨，終能立節，仁而有勇，其最優乎。楊㯹屢有奇功，狃於數勝，輕敵無備，兵破身囚，未能遠謀，良可嗟矣。易曰：「師出以律，否臧凶。」傳曰：「不備不虞，不可以師。」其楊㯹之謂也？

校勘記

〔一〕拜驃騎將軍大行臺　張森楷云：「大行臺官尊，時止宇文泰、高歡爲之，非善所得官也。北史卷五九趙貴附從祖兄善傳『臺』下有『尚書』二字，當是。」按張以爲時止高歡、宇文泰爲大行臺之說，誤，但趙善不能爲此官和當從北史的意見是對的。上文明云「爾朱天光爲關右行臺」無「大」字，或是省文，或是後加「大」字。趙善先爲行臺左丞，後爲尚書，於升進次序亦合。

〔二〕俄除持節東雍州諸軍事雍州刺史　張森楷云：「下『雍州』上亦當有『東』字，刺史例不得在所督

州外也。」按張說是，此時雍州刺史爲爾朱天光見魏書卷一〇孝莊紀永安三年、卷一一前廢帝紀普泰元年和卷七五爾朱天光傳，趙善不可能任此官。

〔三〕天光東拒齊神武於韓（令）陵　諸本「韓」都作「寒」，殿本當是依北史改，然「韓陵」本亦可作「寒陵」，諸本不誤。「令」字衍，今刪。

〔四〕其子絢　北史本傳「絢」作「詢」。

〔五〕祖比頹魏安西將軍務州刺史　北史卷六九元定傳無「頹」字，「務」作「婺」。錢氏考異卷三二云：「按魏志魏書卷一〇六地形志無務州，務字疑譌。」按魏也沒有「婺州」，北史亦誤。

〔六〕除襄（虜）〔威〕將軍　册府卷三五五四二〇九頁「虜」作「威」。按魏書卷一一三官氏志將軍號無襄虜，襄威將軍在從第六品，今據册府改。

〔七〕魏廢帝二年以宗室進封建城郡王（二）〔三〕年行周禮爵隨例改封長湖郡公　張森楷云：「上有『廢帝二年』，此不合復有『二年』。據太祖紀卷二文帝紀行周禮是魏恭帝三年事，此『二』當作『三』，上脫『恭帝』二字。」按北史正作「三年」，今據改。但北史亦無「恭帝」二字，也可能上「廢帝」爲「恭帝」之誤。

〔八〕而定長史（長）孫隆及諸將等多勸定和　北史本傳和册府卷四四四五二七一頁「孫隆」作「長孫隆」。按北史卷二二長孫嵩附五世孫儉傳云：「次子隆，位司金中大夫，從長湖公湖原作潮，誤元定伐陳，沒江南。」知周書脫「長」字，今據補。

〔九〕（所部）衆軍亦被囚虜　宋本和北史本傳「衆」上有「所部」二字。張元濟云：「殿本脫此二字。」按册府卷四四四五二七一頁「衆」上也有「部下」二字。今據宋本補。

〔一〇〕正平高涼人也　按魏書卷一〇六上地形志上高涼縣屬高涼郡，不屬正平郡。元和郡縣志卷一四絳州稷山縣條又以爲北魏孝文置高涼縣屬龍門郡。這裏說「正平高涼」，不知何時改屬。

〔一一〕魏孝昌中爾朱榮殺害朝士　按爾朱榮入洛在武泰元年見魏書卷七四爾朱榮傳及相關紀傳，此作「孝昌中」誤。

〔一二〕封肥如五百戶　局本「肥如」下有「縣伯」二字，當是依北史卷六九楊㯹傳補。

〔一三〕先爲邵郡白水令　宋本、南本、北本、汲本「邵」下無「郡」字，殿本當依北史補，局本從殿本下諸徵行詣邵郡同。按此傳多省文，上「肥如」下省縣伯，此省「郡」字。傳內省文還有幾處，不再出校記。

〔一四〕正平河北南（涉）〔汾〕二絳建州（大）〔太〕寧等城　北史本傳「涉」作「汾」，張森楷以爲作「汾」是。按當時無「涉州」。又册府卷四一一四八八六頁「大寧」作「太寧」。按魏書卷一〇六上地形志上建州屬郡有泰寧，「太」「泰」常互用，「大」字誤。今皆據改。

〔一五〕潘洛　北史本傳「洛」作「樂」。按潘樂北齊書卷一五、北史卷五三有傳。「樂」「洛」同音，用作名字，當時常通用，今不改。

〔一六〕東雍州刺史馬恭　張森楷云：「裴文舉傳卷三七作『司馬恭』，通鑑卷一五七，四八八〇頁從之。疑此誤脫『司』字。」按北史和册府卷三五五四二一二頁都作「司馬恭」。當時文章中「司馬」常省作「馬」，然此乃史傳敍事，當是脫去。

〔一七〕東魏刺史車折于洛　「于」原作「於」。諸本及北史本傳百衲本都作「于」，今逕改。

〔一八〕東魏遣太保侯景攻陷正平　北史本傳「侯」作「尉」。按侯景似未官太保，北史卷五四尉景傳稱景歷官太保、太傅。疑作「尉」是。

〔一九〕且前經十數里　北史本傳和册府卷三五五四二一二頁作「且戰且前」。按「且前」語氣不完，疑脫「且戰」二字。

〔二〇〕獲（東）魏將李顯　北史本傳「魏」上有「東」字，按周書不得稱東魏爲「魏」，今據補。

〔二一〕南陽（渚）〔堵〕陽人也　宋本和册府卷七八六九三四五頁「渚」作「堵」。按魏書卷一〇六下地形志下襄州建城郡有赭陽縣。「堵」本音「者」，「赭陽」即「堵陽」，作「堵」是，今據改。魏志，赭陽不屬南陽，這裏是以漢魏舊郡縣標郡望。

〔二二〕仲恭美容儀濟於滎利郡累辟爲功曹中正仲恭答曰第五之號豈減驃騎乎　册府宋本卷八一二作：「仲恭以嘗於明本作「貲干」滎利，郡辟爲功曹中正，仲恭辭不獲免，乃應之。申公李穆嘗謂仲恭曰：『君唯願安坐作富家公，名級何繇可進？須爲子孫作資蔭，寧止足於郡吏邪。』仲恭答曰：『第

五之號，豈減驃騎乎。』」按「訾於榮利」當是「濟於榮利」之訛，宋本冊府「濟」訛作「訾」，明本以不可通，臆改爲「貲千」。「中正」下四十五字疑是周書脫去。否則「仲恭答曰」，上無所承，不知道答誰。

〔二三〕與二弟漢尼是和知名　張森楷云：「『是和』二字，於義無施，疑誤衍文。」

〔二四〕滎陽鄭孝穆　諸本和冊府卷七九二九四〇〇頁「鄭」下無「孝」字，乃雙名單稱。殿本當是依北史卷三八裴寬傳補。

〔二五〕乃將家屬避難於大石巖　宋本「石」字下一字模糊。百衲本作「嶺」。張元濟以爲「巖」字誤，云「見北史」。或百衲所據宋本，此字尚清晰。然諸本都作「巖」，今不改。

〔二六〕遂得不坐　「遂」原作「罪」。諸本和北史都作「遂」，是，今逕改。

〔二七〕若仗兵以斬之　北史本傳和冊府卷四〇五四八一三頁、通鑑卷一六〇四九五五頁「仗」作「伏」。疑作「伏」是。

〔二八〕與東魏將彭樂〔樂〕恂戰於新城　張森楷云：「北史『樂』下更有『樂』字。樂恂，揚州刺史也，見侯景傳梁書卷五六。此挩一『樂』字。」按張說是，今據補。

〔二九〕關中貧（校）〔狹〕　冊府卷三七三四四三三頁、御覽卷三二六一四九八頁「校」作「狹」。按「校」字不通，今據改。

〔三〇〕但好鎮孔城　冊府卷三九三四六五九頁、御覽卷二七九一二九九頁「鎮」作「愼」。按孔城防主是裴寬，獨孤永業是齊將，何得告誡部下「好鎮孔城」，從下文看來，疑作「愼」是。

〔三一〕徵拜司（土）〔士〕中大夫　按通典卷三九後周官品正五命有司士中大夫。「土」字訛，今據改。

〔三二〕出爲（汾）〔沔〕州刺史　錢氏考異卷三二云：「『汾』當作『沔』，陳書程靈洗傳卷一〇可證也。周本紀卷二文帝紀下改『江州爲沔州』。隋志卷三一地理志下於沔陽郡甑山縣云『西魏置江州』，而不及改沔州事，亦爲疏漏。」按錢說是，下面「汾州既接敵境」，冊府卷四四四五二七一——七二頁正作「沔州」。今據改，下面二個「汾州」都逕改。

〔三三〕而州城埤狹　冊府卷四四四五二七二頁「埤」作「卑」。

〔三四〕請戍兵　冊府卷四四四五二七二頁、通鑑卷一七〇五二七一頁「請」下有「益」字，較長。

〔三五〕弓弩大石　冊府卷四四四五二七二頁、通鑑卷一七〇五二七一頁「大」作「矢」。疑作「矢」是。

〔三六〕經數載後還建業　北史本傳和冊府卷四四四五二七二頁「後」作「復」。疑作「復」是。

〔三七〕漢字仲霄　諸本「霄」都作「賈」，殿本當是依北史卷三八裴寬附弟漢傳改。

〔三八〕成都上士　按通典卷三九後周官品無此官，疑有誤。

〔三九〕太府高賓等參議格令　「太」原作「大」。宋本、汲本、局本和冊府卷六一四七五一〇頁都作「太」。張說二張都以爲「大」字誤。張元濟云：「賓爲太府中大夫，見傳廿九。」按即卷三七裴文擧附高賓傳是，今逕改。

〔四〇〕唯漢直道固守　北史本傳和冊府卷四五九五四五二頁「固」作「自」。

〔四一〕歲時伏臘哀慟而已　宋本、南本、北本、汲本「而」下無「已」字，「而」屬下讀。冊府卷七五五八九八七頁「而」下有「不」字，宋本冊府同殿本周書。

〔四二〕後歷宋王寔侍讀　按「寔」當作「實」，見卷一三校記第三條。

〔四三〕漢弟尼　宋本、南本、北本、汲本無此三字，殿本當是以北史補，局本從殿本。

〔四四〕大獲軍實　宋本「大」作「南」，張元濟以爲作「大」是。按「南獲」猶言南征所獲，未必誤。

〔四五〕起家秦王（贇）〔贄〕府記室參軍　北史「贇」作「贄」。按周書卷一三、北史卷五八秦王名贄，不名「贇」，今據改。

〔四六〕陳公純鎮陝（西）〔州〕以敷爲總管長史五年轉司木中大夫　宋本、南本、局本「西」都作「州」。按宇文純爲陝州總管見卷五武帝紀天和五年條和卷一三陳惑王純傳，今據改。又純出鎮陝州在天和五年五七〇年，而此傳系年上承前文的「保定中」五六一——五六五年，似乎楊敷之爲長史和「五年轉司木中大夫」，都是保定中事。再加上後面又特提「天和六年」，更使人誤認以前都不是天和年事，實爲乖誤。「陳公純鎮陝州」上應有「天和中」三字，而刪去下文「天和六年」的「天和」二字，方合。

〔四七〕孰與死於寇乎　冊府卷四〇〇四七五六頁「乎」作「手」。

〔四八〕遂以憂懼卒於鄴　北史卷四一楊敷傳、冊府卷四〇〇四七五六頁「懼」作「憤」。按上云「敷不爲之屈」，疑作「憤」是。

二十四史

周書

唐 令狐德棻等撰

第三册

卷三五至卷五〇(傳)

中華書局

中華書局

周書卷三十五

列傳第二十七

鄭孝穆 崔謙 弟說 子弘度 崔猷 裴俠 薛端

薛善 弟愼

鄭孝穆字道和，〔一〕滎陽開封人，魏將作大匠渾之十一世孫。祖敬叔，魏潁川、濮陽郡守，本邑中正。父瓊，范陽郡守，贈安東將軍、靑州刺史。

孝穆幼而謹厚，以清約自居。年未弱冠，涉獵經史。父叔四人並早歿，昆季之中，孝穆居長。撫訓諸弟，有如同生，閨庭之中，怡怡如也。魏孝昌初，解褐太尉行參軍，轉司徒主簿。屬盜賊蜂起，除假節、龍驤將軍、別將，屢有戰功。永安中，遷冠軍將軍、持節、都督。從元天穆討平邢杲，進驃騎將軍、左光祿大夫、太師咸陽王長史。及魏孝武西遷，從入關，除司徒左長史，領臨洮王友，賜爵永寧縣侯。

大統五年，行武功郡事，遷使持節、本將軍，〔二〕行岐州刺史、當州都督。在任未幾，有能名。就加通直散騎常侍。王羆時爲雍州刺史，欽其善政，遣使貽書，盛相稱述。先是，所部百姓，久遭離亂，饑饉相仍，逃散殆盡。孝穆下車之日，戶止三千。留情綏撫，遠近咸至，數年之內，有四萬家。每歲考績，爲天下最。太祖嘉之，賜書曰：「知卿莅職近畿，留心治術。凋弊之俗，禮敎興行；厭亂之民，襁負而至。昔郭伋政成幷部，賈琮譽重冀方，以古方今，彼有慚德。」於是徵拜京兆尹。

十五年，梁雍州刺史、岳陽王蕭詧稱藩來附，時議欲遣使，盛選行人。太祖歷觀內外，無逾孝穆者。十六年，乃假孝穆散騎常侍，持節策拜詧爲梁王。使還稱旨，進車騎大將軍、儀同三司，加散騎常侍。是年，太祖總戎東討，除大丞相府右長史，封金鄉縣男，邑二百戶。軍次潼關，命孝穆與左長史長孫儉、司馬楊寬、尙書蘇亮、諮議劉孟良等分掌衆務。仍令孝穆引接關東歸附人士，幷品藻才行而任用之。孝穆撫納銓敍，咸得其宜。大將軍達奚武率衆經略漢中，以孝穆爲梁州刺史，以疾不之部。拜中書令，賜姓宇文氏。尋以疾免。

孝閔帝踐阼，加驃騎大將軍、開府儀同三司，進爵爲子，增邑通一千戶。晉公護爲雍州牧，辟爲別駕，又以疾固辭。武成二年，徵拜御伯中大夫，徙授御正。保定三年，出爲宜州刺史，轉華州刺史。五年，除虞州刺史，轉陝州刺史。頻歷數州，皆有政績。復以疾篤，屢

乞骸骨。入爲少司空。卒於位，時年六十。贈本官，加鄭梁北豫三州刺史。謚曰貞。

子詡嗣。歷位納言，爲聘陳使。後至開府儀同三司、大將軍、邵州刺史。詡弟譯，於隋文帝有翊贊功，開皇初，又追贈孝穆大將軍、徐兗等六州刺史，改謚曰文。

譯幼聰敏，涉獵羣書，尤善音樂，有名於時。世宗詔令事輔城公。及高祖卽位，除都督，稍遷御正下大夫，頗被顧待。東宮建，以譯爲宮尹下大夫，特被太子親愛。建德二年，爲聘齊使副。及太子西征，多有失德，王軌、宇文孝伯等以聞，高祖大怒，宮臣親幸者，咸被譴責，譯坐除名。後例復官，仍拜吏部下大夫。宣帝嗣位，授開府儀同大將軍、內史中大夫，封歸昌縣公，邑千戶。既以恩舊，任遇甚重，朝政機密，竝得參詳。尋遷內史上大夫，進爵沛國公。上大夫之官，自譯始也。及宣帝大漸，御正下大夫劉昉乃與譯謀，以隋公受遺輔少主。隋文帝執政，拜柱國、大丞相府長史，內史如故。尋進位上柱國。

崔謙字士遜，〔三〕博陵安平人也。祖辯，魏平遠將軍、武邑郡守。父楷，散騎常侍、光祿大夫、殷州刺史，贈侍中、都督冀定相三州諸軍事、驃騎大將軍、儀同三司、冀州刺史。

謙幼聰敏，神彩嶷然。及長，深沉有識量。歷觀經史，不持章句，志在博聞而已。每覽經國緯民之事，心常好之，未嘗不撫卷歎息。孝昌中，解褐著作佐郎。從太宰元天穆討邢杲，破之，以功授輔國將軍、太中大夫，遷平東將軍、尚書殿中郎。

賀拔勝出鎮荊州，以謙爲行臺左丞。勝雖居方岳之任，至於安輯夷夏，綱紀衆務，皆委謙焉。謙亦盡其智能，以相匡弼。勝有聲南州，謙之力也。及魏孝武將備齊神武之逼，乃詔勝引兵赴洛。軍至廣州，帝已西遷。勝乃遲疑，將旋所鎮。謙謂勝曰：「昔周室不造，諸侯釋位；漢道中微，列藩盡節。今皇家多故，主上蒙塵，寔忠臣枕戈之時，義士立功之日也。公受方面之重，總宛、葉之衆，若杖義而動，首唱勤王，天下聞風，孰不感激。誠宜順義勇之志，副遐邇之心，倍道兼行，謁帝闕右。然後與宇文行臺，同心協力，電討不庭。則桓、文之勳，復興於茲日矣。捨此不爲，中道而退，便恐人皆解體，士各有心。一失事機，後悔何及。」勝不能用，而人情果大騷動。還未至州，州民鄧誕引侯景軍奄至，勝與戰，敗績，遂將麾下數百騎南奔於梁。謙亦與勝俱行。及至梁，每乞師赴援。梁武帝雖不爲出軍，而嘉勝等志節，竝許其還國。乃分謙先還，且通隣好。魏文帝見謙甚悅，謂之曰：「卿出萬死之中，投身江外，今得生還本朝，豈非忠貞之報也。」太祖素聞謙名，甚禮之。乃授征西將軍、金紫光祿大夫，賜爵千乘縣男。及勝至，拜太師，以謙有毗輔之功，又授太師長史。

大統三年，從太祖擒竇泰，戰沙苑，竝有功。進爵爲子，遷車騎大將軍、右光祿大夫，拜尚書右丞。謙明練時事，及居樞轄，時論以爲得人。四年，從太祖解洛陽圍，仍經河橋戰，加定州大中正、瀛州刺史。十五年，授車騎大將軍、儀同三司，又破柳仲禮於隨郡，討平李遷哲於魏興，竝有功。進驃騎大將軍、開府儀同三司、直州刺史，賜姓宇文氏。

魏恭帝初，轉利州刺史。謙性明悟，深曉政術，又勤於理務，民訟雖繁，未嘗有懈倦之色。吏民以是敬而愛之。時有蜀人賈晃遷舉兵作亂，率其黨圍逼州城。謙倉卒分部，纔得千許人，便率拒戰。會梁州援兵至，遂擒晃遷，餘人乃散。謙誅其渠帥，餘竝原之。旬日之間，遂得安輯。世宗初，進爵作唐縣公。保定二年，遷安州總管、隨應等十一州甑山上明魯山三鎮諸軍事、安州刺史。四年，加大將軍，進爵武康郡公。

天和元年，授江陵總管。三年，遷荊州總管、荊淅等十四州南陽平陽等八防諸軍事、荊州刺史。州既統攝遐長，俗兼夷夏，又南接陳境，東隣齊寇。謙外禦彊敵，內撫軍民，風化大行，號稱良牧。每年考績，常爲天下最，屢有詔褒美焉。謙隨賀拔勝之在荊州也，雖被親遇，而名位未顯。及踐其位，朝野以爲榮。四年，卒於州。闔境痛惜之，乃共立祠堂，四時祭饗。子曠嗣。

謙性至孝，少喪父，殆將滅性。與弟(訦)〔說〕特相友愛，〔四〕雖復年事竝高，名位各重，

所有資產，皆無私焉。其居家嚴肅，動遵禮度。曠與說子弘度等，竝奉其遺訓云。

曠少溫雅，仁而汎愛。釋褐中外府記室。大象末，位至開府儀同大將軍、淅州刺史。

說本名士約，少鯁直，有節槩，膂力過人，尤工騎射。釋褐領軍府錄事，轉諮議參軍。及賀拔勝出牧荊州，以說爲假節、冠軍將軍、防城都督。又隨勝奔梁，復自梁歸國。授衞將軍、都督，封安昌縣子，邑三百戶。從太祖復弘農，戰沙苑，皆有功。進爵爲侯，增邑八百戶，除京兆郡守。累遷帥都督、撫軍將軍、通直散騎常侍、大都督、車騎大將軍、儀同三司、都官尚書、定州大中正，改封安固縣侯，〔五〕增邑三百戶，賜姓宇文氏，并賜名說焉。進爵驃騎大將軍、開府儀同三司，加侍中，〔六〕進爵萬年縣公，增邑通前二千四百戶。除隴州刺史，遷總管涼甘瓜三州諸軍事、涼州刺史。說莅政彊毅，百姓畏之。齊王憲東征，以說爲行軍長史。軍還，除使持節、崇德安義等十三防熊和(忠)〔中〕等三州諸軍事，〔七〕崇德防主，加授大將軍，改封安平縣公。建德四年卒，時年六十四。贈鄜延丹綏長五州刺史，謚曰壯。〔八〕子弘度，猛毅有父風。大象末，上柱國、武鄉郡公。

崔猷字宣猷，博陵安平人，漢尚書寔之十二世孫也。祖挺，魏光州刺史、泰昌縣子，贈輔國將軍、幽州刺史，謚曰景。父孝芬，左光祿大夫、儀同三司，兼吏部尚書，爲齊神武所害。

猷少好學，風度閑雅，性鯁正，有軍國籌略。釋褐員外散騎侍郎，領大行臺郎中。尋爲吏部尚書李神儁所薦，拜通直散騎侍郎，攝尚書駕部郎中。普泰初，除征虜將軍、司徒從事中郎。既遭家難，遂間行入關。及謁魏孝武，哀動左右，帝爲之改容。既退，帝目送之曰：「忠孝之道，萃此一門。」即以本官奏門下事。

大統初，兼給事黃門侍郎，封平原縣伯，邑八百戶。二年，正除黃門，〔九〕加中軍將軍。時擒竇泰，復弘農，破沙苑，猷常以本官從軍典文翰。五年，除司徒左長史，加驃騎將軍。時太廟初成，四時祭祀，猶設俳優角抵之戲，其郊廟祭官，多有假兼。猷屢上疏諫，書奏，並納焉。遷京兆尹。時婚姻禮廢，嫁娶之辰，多舉音樂。又廛里富室，衣服奢淫，乃有織成文繡者。猷又請禁斷，事亦施行。與盧辯等釐修六官。十二年，除大都督、驃騎將軍、淅州刺史，加車騎大將軍、儀同三司。

十四年，侯景據河南歸款，遣行臺王思政赴之。太祖與思政書曰：「崔宣猷智略明贍，有應變之才，若有所疑，宜與量其可不。」思政初(領)〔頓〕兵襄城，〔一〇〕後欲於潁川爲行臺治

所，遣使人魏仲奉啓陳之。并致書於猷論將移之意。猷復書曰：「夫兵者，務在先聲後實，故能百戰百勝，以弱爲彊也。但襄城控帶京洛，寔當今之要地，如有動靜，易相應接。潁川既隣寇境，又無山川之固，賊若充斥，徑至城下。輒以愚情，權其利害，莫若頓兵襄城，爲行臺治所，潁川置州，遣郭賢鎮守。則表裏膠固，人心易安，縱有不虞，豈能爲患。」仲見太祖，具以啓聞。太祖即遣仲還，令依猷之策。思政重啓，求與朝廷立約：賊若水攻，乞一周爲斷；陸攻，請三歲爲期。限內有事，不煩赴援。過此以往，惟朝廷所裁。太祖以思政既親其事，兼復固請，遂許之。及潁川沒後，太祖深追悔焉。十六年，以疾去職。屬大軍東征，太祖賜以馬輿，命隨軍，與之籌議。十七年，進侍中、驃騎大將軍、開府儀同三司、本州大中正，賜姓宇文氏。

魏恭帝元年，太祖欲開梁漢舊路，乃命猷督儀同劉道通、陸騰等五人，率衆開通車路，鑿山堙谷五百餘里，至于梁州。即以猷爲都督梁利等十二州白馬儻城二防諸軍事、梁州刺史。及太祖崩，始利沙興等諸州，阻兵爲逆，信合開楚四州亦叛，唯梁州境內，民無貳心。利州刺史崔謙請援，猷遣兵六千赴之。信州糧盡，猷又送米四千斛。二鎮獲全，猷之力也。進爵固安縣公，邑二千戶。猷深爲晉公護所重，護乃養猷第三女爲己女，〔一一〕封富平公主。

世宗即位，徵拜御正中大夫。時依周禮稱天王，又不建年號，猷以爲世有澆淳，運有治

亂，故帝王以之沿革，聖哲因時制宜。今天子稱王，不足以威天下，請遵秦漢稱皇帝，建年號。朝議從之。武成二年，除司會中大夫，御正如故。

世宗崩，遺詔立高祖。晉公護謂猷曰：「魯國公稟性寬仁，太祖諸子之中，年又居長。今奉遵遺旨，翊戴爲主，君以爲何如？」猷對曰：「殷道尊尊，周道親親，今朝廷既遵周禮，無容輒違此義。」護曰：「天下事大，但恐畢公沖幼耳。」猷曰：「昔周公輔成王以朝諸侯，況明賢莫二，若行周公之事，方爲不負顧託。」事雖不行，當時稱其守正。保定元年，重授總管梁利開等十四州白馬儻(成)〔城〕二防諸軍事、〔一二〕梁州刺史。尋復爲司會。

天和二年，陳將華皎來附，晉公護議欲南伐，公卿莫敢正言。猷獨進曰：「前歲東征，死傷過半，比雖加撫循，而瘡痍未復。近者長星爲災，乃上玄所以垂鑒誡也。誠宜修德以禳天變，豈可窮兵極武而重其譴負哉？今陳氏保境息民，共敦隣好。無容違盟約之重，納其叛臣，興無名之師，利其土地。詳觀前載，非所聞也。」護不從。其後水軍果敗，而裨將元定等遂沒江南。

建德四年，出爲同州司會。六年，徵拜小司徒，加上開府儀同大將軍。隋文帝踐極，以猷前代舊齒，授大將軍，進爵汲郡公，增邑通前三千戶。開皇四年卒，謚曰明。

子仲方，字不齊，早知名，機神穎悟，文學優敏。大象末，儀同大將軍、司玉下大夫。

裴俠字嵩和，河東解人也。祖思齊，舉秀才，拜議郎。父欣，博涉經史，魏昌樂王府司馬、西河郡守，贈晉州刺史。

俠幼而聰慧，有異常童。年十三，遭父憂，哀毀有若成人。州辟主簿，舉秀才。魏正光中，解巾奉朝請。稍遷員外散騎侍郎、義陽郡守。元顥入洛，俠執其使人，焚其赦書。魏孝莊嘉之，授輕車將軍、東郡太守，帶防城別將。及魏孝武與齊神武有隙，徵河南兵以備之，俠率所部赴洛陽。授建威將軍，左中郎將。〔一三〕俄而孝武西遷，俠將行而妻子猶在東郡。滎陽鄭偉謂俠曰：「天下方亂，未知烏之所集。〔一四〕何如東就妻子，徐擇木焉。」俠曰：「忠義之道，庸可忽乎！吾既食人之祿，寧以妻子易圖也。」遂從入關。賜爵清河縣伯，除丞相府士曹參軍。

大統三年，領鄉兵從戰沙苑，先鋒陷陣。俠本名協，至是，太祖嘉其勇決，乃曰「仁者必有勇」，因命改焉。以功進爵爲侯，邑八百戶，拜行臺郎中。王思政鎮玉壁，以俠爲長史。未幾爲齊神武所攻。神武以書招思政，思政令俠草報，辭甚壯烈。太祖善之，曰：「雖魯連無以加也。」

除河北郡守。俠躬履儉素，愛民如子，所食唯菽麥鹽菜而已。吏民莫不懷之。此郡舊制，有漁獵夫三十人以供郡守。俠曰：「以口腹役人，吾所不爲也。」乃悉罷之。又有丁三十人，供郡守役使。俠亦不以入私，竝收庸直，爲官市馬。歲月既積，馬遂成羣。去職之日，一無所取。民歌之曰：「肥鮮不食，丁庸不取，裴公貞惠，爲世規矩。」俠嘗與諸牧守俱謁太祖。太祖命俠別立，謂諸牧守曰：「裴俠清愼奉公，爲天下之最，今衆中有如俠者，可與之俱立。」衆皆默然，無敢應者。太祖乃厚賜俠。朝野歎服，號爲獨立君。

俠又撰九世伯祖貞侯潛傳，以爲裴氏清公，自此始也，欲使後生奉而行之，宗室中知名者，咸付一通。從弟伯鳳、世彥，時竝爲丞相府佐，笑曰：「人生仕進，須身名竝裕。清苦若此，竟欲何爲？」俠曰：「夫清者莅職之本，儉者持身之基。況我大宗，世濟其美，故能：存，見稱於朝廷；沒，流芳於典策。今吾幸以凡庸，濫蒙殊遇，固其窮困，非慕名也。志在自修，懼辱先也。翻被嗤笑，知復何言。」伯鳳等慚而退。

九年，入爲大行臺郎中。居數載，出爲郢州刺史，加儀同三司，尋轉（祐）〔拓〕州刺史，〔一五〕徵拜雍州別駕。孝閔帝踐阼，除司邑下大夫，加驃騎大將軍、開府儀同三司，進爵爲公，增邑通前一千六百戶。遷民部中大夫。時有姦吏，主守倉儲，積年隱沒至千萬者，及俠在官，勵精發擿，數旬之內，姦盜略盡。轉工部中大夫。有大司空掌錢物典李貴乃於府中悲泣。

或問其故。對曰：「所掌官物，多有費用，裴公清嚴有名，懼遭罪責，所以泣耳。」俠聞之，許其自首。貴言隱費錢五百萬。俠之肅遏姦伏，皆此類也。

初，俠嘗遇疾沉頓，大司空許國公宇文貴、小司空北海公申徽竝來伺候俠。俠所居第屋，不免風霜。〔一六〕貴等還，言之於帝。帝矜其貧苦，乃爲起宅，幷賜良田十頃，奴隸、耕牛、糧粟，莫不備足。搢紳咸以爲榮。武成元年，卒於位。贈太子少師、蒲州刺史，謚曰貞。河北郡前功曹張回及吏民等，感俠遺愛，乃作頌紀其清德焉。

子祥，性忠謹，有治劇才。少爲成都令，清不及俠，斷決過之。後除長安令，爲權貴所憚。遷司倉下大夫。俠之終也，遂以毀卒。祥弟肅，貞亮有才藝。天和中，舉秀才，拜給事中士。稍遷御正大夫，〔一七〕賜爵胡原縣子。

薛端字仁直，河東汾陰人也，本名沙陁。魏雍州刺史、汾陰侯辨之六世孫。代爲河東著姓。高祖謹，泰州刺史、〔一八〕內都坐大官、涪陵公。曾祖洪隆，河東太守。以隆兄洪阼尚魏文〔成〕帝女西河公主，〔一九〕有賜田在馮翊，洪隆子麟駒徙居之，遂家於馮翊之夏陽焉。麟駒舉秀才，拜中書博士，兼主客郎中，贈河東太守。父英集，通直散騎常侍。

端少有志操。遭父憂，居喪合禮。與弟裕，勵精篤學，不交人事。年十七，司空高乾辟爲參軍，賜爵汾陰縣男。端以天下擾亂，遂弃官歸鄉里。

魏孝武西遷，太祖令大都督薛崇禮據龍門，引端同行。崇禮尋失守，遂降東魏。東魏遣行臺薛循義、都督乙干貴率衆數千西度，〔二〇〕據楊氏壁。端與宗親及家僮等先在壁中，循義乃令其兵逼端等東度。方欲濟河，會日暮，端密與宗室及家僮等叛之。循義遣騎追，端且戰且馳，遂入石城柵，得免。柵中先有百家，端與幷力固守。貴等數來慰喻，知端無降意，遂拔還河東。東魏又遣其將賀蘭懿、南汾州刺史薛琰達守楊氏壁。〔二一〕端率其屬，幷招喻村民等，多設奇以臨之。懿等疑有大軍，便卽東遁，爭船溺死者數千人。端收其器械，復還楊氏壁。太祖遣南汾州刺史蘇景恕鎭之。降書勞問，徵端赴闕，以爲大丞相府戶曹參軍。

從擒竇泰，復弘農，戰沙苑，竝有功。加冠軍將軍、中散大夫，進爵爲伯。轉丞相東閤祭酒，加本州大中正，遷兵部郎中，改封文城縣伯，加使持節、平東將軍、吏部郎中。端性彊直，每有奏請，不避權貴。太祖嘉之，故賜名端，欲令名質相副。自居選曹，先盡賢能，雖貴遊子弟，才劣行薄者，未嘗升擢之。每啓太祖云：「設官分職，本康時務，苟非其人，不如曠職。」太祖深然之。大統十六年，大軍東討。柱國李弼爲別道元帥，妙簡首僚，數日不定。太

祖謂弼曰：「爲公思得一長史，無過薛端。」弼對曰：「眞其才也。」乃遣之。加授車騎大將軍、儀同三司。轉尙書左丞，〔二二〕仍掌選事。進授吏部尙書，賜姓宇文氏。端久處選曹，雅有人倫之鑒，其所擢用，咸得其才。六官建，拜軍司馬，加侍中、驃騎大將軍、開府儀同三司，進爵爲侯。

孝閔帝踐阼，除工部中大夫，轉民部中大夫，進爵爲公，增邑通前一千八百戶。晉公護將廢帝，召羣官議之，端頗有同異。護不悅，出爲蔡州刺史。爲政寬惠，民吏愛之。尋轉基州刺史。基州地接梁、陳，事藉鎭撫，總管史寧遣司馬梁榮催令赴任。蔡州父老訴榮，請留端者千餘人。至基州，未幾卒，時年四十三。遺誡薄葬，府州贈遺，勿有所受。贈本官，加大將軍，追封文城郡公。謚曰質。

子胄，字紹玄。幼聰敏，涉獵羣書，雅達政事。起家帥都督。累遷上儀同，歷司金中大夫、徐州總管府長史、合州刺史。大象中，位至開府儀同大將軍。

端弟裕，字仁友。少以孝悌聞於州里。初爲太學生，時黌中多是貴遊，好學者少，唯裕躭翫不倦。弱冠，辟丞相參軍事。是時京兆韋敻志安放逸，不干世務。裕慕其恬靜，數載酒餚候之，談宴終日。敻遂以從孫女妻之。裕嘗謂親友曰：「大丈夫當聖明之運，而無灼然

文武之用，爲世所知，雖復栖栖遑遑，徒爲勞苦耳。至如韋居士，退不丘壑，進不市朝，怡然守道，榮辱不及，何其樂也。」尋遇疾而卒，時年四十一。文章之士誄之者數人。太祖傷惜之，贈洛州刺史。

薛善字仲良，河東汾陰人也。祖瑚，〔二三〕魏河東郡守。父和，南青州刺史。善少爲司空府參軍事，遷儻城郡守，轉鹽池都將。魏孝武西遷，東魏（攻）〔改〕河東（圍秦）〔爲泰〕州，以善爲別駕。〔二四〕善家素富，僮僕數百人。兄元信，仗氣豪侈，每食方丈，坐客恆滿，絃歌不絕。而善獨供己率素，〔二五〕愛樂閑靜。

大統三年，齊神武敗於沙苑，留善族兄崇禮守河東。太祖遣李弼圍之，崇禮固守不下。善密謂崇禮曰：「高氏戎車犯順，致令主上播越。與兄忝是衣冠緒餘，荷國榮寵。今大軍已臨，而兄尚欲爲高氏盡力。若城陷之日，送首長安，云逆賊某甲之首，死而有靈，豈不殁有餘愧！不如早歸誠款，雖未足以表奇節，庶獲全首領。」而崇禮猶持疑不決。會善從弟馥妹夫高子信爲防城都督，守城南面。遣馥來詣善云：「意欲應接西軍，但恐力所不制。」善卽令弟濟將門生數十人，與信、馥等斬關引弼軍入。時預謀者竝賞五等爵，善以背逆歸順，臣

子常情，豈容闔門大小，俱叨封邑，遂與弟愼竝固辭不受。太祖嘉之，以善爲汾陰令。善幹用彊明，一郡稱最。太守王羆美之，令善兼督六縣事。

尋徵爲行臺郎中。時欲廣置屯田以供軍費，乃除司農少卿，領同州夏陽縣二十屯監。又於夏陽諸山置鐵冶，復令善爲冶監，每月役八千人，營造軍器。善親自督課，兼加慰撫，甲兵精利，而皆忘其勞苦焉。加通直散騎常侍，遷大丞相府從事中郎。追論屯田功，賜爵龍門縣子，遷黃門侍郎，加車騎大將軍、儀同三司。除河東郡守，進驃騎大將軍、開府儀同三司，賜姓宇文氏。六官建，拜工部中大夫，進爵博平縣公。尋除御正中大夫，轉民部中大夫。

時晉公護執政，儀同齊軌語善云：「兵馬萬機，須歸天子，何因猶在權門。」善白之。護乃殺軌，以善忠於己，引爲中外府司馬。遷司會中大夫，副總六府事。加授京兆尹，仍治司會。出爲隆州刺史，兼治益州總管府長史。徵拜少傅。〔二六〕卒於位，時年六十七。贈蒲虞勳三州刺史。高祖以善告齊軌事，謚曰繆公。子裒嗣。官至高陽守。善弟愼。

愼字佛護，〔二七〕好學，能屬文，善草書。少與同郡裴叔逸、裴諏之、柳虯、范陽盧柔、隴西李璨竝相友善。起家丞相府墨曹參軍。太祖於行臺省置學，取丞郎及府佐德行明敏者充

生。悉令旦理公務，晚就講習，先六經，後子史。又於諸生中簡德行淳懿者，侍太祖讀書。愼與李璨及隴西李伯良、辛韶，武功蘇衡，譙郡夏侯裕，安定梁曠、梁禮，河南長孫璋，河東裴舉、薛同，滎陽鄭朝等十二人，竝應其選。又以愼爲學師，以知諸生課業。太祖雅好談論，并簡名僧深識玄宗者一百人，於第內講說。又命愼等十二人兼學佛義，使內外俱通。由是四方競爲大乘之學。

數年，復以愼爲宜都公侍讀。轉丞相府記室。魏東宮建，除太子舍人。遷庶子，仍領舍人。加通直散騎常侍，兼中書舍人，轉禮部郎中。六官建，拜膳部下大夫。愼兄善又任工部。竝居清顯，時人榮之。孝閔帝踐阼，除御正下大夫，進車騎大將軍、儀同三司，封淮南縣子，邑八百戶。歷師氏、御伯中大夫。

保定初，出爲湖州刺史。州界既雜蠻左，恆以刼掠爲務。愼乃集諸豪帥，具宣朝旨，仍令首領每月一參，或須言事者，不限時節。愼每引見，必殷勤勸誡，及賜酒食。一年之間，翕然從化。諸蠻乃相謂曰：「今日始知刺史眞民父母也。」莫不欣悅。自是襁負而至者，千有餘戶。蠻俗，婚娶之後，父母雖在，卽與別居。愼謂守令曰：「牧守令長是化民者也，豈有其子娶妻，便與父母離析。非唯氓俗之失，亦是牧守之罪。」愼乃親自誘導，示以孝慈，并遣守令各喻所部。有數戶蠻，別居數年，遂還侍養，及行得果膳，歸奉父母。愼感其從善之

速，具以狀聞。有詔蠲其賦役。於是風化大行，有同華俗。

尋入爲蕃部中大夫。以疾去職，卒於家。有文集，頗爲世所傳。

薛善之以河東應李弼也，敬珍、敬祥亦率屬縣歸附。

敬珍字國寶，河東蒲坂人也，漢楊州刺史韶之十世孫。父伯樂，州主簿，安邑令。珍偉容儀，有氣俠，學業騎射，俱爲當時所稱。祥卽珍從祖兄也，亦慷慨有大志，唯以交結英豪爲務。珍與之深相友愛，每同遊處。

及齊神武趨沙苑，珍謂祥曰：「高歡迫逐乘輿，播遷關右，有識之士，孰不欲推刃於其腹中？但力未能制耳。今復稱兵內侮，將逞凶逆，此誠志士効命之日，當與兄圖之。」祥聞其言甚悅，曰：「計將安出？」珍曰：「宇文丞相寬仁大度，有霸王之略，挾天子而令諸侯，已數年矣。觀其政刑備舉，將士用命，歡雖有衆，固非其儔。況逆順理殊，將不戰而自潰矣。我若招集義勇，斷其歸路，殲馘凶徒，使隻輪不反，非直雪朝廷之耻，亦壯士封侯之業。」祥深然之，遂與同郡豪右張小白、樊昭賢、王玄略等舉兵，數日之中，衆至萬餘。將襲歡後軍，兵未進而齊神武已敗。珍與祥邀之，多所剋獲。及李弼軍至河東，珍與小白等率猗氏、南解、北解、安邑、溫泉、虞鄉等六縣戶十餘萬歸附。太祖嘉之，卽拜珍平陽太守，領永寧防主；祥

龍驤將軍、行臺郎中，領相里防主。並賜鼓吹以寵異之。太祖仍執珍手曰：「國家有河東之地者，卿兄弟之力。還以此地付卿，我無東顧之憂矣。」久之，遷絳州刺史。以疾免，卒於家。子元約，性貞正，有識學。位至布憲中大夫。小白等既與珍歸闕，太祖嘉其立効，並任用之。後咸至郡守、刺史。

史臣曰：鄭孝穆撫寧離散，豳岐多襁負之人；崔謙鎮禦邊垂，江漢流載清之詠。崔說居家理治，以嚴肅見稱，莅職當官，以猛毅為政；崔猷立朝贊務，則嘉謀屢陳，出撫宜條，則威恩具舉。裴俠忠勤奉上，廉約治身，吏不能欺，民懷其惠。薛端歷居顯要，以彊直知名。薛善任惟繁劇，以弘益流譽。並當時之良將也。而善陷齊諂護以要權寵，易名為繆，斯不謬乎。

校勘記

〔一〕鄭孝穆字道和　北史卷三五鄭羲附從曾孫道邕傳作「道邕字孝穆」，魏書卷五六鄭羲傳亦作「道邕」，未舉字。按道邕當是本名，晚年避周武帝諱，以字行。北周舊史又改「邕」為「和」，以之為

列傳第二十七　校勘記　六二七

周書卷三十五　六二八

字。

〔二〕遷使持節本將軍　「本」原作「大」。諸本都作「本」。按下文孝穆於大統十六年，方進位車騎大將軍，豈得先已為大將軍。「大」字誤，今逕改。

〔三〕崔謙字士遜　魏書卷五六、北史卷三二崔辯傳附孫士謙，都以「士謙」為名，新唐書卷七二宰相世系表同。按崔辯傳和世系表稱其兄弟都以「士」字排行。下文也說其弟訦當作「說」本名士約。疑謙本名士謙，後改名謙，字士遜。

〔四〕與弟（訦）〔說〕特相友愛　北史本傳「訦」作「說」。按文苑英華卷九〇四庾信周大將軍崔說神道碑、新唐書卷七二宰相世系表都作「說」。「訦」字誤，今據改。以下諸「訦」字逕改。

〔五〕改封安固縣侯　英華崔說碑作「安國縣侯」。按魏書卷一〇六上地形志上博陵郡有安國縣。隋書卷三〇地理志中博陵郡義豐縣條云：「舊有安國縣，後齊廢。」地不屬周，但崔說是博陵人，故以本郡一縣為封號。疑作「安國」是。

〔六〕進爵驃騎大將軍開府儀同三司加侍中　英華崔說碑「驃」作「車」。按周制驃騎大將軍例加開府儀同三司和侍中；車騎大將軍加儀同三司，散騎常侍，似碑誤。然碑文此下云：「竇憲連官，單于之寶鼎可致」，用的是車騎將軍典故，不像是傳刻之誤。可能西魏時還未確立上述加官的制度。

〔七〕熊和（忠）〔中〕等三州諸軍事　錢氏考異卷三二云：「『忠』當作『中』，隋志卷三〇地理志河南郡新安縣，後周置中州。」按英華崔說碑「忠」正作「中」。錢說是，今據改。

〔八〕謚曰壯　北史本傳和英華崔說碑「壯」作「莊」，唐書卷七二下宰相世系表作「壯」，未知孰是。

〔九〕二年正除黃門　「正除」原倒作「除正」。諸本都作「正除」，局本同殿本。北史卷三二崔挺附孫猷傳但作「正黃門」。按上云「兼給事黃門侍郎」，「正除」或「正」均對「兼」而言，殿本誤倒，今逕乙正。

〔一〇〕思政初（領）〔頓〕兵襄城　宋本、汲本和北史本傳「領」作「頓」，是，今據改。

〔一一〕護乃養猷第三女為己女　北史本傳作「猷第二女帝養為己女」。

〔一二〕白馬儻（成）〔城〕二防　張森楷云：「『成』當作『城』，上文是『城』字。」按當時地名「成」「城」常互用，儻成郡見隋書卷二九地理志上漢川郡興勢縣條，本可不改，但上下文宜一致，下薛善傳亦見「儻城郡」，今改作「城」。

〔一三〕左中郎將　冊府卷三七三四四三二頁「左」作「右」。

〔一四〕未知烏之所集　宋本、南本、北本、汲本和冊府明本卷三七三四四三二頁「烏」都作「鳥」宋本冊府作「烏」。殿本當依北史卷三八裴俠傳改，局本從殿本。按下有「徐擇木焉」語，本意恐非用詩經「瞻烏爰止」語，而是「良禽擇木而棲」，作「鳥」未必誤。

列傳第二十七　校勘記　六二九

周書卷三十五　六三〇

〔一五〕尋轉（祏）〔拓〕州刺史　北史本傳「祏」作「拓」。按「拓州」見隋書卷三一夷陵郡條，「祏」字誤，今據改。

〔一六〕並來伺候俠俠所居第屋不免風霜　北史本傳、冊府卷七六八七六六頁作「並來候俠疾」，「第」冊府作「茅」，疑北史、冊府是。

〔一七〕稍遷御正大夫　北史本傳作「累遷御正下大夫」。

〔一八〕高祖謹秦州刺史　「秦」原作「泰」。諸本都作「秦」。張森楷云：「作『秦』是，此時固無『秦州』也。」按秦州治蒲坂，錢氏考異卷三〇有辯。今逕改。

〔一九〕以隆兄洪阼尚魏文（成）帝女西河公主　張森楷云：「據魏書薛辯傳卷四二皇興三年以長公主下嫁。依帝姊妹稱長公主之例推之，則當是文成帝女。」按北史卷三六薛辯傳明言洪祚尚文成女西河長公主。張說是。今據補。

〔二〇〕都督乙干貴　諸本「干」都作「千」。殿本當從北史本傳改。

〔二一〕薛琰達　「達」原作「逵」。諸本和北史本傳，冊府卷七五八九〇二五頁都作「達」。北本「達」字刋似「逵」，殿本因之而訛，今逕改。

〔二二〕轉尚書左丞　北史本傳「左」作「右」。

〔二三〕祖瑚　張森楷云：「此即魏書薛辯傳卷四二之破胡也。此作單名『瑚』，北史卷三六薛辯傳又作『湖』，

殊不畫一。」按魏書稱破胡弟破氐。新唐書卷七三下宰相世系表稱「瑚字破胡」。疑原名破胡，單稱作「胡」，其後人又嫌不雅，乃加玉旁或水旁。

〔二四〕魏孝武西遷東魏（攻）〔改〕河東（圍秦）〔爲泰〕州以善爲別駕　宋本「圍」作「爲」。北史卷三六薛辯附從孫善傳作「魏改河東爲秦州」。「秦州」與周書同爲「泰州」之訛，已見本卷校記第一八條。周書云東魏攻河東，北史則改郡置州。按這時河東爲東魏所有，薛善也是東魏所任別駕，觀下文自明。東魏豈有「攻河東，圍泰州」之理。魏書卷一〇六下地形志下秦州應作泰州條云：「神䴥元年置雍州，延和元年改，太和中罷，天平初復，後陷。」東魏天平改元五三四年即在永熙三年孝武西遷後，云「天平初復」，與薛善傳所云「改河東爲泰州」，時間相符。宋本「爲」字尚不誤，「改」已訛作「攻」。後人又改「爲」作「圍」，以就文義，不知與事實大謬。今據北史改正。

〔二五〕而善獨供已率素　北史本傳、册府卷八〇六九五八五頁「供」作「恭」。

〔二六〕徵拜少傅　北史本傳作「徵拜武威少府」。

〔二七〕愼字佛護　北史、册府卷八八二一〇四四八頁「佛」作「伯」。

周書卷三十六

列傳第二十八

鄭偉　楊纂　段永　王士良　崔彥穆
令狐整　司馬裔　裴果　劉志

鄭偉字子直，滎陽開封人也，小名闍提，魏將作大匠渾之十一世孫。祖思明，〔一〕少勇悍，仕魏至直閤將軍，贈濟州刺史。父先護，亦以武勇聞。起家員外散騎侍郎。魏孝莊帝在藩，先護早自結託。及即位，〔二〕歷通直散騎常侍、平南將軍、廣州刺史，賜爵平昌縣侯。元顥入洛，以禦扞之功，累遷都督二豫郢雍四州諸軍、征東將軍、豫州刺史，兼尚書右僕射，〔三〕進爵郡公。尋入爲車騎將軍、左衞將軍。及爾朱榮死，徐州刺史爾朱仲遠擁兵將入洛，詔先護以本官假驃騎將軍、大都督，率所部與行臺楊昱及都督賀拔勝同討之。勝於陣降仲遠，又聞京師不守，衆遂潰。先護奔梁。尋自梁歸，爲仲遠所害。魏孝武初，贈使持

節、都督、青齊兗豫四州刺史。〔四〕

偉少倜儻有大志，每以功名自許，善騎射，膽力過人。爾朱氏滅後，自梁歸魏。起家通直散騎侍郎。及孝武西遷，偉亦歸鄉里，不求仕進。大統三年，河內公獨孤信既復洛陽，偉乃謂其親族曰：「今嗣主中興鼎業，據有崤、函。河內公親董衆軍，克復瀍、洛，率土之內，孰不延首望風。況吾等世荷朝恩，家傳忠義，誠宜以此時効臣子之節，成富貴之資。豈可碌碌爲儒夫之事也！」於是與宗人榮業，糺合州里，建義於陳留。信宿間，衆有萬餘人。遂攻拔梁州，擒東魏刺史鹿永吉及鎮城令狐德，幷獲陳留郡守趙季和。乃率衆來附。因是梁、陳之間，相次降款。偉馳入朝，太祖與語歎美之。拜龍驤將軍、北徐州刺史，封武陽縣伯，邑六百戶。

從戰河橋及解玉壁圍，偉常先鋒陷陣。侯景歸款，太祖命偉率所部應接之。及景後叛，偉亦全軍而還。錄前後功，除中軍將軍、滎陽郡守，加散騎常侍、大都督，進爵襄城郡公，邑二千戶，加車騎大將軍、開府儀同三司。〔五〕

魏恭帝二年，進位大將軍，除江陵防主、都督十五州諸軍事。偉性麤獷，不遵法度，睚眦之間，便行殺戮。朝廷以其有立義之効，每優容之。及在江陵，乃專戮副防主杞賓王，坐除名。保定元年，詔復官爵，仍除宜州刺史。天和六年，轉華州刺史。偉前後莅職，皆以威

猛爲治，吏民莫敢犯禁，盜賊亦爲之休止。雖無仁政，然頗以此見稱。其年卒於州，時年五十七。贈本官，加少傅、都督司豫洛相冀五州諸軍事、司州刺史。謚曰肅。

偉性吃，少時嘗逐鹿於野，失之，遇牧豎而問焉。牧豎答之，其言亦吃。偉怒，謂其效己，遂射殺之。其忍暴如此。子大士嗣。

偉族人項字寧伯，〔七〕少有幹用。起家員外散騎侍郎，稍遷行臺左丞、陽城陳留二郡守。與偉同謀立義。後隨偉入朝，賜爵魏昌縣伯，除太府少卿。出爲扶風郡守，復爲太府少卿，轉衞尉少卿。歷職內外，竝有恪勤之稱。尋卒官。贈儀同三司、豫州刺史。

子常，字子元。頗涉學，有當官譽。歷撫軍將軍、通直散騎常侍，司皮下大夫，遷信東徐南兗三州刺史。〔八〕以立義及累戰功，授上開府、儀同大將軍，賜爵饒陽侯。〔九〕卒，贈本官，加郢鄀陝三州諸軍事、郢州刺史。子神符。

楊纂，廣寧人也。父安仁，魏北道都督、朔州鎮將。

纂少習軍旅，慷慨有志略，尤工騎射，勇力兼人。年二十，從齊神武起兵於信都，以軍

功稍遷安西將軍、武州刺史。自以功高賞薄，志懷怨憤，每歎曰：「大丈夫富貴何必故鄉。若以妻子撓懷，豈不沮人雄志！」大統初，乃間行歸款。太祖執纂手曰：「人所貴者忠義也，所懼者危亡也，其能不憚危亡蹈茲忠義者，今方見之於卿耳。」即授征南將軍、大都督，封永興縣侯，邑八百戶，加通直散騎常侍。

從太祖解洛陽圍，經河橋、邙山之戰，纂每先登，軍中咸推其敢勇。累遷使持節、車騎大將軍、儀同三司、散騎常侍，驃騎大將軍、開府儀同三司，加侍中，進爵爲公，增邑通前一千戶。賜姓莫胡盧氏。俄授岐州刺史。孝閔帝踐阼，進爵宋熙郡公。保定元年，進位大將軍，改封隴東郡公，除隴州刺史。三年，從隨公楊忠東伐，至并州而還。天和六年，進授柱國大將軍，轉華州刺史。

纂性質樸，又不識文字，前後莅職，但推誠信而已。吏以其忠恕，頗亦懷之。尋卒於州，時年六十七。子睿嗣。位至上柱國、漁陽郡公。

段永字永賓，其先遼西石城人，〔十〕晉幽州刺史匹磾之後也。曾祖愷，仕魏，黃龍鎮將，因徙高陸之河陽焉。

永幼有志操，閭里稱之。魏正光末，六鎮擾亂，遂攜老幼，避地中山。後赴洛陽。拜殿中將軍，稍遷平東將軍，封沃陽縣伯，邑五百戶。青州人崔社客舉兵反，永討平之。進爵爲侯，除左光祿大夫。時有賊魁元伯生，率數百騎，西自崤、潼，東至鞏、洛，屠陷塢壁，所在爲患。魏孝武遣京畿大都督匹婁昭討之，昭請以五千人行。永進曰：「此賊既無城栅，唯以寇抄爲資，安則蟻聚，窮則鳥散，取之在速，不在衆也。若星馳電發，出其不虞，精騎五百，自足平殄。若徵兵而後往，彼必遠竄，雖有大衆，無所用之。」帝然其計，於是命永代昭，以五百騎討之。永覘知所在，倍道兼進，遂破平之。

帝西遷，永時不及從。大統初，乃結宗人，潛謀歸款。密與都督趙業等襲斬西中郎將慕容顯和，傳首京師。以功別封昌平縣子，邑三百戶，除北徐州刺史。從擒竇泰，復弘農，破沙苑，竝有戰功。進爵爲公。河橋之役，永力戰先登，授南汾州刺史。累遷大都督、車騎大將軍、儀同三司、散騎常侍、驃騎大將軍、開府儀同三司，賜姓爾綿氏。魏廢帝元年，授恆州刺史。于時朝貴多其部人，謁永之日，冠蓋盈路。當時榮之。孝閔帝踐阼，進爵廣城郡公，轉文州刺史。入爲工部中大夫，遷軍司馬。保定四年，拜大將軍。

永歷任內外，所在頗有聲稱。輕財好士，朝野以此重焉。前後累增凡三千九百戶。天和四年，授小司寇。〔一〇〕尋爲右二軍總管，〔一一〕率兵北道講武。遇疾，卒於賀葛城，年六十八。

喪還，高祖親臨。贈使持節、柱國大將軍、同華等五州刺史，謚曰基。子岌嗣，官至儀同三司、兵部下大夫。〔一二〕

王士良字君明，其先太原晉陽人也。後因晉亂，避地涼州。魏太武平沮渠氏，曾祖景仁歸魏，爲燉煌鎮將。祖公禮，平城鎮司馬，因家於代。父延，蘭陵郡守。

士良少修謹，不妄交遊。魏建明初，爾朱仲遠啓爲府參軍事。歷大行臺郎中、諫議大夫，封石門縣男，邑二百戶。後與紇豆陵步藩交戰，軍敗，爲步藩所擒，遂居河右。僞行臺紇豆陵伊利欽其才，擢授右丞，妻以孫女。士良既爲姻好，便得盡言，遂曉以禍福，伊利等竝即歸附。朝廷嘉之。太昌初，進爵晉陽縣子，邑四百戶。尋進爵琅邪縣侯，授太中大夫、右將軍，出爲殷州車騎府司馬。

東魏徙鄴之後，置京畿府，專典兵馬。時齊文襄爲大都督，以士良爲司馬，領外兵參軍。尋遷長史，加安西將軍，徙封符壘縣侯，增邑七百戶。武定初，除行臺左中兵郎中，〔一三〕又轉大將軍府屬、從事中郎，仍攝外兵事。王思政鎮潁川，齊文襄率衆攻之。授士良大行臺右丞，〔一四〕加鎮西將軍，增邑一千戶，進爵爲公，令輔其弟演於并州居守。

齊文宣卽位，入爲給事黃門侍郎，領中書舍人，仍總知幷州兵馬事，加征西將軍，別封新豐縣子，邑三百戶。俄除驃騎將軍、尚書吏部郎中。齊文宣自晉陽赴鄴宮，復士良爲尚書左丞，統留後事。仍遷御史中丞，轉七兵尚書。未幾，入爲侍中，轉殿中尚書。頃之，復爲侍中，除吏部尚書。士良頓首固讓，文宣不許。久之，還爲侍中，又攝度支、五兵二曹尚書。士良少孤，事繼母梁氏以孝聞。及卒，居喪合禮。文宣尋起令視事，士良屢表陳誠，再三不許，方應命。文宣見其毀瘠，乃許之。因此臥疾歷年，文宣每自臨視。疾愈，除滄州刺史。乾明初，徵還鄴，授儀同三司。孝昭卽位，遣三道使搜揚人物。士良與尚書令趙郡王高叡、太常卿崔昂分行郡國，但有一介之善者，無不以聞。齊武成初，除太子少傅、少師，復除侍中，轉太常卿，尋加開府儀同三司，出爲豫州道行臺、豫州刺史。

保定四年，晉公護東伐，權景宣以山南兵圍豫州，士良舉城降。授大將軍、小司徒，賜爵廣昌郡公。尋除荆州總管，行荆州刺史。復入爲小司徒。俄除鄜州刺史，轉金州總管、七州諸軍事、金州刺史。建德六年，授幷州刺史。〔一五〕士良去鄉既久，忽臨本州，耆舊故人，猶有存者。遠近咸以爲榮。加授上大將軍。以老疾乞骸骨，優詔許之。隋開皇元年卒，時年八十二。子德衡，大象末，儀同大將軍。

崔彥穆字彥穆，清河東武城人也，魏司空、安陽侯林之九世孫。曾祖顗，魏平東府諮議。祖蔚，遭從兄司徒浩之難，南奔江左。仕宋爲給事黃門侍郎，汝南、義陽二郡守。延興初，復歸於魏，拜潁川郡守，因家焉。後終於郢州刺史。父稚，篤志經史，不以世事嬰心。起家祕書郎，稍遷永昌郡守。隋開皇初，以獻后外曾祖，追贈上開府儀同三司、新州刺史。

彥穆幼明悟，神彩卓然。年十五，與河間邢子才、京兆韋孝寬俱入中書學，偏相友愛。伏膺儒業，爲時輩所稱。魏吏部尚書隴西李神儁有知人之鑒，見而歎曰：「王佐才也。」永安末，除司徒府參軍事，轉記室，遷大司馬從事中郎。

魏孝武西遷，彥穆時不得從。大統三年，乃與兄彥珍於成皋舉義，因攻拔滎陽，擒東魏郡守蘇淑。〔一六〕仍與鄉郡王元洪威攻潁川，斬其刺史李景（道）〔遺〕。〔一七〕孝武嘉之，拜鎮東將軍、金紫光祿大夫、滎陽郡守。四年，兼行右民郎中、潁川邑中正，賜爵千乘縣侯。十四年，加使持節、車騎大將軍、儀同三司、散騎常侍、司農卿。時軍國草剏，衆務殷繁，太祖乃詔彥穆入幕府，兼掌文翰。及于謹（平）〔伐〕江陵，〔一八〕彥穆以本官從平之。

世宗初，進驃騎大將軍、開府儀同三司，俄拜安州總管、十一州諸軍事、〔一九〕安州刺史。入爲御正中大夫。陳氏請敦鄰好，詔彥穆使焉。彥穆風韻閑曠，器度方雅，善玄言，解談諧，甚爲江陵所稱。〔二〇〕轉民部中大夫，進爵爲公。天和三年，復爲使主，聘於齊。使還，除金州總管、七州諸軍事、金州刺史，進位大將軍。尋徵拜小司徒。

大象二年，宣帝崩，隋文帝輔政，三方兵起。以彥穆爲行軍總管，率兵與襄州總管王誼討司馬消難。軍次荆州，彥穆疑荆州總管獨孤永業有異志，遂收而戮之。及事平，隋文帝徵王誼入朝，卽以彥穆爲襄州總管、六州諸軍事、襄州刺史，加授上大將軍，進爵東郡公，邑二千戶。頃之，永業家自理得雪，彥穆坐除名。尋復官爵。隋開皇元年，卒。子君綽嗣。

君綽性夷簡，博覽經史，有父風。大象末，丞相府賓曹參軍。君綽弟君肅，解巾爲道王侍讀。大象末，潁川郡守。

令狐整字延保，燉煌人也，本名延，世爲西土冠冕。曾祖嗣、祖詔安，竝官至郡守，咸爲良二千石。父虬，早以名德著聞，仕歷瓜州司馬、燉煌郡守、郢州刺史，封長城縣子。大統末，卒於家。太祖傷悼之，遣使者監護喪事，又勑鄉人爲營墳壟。贈龍驤將軍、瓜州刺史。

整幼聰敏，沉深有識量。學藝騎射，竝爲河右所推。刺史魏東陽王元榮辟整爲主簿，〔二一〕加盪寇將軍。整進趨詳雅，對揚辯暢，謁見之際，州府傾目。榮器整德望，嘗謂僚屬曰：「令狐延保西州令望，方城重器，豈州郡之職所可縶維。但一日千里，必基武步，寡人當委以庶務，書諾而已。」

頃之，魏孝武西遷，河右擾亂，榮仗整防扞，州境獲寧。及鄧彥竊瓜州，〔二二〕拒不受代，整與開府張穆等密應使者申徽，執彥送京師。太祖嘉其忠節，表爲都督。尋而城民張保又殺刺史成慶，與涼州刺史宇文仲和搆逆，規據河西。晉昌人呂興等復害郡守郭肆，以郡應保。初，保等將圖爲亂，慮整守義不從，既殺成慶，因欲及整。以整人之望也，復恐其下叛之，遂不敢害。雖外加禮敬，內甚忌整。整亦僞若親附，而密欲圖之。陰令所親說保曰：「君與仲和結爲脣齒，今東軍漸逼涼州，彼勢孤危，恐不能敵。若或摧衂，則禍及此土。宜分遣銳師，星言救援。二州合勢，則東軍可圖。然後保境息人，計之上者。」保然之，而未知所任。整又令說保曰：「歷觀成敗，在於任使。所擇不善，旋致傾危。令狐延保兼資文武，才堪統御，若使爲將，蔑不濟矣。」保納其計，具以整父兄等竝在城中，〔二三〕弗之疑也，遂令整行。整至玉門郡，召集豪傑，說保罪逆，馳還襲之。先定晉昌，斬呂興。進軍擊保。州人素服整威名，竝棄保來附。保遂奔吐谷渾。

衆議推整爲刺史。整曰：「本以張保肆逆，毒害無辜，闔州之人，俱陷不義。今者同心戮力，務在除兇，若其自相推薦，復恐効尤致禍。」於是乃推波斯使主張道義行州事。具以

狀聞。詔以申徽爲刺史。徵整赴闕，授壽昌郡守，封（驤）〔襄〕武縣男，〔二四〕邑二百戶。太祖謂整曰：「卿少懷英略，早建殊勳，今者官位，未足酬賞。方當與卿共平天下，同取富貴。」遂立爲瓜州義首。仍除持節、撫軍將軍、通直散騎常侍、大都督。

整以國難未寧，常願舉宗効力。遂率鄉親二千餘人入朝，隨軍征討。整善於撫馭，躬同豐約，是以人衆竝忘覊旅，盡其力用。遷使持節、車騎將軍、儀同三司、散騎常侍。太祖常從容謂整曰：「卿遠祖立忠而去，卿今立忠而來，可謂積善餘慶，世濟其美者也。」整遠祖漢建威將軍邁，不爲王莽屈，其子稱避地河右。故太祖稱之云。尋除驃騎大將軍、開府儀同三司，加侍中。太祖又謂整曰：「卿勳同婁、項，義等骨肉，立身敦雅，可以範人。」遂賜姓宇文氏，并賜名整焉。宗人二百餘戶，竝列屬籍。

孝閔帝踐阼，拜司憲中大夫。處法平允，爲當時所稱。進爵彭陽縣公，增邑一千戶。

初，梁興州刺史席固以州來附，太祖以固爲豐州刺史。固莅職既久，猶習梁法，凡所施爲，多虧治典。朝議密欲代之，而難其選。遂令整權鎮豐州，委以代固之略。整廣布威恩，傾身撫接，數月之間，化洽州府。於是除整豐州刺史，以固爲湖州。豐州舊治，不居人民，〔二五〕賦役參集，勞逸不均。整請移治武當，詔可其奏。獎勵撫導，遷者如歸，旬月之間，城府周備。固之遷也，其部曲多願留爲整左右，整諭以朝制，弗之許也，流涕而去。及整秩

滿代至，民吏戀之，老幼送整，遠近畢集，數日停留，方得出界。其得人心如此。拜御正中大夫，出爲中華郡守，轉同州司會，遷始州刺史。整雅識情僞，尤明政術，恭謹廉慎，常懼盈滿，故歷居內外，所在見稱。天和六年，進位大將軍，增邑通前二千一百戶。

晉公護之初執政也，欲委整以腹心。整辭不敢當，頗迕其意，護以此疎之。及護誅，附會者咸伏法，而整獨保全。時人稱其先覺。建德二年卒，時年六十一。贈本官，加鄜宜豳鹽四州諸軍事、鄜州刺史，謚曰襄。子熙嗣。

熙字長熙。性方雅，有度量，雖在私室，容止儼然。非一時賢俊，未嘗與之遊處。善騎射，解音律，涉羣書，尤明三禮。累遷居職任，竝有能名。大象中，位至吏部中大夫、儀同大將軍。

整弟休，幼聰敏，有文武材。起家太學生。後與整同起兵逐張保，授都督。累遷大都督、樂安郡守。入爲中外府樂曹參軍。時諸功臣多爲本州刺史，晉公護謂整曰：「以公勳望，應得本州，但朝廷藉公委任，無容遠出。然公門之內，須有衣錦之榮。」乃以休爲燉煌郡守。在郡十餘年，甚有政績。進位儀同三司，遷合州刺史。尋卒官。

司馬裔字遵胤，河內溫人也，晉宣帝弟太常馗之後。曾祖楚之，屬宋武帝誅晉氏戚屬，避難歸魏。位至使持節、侍中、鎮西大將軍、開府儀同三司、朔州刺史，封琅邪王。

裔少孤，有志操，州郡辟召，竝不應命。起家司徒府參軍事。後以軍功，授中堅將軍、員外散騎常侍。及魏孝武西遷，裔時在鄴，潛歸鄉里，志在立功。

大統三年，大軍復弘農，乃於溫城起義，遣使送款。與東魏將高永洛、王陵等晝夜交戰。衆寡不敵，義徒死傷過半。及大軍東征，裔率所部從戰河橋，又別攻懷縣，獲其將吳輔叔。自此頻與東魏交戰，每有克獲。六年，授河內郡守。尋加持節、平東將軍、北徐州刺史。八年，率其義衆入朝。太祖嘉之，特蒙賞勞。頃之，河內有四千餘家歸附，竝裔之鄉舊，乃授前將軍、太中大夫，領河內郡守，令安集流民。十三年，攻拔東魏平齊、柳泉、蓼塢三城，獲其鎮將李熙之。加授都督。

十五年，〔二六〕太祖令山東立義諸將等能率衆入關者，竝加重賞。裔領戶千室先至，太祖欲以封裔。裔固辭曰：「立義之士，辭鄉里，捐親戚，遠歸皇化者，皆是誠心內發，豈裔能率之乎。今以封裔，便是賣義士以求榮，非所願也。」太祖善而從之。授帥都督，拜其妻元爲襄城郡公主。十六年，大軍東伐，裔請爲前鋒。遂入建州，破東魏將劉雅興，拔其五城。

魏廢帝元年，徵裔，令以本兵鎮漢中。除白馬城主，帶華陽郡守，加授撫軍將軍、大都

督、通直散騎常侍。二年，轉鎮宋熙郡。尋率所部兵從尉遲迥伐蜀，與叱羅協破叛兵趙雄傑於槐林，平鄧朏於梓潼。以功賜爵龍門縣子，〔二七〕行潼州刺史。尋行新城郡事。〔二八〕魏恭帝元年，授使持節、車騎大將軍、儀同三司、散騎常侍、本郡中正。

孝閔帝踐阼，除巴州刺史，進使持節、驃騎大將軍、開府儀同三司，進爵琅邪縣伯，邑五百戶。〔二九〕保定二年，入爲御伯中大夫，增邑通前一千五百戶。四年，轉御正中大夫，進爵爲公。大軍東討，裔率義兵與少師楊摽守軹關，即授懷州刺史、東道慰勞大使。五年，轉始州刺史。

天和初，信州蠻酋冉令賢等反，連結二千餘里。裔隨上庸公陸騰討之。裔自開州道入，先遣使宣示禍福。蠻酋冉三公等三十餘城皆來降附。〔三〇〕進次雙城，蠻酋向寶勝等率其種落，據險自固。向天王之徒，爲其外援。裔晝夜攻圍，腹背受敵。自春至秋，五十餘戰。寶勝糧仗俱竭，力屈乃降。時尚有籠東一城未下，尋亦拔之。又獲賊帥冉西梨、向天王等。出師再朞，羣蠻率服。拜信州刺史。五年，遷潼州刺史。六年，徵拜大將軍，除西寧州刺史。未及之部，卒於京師。

裔性清約，不事生業，所得俸祿，竝散之親戚，身死之日，家無餘財。宅宇卑陋，喪庭無所，有詔爲起祠堂焉。贈大將軍，加懷邵汾晉四州刺史。謚曰定。〔三一〕子偘嗣。

偘字道遷，少敢勇，未弱冠，便從戎旅。保定四年，隨少師楊摽東征。與齊人交戰，摽爲敵所擒，偘力戰得免。天和二年，授右侍上士，加都督，進大都督。從大軍攻晉州，以功授使持節、車騎將軍、儀同三司。又從平幷、鄴，除樂安郡守。後更論晉州及平齊勳，加驃騎大將軍、開府儀同三司。遷兗州刺史。未之部而卒。贈本官，加豫州刺史，謚曰惠。子運嗣。

裴果字戎昭，河東聞喜人也。祖思賢，魏青州刺史。父遵，齊州刺史。

果少慷慨，有志略。魏太昌初，起家前將軍、乾河軍主，除陽平郡丞。太祖曾使幷州，與果相遇。果知非常人，密託附焉。永安末，盜賊蜂起。果從軍征討，乘黃驄馬，衣青袍，每先登陷陣，時人號爲「黃驄年少」。永熙中，授河北郡守。

及齊神武敗於沙苑，果乃率其宗黨歸闕。太祖嘉之，賜田宅、奴婢、牛馬、衣服、什物等。從戰河橋，解玉壁圍，竝摧鋒奮擊，所向披靡。大統九年，又從戰邙山，於太祖前挺身陷陣，生擒東魏都督賀婁烏蘭。〔三二〕勇冠當時，人莫不歎服。以此太祖愈親待之，補帳內都督，遷平東將軍。後從開府楊忠平隨郡、安陸，以功加大都督，除正平郡守。正平，果本郡

也。以威猛爲政，百姓畏之，盜賊亦爲之屛息。遷使持節、車騎大將軍、儀同三司、散騎常侍、司農卿。又從大將軍尉遲迥伐蜀。果率所部爲前軍，開劍閣，破李慶保，〔三三〕降楊乾運，皆有功。魏廢帝二年，授龍州刺史，封冠軍縣侯，邑五百戶。俄而州民張道、李祏驅率百姓，〔三四〕圍逼州城。時糧仗皆闕，兵士又寡，果設方略以拒之，賊便退走。於是出兵追擊，累戰破之。旬月之間，州境清晏。轉陵州刺史。

孝閔帝踐阼，除隆州刺史。加使持節、驃騎大將軍、開府儀同三司，進爵爲公，增邑一千戶。武成末，轉眉州刺史。保定五年，授復州刺史。果性嚴猛，能斷決，每抑挫豪右，申理屈滯，歷牧數州，號爲稱職。天和二年，卒於位。贈本官，加綿晉建三州刺史。謚曰質。子孝仁嗣。

孝仁幼聰敏，涉獵經史，有譽於時。起家舍人上士。累遷大都督、儀同三司。出爲長寧鎮將。扞禦齊人，甚有威邊之略。建德末，遷建州刺史，轉譙州刺史。大象末，又遷亳州刺史。

鄭偉等之以梁州歸款，時劉志亦以廣州來附。

志，弘農華陰人，本名思，漢太尉寬之十世孫也。高祖隆，宋武帝平姚泓，以宗室首望，召拜馮翊郡守。後屬赫連氏入寇，避地河洛，因家于汝潁。祖善，魏（大）〔天〕安中，舉秀才，〔三五〕拜中書博士。後至弘農郡守、北雍州刺史。父褒，汝南郡守，贈徐州刺史。

志少好學，博涉羣書，植性方重，兼有武略。魏正光中，以明經徵拜國子助教，除行臺郎中。永安初，加宣威將軍、給事中。二年，轉東中郎府司馬、征虜將軍。永熙二年，除安北將軍、銀青光祿大夫、廣州別駕。三年，齊神武舉兵入洛，魏孝武西遷。志據城不從東魏，潛遣間使，奉表長安。魏孝武嘉之，授缺二字長史、〔三六〕襄城郡守。後齊神武遣兵攻圍，志力屈城陷，潛遁得免。

大統三年，太祖遣領軍將軍獨孤信復洛陽。志糺合義徒，舉廣州歸國。拜大丞相府墨曹參軍，封華陰縣男，邑二百戶。加大都督、撫軍將軍，轉中外府屬，遷國子祭酒。世宗出牧宜州，太祖以志爲幕府司錄。世宗雅愛儒學，特欽重之，事無大小，咸委於志。志亦忠恕謹慎，甚得匡贊之體。太祖嘉之，嘗謂之曰：「卿之所爲，每會吾志。」於是遂賜名志焉。仍於宜州賜田宅，令徙居之。世宗遷莅岐州，又令志以本官翊從。及世宗卽位，除右金紫光祿大夫、車騎大將軍、儀同三司，進爵武鄉縣公，增邑通前一千戶，仍賜姓宇文氏。高祖時爲魯公，詔又以志爲其府司馬。

高祖嗣位，進授驃騎大將軍、開府儀同三司，拜刑部中大夫。志執法平允，甚得時譽。

蓮芍界內，數有羣盜攻劫行旅，郡縣不能制。乃以志爲延壽郡守以督之。志示以恩信，羣盜相率請罪。志表陳其狀，詔竝免之。自是郡界肅清，寇盜屛息。遷使持節、成州諸軍事、成州刺史。政存寬恕，民吏愛之。天和五年卒。贈大將軍、揚州刺史，謚曰文。子子明嗣。

子明弘雅有父風。歷官右侍上士、大都督、絳州別駕。隋文帝踐極，除行臺郎中、順陽郡守。子明弟子陵，司右中士、帥都督、涼州別駕。隋開皇初，拜姑臧郡守。尋加儀同三司。歷衞州蔚州長史、幽州總管府〔司馬、朔州總管府〕長史。〔三七〕

史臣曰：昔陽貨外叛，庶其竊邑，而春秋譏之；韓信背項，陳平歸漢，而史遷美之。蓋以運屬既安，君道已著，則狗利忘德者，罪也；時逢擾攘，臣禮未備，則轉禍爲福者，可也。鄭偉、崔彥穆等之在山東，竝以不羈之才，邅回於鸞雀，終能翻然豹變，自致龜組，其知機之士歟。王士良之仕于齊，班職上卿，出爲牧伯，而臨危苟免，失忠與義，其背叛之徒歟。令狐整器幹確然，雅望重於河右，處州里則勳著方隅，升朝廷則績宣中外。而畏避權寵，克保終吉。不如是，亦何以立趡名、取高位乎。

二十四史

中華書局

校勘記

〔一〕祖思明　文苑英華卷九四七庾信鄭偉墓誌銘作「祖徹」。或是名「徹」字「思明」。

〔二〕及卽位　宋本此下缺四字。

〔三〕累遷都督二豫郢雍四州諸軍征東將軍豫州刺史兼尚書右僕射　魏書卷五六鄭羲傳附從孫先護作「又轉都督二豫東雍三州諸軍事、征東將軍、豫州刺史，餘官如故，又兼尚書右僕射，二豫、郢、潁四州行臺」。周書乃合都督之三州和行臺所治之四州，而又以「東雍」爲「雍」，舉「郢」遺「潁」，恐是删併之疏。

〔四〕贈使持節都督靑齊兗豫四州刺史　魏書鄭羲傳所督州作靑、齊、濟、兗。

〔五〕加車騎大將軍開府儀同三司　北史卷三五鄭羲附偉傳「車騎」作「驃騎」。文苑英華卷九四七庾信鄭偉墓誌銘云「仍除使持節、車騎大將軍、儀同三司，餘如故，遷驃騎大將軍、開府」，升遷有序。北史略去車騎一官可也，周書以車騎合於開府，實誤。

〔六〕偉族人頂　文苑英華卷九一九庾信宇文常碑、卷九四七鄭常墓誌銘「頂」作「頊」。

〔七〕遷信東徐南兗三州刺史　英華鄭常墓誌銘云：「保定三年，授使持節都督遷州諸軍事、遷州刺史。」按遷州見隋書卷二九地理志上房陵郡。則「遷」是州名。這裏既稱三州，則「遷」作遷轉解。疑本作「四州」，後人誤解「遷」字，以爲只有信、東徐、南兗三州，就改「四」爲「三」。然信州不見

宇文常碑誌，而碑又稱「保定三年授都督據傳校本加督字羅州諸軍事、羅州刺史」，又和誌不同。

〔八〕賜爵饒陽侯　英華宇文常碑稱常以永安縣男襲父封魏昌縣伯，進爵廣饒郡開國公，墓誌同，均不載封「饒陽侯」，且碑誌題皆稱「廣饒公」，疑傳誤。

〔九〕其先遼西石城人　文苑英華卷九〇五庾信爾綿永碑云：「東燕遼東郡石城縣零泉里人也。」按魏書卷一〇六地形志上石城屬營州建德郡，建德與遼東相鄰，或曾隸遼東。遼西郡遠在其南，地形志屬平州，所屬無石城縣。疑傳誤。

〔一〇〕天和四年授小司寇　「四年」，英華爾綿永碑作「二年」。

〔一一〕尋爲右二軍總管　英華爾綿永碑作「左廂第三軍總管」。

〔一二〕子岌嗣官至儀同三司兵部下大夫　英華爾綿永碑作「使持節、儀同大將軍、領兵部大夫」。疑碑是。

〔一三〕除行臺左中兵郎中　北史卷六七王士良傳「左」作「右」。

〔一四〕授士良大行臺右丞　北史本傳「右」作「左」。

〔一五〕建德六年授并州刺史　按卷四〇宇文神舉傳稱「并州平，卽授并州刺史」，又云「宣政元年，轉司武上大夫」。卷六武帝紀建德六年十二月稱東壽陽土人襲并州城，「刺史東平公宇文神舉破平之」。據紀、傳，自建德五年十二月北周佔領并州後，宇文神舉卽任刺史，至宣政元年始內召。士良安得於建德六年任此官。然下云「去鄉既久，忽臨本州」，又似確任并州。

〔一六〕擒東魏郡守蘇淑　卷二文帝紀下宋本「淑」作「宿」，殿本作「定」。參卷二校記第一二條。

〔一七〕斬其刺史李景(道)〔遺〕　張森楷云：「北齊書李元忠傳卷二二作『李景遺』。」按北齊書稱景遺爲前潁川太守元洪威所襲殺，與此傳合，作「景道」誤，今據改。

〔一八〕及于謹(平)〔伐〕江陵　宋本、汲本和北史本傳「平」作「伐」，是，今據改。

〔一九〕俄拜安州總管十一州諸軍事　北史本傳作「十二州」。

〔二〇〕甚爲江陵所稱　北史本傳、册府卷六五四七八三六頁「陵」作「表」。按彥穆乃出使於陳，作「表」是。

〔二一〕刺史魏東陽王元榮　魏書卷一一孝莊紀永安二年閏七月「封瓜州刺史元太榮爲東陽王」。這裏作「元榮」，是雙名單稱。

〔二二〕及鄧彥竊瓜州　卷三二申徽傳「鄧」作「劉」，見卷三二校記第二條。北史卷六七令狐整傳、册府卷三七三四四三三頁「竊」下有「據」字，疑是。

〔二三〕具以整父兄等竝在城中　張森楷云：「『具』當作『且』。」按北史本傳、册府同上卷頁正作「且」，張說是。但作「具」亦可通，今不改。

〔二四〕封(驤)〔襄〕武縣男　北史本傳、册府同上卷頁、通鑑卷一五九四九三八頁「驤」都作「襄」。按襄武

縣見魏書卷一〇六下地形志下、隋書卷二九地理志上隴西郡，又見隋志武威郡姑臧縣條。「驤」字誤，今據改。

〔二五〕豐州舊治不居人民　北史本傳作「豐州舊不居民中」。按這裏是說豐州治所偏僻北史避諱省「治」字，不是地方中心的意思，故下云「賦役參集，勞役不均」。若言「不居人民」，則是於無人之地建治，恐非。疑北史是。

〔二六〕十五年　文苑英華卷九〇四庾信司馬裔碑作「十三年」。

〔二七〕以功賜爵龍門縣子　英華卷九四七庾信司馬裔墓誌「子」作「伯」，碑作「子」。

〔二八〕尋行新城郡事　英華司馬裔碑作「仍領新州」。按隋書卷二九地理志上新城郡條云：「梁末置新州」，則本是一地，但行郡、領州，不知孰是。

〔二九〕進爵琅邪縣伯邑五百戶　英華司馬裔碑「伯」作「公」。墓誌亦作「公」，而云「食邑一千五百戶」，則是舉其最後食戶數。傳下稱保定二年「增邑通前一千五百戶」，四年，「轉御正中大夫，進爵爲公」。碑則云：「尋轉大御正，邑一千一百戶」。此一千一百戶若指食戶全數，則保定四年食邑尙不足一千五百戶；若是增邑，則通前爲一千六百戶。紀載參差，碑誌皆庾信文而亦自相牴牾，無從取正。

〔三〇〕蠻酋冉三公等三十餘城皆來降附　卷四九蠻傳稱：「司馬裔又别下其二十餘城，獲蠻帥冉三公

等」，城數不同，英華司馬裔碑則云：「前後平十一城」，城數更少。

〔三一〕謚曰定　英華司馬裔墓誌「定」作「莊」，碑亦作「定」。

〔三二〕生擒東魏都督賀婁烏蘭　北史卷三八裴果傳作「賀婁焉邏蘭」。

〔三三〕破李慶保　北史本傳、册府卷三九五四六八九頁作「季慶堡」，册府卷三五五四二一四頁作「李慶堡」。按「季」、「李」不知孰是，「保」疑當作「堡」。

〔三四〕俄而州民張道李祏驅率百姓　諸本「祏」都作「拓」。北史本傳作「張遁、李拓」。周書卷一九、北史卷六〇宇文貴傳亦有紛歧。「祏」與「拓」，「道」與「遁」形近，未知孰是。參卷一九校記第三四條。

〔三五〕魏(大)〔天〕安中舉秀才　宋本「大」作「天」。按「天安」爲魏獻文帝年號，「大」字訛，今改正。

〔三六〕授缺二字長史　張森楷云：「據通鑑卷一五七，四八八九頁作『廣州長史』，則缺二字是廣州也。」

〔三七〕幽州總管府〔司馬朔州總管府〕長史　按總管府下北本、汲本、殿本脫「司馬朔州總管府」七字。今據宋本、南本、局本補。

周書卷三十七

列傳第二十九

寇儁　韓褒　趙肅　張軌　李彥　郭彥　裴文舉 高賓

寇儁字祖儁，上谷昌平人也。祖讚，魏南雍州刺史。父臻，安遠將軍、郢州刺史。〔一〕

儁性寬雅，幼有識量，好學強記。兄祖訓、祖禮及儁，竝有志行。閨門雍睦，白首同居。父亡雖久，而猶於平生所處堂宇，備設帷帳几杖，以時節列拜，垂涕陳薦，若宗廟焉。吉凶之事，必先啓告，遠行往返，亦如之。性又廉恕，不以財利爲心。家人曾賣物與人，而剩得絹五匹。〔二〕儁於後知之，乃曰：「惡木之陰，不可暫息；盜泉之水，無容悞飲。得財失行，吾所不取。」遂訪主還之。其雅志如此。

以選爲魏孝文帝挽郎，除奉朝請。大乘賊起，燕齊擾亂，〔三〕儁參護軍事東討，以功授

員外散騎侍郎，遷尚書左民郎中。以母憂不拜。正光三年，拜輕(騎)〔車〕將軍，〔四〕遷揚烈將軍、司空府功曹參軍，轉主簿。時靈太后臨朝，減食祿官十分之一，造永寧佛寺，令儁典之。資費巨萬，主吏不能欺隱。寺成，又極壯麗。靈太后嘉之，除左軍將軍。孝昌中，朝議以國用不足，乃置鹽池都將，秩比上郡。前後居職者，多有侵隱。乃以儁爲之。加龍驤將軍，仍主簿。

永安初，華州民史底與司徒楊椿訟田。長史以下，以椿勢貴，皆言椿直，欲以田給椿。儁曰：「史底窮民，楊公橫奪其地。若欲損不足以給有餘，見使雷同，未敢聞命。」遂以地還史底。孝莊帝後知之，嘉儁守正不撓，卽拜司馬，賜帛百匹。其附椿者，咸譴責焉。

二年，出爲左將軍、(涼)〔梁〕州刺史。〔五〕民俗荒獷，多爲盜賊。儁乃令郡縣立庠序，勸其耕桑，敦以禮讓，數年之中，風俗頓革。梁遣其將曹琰之鎭魏興，繼日版築。琰之屢擾疆埸，邊人患之。儁遣長史杜休道率兵攻克其城，幷擒琰之。琰之卽梁大將軍景宗之季弟也。〔六〕於是梁人憚焉。屬魏室多故，州又僻遠，梁人知無外援，遂遣大兵頓魏興，志圖攻取。儁撫勵將士，人思効命。梁人知其得衆心也，弗之敢逼。儁在州清苦，不治產業。秩滿，其子等竝徒步而還。吏人送儁，留連於道，久之乃得出界。

大統二年，〔七〕東魏授儁洛州刺史，儁因此乃謀歸闕。五年，將家及親屬四百餘口入

闕，拜祕書監。時軍國草創，墳典散逸，儁始選置令史，抄集經籍，四部羣書，稍得周備。加鎭東將軍，封西安縣男，邑二百戶。十七年，除車騎大將軍、儀同三司，加散騎常侍。儁以年老乞骸骨，太祖弗許。遂稱疾篤，不復朝覲。魏恭帝三年，賜姓若口引氏。

孝閔帝踐阼，進爵爲子，增邑五百戶。武成元年，進驃騎大將軍、開府儀同三司，增邑并前二千戶。儁年齒雖邁，而志識未衰，教授子孫，必先禮典。世宗尙儒重道，〔八〕特欽賞之，數加恩錫，思與相見。儁不得已，乃入朝。世宗與同席而坐，因顧訪洛陽故事。儁身長八尺，鬚鬢皓然，容止端詳，音韻清朗。帝與之談論，不覺屢爲前膝。及儁辭還，帝親執其手曰：「公年德俱尊，朕所欽尙，乞言之事，所望於公。宜數相見，以慰虛想。」以御輿令於帝前乘出。顧謂左右曰：「如此之事，唯積善者可以致之。何止見重於今，亦將傳之萬古。」時人咸以爲榮。保定三年卒，時年八十。〔九〕高祖歎惜之，贈本官，加冀定瀛三州諸軍事、冀州刺史，謚曰元。

儁篤於仁義，期功之有孤者，衣食豐約，俱與之同。少爲司徒崔光所知，光命其子勵與儁結友。儁每造光，常清言移日。小宗伯盧辯以儁業行俱崇，待以師友之禮。每有閑暇，輒詣儁讌語彌日。恆謂人曰：「不見西安君，煩憂不遣。」其爲通人所敬重如此。

子奉，位至儀同三司、大將軍、順陽郡守、洵州刺史、昌國縣公。〔一〇〕奉弟顒，少好學，最

知名。居喪哀毀。歷官儀同大將軍，掌朝、布憲、典祀下大夫，〔一一〕小納言，濩澤郡公。

韓褎字弘業，其先潁川潁陽人也。徙居昌黎。祖瓌，魏鎭西將軍、平涼郡守，安定郡公。父演，征虜將軍、中散大夫、恆州刺史。

褎少有志尙，好學而不守章句。其師怪而問之。對曰：「文字之間，常奉訓誘。至於商較異同，請從所好。」師因此大奇之。及長，涉獵經史，深沉有遠略。魏建明中，起家奉朝請。加彊弩將軍，遷太中大夫。

屬魏室喪亂，褎避地於夏州。時太祖爲刺史，素聞其名，待以客禮。及賀拔岳爲侯莫陳悅所害，諸將遣使迎太祖。太祖問以去留之計。褎曰：「方今王室凌遲，海內鼎沸。使君天資英武，恩結士心。賀拔公奄及於難，物情危駭。寇洛自知庸懦，委身而託使君。若總兵權，據有關中之地，此天授也，何疑乎！且侯莫陳悅亂常速禍，乃不乘勝進取平涼，反自遁逃，屯營洛水。〔一二〕斯乃井中蛙耳，使君往必擒之。不世之勳，在斯一舉。時者，難得而易失，誠願使君圖之。」太祖納焉。

太祖爲丞相，引褎爲錄事參軍，賜姓侯呂陵氏。〔一三〕大統初，遷行臺左丞，賜爵三水縣伯。尋轉丞相府屬，加中軍將軍、銀青光祿大夫。二年，梁人北寇商洛，東魏復侵樊鄧，於是以褎爲鎭南將軍、丞相府從事中郎，出鎭淅酈。居二年，徵拜丞相府司馬，進爵爲侯。

出爲北雍州刺史，加衞大將軍。州帶北山，多有盜賊。褎密訪之，並豪右所爲也，而陽不之知，厚加禮遇。謂之曰：「刺史起自書生，安知督盜，所賴卿等共分其憂耳。」乃悉詔桀黠少年素爲鄉里患者，署爲主帥，分其地界。有盜發而不獲者，以故縱論。於是諸被署者，莫不惶懼。皆首伏曰：「前盜發者，並某等爲之。」所有徒侶，皆列其姓名。或亡命隱匿者，亦悉言其所在。褎乃取盜名簿藏之。因大牓州門曰：「自知行盜者，可急來首，卽除其罪。盡今月不首者，顯戮其身，籍沒妻子，以賞前首者。」旬日之間，諸盜咸悉首盡。褎取名簿勘之，一無差異。並原其罪，許以自新。由是羣盜屛息。入爲給事黃門侍郎。九年，遷侍中。

十二年，除都督、西涼州刺史。羌胡之俗，輕貧弱，尙豪富。豪富之家，侵漁小民，同於僕隸。故貧者日削，豪者益富。褎乃悉募貧人，以充兵士，優復其家，蠲免徭賦。又調富人財物以振給之。每西域商貨至，又先盡貧者市之。於是貧富漸均，戶口殷實。十六年，加大都督、涼州諸軍事。魏廢帝元年，轉會州刺史。二年，進位車騎大將軍、儀同三司。尋加驃騎大將軍、開府儀同三司，進爵爲公。

保定二年，轉司會。三年，出爲汾州刺史。州界北接太原，當千里徑。先是齊寇數入，民廢耕桑，前後刺史，莫能防扞。褎至，適會寇來，褎乃不下屬縣。人既不及設備，以故多被抄掠。齊人喜相謂曰：「汾州不覺吾至，先未集兵。今者之還，必莫能追躡我矣。」由是益懈，不爲營壘。褎已先勒精銳，伏北山中，分據險阻，邀其歸路。乘其衆怠，縱伏擊之，盡獲

其衆。故事，獲生口者，並囚送京師。褎因是奏曰：「所獲賊衆，不足爲多。俘而辱之，但益其忿耳。請一切放還，以德報怨。」有詔許焉。自此抄兵頗息。四年，遷河洮封三州諸軍事、〔一四〕河州總管。天和三年，轉鳳州刺史。尋以年老請致仕，詔許之。五年，拜少保。

褎歷事三帝，以忠厚見知。高祖深相敬重，常以師道處之。每入朝見，必有詔令坐，然後始與論政事。〔一五〕七年，卒。贈涇岐燕三州刺史。謚曰貞。子繼伯嗣。

趙肅字慶雍，河南洛陽人也。世居河西。及沮渠氏滅，曾祖武始歸於魏，賜爵金城侯。祖興，中書博士。父申侯，舉秀才，後軍府主簿。

肅早有操行，知名於時。魏正光五年，酈元爲河南尹，辟肅爲主簿。孝昌中，起家殿中侍御史，加威烈將軍、奉朝請、員外散騎侍郎。尋除直後，轉直寢。永安初，授廷尉（天）平，二年，轉監。後以母憂去職，起爲廷尉正。〔一六〕以疾免。久之，授征虜將軍、中散大夫，遷左

將軍、太中大夫。東魏天平初，除新安郡守。秩滿，還洛。

大統三年，獨孤信東討，肅率宗人爲鄉導。授司州治中，轉別駕。監督糧儲，軍用不匱。太祖聞之，謂人曰：「趙肅可謂洛陽主人也。」七年，加鎮南將軍、金紫光祿大夫、都督，仍別駕。領所部義徒，據守大塢。又兼行臺左丞，東道慰勞。九年，行華山郡事。

十三年，除廷尉少卿。明年元日，當行朝禮，非有封爵者，不得預焉。肅時未有茅土。左僕射長孫儉白太祖請之。太祖乃召肅謂曰：「歲初行禮，豈得使卿不預，然何爲不早言也？」於是令肅自選封名。肅曰：「河清乃太平之應，竊所願也。」於是封清河縣子，邑三百戶。十六年，除廷尉卿，加征東將軍。肅久在理官，執心平允。凡所處斷，咸得其情。廉慎自居，不營產業。時人以此稱之。十七年，進位車騎大將軍、儀同三司、散騎常侍，賜姓乙弗氏。

先是，太祖命肅撰定法律。肅積思累年，遂感心疾。去職，卒於家。子正禮，齊王憲府屬、大都督、新安郡守。〔一七〕

時有高平徐招少好法律。發言措筆，常欲辨析秋毫。歷職內外，有當官之譽。從魏孝武入關，爲給事黃門侍郎、尚書右丞。時朝廷播遷，典章有闕，至於臺閣軌儀，多招所參定。論者稱之。尋遷侍中、度支尚書。大統初，卒。

張軌字元軌，濟北臨邑人也。父崇，高平令。

軌少好學，志識開朗。初在洛陽，家貧，與樂安孫樹仁爲莫逆之友，每易衣而出。以此見稱。永安中，隨爾朱榮擊元顥，除討寇將軍、奉朝請。軌常謂所親曰：「秦雍之間，必有王者。」爾朱氏敗後，遂杖策入關。賀拔岳以軌爲記室參軍，典機務。尋轉倉曹，加鎮遠將軍。時穀糴湧貴，或有請貸官倉者。軌曰：「以私害公，非吾宿志。濟人之難，詎得相違。」乃賣所服衣物，糴粟以賑其乏。

及岳被害，太祖以軌爲都督，從征侯莫陳悅。悅平，使於洛陽。見領軍斛斯椿，椿曰：「高歡逆謀，已傳行路。人情西望，以日爲年。未知宇文何如賀拔也？」軌曰：「宇文公文足經國，武可定亂。至於高識遠度，非愚管所測。」椿曰：「誠如卿言，眞可恃也。」太祖爲行臺，授軌郎中。魏孝武西遷，除中書舍人，封壽張縣子，邑三百戶，加左將軍、濟州大中正，兼著作佐郎，修起居注。遷給事黃門侍郎，兼吏部郎中。六年，出爲河北郡守。在郡三年，聲績甚著。臨人治術，有循吏之美。大統間，宰人者多推尚之。入爲丞相府從事中郎，行武功郡事。章武公導出鎮(泰)〔秦〕州，〔一八〕以軌爲長史。加撫軍將軍、大都督、通直散騎常侍。魏廢帝元年，進車騎大將軍、儀同三司、散騎常侍。二年，賜姓宇文氏，行南秦州事。魏恭帝二年，徵拜度支尚書，復除隴右府長史。卒於位，時年五十五。謚曰質。軌性清素，臨終之日，家無餘財，唯有素書數百卷。

子肅，世宗初，爲宣納上士，轉中外府記室參軍、中山公訓侍讀。早有才名，性頗輕猾，時人比之魏諷。卒以罪考竟終。

李彥字彥士，梁郡下邑人也。祖先之，〔一九〕魏淮南郡守。父靜，南青州刺史。

彥少有節操，好學慕古，爲鄉閭之所敬憚。孝昌中，解褐奉朝請，加輕車將軍。從魏孝武入關，兼著作佐郎，修起居注。加寧朔將軍，進號冠軍將軍、中散大夫，遷平東將軍、太中大夫。大統初，除通直散騎侍郎。三年，拜安東將軍、銀青光祿大夫、太保轉太傅長史、儀曹郎中、左民郎中。十二年，省三十六曹爲十二部，改授民部郎中，封平陽縣子，邑三百戶。十五年，進號中軍將軍，兼尚書左丞，領選部。大軍東討，加持節、大都督、通直散騎常侍，掌留臺事。魏廢帝初，拜尚書右丞，轉左丞。〔二〇〕

彥在尚書十有五載，屬軍國草創，庶務殷繁，留心省閱，未嘗懈怠。斷決如流，略無疑

滯。臺閣莫不歎其公勤，服其明察。遷給事黃門侍郎，仍左丞。尋進車騎大將軍、儀同三司，賜姓宇文氏。出爲鄜州刺史。彥以東夏未平，固辭州任，詔許之。拜兵部尚書，加驃騎大將軍、開府儀同三司，仍兼著作。六官建，改授軍司馬，進爵爲伯。

彥性謙恭，有禮節。雖居顯要，於親黨之間，恂恂如也。輕財重義，好施愛士。時論以此稱之。然素多疾而勤於莅職，雖沉頓枕席，猶理務不輟，遂至於卒。時年四十六。謚曰敬。

彥臨終遺誡其子等曰：「昔人以窾木爲櫝，葛藟爲緘，下不亂泉，上不泄臭。此實吾平生之志也。但事既矯枉，恐爲世士所譏。今可斂以時服，葬於墝埆之地，勿用明器、芻塗及儀衞等。爾其念之。」朝廷嘉焉，不奪其志。

子昇明嗣。少歷顯職。大象末，太府中大夫、儀同大將軍。

郭彥，太原陽曲人也。其先從宦關右，遂居馮翊。父胤，郡功曹、靈武令。

彥少知名，太祖臨雍州，辟爲西曹書佐。尋除開府儀同主簿，轉司空記室、太尉府屬，遷虞部郎中。大統十二年，初選當州首望，統領鄉兵，除帥都督、持節、平東將軍。以居郎

官著稱，封龍門縣子，邑三百戶，進大都督，遷車騎大將軍、儀同三司、司農卿。是時，岷州羌酋傍乞鐵忽與鄭五醜等寇擾西服。彥從大將軍宇文貴討平之。魏恭帝元年，除兵部尚書。仍以本兵從柱國于謹南伐江陵。進驃騎大將軍、開府儀同三司，增邑五百戶，進爵爲伯。六官建，拜民部中大夫。

孝閔帝踐祚，出爲澧州刺史。蠻左生梗，未遵朝憲。至於賦稅，違命者多。聚散無恆，不營農業。彥勸以耕稼，禁共遊獵，〔二〕民皆務本，家有餘糧。亡命之徒，咸從賦役。先是以澧州糧儲乏少，每令荊州遞送。自彥蒞職，倉庾充實，無復轉輸之勞。

齊南安城主馮顯密遣使歸降，其衆未之知也。柱國宇文貴令彥率兵應接。齊人先令顯率所部送糧南下，彥懼其衆不從命，乃於路邀之。顯因得自拔。其衆果拒戰，彥縱兵奮擊，並虜獲之。以南安無備，卽引軍掩襲。顯外兵參軍鄒紹旣爲彥所獲，因請爲鄉導。彥遂夜至城下，令紹詐稱顯歸。門者開門待之，彥引兵而入，遂有其城。俘獲三千餘人。晉公護嘉之，進爵懷德縣公，邑一千戶。以南安懸遠，尋令班師。及秩滿還朝，民吏號泣送彥二百餘里。尋爲東道大使，觀省風俗。除蒲州總管府長史，入爲工部中大夫。

保定四年，護東討。彥從尉遲迥攻洛陽。迥復令彥與權景宣南出汝潁。及軍次豫州，彥請攻之。景宣以城守旣嚴，卒難攻取，將欲南轅，更圖經略。彥以奉命出師，須與大軍相

接。若向江畔立功，更非朝廷本意。固執不從，兼畫攻取之計。會其刺史王士良妻弟董遠秀密遣送款，景宣乃從。於是引軍圍之，士良遂出降。仍以彥鎮豫州，增邑六百戶。尋以洛陽班師，亦棄而不守。屬純州刺史樊舍卒，其地旣東接陳境，俗兼蠻左，初喪州將，境內騷然。朝議以彥威信著於東南，便令鎮撫。彥至，吏人畏而愛之。

天和元年，除益州總管府長史，轉隴右總管府長史。四年，卒於位。贈小司空、宜鄜丹三州刺史。

裴文舉字道裕，河東聞喜人也。祖秀業，魏中散大夫、天水郡守，贈平州刺史。父邃，性方嚴，爲州里所推挹。解褐散騎常侍、奉車都尉，累遷諫議大夫、司空從事中郎。大統三年，東魏來寇，邃乃糾合鄉人，分據險要以自固。時東魏以正平爲東雍州，遣其將司馬恭鎭之。每遣間人，扇動百姓。邃密遣都督韓僧明入城，喻其將士，卽有五百餘人，許爲內應。期日未至，恭知之，乃棄城夜走。因是東雍遂內屬。及李弼略地東境，邃爲之鄉導，多所降下。太祖嘉之，特賞衣物，封澄城縣子，邑三百戶，進安東將軍、銀青光祿大夫，加散騎常侍、太尉府司馬，除正平郡守。尋卒官。贈儀同三司、定州刺史。

文舉少忠謹，涉獵經史。大統十年，起家奉朝請，遷丞相府墨曹參軍。時太祖諸子年幼，盛簡賓友。文舉以選與諸公子遊，雅相欽敬，未嘗戲狎。遷威烈將軍、著作郎、中外府參軍事。魏恭帝二年，賜姓賀蘭氏。孝閔帝踐阼，襲爵澄城縣子。

齊公憲初開幕府，以文舉爲司錄。世宗初，累遷帥都督、寧遠將軍、大都督。及憲出鎮劍南，復以文舉爲益州總管府中郎。武成二年，就加使持節、車騎大將軍、儀同三司。蜀土沃饒，商販百倍。或有勸文舉以利者，文舉答之曰：「利之爲貴，莫若安身。身安則道隆，非貨之謂。是以不爲，非惡財也。」憲矜其貧窶，每欲資給之。文舉恆自謙遜，辭多受少。

保定三年，遷絳州刺史。邃之往正平也，〔三〕以廉約自守，每行春省俗，單車而已。及文舉臨州，一遵其法。百姓美而化之。總管韋孝寬特相欽重，每與談論，不覺膝前於席。天和初，進驃騎大將軍、開府儀同三司。尋爲孝寬柱國府司馬。六年，入爲司憲中大夫，進爵爲公，〔三〕增邑通前一千戶。俄轉軍司馬。建德二年，又增邑七百戶。

文舉少喪父，其兄又在山東，唯與弟璣幼相訓養，友愛甚篤。璣又早亡，文舉撫視遺孤，逾於己子。時人以此稱之。初，文舉叔父季和爲曲沃令，卒於聞喜川，而叔母韋氏卒於正平縣。屬東西分隔，韋氏墳壠在齊境。及文舉在本州，每加賞募。齊人感其孝義，潛相要結，以韋氏柩西歸，竟得合葬。

六年，除南青州刺史。宣政元年，卒於位。子胄嗣。官至大都督，早卒。

時有高賓者，歷官內外，亦以幹用見稱。

賓，渤海修人也。其先因官北邊，遂沒於遼左。祖暠，以魏太和初，自遼東歸魏。官至安定郡守、衞尉卿。父季安，〔四〕撫軍將軍、兗州刺史。

賓少聰穎，有文武幹用。仕東魏，歷官至龍驤將軍、諫議大夫、立義都督。同列有忌其能者，譖之於齊神武。賓懼及於難，大統六年，乃棄家屬，間行歸闕。太祖嘉之，授安東將軍、銀青光祿大夫。稍遷通直散騎常侍、撫軍將軍、大都督。世宗初，除咸陽郡守。政存簡惠，甚得民和。世宗聞其能，賜田園於郡境。賓旣羈旅歸國，親屬在齊，常慮見疑，無以取信。乃於所賜田內，多蒔竹木，盛構堂宇，幷鑿池沼以環之，有終焉之志。朝廷以此知無貳焉。加使持節、車騎大將軍、儀同三司、散騎常侍，賜姓獨孤氏。

武成元年，除御正下大夫，兼小載師，出爲益州總管府長史。保定初，徵拜計部中大夫，治中外府從事中郎，賜爵武陽縣伯。賓敏於從政，果敢決斷，案牘雖繁，綽有餘裕。轉太府中大夫、齊公憲府長史。天和二年，除鄀州諸軍事、鄀州刺史，進位驃騎大將軍、開府儀同三司，治襄州總管府司錄。六年，卒於州。時年六十八。子頴，爲隋文帝佐命。開皇

中，贈賓禮部尚書、武陽公。謚曰簡。

又有安定竇允，本姓牛氏，〔三五〕亦有器幹，知名於時。歷官侍中、驃騎大將軍、開府儀同三司、工部尚書、臨涇縣公，賜姓宇文氏。失其事，故不爲傳。允子弘，博學洽聞。宣政中，內史下大夫、儀同大將軍。大象末，復姓牛氏。

史臣曰：寇儁委質兩朝，以儒素見重。韓褒奉事三帝，以忠厚知名。趙肅平允當官。張軌循良播美。李彥譽流省閣。郭彥信著蠻陬。歷官外內，〔三六〕並當時之選也。文舉之在絳州，世載清德。辭多受少，有廉讓之風焉。〔三七〕

校勘記

〔一〕父臻安遠將軍郢州刺史　魏書卷四二寇讚附子臻傳作「遷建威將軍、郢州刺史」。漢魏南北朝墓誌集釋寇臻墓誌圖版二〇六稱臻以泚陽鎮將，遷假節、建威將軍、鑒安遠府諸軍事、郢州刺史」。據寇臻同書寇遵考墓誌圖版三六三云：「祖臻，驢即龍驤將軍、監安遠府諸軍事、幽郢二州刺史。」據寇臻墓誌，「驢驤將軍、幽州刺史」是贈官。這裏所云「安遠將軍」，據墓誌乃是「鑒監安遠府諸軍

事」，其本號是建威將軍。或前任郢州刺史的軍號是安遠將軍，其軍府爲安遠府，寇臻乃是以本將軍監府事。魏書卷一一三官氏志安遠將軍是第四品，建威將軍是從第四品下階，所以沒有逕授安遠，當是班階未到，不能驟遷之故。據此，傳作「安遠將軍」微誤。

〔二〕而剩得絹五匹　北史卷二七寇讚附孫儁傳作「而利得絹一匹」。

〔三〕大乘賊起燕齊擾亂　北史本傳「齊」作「趙」。按大乘教徒起義在冀州，作「趙」是。

〔四〕拜輕(騎)〔車〕將軍　宋本、南本、局本「騎」作「車」。按魏書卷一一三官氏志輕車將軍在從第五品，無「輕騎」。今據改。

〔五〕出爲左將軍(涼)〔梁〕州刺史　宋本及北史本傳「涼」作「梁」。按下文云：「梁遣其將曹琰之鎮魏興，繼日版築。琰之屢擾疆埸。」魏興與梁州近，故能「屢擾疆埸」，若是涼州，不應涉及魏興。作「梁」是，今據改。

〔六〕梁大將軍景宗　北史本傳「將」下無「軍」字。張森楷云：「景宗未嘗爲大將軍，此非實錄。」按「軍」字疑衍。

〔七〕大統二年　宋本和北史本傳「二」作「三」。

〔八〕世宗尙儒重道　宋本及北史本傳「道」作「德」。

〔九〕時年八十　北史本傳作「八十二」。

〔一〇〕子奉位至儀同三司大將軍順陽郡守洵州刺史昌國縣公　漢魏南北朝墓誌集釋有寇奉叔墓誌圖版三六二，奉叔卽奉，傳當是雙名單稱。誌稱奉叔周時終官和隋初贈官都是儀同大將軍。按卷六武帝紀建德四年十月改「儀同三司爲儀同大將軍」，是周末已無儀同三司之號。且大將軍亦決無加儀同三司之理。這裏「三司」二字衍。又傳稱洵州刺史，據誌則奉叔初官洵州贊治兼司馬，後遷別駕、長史。據卷四四泉企傳巴州改洵州後，其刺史仍是自稱巴州刺史之蠻帥杜清和。傳之刺史或爲長史之誤。又誌稱奉叔由昌國縣男，進封子、伯，未嘗封公。碑誌於父祖官爵，類多夸飾，而此乃低於本傳。當是唐初修史所據，乃唐時後人所上家狀之類，墓誌乃隋時所撰，距奉叔之死不久，尙難增高官爵，所述當得其實。

〔一一〕奉弟顒至歷官儀同大將軍掌朝布憲典祀下大夫　漢魏南北朝墓誌集釋圖版三六三有寇遵考墓誌，遵考卽顒。誌記歷官略有異同，遵考曾官鄉伯、司成、典祀等中大夫，則非終於下大夫。其最終官爲「翊師大將軍扶風郡守」。隋志卷二八百官志翊師將軍在正六品，當是隋初改制，以儀同大將軍轉。

〔一二〕屯營洛水　按卷一文帝紀稱侯莫陳悅「屯兵永洛」，「永洛」乃「水洛」之訛。此「洛水」疑亦是「水洛」誤倒。

〔一三〕賜姓侯呂陵氏　元和姓纂緝本卷六、通志氏族略五、古今姓氏書辨證卷二二「侯」作「俟」。然北

史卷九八高車傳見侯呂鄰部，蠕蠕傳見豆崙可汗妻侯呂陵氏。北朝胡姓考呂氏條一一八——一二〇頁引孝文弔比干文碑碑陰有「侯呂阿倪」，以爲「當以比干碑爲正」。

〔一四〕遷河洮封三州諸軍事　按封州不見地志，疑誤。

〔一五〕然後始與論政事　宋本及北史卷七〇韓褒傳「然」下無「後」字。按唐時「然始」連文，乃習用語法，疑「後」字乃後人妄加。

〔一六〕永安初授廷尉(天)平二年轉監後以母憂去職起爲廷尉正　張森楷云：「『天』字衍，『平』字屬廷尉爲句，是官名。平卑於監，故二年轉監。設如本文，則已爲廷尉矣，安得轉監？且其時未仕東魏，又安得於天平二年轉監也。『天』字誤衍無疑。」按魏書卷一一三官氏志第六品有廷尉正、監、評，和趙肅歷官相合。且下文又云：「東魏天平初，除新安郡守。」如果上文已紀天平二年歷官，下文不得云「天平初」。張說是，今據刪。

〔一七〕子正禮齊王憲府屬大都督新安郡守　北史本傳作「子軌」，在周只是「蔡王引爲記室」，或非一人。

〔一八〕章武公導出鎮(泰)〔秦〕州　局本和北史卷七〇張軌傳「泰」作「秦」。局本當依北史改。按卷一〇宇文導傳，導是秦州刺史，「泰」字誤，今據改。

〔一九〕祖先之　北史卷七〇李彥傳「先」作「光」。

〔二〇〕拜尚書右丞轉左丞　「右」原作「左」。諸本及北史本傳，册府卷四六七五五五八頁都作「右」。殿本刻誤，今逕改。

〔二一〕禁共遊獵　宋本「共」作「其」，兩通。

〔二二〕邃之往正平也　北史卷三八裴文舉傳「往」作「任」，較長。

〔二三〕進爵爲公　北史本傳「公」作「伯」。

〔二四〕父季安　北史卷七二高熲傳「季」作「孝」。

〔二五〕又有安定賨允本姓牛氏　隋書卷四九牛弘傳云：「本姓賨氏。……父允，魏侍中、工部尙書、臨涇公，賜姓爲牛氏。」北史卷七二牛弘傳大體採周書之說，以爲「本姓牛氏」，但訛「允」爲「元」，「賨」爲「遼」。

〔二六〕歷官外內　宋本、南本、北本、汲本「外」都作「出」。張元濟云「傳三六卽卷四四陽雄傳『任兼出內』」，以爲「外」字誤。按卷三〇竇熾附兄子毅傳宋本有「任兼出納」語，北史卷六一本傳作「出內」。卷三七傳論稱傳中諸人「歷官出內」，北史卷七〇傳論前半卽採周書此傳論作「出納」。「納」疑是「內」之訛。這裏自應作「出內」。但「出內」也卽是「外內」之意，今不回改。

〔二七〕有廉讓之風焉　宋本、南本、北本、汲本「焉」字下注「附高賓傳缺」。殿本考證云：「按賓乃附傳，不必有贊，今刪之。」

周書卷三十八

列傳第三十

蘇亮弟湛　柳虯　呂思禮　薛憕　薛寘　李昶　元偉

蘇亮字景順，武功人也。祖權，〔一〕魏中書侍郎、玉門郡守。父祐，泰山郡守。亮少通敏，博學，好屬文，善章奏。初舉秀才，至洛陽，遇河內常景。景深器之，退而謂人曰：「秦中才學可以抗山東者，將此人乎。」魏齊王蕭寶夤引爲參軍。後寶夤開府，復爲其府主簿。從寶夤西征，轉記室參軍。寶夤遷大將軍，仍爲之掾。寶夤雅知重亮，凡有文檄謀議，皆以委之。尋行武功郡事，甚著聲績。寶夤作亂，以亮爲黃門侍郎。亮善處人間，與物無忤。及寶夤敗，從之者遇禍，唯亮獲全。及長孫稚、爾朱天光等西討，竝以亮爲郎中，專典文翰。累遷鎭軍將軍、光祿大夫、散騎常侍、岐州大中正。賀拔岳爲關西行臺，引亮爲

左丞，典機密。

魏孝武西遷，除吏部郎中，加衞將軍、右光祿大夫。大統二年，拜給事黃門侍郎，領中書舍人。魏文帝子宜都王式爲秦州刺史，以亮爲司馬。帝謂亮曰：「黃門侍郎豈可爲秦州司馬，直以朕愛子出蕃，故以心腹相委，勿以爲恨。」臨辭，賜以御馬。七年，復爲黃門郎，加驃騎將軍。八年，遷都官尙書、使持節、行北華州刺史，封臨涇縣子，邑三百戶。除中書監，領著作，修國史。亮有機辯，善談笑。太祖甚重之。有所籌議，率多會旨。記人之善，忘人之過。薦達後進，常如弗及。故當世敬慕焉。十四年，除祕書監、車騎大將軍、儀同三司，尋拜大行臺尙書，出爲岐州刺史。朝廷以其作牧本州，特給路車、鼓吹，先還其宅，幷給騎士三千。列羽儀，遊鄉黨，經過故人，歡飲旬日，然後入州。世以爲榮。十七年，徵拜侍中。卒於位。贈本官。

亮少與從弟綽俱知名。然綽文章少不逮亮，至於經畫進趣，亮又減之。故世稱二蘇焉。亮自大統以來，無歲不轉官，一年或至三遷。僉曰才至，不怪其速也。所著文筆數十篇，頗行於世。子師嗣。以亮名重於時，起家爲黃門侍郎。

亮弟湛，字景儁。少有志行，與亮俱著名西土。年二十餘，舉秀才，除奉朝請，領侍御

史，加員外散騎侍郎。蕭寶夤西討，以湛爲行臺郎中，深見委任。及寶夤將謀叛逆，湛時臥疾於家。寶夤乃令湛從母弟天水姜儉謂湛曰：「吾不能坐受死亡，今便爲身計，不復作魏臣也。與卿死生榮辱，方當共之，故以相報。」湛聞之，舉聲大哭。儉遽止之曰：「何得便爾？」湛曰：「闔門百口，卽時屠滅，云何不哭。」哭數十聲，徐謂儉曰：「爲我白齊王，王本以窮而歸人，賴朝廷假王羽翼，遂得榮寵至此。既屬國步多虞，不能竭誠報德，豈可乘人間隙，便有問鼎之心乎。今魏德雖衰，天命未改。王之恩義，未洽於民，破亡之期，必不旋踵。蘇湛終不能以積世忠貞之基，一旦爲王族滅也。」寶夤復令儉謂湛曰：「此是救命之計，不得不爾。」湛復曰：「凡舉大事，當得天下奇士。今但共長安博徒小兒輩爲此計，豈有辦哉。湛不忍見荆棘生王戶庭也。願賜骸骨還舊里，庶歸全地下，無愧先人。」寶夤素重之，知必不爲己用，遂聽還武功。寶夤後果敗。

孝莊帝卽位，徵拜尚書郎。帝嘗謂之曰：「聞卿答蕭寶夤，甚有美辭，可爲我說之也。」湛頓首謝曰：「臣自惟言辭不如伍被遠矣，然始終不易，竊謂過之。但臣與寶夤周旋契闊，言得盡心，而不能令其守節，此臣之罪也。」孝莊大悅，加授散騎侍郎。尋遷中書侍郎。

孝武初，以疾還鄉里，終於家。贈散騎常侍、鎭西將軍、雍州刺史。

湛弟讓，字景恕。幼聰敏，好學，頗有人倫鑒識。初爲本州主簿，稍遷別駕、武都郡守、

鎭遠將軍、金紫光祿大夫。及太祖爲丞相，引爲府屬，甚見親待。〔二〕出爲衞將軍、南汾州刺史。治有善政。尋卒官。贈車騎大將軍、儀同三司、涇州刺史。

柳虯字仲蟠，司會慶之兄也。年十三，便專精好學。時貴遊子弟就學者，竝車服華盛，唯虯不事容飾。遍(授)〔受〕五經，〔三〕略通大義，兼博涉子史，雅好屬文。孝昌中，揚州刺史李憲舉虯秀才，兗州刺史馮儁引虯爲府主簿。既而樊子鵠爲吏部尚書，其兄義爲揚州。治中，加鎭遠將軍，〔四〕非其好也，遂棄官還洛陽。屬天下喪亂，乃退耕於陽城，有終焉之志。

大統三年，馮翊王元季海、領軍獨孤信鎭洛陽。于時舊京荒廢，人物罕極，唯有虯在陽城，裴諏在潁川。〔五〕信等乃俱徵之，以虯爲行臺郎中，諏爲都督府屬，竝掌文翰。時人爲之語曰：「北府裴諏，南省柳虯。」時軍旅務殷，虯勵精從事，或通夜不寢。季海嘗云：「柳郎中判事，我不復重看。」四年，入朝，太祖欲官之，虯辭母老，乞侍醫藥。太祖許焉。久之爲獨孤信開府從事中郎。信出鎭隴右，因爲秦州刺史，以虯爲二府司馬。雖處元僚，不綜府事，唯在信左右談論而已。因使見太祖，被留爲丞相府記室。追論歸朝功，封美陽縣男，邑二百戶。

虯以史官密書善惡，未足懲勸。乃上疏曰：

古者人君立史官，非但記事而已，蓋所以爲監誡也。動則左史書之，言則右史書之，彰善癉惡，以樹風聲。故南史抗節，表崔杼之罪；董狐書法，明趙盾之愆。是知直筆於朝，其來久矣。而漢魏已還，密爲記注，徒聞後世，無益當時，非所謂將順其美，匡救其惡者也。且著述之人，密書其事，縱能直筆，人莫之知。何止物生橫議，亦自異端互起。故班固致受金之名，陳壽有求米之論。著漢魏者，非一氏；造晉史者，至數家。後代紛紜，莫知準的。

伏惟陛下則天稽古，勞心庶政。開誹謗之路，納忠讜之言。諸史官記事者，請皆當朝顯言其狀，然後付之史閣。庶令是非明著，得失無隱。使聞善者日修，有過者知懼。敢以愚管，輕冒上聞。乞以瞽言，訪之衆議。

事遂施行。

十四年，除祕書丞。祕書雖領著作，不參史事，自虯爲丞，始令監掌焉。十六年，遷中書侍郎，修起居注，仍領丞事。時人論文體者，有古今之異。虯又以爲時有今古，非文有今古，乃爲文質論。文多不載。魏廢帝初，遷祕書監，加車騎大將軍、儀同三司。

虯脫略人間，不事小節，弊衣疏食，未嘗改操。人或譏之。虯曰：「衣不過適體，食不過

充饑。孜孜營求，徒勞思慮耳。」魏恭帝元年冬，卒，時年五十四。贈兗州刺史。諡曰孝。有文章數十篇行於世。子鴻漸嗣。

呂思禮，東平壽張人也。性溫潤，不雜交遊。年十四，受學於徐遵明。長於論難。諸生爲之語曰：「講書論易，其鋒難敵。」十九，舉秀才，對策高第。除相州功曹參軍。葛榮圍鄴，思禮有守禦勳，賜爵平陸縣伯，除鄴城令。普泰中，僕射司馬子如薦爲尚書二千石郎中。〔六〕尋以地寒被出，兼國子博士。乃求爲關西大。行臺賀拔岳所重。〔七〕專掌機密，甚得時譽。

岳爲侯莫陳悅所害，趙貴等議遣赫連達迎太祖，思禮預其謀。及太祖爲關西大都督，以思禮爲府長史，尋除行臺右丞。以迎魏孝武功，封汝陽縣子，〔八〕邑四百戶，加冠軍將軍，拜黃門侍郎。魏文帝卽位，領著作郎，除安東將軍、都官尚書，兼七兵、殿中二曹事。從擒竇泰，進爵爲侯，邑八百戶。大統四年，以謗訕朝政，賜死。

思禮好學，有文才。雖務兼軍國，而手不釋卷。晝理政事，夜則讀書。令蒼頭執燭，燭燼夜有數升。沙苑之捷，命爲露布，食頃便成。太祖歎其工而且速。所爲碑誄表頌，竝傳

於世。七年，追贈車騎大將軍、定州刺史。子亶嗣。大象末，位至貎部下大夫。

時有博陵崔騰、新蔡董紹竝早有名譽，歷職清顯。騰爲丞相府長史，紹爲御史丞。〔九〕俱以投書謗議，賜死。

薛憕字景猷，河東汾陰人也。曾祖弘敞，値赫連之亂，率宗人避地襄陽。憕早喪父，家貧，躬耕以養祖母，有暇則覽文籍。時人未之奇也。江表取人，多以世族。憕既羇旅，不被擢用。然負才使氣，未嘗趣世祿之門。左中郎將京兆韋潛度謂憕曰：「君門地非下，身材不劣，何不䂓裾數參吏部？」憕曰：「『世胄躡高位，英俊沉下僚』，古人以爲歎息。竊所未能也。」潛度告人曰：「此年少極慷慨，但不遭時耳。」

孝昌中，杖策還洛陽。先是，憕從祖眞度與族祖安都擁徐、兗歸魏，其子懷儁見憕，甚相親善。屬爾朱榮廢立，遂還河東，止懷儁家。不交人物，終日讀書，手自抄略，將二百卷。唯郡守元襲，時相要屈，與之抗禮。懷儁每曰：「汝還鄉里，不營產業，不肯取妻，豈復欲南乎？」憕亦恬然自處，不改其舊。普泰中，拜給事中，加伏波將軍。

及齊神武起兵，憕乃東遊陳、梁閒，謂族人孝通曰：「高歡阻兵陵上，喪亂方始。關中形勝之地，必有霸王居之。」乃與孝通俱遊長安。侯莫陳悅聞之，召爲行臺郎中，除鎭遠將軍、步兵校尉。及悅害賀拔岳，軍人咸相慶慰。憕獨謂所親曰：「悅才略本寡，輒害良將，敗亡之事，其則不遠。吾屬今卽爲人所虜，何慶慰之有乎！」聞者以憕言爲然，乃有憂色。尋而太祖平悅，引憕爲記室參軍。魏孝武西遷，授征虜將軍、中散大夫，封夏陽縣男，邑二百戶。〔一〇〕魏文帝卽位，拜中書侍郎，加安東將軍，增邑百戶，進爵爲伯。

大統四年，宣光、淸徽殿初成，憕爲之頌。魏文帝又造二欹器。一爲二仙人共持一鉢，同處一盤，鉢蓋有山，山有香氣，〔一一〕一仙人又持金瓶以臨器上，以水灌山，則出於瓶而注乎器，煙氣通發山中，謂之仙人欹器。一為二荷同處一盤，相去盈尺，中有蓮而垂葉，以水注荷，則出於蓮而盈乎器，爲鳧鴈蟾蜍以飾之，謂之水芝欹器。二盤各處一牀，鉢圓而牀方，中有人，言三才之象也。皆置淸徽殿前。器形似觥而方，滿則平，溢則傾。憕各爲作頌。

大統初，儀制多闕。太祖令憕與盧辯、檀翥等參定之。自以流離世故，不聽音樂。雖幽室獨處，嘗有慼容。後坐事死。子舒嗣，官至禮部下大夫、儀同大將軍、聘陳使副。

薛寘，河東汾陰人也。祖遵彥，〔一二〕魏平遠將軍、河東郡守、安邑侯。父乂，尚書吏部郎、淸河廣平二郡守。

寘幼覽篇籍，好屬文。年未弱冠，爲州主簿、郡功曹。起家奉朝請。稍遷左將軍、太中大夫。從魏孝武西遷，封郃陽縣子，邑四百戶，進號中軍將軍。魏廢帝元年，領著作佐郎，修國史。尋拜中書侍郎，修起居注。遷中書令、車騎大將軍、儀同三司。燕公于謹征江陵，以寘爲司錄。軍中謀略，寘竝參之。江陵平，進爵爲伯，增邑五百戶。朝廷方改物瓶制，欲行周禮，乃令寘與小宗伯盧辯斟酌古今，共詳定之。六官建，授內史下大夫。

孝閔帝踐阼，進爵爲侯，增邑五百戶，轉御正中大夫。時前中書監盧柔，學業優深，文藻華贍，而寘與之方駕，故世號曰盧、薛焉。久之，進位驃騎大將軍、開府儀同三司，出爲淅州刺史。卒於位。吏民哀惜之。贈虞州刺史，諡曰理。所著文筆二十餘卷，行於世。又撰西京記三卷，引據該洽，世稱其博聞焉。

寘性至孝，雖年齒已衰，職務繁廣，至於溫凊之禮，朝夕無違。當時以此稱之。子明嗣。大象末，儀同大將軍、淸水郡守。

李昶，〔一三〕頓丘臨黃人也，小名那。祖彪，名重魏朝，爲御史中尉。父遊，亦有才行，爲當世所稱。遊兄志，爲南荊州刺史，遊隨從至州。屬爾朱之亂，與志俱奔江左。

昶性峻急，不雜交遊。幼年已解屬文，有聲洛下。時洛陽瓶置明堂，昶年十數歲，爲明堂賦。雖優洽未足，而才制可觀。見者咸曰「有家風矣」。初謁太祖，太祖深奇之，厚加資給，令入太學。太祖每見學生，必問才行於昶。昶神情淸悟，應對明辨，太祖每稱歎之。綏德公陸通盛選僚寀，請以昶爲司馬，太祖許之。昶雖年少，通特加接待，公私之事，咸取決焉。又兼二千石郎中，典儀注。累遷都官郎中、相州大中正、丞相府東閤祭酒、中軍將軍、銀青光祿大夫。昶雖處郎官，太祖恆欲以書記委之。於是以昶爲丞相府記室參軍、著作郎，修國史。轉大行臺郎中、中書侍郎。頃之，轉黃門侍郎，封臨黃縣伯，邑五百戶。

太祖嘗謂昶曰：「卿祖昔在中朝，爲御史中尉。卿操尙貞固，理應不墜家風。但孤以中尉彈劾之官，愛憎所在，故未卽授卿耳。然此職久曠，無以易卿。」乃奏昶爲御史中尉。歲餘，加使持節、車騎大將軍、儀同三司，賜姓宇文氏。六官建，拜內史下大夫，進爵爲侯，增邑五百戶，遷內史中大夫。世宗初，行御伯中大夫。武成元年，除中外府司錄。保定初，進驃騎大將軍、開府儀同三司。二年，轉御正中大夫。時以近侍淸要，盛選國華，乃以昶及安昌公元則、中都公陸逞、臨淄公唐瑾等竝爲納言。尋進爵爲公，增邑通前一千三百戶。五

年，出爲昌州刺史。在州遇疾，啓求入朝，詔許之。還未至京，卒於路。時年五十。贈相瀛二州刺史。

昶於太祖世已當樞要，兵馬處分，專以委之，詔册文筆，皆昶所作也。及晉公護執政，委任如舊。昶常曰：「文章之事，不足流於後世，經邦致治，庶及古人。」故所作文筆，了無稾草。唯留心政事而已。又以父在江南，身寓關右，自少及終，不飲酒聽樂。時論以此稱焉。子丹嗣。

時有高平檀翥，字鳳翔。好讀書，善屬文，能鼓瑟。〔一四〕早爲琅邪王誦所知。年十九，爲魏孝明帝挽郎。其後司州牧、城陽王元徽以翥爲從事，非其好也。尋謝病，客遊三輔。時毛（遯）〔遐〕爲行臺，鎭北雍州，〔一五〕表翥爲行臺郎中。會爾朱天光東拒齊神武，翥隨赴洛。除西兗州錄事參軍，歷司空田曹參軍，加鎭遠將軍，兼殿中侍御史。臺中表奏，皆翥爲之。尋副毛鴻賓鎭潼關，加前將軍、太中大夫。魏孝武西遷，賜爵高唐縣子，兼中書舍人，修國史，加鎭軍將軍。後坐談論輕躁，爲黃門侍郎徐招所駁，死於廷尉獄。

元偉字猷道，〔一六〕河南洛陽人也。魏昭成之後。曾祖忠，尚書左僕射，城陽王。祖盛，通直散騎常侍，城陽公。〔一七〕父順，以左衞將軍從魏孝武西遷，拜中書監、雍州刺史、開府儀同三司，封濮陽王。

偉少好學，有文雅。弱冠，授員外散騎侍郎。以侍從之勞，賜爵高陽縣伯。大統初，拜伏波將軍、度支郎中，領太子舍人。十一年，遷太子庶子，領兵部郎中。尋拜東南道行臺右丞。十六年，進位車騎大將軍、儀同三司。以魏氏宗室，進爵南安郡王，邑五百戶。十七年，除幽州都督府長史。及尉遲迥伐蜀，以偉爲司錄。書檄文記，皆偉之所爲。蜀平，以功增邑五百戶。六官建，拜師氏下大夫，爵隨例降，改封淮南縣公。

孝閔帝踐祚，除晉公護府司錄。世宗初，拜師氏中大夫。受詔於麟趾殿刋正經籍。尋除隴右總管府長史，加驃騎大將軍、開府儀同三司。保定二年，遷成州刺史。偉政尚清靜，百姓悅附，流民復業者三千餘口。天和元年，入爲匠師中大夫，轉司宗中大夫。六年，出爲隨州刺史。偉辭以母老，不拜。還爲司宗。尋以母憂去職。建德二年，復爲司宗，轉司會中大夫，兼民部中大夫，遷小司寇。四年，以偉爲使主，報聘于齊。是秋，高祖親戎東討，偉遂爲齊人所執。六年，齊平，偉方見釋。高祖以其久被幽縶，加授上開府。大象二年，除襄州刺史，進位大將軍。

偉性溫柔，好虛靜。居家不治生業。篤學愛文，政事之暇，未嘗棄書。謹愼小心，與物無忤。時人以此稱之。初自鄴還也，庾信贈其詩曰：「虢亡垂棘反，齊平寶鼎歸。」其爲辭人所重如此。後以疾卒。

太祖天縱寬仁，性罕猜忌。元氏戚屬，竝保全之，內外任使，布於列職。孝閔踐祚，無替前緒。明、武纘業，亦遵先志。雖天厭魏德，鼎命已遷，枝葉榮茂，足以逾於前代矣。然簡牘散亡，事多湮沒。今錄其名位可知者，附於此云。

柱國大將軍、太傅、大司徒、廣陵王元欣，

柱國大將軍、特進、尚書令、少師、義陽王元子孝，

尚書僕射、馮翊王元季海，

七兵尚書、陳郡王元玄，

大將軍、淮安王元育，

大將軍、梁王元儉，

大將軍、尚書令、少保、小司徒、廣平郡公元贊，

大將軍、納言、小司空、荆州總管、安昌郡公元則，

侍中、驃騎大將軍、開府儀同三司、少師、韓國公元羅，

侍中、驃騎大將軍、開府儀同三司、吏部尚書、魯郡公元正，

侍中、驃騎大將軍、開府儀同三司、中書監、洵州刺史、宜都郡公元顏子，

侍中、驃騎大將軍、開府儀同三司、鄜州刺史、安樂縣公元壽，

侍中、驃騎大將軍、開府儀同三司、武衞將軍、遂州刺史、房陵縣公元審。

史臣曰：太祖除暴寧亂，創業開基，昃食求賢，共康庶政。既焚林而訪阮，亦傍道以求孫，可謂野無遺才，朝多君子。蘇亮等竝學稱該博，文擅雕龍，或揮翰鳳池，或著書麟閣，咸居祿位，各逞琳琅。擬彼陳、徐，慙後生之可畏；論其任遇，實當時之良選也。魏文帝有言：「古今文人，類不護細行。」其呂思禮、薛憕之謂也？

校勘記

〔一〕祖權　北史卷六三蘇綽附從兄亮傳作「祖稚，字天祐」。

〔二〕甚見親待　「待」原作「侍」。宋本、南本、汲本、局本和北史卷六三蘇綽附族人讓傳都作「待」，是，今逕改。

〔三〕遍(授)〔受〕五經　宋本和北史本傳、冊府卷七六八九一二五頁「授」作「受」。按蚪時方求學，作「受」是。

〔四〕既而樊子鵠爲吏部尚書其兄義爲揚州治中加鎭遠將軍　張森楷云：「據北史作『其兄義爲揚州刺史，乃以蚪爲揚州中從事』，此挩去數字，遂合二官爲一人，謬甚。」按張說是，「揚州」下當脫「刺史乃以蚪爲揚州」八字。治中卽中從事。

〔五〕裴諏　張森楷云：「北齊書卷三五裴讓之傳作『裴諏之』。」按此雙名單稱。

〔六〕司馬子如薦爲尚書二千石郎中　「石」原作「戶」。諸本和北史卷七〇呂思禮傳都作「石」，今逕改。

〔七〕乃求爲關西大行臺賀拔岳所重　殿本考證云：「北史云：『乃求爲關西大行臺郎中，與姚幼瑜、茹文就俱入關，爲行臺賀拔岳所重。』此脫十五字。」

〔八〕封汝陽縣子　「汝陽」北史本傳作「汶陽」。

〔九〕紹爲御史丞　張森楷云：「『丞』上當有『中』字，見趙剛傳。」按卷三三趙剛傳稱「御史中尉董紹」。元魏之御史中尉卽中丞，張說是。

〔一〇〕邑二百戶　汲本、局本「二」作「三」。

〔一一〕山有香氣　張森楷云：「『氣』當作『器』，下文所謂『以臨器上』，卽指此。」按張說可通，但北史卷

三六薛憕傳亦作「氣」。

〔一二〕祖遵彥　北史卷三六薛寘傳「彥」作「顏」。

〔一三〕李昶　冊府卷四五七五四二九頁、卷五一二六一三三頁，御覽卷六〇二二七一一頁都作「李旭」。按北史卷四〇李彪傳也作「昶」，似無可疑。然冊府、御覽都作「旭」。疑當時有作「旭」的一種傳本。

〔一四〕能鼓瑟　宋本、南本及北史卷七〇檀翥傳「瑟」作「琴」。

〔一五〕時毛(遯)〔遐〕爲行臺鎭北雍州　北史檀翥傳「遯」作「遐」，「北雍州」作「北雒」。按北史卷四九毛遐傳云：「万俟醜奴陷秦州，詔以遐兼尚書二州行臺」，又稱「中書郎檀翥、尚書郎公孫範等常依託之」。「遯」爲「遐」之訛無疑，今據改。北史「北雒」自是「北雍」之訛。

〔一六〕字猷道　北史卷一五常山王遵傳「猷道」作「大猷」。

〔一七〕曾祖忠尚書左僕射城陽王祖盛通直散騎常侍城陽公　前後二「城陽」原皆倒作「陽城」，諸本都作「城陽」。張元濟以爲作「陽城」誤，云見「北史常山王遵傳」卷一五。按遵傳稱忠「累遷尚書右僕射，賜爵城陽公」，又云：「子盛，字始興，襲爵。」「陽城」爲「城陽」誤倒，今逕乙。又據北史元忠未封王，同卷高涼王孤附曾孫那傳云：「高祖時，諸王非太祖子孫者例降爵爲公。」元忠是昭成之後，一般不得封王。但八瓊室金石補正卷二七太僕元公墓誌銘稱曾祖忠「城陽宣王」，或是西魏追贈。

周書卷三十九

列傳第三十一

韋瑱　梁昕　皇甫璠　辛慶之族子昂　王子直　杜杲

韋瑱字世珍，京兆杜陵人也。世爲三輔著姓。曾祖惠度，姚泓尚書郎。隨劉義眞過江，仕宋爲鎭西府司馬、順陽太守，行南雍州事。後於襄陽歸魏，拜中書侍郎，贈安西將軍、洛州刺史。祖千雄，略陽郡守。父英，代郡守，贈兗州刺史。

瑱幼聰敏，有夙成之量，閭里咸敬異之。篤志好學，兼善騎射。魏孝昌三年，起家太尉府法曹參軍。稍遷直後，除明威將軍、雍州治中，假鎭遠將軍、防城州將。累遷諫議大夫、冠軍將軍。

太祖爲丞相，加前將軍、太中大夫，封長安縣男，食邑三百戶。轉行臺左丞，加撫軍將

軍、銀青光祿大夫，遷使持節、都督南郢州諸軍事、南郢州刺史。復入爲行臺左丞。瑱明察有幹局，再居左轄，時論榮之。從復弘農，戰沙苑，加衞大將軍、左光祿大夫。又從戰河橋，進爵爲子，增邑二百戶。大統八年，齊神武侵汾、絳，瑱從太祖禦之。軍還，令瑱以本官鎭蒲津關，帶中潬城主。尋除蒲州總管府長史。頃之，徵拜鴻臚卿。以望族，兼領鄉兵，加帥都督。遷大都督、通直散騎常侍，行京兆郡事，進車騎大將軍、儀同三司、散騎常侍。

魏恭帝二年，賜姓宇文氏。三年，除瓜州諸軍事、瓜州刺史。州通西域，蕃夷往來，前後刺史，多受賂遺。胡寇犯邊，又莫能禦。瑱雅性清儉，兼有武略。蕃夷贈遺，一無所受。胡人畏威，不敢爲寇。公私安靜，夷夏懷之。

孝閔帝踐阼，進爵平齊縣伯，增邑五百戶。秩滿還京，吏民戀慕，老幼追送，留連十數日，方得出境。世宗嘉之，進授侍中、驃騎大將軍、開府儀同三司。武成二年，卒，〔一〕時年六十一。贈岐宜二州刺史。謚曰惠。天和二年，又追封爲公，增邑通前二千戶。仍詔其子峻襲。

峻後位至車騎大將軍、儀同三司。峻弟師，起家中外府記室，歷兵部小府下大夫。建德末，蒲州總管府中郎，行河東郡事。

梁昕字元明，安定烏氏人也。世爲關中著姓。其先因官，徙居京兆之盩厔焉。祖重耳，漳縣令。父勸儒，州主簿、冠軍將軍、中散大夫，贈涇州刺史。

昕少溫恭，見稱州里。正光五年，秦隴擾亂，蕭寶夤爲大都督，統兵出討，以昕爲行臺參軍。孝昌初，拜盪寇將軍，稍遷驃威將軍、〔二〕給事中。仍從寶夤征万俟醜奴。相持二年，前後數十戰，以功(封)〔進〕征西將軍。〔三〕爾朱天光入關，復引爲外兵參軍。從天光征討，拜右將軍、太中大夫。

太祖迎魏孝武，軍次雍州。昕以三輔望族上謁。太祖見昕容貌瓌偉，深賞異之。即授右府長流參軍。大統初，加鎮南將軍、金紫光祿大夫，轉丞相府戶曹參軍。從復弘農，戰沙苑，皆有功。除車騎將軍、丞相府主簿。出爲洛安郡守，徵拜大將軍、行臺兵部郎中，加帥都督。十二年，除河南郡守，鎮大塢。尋又移鎮閻韓。式遏邊壘，甚著誠信。遷東荊州刺史。昕撫以仁惠，蠻夷悅之，流民歸附者，相繼而至。封安定縣子，邑三百戶。累遷大都督、車騎大將軍、散騎常侍、儀同三司。

孝閔帝踐阼，進位驃騎大將軍、開府儀同三司。世宗初，進爵胡城縣伯，邑五百戶。三年，除九曲城主。保定元年，遷中州刺史，增邑八百戶，轉邵州刺史。二年，以母喪去職。

尋起復本任。天和初，徵拜工部中大夫。出爲陝(西)〔州〕總管府長史。〔四〕昕性溫裕，有幹能。歷官內外，咸著聲稱。尋卒於位。贈大將軍，謚曰貞。

昕弟榮，歷位匠師下大夫，中外府中郎，蕃部、郡伯，司倉、計部下大夫，〔五〕開府儀同三司，朝那縣伯，贈涇寧豳三州刺史，謚曰靜。

皇甫璠字景瑜，安定三水人也。世爲西州著姓，後徙居京兆焉。父和，本州治中。大統末，追贈散騎常侍、儀同三司、涇州刺史。

璠少忠謹，有幹略。永安中，辟州都督。太祖爲牧，補主簿。以勤事被知，每蒙褒賞。大統四年，引爲丞相府行參軍。尋轉田曹參軍、東閤祭酒，加散騎侍郎。稍遷兼太常少卿、都水使者，歷蕃部、虞部、民部、吏部等諸曹郎中。六官建，拜計部下大夫。

孝閔帝踐阼，轉守廟下大夫。以選爲東道大使，撫巡州防。尋加車騎大將軍、儀同三司，封長樂縣子，邑五百戶。出爲玉壁總管府長史。保定中，遷鴻州刺史，入爲小納言。俄除隴右總管府司馬，轉陝州總管府長史。徵拜蕃部中大夫，進驃騎大將軍、開府儀同三司。復出爲隴右總管府長史。璠性平和，小心奉法，安分守志，〔六〕恆以清白自處。當時號爲善人。

建德元年，除民部中大夫。三年，授隨州刺史。政存簡惠，百姓安之。其年，增邑并前二千戶。六年，卒於位。贈交渭二州刺史。謚曰恭。子誼，少知名。大象中，位至吏部下大夫。

辛慶之字慶之，〔七〕隴西狄道人也。世爲隴右著姓。父顯崇，〔八〕馮翊郡守，贈雍州刺史。

慶之少以文學徵詣洛陽，對策第一，除祕書郎。屬爾朱氏作亂，魏孝莊帝令司空楊津爲北道行臺，節度山東諸軍以討之。津啓慶之爲行臺左丞，典參謀議。至鄴，聞孝莊帝暴崩，遂出兗、冀間，謀結義徒，以赴國難。尋而節閔帝立，乃還洛陽。普泰二年，遷平北將軍、太中大夫。及賀拔岳爲行臺，復啓慶之爲行臺吏部郎中、開府掾。尋除雍州別駕。

大統初，加車騎將軍，俄遷衞大將軍、左光祿大夫。後太祖東討，〔九〕爲行臺左丞。時初復河東，以本官兼鹽池都將。四年，東魏攻正平郡，陷之，遂欲經略鹽池，慶之守禦有備，乃引軍退。河橋之役，大軍不利，河北守令棄城走，慶之獨因鹽池，抗拒彊敵。時論稱其仁勇。六年，行河東郡事。九年，入爲丞相府右長史，兼給事黃門侍郎，除度支尚書。復行河

東郡事。遷通直散騎常侍、南荊州刺史，加儀同三司。

慶之位遇雖隆，而率性儉素，車馬衣服，亦不尙華侈。志量淹和，有儒者風度。特爲當時所重。又以其經明行修，令與盧誕等教授諸王。魏廢帝二年，拜祕書監。尋卒於位。子加陵，主寢上士。慶之族子昂。

昂字進君。年數歲，便有成人志行。有善相人者，謂其父仲略曰：「公家雖世載冠冕，然名德富貴，莫有及此兒者。」仲略亦重昂志氣，深以爲然。年十八，侯景辟爲行臺郎中，加鎮遠將軍。景後來附，昂遂入朝。除丞相府行參軍。大統十四年，追論歸朝之勳，封襄城縣男，邑二百戶，轉丞相府田曹參軍。

及尉遲迥伐蜀，昂召募從軍。〔一〇〕蜀平，以功授輔國將軍，魏都督。〔一一〕迥仍表昂爲龍州長史，領龍安郡事。州帶山谷，舊俗生梗。昂威惠洽著，吏民畏而愛之。成都一方之會，風俗舛雜。迥以昂達於從政，復表昂行成都令。昂到縣，即與諸生祭文翁學堂，因共歡宴。謂諸生曰：「子孝臣忠，師嚴友信，立身之要，如斯而已。若不事斯語，何以成名。各宜自勉，克成令譽。」昂言切理至，諸生等並深感悟，歸而告其父老曰：〔一二〕「辛君教誡如此，不可違之。」於是井邑肅然，咸從其化。遷梓潼郡守，進位帥都督，加通直散騎常侍。六官建，入

爲司隸上士，襲爵繁昌縣公。

世宗初，授天官府上士，加大都督。武成二年，授小職方下大夫，治小兵部。保定二年，進車騎大將軍、儀同三司，轉小吏部。四年，大軍東討，昂與大將軍權景宣下豫州，以功賞布帛二百匹。

時益州殷阜，軍國所資。經塗艱險，每苦刼盜。詔昂使於梁、益，軍民之務，皆委決焉。昂撫導荒梗，安置城鎮，數年之中，頗得寧靜。天和初，陸騰討信州羣蠻，歷時未克。高祖詔昂便於通、渠等諸州運糧饋之。〔一三〕時臨、信、楚、合等諸州民庶，亦多從逆。昂諭以禍福，赴者如歸。乃令老弱負糧，壯夫拒戰，咸願爲用，莫有怨者。使還，屬巴州萬榮郡民反叛，攻圍郡城，遏絕山路。昂謂其同侶曰：「凶奴狂悖，〔一四〕一至於此！若待上聞，或淹旬月，孤城無援，必淪寇黨。欲救近溺，寧暇遠求越人。苟利百姓，專之可也。」於是遂募開、通二州，得三千人，倍道兼行，出其不意。又令其衆皆作中國歌，直趣賊壘。賊既不以爲虞，謂有大軍赴救，於是望風瓦解，郡境獲寧。朝廷嘉其權以濟事，詔梁州總管、杞國公亮即於軍中賞昂奴婢二十口、繒綵四百匹。亮又以昂威信布於宕渠，遂表爲渠州刺史。俄轉通州刺史。昂推誠布信，甚得夷獠歡心。秩滿還京，首領皆隨昂詣闕朝覲。以昂化洽夷華，進位驃騎大將軍、開府儀同三司。

時晉公護執政，昂稍被護親待，高祖以是頗銜之。及護誅，加之捶楚，〔一五〕因此遂卒。昂族人仲景，好學，有雅量。其高祖欽，後趙吏部尚書、雍州刺史，子孫因家焉。父歡，魏隴州刺史、宋陽公。〔一六〕仲景年十八，舉文學，對策高第。拜司空府主簿，遷員外散騎侍郎。建德中，位至內史下大夫、開府儀同三司。卒於官。子衡。

王子直字孝正，京兆杜陵人也。世爲郡右族。父琳，州主簿、東雍州長史。

子直性節儉，有幹能。魏正光中，州辟主簿，起家奉朝請。除太尉府水曹行參軍，加明威將軍。時梁人圍壽春，臨淮王元彧率軍赴援，子直以本官參彧軍事。與梁人戰，斬其軍主夏侯景超，梁人乃退。〔一七〕淮南民庶因兵寇之後，猶聚爲盜。彧令子直招撫之，旬日之間，咸來復業，自合肥以北，安堵如舊。永安初，拜員外散騎常侍、鴻臚少卿。普泰初，進後軍將軍、太中大夫。賀拔岳入關，以子直爲開府主簿，遷行臺郎中。魏孝武西遷，封山北縣男，邑二百戶。

大統初，漢熾屠各阻兵於南山，與隴東屠各共爲脣齒。太祖令子直率涇州步騎五千討破之，南山平。太祖嘉之，賜書勞問。除尚書左外兵郎中。三年，進車騎將軍，兼中書舍人。四年，從太祖解洛陽圍，經河橋戰，兼尚書左丞，出爲秦州總管府司馬。時涼州刺史宇文仲和據州逆命，子直從隴右大都督獨孤信討平之。復入爲大行臺郎中，兼丞相府記室。吐谷渾寇西平，以子直兼尚書兵部郎中，出隴右經略之，大破渾衆於長寧川，渾賊遁走。十五年，進車騎將軍、左光祿大夫，〔一八〕除太子中庶子，領齊王友。尋行馮翊郡事。十六年，魏齊王廓出牧秦隴，復以子直爲秦州別駕，仍領王友。隨、陸初平，授安州長史，領別駕，加帥都督。轉并州長史。

魏廢帝元年，拜使持節、大都督，行瓜州事。子直性清靜，務以德政化民，西土悅附。魏恭帝初，徵拜黃門侍郎。卒於位。子宣禮，柱國府參軍事。

杜杲字子暉，京兆杜陵人也。祖建，魏輔國將軍，贈豫州刺史。〔一九〕父皎，儀同三司、武都郡守。

杲學涉經史，有當世幹略。其族父瓚，〔二〇〕清貞有識鑒，深器重之。常曰：「吾家千里駒也。」瓚時仕魏爲黃門侍郎，兼度支尚書、衞大將軍、西道行臺，尚孝武妹新豐公主，因薦之於朝廷。永熙三年，起家奉朝請，〔二一〕累遷輔國將軍、成州長史、漢陽郡守。世宗初，轉脩城

郡守。屬鳳州人仇周貢等搆亂，攻逼脩城，杲信洽於民，部內遂無叛者。尋而開府趙昶諸軍進討，杲率郡兵與昶合勢，遂破平之。入爲司(命)〔會〕上士。〔二二〕

初，陳文帝弟安成王頊爲質於梁，及江陵平，頊隨例遷長安。陳人請之，太祖許而未遣。至是，帝欲歸之，命杲使焉。陳文帝大悅，卽遣使報聘，并賂黔中數州之地。仍請畫野分疆，永敦隣好。以杲奉使稱旨，進授都督，治小御伯，更往分界焉。陳人於是以魯山歸我。帝乃拜頊柱國大將軍，詔杲送之還國。陳文帝謂杲曰：「家弟今蒙禮遣，實是周朝之惠。然不還彼魯山，亦恐未能及此。」杲答曰：「安成之在關中，乃咸陽一布衣耳。然是陳之介弟，其價豈止一城。本朝親睦九族，恕己及物，上遵太祖遺旨，下思繼好之義。所以發德音者，蓋爲此也。若知止侔魯山，固當不貪一鎭。況魯山梁之舊地，梁卽本朝蕃臣，若以始末言之，魯山自合歸國。云以尋常之土，易己骨肉之親，使臣猶謂不可，何以聞諸朝廷。」陳文帝慚恧久之，乃曰：「前言戲之耳。」自是接遇有加常禮。及杲還，命引升殿，親降御座，執手以別。朝廷嘉之，授大都督、小載師下大夫，治小納言，復聘於陳。中山公訓爲蒲州總管，以杲爲府司馬、州治中，兼知州府事。加使持節、車騎大將軍、儀同三司。

及華皎來附，詔令衞公直督元定等援之。與陳人交戰，我師不利，元定等竝沒。自是，連兵不息，東南騷動。高祖患之，乃授杲御正中大夫，〔二三〕〔使於陳，論保境息民之意。陳宣

帝遣其黄門侍郎徐陵謂杲曰：「兩國通好，本欲救患分災，彼朝受我叛人，何也？」杲答曰：「陳主昔在本朝，非慕義而至，上授以柱國，位極人臣，子女玉帛，備禮將送，遂主社稷，孰謂非恩。郝烈之徒，邊民狂狡，曾未報德，〔二四〕而先納之。今受華氏，正是相報。過自彼始，豈在本朝。」陵曰：「彼納華皎，志圖吞噬。此受郝烈，容之而已。且華皎方州列將，竊邑叛亡。郝烈一百許戶，脫身逃竄。大小有異，豈得同年而語乎？」杲曰：「大小雖殊，受降一也。若論先後，本朝無失。」陵曰：「周朝送主上還國，既以爲恩；衞公共元定渡江，孰云非怨。計恩之與怨，亦足相埒。」杲曰：「元定等兵敗身囚，其怨已滅。陳主負扆馮玉，其恩猶在。且怨繇彼國，恩起本朝，以怨酬恩，未之聞也。」陵乃笑而不答。〔二五〕杲因謂之曰：「今三方鼎立，各圖進取，苟有釁隙，實啟敵心。本朝與陳，日敦鄰睦，輶軒往返，積有歲年。比爲疆場之事，遂爲仇敵，構怨連兵，略無寧歲，鷸蚌狗兔，勢不俱全。若使齊寇乘之，則彼此危矣。孰與心忿悔禍，遷慮改圖，陳國息爭桑之心，本朝弘灌瓜之義，張旃拭玉，脩好如初，共爲掎角，以取齊氏。非唯兩主之慶，實亦兆庶賴之。」陵具以聞，陳宣帝許之。遂遣使來聘。〔二六〕

武帝建德初，爲司城中大夫，〔二七〕使於陳。陳宣帝謂杲曰：「長湖公軍人等雖築館處之，然恐不能無北風之戀。王褒、庾信之徒既羈旅關中，亦當有南枝之思耳。」杲揣陳宣意，欲以元定軍將士易王褒等。乃答之曰：「長湖總戎失律，臨難苟免，既不死節，安用以爲。〔二八〕

且猶牛之一毛，何能損益。本朝之議，初未及此。」陳宣帝乃止，杲還至石頭，〔二九〕又遣謂之曰：「若欲合從，共圖齊氏，能以樊、鄧見與，方可表信。」杲答曰：「合從圖齊，豈唯弊邑之利。必須城鎮，宜待之於齊。先索漢南，使者不敢聞命。」〔三〇〕還，除司倉中大夫。〔三一〕

後四年，遷溫州刺史，〔三二〕賜爵義興縣伯。大象元年，徵拜御正中大夫，復使於陳。二年，除申州刺史，加開府儀同大將軍，進爵爲侯，邑一千三百戶。除同州司會。隋開皇元年，以杲爲同州總（管）〔監〕，〔三三〕進爵爲公。俄遷工部尚書。二年，除西南道行臺兵部尚書。尋以疾卒。子運，大象末，宣納上士。杲兄長暉，位至儀同三司。

史臣曰：韋、辛、皇甫之徒，並關右之舊族也。或紆組登朝，獲當官之譽；或張旃出境，有專對之才。既茂國猷，克隆家業。美矣夫！

校勘記

〔一〕武成三年卒　張森楷云：「『三』當作『二』，武成無三年也。且世宗以二年八月遇弑，武帝即位，踰年改元，與其他之未改元以前可猶稱數年者不同。『三』字斷當爲『二』之誤無疑。」按張說「三」字誤是對的，但也可能是「元年」之誤，今不改。

〔二〕稍遷驤威將軍　按魏書卷一一三官氏志從第六品，周書卷二四盧辯傳末四命有襄威將軍，通典卷三八後魏官品，卷三九後周官品同。「驤」當作「襄」。但當時常有此類，如上引寇遵考墓誌卷三七校記第一條龍驤將軍作「龕驤」，今不改。

〔三〕以功（封）〔進〕征西將軍　宋本「封」作「進」。按將軍不當云「封」，今據改。

〔四〕出爲陝（西）〔州〕總管府長史　宋本、南本、局本及北史卷七〇梁昕傳「西」作「州」。按總管例繫於州，作「西」誤，今據改。

〔五〕蕃部郡伯司倉計部下大夫　按通典卷二九後周官品正四命地官所屬諸下大夫有小鄉伯、小遂伯、小稍伯、小縣伯、小畿伯，却沒有郡伯，「郡」疑爲「鄉」之訛。

〔六〕安分守志　宋本及冊府卷八〇六九五八五頁「分」作「貧」。北史卷七〇皇甫璠傳作「貞」。張元濟云：「貞亦『貧』之訛。」按張說是，但「安分」亦可通，今不改。

〔七〕字慶之　北史卷七〇辛慶之傳作「字餘慶」。

〔八〕父顯崇　北史本傳「崇」作「宗」。

〔九〕後太祖東討　北史本傳「後」作「從」。按「從太祖東討」一語屢見他傳，疑作「從」是。

〔一〇〕昂召募從軍　北史卷七〇辛慶之附昂傳「召」作「占」。按「占募」見三國志卷五八陸抗傳，亦屢

見南北諸史，疑作「占」是。

〔一一〕以功授輔國將軍魏都督　張森楷云：「『魏』字於文無施，疑誤。」按「魏」字疑是衍文。卷二四盧辯傳末輔國將軍和都督同在七命。下文說「遷梓潼郡守，進位帥都督」，帥都督是正七命，升遷次序正合。

〔一二〕歸而告其父老曰　宋本、南本、北本、汲本「父」下無「老」字。疑殿本據北史補。局本從殿本。

〔一三〕便於通渠等諸州運糧饋之　冊府卷六五六七八六二頁「便」作「使」。

〔一四〕凶奴狂悖　宋本及冊府卷六五六七八五七頁「奴」作「狡」。

〔一五〕及護誅加之捶楚　宋本、南本、北本、汲本無「護誅」二字。北史本傳作「誅護」，局本同北史。疑殿本、局本都是依北史補，然無此二字，文義不順。

〔一六〕父歡魏隴州刺史宋陽公　北史卷七〇辛慶之傳附見族人仲景，「宋」作「朱」。按魏書卷一〇六下地形志下析州有朱陽郡。隋書卷三〇地理志中弘農郡有朱陽縣，云：「舊置朱陽郡，後周郡廢。」疑作「朱」是。

〔一七〕時梁人圍壽春至梁人乃退　「夏侯景超」，宋本「超」作「起」。按魏書卷九肅宗紀孝昌元年五二五年正月臨淮王彧與李憲爲都督從東道行臺元延明「俱討徐州」，六月守徐州之梁豫章王琮降魏。至梁攻壽春，在次年七月，十一月魏揚州刺史李憲降梁，壽春爲梁佔領，並無「梁人乃退」的事。

本傳所述，當是攻徐州事而誤以爲援壽春。

〔一八〕十五年進車騎將軍左光祿大夫　張森楷云：「三年已進車騎矣，此不應復加故號，以他傳例之，『車』或當是『驃』字之誤。」按張說是，但諸本皆同，今不改。

〔一九〕贈豫州刺史　北史卷七〇杜杲傳「豫」作「蒙」。

〔二〇〕其族父瓚　北史本傳「瓚」作「攢」。

〔二一〕永熙三年起家奉朝請　「三」原作「二」。諸本及北史本傳都作「三」。按杜杲是京兆人，入仕當是在永熙三年魏孝武帝入關之初，所以本傳沒有從孝武入關語。殿本刻誤，今逕改。

〔二二〕入爲司(命)〔會〕上士　北史本傳「命」作「會」。通鑑卷一六八五二一七頁陳文帝天嘉二年五六一年十一月稱「司會上士杜杲來聘」。冊府卷六五三七八二二頁、卷六六〇七八九八頁作「司倉上士」。按通典卷三九後周官品，司會、司倉上士都在正三命，無司命。今從北史、通鑑改。

〔二三〕高祖患之乃授杲御正中大夫　張森楷云：「本文語氣，不甚了斷。據北史則『大夫』下有使陳與徐陵論答一段。此誤挩漏，當依補正。」按張說是，但北史有刪節，冊府卷六六〇七八九九頁、卷六五七七八七一頁所載杜杲和徐陵的論答乃是周書本文，今據補。

〔二四〕曾未報德　「報」冊府卷六六〇作「執」，此據北史本傳改。

〔二五〕陵乃笑而不答　從「使於陳」至此據冊府卷六六〇和北史本傳補。

〔二六〕遂遣使來聘　從「杲因謂之曰」至此據冊府卷六六〇補。北史無。

〔二七〕爲司城中大夫　冊府卷六五七無「城」字，此據北史本傳增。

〔二八〕安用以爲　北史本傳「以」作「此」。

〔二九〕杲還至石頭　北史本傳「杲」上有「及」字。

〔三〇〕使者不敢聞命　「使者」北史作「使臣」。從「武帝建德初」至此據冊府卷六五七和北史本傳補。

〔三一〕還除司倉中大夫　此句據北史本傳補。

〔三二〕後四年遷溫州刺史　宋本「遷」下尙有「溫州諸軍事」五字。北史本傳於「還除司倉中大夫」下接敍「又使於陳」，陳送開府賀拔華和元定棺歸周，「除河東郡守」等事皆不見周書。疑「後四年」下也有脫文。但不能斷言北史所述和周書完全相同，今不補。

〔三三〕除同州司會隋開皇元年以杲爲同州總(管)〔監〕　宋本、南本、北本、汲本「管」作「監」，殿本當依北史改，局本從殿本。張元濟云：「按隋朝有總監之職。」按隋書卷二八百官志下有同州總監，張說是。蓋隋改同州司會爲總監，杜杲仍留任職，非遷官。北史「司會」作「刺史」，「總監」作「總管」，恐都是後人妄改，李延壽不會不知道周、隋有此官。

周書卷四十

列傳第三十二

尉遲運　王軌　宇文神舉　宇文孝伯　顏之儀樂運

尉遲運，大司空、吳國公綱之子也。少彊濟，志在立功。魏大統十六年，以父勳封安喜縣侯，邑一千戶。孝閔帝踐阼，授使持節、車騎大將軍、儀同三司。俄而帝廢，朝議欲尊立世宗，乃令運奉迎於岐州。以預定策勳，進爵周城縣公，增邑五百戶。保定元年，進驃騎大將軍、開府儀同三司。三年，從楊忠攻齊之幷州，以功別封第二子端保城縣侯，邑一千戶。四年，出爲隴州刺史。地帶汧、渭，民俗難治。運垂情撫納，甚得時譽。天和五年，入爲小右武伯。六年，遷左武伯中大夫。尋加軍司馬，武伯如故。運既職兼文武，甚見委任。齊將斛律明月寇汾北，運從齊公憲禦之，攻拔其伏龍城。進爵廣業郡公，增邑八百戶。建德元年，授右侍伯，轉右司衞。時宣帝在東宮，親狎諂佞，數有罪失。高祖於朝臣內

選忠諒鯁正者以匡弼之。於是以運爲右宮正。(二)〔三〕年，帝幸雲陽宮，〔一〕又令運以本官兼司武，與長孫覽輔皇太子居守。俄而衞剌王直作亂，率其黨襲肅章門。覽懼，走行在所。運時偶在門中，直兵奄至，不暇命左右，乃手自闔門。直黨與運爭門，斫傷運手指，僅而得閉。直既不得入，乃縱火燒門。運懼火盡，直黨得進，乃取宮中材木及牀等以益火，更以膏油灌之，火勢轉熾。久之，直不得進，乃退。運率留守兵，因其退以擊之，直大敗而走。是日微運，宮中已不守矣。高祖嘉之，授大將軍，賜以直田宅、妓樂、金帛、車馬及什物等，不可勝數。

四年，出爲同州、蒲津、潼關等六防諸軍事、同州刺史。高祖將伐齊，召運參議。東夏底定，頗有力焉。五年，拜柱國，進爵盧國公，邑五千戶。宣政元年，轉司武上大夫，總宿衞軍事。高祖崩於雲陽宮，祕未發喪，運總侍衞兵還京師。

宣帝卽位，〔二〕授上柱國。運之爲宮正也，數進諫於帝。帝不能納，反疎忌之。時運又與王軌、宇文孝伯等皆爲高祖所親待，軌屢言帝失於高祖。帝謂運預其事，愈更銜之。及軌被誅，運懼及於禍，問計於宇文孝伯。語在孝伯傳。尋而得出爲秦州總管，秦渭等六州諸軍事、秦州刺史。然運至州，猶懼不免。大象元年二月，遂以憂薨於州，時年四十一。贈大後丞、秦渭河鄯成洮文等七州諸軍事、秦州刺史。謚曰(忠)〔中〕。〔三〕子靖嗣。大象末，儀

同大將軍。

王軌，太原祁人也，小名沙門，漢司徒允之後。世爲州郡冠族。累葉仕魏，賜姓烏丸氏。父光，少雄武，有將帥才略。每從征討，頻有戰功。太祖知其勇決，遇之甚厚。位至驃騎大將軍、開府儀同三司、平原縣公。

軌性質直，慷慨有遠量。臨事彊正，人不敢干。起家事輔城公。及高祖卽位，授前侍下士。俄轉左侍上士，頗被識顧。累遷內史上士、內史下大夫，加授儀同三司。自此親遇彌重，遂處腹心之任。時晉公護專政，高祖密欲圖之。以軌沉毅有識度，堪屬以大事，遂問以可否。軌贊成之。

建德初，轉內史中大夫，加授開府儀同三司，又拜上開府儀同大將軍，封上黃縣公，邑一千戶，軍國之政，皆參預焉。五年，高祖總戎東伐，六軍圍晉州。刺史崔景嵩守城北面，夜中密遣送款。詔令軌率衆應之，未明，士皆登城鼓譟。齊人駭懼，因卽退走。遂克晉州，擒其城主特進、海昌王尉相貴，俘甲士八千人。於是遂從平并、鄴。以功進位上大將軍，進爵郯國公，邑三千戶。

及陳將吳明徹入寇呂梁，徐州總管梁士彥頻與戰不利，乃退保州城，不敢復出。明徹遂堰清水以灌之，列船艦於城下，以圖攻取。詔以軌爲行軍總管，率諸軍赴救。軌潛於清水入淮口，多豎大木，以鐵鏁貫車輪，橫截水流，以斷其船路。方欲密決其堰以斃之，明徹知之，懼，乃破堰遽退，冀乘決水之勢，以得入淮。比至淸口，川流已闊，水勢亦衰，船艦竝礙於車輪，不復得過。軌因率兵圍而蹙之。唯有騎將蕭摩訶以二千騎先走，得免。明徹及將士三萬餘人，幷器械輜重，竝就俘獲。陳之銳卒，於是殲焉。高祖嘉之，進位柱國，仍拜徐州總管、七州十五鎭諸軍事。軌性嚴重，多謀略，兼有呂梁之捷，威振敵境。陳人甚憚之。

宣帝之征吐谷渾也，高祖令軌與宇文孝伯竝從，軍中進取，皆委軌等，帝仰成而已。時宮尹鄭譯、王端等竝得幸帝。帝在軍中，頗有失德，譯等皆預焉。軍還，軌等言之於高祖。高祖大怒，乃撻帝，除譯等名，仍加捶楚。帝因此大銜之。軌又嘗與小內史賀若弼言及此事，且言皇太子必不克負荷。弼深以爲然，勸軌陳之。軌後因侍坐，乃謂高祖曰：「皇太子仁孝無聞，復多涼德，恐不了陛下家事。愚臣短暗，不足以論是非。陛下恆以賀若弼有文武奇才，識度宏遠，而弼比每對臣，深以此事爲慮。」高祖召弼問之。弼乃詭對曰：「皇太子養德春宮，未聞有過。未審陛下，何從得聞此言？」既退，軌誚弼曰：「平生言論，無所不道，今者對揚，何得乃爾翻覆？」弼曰：「此公之過也。皇太子，國之儲副，豈易攸言。事有蹉跌，便至滅門之禍。本謂公密陳臧否，何得遂至昌言。」軌默然久之，乃曰：「吾專心國家，遂不存私計。向者對衆，良寔非宜。」後軌因內宴上壽，又捋高祖鬚曰：「可愛好老公，但恨後嗣弱耳。」高祖深以爲然。但漢王次長，又不才，此外諸子竝幼，故不能用其說。

及宣帝卽位，追鄭譯等復爲近侍。軌自知必及於禍，[四]謂所親曰：「吾昔在先朝，寔申社稷至計。今日之事，斷可知矣。此州控帶淮南，隣接彊寇，欲爲身計，易同反掌。但忠義之節，不可虧違。況荷先帝厚恩，每思以死自効，豈以獲罪於嗣主，便欲背德於先朝。止可於此待死，義不爲他計。冀千載之後，知吾此心。」

大象元年，帝令內史杜虔信就徐州殺軌。[五]御正中大夫顏之儀切諫，帝不納，遂誅之。軌立朝忠恕，兼有大功，忽以無罪被戮，天下知與不知，無不傷惜。

宇文神舉，太祖之族子也。高祖晉陵、[六]曾祖求男，[七]仕魏，位竝顯達。祖金殿，魏鎭遠將軍、兗州刺史、安吉縣侯。

父顯和，[八]少而襲爵，性矜嚴，頗涉經史，膂力絕人，彎弓數百斤，能左右馳射。魏孝武之在藩也，顯和早蒙眷遇。時屬多難，嘗問計於顯和。顯和具陳宜杜門晦迹，相時而動。孝武深納焉。及卽位，擢授冠軍將軍、閤內都督，封城陽縣公，邑五百戶。孝武以顯和藩邸之舊，遇之甚厚。時顯和所居宅隘陋，乃撤殿省，賜爲寢室。其見重如此。

及齊神武專政，帝每不自安。謂顯和曰：「天下洶洶，將若之何？」對曰：「當今之計，莫若擇善而從之。」因誦詩云：「彼美人兮，西方之人兮。」帝曰：「是吾心也。」遂定入關之策。帝以顯和母老，家累又多，令預爲計。對曰：「今日之事，忠孝不可竝立。然臣不密則失身，安敢預爲私計。」帝愴然改容曰：「卿卽我之王陵也。」遷朱衣直閤、閤內大都督，改封長廣縣公，邑一千五百戶。

從帝入關。至溱水，太祖素聞其善射而未之見也。俄而水傍有一小鳥，顯和射而中之。太祖笑曰：「我知卿工矣。」其後，引爲帳內大都督。俄出爲持節、衞將軍、東夏州刺史。以疾去職，深爲吏民所懷。尋進位車騎大將軍、儀同三司，加散騎常侍。魏恭帝元年，卒，時年五十七。太祖親臨之，哀動左右。建德二年，追贈使持節、驃騎大將軍、開府儀同三司、延丹綏三州諸軍事、延州刺史。

神舉早歲而孤，有夙成之量。族兄安化公深器異之。[九]及長，神情倜儻，志略英贍，眉目疎朗，儀貌魁梧。有識欽之，莫不許以遠大。世宗初，起家中侍上士。世宗留意翰林，而神舉雅好篇什。帝每有遊幸，神舉恆得侍從。保定元年，襲爵長廣縣公，邑二千三百戶。尋

授帥都督，遷大都督、使持節、車騎大將軍、儀同三司，拜右大夫。四年，進驃騎大將軍、開府儀同三司，治小宮伯。天和元年，遷右宮伯中大夫，進爵清河郡公，增邑一千戶。高祖將誅晉公護也，神舉得預其謀。建德元年，遷京兆尹。三年，出爲熊州刺史。神舉威名素重，齊人甚憚之。五年，攻拔齊陸渾等五城。

及高祖東伐，詔神舉從軍。幷州平，卽授幷州刺史，加上開府儀同大將軍。州既齊氏別都，控帶要重。平定甫爾，民俗澆訛，豪右之家，多爲姦猾。神舉勵精爲治，示以威恩，旬月之間，遠邇悅服。尋加上大將軍，改封武德郡公，增邑二千戶。俄進柱國大將軍，改封東平郡公，增邑通前六千九百戶。所部東壽陽縣土人，相聚爲盜，率其黨五千人，來襲州城。神舉以州兵討平之。

宣政元年，轉司武上大夫。高祖親戎北伐，令神舉與原國公〔如〕〔姬〕願等率兵五道俱入。〔一〇〕高祖至雲陽，疾甚，乃班師。幽州人盧昌期、祖英伯等聚衆據范陽反，詔神舉率兵擒之。齊黃門侍郎盧思道亦在反中，賊平見獲，解衣將伏法。神舉素欽其才名，乃釋而禮之，卽令草露布。其待士禮賢如此。屬稽胡反叛，入寇西河。神舉又率衆與越王盛討平。〔一一〕時突厥與稽胡連和，遣騎赴救。神舉以奇兵擊之，突厥敗走，稽胡於是款服。卽授幷潞肆石等四州十二鎮諸軍〔事〕、〔一二〕幷州總管。

初，神舉見待於高祖，遂處心腹之任。王軌、宇文孝伯等屢言皇太子之短，神舉亦頗與焉。及宣帝卽位，荒淫無度，神舉懼及於禍，懷不自安。初定范陽之後，威聲甚振。帝亦忌其名望，兼以宿憾，遂使人齎鴆酒賜之，薨於馬邑。時年四十八。

神舉偉風儀，善辭令，博涉經史，性愛篇章，尤工騎射。臨戎對寇，勇而有謀。莅職當官，每著聲績。兼好施愛士，以雄豪自居。故得任兼文武，聲彰中外。百僚無不仰其風則，先輩舊齒至于今而稱之。子同嗣。位至儀同大將軍。

神舉弟神慶，少有壯志，武藝絕倫。大象末，位至柱國、汝南郡公。

宇文孝伯字胡三，〔一三〕吏部安化公深之子也。其生與高祖同日，太祖甚愛之，養於第內。及長，又與高祖同學。武成元年，拜宗師上士。時年十六。孝伯性沉正謇諤，好直言。高祖卽位，欲引置左右。時政在冢臣，不得專制，乃託言少與孝伯同業受經，思相啓發。由是晉公護弗之猜也，得入爲右侍上士，恆侍讀書。

天和元年，遷小宗師，領右侍儀同。及遭父憂，詔令於服中襲爵。高祖嘗從容謂之曰：「公之於我，猶漢高之與盧綰也。」乃賜以十三環金帶。自是恆侍左右，出入臥內，朝之機務，皆得預焉。孝伯亦竭心盡力，無所廻避。至於時政得失，及外間細事，皆以奏聞。高祖深委信之，當時莫與爲比。及高祖將誅晉公護，密與衞王直圖之。唯孝伯及王軌、宇文神舉等頗得參預。護誅，授開府儀同三司，歷司會中大夫、左右小宮伯、東宮左宮正。

建德之後，皇太子稍長，既無令德，唯昵近小人。孝伯白高祖曰：「皇太子四海所屬，而德聲未聞。臣忝宮官，寔當其責。且春秋尚少，志業未成，請妙選正人，爲其師友，調護聖質，猶望日就月將。如或不然，悔無及矣。」帝斂容曰：「卿世載鯁直，竭誠所事。觀卿此言，有家風矣。」孝伯拜謝曰：「非言之難，受之難也。深願陛下思之。」帝曰：「正人豈復過君。」於是以尉遲運爲右宮正，孝伯仍爲左宮正。尋拜宗師中大夫。及吐谷渾入寇，詔皇太子征之。軍中之事，多決於孝伯。俄授京兆尹，入爲左宮伯，轉右宮伯。嘗因侍坐，帝問之曰：「我兒比來漸長進不？」答曰：「皇太子比懼天威，更無罪失。」及王軌因內宴捋帝鬚，言太子之不善，帝罷酒，責孝伯曰：「公常語我，云太子無過。今軌有此言，公爲誑矣。」孝伯再拜曰：「臣聞父子之際，人所難言。臣知陛下不能割情忍愛，遂爾結舌。」帝知其意，默然久之，乃曰：「朕已委公矣，公其勉之。」

五年，大軍東討，拜內史下大夫，令掌留臺事。軍還，帝曰：「居守之重，無忝戰功。」於是加授大將軍，進爵廣陵郡公，邑三千戶，幷賜金帛及女妓等。六年，復爲宗師。每車駕巡

幸，常令居守。其後高祖北討，至雲陽宮，遂寢疾。驛召孝伯赴行在所。帝執其手曰：「吾自量必無濟理，以後事付君。」是夜，授司衞上大夫，總宿衞兵馬事。又令馳驛入京鎮守，以備非常。

宣帝卽位，授小冢宰。帝忌齊王憲，意欲除之。謂孝伯曰：「公能爲朕圖齊王，當以其官位相授。」孝伯叩頭曰：「先帝遺詔，不許濫誅骨肉。齊王，陛下之叔父，戚近功高，社稷重臣，棟梁所寄。陛下若妄加刑戮，微臣又順旨曲從，則臣爲不忠之臣，陛下爲不孝之子也。」帝不懌，因漸疎之。乃與于智、王端、鄭譯等密圖其事。後令智告憲謀逆，遣孝伯召憲入，遂誅之。

帝之西征也，在軍有過行，鄭譯時亦預焉。軍還，孝伯及王軌盡以白，高祖怒，〔一四〕撻帝數十，仍除譯名。至是，譯又被帝親昵。帝既追憾被杖，乃問譯曰：「我脚上杖痕，誰所爲也？」譯答曰：「事由宇文孝伯及王軌。」譯又因說王軌捋鬚事。帝乃誅軌。尉遲運懼，私謂孝伯曰：「吾徒必不免禍，爲之奈何？」孝伯對曰：「今堂上有老母，地下有武帝，爲臣爲子，知欲何之。且委質事人，本狥名義，諫而不入，將焉逃死。足下若爲身計，宜且遠之。」於是各行其志。運尋出爲秦州總管。然帝荒淫日甚，誅戮無度，朝章弛紊，無復綱紀。孝伯又頻切諫，皆不見從。由是益疎斥之。後稽胡反，令孝伯爲行軍總管，從越王盛討平之。及軍

還，帝將殺之，乃託以齊王之事，誚之曰：「公知齊王謀反，何以不言？」孝伯對曰：「臣知齊王忠於社稷，爲羣小媒孽，加之以罪。臣以言必不用，所以不言。且先帝付囑微臣，唯令輔導陛下，今諫而不從，寔負顧託。以此爲罪，是所甘心。」帝大慙，俛首不語。乃命將出，賜死于家。時年三十六。

及隋文帝踐極，以孝伯及王軌忠而獲罪，竝令收葬，復其官爵。又嘗謂高熲曰：「宇文孝伯寔有周之良臣，若使此人在朝，我輩無措手處也。」子歆嗣。

顏之儀字子升，〔一五〕琅邪臨沂人也，晉侍中含九世孫。祖見遠，齊御史治書。〔一六〕正色立朝，有當官之稱。及梁武帝執政，遂以疾辭。尋而齊和帝暴崩，見遠慟哭而絕。梁武帝深恨之，謂朝臣曰：「我自應天從人，何預天下人事，而顏見遠乃至於此。」當時嘉其忠烈，咸稱歎之。父協，以見遠蹈義忤時，遂不仕進。梁元帝爲湘東王，引協爲其府記室參軍。協不得已，乃應命。梁元帝後著懷舊志及詩，竝稱贊其美。

之儀幼穎悟，三歲能讀孝經。及長，博涉羣書，好爲詞賦。嘗獻神州頌，辭致雅贍。梁元帝手勑報曰：「枚乘二葉，俱得遊梁；應貞兩世，竝稱文學。我求才子，鯁慰良深。」

江陵平，之儀隨例遷長安。世宗以爲麟趾學士，稍遷司書上士。高祖初建儲宮，盛選師傅，以之儀爲侍讀。太子後征吐谷渾，在軍有過行，鄭譯等竝以不能匡弼坐譴，唯之儀以累諫獲賞。卽拜小宮尹，封平陽縣男，邑二百戶。宣帝卽位，遷上儀同大將軍、御正中大夫，進爵爲公，增邑一千戶。帝後刑政乖僻，昏縱日甚，之儀犯顏驟諫，雖不見納，終亦不止。深爲帝所忌。然以恩舊，每優容之。及帝殺王軌，之儀固諫。帝怒，欲并致之於法。後以其諒直無私，乃舍之。

宣帝崩，劉昉、鄭譯等矯遺詔，以隋文帝爲丞相，輔少主。之儀知非帝旨，拒而弗從。昉等草詔署記，〔一七〕逼之儀連署。之儀厲聲謂昉等曰：「主上升遐，嗣子沖幼，阿衡之任，宜在宗英。方今賢戚之內，趙王最長，以親以德，合膺重寄。公等備受朝恩，當思盡忠報國，奈何一旦欲以神器假人！之儀有死而已，不能誣罔先帝。」於是昉等知不可屈，乃代之儀署而行之。隋文帝後索符璽，之儀又正色曰：「此天子之物，自有主者，宰相何故索之？」於是隋文帝大怒，命引出，將戮之，然以其民之望也，乃止。出爲西疆郡守。

隋文帝踐極，詔徵還京師，進爵新野郡公。開皇五年，拜集州刺史。在州清靜，夷夏悅之。明年代還，遂優遊不仕。十年正月，之儀隨例入朝。隋文帝望而識之，命引至御坐，謂之曰：「見危授命，臨大節而不可奪，古人所難，何以加卿。」乃賜錢十萬、米一百石。十一年

冬，卒，年六十九。有文集十卷行於世。

時京兆郡丞樂運亦以直言數諫於帝。

運字承業，南陽淯陽人，晉尚書令廣之八世孫。祖文素，齊南郡守。父均，梁義陽郡守。運少好學，涉獵經史，而不持章句。年十五而江陵滅，運隨例遷長安。其親屬等多被籍，而運積年爲人傭保，皆贖免之。又事母及寡嫂甚謹。由是以孝義聞。梁故都官郎琅邪王澄美之，爲次其行事，爲孝義傳。性方直，未嘗求媚於人。

天和初，起家夏州總管府倉曹參軍，轉柱國府記室參軍。尋而臨淄公唐瑾薦爲露門學士。前後犯顏屢諫高祖，多被納用。建德二年，除萬年縣丞。抑挫豪右，號稱彊直。高祖嘉之，特許通籍，事有不便於時者，令巨細奏聞。高祖嘗幸同州，召運赴行在所。既至，高祖謂運曰：「卿來日見太子不？」運曰：「臣來日奉辭。」高祖曰：「卿言太子何如人？」運曰：「中人也。」時齊王憲以下，竝在帝側。高祖顧謂憲等曰：「百官佞我，皆云太子聰明睿知，唯運獨云中人，方驗運之忠直耳。」於是因問運中人之狀。運對曰：「班固以齊桓公爲中人，管仲相之則霸，豎貂輔之則亂。謂可與爲善，亦可與爲惡也。」高祖曰：「我知之矣。」遂妙選宮官，以匡弼之。仍超拜運京兆郡丞。太子聞之，意甚不悅。

及高祖崩，宣帝嗣位。葬訖，詔天下公除。帝及六宮，便議卽吉。運上疏曰：「三年之喪，自天子達于庶人。先王制禮，安可誣之。禮，天子七月而葬，以俟天下畢至。今葬期既促，事訖便除，文軌之內，奔赴未盡；隣境遠聞，使猶未至。若以喪服受弔，不可既吉更凶；如以玄冠對使，未知此出何禮。進退無據，愚臣竊所未安。」書奏，帝不納。

自是德政不修，數行赦宥。運又上疏曰：「臣謹案周官曰：『國君之過市，刑人赦。』此謂市者交利之所，君子無故不遊觀焉。若遊觀，則施惠以悅之也。尚書曰：『眚災肆赦。』此謂過誤爲害，罪雖大，當緩赦之。呂刑云：『五刑之疑，有赦。』此謂(赦)〔刑〕疑從罰，〔一八〕罰疑從免。論語曰：『赦小過，舉賢才。』謹尋經典，未有罪無輕重，溥天大赦之文。逮茲末葉，不師古始，無益於治，未可則之。故管仲曰：『有赦者，奔馬之委轡。不赦者，痤疽之礪石。』又曰：『惠者，民之仇讐。法者，民之父母。』吳漢遺言，猶云『唯願無赦』。王符著論，亦云『赦者非明世之所宜』。豈可數施非常之惠，〔一九〕以肆姦宄之惡乎。」帝亦不納，而昏暴滋甚。

運乃輿櫬詣朝堂，陳帝八失。

一曰：內史御正，職在弼諧，皆須參議，共治天下。大尊比來小大之事，多獨斷之。堯舜至聖，尚資輔弼，比大尊未爲聖主，而可專恣己心？凡諸刑罰爵賞，爰及軍國大事，請參諸宰輔，與衆共之。

二曰：內作色荒，古人重誡。大尊初臨四海，德惠未洽，先搜天下美女，用實後宮，又詔儀同以上女，不許輒嫁。貴賤同怨，聲溢朝野。請姬媵非幸御者，放還本族。欲嫁之女，勿更禁之。

三曰：天子未明求衣，日旰忘食，猶恐萬機不理，天下擁滯。大尊比來一入後宮，數日不出。所須聞奏，多附內豎。傳言失實，是非可懼。事由宦者，亡國之徵。請准高祖，居外聽政。

四曰：變故易常，乃爲政之大忌；嚴刑酷罰，非致治之弘規。若罰無定刑，則天下皆懼；政無常法，則民無適從。豈有削嚴刑之詔未及半祀，便即追改，更嚴前制？政令不定，乃至於是。今宿衞之官，有一人夜不直者，罪至削除；〔二〇〕因而逃亡者，遂便籍沒。此則大逆之罪，與十杖同科。雖爲法愈嚴，恐人情愈散。一人心散，尙或可止，若天下皆散，將如之何。秦網密而國亡，漢章疎而祚永。請遵輕典，竝依大律。則億兆之民，手足有所措矣。

五曰：高祖斲雕爲朴，本欲傳之萬世。大尊朝夕趣庭，親承聖旨。豈有崩未踰年，而遽窮奢麗，成父之志，義豈然乎。請興造之制，務從卑儉。雕文刻鏤，一切勿營。

六曰：都下之民，徭賦稍重。必是軍國之要，不敢憚勞。豈容朝夕徵求，唯供魚龍

爛漫，士民從役，祇爲俳優角觝。紛紛不已，財力俱竭，業業相顧，無復聊生。凡此無益之事，請竝停罷。

七曰：近見有詔，上書字誤者，即治其罪。假有忠讜之人，欲陳時事，尺有所短，文字非工，不密失身，義無假手，脫有舛謬，便陷嚴科。嬰徑尺之鱗，其事非易，下不諱之詔，猶懼未來，更加刑戮，能無鉗口！大尊縱不能採誹謗之言，無宜杜獻書之路。請停此詔，則天下幸甚。

八曰：昔桑穀生朝，殷王因之獲福。今玄象垂誡，此亦興周之祥。大尊雖減膳撤懸，未盡銷譴之理。誠願諮諏善道，修布德政，解兆民之慍，引萬方之罪，則天變可除，鼎業方固。大尊若不革茲八事，臣見周廟不血食矣。

帝大怒，將戮之。內史元巖紿帝曰：「樂運知書奏必死，所以不顧身命者，欲取後世之名。陛下若殺之，乃成其名也。」帝然之，因而獲免。翌日，帝頗感悟。召運謂之曰：「朕昨夜思卿所奏，寔是忠臣。先皇明聖，卿數有規諫。朕既昏闇，卿復能如此。」乃賜御食以賞之。〔二一〕朝之公卿，初見帝盛怒，莫不爲運寒心。後見獲宥，皆相賀以爲幸免虎口。

內史鄭譯嘗以私事請託運而弗之許，因此銜之。及隋文帝爲丞相，譯爲長史，遂左遷運爲廣州滍陽令。開皇五年，轉毛州高唐令。頻歷二縣，並有聲績。運常願處一諫官，從容諷議。而性訐直，爲人所排抵，遂不被任用。乃發憤，錄夏殷以來諫諍事，集而部之，凡六百三十九條，合四十一卷，名曰諫苑。奏上之。隋文帝覽而嘉焉。

史臣曰：士有不因學藝而重，不待爵祿而貴者何？亦云忠孝而已。若乃竭力以奉其親者，人子之行也；致身以事其君者，人臣之節也。斯固彌綸三極，囊括百代。當宣帝之在東朝，凶德方兆，王軌、宇文孝伯、神舉志惟無隱，盡言於父子之間。淫刑既逞，相繼夷滅。隋文之將登庸，人懷去就。顏之儀風烈懍然，正辭以明節，崎嶇雷電之下，僅而獲濟。斯數子者，豈非社稷之臣歟。或人以爲不忠，則天下莫之信也。自古以外戚而居重任，多藉一時之恩，至若尉遲運者，可謂位以才升，爵由功進。美矣哉。

校勘記

〔一〕（二）〔三〕年帝幸雲陽宮　北史卷六二尉遲迥附從子運傳「二」作「三」，册府卷四六六五五五〇頁此段採北史。張森楷云：「據下文衞王直事，則是三年，非二年也。『二』字刻誤。」按卷五武帝紀衞王直反在建德三年五七四年七月，張說是，今據改。

〔二〕運總侍衞兵還京師宣帝即位　宋本、南本、北本、汲本「總」作「持」，「還京」下無「師宣」二字。殿本當依北史改補，局本從殿本。

〔三〕諡曰（忠）〔中〕　諸本「忠」都作「中」。殿本當依北史改。按尉遲運爲周宣帝所憾，幸免於禍，不會給予「忠」字之諡。今回改。

〔四〕軌自知必及於禍　宋本、南本、北本、汲本皆無「必」字。殿本當依北史補，局本從殿本。

〔五〕帝令內史杜虔信就徐州殺軌　諸本和通鑑卷一七三五三九四頁「虔」都作「慶」。北史及册府卷三七三四四三五頁作「虔」。册府檢宋本同此節出於周書，則北宋舊本也有作「虔」的。然殿本當依北史改，局本從殿本，非別有據。

〔六〕高祖晉陵　北史卷五七東平公神舉傳「晉」作「普」。

〔七〕曾祖求男　文苑英華卷九四七庾信宇文顯墓誌單稱作「求」。

〔八〕祖金殿魏鎭遠將軍兗州刺史安吉縣侯父顯和　「鎭遠將軍、兗州刺史」宇文顯墓誌作「征南將軍、定州刺史」。「顯和」單稱作「顯」。「安吉」北史本傳作「安喜」。按魏書卷一〇六上地形志上定州中山郡有安喜縣，安吉縣不見紀載。然墓誌亦作「安吉」。

〔九〕神舉早歲而孤有夙成之量族兄安化公深器異之　張森楷云：「據下文神舉以宣帝立之年遇酖，年四十八。逆數至顯和卒年，共廿四當云廿五年，則于時當得廿四歲，不得云早歲而孤矣。」按張

說似是，然卷二七宇文測附弟深傳稱「從弟神舉〔舉〕當作「擧」〕神慶幼孤，深撫訓之」，和本傳合，也可能年四十八有誤。

〔一〇〕原國公（如）〔姬〕願　按本書卷六武帝紀宣政元年五月，「如願」作「姬願」，北史卷一〇周本紀下亦作「姬願」，今據改。

〔一一〕神擧又率衆與越王盛討平　宋本及北史本傳、册府卷二九一三四二七頁「平」作「之」。

〔一二〕卽授幷潞肆石等四州十二鎭諸軍〔事〕　張森楷云：「『軍』下例當有『事』字，此誤挩文。」按册府卷二九一三四二七頁有「事」字，張說是，今據補。

〔一三〕字胡三　北史卷五七宇文測附從子孝伯傳「三」作「王」，册府卷二六九三一八五頁作「玉」。張森楷云：「『王』字是，作『三』無義。」按周書中所謂字，多鮮卑名，不能以音譯之有義無義斷是非。

〔一四〕孝伯及王軌盡以白高祖怒　册府卷四六六五五五〇頁「高祖」下重「高祖」二字。按北史本傳亦重「武帝」二字，疑傳本周書脫去。

〔一五〕字子升　北史卷八三文苑顏之推附弟之儀傳無「子」字。

〔一六〕齊御史治書　梁書卷五〇顏協傳稱見遠官「治書侍御史，俄兼中丞」。南史卷七二顏協傳亦稱見遠官至「御史中丞」。按史例應稱其最終或最高官，且治書御史亦不當倒作「御史治書」，疑有誤。

〔一七〕昉等草詔署記　北史本傳、册府卷四六六五五五一頁「記」作「訖」，是說劉昉等署名訖，故下云「逼之儀連署」，作「訖」似較長。

〔一八〕此謂（赦）〔刑〕疑從罰　按尚書呂刑：「五刑之疑有赦，五罰之疑有赦，其審克之」，僞孔傳云：「刑疑赦從罰，罰疑赦從免。」樂運是用僞孔傳義，「赦」是「刑」之訛。通鑑卷一七三五三九二頁節錄樂運疏，正作「刑」，今據改。

〔一九〕王符著論亦云赦者非明世之所宜豈可數施非常之惠　北史卷六二樂運傳「宜」下多「有大尊」三字，册府卷五三〇六三三七頁多「有大之尊」四字。按「有」字屬上讀，大尊指宣帝，後文屢見。册府載樂運事採自周書，而此句却和北史相符，但衍一「之」字。疑周書本文亦有此三字，傳本脫去。

〔二〇〕有一人夜不直者罪至削除　北史本傳、册府卷五四二六四九六頁無「人」字。按隋書卷二五刑法志云：「宿衞之官，一日不直，罪至削除」，這裏的「人」字疑衍。

〔二一〕乃賜御食以賞之　宋本、南本、北本、汲本及通鑑卷一七三五三九三頁「賞」作「罷」。

周書卷四十一

列傳第三十三

王褒　庾信

王褒字子淵，琅邪臨沂人也。曾祖儉，齊侍中、太尉、南昌文憲公。祖騫，梁侍中、金紫光祿大夫、南昌安侯。父規，梁侍中、左民尚書、南昌章侯。並有重名於江左。

褒識量淵通，〔一〕志懷沉靜。美風儀，善談笑，博覽史傳，尤工屬文。梁國子祭酒蕭子雲，褒之姑夫也，特善草隸。褒少以姻戚，去來其家，遂相模範。俄而名亞子雲，並見重於世。梁武帝喜其才藝，遂以弟鄱陽王恢之女妻之。起家祕書郎，轉太子舍人，襲爵南昌縣侯。稍遷祕書丞。宣成王大器，〔二〕簡文帝之冢嫡，卽褒之姑子也。于時盛選僚佐，乃以褒爲文學。尋遷安成郡守。〔三〕及侯景渡江，建業擾亂，褒輯寧所部，見稱於時。梁元帝承制，轉智武將軍、〔四〕南平內史。及嗣位於江陵，欲待褒以不次之位。褒時猶

在郡，敕王僧辯以禮發遣。褒乃將家西上。元帝與褒有舊，相得甚歡。拜侍中，累遷吏部尚書、左僕射。褒既世冑名家，文學優贍，當時咸相推挹，故旬月之間，位升端右。寵遇日隆，而褒愈自謙虛，不以位地矜人，時論稱之。

初，元帝平侯景及擒武陵王紀之後，以建業彫殘，方須修復；江陵殷盛，便欲安之。又其故府臣寮，皆楚人也，並願卽都荆郢。嘗召羣臣議之。領軍將軍胡僧祐、吏部尚書宗懍、太府卿黃羅漢、御史中丞劉瑴等曰：「建業雖是舊都，王氣已盡。且與北寇鄰接，止隔一江。若有不虞，悔無及矣。臣等又嘗聞之，荆南之地，有天子氣。今陛下龍飛纘業，其應斯乎。天時人事，徵祥如此。臣等所見，遷徙非宜。」元帝深以爲然。時褒及尚書周弘正咸侍座。乃顧謂褒等曰：「卿意以爲何如？」褒性謹愼，知元帝多猜忌，弗敢公言其非。當時唯唯而已。後因清閑密諫，言辭甚切。元帝頗納之。然其意好荆、楚，已從僧祐等策。明日，乃於衆中謂褒曰：「卿昨日勸還建業，不爲無理。」褒以宣室之言，豈宜顯之於衆。知其計之不用也，於是止不復言。

及大軍征江陵，元帝授褒都督城西諸軍事。褒本以文雅見知，一旦委以總戎，深自勉勵，盡忠勤之節。被圍之後，上下猜懼，元帝唯於褒深相委信。朱買臣率衆出宣陽之西門，與王師戰，買臣大敗。褒督進不能禁，乃貶爲護軍將軍。王師攻其外栅，城陷，褒從元帝入

子城，猶欲固守。俄而元帝出降，襃遂與衆俱出。見柱國于謹，謹甚禮之。襃曾作燕歌行，妙盡關塞寒苦之狀，元帝及諸文士竝和之，而競爲淒切之詞。至此方驗焉。

襃與王克、劉瑴、宗懍、殷不害等數十人，俱至長安。太祖喜曰：「昔平吳之利，二陸而已。今定楚之功，羣賢畢至。可謂過之矣。」又謂襃及王克曰：「吾卽王氏甥也，卿等竝吾之舅氏。當以親戚爲情，勿以去鄉介意。」於是授襃及克、殷不害等車騎大將軍、儀同三司。常從容上席，資餼甚厚。襃等亦竝荷恩眄，忘其羈旅焉。

孝閔帝踐阼，封石泉縣子，邑三百戶。世宗卽位，篤好文學。時襃與庾信才名最高，特加親待。帝每遊宴，命襃等賦詩談論，常在左右。尋加開府儀同三司。保定中，除內史中大夫。高祖作象經，令襃注之。引據該洽，甚見稱賞。襃有器局，雅識治體。既累世在江東爲宰輔，高祖亦以此重之。建德以後，頗參朝議。凡大詔册，皆令襃具草。東宮既建，授太子少保，遷小司空，仍掌綸誥。乘輿行幸，襃常侍從。

初，襃與梁處士汝南周弘讓相善。及弘讓兄弘正自陳來聘，高祖許襃等通親知音問。襃贈弘讓詩，并致書曰：

嗣宗窮途，楊朱歧路。征蓬長逝，流水不歸。舒慘殊方，炎涼異節，木皮春厚，桂樹冬榮。想攝衞惟宜，動靜多豫。賢兄入關，敬承款曲。猶依杜陵之水，尙保池陽之

田，鏟迹幽蹊，銷聲穹谷。何期愉樂，幸甚！幸甚！

弟昔因多疾，亟覽九仙之方；晚涉世途，常懷五嶽之舉。同夫關令，物色異人；譬彼客卿，服膺高士。上經說道，屢聽玄牝之談；中藥養神，每稟丹沙之說。頃年事遒盡，容髮衰謝，芸其黃矣，零落無時。還念生涯，繁憂總集。視陰愒日，猶趙孟之徂年；負杖行吟，同劉琨之積慘。河陽北臨，空思鞏縣；霸陵南望，還見長安。所冀書生之魂，來依舊壤；射聲之鬼，無恨他鄉。白雲在天，長離別矣，會見之期，邈無日矣。援筆攬紙，龍鍾橫集。

弘讓復書曰：

甚矣悲哉！此之爲別也。雲飛泥沉，金鑠蘭滅，玉音不嗣，瑤華莫因。家兄至自鎬京，致書於穹谷。故人之跡，有如對面，開題申紙，流臉沾膝。江南燠熱，橘柚冬青；渭北沍寒，楊榆晚葉。土風氣候，各集所安，餐衞適時，寢興多福。甚善！甚善！

與弟分袂西陝，言反東區，雖保周陵，還依蔣徑，三姜離析，〔五〕二仲不歸。麋鹿爲曹，更多悲緒。丹經在握，貧病莫諧；芝朮可求，恆爲採掇。昔吾壯日，及弟富年，俱值邕熙，竝歡衡泌。南風雅操，清商妙曲，絃琴促坐，無乏名晨。〔六〕玉瀝金華，冀獲難老。不虞一旦，翻覆波瀾。吾已愒陰，弟非茂齒。禽、尙之契，各在天涯，永念生平，

難爲胷臆。且當視陰數箭，排愁破涕。人生樂耳，憂戚何爲。豈能遽悲次房，遊魂不反。遠〔傷金〕（產）〔彥〕，骸柩無託。〔七〕但願愛玉體，珍金箱，〔八〕保期頤，享黃髮。猶冀蒼（膺）〔雁〕頳鯉，〔九〕時傳尺素，清風朗月，俱寄相思。子淵，子淵，長爲別矣！握管操觚，聲淚俱咽。

尋出爲（宣）〔宜〕州刺史。〔一〇〕卒於位，時年六十四。子鼒嗣。

庾信字子山，南陽新野人也。祖易，齊徵士。父肩吾，梁散騎常侍、中書令。

信幼而俊邁，聰敏絕倫。博覽羣書，尤善春秋左氏傳。身長八尺，腰帶十圍，容止頹然，有過人者。起家湘東國常侍，轉安南府參軍。時肩吾爲梁太子中庶子，掌管記。東海徐摛爲左衞率。摛子陵及信，竝爲抄撰學士。父子在東宮，出入禁闥，恩禮莫與比隆。既有盛才，文竝綺豔，故世號爲徐、庾體焉。當時後進，競相模範。每有一文，京都莫不傳誦。累遷尚書度支郎中、通直正員郎。出爲郢州別駕。尋兼通直散騎常侍，聘于東魏。文章辭令，盛爲鄴下所稱。還爲東宮學士，領建康令。

侯景作亂，梁簡文帝命信率宮中文武千餘人，營於朱雀航。及景至，信以衆先退。臺

城陷後，信奔于江陵。梁元帝承制，除御史中丞。及卽位，轉右衞將軍，封武康縣侯，加散騎常侍，來聘于我。屬大軍南討，遂留長安。江陵平，拜使持節、撫軍將軍、右金紫光祿大夫、大都督，尋進車騎大將軍、儀同三司。

孝閔帝踐阼，封臨清縣子，邑五百戶，除司水下大夫。出爲弘農郡守，遷驃騎大將軍、開府儀同三司、司憲中大夫，進爵義城縣侯。俄拜洛州刺史。信多識舊章，爲政簡靜，吏民安之。時陳氏與朝廷通好，南北流寓之士，各許還其舊國。陳氏乃請王襃及信等十數人。高祖唯放王克、殷不害等，信及襃竝留而不遣。尋徵爲司宗中大夫。

世宗、高祖竝雅好文學，信特蒙恩禮。至於趙、滕諸王，周旋款至，有若布衣之交。羣公碑誌，多相請託。唯王襃頗與信相埒，自餘文人，莫有逮者。

信雖位望通顯，常有鄉關之思。乃作哀江南賦以致其意云。其辭曰：

粵以戊辰之年，建亥之月，大盜移國，金陵瓦解。余乃竄身荒谷，公私塗炭。華陽奔命，有去無歸，中興道消，窮於甲戌。三日哭於都亭，三年囚於別館。天道周星，物極不反。傅燮之但悲身世，無所求生；袁安之每念王室，自然流涕。昔桓君山之志事，杜元凱之生平，竝有著書，咸能自序。潘岳之文彩，始述家風；陸機之詞賦，多陳世德。信年始二毛，卽逢喪亂，藐是流離，至于暮齒。燕歌遠別，悲不自勝；楚老相逢，

泣將何及。畏南山之雨，忽踐秦庭；讓東海之濱，遂飡周粟。下亭漂泊，臯橋羈旅，楚歌非取樂之方，魯酒無忘憂之用。追(惟)〔爲〕此賦，[一一]聊以記言，不無危苦之辭，唯以悲哀爲主。

日暮途遠，人間何世。將軍一去，大樹飄零；壯士不還，寒風蕭瑟。荆璧睨柱，受連城而見欺；載書橫階，捧珠盤而不定。鍾儀君子，入就南冠之囚；季孫行人，留守西河之館。申包胥之頓地，碎之以首；蔡威公之淚盡，加之以血。釣臺移柳，非玉關之可望；華亭唳鶴，豈河橋之可聞。

孫策以天下爲三分，衆裁一旅；項羽用江東之子弟，人唯八千。遂乃分裂山河，宰割天下。豈有百萬義師，一朝卷甲，芟夷斬伐，如草木焉。江、淮無涯岸之阻，亭壁無藩籬之固。頭會箕斂者，合從締交；鉏耰棘矜者，因利乘便。將非江表王氣，應終三百年乎？是知并吞六合，不免軹道之災；混一車書，無救平陽之禍。嗚呼！山嶽崩頹，既履危亡之運；春秋迭代，必有去故之悲。天意人事，可以悽愴傷心者矣。況復舟檝路窮，星漢非乘槎可上；風飇道阻，蓬萊無可到之期。窮者欲達其言，勞者須歌其事。陸士衡聞而撫掌，是所甘心；張平子見而陋之，固其宜矣。

我之掌庾承周，以世功而爲族；經邦佐漢，用論道而當官。稟嵩、華之玉石，潤

河、洛之波瀾。居負洛而重世，邑臨河而晏安。逮永嘉之艱虞，始中原之乏主。民枕倚於墻壁，路交橫於豺虎。值五馬之南奔，逢三星之東聚。彼凌江而建國，[一二]此播遷於吾祖。分南陽而賜田，裂東嶽而胙土。誅茅宋玉之宅，穿徑臨江之府。水木交運，山川崩竭。家有直道，人多全節。訓子見於純深，事君彰於義烈。新野有生祠之廟，河南有胡書之碣。況乃少微眞人，天山逸民。階庭空谷，門巷蒲輪。移談講樹，就簡書筠。降生世德，載誕貞臣。文詞高於甲觀，模楷盛於漳濱。嗟有道而無鳳，歎非時而有麟。既姦回之奰匿，終不悅於仁人。

王子洛濱之歲，蘭成射策之年，始含香於建禮，仍矯翼於崇賢。游洊雷之講肆，齒明離之胄筵。既傾蠡而酌海，遂側管以窺天。[一三]方塘水白，釣渚池圓。侍戎韜於武帳，聽雅曲於文絃。乃解懸而通籍，遂崇文而會武。居笠轂而掌兵，出蘭池而典午。論兵於江漢之君，拭圭於西河之主。

于時朝野歡娛，池臺鐘鼓。里爲冠蓋，門成鄒魯。連茂苑於海陵，跨橫塘於江浦。東門則鞭石成橋，南極則鑄銅爲柱。樹則園植萬株，竹則家封千戶。[一四]西贐浮玉，南琛沒羽。吳歈越吟，荆豔楚舞。草木之藉春陽，魚龍之得風雨。五十年中，江表無事。王歙爲和親之侯，班超爲定遠之使。馬武無預於兵甲，馮唐不論於將帥。豈知山嶽闇

然，江湖潛沸。漁陽有閭左戍卒，離石有將兵都尉。

天子方刪詩書，定禮樂。設重雲之講，開士林之學。談劫燼之灰飛，辯常星之夜落。地平魚齒，城危獸角。臥刁斗於滎陽，絆龍媒於平樂。宰衡以干戈爲兒戲，縉紳以清談爲廟略。乘漬水而膠船，[一五]馭奔駒以朽索。小人則將及水火，君子則方成猨鶴。弊箄不能救鹽池之鹹，阿膠不能止黃河之濁。既而鮒魚頳尾，四郊多壘。殿狎江鷗，宮鳴野雉。湛盧去國，艅皇失水。見被髮於伊川，知其時爲戎矣。[一六]

彼姦逆之熾盛，久遊魂而放命。大則有鯨有鯢，小則爲梟爲獍。負其牛羊之力，凶其水草之性。非玉燭之能調，豈璿璣之可正。值天下之無爲，尚有欲於羈縻。飲其琉璃之酒，賞其虎豹之皮。見胡桐於大夏，識鳥卵於條支。豺牙密厲，虺毒潛吹。輕九鼎而欲問，聞三川而遂窺。[一七]

始則王子召戎，姦臣介胄。既官政而離逷，遂師言而泄漏。望廷尉之逋囚，反淮南之窮寇。飛狄泉之蒼鳥，起橫江之困獸。地則石鼓鳴山，天則金精動宿。北闕龍吟，東陵麟鬭。爾乃桀黠構扇，憑陵畿甸。擁狼望於黃圖，塡盧山於赤縣。青袍如草，白馬如練。天子履端廢朝，單于長圍高宴。兩觀當戟，千門受箭。白虹貫日，蒼鷹擊殿。競遭夏臺之禍，[一八]遂視堯城之變。官守無奔問之人，干戚非平戎之戰。陶侃則

空裝米船，顧榮則虛搖羽扇。將軍死綏，路絕重圍。烽隨星落，書逐鳶飛。遂乃韓分趙裂，鼓臥旗折。失羣班馬，迷輪亂轍。猛士嬰城，謀臣卷舌。昆陽之戰象走林，常山之陣蛇奔穴。五郡則兄弟相悲，三州則父子離別。

護軍慷慨，忠能死節。三世爲將，終於此滅。濟陽忠壯，身參末將。兄弟三人，義聲俱唱。主辱臣死，名存身喪。狄人歸元，三軍悽愴。尚書多算，[一九]守備是長。雲梯可拒，地道能防。有齊將之閉壁，無燕師之臥墻。[二〇]大事去矣，人之云亡。申子奮發，勇氣咆勃。實總元戎，身先士卒。胄落魚門，兵塡馬窟。屢犯通中，頻遭刮骨。功業天枉，身名埋沒。或以隼翼鷃披，虎威狐假。霑漬鋒鏑，脂膏原野。兵弱虜彊，城孤氣寡。聞鶴唳而虛驚，聽胡笳而淚下。據神亭而亡戟，臨橫江而棄馬。崩於鉅鹿之沙，碎於長平之瓦。於是桂林顚覆，長洲麋鹿。潰潰沸騰，茫茫慘黷。[二一]天地離阻，人神怨酷。[二二]晉鄭靡依，魯衛不睦。競動天關，爭回地軸。探雀鷇而未飽，待熊蹯而詎熟。乃有車側郭門，筋懸廟屋。鬼同曹社之謀，人有秦庭之哭。

余乃假刻璽於關塞，[二三]稱使者之酬對。逢鄂坂之譏嫌，值耏門之征稅。乘白馬而不前，策青騾而轉礙。吹落葉之扁舟，飄長颿於上游。彼鋸牙而勾爪，又巡江而習流。排青龍之戰艦，鬭飛鷁之船樓。張遼臨於赤壁，王濬下於巴丘。乍風驚而射火，

或箭重而回舟。未辨聲於黃蓋，已先沈於杜侯。落帆黃鶴之浦，藏船鸚鵡之洲。路已分於湘漢，星猶看於斗牛。若乃陰陵失路，釣臺斜趣。望赤岸而霑衣，艤烏江而不度。雷池柵浦，鵲陵焚戍。旅舍無烟，巢禽失樹。謂荆、衡之杞梓，庶江、漢之可恃。淮海維揚，三千餘里。過漂渚而寄食，〔二四〕託蘆中而度水。屆于七澤，濱于十死。嗟天保之未定，見殷憂之方始。本不達於危行，又無情於祿仕。謬掌衛於中軍，濫尸丞於御史。

信生世等於龍門，辭親同於河洛。奉立身之遺訓，受成書之顧託。昔三世而無慙，今七葉而始落。泣風雨於梁山，惟枯魚之銜索。入欹斜之小徑，掩蓬藋之荒扉。就汀洲之杜若，待蘆葦之單衣。

于時西楚霸王，劒及繁陽。鏖兵金匱，校戰玉堂。蒼鷹赤雀，鐵舳牙檣。沈白馬而誓衆，負黃龍而度湘。〔二五〕海潮迎艦，江萍送王。戎車屯于石城，戈船掩乎淮、泗。諸侯則鄭伯前驅，盟主則荀罃暮至。剖巢熏穴，奔魑走魅。埋長狄於駒門，斬蚩尤於中冀。然腹為燈，飲頭為器。直虹貫壘，長星屬地。昔之虎據龍盤，加以黃旗紫氣，莫不隨狐兔而窟穴，與風塵而殄瘁。

西瞻博望，北臨玄圃。月榭風臺，池平樹古。倚弓於玉女窗扉，繫馬於鳳凰樓柱。仁壽之鏡徒懸，茂陵之書空聚。若夫立德立言，謨明寅亮。聲超於繫表，道高於河上。

既不遇於浮丘，遂無言於師曠。指愛子而託人，知西陵而誰望。非無北闕之兵，猶有雲臺之仗。司徒之表裏經綸，狐偃之惟王實勤。〔二六〕橫琱戈而對霸主，執金鼓而問賊臣。平吳之功，壯於杜元凱；王室是賴，深於溫太眞。始則地名全節，終以山稱枉人。南陽校書，去之已遠。上蔡逐獵，知之何晚。鎮北之負譽矜前，風飇懍然。水神遭箭，山靈見鞭。是以蟄熊傷馬，浮蛟沒船。才子并命，俱非百年。

中宗之夷凶靜亂，大雪冤耻。去代邸而承基，遷唐郊而纂祀。反舊章於司隸，歸餘風於正始。沉猜則方逞其欲，藏疾則自矜於己。天下之事沒焉，諸侯之心搖矣。既而齊交北絕，秦患西起。況背關而懷楚，異端委而開吳。驅綠林之散卒，拒驪山之叛徒。營軍梁溠，蒐乘巴渝。問諸淫昏之鬼，求諸厭劾之巫。荆門遭廩延之戮，夏首濫逵泉之誅。蔑因親於教愛，忍和樂於彎弧。既無謀於肉食，非所望於論都。未深思於五難，先自擅於二端。〔二七〕登陽城而避險，卧底柱而求安。既言多於忌刻，實志勇於刑殘。但坐觀於時變，本無情於急難。地為黑子，城猶彈丸。其怨則黷，其盟則寒。豈冤禽之能塞海，非愚叟之可移山。況以沴氣朝浮，〔二八〕妖精夜殞。赤烏則三朝夾日，〔二九〕蒼雲則七重圍軫。亡吳之歲既窮，入郢之年斯盡。

周含鄭怒，楚結秦冤。有南風之不競，值西隣之責言。俄而梯衝亂舞，冀馬雲屯。

棧秦車於暢轂，〔三〇〕沓漢鼓於雷門。下陳倉而連弩，度臨晉而橫船。雖復楚有七澤，人稱三戶。箭不麗於六麋，雷無驚於九虎。辭洞庭兮落木，去涔陽兮極浦。熾火兮焚旗，貞風兮害蠱。乃使玉軸揚灰，龍文斫柱。下江餘城，長林故營。徒思箝馬之秣，未見燒牛之兵。章曼支以轂走，宮之奇以族行。河無冰而馬度，關未曉而雞鳴。忠臣解骨，君子吞聲。章華望祭之所，雲夢偽遊之地。荒谷縊於莫敖，冶父囚乎羣帥。硎穽摺拉，鷹鸇批攢。冤霜夏零，憤泉秋沸。城崩杞婦之哭，竹染湘妃之淚。

水毒秦涇，山高趙陘。十里五里，長亭短亭。饑隨蟄鷰，闇逐流螢。秦中水黑，關上泥青。于時瓦解冰泮，風飛電散。渾然千里，淄、澠一亂。雪暗如沙，冰橫似岸。逢赴洛之陸機，見離家之王粲。莫不聞隴水而掩泣，向關山而長歎。況復君在交河，妾在清波。石望夫而逾遠，山望子而逾多。才人之憶代郡，公主之去清河。栩陽亭有離別之賦，臨江王有愁思之歌。別有飄颻武威，羇旅金微。班超生而望反，溫序死而思歸。李陵之雙鳧永去，蘇武之一鴈空飛。

昔江陵之中否，乃金陵之禍始。雖借人之外力，實蕭墻之內起。撥亂之主忽焉，中興之宗不祀。伯兮叔兮，同見戮於猶子。荆山鵲飛而玉碎，隨岸蛇生而珠死。鬼火亂於平林，殤魂驚於新市。梁故豐徒，楚實秦亡。不有所廢，其何以昌。有嬀之後，遂

育于姜。輸我神器，居為讓王。天地之大德曰生，聖人之大寶曰位。用無賴之子孫，舉江東而全棄。惜天下之一家，遭東南之反氣。以鶉首而賜秦，天何為而此醉！

且夫天道回旋，民生預焉。〔三一〕余烈祖於西晉，始流播於東川。洎余身而七葉，又遭時而北遷。提挈老幼，關河累年。死生契闊，不可問天。況復零落將盡，靈光巋然。日窮于紀，歲將復始。逼切危慮，端憂暮齒。踐長樂之神皐，望宣平之貴里。渭水貫於天門，驪山回於地市。幕府大將軍之愛客，丞相平津侯之待士。見鐘鼎於金、張，聞絃謌於許、史。豈知灞陵夜獵，猶是故時將軍；咸陽布衣，非獨思歸王子。

大象初，以疾去職，卒。隋文帝深悼之，贈本官，加荆淮二州刺史。子立嗣。

史臣曰：兩儀定位，日月揚暉，天文彰矣；八卦以陳，書契有作，人文詳矣。若乃墳索所紀，莫得而云，典謩以降，遺風可述。是以曲阜多才多藝，鑒二代以正其本；闕里性與天道，修六經以維其末。故能範圍天地，綱紀人倫。窮神知化，稱首於千古；經邦緯俗，藏用於百代。至矣哉！斯固聖人之述作也。

逮乎兩周道喪，七十義乖。淹中、稷下，八儒三墨，辯博之論蜂起；漆園、黍谷，名法兵

農，宏放之詞霧集。雖雅誥奧義，或未盡善，考其所長，蓋賢達之源流也。

其後逐臣屈平，作離騷以叙志，宏才豔發，有惻隱之美。宋玉，南國詞人，追逸轡而亞其迹。大儒荀况，賦禮智以陳其情，含章鬱起，有諷諭之義。賈生，洛陽才子，繼清景而奮其暉。竝陶鑄性靈，組織風雅，詞賦之作，實爲其冠。

自是著述滋繁，體制匪一。孝武之後，雅尙斯文，揚葩振藻者如林，而二馬、王、揚爲之傑；東京之朝，茲道愈扇，咀徵含商者成市，而班、傅、張、蔡爲之雄。當塗受命，尤好蟲篆；金行勃興，無替前烈。曹、王、陳、阮，負宏衍之思，挺棟幹於鄧林；潘、陸、張、左，擅侈麗之才，飾羽儀於鳳穴。斯竝高視當世，連衡孔門。雖時運推移，質文屢變，譬猶六代竝湊，易俗之用無爽；九流競逐，一致之理同歸。歷選前英，於茲爲盛。

既而中州版蕩，戎狄交侵，僭僞相屬，士民塗炭，故文章黜焉。其潛思於戰爭之間，揮翰於鋒鏑之下，亦往往而間出矣。若乃魯徽、杜廣、徐光、尹弼之疇，知名於二趙；宋諺、封奕、朱彤、梁讜之屬，見重於燕、秦。然皆迫於倉卒，牽於戰爭。競奏符檄，〔三〕則粲然可觀；體物緣情，則寂寥於世。非其才有優劣，時運然也。至朔漠之地，蕞爾夷俗，胡義周之頌國都，足稱宏麗；區區河右，而學者埒於中原，劉延明之銘酒泉，可謂清典。子曰「十室之邑，必有忠信」，豈徒言哉。

洎乎有魏，定鼎沙朔，南包河、淮，西吞關、隴。當時之士，有許謙、崔宏、崔浩、高允、高閭、游雅等，先後之間，聲實俱茂，詞義典正，有永嘉之遺烈焉。及太和之辰，雖復崇尙文雅，方驂竝路，多乖往轍，涉海登山，罕值良寶。其後袁翻才稱澹雅，常景思摽沉鬱，彬彬焉，蓋一時之俊秀也。

周氏創業，運屬陵夷。纂遺文於既喪，〔三〕聘奇士如弗及。是以蘇亮、蘇綽、盧柔、唐瑾、元偉、李昶之徒，咸奮鱗翼，自致青紫。然綽建言務存質朴，遂糠粃魏、晉，憲章虞、夏。雖屬詞有師古之美，矯枉非適時之用，故莫能常行焉。

既而革車電邁，渚宮雲撤。爾其荆、衡杞梓，東南竹箭，備器用於廟堂者衆矣。唯王襃、庾信奇才秀出，牢籠於一代。是時，世宗雅詞雲委，滕、趙二王雕章間發。咸築宮虛館，有如布衣之交。由是朝廷之人，閭閻之士，莫不忘味於遺韻，眩精於末光。猶丘陵之仰嵩、岱，川流之宗溟渤也。

然則子山之文，發源於宋末，盛行於梁季。其體以淫放爲本，其詞以輕險爲宗。故能誇目侈於紅紫，蕩心逾於鄭、衞。昔楊子雲有言：「詩人之賦，麗以則；詞人之賦，麗以淫。」若以庾氏方之，斯又詞賦之罪人也。

原夫文章之作，本乎情性。覃思則變化無方，形言則條流遂廣。雖詩賦與奏議異軫，

銘誄與書論殊塗，而撮其指要，舉其大抵，莫若以氣爲主，以文傳意。考其殿最，定其區域，摭六經百氏之英華，探屈、宋、卿、雲之祕奧。其調也尚遠，其旨也在深，其理也貴當，其辭也欲巧。然後瑩金璧，播芝蘭，文質因其宜，繁約適其變，權衡輕重，斟酌古今，和而能壯，麗而能典，煥乎若五色之成章，紛乎猶八音之繁會。夫然，則魏文所謂通才足以備體矣，士衡所謂難能足以逮意矣。

校勘記

〔一〕襃識量淵通　宋本及北史卷八三文苑王襃傳「淵」作「淹」。按唐人諱「淵」，史臣豈得故犯，作「淹」是。上云「字子淵」，也是後人追改，北史諱作「子深」。

〔二〕宣成王大器　按「宣成」北史本傳作「宣城」，宣城是郡名，似作「城」是。但卷四八蕭詧附蔡大寶傳見「宣成公主」，亦作「成」。當時郡縣名「城」者常通作「成」，不止宣城一地，如本傳下文「安成郡守」，地志亦作「安城」。今不改。

〔三〕尋遷安成郡守　梁書卷四一王規附子襃傳、北史本傳「郡守」作「內史」。按梁書卷二二太祖五王傳安成是梁武帝弟秀封國，子孫傳襲至梁末，未嘗爲郡。作「內史」是。北史「成」作「城」，通。

〔四〕轉智武將軍　張森楷云：「梁書卷四一王襃傳作『忠武將軍』。」按梁書卷五元帝紀大寶三年正月亦

作「智武」。未知孰是。

〔五〕三荆離析　册府卷九〇五一〇七二六頁「枏」作「析」，藝文類聚卷三〇周弘讓答王襃書作「三荆離析」。按「枏」即「析」，「柝」字誤。「三姜」用後漢書姜肱傳兄弟三人友愛事。「三荆」，御覽卷九五九四二五六頁引周景式孝子傳曰：「古有兄弟，忽欲分異，出門見三荆同株，接葉連陰。歎曰：『木猶欣然聚，況我而殊哉』，遂還爲雍和。」二事都是兄弟典故，借喻二人交好，都可通，不知孰是。周景式孝子傳不見隋、唐經籍、藝文諸志，周弘讓雖不一定直接用此書，也當是用此典故。

〔六〕無乏名晨　「名」，册府同上卷頁作「昏」，類聚卷三〇作「夕」。按「名」字疑誤，「昏」「夕」未知孰是。

〔七〕遠〔傷金〕〔產〕〔彥〕　諸本缺「傷金」二字，據册府同上卷頁補。「產」乃「彥」之訛。後漢書獨行王忳傳稱忳於赴洛陽途中，照看和殯葬一個病困書生，後來遇見書生的父親，才知道死者的姓名爲「金彥」。按此一聯上句「遠悲次房」，「次房」是溫序字，溫序也在獨行傳中，此用「金彥」事無疑，今據改。

〔八〕珍金箱　册府同上卷頁、類聚卷三〇「箱」作「相」，疑是。

〔九〕猶冀蒼〔膺〕〔雁〕頳鯉　諸本「膺」都作「鷹」，册府、類聚作「雁」。按這裏是說通信，作「雁」是，今據改。

〔一〇〕尋出爲〔宣〕〔宜〕州刺史　宋本、南本、北本和北史本傳「宣」作「宜」。按後周無宣州。隋書卷二一

九地理志上京兆郡華原縣云「後魏置北雍州，西魏改爲宜州」，王褒嘗卽官此州。今據改。

〔一一〕追（惟）〔爲〕此賦　宋本、汲本和文苑英華卷一二九庾信哀江南賦「惟」作「爲」，較長，今據改。英華異同頗多，其義可兩通而不會有相異的解釋者不一一列舉。

〔一二〕彼淩江而建國　宋本作「被原作彼，刻誤江漢而建國」，汲本、局本同殿本，而注云：「一作被江漢。」按周書此句原文當如宋本，他本依文苑英華或傳本庾集改。

〔一三〕遂側管以窺天　英華「側」作「測」。

〔一四〕樹則園植萬株竹則家封千戶　英華「樹」作「橘」。倪注庾子山集引漢書貨殖傳：「蜀漢江陵千樹橘」、「渭川千畝竹」句。疑作「橘」是。

〔一五〕乘漬水而膠船　宋本「漬」作「賁」，汲本作「潰」。張元濟云：「賁水猶言奔流之水。」英華作「潰」，注云：「一作海。」

〔一六〕知其時爲戎矣　英華作「知百年而爲戎矣」。

〔一七〕開三川而遂窺　宋本「開」作「問」。宋本、南本、北本、汲本「川」作「山」。按戰國策秦策秦武王謂甘茂曰：「寡人欲車通三川，以窺周室」，這裏用此典故，「山」字誤，不待言。「開」有通義，若「問」字則與武王語意不合，疑作「間」是。

〔一八〕競遭夏臺之禍　英華「競」作「竟」，較長。

〔一九〕尙書多算　宋本「算」作「方」。按此句轉韵。哀江南賦於轉韵處一聯的上句雖不盡用韵，而用韵者多，疑作「方」是。

〔二〇〕無燕師之臥牆　「師」原作「帥」。諸本及英華皆作「師」，今逕改。

〔二一〕茫茫慘黷　英華「慘」作「墋」。倪注庾子山集引陸機功臣贊「茫茫宇宙，上墋下黷」，當作「墋」。

〔二二〕人神怨酷　英華「怨」作「慘」。疑周書於上句「墋」既作「慘」，後人以爲不應於下句卽重出「慘」字，故又改作「怨」。

〔二三〕余乃假刻璽於關塞　宋本「璽」作「蜜」。晉書卷四三山濤傳云：「贈司徒蜜印。」疑本作「蜜」，後人以罕見改作「璽」。

〔二四〕過漂渚而寄食　殿本考證引日知錄以爲漂渚當作溧渚。按日知錄卷二六後周書條云：「漂渚當是溧渚之誤。張勃吳錄曰：『子胥乞食處在丹陽溧陽縣。』史記范雎傳：『伍子胥橐載而出昭關，至於陵水。』原注：戰國策作菱水索隱曰：『陵水卽栗水也。』吳越春秋云：『子胥奔吳，至溧陽，逢女子瀨水之上。原注：古溧、瀨同字子胥跪而乞餐，女子食之。旣去，自投於水。後子胥欲報之，乃投白金於此水，今名其處爲投金瀨。』金陵志曰：『江上有渚，曰瀨渚』，是也。」

〔二五〕負黃龍而度湘　英華「湘」作「江」。倪注庾子山集引吳越春秋「禹南渡江，黃龍負舟」。按吳越春秋卷四原文作「禹濟江南，省水理，黃龍負舟」。疑作「江」是。

〔二六〕狐偃之惟王實勤　宋本無「狐偃之」三字，「惟」作「勤」。按「勤」字不當重，宋本誤，無此三字却未必是脫文。這一節是敍王僧辯；下節敍鄱陽王範，起句是「鎭北之負譽矜前，風飈凜然」；又下節敍梁元帝，起句云：「中宗之夷凶靜亂，大雪冤耻」；都是上七下四句，也不以古人作對。疑本無此三字，或後人於「惟王實勤」旁注狐偃，而淆入正文。

〔二七〕先自擅於二端　英華「二」作「三」，注云：「一作『二』。」倪注庾子山集引韓詩外傳卷七云：「君子避三端，文士筆端，勇士鋒端，辯士舌端。」此是一說，但「二端」也可以說譏元帝不肯力救建康，自安荆楚。史記卷七七信陵君傳魏王使晉鄙救趙「使人止晉鄙留軍壁鄴，名爲救趙，實持兩端」，情事相合。

〔二八〕況以沴氣朝浮　宋本「朝」作「霄」。

〔二九〕赤烏則三朝夾日　倪注庾子山集引左氏傳哀元年「赤烏夾日以飛」語，應作「烏」。

〔三〇〕棧秦車於暢轂　倪注庾子山集「棧」作「俴」。注云「詩經秦風小戎之詩云：『小戎俴收。』毛傳云：『小戎，兵車也；俴，淺；收，軫也。』又云：『文茵暢轂。』毛傳云：『暢轂，長轂也。』正義曰：『此言俴收，下言暢轂，皆謂兵車也。兵車言淺軫長轂者，對大車平地載任之車爲淺爲長也。』」按英華也作「棧」，當是倪璠據小戎詩改作「俴」。「俴車」「暢轂」同在一詩，此賦卽在一句，疑作「俴」是。

〔三一〕且夫天道回旋民生預焉　「旋」原作「旅」，諸本及英華都作「旋」，殿本刻誤，今逕改。「民生」，英

華作「生民」。「預」，諸本作「頼」，英華及庾集作「預」，疑殿本據英華或傳世庾集改。

〔三二〕競奏符檄　諸本「競」都作「竟」。張元濟云：「按『竟』疑『章』之訛。羣臣上書於天子者有四名，一曰章，見獨斷。」按張說是，殿本當是以「竟」字不可解，臆改作「競」。

〔三三〕纂遺文於旣喪　「文」原作「變」。宋本、南本、汲本、局本都作「文」。按「遺變」無義，今逕改。

周書卷四十二

列傳第三十四

蕭撝　蕭世怡　蕭圓肅　蕭大圜　宗懍
劉璠　柳霞

蕭撝字智遐，蘭陵人也。〔一〕梁武帝弟安成王秀之子也。性溫裕，有儀表。年十二，入國學，博觀經史，雅好屬文。在梁，封永豐縣侯，邑一千戶。初爲給事中，歷太子洗馬、中舍人。東魏遣李諧、盧元明使於梁，梁武帝以撝辭令可觀，令兼中書侍郎，受幣於賓館。尋遷黃門侍郎。出爲寧遠將軍、宋寧宋興二郡守，轉輕車將軍、巴西梓潼二郡守。

及侯景作亂，武陵王紀承制授撝使持節、忠武將軍。又遷平北將軍、散騎常侍，領益州刺史軍防事。紀稱尊號於成都，除侍中、中書令，封秦郡王，邑三千戶，給鼓吹一部。紀率衆東下，以撝爲(中)〔尙〕書令、〔二〕征西大將軍、都督益梁秦潼安瀘青戎寧華信渠萬江新邑

楚義十八州諸軍事、〔三〕益州刺史，守成都。又令梁州刺史楊乾運守潼州。〔四〕

太祖知蜀兵寡弱，遣大將軍尉遲迥總衆討之。及迥入劍閣，乾運以州降。蜀中因是大駭，無復抗拒之志。迥長驅至成都，撝見兵不滿萬人，而倉庫空竭，軍無所資，遂爲城守之計。迥圍之五旬，撝屢遣其將出城挑戰，多被殺傷。外援雖至，又爲迥所破。語在迥傳。撝遂請降，迥許之。撝於是率文武於益州城北，共迥升壇，歃血立盟，以城歸國。

魏恭帝元年，授侍中、驃騎大將軍、開府儀同三司，封歸善縣公，邑一千戶。孝閔帝踐阼，進爵黃臺郡公，增邑一千戶。武成中，世宗令諸文儒於麟趾殿校定經史，仍撰世譜，撝亦預焉。尋以母老，兼有疾疹，五日番上，便隔晨昏，請在外著書。有詔許焉。保定元年，授禮部中大夫。又以撝有歸款之功，別賜食多陵縣五百戶，收其租賦。

三年，出爲上州刺史。爲政仁恕，以禮讓爲本。嘗至元日，獄中所有囚繫，悉放歸家，聽三日，然後赴獄。主者固執不可。撝曰：「昔王長、虞延見稱前史，吾雖寡德，竊懷景行。導民以信，方自此始。以之獲罪，彌所甘心，幸勿慮也。」諸囚荷恩，竝依限而至。吏民稱其惠化。秩滿當還，部民李漆等三百餘人上表，乞更留兩載。詔雖弗許，甚嘉美之。

及撝入朝，屬置露門學。高祖以撝與唐瑾、元偉、王褒等四人俱爲文學博士。撝以母老，表請歸養私門，曰：「臣聞出忠入孝，理深人紀；昏定晨省，事切天經。伏惟陛下握鎮臨朝，垂衣御宇，孝治天下，仁覃草木。是以微臣冒陳至願。臣母妾褚年過養禮，乞解今職，侍奉私庭。伏願天慈，特垂矜許。臣披款歸朝，十有六載，恩深海岳，報淺涓埃。肆師掌禮，竟無稱職；浙隈督察，〔五〕空妨能官。方辭違闕庭，屏迹閭里，低佪係慕，戀悚兼深。」高祖未許，詔曰：「開府梁之宗英，今則任等三事。所謂楚雖有材，周實用之。方藉謀猷，匡朕不逮。然進思盡忠，退安侍養者，義在公私兼濟。豈容全欲狗己，虧此至公，乖所望也。」尋以母憂去職。

天和六年，授少保。建德元年，轉少傅。後改封蔡陽郡公，增邑通前三千四百戶。二年卒，時年五十九。高祖舉哀於正武殿，賜穀麥三百石、布帛三百匹，贈使持節、大將軍、大都督、少傅、益新始信四州諸軍事、益州刺史，謚曰襄。

撝善草隸，名亞於王褒。算數醫方，咸亦留意。所著詩賦雜文數萬言，頗行于世。子濟嗣。

濟字德成，少仁厚，頗好屬文。蕭紀承制，授貞威將軍、蜀郡太守，遷東中郎將。從紀東下。至巴東，聞迥圍成都，紀命濟率所部赴援。比至，撝已降。仍從撝入朝。孝閔帝踐阼，除中外府記室參軍。後至蒲陽郡守、車騎大將軍、儀同三司。

蕭世怡，梁武帝弟鄱陽王恢之子也。以名犯太祖諱，故稱字焉。幼而聰慧，頗涉經史。梁大同元年，封豐城縣侯，邑五百戶。除給事中，轉太子洗馬。尋入直殿省，轉太子中舍人。出爲持節、仁威將軍、譙州刺史。及侯景爲亂，路由城下，襲而陷之，世怡遂被執。尋遁逃得免，至于江陵。

梁元帝承制授侍中。及平侯景，以世怡爲兼太宰、太常卿，與中衞長史樂子雲拜謁山陵。承聖二年，授使持節、平西將軍、臨川內史。未至郡，屬于謹平江陵，遂隨兄修在郢州。及修卒，卽以世怡爲刺史。湘州刺史王琳率舟師襲世怡，世怡以州輸琳。時陳武帝執政，徵爲侍中。世怡疑而不就，乃奔于齊。除車騎大將軍、散騎常侍。尋出爲永州刺史。

保定四年，晉公護東伐，大將軍權景宣略地河南。世怡聞豫州刺史王士良已降，遂來歸款。五年，拜使持節、驃騎大將軍、開府儀同三司，封義興郡公，邑一千三百戶。天和二年，授蔡州刺史。政存簡惠，不尙苛察，深爲吏民所安。三年，卒於州。贈本官、加幷洛永三州刺史。子子寶嗣。

子寶美風儀，善談笑，年未弱冠，名重一時。隋文帝輔政，引爲丞相府典籤，深被識遇。

中華書局

開皇中，官至吏部侍郎。後坐事被誅。

蕭圓肅字明恭，梁武帝之孫，武陵王紀之子也。風度淹雅，敏而好學。紀稱尊號，封宜都郡王，邑三千戶，〔六〕除侍中、寧遠將軍。紀率兵下峽，令蕭撝守成都，以圓肅為之副。及尉遲迥至，圓肅與撝俱降。授驃騎大將軍、開府儀同三司、侍中，封安化縣公，邑一千戶。世宗初，進封棘城郡公，增邑一千戶。以圓肅有歸款之勳，別賜食思君縣五百戶，收其租賦。保定三年，除畿伯中大夫。五年，拜咸陽郡守。圓肅寬猛相濟，甚有政績。天和四年，遷陵州刺史，尋詔令隨衞國公直鎮襄陽，遂不之部。

建德三年，授太子少傅，增邑九百戶。圓肅以任當師傅，調護是職。乃作少傅箴曰：

惟王建國，辨方正位。左史記言，右史記事。莫不援立太子，為皇之貳。是以易稱明兩，禮云上嗣。東序養德，震方主器。束髮就學，宵雅更肄。朝讀百篇，乙夜乃寐。愛日惜力，寸陰無棄。視膳再飯，寢門三至。小心翼翼，大孝蒸蒸。夫天道益謙，人道惡盈。漢嗣不絕乎馳道，魏儲回環於鄴城。前史攸載，後世揚名。三善既備，萬國以貞。姬周長久，實賴元良。嬴秦短

祚，誠由少陽。雖卜年七百，有德過歷而昌；數世〔一〕萬（一），無德不及而亡。〔七〕敬之敬之，天惟顯思。光副皇極，永固洪基。觀德審諭，授告職司。

太子見而悅之，致書勞問。

六年，授豐州刺史，增邑通前三千七百戶。尋進位上開府儀同大將軍。宣政元年，入為司宗中大夫，俄授洛州刺史。大象末，進位大將軍。隋開皇初，授貝州刺史。以母老請歸就養，隋文帝許之。四年，卒，時年四十六。有文集十卷，又撰時人詩筆為文海四十卷，廣堪十卷，淮海亂離志四卷，行於世。

蕭大圜字仁顯，梁簡文帝之子也。幼而聰敏，神情俊悟。年四歲，能誦三都賦及孝經、論語。七歲居母喪，便有成人之性。梁大寶元年，封樂梁郡王，邑二千戶，除宣惠將軍、丹陽尹。屬侯景肆虐，簡文見弒，大圜潛遁獲免。明年，景平，大圜歸建康。時既喪亂之後，無所依託，乃寓居善覺佛寺。人有以告王僧辯者。僧辯乃給船餼，得往江陵。梁元帝見之甚悅，賜以越衫胡帶等。改封晉熙郡王，邑二千戶，除寧遠將軍、琅邪彭城二郡太守。時梁元帝既有克復之功，而大圜兄汝南王大封等猶未通謁。梁元帝性既忌刻，甚恨望之。乃謂大圜曰：「汝兩兄久不出，汝可以意召之。」大圜即日曉諭兩兄，相繼出謁，元帝乃安之。大圜以世多故，恐讒愬生焉，乃屏絕人事。門客左右不過三兩人，不妄遊狎。兄姊之間，止牋疏而已。恆以讀詩、禮、書、易為事。元帝嘗自問五經要事數十條，大圜辭約指明，應答無滯。元帝甚歎美之。因曰：「昔河間好學，爾既有之，臨淄好文，爾亦兼之。然有東平為善，彌高前載，吾重之愛之，爾當效焉。」及于謹軍至，元帝乃令大封充使請和，大圜副焉，其實質也。出至軍所，信宿，元帝降。

魏恭帝二年，客長安，太祖以客禮待之。保定二年，詔曰：「梁汝南王蕭大封、晉熙王蕭大圜等，梁國子孫，宜存優禮，式遺茅土，寔允舊章。大封可封晉陵縣公，大圜封始寧縣公，邑各一千戶。」尋加大圜車騎大將軍、儀同三司。并賜田宅、奴婢、牛馬、粟帛等。俄而開麟趾殿，招集學士。大圜預焉。梁武帝集四十卷，簡文集九十卷，各止一本，江陵平後，並藏祕閣。大圜既入麟趾，方得見之。乃手寫二集，一年並畢。識者稱歎之。

大圜深信因果，心安閑放。嘗言之曰：

拂衣褰裳，無吞舟之漏網；挂冠懸節，慮我志之未從。儻獲展禽之免，有美慈明之進。如蒙北叟之放，實勝濟南之徵。其故何哉？夫閭閻者有優遊之美，朝廷者有簪佩之累，蓋由來久矣。留侯追蹤於松子，陶朱成術於辛文，良有以焉。況乎智不逸羣，

行不高物，而欲辛苦一生，何其僻也。

豈如知足知止，蕭然無累。北山之北，棄絕人間，南山之南，超踰世網。面修原而帶流水，倚郊甸而枕平臯，築蝸舍於叢林，構環堵於幽薄。近瞻煙霧，遠睇風雲。藉纖草以蔭長松，結幽蘭而援芳桂。仰翔禽於百仞，俯泳鱗於千潯。〔八〕果園在後，開窗以臨花卉；蔬圃居前，坐簷而看灌甽。〔九〕二頃以供饘粥，十畝以給絲麻。侍兒五三，可充紝織；家僮數四，足代耕耘。沽酪牧羊，協潘生之志；畜雞種黍，應莊叟之言。穫菽尋氾氏之書，露葵徵尹君之錄。烹羔豚而介春酒，迎伏臘而候歲時。披良書，探至賾，歌纂纂，唱烏烏，可以娛神，可以散慮。有朋自遠，揚搉古今。田畯相過，劇談稼穡。斯亦足矣，樂不可支。永保性命，何畏憂責。豈若蹙足入絆，申脰就羈，遊帝王之門，趨宰衡之勢。不知飄塵之少選，寧覺年祀之斯須。萬物營營，靡存其意，天道昧昧，安可問哉。

嗟乎！人生若浮雲朝露，寧俟長繩繫景，寔不願之。〔一〇〕執燭夜遊，驚其迅邁。百年何幾，擎跽曲拳，四時如流，俛眉躡足。出處無成，語默奚當。非直丘明所恥，抑亦宣尼恥之。

建德四年，除滕王逌友。逌嘗問大圜曰：「吾聞湘東王作梁史，有之乎？餘傳乃可抑

揚，帝紀奚若？隱則非實，記則攘羊。」對曰：「言者之妄也。如使有之，亦不足怪。昔漢明爲世祖紀，章帝爲顯宗紀，殷鑒不遠，足爲成例。且君子之過，如日月之蝕，彰於四海，安得而隱之？如有不彰，亦安得而不隱？蓋子爲父隱，直在其中；諱國之惡，抑又禮也。」逌乃大笑。

其後大軍東討，攻拔晉州。或問大圜曰：「齊遂克不？」對曰：「高歡昔以晉州肇基僞迹，今本既拔矣，能無亡乎。所謂以此始者必以此終也。」居數日，齊氏果滅。〔一一〕聞者以爲知言。宣政元年，增邑通前二千二百戶。隋開皇初，拜內史侍郎，出爲西河郡守。尋卒。

大圜性好學，務於著述。撰梁舊事三十卷，寓記三卷、士喪儀注五卷、要決兩卷，〔一二〕幷文集二十卷。大封位至開府儀同三司。大象末，爲陳州刺史。

宗懍字元懍，南陽涅陽人也。八世祖承，永嘉之亂，討陳敏有功，封柴桑縣侯，除宜都郡守。尋卒官，子孫因居江陵。父高之，梁山陰令。

懍少聰敏，〔一三〕好讀書，晝夜不倦。語輒引古事，鄉里呼爲小兒學士。梁普通六年，舉秀才，以不及二宮元會，例不對策。及梁元帝鎭荆州，謂長史劉之遴曰：「貴鄉多士，爲舉一

有意少年。」之遴以懍應命。卽日引見，令兼記室。嘗夕被召宿省，使制龍川廟碑，一夜便就，詰朝呈上。梁元帝歎美之。及移鎭江州，以懍爲刑獄參軍，兼掌書記。歷臨汝、建成、廣晉三縣令。遭母憂去職。哭輒嘔血，〔一四〕兩旬之內，絕而復蘇者三。每有羣鳥數千，集於廬舍，〔一五〕候哭而來，哭止而去。時論稱之，以爲孝感所致。

梁元帝重牧荆州，以懍爲別駕、江陵令。及帝卽位，擢爲尚書侍郎。又手詔曰：「昔扶柳開國，止曰故人，西鄉胙土，本由賓客。況事涉勳庸，而無爵賞？尚書侍郎宗懍，亟有帷幄之謀，誠深股肱之寄。從我于邁，〔一六〕多歷歲時。可封信安縣侯，邑一千戶。」累遷吏部郎中、五兵尚書、吏部尚書。初侯景平後，梁元帝議還建業，唯懍勸都渚宮，以其鄉里在荆州故也。

及江陵平，與王褒等入關。太祖以懍名重南土，甚禮之。孝閔帝踐阼，拜車騎大將軍、儀同三司。世宗卽位，又與王褒等在麟趾殿刊定羣書。數蒙宴賜。保定中卒，年六十四。有集二十卷，〔一七〕行於世。

劉璠字寶義，沛國沛人也。六世祖敏，以永嘉喪亂，徙居廣陵。父臧，性方正，篤志好學，居家以孝聞。梁天監初，爲著作郎。

璠九歲而孤，居喪合禮。少好讀書，兼善文筆。年十七，爲上黃侯蕭曄所器重。范陽張綰，梁之外戚，才高口辯，見推於世。以曄之懿貴，亦假借之。璠年少未仕，而負才使氣，不爲之屈。綰嘗於新渝侯坐，因酒後詬京兆杜騫曰：「寒士不遜。」璠厲色曰：「此坐誰非寒士？」璠本意在綰，而曄以爲屬己，辭色不平。璠曰：「何王之門不可曳長裾也！」遂拂衣而去。曄辭謝之，乃止。後隨曄在淮南，璠母在建康遘疾，璠弗之知。嘗忽一日舉身楚痛，尋而家信至，云其母病。璠卽號泣戒道，絕而又蘇。當身痛之辰，卽母死之日也。居喪毀瘠，遂感風氣。服闋後一年，猶杖而後起，及曄終於毗陵，故吏多分散，璠獨奉曄喪還都，墳成乃退。梁簡文時在東宮，遇曄素重，諸不送者皆被劾責，唯璠獨被優賞。解褐王國常侍，非其好也。

璠少慷慨，好功名，志欲立事邊城，不樂隨牒平進。會宜豐侯蕭循出爲北徐州刺史，卽請爲其輕車府主簿，兼記室參軍，又領刑獄。循爲梁州，除信武府記室參軍，領南鄭令。又板爲中記室，補華陽太守。屬侯景度江，梁室大亂，循以璠有才略，甚親委之。時寇難繁興，未有所定。璠乃喟然賦詩以見志。其末章曰：「隨會平王室，夷吾匡霸功。虛薄無時用，徒然慕昔風。」循開府，置佐史，以璠爲諮議參軍，仍領記室。梁元帝承制，授樹功將軍、

鎭西府諮議參軍。賜書曰：「鄧禹文學，尚或執戈；葛洪書生，且云破賊。前修無遠，屬望良深。」梁元帝尋又以循紹鄱陽之封，且爲雍州刺史，〔一八〕復以璠爲循平北府司馬。

及武陵王紀稱制於蜀，以璠爲中書侍郎，屢遣召璠，使者八返，乃至蜀。又以爲黃門侍郎，令長史劉孝勝深布腹心。使工畫陳平度河歸漢圖以遺之。璠苦求還。中記室韋登私曰：「殿下忍而蓄憾，足下不留，將（至）〔致〕大禍。〔一九〕脫使盜遮於葭萌，則卿殆矣。孰若共構大廈，使身名俱美哉。」璠正色曰：「卿欲緩頰於我耶？我與府侯，分義已定。豈以寵辱夷險，易其心乎？丈夫立志，當死生以之耳。殿下方布大義於天下，終不逞志於一人。」紀知必不爲己用，乃厚其贈而遣之。臨別，紀又解其佩刀贈璠曰：「想見物思人。」璠對曰：「敢不奉揚威靈，尅翦姦宄。」紀於是遣使就拜循爲益州刺史，封隨郡王，以璠爲循府長史，加蜀郡太守。

還至白馬西，屬達奚武軍已至南鄭，璠不得入城，遂降於武。太祖素聞其名，先誡武曰：「勿使劉璠死也。」故武先令璠赴闕。璠至，太祖見之如舊。謂僕射申徽曰：「劉璠佳士，古人何以過之。」徽曰：「昔晉主滅吳，利在二陸。明公今平梁漢，得一劉璠也。」時南鄭尚拒守未下，達奚武請屠之，太祖將許焉，唯令全璠一家而已。璠乃請之於朝，太祖怒而不許。璠泣而固請，移時不退。柳仲禮侍側曰：「此烈士也。」太祖曰：「事人當如此。」遂許之。城

竟獲全，璠之力也。

太祖既納蕭循之降，又許其反國。循至長安累月，未之遣也。璠因侍宴，太祖曰：「我於古誰比？」對曰：「常以公命世英主，湯、武莫逮；今日所見，曾齊桓、晉文之不若。」太祖曰：「我不得比湯、武，望與伊、周爲匹，何桓、文之不若乎？」對曰：「齊桓存三亡國，晉文不失信於伐原。」語未終，太祖撫掌曰：「我解爾意，欲激我耳。」於是卽命遣循。循請與璠俱還，太祖不許。以璠爲中外府記室，尋遷黃門侍郎、儀同三司。

嘗臥疾居家，對雪興感，乃作雪賦以遂志云。其詞曰：

天地否閉，凝而成雪。應乎玄冬之辰，在於冱寒之節。蒼雲暮同，嚴風曉別。散亂徘徊，雰霏皎潔。違朝陽之暄煦，〔一〇〕就陵陰之慘烈。

若乃雪山峙於流沙之右，雪宮建於碣石之東。混二儀而竝色，覆萬有而皆空。埋沒河山之上，籠罩寰宇之中。日馭潛於濛汜，地險失於華、嵩。既奪朱而成素，實矯異而爲同。

始飄颻而稍落，遂紛糅而無窮。縈回兮瑣散，暠皓兮溟濛。綏綏兮颯颯，瀌瀌兮渢渢。因高兮累仞，藉少兮成豐。曉分光而映淨，夜合影而通朧。似北荒之明月，若西崑之閬風。

爾乃憑集異區，遭隨所適。遇物淪形，觸途湮跡。何淨穢之可分，豈高卑之能擇。體不常消，質無定白。深谷夏凝，小山春積。偶仙宮而爲絳，值河濱而成赤。廣則彌綸而交四海，小則淅瀝而緣間隙。淺則不過二寸，大則平地一尺。乃爲五穀之精，寔長衆川之魄。大壑所以朝宗，洪波資其消釋。家有趙王之璧，人聚漢帝之金。既藏牛而沒馬，又冰木而凋林。已墮白登之指，實愴黃竹之心。楚客埋魂於樹裏，漢使遷飢於海陰。斃雲中之狡獸，落海上之驚禽。庚辰有七尺之厚，甲子有一丈之深。無復垂霙與雲合，唯有變白作泥沉。

本爲白雪唱，翻作白頭吟。吟曰：昔從天山來，忽與狂風閡。遡河陰而散漫，望衡陽而委絕。朝朝自消盡，夜夜空凝結。徒云雪之可賦，竟何賦之能雪。

初，蕭循在漢中與蕭紀牋及答國家書、移襄陽文，皆璠之辭也。

世宗初，授內史中大夫，掌綸誥。尋封平陽縣子，邑九百戶。在職清白簡亮，不合於時，左遷同和郡守。璠善於撫御，莅職未朞，生羌降附者五百餘家。前後郡守多經營以致貲產，唯璠秋毫無所取，妻子竝隨羌俗，食麥衣皮，始終不改。洮陽、洪和二郡羌民，常越境詣璠訟理焉。其德化爲他界所歸仰如此。蔡公廣時鎭隴右，嘉璠善政。及遷鎭陝州，欲取璠自隨，羌人樂從者七百人。聞者莫不歎異。陳公純作鎭隴右，引爲總管府司錄，甚禮敬之。天和三年卒，時年五十九。著梁典三十卷，有集二十卷，行於世。子祥嗣。

祥字休徵。幼而聰慧，占對俊辯，賓客見者，皆號神童。事嫡母以至孝聞。其伯父黃門郎璆有名江左，在嶺南，聞而奇之，乃令名祥字休徵。後以字行於世。年十歲能屬文，十二通五經。解褐梁宜豐侯主簿，遷記室參軍。

江陵平，隨例入國。齊公憲以其善於詞令，召爲記室。府中書記，皆令掌之。尋授都督，封漢安縣子，食邑七百戶，轉從事中郎。憲進爵爲王，以休徵爲王友。俄除內史上士。高祖東征，休徵陪侍帷幄。平齊露布，卽休徵之文也。累遷車騎大將軍、儀同大將軍。尋以去官，領萬年令，未朞月，轉長安令。頻宰二縣，頗獲時譽。大象二年，卒於官，時年四十七。

初，璠所撰梁典始就，未及刊定而卒。〔一一〕臨終謂休徵曰：「能成我志，其在此書乎。」休徵（始）〔治〕定繕寫，〔一二〕勒成一家，行於世。

柳霞字子昇，〔一三〕河東解人也。曾祖卓，晉汝南太守，始自本郡徙居襄陽。祖叔珍，宋員外散騎常侍、義陽內史。父季遠，梁臨川王諮議參軍、宜都太守。

霞幼而爽邁，神彩嶷然，髫歲便有成人之量。篤好文學，動合規矩。其世父慶遠特器異之。謂霞曰：「吾昔逮事伯父太尉公，嘗語吾云：『我昨夢汝登一樓，樓甚峻麗，吾以坐席與汝。汝後名宦必達，恨吾不及見耳。』吾向聊復晝寢，又夢將昔時座席還以賜汝。汝之宦位，當復及吾。特宜勉勵，以應嘉祥也。」

梁西昌侯深藻鎭雍州，霞時年十二，以民禮修謁，風儀端肅，進止詳雅。深藻美之，試遣左右踐霞衣裾，欲觀其舉措。霞徐步稍前，曾不顧眄。廬陵王續爲雍州刺史，辟霞爲主簿。起家平西邵陵王綸府法曹參軍，仍轉外兵，除尙書工部郎。謝舉時爲僕射，引霞與語，甚嘉之。顧謂人曰：「江漢英靈，見於此矣。」

岳陽王蕭詧莅雍州，選爲治中，尋遷別駕。及詧於襄陽承制，授霞吏部郎、員外散騎常侍。俄遷車騎大將軍、儀同三司、大都督，賜爵聞喜縣公。尋進位持節、侍中、驃騎大將軍、開府儀同三司。及蕭詧踐帝位於江陵，以襄陽歸于我。霞乃辭詧曰：「陛下中興鼎運，龍飛舊楚。臣昔因幸會，早奉名節，理當以身許國，期之始終。自晉氏南遷，臣宗族蓋寡。從祖太尉、世父儀同、從父司空，竝以位望隆重，遂家于金陵。唯留先臣，獨守墳栢。常誡臣等，使不違此志。今襄陽既入北朝，臣若陪隨鑾蹕，進則無益塵露，退則有虧先旨。伏願曲垂

照鑒，亮臣此心。」贇重違其志，遂許之。因留鄉里，以經籍自娛。

太祖、世宗頻有徵命，霞固辭以疾。及贇殂，霞舉哀，行舊君之服。保定中又徵之，霞始入朝。授使持節、驃騎大將軍、開府儀同三司、霍州諸軍事、霍州刺史。霞導民務先以德，再三不用命者，乃微加貶異，示之耻而已。其下感而化之，不復爲過。咸曰：「我君仁惠如此，其可欺乎！」天和中，卒，時年七十二。宣政初，贈（鹽）〔金〕、安二州刺史。〔一四〕

霞有志行。初爲州主簿，其父卒於揚州，霞自襄陽奔赴，六日而至。哀感行路，毀瘁殆不可識。後奉喪泝江西歸，中流風起，舟中之人，相顧失色。霞抱棺號慟，愬天求哀，俄頃之間，風浪止息。其母嘗乳間發疽，醫云：「此病無可救之理，唯得人吮膿，或望微止其痛。」霞應聲即吮，旬日遂瘳。咸以爲孝感所致。性又溫裕，略無喜愠之容。弘獎名教，未嘗論人之短。尤好施與，家無餘財。臨終遺誡薄葬，其子等竝奉行之。有十子，靖、莊最知名。

靖字思休。少方雅，博覽墳籍。梁大同末，釋褐武陵王國左常侍，轉法曹行參軍。大定初，除尙書度支郎，遷正員郎。隨霞入朝，授大都督，歷河南、德廣二郡守。靖雅達政事，所居皆有治術，吏民畏而愛之。然性愛閑素，其於名利澹如也。及秩滿還，便有終焉之志。

隋文帝踐極，特詔徵之，靖遂以疾固辭。優游不仕，閉門自守，所對惟琴書而已。足不

歷園庭，殆將十載。子弟等奉之，若嚴君焉。其有過者，靖必下帷自責，於是長幼相率拜謝於庭，靖然後見之，勗以禮法。鄉里亦慕而化之。或有不善者，皆曰：「唯恐柳德廣知也。」時論方之王烈。前後總管到官，皆親至靖家問疾，遂以爲故事。秦王俊臨州，賚以几杖，幷致衣物。靖唯受几杖，餘竝固辭。其爲當時所重如此。開皇中，以壽終。

莊字思敬。器量貞固，有經世之才。初仕梁，歷中書舍人、尙書右丞、給事黃門侍郎、尙書吏部郎中、鴻臚太府卿。入隋，位至開府儀同三司、給事黃門侍郎、饒州刺史。

史臣曰：蕭撝、世怡、圓肅、大圜竝有梁之令望也。雖羈旅異國，而終享榮名。非有茲基，夙懷文質，亦何能至於此乎。方武陵擁衆東下，任撝以蕭何之事，君臣之道既篤，家國之情亦隆。金石不足比其心，河山不足盟其誓。及魏安之至城下，旬日而智力俱竭。委金湯而不守，舉庸蜀而來王。若乃見機而作，誠有之矣。守節沒齒，則未可焉。

宗懍幹局才辭見稱於梁元之世。逮乎俘囚楚甸，播越秦中，屬太祖思治之辰，遇世宗好士之日，在朝不預政事，就列纔忝戎章。豈懷道圖全，優遊卒歲，將用與不用，留滯當年乎？

梁氏據有江東，五十餘載。挾策紀事，勒成不朽者，非一家焉。劉璠學思通博，有著述之譽，雖傳疑傳信，頗有詳略，而屬辭比事，足爲淸典。蓋近代之佳史歟。

柳霞立身之道，進退有節。觀其眷戀墳隴，其孝可移於朝廷；盡禮舊主，其忠可事於新君。夫能推此類以求賢，則知人幾於易矣。

校勘記

〔一〕蘭陵人也　宋本作「蘭陵蘭陵人也」。張元濟云：「蘭陵縣屬蘭陵郡，見魏書地形志。」按宋書卷三五州郡志南蘭陵郡亦有蘭陵縣，疑宋本重「蘭陵」是。

〔二〕以撝爲（中）〔尙〕書令　宋本及北史本傳「中」作「尙」。按上已云「除侍中、中書令」，這時自應遷尙書令，今據改。

〔三〕都督益梁秦潼安瀘靑戎寧華信渠萬江新邑楚義十八州諸軍事　錢氏考異卷三二云：「『邑』疑『巴』字之譌。梁置北巴州於閬中，而淸化郡舊亦爲巴州也。」按錢說據隋書卷二九地理志上，疑是。

〔四〕又令梁州刺史楊乾運守潼州　卷二文帝紀下、梁書卷五五武陵王紀傳竝作「潼州刺史楊乾運」。參卷二一校記第六條。

〔五〕淅隈督察　「淅」原作「浙」。按這一句是說蕭撝爲上州刺史。隋書卷三〇上洛郡上津縣云：「西魏又改爲上州。」其地去淅水不遠，所以謂之「淅隈」。今逕改。

〔六〕封宜都郡王邑三千戶　諸本「三」都作「二」，疑殿本刻誤。

〔七〕雖卜年七百有德過歷而吕數世〔一〕萬〔一〕無德不及而亡　御覽卷二四四一一五七頁「萬一」作「一萬」。按上句用「周過其歷」語，下句用秦始皇「自二世以至萬世」語。「萬一」倒誤，今據改。

〔八〕俯泳鱗於千潯　北史卷二九蕭大圜傳、冊府卷七八五九三三三頁「潯」作「尋」。按上句「仰翔禽於百仞」，「尋」與「仞」對，疑作「尋」是。

〔九〕果園在後開窻以臨花卉蔬圃居前坐簷而看灌甽　冊府卷七八五九三三三頁「窻」下有「牖」字，「簷」下有「楹」字。

〔一〇〕寧俟長繩繫景寔不願之　北史本傳、冊府卷七八五九三三三頁作「實所願言」，冊府「俟」上無「寧」字。

〔一一〕居數日齊氏果滅　北史本傳「日」作「月」。按卷六武帝紀周攻拔晉州在建德五年五七六年十月，滅齊在次年正月，疑作「數月」是。

〔一二〕士喪儀注五卷要決兩卷　冊府卷六〇六七二七五頁作「喪服儀注五卷，要訣二卷」。

〔一三〕懍少聰敏　宋本「敏」作「令」。

〔一四〕哭輒嘔血　「嘔」原作「毆」。北史卷七〇宗懍傳百衲本作「歐」，殿本作「嘔」。按「歐」「嘔」通，「毆」字誤，今依北史殿本逕改。

〔一五〕每有羣烏數千集於廬舍　北史本傳、御覽卷九二〇四〇八一頁「每」下有「旦」字，疑是。

〔一六〕從我于邁　「于」原作「於」。宋本、南本、北本「於」作「于」。張元濟以爲作「於」誤，云「見詩經魯頌」。按張說是，今逕改。

〔一七〕有集二十卷　隋書卷三五經籍志四作「十二卷」，舊唐書卷四七經籍志作「三十卷」，新唐書卷六〇藝文志作「十卷」。

〔一八〕梁元帝尋又以循紹鄱陽之封且爲雍州刺史　按梁書卷六敬帝紀太平元年五五六年「以太保宜豐侯蕭循襲封鄱陽王」，則蕭循襲爵不在元帝時。南史卷五二鄱陽王恢附子修傳修卽循稱：「徙爲梁、秦二州刺史，在漢中七年。」直到魏廢帝元年亦卽梁元帝承聖元年五五二年達奚武攻南鄭，蕭循降周時仍是梁、秦二州刺史，未嘗移鎭。且雍州刺史是蕭詧，其地亦非元帝所有。這裏紀述有誤。

〔一九〕將（至）〔致〕大禍　宋本和北史卷七〇劉璠傳「至」作「致」，是，今據改。

〔二〇〕違朝陽之暄煦　「煦」原作「照」。諸本都作「煦」，殿本刻誤，今逕改。

〔二一〕未及刊定而卒　宋本「及」作「啓」，無「而」字，其他各本作「及」，也無「而」字。

〔二二〕休徵（始）〔治〕定繕寫　宋本、汲本、局本「始」作「治」。張元濟以爲「始」字誤，云「北史卷七〇作『脩』」。按北史避唐諱，「治」和「脩」義同。張說是，今據改。

〔二三〕柳霞字子昇　北史卷七〇傳目和此句「霞」作「遐」。下「霞」字同。

〔二四〕贈（璲）〔金〕安二州刺史　宋本「璲」作「隧」，北史本傳作「金」。張元濟云：「按金州卽東梁州。字書無『璲』『隧』字。」按金州見隋書卷二九地理志上西城郡。「璲」「隧」當是涉上「贈」字而誤，今據改。

周書卷四十三

列傳第三十五

李延孫　韋祐　韓雄　陳忻　魏玄

李延孫，伊川人也。祖伯扶，魏太和末，從征懸瓠有功，爲汝南郡守。父長壽，性雄豪，有武藝。少與蠻酋結託，屢相招引，侵滅關南。孝昌中，朝議恐其爲亂，乃以長壽爲防蠻都督，給其鼓節，以慰其意。長壽冀因此遂得任用，亦盡其智力，防遏羣蠻。伊川左右，寇盜爲之稍息。永安之後，盜賊蜂起，長壽乃招集叛亡，徒侶日盛。魏帝藉其力用，因而撫之。乃授持節、大都督，轉鎭張白塢。後爲河北郡守，轉河內郡守。所歷之處，咸以猛烈聞。討捕諸賊，頻有功。授衞大將軍、北華州刺史，賜爵淸河郡公。及魏孝武西遷，長壽率勵義士拒東魏。孝武嘉之，復授潁川郡守，遷廣州刺史。東魏遣行臺侯景率兵攻之，長壽衆少，城陷，遂遇害。大統元年，追贈太尉、使持節、侍中、驃騎大將軍、冀定等十二州諸軍事、定州刺史。

延孫亦雄武，有將帥才略。少從長壽征討，以勇敢聞。初爲直閤將軍。賀拔勝爲荆州刺史，表延孫爲都督。肅淸鵶路，頗有功力焉。及長壽被害，延孫乃還，收集其父之衆。

自魏孝武西遷之後，朝士流亡。廣陵王欣、錄尚書長孫稚、潁川王斌之、安昌王子均及建寧、江夏、隴東諸王幷百官等攜持妻子來投延孫者，延孫卽率衆衞送，幷贈以珍玩，咸達關中。齊神武深患之，遣行臺慕容紹宗等數道攻之。延孫獎勵所部出戰，遂大破之，臨陣斬其揚州刺史薛喜。於是義軍更振。乃授延孫京南行臺、節度河南諸軍事、廣州刺史。尋進車騎大將軍、儀同三司、大都督，賜爵華山郡公。延孫旣荷重委，每以剋淸伊、洛爲己任。頻以少擊衆，威振敵境。

大統四年，爲其長史楊伯蘭所害。〔一〕後贈司空、冀定等六州刺史。子人傑，有祖、父風。官至開府儀同三司、和州刺史，改封潁川郡公。延孫弟義孫，亦官至開府儀同三司。

韋祐字法保，京兆山北人也。少以字行於世。世爲州郡著姓。祖駢，雍州主簿。舉秀才，拜中書博士。父義，前將軍、上洛郡守。魏大統時，以法保著勳，追贈秦州刺史。

法保少好遊俠，而質直少言。所與交遊，皆輕猾亡命。人有急難投之者，多保存之。雖屢被追捕，終不改其操。父沒，事母兄以孝敬聞。慕李長壽之爲人，遂娶長壽女，因寓居關南。正光末，四方雲擾。王公被難者或依之，〔二〕多得全濟，以此爲貴遊所德。乃拜員外散騎侍郎，加輕車將軍。及魏孝武西遷，法保從山南赴行在所。除右將軍、太中大夫，封固安縣男，邑二百戶。

及長壽被害，其子延孫收長壽餘衆，守禦東境。朝廷恐延孫兵少不能自固，乃除法保東洛州刺史，配兵數百人，以援延孫。法保至潼關，弘農郡守韋孝寬謂法保曰：「恐子此役，難以吉還也。」法保曰：「古人稱不入虎穴，不得虎子。安危之事，未可預量。縱爲國殞身，亦非所恨。」遂倍道兼行。東魏陝州刺史劉貴以步騎千餘邀之。法保命所部爲圓陣，且戰且前。數日，得與延孫兵接，乃并勢置柵於伏流。未幾，太祖追法保與延孫率衆還朝，賞勞甚厚。乃授法保大都督。〔三〕四年，除河南尹。及延孫被害，法保乃率所部，據延孫舊柵。頻與敵人交兵，每身先士卒，單馬陷陣，是以戰必被傷。嘗至關南，與東魏人戰，流矢中頸，從口中出，當時氣絕。輿至營，久之乃蘇。九年，拜車騎大將軍、儀同三司，鎮九曲城。

及侯景以豫州來附，法保率兵赴景。景欲留之，法保疑其有貳心，乃固辭還所鎮。十五年，加驃騎大將軍、開府儀同三司，尋進爵爲公。會東魏遣軍送糧饋宜陽，法保潛邀之。

轉戰數十里，兵少不敵，爲流矢所中，卒於陣。謚曰莊。子初嗣。建德末，位至開府儀同大將軍、閤韓防主。

韓雄字木蘭，河南東垣人也。祖景，魏孝文時爲赭陽郡守。

雄少敢勇，膂力絕人，〔四〕工騎射，有將率材略。及魏孝武西遷，雄便慷慨有立功之志。大統初，遂與其屬六十餘人於洛西舉兵，數日間，衆至千人。與河南行臺楊琚共爲掎角。〔五〕每抄掠東魏，所向剋獲。徒衆日盛，州縣不能禦之。東魏洛州刺史韓賢以狀聞，鄴乃遣其軍司慕容紹宗率兵與賢合勢討雄。戰數十合，雄兵略盡，兄及妻子皆爲賢所獲，將以爲戮。乃遣人告雄曰：「若雄至，皆免之。」雄與其所親謀曰：「奮不顧身以立功名者，本望上申忠義，下榮親戚。今若忍而不赴，人謂我何。旣免之後，更思其計，未爲晚也。」於是，遂詣賢軍，卽隨賢還洛。乃潛引賢黨，謀欲襲之。事泄，遁免。

時太祖在弘農，雄至上謁。太祖嘉之，封武陽縣侯，邑八百戶。遣雄還鄉里，更圖進取。雄乃招集義衆，進逼洛州。東魏洛州刺史元湛委州奔河陽，其長史孟彥舉城款附。俄而領軍獨孤信大軍繼至，雄遂從信入洛陽。時東魏將侯景等圍蓼塢，雄擊走之。又從太祖戰於河橋。軍還，仍鎮洛西。拜假平東將軍、東郡守，遷北中郎將。邙山之役，太祖命雄率衆邀齊神武於隘道。神武怒，命三軍併力取雄。雄突圍得免。除東徐州刺史。太祖以雄勳勞積年，乃徵入朝，屢加賞勞。復遣還州。

東魏東雍州刺史郭叔略與雄接境，頗爲邊患。雄密圖之，乃輕將十騎，夜入其境，伏於道側。遣都督韓仕於略城東，服東魏人衣服，詐若自河陽叛投關西者。略出馳之，雄自後射之，再發咸中，遂斬略首。除河南尹，進爵爲公，加車騎大將軍、儀同三司、大都督、散騎常侍。尋進驃騎大將軍、開府儀同三司、侍中、河南邑中正。孝閔帝踐阼，進爵新義郡公，〔六〕增邑通前三千八百戶，賜姓宇文氏。世宗二年，除使持節、都督、中徐虞洛四州諸軍事、中州刺史。

雄久在邊，具知敵人虛實。每率衆深入，不避艱難。前後經四十五戰，雖時有勝負，而雄志氣益壯。東魏深憚之。天和三年，卒于鎮。贈大將軍、中華宜義和五州諸軍事、中州刺史。謚曰威。子禽嗣。

陳忻字永怡，宜陽人也。少驍勇，有氣俠，姿貌魁岸，同類咸敬憚之。魏孝武西遷之

後，忻乃於辟惡山招集勇敢少年數十人，寇掠東魏，仍密遣使歸附。大統元年，授持節、伏波將軍、羽林監、立義大都督，賜爵霸城縣男。三年，太祖復弘農，東魏揚州刺史段琛拔城遁走。〔七〕忻率義徒於九曲道邀之，殺傷甚衆，擒其新安令張祗。太祖嘉其忠款，使行新安縣事。及獨孤信入洛，忻舉李延孫爲前鋒，〔八〕仍從信守金墉城。及河橋戰不利，隨軍西還，復行新安縣事。東魏遣土人牛道恆爲（揚）〔陽〕州刺史，〔九〕忻率兵擊破之，進爵爲子。常隨崤東諸將鎮遏伊、洛間，每有功効。九年，與李遠迎高仲密，仍從戰邙山。及大軍西還，復與韓雄等依山合勢，破東魏三城，斬其金門郡守方臺洛。增邑六百戶。尋行宜陽郡事。東魏復遣劉盆生爲金門郡守，忻又斬之。除鎮遠將軍、魏郡守。俄授使持節、平東將軍、顯州刺史。太祖以忻威著敵境，仍留靜邊，弗令之任。十年，侯景築九曲城，忻率衆邀之，擒其宜陽郡守趙嵩、金門郡守樂敬賓。十三年，從李遠平九曲城，授帥都督。東魏將爾朱渾願率精騎三千來向宜（城）〔陽〕，〔一〇〕忻與諸將輕兵邀之，願遂退走。十五年，除宜陽郡守，加大都督、撫軍將軍。十六年，進車騎大將軍、儀同三司、散騎常侍。與齊將東方老戰於石泉，破之，俘獲甚衆。時東魏每歲遣兵送米饋宜陽，忻輒與諸軍邀擊之，每多剋獲。

魏恭帝元年，又與開府斛斯𨙸等，共齊將段孝先戰于九曲，大破之。二年，進位驃騎大將軍、開府儀同三司，加侍中。其年，授宜陽邑大中正，賜姓尉遲氏。太祖以忻著績累載，

贈其祖昆及父興孫俱爲儀同三司，昆齊州刺史，興孫徐州刺史。東魏洛州刺史獨孤永業號有智謀，往來境上，倚伏難測。忻與韓雄等恆令間諜覘其動靜，齊兵每至，輒擊破之。故永業深憚忻等，不敢爲寇。

孝閔帝踐阼，徵忻入朝，進爵爲伯，尋又進爵許昌（郡）〔縣〕公，〔二〕增邑一千戶。武成元年，除熊州刺史，增邑通前二千六百戶。又與開府敕勒慶破齊將王鸞嵩。仍從柱國陸通復石泉城。天和元年，卒於位。

忻與韓雄里閈姻婭，少相親昵。俱總兵境上三十餘載，每有禦扞，二人相赴，常若影響。故得數對勍敵，而常保功名。雖竝有武力，至於挽彊射中，忻不如雄；散財施惠，得士衆心，則雄不如忻。身死之日，將吏荷其恩德，莫不感慟焉。子萬歒嗣。朝廷以忻雅得士心，還令萬歒領其部曲。

魏玄字僧智，任城人也。六世祖休，仕晉爲魯郡守。永嘉南遷，遂居江左。父承祖，魏景明中，自梁歸魏，〔三〕家於新安。

玄少慷慨，有膽略。普泰中，除奉朝請。頻從軍與梁人交戰。永安初，以功授征虜將

軍、中散大夫。及魏孝武西遷，東魏北徙，人情騷動，各懷去就。玄遂率募鄉曲，立義於關南，卽從韋法保與東魏司徒高敖曹戰於關口。及獨孤信入洛陽，隸行臺楊琚防馬渚。復與高敖曹接戰。自是每率鄉兵，抗拒東魏。前後十餘戰，皆有功。

邙山之役，大軍不利，宜陽、洛州皆爲東魏守。崤東立義者，咸懷異望。而玄母及弟竝在宜陽。玄以爲忠孝不兩立，乃率義徒還關南鎭撫。太祖手書勞之，除洛陽令，封廣宗縣子，邑四百戶。十三年，與開府李義孫攻拔伏流城，〔三〕又剋孔城，卽與義孫鎭之。尋移鎭伏流。十四年，授帥都督、東平郡守，轉河南郡守，加大都督。十六年，洛安民雍方雋據郡外叛，率步騎一千，自號行臺，攻破郡縣，囚執守令。玄率弘農、九曲、孔城、伏流四城士馬討平之。魏恭帝二年，拜車騎大將軍、儀同三司。

孝閔帝踐阼，進爵爲伯，增邑通前九百戶。保定元年，移鎭蠻谷。四年，進位驃騎大將軍、開府儀同三司，徙鎭閻韓。仍從尉遲迥圍洛陽。天和元年，陝（西）〔州〕總管尉遲綱〔四〕遣玄率儀同宇文能、趙乾等步騎五百於鹿盧交南，邀擊東魏洛州刺史獨孤永業。永業有衆二萬餘人，〔五〕玄輕將五騎行前覘之，卒與之遇，便卽交戰，殺傷數十人，獲馬幷甲矟等，永業遂退。二年，進爵爲侯。除白超防主。三年，遷熊州刺史。政存簡惠，百姓悅之。四年，轉和州刺史、伏流防主，進爵爲公。五年，齊將斛律明月率衆向宜陽，兵威甚盛，玄率兵禦

之，每戰輒剋。後以疾卒於位。

史臣曰：二國爭彊，四郊多壘，鎭守要害，義屬武臣。李延孫等以勇略之姿，受扞城之寄。灌瓜贈藥，雖有愧於昔賢；禦侮折衝，足方駕於前烈。用能觀兵伊、洛，保據崤、函，齊人沮西略之謀，周朝緩東顧之慮，皆數將之力也。

校勘記

〔一〕爲其長史楊伯簡所害　卷三三趙剛傳作「楊伯簡」。參卷三三校記第一〇條。

〔二〕王公被難者或依之　宋本及北史卷六六韋祐傳「被」作「避」。

〔三〕乃授法保大都督　宋本「乃」作「仍」，疑是。

〔四〕雄少敢勇膂力絕人　御覽卷三八六一七八五頁「敢勇」下有「魁岸」二字。

〔五〕共爲掎角　原作「犄」，宋本、南本作「椅」，北史卷六八韓雄傳百衲本作「掎」，張元濟云：「『椅』乃『掎』之訛，見北史。」按張說是，今逕改。

〔六〕進爵新義郡公　「新」原作「親」。諸本及北史本傳都作「新」，殿本刻誤，今逕改。

〔七〕東魏揚州刺史段琛拔城遁走　按戰事在弘農附近，「揚」當作「陽」。下陽州刺史牛道恆卽代段琛，「陽」也訛「揚」，據通鑑改。見第九條。此處諸本皆同，通鑑無文，故不改。

〔八〕忻舉李延孫爲前鋒　殿本考證云：「『舉』疑當作『與』。」

〔九〕東魏遣士人牛道恆爲（揚）〔陽〕州刺史　通鑑卷一五八四九〇一頁「揚」作「陽」。是，今據改　參卷三一校記第一〇條。

〔一〇〕東魏將斛朱渾願率精騎三千來向宜（城）〔陽〕　宋本「城」作「陽」。張元濟以爲「城」字誤，云：「時忻行宜陽郡事。」按忻本宜陽人，這時雖授顯州刺史，傳稱「仍留靜邊，弗令之任」，卽是留在宜陽。宜城渺不相涉，今據改。

〔一一〕尋又進爵許昌（郡）〔縣〕公　宋本及北史卷六六陳欣傳欣卽忻「郡」作「縣」。按魏書卷一〇六中地形志中鄭州有許昌郡，云「天平元年置」，領有許昌縣。此外又有三個許昌縣：一屬北揚州汝陰郡，一屬潁州北陳留、潁川二郡，一屬揚州潁川郡。據此知北魏無許昌郡，東魏天平初始置。陳忻封爵在周初，郡既不在周境內，卽使是遙封，也不會承認東魏的建置。當作「縣」是，今據改。

〔一二〕父承祖魏景明中自梁歸魏　按魏書卷七一裴叔業傳附載魏承祖事，承祖隨叔業降魏，事在南齊永元二年，卽魏景明元年五〇〇年，「梁」當作「齊」。

〔一三〕十三年與開府李義孫攻拔伏流城　錢氏考異卷三二云：「此大統之十三年，卽東魏武定五年，傳不書大統者，闕文也。」

〔一四〕陝(西)〔州〕總管尉遲綱　宋本、南本、局本及本書卷二〇尉遲綱傳、册府卷四一九四九九六頁「西」作「州」。張元濟以爲「西」字誤，云：「見傳十二卽卷二〇。」按張說是，今據改。

〔一五〕永業有衆二萬餘人　册府卷四一九四九九六頁「萬」作「千」。

周書卷四十四

列傳第三十六

泉企　李遷哲　楊乾運　扶猛　陽雄
席固　任果

泉企字思道，上洛豐陽人也。〔一〕世雄商洛。曾祖景言，魏建節將軍，假宜陽郡守，世襲本縣令，封丹水侯。父安志，復爲建節將軍、宜陽郡守，領本縣令，降爵爲伯。企九歲喪父，哀毀類於成人。服闋襲爵。年十二，鄉人皇平、陳合等三百餘人詣州請企爲縣令。州爲申上，時吏部尚書郭祚以企年少，未堪宰民，請別選遣，終此一限，令企代之。魏宣武帝詔曰：「企向成立，且爲本鄉所樂，何爲捨此世襲，更求一限。」遂依所請。企雖童幼，而好學恬靜，百姓安之。尋以母憂去職。縣中父老復表請殷勤，詔許之。起復本任，加討寇將軍。

孝昌初，又加龍驤將軍、假節、防洛州別將，尋除上洛郡守。及蕭寶夤反，遣其黨郭子恢襲據潼關。企率鄉兵三千人拒之，連戰數日，子弟死者二十許人，遂大破子恢。以功拜征虜將軍。寶夤又遣兵萬人趣青泥，誘動巴人，圖取上洛。上洛豪族泉、杜二姓密應之。企與刺史董紹宗潛兵掩襲，〔二〕二姓散走，寶夤軍亦退。遷左將軍、淅州刺史，別封涇陽縣伯，邑五百戶。

永安中，梁將王玄眞入寇荊州。加企持節、都督，率衆援之。遇玄眞於順陽，與戰，大破之。除撫軍將軍、使持節、假鎭南將軍、東雍州刺史，進爵爲侯。部民楊羊皮，太保椿之從弟，恃託椿勢，侵害百姓。守宰多被其凌侮，皆畏而不敢言。企收而治之，將加極法，於是楊氏慚懼，宗族詣閤請恩。自此豪右屏迹，無敢犯者。性又清約，纖毫不擾於民。在州五年，每於鄉里運米以自給。梁魏興郡與洛州接壤，表請與屬。詔企爲行臺尚書以撫納之。大行臺賀拔岳以企昔莅東雍，爲吏民所懷，乃表企復爲刺史，詔許之。蜀民張國儁聚黨剽刼，州郡不能制，企命收而戮之，闔境淸肅。魏孝武初，加車騎(大)將軍、左光祿大夫。〔三〕

及齊神武專政，魏帝有西顧之心，欲委企以山南之事，乃除洛州刺史、當州都督。未幾，帝西遷，齊神武率衆至潼關，企遣其子元禮督鄉里五千人，北出大谷以禦之。齊神武

不敢進。上洛人都督泉岳、其弟猛畧與(順)〔拒〕陽人杜窋等謀翻洛州，〔四〕以應東軍。企知之，殺岳及猛畧等，傳首詣闕，而窋亡投東魏。錄前後勳，授車騎大將軍、儀同三司。大統初，加開府儀同三司，兼尚書右僕射，進爵上洛郡公，增邑通前千戶。企志尚廉慎，每除一官，憂見顏色。至是頻讓，魏帝手詔不許。

三年，高敖曹率衆圍逼州城，杜窋爲其鄉導。企拒守旬餘，矢盡援絕，城乃陷焉。企謂敖曹曰：「泉企力屈，志不服也。」及竇泰被擒，敖曹退走，遂執企而東，以窋爲刺史。企臨發，密誡子元禮、仲遵曰：「吾生平志願，不過令長耳。幸逢聖運，位亞台司。今爵祿既隆，年齒又暮，前途夷險，抑亦可知。汝等志業方彊，堪立功効。且忠孝之道，不可兩全，宜各爲身計，勿相隨寇手。但得汝等致力本朝，吾無餘恨。不得以我在東，遂虧臣節也。爾其勉之！」乃揮涕而訣，餘無所言，聞者莫不憤歎。尋卒於鄴。

元禮少有志氣，好弓馬，頗閑草隸，有士君子之風。釋褐奉朝請、本州別駕。累遷員外散騎侍郎、洛州大中正、員外散騎常侍、安東將軍、持節、都督，賜爵臨洮縣伯，進征東將軍、金紫光祿大夫，加散騎常侍。及洛州陷，與企俱被執而東。元禮於路逃歸。時杜窋雖爲刺史，然巴人素輕杜而重泉。及元禮至，與仲遵相見，感父臨別之言，潛與豪右結託。信宿之

間，遂率鄉人襲州城，斬窋，傳首長安。朝廷嘉之，拜衞將軍、車騎大將軍，世襲洛州刺史。從太祖戰於沙苑，爲流矢所中，遂卒。子貞嗣，官至儀同三司。

仲遵少謹實，涉獵經史。年十三，州辟主簿。〔五〕十四，爲本縣令。及長，有武藝。遭世離亂，每從父兄征討，以勇決聞。高敖曹攻洛州，企令仲遵率五百人出戰。時以衆寡不敵，乃退入城，復與企力戰拒守。矢盡，以杖棒扞之，遂爲流矢中目，不堪復戰。及城陷，士卒歎曰：「若二郎不傷，豈至於此。」企之東也，仲遵以被傷不行。後與元禮斬窋，以功封豐陽縣伯，邑五百戶。加授征東將軍、豫州刺史。〔六〕及元禮於沙苑戰沒，復以仲遵爲洛州刺史。仲遵宿稱幹畧，爲鄉里所歸。及爲本州，頗得嘉譽。

東魏北豫州刺史高仲密舉成皐入附，太祖率軍應之，別遣仲遵隨于謹攻栢谷塢。仲遵力戰先登，擒其將王顯明。栢谷既拔，復會大軍戰於邙山。十三年，王思政改鎮潁川，以仲遵行荊州刺史事。十五年，加授大都督，俄進車騎大將軍、儀同三司。

梁司州刺史柳仲禮每爲邊寇，太祖令仲遵率鄉兵從開府楊忠討之。梁隨郡守桓和拒守不降。忠謂諸將曰：「本圖仲禮，不在隨郡。如卽攻守，恐引日勞師。今若先取仲禮，則桓和可不攻自服。諸君以爲何如？」仲遵對曰：「蜂蠆有毒，何可輕也。若棄和深入，遂擒仲禮，和之降不，尚未可知。如仲禮未獲，和爲之援，首尾受敵，此危道也。若先攻和，指麾可剋。剋和而進，更無反顧之憂。」忠從之。仲遵以計由己出，乃率先登城，遂擒和。仍從忠擊仲禮，又獲之。進驃騎大將軍、開府儀同三司，領本州大中正，復爲三荊二廣南雍平信江隨二郢淅等十三州諸軍事，行荊州刺史。尋遭母憂，請終喪制，不許。

大將軍王雄南征上津、魏興，仲遵率所部兵從雄討平之。遂於上津置南洛州，以仲遵爲刺史。仲遵留情撫接，百姓安之，流民歸附者，相繼而至。初，蠻帥杜清和自稱巴州刺史，〔七〕以州入附。朝廷因其所據授之，仍隸東梁州都督。清和以仲遵善於撫御，請隸仲遵。朝議以山川非便，弗之許也。清和遂結安康酋帥黃衆寶等，舉兵共圍東梁州。復遣王雄討平之。改巴州爲洵州，隸於仲遵。先是，東梁州刺史劉孟良在職貪婪，民多背叛。仲遵以廉簡處之，羣蠻率服。

仲遵雖出自巴夷，而有方雅之操，歷官之處，皆以清白見稱。朝廷又以其父臨危抗節，乃令襲爵上洛郡公，舊封聽回授一子。魏恭帝初，徵拜左衞將軍。尋出爲都督金興等六州諸軍事、金州刺史。武成初，卒官，時年四十五。贈大將軍、華洛等三州刺史。謚曰莊。

子暀嗣。起家本縣令，入爲左侍上士。保定中，授帥都督，累遷儀同三司，出爲純州防主。建德末，位至開府儀同大將軍。

李遷哲字孝彥，安康人也。世爲山南豪族，仕於江左。祖方達，齊末，爲本州治中。父元眞，〔八〕仕梁，歷東宮左衞率、東梁衡二州刺史、散騎常侍、沌陽侯。

遷哲少修立，有識度，慷慨善謀畫。起家文德主帥，轉直閤將軍、武賁中郎將。及其父爲衡州，留遷哲本鄉，監統部曲事。時年二十，撫馭羣下，甚得其情。大同二年，除安康郡守。三年，加超武將軍。太清二年，移鎮魏興郡，都督魏興、上庸等八郡諸軍事，襲爵沌陽侯，邑一千五百戶。四年，遷持節、信武將軍、〔九〕散騎常侍、都督東梁洵興等七州諸軍事、東梁州刺史。及侯景篡逆，諸王爭帝，遷哲外禦邊寇，自守而已。

大統十七年，太祖遣達奚武、王雄等略地山南，遷哲率其所部拒戰，軍敗，遂降於武。然猶意氣自若。武乃執送京師。太祖謂之曰：「何不早歸國家，乃勞師旅。今爲俘虜，不亦愧乎？」答曰：「世荷梁恩，未有報効，又不能死節，實以此爲愧耳。」太祖深嘉之，卽拜使持節、車騎大將軍、散騎常侍，封沌陽縣伯，邑千戶。

魏恭帝初，直州人樂熾、洋州人田越、金州人黃國等連結爲亂。〔一〇〕太祖遣鴈門公田弘出梁漢，開府賀若敦趣直谷。熾聞官軍至，乃燒絕棧道，據守直谷，敦衆不得前。太祖以遷

哲信著山南，乃令與敦同往經略。熾等或降或獲，尋竝平蕩。仍與賀若敦南出狗地。遷哲先至巴州，入其郛郭。梁巴州刺史牟安民惶懼，開門請降。[一一]安民子宗徹等猶據琵琶城，[一二]招諭不下。遷哲攻而尅之，斬獲九百餘人。軍次鹿城，城主遣使請降。遷哲謂其衆曰：「納降如受敵，吾觀其使視瞻猶高，得無詐也？」遂不許之。梁人果於道左設伏以邀遷哲，遷哲進擊，破之，遂屠其城，虜獲千餘口。自此巴、濮之民，降款相繼。軍還，太祖嘉之，以所服紫袍玉帶及所乘馬以賜之，[一三]並賜奴婢三十口。加授侍中、驃騎大將軍、開府儀同三司，除直州刺史，卽本州也。仍給軍儀鼓節。令與田弘同討信州。

魏恭帝三年正月，軍次幷州。梁幷州刺史杜滿各望風送款。進圍疊州，尅之，獲刺史冉助國等。遷哲每率驍勇爲前鋒，所在攻戰，無不身先士卒，凡下十八州，拓地三千餘里。[一四]時信州爲蠻酋向五子王等所圍，弘又遣遷哲赴援。比至，信州已陷。五子王等聞遷哲至，狼狽遁走。遷哲入據白帝。賀若敦等復至，遂共追擊五子王等，破之。及田弘旋軍，太祖令遷哲留鎭白帝，更配兵千人、馬三百匹。信州先無倉儲，軍糧匱乏。遷哲乃收葛根造粉，兼米以給之。遷哲亦自取供食。時有異膳，卽分賜兵士。有疾患者，又親加醫藥。以此軍中感之，人思效命。黔陽蠻田烏度、田都唐等每抄掠江中，爲百姓患。遷哲隨機出討，殺獲甚多。由是諸蠻畏威，各送糧餼。又遣子弟入質者，千有餘家。遷哲乃於白帝城

外築城以處之。並置四鎭，以靜峽路。自此寇抄頗息，軍糧贍給焉。

世宗初，授都督信臨等七州諸軍事、信州刺史。時蠻酋蒲微爲鄰州刺史，舉兵反。遷哲將討之，諸將以途路阻遠，竝不欲行。遷哲怒曰：「蒲微蕞爾之賊，勢何能爲。擒獲之畧，已在吾度中矣。諸君見此小寇，便有憚心，後遇大敵，將何以戰！」遂率兵七千人進擊之，拔其五城，虜獲二千餘口。二年，進爵西城縣公，增邑通前二千五百戶。武成元年，朝于京師。世宗甚禮之，賜甲第一區及莊田等。保定中，授平州刺史。

天和三年，進位大將軍。四年，詔遷哲率金、上等諸州兵鎭襄陽。五年，陳將章昭達攻逼江陵。梁主蕭巋告急於襄州，衞公直令遷哲往救焉。遷哲率其所部守江陵外城，與陳將程文季交戰，兵稍却，遷哲乃親自陷陣，手殺數人。會江陵總管陸騰出助之，陳人乃退。陳人又因水汎長，壞龍川寧朔隄，[一五]引水灌城。城中驚擾。遷哲乃先塞北堤以止水，又募驍勇出擊之，頻有斬獲，衆心稍定。俄而敵入郭內，焚燒民家。遷哲自率騎出南門，又令步兵自北門出，兩軍合勢，首尾邀之，陳人復敗，多投水而死。是夜，陳人又竊於城西堞以梯〔登城〕，登者已數百人。[一六]遷哲又率驍勇扞之，陳人復潰。俄而大風暴起，遷哲乘闇出兵擊其營，陳人大亂，殺傷甚衆。陸騰復破之於西隄，陳人乃遁。建德二年，進爵安康郡公。三年，卒於襄州，時年六十四。贈金州總管。謚曰壯武。

遷哲累世雄豪，爲鄉里所率服。性復華侈，能厚自奉養。妾媵至有百數，男女六十九人。緣漢千餘里間，第宅相次。姬人之有子者，分處其中，各有僮僕、侍婢、奄閽守之。遷哲每鳴笳導從，往來其間。縱酒飲讌，[一七]盡生平之樂。子孫參見，或忘其年名者，披簿以審之。

長子敬仁，先遷哲卒。第六子敬猷嗣，還統父兵，起家大都督。建德六年，從譙王討稽胡有功，進爵儀同大將軍。[一八]遷哲弟顯，位至上儀同大將軍。

楊乾運字玄邈，儻城興勢人也。爲方隅豪族。父天興，齊安康郡守。

乾運少雄武，爲鄉閭所信服。弱冠，州辟主簿。孝昌初，除宣威將軍、奉朝請，尋爲本州治中，轉別駕，除安康郡守。大統初，梁州民皇甫圓、姜晏聚衆南叛，梁將蘭欽率兵應接之。以是漢中遂陷，乾運亦入梁。梁大同元年，除飄武將軍、[一九]西益潼刺史，尋轉信武將軍、黎州刺史。太清末，遷潼南梁二州刺史，加鼓吹一部。

及達奚武圍南鄭，武陵王蕭紀遣乾運率兵援之，爲武所敗。紀時已稱尊號，以乾運威服巴、渝，欲委方面之任，乃拜車騎將軍、十三州諸軍事、梁州刺史，鎭潼州，[二〇]封萬春縣

公，邑四千戶。

時紀與其兄湘東王繹爭帝，遂連兵不息。乾運兄子畧說乾運曰：「自侯景逆亂，江左沸騰。今大賊初平，生民離散，理宜同心戮力，保國寧民。今乃兄弟親尋。[二一]取敗之道也。可謂朽木不雕，世衰難佐。古人有言『危邦不入，亂邦不居』，又云『見機而作，不俟終日』，今若適彼樂土，送款關中，必當功名兩全，貽慶於後。」乾運深然之，乃令畧將二千人鎭劍閣。又遣其壻樂廣鎭安州。仍誡畧等曰：「吾欲歸附關中，但未有由耳。若有使來，卽宜盡禮迎接。」會太祖令乾運孫法洛及使人牛伯友等至，畧卽夜送〔之〕。乾運乃令使人李若等入關送款。[二二]太祖乃密賜乾運鐵劵，授使持節、驃騎大將軍、開府儀同三司、侍中、梁州刺史、安康郡公。及尉遲迥令開府侯呂陵始爲前軍，[二三]至劍南，[二四]畧卽退就樂廣，謀欲翻城。恐其軍將任電等不同，先執之，然後出城見始。始乃入據安州，令廣、畧等往報乾運。乾運遂降迥。迥因此進軍成都，數旬尅之。

魏廢帝二年，乾運至京師。太祖嘉其忠款，禮遇隆渥。尋卒於長安，贈本官，加直巴集三州刺史、尙書右僕射。

子端嗣。朝廷以乾運歸附之功，卽拜端梁州刺史、車騎大將軍、儀同三司。畧亦以歸附功，拜車騎大將軍、儀同三司。頻從征討。建德末，位至開府儀同大將軍，

封上庸縣伯。樂廣亦授車騎大將軍、儀同三司、安州刺史，封安康縣公，邑一千戶。

扶猛字宗畧，上甲黃土人也。其種落號(日)〔白〕獸蠻，〔二五〕世爲渠帥。猛，梁大同中以直後出爲持節、厲鋒將軍、青州刺史，轉上庸新城二郡守、南洛北司二州刺史，封宕渠縣男。及侯景作亂，猛乃擁衆自守，未有所從。

魏大統十七年，大將軍王雄拓定魏興，猛率其衆據險爲堡，時遣使微通餉饋而已。魏廢帝元年，魏興叛，雄擊破之，猛遂以衆降。太祖以其世據本鄉，乃厚加撫納，授車騎大將軍、儀同三司，加散騎常侍，復爵宕渠縣男。割二郡爲羅州，以猛爲刺史。令率所部千人，從開府賀若敦南討信州。敦令猛別道直趣白帝。所由之路，人跡不通。猛乃梯山捫葛，備歷艱阻。雪深七尺，糧運不繼，猛獎勵士卒，兼夜而行，遂至白帝城。刺史向鎮侯列陣拒猛。猛與戰，破之，乘勝而進，遂入白帝城。撫慰民夷，莫不悅附。譙淹與官軍戰敗，率舟師浮江東下，欲歸於梁。猛與敦等邀擊，破之。語在敦傳。師還，以功進開府儀同三司。俄而信州蠻反，猛復從賀若敦討平之。又率水軍破蠻帥文子榮於汝陽。進爵臨江縣公，增邑一千戶。

武成中，陳將侯瑱等逼湘州，又從賀若敦赴救，除武州刺史。後隨敦自拔還，復爲羅州刺史。保定三年，轉綏州刺史，從衞公直援陳將華皎。時大軍不利，唯猛所部獨全。又從田弘破漢南諸蠻，前後十餘戰，每有功。進位大將軍。後以疾卒。

陽雄字元畧，上洛邑陽人也。〔二六〕世爲豪族。祖斌，上庸太守。父猛，魏正光中，万俟醜奴作亂關右，朝廷以猛商洛首望，乃擢爲襄威將軍、大谷鎮將，帶胡城令，以禦醜奴。及元顥入洛，魏孝莊帝度河，范陽王誨脫身投猛，猛保藏之。及孝莊反正，由是知名。俄而廣陵王恭僞瘖疾，復來歸猛，猛亦深相保護。魏孝武即位，甚嘉之，授征虜將軍，行河北郡守，尋轉安西將軍、華山郡守。頻典(三)〔二〕郡，〔二七〕頗有聲績。

及孝武西遷，猛率所領，移鎮潼關。封郃陽縣伯，邑七百戶。俄而潼關不守，猛於善渚谷立柵，收集義徒。授征東將軍、揚州刺史、大都督、武衞將軍，仍鎮善渚。大統三年，爲竇泰所襲，猛脫身得免。太祖以衆寡不敵，弗之責也。仍配兵千人，守牛尾堡。尋而太祖擒竇泰，猛亦別獲東魏弘農郡守淳于業。後以疾卒。贈華、洛、揚三州刺史。

雄起家奉朝請，累遷至都督、直後、明威將軍、積射將軍。從于謹攻盤豆柵，復從李遠經沙苑陣，並力戰有功。封安平縣侯，邑八百戶，加冠軍將軍、中散大夫，賞賜甚厚。後入洛陽，戰河橋，解玉壁圍，迎高仲密，援侯景，並預有戰功。前後增邑四百五十戶，世襲邑陽郡守。從大將軍宇文虬攻尅上津，遷通直散騎常侍、大都督，進儀同三司。陳將侯方兒、潘純陁寇江陵，〔二八〕雄從豆盧寧擊走之。除洵州刺史。俗雜賨、渝，民多輕猾。雄威惠相濟，夷夏安之。蠻帥文子榮竊據荊州之汶陽郡，又侵陷南郡之當陽、臨沮等數縣。詔遣開府賀若敦、潘招等討平之。〔二九〕卽以其地置平州，以雄爲刺史。進爵玉城縣公，增邑通前一千六百戶，加驃騎大將軍、開府儀同三司。時寇亂之後，戶多逃散，雄在所慰撫，民並安輯。徵爲載師中大夫，遷西寧州總管，以疾不拜。除通洛防主。

雄處彊埸，務在保境息民，接待敵人，必推誠仗信。齊洛州刺史獨孤永業深相欽尙，移書稱美之。入爲京兆尹，尋拜民部中大夫，進位大將軍，俄轉中外府長史。遷江陵總管、四州五防諸軍事，改封魯陽縣公。宣政元年，卒於鎮。大象初，追封魯陽郡公，邑三千五百戶，贈陳曹莒汴四州刺史。謚曰懷。雄善附會，能自謀身，故得任兼出納，〔三〇〕保全爵祿。子長寬嗣。官至儀同大將軍。

席固字子堅，其先安定人也。高祖衡，因後秦之亂，寓居於襄陽。仕晉，爲建威將軍，遂爲襄陽著姓。

固少有遠志，內明敏而外質朴。梁大同中，爲齊興郡守。屬侯景渡江，梁室大亂，固久居郡職，士多附之，遂有親兵千餘人。

梁元帝嗣位江陵，遷興州刺史。於是軍民慕從者，〔三一〕至五千餘人。固遂欲自據一州，以觀時變。後懼王師進討，方圖內屬。密謂其腹心曰：「今梁氏失政，揚都覆沒，湘東不能復讎雪恥，而骨肉相殘。宇文丞相叛啓霸基，招攜以禮。吾欲決意歸之，與卿等共圖富貴。」左右聞固言，未有應者。固更諭以禍福，諸人然後同之。

魏大統十六年，〔三二〕以地來附。是時太祖方欲南取江陵，西定蜀、漢，聞固之至，甚禮遇之。乃遣使就拜使持節、驃騎大將軍、開府儀同三司、大都督、侍中、豐州刺史，封新豐縣公，邑二千戶。後轉湖州刺史。固以未經朝謁，遂蒙榮授，心不自安，啓求入覲。太祖許之。及固至，太祖與之歡讌，賞賜甚厚。進爵靜安郡公，增邑並前三千三百戶。尋拜昌歸憲三州諸軍事、昌州刺史。固居家孝友，爲州里所稱，涖官之處，頗有聲績。保定四年，卒於州，時年六十一。贈大將軍、襄唐豐郢復五州刺史，謚曰肅。仍勅襄州賜其墓田。子世雅嗣。

世雅字彥文。性方正，少以孝聞。初以固功，授車騎大將軍、儀同三司，除贊城郡守。〔三三〕累遷開府儀同三司、順直二州刺史。大象末，位至大將軍。世雅弟世英，亦以固功授儀同三司。後至上開府儀同大將軍。

任果字靜鸞，南安人也。世爲方隅豪族，仕於江左。祖安東，梁益州別駕、新巴郡守、閬中伯。父褒，龍驤將軍、新巴南安廣漢三郡守、沙州刺史、新巴縣公。

果性勇決，志在立功。魏廢帝元年，率所部來附。太祖嘉其遠至，待以優禮。果因面陳取蜀之策，太祖深納之。乃授使持節、車騎大將軍、儀同三司、大都督、散騎常侍、沙州刺史、南安縣公，邑一千戶。

及尉遲迥伐蜀，果時在京師，乃遣其弟岱及子悛從軍。太祖以益州未下，復令果乘傳歸南安，率鄉兵二千人，從迥征蜀。尋進授驃騎大將軍、開府儀同三司。蕭紀遣趙拔扈等率衆三萬來援成都，果從大軍擊破之。及成都平，除始州刺史。在任未久，果請入朝，太祖許之。以其方隅首望，早立忠節，乃進爵安樂郡公，〔三四〕賜以鐵券，聽世相傳襲。並賜路車、駟馬及儀衞等以光寵之。〔三五〕尋爲刺客所害，時年五十六。

史臣曰：古人稱仁義豈有常，蹈之則爲君子，背之則爲小人，信矣。泉企長自山谷，素無月旦之譽，而臨難慷慨，有人臣之節，豈非蹈仁義歟。元禮、仲遵聿遵其志，卒成功業，庶乎克負荷矣。李遷哲、楊乾運、席固之徒，屬方隅擾攘，咸翻然而委質，遂享爵位，以保終始。觀遷哲之對太祖，有尚義之辭；乾運受任武陵，乖事人之道。若乃校長短，比優劣，故不可同年而語矣。陽雄任兼文武，聲著中外，抑亦志能之士乎。

校勘記

〔一〕上洛豐陽人也　錢氏考異卷三二云：「按魏志魏書卷一〇六下地形志下豐陽爲上庸郡治，而上庸本名東上洛郡，永平中始改上庸，史從其初書之。」

〔二〕企與刺史董紹宗潛兵掩襲　「董紹宗」北史卷六六泉企傳周書、北史「企」「企」互見，見卷二文帝紀下校記第四條作「董紹。」張森楷云：「『宗』字衍文，事並見魏書董紹傳卷七九。」按魏書之董紹自與本條之董紹宗爲一人，但也可能魏書、北史爲雙名單稱。

〔三〕加車騎（大）將軍左光祿大夫　按魏書卷一一三官氏志驃騎、車騎將軍和左右光祿大夫同在第二品，周書卷二四盧辯傳末同在正八命。故左右光祿大夫是驃騎、車騎將軍的加官。若是車騎大將軍，則例加儀同三司。本傳下文又云：「錄前後勳，授車騎大將軍、儀同三司」，可證這裏「大」字是衍文。今據刪。

〔四〕（順）〔拒〕陽人杜窋等謀翻洛州　諸本「順」都作「拒」。殿本當是依北史改。二張都以爲作「順」是。按魏書卷一〇六下地形志下洛州上洛郡有拒陽縣。上云「上洛豪族泉杜二姓」，杜窋應爲拒陽人。若順陽則是荆州屬郡，安能「謀翻洛州」。知作「拒」是。今據諸本回改。「杜窋」，卷二文帝紀下作「杜密」。

〔五〕州辟主簿　北史卷六六泉企附子仲遵傳作「爲郡主簿」。

〔六〕加授征東將軍豫州刺史　「豫州刺史」，北史本傳作「東豫州刺史」，不知孰是。按這時豫、東豫二州都屬東魏，應是僑置或遙領。

〔七〕釁帥杜清和　北史本傳「清」作「青」。周書宋本這裏同殿本作「清」，下文兩見，却又作「青」。張元濟云：「當作『青』，見釁傳卷四九。」按釁傳宋本、殿本作「青」，而汲本也是「青」「清」並見，漢魏南北朝墓誌集釋寇奉叔墓誌圖版三六二也作「清」。疑舊本就「青」「清」雜出，今皆不改。

〔八〕父元眞　北史卷六六李遷哲傳「眞」作「直」。

〔九〕四年遷持節信武將軍　張森楷云：「此四年是承上太清文，而太清無四年，太清後，大寶亦只二年，遷哲遂降，此間未得有四年也。『四』字定誤。」按張說似有理，然梁元帝在江陵承制，仍用太清年號，到太清六年十月才改年承聖，遷哲官或爲元帝承制所授，則「四年」未必誤。

〔一〇〕直州人樂熾洋州人田越金州人黃國等連結爲亂　北史本傳、通鑑卷一六五五一一三頁作「直州人樂熾、洋州人黃國等」。

〔一一〕梁巴州刺史牟安民惶懼開門請降　通鑑卷一六五五一一三頁本條考異云：「典略云『斬梁巴州刺史牟安民』，今從周書、北史。」

〔一二〕琵琶城　北史本傳作「巴城」。

〔一三〕以所服紫袍玉帶及所乘馬以賜之　按下「以」字疑衍。

〔一四〕拓地三千餘里　册府卷三五五四二一六頁、卷四二九五一一六頁「三」作「二」。

〔一五〕壞龍川寧朔隄　卷二八陸騰傳「朔」作「邦」。參卷二八校記第一六條。

〔一六〕陳人又竊於城西堞以梯〔登城〕登者已數百人　按無「登城」二字，不可通，今據北史本傳、通鑑卷一七〇五二八八頁補。又「數百人」，北史倒作「百數人」。

〔一七〕縱酒飲讌　宋本及北史本傳「飲」作「歠」。

〔一八〕進爵儀同大將軍　北史本傳「爵」作「位」。張森楷云：「此官，非爵也，『爵』字誤。」

〔一九〕除飄武將軍　通典卷三七載梁將軍號無「飄武」，第十二班有「飇武」，「飄」應是「飇」之訛。

〔二〇〕乃拜車騎將軍十三州諸軍事梁州刺史鎮潼州　卷二文帝紀及梁書卷五五、南史卷五三武陵王紀傳都作「潼州刺史」。卷二一尉遲迥傳、卷四二蕭撝傳作「梁州刺史」。參卷二一校記第六條。

〔二一〕今乃兄弟親尋　通鑑卷一六五五一〇〇頁載楊略語作「兄弟尋戈」。按「兄弟親尋」，語氣不完，下當脫「干戈」二字。

〔二二〕晷卽夜送〔之〕乾運乃令使人李若等入關送款　北史卷六六楊乾運傳、册府卷一六四一九七六頁「送」下有「之」字，「乾運」屬下讀。按文義當有「之」字，册府此節出周書，這裏却同北史，今據補。

〔二三〕侯呂陵始　卷二一尉遲迥傳有「萬侯呂陵始」，「萬」字衍，「侯」「侯」不知孰是。參卷二一校記第四條。

〔二四〕至劒南　通鑑卷一六五五一〇〇頁「南」作「閣」。按上云乾運「令略將二千人鎮劒閣」。周軍這時尚未越劒閣，豈得卽至劒南。疑「南」字誤。

〔二五〕其種落號(曰)〔白〕獸蠻　宋本、南本、汲本、局本及北史卷六六扶猛傳「曰」都作「白」。按「白獸」卽白虎，避唐諱改。華陽國志卷一巴志稱賨人爲「白虎復夷」，太平寰宇記卷一二〇黔州蕃部有「白虎」。「曰」爲「白」之訛無疑，今據改。

〔二六〕上洛邑陽人也　錢氏考異卷三二云：「魏志卷一〇六下地形志下上洛郡無邑陽縣。隋志卷三〇地理志下朱陽郡有邑陽縣。」按潼關之南，上洛、朱陽二郡相鄰，邑陽地在其間，或曾改屬。

〔二七〕頻典(三)〔二〕郡　宋本「三」作「二」。張元濟云：「按二郡指河北、華山言」，以爲「三」字誤。按張說是，今據改。

〔二八〕陳將侯方兒潘純陁寇江陵　按卷二文帝紀下、卷一九豆盧寧傳、卷四八蕭詧傳都說侯、潘是王琳的部將。南史卷六四、北齊書卷三二王琳傳「侯方兒」作「侯平」。王琳是梁元帝的將領，未嘗仕陳，則其部將也不得稱之爲陳將。

〔二九〕詔遣開府賀若敦潘招等討平之　卷二八賀若敦傳宋本、南本、北本、汲本「招」都作「詔」。參卷二八校記第二三條。

〔三〇〕任兼出納　宋本及北史卷六六陽雄傳「納」作「內」。按「出內」猶言「中外」，疑作「內」是。

〔三一〕於是軍民慕從者　北史卷六六席固傳「慕」作「募」。

〔三二〕魏大統十六年　「十六年」宋本作「十五年」。

〔三三〕除贇城郡守　隋書卷三一地理志下襄陽郡陰城縣下云「西魏置鄼城郡」。「贇」當作「鄼」，但當時地名常用同音字，今不改。

〔三四〕乃進爵安樂郡公　北史卷六六任果傳「安樂」倒作「樂安」。

〔三五〕路車驦馬　諸本「驦」都作「四」。殿本當依北史改。

周書卷四十五

列傳第三十七

儒林

盧誕　盧光　沈重　樊深　熊安生　樂遜

自書契之興，先哲可得而紀者，莫不備乎經傳。若乃選君德於列辟，觀遺烈於風聲，帝莫高於堯、舜，王莫顯於文、武。是以聖人祖述其道，垂文於六學；憲章其教，作範於百王。自茲以降，三微驟遷，五紀遞襲，損益異術，治亂殊塗。秦承累世之基，任刑法而殄滅；漢無尺土之業，崇經術而長久。彫蟲是貴，魏道所以陵夷；玄風既興，晉綱於焉大壞。考九流之殿最，校四代之興衰，正君臣，明貴賤，美教化，移風俗，莫尚於儒。故皇王以之致刑措而反淳朴，賢達以之鏤金石而彫竹素。儒之時義大矣哉！

自有魏道消，海內版蕩，彝倫攸斁，戎馬生郊。先王之舊章，往聖之遺訓，掃地盡矣。

及太祖受命，雅好經術。求闕文於三古，得至理於千載，黜魏、晉之制度，復姬旦之茂典。盧景宣學通羣藝，修五禮之缺；長孫紹遠才稱洽聞，正六樂之壞。由是朝章漸備，學者向風。世宗纂曆，敦尚學藝。內有崇文之觀，外重成均之職。握素懷鉛重席解頤之士，間出於朝廷；圓冠方領執經負笈之生，著錄於京邑。濟濟焉足以踰於向時矣。洎高祖保定三年，乃下詔尊太傅燕公爲三老。帝於是服衮冕，乘碧輅，陳文物，備禮容，清蹕而臨太學。袒割以食之，奉觴以酳之。斯固一世之盛事也。其後命輶軒以致玉帛，徵沈重於南荆。及定山東，降至尊而勞萬乘，待熊生以殊禮。是以天下慕嚮，文教遠覃。衣儒者之服，挾先王之道，開黌舍延學徒者比肩；勵從師之志，守專門之業，辭親戚甘勤苦者成市。雖遺風盛業，不逮魏、晉之辰，而風移俗變，抑亦近代之美也。

其儒者自有別傳及終於隋之中年者，則不兼錄。自餘撰於此篇云。

盧誕，范陽涿人也，本名恭祖。曾祖晏，博學善隸書，有名於世。仕燕爲給事黃門侍郎、營丘成周二郡守。祖壽，太子洗馬。燕滅入魏，爲魯郡守。父叔仁，年十八，州辟主簿。舉秀才，除員外郎。以親老，乃辭歸就養。父母既歿，哀毀六年，躬營墳壟，遂有終焉之志。

魏景明中，被徵入洛，授威遠將軍、武賁中郎將，非其好也。尋除鎮遠將軍、通直散騎常侍，並稱疾不朝。乃出爲幽州司馬，又辭歸鄉里。當時咸稱其高尚焉。

誕幼而通亮，博學有詞彩。郡辟功曹，州舉秀才，不行。起家侍御史，累遷輔國將軍、太中大夫、幽州別駕、北豫州都督府長史。時刺史高仲密以州歸朝，朝廷遣大將軍李遠率軍赴援，誕與文武二千餘人奉候大軍。以功授鎮東將軍、金紫光祿大夫，封固安縣伯，邑五百戶。尋加散騎侍郎，拜給事黃門侍郎。魏帝詔曰：「經師易求，人師難得。朕諸兒稍長，欲令卿爲師。」於是親幸晉王第，敕晉王以下，皆拜之於帝前。因賜名曰誕。加征東將軍、散騎常侍。太祖又以誕儒宗學府，爲當世所推，乃拜國子祭酒。進車騎大將軍，儀同三司。魏恭帝二年，除祕書監。後以疾卒。

盧光字景仁，小字伯，范陽公辯之弟也。性溫謹，博覽羣書，精於三禮，善陰陽，解鍾律，又好玄言。孝昌初，釋褐司空府參軍事，稍遷明威將軍、員外侍郎。及魏孝武西遷，光於山東立義，遙授大都督、晉州刺史、安西將軍、銀青光祿大夫。大統六年，攜家西入。太祖深禮之，除丞相府記室參軍，賜爵范陽縣伯。俄拜行臺郎

中，專掌書記。十年，改封安息縣伯，邑五百戶。遷行臺右丞，出爲華州長史，尋徵拜將作大匠。魏廢帝元年，加車騎大將軍、儀同三司，除京兆郡守，遷侍中。六官建，授小匠師下大夫，進授開府儀同三司、匠師中大夫，進爵爲侯，增邑五百戶，轉工部中大夫。大司馬賀蘭祥討吐谷渾，以光爲長史，進爵燕郡公。武成二年，詔光監營宗廟，既成，增邑四百戶。出爲虞州刺史，尋治陝州總管府長史。重論討渾之功，增邑并前一千九百戶。天和二年卒，時年六十二。高祖少時，嘗受業於光，故贈賻有加恆典。贈少傅。謚曰簡。

光性崇佛道，至誠信敬。嘗從太祖狩於檀臺山。時獵圍既合，太祖遙指山上謂羣公等曰：「公等有所見不？」咸曰：「無所見。」光獨曰：「見一桑門。」太祖曰：「是也。」卽解圍而還。令光於桑門立處造浮圖，掘基一丈，得瓦鉢、錫杖各一。太祖稱歎，因立寺焉。及爲京兆，而郡舍先是數有妖怪，前後郡將無敢居者。光曰：「吉凶由人，妖不妄作。」遂入居之。未幾，光所乘馬忽升廳事，登牀南首而立；又食器無故自破。光並不以介懷。其精誠守正如此。撰道德經章句，行於世。子賁嗣。大象中，開府儀同大將軍。

沈重字德厚，〔一〕吳興武康人也。性聰悟，有異常童。弱歲而孤，居喪合禮。及長，專心儒學，從師不遠千里，遂博覽羣書，尤明詩、禮及左氏春秋。梁大通三年，起家王國常侍。梁武帝欲高置學官，以崇儒教。中大通四年，乃革選，以重補國子助教。大同二年，除五經博士。梁元帝之在藩也，甚歎異之。及卽位，乃遣主書何武迎重西上。及江陵平，重乃留事梁主蕭詧，除中書侍郎，兼中書舍人。累遷員外散騎侍郎、廷尉卿，領江陵令。還拜通直散騎常侍、都官尚書，領羽林監。詧又令重於合歡殿講周禮。

高祖以重經明行修，廼遣宣納上士柳裘至梁徵之。仍致書曰：

皇帝問梁都官尚書沈重。觀夫八聖六君，七情十義，殊方所以會軌，異代於是率由。莫不趣大順之遙塗，履中和之盛致。及青緗起焰，素篆從風，〔二〕文逐世疎，義隨運舛，大禮存於玉帛之間，至樂形於鍾鼓之外。雖分蛇、聚緯，郁郁之辭蓋闕；當塗、典午，抑抑之旨無聞。有周開基，爰蹤聖哲，拯蒼生之已淪，補文物之將墜。天爵具修，人紀咸理。

朕寅奉神器，恭惟寶闕。〔三〕常思復禮殷周之年，遷化唐虞之世。懼三千尙乖於治俗，九變未叶於移風。欲定畫一之文，思杜二家之說。知卿學冠儒宗，行標士則。卞寶復潤於荊陰，隨照更明於漢浦。是用寤寐增勞，瞻望軫念。爰致束帛之聘，命翹車之招。所望鳳舉鴻翻，俄而萃止。明斯隱滯，合彼異同。上庠弗墜於微言，中經罔闕

於逸義。近取無獨善之譏，遠應有兼濟之美。可不盛歟。

昔申涪鮐背，〔四〕方辭東國；公孫黃髮，始造西京。遂使道爲藝基，功參治本。今者一徵，諒兼其二。若居形聲而去影響，尙迷邦而忘覲國，非所謂也。

又敕襄州總管、衞公直敦喻遣之，在途供給，務從優厚。保定末，重至于京師。詔令討論五經，并校定鍾律。天和中，復於紫極殿講三教義。朝士、儒生、桑門、道士至者二千餘人。〔五〕重辭義優洽，樞機明辯，凡所解釋，咸爲諸儒所推。六年，授驃騎大將軍、開府儀同三司、露門博士。仍於露門館爲皇太子講論。〔六〕

建德末，重自以入朝既久，且年過時制，表請還梁。高祖優詔答之曰：「開府漢南杞梓，每軫虛衿；江東竹箭，亟疲延首。故束帛聘申，蒲輪徵伏。加以梁朝舊齒，結綬三世，沐浴榮光，祗承寵渥，不忘戀本，深足嘉尙。而楚材晉用，豈無先哲。方事求賢，義乖來肅。」重固請，乃許焉。遣小司門上士楊(注)〔汪〕送之。〔七〕梁主蕭巋拜重散騎常侍、太常卿。大象二年，來朝京師。開皇三年，卒，年八十四。隋文帝遣舍人蕭子寶祭以少牢，贈使持節、上開府儀同三司、許州刺史。

重學業該博，爲當世儒宗。至於陰陽圖緯，道經釋典，靡不畢綜。又多所撰述，咸得其指要。其行於世者，周禮義三十一卷、〔八〕儀禮義三十五卷、〔九〕禮記義三十卷、〔一〇〕毛詩義

二十八卷、〔一一〕喪服經義五卷、周禮音一卷、儀禮音一卷、禮記音二卷、〔一二〕毛詩音二卷。

樊深字文深，河東猗氏人也。早喪母，事繼母甚謹。弱冠好學，負書從師於三河，〔一三〕講習五經，晝夜不倦。魏永安中，隨軍征討，以功除蕩寇將軍，累遷伏波、征虜將軍，中散大夫。嘗讀書見吾丘子，遂歸侍養。魏孝武西遷，樊、王二姓舉義，爲東魏所誅。深父保周、叔父歡周並被害。深因避難，墜崖傷足，絕食再宿。於後遇得一簞餅，欲食之；然念繼母年老患痹，或免虜掠，乃弗食。夜中匍匐尋母，偶得相見，〔一四〕因以饋母。還復遁去，改易姓名，遊學於汾、晉之間，習天文及算曆之術。後爲人所告，囚送河東。屬魏將韓軌長史張曜重其儒學，〔一五〕延深至家，因是更得逃隱。

太祖平河東，贈保周南郢州刺史，歡周儀同三司。深歸葬其父，負土成墳。尋而于謹引爲其府參軍，令在館教授子孫。除撫軍將軍、銀青光祿大夫，遷開府屬，轉從事中郎。謹拜司空，以深爲諮議。大統十五年，行下邽縣事。

太祖置學東館，教諸將子弟，以深爲博士。深經學通贍，每解書，嘗多引漢、魏以來諸

家義而說之。故後生聽其言者，不能曉悟。皆背而譏之曰：「樊生講書多門戶，不可解。」然儒者推其博物。性好學，老而不怠。朝暮還往，常據鞍讀書，至馬驚墜地，損折支體，終亦不改。後除國子博士，賜姓万紐于氏。〔一六〕六官建，拜太學助教，遷博士，加車騎大將軍、儀同三司。天和二年，遷縣伯中大夫，加開府儀同三司。建德元年，表乞骸骨，詔許之。朝廷有疑議，常召問焉。後以疾卒。

深既專經，又讀諸史及蒼雅、篆籀、陰陽、卜筮之書。學雖博贍，訥於辭辯，故不爲當時所稱。撰孝經、喪服問疑各一卷，撰七經異同說三卷、義(經)〔綱〕略論幷(月)〔目〕錄三十一卷，〔一七〕並行於世。

熊安生字植之，長樂阜城人也。少好學，勵精不倦。初從陳達受三傳，又從房虬受周禮，並通大義。後事徐遵明，服膺歷年。東魏天平中，受禮於李寶鼎。遂博通五經。然專以三禮教授。弟子自遠方至者，千餘人。乃討論圖緯，捃摭異聞，先儒所未悟者，皆發明之。齊河清中，陽休之特奏爲國子博士。

時朝廷既行周禮，公卿以下多習其業，有宿疑礩滯者數十條，皆莫能詳辨。天和三年，齊請通好，兵部尹公正使焉。與齊人語及周禮，齊人不能對。乃令安生至賓館與公正言。公正有口辯，安生語所未至者，便撮機要而驟問之。安生曰：「禮義弘深，自有條貫。必欲昇堂覩奧，寧可汨其先後。但能留意，當爲次第陳之。」公正於是具問所疑，安生皆爲一一演說，咸究其根本。公正深所嗟服，還，具言之於高祖。高祖大欽重之。〔一八〕

及高祖入鄴，安生遽令掃門。家人怪而問之，安生曰：「周帝重道尊儒，必將見我矣。」俄而高祖幸其第，詔不聽拜，親執其手，引與同坐。謂之曰：「朕未能去兵，以此爲愧。」安生曰：「黃帝尚有阪泉之戰，況陛下龔行天罰乎。」高祖又曰：「齊氏賦役繁興，竭民財力。朕救焚拯溺，思革其弊。欲以府庫及三臺雜物散之百姓，公以爲何如？」安生曰：「昔武王克商，散鹿臺之財，發鉅橋之粟。陛下此詔，異代同美。」高祖又曰：「朕何如武王？」安生曰：「武王伐紂，縣首白旗；陛下平齊，兵不血刃。愚謂聖略爲優。」高祖大悅，賜帛三百匹、米三百石、宅一區，幷賜象笏及九環金帶，自餘什物稱是。又詔所司給安車駟馬，隨駕入朝，幷敕所在供給。至京，敕令於大乘佛寺參議五禮。宣政元年，拜露門學博士、下大夫，其時年已八十餘。尋致仕，卒於家。

安生既學爲儒宗，當時受其業擅名於後者，有馬榮伯、張黑奴、竇士榮、孔籠、劉焯、劉炫等，皆其門人焉。所撰周禮義疏二十卷、禮記義疏四十卷、〔一九〕孝經義疏一卷，並行於世。

樂遜字遵賢，河東猗氏人也。年在幼童，便有成人之操。弱冠，爲郡主簿。魏正光中，聞碩儒徐遵明領徒趙、魏，乃就學孝經、喪服、論語、詩、書、禮、易、左氏春秋大義。尋而山東寇亂，學者散逸，遜於擾攘之中，猶志道不倦。

永安中，釋褐安西府長流參軍。大統七年，除子都督。九年，太尉李弼請遜教授諸子。既而太祖盛選賢良，授以守令。相府戶曹柳敏、行臺郎中盧光、河東郡丞辛粲相繼舉遜，稱有牧民之才。弼請留不遣。十六年，加授建忠將軍、左中郎將，遷輔國將軍、中散大夫、都督，歷弼府西閤祭酒、功曹諮議參軍。

魏廢帝二年，太祖召遜教授諸子。在館六年，與諸儒分授經業。遜講孝經、論語、毛詩及服虔所注春秋左氏傳。魏恭帝二年，授太學助教。孝閔帝踐阼，以遜有理務材，除秋官府上士。其年，治太學博士，轉治小師氏下大夫。自譙王儉以下，並束脩行弟子之禮。遜以經術教授，甚有訓導之方。及衞公直鎮蒲州，以遜爲直府主簿，加車騎將軍、左光祿大夫。

武成元年六月，以霖雨經時，詔百官上封事。遜陳時宜一十四條，其五條切於政要。

其一，崇治方，曰：

竊惟今之在官者，多求淸身克濟，不至惠民愛物。何者？比來守令年期旣促，歲責有成。〔三〇〕蓋謂猛濟爲賢，未甚優養。此政旣代，後者復然。夫政之於民，過急則刻薄，傷緩則弛慢。是以周失舒緩，秦敗急酷。民非赤子，當以赤子遇之。宜在舒疾得衷，不使勞擾。頃承魏之衰政，人習逋違。先王朝憲備行，民咸識法。但可宣風正俗，納民軌訓而已。自非軍旅之中，何用過爲迫切。至於興邦致治，事由德教，漸以成之，非在倉卒。竊謂姬周盛德，治興文、武，政穆成、康。自斯厥後，不能無事。昔申侯將奔，楚子誨之曰「無適小國」。言以政狹法峻，將不汝容。敬仲入齊，稱曰「幸若獲宥，及於寬政」。然關東諸州，淪陷日久，人在塗炭，當慕息肩。若不布政優優，聞諸境外，將何以使彼勞民，歸就樂土。

其二，省造作，曰：

頃者魏都洛陽，一時殷盛，貴勢之家，各營第宅，車服器玩，皆尙奢靡。世逐浮競，人習澆薄，終使禍亂交興，天下喪敗。比來朝貢，器服稍華，〔三一〕百工造作，務盡奇巧。臣誠恐物逐好移，有損政俗。如此等事，頗宜禁省。記言「無作淫巧，以蕩上心」。傳稱「宮室崇侈，民力彫弊」。漢景有云：「黃金珠玉，饑不可食，寒不可衣。」「彫文刻鏤，

傷農事者也。錦繡纂組，害女功者也。」以二者爲饑寒之本源矣。然國家非爲軍戎器用、時事要須而造者，皆徒費功力，損國害民。未如廣勸農桑，以衣食爲務，使國儲豐積，大功易舉。

其三，明選舉，曰：

選曹賞錄勳賢，補擬官爵，必宜與衆共之，有明揚之授。使人得盡心，如覩白日。其材有升降，其功有厚薄，祿秩所加，無容不審。卽如州郡選置，猶集鄉閭，況天下選曹，不取物〔望。若方〕州〔列〕郡，自可內除。〔三二〕此外付曹銓者，〔三三〕旣非機事，何足可密。人生處世，以榮祿爲重，修身履行，以纂身爲名。〔三四〕然逢時旣難，失時爲易。其選置之日，宜令衆心明白，然後呈奏。使功勤見知，品物稱悅。

其四，重戰伐，曰：

魏祚告終，天睠在德。而高洋稱僭，先迷未敗，擁逼山東，事切肘腋。譬猶棊劫相持，爭行先後。若一行非當，或成彼利。誠應捨小營大，先保封域，不宜貪利在邊，輕爲興動。捷則勞兵分守，敗則所損已多。國家雖彊，洋不受弱。詩云：「德則不競，何憚於病！」唯德可以庇民，非恃彊也。夫力均勢敵，則進德者勝。君子道長，則小人道消。故昔之善戰者，先爲不可勝，以待敵之可勝。彼行暴戾，我則寬仁。彼爲刻薄，我必惠化。使德澤旁流，〔三五〕人思有道。然後觀釁而作，可以集事。

其五，禁奢侈，曰：

按禮，人有貴賤，物有等差，使用之有節，品類之有度。馬后爲天下母，而身服大練，所以率下也。季孫相三君矣，家無衣帛之妾，所以勵俗也。比來富貴之家，爲意稍廣，無不資裝婢隸，作車後容儀，服飾華美，眩曜街衢。仍使行者輟足，路人傾蓋。論其輸力公家，未若介冑之士；然其坐受優賞，自踰攻戰之人。縱令不惜功費，豈不有虧厥德。必有儲蓄之餘，孰與務恤軍士。〔三六〕魯莊公有云：「衣食所安，不敢愛也，必以分人。」詩言：「豈曰無衣，與子同袍。」皆所以取人力也。

又陳事上議之徒，亦應不少，當有上徹天聽者。未聞是非。陛下雖念存物議，欲盡天下之情，而天下之情猶爲未盡。何者？取人受言，貴在顯用。若納而不顯，是而不用，則言之者或寡矣。

保定二年，以訓導有方，頻加賞賜。遷遂伯中大夫，授驃騎將軍、大都督。四年，進車騎大將軍、儀同三司。五年，詔魯公贇、畢公賢等，〔三七〕俱以束脩之禮，同受業焉。天和元年，岐州刺史、陳公純舉遜爲賢良。五年，遜以年在懸車，上表致仕，優詔不許。於是賜以粟帛及錢等。授湖州刺史，封安邑縣子，邑四百戶。民多蠻左，未習儒風。遜勸勵生徒，加

以課試，數年之間，化洽州境。蠻俗生子，長大多與父母別居。遜每加勸導，多革前弊。在任數載，頻被褒錫。秩滿還朝，拜皇太子諫議，復在露門教授皇子，增邑一百戶。宣政元年，進位上儀同大將軍。大象初，進爵崇業郡公，增邑通前二千戶，又爲露門博士。二年，進位開府儀同〔三司〕大將軍，〔三八〕出爲汾陰郡守。遜以老病固辭，詔許之。乃改授東揚州刺史，仍賜安車、衣服及奴婢等。又於本郡賜田十頃。儒者以爲榮。隋開皇元年，卒於家，年八十二。贈本官，加蒲、陝二州刺史。

遜性柔謹，寡於交游。立身以忠信爲本，不自矜尙。每在衆中，言論未嘗爲人之先。學者以此稱之。所著孝經、論語、毛詩、左氏春秋序論十餘篇。又著春秋序義，通賈、服說，發杜氏違，〔三九〕辭理竝可觀。

史臣曰：前世通六藝之士，莫不兼達政術，故云拾靑紫如地芥。近代守一經之儒，多暗於時務，故有貧且賤之恥。雖通塞有命，而大抵皆然。

嘗論之曰：夫金之質也至剛，鑄之可以成器；水之性也柔弱，壅之可以壞山。況乎肖天地之貌，含五常之德，朱藍易染，薰蕕可變，固以隨鄒俗而好長纓，化齊風而貴紫服。若

乃進趣矜尚，中庸之常情；高秩厚禮，上智之所欲。是以兩漢之朝，重經術而輕律令。〔三〇〕其聰明特達者，咸勵精於專門。以通賢之質，挾黼藻之美，大則必至公卿，小則不失守令。近代之政，先法令而後經術。其沉默孤微者，亦篤志於章句，以先王之道，飾腐儒之姿，達則不過侍講訓胄，窮則終於弊衣簞食。由斯言之，非兩漢棟梁之所育，近代薪槱之所産哉，蓋好尚之道殊，遭遇之時異也。

史臣每聞故老，稱沈重所學，非止六經而已。至於天官、律曆、陰陽、緯候，流略所載，釋老之典，靡不博綜，窮其幽賾。故能馳聲海內，爲一代儒宗。雖前世徐廣、何承天之儔，不足過也。

校勘記

〔一〕字德厚　殿本考證云：「北史卷八二沈重傳云：『字子厚。』」

〔二〕素篆從風　册府卷九八一一七〇頁「從」作「移」。

〔三〕恭惟寶闕　册府卷九八一一七〇頁「闕」作「圖」。按「寶闕」在這裏用不貼切，且與上句「寅奉神器」作對偶，「器」應對一平聲字，疑作「圖」是。

〔四〕昔申涪鮐背　張森楷云：「『申涪』字罕見，疑誤，俟考。」按申涪即魯申培公，見漢書卷八八儒林

傳序。「涪」應作「培」。册府卷九八一一七〇頁正作「培」。

〔五〕二千餘人　册府卷九八一一七〇頁「二」作「三」。

〔六〕仍於露門館爲皇太子講論　北史本傳「論」下有「語」字。

〔七〕遣小司門上士楊(注)〔汪〕送之　張森楷云：「北史『注』作『汪』。據楊汪問禮於沈重，見隋書本傳卷五六。此外別無楊注其人，蓋刻誤也。」按張說是，今據改。

〔八〕周禮義三十一卷　隋書卷三二經籍志一作「周官禮義疏四十卷」。

〔九〕儀禮義三十五卷　隋志不載。册府卷六〇六七二七二頁作「二十五卷」。

〔一〇〕禮記義三十卷　隋志作「禮記義疏四十卷」。

〔一一〕毛詩義二十八卷　隋志「義」下有「疏」字。

〔一二〕禮記音二卷　册府卷六〇六七二七二頁作「一卷」。

〔一三〕負書從師於三河　北史卷八二樊深傳「三河」作「河西」。

〔一四〕夜中匍匐尋母偶得相見　北史卷八二樊深傳作「夜中匍匐尋覓母得見」，册府卷七五五八九八五頁作「夜中匍匐尋覓母遇得相見」。御覽卷八六〇三八一九頁同册府，但「遇」作「過」。按册府、御覽採自周書，而有「覓」字與北史同，疑本有此字。「遇」「過」「偶」皆可通。未知孰是。

〔一五〕屬魏將韓軌長史張曜重其儒學　北史本傳「魏」上有「東」字。按韓軌是東魏將，北齊書卷一五、北史卷五四有傳。周書以西魏爲魏，這裏疑脫「東」字。

〔一六〕賜姓万紐于氏　原作「萬紐于氏」。張森楷云：「『紐』當作『紐』，見唐瑾傳卷三二及通志氏族略。」按魏書卷一一三官氏志：「勿忸于氏後改爲于氏」，廣韵十虞引後魏書作「万忸于氏」。姚氏北朝胡姓考五四頁于氏條據碑刻證魏書官氏志作「勿」，周書和他書作「萬」，都是「万」之訛。本條「萬紐」二字皆誤，今逕改。

〔一七〕義(經)〔綱〕略論并(月)〔目〕錄三十一卷　張森楷云：「『月』疑當作『目』。」册府卷六〇六七二七五頁、卷六〇八七二九七頁作「義綱略論并目錄三十卷」。按「月」是「目」之訛無疑。隋書卷三二經籍志一有「七經義綱二十九卷，樊文深撰」，舊唐書卷四六經籍志一、新唐書卷五七藝文志甲部作「七經義綱略論三十卷」。自即此書。隋志不計目錄，如果加上目錄一或二卷，則也是三十或三十一卷。北史本傳末於所撰書中無此書，却接上「子義綱」三字，當是北史此傳「綱」字下殘缺，後人以不可通，妄加「子」字。但也可證其書名「義綱」，非「義經」，今據改。三十卷或三十一卷，既不知目錄是一卷或二卷，無從斷定。

〔一八〕高祖大欽重之　宋本、南本、北本、汲本「重」都作「遲」。殿本當是依北史卷八二熊安生傳改，局本從殿本。

〔一九〕禮記義疏四十卷　北史本傳作「三十卷」。按舊唐書卷四六經籍志一、唐書卷五七藝文志甲部

都作「四十卷」。

〔二〇〕歲貢有成　宋本「責」作「貴」，南本作「貢」，百衲本據諸本修作「責」。按作「貴」亦可通。

〔二一〕比來朝貢器服稍華　册府卷五三〇六三三八頁「貢」作「廷」。通鑑卷一六七五一八七頁作「貴」。「貢」乃「貴」之訛，「廷」「貴」不知孰是。

〔二二〕況天下選曹不取物(望若方)州(列)郡自可內除　宋本「物」下空四字。諸本「物」下注「以下闕」。今據册府卷五三〇六三三八頁、通典卷一六選舉四補。通典「物望」作「人物」，通鑑卷一六七五一八七頁亦同册府作「物望」，今從册府。

〔二三〕此外付曹銓者　册府卷五三〇六三三八頁「銓」下有「叙」字。通典卷一六作「此外付選曹銓叙者」。疑「銓」下脫「叙」字。

〔二四〕修身履行以纂身爲名　册府卷五三〇六三三八頁「修」作「檢」，下「身」字作「修」。通典卷一六作「修身履行，以慕聲名」。按一句內不應重出「身」字，但册府和通典也不同，今不改。

〔二五〕使德澤旁流　宋本「旁」作「滂」，較長。

〔二六〕孰與務恤軍士　册府卷五三〇六三三九頁「務」作「矜」。

〔二七〕詔魯公贇畢公賢等　宋本、南本、北本、汲本「贇」都作「與」。北史卷八二樂遜傳作「斌」。按宣帝名贇，初封魯公。殿本當是依北史改，但改「斌」作「贇」。局本從殿本。張元濟云：「魯公後爲

宣帝，故不書名。」按張說是，周史舊文如此，唐修周書因襲不改。疑本作「與」。

〔二八〕二年進位開府儀同（三司）大將軍　北史卷八二樂遜傳無「三司」二字。按建德四年十月改開府儀同三司爲開府儀同大將軍，見卷六武帝紀。「三司」二字衍，今據删。

〔二九〕發杜氏違　册府卷六〇六七二七五頁「違」作「徵」。

〔三〇〕兩漢之朝重經術而輕律令　宋本、汲本「律」作「法」。按下云：「近代之政，先法令而後經術」，前後相應。疑作「法」是。

周書卷四十六

列傳第三十八

孝義

李棠　柳檜　杜叔毗　荆可　秦族　皇甫遐　張元

夫塞天地而横四海者，其唯孝乎；奉大功而立顯名者，其唯義乎。何則？孝始事親，惟后資於致治；義在合宜，惟人賴以成德。上智稟自然之性，中庸有企及之美。其大也，則隆家光國，盛烈與河海爭流；授命滅親，峻節與竹（帛）〔栢〕俱茂。〔一〕其小也，則溫枕扇席，無替於晨昏；損己利物，有助於名教。是以堯舜湯武居帝王之位，垂至德以敦其風；孔墨荀孟稟聖賢之資，弘正道以勵其俗。觀其所由，在此而已矣。

然而淳源既往，澆風愈扇。禮義不樹，廉讓莫脩。若乃綰銀黃，列鐘鼎，立於朝廷之間，非一族也，其出忠入孝，輕生蹈節者，則蓋寡焉。積龜貝，實倉廩，居於閭巷之內，非一

家也，其悅禮敦詩，守死善道者，則又鮮焉。斯固仁人君子所以興歎，哲后賢宰所宜屬心。如令明教化以救其弊，優爵賞以勸其善，布懇誠以誘其進，積歲月以求其終，則今之所謂少者可以爲多矣，古之所謂爲難者可以爲易矣。故博採異聞，網羅遺逸，錄其可以垂範方來者，爲孝義篇云。

李棠字長卿，勃海蓨人也。祖伯貴，魏宣武時官至魯郡守。有孝行，居父喪，哀感過禮，遂以毀卒。宣武嘉之，贈勃海相。父元胄，員外散騎侍郎。

棠幼孤，好學，有志操。年十七，屬爾朱之亂，與司空高乾兄弟，舉兵信都。魏中興初，辟衞軍府功曹參軍。太昌中，以軍功除征虜將軍，行東萊郡事。魏孝武西遷，棠時在山北，遂仕東魏。

及高仲密爲北豫州刺史，請棠爲掾。先是，仲密與吏部郎中崔暹有隙。暹時被齊文襄委任，仲密恐其搆己，每不自安，將圖來附。時東魏又遣鎮城奚壽興典兵事，仲密但知民務而已。既至州，遂與棠謀執壽興以成其計。仲密乃置酒延壽興，陰伏壯士，欲因此執之。壽興辭而不赴。棠遂往見之曰：「君與高公，義符昆季。今日之席，以公爲首。豈有賓客總

萃，而公無事不行？將恐遠近聞之，竊有疑怪。」譊與遂與俱赴，便發伏執之。乃帥其士衆據城，遣棠詣闕歸款。太祖嘉之，拜棠衞將軍、右光祿大夫，封廣宗縣公，邑一千戶。棠固辭曰：「臣世荷朝恩，義當奉國。而往者見拘逆命，不獲陪駕西巡。今日之來，免罪爲幸，何敢以此微庸，冒受天爵。」如此者再三，優詔不許。俄遷給事黃門侍郎，加車騎大將軍、儀同三司、散騎常侍。

魏廢帝二年，從魏安公尉遲迥伐蜀。蜀人未卽降，棠乃應募，先使諭之。既入成都，蕭撝問迥軍中委曲，棠不對。撝乃苦辱之，冀獲其實。棠曰：「爾亡國餘燼，不識安危。奉命諭爾，反見躓頓。我王者忠臣，有死而已，義不爲爾移志也。」撝不能得其要指，遂害之。子歙嗣。

柳檜字季華，祕書監虯之次弟也。性剛簡任氣，少文，善騎射，果於斷決。年十八，起家奉朝請。居父喪，毀瘠骨立。服闋，除陽城郡丞、防城都督。大統四年，從太祖戰於河橋，先登有功。授都督，鎭鄯州。八年，拜湟河郡守，〔二〕仍典軍事。尋加平東將軍、太中大夫。吐谷渾入寇郡境，時檜兵少，人懷憂懼。檜撫而勉之，衆心乃安。因率數十人先擊之，

潰亂，餘衆乘之，遂大敗而走。以功封萬年縣子，邑三百戶。時吐谷渾強盛，數侵疆埸。自檜鎭鄯州，屢戰必破之。數年之後，不敢爲寇。十四年，遷河州別駕，轉帥都督。俄拜使持節、撫軍將軍、大都督。居三載，徵還京師。

時檜兄虯爲祕書丞，弟慶爲尙書左丞。檜嘗謂兄弟曰：「兄則職典簡牘，褒貶人倫；弟則管轄羣司，股肱朝廷。可謂榮寵矣。然而四方未靜，車書不一，檜唯當蒙矢石，履危難，以報國恩耳。」頃之，太祖謂檜曰：「卿昔在鄯州，忠勇顯著。今西境肅清，無勞經略。九曲，國之東鄙，當勞君守之。」遂令檜鎭九曲。

尋從大將軍王雄討上津、魏興，平之，卽除魏興、華陽二郡守。安康人黃衆寶謀反，連結黨與，攻圍州城。〔三〕乃相謂曰：「嘗聞柳府君勇悍，其鋒不可當。今既在外，方爲吾徒腹心之疾也，不如先擊之。」遂圍檜郡。郡城卑下，士衆寡弱，又無守禦之備。連戰積十餘日，士卒僅有存者，於是力屈城陷，身被十數創，遂爲賊所獲。既而衆寶等進圍東梁州，乃縛檜置城下，欲令檜誘說城中。檜乃大呼曰：「羣賊烏合，糧食已罄，行卽退散，各宜勉之！」衆寶大怒，乃臨檜以兵曰：「速更汝辭！不爾，便就戮矣。」檜守節不變。遂害之，棄屍水中。城中人皆爲之流涕。衆寶解圍之後，檜兄子止戈方收檜屍還長安。贈東梁州刺史。子斌嗣。

斌字伯達。年十七，齊公憲召爲記室。早卒。

斌弟雄亮，字信誠。幼有志節，好學不倦。年十二，遭父艱，〔四〕幾至滅性。終喪之後，志在復讎。柱國、蔡國公廣欽其名行，引爲記室參軍。年始弱冠，府中文筆，頗亦委之。後竟手刃衆寶於京城。朝野咸重其志節，高祖特恕之。由是知名。大象末，位至賓部下大夫。〔五〕

杜叔毗字子弼。其先，京兆杜陵人也，徙居襄陽。祖乾光，齊司徒右長史。父漸，梁邊城太守。

叔毗早歲而孤，事母以孝聞。性慷慨有志節。勵精好學，尤善左氏春秋。仕梁，爲宜豐侯蕭循府中直兵參軍。大統十七年，太祖令大將軍達奚武經略漢州。〔六〕明年，武圍循於南鄭。循令叔毗詣闕請和。太祖見而禮之。使未反，而循中直兵參軍曹策、參軍劉曉謀以城降武。時叔毗兄君錫爲循中記室參軍，從子映錄事參軍，映弟晰中直兵參軍，竝有文武材略，各領部曲數百人。策等忌之，懼不同己，遂誣以謀叛，擅加害焉。循尋討策等，擒之；斬曉而免策。及循降，策至長安。叔毗朝夕號泣，具申寃狀。朝議以事在歸附之前，不可追罪。叔毗內懷憤惋，志在復讎。然恐違朝憲，坐及其母，遂沉吟積時。母知其意，謂叔毗

曰：「汝兄橫罹禍酷，痛切骨髓。若曹策朝死，吾以夕歿，亦所甘心。汝何疑焉。」叔毗拜受母言，愈更感勵。後遂白日手刃策於京城，斷首刳腹，解其肢體。然後面縛，請就戮焉。太祖嘉其志氣，特命赦之。

尋拜都督、輔國將軍、中散大夫。遭母憂，哀毀骨立，殆不勝喪。服闋，晉公護辟爲中外府樂曹參軍，加授大都督，遷使持節、車騎大將軍、儀同三司，行義歸郡守。自君錫及宗室等爲曹策所害，猶殯梁州，至是表請迎喪歸葬。高祖許之，葬事所須，詔令官給。在梁舊田宅經外配者，竝追還之，仍賜田二百頃。尋除硤州刺史。〔七〕

天和二年，從衞國公直南討，軍敗，爲陳人所擒。陳人將降之，叔毗辭色不撓，遂被害。子廉卿。

荆可，河東猗氏人也。性質朴，容止有異於人。能苦身勤力，供養其母，隨時甘旨，終無匱乏。及母喪，水漿不入口三日。悲號擗踊，絕而復蘇者數四。葬母之後，遂廬於墓側。晝夜悲哭，負土成墳。蓬髮不櫛沐，菜食飲水而已。然可家舊墓，塋域極大，榛蕪至深，去家十餘里。而可獨宿其中，與禽獸雜處。哀感遠近，邑里稱之。

中華書局

大統中，鄉人以可孝行之至，足以勸勵風俗，乃上言焉。太祖令州縣表異之。及服終之後，猶若居喪。大冢宰、晉公護聞可孝行，特引見焉。與可言論，時有會於護意。而護亦至孝，其母閻氏沒於敵境，不測存亡。每見可，自傷久乖膝下。重可至性。及可卒之後，護猶思其純孝，收可妻子於京城，恆給其衣食。

秦族，上郡洛川人也。祖白、父雚，竝有至性，聞於閭里。魏太和中，板白潁州刺史。大統中，板雚鄜城郡守。

族性至孝，事親竭力，爲鄉里所稱。及其父喪，哀毀過禮，每一痛哭，〔八〕酸感行路。既以母在，恆抑割哀情，以慰其母意。四時珍羞，未嘗匱乏。與弟榮先，復相友愛，閨門之中，怡怡如也。尋而其母又沒，哭泣無時，唯飲水食菜而已。終喪之後，猶蔬食，不入房室二十許年。鄉里咸歎異之。其邑人王元達等七十餘人上其狀，有詔表其門閭。

榮先亦至孝。遭母喪，哀慕不已，遂以毀卒。邑里化其孝行。世宗嘉之，〔九〕乃下詔曰：「孝爲政本，德乃化先，既表天經，又明地義。榮先居喪致疾，至感過人，窮號不反，迄乎滅性。行標當世，理鏡幽明。此而不顯，道將何述。可贈滄州刺史，以旌厥異。」

皇甫遐字永覽，河東汾陰人也。累世寒微，而鄉里稱其和睦。遐性純至，少喪父，事母以孝聞。保定末，又遭母喪，乃廬於墓側，負土爲墳。後於墓南作一禪窟，〔一〇〕陰雨則穿窟，晴霽則營墓，曉夕勤力，未嘗暫停。積以歲年，墳高數丈，周回五十餘步。禪窟重臺兩匝，總成十有二室，中間行道，可容百人。遐食粥枕塊，櫛風沐雨，形容枯顇，家人不識。當其營墓之初，乃有鴟烏各一，徘徊悲鳴，不離墓側，若助遐者，經月餘日乃去。遠近聞其至孝，競以米麵遺之。遐皆受而不食，悉以營佛齋焉。郡縣表上其狀，有詔旌異之。

張元字孝始，河北芮城人也。祖成，假平陽郡守。父延儁，仕州郡，累爲功曹、主簿。竝以純至，爲鄉里所推。

元性謙謹，有孝行。微涉經史，然精脩釋典。年六歲，其祖以夏中熱甚，欲將元就井浴。元固不肯從。祖謂其貪戲，乃以杖擊其頭曰：「汝何爲不肯洗浴？」元對曰：「衣以蓋形，爲覆其褻。元不能褻露其體於白日之下。」祖異而捨之。南隣有二杏樹，杏熟，多落元園中。諸小兒競取而食之；元所得者，送還其主。村陌有狗子爲人所棄者，元見，卽收而養之。其叔父怒曰：「何用此爲？」將欲更棄之。元對曰：「有生之類，莫不重其性命。若天生天殺，自然之理。今爲人所棄而死，非其道也。若見而不收養，無仁心也。是以收而養之。」叔父感其言，遂許焉。未幾，乃有狗母銜一死兔，置元前而去。

及元年十六，其祖喪明三年，元恆憂泣，晝夜讀佛經，禮拜以祈福祐。後讀藥師經，見盲者得視之言，遂請七僧，然七燈，七日七夜，轉藥師經行道。每言：「天人師乎！元爲孫不孝，使祖喪明。今以燈光普施法界，願祖目見明，元求代闇。」如此經七日。其夜，夢見一老公，以金鎞治其祖目。〔一一〕謂元曰：「勿憂悲也，三日之後，汝祖目必差。」元於夢中喜躍，遂卽驚覺，乃遍告家人。居三日，祖果目明。

其後祖臥疾再周，元恆隨祖所食多少，衣冠不解，旦夕扶侍。及祖歿，號踴，絕而復蘇。〔一二〕復喪其父，〔一三〕水漿不入口三日。鄉里咸歎異之。縣博士楊軌等二百餘人上其狀，有詔表其門閭。

史臣曰：李棠、柳檜竝臨危不撓，視死如歸，其壯志貞情可與青松白玉比質也。然檜恩隆加等，棠禮闕飾終，有周之政，於是乎偏矣。雄亮銜戴天之痛，叔毗切同氣之悲，援白刃而不顧，雪家冤於輦轂。觀其志節，處死固爲易也。荆可、秦族之徒，生自隴畝，曾無師資之訓，因心而成孝友，乘理而蹈禮節。如使舉世若茲，則羲、農何遠之有。若乃誠感天地，孝通神明，見之於張元矣。

校勘記

〔一〕峻節與竹(帛)〔栢〕俱茂　宋本「帛」作「栢」，北史卷八五節義傳論云：「峻節所標，共竹栢而俱茂」，卽用周書語。按「竹帛」不能說「俱茂」，作「栢」是，今據改。

〔二〕拜湟河郡守　按魏書地形志、隋書地理志皆不載此郡。本傳前云「鎭鄯州」，後又云：「自檜鎭鄯州」，則此郡必屬鄯州。隋書卷二九地理志上西平郡卽鄯州化隆縣條云：「舊魏曰廣威，西魏置澆河郡，後周廢郡。」太平寰宇記卷一五五廓州廣威縣條引周地圖記云：「後魏景明三年置石城縣，西魏廢帝二年因縣內化隆谷改爲化隆縣，屬澆河郡。」疑「湟河」當作「澆河」。

〔三〕連結黨與攻圍州城　宋本「攻」作「府」。張元濟云：「府乃『將』之訛，見北史。」按北史卷六四柳虯附弟檜傳、册府卷四五〇五三三三頁都作「將」。觀下文黃衆寶等的計議，似是未發動時事，疑當作「將」。

〔四〕年十二遭父艱　隋書卷四七柳機附弟雄亮傳、北史柳虯傳附見雄亮，云檜死時，「雄亮時年十四」。

〔五〕位至賓部下大夫　隋書及北史本傳雄亮在周官至「內史中大夫」。

〔六〕太祖令大將軍達奚武經略漢州　張森楷云：「『州』當作『川』，時無漢州也。」按張說是，然也可能是「漢中」之誤，今不改。

〔七〕尋除硤州刺史　汲本、局本及北史卷八五杜叔毗傳「硤」作「陜」。

〔八〕每一痛哭　宋本及北史卷八四秦族傳「痛」作「慟」。

〔九〕世宗嘉之　北史本傳「世宗」作「周文」。則當作「太祖」。然宇文泰未稱帝，下文不得稱「詔曰」，疑北史誤。

〔一〇〕後於墓南作一禪窟　宋本、南本、北本、汲本「禪」作「裨」。張元濟周書跋云：「按『裨』字當從衣旁，訓附，訓小。蓋遐於其母墓側穿一窟室，取土培墓，己即處於窟中，冀朝夕不離其母。而殿本乃改爲『禪窟』。按之本傳絕無於彼習佛參禪之意。蓋『裨』『禪』形近，遂因而致誤耳。」按北史本傳作「禪」，殿本自是依北史改。册府卷七五七九〇一〇頁亦作「禪」，或採北史。然原作「裨」，不成字，作「裨」作「禪」都要補綴筆畫，未必作「禪」定誤。下文說「禪窟重臺兩匝，總成十有二室，中間行道，可容百人」，規模如此巨大，絕非墓側小窟。且下文說遐以遠近所遺米麵營佛齋，則亦未必不習佛參禪。今不改。下「禪窟重臺兩匝」同。

〔一一〕以金鎞治其祖目　諸本「鎞」都作「錍」。殿本當是依北史卷八四張元傳改。張元濟云：「『鎞』『錍』通用。」

〔一二〕號踴絕而復蘇　宋本及北史本傳、册府卷七五五八九八七頁「復」作「後」。按下句卽有「復」字，疑涉下文而誤。

〔一三〕復喪其父　北史本傳作「隨其父」。

周書卷四十七

列傳第三十九

藝術

冀儁　蔣昇　姚僧垣 子最　黎景熙　趙文深　褚該

太祖受命之始，屬天下分崩，于時戎馬交馳，而學術之士蓋寡，故曲藝末技，咸見引納。至若冀儁、蔣昇、趙文深之徒，雖才愧昔人，而名著當世。及剋定鄢、郢，俊異畢集。樂茂雅、蕭吉以陰陽顯，庾季才以天官稱，史元華相術擅奇，許奭、姚僧垣方藥特妙，斯皆一時之美也。茂雅、元華、許奭，史失其傳。季才、蕭吉，官成於隋。自餘紀於此篇，以備遺闕云爾。

冀儁字僧儁，太原陽邑人也。性沉謹，善隸書，特工模寫。魏太昌初，為賀拔岳墨曹參軍。及岳被害，太祖引爲記室。時侯莫陳悅阻兵隴右，太祖志在平之。乃令儁僞爲魏帝勅書與費也頭，令將兵助太祖討悅。儁依舊勅模寫，及代舍人、主書等署，與眞無異。太祖大悅。費也頭已曾得魏帝勅書，及見此勅，不以爲疑。遂遣步騎一千，受太祖節度。

大統初，除丞相府城局參軍，封長安縣男，邑二百戶。從復弘農，戰沙苑，進爵爲子，出爲華州中正。十三年，遷襄樂郡守。尋徵教世宗及宋獻公等隸書。時俗入書學者，亦行束脩之禮，謂之謝章。儁以書字所興，起自蒼頡，若同常俗，未爲合禮。遂啓太祖，釋奠蒼頡及先聖、先師。除黃門侍郎、本州大中正。累遷撫軍將軍、右金紫光祿大夫、都督、通直散騎常侍、車騎大將軍、儀同三司。

世宗二年，以本官爲大使，巡歷州郡，察風俗，理寃滯。還，拜小御正。尋出爲湖州刺史。性退靜，〔一〕每以清約自處，前後所歷，頗有聲稱。尋加驃騎大將軍、開府儀同三司，改封昌樂縣伯。又進爵爲侯，增邑幷前一千六百戶。後以疾卒。

蔣昇字鳳起，楚國平河人也。父儁，魏南平王府從事中郎、趙興郡守。昇性恬靜，少好天文玄象之學。太祖雅信待之，常侍左右，以備顧問。大統三年，〔二〕

東魏將竇泰入寇，濟自風陵，頓軍潼關。太祖出師馬牧澤。時西南有黃紫氣抱日，從未至西。太祖謂昇曰：「此何祥也？」昇曰：「西南未地，主土。土王四季，秦之分也。今大軍既出，喜氣下臨，必有大慶。」於是進軍與竇泰戰，擒之。自後遂降河東，剋弘農，破沙苑。由此愈被親禮。

九年，高仲密以北豫州來附。太祖欲遣兵援之，又以問昇。昇對曰：「春王在東，熒惑又在井、鬼之分，行軍非便。」太祖不從，軍遂東行。至邙山，不利而還。太師賀拔勝怒，白太祖曰：「蔣昇罪合萬死。」太祖曰：「蔣昇固諫，云出師不利。此敗也，孤自取之，非昇過也。」

魏恭帝元年，以前後功，授車騎大將軍、儀同三司，封高城縣子，邑五百戶。保定二年，增邑三百戶，除河東郡守。尋入爲太史中大夫。以老請致仕，詔許之。加定州刺史。卒於家。

姚僧垣字法衛，[三]吳興武康人，吳太常信之八世孫也。曾祖郢，宋員外散騎常侍、五城侯。父菩提，梁高平令。嘗嬰疾歷年，乃留心醫藥。梁武帝性又好之，每召菩提討論方術，言多會意，由是頗禮之。

僧垣幼通洽，居喪盡禮。年二十四，卽傳家業。梁武帝召入禁中，面加討試。僧垣酬對無滯。梁武帝甚奇之。大通六年，解褐臨川嗣王國左常侍。大同五年，除驃騎廬陵王府田曹參軍。九年，還領殿中醫師。[四]時武陵王所生葛修華，宿患積時，方術莫效。梁武帝乃令僧垣視之。還，具說其狀，并記增損時候。梁武帝歎曰：「卿用意綿密，乃至於此，以此候疾，何疾可逃。朕常以前代名人，多好此術，是以每恆留情，頗識治體。[五]今聞卿說，益開人意。」十一年，轉領太醫正，[六]加文德主帥、直閤將軍。梁武帝嘗因發熱，欲服大黃。僧垣曰：「大黃乃是快藥。然至尊年高，不宜輕用。」帝弗從，遂至危篤。梁簡文帝在東宮，甚禮之。四時伏臘，每有賞賜。太清元年，轉鎮西湘東王府中記室參軍。僧垣少好文史，不留意於章句。時商略今古，則爲學者所稱。

及侯景圍建業，僧垣乃棄妻子赴難。梁武帝嘉之，授戎昭將軍、湘東王府記室參軍。及宮城陷，百官逃散。僧垣假道歸，至吳興，謁郡守張(蠑)〔嵊〕。[七]嵊見僧垣流涕曰：「吾過荷朝恩，今報之以死。君是此邦大族，又朝廷舊臣。今日得君，吾事辦矣。」俄而景兵大至，攻戰累日，郡城遂陷。僧垣竄避久之，乃被拘執。景將侯子鑒素聞其名，深相器遇，因此獲免。及梁簡文嗣位，僧垣還建業，以本官兼中書舍人。子鑒尋鎮廣陵，僧垣又隨至江北。

梁元帝平侯景，召僧垣赴荊州，改授晉安王府諮議。其時雖剋平大亂，而任用非才，朝

政混淆，無復綱紀。僧垣每深憂之。謂故人曰：「吾觀此形勢，禍敗不久。今時上策，莫若近關。」聞者皆掩口竊笑。梁元帝嘗有心腹疾，乃召諸醫議治療之方。咸謂至尊至貴，不可輕脫，宜用平藥，可漸宣通。僧垣曰：「脉洪而實，此有宿食。非用大黃，必無差理。」梁元帝從之，進湯訖，果下宿食，因而疾愈。梁元帝大喜。時初鑄錢，一當十，乃賜錢十萬，實百萬也。

及大軍剋荊州，僧垣猶侍梁元帝，不離左右。爲軍人所止，方泣涕而去。尋而中山公護使人求僧垣。僧垣至其營。復爲燕公于謹所召，大相禮接。太祖又遣使馳驛徵僧垣，謹(故)〔固〕留不遣。[八]謂使人曰：「吾年時衰暮，疹疾嬰沉。今得此人，望與之偕老。」太祖以謹勳德隆重，乃止焉。明年，隨謹至長安。武成元年，授小畿伯下大夫。

金州刺史伊婁穆以疾還京，請僧垣省疾。乃云：「自腰至臍，似有三縛，兩脚緩縱，不復自持。」僧垣爲診脉，處湯三劑。穆初服一劑，上縛卽解；次服一劑，中縛復解；又服一劑，三縛悉除。而兩脚疼痺，猶自攣弱。更爲合散一劑，稍得屈申。僧垣曰：「終待霜降，此患當愈。」及至九月，遂能起行。

大將軍、襄樂公賀蘭隆先有氣疾，加以水腫，喘息奔急，坐臥不安。或有勸其服決命大散者，其家疑未能決，乃問僧垣。僧垣曰：「意謂此患不與大散相當。若欲自服，不煩賜問。」因而委去。其子殷勤拜請曰：「多時抑屈，今日始來。竟不可治，[九]意實未盡。」僧垣知其可差，卽爲處方，勸使急服。便卽氣通，更服一劑，諸患悉愈。

天和元年，加授車騎大將軍、儀同三司。大將軍、樂平公竇集暴感風疾，精神瞀亂，無所覺知。諸醫先視者，皆云已不可救。僧垣後至，曰：「困則困矣，終當不死。若專以見付，相爲治之。」其家忻然，請受方術。僧垣爲合湯散，所患卽瘳。大將軍、永世公叱伏列椿苦利積時，而不廢朝謁。燕公謹嘗問僧垣曰：「樂平、永世俱有痼疾，若如僕意，永世差輕。」對曰：「夫患有深淺，時有剋殺。樂平雖困，終當保全。永世雖輕，必不免死。」謹曰：「君言必死，當在何時？」對曰：「不出四月。」果如其言。謹歎異之。六年，遷遂伯中大夫。

建德三年，文宣太后寢疾，醫巫雜說，各有異同。高祖御內殿，引僧垣同坐，曰：「太后患勢不輕，諸醫並云無慮。朕人子之情，可以意得。君臣之義，言在無隱。公爲何如？」對曰：「臣無聽聲視色之妙，特以經事已多，准之常人，竊以憂懼。」帝泣曰：「公旣決之矣，知復何言！」尋而太后崩。其後復因召見，帝問僧垣曰：「姚公爲儀同幾年？」對曰：「臣忝荷朝恩，於茲九載。」帝曰：「勤勞有日，朝命宜隆。」乃授驃騎大將軍、開府儀同三司。又勅曰：「公年過縣車，可停朝謁。若非別勅，不勞入見。」

四年，高祖親戎東討，至河陰遇疾。口不能言；(臉)〔瞼〕垂覆目，[一〇]不復瞻視；一足

短縮，又不得行。僧垣以爲諸藏俱病，不可並治。軍中之要，莫先於語。乃處方進藥，帝遂得言。次又治目，目疾便愈。末乃治足，足疾亦瘳。比至華州，帝已痊復。卽除華州刺史，仍詔隨入京，不令在鎭。宣政元年，表請致仕，優詔許之。是歲，高祖行幸雲陽，遂寢疾。乃詔僧垣赴行在所。內史柳(昪)〔昂〕私問曰〔一一〕：「至尊貶膳日久，脉候何如？」對曰：「天子上應天心，或當非愚所及。若凡庶如此，萬無一全。」尋而帝崩。

宣帝初在東宮，常苦心痛。乃令僧垣治之，其疾卽愈。帝甚悅。及卽位，恩禮彌隆。常從容謂僧垣曰：「常聞先帝呼公爲姚公，有之乎？」對曰：「臣曲荷殊私，實如聖旨。」帝曰：「此是尙齒之辭，非爲貴爵之號。朕當爲公建國開家，爲子孫永業。」乃封長壽縣公，邑一千戶。册命之日，又賜以金帶及衣服等。

大象二年，除太醫下大夫。帝尋有疾，至于大漸。僧垣宿直侍。〔一二〕帝謂隨公曰：「今日性命，唯委此人。」僧垣知帝診候危殆，〔一三〕必不全濟。乃對曰：「臣荷恩既重，思在効力。但恐庸短不逮，敢不盡心。」帝頷之。及靜帝嗣位，遷上開府儀同大將軍。隋開皇初，進爵北絳郡公。三年卒，時年八十五。遺誡衣白帢入棺，朝服勿斂。靈上唯置香奩，每日設淸水而已。贈本官，加荆、湖二州刺史。〔一四〕

僧垣醫術高妙，爲當世所推。前後効驗，不可勝記。聲譽既盛，遠聞邊服。至於諸蕃

外域，咸請託之。僧垣乃搜採奇異，參校徵効者，爲集驗方十二卷，又撰行記三卷，行於世。長子察在江南。

次子最，字士會，幼而聰敏，及長，博通經史，尤好著述。年十九，隨僧垣入關。世宗盛聚學徒，校書於麟趾殿，最亦預爲學士。俄授齊王憲府水曹參軍，掌記室事。特爲憲所禮接，賞賜隆厚。宣帝嗣位，憲以嫌疑被誅。隋文帝作相，追復官爵。最以陪遊積歲，恩顧過隆，乃錄憲功績爲傳，送上史局。

最幼在江左，迄于入關，未習醫術。天和中，齊王憲奏高祖，遣最習之。憲又謂最曰：「爾博學高才，何如王褒、庾信。王、庾名重兩國，吾視之蔑如。接待資給，非爾家比也。爾宜深識此意，勿不存心。且天子有敕，彌須勉勵。」〔一五〕最於是始受家業。十許年中，略盡其妙。每有人造請，効驗甚多。隋文帝踐極，除太子門大夫。以父憂去官，哀毀骨立。既免喪，襲爵北絳郡公，復爲太子門大夫。

俄轉蜀王秀友。秀鎭益州，遷秀府司馬。及平陳，察至。最自以非嫡，讓封於察，隋文帝許之。秀後陰有異謀，隋文帝令公卿窮治其事。開府慶整、郝偉等〔一六〕並推過於秀。最獨曰：「凡有不法，皆最所爲，王實不知也。」搒訊數百，卒無異辭。最竟坐誅。時年六十七。

論者義之。撰梁後略十卷，行於世。

黎景熙字季明，河間(鄚)〔鄚〕人也，〔一七〕少以字行於世。曾祖嶷，魏太武時，從破平涼，有功，賜爵容城縣男，加鷹揚將軍。後爲燕郡守。祖鎭，襲爵，爲員外散騎侍郎。父瓊，太和中，襲爵，歷員外郎、魏縣令，後至鄴城郡守。

季明少好讀書，性強記默識，而無應對之能。其從祖廣，太武時爲尙書郎，善古學。嘗從吏部尙書淸河崔玄伯受字義，又從司徒崔浩學楷篆，自是家傳其法。季明亦傳習之，頗與許氏有異。又好占玄象，頗知術數。而落魄不事生業。有書千餘卷。雖窮居獨處，不以飢寒易操。與范陽盧道源爲莫逆之友。

永安中，道源勸令入仕，始爲威烈將軍。魏孝武初，遷鎭遠將軍，尋除步兵校尉。及孝武西遷，季明乃寓居伊、洛。侯景徇地河外，召季明從軍。尋授銀青光祿大夫，加中軍將軍，拜行臺郎中，除黎陽郡守。季明從至懸瓠，察景終不足恃，遂去之。客於潁川，以世路未清，欲優遊卒歲。時王思政鎭潁川，累使召。季明不得已，出與相見。留於內館月餘。太祖又徵之，遂入關。乃令季明正定古今文字於東閣。

大統末，除安西將軍，尋拜著作佐郎。於時倫輩，皆位兼常伯，車服華盛。唯季明獨以貧素居之，而無愧色。又勤於所職，著述不怠。然性尤專固，不合於時。是以一爲史官，遂十年不調。魏恭帝元年，進號平南將軍、右銀青光祿大夫。六官建，爲外史上士。孝閔帝踐阼，加征南將軍、右金紫光祿大夫。時大司馬賀蘭祥討吐谷渾，詔季明從軍。還，除驃騎將軍、右光祿大夫。武成末，遷外史下大夫。保定三年，盛營宮室。春夏大旱，詔公卿百寮，極言得失。季明上書曰：

臣聞成湯遭旱，以六事自陳。宣王太甚，而珪璧斯竭。豈非遠慮元元，俯哀兆庶。方今農要之月，時雨猶愆，率土之心，有懷渴仰。陛下垂情萬類，子愛羣生，覲禮百神，猶未豐洽者，豈或作事不節，有違時令，舉措失中，儻邀斯旱。

春秋，君舉必書，動爲典禮，水旱陰陽，莫不應行而至。孔子曰：「言行，君子之所以動天地，可不愼乎。」春秋莊公三十一年冬，不雨。五行傳以爲是歲一年而三築臺，奢侈不恤民也。僖公二十一年夏，大旱。五行傳以爲時作南門，勞民興役。漢惠帝二年夏，大旱。五年夏，大旱，江河水少，谿澗水絕。五行傳以爲先是發民十四萬六千人城長安。漢武帝元狩三年夏，大旱。五行傳以爲是歲發天下故吏穿昆明池。然則土木之功，動民興役，天輒應之以異。典籍作誡，儻或可思。上天譴告，改之則善。今若息民

省役，以答天譴，庶靈澤時降，嘉穀有成，則年登可覬，子來非晚。詩云：「民亦勞止，汔可小康。惠此中國，以綏四方。」或恐極陽生陰，秋多雨水，〔八〕年復不登，民將無覬。如又荐飢，〔九〕為慮更甚。

時豪富之家，競為奢麗。季明又上書曰：

臣聞寬大所以兼覆，慈愛所以懷衆。〔一〇〕故天地稱其高厚者，萬物得其容養焉。四時著其寒暑者，庶類資其忠信焉。是以帝王者，寬大象天地，忠信則四時。招搖東指，天下識其春。人君布德，率土懷其惠。伏惟陛下資乾御寓，品物咸亨，時乘六龍，自強不息，好問受規，天下幸甚。

自古至治之君，亦皆廣延博訪，詢採芻蕘，〔一一〕置鼓樹木，以求其過。頃年亢旱踰時，人懷望歲。陛下爰發明詔，廣求人瘼。同禹、湯之罪己，高宋景之守正。澍雨應時，年穀斯稔。剋己節用，慕質惡華，此則尚矣。然而朱紫仍耀於衢路，綺縠猶侈於豪家；裋褐未充於細民，糟糠未厭於編戶。此則勸導之理有所未周故也。今雖導之以政，齊之以刑，風俗固難以一矣。昔文帝集上書之囊，以作帷帳；惜十家之產，不造露臺；後宮所幸，衣不曳地，方之今日富室之飾，曾不如婢隸之服。然而以身率下，國富刑清，廟稱太宗，良有以也。臣聞聖人久於其道，而天下化成。今承魏氏喪亂之後，貞

信未興。宜先「遵五美，屏四惡」，革浮華之俗，抑流競之風，察鴻都之小藝，焚雉頭之異服，無益之貨勿重於時，虧德之器勿陳於側，則民知德矣。

臣又聞之，為治之要，在於選舉。若差之毫釐，則有千里之失。後來居上，則致積薪之譏。是以古之善為治者，貫魚以次，任必以能。爵人於朝，不以私愛。簡材以授其官，量能以任其用。官得其材，用當其器，六轡既調，坐致千里。虞、舜選衆，不仁者遠。則庶事康哉，民知其化矣。

帝覽而嘉之。

時外史廨宇屢移，未有定所。季明又上言曰：「外史之職，漢之東觀，儀等石渠，司同天祿。是乃廣內祕府，藏言之奧。帝王所寶，此焉攸在。自魏及周，公館不立。臣雖愚瞽，猶知其非，是以去年十一月中，敢冒陳奏。將降中旨，〔一二〕即遣修營。荏苒一周，未加功力。臣職思其憂，敢不重請。」帝納焉。於是廨宇方立。天和三年，進車騎大將軍、儀同三司。後以疾卒。

趙文深字德本，〔一三〕南陽宛人也。父遐，以醫術進，仕魏為尚藥典御。文深少學楷隸，年十一，獻書於魏帝。立義歸朝，除大丞相府法曹參軍。文深雅有鍾、王之則，筆勢可觀。當時碑牓，唯文深及冀儁而已。大統十年，追論立義功，〔一四〕封白石縣男，邑二百戶。太祖以隸書紕繆，命文深與黎季明、沈遐等依說文及字林刊定六體，成一萬餘言，行於世。

及平江陵之後，王褒入關，貴遊等翕然並學褒書。文深之書，遂被遐棄。文深慙恨，形於言色。後知好尚難反，亦攻習褒書，然竟無所成，轉被譏議，謂之學步邯鄲焉。至於碑牓，餘人猶莫之逮。王褒亦每推先之。宮殿樓閣，皆其迹也。遷縣伯下大夫，加儀同三司。世宗令至江陵書景福寺碑，漢南人士，亦以為工。梁主蕭詧觀而美之，賞遺甚厚。天和元年，露寢等初成，文深以題牓之功，增邑二百戶，除趙興郡守。文深雖外任，每須題牓，輒復追之。後以疾卒。

褚該字孝通，河南陽翟人也。晉末，遷居江左。祖長樂，齊竟陵王錄事參軍。父義昌，梁鄱陽王中記室。

該幼而謹厚，有譽鄉曲。尤善醫術，見稱於時。仕梁，歷武陵王府參軍。隨府西上。

後與蕭撝同歸國，授平東將軍、左銀青光祿大夫，轉驃騎將軍、右光祿大夫。武成元年，除醫正上士。自許奭死後，該稍為時人所重，賓客迎候，亞於姚僧垣。天和初，遷縣伯下大夫。五年，進授車騎大將軍、儀同三司。該性淹和，不自矜尚，但有請之者，皆為盡其藝術。時論稱其長者焉。後以疾卒。子士則，〔一五〕亦傳其家業。

時有強練，不知何許人，亦不知其名字。魏時有李順興者，語默不恆，好言未然之事，當時號為李練。世人以強類練，故亦呼為練焉。容貌長壯，有異於人。神精惝悅，莫之能測。意欲有所論說，逢人輒言。若值其不欲言，縱苦加祈請，亦不相酬答。初聞其言，略不可解。事過之後，往往有驗。恆寄住諸佛寺，好遊行民家，兼歷造王公邸第。所至之處，人皆敬而信之。〔一六〕

晉公護未誅之前，曾手持一大瓠，到護第門外，抵而破之。乃大言曰：「瓠破子苦。」時柱國、平高公侯伏侯龍恩早依隨護，深被任委。強練至龍恩宅，呼其妻元氏及其妾媵并婢僕等，並令連席而坐。諸人以逼夫人，苦辭不肯。強練曰：「汝等一例人耳，何有貴賤。」遂逼就坐。未幾而護誅，諸子並死。龍恩亦伏法，仍籍沒其家。

建德中，每夜上街衢邊樹，大哭釋迦牟尼佛，或至申旦，如此者累日，〔一七〕聲甚哀怜。俄

而廢佛、道二教。

大象末，又以一無底囊，歷長安市肆告乞，市人爭以米麥遺之。強練張囊投之，隨即漏之於地。人或問之曰：「汝何爲也？」強練曰：「此亦無餘，但欲使諸人見盛空耳。」至隋開皇初，果移都於龍首山，長安城遂空廢。後亦莫知其所終。

又有蜀郡衞元嵩者，亦好言將來之事，蓋江左寶誌之流。天和中，著詩預論周、隋廢興及皇家受命，並有徵驗。性尤不信釋教，嘗上疏極論之。史失其事，故不爲傳。

史臣曰：仁義之於教，大矣，術藝之於用，博矣。狥於是者，不能無非，厚於利者，必有其害。詩、書、禮、樂所失也淺，故先王重其德。方術技巧，所失也深，故往哲輕其藝。夫能通方術而不詭於俗，習技巧而必蹈於禮者，豈非大雅君子乎。姚僧垣診候精審，名冠於一代，其所全濟，固亦多焉。而弘玆義方，皆爲令器，故能享眉壽，縻好爵。老聃云「天道無親，常與善人」，於是信矣。

校勘記

〔一〕性退靜　諸本及北史卷八二冀儁傳「退靜」都作「靜退」北史脫「性」字。殿本誤倒。但亦通，今不改。

〔二〕大統三年　「三」原作「二」。諸本及北史卷八九蔣昇傳、御覽卷七二三　三二五一頁都作「三」。按寶泰攻潼關，卷二文帝紀及其他紀載都說在大統三年。殿本刻誤，今逕改。

〔三〕姚僧垣　張森楷云：「陳書姚察傳卷二七『垣』作『坦』。」按南史卷五九姚察傳及册府宋本卷八五九都作「坦」明本册府作「垣」。但册府宋本卷七九六也作「垣」。

〔四〕還領殿中醫師　宋本及册府卷八五九　一〇二〇三頁「還」作「追」，百衲本從諸本改作「還」。按僧垣已除驃騎府田曹參軍，不在宮廷，所以說「追」。此字這樣用法，屢見南北史籍，宋本不誤。但作「還」亦通，今不改。

〔五〕頤識治體　「頤」原作「顧」。諸本及册府同上卷頁都作「頤」，殿本刻誤，今逕改。

〔六〕十一年轉領太醫正　「太」原作「大」。册府卷八五九　一〇二〇三頁、北史卷九〇姚僧垣傳作「太」，是，今逕改。又明本册府「十一年」作「十年」，宋本作「十一年」。

〔七〕謁郡守張（嵥）〔嶸〕　張森楷云：「『嵥』當作『嶸』，見梁書，此作『嵥』誤。」按張嶸，梁書卷四三、南史卷三一都有傳，侯景亂時正作吳興太守。張說是，今據改。下「嵥」字逕改，不出校記。

〔八〕謹（故）〔固〕留不遣　册府同上卷頁、御覽卷七二三　三二〇三頁「故」作「固」，較長，今據改。

〔九〕竟不可治　册府、御覽同上卷頁「可」作「下」，疑是。

〔一〇〕（瞼）〔瞼〕垂覆目　張森楷云：「北史卷九〇本傳作『瞼』，從『目』，是也。」按張說是，今據改。

〔一一〕內史柳（昇）〔昂〕　張森楷云：「北史『昇』作『昂』，是。此從『升』誤。」按柳昂附卷三二其父敏傳，云「武帝時爲內史中大夫」，張說是，册府同上卷頁正作「昂」，御覽同上卷三二〇四頁作「昂」，乃「昂」微誤，今據改。

〔一二〕僧垣宿直侍　北史本傳、册府卷八五九　一〇二〇四頁、御覽卷七二三　三二〇四頁「侍」下有「疾」字，疑當有此字。

〔一三〕僧垣知帝診候危殆　明本册府及御覽同上卷頁作「僧垣診候，知帝危殆」。宋本册府同周書。

〔一四〕加荆湖二州刺史　「二」原作「三」。諸本及北史本傳都作「二」。殿本刻誤，今逕改。

〔一五〕彌須勉勵　「彌須」原倒作「須彌」。諸本及北史卷九〇姚僧垣附子最傳、册府卷八五九　一〇二〇四頁作「彌須」，是，今逕乙正。

〔一六〕開府慶整郝偉等　北史本傳「偉」作「瑋」。

〔一七〕河間（鄚）〔鄭〕人也　張森楷云：「『鄚』當作『鄭』，河間有『鄭』無『鄚』也。」按御覽卷四〇八　一八八四頁正作「鄭」。張說是，今據改。

〔一八〕秋多雨水　諸本「雨水」都倒作「水雨」。殿本當是依北史卷八二黎景熙傳改。

〔一九〕如又荐飢　「荐」原作「薦」。諸本及北史本傳都作「荐」，是，今逕改。

〔二〇〕慈愛所以懷衆　「所」原作「可」。諸本及北史本傳都作「所」。按上句云：「寬大所以兼覆」，二句聯文，作「所」是，今逕改。

〔二一〕詢採芻蕘　諸本「蕘」都作「微」，猶言芻蕘微末。殿本依北史本傳改。但作「蕘」亦通，今不改。

〔二二〕將降中旨　北史本傳「將」作「特」。按若是「將」字，則中旨尚未降，下文不能以「荏苒一周，未加功力」爲言。疑作「特」是。

〔二三〕趙文深字德本　金石萃編卷三七華嶽頌末署名云：「南陽趙文淵字德本奉勅書。」「文深」作「文淵」，唐人諱「淵」作「深」。

〔二四〕大統十年追論立義功　北史卷八二趙文深傳「十年」作「十二年」。

〔二五〕子士則　北史卷九〇褚該傳無「士」字，雙名單稱。

〔二六〕人皆敬而信之　汲本、局本無「人」字。

〔二七〕如此者累日　諸本及北史卷八九強練傳「日」都作「月」。疑殿本刻誤。

周書卷四十八

列傳第四十

蕭詧

蕭詧字理孫，蘭陵人也，梁武帝之孫，昭明太子統之第三子。幼而好學，善屬文，尤長佛義。特爲梁武帝所嘉賞。梁普通六年，封曲江縣公。[一]中大通三年，進封岳陽郡王。歷官宣惠將軍，知石頭戍事，琅邪、彭城二郡太守，[二]東揚州刺史。初，昭明卒，梁武帝舍詧兄弟而立簡文，內常愧之，寵亞諸子，以會稽人物殷阜，一都之會，故有此授，以慰其心。詧既以其昆弟不得爲嗣，常懷不平。又以梁武帝衰老，朝多秕政，有敗亡之漸，遂蓄聚貨財，交通賓客，招募輕俠，折節下之。其勇敢者多歸附，左右遂至數千人，皆厚加資給。

中大同元年，除持節，都督雍梁東益南北秦五州、郢州之竟陵、司州之隨郡諸軍事，西中郎將，領寧蠻校尉，雍州刺史。詧以襄陽形勝之地，又是梁武創基之所，時平足以樹

本，世亂可以圖霸功，遂克己勵節，樹恩於百姓，務修刑政，志存綏養。乃下教曰：

昔之善爲政者，不獨師所見。藉聽衆賢，則所聞自遠；資鑒外物，故在矚致明。是以龐參卹民，蓋訪言於高逸；馬援居政，每責成於掾史；王沉爰加厚賞；呂虔功有所由：故能顯美政於當年，流芳塵於後代。

吾以陋識，來牧盛藩。每慮德不被民，政道或紊。中宵拊枕，對案忘饑，思納良謨，以匡弗逮。雍州部內有不便於民，不利於政，長吏貪殘，戍將愞弱，關市恣其裒刻，豪猾多所苞藏，竝密以名聞，當加釐正。若刺史治道之要，弛張未允，循酷乖理，任用違才，或愛狎邪佞，或斥廢忠謇，彌思啓告，用祛未悟。鹽梅舟檝，允屬良規，苦口惡石，想勿余隱。并廣示鄉閭，知其款意。

於是境內稱治。

太清二年，梁武帝以詧兄河東王譽爲湘州刺史，徙湘州刺史張纘爲雍州以代詧。纘恃其才望，志氣矜驕，輕譽少年，州府迎候有闕。譽深銜之。及至鎮，遂託疾不與纘相見。後聞侯景作亂，頗凌蹙纘。纘懼爲所擒，乃輕舟夜遁，將之雍部，復慮詧拒之。梁元帝時鎮江陵，與纘有舊，纘將因之以斃詧兄弟。會梁元帝與譽及信州刺史、桂陽王慥各率所領，入援金陵。慥下峽至江津，譽次江口，梁元帝屆郢州之武成。[三]屬侯景已請和，梁武帝詔罷援軍。譽自江口將旋湘鎮，慥欲待梁元帝至，謁督府，方還州。纘時在江陵，乃貽梁元帝書曰：「河東戴檣上水，[四]欲襲江陵。岳陽在雍，共謀不逞。」江陵遊軍主朱榮又遣使報云：「桂陽住此，欲應譽、詧。」梁元帝信之，乃鑿船沉米，斬纜而歸。至江陵，收慥殺之。令其子方等、王僧辯等相繼攻譽於湘州。譽又告急於詧。詧聞之大怒。

初，梁元帝將援建業，令所督諸州，竝發兵下赴國難。詧遣府司馬劉方貴領兵爲前軍，出漢口。及將發，元帝又使諮議參軍劉縠喻詧，令自行。詧辭頗不順，元帝又怒。而方貴先與詧不協，潛與元帝相知，尅期襲詧。未及發，會詧以他事召方貴，方貴疑謀泄，遂據樊城拒命。詧遣使魏益德、杜岸等衆軍攻之。方貴窘急，令其子遷超乞師於江陵。元帝乃厚資遣纘，若將述職，而密援方貴。纘次大隄，樊城已陷。詧擒方貴兄弟及黨與，竝斬之。

纘因進至州。詧遷延不受代，乃以西城居之，待之以禮。軍民之政，猶歸於詧。詧以搆其兄弟，事始於纘，將密圖之。纘懼，請元帝召之。元帝乃徵纘於詧，詧留不遣。杜岸兄弟給纘曰：「民觀岳陽殿下，勢不仰容。不如且往西山，以避此禍。使君既得物情，遠近必當歸集，以此義舉，事無不濟。」纘深以爲然，因與岸等結盟誓。纘又要雍州人席引等於西山聚衆。纘乃服婦人衣，乘青布轝，與親信十餘人出奔。引等與杜岸馳告詧。詧令中兵參軍尹正共岸等率兵追討，竝擒之。纘懼不免，因請爲沙門。

詧時以譽危急，乃留諮議參軍蔡大寶守襄陽，率衆二萬、騎千匹伐江陵以救之。于時江陵立柵，周遶郭邑，而北面未就。詧因攻之。元帝大懼，乃遣參軍庾奐謂詧曰：「正德肆亂，天下崩離。汝復效尤，將欲何謂？吾蒙先(帝)〔宮〕愛顧，[五]以汝兄弟見屬。今以姪伐叔，逆順安在？」詧謂奐曰：「家兄無罪，累被攻圍。同氣之情，豈可坐觀成敗。七父若顧先恩，豈應若是。如能退兵湘水，吾便旋旆襄陽。」

詧既攻柵不尅，退而築城。又盡銳攻之。會大雨暴至，平地水四尺，詧軍中霑漬，衆頗離心。其將杜岸、岸弟幼安及其兄子龕，懼詧不振，以其屬降於江陵。詧衆大駭，其夜遁歸襄陽，器械輜重，多沒於湕水。初，詧囚張纘於軍，至是，先殺纘而後退焉。

杜岸之降也，請以五百騎襲襄陽。去城三十里，城中覺之。蔡大寶乃輔詧母保林龔氏，登陴閉門拒戰。會詧夜至，龔氏不知其敗，謂爲賊也，至曉見詧，乃納之。岸等以詧至，遂奔其兄巘於廣平。詧遣將尹正、薛暉等攻拔之，獲巘、岸等，并其母妻子女，竝於襄陽北門殺之。盡誅諸杜宗族親者，其幼稚疎屬下蠶室。又發掘其墳墓，燒其骸骨，灰而揚之。

詧既與江陵搆隙，恐不能自固，大統十五年，乃遣使稱藩，請爲附庸。太祖令丞相府東閤祭酒榮權使焉。詧大悅。是歲，梁元帝令柳仲禮率衆進圖襄陽。詧懼，乃遣其妻王氏及世子嶚爲質以請救。太祖又令榮權報命，仍遣開府楊忠率兵援之。十六年，楊忠擒仲禮，

平漢東，詧乃獲安。時朝議欲令詧發喪嗣位，詧以未有璽命，辭不敢當。榮權時在詧所，乃馳還，具言其狀。太祖遂令假散騎常侍鄭穆及榮權持節策命詧爲梁王。〔六〕詧乃於襄陽置百官，承制封拜。十七年，詧留蔡大寶居守，乃自襄陽來朝。〔七〕太祖謂詧曰：「王之來此，頗由榮權，王欲見之乎？」詧曰：「幸甚。」太祖乃召權與詧相見。仍謂之曰：「榮權，吉士也，寡人與之從事，未嘗見其失信。」詧曰：「榮常侍通二國之言無私，故詧今者得歸誠魏闕耳。」

魏恭帝元年，太祖令柱國于謹伐江陵，詧以兵會之。及江陵平，太祖立詧爲梁主，居江陵東城，資以江陵一州之地。其襄陽所統，盡歸於我。詧乃稱皇帝於其國，年號大定。追尊其父統爲昭明皇帝，廟號高宗，統妃蔡氏爲昭德皇后。又尊其所生母龔氏爲皇太后，立妻王氏爲皇后，子巋爲皇太子。其慶賞刑威，官方制度，並同王者。唯上疏則稱臣，奉朝廷正朔。至於爵命其下，亦依梁氏之舊。其戎章勳級，則又兼用柱國等官。又追贈叔父邵陵王綸太宰，諡曰壯武。贈兄河東王譽丞相，諡曰武桓。太祖乃置江陵防主，統兵居於西城，名曰助防。外示助詧備禦，內實兼防詧也。

初，江陵滅，梁元帝將王琳據湘州，志圖匡復。及詧立，琳乃遣其將潘純陁、侯方兒來寇。詧出師禦之，純陁等退歸夏口。詧之四年，詧遣其大將軍王操率兵畧取王琳之長沙、武陵、南平等郡。五年，王琳又遣其將雷又柔襲陷監利郡，〔八〕太守蔡大有死之。尋而琳與

陳人相持，稱藩乞師於詧。詧許之。師未出而琳軍敗，附於齊。是歲，其太子巋來朝京師。詧之六年夏，震，其前殿崩，壓殺二百餘人。

初，江陵平，詧將尹德毅說詧曰：「臣聞人主之行，與匹夫不同。匹夫者，飾小行，競小廉，以取名譽。人主者，定天下，安社稷，以成大功。今魏虜貪惏，罔顧弔民伐罪之義，必欲肆其殘忍，多所誅夷，俘囚士庶，並爲軍實。然此等戚屬，咸在江東，念其充餌豺狼，見拘異域，痛心疾首，何日能忘！殿下方清宇宙，紹茲鴻緒。悠悠之人，不可門到戶說。其塗炭至此，咸謂殿下爲之。殿下既殺人父兄，孤人子弟，人盡讎也，誰與爲國。但魏之精銳，盡萃於此。犒師之禮，非無故事。若殿下爲設享會，因請于謹等爲歡。彼無我虞，當相率而至，預伏武士，因而斃之。分命果毅，掩其營壘，斬馘逋醜，俾無遺噍。江陵百姓，撫而安之，文武官寮，隨卽詮授。既荷更生之惠，孰不忻戴聖明。魏人懾息，未敢送死。王僧辯之徒，折簡可致。然後朝服濟江，入踐皇極，纘堯復禹，萬世一時。晷刻之間，大功可立。古人云：『天與不取，反受其咎，時至不行，反受其殃。』願殿下恢弘遠畧，勿懷匹夫之行。」詧不從，謂德毅曰：「卿之此策，非不善也。然魏人待我甚厚，未可背德。若遽爲卿計，則鄧(祈)〔祁〕侯所謂人將不食吾餘也。」〔九〕

既而闔城長幼，被虜入關，又失襄陽之地。詧乃追悔曰：「恨不用尹德毅之言，以至於

是。」又見邑居殘毀，干戈日用，恥其威畧不振，常懷憂憤。乃著愍時賦以見意。其詞曰：

嗟余命之舛薄，實賦運之逢屯。既殷憂而彌歲，復坎壈以相隣。晝營營而至晚，夜耿耿而通晨。望否極而云泰，何杳杳而無津。悲晉璽之遷趙，痛漢鼎之移新。無田、范之明畧，愧夷、齊之得仁。遂胡顏而苟免，謂小屈而或申。豈妖沴之無已，何國步之長淪。

恨少生而輕弱，本無志於爪牙。謝兩章之雄勇，恧二東之英華。豈三石於杜鄠，異五馬於琅邪。直受性而好善，類蓬生之在麻。冀無咎而霑慶，將保靜而蠲邪。何昊穹之弗惠，值上帝之紆奢。神州鞠爲茂草，赤縣遶於長虵。徒仰天而太息，空撫衿而咨嗟。

惟古人之有懷，尙或感於知己。況託蕚於霄極，〔一〇〕寵渥流於無已。或小善而必襃，時片言而見美。昔待罪於禹川，歷三考而無紀。獲免戾於明時，遂超隆於宗子。始解印於稽山，卽驅傳於湘水。彼南陽之舊國，實天漢之嘉祉。既川岳之形勝，復龍躍之基趾。此首賞之謬及，謂維城之足恃。值諸侯之攜貳，遂留滯於樊川。等勾踐之絕望，同重耳之終焉。望南枝而灑泣，或東顧而潺湲。歸歟之情何極，首丘之思邈然。

忽值魏師入討，于彼南荆。既車徒之絶赫，遂一鼓而陵城。同寤生之舍許，等小

白之全邢。伊社稷之不泯，實有感於恩靈。矧吾人之固陋，迴飄薄於流萍。忽沉滯於茲土，復期月而無成。昔方千而畿甸，今七里而磐縈。寡田邑而可賦，闕丘井而求兵。無河內之資待，同滎陽之未平。夜騷騷而擊柝，晝孑孑而揚旌。烽凌雲而迥照，〔一一〕馬伏櫪而悲鳴。既有懷於斯日，亦焉得而云寧。

彼雲夢之舊都，乃標奇於昔者。驗往記而瞻今，何名高而實寡。寂寥井邑，荒涼原野。徒揄揚於宋玉，空稱嗟於司馬。南方卑而歎屈，長沙濕而悲賈。余家國之一匡，庶興周而祀夏。忽縈憂而北屈，豈年華之天假。

加以狗盜鼠竊，蜂蠆狐狸。羣圉隸而爲寇，聚臧獲而成師。窺覦津渚，跋扈江眉。屢征肇於殷歲，頻戰起於軒時。有扈興於夏典，采芑著於周詩。方叔振於蠻貊，伯禽捷於淮夷。在逋穢其能幾，會斬馘而搴旗。彼積惡之必稔，豈天靈之我欺。交川路之云擁，理悁悵而未怡。

詧在位八載，年四十四，保定二年二月，薨。其羣臣等葬之於平陵，諡曰宣皇帝，廟號中宗。

詧少有大志，不拘小節。雖多猜忌，而知人善任使，撫將士有恩，能得其死力。性不飲酒，安於儉素，事其母以孝聞。又不好聲色，尤惡見婦人，雖相去數步，遙聞其臭。經御婦

人之衣，不復更着。又惡見人髮，白事者必方便以避之。其在東揚州頗放誕，省覽(薄)〔簿〕領，〔一二〕好爲戲論之言，以此獲譏於世。篤好文義，所著文集十五卷，〔一三〕內典華嚴、般若、法華、金光明義疏四十六卷，〔一四〕竝行於世。詧疆土既狹，居常怏怏。每誦「老馬伏櫪，志在千里。烈士暮年，壯心不已」，未嘗不盱衡扼腕，歎咤者久之。遂以憂憤發背而殂。高祖又命其太子巋嗣位，年號天保。

巋字仁遠，詧之第三子也。機辯有文學。善於撫御，能得其下歡心。嗣位之元年，尊其祖母龔太后曰太皇太后，嫡母王皇后曰皇太后，所生曹貴嬪曰皇太妃。其年五月，其太皇太后薨，謚曰元太后。九月，其太妃又薨，謚曰孝皇太妃。二年，皇太后薨，謚曰宣靜皇后。

五年，陳湘州刺史華皎、巴州刺史戴僧朔竝來附。〔一五〕皎送其子玄響爲質於巋，仍請兵伐陳。巋上言其狀。高祖詔衞公直督荆州總管權景宣、大將軍元定等赴之。巋亦遣其柱國王操率水軍二萬，會皎於巴陵。既而與陳將吳明徹等戰於沌口，直軍不利，元定遂沒。巋大將軍李廣等亦爲陳人所虜，長沙、巴陵竝陷於陳。衞公直乃歸罪於巋之柱國殷亮。巋雖以退敗不獨在亮，然不敢違命，遂誅之。吳明徹乘勝攻尅巋河東郡，獲其守將許孝敬。明

年，明徹進寇江陵，引江水灌城。巋出頓紀南以避其銳。江陵副總管高琳與其尚書僕射王操拒守。巋馬軍主馬武、吉徹等擊明徹，敗之。明徹退保公安。巋乃還江陵。

巋之八年，陳又遣其司空章昭達來寇。〔一六〕江陵總管陸騰及巋之將士擊走之。昭達又寇章陵之青泥。〔一七〕巋令其大將軍許世武赴援，大爲昭達所破。

初，華皎、戴僧朔從衞公直與陳人戰敗，率其麾下數百人歸於巋。巋以皎爲司空，封江夏郡公。以僧朔爲車騎將軍，封吳興縣侯。巋之十年，皎來朝。至襄陽，請衞公直曰：「梁主既失江南諸郡，民少國貧。朝廷興亡繼絕，理宜資贍，豈使齊桓、楚莊獨擅救衞復陳之美。望借數州，以裨梁國。」直然之，乃遣使言狀高祖。高祖許之，詔以基、平、鄀三州歸之於巋。

及高祖平齊，巋朝於鄴。高祖雖以禮接之，然未之重也。巋知之，後因宴承間，乃陳其父荷太祖拯救之恩，并敍二國艱虞，脣齒掎角之事。詞理辯暢，因涕泗交流。高祖亦爲之歔欷。自是大加賞異，禮遇日隆。後高祖復與之宴，齊氏故臣吒列長义亦預焉。〔一八〕高祖指謂巋曰：「是登陣罵朕者也。」巋曰：「長义未能輔桀，翻敢吠堯。」高祖大笑。及酒酣，高祖又命琵琶自彈之。仍謂巋曰：「當爲梁主盡歡。」巋乃起，請舞。高祖曰：「梁主乃能爲朕舞乎？」巋曰：「陛下既親撫五絃，臣何敢不同百獸。」高祖大悅，賜雜繒萬段、良馬數十匹，并賜齊後

主妓妾，及常所乘五百里駿馬以遺之。

及隋文帝執政，尉遲迥、王謙、司馬消難等各起兵。時巋將帥皆密請興師，與迥等爲連衡之勢，進可以盡節於周氏，退可以席卷山南。巋固以爲不可。俄而消難奔陳，迥等相次破滅。

隋文帝既踐極，恩禮彌厚。遣使賜金三百兩、〔一九〕銀一千兩、布帛萬段、馬五百匹。開皇二年，隋文帝備禮納巋女爲晉王妃。又欲以其子瑒尚蘭陵公主。由是罷江陵總管，巋專制其國。四年，巋來朝長安，隋文帝甚敬待之。詔巋位在王公之上，賜縑萬匹，珍玩稱是。及還，親執其手謂之曰：「梁主久滯荆、楚，未復舊都，故鄉之念，良軫懷抱。朕當振旅長江，相送旋反耳。」

巋在位二十三載，年四十四，五年五月薨。〔二〇〕其羣臣葬之於顯陵，謚曰孝(文)〔明〕皇帝，〔二一〕廟號世宗。

巋孝悌慈仁，有君人之量。四時祭享，未嘗不悲慕流涕。性尤儉約，御下有方，境內稱治。所著文集及孝經、周易義記及大小乘幽微，竝行於世。隋文帝又命其太子蕭琮嗣位，年號廣運。

琮字溫文。性倜儻不羈，博學有文義，兼善弓馬。初封東陽王，尋立爲皇太子。及嗣位，隋文帝徵琮叔父岑入朝，因留不遣。復置江陵總管以監之。

琮之二年，隋文帝又徵琮入朝。琮率其臣下二百餘人朝於長安。隋文帝仍遣武鄉公崔弘度將兵戍江陵。軍至鄀州，琮叔父巖及弟(巚)〔瓛〕等〔二二〕懼弘度掩襲之，遂虜居民奔於陳。隋文帝於是廢梁國，曲赦江陵死罪，給民復十年。梁二主各給守墓十戶。尋拜琮爲柱國，封莒國公。

自詧初卽位，歲在乙亥，至是，歲在丁未，凡三十有三歲矣。

詧子嶚，追謚孝惠太子；巖，封安平王；岌，東平王；岑，河間王，後改封吳郡王。巋子瓛，義興王；璟，晉陵王；璟，臨海王；珣，南海王；瑒，義安王；瑀，新安王。

詧之在藩及居帝位，以蔡大寶爲股肱，王操爲腹心，魏益德、尹正、薛暉、許孝敬、薛宣爲爪牙，甄玄成、劉盈、岑善方、傅准、〔二三〕褚珪、蔡大業典衆務。張綰以舊齒處顯位，沈重以儒學蒙厚禮。自餘多所獎拔，咸盡其器能。及巋纂業，親賢竝用，將相則華皎、殷亮、劉忠義，宗室則蕭欣、蕭翼，民望則蕭確、謝溫、柳洋、王湜、徐岳，外戚則王凝、〔二四〕王誦、殷璉，文章則劉孝勝、范迪、沈君游、君公、柳信言，政事則袁敞、柳莊、蔡延壽、甄翽、皇甫茲。故能保其疆土，而和其民人焉。

今截詧子嶚等及蔡大寶以下尤著者，附於左。其在梁、陳、隋已有傳，及巋諸子未任職者，則不兼錄。

嶚字道遠，詧之長子也。母曰宣靜皇后。幼聰敏，有成人之量。詧之爲梁主，立爲世子。〔二五〕尋病卒。及詧稱帝，追謚焉。

巖字義遠，詧第五子也。性仁厚，善於撫接。歷侍中、荆州刺史、尚書令、太尉、太傅。入陳，授平東將軍、東揚州刺史。及陳亡，百姓推巖爲主，以禦隋師。爲總管宇文述所破，伏法於長安。

岌，詧第六子也。性淳和，幼而好學。位至侍中、中衛將軍。巋之五年，卒，贈侍中、司空。謚曰孝。

岑字智遠，詧第八子也。位至太尉。性簡貴，御下嚴整。及琮嗣位，自以望重屬尊，頗有不法，故隋文徵入朝。拜大將軍，封懷義郡公。

瓛字欽文，巋第三子也。幼有令譽，能屬文，特爲巋所愛。位至荆州刺史。初，隋師至鄀州，梁之百寮咸恐懼，計無所出。唯瓛建議南奔。入陳，授侍中、安東將軍、吳州刺史。及陳亡，吳人推爲主以禦隋師。戰而敗，與巖同時伏法。

蔡大寶字敬位，濟陽考城人。祖履，齊尚書祠部郎。父點，梁尚書儀曹郎、南兗州別駕。

大寶少孤，而篤學不倦，善屬文。初以明經對策第一，解褐武陵王國左常侍。嘗以書干僕射徐勉，大爲勉所賞異。乃令與其子遊處，所有墳籍，盡以給之。遂博覽羣書，學無不綜。

詧初出第，勉仍薦大寶爲侍讀，兼掌記室。尋除尚書儀曹郎。出鎭會稽，大寶爲記室，領長流。詧蒞襄陽，遷諮議參軍。及梁元帝與河東王譽結隙，詧令大寶使江陵以觀之。梁元帝素知大寶，見之甚悅。乃示所制玄覽賦，令注解焉。三日而畢。元帝大嗟賞之，贈遺甚厚。大寶還白詧云：「湘東必有異圖，禍亂將作，不可下援臺城。」詧納之。及爲梁主，〔二六〕除中書侍郎，兼吏部，掌大選事，領襄陽太守，遷員外散騎常侍、吏部郎，俄轉吏部尚書。軍國之事，咸委決焉。加授大將軍，遷尚書僕射，進號輔國將軍。又除使持節、宣惠將軍、雍州刺史。

詧於江陵稱帝，徵爲侍中、尚書令，參掌選事，又加雲麾將軍，荆州刺史。進位柱國、軍師將軍，領太子少傅，轉安前將軍，封安豐縣侯，邑一千戶。從巋入朝，領太子少傅。〔二七〕巋嗣位，册授司空、中書監、中權大將軍，領吏部尚書。固讓司空，許之。加特進。巋之三年，卒。巋哭之慟，自卒及葬，三臨其喪。贈司徒，進爵爲公。謚曰文凱。配食詧廟。

大寶性嚴整，有智謀，雅達政事，文詞贍速。詧之章表書記教令詔册，竝大寶專掌之。詧推心委任，以爲謀主。時人以詧之有大寶，猶劉先主之有孔明焉。所著文集三十卷，及尚書義疏竝行於世。有四子。

次子延壽，有器識，博涉經籍，尤善當世之務。尚詧女宣成公主。〔二八〕歷中書郎、尚書右丞、吏部郎、御史中丞。從琮入隋，授開府儀同三司，祕書丞。終於成州刺史。大寶弟大業。

大業字敬道。有至行，父沒，居喪過禮。性寬恕，學涉經史，有將命材，屢充使詣闕。初以西中郎府參軍隨詧之鎭。詧稱帝，歷尚書左丞、開遠將軍、監利郡守、散騎常侍、衞尉卿。巋嗣位，遷都官尚書，除貞毅將軍、漳川太守。入爲左民尚書、太常卿。巋之七年，卒，贈金紫光祿大夫。謚曰簡。有五子，〔二九〕允恭最知名。起家著作佐郎、太子舍人。梁滅入陳，拜尚書庫部郎。陳亡入隋，授起居舍人。

王操字子高。其先，太原晉陽人也。詧母龔氏之外弟也。祖靈慶，海鹽令。父景休，臨川內史。

操性敦厚，有籌畧，博涉經史，在公恪勤。初爲詧外兵參軍，親任亞於蔡大寶。詧承制，除尚書左丞。及稱帝，遷五兵尚書、大將軍、郢州刺史。尋進位柱國，封新康縣侯。巋嗣位，授鎭右將軍、尚書僕射。

及吳明徹爲寇，巋出頓紀南，操撫循將士，莫不用命。明徹既退，江陵獲全，操之力也。遷侍中、中衞將軍、尚書令、開府儀同三司，參掌選事，領荆州刺史。操既位居朝右，每自挹損，深得當時之譽。巋之十四年，卒。巋舉哀於朝堂，流涕謂其羣臣曰：「天不使吾平蕩江表，何奪吾賢相之速也。」及葬，親祖於瓦官門。贈司空，進爵爲公。謚曰康節。有七子。次子衡最知名。有才學，起家祕書郎。歷太子洗馬、中書、黃門侍郎。

魏益德，襄陽人也。有才幹，膽勇過人。數從軍征討，以功累遷至郡守。詧莅襄陽，以益德爲其府司馬。詧承制，拜將軍。尋加大將軍。及詧稱帝，進位柱國，封上黃縣侯，邑千戶，加車騎將軍。詧之二年，卒，贈司空。謚曰忠壯。進爵爲公。巋之五年，以益德配食詧廟。

尹正，其先天水人。詧莅雍州，正爲其府中兵參軍。擒張纘，獲杜岸，皆正之力。詧承制，以爲將軍。尋拜大將軍。及稱帝，除護軍將軍，進位柱國，封新野縣侯，邑千戶。詧之三年，卒，贈開府儀同三司。謚曰剛。巋之五年，以正配食詧廟。子德毅，多權畧，位至大將軍。後以見疑賜死。

薛暉，河東人也。有才畧。身長八尺，形貌甚偉。嘗督禁旅，爲詧爪牙，當禦侮之任。與尹正攻獲杜岸於南陽。詧承制，拜將軍。尋加大將軍，進位柱國，除領軍將軍。巋之二年，卒，贈開府儀同三司。有六子，子建、子尙知名。

許孝敬，吳人，小名嗣兒。[三〇]勁勇過人，爲詧驍將。以大將軍守河東。既無救援，爲吳明徹所擒，遂戮於建康市。贈車騎大將軍。子世武嗣。少襲父大將軍，好勇不拘行檢。重賓客，施與不節。資產既盡，鬱鬱不得志，遂謀奔陳。事覺，伏誅。

又有大將軍李廣，會稽人。早事詧，以敢勇聞。沌口之役，先登力戰。及華皎軍敗，爲吳明徹所擒。將降之，廣辭色不屈，遂被害。贈太尉，追封建興縣公。謚曰忠武。

甄玄成字敬平，中山人。博達經史，善屬文。少爲簡文所知。以錄事參軍隨詧鎭襄陽。轉中記室參軍，掌書記，頗參政事。以江陵甲兵殷盛，遂懷貳心。密書與梁元帝，申其誠款。遂有得其書者，進之於詧。詧深信佛法，常願不殺誦法華經人。玄成素誦法華經，遂以此獲免。詧後見之，常曰：「甄公好得法華經力。」歷位中書侍郎、御史中丞、祠部尙書、吏部尙書。詧之六年，卒，贈侍中、護軍將軍。有文集二十卷。[三一]子詡，少沈敏，閑習政事。歷中書舍人、尙書右丞。從琮入隋，授開府儀同三司，終於太府少卿。

劉盈，彭城人，以西中郎府錄事參軍隨詧之鎭。有器度，勤於在公。詧之軍國經謀，頗得參預。歷黃門郎、中書監、雍州刺史、尙書僕射。巋之七年，卒，贈本官。第三子然，于時頗知名。隋鷹擊郎將。

岑善方字思義，南陽棘陽人，漢征南大將軍彭之後也。祖惠甫，給事中。父昶，散騎侍郎。

善方有器局，博綜經史，善於辭令。以刑獄參軍隨詧至襄陽。詧初請內附，以善方兼記室，充使詣闕。應對閑敏，深爲太祖所嘉。自此往來，凡數十反。魏恭帝二年，授驃騎大將軍、開府儀同三司，封長寧縣公。詧之承制也，授中書舍人，遷襄陽郡守。及稱帝，徵爲太（府）〔舟〕卿，[三二]領中書舍人，轉太府，領舍人如故。尋遷散騎常侍、起部尙書。善方性淸愼，有當世幹能，故詧委以機密。詧之七年，卒，贈太常卿。謚曰敬。所著文集十卷。

有七子，竝有操行。之元、之利、之象最知名。之元，太子舍人，早卒。高祖錄善方充使之功，追之利、之象入朝。授之利帥都督、代王記室參軍。後仕隋，歷安固令、郴義江三州司馬、零陵郡丞。之象掌式中士，隋文帝相府參軍事。後仕隋，歷尙書虞部員外郎、邵陵上宜渭南邯鄲四縣令。

傅准，北地人。祖照，金紫光祿大夫。父譖，湘東王外兵參軍。准有文才，善詞賦。以西中郎參軍隨詧之鎭。官至度支尙書。巋之七年，卒，贈太常卿。謚曰敬康。所著文集二十卷。有二子，曰秉曰執，竝材兼文史。秉，尙書右丞。執，中書舍人、尙書左丞。

宗如周，南陽人。有才學，容止詳雅。以府僚隨詧，歷黃門、散騎、列卿，後至度支尙書。巋之九年，卒。如周面狹長，以法華經云[三三]「聞經隨喜，面不狹長」，嘗戲之曰：「卿何爲謗經？」如周踧踖，自陳不謗。詧又謂之如初。如周懼，出告蔡大寶。大寶知其旨，笑謂

之曰：「君當不謗餘經，政應不信法華耳。」如周乃悟。又嘗有人訴事於如周，謂爲經作如州官也，乃曰：「某有屈滯，故來訴如州官。」如周曰：「爾何小人，敢呼我名！」其人慙謝曰：「祇言如州官作如州，不知如州官名如周。早知如州官名如周，不敢喚如州官作如周。」[三四]如周乃笑曰：「命卿自責，見侮反深。」衆咸服其寬雅。有七子。希顏、希華知名。希顏有文學，仕至中書舍人。希華博通經術，爲荆楚儒宗。

蕭欣，梁武帝弟安成康王秀之孫，煬王機之子也。幼聰警，博綜墳籍，善屬文。詧踐位，以欣襲機封。歷侍中、中書令、尙書僕射、尙書令。巋之二十三年，卒，贈司空。欣與柳信言，當巋之世，俱爲一時文宗。有集三十卷。[三五]又著梁史百卷，遭亂失本。

柳洋，河東解人。祖惔，尙書左僕射。[三六]父昭，[三七]中書侍郎。洋少有文學，以禮度自拘，與王湜俱以風範方正爲當時所重。位至吏部尙書，出爲上黃郡守。梁國廢，以郡歸隋，授開府儀同三司。尋卒。

徐岳，東海人，尙書左僕射、開府儀同三司、簡肅公勉之少子也。少方正，博通經史。

初爲東陽王琮師。琮爲皇太子，授詹事。及嗣位，除侍中、左民尚書，俄遷尚書僕射。從琮入隋，授上開府儀同三司。終於陳州刺史。子凱，祕書郎。岳兄矩，有文學，善吏事。頗黷於貨賄。位至度支尚書。子敬，鴻臚卿。

王淀，〔三八〕琅邪臨沂人。祖琳，侍中、太府卿。父錫，侍中。淀少有令譽，尚詧妹廬陵長公主。歷祕書郎、太子舍人、宣成王友、廬陵內史。詧踐位，授侍中、吏部尚書。巋之四年，使詣闕，卒於賓館。贈侍中、右光祿大夫。子瓘，有文詞，黃門侍郎。淀弟湜，方雅有器識。位至都官尚書。巋之二十年，卒。子懷，祕書郎，隋沔陽令。

范迪，順陽人。祖縝，尚書左丞。父胥，鄱陽內史。迪少機辯，善屬文。歷中書黃門侍郎、尚書右丞、散騎常侍。巋之十七年，卒。有文集十卷。子裒。迪弟遹，文采劣於迪，而經術過之。位至中衛、東平王長史。

沈君游，吳興人。祖僧旻，左民尚書。父巡，東陽太守。君游博學有詞采，位至散騎常侍。巋之十二年，卒。有文集十卷。〔三九〕

弟君公，有幹局，美風儀，文章典正，特爲巋所重。歷中書黃門侍郎、御史中丞。自都官尚書爲義興王瓛師。從瓛奔陳，授侍中、太子詹事。隋平陳，以瓛同謀度江，伏誅。

袁敞，陳郡人。祖昂，司空。父士俊，安成內史。敞少有器量，博涉文史。以吏部郎使詣闕。時主者以敞班在陳使之後，敞固不從命。主者詰之，敞對曰：「昔陳之祖父乃梁諸侯之下吏也，棄忠與義，盜有江東。今大周朝宗萬國，招攜以禮，若使梁之行人在陳人之後，便恐彝倫失序。豈使臣之所望焉。」主者不能屈，遂以狀奏。高祖善之，乃詔敞與陳使異日而進。還，以稱旨，遷侍中，轉左民尚書。從琮入隋，授開府儀同三司。終於譙州刺史。子謐、謙。

史臣曰：梁主任術好謀，知賢養士，蓋有英雄之志，霸王之畧焉。及淮海版蕩，骨肉猜貳，擁衆自固，稱藩內款，終能據有全楚，中興頹運。雖土宇殊於舊邦，而位號同於曩日。貽厥自遠，享國數世，可不謂賢哉。嗣子纂承舊業，增修遺構，賞罰得衷，舉厝有方。密邇寇讎，則威略具舉；朝宗上國，則聲猷遠振。豈非繼世之令主乎。

校勘記

〔一〕梁普通六年封曲江縣公　張熷讀史舉正卷六云：「案梁武帝紀梁書卷三中大通三年六月立『曲阿公詧爲岳陽郡王』，當作『曲阿』爲正。」按南史卷七梁本紀、北史卷九三僭僞蕭氏傳皆同周書作「曲江」。

〔二〕瑯琊彭城二郡太守　梁書卷三武帝紀下大同四年七月載「以南瑯琊、彭城二郡太守岳陽王詧爲東揚州刺史。」按南瑯琊、南彭城皆南徐州屬郡，這裏當脫「南」字。

〔三〕梁元帝屆郢州之武成　梁書卷三四、南史卷五六張緬附纘傳、通鑑卷一六二五〇〇六頁「成」作「城」。水經注卷三五江水注稱武口水「南至武城，俱入大江」。「成」應作「城」。但當時地名「城」者，常寫作「成」，今不改。

〔四〕河東戴檣上水　「戴」原作「載」。諸本都作「戴」。張元濟以爲作「載」誤，云「見南史張纘傳」。按通鑑卷一六二五〇一三頁亦作「戴」。張說是，今逕改。

〔五〕吾蒙先（帝）〔宮〕愛顧　宋本「帝」作「宮」。按「先宮」指詧父昭明太子統，所以說「以汝兄弟見託」，後人不解「先宮」之意，改「宮」爲「帝」。今據改。

〔六〕假散騎常侍鄭穆　北史蕭氏傳作「鄭孝穆」。按周書卷三五有鄭孝穆傳，此變名單稱。

〔七〕十七年詧留蔡大寶居守乃自襄陽來朝　通鑑卷一六三五〇四九頁大寶元年五五〇年七月辛酉，書「梁王詧入朝於魏」，則是大統十六年。此事不見周書卷二文帝紀下。通鑑紀月紀日，必有所據。

〔八〕王琳又遣其將雷又柔襲陷監利郡　北史蕭氏傳「又柔」作「文柔」，通鑑卷一六七五一八三頁作「文策」。按「又」疑當作「文」。「柔」「策」不知孰是。

〔九〕則鄧（祈）〔祁〕侯所謂人將不食吾餘也　北史蕭氏傳「祈」作「祁」。按事見左傳莊六年，作「祁」是，今據改。

〔一〇〕況託蕚於霄極　文苑英華卷一二九這句作「況華蕚聯於霄極」，與下「寵渥流於無已」句對，疑是。

〔一一〕烽淩雲而迥照　英華「淩」作「連」。「迥」原作「逈」，誤，英華作「迥」，今逕改。又疑「逈」「迥」皆「迴」之訛。

〔一二〕省覽（薄）〔簿〕領　局本、百衲本「薄」作「簿」。然宋本、南本、北本、汲本都作「薄」，或百衲本所據宋本有異。按文義作「簿」是，今據改。

〔一三〕所著文集十五卷　隋書卷三五經籍志四有「梁岳陽王詧集十卷」。

〔一四〕四十六卷　北史本傳作「三十六卷」。

〔一五〕五年陳湘州刺史華皎巴州刺史戴僧朔並來附　張森楷云：「『五』當作『六』，見武帝紀周書卷五及通鑑卷一七○，五二六六頁，非五年事也。」按武帝紀蕭詧死於保定二年五六二年，華皎之降在天和二年五六七年。據蕭詧傳，詧死，「高祖又命其太子巋嗣位，年號天保」，似巋嗣位卽改元，不待踰年。通鑑卷一六八五二三三頁更明云：「太子巋卽皇帝位，改元天保。」如果蕭巋改元在周保定二年五六二年，則周天和二年、陳光大元年五六七年相當於蕭巋的天保六年，這裏作「五年」定誤。但從下條紀章昭達事和在位年數亦差一年看來，本傳又似以踰年五六三年改元爲巋之元年，則五年不誤。

〔一六〕巋之八年陳又遣其司空章昭達來寇　按卷四四李遷哲傳、陳書卷一一章昭達傳載此事在周天和五年，陳太建二年五七○年。如果從蕭巋嗣位那年五六二年算起，應是九年，如從踰年改元起，則也可作「八年」。

〔一七〕昭達又寇章陵之青泥　北史蕭氏傳「章」作「竟」。按章陵，東漢郡名，在今棗陽。郡已久廢，自晉以來爲安昌縣，西魏爲昌州，何故在這裏特標一廢郡之名。且章昭達乃是進攻後梁。章陵和江陵懸遠，地久入周，又不是陳軍攻梁所經的路線。當時竟陵卽在江陵之東。陳書章昭達傳稱太建二年攻江陵時，「蕭巋與周軍大蓄舟艦於青泥中」，知青泥必在江陵鄰近周、梁接界處。竟陵正在其地，且周圍湖泊縱橫，便于舟艦屯聚。北史作「竟陵」是。至方輿紀要卷七九以襄陽西北之青泥河當章昭達傳之青泥，更是渺不相涉。

〔一八〕吒列長乂　「乂」原作「叉」。北史蕭氏傳作「叱列長叉」。按「吒」「叱」音近，「乂」「叉」他處也歧出，作「乂」是。今逕改。參卷八校記第一二條。

〔一九〕遣使賜金三百兩　北史「三」作「五」。

〔二○〕巋在位二十三載年四十四五年五月薨　按自開皇五年五八五年逆數至保定二年五六二年得二十三年。然巋嗣位在保定二年二月，應爲二十四年。知以踰年改元起算，不計嗣位之年。

〔二一〕謚曰孝(文)〔明〕皇帝　宋本、局本及北史蕭氏傳、隋書卷七九外戚蕭巋傳都作「明」，今據改。

〔二二〕琮叔父巖及弟(巚)〔巘〕等　局本及北史蕭氏傳、隋書外戚傳「巚」作「巘」。按下文稱「巋子巘，義興王」，且有附傳，諸本作「巚」誤，今據改。

〔二三〕傳准　北史蕭氏傳「准」作「淮」。按下附傳亦作「准」，北史無傳氏附傳。

〔二四〕王凝　北史蕭氏傳「凝」作「洋」。張元濟云：「按當作『淀』，尙廬陵長公主。」按本傳附有王淀，當卽此王凝。但其名又有紛歧，參校記第三八條。

〔二五〕詧之爲梁主立爲世子　北史蕭氏傳「主」作「王」。按䂮死在詧稱梁王時，且云「封爲世子」，不稱太子，「主」當作「王」。

〔二六〕及爲梁主　按下云「詧於江陵稱帝」，則此「主」字也應作「王」。

〔二七〕領太子少傅　按上已云「領太子少傅」，這裏「少」字疑當作「太」。

〔二八〕尙詧女宣成公主　北史蕭氏傳「成」作「城」。按「宣城」乃郡名，北史是。但南北史籍地名「城」字常寫作「成」，今不改。下「宣成王友」同。

〔二九〕有五子　北史蕭氏傳「五」作「三」。

〔三○〕小名嗣兒　「嗣」原作「洞」。諸本都作「嗣」，殿本刻誤，今逕改。

〔三一〕有文集二十卷　隋書卷三五經籍志四有「梁護軍將軍甄玄成集十卷並錄」。

〔三二〕徵爲太(府)〔舟〕卿　宋本「府」作「舟」。張元濟以爲「府」字誤，云「下文轉『太府』可證」。按張說是。通典卷三七梁官品太舟卿在九班。今據改。

〔三三〕以法華經云　北史蕭氏傳「以」上有「詧」字。按文義應有「詧」字。

〔三四〕不敢喚如州官作如周　北史蕭氏傳作「不敢喚如周官作如州」。按文義應作「不敢喚如州官作如州」。

〔三五〕有集三十卷　隋書卷三五經籍志四作「十卷」。

〔三六〕祖惔尙書左僕射　梁書卷一二柳惔傳作「右僕射」，南史卷三八柳元景附惔傳則作「左」。

〔三七〕父昭　梁書柳惔傳「昭」作「照」，南史亦作「昭」。

〔三八〕王淀　梁書卷二一王份附孫錫傳「淀」作「泛」，南史卷二三王彧附錫傳作「涉」。

〔三九〕有文集十卷　隋書卷三五經籍志四有「梁散騎常侍沈君攸集十三卷」，君攸當卽君游。舊唐書

卷四七經籍志下、新唐書卷六○藝文志丁部作「十二卷」，當不計目錄。

周書卷四十九

列傳第四十一

異域上

高麗　百濟　蠻　獠　宕昌　鄧至　白蘭　氏　稽胡　庫莫奚

蓋天地之所覆載，至大矣；日月之所臨照，至廣矣。然則萬物之內，民人寡而禽獸多；兩儀之間，中土局而庶俗曠。求之鄒說，詭怪之迹實繁；考之山經，奇譎之訶匪一。周、孔存而不論，是非紛而莫辯。秦皇鞭笞天下，黷武於遐方；漢武士馬彊盛，肆志於遠畧。匈奴既却，其國已虛；犬馬既來，〔一〕其民亦困。是知鴈海龍堆，天所以絕夷夏也；炎方朔漠，地所以限內外也。況乎時非秦、漢，志甚嬴、劉，違天道以求其功，殫民力而從所欲，顚墜之釁，固不旋踵。是以先王設教，內諸夏而外夷狄；往哲垂範，美樹德而鄙廣地。

雖禹迹之東漸西被，不過海及流沙；王制之自北徂南，裁稱穴居交趾。豈非道貫三古，義高百代者乎。

有周承喪亂之後，屬戰爭之日，定四表以武功，安三邊以權道。趙、魏尙梗，則結姻於北狄；厩庫未實，則通好於西戎。由是德刑具擧，聲名遐洎。〔二〕卉服氈裘，輻凑於屬國；商胡販客，塡委於旗亭。雖東畧漏三吳之地，南巡阻百越之境，而國威之所肅服，風化之所覃被，亦足爲弘矣。其四夷來朝聘者，今竝紀之於後。至於道路遠近，物產風俗，詳諸前史，或有不同。斯皆錄其當時所記，以備遺闕云爾。

高麗者，其先出於夫餘。自言始祖曰朱蒙，河伯女感日影所孕也。朱蒙長而有材畧，夫餘人惡而逐之。土于紇斗骨城，〔三〕自號曰高句麗，仍以高爲氏。其孫莫來漸盛，〔四〕擊夫餘而臣之。莫來裔孫璉，始通使於後魏。

其地，東至新羅，西渡遼水二千里，南接百濟，北隣靺鞨千餘里。治平壤城。其城，東西六里，南臨浿水。城內唯積倉儲器備，寇賊至日，方入固守。王則別爲宅於其側，不常居之。其外有國內城及漢城，亦別都也，復有遼東、玄菟等數十城，皆置官司，以相統攝。

大官有大對盧，次有太大兄、大兄、小兄、意俟奢、〔五〕烏拙、太大使者、大使者、小使者、褥奢、翳屬、仙人幷褥薩凡十三等，分掌內外事焉。其大對盧，則以彊弱相陵，奪而自爲之，不由王之署置也。其刑法：謀反及叛者，先以火焚爇，然後斬首，籍沒其家；盜者，十餘倍徵贓；若貧不能備，及負公私債者，皆聽評其子女爲奴婢以償之。

丈夫衣同袖衫、大口袴、白韋帶、〔六〕黃革履。其冠曰骨蘇，〔七〕多以紫羅爲之，雜以金銀爲飾。其有官品者，又插二鳥羽於其上，以顯異之。婦人服裙襦，裾袖皆爲襈。書籍有五經、三史、三國志、晉陽秋。兵器有甲弩弓箭戟矟矛鋋。賦稅則絹布及粟，隨其所有，量貧富差等輸之。土田堉薄，居處節儉。然尙容止。多詐僞，言辭鄙穢，不簡親疎，乃至同川而浴，共室而寢。〔八〕風俗好淫，不以爲愧。有遊女者，夫無常人。婚娶之禮，畧無財幣，若受財者，謂之賣婢，俗甚恥之。父母及夫喪，其服制同於華夏。兄弟則限以三月。敬信佛法，尤好淫祀。又有神廟二所：一曰夫餘神，刻木作婦人之象；一曰登高神，〔九〕云是其始祖夫餘神之子。竝置官司，遣人守護。蓋河伯女與朱蒙云。

璉五世孫成，大統十二年，遣使獻其方物。成死，子湯立。建德六年，湯又遣使來貢。高祖拜湯爲上開府儀同大將軍、遼東郡開國公、遼東王。

百濟者，其先蓋馬韓之屬國，夫餘之別種。有仇台者，始國於帶方。故其地界東極新羅，北接高句麗，西南俱限大海。東西四百五十里，南北九百餘里。治固麻城。其外更有五方：中方曰古沙城，東方曰得安城，南方曰久知下城，西方曰刀先城，北方曰熊津城。

王姓夫餘氏，號於羅瑕，民呼爲鞬吉支，夏言竝王也。妻號於陸，夏言妃也。官有十六品。左平五人，〔一〇〕一品；達率三十人，〔一一〕二品；恩率三品；德率四品；扞率五品；〔一二〕柰率六品。六品已上，冠飾銀華。將德七品，紫帶；施德八品，皂帶；固德九品，赤帶；(李)〔季〕德十品，〔一三〕青帶；對德十一品，文督十二品，皆黃帶；武督十三品，佐軍十四品，振武十五品，克虞十六品，〔一四〕皆白帶。自恩率以下，官無常員，各有部司，分掌衆務。內官有前內部、穀部、肉部、內掠部、外掠部、馬部、刀部、功德部、藥部、木部、法部、後官部。〔一五〕外官有司軍部、司徒部、司空部、司寇部、點口部、客部、外舍部、綢部、日官部、都市部。都下有萬家，分爲五部，曰上部、前部、中部、下部、後部，統兵五百人。〔一六〕五方各有方領一人，以達率爲之；郡將三人，〔一七〕以德率爲之。方統兵一千二百人以下，七百人以上。〔一八〕城之內外民庶及餘小城，咸分(肄)〔隸〕焉。〔一九〕

其衣服，男子畧同於高麗。若朝拜祭祀，其冠兩廂加翅，戎事則不。拜謁之禮，以兩手

據地爲敬。婦人衣(以)〔似〕袍，〔二〇〕而袖微大。在室者，編髮盤於首，後垂一道爲飾；出嫁者，乃分爲兩道焉。兵有弓箭刀矟。俗重騎射，兼愛墳史。其秀異者，頗解屬文。又解陰陽五行。用宋元嘉曆，以建寅月爲歲首。亦解醫藥卜筮占相之術。有投壺、樗蒲等雜戲，然尤尚奕棊。僧尼寺塔甚多，而無道士。賦稅以布絹絲麻及米等，量歲豐儉，差等輸之。其刑罰：反叛、退軍及殺人者，斬；盜者，流，其贓兩倍徵之；婦人犯姦者，沒入夫家爲婢。婚娶之禮，畧同華俗。父母及夫死者，三年治服；餘親，則葬訖除之。土田下濕，氣候溫暖。五穀雜果菜蔬及酒醴餚饌藥品之屬，多同於內地。唯無駝驢騾羊鵝鴨等。其王以四仲之月，祭天及五帝之神。又每歲四祠其始祖仇台之廟。

自晉、宋、齊、梁據江左，後魏宅中原，竝遣使稱藩，兼受封拜。齊氏擅東夏，其王隆亦通使焉。隆死，子昌立。建德六年，齊滅，昌始遣使獻方物。宣政元年，又遣使來獻。

蠻者，盤瓠之後。族類(番)〔蕃〕衍，〔二一〕散處江、淮之間，汝、豫之郡。憑險作梗，世爲寇亂。逮魏人失馭，其暴滋甚。有冉氏、向氏、田氏者，陬落尤盛。餘則大者萬家，小者千戶。更相崇樹，僭稱王侯，屯據三峽，斷遏水路，荆、蜀行人，至有假道者。太祖畧定伊、瀍，聲敎

南被，諸蠻畏威，靡然向風矣。

大統五年，蔡陽蠻王魯超明內屬，以爲南雍州刺史，仍世襲焉。十一年，蠻首梅勒特來貢其方物。尋而蠻帥田杜清及沔、漢諸蠻擾動，〔二二〕大將軍楊忠擊破之。其後蠻帥杜青和自稱巴州刺史，〔二三〕以州入附。朝廷因其所稱而授之。青和後遂反，攻圍東梁州。其唐州蠻田魯嘉亦叛，自號豫州伯。王雄、權景宣等前後討平之。語在泉仲遵及景宣傳。

魏廢帝初，蠻酋樊舍舉落內附，以爲淮北三州諸軍事、淮州刺史、淮安郡公。于謹等平江陵，諸蠻騷動，詔豆盧寧、蔡祐等討破之。

魏恭帝二年，蠻酋宜民王田興彥、北荆州刺史梅季昌等相繼款附。以興彥、季昌竝爲開府儀同三司，加季昌洛州刺史，賜爵石臺縣公。其後巴西人譙淹扇動羣蠻，以附於梁。蠻帥向鎭侯、向(日)〔白〕彪等應之。〔二四〕向五子王又攻陷信州。田烏度、田都唐等抄斷江路。文子榮復據荆州之汶陽郡，自稱仁州刺史。并隣州刺史蒲微亦舉兵逆命。詔田弘、賀若敦、潘招、李遷哲討破之。語在敦及遷哲、(楊)〔陽〕雄等傳。〔二五〕

武成初，文州蠻叛，州遣軍討定之。尋而冉令賢、向五子王等又攻陷白帝，殺開府楊長華，遂相率作亂。前後遣開府元契、趙剛等總兵出討，雖頗翦其族類，而元惡未除。

天和元年，詔開府陸騰督王亮、司馬裔等討之。騰水陸俱進，次于湯口，先遣喻之。而令賢方增浚城池，嚴設扞禦。遣其長子西黎、次子南王領其支屬，於江南險要之地置立十城，遠結涔陽蠻爲其聲援。令賢率其精卒，固守水邏城。騰乃總集將帥，謀其進趣。咸欲先取水邏，然後經略江南。騰言於衆曰：「令賢內恃水邏金湯之險，外託涔陽輔車之援，兼復資糧充實，器械精新。以我懸軍攻其嚴壘，脫一戰不剋，更成其氣。不如頓軍湯口，先取江南，剪其羽毛，然後進軍水邏。此制勝之計也。」衆皆然之。乃遣開府王亮率衆渡江，旬日攻拔其八城，凶黨奔散。獲賊帥冉承公并生口三千人，降其部衆一千戶。遂簡募驍勇，數道入攻水邏。路經石壁城。此城峻嶮，四面壁立，故以名焉。唯有一小路，緣梯而上。蠻蜑以爲峭絕，非兵衆所行。騰被甲先登，衆軍繼進，備經危阻，累月乃得舊路。〔二六〕且騰先任隆州總管，雅知蠻帥冉伯犁、冉安西與令賢有隙。騰乃招誘伯犁等，結爲父子，又多遺其金帛。伯犁等悅，遂爲鄉導。水邏側又有石勝城者，亦是險要。令賢使兄子龍眞據之。〔二七〕騰又密誘龍眞云，若平水邏，使其代令賢處。龍眞大悅，密遣其子詣騰。騰乃厚加禮接，賜以金帛。蠻貪利既深，仍請立効。乃謂騰曰：「欲翻所據城，恐人力寡少。」騰許以三百兵助之。既而遣二千人銜枚夜進。龍眞力不能禦，遂平石勝城。晨至水邏，蠻衆大潰，斬首萬餘級，虜獲一萬口。令賢遁走，追而獲之，并其子弟等皆斬之。司馬裔又別下其二十餘城，獲蠻帥冉三公等。騰乃積其骸骨於水邏城側，爲京觀。後蠻蜑望見，輒大號哭。自此狼戾

之心輟矣。

時向五子王據石默城，令其子寶勝據雙城。水邏平後，頻遣喻之，而五子王猶不從命。騰又遣王亮屯牢坪，司馬裔屯雙城以圖之。騰慮雙城孤峭，攻未易拔。賊若委城奔散，又難追討。乃令諸軍周回立柵，遏其走路。賊乃大駭。於是縱兵擊破之，擒五子王於石默，獲寶勝於雙城，悉斬諸向首領，生擒萬餘口。信州舊治白帝。騰更於劉備故宮城南，八陣之北，臨江岸築城，移置信州。又以巫縣、信陵、秭歸竝是硤中要險，於是築城置防，以爲襟帶焉。

天和六年，蠻渠冉祖喜、冉龍驤又反，詔大將軍趙誾討平之。自此羣蠻懾息，不復爲寇矣。

獠者，蓋南蠻之別種，自漢中達于邛、笮，川洞之間，在所皆有之。俗多不辨姓氏，又無名字，所生男女，唯以長幼次第呼之。其丈夫稱阿謩、阿段，婦人阿夷、阿第之類，〔二八〕皆其語之次第稱謂也。喜則羣聚，怒則相殺，雖父子兄弟，亦手刃之。遞相掠賣，不避親戚。被賣者號叫不服，逃竄避之，乃將買人指撝捕逐，若追亡叛，獲便縛之。但經被縛者，卽服爲

賤隸，不敢更稱良矣。俗畏鬼神，尤尚淫祀巫祝，至有賣其昆季妻孥盡者，乃自賣以祭祀焉。[二九]往往推一酋帥爲王，亦不能遠相統攝。

自江左及中州遞有巴、蜀，多恃險不賓。太祖平梁、益之後，令所在撫慰。其與華民雜居者，亦頗從賦役。然天性暴亂，旋至擾動。每歲命隨近州鎮出兵討之，獲其口以充賤隸，謂之爲壓獠焉。後有商旅往來者，亦資以爲貨，公卿逮于民庶之家，有獠口者多矣。魏恭帝三年，陵州木籠獠反，詔開府陸騰討破之，俘斬萬五千人。保定二年，鐵山獠又反，抄斷江路。陸騰復攻拔其三城，虜獲三千人，降其種三萬落。語在騰傳。

天和三年，梁州恆稜獠叛，總管長史趙文表討之。軍次巴州，文表欲率衆徑進。軍吏等曰：「此獠旅拒日久，部衆甚彊。討之者皆四面攻之，以分其勢。今若大軍直進，不遣奇兵，恐併力於我，未可制勝。」文表曰：「往者既不能制之，今須別爲進趣。若四面遣兵，則獠降走路絕，理當相率以死拒戰。如從一道，則吾得示威恩，分遣使人以理曉諭。爲惡者討之，歸善者撫之。善惡既分，易爲經略。事有變通，奈何欲遵前轍也。」文表遂以此意遍令軍中。時有從軍熟獠，多與恆稜親識，卽以實報之。恆稜獠相與聚議，猶豫之間，文表軍已至其界。獠中先有二路，一路稍平，一路極險。俄有生獠酋帥數人來見文表曰：「我恐官軍不悉山川，請爲鄉導。」文表謂之曰：「此路寬平，不須導引，卿但先去，好慰諭子弟也。」乃遣

之。文表謂其衆曰：「向者，獠帥語吾從寬路而行，必當設伏要我。若從險路，出其不虞，獠衆自離散矣。」於是勒兵從險道進，其有不通之處，隨卽治之。乘高而望，果見其伏兵。獠旣失計，爭攜妻子，退保險要。文表頓軍大蓬山下，示以禍福，遂相率來降。文表皆慰撫之，仍徵其稅租，無敢動者。後除文表爲蓬州刺史，又大得獠和。

建德初，李暉爲梁州總管，諸獠亦竝從附。然其種類滋蔓，保據巖壑，依林走險，若履平地，雖屢加兵，弗可窮討。性又無知，殆同禽獸，諸夷之中，最難以道義招懷者也。

宕昌羌者，其先蓋三苗之胤。周時與庸、蜀、微、盧等八國從武王滅商。漢有先零、燒當等，世爲邊患。其地，東接中華，西通西域，南北數千里。姓別自爲部落，各立酋帥，皆有地分，不相統攝。宕昌卽其一也。俗皆土著，居有棟宇。其屋織犛牛尾及羖羊毛覆之。國無法令，又無徭賦。唯征伐之時，乃相屯聚；不然，則各事生業，不相往來。皆衣裘褐，牧養犛牛羊豕，以供其食。父子伯叔兄弟死者，卽以其繼母、世叔母、及嫂（姊妹）〔弟婦〕等爲妻。[三〇]俗無文字，但候草木榮落，以記歲時。三年一相聚，殺牛羊以祭天。

有梁（勤）〔勤〕者，[三一]世爲酋帥，得羌豪心，乃自稱王焉。其界自仇池以西，東西千里，

（帶）〔席〕水以南，[三二]南北八百里。地多山阜，部衆二萬餘落。勤孫彌忽，始通使於後魏。太武因其所稱而授之。

自彌忽至仚定九世，每修職貢不絕。後見兩魏分隔，遂懷背誕。永熙末，仚定乃引吐谷渾寇金城。大統初，又率其種人入寇。詔行臺趙貴督儀同侯莫陳順等擊破之。仚定懼，稱藩請罪。太祖捨之，拜撫軍將軍。四年，以仚定爲南洮州刺史、要安蕃王。[三三]後改洮州爲岷州，仍以仚定爲刺史。是歲，秦州濁水羌反，州軍討平之。七年，仚定又舉兵入寇。獨孤信時鎭隴右，詔信率衆便討之。軍未至而仚定爲其下所殺。信進兵破其餘黨。朝廷方欲招懷殊俗，乃更以其弟彌定爲宕昌王。[三四]

十六年，彌定宗人獠甘襲奪其位，彌定來奔。先是，羌酋傍乞鐵忽等因仚定反叛之際，遂擁衆據渠林川，[三五]與渭州民鄭五醜扇動諸羌，阻兵逆命。至是詔大將軍宇文貴、豆盧寧、涼州刺史史寧等率兵討獠甘等，竝擒斬之，納彌定而還。語在貴等傳。其後羌酋東念姐、鞏廉俱和等反，大將軍豆盧寧、王勇等前後討平之。

保定初，彌定遣使獻方物。三年，又遣使獻生猛獸。四年，彌定寇洮州，總管李賢擊走之。是歲，彌定又引吐谷渾寇石門戍，賢復破之。[三六]高祖怒，詔大將軍田弘討滅之，以其地爲宕州。

鄧至羌者，羌之別種也。有像舒治者，世爲白水酋帥，自稱王焉。其地北與宕昌相接，風俗物產亦與宕昌畧同。自舒治至檐桁十一世。[三七]魏恭帝元年，檐桁失國來奔，太祖令章武公導率兵送復之。

白蘭者，羌之別種也。其地東北接吐谷渾，西北至利模徒，南界那鄂，[三八]風俗物產與宕昌畧同。保定元年，遣使獻犀甲鐵鎧。

氐者，西夷之別種。三代之際，蓋自有君長，而世一朝見。故詩稱「自彼氐、羌，莫敢不來王」也。漢武帝滅之，以其地爲武都郡。自汧、渭抵於巴、蜀，種類實繁。漢末，有氐帥楊駒，始據仇池百頃，最爲彊族。其後漸盛，乃自稱王。至裔孫纂，爲（符）〔苻〕堅所滅。[三九]堅敗，其族人定又自稱王。定爲乞伏乾歸所殺。定從弟盛，代有其國。世受魏氏封拜，亦通

使於江左。然其種落分散，叛服不恒，隴、漢之間，屢被其害。

盛之苗裔曰集始，魏封爲武興王。集始死，子紹先立，遂僭稱大號。魏將傅豎眼滅之，執紹先歸諸京師，以其地爲武興鎮。魏氏洛京未定，天下亂，紹先奔還武興，復自立爲王。大統元年，紹先請其妻女，太祖奏魏帝還之。紹先死，子辟邪立。四年，南岐州氐苻安壽反，攻陷武都，自號太白王。詔大都督侯莫陳順與渭州刺史長孫澄討破之。安壽以其衆降。九年，清水氐酋李鼠仁據險作亂，氐帥梁道顯叛攻南由，太祖遣典籤趙昶慰諭之，鼠仁等相繼歸附。語在昶傳。十一年，於武興置東益州，以辟邪爲刺史。十五年，安夷氐復叛，趙昶時爲郡守，收其首逆者二十餘人斬之，餘衆乃定。氐帥蓋鬧等相率作亂，鬧據北谷，其黨覃洛聚洮中，楊興德、苻雙圍平氐城，姜樊噲亂武階，西結宕昌羌獠甘，共推蓋鬧爲主。昶分道遣使宣示禍福，然後出兵討之，擒蓋鬧，散其餘黨。興州叛氐復侵逼南岐州，刺史叱羅協遣使告急，昶率兵赴救，又大破之。

先是，氐首楊法深據陰平自稱〔王〕，亦盛之苗裔也。〔四〇〕魏孝昌中，舉衆內附。自是職貢不絕。廢帝元年，以法深爲黎州刺史。二年，楊辟邪據州反，羣氐復與同逆。詔叱羅協與趙昶討平之。太祖乃以大將軍宇文貴爲大都督、六州諸軍事、興州刺史。貴威名先著，

羣氐頗畏服之。是歲，楊法深從尉遲迥平蜀，軍回，法深旋鎮。尋與其種人楊崇集、楊陳侳各擁其衆，遞相攻討。趙昶時督成武沙三州諸軍事、成州刺史，〔四一〕遣使和解之。法深等從命。乃分其部落，更置州郡以處之。

魏恭帝末，武興氐反，圍利州。鳳州固道氐魏天王等亦聚衆響應。大將軍豆盧寧等討平之。

世宗時，興州人（叚）〔段〕吒及下辯、栢樹二縣民反，〔四二〕相率破蘭皐戍。氐酋姜多復率厨中氐、蜀攻陷落叢郡以應之。趙昶率衆討平二縣，幷斬段吒。而陰平、廬北二郡氐復往屯聚，〔四三〕與厨中相應。昶乃簡擇精騎，出其不意，徑入厨中。至大竹坪，連破七柵，誅其渠率，二郡竝降。及昶還，厨中主氐復爲寇掠。〔四四〕昶又遣儀同劉崇義、宇文琦率兵入厨中討之，大破氐衆，斬姜多及苻肆王等。於是羣氐竝平。及王謙舉兵，沙州氐帥開府楊永安又據州應謙，大將軍達奚儒討平之。

稽胡一曰步落稽，蓋匈奴別種，劉元海五部之苗裔也。或云山戎赤狄之後。自離石以西，安定以東，方七八百里，居山谷間，種落繁熾。其俗土著，亦知種田。地少桑蠶，多麻

布。其丈夫衣服及死亡殯葬，與中夏略同。〔四五〕婦人則多貫蜃貝以爲耳及頸飾。又與華民錯居，其渠帥頗識文字。然語類夷狄，因譯乃通。蹲踞無禮，貪而忍害。俗好淫穢，處女尤甚。將嫁之夕，方與淫者叙離，夫氏聞之，以多爲貴。既嫁之後，頗亦防閑，有犯姦者，隨事懲罰。又兄弟死，皆納其妻。雖分統郡縣，列於編戶，然輕其徭賦，有異齊民。山谷阻深者，又未盡役屬。而凶悍恃險，數爲寇亂。

魏孝昌中，有劉蠡升者，居雲陽谷，自稱天子，立年號，署百官。屬魏氏政亂，力不能討。蠡升遂分遣部衆，抄掠居民，汾、晉之間，略無寧歲。齊神武遷鄴後，始密圖之。僞許以女妻蠡升太子，蠡升信之，遂遣其子詣鄴。齊神武厚爲之禮，緩以婚期。蠡升既恃和親，不爲之備。大統元年三月，齊神武潛師襲之。蠡升率輕騎出外徵兵，爲其北部王所殺，斬首送於齊神武。其衆復立蠡升第三子南海王爲主，率兵拒戰。齊神武擊滅之，獲其僞主，及其弟西海王，幷皇后夫人王公以下四百餘人，歸於鄴。

居河西者，多恃險不賓。時方與齊神武爭衡，未遑經略。太祖乃遣黃門郎楊（忠）〔擲〕就安撫之。〔四六〕五年，黑水部衆先叛。七年，別帥夏州刺史劉平伏又據上郡反。自是北山諸部，連歲寇暴。太祖前後遣李遠、于謹、侯莫陳崇、李弼等相繼討平之。武成初，延州稽胡郝阿保、郝狼皮率其種人附於齊氏。阿保自署丞相，狼皮自署柱國，幷與其別部劉桑德共

爲影響。〔四七〕柱國豆盧寧督諸軍與延州刺史高琳擊破之。二年，狼皮等餘黨復叛。詔大將軍韓（杲）〔果〕討之，〔四八〕俘斬甚衆。

保定中，離石生胡數寇汾北，勳州刺史韋孝寬於險要築城，置兵糧，以遏其路。及楊忠與突厥伐齊，稽胡等復懷旅拒，不供糧餼。忠乃詐其酋帥，云與突厥欲回兵討之。酋帥等懼，乃相率供饋焉。語在忠傳。其後丹州、綏州、銀州等部內諸胡，與蒲川別帥郝三郎等又頻年逆命。復詔達奚震、辛威、于寔等前後窮討，散其種落。天和二年，延州總管宇文盛率衆城銀州，稽胡白郁久同、喬是羅等欲邀襲盛軍，盛竝討斬之。又破其別帥喬三勿同等。五年，開府劉雄出綏州，巡檢北邊川路，稽胡帥喬白郎、喬素勿同等度河逆戰，〔四九〕雄復破之。

建德五年，高祖敗齊師於晉州，乘勝逐北，齊人所棄甲仗，未暇收斂，稽胡乘閒竊出，竝盜而有之。乃立蠡升孫沒鐸爲主，號聖武皇帝，年曰石平。六年，高祖定東夏，將討之，議欲窮其巢穴。齊王憲以爲種類既多，又山谷阻絕，王師一舉，未可盡除。且當剪其魁首，餘加慰撫。高祖然之，乃以憲爲行軍元帥，督行軍總管趙王招、譙王儉、滕王逌等討之。憲軍次馬邑，乃分道俱進。沒鐸遣其黨天柱守河東，又遣其大帥穆支據河西，〔五〇〕規欲分守險要，掎角憲軍。憲命譙王儉攻天柱，滕王逌擊穆支，竝破之，斬首萬餘級。趙王招又擒沒

鐸，餘衆盡降。

宣政元年，汾州稽胡帥劉受羅千復反，〔二〕越王盛督諸軍討擒之。自是寇盜頗息。

庫莫奚，鮮卑之別種也。其先為慕容晃所破，竄於松漠之間。後種類漸多，分為五部：一曰辱紇主，二曰莫賀弗，三曰契箇，四曰木昆，五曰室得。每部置俟(斤)〔斤〕一人。〔三〕有阿會氏者，最為豪帥，五部皆受其節度。役屬於突厥，而數與契丹相攻。虜獲財畜，因而行賞。死者則以葦薄裹尸，懸之樹上。大統五年，遣使獻其方物。

史臣曰：凡民肖形天地，稟靈陰陽，愚智本於自然，剛柔繫於水土。故雨露所會，風流所通，九川為紀，五嶽作鎮，此之謂諸夏。生其地者，則仁義出焉。昧谷、嵎夷、孤竹、北戶，限以丹徼紫塞，隔以滄海交河，此之謂荒裔。感其氣者，則凶德成焉。若夫九夷八狄，種落繁熾；七戎六蠻，充牣邊鄙。雖風土殊俗，嗜欲不同，至於貪而無厭，狠而好亂，彊則旅拒，弱則稽服，其揆一也。斯蓋天之所命，使其然乎。

校勘記

〔一〕犬馬既來　北史卷九四「犬」作「天」。二張皆以為當從北史作「天」。按「天馬」見史記卷一二三大宛傳、漢書卷九六西域傳，且漢武帝有天馬倈之歌，作「天」是。

〔二〕聲名遐洎　宋本「名」作「明」。張元濟云：「『昭其聲也』『昭其明也』按見左傳桓二年『聲明』二字可通。」

〔三〕土于紇斗骨城　北史殿本卷九四高麗傳作「紇升滑城」，北史百衲本、魏書卷一〇〇高句麗傳、通典卷一八六高句麗條、册府卷九五六一一二四二頁都作「紇升骨城」。按「骨」「滑」同音。「升」「斗」隸書常相混，不知孰是。

〔四〕其孫莫來漸盛　魏書本傳稱「朱蒙死，閭達代立；閭達死，子如栗代立；如栗死，子莫來代立」。隋書卷八一高麗傳亦以莫來為閭達孫，則是朱蒙曾孫。北史本傳百衲本、殿本缺閭達一代，則莫來為朱蒙孫，與周書同，而局本却又有「閭達」，疑據魏書補。

〔五〕意俟奢　隋書本傳作「意侯奢」，北史作「竟侯奢」。

〔六〕白葦帶　隋書、北史本傳作「素皮帶」。

〔七〕其冠曰骨蘇　北史本傳倒作「蘇骨」。

〔八〕乃至同川而浴共室而寢　隋書、北史本傳「乃至」作「父子」。

〔九〕一曰登高神　北史本傳倒作「高登神」。

〔一〇〕左平五人　通典卷一八五百濟條「左平」作「左率」。

〔一一〕達率三十人　隋書卷八一百濟傳「達」作「大」。

〔一二〕扞率五品　隋書本傳殿本「扞」作「杅」，隋書百衲本、北史卷九四百濟傳作「杆」。

〔一三〕(李)〔季〕德十品　宋本、南本及北史本傳、通典卷一八五、册府卷九六二一一三一五頁「李」都作「季」，今據改。

〔一四〕克虞十六品　隋書、北史本傳「克」作「剋」。册府卷九六二一一三一五頁作「克虞」，注云：「一作喪虞。」

〔一五〕後官部　北史本傳、册府卷九六二一一三一五頁「官」作「宮」，疑是。

〔一六〕統兵五百人　北史本傳作：「部有五巷，士庶居(馬)〔焉〕，部統兵五百人。」按本條「統」上當有「部」字。

〔一七〕郡將三人　隋書、北史本傳上有「方有十郡」四字。周書無此四字，語意不完，疑誤脫。

〔一八〕方統兵一千二百人以下七百人以上　北史本傳、册府卷九六二一一三一五頁無「方」字。按無「方」字，則是指郡將所統兵。

〔一九〕咸分(肄)〔隸〕焉　北史本傳、通典卷一八五「肄」作「隸」，是，今據改。

〔二〇〕婦人衣(以)〔似〕袍　北史本傳、通典卷一八五「以」作「似」，是，今據改。

〔二一〕族類(番)〔蕃〕衍　宋本「番」作「蕃」。張森楷云：「『番』當作『蕃』，『番』字無義。」按張說是，今據改。

〔二二〕蕁而蠻帥田杜清及沔漢諸蠻擾動　卷一九楊忠傳作「日杜清」，卷二七庫狄昌傳作「田社清」，北史卷九五蠻傳作「田杜青和」。按楊忠傳「日」是「田」之訛，「杜」「社」「杜」形近，不知孰是，北史多「和」字，乃涉下「杜青和」而衍。

〔二三〕其後蠻帥杜青和自稱巴州刺史　汲本、局本及卷四四泉企附子仲遵傳、漢魏南北朝墓誌集釋寇奉叔墓誌圖版三六二「青」作「清」。王氏十七史商榷卷六八云：「杜青和與上田杜青和自是一人，二者必有一誤。」按卷一九楊忠傳稱：「及東魏圍潁川，蠻帥(日)〔田〕杜清據險為亂，」應是豫州蠻。杜青和自稱巴州刺史，攻圍東梁州，地在今陝西南部之安康、洵陽，相去甚遠。王說非。

〔二四〕蠻帥向鎮侯向(日)〔白〕彪　卷二八賀若敦傳、册府卷九八四一一五五九頁「日」作「白」，北史本傳作「向白虎」。按「日」是「白」之訛，今據改。疑本名「白虎」，避唐諱改「虎」作「彪」，北史乃後人迴改。

〔二五〕語在敦及暹哲(楊)〔陽〕雄等傳　按楊雄乃楊紹子，附見卷二九楊紹傳，隋書卷四三有專傳，不載

其事，且名羣也較晚。「楊」乃「陽」之訛，事見卷四四本傳，今據改。

〔二六〕累月乃得舊路　北史本傳、册府卷九八四一一五五九頁「月」作「日」，疑是。

〔二七〕令賢使兄子龍眞據之　北史本傳「兄子」作「其兄」，册府卷九八四一一五五九頁作「其兄子」。

〔二八〕婦人阿夷阿第之類　魏書卷一〇一、北史卷九五僚傳、通典卷一八七僚條、册府卷九六〇一一二九四頁「第」都作「等」，疑作「第」誤。

〔二九〕乃自賣以祭祀焉　宋本「祭祀」作「祭祭」。魏書、北史、通志本傳，通典卷一八七，册府卷九六〇一一二九四頁作「供祭」。按文義作「供祭」較長。疑宋本誤「供」作「祭」，後人以「祭祭」不可通，改下「祭」字作「祀」，不知誤在上「祭」字。

〔三〇〕父子伯叔兄弟死者卽以其繼母世叔母及嫂(姊妹)〔弟婦〕等爲妻　宋本「姊」作「弟」。魏書卷一〇一、北史卷九六宕昌羌傳「姊妹」作「弟婦」。册府卷九六一一一三〇五頁作「卽以其繼母、世叔母及兄弟婦、子婦爲妻」。今據魏書、北史改。

〔三一〕有梁(懃)〔勤〕者　宋本及通典卷一九〇「勤」作「勳」。魏書卷一〇一、北史卷九六宕昌羌傳作「懃」。「勤」字誤，今據改。

〔三二〕(帶)〔席〕水以南　魏書、北史本傳「帶」作「㢊」。通典卷一九〇作「席」，注云：「席水在今天水上邽縣。」按魏書卷一〇六下地形志下秦州天水郡上封縣即上邽，避魏諱改下云：「有席水。」水經注卷一七渭水流經上邽東，有籍水入渭，當卽此水。別有曾席水入籍水，乃是小水，不會在地形志特別注出。「㢊」是「席」之訛，又訛作「帶」，今據改。

〔三三〕以企定爲南洮州刺史要安蕃王　周書卷一六、北史卷六一獨孤信傳「要安」作「赤水」。

〔三四〕乃更以其弟彌定爲宕昌王　梁書局本卷五四宕昌傳云：「彌博死，子彌泰立。大同十年，復授以父爵位。」按大同十年卽西魏大統十年五四四年，則此彌博卽企定，彌泰卽彌定，但名既不同，周書作「弟」，梁書作「子」也不同。通鑑卷一五八四九〇七頁亦作「彌定」，考異云：「梁帝紀作『彌泰』，今從典略。」

〔三五〕遂擁衆據渠林川　卷一九宇文貴傳、册府卷二九一三四二五頁「林」作「株」。

〔三六〕四年彌定寇洮州總管李賢擊走之是歲彌定又引吐谷渾寇石門戍賢復破之　按卷二五李賢傳，事在保定五年五六五年。

〔三七〕自舒治至檐桁十一世　通典卷一九〇鄧至條，「檐桁」作「擔術」。

〔三八〕西北至利模徒南界那鄂　通典卷一九〇白蘭條作「西至叱利摸徒，南界郡鄂」。北史卷九六白蘭傳無「至」字，「模」作「摸」。

〔三九〕至裔孫纂爲(苻)〔苻〕堅所滅　局本及魏書卷一〇一、北史卷九六氐傳「苻」作「苻」。按苻堅之姓從艸，不待辯，但局本外諸本都作「符」，故不逕改。本傳下文「符安壽」、「符雙」據局本逕改，不再出校記。

〔四〇〕先是氐首楊法深據陰平自稱〔王〕亦盛之苗裔也　宋本及北史卷九六氐傳「稱」下有「王」字。按梁書卷三武帝紀大同元年十二月：「陰平王楊法深進號驃騎將軍」，是稱王之證。今據補。

〔四一〕趙昶時督成武沙三州諸軍事成州刺史　卷三三趙昶傳稱「拜武州刺史」。

〔四二〕興州人(叚)〔段〕吒及下辯柏樹二縣民反　局本及北史卷九六氐傳「叚」作「段」，是，今據改。下「叚吒」逕改，不出校記。

〔四三〕而陰平盧北二郡氐復往往屯聚　北史本傳「盧北」作「葭蘆」。按盧北郡見隋書卷二九地理志上武都郡長松縣條。楊氏考證卷二云：「舊唐志作蘆北，是。寰宇記：卷一三四文州曲水縣條『蘆北故城在縣東北按檢寰宇記無「北」字五十二里，因葭蘆鎭爲名。』按周書明帝紀卷四二年三月以『葭蘆郡置文州』。疑盧北卽葭蘆，非有二郡。」

〔四四〕厨中主氐復爲寇掠　北史「主」作「生」，較長。

〔四五〕地少桑蠶多麻布其丈夫衣服及死亡殯葬與中夏略同　北史卷九六稽胡傳、通典卷一九七稽胡條「多」下有「衣」字。通典「其丈夫衣服及」作「其丈夫服皮」。

〔四六〕太祖乃遣黄門郎楊(忠)〔㩉〕就安撫之　北史作「黄門侍郎楊樹」。「樹」當作「㩉」。按事見卷三四楊㩉傳，這裏作「楊忠」誤，今據改。

〔四七〕并與其別部劉桑德共爲影響　通典卷一九七「桑」作「素」。

〔四八〕詔大將軍韓(杲)〔果〕討之　局本及北史本傳「杲」作「果」。按事見卷二七韓果傳，今據改。

〔四九〕稽胡帥喬白郎喬素勿同等度河逆戰　北史本傳但作「白郎」，無「喬」字。按「白」也是稽胡姓，未知孰是。

〔五〇〕又遣其大帥穆支據河西　卷一三滕王逌傳「支」作「友」。

〔五一〕汾州稽胡劉受羅千復反　册府明本卷九八四一一五六〇頁作「劉受邏千」，宋本册府同周書。按「羅」「邏」同音通用，「千」疑當作「干」。參卷七校記第二條。

〔五二〕每部置俟(斥)〔斤〕一人　張森楷云：「各傳並作『俟斤』，疑『斥』字誤。」按通典卷二〇〇庫莫奚條、册府卷九五六一一二五四頁、御覽卷八〇一三五五六頁正作「俟斤」，今據改。

周書卷五十

列傳第四十二

異域下

突厥　吐谷渾　高昌　鄯善　焉耆　龜茲　于闐
嚈噠　粟特　安息　波斯

突厥者，蓋匈奴之別種，姓阿史那氏。別爲部落。後爲鄰國所破，盡滅其族。有一兒，年且十歲，兵人見其小，不忍殺之，乃刖其足，棄草澤中。有牝狼以肉飼之，及長，與狼合，遂有孕焉。彼王聞此兒尚在，重遣殺之。使者見狼在側，並欲殺狼。狼遂逃于高昌國之北山。[一]山有洞穴，穴內有平壤茂草，周回數百里，四面俱山。狼匿其中，遂生十男。十男長大，外託妻孕，其後各有一姓，阿史那卽一也。子孫蕃育，漸至數百家。經數世，相與出穴，臣於茹茹。居金山之陽，爲茹茹鐵工。金山形似兜鍪，其俗謂兜鍪爲「突厥」，遂因以爲

號焉。

或云突厥之先出於索國，在匈奴之北。其部落大人曰阿謗步，兄弟十七人。[二]其一曰伊質泥師都，狼所生也。謗步等性並愚癡，國遂被滅。泥師都既別感異氣，能徵召風雨。娶二妻，云是夏神、冬神之女也。一孕而生四男。其一變爲白鴻；其一國於阿輔水、劍水之間，號爲契骨；其一國於處折水；其一居踐斯處折施山，[三]卽其大兒也。山上仍有阿謗步種類，並多寒露。大兒爲出火溫養之，咸得全濟。遂共奉大兒爲主，號爲突厥，卽訥都六設也。訥都六有十妻，所生子皆以母族爲姓，阿史那是其小妻之子也。訥都六死，十母子內欲擇立一人，乃相率於大樹下，共爲約曰，向樹跳躍，能最高者，卽推立之。阿史那子年幼而跳最高者，諸子遂奉以爲主，號阿賢設。此說雖殊，然終狼種也。

其後曰土門，部落稍盛，始至塞上市繒絮，願通中國。大統十一年，太祖遣酒泉胡安諾槃陁使焉。其國皆相慶曰：「今大國使至，我國將興也。」十二年，土門遂遣使獻方物。時鐵勒將伐茹茹，土門率所部邀擊，破之，盡降其衆五萬餘落。恃其彊盛，乃求婚於茹茹。茹茹主阿那瓌大怒，使人罵辱之曰：「爾是我鍛奴，何敢發是言也？」土門亦怒，殺其使者。遂與之絕，而求婚於我。太祖許之。十七年六月，以魏長樂公主妻之。是歲，魏文帝崩，土門遣使來弔，贈馬二百匹。

魏廢帝元年正月，土門發兵擊茹茹，大破之於懷荒北。阿那瓌自殺，其子菴羅辰奔齊，餘衆復立阿那瓌叔父鄧叔子爲主。土門遂自號伊利可汗，猶古之單于也。號其妻爲可賀敦，亦猶古之閼氏也。土門死，子科羅立。

科羅號乙息記可汗。[四]又破叔子於沃野北木賴山。[五]二年三月，科羅遣使獻馬五萬匹。科羅死，弟俟斤立，號木汗可汗。[六]

俟斤一名燕都，[七]狀貌多奇異，面廣尺餘，其色甚赤，眼若瑠璃。性剛暴，務於征伐。乃率兵擊鄧叔子，滅之。叔子以其餘燼來奔。俟斤又西破嚈噠，[八]東走契丹，北并契骨，威服塞外諸國。其地東自遼海以西，西至西海萬里，南自沙漠以北，北至北海五六千里，皆屬焉。

其俗被髮左衽，穹廬氈帳，隨水草遷徙，以畜牧射獵爲務。賤老貴壯，寡廉恥，無禮義，猶古之匈奴也。其主初立，近侍重臣等輿之以氈，隨日轉九回，每一回，臣下皆拜。拜訖，乃扶令乘馬，以帛絞其頸，使纔不至絕，然後釋而急問之曰：「你能作幾年可汗？」其主既神情瞀亂，不能詳定多少。臣下等隨其所言，以驗修短之數。大官有葉護，次(沒)〔設〕，[九]次特(勒)〔勤〕，[一〇]次俟利發，次吐屯發，及餘小官凡二十八等，皆世爲之。兵器有弓矢鳴鏑甲矟刀劍，其佩飾則兼有伏突。旗纛之上，施金狼頭。侍衞之士，謂之附離，夏言亦狼也。蓋

本狼生，志不忘舊。其徵發兵馬，科稅雜畜，[一一]輒刻木爲數，并一金鏃箭，蠟封印之，以爲信契。其刑法：反叛、殺人及姦人之婦、盜馬絆者，皆死；姦人女者，重責財物，卽以其女妻之；鬬傷人者，隨輕重輸物；盜馬及雜物者，各十餘倍徵之。死者，停屍於帳，子孫及諸親屬男女，各殺羊馬，陳於帳前，祭之。繞帳走馬七匝，一詣帳門，以刀剺面，且哭，血淚俱流，如此者七度，乃止。擇日，取亡者所乘馬及經服用之物，并屍俱焚之，收其餘灰，待時而葬。春夏死者，候草木黃落，秋冬死者，候華葉榮茂，然始坎而瘞之。葬之日，親屬設祭，及走馬剺面，如初死之儀。葬訖，於墓所立石建標。其石多少，依平生所殺人數。又以祭之羊馬頭，盡懸挂於標上。是日也，男女咸盛服飾，會於葬所。男有悅愛於女者，歸卽遣人娉問，其父母多不違也。父〔兄〕伯叔死者，[一二]子弟及姪等妻其後母、世叔母及嫂，唯尊者不得下淫。雖移徙無常，而各有地分。可汗恆處於都斤山，牙帳東開，蓋敬日之所出也。每歲率諸貴人，祭其先窟。又以五月中旬，集他人水，拜祭天神。於都斤四五百里，[一三]有高山迥出，上無草樹，謂其爲勃登凝黎，夏言地神也。其書字類胡，而不知年曆，唯以草青爲記。

俟斤部衆既盛，乃遣使請誅鄧叔子等。太祖許之。收叔子以下三千人，[一四]付其使者，殺之於青門外。三年，俟斤襲擊吐谷渾，破之。語在吐谷渾傳。[一五]明帝二年，俟斤遣使來獻方物。保定元年，又三輩遣使貢其方物。

時與齊人交爭，戎車歲動，故每連結之，以爲外援。初，魏恭帝世，俟斤許進女於太祖，契未定而太祖崩。尋而俟斤又以他女許高祖，未及結納，齊人亦遣求婚，俟斤貪其幣厚，將悔之。至是，詔遣涼州刺史楊荐、武伯王慶等往結之。慶等至，諭以信義。俟斤遂絕齊使而定婚焉。仍請舉國東伐。語在荐等傳。

三年，詔隨公楊忠率衆一萬，與突厥伐齊。忠軍度陘嶺，俟斤率騎十萬來會。明年正月，攻齊主於晉陽，不尅。俟斤遂縱兵大掠而還。忠言於高祖曰：「突厥甲兵惡，爵賞輕，首領多而無法令，何謂難制馭。正由比者使人妄道其彊盛，欲令國家厚其使者，身往重取其報。朝廷受其虛言，將士望風畏慴。但虜態詐健，而實易與耳。今以臣觀之，前後使人皆可斬也。」高祖不納。是歲，俟斤復遣使來獻，更請東伐。詔楊忠率兵出沃野，晉公護趣洛陽以應之。會護戰不利，俟斤引還。五年，詔陳公純、大司徒宇文貴、神武公竇毅、南安公楊荐等往逆女。天和二年，俟斤又遣使來獻。陳公純等至，俟斤復貳於齊。會有風雷變，乃許純等以后歸。語在皇后傳。四年，俟斤又遣使獻馬。

俟斤死，弟他鉢可汗立。自俟斤以來，其國富彊，有凌轢中夏志。朝廷既與和親，歲給繒絮錦綵十萬段。突厥在京師者，又待以優禮，衣錦食肉者，常以千數。齊人懼其寇掠，亦傾府藏以給之。他鉢彌復驕傲，至乃率其徒屬曰：「但使我在南兩箇兒孝順，何憂無物邪。」

建德二年，他鉢遣使獻馬。〔一六〕

及齊滅，齊定州刺史、范陽王高紹義自馬邑奔之。他鉢立紹義爲齊帝，召集所部，云爲之復讎。宣政元年四月，他鉢遂入寇幽州，殺略居民。柱國劉雄率兵拒戰，兵敗，死之。高祖親總六軍，將北伐，會帝崩，乃班師。是冬，他鉢復寇邊，圍酒泉，大掠而去。大象元年，他鉢復請和親。帝冊趙王招女爲千金公主以嫁之，並遣執紹義送闕。〔一七〕他鉢不奉詔，仍寇并州。大象二年，〔一八〕始遣使奉獻，且逆公主，而紹義尚留不遣。帝又令賀若誼往諭之，始送紹義云。

吐谷渾，本遼東鮮卑慕容廆之庶兄也。初，吐谷渾馬與廆馬鬬而廆馬傷，廆遣讓之。吐谷渾怒，率其部落去之，止于枹罕，自爲君長。及孫葉延，頗視書傳。以古有王父字爲氏，遂以吐谷渾爲氏焉。

自吐谷渾至伏連籌一十四世。伏連籌死，子夸呂立，〔一九〕始自號爲可汗。治伏俟城，在青海西十五里。雖有城郭，而不居之，恒處穹廬，隨水草畜牧。其地東西三千里，南北千餘里。官有王公、僕射、尚書及郎中、將軍之號。夸呂椎髻、毦、珠，以皂爲帽，坐金師子床。號其妻爲恪尊，衣織成裙，披錦大袍，辮髮於後，首戴金花。

其俗丈夫衣服畧同於華夏，多以羃䍦爲冠，亦以繒爲帽。婦人皆貫珠束髮，以多爲貴。兵器有弓刀甲矟。國無常賦，須則稅富室商人以充用焉。其刑罰，殺人及盜馬者死，餘則徵物，量事決杖。刑人必以氈蒙頭，持石從高擊殺之。父兄亡後，妻後母及嫂等，與突厥俗同。至于婚姻，貧不能備財物者，輒盜女將去。死者亦皆埋殯。其服制，葬訖則除之。性貪婪，忍於殺害。好射獵，以肉酪爲糧。亦知種田，然其北界，氣候多寒，唯得蕪菁、大麥。故其俗貧多富少。青海周回千餘里，海內有小山。每冬冰合後，以良牝馬置此山，至來冬收之，〔二〇〕馬皆有孕，所生得駒，號爲龍種，必多駿異，世傳青海（駿）〔驄〕者也。〔二一〕土出犛牛，烏多鸚鵡。

大統中，夸呂再遣使獻馬及羊牛等。然猶寇抄不止，緣邊多被其害。魏廢帝二年，太祖勒大兵至姑臧，夸呂震懼，遣使貢方物。是歲，夸呂又通使於齊氏。涼州刺史史寧覘知其還，率輕騎襲之於州西赤泉，獲其僕射乞伏觸扳、〔二二〕將軍翟潘密、商胡二百四十人，駞騾六百頭，雜綵絲絹以萬計。魏恭帝二年，史寧又與突厥木汗可汗襲擊夸呂，〔二三〕破之，虜其妻子，大獲珍物及雜畜。語在史寧傳。武成初，夸呂復寇涼州，刺史是云寶戰沒。詔賀蘭祥、宇文貴率兵討之。夸呂遣其廣定王、鍾留王拒戰，〔二四〕祥等破之，廣定等遁走。又攻拔

其洮陽、洪和二城，置洮州以還。保定中，夸呂前後三輩遣使獻方物。天和初，其龍涸王莫昌率衆降，以其地爲扶州。二年五月，復遣使來獻。建德五年，其國大亂。高祖詔皇太子征之，軍渡青海，至伏俟城。夸呂遁走，虜其餘衆而還。明年，又再遣奉獻。〔二五〕宣政初，其趙王他婁屯來降。自是朝獻遂絕。

高昌者，車師前王之故地。東去長安四千九百里，漢西域長史及戊己校尉，竝治於此。晉以其地爲高昌郡。張軌、呂光、沮渠蒙遜據河西，皆置太守以統之。其後有闞爽及沮渠無諱，竝自署爲太守。無諱死，茹茹殺其弟安周，以闞伯周爲高昌王。高昌之稱王，自此始也。伯周之從子首歸，爲高車所滅。次有張孟明、馬儒相繼王之，竝爲國人所害。乃更推立麴嘉爲王。嘉字靈鳳，金城榆中人，本爲儒右長史。魏太和末立。嘉死，子（豎）〔堅〕立。〔二六〕

其地東西三百里，〔二七〕南北五百里。國內總有城一十六。官有令尹一人，比中夏相國；次有公二人，皆其王子也，一爲交河公，一爲田地公；次有左右衞；次有八長史，曰吏部、祠部、庫部、倉部、主客、禮部、民部、兵部等長史也；次有建武、威遠、陵江、殿中、伏波等將

軍；次有八司馬，長史之副也；次有侍郎、校書郎、〔二八〕主簿、從事，階位相次，分掌諸事；次有省事，專掌導引。其大事決之於王，小事則世子及二公隨狀斷決。平章錄記，事訖即除。籍書之外，無久掌文案。〔二九〕官人雖有列位，並無曹府，唯每旦集於牙門評議衆事。諸城各有戶曹、水曹、田曹。每城遣司馬、侍郎相監檢校，名爲城令。服飾，丈夫從胡法，婦人畧同華夏。兵器有弓箭刀楯甲矟。文字亦同華夏，兼用胡書。有毛詩、論語、孝經，置學官弟子，以相教授。雖習讀之，而皆爲胡語。賦稅則計輸銀錢，〔三〇〕無者輸麻布。其刑法、風俗、婚姻、喪葬，與華夏小異而大同。地多石磧，氣候溫暖，穀麥再熟，宜蠶，多五果。有草曰羊刺，其上生蜜焉。

自嘉以來，世修蕃職於魏。大統十四年，詔以其世子玄喜爲王。恭帝二年，又以其田地公茂嗣位。〔三一〕武成元年，其王遣使獻方物。保定初，又遣使來貢。

自燉煌向其國，多沙磧，道里不可准記，唯以人畜骸骨及駞馬糞爲驗，又有魍魎怪異。故商旅來往，多取伊吾路云。

鄯善，古樓蘭國也。東去長安五千里。所治城方一里。地多沙鹵，少水草。北即白龍

堆路。魏太武時，爲沮渠安周所攻，其王西奔且末。西北有流沙數百里，〔三二〕夏日有熱風，爲行旅之患。風之欲至，唯老駞知之，即鳴而聚立，埋其口鼻於沙中。人每以爲候，亦即將氈擁蔽鼻口。其風迅駛，斯須過盡。若不防者，必至危斃。

大統八年，其〔王〕兄鄯米率衆內附。〔三三〕

焉耆國在白山之南七十里，東去長安五千八百里。其王姓龍，即前涼張軌所〔封〕〔討〕龍熙之胤。〔三四〕所治城方二里。部內凡有九城。國小民貧，無綱紀法令。兵有弓刀甲矟。婚姻畧同華夏。死亡者皆焚而後葬，其服制滿七日則除之。丈夫並剪髮以爲首飾。文字與婆羅門同。俗事天神，並崇信佛法。尤重二月八日、四月八日。是日也，其國咸依釋教，齋戒行道焉。氣候寒，土田良沃。穀有稻粟菽麥。畜有駞馬牛羊。養蠶不以爲絲，唯充綿纊。俗尚蒲桃酒，兼愛音樂。南去海十餘里，有魚鹽蒲葦之饒。

保定四年，其王遣使獻名馬。

龜茲國在白山之南一百七十里，東去長安六千七百里。其王姓白，〔三五〕即後涼呂光所立白震之後。所治城方五六里。其刑法，殺人者死，劫賊則斷其一臂，並刖一足。賦稅，准地徵租，無田者則稅銀錢。〔三六〕婚姻、喪葬、風俗、物產與焉耆畧同。〔三七〕唯氣候少溫爲異。又出細氈，麖皮、氍毹、鐃〔多〕〔沙〕、鹽綠、雌黃、胡粉及良馬、封牛等。〔三八〕東有輪臺，即漢貳師將軍李廣利所屠。其南三百里有大水東流，號計戍水，即黃河也。

保定元年，其王遣使來獻。

于闐國在葱嶺之北二百餘里，東去長安七千七百里。所治城方八九里。部內有大城五，小城數十。其刑法，殺人者死，餘罪各隨輕重懲罰之。自外風俗物產與龜茲畧同。俗重佛法，寺塔僧尼甚衆。王尤信向，每設齋日，必親自灑掃饋食焉。城南五十里有贊摩寺，即昔羅漢比丘比盧旃爲其王造覆盆浮圖之所。石上有辟支佛趺處，〔三九〕雙跡猶存。自高昌以西，諸國人等多深目高〔昌以東〕〔鼻，唯〕此一國，貌不甚胡，〔四〇〕頗類華夏。城東二十里有大水北流，號樹枝水，〔四一〕即黃河也。城西十五里亦有大水，名達利水，與樹枝俱北流，同會於計戍。

建德三年，其王遣使獻名馬。

嚈噠國，大月氏之種類，〔四二〕在于闐之西，東去長安一萬百里。其王治拔底延城，蓋王舍城也。其城方十餘里。刑法、風俗，與突厥畧同。其俗又兄弟共娶一妻。夫無兄弟者，其妻戴一角帽，若有兄弟者，依其多少之數，更加帽角焉。其人兇悍，能戰鬬。于闐、安息等大小二十餘國，皆役屬之。〔四三〕

大統十二年，遣使獻其方物。魏廢帝二年，明帝二年，並遣使來獻。後爲突厥所破，部落分散，職貢遂絕。

粟特國在葱嶺之西，蓋古之奄蔡，〔四四〕一名溫那沙。治於大澤，在康居西北。保定四年，其王遣使獻方物。

安息國在葱嶺之西，治蔚搜城。北與康居、西與波斯相接，東去長安一萬七百五十里。天和二年，其王遣使來獻。

波斯國，大月氏之別種，治蘇利城，〔四五〕古條支國也。東去長安一萬五千三百里。城方十餘里，戶十餘萬。王姓波斯氏。〔四六〕坐金羊床，戴金花冠，衣錦袍、織成帔，皆飾以珍珠寶物。〔四七〕其俗：丈夫剪髮，戴白皮帽，貫頭衫，兩廂近下開之，〔四八〕並有巾帔，緣以織成；婦女服大衫，披大帔，〔四九〕其髮前爲髻，後被之，飾以金銀華，仍貫五色珠，絡之於膊。

王於其國內別有小牙十餘所，猶中國之離宮也，每年四月出遊處之，十月乃還。王卽位以後，擇諸子內賢者，密書其名，封之於庫，諸子及大臣皆莫之知也。王死，乃衆共發書視之，其封內有名者，卽立以爲王，餘子各出就邊任。兄弟更不相見也。國人號王曰翳囋，妃曰防步率，〔五〇〕王之諸子曰殺野。大官有摸胡壇，掌國內獄訟；泥忽汗，掌庫藏關禁；地卑勃，掌文書及衆務。〔五一〕次有遏羅訶地，掌王之內事；薩波勃，掌四方兵馬。〔五二〕其下皆有屬官，分統其事。兵器有甲矟圓排劍弩弓箭。戰竝乘象，每象百人隨之。其刑法：重罪懸諸竿上，射而殺之；次則繫獄，新王立乃釋之；輕罪則劓、刖若髡，或翦半鬚，及繫排於

項上，〔五三〕以爲恥辱；犯彊盜者，禁之終身；姦貴人妻者，男子流，婦人割其耳鼻。賦稅則准地輸銀錢。

俗事火祆神。〔五四〕婚合亦不擇尊卑，諸夷之中，最爲醜穢矣。民女年十歲以上有姿貌者，王收養之，有功勳人，卽以分賜。死者多棄屍於山，一月治服。城外有人別居，唯知喪葬之事，號爲不淨人。若入城市，搖鈴自別。以六月爲歲首，尤重七月七日、〔五五〕十二月一日。其日，民庶以上，各相命召，設會作樂，以極歡娛。又以每年正月二十日，各祭其先死者。

氣候暑熱，家自藏冰。地多沙磧，引水溉灌。其五穀及禽獸等，與中夏略同，唯無稻及黍稌。〔五六〕土出名馬及駞，富室至有數千頭者。又出白象、師子、大鳥卵、珍珠、離珠、頗黎、珊瑚、琥珀、瑠璃、馬瑙、水晶、瑟瑟、金、銀、鍮石、金剛、火齊、鑌鐵、銅、錫、朱沙、水銀、綾、錦、白疊、毼、氍毹、毾㲪、〔五七〕赤麞皮，〔五八〕及薰六、鬱金、蘇合、青木等香，胡椒、蓽撥、石蜜、千（牛）〔年〕棗、〔五九〕香附子、訶黎勒、無食子、鹽綠、雌黃等物。

魏廢帝二年，〔六〇〕其王遣使來獻方物。

史臣曰：四夷之爲中國患也久矣，而北狄尤甚焉。昔嚴尤、班固咸以周及秦漢未有得其上策，雖通賢之宏議，而史臣嘗以爲疑。

夫步驟之來，綿自今古；澆淳之變，無隔華戎。是以反道德，棄仁義，凌（替）〔督〕之風歲廣；〔六一〕至涇陽，入北地，允斥之釁日深。爰自金行，逮乎水運，戎夏離錯，〔六二〕風俗混幷。夷裔之情僞，中國畢知之矣；中國之得失，夷裔備聞之矣。若乃不與約誓，不就攻伐，來而禦之，去而守之；夫然則敵有餘力，我無寧歲，將士疲於奔命，疆埸苦其交侵。欲使偃伯靈臺，（歐）〔毆〕世仁壽，〔六三〕其可得乎。是知秩宗之雅旨，護軍之誠說，實有會於當時，而未允於後代也。

然則易稱「見幾而作」，傳云「相時而動」。夫時者，得失之所繫；幾者，吉凶之所由。況乎諸夏之朝，治亂之運代有；戎狄之地，彊弱之勢無恆。若使臣畜之與羈縻，和親之與征伐，因其時而制變，觀其幾而立權，則舉無遺策，謀多上算，獸心之虜，革面匪難，沙幕之北，雲撤何遠。安有周、秦、漢、魏優劣在其間哉。

校勘記

〔一〕狠遂逃于高昌國之北山　「北山」，北史卷九九突厥傳作「西北山」。按隋書卷八四突厥傳、册府

卷九五六一一二五二頁、通典卷一九七突厥條都說「其山在高昌西北」。「西」字不宜省。

〔二〕兄弟十七人　北史本傳作「七十人」。

〔三〕其一居踐斯處折施山　北史本傳、册府（全上卷頁）「踐」作「跋」。按册府此條採自北史。

〔四〕土門死子科羅立科羅號乙息記可汗　隋書卷八四突厥傳云伊利「卒，弟逸可汗立」。伊利卽土門，逸可汗卽科羅或乙息記可汗，作「子」作「弟」不同。

〔五〕又破叔子於沃野北木賴山　北史本傳無「木」字。

〔六〕號木汗可汗　隋書本傳「木汗」作「木扞」，北史本傳作「木杆」。參卷九校記第六條。

〔七〕俟斤一名燕都　通典卷一九七「都」作「尹」。

〔八〕嚈噠　魏書卷一〇二、北史本傳、通典卷一九七「嚈」作「嚈」，魏書目錄作「厭」，隋書卷八三作「悒怛」，都是譯音之異，今後不再出校記。

〔九〕次（沒）〔設〕　北史本傳無此二字。隋書本傳及通典卷一九七「沒」作「設」。按舊唐書卷一九四上突厥傳云：「其別部領兵者皆謂之設」，「沒」字誤，今據改。

〔一〇〕次特（勒）〔勤〕　按近人考證「特勤」皆「特勒」之訛，今改正。

〔一一〕其徵發兵馬科稅雜畜　宋本及北史本傳、通典卷一九七「兵馬」下有「及」字，北史又「科」作「諸」。

〔一二〕父〔兄〕伯叔死者　宋本及北史本傳「父」下有「兄」字，是，今據補。

〔一三〕於都斤四五百里　北史本傳、通典卷一九七、册府卷九六一　一一三一頁「四」作「西」，疑是。

〔一四〕收叔子以下三千人　北史本傳無「三」字。

〔一五〕三年俟斤襲擊吐谷渾破之語在吐谷渾傳　按此「三年」遠承上文魏廢帝元年、二年，似爲廢帝三年，但據同卷吐谷渾傳稱：「魏恭帝二年史寧又與突厥木汗可汗襲擊夸呂，破之」，和本條所述爲一事。「二年」應作「三年」，而繫於恭帝却不誤。本傳記擊破吐谷渾於殺茹茹鄧叔子等之後。據北史卷九八蠕蠕傳鄧叔子等奔關中已在恭帝二年，擊吐谷渾在其後，自應爲恭帝三年無疑。此當脫「魏恭帝」三字。

〔一六〕建德二年他鉢遣使獻馬　卷五武帝紀上事在建德三年。

〔一七〕并遣執紹義送闕　「闕」本作「關」。諸本及北史本傳都作「闕」，殿本刻誤，今逕改。

〔一八〕大象二年　北史本傳無「大象」二字。按前已稱「大象元年」，不應重標年號，當是衍文。

〔一九〕伏連籌死子夸呂立　梁書卷五四河南傳「伏連籌」作「休運籌」，誤，又云：「籌死，子呵羅眞立」，夸呂當是稱號，其名是呵羅眞。

〔二〇〕至來冬收之　北史卷九六吐谷渾傳「多」作「吞」，通典卷一九〇吐谷渾條同周書。

〔二一〕世傳青海(駿)〔驄〕者也　隋書卷八三吐谷渾傳及北史、通典「駿」作「驄」，是，今據改。

〔二二〕獲其僕射乞伏觸扳　宋本「扳」作「拔」，南本作「扱」，北史本傳、通鑑卷一六五五〇九九頁作「狀」。

〔二三〕魏恭帝二年史寧又與突厥木汗可汗襲擊夸呂　北史本傳「二年」作「三年」，通鑑卷一六六五一五二頁繫於梁太平元年，亦卽魏恭帝三年五五六年。本卷突厥傳也作「三年」，但失紀恭帝參上校記第一五條。據此，北史作「三年」是。

〔二四〕夸呂遣其廣定王鐘留王拒戰　北史本傳「鐘」作「鍾」。參卷二〇校記第一三條。

〔二五〕明年又再遣奉獻　北史本傳「遣」下有「使」字，疑周書脫去。

〔二六〕子(豎)〔堅〕立　局本「豎」作「豎」。北史卷九七、梁書卷五四高昌傳作「堅」。「豎」「豎」都是「堅」之訛，今據改。

〔二七〕其地東西三百里　北史本傳「三」作「二」。

〔二八〕次有侍郎校書郎　隋書卷八三及北史本傳「校書郎」作「校郎」，册府卷九六二一一三一八頁作「較郎」，乃明刻本避明諱改。梁書本傳稱有「門下校郎、中兵校郎」，知校郎也像侍郎、郎中之類分列省曹。這裏疑衍「書」字。

〔二九〕無久掌文桉　「桉」原作「按」。宋本作「桉」，北史本傳、通典卷一九一高昌條、册府卷九六二一一三一八頁作「案」，今逕改。

〔三〇〕賦稅則計輸銀錢　北史本傳及通典卷一九一「計」下有「田」字，疑周書脫去。

〔三一〕大統十四年詔以其世子玄喜爲王恭帝二年又以其田地公茂嗣位　北史本傳「玄喜」作「玄嘉」。按上文其祖名嘉。孫不應與祖同名，北史誤。又麴斌造寺碑陰見高昌王麴寶茂名，這裏作「茂」，乃雙名單稱。

〔三二〕西北有流沙數百里　按以下所敍事北史卷九七入且末傳中，這句上面也有「且末」二字。且末在魏時「役屬鄯善」，鄯善王旣奔且末，而鄯善故土後被魏所有。所以周書敍且末乃合於鄯善傳。但牽連敍述，頗不明晰。

〔三三〕大統八年其(王)兄鄯米率衆內附　按這裏所謂「其兄」，乍看好似爲逃奔且末之王名比龍見北史卷九七且末傳者之兄。比龍是魏太武帝時人，到大統已及百年，豈有其兄尚存之理。北史卷九七且末傳和周書相同，而卷五魏本紀文帝大統八年四月云：「鄯善王兄鄯朱那率衆內附」，通典卷一九一樓蘭條作「其王允鄯來率衆內附」，「允」字顯爲「兄」之訛。乃知周書本傳、北史且末傳「其」下都脫「王」字。今據補。其人當是雙名，下一字是「那」，周書、北史單稱，去「那」字北史又衍「善」字，上一字則「米」「来」「朱」形近而訛，未知孰是。

〔三四〕卽前涼張軌所(封)〔討〕龍熙之胤　北史卷九七焉耆傳「封」作「討」。按通典卷一九二焉耆條云：「張駿遣沙州刺史楊宣率衆經理西域，宣以部將張植爲前鋒，軍次其國焉耆，又敍龍熙爲張植所敗，「熙降於宣」。通典此段必出魏書，今本魏書西域傳以北史補，無此紀載。據此，北史作「討」是。今據改。「張軌」當是「張駿」之誤，但恐原本卽誤，今仍之。

〔三五〕其王姓白　按龜茲王姓，「帛」「白」互見，梁書卷五四龜茲傳作「帛」，晉書卷九七龜茲傳作「白」，而卷一二二呂光載記又作「帛」，其例甚多。

〔三六〕賦稅准地徵租無田者則稅銀錢　宋本作「賦稅准地山之夭田者則稅銀錢」。按「夭」爲「无」之訛無疑，「山」當是「出」之訛。周書原文疑作「賦稅准地出之」，「出」字訛作「山」，語不可解，後人遂據北史改。

〔三七〕與焉支略同　宋本作「與治封天白」，不可解，且不知其誤所自。北史卷九七龜茲傳、册府卷九六〇一一二九九頁「支」作「耆」，疑是。

〔三八〕又出細氈甕皮氍毹鐃(多)〔沙〕鹽綠雌黃胡粉及良馬封牛等　册府卷九六〇一一二九九頁此節出周書，但「甕」作「麖」，「鐃多」作「鐃沙」，「雌黃」上有「雄」字，「封」作「犎」。隋書卷八三載產物略有異同，其同者「氍毹」作「氀毲」，「鐃多」作「鐃沙」。北史出于隋書，唯「甕」字百衲本作「麖」，殿本作「麖」；「毲」作「毹」，無「鐃」字。按「甕」見山海經，北史百衲本作「麖」，乃誤刻，册府及北史殿本作「麖」，乃後人所改。「氍毹」「氀毲」是互見，「封」和「犎」也都不誤。周書之「鐃多」當從隋書作「鐃沙」。通典卷一九一龜茲條引西域圖云：「白山一名阿羯山，常有火及煙，卽是出硇沙之處。」「硇」不成字，乃「硇」之訛。「硇」音「鐃」，集韻卷三爻韵云：「硇沙，藥石。」知「鐃沙」卽「硇

沙」、「多」乃「沙」之訛，今據改。

〔三九〕石上有辟支佛趺處　北史卷九七于闐傳「趺」作「跣」，隋書卷八三于闐傳及册府卷九六〇一一二九六頁作「徒跣之跡」。

〔四〇〕自高昌以西諸國人等多深目高（昌以東）〔鼻唯〕此一國貌不甚胡　按于闐安得云「高昌以東」，且與上下文不相應，今據北史本傳、通典卷一九二刪補。

〔四一〕有大水北流號樹枝水　宋本、南本、北本、汲本「枝」都作「拔」，局本訛作「板」。册府卷九五七一一二六三頁作「附枝」，「附」字誤。通典卷一九二于闐條「河源出焉」注云：「名首拔河，亦名樹拔河，或云即黄河也。」疑周書原作「拔」，後人據北史改。

〔四二〕大月氏之種類　北史卷九七嚈噠傳、通典卷一九三嚈噠條「氏」作「氐」。按史記卷一二三大宛傳「月氏王」下正義云：「『氏』音『支』。」作「氐」誤。但諸本皆同，今不改。下波斯傳大月氏條同，不再出校記。

〔四三〕于闐安息等大小二十餘國皆役屬之　北史本傳作「三十許」，通典卷一九三亦作「三十餘所」。

〔四四〕蓋古之庵蔡　北史卷九七粟特傳「庵」作「奄」。張森楷云：「漢書卷九六西域傳作『奄蔡』。」按史記卷一二三大宛傳即作「奄蔡」。「奄」、「庵」音通，但史籍都作「奄」。

〔四五〕治蘇利城　隋書本傳作「蘇藺」，北史本傳作「宿利」，譯音之異。

〔四六〕王姓波斯氏　北史卷九七波斯傳作「其王姓波氏，名斯」，通典卷一九三波斯條作「王姓波斯」，疑此「氏」字乃「氐」之訛。

〔四七〕皆飾以珍珠寶物　宋本、南本及北史木傳、册府卷九六一一一三〇六頁、通典卷一九三「珍」作「眞」。按古籍多作「眞珠」，「珍」字疑後人所改。下「珍珠」同，不再出校記。

〔四八〕兩廂近下開之　册府卷九六一一一三〇六頁作「兩廂延下闕之」，通典卷一九三「廂」作「肩」。按舊唐書一九八波斯傳云：「衣不開襟」，似作「闕之」是。

〔四九〕婦女服大衫披大帔　「披大帔」册府卷九六一一一三〇六頁作「披大帽帔」。按大帽帔卽羃䍦，疑本有「帽」字。

〔五〇〕國人號王曰翳囋妃曰防步率　北史本傳、册府卷九六二一一三一八頁「翳」作「醫」。通典卷一九三「防步率」作「陟率」。

〔五一〕地卑勃掌文書及衆務　北史本傳、册府卷九六二一一三一八頁無「勃」字，北史「卑」作「早」。按册府波斯條卽出北史，知北史原亦作「卑」。

〔五二〕薩波勃掌四方兵馬　北史本傳、册府卷九六二一一三一八頁「薩」作「薛」，本一字。

〔五三〕或翦半鬚及繫排於項上　北史本傳、册府卷九六一一一三〇六頁「鬚」作「鬢」，北史及舊唐書本傳「排」作「牌」。

〔五四〕火祆神　「祆」原作「祅」。諸本都作「祆」，殿本刻誤，但其字實當作「祆」。廣韻卷二先韻「祆」字下云：「胡神，呼煙切。」今逕改。北史本傳、通典卷一九三作「火神天神」，册府卷九六一一一三〇六頁作「火天神」。

〔五五〕尤重七月七日　册府卷九六一一一三〇七頁作「七月十七日」。

〔五六〕黍稴　北史本傳「稴」作「稷」。

〔五七〕氍毹毾㲪　隋書本傳「毹」作「毺」，「毾」作「𣰆」，北史本傳亦作「𣰆」。按三國魏志卷三〇裴注引魏略西戎傳大秦國「織成、氍毹、𣰆㲪皆好」，又云大秦產物有「五色𣰆㲪、五色九色首下𣰆㲪」。後漢書西域天竺傳云：「又有細布、好𣰆㲪」，李賢注：「𣰆音他闔反。」其字應作「𣰆」，作「毾」誤，但諸書版刻也多作「毾」，沿誤已久，今不改。

〔五八〕赤麞皮　隋書本傳、通典卷一九三「麞」作「麖」。參本卷校記第三八條。

〔五九〕千（午）〔年〕棗　隋書、北史、舊唐書本傳、册府卷九六一一一三〇七頁、御覽卷九八一四三四五頁、通典卷一九三「午」都作「年」，是，今據改。

〔六〇〕魏廢帝二年　北史本傳「廢帝」作「恭帝」。

〔六一〕淩（替）〔朁〕之風歲廣　宋本「朁」作「替」，是一字。但此字實當作「朁」，「朁」同「僭」，「淩朁」猶言「淩越」，今據改。

〔六二〕戎夏離錯　宋本「離」作「雜」。按兩通。

〔六三〕（歐）〔毆〕世仁壽　局本「歐」作「毆」。張森楷云：「作『歐』誤。」按漢書禮樂志云：「驅一世之民，濟之仁壽之域」。「毆」同「驅」，「歐」字不可通，今據改。

舊本周書目錄序

周書本紀八，列傳四十二，合五十篇。唐令狐德棻請撰次，而詔德棻與陳叔達、庾儉成之。

仁宗時，出太清樓本，合史館秘閣本，又募天下獻書而取夏竦、李巽家本，下館閣是正其文字。今旣鏤版以傳學官，而臣等始預其是正，又序其目錄一篇曰：

周之六帝，當四海分裂之時，形勢劫束。毅然有志合天下於一，而材足以有爲者，特文帝而已。文帝召蘇綽於稠人之中，始知之未盡也，卧予之言，旣當其意，遂起，并晝夜諮諏酬酢，知其果可以斷安危治亂之謀，而詘己以聽之。考於書，唯府兵之設，斂千歲已散之民而係之兵，庶幾得三代之遺意，能不駭人視聽以就其事，而效見於後世。文帝嘗患文章浮薄，使綽爲大誥以勸，而卒能變一時士大夫之制作。然則勢在人上而欲鼓舞其下者，奚患不成。雖然，非文帝之智內有以得於己，而蘇綽之守外不詘於人，則未可必其能然也。以彼君臣之相遭，非以先王之道，而猶且懇懇以誘之言，又況無所待之豪傑，可易以畜哉？夫以德力行仁，所以爲王霸之異，而至於詘己任人，則未始不同。然而君能畜臣者，天下之至

難。傳曰：「取人以身，修身以道，修道以仁。」蓋道極於不可知之神，而人有其質，推之爲天下國家之用者，以其粗爾；然非致其精於己，則其粗亦不能以爲人。惟能自愛其身，則內不欺其心，內不欺其心，則外不蔽於物，然後好惡無所作，而尙何有己哉？能無己，始可以得己，而足以揆天下之理，知人之言，而邪正無以庾其實，尙何患乎論之不一哉？於是賢能任使之盡其方，而吾所省者以天下之耳目，而小人不能託忠以誣君子，又從而爲之勸禁，則小人忿欲之心已黜於冥冥之際，君子樂以其類進而摩厲其俗，凛然有恥。君臣相與謀於上，因敝以新法度，而令能者馳騖於下，有忠信之守而無傅會遷就之患，則法度有佛於民而下不以情赴上者乎？蓋虛然後能受天下之實，約然後能操天下之煩。垂纓攝衽，俯仰廟堂，無爲以應萬幾者致其思而已矣。夫思之爲王者事，君臣一也，而君之勢則異焉。世獨頌堯、舜之無爲，而安知夫人主自宜無爲，而思則不可一日已也。書曰：「思曰睿。」揚雄曰：「於道則勞。」其不然歟？蓋夫法度善矣，非以道作其人，則不能爲之守。而民之多寡，物之豐殺，法度有視時而革者，必待人而後謀，則是可不致其思乎？苟未能此而徒欲法度之革者，是豈先王爲治之序哉？彼區區之周，何足以議，徒取其能因一時君臣之致好，猶足以見其效，又况慨然行先王之道而得大有爲之勢乎！是固不宜無論也。臣燾、臣安國、臣希謹昧死上。

〔唐〕魏　徵等　撰

隋書

中華書局

唐 魏徵等撰

隋書

第一册

卷一至卷一二(紀志)

中華書局

出版説明

一

隋書八十五卷，包括帝紀五卷，列傳五十卷，志三十卷。

公元六二一年(唐武德四年)，令狐德棻建議修梁、陳、北齊、北周、隋等各朝史。次年，唐朝廷命史臣着手編撰，但歷時數年，没有成書。六二九年(貞觀三年)，重修五朝史，由魏徵「總知其務」，並主編隋書。參加隋書編修的還有顔師古、孔穎達、許敬宗等人。六三六年(貞觀十年)，隋書的帝紀、列傳和其他四朝史同時完成，合稱「五代史」。

當時「五代史」尚未有志。六四一年(貞觀十五年)，于志寧、李淳風、韋安仁、李延壽等又奉命續修史志。初由令狐德棻監修，六五二年(永徽三年)，改由長孫无忌監修。六五六年(顯慶元年)成書，共十志，三十卷。劉知幾史通古今正史篇記載：書成之後，「其篇第雖編入隋書，其實别行，俗呼爲『五代史志』」。又據李延壽北史序傳，當時也稱爲「隋書十志」。從内容來説，十志雖然是配合五朝史的，但記述隋朝部分較詳，對梁、陳、齊、周等都列舉朝代名，於隋則往往僅稱帝號或年號，可見編寫時就以隋朝爲主。舊唐書著録隋書八十五卷，卷數與今本相合，而没有另列「五代史志」或「隋書十志」，是後晉時隋書已包括十志在内。

隋書的「紀傳」和「志」都成於衆手，到宋朝初年，所題撰修人姓名已很不一致(參見宋天聖二年隋書刊本原跋)。一〇二四年(宋天聖二年)刊刻隋書時，「紀傳」部分題魏徵撰，「志」的部分題長孫无忌撰，遂爲後來各本所沿襲。

二

兩唐書經籍、藝文志著録的隋史專著，有王劭隋書等多種，後來都已失傳，只有這部隋書流傳下來。它對於我們今天瞭解和研究隋朝的歷史，是一部重要的史籍。

隋書十志中記載了梁、陳、北齊、北周和隋五朝的典章制度，但記述範圍有時概括整個南北朝時期，甚至追溯到漢魏。食貨志記載了自東晉以來按官品占有勞動力的等級制度、課役制度以及當時的貨幣制度，刑法志記載了梁以來律書的編定和「皇家」立法毁法的情況，都寫得略具輪廓，多少反映了封建專制主義的特點。地理志大體按照隋朝的行政區劃，記載了南北朝以來的建置沿革，並保存了當時經濟史和交通史等方面的資料。律曆志和天文志出于曆法學家李淳風之手，對南北朝以來天文曆法上的成就，作了總結性

中華書局

的敍述。數學家祖沖之關于圓周率的研究成果，曆法學家張子信和劉焯關于「日行盈縮」規律的研究成果，都保存在律曆志裏。其中還有關於漢魏以來度量衡制度演變的記載，是經濟史上的重要資料。音樂志記載的南北朝時期國內各地區以及國內外樂舞藝術交流的情況，說明了導致隋唐「燕樂」產生的歷史條件。燕樂是以中原音樂爲主體，融合了多種音樂因素而形成的，在中國音樂史上有較大的影響。經籍志是繼漢書藝文志後又一部古代文獻總録，除著録當時所存的著作以外，還附載了一些已經亡佚的書，並論述學術的源流。它所採用的圖書分類法，直至清代相沿未變。

三

隋書最早的本子是宋天聖二年刻本，已經失傳。我們這次校勘，用的本子有以下九種：一、宋刻遞修本，現存六十五卷，校記中簡稱「宋小字本」。二、另一種宋刻本，只存五卷，簡稱「宋中字本」。三、元大德饒州路刻本，簡稱「元十行本」（商務印書館「百衲本」即據此影印）。四、元至順瑞州路刻明修本，簡稱「元九行本」。五、明南京國子監本。六、明北京國子監本。七、明汲古閣本。八、清武英殿本。九、清淮南書局本。在以上九種之中，主要是用宋小字本和兩種元刻本互校，並參校其他刻本，擇善而從。版本校勘，一般不出校

記。此外，還參校了通典、太平御覽、册府元龜、資治通鑑、通志等書的有關部分，並採用了前人對隋書的一些研究成果。關於書中的避諱字，天干「丙」字，唐人諱改爲「景」，現一律回改。其他避諱字，一般不改，只在第一次出現時寫出校記。書前的目錄，是我們重編的。

本書初稿由汪紹楹同志點校。後因汪紹楹同志逝世，經陰法魯同志全部覆閱改定。編輯整理工作由鄭經元同志擔任。缺點和錯誤，希望讀者指正。

中華書局編輯部

隋書目錄

中華書局

王仁恭……一五三四
權武……一五三六
吐萬緒……一五三七
董純……一五三九
趙才……一五四〇

卷六十六　列傳第三十一

李諤……一五四三
鮑宏……一五四七
裴政……一五四八
柳莊……一五五〇
源師……一五五二
郎茂……一五五四
高構……一五五六
張虔威……一五五七
榮毗……一五五八
兄建緒……一五五九
陸知命……一五六〇
房彥謙……一五六一

卷六十七　列傳第三十二

虞世基……一五六九
裴蘊……一五七四
裴矩……一五七七

卷六十八　列傳第三十三

宇文愷……一五八七
閻毗……一五九四
何稠……一五九六
劉龍……一五九八
黃亘　亘弟衮……一五九八

卷六十九　列傳第三十四

王劭……一六〇一

袁充……一六一〇

卷七十　列傳第三十五

楊玄感……一六一五
李子雄……一六一九
趙元淑……一六二〇
斛斯政……一六二三
劉元進……一六二三
李密……一六二四
裴仁基……一六三三

卷七十一　列傳第三十六

誠節

劉弘……一六四〇
皇甫誕……一六四〇
子無逸……一六四一
陶模……一六四一
敬釗……一六四二
游元……一六四三
馮慈明……一六四四
張須陁……一六四五
楊善會……一六四七
獨孤盛……一六四九
元文都……一六四九
盧楚……一六五〇
劉子翊……一六五一
堯君素……一六五四
陳孝意……一六五六
張季珣……一六五七
松贇……一六五八

卷七十二　列傳第三十七

孝義

陸彥師……一六六二
田德懋……一六六三
薛濬……一六六三
王頒……一六六五
楊慶……一六六六
郭儁……一六六七
田翼……一六六七
紐回……一六六八
劉士儁……一六六八
郎方貴……一六六八
翟普林……一六六九
李德饒……一六六九
華秋……一六七〇
徐孝肅……一六七一

卷七十三　列傳第三十八

循吏

梁彥光……一六七四
樊叔略……一六七六
趙軌……一六七八
房恭懿……一六七九
公孫景茂……一六八〇
辛公義……一六八一
柳儉……一六八三
郭絢……一六八四
敬肅……一六八四
劉曠……一六八五
王伽……一六八六
魏德深……一六八七

卷七十四　列傳第三十九

酷吏

厙狄士文……一六九二
田式……一六九三
燕榮……一六九四
趙仲卿……一六九六
崔弘度……一六九八
弟弘昇……一七〇〇
元弘嗣……一七〇〇
王文同……一七〇一

卷七十五　列傳第四十

儒林

元善……一七〇七
辛彥之……一七〇八
何妥……一七〇九
蕭該……一七一五
包愷……一七一六
房暉遠……一七一六
馬光……一七一七
劉焯……一七一八
劉炫……一七一九
褚輝……一七二三
顧彪……一七二四
魯世達……一七二四
張沖……一七二四
王孝籍……一七二四

卷七十六　列傳第四十一

文學

劉臻……一七三一
王頍……一七三二
崔儦……一七三三
諸葛潁……一七三四

隋書卷一

帝紀第一

高祖上

高祖文皇帝姓楊氏，諱堅，弘農郡華陰人也。漢太尉震八代孫鉉，[一]仕燕爲北平太守。鉉生元壽，後魏代爲武川鎭司馬，子孫因家焉。元壽生太原太守惠嘏，嘏生平原太守烈，烈生寧遠將軍禎，禎生忠，忠卽皇考也。皇考從周太祖起義關西，賜姓普六茹氏，位至柱國、大司空、隋國公。薨，贈太保，謚曰桓。

皇妣呂氏，以大統七年六月癸丑夜，生高祖於馮翊般若寺，紫氣充庭。有尼來自河東，謂皇妣曰：「此兒所從來甚異，不可於俗間處之。」尼將高祖舍於別館，躬自撫養。皇妣嘗抱高祖，忽見頭上角出，徧體鱗起。皇妣大駭，墜高祖於地。尼自外入見曰：「已驚我兒，致令晚得天下。」爲人龍頷，額上有五柱入頂，目光外射，有文在手曰「王」。長上短下，沈深嚴重。

初入太學，雖至親昵不敢狎也。

年十四，京兆尹薛善辟爲功曹。十五，以太祖勳授散騎常侍、車騎大將軍、儀同三司，封成紀縣公。十六，遷驃騎大將軍，加開府。周太祖見而嘆曰：「此兒風骨，不似代間人！」明帝卽位，授右小宮伯，進封大興郡公。帝嘗遣善相者趙昭視之，昭詭對曰：「不過作柱國耳。」既而陰謂高祖曰：「公當爲天下君，必大誅殺而後定。善記鄙言。」

武帝卽位，遷左小宮伯。出爲隋州刺史，進位大將軍。後徵還，遇皇妣寢疾三年，晝夜不離左右，代稱純孝。宇文護執政，尤忌高祖，屢將害焉，大將軍侯伏侯壽等匡護得免。[二]其後襲爵隋國公。武帝娉高祖長女爲皇太子妃，益加禮重。齊王憲言於帝曰：「普六茹堅相貌非常，臣每見之，不覺自失。恐非人下，請早除之。」帝曰：「此止可爲將耳。」內史王軌驟言於帝曰：「皇太子非社稷主，普六茹堅貌有反相。」帝不悅，曰：「必天命有在，將若之何？」高祖甚懼，深自晦匿。

建德中，率水軍三萬，破齊師於河橋。明年，從帝平齊，進位柱國。與宇文憲破齊任城王高湝於冀州，除定州總管。先是，定州城西門久閉不行。齊文宣帝時，或請開之，以便行路。帝不許，曰：「當有聖人來啓之。」及高祖至而開焉，莫不驚異。尋轉亳州總管。宣帝卽位，以后父徵拜上柱國、大司馬。大象初，遷大後丞、右司武，俄轉大前疑。每巡幸，恒委居守。時帝爲刑經聖制，其法深刻。高祖以法令滋章，非興化之道，切諫，不納。

高祖位望益隆，帝頗以爲忌。帝有四幸姬，並爲皇后，諸家爭寵，數相毀譖。帝每忿怒謂后曰：「必族滅爾家。」因召高祖，命左右曰：「若色動，卽殺之。」高祖既至，容色自若，乃止。

大象二年五月，以高祖爲揚州總管，將發，暴有足疾，不果行。乙未，帝崩。時靜帝幼沖，未能親理政事。內史上大夫鄭譯、御正大夫劉昉以高祖皇后之父，衆望所歸，遂矯詔引高祖入總朝政，都督內外諸軍事。周氏諸王在藩者，高祖悉恐其生變，稱趙王招將嫁女於突厥爲詞以徵之。丁未，發喪。庚戌，周帝拜高祖假黃鉞、左大丞相，百官總己而聽焉。以正陽宮爲丞相府，以鄭譯爲長史，劉昉爲司馬，具置僚佐。宣帝時，刑政苛酷，羣心崩駭，莫有固志。至是，高祖大崇惠政，法令淸簡，躬履節儉，天下悅之。

六月，趙王招、陳王純、越王盛、代王達、滕王逌並至于長安。相州總管尉遲迥自以重臣宿將，志不能平，遂舉兵東夏。趙、魏之士，從者若流，旬日之間，衆至十餘萬。又宇文胄以滎州，石愻以建州，席毗以沛郡，[三]毗弟叉羅以兗州，皆應於迥。迥遣子質於陳請援。高祖命上柱國、鄖國公韋孝寬討之。雍州牧畢王賢及趙、陳等五王，以天下之望歸於高祖，因謀作亂。高祖執賢斬之，寢趙王等之罪，因詔五王劍履上殿，入朝不趨，用安其心。

七月，陳將陳紀、蕭摩訶等寇廣陵，吳州總管于顗轉擊破之。廣陵人杜喬生聚衆反，刺

史元義討平之。韋孝寬破尉遲迥於相州，傳首闕下，餘黨悉平。初，迥之亂也，鄖州總管司馬消難據州響應，淮南州縣多同之。命襄州總管王誼討之，消難奔陳。荆、郢羣蠻乘釁作亂，命亳州總管賀若誼討平之。先是，上柱國王謙爲益州總管，既見幼主在位，政由高祖，遂起巴、蜀之衆，以匡復爲辭。高祖方以東夏、山南爲事，未遑致討。謙進兵屯劍閣，陷始州。至是，乃命行軍元帥、上柱國梁睿討平之，傳首闕下。巴、蜀阻險，人好爲亂，於是更開平道，毀劍閣之路，立銘垂誡焉。五王陰謀滋甚，高祖齎酒肴以造趙王第，欲觀所爲。趙王伏甲以宴高祖，高祖幾危，賴元胄以濟，語在胄傳。於是誅趙王招、越王盛。

九月，以世子勇爲洛州總管、東京小冢宰。壬子，周帝詔曰：「假黃鉞、使持節、左大丞相、都督內外諸軍事、上柱國、大冢宰、隋國公堅，感山河之靈，應星辰之氣，道高雅俗，德協幽顯。釋巾登仕，搢紳傾屬，開物成務，朝野承風。受詔先皇，弼諧寡薄，合天地而生萬物，順陰陽而撫四夷。近者，內有艱虞，外聞妖寇，以鷹鸇之志，運帷帳之謀，行兩觀之誅，掃萬里之外。遐邇淸肅，實所賴焉。四海之廣，百官之富，俱稟大訓，咸餐至道。治定功成，棟梁斯託，神猷盛德，莫二於時。可授大丞相，罷左、右丞相之官，餘如故。」

冬十月壬申，詔贈高祖曾祖烈爲柱國、太保、都督徐兗等十州諸軍事、徐州刺史、隋國公，謚曰康；祖禎爲柱國、太傅、都督陝蒲等十三州諸軍事、同州刺史、隋國公，謚曰獻；考忠

爲上柱國、太師、大冢宰、都督冀定等十三州諸軍事、雍州牧。誅陳王純。癸酉，上柱國、鄖國公韋孝寬卒。

十一月辛未，[四]誅代王達、滕王逌。

十二月甲子，周帝詔曰：

天大地大，合其德者聖人，一陰一陽，調其氣者上宰。所以降神載挺，陶鑄羣生，代蒼蒼之工，成巍巍之業。假黃鉞、使持節、大丞相、都督內外諸軍事、上柱國、大冢宰、隋國公，應百代之期，當千齡之運，家隆台鼎之盛，門有翊贊之勤。心同伊尹，必致堯舜，情類孔丘，憲章文武。爰初入仕，風流映世，公卿仰其軌物，搢紳謂爲師表。入處禁闈，出居藩政，芳猷茂績，問望彌遠。往平東夏，人情未安。燕南趙北，實爲天府，擁節杖旄，任當連率。柔之以德，導之以禮，畏之若神，仰之若日，芳風美迹，歌頌獨存。淮海榛蕪，多歷年代，作鎮南鄙，選衆惟賢，威震殊俗，化行黔首。任掌鉤陳，職司邦政，國之大事，朝寄更深，鑾駕巡游，留臺務廣。周公陝西之任，僅可爲倫，漢臣關內之重，未足相況。

及天崩地坼，先帝升遐，朕以眇年，奄經荼毒，親受顧命，保乂皇家。姦人乘隙，潛圖宗社，無君之意已成，竊發之期有日。英規潛運，大略川迴，匡國庇人，罪人斯得。兩

河遘亂，三魏稱兵，半天之下，洶洶鼎沸。祖宗之基已危，生人之命將殆。[五]安陸作亹，南通吳、越，蜂飛蟻聚，江、漢騷然。巴、蜀鴟張，翻將問鼎，秦塗更阻，漢門重閉。畫籌帷帳，建出師車，諸將稟其謀，壯士感其義，不違時日，咸得清蕩。九功遠被，七德允諧，百僚師師，四門穆穆。光景照臨之地，風雲去來之所，允武允文，幽明同德，驟山驟水，遐邇歸心。使朕繼踵上皇，無爲以治，聲高宇宙，道格天壤。伊尹輔殷，霍光佐漢，方之蔑如也。

昔營丘、曲阜，地多諸國，重耳、小白，錫用殊禮。蕭何優贊拜之儀，番君越公侯之爵。姬、劉以降，代有令謨，宜崇典禮，憲章自昔。可授相國，總百揆，去都督內外諸軍事、大冢宰之號，進公爵爲王，以隋州之崇業，鄖州之安陸、城陽，溫州之宜人，應州之平靖、上明，順州之淮南，士州之永川，昌州之廣昌、安昌，申州之義陽、淮安，息州之新蔡、建安，豫州之汝南、臨潁、廣寧、初安，蔡州之蔡陽，郢州之漢東二十郡爲隋國。劍履上殿，入朝不趨，贊拜不名，備九錫之禮，加璽紱、遠游冠、相國印綠綟綬，位在諸侯王上。隋國置丞相已下，一依舊式。

高祖再讓，不許。乃受王爵、十郡而已。詔進皇祖、考爵並爲王，夫人爲王妃。辛巳，司馬消難以陳師寇江州，刺史成休寧擊却之。

大定元年春二月壬子，令曰：「已前賜姓，皆復其舊。」是日，周帝詔曰：「伊、周作輔，不辭殊禮之錫，桓、文爲霸，允應異物之典，所以表格天之勳，彰不代之業。相國隋王，前加典策，式昭大禮，固守謙光，絲言未綍。宜申顯命，一如往旨。王功必先人，賞存後己，退讓爲本，誠乖朕意。宜命百辟盡詣王宮，衆心克感，必令允納。如有表奏，勿復通聞。」癸丑，文武百官詣閤敦勸，高祖乃受。甲寅，策曰：

咨爾假黃鉞、使持節、大丞相、都督內外諸軍事、上柱國、大冢宰隋王：天覆地載，藉人事以財成，日往月來，由王道而盈昃。五氣陶鑄，萬物流形。誰代上玄之工，斯則大聖而已。曰惟先正，翊亮皇朝。種德積善，載誕上相。精采不代，風骨異人。匡國濟時，除凶撥亂。百神奉職，萬國宅心。殷相以先知悟人，周輔乃弘道於代，方斯蔑如也。今將授王典禮，其敬聽朕命：

朕以不德，早承丕緒，上靈降禍，夙遭愍凶。妖醜覬覦，密圖社稷，宮省之內，疑慮驚心。公受命先皇，志在匡弼，輯諧內外，潛運機衡，姦人懾憚，謀用丕顯，俾贅旒之危爲太山之固。是公重造皇室，作霸之基也。伊我祖、考之代，任寄已深，入掌禁兵，外司藩政，文經武略，久播朝野。戎軒大舉，長驅晉、魏，平陽震熊羆之勢，冀部耀貔豹之威。初平東夏，人情未一。叢臺之北，易水之南，西距井陘，東至滄海，比數千里，舉袂

如帷。委以連城，建旌杖節，敎因其俗，刑用輕典，如泥從印，猶草隨風。此又公之功也。吳、越不賓，多歷年代，淮、海之外，時非國有。爰整其旅，出鎮於亳，武以威物，文以懷遠。羣盜自奔，外戶不閉，人黎慕義，襁負而歸。自北之風，化行南國。此又公之功也。宣帝御宇，任重宗臣，入典八屯，外司九伐。禁衞勤巡警之務，治兵得蒐狩之禮。此又公之功也。鑾駕游幸，頻委留臺，文武注意，軍國諮稟。萬事咸理，反顧無憂。此又公之功也。朕在諒闇，公實總己。磐石之宗，姦回者衆，招引無賴，連結羣小。往者國袞甫爾，已創陰謀，積惡數旬，昆吾方稔。泣誅磬甸，宗廟以寧。此又公之功也。尉迥猖狂，[六]稱兵鄴邑，欲長轂而指北闕，强弩而圍南斗，憑陵三魏之間，震驚九州之半，聚徒百萬，悉成蛇豕，淇水、洹水，一飲而竭。人之死生，翻繫凶豎，壽之長短，不由司命。公乃戒彼鷹揚，出車練卒，誓蒼兕於河朔，建瓴水於山東。口授兵書，手畫行陣，量敵制勝，指日剋期。諸將遵其成旨，壯士感其大義，輕死忘生，轉鬬千里，旗鼓奮發，如火燎毛。玄黃變漳河之水，京觀比爵臺之峨。百城氛祲，一旦廓清。此又公之功也。青土連率，跨據東秦，藉負海之饒，倚連山之險，望三輔而將逐鹿，指六國而願連雞。風雨之兵，助鬼爲虐。本根既拔，枝葉自殞，屈法申恩，示以大信。此又公之功也。申部殘賊，充斥一隅，蠅飛蟻聚，攻州略地。播以玄澤，迷更知反，服而捨之，無費遺鏃。

此又公之功也。宇文冑親則宗枝，外藩巖邑，影響鄴賊，有同就燥。迫脅吏人，叛換城戍，偏師討斃，遂入網羅。束之武牢，〔七〕有同囹圄，事窮將軍，如伏國刑。此又公之功也。檀讓、席毗，擁衆河外。陳、韓、梁、鄭、宋、衞、鄒、魯，村落成梟獍之墟，人庶爲豺狼之餌。强以陵弱，大則吞小，城有晝閉，巷無行人。授律出師，隨機掃定，讓既授首，毗亦梟懸。此又公之功也。司馬消難與國親姻，作鎮安陸，性多嗜欲，意好貪聚。屬城子女，劫掠靡餘，部人貨財，多少具罄。擅誅刺舉之使，專殺儀台之臣。懼罪畏威，動而內奰。蠶食郡縣，鴆毒華夷，睍有王師，自投南裔。帝唐崇山之罰，僅可方此，大漢流禦之刑，是亦相匹。逋逃入藪，荆、郢用安。此又公之功也。王謙在蜀，翻爲厲階，閉劍閣之門，塞靈關之宇，自謂五丁復起，萬夫莫向。分閫推轂，曾不踰時，風馳席卷，一舉大定，擒斬兇惡，掃地無遺。此又公之功也。陳頊因循僞業，自擅金陵，屢遣醜徒，趑趄江北。公指麾藩鎮，無不摧殄。方置文深之柱，〔八〕非止尉佗之拜。此又公之功也。

公有濟天下之勤，重之以明德，始於辟命，屈己登庸。素業清徽，聲掩廊廟，雄規神略，氣蓋朝野。序百揆而穆四門，耻一匡之舉九合。尊賢崇德，尚齒貴功，錄舊旌善，興亡繼絕。寬猛相濟，彝倫攸敍。敦睦帝親，崇奬王室。星象不拆，陰陽自調，玄冥、

祝融如奉太公之召，雨師、風伯似應成王之宰。祥風嘉氣，觸石搖林，瑞獸異禽，游園鳴閣。至功至德，可大可久，盡品物之和，究杳冥之極。

朕又聞之，昔者明王設官胙土，營丘四履，得征五侯，參墟寵章，異其禮物。故藩屏作固，垂拱責成，沈默巖廊，不下堂席。公道高往烈，賞薄前王。朕以眇身，託于兆人之上，求諸故實，甚用懼焉。往加大典，憲章在昔。謙以自牧，未應朝禮。日月不居，便已隔歲。時談物議，其謂朕何！今進授相國總百揆，以申州之義陽等二十郡爲隋國。今命使持節、太傅、上柱國、杞國公椿，大宗伯、大將軍、金城公趙煚，授相國印綬。相國禮絕百辟，任總羣官，舊職常典，宜與事革。昔堯臣太尉，舜佐司空，姬旦相周，霍光輔漢，不居藩國，唯在天朝。其以相國總百揆，去衆號焉。上所假節、大丞相、大冢宰印綬。

又加九錫，其敬聽朕後命。以公執律修德，慎獄恤刑，爲其訓範，人無異志，是用錫公大輅、戎輅各一，玄牡二駟。公勤心地利，所寶人天，崇本務農，公私殷阜，是用錫公衮冕之服，赤舄副焉。公樂以移風，雅以變俗，遐邇胥悅，天地咸和，是用錫公軒懸之樂，六佾之舞。公仁風德教，覃及海隅，荒忽幽遐，迴首內向，是用錫公朱戶以居。公水鏡人倫，銓衡庶職，能官流詠，遺賢必舉，是用錫公納陛以登。公執鈞於內，正性率下，犯義無禮，罔不屏黜，是用錫公武賁之士三百人。〔九〕公元本闕。是用錫公鈇鉞各一。公威嚴夏日，精厲秋霜，猾夏必誅，顧眄天壤，掃清姦宄，折衝無外，是用錫公彤弓一、彤矢百，盧弓十、盧矢千。惟公孝通神明，肅恭祀典，尊嚴如在，情切幽明，是用錫公秬鬯一卣，珪瓚副焉。隋國置丞相以下，一遵舊式。往欽哉！其敬循往策，祗服大典，簡恤爾庶功，對揚我太祖之休命。

於是建臺置官。

丙辰，〔一〇〕詔王冕十有二旒，建天子旌旗，出警入蹕，乘金根車，駕六馬，備五時副車，置旄頭雲罕，樂舞八佾，設鍾虡宮懸。王妃爲王后，長子爲太子。前後三讓，乃受。

俄而周帝以衆望有歸，乃下詔曰：「元氣肇闢，樹之以君，有命不恒，所輔惟德。天心人事，選賢與能，盡四海而樂推，非一人而獨有。周德將盡，妖孽遞生，骨肉多虞，藩維構釁，影響同惡，過半區宇，或小或大，圖帝圖王，則我祖宗之業，不絕如線。相國隋王，叡聖自天，英華獨秀，刑法與禮儀同運，文德共武功俱遠，愛萬物其如己，任兆庶以爲憂。手運璣衡，躬命將士，芟夷姦宄，刷蕩氛祲，化通冠帶，威震幽遐。虞舜之大功二十，未足相比，姬發之合位三五，豈可足論。況木行已謝，火運既興，河、洛出革命之符，星辰表代終之象。煙雲改色，笙簧變音，獄訟咸歸，謳歌盡至。且天地合德，日月貞明，故以稱大爲王，照臨下土。朕

雖寡昧，未達變通，幽顯之情，皎然易識。今便祗順天命，出遜別宮，禪位於隋，一依唐、虞、漢、魏故事。」高祖三讓，不許。遣兼太傅、上柱國、杞國公椿奉册曰：

咨爾相國隋王：粵若上古之初，爰啓清濁，降符授聖，爲天下君。事上帝而理兆人，和百靈而利萬物，非以區宇之富，未以宸極爲尊。大庭、軒轅以前，驪連、赫胥之日，咸以無爲無欲，不將不迎。遐哉！其詳不可聞已。厥有載籍，遺文可觀。聖莫逾於堯，美未過於舜。堯得太尉，已作運衡之篇，舜遇司空，便敍精華之竭。彼褰裳脫屣，貳宮設饗，百辟歸禹，若帝之初。斯蓋上則天時，不敢不授，下祗天命，不可不受。湯代於夏，武革於殷，干戈揖讓，雖復異揆，應天順人，其道靡異。自漢迄晉，有魏至周，天曆逐獄訟之歸，神鼎隨謳歌之去。道高者稱帝，籙盡者不王，與夫文祖、神宗無以別也。

周德將盡，禍難頻興，宗戚姦回，咸將竊發。顧瞻宮闕，將圖宗社，藩維連率，逆亂相尋。搖蕩三方，不合如礪，蛇行鳥攫，投足無所。王受天明命，叡德在躬，救頹運之艱，匡墜地之業，拯大川之溺，撲燎原之火，除羣凶於城社，廓妖氛於遠服，至德合於造化，神用洽於天壤。八極九野，萬方四裔，圓首方足，罔不樂推。往歲長星夜掃，經天晝見，八風比夏后之作，五緯同漢帝之聚，除舊之徵，昭然在上。近者赤雀降祉，玄龜效靈，鍾石變音，蛟魚出穴，布新之貺，煥焉在下。九區歸往，百靈協贊，人神屬望，我

不獨知。仰祇皇靈，俯順人願，今敬以帝位禪於爾躬。天祚告窮，天祿永終。於戲！王宜允執厥和，[一一]儀刑典訓，升圓丘而敬蒼旻，御皇極而撫黔黎，副率土之心，恢無疆之祚，可不盛歟！

遣大宗伯、大將軍、金城公趙煚奉皇帝璽紱，百官勸進。高祖乃受焉。

開皇元年二月甲子，上自相府常服入宮，備禮卽皇帝位於臨光殿。設壇於南郊，遣使柴燎告天。是日，告廟，大赦，改元。京師慶雲見。易周氏官儀，依漢、魏之舊。以柱國、相國司馬、渤海郡公高熲爲尚書左僕射兼納言，相國司錄、沁源縣公虞慶則爲內史監兼吏部尚書，相國內郎、咸安縣男李德林爲內史令，上開府、漢安縣公韋世康爲禮部尚書，上開府、義寧縣公元暉爲都官尚書，開府、民部尚書、[一二]昌國縣公元巖爲兵部尚書，上儀同、司宗長孫毗爲工部尚書，上儀同、司會楊尚希爲度支尚書，上柱國、雍州牧、邗國公楊惠爲左衞大將軍。乙丑，追尊皇考爲武元皇帝，廟號太祖，皇妣爲元明皇后。遣八使巡省風俗。丙寅，修廟社。立王后獨孤氏爲皇后，王太子勇爲皇太子。丁卯，以大將軍、金城郡公趙煚爲尚書右僕射，上開府、濟陽侯伊婁彥恭爲左武候大將軍。[一三]己巳，以周帝爲介國公，邑五千戶，爲隋室賓。旌旗車服禮樂，一如其舊。上書不爲表，答表不稱詔。周氏諸王，盡降爲公。辛

未，以皇弟同安郡公爽爲雍州牧。乙亥，封皇弟邵國公慧爲滕王，同安公爽爲衞王，皇子鴈門公廣爲晉王，俊爲秦王，秀爲越王，諒爲漢王。以上柱國、幷州總管、申國公李穆爲太師，上柱國、鄧國公竇熾爲太傅，上柱國、幽州總管、任國公于翼爲太尉，觀國公田仁恭爲太子太師，武德郡公柳敏爲太子太保，濟南郡公孫恕爲太子少傅，開府蘇威爲太子少保。丁丑，以晉王廣爲幷州總管，以陳留郡公楊智積爲蔡王，興城郡公楊靜爲道王。戊寅，以官牛五千頭分賜貧人。

三月辛巳，高平獲赤雀，太原獲蒼烏，長安獲白雀，各一。宣仁門槐樹連理，衆枝內附。壬午，白狼國獻方物。甲申，太白晝見。乙酉，又晝見。以上柱國元景山爲安州總管。丁亥，詔犬馬器玩口味不得獻上。戊子，弛山澤之禁。以上開府、當亭縣公賀若弼爲楚州總管，和州刺史、新義縣公韓擒爲廬州總管。[一四]己丑，盩厔縣獻連理樹，植之宮庭。辛卯，以上柱國、神武郡公竇毅爲定州總管。戊戌，以太子少保蘇威兼納言、吏部尚書，餘官如故。庚子，詔曰：「自古帝王受終革代，建侯錫爵，多與運遷。朕應籙受圖，君臨海內，載懷沿革，事有不同。然則前帝後王，俱在兼濟，立功立事，爵賞仍行。苟利於時，共致一揆，何謂物我之異，無計今古之殊。共前代品爵，悉可依舊。」丁未，梁主蕭巋使其太宰蕭巖、司空劉義來賀。

四月辛巳，大赦。壬午，太白、歲星晝見。戊戌，太常散樂並放爲百姓。禁雜樂百戲。辛丑，陳散騎常侍韋鼎、兼通直散騎常侍王瑳來聘于周，至而上已受禪，致之介國。是月，發稽胡修築長城，二旬而罷。

五月戊子，[一五]封邗國公楊雄爲廣平王，永康郡公楊弘爲河間王。辛未，介國公薨，上舉哀於朝堂，以其族人洛嗣焉。

六月癸未，詔以初受天命，赤雀降祥，五德相生，赤爲火色。其郊及社廟，依服冕之儀，而朝會之服，旗幟犧牲，盡令尙赤。戎服以黃。

秋七月乙卯，上始服黃，百僚畢賀。庚午，靺鞨酋長貢方物。

八月壬午，廢東京官。突厥阿波可汗遣使貢方物。甲午，遣行軍元帥樂安公元諧，擊吐谷渾於青海，破而降之。

九月戊申，戰亡之家，遣使賑給。庚午，陳將周羅睺攻陷胡墅，蕭摩訶寇江北。辛未，以越王秀爲益州總管，改封爲蜀王。壬申，以上柱國、薛國公長孫覽，上柱國、宋安公元景山，並爲行軍元帥，以伐陳，仍命尚書左僕射高熲節度諸軍。突厥沙鉢略可汗遣使貢方物。是月，行五銖錢。

冬十月乙酉，百濟王扶餘昌遣使來賀，授昌上開府、儀同三司、帶方郡公。戊子，行新律。壬辰，行幸岐州。

十一月乙卯，以永昌郡公竇榮定爲右武候大將軍。[一六]丁卯，遣兼散騎侍郎鄭撝使於陳。己巳，有流星，聲如隤牆，光燭于地。

十二月戊寅，以申州刺史尒朱敞爲金州總管。甲申，以禮部尚書韋世康爲吏部尚書。己丑，以柱國元衮爲鄜州總管，興勢郡公衞玄爲淮州總管。庚子，至自岐州。壬寅，高麗王高陽遣使朝貢，授陽大將軍、遼東郡公。太子太保柳敏卒。

二年春正月癸丑，幸上柱國王誼第。庚申，幸安成長公主第。陳宣帝殂，子叔寶立。辛酉，置河北道行臺尚書省於幷州，以晉王廣爲尚書令。置河南道行臺尚書省於洛州，以秦王俊爲尚書令。置西南道行臺尚書省於益州，以蜀王秀爲尚書令。戊辰，陳遣使請和，歸我胡墅。辛未，高麗、百濟並遣使貢方物。甲戌，詔舉賢良。

二月己丑，詔高熲等班師。庚寅，以晉王廣爲左武衞大將軍，秦王俊爲右武衞大將軍，餘官並如故。辛卯，幸趙國公獨孤陁第。庚子，京師雨土。

三月戊申，開渠，引杜陽水於三時原。

四月丁丑，以寧州刺史竇榮定爲左武候大將軍。庚寅，大將軍韓僧壽破突厥於雞頭山，

上柱國李充破突厥於河北山。

五月戊申，以上柱國、開府長孫平爲度支尚書。己酉，旱，上親省囚徒。其日大雨。己未，高寶寧寇平州，突厥入長城。庚申，以豫州刺史皇甫績爲都官尚書。壬戌，太尉、任國公于翼薨。甲子，改傳國璽曰受命璽。

六月壬午，以太府卿蘇孝慈爲兵部尚書，雍州牧、衞王爽爲原州總管。甲申，使使弔於陳國。乙酉，上柱國李充破突厥於馬邑。戊子，以上柱國叱李長叉爲蘭州總管。辛卯，以上開府佘朱敞爲徐州總管。

丙申，詔曰：「朕祗奉上玄，君臨萬國，屬生人之敝，處前代之宮。常以爲作之者勞，居之者逸，改創之事，心未遑也。而王公大臣陳謀獻策，咸云羲、農以降，至于姬、劉，有當代而屢遷，無革命而不徙。曹、馬之後，時見因循，乃末代之宴安，非往聖之宏義。此城從漢，彫殘日久，屢爲戰場，舊經喪亂。今之宮室，事近權宜，又非謀筮從龜，瞻星揆日，不足建皇王之邑，合大衆所聚。論變通之數，具幽顯之情，同心固請，詞情深切。然則京師百官之府，四海歸向，非朕一人之所獨有。苟利於物，其可違乎！且殷之五遷，恐人盡死，是則以吉凶之土，制長短之命。謀新去故，如農望秋，雖暫劬勞，其究安宅。今區宇寧一，陰陽順序，安安以遷，勿懷胥怨。龍首山川原秀麗，卉物滋阜，卜食相土，宜建都邑，定鼎之基永固，無

窮之業在斯。公私府宅，規模遠近，營構資費，隨事條奏。」仍詔左僕射高熲、將作大匠劉龍、鉅鹿郡公賀婁子幹、太府少卿高龍叉等創造新都。

秋八月癸巳，以左武候大將軍竇榮定爲秦州總管。

十月癸酉，皇太子勇屯兵咸陽，以備胡。庚寅，上疾愈，享百僚於觀德殿。賜錢帛，皆任其自取，盡力而出。辛卯，以營新都副監賀婁子幹爲工部尚書。

十一月丙午，高麗遣使獻方物。

十二月辛未，上講武於後園。甲戌，上柱國竇毅卒。丙子，名新都曰大興城。乙酉，遣沁源公虞慶則屯弘化，備胡。突厥寇周槃，行軍總管達奚長儒擊之，爲虜所敗。丙戌，賜國子生經明者束帛。丁亥，親錄囚徒。

三年春正月庚子，將入新都，大赦天下。禁大刀長矟。癸亥，高麗遣使來朝。

二月己巳朔，日有蝕之。壬申，宴北道勳人。癸酉，陳遣兼散騎常侍賀徹、兼通直散騎常侍蕭褒來聘。突厥寇邊。甲戌，涇陽獲毛龜。癸未，以左衞大將軍李禮成爲右武衞大將軍。

三月丁未，上柱國、鮮虞縣公謝慶恩卒。己酉，以上柱國達奚長儒爲蘭州總管。丙辰，

雨，常服入新都。京師醴泉出。丁巳，詔購求遺書於天下。庚申，宴百僚，班賜各有差。癸亥，城榆關。

夏四月己巳，上柱國、建平郡公于義卒。庚午，吐谷渾寇臨洮，洮州刺史皮子信死之。〔一七〕辛未，高麗遣使來朝。壬申，以尚書右僕射趙煚兼內史令。丁丑，以滕王瓚爲雍州牧。己卯，衞王爽破突厥於白道。庚辰，行軍總管陰壽破高寶寧於黃龍。甲申，旱，上親祀雨師於國城之西南。丙戌，詔天下勸學行禮。以濟北郡公梁遠爲汶州總管。己丑，陳郢州城主張子譏遣使請降，上以和好，不納。辛卯，遣兼散騎常侍薛舒、兼通直散騎常侍王劭使於陳。癸巳，上親雩。甲午，突厥遣使來朝。

五月癸卯，行軍總管李晃破突厥於摩那渡口。甲辰，高麗遣使來朝。乙巳，梁太子蕭琮來賀遷都。丁未，靺鞨貢方物。戊申，幽州總管陰壽卒。辛酉，有事於方澤。壬戌，行軍元帥竇榮定破突厥及吐谷渾於涼州。丙寅，赦黃龍死罪已下。

六月庚午，以衞王爽子集爲遂安郡王。戊寅，突厥遣使請和。庚辰，行軍總管梁遠破吐谷渾於爾汗山，斬其名王。壬申，〔一八〕以晉州刺史燕榮爲青州總管。己丑，以河間王弘爲寧州總管。乙未，幸安成長公主第。

秋七月辛丑，以豫州刺史周搖爲幽州總管。壬戌，詔曰：「行仁蹈義，名教所先，厲俗敦

風，宜見褒獎。往者，山東、河表，經此妖亂，孤城遠守，多不自全。濟陰太守杜猷身陷賊徒，命懸寇手。郡省事范臺玫傾產營護，免其戮辱。眷言誠節，實有可嘉，宜超恒賞，用明沮勸。臺玫可大都督，假湘州刺史。」丁卯，日有蝕之。〔一九〕

八月丁丑，靺鞨貢方物。己卯，以右武衞大將軍李禮成爲襄州總管。壬午，遣尚書左僕射高熲出寧州道，內史監虞慶則出原州道，並爲行軍元帥，以擊胡。戊子，上有事於太社。

九月壬子，幸城東，觀稼穀。癸丑，大赦天下。

冬十月甲戌，廢河南道行臺省，以秦王俊爲秦州總管。

十一月己酉，發使巡省風俗，因下詔曰：「朕君臨區宇，深思治術，欲使生人從化，以德代刑，求草萊之善，旌閭里之行。民間情僞，咸欲備聞。已詔使人，所在賑恤，揚鑣分路，將遍四海，必令爲朕耳目。如有文武才用，未爲時知，宜以禮發遣，朕將銓擢。其有志節高妙，越等超倫，亦仰使人就加旌異，令一行一善奬勸於人。遠近官司，遐邇風俗，巨細必紀，還日奏聞。庶使不出戶庭，坐知萬里。」庚辰，陳遣散騎常侍周墳、通直散騎常侍袁彥來聘。陳主知上之貌異世人，使彥畫像持去。甲午，罷天下諸郡。

閏十二月乙卯，遣兼散騎常侍曹令則、通直散騎常侍魏澹使於陳。戊午，以上柱國竇榮定爲右武衞大將軍，刑部尚書蘇威爲民部尚書。

四年春正月甲子，日有蝕之。己巳，有事於太廟。辛未，有事於南郊。壬申，梁主蕭巋來朝。甲戌，大射於北苑，十日而罷。壬午，齊州水。辛卯，渝州獲獸似麋，一角同蹄。壬辰，班新曆。

二月乙巳，上餞梁主於霸上。丁未，靺鞨貢方物。突厥蘇尼部男女萬餘人來降。庚戌，幸隴州。突厥可汗阿史那玷率其屬來降。

夏四月己亥，勑總管、刺史父母及子年十五已上，不得將之官。庚子，以吏部尚書虞慶則爲尚書右僕射，瀛州刺史楊尚希爲兵部尚書，毛州刺史劉仁恩爲刑部尚書。甲辰，以上柱國叱李長叉爲信州總管。丁未，宴突厥、高麗、吐谷渾使者於大興殿。丁巳，以上大將軍賀婁子幹爲榆關總管。

五月癸酉，契丹主莫賀弗遣使請降，拜大將軍。丙子，以柱國馮昱爲汾州總管。乙酉，以汴州刺史呂仲泉爲延州總管。

六月庚子，降囚徒。乙巳，以鴻臚卿乙弗寔爲冀州總管，上柱國豆盧勣爲夏州總管。壬子，開渠，自渭達河以通運漕。戊午，秦王俊來朝。

秋七月丙寅，陳遣兼散騎常侍謝泉、兼通直散騎常侍賀德基來聘。

八月甲午，遣十使巡省天下。戊戌，衞王爽來朝。是日，以秦王俊納妃，宴百僚，頒賜各有差。壬寅，上柱國、太傅、鄧國公竇熾薨。丁未，宴秦王官屬，賜物各有差。壬子，享陳使。乙卯，陳將夏侯苗請降，上以通和，不納。

九月甲子，幸襄國公主第。乙丑，幸霸水，觀漕渠，賜督役者帛各有差。己巳，上親錄囚徒。庚午，契丹內附。甲戌，駕幸洛陽，關內饑也。癸未，太白晝見。

冬十一月壬戌，遣兼散騎常侍薛道衡、通直散騎常侍豆盧寔使於陳。癸亥，以榆關總管賀婁子幹爲雲州總管。

五年春正月戊辰，詔行新禮。

三月戊午，以尚書左僕射高熲爲左領軍大將軍，上柱國宇文忻爲右領軍大將軍。

夏四月甲午，契丹主多彌遣使貢方物。壬寅，上柱國王誼謀反，伏誅。乙巳，詔徵山東馬榮伯等六儒。戊申，車駕至自洛陽。

五月甲申，詔置義倉。梁主蕭巋殂，其太子琮嗣立。遣上大將軍元契使于突厥阿波可汗。

秋七月庚申，陳遣兼散騎常侍王話、兼通直散騎常侍阮卓來聘。丁丑，以上柱國宇文慶爲涼州總管。壬午，突厥沙鉢略上表稱臣。

八月丙戌，沙鉢略可汗遣子庫合眞特勤來朝。〔一〇〕甲辰，河南諸州水，遣民部尚書邳國公蘇威賑給之。戊申，有流星數百，四散而下。己酉，幸栗園。

九月丁巳，至自栗園。乙丑，改鮑陂曰杜陂，霸水爲滋水。陳將湛文徹寇和州，儀同三司費寶首獲之。丙子，遣兼散騎常侍李若、兼通直散騎常侍崔君贍使於陳。

冬十月壬辰，以上柱國楊素爲信州總管，朔州總管吐萬緒爲徐州總管。

十一月甲子，以上大將軍源雄爲朔州總管。丁卯，晉王廣來朝。

十二月丁未，降囚徒。戊申，以上柱國達奚長儒爲夏州總管。

六年春正月甲子，党項羌內附。庚午，班曆於突厥。辛未，以柱國韋洸爲安州總管。壬申，遣民部尚書蘇威巡省山東。

二月乙酉，山南荆、淅七州水，遣前工部尚書長孫毗賑恤之。丙戌，制刺史上佐每歲暮更入朝，上考課。丁亥，發丁男十一萬修築長城，二旬而罷。乙未，以上柱國崔弘度爲襄州總管。庚子，大赦天下。

三月己未，洛陽男子高德上書，請上爲太上皇，傳位皇太子。上曰：「朕承天命，撫育蒼

生，日旰孜孜，猶恐不逮。豈學近代帝王，事不師古，傳位於子，自求逸樂者哉！」癸亥，突厥沙鉢略遣使貢方物。

夏四月己亥，陳遣兼散騎常侍周磻、兼通直散騎常侍江椿來聘。

秋七月辛亥，河南諸州水。乙丑，京師雨毛，如馬鬉尾，長者二尺餘，短者六七寸。

八月辛卯，關內七州旱，免其賦稅。遣散騎常侍裴豪、兼通直散騎常侍劉顗聘于陳。戊申，上柱國、太師、申國公李穆薨。

閏月己酉，以河州刺史段文振爲蘭州總管。丁卯，皇太子鎮洛陽。辛未，晉王廣、秦王俊並來朝。丙子，上柱國、郕國公梁士彥，上柱國、杞國公宇文忻，柱國、舒國公劉昉，以謀反伏誅。上柱國、許國公宇文善坐事除名。

九月辛巳，上素服御射殿，詔百僚射，賜梁士彥三家資物。丙戌，上柱國、宋安郡公元景山卒。庚子，以上柱國李詢爲隰州總管。辛丑，詔大象已來死事之家，咸令賑恤。

冬十月己酉，以河北道行臺尚書令、并州總管、晉王廣爲雍州牧，餘官如故，兵部尚書楊尚希爲禮部尚書。癸丑，置山南道行臺尚書省於襄州，以秦王俊爲尚書令。丙辰，以芳州刺史駱平難爲疊州刺史，衡州總管周法尚爲黃州總管。甲子，甘露降于華林園。

七年春正月癸巳，有事于太廟。乙未，制諸州歲貢三人。

二月丁巳，祀朝日于東郊。己巳，陳遣兼散騎常侍王亨、兼通直散騎常侍王昚來聘。壬申，車駕幸醴泉宮。是月，發丁男十萬餘修築長城，二旬而罷。

夏四月己酉，幸晉王第。庚戌，於揚州開山陽瀆，以通運漕。突厥沙鉢略可汗卒，其子雍虞閭嗣立，〔二一〕是爲都藍可汗。癸亥，頒青龍符於東方總管、刺史，西方以騶虞，〔二二〕南方以朱雀，北方以玄武。甲戌，遣兼散騎常侍楊同、兼通直散騎常侍崔儦使于陳。以民部尚書蘇威爲吏部尚書。

五月乙亥朔，日有蝕之。己卯，雨石于武安、滏陽間十餘里。

秋七月己丑，衞王爽薨，上發喪於門下外省。

八月丙午，以懷州刺史源雄爲朔州總管。庚申，梁主蕭琮來朝。

九月乙酉，梁安平王蕭巖掠於其國，以奔陳。辛卯，廢梁國，曲赦江陵。以梁主蕭琮爲柱國，封莒國公。

冬十月庚申，行幸同州，以先帝所居，降囚徒。癸亥，幸蒲州。丙寅，宴父老，上極歡，曰：「此間人物，衣服鮮麗，容止閑雅，良由仕宦之鄉，陶染成俗也。」

十一月甲午，幸馮翊，親祠故社。父老對詔失旨，上大怒，免其縣官而去。戊戌，至自

馮翊。

校勘記

〔一〕漢太尉震八代孫鉉　「代」應作「世」，唐人諱改。按本書中「世」、「代」雜出，其他避諱字也有類似情況，當是唐時修史非出於一人之手，前後並不一致，而後人校史時又有回改。以後凡遇有這種避諱情況，只在某一避諱字第一次出現時出校記。

〔二〕侯伏侯壽　周書侯植傳、又武帝紀作「侯伏侯萬壽」。按：書中一部分人名往往有省一字的，以後凡遇有這種情況，只在某一人名第一次出現時出校記。

〔三〕席毗　本書李禮成傳作「席毗羅」。

〔四〕十一月辛未　岑仲勉隋書求是以下簡稱求是：周書八靜帝紀作「十二月辛未」。十一月癸未朔，無辛未，蓋誤。按：十二月壬子朔，辛未爲二十日，不應在下文「十二月甲子」（十三日）前。此處當有訛誤或顚倒。

〔五〕生人之命將殆　「人」應作「民」，唐人諱改。

〔六〕尉迥　卽尉遲迥。

〔七〕武牢　「武」應作「虎」，唐人諱改。

〔八〕文深之柱　「深」應作「淵」，唐人諱改。馬援字文淵，立銅柱事見後漢書本傳。

〔九〕武賁　「武」應作「虎」，唐人諱改。

〔一〇〕丙辰　「丙」原作「景」。唐人諱「昞」，「丙」與「昞」同音，因改「丙」爲「景」，今回改。下同。

〔一一〕允執厥和　「和」應作「中」，語出僞古文尚書大禹謨。隋人諱「忠」，「中」與「忠」同音，因改「中」爲「和」。

〔一二〕民部尚書　本書元巖傳作「民部中大夫」。隋人諱「忠」，改「中大夫」爲「尙書」。

〔一三〕伊婁彥恭　卽伊婁謙。

〔一四〕韓擒　應作「韓擒虎」，唐人避諱，省「虎」字。

〔一五〕五月戊子　北史隋本紀上作「戊午」。此月己酉朔，有戊午，無戊子。

〔一六〕永昌郡公　本書竇榮定傳作「永富縣公」，又來和傳作「永富公」。

〔一七〕洮州　求是認爲當從吐谷渾傳作「旭州」。按元和郡縣志以下簡稱元和志三九洮州條：「貞觀四年州移治故洪和城，於此置臨洮鎭。五年廢鎭，置『御諱州』。」此處的「御諱州」，唐書三八地理志作「旭州」。宋人刊元和志時避趙頊（宋神宗）嫌名改（頊、旭，音近）。因此，這裏的「洮州」也可能是宋人改的。

〔一八〕壬申　六月丁卯朔，壬申（初六）應在戊寅（十二日）前，紀文當有訛誤或顚倒。

〔一九〕丁卯日有蝕之　按：此指開皇三年七月丁卯。資治通鑑以下簡稱通鑑陳紀載陳後主至德元年八月丁卯朔有日蝕。陳至德元年卽隋開皇三年。當時曆法規定，日蝕多在朔日。隋曆後陳曆一日，致以八月朔爲七月晦。

〔二〇〕庫合眞特勤　「特勤」原作「特勒」，據闕特勤碑及本書高祖紀下、又煬帝紀上改。下同。

〔二一〕其子雍虞閭嗣立　按：本書長孫晟傳、又突厥傳，雍虞閭讓可汗位於其叔父處羅侯，處羅侯卒，雍虞閭才嗣立。紀傳互異。

〔二二〕騶虞　「騶虞」應作「白虎」。唐人諱「虎」，此處用「騶虞」代「白虎」。

隋書卷二

帝紀第二

高祖下

八年春正月乙亥，陳遣散騎常侍袁雅、兼通直散騎常侍周止水來聘。

二月庚子，鎮星入東井。辛酉，陳人寇硤州。

三月辛未，上柱國、隴西郡公李詢卒。壬申，以成州刺史姜須達爲會州總管。甲戌，遣兼散騎常侍程尚賢、兼通直散騎常侍韋惲使于陳。戊寅，詔曰：

昔有苗不賓，唐堯薄伐，孫皓僭虐，晉武行誅。有陳竊據江表，逆天暴物。朕初受命，陳頊尚存，思欲教之以道，不以襲行爲令，往來修睦，望其遷善。時日無幾，釁惡已聞。厚納叛亡，侵犯城戍，勾吳、閩越，肆厥殘忍。于時王師大舉，將一車書，陳頊反地收兵，深懷震懼，責躬請約，俄而致殞。矜其喪禍，仍詔班師。

叔寶承風，因求繼好，載佇克念，共敦行李。每見珪璪入朝，輶軒出使，何嘗不殷勤曉喻，戒以惟新。而狼子之心，出而彌野，威侮五行，怠棄三正，誅翦骨肉，夷滅才良。據手掌之地，恣溪壑之險，劫奪閭閻，資產俱竭，驅蹙內外，勞役弗已。徵責女子，擅造宮室，日增月益，止足無期，帷薄嬪嬙，有踰萬數。寶衣玉食，窮奢極侈，淫聲樂飲，俾晝作夜。斬直言之客，滅無罪之家，剖人之肝，分人之血。欺天造惡，祭鬼求恩，歌儛衢路，酣醉宮闈。盛粉黛而執干戈，曳羅綺而呼警蹕，躍馬振策，從旦至昏，無所經營，馳走不息。負甲持仗，隨逐徒行，追而不及，即加罪譴。自古昏亂，罕或能比。介士武夫，飢寒力役，筋髓罄於土木，性命俟於溝渠。君子潛逃，小人得志，家家隱殺戮，各各任聚斂。天災地孽，物怪人妖，衣冠鉗口，道路以目。傾心翹足，誓告於我，日月以冀，文奏相尋。重以背德違言，搖蕩疆場，巴峽之下，海澨已西，江北、江南，爲鬼爲蜮。死隴窮發掘之酷，生居極攘奪之苦，抄掠人畜，斷截樵蘇，市井不立，農事廢寢。歷陽、廣陵，窺覦相繼，或謀圖城邑，或劫剝吏人，晝伏夜遊，鼠竄狗盜。彼則羸兵敝卒，來必就擒，此則重門設險，有勞藩捍。天之所覆，無非朕臣，每關聽覽，有懷傷惻。有梁之國，我南藩也，其君入朝，潛相招誘，不顧朕恩。士女深迫脅之悲，城府致空虛之歎。非直朕居人上，懷此無忘，既而百辟屢以爲言，兆庶不堪其請，豈容對而不誅，忍而不救！

近日秋始，謀欲弔人。益部樓船，盡令東騖，便有神龍數十，騰躍江流，引伐罪之師，向金陵之路，船住則龍止，船行則龍去，四日之內，三軍皆覩，豈非蒼旻愛人，幽明展事，降神先路，協贊軍威！以上天之靈，助戡定之力，便可出師授律，應機誅殄，在斯舉也，永清吳、越。其將士糧仗，水陸資須，期會進止，一準別勅。

秋八月丁未，河北諸州饑，遣吏部尚書蘇威賑恤之。

九月丁丑，宴南征諸將，頒賜各有差。癸巳，嘉州言龍見。

冬十月己亥，太白出西方。己未，置淮南行臺省於壽春，以晉王廣爲尚書令。辛酉，陳遣兼散騎常侍王琬、兼通直散騎常侍許善心來聘，拘留不遣。甲子，將伐陳，有事於太廟。命晉王廣、秦王俊、清河公楊素並爲行軍元帥，以伐陳。於是晉王廣出六合，秦王俊出襄陽，清河公楊素出信州，荊州刺史劉仁恩出江陵，宜陽公王世積出蘄春，新義公韓擒虎出廬江，襄邑公賀若弼出吳州，落叢公燕榮出東海，合總管九十，兵五十一萬八千，皆受晉王節度。東接滄海，西拒巴、蜀，旌旗舟楫，橫亘數千里。曲赦陳國。有星孛于牽牛。

十一月丁卯，車駕餞師。詔購陳叔寶位上柱國、萬戶公。乙亥，行幸定城，陳師誓衆。丙子，幸河東。

十二月庚子，至自河東。

九年春正月己巳，白虹夾日。辛未，賀若弼拔陳京口，韓擒虎拔陳南豫州。癸酉，以尚書右僕射虞慶則爲右衞大將軍。丙子，賀若弼敗陳師於蔣山，獲其將蕭摩訶。韓擒虎進師入建鄴，獲其將任蠻奴，〔一〕獲陳主叔寶。陳國平，合州三十，〔二〕郡一百，縣四百。癸巳，遣使持節巡撫之。

二月乙未，廢淮南行臺省。丙申，制五百家爲鄉，正一人；百家爲里，長一人。丁酉，以襄州總管韋世康爲安州總管。

夏四月己亥，幸驪山，親勞旋師。乙巳，三軍凱入，獻俘於太廟。拜晉王廣爲太尉。庚戌，上御廣陽門，宴將士，頒賜各有差。辛亥，大赦天下。己未，以陳都官尚書孔範，散騎常侍王瑳、王儀，御史中丞沈觀等，邪佞於其主，以致亡滅，皆投之邊裔。辛酉，以信州總管楊素爲荊州總管，吏部侍郎宇文㢸爲刑部尚書，宗正少卿楊异爲工部尚書。壬戌，詔曰：

往以吳、越之野，羣黎塗炭，干戈方用，積習未寧。今率土大同，含生遂性，太平之法，方可流行。凡我臣僚，澡身浴德，開通耳目，宜從茲始。喪亂已來，緬將十載，君無君德，臣失臣道，父有不慈，子有不孝，兄弟之情或薄，夫婦之義或違，長幼失序，尊卑

中華書局

錯亂。朕爲帝王，志存愛養，時有臻道，不敢寧息。內外職位，遐邇黎人，家家自修，人人克念，使不軌不法，蕩然俱盡。兵可立威，不可不戢，刑可助化，不可專行。禁衞九重之餘，鎭守四方之外，戎旅軍器，皆宜停罷。代路既夷，羣方無事，武力之子，俱可學文，人間甲仗，悉皆除毁。有功之臣，降情文藝，家門子姪，各守一經，令海內翕然，高山仰止。京邑庠序，爰及州縣，生徒受業，升進於朝，未有灼然明經高第。此則教訓不篤，考課未精，明勸所由，隆兹儒訓。官府從宦，丘園素士，心迹相表，寬弘爲念，勿爲跼促，乖我皇猷。

朕君臨區宇，於兹九載，開直言之路，披不諱之心，形於顏色，勞於興寢。自頃逞藝論功，昌言乃衆，推誠切諫，其事甚疎。公卿士庶，非所望也，各啓至誠，匡兹不逮。見善必進，有才必舉，無或噤默，退有後言。頒告天下，咸悉此意。

閏月甲子，以安州總管韋世康爲信州總管。丁丑，頒木魚符於總管、刺史，雌一雄一。

六月乙丑，以荆州總管楊素爲納言。丁丑，以吏部侍郎盧愷爲禮部尚書。

己卯，以吏部尚書蘇威爲尚書右僕射。秋七月丙午，詔曰：「豈可命一將軍，除一小國，遐邇注意，便謂太平。以薄德而封名山，用虛言而干上帝，非朕攸聞。而今以後，言及封禪，宜即禁絶。」

八月壬戌，以廣平王雄爲司空。

冬十一月壬辰，考使定州刺史豆盧通等上表，請封禪，上不許。庚子，以右衞大將軍虞慶則爲右武候大將軍，右領軍將軍李安爲右領軍大將軍。甲寅，降囚徒。

十二月甲子，詔曰：「朕祗承天命，清蕩萬方。百王衰敝之後，兆庶澆浮之日，聖人遺訓，掃地俱盡，制禮作樂，今也其時。朕情存古樂，深思雅道。鄭、衞淫聲，魚龍雜戲，樂府之內，盡以除之。今欲更調律呂，改張琴瑟。且妙術精微，非因教習，工人代掌，止傳糟粕，不足達神明之德，論天地之和。區域之間，奇才異藝，天知神授，何代無哉！蓋晦迹於非時，俟昌言於所好，宜可搜訪，速以奏聞，庶覩一藝之能，共就九成之業。」仍詔太常牛弘、通直散騎常侍許善心、祕書丞姚察、通直郎虞世基等議定作樂。己巳，以黄州總管周法尚爲永州總管。

十年春正月乙未，以皇孫昭爲河南王，楷爲華陽王。

二月庚申，幸并州。

夏四月辛酉，至自并州。

五月乙未，詔曰：「魏末喪亂，宇縣瓜分，役車歲動，未遑休息。兵士軍人，權置坊府，南征北伐，居處無定。家無完堵，地罕包桑，恒爲流寓之人，竟無鄉里之號。朕甚愍之。凡是軍人，可悉屬州縣，墾田籍帳，一與民同。軍府統領，宜依舊式。罷山東河南及北方緣邊之地新置軍府。」

六月辛酉，制人年五十，免役收庸。癸亥，以靈州總管王世積爲荆州總管，浙州刺史元胄爲靈州總管。

秋七月癸卯，以納言楊素爲內史令。庚戌，上親錄囚徒。辛亥，高麗遼東郡公高陽卒。壬子，吐谷渾遣使來朝。

八月壬申，遣柱國、襄陽郡公韋洸，上開府、東萊郡公王景，並持節巡撫嶺南，百越皆服。

冬十月甲子，頒木魚符於京師官五品已上。戊辰，以永州總管周法尚爲桂州總管。

十一月辛卯，幸國學，頒賜各有差。丙午，契丹遣使朝貢。辛丑，〔三〕有事於南郊。是月，婺州人汪文進、會稽人高智慧、蘇州人沈玄懀皆舉兵反，自稱天子，署置百官。樂安蔡道人、蔣山李稜、饒州吳代華、永嘉沈孝徹、泉州王國慶、餘杭楊寶英、交趾李春等皆自稱大都督，攻陷州縣。詔上柱國、內史令、越國公楊素討平之。

十一年春正月丁酉，以平陳所得古器多爲妖變，悉命毁之。辛丑，高麗遣使朝貢。丙午，皇太子妃元氏薨，上舉哀於文思殿。

二月戊午，吐谷渾遣使貢方物。以大將軍蘇孝慈爲工部尚書。丙子，以臨潁令劉曠治術尤異，擢爲莒州刺史。己卯，突厥遣使獻七寶盌。辛巳晦，日有蝕之。

三月壬午，遣通事舍人若干治使于吐谷渾。癸未，以幽州總管周搖爲壽州總管，朔州總管吐萬緒爲夏州總管。

夏四月戊午，突厥雍虞閭可汗遣其特勤來朝。

五月甲子，〔四〕高麗遣使貢方物。癸卯，詔百官悉詣朝堂上封事。乙巳，以右衞將軍元旻爲左衞大將軍。

秋七月己丑，以柱國杜彥爲洪州總管。

八月壬申，幸栗園。滕王瓚薨。乙亥，至自栗園。上柱國、沛國公鄭譯卒。

十二月丙辰，靺鞨遣使貢方物。

十二年春正月壬子，以蘇州刺史皇甫績爲信州總管，宣州刺史席代雅爲廣州總管。〔五〕

二月己巳，以蜀王秀爲內史令，兼右領軍大將軍，漢王諒爲雍州牧、右衞大將軍。

夏四月辛卯，以壽州總管周搖爲襄州總管。

五月辛亥，廣州總管席代雅卒。

秋七月乙巳，尚書右僕射、邳國公蘇威，禮部尚書、容城縣侯盧愷，並坐事除名。壬戌，幸昆明池，其日還宮。己巳，有事於太廟。壬申晦，〔六〕日有蝕之。

八月甲戌，制天下死罪，諸州不得便決，皆令大理覆治。乙亥，幸龍首池。癸巳，制宿衞者不得輒離所守。丁酉，上柱國、夏州總管、楚國公豆盧勣卒。戊戌，上親錄囚徒。

九月丁未，以工部尚書楊异爲吳州總管。

冬十月丁丑，以遂安王集爲衞王。壬午，有事于太廟。至太祖神主前，上流涕嗚咽，悲不自勝。

十一月辛亥，有事於南郊。壬子，宴百僚，頒賜各有差。己未，上柱國、新義郡公韓擒虎卒。庚申，以豫州刺史權武爲潭州總管。甲子，百僚大射於武德殿。

十二月癸酉，突厥遣使來朝。乙酉，以上柱國、內史令楊素爲尚書右僕射。己酉，吐谷渾、靺鞨並遣使貢方物。

十三年春正月乙巳，上柱國、郇國公韓建業卒。〔七〕丙午，契丹、奚、霫、室韋並遣使貢

方物。壬子，親祀感帝。己未，以信州總管韋世康爲吏部尚書。壬戌，行幸岐州。

二月丙子，詔營仁壽宮。丁亥，〔八〕至自岐州。戊子，宴考使於嘉則殿。己卯，立皇孫暕爲豫章王。戊子，晉州刺史、南陽郡公賈悉達，隰州總管、撫寧郡公韓延等，以賄伏誅。己丑，制坐事去官者，配流一年。丁酉，制私家不得隱藏緯候圖讖。

夏四月癸未，制戰亡之家，給復一年。

五月癸亥，詔人間有撰集國史、臧否人物者，皆令禁絕。

秋七月戊申，靺鞨遣使貢方物。壬子，左衞大將軍、雲州總管、鉅鹿郡公賀婁子幹卒。丁巳，幸昆明池。戊辰晦，日有蝕之。

九月丙辰，降囚徒。庚申，以邵國公楊綸爲滕王。乙丑，以柱國杜彥爲雲州總管。

冬十月乙卯，〔九〕上柱國、華陽郡公梁彥光卒。〔一〇〕

十四年夏四月乙丑，詔曰：「在昔聖人，作樂崇德，移風易俗，於斯爲大。自晉氏播遷，兵戈不息，雅樂流散，年代已多，四方未一，無由辨正。賴上天鑒臨，明神降福，拯茲塗炭，安息蒼生，天下大同，歸於治理，遺文舊物，皆爲國有。比命所司，總令研究，正樂雅聲，詳考已訖，宜即施用，見行者停。人間音樂，流僻日久，棄其舊體，競造繁聲，浮宕不歸，遂以成俗。宜加禁約，務存其本。」

五月辛酉，京師地震。關內諸州旱。

六月丁卯，詔省府州縣，皆給公廨田，不得治生，與人爭利。

秋七月乙未，以邳國公蘇威爲納言。

八月辛未，關中大旱，人飢。上率戶口就食於洛陽。

九月己未，〔一一〕以齊州刺史樊子蓋爲循州總管。丁巳，以基州刺史崔仲方爲會州總管。

冬閏十月甲寅，詔曰：「齊、梁、陳往皆創業一方，綿歷年代。既宗祀廢絕，祭奠無主，興言矜念，良以愴然。莒國公蕭琮及高仁英、陳叔寶等，宜令以時修其祭祀。所須器物，有司給之。」乙卯，制外官九品已上，父母及子年十五已上，不得將之官。

十一月壬戌，制州縣佐吏，三年一代，不得重任。癸未，有星孛于角亢。

十二月乙未，東巡狩。

十五年春正月壬戌，車駕次齊州，親問疾苦。丙寅，旅王符山。庚午，上以歲旱，祠太山，以謝愆咎。大赦天下。

二月丙辰，收天下兵器，敢有私造者，坐之。關中緣邊，不在其例。丁巳，上柱國、蔣國

公梁睿卒。三月己未，至自東巡狩。望祭五嶽海瀆。丁亥，幸仁壽宮。營州總管韋藝卒。

夏四月己丑朔，大赦天下。甲辰，以趙州刺史楊達爲工部尚書。丁未，以開府儀同三司韋沖爲營州總管。

五月癸酉，吐谷渾遣使朝貢。丁亥，制京官五品已上，佩銅魚符。

六月戊子，詔鑿底柱。庚寅，相州刺史豆盧通貢綾文布，命焚之於朝堂。乙未，林邑遣使來貢方物。辛丑，詔名山大川未在祀典者，悉祠之。

秋七月乙丑，晉王廣獻毛龜。甲戌，遣邳國公蘇威巡省江南。戊寅，至自仁壽宮。辛巳，制九品已上官，以理去職者，聽並執笏。

冬十月戊子，以吏部尚書韋世康爲荊州總管。

十一月辛酉，幸溫湯。乙丑，至自溫湯。

十二月戊子，勑盜邊糧一升已上皆斬，並籍沒其家。己丑，詔文武官以四考交代。

十六年春正月丁亥，〔一二〕以皇孫裕爲平原王，筠爲安成王，嶷爲安平王，恪爲襄城王，該爲高陽王，韶爲建安王，煚爲潁川王。

夏五月丁巳，以懷州刺史龐晃爲夏州總管，蔡陽縣公姚辯爲靈州總管。

六月甲午，制工商不得進仕。幷州大蝗。辛丑，詔九品已上妻，五品已上妾，夫亡不得改嫁。

秋八月丙戌，詔決死罪者，三奏而後行刑。

冬十月己丑，幸長春宮。

十一月壬子，至自長春宮。

十七年春二月癸未，太平公史萬歲擊西寧羌，平之。庚寅，幸仁壽宮。庚子，上柱國王世積討桂州賊李光仕，平之。壬寅，河南王昭納妃，〔一三〕宴羣臣，頒賜各有差。

三月丙辰，詔曰：「分職設官，共理時務，班位高下，各有等差。若所在官人不相敬憚，多自寬縱，事難克舉。諸有殿失，雖備科條，或據律乃輕，論情則重，不卽決罪，無以懲肅。其諸司論屬官，若有愆犯，聽於律外斟酌決杖。」辛酉，上親錄囚徒。癸亥，上柱國、彭國公劉昶以罪伏誅。庚午，遣治書侍御史柳彧、皇甫誕巡省河南、河北。

夏四月戊寅，頒新曆。壬午，詔曰：「周曆告终，羣凶作亂，衅起蕃服，毒被生人。朕受命上玄，廓清區宇，聖靈垂祐，文武同心。申明公穆、鄖襄公孝寬、廣平王雄、蔣國公睿、楚國公勣、齊國公熲、越國公素、魯國公慶則、新寧公長叉、宜陽公世積、趙國公羅雲、隴西公詢、廣業公景、眞昌公振、沛國公譯、項城公子相、鉅鹿公子幹等，登庸納揆之時，草昧經綸之日，丹誠大節，心盡帝圖，茂績殊勳，力宣王府。宜弘其門緒，與國同休。其世子世孫未經州任者，宜量才升用，庶享榮位，世祿無窮。」

五月，宴百僚於玉女泉，頒賜各有差。己巳，蜀王秀來朝。高麗遣使貢方物。甲戌，以左衛將軍獨孤羅雲爲涼州總管。〔一四〕

閏月己卯，羣鹿入殿門，馴擾侍衞之內。

秋七月丁丑，桂州人李代賢反，〔一五〕遣右武候大將軍虞慶則討平之。丁亥，上柱國、幷州總管秦王俊坐事免，以王就第。戊戌，突厥遣使貢方物。

八月丁卯，荆州總管、上庸郡公韋世康卒。

九月甲申，至自仁壽宮。庚寅，上謂侍臣曰：「禮主於敬，皆當盡心。黍稷非馨，貴在祗肅。廟庭設樂，本以迎神，齋祭之日，觸目多感。當此之際，何可爲心！在路奏樂，禮未爲允。羣公卿士，宜更詳之。」

冬十月丁未，頒銅獸符於驃騎、車騎府。〔一六〕戊申，道王靜薨。庚午，詔曰：「五帝異樂，三王殊禮，皆隨事而有損益，因情而立節文。仰惟祭享宗廟，瞻敬如在，罔極之感，情深茲日。而禮畢升路，鼓吹發音，還入宮門，金石振響。斯則哀樂同日，心事相違，情所不安，理

實未允。宜改茲往式，用弘禮教。自今已後，享廟日不須備鼓吹，殿庭勿設樂懸。」辛未，京師大索。

十一月丁亥，突厥遣使來朝。

十二月壬子，上柱國、右武候大將軍、魯國公虞慶則以罪伏誅。

十八年春正月辛丑，詔曰：「吳、越之人，往承弊俗，所在之處，私造大船，因相聚結，致有侵害。其江南諸州，人間有船長三丈已上，悉括入官。」

二月甲辰，幸仁壽宮。乙巳，以漢王諒爲行軍元帥，水陸三十萬伐高麗。

三月乙亥，以柱國杜彥爲朔州總管。

夏四月癸卯，以蔣州刺史郭衍爲洪州總管。

五月辛亥，〔一七〕詔畜猫鬼、蠱毒、厭魅、野道之家，投於四裔。

六月丙寅，下詔黜高麗王高元官爵。

秋七月壬申，詔以河南八州水，免其課役。丙子，詔京官五品已上，總管、刺史，以志行修謹、清平幹濟二科舉人。

九月己丑，漢王諒師遇疾疫而旋，死者十八九。庚寅，勑舍客無公驗者，坐及刺史、縣令。辛卯，至自仁壽宮。

冬十一月甲戌，上親錄囚徒。癸未，有事於南郊。

十二月庚子，上柱國、夏州總管、任城郡公王景以罪伏誅。是月，自京師至仁壽宮，置行宮十有二所。

十九年春正月癸酉，大赦天下。戊寅，大射武德殿，宴賜百官。二月己亥，晉王廣來朝。辛丑，以幷州總管長史宇文弼爲朔州總管。甲寅，幸仁壽宮。

夏四月丁酉，突厥利可汗內附。〔一八〕達頭可汗犯塞，遣行軍總管史萬歲擊破之。

六月丁酉，以豫章王暕爲內史令。

秋八月癸卯，上柱國、尙書左僕射、齊國公高熲坐事免。辛亥，上柱國、皖城郡公張威卒。甲寅，上柱國、城陽郡公李徹卒。

九月乙丑，以太常卿牛弘爲吏部尙書。

冬十月甲午，以突厥利可汗爲啓人可汗，〔一九〕築大利城處其部落。庚子，以朔州總管宇文弼爲代州總管。

十二月乙未，突厥都藍可汗爲部下所殺。丁丑，〔二〇〕星隕於勃海。

中華書局

二十年春正月辛酉朔，上在仁壽宮。突厥、高麗、契丹並遣使貢方物。癸亥，以代州總管宇文弢爲吳州總管。

二月己巳，以上柱國崔弘度爲原州總管。丁丑，無雲而雷。

三月辛卯，熙州人李英林反，遣行軍總管張衡討平之。

夏四月壬戌，突厥犯塞，以晉王廣爲行軍元帥，擊破之。乙亥，天有聲如瀉水，自南而北。

六月丁丑，秦王俊薨。

秋八月，老人星見。

九月丁未，至自仁壽宮。癸丑，吳州總管楊异卒。

冬十月己未，太白晝見。乙丑，皇太子勇及諸子並廢爲庶人。殺柱國、太平縣公史萬歲。己巳，殺左衞大將軍、五原郡公元旻。

十一月戊子，天下地震，京師大風雪。以晉王廣爲皇太子。

十二月戊午，詔東宮官屬不得稱臣於皇太子。辛巳，詔曰：「佛法深妙，道教虛融，咸降大慈，濟度羣品，凡在含識，皆蒙覆護。所以雕鑄靈相，圖寫眞形，率土瞻仰，用申誠敬。其

五嶽四鎭，節宣雲雨，江、河、淮、海，浸潤區域，並生養萬物，利益兆人，故建廟立祀，以時恭敬。敢有毁壞偸盜佛及天尊像、嶽鎭海瀆神形者，以不道論。沙門壞佛像，道士壞天尊者，以惡逆論。」

仁壽元年春正月乙酉朔，大赦，改元。以尚書右僕射楊素爲尚書左僕射，納言蘇威爲尚書右僕射。丁酉，徙河南王昭爲晉王。突厥寇恒安，遣柱國韓洪擊之，官軍敗績。以晉王昭爲內史令。辛丑，詔曰：「君子立身，雖云百行，唯誠與孝，最爲其首。故投主殉節，自古稱難，殞身王事，禮加二等。而代俗之徒，不達大義，至於致命戎旅，不入兆域。虧孝子之意，傷人臣之心，興言念此，每深愍歎！且入廟祭祀，並不廢闕，何止墳塋，獨在其外。自今已後，戰亡之徒，宜入墓域。」

二月乙卯朔，日有蝕之。辛巳，以上柱國獨孤楷爲原州總管。

三月壬辰，以豫章王暕爲揚州總管。

夏四月，以淅州刺史蘇孝慈爲洪州總管。

五月己丑，突厥男女九萬口來降。壬辰，驟雨震雷，大風拔木，宜君湫水移於始平。

六月癸丑，洪州總管蘇孝慈卒。乙卯，遣十六使巡省風俗。乙丑，詔曰：「儒學之道，訓教生人，識父子君臣之義，知尊卑長幼之序，升之於朝，任之以職，故能贊理時務，弘益風範。朕撫臨天下，思弘德教，延集學徒，崇建庠序，開進仕之路，佇賢雋之人。而國學冑子，垂將千數，州縣諸生，咸亦不少。徒有名錄，空度歲時，未有德爲代範，才任國用。良由設學之理，多而未精。今宜簡省，明加獎勵。」於是國子學唯留學生七十人，太學、四門及州縣學並廢。其日，頒舍利於諸州。

秋七月戊戌，改國子爲太學。

九月癸未，以柱國杜彥爲雲州總管。

十一月己丑，有事於南郊。壬辰，以資州刺史衞玄爲遂州總管。

二年春二月辛亥，以邢州刺史侯莫陳穎爲桂州總管，宗正楊祀爲荆州總管。〔三二〕

三月己亥，幸仁壽宮。壬寅，以齊州刺史張喬爲潭州總管。〔三三〕

夏四月庚戌，岐、雍二州地震。

秋七月丙戌，詔內外官各舉所知。戊子，以原州總管獨孤楷爲益州總管。

八月己巳，皇后獨孤氏崩。

九月丙戌，至自仁壽宮。壬辰，河南、北諸州大水，遣工部尚書楊達賑恤之。乙未，上

柱國、襄州總管、金水郡公周搖卒。隴西地震。

冬十月壬子，曲赦益州管內。癸丑，以工部尚書楊達爲納言。

閏月甲申，詔尚書左僕射楊素與諸術者刊定陰陽舛謬。己丑，詔曰：「禮之爲用，時義大矣。黃琮蒼璧，降天地之神，粢盛牲食，展宗廟之敬，正父子君臣之序，明婚姻喪紀之節。故道德仁義，非禮不成，安上治人，莫善於禮。自區宇亂離，緜歷年代，王道衰而變風作，微言絕而大義乖，與代推移，其弊日甚。至於四時郊祀之節文，五服麻葛之隆殺，是非異說，踳駁殊塗，致使聖教凋訛，輕重無準。朕祗承天命，撫臨生人，當洗滌之時，屬干戈之代。克定禍亂，先運武功，刪正彝典，日不暇給。今四海乂安，五戎勿用，理宜弘風訓俗，導德齊禮，綴往聖之舊章，興先王之茂則。尚書左僕射、越國公楊素，尚書右僕射、邳國公蘇威，吏部尚書、奇章公牛弘，內史侍郎薛道衡，祕書丞許善心，內史舍人虞世基，著作郎王劭，或任居端揆，博達古今，或器推令望，學綜經史。委以裁緝，實允僉議。可並修定五禮。」壬寅，葬獻皇后於太陵。

十二月癸巳，上柱國、益州總管蜀王秀廢爲庶人。交州人李佛子舉兵反，遣行軍總管劉方討平之。

三年春二月己卯，原州總管、比陽縣公龐晃卒。戊子，以大將軍、蔡陽郡公姚辯爲左武候大將軍。

夏五月癸卯，詔曰：「哀哀父母，生我劬勞，欲報之德，昊天罔極。但風樹不靜，嚴敬莫追，霜露既降，感思空切。六月十三日，是朕生日，宜令海內爲武元皇帝、元明皇后斷屠。」

六月甲午，詔曰：

禮云：「至親以朞斷。」蓋以四時之變易，萬物之更始，故聖人象之。其有三年，加隆爾也。但家無二尊，母爲厭降，是以父存喪母，還服于朞者，服之正也。豈容朞內而更小祥！然三年之喪而有小祥者，禮云：「朞祭，禮也。朞而除喪，道也。」以是之故，雖未再朞，而天地一變，不可不祭，不可不除。故有練焉，以存喪祭之本。然朞喪有練，於理未安。雖云十一月而練，乃無所法象，非朞非時，豈可除祭。而儒者徒擬三年之喪，立練禫之節，可謂苟存其變，而失其本，欲漸於奪，乃薄於喪。致使子則冠練去絰，黃裹縓緣，絰則布葛在躬，粗服未改。豈非絰哀尚存，子情已奪，親疏失倫，輕重顛倒！乃不順人情，豈聖人之意也！故知先聖之禮廢於人邪，三年之喪尚有不行之者，至於祥練之節，安能不墜者乎？

禮云：「父母之喪，無貴賤一也。」而大夫士之喪父母，乃貴賤異服。然則禮壞樂

崩，由來漸矣。所以晏平仲之斬粗縗，其老謂之非禮，滕文公之服三年，其臣咸所不欲。蓋由王道既衰，諸侯異政，將踰越於法度，惡禮制之害己，乃滅去篇籍，自制其宜。遂至骨肉之恩，輕重從俗，無易之道，隆殺任情。況孔子沒而微言隱，秦滅學而經籍焚者乎！有漢之興，雖求儒雅，人皆異說，義非一貫。又近代亂離，唯務兵革，其於典禮，時所未遑。夫禮不從天降，不從地出，乃人心而已者，謂情緣於恩也。故恩厚者其禮隆，情輕者其禮殺。聖人以是稱情立文，別親疏貴賤之節。自臣子道消，上下失序，莫大之恩，逐情而薄，莫重之禮，與時而殺。此乃服不稱喪，容不稱服，非所謂聖人緣恩表情，制禮之義也。

然喪與易也，寧在於戚，則禮之本也。禮有其餘，未若於哀，則情之實也。今十一月而練者，非禮之本，非情之實。由是言之，父存喪母，不宜有練。但依禮十三月而祥，中月而禫。庶以合聖人之意，達孝子之心。

秋七月丁卯，詔曰：

日往月來，唯天所以運序，山鎮川流，唯地所以宣氣。運序則寒暑無差，宣氣則雲雨有作，故能成天地之大德，育萬物而爲功。況一人君于四海，睹物欲運，獨見致治，不藉羣才，未之有也。是以唐堯欽明，命羲、和以居岳，虞舜叡德，升元、凱而作相。伊尹鼎俎之媵，爲殷之阿衡，呂望漁釣之夫，爲周之尚父。此則鳴鶴在陰，其子必和，風雲之從龍虎，賢哲之應聖明，君德不回，臣道以正，故能通天地之和，順陰陽之序，豈不由元首而有股肱乎？

自王道衰，人風薄，居上莫能公道以御物，爲下必踵私法以希時。上下相蒙，君臣義失，義失則政乖，政乖則人困。蓋同德之風難嗣，離德之軌易追，則任者不休，休者不任，則衆口鑠金，戮辱之禍不測。是以行歌避代，辭位灌園，卷而可懷，黜而無慍，放逐江湖之上，沈赴河海之流，所以自潔而不悔者也。至於閻閻秀異之士，鄉曲博雅之儒，言足以佐時，行足以勵俗，遺棄於草野，堙滅而無聞，豈勝道哉！所以覽古而歎息者也。

方今區宇一家，煙火萬里，百姓乂安，四夷賓服，豈是人功，實乃天意。朕惟夙夜祇懼，將所以上嗣明靈，是以小心勵己，日慎一日。以黎元在念，憂兆庶未康，以庶政爲懷，慮一物失所。雖求傅巖，莫見幽人，徒想崆峒，未聞至道。唯恐商歌於長夜，抱關於夷門，遠跡犬羊之間，屈身僮僕之伍。其令州縣搜揚賢哲，皆取明知今古，通識治亂，究政教之本，達禮樂之源。不限多少，不得不舉。限以三旬，咸令進路。徵召將送，必須以禮。

八月壬申，上柱國、檢校幽州總管、落叢郡公燕榮以罪伏誅。

九月壬戌，置常平官。甲子，以營州總管韋沖爲民部尚書。

十二月癸酉，河南諸州水，遣納言楊達賑恤之。

四年春正月丙辰，大赦。甲子，幸仁壽宮。乙丑，詔賞罰支度，事無巨細，並付皇太子。

夏四月乙卯，〔三〕上不豫。

六月庚申，〔四〕大赦天下。有星入月中，數日而退。長人見於雁門。

秋七月乙未，日青無光，八日乃復。己亥，以大將軍段文振爲雲州總管。甲辰，上以疾甚，臥於仁壽宮，與百僚辭訣，並握手歔欷。丁未，崩於大寶殿，時年六十四。遺詔曰：

嗟乎！自昔晉室播遷，天下喪亂，四海不一，以至周、齊，戰爭相尋，年將三百。故割疆土者非一所，稱帝王者非一人，書軌不同，生人塗炭。上天降鑒，爰命於朕，用登大位，豈關人力！故得撥亂反正，偃武修文，天下大同，聲教遠被，此又是天意欲寧區夏。所以昧旦臨朝，不敢逸豫，一日萬機，留心親覽，晦明寒暑，不憚劬勞，匪曰朕躬，蓋爲百姓故也。王公卿士，每日闕庭，刺史以下，三時朝集，何嘗不罄竭心府，誡勑殷勤。義乃君臣，情兼父子。庶藉百僚智力，萬國歡心，欲令率土之人，永得安樂，不謂

邊疾彌留，至於大漸。此乃人生常分，何足言及！但四海百姓，衣食不豐，教化政刑，猶未盡善，興言念此，唯以留恨。朕今年踰六十，不復稱天，但筋力精神，一時勞竭。如此之事，本非爲身，止欲安養百姓，所以致此。

人生子孫，誰不愛念，既爲天下，事須割情。勇及秀等，並懷悖惡，既知無臣子之心，所以廢黜。古人有言：「知臣莫若於君，知子莫若於父。」若令勇、秀得志，共治家國，必當戮辱徧於公卿，酷毒流於人庶。今惡子孫已爲百姓黜屏，好子孫足堪負荷大業。此雖朕家事，理不容隱，前對文武侍衞，具已論述。皇太子廣，地居上嗣，仁孝著聞，以其行業，堪成朕志。但令內外羣官，同心戮力，以此共治天下，朕雖瞑目，何所復恨。

但國家事大，不可限以常禮。既葬公除，行之自昔，今宜遵用，不勞改定。凶禮所須，纔令周事。務從節儉，不得勞人。諸州總管、刺史已下，宜各率其職，不須奔赴。自古哲王，因人作法，前帝後帝，沿革隨時。律令格式，或有不便於事者，宜依前敕修改，務當政要。嗚呼，敬之哉！無墜朕命！

乙卯，發喪。河間楊柳四株無故黃落，既而花葉復生。八月丁卯，梓宮至自仁壽宮。丙子，殯于大興前殿。冬十月己卯，合葬於太陵，同墳而異穴。

上性嚴重，有威容，外質木而內明敏，有大略。初，得政之始，羣情不附，諸子幼弱，內有六王之謀，外致三方之亂。握强兵、居重鎭者，皆周之舊臣。上推以赤心，各展其用，不踰朞月，克定三邊，〔三〕未及十年，平一四海。薄賦斂，輕刑罰，內修制度，外撫戎夷。每旦聽朝，日昃忘倦，居處服玩，務存節儉，令行禁止，上下化之。開皇、仁壽之間，丈夫不衣綾綺，而無金玉之飾，常服率多布帛，裝帶不過以銅鐵骨角而已。雖嗇於財，至於賞賜有功，亦無所愛吝。乘輿四出，路逢上表者，則駐馬親自臨問。或潛遣行人採聽風俗，吏治得失，人間疾苦，無不留意。嘗遇關中饑，遣左右視百姓所食。有得豆屑雜糠而奏之者，上流涕以示羣臣，深自咎責，爲之徹膳不御酒肉者殆將一朞。及東拜太山，關中戶口就食洛陽者，道路相屬。上勑斥候，不得輒有驅逼，男女參廁於仗衞之間。逢扶老攜幼者，輒引馬避之，慰勉而去。至艱險之處，見負擔者，遽令左右扶助之。其有將士戰沒，必加優賞，仍令使者就家勞問。自强不息，朝夕孜孜，人庶殷繁，帑藏充實。雖未能臻於至治，亦足稱近代之良主。然天性沉猜，素無學術，好爲小數，不達大體，故忠臣義士莫得盡心竭辭。其草創元勳及有功諸將，誅夷罪退，罕有存者。又不悅詩書，廢除學校，唯婦言是用，廢黜諸子。逮于暮年，持法尤峻，喜怒不常，過於殺戮。嘗令左右送西域朝貢使出玉門關，其人所經之處，或受牧宰小物饋遺鸚鵡、麖皮、馬鞭之屬，上聞而大怒。又詣武庫，見署中蕪穢不治，於是執武庫令及諸受遺者，出開遠門外，親自臨決，死者數十人。又往往潛令人賂遺令史府史，有受者必死，無所寬貸。議者以此少之。

史臣曰：高祖龍德在田，奇表見異，晦明藏用，故知我者希。始以外戚之尊，受託孤之任，與能之議，未爲當時所許，是以周室舊臣，咸懷憤惋。既而王謙固三蜀之阻，不踰朞月，尉迥舉全齊之衆，一戰而亡，斯乃非止人謀，抑亦天之所贊也。乘茲機運，遂遷周鼎。于時蠻夷猾夏，荆、揚未一，劬勞日昃，經營四方。樓船南邁則金陵失險，驃騎北指則單于款塞，職方所載，並入疆理，禹貢所圖，咸受正朔。雖晉武之克平吳、會，漢宣之推亡固存，比義論功，不能尙也。七德既敷，九歌已洽，要荒咸暨，尉候無警。於是躬節儉，平徭賦，倉廩實，法令行，君子咸樂其生，小人各安其業，强無陵弱，衆不暴寡，人物殷阜，朝野歡娛。二十年間，天下無事，區宇之內晏如也。考之前王，足以參蹤盛烈。但素無術學，不能盡下，無寬仁之度，有刻薄之資，暨乎暮年，此風逾扇。又雅好符瑞，暗於大道，建彼維城，權侔京室，皆同帝制，靡所適從。聽哲婦之言，惑邪臣之說，溺寵廢嫡，託付失所。滅父子之道，開昆弟之隙，縱其尋斧，翦伐本枝。墳土未乾，子孫繼踵屠戮，松檟纔列，天下已非隋有。惜哉！迹其衰怠之源，稽其亂亡之兆，起自高祖，成於煬帝，所由來遠矣，非一朝一夕。其不祀忽諸，未爲不幸也。

校勘記

〔一〕任蠻奴 即任忠。隋人諱「忠」，改稱他的小字。

〔二〕州三十 應作「州四十」。殿本考證（以下簡稱考證）「北史作『州四十』。以地理志證之，北史是也。志言陳氏荆、揚之域，州四十二，郡一百九，縣四百三十八。紀言州四十，郡一百，縣四百，皆舉其大數耳。」

〔三〕辛丑 此月乙酉朔，辛丑（十七日）應在丙午（二十二日）前。紀文當有訛誤或顚倒。

〔四〕五月甲子 此月壬午朔，無甲子。日干有誤。

〔五〕席代雅 應作「席世雅」，唐人諱改。周書有傳。

〔六〕壬申晦 此月乙巳朔，晦日當在癸酉，不在壬申。

〔七〕韓建業 「建」原作「達」，據本書五行志上、北史隋本紀上改。

〔八〕丁亥 此月辛未朔，丁亥（十七日）、戊子（十八日）不應在己卯（九日）前，紀文當有訛誤或顚倒。

〔九〕十月乙卯 此月戊辰朔，無乙卯。日干有誤。

〔一〇〕梁彥光　「光」原作「先」，據本書梁彥光傳、又來和傳及北史隋本紀上改。

〔一一〕九月己未　此月壬辰朔，己未(二十八日)應在丁巳(二十六日)後，紀文當有訛誤或顛倒。

〔一二〕正月丁亥　此月甲寅朔，無丁亥。按：北史隋本紀上作「二月丁亥」。二月甲申朔，丁亥爲四日，日序合。

〔一三〕河南王　「南」原作「東」。求是：「按同卷『十年春正月乙未，以皇孫昭爲河南王』，仁壽元年正月『丁酉，徙河南王昭爲晉王』，五九煬三子傳亦稱『年十二，立爲河南王』，『河東』乃『河南』之訛。」今據改。

〔一四〕獨孤羅雲　獨孤羅字羅仁。此處舉名當稱獨孤羅，舉字當稱獨孤羅仁。紀作獨孤羅雲，乃因上文「趙國公羅雲」(陰壽字羅雲)而衍一「雲」字，或誤改「仁」爲「雲」(獨孤羅也曾封趙國公)。本書有傳。

〔一五〕李代賢　應作「李世賢」，唐人諱改。書中或省稱「李賢」。

〔一六〕銅獸符　應作「銅虎符」，唐人諱改。

〔一七〕五月辛亥　此月辛未朔，無辛亥。日干有誤。

〔一八〕利可汗　應作「突利可汗」，見本書突厥傳。下同。

〔一九〕啓人可汗　應作「啓民可汗」，唐人諱改。

〔二〇〕丁丑　此月丁酉朔，無丁丑，本書天文志下作「十二月乙未」。按：十二月壬辰朔，乙未爲四日，日序合。

〔二一〕楊祀　當作「楊文紀」。此處「紀」訛爲「祀」，又省「文」字。本書有傳。

〔二二〕張喬　「喬」當作「奫」。本書有傳。

〔二三〕四月乙卯　此月丙寅朔，無乙卯。日干有誤。

〔二四〕六月庚申　「庚申」，本書天文志下作庚午，北史隋本紀上同。按：此月乙丑朔，庚午爲六日，日序合。

〔二五〕克定三邊　「三」原作「二」。北史隋本紀上、册府元龜以下簡稱册府一八作「克定三邊」。指尉遲迥、司馬消難、王謙「三方之亂」。今據改。

隋書卷三

帝紀第三

煬帝上

煬皇帝諱廣，一名英，小字阿𡡉，高祖第二子也。母曰文獻獨孤皇后。上美姿儀，少敏慧，高祖及后於諸子中特所鍾愛。在周，以高祖勳，封雁門郡公。開皇元年，立爲晉王，拜柱國、并州總管，時年十三。尋授武衞大將軍，進位上柱國、河北道行臺尚書令，大將軍如故。高祖令項城公歆、〔一〕安道公李徹輔導之。〔二〕上好學，善屬文，沉深嚴重，朝野屬望。高祖密令善相者來和徧視諸子，和曰：「晉王眉上雙骨隆起，貴不可言。」既而高祖幸上所居第，見樂器絃多斷絕，又有塵埃，若不用者，以爲不好聲妓，善之。上尤自矯飾，當時稱爲仁孝。嘗觀獵遇雨，左右進油衣，上曰：「士卒皆霑濕，我獨衣此乎！」乃令持去。

六年，轉淮南道行臺尚書令。其年，徵拜雍州牧、內史令。八年冬，大舉伐陳，以上爲行軍元帥。及陳平，執陳湘州刺史施文慶、散騎常侍沈客卿、市令陽慧朗、刑法監徐析、〔三〕尚書都令史暨慧，以其邪佞，有害於民，斬之右闕下，以謝三吳。於是封府庫，資財無所取，天下稱賢。進位太尉，賜輅車、乘馬，衮冕之服，玄珪、白璧各一。復拜并州總管。俄而江南高智慧等相聚作亂，徙上爲揚州總管，鎭江都，每歲一朝。高祖之祠太山也，領武候大將軍。明年，歸藩。後數載，突厥寇邊，復爲行軍元帥，出靈武，無虜而還。及太子勇廢，立上爲皇太子。是月，當受册。高祖曰：「吾以大興公成帝業。」令上出舍大興縣。其夜，烈風大雪，地震山崩，民舍多壞，壓死者百餘口。仁壽初，奉詔巡撫東南。是後高祖每避暑仁壽宮，恒令上監國。

四年七月，高祖崩，上卽皇帝位於仁壽宮。八月，奉梓宮還京師。并州總管漢王諒舉兵反，詔尚書左僕射楊素討平之。九月乙巳，以備身將軍崔彭爲左領軍大將軍。十一月乙未，幸洛陽。丙申，發丁男數十萬掘塹，自龍門東接長平、汲郡，抵臨清關，度河，至浚儀、襄城，達於上洛，以置關防。癸丑，詔曰：

乾道變化，陰陽所以消息，沿創不同，生靈所以順叙。若使天意不變，施化何以成四時，人事不易，爲政何以釐萬姓！易不云乎：「通其變，使民不倦」；「變則通，通則

久。」「有德則可久，有功則可大。」朕又聞之，安安而能遷，民用丕變。是故姬邑兩周，如武王之意，殷人五徙，成湯后之業。若不因人順天，功業見乎變，愛人治國者可不謂歟！

然洛邑自古之都，王畿之內，天地之所合，陰陽之所和。控以三河，固以四塞，水陸通，貢賦等。故漢祖曰：「吾行天下多矣，唯見洛陽。」自古皇王，何嘗不留意，所不都者蓋有由焉。或以九州未一，或以困其府庫，作洛之制所以未暇也。我有隋之始，便欲創茲懷、洛，日復一日，越暨于今。念茲在茲，興言感哽！

朕肅膺寶曆，纂臨萬邦，遵而不失，心奉先志。今者漢王諒悖逆，毒被山東，遂使州縣或淪非所。此由關河懸遠，兵不赴急，加以并州移戶復在河南。周遷殷人，意在於此。況復南服遐遠，東夏殷大，因機順動，今也其時。羣司百辟，僉諧厥議。但成周墟塉，弗堪葺宇。今可於伊、洛營建東京，便卽設官分職，以爲民極也。

夫宮室之制本以便生，上棟下宇，足避風露，高臺廣厦，豈曰適形。故傳云：「儉，德之共；侈，惡之大。」宣尼有云：「與其不遜也，寧儉。」豈謂瑤臺瓊室方爲宮殿者乎，土堦采椽而非帝王者乎？是知非天下以奉一人，乃一人以主天下也。民惟國本，本固邦寧，百姓足，孰與不足！今所營構，務從節儉，無令雕牆峻宇復起於當今，欲使卑宮

菲食將貽於後世。有司明爲條格，稱朕意焉。

十二月乙丑，以右武衞將軍來護兒爲右驍衞大將軍。戊辰，以柱國李景爲右武衞大將軍。以右衞率周羅睺爲右武候大將軍。

大業元年春正月壬辰朔，大赦，改元。立妃蕭氏爲皇后。改豫州爲溱州，洛州爲豫州。廢諸州總管府。丙申，立晉王昭爲皇太子。丁酉，以上柱國宇文述爲左衞大將軍，上柱國郭衍爲左武衞大將軍，延壽公于仲文爲右衞大將軍。己亥，以豫章王暕爲豫州牧。戊申，發八使巡省風俗。下詔曰：

昔者哲王之治天下也，其在愛民乎？既富而教，家給人足，故能風淳俗厚，遠至邇安。治定功成，率由斯道。朕嗣膺寶曆，撫育黎獻，夙夜戰兢，若臨川谷。雖則聿遵先緒，弗敢失墜，永言政術，多有缺然。況以四海之遠，兆民之衆，未獲親臨，問其疾苦。每慮幽仄莫舉，冤屈不申，一物失所，乃傷和氣，萬方有罪，責在朕躬，所以寤寐增歎，而夕惕載懷者也。

今既布政惟始，宜存寬大。可分遣使人，巡省方俗，宣揚風化，薦拔淹滯，申達幽枉。孝悌力田，給以優復。鰥寡孤獨不能自存者，量加振濟。義夫節婦，旌表門閭。

高年之老，加其版授，並依別條，賜以粟帛。篤疾之徒，給侍丁者，雖有侍養之名，曾無賙贍之實，明加檢校，使得存養。若有名行顯著，操履修潔，及學業才能，一藝可取，咸宜訪採，將身入朝。所在州縣，以禮發遣。其有蠹政害人，不便於時者，使還之日，具錄奏聞。

己酉，以吳州總管宇文弼爲刑部尚書。

二月己卯，以尚書左僕射楊素爲尚書令。

三月丁未，詔尚書令楊素、納言楊達、將作大匠宇文愷營建東京，徙豫州郭下居人以實之。戊申，詔曰：「聽採輿頌，謀及庶民，故能審政刑之得失。是知昧旦思治，欲使幽枉必達，彝倫有章。而牧宰任稱朝委，苟爲徼幸以求考課，虛立殿最，不存治實，綱紀於是弗理，冤屈所以莫申。關河重阻，無由自達。朕故建立東京，躬親存問。今將巡歷淮海，觀省風俗，眷求讜言，徒繁詞翰，而鄉校之內，闕爾無聞。恇然夕惕，用忘興寢。其民下有知州縣官人政治苛刻，侵害百姓，背公徇私，不便於民者，宜聽詣朝堂封奏，庶乎四聰以達，天下無冤。」又於皁澗營顯仁宮，採海內奇禽異獸草木之類，以實園苑。徙天下富商大賈數萬家於東京。辛亥，發河南諸郡男女百餘萬，開通濟渠，自西苑引穀、洛水達于河，自板渚引河通于淮。庚申，遣黃門侍郎王弘、上儀同於士澄往江南採木，造龍舟、鳳艒、〔四〕黃龍、赤艦、樓

船等數萬艘。

夏四月癸亥，大將軍劉方擊林邑，破之。

五月庚戌，民部尚書義豐侯韋沖卒。

六月甲子，熒惑入太微。

秋七月丁酉，制戰亡之家給復十年。丙午，滕王綸、衞王集並奪爵徙邊。

閏七月甲子，以尚書令楊素爲太子太師，安德王雄爲太子太傅，河間王弘爲太子太保。丙子，詔曰：

君民建國，教學爲先，移風易俗，必自茲始。而言絕義乖，多歷年代，進德修業，其道寖微。漢採坑焚之餘，不絕如線，晉承板蕩之運，掃地將盡。自時厥後，軍國多虞，雖復黌宇時建，示同愛禮，函丈或陳，殆爲虛器。遂使紆青拖紫，非以學優，製錦操刀，類多牆面。上陵下替，綱維靡立，雅缺道消，實由於此。

朕纂承洪緒，思弘大訓，將欲尊師重道，用闡厥繇，講信修睦，敦獎名教。方今宇宙平一，文軌攸同，十步之內，必有芳草，四海之中，豈無奇秀！諸在家及見入學者，若有篤志好古，耽悅典墳，學行優敏，堪膺時務，所在採訪，具以名聞，卽當隨其器能，擢以不次。若研精經術，未願進仕者，可依其藝業深淺，門蔭高卑，雖未升朝，並量準給

祿。庶夫恂恂善誘，不日成器，濟濟盈朝，何遠之有！其國子等學，亦宜申明舊制，教習生徒，具爲課試之法，以盡砥礪之道。

八月壬寅，上御龍舟，幸江都。以左武衞大將軍郭衍爲前軍，右武衞大將軍李景爲後軍。文武官五品已上給樓船，九品已上給黃蔑。舳艫相接，二百餘里。

冬十月己丑，赦江淮已南。揚州給復五年，舊總管內給復三年。十一月己未，以大將軍崔仲方爲禮部尚書。

二年春正月辛酉，東京成，賜監督者各有差。以大理卿梁毗爲刑部尚書。丁卯，遣十使併省州縣。

二月丙戌，詔尚書令楊素、吏部尚書牛弘、大將軍宇文愷、內史侍郎虞世基、禮部侍郎許善心制定輿服。始備輦路及五時副車。上常服，皮弁十有二琪，文官弁服，佩玉，五品已上給犢車、通幰，三公親王加油絡，武官平巾幘，袴褶，三品已上給瓟槊。下至胥吏，服色皆有差。非庶人不得戎服。戊戌，置都尉官。

三月庚午，車駕發江都。先是，太府少卿何稠、太府丞雲定興盛修儀仗，於是課州縣送羽毛。百姓求捕之，網羅被水陸，禽獸有堪氅毦之用者，殆無遺類。至是而成。

夏四月庚戌，上自伊闕，陳法駕，備千乘萬騎，入於東京。辛亥，上御端門，大赦，免天下今年租稅。癸丑，以冀州刺史楊文思爲民部尚書。

五月甲寅，金紫光祿大夫、兵部尚書李通坐事免。〔五〕乙卯，詔曰：「旌表先哲，式存饗祀，所以優禮賢能，顯彰遺愛。朕永鑒前修，尚想名德，何嘗不興歎九原，屬懷千載。其自古已來賢人君子，有能樹聲立德、佐世匡時、博利殊功、有益於人者，並宜營立祠宇，以時致祭。墳壟之處，不得侵踐。有司量爲條式，稱朕意焉。」

六月壬子，以尚書令、太子太師楊素爲司徒。進封豫章王暕爲齊王。

秋七月癸丑，以衞尉卿衞玄爲工部尚書。庚申，制百官不得計考增級，必有德行功能，灼然顯著者，擢之。壬戌，擢藩邸舊臣鮮于羅等二十七人官爵有差。甲戌，皇太子昭薨。乙亥，上柱國、司徒、楚國公楊素薨。

八月辛卯，封皇孫倓爲燕王，侗爲越王，侑爲代王。

九月乙丑，立秦孝王俊子浩爲秦王。

冬十月戊子，以靈州刺史段文振爲兵部尚書。

十二月庚寅，詔曰：「前代帝王，因時創業，君民建國，禮尊南面。而歷運推移，年世永久，丘壟殘毀，樵牧相趨，塋兆堙蕪，封樹莫辨。興言淪滅，有愴于懷。自古已來帝王陵墓，可給隨近十戶，蠲其雜役，以供守視。」

三年春正月癸亥，勑并州逆黨已流配而逃亡者，所獲之處，卽宜斬決。丙子，長星竟天，出於東壁，二旬而止。是月，武陽郡上言，河水清。

二月己丑，彗星見於奎，掃文昌，歷大陵、五車、北河，入太微，掃帝坐，前後百餘日而止。

三月辛亥，車駕還京師。壬子，以大將軍姚辯爲左屯衞將軍。癸丑，遣羽騎尉朱寬使於流求國。乙卯，河間王弘薨。

夏四月庚辰，詔曰：「古者帝王觀風問俗，皆所以憂勤兆庶，安集遐荒。自蕃夷內附，未遑親撫，山東經亂，須加存恤。今欲安輯河北，巡省趙、魏。所司依式。」甲申，頒律令，大赦天下，關內給復三年。壬辰，改州爲郡。改度量權衡，並依古式。改上柱國已下官爲大夫。甲午，詔曰：

天下之重，非獨治所安，帝王之功，豈一士之略。自古明君哲后，立政經邦，何嘗不選賢與能，收採幽滯。周稱多士，漢號得人，常想前風，載懷欽佇。朕負扆夙興，冕旒待旦，引領巖谷，置以周行，冀與羣才共康庶績。而彙茅寂寞，投竿罕至，豈美璞韜采，未值良工，將介石在懷，確乎難拔？永鑒前哲，憮然興歎！凡厥在位，譬諸股肱，若

濟巨川，義同舟楫。豈得保茲寵祿，晦爾所知，優游卒歲，甚非謂也。祁大夫之舉善，良史以爲至公，臧文仲之蔽賢，尼父譏其竊位。求諸往古，非無褒貶，宜思進善，用匡寡薄。

夫孝悌有聞，人倫之本，德行敦厚，立身之基。或節義可稱，或操履清潔，所以激貪厲俗，有益風化。强毅正直，執憲不撓，學業優敏，文才美秀，並爲廊廟之用，實乃瑚璉之資。才堪將略，則拔之以禦侮，膂力驍壯，則任之以爪牙。爰及一藝可取，亦宜採錄，衆善畢舉，與時無棄。以此求治，庶幾非遠。文武有職事者，五品已上，宜依令十科舉人。有一於此，不必求備。朕當待以不次，隨才升擢。其見任九品已上官者，不在舉送之限。

丙申，車駕北巡狩。丁酉，以刑部尚書宇文㢸爲禮部尚書。戊戌，勑百司不得踐暴禾稼，其有須開爲路者，有司計地所收，卽以近倉酬賜，務從優厚。己亥，次赤岸澤。以太牢祭故太師李穆墓。

五月丁巳，突厥啓民可汗遣子拓特勤來朝。戊午，發河北十餘郡丁男鑿太行山，達于并州，以通馳道。丙寅，啓民可汗遣其兄子毗黎伽特勤來朝。辛未，啓民可汗遣使請自入塞，奉迎輿駕。上不許。癸酉，有星孛于文昌上將，星皆動搖。

六月辛巳，獵於連谷。丁亥，詔曰：

聿追孝饗，德莫至焉，崇建寢廟，禮之大者。然則質文異代，損益殊時，學滅坑焚，經典散逸，憲章湮墜，廟堂制度，師說不同。所以世數多少，莫能是正，連室異宮，亦無準定。

朕獲奉祖宗，欽承景業，永惟嚴配，思隆大典。於是詢謀在位，博訪儒術。咸以爲高祖文皇帝受天明命，奄有區夏，拯羣飛於四海，革凋敝於百王，恤獄緩刑，生靈皆遂其性，輕徭薄賦，比屋各安其業。恢夷宇宙，混壹車書。東漸西被，無思不服，南征北怨，俱荷來蘇。駕毳乘風，歷代所弗至，辮髮左衽，聲教所罕及，莫不厥角關塞，頓顙闕庭。譯靡絕時，書無虛月，韜戈偃武，天下晏如。嘉瑞休徵，表裏禔福，猗歟偉歟，無得而名者也。

朕又聞之，德厚者流光，治辨者禮縟。是以周之文、武，漢之高、光，其典章特立，謚號斯重，豈非緣情稱述，卽崇顯之義乎？高祖文皇帝宜別建廟宇，以彰巍巍之德，仍遵月祭，用表蒸蒸之懷。有司以時創造，務合典制。又名位既殊，禮亦異等。天子七廟，事著前經，諸侯二昭，義有差降，故其以多爲貴。王者之禮，今可依用，貽厥後昆。

戊子，次榆林郡。丁酉，啓民可汗來朝。己亥，吐谷渾、高昌並遣使貢方物。甲辰，上御北樓，觀漁于河，以宴百僚。

秋七月辛亥，啓民可汗上表請變服，襲冠帶。詔啓民贊拜不名，位在諸侯王上。甲寅，上於郡城東御大帳，其下備儀衞，建旌旗，宴啓民及其部落三千五百人，奏百戲之樂。賜啓民及其部落各有差。丙子，殺光祿大夫賀若弼、禮部尙書宇文弼、太常卿高熲。尙書左僕射蘇威坐事免。發丁男百餘萬築長城，西距榆林，東至紫河，一旬而罷，〔六〕死者十五六。

八月壬午，車駕發榆林。乙酉，啓民飾廬清道，以候乘輿。帝幸其帳，啓民奉觴上壽，宴賜極厚。上謂高麗使者曰：「歸語爾王，當早來朝見。不然者，吾與啓民巡彼土矣。」皇后亦幸義城公主帳。〔七〕己丑，啓民可汗歸蕃。癸巳，入樓煩關。壬寅，次太原。詔營晉陽宮。

九月己未，次濟源。幸御史大夫張衡宅，宴享極歡。己巳，至于東都。壬申，以齊王暕爲河南尹、開府儀同三司。癸酉，以民部尙書楊文思爲納言。

四年春正月乙巳，詔發河北諸郡男女百餘萬開永濟渠，引沁水南達于河，北通涿郡。庚戌，百僚大射於允武殿。丁卯，賜城內居民米各十石。壬申，以太府卿元壽爲內史令，鴻臚卿楊玄感爲禮部尙書。癸酉，以工部尙書衞玄爲右候衞大將軍，大理卿長孫熾爲民部尙書。

二月己卯，遣司朝謁者崔毅使突厥處羅，〔八〕致汗血馬。

三月辛酉，以將作大匠宇文愷爲工部尙書。壬戌，百濟、倭、赤土、迦羅舍國並遣使貢方物。乙丑，車駕幸五原，因出塞巡長城。丙寅，遣屯田主事常駿使赤土，致羅刹。〔九〕

夏四月丙午，以離石之汾源、臨泉，雁門之秀容，爲樓煩郡。起汾陽宮。癸丑，以河內太守張定和爲左屯衞大將軍。乙卯，詔曰：「突厥意利珍豆啓民可汗率領部落，保附關塞，遵奉朝化，思改戎俗，頻入謁覲，屢有陳請。以氈牆毳幕，事窮荒陋，上棟下宇，願同比屋。誠心懇切，朕之所重。宜於萬壽戍置城造屋，其帷帳牀褥已上，隨事量給，務從優厚，稱朕意焉。」

五月壬申，蜀郡獲三足烏，張掖獲玄狐，各一。

秋七月辛巳，發丁男二十餘萬築長城，自榆谷而東。乙未，左翊衞大將軍宇文述破吐谷渾於曼頭、赤水。

八月辛酉，親祠恒岳，河北道郡守畢集。大赦天下。車駕所經郡縣，免一年租調。

九月辛未，徵天下鷹師悉集東京，至者萬餘人。戊寅，彗星出於五車，掃文昌，至房而滅。辛巳，詔免長城役者一年租賦。

冬十月丙午，詔曰：「先師尼父，聖德在躬，誕發天縱之姿，憲章文、武之道。命世膺期，蘊茲素王，而頹山之歎，忽踰於千祀，盛德之美，不存於百代。永惟懿範，宜有優崇。可立孔子後爲紹聖侯。有司求其苗裔，錄以申上。」辛亥，詔曰：「昔周王下車，首封唐、虞之胤，漢帝承曆，亦命殷、周之後。皆所以褒立先代，憲章在昔。朕嗣膺景業，傍求雅訓，有一弘益，欽若令典。以爲周兼夏、殷，文質大備，漢有天下，車書混一，魏、晉沿襲，風流未遠。並宜立後，以存繼絕之義。有司可求其胄緒列聞。」乙卯，頒新式於天下。

五年春正月丙子，改東京爲東都。癸未，詔天下均田。戊子，上自東都還京師。己丑，制民間鐵叉、搭鉤、穳刃之類，皆禁絕之。太守每歲密上屬官景迹。

二月戊戌，次于閿鄉。詔祭古帝王陵及開皇功臣墓。庚子，制魏、周官不得爲蔭。辛丑，赤土國遣使貢方物。戊申，車駕至京師。丙辰，宴耆舊四百人於武德殿，頒賜各有差。己未，上御崇德殿之西院，愀然不怡，顧謂左右曰：「此先帝之所居，實用增感，情所未安，宜於此院之西別營一殿。」壬戌，制父母聽隨子之官。

三月己巳，車駕西巡河右。庚午，有司言，武功男子史永遵與從父昆弟同居。上嘉之，賜物一百段，米二百石，表其門閭。乙亥，幸扶風舊宅。

夏四月己亥，大獵於隴西。壬寅，高昌、吐谷渾、伊吾並遣使來朝。乙巳，次狄道，党項羌來貢方物。癸亥，出臨津關，渡黃河，至西平，陳兵講武。

五月乙亥，上大獵於拔延山，長圍周亘二千里。〔一〇〕庚辰，入長寧谷。壬午，度星嶺。甲申，宴羣臣於金山之上。丙戌，梁浩亹，御馬度而橋壞，斬朝散大夫黃亘及督役者九人。吐谷渾王率衆保覆袁川，帝分命內史元壽南屯金山，兵部尚書段文振北屯雪山，太僕卿楊義臣東屯琵琶峽，將軍張壽西屯泥嶺，四面圍之。渾主伏允以數十騎遁出，遣其名王詐稱伏允，保車我眞山。壬辰，詔右屯衞大將軍張定和往捕之。定和挺身挑戰，為賊所殺。亞將柳武建擊破之，斬首數百級。甲午，其仙頭王被圍窮蹙，率男女十餘萬口來降。

六月丁酉，遣左光祿大夫梁默、右翊衞將軍李瓊等追渾主，皆遇賊死之。癸卯，經大斗拔谷，山路隘險，魚貫而出。風霰晦冥，與從官相失，士卒凍死者太半。丙午，次張掖。辛亥，詔諸郡學業該通，才藝優洽；膂力驍壯，超絕等倫；在官勤奮，堪理政事；立性正直，不避強禦四科舉人。壬子，高昌王麴伯雅來朝，伊吾吐屯設等獻西域數千里之地。上大悅。癸丑，置西海、河源、鄯善、且末等四郡。丙辰，上御觀風行殿，盛陳文物，奏九部樂，設魚龍曼延，宴高昌王、吐屯設於殿上，以寵異之。其蠻夷陪列者三十餘國。戊午，大赦天下。開皇已來流配，悉放還鄉，晉陽逆黨，不在此例。隴右諸郡，給復一年，行經之所，給復二年。

秋七月丁卯，置馬牧於青海渚中，以求龍種，無效而止。

九月癸未，車駕入長安。

冬十月癸亥，詔曰：「優德尚齒，載之典訓，尊事乞言，義彰膠序。鬻熊為師，取非筋力，方叔元老，克壯其猷。朕永言稽古，用求至治，是以厖眉黃髮，更令收敘，務簡秩優，無虧藥膳，庶等臥治，佇其弘益。今歲耆老赴集者，可於近郡處置，年七十以上，疾患沉滯，不堪居職，即給賜帛，送還本郡；其官至七品已上者，量給廩，以終厥身。」

十一月丙子，車駕幸東都。

六年春正月癸亥朔，旦，有盜數十人，皆素冠練衣，焚香持華，自稱彌勒佛，入自建國門。監門者皆稽首。既而奪衞士仗，將為亂。齊王暕遇而斬之。於是都下大索，與相連坐者千餘家。丁丑，角抵大戲於端門街，天下奇伎異藝畢集，終月而罷。帝數微服往觀之。己丑，倭國遣使貢方物。

二月乙巳，武賁郎將陳稜、朝請大夫張鎮州擊流求，〔一一〕破之，獻俘萬七千口，頒賜百官。乙卯，詔曰：「夫帝圖草創，王業艱難，咸仗股肱，協同心德，用能拯厥頹運，克膺大寶，然後疇庸茂賞，開國承家，誓以山河，傳之不朽。近代喪亂，四海未一，茅土妄假，名實相乖，歷茲永久，莫能懲革。皇運之初，百度伊始，猶循舊貫，未暇改作，今天下交泰，文軌攸同，宜率遵先典，永垂大訓。自今已後，唯有功勳乃得賜封，仍令子孫承襲。」丙辰，改封安德王雄為觀王，河間王子慶為郇王。庚申，徵魏、齊、周、陳樂人，悉配太常。三月癸亥，幸江都宮。甲子，以鴻臚卿史祥為左驍衞大將軍。

夏四月丁未，宴江淮已南父老，頒賜各有差。

六月辛卯，室韋、赤土並遣使貢方物。壬辰，鴈門賊帥尉文通聚衆三千，保於莫壁谷。遣鷹揚楊伯泉擊破之。甲寅，制江都太守秩同京尹。

冬十月壬申，〔一二〕刑部尚書梁毗卒。壬子，民部尚書、銀青光祿大夫長孫熾卒。

十二月己未，左光祿大夫、吏部尚書牛弘卒。辛酉，朱崖人王萬昌舉兵作亂，遣隴西太守韓洪討平之。

七年春正月壬寅，左武衞大將軍、光祿大夫、眞定侯郭衍卒。

二月己未，上升釣臺，臨揚子津，大宴百僚，頒賜各有差。庚申，百濟遣使朝貢。乙亥，上自江都御龍舟入通濟渠，遂幸于涿郡。壬午，詔曰：「武有七德，先之以安民；政有六本，興之以教義。高麗高元，虧失藩禮，將欲問罪遼左，恢宣勝略。雖懷伐國，仍事省方。今往涿郡，巡撫民俗。其河北諸郡及山西、山東年九十已上者，版授太守；八十者，授縣令。」

三月丁亥，右光祿大夫、左屯衞大將軍姚辯卒。

夏四月庚午，至涿郡之臨朔宮。

五月戊子，以武威太守樊子蓋為民部尚書。

秋，大水，山東、河南漂沒三十餘郡，〔一三〕民相賣為奴婢。

冬十月乙卯，底柱山崩，偃河逆流數十里。戊午，以東平太守吐萬緒為左屯衞大將軍。

十二月己未，西面突厥處羅多利可汗來朝。上大悅，接以殊禮。于時遼東戰士及餽運者填咽於道，晝夜不絕，苦役者始為羣盜。甲子，勑都尉、鷹揚與郡縣相知追捕，隨獲斬決之。

校勘記

〔一〕項城公韶　「韶」原作「歆」，據太平御覽（以下簡稱御覽）一〇六改。「韶」卽王韶。

〔二〕安道公李徹　「李徹」上原衍「才」字，今刪。

〔三〕徐析　「析」，南史沈客卿傳作「哲」。

〔四〕鳳艒　北史隋本紀下作「鳳䑠」。艒是小船，䑠是大船。此處應作䑠。

〔五〕李通　卽李元通，本書有傳。

〔六〕一旬而罷　北史隋本紀下作「二旬而罷」。

〔七〕義城公主　本書中多作「義成公主」。「城」、「成」二字有時通用。

〔八〕崔毅　卽崔君毅，見本書西突厥傳。

〔九〕致羅剎　「剎」原作「劂」，據本書食貨志改。

〔一〇〕大獵於拔延山長圍周亘二千里　本書禮儀志三作「詔虞部量拔延山南北周二百里」。

〔一一〕張鎭州　本書陳稜傳作「張鎭周」。

〔一二〕十月壬申　此月己丑朔，無壬申。日干有誤。

〔一三〕三十餘郡　本書食貨志作「四十餘郡」。

隋書卷四

帝紀第四

煬帝下

八年春正月辛巳，大軍集于涿郡。以兵部尚書段文振爲左候衞大將軍。壬午，下詔曰：

天地大德，降繁霜於秋令，聖哲至仁，著甲兵於刑典。故知造化之有肅殺，義在無私，帝王之用干戈，蓋非獲已。版泉、丹浦，莫匪龔行，取亂覆昏，咸由順動。況乎甘野誓師，夏開承大禹之業，商郊問罪，周發成文王之志。永監前載，屬當朕躬。

粵我有隋，誕膺靈命，兼三才而建極，一六合而爲家。提封所漸，細柳、盤桃之外，聲教爰暨，紫舌、黃枝之域。遠至邇安，罔不和會，功成治定，於是乎在。而高麗小醜，迷昏不恭，崇聚勃、碣之閒，荐食遼、獩之境。雖復漢、魏誅戮，巢窟暫傾，亂離多阻，種落還集。〔一〕萃川藪於往代，播實繁以迄今，眷彼華壤，翦爲夷類。歷年永久，惡稔既盈，

天道禍淫，亡徵已兆。亂常敗德，非可勝圖，掩慝懷姦，唯日不足。移告之嚴，未嘗面受，朝覲之禮，莫肯躬親。誘納亡叛，不知紀極，充斥邊垂，亟勞烽候，關柝以之不靜，生人爲之廢業。在昔薄伐，已漏天網，既緩前擒之戮，未卽後服之誅，曾不懷恩，翻爲長惡，乃兼契丹之黨，虔劉海戍，習靺鞨之服，侵軼遼西。又青丘之表，咸修職貢，碧海之濱，同稟正朔，遂復奪攘琛賮，遏絕往來，虐及弗辜，誠而遇禍。輶軒奉使，爰暨海東，旌節所次，途經藩境，而擁塞道路，拒絕王人，無事君之心，豈爲臣之禮！此而可忍，孰不可容！且法令苛酷，賦斂煩重，強臣豪族，咸執國鈞，朋黨比周，以之成俗，賄貨如市，寃枉莫申。重以仍歲災凶，比屋饑饉，兵戈不息，徭役無期，力竭轉輸，身塡溝壑。百姓愁苦，爰誰適從？境內哀惶，不勝其弊。迴首面內，各懷性命之圖，黃髮稚齒，咸興酷毒之歎。省俗觀風，爰屆幽朔，弔人問罪，無俟再駕。於是親總六師，用申九伐，拯厥阽危，協從天意，殄茲逋穢，克嗣先謨。

今宜授律啓行，分麾屆路，掩勃澥而雷震，歷夫餘以電掃。比戈按甲，誓旅而後行，三令五申，〔二〕必勝而後戰。左第一軍可鏤方道，第二軍可長岑道，第三軍可海冥道，〔三〕第四軍可蓋馬道，第五軍可建安道，第六軍可南蘇道，第七軍可遼東道，第八軍可玄菟道，第九軍可扶餘道，第十軍可朝鮮道，第十一軍可沃沮道，第十二軍可樂浪

道。右第一軍可鏤方道,第二軍可長岑道,第三軍可海冥道,第四軍可蓋馬道,第五軍可建安道,第六軍可南蘇道,第七軍可遼東道,第八軍可玄菟道,第九軍可扶餘道,第十軍可朝鮮道,第十一軍可沃沮道,第十二軍可樂浪道。左第一軍可黏蟬道,第二軍可含資道,第三軍可渾彌道,第四軍可臨屯道,第五軍可候城道,第六軍可提奚道,第七軍可踏頓道,第八軍可肅愼道,第九軍可碣石道,第十軍可東暆道,第十一軍可帶方道,第十二軍可襄平道。凡此衆軍,先奉廟略,駱驛引途,總集平壤。莫非如豺如貔之勇,百戰百勝之雄,顧眄則山岳傾頹,叱吒則風雲騰鬱,心德攸同,爪牙斯在。朕躬馭元戎,爲其節度,涉遼而東,循海之右,解倒懸於遐裔,問疾苦於遺黎。其外輕齎遊闕,隨機赴響,卷甲銜枚,出其不意。又滄海道軍舟艫千里,高帆電逝,巨艦雲飛,橫斷浿江,〔四〕逕造平壤,島嶼之望斯絕,坎井之路已窮。其餘被髮左衽之人,控弦待發,微、盧、彭、濮之旅,不謀同辭。杖順臨逆,人百其勇,以此衆戰,勢等摧枯。

然則王者之師,義存止殺,聖人之教,必也勝殘。天罰有罪,本在元惡,人之多僻,脅從罔治。若高元泥首轅門,自歸司寇,卽宜解縛焚櫬,弘之以恩。其餘臣人歸朝奉順,咸加慰撫,各安生業,隨才任用,無隔夷夏。營壘所次,務在整肅,芻蕘有禁,秋毫勿犯,布以恩宥,喩以禍福。若其同惡相濟,抗拒官軍,國有常刑,俾無遺類。明加曉示,稱朕意焉。

總一百一十三萬三千八百,號二百萬,其餽運者倍之。癸未,第一軍發,終四十日,引師乃

盡,旌旗亘千里。近古出師之盛,未之有也。乙未,以右候衞大將軍衞玄爲刑部尚書。甲辰,內史令元壽卒。

二月甲寅,詔曰:「朕觀風燕裔,問罪遼濱。文武協力,爪牙思奮,莫不執銳勤王,捨家從役,罕蓄倉廩之資,兼損播殖之務。朕所以夕惕愀然,慮其匱乏。雖復素飽之衆,情在忘私,悅使之人,宜從其厚。諸行從一品以下,佽飛募人以上家口,郡縣宜數存問。若有糧食乏少,皆宜賑給;或雖有田疇,貧弱不能自耕種,可於多丁富室勸課相助。使夫居者有斂積之豐,行役無顧後之慮。」壬戌,司空、京兆尹、光祿大夫觀王雄薨。

三月辛卯,兵部尚書、左候衞大將軍段文振卒。癸巳,上御師。甲午,臨戎于遼水橋。戊戌,大軍爲賊所拒,不果濟。右屯衞大將軍、左光祿大夫麥鐵杖,武賁郎將錢士雄、孟金叉等,皆死之。甲午,〔五〕車駕渡遼。大戰于東岸,擊賊破之,進圍遼東。乙未,〔六〕大頓,見二大鳥,高丈餘,皜身朱足,遊泳自若。上異之,命工圖寫,幷立銘頌。

五月壬午,納言楊達卒。于時諸將各奉旨,不敢赴機。既而高麗各城守,攻之不下。

六月己未,幸遼東,責怒諸將。止城西數里,御六合城。

七月壬寅,宇文述等敗績于薩水,右屯衞將軍辛世雄死之。九軍並陷,將帥奔還亡者二千餘騎。〔七〕癸卯,班師。

九月庚辰,上至東都。己丑,詔曰:「軍國異容,文武殊用,匡危拯難,則霸德攸興,化人成俗,則王道斯貴。時方撥亂,屠販可以登朝,世屬隆平,經術然後升仕。豐都爰肇,儒服無預于周行,建武之朝,功臣不參于吏職。自三方未一,四海交爭,不遑文教,唯尚武功。設官分職,罕以才授,班朝治人,乃由勳敘,莫非拔足行陣,出自勇夫,斅學之道,既所不習,政事之方,故亦無取。是非暗于在己,威福專於下吏,貪冒貨賄,不知紀極,蠹政害民,實由於此。自今已後,諸授勳官者,並不得回授文武職事,庶遵彼更張,取類於調瑟,求諸名製,不傷于美錦。若吏部輒擬用者,御史卽宜糾彈。」

冬十月甲寅,工部尚書宇文愷卒。

十一月己卯,以宗女華容公主嫁于高昌王。辛巳,光祿大夫韓壽卒。〔八〕甲申,敗將宇文述、于仲文等並除名爲民,斬尚書右丞劉士龍以謝天下。是歲,大旱,疫,人多死,山東尤甚。密詔江、淮南諸郡閱視民間童女,姿質端麗者,每歲貢之。

九年春正月丁丑,徵天下兵,募民爲驍果,集于涿郡。壬午,賊帥杜彥冰、王潤等陷平原郡,大掠而去。辛卯,置折衝、果毅、武勇、雄武等郎將官,以領驍果。乙未,平原李德逸

聚衆數萬,稱「阿舅賊」,劫掠山東。靈武白榆妄,〔九〕稱「奴賊」,劫掠牧馬,北連突厥,隴右多被其患。遣將軍范貴討之,連年不能剋。戊戌,大赦。己亥,遣代王侑、刑部尚書衞玄鎭京師。辛丑,以右驍騎將軍李渾爲右驍衞大將軍。

二月己未,濟北人韓進洛聚衆數萬爲羣盜。壬午,〔一〇〕復宇文述等官爵。又徵兵討高麗。

三月丙子,濟陰人孟海公起兵爲盜,衆至數萬。丁丑,發丁男十萬城大興。戊寅,幸遼東。以越王侗、民部尚書樊子蓋留守東都。庚子,北海人郭方預聚徒爲盜,〔一一〕自號盧公,衆至三萬,攻陷郡城,大掠而去。

夏四月庚午,車駕渡遼。壬申,遣宇文述、楊義臣趣平壤。

五月丁丑,熒惑入南斗。己卯,濟北人甄寶車聚衆萬餘,寇掠城邑。

六月乙巳,禮部尚書楊玄感反於黎陽。丙辰,玄感逼東都。河南贊務裴弘策拒之,〔一二〕反爲賊所敗。戊辰,兵部侍郎斛斯政奔于高麗。庚午,上班師。高麗犯後軍,勑右武衞大將軍李景爲後拒。遣左翊衞大將軍宇文述、左候衞將軍屈突通等馳傳發兵,以討玄感。

秋七月己卯,令所在發人城縣府驛。癸未,餘杭人劉元進舉兵反,衆至數萬。

八月壬寅,左翊衞大將軍宇文述等破楊玄感於閿鄉,斬之。餘黨悉平。癸卯,吳人朱

樊、晉陵人管崇擁衆十萬餘，自稱將軍，寇江左。甲辰，制驍果之家蠲免賦役。丁未，詔郡縣城去道過五里已上者，徙就之。戊申，制盜賊籍沒其家。乙卯，賊帥陳瑱等衆三萬，攻陷信安郡。辛酉，司農卿、光祿大夫、葛國公趙元淑以罪伏誅。

九月己卯，濟陰人吳海流、東海人彭孝才並舉兵爲盜，衆數萬。庚辰，賊帥梁慧尙率衆四萬，陷蒼梧郡。甲午，車駕次上谷，以供費不給，上大怒，免太守虞荷等官。丁酉，東陽人李三兒、向但子舉兵作亂，衆至萬餘。

閏月己巳，幸博陵。庚午，上謂侍臣曰：「朕昔從先朝周旋於此，年甫八歲，日月不居，倏經三紀，追惟平昔，不可復希！」言未卒，流涕嗚咽，侍衞者皆泣下沾襟。

冬十月丁丑，賊帥呂明星率衆數千圍東郡，武賁郎將費青奴擊斬之。乙酉，詔曰：「博陵昔爲定州，地居衝要，先皇歷試所基，王化斯遠，故以道冠豳風，義高姚邑。朕巡撫氓庶，爰屆茲邦，瞻望郊廛，緬懷敬止，思所以宣播德澤，覃被下人，崇紀顯號，式光令緒。可改博陵爲高陽郡。赦境內死罪已下。給復一年。」於是召高祖時故吏，皆量材授職。壬辰，以納言蘇威爲開府儀同三司。朱燮、管崇推劉元進爲天子。遣將軍吐萬緒、魚俱羅討之，連年不能剋。齊人孟讓、王薄等衆十餘萬，據長白山，攻剽諸郡，清河賊張金稱衆數萬，渤海賊帥格謙自號燕王，孫宣雅自號齊王，衆各十萬，山東苦之。丁亥，[一三]以右候衞將軍郭榮

爲右候衞大將軍。

十一月己酉，右候衞將軍馮孝慈討張金稱於清河，反爲所敗，孝慈死之。

十二月甲申，車裂玄感弟朝請大夫積善及黨與十餘人，仍焚而揚之。丁亥，扶風人向海明舉兵作亂，[一四]稱皇帝，建元白烏。遣太僕卿楊義臣擊破之。

十年春正月甲寅，以宗女爲信義公主，嫁於突厥曷娑那可汗。[一五]二月辛未，詔百僚議伐高麗，數日無敢言者。戊子，詔曰：「竭力王役，致身戎事，咸由徇義，莫匪勤誠，委命草澤，棄骸原野，興言念之，每懷愍惻。往年出車問罪，將屆遼濱，廟算勝略，具有進止。而諒惛凶，罔識成敗，高熲愎很，本無智謀，臨三軍猶兒戲，視人命如草芥，不遵成規，坐貽撓退，遂令死亡者衆，不及埋藏。今宜遣使人分道收葬，設祭於遼西郡，立道場一所。恩加泉壤，庶弭窮魂之冤，澤及枯骨，用弘仁者之惠。」辛卯，詔曰：

黃帝五十二戰，成湯二十七征，方乃德施諸侯，令行天下。盧芳小盜，漢祖尙且親戎，隗囂餘燼，光武猶自登隴，豈不欲除暴止戈，勞而後逸者哉！

朕纂成寶業，君臨天下，日月所照，風雨所沾，孰非我臣，獨隔聲教。蕞爾高麗，僻居荒表，鴟張狼噬，侮慢不恭，抄竊我邊陲，侵軼我城鎮。是以去歲出軍，問罪遼、碣，殪長蛇於玄菟，戮封豕於襄平。扶餘衆軍，風馳電逝，追奔逐北，徑踰浿水，滄海舟楫，衝賊腹心，焚其城郭，污其宮室。高元伏鑕泥首，送款軍門，尋請入朝，歸罪司寇。朕以許其改過，乃詔班師。而長惡靡悛，宴安鴆毒，此而可忍，孰不可容！便可分命六師，百道俱進。朕當親執武節，臨御諸軍，秣馬丸都，觀兵遼水，順天誅於海外，救窮民於倒懸，征伐以正之，明德以誅之，止除元惡，餘無所問。若有識存亡之分，悟安危之機，翻然北首，自求多福；必其同惡相濟，抗拒王師，若火燎原，刑茲無赦。有司便宜宣布，咸使知聞。

丁酉，扶風人唐弼舉兵反，衆十萬，推李弘爲天子，[一六]自稱唐王。

三月壬子，行幸涿郡。癸亥，次臨渝宮，親御戎服，禡祭黃帝，斬叛軍者以釁鼓。

夏四月辛未，彭城賊張大彪聚衆數萬，保懸薄山爲盜。遣榆林太守董純擊破，斬之。甲午，車駕次北平。

五月庚子，詔舉郡孝悌廉潔各十人。壬寅，賊帥宋世謨陷琅邪郡。庚申，延安人劉迦論舉兵反，自稱皇王，建元大世。

六月辛未，賊帥鄭文雅、林寶護等衆三萬，陷建安郡，太守楊景祥死之。

秋七月癸丑，車駕次懷遠鎮。乙卯，曹國遣使貢方物。甲子，高麗遣使請降，囚送斛斯

政。上大悅。

八月己巳，班師。庚午，右衞大將軍、左光祿大夫鄭榮卒。

冬十月丁卯，上至東都。己丑，還京師。

十一月丙申，支解斛斯政於金光門外。乙巳，有事於南郊。己酉，賊帥司馬長安破長平郡。乙卯，離石胡劉苗王舉兵反，自稱天子，以其弟六兒爲永安王，衆至數萬。將軍潘長文討之，不能剋。是月，賊帥王德仁擁衆數萬，保林慮山爲盜。

十二月壬申，上如東都。其日，大赦天下。戊子，入東都。庚寅，賊帥孟讓衆十餘萬，據都梁宮。遣江都郡丞王世充擊破之，盡虜其衆。

十一年春正月甲午朔，大宴百僚。突厥、新羅、靺鞨、畢大辭、訶咄、傳越、烏那曷、波臘、吐火羅、俱慮建、忽論、靺鞨、訶多、沛汗、龜茲、疎勒、于闐、安國、曹國、何國、穆國、畢、衣密、失范延、伽折、契丹等國並遣使朝貢。戊戌，武賁郎將高建毗破賊帥顏宣政於齊郡，虜男女數千口。乙卯，大會蠻夷，設魚龍曼延之樂，頒賜各有差。

二月戊辰，賊帥楊仲緒率衆萬餘，攻北平，滑公李景破斬之。庚午，詔曰：「設險守國，著自前經，重門禦暴，事彰往策，所以宅土寧邦，禁邪固本。而近代戰爭，居人散逸，田疇無

伍，郛郭不修，遂使遊惰實繁，寇歎未息。今天下平一，海內晏如，宜令人悉城居，田隨近給，使強弱相容，力役兼濟，穿窬無所厝其姦宄，萑蒲不得聚其逋逃。有司具爲事條，務令得所。」〔一六〕丙子，上谷人王須拔反，自稱漫天王，國號燕，賊帥魏刁兒自稱歷山飛，衆各十餘萬，北連突厥，南寇趙。

五月丁酉，殺右驍衞大將軍、光祿大夫、郕公李渾，將作監、光祿大夫李敏，並族滅其家。癸卯，賊帥司馬長安破西河郡。己酉，幸太原，避暑汾陽宮。

秋七月己亥，淮南人張起緒舉兵爲盜，衆至三萬。辛丑，光祿大夫、右禦衞大將軍張壽卒。

八月乙丑，巡北塞。戊辰，突厥始畢可汗率騎數十萬，謀襲乘輿，義成公主遣使告變。壬申，車駕馳幸雁門。癸酉，突厥圍城，官軍頻戰不利。上大懼，欲率精騎潰圍而出，民部尚書樊子蓋固諫乃止。齊王暕以後軍保于崞縣。甲申，詔天下諸郡募兵，於是守令各來赴難。

九月甲辰，突厥解圍而去。丁未，曲赦太原、雁門郡死罪已下。

冬十月壬戌，上至于東都。丁卯，彭城人魏騏驎聚衆萬餘爲盜，寇魯郡。壬申，賊帥盧明月聚衆十餘萬，寇陳、汝間。東海賊帥李子通擁衆度淮，自號楚王，建元明政，寇江都。

十一月乙卯，賊帥王須拔破高陽郡。

十二月戊寅，有大流星如斛，墜明月營，破其衝車。庚辰，詔民部尚書樊子蓋發關中兵，討絳郡賊敬盤陀、柴保昌等，經年不能剋。譙郡人朱粲擁衆數十萬，寇荊襄，僭稱楚帝，建元昌達。漢南諸郡多爲所陷焉。

十二年春正月甲午，雁門人翟松柏起兵於靈丘，衆至數萬，轉攻傍縣。

二月己未，眞臘國遣使貢方物。甲子夜，有二大鳥似鵰，飛入大業殿，止于御幄，至明而去。癸亥，〔一七〕東海賊盧公暹率衆萬餘，保于蒼山。

夏四月丁巳，顯陽門災。癸亥，魏刁兒所部將甄翟兒復號歷山飛，衆十萬，轉寇太原。將軍潘長文討之，反爲所敗，長文死之。

五月丙戌朔，日有蝕之，既。癸巳，大流星隕于吳郡，爲石。壬午，〔一八〕上於景華宮徵求螢火，得數斛，夜出遊山，放之，光偏巖谷。

秋七月壬戌，民部尚書、光祿大夫濟北公樊子蓋卒。〔一九〕甲子，幸江都宮，以越王侗、光祿大夫段達、太府卿元文都、檢校民部尚書韋津、右武衞將軍皇甫無逸、右司郎盧楚等總留後事。奉信郎崔民象以盜賊充斥，於建國門上表，諫不宜巡幸。上大怒，先解其頤，乃斬之。戊辰，馮翊人孫華自號總管，舉兵爲盜。高涼通守洗珤徹舉兵作亂，嶺南溪洞多應之。己巳，熒惑守羽林，月餘乃退。車駕次汜水，奉信郎王愛仁以盜賊日盛，諫上請還西京。上怒，斬之而行。

八月乙巳，賊帥趙萬海衆數十萬，自恒山寇高陽。壬子，有大流星如斗，出王良閣道，聲如隤牆。癸丑，大流星如甕，出羽林。

九月丁酉，東海人杜揚州、沈覓敵等作亂，衆至數萬。右禦衞將軍陳稜擊破之。戊午，有二枉矢出北斗魁，委曲蛇形，注於南斗。壬戌，安定人荔非世雄殺臨涇令，舉兵作亂，自號將軍。

冬十月己丑，開府儀同三司、左翊衞大將軍、光祿大夫、許公宇文述薨。

十二月癸未，鄱陽賊操天成舉兵反，〔二〇〕自號元興王，建元始興，攻陷豫章郡。乙酉，以右翊衞大將軍來護兒爲開府儀同三司、行左翊衞大將軍。壬辰，鄱陽人林士弘自稱皇帝，國號楚，建元太平，攻陷九江、廬陵郡。唐公破甄翟兒於西河，虜男女數千口。

十三年春正月壬子，齊郡賊杜伏威率衆渡淮，攻陷歷陽郡。丙辰，勃海賊竇建德設壇於河間之樂壽，自稱長樂王，建元丁丑。辛巳，賊帥徐圓朗率衆數千，破東平郡。弘化人劉

企成聚衆萬餘人爲盜，〔二一〕傍郡苦之。

二月壬午，朔方人梁師都殺郡丞唐世宗，據郡反，自稱大丞相。遣銀青光祿大夫張世隆擊之，反爲所敗。戊子，賊帥王子英破上谷郡。己丑，馬邑校尉劉武周殺太守王仁恭，舉兵作亂，北連突厥，自稱定楊可汗。庚寅，賊帥李密、翟讓等陷興洛倉。越王侗遣武賁郎將劉長恭、光祿少卿房崱擊之，反爲所敗，死者十五六。庚子，李密自號魏公，稱元年，開倉以振羣盜，衆至數十萬，河南諸郡相繼皆陷焉。壬寅，劉武周破武賁郎將王智辯于桑乾鎮，智辯死之。

三月戊午，廬江人張子路舉兵反。遣右禦衞將軍陳稜討平之。丁丑，賊帥李通德衆十萬，寇廬江，左屯衞將軍張鎮州擊破之。

夏四月癸未，金城校尉薛舉率衆反，自稱西秦霸王，建元秦興，攻陷隴右諸郡。己丑，賊帥孟讓，夜入東都外郭，燒豐都市而去。癸巳，李密陷迴洛東倉。丁酉，賊帥房憲伯陷汝陰郡。是月，光祿大夫裴仁基、淮陽太守趙佗等並以衆叛歸李密。

五月辛酉，夜有流星如甕，墜於江都。甲子，唐公起義師於太原。丙寅，突厥數千寇太原，唐公擊破之。

秋七月壬子，熒惑守積屍。丙辰，武威人李軌舉兵反，攻陷河西諸郡，自稱涼王，建元

安樂。

八月辛巳，唐公破武牙郎將宋老生於霍邑，斬之。

九月己丑，〔三〕帝括江都人女寡婦，以配從兵。是月，武陽郡丞元寶藏以郡叛歸李密，與賊帥李文相攻陷黎陽倉。彗星見於營室。

冬十月丁亥，太原楊世洛聚衆萬餘人，寇掠城邑。丙申，羅令蕭銑以縣反，鄱陽人董景珍以郡反，迎銑於羅縣，號爲梁王，攻陷傍郡。戊戌，武賁郎將高毗敗濟北郡賊甄寶車於嶺山。

十一月丙辰，唐公入京師。辛酉，遙尊帝爲太上皇，立代王侑爲帝，改元義寧。上起宮丹陽，將遜于江左。有烏鵲來巢幄帳，驅不能止。熒惑犯太微。有石自江浮入于揚子。日光四散如流血。上甚惡之。

二年三月，右屯衞將軍宇文化及，武賁郎將司馬德戡、元禮，監門直閤裴虔通，將作少監宇文智及，武勇郎將趙行樞，鷹揚郎將孟景，〔三〕內史舍人元敏，符璽郎李覆、牛方裕，千牛左右李孝本、弟孝質，直長許弘仁、薛世良，城門郎唐奉義，醫正張愷等，以驍果作亂，入犯宮闈。上崩于溫室，時年五十。蕭后令宮人撤牀簀爲棺以埋之。化及發後，右禦衞將軍

陳稜奉梓宮於成象殿，葬吳公臺下。發斂之始，容貌若生，衆咸異之。大唐平江南之後，改葬雷塘。

初，上自以藩王，次不當立，每矯情飾行，以釣虛名，陰有奪宗之計。時高祖雅信文獻皇后，而性忌妾媵。皇太子勇內多嬖幸，以此失愛。帝後庭有子，皆不育之，示無私寵，取媚於后。大臣用事者，傾心與交。中使至第，無貴賤，皆曲承顏色，申以厚禮。婢僕往來者，無不稱其仁孝。又常私入宮掖，密謀於獻后，楊素等因機構扇，遂成廢立。自高祖大漸，暨諒闇之中，烝淫無度，山陵始就，即事巡遊，以天下承平日久，士馬全盛，慨然慕秦皇、漢武之事。乃盛治宮室，窮極侈靡，召募行人，分使絕域。諸蕃至者，厚加禮賜，有不恭命，以兵擊之。盛興屯田於玉門、柳城之外。課天下富室，益市武馬，匹直十餘萬，富強坐是凍餒者十家而九。帝性多詭譎，所幸之處，不欲人知。每之一所，輒數道置頓，四海珍羞殊味，水陸必備焉，求市者無遠不至。郡縣官人，競爲獻食，豐厚者進擢，疏儉者獲罪。姦吏侵漁，內外虛竭，頭會箕斂，人不聊生。于時軍國多務，日不暇給，帝方驕怠，惡聞政事，冤屈不治，奏請罕決。又猜忌臣下，無所專任，朝臣有不合意者，必構其罪而族滅之。故高熲、賀若弼先皇心膂，參謀帷幄，張衡、李金才藩邸惟舊，績著經綸，或惡其直道，或忿其正議，求其無形之罪，加以刎頸之誅。其餘事君盡禮，謇謇匪躬，無辜無罪，橫受夷戮者，不可勝

紀。政刑弛紊，賄貨公行，莫敢正言，道路以目。六軍不息，百役繁興，行者不歸，居者失業。人飢相食，邑落爲墟，上不之恤也。東西遊幸，靡有定居，每以供費不給，逆收數年之賦。所至唯與後宮流連耽湎，惟日不足，招迎姥媼，朝夕共肆醜言，又引少年，令與宮人穢亂，不軌不遜，以爲娛樂。區宇之內，盜賊蜂起，劫掠從官，屠陷城邑，近臣互相掩蔽，隱賊數不以實對。或有言賊多者，輒大被詰責，各求苟免，上下相蒙，每出師徒，敗亡相繼。戰士盡力，必不加賞，百姓無辜，咸受屠戮。黎庶憤怨，天下土崩，至於就擒而猶未之寤也。

史臣曰：煬帝爰在弱齡，早有令聞，南平吳、會，北却匈奴，昆弟之中，獨著聲績。於是矯情飾貌，肆厥姦回，故得獻后鍾心，文皇革慮，天方肇亂，遂登儲兩，踐峻極之崇基，承丕顯之休命。地廣三代，威振八紘，單于頓顙，越裳重譯。赤仄之泉，流溢于都內，紅腐之粟，委積於塞下。負其富強之資，思逞無厭之欲，狹殷、周之制度，尙秦、漢之規摹。恃才矜己，傲狠明德，內懷險躁，外示凝簡，盛冠服以飾其姦，除諫官以掩其過。淫荒無度，法令滋章，敎絕四維，刑參五虐，鋤誅骨肉，屠勦忠良，受賞者莫見其功，爲戮者不知其罪。驕怒之兵屢動，土木之功不息，頻出朔方，三駕遼左，旌旗萬里，徵稅百端，猾吏侵漁，人不堪命。

乃急令暴條以擾之，嚴刑峻法以臨之，甲兵威武以董之，自是海內騷然，無聊生矣。俄而玄感肇黎陽之亂，匈奴有雁門之圍，天子方棄中土，遠之揚、越。姦宄乘釁，強弱相陵，關梁閉而不通，皇輿往而不反。加之以師旅，因之以饑饉，流離道路，轉死溝壑，十八九焉。於是相聚萑蒲，蝟毛而起，大則跨州連郡，稱帝稱王，小則千百爲羣，攻城剽邑，流血成川澤，死人如亂麻，炊者不及析骸，食者不遑易子。茫茫九土，並爲麋鹿之場，悚悚黔黎，俱充蛇豕之餌。四方萬里，簡書相續，猶謂鼠竊狗盜，不足爲虞，上下相蒙，莫肯念亂，振蜉蝣之羽，窮長夜之樂。土崩魚爛，貫盈惡稔，普天之下，莫匪仇讎，左右之人，皆爲敵國。終然不悟，同彼望夷，遂以萬乘之尊，死於一夫之手。億兆靡感恩之士，九牧無勤王之師。子弟同就誅夷，骸骨棄而莫掩，社稷顛隕，本枝殄絕，自肇有書契以迄于茲，宇宙崩離，生靈塗炭，喪身滅國，未有若斯之甚也。書曰：「天作孽，猶可違，自作孽，不可逭。」傳曰：「吉凶由人，祅不妄作。」又曰：「兵猶火也，不戢將自焚。」觀隋室之存亡，斯言信而有徵矣！

校勘記

〔一〕種落還集　「還」，朝鮮金富軾三國史記二〇作「遝」。

〔二〕三令五申　「三」原作「先」，據三國史記二〇及北史隋本紀下改。

〔三〕海冥道　三國史記二〇作「冥海道」。
〔四〕浿江　「浿」原作「沮」，據三國史記二〇改。本書高麗傳：「都於平壤，南臨浿水。」
〔五〕甲午　通鑑考異：長曆是月庚辰朔，戊戌之下，不容有甲午、乙未。此必誤也。按：此處「甲午」疑應作「甲子」，屬四月。
〔六〕乙未　本書虞綽傳，隋煬帝於四月丙子至臨海頓，則此處乙未應屬五月。但五月乙未（十七日）不應在下文「五月壬申」（四日）前。紀文當有訛誤或顛倒。
〔七〕將帥奔還亡者二千餘騎　按：本書宇文述傳作「及還至遼東城，唯二千七百人。」「亡」，通志一八作「至」。
〔八〕韓壽　即韓僧壽，本書有傳。
〔九〕白楡妄　通鑑隋紀六從大業略紀作「白楡娑」。
〔一〇〕壬午　此月乙巳朔，無壬午。日干有誤。
〔一一〕郭方預　「預」原作「頂」，據北史隋本紀下、通鑑隋紀六及御覽一〇六改。
〔一二〕贊務　應作「贊治」，唐人諱改。
〔一三〕丁亥　此月辛未朔，丁亥（十七日）應在壬辰（二十二日）前，紀文當有訛誤或顛倒。
〔一四〕向海明　本書楊義臣傳作「向海公」。

〔一五〕曷娑那可汗　「娑」，本書裴矩傳、又西突厥傳作「薩」，音譯異字。
〔一六〕李弘　舊唐書薛舉傳作「李弘芝」。
〔一七〕癸亥　此月戊午朔，癸亥（六日）應在甲子（七日）前。紀文當有訛誤或顛倒。
〔一八〕壬午　此月丙戌朔，無壬午。日干有誤。
〔一九〕濟北公　通鑑隋紀七作「濟景公」。胡注：「樊子蓋傳，帝以子蓋守東都、平玄感之功，進爵濟公，謂其功濟天下，封以嘉名，無此郡國也。」「北」字疑誤。
〔二〇〕操天成　新唐書林士弘傳作「操師乞」，稱「師乞自號元興王，建元天成」。
〔二一〕劉企成　原作「到佡成」。舊唐書梁師都傳、又建成傳，新唐書梁師都傳，通鑑唐紀五作「劉佡成」，冊府四四九、九七七、九八五作「劉企成」。「佡」是「企」的別體字。今改。
〔二二〕九月己丑　此月己酉朔，無己丑。日干有誤。
〔二三〕孟景　「景」應作「秉」。唐人諱「昞」，因「秉」、「昞」同音，遂改「秉」爲「景」。

隋書卷五

帝紀第五

恭帝

恭皇帝諱侑，元德太子之子也。母曰韋妃。性聰敏，有氣度。大業三年，〔一〕立爲陳王。後數載，徙爲代王，邑萬戶。及煬帝親征遼東，令於京師總留事。十一年，從幸晉陽，拜太原太守。尋鎭京師。義兵入長安，尊煬帝爲太上皇，奉帝纂業。

義寧元年十一月壬戌，上卽皇帝位於大興殿。詔曰：「王道喪亂，天步不康，古往今來，代有其事，屬之於朕，逢此百罹，彼蒼者天，胡寧斯忍！襁褓之歲，夙遭憫凶，孺子之辰，太上播越，興言感動，實疚于懷。太尉唐公，膺期作宰，時稱舟楫，大拯橫流，糾合義兵，翼戴皇室，與國休戚，再匡區夏，爰奉明詔，弼予幼沖，顯命光臨，天威咫尺，對揚尊號，悼心失

圖。一人在遠，三讓不遂，僶俛南面，厝身無所，苟利社稷，莫敢或違，俯從羣議，奉遵聖旨。可大赦天下，改大業十三年爲義寧元年。十一月十六日昧爽以前，大辟罪已下，皆赦除之，常赦所不免者，不在赦限。」甲子，以光祿大夫、大將軍、太尉唐公爲假黃鉞、使持節、大都督內外諸軍事、尚書令、大丞相，進封唐王。丙寅，詔曰：「朕惟孺子，未出深宮，太上遠巡，追蹤穆滿。時逢多難，委當尊極，辭不獲免，恭己臨朝，若涉大川，罔知所濟，撫躬永歎，憂心孔棘。民之情僞，曾未之聞，王業艱難，載云其易。賴股肱戮力，上宰賢良，匡佐沖人，輔其不逮。軍國機務，事無大小，文武設官，位無貴賤，憲章賞罰，咸歸相府，庶績其凝，責成斯屬，遡聽前史，玆爲典故。因循仍舊，非曰徒言，所存至公，無爲讓德。」己巳，以唐王子隴西公建成爲唐國世子，敦煌公爲京兆尹，〔二〕改封秦公，元吉爲齊公，食邑各萬戶。太原置鎭北府。乙亥，張掖康老和舉兵反。

十二月癸未，薛舉自稱天子，寇扶風。秦公爲元帥，擊破之。丁亥，桂陽人曹武徹舉兵反，建元通聖。丁酉，義師擒驍衞大將軍屈突通於閿鄉，虜其衆數萬。乙巳，賊帥張善安陷廬江郡。

二年春正月丁未，詔唐王劍履上殿，入朝不趨，贊拜不名，加前後羽葆鼓吹。壬戌，將

軍王世充爲李密所敗，河內通守孟善誼、武賁郎將王辯、楊威、劉長恭、梁德、董智通皆死之。庚戌，〔三〕河陽郡尉獨孤武都降於李密。

三月丙辰，右屯衞將軍宇文化及殺太上皇於江都宮，右禦衞將軍獨孤盛死之。齊王暕，趙王杲，燕王倓，光祿大夫、開府儀同三司、行右翊衞大將軍宇文協，金紫光祿大夫、內史侍郎虞世基，銀青光祿大夫、御史大夫裴蘊，通議大夫、行給事郎許善心，皆遇害。化及立秦王浩爲帝，自稱大丞相，朝士文武皆受其官爵。光祿大夫、宿公麥才，折衝郎將、朝請大夫沈光，同謀討賊，夜襲化及營，反爲所害。戊辰，詔唐王備九錫之禮，加璽紱、遠遊冠、綠綟綬，位在諸侯王上。唐國置丞相已下，一依舊式。

五月乙巳朔，詔唐王冕十有二旒，建天子旌旗，出警入蹕，金根車駕，備五時副車，置旄頭雲罕車，儛八佾，設鍾虡宮懸。王后、王子、王女爵命之號，一遵舊典。戊午，詔曰：

天禍隋國，大行太上皇遇盜江都，酷甚望夷，釁深驪北。憫予小子，奄逮丕愆，哀號承感，心情糜潰，仰惟荼毒，仇復靡申，形影相弔，罔知啓處。

相國唐王，膺期命世，扶危拯溺，自北徂南，東征西怨，總九合於一匡，決百勝於千里，糾率夷夏，大庇甿黎，保乂朕躬，繄王是賴。德侔造化，功格蒼旻，兆庶歸心，曆數斯在，屈爲人臣，載違天命。在昔虞、夏，揖讓相推，苟非重華，誰堪命禹！當今九服崩

離，三靈改卜，大運去矣，請避賢路，兆謀布德，顧己莫能，私僮命駕，須歸藩國。

予本代王，及予而代，天之所廢，豈期如是！庶憑稽古之聖，以誅四凶，幸值惟新之恩，預充三恪。雪寃恥於皇祖，守禋祀爲孝孫，朝聞夕殞，及泉無恨，今遵故事，遜於舊邸。庶官羣辟，改事唐朝，宜依前典，趣上尊號。若釋重負，感泰兼懷，假手眞人，俾除醜逆。濟濟多士，明知朕意。

仍勑有司，凡有表奏，皆不得以聞。是日，上遜位於大唐，以爲酅國公。武德二年夏五月崩，時年十五。

史臣曰：恭帝年在幼沖，遭家多難，一人失德，四海土崩。羣盜蜂起，豺狼塞路，南巢遂往，流彘不歸。既鍾百六之期，躬踐數終之運，謳歌有屬，笙鍾變響，雖欲不遵堯舜之迹，其庸可得乎！

校勘記

〔一〕大業三年　據本書煬帝紀上、通鑑隋紀四，大業二年，侑封爲代王。

〔二〕敦煌公　指李世民，時李世民封敦煌郡公。唐人因避諱缺其名。

〔三〕庚戌　此月丁未朔，庚戌（四日）應在壬戌（十六日）前，紀文當有訛誤或顚倒。

隋書卷六

志第一

禮儀一

唐、虞之時，祭天之屬爲天禮，祭地之屬爲地禮，祭宗廟之屬爲人禮。故書云命伯夷典朕三禮，所以彌綸天地，經緯陰陽，辨幽賾而洞幾深，通百神而節萬事。殷因於夏，有所損益，旁垂祗訓，以勸生靈。商辛無道，雅章湮滅。周公救亂，弘制斯文，以吉禮敬鬼神，以凶禮哀邦國，以賓禮親賓客，以軍禮誅不虔，以嘉禮合姻好，謂之五禮。故曰「禮經三百，威儀三千，未有入室而不由戶者」也。成、康由之，而刑厝不用。

自犬戎弒后，遷周削弱，禮失樂微，風凋俗敝。仲尼預蜡賓而歎曰：「丘有志焉，禹、湯、文、武、成王、周公未有不謹於禮者也。」於是緝禮興樂，欲救時弊。君棄不顧，道鬱不行。故敗國喪家亡人，必先廢其禮。昭公娶孟子而諱姓，楊侯竊女色而傷人。故曰婚姻之

禮廢，則淫僻之罪多矣。羣飲而逸，不知其郵，鄉飲酒之禮廢，則爭鬭之獄繁矣。魯侯逆五廟之祀，漢帝罷三年之制，喪祭之禮廢，則骨肉之恩薄矣。諸侯下堂於天子，五伯召君於河陽，朝聘之禮廢，則侵陵之漸起矣。

秦氏以戰勝之威，并吞九國，盡收其儀禮，歸之咸陽。唯採其尊君抑臣，以爲時用。至於退讓起於趨步，忠孝成於動止，華葉靡舉，鴻纖並擯。甚芻狗之棄路，若章甫之遊越，儒林道盡，詩書爲煙。

漢高祖既平秦亂，初誅項羽，放賞元勳，未遑朝制。羣臣飲酒爭功，或拔劍擊柱，高祖患之。叔孫通言曰：「儒者難與進取，可與守成。」於是請起朝儀而許焉，猶曰「度吾能行者爲之」。微習禮容，皆知順軌。若祖述文、武，憲章洙、泗，則良由不暇，自畏之也。武帝與典制而愛方術，至於鬼神之祭，流宕不歸。世祖中興，明皇纂位，祀明堂，襲冠冕，登靈臺，望雲物，得其時制，百姓悅之。而朝廷憲章，其來已舊，或得之於升平之運，或失之於凶荒之年，而世載遐邈，風流訛舛。必有人情，將移禮意，殷、周所以異軌，秦、漢於焉改轍。至於增輝風俗，廣樹隄防，非禮威嚴，亦何以尚！譬山祇之有嵩、岱，海若之有滄溟，飾以涓塵，不貽伊敗。而高堂生於所傳士禮亦謂之儀，弘暢人情，粉飾行事。洎西京以降，用相裁準，咸稱當世之美，自有周旋之節。黃初之詳定朝儀，太始之削除乖謬，則宋書言之備矣。梁武始命羣儒，裁成大典。吉禮則明山賓，凶禮則嚴植之，軍禮則陸璉，賓禮則賀瑒，嘉禮則司馬褧。帝又命沈約、周捨、徐勉、何佟之等，咸在參詳。陳武克平建業，多準梁舊，仍詔尚書左丞江德藻、員外散騎常侍沈洙、博士沈文阿、中書舍人劉師知等，或因行事，隨時取捨。後齊則左僕射陽休之、度支尚書元修伯、鴻臚卿王晞、國子博士熊安生，在周則蘇綽、盧辯、宇文弼，並習於儀禮者也，平章國典，以爲時用。高祖命牛弘、辛彥之等採梁及北齊儀注，以爲五禮云。

禮曰：「萬物本乎天，人本乎祖，所以配上帝也。」秦人蕩六籍以爲煨燼，祭天之禮殘缺，儒者各守其所見物而爲之義焉。一云：祭天之數，終歲有九，祭地之數，一歲有二，圓丘、方澤，三年一行。若圓丘、方澤之年，祭天有九，祭地有二。若天不通圓丘之祭，終歲有八。地不通方澤之祭，終歲有一。此則鄭學之所宗也。一云：唯有昊天，無五精之帝。而一天歲二祭，壇位唯一。圓丘之祭，卽是南郊，南郊之祭，卽是圓丘。日南至，於其上以祭天，春又一祭，以祈農事，謂之二祭，無別天也。五時迎氣，皆是祭五行之人帝太皞之屬，非祭天也。天稱皇天，亦稱上帝，亦直稱帝。五行人帝亦得稱上帝，但不得稱天。故五時迎氣及文、武配祭明堂，皆祭人帝，非祭天也。此則王學之所宗也。梁、陳以降，以迄于隋，議者各

宗所師，故郊丘互有變易。

梁南郊，爲圓壇，在國之南。高二丈七尺，上徑十一丈，下徑十八丈。其外再壝，四門。常與北郊間歲。正月上辛行事，用一特牛，祀天皇上帝之神於其上，以皇考太祖文帝配。禮以蒼璧制幣。五方上帝、五官之神、太一、天一、日、月、五星、二十八宿、太微、軒轅、文昌、北斗、三台、老人、風伯、司空、雷電、雨師，皆從祀。其二十八宿及雨師等座有坎，五帝亦如之，餘皆平地。器以陶匏，席用藁秸。太史設柴壇於丙地。皇帝齋於萬壽殿，乘玉輅，備大駕以行禮。禮畢，變服通天冠而還。

北郊，爲方壇於北郊。上方十丈，下方十二丈，高一丈。四面各有陛。其外爲壝再重。與南郊間歲。正月上辛，以一特牛，祀后地之神於其上，以德后配。禮以黃琮制幣。五官之神、先農、五岳、沂山、嶽山、白石山、霍山、無閭山、蔣山、四海、四瀆、松江、會稽江、錢塘江、四望，皆從祀。太史設埋坎於壬地焉。

天監三年，左丞吳操之啓稱：「傳云『啓蟄而郊』，郊應立春之後。」尚書左丞何佟之議：「今之郊祭，是報昔歲之功，而祈今年之福。故取歲首上辛，不拘立春之先後。周冬至於圓丘，大報天也。夏正又郊，以祈農事，故有啓蟄之說。自晉太始二年，并圓丘、方澤同於二郊。是知今之郊禋，禮兼祈報，不得限以一途也。」帝曰：「圓丘自是祭天，先農卽是祈穀。

但就陽之位，故在郊也。冬至之夜，陽氣起於甲子，既祭昊天，宜在冬至。祈穀時可依古，必須啓蟄。在一郊壇，分爲二祭。」自是冬至謂之祀天，啓蟄名爲祈穀。何佟之又啓：「案鬯者盛以六彝，覆以畫冪，備其文飾，施之宗廟。今南北二郊，儀注有裸，既乖尙質，謂宜革變。」博士明山賓議，以爲：「表記『天子親耕，粢盛秬鬯，以事上帝』，蓋明堂之裸耳。郊不應裸。」帝從之。又有司以爲祀竟，器席相承還庫，請依典燒埋之。佟之等議：「案禮『祭器弊則埋之』。今一用便埋，費而乖典。」帝曰：「薦藉輕物，陶匏賤器，方還付庫，容復穢惡。但敝則埋之，蓋謂四時祭器耳。」自是從有司議，燒埋之。

四年，佟之云：「周禮『天曰神，地曰祇』。今天不稱神，地不稱祇，天欑題宜曰皇天座，地欑宜曰后地座。又南郊明堂用沉香，取本天之質，陽所宜也。北郊用上和香，以地於人親，宜加雜馥。」帝並從之。

五年，明山賓稱：「伏尋制旨，周以建子祀天，五月祭地。殷以建丑祀天，六月祭地。夏以建寅祀天，七月祭地。自頃代以來，南北二郊，同用夏正。」詔更詳議。山賓以爲二儀並尊，三朝慶始，同以此日二郊爲允。并請迎五帝於郊，皆以始祖配饗。及郊廟受福，唯皇帝再拜，明上靈降祚，臣下不敢同也。」詔並依議。

六年，議者以爲北郊有岳鎭海瀆之座，而又有四望之座，疑爲煩重。儀曹郎朱异議曰：

「望是不卽之名，豈容局於星海，拘於岳瀆？」明山賓曰：「舜典云『望于山川』。春秋傳曰『江、漢、沮、漳，楚之望也』。而今北郊設岳鎭海瀆，又立四望，竊謂煩黷，宜省。」徐勉曰：「岳瀆是山川之宗。至於望祀之義，不止於岳瀆也。若省四望，於義爲非。」議久不能決。至十六年，有事北郊，帝復下其議。於是八座奏省四望、松江、浙江、五湖等座。其鍾山、白石，既土地所在，並留如故。

七年，帝以一獻爲質，三獻則文，事天之道，理不應然，詔下詳議。博士陸瑋、明山賓、禮官司馬褧，以爲「宗祧三獻，義兼臣下，上天之禮，主在帝王，約理申義，一獻爲允」。自是天地之祭皆一獻，始省太尉亞獻，光祿終獻。又太常丞王僧崇稱：「五祀位在北郊，圓丘不宜重設。」帝曰：「五行之氣，天地俱有，故宜兩從。」僧崇又曰：「風伯、雨師，卽箕、畢星矣。而今南郊祀箕、畢二星，復祭風師、雨師，恐乖祀典。」〔一〕帝曰：「箕、畢自是二十八宿之名，風師、雨師自是箕、畢星下隸。兩祭非嫌。」

十一年，太祝牒，北郊止有一海，及二郊相承用柴俎盛牲，素案承玉。又制南北二郊壇下衆神之座，悉以白茅，詔下詳議。八座奏：「禮云『觀天下之物，無可以稱其德』，則知郊祭爲俎，理不應柴。又藉用白茅，禮無所出。皇天大帝坐既用俎，則知郊有俎義。」於是改用素俎，并北郊置四海座。五帝以下，悉用蒲席稾薦，并以素俎。又帝曰：「禮『祭月於坎』，良由月是陰義。今五帝天神，而更居坎。又禮云『祭日於壇，祭月於坎』，並是別祭，不關在郊，故得各從陰陽，而立壇坎。兆於南郊，就陽之義，居於北郊，就陰之義。既云就陽，義與陰異。星月與祭，理不爲坎。」八座奏曰：「五帝之義，不應居坎。良由齊代圓丘，小而且峻，邊無安神之所。今丘形既大，易可取安。請五帝座悉於壇上，外壝二十八宿及雨師等座，〔二〕悉停爲坎。」自是南北二郊，悉無坎位矣。

十七年，帝以威仰、魄寶俱是天帝，於壇則尊，於下則卑。且南郊所祭天皇，其五帝別有明堂之祀，不煩重設。又郊祀二十八宿而無十二辰，於義闕然。於是南郊始除五帝祀，加十二辰座，與二十八宿各於其方而爲壇。

陳制，亦以間歲。正月上辛，用特牛一，祀天地於南北二郊。永定元年，武帝受禪，修南郊，圓壇高二丈二尺五寸，上廣十丈，柴燎告天。明年正月上辛，有事南郊，以皇考德皇帝配，〔三〕除十二辰座，加五帝位，其餘準梁之舊。北郊爲壇，高一丈五尺，〔四〕廣八丈，〔五〕以皇妣昭后配，從祀亦準梁舊。及文帝天嘉中，南郊改以高祖配，北郊以德皇帝配天。

太中大夫、領大著作、攝太常卿許亨奏曰：「昔梁武帝云：『天數五，地數五，五行之氣，天地俱有。』故南北郊內，並祭五祀。臣按周禮：『以血祭社稷五祀。』鄭玄云：『陰祀自血起，貴氣臭也。五祀，五官之神也。』五神主五行，隸於地，故與埋沉副辜同爲陰祀。既非煙柴，

無關陽祭。故何休云：『周爵五等者，法地有五行也。』五神位在北郊，圓丘不宜重設。」制曰：「可。」亨又奏曰：「梁武帝議，箕、畢自是二十八宿之名，風師、雨師自是箕、畢下隸，非卽星也。故郊雩之所，皆兩祭之。臣案周禮大宗伯之職云：『槱燎祀司中、司命、風師、雨師。』鄭衆云：『風師，箕也；雨師，畢也。』詩云：『月離于畢，俾滂沱矣。』如此則風伯、雨師卽箕、畢星矣。而今南郊祀箕、畢二星，復祭風伯、雨師，恐乖祀典。」制曰：「若郊設星位，任卽除之。」亨又奏曰：「梁儀注曰：『一獻爲質，三獻爲文。事天之事，故不三獻。』臣案周禮司樽所言，『三獻施於宗祧』，而鄭注『一獻施於羣小祀』。今用小祀之禮施於天神大帝，梁武此義爲不通矣。且樽俎之物，依於質文，拜獻之禮，主於虔敬。今請凡郊丘祀事，準於宗祧，三獻爲允。」制曰：「依議。」

廢帝光大中，又以昭后配北郊。及宣帝卽位，以南北二郊卑下，更議增廣。久而不決。至太建十一年，尙書祠部郎王元規議曰：

案前漢黃圖，上帝壇徑五丈，高九尺；后土壇方五丈，高六尺。梁南郊壇上徑十一丈，下徑十八丈，高二丈七尺，北郊壇上方十丈，下方十二丈，高一丈。卽日南郊壇廣十丈，高二丈二尺五寸，北郊壇廣九丈三尺，高一丈五寸。今議增南郊壇上徑十二丈，則天大數，下徑十八丈，取於三分益一，高二丈七尺，取三倍九尺之堂。北郊壇上方十

丈，以則地義，下至十五丈，亦取二分益一，高一丈二尺，亦取二倍漢家之數。

禮記云：「爲高必因丘陵，爲下必因川澤。因名山升中于天，因吉土饗帝于郊。」周官云：「冬日至，祠天於地上之圓丘。夏日至，祭地於澤中之方丘。」祭法云：「燔柴於泰壇，祭天也。瘞埋於泰折，祭地也。」記云：「至敬不壇，掃地而祭。」於其質也，以報覆燾持載之功。爾雅亦云：「丘，言非人所造爲。」古圓方兩丘，並因見有而祭。本無高廣之數。後世隨事遷都，而建立郊禮。或有地吉而未必有丘，或有見丘而不必廣潔。故有築建之法，而制丈尺之儀。愚謂郊祀事重，圓方二丘，高下廣狹，既無明文，但五帝不相沿，三王不相襲。今謹述漢、梁幷即日三代壇不同，及更增修丈尺如前。聽旨。尚書僕射臣繕，左戶尚書臣元饒、左丞臣周確、舍人臣蕭淳、儀曹郎臣沈客卿同元規議。〔六〕詔遂依用。

後主嗣立，無意典禮之事，加舊儒碩學，漸以凋喪，至於朝亡，竟無改作。

後齊制，圓丘方澤，並三年一祭，謂之禘祀。圓丘在國南郊。丘下廣輪二百七十尺，上廣輪四十六尺，高四十五尺。三成，成高十五尺，上中二級，四面各一陛，下級方維八陛。周以三壝，去丘五十步。中壝去內壝，外壝去中壝，各二十五步。皆通八門。又爲大營於外壝之外，輪廣三百七十步。其營塹廣一十二尺，深一丈，四面各通一門。又爲燎壇於中

壝之外，當丘之丙地。廣輪三十六尺，高三尺，四面各有陛。方澤爲壇在國北郊。廣輪四十尺，高四尺，面各一陛。其外爲三壝，相去廣狹同圓丘。壝外大營，廣輪三百二十步。營塹廣一十二尺，深一丈，四面各通一門。又爲瘞坎於壇之壬地，中壝之外，廣深一丈二尺。

圓丘則以蒼璧束帛，正月上辛，祀昊天上帝於其上，以高祖神武皇帝配。五精之帝，從祀於其中丘。面皆內向。日月、五星、北斗、二十八宿、司中、司命、司人、司祿、風師、雨師、靈星於下丘，爲衆星之位，遷於內壝之中。合用蒼牲九。夕牲之旦，太尉告廟，陳幣於神武廟訖，埋於兩楹間焉。皇帝初獻，太尉亞獻，光祿終獻。司徒獻五帝，司空獻日月、五星、二十八宿，太常丞已下薦衆星。方澤則以黃琮束帛，夏至之日，禘崐崙皇地祇於其上，以武明皇后配。其神州之神，社稷、岱岳、沂鎮、會稽鎮、云云山、亭亭山、蒙山、羽山、嶧山、崧岳、霍岳、衡鎮、荊山、內方山、大別山、敷淺原山、桐柏山、陪尾山、華岳、太岳鎮、積石山、龍門山、江山、岐山、荊山、嶓冢山、壺口山、雷首山、底柱山、析城山、王屋山、西傾朱圉山、鳥鼠同穴山、熊耳山、敦物山、蔡蒙山、梁山、岷山、武功山、太白山、恒岳、醫無閭山鎮、陰山、白登山、碣石山、太行山、狼山、封龍山、漳山、宣務山、閼山、方山、苟山、狹龍山、淮水、東海、泗水、沂水、淄水、濰水、江水、南海、漢水、穀水、洛水、伊水、漾水、沔水、河水、西海、黑水、澇水、渭水、涇水、酆水、濟水、北海、松水、京水、桑乾水、漳水、呼沲水、衞水、洹水、延水，並從祀。其神州位在青陛之北甲寅地，社位赤陛之西未地，稷位白陛之南庚地；自餘並內壝之內，內向，各如其方。合用牲十二，儀同圓丘。其後諸儒定禮，圓丘改以冬至云。

其南北郊則歲一祀，皆以正月上辛。南郊爲壇於國南，廣輪三十六尺，高九尺，四面各一陛。爲三壝，內壝去壇二十五步，中壝、外壝相去如內壝。四面各通一門。又爲大營於外壝之外，廣輪二百七十步。營塹廣一丈，深八尺，四面各一門。又爲燎壇於中壝之外丙地，廣輪二十七尺，高一尺八寸，四面各一陛。祀所感帝靈威仰於壇，以高祖神武皇帝配。禮用四圭有邸，幣各如方色。其上帝及配帝，各用騂特牲一，儀燎同圓丘。其北郊則爲壇如南郊壇，爲瘞坎如方澤坎，祀神州神於其上，以武明皇后配。禮用兩圭有邸，各用黃牲一，儀瘞如北郊。

後周憲章姬周，祭祀之式，多依儀禮。司量掌爲壇之制，圓丘三成，成崇一丈二尺，深二丈。上徑六丈，十有二階，每等十有二節。在國陽七里之郊。圓壝徑三百步，內壝半之。方丘一成，下崇一丈，徑六丈八尺，上崇五尺，方四丈，八方，方一階，階十級，級一尺。〔七〕方丘在國陰六里之郊。丘一成，八方，下崇一丈，方六丈八尺，上崇五尺，方四丈。方一階，尺一級。其壝八面，徑百二十步，內壝半之。南郊爲方壇於國南五里。其崇一丈二尺，其廣四丈。其壝方百二十步，內壝半之。神州之壇，崇一丈，方四丈，在北郊方丘之右。其壝如

方丘。

其祭圓丘及南郊，並正月上辛。圓丘則以其先炎帝神農氏配昊天上帝於其上。五方上帝、日月、內官、中官、外官、衆星，並從祀。皇帝乘蒼輅，戴玄冕，備大駕而行。預祭者皆蒼服。南郊，以始祖獻侯莫那配所感帝靈威仰於其上。北郊方丘，則以神農配后地之祇。神州則以獻侯莫那配焉。

其用牲之制，祀昊天上帝，祭皇地祇及五帝、日月、五星、十二辰、四望、五官，各以其方色毛。宗廟以黃，社稷以黝，散祭祀用純，表狢磔禳用尨。

高祖受命，欲新制度。乃命國子祭酒辛彥之議定祀典。爲圓丘於國之南，太陽門外道東二里。其丘四成，各高八尺一寸。下成廣二十丈，再成廣十五丈，又三成廣十丈，四成廣五丈。再歲冬至之日，祀昊天上帝於其上，以太祖武元皇帝配。五方上帝、日月、五星、內官四十二座、次官一百三十六座、外官一百一十一座、衆星三百六十座，並皆從祀。上帝、日月在丘之第二等，北斗五星、十二辰、河漢、內官在丘第三等，二十八宿、中官在丘第四等，外官在內壝之內，衆星在內壝之外。其牲，上帝、配帝用蒼犢二，五帝、日月用方色犢各一，五星已下用羊豕各九。

爲方丘於宮城之北十四里。其丘再成，成高五尺，下成方十丈，上成方五丈。夏至之

日，祭皇地祇於其上，以太祖配。神州、迎州、冀州、戎州、拾州、柱州、營州、咸州、陽州九州山、海、川、林、澤、丘陵、墳衍、原隰，並皆從祀。地祇及配帝在壇上，用黃犢二。神州九州神座於第二等八陛之間：神州東南方，迎州南方，冀州、戎州西南方，拾州西方，柱州西北方，營州北方，咸州東北方，陽州東方，各用方色犢一。九州山海已下，各依方面八陛之間。其冀州山林川澤，丘陵墳衍，於壇之南，少西，加羊豕各九。南郊爲壇於國之南，太陽門外道西一里。去宮十里。壇高七尺，廣四丈。孟春上辛，祠所感帝赤熛怒於其上，以太祖武元皇帝配。其禮四圭有邸，牲用騂犢二。北郊孟冬祭神州之神，以太祖武元皇帝配。牲用犢二。

凡大祀，齋官皆於其晨集尚書省，受誓戒。散齋四日，致齋三日。祭前一日，晝漏上水五刻，到祀所，沐浴，著明衣，咸不得聞見衰絰哭泣。昊天上帝、五方上帝、日月、皇地祇、神州社稷、宗廟等爲大祀，星辰、五祀、四望等爲中祀，司中、司命、風師、雨師及諸星、諸山川等爲小祀。大祀養牲，在滌九旬，中祀三旬，小祀一旬。其牲方色難備者，聽以純色代。告祈之牲者不養。祭祀犧牲，不得捶扑。其死則埋之。

初帝既受周禪，恐黎元未愜，多說符瑞以耀之。其或造作而進者，不可勝計。仁壽元年冬至祠南郊，置昊天上帝及五方天帝位，並于壇上，如封禪禮。板曰：

維仁壽元年，歲次作噩，嗣天子臣堅，敢昭告于昊天上帝。璇璣運行，大明南至。臣蒙上天恩造，羣靈降福，撫臨率土，安養兆人。顧惟虛薄，德化未暢，夙夜憂懼，不敢荒怠。天地靈祇，降錫休瑞，鏡發區宇，昭彰耳目。爰始登極，蒙授龜圖，遷都定鼎，醴泉出地，平陳之歲，龍引舟師。省俗巡方，展禮東岳，盲者得視，瘖者得言，復有躄人，忽然能步。自開皇已來，日近北極，行於上道，晷度延長。天啓太平，獸見一角，改元仁壽，楊樹生松。石魚彰合符之徵，玉龜顯永昌之慶，山圖石瑞，前後繼出，皆載臣姓名，褒紀國祚。經典諸緯，爰及玉龜，文字義理，遞相符會。

宮城之內，及在山谷，石變爲玉，不可勝數。桃區一嶺，盡是琉璃，黃銀出於神山，碧玉生於瑞巘。多楊山響，三稱國興，連雲山聲，萬年臨國。野鵝降天，仍住池沼，神鹿入苑，頻賜引導。騶虞見質，遊麟在野，鹿角生於楊樹，龍湫出於荆谷。慶雲發彩，壽星垂耀。宮殿樓閣，咸出靈芝，山澤川原，多生寶物。威香散馥，零露凝甘。敦煌烏山，黑石變白，弘祿巖嶺，石華遠照。玄狐玄豹，白兔白狼，赤雀蒼烏，野蠶天豆，嘉禾合穗，珍木連理。神瑞休徵，洪恩景福，降賜無疆，不可具紀。此皆昊天上帝，爰降明靈，矜愍蒼生，寧靜海內。故錫茲嘉慶，咸使安樂，豈臣微誠，所能上感。虔心奉謝，敬薦玉帛犧齊粢盛庶品，燔祀于昊天上帝。皇考太祖武元皇帝，配神作主。

大業元年，孟春祀感帝，孟冬祀神州，改以高祖文帝配。其餘並用舊禮。十年，冬至祀圓丘，帝不齋于次。詰朝，備法駕，至便行禮。是日大風，帝獨獻上帝，三公分獻五帝。禮畢，御馬疾驅而歸。

明堂在國之陽。梁初，依宋、齊，其祀之法，猶依齊制。禮有不通者，武帝更與學者議之。舊齊儀，郊祀，帝皆以衮冕。至天監七年，始造大裘，而明堂儀注猶云衮服。十年，儀曹郎朱异以爲：「禮大裘而冕，祭昊天上帝。五帝亦如之。良由天神高遠，義須誠質，今從汎祭五帝，理不容文。」於是改服大裘。异又以爲：「齊儀初獻樽彝，明堂貴質，不應三獻。又不應象樽。禮云：『朝踐用太樽。』鄭云：『太樽，瓦也。』記又云：『有虞氏瓦樽。』此皆在廟所用，猶以質素，況在明堂，禮不容象。今請改用瓦樽，庶合文質之衷。」又曰：「宗廟貴文，故庶羞百品，天義尊遠，則須簡約。今儀注所薦，與廟不異，即理徵事，如爲未允。請自今明堂肴膳準二郊。但帝之爲名，本主生育，成歲之功，實爲顯著。非如昊天，義絕言象，雖曰同郊，復應微異。若水土之品，蔬果之屬，猶宜以薦，止用梨棗橘栗四種之果，薑蒲葵韭四種之葅，粳稻黍粱四種之米。自此以外，郊所無者，請並從省除。」

初，博士明山賓制儀注，明堂祀五帝，行禮先自赤帝始。异又以爲：「明堂既汎祭五帝，

不容的有先後，東階而升，宜先春帝。請改從青帝始。」又以爲：「明堂籩豆等器，皆以彫飾。尋郊祀貴質，改用陶匏，宗廟貴文，誠宜彫俎。明堂之禮，既方郊爲文，則不容陶匏，比廟爲質，又不應彫俎。斟酌二途，須存厥衷，請改用純漆。」异又以「舊儀，明堂祀五帝，先酌鬱鬯，灌地求神，及初獻清酒，次酃終醁。禮畢，太祝取俎上黍肉，當御前以授。請依郊儀，止一獻清酒。且五帝天神，不可求之於地，二郊之祭，並無黍肉之禮。並請停灌及授俎法。」又以爲：「舊明堂皆用太牢。案記云『郊用特牲』，又云『天地之牛，角繭栗』。五帝既曰天神，理無三牲之祭。而毛詩我將篇，云祀文王於明堂，有『維羊維牛』之說。良由周監二代，其義貴文，明堂方郊，未爲極質，故特用三牲，〔八〕止爲一代之制。今斟酌百王，義存通典，蔬果之薦，雖符周禮，而牲牢之用，宜遵夏、殷。請自今明堂止用特牛，既合質文之中，又見貴誠之義。」帝並從之。

先是，帝欲有改作，乃下制旨，而與羣臣切磋其義。制曰：「明堂準大戴禮：『九室八牖，三十六戶。以茅蓋屋，上圓下方。』鄭玄據援神契，亦云『上圓下方』，又云『八窗四達』。明堂之義，本是祭五帝神，九室之數，未見其理。若五堂而言，雖當五帝之數，向南則背叶光紀，向北則背赤熛怒，東向西向，又亦如此，於事殊未可安。且明堂之祭五帝，則是總義，在郊之祭五帝，則是別義。宗祀所配，復應有室，若專配一室，則是義非配五，若皆配五，則便

成五位。以理而言，明堂本無有室。」朱异以爲：「月令『天子居明堂左个、右个』。聽朔之禮，既在明堂，今若無室，則於義成闕。」制曰：「若如鄭玄之義，聽朔必在明堂，於此則人神混淆，莊敬之道有廢。春秋云：『介居二大國之間。』此言明堂左右个者，謂所祀五帝堂之南，又有小室，亦號明堂，分爲三處聽朔。既三處，則有左右之義。在營域之內，明堂之外，則有个名，故曰明堂左右个也。以此而言，聽朔之處，自在五帝堂之外，人神有別，差無相干。」其議是非莫定，初尚未改。十二年，太常丞虞皭復引周禮明堂九尺之筵，以爲高下修廣之數，堂崇一筵，故階高九尺。漢家制度，猶遵此禮，故張衡云：「度堂以筵」者也。鄭玄以廟寢三制既同，俱應以九尺爲度。制曰：「可。」於是毀宋太極殿，以其材構明堂十二間，基準太廟。以中央六間安六座，悉南向。東來第一青帝，第二赤帝，第三黃帝，第四白帝，第五黑帝。配帝總配享五帝，在阼階東上，西向。大殿後爲小殿五間，以爲五佐室焉。

陳制，明堂殿屋十二間。中央六間，依齊制，安六座。四方帝各依其方，黃帝居坤維，而配饗坐依梁法。武帝時，以德帝配。文帝時，以武帝配。廢帝已後，以文帝配。牲以太牢，粢盛六飯，鉶羹果蔬備薦焉。

後齊採周官考工記爲五室，周採漢三輔黃圖爲九室，各存其制，而竟不立。

高祖平陳，收羅杞梓，郊丘宗社，典禮粗備，唯明堂未立。開皇十三年，詔命議之。禮部

尚書牛弘、國子祭酒辛彥之等定議，事在弘傳。後檢校將作大匠事宇文愷，依月令文，造明堂木樣，重檐複廟，五房四達，丈尺規矩，皆有準憑，以獻。高祖異之，命有司於郭內安業里爲規兆。方欲崇建，又命詳定，諸儒爭論，莫之能決。弘等又條經史正文重奏。時非議既多，久而不定，又議罷之。及大業中，愷又造明堂議及樣奏之。煬帝下其議，但令於霍山採木，而建都興役，其制遂寢。終隋代，祀五方上帝，止於明堂，恒以季秋在雩壇上而祀。其用幣各於其方。人帝各在天帝之左。太祖武元皇帝在太昊南，西向。五官在庭，亦各依其方。牲用犢十二。皇帝、太尉、司農行三獻禮于青帝及太祖。自餘有司助奠。祀五官於堂下，行一獻禮。有燎。其省牲進熟，如南郊儀。

校勘記

〔一〕恐乖祀典　「乖」原作「繁」，文義不通。按，下文有「恐乖祀典」語，册府一九三、通典四二也都作「恐乖祀典」。今據改。

〔二〕外壝　「壝」原作「域」，據通典四二改。

〔三〕德皇帝　陳書高祖紀下作「景皇帝」。下同。

〔四〕高一丈五尺　按：下文王元規議作「一丈五寸」。

〔五〕廣八丈　下文王元規議作「九丈三尺」。

〔六〕同元規議　「同」原作「周」，據册府五七九改。

〔七〕方一成至級一尺　此三十字上無所屬，疑涉下「方丘」而衍。

〔八〕特用三牲　册府五七九，「三」作「二」。

隋書卷七

志第二

禮儀二

春秋「龍見而雩」，梁制不爲恒祀。四月後旱，則祈雨，行七事：一，理冤獄及失職者；二，振鰥寡孤獨者；三，省繇輕賦；四，舉進賢良；五，黜退貪邪；六，命會男女，恤怨曠；七，撤膳羞，弛樂懸而不作。天子又降法服。七日，乃祈社稷；七日，乃祈山林川澤常興雲雨者；七日，乃祈羣廟之主于太廟；七日，乃祈古來百辟卿士有益於人者；七日，乃大雩，祈上帝，偏祈所有事者。大雩禮，立圓壇於南郊之左，高及輪廣四丈，周十二丈，四陛。牲用黃牯牛一。祈五天帝及五人帝於其上，各依其方，以太祖配，位於青帝之南，五官配食於下。七日乃去樂。又偏祈社稷山林川澤，就故地處大雩。國南除地爲墠，舞童六十四人。祈百辟卿士於雩壇之左，除地爲墠，舞童六十四人，皆袨服，爲八列，各執羽翳。每列歌雲漢詩一章而

畢。旱而祈澍，則報以太牢，皆有司行事。唯雩則不報。若郡國縣旱請雨，則五事同時並行：一，理冤獄失職；二，存鰥寡孤獨；三，省徭役；四，進賢良；五，退貪邪。守令皆潔齋三日，乃祈社稷。七日不雨，更齋祈如初。三變仍不雨，復齋祈其界內山林川澤常興雲雨者。祈而澍，亦各有報。

陳氏亦因梁制，祈而澍則報以少牢。武帝時，以德皇帝配，文帝時，以武帝配。廢帝卽位，以文帝配青帝。牲用黃牯牛，而以清酒四升洗其首。其壇墠配饗歌舞，皆如梁禮。天子不親奉，則太宰、太常、光祿行三獻禮。其法皆採齊建武二年事也。

梁、陳制，諸祠官皆給除穢氣藥，先齋一日服之，以取清潔。

天監九年，有事雩壇。武帝以爲雨既類陰，而求之正陽，其謬已甚。東方既非盛陽，而爲生養之始，則雩壇應在東方，祈晴亦宜此地。於是遂移於東郊。

十年，帝又以雩祭燔柴，以火祈水，於理爲乖。儀曹郎朱异議曰：「案周宣雲漢之詩，毛注有瘞埋之文，不見有燔柴之說。若以五帝必柴，今明堂又無其事。」於是停用柴，從坎瘞典。

十一年，帝曰：「四望之祀，頃來遂絕。宜更議復。」朱异議：「鄭衆云：『四望謂日月星海。』鄭玄云：『謂五岳四鎮四瀆。』尋二鄭之說，互有不同。竊以望是不卽之名，凡厥遙祭，皆有斯目。豈容局於星漢，拘於海瀆？請命司天，有關水旱之義，爰有四海名山大川，能興雲致雨，一皆備祭。」帝從之。又揚州主簿顧協又云：「禮『仲夏大雩』，春秋『龍見而雩』，則雩常祭也，水旱且又禱之，謂宜式備斯典。」太常博士亦從協議。祠部郎明巖卿以爲：「祈報之祀，已備郊禋，沿革有時，不必同揆。」帝從其議，依舊不改。

大同五年，又築雩壇於藉田兆內。有祈禜，則齋官寄藉田省云。

後齊以孟夏龍見而雩，祭太微五精帝於夏郊之東。爲圓壇，廣四十五尺，高九尺，四面各一陛。爲三壝外營，相去深淺，并燎壇，一如南郊。於其上祈穀實，以顯宗文宣帝配。青帝在甲寅之地，赤帝在丙巳之地，黃帝在己未之地，白帝在庚申之地，黑帝在壬亥之地。面皆內向，藉以稾秸。配帝在青帝之南，小退，藉以莞席，牲以騂。其儀同南郊。又祈禱者有九焉：一曰雩，二曰南郊，三曰堯廟，四曰孔、顏廟，五曰社稷，六曰五岳，七曰四瀆，八曰滏口，九曰豹祠。水旱癘疫，皆有事焉。無牲，皆以酒脯棗栗之饌。若建午、建未、建中之月不雨，則使三公祈五帝於雩壇。禮用玉幣，有燎，不設金石之樂，選伎工端潔善謳詠者，使歌雲漢詩於壇南。自餘同正雩。南郊則使三公祈五天帝於郊壇，有燎，座位如雩。五人帝各在天帝之左。其儀如郊禮。堯廟，則遣使祈於平陽。孔、顏廟，則遣使祈於國學，如堯廟。社稷如正祭。五岳，遣使祈於岳所。四瀆如祈五岳，滏口如祈堯廟，豹祠如祈滏口。

隋雩壇，國南十三里啓夏門外道左。高一丈，周百二十尺。孟夏之月，龍星見，則雩五方上帝，配以五人帝於上，以太祖武元帝配饗，五官從配於下。牲用犢十，各依方色。京師孟夏後旱，則祈雨，理冤獄失職，存鰥寡孤獨，振困乏，掩骼埋胔，省徭役，進賢良，舉直言，退佞諂，黜貪殘，命有司會男女，恤怨曠。七日，乃祈岳鎮海瀆及諸山川能興雲雨者；又七日，乃祈社稷及古來百辟卿士有益於人者；又七日，乃祈宗廟及古帝王有神祠者；又七日，乃修雩，祈神州；又七日，仍不雨，復從岳瀆已下祈如初典。秋分已後不雩，但禱而已。皆用酒脯。初請後二旬不雨者，卽徙市禁屠。皇帝御素服，避正殿，減膳撤樂，或露坐聽政。百官斷傘扇。令人家造土龍。雨澍，則命有司報。州郡尉祈雨，則理冤獄，存鰥寡孤獨，掩骼埋胔，潔齋祈于社。七日，乃祈界內山川能興雨者，徙市斷屠如京師。祈而澍，亦各有報。霖雨則禜京城諸門，三禜不止，則祈山川岳鎮海瀆社稷。又不止，則祈宗廟神州。報以太牢。州郡縣苦雨，亦各禜其城門，不止則祈界內山川。及祈報，用羊豕。

禮，天子每以四立之日及季夏，乘玉輅，建大旂，服大裘，各於其方之近郊爲兆，迎其帝而祭之。所謂燔柴於泰壇，掃地而祭者也。春迎靈威仰者，三春之始，萬物稟之而生，莫不仰其靈德，服而畏之也。夏迎赤熛怒者，火色熛怒，其靈炎至明盛也。秋迎白招拒者，招集，

拒大也，言秋時集成萬物，其功大也。冬迎叶光紀者，叶拾，光華，紀法也，言冬時收拾光華之色，伏而藏之，皆有法也。中迎含樞紐者，含容也，樞機有開闔之義，紐者結也。言土德之帝，能含容萬物，開闔有時，紐結有法也。然此五帝之號，皆以其德而名焉。梁、陳、後齊、後周及隋，制度相循，皆以其時之日，各於其郊迎，而以太皞之屬五人帝配祭。並以五官、三辰、七宿於其方從祀焉。

梁制，迎氣以始祖配，牲用特牛一，其儀同南郊。天監七年，尚書左丞司馬筠等議：「以昆蟲未蟄，不以火田，鳩化爲鷹，罻羅方設。仲春之月，祀不用牲，止珪璧皮幣。斯又事神之道，可以不殺，明矣。況今祀天，豈容尚此？請夏初迎氣，祭不用牲。」帝從之。八年，明山賓議曰：「周官祀昊天以大裘，祀五帝亦如之。頃代郊祀之服，皆用袞冕，是以前奏迎氣、祀五帝，亦服袞冕。愚謂迎氣、祀五帝亦宜用大裘，禮俱一獻。」帝從之。

陳迎氣之法，皆因梁制。

後齊五郊迎氣，爲壇各於四郊，又爲黃壇於未地。所祀天帝及配帝五官之神同梁。其玉帛牲各以其方色。其儀與南郊同。帝及后各以夕牲日之旦，太尉陳幣，告請其廟，以就配焉。其從祀之官，位皆南陛之東，西向。壇上設饌畢，太宰丞設饌於其座。亞獻畢，太常少卿乃於其所獻。事畢，皆撤。又云，立春前五日，於州大門外之東，造青土牛兩頭，耕夫

犁具。立春，有司迎春於東郊，豎青幡於青牛之傍焉。

後周五郊壇，其崇及去國，如其行之數。其廣皆四丈，其方俱百二十步。內壝皆半之。祭配皆同後齊。星辰、七宿、岳鎮、海瀆、山林、川澤、丘陵、墳衍，亦各於其方配郊而祀之。其星辰爲壇，崇五尺，方二丈。岳鎮爲坎，方二丈，深二尺。山林已下，亦爲坎。壇，崇三尺，坎深一尺，俱方一丈。其儀頗同南郊。冢宰亞獻，宗伯終獻，禮畢。

隋五時迎氣。青郊爲壇，國東春明門外道北，去宮八里。高八尺。赤郊爲壇，國南明德門外道西，去宮十三里。高七尺。黃郊爲壇，國南安化門外道西，去宮十二里。高七尺。白郊爲壇，國西開遠門外道南，去宮八里。高九尺。黑郊爲壇，宮北十一里丑地。高六尺。並廣四丈。各以四方立日，黃郊以季夏土王日。祀其方之帝，各配以人帝，以太祖武元帝配。五官及星三辰七宿，亦各依其方從祀。其牲依方色，各用犢二，星辰加羊豕各一。其儀同南郊。其岳瀆鎮海，各依五時迎氣日，遣使就其所，祭之以太牢。

晉江左以後，乃至宋、齊，相承始受命之主，皆立六廟，虛太祖之位。宋武初爲宋王，立廟於彭城，但祭高祖已下四世。

中興二年，梁武初爲梁公。曹文思議：「天子受命之日，便祭七廟。諸侯始封，卽祭五廟。」祠部郎謝廣等並駮之，遂不施用。乃建臺，於東城立四親廟，并妃郗氏而爲五廟。告祠之禮，並用太牢。其年四月，卽皇帝位。謝廣又議，以爲初祭是四時常祭，首月旣不可移易，宜依前剋日於東廟致齋。帝從之。遂於東城時祭訖，遷神主於太廟。始自皇祖太中府君、皇祖淮陰府君、皇高祖濟陰府君、皇曾祖中從事史府君、皇祖特進府君，并皇考，以爲三昭三穆。凡六廟。追尊皇考爲文皇帝，皇妣爲德皇后，廟號太祖。皇祖特進以上，皆不追尊。擬祖遷於上，而太祖之廟不毀，與六親廟爲七，皆同一堂，共庭而別室。春祀、夏礿、秋嘗、冬蒸并臘，一歲凡五，謂之時祭。三年一禘，五年一祫，謂之殷祭。禘以夏，祫以冬，皆以功臣配。其儀頗同南郊。又有小廟，太祖太夫人廟也。非嫡，故別立廟。皇帝每祭太廟訖，乃詣小廟，亦以一太牢，如太廟禮。

天監三年，尚書左丞何佟之議曰：「禘於首夏，物皆未成，故爲小。祫於秋冬，萬物皆成，其禮尤大。司勳列功臣有六，皆祭於大蒸，知祫尤大，乃及之也。近代禘祫，並及功臣，〔一〕有乖典制。宜改。」詔從之。自是祫祭乃及功臣。是歲，都令史王景之，列自江左以來，郊廟祭祀，帝已入齋，百姓尙哭，以爲乖禮。佟之等奏：「案禮國門在皐門外，今之籬門是也。今古殊制，若禁凶服不得入籬門爲太遠，宜以六門爲斷。」詔曰：「六門之內，士庶甚多，四時蒸嘗，俱斷其哭。若有死者，棺器須來，旣許其大，而不許其細也。到齋日，宜去廟二百步

斷哭。」

四年，何佟之議：「案禮未祭一日，大宗伯省牲鑊，祭日之晨，君親牽牲麗碑。後代有冒暗之防，而人主猶必親奉，故有夕牲之禮。頃代人君，不復躬牽，相承丹陽尹牽牲，於古無取。宜依以未祭一日之暮，太常省牲視鑊，祭日之晨，使太尉牽牲出入也。少牢饋食殺牲於廟門外，今儀注詣厨烹牲，謂宜依舊。」帝可其奏。佟之又曰：「鄭玄云：『天子諸侯之祭禮，先有祼尸之事，乃迎牲。』今儀注乃至薦熟畢，太祝方執珪瓚祼地，違謬若斯。又近代人君，不復躬行祼禮。太尉旣攝位，實宜親執其事，而越使卑賤太祝，甚乖舊典。愚謂祭日之晨，宜使太尉先行祼獻，乃後迎牲。」帝曰：「祼尸本使神有所附。今旣無尸，祼將安設？」佟之曰：「如馬、鄭之意，祼雖獻尸，而義在求神。今雖無尸，求神之義，恐不可闕。」帝曰：「此本因尸以祀神。今若無尸，則宜立寄求之所。」祼義乃定。佟之曰：「祭統云：『獻之屬，莫重於祼。』今旣存尸卒食之獻，則祼鬯之求，實不可闕。又送神更祼經記無文。宜依禮革。」奏未報而佟之卒。後明山賓復申其理。帝曰：「佟之旣不復存，宜從其議也。」自是始使太尉代太祝行祼而又牽牲。太常任昉，又以未明九刻呈牲，又加太尉祼酒，三刻施饌，間中五刻，行儀不辦。近者臨祭從事，實以二更，至未明三刻方辦。明山賓議：「謂九刻已疑太早，況二更非復祭旦。」帝曰：「夜半子時，卽是晨始。宜取三更省牲，餘依儀注。」又有司以爲三牲或離

代，依制埋瘞，猪羊死則不埋。請議其制。司馬褧等議，以爲「牲死則埋，必在滌矣。謂三牲在滌死，悉宜埋。」帝從之。

五年，明山賓議：「樽彝之制，祭圖唯有三樽：一曰象樽，周樽也；二曰山罍，夏樽也；三曰著樽，殷樽也。徒有彝名，竟無其器，直酌象樽之酒，以爲珪瓚之實。竊尋祼重於獻，不容共樽，宜循彝器，以備大典。案禮器有六彝，春祠夏礿，祼用雞彝鳥彝。王以珪瓚初祼，后以璋瓚亞祼，故春夏兩祭，俱用二彝。今古禮殊，無復亞祼，止循其二。春夏雞彝，秋冬斝彝，庶禮物備也。」帝曰：「雞是金禽，亦主巽位。但金火相伏，用之通夏，於義爲疑。」山賓曰：「臣愚管，不奉明詔，則終年乖舛。案鳥彝是南方之物，則主火位，木生於火，宜以鳥彝春夏兼用。」帝從之。

七年，舍人周捨以爲：「禮『玉輅以祀，金輅以賓』，則祭日應乘玉輅。」詔下其議。左丞孔休源議：「玉輅既有明文，而儀注金輅，當由宋、齊乖謬，宜依捨議。」帝從之。又禮官司馬筠議：「自今大事，遍告七廟，小事止告一室。」於是議以封禪，南、北郊，祀明堂，巡省四方，御臨戎出征，皇太子加元服，寇賊平蕩，築宮立闕，纂戎戒嚴、解嚴，合十一條，則遍告七廟。講武修宗廟明堂、臨軒封拜公王，四夷款化貢方物，諸公王以愆削封，及詔封王紹襲，合六條，則告一室。帝從之。

九年，詔簠簋之實，以藉田黑黍。

十二年，詔曰：「祭祀用洗匜中水盥，仍又滌爵。爵以禮神，宜窮精潔，而一器之內，雜用洗手，外可詳議。」於是御及三公應盥及洗爵，各用一匜。

十六年四月，詔曰：「夫神無常饗，饗于克誠，所以西鄰礿祭，實受其福。宗廟祭祀，猶有牲牢，無益至誠，有累冥道。自今四時蒸嘗外，可量代。」八座議：「以大脯代一元大武。」八座又奏：「既停宰殺，無復省牲之事，請立省饌儀。其衆官陪列，並同省牲。」帝從之。十月，詔曰：「今雖無復牲腥，猶有脯脩之類，卽之幽明，義爲未盡。可更詳定，悉薦時蔬。」左丞司馬筠等參議：「大餅代大脯，餘悉用蔬菜。」帝從之。又舍人朱异議：「二廟祀，相承止有一鉶羹，蓋祭祀之禮，應有兩羹，相承止於一鉶，卽禮爲乖。請加熬油蓴羹一鉶。」帝從之。於是起至敬殿、景陽臺，立七廟座。月中再設淨饌。自是訖於臺城破，諸廟遂不血食。

普通七年，祔皇太子所生丁貴嬪神主于小廟。其儀，未祔前，先修坎室，改塗。其日，有司行掃除，開坎室，奉皇考太夫人神主於坐。奠制幣訖，衆官入自東門，位定，祝告訖，撤幣，埋於兩楹間。有司遷太夫人神主於上，又奉穆貴嬪神主於下，陳祭器，如時祭儀。禮畢，納神主，閉于坎室。

陳制，立七廟，一歲五祠，謂春夏秋冬臘也。每祭共以一太牢，始祖以三牲首，餘唯骨體而已。五歲再殷，殷大祫而合祭也。初文帝入嗣，而皇考始興昭烈王廟在始興國，謂之東廟。天嘉四年，徙東廟神主，祔于梁之小廟，改曰國廟。祭用天子儀。

後齊文襄嗣位，猶爲魏臣，置王高祖秦州使君、王曾祖太尉武貞公、王祖太師文穆公、王考相國獻武王，凡四廟。文宣帝受禪，置六廟：曰皇祖司空公廟、皇祖吏部尚書廟、皇祖秦州使君廟、皇祖文穆皇帝廟、太祖獻武皇帝廟、世宗文襄皇帝廟，爲六廟。獻武已下不毀，已上則遞毀。並同廟而別室。既而遷神主於太廟。文襄、文宣，並太祖之子，文宣初疑其昭穆之次，欲別立廟。衆議不同。至二年秋，始祔太廟。春祠、夏礿、秋嘗、冬蒸，皆以孟月，并臘，凡五祭。禘祫如梁之制。每祭，室一太牢，始以皇后預祭。河清定令，四時祭廟禘祭及元日廟庭，並設庭燎二所。

王及五等開國，執事官、散官從三品已上，皆祀五世。五等散品及執事官、散官正三品已下從五品已上，祭三世。三品已上，牲用一太牢，五品已下，少牢。執事官正六品已下，從七品已上，祭二世，用特牲。正八品已下，達於庶人，祭於寢，牲用特肫，或亦祭祖禰。諸廟悉依其宅堂之制，其間數各依廟多少爲限。其牲皆子孫見官之牲。

後周之制，思復古之道，乃右宗廟而左社稷。置太祖之廟，并高祖已下二昭二穆，凡五。親盡則遷。其有德者謂之祧，廟亦不毀。閔帝受禪，追尊皇祖爲德皇帝，文王爲文皇帝，廟號太祖。擬已上三廟遞遷，至太祖不毀。其下相承置二昭二穆爲五焉。明帝崩，廟號世宗，武帝崩，廟號高祖，並爲祧廟而不毀。其時祭，各於其廟，祫禘則於太祖廟，亦以皇后預祭。其儀與後齊同。所異者，皇后亞獻訖，后又薦加豆之籩，其實菱芡芹菹兔醢。冢宰終獻訖，皇后親撤豆，降還板位。然後太祝撤焉。

高祖既受命，遣兼太保宇文善、兼太尉李詢，奉策詣同州，告皇考桓王廟，兼用女巫，同家人之禮。上皇考桓王尊號爲武元皇帝，皇妣尊號爲元明皇后，奉迎神主，歸于京師。犧牲尚赤，祭用日出。是時帝崇建社廟，改周制，左宗廟而右社稷。宗廟未言始祖，又無受命之祧，自高祖已下，置四親廟，同殿異室而已。一曰皇高祖太原府君廟，二曰皇曾祖康王廟，三曰皇祖獻王廟，四曰皇考太祖武元皇帝廟。擬祖遷於上，而太祖之廟不毀。各以孟月，饗以太牢。四時薦新於太廟，有司行事，而不出神主。祔祭之禮，並準時饗。其司命，戶以春，竈以夏，門以秋，行以冬，各於享廟日，中霤則以季夏祀黃郊日，各命有司，祭於廟西門道南。牲以少牢。三年一祫，以孟冬，遷主、未遷主合食於太祖之廟。五年一禘，以孟夏，其遷主各食於所遷之廟，未遷之主各於其廟。禘祫之月，則停時饗，而陳諸瑞物及伐國所獲珍奇於廟庭，及以功臣配饗。并以其日，使祀先代王公帝堯於平陽，以契配；帝舜於河東，咎繇配；夏禹於安邑，伯益配；殷湯於汾陰，伊尹配；文王、武王於澧渭之郊，[三]周公、召

公配，漢高帝於長陵，蕭何配。各以一太牢而無樂。配者饗於廟庭。

大業元年，煬帝欲遵周法，營立七廟，詔有司詳定其禮。禮部侍郎、攝太常少卿許善心，與博士褚亮等議曰：

謹案禮記：「天子七廟，三昭三穆，與太祖之廟而七。」鄭玄注曰：「此周制也。七者，太祖及文王、武王之祧，與親廟四也。殷則六廟，契及湯，與二昭二穆也。夏則五廟，無太祖，禹與二昭二穆而已。」玄又據王者禘其祖之所自出，而立四廟。案鄭玄義，天子唯立四親廟，并始祖而爲五。周以文、武爲受命之祖，特立二祧，是爲七廟。王肅注禮記：「尊者尊統上，卑者尊統下。故天子七廟，諸侯五廟。其有殊功異德，非太祖而不毁，不在七廟之數。」案王肅以爲天子七廟，是通百代之言，又據王制之文「天子七廟，諸侯五廟，大夫三廟」，降二爲差。是則天子立四親廟，又立高祖之父，高祖之祖，并太祖而爲七。周有文、武、姜嫄，合爲十廟。漢諸帝之廟各立，無迭毁之義，至元帝時，貢禹、匡衡之徒，始建其禮，以高帝爲太祖，而立四親廟，是爲五廟。唯劉歆以爲天子七廟，諸侯五廟，降殺以兩之義。七者，其正法，可常數也，宗不在數內，有功德則宗之，不可預設爲數也。〔三〕是以班固稱，考論諸儒之議，劉歆博而篤矣。光武即位，建高廟於洛陽，乃立南頓君以上四廟，就祖宗而爲七。至魏初，高堂隆爲鄭學，議立親廟四，太

祖武帝，猶在四親之內，乃虛置太祖及二祧，以待後代。至景初間，乃依王肅，更立五世、六世祖，就四親而爲六廟。晉武受禪，博議宗祀，自文帝以上六世祖征西府君，而宣帝亦序於昭穆，未升太祖，故祭止六也。江左中興，賀循知禮，至於寢廟之儀，皆依魏、晉舊事。宋武帝初受晉命爲王，依諸侯立親廟四。卽位之後，增祠五世祖相國掾府君、六世祖右北平府君，止於六廟。逮身歿，主升從昭穆，猶太祖之位也。降及齊、梁，守而弗革，加崇迭毁，禮無違舊。

臣等又案姬周自太祖已下，皆別立廟，至於禘祫，俱合食於太祖。是以炎漢之初，諸廟各立，歲時嘗享，亦隨處而祭，所用廟樂，皆象功德而歌儛焉。至光武乃總立一堂，而羣主異室，斯則新承寇亂，欲從約省。自此以來，因循不變。伏惟高祖文皇帝，睿哲玄覽，神武應期，受命開基，垂統聖嗣，當文明之運，定祖宗之禮。且損益不同，沿襲異趣，時王所制，可以垂法。自歷代以來，雜用王、鄭二義，若尋其指歸，校以優劣，康成止論周代，非謂經通，子雍總貫皇王，事兼長遠。今請依據古典，崇建七廟。受命之祖，宜別立廟祧，百代之後，爲不毁之法。至於鑾駕親奉，申孝享於高廟，有司行事，竭誠敬於羣主，俾夫規模可則，嚴祀易遵，表有功而彰明德，大復古而貴能變。

臣又案周人立廟，亦無處置之文。據冢人處職而言之，先王居中，以昭穆爲左右。

阮忱撰禮圖，亦從此義。漢京諸廟既遠，又不序禘祫。今若依周制，理有未安，雜用漢儀，事難全採。謹詳立別圖，附之議末。

其圖，太祖、高祖各一殿，准周文武二祧，與始祖而三。餘並分室而祭。始祖及二祧之外，從迭毁之法。詔可，未及創制。

既營建洛邑，帝無心京師，乃於東都固本里北，起天經宮，以游高祖衣冠，四時致祭。於三年，有司奏，請準前議，於東京建立宗廟。帝謂祕書監柳謇曰：「今始祖及二祧已具，今後子孫，處朕何所？」又下詔，唯議別立高祖之廟，屬有行役，遂復停寢。

自古帝王之興，皆稟五精之氣。每易姓而起，以致太平，必封乎太山，所以告成功也。封訖而禪乎梁甫，梁甫者，太山之支山卑下者也，能以其道配成高德。故禪乎梁甫，亦以告太平也。封禪者，高厚之謂也。天以高爲尊，地以厚爲德，增太山之高，以報天也，厚梁甫之基，以報地也。明天之所命，功成事就，有益於天地，若天地之更高厚云。記曰：「王者因天事天，因地事地。因名山升中于天，而鳳凰降，龜龍格。」齊桓公既霸而欲封禪，管仲言之詳矣。秦始皇既黜儒生，而封太山，禪梁甫，其封事皆祕之，不可得而傳也。漢武帝頗採方士之言，造爲玉牒，而編以金繩，封廣九尺，高一丈二尺。光武中興，聿遵其故。晉、宋、齊、梁及陳，

皆未遑其議。後齊有巡狩之禮，并登封之儀，竟不之行也。

開皇十四年，羣臣請封禪。高祖不納。晉王廣又率百官抗表固請，帝命有司草儀注。於是牛弘、辛彥之、許善心、姚察、虞世基等創定其禮，奏之。帝逡巡其事，曰：「此事體大，朕何德以堪之。但當東狩，因拜岱山耳。」十五年春，行幸兗州，遂次岱岳。爲壇，如南郊，又壝外爲柴壇，飾神廟，展宮懸於庭。爲埋坎二，於南門外。又陳樂設位於青帝壇，如南郊。帝服衮冕，乘金輅，備法駕而行。禮畢，遂詣青帝壇而祭焉。

開皇十四年閏十月，詔東鎮沂山，南鎮會稽山，北鎮醫無閭山，冀州鎮霍山，並就山立祠。東海於會稽縣界，南海於南海鎮南，並近海立祠。及四瀆、吳山，並取側近巫一人，主知灑掃，並命多蒔松柏。其霍山，雩祀日遣使就焉。十六年正月，又詔北鎮於營州龍山立祠。東鎮晉州霍山鎮，若修造，並準西鎮吳山造神廟。

大業中，煬帝因幸晉陽，遂祭恒岳。其禮頗採高祖拜岱宗儀，增置二壇，命道士女官數十人，於壝中設醮。十年，幸東都，過祀華岳，築場於廟側。事乃不經，蓋非有司之定禮也。

禮天子以春分朝日於東郊，秋分夕月於西郊。漢法，不俟二分於東西郊，常以郊泰畤。旦出竹宮東向揖日，其夕西向揖月。魏文譏其煩褻，似家人之事，而以正月朝日于東門之

外。前史又以爲非時。及明帝太和元年二月丁亥，朝日于東郊。八月己丑，夕月于西郊。始合於古。

後周以春分朝日於國東門外，爲壇，如其郊。用特牲青幣，青圭有邸。皇帝乘青輅，及祀官俱青冕，執事者青弁。司徒亞獻，宗伯終獻。燔燎如圓丘。秋分夕月於國西門外，爲壇，於坎中，方四丈，深四尺，燔燎禮如朝日。

開皇初，於國東春明門外爲壇，如其郊。每以春分朝日。又於國西開遠門外爲坎，深三尺，廣四丈。爲壇於坎中，高一尺，廣四尺。每以秋分夕月。牲幣與周同。

凡人非土不生，非穀不食，土穀不可偏祭，故立社稷以主祀。古先聖王，法施於人則祀之，故以勾龍主社，周棄主稷而配焉。歲凡再祭，蓋春求而秋報，列於中門之外，外門之內，尊而親之，與先祖同也。然而古今既殊，禮亦異制。故左社稷而右宗廟者，得質之道也。右社稷而左宗廟者，文之道也。

梁社稷在太廟西，其初蓋晉元帝建武元年所創，有太社、帝社、太稷，凡三壇。門牆並隨其方色。每以仲春仲秋，幷令郡國縣祠社稷、先農，縣又兼祀靈星、風伯、雨師之屬。及臘，又各祠社稷于壇。百姓則二十五家爲一社，其舊社及人稀者，不限其家。春秋祠水旱，禱

祈祠具，隨其豐約。其郡國有五岳者，置宰祝三人，及有四瀆若海應祠者，皆以孟春仲冬祠之。

舊太社，廩犧吏牽牲，司農省牲，太祝吏讚牲。天監四年，明山賓議，以爲：「案郊廟省牲日，則廩犧令牽牲，太祝令讚牲。祭之日，則太尉牽牲。郊特牲云『社者神地之道』，國主社稷，義實爲重。今公卿貴臣，親執盛禮，而令微吏牽牲，頗爲輕末。且司農省牲，又非其義，太常禮官，實當斯職。禮，祭社稷無親事牽之文。謂宜以太常省牲，廩犧令牽牲，太祝令讚牲。」帝唯以太祝讚牲爲疑，又以司農省牲，於理似傷，犧吏執紖，即事成卑。議以太常丞牽牲，餘依明議。於是遂定。至大同初，又加官社、官稷，幷前爲五壇焉。

陳制皆依梁舊。而帝社以三牲首，餘以骨體。薦粢盛爲六飯：粳以敦，稻以牟，黃粱以簠，白粱以簋，黍以瑚，粢以璉。又令太史署，常以二月八日，於署庭中，以太牢祠老人星，兼祠天皇大帝、太一、日月、五星、鉤陳、北極、北斗、三台、二十八宿、大人星、子孫星，都四十六坐。

凡應預祠享之官，亦太醫給除穢氣散藥，先齋一日服之，以自潔。其儀本之齊制。

後齊立太社、帝社、太稷三壇於國右。每仲春仲秋月之元辰及臘，各以一太牢祭焉。皇帝親祭，則司農卿省牲進熟，司空亞獻，司農終獻。

後周社稷，皇帝親祀，則冢宰亞獻，宗伯終獻。

開皇初，社稷並列於含光門內之右，仲春仲秋吉戊，各以一太牢祭焉。牲色用黑。孟冬下亥，又臘祭之。州郡縣二仲月，並以少牢祭，百姓亦各爲社。又於國城東南七里延興門外，爲靈星壇，立秋後辰，令有司祠以一少牢。

古典有天子東耕儀。江左未暇，至宋始有其典。

梁初藉田，依宋、齊，以正月用事，不齋不祭。天監十二年，武帝以爲：「啟蟄而耕，則在二月節內。書云：『以殷仲春。』藉田理在建卯。」於是改用二月。「又國語云：『王即齋宮，百官御事並齋三日。』乃有沐浴祼饗之事。前代當以耕而不祭，故闕此禮。國語又云：『稷臨之，太史讚之。』則知耕藉應有先農神座，兼有讚述耕旨。今藉田應散齋七日，致齋三日，兼於耕所設先農神座，陳薦羞之禮。讚辭如社稷法。」又曰：「齊代舊事，藉田使御史乘馬車，載耒耜，於五輅後。禮云：『親載耒耜，措于參保介之御間。』則置所乘輅上。若以今輅與古不同，則宜升之次輅，以明愼重。而遠在餘處，於義爲乖。且御史掌視，尤爲輕賤。自今宜以侍中奉耒耜，載於象輅，以隨木輅之後。」普通二年，又移藉田於建康北岸，築兆域大小，列種梨柏，便殿及齋官省，如南北郊。別

有望耕臺，在壇東。帝親耕畢，登此臺，以觀公卿之推伐。又有祈年殿云。

北齊藉於帝城東南千畝內，種赤粱、白穀、大豆、赤黍、小豆、黑穄、麻子、小麥，色別一頃。自餘一頃，地中通阡陌，作祠壇於陌南阡西，廣輪三十六尺，高九尺，四陛三壝四門。又爲大營於外，又設御耕壇於阡東陌北。每歲正月上辛後吉亥，使公卿以一太牢祠先農神農氏於壇上，無配饗。祭訖，親耕。先祠，司農進穜稑之種，六宮主之。行事之官幷齋，設齋省於壇所列宮懸。又置先農坐於壇上。衆官朝服，司空一獻，不燎。祠訖，皇帝乃服通天冠、青紗袍、黑介幘，佩蒼玉，黃綬，青帶、袜、舃，備法駕，乘木輅。耕官具朝服從。殿中監進御耒於壇南，百官定列。帝出便殿，升耕壇南陛，即御座。應耕者各進於列。帝降自南陛，至耕位，釋劍執耒，三推三反，升壇即坐。耕，官一品五推五反，二品七推七反，三品九推九反。藉田令帥其屬以牛耕，終千畝。以青箱奉穜稑種，跪呈司農，詣耕所灑之。穫訖，司農省功，奏事畢。皇帝降之便殿，更衣饗宴。禮畢，班賚而還。

隋制，於國南十四里啓夏門外，置地千畝，爲壇，孟春吉亥，祭先農於其上，以后稷配。牲用一太牢。皇帝服袞冕，備法駕，乘金根車。禮三獻訖，因耕。司農授耒，皇帝三推訖，執事者以授應耕者，各以班五推九推。而司徒帥其屬，終千畝。播殖九穀，納于神倉，以擬粢盛。穰稾以餉犧牲云。

周禮王后蠶於北郊，而漢法皇后蠶於東郊。魏遵周禮，蠶于北郊。吳韋昭制西蠶頌，則孫氏亦有其禮矣。晉太康六年，武帝楊皇后蠶于西郊，依漢故事。江左至宋孝武大明四年，始於臺城西白石里，爲西蠶設兆域。置大殿七間，又立蠶觀。自是有其禮。

後齊爲蠶坊於京城北之西，去皇宮十八里之外，方千步。蠶宮方九十步，牆高一丈五尺，被以棘。其中起蠶室二十七口，別殿一區。置蠶宮令丞佐史，皆宦者爲之。路西置皇后蠶壇，高四尺，方二丈，四出，階廣八尺。置先蠶壇於桑壇東南，大路東，橫路之南。壇高五尺，方二丈，四出，階廣五尺。外兆方四十步，面開一門。有綠襜襦、褠衣、黃履，以供蠶母。每歲季春，穀雨後吉日，使公卿以一太牢祀先蠶黃帝軒轅氏於壇上，無配，如祀先農。禮訖，皇后因親桑於桑壇。備法駕，服鞠衣，乘重翟，帥六宮升桑壇東陛，卽御座。女尚書執筐，女主衣執鉤，立壇下。皇后降自東陛，執筐者處右，執鉤者居左，蠶母在後。乃躬桑三條訖，升壇，卽御座。內命婦以次就桑，鞠衣五條，展衣七條，褖衣九條，以授蠶母。還蠶室，切之授世婦，〔四〕灑一簿。預桑者並復本位。后乃降壇，還便殿，改服，設勞酒，班賚而還。

後周制，皇后乘翠輅，率三妃、三㚤、御媛、御婉、三公夫人、三孤內子至蠶所，以一太牢親祭，進奠先蠶西陵氏神。禮畢，降壇，昭化嬪亞獻，淑嬪終獻，因以公桑焉。

隋制，於宮北三里爲壇，高四尺。季春上巳，皇后服鞠衣，乘重翟，率三夫人、九嬪、內外命婦，以一太牢制。幣，祭先蠶於壇上，用一獻禮。祭訖，就桑位於壇南，東面。尚功進金鉤，典制奉筐。皇后採三條，反鉤。命婦各依班採，五條九條而止。世婦亦有蠶母受切桑，〔五〕灑訖，還依位。皇后乃還宮。

自後齊、後周及隋，其典大抵多依晉儀。然亦時有損益矣。

禮仲春以玄鳥至之日，用太牢祀于高禖。漢武帝年二十九，乃得太子，甚喜，爲立禖祠於城南，祀以特牲，因有其祀。晉惠帝元康六年，禖壇石中破爲二。詔問，石毀今應復不？博士議：「禮無高禖置石之文，未知造設所由，既已毀破，可無改造。」更下西府博議。〔六〕而賊曹屬束晳議：「以石在壇上，蓋主道也。祭器弊則埋而置新，今宜埋而更造，不宜遂廢。」時此議不用。後得高堂隆故事，魏青龍中，造立此石，詔更鐫石，令如舊，置高禖壇上。埋破石入地一丈。

案梁太廟北門內道西有石，文如竹葉，小屋覆之，宋元嘉中修廟所得。陸澄以爲孝武時郊禖之石。然則江左亦有此禮矣。

後齊高禖，爲壇於南郊傍，廣輪二十六尺，高九尺，四陛三壝。每歲春分玄鳥至之日，皇帝親帥六宮，祀青帝於壇，以太昊配，而祀高禖之神以祈子。其儀，青帝北方南向，配帝東方西向，禖神壇下東陛之南西向。禮用青珪束帛，牲共以一太牢。祀日，皇帝服衮冕，乘玉輅。皇后服褘衣，乘重翟。皇帝初獻，降自東陛，皇后亞獻，降自西陛，並詣便坐。夫人終獻，上嬪獻于禖神訖。帝及后並詣欑位，乃送神。皇帝皇后及羣官皆拜。乃撤就燎，禮畢而還。

隋制亦以玄鳥至之日，祀高禖於南郊壇。牲用太牢一。

舊禮祀司中、司命、風師、雨師之法，皆隨其類而祭之。兆風師於西方者，就秋風之勁而不從箕星之位。兆司中、司命於南郊，以天神是陽，故兆於南郊也。兆雨師於北郊者，就水位，在北也。

隋制，於國城西北十里亥地，爲司中、司命、司祿三壇，同壝。祀以立冬後亥。國城東北七里通化門外爲風師壇，祀以立春後丑。國城西南八里金光門外爲雨師壇，祀以立夏後申。壇皆三尺，牲並以一少牢。

昔伊耆氏始爲蜡。蜡者，索也。古之君子，使人必報之。故周法，以歲十二月，合聚萬

物而索饗之。仁之至，義之盡也。其祭法，四方各自祭之。若不成之方，則闕而不祭。

後周亦存其典，常以十一月，祭神農氏、伊耆氏、后稷氏、田畯、鱗、羽、臝、毛、介、水、墉、坊、郵、表、畷、獸、猫之神於五郊。五方上帝、地祇、五星、列宿、蒼龍、朱雀、白獸、〔七〕玄武、五人帝、五官之神、岳鎮海瀆、山林川澤、丘陵墳衍原隰，各分其方，合祭之。日月，五方皆祭之。上帝、地祇、神農、伊耆、人帝於壇上，南郊則以神農，既蜡，無其祀。三辰七宿則爲小壇於其側，岳鎮海瀆、山林川澤、丘陵墳衍原隰，則各爲坎，餘則於平地。皇帝初獻上帝、地祇、神農、伊耆及人帝，冢宰亞獻，宗伯終獻。上大夫獻三辰、五官、后稷、田畯、岳鎮海瀆，中大夫獻七宿、山林川澤已下。自天帝、人帝、田畯、羽、毛之類，牲幣玉帛皆從燎；地祇、郵、表、畷之類，皆從埋。祭畢，皇帝如南郊便殿致齋，明日乃蜡祭于南郊，如東郊儀。祭訖，又如黃郊便殿致齋，明日乃祭。祭訖，又如西郊便殿，明日乃祭。祭訖，又如北郊便殿，明日蜡祭訖，還宮。

隋初因周制，定令亦以孟冬下亥蜡百神，臘宗廟，祭社稷。其方不熟，則闕其方之蜡焉。

又以仲冬祭名源川澤於北郊，用一太牢。祭井於社宮，用一少牢。季冬藏冰，仲春開冰，並用黑牡秬黍，於冰室祭司寒神。開冰，加以桃弧棘矢。

開皇四年十一月，詔曰：「古稱臘者，接也。取新故交接。前周歲首，今之仲冬，建冬之月，稱蜡可也。後周用夏后之時，行姬氏之蜡。考諸先代，於義有違。其十月行蜡者停，可以十二月爲臘。」於是始革前制。

後齊，正月晦日，中書舍人奏祓除。年暮上臺，東宮奏擇吉日詣殿堂，貴臣與師行事所須，皆移尚書省備設云。

後主末年，祭非其鬼，至於躬自鼓儛，以事胡天。鄴中遂多淫祀，茲風至今不絕。後周欲招來西域，又有拜胡天制，皇帝親焉。其儀並從夷俗，淫僻不可紀也。

校勘記

〔一〕並及功臣　原作「並不及功臣」，衍「不」字，今據通典五〇、册府五七八删。

〔二〕灃渭之郊　「灃」原作「澧」，據通典五三改。

〔三〕不可預設爲數也　「設」原作「毁」，據册府五八四、舊唐書褚亮傳改。

〔四〕切之授世婦　「切之」原作「初」，據通典四六改。

〔五〕世婦亦有蠶母受切桑　「切」原作「功」，據通典四六改。

〔六〕西府　御覽五二九作「四府」。

〔七〕白獸　「獸」應作「虎」，唐人諱改。

隋書卷八

志第三

禮儀三

陳永定三年七月，武帝崩。新除尚書左丞庾持稱：「晉、宋以來，皇帝大行儀注，未祖一日，告南郊太廟，奏策奉謚。梓宮將登輼輬，侍中版奏，已稱某謚皇帝。遣奠，出於陛階下，方以此時，乃讀哀策。而前代策文，猶云大行皇帝，請明加詳正。」國子博士、領步兵校尉、知儀禮沈文阿等謂：「應劭風俗通，前帝謚未定，臣子稱大行，以別嗣主。近檢梁儀，自梓宮將登輼輬，版奏皆稱某謚皇帝登輼輬。伏尋今祖祭已奉策謚，哀策既在庭遣祭，不應猶稱大行。且哀策篆書，藏於玄宮。」謂「依梁儀稱謚，以傳無窮」。詔可之。

天嘉元年八月癸亥，尚書儀曹請今月晦皇太后服安吉君禫除儀注。沈洙議：「謂至親朞斷，加降故再朞，〔一〕而再周之喪，斷二十五月。但重服不可頓除，故變之以纖縞，創巨不

可便愈，故稱之以祥禫。禫者，淡也，所以漸祛其情。至如父在爲母出適後之子，〔二〕則屈降之以朞。朞而除服，無復衰麻，緣情有本同之義，許以心制。心制既無杖絰可除，不容復改玄綅，既是心憂，則無所更淡其心也。且禫杖朞者，十五月已有禫制。今申其故斷以再周，止二十五月而已。所以宋元嘉立義，心喪以二十五月爲限。大明中，王皇后父喪，又申明其制。齊建元中，太子穆妃喪，亦同用此禮。唯王儉古今集記云，心制終二十七月，又爲王逡所難。何佟之儀注用二十五月而除。案古循今，宜以再周二十五月爲斷。今皇太后於安吉君心喪之期，宜除於再周，無復心禫之禮。」詔可之。

隋制，諸岳崩瀆竭，天子素服，避正寢，撤膳三日。遣使祭崩竭之山川，牲用太牢。

皇帝本服大功已上親及外祖父母、皇后父母、諸官正一品喪，皇帝不視事三日。皇帝本服五服內親及嬪、百官正二品已上喪，並一舉哀。太陽虧、國忌日，皇帝本服小功緦麻親、百官三品已上喪，皇帝皆不視事一日。

皇太后、皇后爲本服五服內諸親及嬪，一舉哀。皇太子爲本服五服之內親及東宮三師、三少、宮臣三品已上，一舉哀。

梁天監元年，齊臨川獻王所生妾謝墓被發，不至埏門。蕭子晉傳重，諮禮官何佟之。佟之議，以爲：「改葬服緦，見柩不可無服故也。此止侵墳土，不及於椁，可依新宮火處三日哭假而已。」〔三〕帝以爲得禮。二年，何佟之議：「追服三年無禫。」尙書議，並以佟之言爲得。

又二年，始興王嗣子喪。博士管晅議，使國長從服緦麻。

又四年，掌凶禮嚴植之定儀注，以亡月遇閏，後年中祥，疑所附月。帝曰：「閏蓋餘分，月節則各有所隸。若節屬前月，則宜以前月爲忌，節屬後月，則宜以後月爲忌。祥逢閏則宜取遠日。」

又四年，安成國刺稱：「廟新建，欲剋今日遷立所生吳太妃神主。國王既有妃喪，欲使臣下代祭。」明山賓議，以爲：「不可。宜待王妃服竟，親奉盛禮。」

又五年，貴嬪母車喪，議者疑其儀。明山賓以爲：「貴嬪既居母憂，皇太子出貴嬪別第，一舉哀，以申聖情，庶不乖禮。」帝從之。

又五年，祠部郎司馬褧牒：「貴嬪母車亡，應有服制」，謂「宜准公子爲母麻衣之制，既葬而除」。帝從之。

六年，申明葬制，凡墓不得造石人獸碑，唯聽作石柱，記名位而已。

七年，安成王慈太妃喪，周捨牒：「使安成、始興諸王以成服日一日爲位受弔。」帝曰：「喪無二主。二王既在遠，嗣子宜祭攝事。」周捨牒：「嗣子著細布衣、絹領帶、單衣用十五升葛。凡有事及歲時節朔望，並於靈所朝夕哭。三年不聽樂。」

十四年，舍人朱异議：「禮，年雖未及成人，已有爵命者，則不爲殤。封陽侯年雖中殤，已有拜封，不應殤服。」帝可之。於是諸王服封陽侯依成人之服。

大同六年，皇太子啓：「謹案下殤之小功，不行婚冠嫁三嘉之禮，則降服之大功，理不得有三嘉。今行三嘉之禮，竊有小疑。」帝曰：「禮云：『大功之末，可以冠子。父小功之末，可以冠子、嫁子、娶婦。己雖小功，既卒哭，可以冠、娶妻。下殤之小功則不可。』晉代蔡謨、謝沈、丁纂、馮懷等遂云：『降服大功，可以嫁女。』宋代裴松之、何承天又云：『女有大功之服，亦得出嫁。』范堅、荀伯子等，雖復率意致難，亦未能折。太始六年，虞龢立議：『大功之末，乃可娶婦。』于時博詢，咸同龢議。齊永明十一年，有大司馬長子之喪，武帝子女同服大功。左丞顧杲之議云：『大功之末，非直皇女嬪降無疑，皇子娉納，亦在非礙。』凡此諸議，皆是公背正文，務爲通耳。徐爰、王文憲並云：『朞服降爲大功，皆不可以婚嫁。』於義乃爲不乖，而又不釋其意。天監十年，信安公主當出適，而有臨川長子大功之慘，具論此義，粗已詳悉。太子今又啓審大功之末及下殤之小功行婚冠嫁三吉之事。案禮所言下殤小功，本

是朞服，故不得有三吉之禮。況本服是朞，降爲大功，理當不可。人間行者，是用鄭玄逆降之義。雜記云：『大功之末，可以冠子嫁子。』此謂本服大功，子則小功，踰月以後，於情差輕，所以許有冠嫁。此則小功之末，通得取婦。前所云『大功之末，可以冠子嫁子』，此是簡出大功之身，不得取婦。後言『小功之末，可以冠子嫁子』，非直子得冠嫁，亦得取婦。故有出沒。婚禮，國之大典，宜有畫一。今宗室及外戚，不得復輒有干啓，禮官不得輒爲曲議。可依此以爲法。」

後齊定令，親王、公主、太妃、妃及從三品已上喪者，借白鼓一面，喪畢進輸。王、郡公主、太妃、儀同三司已上及令僕，皆聽立凶門柏歷。三品已上及五等開國，通用方相。四品已下，達於庶人，以魌頭。旌則一品九旒，二品、三品七旒，四品、五品五旒，六品、七品三旒，八品已下，達于庶人，唯旐而已。其建旐，三品已上及開國子、男，其長至軫，四品、五品至輪，六品至于九品，至較。勳品達于庶人，不過七尺。

王元軌子欲改葬祖及祖母，列上未知所服。邢子才議曰：「禮『改葬緦麻』。鄭玄注：『臣爲君，子爲父，妻爲夫。』唯三人而已。然嫡曾孫、孫承重者，曾祖父母、祖父母改葬，既並三年之服，皆應服緦。而止言三人，若非遺漏，便是舉其略耳。」

開皇初，高祖思定典禮。太常卿牛弘奏曰：「聖教陵替，國章殘缺，漢、晉爲法，隨俗因時，未足經國庇人，弘風施化。且制禮作樂，事歸元首，江南王儉，偏隅一臣，私撰儀注，多違古法。就廬非東階之位，凶門豈設重之禮？兩蕭累代，舉國遵行。後魏及齊，風牛本隔，殊不尋究，遙相師祖，故山東之人，浸以成俗。西魏已降，師旅弗遑，賓嘉之禮，盡未詳定。今休明啓運，憲章伊始，請據前經，革茲俗弊。」詔曰：「可。」弘因奏徵學者，撰儀禮百卷。悉用東齊儀注以爲準，亦微採王儉禮。修畢，上之，詔遂班天下，咸使遵用焉。

其喪紀，上自王公，下逮庶人，著令皆爲定制，無相差越。正一品薨，則鴻臚卿監護喪事，司儀令示禮制。二品已上，則鴻臚丞監護，司儀丞示禮制。五品已上薨、卒，及三品已上有朞親已上喪，並掌儀一人示禮制。官人在職喪，聽斂以朝服，有封者，斂以冕服，未有官者，白帢單衣。婦人有官品者，亦以其服斂。棺內不得置金銀珠玉。諸重，一品懸鬲六，五品已上四，六品已下二。輀車，三品已上油幰，朱絲絡網，施襈，兩箱畫龍，幰竿諸末垂六旒蘇。七品已上油幰，施襈，兩箱畫雲氣，垂四旒蘇。八品已下，達於庶人，鼈甲車，無幰襈旒蘇畫飾。執紼，一品五十人，三品已上四十人，四品三十人，並布幘布深衣。三品已上四引、四披、六鐸、六翣。五品已上二引、二披、四鐸、四翣。九品已上二鐸、二翣。四品已上

用方相，七品已上用魌頭。在京師葬者，去城七里外。三品已上立碑，螭首龜趺。趺上高不得過九尺。七品已上立碣，高四尺。圭首方趺。若隱淪道素，孝義著聞者，雖無爵，奏，聽立碣。

三年及朞喪，不數閏。大功已下數之。以閏月亡者，祥及忌日，皆以閏所附之月爲正。凶服不入公門。朞喪已下不解官者，在外曹檷緣紗帽。若重喪被起者，皁絹下裙帽。若入宮殿及須朝見者，冠服依百官例。

齊衰心喪已上，雖有奪情，並終喪不弔不賀不預宴。朞喪未練，大功未葬，不弔不賀，並終喪不預宴。小功已下，假滿依例。居五服之喪，受册及之職，儀衞依常式，唯鼓樂從而不作。若以戎事，不用此制。

自秦兼天下，朝覲之禮遂廢。及周封蕭詧爲梁王，訖於隋，恒稱藩國，始有朝見之儀。梁王之朝周，入畿，大冢宰命有司致積。其餼五牢，米九十筥，醯醢各三十五甕，酒十八壺，米禾各五十車，薪芻各百車。既至，大司空設九儐以致館。梁王束帛乘馬，設九介以待之。禮成而出。明日，王朝，受享於廟。既致享，大冢宰又命公一人，玄冕乘車，陳九儐，以束帛

乘馬，致食于賓及賓之從各有差。致食訖，又命公一人，弁服乘車，執贄，設九儐以勞賓。王設九介，迎於門外。明日，朝服乘車，還贄于公。公皮弁迎於大門，授贄受贄，並於堂之中楹。又明日，王朝服，設九介，乘車，備儀衞，以見于公。事畢，公致享。明日，三孤一人，又執贄勞于梁王。明日，王還贄。又明日，王見三孤，如見三公。明日，卿一人，又執贄勞王。王見卿，又如三孤。於是三公、三孤、六卿，又各餼賓，並屬官之長爲使。牢米束帛同三公。

開皇四年正月，梁主蕭巋朝于京師，次於郊外。詔廣平王楊雄、吏部尙書韋世康，持節以迎。衞尉設次於驛館。雄等降就便幕。巋服通天冠、絳紗袍、端珽，立於東階下，西面。文武陪侍，如其國。雄等立於門右，東面。巋攝內史令柳顧言出門請事。世康曰：「奉詔勞于梁帝。」顧言入告。巋出，迎於館門之外，西面再拜。持節者導雄與巋俱入，至于庭下。巋北面再拜受詔訖。雄等乃出，立於館門外道右東向。[四]巋送於門外，西面再拜。及奉見，高祖冠通天冠，服絳紗袍，御大興殿，如朝儀。巋服遠遊冠，朝服以入，君臣並拜，禮畢而出。

古者天子征伐，則宜于社，造于祖，類于上帝。還亦以牲偏告。梁天監初，陸璉議定軍禮，遵其制。帝曰：「宜者請征討之宜，造者稟謀於廟，類者奉天時以明伐，並明不敢自專。陳幣承命可也。」璉不能對。嚴植之又爭之，於是告用牲幣，反亦如之。

後齊天子親征纂嚴，則服通天冠，文物充庭。有司奏更衣，乃入，冠武弁，弁左貂附蟬以出。誓訖，擇日備法駕，乘木輅，以造于廟。載遷廟主於齋車，以俟行。次宜于社，有司以毛血釁軍鼓，載帝社石主於車，以俟行。次擇日陳六軍，備大駕，類于上帝。次擇日祈后土、神州、岳鎭、海瀆、源川等。乃爲坎盟，督將列牲於坎南，北首。有司坎前讀盟文，割牲耳，承血。皇帝受牲耳，偏授大將，乃置于坎。又歃血，歃偏，又以置坎。禮畢，埋牲及盟書。又卜日，建牙旗於墠，祭以太牢，及所過名山大川，使有司致祭。將屆戰所，卜剛日，備玄牲，列軍容，設柴於辰地，爲墠而禡祭。大司馬奠矢，有司奠毛血，樂奏大護之音。禮畢，徹牲，柴燎。戰前一日，皇帝禱祖，司空禱社。戰勝則各報以太牢。又以太牢賞用命戰士于祖，引功臣入旌門，卽神庭而授版焉。又罰不用命于社，卽神庭行戮訖，振旅而還。格廟詣社訖，擇日行飮至禮，文物充庭。有司執簡，紀年號月朔，陳六師凱入格廟之事，飮至策勳之美，因述其功，不替賞典焉。

隋制，行幸所過名山大川，則有司致祭。岳瀆以太牢，山川以少牢。親征及巡狩，則類

上帝、宜社、造廟，還禮亦如之。將發軔，則軷祭。其禮，有司於國門外，委土爲山象，設埋坎。有司刳羊，陳俎豆。駕將至，委奠幣，薦脯醢，加羊於軷，西首。又奠酒解羊，幷饌埋於坎。駕至，太僕祭兩軹及軓前，[五]乃飮，授爵，遂轢軷上而行。

大業七年，征遼東，煬帝遣諸將，於薊城南桑乾河上，築社稷二壇，設方壝，行宜社禮。帝齋於臨朔宮懷荒殿，預告官及侍從，各齋于其所。十二衞士並齋。帝衮冕玉輅，備法駕。禮畢，御金輅，服通天冠，還宮。又於宮南類上帝，積柴於燎壇，設高祖位於東方。帝服大裘以冕，乘玉輅，祭奠玉帛，並如宜社。諸軍受胙畢，帝就位，觀燎，乃出。又於薊城北設壇，祭馬祖於其上，亦有燎。又於其日，使有司幷祭先牧及馬步，無鍾鼓之樂。

衆軍將發，帝御臨朔宮，親授節度。每軍，大將、亞將各一人。騎兵四十隊。隊百人置一纛。十隊爲團，團有偏將一人。第一團，皆青絲連明光甲、鐵具裝、青纓拂，建狻猊旗。第二團，絳絲連朱犀甲、獸文具裝、赤纓拂，建貔貅旗。第三團，白絲連明光甲、鐵具裝、素纓拂，建辟邪旗。第四團，烏絲連玄犀甲、獸文具裝、建纓拂，[六]建六駮旗。前部鼓吹一部，大鼓、小鼓及鞞、長鳴、中鳴等各十八具，掆鼓、金鉦各二具。後部鐃吹一部，鐃二面，歌簫及笳各四具，節鼓一面，吳吹篳篥、橫笛各四具，大角十八具。又步卒八十隊，分爲四團。團

有偏將一人。第一團，每隊給青隼盪幡一。第二團，每隊黃隼盪幡一。第三團，每隊白隼盪幡一。第四團，每隊蒼隼盪幡一。長槊楯弩及甲毦等，各稱兵數。受降使者一人，給二馬軺車一乘，白獸幡及節各一，騎吏三人，車輻白從十二人。承詔慰撫，不受大將制。戰陣則爲監軍。

軍將發，候大角一通，步卒第一團出營東門，東向陣。第二團出營南門，南向陣。第三團出營西門，西向陣。第四團出營北門，北向陣。陣四面團營，然後諸團嚴駕立。大角三通，則鐃鼓俱振，騎第一團引行。隊間相去各十五步。次誕馬二十匹，次大角，次後部鐃，次第三團，次第四團，次受降使者。次及輜重戎車散兵等，亦有四團。第一輜重出，收東面陣，分爲兩道，夾以行。第二輜重出，收南面陣，夾以行。第三輜重出，收西面陣，夾以行。第四輜重出，收北面陣，夾以行。亞將領五百騎，建騰豹旗，殿軍後。至營，則第一團騎陣於東面，第二團騎陣於南面，鼓吹翊大將居中，駐馬南向。第三團騎陣於西面，第四團騎陣於北面，合爲方陣。四團外向，步卒翊輜重入於陣內，以次安營。營定，四面陣者，引騎入營。亞將率驍騎遊弈督察。其安營之制，以車外布，間設馬槍，次施兵幕，內安雜畜。事畢，大將、亞將等，各就牙帳。其馬步隊與軍中散兵，交爲兩番，五日而代。

於是每日遣一軍發，相去四十里，連營漸進。二十四日續發而盡。首尾相繼，鼓角相聞，旌旗亘九百六十里。天子六軍次發，兩部前後先置，又亘八十里。通諸道合三十軍，亘一千四十里。諸軍各以帛爲帶，長尺五寸，闊二寸，題其軍號爲記。御營內者，合十二衞、三臺、五省、九寺，並分隸內外前後左右六軍，亦各題其軍號，不得自言臺省。王公已下，至于兵丁厮隸，悉以帛爲帶，綴于衣領，名「軍記帶」。諸軍並給幡數百，有事，使人交相去來者，執以行。不執幡而離本軍者，他軍驗軍記帶，知非部兵，則所在斬之。

是歲也，行幸望海鎮，於禿黎山爲壇，祀黃帝，行禡祭。詔太常少卿韋霽、博士褚亮奏定其禮。皇帝及諸預祭臣近侍官諸軍將，皆齋一宿。有司供帳設位，爲埋坎神坐西北，內壝之外。建二旗於南門外。以熊席設帝軒轅神坐於壝內，置甲冑弓矢於坐側，建槊於坐後。皇帝出次入門，羣官定位，皆再拜奠。禮畢，還宮。

隋制，常以仲春，用少牢祭馬祖於大澤，諸預祭官，皆於祭所致齋一日，積柴於燎壇，禮畢，就燎。仲夏祭先牧，仲秋祭馬社，仲冬祭馬步，並於大澤，皆以剛日。牲用少牢，如祭馬祖，埋而不燎。

開皇二十年，太尉晉王廣北伐突厥，四月己未，次於河上，禡祭軒轅黃帝，以太牢制幣，陳甲兵，行三獻之禮。

後齊命將出征，則太卜詣太廟，灼靈龜，授鼓旗於廟。皇帝陳法駕，服衮冕，至廟，拜於太祖。徧告訖，降就中階，引上將，操鉞授柯，曰：「從此上至天，將軍制之。」又操斧授柯，曰：「從此下至泉，將軍制之。」將軍既受斧鉞，對曰：「國不可從外理，軍不可從中制。臣既受命，有鼓旗斧鉞之威，願假一言之命於臣。」〔七〕帝曰：「苟利社稷，將軍裁之。」將軍就車，載斧鉞而出。皇帝推轂度閫，曰：「從此以外，將軍制之。」

周大將出征，遣太祝，以羊一，祭所過名山大川。明帝武成元年，吐谷渾寇邊。帝常服乘馬，遣大司馬賀蘭祥於太祖之廟，司憲奉鉞，進授大將。大將拜受，以授從者。禮畢，出受甲兵。

隋制，皇太子親戎，及大將出師，則以猳肫一釁鼓，皆告社廟。受斧鉞訖，不得反宿於家。開皇八年，晉王廣將伐陳，內史令李德林攝太尉，告于太祖廟。禮畢，又命有司宜于太社。

古者三年練兵，入而振旅，至於春秋蒐獮，亦以講其事焉。

梁、陳時，依宋元嘉二十五年蒐宣武場。其法，置行軍殿於幕府山南岡，幷設王公百官

幕。先獵一日，遣馬騎布圍。右領軍將軍督右，左領軍將軍督左，大司馬董正諸軍。獵日，侍中三奏，一奏，搥一鼓爲嚴，三嚴訖，引仗爲小駕鹵簿。皇帝乘馬戎服，從者悉絳衫幘，黃麾警蹕，鼓吹如常儀。獵訖，宴會享勞，比校多少。戮一人以懲亂法。會畢，還宮。

後齊常以季秋，皇帝講武於都外。有司先萊野爲場，爲二軍進止之節。又別墠於北場，輿駕停觀。遂命將簡士教衆，爲戰陣之法。凡爲陣，少者在前，長者在後。其還，則長者在前，少者在後。長者持弓矢，短者持旌旗。勇者持鉦鼓刀楯，爲前行，戰士次之，槊者次之，弓箭爲後行。將帥先教士目，使習見旌旗指麾之蹤，發起之意，旗臥則跪。教士耳，使習金鼓動止之節，聲鼓則進，鳴金則止。教士心，使知刑罰之苦，賞賜之利。教士手，使習持五兵之便，戰鬭之備。教士足，使習跪及行列嶮泥之塗。前五日，皆請兵嚴於場所，依方色建旗爲和門。都墠之中及四角，皆建五采牙旗。應講武者，各集於其軍。戒鼓一通，軍士皆嚴備。二通，將士貫甲。三通，步軍各爲直陣，以相俟。大將各處軍中，立旗鼓下。有司陳小駕鹵簿，皇帝武弁，乘革輅，大司馬介冑乘，奉引入行殿。百司陪列。位定，二軍迭爲客主。先舉爲客，後舉爲主。從五行相勝法，爲陣以應之。

後齊春蒐禮，有司規大防，建獲旗，以表獲車。蒐前一日，命布圍。領軍將軍一人，督左甄，護軍將軍一人，督右甄。大司馬一人，居中，節制諸軍。天子陳小駕，服通天冠，乘木

輅，詣行宮。將親禽，服戎服，鈒戟者皆嚴。武衞張甄圍，旗鼓相望，銜枚而進。甄常開一方，以令三驅。圍合，吏奔騎令曰：「鳥獸之肉，不登於俎者不射。皮革齒牙，骨角毛羽，不登於器者不射。」甄合，大司馬鳴鼓促圍，衆軍鼓譟鳴角，至期處而止。大司馬屯北旌門，二甄帥屯左右旌門。天子乘馬，從南旌門入，親射禽。謁者以獲車收禽，載還，陳於獲旗之北。王公已下以次射禽，皆送旗下。事畢，大司馬鳴鼓解圍，復屯。殿中郎中率其屬收禽，以實獲車。天子還行宮。命有司，每禽擇取三十，一曰乾豆，二曰賓客，三曰充君之庖。其餘即於圍下量犒將士。禮畢，改服，鈒者韜刃而還。〔八〕夏苗、秋獮、冬狩，禮皆同。

河清中定令，每歲十二月半後講武，至晦逐除。〔九〕二軍兵馬，右入千秋門，左入萬歲門，並至永巷南下，至昭陽殿北，二軍交。一軍從西上閤，一軍從東上閤，並從端門南，出閶闔門前橋南，戲射並訖，送至城南郭外罷。

後齊三月三日，皇帝常服乘輿，詣射所，升堂即坐，皇太子及羣官坐定，登歌，進酒行爵。皇帝入便殿，更衣以出，驊騮令進御馬，有司進弓矢。帝射訖，還御坐，射懸侯，又畢，羣官乃射五埒。一品〔三十二發，一發調馬，十發射下，十五發射上，三發射麋，三發射獸頭。〕〔一〇〕二品三十發，一發調馬，十發射下，十發射上，三發射麋，三發射帖，三發射獸頭。三品二十五發，一發調馬，五發射下，十發射上，三發射麋，三發射帖，三發射獸頭。四品二十發，一發調馬，五發射下，八發射上，二發射麋，二發射帖，二發射獸

頭。五品十五發，一發調馬，四發射下，五發射上，二發射麋，二發射帖，一發射獸頭。侍官御仗已上十發。一發調馬，四發射下，五發射上。

季秋大射，皇帝備大駕，常服，御七寶輦，射七埒。正三品已上，第一埒，一品五十發，一發調馬，十五發射下，二十五發射上，三發射麋，三發射帖，三發射獸頭。二品四十六發。一發調馬，十五發射下，二十二發射上，二發射麋，三發射帖，三發射獸頭。從三品四品第二埒，三品四十二發，一發調馬，十二發射下，二十二發射上，二發射麋，二發射帖，三發射獸頭。四品三十七發。一發調馬，十一發射下，十九發射上，一發射麋，二發射帖，三發射獸頭。五品第三埒，三十二發。一發調馬，九發射下，十七發射上，一發射麋，二發射帖，二發射獸頭。六品第四埒，二十七發。一發調馬，八發射下，十六發射上，一發射麋，一發射帖。七品第五埒，二十一發。一發調馬，六發射下，十二發射上，一發射麋，一發射帖。八品第六埒，十六發。一發調馬，四發射下，九發射上，一發射麋，一發射帖。九品第七埒，十發。一發調馬，三發射下，四發射上，一發射麋，一發射帖。

大射置大將、太尉公爲之。射司馬各一人，錄事二人。七埒各置埒將、射正參軍各一人，埒士四人，威儀一人，乘白馬以導，的別參軍一人，縣侯下府參軍一人。又各置令史埒士等員，以司其事。

後周仲春教振旅，大司馬建大麾於萊田之所。鄉稍之官，以旂物鼓鐸鉦鐃，各帥其人

而致。誅其後至者。建麾於後表之中，以集衆庶。質明，偃麾，誅其不及者。乃陳徒騎，如戰之陣。大司馬北面誓之。軍中皆聽鼓角，以爲進止之節。田之日，於所萊之北，建旗爲和門。諸將帥徒騎序入其門。有司居門，以平其人。既入而分其地，險野則徒前而騎後，易野則騎前而徒後。既陣，皆坐，乃設驅逆騎，有司表貉於陣前。以太牢祭黃帝軒轅氏，於狩地爲墠，建二旗，列五兵於坐側，行三獻禮。遂蒐田致禽以祭社。仲夏教茇舍，如振旅之陣，遂以苗田如蒐法，致禽以享礿。仲秋教練兵，如振旅之陣，遂以獮田如蒐法，致禽以祀方。仲冬教大閱，如振旅之陣，遂以狩田如蒐法，致禽以享烝。

孟秋迎太白，候太白夕見於西方。先見三日，大司馬戒期，遂建旗於陽武門外。司空除壇兆，有司薦毛血，登歌奏昭夏。在位者拜，事畢出。其日中後十刻，六軍士馬，俱介冑集旗下。左右武伯督十二帥嚴街，侍臣文武，俱介冑奉迎。樂師撞黃鍾，右五鍾皆應。皇帝介冑，警蹕以出，如常儀而無鼓角，出國門而軷祭。至則舍於次。太白未見五刻，中外皆嚴，皇帝就位，六軍鼓譟，行三獻之禮。每獻，鼓譟如初獻。事訖，燔燎賜胙，畢，鼓譟而還。

隋制，大射祭射侯於射所，用少牢。軍人每年孟秋閱戎具，仲冬教戰法。及大業三年，煬帝在榆林，突厥啓民及西域、東胡君長，並來朝貢。帝欲誇以甲兵之盛，乃命有司，陳冬狩之禮。詔虞部量拔延山南北周二百里，並立表記。前狩二日，兵部建旗於表所。五里一

旗，分爲四十軍，軍萬人，騎五千匹。前一日，諸將各帥其軍，集於旗下。鳴鼓，後至者斬。詔四十道使，並揚旗建節，分申佃令，即留軍所監獵。

布圍，圍闕南面，方行而前。帝服紫袴褶、黑介幘，乘闟猪車，重輞漫輪，蚪龍繞轂，漢東京鹵簿所謂獵車者也。駕六黑騂。太常陳鼓笳鐃簫角於帝左右，各百二十。百官戎服騎從，鼓行入圍。諸將並鼓行赴圍。乃設驅逆騎千有二百。闟猪停軔，有司斂大綏，王公已下，皆整弓矢，陳於駕前。有司又斂小綏，乃驅獸出，過於帝前。初驅過，有司整御弓矢以前，待詔。再驅過，備身將軍奉進弓矢。三驅過，帝乃從禽，鼓吹皆振，左而射之。每驅必三獸以上。帝發，抗大綏。次王公發，則抗小綏。次諸將發射之，無鼓，驅逆之騎乃止。然後三軍四夷百姓皆獵。凡射獸，自左膘而射之，達于右腢，爲上等。達右耳本，爲次等。自左髀達于右䯚爲下等。〔一一〕羣獸相從，不得盡殺。已傷之獸，不得重射。又逆向人者，不射其面。出表者不逐之。佃將止，虞部建旗於圍內。從駕之鼓及諸軍鼓俱振，卒徒皆譟。諸獲禽者，獻於旗所，致其左耳。大獸公之，以供宗廟，使歸，薦腊于京師。小獸私之。

齊制，季冬晦，選樂人子弟十歲以上，十二以下爲侲子，合二百四十人。一百二十人，

赤幘、皂褠衣，執鼗。一百二十人，赤布袴褶，執鞞角。方相氏黄金四目，熊皮蒙首，玄衣朱裳，執戈揚楯。又作窮奇、祖明之類，凡十二獸，皆有毛角。鼓吹令率之，中黄門行之，冗從僕射將之，以逐惡鬼于禁中。其日戊夜三唱，開諸里門，儺者各集，被服器仗以待事。戊夜四唱，開諸城門，二衞皆嚴。上水一刻，皇帝常服，即御座。王公執事官第一品已下、從六品已上，陪列預觀。儺者鼓譟，入殿西門，徧於禁内。分出二上閤，作方相與十二獸儛戲，喧呼周徧，前後鼓譟。出殿南門，分爲六道，出於郭外。

隋制，季春晦，儺，磔牲於宮門及城四門，以禳陰氣。秋分前一日，禳陽氣。季冬傍磔、大儺亦如之。其牲，每門各用羝羊及雄鷄一。選侲子，如後齊。冬八隊，二時儺則四隊。問事十二人，赤幘褠衣，執皮鞭。工人二十二人。其一人方相氏，黄金四目，蒙熊皮，玄衣朱裳。其一人爲唱師，著皮衣，執棒。鼓角各十。有司預備雄鷄羝羊及酒，於宮門爲坎。未明，鼓譟以入。方相氏執戈揚楯，周呼鼓譟而出，合趣顯陽門，分詣諸城門。將出，諸祝師執事，預副牲胸，磔之於門，酌酒禳祝。舉牲幷酒埋之。

後齊制，日蝕，則太極殿西廂東向，東堂東廂西向，〔一二〕各設御座。羣官公服。晝漏上水一刻，内外皆嚴。三門者閉中門，單門者掩之。蝕前三刻，皇帝服通天冠，即御座，直衞如

常，不省事。有變，聞鼓音，則避正殿，就東堂，服白袷單衣。侍臣皆赤幘，帶劍，升殿侍。諸司各於其所，赤幘，持劍，出戶向日立。有司各率官屬，並行宮内諸門、掖門，屯衞太社。鄴令以官屬圍社，守四門，以朱絲繩繞繫社壇三匝。太祝令陳辭責社。太史令二人，走馬露版上尚書，門司疾上之。又告清都尹鳴鼓，如嚴鼓法。日光復，乃止，奏解嚴。

後魏每攻戰剋捷，欲天下知聞，迺書帛，建於竿上，名爲露布。其後相因施行。開皇中，迺詔太常卿牛弘、太子庶子裴政撰宣露布禮。及九年平陳，元帥晉王，以驛上露布。兵部奏，請依新禮宣行。承詔集百官、四方客使等，並赴廣陽門外，服朝衣，各依其列。内史令稱有詔，在位者皆拜。宣訖，拜，蹈舞者三，又拜。郡縣亦同。

校勘記

〔一〕加降故再朞　「降」當作「隆」。禮記三年問：「然則何以三年也？曰加隆焉爾也。」唐人諱改。

〔二〕至如父在爲母出適後之子　「如」原作「加」，據通典八〇改。此句文義不明，似仍有訛誤。

〔三〕可依新宮火處三日假哭而已　「處」，通典一〇二作「災」。

〔四〕立於館門外道右東向　原脱「立」字，據通典七四補。

〔五〕祭兩軹及軓前　「軓」原作「軏」，據周禮大馭改。

〔六〕建纓拂　對照其他各圖所用器物的顏色，第四圖用烏絲連玄犀甲，疑此處「建纓拂」當作「緇纓拂」。

〔七〕顧假一言之命於臣　「假」原作「無」，據通典七六改。

〔八〕鈒者韜刃而還　「刃」原作「刀」，據通典七六改。「鈒」爲短戟。「韜刃」，加皮套以保護戟刃。

〔九〕至晦逐除　「逐」，各本作「遂」，今從宋小字本。按：呂氏春秋季冬紀注：「今人臘歲前一日，擊鼓驅疫，謂之逐除。」

〔一〇〕一品〔三十二發（一發調馬十發射下十五發射上三發射麞三發射獸頭）〕　據通典七七補。對照下文所列項目，通典可能仍脱「三發射帖」四字；「三十二發」也應作「三十五發」，每品差數都是五發。

〔一一〕自左髀達於右髃　「髃」原作「骬」，據集韻、新唐書禮樂志六改。

〔一二〕東堂東廂西向　「堂」上原脱「東」字，據通典七八補。

隋書卷九

志第四

禮儀四

周大定元年，靜帝遣兼太傅、上柱國、杞國公椿，大宗伯、大將軍、金城公煚，奉皇帝璽紱策書，禪位于隋。司錄虞慶則白，請設壇於東第。博士何妥議，以爲受禪登壇，以告天也。故魏受漢禪，設壇於繁昌，爲在行旅，郊壇乃闕。至如漢高在汜，光武在鄗，盡非京邑所築壇。自晉、宋揖讓，皆在都下，莫不並就南郊，更無別築之義。又後魏卽位，登朱雀觀，周帝初立，受朝於路門，雖自我作古，皆非禮也。今卽府爲壇，恐招後誚。議者從之。

二月，甲子，椿等乘象輅，備鹵簿，持節，率百官至門下，奉策入次。百官文武，朝服立于門南，北面。高祖冠遠遊冠，府僚陪列。記室入白，禮曹導高祖，府僚從，出大門東廂西向。椿奉策書，煚奉璽紱，出次，節導而進。高祖揖之，入門而左，椿等入門而右。百官隨入

庭中。椿南向，讀冊書畢，進授高祖。高祖北面再拜，辭不奉詔。上柱國李穆進喻朝旨，又與百官勸進，高祖不納。椿等又奉策書進而敦勸，高祖再拜，俯受策，以授高熲；受璽，以授虞慶則。退就東階位。使者與百官，皆北面再拜，搢笏，三稱萬歲。有司請備法駕，高祖不許，改服紗帽、黃袍，入幸臨光殿。就閤內服衮冕，乘小輿，出自西序，如元會儀。禮部尚書以案承符命及祥瑞牒，進東階下。納言跪御前以聞。內史令奉宣詔大赦，改元曰開皇。是日，命有司奉冊祀于南郊。

後齊將崇皇太后，則太尉以玉帛告圓丘方澤，以幣告廟。皇帝乃臨軒，命太保持節，太尉副之。設九儐，命使者受璽綬冊及節，詣西上閤。其日，昭陽殿文物具陳，臨軒訖，使者就位，持節及璽綬稱詔。二侍中拜進，受節及冊璽綬，以付小黃門。黃門以詣閤。皇太后服褘衣，處昭陽殿，公主及命婦陪列於殿，皆拜。小黃門以節綬入，女侍中受，以進皇太后。皇太后興，受，以授左右。復坐，反節於使者。使者受節出。

冊皇后，如太后之禮。

後齊冊皇太子，則皇帝臨軒，司徒爲使，司空副之。太子服遠遊冠，入至位。使者入，奉冊讀訖，皇太子跪受冊於使，以授中庶子。又受璽綬於尚書，以授庶子。稽首以出。就冊，則使者持節至東宮，宮臣內外官定列。皇太子階東，西面。若幼，則太師抱之，主衣二人奉空頂幘服從，以受冊。明日，拜章表於東宮殿庭，中庶子、中舍人乘軺車，奉章詣朝堂謝。擇日齋於崇正殿，服冕，乘石山安車謁廟。擇日羣臣上禮，又擇日會。明日，三品以上牋賀。

冊諸王，以臨軒日上水一刻，吏部令史乘馬，齎召版，詣王第。王乘高車，鹵簿至東掖門止，乘軺車。旣入，至席。尚書讀冊訖，以授王，又授章綬。事畢，乘軺車，入鹵簿，乘高車，詣閶闔門，伏闕表謝。報訖，拜廟還第。就第，則鴻臚卿持節，吏部尚書授冊，侍御史授節。使者受而出，乘軺車，持節，詣王第。入就西階，東面。王入，立於東階，西面。使者讀冊，博士讀版，王俛伏。興，進受冊章綬茅土，俛伏三稽首，還本位，謝如上儀。在州鎮，則使者受節冊，乘軺車至州，如王第。

諸王、三公、儀同、尚書令、五等開國、太妃、妃、公主恭拜冊，軸一枚，長二尺，以白練衣之。用竹簡十二枚，六枚與軸等，六枚長尺二寸。文出集書，書皆篆字。哀冊、贈冊亦同。

諸王、五等開國及鄉男恭拜，以其封國所在方，取社壇方面土，包以白茅，內青箱中。函方五寸，以青塗飾，封授之，以爲社。

隋臨軒冊命三師、諸王、三公，並陳車輅。餘則否。百司定列，內史令讀冊訖，受冊者

拜受出。又引次受冊者，如上儀。若冊開國，郊社令奉茅土，立於仗南，西面。每受冊訖，授茅土焉。

後齊皇帝加元服，以玉帛告圓丘方澤，以幣告廟，擇日臨軒。中嚴，羣官位定，皇帝著空頂介幘以出。太尉盥訖，升，脫空頂幘，以黑介幘奉加訖，太尉進太保之右，北面讀祝訖，太保加冕，侍中繫玄紘，脫絳紗袍，加衮服。事畢，太保上壽，羣官三稱萬歲。皇帝入溫室，移御坐，會而不上壽。後日，文武羣官朝服，上禮酒十二鍾，米十二囊，牛十二頭。又擇日，親拜圓丘方澤，謁廟。

皇太子冠，則太尉以制幣告七廟，擇日臨軒。有司供帳於崇正殿。中嚴，皇太子空頂幘公服出，立東階之南，西面。使者入，立西階之南，東面。皇太子受詔訖，入室盥櫛，出，南面。使者進揖，詣冠席，西面坐。光祿卿盥訖，詣太子前疏櫛。使者又盥，奉進賢三梁冠，至太子前，東面祝，脫空頂幘，加冠。太子興，入室更衣，出，又南面就席。光祿卿盥櫛。使者又盥祝，脫三梁冠，加遠遊冠。太子又入室更衣。設席中楹之西，使者揖就席，南面。光祿卿洗爵酌醴，使者詣席前，北面祝。太子拜受醴，卽席坐，祭之，啐之，奠爵，降階，復本位，西面。三師、三少及在位羣官拜事訖。又擇日會宮臣，又擇日謁廟。

隋皇太子將冠，前一日，皇帝齋於大興殿。皇太子與賓贊及預從官，齋於正寢。其日質明，有司告廟，各設筵於阼階。皇帝袞冕入拜，即御座。賓揖皇太子進，升筵，西向坐。贊冠者坐櫛，設纚。賓盥訖，進加緇布冠。贊冠進設頍纓。賓揖皇太子適東序，衣玄衣素裳以出。贊冠者又坐櫛，賓進加遠遊冠。改服訖，賓又受冕。太子適東序，改服以出。賓揖皇太子南面立，賓進受醴，進筵前，北面立祝。皇太子拜受觶。賓復位，東面答拜。贊冠者奉饌於筵前，皇太子祭奠。禮畢，降筵，進當御東面拜。納言承詔，詣太子戒訖，太子拜。贊冠者引太子降自西階。賓少進，字之。贊冠者引皇太子進，立於庭，東面。諸親拜訖，贊冠者拜，太子皆答拜。與賓贊俱復位。納言承詔降，令有司致禮。賓贊又拜。皇帝降復阼階，拜，皇太子已下皆拜。皇帝出，更衣還宮。皇太子從至閤，因入見皇后，拜而還。

後齊皇帝納后之禮，納采、問名、納徵訖，告圓丘方澤及廟，如加元服。是日，皇帝臨軒，命太尉爲使，司徒副之。持節詣皇后行宮，東向，奉璽綬册，以授中常侍。皇后受册於行殿。使者出，與公卿以下皆拜。有司備迎禮。太保太尉，受詔而行。主人公服，迎拜於門。使者入，升自賓階，東面。主人升自阼階，西面。禮物陳於庭。設席於兩楹間，童子以璽書版升，主人跪受。送使者，拜于大門之外。有司先於昭陽殿兩楹間供帳，爲同牢之具。皇后

服大嚴繡衣，帶綬珮，加幜。女長御引出，升畫輪四望車。女侍中負璽陪乘。鹵簿如大駕。皇帝服袞冕出，升御坐。皇后入門，大鹵簿住門外，小鹵簿入。到東上閤，施步鄣，降車，席道以入昭陽殿。前至席位，姆去幜，皇后先拜後起，皇帝後拜先起。帝升自西階，詣同牢坐，與皇后俱坐。各三飯訖，又各酳二爵一巹。奏禮畢，皇后興，南面立。皇帝御太極殿，王公已下拜，皇帝興，入。明日，后展衣，於昭陽殿拜表謝。又明日，以榛栗棗脩，見皇太后於昭陽殿。擇日，羣官上禮。又擇日，謁廟。皇帝使太尉，先以太牢告，而後徧見羣廟。

皇太子納妃禮，皇帝遣使納采，有司備禮物。會畢，使者受詔而行。主人迎于大門外。禮畢，會於聽事。其次問名、納吉，並如納采。納徵，則使司徒及尚書令爲使，備禮物而行。請期，則以太常宗正卿爲使，如納采。親迎，則太尉爲使。三日，妃朝皇帝於昭陽殿，又朝皇后於宣光殿。擇日，羣官上禮。他日，妃還。又他日，皇太子拜閤。

隋皇太子納妃禮，皇帝臨軒，使者受詔而行。主人俟於廟。使者執雁，主人迎拜於大門之東。使者入，升自西階，立於楹間，南面。納采訖，乃行問名儀。事畢，主人請致禮於從者。禮有幣馬。其次擇日納吉，如納采。又擇日，以玉帛乘馬納徵。又擇日告期。又擇日，命有司以特牲告廟，册妃。皇太子將親迎，皇帝臨軒，醮而誡曰：「往迎爾相，承我宗事，勗帥以敬。」對曰：「謹奉詔。」既受命，羽儀而行。主人几筵於廟，妃服褕翟，立於東房。主人迎於門外，西面拜。皇太子答拜。主人揖皇太子先入，主人升，立於阼階，西面。皇太子升進，當房戶前，北面，跪奠雁，俛伏，興拜，降出。妃父少進，西面戒之。母於西階上，施衿結帨，及門內，施鞶申之。出門，妃升輅，乘以几。姆加幜。皇太子乃御，輪三周，御者代之。皇太子出大門，乘輅，羽儀還宮。妃三日，雞鳴夙興以朝。奠笲於皇帝，皇帝撫之。又奠笲於皇后，皇后撫之。席於戶牖間，妃立於席西，祭奠而出。

後齊娉禮，一曰納采，二曰問名，三曰納吉，四曰納徵，五曰請期，六曰親迎。皆用羔羊一口，雁一隻，酒黍稷稻米麪各一斛。自皇子王已下，至於九品，皆同。流外及庶人，則減其半。納徵，皇子王用玄三匹，纁二匹，束帛十匹，大璋一，第一品已下至從三品，用璧玉，四品已下皆無。獸皮二，第一品已下至從五品，用豹皮二，六品已下至從九品，用鹿皮。錦綵六十匹，一品錦綵四十匹，二品三十匹，三品二十匹，四品雜綵十六匹，五品十匹，六品、七品五匹。絹二百匹，一品一百四十匹，二品一百二十匹，三品一百匹，四品八十匹，五品六十匹，六品、七品五十匹，八品、九品三十匹。羔羊一口，羊四口，犢二頭，酒黍稷稻米麪各十斛。一品至三品，減羊二口，酒黍稷稻米麪各減六斛，四品、五品減一犢，酒黍稷稻米麪又減二斛，六品已下無犢，酒黍稷稻米麪各一斛。諸王之子，已封未封，禮皆同第一品。新婚從車，皇子百乘，一品五十乘，第二、第三品三十乘，第四、第五品二十乘，第六、第七品十乘，八品達於庶人五乘。

各依其秩之飾。

梁大同五年，臨城公婚，公夫人於皇太子妃爲姑姪，進見之制，議者互有不同。令曰：「纁雁之儀，既稱合於二姓，酒食之會，亦有姻不失親。若使榛栗腵脩，贄饋必舉，副笄編珈，盛飾斯備，不應婦見之禮，獨以親闕。頃者敬進醞醴，已傳婦事之則，而奉盤沃盥，不行侯服之家。是知繁省不同，質文異世，臨城公夫人於妃既是姑姪，宜停省。」

後齊將講於天子，先定經於孔父廟，置執經一人，侍講二人，執讀一人，擿句二人，錄義六人，奉經二人。講之旦，皇帝服通天冠、玄紗袍，乘象輅，至學，坐廟堂上。講訖，還便殿，改服絳紗袍，乘象輅，還宮。講畢，以一太牢釋奠孔父，配以顏回，列軒懸樂，六佾舞。行三獻禮畢，皇帝服通天冠、絳紗袍，升阼，即坐。宴畢，還宮。皇太子每通一經，亦釋奠，乘石山安車，三師乘車在前，三少從後而至學焉。

梁天監八年，皇太子釋奠。周捨議，以爲：「釋奠仍會，既惟大禮，請依東宮元會，太子著絳紗襮，樂用軒懸。預升殿坐者，皆服朱衣。」帝從之。又有司以爲：「禮云：『凡爲人子者，

升降不由阼階。』案今學堂凡有三階，愚謂客若降等，則從主人之階。今先師在堂，義所尊敬，太子宜登阼階，以明從師之義。」吏部郎徐勉議：「鄭玄云：『由命士以上，父子異宮。』宮室既異，無不由阼階之禮。請釋奠及宴會，太子升堂，並宜由東階。若輿駕幸學，自然中陛。又檢東宮元會儀注，太子升崇正殿，不欲東西階。責東宮典儀，列云『太子元會，升自西階』，此則相承爲謬。請自今東宮大公事，太子升崇正殿，並由阼階。其預會賓客，依舊西階。」

大同七年，皇太子表其子寧國、臨城公入學，時議者以與太子有齒胄之義，疑之。侍中、尚書令臣敬容、尚書僕射臣纘、尚書臣僧旻、臣之遴、臣筠等，以爲：「參、點並事宣尼，回、路同諮泗水，鄒魯稱盛，洙汶無譏。師道既光，得一資敬，無虧亞貳，況於兩公，而云不可？」制曰：「可。」

後齊制，新立學，必釋奠禮先聖先師，每歲春秋二仲，常行其禮。每月旦，祭酒領博士已下及國子諸學生已上，太學、四門博士升堂，助教已下、太學諸生階下，拜孔揖顏。日出行事而不至者，記之爲一負。雨霑服則止。學生每十日給假，皆以丙日放之。郡學則於坊內立孔、顏廟，博士已下，亦每月朝云。

隋制，國子寺，每歲以四仲月上丁，釋奠於先聖先師。年別一行鄉飲酒禮。州郡學則

以春秋仲月釋奠。州郡縣亦每年於學一行鄉飲酒禮。學生皆乙日試書，丙日給假焉。

梁元會之禮，未明，庭燎設，文物充庭。臺門闢，禁衞皆嚴，有司各從其事。太階東置白獸樽。羣臣及諸蕃客並集，各從其班而拜。侍中乃奏外辦，皇帝服衮冕，乘輿以出。侍中扶左，常侍扶右，黃門侍郎一人，執曲直華蓋從。至階，降輿，納舄升坐。有司御前施奉珪藉。王公以下，至阼階，脫舄劍，升殿，席南奉贄珪璧畢，下殿，納舄佩劍，詣本位。主客郎徙珪璧於東廂。帝興，入，徙御坐於西壁下，東向。設皇太子王公已下位。又奏中嚴，皇帝服通天冠，升御坐。王公上壽禮畢，食。食畢，樂伎奏。太官進御酒，主書賦黃甘，逮二品已上。尚書騶騎引計吏，郡國各一人，皆跪受詔。侍中讀五條詔，計吏每應諾訖，令陳便宜者，聽詣白獸樽，以次還坐。宴樂罷，皇帝乘輿以入。皇太子朝，則遠遊冠服，乘金輅，鹵簿以行。預會則劍履升坐。會訖，先興。

天監六年詔曰：「頃代以來，元日朝畢，次會羣臣，則移就西壁下，東向坐。求之古義，王者讌萬國，唯應南面，何更居東面？」於是御坐南向，以西方爲上。皇太子以下，在北壁坐者，悉西邊東向。尚書令以下在南方坐者，悉東邊西向。舊元日，御坐東向，酒壺在東壁下。御坐既南向，乃詔壺於南蘭下。又詔：「元日受五等贄，珪璧並量付所司。」周捨案：「周禮冢宰，大朝覲，贊玉幣。尚書，古之冢宰。頃王者不親撫玉，則不復須冢宰贊助。尋尚書主客曹郎，既冢宰隸職，今元日五等奠玉既竟，請以主客郎受。鄭玄注覲禮云：『既受之後，出付玉人於外。』漢時少府，職掌珪璧，請主客受玉，付少府掌。」帝從之。又尚書僕射沈約議：「正會儀注，御出，乘輿至太極殿前，納舄升階。尋路寢之設，本是人君居處，不容自敬宮室。案漢氏，則乘小車升殿。請自今元正及大公事，御宜乘小輿至太極階，仍乘版輿升殿。」制：「可。」

陳制，先元會十日，百官並習儀注，令僕已下，悉公服監之。設庭燎，街闕、城上、殿前皆嚴兵，百官各設部位而朝。宮人皆於東堂，隔綺疏而觀。宮門既無籍，外人但絳衣者，亦得入觀。是日，上事人發白獸樽。自餘亦多依梁禮云。

後齊正日，侍中宣詔慰勞州郡國使。詔牘長一尺三寸，廣一尺，雌黃塗飾，上寫詔書三。計會日，侍中依儀勞郡國計吏，問刺史太守安不，及穀價麥苗善惡，人間疾苦。又班五條詔書於諸州郡國使人，寫以詔牘一枚，長二尺五寸，廣一尺三寸，亦以雌黃塗飾，上寫詔書。正會日，依儀宣示使人，歸以告刺史二千石。一曰，政在正身，在愛人，去殘賊，擇良吏，正決獄，平徭賦。二曰，人生在勤，勤則不匱，其勸率田桑，無或煩擾。三曰，六極之人，務加寬養，必使生有以自救，沒有以自給。四曰，長吏華浮，奉客以求小譽，逐末捨本，政之

所疾，宜謹察之。五曰，人事意氣，干亂奉公，外內溷淆，綱紀不設，所宜糾劾。正會日，侍中黃門宣詔勞諸郡上計。勞訖付紙，遣陳土宜。字有脫誤者，呼起席後立。書迹濫劣者，飲墨水一升。文理孟浪，無可取者，奪容刀及席。既而本曹郎中，考其文迹才辭可取者，錄牒吏部，簡同流外三品敘。

元正大饗，百官一品已下，流外九品已上預會。一品已下、正三品已上、開國公侯伯、散品公侯及特命之官、下代刺史，並升殿。從三品已下、從九品以上及奉正使人比流官者，在階下。勳品已下端門外。

隋制，正旦及冬至，文物充庭，皇帝出西房，卽御座。皇太子鹵簿至顯陽門外，入賀。復詣皇后御殿，拜賀訖，還宮。皇太子朝訖，羣官客使入就位，再拜。上公一人，詣西階，解劍，升賀；降階，帶劍，復位而拜。有司奏諸州表。羣官在位者又拜而出。皇帝入東房，有司奏行事訖，乃出西房。坐定，羣官入就位，上壽訖，上下俱拜。皇帝舉酒，上下舞蹈，三稱萬歲。皇太子預會，則設坐於御東南，西向。羣臣上壽畢，入，解劍以升。會訖，先興。

後齊元日，中宮朝會，陳樂，皇后褘衣乘輿，以出於昭陽殿。坐定，內外命婦拜，皇后興，妃主皆跪。皇后坐，妃主皆起，長公主一人，前跪拜賀。禮畢，皇后入室，乃移幄坐於西廂。

皇后改服褕狄以出。坐定，公主一人上壽訖，就坐。御酒食，賜爵，並如外朝會。隋儀如後齊制，而又有皇后受羣臣賀禮。則皇后御坐，而內侍受羣臣拜以入，承令而出，羣臣拜而罷。

後齊皇太子月五朝。未明二刻，乘小輿出，爲三師降。至承華門，升石山安車，三師軺車在前，三少在後，自雲龍門入。皇帝御殿前，設拜席位，至柏閣，齋帥引，洗馬、中庶子從。至殿前席南，北面再拜。

天保元年，皇太子監國，在西林園冬會。羣議，皆東面。二年，於北城第內冬會，又議東面。吏部郎陸卬疑非禮，魏收改爲西面。邢子才議欲依前，曰：

凡禮有同者，不可令異。詩說，天子至於大夫，皆乘四馬，況以方面之少，何可皆不同乎？若太子定西面者，王公卿大夫士，復何面邪？南面，人君正位。今一官之長，無不南面，太子聽政，亦南面坐。議者言皆晉舊事，太子在東宮西面，爲避尊位，非爲向臺殿也。子才以爲東晉博議，依漢、魏之舊，太子普臣四海，不以爲嫌，又何疑於東面？禮「世子絕旁親」，「世子冠於阼」，「冢子生，接以太牢」。漢元著令，太子絕馳道。此皆禮同於君。又晉王公世子，攝命臨國，乘七旒安車，駕用三馬，禮同三公。近宋太子

乘象輅，皆有同處，不以爲嫌。況東面者，君臣通禮，獨何爲避？明爲向臺，所以然也。近皇太子在西林園，在於殿，猶且東面，於北城非宮殿之處，更不得邪？諸人以東面爲尊，宴會須避。[一]案燕禮、燕義，君位在東，賓位則在西，君位在阼階，故有武王踐阼篇，不在西也。禮「乘君之車，不敢曠左」。君在，惡空其位，左亦在東，不在西也。「君在阼，夫人在房」。鄭注「人君尊東也」。前代及今，皇帝宴會接客，亦東堂西面。若以東面爲貴，皇太子以儲后之禮，監國之重，別第宴臣賓，自得申其正位。禮者皆東宮臣屬，公卿接宴，觀禮而已。若以西面爲卑，實是君之正位，太公不肯北面說丹書，西面則道之，西面乃尊也。君位南面，有東有西，何可皆避？且事雖少異，有可相比者。周公，臣也，太子，子也。周公爲冢宰，太子爲儲貳。明堂尊於別第，朝諸侯重於宴臣賓，南面貴於東面。臣疎於子，冢宰輕於儲貳。周公攝政，得在明堂南面朝諸侯，今太子監國，不得於別第異宮東面宴客，情所未安。且君行以太子監國，君宴不以公卿爲賓，明父子無嫌，君臣有嫌。案儀注，親王受詔冠婚，皇子皇女皆東面。今不約王公南面，而獨約太子，何所取邪？議者南尊改就西面，轉君位，更非合禮。方面既少，難爲節文。東西二面，君臣通用，太子宜然，於禮爲允。

魏收議云：

去天保初，皇太子監國。冬會羣官於西園都亭，坐從東面，義取於向中宮臺殿故也。二年於宮冬會，坐乃東面，收竊以爲疑。前者遂有別議，議者同之。邢尚書以前定東面之議，復申本懷，此乃國之大禮，無容不盡所見。收以爲太子東宮，位在於震，長子之義也。案易八卦，正位向中。皇太子今居北城，於宮殿爲東北，南面而坐，於義爲背也。前者立議，據東宮爲本。又案東宮舊事，太子宴會，多以西面爲禮，此又成證，非徒言也。不言太子常無東南二面之坐，但用之有所。至如西園東面，所不疑也。未知君臣車服有同異之議，何爲而發？就如所云，但知禮有同者，不可令異。不知禮有異者，不可令同。苟別君臣同異之禮，恐重紙累札，書不盡也。

子才竟執東面，收執西面，援引經據，大相往復。其後竟從西面爲定。

時議又疑宮吏之姓與太子名同。子才又謂曰：「案曲禮『大夫士之子，不與世子同名。』鄭注云：『若先之生，亦不改。』漢法，天子登位，布名於天下，四海之內，無不咸避。案春秋經『衞石惡出奔晉』，在衞侯衎卒之前。衎卒，其子惡始立。明石惡於長子同名。諸侯長子，在一國之內，與皇太子於天子，禮亦不異。鄭言先生不改，蓋以此義。衞石惡、宋向戌，皆與君同名，春秋不譏。皇太子雖有儲貳之重，未爲海內所避，何容便改人姓。然事有消息，不得皆同於古。宮吏至微，而有所犯。朝夕從事，[二]亦是難安。宜聽出宮，尚書更補他

職。」制曰：「可。」[三]

後周制，正之二日，皇太子南面，列軒懸，宮官朝賀。及開皇初，皇太子勇準故事張樂受朝，宮臣及京官，北面稱慶。高祖誚之。是後定儀注，西面而坐，唯宮臣稱慶，臺官不復總集。煬帝之爲太子，奏降章服，宮官請不稱臣。詔許之。

後齊立春日，皇帝服通天冠、青介幘、青紗袍，佩蒼玉，青帶、青袴、青襪舄，而受朝於太極殿。尚書令等坐定，三公郎中詣席，跪讀時令訖，典御酌酒卮，置郎中前，郎中拜，還席伏飲，禮成而出。立夏、季夏、立秋讀令，則施御座於中楹，南向。立冬如立春，於西廂東向。各以其時之色服，儀並如春禮。

後齊每策秀孝，中書策秀才，集書策考貢士，考功郎中策廉良，皇帝常服，乘輿出，坐於朝堂中楹。秀孝各以班草對。其有脫誤、書濫、孟浪者，起立席後，飲墨水，脫容刀。

後齊宴宗室禮，皇帝常服，別殿西廂東向。七廟子孫皆公服，無官者，單衣介幘，集神武門。宗室尊卑，次于殿庭。七十者二人扶拜，八十者扶而不拜。升殿就位，皇帝興，宗室伏。皇帝坐，乃興拜而坐。尊者南面，卑者北面，皆以西爲上。八十者一坐。再至，進絲竹

之樂。三爵畢，宗室避席，待詔而後復位。乃行無算爵。

正晦汎舟，則皇帝乘輿，鼓吹至行殿。升御坐，乘版輿，以與王公登舟，置酒。非預汎者，坐於便幕。

仲春令辰，陳養老禮。先一日，三老五更齋於國學。皇帝進賢冠、玄紗袍，至璧雍，入總章堂。列宮懸。王公已下及國老庶老各定位。司徒以羽儀武賁安車，迎三老五更于國學。並進賢冠、玄服、黑舃、素帶。國子生黑介幘、青衿、單衣，乘馬從以至。皇帝釋劍，執珽，迎於門內。三老至門，五更去門十步，則降車以入。皇帝拜，三老五更攝齊答拜。皇帝揖進，三老在前，五更在後，升自右階，就筵。三老坐，五更立。皇帝升堂，北面。公卿升自左階，北面。三公授几杖，卿正履，國老庶老各就位。皇帝拜三老，羣臣皆拜。不拜五更。乃坐，皇帝西向，肅拜五更。進珍羞酒食，親袒割，執醬以饋，執爵以酳。以次進五更。又設酒酏於國老庶老。皇帝升御坐，三老乃論五孝六順，典訓大綱。皇帝虛躬請受，禮畢而還。又都下及外州人年七十已上，賜鳩杖黃帽。有勑即給，不爲常也。

後周保定三年，陳養老之禮。以太傅、燕國公于謹爲三老。有司具禮擇日，高祖幸太學以食之。事見謹傳。[三]

校勘記

[一] 宴會須避 原脫「須」字，據通典七一、册府五八三、殿本補。

[二] 朝夕從事 「夕」原作「名」，據通典七一改。

[三] 事見謹傳 指周書于謹傳。

隋書卷十

志第五

禮儀五

輿輦之別，蓋先王之所以列等威也。然隨時而變，代有不同。

梁初，尚遵齊制，其後武帝既議定禮儀，乃漸有變革。始永明中，步兵校尉伏曼容奏，宋大明中，尚書左丞荀萬秋議，金玉二輅，並建碧旂，象革木輅，並建赤旂，非時運所上，又非五方之色。今五輅五牛及五色幡旗，並請準齊所尚青色。時議所駁，不行。及天監三年，乃改五輅旗同用赤而旒不異，以從行運所尚也。

七年，帝曰：「據禮『玉輅以祀，金輅以賓』，而今大祀，並乘金輅。」詔下詳議。周捨以爲：「金輅以之齋車，本不關於祭祀。」於是改陵廟皆乘玉輅，大駕則太僕卿御，法駕則奉車

郎馭。其餘四輅，則使人執轡，以朱絲爲之。執者武冠、朱衣。

又齊永明制，玉輅上施重屋，棲寶鳳皇，綴金鈴，鏁珠璫、玉蚌佩。四角金龍，銜五綵毦。又畫麒麟頭加於馬首者。十二年，帝皆省之。

初齊武帝造大小輦，並如軺車，但無輪轂，下横轅軛。梁初，漆畫代之。後帝令上可加笨輦，形如犢車，自茲始也。中方八尺，左右開四望。金爲龍首。飾其五末，謂轅轂頭及衡端也。金鶯棲軛。其下施重層，以空青雕鏤爲龍鳳象。漆木横前，名爲望板。其下交施三十六横。小輿形似軺車，金裝漆畫，但施八横。元正大會，乘出上殿。西堂舉哀亦乘之。行則從後。一名輿車。

羊車一名輦，其上如軺，小兒衣青布袴褶，五辮髻，數人引之。時名羊車小史。漢氏或以人牽，或駕果下馬。梁貴賤通得乘之，名曰牽子。

畫輪車，一乘，駕牛。乘用如齊制，舊史言之詳矣。

衣書車，十二乘，駕牛。漢阜蓋朱裏，過江加綠油幢。朱絲絡，青交路，黃金塗五末。一曰副車。梁朝謂之衣書車。

皇太子鸞輅，駕三馬，左右騑。朱斑輪，倚獸較，[一]伏鹿軾，九旒，畫降龍，青蓋畫幡，文輈，黃金塗五末。近代亦謂之鸞輅，即象輅也。梁東宮初建及太子釋奠、元正朝會則乘

之。以畫輪爲副。若常乘畫輪，以軺衣書車爲副。畫輪車，上開四望，綠油幢，朱繩絡，兩箱裏飾以錦，黃金塗五末。

二千石四品已上及列侯，皆給軺車，駕牛。伏兔箱，青油幢，朱絲絡，轂輞皆黑漆。天監二年令，三公、開府、尚書令，則給鹿幡軺，施耳，後戶，皁輞。尚書僕射、左右光祿大夫、侍中、中書監令、祕書監，則給鳳轄軺，後戶，皁輞。領、護、國子祭酒、太子詹事、尚書、侍中、列卿、散騎常侍，給聊泥軺，無後戶，漆輪。車騎、驃騎及諸王除刺史、帶將軍，給龍雀軺，以金銀飾。御史中丞給方蓋軺，形如小傘。

諸王三公有勳德者，皆特加皁輪車，駕牛，形如犢車。但烏漆輪轂，黃金雕裝，上加青油幢，朱絲絡，通幰或四望。上臺，三夫人亦乘之，以搨幢涅幰爲副。王公加禮者，給油幢絡車，駕牛。朱輪華轂。天監二年令，上臺，六宮、長公主、公主、諸王太妃、妃，皆乘青油輿幢通幰車，搨幢涅幰爲副。采女、皇女、諸王嗣子、侯夫人，皆乘赤油搨幢車，以涅幰爲副。侍女、直乘涅幰之乘。

諸王三公並乘通幰平乘車，竹箕子壁、仰，楯檢爲輞。如今犢車，但舉幰通覆上。〔二〕

方州刺史，並乘通幰平肩輿，從橫施八橫，亦得金渡裝較。天子至于下賤，通乘步輿，方四尺，上施隱膝以及襻，舉之。無禁限。載輿亦如之，但不施脚，以其就席便也。優禮

者，人輿以升殿。司徒謝朏，以脚疾優之。

五牛旗，左青赤，右白黑，黃居其中，蓋古之五時副車也。舊有五色立車，五色安車，合十乘，名爲五時車。建旗十二，各如車色。立車則正豎其旗，安車則斜注。馬亦隨五時之色，白馬則朱其鬣尾。左右騑驂，金鍐鏤錫，〔三〕黃屋左纛，如金根之制。行則從後。名五時副車。晉過江，不恒有事，則權以馬車代之，建旗其上。後但以五色木牛象車，豎旗於牛背，使人輿之。旗常纏不舒，唯天子親戎，乃舒其旆。周遷以爲晉武帝平吳後造五牛之旗，非過江始爲也。

指南車，大駕出，爲先啓之乘。漢初，置俞兒騎，並爲先驅。左太沖曰：「俞騎騁路，指南司方。」後廢其騎而存其車。

記里車，駕牛。其中有木人執槌，車行一里，則打一槌。

鼓吹車，上施層樓，四角金龍，銜旒蘇羽葆。凡鼓吹，陸則樓車，水則樓船，在殿庭則畫筍虡爲樓。樓上有翔鷺棲烏，或爲鵠形。

陳承梁末，王琳縱火，延燒車府。至天嘉元年，勑守都官尚書、寶安侯到仲舉，〔四〕議造玉金象革木等五輅及五色副車。皆金薄交龍，爲輿倚較，文獸伏軾，〔五〕虯首銜軛，左右吉

陽筩，鸞雀立衡，檏文畫幡，綠油蓋，黃紋裏，相思橑，金華末。斜注旂旗於車之左，各依方色。加棨戟於車之右，韜以黻繡之衣。獸頭幡，長丈四尺，懸於戟杪。玉輅，正副同駕六馬，餘輅皆駕四馬。馬並黃金爲文髦，〔六〕插以翟尾，玉爲鏤錫。又以綵畫赤油，長三尺，廣八寸，繫兩軸頭，古曰飛軨，改以綵畫蛙蟆幡，綴兩軸頭，卽古飛軨遺象也。五輅兩箱後，皆用玳瑁爲鵾翅，加以金銀雕飾，故俗人謂之金鵾車。兩箱之裏，衣以紅錦，金花帖釘，上用紅紫錦爲後檐，青絞純帶，夏用簟，冬用綺繡褥。此後漸修，具依梁制。

後魏天興初，詔儀曹郎董謐撰朝饗儀，始制軒冕，未知古式，多違舊章。孝文帝時，儀曹令李韶，更奏詳定，討論經籍，議改正之。唯備五輅，各依方色，其餘車輦，猶未能具。至熙平九年，明帝又詔侍中崔光與安豐王延明、博士崔瓚採其議，大造車服。定制，五輅並駕五馬。皇太子乘金輅，朱蓋赤質，四馬。三公及王，朱屋青表，制同於輅，名曰高車，駕三馬。庶姓王、侯及尚書令、僕已下，列卿已上，並給軺車，駕用一馬。或乘四望通幰車，駕一牛。自斯以後，條章粗備，北齊咸取用焉。其後因而著令，並無增損。

王、庶姓王、儀同三司已上、親公主，雉尾扇，紫傘。皇宗及三品已上官，青傘朱裏。其青傘碧裏，達於士人，不禁。

正從第一品執事官、散官及儀同三司、諸公主，得乘油色朱絡網車，車牛飾得用金塗及純銀。二品、三品得乘卷通幰車，車牛飾用金塗。四品已下，七品已上，得乘偏幰車，車牛飾用銅。

尚書令給哄士十五人，左右僕射、御史中丞，各十二人。

周氏設六官，置司輅之職，以掌公車之政，辨其名品，與其物色。

皇帝之輅，十有二等：一曰蒼輅，以祀昊天上帝。二曰青輅，以祀東方上帝。三曰朱輅，以祀南方上帝及朝日。四曰黃輅，以祭地祇中央上帝。五曰白輅，以祀西方上帝及夕月。六曰玄輅，以祀北方上帝及感帝，祭神州。此六輅，通漆之而已，不用他物爲飾。皆疏面，旒就以方色，俱十有二。疏面，刻皮當顱。七曰玉輅，以享先皇，加元服，納后。八曰碧輅，以祭社稷，享諸先帝，大貞於龜，食三老五更，享食諸侯及耕籍。九曰金輅，以祀星辰，祭四望，視朔，大射，賓射，饗羣臣，巡犧牲，養國老。十曰象輅，以望秩羣祀，視朝，燕諸侯及羣臣，燕射，養庶老，適諸侯家，巡省，臨太學，幸道法門。十一曰革輅，以巡兵卽戎。十二曰木輅，以田獵，行鄉畿。此六輅，又以六色漆而畫之，用玉碧金象革物，以飾諸末。皆錫面、金鉤，就以五采，俱十有二。錫面，鏤金當顱。鉤以屬勒盤纓。

皇后之車，亦十二等：一曰重翟，以從皇帝，重翟羽爲車蕃。祀郊禖，享先皇，朝皇太后。二曰厭翟，以祭陰社。次其羽也。三曰翟輅，以採桑。翟羽飾之。四曰翠輅，以從皇帝，見賓客。翠羽飾之。五曰雕輅，以歸寧。刻諸末也。六曰篆輅，以臨諸道法門。篆諸飾也。六輅皆錫面，朱總，總以朱絲爲之，置馬勒，直兩耳與兩鑣也。金鉤。七曰蒼輅，以適命婦家。八曰青輅，九曰朱輅，十曰黃輅，十一曰白輅，十二曰玄輅。五時常出入則供之。六輅皆疏面，繢總。以畫繒爲之。

諸公之輅九：方輅，各象方之色。碧輅、金輅，皆錫面，鞶纓九就，金鉤。象輅、犀輅、貝輅、革輅、篆輅、木輅，皆疏面，鞶纓九就。凡就，皆以朱白蒼三采。諸侯自方輅而下八，又無碧輅。諸伯自方輅而下七，又無金輅。諸子自方輅而下六，又無象輅。諸男自方輅而下五，又無犀輅。凡就，各如其命。

諸公夫人之輅車九：厭翟、翟輅、翠輅，皆錫面，朱總，金鉤。雕輅、篆輅，皆勒面，刻白黑韋爲當顱。繢總。朱輅、黃輅、白輅、玄輅，皆雕面，刻漆韋爲當顱。鷖總。總青黑色繒，其著如朱總。諸侯夫人自翟輅而下八，諸伯夫人自翠輅而下七，諸子夫人自雕輅而下六，諸男夫人自篆輅而下五。鞶纓就數，各視其君。

公孤卿大夫，皆以中之色乘祀輅。士乘祀車。

三公之輅車九：祀輅、犀輅、貝輅、篆輅、木輅、夏篆、夏縵、墨車、輚車。自篆已上，金塗

諸末，疏錫，鞶纓，金鉤。木輅已下，銅飾諸末，疏，鞶纓皆九就。三孤自祀輅而下八，無犀輅。六卿自祀輅而下七，又無貝輅。上大夫自祀輅而下六，又無篆輅。中大夫自祀輅而下五，又無木輅。下大夫自祀輅而下四，又無夏篆。士車三：祀車、墨車、輚車。凡就，各如其命之數。自孤下，就以朱綠二采。

三妃、三公夫人之輅九：篆輅、朱輅、黃輅、白輅、玄輅，皆勒面，繢總。夏篆、夏縵、墨車、輚車，皆雕面，鷖總。三㜸、三孤內子，自朱輅已下八。六嬪、六卿內子，自黃輅而下七。上媛婦、中大夫孺人，自玄輅而下五。下媛婦、大夫孺人，自夏篆而下四。御婉、士婦人，自夏縵而下三。其鞶纓就，各以其等。

皆簟笰，漆之。君以赤，卿大夫士以玄。

君駕四，三輈六轡。卿大夫駕三，二輈五轡。士駕二，一輈四轡。

輅之制，重輪重較而加耳焉。皇帝、皇后之輅，輿廣六尺有六寸，輪高七尺。畫輪轂、輈衡以雲牙，箱軾以虡文，虡內畫以雜獸。獸伏軾，鹿倚較。諸侯及夫人、命夫、命婦之輅車，廣六尺有二寸，輪崇六尺有六寸。畫轂，以雲牙，軾以虡文，虡內畫以雲華。鹿倚較。士不畫。后、夫人、內子已下，同去獸與鹿。

凡旗，太常畫三辰，日、月、五星。旂畫青龍，皇帝升龍，諸侯交龍。旟畫朱雀，旌畫黃麟，旗畫白獸，旐畫玄武，皆加雲。其旜物在軍，亦書其事號，加之以雲氣。徽幟亦如之。通帛爲旜，雜帛爲物。在軍亦書其人官與姓名之事號。徽幟亦書之，但畫其所書之例。旌節又畫白獸，而析羽於其上。

司常，掌旗物之藏。通帛之旗六，以供郊丘之祀。一曰蒼旗，二曰青旗，三曰朱旗，四曰黃旗，五曰白旗，六曰玄旗。畫繢之旗六，以充玉輅之等。一曰三辰之常，二曰青龍之旂，三曰朱鳥之旟，四曰黃麟之旌，五曰白獸之旗，六曰玄武之旐。皆左建旗而右建闟戟。〔七〕又有繼旗四，以施軍旅。一曰麾，以供軍將。二曰旞，以供師帥。三曰旗，〔八〕以供旅帥。四曰旆，以供倅長。諸公方輅、碧輅建旂，金輅建旟，象輅建物，木輅建旐。諸侯自金輅而下，如諸公之旗。諸伯自象輅而下，如諸侯之旗。諸子自犀輅而下，如諸伯之旗。諸男自象輅而下，如諸子之旗。三公犀輅、貝輅、篆輅建旜，木輅建旐，夏篆、夏縵及輚車建物。孤卿已下，各以其等建其旗。

旌杠，皇帝六刃，諸侯五刃，大夫四刃，士三刃。

旒，皇帝曳地，諸侯及軹，大夫及轂，士及軫。凡注毛於杠首曰綏，析羽曰旌，全羽曰旞。其幓，皇帝諸侯加以弧韣。闟戟，方六尺而被之以黻，唯皇帝諸侯輅建焉。闟戟、杠綢與旗同。

車之蓋圓，以象天，輿方，以象地。輪輻三十，以象日月。蓋橑二十有八，以象列宿。

設和鑾以節趨行，被旗旒以表貴賤。其取象也大，其彰德也明，是以王者尙之。

皇帝、皇后在喪之車五：一曰木車，初喪乘之。二曰素車，卒哭乘之。三曰藻車，既練乘之。四曰駹車，祥而乘之。五曰漆車，禫而乘之。

及平齊，得其輿輅，藏於中府，盡不施用。至大象初，遣鄭譯閱視武庫，得魏舊物，取尤異者，並加雕飾，分給六宮。有乾象輦，羽葆圓蓋，畫日月五星、二十八宿、天街雲罕、山林奇怪及遊麟飛鳳、朱雀玄武、騶虞青龍，駕二十四馬，以給天中皇后，助祭則乘。又有大樓輦車，龍輈十二，加以玉飾，四轂六衡，方輿圓蓋，金鷄樹羽，寶鐸旒蘇，鸞雀立衡，六螭龍銜軛，建太常，畫升龍日月，駕二十牛。又有象輦，左右金鳳，白鹿仙人，羽葆旒蘇，金鈴玉佩，初駕二象，後以六駝代之。並有遊觀小樓等輦，駕十五馬車等，合十餘乘，皆魏天興中之所制也。宣帝至是，咸復御之。復令天下車，皆以渾成木爲輪。

開皇元年，內史令李德林奏，周、魏輿輦乖制，請皆廢毁。高祖從之。唯留魏太和時儀曹令李韶所製五輅，齊天保所遵用者。又留魏熙平中，太常卿穆紹議皇后之輅，其從祭則御金根車，親桑則御雲母車，並駕四馬。歸寧則御紫罽車，遊行則御安車，弔問則御紺罽輧車，並駕三馬。於後著令，制五輅。

玉輅，青質，以玉飾諸末。重箱盤輿，左青龍，右白虎，金鳳翅，畫虡文鳥獸。黃屋左纛，金鳳在軾前，八鸞在衡，二鈴在軾。龍輈，前設鄣塵。青蓋黃裏，繡飾。博山鏡子，樹羽。輪皆朱斑重牙。左建旗，十有二旒，幓旒皆畫升龍，其長曳地。右載闟戟，長四尺，廣三尺，黻文。旂首金龍頭，銜結綬及鈴緌。駕蒼龍，金鍐方釳，插翟尾五隼，鏤錫，鞶纓十有二就。錫馬當顱，鏤金爲之。鞶馬大帶，纓馬鞅，皆以五彩飾之。就成也，一帀爲一就。祭祀、納后則供之。

金輅，赤質，以金飾諸末。左建旗，右建闟戟。旗畫鳥隼。餘與玉輅同。駕赤騮。朝覲會同，饗射飲至則供之。

象輅，黃質，以象飾諸末。左建旌，右建闟戟。旌畫黃麟。駕黃騮。行道則供之。

革輅，白質，鞔之以革。左建旗，右建闟戟。旗畫白獸。駕白駱。巡守臨兵事則供之。

木輅，漆之。左建旐，右建闟戟。旐畫龜蛇。駕黑騮。田獵則供之。

五輅之蓋，旌旗之質，及鞶纓，皆從輅之色。蓋之裏，俱用黃。其鏤錫，五輅同。

安車，飾重輿，曲壁，紫油纁朱裏，通幰，朱絲絡網，朱鞶纓，朱覆髮，具絡。駕赤騮。臨幸則供之。

四望車，制同犢車。金飾，青油纁朱裏，通幰。拜陵臨弔則供之。

皇后、皇太后重翟，青質，金飾諸末。朱輪，金根朱牙。其箱飾以重翟羽，青油纁朱裏，

通幰，繡紫帷，朱絲絡網，繡紫絡帶。八鑾在衡，鍚，鞶纓十二就，金鍐方釳，插翟尾，朱總。總以朱爲之，如馬纓而小，著馬勒，在兩耳兩鑣也。駕蒼龍。受册、從郊禖、享廟則供之。

厭翟，赤質，金飾諸末。輪畫朱牙。其箱飾以次翟羽，紫油纁朱裏，通幰，紅錦帷，朱絲絡網，紅錦絡帶。其餘如重翟。駕赤騮。親桑則供之。

翟車，黃質，金飾諸末。輪畫朱牙。其車側飾以翟羽，黃油纁黃裏，通幰，白紅錦帷，朱絲絡網，白紅錦絡帶。其餘如重翟。駕黃騮。歸寧則供之。

諸鞶纓之色，皆從車質。

安車，赤質，金飾。紫通幰朱裏。駕四馬。臨幸及弔則供之。

皇太子金輅，赤質，金飾諸末。重較，箱畫虡文鳥獸，黃屋，伏鹿軾，龍輈。金鳳一，在軾前。設鄣塵。朱蓋黃裏。輪畫朱牙。左建旂，九旒，右載闟戟。旂首金龍頭，銜結綬及鈴緌。駕赤騮四。八鑾在衡，二鈴在軾。金鍐方釳，插翟尾五隼、鏤鍚，鞶纓九就。從祀享、正冬大朝、納妃則乘之。

軺車，金飾諸末。紫通幰朱裏。駕一馬。五日常朝及朝饗宮臣，出入行道乘之。

四望車，金飾諸末。紫油纁通幰朱裏，朱絲絡網。駕一馬。弔臨則乘之。

公及一品象輅，黃質，以象飾諸末。建旟，畫以鳥隼。受册告廟，升壇上任，親迎及葬則乘之。

侯伯及二品三品革輅，白質，以革飾諸末。建旗，畫熊獸。受册告廟，親迎及葬則乘之。

子男及四品木輅，黑質，以漆飾之。建旐，畫以龜蛇。受册告廟，親迎及葬則乘之。

象輅已下，旒及就數，各依爵品，雖依禮製名，未及創造。開皇三年閏十二月，並詔停造，而盡用舊物。至九年平陳，又得輿輦。舊著令者，以付有司，所不載者，並皆毁棄。雖從儉省，而於禮多闕。

十四年，詔又以見所乘車輅，因循近代，事非經典，令更議定。於是命有司詳考故實，改造五輅及副。玉輅青質，祭祀乘之。金輅赤質，朝會禮還乘之。象輅黃質，臨幸乘之。革輅白質，戎事乘之。木輅玄質，耕藉乘之。五輅皆朱斑輪、龍輈、重輿，建十二旒，並畫升龍。左建闟戟。旂旒與輅同色。樊纓十有二就。王、五等開國、第一第二品及刺史輅，朱質，朱蓋，斑輪。左建旂，旂畫龍，一升一降。右建闟戟。第三第四品輅，朱質，朱蓋，左建旜，通帛爲之，旂旜皆赤。其旒及樊纓就數，各依其品。

大業元年，更製車輦，五輅之外，設副車。詔尚書令楚公楊素、吏部尚書奇章公牛弘、

工部尚書安平公宇文愷、內史侍郎虞世基、禮部侍郎許善心、太府少卿何稠、朝請郎閻毗等，詳議奏決。於是審擇前朝故事，定其取捨云。

玉輅，禋祀所用，飾以玉。白武通云：〔九〕「玉輅，大輅也。」周禮巾車氏所掌，「鏤錫，樊纓十有再就，建太常，十有二旒」。虞氏謂之鸞車，夏后氏謂之鉤車，殷謂之大輅，周謂之乘輅。大戴禮著其形式，上蓋如規象天，二十八橑象列星，下方輿象地，三十輻象一月。前視則覩鑾和之聲，側觀則覩四時之運。昔成湯用而郊祀，因有山車之瑞，亦謂桑根車。蔡邕獨斷論漢制度，凡乘輿車，皆有六馬，羽蓋金爪，〔一〇〕黃屋左纛，鏤鍐方釳，重轂繁纓，黃繒爲蓋裏也。左纛，以旄牛尾建於竿上，其大如斗，立于左騑也。鏤鍐高闊各五寸，上如傘形，施於髮上，而插翟尾也。方釳當顱，蓋馬冠也。繁纓，膺前索也。重轂，重施轂也。應劭漢官，大輅龍旂，畫龍於旂上也。董巴志謂爲瑞山車，秦謂金根，即殷輅矣。司馬彪志亦云：「漢備五輅，或謂德車，其所駕馬，皆如方色。」唯晉太常卿摯虞，獨疑大輅，謂非玉輅。摯虞之說，理實可疑，而歷代通儒，混爲玉輅，詳其施用，義亦不殊。左建太常。案釋名：「日月爲常，畫日月於旗端，言常明也。」又云：「自夏始也。」奚仲爲夏車正，加以旂常，於是旒就有差，用明尊卑之別也。董巴所述，全明漢制。天子建太常，十二斿，曳地，日月升龍，象天明也。今之玉輅，參用舊典，消息取捨，裁其折中。以青爲質，玉飾其末。重箱盤輿，左龍右

獸，金鳳翅，畫虡文。軛左立纛。金鳳一，在軾前。八鸞在衡，二鈴在軾。龍輈之上，前設鄣塵。青蓋黄裏，繡游帶。金博山，綴以鏡子，下垂八佩。樹四十葆羽。輪皆朱班重牙，〔二〕復轄。左建太常，十有二旒，皆畫升龍日月，其長曳地。右載闟戟，長四尺，闊三尺，黻文。旗首金龍頭，銜鈴及綏，垂以結綬。駕蒼龍，金鍐方釳，插翟尾五隼，鏤鍚，鞶纓十有二就，皆五繒罽，以爲文飾。天子祭祀、納后則乘之。馭士二十八人，餘輅準此。

副車，案蔡邕獨斷，五輅之外，乃復設五色安車、立車各一乘，皆駕四馬，是爲五時副車。俗人名曰五帝車者，蓋副車也。故張良狙擊秦皇帝，誤中副車。漢家制度，亦備副車。司馬彪云：「德車駕六，後駕四，是爲副車。」魏志亦云：「天子命太祖駕金根六馬，設五時副車。」江左乃闕，至梁始備。開皇中，不置副車，平陳得之，毀而弗用。至是復並設之。副玉輅，色及旗章，一同正輅，唯降二等。駕用四馬，馭士二十四人。餘四副準此。

金輅，案尚書，卽綴輅也。周官：「金輅，鏤鍚，繁纓九就，建大旂，以賓，同姓以封。」夫禮窮則通，下得通於上也，故天子乘之，接賓宴，同姓諸侯，受而出封。是以漢太子、諸王，皆乘金輅及安車，並朱班輪，倚獸較，伏鹿軾，黑檳文，畫藩，青蓋，金華施橑，朱畫轓，金塗飾。非皇子爲王，不錫此乘，皆左右騑，駕三馬。旂九旒，畫降龍。皇孫乘綠車，亦駕之。魏、晉制，太子及諸王，皆駕四馬。依摯虞議，天子金輅，次在第二。又云，金輅以朝，象輅以

賓。則是晉用輅與周異矣。宋起居注，泰始四年，尚書令建安王休仁議：「天子之元子，士也，故齒胄於辟雍，欲使知教而後尊，不得生而貴矣。既命之後，禮同上公，故天子賜之金輅，但減旂章爲等級。象及革木，賜異姓諸侯。在朝卿士，亦準斯例。」此則皇太子及帝子王者，通得乘之。自晉過江，王公以下，車服卑雜，唯有太子，禮秩崇異。又乘山石安車，〔三〕義不經見，事無所出。賜金輅者，此爲古制，降乘輿二等，駕用四馬。唯天子五輅，通駕六馬。旟旌旗旐，並十二旒。左建旟。案爾雅：「錯革鳥曰旟。」郭璞云：「此謂全剝鳥皮毛，置之竿上也。」舊說，刻爲革鳥。孫叔然云：「革，急也。言畫急疾鳥於旒上也。」周官所謂鳥隼爲旟，亦是急義。今之金輅，赤質，黃金飾諸末。左建旟，畫飛隼，右建闟戟，鞶輿鳳翅等，並同玉輅。駕赤騮。臨朝會同，饗射飲至則用之。

皇太子輅，古者金飾。宋、齊以來，並乘象輅。宇文愷、閻毗奏：「案宋大明六年，初備五輅，有司奏云：『秦改周輅，創制金根，漢、魏因循，其形莫改。而金玉二輅，雕飾略同，造次瞻覩，殆無差別。若錫於東儲，在禮嫌重，非所以崇峻陛級，表示等威。今皇太子宜乘象輅，碧旂九葉，進不斥尊，退不逼下，酌時沿古，於禮爲中。』觀宋此義，乃無副車。新置五輅，金玉同體，至象已下，卽爲差降。所以太子不得乘金輅，欲示等威，故令給象。今取周禮之名，依漢家之制，天子五輅，形飾並同。旒及繁纓，例皆十二，黃屋左纛，金根重轂，無

不悉同，唯應五方色以爲殊耳。若用此輅，給於太子，革木盡皆不可，何況金象者乎？既製副車，駕用四馬，至於金輅，自有等差。春秋之義，降下以兩。今天子金輅，駕用六馬，十二旒，太子金輅，駕用四馬，降龍九旒，制頗同於副車，又有旌旗之別。并嫡皇孫及親王等輅，並給金輅，而減其雕飾，合於古典。臣謂非嫌。」制曰：「可。」於是太子金輅，赤質，制同副車，具體而小，亦駕四馬，馭士二十人。皇嫡孫金輅，綠質，降太子一等。去盤輿重轂，轅上起箱，末以金飾，旂長七刃，七旒。駕用四馬，馭士一十八人。親王金輅，以赤爲質，餘同於皇嫡孫。唯在其國及納妃親迎則給之，常朝則乘象輅。

象輅，案尚書，卽先輅也。周禮：「象輅，朱繁纓五就，建大赤，以朝，異姓以封。」左建旌。案爾雅注「旄首曰旌」，許愼所說「游車載旌」。廣雅云：「天子旌高九刃，諸侯七刃，大夫五刃。」周書王會：「張羽鳧旌。」禮記云：「龍旂九旒，天子之旌也。」今象輅，以黃爲質，象飾諸末。左建旌，畫綠麟，右建闟戟。駕黃騮。祀后土則用之。

革輅，案釋名「天子車也」。周禮：「革輅，龍勒，條纓五就，建大白，用之卽戎，以封四衞。」古者革輓而漆之，更無他飾。又有「戎輅之萃，廣車之萃，闕車之萃，輕車之萃」。〔三〕此皆兵車，所謂五戎。然革輅亦名戎輅，天子在軍所乘。廣車，橫陣車也。闕車，補闕車也。飾並以革，故「師供革車，各以其萃」。〔四〕摯虞議云，革輅第四。左建旂。案釋名「熊獸爲旗」，

周官「龍旂九旒，以象大火」。今革輅白質，輓之以革。左建旂，畫騶虞，右建闟戟，駕白駱。巡守臨兵則用之。三品已下，並乘革輅，朱色爲質。馭士十六人。

木輅，案尚書，卽次輅也。周官：「木輅，緇樊鵠纓，建麾，以畋，以封藩國。」晉摯虞云，畋輅第五。唯宋泰始詔，乘木輅以耕稼。徐爰釋疑略曰：「天子五輅，晉遷江左，闕其三，唯有金輅以郊，木輅卽戎。宋大明時，始備其數。」凡五輅之蓋，旌旗之質及鞶纓，皆從方色。蓋裏並黃，雕飾如一。沈約曰：「金象革木，禮圖不載其形。」今旒數羽葆，並同玉輅。左建旐。案周官「龜蛇爲旐」。釋名云：「龜知氣兆之吉凶也。」許愼云：「旐有四斿，以象營室。」今木輅黑質，漆之。左建旐，畫玄武，右建闟戟。駕黑騮。畋獵用之。四品方伯乘木輅，赤質，駕士十四人。

安車，案禮，卿大夫致事則乘之。其制如輜軿。蔡邕獨斷有五色安車，皆畫輪重轂。今畫輪，重輿，曲壁，紫油幢絳裏，通幰，朱絲絡網，赤鞶纓。駕四馬。省問臨幸則乘之。皇太子安車，斑輪，赤質，制略同乘輿，亦駕四馬。

四望車，案晉中朝大駕鹵簿，四望車，駕牛中道。東宮舊儀，皇太子及妃，皆有畫輪四望車。今四望車，制同犢車，黃金飾，青油幢朱裏，紫通幰，紫絲網。駕一牛。拜陵臨弔則用之。

皇太子四望車，綠油幢，青通幰，朱絲絡網。

耕根車，案沈約云：「親幸耕籍御之。三蓋車，一名芝車，又名耕根車。置耒耜於軾上。」卽潘岳所謂「紺轅屬於黛耜」者也。開皇無之，駕出親耕，則乘木輅，蓋依宋泰始之故事也。今耕根車，以青爲質，三重施蓋，羽葆雕裝，並同玉輅。駕六馬。其軾平，以青囊盛耒而加於上。籍千畝，行三推禮，則親乘焉。

羊車，案晉司隸校尉劉毅，奏護軍羊琇私乘者也。開皇無之，至是始置焉。其制如軺車，金寶飾，紫錦幰，朱絲網。馭童二十人，皆兩鬟髻，服青衣，取年十四五者爲，謂之羊車小史。駕以果下馬，其大如羊。

屬車，案古者諸侯貳車九乘，秦滅九國，兼其車服，故爲八十一乘。漢遵不改。武帝祠太一甘泉，則盡用之。明帝上原陵，又用之。法駕三十六乘，小駕十二乘，法駕減半。大業初，屬車備八十一乘，並如犢車，紫通幰，朱絲絡網，黃金飾。駕一牛。在鹵簿中，單行正道。至三年二月，帝嫌其多，問起部郎閻毗。毗曰：「臣共宇文愷參詳故實，此起於秦，遂爲後式，故張衡賦云『屬車九九』是也。次及法駕，三分減一，此漢制也。故文帝紀『奉天子法駕迎代邸』，如淳曰『屬車三十六乘』是也。又據宋孝建時，有司奏議，晉遷江左，唯設五乘，尚書令建平王宏曰：『八十一乘，無所準憑，江左五乘，儉不中禮。但帝王旂旒之數，皆用十二，今宜準此，設十二乘。』開皇平陳，因以爲法令。憲章往古，大

駕依秦，法駕依漢，小駕依宋，以爲差等。」帝曰：「大駕宜用三十六，法駕宜用十二，小駕除之可也。」

輦，案釋名「人所輦也」。漢成帝遊後庭則乘之。徐爰釋問云：「天子御輦，侍中陪乘。」今輦，制象軺車，而不施輪，通幰朱絡，飾以金玉，用人荷之。

副輦，加笨，制如犢車，亦通幰朱絡，謂之蓬輦。自梁武帝始也。

輿，案說文云：「箯，竹輿也。」周官曰：「周人上輿。」漢室制度，以雕爲之，方徑六尺。今輿，制如輦而但小耳，宮苑宴私則御之。

小輿，幰方，形同幄帳。自閤出升正殿則御之。

軺車，案六韜，一名遙車，蓋言遙遠四顧之車也。漢武帝迎申公，弟子二人乘軺傳從。此又是馳傳車也。晉氏鹵簿，御史軺車行中道。晉公卿禮秩云：「尚書令軺，黑耳後戶。」今軺車，青通幰，駕二馬。王侯入學，五品朝婚，通給之。司隸刺史及縣令、詔使品第六七，則並駕一馬。

犢車，案魏武書，贈楊彪七香車二乘，用牛駕之。蓋犢車也。長沙耆舊傳曰：「劉壽常乘通幰車。」今犢車通幰，自王公已下，至五品已上，並給乘之。三品已上，青幰朱裏，五品已上，紺幰碧裏，皆白銅裝。唯有慘及弔喪者，則不張幰而乘鐵裝車。六品已下不給，任自

乘犢車，弗許施幰。初，五品已上，乘偏幰車，其後嫌其不美，停不行用，以亘幰代之。三品已上通幰車則青壁，一品軺車，油幰朱網，唯車輅一等，聽勑始得乘之。

馬珂，三品已上九子，四品七子，五品五子。

皇后重翟車，案周禮，正后亦有五輅：一曰重翟，二曰厭翟，三曰安車，四曰翟車，五曰輦車。漢制，后法駕，乘重翟車。今重翟，青質，金飾諸末。畫輪，金根朱牙，重轂。其箱飾以重翟羽。青油幢朱裏，通幰，紫繡帷，朱絲絡，紫繡帶。八鑾在衡，鏤錫，鞶纓十有二就，金鍐方釳，插翟尾，朱總，綴於馬勒及兩金鑣之上。駕蒼龍。受册從祀郊禖享廟則供之。

厭翟，赤質，金飾諸末。朱輪，畫朱牙。其箱飾以次翟羽，紫油幢朱裏，通幰，紅錦帷，朱絲絡網，紅錦帶。其餘如重翟。駕赤騮。採桑則供之。

翟車，黃質，金飾諸末。輪畫朱牙。其箱飾以翟羽，黃油幢黃裏，通幰，白紅錦帷，朱絲絡網，白紅錦帶。其餘如重翟。駕黃騮。歸寧則供之。諸鞶纓之色，皆從車質。

安車，金飾，紫通幰，朱裏。駕四馬。臨幸及弔則供之。

輦車，金飾，同於蓬輦，通幰，斑輪，駕用四馬。宮苑近行則乘之。

皇后屬車三十六乘，初宇文愷、閻毗奏定，請減乘輿之半。禮部侍郎許善心奏駁曰：「謹案周禮，后備六服，并設五輅，采章之數，並與王同，屬車之制，不應獨異。又宋孝建時，議

定輿輦，天子屬車，十有二乘。至大明元年九月，有司奏皇后副車，未有定式，詔下禮官，議正其數。博士王燮之議：『鄭玄云：后象王立六宮，亦正寢一而燕寢五。推其所立，每與王同，謂十二乘通關爲允。』宋帝從之，遂爲後式。今請依乘輿，不須差降。」制曰：「可。」

三妃乘翟車，以赤爲質，駕二馬。九嬪已下，並乘犢車，青幰，朱絡網。

皇太子妃乘翟車，以赤爲質，駕三馬，畫轅金飾。犢車爲副，紫幰，朱絡網。良娣已下，並乘犢車，青幰朱裏。

三公夫人、公主、王妃，並犢車，紫幰，朱絡網。五品已上命婦，並乘青幰，與其夫同。

校勘記

〔一〕倚獸較　應作「倚虎較」，唐人諱改。

〔二〕但舉幰通覆上　「但」原作「帞」，據通典六五改。

〔三〕金鍐鏤錫　「鍐」原作「㚇」，續漢書輿服志以下簡稱續漢志上作「鍐」，據文選東京賦及李善注引獨斷改。

〔四〕到仲舉　通典六四作「劉仲舉」。

〔五〕文貔伏軾　「貔」應作「虎」，唐人諱改。

〔六〕馬並黃金爲文髦　「文」原作「义」，據通典六四改。

〔七〕闟戟　「闟」原作「闒」，據續漢志上及通典六六改。下同。「闟戟」卽「鈒戟」。

〔八〕三日旐　「旐」原作「旆」，據通典六六改。通典注：「音伐」。

〔九〕白武通　卽白虎通，唐人諱改。

〔一〇〕羽蓋金爪　「爪」原作「瓜」，形近而訛，今改正。續漢志上：「羽蓋華蚤」。「爪」卽「蚤」，指蓋弓的末端。

〔一一〕輪皆朱斑重牙　「輪」原作「輗」，據通典六四改。

〔一二〕山石安車　本書禮儀志四作「石山安車」。晉書輿服志同。

〔一三〕戎輅之萃至輕車之萃　「萃」原作「革」，據周禮車僕改。

〔一四〕各以其萃　「萃」原作「革」，據周禮車僕改。

隋書卷十一

志第六

禮儀六

梁制，乘輿郊天、祀地、禮明堂、祠宗廟、元會臨軒，則黑介幘，通天冠平冕，俗所謂平天冠者也。其制，玄表，朱綠裏，廣七寸，長尺二寸，加於通天冠上。前垂四寸，後垂三寸，前圓而後方。垂白玉珠，十有二旒，其長齊肩。以組爲纓，各如其綬色，傍垂黈纊，珫珠以玉瑱。其衣，皁上絳下，前三幅，後四幅。衣畫而裳繡。衣則日、月、星辰、山、龍、華蟲、火、宗彝，畫以爲繢。裳則藻、粉、米、黼黻，以爲繡。凡十二章。素帶，廣四寸，朱裏，以朱繡裨飾其側。中衣以絳緣領袖。赤皮爲韠，蓋古之韍也。絳袴袜，赤舄。佩白玉，垂朱黃大綬，黃赤縹紺四采，革帶，帶劍，緄帶以組爲之，如綬色。黃金辟邪首爲帶鐍，而飾以白玉珠。又有通天冠，高九寸，前加金博山、述，黑介幘，絳紗袍，皁緣中衣，黑舄，是爲朝服。元正賀畢，

還儲更衣，出所服也。其釋奠先聖，則皁紗袍，絳緣中衣，絳袴袜，黑舄。臨軒亦服衮冕，未加元服，則空頂介幘。拜陵則箋布單衣，介幘。又有五梁進賢冠、遠遊、平上幘武冠。單衣，黑介幘，宴會則服之。

單衣、白帢，以代古之疑衰、皮弁爲弔服，爲羣臣舉哀臨喪則服之。

天監三年，何佟之議：「公卿以下祭服，裏有中衣，卽今之中單也。案後漢輿服志明帝永平二年，初詔有司採周官、禮記、尙書，乘輿服，從歐陽說；公卿以下服，從大、小夏侯說。祭服，絳緣領袖爲中衣，絳袴袜，示其赤心奉神。今中衣絳緣，足有所明，無俟於袴。既非聖法，謂不可施。」遂依議除之。

四年，有司言：「平天冠等一百五條，自齊以來，隨故而毀，未詳所送。何佟之議：『禮『祭服敝則焚之』。』於是並燒除之，其珠玉以付中署。

七年，周捨議：「詔旨以王者衮服，宜畫鳳皇，以示差降。按禮：『有虞氏皇而祭，深衣而養老。』鄭玄所言，皇則是畫鳳皇羽也。又按禮所稱雜服，皆以衣定名，猶如衮冕，〔一〕則是衮衣而冕。明有虞言皇者，是衣名，非冕，明矣。畫鳳之旨，事實灼然。」制：「可。」又王僧崇云：「今祭服，三公衣身畫獸，其腰及袖，又有青獸，形與獸同，義應是蜼，卽宗彝也。兩袖各有禽鳥，形類鸞鳳，似是華蟲。今畫宗彝，卽是周禮。但鄭玄云：『蜼，蝺屬，昂鼻長尾。』是

獸之輕小者。謂宜不得同獸。尋冕服無鳳，應改爲雉。又裳有圓花，於禮無礙，疑是畫師加葩蕊耳。藻米黼黻，並乖古制，今請改正，并去圓花。」帝曰：「古文日月星辰，此以一辰攝三物也。山龍華蟲，又以一山攝三物也。藻火粉米，又以一藻攝三物也。是爲九章。今衮服畫龍，則宜應畫鳳，明矣。孔安國云：『華者，花也。』則爲花非疑。若一向畫雉，差降之文，復將安寄？鄭義是所未允。」又帝曰：「禮：『王者祀昊天上帝，則大裘而冕，祀五帝亦如之。』又云：『莞席之安，而蒲越稾秸之用。』斯皆至敬無文，貴誠重質。今郊用陶匏，與古不異，而大裘蒲秸，獨不復存，其於質敬，恐有未盡。且一獻爲質，其劍佩之飾及公卿所著冕服，可共詳定。」五經博士陸瑋等並云：「祭天猶存掃地之質，而服章獨取黼黻爲文，於義不可。今南郊神座，皆用莞席，此獨莞類，未盡質素之理。宜以稾秸爲下藉，蒲越爲上席。又司服云『王祀昊天，服大裘』，明諸臣禮不得同。自魏以來，皆用衮服，今請依古，更制大裘。」制：「可。」瑋等又尋大裘之制，唯鄭玄注司服云「大裘，羔裘也」，既無所出，未可爲據。案六冕之服，皆玄上纁下。今宜以玄繒爲之。其制式如裘，其裳以纁，皆無文繡。冕則無旒。詔：「可。」

又乘輿宴會，服單衣，黑介幘。舊三日九日小會，初出乘金輅服之。〔二〕八年，帝改去還皆乘輦，服白紗帽。

九年，司馬筠等參議：「禮記玉藻云：『諸侯玄冕以祭，裨冕以朝。』雜記又云：『大夫冕而祭於公，弁而祭於己。』今之尚書，上異公侯，下非卿士，止有朝衣，本無冕服。但既預齋祭，不容同在於朝，宜依太常及博士諸齋官例，著阜衣，絳襈，中單，竹葉冠。若不親奉，則不須入廟。」帝從之。

十一年，尚書參議：「按禮，跣韈，事由燕坐，屨不宜陳尊者之側。今則極敬之所，莫不皆跣。清廟崇嚴，既絕恒禮，凡有屨行者，應皆跣韈。」詔：「可。」

陳永定元年，武帝即位，徐陵白：「所定乘輿御服，皆採梁之舊制。」又以爲「冕旒，後漢用白玉珠，晉過江，服章多闕，遂用珊瑚雜珠，飾以翡翠」。侍中顧和奏：「今不能備玉珠，可用白琁。」從之。蕭驎子云：「白琁，蚌珠是也。」帝曰：「形制依此。今天下初定，務從節儉。應用繡、織成者，並可彩畫，金色宜塗，珠玉之飾，任用蚌也。」至天嘉初，悉改易之，定令具依天監舊事，然亦往往改革。今不同者，皆隨事於注言之；不言者，蓋無所改制云。

皇太子，金璽龜鈕，朱綬，三百二十首。朝服，遠遊冠，金博山，佩瑜玉翠綏，垂組，朱衣，絳紗袍，阜緣白紗中衣，白曲領，帶鹿盧劍，火珠首，素革帶，玉鉤燮，獸頭鞶囊。其大小會、祠廟、朔望、五日還朝，皆朝服，常還上宮則朱服。若釋奠，則遠遊冠，玄朝服，絳緣中單，絳袴

袜，玄舄。講，則著介幘。又有三梁進賢冠。其侍祀則平冕九旒，衮衣九章，白紗絳緣中單，絳繒韠，赤舄，絳韎。若加元服，則中舍執冕從。皇太子舊有五時朝服，自天監之後則朱服。在上省則烏帽，永福省則白帽云。

諸王，金璽龜鈕，纁朱綬，一百六十首。朝服，遠遊冠，介幘，朱衣，絳紗袍，阜緣中衣，素帶，黑舄。佩山玄玉，垂組，大帶，獸頭鞶，腰劍。若加餘官，則服其加官之服。

開國公，金章龜鈕，玄朱綬，一百四十首。〔三〕朝服，紗朱衣，進賢三梁冠，佩山玄玉，獸頭鞶，腰劍。

開國侯、伯，金章龜鈕，青朱綬，一百二十首。朝服，紗朱衣，進賢三梁冠，佩水蒼玉，獸頭鞶，腰劍。

開國子、男，金章龜鈕，青綬，二百首。〔四〕朝服，紗朱衣，進賢三梁冠，佩水蒼玉，獸頭鞶，腰劍。

縣、鄉、亭、關內、關中及名號侯，金印龜鈕，紫綬，朝服，進賢二梁冠，獸頭鞶，腰劍。關內、關中及名號侯則珪鈕。

關外侯，銀印珪鈕，青綬，朝服，進賢二梁冠，獸頭鞶，腰劍。

諸王嗣子，金印珪鈕，紫綬，八十首。朝服，進賢二梁冠，佩山玄玉，獸頭鞶，腰劍。

開國公、侯嗣子，銀印珪鈕，青綬，八十首。朝服，進賢二梁冠，佩水蒼玉，獸頭鞶，腰劍。

太宰、太傅、太保、司徒、司空，金章龜鈕，紫綬，八十首。朝服，進賢三梁冠，佩山玄玉，獸頭鞶，腰劍。陳令加有相國丞相，服制同。

大司馬、大將軍、太尉、諸位從公者，金章龜鈕，紫綬，八十首。朝服，武冠，佩山玄玉，獸頭鞶，腰劍。直將軍則不帶劍。

凡公及位從公、言以將軍及以左右光祿、開府儀同者，各隨本位號。其文則曰「某位號儀同之章」。五等諸侯，助祭郊廟，皆平冕九旒，青玉爲珠，有前無後。各以其綬色爲組纓，旁垂黈纊。衣，玄上纁下，畫山龍已下九章，備五采，大佩，赤舄，絇屨。錄尚書無章綬品秩，悉以餘官總司其任，服則餘官之服，猶執笏紫荷。其在都坐，則東面最上。

尚書令、僕射、尚書，銅印墨綬，朝服，納言幘、進賢冠，佩水蒼玉，尚書則無印綬。腰劍，紫荷，執笏。陳尚書令、僕射，金章龜鈕，紫綬，八十首，獸頭鞶。尚書無印綬及鞶。餘並同梁。

侍中散騎常侍、通直常侍、員外常侍，朝服，武冠貂蟬，侍中左插，常侍右插。皆腰劍，佩水蒼玉。其員外常侍不給佩。蕃至尊朝會登殿，侍中常侍夾御，御下輿，則扶左右。侍中驂乘，則不帶劍。

中書監、令、祕書監，銅印墨綬，朝服，進賢兩梁冠，佩水蒼玉，腰劍，獸頭鞶。陳制，銀章龜

鈕，青綬，八十首，獸頭鞶，腰劍。餘同梁。

左、右光祿大夫，皆與加金章紫綬同。其但加金紫者，謂之金紫光祿，但加銀青者，謂之光祿大夫。〔五〕陳令有特進，進賢二梁冠，朝服，佩水蒼玉，腰劍。梁令不載。

光祿、太中、中散大夫，太常、光祿、弘訓太僕、太僕、廷尉、宗正、大鴻臚、大司農、少府、大匠諸卿，丹陽尹，太子保、傅，大長秋，太子詹事，銀章龜鈕，青綬，獸頭鞶，朝服，進賢冠二梁，佩水蒼玉。卿大夫助祭，則冠平冕五旒，黑玉爲珠，有前無後。各以其綬采爲組纓，旁垂黈纊。衣，玄上纁下，畫華蟲七章，皆佩五采大佩，赤舄，絇屨。陳宮卿改云慈訓，餘皆同梁。又有太舟卿，服章同。

驃騎、車騎、衞將軍、中軍、冠軍、輔國將軍、四方中郎將，金章紫綬，中郎將則青綬。朝服，武冠，佩水蒼玉。陳令：鎮、衞、驃騎、車騎、中軍、中衞、中撫軍、中權、四征、四鎮、四安、四翊、四平將軍，金章獸鈕。其冠軍、四方中郎將，金章豹鈕，並紫綬，八十首，獸頭鞶，朝服，武冠，佩水蒼玉。自中軍已下諸將軍及冠軍、四方中郎將，並官不給佩。

領、護軍，中領、護軍，五營校尉，銀印青綬，朝服，武冠，佩水蒼玉，獸頭鞶。其屯騎，夾御日，假給佩，餘校不給。陳令：領、護，金章龜鈕，紫綬，八十首。中領、護，銀章龜鈕，青綬，八十首。其五營校尉，銀印珪鈕，青綬，八十首。官不給佩。餘並同梁。

弘訓衞尉，衞尉，陳宮卿云慈訓，服同諸卿，但武冠。司隸校尉，陳無官服。左右衞、驍騎、游擊、前、左、右、後軍將軍，龍驤、寧朔、建威、振威、奮威、揚威、廣威、武威、建武、振武、奮武、揚武、廣武等將軍，積弩、積射、强弩將軍，監軍，銀章青綬，朝服，武冠，佩水蒼玉，獸頭鞶。驍、游已下，並不給佩。驍、游夾侍日，假給。陳令：左、右衞，銀章龜鈕，不給劍。左右驍騎、游擊、雲騎、游騎、前、左、右、後軍將軍，左右中郎將，銀印珪鈕。餘服飾同梁，亦官不給佩。其驍、游、雲騎，夾御日，假給。其積弩、積射、强弩，銅印環鈕，墨綬，帶劍。餘服同梁。又有忠武、軍師、武臣、爪牙、龍騎、雲麾、鎮兵、翊師、宣惠、宣毅、智威、仁威、勇威、信威、嚴威、智武、仁武、勇武、信武、嚴武，金章豹鈕，紫綬，八十首。官不給。輕車、鎮朔、武旅、貞毅、明威、〔六〕寧遠、安遠、征遠、振遠、宣遠等將軍，金章貔鈕，紫綬，並獸頭鞶，朝服，武冠，佩水蒼玉。

國子祭酒，皁朝服，進賢二梁冠，佩水蒼玉。

御史中丞、都水使者，銀印，墨綬，朝服，進賢二梁冠，獸頭鞶，腰劍，佩水蒼玉。陳中丞，銀章龜鈕，青綬，八十首，二梁冠。餘同梁。其都水，陳、梁改爲太舟卿，服在諸卿中見。

謁者僕射，銅印環鈕，墨綬，八十首。朝服，高山冠，獸頭鞶，佩水蒼玉，腰劍。

諸軍司，銀章龜鈕，青綬，朝服，武冠，獸頭鞶。

給事中、黃門侍郎、散騎通直員外、散騎侍郎、奉朝請、太子中庶子、庶子、武衞將軍、武騎常侍，朝服，武冠，腰劍。陳令：庶子已上簪筆。其武衞不劍，正直夾御，白布袴褶。

中書侍郎，朝服，進賢一梁冠，腰劍。冗從僕射、太子衞率，銅印，墨綬，獸頭鞶，朝服，武冠。陳衞率，銀章龜鈕，青綬，不劍。冗從，銅印環鈕，墨綬，腰劍。餘並同梁。

武賁中郎將、羽林監，銅印環鈕，墨綬，朝服，武冠，獸頭鞶，腰劍。其在陛牙及備鹵簿，著鶡尾，絳紗縠單衣。

護匈奴中郎將，護羌、戎、夷、蠻、越、烏丸、西域校尉，銀印珪鈕，青綬，朝服，武冠，獸頭鞶。陳令，無此官。其庶子，鎮蠻、寧蠻、平戎、西戎校尉，平越中郎將，服章同。

安夷、撫夷護軍，州郡國都尉，奉車、駙馬、騎都尉，諸護軍，銀印珪鈕，青綬，獸頭鞶，朝服，武冠。陳安遠、鎮蠻護軍，州、郡、國都尉，奉車、駙馬、騎都尉，諸護軍，服章同。無餘文。

州刺史，銅印，墨綬，獸頭鞶，腰劍，絳朝服，進賢二梁冠。陳銅章龜鈕，青綬。餘同梁。

郡國太守、相、內史，銀章龜鈕，青綬，獸頭鞶，單衣，介幘。加中二千石，依卿尹冠服劍佩。

尚書左、右丞，祕書丞，銅印環鈕，黃綬，獸爪鞶，朝服，進賢一梁冠。

尚書，祕書著作郎，太子中舍人、洗馬、舍人，朝服，進賢一梁冠，腰劍。

諸王友、文學，朱服，進賢一梁冠。陳令：諸王師服同。

治書侍御史、侍御史，朝服，腰劍，法冠。治書侍御史，則有銅印環鈕，墨綬。陳又有殿中、蘭臺侍御史，朝服，法冠，腰劍，簪筆。

諸博士，給皁朝服，進賢兩梁冠，佩水蒼玉。

太學博士，正限八人，著佩，限外六人不給。

廷尉律博士，無佩。並簪筆。

國子助教，皁朝服，進賢一梁冠，簪筆。

公府長史，獸頭鞶。諸卿尹丞，黃綬，獸爪鞶，簪筆。

諸縣署令、秩千石者，獸爪鞶，銅印環鈕，墨綬，朝服，進賢兩梁冠。長史朱服，諸卿尹丞、建康令，玄服。

公府掾屬、主簿、祭酒，朱服，進賢一梁冠。公府令史亦同。

領、護軍長史，朱服，獸頭鞶。諸軍長史，單衣，介幘，獸頭鞶。

諸卿部丞、獄丞，並皁朝服，一梁冠，黃綬，獸爪鞶，簪筆。

太子保、傅、詹事丞，皁朝服，一梁冠，簪筆，獸爪鞶，黃綬。

郡國相、內史丞、長史，單衣，介幘。長史，獸頭鞶。其丞，黃綬，獸爪鞶。

諸縣署令、長、相，單衣，介幘，獸頭鞶，銅印環鈕，墨綬，朝服，進賢一梁冠。諸署令，朱衣，武冠。州都大中正、郡中正，單衣，介幘。

太子門大夫，獸頭鞶，陵令、長，獸爪鞶，銅印環鈕，墨綬，朝服，進賢一梁冠。令、長朱服，率更、家令、僕，朝服，兩梁冠，獸頭鞶，腰劍。

黃門諸署令、僕、長丞，朱服，進賢一梁冠，銅印環鈕，墨綬。丞，黃綬。黃門冗從僕射監、太子寺人監，銅印環鈕，墨綬，朝服，武冠，獸頭鞶。

公府司馬，領、護軍司馬，諸軍司馬，護匈奴中郎將，護羌、戎、夷、蠻、越、烏丸、戊己校尉長史、司馬，銅印環鈕，墨綬，獸頭鞶，朝服，武冠。諸軍司馬，單衣，平巾幘。長史，介幘。

陳令：公府司馬，領、護軍司馬，諸軍司馬，鎮安蠻安遠護軍，蠻、戎、越校尉中郎將長史、司馬，其服章與梁官同。

公府從事中郎，朱服，進賢一梁冠。諸將軍開府功曹、主簿，單衣，介幘，革帶。廷尉，建康正、監平，銅印環鈕，墨綬，皁零辟，朝服，法冠，獸爪鞶。

左、右衞司馬，銅印環鈕，墨綬，單衣，帶，平巾幘，獸頭鞶。

諸府參軍，單衣，平巾幘。

諸州別駕、治中、從事、主簿、西曹從事，玄朝服，進賢一梁冠，簪筆。常公事，單衣，介幘，朱衣。

直閤將軍，朱服，武冠，銅印珪鈕，青綬，獸頭鞶。

直閤將軍、諸殿主帥，朱服，武冠。正直絳衫，從則裲襠衫。

諸開國郎中令、大農，公、傅中尉，銅印環鈕，青綬，朝服，進賢兩梁冠，中尉武冠，皆獸頭鞶。

諸開國三將軍，銅印環鈕，青綬，朝服，武冠。限外者不給印。陳制：墨綬，餘並同梁。

開國掌書中尉、司馬，陵廟食官，廐牧長，典醫典府丞，銅印。

常侍、侍郎、世子、庶子、謁者、中大夫、舍人，不給印。典書、典祠、學官令，典膳丞、長，銅印。限外者不給印。

左右常侍、侍郎、典衞中尉司馬，朝服，武冠。典書、典祠、學官令，朝服，進賢一梁冠。

太子衞率、率更、家令丞，銅印環鈕，黃綬，皁朝服，進賢一梁冠，獸爪鞶。餘悉朱服，一梁冠。常侍、侍郎、典書、典祠、學官令，簪筆，腰劍。

太子常從武賁督，銅印環鈕，墨綬，朝服，武冠，獸爪鞶。

殿中將軍、員外將軍，朱服，武冠。

州郡國都尉司馬，銅印環鈕，墨綬，朱服，武冠，獸頭鞶。

諸謁者，朝服，高山冠。

中書通事舍人門下令史、主書典書令史、門下朝廷局書令史、太子門下通事守舍人、主書典守舍人、二宮齋內職左右職局齋幹已上，朱服，武冠。

殿中內外局監、太子內外監、殿中守舍人，銅印環鈕，朱服，武冠。

內外監典事書吏，朱服，進賢一梁冠。內監朝廷人領局典事、外監統軍隊諸詳發遣局典事，武冠。外監及典事書吏，悉著朱衣，唯正直及齋監幷受使，不在例。其東宮內外監、殿典事書吏，依臺格。五校、三將將軍主事，內監主事，外監主事，三校主事，朱服，武冠。

尚書都令史，都水參事，門下書令史，集書、中書、尚書、祕書著作掌書主書主圖主譜典客令史書令史，監、令、僕射省事，蘭臺、殿中蘭臺、謁、都水令史，公府令史書令史，太子導客、次客守舍人及諸省典事，朱衣，進賢一梁冠。

尚書都算、度支算、左戶校吏，朱服，進賢一梁冠。

諸縣署丞、太子諸署丞、王公侯諸署及公主家令丞、僕，銅印環鈕，黃綬，朱服，進賢一梁冠。太官、太醫丞，武冠。

諸縣尉，銅印環鈕，單衣，介幘，黃綬，獸爪鞶。節騎郎，朱服，武冠。其在陛列及備鹵簿者，髦尾，絳紗縠單衣。御節郎、黃鉞郎，朝服，赤介幘，簪筆。典儀、唱警、唱奏事、持兵、主麾等諸職，公事及備鹵簿，朱服，武冠。

殿中中郎將、校尉、都尉，銅印珪鈕，青綬，朱服，武冠，獸頭鞶。

城門候，銅印環鈕，墨綬，朱服，武冠，獸頭鞶。

部曲督、司馬吏、部曲將，銅印環鈕，朱服，武冠。司馬吏，假墨綬，獸爪鞶。太中、中散、諫議大夫，議郎、中郎、郎中、舍人，朱服，進賢一梁冠。

諸門郎、僕射、佐吏，東宮門吏，其郎朱服，僕射皁零辟，朝服，進賢冠，吏却非冠，佐吏著進賢冠。

總章協律，銅印環鈕，艾綬，獸爪鞶，朱服，武冠。

黃門後閤舍人、主書、齋帥、監食、主食、主客、扶侍、鼓吹，朱服，武冠。鼓吹進賢冠，齋帥墨綬，獸頭鞶。

殿中司馬，銅印環鈕，墨綬，朱服，武冠，獸頭鞶。

總章監、鼓吹監，銅印環鈕，艾綬，朱服，武冠。

諸四品將兵都尉、牙門將、崇毅、材官、折難、輕騎、揚烈、威遠、寧遠、宣威、光威、驤威、威烈、威虜、平戎、綏遠、綏狄、綏邊、綏戎、獸威、〔七〕威武、烈武、毅武、奮武、討寇、討虜、殄難、討難、討夷、厲武、橫野、陵江、鷹揚、執訊、蕩寇、蕩虜、蕩難、蕩逆、殄虜、掃虜、掃難、掃逆、掃寇、厲鋒、武奮、武牙、〔八〕廣野，領兵滿五十人，給銀章，不滿五十，除板而已，不給章，朱服，武冠。以此官爲刺史、太守，皆青綬。此條已下，皆陳制，與梁不同。

典儀但帥、典儀正帥，朱衣，武冠。其本資有殿但、正帥，得帶艾綬，獸頭鞶。殿但帥、

正帥，艾綬，獸頭鞶，朱服，武冠。殿帥、羽儀帥、員外帥，朱衣，武冠。

威雄、猛、烈、振、信、勝、略、風、力、光等十威將軍，武猛、略、勝、力、毅、健、烈、威、銳、勇等十武將軍，並銀章熊鈕，青綬，獸頭鞶，武冠，朝服。

猛毅、烈、威、銳、震、進、智、武、勝、駿等十猛將軍，〔九〕銀章羆鈕，青綬，獸頭鞶，武冠，朝服。

壯武、勇、烈、猛、銳、威、毅、志、意、力等十壯將軍，驍雄、桀、猛、烈、武、勇、銳、名、勝、迅等十驍將軍，雄猛、威、明、烈、信、武、勇、毅、壯、健等十雄將軍，並銀章羔鈕，青綬，獸頭鞶，武冠，朝服。

忠勇、烈、猛、銳、壯、毅、捍、信、義、勝等十忠將軍，明智、略、遠、勇、烈、威、勝、進、銳、毅等十明將軍，光烈、明、英、遠、勝、銳、命、勇、武、野等十光將軍，飈勇、猛、烈、銳、奇、決、起、略、勝、出等十飈將軍，並銀章鹿鈕，青綬，獸頭鞶，武冠，朝服。

龍驤、武視、〔一〇〕雲旗、風烈、電威、雷音、馳銳、進銳、羽騎、突騎、折衝、冠武、和戎、安壘、起猛、英果、掃虜、掃狄、武銳、摧鋒、開遠、略遠、貞威、決勝、清野、堅銳、輕銳、拔山、雲勇、振旅等三十號將軍，銀印菟鈕，青綬，獸頭鞶，朝服，武冠。

超武、鐵騎、樓船、宣猛、樹功、剋狄、平虜、稜威、戎昭、威戎、伏波、雄戟、長劍、衝冠、雕

騎、佽飛、勇騎、破敵、剋敵、威虜、前鋒、武毅、開邊、招遠、全威、破陣、蕩寇、殄虜、橫野、馳射等三十號將軍，銅印環鈕，墨綬，獸頭鞶，朝服，武冠。幷左十二件將軍，除並假給章印綬，板則止朱服、武冠而已。其勳選除，亦給章印。

建威、牙門、期門已下諸將軍，並銅印環鈕，墨綬，獸頭鞶，朱服，武冠。板則無印綬，止冠服而已。其在將官，以功次轉進，應署建威已下諸號，不限板除，悉給印綬。若武官署位轉進，登上條九品馳射已上諸戎號，亦不限板除，悉給印綬。

千人督、校督司馬、武賁督、牙門將、騎督督、守將兵都尉、太子常從督別部司馬、假司馬，假銅印環鈕，朱服，武冠，墨綬，獸頭鞶。

武猛中郎將、校尉、都尉，銅印環鈕，朱服，武冠。其以此官爲千人司馬、道賁督已上及司馬，皆假墨綬，獸頭鞶。已上陳制，梁所無及不同者。

陛長、甲僕射、主事吏將騎、廷上五牛旗假吏武賁，在陛列及備鹵簿，服錦文衣，武冠，髦尾。陛長者，假銅印環鈕，墨綬，獸頭鞶。

假旄頭羽林，在陛列及備鹵簿，服絳單衣，上著韋畫腰襦，假旄頭。輿輦、迹禽、前驅、由基强弩司馬，給絳科單衣，武冠。其本位佩武猛都尉已上印者，假墨綬，別部司馬已下假墨綬，並獸頭鞶。

殿中冗從武賁、殿中武賁、持鈒戟冗從武賁，假青綬，絳科單衣，武冠。陳令：絳科單衣，其本位職佩武猛、都尉等印，假鞶綬，依前條。

持椎斧武騎武賁、五騎傳詔武賁、殿中羽林、太官尙食武賁〔一一〕稱飯宰人、諸宮尙食武賁，假墨綬，給絳構，武冠。其佩武猛、都尉等位印，皆依上條假鞶綬之例。

共在陛列及備鹵簿，五騎武賁，服錦文衣，髦尾。宰人服離支衣。領軍捉刃人，烏總帽，袴褶，皮帶。

絓是羽葆毦鼓吹，悉改著進賢冠，外給系毦。鼓吹著武冠。諸宮鼓吹，尙書廊下都坐門下使守藏守閤、殿中威儀騶，武賁常直殿門雲龍門者、門下左右部武賁羽林騶，給傳事者諸導騶，門下中書守閤、尙書門下武賁羽林騶，蘭臺五曹節藏僕射廊下守閤、威儀發符騶，都水使者廊下守給騶，謁者威儀騶，諸宮謁者騶，絳構，武冠，衣服如舊。大誰、天門士，皁科單衣，樊噲冠。衞士，涅布構，却敵冠。

諸將軍、使持節、都督執節史，朱衣，進賢一梁冠。自此條已下皆陳制，梁所無。

持節節史，單衣，介幘。其纂戎戒嚴時，同使持節。制假節節史，單衣，介幘。凡節趺，以石爲之。持節皆刻爲蹙蝸形，假節及給鑾吏節，皆刻爲狗頭趺。

諸王典籤帥，單衣，平巾幘。典籤書吏，袴褶，平巾幘。

諸王書佐，單衣，介幘。

公府書佐，朱衣，進賢冠。

諸王國舍人、司理、謁者、閤下令史、中衞都尉，朱衣，進賢一梁冠。司理假銅印，謁者高山冠，令史已下武冠。

太子太傅五官功曹、主簿，皁朝服，進賢一梁冠。

太子二傅門下主記、錄事、功曹書佐，門下書佐，記室帳下督、都督省事，法曹書佐，太傅外都督，皁衣，進賢一梁冠。

太子妃家令，絳朝服，進賢一梁冠。

太子三校、二將，積弩、殿中將軍，衣服皆與上宮官同。

太子正員司馬督、題閤監，銅印墨綬。三校內主事、主章、扶侍，守舍人，衣帶仗局、服飾衣局、珍寶朝廷主衣統，奏事幹，內局內幹，朱衣，武冠。

諸公府御屬及省事，錄尙 省事，太子門下及內外監丞、典事、導客、筭書吏，次功、典書函、典書、典經、五經典書諸守宮舍人，市買清愼食官督，內直兵吏，宣華、崇賢二門舍人、諸門吏，朱衣，進賢一梁冠。

太子妃傅令，朱衣，武冠，執刀，烏信幡。

太子二傅騎吏，玄衣，赤幘，武冠，常行則袴褶。執儀、齋帥、殿帥、典儀帥、傳令、執刀戟、主蓋扇麾傘、殿上持兵、車郎、扶車、注疏、萌牀、齋閤食司馬、唱導飯、主食、殿前帥、殿前威儀、武賁威儀、散給使、閤將、鼓吹士帥副、武冠，絳韝。案軛、小輿、持車、軺車給使，平巾幘，黃布袴褶，赤罽帶。

太子諸門將，涅布韝，樊噲冠。

太子鹵簿戟吏，赤幘，武冠，絳韝。廉帥、整陣、禁防，平巾幘，白布袴褶。鞉角五音帥、長麾，青布袴褶，岑帽，絳絞帶。都伯，平巾幘，黃布袴褶。

文官曹幹，白紗單衣，介幘。尚書二臺曹幹亦同。

武官問訊，將士給使，平巾幘，白布袴褶。

通天冠，高九寸，正豎頂，少斜却，乃直下，鐵爲卷梁，前有展筩，冠前加金博山，述。乘輿所常服。

遠遊冠，制似通天，而前無山，述，有展筩，橫于冠前。皇太子及王者後、諸王服之。諸王加官者，自服其官之冠服，唯太子及王者後常冠焉。太子則以翠羽爲緌，綴以白珠。其餘但青絲而已。

進賢冠，古緇布冠遺象也，斯蓋文儒者之服。前高七寸，後高三寸，長八寸。有五梁、

三梁、二梁、一梁之別。五梁唯天子所服，其三梁已下，爲臣高卑之別云。

武冠，一名武弁，一名大冠，一名繁冠，一名建冠，今人名曰籠冠，卽古惠文冠也。天子元服，亦先加大冠。今左右侍臣及諸將軍武官通服之。侍中常侍，則加金璫附蟬焉，插以貂尾，黃金爲飾云。

高山冠，一名側注，高九寸，鐵爲卷梁。制似通天，頂直豎，不斜，無山述展筩。高山者，取其矜莊賓遠，中外謁者僕射服之。

法冠，一名柱後，或謂之獬豸冠，高五寸，以縱爲展筩，鐵爲柱卷，取其不曲撓也。侍御史、廷尉正監平，凡執法官，皆服之。

鶡冠，猶大冠也，加雙鶡尾，豎插兩邊，故以名焉。武賁中郎將、羽林監、節騎郎，在陛列及鹵簿者服之。

長冠，一名齋冠。高七寸，廣三寸，漆纚爲之。制如版，以竹爲裏。漢高祖微時，以竹皮爲此冠，所謂劉氏冠。後除竹，用漆纚焉。司馬彪曰：「長冠，楚制也。人間或謂之鵲尾冠，非也。」後代以爲祭服，尊敬之也。至天監三年，祠部郎沈宏議：「案竹葉冠，是高祖爲亭長時所服，安可緜代爲祭服哉？禮：『士弁祭於公。』請令太常丞、博士奉齋之服，宜改用爵弁。」明山賓同宏議。司馬褧云：「若必遵三王，則懼所改非一。長冠謂宜仍舊。案今之宗

丞博士之服，未有可非。」帝竟不改。

建華冠，以鐵爲柱卷，貫大銅珠九枚。祀天地、五郊、明堂，舞人服之。

樊噲冠，廣九寸，高七寸，前後出各四寸，制似平冕。凡殿門司馬衞士服之。

却敵冠，高四寸，通長四寸，後高三寸，制似進賢冠。凡宮殿門衞士服之。

却非冠，高五寸，制似長冠。宮殿門吏僕射冠之。

幘，尊卑貴賤皆服之。文者長耳，謂之介幘，武者短耳，謂之平上幘。各稱其冠而制之。尚書令、僕射、尚書幘，收方三寸，名曰納言。未冠童子幘，無屋，施假髻者，示未成人也。

帢，傅子云：「先未有歧，荀文若巾觸樹成歧，時人慕之，因而弗改。」今通爲慶弔之服。白紗爲之，或單或裌。初婚冠送餞亦服之。

巾，國子生服，白紗爲之。晉太元中，國子生見祭酒博士，單衣，角巾，執經一卷，以代手版。宋末，闕其制。齊立學，太尉王儉更造。今形如之。

帽，自天子下及士人，通冠之。以白紗者，名高頂帽。皇太子在上省則烏紗，在永福省則白紗。又有繒皁雜紗爲之，高屋下裙，蓋無定準。

袴褶，近代服以從戎。今纂嚴，則文武百官咸服之。車駕親戎，則縛袴，不舒散也。中官紫褶，外官絳褶，腰皮帶，以代鞶革。

笏，中世以來，唯八座尚書執笏。笏者白筆綴其頭，以紫囊裹之。其餘公卿，但執手版。荷紫者，以紫生爲袷囊，綴之服外，加於左肩。周遷云：「昔周公負成王，制此衣，至今以爲朝服。」蕭驕子云：「一名契囊。」案趙充國傳云：「張子孺持囊簪筆，事孝武帝。」張晏云：「囊，契囊也。近臣負囊簪筆，從備顧問，有所記也。」

入殿門，有籠冠者著之，有纓則下之。緣廂行，得提衣。省閤內得著履、烏紗帽。入齋閤及橫度殿庭，不得人提衣及捉服飾。入閤則執手板，自摳衣。几席不得入齋正閤。介幘不得上正殿及東、西堂。儀仗傘扇，有幰牽車，不得入臺門。臺官問訊皇太子，亦皆朱服，著韈；謁諸王，單衣，幘；庶姓，單衣，帢。詣三公，必衣帢。至黃閤，下履；過閤還，著履。

古者君臣佩玉，尊卑有序，綬者，所以貫佩相承受也。又上下施韍，如蔽膝，貴賤亦各有殊。五霸之後，戰兵不息，佩非兵器，韍非戰儀，於是解去佩韍，留其繫襚而已。韍佩旣廢，秦乃以采組連結於襚，轉相結受，又謂之綬。漢承用之。至明帝始復制佩，而漢末又亡絕。魏侍中王粲識其形，乃復造焉。今之佩，粲所制也。

皇后謁廟，服袿襹大衣，蓋嫁服也，謂之褘衣，皁上皁下。親蠶則青上縹下。皆深衣制，〔二三〕隱領袖緣以絛。首飾則假髻、步搖，俗謂之珠松是也。簪珥步搖，以黃金爲山題，貫白珠，爲桂枝相繆，〔二四〕八爵九華，熊、獸、赤羆、天鹿、辟邪、南山豐大特六獸。諸爵獸皆以

翡翠爲〔毛羽。金題，白珠璫繞，以翡翠爲〕華。〔一四〕綬佩同乘輿。

貴妃、貴嬪、貴姬，是爲三夫人，金章龜紐，紫綬，八十首。佩于闐玉，獸頭鞶。

淑媛、淑儀、淑容、昭華、昭儀、昭容、修華、修儀、修容，是爲九嬪，金章龜鈕，青綬，八十首。獸頭鞶，佩采璸玉。

婕妤、容華、充華、承徽、列榮五職，亞九嬪，銀印珪鈕，艾綬，獸頭鞶。

美人、才人、良人三職，散位，銅印環鈕，墨綬，獸頭鞶。

皇太子妃，金璽龜鈕，纁朱綬，一百六十首。佩瑜玉，獸頭鞶。

良娣，銀印珪鈕，佩采璸玉，青綬，八十首。獸爪鞶。

保林，銀印珪鈕，佩水蒼玉，青綬，八十首。獸爪鞶。

諸王太妃、妃、諸長公主、公主、封君，金印龜鈕，紫綬，八十首。佩山玄玉，獸頭鞶。

開國公、侯太夫人，銀印珪鈕，青綬，八十首。佩水蒼玉，獸頭鞶。

公主、三夫人，大手髻，七鈿蔽髻。九嬪及公夫人，五鈿；世婦，三鈿。其長公主得有步搖。公主、封君已上，皆帶綬。以綵組爲緄帶，各以其綬色。金辟邪，首爲帶玦。

公、特進、列侯、卿、校、中二千石夫人，紺繒幗，黃金龍首銜白珠，魚須擿，長一尺，爲簪珥。入廟佐祭者，皁絹上下，助蠶者，縹絹上下，皆深衣制，緣。自二千石夫人已上至皇后，

皆以蠶衣爲朝服。

自晉左遷，中原禮儀多缺。後魏天興六年，詔有司始制冠冕，各依品秩，以示等差，然未能皆得舊制。至太和中，方考故實，正定前謬，更造衣冠，尚不能周洽。及至熙平二年，太傅、清河王懌、黃門侍郎韋廷祥等，奏定五時朝服，準漢故事，五郊衣幘，各如方色焉。及後齊因之。河清中，改易舊物，著令定制云。

乘輿，平冕，黑介幘，垂白珠十二旒，飾以五采玉，以組爲纓，色如其綬，黈纊，玉笄。白玉璽，黃赤綬，五采，黃赤縹綠紺，純黃質，長二丈九尺，五百首，廣一尺二寸。小綬長三尺二寸，與綬同采，而首半之。衮服，皁衣，絳裳，裳前三幅，後四幅，織成爲之，十二章，緣絳中單，織成緄帶，朱紱，佩白玉，帶鹿盧劍，絳袴襪，赤舄。未加元服，則空頂介幘。又有通天金博山冠，則絳紗袍，皁緣中單。其五時服，則五色介幘，進賢五梁冠，五色紗袍。又有遠遊五梁冠，並不通于下。四時祭廟、圓丘、方澤、明堂、五郊、封禪、大雩、出宮行事、正旦受朝及臨軒拜王公，皆服衮冕之服。還宮及齋，則服通天冠。籍田則冠冕，璪十二旒，佩蒼玉，黃綬，青帶，青襪，青舄。拜陵則黑介幘，白紗單衣。釋奠則服通天金博山冠，玄紗袍。春分朝日，則青紗朝服，青舄，秋分夕月，則白紗朝服，緗舄，俱冠五梁進賢冠。合朔，服通

天金博山冠，絳紗袍。季秋講武、出征告廟，冠武弁，黃金附蟬，左貂。禡類宜社，武弁，朱衣。纂嚴升殿，服通天金博山冠，絳紗袍。入溫、涼室，冠武弁，右貂附蟬，絳紗服。征還飮至，服通天冠。廟中遣上將，則衮冕，還宮則通天金博山冠。賞祖罰社，則武弁，左貂附蟬。元日、冬至大小會，皆通天金博山冠。四時畋、出宮，服通天冠，並赤舄。明堂則五時俱通天冠，各以其色服。東、西堂舉哀，服白帢。

天子六璽：文曰「皇帝行璽」，封常行詔勑則用之。「皇帝之璽」，賜諸王書則用之。「皇帝信璽」，下銅獸符，發諸州征鎭兵，下竹使符，拜代徵召諸州刺史，則用之。並白玉爲之，方一寸二分，螭獸鈕。「天子行璽」，封拜外國則用之。「天子之璽」，賜諸外國書則用之。「天子信璽」，發兵外國，若徵召外國，及有事鬼神，則用之。並黃金爲之，方一寸二分，螭獸鈕。又有傳國璽，白玉爲之，方四寸，螭獸鈕，上交五蟠螭，隱起鳥篆書。文曰「受天之命，皇帝壽昌」，凡八字。在六璽外，唯封禪以封石函。又有督攝萬機印一鈕，以木爲之，長一尺二寸，廣二寸五分。背上爲鼻鈕，鈕長九寸，厚一寸，廣七分。腹下隱起篆書爲「督攝萬機」，凡四字。此印常在內，唯以印籍縫。用則左戶郎中、度支尚書奏取，印訖輸內。

皇太子平冕，黑介幘，垂白珠九旒，飾以三采玉，以組爲纓，色如其綬。金璽，朱綬，四采，赤黃縹紺。綬朱質，長二丈一尺，三百二十首，廣九寸。小綬長三尺二寸，與綬同色，而

首半之。衮服，同乘輿而九章，絳紱，佩瑜玉，玉具劍、火珠標首，絳袴襪，赤舄。非謁廟則不服。未加元服，則空頂黑介幘，雙童髻，雙玉導。中舍人執遠遊冠以從。其遠遊三梁冠，黑介幘，翠緌纓，絳紗袍，皁緣中單，黑舄。大朝所服，亦服進賢三梁冠，黑介幘，皁朝服，絳緣中單，玄舄。爲宮臣舉哀，白帢，單衣，烏皮履。未加元服，則素服。

皇太子璽，黃金爲之，方一寸，龜鈕，文曰「皇太子璽」。宮中大事用璽，小事用門下典書坊印。

諸公卿平冕，黑介幘，青珠爲旒，上公九，三公八，諸卿六，以組爲纓，色如其綬。衣皆玄上纁下。三公山龍八章，降皇太子一等，九卿藻火六章，唯郊祀天地宗廟服之。

遠遊三梁，諸王所服。其未冠，則空頂黑介幘。開國公、侯、伯、子、男及五等散爵未冠者，通如之。

進賢冠，文官二品已上，並三梁，四品已上，並兩梁，五品已下，流外九品已上，皆一梁。致事者，通著委貌冠。主兵官及侍臣，通著武弁。侍臣加貂璫。御史大理著法冠。諸謁者、太子中導客舍人，著高山冠。宮門僕射、殿門吏、亭長、太子率更寺、宮門督、太子內坊察非吏、諸門吏等，皆著却非冠。羽林、武賁，著鶡。錄令已下，尚書以上，著納言幘。又有赤幘，卑賤者所服。救日蝕，文武官皆免冠，著赤介幘，對朝服。賤者平巾，赤幘，示威武，

以助於陽也。止雨亦服之。請雨則服緗幘，東耕則服青幘，庖人則服綠幘。

印綬，二品已上，並金章，紫綬；三品銀章，青綬；三品已上，凡是五省官及中侍中省，皆爲印，不爲章。四品得印者，銀印，青綬；五品、六品得印者，銅印，墨綬；四品已下，凡是開國子、男及五等散品名號侯，皆爲銀章，不爲印。七品、八品、九品得印者，銅印，黃綬。金銀章印及銅印，並方一寸，龜鈕。東西南北四藩諸國王章，上藩用中金，中藩用銀，並方一寸，龜鈕。佐官唯公府長史、尚書二丞，給印綬。六品已下，九品已上，唯當曹爲官長者給印。餘自非長官，雖位尊，並不給。

諸王纁朱綬，四采，赤黃縹紺，純朱質，纁文織，長二丈一尺，二百四十首，廣九寸。開國郡縣公、散郡縣公，玄朱綬，四采，玄赤縹紺，朱質，玄文織，長一丈八尺，百八十首，廣八寸。開國縣侯伯、散縣侯伯，青朱綬，四采，青赤白縹，朱質，青文織，長一丈六尺，百四十首，廣七寸。開國縣子男、散縣子男、名號侯、開國鄉男，素朱綬，三采，青赤白，朱質，白文織，長一丈四尺，百二十首，廣六寸。一品、二品，紫綬，三采，紫黃赤，純紫質，長一丈八尺，百八十首，廣八寸。三品、四品，青綬，三采，青白紅，純青質，長一丈六尺，百四十首，廣七寸。五品、六品，墨綬，二采，青紺，純紺質，長一丈四尺，百首，廣六寸。七品、八品、九品，黃綬，二采，黃白，純黃質，長一丈二尺，六十首，廣五寸。官品從第二已上，小綬間得施玉

環。凡綬，先合單紡爲一絲，絲四爲一扶，扶五爲一首，首五成一文。采純爲質。首多者絲細，首少者絲粗。官有綬者，則有紛，皆長八尺，廣三寸，各隨綬色。若服朝服則佩綬，服公服則佩紛。官無綬者，不合佩紛。

鞶囊，二品已上金縷，三品金銀縷，四品銀縷，五品、六品綵縷，七、八、九品綵縷，獸爪鞶。官無印綬者，並不合佩鞶囊及爪。

一品，玉具劍，佩山玄玉。二品，金裝劍，佩水蒼玉。三品及開國子男、五等散品名號侯雖四、五品，並銀裝劍，佩水蒼玉。侍中已下，通直郎已上，陪位則像劍。帶真劍者，入宗廟及升殿，若在仗內，皆解劍。一品及散郡公、開國公侯伯，皆雙佩。二品、三品及開國子男、五等散品名號侯，皆隻佩。綬亦如之。

百官朝服公服，皆執手板。尚書錄令、僕射、吏部尚書，手板頭復有白筆，以紫皮裹之，名曰笏。朝服綴紫荷，錄令、左僕射左荷，右僕射、吏部尚書右荷。七品已上文官朝服，皆簪白筆。正王公侯伯子男、卿尹及武職，並不簪。朝服，冠、幘各一，絳紗單衣，白紗中單，皁領袖，皁襈，革帶，曲領，方心，蔽膝，白筆、舄、襪，兩綬，劍佩，簪導，鉤艓，爲具服。七品已上服也。公服，冠、幘，紗單衣，深衣，革帶，假帶，履襪，鉤艓，謂之從省服。八品已下，流外四品已上服也。

流外五品已下，九品已上，皆著構衣爲公服。

皇后璽、綬、佩同乘輿，假髻，步搖，十二鈿，八雀九華。助祭朝會以褘衣，祠郊禖以褕狄，小宴以闕狄，親蠶以鞠衣，禮見皇帝以展衣，宴居以褖衣。六服俱有蔽膝、織成緄帶。皇太后、皇后璽，並以白玉爲之，方一寸二分，螭獸鈕，文各如其號。璽不行用，有令，則太后以宮名衞尉印，皇后則以長秋印。

內外命婦從五品已上，蔽髻，唯以鈿數花釵多少爲品秩。二品已上金玉飾，三品已下金飾。內命婦、左右昭儀、三夫人視一品，假髻，九鈿，金章，紫綬，服褕翟，雙佩山玄玉。九嬪視三品，五鈿蔽髻，銀章，青綬，服鞠衣，佩水蒼玉。世婦視四品，三鈿，銀印，青綬，服展衣，無佩。八十一御女視五品，一鈿，銅印，墨綬，服褖衣。又有宮人女官服制，第二品七鈿蔽髻，服闕翟；三品五鈿，鞠衣；四品三鈿，展衣；五品一鈿，褖衣；六品褖衣；七品青紗公服。俱大首髻。八品、九品，俱青紗公服，偏髾髻。

皇太子妃璽、綬、佩同皇太子，假髻，步搖，九鈿，服褕翟。從蠶則青紗公服。

皇太子妃璽，以黃金，方一寸，龜鈕，文曰「皇太子妃之璽」。若有封書，則用內坊印。

郡長公主、公主、王國太妃、妃，纁朱綬，髻章服佩同內命婦一品。郡長君七鈿蔽髻，玄朱綬，闕翟，章佩與公主同。郡君、縣主，佩水蒼玉，餘與郡長君同。太子良娣視九嬪服。

縣主青朱綬，餘與良娣同。女侍中五鈿，假金印、紫綬，服鞠衣，佩水蒼玉。縣君銀章，青朱綬，餘與女侍中同。太子孺人同世婦。太子家人子同御女。鄉主、鄉君，素朱綬，佩水蒼玉，餘與御女同。外命婦章印綬佩，皆如其夫。若夫假章印綬佩，妻則不假。一品、二品，七鈿蔽髻，服闕翟。三品五鈿，服鞠衣。四品三鈿，服展衣。五品一鈿，服褖衣。內外命婦、宮人女官從蠶，則各依品次，還著蔽髻，皆服青紗公服。如外命婦，綬帶鞶囊，皆準其夫公服之例。百官之母詔加太夫人者，朝服公服，各與其命婦服同。

後周設司服之官，掌皇帝十二服。祀昊天上帝，則蒼衣蒼冕；祀東方上帝及朝日，則青衣青冕；祀南方上帝，則朱衣朱冕；祭皇地祇、祀中央上帝，則黃衣黃冕；祀西方上帝及夕月，則素衣素冕；祀北方上帝，祭神州、社稷，則玄衣玄冕；享先皇、加元服、納后、朝諸侯，則象衣象冕。十有二章，日月星辰山龍華蟲六章在衣，火宗彝藻粉米黼黻六章在裳，凡十二等。享諸先帝、大貞於龜、食三老五更、享諸侯、耕籍，則服衮冕，自龍已下，凡九章十二等。宗彝已下五章在衣，藻、火已下四章在裳，衣重宗彝。祀星辰、祭四望、視朔、大射、饗羣臣、巡犧牲、養國老，則服山冕，八章十二等。衣裳各四章，衣重火與宗彝。羣祀、視朝、臨太學、入道法門、宴諸侯與羣臣及燕射、養庶老、適諸侯家，則服鷩冕，七章十二等。衣三章，

裳四章，衣重三章。袞、山、鷩三冕，皆裳重黼黻，俱十有二等。通以升龍爲領褾。冕通十有二旒。巡兵卽戎，則服韋弁，謂以韎韋爲弁，又以爲裳衣也。田獵行鄉畿，則服皮弁，謂以鹿子皮爲弁，白布衣而素裳也。皇帝凶服斬衰。父母之喪上下達。其弔服，錫衰以哭三公，緦衰以哭諸侯，皆十五升抽其半。錫者，浣其布，不浣其縷，哀在內。緦者，浣其縷，不浣其布，哀在外也。疑衰以哭大夫，十四升。皆素弁，如爵弁之數。環絰。一服纏絰。凡大疫、大荒、大災則素服縞冠。凡疫病、荒饑、年災水旱也。

諸公之服九：一曰方冕。二曰袞冕，九章，宗彝已上五章在衣，藻已下四章在裳。三曰山冕，八章，衣裳各四章，衣重宗彝，爲九等。四曰鷩冕，七章，衣三章，裳四章，衣重火與宗彝。五曰火冕，六章，衣裳各三章，衣重宗彝及藻，裳重黻。六曰毳冕，五章，衣三章，裳二章，衣重藻粉米，裳重黼黻。山冕已下俱九等，皆以山爲領褾，冕俱九旒。七曰韋弁。八曰皮弁。九曰玄冠。

諸侯服，自方冕而下八，無袞冕。山冕八章，衣裳各四章。鷩冕七章，衣三章，裳四章，衣重宗彝。火冕六章，衣裳各三章，衣重藻，裳重黻。毳冕五章，衣三章，裳二章，衣重粉米，裳重黼黻。鷩冕已下俱八等，皆以華蟲爲領褾。冕俱八旒。

諸伯服，自方冕而下七，又無山冕。鷩冕七章，衣三章，裳四章。火冕六章，衣裳各三

章，裳重黻。毳冕五章，衣三章，裳二章，裳重黼黻。火冕已下俱七等，皆以火爲領褾。冕俱七旒。

諸子服，自方冕而下六，又無鷩冕。火冕六章，衣裳各三章。毳冕五章，衣三章，裳二章，裳重黻。毳冕已下俱六等，皆以宗彝爲領褾。冕俱六旒。

諸男服，自方冕而下五，又無火冕。毳冕五章，衣三章，裳二章。以藻爲領褾。冕五旒。

三公之服九：一曰祀冕。二曰火冕，六章，衣裳各三章，衣重宗彝與藻，裳重黻。三曰毳冕，五章，衣三章，裳二章，衣重藻與粉米，裳重黼黻。四曰藻冕，四章，衣裳俱二章，衣重藻與粉米，裳重黼黻。五曰繡冕，三章，衣一章，裳二章，衣重粉米，裳重黼黻，俱九等，皆以宗彝爲領褾。六曰爵弁。七曰韋弁。八曰皮弁。九曰玄冠。

三孤之服，自祀冕而下八，無火冕。毳冕五章，衣三章，裳二章，衣重粉米，裳重黼黻。藻冕四章，衣裳各二章，衣重藻與粉米，裳重黼黻，俱八等，皆以藻爲領褾。繡冕三章，衣一章，裳二章，衣重粉米，裳重黼黻，爲八等。

公卿之服，自祀冕而下七，又無毳冕。藻冕四章，衣裳各二章，衣重粉米，裳重黼黻，爲七等，皆以粉米爲領褾，各七。繡冕三章，衣一章，裳二章，衣重粉米，裳重黼黻，爲七等。

上大夫之服，自祀冕而下六，又無藻冕。繡冕三章，衣一章，裳二章，衣重粉米，裳重黼，爲六等。

中大夫之服，自祀冕而下五，又無皮弁。繡冕三章，衣一章，裳二章，衣重粉米，爲五等。

下大夫之服，自祀冕而下四，又無爵弁。繡冕三章，衣一章，裳二章，衣重粉米，爲四等。

士之服三：一曰祀弁，二曰爵弁，三曰玄冠。玄冠皆玄衣。其裳，上士以玄，中士以黃，下士雜裳，謂前玄後黃也。庶士之服一：玄冠。庶士，庶人在官，府史之屬。其服緇衣裳。

後令文武俱著常服，冠形如魏帢，無簪有纓。其凶服皆與庶人同。其弔服，諸侯於其卿大夫，錫衰；同姓，緦衰；於士，疑衰。其當事則弁絰，否則皮弁。公孤卿大夫之弔服，錫衰弁絰，皮弁亦如之。士之弔服，疑衰素裳，當事弁絰，否則徒弁。

皇后衣十二等。其翟衣六，從皇帝祀郊禖，享先皇，朝皇太后，則服翬衣。素質，五色。祭陰社，朝命婦，則服褕衣。青質，五色。祭羣小祀，受獻繭，[一五]則服鷩衣。赤衣。采桑則服鳪衣。黃色。從皇帝見賓客，聽女教，則服鵫衣。白色。食命婦，歸寧，則服翪衣。玄色。俱十有二等，以翬雉爲領褾，各有二。臨婦學及法道門，燕命婦，有時見命婦，則蒼衣。春齋及祭還，則青衣。夏齋及祭還，則朱衣。采桑齋及采桑還，則黃衣。秋齋及祭還，則素衣。冬齋

及祭還，則玄衣。自青衣而下，其領褾以相生之色。

諸公夫人九服，其翟衣雉皆九等，俱以褕雉爲領褾，各九。自褕衣已下五，曰褕衣、鷩衣、鳪衣、鵫衣、翪衣，并朱衣、黃衣、素衣、玄衣而九。自朱衣而下，其領褾亦同用相生之色。

諸侯夫人，自鷩而下八。其翟衣雉皆八等，俱以鷩雉爲領褾。無褕衣。

諸伯夫人，自鳪而下七。其翟衣雉皆七等，俱以鳪雉爲領褾。又無鷩衣。

諸子夫人，自鵫而下六。其翟衣俱以鵫雉爲領褾。又無鳪衣。

諸男夫人，自翪而下五。其翟衣雉皆五等，俱以翪雉爲領褾。又無鵫衣。

三妃，三公夫人之服九：一曰鳪衣，二曰鵫衣，三曰翪衣，四曰青衣，五曰朱衣，六曰黃衣，七曰素衣，八曰玄衣，九曰髾衣。似髮。華皆九樹。其雉衣亦皆九等，以鳪雉爲領褾，各九。

三妣，三孤之內子，自鵫衣而下八。雉衣皆八等，以鵫雉爲領褾，各八。

六嬪，六卿之內子，自翪衣而下七。雉衣皆七等，以翪雉爲領褾，各七。

上媛，上大夫之孺人，自青衣而下六。

中媛，中大夫之孺人，自朱衣而下五。

下媛，下大夫之孺人，自黄衣而下四。

御婉士之婦人，自素衣而下三。

中宮六尙，緅衣。〔一六〕其色赤而微玄。

諸命秩之服，曰公服，其餘常服，曰私衣。皇后華皆有十二樹。諸侯之夫人，亦皆以命數爲之節。三妃，三公夫人已下，又各依其命。一命再命者，又俱以三爲節。

皇后及諸侯夫人之服，皆舃屨。三妃，三公夫人已下，翟衣則舃，其餘皆屨。舃、屨各如其裳之色。

皇后之凶服，斬衰、齊衰，降旁朞已下弔服。爲妃、嬪、三公之夫人、孤卿內子之喪，錫衰。錫者，十五升去其半。無事其縷，有事其布，哀在內也。爲諸侯夫人之喪，緦衰。緦亦十五升去其半。有事其縷，無事其布，哀在外也。皆吉笄，無首。象笄，去首飾。太陰虧則素服。蕩天下之陰事。爲媛、御婉及大夫孺人、士之婦人之喪，疑衰。十四升，疑於吉。皆吉笄，無首。其弔，諸侯夫人於卿之內子、大夫孺人，錫衰。於已之同姓之臣，事，則五衰：自緦已上皆服之。諸侯之夫人及三妃與三公之夫人已下凶事，則五衰：自緦已上皆服之。其三妃已下及媛，三公夫人已下及孺人，其弔服緦衰。於士之婦人，疑衰。皆吉笄，無首。其三妃已下及媛，三公夫人已下及孺人，其弔服錫衰。御婉及士之婦人，弔服疑衰。疑衰同笄。九族已下皆骨笄。

韠，皇帝三章，龍、火、山；諸侯二章，去龍；卿大夫一章，以山。皆織綵以成之。

皇帝八璽，有神璽，有傳國璽，皆寶而不用。神璽明受之於天，傳國璽明受之於運。皇帝負扆，則置神璽於筵前之右，置傳國璽於筵前之左。又有六璽。其一「皇帝行璽」，封命諸侯及三公用之。其二「皇帝之璽」，與諸侯及三公書用之。其三「皇帝信璽」，發諸夏之兵用之。其四「天子行璽」，封命蕃國之君用之。其五「天子之璽」，與蕃國之君書用之。其六「天子信璽」，徵蕃國之兵用之。六璽皆白玉爲之，方一寸五分，高寸，螭獸鈕。

皇后璽，文曰「皇后之璽」，白玉爲之，方寸五分，高寸，麟鈕。

三公諸侯皆金印，方寸二分，高八分，龜鈕。七命已上銀，四命已上銅，皆龜鈕。三命已上，銅印銅鼻。其方皆寸，其高六分，文曰「某公官之印」。

皇帝之組綬，以蒼，以青，以朱，以黄，以白，以玄，以纁，以紅，以紫，以緅，以碧，以綠，十有二色。諸公九色，自黄以下。諸侯八色，自白以下。諸伯七色，自玄以下。諸子六色，自纁已下。諸男五色，自紅已下。三公之綬，如諸公。三孤之綬，如諸侯。六卿之綬，如諸伯。上大夫之綬，如諸子。中大夫之綬，如諸男。下大夫綬，自紫已下。士之綬，自緅已下。其璽印之綬，亦如之。

保定四年，百官始執笏，常服上焉。宇文護始命袍加下襴。

宣帝卽位，受朝於路門，初服通天冠，絳紗袍。羣臣皆服漢、魏衣冠。大象元年，制冕二十四旒，衣服以二十四章爲準。二年下詔，天臺近侍及宿衞之官，皆著五色衣，以錦綺繢繡爲緣，名曰品色衣。有大禮則服冕。內外命婦皆執笏，其拜俛伏方興。

校勘記

〔一〕猶如袞冕　「如」原作「加」，據通典六一、册府五七九改。

〔二〕乘金輅服之　「金」原作「今」，據册府五七九改。

〔三〕一百四十首　「一」原作「二」，據通典六三改。

〔四〕二百首　按：上文「王、公、侯、伯」璽印的綬首數各以二十爲差，則此處「子、男」當是一百首。

〔五〕光祿大夫　通典六三作「銀青光祿」。

〔六〕明威　「明」原作「朔」，據本書百官志上、通典六三改。

〔七〕獸威　應作「虎威」，唐人諱改。

〔八〕武牙　應作「虎牙」，唐人諱改。

〔九〕猛毅烈威銳震進智武勝駿等十猛將軍　「武」原作「威」，與上文復出，據通典六三改。

〔一〇〕武視　應作「虎視」，唐人諱改。

〔一一〕尙食武賁　「尙」原作「嘗」，據宋書禮志五改。

〔一二〕皆深衣制　「皆」原作「比」，據續漢志下改。

〔一三〕首飾則假髻步搖俗謂之珠松是也簪珥步搖以黄金爲山題貫白珠爲桂枝相繆　續漢志下作「假結，步搖，簪珥。步搖以黄金爲山題，貫白珠，爲桂枝相繆」。本志「桂枝」原作「支」，今據續漢志改。

〔一四〕諸爵獸皆以翡翠爲〔毛羽金題白珠璫繞以翡翠爲〕華　據續漢志下補。

〔一五〕受獻繭　「繭」原作「璽」，據通典六二改。

〔一六〕中宮六尙緅衣　「尙」下原衍「一曰」二字。按：「六尙」指尙食、尙藥、尙衣、尙舍、尙乘、尙輦等六種女官，「緅衣」，指其服色。通典六二卽作「中宮六尙，緅衣」。今據删。

隋書卷十二

志第七

禮儀七

高祖初即位，將改周制，乃下詔曰：「宣尼制法，云行夏之時，乘殷之輅。〔一〕弈葉共遵，理無可革。然三代所尚，衆論多端，或以爲所建之時，或以爲所感之瑞，或當其行色，因以從之。今雖夏數得天，歷代通用，漢尚於赤，魏尚於黃，驪馬玄牲，已弗相踵，明不可改，建寅歲首，常服於黑。朕初受天命，赤雀來儀，兼姬周已還，於茲六代。三正迴復，五德相生，總以言之，並宜火色。垂衣已降，損益可知，尚色雖殊，常兼前代。其郊丘廟社，可依衮冕之儀，朝會衣裳，宜盡用赤。昔丹烏木運，姬有大白之旂，黃星土德，曹乘黑首之馬，在祀與戎，其尚恒異。今之戎服，皆可尚黃，在外常所著者，通用雜色。祭祀之服，須合禮經，宜集通儒，更可詳議。」太子庶子、攝太常少卿裴政奏曰：〔二〕「竊見後周制冕，加爲十二，既與

前禮數乃不同，而色應五行，又非典故。謹案三代之冠，其名各別。六等之冕，承用區分，璪玉五采，隨班異飾，都無迎氣變色之文。唯月令者，起于秦代，乃有青旂赤玉，白駱黑衣，與四時而色變，全不言於弁冕。五時冕色，禮既無文，稽於正典，難以經證。且後魏已來，制度咸闕。天興之歲，草創繕修，所造車服，多參胡制。故魏收論之，稱爲違古，是也。周氏因襲，將爲故事，大象承統，咸取用之，輿輦衣冠，甚多迂怪。今皇隋革命，憲章前代，其魏、周輦輅不合制者，已勑有司盡令除廢，然衣冠禮器，尚且兼行。乃有立夏衮衣，以赤爲質，迎秋平冕，用白成形，既越典章，須革其謬。謹案續漢書禮儀志云『立春之日，京都皆著青衣』，秋夏悉如其色。逮于魏、晉，迎氣五郊，行禮之人，皆同此制。考尋故事，唯幘從衣色。今請冠及冕，色並用玄，唯應著幘者，任依漢、晉。」制曰：「可。」

於是定令，採用東齊之法。乘輿衮冕，垂白珠十有二旒，以組爲纓，色如其綬，黈纊充耳，玉笄。玄衣，纁裳。衣，山、龍、華蟲、火、宗彝五章；裳，藻、粉米、黼、黻四章。衣重宗彝，裳重黼黻，爲十二等。衣標、領織成升龍，白紗內單，黼領，青標、襈、裾。革帶，玉鉤艓，大帶，素帶朱裏，紕其外，上以朱，下以綠。韍隨裳色，龍、火、山三章。鹿盧玉具劍，火珠鏢首。白玉雙佩，玄組。雙大綬，六采，玄黃赤白縹綠，純玄質，長二丈四尺，五百首，廣一尺；小雙綬，長二尺六寸，色同大綬，而首半之，間施三玉環。朱韈，赤舄，舄加金飾。祀圓丘、方澤、

感帝、明堂、五郊、雩、蜡、封禪、朝日、夕月、宗廟、社稷、籍田、廟遣上將、征還飲至、元服、納后、正月受朝及臨軒拜王公，則服之。通天冠，加金博山，附蟬，十二首，施珠翠，黑介幘，玉簪導。絳紗袍，深衣制，〔三〕白紗內單，皁領、標、襈、裾，絳紗蔽膝，白假帶，方心曲領。其革帶、劍、佩、綬、舄，與上同。若未加元服，則雙童髻，空頂黑介幘，雙玉導，加寶飾。朔日受朝、元會及冬會、諸祭還，則服之。武弁，金附蟬，平巾幘，餘服具服。講武、出征、四時蒐狩、大射、禡、類、宜社、賞祖、罰社、纂嚴，則服之。黑介幘，白紗單衣，烏皮履，拜陵則服之。白紗帽，白練裙襦，烏皮履，視朝、聽訟及宴見賓客，皆服之。白帢，白紗單衣，烏皮履，舉哀則服之。

神璽，寶而不用。受命璽，封禪則用之。「皇帝行璽」，封命諸侯及三師、三公，則用之。「皇帝之璽」，賜諸侯及三師、三公書，則用之。「皇帝信璽」，徵諸夏兵，則用之。「天子行璽」，封命蕃國之君，則用之。「天子之璽」，賜蕃國之君書，則用之。「天子信璽」，徵蕃國兵，則用之。常行詔勑，則用內史門下印。

皇帝臨臣之喪，三品已上，服錫衰；五等諸侯，緦衰；四品已下，疑衰。

皇太子衮冕，垂白珠九旒，青纊充耳，犀笄。玄衣，纁裳。衣，山、龍、華蟲、火、宗彝五章；裳，藻、粉米、黼、黻四章。織成爲之。白紗內單，黼領，青褾、襈、裾。革帶，金鉤艓，大

帶，素帶不朱裏，亦紕以朱綠。韍隨裳色，火、山二章。玉具劍，火珠鏢首。瑜玉雙佩，朱組。雙，大綬，四采，赤白縹紺，純朱質，長一丈八尺，三百二十首，廣九寸；小雙綬，長二尺六寸，色同大綬，而首半之，間施二玉環。朱韈，赤舄，以金飾。侍從皇帝祭祀及謁廟、元服、納妃，則服之。

遠遊三梁冠，加金附蟬，九首，施珠翠，黑介幘，纓翠緌，犀簪導。絳紗袍，白紗內單，皁領、標、襈、裾，白假帶，方心曲領，絳紗蔽膝，韈，舄。其革帶、劍、佩、綬與上同。未冠則雙童髻，空頂黑介幘，雙玉導，加寶飾。謁廟、還宮、元日朔日入朝、釋奠，則服之。

遠遊冠，公服，絳紗單衣，革帶，金鉤艓，假帶，方心。紛長六尺四寸，廣二寸四分，色同其綬。金縷鞶囊，韈，履。五日常朝，則服之。

白帢，單衣，烏皮履，爲宮臣舉哀，則服之。

皇太子璽，宮內大事用之。小事用左、右庶子印。

皇太子臨弔三師、三少，則錫衰；宮臣四品已上，緦衰；五品已下，疑衰。

開國公初受册，執贄，入朝，祭，親迎，則服之。三公助祭者亦服之。王、國公、衮冕，青珠九旒，以組爲纓，色如其綬。自此已下，纓皆如之。服九章，同皇太子。

鷩冕，侯八旒，伯七旒。服七章。衣，華蟲、火、宗彝三章；裳，藻、粉、米、黼黻四章。八旒者，重

宗彝。侯、伯初受册，執贄，入朝，祭，親迎，則服之。

毳冕，子六旒，男五旒。服五章。衣，宗彝、藻、粉米三章，裳黼、黻二章。六旒者裳重黻。子、男初受册，執贄，入朝，祭，親迎，則服之。

絺冕，三品七旒，四品六旒，五品五旒。服三章。七旒者，衣粉米一章爲三重，裳黼、黻二章各二重。六旒者，減黼一重。五旒，又減黻一重。正三品已下，從五品已上，助祭則服之。

自王公已下服章，皆繡爲之。祭服冕，皆簪導、青纊充耳。玄衣，纁裳，白紗內單，黼領，絺冕已下，內單青領。青褾、襈、裾。革帶，鉤䚢，大帶，王、三公及公、侯、伯、子、男，素帶，不朱裏，皆紕其外，上以朱，下以綠。正三品已下，從五品已上，素帶，紕其垂，外以玄，內以黃。紐約皆用青組。朱韍，凡韍皆隨裳色，袞、鷩毳，火、山二章。絺，山一章。劍，佩，綬，韈，赤舄。

爵弁，玄纓無旒，從九品已上，助祭，則服之。其制服簪導，玄衣、纁裳無章，白絹內單，青領、褾、襈、裾，革帶，大帶，練帶紕其垂，內外以緇。紐約用青組。爵韠，韈，赤履。

武弁，平巾幘，諸武職及侍臣通服之。侍臣加金璫附蟬，以貂爲飾，侍左者左珥，右者右珥。

遠遊三梁冠，黑介幘，諸王服之。

進賢冠，黑介幘，文官服之。從三品已上三梁，從五品已上兩梁，流內九品已上一梁。

法冠，一名獬豸冠，鐵爲柱，其上施珠兩枚，爲獬豸角形。法官服之。

高山冠，謁者服之。

却非冠，門者及禁防伺非服之。

黑介幘，平巾黑幘，應服者，並上下通服之。庖人則綠幘。

白帢，白紗單衣，烏皮履，上下通服之。

委貌冠，未冠則雙童髻，空頂黑介幘，皆深衣，青領，烏皮履。國子太學四門生服之。

朝服，亦名具服。冠，幘，簪導，白筆，絳紗單衣，白紗內單，皁領、袖，皁襈，革帶，鉤䚢，[四]假帶，曲領方心，絳紗蔽膝，韈，舄，綬，劍，佩。從五品已上，陪祭、朝饗、拜表，凡大事則服之。六品已下，從七品已上，去劍、佩、綬，餘並同。

自餘公事，皆從公服。亦名從省服。冠，幘，簪導，絳紗單衣，革帶，鉤䚢，假帶，方心，韈，履，紛，鞶囊。從五品已上服之。

絳褠衣公服，褠衣即單衣之不垂胡也。袖狹，形直如褠內。餘同從省。流外五品已下、九品已上服之。

綬，王，纁朱綬，四采，赤黃縹紺，純朱質，纁文織，長一丈八尺，二百四十首，廣九寸。公，玄朱綬，四采，玄赤縹紺，純朱質，玄文織，長一丈八尺，二百四十首，廣九寸。侯、伯，青朱綬，四采，青赤白縹，純朱質，青文織，長一丈六尺，百八十首，廣八寸。子、男，素朱綬，三采，青赤白，純朱質，白文織成，一丈四尺，百四十首，廣七寸。正、從一品，綠綟綬，四采，綠紫黃赤，純綠質，長一丈八尺，二百四十首，廣九寸。從三品已上，紫綬，三采，紫黃赤，純紫質，長一丈六尺，百八十首，廣八寸。銀青光祿大夫，朝議大夫及正、從四品，青綬，三采，青白紅，純青質，長一丈四尺，百四十首，廣七寸。正、從五品，墨綬，二采，青紺，純紺質，長一丈二尺，百首，廣六寸。自王公已下，皆有小雙綬，長二尺六寸，色同大綬，而首半之。正、從一品，施二玉環，已下不合。其有綬者則有紛，皆長六尺四寸，廣二寸四分，各隨其綬色。

鞶囊，二品已上金縷，三品金銀縷，四品及開國男銀縷，五品綵縷。官無綬者，則不合劍佩。一品及五等諸侯，並佩山玄玉。五品已上，佩水蒼玉。

年高致仕及以理去官，被召謁見，皆服前官從省服。州郡秀孝，試見之日，皆假進賢一梁冠，絳公服。

隱居道素之士，被召入謁見者，黑介幘，白單衣，革帶，烏皮履。

左右衞、左右武衞、左右武候大將軍、領左右大將軍，並武弁，絳朝服，劍，佩，綬。侍從則平巾幘，紫衫，大口袴褶，金玳瑁裝兩襠甲。唯左右武衞大將軍執赤檉杖。左右衞、左右武衞、左右武候將軍、領左右將軍、左右監門衞將軍、太子左右衞、左右宗衞、左右內等率、

左右監門郎將及諸副率，並武弁，絳朝服，劍，佩，綬。侍從則平巾幘，紫衫，大口袴，金裝兩襠甲。唯左右武衞將軍、太子左右宗衞率，執白檀杖。

直閤將軍、直寢、直齋、太子直閤，武弁，絳朝服，劍，佩，綬。侍從則平巾幘，絳衫，大口袴褶，銀裝兩襠甲。

皇后首飾，花十二樹。皇太子妃，公主，王妃，三師、三公及公夫人，一品命婦，並九樹。侯夫人，二品命婦，並八樹。伯夫人，三品命婦，並七樹。子夫人，世婦及皇太子昭訓，四品已上官命婦，並六樹。男夫人，五品命婦，五樹。女御及皇太子良娣，三樹。自皇后已下，小花並如大花之數，并兩博鬢也。

皇后褘衣，深青織成爲之。爲翬翟之形，素質，五色，十二等。青紗內單，黼領，羅縠褾、襈，蔽膝，隨裳色，用翟爲章，三等。大帶，隨衣色，朱裏，紕其外，上以朱錦，下以綠錦。紐約用青組。以青衣，革帶，青韈、舄，舄加金飾。白玉佩，玄組、綬。章采尺寸，與乘輿同。祭及朝會，凡大事則服之。

鞠衣，黃羅爲之。應服者皆同。其蔽膝、大帶及衣、革帶、舄，隨衣色。餘與褘衣同，唯無雉。親蠶則服之。應服者皆以助祭。

青衣，青羅爲之，制與鞠衣同。去花、大帶及佩綬。以禮見皇帝，則服之。

朱衣，緋羅爲之，制如青衣。宴見賓客則服之。

皇太后服與皇后同。皇太后璽，不行用，若封令書，則用宮官之印。

皇后璽，不行用，若封令書，則用內侍之印。

皇太子妃褕翟，青織成爲之。爲搖翟之形，青質，五色，九等。青紗內單，黼領，羅縠褾、襈，蔽膝，隨衣色，以搖翟爲章，三等。大帶，隨衣色，下朱裏，紕其外，上以朱錦，下以綠錦。紐約用青組。以青衣，革帶，青韈、舄，舄加金飾。瑜玉佩，純朱綬。章采尺寸，與皇太子同。助祭朝會，凡大事則服之。亦有鞠衣。

皇太子妃璽，不行用，若封書，則用典內之印。

公主，王妃，三師、三公及公侯伯夫人，服褕翟。繡爲之。公主，王妃，三師三公及公夫人爲九等，侯夫人八等，伯夫人七等。助祭朝會，凡大事則服之。亦有鞠衣。

子、男夫人，服闕翟。綷羅爲之。刻赤繒爲翟形，不繡，綴於服上。子夫人六等，男夫人五等。助祭朝會，凡大事則服之。亦有鞠衣。

諸王、公、侯、伯、子、男之母，與妃、夫人同。其郡縣君，各視其夫及子。若郡縣君品高及無夫、子者，準品。

嬪及從三品已上官命婦，青服。制與褕翟同，青羅爲之，唯無雉。助祭朝會，凡大事則服之。亦有鞠衣。

世婦及皇太子昭訓，從五品已上官命婦，服青服。助祭從蠶朝會，凡大事則服之。

女御及皇太子良媛，朱服。制與青服同，去佩綬。助祭從蠶朝會，凡大事則服之。

六尙，朱絲布公服。助祭從蠶朝會，凡大事則服之。

六司、六典及皇太子三司、三典、三掌，青紗公服。助祭從蠶朝會，凡大事則服之。

佩綬，嬪同九卿，世婦及皇太子昭訓同五品，公主、王妃同諸王，三師、三公、五等國夫人及從五品已上官命婦，皆準其夫。無夫者準品。

定令訖。

高祖元正朝會，方御通天服，郊丘宗廟，盡用龍袞衣，大裘毳褕，皆未能備。至平陳，得其器物，衣冠法服，始依禮具。然皆藏御府，弗服用焉。百官常服，同於匹庶，皆著黃袍，出入殿省。高祖朝服亦如之，唯帶加十三環，以爲差異。蓋取於便事。及大業元年，煬帝始詔吏部尙書牛弘、工部尙書宇文愷、兼內史侍郎虞世基、給事郎許善心、儀曹郎袁朗等，憲章古制，創造衣冠，自天子逮于胥皁，服章皆有等差。若先所有者，則因循取用，弘等議定乘輿服，合八等焉。

大裘冕之制，案周禮，大裘之冕，無旒。三禮衣服圖：「大裘而冕，王祀昊天上帝及五帝之服。」至秦，除六冕，唯留玄冕。漢明帝永平中，方始創制。董巴志云：「漢六冕同制，皆闊七寸，長尺二寸，前圓後方。」於是遂依此爲大裘冕制，青表，朱裏，不施旒纊，不通於下。其大裘之服，案周官注「羔裘也」。其制，準禮圖，以羔正黑者爲之，取同色繒以爲領袖。其裳用纁，而無章飾，絳韈，赤舄。祀圓丘、感帝、封禪、五郊、明堂、雩、蜡，皆服之。

袞冕之制，案禮玉藻「十有二旒」。大戴禮云：「冕而加旒，以蔽明也，琇纊塞耳，以蔽聰也。」又禮含文嘉：「前後邃延，不視邪也，加以黈纊，不聽讒也。」「三王之冕，既不通制，故夫子云：『行夏之時，服周之冕。』」今以采綖貫珠，爲旒十二。邃延者，出冕前後而下垂之，旒齊於膞，纊齊於耳，組爲纓，玉笄導。其爲服之制，案釋名云「袞，卷也」，謂畫龍於上也。是時虞世基奏曰：

後周故事，升日月於旌旗，乃闕三辰，而章無十二。但有山、龍、華蟲作繪，宗彝、藻、火、粉米、黼、黻，乃與三公不異。開皇中，就裏欲生分別，故衣重宗彝，裳重黼黻，合重二物，以就九章，爲十二等。但每一物，上下重行。袞服用九，鷩服用七，今重此三物，乃非典故。且周氏執謙，不敢負於日月，所以綴此三象，唯施太常。天王袞衣，章乃從九。但天子譬日，德在照臨，辰爲帝位，月主正后，負此三物，合德齊明，自古有之，理應無惑。周執謙道，殊未可依，重用宗彝，又乖法服。

今準尙書：「予欲觀古人之服，日、月、星辰、山、龍、華蟲作會，宗彝、藻、火、粉米、

黼黻絺繡。」具依此，於左右膞上爲日月各一，當後領下而爲星辰，又山、龍九物，各重行十二。又近代故實，依尙書大傳：「山龍純青，華蟲純黃，作會，宗彝純黑，藻純白，火純赤。」以此相間，而爲五采。鄭玄議已自非之，云：「五采相錯，非一色也。」今並用織成於繡，五色錯文。準孔安國，衣質以玄，加山、龍、華蟲、火、宗彝等，並織成爲五物；裳質以纁，加藻、粉米、黼、黻之四。衣裳通數，此爲九章，兼上三辰，而備十二也。衣褾、領上各帖升龍，漢、晉以來，率皆如此。既是先王法服，不可乖於夏制，徵而用之，理將爲允。

墨勑曰：「可。」承以單衣。又案董巴輿服志宗廟冕服云：「絳領、袖爲內單衣。」又車服雜記曰：「天子釋奠、郊祭而單衣，以絳緣。」今用白紗爲內單，黼領，絳褾，青裾及襈。革帶，玉鉤艓，大帶朱裏，紕其外。紐約用組，上加朱韍。又案說文：「韠，韍也。所以蔽前。」禮記曰：「有虞氏韍，夏后氏山，殷火，周龍章。」鄭玄曰：「冕之韍也，舜始作之，以尊祭服。禹、湯至周，增以文飾。」禮記曰：「君朱韠。」鄭曰：「韠象裳色。」今依白武通注，以蔽裳前，上闊一尺，象天數也；下闊二尺，象地數也；長三尺，象三才也；加龍章山火，以備三代之法也。於是制袞冕之服，玄衣，纁裳，合九章爲十二等。白紗內單，黼領，青褾、襈。革帶，玉鉤艓，大帶，韍，鹿盧玉具劍，火珠鏢首，白玉雙佩，玄組，大、小綬。朱韈，赤舄，舄飾以金。宗廟、社稷、籍

田、方澤、朝日、夕月、遣將授律、征還飲至、加元服、納后、正冬受朝、臨軒拜爵，皆服之。

通天冠之制，案董巴志：「冠高九寸，形正豎，頂少邪却，後乃直下爲鐵卷梁，〔五〕前有高山。」故禮圖或謂之高山冠也。晉起居注，成帝咸和五年，制詔殿內曰：「平天、通天冠，並不能佳，可更修理之。」雖在禮無文，故知天子所冠，其來久矣。又徐氏輿服注曰：「通天冠，高九寸，黑介幘，金博山。」徐爰亦曰：「博山附蟬，謂之金顏。」今制依此，不通於下，獨天子元會臨軒服之。其服絳紗袍，深衣制，白紗內單，皁領、褾、裾、襈，絳紗蔽膝，白假帶，方心曲領。其劍、佩、綬、舄、革帶，皆與上同。元冬饗會、諸祭還，則服之。四時視朔，則內單、領、襈，各隨其方色。唯秋方色白，以緣代之。

遠遊冠之制，案漢雜事曰：「太子諸王服之。」故淮南子曰：「楚莊王冠通梁，組纓。」注云：「通梁，遠遊也。」晉令：「皇太子諸王，給遠遊冠。」徐氏雜注曰：「天子雜服，遠遊五梁。太子諸王三梁。」董巴志曰：「制如通天，有展筩，橫之幘上。」今制依此，天子加金博山，九首，施珠翠，黑介幘，金緣，以承之。翠緌纓，犀簪導。太子親王加金附蟬，宗室王去附蟬，並不通於庶姓。其乘輿遠遊冠服，白紗單衣，承以裙襦，烏皮履。拜山陵則服之。

武弁之制，案徐爰宋志，謂籠冠是也。禮圖曰：「武士服之。」董巴輿服志云：「諸常侍、內常侍，加黃金附蟬、貂尾，謂之惠文冠。」今制，天子金博山，三公已上玉冠枝，四品已上金

枝。侍臣加附蟬，珥豐貂，文官七品已上毦白筆，八品已下及武官，皆不毦筆。其乘輿武弁之服，衣、裳、綬如通天之服。講武、出征、四時蒐狩、大射、禡、類、宜社、賞祖、罰社、纂嚴，皆服之。

弁之制，案五經通義：「高五寸，前後玉飾。」詩云：「璯弁如星。」董巴曰：「以鹿皮爲之。」尙書顧命：「四人綦弁，執戈。」故知自天子至于執戈，通貴賤矣。魏臺訪議曰：「天子以五采玉珠十二飾之。」今參準此，通用烏漆紗而爲之。天子十二琪，皇太子及一品九琪，二品八琪，三品七琪，四品六琪，五品五琪，六品已下無琪。唯文官服之，不通武職。案禮圖，有結纓而無笄導。少府少監何稠，請施象牙簪導。詔許之。弁加簪導，自茲始也。乘輿鹿皮弁服，緋大襦，白羅裙，金烏皮履，革帶，小綬長二尺六寸，色同大綬，而首半之，間施三玉環，白玉佩一隻。視朝聽訟則服之。凡弁服，自天子已下，內外九品已上，弁皆以烏爲質，並衣袴褶。五品已上以紫，六品已下以絳。宿衞及在仗內，加兩襠，螣蛇絳構衣，連裳。典謁贊引，流外冗吏，通服之，以縵。後制鹿皮弁，以賜近臣。

帽，古野人之服也。董巴云：「上古穴居野處，衣毛帽皮。」以此而言，不施衣冠，明矣。案宋、齊之間，天子宴私，著白高帽，士庶以烏，其制不定。或有卷荷，或有下裙，或有紗高屋，或有烏紗長耳。後周之時，咸著突騎帽，如今胡帽，垂裙覆帶，蓋索髮之遺象也。又文

帝項有瘤疾，不欲人見，每常著焉。相魏之時，著而謁帝，故後周一代，將爲雅服，小朝公宴，咸許戴之。開皇初，高祖常著烏紗帽，自朝貴已下，至于冗吏，通著入朝。今復制白紗高屋帽，其服，練裙襦，烏皮履。宴接賓客則服之。

白帢，案傅子：「魏太祖以天下凶荒，資財乏匱，擬古皮弁，裁縑帛以爲之。」蓋自魏始也。梁令，天子爲朝臣等舉哀則服之。今亦準此。其服，白紗單衣，承以裙襦，烏皮履。舉哀臨喪則服之。

幘，案董巴云：「起於秦人，施於武將，初爲絳袙，以表貴賤焉。至漢孝文時，乃加以高顏。」孝元帝額有壯髮，不欲人見，乃始進幘。又董偃召見，綠幘傅韝。東觀記云：「詔賜段熲赤幘大冠一具。」故知自上已下，至于皁隸，及將帥等，皆通服之。今天子畋獵御戎，文官出遊田里，武官自一品已下，至于九品，幷流外吏色，皆同烏。廚人以綠，卒及馭人以赤，舉輦人以黃。駕五輅人，逐其車色。承遠遊、進賢者，施以掌導，謂之介幘。承武弁者，施以笄導，謂之平巾。其乘輿黑介幘之服，紫羅褶，南布袴，玉梁帶，紫絲鞋，長靿靴。畋獵豫遊則服之。

皇太子服六等，衮冕九旒，朱組纓，青纊琉耳，犀簪導。紺衣，纁裳，去日月星辰爲九章。白紗內單，黼黻領，青褾、襈、裾。革帶，金鉤艓，大帶，韍二章，玉具劍。侍從祭祀，及謁廟、

加元服、納妃，則服之。據晉咸寧四年故事，衣色用玄，改用紺。舊章用織成，降以繡。玉具劍，故事以火珠鏢首，改以白珠。開皇中，皇太子冕同天子，貫白珠。及仁壽元年，煬帝爲太子，以白珠太逼，表請從青珠。於是太子衮冕，與三公王等，皆青珠九旒。旒短不及髆，降天子二寸。

遠遊冠，金附蟬，加寶飾珠翠，九首，珠纓翠緌，犀簪導。絳紗袍，白紗內單，皁領、褾、襈、裾。白假帶，方心曲領，絳紗蔽膝。韈，舄，革帶，劍，佩，綬同衮冕。未冠則雙童髻，空頂黑介幘，雙玉導，加寶飾珠翠，二首。謁廟還，元日、朔旦入朝，釋奠，則服之。

始後周采用周禮，皇太子朝賀，皆衮冕九章服。開皇初，白非助祭，皆冠遠遊冠。至此，牛弘奏云：「皇太子冬正大朝，請服衮冕。」帝問給事郎許善心曰：「太子朝謁，著遠遊冠，有何典故？」對曰：「晉令皇太子給五時朝服、遠遊冠。至宋泰始六年，更議儀注，儀曹郎丘仲起議：『案周禮，公自衮冕已下，至卿大夫之玄冕，皆其朝聘之服也。伏尋古之公侯，尙得服衮，以入朝見，況皇太子儲副之尊，謂宜式遵盛典，服衮朝賀。』兼左丞陸澄議：『服冕以朝，實著經典，自秦除六冕之制，後漢始備古章。魏、晉以來，非祀宗廟，不欲令臣下服於衮冕，位爲公者，必加侍官，故太子入朝，因亦不著。但承天作副，禮絕羣后，宜遵前王之令典，革近代之陋制，皇太子朝，請服冕。』自宋以下，始定此儀。至梁簡文之爲太子，嫌於上

逼，還冠遠遊，下及於陳，皆依此法。後周之時，亦言服衮入朝。至于開皇，復遵魏、晉故事。臣謂衮冕之服，章玉雖差，一日而觀，頗欲相類。臣子之道，義無上逼。故晉武帝太始三年，詔太宰安平王孚著侍內之服，四年，又賜趙、燕、樂安王等散騎常侍之服。自斯以後，台鼎貴臣，並加貂璫武弁，故皇太子遂著遠遊，謙不逼尊，於理爲允。」帝曰：「善。」竟用開皇舊式。

遠遊三梁冠，從省服，絳紗單衣，革帶，金鉤艓，假帶，方心，佩一隻，紛長六尺四寸，闊二寸四分，色同於綬。金縷鞶囊，白韈，烏皮履，金飾。五日常朝則服之。

鹿皮弁，九琪，服絳羅襦，白羅裙，革帶，履，韈，佩，紛，如從省服。在宮聽政則服之。

平巾，黑幘，玉冠枝，金花飾，犀簪導，紫羅褶，南布袴，玉梁帶，長靿靴。侍從田狩則服之。

白帢，素單衣，烏皮履。爲宮臣舉哀弔喪則服之。

諸王三公已下，爲服之制，衮冕九章服。三公攝祭及諸王初受册、贄、[六]入朝、助祭、親迎，則服之。綬各依其色。

鷩冕，案禮圖：「王祭先公及卿之服。」天子九旒，用玉二百一十六。侯伯服以助祭，七旒，用玉八十。新制依此。服七章。三品及公侯助祭則服之。

毳冕，案禮圖：「王祀四望山川之服。」天子七旒，用玉百六十八。子男服以助祭，五旒，用玉五十。新制依此。服五章。四品及伯助祭則服之。

絺冕，案禮圖：「王者祭社稷五祀之服。」天子五旒，用玉百二十。孤卿服以助祭，四旒，用玉三十二。新制依此。服三章。五品及子男助祭則服之。

玄冕，案禮圖：「王祭羣小祀及視朝服。」天子四旒，用玉三十二。諸侯服以祭其宗廟，三旒，用玉十八。新制依此。服三章。通給庶姓。一品已下，五品已上，自製于家，祭其私廟。三品省衣粉米，加三重；裳黼黻，加二重。四品減黼一重，五品減黻一重。禮自玄冕以上，加旒一等，天子祭祀，節級服之。

開皇以來，天子唯用衮冕，自鷩之下，不施於尊，具依前式。而六等之冕，皆有黈纊，黃緜爲之，其大如橘。自皇太子以下，三犀導，青纓爵弁。案董巴志：「同於爵形，一名冕，有收持笄，所謂夏收、殷冔者也。」祠天地、五郊、明堂，雲翹舞人服之。禮云：「朱干玉戚，冕而舞大夏。」此之謂也。禮圖云：「士助君祭服之，色如爵頭，無旒有纊。」新制依此。角爲簪導，衣青，裳纁，並縵，無章。六品已下，皆通服之。

遠遊冠服，王所服也。衣裳內單。如皇太子，佩山玄玉，金章龜鈕。宋孝建故事亦謂之璽，今文曰「印」。又並歸於官府，身不自佩，例以銅易之。大綬四采，小綬同色，施二玉環，玉具劍，烏皮舄，舄加金飾。唯帝子宗室封國王者服之。

進賢冠，案漢官云：「平帝元始五年，令公卿列侯冠三梁，二千石兩梁，千石以下一梁。」梁別貴賤，自漢始也。董巴釋曰：「如緇布冠，文儒之服也。」前高七寸而却，後高三寸而立。王莽之時，以幘承之。新制依此。內外文官通服之。三品已上三梁，五品已上兩梁，九品已上一梁，用明尊卑之等也。其朝服，亦名具服。絳紗單衣，白紗內單，玄領、裾、襈、袖，革帶，金鉤艓，假帶，曲領方心，絳紗蔽膝，白韈，烏皮舄。雙佩、綬，如遠遊之色。自一品已下，五品已上，衣服盡同，而綬依其品。陪祭朝饗拜表，凡大事皆服之。六品、七品，去劍、佩、綬。八品、九品，去白筆、內單，而用履代舄。其五品已上，一品已下，又有公服，亦名從省服。並烏皮履，去曲領、內單、白筆、蔽膝。開皇故事，亦去鞶囊、佩、綬。何稠請去大綬，而偏垂一小綬，綴於獸頭鞶囊，獨一隻佩，正當於後。詔從之。一品已下，五品已上，同。

高山冠，案董巴志云：「一曰側注，謁者僕射之所服也。」胡伯始以爲齊王冠，秦滅齊，以賜謁者。傅子曰：「魏明帝以高山冠似通天，乃毁變其形，除去卷筩，令如介幘。幘上加物，以象山峯，行人使者，通皆服之。」新制參用其事，形如進賢，於冠前加三峯，以象魏制。謁者大夫已下服之。梁依其品。

獬豸冠，案禮圖曰：「法冠也，一曰柱後惠文。」如淳注漢官曰：「惠，蟬也，細如蟬翼。」今

御史服之。禮圖又曰：「獬豸冠，高五寸，秦制也。法官服之。」董巴志曰：「獬豸，神羊也。」蔡邕云：「如麟，一角。」應劭曰：「古有此獸，主觸不直，故執憲者，爲冠以象之。秦滅楚，以其冠賜御史。」此卽是也。開皇中，御史戴却非冠，而無此色。新制又以此而代却非。御史大夫以金，治書侍御史以犀，侍御史已下，用羚羊角，獨御史、司隸服之。

巾，案方言云：「巾，趙、魏間通謂之承露。」郭林宗傳曰：「林宗嘗行遇雨，巾沾角折。」又袁紹戰敗，幅巾渡河。此則野人及軍旅服也。制有二等。今高人道士所著，是林宗折角；庶人農夫常服，是袁紹幅巾。故事，用全幅皁而向後襆髮，俗人謂之襆頭。自周武帝裁爲四脚，今通於貴賤矣。

簪導，案釋名云：「簪，建也，所以建冠於髮也。一曰笄。笄，係也，所以拘冠使不墜也。導所以導擽鬢髮，使入巾幘之裏也。」今依周禮，天子以玉笄，而導亦如之。又史記曰：「平原君誇楚，爲玳瑁簪。」班固與弟書云：「今遺仲升以黑犀簪。」士燮集云：「遺功曹史貢皇太子通天犀導。」故知天子獨得用玉，降此通用玳瑁及犀。今並準是，唯弁用白牙笄導焉。

貂蟬，案漢官：「侍內金蟬左貂，金取剛固，蟬取高潔也。」董巴志曰：「內常侍，右貂金璫，銀附蟬，內書令亦同此。」今宦者去貂，內史令金蟬右貂，納言金蟬左貂。開皇時，加散騎常侍在門下者，皆有貂蟬，至是罷之。唯加常侍聘外國者，特給貂蟬，還則輸納於內省。

白筆，案徐氏雜注云：「古者貴賤皆執笏，有事則書之，故常簪筆。今之白筆，是遺象也。」魏略曰：「明帝時大會而史簪筆。」今文官七品已上，通旄之。武職雖貴，皆不旄也。

纓，案儀禮曰：「天子朱纓，諸侯丹組纓。」今冕，天子已下皆朱纓。又尉繚子曰：「天子玄纓，諸侯素纓。」別尊卑也。今不用素，並從冠色焉。

佩，案禮，天子佩白玉。董巴、司馬彪云：「君臣佩玉，尊卑有序，所以章德也。」今參用杜夔之法，天子白玉，太子瑜玉，王山玄玉。自公已下，皆水蒼玉。

綬，案禮：「天子玄組綬，侯伯朱組綬，大夫純組綬，世子綦組綬。」漢官云：「蕭何爲相國，佩綠綬，公侯紫，卿二千石青，令長千石黑。」今大抵準此。天子以雙綬，六采，玄黃赤白縹綠，純玄質，長二丈四尺，五百首，闊一尺；雙小綬，長二尺六寸，色同大綬，而首半之，間施四玉環。開皇用三，今加一。皇太子，朱雙綬，四采，赤白縹紺，純朱質，長一丈八尺，三百二十首，闊九寸；雙小綬，長一尺六寸，色同大綬，而首半之，間施三玉環。開皇用二，今加一。三公，綠綟綬，四采，綠黃縹紫，純綠質，黃文織之，長一丈八尺，二百四十首，闊九寸，與親王綬，俱施二玉環。諸王，纁朱綬，四采，赤黃縹紺，純朱質，纁文織之，長一丈八尺，二百四十首，闊九寸。公，玄朱綬，四采，赤縹玄紺，純朱質，玄文織之，長一丈八尺，二百四十首，闊九寸。侯、伯，青朱綬，四采，青赤白縹，純朱質，青文織，長一丈六尺，百八十

首，闊八寸。子、男，素朱綬，三采，青赤白，純朱質，素文織之，長一丈四尺，百四十首，闊七寸。二品已上，纁紫綬，四采，纁紫赤黃，純紫質，纁文織之，長一丈四尺，百四十首，闊八寸。三品，紺紫綬，四采，紫紺黃縹，純紫質，紺文織之，長一丈六尺，百八十首，闊八寸。四品，青綬，三采，青白紅，純青質，長一丈四尺，百四十首，闊七寸。五品，墨綬，二采，青紺，純紺質，長一丈二尺，百二十首，闊六寸。自王公已下，皆有小綬二枚，色同大綬，而首半之。正、從一品，施二玉環。凡有綬者，皆有紛，並長六尺四寸，闊二寸四分，隨於綬色。

鞶囊，案禮：「男鞶革，女鞶絲。」東觀書：「詔賜鄧遵獸頭鞶囊一枚。」班固與弟書：「遺仲升獸頭旁囊，金錯鉤也。」古佩印皆貯懸之，故有囊稱。或帶於旁，故班氏謂爲旁囊，綬印鈕也。今雖不佩印，猶存古制，有佩綬者，通得佩之。無佩則不。今採梁、陳、東齊制，品極尊者，以金織成，二品以上服之。次以銀織成，三品已上服之。下以綖織成，五品已上服之。分爲三等。

革帶，案禮「博二寸」。禮圖曰：「璫綴於革帶。」阮諶以爲有章印則於革帶佩之。東觀記：「楊賜拜太常，詔賜自所著革帶。」故知形制尊卑不別。今博三寸半，加金鏤鰈，螳蜋鉤，以相拘帶。自大裘至于小朝服，皆用之。

劍，案漢自天子至于百官，無不佩刀。蔡謨議云：「大臣優禮，皆劍履上殿。非侍臣，解之。」蓋防刃也。近代以木，未詳所起。東齊著令，謂爲象劍，言象於劍。周武帝時，百官燕會，並帶刀升座。至開皇初，因襲舊式，朝服登殿，亦不解焉。十二年，因蔡徵上事，始制凡朝會應登殿坐者，劍履俱脫。其不坐者，勑召奏事及須升殿，亦就席解劍，乃登。納言、黃門、內史令、侍郎、舍人，既夾侍之官，則不脫。其劍皆真刃，非假。既合舊典，弘制依定。又準晉咸康元年定令故事，自天子已下，皆衣冠帶劍。今天子則玉具火珠鏢首，餘皆玉鏢首。唯侍臣帶劍上殿，自王公已下，非殊禮引升殿，皆就席解而後升。六品以下，無佩綬者，皆不帶。

曲領，案釋名，在單衣內襟領上，橫以雍頸。七品已上有內單者則服之，從省服及八品已下皆無。

珽，案禮：「天子搢珽，方正於天下也。」又五經異義：「天子笏曰珽，珽直無所屈也。」今制準此，長尺二寸，方而不折。以球玉爲之。

笏，案禮：「諸侯以象，大夫魚須文竹，士以竹，本象可也。」凡有指畫於君前，受命書於笏，笏畢用也。五經要義曰：「所以記事，防忽忘。」禮圖云：「度二尺有六寸，中博二寸，其殺六分去一。」晉、宋以來，謂之手板，此乃不經，今還謂之笏，以法古名。自西魏以降，五品已上，通用象牙，六品已下，兼用竹木。

履、舄，案圖云：「複下曰舄，單下曰履。夏葛冬皮。」近代或以重皮，而不加木，失於乾腊之義。今取乾腊之理，以木重底。冕服者色赤，冕衣者色烏，履同烏色。諸非侍臣，皆脫而升殿。凡舄，唯冕服及具服著之，履則諸服皆用。唯褶服以靴。靴，胡履也，取便於事，施於戎服。

皇后服四等，有褘衣、鞠衣、青服、朱服。

諸建華、鵕鸃、鶡冠、委貌、長冠、樊噲、却敵、巧士、術氏、却非等，前代所有，皆不採用。

褘衣，深青質，織成領袖，文以翬翟，五采重行，十二等。首飾花十二鈿，小花毦十二樹，并兩博鬢。素紗內單，黼領，羅縠褾、襈，色皆以朱。蔽膝隨裳色，以緅爲緣，用翟三章。大帶隨衣裳，飾以朱綠之錦，青緣。革帶，青韈、舄，舄以金飾。白玉佩，玄組，綬，章采尺寸同於乘輿。祭及朝會，凡大事皆服之。

鞠衣，黃羅爲質，織成領袖，小花十二樹。蔽膝，革帶及舄，隨衣色。餘準褘衣，親蠶服也。

青服，去花、大帶及佩綬，金飾履。禮見天子則服之。

朱服，制如青服。宴見賓客則服之。

有金璽，盤螭鈕，文曰「皇后之璽」。冬正大朝，則并黃琮，各以笥貯，進於座隅。

皇太后服，同於后服。而貴妃以下，並亦給印。

貴妃、德妃、淑妃，是爲三妃。服褕翟之衣，首飾花九鈿，并二博鬢。金章龜鈕，文從其職。紫綬，一百二十首，長一丈七尺，金縷織成獸頭鞶囊，佩于闐玉。

順儀、順容、順華、修儀、修容、修華、充儀、充容、充華，是爲九嬪。服闕翟之衣，首飾花八鈿，并二博鬢。金章龜鈕，文從其職。紫綬，一百首，長一丈七尺，金縷織成獸頭鞶囊，佩采瓄玉。

婕妤，銀縷織成獸頭鞶囊，首飾花七鈿。他如嬪服。

美人、才人，服鞠衣，首飾花六鈿，并二博鬢。銀印珪鈕，文從其職。青綬，八十首，長一丈六尺。綵縷織成獸爪鞶囊，佩水蒼玉。

寶林，服展衣，首飾花五鈿，并二博鬢。銀印環鈕，文如其職。艾綬，八十首，長一丈六尺。鞶囊，佩玉，同於婕妤。

承衣刀人、采女，皆服褖衣，無印綬。參準宋泰始四年及梁、陳故事，增損用之。

皇太子妃，服褕翟之衣，青質，五采織成爲搖翟，以備九章。首飾花九鈿，并二博鬢。金璽龜鈕，文如其職。素紗內單，黼領，羅縹，襈，色皆用朱，蔽膝二章。大帶，同褘衣，青綠革帶，朱韈，青舄，舄加金飾。佩瑜玉，纁朱綬，一百六十首，長二丈，獸頭鞶囊。凡大禮見皆

服之。唯侍親桑，則用鞠衣之服，花釵佩綬，與褕衣同。準宋孝建二年故事而增損之。

良娣，鞠衣之服，銀印珪鈕，文如其職。佩采瓄玉，青綬，八十首，長一丈六尺，獸爪鞶囊。餘同世婦。

保林，八子，展衣之服，銅印環鈕，文如其職。佩水蒼玉，艾綬，八十首，長一丈六尺，獸爪鞶囊。自良娣等，準宋大明六年故事而損益之。

諸王太妃、妃、長公主、公主、三公夫人、一品命婦，褕翟之服，繡爲九章。首飾花九鈿，佩山玄玉，獸頭鞶囊。綬同夫色。

公夫人，縣主，二品命婦，亦服褕翟，繡爲八章。首飾八鈿。侍從親桑，同用鞠衣。自此之下，佩皆水蒼玉。

侯、伯夫人，三品命婦，亦服褕翟，繡爲七章。首飾七鈿。

子夫人，四品命婦，服闕翟之衣，刻赤繒爲翟，綴於服上，以爲六章。首飾六鈿。

男夫人，五品命婦，亦服闕翟之衣，刻繪爲翟，綴於服上，以爲五章。首飾五鈿。若當從侍親桑，皆同鞠衣。

議既定，帝幸修文殿覽之，乃令何稠、起部郎閻毗等造樣上呈。二年總了，始班行焉，軒冕之盛，貫古今矣。

三年正月朔旦，大陳文物。時突厥染干朝見，慕之，請襲冠冕。帝不許。明日，率左光祿大夫、褥但特勤阿史那職御，左光祿大夫、特勤阿史那伊順，右光祿大夫、意利發史蜀胡悉等，並拜表，固請衣冠。帝大悅，謂弘等曰：「昔漢制初成，方知天子之貴。今衣冠大備，足致單于解辮，此乃卿等功也。」弘、愷、善心、世基、何稠、閻毗等賜帛各有差，並事出優厚。

是後師旅務殷，車駕多行幸。百官行從，唯服袴褶，而軍旅間不便。至六年後，詔從駕涉遠者，文武官等皆戎衣。貴賤異等，雜用五色。五品已上，通着紫袍，六品已下，兼用緋綠，胥吏以青，庶人以白，屠商以皁，士卒以黃。

卓彼上天，宮室混成，玄戈居其左，上將居其右，弧矢揚威，羽林置陳。易曰：「天垂象，聖人則之。」昔軒轅氏之有天下也，以師兵爲營衞，降至三代，其儀大備。西漢武帝，每上甘泉，則列鹵簿，車千乘，騎萬匹。其居前殿，則植戟懸楯，以戒不虞。其所由來者尚矣。

梁武受禪于齊，侍衞多循其制。正殿便殿閣及諸門上下，各以直閤將軍等直領。又置刀釰、御刀、御楯之屬，直御左右。兼有御仗、鋋矟、赤氅、角抵、勇士、青氅、衞仗、長刀、刀劍、細仗、羽林等左右二百七十六人，以分直諸門。行則儀衞左右。又有左右夾轂、蜀客、楯劍、格獸羽林、八從遊盪、十二不從遊盪、直從細射、庬察、刀戟、腰弩、大弩等隊，凡四十

九隊，亦分直諸門上下。行則量爲儀衞。東西掖、端、大司馬、東西華、承明、大通等門，又各二隊，及防殿三隊，雖行幸不從。又有八馬遊盪、馬左右夾轂、左右馬百騎等各二隊，及騎官、閱武馬容、雜伎馬容及左右馬騎直隊，行則侍衞左右，分爲警衞。車駕晨夜出入及涉險，皆作函。鹵簿應宿衞軍騎，皆執兵持滿，各當其所保護方面。天明及度險，乃奏解函，撾鼓而依常列。

乘輿行則有大駕、法駕、小駕。大駕以郊饗上天，臨馭九伐。法駕以祭方澤，祀明堂，奉宗廟，籍千畝。小駕以敬園陵，親蒐狩。大駕則公卿奉引，大將軍驂乘，太僕馭。法駕小駕，皆侍中驂乘，奉車郎馭，公卿不引。其餘行幸，送往勞旋，則槊仗。近讌則隊仗。三駕法天，二仗法地，其動也參天而兩地也。

陳氏承梁，亦無改革。

齊文宣受禪之後，警衞多循後魏之儀。及河清中定令，宮衞之制，左右各有羽林郎十二隊。又有持鈒隊、鋋槊隊、長刀隊、細仗隊、楯鎩隊、雄戟隊、格獸隊、赤氅隊、角抵隊、羽林隊、步遊盪隊、馬遊盪隊。又左右各武賁十隊，左右翊各四隊，又步遊盪、馬遊盪左右各三隊，是爲武賁。又有直從武賁，左右各六隊，在左者爲前驅隊，在右者爲後拒隊。又有募員武賁隊，强弩隊，左右各一隊，在左者皆左衞將軍總之，在右者皆右衞將軍總之，以備警

衞。其領軍、中領將軍，侍從出入，則著兩襠甲，手執檉杖。左右衞將軍、將軍則兩襠甲，手執檀杖。侍從左右，則有千牛備身、左右備身、刀劍備身之屬。兼有武威、熊渠、鷹揚等備身三隊，皆領左右將軍主之，宿衞左右，而戎服執仗。兵有斧鉞弓箭刀稍，旌旗皆囊首，五色節文，旆悉赭黃。天子御正殿，唯大臣夾侍，兵仗悉在殿下。郊祭鹵簿，則督將平巾幘，緋衫甲，大口袴。

後周警衞之制，置左右宮伯，掌侍衞之禁，各更直於內。小宮伯貳之。臨朝則分在前侍之首，並金甲，各執龍環金飾長刀。行則夾路車左右。中侍，掌御寢之禁，皆金甲，左執龍環，右執獸環長刀，並飾以金。次左右侍，陪中侍之後，並銀甲，左執鳳環，右執麟環長刀。次左右前侍，掌御寢南門之左右，並銀甲，左執師子環，右執象環長刀。次左右後侍，掌御寢北門之左右，並銀甲，左執犀環，右執兕環長刀。左右騎侍，立於寢之東西階，並銀甲，左執羆環，右執熊環長刀，十二人，兼執師子彤楯，列左右侍之外。自左右侍以下，刀並以銀飾。左右宗侍，陪左右前侍之後，夜則衞於寢庭之中，皆服金塗甲，左執豹環，右執貔環長刀，並金塗飾，十二人，兼執師子彤楯，列於左右騎侍之外。自左右中侍已下，皆行則兼帶黃弓矢，巡田則常服，帶短刀，如其長刀之飾。左右庶侍，掌非皇帝所御門閤之禁，並服金塗甲，左執解豸環，右執獜環長劍，並金飾，十二人，兼執師子彤楯，列於左右宗侍之外。行

則兼帶皓弓矢。左右勳侍，掌陪左右庶侍而守出入，則服金塗甲，左執吉良環，右執猙環長劍，十二人，兼執師子彤楯，列於左右庶侍之外。行則兼帶盧弓矢，巡田則與左右庶侍，俱常服，佩短劍，如其長劍之飾。諸侍官，大駕則俱侍，中駕及露寢半之，小駕三分之一。

左右武伯，掌內外衞之禁令，兼六率之士。皇帝臨軒，則備三仗於庭，服金甲，執金鈿杖，立於殿上東西階之側。行則列兵於帝之左右，從則服金甲，被繡袍。左右小武伯各二人，貳之，服執同於武伯，分立於大武伯下及露門之左右塾。行幸則加錦袍。左右武賁，率掌武賁之士，其隊器服皆玄，以四色飾之，各總左右持鈒之隊。皇帝臨露寢，則立於左右三仗第一行之南北。出則分在隊之先後。其副率貳之。左右旅賁，率掌旅賁士，其隊器服皆青，以朱爲飾，立於三仗第二行之南北。其副率貳之。左右射聲，率掌射聲之士，其器服皆朱，以黃爲飾，立於三仗第三行之南北。其副率貳之。左右驍騎，率掌驍騎之士，器服皆黃，以皓爲飾，立於三仗第四行之南北。其副率貳之。左右羽林，率掌羽林之士，其隊器服皆皓，以玄爲飾，立於三仗第五行之南北。其副率貳之。左右遊擊，率掌遊擊之士，其器服皆玄，以青爲飾。其副率貳之。武賁已下六率，通服金甲師子文袍，執銀鈿檀杖。副率通服金甲獸文袍。各有倅長、帥長，相次陪列。行則引前。倅長通服銀甲豹文袍，帥長通服銀甲鶡文袍。自副率已下，通執獸環銀飾長刀。凡大駕則盡行，中駕及露寢則半之，小駕半中駕。常行軍旅，則衣色尙烏。

高祖受命，因周、齊宮衞，微有變革。戎服臨朝大仗，則領左右大將軍二人，分在左右廂。左右直寢、左右直齋、左右直後、千牛備身、左右備身等，夾侍供奉於左右及坐後。左右衞大將軍、左右直閤將軍、以次左右衞將軍，各領儀刀，爲十二行。內四行親衞，行別以大都督領。次外四行勳衞，以帥都督領。次外四行翊衞，以都督領。行各二人執金花師子楯、猨刀。一百四十人，分左右，帶橫刀。後監門直長十二人，左青龍旗，右白獸旗。左右武衞開府，各領三仗六行，在大仗內，行別六十人，大都督一人領之，帥都督一人後之。大駕則執黃麾仗。其次戟二十四，左青龍幢，右白獸幢，罕、畢各一，鈒金二十四，金節十二道，蓋獸，又絳引幡，朱幢，爲持鈒前隊，應蹕，大都督二人領之，在御前橫街南。左右武衞大將軍，領大仗左右廂，各六行，行別三百六十人，大都督一人領之。

及大業四年，煬帝北巡出塞，行宮設六合城。方一百二十步，高四丈二尺。六合，以木爲之，方六尺，外面一方有板，離合爲之，塗以青色。壘六板爲城，高三丈六尺，上加女牆板，高六尺。開南北門。又於城四角起樓敵二，門觀、門樓檻皆丹青綺畫。又造六合殿、千人帳，載以槍車，車載六合三板。其車軨解合交叉，即爲馬槍。每車上張幕，幕下張平一弩，傅矢，五人更守。兩車之間，施車軨馬槍，皆外其轅，以爲外圍。次內布鐵菱，次內施蟄韃。

每一蟄韃，中施弩牀，長六尺，闊三尺。牀桄陛插鋼錐，皆長五寸，謂之蝦鬚。皆施機關，張則錐皆外向。其牀上施旋機弩，以繩連弩機，人從外來，觸繩則弩機旋轉，向觸所而發。其外又以矰周圍行宮，二丈一鈴一柱，柱舉矰，去地二尺五寸。當行宮南北門，施槌磬，連矰，以機發之。有人觸矰，則衆鈴發響，槌擊兩磬，以知所警，名爲擊警。八年征遼，又造鉤陳，以木板連如帳子。張之則綺文，卷之則直焉。帝御營與賊城相對，夜中設六合城，周廻八里。城及女垣，合高十仞，上布甲士，立仗建旗。又四隅有闕，面別一觀，觀下開三門。其中施行殿，殿上容侍臣及三衞仗，合六百人。一宿而畢，望之若眞，高麗旦忽見，謂之爲神焉。

校勘記

〔一〕乘殷之輅　册府五八四，「輅」下有「服周之冕」四字。

〔二〕裴政　「政」原作「正」，據本書本傳改。

〔三〕深衣制　「制」原作「製」，據通典六一改。

〔四〕鉤鰈　原脫「鰈」字，據通典六一補。

〔五〕後乃直下爲鐵卷梁　「下」原在「直」上，據續漢志下改。

〔六〕諸王初受册贄　「贄」上當有「執」字。

隋書

唐 魏徵等撰

第二册

卷一三至卷二一（志）

中華書局

隋書卷十三

志第八

音樂上

夫音本乎太始，而生於人心，隨物感動，播於形氣。形氣既著，協於律呂，宮商克諧，名之爲樂。樂者，樂也。聖人因百姓樂己之德，正之以六律，文之以五聲，詠之以九歌，舞之以八佾。實升平之冠帶，王化之源本。記曰：「感於物而動，故形於聲。」夫人者，兩儀之播氣，而性情之所起也，恣其流湎，往而不歸。是以五帝作樂，三王制禮，摽舉人倫，削平淫放。其用之也，動天地，感鬼神，格祖考，諧邦國。樹風成化，象德昭功，啓萬物之情，通天下之志。若夫升降有則，宮商垂範。禮踰其制，則尊卑乖，樂失其序，則親疎亂。禮定其象，樂平其心，外敬內和，合情飾貌，猶陰陽以成化，若日月以爲明也。

記曰：「大夫無故不撤懸，士無故不撤琴瑟。」聖人造樂，導迎和氣，惡情屏退，善心興

起。伊耆有葦籥之音，伏犧有網罟之詠，葛天八闋，神農五弦，事與功偕，其來已尚。黃帝樂曰咸池，帝嚳曰六英，帝顓頊曰五莖，帝堯曰大章，帝舜曰簫韶，禹曰大夏，殷湯曰護，武王曰武，周公曰勺。教之以風賦，弘之以孝友，大禮與天地同節，大樂與天地同和，禮意風猷，樂情膏潤。傳曰：「如有王者，必世而後仁。」成、康化致升平，刑厝而不用也。古者天子聽政，公卿獻詩，秦人有作，罕聞斯道。漢高祖時，叔孫通爰定篇章，用祀宗廟。唐山夫人能楚聲，又造房中之樂。武帝裁音律之響，定郊丘之祭，頗雜謳謠，非全雅什。漢明帝時，樂有四品：一曰大予樂，郊廟上陵之所用焉。則易所謂「先王作樂崇德，殷薦之上帝，以配祖考」者也。二曰雅頌樂，辟雍饗射之所用焉。則孝經所謂「移風易俗，莫善於樂」者也。三曰黃門鼓吹樂，天子宴羣臣之所用焉。則詩所謂「坎坎鼓我，蹲蹲儛我」者也。其四曰短簫鐃歌樂，軍中之所用焉。黃帝時，岐伯所造，以建武揚德，風敵勵兵，則周官所謂「王師大捷，則令凱歌」者也。又採百官詩頌，以爲登歌，十月吉辰，始用蒸祭。董卓之亂，正聲咸蕩。漢雅樂郎杜夔，能曉樂事，八音七始，靡不兼該。魏武平荊州，得夔，使其刊定雅律。魏有先代古樂，自夔始也。自此迄晉，用相因循，永嘉之寇，盡淪胡、羯。於是樂人南奔，穆皇羅鍾磬，苻堅北敗，孝武獲登歌。晉氏不綱，魏圖將霸，道武克中山，太武平統萬，或得其宮懸，或收其古樂，于時經營是迫，雅器斯寢。孝文頗爲詩歌，以勗在位，謠俗流傳，布諸音律。大臣馳

馳漢、魏，旁羅宋、齊，功成奮豫，代有制作。莫不各揚廟舞，自造郊歌，宣暢功德，輝光當世，而移風易俗，浸以陵夷。

梁武帝本自諸生，博通前載，未及下車，意先風雅，爰詔凡百，各陳所聞。帝又自糾擿前違，裁成一代。周太祖發跡關、隴，躬安戎狄，羣臣請功成之樂，式遵周舊，依三材而命管，承六典而揮文。而下武之聲，豈姬人之唱，登歌之奏，協鮮卑之音，情動於中，亦人心不能已也。昔仲尼返魯，風雅斯正，所謂有其藝而無其時。高祖受命惟新，八州同貫，制氏全出於胡人，迎神猶帶於邊曲。及顏、何驟請，頗涉雅音，而繼想聞韶，去之彌遠。若夫二南斯理，八風揚節，順序旁通，妖淫屏棄，宮徵流唱，翺翔率舞，弘仁義之道，安性命之眞，君子益厚，小人無悔，非大樂之懿，其孰能與於此者哉！是以舜詠南風而虞帝昌，紂歌北鄙而殷王滅。大樂不紊，則王政在焉。故錄其不相因襲，以備于志。周官大司樂一千三百三十九人。漢郊廟及武樂，三百八十人。煬帝矜奢，頗玩淫曲，御史大夫裴蘊，揣知帝情，奏括周、齊、梁、陳樂工子弟，及人間善聲調者，凡三百餘人，並付太樂。倡優獶雜，咸來萃止。其哀管新聲，淫弦巧奏，皆出鄴城之下，高齊之舊曲云。

梁氏之初，樂緣齊舊。武帝思弘古樂，天監元年，遂下詔訪百僚曰：「夫聲音之道，與政

通矣，所以移風易俗，明貴辨賤。而韶、護之稱空傳，咸、英之實靡託，魏晉以來，陵替滋甚。遂使雅鄭混淆，鍾石斯謬，天人缺九變之節，朝讌失四懸之儀。朕昧旦坐朝，思求厥旨，而舊事匪存，未獲釐正，寤寐有懷，所爲歎息。卿等學術通明，可陳其所見。」於是散騎常侍、尚書僕射沈約奏答曰：「竊以秦代滅學，樂經殘亡。至于漢武帝時，河間獻王與毛生等，共採周官及諸子言樂事者，以作樂記。其內史丞王定，傳授常山王禹。劉向校書，得樂記二十三篇，與禹不同。向別錄，有樂歌詩四篇、趙氏雅琴七篇、師氏雅琴八篇、龍氏雅琴百六篇。唯此而已。晉中經簿，無復樂書，別錄所載，已復亡逸。案漢初典章滅絕，諸儒捃拾溝渠牆壁之間，得片簡遺文，與禮事相關者，卽編次以爲禮，皆非聖人之言。月令取呂氏春秋，中庸、表記、防記、緇衣，皆取子思子，樂記取公孫尼子，檀弓殘雜，又非方幅典誥之書也。禮既是行己經邦之切，故前儒不得不補綴以備事用。樂書事大而用緩，自非逢欽明之主，制作之君，不見詳議。漢氏以來，主非欽明，樂既非人臣急事，故言者寡。陛下以至聖之德，應樂推之符，實宜作樂崇德，殷薦上帝。而樂書淪亡，尋案無所。宜選諸生，分令尋討經史百家，凡樂事無小大，皆別纂錄。乃委一舊學，撰爲樂書，以起千載絕文，以定大梁之樂。使五英懷慚，六莖興愧。」

是時對樂者七十八家，咸多引流略，浩蕩其詞，皆言樂之宜改，不言改樂之法。帝既素

善鍾律，詳悉舊事，遂自制定禮樂。又立爲四器，名之爲通。通受聲廣九寸，宣聲長九尺，臨岳高一寸二分。每通皆施三絃。一曰玄英通：應鍾絃，用一百四十二絲，長四尺七寸四分差强；黃鍾絃，用二百七十絲，長九尺；大呂絃，用二百五十二絲，長八尺四寸三分差弱。二曰青陽通：太簇絃，用二百四十絲，長八尺；夾鍾絃，用二百二十四絲，長七尺五寸弱；姑洗絃，用二百一十四絲，長七尺一寸一分强。〔二〕三曰朱明通：中呂絃，用一百九十九絲，長六尺六寸六分弱；蕤賓絃，用一百八十九絲，長六尺三寸二分强；林鍾絃，用一百八十絲，長六尺。四曰白藏通：夷則絃，用一百六十八絲，長五尺六寸二分弱；南呂絃，用一百六十絲，長五尺三寸二分大强；無射絃，用一百四十九絲，長四尺九寸九分强。因以通聲，轉推月氣，悉無差違，而還相得中。又制爲十二笛，黃鍾笛長三尺八寸，大呂笛長三尺六寸，太簇笛長三尺四寸，夾鍾笛長三尺二寸，姑洗笛長三尺一寸，中呂笛長二尺九寸，蕤賓笛長二尺八寸，林鍾笛長二尺七寸，夷則笛長二尺六寸，南呂笛長二尺五寸，無射笛長二尺四寸，應鍾笛長二尺三寸。用笛以寫通聲，飲古鍾玉律幷周代古鍾，並皆不差。於是被以八音，施以七聲，莫不和韻。

是時北中郎司馬何佟之上言：「案周禮『王出入則奏王夏，尸出入則奏肆夏，牲出入則奏昭夏』。今樂府之夏，唯變王夏爲皇夏，蓋緣秦、漢以來稱皇故也。而齊氏仍宋儀注，迎神

奏昭夏，皇帝出入奏永至，牲出入更奏引牲之樂。其爲舛謬，莫斯之甚。請下禮局改正。」周捨議，以爲禮「王入奏王夏」，大祭祀與朝會，其用樂一也。而漢制，皇帝在廟，奏永至樂，朝會之日，別有皇夏。二樂有異，於禮爲乖，宜除永至，還用皇夏。又禮「尸出入奏肆夏，賓入大門奏肆夏，則所設唯在人神，其與迎牲之樂，不可濫也。宋季失禮，頓虧舊則，神入廟門，遂奏昭夏，乃以牲牢之樂，用接祖考之靈。斯皆前代之深疵，當今所宜改也。時議又以爲周禮云：「若樂六變，天神皆降。」神居上玄，去還怳忽，降則自至，迎則無所。可改迎爲降，而送依前式。又周禮云「若樂八變，則地祇皆出，可得而禮」，地宜依舊爲迎神。並從之。又以明堂設樂，大略與南郊不殊，惟壇堂異名，而無就燎之位。明堂則徧歌五帝，其餘同於郊式焉。

初宋、齊代，祀天地，祭宗廟，準漢祠太一后土，盡用宮懸。又太常任昉，亦據王肅議云：「周官『以六律、五聲、八音、六舞大合樂，以致鬼神，以和邦國，以諧兆庶，以安賓客，以悅遠人』。是謂六同，一時皆作。今六代舞，獨分用之，不厭人心。」遂依肅議，祀祭郊廟，備六代樂。至是帝曰：「周官分樂饗祀，虞書止鳴兩懸，求之於古，無宮懸之議。何？事人禮縟，事神禮簡也。天子襲衮，而至敬不文，觀天下之物，無可以稱其德者，則以少爲貴矣。大合樂者，是使六律與五聲克諧，八音與萬舞合節耳。豈謂致鬼神祇用六代樂也？其後卽言『分

樂序之，以祭以享』。此乃曉然可明，肅則失其旨矣。推檢載籍，初無郊禋宗廟偏舞六代之文。唯明堂位曰：『禘祀周公於太廟，朱干玉戚，冕而舞大武，皮弁素積，裼而舞大夏。納夷蠻之樂於太廟，言廣魯於天下也』。夫祭尙於敬，無使樂繁禮黷。是以季氏逮闇而祭，繼之以燭，有司跛倚。其爲不敬大矣。他日祭，子路與焉，質明而始，晏朝而退。孔子聞之，曰：『誰謂由也不知禮乎？』若依肅議，郊既有迎送之樂，又有登歌，各頌功德，徧以六代，繼之出入，方待樂終。此則乖於仲尼韙晏朝之意矣。」於是不備宮懸，不徧舞六代，逐所應須。即設懸，則非宮非軒，非判非特，宜以至敬所應施用耳。宗廟省迎送之樂，以其閟宮靈宅也。

齊永明中，舞人冠幘並簪筆，帝曰：「筆笏蓋以記事受言，舞不受言，何事簪筆？豈有身服朝衣，而足綦識履？」於是去筆。

又晉及宋、齊，懸鍾磬大準相似，皆十六架。黃鍾之宮：北方，北面，編磬起西，其東編鍾，其東衡大於鎛，不知何代所作。其東鎛鍾。太簇之宮：東方，西面，起北。蕤賓之宮：南方，北面，起東。姑洗之宮：西方，東面，起南。所次皆如北面。設建鼓於四隅，懸內四面，各有柷敔。帝曰：「著晉、宋史者，皆言太元、元嘉四年，四廂金石大備。今檢樂府，止有黃鍾、姑洗、蕤賓、太簇四格而已。六律不具，何謂四廂？備樂之文，其義焉在？」於是除去衡鍾，設十二鎛鍾，各依辰位，而應其律。每一鎛鍾，則設編鍾磬各一簴，合三十六架。植建

鼓於四隅。元正大會備用之。

乃定郊禋宗廟及三朝之樂，以武舞爲大壯舞，取易云「大者壯也」，正大而天地之情可見也。以文舞爲大觀舞，取易云「大觀在上」，觀天之神道而四時不忒也。國樂以「雅」爲稱，取詩序云：「言天下之事，形四方之風，謂之雅。雅者，正也。」止乎十二，則天數也。乃去階步之樂，增撤食之雅焉。衆官出入，宋元徽三年儀注奏肅咸樂，齊及梁初亦同。至是改爲俊雅，取禮記：「司徒論選士之秀者而升之學，[二]曰俊士也。」二郊、太廟、明堂，三朝同用焉。皇帝出入，宋孝建二年秋起居注奏永至，齊及梁初亦同。至是改爲皇雅，取詩「皇矣上帝，臨下有赫」也。二郊、太廟同用。皇太子出入，奏胤雅，取詩「君子萬年，永錫爾胤」也。王公出入，奏寅雅，取尙書、周官「貳公弘化，[三]寅亮天地」也。上壽酒，奏介雅，取詩「君子萬年，介爾景福」也。食舉，奏需雅，取易「雲上於天，需，君子以飲食宴樂」也。撤饌，奏雍雅，取禮記「大饗客出以雍撤」也。並三朝用之。牲出入，宋元徽二年儀注奏引牲，齊及梁初亦同。至是改爲滌雅，取禮記「帝牛必在滌三月」也。薦毛血，宋元徽三年儀注奏嘉薦，齊及梁初亦同。至是改爲牷雅，取春秋左氏傳「牲牷肥腯」也。北郊明堂、太廟並同用。降神及迎送，宋元徽三年儀注奏昭夏，齊及梁初亦同。至是改爲諴雅，取尙書「至諴感神」也。皇帝飲福酒，宋元徽三年儀注奏嘉胙，至齊不改，梁初，改爲永胙。至是改爲獻雅，取禮記祭統「尸飲五，君洗玉爵獻卿」。[四]今之福酒，亦古獻之義也。北郊、明堂、太廟同用。就燎位，宋元徽三年儀注奏昭遠，齊及梁不改。就埋位，齊永明六年儀注奏隸幽。至是燎埋俱奏禋雅，取周禮大宗伯「以禋祀祀昊天上帝」也。其辭並沈約所製。今列其歌詩三十曲云。[五]

俊雅，歌詩三曲，四言：

設官分職，髦俊攸俟。髦俊伊何？貴德尙齒。唐乂咸事，周寧多士。區區衞國，猶賴君子。漢之得人，帝猷乃理。

開我八襲，闢我九重。珩佩流響，纓紱有容。袞衣前邁，列辟雲從。義兼東序，事美西雍。分階等肅，異列齊恭。

重列北上，分庭異陛。百司揚職，九賓相禮。齊、宋舅甥，魯、衞兄弟。思皇藹藹，羣龍濟濟。我有嘉賓，實惟愷悌。

皇雅，三曲，五言：

帝德實廣運，車書靡不賓。執瑁朝羣后，垂旒御百神。八荒重譯至，萬國婉來親。

華蓋拂紫微，勾陳繞太一。容裔被緹組，參差羅罕畢。星回照以爛，天行徐且謐。

清蹕朝萬宇，端冕臨正陽。青絇黃金繶，袞衣文繡裳。既散華蟲采，復流日月光。

胤雅，一曲，四言：

自昔殷代，哲王迭有。降及周成，惟器是守。上天乃眷，大梁既受。灼灼重明，仰承元首。體乾作貳，命服斯九。置保置師，居前居後。前星北耀，克隆萬壽。

寅雅，一曲，三言：

禮莫違，樂具舉。延藩辟，朝帝所。執桓蒲，列齊、莒。垂袞毳，紛容與。升有儀，降有序。齊簪紱，忘笑語。始矜嚴，終酣醑。

介雅，三曲，五言：

百福四象初，萬壽三元始。拜獻惟袞職，同心協卿士。北極永無窮，南山何足擬。

壽隨百禮洽，慶與三朝升。惟皇集繁祉，景福互相仍。申錫永無遺，穰簡必來應。

百味既含馨，六飲莫能尙。玉罍信湛湛，金卮頗搖漾。敬舉發天和，祥祉流嘉貺。

需雅，八曲，七言：

實體平心待和味，庶羞百品多爲貴。或鼎或鼒宣九沸，楚桂胡鹽芼芳卉。加籩列俎彫且蔚。

五味九變兼六和，令芳甘旨庶且多。三危之露九期禾，圓案方丈粲星羅。皇舉斯樂同山河。

九州上腴非一族，玄芝碧樹壽華木。終朝采之不盈掬，用拂腥羶和九穀。既甘且飫致

遐福。

人欲所大味爲先，興和盡敬咸在旃。碧鱗朱尾獻嘉鮮，紅毛綠翼墜輕翮。臣拜稽首萬斯年。

擊鍾以俟惟大國，況乃御天流至德。侑食斯舉揚盛則，其禮不愆儀不忒。風猷所被深且塞。

膳夫奉職獻芳滋，不麛不夭咸以時。調甘適苦別澠、淄，其德不爽受福釐。於焉逸豫永無期。

備味斯饗惟至聖，咸降人神禮爲盛。或風或雅流歌詠，負鼎言歸啓殷命。悠悠四海同茲慶。

道我六穗羅八珍，洪鼎自爨匪勞薪。荆包海物必來陳，滑甘滫瀡味和神。以斯至德被無垠。

雍雅，三曲，四言：

明明在上，其儀有序。終事靡愆，收鉶撤俎。乃升乃降，和樂備舉。天德莫違，人謀是與。敬行禮達，茲焉讌語。

我餕惟阜，我肴孔庶。嘉味既充，食旨斯飫。屬厭無爽，沖和在御。擊壤齊歡，懷生等

豫。蒸庶乃粒，實由仁恕。

百司警列，皇在在陛。既飫且酳，卒食成禮。其容穆穆，其儀濟濟。凡百庶僚，莫不愷悌。奄有萬國，抑由天啓。

滌雅，一曲，四言：

將修盛禮，其儀孔熾。有腯斯牲，國門是置。不黎不曆，靡愆靡忌。呈肌獻體，永言昭事。俯休皇德，仰綏靈志。百福具膺，嘉祥允洎。駿奔伊在，慶覃遐嗣。

牷雅，一曲，四言：

反本興敬，復古昭誠。禮容宿設，祀事孔明。華俎待獻，崇碑麗牲。充哉繭握，肅矣簪纓。其膋既啓，我豆既盈。庖丁遊刃，葛盧驗聲。多祉攸集，景福來并。

諴雅，一曲，三言：南郊降神用。

懷忽慌，瞻浩蕩。盡誠潔，致虔想。出杳冥，降無象。皇情肅，具僚仰。人禮盛，神途敞。僾明靈，申敬饗。感蒼極，洞玄壤。

諴雅，一曲，三言：北郊迎神用。

地德溥，崐丘峻。揚羽翟，鼓應鞞。出尊祇，展誠信。招海瀆，羅岳鎮。惟福祉，咸昭晉。

諴雅，一曲，四言：南北郊、明堂、太廟送神同用。

我有明德，馨非稷黍。牲玉孔備，嘉薦惟旅。金懸宿設，和樂具舉。禮達幽明，敬行樽俎。鼓鍾云送，遐福是與。

獻雅，一曲，四言：

神宮肅肅，天儀穆穆。禮獻既同，膺此釐福。我有馨明，無愧史祝。

禋雅，一曲，四言：就燎。

紫宮昭煥，太一微玄。降臨下土，尊高上天。載陳珪璧，式備牲牷。雲孤清引，栒虡高懸。俯昭象物，仰致高煙。肅彼靈祉，咸達皇虔。

禋雅，一曲，四言：就埋。

盛樂斯舉，協徵調宮。靈饗慶洽，祉積化融。八變有序，三獻已終。坎牲瘞玉，酬德報功。振垂成呂，投壤生風。道無虛致，事由感通。於皇盛烈，比祚華、嵩。

普通中，薦蔬之後，改諸雅歌，勑蕭子雲製詞。既無牲牢，遂省滌雅、牷雅云。

南郊，舞奏黃鍾，取陽始化也。北郊，舞奏林鍾，取陰始化也。明堂宗廟，所尚者敬，蕤賓是爲敬之名，復有陰主之義，故同奏焉。其南北郊、明堂、宗廟之禮，加有登歌。今又列其歌詩一十八曲云。

南郊皇帝初獻奏登歌，二曲，三言：

暾既明，禮告成。惟聖祖，主上靈。爵已獻，罍又盈。息羽籥，展歌聲。僾如在，結皇情。

禮容盛，樽俎列。玄酒陳，陶匏設。獻清旨，致虔潔。王既升，樂已闋。降蒼昊，垂芳烈。

北郊皇帝初獻奏登歌，二曲，四言：

方壇既坎，地祇已出。盛典弗愆，羣望咸秩。乃升乃獻，敬成禮卒。靈降無兆，神饗載謐。允矣嘉祚，其升如日。

至哉坤元，實惟厚載。躬茲奠饗，誠交顯晦。或升或降，搖珠動佩。德表成物，慶流皇代。純嘏不愆，祺福是賚。

宗廟皇帝初獻奏登歌，七曲，四言：

功高禮洽，道尊樂備。三獻具舉，百司在位。誠敬罔愆，幽明同致。茫茫億兆，無思不遂。蓋之如天，容之如地。

殷兆玉筐，周始邠王。於赫文祖，基我大梁。肇土七十，奄有四方。帝軒百祀，人思未忘。永言聖烈，祚我無疆。

有夏多罪，殷人塗炭。四海倒懸，十室思亂。自天命我，殲凶殄難。既躍乃飛，言登天漢。爰饗爰祀，福祿攸贊。

犧象既飾，罍俎斯具。我鬱載馨，黃流乃注。峩峩卿士，駿奔是務。佩上鳴堦，纓還拂樹。悠悠億兆，天臨日煦。

猗與至德，光被黔首。鑄鎔蒼昊，甄陶區有。肅恭三獻，對揚萬壽。比屋可封，含生無咎。匪徒七百，天長地久。

有命自天，於皇后帝。悠悠四海，莫不來祭。繁祉具膺，八神聳衞。福至有兆，慶來無際。播此餘休，于彼荒裔。

祀典昭潔，我禮莫違。八簋充室，六龍解騑。神宮肅肅，靈寢微微。嘉薦既饗，景福攸歸。至德光被，洪祚載輝。

明堂徧歌五帝登歌，五曲，四言：

歌青帝辭：

帝居在震，龍德司春。開元布澤，含和尚仁。羣居既散，歲云陽止。飭農分地，人粒惟始。雕梁繡栱，丹楹玉墀。靈威以降，百福來綏。

歌赤帝辭：

炎光在離，火爲威德。執禮昭訓，持衡受則。靡草既凋，溫風以至。嘉薦惟旅，時羞孔備。齊醍在堂，笙鏞在下。匪惟七百，無絕終始。

歌黃帝辭：

鬱彼中壇，含靈闡化。迴環氣象，輪無輟駕。布德焉在，四序將收。音宮數五，飯稷驂駵。宅屏居中，旁臨外宇。升爲帝尊，降爲神主。

歌白帝辭：

神在秋方，帝居西皓。允茲金德，裁成萬寶。鴻來雀化，參見火邪。幕無玄鳥，菊有黃華。載列笙磬，式陳彝俎。靈罔常懷，惟德是與。

歌黑帝辭：

德盛乎水，玄冥紀節。陰降陽騰，氣凝象閉。司智莅坎，駕鐵衣玄。祁寒坼地，晷度迴天。悠悠四海，駿奔奉職。祚我無疆，永隆人極。

太祖太夫人廟舞歌：

閟宮肅肅，清廟濟濟。於穆夫人，固天攸啓。祚我梁德，膺斯盛禮。文梍達嚮，重檐丹陛。飾我俎彝，潔我粢盛。躬事奠饗，推尊盡敬。悠悠萬國，具承茲慶。大孝追遠，兆庶攸詠。

太祖太夫人廟登歌：

光流者遠，禮貴彌申。嘉饗云備，盛典必陳。追養自本，立愛惟親。皇情乃慕，帝服來尊。駕齊六轡，旂耀三辰。感茲霜露，事彼冬春。以斯孝德，永被蒸民。

大壯舞奏夷則，大觀舞奏姑洗，取其月王也。二郊、明堂、太廟，三朝並同用。今亦列其歌詩二曲云。

大壯舞歌，一曲，四言：

高高在上，實愛斯人。眷求聖德，大拯彝倫。率土方燎，如火在薪。惵惵黔首，暮不及晨。朱光啓耀，兆發穹旻。我皇鬱起，龍躍漢津。言屆牧野，電激雷震。闕鞏之甲，彭、濮之人。或貔或武，漂杵浮輪。我邦雖舊，其命惟新。六伐乃止，七德必陳。君臨萬國，遂撫八竇。

大觀舞歌，一曲，四言：

皇矣帝烈，大哉興聖。奄有四方，受天明命。居上不怠，臨下唯敬。舉無愆則，動無失正。物從其本，人遂其性。昭播九功，肅齊八柄。寬以惠下，德以爲政。三趾晨儀，重輪夕映。棧壑忘阻，梯山匪敻。如日有恒，與天無竟。載陳金石，式流舞詠。咸、英、韶、夏，於茲比盛。

相和五引：

角引：

萌生觸發，歲在春。咸池始奏，德尚仁。惉滯以息，和且均。

徵引：

執衡司事，宅離方。滔滔夏日，火德昌。八音備舉，樂無疆。

宮引：

八音資始，君五聲。興此和樂，感百精。優遊律呂，被咸、英。

商引：

司秋紀兌，奏西音。激揚鍾石，和瑟琴。風流福被，樂愔愔。

羽引：

玄英紀運，冬冰折。物爲音本，和且悅。窮高測深，長無絕。

普通中，薦蔬以後，勑蕭子雲改諸歌辭爲相和引，則依五音宮商角徵羽爲第次，非隨月次也。

舊三朝設樂有登歌，以其頌祖宗之功烈，非君臣之所獻也，於是去之。三朝，第一，奏相和五引；第二，衆官入，奏俊雅；第三，皇帝入閤，奏皇雅；第四，皇太子發西中華門，奏胤

雅；第五，皇帝進，王公發足；第六，王公降殿，同奏寅雅；第七，皇帝入儲變服；第八，皇帝變服出儲，同奏皇雅；第九，公卿上壽酒，奏介雅；第十，太子入預會，奏胤雅；十一，皇帝食舉，奏需雅；十二，撤食，奏雍雅；十三，設大壯武舞；十四，設大觀文舞；十五，設雅歌五曲；十六，設俳伎；十七，設鼙舞；十八，設鐸舞；十九，設拂舞；二十，設巾舞并白紵；二十一，設舞盤伎；二十二，設舞輪伎；二十三，設刺長追花幢伎；二十四，設受猾伎；二十五，設車輪折脰伎；二十六，設長蹻伎；二十七，設須彌山、黃山、三峽等伎；二十八，設跳鈴伎；二十九，設跳劍伎；三十，設擲倒伎；三十一，設擲倒案伎；三十二，設青絲幢伎；三十三，設一傘花幢伎；三十四，設雷幢伎；三十五，設金輪幢伎；三十六，設白獸幢伎；三十七，設擲蹻伎；三十八，設獮猴幢伎；三十九，設啄木幢伎；四十，設五案幢呪願伎；四十一，設辟邪伎；四十二，設青紫鹿伎；四十三，設白武伎，作訖，將白鹿來迎下；四十四，設寺子導安息孔雀、〔六〕鳳凰、文鹿胡舞登連上雲樂歌舞伎；四十五，設緣高絙伎；四十六，設變黃龍弄龜伎；四十七，皇太子起，奏胤雅；四十八，衆官出，奏俊雅；四十九，皇帝興，奏皇雅。

白宋、齊已來，三朝有鳳凰銜書伎。至是乃下詔曰：「朕君臨南面，道風蓋闕，嘉祥時至，爲愧已多。假令巢侔軒閣，集同昌戶，猶當顧循寡德，推而不居。況於名實頓爽，自欺耳目。一日元會，太樂奏鳳凰銜書伎，至乃舍人受書，升殿跪奏。誠復興乎前代，率由自遠，內省

懷慚，彌與事篤。可罷之。」

天監四年，掌賓禮賀瑒，請議皇太子元會出入所奏。帝命別制養德之樂。瑒謂宜名元雅，迎送二傅亦同用之。取禮「一有元良，萬國以貞」之義。明山賓、嚴植之及徐勉等，以爲周有九夏，梁有十二雅。此並則天數，爲一代之曲。今加一雅，便成十三。瑒又疑東宮所奏舞，帝下其議。瑒以爲，天子爲樂，以賞諸侯之有德者。觀其舞，知其德。況皇儲養德春宮，式瞻攸屬。謂宜備大壯、大觀二舞，以宣文武之德。帝從之。於是改皇太子樂爲元貞，奏二舞。是時禮樂制度，粲然有序。其後臺城淪沒，簡文帝受制於侯景。景以簡文女溧陽公主爲妃，請帝及主母范淑妃宴于西州，奏梁所常用樂。景儀同索超世亦在宴筵。帝潸然屑涕。景興曰：「陛下何不樂也？」帝强笑曰：「丞相言索超世聞此以爲何聲？」景曰：「臣且不知，何獨超世？」自此樂府不修，風雅咸盡矣。及王僧辯破侯景，諸樂並送荆州。經亂，工器頗闕，元帝詔有司補綴纔備。荆州陷沒，周人不知采用，工人有知音者，並入關中，隨例沒爲奴婢。

鼓吹，宋、齊並用漢曲，又充庭用十六曲。高祖乃去四曲，留其十二，合四時也。更制新歌，以述功德。其第一，漢曲朱鷺改爲木紀謝，言齊謝梁升也。第二，漢曲思悲翁改爲賢

首山，言武帝破魏軍於司部，肇王迹也。第三，漢曲艾如張改爲桐柏山，言武帝牧司，王業彌章也。第四，漢曲上之回改爲道亡，言東昏喪道，義師起樊鄧也。第五，漢曲擁離改爲忱威，言破加湖元勳也。第六，漢曲戰城南改爲漢東流，言義師克魯山城也。第七，漢曲巫山高改爲鶴樓峻，言平郢城，兵威無敵也。第八，漢曲上陵改爲昏主恣淫慝，言東昏政亂，武帝起義，平九江、姑熟，大破朱雀，伐罪弔人也。第九，漢曲將進酒改爲石首局，言義師平京城，仍廢昏，定大事也。第十，漢曲有所思改爲期運集，言武帝應籙受禪，德盛化遠也。十一，漢曲芳樹改爲於穆，言大梁闡運，君臣和樂，休祚方遠也。十二，漢曲上邪改爲惟大梁，言梁德廣運，仁化洽也。

天監七年，將有事太廟。詔曰：「禮云『齋日不樂』，今親奉始出宮，振作鼓吹。外可詳議。」八座丞郎參議，請輿駕始出，鼓吹從而不作，還宮如常儀。帝從之，遂以定制。

初武帝之在雍鎮，有童謠云：「襄陽白銅蹄，反縛揚州兒。」識者言，白銅蹄謂馬也。白，金色也。及義師之興，實以鐵騎，揚州之士，皆面縛，果如謠言。故即位之後，更造新聲，帝自爲之詞三曲，又令沈約爲三曲，以被絃管。帝既篤敬佛法，又制善哉、大樂、大歡、天道、仙道、神王、龍王、滅過惡、除愛水、斷苦輪等十篇，〔七〕名爲正樂，皆述佛法。又有法樂童子伎、童子倚歌梵唄，設無遮大會則爲之。

陳初，武帝詔求宋、齊故事。太常卿周弘讓奏曰：「齊氏承宋，咸用元徽舊式，宗祀朝饗，奏樂俱同，唯北郊之禮，頗有增益。皇帝入壝門，奏永至；飲福酒，奏嘉胙；太尉亞獻，奏凱容；埋牲，奏隸幽；帝還便殿，奏休成；衆官並出，奏肅成。此乃元徽所闕，永明六年之所加也。唯送神之樂，宋孝建二年秋起居注云『奏肆夏』，永明中，改奏昭夏。」帝遂依之。是時並用梁樂，唯改七室舞辭，今列之云。

皇祖步兵府君神室奏凱容舞辭：

於赫皇祖，宮牆高嶷。邁彼厥初，成茲峻極。緩樂簡簡，閟寢翼翼。裸饗若存，惟靈靡測。

皇祖正員府君神室奏凱容舞辭：

昭哉上德，浚彼洪源。道光前訓，慶流後昆。神猷緬邈，清廟斯存。以享以祀，惟祖惟尊。

皇祖懷安府君神室奏凱容舞辭：

選辰崇饗，飾禮嚴敬。靡愛牲牢，兼馨粢盛。明明列祖，龍光遠映。肇我王風，形斯舞詠。

皇高祖安成府君神室奏凱容舞辭：

道遙積慶，德遠昌基。永言祖武，致享從思。九章停列，八舞廻墀。靈其降止，百福來綏。

皇曾祖太常府君神室奏凱容舞辭：

肇迹帝基，義標鴻篆。恭惟載德，瓊源方闡。享薦三清，筵陳四璉。增我堂構，式敷帝典。

皇祖景皇帝神室奏景德凱容舞辭：

皇祖執德，長發其祥。顯仁臧用，懷道韜光。寧斯閟寢，合此蕭薌。永昭貽厥，還符翦商。

皇考高祖武皇帝神室奏武德舞辭：

烝哉聖祖，撫運升離。道周經緯，功格玄祇。方軒邁扈，比舜陵嬀。緝熙是詠，欽明在斯。雲雷遘屯，圖南共舉。大定揚、越，震威衡、楚。四奧宅心，九疇還叙。景星出翼，非雲入呂。德暢容辭，慶昭羽綴。於穆清廟，載揚徽烈。嘉玉旣陳，豐盛斯潔。是將是享，鴻猷無絕。

天嘉元年，文帝始定圓丘、明堂及宗廟樂。都官尚書到仲舉權奏：「衆官入出，皆奏肅成。牲入出，奏引犧。上毛血，奏嘉薦。迎送神，奏昭夏。皇帝入壇，奏永至。皇帝升陛，奏登歌。皇帝初獻及太尉亞獻、光祿勳終獻，並奏宣烈。皇帝飲福酒，奏嘉胙；就燎位，奏昭遠；還便殿，奏休成。」

至太建元年，定三朝之樂，〔八〕採梁故事：第一，奏相和五引，各隨王月，則先奏其鍾。唯衆官入，奏俊雅，林鍾作，太簇參應之，取其臣道也。鼓吹作。皇帝出閤，奏皇雅，黃鍾作，太簇、夾鍾、姑洗、大呂皆應之。鼓吹作。皇太子入至十字陛，奏胤雅，太簇作，南呂參應之，取其二月少陽也。皇帝延王公登，奏寅雅，夷則作，夾鍾應之，取其月法也。皇帝入宁變服，奏皇雅，黃鍾作，林鍾參應之。鼓吹作。皇帝出宁及升座，皆奏皇雅，並如變服之作。上壽酒，奏介雅，太簇作，南呂參應之，取其陽氣盛長，萬物輻湊也。食舉，奏需雅，蕤賓作，大呂參應之，取火主於禮，所謂「食我以禮」也。撤饌，奏雍雅，無射作，中呂參應之，取其津潤已竭也。武舞奏大壯，夷則作，夾鍾參應之，七月金始王，取其堅斷也。鼓吹引而去來。文舞奏大觀，姑洗作，應鍾參應之，三月萬物必榮，取其布惠者也。鼓吹引而去來。衆官出，奏俊雅，蕤賓作，林鍾、夷則、南呂、無射、應鍾、太簇參應之。鼓吹作。皇帝起，奏皇雅，黃鍾作，林鍾、夷則、南呂、無射參應之。鼓吹作。祠用宋曲，宴准梁樂，蓋取人神不雜也。制曰：「可。」

五年，詔尚書左丞劉平、儀曹郎張崖，〔九〕定南北郊及明堂儀注。改天嘉中所用齊樂，盡以「韶」爲名。工就位定，協律校尉舉麾，太樂令跪贊云：「奏懋韶之樂。」降神，奏通韶；牲入出，奏潔韶；帝入壇及還便殿，奏穆韶。帝初再拜，舞七德，工執干楯，曲終復綴。出就懸東，繼舞九序，工執羽籥。獻爵於天神及太祖之座，奏登歌。帝飲福酒，奏嘉韶；就望燎，奏報韶。

至六年十一月，侍中尚書左僕射、建昌侯徐陵，儀曹郎中沈罕，奏來年元會儀注，稱舍人蔡景歷奉勑，先會一日，太樂展宮懸、高絙、五案於殿庭。客入，奏相和五引。帝出，黃門侍郎舉麾於殿上，掌故應之，舉於階下，奏康韶之樂。詔延王公登，奏變韶。奉珪璧訖，初引下殿，奏亦如之。帝興，入便殿，奏穆韶。更衣又出，奏亦如之。帝舉酒，奏綏韶。進膳，奏侑韶。帝御茶果，太常丞跪請進舞七德，繼之九序。其鼓吹雜伎，取晉、宋之舊，微更附益。舊元會有黃龍變、文鹿、師子之類，太建初定制，皆除之。至是蔡景歷奏，悉復設焉。其制，鼓吹一部十六人，則簫十三人，笳二人，鼓一人。東宮一部，降三人，簫減二人，笳減一人。諸王一部，又降一人，減簫一。庶姓一部，又降一人，復減簫一。

及後主嗣位，耽荒於酒，視朝之外，多在宴筵。尤重聲樂，遣宮女習北方簫鼓，謂之代北，酒酣則奏之。又於清樂中造黃鸝留及玉樹後庭花、金釵兩臂垂等曲，與幸臣等製其歌詞，綺豔相高，極於輕薄。男女唱和，其音甚哀。

校勘記

〔一〕姑洗絃用二百一十四絲長七尺一寸一分强　按：本書律曆志上引梁武帝鍾律緯說：「製爲四器，黃鍾之絃二百七十絲，長九尺，以次三分損益其一，以生十二律之絃絲數及絃長。」依「三分損益法」計算，黃鍾絃長九尺，則林鍾絃長六尺。而三十倍各絃的長度，卽產生各絃的絲數（取整數）。今將十二律絃長的算式開列如下：

黃鍾	9尺
林鍾	$9\times\frac{2}{3}=6$ 尺
太簇	$6\times1\frac{1}{3}=8$ 尺
南呂	$8\times\frac{2}{3}=5\frac{1}{3}=5.32$ 尺
姑洗	$5\frac{1}{3}\times1\frac{1}{3}=7\frac{1}{9}=7.11$ 尺
應鍾	$7\frac{1}{9}\times\frac{2}{3}=4\frac{20}{27}=4.74$ 尺
蕤賓	$4\frac{20}{27}\times1\frac{1}{3}=6\frac{26}{81}=6.32$ 尺
大呂	$6\frac{26}{81}\times1\frac{1}{3}=8\frac{104}{243}=8.43$ 尺
夷則	$8\frac{104}{243}\times\frac{2}{3}=5\frac{451}{729}=5.62$ 尺
夾鍾	$5\frac{451}{729}\times1\frac{1}{3}=7\frac{1075}{2187}=7.49$ 尺
無射	$7\frac{1075}{2187}\times\frac{2}{3}=4\frac{6524}{6561}=4.99$ 尺
中呂	$4\frac{6524}{6561}\times1\frac{1}{3}=6\frac{12974}{19683}=6.66$ 尺

「三分損一」卽取三分之二，「三分益一」卽取一又三分之一。以現在計算的結果校對志中所列的兩種數字，可以看出其中四項有訛誤：姑洗絃用二百一十四絲（二百一十三强）；原作「一百四十二絲」（這是應鍾絃的絲數），誤。林鍾絃長六尺；原作「六尺四寸」，誤。無射絃用一百四十九絲；原作「一百二十九絲」，誤。無射絃長四尺九寸九分强（通典一四三同）；原作「四尺九寸一分强」，誤。今改正。

〔二〕司徒論選士之秀者而升之學　「秀」原作「序」，據通典一四二改。按：禮記王制原作「秀」。

〔三〕貳公弘化　「貳」原作「三」，據御覽五六六改。按：僞古文尙書周官原作「貳」。

〔四〕君洗玉爵獻卿　原脫「君」字，據禮記祭統補。

〔五〕今列其歌詩三十曲云　「三」原作「二」，據樂府詩集三改。按：曲數實計共三十一曲。

〔六〕設寺子導安息孔雀　「導」原作「遵」，據陳暘樂書一八七改。

〔七〕斷苦輪　「輪」原作「轉」，據通典一四二改。

〔八〕定三朝之樂　「朝」原作「廟」，據上文及通典一四二改。

〔九〕張崖　「崖」原作「崔」，據陳書本傳及通典一四二改。

隋書卷十四

志第九

音樂中

齊神武霸跡肇創，遷都于鄴，猶曰人臣，故咸遵魏典。及文宣初禪，尙未改舊章。宮懸各設十二鎛鍾，於其辰位，四面並設編鍾磬各一簨簴，合二十架。設建鼓於四隅。郊廟朝會同用之。其後將有創革，尙藥典御祖珽自言，〔一〕舊在洛下，曉知舊樂。上書曰：「魏氏來自雲、朔，肇有諸華，樂操土風，未移其俗。至道武帝皇始元年，破慕容寶于中山，獲晉樂器，不知采用，皆委棄之。天興初，吏部郎鄧彥海，奏上廟樂，創制宮懸，而鍾管不備。樂章旣闕，雜以簸邏迴歌。初用八佾，作皇始之舞。至太武帝平河西，得沮渠蒙遜之伎，賓嘉大禮，皆雜用焉。此聲所興，蓋苻堅之末，呂光出平西域，得胡戎之樂，因又改變，雜以秦聲，所謂秦漢樂也。至永熙中，錄尙書長孫承業，共臣先人太常卿瑩等，斟酌繕修，戎華兼采，

至於鍾律，煥然大備。自古相襲，損益可知，今之創制，請以爲準。」珽因采魏安豐王延明及信都芳等所著樂說，而定正聲。始具宮懸之器，仍雜西涼之曲，樂名廣成，而舞不立號，所謂「洛陽舊樂」者也。

武成之時，始定四郊、宗廟、三朝之樂。羣臣入出，奏肆夏。牲入出，薦毛血，並奏昭夏。迎送神及皇帝初獻、禮五方上帝，並奏高明之樂，爲覆燾之舞。皇帝入壇門及升壇飮福酒，就燎位，還便殿，並奏皇夏。以高祖配饗，奏武德之樂，爲昭烈之舞。裸地，奏登歌。其四時祭廟及禘祫皇六世祖司空、五世祖吏部尙書、高祖秦州刺史、曾祖太尉武貞公、祖文穆皇帝諸神室，並奏始基之樂，爲恢祚之舞。高祖神武皇帝神室，奏武德之樂，爲昭烈之舞。文襄皇帝神室，奏文德之樂，爲宣政之舞。顯祖文宣皇帝神室，奏文正之樂，爲光大之舞。肅宗孝昭皇帝神室，奏文明之樂，爲休德之舞。其入出之儀，同四郊之禮。今列其辭云。

大禘圜丘及北郊歌辭：

夕牲羣臣入門，奏肆夏樂辭：

肇應靈序，奄字黎人。乃朝萬國，爰徵百神。祇展方望，幽顯咸臻。禮崇聲協，贊列珪陳。翼差鱗次，端笏垂紳。來趨動色，式贊天人。

迎神奏高明樂辭：登歌辭同。

惟神監矣，北郊云：「惟祇監矣。」皇靈肅止。圓璧展事，北郊云：「方琮展事。」成文卽始。北郊云：「卽陰成理。」士備八能，樂合六變。北郊云：「樂合八變。」風湊伊雅，光華襲薦。宸衞騰景，靈駕霏煙。嚴壇生白，綺席凝玄。

牲出入，奏昭夏辭：

剛柔設位，惟皇配之。言肅其禮，念暢在茲。飾牲舉獸，載歌且舞。既捨伊腯，致精靈府。物色惟典，齋沐加恭。宗族咸暨，罔不率從。

薦毛血，奏昭夏辭：羣臣出，奏肆夏，進熟，羣臣入，奏肆夏，辭同初入。

展禮上月，肅事應時。藹栗爲用，交暢有期。弓矢斯發，盆簝將事。圓神致祀，北郊云：「方祇致祀。」率由先志。和以鑾刀，臭以血膋。致哉敬矣，厥義孔高。

進熟，皇帝入門，奏皇夏辭：

帝敬昭宣，皇誠肅致。玉帛齊軌，屏攝咸次。三垓上列，北郊云：「重垓上列。」四陛旁升。北郊云：「分陛旁升。」龍陳萬騎，鳳動千乘。神儀天藹，晬容離曜。金根停軫，奉光先導。

皇帝升丘，奏皇夏辭：壇上登歌辭同。

紫壇雲曖，北郊云：「層壇雲曖。」紺幄霞褰。北郊云：「嚴幄霞褰。」我其陟止，載致其虔。百靈

竦聽，萬國咸仰。人神咫尺，玄應肸蠁。

皇帝初獻，奏高明樂辭：

上下眷，旁午從。爵以質，獻以恭。咸斯暢，樂惟雍。孝敬闡，臨萬邦。

皇帝奠爵訖，奏高明樂、覆燾之舞辭：

自天子之，會昌神道。丘陵肅事，北郊云：「方澤祇事。」克光天保。九關洞開，百靈環列。八樽呈備，五聲投節。

皇帝獻太祖配饗神座，奏武德之樂、昭烈之舞辭：皇帝小退，當昊天上帝神座前，奏皇夏，辭同上皇夏。

配神登聖，主極尊靈。敬宣昭燭，咸達窅冥。禮弘化定，樂贊功成。穰穰介福，下被羣生。

皇帝飲福酒，奏皇夏之樂：皇帝詣東陛，還便坐，又奏皇夏，辭同初入門。

皇心緬且感，吉蠲奉至誠。赫哉光盛德，乾巛詔百靈。報福歸昌運，承祐播休明。風雲馳九域，龍蛟躍四溟。浮幕呈光氣，儷象燭華精。護、武方知恥，韶、夏僅同聲。

送神，降丘南陛，奏高明樂辭：皇帝之望燎位，又奏皇夏，辭同上皇夏。

獻享畢，懸佾周。神之駕，將上遊。北郊云：「將下遊。」超斗極，北郊云：「超荒極。」絕河流。

北郊云：「懸崑丘。」懷萬國，寧九州。欣帝道，心顧留。帀上下，荷皇休。

紫壇既燎，奏昭夏樂辭：皇帝自望燎還本位，奏皇夏，辭同上皇夏。

玄黃覆載，元首照臨。合德致禮，有契其心。敬申事閟，潔誠云報。玉帛載升，北郊云：「牲玉載陳。」棫樸斯燎。寥廓幽曖，播以馨香。皇靈惟監，降福無疆。

皇帝還便殿，奏皇夏辭：羣臣出，奏肆夏，辭同上肆夏。祠感帝用圜丘辭。

天大親嚴，匪敬伊孝。永言肆饗，宸明增耀。陽丘既暢，北郊云：「陰澤云暢。」大典逾光。乃安斯息，欽若舊章。天迴地旋，鳴鑾引警。且萬且億，皇曆惟永。

五郊迎氣樂辭：

青帝降神，奏高明樂辭：

歲云獻，谷風歸。斗東指，雁北飛。電鞭激，雷車遽。虹旌靡，青龍馭。和氣洽，具物滋。翻降止，應帝期。

赤帝降神，奏高明樂辭：

婺女司旦，中呂宣。朱精御節，離景延。根荄俊茂，溫風發。柘火風水，應炎月。執衡長物，德孔昭。赤旂霞曳，會今朝。

黃帝降神，奏高明樂辭：

居中帀五運，乘衡畢四時。含養資羣物，協德固皇基。嘽緩契王風，持載符君德。良辰動靈駕，承祀昌邦國。

白帝降神，奏高明樂辭：

風涼露降，馳景颺寒精。山川搖落，平秩在西成。蓋藏成積，蒸人被嘉祉。從享來儀，鴻休溢千祀。

黑帝降神，奏高明樂辭：

虹藏雉化，告寒。冰壯地坼，年殫。日次月紀，方極。九州萬邦，獻力。協光是紀，歲窮。微陽潛兆，方融。天子赫赫，明聖。享神降福，惟敬。

祠五帝於明堂樂歌辭：

先祀一日，夕牲，羣官入自門，奏肆夏：

國陽崇祀，嚴恭有聞。荒華胥暨，樂我大君。晃瑞有列，禽帛恭叙。羣后師師，威儀容與。執禮辨物，司樂考章。率由靡墜，休有烈光。

太祝令迎神，奏高明樂、覆燾舞辭：

祖德光，國圖昌。祗上帝，禮四方。闢紫宮，洞華闕。龍獸奮，風雲發。飛朱雀，從玄武。攜日月，帶雷雨。耀宇內，溢區中。眷帝道，感皇風。帝道康，皇風扇。粢盛列，椒糈

薦。神且寧，會五精。歸福祿，幸閶亭。

太祖配饗，奏武德樂、昭烈舞辭：五方天帝奏高明之樂、覆燾之舞，辭同迎氣。

我惟我祖，自天之命。道被歸仁，時屯啓聖。運鍾千祀，授手萬姓。夷兇掩虐，匡頹翼正。載經載營，庶士咸寧。九功以洽，七德兼盈。丹書入告，玄玉來呈。露甘泉白，雲郁河清。聲教咸往，舟車畢會。仁加有形，化洽無外。嚴親惟重，陟配惟大。既祐斯歌，率土攸賴。

牲出入，奏昭夏樂辭：

孝饗不匱，精潔臨年。滌牢委溢，形色博牷。于以用之，言承歆祀。肅肅威儀，敢不敬止。載飾載省，維牛維羊。明神有察，保茲萬方。

薦血毛，奏昭夏辭：羣臣出，奏肆夏，進熟，羣臣入，奏肆夏，同上肆夏辭。

我將宗祀，夤獻厥誠。鞠躬如在，側聽無聲。薦色斯純，呈氣斯臭。有滌有濯，惟神其祐。五方來格，一人多祉。明德惟馨，於穆不已。

進熟，皇帝入門，奏皇夏辭：皇帝升壇，奏皇夏，辭同。

象乾上構，儀巛下基。集靈崇祖，永言孝思。室陳簋豆，庭羅懸佾。夙夜畏威，保茲貞吉。舞貴其夜，歌重其升。降斯百祿，惟響惟應。

皇帝初獻，奏高明樂、覆燾舞辭：

度几筵，闢牖戶。禮上帝，感皇祖。酌惟潔，滌以清。薦心款，達神明。

皇帝祼獻，奏高明樂、覆燾舞辭：

帝精來降，應我明德。禮殫義展，流祉邦國。既受多祉，實資孝敬。祀竭其誠，荷天休命。

皇帝飲福酒，奏皇夏辭：

恭祀洽，盛禮宣。英歆爛層景，廣澤同深泉。上靈鍾百福，羣神歸萬年。月軌咸梯岫，日域盡浮川。瑞鳥飛玄扈，潛鱗躍翠漣。皇家膺寶曆，兩地復參天。

太祝送神，奏高明樂、覆燾舞辭：

青陽奏，發朱明。歌西皓，唱玄冥。大禮罄，廣樂成。神心懌，將遠征。飾龍駕，矯鳳旍。指閶闔，憩層城。出溫谷，邁炎庭。跨西汜，過北溟。忽萬億，耀光精。比電騖，與雷行。嗟皇道，懷萬靈。固王業，震天聲。

皇帝還便殿，奏皇夏辭：

文物備矣，聲明有章。登薦唯肅，禮邈前王。邕齊云終，折旋告罄。穆穆旒冕，蘊誠畢敬。屯衛按部，鑾蹕迴途。暫留紫殿，將及清都。

享廟樂辭：

先祀一日，夕牲，羣臣入，奏肆夏辭：

霜凄雨暢，烝哉帝心。有敬其祀，肅事惟歆。昭昭車服，濟濟衣簪。鞠躬貢酎，磬折奉琛。差以五列，和以八音。式祗王度，如玉如金。

迎神奏高明登歌樂辭：

日卜惟吉，辰擇其良。奕奕清廟，黼黻周張。大呂為角，應鍾為羽。路鼗陰竹，德歌昭舞。祀事孔明，百神允穆。神心乃顧，保茲介福。

牲出入，奏昭夏樂辭：

大祀云事，獻奠有儀。既歌既展，贊顧迎犧。執從伊竦，芻飾惟慄。俟用於庭，將升於室。且握且騂，以致其誠。惠我貽頌，降祉千齡。

薦血毛，奏昭夏辭：三公出，奏肆夏，進熟，羣臣入，奏肆夏，辭同。

愐彼遐慨，悠然永思。留連七享，纏綿四時。神升魄沈，靡聞靡見。陰陽載俟，臭聲兼薦。祖考其鑒，言萃王休。降神敷錫，百福是由。

進熟，皇帝入北門，奏皇夏樂辭：

齊居嚴殿，夙駕層闈。車輅垂彩，旒袞騰輝。聳誠載仰，翹心有慕。洞洞自形，斤斤表

步。閟宮有邃，神道依俙。孝心緬邈，爰屬爰依。

太祝祼地，奏登歌樂辭：皇帝詣東陛，奏皇夏，升殿，又奏皇夏，辭同。

太室窅窅，神居宿設。鬱鬯惟芬，珪璋惟潔。彝斝應時，龍蒲代用。藉茅無咎，福祿攸降。端感會事，儼思修禮。齊齊勿勿，俄俄濟濟。

皇帝升殿，殿上作登歌樂辭：

我祠我祖，永惟厥先。炎農肇聖，靈祉蟬聯。霸圖中造，帝業方宣。道昌基構，撫運承天。奄家六合，爰光八埏。尊神致禮，孝思惟纏。寒來暑反，惕薦在年。匪敬伊慕，備物不愆。設簴設業，鞉鼓填填。辟公在位，有容伊虔。登歌啓佾，下管應懸。厥容無爽，幽明肅然。誠帀厚地，和達穹玄。既調風雨，載協山川。周庭有列，湯孫永延。敷聲惟被，邁後光前。

皇帝初獻皇祖司空公神室，奏始基樂、恢祚舞辭：

克明克俊，祖武惟昌。業弘營土，聲被海方。有流厥德，終耀其光。明神幽贊，景祚攸長。

皇帝初獻皇祖吏部尚書神室，奏始基樂、恢祚舞辭：

顯允盛德，隆我前構。瑤源彌瀉，瓊根愈秀。誕惟有族，丕緒克茂。大業崇新，洪基

增舊。

皇帝初獻皇祖秦州使君神室，奏始基樂、恢祚舞辭：

祖德丕顯，明哲知機。豹變東國，鵠起西歸。禮申官次，命改朝衣。敬思孝享，多福無違。

皇帝獻太祖太尉武貞公神室，奏始基樂、恢祚舞辭：

兆靈有業，濬德無聲。韜光戢耀，貫幽洞冥。道弘舒卷，施博藏行。緬追歲事，夜遽不寧。

皇帝獻皇祖文穆皇帝神室，奏始基樂、恢祚舞辭：

皇皇祖德，穆穆其風。語默自已，明叡在躬。荷天之錫，聖表克隆。高山作矣，實祚其崇。離光旦旦，載煥載融。感薦惟永，神保無窮。

皇帝獻高祖神武皇帝神室，奏武德樂、昭烈舞辭：

天造草昧，時難糾紛。孰拯斯溺，靡救其焚。大人利見，緯武經文。顧指惟極，吐吸風雲。開天闢地，峻岳夷海。冥工掩迹，上德不宰。神心有應，龍化無待。義征九服，仁兵告凱。上平下成，靡或不寧。匪王伊帝，偶極崇靈。享親則孝，潔祀惟誠。禮備樂序，肅贊神明。

皇帝獻文襄皇帝神室，奏文德樂、宣政舞辭：

聖武丕基，叡文顯統。眇哉神啓，鬱矣天縱。道則人弘，德云邁種。昭冥咸叙，崇深畢綜。自中徂外，經朝庇野。政反淪風，威還缺雅。旁作穆穆，格于上下。維享維宗，來鑒來假。

皇帝獻顯祖文宣皇帝，奏文正樂、光大舞辭：

玄曆已謝，蒼靈告期。圖璽有屬，揖讓惟時。龍升獸變，弘我帝基。對揚穹昊，實啓雍熙。欽若皇猷，永懷王度。欣賞斯穆，威刑允措。軌物俱宜，憲章咸布。俗無邪指，下歸正路。茫茫九域，振以乾綱。混通華裔，配括天壤。作禮視德，列樂傳響。薦祀惟虔，衣冠載仰。

皇帝還東壁，飲福酒，奏皇夏樂辭：

孝心翼翼，率禮兢兢。時洗時薦，或降或升。在堂在戶，載湛載凝。多品斯奠，備物攸膺。蘭芬敬挹，玉俎恭承。受祭之祜，知彼岡陵。

送神，奏高明樂辭：

仰榱桷，慕衣冠。禮云罄，祀將闌。神之駕，紛奕奕。乘白雲，無不適。窮昭域，極幽塗。歸帝祉，眷皇都。

皇帝詣便殿，奏皇夏樂辭：羣官出，奏肆夏，辭同。

禮行斯畢，樂奏以終。受嘏先退，載暢其衷。鑾軒循轍，麾旌復路。光景徘徊，絃歌顧慕。靈之相矣，有錫無疆。國圖日競，家曆天長。

元會大饗，協律不得升陛，黄門舉麾於殿上。今列其歌辭云。

賓入門，四箱奏肆夏辭：

昊蒼眷命，興王統天。業高帝始，道邈皇先。禮成化穆，樂合風宣。賓朝荒夏，揚對穹玄。

皇帝出閤，奏皇夏樂辭：

夏正肇旦，周物充庭。具僚在位，俛伏無聲。大君穆穆，宸儀動睟。日煦天迴，萬靈胥萃。

皇帝當扆，羣臣奉賀，奏皇夏辭：

天子南面，乾覆離明。三千咸列，萬國填弁。猶從禹會，如次湯庭。奉茲一德，上下和平。

皇帝入宁變服，黄鍾、太簇二箱奏皇夏辭：

我應天曆，四海爲家。協同內外，混一戎華。鶴蓋龍馬，風乘雲車。夏章夷服，其會如

麻。九賓有儀，八音有節。肅肅於位，欽和在列。四序氤氳，三光昭晰。君哉大矣，軒、唐比轍。

皇帝變服，移幄坐於西箱，帝出升御坐，姑洗奏皇夏辭：

皇運應籙，廓定區宇。受終以文，構業以武。堯昔命舜，舜亦命禹。大人馭歷，重規沓矩。欽明在上，昭納入賓。〔三〕從靈體極，誕聖窮神。化生羣品，陶育蒸人。展禮肆樂，協此元春。

王公奠璧，奏肆夏辭：

萬方咸暨，三揖以申。垂旒馮玉，五瑞交陳。拜稽有章，升降有節。聖皇負扆，虞、唐比烈。

上壽，黄鍾箱奏上壽曲辭：

仰三光，奏萬壽。人皇御六氣，天地同長久。

皇太子入，至坐位，酒至御，殿上奏登歌辭：

大齊統曆，道化光明。馬圖呈寶，龜籙告靈。百蠻非衆，八荒非遂。同作堯人，俱包禹迹。其一。

天覆地載，成以四時。惟皇是則，比大於茲。羣星拱極，衆川赴海。萬宇駿奔，一朝咸

在。其二。

齊之以禮，相趨帝庭。應規蹈矩，玉色金聲。動之以樂，和風四布。龍申鳳舞，鸞歌麟步。其三。

食至御前，奏食舉樂辭：

三端正啓，萬方觀禮。具物充庭，二儀合體。百華照曉，千門洞晨。或華或裔，奉贄惟新。悠悠亘六合，員首莫不臣。仰施如雨，晞和猶春。風化表笙鏞，歌謳被琴瑟。誰言文軌異，今朝混爲一。其一。

彤庭爛景，丹陛流光。懷黃綰白，鵷鷺成行。文贊百揆，武鎮四方。折衝鼓雷電，獻替協陰陽。大矣哉，道邁上皇。陋五帝，狹三王。窮禮物，該樂章。序冠帶，垂衣裳。其二。

天壤和，家國穆。悠悠萬類，咸孕育。契冥化，侔大造。靈劾珍，神歸寶。興雲氣，飛龍蒼。麟一角，鳳五光。朱雀降，黃玉表。九尾馴，三足擾。化之定，至矣哉。瑞感德，四方來。其三。

囹圄空，水火菽粟。求賢振滯，棄珠玉。衣不靡，宮以卑。當陽端默，垂拱無爲。云云萬有，其樂不訾。其四。

嗟此舉時，逢至道。肖形咸自持，賦命無傷夭。行氣進阜輿，遊龍服帝皁。聖主寧區

宇，乾坤永相保。其五。

牧野征，鳴條戰。大齊家萬國，拱揖應終禪。奥主廓清都，大君臨赤縣。高居深視，當扆正殿。旦暮之期，今一見。其六。

兩儀分，牧以君。陶有象，化無垠。大齊德，邈誰羣。超鳳火，冠龍雲。露以潔，風以薰。榮光至，氣氤氳。其七。

神化遠，人靈協。寒暑調，風雨變。披泥檢，受圖諜。圖諜啓，期運昌。分四序，綴三光。延寶祚，眇無疆。其八。

惟皇道，升平日。河水清，海不溢。雲干呂，風入律。驅黔首，入仁壽。與天高，並地厚。其九。

刑以厝，頌聲揚。皇情邈，眷汾、襄。岱山高，配林壯。亭亭聳，云云望。旆葳蕤，駕騤騤。刊金闕，奠玉龜。其十。

文舞將作，先設階步辭：

我后降德，肇峻皇基。搖鈴大號，振鐸命期。雲行雨洽，天臨地持。芒芒區宇，萬代一時。文來武肅，成定於茲。象容則舞，歌德言詩。鏘鏘金石，列列匏絲。鳳儀龍至，樂我雍熙。

文舞辭：

皇天有命，歸我大齊。受茲華玉，爰錫玄珪。奄家環海，實子蒸黎。圖開寶匣，檢封芝泥。無思不順，自東徂西。教南暨朔，罔敢或攜。比日之明，如天之大。神化斯洽，率土無外。眇眇舟車，華戎畢會。祠我春秋，服我冠帶。儀協震象，樂均天籟。蹈武在庭，其容藹藹。

武舞將作，先設階步辭：

大齊統曆，天鑒孔昭。金人降汎，火鳳來巢。眇均虞德，干戚降苗。夙沙攻主，歸我軒朝。禮符揖讓，樂契咸、韶。蹈揚惟序，律度時調。

武舞辭：

天眷橫流，宅心玄聖。祖功宗德，重光襲映。我皇恭己，誕膺靈命。宇外斯燭，域中咸鏡。悠悠率土，時惟保定。微微動植，莫違其性。仁豐庶物，施洽羣生。海寧洛變，契此休明。雅宣茂烈，頌紀英聲。鏗鍠鍾鼓，掩抑簫笙。歌之不足，舞以禮成。鑠矣王度，緬邈千齡。

皇帝入，鍾鼓奏皇夏辭：

禮終三爵，樂奏九成。允也天子，穹壤和平。載色載笑，反寢宴息。一人有祉，百神

奉職。

鼓吹二十曲，皆改古名，以叙功德。第一，漢朱鷺改名水德謝，言魏謝齊興也。第二，漢思悲翁改名出山東，言神武帝戰廣阿，創大業，破尒朱兆也。第三，漢艾如張改名戰韓陵，言神武滅四胡，定京洛，遠近賓服也。第四，漢上之回改名殄關隴，言神武遣侯莫陳悅誅賀拔岳，定關、隴，平河外，漠北款，秦中附也。第五，漢擁離改名滅山胡，言神武屠劉蠡升，高車懷殊俗，蠕蠕來向化也。第六，漢戰城南改名立武定，言神武立魏主，天下既安，而能遷於鄴也。第七，漢巫山高改名戰芒山，言神武斬周十萬之衆，其軍將脫身走免也。第八，漢上陵改名擒蕭明，言梁遣兄子貞陽侯來寇彭、宋，文襄帝遣太尉、清河王岳，一戰擒殄，俘馘萬計也。第九，漢將進酒改名破侯景，言文襄遣清河王岳，摧殄侯景，克復河南也。第十，漢君馬黃改名定汝潁，言文襄遣清河王岳，擒周大將軍王思政於長葛，汝、潁悉平也。第十一，漢芳樹改名克淮南。言文襄遣清河王岳，南翦梁國，獲其司徒陸法和，克壽春、合肥、鍾離、淮陰，盡取江北之地也。第十二，漢有所思改名嗣丕基，言文宣帝統纘大業也。第十三，漢稚子班改名聖道洽，言文宣克隆堂構，無思不服也。第十四，漢聖人出改名受魏禪，言文宣應天順人也。第十五，漢上邪改名平瀚海，言蠕蠕盡部落入寇武州之塞，而文宣命將出征，平殄北荒，滅其國也。第十六，漢臨高臺改名服江南，言文宣道洽無外，梁主蕭

繹來附化也。第十七，漢遠如期改名刑罰中，言孝昭帝舉直措枉，獄訟無怨也。第十八，漢石留行改名遠夷至，言時主化霑海外，西夷諸國，遣使朝貢也。第十九，漢務成改名嘉瑞臻，言時主應期，河清龍見，符瑞總至也。第二十，漢玄雲改名成禮樂，言時主功成化洽，制禮作樂也。古又有黃雀、釣竿二曲，略而不用。並議定其名，被於鼓吹。諸州鎭戍，各給鼓吹樂，多少各以大小等級爲差。諸王爲州，皆給赤鼓、赤角，皇子則增給吳鼓、長鳴角，上州刺史皆給青鼓、青角，中州已下及諸鎭戍，皆給黑鼓、黑角。樂器皆有衣，並同鼓色。

雜樂有西涼鼙舞、清樂、龜茲等。然吹笛、彈琵琶、五絃及歌舞之伎，自文襄以來，皆所愛好。至河清以後，傳習尤盛。後主唯賞胡戎樂，耽愛無已。於是繁手淫聲，爭新哀怨。故曹妙達、安未弱、安馬駒之徒，至有封王開府者，遂服簪纓而爲伶人之事。後主亦自能度曲，親執樂器，悅玩無倦，倚絃而歌。別採新聲，爲無愁曲，音韻窈窕，極於哀思，使胡兒閹官之輩，齊唱和之，曲終樂闋，莫不殞涕。雖行幸道路，或時馬上奏之，樂往哀來，竟以亡國。

周太祖迎魏武入關，樂聲皆闕。恭帝元年，平荊州，大獲梁氏樂器，以屬有司。及建六官，乃詔曰：「六樂尙矣，其聲歌之節，舞蹈之容，寂寥已絕，不可得而詳也。但方行古人之

事，可不本於茲乎？自宜依準，制其歌舞，祀五帝日月星辰。」於是有司詳定：郊廟祀五帝日月星辰，用黃帝樂，歌大呂，舞雲門。祭九州、社稷、水旱雩禜，用唐堯樂，歌應鍾，舞大咸。祀四望，饗諸侯，用虞舜樂，歌南呂，舞大韶。祀四類，幸辟雍，用夏禹樂，歌函鍾，舞大夏。祭山川，用殷湯樂，歌小呂，舞大護。享宗廟，用周武王樂，歌夾鍾，舞大武。皇帝出入，奏皇夏。賓出入，奏肆夏。牲出入，奏昭夏。蕃國客出入，奏納夏。有功臣出入，奏章夏。皇后進羞，奏深夏。宗室會聚，奏族夏。上酒宴樂，奏陔夏。諸侯相見，奏驁夏。皇帝大射，歌騶虞，諸侯歌貍首，大夫歌采蘋，士歌采蘩。雖著其文，竟未之行也。

及閔帝受禪，居位日淺。明帝踐阼，雖革魏氏之樂，而未臻雅正。天和元年，武帝初造山雲舞，以備六代。南北郊、雩壇、太廟、禘祫，俱用六舞。南郊則大夏降神，大護獻熟，次作大武、正德、武德、山雲之舞。北郊則大護降神，大夏獻熟，次作大武、正德、武德、山雲之舞。雩壇以大武降神，正德獻熟，次作大夏、大護、武德、山雲之舞。太廟祫禘，則大武降神，山雲獻熟，次作正德、大夏、大護、武德之舞。時享太廟，以山雲降神，大夏獻熟，次作武德之舞。拜社，以大護降神，大武獻熟，次作正德之舞。五郊朝日，以大夏降神，大護獻熟。神州、夕月、籍田，以正德降神，大護獻熟。

建德二年十月甲辰，六代樂成，奏於崇信殿。羣臣咸觀。其宮懸，依梁三十六架。朝

會則皇帝出入，奏皇夏。皇太子出入，奏肆夏。王公出入，奏驁夏。五等諸侯正日獻玉帛，奏納夏。宴族人，奏族夏。大會至尊執爵，奏登歌十八曲。食舉，奏深夏，舞六代大夏、大護、大武、正德、武德、山雲之舞。於是正定雅音，爲郊廟樂。創造鍾律，頗得其宜。宣帝嗣位，郊廟皆循用之，無所改作。今採其辭云。

員丘歌辭：

降神，奏昭夏：

重陽禋祀，大報天。丙午封壇，肅且圜。孤竹之管，雲和弦。神光未下，風肅然。王城七里，通天臺。紫微斜照，影徘徊。連珠合璧，重光來。天策暫轉，鉤陳開。

皇帝將入門，奏皇夏：

旌迴外壝，蹕靜郊門。千乘按轡，萬騎雲屯。藉茅無咎，掃地惟尊。揖讓展禮，衡璜節步。星漢就列，風雲相顧。取法於天，降其永祚。

俎入，奏昭夏：

日至大禮，豐犧上辰。牲牢修牧，繭栗毛純。俎豆斯立，陶匏以陳。大報反命，居陽兆日。六變鼓鍾，三和琴瑟。俎奇豆偶，惟誠惟質。

奠玉帛，奏昭夏：

員玉已奠，蒼幣斯陳。瑞形成象，璧氣含春。禮從天數，智總員神。爲祈爲祀，至敬咸遵。

皇帝升壇，奏皇夏：

七星是仰，八陛有憑。就陽之位，如日之升。思虔肅肅，施敬繩繩。祝史陳信，玄象斯格。惟類之典，惟靈之澤。幽顯對揚，人神咫尺。

皇帝初獻，作雲門之舞：

獻以誠，鬱以清。山罍舉，沈齊傾。惟尙饗，洽皇情。降景福，通神明。

皇帝初獻配帝，作雲門之舞：

長丘遠歷，大電遙源。弓藏高隴，鼎沒寒門。人生于祖，物本於天。尊神配德，迄用康年。

皇帝初獻及獻配帝畢，奏登歌：

歲之祥，國之陽。蒼靈敬，翠雲長。象爲飾，龍爲章。乘長日，坯蟄戶。列雲漢，迎風雨。大呂歌，[三]雲門舞。省滌濯，奠牲牷。鬱金酒，鳳凰樽。迴天眷，顧中原。

皇帝飲福酒，奏皇夏：

國命在禮，君命在天。陳誠惟肅，飲福惟虔。洽斯百禮，福以千年。鉤陳掩映，天駟徘

徊。彫禾飾斝，翠羽承罍。受斯茂祉，從天之來。

撤奠，奏雍樂：

禮將畢，樂將闌。迴日轡，動天關。翠鳳搖，和鑾響。五雲飛，三步上。風爲馭，雷爲車。無轍迹，有煙霞。暢皇情，休靈命。雨留甘，雲餘慶。

帝就望燎位，奏皇夏：

六典聯事，九司咸則。率由舊章，於焉允塞。掌禮移次，燔柴在焉。煙升玉帛，氣斂牲牷。休氣馨香，膋芳昭晰。翼翼虔心，明明上徹。

帝還便座，奏皇夏：

玉帛禮畢，人神事分。嚴承乃眷，瞻仰迴雲。輦路千門，王城九軌。式道移候，司方迴指。得一惟清，於萬斯寧。受茲景命，于天告成。

方澤歌辭：

降神，奏昭夏：

報功陰澤，展禮玄郊。平琮鎮瑞，方鼎升庖。調歌絲竹，縮酒江茅。聲舒鍾鼓，器質陶匏。列耀秀華，凝芳都荔。川澤茂祉，丘陵容衞。雲飾山罍，蘭浮汎齊。日至之禮，歆茲大祭。

奠玉，奏昭夏：

日若厚載，欽明方澤。敢以敬恭，陳之玉帛。德包含養，功藏靈迹。斯箱既千，子孫則百。

初獻，奏登歌辭：舞詞同員丘。

質明孝敬，求陰順陽。壇有四陛，琮爲八方。牲牷蕩滌，蕭合馨香。和鑾戾止，振鷺來翔。威儀簡簡，鍾鼓喤喤。聲和孤竹，韻入空桑。封中雲氣，坎上神光。下元之主，功深蓋藏。

望坎位，奏皇夏：

司筵撤席，掌禮移次。迴顧封壇，恭臨坎位。瘞玉埋俎，藏芬斂氣。是曰就幽，成斯地意。

祀五帝歌辭：

奠玉帛，奏皇夏辭：

嘉玉惟芳，嘉幣惟量。成形依禮，稟色隨方。神班有次，歲禮惟常。威儀抑抑，率由舊章。

初獻，奏皇夏：

惟令之月，惟嘉之辰。司壇宿設，掌史誠陳。敢用明禮，言功上神。鉤陳旦闢，閶闔朝分。旒垂象冕，樂奏山雲。將迴霆策，暫轉天文。五運周環，四時代序。鱗次玉帛，循迴樽俎。神其降之，介福斯許。

皇帝初獻青帝，奏雲門舞：

甲在日，鳥中星。禮東后，奠蒼靈。樹春旗，命青史。候雁還，東風起。歌木德，舞震宮。泗濱石，龍門桐。孟之月，陽之天。億斯慶，兆斯年。

皇帝初獻配帝，奏舞：

帝出于震，蒼德於神。其明在日，其位居春。勞以定國，功以施人。言從配祀，近取諸身。

皇帝初獻赤帝，奏雲門舞：

招搖指午，對南宮。日月相會，實沈中。離光布政，動溫風。純陽之月，樂炎精。赤雀丹書，飛送迎。朱絃絳鼓，罄虔誠。萬物含養，各長生。

皇帝獻配帝，奏舞：

以炎爲政，以火爲官。位司南陸，享配離壇。三和實俎，百味浮蘭。神其茂豫，天步艱難。

皇帝初獻黃帝，奏雲門舞：

三光儀表正，四氣風雲同。戊己行初曆，黃鍾始變宮。平琮禮內鎮，陰管奏司中。齋壇芝曄曄，清野桂馮馮。夕牢芬六鼎，安歌韻八風。神光乃超忽，佳氣恒葱葱。

皇帝初獻配帝，奏舞：〔四〕

四時咸一德，五氣或同論。猶吹鳳凰管，尚對梧桐園。器圜居土厚，位總配神尊。始知今奏樂，還用我雲門。

皇帝初獻白帝，奏雲門舞：

肅靈兌景，承配秋壇。雲高火落，露白蟬寒。帝律登年，金精行令。瑞獸霜輝，祥禽雪映。司藏肅殺，萬保咸宜。厥田上上，收功在斯。

皇帝初獻配帝，奏舞：

金行秋令，白帝朱宣。司正五雉，歌庸九川。執文之德，對越彼天。介以福祉，君子萬年。

皇帝初獻黑帝，奏雲門舞：

北辰爲政玄壇，北陸之祀員官。宿設玄圭浴蘭，坎德陰風御寒。次律將迴窮紀，微陽欲動細泉。管猶調於陰竹，聲未入於春弦。待歸餘於送曆，方履慶於斯年。

皇帝初獻配帝，奏舞：

地始坼，虹始藏。服玄玉，居玄堂。沐蕙氣，浴蘭湯。匏器潔，水泉香。陟配彼，福無疆。君欣欣，此樂康。

宗廟歌辭

皇帝入廟門，奏皇夏：

肅肅清廟，巖巖寢門。欹器防滿，金人戒言。應榑懸鼓，崇牙樹羽。階變升歌，庭紛象舞。閑安象設，緝熙清奠。春鮪初登，新萍先薦。僾然入室，儼乎其位。悽愴履之，非寒之謂。

降神奏昭夏：

永惟祖武，潛慶靈長。龍圖革命，鳳曆歸昌。功移上墋，德耀中陽。清廟肅肅，猛虡煌煌。曲高大夏，聲和盛唐。牲牷蕩滌，蕭合馨香。和鑾戾止，振鷺來翔。永敷萬國，是則四方。

俎入，皇帝升階，奏皇夏：

年祥辯日，上協龜言。奉酎承列，來庭駿奔。彫禾飾斝，翠羽承樽。敬殫如此，恭惟執燔。

皇帝獻皇高祖，奏皇夏。

慶緒千重秀，鴻源萬里長。無時猶戢翼，有道故韜光。盛德必有後，仁義終克昌。明星初肇慶，大電久呈祥。

皇帝獻皇曾祖德皇帝，奏皇夏：

克昌光上烈，基聖穆西藩。崇仁高涉渭，積德被居原。帝圖張往迹，王業茂前尊。重芬德陽廟，疊慶壽陵園。百靈光祖武，千年福孝孫。

皇帝獻皇祖太祖文皇帝，奏皇夏：

雄圖屬天造，宏略遇羣飛。風雲猶聽命，龍躍遂乘機。百二當天險，三分拒樂推。函谷風塵散，河陽氛霧晞。濟弱淪風起，扶危頹運歸。地紐崩還正，天樞落更追。原祠乍超忽，畢隴或綿微。終封三尺劍，長卷一戎衣。

皇帝獻文宣皇太后，奏皇夏：

月靈興慶，沙祥發源。功參禹迹，德贊堯門。言容典禮，褕狄徽章。儀形溫德，令問昭陽。日月不居，歲時晼晚。瑞雲纏心，閟宮惟遠。

皇帝獻閔皇帝，奏皇夏：

龍圖基代德，天步屬艱難。謳歌還受瑞，揖讓乃登壇。升輿芒刺重，入位據關寒。卷舒雲汎濫，游揚日浸微。出鄭終無反，居桐竟不歸。祀夏今惟舊，尊靈謚更追。

皇帝獻明皇帝，奏皇夏：

若水逢降君，窮桑屬惟政。丕哉馭帝籙，鬱矣當天命。方定五雲官，先齊八風令。文昌氣似珠，太史河如鏡。南宮學已開，東觀書還聚。文辭金石韵，毫翰風飈豎。清室桂馮馮，齋房芝詡詡。寧思玉管笛，空見靈衣舞。

皇帝獻高祖武皇帝，奏皇夏：

南河吐雲氣，北斗降星神。百靈咸仰德，千年一聖人。書成紫微動，律定鳳凰馴。六軍命西土，甲子陳東鄰。戎衣此一定，萬里更無塵。煙雲同五色，日月並重輪。流沙既西靜，蟠木又東臣。凱樂聞朱雁，鐃歌見白麟。今爲六代祀，還得九疑賓。

皇帝還東壁，飲福酒，奏皇夏：

禮殫裸獻，樂極休成。長離前掞，宗祀文明。縮酌浮蘭，澄罍合鬯。磬折禮容，旋回靈眖。受釐徹俎，飲福移樽。惟光惟烈，文子文孫。

皇帝還便坐，奏皇夏：

庭闋四始，筵終三薦。顧步階墀，徘徊餘奠。六龍矯首，七萃警途。鼓移行漏，風轉相烏。翼翼從事，綿綿四時。惟神降嘏，永言保之。

太祖輔魏之時，高昌款附，乃得其伎，教習以備饗宴之禮。及天和六年，武帝罷掖庭四夷樂。其後帝娉皇后於北狄，得其所獲康國、龜茲等樂，更雜以高昌之舊，並於大司樂習焉。採用其聲，被於鍾石，取周官制以陳之。

明帝武成二年正月朔旦，會羣臣於紫極殿，始用百戲。武帝保定元年，詔罷之。及宣帝卽位，而廣召雜伎，增修百戲。魚龍漫衍之伎，常陳殿前，累日繼夜，不知休息。好令城市少年有容貌者，婦人服而歌舞相隨，引入後庭，與宮人觀聽。戲樂過度，遊幸無節焉。

武帝以梁鼓吹熊羆十二案，每元正大會，列於懸間，與正樂合奏。宣帝時，革前代鼓吹，制爲十五曲。第一，改漢朱鷺爲玄精季，言魏道陵遲，太祖肇開王業也。第二，改漢思悲翁爲征隴西，言太祖起兵，誅侯莫陳悅，掃清隴右也。第三，改漢艾如張爲迎魏帝，言武帝西幸，太祖奉迎，宅關中也。第四，改漢上之回爲平竇泰，言太祖擁兵討泰，悉擒斬也。第五，改漢擁離爲復恒農，言太祖攻復陝城，關東震肅也。第六，改漢戰城南爲克沙苑，言太祖俘斬齊十萬衆於沙苑，神武脫身至河，單舟走免也。第七，改漢巫山高爲戰河陰，言太祖破神武於河上，斬其將高敖曹、莫多婁貸文也。第八，改漢上陵爲平漢東，言太祖命將平隨郡安陸，俘馘萬計也。第九，改漢將進酒爲取巴蜀，言太祖遣軍平定蜀地也。第十，改漢有所思爲拔江陵，言太祖命將擒蕭繹，平南土也。第十一，改漢芳樹爲受魏禪，言閔帝受終

於魏，君臨萬國也。第十二，改漢上邪爲宣重光，言明帝入承大統，載隆皇道也。第十三，改漢君馬黄爲哲皇出，言高祖以聖德繼天，天下向風也。第十四，改漢稚子班爲平東夏，言高祖親率六師破齊，擒齊主於青州，一舉而定山東也。第十五，改古聖人出爲擒明徹，言陳將吳明徹，侵軼徐部，高祖遣將，盡俘其衆也。宣帝晨出夜還，恒陳鼓吹。嘗幸同州，自應門至赤岸，數十里間，鼓樂俱作。祈雨仲山還，令京城士女，於衢巷奏樂以迎之。公私頓敝，以至於亡。

高祖既受命，定令，宮懸四面各二虡，通十二鎛鍾，爲二十虡。虡各一人。建鼓四人，柷敔各一人。歌、琴、瑟、簫、筑、箏、搊箏、臥箜篌、小琵琶，四面各十人，在編磬下。笙、竽、長笛、横笛、簫、篳篥、篪、壎，四面各八人，在編鍾下。舞各八佾。宮懸簨虡，金五博山，飾以旒蘇樹羽。其樂器應漆者，天地之神皆朱，宗廟加五色漆畫。天神懸內加雷鼓，地祇加靈鼓，宗廟加路鼓。登歌，鍾一虡，磬一虡，各一人；歌四人，兼琴瑟；簫、笙、竽、横笛、篪、壎各一人。其漆畫及博山旒蘇樹羽，與宮懸同。登歌人介幘、朱連裳、烏皮履。宮懸及下管人，平巾幘，朱連裳。凱樂人，武弁，朱褠衣，履韈。文舞，〔五〕進賢冠，絳紗連裳，帛內單，皁領袖襈，烏皮鞮，左執籥，右執翟。二人執纛，引前，在舞人數外，衣冠同舞人。武弁，〔六〕朱褠

衣，烏皮履。三十二人，執戈，龍楯。三十二人執戚，龜。〔七〕二人執旌，居前。二人執鼗，二人執鐸，二人執鐃，二人執錞。四人執弓矢，四人執殳，四人執戟，四人執矛。自旌已下夾引，並在舞人數外，衣冠同舞人。

皇帝宮懸及登歌，與前同。應漆者皆五色漆畫。懸內不設鼓。

皇太子軒懸，去南面，設三鎛鍾於辰丑申。三建鼓亦如之。其登歌，去兼歌者，減二人。其簨虡金三博山。樂器漆者，皆朱漆之。其餘與宮懸同。

大鼓、小鼓、大駕鼓吹，並朱漆畫。大鼓加金鐲，凱樂及節鼓，飾以羽葆。其長鳴、中鳴、横吹，皆五采衣幡，緋掌，畫交龍，五采脚。大角幡亦如之。大鼓、長鳴工人，皁地苣文；金鉦、棡鼓、小鼓、中鳴、吳横吹工人，青地苣文；凱樂工人，武弁，朱褠衣；横吹，緋地苣文。並爲帽、袴褶。大角工人，平巾幘、緋衫，白布大口袴。內宮鼓樂服色，皆準此。

皇太子，鐃及節鼓，朱漆畫，飾以羽葆。餘鼓吹並朱漆。大鼓、小鼓無金鐲。長鳴、中鳴、横吹，五采衣幡，緋掌，畫蹲獸，五采脚。大角幡亦如之。大鼓、長鳴、横吹工人，紫帽，緋袴褶。金鉦、棡鼓、小鼓、中鳴工人，青帽，青袴褶。鐃吹工人，武弁，朱褠衣。大角工人，平巾幘，緋衫，白布大口袴。

正一品，鐃及節鼓，朱漆畫，飾以羽葆。餘鼓吹並朱漆。長鳴、中鳴、横吹，五采衣幡，

緋掌，畫蹲獸，五采脚。大角幡亦如之。大鼓、長鳴、横吹工人，紫帽，赤布袴褶。金鉦、棡鼓、小鼓、中鳴工人，青帽，青布袴褶。鐃吹工人，武弁，朱褠衣。大角工人，平巾幘，緋衫，白布大口袴。三品以上，朱漆鐃，飾以五采。騶、哄工人，武弁，朱褠衣。餘同正一品。四品，鐃及工人衣服同三品。餘鼓皆綠沈。金鉦、棡鼓、大鼓工人，青帽，青布袴褶。

開皇二年，齊黄門侍郎顏之推上言：「禮崩樂壞，其來自久。今太常雅樂，並用胡聲，請馮梁國舊事，考尋古典。」高祖不從，曰：「梁樂亡國之音，奈何遣我用邪？」是時尚因周樂，命工人齊樹提檢校樂府，改換聲律，益不能通。俄而柱國、沛公鄭譯奏上，請更修正。於是詔太常卿牛弘、國子祭酒辛彥之、國子博士何妥等議正樂。然淪謬既久，音律多乖，積年議不定。高祖大怒曰：「我受天命七年，樂府猶歌前代功德邪？」命治書侍御史李諤，引弘等下，將罪之。諤奏：「武王克殷，至周公相成王，始制禮樂。斯事體大，不可速成。」高祖意稍解。

又詔求知音之士，集尚書，參定音樂。譯云：「考尋樂府鍾石律呂，皆有宮、商、角、徵、羽、變宮、變徵之名。七聲之內，三聲乖應，每恒求訪，終莫能通。先是周武帝時，有龜茲人曰蘇祗婆，從突厥皇后入國，善胡琵琶。聽其所奏，一均之中間有七聲。因而問之，答云：『父在西域，稱爲知音。代相傳習，調有七種。』以其七調，勘校七聲，冥若合符。一曰『娑陁

力』，華言平聲，卽宮聲也。二曰『雞識』，華言長聲，卽商聲也。〔八〕三曰『沙識』，華言質直聲，卽角聲也。四曰『沙侯加濫』，華言應聲，卽變徵聲也。五曰『沙臘』，華言應和聲，卽徵聲也。六曰『般贍』，華言五聲，卽羽聲也。七曰『俟利䶪』，華言斛牛聲，卽變宮聲也。」譯因習而彈之，始得七聲之正。然其就此七調，又有五旦之名，旦作七調。以華言譯之，旦者則謂「均」也。其聲亦應黄鍾、太簇、林鍾、南呂、姑洗五均，已外七律，更無調聲。譯遂因其所捻琵琶，絃柱相飲爲均，推演其聲，更立七均。合成十二，以應十二律。律有七音，音立一調，故成七調十二律，合八十四調，旋轉相交，盡皆和合。仍以其聲考校太樂所奏，林鍾之宮，應用林鍾爲宮，乃用黄鍾爲宮；應用南呂爲商，乃用太簇爲商；應用應鍾爲角，乃取姑洗爲角。故林鍾一宮七聲，三聲並戾。其十一宮七十七音，例皆乖越，莫有通者。又以編懸有八，因作八音之樂。七音之外，更立一聲，謂之應聲。譯因作書二十餘篇，以明其指。至是譯以其書宣示朝廷，并立議正之。時邳國公世子蘇夔，亦稱明樂，駁譯曰：「韓詩外傳所載樂聲感人，及月令所載五音所中，並皆有五，不言變宮、變徵。又春秋左氏所云：『七音六律，以奉五聲。』準此而言，每宮應立五調，不聞更加變宮、變徵二調爲七調。七調之作，所出未詳。」譯答之曰：「周有七音之律，漢書律曆志，天地人及四時，謂之七始。黄鍾爲天始，林鍾爲地始，太簇爲人始，是爲三始。姑洗爲春，蕤賓爲夏，南呂爲秋，應鍾爲冬，是爲

四時。四時三始，是以爲七。今若不以二變爲調曲，則是冬夏聲闕，四時不備。是故每宮須立七調。」衆從譯議。

譯又與夔俱云：「案今樂府黃鍾，乃以林鍾爲調首，失君臣之義，淸樂黃鍾宮，以小呂爲變徵，乖相生之道。今請雅樂黃鍾宮，以黃鍾爲調首，淸樂去小呂，還用蕤賓爲變徵。」衆皆從之。

夔又與譯議，欲累黍立分，正定律呂。時以音律久不通，譯、夔等一朝能爲之，以爲樂聲可定。而何妥舊以學聞，雅爲高祖所信。高祖素不悅學，不知樂，妥又恥已宿儒，不逮譯等，欲沮壞其事。乃立議非十二律旋相爲宮，曰：「經文雖道旋相爲宮，恐是直言其理，亦不通隨月用調，是以古來不取。若依鄭玄及司馬彪，須用六十律，方得和韻。今譯唯取黃鍾之正宮，兼得七始之妙義。非止金石諧韻，亦乃簨虡不繁，可以享百神，可以合萬舞矣。」而又非其七調之義，曰：「近代書記所載，縵樂鼓琴吹笛之人，多云『三調』。三調之聲，其來久矣。請存三調而已。」時牛弘總知樂事，弘不能精知音律。又有識音人萬寶常，修洛陽舊曲，言幼學音律，師於祖孝徵，知其上代修調古樂。周之璧翣，殷之崇牙，懸八用七，盡依周禮備矣。所謂正聲，又近前漢之樂，不可廢也。是時競爲異議，各立朋黨，是非之理，紛然淆亂。或欲令各修造，待成，擇其善者而從之。妥恐樂成，善惡易見，乃請高祖張樂試之。

遂先說曰：「黃鍾者，以象人君之德。」及奏黃鍾之調，高祖曰：「滔滔和雅，甚與我心會。」妥因陳用黃鍾一宮，不假餘律，高祖大悅，班賜妥等修樂者。自是譯等議寢。

校勘記

〔一〕尚藥典御　「藥」原作「樂」，據北齊書祖珽傳、通典一四二改。

〔二〕昭納八蠻　按：淮南子地形訓：「九州之外，乃有八蠻。」此句「入」疑當作「八」。

〔三〕大呂歌　「大」原作「六」。按：周禮大司樂：「乃奏黃鍾，歌大呂，舞雲門，以祀天神。」今據改。

〔四〕皇帝初獻配帝奏舞　原缺「奏」字，據前後文例補。

〔五〕文舞　「舞」原作「隣」，據册府五六八改。

〔六〕武弁　根據內容，「武弁」前當有「武舞」二字。

〔七〕三十二人執戚龜　參照上句文例，「龜」下應有「楯」字。

〔八〕商聲　按：「商」原作「南呂」，據宋史律曆志四改。古樂律「七聲」中，「宮」與「角」之間爲「商」聲。原文「南呂」當是「商」字之訛。參看凌廷堪燕樂考原。

隋書卷十五

志第十

音樂下

開皇九年平陳，獲宋、齊舊樂，詔於太常置淸商署，以管之。求陳太樂令蔡子元、于普明等，復居其職。由是牛弘奏曰：

臣聞周有六代之樂，至韶、武而已。秦始皇改周舞曰五行，漢高帝改韶舞曰文始，以示不相襲也。又造武德，自表其功，故高帝廟奏武德、文始、五行之舞。又作昭容、禮容，增演其意。昭容生於武德，蓋猶古之韶也。禮容生於文始，矯秦之五行也。文帝又作四時之舞，故孝景帝立，追述先功，采武德舞作昭德舞，被之管弦，薦於太宗之廟。孝宣采昭德舞爲盛德舞，更造新歌，薦於武帝之廟。據此而言，遞相因襲，縱有改作，並宗於韶。至明帝時，東平獻王采文德舞爲大武之舞，薦于光武之廟。

漢末大亂，樂章淪缺，魏武平荊州，獲杜夔，以爲軍謀祭酒，使創雅樂。時散騎侍郎鄧靜善詠雅歌，樂師尹胡能習宗祀之曲，舞師馮肅曉知先代諸舞。總練研精，復於古樂，自夔始也。文帝黃初，改昭容之樂爲昭業樂，武德之舞爲武頌舞，文始之舞爲大韶舞，五行之舞爲大武舞。明帝初，公卿奏上太祖武皇帝樂曰武始之舞，高祖文皇帝樂曰咸熙之舞。又製樂舞，名曰章斌之舞，有事於天地宗廟，及臨朝大饗，並用之。

晉武帝泰始二年，遣傅玄等造行禮及上壽食舉歌詩。張華表曰：「按漢、魏所用，雖詩章辭異，興廢隨時，至其韻逗曲折，並繫於舊，一皆因襲，不敢有所改也。」九年，荀勗典樂，使郭夏、〔一〕宋識造正德、大豫之舞。改魏昭武舞曰宣武舞，羽籥舞曰宣文舞。咸和江左之初，典章堙紊，賀循爲太常卿，始有登歌之樂。大寧末，阮孚等又增益之。咸和間，鳩集遺逸，鄴沒胡後，樂人頗復南度，東晉因之，以具鍾律。太元間，破苻永固，又獲樂工楊蜀等，閑練舊樂，於是金石始備。尋其設懸音調，並與江左是同。

慕容垂破慕容永於長子，盡獲苻氏舊樂。垂息爲魏所敗，其鍾律令李佛等，將太樂細伎，奔慕容德於鄴。德遷都廣固，子超嗣立，其母先沒姚興，超以太樂伎一百二十人詣興贖母。

及宋武帝入關，悉收南渡。永初元年，改正德舞曰前舞，大武舞曰後舞。文帝元

嘉九年，太樂令鍾宗之，更調金石。至十四年，典書令奚縱，復改定之。又有凱容、宣業之舞，齊代因而用之。蕭子顯齊書志曰：「宋孝建初，朝議以凱容舞爲韶舞，宣業舞爲武德舞。〔一〕據韶爲言，宣業即是古之大武，非武德也。」故志有前舞凱容歌辭，後舞凱容歌辭者矣。至于梁初，猶用凱容、宣業之舞，後改爲大壯、大觀焉。今人猶喚大觀爲前舞，故知樂名雖隨代而改，聲韻曲折，理應常同。

前克荊州，得梁家雅曲，今平蔣州，又得陳氏正樂。史傳相承，以爲合古。且觀其曲體，用聲有次，請修緝之，以備雅樂。其後魏洛陽之曲，據魏史云「太武平赫連昌所得」，更無明證。後周所用者，皆是新造，雜有邊裔之聲。戎音亂華，皆不可用。請悉停之。制曰：「制禮作樂，聖人之事也，功成化洽，方可議之。今宇內初平，正化未洽。遽有變革，我則未暇。」晉王廣又表請，帝乃許之。

牛弘遂因鄭譯之舊，又請依古五聲六律，旋相爲宮。雅樂每宮但一調，唯迎氣奏五調，謂之五音。縵樂用七調，祭祀施用。各依聲律尊卑爲次。高祖猶憶妥言，注弘奏下，不許作旋宮之樂，但作黃鍾一宮而已。於是牛弘及祕書丞姚察、通直散騎常侍許善心、儀同三司劉臻、通直郎虞世基等，更共詳議曰：

後周之時，以四聲降神，雖采周禮，而年代深遠，其法久絕，不可依用。謹案司樂：「凡樂，圜鍾爲宮，黃鍾爲角，太簇爲徵，姑洗爲羽，舞雲門以祭天。函鍾爲宮，太簇爲角，姑洗爲徵，南呂爲羽，舞咸池以祭地。黃鍾爲宮，大呂爲角，太簇爲徵，圜鍾爲羽，舞韶以祀宗廟。」馬融曰：「圜鍾，應鍾也。」賈逵、鄭玄曰：「圜鍾，夾鍾也。」鄭玄又云：「此樂無商聲，祭尚柔剛，故不用也。」干寶云：「不言商，商爲臣。王者自謂，故置其實而去其名，若曰，有天地人物，無德以主之，謙以自牧也。」先儒解釋，既莫知適從。然此四聲，非直無商，又律管乖次，以其爲樂，無克諧之理。今古事異，不可得而行也。

按東觀書馬防傳，大予丞鮑鄴等上作樂事，下防。防奏言：「建初二年七月鄴上言，天子食飲，必順于四時五味，而有食舉之樂。所以順天地，養神明，求福應也。今官雅樂獨有黃鍾，而食舉樂但有太簇，皆不應月律，恐傷氣類。可作十二月均，各應其月氣。公卿朝會，得聞月律，乃能感天，和氣宜應。詔下太常評焉。太常上言，作樂器直錢百四十六萬，奏寢。今明詔復下，臣防以爲可須上天之明時，因歲首之嘉月，發太簇之律，奏雅頌之音，以迎和氣。」其條貫甚具，遂獨施行。起於十月，爲迎氣之樂矣。又順帝紀云：「陽嘉二年冬十月庚午，以春秋爲辟雍，隸太學，隨月律。十月作應鍾，三月作姑洗。元和以來，音戾不調，修復黃鍾，作樂器，如舊典。」據此而言，漢樂宮懸有黃

鍾均，食舉太簇均，止有二均，不旋相爲宮，亦以明矣。計從元和至陽嘉二年，纔五十歲，用而復止。驗黃帝聽鳳以制律呂，尚書曰「予欲聞六律五聲」，周禮有「分樂而祭」。此聖人制作，以合天地陰陽之和，自然之理，乃云音戾不調，斯言誣之甚也。

今梁、陳雅曲，並用宮聲。按禮：「五聲十二律，還相爲宮。」盧植云：「十二月三管流轉用事，當用事者爲宮。宮，君也。」鄭玄曰：「五聲宮、商、角、徵、羽。其陽管爲律，陰管爲呂。布十二辰，更相爲宮，始自黃鍾，終於南呂，凡六十也。」皇侃疏：「還相爲宮者，十一月以黃鍾爲宮，十二月以大呂爲宮，正月以太簇爲宮。餘月放此。凡十二管，各備五聲，合六十聲。五聲成一調，故十二調。」此即釋鄭義之明文，無用商、角、徵、羽爲別調之法矣。樂稽耀嘉曰：「東方春，其聲角，樂當宮於夾鍾。餘方各以其中律爲宮。」若有商、角之理，不得云宮於夾鍾也。又云：「五音非宮不調，五味非甘不和。」又動聲儀：「宮唱而商和，是謂善本，太平之樂也。」周禮：「奏黃鍾，歌大呂，以祀天神。」鄭玄「以黃鍾之鍾，大呂之聲爲均。」均，調也。故崔靈恩云：「六樂十二調，亦不獨論商、角、徵、羽也。」又云：「凡六樂者，皆文之以五聲，播之以八音。」故知每曲皆須五聲八音錯綜而能成也。御寇子云：「師文鼓琴，命宮而總四聲，則慶雲浮，景風翔。」唯韓詩云：「聞其宮聲，使人溫厚而寬大。聞其商聲，使人方廉而好義。」及古有清角、清徵之流。

此則當聲爲曲。今以五引爲五聲，迎氣所用者是也。餘曲悉用宮聲，不勞商、角、徵、羽。何以得知？荀勗論三調爲均首者，得正聲之名，明知雅樂悉在宮調。已外徵、羽、角，自爲諸俗之音耳。且西涼、龜茲雜伎等，曲數既多，故得隸於衆調，調各別曲，至如雅樂少，須以宮爲本，歷十二均而作，不可分配餘調，更成雜亂也。

其奏大抵如此。帝並從之。故隋代雅樂，唯奏黃鍾一宮，郊廟饗用一調，迎氣用五調。舊工更盡，其餘聲律，皆不復通。或有能爲蕤賓之宮者，享祀之際肆之，竟無覺者。弘又修皇后房內之樂，據毛萇、侯苞、孫毓故事，皆有鍾聲，而王肅之意，乃言不可。又陳統云：「婦人無外事，而陰敎尚柔，柔以靜爲體，不宜用於鍾。」弘等採肅、統以取正焉。高祖龍潛時，頗好音樂，常倚琵琶，作歌二首，名曰地厚、天高，託言夫妻之義。因即取之爲房內曲。命婦人幷登歌上壽並用之。職在宮內，女人敎習之。

初後周故事，懸鍾磬法，七正七倍，合爲十四。蓋準變宮、變徵，凡爲七聲，有正有倍，而爲十四也。長孫紹遠引國語泠州鳩云：「武王伐殷，歲在鶉火。」自鶉及駟，七位故也。既以七同其數，而以律和其聲，於是有七律。又引尚書大傳「謂之七始」，其注云：「謂黃鍾、林鍾、太簇、南呂、姑洗、應鍾、蕤賓也。」歌聲不應此者，皆去之。然據一均言也。宮、商、角、徵、羽爲正，變宮、變徵爲和，加倍而有十四焉。又梁武帝加以濁倍，三七二十一而同爲架，

雖取繁會，聲不合古。又後魏時，公孫崇設鍾磬正倍，參懸之。弘等並以爲非，而據周官小胥職「懸鍾磬，半之爲堵，全之爲肆」。鄭玄曰：「鍾磬編懸之，二八十六而在一虡。鍾一堵，磬一堵，謂之肆。」又引樂緯「宮爲君，商爲臣，君臣皆尊，各置一副，故加十四而懸十六」。又據漢成帝時，犍爲水濱，得石磬十六枚，此皆懸八之義也。懸鍾磬法，每虡準之，懸八用七，不取近周之法懸七也。

又參用儀禮及尚書大傳，爲宮懸陳布之法。北方北向，應鍾起西，磬次之，黃鍾次之，鍾次之，大呂次之，皆東陳。一建鼓在其東，東鼓。東方西向，太簇起北，磬次之，夾鍾次之，鍾次之，姑洗次之，皆南陳。一建鼓在其南，東鼓。南方北向，中呂起東，鍾次之，蕤賓次之，磬次之，林鍾次之，皆西陳。一建鼓在其西，西鼓。西方東向，夷則起南，鍾次之，南呂次之，磬次之，無射次之，皆北陳。一建鼓在其北，西鼓。其大射，則撤北面而加鉦鼓。祭天用雷鼓、雷鼗，祭地用靈鼓、靈鼗，宗廟用路鼓、路鼗。各兩設在懸內。

又準儀禮，宮懸四面設鎛鍾十二虡，各依辰位。又甲、丙、庚、壬位，各設鍾一虡，乙、丁、辛、癸位，各陳磬一虡。共爲二十虡。其宗廟殿庭郊丘社並同。樹建鼓于四隅，以象二十四氣。依月爲均，四箱同作，蓋取毛傳詩云「四懸皆同」之義。古者鎛鍾據儀禮擊爲節檢，而無合曲之義。又大射有二鎛，皆亂擊焉，乃無成曲之理。依後周以十二鎛相生擊之，

聲韻克諧。每鎛鍾、建鼓各一人。每鍾、磬簨簴各一人，歌二人，執節一人，琴、瑟、箏、筑各一人。每鍾虡，竽、笙、簫、笛、塤、鐃各一人。懸內柷、敔各一人，柷在東，敔在西。二舞各八佾。樂人皆平巾幘，絳構衣。樂器並采周官，參之梁代，擇用其尤善者。其簨簴皆金五博山，飾以崇牙，樹羽旒蘇。其樂器應漆者，天地之神皆朱漆，宗廟及殿庭則五色漆畫。晉、宋故事，箱別各有柷、敔，既同時戛之，今則不用。

又周官大司樂：「奏黃鍾，歌大呂，舞雲門，以祀天神。奏太簇，歌應鍾，舞咸池，以祭地祇。奏姑洗，歌南呂，舞大韶，以祀四望。奏蕤賓，歌函鍾，舞大夏，以祭山川。奏夷則，歌小呂，舞大濩，以享先妣。奏無射，歌夾鍾，舞大武，以享先祖。」此乃周制，立二王三恪，通己爲六代之樂。至四時祭祀，則分而用之。以六樂配十二調，一代之樂，則用二調矣。隋去六代之樂，又無四望、先妣之祭，今既與古祭法有別，乃以神祇位次分樂配焉。奏黃鍾，歌大呂，以祀圜丘。黃鍾所以宣六氣也，耀魄天神，最爲尊極，故奏黃鍾以祀之。奏太簇，歌應鍾，以祭方澤。太簇所以贊陽出滯，崐崘厚載之重，故奏太簇以祀之。奏姑洗，歌南呂，以祀五郊、神州。姑洗所以滌潔百物，五郊神州，天地之次，故奏姑洗以祀之。奏蕤賓，歌函鍾，以祭宗廟。蕤賓所以安靜神人，祖宗有國之本，故奏蕤賓以祀之。奏夷則，歌小呂，以祭社稷、先農。夷則所以詠歌九穀，貴在秋成，故奏夷則以祀之。奏無射，歌夾鍾，以祭巡狩方嶽。無射所以示人軌物，觀風望秩，故奏無射以祀之。同用文武二舞。其圜丘降神六變，方澤降神八變，宗廟禘祫降神九變，皆用昭夏。其餘祭享皆一變。又周禮，王出，奏王夏，尸出，奏肆夏。叔孫通法，迎神奏嘉至。今亦隨事立名。皇帝入出，皆奏皇夏。羣官入出，皆奏肆夏。食舉上壽，奏需夏。迎、送神，奏昭夏。薦獻郊廟，奏誠夏。宴饗殿上，奏登歌。并文舞武舞，合爲八曲。古有宮、商、角、徵、羽五引，梁以三朝元會奏之。今改爲五音，其聲悉依宮商，不使差越。唯迎氣於五郊，降神奏之，月令所謂「孟春其音角」是也。通前爲十三曲。并內宮所奏天高、地厚二曲，於房中奏之，合十五曲。

其登歌法，準禮郊特牲「歌者在上，匏竹在下」。大戴云：「清廟之歌，懸一磬而尚拊搏。」又在漢代，獨登歌者，不以絲竹亂人聲。近代以來，有登歌五人，別升於上，絲竹一部，進處階前。此蓋尚書「戛擊鳴球，搏拊琴瑟以詠，祖考來格」之義也。梁武樂論以爲登歌者頌祖宗功業，檢禮記乃非元日所奏。若三朝大慶，百辟俱陳，升工籍殿，以詠祖考，君臣相對，便須涕洟。以此說非通，還以嘉慶用之。後周登歌，備鍾、磬、琴、瑟，階上設笙、管。今遂因之。合於儀禮荷瑟升歌，及笙入，立於階下，間歌合樂，是燕飲之事矣。登歌法，十有四人，鍾東磬西，工各一人，琴、瑟、箏、筑各一人，并歌者三人，執節七人，並坐階上。笙、竽、簫、笛、塤、鐃各一人，並立階下。悉進賢冠，絳公服。斟酌古今，參而用之。祀神宴會通行之。若有

大祀臨軒，陳於階壇之上。若冊拜王公，設宮懸，不用登歌。釋奠則唯用登歌，而不設懸。

古者人君食，皆用當月之調，以取時律之聲。使不失五常之性，調暢四體，令得時氣之和。故鮑鄴上言，天子食飲，必順四時，有食舉樂，所以順天地，養神明，可作十二月均，感天和氣。此則殿庭月調之義也。祭祀既已分樂，臨軒朝會，並用當月之律。正月懸太簇之均，乃至十二月懸大呂之均，欲感君人情性，允協陰陽之序也。

又文舞六十四人，並黑介幘，冠進賢冠，絳紗連裳，內單，皁褾、領、襈、裾，革帶，烏皮履。十六人執翿。十六人執㦸。十六人執旄。十六人執羽，左手皆執籥。二人執纛，引前，在舞人數外，衣冠同舞人。武舞六十四人，並服武弁，朱褠衣，革帶，烏皮履。左執朱干，右執大戚，依朱干玉戚之文。二人執旌，居前，二人執鼗，二人執鐸。金錞二，四人輿，二人作。二人執鐃次之。二人執相，在左，二人執雅，在右，各工一人作。自旌以下夾引，並在舞人數外，衣冠同舞人。周官所謂「以金錞和鼓，金鐲節鼓，金鐃止鼓，金鐸通鼓」也。又依樂記象德擬功，初來就位，總干而山立，思君道之難也。發揚蹈厲，威而不殘也。舞亂皆坐，四海咸安也。武，始而受命，再成而定山東，三成而平蜀道，四成而北狄是通，五成而江南是拓，六成復綴，以闡太平。高祖曰：「不須象功德，直象事可也。」然竟用之。近代舞出入皆作樂，謂之階步，咸用肆夏。今亦依定，即周官所謂樂出入奏鍾鼓也。又魏、晉故事，有

矛俞、弩俞及朱儒導引。今據尚書直云干羽，禮文稱羽籥干戚。今文舞執羽籥，武舞執干戚，其矛俞、弩俞等，蓋漢高祖自漢中歸，巴、俞之兵，執仗而舞也。既非正典，悉罷不用。

十四年三月，樂定。祕書監、奇章縣公牛弘，祕書丞、北絳郡公姚察，通直散騎常侍、虞部侍郎許善心，兼內史舍人虞世基，儀同三司、東宮學士饒陽伯劉臻等奏曰：「臣聞蕢桴土鼓，由來斯尚，雷出地奮，著自易經。邃古帝王，經邦馭物，揖讓而臨天下者，禮樂之謂也。秦焚經典，樂書亡缺，爰至漢興，始加鳩採，祖述增廣，緝成朝憲。魏、晉相承，更加論討，沿革之宜，備於故實。永嘉之後，九服崩離，燕、石、苻、姚，遞據華土。此其戎乎，何必伊川之上，吾其左衽，無復微管之功。前言往式，於斯而盡。金陵建社，朝士南奔，帝則皇規，粲然更備，與內原隔絕，三百年於茲矣。伏惟明聖膺期，會昌在運。今南征所獲梁、陳樂人，及晉、宋旗章，宛然俱至。曩代所不服者，今悉服之，前朝所未得者，今悉得之。化洽功成，於是乎在。臣等伏奉明詔，詳定雅樂，博訪知音，旁求儒彥，研校是非，定其去就，取爲一代正樂，具在本司。」於是并撰歌辭三十首，詔並令施用，見行者皆停之。其人間音樂，流僻日久，棄其舊體者，並加禁約，務存其本。

先是高祖遣內史侍郎李元操、直內史省盧思道等，列清廟歌辭十二曲。令齊樂人曹妙達，於太樂教習，以代周歌。其初迎神七言，象元基曲，獻奠登歌六言，象傾盃曲，送神禮畢

五言，象行天曲。至是弘等但改其聲，合於鍾律，而辭經勑定，不敢易之。至仁壽元年，煬帝初爲皇太子，從饗于太廟，聞而非之。乃上言曰：「清廟歌辭，文多浮麗，不足以述宣功德，請更議定。」於是制詔吏部尚書、奇章公弘，開府儀同三司、領太子洗馬柳顧言，祕書丞、攝太常少卿許善心，內史舍人虞世基，禮部侍郎蔡徵等，更詳故實，創製雅樂歌辭。其祠圓丘，皇帝入，至版位定，奏昭夏之樂，以降天神。升壇，奏皇夏之樂。受玉帛，登歌，奏昭夏之樂。皇帝降南陛，詣罍洗，洗爵訖，升壇，並奏皇夏。初升壇，俎入，奏昭夏之樂。皇帝初獻，奏誠夏之樂。皇帝既獻，作文舞之舞。皇帝飲福酒，作需夏之樂。皇帝反爵於坫，還本位，奏皇夏之樂。武舞出，作肆夏之樂。送神作昭夏之樂。就燎位，還大次，並奏皇夏。

圓丘：

降神，奏昭夏辭：

肅祭典，協良辰。具嘉薦，俟皇臻。禮方成，樂已變。感靈心，迴天眷。闢華闕，下乾宮。乘精氣，御祥風。望爟火，通田燭。膺介圭，受瑄玉。神之臨，慶陰陰。煙衢洞，宸路深。善既福，德斯輔。流鴻祚，遍區宇。

皇帝升壇，奏皇夏辭：

於穆我君，昭明有融。道濟區域，功格玄穹。百神警衞，萬國承風。仁深德厚，信洽義豐。明發思政，勤憂在躬。鴻基惟永，福祚長隆。

登歌辭：

德深禮大，道高饗穆。就陽斯恭，陟配惟肅。血膋升氣，冕裘標服。誠感淸玄，信陳史祝。祗承靈貺，載膺多福。

皇帝初獻，奏誠夏辭：

肇禋崇祀，大報尊靈。因高盡敬，埽地推誠。六宗隨兆，五緯陪營。雲和發韵，孤竹揚清。我粢既潔，我酌惟明。元神是鑒，百祿來成。

皇帝既獻，奏文舞辭：

皇矣上帝，受命自天。睿圖作極，文教遐宣。四方監觀，萬品陶甄。有苗斯格，無得稱焉。天地之經，和樂具舉。休徵咸萃，要荒式序。正位履端，秋霜春雨。

皇帝飲福酒，奏需夏辭：

禮以恭事，薦以饗時。載清玄酒，備潔薌萁。迴旋分爵，思媚軒墀。惠均撤俎，祥降受釐。十倫以具，百福斯滋。克昌厥德，永祚鴻基。

武舞辭：

御曆膺期，乘乾表則。成功戡亂，順時經國。兵暢五材，武弘七德。憬彼遐裔，化行充

塞。三道備舉，二儀交泰。情發自中，義均莫大。祀敬恭肅，鍾鼓繁會。萬國斯歡，兆人斯賴。享茲介福，康哉元首。惠我無疆，天長地久。

送神奏昭夏辭：

享序洽，祀禮施。神之駕，嚴將馳。奔精驅，長離耀。牲煙達，潔誠照。騰日馭，鼓電鞭。辭下土，升上玄。瞻寥廓，杳無際。澹羣心，留餘惠。

皇帝就燎，還大次，並奏皇夏，辭同上。

五郊歌辭五首：迎送神、登歌，與圓丘同。

青帝歌辭，奏角音：

震宮初動，木德惟仁。龍精戒旦，鳥曆司春。陽光煦物，溫風先導。巖處載驚，膏田已冒。犧牲豐潔，金石和聲。懷柔備禮，明德惟馨。

赤帝歌辭，奏徵音：

長嬴開序，炎上爲德。執禮司萌，持衡御國。重離得位，芒種在時。含櫻薦實，木槿垂蕤。慶賞既行，高明可處。順時立祭，事昭福舉。

黃帝歌辭，奏宮音：

爰稼作土，順位稱坤。孕金成德，履艮爲尊。黃本內色，宮實聲始。萬物資生，四時咸

紀。靈壇汛掃，盛樂高張。威儀孔備，福履無疆。

白帝歌辭，奏商音：

西成肇節，盛德在秋。三農稍已，九穀行收。金氣肅殺，商威飂戾。嚴風鼓莖，繁霜殞蔕。厲兵詰暴，勑法愼刑。神明降嘏，國步惟寧。

黑帝歌辭，奏羽音：

玄英啓候，冥陵初起。虹藏於天，雉化於水。嚴關重閉，星廻日窮。黃鍾動律，廣莫生風。玄樽示本，天產惟質。恩覃外區，福流景室。

感帝奏誠夏辭：迎送神、登歌，與圜丘同。

禘祖垂典，郊天有章。以春之孟，於國之陽。繭栗惟誠，陶匏斯尚。人神接禮，明幽交暢。火靈降祚，火曆載隆。烝哉帝道，赫矣皇風。

雩祭奏誠夏辭：迎送神、登歌，與圜丘同。

朱明啓候，時載陽。肅若舊典，延五方。嘉薦以陳，盛樂奏。氣序和平，資靈祐。公田既雨，私亦濡。人殷俗富，政化敷。

蜡祭奏誠夏辭：迎送神、登歌，與圜丘同。

四方有祀，八蜡酬功。收藏既畢，榛葛送終。使之必報，祭之斯索。三時告勞，一日爲

澤。神祇必來，鱗羽咸致。惟義之盡，惟仁之至。年成物阜，罷役息人。皇恩已洽，靈慶無垠。

朝日、夕月歌詩二首：迎送神、登歌，與圜丘同。

朝日奏誠夏辭：

扶木上朝暾，嵫山沉暮景。寒來遊晷促，暑至馳輝永。時和合璧耀，俗泰重輪明。執圭盡昭事，服冕罄虔誠。

夕月奏誠夏辭：

澄輝燭地域，流耀鏡天儀。曆草隨弦長，珠胎逐望虧。成形表蟾兔，竊藥資王母。西郊禮既成，幽壇福惟厚。

方丘歌辭四首：唯此四者異，餘並同圜丘。

迎神奏昭夏辭：

柔功暢，陰德昭。陳瘞典，盛玄郊。篚冪清，膋鬯馥。皇情虔，具僚肅。笙頌合，鼓鼗會。出桂旗，屯孔蓋。敬如在，肅有承。神胥樂，慶福膺。

奠玉帛登歌：

道惟生育，器乃包藏。報功稱範，殷薦有常。六瑚已饋，五齊流香。貴誠尚質，敬洽義彰。神祚惟永，帝業增昌。

皇地祇歌辭，奏誠夏辭：

原載垂德，崐丘主神。陰壇吉禮，北至良辰。鑒水呈潔，牲栗表純。樽壺夕視，幣玉朝陳。羣望咸秩，精靈畢臻。祔流於國，祉被於人。

送神歌辭，奏昭夏辭：

奠既徹，獻已周。竦靈駕，逝遠遊。洞四極，帀九縣。慶方流，祉恒遍。埋玉氣，掩牲芬。晰神理，顯國文。

神州奏誠夏辭：迎送神、登歌，與方丘同。

四海之內，一和之壤。地曰神州，物賴生長。咸池既降，泰折斯饗。牲牷尚黑，珪玉實兩。九宇載寧，神功克廣。

社稷歌辭四首：迎送神、登歌，與方丘同。

春祈社，奏誠夏辭：

厚地開靈，方壇崇祀。達以風露，樹之松梓。勾萌既申，芟柞伊始。恭祈粢盛，載膺休祉。

春祈稷，奏誠夏辭：

粒食興教，播厥有先。尊神致潔，報本惟虔。瞻榆束耒，望杏開田。方憑戩福，佇詠豐年。

秋報社，奏誠夏辭：

北墉申禮，單出表誠。豐犧入薦，華樂在庭。原隰既平，泉流又清。如雲已望，高廩斯盈。

秋報稷，奏誠夏辭：

人天務急，農亦勤止。或蓑或藨，惟虋惟芑。涼風戒時，歲云秋矣。物成則報，功施必祀。

先農，奏誠夏辭：迎送神，與方丘同。

農祥晨晰，土膏初起。春原俶載，青壇致祀。斂蹕長阡，廻旌外壝。房俎飾薦，山罍沈滓。親事朱弦，躬持黛耜。恭神務穡，受釐降祉。

先聖先師，奏誠夏辭：

經國立訓，學重教先。三墳肇冊，五典留篇。開鑿理著，陶鑄功宜。東膠西序，春誦夏弦。芳塵載仰，祀典無騫。

太廟歌辭：

迎神歌辭：

務本興教，尊神體國。霜露感心，享祀陳則。宮聯式序，奔走在庭。几筵結幕，祼獻惟誠。嘉樂載合，神其降止。永言保之，錫以繁祉。

登歌辭：

孝熙嚴祖，師象敬宗。惟皇肅事，有來雝雝。雕梁霞複，繡橑雲重。覩德自感，奉璋伊恭。彝斝盡飾，羽綴有容。升歌發藻，景福來從。

俎入歌辭：郊丘、社、廟同。

祭本用初，祀由功舉。駿奔咸會，供神有序。明酌盈樽，豐犧實俎。幽金既薦，績錯維旅。亨由明德，香非稷黍。載流嘉慶，克固鴻緒。

皇高祖太原府君神室歌辭：

締基發祥，肇源興慶。廼仁廼哲，克明克令。庸宣國圖，譽流人詠。開我皇業，七百同盛。

皇曾祖康王神室歌辭：

皇條俊茂，帝系靈長。豐功疊軌，厚利重光。福由善積，代以德彰。嚴恭盡禮，永錫無疆。

皇祖獻王神室歌辭：

盛才必達，丕基增舊。涉渭同符，遷邠等構。弘風邁德，義高道富。神鑒孔昭，王猷克懋。

皇考太祖武元皇帝神室歌辭：

深仁冥著，至道潛敷。皇矣太祖，耀名天衢。覊商隆祚，奄宅隋區。有命既集，誕開靈符。

飲福酒歌辭：郊丘、社、廟同。

神道正直，祀事有融。肅雝備禮，莊敬在躬。羞嬉已具，奠酹將終。降祥惟永，受福無窮。

送神歌辭：

饗禮具，利事成。佇旒冕，肅簪纓。金奏終，玉俎撤。盡孝敬，窮嚴潔。人祇分，哀樂半。降景福，憑幽贊。

元會：

皇帝出入殿庭，奏皇夏辭：郊丘、社、廟同。

深哉皇度，粹矣天儀。司陛整蹕，式道先馳。八屯霧擁，七萃雲披。退揚進揖，步矩行規。勾陳乍轉，華蓋徐移。羽旗照耀，珪組陸離。居高念下，處安思危。照臨有度，紀律無虧。

皇太子出入，奏肆夏辭：

惟熙帝載，式固王猷。體乾建本，是曰孟侯。馳道美漢，寢門稱周。德心既廣，道業惟優。傅保斯導，賢才與遊。瑜玉發響，畫輪停輈。皇基方峻，七鬯恒休。

食舉歌辭八首：

燔黍設教，禮之始。五味相資，火爲紀。平心和德，在甘旨。牢羞既陳，鍾石俟。以斯而御，揚盛軌。

養身必敬，禮食昭。時和歲阜，庶物饒。鹽梅既濟，鼎鉉調。特以膚腊，加臐膮。威儀濟濟，懋皇朝。

饔人進羞，樂侑作。川濳之膾，雲飛臛。甘酸有宜，芬勺藥。金敦玉豆，盛交錯。御鼓既聲，安以樂。

玉食惟后，膳必珍。芳菰既潔，重秬新。是能安體，又調神。荆包畢至，海貢陳。用之有節，德無垠。

嘉羞入饋，猶化謐。沃土名滋，帝臺實。陽華之菜，雕陵栗。鼎俎芬芳，豆籩溢。通幽

致遠，車書一。

道高物備，食多方。山膚既善，水豢良。桓蒲在位，簨業張。加籩折俎，爛成行。恩風下濟，道化光。

禮以安國，仁爲政。具物必陳，饔牢盛。罝罘斤斧，順時令。懷生熙熙，皆得性。於茲宴喜，流嘉慶。

皇道四達，禮樂成。臨朝日舉，表時平。甘芳既飫，醑以清。揚休玉巵，正性情。隆我帝載，永明明。

上壽歌辭：

俗已乂，時又良。朝玉帛，會衣裳。基同北辰久，壽共南山長。黎元鼓腹樂未央。

宴羣臣登歌辭：

皇明馭歷，仁深海縣。載擇良辰，式陳高宴。顒顒卿士，昂昂侯甸。車旗煜爚，衣纓葱蒨。樂正展懸，司宮飾殿。三揖稱禮，九賓爲傳。圓鼎臨碑，方壺在面。鹿鳴成曲，嘉魚入薦。筐篚相輝，獻酬交徧。飲和飽德，恩風長扇。

文舞歌辭：

天眷有屬，后德惟明。君臨萬宇，昭事百靈。濯以江、漢，樹之風聲。罄地必歸，窮天皆

至。六戎仰朔，八蠻請吏。煙雲獻彩，龜龍表異。緝和禮樂，燮理陰陽。功由舞見，德以歌彰。兩儀同大，日月齊光。

武舞歌辭：

惟皇御宇，惟帝乘乾。五材並用，七德兼宣。平暴夷險，拯溺救燔。九域載安，兆庶斯賴。續地之厚，補天之大。聲隆有截，化覃無外。鼓鍾既奮，干戚攸陳。功高德重，政謐化淳。鴻休永播，久而彌新。

大射登歌辭：

道謐金科照，時乂玉條明。優賢饗禮洽，選德射儀成。鑾旗鬱雲動，寶軑儼天行。巾車整三乏，司裘飾五正。鳴球響高殿，華鍾震廣庭。烏號傳昔美，淇、衞著前名。揖讓皆時傑，升降盡朝英。附枝觀體定，杯水覩心平。豐觚既來去，燔炙復從橫。欣看禮樂盛，喜遇黃河清。

凱樂歌辭三首：

述帝德：

於穆我后，睿哲欽明。膺天之命，載育羣生。開元創曆，邁德垂聲。朝宗萬宇，祗事百靈。煥乎皇道，昭哉帝則。惠政滂流，仁風四塞。淮海未賓，江湖背德。運籌必勝，濯征斯

克。八荒霧卷，四表雲褰。雄圖盛略，邁後光前。寰區已泰，福祚方延。長歌凱樂，天子萬年。

述諸軍用命：

帝德遠覃，天維宏布。功高雲天，聲隆韶、護。惟彼海隅，未從王度。皇赫斯怒，元戎啓路。桓桓猛將，赳赳英謨。攻如燎髮，戰似摧枯。救茲塗炭，克彼妖逋。塵清兩越，氣靜三吳。鯨鯢已夷，封疆載闢。班馬蕭蕭，歸旌弈弈。雲臺表効，司勳紀績。業並山、河，道固金石。

述天下太平：

阪泉軒德，丹浦堯勳。始實以武，終乃以文。嘉樂聖主，大哉爲君。出師命將，廓定重氛。書軌既并，干戈是戢。弘風設教，政成人立。禮樂聿興，衣裳載緝。風雲自美，嘉祥爰集。皇皇聖政，穆穆神猷。牢籠虞、夏，度越姬、劉。日月比曜，天地同休。永清四海，長帝九州。

皇后房內歌辭：

至順垂典，正內弘風。母儀萬國，訓範六宮。求賢啓化，進善宣功。家邦載序，道業斯融。

大業元年，煬帝又詔修高廟樂，曰：「古先哲王，經國成務，莫不因人心而制禮，則天明而作樂。昔漢氏諸廟別所，樂亦不同，至於光武之後，始立共堂之制。魏文承運，初營廟寢，太祖一室，獨爲別宮。自茲之後，兵車交爭，制作規模，日不暇給。伏惟高祖文皇帝，功侔造物，道濟生靈，享薦宜殊，樂舞須別。今若月祭時饗，既與諸祖共庭，至於舞功，獨於一室，交違禮意，未合人情。其詳議以聞。」有司未及陳奏，帝又以禮樂之事，總付祕書監柳顧言、少府副監何稠、著作郎諸葛潁、祕書郎袁慶隆等，增多開皇樂器，大益樂員，郊廟樂懸，並令新製。顧言等後親，帝復難於改作，其議竟寢。諸郊廟歌辭，亦並依舊制，唯新造高祖廟歌九首。今亡。又遣祕書省學士，定殿前樂工歌十四首，終大業世，每舉用焉。帝又詔博訪知鍾律歌管者，皆追之。時有曹士立、裴文通、唐羅漢、常寶金等，雖知操弄，雅鄭莫分，然總付太常，詳令刪定。議修一百四曲，其五曲在宮調，黃鍾也；一曲應調，大呂也；二十五曲商調，太簇也；一十四曲角調，姑洗也；一十三曲變徵調，蕤賓也；八曲徵調，林鍾也；二十五曲羽調，南呂也；一十三曲變宮調，應鍾也。其曲大抵以詩爲本，參以古調，漸欲播之弦歌，被之金石。仍屬戎車，不遑刊正，禮樂之事，竟無成功焉。

自漢至梁、陳樂工，其大數不相踰越。及周并齊，隋并陳，各得其樂工，多爲編戶。至

六年，帝乃大括魏、齊、周、陳樂人子弟，悉配太常，並於關中爲坊置之，其數益多前代。顧言等又奏，仙都宮內，四時祭享，還用太廟之樂，歌功論德，別製其辭。七廟同院，樂依舊式。又造饗宴殿庭宮懸樂器，布陳簨簴，大抵同前，而於四隅各加二建鼓、三案。又設十二鎛，鎛別鍾磬二架，各依辰位爲調，合三十六架。至於音律節奏，皆依雅曲，意在演令繁會，自梁武帝之始也，開皇時，廢不用，至是又復焉。高祖時，宮懸樂器，唯有一部，殿庭饗宴用之。平陳所獲，又有二部，宗廟郊丘分用之。至是並於樂府藏而不用。更造三部：五郊二十架，工一百四十三人。廟庭二十架，工一百五十人。饗宴二十架，工一百七人。舞郎各二等，並一百三十二人。

顧言又增房內樂，益其鍾磬，奏議曰：「房內樂者，主爲王后弦歌諷誦而事君子，故以房室爲名。燕禮鄉飲酒禮，亦取而用也。故云：『用之鄉人焉，用之邦國焉。』文王之風，由近及遠，鄉樂以感人，須存雅正。既不設鍾鼓，義無四懸，何以取正於婦道也。磬師職云：『燕樂之鍾磬。』鄭玄曰：『燕樂，房內樂也，所謂陰聲，金石備矣。』以此而論，房內之樂，非獨弦歌，必有鍾磬也。內宰職云：『正后服位，詔其禮樂之儀。』鄭玄云：『薦撤之禮，當與樂相應。』薦撤之言，雖施祭祀，其入出賓客，理亦宜同。請以歌鍾歌磬，各設二虡，土革絲竹並副之，并升歌下管，總名房內之樂。女奴肄習，朝燕用之。」制曰：「可。」於是內宮懸二十虡。

其鎛鍾十二，皆以大磬充。去建鼓，餘飾並與殿庭同。

皇太子軒懸，去南面，設三鎛鍾於辰丑申，三建鼓亦如之。編鍾三虡，編磬三虡，共三鎛鍾爲九虡。其登歌減者二人。簨虡金三博山。樂器應漆者朱漆之。其二舞用六佾。

其雅樂鼓吹，多依開皇之故。雅樂合二十器，今列之如左：

金之屬二：一曰鎛鍾，每鍾懸一簨虡，各應律呂之音，卽黃帝所命伶倫鑄十二鍾，和五音者也。二曰編鍾，小鍾也，各應律呂，大小以次，編而懸之。上下皆八，合十六鍾，懸於一簨虡。

石之屬一：曰磬，用玉若石爲之，懸如編鍾之法。

絲之屬四：一曰琴，神農制爲五弦，周文王加二弦爲七者也。二曰瑟，二十七弦，伏犧所作者也。三曰筑，十二弦。四曰箏，十三弦，所謂秦聲，蒙恬所作者也。

竹之屬三：一曰簫，十六管，長二尺，舜所造者也。二曰篪，長尺四寸，八孔，蘇公所作者也。三曰笛，凡十二孔，漢武帝時丘仲所作者也。京房備五音，有七孔，以應七聲。黃鍾之笛，長二尺八寸四分四釐有奇，其餘亦上下相次，以爲長短。

匏之屬二：一曰笙，二曰竽，並女媧之所作也。笙列管十九，於匏內施簧而吹之。竽大，三十六管。

土之屬一：曰塤，六孔，暴辛公之所作者也。

革之屬五：一曰建鼓，夏后氏加四足，謂之足鼓。殷人柱貫之，謂之楹鼓。周人懸之，謂之懸鼓。近代相承，植而貫之，謂之建鼓。蓋殷所作也。又棲翔鷺於其上，不知何代所加。或曰，鵠也，取其聲揚而遠聞。或曰，鷺，鼓精也。越王勾踐擊大鼓於雷門以厭吳。晉時移於建康，有雙鷺唲鼓而飛入雲。或曰，皆非也。詩云：「振振鷺，鷺于飛。鼓咽咽，醉言歸。」古之君子，悲周道之衰，頌聲之輟，飾鼓以鷺，存其風流。未知孰是。靈鼓、靈鼗，並八面。雷鼓、雷鼗，六面。路鼓、路鼗，四面。鼓以桴擊，鼗貫其中而手搖之。又有節鼓，不知誰所造也。

木之屬二：一曰柷，如桶，方二尺八寸，中有椎柄，連底動之，令左右擊，以節樂。二曰敔，如伏獸，背有二十七鉏鋙，以竹長尺，橫櫟之，以止樂焉。

簨虡，所以懸鍾磬，橫曰簨，飾以鱗屬，植曰虡，飾以贏及羽屬。簨加木板於上，謂之業。殷人刻其上爲崇牙，以挂懸。周人畫繒爲翣，戴之以璧，垂五采羽於其下，樹於簨虡之角。近代又加金博山於簨上，垂流蘇，以合采羽。五代相因，同用之。

始開皇初定令，置七部樂：一曰國伎，二曰清商伎，三曰高麗伎，四曰天竺伎，五曰安國伎，六曰龜茲伎，七曰文康伎。又雜有疎勒、扶南、康國、百濟、突厥、新羅、倭國等伎。[三]其後牛弘請存鞞、鐸、巾、拂等四舞，與新伎並陳。因稱：「四舞，按漢、魏以來，並施於宴饗。鞞舞，漢巴、渝舞也。至章帝造鞞舞辭云『關東有賢女』，魏明代漢曲云『明明魏皇帝』。鐸舞，傅玄代魏辭云『振鐸鳴金』，成公綏賦云『鞞鐸舞庭，八音並陳』是也。拂舞者，沈約宋志云：『吳舞，吳人思晉化。』其辭本云『白符鳩』是也。巾舞者，公莫舞也。伏滔云：『項莊因舞，欲劍高祖，項伯紆長袖以扞其鋒，魏、晉傳爲舞焉。』檢此雖非正樂，亦前代舊聲。故梁武報沈約云：『鞞、鐸、巾、拂，古之遺風。』楊泓云：『此舞本二八人，桓玄卽眞，爲八佾。後因而不改。』齊人王僧虔已論其事。平陳所得者，猶充八佾，於懸內繼二舞後作之，爲失斯大。檢四舞由來，其實已久。請並在宴會，與雜伎同設，於西涼前奏之。」帝曰：「其聲音節奏及舞，悉宜依舊。惟舞人不須捉鞞拂等。」

及大業中，煬帝乃定清樂、西涼、龜茲、天竺、康國、疎勒、安國、高麗、禮畢，以爲九部。樂器工衣創造既成，大備於茲矣。

清樂其始卽清商三調是也，並漢來舊曲。樂器形制，幷歌章古辭，與魏三祖所作者，皆被於史籍。屬晉朝遷播，夷羯竊據，其音分散。苻永固平張氏，始於涼州得之。宋武平關中，因而入南，不復存於內地。及平陳後獲之。高祖聽之，善其節奏，曰：「此華夏正聲也。

昔因永嘉，流於江外，我受天明命，今復會同。雖賞逐時遷，而古致猶在。可以此爲本，微更損益，去其哀怨，考而補之。以新定律呂，更造樂器。」其歌曲有陽伴，舞曲有明君、幷契。其樂器有鍾、磬、琴、瑟、擊琴、琵琶、箜篌、筑、箏、節鼓、笙、笛、簫、篪、塤等十五種，爲一部。工二十五人。

西涼者，起苻氏之末，呂光、沮渠蒙遜等，據有涼州，變龜茲聲爲之，號爲秦漢伎。魏太武既平河西得之，謂之西涼樂。至魏、周之際，遂謂之國伎。今曲項琵琶、豎頭箜篌之徒，並出自西域，非華夏舊器。楊澤新聲、神白馬之類，生於胡戎。胡戎歌非漢魏遺曲，故其樂器聲調，悉與書史不同。其歌曲有永世樂，解曲有萬世豐，舞曲有于闐佛曲。其樂器有鍾、磬、彈箏、搊箏、臥箜篌、豎箜篌、琵琶、五絃、笙、簫、大篳篥、長笛、[四]小篳篥、橫笛、腰鼓、齊鼓、擔鼓、銅拔、貝等十九種，爲一部。工二十七人。

龜茲者，起自呂光滅龜茲，因得其聲。呂氏亡，其樂分散，後魏平中原，復獲之。其聲後多變易。至隋有西國龜茲、齊朝龜茲、土龜茲等，凡三部。開皇中，其器大盛於閭閈。時有曹妙達、王長通、李士衡、郭金樂、安進貴等，皆妙絕弦管，新聲奇變，朝改暮易，持其音技，估衒公王之間，舉時爭相慕尙。高祖病之，謂羣臣曰：「聞公等皆好新變，所奏無復正聲，此不祥之大也。自家形國，化成人風，勿謂天下方然，公家家自有風俗矣。存亡善惡，

莫不繫之。樂感人深，事資和雅，公等對親賓宴飲，宜奏正聲；聲不正，何可使兒女聞也！」帝雖有此勑，而竟不能救焉。煬帝不解音律，略不關懷。後大製豔篇，辭極淫綺。令樂正白明達造新聲，創萬歲樂、藏鈎樂、七夕相逢樂、投壺樂、舞席同心髻、玉女行觴、神仙留客、擲磚續命、鬭雞子、鬭百草、汎龍舟、還舊宮、長樂花及十二時等曲，掩抑摧藏，哀音斷絕。帝悅之無已，謂幸臣曰：「多彈曲者，如人多讀書。讀書多則能撰書，彈曲多即能造曲。此理之然也。」因語明達云：「齊氏偏隅，曹妙達猶自封王。我今天下大同，欲貴汝，宜自修謹。」六年，高昌獻聖明樂曲，帝令知音者，於館所聽之，歸而肄習。及客方獻，先於前奏之，胡夷皆驚焉。其歌曲有善善摩尼，解曲有婆伽兒，舞曲有小天，又有疏勒鹽。其樂器有豎箜篌、琵琶、五弦、笙、笛、簫、篳篥、毛員鼓、都曇鼓、答臘鼓、腰鼓、羯鼓、雞婁鼓、銅拔、貝等十五種，爲一部。工二十人。

天竺者，起自張重華據有涼州，重四譯來貢男伎，天竺卽其樂焉。歌曲有沙石疆，舞曲有天曲。樂器有鳳首箜篌、琵琶、五弦、笛、銅鼓、毛員鼓、都曇鼓、銅拔、貝等九種，爲一部。工十二人。

康國，起自周武帝娉北狄爲后，〔五〕得其所獲西戎伎，因其聲。歌曲有戢殿農和正，舞曲有賀蘭鉢鼻始、末奚波地、農惠鉢鼻始、前拔地惠地等四曲。樂器有笛、正鼓、加鼓、銅拔

等四種，爲一部。工七人。

疏勒、安國、高麗，並起自後魏平馮氏及通西域，因得其伎。後漸繁會其聲，以別於太樂。

疏勒，歌曲有亢利死讓樂，舞曲有遠服，解曲有鹽曲。〔六〕樂器有豎箜篌、琵琶、五弦、笛、簫、篳篥、答臘鼓、腰鼓、羯鼓、雞婁鼓等十種，爲一部，工十二人。

安國，歌曲有附薩單時，舞曲有末奚，解曲有居和祇。樂器有箜篌、琵琶、五弦、笛、簫、篳篥、雙篳篥、正鼓、〔七〕和鼓、銅拔等十種，爲一部。工十二人。

高麗，歌曲有芝栖，舞曲有歌芝栖。〔八〕樂器有彈箏、臥箜篌、豎箜篌、琵琶、五弦、笛、笙、簫、小篳篥、桃皮篳篥、腰鼓、齊鼓、擔鼓、貝等十四種，爲一部。工十八人。

禮畢者，本出自晉太尉庾亮家。亮卒，其伎追思亮，因假爲其面，執翳以舞，象其容，取其謚以號之，謂之爲文康樂。每奏九部樂終則陳之，故以禮畢爲名。其行曲有單交路，舞曲有散花。樂器有笛、笙、簫、篪、鈴槃、鞞、腰鼓等七種，三懸爲一部。工二十二人。

始齊武平中，有魚龍爛漫、俳優、朱儒、山車、巨象、拔井、種瓜、殺馬、剝驢等，奇怪異端，百有餘物，名爲百戲。周時，鄭譯有寵於宣帝，奏徵齊散樂人，並會京師爲之。蓋秦角抵之流者也。開皇初，並放遣之。及大業二年，突厥染干來朝，煬帝欲誇之，總追四方散樂，大集東都。初於芳華苑積翠池側，帝帷宮女觀之。有舍利先來，戲於場內，須臾跳躍，激水滿衢，黿鼉龜鼇，水人蟲魚，徧覆于地。又有大鯨魚，噴霧翳日，倏忽化成黃龍，長七八丈，聳踊而出，名曰黃龍變。又以繩繫兩柱，相去十丈，遣二倡女，對舞繩上，相逢切肩而過，歌舞不輟。又爲夏育扛鼎，取車輪石臼大甕器等，各於掌上而跳弄之。并二人戴竿，其上有舞，忽然騰透而換易之。又有神鼇負山，幻人吐火，千變萬化，曠古莫儔。染干大駭之。自是皆於太常教習。每歲正月，萬國來朝，留至十五日，於端門外，建國門內，綿亘八里，列爲戲場。百官起棚夾路，從昏達旦，以縱觀之。至晦而罷。伎人皆衣錦繡繒綵。其歌舞者，多爲婦人服，鳴環佩，飾以花毦者，殆三萬人。初課京兆、河南製此衣服，而兩京繒錦，爲之中虛。三年，駕幸榆林，突厥啓民，朝于行宮，帝又設以示之。六年，諸夷大獻方物。突厥啓民以下，皆國主親來朝賀。乃於天津街盛陳百戲，自海內凡有奇伎，無不總萃。崇侈器玩，盛飾衣服，皆用珠翠金銀，錦罽絺繡。其營費鉅億萬。關西以安德王雄總之，東都以齊王暕總之，金石匏革之聲，聞數十里外。彈弦擫管以上，一萬八千人。大列炬火，光燭天地，百戲之盛，振古無比。自是每年以爲常焉。

故事，天子有事於太廟，備法駕，陳羽葆，以入于次。禮畢升車，而鼓吹並作。開皇十七年詔曰：「昔五帝異樂，三王殊禮，皆隨事而有損益，因情而立節文。仰惟祭享宗廟，瞻敬如在，罔極之感，情深茲日。而禮畢升路，鼓吹發音，還入宮門，金石振響。斯則哀樂同日，心事相違，情所不安，理實未允。宜改茲往式，用弘禮教。自今以後，享廟日不須設鼓吹，殿庭勿設樂懸。在廟內及諸祭，並依舊。其王公已下，祭私廟日，不得作音樂。」

至大業中，煬帝制宴饗設鼓吹，依梁爲十二案。案別有錞于、鉦、鐸、軍樂鼓吹等一部。案下皆熊羆貙豹，騰倚承之，以象百獸之舞。其大駕鼓吹，並朱漆畫。大駕鼓吹、小鼓加金鐲、羽葆鼓、鐃鼓、節鼓，皆五采重蓋，其羽葆鼓，仍飾以羽葆。長鳴、中鳴、大小橫吹，五采衣幡，緋掌，畫交龍，五采腳。大角幡亦如之。大鼓、長鳴、大橫吹、節鼓及橫吹後笛、簫、篳篥、笳、桃皮篳篥等工人服，皆緋地苣文爲袍袴及帽。金鉦、棡鼓，其鉦鼓皆加八角紫傘。小鼓、中鳴、小橫吹及橫吹後笛、簫、篳篥、笳、桃皮篳篥等工人服，並青地苣文袍袴及帽。羽葆鼓、鐃及歌、簫、笳工人服，並武弁，朱褠衣，革帶。大角工人，平巾幘，緋衫，白布大口袴。其鼓吹督帥服，與大角同。以下準督帥服，亦如之。

棡鼓一曲，十二變，與金鉦同。夜警用一曲俱盡，次奏大鼓。大鼓，一十五曲供大駕，一十二曲供皇太子，一十曲供王公等。小鼓，九曲供大駕，三曲供皇太子及王公等。

長鳴色角，一百二十具供大駕，三十六具供皇太子，十八具供王公等。

次鳴色角，一百二十具供大駕，十二具供皇太子，一十具供王公等。

大角，第一曲起捉馬，第二曲被馬，第三曲騎馬，第四曲行，第五曲入陣，第六曲收軍，第七曲下營。皆以三通爲一曲。其辭並本之鮮卑。

鐃鼓，十二曲供大駕，六曲供皇太子，三曲供王公等。其樂器有鼓，幷歌、簫、笳。

大横吹，二十九曲供大駕，九曲供皇太子，七曲供王公。其樂器有角、節鼓、笛、簫、篳篥、笳、桃皮篳篥。

小横吹，十二曲供大駕，夜警則十二曲俱用。其樂器有角、笛、簫、篳篥、笳、桃皮篳篥。

校勘記

〔一〕郭夏　晉書樂志上作郭瓊。

〔二〕宣業舞　南齊書樂志作「宣烈舞」。

〔三〕倭國　「倭」原作「俀」，今改正。參看本書東夷傳校勘記〔六〕。

〔四〕長笛　「長笛」原作「豎」，據通典一四六改。舊唐書音樂志二作「笛」，無「長」字。

〔五〕周武帝　「武」原作「代」，據周書武帝紀上、舊唐書音樂志二改。

〔六〕解曲有鹽曲　「鹽」原作「監」，據陳暘樂書一五八及御覽五六七引樂部樂志改。

〔七〕正鼓　「正」原作「王」，據通典一四六及舊唐書音樂志二改。

〔八〕歌曲有芝栖舞曲有歌芝栖　册府五七〇，「芝栖」作「歌芝栖」，「歌芝栖」作「舞枝棲」；御覽五六七，「芝栖」作「歌芝栖」，「歌芝栖」作「舞芝栖」。但都載於「安國」條下。

隋書卷十六

志第十一

律曆上

自夫有天地焉，有人物焉，樹司牧以君臨，懸政教而成務，莫不擬乾坤之大象，禀中和以建極，揆影響之幽賾，成律呂之精微。是用範圍百度，財成萬品。昔者淳古葦籥，創覩人籟之源，女媧笙簧，仍昭鳳律之首。後聖廣業，稽古彌崇，伶倫含少，乃擅比竹之工，虞舜昭華，方傳刻玉之美。是以書稱：「叶時月正日，同律度量衡。」又曰：「予欲聞六律、五聲、八音、七始訓，〔一〕以出納五言。」此皆候金常而列管，憑璿璣以運鈞，統三極之元，紀七衡之響，可以作樂崇德，殷薦上帝。故能動天地，感鬼神，和人心，移風俗，考得失，徵成敗者也。粤在夏、商，無聞改作。其於周禮，典同則「掌六律六同之和，以辨天地四方陰陽之聲，以爲樂器」。景王鑄鍾，問律於泠州鳩，對曰：「夫律者，所以立鈞出度。」鈞有五，則權衡規矩準繩

咸備。故詩曰：「尹氏太師，執國之鈞，天子是裨，俾衆不迷」是也。太史公律書云：「王者制事立物，法度軌則，一稟於六律，爲萬事之本。其於兵械，尤所重焉。故云：『望敵知吉凶，聞聲効勝負。』百王不易之道也。」

及秦氏滅學，其道浸微。漢室初興，丞相張蒼，首言音律，未能審備。孝武帝創置協律之官，司馬遷言律呂相生之次，詳矣。及王莽之際，考論音律，劉歆條奏，班固因志之。蔡邕又記建武以後言律呂者，司馬紹統採而續之。炎歷將終，而天下大亂，樂工散亡，器法湮滅。魏武始獲杜夔，使定音律，夔依當時尺度，權備典章。及晉武受命，遵而不革。至泰始十年，光祿大夫荀勗，奏造新度，更鑄律呂。元康中，勗子藩，復嗣其事。未及成功，屬永嘉之亂，中朝典章，咸沒於石勒。及帝南遷，皇度草昧，禮容樂器，掃地皆盡。雖稍加採掇，而多所淪胥，終于恭、安，竟不能備。宋錢樂之衍京房六十律，更增爲三百六十，梁博士沈重，述其名數。後魏、周、齊，時有論者。今依班志，編錄五代聲律度量，以志于篇云。

漢志言律，一曰備數，二曰和聲，三曰審度，四曰嘉量，五曰衡權。自魏、晉已降，代有沿革。今列其增損之要云。

備數

中華書局

五數者，一、十、百、千、萬也。傳曰：「物生而後有象，滋而後有數。」是以言律者，云數起於建子，黃鍾之律，始一，而每辰三之，歷九辰至酉，得一萬九千六百八十三，而五數備成，以爲律法。又參之，終亥，凡歷十二辰，得十有七萬七千一百四十七，而辰數該矣，以爲律積。以成法除該積，得九寸，卽黃鍾宮律之長也。此則數因律起，律以數成，故可歷管萬事，綜覈氣象。其算用竹，[三]廣二分，長三寸，正策三廉，積二百一十六枚，成六觚，乾之策也。負策四廉，積一百四十四枚，成方，坤之策也。觚方皆經十二，天地之大數也。是故探賾索隱，鉤深致遠，莫不用焉。一、十、百、千、萬，所同由也。律、度、量、衡、歷、率，其別用也。故體有長短，檢之以度，則不失豪氂。物有多少，受之以器，則不失圭撮。量有輕重，平之以權衡，則不失黍絫。聲有清濁，協之以律呂，則不失宮商。三光運行，紀以厤數，則不差晷刻。事物糅見，御之以率，則不乖其本。故幽隱之情，精微之變，可得而綜也。

夫所謂率者，有九流焉：一曰方田，以御田疇界域。二曰粟米，以御交質變易。三曰衰分，以御貴賤廩稅。四曰少廣，以御積冪方圓。五曰商功，以御功程積實。六曰均輸，以御遠近勞費。七曰盈朒，以御隱雜互見。八曰方程，以御錯糅正負。九曰句股，以御高深廣遠。皆乘以散之，除以聚之，齊同以通之，今有以貫之。則算數之方，盡於斯矣。

古之九數，圓周率三，圓徑率一，其術疏舛。自劉歆、張衡、劉徽、王蕃、皮延宗之徒，各設新率，未臻折衷。宋末，南徐州從事史祖沖之，更開密法，以圓徑一億爲一丈，圓周盈數三丈一尺四寸一分五釐九毫二秒七忽，朒數三丈一尺四寸一分五釐九毫二秒六忽，正數在盈朒二限之間。密率，圓徑一百一十三，圓周三百五十五。約率，圓徑七，周二十二。又設開差冪，開差立，兼以正圓參之。指要精密，算氏之最者也。所著之書，名爲綴術，學官莫能究其深奧，是故廢而不理。

和聲

傳稱黃帝命伶倫斷竹，長三寸九分，而吹以爲黃鍾之宮，曰含少。次制十二管，以聽鳳鳴，以別十二律，比雌雄之聲，以分律呂。上下相生，因黃鍾爲始。虞書云：「叶時月正日，同律度量衡。」夏禹受命，以聲爲律，以身爲度。周禮，樂器以十二律爲之度數。司馬遷律書云：「黃鍾長八寸七分之一，太簇長七寸七分二，林鍾長五寸七分三，應鍾長四寸三分二。」[五]此樂之三始，十二律之本末也。班固、司馬彪律志：「黃鍾長九寸，聲最濁；太簇長八寸；林鍾長六寸；應鍾長四寸七分四釐强，聲最淸。」鄭玄禮月令注、蔡邕月令章句及杜夔、荀勗等所論，雖尺有增損，而十二律之寸數並同。漢志京房又以隔八相生，一始自黃鍾，終於中呂，十二律畢矣。中呂上生黃鍾，不滿九寸，謂之執始，下生去滅。上下相生，終於南事，更增四十八律，以爲六十。其依行在辰，上生包育，[四]隔九編於冬至之後。分焉、遲內，其數遂滅應鍾之淸。宋元嘉中，太史錢樂之，因京房南事之餘，引而伸之，更爲三百律，終於安運，長四寸四分有奇。總合舊爲三百六十律。日當一管，宮徵旋韻，各以次從。何承天立法制議云：「上下相生，三分損益其一，蓋是古人簡易之法。猶如古曆周天三百六十五度四分之一，後人改制，皆不同焉。而京房不悟，謬爲六十。」承天更設新率，則從中呂還得黃鍾，十二旋宮，聲韻無失。黃鍾長九寸，太簇長八寸二釐，林鍾長六寸一釐，應鍾長四寸七分九釐强。其中呂上生所益之分，還得十七萬七千一百四十七，復十二辰參之數。

梁初，因晉、宋及齊，無所改制。其後武帝作鍾律緯，論前代得失。其略云：

案律呂，京、馬、鄭、蔡，至蕤賓，並上生大呂；而班固律曆志，至蕤賓，仍以次下生。若從班義，夾鍾唯長三寸七分有奇。律若過促，則夾鍾之聲成一調，中呂復去調半，是過於無調。仲春孟夏，正相長養，其氣舒緩，不容短促。求聲索實，班義爲乖。鄭玄又以陰陽六位，次第相生。若如玄義，陰陽相逐生者，止是升陽。其降陽復將何寄？就筮數而論，乾主甲壬而左行，坤主乙癸而右行，故陰陽得有升降之義。陰陽從行者，眞性也，六位升降者，象數也。今鄭乃執象數以配眞性，故言比而理窮。云九六相生，了不釋十二氣所以相通，鄭之不思，亦已明矣。

案京房六十，準依法推，乃自無差。但律呂所得，或五或六，此一不例也。而分焉上生，乃復遲內上生盛變，盛變仍復上生分居，此二不例也。房妙盡陰陽，其當有以，若非深理難求，便是傳者不習。

比勑詳求，莫能辨正。聊以餘日，試推其旨，參校舊器，及古夾鍾玉律，更制新尺，以證分毫，制爲四器，名之爲通。四器絃間九尺，臨岳高一寸二分。黃鍾之絃二百七十絲，長九尺，以次三分損益其一，以生十二律之絃絲數及絃長。各以律本所建之月，五行生王，終始之音，相次之理，爲其名義，名之爲通。通施三絃，傳推月氣，悉無差舛。卽以夾鍾玉律命之，則還相中。

又制爲十二笛，以寫通聲。其夾鍾笛十二調，以飲玉律，又不差異。山謙之記云：「殿前三鍾，悉是周景王所鑄無射也。」遣樂官以今無射新笛飲，不相中。以夷則笛飲，則聲韻合和。端門外鍾，亦案其銘題，定皆夷則。其西廂一鍾，天監中移度東。以今笛飲，乃中南呂。驗其鐫刻，乃是太簇，則下今笛二調。重勑太樂丞斯宣達，令更推校，鍾定有鑿處，表裏皆然。借訪舊識，乃是宋泰始中，使張永鑿之，去銅既多，故其調嘽下。以推求鍾律，便可得而見也。宋武平中原，使將軍陳傾致三鍾，小大中各一。則今之太極殿前二鍾，端門外一鍾是也。案西鍾銘則云「淸廟撞鍾」，秦無淸廟，此周

制明矣。又一銘云「太簇鍾徵」，則林鍾宮所施也。京房推用，似有由也。檢題既無秦、漢年代，直云夷則、太簇，則非秦、漢明矣。古人性質，故作僮僕字，則題而言，彌驗非近。且夫驗聲改政，則五音六律，非可差舛。工守其音，儒執其文，歷年永久，隔而不通。無論樂奏，求之多缺，假使具存，亦不可用。周頌漢歌，各敍功德，豈容復施後王，以濫名實？今率詳論，以言所見，幷詔百司，以求厥中。

未及改制，遇侯景亂。

陳氏制度，亦無改作。

西魏廢帝元年，周文攝政。又詔尚書蘇綽，詳正音律。綽時得宋尺，以定諸管，草創未就。會閔帝受禪，政由冢宰，方有齊寇，事竟不行。後掘太倉，得古玉斗，按以造律及衡，其事又多湮沒。

至開皇初，詔太常牛弘，議定律呂。於是博徵學者，序論其法，又未能決。遇平江右，得陳氏律管十有二枚，並以付弘。遣曉音律者陳山陽太守毛爽及太樂令蔡子元、于普明等，以候節氣，作律譜。時爽年老，以白衣見高祖，授淮州刺史，辭不赴官。因遣協律郎祖孝孫，就其受法。弘又取此管，吹而定聲。既天下一統，異代器物，皆集樂府，曉音律者，頗議考覈，以定鍾律。更造樂器，以被皇夏十四曲，高祖與朝賢聽之，曰：「此聲滔滔和雅，令

人舒緩。」

然萬物人事，非五行不生，非五行不成，非五行不滅。故五音用火尺，其事火重。用金尺則兵，用木尺則喪，用土尺則亂，用水尺則律呂合調，天下和平。魏及周、齊，貪布帛長度，故用土尺。今此樂聲，是用水尺。江東尺短於土，長於水。俗間不知者，見玉作，名為玉尺，見鐵作，名為鐵尺。詔施用水尺律樂，其前代金石，並鑄毀之，以息物議。

至仁壽四年，劉焯上啓於東宮，論張冑玄曆，兼論律呂。其大旨曰：「樂主於音，音定於律，音不以律，不可克諧，度律均鍾，於是乎在。但律終小呂，數復黃鍾，舊計未精，終不復始。故漢代京房，妄為六十，而宋代錢樂之，更為三百六十。考禮詮次，豈有得然，化未移風，將恐由此。匪直長短失於其差，亦自管圍乖於其數。又尺寸意定，莫能詳考，既亂管絃，亦舛度量。焯皆校定，庶有明發。」其黃鍾管六十三為實，以次每律減三分，以七為寸法。約之，得黃鍾長九寸，太簇長八寸一分四釐，林鍾長六寸，應鍾長四寸二分八釐七分之四。其年，高祖崩，煬帝初登，未遑改作，事遂寢廢。其書亦亡。大業二年，乃詔改用梁表律調鍾磬八音之器，比之前代，最為合古。其制度文議，幷毛爽舊律，並在江都淪喪。

律管圍容黍

漢志云：「黃鍾圍九分，林鍾圍六分，太簇圍八分。」續志及鄭玄，並云：「十二律空，皆徑三分，圍九分。」後魏安豐王，依班固志，林鍾空圍六分，及太簇空圍八分，作律吹之，不合黃鍾商徵之聲。皆空圍九分，乃與均鍾器合。開皇九年平陳後，牛弘、辛彥之、鄭譯、何妥等，參考古律度，各依時代，制其黃鍾之管，俱徑三分，長九寸。度有損益，故聲有高下；圓徑長短，與度而差，故容黍不同。今列其數云。

晉前尺黃鍾容黍八百八粒。

梁法尺黃鍾容八百二十八。

梁表尺黃鍾三，其一容九百二十五，其一容九百一十，其一容一千一百二十。

漢官尺黃鍾容九百三十九。

古銀錯題黃鍾籥容一千二百。

宋氏尺，卽鐵尺，黃鍾凡二：其一容一千二百，其一容一千四十七。

後魏前尺黃鍾容一千一百一十五。

後周玉尺黃鍾容一千二百六十七。

後魏中尺黃鍾容一千五百五十五。

後魏後尺黃鍾容一千八百一十九。

東魏尺黃鍾容二千八百六十九。

萬寶常水尺律母黃鍾容黍一千三百二十。

梁表、鐵尺律黃鍾副別者，其長短及口空之圍徑並同，而容黍或多或少，皆是作者旁庣其腹，使有盈虛。

候氣

後齊神武霸府田曹參軍信都芳，深有巧思，能以管候氣，仰觀雲色。嘗與人對語，卽指天曰：「孟春之氣至矣。」人往驗管，而飛灰已應。每月所候，言皆無爽。又為輪扇二十四，埋地中，以測二十四氣。每一氣感，則一扇自動，他扇並住，與管灰相應，若符契焉。

開皇九年平陳後，高祖遣毛爽及蔡子元、于普明等，以候節氣。依古，於三重密屋之內，以木為案，十有二具。每取律呂之管，隨十二辰位，置于案上，而以土埋之，上平於地。中實葭莩之灰，以輕緹素覆律口。每其月氣至，與律冥符，則灰飛衝素，散出于外。而氣應有早晚，灰飛有多少，或初入月其氣卽應；或至中下旬間，氣始應者；或灰飛出，三五夜而盡；或終一月，纔飛少許者。高祖異之，以問牛弘。弘對曰：「灰飛半出為和氣，吹灰全出為猛氣，吹灰不能出為衰氣。和氣應者其政平，猛氣應者其臣縱，衰氣應者其君暴。」高祖駁之曰：「臣縱君暴，其政不平，非月別而有異也。今十二月律，於一歲內，應並不同。安得暴君縱臣，若斯之甚也？」弘不能對。

令爽等草定其法。爽因稽諸故實，以著于篇，名曰律譜。其略云：

臣爽按，黃帝遣伶倫氏取竹于嶰谷，聽鳳阿閣之下，始造十二律焉。乃致天地氣應，是則數之始也。陽管爲律，陰管爲呂，其氣以候四時，其數以紀萬物。云隸首作數，蓋律之本也。夫一、十、百、千、萬、億、兆者，引而申焉，曆度量衡，出其中矣。故有虞氏用律和聲，鄒衍改之，以定五始。正朔服色，亦由斯而別也。夏正則人，殷正則地，周正則天。孔子曰：「吾得夏時焉。」謂得氣數之要矣。

漢初興也，而張蒼定律，乃推五勝之法，以爲水德。實因戰國官失其守，後秦滅學，其道浸微，蒼補綴之，未獲詳究。及孝武創制，乃置協律之官，用李延年以爲都尉，頗解新聲變曲，未達音律之源，故其服色不得而定也。至于元帝，自曉音律，郎官京房，亦達其妙，因使韋玄成等，雜試問房。房自敍云：「學焦延壽，用六十律相生之法。以上生下，皆三生二，以下生上，皆三生四。陽下生陰，陰上生陽，乃還相爲宮之正法也。」於後劉歆典領條奏，著其始末，理漸研精。班氏漢志，盡歆所出也，司馬彪志，並房所出也。

至于後漢，尺度稍長。魏代杜夔，亦制律呂，以之候氣，灰悉不飛。晉光祿大夫荀勖，得古銅管，校夔所制，長古四分，方知不調，事由其誤。乃依周禮，更造古尺，用之

定管，聲韻始調。

左晉之後，漸又訛謬。至梁武帝時，猶有汲冢玉律，宋蒼梧時，鑽爲橫吹，然其長短厚薄，大體具存。臣先人栖誠，學算於祖暅，問律於何承天，沈研三紀，頗達其妙。後爲太常丞，典司樂職，乃取玉管及宋太史尺，並以聞奏。詔付大匠，依樣制管。自斯以後，律又飛灰。侯景之亂，臣兄喜於太樂得之。後陳宣帝詣荆州爲質，俄遇梁元帝敗，喜沒於周。適欲上聞，陳武帝立，遂又以十二管衍爲六十律，私候氣序，並有徵應。至太建時，喜爲吏部尚書，欲以聞奏。會宣帝崩，後主嗣立，出喜爲永嘉內史，遂留家內，貽諸子孫。陳亡之際，竟並遺失。

今正十二管在太樂者，陽下生陰，始於黃鍾，陰上生陽，終於中呂，而一歲之氣，畢於此矣。中呂上生執始，執始下生去滅，終於南事。六十律候，畢於此矣。仲冬之月，律中黃鍾。黃鍾者，首於冬至，陽之始也。應天之數而長九寸，十一月氣至，則黃鍾之律應，所以宣養六氣，緝和九德也。自此之後，並用京房律準，長短宮徵，次日而用。凡十二律，各有所攝，引而申之，至于六十。亦由八卦衍而重之，以爲六十四也。相生者相變。始黃鍾之管，下生林鍾，以陽生陰，故變也。相攝者相通。如中呂之管，攝於物應，以母權子。故相變者，異時而各應，相通者，同月而繼應。應有早晚者，非正律

氣，乃子律相感，寄母中應也。

其律，大業末於江都淪喪。

律直日

宋錢樂之因京房南事之餘，更生三百律。至梁博士沈重鍾律議曰：「易以三百六十策當朞之日，此律曆之數也。淮南子云：『一律而生五音，十二律而爲六十音，因而六之，故三百六十音，以當一歲之日。律曆之數，天地之道也。』此則自古而然矣。」重乃依淮南本數，用京房之術求之，得三百六十律。各因月之本律，以爲一部。以一部律數爲母，以一中氣所有日爲子，以母命子，隨所多少，各一律所建日辰分數也。以之分配七音，則建日冬至之聲，黃鍾爲宮，太簇爲商，林鍾爲徵，南呂爲羽，姑洗爲角，應鍾爲變宮，蕤賓爲變徵。五音七聲，於斯和備。其次日建律，皆依次類運行。當日者各自爲宮，而商徵亦以次從。以考聲徵氣，辨識時序，萬類所宜，各順其節。自黃鍾終於壯進，一百五十律，皆三分損一以下生。自依行終於億兆，二百九律，皆三分益一以上生。唯安運一律爲終，不生。其數皆取黃鍾之實十七萬七千一百四十七爲本，以九三爲法，各除其實，得寸分及小分，餘皆委之。即各其律之長也。修其律部，則上生下生宮徵之次也。今略其名次云。

黃鍾：

包育　含微　帝德　廣運　下濟　剋終　執始　握鑒　持樞　黃中　通聖　潛升

殷普　景盛　滋萌　光被　咸亨　廼文　廼聖　微陽　分動　生氣　雲繁　鬱湮

升引　屯結　開元　質未　優昧　遣建　玄中　玉燭　調風

右黃鍾一部，三十四律。每律直三十四分日之三十一。

大呂：

荄動　始贊　大有　坤元　輔時　匡弼　分否　叉繁　唯微　棄望　庶幾　執義

秉强　陵陰　侶陽　識沈　緝熙　知道　適時　權變　少出　阿衡　同雲　承明

善述　休光

右大呂一部，二十七律。每律直一日及二十七分日之三。

太簇：

未知　其已　義建　亭毒　條風　湊始　時息　達生　匏奏　初角　少陽　柔橈

商音　屈齊　扶弱　承齊　動植　咸擢　秉山　止速　隨期　龍躍　勾芒　調序

青要　結萼　延敷　刑晉　辨秩　東作　贊揚　顯滯　俶落

右太簇一部，三十四律。

夾鍾：

明庶　協侶　陰贊　風從　布政　萬化　開時　震德　乘條　芬芳　散朗　淑氣
風馳　佚喜　橐籥　四隙　種生　恣性　逍遙　仁威　爭南　旭旦　晨朝　生遂
羣分　潔新

右夾鍾一部，二十七律。

姑洗：

南授　懷來　考神　方顯　擕角　洗陳　變虞　擢穎　嘉氣　始升　卿雲　媚嶺
疏道　路時　日旅　實沈　炎風　首節　柔條　方結　刑始　方齊　物華　革蕤
茂實　登明　壯進下生安運。依行上生包育。少選　道從　朱繖　揚庭　含貞

右姑洗一部，三十四律。

中呂：

朱明　啓運　景風　初綏　羽物　斯奮　南中　離春　率農　有程　南訛　敬致
相趣　內貞　朱草　含輝　屈軼　曜疇　巳氣　清和　物應　戒雞　荒落　貞軫
天庭　祚周

右中呂一部，二十七律。

蕤賓：

南事京房終律。謐靜　則還　布萼　滿贏　滑動　盛變　賓安　懷遠　聲暨　軌同
海水　息沴　離躬　安壯　崇明　遠眺　升中　鳳翥　朝陽　制時　瑞通　鶉火
乂次　高焰　其煌

右蕤賓一部，二十七律。

林鍾：

謙侍　崇德　循道　方壯　陰升　靡應　去滅　華銷　朋慶　雲布　均任　仰成
寬中　安度　德均　無蹇　禮溢　智深　任肅　純恪　歸嘉　美音　溫風　候節
冀華　繡嶺　物無　否與　景口　曜井　日煥　重輪　財華

右林鍾一部，三十四律。

夷則：

升商　清爽　氣精　陰德　白藏　御叙　鮮刑　貞剋　金天　劉獮　會道　歸仁
陰侶　去南　陽消　柔辛　延乙　和庚　靡卉　蒹晉　分積　孔修　九德　咸藎
僉惟　俾乂

右夷則一部，二十七律。

南呂：

白呂　捐秀　斂實　素風　勁物　含稔　結躬　肥遁　贏中　晟陰　抗節　威遠
有截　歸期　中德　王猷　允塞　蓐收　撙櫱　搖落　未卯　質隨　分滿　道心
貞堅　蓄止　歸藏　夷汗　均義　悅使　亡勞　九有　光賁

右南呂一部，三十四律。

無射：

思沖　懷謙　恭儉　休老　恤農　銷祥　閉奄　降婁　藏邃　日在　旋春　闔藏
明奎　鄰齊　軌來　大蓄　裔斂　下濟　息肩　無邊　期保　延年　秋深　野色
玄月　澄天

右無射一部，二十七律。

應鍾：

分焉　祖微　據始　功成　乂定　靜謐　遲內　無爲　而乂　姑射　凝晦　動寂
應微　未育　萬機　萬壽　無疆　地久　天長　修復　遲時　方制　無休　九野
八荒　億兆　安運

右應鍾一部，二十八律。

審度

史記曰：「夏禹以身爲度，以聲爲律。」禮記曰：「丈夫布手爲尺。」周官云：「壁羨起度。」鄭司農云：「羨，長也。此壁徑尺，以起度量。」易緯通卦驗：「十馬尾爲一分。」淮南子云：「秋分而禾蔈定，蔈定而禾熟。律數十二蔈而當一粟，十二粟而當一寸。」蔈者，禾穗芒也。說苑云：「度量權衡以粟生，一粟爲一分。」孫子算術云：「蠶所生吐絲爲忽，十忽爲秒，十秒爲毫，十毫爲氂，十氂爲分。」此皆起度之源，其文舛互。唯漢志：「度者，所以度長短也，本起黃鍾之長。以子穀秬黍中者，一黍之廣度之，九十黍爲黃鍾之長。一黍爲一分，十分爲一寸，十寸爲一尺，十尺爲一丈，十丈爲一引，而五度審矣。」後之作者，又憑此說，以律度量衡，並因秬黍，散爲諸法。其率可通故也。黍有大小之差，年有豐耗之異，前代量校，每有不同，又俗傳訛替，漸致增損。今略諸代尺度一十五等，幷異同之說如左。

一、周尺

漢志王莽時劉歆銅斛尺。

後漢建武銅尺。

晉泰始十年荀勗律尺，爲晉前尺。

祖沖之所傳銅尺。

徐廣、徐爰、王隱等晉書云：「武帝泰始九年，中書監荀勗，校太樂八音，不和，始知爲後

漢至魏，尺長於古四分有餘。勗乃部著作郎劉恭，依周禮制尺，所謂古尺也。依古尺更鑄銅律呂，以調聲韻。以尺量古器，舉本銘尺寸無差。又汲郡盜發魏襄王冢，得古周時玉律及鍾磬，與新律聲韻闇同。于時郡國或得漢時故鍾，吹新律命之，皆應。」梁武鍾律緯云：「祖冲之所傳銅尺，其銘曰：『晉泰始十年，中書考古器，揆校今尺，長四分半。所校古法有七品：一曰姑洗玉律，二曰小呂玉律，三曰西京銅望臬，四曰金錯望臬，五曰銅斛，六曰古錢，七曰建武銅尺。姑洗微强，西京望臬微弱，其餘與此尺同。』〔五〕銘八十二字。此尺者，勗新尺也。今尺者，杜夔尺也。雷次宗、何胤之二人作鍾律圖，所載荀勗校量古尺文，與此銘同。而蕭吉樂譜，謂爲梁朝所考七品，謬也。今以此尺爲本，以校諸代尺」云。

二、晉田父玉尺

梁法尺，實比晉前尺一尺七釐。

世說稱，有田父於野地中得周時玉尺，便是天下正尺。荀勗試以校尺，所造金石絲竹，皆短校一米。梁武帝鍾律緯稱，主衣從上相承，有周時銅尺一枚，古玉律八枚。檢主衣周尺，東昏用爲章信，尺不復存。玉律一□蕭，〔六〕餘定七枚夾鍾，有昔題刻。迺制爲尺，以相參驗。取細毫中黍，積次訓定，今之最爲詳密，長祖冲之尺校半分。以新尺制爲四器，名爲通。又依新尺爲笛，以命古鍾，按刻夷則，以笛命飲和韻，夷則定合。案此兩尺長短近同。

三、梁表尺　實比晉前尺一尺二分二釐一毫有奇。

蕭吉云：「出於司馬法。梁朝刻其度於影表，以測影。」案此即奉朝請祖暅所算造銅圭影表者也。經陳滅入朝。大業中，議以合古，乃用之調律，以制鍾磬等八音樂器。

四、漢官尺　實比晉前尺一尺三分七毫。

晉時始平掘地得古銅尺。

蕭吉樂譜云：「漢章帝時，零陵文學史奚景，於泠道縣舜廟下得玉律，度爲此尺。」傅暢晉諸公讚云：「荀勗造鍾律，時人並稱其精密，唯陳留阮咸，譏其聲高。後始平掘地，得古銅尺，歲久欲腐，以校荀勗今尺，短校四分。時人以咸爲解。」此兩尺長短近同。

五、魏尺　杜夔所用調律，比晉前尺一尺四分七釐。

魏陳留王景元四年，劉徽注九章云，王莽時劉歆斛尺，弱於今尺四分五釐，〔七〕比魏尺，其斛深九寸五分五釐。即晉荀勗所云「杜夔尺長於今尺四分半」是也。

六、晉後尺　實比晉前尺一尺六分二釐。

蕭吉云，晉氏江東所用。

七、後魏前尺　實比晉前尺一尺二寸七釐。

八、中尺　實比晉前尺一尺二寸一分一釐。

九、後尺　實比晉前尺一尺二寸八分一釐。即開皇官尺及後周市尺。

後周市尺，比玉尺一尺九分三釐。

開皇官尺，即鐵尺，一尺二寸。

此後魏初及東西分國，後周未用玉尺之前，雜用此等尺。甄鸞算術云：「周朝市尺，得玉尺九分二釐。」或傳梁時有誌公道人作此尺，寄入周朝，云與多鬚老翁。周太祖及隋高祖，各自以爲謂己。周朝人間行用。及開皇初，著令以爲官尺，百司用之，終于仁壽。大業中，人間或私用之。

十、東後魏尺　實比晉前尺一尺五寸八毫。〔八〕

此是魏中尉元延明，累黍用半周之廣爲尺，齊朝因而用之。魏收魏史律曆志云：「公孫崇永平中，更造新尺，以一黍之長，累爲寸法。尋太常卿劉芳，受詔修樂，以秬黍中者一黍之廣，即爲一分。而中尉元匡，以一黍之廣，度黍二縫，以取一分。三家紛競，久不能決。太和十九年高祖詔，以一黍之廣，用成分體，九十之黍，黃鍾之長，以定銅尺。有司奏從前詔，而芳尺同高祖所制，故遂典修金石。迄武定未有論律者。」

十一、蔡邕銅籥尺

後周玉尺，實比晉前尺一尺一寸五分八釐。

從上相承，有銅籥一，以銀錯題，其銘曰：「籥，黃鍾之宮，長九寸，空圍九分，容秬黍一千二百粒，稱重十二銖，兩之爲一合。三分損益，轉生十二律。」祖孝孫云：「相承傳是蔡邕銅籥。」

後周武帝保定中，詔遣大宗伯盧景宣、上黨公長孫紹遠、岐國公斛斯徵等，累黍造尺，從橫不定。後因修倉掘地，得古玉斗，以爲正器，據斗造律度量衡。因用此尺，大赦，改元天和，百司行用，終於大象之末。其律黃鍾，與蔡邕古籥同。

十二、宋氏尺　實比晉前尺一尺六分四釐。

錢樂之渾天儀尺。

後周鐵尺。

開皇初調鍾律尺及平陳後調鍾律水尺。

此宋代人間所用尺，傳入齊、梁、陳，以制樂律。與晉後尺及梁時俗尺、劉曜渾天儀尺，略相依近。當由人間恒用，增損訛替之所致也。

周建德六年平齊後，即以此同律度量，頒于天下。其後宣帝時，達奚震及牛弘等議曰：

竊惟權衡度量，經邦懋軌，誠須詳求故實，考校得衷。謹尋今之鐵尺，是太祖遺尙書故蘇綽所造，當時檢勘，用爲前周之尺。驗其長短，與宋尺符同，即以調鍾律，并用

均田度地。今以上黨羊頭山黍，依漢書律曆志度之。若以大者稠累，依數滿尺，實於黃鍾之律，須撼乃容。若以中者累尺，雖復小稀，實於黃鍾之律，不動而滿。計此二事之殊，良由消息未善，其於鐵尺，終有一會。且上黨之黍，有異他鄉，其色至烏，其形圓重，用之爲量，定不徒然。正以時有水旱之差，地有肥瘠之異，取黍大小，未必得中。案許慎解，秬黍體大，本異於常。疑今之大者，正是其中，累百滿尺，卽是會古。實籥之外，纔剩十餘，此恐圍徑或差，造律未妙。就如撼動取滿，論理亦通。

今勘周漢古錢，大小有合，宋氏渾儀，尺度無舛。又依淮南，累粟十二成寸。明先王制法，索隱鈎深，以律計分，義無差異。漢書食貨志云：「黃金方寸，其重一斤。」今鑄金校驗，鐵尺爲近。依文據理，符會處多。且平齊之始，已用宣布，今因而爲定，彌合時宜。至於玉尺累黍，以廣爲長，累既有剩，實復不滿。尋訪古今，恐不可用。其晉、梁尺量，過爲短小，以黍實管，彌復不容，據律調聲，必致高急。且八音克諧，明王盛範，同律度量，哲后通規。臣等詳校前經，斟量時事，謂用鐵尺，於理爲便。未及詳定，高祖受終，牛弘、辛彥之、鄭譯、何妥等，久議不決。

既平陳，上以江東樂爲善，曰：「此華夏舊聲，雖隨俗改變，大體猶是古法。」祖孝孫云「平陳後，廢周玉尺律，便用此鐵尺律，以一尺二寸卽爲市尺。」

十三、開皇十年萬寶常所造律呂水尺　實比晉前尺一尺一寸八分六釐。

今太樂庫及內出銅律一部，是萬寶常所造，名水尺律。說稱其黃鍾律當鐵尺南呂倍聲。南呂，黃鍾羽也，故謂之水尺律。

十四、雜尺　趙劉曜渾天儀土圭尺，長於梁法尺四分三釐，實比晉前尺一尺五分。

十五、梁朝俗間尺　長於梁法尺六分三釐、於劉曜渾儀尺二分，實比晉前尺一尺七分一釐。

梁武鍾律緯云：「宋武平中原，送渾天儀土圭，云是張衡所作。驗渾儀銘題，是光初四年鑄，土圭是光初八年作。並是劉曜所制，非張衡也。制以爲尺，長今新尺四分三釐，短俗間尺二分。」新尺謂梁法尺也。

嘉量

周禮，㮚氏「爲量，鬴深尺，內方尺而圓其外，其實一鬴；其臀一寸，其實一豆；其耳三寸，其實一升。重一鈞。其聲中黃鍾。概而不稅。其銘曰：『時文思索，允臻其極。嘉量既成，以觀四國。永啓厥後，茲器維則。』」春秋左氏傳曰：「齊舊四量，豆、區、鬴、鍾。四升曰豆，各自其四，以登於鬴。」「鬴十則鍾」，六十四斗也。鄭玄以爲方尺積千寸，比九章粟米法少二升、八十一分升之二十二。祖冲之以算術考之，積凡一千五百六十二寸半。方尺而圓其外，減傍一釐八毫。其徑一尺四寸一分四毫七秒二忽有奇而深尺，卽古斛之制也。九章商功法程粟一斛，積二千七百寸。米一斛，積一千六百二十寸。菽荅麻麥一斛，〔九〕積二千四百三十寸。此據精粗爲率，使價齊而不等。其器之積寸也，以米斛爲正，則同于漢志。孫子算術曰：「六粟爲圭，十圭爲秒，十秒爲撮，十撮爲勺，十勺爲合。」應劭曰：「圭者自然之形，陰陽之始。四圭爲撮。」孟康曰：「六十四黍爲圭。」漢志曰：「量者，龠、合、升、斗、斛也，所以量多少也。本起於黃鍾之龠。用度數審其容，以子穀秬黍中者千有二百，實其龠，以井水準其概。合龠爲合，十合爲升，十升爲斗，十斗爲斛，而五量嘉矣。其法用銅，方尺而圓其外，旁有庣焉。其上爲斛，其下爲斗，左耳爲升，右耳爲合、龠。其狀似爵，以縻爵祿。上三下二，參天兩地。圓而函方，左一右二，陰陽之象也。圓象規，其重二鈞，備氣物之數，各萬有一千五百二十也。聲中黃鍾，始於黃鍾而反覆焉。」其斛銘曰：「律嘉量斛，方尺而圓其外，庣旁九釐五毫，冪百六十二寸，深尺，積一千六百二十寸，容十斗。」祖冲之以圓率考之，此斛當徑一尺四寸三分六釐一毫九秒二忽，庣旁一分九毫有奇。劉歆庣旁少一釐四毫有奇，歆數術不精之所致也。

魏陳留王景元四年，劉徽注九章商功曰：「當今大司農斛圓徑一尺三寸五分五釐，深一尺，積一千四百四十一寸十分〔寸〕之三。」王莽銅斛於今尺爲深九寸五分五釐，徑一尺三寸

六分八釐七毫。以徽術計之，於今斛爲容九斗七升四合有奇。」此魏斛大而尺長，王莽斛小而尺短也。

梁、陳依古。

齊以古升〔一斗〕五升爲一斗。〔一〇〕

後周武帝「保定元年辛巳五月，晉國造倉，獲古玉斗。〔一一〕暨五年乙酉冬十月，詔改制銅律度，遂致中和。累黍積龠，同茲玉量，與衡度無差。準爲銅升，用頒天下。內徑七寸一分，深二寸八分，重七斤八兩。天和二年丁亥，正月癸酉朔，十五日戊子校定，〔一二〕移地官府爲式。」此銅升之銘也。其玉升銘曰：「維大周保定元年，歲在重光，月旅蕤賓，晉國之有司，修繕倉廩，獲古玉升，形制典正，若古之嘉量。太師晉國公以聞，勑納於天府。暨五年歲在協洽，皇帝廼詔稽準繩，考灰律，不失圭撮，不差累黍。遂鎔金寫之，用頒天下，以合太平權衡度量。」今若以數計之，玉升積玉尺一百一十寸八分有奇，斛積一千一百八〔十〕〔寸〕五分七釐三毫九秒。又甄鸞算術云：「玉升一升，得官斗一升三合四勺。」此玉升大而官斗小也。以數計之，甄鸞所據後周官斗，積玉尺九十七寸有奇，斛積九百七十七寸有奇。後周玉斗并副金錯銅斗及建德六年金錯題銅斗實，同以秬黍定量。以玉稱權之，一升之實，皆重六斤十三兩。

開皇以古斗三升爲一升。大業初，依復古斗。

衡權

衡者，平也；權者，重也。衡所以任權而鈞物平輕重也。其道如底，以見準之正，繩之直。左旋見規，右折見矩。其在天也，佐助琁璣，斟酌建指，以齊七政，故曰玉衡。權者，銖、兩、斤、鈞、石也，以秤物平施，知輕重也。古有黍、絫、錘、錙、鐶、鈞、鋝、鎰之目，歷代差變，其詳未聞。前志曰：權本起於黃鍾之重。一龠容千二百黍，重十二銖。兩之爲兩，二十四銖爲兩。十六兩爲斤。三十斤爲鈞。四鈞爲石。五權謹矣。其制以義立之，以物鈞之。其餘大小之差，以輕重爲宜。圜而環之，令之肉倍好者，周旋亡端，終而復始，亡窮已也。權與物鈞而生衡，衡運生規，規圓生矩，矩方生繩，繩直生準。準正則衡平而鈞權矣。是爲五則，備于鈞器，以爲大範。案趙書，石勒十八年七月，造建德殿，得圓石，狀如水碓。其銘曰：「律權石，重四鈞，同律度量衡。有辛氏造。」續咸議是王莽時物。後魏景明中，并州人王顯達，獻古銅權一枚，上銘八十一字。其銘云：「律權石，重四鈞。」又云：「黃帝初祖，德帀于虞。虞帝始祖，德帀于新。〔一三〕歲在大梁，龍集戊辰。戊辰直定，〔一四〕天命有人。據土德，受正號即眞。改正建丑，長壽隆崇。同律度量衡，稽當前人。龍在己巳，歲次實沈，初班天下，萬國永遵。子子孫孫，享傳億年。」此亦王莽所制也。其時太樂令公孫崇，依漢志

先修稱尺，及見此權，以新稱稱之，重一百二十斤。新稱與權，合若符契。於是付崇調樂。孝文時，一依漢志作斗尺。

梁、陳依古稱。

齊以古稱一斤八兩爲一斤。

周玉稱四兩，當古稱四兩半。

開皇以古稱三斤爲一斤，大業中，依復古秤。

校勘記

〔一〕七始訓　「訓」，漢書律曆志作「詠」。

〔二〕其算用竹　「算」原作「筭」。按：「筭」是「算籌」，與「算」本有區別，但可通用。本書原統用「筭」字，今都改爲「算」。

〔三〕應鍾長四寸三分二　今傳本史記律書作「應鍾長四寸二分三分二。」按：律曆志中訛誤較多，以下凡根據他書和經我們推算或參酌文義而改正的文字，在校勘上無須一一說明者，一般都只用圓括號表示刪，方括號表示增，不另出校記。

〔四〕包育　本志所載京房六十律、錢樂之三百六十律，其中包育、分焉、分居、佚喜、內貞、鮮刑、未卬等七律的名稱，與續漢書律曆志上不同。

〔五〕其餘與此尺同　今銘文止八十字。

〔六〕玉律一□蕭　按：「蕭」前爲缺文。此外，此句文字疑仍有訛脫。

〔七〕弱於今尺四分五釐　「分」原作「寸」，據晉書律曆志上改。

〔八〕五寸八毫　馬衡仿製隋書律曆志十五等尺說明書：據宋史律曆志四，「五寸」當作「三寸」。

〔九〕菽苔麻麥　「苔」原作「合」，據晉書律曆志上改。

〔一〇〕齊以古升（一斗）五升爲一斗　吳承洛中國度量衡史：據下云「齊以古稱一斤八兩爲一斤」，此當作「齊以古升一斗五升爲一斗」。今據補。

〔一一〕晉國造倉獲古玉斗　「斗」原作「升」。按：周書武帝紀載保定元年五月，「晉公護獲古玉斗以獻」。今據改。本志「和聲」、「審度」都作「古玉斗」，下文也稱「後周玉斗」。因此，志中多次說到的「玉升」，都應作「玉斗」。其他「準爲銅升」、「銅升之銘」、「一升之實」，「升」字也應作「斗」。

〔一二〕十五日戊子　按：十五日爲丁亥，戊子爲十六日，此處日期或干支有誤。

〔一三〕德帀于新　「新」原作「辛」，據新嘉量銘文改。

〔一四〕戊辰直定　原脫「戊辰」二字，據新嘉量銘文補。

隋書卷十七

志第十二

律曆中

夫曆者，紀陰陽之通變，極往數以知來，可以迎日授時，先天成務者也。然則懸象著明，莫大於二曜，氣序環復，無信於四時。日月相推而明生矣，寒暑迭進而歲成焉，遂能成天地之文，極乾坤之變。天數五，地數五，五位相乘而各有合。天數二十有五，地數三十，凡天地之數五十有五，所以成變化而行鬼神也。乾之策二百一十有六，坤之策一百四十有四，凡三百六十，以當朞之日也。至乃陰陽迭用，剛柔相摩，四象既陳，八卦成列，此乃造文之元始，創曆之厥初者歟？洎乎炎帝分八節，軒轅建五部，少昊以鳳鳥司曆，顓頊以南正司天，陶唐則分命和、仲，夏后乃備陳鴻範，湯、武革命，咸率舊章。然文質既殊，正朔斯革，故天子置日官，諸侯有日御，以和萬國，以協三辰。至于寒暑晦明之徵，陰陽生殺之數，啓閉

升降之紀，消息盈虛之節，皆應躔次而不淫，遂得該浹生靈，堪輿天地，開物成務，致遠鉤深。周德既衰，史官廢職，疇人分散，禨祥莫理。秦兼天下，頗推五勝，自以獲水德之瑞，以十月爲正。漢氏初興，多所未暇，百有餘載，猶行秦曆。至于孝武，改用夏正。時有古曆六家，學者疑其紕繆，劉向父子，咸加討論，班固因之，採以爲志。光武中興，未能詳考。逮于永平之末，乃復改行四分，七十餘年，儀式方備。其後復命劉洪、蔡邕，共修律曆，司馬彪用之以續班史。當塗受命，亦有史官，韓翊創之於前，楊偉繼之於後，咸遵劉洪之術，未及洪之深妙。中、左兩晉，迭有增損。至於西涼，亦爲蔀法，事迹糾紛，未能詳記。宋氏元嘉，何承天造曆，迄于齊末，相仍用之。梁武初興，因循齊舊，天監中年，方改行宋祖沖之甲子元曆。陳武受禪，亦無創改。後齊文宣，用宋景業曆。西魏入關，行李業興曆。逮於周武帝，乃有甄鸞造甲寅元曆，遂參用推步焉。大象之初，太史上士馬顯，又上丙寅元曆，便卽行用。迄于開皇四年，乃改用張賓曆，十七年，復行張胄玄曆，至于義寧。今采梁天監以來五代損益之要，以著于篇云。

梁初因齊，用宋元嘉曆。天監三年下詔定曆，員外散騎侍郎祖暅奏曰：「臣先在晉已來，世居此職。仰尋黃帝至今十二代，曆元不同，周天、斗分，疏密亦異，當代用之，各垂一法。宋大明中，臣先人考古法，以爲正曆，垂之于後，事皆符驗，不可改張。」八年，暅又上疏論之。詔使太史令將匠道秀等，候新舊二曆氣朔、交會及七曜行度，起八年十一月，訖九年七月，新曆密，舊曆疏。暅乃奏稱：「史官今所用何承天曆，稍與天乖，緯緒參差，不可承案。被詔付靈臺，與新曆對課疏密，前期百日，并又再申。始自去冬，終于今朔，得失之効，並已月別啓聞。夫七曜運行，理數深妙，一失其源，則歲積彌爽。所上脫可施用，宜在來正。」至九年正月，用祖沖之所造甲子元曆頒朔。至大同十年，制詔更造新曆，以甲子爲元，六百一十九爲章歲，一千五百三十六爲日法，一百八十三年冬至差一度，月朔以遲疾定其小餘，有三大二小。未及施用而遭侯景亂，遂寢。

陳氏因梁，亦用祖沖之曆，更無所創改。

後齊文宣受禪，命散騎侍郎宋景業協圖讖，造天保曆。景業奏：「依握誠圖及元命包，言齊受錄之期，當魏終之紀，得乘三十五以爲蔀，應六百七十六以爲章。」文宣大悅，乃施用之。期曆統曰：「上元甲子，至天保元年庚午，積十一萬五百〔二十〕六算外，章歲六百七十六，度法二萬三千六百六十，斗分五千七百八十七，曆餘十六萬二千二百六十一。」至後主武平七年，董峻、鄭元偉立議非之曰：「宋景業移閏於天正，退命於冬至交會之際，承二大之後，三月之交，妄減平分。臣案，景業學非探賾，識殊深解，有心改作，多依舊章，唯寫子

換母，頗有變革，妄誕穿鑿，不會眞理。乃使日之所在，差至八度，節氣後天，閏先一月。朔望虧食，既未能知其表裏，遲疾之曆步，又不可以傍通。妄設平分，虛退冬至，虛退則日數減於周年，〔一〕平分妄設，故加時差於異日。五星見伏，有違二旬，遲疾逆留，或乖兩宿。軌簕之術，妄刻水旱。今上甲寅元曆，並以六百五十七爲章，二萬二千三百三十八爲蔀，五千四百六十一爲斗分，甲寅歲甲子日爲元紀。」又有廣平人劉孝孫、張孟賓二人，同知曆事。孟賓受業於張子信，並棄舊事，更制新法。又有趙道嚴，準晷影之長短，定日行之進退，更造盈縮，以求虧食之期。劉孝孫以〔六〕百一十九爲章，八千四十七爲紀，〔一千〕九百六十六爲歲餘，甲子爲上元，命日度起虛中。張孟賓以六百一十九爲章，四萬八千九百〔一〕爲紀，九百四十八爲日法，萬〔四〕〔一〕千九百四十五爲斗分。元紀共命，法略旨遠。日月五星，並從斗十一起。盈縮轉度，陰陽分至，與漏刻相符，共日影俱合，循轉無窮。上拒春秋，下盡天統，日月虧食及五星所在，以二人新法考之，無有不合。其年，訖于敬禮及曆家豫刻日食疏密。〔二〕六月戊申朔，太陽虧，劉孝孫言食於卯時，張孟賓言食於甲時，〔三〕鄭元偉、董峻言食於辰時，宋景業言食於巳時。至日食，乃於卯甲之間，其言皆不能中。爭論未定，遂屬國亡。

西魏入關，尙行李業興正光曆法。至周明帝武成元年，始詔有司造周曆。於是露門學

士明克讓、麟趾學士庾季才，及諸日者，採祖暅舊議，通簡南北之術。自斯已後，頗覩其謬，故周、齊並時，而曆差一日。克讓儒者，不處日官，以其書下于太史。及武帝時，甄鸞造天和曆。上元甲寅至天和元年丙戌，積八十七萬五千七百九十二算外。章歲三百九十一，蔀法二萬三千四百六十，日法二十九萬一百六十，朔餘十五萬三千九百九十一，斗分五千七百三十一，會餘九萬三千五百一十六，曆餘一十六萬八百三十，冬至斗十五度，參用推步。終於宣政元年。

大象元年，太史上士馬顯等，又上丙寅元曆，抗表奏曰：

臣案九章、五紀之旨，三統、四分之說，咸以節宣發斂，考詳晷緯，布政授時，以爲皇極者也。而乾維難測，斗憲易差，盈縮之期致舛，咎徵之道斯應。寧止蛇或乘龍，水能沴火，因亦玉羊掩曜，金雞喪精。王化關以盛衰，有國由其隆替，曆之時義，於斯爲重。

自炎漢已還，迄於有魏，運經四代，事涉千年，日御天官，不乏於世，命元班朔，互有沿改。驗近則疊璧應辰，經遠則連珠失次，義難循舊，其在茲乎？

大周受圖膺籙，牢籠萬古，時夏乘殷，斟酌前代，曆變壬子，元用甲寅。高祖武皇帝索隱探賾，盡性窮理，以爲此曆雖行，未臻其妙，爰降詔旨，博訪時賢，幷勑太史上士馬

顯等，更事刊定，務得其宜。然術藝之士，各封異見，凡所上曆，合有八家，精粗踳駁，未能盡善。去年冬，孝宣皇帝乃詔臣等，監考疎密，更令同造。謹案史曹舊簿及諸家法數，棄短取長，共定今術。開元發統，肇自丙寅，至於兩曜虧食，五星伏見，參校積時，最爲精密。庶鐵炭輕重，無失寒燠之宜，灰箭飛浮，不爽陰陽之度。上元丙寅至大象元年己亥，積四萬一千五百五十四算上。日法五萬三千五百六十三，亦名蔀會法。章歲四百四十八，斗分三千一百六十七，蔀法一萬二千九百九十二。章中爲章會法。日法五萬三千五百六十三，曆餘二萬九千六百九十三，會日百七十三，會餘一萬六千六百一十九，冬至日在斗十二度。小周餘、盈縮積，[四]其曆術別推入蔀會，分用陽率四百九十九，陰率九。每十二月下各有日月蝕轉分，推步加減之，乃爲定蝕大小餘，而求加時之正。

其術施行。

時高祖作輔，方行禪代之事，欲以符命曜于天下。道士張賓，揣知上意，自云玄相，洞曉星曆，因盛言有代謝之徵，又稱上儀表非人臣相。由是大被知遇，恒在幕府。及受禪之初，擢賓爲華州刺史，使與儀同劉暉、驃騎將軍董琳、索盧縣公劉祐、前太史上士馬顯、太學博士鄭元偉、前保章上士任悅、開府掾張徹、前盪邊將軍張膺之、校書郎衡洪建、太史監候

粟相、太史司曆郭翟、劉宜、兼算學博士張乾敍、門下參人王君瑞、荀隆伯等，議造新曆，仍令太常卿盧賁監之。賓等依何承天法，微加增損。四年二月撰成奏上。高祖下詔曰：「張賓等存心算數，通洽古今，每有陳聞，多所啓沃。畢功表奏，具已披覽。使後月復育，不出前晦之宵，前月之餘，罕留後朔之旦。減朓就朒，懸殊舊準。月行表裏，厥途乃異，日交弗食，由循陽道。驗時轉算不越纖毫，逖聽前修，斯祕未啓。有一於此，實爲精密，宜頒天下，依法施用。」

張賓所造曆法，其要：

以上元甲子己巳來，[五]至開皇四年歲在甲辰，積四百一十二萬九千一，算上。

蔀法，一十萬二千九百六十。

章歲，四百二十九。

章月，五千三百六。

通月，五百三十七萬二千二百九。

日法，一十八萬一千九百二十。

斗分，二萬五千六十三。

會月，一千二百九十七。

會率，二百二十一。

會數，一百一十半。

會分，一十一億八千七百二十五萬八千一百八十九。

會日法，四千二十萬四千三百二十。

會日，百七十三。

餘，五萬六千一百四十三。

小分，一百一十。

交法，五億一千二百一十萬四千八百。

交分法，二千八百一十五。

陰陽曆，一十三。

餘，十一萬二百六十三。

小分，二千三百二十八。

朔差，二。

餘，五萬七千九百二十一。

小分，九百七十四。

蝕限，一十二。

餘，八萬一千三百三。

小分，四百三十三半。

定差，四萬四千五百四十八。

周日，二十七。

餘，一十萬八百五十九。亦名少大法。

木精曰歲星，合率四千一百六萬三千八百八十九。

火精曰熒惑，合率八千二十九萬七千九百二十六。

土精曰鎮星，合率三千八百九十二萬五千四百一十三。

金精曰太白，合率六千一十一萬九千六百五十五。

水精曰辰星，合率一千一百九十三萬一千一百二十五。

張賓所創之曆既行，劉孝孫與冀州秀才劉焯，並稱其失，言學無師法，刻食不中，所駁凡有六條：其一云，何承天不知分閏之有失，而用十九年之七閏。其二云，賓等不解宿度之差改，而冬至之日守常度。其三云，連珠合璧，七曜須同，乃以五星別元。其四云，賓等唯知日氣餘分恰盡而爲立元之法，不知日月不合，不成朔旦冬至。其五云，賓等但守立元定

法，不須明有進退。其六云，賓等唯識轉加大餘二十九以爲朔，不解取日月合會準以爲定。此六事微妙，曆數大綱，聖賢之通術，而暉未曉此，實管窺之謂也。若乃驗影定氣，何氏所優，賓等推測，去之彌遠。合朔順天，何氏所劣，賓等依據，循彼迷蹤。蓋是失其菁華，得其糠粃者也。又云，魏明帝時，有尚書郎楊偉，修景初曆，乃上表立義，駁難前非，云：「加時後天，食不在朔。」然觀楊偉之意，故以食朔爲眞，未能詳之而制其法。至宋元嘉中，何承天著曆，其上表云：「月行不定，或有遲疾，合朔月食，不在朔望，亦非曆之意也。」然承天本意，欲立合朔之術，遭皮延宗飾非致難，故事不得行。至後魏獻帝時，有龍宜弟，復修延興之曆，又上表云：「日食不在朔，而習之不廢，據春秋書食，乃天之驗朔也。」此三人者，前代善曆，皆有其意，未正其書。但曆數所重，唯在朔氣。朔爲朝會之首，氣爲生長之端，朔有告餼之文，氣有郊迎之典，故孔子命曆而定朔旦冬至，以爲將來之範。今孝孫曆法，並按明文，以月行遲疾定其合朔，欲令食必在朔，不在晦、二之日也。縱使頻月一小、三大，得天之統。大抵其法有三，今列之云。

第一，勘日食證恒在朔。

引詩云：「十月之交，朔日辛卯，日有食之。」今以甲子元曆術推算，符合不差。春秋經書日（合）〔食〕三十五。二十七日食，經書有朔，推與甲子元曆不差。八食，經書並無朔字。左氏傳云：「不書朔，官失之也。」公羊傳云：「不言朔者，食二日也。」穀梁傳云：「不言朔者，食晦也。」今以甲子元曆推算，俱是朔日。丘明受經夫子，於理尤詳，公羊、穀梁皆臆說也。

春秋左氏隱公三年二月己巳，日有食之。推合己巳朔。

莊公十八年春三月，日有食之。推合壬子朔。

僖公十二年三月庚午，日有食之。推合庚午朔。

十五年夏五月，日有食之。推合癸未朔。

襄公十五年秋八月丁巳，日有食之。推合丁巳朔。

前、後漢及魏、晉四代所記日食，朔、晦及先晦，都合一百八十一，今以甲子元曆術推之，並合朔日而食。

前漢合有四十五食。三食並先晦一日，三十二食並皆晦日，十食並是朔日。

後漢合有七十四食。三十七食並皆晦日，三十七食並皆朔日。

魏合有十四食。四食並皆晦日，十食並皆朔日。

晉合有四十八食。二十五食並皆晦日，二十三食並皆朔日。

第二，勘度差變驗。

尚書云：「日短星昴，以正仲冬。」卽是唐堯之時，冬至之日，日在危宿，合昏之時，昴正

午。案竹書紀年，堯元年丙子。今以甲子元曆術推算得合堯時冬至之日，合昏之時，昴星正午。漢書武帝太初元年丁丑歲，落下閎等考定太初曆冬至之日，日在牽牛初。今以甲子元曆術算，卽得斗末牛初矣。晉時有姜岌，又以月食驗於日度，知冬至之日日在斗十七度。宋文帝元嘉十年癸酉歲，何承天考驗乾度，亦知冬至之日日在斗十七度。雖言冬至後上三日，前後通融，只合在斗十七度。但堯年漢日，所在旣殊，唯晉及宋，所在未改，故知其度，理有變差。至今大隋甲辰之歲，考定曆數象，以稽天道，知冬至之日日在斗十三度。

第三，勘氣影長驗。

春秋緯命曆序云：「魯僖公五年正月壬子朔旦冬至。」今以甲子元曆術推算，得合不差。宋書元嘉十年，何承天以土圭測影，知冬至已差三日。詔使付外考驗，起元嘉十三年爲始，畢元嘉二十年，八年之中，冬至之日恒與影長之日差校三日。今以甲子元曆術推算，但是冬至之日恒與影長之符合不差。詳之如左：

十三年丙子，

天正十八日曆注冬至，

十五日影長，

卽是今曆冬至日。

十四年丁丑，
天正二十九日曆注冬至，
二十六日影長，
卽是今曆冬至日。
十五年戊寅，
天正十一日曆注冬至，
陰，無影可驗，
今曆八日冬至。
十六年己卯，
天正二十一日曆注冬至，
十八日影長，
卽是今曆冬至日。
十七年庚辰，
天正二日曆注冬至，
十月二十九日影長，

卽是今曆冬至日。
十八年辛巳，
天正十三日曆注冬至，
十(一)日影長，
卽是今曆冬至日。
十九年壬午，
天正二十(九)〔五〕日曆注冬至，
陰，無影可驗，
今曆二十二日冬至。
二十年癸未，
天正六日曆注冬至，
三日影長，
卽是今曆冬至日。

于時新曆初頒，賓有寵於高祖，劉暉附會之，被升爲太史令。二人協議，共短孝孫，言其非毀天曆，率意迂怪，焯又妄相扶證，惑亂時人。孝孫、焯等，竟以他事斥罷。後賓死，孝孫爲掖縣丞，委官入京，又上，前後爲劉暉所詰，事寢不行。仍留孝孫直太史，累年不調，寓宿觀臺。乃抱其書，弟子輿櫬，來詣闕下，伏而慟哭。執法拘以奏之。高祖異焉，以問國子祭酒何妥。妥言其善，卽日擢授大都督，遣與賓曆比校短長。先是信都人張胄玄，以算術直太史，久未知名。至是與孝孫共短賓曆，異論鋒起，久之不定。

至十四年七月，上令參問日食事。楊素等奏：「太史凡奏日食二十有五，唯一晦三朔，依刻而食，尚不得其時，又不知所起，他皆無驗。胄玄所剋，前後妙衷，時起分數，合如符契。孝孫所剋，驗亦過半。」於是高祖引孝孫、胄玄等，親自勞徠。孝孫因請先斬劉暉，乃可定曆。高祖不懌，又罷之。俄而孝孫卒，楊素、牛弘等傷惜之，又薦胄玄。上召見之，胄玄因言日長影短之事，高祖大悅，賞賜甚厚，令與參定新術。劉焯聞胄玄進用，又增損孝孫曆法，更名七曜新術，以奏之。與胄玄之法，頗相乖爽，袁充與胄玄害之，焯又罷。至十七年，胄玄曆成，奏之。上付楊素等校其短長。劉暉與國子助教王頍等執舊曆術，〔六〕迭相駁難，與司曆劉宜，援據古史影等，駁胄玄云：

命曆序僖公五年天正壬子朔旦日至，左氏傳僖公五年正月辛亥朔日南至。張賓曆，天正壬子朔冬至，合命曆序，差傳一日。張胄玄曆，天正壬子朔，合命曆序，差傳一日；三日甲寅冬至，差命曆序二日，差傳三日。成公十二年，命曆序天正辛卯朔旦日

至。張賓曆，天正辛卯朔冬至，合命曆序。張胄玄曆，天正辛卯朔，合命曆序；二日壬辰冬至，差命曆序一日。昭公二十年，春秋左氏傳二月己丑朔日南至，準命曆序庚寅朔旦日至。張賓曆，天正庚寅朔冬至，並合命曆序，差傳一日。張胄玄曆，天正庚寅朔，合命曆序，差傳一日；二日辛卯冬至，差命曆序一日，差傳二日。宜案命曆序及春秋左氏傳，並閏餘盡之歲，皆須朔旦冬至。若依命曆序勘春秋三十七食，合處至多；若依左傳，合者至少，是以知傳爲錯。今張胄玄信情置閏，命曆序及傳氣朔並差。

又宋元嘉冬至影有七，張賓曆合者五，差者二，亦在前一日。張胄玄曆合者三，差者四，在後一日。元嘉十二年十一月甲寅朔，十五日戊辰冬至，日影長。張賓曆合戊辰冬至，張胄玄曆己巳冬至，差後一日。十三年十一月己酉朔，二十六日甲戌冬至，日影長。張賓曆癸酉冬至，差前一日，張胄玄曆合甲戌冬至。十五年十一月丁卯朔，十八日甲申冬至，日影長。二曆並合甲申冬至。十六年十一月辛酉朔，二十九日己丑冬至，日影長。張賓曆合己丑冬至，張胄玄曆庚寅冬至，差後一日。十七年十一月乙酉朔，十日甲午冬至，日影長。張賓曆合甲午冬至，張胄玄曆乙未冬至，差後一日。十八年十一月己卯朔，二十一日己亥冬至，日影長。張賓曆合己亥冬至，張胄玄曆庚子冬至，差後一日。十九年十一月癸卯朔，三日乙巳冬至，影長。張賓曆甲辰冬至，差前一

日，張胄玄曆合乙巳冬至。

又周從天和元年丙戌至開皇十五年乙卯，合得冬夏至日影一十四。張賓曆合得者十，差者四，三差前一日，一差後一日。張胄玄曆合者五，差者九，八差後一日，一差前一日。天和二年十一月戊戌朔，三日庚子冬至，日影長。張賓曆合庚子冬至，張胄玄曆辛丑冬至，差後一日。三年十一月壬辰朔，十四日乙巳冬至，日影長。張賓曆合乙巳冬至，張胄玄曆丙午冬至，差後一日。建德元年十一月己亥朔，二十九日丁卯冬至，日影長。張賓曆丙寅冬至，差前一日，張胄玄曆合丁卯冬至。二年五月丙寅朔，三日戊辰夏至，日影短。張賓曆己巳夏至，差後一日，張胄玄曆庚午夏至，差後二日。三年十一月戊午朔，二十日丁丑冬至，日影長。張賓曆合丁丑冬至，張胄玄曆戊寅冬至，差後一日。六年十一月庚午朔，二十三日壬辰冬至，日影長。張賓曆合壬辰冬至，張胄玄曆癸巳冬至，差後一日。宣政元年十一月甲午朔，五日戊戌冬至，日影長。兩曆並合戊戌冬至。開皇四年十一月己未朔，十一日己巳冬至，日影長。張賓曆合己巳冬至，張胄玄曆庚午冬至，差後一日。五年十一月甲寅朔，二十二日乙亥冬至，日影長。張賓曆甲戌冬至，差前一日，張胄玄曆合庚辰冬至。〔七〕七年五月乙亥朔，九日癸未夏至，日影短。張賓曆壬午夏至，差前一日，張胄玄曆合癸未夏至。十一月壬申朔，十四日乙酉冬

至，日影長。張賓曆合乙酉冬至，張胄玄曆丙戌冬至，差後一日。十一年十一月己卯朔，二十八日丙午冬至，日影長。張賓曆合丙午冬至，張胄玄曆丁未冬至，差後一日。十四年十一月辛酉朔旦冬至。張賓曆合十一月辛酉朔旦冬至，張胄玄曆十一月辛酉朔，二日壬戌冬至，差後一日。建德四年四月大、乙酉朔，三十日甲寅，月晨見東方。張賓曆四月大、乙酉朔，三十日甲寅，月晨見東方，張胄玄曆四月小、乙酉朔，五月大，甲寅朔，月晨見東方。宜案影極長爲冬至，影極短爲夏至，二至自古史分可勘者二十四，其二十一有影，三有至日無影。見行曆合一十八，差者六。旅騎尉張胄玄曆合者八，差者一十六，二差後二日，一十四差後一日。又開皇四年，在洛州測冬至影，與京師二處，進退絲毫不差。周天和已來案驗並在後。更檢得建德四年，晦朔東見；張胄玄曆，五月朔日，月晨見東方。今十七年，張賓曆閏七月，張胄玄曆閏五月。又審至以定閏，胄玄曆至既不當，故知置閏必乖。見行曆四月、五月頻大，張胄玄曆九月、十月頻大，爲胄玄朔弱，頻大在後晨，〔八〕故朔日殘月晨見東方。

宜又案開皇四年十二月十五日癸卯，依曆月行在鬼三度，時加酉，月在卯上，食十五分之九，虧起西北。今伺候，一更一籌起食東北角，十五分之十，至四籌還生，至二更一籌復滿。五年六月三十日，依曆太陽虧，日在七星六度，加時在午少强上，食十五

分之一半强，虧起西南角。今伺候，日乃在午後六刻上始食，虧起西北角，十五分之六，至未後一刻還生，至五刻復滿。六年六月十五日，依曆太陰虧，加時酉，在卯上，食十五分之九半弱，虧起西南。當其時陰雲不見月。至辰巳，雲裏見月，已食三分之二，虧從東北，即還雲合。至巳午間稍生，至午後，雲裏暫見，已復滿。十月三十日丁丑，依曆太陽虧，日在斗九度，時加在辰少弱上，食十五分之九强，虧起東北角。今候所見，日出山一丈，辰二刻始食，虧起正西，食三分之二，辰後二刻始生，入巳時三刻上復滿。十年三月十六日癸卯，依曆月行在氐七度，時加戌，月在辰太半上，食十五分之七半强，虧起東北。今候，月初出卯南，帶半食，出至辰初三分，可食二分許，漸生，辰未已復滿。見行曆九月十六日庚子，月行在胃四度，時加丑，月在未半强上，食十分之三半强，虧起正東。今伺候，月以午後二刻，食起正東，須臾如南，至未正上，食南畔五分之四，漸生，入申一刻半復滿。十二年七月十五日己未，依曆月行在室七度，時加戌，月在辰太强上，食十五分之十二半弱，虧起西北。今伺候，一更三籌起西北上，食準三分之二强，與曆注同。十三年七月十六日，依曆月在申半强上，食十五分之半弱，虧起西南。十五日夜，從四更候月，五更一籌起東北上，食半强，入雲不見。十四年七月一日，依曆時加巳弱上，食十五分之十二半强。至未後三刻，日乃食，虧起西北，食半許，入雲不見，

食頃暫見，猶未復生，因即雲鄣。十五年十一月十六日庚午，依曆月行在井十七度，時加亥，月在巳半上，食十五分之九半强，虧西北。其夜一更四籌後，月在辰上起食，虧東南，至二更三籌，月在巳上，食三分之二許，漸生，至三更一籌，月在丙上，復滿。十六年十一月十六日乙丑，依曆月行在井十七度，時加丑，月在未太弱上，食十五分之十二半弱，虧起東南。十五日夜伺候，至三更一籌，月在丙上，雲裏見，已食十五分之三許，虧起正東，至丁上，食既，後從東南生，至四更三籌，月在未末，復滿。而胄玄不能盡中。

迭相駁難，高祖惑焉，踰時不決。

會通事舍人顏慜楚上書云：「漢落下閎改顓頊曆作太初曆，云後八百歲，此曆差一日。」語在胄玄傳。高祖欲神其事，遂下詔曰：「朕應運受圖，君臨萬宇思欲興復聖敎，恢弘令典，上順天道，下授人時，搜揚海內，廣延術士。旅騎尉張胄玄，理思沉敏，術藝宏深，懷道白首，來上曆法。令與太史舊曆，並加勘審。仰觀玄象，參驗璿璣，胄玄曆數與七曜符合，太史所行，乃多疏舛，羣官博議，咸以胄玄爲密。太史令劉暉，司曆郭翟、劉宜，驍騎尉任悅，往經修造，致此乖謬。通直散騎常侍、領太史令庾季才，太史丞邢儁，司曆郭遠，曆博士蘇粲，曆助教傅儁、成珍等，既是職司，須審疏密。遂虛行此曆，無所發明。論暉等情狀，已合科罪，

方共飾非護短，不從正法。季才等，附下罔上，義實難容。」於是暉等四人，元造詐者，並除名；季才等六人，容隱奸慝，俱解見任。胄玄所造曆法，付有司施行。擢拜胄玄爲員外散騎侍郎，領太史令。胄玄進袁充，互相引重，各擅一能，更爲延譽。胄玄言充曆，妙極前賢，充言胄玄曆術，冠於今古。胄玄學祖冲之，兼傳其師法。自茲厥後，剋食頗中。其開皇十七年所行曆術，命冬至起虛五度。後稍覺其疎，至大業四年劉焯卒後，乃敢改法，命起虛七度，諸法率更有增損，朔終義寧。今錄戊辰年所定曆術著之于此云。

自甲子元至大業四年戊辰，百四十二萬七千六百四十四年，算外。

章歲，四百一十。

章閏，百五十一。

章月，五千七十一。

日法，千一百四十四。

月法，三萬三千七百八十三。

辰法，二百八十六。

歲分，一千五百五十七萬(二)〔三〕千九百六十三

度法，四萬二千六百四十。

沒分，五百一十九萬一千三百(一)〔二〕十一。

沒法，七萬四千五百二十一。

周天分，一千五百五十七萬四千四百六十六。

斗分，一萬八百六十六。

氣法，四十六萬九千四十。

氣時法，一萬六百六十。

周日，二十七。

日餘，一千四百一十三。

周通，七萬二百九。

周法，二千五百四十八。

推積月術：

置入元已來至所求年，以章月乘之，如章歲得一，爲積月，餘爲閏餘。閏餘三百九十七已上，若冬至不在其月，加積月一。

推月朔弦望術：

以月法乘積月，如法得一，爲積日，餘爲小餘。以六十去積日，餘爲大餘，命以甲子算外，爲所求年天正月朔日。天正月者，建子月也，今爲去年十一月。凡朔小餘五百(四)〔三〕十七已上，其月大。加大餘七，小餘四百三十七太；凡四分一爲少，二爲半，三爲太。小餘滿日法去之，從大餘；滿六十去之，命如前，爲上弦日。又加，得望、下弦、後月朔。朔餘滿五百三十七，其月大，減者小。

推二十四氣術：

以月法乘閏餘，又以章歲乘朔小餘，加之，如氣法得一，爲日，命朔算外，爲冬至日。不盡者，以十一約之，爲日分。

求次氣：加日十五，日分九千三百一十五，小分一；小分滿八從日分一，日分滿度法從日一；如月大小去之，日不滿月，算外，爲次氣日。其月無中氣者，爲閏。

二十四氣	損益率	盈縮數
冬至十一月中	益七十	縮初
小寒十二月節	益三十五	縮七十
大寒十二月中	益三十五	縮百五
立春正月節	益二十	縮百(三)〔四〕十
雨水正月中	益(二)〔三〕十	縮百六十
啓蟄二月節	益三十五	縮百九十
春分二月中	損五十五	縮二百二十五
清明三月節	損(三)〔四〕十五	縮百七十
穀雨三月中	損四十	縮百二十五
立夏四月節	損三十	縮八十五
小滿四月中	損五十五	縮五十五
芒種五月節	益六十五	盈初
夏至五月中	益五十五	盈六十五
小暑六月節	益四十	盈百二十
大暑六月中	益二十五	盈百六十
立秋七月節	益五	盈百八十五
處暑七月中	益三十	盈百九十
白露八月節	益四十	盈二百二十
秋分八月中	益六十〔九〕	盈二百六十
寒露九月節	損五十五	盈二百
霜降九月中	損五十	盈百四十五

立冬十月節	損四十五	盈九十五
小雪十月中	損四十	盈五十
大雪十一月節	損十	盈十

求朔望入氣盈縮術：

以入氣日算乘損益率，如十五得一，餘八已上，從一；以損益盈縮數爲定盈縮。其入氣日十五算者，如十六得一，餘半法已上亦從一，以下皆準此。

推土王術：

加分至日二十七，日分一萬六千七百六十七，小分九；小分滿四十從日分一，滿去如前，卽分至後土始王日。

推沒日術：

其氣有小分者，以(水)〔八〕乘日分，內小分，又以十五乘之，以減沒分；無小分者，以百二十乘日分，以減之；滿沒法爲日，不盡爲日分，以其氣去朔日加之，去、命如前。

求次沒：加日六十九，日分四萬九千三百七十二；日分滿沒法，從日，去、命如前。

推入遲疾曆術：

以周通去朔積日，餘以周法乘之，滿周通又去之，餘滿周法得一日，餘爲日餘，卽所求年天正朔算外夜半入曆日及餘。

求次月：大月加二日，小月加一日，日餘皆千一百三十五，滿周日及日餘去之。

求次日：加一，滿、去如前。

求朔望加時入曆術：

以四十九乘朔小餘，滿二十二得一爲日餘，不盡爲小分，以加夜半入曆日及餘分。

求次月：加日一，餘二千四百八十六，小分二十一，滿、去如前，卽次月入曆日及餘。

求望：加日十四日，餘千九百四十九，小分二十一半，滿、去如前，爲望入曆日及餘。

曆日	轉分	轉法	損益率〔一〇〕	盈縮積分	差法
一日	六百一	退六	益二百(四)〔三〕十八	盈初	五千六百
二日	五百九十五	退七	益二百一十(八)〔一〕	盈六十萬五千一百五十九	五千五百四十
三日	五百八十八	退八	益一百七十九	盈一百一十四萬一千六百七十八	五千四百七十
四日	五百八十	退九	益一百四十(二)〔三〕	盈一百五十九萬八千一百一十七	五千三百九十
五日	五百七十一	退九	益一百三	盈一百九十六萬三千三十六	五千三百
六日	五百六十二	退九	益六十二	盈二百二十二萬四千九百九十五	五千二百一十
七日	五百五十三	退十	益二十二	盈二百三十八萬三千九百九十四	五千一百二十
八日	五百四十三	退十	損二十三	盈二百(三)〔四〕十四萬三十三	五千二十
九日	五百三十三	退九	損六十八	盈二百三十八萬一千六百七十二	四千九百二十
十日	五百二十四	退八	損一百八	盈二百二十萬八千九百一十一	四千八百三十
十一日	五百一十六	退七	損一百四十四	盈一百九十三萬三千一百九十	四千七百五十
十二日	五百九	退七	損一百七十六	盈一百五十六萬五千九百四十(七)〔九〕	四千六百八十
十三日	五百二	退六	損二百七	盈一百一十(八)〔一〕萬八千六百二十八	四千六百一十
十四日	四百九十六	進二	損二百三十四	盈五十九萬一千二百二十七	四千五百五十
十五日	四百九十八	進六	益二百二十五	縮四千八百一十四	四千五百七十
十六日	五百四	進七	益一百九十八	縮五十七萬七千九百七十五	四千六百(四)〔三〕十
十七日	五百一十一	進八	益一百六十七	縮一百八萬二千四百九十六	四千七百
十八日	五百一十九	進八	益一百三十一	縮一百五十萬六千九百三十七	四千七百八十
十九日	五百二十七	進九	益九十五	縮一百八十三萬九千八百五十八	四千八百六十
二十日	五百三十六	進九	益五十四	縮二百八萬(二)〔一〕千(一)〔二〕百五十九	四千九百五十
二十一日	五百四十五	進十	益十四	縮二百二十一萬九千七百	五千四十

曆日	轉分	轉法	損益率	盈縮積分	差法
二十二日	五百五十五	進九	損三十一	縮二百二十五萬五千一百八十一	五千一百四十
二十三日	五百六十四	進九	損七十一	縮二百一十七萬六千二百六十二	五千二百(四)〔三〕十
二十四日	五百七十三	進八	損一百一十二	縮一百九十九萬四千三百八十三	五千三百二十
二十五日	五百八十一	進八	損一百四十八	縮一百七十萬九千五百四十四	五千四百
二十六日	五百八十九	進六	損一百八十四	縮一百三十三萬(二)〔三〕千一百八十五	五千四百八十
二十七日	五百九十五	進五	損二百一十(六)〔一〕	縮八十六萬五千三百六	五千五百四十
二十八日	六百	進一	損二百三十三	縮三十二萬八千七百八十七	五千五百九十

推朔望加時定日及小餘術：

以入曆日餘乘所入曆(所)日損益率，以損益盈縮積分，如差法而一，爲定積分。(如差法)乃與入氣定盈縮，皆以盈減、縮加本朔望小餘；不足減者，加日法乃減之，加時在往日；加之，滿日法者去之，則在來日；餘爲定小餘。無食者不須氣盈縮。

東方七宿七十五度

角十二度　亢九度　氐十五度　房五度　心五度　尾十八度　箕十一度

斗二十六度　牛八度　女十二度　虛十度　危十七度　室十六度　壁九度

北方七宿九十八度

奎十六度　婁十二度　胃十四度　昴十一度　畢十六度　觜二度　參九度

西方七宿八十度

井三十三度　鬼四度　柳十五度　星七度　張十八度　翼十八度　軫十七度

南方七宿百一十二度

推日度術：

置入元至所求年，以歲分乘之，爲通實，滿周天分去之，餘如度法而一，爲積度，不盡爲度分。命度以虛七度宿次去之，經斗去其分，度不滿宿，（度以虛七度宿次去之經斗去其分度不滿宿）算外，〔二〕卽所求年天正冬至日所在度及分。以冬至去朔日以減分度數，分不足減者，減度一，加度法，乃減之，命如前，卽天正朔前夜半日所在度及分。須求朔共度者，用去定用日數減之，俟後所須。

求次月：大月加度三十，小月加度二十九，宿次去去其分。〔三〕

求次日：加度一，去、命如前。

求朔望加時日所在度術：

各以定小餘乘章歲，滿十一爲度分，以加其前夜半度分，滿之去如前。凡朔加時日月同度。

求轉分：以千四十約度分，不盡爲小分。

求望加時月所在度術：

置望加時日所在度及分，加度一百八十二，轉分二十五，小分七百五十三；小分滿千四十從轉分一，轉分滿四十一從度；去、命如前，經斗去轉分十，小分四百六十六。

求月行遲疾日轉定分術：

以夜半入曆日餘乘轉差，滿周法得一爲變差，以進加、退減日轉分爲定分。

推朔望夜半月定〔度〕術：

以定小餘乘所入曆日轉定分，滿日法得一爲分，分滿四十一爲度，各以減加時月所在度，卽各其前夜半定度。

求次日：以日轉定分加轉分，滿四十一從度，去、命如前；朔日不用前加。

推五星術：

木數，千七百萬八千三百三十二四分。

火數，三千三百二十五萬六千二十六。

土數，千六百一十二萬一千七百六十七。

金數，二千四百八十九萬八千四百一十七。

水數，四百九十四萬一千九十八。

木終日，三百九十八，日分，三萬七千六百一十二四分

火終日，七百七十九，日分，三萬九千四百六十六。

土終日，三百七十八，日分，三千八百四十七。

金終日，五百八十三，日分，三萬九千二百九十七。晨見伏，三百二十七日，分同；夕見伏，二百五十六日。〔一三〕

水終日，百一十五，日分，三萬七千四百九十八。晨見伏，六十三日，分同；夕見伏，五十二日。

求星見術：

置通實，各以數去之，餘以減數，其餘如度法得一爲日，不盡爲日分，卽所求年天正冬至後晨平見日及分。其金、水，以夕見伏日去之，得者餘爲夕平見日及分。

求平見見月日：置冬至去朔日數及分，各以冬至後日數及分加之，分滿度法從日，起天正月，依大小去之，不滿月者爲去朔日，命日算（卯）〔外〕，卽星見所在月日及分。

求後見：各以終日及分加之，滿去如前。其金、水各以晨夕加之，滿去如前，加晨得夕，加夕得晨。

木：平見在春分前者，以三千三百四十乘去大寒後十日數，以加平見分，滿法〔去〕之，以爲定見日及分。立秋後者，以四千二百乘去寒露日，加之，滿同前。春分至清明均加四日，後至立夏五日，以後至芒種加六日，均至立秋。小雪前者，以七千四百乘去寒露日數，以減

平見日分；冬至後者，以八千三百乘去大寒後十日數，以減之；小雪至冬至均減八日，爲定見日數。初見伏去日各十四度。

火：平見在雨水前，以二萬六千八百八十乘去大寒日數；在立夏後，以萬三千四百四十乘去立秋日數，以〔加〕見日分，滿去如前；雨水至立夏，均加二十九日。小雪前，以萬一千五百八十乘去處暑日數；冬至後，以三萬四千三百八十乘去大寒日數，滿去如前，以減之；小雪至冬至，均減二十五日。初見伏去日各十七度。

土：平見在處暑前，以萬二千三百七十乘去大暑日數；白露後，以八千三百四十乘去霜降日數，以加見日分，滿〔去〕如前；處暑至白露均加九日。小寒前，以四千九百八十乘去霜降日數，小寒至立春均減九日，立春後減八日，啓蟄後去七，氣別去一，至穀雨去三，夏至後十日去一，至大暑去盡。初見伏去日各十七度。

金：晨平見，在立春前者，以四千一百二十乘去小滿後，〔一四〕以乘去夏至日數，〔一五〕以加見日分，滿均加三日。〔一六〕立秋前，以乘去冬至日數，〔一七〕滿去如前，以減之，立秋至小雪均減三日。夕平見，在啓蟄前，以六千（三）〔二〕百九十乘去小雪日數。清明後，以六千二百九十乘去芒種日數，滿去如前，以減之，啓蟄至清明均減九日。處暑前，以六千二百九十乘去夏至日數；寒露〔後〕，以六千二百九十乘去大雪日數；以加之，處暑至寒露均加九日。初〔見〕

伏去日各十一度。

水：晨平見，在雨水後、立夏前者，應見不見。啓蟄至雨水，去日十八度外、(四)〔三〕十六度內，晨有木、火、土、金一星已上者，見；無者不見。立夏至小滿，去日度如前，晨有木、火、土、金一星已上者，見；無者亦不見。從霜降至小雪加一日，冬至至小寒減四日，立春至雨水減三日。冬至前，一去三，二去二，三去一。夕平見，在處暑後、霜降前者，應見不見。立秋至處暑，夕有星，去日如前者，見；無者亦不見。霜降至立冬，夕有星，去日如前者，見；無者亦不見。從穀雨至夏至，減二日。初見伏去日各十七度。

行五星法：

置星定見之前夜半日所在宿度算及分，各以定見日分加其分，滿度法從〔度〕。又以星初見去日度數，晨減、夕加之，滿去如前，卽星初見所在度及分。

求次日：各加一日所行度及分，有小分者，各日數爲母，小分滿其母去從分，分滿度法從度。其行有益疾遲者，副置一日行分，各以其分疾遲損乃加之。〔一八〕留者因前，退則減之，伏不注度，順行出斗去其分，退行入斗先加分。訖，皆以千四十約分，爲大分，以四十一爲母。

木：初見，順，日行萬六百一十八分，日益遲六十分，一百一十四日行十九度、萬三千八百三十二分而留。二十六日乃退，日六千一百一分，八十四日退十二度、八百四分。又留

二十五日、三萬七千六百一十二分、小分四，乃順。初日行三千八百三十七分，日益疾六十分，百一十四日行十九度、萬三千七百一十八分而伏。

土：初見，順，日行三千八百一十四分，八十三日行七度、萬八千八十二分而留。三十八日乃退，日二千五百六十三分，百日退六度、四百六十分。又留三十七日、三千八百四十七分乃順，日三千八百一十三分，八十三日行七度萬七千九百九十分如初乃伏。

火：初見已後各如其法：

損益日度各一。	冬至初	二百四十一日	行百六十三度
二日損一	盡百二十八日	百七十七日	行九十九度盡百六十一日同(日)。
三日損一	盡百八十二日	百七十日	行九十二度盡百八十八日同。
三日益一	盡二百二十七日	百八十三日	行一百五度
二日益一	盡二百四十九日	百九十四日	行百一十六度
一日益一	盡三百一十日	二百五十五日	行百七十七度盡三百(四)〔三〕十七日同。
二日損一	盡三百六十五日	復二百四十一日	行百(七十七)〔六十三〕度

見在雨水前，以見去小寒日數，小滿後，以去大暑日數，三約之，所得減日爲定日；雨水至小滿，均去二十日爲定日。已前皆前疾日數及度數。各計冬至後日數，依損益之，爲定日數及度數。

以度法乘定度，如定日得一，卽平行一日分，不盡爲小分。大寒至立秋差行，餘平行。處暑至白露，皆去定度六日。〔一九〕白露至寒露，初日行半度，四十日行二十度，餘日及餘度續同前。置日數減一，以三十乘之，加平行一日分，爲初日分。差行者，日益遲六十分，各盡其日度而遲。初日行二萬六百分，日益遲百分，六十日行二十四度、三萬五千六百四十分其前〔疾〕去度六者，此遲初日加四千二百六十四分，六十日行三十度，分同。而留。十三日前去日者，分、日於二留，奇從後留。乃退，日萬二千八十二分，六十日退十七度、四十分。又留，十二日三萬九千四百六十六分。又順，遲，初日行萬四千七百分，日益疾百分，六十日行二十四度，分同前，此遲在立秋至秋分加一日，行分四千二百六十四，六十日行四十度，分同前。而後疾。

損益	冬至初	二百一十四日	行百三十六度
一日損一	盡三十七日	百七十七日	行九十九度
二日損一	盡五十(五)〔七〕日	一百六十七日	行八十九度盡七十九日同。
三日益一	盡百(四)〔三〕十日	百八十四日	行百六度〔二〇〕
一日益一	盡百九十日	二百三十七日	行百五十九度
一日益(一)〔二〕	盡二百日	二百五十七日	行百七十九度
一日益一	盡二百一十〔三〕日	二百六十七日	行百八十九度盡二百五十九日同。
二日損一	盡三百六十五日	復二百一十四日	行百三十六度

後遲加六度者，此後疾去度爲定度，已前皆後疾日數及度數。其在立夏至，〔二一〕小暑、至立秋，盡四十日，行二十度。計餘日及度，從前法。前法皆平行。求行分亦如前。各盡其日度而伏。

金：晨初見，乃退，日半度，十日退五度而留。九日乃順，遲，差行，先遲日益五百分，四十日行三十度。小暑前以去芒種日數，十日減一度；立冬後以去大雪日數，十日減一度；小暑至立冬，均減三度爲定度。大雪至芒種不加減。求初日，以三十乘度法，四十得一爲平分。又以三十九乘二百五十，以減(半)〔平〕分爲初日行分。平行，日一度，十五日行十五度。小寒後十日，益日度各一，至雨水二十一日，行二十一度。均至春分後十日減一，至小滿，復十五日行十五度。其後六日減一，至處暑，日及度皆盡。至霜降後，四日益一，至復十五日行十五度〔二二〕。疾，百七十日行二百四度。前順遲減度者，計減數益此度爲定度。求一日行度分者，以百七十日日一度以減定度，餘乘度法，(加)〔如〕百七十得一，爲一日平行度分。晨伏東方。夕初見，順，疾，百七十日行二百四度。夏至前，以見去小滿日數，六日加一度；(大)〔小〕暑後，以去立秋日數，(五)〔六〕日加一度，夏至至(大)〔小〕暑均加五度，爲定度。白露至清明，差行，先(度)〔疾〕日益遲百分。清明至白露，平行，求一日平行(周)〔同〕，晨疾求差行，以五十乘百六十九，加之，爲初日行度分。平行，日一度，十五日行十五度。冬至後十日減日度各一，至啓蟄九日行九度。均至夏至後五日益一，至大暑復十五日行十五度。均至立秋後六日益一，至寒露二十五日(日)行〔二十〕五

度。後六日減一，至大雪復十五日行十五度，均至冬至。順，遲，差行，先疾，日益五百分，四十日行三十度。前加度者，此依數減之，求(一)〔初〕日行分。如晨遲，唯減者爲加之。又留，九日乃退，日半度，十日退五度，而夕伏西方。

水，晨初見，留六日。順，遲，日行萬六百六十分，四日行一度。大寒至雨水不須此遲行。平行，日一度，十日行十度。大寒後二日，去日度各一，盡二十日，日及度俱盡。疾，日行一度三萬八千三百七十六分，十日行十九度，前無遲行者，減此分萬二千七百九十二分，十日行十六度。晨伏東方。夕初見，順，疾，日行一度三萬八千三百七十六分，十日行十九度。小暑至白露減萬二千七百九十二分，十日行十六度。平行，日一度，十日行十度。大暑後二日，去日度各一，盡二十日，日及度俱盡。遲，(行)日〔行〕萬六百六十分，四日行一度。疾減萬二千七百九十二分者，不須此遲。〔行〕又留六日，夕伏西方。

推交會術：

會通，千六十四萬六千七百二十九。

朔差，九十萬七千五十七。

望差，四十五萬三千五百二十八半。

單數，五百三十二萬三千三百六十四半。

時法，三萬二千六百四。

望數，五百七十七萬六千八百九十三。

外限，四百八十六萬九千八百三十六。

內限，千一十九萬三千二百半。

中限，五百六十四萬九千四百四半。

次限，千三十二萬六百八十九。

推入交法：

以會通去積月，餘以朔望差乘之，滿會通又去之，餘爲所求年天正朔入交餘。

求望，〔望〕數加之，滿、〔去〕如前。

求次月，以朔差加之，滿、去如前。

推交道內外及先後去交術：

其朔望在啓蟄前，以一千三百八十乘去小寒日數；在穀雨(雨水)〔後〕，以乘去芒種日數，爲氣差以加之，啓蟄至穀雨均加六萬三千六百；滿會通〔去〕之，餘爲定餘。其小寒至春分，立夏至芒種，朔値盈二時已下，皆半氣差而加之；二時已上，皆不加。朔入交餘如望差、望數已下，中限已上，有星伏，木、土去見十日外，火去見四十日外，金、晨伏去見二十二日外。有一星者不加氣差。朔望在白露前者，以九百乘去小暑日數；在立冬後者，以千七百七十乘去大雪日數，以減之；白露至立冬均減五萬五千，不足減者，加會通乃減之，餘爲定餘。朔入交餘如外限、內限已上，單數次限已(上)〔下〕有星伏。如前者，不減氣差。定餘不滿單數者，爲在外；滿去之，餘在內。其餘如望差已下、外限已上，望則月食，在內者，朔則日〔食〕。其餘如望差已下者，卽爲去先交餘；如外限已上者，以減單數，餘爲去後交餘。如時法得一，然爲去交時數。

推月食加時術：

置食定日小餘，三之，如辰法得一辰，命以子算外，卽所在辰。不盡爲時餘，四之，如法，無所得爲辰初，一爲少，二爲半，三爲太。又不盡者，三之，如法，得一爲强，以并少爲少强，并半爲半强，并太爲太强；得二强者爲少弱，并少爲半弱，并半爲太弱，并太爲辰末。此加時謂食(四)時月在衝也。

推日食(四)〔加〕時術：

置食定日小餘，秋三月，內道，去交八時已上，加二十四，十二時以加四十八；春三月，內道，去交七時已上，加二十四。乃以三乘之，如辰法得一辰，以命子算外，卽所在辰。不盡爲時餘。副置時餘，仲辰不滿半辰，減半辰，已上(云)〔去〕半辰；季辰者直加半辰；孟辰者減辰法，餘加半辰爲差率。

又，置去交時數，三已下加三，六已下加二，九已下加一，九已上依數，十二已上從十

二；以乘差率，如十四得一爲時差。子半至卯半、午半至酉半，以加時餘；卯半至午半、酉半至子半，以減時餘。加之，滿辰法去之，進一辰，〔三〕餘爲定時餘。乃如月食法，子午卯酉爲仲，辰戌丑未爲季，寅申巳亥爲孟。日出前入後各二時外，不注日食。三乘氣時法得一，命子算外爲時。

求外道日食法：

去交一時內者，食。夏去交二時內，加時在南方三辰者，食。若去〔分〕至十二時內，去交六時內者，亦食。若去春分三日內，後交二時內，秋分三日內，先交二時內者，亦食。先交二時內，値盈二時外，及後交二時內，値縮二時外，亦食。諸(志)〔去〕交三時內，星伏如前者，食。

求內道日不食法：

加時南方三辰，五月朔先交十三時外，六月朔後交十三時外，不食。啓蟄至穀雨，先交十三時〔外〕，値縮加時在未以西者，不食。處暑至霜降，後交十三時外，値盈加時在巳以東者，不食。

求月食分：

春後交、秋先交、冬後交，皆去不食餘一時，不足去者，食既。餘以三萬二百三十五爲法，得一爲不食分。不盡者，半法已上爲半强，已下爲半弱，以減十五，餘爲食分。

中華書局

推日食分術：

在秋分前者，以去夏至日數乘二千，以減去交餘，餘爲不食餘；不足減者，反減十八萬四千，餘爲不食餘。亦減望差爲定法。其〔後〕交值縮，並不減望差，直以望差爲定法。在啓蟄後者，以去夏至日數乘千五百以減之；秋分至啓蟄，均減十八萬四千，不足減者，如前；大寒至小滿，去後交五時外，皆去不食餘一時。時差減者，先交減之，後交加之，不足減者食既；值加，先交減之，〔二四〕不足減者食。

求所起：內道西北，虧東北；外道西南，虧東南。十三分以上，正左起。虧皆據甚時，月則行上起。　大小

氣	日出	日入
冬至	辰六十(八)〔分〕刻之五十	申七刻分刻之(四)〔三〕十
小寒 大雪〔二五〕	辰三十二分	申七刻四十八分
大寒 小雪	卯八刻四十九分	酉一分
立春 立冬	卯七刻二十(九)〔八〕分	酉五十二分
啓蟄 霜降	卯六刻二十五分	酉一刻五十(一)〔五〕分
雨水 寒露	卯五刻十三分	酉三刻七分
春分 秋分	卯三刻五十五分	酉四刻〔二〕十五分
清明 白露	卯二刻(四)〔三〕十七分	酉五刻四十三分
穀雨 處暑	卯一刻二十八分	酉六刻五十二分
立夏 立秋	卯二十八分	酉七刻五十(三)〔二〕分
小滿 大暑	寅八刻三分	戌十七分
芒種 小暑	寅七刻三十六分	戌四十四分
夏至	寅七刻(四)〔三〕十分	戌五十分

求日出入所在術：

以所入氣辰刻及分，與後氣辰刻及分相減，餘乘入氣日算，如十五得一，以損益所入氣，依刻及分爲定刻。

校勘記

〔一〕虛退則日數減於周年　「虛」上當有「冬至」二字。

〔二〕訖干敬禮　「干」原作「于」，據本書天文志上改。天文志，「敬」作「景」。

〔三〕張孟賓言食於甲時　「甲」，各本作「申」，今從元九行本。按：古曆加時法有甲丙庚壬時等，寅末卯初是爲甲時。

〔四〕小周餘盈縮積　按：此句及下文當有脫文。

〔五〕以上元甲子己巳已來　疇人傳：「玉海稱『開皇術』又名『己巳元』，依率推之，其上元歲名、日名並起甲子，不值己巳。」「己巳」二字當是衍文。

〔六〕王頍　「頍」原作「頗」，據本書王頍傳改。

〔七〕張胄玄曆合庚辰冬至　按：「庚辰」爲開皇六年冬至，「曆」下當有脫文。依張賓、張胄玄術推算，此處脫文似當爲「合乙亥冬至。六年十一月丁丑朔，四日庚辰冬至，日影長。兩曆並」。

〔八〕頻大在後晨　「晨」字疑衍。

〔九〕益六十　按寒露盈數較秋分盈數爲少，此處當是損率。

〔一〇〕損益率　表中損益率、盈縮積分及差法三欄的數字，多有訛誤，今據推算結果加以校正。轉分爲月亮實行度。損益率爲本日月亮實行度與月亮平行度之差。盈縮積分爲前日月亮實行、平行差的累計數。差法爲本日月亮實行度與太陽平行度之差。

〔一一〕度以虛七度宿次去之經斗去其分度不滿宿算外　「算」前十八字與上文複出，當是衍文。

〔一二〕宿次去去其分　當作「宿次去之，經斗去其分」。

〔一三〕夕見伏二百五十六日　此九字原錯入「水終日」欄，今移正。

〔一四〕以四千一百二十乘去小滿後　「小」字下當補「寒日數小」四字。

〔一五〕以乘去夏至日數　「以」下當補「四千一百二十」六字。

〔一六〕滿均加三日　「滿」前當補「滿去如前立春至小」八字。

〔一七〕以乘去冬至日數　當作「以四千一百二十乘去小暑日數，小雪後以四千一百二十乘去冬至日數」。

〔一八〕各以其分疾遲損乃加之　當作「各以其分疾益遲損之」。

〔一九〕皆去定皆度六日　當作「皆去定日，定度六」。

〔二〇〕行百六度　以下應補一行：「二日益一　盡百四十四日　百九十一日　行一百一十三度。」

〔二一〕其在立夏至　「夏至」下當補「小暑，日行半度，盡六十日，行三十度」。

〔二二〕至復十五日行十五度　「至」下當補「冬至」。按：霜降後，依四日益一的比率，復十五度，須六十日，當爲「冬至」。

〔二三〕進一辰　「辰」下當補「減之若不足，退一辰」八字。

〔二四〕先交減之　當作「先交加之，後交減之」。

〔二五〕大雪　此欄中原脫「大雪」，今增補。「小雪」原在下欄，今移前，與「大寒」並列在一欄中。以下「立春」、「霜降」等都已依次前移。

隋書卷十八

志第十三

律曆下

開皇二十年，袁充奏日長影短，高祖因以曆事付皇太子，遣更研詳著日長之候。太子徵天下曆算之士，咸集于東宮。劉焯以太子新立，復增修其書，名曰皇極曆，駁正胄玄之短。太子頗嘉之，未獲考驗。焯爲太學博士，負其精博，志解胄玄之印，官不滿意，又稱疾罷歸。至仁壽四年，焯言胄玄之誤於皇太子。

其一曰，張胄玄所上見行曆，日月交食，星度見留，雖未盡善，得其大較，官至五品，誠無所愧。但因人成事，非其實錄，就而討論，違舛甚衆。

其二曰，胄玄弦望晦朔，違古且疎，氣節閏候，乖天爽命。時不從子半，晨前別爲後日。日躔莫悟緩急，月逡妄爲兩種，月度之轉，輒遺盈縮，交會之際，意造氣差。七

曜之行，不循其道，月星之度，行無出入，應黃反赤，當近更遠，虧食乖準，陰陽無法。星端不協，珠璧不同，盈縮失倫，行度愆序。去極晷漏，應有而無，食分先後，彌爲煩碎。測今不審，考古莫通，立術之疎，不可紀極。今隨事糾駁，凡五百三十六條。

其三曰，胄玄以開皇五年，與李文琮，於張賓曆行之後，本州貢舉，卽齎所造曆擬以上應。其曆在鄉陽流布，散寫甚多，今所見行，與焯前曆不異。玄前擬獻，年將六十，非是忽迫倉卒始爲，何故至京未幾，卽變同焯曆，與舊懸殊。焯作於前，玄獻於後，捨己從人，異同暗會。且孝孫因焯，胄玄後附孝孫，曆術之文，又皆是孝孫所作，則元本偸竊，事甚分明。恐胄玄推諱，故依前曆爲駁，凡七十五條，并前曆本俱上。

其四曰，玄爲史官，自奏虧食，前後所上，多與曆違，今算其乖舛有一十三事。又前與太史令劉暉等校其疎密五十四事，云五十三條新。計後爲曆應密於舊，見用算推，更疎於本。今糾發并前，凡四十四條。

其五曰，胄玄於曆，未爲精通。然孝孫初造，皆有意，〔一〕徵天推步，事必出生，不是空文，徒爲臆斷。

其六曰，焯以開皇三年，奉勑修造，顧循記注，自許精微，秦、漢以來，無所與讓。尋聖人之迹，悟曩哲之心，測七曜之行，得三光之度，正諸氣朔，成一曆象，會通今古，符允經傳，稽於庶類，信而有徵。胄玄所違，焯法皆合，胄玄所闕，今則盡有，隱括始終，謂爲總備。

仍上啓曰：「自木鐸寢聲，緒言成燼，羣生蕩析，諸夏沸騰，曲技雲浮，疇官雨絕，曆紀廢壞，千百年矣。焯以庸鄙，謬荷甄擢，專精藝業，耽玩數象，自力羣儒之下，冀覩聖人之意。開皇之初，奉勑脩撰，性不諧物，功不克終，猶被胄玄竊爲己法，未能盡妙，協時多爽，尸官亂日，實點皇猷。請徵胄玄答，驗其長短。」

焯又造曆家同異，名曰稽極。大業元年，著作郎王劭、諸葛潁二人，因入侍宴，言劉焯善曆，推步精審，證引陽明。帝曰：「知之久矣。」仍下其書與胄玄參校。胄玄駁難云：「焯曆有歲率、月率，而立定朔，月有三大、三小。案歲率、月率者，平朔之章歲、章月也。以平朔之率而求定朔，值三小者，猶似減三五爲十四；值三大者，增三五爲十六也。校其理實，並非十五之正。故張衡及何承天創有此意，爲難者執數以校其率，率皆自敗，故不克成。今焯爲定朔，則須除其平率，然後爲可。」互相駁難，是非不決，焯又罷歸。

四年，駕幸汾陽宮，太史奏曰：「日食無效。」帝召焯，欲行其曆。袁充方幸於帝，左右胄玄，共排焯曆，又會焯死，曆竟不行。術士咸稱其妙，故錄其術云。

甲子元，距大隋仁壽四年甲子，（稱）〔積〕一百萬八千八百四十算。

歲率，六百七十六。

月率，八千三百六十一。

朔日法，千二百四十二。

朔實，三萬六千六百七十七。

旬周，六十。

朔辰百三半。〔二〕

日干元，五十二。

日限，十一。

盈汎，十六。

虧總，十七。

推經朔術：

置入元距所求年，月率乘之，如歲率而一，爲積月，不滿爲閏衰。朔實乘積月，滿朔日法得一，爲積日，不滿爲朔餘。旬周去積日，不盡爲日，卽所求年天正經朔日及餘。

求上下弦、望：加經朔日七、餘四百七十五小，卽上弦經日及餘。又加得望、下弦及後月朔。就徑求望者，加日十四、餘九百五十半；下弦加日二十二、餘百八十四；〔四〕餘九百五十

半下弦加五十九。〔四〕每月加閏衰二十大，卽各其月閏衰也。

凡月建子爲天正，建丑爲地正，建寅爲人正。卽以人正爲正月，統求所起，本於天正。若建歲曆從正月始，氣、候、月、星，所値節度，雖有前却，並亦隨之。其前地正爲十二月，天正爲十一月，并諸氣度皆屬往年。其日之初，亦從星起，晨前多少，俱歸昨日。若氣在夜半之後，量影以後日爲正。諸因加者，各以其餘減法，殘者爲全餘。若所因之餘滿全餘以上，皆增全一而加之，減其全餘；卽因餘少於全餘者，不增全加，皆得所求。分度亦爾。凡日不全爲餘，積以成餘者曰秒；度不全爲分，積以成分者曰篾；其有不成秒曰麼，不成篾曰幺。其分、餘、秒、篾，皆一爲小，二爲半，三爲大，四爲全，加滿全者從一。其三分者，一爲少，二爲太。若加者，秒篾成法，〔五〕分餘滿法從日度一，日度有所滿，則從去之。而日命以日辰者，滿旬周則亦除；命有速分、餘、秒、篾者，亦隨全而從去。其日度雖滿，而分秒不滿者，未可從去，仍依本數。若減者，秒篾不足，減分餘一，加法而減之；分餘不足減者，加所從去或前日度乃減之。卽其名有總，而日度全及分餘共者，須相加除，當皆連全及分餘共加除之。若須相乘，有分餘者，母必通全內子，乘訖報除。或分餘相并，母不同者，子乘而并之，母相乘爲法，其并，滿法從一爲全，此卽齊同之也。既除爲分餘而有不成，若例有秒篾，法乘而又法除，得秒篾數。已爲秒篾及正有分餘，而所不成不復須者，須過半從一，無半棄之。若分餘其母不等，須變相通，以彼所法之母乘此（而）分餘，而此母除之，得彼所須之子。所有秒篾者，亦法乘，不滿此母，又除而得其數。麼幺亦然。其所除去而有不盡全，則謂之不盡，亦曰不如。其不成全，全乃爲不滿分、餘、秒、篾，更曰不成。凡以數相減，而有小及半、太須相加減，同於分餘法者，皆以其母三四除其氣度日法，以半及太、大本率一二三乘之，少、小卽須因所除之數隨其分餘而加減焉。秋分後春分前爲盈汎，春分後秋分前爲虧總，須取其數。汎總爲名，指用其時，春分爲主，虧日分後，盈日分前。凡所不見，皆放於此。

氣日法，四萬六千六百四十四。

歲數，千七百三萬六千四百六十六半。

度準，三百（四）〔三〕十八。

約率，九。

氣辰，三千八百八十七。

餘通，八百九十七。

秒法，四十八。

麼法，五。

推氣術：

半閏衰乘朔實，又度準乘朔餘，加之，如約率而一，所得滿氣日法爲去經朔日，不滿爲氣餘。以去經朔日，卽天正月冬至恒日定餘，乃加夜數之半者，減日一，滿者因前，皆爲定日。命日甲子算外，卽定冬至日。其餘如半氣辰千九百四十三半以下者，爲氣加子半後也；過以上，先加此數，乃氣辰而一，命以辰算外，卽氣所在辰。十二辰外，爲子初以後餘也。又十二乘辰餘：

四爲小太，亦曰少；　五爲半少；　六爲半；

七爲半太；　八爲大少，亦曰太；　九爲太；

十爲大太；　十一爲窮辰少。

其又不成法者，半以上爲進，以下爲退。退以配前爲強，進以配後爲弱。卽初不成一而有退者，謂之沾辰；初成十一而有進者，謂之窮辰。末旦其名有重者，則於間可以加之，命辰通用其餘，辨日分辰而判諸日。因別亦皆準此。因冬至有減日者，還加之。每加日十五、餘萬一百九十〔二〕、秒三十七，卽各次氣恒日及餘。諸月齊其閏衰，如求冬至法，亦卽其月中氣恒日去經朔數。其求後月節氣恒日，如次之求前節者減之。

月	氣	躔衰〔六〕	衰總	陟降率	遲速數
十一月	大雪 冬至中	增二十八	先端	陟五十	速本
十二月	小寒節	增二十四	先二十八	陟（五）〔四〕十三	速五十
	大寒中	增二十	先五十二	陟三十六	速九十三
正月	立春節	增二十	先七十二	陟三十六	速一百二十九
	雨水中	增二十四	先九十二	陟四十三	速一百六十五
二月	驚蟄節	增二十八	先一百一十六	陟五十	速二百〔八〕
	春分中	損二十八	先一百四十四	（陟）〔降〕五十	速二百五十八
三月	清明節	損二十四	先一百一十六	降四十三	速二百八
	穀雨中	損二十	先九十二	降三十六	速一百六十五
四月	立夏節	損二十	先七十二	降三十六	速一百二十九
	小滿中	損二十四	先五十二	降四十三	速九十三
五月	芒種節	損二十八	先（後端）〔二十八〕	降五十	速五十
	夏至中	增二十八	後端	（降）〔陟〕五十	遲（九十）〔本〕
六月	小暑節	增二十〔四〕	後（五十二）〔二十八〕	陟（三十六）〔四十三〕	遲（九十三）〔五十〕
	大暑中	增二十	後五十二	陟三十六	遲九十三
七月	立秋節	增二十	後七十二	陟三十六	遲一百二十九
	處暑中	增二十四	後九十二	陟四十（四）〔三〕	遲一百六十（九）〔五〕
八月	白露節	增二十八	後一百一十六	陟五十	遲二百八
	秋分中	損二十八	後一百四十四	（陟）〔降〕五十	遲二百五十八
九月	寒露節	損二十四	後一百一十六	（陟）〔降〕四十三	遲二百八
	霜降中	損二十	後九十二	降三十六	遲一百六十（三）〔五〕
十月	立冬節	損二十	後七十二	降三十六	遲一百二十九
	小雪中	損二十四	後五十二	降四十三	遲九十三
十一月	大雪節	損二十八	後二十八	降五十	遲五十
	冬至				

推每日遲速數術：

見求所在氣陟降率，并後氣率半之，以日限乘而汎總除，得氣末率。又日限乘二率相減之殘，汎總除，爲總差。其總差亦日限乘而汎總除，爲別差。率前少者，以總差減末率，

爲初率乃別差加之；前多者，卽以總差加末率，皆爲氣初日陟降數。以別差前多者日減，前少者日加初數，得每日數。所曆推定氣日隨算其數，陟加、降減其遲速，爲各遲速數。其後氣無同率及有數同者，皆因前末，以末數爲初率，加總差爲末率，及差漸加初率，爲每日數，通計其秒，調而御之。

求月朔弦望應平會日所入遲速：各置其經餘爲辰，以入氣辰減之，乃日限乘日，日內辰爲入限，以乘其氣前多之末率，前少之初率，日限而一，爲總率。其前多者，入限減汎總之殘，乘總差，汎總而一，爲入差，幷於總差，入限乘，倍日限除，〔加〕以總率；前少者，入限〔自乘〕再乘別差，〔七〕日限自乘，倍而除，亦加總率，皆爲總數。乃以陟加、降減其氣遲速數，爲定，卽速加、遲減其經餘，各其月平會日所入遲速定日及餘。

求每日所入先後：各置其氣躔衰與衰總，皆以餘通乘之，所乃躔衰如陟降〔率〕；衰總如遲速數，亦如求遲速法，卽得每所入先後及定數。

求定氣：其每日所入先後數卽爲氣餘，其所曆日皆以先加之，以後減之，隨算其日，通準其餘，滿一恒氣，卽爲二至後一氣之數。以加二〔氣〕，如法用別其日而命之。又算其次，每相加命，各得其定氣日及餘也。亦以其先後已通者，先減、後加其恒氣，卽次氣定日及餘。亦因別其日，命以甲子，各得所求。

求土王：距四立各四氣外所入先後加減，滿〔二十〕二日、餘八千一百五十四、秒十、麼〔二〕。除所滿日外，卽土始王日。

求候日：定氣卽初候日也。三除恒氣，各爲平候日。餘亦以所入先後數爲氣餘，所曆之日皆以先加、後減，隨計其日，通準其餘，每滿其平，以加氣日而命之，卽得次候日。亦算其次，每相加命，又得末候及次氣日。

氣	初候	次候	末候	夜半漏	昏去中星
冬至〔夜五十九刻八十六分〕	武始交〔八〕	芸始生	荔挺出	二十七刻分四十(二)〔三〕	八十二度轉分四十七
小寒	蚯蚓結	麋角解	水泉動	二十七刻二十六	八十三度十六
大寒	雁北向	鵲始巢	雉始雊	二十六刻七十六	八十五度六
立春	雞始乳	東風解凍	蟄蟲始振	二十五刻(八十六)〔九十八〕半	八十七度四十九
雨水	魚上冰	獺祭魚	鴻雁來	二十四刻九十六半	九十一度(四十八)〔三十六〕
驚蟄	始雨水	桃始華	倉庚鳴	二十三刻七十七半	九十六度三
春分	鷹化爲鳩	玄鳥至	雷始發聲	二十二刻五十	一百度三十七半
清明	電始見	蟄蟲咸動	蟄蟲啓戶	二十一刻二十二半	百五度二十一
穀雨	桐始華	田鼠爲鴽	虹始見	二十刻三半	百九度三十九
立夏	萍始生	戴勝降桑	螻蟈鳴	十九刻一半	百一十三度二十五
小滿	蚯蚓出	王瓜生	苦菜秀	十八刻二十三	百十六度十九
芒種	靡草死	小暑至	螳蜋生	十七刻六十九	百一十八度十八
夏至〔夜四十刻十四分〕	鵙始鳴	反舌無聲	鹿角解	十七刻五十七	百一十八度四十
小暑	蟬始鳴	半夏生	木堇榮	十七刻六十九	百一十八度十八
大暑	溫風至	蟋蟀居壁	鷹乃學習	十八刻二十三	百一十六度十九
立秋	腐草爲螢	土潤溽暑	涼風至	十九刻一半	百一十三度二十五
處暑	白露降	寒蟬鳴	鷹祭鳥	二十刻三〔半〕	百九度三十九
白露	天地始肅	暴風至	鴻雁來	二十一刻二十(三)〔二〕半	百五度二十一
秋分	玄鳥歸	鷩養羞	雷始收聲	二十二刻五十	百度(二)〔三〕十七半
寒露	蟄蟲附戶	殺氣盛	陽氣始衰	二十三刻七十七半	九十六度三
霜降	水始涸	鴻雁來賓	雀入水爲蛤	二十四刻九十六半	九十一度三十六
立冬	菊有黃華	豺祭獸	水始氷	二十五刻九十八半	八十七度(三)〔四〕十九
小雪	地始凍	雉入水爲蜃	虹藏不見	二十六刻(九)〔七〕十六	八十五度六
大雪	冰益壯	地始坼	鶡旦鳴	二十七刻二十六	八十三度十六

倍夜半之漏，得夜刻也。以減百刻，不盡爲晝刻。每減晝刻五，以加夜刻，卽其晝爲日見、夜爲不見刻數。刻分以百爲母。

求日出入辰刻：十二除百刻，〔九〕十二除百刻，得辰刻數，爲法。半不見刻以半辰加之，爲日出實；又加日出見刻，爲日入實。如法而一，命子算外，卽所在辰，不滿法，爲刻及分。

求辰前餘數：氣、朔日法乘夜半刻，百而一，卽其餘也。

求每日刻差：每氣準爲十五日，全刻二百二十五爲法。其二至各前後於二分，而數因相加減，間皆六氣；各盡於四立，爲三氣。至與前日爲一，乃每日增太；又各二氣，每日增少；其末之氣，每日增少之小，而末六日，不加而裁焉。二(望)至前後一氣之末日，終於十少；二氣初日，稍增爲十二半，終於二十(大)〔太〕；三氣初日，二十一，終於三十少；四立初日，三十一，終於三十五太；五氣亦少增，初日三十六太，終四十一少；末氣初日，四十一少，終於四十二。每氣前後累算其數，又百八十乘爲實，各汎總乘法而除，得其刻差。隨而加減夜刻而半之，各得入氣夜(之)半〔定〕刻。其分後十五日外，累算盡日，乃副置之，百八十乘，虧總除，爲其所因數。以減上位，不盡爲所加也。不全日者，隨辰率之。

求晨去中星：加周度一，各昏去中星減之，不盡爲(辰)〔晨〕去度。

求每日度差：準日因增加裁，累算所得，百四十三之，四百而一，亦百八十乘，汎總除，

爲度差數。滿轉法爲度，隨日加減，各得所求。分後氣間，亦求準外與前求刻，至前加減，皆因日數逆算求之。亦可因至向背其刻，(各)〔冬〕減夏加；而度(各)〔冬〕加夏減。若至前，以入氣減氣間，不盡者，因後氣而反之，以不盡日累算乘除所定，從後氣而逆以加減，皆得其數。此但略校其總，若精存于稽極云。

轉終日，二十七；餘，千二百五十五。

終法，二千二百六十三。

終實，六萬二千三百五十六。

終全餘，千八。

轉法，五十二。

篾法，八百九十七。

閏限，六百七十六。

推入轉術：終實去積日，不盡，以終法乘而又去，不如終實者，滿終法得一日，不滿爲餘，即其年天正經朔夜半入轉日及餘。

求次日：加一日，每日滿轉終則去之，(且)〔其〕二十八日者加全餘爲夜半入初日餘。

求弦望：皆因朔加其經日，各得夜半所入日餘。

求次月：加大月二日，小月一日，皆及全餘，亦其夜半所入。

求經辰所入朔弦望：經餘變從轉，不成爲秒，加其夜半所入，皆其辰入日及餘。因朔辰所入，每加日七、餘八百六十五、秒千一百六十大，秒滿日法成餘，亦得上弦。望、下弦、次朔經辰所入徑求者，加望日十四、餘千七百三十一、秒千七十九半，下弦日二十二、餘三百三十四、秒(八)〔九〕百九十(七)〔八〕小，次朔日一、餘二千二百八、秒九百一十七。亦朔望各增日一，減其全餘，望五百三十一、秒百六十二半，朔五十四、秒三百二十五。

求月平應會日所入：以月朔弦望會日所入遲速定數，亦變從轉餘，乃速加、遲減其經辰所入餘，即各平會所入日餘。

轉日	速分〔一〇〕	(違)〔速〕差	加減	朓朒積
一日	七百六十四	消七	加六十八	朓初
二日	七百五十七	消八	加六十一	朓百二十三
三日	七百四十九	消十一	加五十三	朓二百(四)〔三〕十四
四日	七百(四)〔三〕十八	消十二	加四十二	朓三百三十一
五日	七百二十六	消十三	加三十一	朓四百八
六日	七百一十三	消十三	加十八	朓四百六十四
七日	七百	消十(三)〔二〕	加五八加 減秒太(九分)一減	朓四百九十六
八日	六百八十八	消十四	減七	朓五百五
九日	六百七十四	消十四	減二十一	朓四百九十二
十日	六百六十	消十二	減三十四	朓四百五十四
十一日	六百四十八	消九	減四十六	朓三百九十一
十二日	六百三十九	消七	減五十五	朓三百七
十三日	六百三十二	消六	減六十二	朓二百七
十四日	六百二十六	息二	減五十六七減 加十六二加	朓九十四
十五日	六百二十八	息七	加六十六	朒二十八
十六日	六百三十五	息九	加五十九	朒百四十八
十七日	六百四十四	息十一	加五十	朒二百五十六
十八日	六百五十五	息十一	加三十九	朒三百四十七
十九日	六百六十六	息十三	加二十九	朒四百一十九
二十日	六百七十九	息十四	加十六	朒四百七十一
二十一日	六百九十三	息十二	加三六加 減大三減	朒五百
二十二日	七百五	息十四	減半(七)	朒五百五當日自減，減見爲五百四。
二十三日	七百一十九	息十三	減二十三	朒四百八十七
二十四日	七百三十(一)〔二〕	息十二	減三十六	朒四百四十六
二十五日	七百四十四	息十	減四十八	朒三百八十〔一〕
二十六日	七百五十四	息七	減五十八	朒二百九十三
二十七日	七百六十一	息五篾四	減六十五	朒百八十八
二十八日	七百六十六篾〔四〕	平五息四消	減七十三十八少終餘 (四)〔三〕十一太全餘	朒七十

推朔弦望定日術：

各以月平會所入之日加減限，限并後限而半之，爲通率；又二限相減，爲限衰。前多者，以入餘減終法，殘乘限衰，終法而一，并於限衰而半之；前少者，半入餘乘限衰，亦終法而一，〔減限衰〕。皆加通率，入餘乘之，日法而一，所得爲平會加減限數。其限數又別從轉餘爲變餘，朓減、朒加本入餘。限前多者，朓以減與未減，朒以加與未加，皆減終法，并而半之，以乘限衰；前少者，亦朓朒各并二入餘，半〔之〕，以乘限衰；皆終法而一，加於通率，變餘乘之，日法而一。所得以朓減、朒加限數，加減朓朒積而定朓朒。乃朓減、朒加其平會日所入餘，滿若不足進退之，即朔弦望定日及餘。不滿晨前數者，借減日算，命甲子算外，各其

日也。不滅與滅，朔日立算與後月同。若俱無立算者，月大，其定朔算後加所借減算。閏衰限滿閏限，定朔無中氣者爲閏，滿之前後，在分前若近春分後、秋分前，而或月有二中者，皆量置其朔，不必依定。其後無同限者，亦因前多以通率數爲半衰而減之，〔二〕前少，即爲通率。其加減變餘進退日者，分爲一日，隨餘初末如法求之，所得幷以加減限數。凡分餘秒篾，事非因舊，文不著母者，皆十爲法。若法當求數，用相加減，而更不過通遠，率少數微者，則不須算。其入七(百)〔日〕餘二千一十一，十四日餘千七百五十九，二十一日餘千五百七，二十八日始終餘以下爲初數，各減終法以上爲末數。其初末數皆加減相返，其要各爲九分，初則七日八分，十四日七分，二十一日六分，二十八日五分；末則七日一分，十四日二分，二十一日三分，二十八日四分。雖初稍弱而末微强，餘差止一，理勢兼舉，皆今有轉差，〔三〕各隨其數。若恒算所求，七日與二十一日得初衰數，而末初加隱而不顯，且數與平行正等。亦初末有數而恒算所無，其十四日、二十八日既初末數存，而虛衰亦顯，其數當去，恒法不見。

求朔弦望之辰所加：

定餘半朔辰五十一大以下，爲加子過；以上，加此數，乃朔辰而一，亦命以子，十二算外，又加子初。以後其求入辰强弱，如氣。

求入辰法度：

度法，四萬六千六百四十四。

周數，千七百三萬七千七十六。

周分，萬二千一十六。

轉，十三。

篾，三百五十五。

周差，六百九半。

在日謂之餘通，在度謂之篾法，亦氣爲日法、爲度法，隨事名異，其數本同。女末接虛，謂之周分。變周從轉，謂之轉。晨昏所距日在黃道中，準度赤道計之。

斗二十六　牛八　女十二　虛十　危十七　室十六　壁九

北方玄武七宿，九十八度。

奎十六　婁十二　胃十四　昴十一　畢十六　觜二　參九

西方白虎七宿，八十度。

井三十三　鬼四　柳十五　星七　張十八　翼十八　軫十七

南方朱雀七宿，百一十二度。

角十二　亢九　氐十五　房五　心五　尾十八　箕十一

東方蒼龍七宿，七十五度。

前皆赤道度，其數常定，紘帶天中，儀極攸準。

推黃道術：

準冬至所在爲赤道度，後於赤道(西)〔四〕度爲限。初數九十七，每限增一，以終百七。其三度少弱，平。乃初限百九，亦每限增一，終百一十九，春分所在。因百一十九每〔限〕損一，又終百九。亦三度少弱，平。乃初限百七，每限損一，終九十七，夏至所在。又加冬至後法，得秋分、冬至所在數。各以數乘其限度，百八而一，累而總之，即皆黃道度也。度有分者，前〔後〕輩之，宿有前却，度亦依體，數逐差遷，道不常定，準令爲度，見步天行，歲久差多，隨術而變。

斗二十四　牛七　女十一半　虛十　危十七　室十七　壁十

北方九十六度半。

奎十七　婁十三　胃十五　昴十一　畢十五半　觜二　參(八)〔九〕

西方八十(一)〔二〕度半。

井三十　鬼四　柳十四半　星七　張十七　翼十九　軫十八

南方一百九度半。

角十三　亢十　氐十六　房五　心五　尾十七　箕十〔半〕

東方七十六度半。

前見黃道度，〔三〕步日所行。月與五星出入，循此。

推月道所行度術：

準交定前後所在度半之，亦於赤道四度爲限，初十一，每限損一，以終於一。其三度强，平。乃初限數一，每限增一，亦終十一，爲交所在。即因十一，每限損一，以終於一。亦三度强，平。又初限數一，每限增一，終於十一，復至交半，返前表裏。仍因十一增損，如道得後交及交半數。各積其數，百八十而一，即道所行每與黃道差數。其月在表，半後交前，損〔減〕增加；交後半前，損加增減於黃道。其月在裏，各返之，即得月道所行度。其限未盡四度，以所直行數乘入度，四而一。若月在黃道度，增損於黃道之表裏，不正當於其極，可每日準去黃道度，增損於黃道，而計去赤道之遠近，準上黃道之率以求之，(道)〔遁〕伏相消，朓朒互補，則可知也。積交差多，隨交爲正。其五星先候，在月表裏出入之漸，又格以黃儀，準求其限。若不可推明者，依黃道命度。

推日度術：

置入元距所求年歲數乘之，爲積實，周數去之，不盡者，滿度法得積度，不滿爲分。以冬至餘減分，命積度以黃道起於虛一宿次除之，不滿宿算外，卽所求年天正冬至夜半日所在度及分。

求年天正定朔度：

以定朔日至冬至每日所入先後餘爲分，日爲度，加分以減冬至度，卽天正定朔夜半日在所度分。亦去朔日乘衰總已通者，以至前定氣除之，又如上求差加以并去朔日乃減度，亦卽天正定朔日所在度。皆日爲度，餘爲分。其所入先後及衰總用增損者，皆分前增、分後損其平日之度。

求次日：

每日所入先後分增損度，以加定朔度，得夜半。

求弦望：

去定朔每日所入分，累而增損去定朔日，乃加定朔度，亦得其夜半。

求次月：

曆算大月三十日，小月二十九日，每日所入先後分增損其月，以加前朔度，卽各夜半所在至虛去周分。

求朔弦望辰所加：

各以度準乘定餘，約率而一，爲平分。又定餘乘其日所入先後分，日法而一，乃增損其平分，以加其夜半，卽各辰所加。其分皆篾法約之，爲轉分，不成爲篾。凡朔辰所加者，皆爲合朔日月同度。

推月而與日同度術：

各以朔平會加減限數加減朓朒，爲平會朓朒。以加減定朔，度準乘，約率除，以加減定朔辰所加日度，卽平會辰日所在。又平會餘乘度準，約率除，減其辰所在，爲平會夜半日所在。乃以四百六十四半乘平會餘，亦以周差乘，朔實除，從之，以減夜半日所在，卽月平會夜半所在。三十七半乘平會餘，增其所減，以加減半，得月平會辰平行度。五百二乘朓朒，亦以周差乘，朔實除而從之，朓減、朒加其平行，卽月定朔辰所在度，而與日同。若卽以平會朓朒所得分加減平會辰所在，亦得同度。

求月弦望定辰度：

各置其弦望辰所加日度及分，加上弦度九十一，轉分十六，篾三百一十三；望度百八十二，轉分三十二，篾六百二十六；下弦度二百七十三，轉分〔四十九，篾〕四十二，皆至虛，去轉周求之。

定朔夜半入轉：

經朔夜半所入準於定朔日有增損者，亦以一日加減之，否者因經朔爲定。

其因定求朔次日、弦望、次月夜半者，如於經月法爲之。

推月轉日定分術：

以夜半入轉餘乘逡差，終法而一，爲見差。以息加、消減其日逡分，爲月每日所行逡定分。

求次日：

各以逡定分加轉分，滿轉法從度，皆其夜半。因日轉若各加定日，皆得朔、弦〔望〕夜半月所在定度。其就辰加以求夜半，各以逡分，〔一四〕消者，定餘乘差，終法除，并差而半之；息者，半定餘以乘差，終法而一。皆加所減，乃以定餘乘之，日法而一，各減辰所加度，亦得其夜半度。因夜半亦如此求逡分，以加之，亦得辰所加度。諸轉可初以逡分及差爲篾，而求其次，皆訖，乃除爲轉分。因經朔夜半求定辰度者，以定辰去經〔朔〕夜半減，而求其增損數，乃以數求逡定分，加減其夜半，亦各定辰度。

求月晨昏度：

如前氣與所求每日夜〔漏〕之半，(夜)以逡定分乘之，百而一，爲晨分；減逡定分，爲昏分。除爲轉度，望前以昏，後以晨，加夜半定度，得所在。

求晨昏中星：

各以度數加夜半定度，卽中星度。其朔、弦、望，以百刻乘定餘，滿日法得一刻，卽各定辰近入刻數。皆減其夜半漏，不盡爲晨，初刻不滿者屬昨日。

復月，五千四百五十八。

交月，二千七百二十九。

交率，四百六十五。

交數，五千九百二十三。

交法，七百三十五萬六千三百六十六。

會法，五十七萬七千五百三十。

交復日，二十七。　餘，二百六十三。　秒，三千四百三十五。

交日，十三。　餘，七百五十(三)〔二〕。　秒，四千六百七十九。

交限，日，十(三)〔二〕。　餘，(三)〔五〕百五十五。　秒，四百七十三半。

望差，日，一。　餘，百九十七。　秒，四千二百五(十)〔半〕。

朔差，日，二。　餘，三百九十五。　秒，二千四百八十八。

會限，百五十八。　餘，六百七十六。　秒，五十半。

會日，百七十三。　餘，三百八十四。　秒，二百八十三。

推月行入交表裏術：

置入元積月，復月去之，不盡。交率乘而復去，不如復月者，滿交月去之，爲在裏數；不滿爲在表數，即所求年天正經入交表裏數。

求次月：以交率加之，滿交月去之，前表者在裏，前裏者在表。

入交日	去交衰	衰積
一日	進十四	衰始
二日 餘百九十八以下食限	進十三	十四
三日	進十一半	二十七
四日	進九半	三十八半
五日	進七	(三)[四]十八
六日	進四	五十五
七日	(進五分退一分)[進二退一五分]四進強一退弱	五十九
八日	退二	六十六十又一分一分當日(限)[退]

入交日	去交衰	衰積
九日	退五	五十八
十日	退八	五十三
十一日	退十半	四十五
十二日	退十二半	(四)[三]十四半
十三日 餘五百五十五以上食限	退十三半	二十二
十四日	退十四小三退強二(退)[進]弱	八半

推月入交日術：

以朔實乘表裏數，爲交實；滿交法爲日，不滿者交數而一，(成)[爲]餘，不[成]爲秒，命日算外，即其經朔月平入交日餘。

求望：以望差加之，滿交日去之，則月在表裏與朔同；不滿者與朔返。其月食者，先交與當月朔，後交與月朔表裏同。

求次月：朔差加月朔所入，滿交日去之，表裏與前月(進)[返]；不滿者，與前月同。

求經朔望入交常日：

以月入氣朔望平會日遲速定數，速加、遲減其平入交日餘，爲經交常日及餘。

求定朔望入交定日：

以交率乘定朓朒，交數而一，所得以朓減、朒加常日餘，即定朔望所入定日[及]餘。其去交如望差以[下]、交限以上者月食，月在(表)[裏]者日食。

推日入會[日]術：

會法除交實爲日，不滿者，如交率爲餘，不成爲秒，命日算外，即經朔日入平會日及餘。

求望：加望日及餘，次月加經朔，其表裏皆準入交。

求入會常日：以交數乘月入氣朔望所平會日遲(速)速定數，交率而一，以速加、遲減其入平會日餘，即所入常日餘。亦以定朓朒，而朓[減]、朒加其常日餘，即日定朔望所入會日及餘。皆滿會日去之，其朔望去會，如望以下、會限以上者，亦月食；月在日道裏則日食。

求月定朔望入交定日夜半：

交率乘定餘，交數而一，以減定朔望所入定日餘，即其夜半所定入。

求次日：以每日遲速數，分前增、分後損定朔所入定日餘，以加其日，各得所入定日及餘。

求次月：加定朔，大月二日，小月一日，皆餘九百七十八，秒二千四百八十八。各以一月遲速數，分前增、分後損其所加，爲定。其入七日，餘九百九十七，秒二千三百三十九半以下者，進；其入此以上，盡全餘二百四十四，秒三千五百八十三半者，退。其入十四日，如

交餘及秒以下者，退；其入此以上，盡全餘四百八十九，秒千二百四十四者，進而復也。其要爲五分，初則七日四分，十四日三分；末則七日後一(日)[分]，十四日後二分，雖初強末弱，衰率有檢。

求月入交去日道：皆同其數，以交餘爲秒積，以後衰并去交衰，半之，爲通數。進則秒積減衰法，以乘衰，交法除，而并衰以半之；退者，半秒積以乘衰，交法而一；皆加通數，秒積乘，交法除，所得以進退衰積，十而一爲度，不滿者求其強弱，則月去日道數。月朔望入交，如限以上，減交日，殘爲去後交數；如望差以[下]即爲去先交數。有全日同爲餘，各朔辰而一，得去交辰。其月在日道裏，日應食而有不食者；月在日不應食而亦有食者。〔一五〕

推應食不食術：

朔先後在夏至十日內，去交十二辰少；二十日內，十二辰半；一月內，十二辰大；閏四月、六月，十三辰以上，加南方三辰。若朔在夏至二十日內，去交十三辰，以加辰申半以南四辰；閏四月、六(日)[月]，亦加四辰；穀雨後、處暑前，加三辰；清明後、白露前，加巳半以西、未半以東二辰；春分前，〔一六〕加午一辰。皆去交十三辰半以上者，並或不食。

推不應食而食術：

朔在夏至前後一月內，去交二辰；四十六日內，一辰半，以加二辰；又一月內，亦一辰

半，加三辰及加四辰，與四十六日內加三辰；穀雨後、處暑前，加巳少後、未太前；淸明後、白露前，加二辰；春分後、秋分前，加一辰。皆去交半辰以下者，並得食。

推月食多少術：

望在分後，以去夏至氣數三之；其分前，又以去分氣數(位)〔倍〕而加分後者；皆又以十加去交辰(位)〔倍〕而(并)幷之，減其去交餘，爲不食定餘。乃以減望差，殘者九十六而一，不滿者求其强弱，亦如氣辰法，以十五爲限，命之，卽各月食多少。

推日食多少術：

月在內者，朔在夏至前後二氣，加南二辰，增去交餘一辰太；加三辰，增一辰少；加四辰，增太。三氣內，加二辰，增一辰；加三辰，增太；加四辰，增少。四氣內，加二辰，增太；加〔三〕辰及五氣內，加二辰，增(小)〔少〕。自外所加辰，立夏後、立秋前，依本其氣內加四辰，五氣內加三辰，六氣內加二辰。六氣內加二辰者，亦依平。自外所加之北諸辰，各依其去立夏、立秋、白露數，〔一七〕隨其依平辰，辰北每辰以其數三分減去交餘；雨水後、霜降前，又半其去分日數，以加二分去二立之日，乃減去交餘；其在冬至前後，更以去霜降、雨水日數三除之，以加霜降雨水當氣所得之數，而減去交餘，皆爲定不食餘。以減望差，乃如月食法。月在外者，其去交辰數，若日氣所繫之限，止一而無等次者，加所去辰一，卽爲食數。

若限有等次，加別繫同者，隨所去交辰數而返其衰，以少爲多，以多爲少，亦加其一，以爲食數。皆以十五爲限，乃以命之，卽各日之所食多少。

凡日食月行黃道，體所映蔽，大較正交如累璧，漸減則有差，在內食分多，在外無損。雖外全而月下，內損而更高，交淺則閒遙，交深則相搏而不淹。因遙而蔽多，所觀之地又偏，所食之時亦別。月居外道，此不見虧，月外之人反以爲食。交分正等，同在南方，冬損則多，夏虧乃少。假均冬夏，早晚又殊。處南辰體則高，居東西傍而下視有邪正。理不可一，由準率若實而違。古史所詳，事有紛互，今故推其梗概，求者知其指歸。苟地非於陽城，皆隨所而漸異。然月食以月行虛道，暗氣所衝，日有暗氣，天有虛道，正黃道常與日對，如鏡居下，魄耀見陰，名曰暗虛，奄月則食，故稱「當月月食，當星星亡」。雖夜半之辰，子午相對，正隔於地，虛道卽虧。旣月兆日光，當午更耀，時亦隔地，無廢稟明。諒以天光神妙，應感玄通，正當夜半，何害虧稟。月由虛道，表裏俱食。日之與月，體同勢等，校其食分，月盡爲多，容或形差，微增虧數，疎而不漏，綱要克舉。

推日食所在辰術：

置定餘，倍日限，克減之，月在裏，三乘朔辰爲法，除之，所得以艮巽坤乾爲次。命艮算外，不滿法者半法減之，無可減者爲前，所減之殘爲後，前則因餘，後者減法，各爲其率。乃以十加去交辰，三除之，以乘率，十四而一，爲差。其朔所在氣二分前後一氣內，卽爲定差。近冬至，以去寒露、驚蟄，近夏至，〔以去〕淸明、白露氣數，倍而三除去交辰，(謂)增之。近冬至，艮巽以加，坤乾以減；近夏至，艮巽以減，坤乾以加其差爲定差。乃艮以坤加，巽以乾減定餘。月在外，直三除去交辰，以乘率，十四而一，亦爲定差。艮坤以減，巽乾以加定餘，皆爲食餘。如氣求入辰法，卽日食所在辰及小大。〔一八〕其求辰刻，以辰克乘辰餘，朔辰而一，得刻及分。若食近朝夕者，以朔所入氣日之出入刻，校食所在，知食見否之少多所在辰，爲正見。

推月食所在辰術：

三日阻減望定餘半。〔一九〕〔置〕望之所入氣日，不見刻，朔日法乘之，百而一，所得若食餘與之等、以下，又以此所得減朔日法，其殘食餘與之等、以上，爲食正見數。其食餘亦朔辰而一，如求加辰所在。又如前求刻校之，月在衝辰食，日月食旣有起訖晚早，亦或變常進退，皆於正見前後十二刻半候之。

推日月食起訖辰術：

準其食分十五分爲率，全以下各爲衰。十四分以上，以一爲衰，以盡於五分。每因前衰每降一分，積衰增二，以加於前，以至三分。每積增四。二分每增四，〔二〇〕一分增六，一分增十九，皆累算爲各衰。三百爲率，各衰減之，各以其殘乘朔日法，皆率而一，所得爲食衰數。其率全，卽以朔日法爲衰數，以衰數加減食餘，其減者爲起，加者爲訖，數亦如氣。求入辰法及求刻，以加減食所刻等，得起訖晚早之辰，與校正見多少之數。史書虧復起訖不同，今以其全一辰爲率。

推日月食所起術：

月在(景)〔內〕者，〔二一〕其正南，則起右上，虧左上。若正東，月自日上邪北而下。其在東南維前，東向望之，初不正，橫月高日下；乃月稍西北，日漸東南，過於維後，南向望之，月更北，日差西南；以至於午之後，亦南望之，月欹西北，日復東南。西南維後，西向而望，月爲東北，日則西南。正西，自日北下邪虧，而亦後不正，橫月高日下。若食十二〔分〕以上，起右虧左。其正東，起上近虧下而北，午前則漸自上邪下。維西，起西北，虧東南。維北，起西南，虧東北；午後則稍從下傍下。維東，起西南，虧東北。維北，〔二二〕虧東南。在東則以上爲東，在西則以下爲西。

月在外者，其正南，起右下，虧左上。在正東，月自日南邪下而映。維北，則月微東南，日返西。維西南，日稍移東北，以至於午，月南日北，過午之後，月稍東南，日更西北。維北，月有西南，日復東北。正西，月自日下邪南而上。皆準此體以定起虧，隨其所處，每用

不同。其月之所食，皆依日虧起，每隨類反之，皆與日食限同表裏，而與日返其逆順，上(勢)〔下〕過其分。

五星：

歲爲木。熒惑爲火。鎭爲土。太白〔爲〕金。辰爲水。

木數，千八百六十萬五千四百六十八。

伏半平，八十三萬六千八百四十八。

復日，三百九十八；餘，四萬一千一百五十六。

歲一，殘日，三十三；(萬)餘，二萬九千七百(三)〔四〕十九半。

見去日，十四度。

平見，在春分前，以四乘去立春日；小滿前，又三乘去春分日，增春分所乘者；白露後，亦四乘去寒露日；小暑，加七日；小雪前，以八乘去寒露日；冬至後，以八乘去立春日，爲減；小雪至冬至減七日。

見，初日行萬一千八百一十八分，〔日〕益遲七十分，百一十日行十八度、分四萬七百三十八而留。二十八日乃逆，日退六千四百三十六分，八十七日退十二度、〔分〕二百四。又留二十八日。初日行四千一百八十八分，日益疾七十分，百一十日亦行十八度、分四萬七

百三十八而伏。

火數，三千六百三十七萬七千五百九十五。

伏半平，三百三十七萬九千三百二十七半。

復日，七百七十九；餘，四萬一千九百一十九。

歲再，殘日，四十九；餘，萬九千一百六。

見去日，十六度。

平見，在雨水前，以十九乘去大寒日；清明前，又十八乘去雨水日，增雨水所乘者；夏至後，以十六乘去處暑日；小滿後，又十五日；寒露前，以十八乘去白露日；小雪前，又十七乘去寒露所乘者；〔三三〕大雪後，二十九乘去大寒日，爲減，小雪至大雪減二十五日。

見，初在冬至，則二百三十六日行百五十八度，以後日度隨其日數增損各一：盡三十日，一日半損一；又八十六日，二日損一；復三十八日，同；又十五日，三日損一；復十二日，同；又三十九日，三日增一；又二十四日，二日增一；又五十八日，〔一日〕增一；復三十三日，同；又三十日，二日損一，還終至冬至，二百三十六日行百五十八度。其立春盡春分，夏至盡立夏，八日減一日；春分至立夏，減六日；立秋至秋分，減五度，各其初行日及度數。白露至寒露，初日行半度，四十日行二十度。以其殘日及度，計充前數，皆差行，日益遲二十分，各盡其日度乃遲，初日行分二萬二千六百六十九，日益遲一百一十分，六十一日行二十五度、分萬五千四百九。初減度五者，於此初日加分三千八百二十三、幾十七，以遲日爲母，盡其遲日行三十度，分同，而留十三日。

前減日分於二留，乃逆，日退分萬二千五百二十六，六〔十〕三日退十六度、分四萬二千八百三十四。又留十三日而行，初日萬六千六十九，日益疾百一十分，六十一日行二十五度、分萬五千四百九。立秋盡秋分，增行度五，加初日分同前，更疾。在冬至則二百一十三日行百三十五度，盡三十六日，一日損一；又二十日，二日損一；復二十四日，同；又五十四日，三日日增一；又十二日，二日增一；又四十二日，一日增一；又十四日，一日增一半；又十二日，增一；復四十五日，同；又一百六日，二日損一，亦終冬至二百一十三日，行百三十五度。

前增行度五者，於此亦減五度，爲疾日及數。其立夏盡夏至日，亦日行半度，〔三四〕六十日行三十度。夏至盡立秋，亦初日行半度，四十日行二十度。其殘亦計充如前，皆差行，日(盡)益疾二十分，各盡其日度而伏。

土數，千七百六十三萬五千五百九十四。

伏半平，八十六萬四千九百九十五。

復日，三百七十八；餘，四千一百六十二。

歲一，殘日，十二；餘，三萬九千三百九十九半。

見去日，十六度半。

平見，在大暑前，以七乘去小滿日；寒露後，九乘去小雪日，爲加，大暑至寒露加八日。小寒前，以九乘去小雪日；雨水後，以四乘去小滿日；立春後，又三乘去雨水日，增雨水所乘者，爲減，小寒至立春減八日。

見，日行分四千三百六十四，八十日行七度、分二萬(七)〔二〕千六百一十二而留三十九日乃逆，日退分二千八百二十，百三日退六度、分萬五百九十六。又留三十九日，亦行分日四千三百六十四，八十日行七度、分二萬(七)〔二〕千六百一十二而伏。

金數，二千七百二十三萬六千二百八。

晨伏半平，百九十五萬七千一百四。

復日，五百八十三；餘，四萬二千七百五十六。

歲一，殘日，二百一十八；餘，三萬一千三百四十九半。

夕見伏，二百五十六日。

晨見伏，三(日)〔百〕二十七日；餘與復同。

見去日，十一度。

夕平見，在立秋前，以六乘去芒種日；秋分後，以五乘去小雪日；小雪後，又四乘去大雪日，增小雪所乘者，爲加，立秋至秋分加七日。立春前，以五乘去大雪日；雨水前，又四乘去立春日，增立春所乘者；清明後，以六乘去芒種日，爲減，雨水至清明減七日。

晨平見，在小寒前，以六乘去冬至日；立春前，又五乘去小寒日，增小寒所乘者；芒種前，以六乘去夏至日；立夏前，又五乘去芒種日，增芒種所乘者，爲加，立春至立夏加五日。小暑前，以六乘去夏至〔日〕；立秋前，又五乘去小暑日，增小暑所乘者；大雪後，以六乘去冬至日；立冬後，又五乘去大雪日，增大雪所乘者，爲減，立秋至立冬減五日。

夕見，百七十一日行二百六度。其穀雨至小滿、寒露，[三五]皆十日加一度；小滿至白露，加三度。乃十二日行十二度。冬至後，十二日減日度各一，雨水盡(見)夏至，日度七；夏至後六日增一。大暑至立秋，還日度十二；至寒露，日度二十二，後六日減一。自大雪盡冬至，又日度十二而遲。日益(遲)〔疾〕五百二十分，初日行分二萬三千七百九十一、篾三十(四)〔五〕，行日爲母，四十三日行三十二度。

前加度者，此依減之。留九日乃逆，日退太半度，九日退六度，而夕伏晨見。日退太半度，九日退六度。復留，九日而行，日益(疾)〔遲〕五百二十分，初日行分四萬五千六百三十一、篾三十(四)〔五〕，四十三〔日〕行三十二度。芒種至小暑，大雪至立冬，十五日減一度；小暑至立冬，減二度。又十二日行十二度。冬至後，十五日增日〔度各〕一。驚蟄至春分，日度十七，後十五日減一，盡夏至，還日度十二。霜降後，五日增一，盡冬至，又日度十二。乃疾，百七十一日行二百〔六〕度。前減者，此亦加之，而晨伏。

水數，五百四十萬五千六。

晨伏半平，七十九萬九十九。

(後)〔復〕日，百一十五；餘，四萬九百四十六。

夕見伏，五十一日。

晨見伏，六十四日；餘與復同。

見去日，十七度。

夕應見，在〔立〕秋(及)〔後〕小雪前者不見；其白露前立(冬)〔夏〕後，時有見者。

晨應見，在〔立〕春(及)〔後〕小滿前者不見；其驚蟄前立冬後，時有見者。

夕見，日行一度太，十二日行二十度。小暑至白露，行度半，十二日行十八度，(及)〔乃〕八日行八度。大暑後，二日去度一，訖十六日，而日度俱盡。而遲，日行半度，四日行二度。

益遲，日行少半度，三日行一度。前行度半者，去此益遲。乃留四日而夕伏晨見，留四日，爲日行少半度，三日行一度。大寒至驚蟄，無此行，更疾，日行半度，四日行二度；又〔八〕日行八度。亦大寒後，二日去度一，訖十六日；亦日度俱盡。益疾，日行一度太，十二日行二十度。初無遲者，此行度半，十二日行十八度而晨伏。

推星平見術：

各以伏半減積半實，[三六]乃以其數去之；殘返減數，滿氣日法爲日，不滿爲餘，卽所求年天正冬至後平見日餘。金、水滿晨見伏日者，去之，晨平見。求平見月日：以冬至去定朔日、餘，加其後日及餘，滿復日又去，起天正月，依定大小朔除之，不盡算外日，卽星見所在。求後平見，因前見去其歲一、再，皆以殘日加之，亦可。其復日，金水準以晨夕見伏日，加晨〔得夕，加夕〕得晨。

求常見日：以轉法除所得加減者，爲日；其不滿，以餘通乘之，爲餘；并日，皆加減平見日、餘，卽爲常見日及餘。

求定見日：以其先後已通者，先減、後加常見日，卽得定見日餘。

求星見所在度：

置星定見，其日夜半所在宿度及分，以其日先後餘，分前加、分後減氣日法，而乘定見餘，氣日法而一所得加夜半度分，乃以星初見去日度數，晨減、夕加之，卽星初見所在宿度及分。

求次日：各加一日所行度及分。其有益疾、遲者(則)〔副〕置一日行分，各以其分疾增、〔遲〕損，乃(如)〔加〕之。有篾者，滿法從分，其母有不等，齊而進退之。留卽因前，逆則依減，入虛去分，逆出(光)〔先〕加。皆以篾法除，爲轉分；其不盡者，仍謂之篾，各得每日所在知去日度。[三七]增以日所入先後分，定之。諸行星度求水其外內，[三八]準月行增損黃道而步之；不明者，依黃道而求所去日度。先後分亦分明前加後減。其金、火諸日度，計數增損定之者。其日少度多，以日減度之殘者，與日多度少之度，皆度法乘之，日數而一，所得爲分。不滿篾，以日數爲母。日少者以分并減之一度，日多者直爲度分，卽皆一日平行分。其差行者，皆減所行日數一，乃半其益疾、益遲分而乘之，益疾以減、益遲以加一日平行分，皆初日所行分。有計日加減，而日數不滿，未得成度者，以氣日法若度法乘，見已所行日卽日數除之，所得以增損其氣日疾法，爲日及度。其不成者，亦卽爲篾。其木、火、土，晨有見而夕有伏；金、水卽夕見，還夕伏，晨見卽晨伏。然火之初行及後疾，距冬至日計日增損日度者，皆當先置從冬至日餘數，累加於位上，以知其去冬至遠近，乃以初見與後疾初日去冬至日數而增損定之，而後依其所直日度數行之也。

校勘記

〔一〕皆有意　按：此句當有脫文。

〔二〕朔辰　「辰」原作「晨」，據下文曆法術引文改。朔日法十二分之一爲朔辰。

〔三〕餘百八十四　按：「四」應作「三大」。

〔四〕餘九百五十半下弦加五十九　按：「餘九百五十半下弦」八字與上文復出，當是衍文。又「加五十九」當作「後月朔加日二十九、餘六百五十九」。

〔五〕秒篾成法　「法」下當補「從分餘」三字。

〔六〕躔衰　表中數字，據推算結果加以校正：(甲)躔衰　以日干之五十二除，爲本氣內太陽實行度與平行度之差。(乙)衰總　以其前各氣躔衰數累加累減而得。增爲加，損爲減。(丙)陟降率以朔日法一千二百四十除，爲本氣內太陽實行、平行度之差與月亮平行度之比。依次遞減。(丁)遲速數　以其前各氣陟降率累加累減而得。陟爲加，降爲減。

〔七〕入限〔白乘〕再乘別差　原作「入限再乘差別」，據李儼中算家的內插法研究校補。

〔八〕武始交　「武」當作「虎」，唐人諱改。

〔九〕十二除百刻　此五字復出，當是衍文。

〔一〇〕速分　表中數字，依下列算式加以校正：(甲)速分　以轉法除，爲本日月亮實行度。(乙)速差是本日速分與次日速分之差。(丙)加減　是本日月亮實行、平行度之差與月亮平行度之比。(丁)朓朒積　以加減項之累積數乘以終法二二六三，再約以朔日法一二四二。

〔一一〕亦因前多以通率數爲半衰而減之　當作「亦因前限，前多，以通率爲初數，半衰而減之」。

〔一二〕皆今有轉差　「今」疑是「令」字之訛。

〔一三〕前見黃道度　「見」當作「皆」。

〔一四〕各以逡分　「各以」下當補「半逡差減」四字。

〔一五〕月在日不應食而亦有食者　「在」下當有「日道表」三字。

〔一六〕春分前　當作「春分後秋分前」。

〔一七〕各依其去立夏立秋白露數　「立秋」下當補「淸明」一氣。

〔一八〕卽日食所在辰及小大　「小大」當作「大小」。

〔一九〕三日阻減望定餘半　此八字疑是衍文。

〔二〇〕二分每增四　此五字疑是衍文，因下文已說「二分增六」。

〔二一〕月在〔景〕〔內〕者　「內」誤爲「丙」，唐人避諱又改爲「景」，今校正。

〔二二〕維北　當作「維南，起西北」。

〔二三〕又十七乘去寒露所乘者　當作「又十七乘去寒露日，增寒露所乘者」。

〔二四〕其立夏盡夏至日亦日行半度　當作「其立夏盡夏至初日行半度」。

〔二五〕寒露　當作「白露至寒露」。

〔二六〕各以伏半減積半實　後一「半」字疑衍。

〔二七〕各得每日所在知去日度　「知」字疑衍。

〔二八〕諸行星度求水共外內　「水」字疑衍。

隋書卷十九

志第十四

天文上

若夫法紫微以居中，擬明堂而布政，依分野而命國，體衆星而効官，動必順時，教不違物，故能成變化之道，合陰陽之妙。爰在庖犧，仰觀俯察，謂以天之七曜、二十八星，周於穹圓之度，以麗十二位也。在天成象，示見吉凶。五緯入房，啓姬王之肇跡，長星孛斗，鑒宋人之首亂，天意人事，同乎影響。自夷王下堂而見諸侯，赧王登臺而避責，記曰「天子微，諸侯僭」，於是師兵吞滅，僵仆原野。秦氏以戰國之餘，怙茲凶暴，小星交鬬，長彗橫天。漢高祖驅駕英雄，墾除災害，五精從歲，七重暈畢，含樞曾緬，道不虛行。自西京創制，多歷年載。世祖中興，當塗馭物，金行水德，祇奉靈命，玄兆著明，天人不遠。昔者滎河獻籙，溫洛呈圖，六爻摛範，三光宛備，則星官之書，自黃帝始。高陽氏使南正重司天，北正黎司地，帝堯

乃命羲、和，欽若昊天。夏有昆吾，殷有巫咸，周之史佚，宋之子韋，魯之梓慎，鄭之裨竈，魏有石氏，齊有甘公，皆能言天文，察微變者也。漢之傳天數者，則有唐都、李尋之倫。光武時，則有蘇伯況、郎雅光，並能參伍天文，發揚善道，補益當時，監垂來世。而河、洛圖緯，雖有星占星官之名，未能盡列。

後漢張衡爲太史令，鑄渾天儀，總序經星，謂之靈憲。其大略曰：「星也者，體生於地，精發於天。紫宮爲帝皇之居，太微爲五帝之坐，在野象物，在朝象官。居其中央，謂之北斗，動係於占，實司王命。四布於方，爲二十八星，日月運行，歷示休咎。五緯經次，用彰禍福，則上天之心，於是見矣。中外之官，常明者百有二十，可名者三百二十，爲星二千五百，微星之數萬一千五百二十，庶物蠢動，咸得繫命。」而衡所鑄之圖，遇亂堙滅，星官名數，今亦不存。三國時，吳太史令陳卓，始列甘氏、石氏、巫咸三家星官，著於圖錄。幷注占贊，總有二百五十四官，一千二百八十三星，幷二十八宿及輔官附坐一百八十二星，總二百八十三官，一千五百六十五星。宋元嘉中，太史令錢樂之所鑄渾天銅儀，以朱黑白三色，用殊三家，而合陳卓之數。

高祖平陳，得善天官者周墳，幷得宋氏渾儀之器。乃命庾季才等，參校周、齊、梁、陳及祖暅、孫僧化官私舊圖，刊其大小，正彼疏密，依準三家星位，以爲蓋圖。旁摛始分，甄表常度，幷具赤黃二道，內外兩規。懸象著明，纏離攸次，星之隱顯，天漢昭回，宛若穹蒼，將爲正範。以墳爲太史令。墳博考經書，勤於教習，自此太史觀生，始能識天官。煬帝又遣宮人四十人，就太史局，別詔袁充，教以星氣，業成者進內，以參占驗云。

史臣於觀臺訪渾儀，見元魏太史令晁崇所造者，以鐵爲之，其規有六。其外四規常定，一象地形，二象赤道，其餘象二極。其內二規，可以運轉，用合八尺之管，以窺星度。周武帝平齊所得。隋開皇三年，新都初成，以置諸觀臺之上。大唐因而用焉。

馬遷天官書及班氏所載，妖星暈珥，雲氣虹霓，存其大綱，未能備舉。自後史官，更無紀錄。春秋傳曰：「公既視朔，遂登觀臺，凡分至啓閉，必書雲物。」神道司存，安可誣也！今略舉其形名占驗，次之經星之末云。

天體

古之言天者有三家，一曰蓋天，二曰宣夜，三曰渾天。

蓋天之說，卽周髀是也。其本庖犧氏立周天曆度，其所傳則周公受於殷商，周人志之，故曰周髀。髀，股也。股者，表也。其言天似蓋笠，地法覆槃，天地各中高外下。北極之下，爲天地之中，其地最高，而滂沲四隤，三光隱映，以爲晝夜。天中高於外衡冬至日之所

在六萬里，北極下地高於外衡下地亦六萬里，外衡高於北極下地二萬里。天地隆高相從，日去地恒八萬里。日麗天而平轉，分冬夏之間日所行道爲七衡六間。每衡周徑里數，各依算術，用句股重差，推晷影極游，以爲遠近之數，皆得於表股也，故曰周髀。

又周髀家云：「天圓如張蓋，地方如棊局。天旁轉如推磨而左行，日月右行，天左轉，故日月實東行，而天牽之以西沒。譬之於蟻行磨石之上，磨左旋而蟻右去，磨疾而蟻遲，故不得不隨磨以左迴焉。天形南高而北下，日出高故見，日入下故不見。天之居如倚蓋，故極在人北，是其證也。極在天之中，而今在人北，所以知天之形如倚蓋也。日朝出陰中，暮入陰中，陰氣暗冥，故從沒不見也。夏時陽氣多，陰氣少，陽氣光明，與日同暉，故日出卽見，無蔽之者，故夏日長也。冬時陰氣多，陽氣少，陰氣暗冥，掩日之光，雖出猶隱不見，故冬日短也。」

漢末，揚子雲難蓋天八事，以通渾天。其一云：「日之東行，循黃道。晝〔夜〕中規，牽牛距北極（北）〔南〕百一十度，東井距北極南七十度，幷百八十度。周三徑一，二十八宿周天當五百四十度，今三百六十度，何也？」其二曰：「春秋分之日正出在卯，入在酉，而晝漏五十刻。卽天蓋轉，夜當倍晝。今夜亦五十刻，何也？」其三曰：「日入而星見，日出而不見，卽斗下見日六月，不見日六月。北斗亦當見六月，不見六月。今夜常見，何也？」其四曰：「以蓋圖視天河，起斗而東入狼弧間，曲如輪。今視天河直如繩，何也？」其五曰　周天二十八宿，

以蓋圖視天，星見者當少，不見者當多。今見與不見等，何出入無冬夏，而兩宿十四星當見，不以日長短故見有多少，何也？」其六曰：「天至高也，地至卑也。日託天而旋，可謂至高矣。縱人目可奪，水與影不可奪也。今從高山上，以水望日，日出水下，影上行，何也？」其七曰：「視物，近則大，遠則小。今日與北斗，近我而小，遠我而大，何也？」其八曰：「視蓋橑與車輻間，近杠轂即密，益遠益疎。今北極爲天杠轂，二十八宿爲天橑輻。以星度度天，南方次地星間當數倍。今交密，何也？」

其後桓譚、鄭玄、蔡邕、陸績，各陳周髀，考驗天狀，多有所違。逮梁武帝於長春殿講義，別擬天體，全同周髀之文，蓋立新意，以排渾天之論而已。

宣夜之書，絕無師法。唯漢秘書郎郗萌，記先師相傳云：「天了無質，仰而瞻之，高遠無極，眼瞀精絕，故蒼蒼然也。譬之旁望遠道之黃山而皆青，俯察千仞之深谷而窈黑，夫青非眞色，而黑非有體也。日月衆星，自然浮生虛空之中，其行其止，皆須氣焉。是以七曜或逝或住，或順或逆，伏見無常，進退不同，由乎無所根繫，故各異也。故辰極常居其所，而北斗不與衆星西沒也。」

晉成帝咸康中，會稽虞喜，因宣夜之說，作安天論，以爲「天高窮於無窮，地深測於不測。天確乎在上，有常安之形，地魄焉在下，有居靜之體，當相覆冒，方則俱方，圓則俱圓，

無方圓不同之義也。其光曜布列，各自運行，猶江海之有潮汐，萬品之有行藏也。」葛洪聞而譏之曰：「苟辰宿不麗於天，天爲無用，便可言無。何必復云有之而不動乎？」由此而談，葛洪可謂知言之選也。喜族祖河間相聳，又立穹天論云：「天形穹隆如雞子幕，其際周接四海之表，浮乎元氣之上。譬如覆奩以抑水而不沒者，氣充其中故也。日繞辰極，沒西還東，而不出入地中。天之有極，猶蓋之有斗也。天北下於地三十度，極之傾在地卯酉之北亦三十度。人在卯酉之南十餘萬里，故斗極之下，不爲地中，當對天地卯酉之位耳。日行黃道繞極。極北去黃道百一十五度，南去黃道六十七度，二至之所舍，以爲長短也。」吳太常姚信，造昕天論云：「人爲靈蟲，形最似天。今人頤前侈臨胸，而項不能覆背。〔一〕近取諸身，故知天之體，南低入地，北則偏高也。又冬至極低，而天運近南，故日去人遠，而斗去人近，北天氣至，故水寒也。夏至極起，而天運近北，而斗去人遠，日去人近，南天氣至，故蒸熱也。極之高時，〔二〕日行地中淺，故夜短；天去地高，故晝長也。極之低時，日行地中深，故夜長；天去地下，故晝短也。」自虞喜、虞聳、姚信，皆好奇徇異之說，非極數談天者也。

前儒舊說，天地之體，狀如鳥卵，天包地外，猶殼之裹黃，周旋無端，其形渾渾然，故曰渾天。又曰：「天表裏有水，兩儀轉運，各乘氣而浮，載水而行。」漢王仲任，據蓋天之說，以駁渾儀云：「舊說，天轉從地下過。今掘地一丈輒有水，天何得從水中行乎？甚不然也。日

隨天而轉，非入地。夫人目所望，不過十里，天地合矣。實非合也，遠使然耳。今視日入，非入也，亦遠耳。當日入西方之時，其下之人亦將謂之爲中也。四方之人，各以其近者爲出，遠者爲入矣。何以明之？今試使一人把大炬火，夜行於平地，去人十里，火光滅矣。非火滅也，遠使然耳。今日西轉不復見，是火滅之類也。日月不圓也，望視之所以圓者，去人遠也。夫日，火之精也；月，水之精也。水火在地不圓，在天何故圓？」丹陽葛洪釋之曰：

渾天儀注云：「天如雞子，地如中黃，孤居於天內，天大而地小。天表裏有水，天地各乘氣而立，載水而行。周天三百六十五度、四分度之一，又中分之，則半覆地上，半繞地下。故二十八宿，半見半隱。天轉如車轂之運也。」諸論天者雖多，然精於陰陽者少。張平子、陸公紀之徒，咸以爲推步七曜之道，以度曆象昏明之證候，校以四八之氣，考以漏刻之分，占晷影之往來，求形驗於事情，莫密於渾象也。張平子既作銅渾天儀，於密室中，以漏水轉之，與天皆合如符契也。崔子玉爲其碑銘曰：「數術窮天地，制作侔造化。高才偉藝，與神合契。」蓋由於平子渾儀及地動儀之有驗故也。

若天果如渾者，則天之出入，行於水中，爲必然矣。故黃帝書曰：「天在地外，水在天外。水浮天而載地者也。」又易曰：「時乘六龍。」夫陽爻稱龍，龍者居水之物，以喻天。天陽物也，又出入水中，與龍相似，故比以龍也。聖人仰觀俯察，審其如此。故晉

卦坤上離下，以證日出於地也。又明夷之卦離下坤上，以證日入於地也。又需卦乾下坎上，此亦天入水中之象也。天爲金，金水相生之物也。天出入水中，當有何損，而謂爲不可乎？然則天之出入水中，無復疑矣。

又今視諸星出於東者，初但去地小許耳。漸而西行，先經人上，後遂轉西而下焉，不旁旋也。其先在西之星，亦稍下而沒，無北轉者。日之出入亦然。若謂天磨石轉者，衆星日月，宜隨天而廻，初在於東，次經於南，次到於西，次及於北，而復還於東，不應橫過去也。今日出於東，冉冉轉上，及其入西，亦復漸漸稍下，都不繞邊北去。了了如此，王生必固謂爲不然者，疏矣。

今日徑千里，其中足以當小星之數十也。若日以轉遠之故，但當光曜不能復來照及人耳，宜猶望見其體，不應都失其所在也。日光既盛，其體又大於星。今見極北之小星，而不見日之在北者，明其不北行也。若日以轉遠之故，不復可見，其比入之間，應當稍小。而日方入之時，反乃更大，此非轉遠之徵也。王生以火炬喻日，吾亦將借子之矛，以刺子之楯焉。把火之人，去人轉遠，其光轉微，而日月自出至入，不漸小也。王生以火喻之，謬矣。

又日之入西方，視之稍稍去，初尚有半，如橫破鏡之狀，須臾淪沒矣。若如王生之

言，日轉北去者，其北都沒之頃，宜先如豎破鏡之狀，不應如橫破鏡也。如此言之，日入北方，不亦孤孑乎？又月之光微，不及日遠矣。月盛之時，雖有重雲蔽之，不見月體，而夕猶朗然，是月光猶從雲中而照外也。日若繞西及北者，其光故應如月在雲中之狀，不得夜便大暗也。又日入則星月出焉。明知天以日月分主晝夜，相代而照也。若日常出者，不應日亦入而星月出也。

又案河、洛之文，皆云水火者，陰陽之餘氣也。夫言餘氣，則不能生日月可知也，顧當言日精生火者可耳。若水火是日月所生，則亦何得盡如日月之圓乎？今火出於陽燧，陽燧圓而火不圓也。水出於方諸，方諸方而水不方也。又陽燧可以取火於日，而無取日於火之理，此則日精之生火明矣。方諸可以取水於月，無取月於水之道，此則月精之生水了矣。王生又云：「遠故視之圓。」若審然者，月初生之時及既虧之後，何以視之不圓乎？而日食，或上或下，從側而起，或如鉤至盡。若遠視見圓，不宜見其殘缺左右所起也。此則渾天之體，信而有徵矣。

宋何承天論渾天象體曰：「詳尋前說，因觀渾儀，研求其意，有悟天形正圓，而水居其半，地中高外卑，水周其下。言四方者，東曰暘谷，日之所出，西曰濛汜，日之所入。莊子又云：『北溟有魚，化而爲鳥，將徙於南溟。』斯亦古之遺記，四方皆水證也。四方皆水，謂之四

海。凡五行相生，水生於金。是故百川發源，皆自山出，由高趣下，歸注於海。日爲陽精，光曜炎熾，一夜入水，所經焦竭。百川歸注，足以相補，故旱不爲減，浸不爲益。」又云：「周天三百六十五度、三百四分之七十五。天常西轉，一日一夜，過周一度。南北二極，相去一百一十六度、三百四分度之六十五强，卽天經也。黃道衺帶赤道，春分交於奎七度，秋分交於軫十五度，冬至斗十四度半强，夏至井十六度半。從北極扶天而南五十五度强，則居天四維之中，最高處也，卽天頂也。其下則地中也。」自外與王蕃大同。王蕃渾天說，具於晉史。

舊說渾天者，以日月星辰，不問春秋冬夏，晝夜晨昏，上下去地中皆同，無遠近。列子曰：「孔子東遊，見兩小兒鬬。問其故？一小兒曰：『我以日始出去人近，而日中時遠也。』一小兒曰：『我以爲日初出遠，而日中時近也。』言初出近者曰：『日初出，大如車蓋，及其日中，裁如盤蓋。此不爲遠者小，近者大乎？』言日初出遠者曰：『日初出時，滄滄涼涼，及其中時，熱如探湯。此不爲近者熱，遠者涼乎？』」桓譚新論云：「漢長水校尉平陵關子陽，以爲日之去人，上方遠而四傍近。何以知之？星宿昏時出東方，其間甚疏，相離丈餘。及夜半在上方，視之甚數，相離一二尺。以準度望之，逾益明白，故知天上之遠於傍也。日爲天陽，火爲地陽。地陽上升，天陽下降。今置火

於地，從傍與上，診其熱，遠近殊不同焉。日中正在上，覆蓋人，人當天陽之衝，故熱於始出時。又新從太陰中來，故復涼於其西在桑榆間也。桓君山曰：子陽之言，豈其然乎？」

張衡靈憲曰：「日之薄地，闇其明也。由闇視明，明無所屈，是以望之若大。方其中，天地同明，明還自奪，故望之若小。火當夜而揚光，在晝則不明也。月之於夜，與日同而差微。」

晉著作郎陽平束晳，字廣微，以爲傍方與上方等。傍視則天體存於側，故日出時視日大也。日無小大，而所存者有伸厭。厭而形小，伸而體大，蓋其理也。又日始出時色白者，雖大不甚，始出時色赤者，其大則甚，此終以人目之惑，無遠近也。且夫置器廣庭，則函牛之鼎如釜，堂崇十仞，則八尺之人猶短，物有陵之，非形異也。夫物有惑心，形有亂目，誠非斷疑定理之主。故仰遊雲以觀月，月常動而雲不移，乘船以涉水，水去而船不徙矣。

姜岌云：〔三〕「余以爲子陽言天陽下降，日下熱，束晳言天體存於目，則日大，頗近之矣。渾天之體，圓周之徑，詳之於天度，驗之於晷影，而紛然之說，由人目也。參伐初出，在旁則其間疏，在上則其間數。以渾檢之，度則均也。旁之與上，理無有殊也。夫日者純陽之精也，光明外曜，以眩人目，故人視日如小。及其初出，地有遊氣，以厭日光，不眩人目，卽日赤而大也。無遊氣則色白，大不甚矣。地氣不及天，故一日之中，晨夕日色赤，而中時日色

白。地氣上升，蒙蒙四合，與天連者，雖中時亦赤矣。日與火相類，火則體赤而炎黃，日赤宜矣。然日色赤者，猶火無炎也。光衰失常，則爲異矣。」

梁奉朝請祖暅曰：

自古論天者多矣，而羣氏糾紛，至相非毀。竊覽同異，稽之典經，仰觀辰極，傍矚四維，覩日月之升降，察五星之見伏，校之以儀象，覆之以晷漏，則渾天之理，信而有徵。輒遺衆說，附渾儀云。考靈曜先儒求得天地相去十七萬八千五百里，以晷影驗之，失於過多。既不顯求之術，而虛設其數，蓋夸誕之辭，宜非聖人之旨也。學者多固其說而未之革，豈不知尋其理歟，抑未能求其數故也？

王蕃所考，校之前說，不啻減半。雖非揆格所知，而求之以理，誠未能遙趣其實，蓋近密乎？輒因王蕃天高數，以求冬至、春分日高及南戴日下去地中數。法，令表高八尺與冬至影長一丈三尺，各自乘，并而開方除之爲法。天高乘表高爲實，實如法，得四萬二千六百五十八里有奇，卽冬至日高也。以天高乘冬至影長爲實，實如法，得六萬九千三百二十里有奇，卽冬至南戴日下去地中數也。求春秋分數法，令表高及春秋分影長五尺三寸九分，各自乘，并而開方除之爲法。因冬至日高實，而以法除之，得六萬七千五百二里有奇，卽春秋分日高也。以天高乘春秋分影長實，實如法而一，得四

萬五千四百七十九里有奇，卽春秋分南戴日下去地中數也。南戴日下，所謂丹穴也。推北極里數法，夜於地中表南，傅地遙望北辰紐星之末，〔四〕令與表端參合。以人目去表數及表高各自乘，并而開方除之爲法。天高乘表高數爲實，實如法而一，卽北辰紐星高地數也。天高乘人目去表爲實，實如法，卽去北戴極下之數也。北戴斗極爲空桐。

日去赤道表裏二十四度，遠寒近暑而中和。二分之日，去天頂三十六度。日去地中，四時同度，而有寒暑者，地氣上騰，天氣下降，故遠日下而寒，近日下而暑，非有遠近也。猶火居上，雖遠而炎，在傍，雖近而微。視日在傍而大，居上而小者，仰矚爲難，平觀爲易也。由視有夷險，非遠近之効也。今懸珠於百仞之上，或置之於百仞之前，從而觀之，則大小殊矣。先儒弗斯取驗，虛繁翰墨，夷途頓轡，雄辭析辯，不亦迂哉。今大寒在冬至後二氣者，寒積而未消也。大暑在夏至後二氣者，暑積而未歇也。寒暑均和，乃在春秋分後二氣者，寒暑積而未平也。譬之火始入室，而未甚溫，弗事加薪，久而逾熾。既已遷之，猶有餘熱也。

渾天儀

案虞書：「舜在琁璣玉衡，以齊七政。」則考靈曜所謂觀玉儀之遊，昏明主時，乃命中星

者也。琁璣中而星未中爲急，急則日過其度，月不及其宿。琁璣未中而星中爲舒，舒則日不及其度，月過其宿。琁璣中而星中爲調，調則風雨時，庶草蕃蕪，而五穀登，萬事康也。所言琁璣者，謂渾天儀也。故春秋文耀鉤云：「唐堯卽位，羲、和立渾儀。」而先儒或因星官書，北斗第二星名琁，第三星名璣，第五星名玉衡，仍七政之言，卽以爲北斗七星。載筆之官，莫之或辨。史遷、班固，猶且致疑。馬季長創謂璣衡爲渾天儀。鄭玄亦云：「其轉運者爲璣，其持正者爲衡，皆以玉爲之。七政者，日月五星也。以璣衡視其行度，以觀天意也。」故王蕃云：「渾天儀者，羲、和之舊器，積代相傳，謂之璣衡。其爲用也，以察三光，以分宿度者也。又有渾天象者，以著天體，以布星辰。而渾象之法，地當在天中，其勢不便，故反觀其形，地爲外匡，於已解者，無異在內。詭狀殊體，而合於理，可謂奇巧。然斯二者，以考於天，蓋密矣。」又云：「古舊渾象，以二分爲一度，周七尺三寸半〔分〕。而莫知何代所造。」今案虞喜云：「落下閎爲漢孝武帝於地中轉渾天，定時節，作泰初曆。」或其所製也。

漢孝和帝時，太史揆候，皆以赤道儀，與天度頗有進退。以問典星待詔姚崇等，皆曰星圖有規法，日月實從黃道。官無其器。至永元十五年，詔左中郎將賈逵，乃始造太史黃道銅儀。至桓帝延熹七年，太史令張衡，更以銅製，以四分爲一度，周天一丈四尺六寸一分。亦於密室中，以漏水轉之。令司之者，閉戶而唱之，以告靈臺之觀天者，琁璣所加，某星始

見，某星已中，某星今沒，皆如合符。蕃以古製局小，以布星辰，相去稠穊，不得了察。張衡所作，又復傷大，難可轉移。蕃今所作，以三分爲一度，周一丈九寸五分、四分〔分〕之三。張古法三尺六寸五分、四分分之一，減衡法亦三尺六寸五分、四分分之一。渾天儀法，黃赤道各廣一度有半。故今所作渾象，〔五〕黃赤道各廣四分半，相去七寸二分。又云：「黃赤二道，相共交錯，其間相去二十四度。以兩儀準之，二道俱三百六十五度有奇。又赤道見者，常一百八十二度半强。又南北考之，天見者亦一百八十二度半强。是以知天之體圓如彈丸，南北極相去一百八十二度半强也。而陸績所作渾象，形如鳥卵，以施二道，不得如法。若使二道同規，則其間相去不得滿二十四度。若令相去二十四度，則黃道當長於赤道。又兩極相去，不翅八十二度半强。〔六〕案績說云：『天東西徑三十五萬七千里，直徑亦然。』則績意亦以天爲正圓也。器與言謬，頗爲乖僻。」然則渾天儀者，其制有機有衡。既動靜兼狀，以效二儀之情，又周旋衡管，用考三光之分。所以揆正宿度，準步盈虛，求古之遺法也。則先儒所言圓規徑八尺，漢候臺銅儀，蔡邕所欲寢伏其下者是也。

梁華林重雲殿前所置銅儀，其制則有雙環規相並，間相去三寸許。正豎當子午。其子午之間，應南北極之衡，各合而爲孔，以象南北樞。植楗於前後，以屬焉。又有單橫規，高下正當渾之半。皆周帀分爲度數，署以維辰之位，以象地。又有單規，斜帶南北之中，與春

秋二分之日道相應。亦周帀分爲度數，而署以維辰，並相連著。屬楗植而不動。其裏又有雙規相並，如外雙規。內徑八尺，周二丈四尺，而屬雙軸。軸兩頭出規外各二寸許，合兩爲一。內有孔，圓徑二寸許，南頭入地下，注於外雙規南樞孔中，以象南極。北頭出地上，入於外雙規北樞孔中，以象北極。其運動得東西轉，以象天行。其雙軸之間，則置衡，長八尺，通中有孔，圓徑一寸。當衡之半，兩邊有關，各注著雙軸。衡既隨天象東西轉運，又自於雙軸間得南北低仰。所以準驗辰曆，分考次度，其於揆測，唯所欲爲之者也。檢其鐫題，是僞劉曜光初六年，史官丞南陽孔挺所造，則古之渾儀之法者也。而宋御史中丞何承天及太中大夫徐爰，各著宋史，咸以爲卽張衡所造。其儀略舉天狀，而不綴經星七曜。魏、晉喪亂，沉沒西戎。義熙十四年，宋高祖定咸陽得之。梁尚書沈約著宋史，亦云然，皆失之遠矣。

後魏道武天興初，命太史令晁崇修渾儀，以觀星象。十有餘載，至明元永興四年壬子，詔造太史候部鐵儀，以爲渾天法，考琁璣之正。其銘曰：「於皇大代，配天比祚。赫赫明明，聲列遐布。爰造茲器，考正宿度。貽法後葉，永垂典故。」其製並以銅鐵，唯誌星度以銀錯之。南北柱曲抱雙規，東西柱直立，下有十字水平，以植四柱。十字之上，以龜負雙規。其餘皆與劉曜儀大同。卽今太史候臺所用也。

渾天象

渾天象者，其制有機而無衡，梁末祕府有，以木爲之。其圓如丸，其大數圍。南北兩頭有軸。徧體布二十八宿、三家星、黃赤二道及天漢等。別爲橫規環，以匡其外。高下管之，以象地。南軸頭入地，注於南植，以象南極。北軸頭出於地上，注於北植，以象北極。正東西運轉。昏明中星，既其應度，分至氣節，亦驗，在不差而已。不如渾儀，別有衡管，測揆日月，分步星度者也。吳太史令陳苗云：「先賢制木爲儀，名曰渾天。」卽此之謂耶？由斯而言，儀象二器，遠不相涉。則張衡所造，蓋亦止在渾象七曜，而何承天莫辨儀象之異，亦爲乖失。

宋文帝以元嘉十三年，詔太史更造渾儀。太史令錢樂之，依案舊說，采效儀象，鑄銅爲之。五分爲一度，徑六尺八分少，周一丈八尺二寸六分少。地在天內，不動。立黃赤二道之規，南北二極之規，布列二十八宿、北斗極星。置日月五星於黃道上。爲之杠軸，以象天運。昏明中星，與天相符。梁末，置於文德殿前。至如斯制，以爲渾儀，儀則內闕衡管。以爲渾象，而地不在外。是參兩法，別爲一體。就器用而求，猶渾象之流，外內天地之狀，不失其位也。吳時又有葛衡，明達天官，能爲機巧。改作渾天，使地居于天中。以機動之，天動而地止，〔七〕以上應晷度，則樂之之所放述也。

到元嘉十七年，又作小渾天，二分爲一度，徑二尺二寸，周六尺六寸。安二十八宿中外官星備足。以白青黃等三色珠爲三家星。其日月五星，悉居黃道。亦象天運，而地在其中。宋元嘉所造儀象器，開皇九年平陳後，並入長安。大業初，移於東都觀象殿。

蓋圖

晉侍中劉智云：「顓頊造渾儀，黃帝爲蓋天。」然此二器，皆古之所制，但傳說義者，失其用耳。昔者聖王正曆明時，作圓蓋以圖列宿。極在其中，迴之以觀天象。分三百六十五度、四分度之一，以定日數。日行於星紀，轉迴右行，故圓規之，以爲日行道。欲明其四時所在：故於春也，則以青爲道；於夏也，則以赤爲道；於秋也，則以白爲道；於冬也，則以黑爲道。四季之末，各十八日，則以黃爲道。蓋圖已定，仰觀雖明，而未可正昏明，分晝夜，故作渾儀，以象天體。今案自開皇已後，天下一統，靈臺以後魏鐵渾天儀，測七曜盈縮，以蓋圖列星坐，分黃赤二道距二十八宿分度，而莫有更爲渾象者矣。

仁壽四年，河間劉焯造皇極曆，上啓於東宮。論渾天云：

璿璣玉衡，正天之器，帝王欽若，世傳其象。漢之孝武，詳考律曆，糾落下閎、鮮于妄人等，共所營定。逮于張衡，又尋述作，亦其體制，不異閎等。雖閎制莫存，而衡造有器。至吳時，陸績、王蕃，並要修鑄。績小有異，蕃乃事同。宋有錢樂之，魏初晁崇等，總用銅鐵。小大有殊，規域經模，不異蕃造。觀蔡邕月令章句，鄭玄注考靈曜，勢同衡法，迄今不改。

焯以愚管，留情推測，見其數制，莫不違爽。失之千里，差若毫釐，大象一乖，餘何可驗。況赤黃均度，月無出入，至所恒定，氣不別衡。分刻本差，輪迴守故。其爲疎謬，不可復言。亦既由理不明，致使異家間出。蓋及宣夜，三說並驅，平、昕、安、穹，四天騰沸。至當不二，理唯一揆，豈容天體，七種殊說？又影漏去極，就渾可推，百骸共體，本非異物。此眞已驗，彼僞自彰，豈朗日未暉，爝火不息，理有而闕，詎不可悲者也？昔蔡邕自朔方上書曰：「以八尺之儀，度知天地之象，古有其器，而無其書。常欲寢伏儀下，案度成數，而爲立說。」邕以負罪朔裔，書奏不許。邕若蒙許，亦必不能。邕才不踰張衡，衡本豈有遺思也？則有器無書，觀不能悟。焯今立術，改正舊渾。又以二至之影，定去極晷漏，幷天地高遠，星辰運周，所宗有本，皆有其率。祛今賢之巨惑，稽往哲之羣疑，豁若雲披，朗如霧散。爲之錯綜，數卷已成，待得影差，謹更啓送。

又云：「周官夏至日影，尺有五寸。張衡、鄭玄、王蕃、陸績先儒等，皆以爲影千里差一寸。言南戴日下萬五千里，表影正同，天高乃異。考之算法，必爲不可。寸差千里，亦無典說，明爲

意斷，事不可依。今交、愛之州，表北無影，計無萬里，南過戴日。是千里一寸，非其實差。焯今說渾，以道爲率，道里不定，得差乃審。既大聖之年，升平之日，釐改羣謬，斯正其時。請一水工，幷解算術士，取河南、北平地之所，可量數百里，南北使正。審時以漏，平地以繩，隨氣至分，同日度影。得其差率，里卽可知。則天地無所匿其形，辰象無所逃其數，超前顯聖，効象除疑。請勿以人廢言。」不用。至大業三年，勑諸郡測影，而焯尋卒，事遂寢廢。

地中

周禮大司徒職：「以土圭之法，測土深，正日景，以求地中。」此則渾天之正說，立儀象之大本。故云：「日南則景短多暑，日北則景長多寒，日東則景夕多風，日西則景朝多陰。日至之景，尺有五寸，謂之地中。天地之所合也，四時之所交也，風雨之所會也，陰陽之所和也。然則百物阜安，乃建王國焉。」又考工記匠人：「建國，水地以縣。置槷以縣，眡以景。爲規，識日出之景與日入之景。晝參諸日中之景，夜考之極星，以正朝夕。」案土圭正影，經文闕略，先儒解說，又非明審。祖暅錯綜經注，以推地中。其法曰：「先驗昏旦，定刻漏，分辰次。乃立儀表於準平之地，名曰南表。漏刻上水，居日之中，更立一表於南表影末，名曰中表。夜依中表，以望北極樞，而立北表，令參相直。三表皆以懸準定，乃觀。三表直者，

其立表之地，即當子午之正。三表曲者，地偏僻。每觀中表，以知所偏。中表在西，則立表處在地中之西，當更向東求地中。若中表在東，則立表處在地中之東也，當更向西求地中。取三表直者，爲地中之正。又以春秋二分之日，旦始出東方半體，乃立表於中表之東，名曰東表。令東表與日及中表參相直。(是)〔視〕日之夕，日入西方半體，又立表於中表之西，名曰西表。亦從中表西望西表及日，參相直。乃觀三表直者，即地南北之中也。若中表差近南，則所測之地在卯酉之南。中表差在北，則所測之地在卯酉之北。進退南北，求三表直正東西者，則其地處中，居卯酉之正也。」

晷影

昔者周公測晷影於陽城，以參考曆紀。其於周禮，在大司徒之職：「以土圭之法，測土深，正日景，以求地中。日至之景，尺有五寸，則天地之所合，四時之所交。百物阜安，乃建王國。」然則日爲陽精，玄象之著然者也。生靈因之動息，寒暑由其遞代。觀陰陽之升降，揆天地之高遠，正位辨方，定時考閏，莫近於茲也。古法簡略，旨趣難究，術家考測，互有異同。先儒皆云：「夏至立八尺表於陽城，其影與土圭等。」案尚書考靈曜稱：「日永，景尺五寸；日短，景尺三寸。」〔六〕易通卦驗曰：「冬至之日，樹八尺之表，日中視其晷景長短，以占和

否。夏至景一尺四寸八分，冬至一丈三尺。」周髀云：「成周土中，夏至景一尺六寸，冬至景一丈三尺五寸。」劉向鴻範傳曰：「夏至景長一尺五寸八分，冬至一丈三尺一寸四分，春秋二分，景七尺三寸六分。」後漢四分曆、魏景初曆、宋元嘉曆、大明祖沖之曆，皆與考靈曜同。漢、魏及宋，所都皆別，四家曆法，候影則齊。且緯候所陳，恐難依據。劉向二分之影，直以率推，非因表候，定其長短。然尋晷影尺丈，雖有大較，或地域不改，而分寸參差，或南北殊方，而長短維一。蓋術士未能精驗，馮古所以致乖。今删其繁雜，附於此云。

梁天監中，祖暅造八尺銅表，其下與圭相連。圭上爲溝，置水，以取平正。揆測日晷，求其盈縮。至大同十年，太史令虞劆，又用九尺表，格江左之影。夏至一尺三寸二分，冬至一丈三尺七分，立夏、立秋二尺四寸五分，春分、秋分五尺三寸九分。陳氏一代，唯用梁法。齊神武以洛陽舊器，並徙鄴中。以暨文宣受終，竟未考驗。至武平七年，訖干景禮始薦劉孝孫、張孟賓等於後主。劉、張建表測影，以考分至之氣。草創未就，仍遇朝亡。周自天和以來，言曆者紛紛復出。亦驗二至之影，以考曆之精粗。

及高祖踐極之後，大議造曆。張胄玄兼明揆測，言日長之瑞。有詔司存，而莫能考決。至開皇十九年，袁充爲太史令，欲成胄玄舊事，復表曰：「隋興已後，日景漸長。開皇元年冬至之影，長一丈二尺七寸二分，自爾漸短。至十七年冬至影，一丈二尺六寸三分。四年冬

至，在洛陽測影，長一丈二尺八寸八分。二年夏至影，一尺四寸八分，自爾漸短。至十六年夏至影，一尺四寸五分。其十八年冬至，陰雲不測。元年、十七年、十八年夏至，亦陰雲不測。周官以土圭之法正日影，日至之影，尺有五寸。鄭玄云：『冬至之景，一丈三尺。』今十六年夏至之影，短於舊五分，十七年冬至之影，短於舊三寸七分。日去極近，則影短而日長；去極遠，則影長而日短。行內道則去極近，行外道則去極遠。堯典云：『日短星昴，以正仲冬。』據昴星昏中，則知堯時仲冬，日在須女十度。以曆數推之，開皇以來冬至，日在斗十一度，與唐堯之代，去極俱近。謹案元命包云：『日月出內道，琁璣得其常，天帝崇靈，聖王初功。』京房別對曰：『太平日行上道，升平日行次道，霸代日行下道。』伏惟大隋啓運，上感乾元，影短日長，振古希有。」是時廢庶人勇，晉王廣初爲太子，充奏此事，深合時宜。上臨朝謂百官曰：「景長之慶，天之祐也。今太子新立，當須改元，宜取日長之意，以爲年號。」由是改開皇二十一年爲仁壽元年。此後百工作役，並加程課，以日長故也。皇太子率百官，詣闕陳賀。案日徐疾盈縮無常，充等以爲祥瑞，大爲議者所貶。

又考靈曜、周髀、張衡靈憲及鄭玄注周官，並云：「日影於地，千里而差一寸。」案宋元嘉十九年壬午，使使往交州測影。夏至之日，影出表南三寸二分。何承天遙取陽城，云夏至一尺五寸。計陽城去交州，路當萬里，而影實差一尺八寸二分。是六百里而差一寸也。又

梁大同中，二至所測，以八尺表率取之，夏至當一尺一寸七分强。後魏信都芳注周髀四術，稱永平元年戊子，當梁天監之七年，見洛陽測影，又見公孫崇集諸朝士，共觀祕書影。同是夏至日，其中影皆長一尺五寸八分。以此推之，金陵去洛，南北略當千里，而影差四寸。則二百五十里而影差一寸也。況人路迂迴，山川登降，方於鳥道，所校彌多，則千里之言，未足依也。其揆測參差如此，故備論之。

漏刻

昔黃帝創觀漏水，制器取則，以分晝夜。其後因以命官，周禮挈壺氏則其職也。其法，總以百刻，分于晝夜。冬至晝漏四十刻，夜漏六十刻。夏至晝漏六十刻，夜漏四十刻。春秋二分，晝夜各五十刻。日未出前二刻半而明，既沒後二刻半乃昏。減夜五刻，以益晝漏，謂之昏旦。漏刻皆隨氣增損。冬夏二至之間，晝夜長短，凡差二十刻。每差一刻爲一箭。冬至互起其首，凡有四十一箭。晝有朝，有禺，有中，有晡，有夕。夜有甲、乙、丙、丁、戊。昏旦有星中。每箭各有其數，皆所以分時代守，更其作役。

漢興，張蒼因循古制，猶多疏闊。及孝武考定星曆，下漏以追天度，亦未能盡其理。劉向鴻範傳記武帝時所用法云：「冬夏二至之間，一百八十餘日，晝夜差二十刻。」大率二至之

後，九日而增損一刻焉。至哀帝時，又改用晝夜一百二十刻，尋亦寢廢。至王莽竊位，又遵行之。光武之初，亦以百刻九日加減法，編於甲令，爲常符漏品。至和帝永元十四年，霍融上言：「官曆率九日增減一刻，不與天相應。或時差至二刻半，不如夏曆漏刻，隨日南北爲長短。」乃詔用夏曆漏刻。依日行黃道去極，每差二度四分，爲增減一刻。凡用四十八箭。終於魏、晉，相傳不改。

宋何承天，以月蝕所在，當日之衡，考驗日宿，知移舊六度。冬至之日，其影極長，測量晷度，知冬至移舊四日。前代諸漏，春分晝長，秋分晝短，差過半刻。皆由氣日不正，所以而然。遂議造漏法。春秋二分，昏旦晝夜漏各五十五刻。齊及梁初，因循不改。至天監六年，武帝以晝夜百刻，分配十二辰，辰得八刻，仍有餘分。乃以晝夜爲九十六刻，一辰有全刻八焉。至大同十年，又改用一百八刻。依尚書考靈曜，晝夜三十六頃之數，因而三之。冬至晝漏四十八刻，夜漏六十刻。夏至晝漏七十刻，夜漏三十八刻。春秋二分，晝漏六十刻，夜漏四十八刻。昏旦之數各三刻。先令祖暅爲漏經，皆依渾天黃道日行去極遠近，爲用箭日率。陳文帝天嘉中，亦命舍人朱史造漏，依古百刻爲法。周、齊因循魏漏。晉、宋、梁大同，並以百刻分于晝夜。

隋初，用周朝尹公正、馬顯所造漏經。至開皇十四年，鄜州司馬袁充上晷影漏刻。充

以短影平儀，均布十二辰，立表，隨日影所指辰刻，以驗漏水之節。十二辰刻，互有多少，時正前後，刻亦不同。其二至二分用箭辰刻之法，今列之云。

冬至：日出辰正，入申正，晝四十刻，夜六十刻。

子、丑、亥各二刻，寅、戌各六刻，卯、酉各十三刻，辰、申各十四刻，巳、未各十刻，午八刻。

右十四日改箭。

春秋二分：日出卯正，入酉正，晝五十刻，夜五十刻。

子四刻，丑、亥七刻，寅、戌九刻，卯、酉十四刻，辰、申九刻，巳、未七刻，午四刻。

右五日改箭。

夏至：日出寅正，入戌正，晝六十刻，夜四十刻。

子八刻，丑、亥十刻，寅、戌十四刻，卯、酉十三刻，辰、申六刻，巳、未二刻，午二刻。

右一十九日，加減一刻，改箭。

袁充素不曉渾天黃道去極之數，苟役私智，變改舊章。其於施用，未爲精密。

開皇十七年，張胄玄用後魏渾天鐵儀，測知春秋二分，日出卯酉之北，不正當中。與何承天所測頗同，皆日出卯三刻五十五分，入酉四刻二十五分。晝漏五十刻一十分，夜漏四十九刻四十分，晝夜差六十分刻之四十。仁壽四年，劉焯上皇極曆，有日行遲疾，推二十四氣，皆有盈縮定日。春秋分定日，去冬至各八十八日有奇，去夏至各九十三日有奇。二分定日，晝夜各五十刻。又依渾天黃道，驗知冬至夜漏五十九刻、一百分刻之八十六，晝漏四十刻一十四分，夏至晝漏五十九刻八十六分，夜漏四十刻一十四分。冬夏二至之間，晝夜差一十九刻、一百分刻之七十二。胄玄及焯漏刻，並不施用。然其法制，皆著在曆術，推驗加時，最爲詳審。

大業初，耿詢作古欹器，以漏水注之，獻于煬帝。帝善之，因令與宇文愷，依後魏道士李蘭所修道家上法稱漏，制造稱水漏器，以充行從。又作候影分箭上水方器，置於東都乾陽殿前鼓下司辰。又作馬上漏刻，以從行辨時刻。揆日晷，下漏刻，此二者，測天地，正儀象之本也。晷漏沿革，今古大殊，故列其差，以補前闕。

經星中宮

北極五星，鉤陳六星，皆在紫宮中。北極，辰也。其紐星，天之樞也。天運無窮，三光迭耀，而極星不移。故曰：「居其所而衆星共之。」賈逵、張衡、蔡邕、王蕃、陸績，皆以北極紐星爲樞，是不動處也。祖暅以儀準候不動處，在紐星之末，猶一度有餘。北極大星，太一之

座也。第一星主月，太子也。第二星主日，帝王也。第三星主五星，庶子也。所謂第二星者，最赤明者也。北極五星，最爲尊也。中星不明，主不用事。右星不明，太子憂。鉤陳，後宮也，太帝之正妃也，太帝之坐也。北四星曰女御宮，八十一御妻之象也。鉤陳口中一星，曰天皇太帝。其神曰耀魄寶，主御羣靈，秉萬神圖。抱極樞四星曰四輔，所以輔佐北極，而出度授政也。太帝上九星曰華蓋，蓋所以覆蔽太帝之坐也。又九星直，曰杠。蓋下五星曰五帝內坐，設叙順帝所居也。客犯紫宮中坐，大臣犯主。華蓋杠旁六星曰六甲，可以分陰陽而紀節候，故在帝旁，所以布政教而授人時也。極東一星曰柱下史，主記過。古者有左右史，此之象也。柱史北一星曰女史，婦人之微者，主傳漏。故漢有侍史。傳舍九星在華蓋上，近河，賓客之館，主胡人入中國。客星守之，備姦使，亦曰胡兵起。傳舍南河中五星曰造父，御官也，一曰司馬，或曰伯樂。星亡，馬大貴。西河中九星如鉤狀，曰鉤星，伸則地動。天一一星，在紫宮門右星南，天帝之神也，主戰鬬，知人吉凶者也。太一一星，在天一南，相近，亦天帝神也，主使十六神，知風雨水旱，兵革饑饉，疾疫災害所生之國也。

紫宮垣十五星，其西蕃七，東蕃八，在北斗北。一曰紫微，太帝之坐也，天子之常居也，主命，主度也。一曰長垣，一曰天營，一曰旗星，爲蕃衞，備蕃臣也。宮闕兵起，旗星直，天

子出，自將宮中兵。東垣下五星曰天柱，建政教，懸圖法之所也。常以朔望日懸禁令於天柱，以示百司。周禮以正歲之月，懸法象魏，此之類也。門內東南維五星曰尚書，主納言，夙夜諮謀，龍作納言，此之象也。尚書西二星曰陰德、陽德，主周急振無。宮門左星內二星曰大理，主平刑斷獄也。門外六星曰天牀，主寢舍，解息燕休。西南角外二星曰內廚，主六宮之飲食，主后夫人與太子宴飲。東北維外六星曰天廚，主盛饌。

北斗七星，輔一星在太微北，七政之樞機，陰陽之元本也。故運乎天中，而臨制四方，以建四時，而均五行也。魁四星爲琁璣，杓三星爲玉衡。又象號令之主，又爲帝車，取乎運動之義也。又魁第一星曰天樞，二曰琁，三曰璣，四曰權，五曰玉衡，六曰開陽，七曰搖光。一至四爲魁，五至七爲杓。樞爲天，琁爲地，璣爲人，權爲時，玉衡爲音，開陽爲律，搖光爲星。石氏云：「第一曰正星，主陽德，天子之象也。二曰法星，主陰刑，女主之位也。三曰令星，主禍害也。四曰伐星，主天理，伐無道。五曰殺星，主中央，助四旁，殺有罪。六曰危星，主天倉五穀。七曰部星，亦曰應星，主兵。」又云：「一主天，二主地，三主火，四主水，五主土，六主木，七主金。」又曰：「一主秦，二主楚，三主梁，四主吳，五主趙，六主燕，七主齊。」

魁中四星，爲貴人之牢，曰天理也。輔星傅乎開陽，所以佐斗成功也。又曰：「主危正，

矯不平。」又曰：「丞相之象也。」七政星明，其國昌。不明，國殃。斗旁欲多星則安，斗中少星則人恐上，天下多訟法者。無星二十日。有輔星明而斗不明，臣强主弱。斗明輔不明，主强臣弱也。杓南三星及魁第一星，皆曰三公，宣德化，調七政，和陰陽之官也。

文昌六星，在北斗魁前，天之六府也，主集計天道。一曰上將，大將建威武。二曰次將，尚書正左右。三曰貴相，太常理文緒。四曰司祿、司中，司隸賞功進。五曰司命、司怪，太史主滅咎。六曰司寇，大理佐理寶。所謂一者，起北斗魁前，近內階者也。明潤，大小齊，天瑞臻。

文昌北六星曰內階，天皇之陛也。相一星在北斗南。相者總領百司而掌邦教，以佐帝王安邦國，集衆事也。其明吉。太陽守一星，在相西，大將大臣之象也，主戒不虞，設武備也。非其常，兵起。西北四星曰勢。勢，腐刑人也。天牢六星在北斗魁下，貴人之牢也，主愆過，禁暴淫。

太微，天子庭也，五帝之坐也，亦十二諸侯府也。其外蕃，九卿也。一曰太微爲衡。衡，主平也。又爲天庭，理法平辭，監升授德，列宿受符，諸神考節，舒情稽疑也。南蕃中二星間曰端門。東曰左執法，廷尉之象也。西曰右執法，御史大夫之象也。執法，所以舉刺凶姦者也。左執法之東，左掖門也。右執法之西，右掖門也。東蕃四星，南第一曰上相，其北東太陽門也。第二星曰次相，其北中華東門也。第三星曰次將，其北東太陰門也。第四星曰上將。所謂四輔也。西蕃四星：南第一星曰上將，其北西太陽門也。第二星曰次將，其北中華西門也。第三曰次相，其北西太陰門也。第四星曰上相。亦四輔也。東西蕃有芒及搖動者，諸侯謀天子也。執法移則刑罰尤急。月、五星所犯中坐，成刑。月、五星入太微軌道，吉。

西南角外三星曰明堂，天子布政之宮也。明堂西三星曰靈臺，觀臺也。主觀雲物，察符瑞，候災變也。左執法東北一星曰謁者，主贊賓客也。謁者東北三星曰三公內坐，朝會之所居也。三公北三星曰九卿內坐，主治萬事。九卿西五星曰內五諸侯，內侍天子，不之國者也。辟雍之禮得，則太微諸侯明。

黃帝坐一星，在太微中，含樞紐之神也。天子動得天度，止得地意，從容中道，則太微五帝坐明，坐以光。黃帝坐不明，人主求賢士以輔法，不然則奪勢。又曰太微五坐小弱青黑，天子國亡。四帝坐四星，四星俠黃帝坐。東方星，蒼帝靈威仰之神也。南方星，赤帝熛怒之神也。西方星，白帝招距之神也。北方星，黑帝叶光紀之神也。

五帝坐北一星曰太子，帝儲也。太子北一星曰從官，侍臣也。帝坐東北一星曰幸臣。屏四星在端門之內，近右執法。屏所以壅蔽帝庭也。執法主刺舉，臣尊敬君上，則星光明潤澤。郎位十五星，在帝坐東北，一曰依烏，郎位也。周官之元士，漢官之光祿、中散、諫

議、議郎、三署郎中，是其職也。或曰今之尚書也。郎位主衞守也。其星明，大臣有劫主。又曰，客犯上。其星不具，后死，幸臣誅。客星入之，大臣爲亂。郎將一星在郎位北，主閱具，所以爲武備也。武賁一星，在太微西蕃北，下台南，靜室旄頭之騎官也。常陳七星，如畢狀，在帝坐北，〔九〕天子宿衞武賁之士，以設强毅也。星搖動，天子自出，明則武兵用，微則武兵弱。

三台六星，兩兩而居，起文昌，列招搖，太微。一曰天柱，三公之位也。在天曰三台，主開德宣符也。西近文昌二星曰上台，爲司命，主壽。次二星曰中台，爲司中，主宗。東二星曰下台，爲司祿，主兵，所以昭德塞違也。又曰三台爲天階，太一躡以上下。一曰泰階，上星爲天子，下星爲女主；中階，上星爲諸侯三公，下星爲卿大夫；下階，上星爲士，下星爲庶人。所以和陰陽而理萬物也。其星有變，各以所主占人。君臣和集，如其常度。

南四星曰內平，近職執法平罪之官也。中台之北一星曰大尊，貴戚也。下台南一星曰武賁，衞宮也。

攝提六星，直斗杓之南，主建時節，伺禨祥。攝提爲楯，以夾擁帝席也，主九卿。明大三公恣，客星入之，聖人受制。西三星曰周鼎，主流亡。大角一星，在攝提間。大角者，天王座也。又爲天棟，正經紀。北三星曰帝席，主宴獻酬酢。梗河三星，在大角北。梗河者，

天矛也。一曰天鋒，主胡兵。又爲喪，故其變動應以兵喪也。星亡，其國有兵謀。招搖一星在其北，一曰矛楯，主胡兵。占與梗河略相類也。招搖與北斗杓間曰天庫。星去其所，則有庫開之祥也。招搖欲與棟星、梗河、北斗相應，則胡常來受命於中國。招搖明而不正，胡不受命。玄戈二星，在招搖北。玄戈所主，與招搖同。或云主北夷。客星守之，胡大敗。天槍三星，在北斗杓東。一曰天鉞，天之武備也。故在紫宮之左，所以禦難也。女牀三星，在其北，後宮御也，主女事。天棓五星，在女牀北，天子先驅也，主忿爭與刑罰，藏兵，亦所以禦難也。槍棓皆以備非常也。一星不具，國兵起。

東七星曰扶筐，盛桑之器，主勸蠶也。七公七星，在招搖東，天之相也，三公之象，主七政。貫索九星在其前，賤人之牢也。一曰連索，一曰連營，一曰天牢，主法律，禁暴强也。牢口一星爲門，欲其開也。九星皆明，天下獄煩。七星見，小赦；五星，大赦。動則斧鑕用，中空則更元。漢志云十五星。天紀九星，在貫索東，九卿也。九河主萬事之紀，理怨訟也。明則天下多辭訟，亡則政理壞，國紀亂，散絕則地震山崩。織女三星，在天紀東端，天女也，主果蓏絲帛珍寶也。王者至孝，神祇咸喜，則織女星俱明，天下和平。大星怒角，布帛貴。東足四星曰漸臺，臨水之臺也。主晷漏律呂之事。西之五星曰輦道，王者嬉遊之道也，漢輦道通南、北宮象也。

左右角間二星曰平道之官。平道西一星曰進賢，主卿相舉逸才。角北二星曰天田。亢北六星曰亢池。亢，舟航也；池，水也。主送往迎來。氐北一星曰天乳，主甘露。房中道一星曰歲守之，〔一〇〕陰陽平。房西二星南北列，曰天福，主乘輿之官，若禮巾車、公車之政。主祠事。東咸、西咸各四星，在房心北，日月五星之道也。房之戶，所以防淫佚也。星明則吉，暗則凶。月、五星犯守之，有陰謀。東咸西三星，南北列，曰罰星，主受金贖。鍵閉一星，在房東北，近鉤鈐，主關鑰。

天市垣二十二星，在房心東北，主權衡，主聚衆。一曰天旗庭，主斬戮之事也。市中星衆潤澤則歲實，星稀則歲虛。熒惑守之，戮不忠之臣。又曰，若怒角守之，戮者臣殺主。彗星除之，爲徙市易都。客星入之，兵大起，出之有貴喪。市中六星臨箕，曰市樓市府也，主市價律度。其陽爲金錢，其陰爲珠玉。變見，各以所主占之。北四星曰天斛，主量者也。斛西北二星曰列肆，主寶玉之貨。市門左星內二星曰車肆，主衆賈之區。

帝坐一星，在天市中，候星西，天庭也。光而潤則天子吉，威令行。微小凶，大人當之。候一星，在帝坐東北，主伺陰陽也。明大輔臣强，四夷開。候細微則國安，亡則主失位，移則主不安。宦者四星，在帝坐西南，侍主刑餘之人也。星微則吉，明則凶，非其常，宦者有憂。斗五星，在宦者南，主平量。仰則天下斗斛不平，覆則歲穰。宗正二星，在帝坐東南，

宗大夫也。彗星守之，若失色，宗正有事。客星守動，〔一一〕則天子親屬有變。客星守之，貴人死。宗星二，在候星東，宗室之象，帝輔血脉之臣也。客星守之，宗人不和。東北二星曰帛度，東北二星曰屠肆，各主其事。

天江四星在尾北，主太陰。江星不具，天下津河關道不通。明若動搖，大水出，大兵起。參差則馬貴。熒惑守之，有立王。客星入之，河津絕。

天籥八星，在南斗杓西，主關閉。建星六星，在南斗北，亦曰天旗，天之都關也。爲謀事，爲天鼓，爲天馬。南二星，天庫也。中央二星，市也，鈇鑕也。〔一二〕上二星，旗跗也。斗建之間，三光道也。星動則人勞。月暈之，蛟龍見，牛馬疫。月、五星犯之，大臣相譖，臣謀主；亦爲關梁不通，有大水。東南四星曰狗國，主鮮卑、烏丸、沃且。熒惑守之，外夷爲變。太白逆守之，其國亂。客星犯守之，有大盜，其王且來。狗國北二星曰天雞，主候時。天弁九星在建星北，市官之長也。主列肆闤闠，若市籍之事，以知市珍也。星欲明，吉。彗星犯守之，糴貴，囚徒起兵。

河鼓三星，旗九星，在牽牛北，天鼓也，主軍鼓，主鈇鉞。一曰三武，主天子三將軍。中央大星爲大將軍，左星爲左將軍，右星爲右將軍。左星，南星也，所以備關梁而距難也，設守阻險，知謀徵也。旗即天鼓之旗，所以爲旌表也。左旗九星，在鼓左旁。鼓欲正直而明，

色黃光澤，將吉；不正，爲兵憂也。星怒馬貴，動則兵起，曲則將失計奪勢。旗星戾，亂相陵。旗端四星南北列，曰天桴。桴，鼓桴也。星不明，漏刻失時。前近河鼓，若桴鼓相直，皆爲桴鼓用。

離珠五星，在須女北，須女之藏府也，女子之星也。星非故，後宮亂。客星犯之，後宮凶。虛北二星曰司命，北二星曰司祿，又北二星曰司危，又北二星曰司非。司命主舉過行罰，滅不祥。司祿增年延德，故在六宗北。犯司危，主驕佚亡下。司非以法多就私。瓠瓜五星，在離珠北，主陰謀，主後宮，主果食。明則歲熟，微則歲惡，后失勢。非其故，則山搖，谷多水。旁五星曰敗瓜，主種。天津九星，梁，所以度神通四方也。一星不備，津關道不通。星明動則兵起如流沙，死人亂麻。微而參差，則馬貴若死。星亡，若從河水爲害，或曰水賊稱王也。東近河邊七星曰車府，主車之官也。車府東南五星曰人星，主靜衆庶，柔遠能邇。一曰臥星，主防淫。其南三星內析，東南四星曰杵臼，主給軍糧。客星入之，兵起，天下聚米。天津北四星如衡狀，曰奚仲，古車正也。

騰蛇二十二星，在營室北，天蛇星主水蟲。星明則不安，客星守之，水雨爲災，水物不收。王良五星，在奎北，居河中，天子奉車御官也。其四星曰天駟，旁一星曰王良，亦曰天馬。其星動，爲策馬，車騎滿野。亦曰王良梁，爲天橋，主御風雨水道，故或占津梁。其星

移，有兵，亦曰馬病。客星守之，橋不通。前一星曰策，王良之御策也，主天子僕，在王良旁。若移在馬後，是謂策馬，則車騎滿野。閣道六星，在王良前，飛道也。從紫宮至河，神所乘也。一曰閣道，主道里，天子遊別宮之道也。亦曰閣道，所以扞難滅咎也。一曰王良旗，一曰紫宮旗，亦所以爲旌表，而不欲其動搖。旗星者，兵所用也。傳路一星，在閣道南，旁別道也。備閣道之敗，復而乘之也。一曰太僕，主禦風雨，亦遊從之義也。東壁北十星曰天廄，主馬之官，若今驛亭也，主傳令置驛，逐漏馳鶩，謂其行急疾，與晷漏競馳。〔一三〕

天將軍十二星，在婁北，主武兵。中央大星，天之大將也。外小星，吏士也。大將星搖，兵起，大將出。小星不具，兵發。南一星曰軍南門，主誰何出入。太陵八星，在胃北。陵者，墓也。太陵卷舌之口曰積京，主大喪也。積京中星絕，則諸侯有喪，民多疾，兵起，粟聚。少則粟散。星守之，有土功。太陵中一星曰積尸，明則死人如山。天船九星，在太陵北，居河中。一曰舟星，主度，所以濟不通也，亦主水旱。不在漢中，津河不通。中四星欲其均明，即天下大安。不則兵若喪。客彗星出入之，爲大水，有兵。中一星曰積水，候水災。昴西二星曰天街，三光之道，主伺候關梁中外之境。天街西一星曰月。卷舌六星在北，主口語，以知佞讒也。曲者吉，直而動，天下有口舌之害。中一星曰天讒，主巫醫。

五車五星，三柱九星，在畢北。五車者，五帝車舍也，五帝坐也，主天子五兵，一曰主五

穀豐耗。西北大星曰天庫，主太白，主秦。次東北星曰獄，主辰星，主燕、趙。次東星曰天倉，主歲星，主魯、衞。次東南星曰司空，主塡星，主楚。次西南星曰卿星，主熒惑，主魏。五車星欲均明，闊狹有常也。天子得靈臺之禮，則五車、三柱均明。中有五星曰天潢。天潢南三星曰咸池，魚囿也。月、五星入天潢，兵起，道不通，天下亂，易政。咸池明，有龍墮死，猛獸及狼害人，若兵起。五車南六星曰諸王，察諸侯存亡。西五星曰厲石，金若客星守之，兵動。北八星曰八穀，主候歲。八穀一星亡，一穀不登。天關一星，在五車南，亦曰天門，日月所行也，主邊事，主開閉。芒角，有兵。五星守之，貴人多死。

東井鉞前四星曰司怪，主候天地日月星辰變異，及鳥獸草木之妖，明主聞災，修德保福也。司怪西北九星曰坐旗，君臣設位之表也。坐旗西四星曰天高，臺榭之高，主遠望氣象。天高西一星曰天河，主察山林妖變。南河、北河各三星，夾東井。一曰天高天之闕門，主關梁。南河曰南戍，一曰南宮，一曰陽門，一曰越門，一曰權星，主火。北河一曰北戍，一曰北宮，一曰陰門，一曰胡門，一曰衡星，主水。兩河戍間，日月五星之常道也。河戍動搖，中國兵起。南河三星曰闕丘，主宮門外象魏也。五諸侯五星，在東井北，主刺舉，戒不虞。又曰理陰陽，察得失。亦曰主帝心。一曰帝師，二曰帝友，三曰三公，四曰博士，五曰太史。此

五者常爲帝定疑議。星明大潤澤，則天下大治，角則禍在中。五諸侯南三星曰天樽，主盛饘粥，以給酒食之正也。積薪一星，在積水東，供給庖廚之正也。水位四星，在東井東，主水衡。客星若水火守犯之，百川流溢。

軒轅十七星，在七星北。軒轅，黃帝之神，黃龍之體也。后妃之主，士職也。一曰東陵，一曰權星，主雷雨之神。南大星，女主也。次北一星，妃也。次，將軍也。其次諸星，皆次妃之屬也。女主南小星，女御也。左一星少民，少后宗也。右一星大民，太后宗也。欲其色黃小而明也。軒轅右角南三星曰酒旗，酒官之旗也，主饗宴飲食。五星守酒旗，天下大酺，有酒肉財物，賜若爵宗室。酒旗南二星曰天相，丞相之象也。軒轅西四星曰爟，〔一四〕爟者烽火之爟也，邊亭之警候。

爟北四星曰內平。少微四星，在太微西，士大夫之位也。一名處士，亦天子副主，或曰博士官。一曰主衞掖門。南第一星處士，第二星議士，第三星博士，第四星大夫。明大而黃，則賢士舉也。月、五星犯守之，處士、女主憂，宰相易。南四星曰長垣，主界域及胡夷。熒惑入之，胡入中國。太白入之，九卿謀。

校勘記

〔一〕項不能覆背　御覽二引昕天論，「項」作「頂」。

〔二〕極之高時　「高」原作「立」，據御覽二引昕天論改。

〔三〕姜岌　原作「安岌」。疇人傳六引錢大昕說：「安岌當爲姜岌，字脫其半耳。」按：姜岌是後秦姚興時人，曾造三紀甲子元曆，見晉書律曆志下。今據改。

〔四〕遙望北辰紐星之末　「紐」原作「細」，據開元占經一改。下同。

〔五〕故今所作渾象　「故」原作「汝」，據開元占經一改。

〔六〕不翅八十二度半強　「八」上當補「一百」二字。

〔七〕天動而地止　「止」原作「上」，據御覽二引晉陽秋改。

〔八〕日短景尺三寸　五禮通考一八八引方觀承說：「『尺三寸』應是『丈三尺』。」按：周髀算經李淳風注引考靈曜作「日短一十三尺」，正合「丈三尺」之數。

〔九〕常陳七星如畢狀在帝坐北　原脫「在帝」二字，據晉書天文志以下簡稱晉志上補。

〔一〇〕房中道一星曰歲守之　此段當有脫文。

〔一一〕客星守動　此段當本於晉志上，疑「守」下有脫文。

〔一二〕中央二星市也鈇鑕也　原脫「鑕也」二字，據晉志上補。

〔一三〕與晷漏競馳　「與」原作「興」，據晉志上改。

〔一四〕西四星曰爟　「爟」原作「權」，據晉志上及開元占經六九引甘氏星經、巫咸五星占、甘氏贊改。

中華書局

隋書卷二十

志第十五

天文中

二十八舍

東方。角二星，爲天闕，其間天門也，其內天庭也。故黃道經其中，七曜之所行也。左角爲天田，爲理，主刑，其南爲太陽道。右角爲將，主兵，其北爲太陰道。蓋天之三門，猶房之四表。其星明大，王道太平，賢者在朝。動搖移徙，王者行。

亢四星，天子之內朝也。總攝天下奏事，聽訟理獄錄功者也。一曰疏廟，主疾疫。星明大，輔納忠，天下寧，人無疾疫。動則多疾。

氐四星，王者之宿宮，后妃之府，休解之房。前二星適也，後二星妾也。將有徭役之事，氐先動。星明大則臣奉度，人無勞。

房四星爲明堂，天子布政之宮也，亦四輔也。下第一星，上將也；次，次將也；次，次相也；上星，上相也。南二星君位，北二星夫人位。又爲四表，中間爲天衢之大道，爲天闕，黃道之所經也。南間曰陽環，其南曰太陽。北間曰陰間，其北曰太陰。七曜由乎天衢，則天下平和。由陽道則主旱喪，由陰道則主水兵。亦曰天駟，爲天馬，主車駕。南星曰左驂，次左服，次右服，次右驂。亦曰天厩，又主開閉，爲畜藏之所由也。房星明則王者明。驂星大則兵起，星離則人流。又北二小星曰鉤鈐，房之鈐鍵，天之管籥，主閉藏，鍵天心也。王者孝則鉤鈐明。近房，天下同心，遠則天下不和，王者絕後。房鉤鈐間有星及疏坼，則地動河清。

心三星，天王正位也。中星曰明堂，天子位，爲大辰，主天下之賞罰。天下變動，心星見祥。星明大，天下同，暗則主暗。前星爲太子，其星不明，太子不得代。後星爲庶子，後星明，庶子代。心星變黑，大人有憂。直則王失勢，動則國有憂急，角搖則有兵，離則人流。

尾九星，後宮之場，妃后之府。上第一星，后也；次三星，夫人；次星，嬪妾。第三星傍一星，名曰神宮，解衣之內室。尾亦爲九子。星色欲均明，大小相承，則後宮有敘，多子孫。星微細暗，后有憂疾。疎遠，后失勢。動搖則君臣不和，天下亂。就聚則大水。

箕四星，亦後宮妃后之府。亦曰天津，一曰天雞。主八風，凡日月宿在箕、東壁、翼、軫者，風起。又主口舌，主客蠻夷胡貉，故蠻胡將動，先表箕焉。星大明直則穀熟，內外有差。就聚細微，天下憂。動則蠻夷有使來。離徙則人流動，不出三日，大風。

北方。南斗六星，天廟也，丞相太宰之位，主褒賢進士，稟授爵祿，又主兵。一曰天機。南二星魁，天梁也。中央二星，天相也。北二星杓，天府庭也，亦爲天子壽命之期也。將有天子之事，占於斗。斗星盛明，王道平和，爵祿行。芒角動搖，天子愁，兵起移徙，其臣逐。

牽牛六星，天之關梁，主犧牲事。其北二星，一曰即路，一曰聚火。又曰，上一星主道路，次二星主關梁，次三星主南越。搖動變色則占之。星明大，王道昌，關梁通，牛貴。怒則馬貴。不明失常，穀不登。細則牛賤。中星移上下，牛多死。小星亡，牛多疫。又曰，牽牛星動爲牛災。

須女四星，天之少府也。須，賤妾之稱，婦職之卑者也，主布帛裁製嫁娶。星明，天下豐，女功昌，國充富。小暗則國藏虛。動則有嫁娶出納裁製之事。

虛二星，冢宰之官也。主北方，主邑居廟堂祭祀祝禱事，又主死喪哭泣。

危三星，主天府天庫架屋，餘同虛占。星不明，客有誅。動則王者作宮殿，有土功。墳墓四星，屬危之下，主死喪哭泣，爲墳墓也。星不明，天下旱。動則有喪。

營室二星，天子之宮也。一曰玄宮，一曰清廟，又爲軍糧之府，及土功事。星明國昌，

小不明，祠祀鬼神不享，國家多疾。動則有土功，兵出野。離宮六星，天子之別宮，主隱藏休息之所。

東壁二星，主文章，天下圖書之秘府也，主土功。星明，王者興，道術行，國多君子。星失色，大小不同，王者好武，經士不用，圖書隱。星動則有土功。離徙就聚，爲田宅事。

西方。奎十六星，天之武庫也。一曰天豕，亦曰封豕。主以兵禁暴，又主溝瀆。西南大星，所謂天豕目，亦曰大將，欲其明。若帝淫佚，政不平，則奎有角。角動則有兵，不出年中，或有溝瀆之事。又曰，奎中星明，水大出。

婁三星，爲天獄，主苑牧犧牲，供給郊祀，亦爲興兵聚衆。星明，天下平和，郊祀大享，多子孫。動則有聚衆。星直則有執主之命者。就聚，國不安。

胃三星，天之廚藏，主倉廩五穀府也。明則和平倉實，動則有輸運事，就聚則穀貴人流。

昴七星，天之耳目也，主西方，主獄事。又爲旄頭，胡星也。又主喪。昴畢間爲天街，天子出，旄頭罕畢以前驅，此其義也。黃道之所經也。昴明則天下牢獄平。昴六星皆明，與大星等，大水。七星黃，兵大起。一星亡，爲兵喪。搖動，有大臣下獄，及白衣之會。大而數盡動，若跳躍者，胡兵大起。一星獨跳躍，餘不動者，胡欲犯邊境也。

畢八星，主邊兵，主弋獵。其大星曰天高，一曰邊將，主四夷之尉也。星明大則遠夷來貢，天下安。失色則邊亂。一星亡，爲兵喪。動搖，邊城兵起，有讒臣。離徙，天下獄亂。就聚，法令酷。附耳一星在畢下，主聽得失，伺愆邪，察不祥。星盛則中國微，有盜賊，邊候驚，外國反，鬭兵連年。若移動，佞讒行，兵大起，邊尤甚。月入畢，多雨。

觜觿三星，爲三軍之候，行軍之藏府，主葆旅，收斂萬物。明則軍儲盈，將得勢。動而明，盜賊羣行，葆旅起。動移，將有逐者。

參十星，一曰參伐，一曰大辰，一曰天市，一曰鈇鉞，主斬刈。又爲天獄，主殺伐。又主權衡，所以平理也。又主邊城，爲九譯，故不欲其動也。參，白獸之體。其中三星橫列，三將也。東北曰左肩，主左將。西北曰右肩，主右將。東南曰左足，主後將軍。西南曰右足，主偏將軍。故黃帝占參應七將。中央三小星曰伐，天之都尉也，主胡、鮮卑、戎狄之國，故不欲明。七將皆明大，天下兵精也。王道缺則芒角張。伐星明與參等，大臣皆謀，兵起。參星失色，軍散。參芒角動搖，邊候有急，天下兵起。又曰，有斬伐之事。參星移，客伐主。參左足入玉井中，兵大起，秦大水，若有喪，山石爲怪。參星差戾，王臣貳。

南方。東井八星，天之南門，黃道所經，天之亭候。主水衡事，法令所取平也。王者用

法平，則井星明而端列。鉞一星，附井之前，主伺淫奢而斬之。故不欲其明。明與井齋，則用鉞，大臣有斬者，以欲殺也。月宿井，有風雨。

輿鬼五星，天目也，主視，明察姦謀。東北星主積馬，東南星主積兵，西南星主積布帛，西北星主積金玉，隨變占之。中央爲積尸，主死喪祠祀。一曰鈇質，主誅斬。鬼星明大，穀成。不明，人散。動而光，上賦斂重，傜役多。星徙，人愁，政令急。鬼質欲其忽忽不明則安，明則兵起，大臣誅。

柳八星，天之廚宰也，主尙食，和滋味，又主雷雨，若女主驕奢。一曰天相，一曰天庫，一曰注，又主木功。星明，大臣重慎，國安，廚食具。注舉首，王命興，輔佐出。星直，天下謀伐其主。星就聚，兵滿國門。

七星七星，一名天都，主衣裳文繡，又主急兵，守盜賊。故欲明。星明，王道昌，闇則賢良不處，天下空，天子疾。動則兵起，離則易政。

張六星，主珍寶，宗廟所用及衣服，又主天廚，飲食賞賚之事。星明則王者行五禮，得天之中。動則賞賚，離徙天下有逆人，就聚有兵。

翼二十二星，天之樂府，主俳倡戲樂，又主夷狄遠客，負海之賓。星明大，禮樂興，四夷賓。動則蠻夷使來，離徙則天子舉兵。

軫四星，主冢宰輔臣也，主車騎，主載任。有軍出入，皆占於軫。又主風，主死喪。軫星明，則車駕備。動則車騎用。離徙，天子憂。就聚，兵大起。轄星，傅軫兩傍，主王侯。左轄爲王者同姓，右轄爲異姓。星明，兵大起。遠軫凶。軫轄舉，南蠻侵。車無轄，國主憂。長沙一星，在軫之中，主壽命。明則主壽長，子孫昌。

右四方二十八宿并輔官一百八十二星。

星官在二十八宿之外者

庫樓十星，其六大星爲庫，南四星爲樓，在角南。一曰天庫，兵車之府也。旁十五星，三三而聚者，柱也。中央四小星，衡也。主陳兵。又曰，天庫空則兵四合。東北二星曰陽門，主守隘塞也。南門二星在庫樓南，天之外門也。主守兵。平星二星，在庫樓北，平天下之法獄事，廷尉之象也。天門二星，在平星北。

亢南七星曰折威，主斬殺。頓頑二星，在折威東南，主考囚情狀，察詐僞也。

騎官二十七星，在氐南，若天子武賁，主宿衞。東端一星，騎陣將軍，騎將也。南三星車騎，車騎之將也。陣車三星，在騎官東北，革車也。

積卒十二星，在房心南，主爲衞也。他星守之，近臣誅。從官二星，在積卒西北。

龜五星，在尾南，主卜，以占吉凶。傅說一星，在尾後。傅說主章祝巫官也。章，請號之聲也。主王后之內祭祀，以祈子孫，廣求胤嗣。詩云：「克禋克祀，以弗無子。」此之象也。星明大，王者多子孫。魚一星，在尾後河中，主陰事，知雲雨之期也。星不明，則魚多亡，若魚少。動搖則大水暴出。出漢中，則大魚多死。

杵三星，在箕南，杵給庖舂。客星入杵臼，天下有急。糠一星，在箕舌前，杵西北。

鼈十四星，在南斗南。鼈爲水蟲，歸太陰。有星守之，白衣會，主有水令。農丈人一星，在南斗西南，老農主稼穡也。狗二星，在南斗魁前，主吠守。

天田九星，在牛南。羅堰九星，在牽牛東，岠馬也，以壅畜水潦，灌溉溝渠也。九坎九星，在牽牛南。坎，溝渠也，所以導達泉源，疏瀉盈溢，〔二〕通溝洫也。九坎間十星曰天池，一曰三池，一曰天海，主灌溉事。九坎東列星，北一星曰齊，齊北二星曰趙，趙北一星曰鄭，鄭北一星曰越，越東二星曰周，周東南北列二星曰秦，秦南二星曰代，代西一星曰晉，晉北一星曰韓，韓北一星曰魏，魏西一星曰楚，楚南一星曰燕。其星有變，各以其國。秦、代東三星南北列，曰離瑜。離圭衣也，瑜玉飾，皆婦人之服星也。

虛南二星曰哭，哭東二星曰泣，泣哭皆近墳墓。泣南十三星，曰天壘城，如貫索狀，主北夷丁零、匈奴。敗臼四星，在虛危南，知凶災。他星守之，飢兵起。

危南二星曰蓋屋，主治宮室之官也。虛梁四星，在蓋屋南，主園陵寢廟。非人所處，故曰虛梁。

室南六星曰雷電。室西南二星曰土功吏，主司過度。壁南二星曰土公，土公西南五星曰礔礰，礔礰南四星曰雲雨，皆在壘壁北。

羽林四十五星，在營室南。一曰天軍，主軍騎，又主翼王也。壘壁陣十二星，在羽林北，羽林之垣壘也，主軍位，爲營壅也。五星有在天軍中者，皆爲兵起，熒惑、太白、辰星尤甚。北落師門一星，在羽林南。北者，宿在北方也。落，天之蕃落也。師，衆也。師門猶軍門也。長安城北門曰北落門，以象北也。主非常，以候兵。有星守之，虜入塞中，兵起。北落西北有十星，曰天錢。北落西南一星，曰天綱，主武帳。北落東南九星，曰八魁，主張禽獸。客星入之，多盜賊。八魁西北三星曰鈇質，一曰鈇鉞。有星入之，皆爲大臣誅。

奎南七星曰外屏。外屏南七星曰天溷，厠也。屏所以障之也。天溷南一星曰土司空，主水土之事故，又知禍殃也。客星入之，多土功，天下大疾。

婁東五星曰左更，山虞也，主澤藪竹木之屬，亦主仁智。婁西五星曰右更，牧師也，主養牛馬之屬，亦主禮義。二更，秦爵名也。天倉六星，在婁南，倉穀所藏也。星黄而大，歲熟。西南四星曰天庾，積厨粟之所也。

天囷十三星在胃南。囷，倉廩之屬也，主給御糧也。星見則囷倉實，不見即虛。天廩四星在昴南，一曰天廥，主畜黍稷，以供饗祀，春秋所謂御廩，此之象也。天苑十六星，在昴畢南，天子之苑囿，養禽獸之所也，主馬牛羊。星明則牛馬盈，希則死。苑西六星曰芻藁，以供牛馬之食也。一曰天積，天子之藏府也。星盛則歲豐穰，希則貨財散。苑南十三星曰天園，植果菜之所也。

畢附耳南八星，曰天節，主使臣之所持者也。天節下九星，曰九州殊口，曉方俗之官，通重譯者也。畢柄西五星曰天陰。

參旗九星在參西，一曰天旗，一曰天弓，主司弓弩之張，候變禦難。玉井四星，在參左足下，主水漿，以給厨。西南九星曰九游，天子之旗也。玉井東南四星曰軍井，行軍之井也。軍井未達，將不言渴，名取此也。屏二星在玉井南，屏爲屏風。客星入之，四足蟲大疾。天厠四星，在屏東，溷也，主觀天下疾病。天矢一星在厠南，色黄則吉，他色皆凶。軍市十三星，在參東南，天軍貿易之市，使有無通也。野雞一星，主變怪，在軍市中。軍市西南二星曰丈人，丈人東二星曰子，子東二星曰孫。

東井西南四星曰水府，主水之官也。東井南垣之東四星，曰四瀆，江、河、淮、濟之精也。狼一星，在東井東南。狼爲野將，主侵掠。色有常，不欲變動也。角而變色動搖，盜賊萌，胡兵起，人相食。躁則人主不靜，不居其宮，馳騁天下。北七星曰天狗，主守財。弧九星在狼東南，天弓也，主備盜賊，常向於狼。弧矢動移，不如常者，多盜賊，胡兵大起。狼弧張，害及胡，天下乖亂。又曰，天弓張，天下盡兵，主與臣相謀。弧南六星爲天社。昔共工氏之子句龍，能平水土，故祀以配社，其精爲星。老人一星在弧南，一曰南極。常以秋分之旦見于丙，春分之夕而沒于丁。見則化平，主壽昌，亡則君危代天。常以秋分候之南郊。

柳南六星曰外厨。厨南一星曰天紀，主禽獸之齒。

稷五星在七星南。稷，農正也。取乎百穀之長，以爲號也。

張南十四星曰天廟，天子之祖廟也。客星守之，祠官有憂。

翼南五星曰東區，蠻夷星也。

軫南三十二星曰器府，樂器之府也。青丘七星在軫東南，蠻夷之國號也。青丘西四星曰土司空，主界域，亦曰司徒。土司空北二星曰軍門，主營候豹尾威旗。

自攝提至此，大凡二百五十四官，〔三〕一千二百八十三星。幷二十八宿輔官，名曰經星常宿。遠近有度，小大有差。苟或失常，實表災異。

天漢，起東方，經尾箕之間，謂之漢津。乃分爲二道，其南經傳說、魚、天籥、天弁、河鼓，其北經龜，貫箕下，次絡南斗魁、左旗，至天津下而合南道。乃西南行，又分夾匏瓜，絡人星、杵、造父、騰蛇、王良，傅路、閣道北端、太陵、天船、卷舌而南行，絡五車，經北河之南，入東井水位而東南行，絡南河、闕丘、天狗　天紀、天稷，在七星南而沒。

天占

鴻範五行傳曰：「淸而明者，天之體也，天忽變色，是謂易常。天裂，陽不足，是謂臣强，下將害上，國後分裂，其下之主當之。天開見光，流血滂滂。天裂見人，兵起國亡。天鳴有聲，至尊憂且驚。皆亂國之所生也。」

漢惠帝二年，天開東北，長三十餘丈，廣十餘丈。後有呂氏變亂。晉惠帝太安二年，天中裂。穆帝升平五年，又裂，廣數丈，並有聲如雷。其後皆有兵革之應。

七曜

日循黄道東行，一日一夜行一度，三百六十五日有奇而周天。行東陸謂之春，行南陸謂之夏，行西陸謂之秋，行北陸謂之冬。行以成陰陽寒暑之節。是故傳云：「日爲太陽之精，主生養恩德，人君之象也。」又人君有瑕，必露其慝，以告示焉。故日月行有道之國則光明，

人君吉昌，百姓安寧。日變色，有軍軍破，無軍喪侯王。其君無德，其臣亂國，則日赤無光。日失色，所臨之國不昌。日晝昏，行人無影，到暮不止者，上刑急，下人不聊生，不出一年，有大水。日晝昏，烏鳥羣鳴，國失政。日中烏見，主不明，爲政亂，國有白衣會。日中有黑子、黑氣、黑雲，乍三乍五，臣廢其主。日食，陰侵陽，臣掩君之象，有亡國，有死君，有大水。日食見星，有殺君，天下分裂。王者修德以禳之。

月者，陰之精也。其形圓，其質清，日光照之，則見其明。日光所不照，則謂之魄。故月望之日，日月相望，人居其間，盡覩其明，故形圓也。二絃之日，日照其側，人觀其傍，故半明半魄也。晦朔之日，日照其表，人在其裏，故不見也。其行有遲疾。其極遲則日行十二度强，極疾則日行十四度半强。遲則漸疾，疾極漸遲，二十七日半强而遲疾一終矣。又月行之道，斜帶黃道。十三日有奇在黃道表，又十三日有奇在黃道裏。表裏極遠者，去黃道六度。二十七日有奇，陰陽一終。張衡云：「對日之衝，其大如日，日光不照，謂之闇虛。闇虛逢月則月食，值星則星亡。」今曆家月望行黃道，則值闇虛矣。值闇虛有表裏深淺，故食有南北多少。月爲太陰之精，以之配日，女主之象也。以之比德，刑罰之義。列之朝廷，諸侯大臣之類。故君明則月行依度，臣執權則月行失道。大臣用事，兵刑失理，則月行乍南乍北。女主外戚擅權，則或進或退。月變色，將有殃。月晝明，姦邪並作，君臣爭明，女

主失行，陰國兵强，中國饑，天下謀僭。數月重見，國以亂亡。

歲星曰東方春木。於人五常，仁也；五事，貌也。仁虧貌失，逆春令，傷木氣，則罰見歲星。歲星盈縮，以其舍命國。其所居久，其國有德厚，五穀豐昌，不可伐。其對爲衝，歲乃有殃。歲星安靜中度，吉。盈縮失次，其國有變，不可舉事用兵。又曰，人主出象也。色欲明光潤澤，德合同。又曰，進退如度，姦邪息；變色亂行，主無福。又主福，主大司農，主齊、吳，主司天下諸侯人君之過，主歲五穀。赤而角，其國昌；赤黃而沉，其野大穰。

熒惑曰南方夏火，禮也，視也。禮虧視失，逆夏令，傷火氣，罰見熒惑。熒惑法使行無常，出則有兵，入則兵散。以舍命國，爲亂，爲賊，爲疾，爲喪，爲饑，爲兵，居國受殃。環繞勾巳，芒角動搖變色，乍前乍後，乍左乍右，其殃愈甚。其南丈夫、北女子喪。周旋止息，乃爲死喪，寇亂其野，亡地。其失行而速，兵聚其下，順之戰勝。又曰，熒惑主大鴻臚，主死喪，主司空，又爲司馬，主楚、吳、越以南，又司天下羣臣之過，司驕奢亡亂妖孽，主歲成敗。又曰，熒惑不動，兵不戰，有誅將。其出色赤怒，逆行成鉤巳，戰凶，有圍軍。鉤巳，有芒角如鋒刃，人主無出宮，下有伏兵。芒大則人民怒，君子遑遑，小人浪浪，不有亂臣，則有大喪，人欺吏，吏欺王。又爲外則兵，內則理政，爲天子之理也。故曰，雖有明天子，必視熒惑所在。其入守犯太微、軒轅、營室、房、心，主命惡之。

填星曰中央季夏土，信也，思心也。仁義禮智，以信爲主，貌言視聽，以心爲政，故四星皆失，填乃爲之動。動而盈，侯王不寧。縮，有軍不復。所居之宿，國吉，得地及女子，有福，不可伐。去之，失地，若有女憂。居宿久，國福厚，易則薄。失次而上二三宿曰盈，有主命不成，不乃大水。失次而下曰縮，后戚，其歲不復，不乃天裂，若地動。一曰，填爲黃帝之德，女主之象，主德厚，安危存亡之機，司天下女主之過。又曰，天子之星也。天子失信，則填星大動。

太白曰西方秋金，義也，言也。義虧言失，逆秋令，傷金氣，罰見太白。太白進退以候兵，高埤遲速，靜躁見伏，用兵皆象之，吉。其出西方，失行，夷狄敗；出東方，失行，中國敗。未盡期日，過參天，病其對國。若經天，天下革，人更王，是謂亂紀，人民流亡。晝與日爭明，强國弱，小國强，女主昌。又曰，太白大臣，其號上公也，大司馬位謹候此。

辰星曰北方冬水，智也，聽也。智虧聽失，逆冬令，傷水氣，罰見辰星。辰星見，主刑，主廷尉，主燕、趙，又爲燕、趙、代以北，宰相之象，亦爲殺伐之氣，戰鬭之象。又曰，軍於野，辰星爲偏將之象，無軍爲刑事。和陰陽，應其時。不和，出失其時，寒暑失其節，邦當大饑。當出不出，是謂擊卒，兵大起。在於房心間，地動。亦曰，辰星出入躁疾，常主夷狄。又曰，蠻夷出星，亦主刑法之得失。色黃而小，地大動。

凡五星有色，大小不同，各依其行而順時應節。色變有類。凡青皆比參左肩，赤比心大星，黃比參右肩，白比狼星，黑比奎大星。不失本色，而應其四時者，吉；色害其行，凶。

凡五星所出所行所直之辰，其國爲得位者，歲星以德，熒惑有禮，填星有福，太白兵强，辰星陰陽和。所行所直之辰，順其色而有角者勝，其色害者敗。居實，有德也。居虛，無德也。色勝位，行勝色，行得盡勝之。營室爲清廟，歲星廟也。心爲明堂，熒惑廟也。南斗爲文太室，填星廟也。亢爲疏廟，太白廟也。七星爲員官，辰星廟也。五星行至其廟，謹候其命。

凡五星盈縮失位，其精降于地爲人。歲星降爲貴臣；熒惑降爲童兒，歌謠嬉戲；填星降爲老人婦女；太白降爲壯夫，〔三〕處於林麓；辰星降爲婦人。吉凶之應，隨其象告。

凡五星，木與土合，爲內亂、饑；與水合，爲變謀而更事；與火合，爲饑，爲旱；與金合，爲白衣之會，合鬭，國有內亂，野有破軍，爲水。太白在南，歲星在北，名曰牡年，穀大熟。太白在北，歲星在南，年或有或無。火與金合，爲爍爲喪，不可舉事用兵。從軍爲軍憂，離之軍却。出太白陰，分宅；出其陽，偏將戰。與土合，爲憂，主孽。與水合，爲北軍，用兵舉事大敗。一曰，火與水合爲焠，不可舉事用兵。土與水合，爲壅沮，不可舉事用兵，有覆軍下師。一曰，爲變謀更事，必爲旱。與金合，爲疾，爲白衣會，爲內兵，國亡地。與木合，國饑。

中華書局

水與金合，爲變謀，爲兵憂。入太白中而上出，破軍殺將，客勝。下出，客亡地，視旗所指，以命破軍。環繞太白，若與鬬，大戰，客勝。凡木、火、土、金與水鬬，皆爲戰，兵不在外，皆爲內亂。凡同舍爲合，相陵爲鬬。二星相近，其殃大，相遠無傷，七寸以內必之。

凡月蝕五星，其國亡。歲以饑，熒惑以亂，填以殺，太白以彊國戰，辰以女亂。

凡五星入月，其野有逐相。太白，將僇。

凡五星所聚，其國王，天下從。歲以義從，熒惑以禮從，填以重從，太白以兵從，辰以法，各以其事致天下也。三星若合，是謂驚立絕行，其國外內有兵，天喪人民，改立侯王。四星若合，是謂太陽，其國兵喪並起，君子憂，小人流。五星若合，是謂易行，有德受慶，改立王者，奄有四方，子孫蕃昌；亡德受殃，離其國家，滅其宗廟，百姓離去，被滿四方。五星皆大，其事亦大；皆小，事亦小。

凡五星色，其圜白，爲喪，爲旱；赤中不平，爲兵，爲憂；青爲水；黑爲疾疫，爲多死；黃爲吉。皆角，赤，犯我城；黃，地之爭；白，哭泣聲；青，有兵憂；黑，有水。五星同色，天下偃兵，百姓安寧，歌儛以行，不見災疾，五穀蕃昌。

凡五星歲政緩則不行，〔四〕急則過分，逆則占。熒惑，緩則不入，急則不出，違道則占。填，緩則不還，急則過舍，逆則占。太白，緩則不出，急則不入，逆則占。辰星，緩則不出，急

則不入，非時則占。五星不失行，則年穀豐昌。

凡五星分天之中，積于東方，中國；積于西方，外國。用兵者利。辰星不出，太白爲客；其出，太白爲主。出而與太白不相從，及各出一方，爲格，野有軍不戰。

五星爲五德之主，其行或入黃道裏，或出黃道表，猶月行出有陰陽也。終出入五常，不可以算數求也。其東行曰順，西行曰逆，順則疾，逆則遲，通而率之，終爲東行矣。不東不西曰留。與日相近而不見，曰伏。伏與日同度曰合。其留行逆順掩合犯法陵變色芒角，凡其所主，皆以時政五常、五官、五事之得失，而見其變。

木、火、土三星行遲，夜半經天。其初皆與日合度，而後順行漸遲，追日不及，晨見東方。行去日稍遠，朝時近中則留。留經旦過中則逆行。逆行至夕時近中則又留。留而又順，先遲漸速，以至于夕伏西方，乃更與日合。金、水二星，行速而不經天。自始與日合之後，行速而先日，夕見西方。去日前稍遠，夕時欲近南方則漸遲，遲極則留。留而近日，則逆行而合日，在于日後。晨見東方。逆極則留，留而後遲。遲極去日稍遠，旦時欲近南方，則速行以追日，晨伏于東方，復與日合。此五星合見、遲速、逆順、留行之大經也。昏旦者，陰陽之大分也。南方者，太陽之位，而天地之經也。七曜行至陽位，當天之經，則虧昃留逆而不居焉。此天之常道也。三星經天，二星不經天，三天兩地之道也。

凡五星見伏留行，逆順遲速，應曆度者，爲得其行，政合于常。違曆錯度，而失路盈縮者，爲亂行。亂行則爲天矢彗孛，而有亡國革政，兵饑喪亂之禍云。

古曆五星並順行，秦曆始有金火之逆。又甘、石並時，自有差異。漢初測候，乃知五星皆有逆行，其後相承罕能察。至後魏末，清河張子信，學藝博通，尤精曆數。因避葛榮亂，隱於海島中，積三十許年，專以渾儀測候日月五星差變之數，以算步之，始悟日月交道，有表裏遲速，五星見伏，有感召向背。言日行在春分後則遲，秋分後則速。合朔月在日道裏則日食，若在日道外，雖交不虧。月望值交則虧，不問表裏。又月行遇木、火、土、金四星，向之則速，背之則遲。五星行四方列宿，各有所好惡。所居遇其好者，則留多行遲，見早。遇其惡者，則留少行速，見遲。與常數並差，少者差至五度，多者差至三十許度。其辰星之行，見伏尤異。晨應見在雨水後立夏前，夕應見在處暑後霜降前者，並不見。啓蟄、立夏、立秋、霜降四氣之內，晨夕去日前後三十六度內，十八度外，有木、火、土、金一星者見，無者不見。後張胄玄、劉孝孫、劉焯等，依此差度，爲定入交食分及五星定見定行，與天密會，皆古人所未得也。

梁奉朝請祖暅，天監中，受詔集古天官及圖緯舊說，撰天文錄三十卷。逮周氏克梁，獲

庾季才，爲太史令，撰靈臺秘苑一百二十卷，占驗益備。今略其雜星、瑞星、妖星、客星、流星及雲氣名狀，次之於此云。

瑞星

一曰景星，如半月，生於晦朔，助月爲明。或曰，星大而中空。或曰，有三星，在赤方氣，與青方氣相連。黃星在赤方氣中，亦名德星。二曰周伯星，黃色煌煌然，所見之國大昌。三曰含譽，光耀似彗，喜則含譽射。

星雜變

一曰星晝見。若星與日並出，名曰嫁女。星與日爭光，武且弱，文且强，女子爲王，在邑爲喪，在野爲兵。又曰，臣有姦心，上不明，臣下從橫，大水浩洋。又曰，星晝見，虹不滅，臣人生明，星奪日光，天下有立王。二曰恒星不見。恒星者，在位人君之類。不見者，象諸侯之背畔，不佐王者奉順法度，無君之象也。又曰，恒星不見，主不嚴，法度消。又曰，天子失政，諸侯橫暴。又曰，常星列宿不見，象中國諸侯微滅也。三曰星鬬，星鬬天下大亂。四曰星搖，星搖人衆將勞。五曰星隕。大星隕下，陽失其位，災害之萌也。又曰，衆星墜，人

失其所也。凡星所墜，國易政。又曰，星墜，當其下有戰場，天下亂，期三年。又曰，奔星之所墜，其下有兵，列宿之所墜，滅家邦，衆星之所墜，衆庶亡。又曰，塡星墜，海水泆，黃星騁，海水躍。又曰，黃星墜，海水傾。亦曰，驤星墜而勃海決。星隕如雨，天子微，諸侯力政，五伯代興，更爲盟主，衆暴寡，大并小。又曰，星辰附離天，猶庶人附離王者也。王者失道，綱紀廢，下將畔去。故星畔天而隕，以見其象。國有兵凶，則星墜爲鳥獸。天下將亡，則星墜爲飛蟲。天下大兵，則星墜爲金鐵。天下有水，則星墜爲土。國主亡，有兵，則星墜爲草木。兵起，國主亡，則星墜爲沙。星墜，爲人而言者，善惡如其言。又曰，國有大喪，則星墜爲龍。

妖星

妖星者，五行之氣，五星之變名，見其方，以爲殃災。各以其日五色占，知何國吉凶決矣。行見無道之國，失禮之邦，爲兵爲饑，水旱死亡之徵也。又曰，凡妖星所出，形狀不同，爲殃如一。其出不過一年，若三年，必有破國屠城。其君死，天下大亂，兵士亂行，戰死於野，積尸從橫。餘殃不盡，爲水旱兵饑疾疫之殃。又曰，凡妖星出見，長大，災深期遠；短小，災淺期近。三尺至五尺，期百日。五尺至一丈，期一年。一丈至三丈，期三年。三丈至五丈，

期五年。五丈至十丈，期七年。十丈以上，期九年。審以察之，其災必應。

彗星，世所謂掃星，本類星，末類彗，小者數寸，長或竟天。見則兵起，大水。主掃除，除舊布新。有五色，各依五行本精所主。史臣案，彗體無光，傅日而爲光，故夕見則東指，晨見則西指，在日南北，皆隨日光而指。頓挫其芒，或長或短，光芒所及則爲災。

又曰，孛星，彗之屬也。偏指曰彗，芒氣四出曰孛。孛者，孛然非常，惡氣之所生也。內不有大亂，則外有大兵，天下合謀，闇蔽不明，有所傷害。晏子曰：「君若不改，孛星將出，彗星何懼乎？」由是言之，災甚於彗。

歲星之精，流爲天棓、天槍、天猾、天衝、國皇、反登。一曰天棓，一名覺星，或曰天格。本類星，末銳，長四丈。主滅兵，主奮爭。又曰，天棓出，其國凶，不可舉事用兵。又曰，期三月，必有破軍拔城。又曰，天棓見，女主用事。其本者爲主人。二曰天槍，主捕制。或曰，攙雲如牛，槍雲如馬。或曰，如槍，左右銳，長數丈。天攙本類星，末銳，長丈。三曰天猾，主招亂。又曰，人主自恣，逆天暴物，則天猾起。四曰天衝，狀如人，蒼衣赤首，不動。主滅位。又曰，衝星出，臣謀主，武卒發。又曰，天衝抱極泣帝前，血濁霧下 天下寃。五曰國皇。或曰，機星散爲國皇。國皇之星，大而赤，類南極老人星也。主滅姦，主內寇難。見則兵起，天下急。或云，去地一二丈，如炬火狀。後客星內亦有國皇，名同而占狀異。六曰反登，主夷分，皆少陽之精，司徒之類，青龍七宿之域。有謀反，若恣虐爲害，主失春政者，以出時衝爲期。皆主君徵也。

熒惑之精，流爲析旦、蚩尤旗、昭明、司危、天攙。一曰析旦，或曰昭旦，主弱之符。又曰，析旦横出，參權百尺，爲相誅滅。二曰蚩尤旗。或曰，旋星散爲蚩尤旗。或曰，蚩尤旗，五星盈縮之所生也。狀類彗而後曲，象旗。或曰，四望無雲，獨見赤雲，蚩尤旗也。或曰，蚩尤旗如箕，可長二丈，末有星。又曰，亂國之王，衆邪並積，有雲若植萑竹長，黃上白下，名曰蚩尤旗。主誅逆國。又曰，帝將怒，則蚩尤旗出。又曰，虐王反度，則蚩尤旗出。或曰，本類星，而後委曲，其像旗旛，可長二三丈。見則王者旗鼓，大行征伐，四方兵大起。不然，國有大喪。三曰昭明者，五星變出於西方，名曰昭明，金之氣也。又曰，赤彗分爲昭明。昭明滅光，象如太白，七芒，故以爲起霸之徵。或曰，機星散爲昭明。又曰，西方有星，望之去地可六丈而有光，其類太白，數動，察之中赤，是謂西方之野星，名曰昭明。出則兵大起。其出也，下有喪。出南方，則西方之邦失地。或曰，昭明如太白，不行，主起有德。又曰，西方有星，大而白，有角，日下視之，名曰昭明。金之精，出則兵大起。若守房心，國有喪，必有屠城。昭明下則爲天狗，所下者大戰流血。四曰司危。或曰，機星散爲司危。又曰，白

彗之氣，分爲司危。司危平，以爲乖爭之徵。或曰，司危星大，有毛，兩角。又曰，司危星類太白，數動，察之而赤。司危出，强國盈，主擊强侯兵也。又曰，司危見則主失法，期八年，豪傑起，天子以不義失國。有聲之臣，行主德也。又曰，司危見，則其下國相殘賊。又曰，司危星出正西，西方之野星，去地可六丈，大而白，類太白。一曰，見，兵起强。又曰，司危出則非，其下有兵衝不利。五曰天攙，其狀白小，數動，是謂攙星，一名斬星。天攙主殺罰。〔五〕又曰，天攙見，女主用事者，其本爲主人。又曰，天攙出，其下相攙，爲饑爲兵，赤地千里，枯骨籍籍。亦曰，天攙出，其國內亂。又曰，太陽之精，赤鳥七宿之域，有謀反，恣虐爲害，主失夏政。

塡星之精，流爲五殘、六賊、獄漢、大賁、炤星、紬流、茀星、旬始、擊咎。一曰五殘。或曰，旋星散爲五殘。亦曰，蒼彗散爲五殘。故爲毀敗之徵。或曰，五殘五分。亦曰，一本而五枝也。期九年，姦興。〔六〕三九二十七，大亂不可禁。又曰，五殘者，五行之變，出於東方，五殘木之氣也。一曰，五鏠又曰五殘，星出正東，東方之野星，狀類辰星，可去地六七丈，大而白，主乖亡。或曰，東方有星，望之去地可六丈，大而赤，察之中青。或曰，星表青氣如暈，有毛，其類歲星，是謂東方之野星，名曰五殘。出則兵大起。其出也，下有喪。出北則東方之邦失地。又曰，五殘出，四蕃虛，天子有急兵。或曰，五殘大而赤，數動，察之有青。

又曰，五殘出則兵起。二曰六賊者，五行之氣，出於南方。或曰，六賊火之氣也。或曰，六賊星形如彗。又曰，南方有星，望之可去地六丈，赤而數動，察之有光，其類熒惑，是謂南方之野星，名曰六賊。出則兵起，其國亂。其出也，下有喪。出東方則南方之邦失地。又曰，六賊星見，出正南，南方之星，去地可六丈，大而赤，數動有光。三曰獄漢，一曰咸漢。或曰，權星散爲獄漢。又曰，咸漢者，五行之氣，出於北方，水之氣也。獄漢青中赤表，下有三彗從橫，主逐王刺王。又曰，北方有星，望之可去地六丈，大而赤，數動，察之中青黑，其類辰星，是謂北方之野星，名曰咸漢。出則兵起，其下有喪。出西方則北方之邦失地。又曰，獄漢動，諸侯驚，出則陰橫。四曰大賁，主暴衡。五曰炤星，主滅邦。六曰紺流，動天下赦主伏逃。又曰，紺流，主自理，無所逃。七曰茀星，在東南，本有星，末類茀，所當之國，實受其殃。八曰旬始。或曰，樞星散爲旬始。或曰，五星盈縮之所生也。亦曰，旬始妖氣。又曰，旬始蚩尤也。又曰，旬始出於北斗旁，狀如雄雞。其怒青黑，象伏鼈。又曰，黃彗分爲旬始。旬始者，今起也。狀如雄雞，土含陽，以交白接，精象雞，故以爲立主之題。期十年，聖人起代。又曰，旬始主爭兵，主亂，主招橫。又曰，旬始照，其下必有滅王。五姦爭作，暴骨積骸，以子續食。見則臣亂兵作，諸侯爲虐。又曰，常以戊戌日，視五車及天軍天庫中有奇怪，曰旬始。狀如鳥有喙，而見者則兵大起，攻戰當其首者破死。又曰，出見北斗，聖人受

命，天子壽，王者有福。九曰擊咎，出，臣下主。一曰，臣禁主，主大兵。又曰，土精，斗七星之域，以長四方，司空之位，有謀反恣虐者，占如上。

太白之精，散爲天杵、天柎、伏靈、大敗、司姦、天狗、天殘、卒起。一曰天杵，主牪羊。二曰天柎，主擊殃。三曰伏靈，主領讒。伏靈出，天下亂復人。四曰大敗，主鬬衝。或曰，大敗出，擊咎謀。五曰司姦，主見妖。六曰天狗。亦曰，五星氣合之變，出西南，金火氣合，名曰天狗。或曰，天狗星有毛，旁有短彗，下有如狗形者，主徵兵，主討賊。亦曰，天狗流，五將鬬。又曰，西北方有星，長三丈，而出水金氣交，名曰天狗。亦曰，西北三星，大而白，名曰天狗。見則大兵起，天下饑，人相食。又曰，天狗所下之處，必有大戰，破軍殺將，伏尸流血，天狗食之。皆期一年，中二年，遠三年，各以其所下之國，以占吉凶。後流星內天狗，名同，占狀小異。七曰天殘，主貪殘。八曰卒起。卒起見，禍無時，諸變有萌，臣運柄。又曰，少陰之精，大司馬之類，白獸七宿之域，有謀反，若恣虐爲害，主失秋政者，期如上占，禍亦應之。

辰星之精，散爲枉矢、破女、拂樞、滅寶、繞廷、驚理、大奮祀。一曰枉矢。或曰，塡星之變爲枉矢。又曰，機星散爲枉矢。亦曰，枉矢，五星盈縮之所生也，弓弩之像也。類大流星，色蒼黑，蛇行，望之如有毛目，長數匹，著天。主反萌，主射愚。又曰，黑彗分爲枉矢。枉矢者，射是也。枉矢見，謀反之兵合，射所誅，亦爲以亂伐亂。又曰，人君暴專己，則有枉矢動。

亦曰，枉矢類流星，望之有尾目，長可一匹布，皎皎著天。見則大兵起，大將出，弓弩用，期三年。曰，枉矢所觸，天下之所伐，射滅之象也。二曰破女。破女若見，君臣皆誅，主勝之符。三曰拂樞。拂樞動亂，駭擾無調時。又曰，拂樞主制時。四曰滅寶。滅寶起，相得之。又曰，滅寶主伐之。五曰繞廷。繞廷主亂孽。六曰驚理。驚理主相署。七曰大奮祀。大奮祀主招邪。或曰，大奮祀出，主安之。太陰之精，玄武七宿之域，有謀反，若恣虐爲害，主失冬政者，期如上占，禍亦應之。又曰，五精潛潭，皆以類逆所犯，行失時指，下臣承類者，乘而害之，皆滅亡之徵也。入天子宿，主滅，諸侯五百謀。

雜妖

一曰天鋒。天鋒，彗象矛鋒者也，主從横。天下從横，則天鋒星見。

二曰燭星，狀如太白，其出也不行，見則不久而滅。或曰，主星上有三彗上出。燭星所出邑反。又曰，燭星所燭者城邑亂。又曰，燭星所出，有大盜不成。

三曰蓬星，一名王星，狀如夜火之光，多卽至四五，少卽一二。亦曰，蓬星在西南，修數丈，左右銳，出而易處。又曰，有星，其色黃白，方不過三尺，名曰蓬星。又曰，蓬星狀如粉絮，見則天下道術士當有出者，布衣之士貴，天下太平，五穀成。又曰，蓬星出北斗，諸侯有

奪地，以地亡，有兵起。星所居者，期不出三年。又曰，蓬星出太微中，天子立王。

四曰長庚，狀如一匹布著天。見則兵起。

五曰四填，星出四隅，去地六丈餘。或曰，四填去地可四丈。或曰，四填星大而赤，去地二丈，當以夜半時出。四填星見，十月而兵起。又曰，四填星見四隅，皆爲兵起其下。

六曰地維臧光。地維臧光者，五行之氣，出於四季土之氣也。又曰，有星出，大而赤，去地二三丈，如月，始出謂之地維臧光。四隅有星，望之可去地四丈，而赤黃搖動，其類塡星，是謂中央之野星，出於四隅，名曰地維臧光。出東北隅，天下大水。出東南隅，天下大旱。出西南隅，則有兵起。出西北隅，則天下亂，兵大起。又曰，地維臧光見，下有亂者亡，有德者昌。

七曰女帛。女帛者，五星氣合變，出東北，水木氣合也。又曰，東北有星，長三丈而出，名曰女帛，見則天下兵起，若有大喪。又東北有大星出，名曰女帛，見則天下有大喪。

八曰盜星。盜星者，五星氣合之變，出東南，火木氣合也。又曰，東南有星，長三丈而出，名曰盜星，見則天下有大盜，多寇賊。

九曰積陵。積陵者，五星氣合之變，出西北，金水氣合也。又曰，西南有星，長三丈，名曰積陵，見則天下隕霜，兵大起，五穀不成，人飢。

十曰端星。端星者，五星氣合之變，出與金木水火，合於四隅。又四隅有星，大而赤，察之中黃，數動，長可四丈。此七之氣，効於四季，名曰四隅端星，所出，兵大起。

十一曰昏昌。有星出西北，氣青赤以環之，中赤外青，名曰昏昌，見則天下兵起，國易政。先起者昌，後起者亡。高十丈，亂一年。高二十丈，亂二年。高三十丈，亂三年。

十二曰莘星。有星出西北，狀如有環二，名山勤。一星見則諸侯有失地，西北國。

十三曰白星。有如星非星，狀如削瓜，有勝兵，名曰白星。白星出，爲男喪。

十四曰菟昌。西北菟昌之星，有赤青環之，有殃，有青爲水。此星見，則天下改易。

十五曰格澤，狀如炎火。又曰，格澤星也，上黃下白，從地而上，下大上鋭，見則不種而穫。又曰，不有土功，必有大客鄰國來者，期一年、二年。又曰，格澤氣赤如火，炎炎中天，上下同色，東西絙天，若於南北，長可四五里。此熒惑之變，見則兵起，其下伏尸流血，期三年。

十六曰歸邪，狀如星非星，如雲非雲。或曰，有兩赤彗上向，上有蓋狀如氣，下連星。或曰，見必有歸國者。

十七曰濛星，夜有赤氣如牙旗，長短四面，西南最多。又曰刀星，亂之象。又曰，徧天薄雲，四方生赤黃氣，長三尺，乍見乍沒，尋皆消滅。又曰，刀星見，天下有兵，戰鬭流血。或

曰，徧天薄雲，四方合有八氣，蒼白色，長三尺，乍見乍沒。

漢京房著風角書，有集星章，所載妖星，皆見於月旁，互有五色方雲，以五寅日見，各五星所生云。

天槍星生箕宿中，天根星生尾宿中，天荆星生心宿中，眞若星生房宿中，天猿星生氐宿中，天樓星生亢宿中，天垣星生左角宿中，皆歲星所生也。見以甲寅日，其星咸有兩青方在其旁。

天陰星生軫宿中，晉若星生翼宿中，官張星生張宿中，天惑星生七宿中，天雀星生柳宿中，赤若星生鬼宿中，蚩尤星生井宿中，皆熒惑之所生也。出在丙寅日，有兩赤方在其旁。天上、天伐、從星、天樞、天翟、天沸、荆彗，皆鎭星之所生也。出在戊寅日，有兩黃方在其旁。

若星生參宿中，帚星生觜宿中，若彗星生畢宿中，竹彗星生昴宿中，牆星生胃宿中，榱星生婁宿中，白雚星生奎宿中，皆太白之所生也。出在庚寅日，有兩白方在其旁。

天美星生壁宿中，天毚星生室宿中，天杜星生危宿中，天麻星生虛宿中，天林星生女宿中，天高星生牛宿中，端下星生斗宿中，皆辰星之所生也。出以壬寅日，有兩黑方在其旁。

已前三十五星，卽五行氣所生，皆出月左右方氣之中，各以其所生星將出不出日數期候之。當其未出之前而見，見則有水旱兵喪饑亂，所指亡國失地，王死破軍殺將。

客星

客星者，周伯、老子、王蓬絮、國皇、溫星，凡五星，皆客星也。行諸列舍，十二國分野，各在其所臨之邦，所守之宿，以占吉凶。周伯，大而色黃，煌煌然。見其國兵起，若有喪，天下饑，衆庶流亡去其鄉。瑞星中名狀與此同，〔七〕而占異。老子，明大，色白，淳淳然。所出之國，爲饑，爲凶，爲善，爲惡，爲喜，爲怒。常出見則兵大起，人主有憂。王者以赦除咎則災消。王蓬絮，狀如粉絮，拂拂然。見則其國兵起，若有喪，白衣之會，其邦饑亡。又曰，王蓬絮，星色青而熒熒然。所見之國，風雨不如節，焦旱，物不生，五穀不成登，蝗蟲多。國皇星，出而大，其色黃白，望之有芒角。見則兵起，國多變，若有水饑，人主惡之，衆庶多疾。溫星，色白而大，狀如風動搖，常出四隅。出東南，天下有兵，將軍出於野。出東北，當有千里暴兵。出西北，亦如之。出西南，其國兵喪並起，若有大水，人飢。又曰，溫星出東南，爲大將軍服屈不能發者。出於東北，暴骸三千里。出西亦然。

凡客星見其分，若留止，卽以其色占吉凶。星大事大，星小事小。星色黃得地，色白有喪，色青有憂，色黑有死，色赤有兵，各以五色占之，皆不出三年。又曰，客星入列宿中外官

者，各以其所出部舍官名爲其事。所之者爲其謀，其下之國，皆受其禍。以所守之舍爲其期，以五氣相賊者爲其使。

流星

流星，天使也。自上而降曰流，自下而升曰飛。大者曰奔，奔亦流星也。星大者使大，星小者使小。聲隆隆者，怒之象也。行疾者期速，行遲者期遲。大而無光者，衆人之事。小而光者，貴人之事。大而光者，其人貴且衆也。乍明乍滅者，賊敗成也。前大後小者，恐憂也。前小後大者，喜事也。蛇行者，姦事也。往疾者，往而不返也。長者，其事長久也。短者，事疾也。奔星所墜，其下有兵。無風雲，有流星見，良久間乃入，爲大風發屋折木。小流星百數，四面行者，庶人流移之象。流星異狀，名占不同。今略古書及荆州占所載云。

流星之尾，長二三丈，暉然有光竟天，其色白者，主使也，色赤者，將軍使也。流星有光，其色黃白者，從天墜有音，如炬熛火下地，野雉盡鳴，斯天保也。所墜國安有喜，若水。流星其色青赤，名曰地雁，其所墜者起兵。流星有光青赤，其長二三丈，名曰天雁，軍之精華也。其國起兵，將軍當從星所之。流星暉然有光，白，長竟天者，人主之星也，主將相軍從星所之。凡星如甕者，爲發謀起事。大如桃者爲使事。流星大如缶，其光赤黑，有喙者，名

曰梁星，其所墜之鄉有兵，君失地。

飛星大如缶若甕，後皎然白，前卑後高，此謂頓頑，其所從者多死亡，削邑而不戰。有飛星大如缶若甕，後皎然白，前卑後高，搖頭，乍上乍下，此謂降石，所下民食不足。飛星大如缶若甕，後皎然白，星滅後，白者曲環如車輪，此謂解衔。其國人相斬爲爵祿，此謂自相齧食。有飛星大如缶若甕，其後皎然白，長數丈，星滅後，白者化爲雲流下，名曰大滑，所下有流血積骨。有飛星大如缶若甕，後皎白，縵縵然長可十餘丈而委曲，名曰天刑，一曰天飾，將軍均封疆。

天狗，狀如大奔星，色黄有聲，其止地類狗，所墜，望之如火光，炎炎衝天，其上銳，其下圓，如數頃田處。或曰，星有毛，旁有短彗，下有狗形者。或曰，星出，其狀赤白有光，下即爲天狗。一曰，流星有光，見人面，墜無音，若有足者，名曰天狗。其色白，其中黄，黄如遺火狀。主候兵討賊，見則四方相射，千里破軍殺將。或曰，五將鬬，人相食，所往之鄉有流血。其君失地，兵大起，國易政，戒守禦。餘占同前。營頭，有雲如壞山墮，所謂營頭之星。所墮，其下覆軍，流血千里。亦曰，流星晝隕名營頭。

雲氣

瑞氣

一曰慶雲，若煙非煙，若雲非雲，郁郁紛紛，蕭索輪囷，是謂慶雲，亦曰景雲。此喜氣也，太平之應。一曰昌光，赤如龍狀。聖人起，帝受終則見。

妖氣

一曰虹蜺，日旁氣也。斗之亂精，主惑心，主內淫，主臣謀君，天子詘后妃，顓妻不一。二曰牂雲，如狗，赤色長尾，爲亂君，爲兵喪。

校勘記

〔一〕琉瀉盈溢　「盈」原作「瀛」，據晉志上改。

〔二〕大凡二百五十四官　「官」原作「宮」，據宋小字本、元九行本、殿本改。

〔三〕太白降爲壯夫　「壯」原作「仕」，據晉志中改。

〔四〕凡五星歲政緩則不行　「歲」原作「爲」，據晉志中改。

〔五〕主殺罰　「罰」原作「時」，據晉志中改。

〔六〕姦興　「興」原作「輿」，據開元占經八五改。

〔七〕瑞星中名狀與此同　「瑞」原作「端」，據宋小字本、元九行本改。

隋書卷二十一

志第十六

天文下

十煇

周禮，眡祲氏掌十煇之法，以觀妖祥，辨吉凶。一曰祲，謂陰陽五色之氣，祲淫相侵。或曰，抱珥背璚之屬，如虹而短是也。二曰象，謂雲如氣，成形象，雲如赤烏，夾日以飛之類是也。三曰鑴，日旁氣刺日，形如童子所佩之鑴也。四曰監，謂雲氣臨在日上也。五曰闇，謂日月蝕，或日光暗也。六曰瞢，謂瞢瞢不光明也。七曰彌，謂白虹彌天而貫日也。八曰序，謂氣若山而在日上。或曰，冠珥背璚，重疊次序，在于日旁也。九曰隮，謂暈氣也。或曰，虹也。詩所謂「朝隮于西」者也。十曰想，謂氣五色，有形想也，青饑，赤兵，白喪，黑憂，黃熟。或曰，想，思也，赤氣爲人獸之形，可思而知其吉凶。自周已降，術士間出。今採其

著者而言之。

日，君乘土而王，其政太平，則日五色。又曰，或黑或青或黃，師破。又曰，遊氣蔽天，日月失色，皆是風雨之候也。若天氣清靜，無諸遊氣，日月不明，乃爲失色。或天氣下降，地氣未升，厚則日紫，薄則日赤，若於夜則月白，皆將雨也。或天氣未降，地氣上升，厚則日黃，薄則日白，若於夜則月赤，將旱且風。亦爲日月暈之候，雨少而多陰。或天氣已降，地氣又升，上下未交則日青，若於夜則月綠色，將寒候也。或天地氣雖交而未密，則日黑，若於夜則月青，將雨不雨，變爲霿霧，暈背虹蜺。又曰，沉陰，日月俱無光，晝不見日，夜不見星，皆有雲鄣之，兩敵相當，陰相圖議也。日曚曚光，士卒內亂。日薄赤，見日中烏，將軍出，旌旗舉，此不祥，必有敗亡。又曰，數日俱出若鬭，天下兵大戰。日鬭下有拔城。

日戴者，形如直狀，其上微起，在日上爲戴。戴者德也，國有喜也。一云，立日上爲戴。青赤氣抱在日上，小者爲冠，國有喜事。青赤氣小，而交於日下，爲纓。青赤氣小而圓，一二在日下左右者，爲紐。青赤氣如小半暈狀，在日上爲負。負者得地爲喜。又曰，青赤氣長而斜倚日傍爲戟。青赤氣圓而小，在日左右，爲珥。黃白者有喜。又曰，有軍。日有一珥爲喜，在日西，西軍戰勝，在日東，東軍戰勝。南北亦如之。無軍而珥，爲拜將。又日旁如半環，向日爲抱。青赤氣如月初生，背日者爲背。又曰，背氣青赤而曲，外向爲叛象，分

爲反城。璚者如帶，璚在日四方。青赤氣長，而立日旁，爲直。日旁有一直，敵在一旁欲自立。從直所擊者勝。日旁有二直三抱，欲自立者不成。順抱擊者勝，殺將。氣形三抱，在日四方，爲提。青赤氣橫在日上下爲格。氣如半暈，在日下爲承。承者，臣承君也。又曰，日下有黃氣三重若抱，名曰承福，人主有吉喜，且得地。青白氣如履，在日下者爲履。日旁抱五重，戰順抱者勝。日一抱一背爲破走。抱者，順氣也，背者，逆氣也。兩軍相當，順抱擊逆者勝，故曰破走。日抱且兩珥，一虹貫抱，至日，〔一〕順虹擊者勝。日重抱，內有璚，順抱擊者勝；亦曰軍內有欲反者。日重抱，左右二珥，有白虹貫抱，順抱擊勝，得二將。有三虹，得三將。日抱黃白潤澤，內赤外青，天子有喜，有和親來降者。軍不戰，敵降，軍罷。色青，將喜；赤，將兵爭；白，將有喪；黑，將死。日重抱且背，順抱擊者勝，得地，若有罷師。日重抱，抱內外有璚，兩珥，順抱擊者勝，破軍，軍中不和，不相信。日旁有氣，圓而周帀，內赤而外青，名爲暈。日暈者，軍營之象。周環帀日無厚薄，敵與軍勢齊等。若無軍在外，天子失御，民多叛。日暈有五色，有喜。不得五色，有憂。

凡占兩軍相當，必謹審日月暈氣，知其所起，留止遠近，應與不應，疾遲大小，厚薄長短，抱背爲多少，有無實虛久亟，密疎澤枯。相應等者勢等。近勝遠，疾勝遲，大勝小，厚勝薄，長勝短，抱勝背，多勝少，有勝無，實勝虛，久勝亟，密勝疎，澤勝枯。重背大破，重抱爲

和親，抱多親者益多，背爲不和。分離相去，背於內者離於內，背於外者離於外也。

凡占分離相去，赤內青外，以和相去；青內赤外，以惡相去。日暈明久，內赤外青，外人勝；內青外赤，內人勝；內黃外青黑，內人勝；外黃內青黑，外人勝；外白內青，外人勝；內白外青，內人勝；內黃外青，外人勝；內青外黃，內人勝。日暈周帀，東北偏厚，厚爲軍福，在東北戰勝，西南戰敗。日暈，黃白，不鬭兵未解；青黑，和解分地；色黃，土功動，人不安，日色黑，有水，陰國盛。日暈七日無風雨，兵大作，不可起，衆大敗。不及日蝕，日暈而明，天下有兵，兵罷；無兵，兵起不戰。日暈始起，前滅而後成者，後成面勝。日暈有兵在外者，主人不勝。日暈，內赤外青，羣臣親外；外赤內青，羣臣親內其身，身外其心。日有朝夕暈，是謂失地，主人必敗。

日暈而珥，主有謀，軍在外，外軍有悔。日暈抱珥上，將軍易。日暈而珥如井幹者，國亡，有大兵交。日暈上西，將軍易，兩敵相當。日暈兩珥，平等俱起而色同，軍勢等，色厚潤澤者賀喜。日暈有直珥爲破軍，貫至日爲殺將。日暈員且戴，國有喜，戰從戴所擊者勝，得地。日暈而珥背左右，如大車輞者，兵起，其國亡城，兵滿野而城復歸。

日暈，暈內有珥一抱，所謂圍城者在內，內人則勝。日暈有重抱，後有背，戰順抱者勝，得地有軍。日暈有一抱，抱爲順，貫暈內，在日西，西軍勝，有軍。

日暈有一背，背爲逆，在日西，東軍勝。餘方放此。日暈而背，兵起，其分，失城。日暈有背，背爲逆，有降叛者，有反城。在日東，東有叛。餘方放此。日暈背氣在暈內，此爲不和，分離相去。其色青外赤內，節臣受王命有所之。日暈上下有兩背，無兵兵起，有兵兵入。日暈四背在暈內，名曰不和，有內亂。日暈而四背如大車輞者四提，設其國衆在外，有反臣。日暈四提，必有大將出亡者。日暈有四背璚，其背端盡出暈者，反從內起。

日暈而兩珥在外，有聚雲在內與外，不出三日，城圍出戰。日暈有背珥直，而有虹貫之者，順虹擊之，大勝得地。日暈，有白虹貫暈至日，從虹所指戰勝，破軍殺將。日暈，有虹貫暈，不至日，戰從貫所擊之勝，得小將。日暈，有一虹貫暈內，順虹擊者勝，殺將。日暈，二白虹貫暈，有戰，客勝。日重暈，有四五白虹氣，從內出外，以此圍城，主人勝，城不拔。

又日重暈，攻城圍邑不拔。日暈二重，其外淸內濁不散，軍會聚。日暈三重，有拔城。日交暈無厚薄，交爭，力勢均厚者勝。日交暈，人主左右有爭者，兵在外戰。日在暈上，軍罷。交暈貫日，天下有破軍死將。日交暈而爭者先衰，不勝卽兩敵相向。交暈至日月，順以戰勝，殺將。一法日在上者勝。日有交者，赤青如暈狀，或如合背，或正直交者，偏交也，兩氣相交也，或相貫穿，或相向，或相背也。交主內亂，軍內不和。日交暈如連環，爲兩軍兵起，君爭地。日有三暈，軍分爲三。日方暈而上下聚二背，將敗人亡。日暈若井垣，若車輪，二國皆兵亡。又曰，有軍。

日暈不帀，半暈在東，東軍勝，在西，西軍勝。南北亦如之。日暈如車輪半，軍在外者罷。日半暈東向者，西夷羌胡來入國。半暈西向者，東夷人欲反入國。半暈北向者，南夷人欲反入國。半暈南向者，北夷人欲反入國。

又曰，軍在外，月暈師上，其將戰必勝。月暈黃色，將軍益秩祿，得位。月暈有兩珥，白虹貫之，天下大戰。月暈而珥，兵從珥攻擊者利。月暈有蜺雲，乘之以戰，從蜺所往者大勝。月暈，虹蜺直指暈至月者，破軍殺將。

雜氣

天子氣，內赤外黃正四方，所發之處，當有王者。若天子欲有遊往處，其地亦先發此氣。或如城門，隱隱在氣霧中，恒帶殺氣森森然，或如華蓋在氣霧中，或有五色，多在晨昏見。或如千石倉在霧中，恒帶殺氣，或如高樓在霧氣中，或如山鎮。蒼帝起，青雲扶日。赤帝起，赤雲扶日。黃帝起，黃雲扶日。白帝起，白雲扶日。黑帝起，黑雲扶日。或日氣象青衣人，無手，在日西，天子之氣也。敵上氣如龍馬，或雜色鬱鬱衝天者，此帝王之氣，不可擊。若在吾軍，戰必大勝。凡天子之氣，皆多上達於天，以王相日見。

凡猛將之氣如龍。兩軍相當，若氣發其上，則其將猛銳。或如虎，在殺氣中。猛將欲行動，亦先發此氣；若無行動，亦有暴兵起。或如火煙之狀，或白如粉沸，或如火光之狀，夜照人，或白而赤氣繞之，或如山林竹木，或紫黑如門上樓，或上黑下赤，狀似黑旌，或如張弩，或如埃塵，頭銳而卑，本大而高。兩軍相當，敵軍上氣如囷倉，正白，見日逾明，或青白如膏，將勇。大戰氣發，漸漸如雲，變作此形，將有深謀。

凡氣上與天連，軍中有貞將，或云賢將。

凡軍勝氣，如堤如坂，前後磨地，此軍士衆强盛，不可擊。軍上氣如火光，將軍勇，士卒猛，好擊戰，不可擊。軍上氣如山堤，山上若林木，將士驍勇。軍上氣如埃塵粉沸，其色黃白，旌旗無風而颺，揮揮指敵，此軍必勝。敵上有白氣粉沸如樓，繞以赤氣者，兵銳。營上氣黃白色，重厚潤澤者，勿與戰。兩敵相當，有氣如人，持斧向敵，戰必大勝。兩敵相當，上有氣如蛇，擧首向敵者戰勝。敵上氣如一匹帛者，此雍軍之氣，不可攻。望敵上氣如覆舟，雲如牽牛，有白氣出，似旌幟，在軍上，有雲如鬬雞，赤白相隨，在氣中，或發黃氣，皆將士精勇，不可擊。軍營上有赤黃氣，上達於天，亦不可攻。

凡軍營上五色氣，上與天連，此天應之軍，不可擊。其氣上小下大，其軍日增益士卒。軍上氣如堤，以覆其軍上，前赤後白，此勝氣。若覆吾軍，急往擊之，大勝。天氣銳，黃白團團而潤澤者，敵將勇猛，且士卒能强戰，不可擊。雲如日月而赤氣繞之，如日月暈狀有光者，所見之地大勝，不可攻。

凡雲氣，有獸居上者勝。軍上有氣如塵埃，前下後高者，將士精銳。敵上氣如乳武豹伏者，難攻。軍上恒有氣者，其軍難攻。軍上雲如華蓋者，勿往與戰。雲如旌旗，如蜂向人者，勿與戰。兩軍相當，敵上有雲如飛鳥，徘徊其上，或來而高者，兵精銳，不可擊。軍上雲如馬，頭低尾仰，勿與戰。軍上雲如狗形，勿與戰。望四方有氣如赤鳥，在烏氣中，如烏人在赤氣中，如赤杵在烏氣中，如人十十五五，或如旌旗，在烏氣中，有赤氣在前者，敵人精悍，不可當。敵上有雲如山，不可說。有雲如引素，如陣前銳，或一或四，黑色有陰謀，赤色饑，青色兵有反，黃色急去。

凡氣，上黃下白，名曰善氣。所臨之軍，欲求和退。若氣出北方，求退向北，其衆死散。向東則不可信，終能爲害。向南將死。敵上氣囚廢枯散，或如馬肝色，如死灰色，或類偃蓋，或類偃魚，皆爲將敗。軍上氣，乍見乍不見，如霧起，此衰氣，可擊。上大下小，士卒日減。

凡軍營上，十日無氣發，則軍必勝。而有赤白氣，乍出卽滅，外聲欲戰，其實欲退散。黑氣如壞山墮軍上者，名曰營頭之氣，其軍必敗。軍上氣昏發連夜，夜照人，則軍士散亂。

軍上氣半而絕，一敗，再絕再敗，三絕三敗。在東發白氣者，災深。軍上氣中有黑雲如牛形，或如猪形者，此是瓦解之氣，軍必敗。敵上氣如粉如塵者，勃勃如煙，或五色雜亂，或東西南北不定者，其軍欲敗。軍上氣如羣羊羣猪在氣中，此衰氣，擊之必勝。軍上有赤氣，炎降於天，則將死，士衆亂。赤光從天流下入軍，軍亂將死。彼軍上有蒼氣，須臾散去，擊之必勝。在我軍上，須自堅守。軍有黑氣如牛形，或如馬形，從氣霧中下，漸漸入軍，名曰天狗下食血，則軍破。軍上氣或如羣鳥亂飛，或如懸衣，如人相隨，或紛紛如轉蓬，或如揚灰，或雲如卷席，如匹布亂穰者，皆爲敗徵。氣乍見乍沒，乍聚乍散，如霧之始起，爲敗氣。氣如繫牛，如人臥，如敗車，如雙蛇，如飛鳥，如決堤垣，如壞屋，如人相指，如人無頭，如驚鹿相逐，如兩雞相向，皆爲敗氣。

凡降人氣，如人十十五五，皆叉手低頭。又云，如人叉手相向。白氣如羣鳥，趣入屯營，連結百餘里不絕，而能徘徊，須臾不見者，當有他國來降。氣如黑山，以黃爲緣者，欲降服。敵上氣青而高漸黑者，將欲死散。軍上氣如燔生草之煙，前雖銳，後必退。黑氣臨營，或聚或散，如鳥將宿，敵人畏我，心意不定，終必逃背，逼之大勝。

凡白氣從城中南北出者，不可攻，城不可屠。城中有黑雲如星，名曰軍精，急解圍去，有突兵出，客敗。城上白氣如旌旗，或青雲臨城，有喜慶。黃雲臨城，有大喜慶，青色從中

南北出者，城不可攻。或氣如青色，如牛頭觸人者，城不可屠。城中氣出東方，其色黃，此太一。城白氣從中出，青氣從城北入，反向還者，軍不得入。攻城圍邑，過旬雷雨者，爲城有輔，疾去之，勿攻。城上氣如煙火，主人欲出戰。其氣無極者，不可攻。城上氣如雙蛇者，難攻。赤氣如杵形，從城中向外者，內兵突出，主人戰勝。城上有雲，分爲兩彗狀，攻不可得。赤氣在城上，黃氣四面繞之，城中大將死，城降。城上赤氣如飛鳥，如敗車，及無雲氣，士卒必散。城營中有赤黑氣，如貍皮斑及赤者，並亡。城上氣上赤而下白色，或城中氣聚如樓，出見於外，城皆可屠。城營上有雲，如衆人頭，赤色，下多死喪流血。城上氣如灰，城可屠。氣出而北，城可剋。其氣出復入，城中人欲逃亡。其氣出而覆其軍，軍必病。氣出而高，無所止，用日久長。有白氣如蛇來指城，可急攻。白氣從城指營，宜急固守。攻城若雨霧日死風至，兵勝。日色無光爲日死。雲氣如雄雉臨城，其下必有降者。濛氛圍城而入城者，外勝，得入。有雲如立人五枚，或如三牛，邊城圍。

凡軍上有黑氣，渾渾圓長，赤氣在其中，其下必有伏兵。白氣粉沸起，如樓狀，其下必有藏兵萬人，皆不可輕擊。伏兵之氣，如幢節狀，在烏雲中，或如赤杵在烏雲中，或如烏人在赤雲中。

凡暴兵氣，白如瓜蔓連結，部隊相逐，須臾罷而復出，至八九來而不斷，急賊卒至，宜防固之。白氣如仙人衣，千萬連結，部隊相逐，罷而復興，如是八九者，當有千里兵來，視所起備之。黑雲從敵上來，之我軍上，欲襲我。敵人告發，宜備不宜戰。壬子日，候四望無雲，獨見赤雲如旌旗，其下有兵起。若偏四方者，天下盡有兵。若四望無雲，獨見黑雲極天，天下兵大起。半天，半起。三日內有雨，災解。敵欲來者，其氣上有雲，下有氛零，中天而下，敵必至。雲氣如旌旗，賊兵暴起。暴兵氣，如人持刀楯，雲如人，赤色，所臨城邑，有卒兵至，驚怖，須臾去。赤氣如人持節，兵來未息。雲如方虹，有暴兵。赤雲如火者，所向兵至。天有白氣，狀如匹布，經丑未者，天下多兵。

凡戰氣，青白如膏，將勇。大戰氣，如人無頭，如死人臥。敵上氣如丹蛇，赤氣隨之，必大戰，殺將。四望無雲，見赤氣如狗入營，其下有流血。

凡連陰十日，晝不見日，夜不見月，亂風四起，欲雨而無雨，名曰蒙，臣謀君。故曰，久陰不雨臣謀主。霧氣若晝若夜，其色青黃，更相掩冒，乍合乍散，臣謀君，逆者喪。山中冬霧十日不解者，欲崩之候。視四方常有大雲，五色具者，其下有賢人隱也。青雲潤澤蔽日，在西北爲舉賢良。雲氣如亂穰，大風將至，視所從來避之。雲甚潤而厚，大雨必暴至。四始之日，有黑雲氣如陣，厚重大者，多雨。氣若霧非霧，衣冠不雨而濡，見則其城帶甲而趣。日出沒時，有雲橫截之，白者喪，烏者驚。三日內雨者各解。有黑氣入營者，兵相殘。有赤

青氣入營者，兵弱。有雲如蛟龍，所見處將軍失魄。有雲如鵠尾，來蔭國上，三日亡。有雲如日月暈，赤色，其國凶。青白色，有大水。有雲狀如龍行，國有大水，人流亡。有雲赤黃色，四塞終日，竟夜照地者，大臣縱恣。有雲如氣，昧而濁，賢人去，小人在位。

凡白虹者，百殃之本，衆亂所基。霧者，衆邪之氣，陰來冒陽。

凡遇四方盛氣，無向之戰。甲乙日青氣在東方，丙丁日赤氣在南方，庚辛日白氣在西方，壬癸日黑氣在北方，戊巳日黃氣在中央。四季戰當此日氣，背之吉。日中有黑氣，君有小過而臣不諫，又掩君惡而揚君善，故日中有黑氣不明也。

凡白虹霧，姦臣謀君，擅權立威。晝霧夜明，臣志得申，夜霧晝明，臣志不申。霧終日終時，君有憂。色黃小雨。白言兵喪，青言疾，黑有暴水，赤有兵喪，黃言土功，或有大風。

凡夜霧，白虹見，臣有憂。晝霧白虹見，君有憂。虹頭尾至地，流血之象。

凡霧氣不順四時，逆相交錯，微風小雨，爲陰陽氣亂之象。從寅至辰巳上，周而復始，爲逆者不成。積日不解，晝夜昏暗，天下欲分離。

凡霧四合，有虹各見其方，隨四時色吉，非時色凶。氣色青黃，更相掩覆，乍合乍散，臣欲謀君，爲逆者不成，自亡。

凡霧氣四方俱起，百步不見人，名曰晝昏，不有破國，必有滅門。

凡天地四方昏濛若下塵，十日五日以上，或一日，或一時，雨不霑衣而有土，名曰霾。故曰，天地霾，君臣乖，大旱。

凡海傍蜃氣象樓臺，廣野氣成宮闕。北夷之氣如牛羊羣畜穹閭，南夷之氣類舟船幡旗。自華以南，氣下黑上赤。嵩高、三河之郊，氣正赤。恒山之北，氣青。勃、碣、海、岱之間，氣皆正黑。江湖之間，氣皆白。東海氣如圓簦。附漢、河水，氣如引布。江、漢氣勁如杼。濟水氣如黑㹠。渭水氣如狼白尾。淮南氣如帛。少室氣如白兔青尾。恒山氣如黑牛青尾。東夷氣如樹，西夷氣如室屋，南夷氣如閣臺，或類舟船。陣雲如立垣，杼軸雲類軸摶，兩端銳。杓雲如繩，居前亘天，其半半天，其蛪者類闕旗，故鉤雲勾曲。諸此雲見，以五色占而澤摶密。其見，動人及有兵，必起合鬬。其直，雲氣如三匹帛，廣前銳後，大軍行氣也。韓雲如布，趙雲如牛，楚雲如日，宋雲如車，魯雲如馬，衞雲如犬，周雲如車輪，秦雲如行人，魏雲如鼠，鄭、齊雲如絳衣，越雲如龍，蜀雲如囷。車氣乍高乍下，往往而聚。騎氣卑而布。卒氣摶。前卑後高者疾，前方而高，後銳而卑者卻。其氣平者，其行徐。前高後卑者，不止而返。校騎之氣正蒼黑，長數百丈。遊兵之氣如彗掃，一云長數百丈，無根本。喜氣上黃下白，怒氣上下赤，憂氣上下黑，土功氣黃白，徙氣白。

凡候氣之法，氣初出時，若雲非雲，若霧非霧，髣髴若可見。初出森森然，在桑榆上，高

五六尺者，是千五百里外。平視則千里，舉目望則五百里。仰瞻中天，則百里內。平望桑榆間二千里，登高而望，下屬地者，三千里。

凡欲知我軍氣，常以甲巳日及庚、子、辰、戌、午、未、亥日，及八月十八日，去軍十里許，登高望之可見，依別記占之。百人以上皆有氣。

凡占災異，先推九宮分野，六壬日月，不應陰霧風雨而陰霧者，乃可占。對敵而坐，氣來甚卑下，其陰覆人，上掩溝蓋道者，是大賊必至。敵在東，日出候。在南，日中候。在西，日入候。在北，夜半候。王相色吉，囚死色凶。

凡軍上氣，高勝下，厚勝薄，實勝虛，長勝短，澤勝枯。我軍在西，賊軍在東，氣西厚東薄，西長東短，西高東下，西澤東枯，則知我軍必勝。

凡氣初出，似甑上氣，勃勃上升。氣積爲霧，霧爲陰，陰氣結爲虹蜺暈珥之屬。

凡氣不積不結，散漫一方，不能爲災。必須和雜殺氣，森森然疾起，乃可論占。軍上氣安則軍安，氣不安則軍不安。氣南北則軍南北，氣東西則軍亦東西。氣散則爲軍破敗。

候氣，常以平旦、下晡、日出沒時處氣，以見知大。占期內有大風雨久陰，則災不成。故風以散之，陰以諫之，雲以幡之，雨以厭之。

五代災變應

梁武帝天監元年八月壬寅，熒惑守南斗。占曰：「糴貴，五穀不成，大旱，多火災，吳、越有憂，宰相死。」是歲大旱，米斗五千，人多餓死。其二年五月，尚書范雲卒。

二年五月丙辰，月犯心。占曰：「有亂臣，不出三年，有亡國。」其四年，交州刺史李凱舉兵反。七月丙子，太白犯軒轅大星。

四年六月壬戌，歲星晝見。占曰：「歲色黃潤，立竿影見，大熟。」是歲大穰，米斛三十。又曰：「星與日爭光，武且弱，文且強。」自此後，帝崇尚文儒，躬自講說，終於太清，不修武備。八月庚子，老人星見。占曰：「老人星見，人主壽昌。」自此後，每年恒以秋分後見於參南，至春分而伏。武帝壽考之象云。

七年九月己亥，月犯東井。占曰：「有水災。」其年京師大水。

十年九月丙申，天西北隆隆有聲，赤氣下至地。占曰：「天狗也，所往之鄉有流血，其君失地。」其年十二月，馬仙琕大敗魏軍，斬馘十餘萬，尅復朐山城。十二月壬戌朔，日食，在牛四度。

十三年二月丙午，太白失行，在天關。占曰：「津梁不通，又兵起。」其年填星守天江。

占曰：「有江河塞，有決溢，有土功。」其年，大發軍衆造浮山堰，以堨淮水。至十四年，填星移去天江而堰壞，奔流決溢。

十四年十月辛未，太白犯南斗。

十七年閏八月戊辰，月行掩昴。

普通元年春正月丙子，日有食之。占曰：「日食，陰侵陽，陽不克陰也，爲大水。」其年七月，江、淮、海溢。九月乙亥，有星晨見東方，光爛如火。占曰：「國皇見，有內難，有急兵反叛。」其三年，義州刺史文僧朗以州叛。

四年十一月癸未朔，日有食之，太白晝見。

六年三月丙午，歲星入南斗。庚申，月食。五月己酉，太白晝見。六月癸未，太白經天。九月壬子，太白犯右執法。

七年正月癸卯，太白歲星在牛相犯。占曰：「其國君凶，易政。」明年三月，改元，大赦。

大通元年八月甲申，月掩填星。閏月癸酉，又掩之。占曰：「有大喪，天下無主，國易政。」其後中大通元年九月癸巳，上又幸同泰寺捨身，王公以一億萬錢奉贖。十月己酉還宮，大赦，改元。中大通三年，太子薨，皆天下無主，易政及大喪之應。

中大通元年閏月壬戌，熒惑犯鬼積尸。占曰：「有大喪，有大兵，破軍殺將。」其二年，蕭

玩帥衆援巴州，爲魏梁州軍所敗，玩被殺。

四年七月甲辰，星隕如雨。占曰：「星隕，陽失其位，災害之象萌也。」又曰：「星隕如雨，人民叛，下有專討。」又曰：「大人憂。」其後侯景狡亂，帝以憂崩，人衆奔散，皆其應也。

五年正月己酉，長星見。

六年四月丁卯，熒惑在南斗。占曰：「熒惑出入留舍南斗中，有賊臣謀反，天下易政，更元。」其年十二月，北梁州刺史蘭欽舉兵反，後年改爲大同元年。

大同三年三月乙丑，歲星掩建星。占曰：「有反臣。」其年，會稽山賊起。其七年，交州刺史李賁舉兵反。

五年十月辛丑，彗出南斗，長一尺餘，東南指，漸長一丈餘。十一月乙卯，至婁滅。占曰：「天下有謀王者。」其八年正月，安成民劉敬躬挾左道以反，黨與數萬。其九年，李賁僭稱皇帝於交州。

太清二年五月，兩月見。占曰：「其國亂，必見於亡國。」

三年正月壬午，熒惑守心。占曰：「王者惡之。」乙酉，太白晝見。占曰：「不出三年，有大喪，天下革政更王，强國弱，小國强。」三月丙子，熒惑又守心。占曰：「大人易政，主去其宮。」又曰：「人饑亡，海內哭，天下大潰。」是年，帝爲侯景所幽，崩。七月，九江大饑，人相食

十四五。[二]九月戊午，月在斗，掩歲星。占曰：「天下亡君。」其後侯景篡殺。

簡文帝大寶元年正月丙寅，月晝光見。占曰：「月晝光，有隱謀，國雄逃。」又云：「月晝明，姦邪並作，擅君之朝。」其後侯景篡殺，皆國亂亡君，大喪更政之應也。

元帝承聖三年九月甲午，月犯心中星。占曰：「有反臣，王者惡之，有亡國。」其後三年，帝爲周軍所俘執，陳氏取國，梁氏以亡。

陳武帝永定三年九月辛卯朔，月入南斗。占曰：「月入南斗，大人憂。」一曰：「太子殃。」後二年，帝崩，太子昌在周爲質，文帝立。後昌還國，爲侯安都遣盜迎殺之。

三年五月丙辰朔，日有食之。占曰：「日食君傷。」又曰：「日食帝德消。」六月庚子，填星鉞與太白并。占曰：「太白與填合，爲疾爲內兵。」

文帝天嘉元年五月辛亥，熒惑犯右執法。占曰：「大臣有憂，執法者誅。」後四年，司空侯安都賜死。

九月癸丑，彗星長四尺，見芒，指西南。占曰：「彗星見則敵國兵起，得本者勝。」其年，周將獨孤盛領衆趣巴湘，侯瑱襲破之。

二年五月己酉，歲星守南斗。六月丙戌，熒惑犯東井。七月乙丑，熒惑入鬼中。戊辰，熒惑犯斧質。十月，熒惑行在太微右掖門內。

三年閏二月己丑，熒惑逆行，犯上相。甲子，太白犯五車，填星。七月，太白犯輿鬼。八月癸卯，月犯南斗。丙午，月犯牽牛。庚申，太白入太微。十一月丁丑，月犯畢左股。辛巳，熒惑犯歲星。戊子，月犯角。庚寅，月入氐。

四年六月癸丑，太白犯右執法。七月戊子，熒惑犯填星。八月甲午，熒惑犯軒轅大星。丁未，太白犯房。九月戊寅，熒惑入太微，犯右執法。癸未，太白入南斗。占曰：「太白入斗，天下大亂，將相謀反，國易政。」又曰：「君死，不死則廢。」又曰：「天下受爵祿。」其後安成王爲太傅，廢少帝而自立，改官受爵之應也。辛卯，熒惑犯左執法。十一月辛酉，熒惑犯右執法。甲戌，月犯畢左股。

五年正月甲子，月犯畢大星奎。丁卯，月犯星。四月庚子，太白歲星合在奎，金在南，木在北，相去二尺許。壬寅，月入氐，又犯熒惑，太白歲星又合，在婁，相去一尺許。癸卯，月犯房上星。五月庚午，熒惑逆行二十一日，犯氐東南、西南星。占曰：「月有賊臣。」又曰：「人主無出，廊廟間有伏兵。」又曰：「君死，有赦。」後二年，少帝廢之應也。六月丙申，月犯亢。七月戊寅，月犯畢大星。閏十月庚申，月犯牽牛。丙子，又犯左執法。十一月乙未，月食畢大星。

六年正月己亥，太白犯熒惑，相去二寸。占曰：「其野有兵喪，改立侯王。」三月丁卯，日入後，衆星未見，有流星白色，大如斗，從太微間南行，尾長尺餘。占曰：「有兵與喪。」四月丁巳，月犯軒轅。占曰：「女主有憂。」五月丁亥，太白犯軒轅。占曰：「女主失勢。」又曰：「四方禍起。」其後年，少帝廢，廢後慈訓太后崩。六月己未，月犯氐。辛酉，有彗長可丈餘。占曰：「陰謀姦宄起。」一曰：「宮中火起。」後安成王錄尚書、都督中外諸軍事，廢少帝而自立，陰謀之應。八月戊辰，月掩畢大星。丙子，月與太白並，光芒相着，在太微西蕃南三尺所。九月辛巳，熒惑犯左執法。癸未，太白犯右執法。辛卯，犯左執法。乙巳，月犯上相，太白犯熒惑。其夜，月又犯太白。占曰：「其國內外有兵喪，改立侯王。」明年，帝崩，又少帝廢之應也。

七年二月庚午，日無光，烏見。占曰：「王者惡之。」其日庚午，吳、楚之分野。四月甲子，日有交暈，白虹貫之。是月癸酉，帝崩。

廢帝天康元年五月庚辰，月犯軒轅女御大星。占曰：「女主憂。」後年，慈訓太后崩。癸未，月犯左執法。

光大元年正月甲寅，月犯軒轅大星。占曰：「女主當之。」八月戊寅，月食哭星。占曰：「有喪泣事。」明年，太后崩，臨海王薨，哭泣之應也。壬午，鎮星辰星合於軫。九月戊午，辰星太白相犯。占曰：「改立侯王。」己未，月犯歲星。占曰：「國亡君。」十二月辛巳，月又犯歲

星。辛卯，月犯建星。占曰：「大人惡之。」

二年正月戊申，月掩歲星。占曰：「國亡君。」五月乙未，月犯太白。六月丙寅，太白犯右執法。壬子，客星見氐東。八月庚寅，月犯太微。九月庚戌，太白逆行，與鎮星合，在角。占曰：「爲白衣之會。」又曰：「所合之國，爲亡地，爲疾兵。」戊午，太白晝見。占曰：「太白晝見，國更政易王。」十一月丙午，歲星守右執法。甲申，月犯太微東南星。戊子，太白入氐。十二月甲寅，慈訓太后廢帝爲臨海王，太建二年四月薨，皆其應也。

宣帝太建七年四月丙戌，有星孛于大角。占曰：「人主亡。」五月庚辰，熒惑犯右執法。壬子，又犯右執法。

十年二月癸亥，日上有背。占曰：「其野失地，有叛兵。」甲子，吳明徹軍敗於呂梁，將卒並爲周軍所虜。來年，淮南之地，盡沒于周。十月癸卯，月食熒惑。占曰：「國敗君亡，大兵起，破軍殺將。」來年三月，吳明徹敗於呂梁，十三年帝崩，敗國亡君之應也。

十一年四月己丑，歲星太白辰星，合于東井。

十二年二月壬寅，白虹見西方。占曰：「有喪。」其後十三年帝崩。十月戊午，月犯牽牛吳越之野。占曰：「其國亡，君有憂。」後年帝崩。辛酉，歲星犯執法。十二月癸酉，辰星在太白上。甲戌，辰星太白交相掩。占曰：「大兵在野，大戰。」辛巳，彗星見西南。占曰：「有

兵喪。」明年帝崩，始興王叔陵作亂。

後主至德元年正月壬戌，蓬星見。占曰：「必有亡國亂臣。」後帝於太皇寺捨身作奴，以祈冥助，不恤國政，爲施文慶等所惑，以至國亡。

魏普泰元年十月，歲星熒惑塡星太白，聚於觜參，色甚明大。占曰：「當有王者興。」其月，齊高祖起於信都，至中興二年春而破尒朱兆，遂開霸業。

魏武定四年九月丁未，高祖圍玉壁城，有星墜於營，衆驢皆鳴。占曰：「破軍殺將。」高祖不豫，五年正月丙午崩。

齊文宣帝天保元年十二月甲申，熒惑犯房北頭第一星及鉤鈐。占曰：「大臣有反者。」其二年二月壬辰，〔三〕太尉彭樂謀反，誅。

八年二月己亥，歲星守少微，經六十三日。占曰：「五官亂。」五月癸卯，歲星犯太微上將。占曰：「大將憂，大臣死。」其十年五月，誅諸元宗室四十餘家，乾明元年，誅楊遵彥等，皆五官亂，大將憂，大臣死之應也。

八年七月甲辰，月掩心星。占曰：「人主惡之。」十年十月，帝崩。

九年二月，熒惑犯鬼質。占曰：「斧質用，有大喪。」三月甲午，熒惑犯軒轅。占曰：「女

主惡之。」其十年五月，誅魏氏宗室，十月帝崩，斧質用，有大喪之應也。

十年六月庚子，塡星犯井鉞，與太白并。占曰：「子爲玄枵，齊之分野，君有戮死者，大臣誅，斧鉞用。」其明年二月乙巳，太師常山王誅尚書令楊遵彥、右僕射燕子獻、領軍可朱渾天和、侍中宋欽道等。八月壬午，廢少帝爲濟南王。

廢帝乾明元年三月甲午，熒惑入軒轅。占曰：「女主凶。」後太寧二年四月，太后崩。

肅宗皇建二年四月丙子，日有食之。子爲玄枵，齊之分野。七月乙丑，熒惑入鬼中，戊辰，犯鬼質。占曰：「有大喪。」十一月，帝以暴疾崩。

武成帝河清元年七月乙亥，太白犯輿鬼。占曰：「有兵謀，誅大臣，斧質用。」其年十月壬申，冀州刺史平秦王高歸彥反，段孝先討擒，斬之於都市，又其二年，殺太原王紹德，皆斧質用之應也。八月甲寅，月掩畢。占曰：「其國君死，大臣有誅者，有邊兵大戰，破軍殺將。」其十月，平秦王歸彥，以反誅，其三年，周師與突厥入并州，大戰城西，伏屍流血百餘里，皆其應也。

四年正月己亥，太白犯熒惑，相去二寸，在奎。甲辰，太白、熒惑、歲星合在婁。占曰：「甲爲齊。三星若合，是謂驚立絕行，其分有兵喪，改立侯王，國易政。」三月戊子，彗星見。占曰：「除舊布新，有易王。」至四月，傳位於太子，改元。

後主天統元年六月壬戌，彗星見於文昌，長數寸，入文昌，犯上將，然後經紫微宮西垣，入危，漸長一丈餘，指室壁。後百餘日，在虛危滅。占曰：「有大喪，有亡國易政。」其四年十二月，太上皇崩。

三年五月戊寅，甲夜，西北有赤氣竟天，夜中始滅。十月丙午，天西北頻有赤氣。占曰：「有大兵大戰。」後周武帝總衆來伐，大戰，有大兵之應也。

四年六月，彗星見東井。占曰：「大亂，國易政。」七月，孛星見房心，白如粉絮，大如斗，東行。八月，入天市，漸長四丈，犯瓠瓜，歷虛危，入室，犯離宮。九月入奎，至婁而滅。孛者，孛亂之氣也。占曰：「兵喪並起，國大亂易政，大臣誅。」其後，太上皇崩。至武平二年七月，領軍庫狄伏連、治書侍御史王子宜，〔四〕受琅邪王儼旨，矯詔誅錄尚書、淮南王和士開於南臺，伏連等即日伏誅，右僕射馮子琮賜死。此國亂之應也。

五年二月戊辰，歲星逆行，掩太微上將。占曰：「天下大驚，四輔有誅者。」五月甲午，熒惑犯鬼積尸。甲，齊也。占曰：「大臣誅，兵大起，斧質用，有大喪。」至武平二年九月，誅琅邪王儼，三年五月，誅右丞相、咸陽王斛律明月，四年七月，誅蘭陵王長恭，皆懿親名將也。四年十月，又誅崔季舒等，此斧質用之應也。

武平三年八月癸未，塡星、歲星、太白合於氐，宋之分野。占曰：「其國內外有兵喪，改

立侯王。」其四年十月，陳將吳明徹寇彭城，右僕射崔季舒，國子祭酒張雕，黃門裴澤，郭遵，尚書左丞封孝琰等，諫車駕不宜北幸幷州。帝怒，並誅之，內外兵喪之應也。九月庚申，月在婁，食既，至旦不復。占曰：「女主凶。」其三年八月，廢斛律皇后，立穆后。四年，又廢胡后爲庶人。十一月乙亥，天狗下西北。占曰：「其下有大戰流血。」後周武帝攻晉州，進兵平幷州，大戰流血。

三年十二月辛丑，日食歲星。占曰：「有亡國。」至七年，而齊亡。

四年五月癸巳，熒惑犯右執法。占曰：「大將死，執法者誅，若有罪。」其年，誅右丞相斛律明月，明年，誅蘭陵王長恭，後年，誅右僕射崔季舒，皆大將死，執法誅之應也。

周閔帝元年五月癸卯，太白犯軒轅。占曰：「太白行軒轅中，大臣出令。」又曰：「皇后失勢。」辛亥，熒惑犯東井北端第二星。占曰：「其國亂。」又曰：「大旱。」其年九月，冢宰護逼帝遜位，幽於舊邸，月餘殺崩，司會李植、軍司馬孫恒及宮伯乙弗鳳等被誅害。其冬大旱。皆大臣出令、大臣死、旱之應也。

明帝二年三月甲午，熒惑入軒轅。占曰：「王者惡之，女主凶。」其月，王后獨孤氏崩。六月庚子，塡星犯井鉞，與太白幷。占曰：「傷成於鉞，君有戮死者。」其年，太師宇文護進

食，帝遇毒崩。

武帝保定元年九月乙巳，客星見於翼。十月甲戌，日有食之。戊寅，熒惑犯太微上將，合爲一。

二年閏正月癸巳，太白入昴。二月壬寅，熒惑犯太微上相。三月壬午，熒惑犯左執法。

七月乙亥，太白犯輿鬼。九月戊辰，日有食之，既。十一月壬午，熒惑犯歲星於危南。

三年三月乙丑朔，日有食之。九月甲子，熒惑犯太微上將。占曰：「上將誅死。」十月壬辰，熒惑犯左執法。

四年二月庚寅朔，日有食之。甲午，熒惑犯房右驂。三月己未，熒惑又犯房右驂。占曰：「上相誅，車馳人走，天下兵起。」其年十月，冢宰晉公護率軍伐齊。十二月，柱國、庸公王雄力戰死之，遂班師。兵起將死之應也。八月丁亥，朔，日有蝕之。

五年，正月辛卯，白虹貫日。占曰：「爲兵喪。」甲辰，太白、熒惑、歲星合於婁。六月庚申，彗星出三台，入文昌，犯上將，後經紫宮西垣，入危，漸長一丈餘，指室壁，後百餘日稍短，長二尺五寸，在虛危滅，齊之分野。七月辛巳，朔，日有食之。

天和元年正月己卯，日有食之。十月乙卯，太白晝見，經天。

二年，正月癸酉朔，日有食之。五月己丑，歲星與熒惑合在井宿，相去五尺。井爲秦分。占曰：「其國有兵，爲饑旱，大臣匿謀，下有反者，若亡地。」閏六月丁酉，歲星、太白合，在柳，相去一尺七寸。柳爲周分。占曰：「爲內兵。」又曰：「主人凶憂，失城。」是歲，陳湘州刺史華皎，率衆來附，遣衞公直將兵援之，因而南伐。九月，衞公直與陳將淳于量戰于沌口，王師失利。元定、𢊁世沖以步騎數千先度，遂沒陳。七月庚戌，太白犯軒轅大星，相去七寸。占曰：「女主失勢，大臣當之。」又曰：「西方禍起。」其十一月癸丑，太保、許公宇文貴薨，大臣當之驗也。十月辛卯，有黑氣一，大如杯，在日中。甲午，又加一，經六日乃滅。占曰：「臣有蔽主之明者。」十一月戊戌朔，日有食之。庚子，熒惑犯鉤鈐，去之六寸。占曰：「王者有憂。」又曰：「車騎驚，三公謀。」

三年三月己未，太白犯井北轅第一星。占曰：「將軍惡之。」其七月壬寅，隋公楊忠薨。四月辛巳，太白入輿鬼，犯積尸。占曰：「大臣誅。」又曰：「亂臣在內，有屠城。」六月甲戌，彗見東井，長一丈，上白下赤而銳，漸東行，至七月癸卯，在鬼北八寸所乃滅。占曰：「爲兵，國政崩壞。」又曰：「將軍死，大臣誅。」七月己未，客星見房心，白如粉絮，大如斗，漸大，東行；八月，入天市，長如匹所，復東行，犯河鼓右將；癸未，犯瓠瓜，又入室，犯離宮；九月壬寅，入奎，稍小；壬戌，至婁北一尺所滅。凡六十九日。占曰：「兵起，若有喪，白衣會，爲饑旱，國易政。」又曰：「兵犯外城，大臣誅。」

四年二月戊辰，歲星逆行，掩太微上將。占曰：「天下大驚，國不安，四輔有誅，必有兵革，天下大赦。」庚午，有流星，大如斗，出左攝提，流至天津滅，有聲如雷。五月癸巳，熒惑犯輿鬼，甲午，犯積尸。占曰：「午，秦也。大臣有誅，兵大起。」後三年，太師、大冢宰、晉國公宇文護，以不臣誅，皆其應也。

五年正月乙巳，月在氐，暈，有白虹長丈所貫之，而有兩珥連接，規北斗第四星。占曰：「兵大起，大戰，將軍死於野。」是冬，齊將斛律明月寇邊，於汾北築城，自華谷至於龍門。其明年正月，詔齊公憲率師禦之。三月己酉，憲自龍門度河，攻拔其新築五城，兵起大戰之應也。

六年二月己丑夜，有蒼雲，廣三丈，經天，自戌加辰。四月戊寅朔，日有蝕之。己卯，熒惑逆行，犯輿鬼。占曰：「有兵喪，大臣誅，兵大起。」其月，又率師取齊宜陽等九城。六月，齊將攻陷汾州。六月庚辰，熒惑太白合，在張宿，相去一尺。占曰：「主人兵不勝，所合國有殃。」

建德元年三月丙辰，熒惑、太白合壁。占曰：「其分有兵喪，不可舉事，用兵必受其殃。」又曰：「改立侯王，有德者興，無德者亡。」其月，誅晉公護、護子譚公會、莒公至、崇業公靜等，大赦。癸亥，詔以齊公憲爲大冢宰，是其驗也。七月丙午，辰與太白合於井，相去七寸。

占曰：「其下之國，必有重德致天下。」後四年，上帥師平齊，致天下之應也。九月己酉，月犯心中星，相去一寸。占曰：「亂臣在傍，不出五年，下有亡國。」後周武伐齊，平之，有亡國之應也。

二年二月辛亥，白虹貫日。占曰：「臣謀君，不出三年。」又曰：「近臣爲亂。」後年七月，衞王直在京師舉兵反。癸亥，熒惑掩鬼西北星。占曰：「大賊在大人之側。」又曰：「大臣有誅。」四月己亥，太白掩西北星，壬寅，又掩東北星。占曰：「國有憂，大臣誅。」六月丙辰，月犯心中後二星。占曰：「亂臣在傍，不出三年，有亡國。」又曰：「人主惡之。」九月癸酉，太白犯左執法。占曰：「大臣有憂，執法者誅，若有罪。」十一月壬子，太白掩塡星，在尾。占曰：「塡星爲女主，尾爲後宮。」明年皇太后崩。

三年二月戊午，客星大如桃，青白色，出五車東南三尺所，漸東行，稍長二尺所；至四月壬辰，入文昌；丁未，入北斗魁中，後出魁，漸小。凡見九十三日。占曰：「天下兵起，車騎滿野，人主有憂。」又曰：「天下有亂，兵大起，臣謀主。」其七月乙酉，衞王直在京師舉兵反，討擒之，廢爲庶人。至十月，始州民王鞅擁衆反，討平之。四月乙卯，星孛於紫宮垣外，大如拳，赤白，指五帝座，漸東南行，稍長一丈五尺；五月甲子，至上台北滅。占曰：「天下易政，無德者亡。」後二年，武帝率六軍滅齊。十一月丙子，歲星與太白相犯，光芒相及，在危。占

曰：「其野兵，人主凶，失其城邑。危，齊之分野。」後二年，宇文神舉攻拔陸渾等五城。十二月庚寅，月犯歲星，在危，相去二寸。占曰：「其邦流亡，不出三年。」辛卯，月行在營室，食太白。占曰：「其國以兵亡，將軍戰死。營室，衞也，地在齊境。」後齊亡入周。

四年三月甲子，月犯軒轅大星。占曰：「女主有憂，又五官有亂。」

五年十月庚戌，熒惑犯太微西蕃上將星。占曰：「天下不安，上將誅，若有罪，其止。」

六年二月，皇太子巡撫西土，仍討吐谷渾。〔五〕八月，至伏俟城而旋。吐谷渾寇邊，天下不安之應也。六月庚午，熒惑入鬼。占曰：「有喪旱。」其七月，京師旱。十月戊午，歲星犯大陵。又己未、庚申，月連暈，規昴、畢、五車及參。占曰：「兵起爭地。」又曰：「王自將兵。」又曰：「天下大赦。」癸亥，帝率衆攻晉州。是日虹見晉州城上，首向南，尾入紫宮，長十餘丈。庚午，克之。丁卯夜，白虹見，長十餘丈，頭在南，尾入紫宮中。占曰：「其下兵戰流血。」又曰：「若無兵，必有大喪。」至六年正月，平齊，與齊軍大戰。十一月稽胡反，齊王討平之。

六年四月，先此熒惑入太微宮二百日，犯東蕃上相，西蕃上將，句已往還。至此月甲子，出端門。占曰：「爲大臣代主。」又曰：「臣不臣，有反者。」又曰：「必有大喪。」後宣、武繼崩，高祖以大運代起。十月癸卯，月食，熒惑在斗。占曰：「國敗，其君亡，兵大起，破軍殺將。斗爲吳、越之星，陳之分野。」十一月，陳將吳明徹侵呂梁，徐州總管梁士彥，出軍與戰，不利。明年三月，鄭公王軌討擒陳將吳明徹，俘斬三萬餘人。十一月甲辰，晡時，日中有黑子，大如杯。占曰：「君有過而臣不諫，人主惡之。」十二月癸丑，流星大如月，西流有聲，蛇行屈曲，光照地。占曰：「兵大起，下有戰場。」戊辰平旦，有流星大如三斗器，色赤，出紫宮，凝著天，乃北下。占曰：「人主去其宮殿。」是月，營州刺史高寶寧據州反。其明年五月，帝總戎北伐。後年，武帝崩。

宣政元年正月丙子，月食昴。占曰：「有白衣之會。」又曰：「匈奴侵邊。」其月，突厥寇幽州，殺略吏人。五月，帝總戎北伐。六月，帝疾甚，還京，次雲陽而崩。六月壬午、癸丑，木火金三星合，在井。占曰：「其國霸。」又曰：「其國外內有兵喪，改立侯王。」是月，幽州人盧昌期，據范陽反，改立王侯、兵喪之驗也。七年辛丑，月犯心前星。占曰：「太子惡之，若失位。」後靜帝立爲天子，不終之徵也。丙辰，熒惑、太白合，在七星，相去二尺八寸所。占曰：「君憂。」又曰：「其國有兵，改立王侯，有德興，無德亡。」後年，改置四輔官，傳位太子，改立王侯之應也。己未，太白犯軒轅大星。占曰：「女主凶。」後二年，宣帝崩，楊后令其父隋公爲大丞相，總軍國事。隋氏受命，廢后爲樂平公主，餘四后悉廢爲比丘尼。八月庚辰，太白入太微。占曰：「爲天下驚。」又曰：「近臣起兵，大臣相殺，國有憂。」其後，趙、陳等五王，爲執政所誅，大臣相殺之應也。九月丁酉，熒惑入太微西掖門，庚申，犯左執法，相去三寸。

占曰：「天下不安，大臣有憂。」又曰：「執法者誅若有罪。」是月，汾州稽胡反，討平之。十一月，突厥寇邊，圍酒泉，殺略吏人。明年二月，殺柱國、鄭公王軌。皆其應也。十二月癸未，熒惑入氐，守犯之三十日。占曰：「天子失其宮。」又曰：「賊臣在內，下有反者。」又曰：「國君有繫饑死，若毒死者。」靜帝禪位，隋高祖幽殺之。

宣帝大成元年正月丙午、癸丑，日皆有背。占曰：「臣爲逆，有反叛，邊將去之。」又曰：「卿大夫欲爲主。」其後，隋公作霸，尉迥、王謙、司馬消難，各舉兵反。

大象元年四月戊子，太白、歲星、辰星合，在井。占曰：「是謂驚立，是謂絕行，其國內外有兵喪，改立王公。」又曰：「其國可霸，修德者强，無德受殃。」其五月，趙、陳、越、代、滕五王並入國。後二年，隋王受命，宇文氏宗族相繼誅滅。六月丁卯，有流星一，大如雞子，出氐中，西北流，有尾迹，長一丈所，入月中，卽滅。占曰：「不出三年，人主有憂。」又曰：「有亡國。」靜帝幽閉之應也。己丑，有流星一，大如斗，色青，有光明照地，出營室，抵壁入濁。七月壬辰，熒惑掩房北頭第一星。占曰：「亡君之誡。」又曰：「將軍爲亂，王者惡之，大臣有反者，天子憂。」其十二月，帝親御驛馬，日行三百里。四皇后及文武侍衞數百人，並乘馹以從。房爲天駟，熒惑主亂，此宣帝亂道德，馳騁車騎，將亡之誡。八月辛巳，熒惑犯南斗第五星。占曰：「且有反臣，道路不通，破軍殺將。」尉迥，王謙等起兵敗亡之徵也。九月己酉，

太白入南斗魁中。占曰「天下有大亂，將相謀反，國易政。」又曰：「君死，不死則疾。」又曰：「天下爵祿。」皆高祖受命，羣臣分爵之徵也。十月壬戌，歲星犯軒轅大星。占曰：「女主憂，若失勢。」周宣政元年，熒惑、太白從歲星聚東井。大象元年四月，太白、歲星、辰星又聚井。十月，歲星守軒轅。其年，又守翼。東井，秦分，翼，楚分，漢東爲楚地，軒轅后族，隋以后族興於秦地之象，而周之后妃失勢之徵也。乙酉，熒惑在虛，與塡星合。占曰：「兵大起，將軍爲亂，大人惡之。」是月，相州段德擧謀反，伏誅。其明年三月，杞公宇文亮擧兵反，擒殺之。

二年四月乙丑，有星大如斗，出天廚，流入紫宮，抵鉤陳乃滅。占曰：「有大喪，兵大起，將軍戮。」又曰：「臣犯上，主有憂。」其五月，帝崩，隋公執國政，大喪、臣犯主之應。趙王、越王以謀執政被誅。又荆、豫、襄三州諸蠻反，尉迥、王謙、司馬消難各擧兵畔，不從執政，終以敗亡。皆大兵起，將軍戮之應也。五月甲辰，有流星一，大如三斗器，出太微端門，流入翼，色青白，光明照地，聲若風吹幡旗。占曰：「有立王，若徙王。」又曰：「國失君。」其月己酉，帝崩，劉昉矯制，以隋公受遺詔輔政，終受天命，立王、徙王、失君之應也。七月壬子，歲星、太白合於張，有流星，大如斗，出五車東北流，光明燭地。九月甲申，熒惑、歲星合于翼。

靜帝大定元年正月乙酉，歲星逆行，守右執法，熒惑掩房北第一星。占曰：「房爲明堂，布政之宮，無德者失之。」二月甲子，隋王稱尊號。

高祖文皇帝開皇元年三月甲申，太白晝見。占曰：「太白經天晝見，爲臣强，爲革政。」四月壬午，歲星晝見。占曰：「大臣强，有逆謀，王者不安。」其後，劉昉等謀反，伏誅。十一月己巳，有流星，聲如隤牆，光燭地。占曰：「流星有光有聲，名曰天保，所墜國安有喜。」其九年，平陳，天下一統。五年八月戊申，有流星數百，四散而下。占曰：「小星四面流行者，庶人流移之象也。」其九年，平陳，江南士人，悉播遷入京師。

八年二月庚子，塡星入東井。占曰：「塡星所居有德，利以稱兵。」其年大擧伐陳，克之。十月甲子，有星孛于牽牛。占曰：「臣殺君，天下合謀。」又曰：「內不有大亂，則外有大兵。牛，吳、越之星，陳之分野。」後年，陳氏滅。

九年正月己巳，白虹夾日。占曰：「白虹銜日，臣有背主。」又曰：「人主無德者亡。」是月，滅陳。

十四年十一月癸未，有彗星孛于虛危及奎婁，〔六〕齊、魯之分野。其後魯公虞慶則伏法，齊公高熲除名。

十九年十二月乙未，星隕於渤海。占曰：「陽失其位，災害之萌也。」又曰：「大人憂。」

二十年十月，太白晝見。占曰：「大臣强，爲革政，爲易王。」右僕射楊素，熒惑高祖及獻后，勸廢嫡立庶。其月乙丑，廢皇太子勇爲庶人。明年改元。皆陽失位及革政易王之驗也。

仁壽四年六月庚午，有星入于月中。占曰：「有大喪，有大兵，有亡國，有破軍殺將。」七月乙未，日青無光，八日乃復。占曰：「主勢奪。」又曰：「日無光，有死王。」甲辰，上疾甚，丁未，宮車晏駕。漢王諒反，楊素討平之。皆兵喪亡國死王之應。

煬帝大業元年六月甲子，熒惑入太微。占曰：「熒惑爲賊，爲亂入宮，宮中不安。」

三年三月辛亥，長星見西方，竟天，干歷奎婁、角亢而沒；至九月辛未，轉見南方，亦竟天，又干角亢，頻掃太微帝座，干犯列宿，唯不及參、井。經歲乃滅。占曰：「去穢布新，天所以去無道，建有德，見久者災深，星大者事大，行遲者期遠。兵大起，國大亂而亡。餘殃爲水旱饑饉，土功疾疫。」其後，築長城，討吐谷渾及高麗，兵戎歲駕，略無寧息。水旱饑饉疾疫，土功相仍，而有羣盜並起，邑落空虛。九年五月，禮部尙書楊玄感，於黎陽擧兵反。丁未，熒惑逆行入南斗，色赤如血，如三斗器，光芒震耀，長七八尺，於斗中句巳而行。占曰：「有反臣，道路不通，國大亂，兵大起。」斗，吳、越分野，玄感父封於越，後徙封楚地，又次之，天意若曰，使熒惑句巳之，除其分野。至七月，宇文述討平之。其兄弟悉梟首車裂，斬其黨與數萬人。其年，朱燮、管崇，亦於吳郡擁衆反。此後羣盜屯聚，剽略郡縣，屍橫草野，道路

不通，齎詔勑使人，皆步涉夜行，不敢遵路。

十一年六月，有星孛于文昌東南，長五六寸，色黑而銳，夜動搖，西北行，數日至文昌，去宮四五寸，不入，却行而滅。占曰：「爲急兵。」其八月，突厥圍帝於雁門，從兵悉馮城禦寇，矢及帝前。七月，熒惑守羽林。占曰：「衞兵反。」十二月戊寅，大流星如斛，墜賊盧明月營，破其衝輣，壓殺十餘人。占曰：「奔星所墜，破軍殺將。」其年，王充擊盧明月城，破之。

十二年五月丙戌朔，日有食之，既。占曰：「日食既，人主亡，陰侵陽，下伐上。」其後宇文化及等行殺逆。癸巳，大流星隕于吳郡，爲石。占曰：「有亡國，有死王，有大戰，破軍殺將。」其後大軍破逆賊劉元進于吳郡，斬之。八月壬子，有大流星如斗，出王良閣道，聲如隤牆；癸丑，大流星如甕，出羽林。九月戊午，有枉矢二，出北斗魁，委曲蛇形，注於南斗。占曰：「主以兵去，天之所伐。」亦曰：「以亂代亂，執矢者不正。」後二年，化及殺帝僭號，王充亦於東都殺恭帝，簒號鄭。皆殺逆無道，以亂代亂之應也。

十三年五月辛亥，大流星如甕，墜於江都。占曰：「其下有大兵戰，流血破軍殺將。」六月，有星孛于太微五帝座，色黃赤，長三四尺所，數日而滅。占曰：「有亡國，有殺君。」明年三月，宇文化及等殺帝也。十一月辛酉，熒惑犯太微，日光四散如流血。占曰：「賊入宮，主

以急兵見伐。」又曰：「臣逆君。」明年三月，化及等殺帝，諸王及幸臣並被戮。

校勘記

〔一〕一虹貫抱至日　「至」上原仍有一「抱」字，緣上文「抱」字而衍，今刪。

〔二〕人相食十四五　「五」原作「年」，據梁書簡文帝紀改。

〔三〕二月壬辰　「辰」原作「申」，據北齊書文宣帝紀改。此月乙亥朔，有「壬辰」，無「壬申」。

〔四〕王子宜　北齊書後主紀，「宜」作「宣」。

〔五〕六年二月皇太子巡撫西土仍討吐谷渾　張森楷隋書校勘記：「周書紀在『五年』。下書『至六年正月平齊』，則此應是五年。」

〔六〕有彗星孛于虛危及奎婁　本書高祖紀下，「虛危」作「角亢」。

隋書

唐　魏徵等撰

第三册

卷二一至卷三一（志）

中華書局

中華書局

隋書卷二十二

志第十七

五行上

易以八卦定吉凶，則庖犧所以稱聖也。書以九疇論休咎，則大禹所以爲明也。春秋以災祥驗行事，則仲尼所以垂法也。天道以星象示廢興，則甘、石所以先知也。是以祥符之兆可得而言，妖訛之占所以徵驗。夫神則陰陽不測，天則欲人遷善。均乎影響，殊致同歸。漢時有伏生、董仲舒、京房、劉向之倫，能言災異，顧盼六經，有足觀者。劉向曰：「君道得則和氣應，休徵生。君道違則乖氣應，咎徵發。」夫天有七曜，地有五行。五事愆違則天地見異，況於日月星辰乎？況於水火金木土乎？若梁武之降號伽藍，齊文宣之盤遊市里，陳則蔣山之鳥呼曰「奈何」，周則陽武之魚乘空而鬬，隋則鵲巢黼帳，火炎門闕，豈唯天道，亦曰人妖，則祥眚呈形，于何不至？亦有脫略政教，張羅樽糈，崇信巫史，重增愆罰。昔懷王事神而秦

兵逾進，萇弘尙鬼而諸侯不來。性者，生之靜也；欲者，心之使也。置情攸往，引類同歸。雀乳於空城之側，鷸飛于鼎耳之上。短長之制，既曰由人；黜隆崇山，同車共軫。必有神道，裁成倚伏。一則以爲殃釁，一則以爲休徵。故曰，德勝不祥而義厭不惠。是以聖王常由德義消伏災咎也。

洪範五行傳曰：「木者東方，威儀容貌也。古者聖王垂則，天子穆穆，諸侯皇皇。登輿則有鸞和之節，降車則有佩玉之度，田狩則有三驅之制，飲食則有享獻之禮。無事不出境。此容貌動作之得節，所以順木氣也。如人君違時令，失威儀，田獵馳騁，不反宮室，飲食沉湎，不顧禮制，縱欲恣睢，出入無度，多繇役以奪人時，增賦稅以奪人財，則木不曲直。」齊後主武平五年，鄴城東青桐樹，有如人狀。京房易傳曰：「王德衰，下人將起，則有木生爲人狀。」是時後主怠於國政，耽荒酒色，威儀不肅，馳騁無度，大發繇役，盛修宮室，後二歲而亡。木不曲直之効也。

七年，宮中有樹，大數圍，夜半無故自拔。齊以木德王，無故自拔，亡國之應也。其年，齊亡。

開皇八年四月，幽州人家以白楊木懸竈上，積十餘年，忽生三條，皆長三尺餘，甚鮮茂。仁壽二年春，盩厔人以楊木爲屋梁，生三條，長二尺。京房易傳曰：「妃后有顓，木仆反立，斷枯復生。」獨孤后專恣之應也。

仁壽元年十月，蘭州楊樹上松生，高三尺，六節十二枝。宋志曰：「松不改柯易葉，楊者危脆之木，此永久之業，將集危亡之地也。」是時帝惑讒言，幽廢冢嫡，初立晉王爲皇太子。天戒若曰，皇太子不勝任，永久之業，將致危亡。帝不悟。及帝崩，太子立，是爲煬帝，竟以亡國。

仁壽四年八月，河間柳樹無故枯落，既而花葉復生。京房易飛候曰：「木再榮，國有大喪。」是歲，宮車晏駕。

洪範五行傳曰：「金者西方，萬物既成，殺氣之始也。古之王者，興師動衆，建立旗鼓，以誅殘賊，禁暴虐，安天下，殺伐必應義，以順金氣。如人君樂侵陵，好攻戰，貪城邑之賂，以輕百姓之命，人皆不安，外內騷動，則金不從革。」

陳禎明二年五月，東冶鐵鑄，有物赤色，大如斗，自天墜鎔所，隆隆有聲，鐵飛破屋而四散，燒人家。時後主與隋雖結和好，遣兵度江，掩襲城鎮，將士勞敝，府藏空竭。東冶者，陳人鑄兵之所。鐵飛爲變者，金不從革之應。天戒若曰，陳國小而兵弱，當以和好爲固，無鑄

兵而黷武，以害百姓。後主不悟，又遣僞將陳紀、任蠻奴、蕭摩訶數寇江北，百姓不堪其役。及隋師渡江，而二將降款，卒以滅亡。

洪範五行傳曰：「火者南方，陽光爲明也。人君向南，蓋取象也。昔者聖帝明王，負扆攝袂，南面而聽斷天下。攬海內之雄俊，積之於朝，以續聰明，推邪佞之僞臣，投之于野，以通壅塞，以順火氣。夫不明之君，惑於讒口，白黑雜揉，代相是非，衆邪並進，人君疑惑。棄法律，間骨肉，殺太子，逐功臣，以孽代宗，則火失其性。」

梁天監元年五月，有盜入南、北掖，燒神武門總章觀。時帝初即位，而火燒觀闕，不祥之甚也。既而太子薨，皇孫不得立。及帝暮年，惑於朱异之口，果有侯景之亂，宮室多被焚燒。天誡所以先見也。

普通二年五月，琬琰殿火，延燒後宮三千餘閒。中大通元年，朱雀航華表災。明年，同泰寺災。大同三年，朱雀門災。水沴火也。是時帝崇尙佛道，宗廟牲牷，皆以麪代之。又委萬乘之重，數詣同泰寺，捨身爲奴，令王公已下贖之。初陽爲不許，後爲默許，方始還宮。天誡若曰，梁武爲國主，不遵先王之法，而淫於佛道，橫多糜費，將使其社稷不得血食也。天數見變，而帝不悟，後竟以亡。及江陵之敗，闔城爲賤隸焉，即捨身爲奴之應也。

陳永定三年，重雲殿災。

東魏天平二年十一月，閶闔門災。是時齊神武作宰，而大野拔斬樊子鵠，以州來降，神武聽讒而殺之。司空元暉免。[一]逐功臣大臣之罰也。

武定五年八月，廣宗郡火，燒數千家。

後齊後主天統三年，九龍殿災，延燒西廊。四年，昭陽、宣光、瑤華三殿災，延燒龍舟。是時讒言任用，正士道消，祖孝徵作歌謠，斛律明月以誅死。讒夫昌，邪勝正之應也。京房易傳曰：「君不思道，厥妖火燒宮。」

開皇十四年，將祠泰山，令使者致石像神祠之所。未至數里，野火欻起，燒像碎如小塊。時帝頗信讒言，猜阻骨肉，滕王瓚失志而死，創業功臣，多被夷滅，故天見變，而帝不悟，其後太子勇竟被廢戮。

大業十二年，顯陽門災，舊名廣陽，則帝之姓名也。國門之崇顯，號令之所由出也。時帝不遵法度，驕奢荒怠，裴蘊、虞世基之徒，阿諛順旨，掩塞聰明，宇文述以讒邪顯進，忠諫者咸被誅戮。天戒若曰，信讒害忠，則除「廣陽」也。

洪範五行傳曰：「水者，北方之藏，氣至陰也。宗廟者，祭祀之象也。故天子親耕以供

粢盛，王后親蠶以供祭服，敬之至也。發號施令，十二月咸得其氣，則水氣順。如人君簡宗廟，不禱祀，逆天時，則水不潤下。」

梁天監二年六月，太末、信安、豐安三縣大水。[二]春秋考異郵曰：「陰盛臣逆人悲，則水出河決。」是時江州刺史陳伯之、益州刺史劉季連舉兵反叛，師旅數興，百姓愁怨，臣逆人悲之應也。

六年八月，建康大水，濤上御道七尺。七年五月，建康又大水。是時數興師旅，以拒魏軍。十二年四月，建康大水。是時大發卒築浮山堰，以遏淮水，勞役連年，百姓悲怨之應也。

中大通五年五月，建康大水，御道通船。京房易飛候曰：「大水至國，賤人將貴。」蕭棟、侯景僭稱尊號之應也。

後齊河清二年十二月，兗、趙、魏三州大水。天統三年，并州汾水溢。讖曰：「水者純陰之精。陰氣洋溢者，小人專制。」是時和士開、元文遙、趙彥深專任之應也。

武平六年八月，山東諸州大水。京房易飛候曰：「小人踊躍，無所畏忌，陰不制於陽，則涌水出。」是時羣小用事，邪佞滿朝。閹豎嬖倖，伶人封王。此其所以應也。

開皇十八年，河南八州大水。是時獨孤皇后干預政事，濫殺宮人，放黜宰相。楊素頗專。水陰氣，臣妾盛強之應也。

仁壽二年，河南、河北諸州大水。京房易傳曰：「顓事有智，誅罰絕理，則厥災水。」亦由帝用刑嚴急，臣下有小過，帝或親臨斬決，又先是柱國史萬歲以忤旨被戮，誅罰絕理之應也。

大業三年，河南大水，漂沒三十餘郡。帝嗣位已來，未親郊廟之禮，簡宗廟，廢祭祀之應也。

洪範五行傳曰：「土者中央，爲內事。宮室臺榭，夫婦親屬也。古者，自天子至于士，宮室寢居，大小有差，高卑異等，骨肉有恩。故明王賢君，修宮室之制，謹夫婦之別，加親戚之恩，敬父兄之禮，則中氣和。人君肆心縱意，大爲宮室，高爲臺榭，雕文刻鏤，以疲人力，淫泆無別，妻妾過度，犯親戚，侮父兄，中氣亂，則稼穡不成。」

齊後主武平四年，山東饑。是時，大興土木之功於仙都苑。又起宮於邯鄲，窮侈極麗。後宮侍御千餘人，皆寶衣玉食。逆中氣之咎也。

煬帝大業五年，燕、代、齊、魯諸郡饑。先是建立東都，制度崇侈。又宗室諸王，多遠徙邊郡。

洪範五行傳曰：「貌之不恭，是謂不肅，則下不敬。陰氣勝，故厥咎狂，厥罰常雨，厥極惡。時則有服妖，時則有龜孽，有雞禍，有下體生上體之痾，有青眚青祥。惟金沴木。」

貌不恭

侯景僭卽尊號，升圓丘，行不能正履，有識者知其不免。景尋敗。

梁元帝既平侯景，破蕭紀，而有驕矜之色。性又沉猜，由是臣下離貳。卽位三年而爲西魏所陷，帝竟不得其死。

陳後主每祀郊廟，必稱疾不行。建寧令章華上奏諫曰：「拜三妃以臨軒，祀宗廟而稱疾，非祗肅之道。」後主怒而斬之。又引江總、孔範等內宴，無復尊卑之序，號爲狎客，專以詩酒爲娛，不恤國政。祕書監傅縡上書諫曰：「人君者，恭事上帝，子愛下人，省嗜慾，遠邪佞，未明求衣，日旰忘食，是以澤被區宇，慶流子孫。陛下頃來，酒色過度，不虔郊廟大神，專媚淫昏之鬼。小人在側，宦豎擅權，惡誠直如仇讎，視時人如草芥。後宮曳羅綺，廄馬餘菽粟，百姓流離，轉屍蔽野。神怒人怨，衆叛親離。臣恐東南王氣，自斯而盡。」後主不聽，驕恣日甚。未幾而國滅。

陳司空侯安都，自以有安社稷之功，驕矜日甚，每侍宴酒酣，輒箕踞而坐。嘗謂文帝曰：「何如作臨川王時？」又借華林園水殿，與妻妾賓客，置酒於其上，帝甚惡之。後竟誅死。

東魏武定五年，後齊文襄帝時爲世子，屬神武帝崩，秘不發喪，朝魏帝於鄴。魏帝宴之，文襄起儛。及嗣位，又朝魏帝於鄴，侍宴而惰。有識者知文襄之不免。後果爲盜所害。

神武時，司徒高昂嘗詣相府，將直入門，門者止之。昂怒，引弓射門者，神武不之罪。尋爲西魏所殺。

後齊後主爲周師所迫，至鄴集兵。斛律孝卿勸後主親勞將士，宜流涕慷慨，以感激之，人當自奮。孝卿授之以辭，後主然之。及對衆，默無所言，因赧然大笑，左右皆哂。將士怒曰：「身尚如此，吾輩何急！」由是皆無戰心，俄爲周師所虜。

煬帝自負才學，每驕天下之士。嘗謂侍臣曰：「天下當謂朕承藉餘緒而有四海耶？設令朕與士大夫高選，亦當爲天子矣。」謂當世之賢，皆所不逮。書云：「謂人莫己若者亡。」帝自矜己以輕天下，能不亡乎？帝又言習吳音，其後竟終於江都，此亦魯襄公終於楚宮之類也。

常雨水

梁天監七年七月，雨，至十月乃霽。洪範五行傳曰：「陰氣强積，然後生水雨之災。」時武帝頻年興師，是歲又大舉北伐，諸軍頗捷，而士卒罷敝，百姓怨望，陰氣畜積之應也。

陳太建十二年八月，大雨霪霖。時始興王叔陵驕恣，陰氣盛强之應也。明年，宣帝崩，

後主立。叔陵刺後主於喪次。宮人救之，僅而獲免。叔陵出閤，就東府作亂。後主令蕭摩訶破之，死者千數。

東魏武定五年秋，大雨七十餘日，元瑾、劉思逸謀殺後齊文襄之應也。

後齊河清三年六月庚子，大雨，晝夜不息，至甲辰。山東大水，人多餓死。是歲，突厥寇幷州，陰戎作梗，此其應也。

天統三年十月，積陰大雨。胡太后淫亂之所感也。

武平七年七月，大霖雨，水澇，人戶流亡。是時駱提婆、韓長鸞等用事，小人專政之罰也。

後周建德三年七月，霖雨三旬。時衞刺王直潛謀逆亂。屬帝幸雲陽宮，以其徒襲肅章門，尉遲運逆拒破之。其日雨霽。

大雨雪

梁普通二年三月，大雪，平地三尺。洪範五行傳曰：「庶徵之常，雨也，然尤甚焉。雨，陰也；雪，又陰畜積甚盛也。皆妾不妾、臣不臣之應。」時義州刺史文僧朗以州叛於魏，臣不臣之應也。

大同三年七月，青州雪，害苗稼。是時交州刺史李賁舉兵反，僭尊號，置百官，擊之不能克。

十年十二月，大雪，平地三尺。是時邵陵王綸、湘東王繹、武陵王紀並權侔人主，頗爲驕恣，皇太子甚惡之，帝不能抑損。上天見變，帝又不悟。及侯景之亂，諸王各擁强兵，外有赴援之名，內無勤王之實，委棄君父，自相屠滅，國竟以亡。

東魏興和二年五月，大雪。時後齊神武作宰，發卒十餘萬築鄴城，百姓怨思之徵也。

武定四年二月，大雪，人畜凍死，道路相望。時後齊霸政，而步落稽舉兵反，寇亂數州，人多死亡。

後齊河清二年二月，大雪連雨，南北千餘里，平地數尺，繁霜晝下。是時突厥木杆可汗與周師入幷州，殺掠吏人，不可勝紀。

天統二年十一月，大雪；三年正月，又大雪，平地二尺；武平三年正月，又大雪。是時馮淑妃、陸令萱內制朝政，陰氣盛積，故天變屢見，雷雨不時。

陳太建元年七月，大雨，震萬安陵華表，又震慧日寺刹，瓦官寺重閣門下一女子震死。京房易飛候曰：「雷雨霹靂丘陵者，逆先人令；爲火殺人者，人君用讒言殺正人。」時蔡景歷以奸邪任用，右僕射陸繕以讒毀獲譴，發病而死。

十年三月，震武庫。時帝好兵，頻年北伐，內外虛竭，將士勞敝。既克淮南，又進圖彭、

汴，毛喜切諫，不納。由是吳明徹諸軍皆沒，遂失淮南之地。武庫者，兵器之所聚也，而震之，天戒若曰，宜戢兵以安百姓。帝不悟，又大興軍旅。其年六月，又震太皇寺刹、莊嚴寺露槃、重陽閣東樓、鴻臚府門。太皇、莊嚴二寺，陳國奉佛之所，重陽閣每所遊宴，鴻臚賓客禮儀之所在，而同歲震者，天戒若曰，國威已喪，不務修德，後必有恃佛道，耽宴樂，棄禮儀而亡國者。陳之君臣竟不悟。至後主之代，災異屢起，懼而於太皇寺捨身爲奴，以祈冥助，不恤國政，耽酒色，棄禮法，不修鄰好，以取敗亡。

齊武平元年夏，震丞相段孝先南門柱。京房易傳曰：「震擊貴臣門及屋者，不出三年，佞臣被誅。」後歲，和士開被戮。

木氷

東魏武定四年冬，天雨木氷。洪範五行傳曰：「陰之盛而凝滯也。木者少陽，貴臣象也。將有害，則陰氣脅木，木先寒，故得雨而氷襲之。木氷一名介，介者兵之象也。」時司徒侯景制河南，及神武不豫，文襄懼其爲亂而徵之，景因舉兵反。豫州刺史高元成、襄州刺史李密、廣州刺史暴顯並爲景所執辱，貴臣有害之應也。其後左僕射慕容紹宗與景戰於渦陽，俘斬五萬。

後齊天保二年，雨木氷三日。初，清河王岳爲高歸彥所譖，是歲以憂死。

二十四史

武平元年冬，雨木氷；明年二月，又木氷。時錄尚書事和士開專政。其年七月，太保、琅邪王儼矯詔殺之。領軍大將軍庫狄伏連、尚書右僕射馮子琮，並坐儼賜死。九月，儼亦遇害。

六年、七年，頻歲春冬木氷。其年周師入晉陽，因平鄴都。後主走青州，貴臣死散，州郡被兵者不可勝數。

大雨雹

梁中大通元年四月，大雨雹。洪範五行傳曰：「雹，陰脅陽之象也。」時帝數捨身爲奴，拘信佛法，爲沙門所制。

陳太建二年六月，大雨雹；十年四月，又大雨雹；十三年九月，又雨雹。時始興王叔陵驕恣，陰結死士，圖爲不逞，帝又寵遇之，故天三見變。帝不悟。及帝崩，叔陵果爲亂逆。

服妖

後齊婁后臥疾，寢衣無故自舉。俄而后崩。

文宣帝末年，衣錦綺，傅粉黛，數爲胡服，微行市里。粉黛者，婦人之飾，陽爲陰事，君變爲臣之象也。及帝崩，太子嗣位，被廢爲濟南王。又齊氏出自陰山，胡服者，將反初服也。錦綵非帝王之法服，微服者布衣之事，齊亡之効也。

後主好令宮人以白越布折額，狀如髽幗；又爲白蓋。此二者，喪禍之服也。後主果爲周武帝所滅，父子同時被害。

武平時，後主於苑內作貧兒村，親衣繿縷之服而行乞其間，以爲笑樂。多令人服烏衣，以相執縛。後主果爲周所敗，被虜於長安而死，妃后窮困，至以賣燭爲業。

後周大象元年，服冕二十有四旒，車服旗鼓，皆以二十四爲節。侍衞之官，服五色，雜以紅紫。令天下車以大木爲輪，不施輻。朝士不得佩綬，婦人墨粧黃眉。又造下帳，如送終之具，令五皇后各居其一，實宗廟祭器於前，帝親讀版而祭之。又將五輅載婦人，身率左右步從。又倒懸鷄及碎瓦於車上，觀其作聲，以爲笑樂。皆服妖也。帝尋暴崩，而政由於隋，周之法度，皆悉改易。

開皇中，房陵王勇之在東宮，及宜陽公王世積家，婦人所服領巾製同槊幡軍幟。婦人爲陰，臣象也，而服兵幟，臣有兵禍之應矣。勇竟而遇害，世積坐伏誅。

雞禍

開皇中，有人上書，言頻歲已來，雞鳴不鼓翅，類腋下有物而妨之，翮不得舉，肘腋之臣，當爲變矣。書奏不省。京房易飛候曰：「雞鳴不鼓翅，國有大害。」其後大臣多被夷滅，諸王廢黜，太子幽廢。

大業初，天下雞多夜鳴。京房易飛候曰：「雞夜鳴，急令。」又云：「昏而鳴，百姓有事；人定鳴，多戰；夜半鳴，流血漫漫。」及中年已後，軍國多務，用度不足，於是急令暴賦，責成守宰，百姓不聊生矣，各起而爲盜，戰爭不息，屍骸被野。

龜孽

開皇中，掖庭宮每夜有人來挑宮人。宮司以聞。帝曰：「門衞甚嚴，人何從而入。當是妖精耳。」因戒宮人曰：「若逢，但斫之。」其後有物如人，夜來登牀，宮人抽刀斫之，若中枯骨。其物落牀而走，宮人逐之，因入池而沒。明日，帝令涸池，得一龜，徑尺餘，其上有刀迹。殺之，遂絕。龜者水居而靈，陰謀之象，晉王諂媚宮掖求嗣之應云。

青眚青祥

陳禎明二年四月，羣鼠無數，自蔡洲岸入石頭淮，至青塘兩岸。數日死，隨流出江。近青祥也。京房易飛候曰：「鼠無故羣居不穴衆聚者，其君死。」未幾而國亡。

金沴木

陳天嘉六年秋七月，儀賢堂無故自壓，近金沴木也。時帝盛修宮室，起顯德等五殿，稱爲壯麗，百姓失業，故木失其性也。儀賢堂者，禮賢尚齒之謂，無故自壓，天戒若曰，帝好奢侈，不能用賢使能，何用虛名也。帝不悟，明年竟崩。

禎明元年六月，宮內水殿若有刀鋸斫伐之聲，其殿因無故而倒。七月，朱雀航又無故自沉。時後主盛修園囿，不虔宗廟。水殿者，遊宴之所，朱雀航者，國門之大路，而無故自壞。天戒若曰，宮室毀，津路絕。後主不悟，竟爲隋所滅，宮廟爲墟。

後齊孝昭帝將誅楊愔，乘車向省，入東門，幰竿無故自折。帝甚惡之，歲餘而崩。

河清三年，長廣郡廳事梁忽剝若人狀，太守惡而削去之，明日復然。長廣，帝本封也；木爲變，不祥之兆。其年帝崩。

武平七年秋，穆后將如晉陽，向北宮辭胡太后。至宮內門，所乘七寶車無故陷入於地，牛沒四足。是歲齊滅，后被虜於長安。

後周建德六年，青城門無故自崩。青者東方色，春宮之象也。時皇太子無威儀禮節，青城門無故自崩者，皇太子不勝任之應。帝不悟。明年太子嗣位，果爲無道。周室危亡，實自此始。

大業中，齊王暕於東都起第，新構寢堂，其梁無故而折。時上無太子，天下皆以暕次當立，公卿屬望。暕遂驕恣，呼術者令相，又爲厭勝之事。堂栿無故自折，木失其性，奸謀之應也。天見變以戒之，暕不悟，後竟得罪於帝。

中華書局

洪範五行傳曰：「言之不從，是謂不乂。厥咎僭，厥罰常暘，厥極憂。時則有詩妖，時則有毛蟲之孽，時則有犬禍。故有口舌之痾，有白眚白祥。惟木沴金。」

言不從

梁武陵王紀僭即帝位，建元曰天正。永豐侯蕭撝曰：「王不克矣。昔桓玄年號大亨，有識者以爲『二月了』，而玄之敗，實在仲春。今曰天正，正之爲文『一止』，其能久乎！」果一年而敗。

後齊文宣帝時，太子殷當冠，詔令邢子才爲制字。子才字之曰正道。帝曰：「正，一止也。吾兒其替乎？」子才請改，帝不許，曰：「天也。」因顧謂常山王演曰：「奪時任汝，愼無殺也。」及帝崩，太子嗣位，常山果廢之而自立。殷尋見害。

武成帝時，左僕射和士開言於帝曰：「自古帝王，盡爲灰土，堯舜、桀紂，竟亦何異。陛下宜及少壯，恣意歡樂，一日可以當千年，無爲自勤約也。」帝悅其言，彌加淫侈。士開既導帝以非道，身又擅權，竟爲御史中丞所殺。

武平中，陳人寇彭城，後主發言憂懼，侍中韓長鸞進曰：「縱失河南，猶得爲龜茲國子。淮南今沒，何足多慮。人生幾何時，但爲樂，不須憂也。」帝甚悅，遂耽荒酒色，不以天下爲虞。未幾，爲周所滅。

武平七年，後主爲周師所敗，走至鄴，自稱太上皇，傳位於太子恒，改元隆化。時人離合其字曰「降死」。竟降周而死。

周武帝改元爲宣政，梁主蕭巋離合其字爲「宇文亡日」。其年六月，帝崩。宣帝在東宮時，不修法度，武帝數撻之。及嗣位，摸其痕而大罵曰：「死晚也。」年又改元爲大象，蕭巋又離合其字曰「天子冢」。明年而帝崩。

開皇初，梁王蕭琮改元爲廣運。江陵父老相謂曰：「運之爲字，軍走也。吾君當爲軍所走乎？」其後琮朝京師而被拘留不反，其叔父巖掠居人以叛，梁國遂廢。

文帝名皇太子曰勇，晉王曰英，秦王曰俊，蜀王曰秀。開皇初，有人上書曰：「勇者一夫之用。又千人之秀爲英，萬人之秀爲俊。斯乃布衣之美稱，非帝王之嘉名也。」帝不省。時人呼楊姓多爲嬴者。或言於上曰：「楊英反爲嬴殃。」帝聞而不懌，遽改之。其後勇、俊、秀皆被廢黜，煬帝嗣位，終失天下，卒爲楊氏之殃。

煬帝即位，號年曰大業。識者惡之，曰：「於字離合爲『大苦未』也。」尋而天下喪亂，率土遭荼炭之酷焉。

煬帝常從容謂祕書郎虞世南曰：「我性不欲人諫。若位望通顯而來諫我，以求當世之名者，彌所不耐。至於卑賤之士，雖少寬假，然卒不置之於地。汝其知之！」時議者以爲古先哲王之馭天下也，明四目，達四聰，懸敢諫之鼓，立書謗之木，以開言者之路，猶恐忠言之不至。由是澤敷四海，慶流子孫。而帝惡直言，讎諫士，其能久乎！竟逢殺逆。

旱

梁天監元年，大旱，米斗五千，人多餓死。洪範五行傳曰：「君持亢陽之節，興師動衆，勞人過度，以起城邑，不顧百姓，臣下悲怨。然而心不能從，故陽氣盛而失度，陰氣沉而不附。陽氣盛，旱災應也。」初帝起兵襄陽，破張沖，敗陳伯之，及平建康，前後連戰，百姓勞敝，及即位後，復與魏交兵不止之應也。

陳太建十二年春，不雨至四月。先是周師掠淮北，始興王叔陵等諸軍敗績，淮北之地皆沒於周，蓋其應也。

東魏天平四年，并、肆、汾、建、晉、絳、秦、陝等諸州大旱，人多流散。是歲，齊神武與西魏戰於沙苑，敗績，死者數萬。

東魏武定二年冬春旱。先是西魏師入洛陽，神武親帥軍大戰於芒山，死者數萬。

後齊天保九年夏，大旱。先是大發卒築長城四百餘里，勞役之應也。

乾明元年春，旱。先是發卒數十萬築金鳳、聖應、崇光三臺，窮極侈麗，不恤百姓，亢陽之應也。

河清二年四月，并、晉已西五州旱。是歲，發卒築軹關。突厥二十萬衆毀長城，寇恒州。

後主天統二年春，旱。是時大發卒，起大明宮。

開皇四年已後，京師頻旱。時遷都龍首，建立宮室，百姓勞敝，亢陽之應也。

大業四年，燕、代緣邊諸郡旱。時發卒百餘萬築長城，帝親巡塞表，百姓失業，道殣相望。

八年，天下旱，百姓流亡。時發四海兵，帝親征高麗，六軍凍餒，死者十八九。

十三年，天下大旱。時郡縣鄉邑，悉遣築城，發男女，無少長，皆就役。

詩妖

梁天監三年六月八日，武帝講於重雲殿，沙門誌公忽然起儛歌樂，須臾悲泣，因賦五言詩曰：「樂哉三十餘，悲哉五十裏！但看八十三，子地妖災起。佞臣作欺妄，賊臣滅君子。若不信吾語，龍時侯賊起。且至馬中間，銜悲不見喜。」梁自天監至于大同，三十餘年，江表無事。至太清二年，臺城陷，帝享國四十八年，所言五十裏也。太清元年八月十三，而侯景自懸瓠來降，在丹陽之北，子地。帝惑朱异之言以納景。景之作亂，始自戊辰之歲。至午年，帝憂崩。十年四月八日，誌公於大會中又作詩曰：「兀尾狗子始著狂，欲死不死齧人傷，須臾之間自滅亡。患在汝陰死三湘，橫尸一旦無人藏。」侯景小字狗子。初自懸瓠來降，懸瓠

則古之汝南也。巴陵南有地名三湘，卽景奔敗之所。

天監中，茅山隱士陶弘景爲五言詩曰：「夷甫任散誕，平叔坐談空。不意昭陽殿，忽作單于宮。」及大同之季，公卿唯以談玄爲務。夷甫、平叔，朝賢也。侯景作亂，遂居昭陽殿。

大同中，童謠曰：「青絲白馬壽陽來。」其後侯景破丹陽，乘白馬，以青絲爲羈勒。

陳初，有童謠曰：「黃班青驄馬，發自壽陽涘。來時冬氣末，去日春風始。」其後陳主果爲韓擒所敗。擒本名擒獸，〔三〕黃班之謂也。破建康之始，復乘青驄馬，往反時節皆相應。

陳時，江南盛歌王獻之桃葉之詞曰：「桃葉復桃葉，渡江不用楫，但度無所苦，我自迎接汝。」晉王伐陳之始，置營桃葉山下，及韓擒渡江，大將任蠻奴至新林以導北軍之應。

陳後主遣齊雲觀，國人歌之曰：「齊雲觀，寇來無際畔。」功未畢，而爲隋師所虜。

禎明初，後主作新歌，詞甚哀怨，令後宮美人習而歌之。其辭曰：「玉樹後庭花，花開不復久。」時人以歌讖，此其不久兆也。

齊神武始移都于鄴，時有童謠云：「可憐青雀子，飛入鄴城裏。作寃猶未成，舉頭失鄉里。寄書與婦母，好看新婦子。」魏孝靜帝者，清河王之子也。后則神武之女。鄴都宮室未備，卽逢禪代，作寃未成之効也。孝靜尋崩，文宣以后爲太原長公主，降於楊愔。時婁后尚在，故言寄書於婦母。新婦子，斥后也。

武定中，有童謠云：「百尺高竿摧折，水底燃燈澄滅。」高者，齊姓也。澄，文襄名。五年，神武崩，摧折之應。七年，文襄遇盜所害，澄滅之徵也。

天保中，陸法和入國，書其屋壁曰：「十年天子爲尙可，百日天子急如火，周年天子迭代坐。」時文宣帝享國十年而崩，廢帝嗣立百餘日，用替厥位，孝昭卽位一年而崩。此其効也。

武平元年，童謠曰：「狐截尾，你欲除我我除你。」其年四月，隴東王胡長仁謀遣刺客殺和士開，事露，返爲士開所譖死。

二年，童謠曰：「和士開，七月三十日，將你向南臺。」小兒唱訖，一時拍手云：「殺却。」至七月二十五日，御史中丞、琅邪王儼執士開，送於南臺而斬之。是歲，又有童謠曰：「七月刈禾傷早，九月喫餻正好。十月洗蕩飯甕，十一月出却趙老。」七月士開被誅，九月琅邪王遇害，十一月趙彥深出爲西兗州刺史。

武平末，童謠曰：「黃花勢欲落，清樽但滿酌。」時穆后母子淫僻，干預朝政，時人患之。穆后小字黃花，尋逢齊亡，欲落之應也。

鄴中又有童謠曰：「金作掃帚玉作把，淨掃殿屋迎西家。」未幾，周師入鄴。

周初有童謠曰：「白楊樹頭金雞鳴，祇有阿舅無外甥。」靜帝隋氏之甥，旣遜位而崩，諸舅強盛。

周宣帝與宮人夜中連臂蹋蹀而歌曰：「自知身命促，把燭夜行遊。」帝卽位三年而崩。

開皇十年，高祖幸幷州，宴秦孝王及王子相。帝爲四言詩曰：「紅顏詎幾，玉貌須臾。一朝花落，白髮難除。明年後歲，誰有誰無。」明年而子相卒，十八年而秦孝王薨。

大業十一年，煬帝自京師如東都，至長樂宮，飲酒大醉，因賦五言詩。其卒章曰：「徒有歸飛心，無復因風力。」令美人再三吟詠，帝泣下霑襟，侍御者莫不歔欷。帝因幸江都，復作五言詩曰：「求歸不得去，眞成遭箇春。鳥聲爭勸酒，梅花笑殺人。」帝以三月被弑，卽遭春之應也。是年盜賊蜂起，道路隔絕，帝懼，遂無還心。帝復夢二豎子歌曰：「住亦死，去亦死。未若乘船渡江水。」由是築宮丹陽，將居焉。功未就而帝被殺。

大業中，童謠曰：「桃李子，鴻鵠遶陽山，宛轉花林裏。莫浪語，誰道許。」其後李密坐楊玄感之逆，爲吏所拘，在路逃叛。潛結羣盜，自陽城山而來，襲破洛口倉，後復屯兵苑內。莫浪語，密也。宇文化及自號許國，尋亦破滅。誰道許者，蓋驚疑之辭也。

毛蟲之孽

梁武帝中大同元年，邵陵王綸在南徐州臥內，方晝，有狸鬬於櫚上，墮而獲之。太淸中，遇侯景之亂，將兵援臺城。至鍾山，有蟄熊無何至，齧綸所乘馬。毛蟲之孽也。綸尋爲王僧辯所敗，亡至南陽，爲西魏所殺。

中大同中，每夜狐鳴闕下，數年乃止。京房易飛候曰：「野獸羣鳴，邑中且空虛。」俄而國亂，丹陽死喪略盡。

陳禎明初，狐入牀下，捕之不獲。京房易飛候曰：「狐入君室，室不居。」未幾而國滅。

東魏武定三年九月，豹入鄴城南門，格殺之。五年八月，豹又上銅爵臺。京房易飛候曰：「野獸入邑，及至朝廷若道，上官府門，有大害，君亡。」是歲，東魏師敗於玉壁，神武遇疾崩。

後齊武平二年，有兎出廟社之中。京房易飛候曰：「兎入王室，其君亡。」案廟者，祖宗之神室也。後五歲，周師入鄴，後主東奔。

武平末，幷、肆諸州多狼而食人。洪範五行傳曰：「狼貪暴之獸，大體以白色爲主，兵之表也。又似犬，近犬禍也。」京房易傳曰：「君將無道，害將及人，去之深山以全身。厥妖狼食人。」時帝任用小人，競爲貪暴，殘賊人物，食人之應。尋爲周軍所滅，兵之象也。

武平中，朔州府門外，無何有小兒脚跡，又擁土爲城雉之狀，時人怪而察之，乃狐媚所爲，漸流至幷、鄴。與武定三年同占。是歲，南安王思好起兵於北朔，直指幷州，爲官軍所敗。鄭子饒、羊法暠等復亂山東。

犬禍

後齊天保四年，鄴中及頓丘，並有犬與女子交。洪範五行傳曰：「異類不當交而交，誖亂之氣。犬交人爲犬禍。」犬禍者，亢陽失衆之應也。時帝不恤國政，恩澤不流於其國。後主時，犬爲開府儀同，雌者有夫人郡君之號，給兵以奉養，食以粱肉，藉以茵蓐。天奪其心，爵加於犬，近犬禍也。天意若曰，卿士皆類犬。後主不悟，遂以取滅。

後周保定三年，有犬生子，腰已後分爲兩身，二尾六足。犬猛畜而有爪牙，將士之象也。時宇文護與侯伏侯龍恩等，有謀懷貳。犬體後分，此其應也。

大業元年，鴈門百姓間犬多去其主，羣聚於野，形頓變如狼而噉噬行人，數年而止。五行傳曰：「犬，守禦者也，而今去其主，臣下不附之象。形變如狼，狼色白，爲主兵之應也。」其後帝窮兵黷武，勞役不息。天戒若曰，無爲勞役，守禦之臣將叛而爲害。帝不悟，遂起長城之役。續有西域、遼東之舉，天下怨叛。及江都之變，並宿衞之臣也。

白眚白祥

梁大同二年，地生白毛，長二尺，近白祥也。孫盛以爲勞人之異。先是大發卒築浮山堰，功費鉅億，功垂就而復潰者，數矣。百姓厭役，吁嗟滿道。

齊河清元年九月，滄洲及長城之下，〔四〕地多生毛，或白或黑，長四五寸，近白祥也。時北築長城，內興三臺，人苦勞役。

開皇六年七月，京師雨毛，如髮尾。長者三尺餘，短者六七寸。京房易飛候曰：「天雨毛，其國大饑。」是時關中旱，米粟涌貴。

後齊天統初，岱山封禪壇玉璧自出，近白祥也。岱山，王者易姓告代之所，玉璧所用幣。而自出，將有易姓者用幣之象。其後齊亡，地入于周，及高祖受周禪，天下一統，焚柴太山告祠之應也。

武平三年，白水巖下青石壁傍，有文曰：「齊亡走。」人改之爲「上延」，後主以爲嘉瑞，百僚畢賀。後周師入國，後主果棄鄴而走。

開皇十七年，石隕於武安、滏陽間十餘。洪範五行傳曰：「石自高隕者，君將有危殆也。」後七載，帝崩。

開皇末，高祖於宮中埋二小石於地，以誌置牀之所。未幾，變爲玉。劉向曰：「玉者至貴也。賤將爲貴之象。」及大業末，盜皆僭名號。

大業十三年，西平郡有石，文曰：「天子立千年。」百僚稱賀。有識者尤之曰：「千年萬歲者，身後之意也。今稱立千年者，禍在非遠。」明年而帝被殺。

木沴金

梁大同十二年，曲阿建陵隧口石騏驎動。木沴金也。動者，遷移之象。天戒若曰，園陵無主，石騏驎將爲人所徙也。後竟國亡。

後齊河清四年，殿上石自起，兩兩相擊。眭孟以爲石陰類，下人象，殿上石自起者，左右親人離叛之應。及周師東伐，寵臣尉相願、乞扶貴和兄弟、韓建業之徒，皆叛入周。

梁大同十二年正月，送辟邪二于建陵。左雙角者至陵所。右獨角者，將引，於車上振躍者三，車兩轅俱折。因換車。未至陵二里，又躍者三，每一振則車側人莫不聳奮，去地三四尺，車輪陷入土三寸。木沴金也。劉向曰：「失衆心，令不行，言不從，以亂金氣也。石爲陰，臣象也。臣將爲變之應。」梁武暮年，不以政事爲意，君臣唯講佛經、談玄而已。朝綱紊亂，令不行，言不從之咎也。其後果致侯景之亂。

周建德元年，濮陽郡有石像，郡官令載向府，將刮取金。在道自躍投地，如此者再。乃以大繩縛著車壁，又絕繩而下。時帝既滅齊，又事淮南，征伐不息，百姓疲敝，失衆心之應也。

校勘記

〔一〕元暉　魏書孝靜帝紀作「元暉業」。

〔二〕太末信安豐安三縣大水　「太末」原作「大末」，「豐安」原作「安豐」，據南齊書州郡志上改。梁書

武帝紀中「安豐」也作「豐安」。

〔三〕擒本名擒獸　「獸」當作「虎」，唐人諱改。

〔四〕滄洲　按：「洲」當作「州」。

隋書卷二十三

志第十八

五行下

洪範五行傳曰：「視之不明，是謂不知。厥咎舒，厥罰常燠，厥極疾。時則有草妖，時則有羽蟲之孽。故有羊禍，故有目疾，有赤眚赤祥。惟水沴火。」

常燠

後齊天保八年三月，大熱，人或暍死。劉向五行傳曰：「視不明，用近習，賢者不進，不肖不退，百職廢壞，庶事不從，其過在政教舒緩。」時帝狂躁，荒淫無度之應。

草妖

高祖時，上黨有人，宅後每夜有人呼聲，求之不得。去宅一里所，但見人參一本，枝葉峻茂。因掘去之，其根五尺餘，具體人狀，呼聲遂絕。蓋草妖也。視不明之咎。時晉王陰

有奪宗之計，諂事親要，以求聲譽。譖皇太子，高祖惑之。人參不當言，有物憑之。上黨，黨與也。親要之人，乃黨晉王而譖太子。高祖不悟，聽邪言，廢無辜，有罪用，[一]因此而亂也。

羽蟲之孽

梁中大同元年，邵陵王綸在南徐州，坐聽事。有野鳥如鷰數百，飛屋梁上，彈射不中。俄頃失所在。京房易飛候曰：「野鳥入君室，其邑虛，君亡之他方。」後綸為湘東王所襲，竟致奔亡，為西魏所殺。

侯景在梁，將受錫命，陳備物於庭。有野鳥如山鵲，赤嘴，集於冊書之上，鵂鶹鳴於殿。與中大同元年同占。景尋敗，將亡入海中，為羊鵾所殺。

陳後主時，蔣山有衆鳥，鼓翼而鳴曰：「奈何帝。」京房易飛候曰：「鳥鳴門闕，如人音，邑且亡。」蔣山，吳之望也。鳥於上鳴，吳空虛之象。及陳亡，建康為墟。又陳未亡時，有一足鳥，集于殿庭，以嘴畫地成文，曰：「獨足上高臺，盛草變成灰。」獨足者，叔寶獨行無衆之應。盛草成灰者，陳政蕪穢，被隋火德所焚除也。叔寶至長安，館於都水臺上，高臺之義也。

後齊孝昭帝，即位之後，有雉飛上御座。占同中大同元年。又有鳥止於後園，其色赤，形似鴨而有九頭。其年帝崩。

天統三年九月，萬春鳥集仙都苑。京房易飛候曰：「非常之鳥，來宿於邑中，邑有兵。」周師入鄴之應也。

武成胡后，生後主初，有梟升后帳而鳴。梟不孝之鳥，不祥之應也。後主嗣位，胡后淫亂事彰，遂幽后於北宮焉。

武平七年，有鸛巢太極殿，又巢并州嘉陽殿。雉集晉陽宮御座，獲之。京房易飛候曰：「鳥無故巢居君門及殿屋上，邑且虛。」其年國滅。

周大象二年二月，有禿鶖集洛陽宮太極殿。其年帝崩，後宮常虛。

開皇初，梁主蕭琮新起後，有鵂鶹集其帳隅。未幾，琮入朝，被留於長安。梁國遂廢。

大業末，京師宮室中，恒有鴻雁之類無數，翔集其間。俄而長安不守。

十三年十一月，烏鵲巢帝帳幄，驅不能止。帝尋逢弒。

羊禍

開皇十二年六月，繁昌楊悅，見雲中二物，如羝羊，黃色，大如新生犬，鬭而墜。悅獲其一，數旬失所在。近羊禍也。洪範五行傳曰：「君不明，逆火政之所致也。」狀如新生犬者，羔類也。雲體掩蔽，邪佞之象。羊，國姓。羔，羊子也。皇太子勇，既升儲貳，晉王陰毀而被廢黜。二羔鬭，一羔墜之應也。

恭帝義寧二年，麟遊太守司馬武，獻羊羔，生而無尾。時議者以為楊氏子孫無後之象。是歲，煬帝被殺於江都，恭帝遜位。

赤眚赤祥

梁天監十五年七月，荊州市殺人而身不僵，首墮于地，動口張目，血如竹箭，直上丈餘，然後如雨細下。是歲荊州大旱。近赤祥，冤氣之應。

陳太建十四年三月，御座幄上見一物，如車輪，色正赤。尋而帝患，無故大叫數聲而崩。

至德三年十二月，有赤物隕于太極殿前，初下時，鐘皆鳴。又嘗進白飲，忽變為血。又有血霑殿階，瀝瀝然至御榻。尋而國滅。

後齊河清二年，太原雨血。劉向曰：「血者陰之精，傷害之象。僵尸之類也。」明年，周師與突厥入并州，大戰城西，伏屍百餘里。京房易飛候曰：「天雨血染衣，國亡君戮。」亦後主亡國之應。

四年三月，有物隕於殿庭，色赤，形如數斗器，衆星隨者如小鈴。四月，婁太后崩。

武平中，有血點地，自咸陽王斛律明月宅，而至于太廟。大將，社稷之臣也，後主以讒言殺之。天戒若曰，殺明月，則宗廟隨而覆矣。後主不悟，國祚竟絕。

洪範五行傳曰：「聽之不聰，是謂不謀。厥咎急，厥罰寒，厥極貧。時則有鼓妖，有魚孽，有彘禍，有黑眚黑祥，惟火沴水。」

寒

東魏武定四年二月，大寒。人畜凍死者，相望於道。京房易飛候曰：「誅過深，當燠而寒。」是時後齊神武作相。先是尒朱文暢等謀害神武，事泄伏誅，諸與交通者，多有濫死。

河清元年，歲大寒。京房易傳曰：「有德遭險，茲謂逆命。厥異寒。」讖曰：「殺無罪，其寒必異。」是時，帝淫於文宣李后，因生子，后愧恨，不舉之。帝大怒，於后前殺其子太原王紹德。后大哭，帝倮后而撻殺之，投于水中，良久乃蘇。寃酷之應。

梁天監三年三月，六年三月，並隕霜殺草。京房易傳曰：「興兵妄誅，謂亡法，厥罰霜。」是時，大發卒，拒魏軍於鍾離，連兵數歲。

大同三年六月，朐山隕霜。

陳太建十年八月，隕霜，殺稻菽。是時，大興師選衆，遣將吳明徹，與周師相拒於呂梁。

鼓妖

梁天監四年十一月，天清朗，西南有電光，有雷聲二。易曰：「鼓之以雷霆。」霆近鼓妖。

洪範五行傳曰：「雷霆託於雲，猶君之託於人也。君不恤於天下，故兆人有怨叛之心也。」是歲，交州刺史李凱舉兵反。

十九年九月，西北隱隱有聲如雷，赤氣下至地。是歲，盜殺東莞、琅邪二郡守，以朐山引魏軍。

中大通六年十二月，西南有聲如雷。其年北梁州刺史蘭欽舉兵反。

陳太建二年十二月，西北有聲如雷。其年湘州刺史華皎舉兵反。

齊天保四年四月，西南有聲如雷。是時，帝不恤天下，興師旅。

後周建德六年正月，西方有聲如雷。未幾，吐谷渾寇邊。

開皇十四年正月旦，廓州連雲山，有聲如雷。是時五羌反叛，侵擾邊鎮。二十年，無雲而雷。京房易飛候曰：「國將易君，下人不靜，小人先命。國凶，有兵甲。」後數歲，帝崩，漢王諒舉兵反。徙其黨數十萬家。

大業中，滏陽石鼓頻歲鳴。其後，天下大亂，兵戎並起。

魚孽

梁大同十年三月，帝幸朱方，至四蹔中，及玄武湖，魚皆驤首見於上，若望乘輿者。帝入宮而沒。洪範五行傳曰：「魚陰類也，下人象。又有鱗甲，兵之應也。」下人將舉兵圍宮，

而睥睨乘輿之象也。後果有侯景之亂。

齊後主武平七年，[三]相州鸛鵲泊，魚盡飛去而水涸。洪範五行傳曰：「急之所致。魚陰類，下人象也。」晏子曰：「河伯以水爲國，以魚爲百姓。」水涸魚飛，國亡人散之象。明年而國亡。

後周大象元年六月，陽武有鯉魚乘空而鬬。猶臣下興起，小人從之而鬬也。明年帝崩，國失政。尉迥起兵相州，高祖遣兵擊敗之。

開皇十七年，大興城西南四里，有袁村，設佛會。有老翁，皓首，白裙襦衣，來食而去。衆莫識，追而觀之，行二里許，不復見。但有一陂，中有白魚，長丈餘，小魚從者無數。人爭射之，或弓折弦斷。後竟中之，剖其腹，得秔飯，始知此魚向老翁也。後數日，漕渠暴溢，射人皆溺死。

大業十二年，淮陽郡驅人入子城，鑿斷羅郎郭。[三]至女垣之下，有穴，其中得鯉魚，長七尺餘。昔魏嘉平四年，魚集武庫屋上。王肅以爲魚生於水，而亢於屋，水之物失其所也，邊將殆棄甲之變。後果有東關之敗。[四]是時，長白山賊，寇掠河南，月餘，賊至城下。郡兵拒之，反爲所敗，男女死者萬餘人。

蟲妖

梁大同初，大蝗，籬門松栢葉皆盡。洪範五行傳曰：「介蟲之孽也。與魚同占。」京房易飛候曰：「食祿不益聖化，天視以蟲。蟲無益於人而食萬物也。」是時公卿皆以虛澹爲美，不親職事，無益食物之應也。

後齊天保八年，河北六州、河南十二州蝗。畿人皆祭之。帝問魏尹丞崔叔瓚曰：「何故蟲？」叔瓚對曰：「五行志云：『土功不時則蝗蟲爲災。』今外築長城，內修三臺，故致災也。」帝大怒，毆其頰，擢其髮，溷中物塗其頭。役者不止。九年，山東又蝗，十年，幽州大蝗。洪範五行傳曰：「刑罰暴虐，貪饕不厭，興師動衆，取城修邑，而失衆心，則蟲爲災。」是時帝用刑暴虐，勞役不止之應也。

後周建德二年，關中大蝗。

開皇十六年，并州蝗。時秦孝王俊，裒刻百姓，盛修邸第。後竟獲譴而死。

彘禍

開皇末，渭南有沙門三人，行投陁法於人場圃之上。夜見大豕來詣其所，小豕從者十餘，謂沙門曰：「阿練，我欲得賢聖道，然猶負他一命。」言罷而去。賢聖道者，君上之所行也。皇太子勇當嗣業，行君上之道，而被囚廢之象也。一命者，言爲煬帝所殺。

開皇末，渭南有人寄宿他舍，夜中聞二豕對語。其一曰：「歲將盡，阿耶明月殺我供歲。

何處避之？」一答曰：「可向水北姊家。」因相隨而去。天將曉，主人覔豕不得，意是宿客而詰之。宿客言狀，主人如其言而得豕。其後蜀王秀得罪，帝將殺之，樂平公主每匡救，〔五〕得全。後數年而帝崩，歲盡之應。

黑眚黑祥

梁承聖三年六月，有黑氣如龍，見于殿內。近黑祥也。黑，周所尚之色。今見於殿內，周師入梁之象。其年，爲周所滅，帝亦遇害。

陳太建五年六月，西北有黑雲屬地，散如猪者十餘。洪範五行傳曰：「當有兵起西北。」時後周將王軌，軍於呂梁。明年，擒吳明徹，軍皆覆沒。

火沴水

後齊河清元年四月，河、濟清。襄楷曰：「河，諸侯之象。應濁反淸，諸侯將爲天子之象。」是後十餘歲，隋有天下。

大業三年，武陽郡河清，數里鏡澈。十二年，龍門又河清。後二歲，大唐受禪。

陳太建十四年七月，江水赤如血，自建康，西至荊州。禎明中，江水赤，自方州，東至海。洪範五行傳曰：「火沴水也。法嚴刑酷，傷水性也。五行變節，陰陽相干，氣色繆亂，皆敗亂之象也。」京房易占曰：「水化爲血，兵且起。」是時後主初卽位，用刑酷暴之應。其後爲

隋師所滅。

禎明二年四月，郢州南浦水，黑如墨。黑水在關中，而今淮南水黑，荊、揚州之地，陷於關中之應。

後周大象元年六月，咸陽池水變爲血。與陳太建十四年同占。是時，刑罰嚴急，未幾國亡。

洪範五行傳曰：「思心不容，是謂不聖。厥咎霿，厥罰常風，厥極凶短折。有脂夜之妖，有華孽，有牛禍，有心腹之痾，有黃眚黃祥，木金水火沴土。」

常風

梁天監六年八月戊戌，大風折木。京房易飛候曰：「角日疾風，天下昏。不出三月中，兵必起。」是歲魏軍入鍾離。

承聖三年十一月癸未，帝閱武於南城，北風大急，普天昏闇。洪範五行傳曰：「人君霿亂之應。」時帝旣平侯景，公卿咸勸帝反丹陽，帝不從。又多猜忌，有霿亂之行，故天變應之以風。是歲爲西魏滅。

陳天嘉六年七月癸未，大風起西南，吹倒靈臺候樓。洪範五行傳，以爲大臣專恣之咎。時太子沖幼，安成王頊專政，帝不時抑損。明年崩，皇太子嗣位，頊遂廢之。

太建十一年六月壬戌，大風吹壞皐門中闥。十二年九月，夜又風，發屋拔樹。始興王叔陵專恣之應。

至德中，大風吹倒朱雀門。

禎明三年六月丁巳，大風，自西北，激濤水入石頭、淮。是時，後主任司馬申，誅戮忠諫。沈客卿、施文慶，專行邪僻。江總、孔範等，崇長淫縱。杜塞聰明，霿亂之咎。

後齊河清二年，大風，三旬乃止。時帝初委政佞臣和士開，專恣日甚。天統三年五月，大風，晝晦，發屋拔樹。天變再見，而帝不悟。明年帝崩。後主詔內外表奏，皆先詣士開，然後聞徹。趙郡王叡、馮翊王潤，按士開驕恣，不宜仍居內職，反爲士開所譖，叡竟坐死。士開出入宮掖，生殺在口，尋爲琅邪王儼所誅。

七年三月，大風起西北，發屋拔樹。五日乃止。時高阿那瓌、〔六〕駱提婆等專恣之應。

開皇二十年十一月，京都大風，發屋拔樹，秦、隴壓死者千餘人。地大震，鼓皆應。淨刹寺鍾三鳴，佛殿門鎖自開，銅像自出戶外。鍾鼓自鳴者，近鼓妖也。揚雄以爲人君不聰，爲衆所惑，空名得進，則鼓妖見。時獨孤皇后干預政事，左僕射楊素權傾人主。帝聽二人之讒，而黜僕射高熲，廢太子勇爲庶人，晉王釣虛名而見立。思心霿亂，陰氣盛之象也。鎖

及銅像，並金也。金動木震之，水沴金之應。洪範五行傳曰：「失衆心甚之所致也。」高熲楊勇，無罪而咸廢黜，失衆心也。

仁壽二年，西河有胡人，乘騾在道，忽爲迴風所飄，并一車上千餘尺，乃墜，皆碎焉。京房易傳曰：「衆逆同志，至德乃潛，厥異風。」後二載，漢王諒在并州，潛謀逆亂，車及騾騎之象也。升空而墜，顚隕之應也。天戒若曰，無妄動車騎，終當覆敗，而諒不悟。及高祖崩，諒發兵反，州縣響應，衆至數十萬。月餘而敗。

夜妖

梁承聖二年十月丁卯，大風，晝晦，天地昏暗。近夜妖也。京房易飛候曰：「羽日風，天下昏，人大疾。不然，多寇盜。」三年爲西魏所滅。

陳禎明三年正月朔旦，雲霧晦冥，入鼻辛酸。後主昏昧，近夜妖也。洪範五行傳曰：「王失中，臣下强盛，以蔽君明，則雲陰。」是時北軍臨江，柳莊、任蠻奴並進中款，後主惑佞臣孔範之言，而昏闇不能用，以至覆敗。

東魏武定四年冬，大霧六日，晝夜不解。洪範五行傳曰：「晝而晦冥若夜者，陰侵陽，臣將侵君之象也。」明年，元瑾、劉思逸謀殺大將軍之應。

周大象二年，尉迥敗於相州。坑其黨與數萬人於遊豫園。其處每聞鬼夜哭聲。洪範

五行傳曰：「哭者死亡之表，近夜妖也。鬼而夜哭者，將有死亡之應。」京房易飛候曰：「鬼夜哭，國將亡。」明年，周氏王公皆見殺，周室亦亡。

仁壽中，仁壽宮及長城之下，數聞鬼哭。尋而獻后及帝，相次而崩於仁壽宮。

大業八年，楊玄感作亂於東都。尚書樊子蓋，坑其黨與於長夏門外，前後數萬。洎于末年，數聞其處鬼哭，有呻吟之聲。與前同占。其後王世充害越王侗于洛陽。

華孽

後齊武平元年，槐華而不結實。槐，三公之位也，華而不實，萎落之象。至明年，錄尚書事和士開伏誅。隴東王胡長仁，太保、琅邪王儼皆遇害。左丞相段韶薨。

陳後主時，有張貴妃、孔貴嬪，並有國色，稱爲妖艷。後主惑之，寵冠宮掖，每充侍從，詩酒爲娛。一入後庭，數旬不出，荒淫侈靡，莫知紀極。府庫空竭，頭會箕斂，天下怨叛，將士離心。敵人鼓行而進，莫有死戰之士。女德之咎也。及敗亡之際，後主與此姬俱投於井，隋師執張貴妃而戮之，以謝江東。洪範五行傳曰：「華者，猶榮華容色之象也。以色亂國，故謂華孽。」

齊後主有寵姬馮小憐，慧而有色，能彈琵琶，尤工歌儛。後主惑之，拜爲淑妃。選綵女數千，爲之羽從，一女之飾，動費千金。帝從禽於三堆，而周師大至，邊吏告急，相望於道。

帝欲班師，小憐意不已，更請合圍。帝從之。由是遲留，而晉州遂陷。後與周師相遇於晉州之下，坐小憐而失機者數矣，因而國滅。齊之士庶，至今咎之。

牛禍

梁武陵王紀祭城隍神，將烹牛，忽有赤蛇繞牛口。牛禍也。象類言之，又爲龍蛇之孽。魯宣公三年，郊牛之口傷，時以爲天不享，棄宣公也。五行傳曰：「逆君道傷，故有龍蛇之孽。」是時紀雖以赴援爲名，而實妄自尊亢。思心之咎，神不享，君道傷之應。果爲元帝所敗。

後齊武平二年，并州獻五足牛。牛禍也。洪範五行傳曰：「牛事應，宮室之象也。」帝尋大發卒，於仙都苑穿池築山，樓殿間起，窮華極麗。功始就而亡國。

後周建德六年，陽武有獸三，狀如水牛，一黃，一赤，一黑。與黑者鬭久之，黃者自傍觸之，黑者死，黃赤俱入于河。近牛禍也。黑者，周之所尚色。死者，滅亡之象。後數載，周果滅而隋有天下，旗牲尚赤，戎服以黃。

大業初，恒山有牛，四脚膝上，各生一蹄。其後建東都，築長城，開溝洫。

心腹之痾

陳禎明三年，隋師臨江，後主從容而言曰：「齊兵三來，周師再來，無弗摧敗。彼何爲者？」都官尚書孔範曰：「長江天塹，古以爲限隔南北。今日北軍豈能飛渡耶？臣每患官卑，彼若渡來，臣爲太尉矣。」後主大悅，因奏妓縱酒，賦詩不輟。心腹之痾也。存亡之機，定之俄頃，君臣旰食不暇，後主已不知懼，孔範從而蕩之，天奪其心，曷能不敗。陳國遂亡，範亦遠徙。

齊文宣帝，嘗宴於東山，投杯赫怒，下詔西伐，極陳甲兵之盛。既而泣謂羣臣曰：「黑衣非我所制。」卒不行。有識者，以帝精魄已亂，知帝祚之不永。帝後竟得心疾，耽荒酒色，性忽狂暴，數年而崩。

武成帝丁太后憂，緋袍如故。未幾，登三臺，置酒作樂，侍者進白袍，帝大怒，投之臺下。未幾而崩。

黃眚黃祥

梁大同元年，天雨土。二年，天雨灰，其色黃。近黃祥也。京房易飛候曰：「聞善不及，茲謂有知。厥異黃，厥咎聾，厥災不嗣。蔽賢絕道之咎也。」時帝自以爲聰明博達，惡人勝己。又篤信佛法，捨身爲奴，絕道蔽賢之罰也。

大寶元年正月，天雨黃沙。二年，簡文帝夢丸土而吞之。尋爲侯景所廢，以土囊壓之而斃，諸子遇害，不嗣之應也。

陳後主時，夢黃衣人圍城。後主惡之，遶城橘樹，盡伐去之。隋高祖受禪之後，上下通服黃衣。未幾隋師攻圍之應也。

後周大象二年正月，天雨黃土，移時乃息。與大同元年同占。時帝昏狂滋甚，期年而崩，至于靜帝，用遜厥位。絕道不嗣之應也。

開皇二年，京師雨土。是時，帝懲周室諸侯微弱，以亡天下，故分封諸子，並爲行臺，專制方面。失土之故，有土氣之祥，其後諸王各謀爲逆亂。京房易飛候曰：「天雨土，百姓勞苦而無功。」其時營都邑。後起仁壽宮，頹山堙谷，丁匠死者太半。

裸蟲之孽

梁太清元年，丹陽有莫氏妻，生男，眼在頂上，大如兩歲兒。墜地而言曰：「兒是旱疫鬼，不得住。」母曰：「汝當令我得過。」疫鬼曰：「有上官，何得自由。母可急作絳帽，故當無憂。」母不暇作帽，以絳繫髮。自是旱疫者二年，揚、徐、兖、豫尤甚。莫氏鄉鄰，多以絳免，他土効之無驗。

大寶二年，京口人於藏兒，年五歲，登城西南角大樓，打鼓作長江檑。鼓，兵象也。是時侯景亂江南。

陳永定三年，有人長三丈，見羅浮山，通身潔白，衣服楚麗。京房占曰：「長人見，亡。」

後二歲，帝崩。

後主爲太子時，有婦人突入東宮而大言曰：「畢國主。」後主立而祚終之應也。

至德三年八月，建康人家婢死，埋之九日而更生。有牧牛人聞而出之。

禎明二年，有船下，忽聞人言曰：「明年亂。」視之，得死嬰兒，長二尺而無頭。明年陳滅。

齊天保中，臨漳有婦人産子，二頭共體。是後政由姦佞，上下無別，兩頭之應也。

後主時，有桑門，貌若狂人，見烏則向之作禮，見沙門則毆辱之。烏，周色也。未幾，齊爲周所吞，滅除佛法。

後周保定三年，有人産子男，陰在背上如尾，兩足指如獸爪。人足不當有爪而有爪者，將致攫人之變也。陰不當生於背而生於背者，陰陽反覆，君臣顚倒之象。是時，晉蕩公宇文護，專擅朝政，征伐自己，陰懷篡逆。天戒若曰，君臣之分已倒矣，將行攫噬之禍。帝見變而悟，遂誅晉公，親萬機，躬節儉，克平齊國，號爲高祖。轉禍爲福之効也。

武帝時，有強練者，佯狂，持一瓠，至晉蕩公護門，而擊破之，曰：「身尚可，子苦矣。」時護專政，因朝太后，帝擊殺之。發兵捕其諸子，皆備楚毒而死。強練又行乞於市，人或遺之粟麥，輒以無底帒受之。因大笑曰：「盛空。」未幾，周滅，高祖移都，長安城爲墟矣。

開皇六年，霍州有老翁，化爲猛獸。

七年，相州有桑門，變爲蛇，尾繞樹而自抽，長二丈許。

仁壽四年，有人長數丈，見於應門，〔七〕其迹長四尺五寸。其年帝崩。

大業元年，鴈門人房回安，母年百歲，額上生角，長二寸。洪範五行傳曰：「婦人，陰象也。角，兵象也。下反上之應。」是後天下果大亂，陰戎圍帝於鴈門。

四年，鴈門宋谷村，有婦人生一肉卵，大如斗，埋之。後數日，所埋處雲霧晝合，從地雷震而上，視之洞穴，失卵所在。

六年，趙郡李來王家婢，産一物，大如卵。

六年正月朔旦，有盜衣白練裙襦，手持香花，自稱彌勒佛出世。入建國門，奪衞士仗，將爲亂。齊王暕遇而斬之。後三年，楊玄感作亂，引兵圍洛陽，戰敗伏誅。

八年，有澄公者，若狂人，於東都大叫唱賊。帝聞而惡之。明年，玄感舉兵，圍洛陽。

十二年，澄公又叫賊。李密逼東都，孟讓燒豐都市而去。

九年，帝在高陽。唐縣人宋子賢，善爲幻術。每夜，樓上有光明，能變作佛形，自稱彌勒出世。又懸大鏡於堂上，紙素上畫爲蛇爲獸及人形。有人來禮謁者，轉側其鏡，遣觀來生形像。或映見紙上蛇形，子賢輒告云：「此罪業也，當更禮念。」又令禮謁，乃轉人形示之。遠近惑信，日數百千人。遂潛謀作亂，將爲無遮佛會，因舉兵，欲襲擊乘輿。事泄，鷹揚郎將以兵捕之。夜至其所，遶其所居，但見火坑，兵不敢進。郎將曰：「此地素無坑，止妖妄耳。」及進，無復火矣。遂擒斬之，并坐其黨與千餘家。其後復有桑門向海明，於扶風自稱彌勒佛出世，潛謀逆亂。人有歸心者，輒獲吉夢。由是人皆惑之，三輔之士，翕然稱爲大聖。因舉兵反，衆至數萬。官軍擊破之。京房易飛候曰：「妖言動衆者，茲謂不信。路無人行。不出三年，起兵。」自是天下大亂，路無人行。

木金水火沴土

梁天監五年十一月，京師地震，木金水火沴土也。洪範五行傳曰：「臣下盛，將動而爲害。」京房易飛候曰：「地動以冬十一月者，其邑饑亡。」時交州刺史李凱舉兵反。明年，霜，歲儉人飢。

普通三年正月，建康地震。是時，義州刺史文僧朗以州叛。

六年十二月，地震。京房易飛候曰：「地冬動有音，以十二月者，其邑有行兵。」是時，帝令豫章王綜，將兵北伐。

中大通五年正月，建康地震。京房易飛候曰：「地以春動，歲不昌。」是歲，大水，百姓饑饉。

大同三年十一月，建康地震。京房易飛候曰：「地震以十一月，邑有大喪及飢亡。」明年，霜爲災，百姓飢。

三年十月，建康地震。是歲，會稽山賊起。

七年二月，建康地震。是歲，交州人李賁舉兵，逐刺史蕭諮。

九年閏正月，地震。李賁自稱皇帝，署置百官。

太清三年四月，建康地再震。時侯景自爲大丞相、錄尚書事，帝所須不給。是月，以憂憤崩。

陳永定二年五月，建康地震。時王琳立蕭莊於郢州。

太建四年十一月，地震。陳寶應反閩中。

禎明元年正月，地震。施文慶、沈客卿專恣之應也。

東魏武定二年十一月，西河地陷而且燃。京房易妖占曰：「地自陷，其君亡。」祖暅曰：「火，陽精也。地者，陰主也。地燃，越陰之道，行陽之政，臣下擅恣，終以自害。」時後齊神武作宰，而侯景專擅河南。後二歲，神武果崩，景遂作亂，而自取敗亡之應。

後齊河清二年，并州地震。和士開專恣之應。

後周建德二年，涼州地頻震。城郭多壞，地裂出泉。京房易妖占曰：「地分裂，羌夷

叛。」時吐谷渾頻寇河西。

開皇十四年五月，京師地震。京房易飛候曰：「地動以夏五月，人流亡。」是歲關中饑，帝令百姓就糧於關東。

仁壽二年四月，岐、雍地震。京房易飛候曰：「地動以夏四月，五穀不熟，人大飢。」

三年，梁州就谷山崩。洪範五行傳曰：「崩散落，背叛不事上之類也。」梁州爲漢地。明年，漢王諒舉兵反。

大業七年，砥柱山崩，壅河，逆流數十里。劉向洪範五行傳曰：「山者，君之象。水者，陰之表。人之類也。天戒若曰，君人擁威重，將崩壞，百姓不得其所。」時帝興遼東之師，百姓不堪其役，四海怨叛。帝不能悟，卒以滅亡。

洪範五行傳曰：「皇之不極，是謂不建。厥咎眊，厥罰常陰，厥極弱。時則有射妖，則有龍蛇之孼，則有馬禍。」

雲陰

開皇二十年十月，久陰不雨。劉向曰：「王者失中，臣下强盛而蔽君明，則雲陰。」是時，獨孤后遂與楊素，陰譖太子勇，廢爲庶人。

射妖

東魏武定四年，後齊神武作宰，親率諸軍，攻西魏於玉壁。其年十一月，帝不豫，班師。將士震懼，皆曰：「韋孝寬以定功弩射殺丞相。」西魏下令國中曰：「勁弩一發，凶身自殞。」神武聞而惡之，其疾暴增，近射妖也。洪範五行傳曰：「射者，兵戎禍亂之象，氣逆天則禍亂將起。」神武行，殿中將軍曹魏祖諫曰：〔八〕「王以死氣逆生氣，爲客不利，主人則可。」帝不從，頓軍五旬，頻戰沮衂。又聽孤虛之言，於城北斷汾水，起土山。其處天險千餘尺，功竟不就，死者七萬。氣逆天之咎也。其年帝崩。明年，王思政擾河南。

武平，〔九〕後主自并州還鄴，至八公嶺，夜與左右歌而行。有一人忽發狂，意後主以爲狐媚，伏草中彎弓而射之。傷數人，幾中後主。後主執而斬之。其人不自覺也。狐而能媚，獸之妖妄也。時帝不恤國政，專與內人閹豎酣歌爲樂。或衣繿縷衣，行乞爲娛。此妖妄之象。人又射之，兵戎禍亂之應也。未幾而國滅。

龍蛇之孼

梁天監二年，北梁州潭中有龍鬭，濆霧數里。龍蛇之孼。洪範五行傳曰：「龍，獸之難害者也。天之類，君之象。天氣害，君道傷，則龍亦害。鬭者兵革之象也。」京房易飛候曰：「衆心不安，厥妖龍鬭。」是時帝初卽位，而有陳伯之、劉季連之亂，國內危懼。

普通五年六月，龍鬭于曲阿王陂，因西行，至建陵城，所經之處，樹木皆折開數十丈。與天監二年同占。經建陵而樹木折者，國有兵革之禍，園陵殘毀之象。時帝專以講論爲務，不崇耕戰，將輕而卒惰。君道既傷，故有龍孼之應。帝殊不悟。至太清元年，黎州水中又有龍鬭。波浪涌起，雲霧四合，而見白龍南走，黑龍隨之。其年，侯景以兵來降，帝納之而無備，國人皆懼。俄而難作，帝以憂崩。

大同十年夏，有龍，夜因雷而墮延陵人家井中。明旦視之，大如驢。將以戟刺之，俄見庭中及室中各有大蛇，如數百斛船，家人奔走。洪範五行傳曰：「龍，陽類，貴象也。上則在天，下則在地，不當見庶人邑里室家。井中，幽深之象也，諸侯且有幽執之禍，皇不建之咎也。」後侯景反，果幽殺簡文于酒庫，宗室王侯皆幽死。

陳太建十一年正月，龍見南兗州池中。與梁大同十年同占。未幾，後主嗣位，驕淫荒怠，動不得中。其後竟以國亡，身被幽執。

東魏武定元年，有大蛇見武牢城。是時，北豫州刺史高仲密妻李氏，慧而艷。世子澄悅之，仲密內不自安，遂以武牢叛，陰引西魏，大戰於河陽。神武爲西兵所窘，僅而獲免，死者數千。

後齊天保九年，有龍長七八丈，見齊州大堂。占同大同十年。時常山、長廣二王權重，

帝不思抑損。明年帝崩，太子殷嗣立。常山王演，果廢帝爲濟南王，幽而害之。

河清元年，龍見濟州浴堂中。占同天保九年。先是平秦王歸彥，受昭帝遺詔，立太子百年爲嗣。而歸彥遂立長廣王湛，是爲武成帝。而廢百年爲樂陵王，竟以幽死。

天統四年，貴鄉人伐枯木，得一黃龍，折脚，死於孔中。齊稱木德。龍，君象。木枯龍死，不祥之甚。其年武成崩。

武平三年，龍見邯鄲井中，其氣五色屬天。又見汲郡佛寺涸井中。占同河清元年。後主竟降周，後被誅。

武平七年，并州招遠樓下，有赤蛇與黑蛇鬭，數日，赤蛇死。赤，齊尚色。黑，周尚色。鬭而死，滅亡之象也。後主任用邪佞，與周師連兵於晉州之下。委軍於孼臣高阿那肱，竟啓敵人，皇不建之咎也。後主遂爲周師所虜。

琅邪王儼壞北宮中白馬浮圖，石趙時澄公所建。見白蛇長數丈，廻旋失所在。時儼專誅失中之咎也。見變不知戒，以及於難。

後周建德五年，黑龍墜於亳州而死。龍，君之象。黑，周所尚色。墜而死，不祥之甚。時皇太子不才，帝每以爲慮，直臣王軌、宇文孝伯等，驟請廢立，帝不能用。後二歲，帝崩，太子立，虐殺齊王及孝伯等，因而國亡。

仁壽四年，龍見代州總管府井中。其龍或變爲鐵馬甲士彎弓上射之象。變爲鐵馬，近馬禍也。彎弓上射，又近射妖。諸侯將有兵革之變，以致幽囚也。是時漢王諒潛謀逆亂，故變兵戒之。諒不悟，遂興兵反，事敗，廢爲庶人，幽囚數年而死。

馬禍

侯景僭尊號於江南，每將戰，其所乘白馬，長鳴蹀足者輒勝，垂頭者輒不利。西州之役，馬臥不起，景拜請，且箠之，竟不動。近馬禍也。洪範五行傳曰：「馬者兵象。將有寇戎之事，故馬爲怪。」景因此大敗。

陳太建五年，衡州馬生角。洪範五行傳曰：「馬生角，兵之象，敗亡之表也。」是時宣帝遣吳明徹出師呂梁，與周師拒。連兵數歲，衆軍覆沒，明徹竟爲周師所虜。

天保中，廣宗有馬，兩耳間生角，如羊尾。京房易傳曰：「天子親伐，則馬生角。」四年，契丹犯塞，文宣帝親御六軍以擊之。

大業四年，太原廄馬死者太半，帝怒，遣使案問。主者曰：「每夜廄中馬無故自驚，因而致死。」帝令巫者視之。巫者知帝將有遼東之役，因希旨言曰：「先帝令楊素、史萬歲取之，將鬼兵以伐遼東也。」帝大悅，因釋主者。洪範五行傳曰：「逆天氣，故馬多死。」是時，帝每歲巡幸，北事長城，西通且末，國內虛耗，天戒若曰，除廄馬，無事巡幸。帝不悟，遂至亂。

十一年，河南、扶風三郡，〔一〇〕並有馬生角，長數寸。與天保初同占。是時，帝頻歲親征高麗。

義寧元年，帝在江都宮，龍廄馬無故而死，旬日，死至數百匹。與大業四年同占。

校勘記

〔一〕廢無辜有罪用　疑應作「廢無辜，用有罪」。

〔二〕齊後主武平七年　「後主」原作「神武」。按：「武平」爲齊後主年號，原作「神武」，誤，今改正。

〔三〕羅郎郭　古稱外城爲羅城或羅郭。「郎」字疑衍。

〔四〕東關　「關」原作「闕」。張森楷隋書校勘記：「『闕』字當作『關』。見三國志四魏三少帝紀及晉書二景帝紀。」今據改。

〔五〕樂平公主　原作「平樂公主」，據本書李敏傳及周書宣帝楊后傳改。

〔六〕高阿那瓌　卽高阿那肱。北齊書本傳：「雖作『肱』字，世人皆稱爲『瓌』音。」

〔七〕應門　本書高祖紀下作「雁門」。

〔八〕曹魏祖　原作「曹魏」。錢大昕廿二史考異：「北史神武紀作『曹魏祖』，此脫『祖』字。」今據補。

〔九〕武平　按：「武平」下疑脫年份或「中」字。

〔一〇〕河南扶風三郡　「三」疑應作「二」。

隋書卷二十四

志第十九

食貨

王者量地以制邑，度地以居人，總土地所生，料山澤之利，式遵行令，敬授人時，農商趣向，各本事業。書稱懋遷有無，言穀貨流通，咸得其所者也。周官太府，掌九貢九賦之法，王之經用，各有等差。所謂取之以道，用之有節，故能養百官之政，勗戰士之功，救天災，服方外，活國安人之大經也。爰自軒、頊，至于堯、舜，皆因其所利而勸之，因其所欲而化之。不奪其時，不窮其力，輕其征，薄其賦，此五帝三皇不易之教也。古語曰：「善爲人者，愛其力而成其財。」若使之不以道，斂之如不及，財盡則怨，力盡則叛。昔禹制九等而康歌興，周人十一而頌聲作。於是東周遷洛，諸侯不軌，魯宣初稅畝，鄭產爲丘賦，先王之制，靡有孑遺。秦氏起自西戎，力正天下，驅之以刑罰，棄之以仁恩，以太半之收，長城絕於地脉，以

頭會之斂，屯戍窮於嶺外。漢高祖承秦凋敝，十五稅一，中元繼武，府廩彌殷。世宗得之，用成雄侈，開邊擊胡，蕭然咸罄。宮宇捫於天漢，巡遊跨於海表，旱歲除道，凶年嘗秣，戶口以之減半，盜賊以之公行。於是譎詭賦稅，異端俱起，賦及童齓，算至船車。光武中興，聿遵前事，成賦單薄，足稱經遠。靈帝開鴻都之牓，通賣官之路，公卿州郡，各有等差。漢之常科，土貢方物，帝又遣先輸中署，名爲導行，天下賄成，人受其敝。自魏、晉二十一帝，宋、齊十有五主，雖用度有衆寡，租賦有重輕，大抵不能傾人產業，道闕政亂。〔一〕

隋文帝既平江表，天下大同，躬先儉約，以事府帑。開皇十七年，戶口滋盛，中外倉庫，無不盈積。所有賚給，不踰經費，京司帑屋既充，積於廊廡之下，高祖遂停此年正賦，以賜黎元。煬皇嗣守鴻基，國家殷富，雅愛宏玩，肆情方騁，初造東都，窮諸巨麗。帝昔居藩翰，親平江左，兼以梁、陳曲折，以就規摹。曾雉踰芒，浮橋跨洛，金門象闕，咸竦飛觀，頹巖塞川，構成雲綺，移嶺樹以爲林藪，包芒山以爲苑囿。長城御河，不計於人力，運驢武馬，指期於百姓，天下死於役而家傷於財。既而一討渾庭，三駕遼澤，天子親伐，師兵大舉，飛糧輓秣，水陸交至。疆埸之所傾敗，勞敝之所殂殞，雖復太半不歸，而每年興發，比屋良家之子，多赴於邊陲，分離哭泣之聲，連響於州縣。老弱耕稼，不足以救飢餒，婦工紡績，不足以贍資裝。九區之內，鸞和歲動，從行宮掖，常十萬人，所有供須，皆仰州縣。租賦之外，一切

徵斂，趣以周備，不顧元元，吏因割剝，盜其太半。遐方珍膳，必登庖廚，翔禽毛羽，用爲玩飾，買以供官，千倍其價。人愁不堪，離棄室宇，長吏叩扉而達曙，猛犬迎吠而終夕。自燕、趙跨於齊、韓，江、淮入於襄、鄧，東周洛邑之地，西秦隴山之右，僭僞交侵，盜賊充斥。宮觀鞠爲茂草，鄉亭絕其煙火，人相啖食，十而四五。關中癘疫，炎旱傷稼，代王開永豐之粟，以振飢人，去倉數百里，老幼雲集。吏在貪殘，官無攸次，咸資鏹貨，動移旬月，頓臥墟野，欲返不能，死人如積，不可勝計。雖復皇王撫運，天祿有終，而隋氏之亡，亦由於此。

馬遷爲平準書，班固述食貨志，上下數千載，損益粗舉。自此史官曾無概見。夫厥初生人，食貨爲本。聖王割廬井以業之，通貨財以富之。富而教之，仁義以之興，貧而爲盜，刑罰不能止。故爲食貨志，用編前書之末云。

晉自中原喪亂，元帝寓居江左，百姓之自拔南奔者，並謂之僑人。皆取舊壤之名，僑立郡縣，往往散居，無有土著。而江南之俗，火耕水耨，土地卑濕，無有蓄積之資。諸蠻陬俚洞，霑沐王化者，各隨輕重，收其賧物，以裨國用。又嶺外酋帥，因生口翡翠明珠犀象之饒，雄於鄉曲者，朝廷多因而署之，以收其利。歷宋、齊、梁、陳，皆因而不改。其軍國所須雜物，

隨土所出，臨時折課市取，乃無恒法定令。列州郡縣，制其任土所出，以爲徵賦。

其無貫之人，不樂州縣編戶者，謂之浮浪人，樂輸亦無定數，任量，准所輸，[二]終優於正課焉。都下人多爲諸王公貴人左右、佃客、典計、衣食客之類，皆無課役。官品第一第二，佃客無過四十戶。第三品三十五戶。第四品三十戶。第五品二十五戶。第六品二十戶。第七品十五戶。第八品十戶。第九品五戶。其佃穀，皆與大家量分。其典計，官品第一第二，置三人。第三第四，置二人。第五第六及公府參軍、殿中監、監軍、長史、司馬、部曲督、關外侯、材官、議郎已上，一人。皆通在佃客數中。官品第六已上，并得衣食客三人。第七第八二人。第九品及轝輦、跡禽、前驅、由基強弩司馬、羽林郎、殿中冗從武賁、殿中武賁、持椎斧武騎武賁、持鈒冗從武賁、命中武賁武騎，一人。客皆注家籍。其課，丁男調布絹各二丈，絲三兩，綿八兩，祿絹八尺，祿綿三兩二分，租米五石，祿米二石。丁女並半之。男女年十六已上至六十，爲丁。男年十六，亦半課，年十八正課，六十六免課。女以嫁者爲丁，若在室者，年二十乃爲丁。其男丁，每歲役不過二十日。又率十八人出一運丁役之。其田，畝稅米二斗。蓋大率如此。其度量，斗則三斗當今一斗，稱則三兩當今一兩，尺則一尺二寸當今一尺。

其倉，京都有龍首倉，卽石頭津倉也，臺城內倉，南塘倉，常平倉，東、西太倉，東宮倉，所貯總不過五十餘萬。在外有豫章倉、釣磯倉、錢塘倉，並是大貯備之處。自餘諸州郡臺傳，亦各有倉。大抵自侯景之亂，國用常褊。京官文武，月別唯得廩食，多遙帶一郡縣官而取其祿秩焉。揚、徐等大州，比令、僕班。寧、桂等小州，比參軍班。丹陽、吳郡、會稽等郡，同太子詹事、尚書班。高涼、晉康等小郡，三班而已。大縣六班，小縣兩轉方至一班。品第既殊，不可委載。[三]州郡縣祿米絹布絲綿，當處輸臺傳倉庫。若給刺史守令等，先准其所部文武人物多少，由敕而裁。凡如此祿秩，既通所部兵士給之，其家所得蓋少。諸王諸主，出閤就第婚冠所須，及衣裳服飾，并酒米魚鮭香油紙燭等，並官給之。王及主婿外祿者，不給。解任還京，仍亦公給云。

魏自永安之後，政道陵夷，寇亂實繁，農商失業。官有征伐，皆權調於人，猶不足以相資奉，乃令所在迭相糾發，百姓愁怨，無復聊生。尋而六鎮擾亂，相率內徙，寓食於齊、晉之郊。齊神武因之，以成大業。魏武西遷，連年戰爭，河、洛之間，又並空竭。天平元年，遷都於鄴，出粟一百三十萬石，以振貧人。是時六坊之衆，從武帝而西者，不能萬人，餘皆北徙，並給常廩，春秋二時賜帛，以供衣服之費。常調之外，逐豐稔之處，折絹糴粟，以充國儲。於諸州緣河津濟，皆官倉貯積，以擬漕運。於滄、瀛、幽、青四州之境，傍海置鹽官，以煮鹽，每

歲收錢，軍國之資，得以周贍。自是之後，倉廩充實，雖有水旱凶饑之處，皆仰開倉以振之。元象、興和之中，頻歲大穰。穀斛至九錢。是時法網寬弛，百姓多離舊居，闕於徭賦。神武乃命孫騰、高隆之，分括無籍之戶，得六十餘萬。於是僑居者各勒還本屬，是後租調之入有加焉。及文襄嗣業，侯景背叛，河南之地，困於兵革。尋而侯景亂梁，乃命行臺辛術，略有淮南之地。其新附州郡，羈縻輕稅而已。

及文宣受禪，多所創革。六坊之內徙者，更加簡練，每一人必當百人，任其臨陣必死，然後取之，謂之百保鮮卑。又簡華人之勇力絕倫者，謂之勇士，以備邊要。始立九等之戶，富者稅其錢，貧者役其力。北興長城之役，南有金陵之戰。其後南征諸將，頻歲陷沒，士馬死者，以數十萬計。重以修創臺殿，所役甚廣。而帝刑罰酷濫，吏道因而成姦，豪黨兼并，戶口益多隱漏。舊制，未娶者輸半牀租調，陽翟一郡，戶至數萬，籍多無妻。有司劾之，帝以爲生事。由是姦欺尤甚。戶口租調，十亡六七。

是時用度轉廣，賜與無節，府藏之積，不足以供。乃減百官之祿，撤軍人常廩，併省州郡縣鎮戍之職。又制刺史守宰行兼者，並不給幹，以節國之費用焉。

天保八年，議徙冀、定、瀛無田之人，謂之樂遷，於幽州范陽寬鄉以處之。百姓驚擾。屬以頻歲不熟，米糴踊貴矣。廢帝乾明中，尚書左丞蘇珍芝，議修石鼈等屯，歲收數萬石。自

是淮南軍防，糧廩充足。孝昭皇建中，平州刺史嵇曄建議，開幽州督亢舊陂，長城左右營屯，歲收稻粟數十萬石，北境得以周贍。又於河內置懷義等屯，以給河南之費。自是稍止轉輸之勞。

至河清三年定令，乃命人居十家爲比鄰，五十家爲閭里，百家爲族黨。男子十八以上，六十五已下爲丁；十六已上，十七已下爲中；六十六已上爲老；十五已下爲小。率以十八受田，輸租調，二十充兵，六十免力役，六十六退田，免租調。

京城四面，諸坊之外三十里內爲公田。受公田者，三縣代遷戶執事官一品已下，逮于羽林武賁，各有差。其外畿郡，華人官第一品已下，羽林武賁已上，各有差。

職事及百姓請墾田者，名爲永業田。〔四〕奴婢受田者，親王止三百人；嗣王止二百人；第二品嗣王已下及庶姓王，止一百五十人；正三品已上及皇宗，止一百人；七品已上，限止八十人；八品已下至庶人，限止六十人。奴婢限外不給田者，皆不輸。其方百里外及州人，一夫受露田八十畝，婦四十畝。奴婢依良人，限數與在京百官同。丁牛一頭，受田六十畝，限止四牛。〔五〕又每丁給永業二十畝，爲桑田。其中種桑五十根，榆三根，棗五根。不在還受之限。非此田者，悉入還受之分。土不宜桑者，給麻田，如桑田法。

率人一牀，調絹一疋，綿八兩，凡十斤綿中，折一斤作絲，墾租二石，義租五斗。奴婢各

准良人之半。牛調二尺，墾租一斗，義租五升。墾租送臺，義租納郡，以備水旱。墾租皆依貧富爲三梟。其賦稅常調，則少者直出上戶，中者及中戶，多者及下戶。上梟輸遠處，中梟輸次遠，下梟輸當州倉。三年一校焉。租入臺者，五百里內輸粟，五百里外輸米。入州鎮者，輸粟。人欲輸錢者，准上絹收錢。諸州郡皆別置富人倉。初立之日，准所領中下戶口數，得支一年之糧，逐當州穀價賤時，斟量割當年義租充入。穀貴，下價糶之；賤則還用所糶之物，依價糴貯。

每歲春月，各依鄉土早晚，課人農桑。〔六〕自春及秋，男十五已上，皆布田畝。桑蠶之月，婦女十五已上，皆營蠶桑。孟冬，刺史聽審邦教之優劣，定殿最之科品。人有人力無牛，或有牛無力者，須令相便，皆得納種。使地無遺利，人無遊手焉。

緣邊城守之地，堪墾食者，皆營屯田，置都使子使以統之。一子使當田五十頃，歲終考其所入，以論褒貶。

是時頻歲大水，州郡多遇沉溺，穀價騰踊。朝廷遣使開倉，從貴價以糶之，而百姓無益，饑饉尤甚。重以疾疫相乘，死者十四五焉。

至天統中，〔七〕又毀東宮，造修文、偃武、隆基嬪嬙諸院，起玳瑁樓。又於遊豫園穿池，周以列館，中起三山，構臺，以象滄海，并大修佛寺，勞役鉅萬計。財用不給，乃減朝士之祿，斷諸曹糧膳，及九州軍人常賜以供之。武平之後，權幸並進，賜與無限，加之旱蝗，國用轉屈。乃料境內六等富人，調令出錢。而給事黃門侍郎顏之推奏請立關市邸店之稅，開府鄧長顒贊成之，後主大悅。於是以其所入，以供御府聲色之費，軍國之用不豫焉。未幾而亡。

後周太祖作相，創制六官。載師掌任土之法，辨夫家田里之數，會六畜車乘之稽，審賦役斂弛之節，制畿疆修廣之域，頒施惠之要，審牧產之政。司均掌田里之政令。凡人口十已上，宅五畝；口九已上，〔八〕宅四畝；口五已下，宅三畝。有室者，田百四十畝，丁者田百畝。司賦掌功賦之政令。凡人自十八以至六十有四，與輕癃者，皆賦之。其賦之法，有室者，歲不過絹一疋，綿八兩，粟五斛；丁者半之。其非桑土，有室者，布一疋，麻十斤；丁者又半之。豐年則全賦，中年半之，下年一之，皆以時徵焉。若艱凶札，則不徵其賦。司役掌力役之政令。凡人自十八以至五十有九，皆任於役。豐年不過三旬，中年則二旬，下年則一旬。凡起徒役，無過家一人。其人有年八十者，一子不從役，百年者，家不從役。廢疾非人不養者，一人不從役。若凶札，又無力征。掌鹽掌四鹽之政令。一曰散鹽，煑海以成之；二曰盬鹽，引池以化之；三曰形鹽，物地以出之；四曰飴鹽，於戎以取之。凡盬鹽形鹽，每地爲之禁，百姓取之，皆稅焉。司倉掌辨九穀之物，以量國用。國用足，即蓄其餘，以待凶荒；不足則止。餘用足，則以粟貸人。春頒之，秋斂之。

閔帝元年，初除市門稅。及宣帝即位，復興入市之稅。武帝保定元年，改八丁兵爲十二丁兵，率歲一月役。建德二年，〔九〕改軍士爲侍官，募百姓充之，除其縣籍。是後夏人半爲兵矣。宣帝時，發山東諸州，增一月功爲四十五日役，以起洛陽宮。并移相州六府於洛陽，稱東京六府。

武帝保定二年正月，初於蒲州開河渠，同州開龍首渠，以廣溉灌。

高祖登庸，罷東京之役，除入市之稅。是時尉迥、王謙、司馬消難，相次叛逆，興師誅討，賞費鉅萬。及受禪，又遷都，發山東丁，毀造宮室。仍依周制，役丁爲十二番，匠則六番。及頒新令，制人五家爲保，保有長。保五爲閭，閭四爲族，皆有正。畿外置里正，比閭正，黨長比族正，以相檢察焉。男女三歲已下爲黃，十歲已下爲小，十七已下爲中，十八已上爲丁。丁從課役，六十爲老，乃免。自諸王已下，至于都督，皆給永業田，各有差。多者至一百頃，少者至四十畝。其丁男、中男永業露田，皆遵後齊之制。並課樹以桑榆及棗。其園宅，率三口給一畝，奴婢則五口給一畝。丁男一牀，租粟三石。桑土調以絹絁，麻土以布絹。絁以疋，加綿三兩。布以端，加麻三斤。單丁及僕隸各半之。未受地者皆不課。有品

爵及孝子順孫義夫節婦，並免課役。京官又給職分田。一品者給田五頃。每品以五十畝爲差，至五品，則爲田三頃，六品二頃五十畝。其下每品以五十畝爲差，至九品爲一頃。外官亦各有職分田。又給公廨田，以供公用。

開皇三年正月，帝入新宮。初令軍人以二十一成丁。減十二番每歲爲二十日役，減調絹一疋爲二丈。先是尚依周末之弊，官置酒坊收利，鹽池鹽井，皆禁百姓採用。至是罷酒坊，通鹽池鹽井與百姓共之。遠近大悅。

是時突厥犯塞，吐谷渾寇邊，軍旅數起，轉輸勞敝。帝乃令朔州總管趙仲卿，於長城以北，大興屯田，以實塞下。又於河西，勒百姓立堡，營田積穀。京師置常平監。

是時山東尚承齊俗，機巧姦僞，避役惰遊者十六七。四方疲人，或詐老詐小，規免租賦。高祖令州縣大索貌閱，戶口不實者，正長遠配，而又開相糾之科。大功已下，兼令析籍，各爲戶頭，以防容隱。於是計帳進四十四萬三千丁，新附一百六十四萬一千五百口。

高熲又以人間課輸，雖有定分，年常徵納，除注恒多，長吏肆情，文帳出沒，復無定簿，難以推校，乃爲輸籍定樣，請徧下諸州。每年正月五日，縣令巡人，各隨便近，五黨三黨，共爲一團，依樣定戶上下。帝從之。自是姦無所容矣。

時百姓承平日久，雖數遭水旱，而戶口歲增。諸州調物，每歲河南自潼關，河北自蒲坂，

達于京師，相屬於路，晝夜不絕者數月。帝既躬履儉約，六宮咸服澣濯之衣。乘輿供御有故敝者，隨令補用，皆不改作。非享燕之事，所食不過一肉而已。有司嘗進乾薑，以布袋貯之，帝用爲傷費，大加譴責。後進香，復以氈袋，因笞所司，以爲後誡焉。由是內外率職，府帑充實，百官祿賜及賞功臣，皆出於豐厚焉。九年陳平，帝親御朱雀門勞凱旋師，〔七〕因行慶賞。自門外，夾道列布帛之積，達于南郭，以次頒給。所費三百餘萬段。帝以江表初定，給復十年。自餘諸州，並免當年租賦。十年五月，又以宇內無事，益寬徭賦。百姓年五十者，輸庸停防。十一年，江南又反，越國公楊素討平之，師還，賜物甚廣。其餘出師命賞，亦莫不優隆。十二年，有司上言，庫藏皆滿。帝曰：「朕既薄賦於人，又大經賜用，何得爾也？」對曰：「用處常出，納處常入。略計每年賜用，至數百萬段，曾無減損。」於是乃更闢左藏之院，構屋以受之。下詔曰：「既富而教，方知廉恥，寧積於人，無藏府庫。河北、河東今年田租，三分減一，兵減半，功調全免。」

時天下戶口歲增，京輔及三河，地少而人衆，衣食不給。議者咸欲徙就寬鄉。其年冬，帝命諸州考使議之。又令尚書，以其事策問四方貢士，竟無長算。帝乃發使四出，均天下之田。其狹鄉，每丁纔至二十畝，老小又少焉。

十三年，帝命楊素出，於岐州北造仁壽宮。素遂夷山堙谷，營構觀宇，崇臺累榭，宛轉

相屬。役使嚴急，丁夫多死，疲敝顛仆者，推填坑坎，覆以土石，因而築爲平地。死者以萬數。宮成，帝行幸焉。時方暑月，而死人相次於道，素乃一切焚除之。帝頗知其事，甚不悅。及入新宮遊觀，乃喜，又謂素爲忠。後帝以歲暮晚日，登仁壽殿，周望原隰，見宮外燐火彌漫，又聞哭聲。令左右觀之，報曰：「鬼火。」帝曰：「此等工役而死，既屬年暮，魂魄思歸耶？」乃令灑酒宣敕，以呪遣之。自是乃息。

開皇三年，朝廷以京師倉廩尚虛，議爲水旱之備，於是詔於蒲、陝、虢、熊、伊、洛、鄭、懷、邵、衞、汴、許、汝等水次十三州，置募運米丁。又於衞州置黎陽倉，洛州置河陽倉，陝州置常平倉，華州置廣通倉，轉相灌注。漕關東及汾、晉之粟，以給京師。又遣倉部侍郎韋瓚，向蒲、陝以東，募人能於洛陽運米四十石，經砥柱之險，達于常平者，免其征戍。其後以渭水多沙，流有深淺，漕者苦之。四年，詔曰：

京邑所居，五方輻湊，重關四塞，水陸艱難。大河之流，波瀾東注，百川海瀆，萬里交通。雖三門之下，或有危慮，但發自小平，陸運至陝，還從河水，入於渭川，兼及上流，控引汾、晉，舟車來去，爲益殊廣。而渭川水力，大小無常，流淺沙深，卽成阻閡。計其途路，數百而已，動移氣序，不能往復，汎舟之役，人亦勞止。朕君臨區宇，興利除害，公私之弊，情實愍之。故東發潼關，西引渭水，因藉人力，開通漕渠，量事計功，易

可成就。已令工匠，巡歷渠道，觀地理之宜，審終久之義，一得開鑿，萬代無毀。可使官及私家，方舟巨舫，晨昏漕運，沿泝不停，旬日之功，堪省億萬。誠知時當炎暑，動致疲勤，然不有暫勞，安能永逸。宣告人庶，知朕意焉。

於是命宇文愷率水工鑿渠，引渭水，自大興城東至潼關，三百餘里，名曰廣通渠。轉運通利，關內賴之。諸州水旱凶饑之處，亦便開倉賑給。

五年五月，工部尚書、襄陽縣公長孫平奏曰：「古者三年耕而餘一年之積，九年作而有三年之儲，雖水旱爲災，而人無菜色，皆由勸導有方，蓄積先備故也。去年亢陽，關內不熟，陛下哀愍黎元，甚於赤子。運山東之粟，置常平之官，開發倉廩，普加賑賜。少食之人，莫不豐足。鴻恩大德，前古未比。其强宗富室，家道有餘者，皆競出私財，遞相賙贍。此乃風行草偃，從化而然。但經國之理，須存定式。」於是奏令諸州百姓及軍人，勸課當社，共立義倉。收穫之日，隨其所得，勸課出粟及麥，於當社造倉窖貯之。卽委社司，執帳檢校，每年收積，勿使損敗。若時或不熟，當社有饑饉者，卽以此穀賑給。自是諸州儲峙委積。其後關中連年大旱，而青、兗、汴、許、曹、亳、陳、仁、譙、豫、鄭、洛、伊、潁、邳等州大水，百姓饑饉。高祖乃命蘇威等，分道開倉賑給。又命司農丞王亶，發廣通之粟三百餘萬石，以拯關中。又發故城中周代舊粟，賤糶與人。買牛驢六千餘頭，分給尤貧者，令往關東就食。其遭

水旱之州，皆免其年租賦。

十四年，關中大旱，人飢。上幸洛陽，因令百姓就食。從官並准見口賑給，不以官位爲限。明年，東巡狩，因祠泰山。是時義倉貯在人間，多有費損。十五年二月，詔曰：「本置義倉，止防水旱，百姓之徒，不思久計，輕爾費損，於後乏絕。又北境諸州，異於餘處，雲、夏、長、靈、鹽、蘭、豐、鄯、涼、甘、瓜等州，所有義倉雜種，並納本州。若人有旱儉少糧，先給雜種及遠年粟。」十六年正月，又詔秦、疊、成、康、武、文、芳、宕、旭、洮、岷、渭、紀、河、廓、豳、隴、涇、寧、原、敷、丹、延、綏、銀、扶等州社倉，並於當縣安置。二月，又詔社倉，准上中下三等稅，上戶不過一石，中戶不過七斗，下戶不過四斗。其後山東頻年霖雨，杞、宋、陳、亳、曹、戴、譙、潁等諸州，達于滄海，皆困水災，所在沉溺。十八年，天子遣使，將水工，巡行川源，相視高下，發隨近丁以疏導之。困乏者，開倉賑給，前後用穀五百餘石。〔二〕遭水之處，租調皆免。自是頻有年矣。

開皇八年五月，高熲奏諸州無課調處，及課州管戶數少者，官人祿力，乘前已來，恒出隨近之州。但判官本爲牧人，役力理出所部。請於所管戶內，計戶徵稅。帝從之。先是京官及諸州，並給公廨錢，迴易生利，以給公用。至十四年六月，工部尚書、安平郡公蘇孝慈等，以爲所在官司，因循往昔，以公廨錢物，出舉興生，唯利是求，煩擾百姓，敗損風俗，莫斯之甚。於是奏皆給地以營農，迴易取利，一皆禁止。十七年十一月，詔在京及在外諸司公廨，在市迴易，及諸處興生，並聽之。唯禁出舉收利云。

煬帝即位，是時戶口益多，府庫盈溢，乃除婦人及奴婢部曲之課。男子以二十二成丁。始建東都，以尚書令楊素爲營作大監，每月役丁二百萬人。徙洛州郭內人及天下諸州富商大賈數萬家，以實之。新置興洛及迴洛倉。又於皁澗營顯仁宮，苑囿連接，北至新安，南及飛山，西至澠池，周圍數百里。課天下諸州，各貢草木花果，奇禽異獸於其中。開渠，引穀、洛水，自苑西入，而東注于洛。又自板渚引河，達于淮海，謂之御河。河畔築御道，樹以柳。又命黃門侍郎王弘、上儀同於士澄，往江南諸州採大木，引至東都。所經州縣，遞送往返，首尾相屬，不絕者千里。而東都役使促迫，僵仆而斃者，十四五焉。每月載死丁，東至城皐，北至河陽，車相望於道。時帝將事遼、碣，增置軍府，掃地爲兵。自是租賦之入益減矣。

又造龍舟鳳艒，黃龍赤艦，樓船篾舫。募諸水工，謂之殿脚，衣錦行幐，執青絲纜挽船，以幸江都。帝御龍舟，文武官五品已上給樓船，九品已上給黃篾舫，舳艫相接，二百餘里。所經州縣，並令供頓，獻食豐辦者，加官爵，闕乏者，譴至死。又盛修車輿輦輅，旌旗羽儀之飾。課天下州縣，凡骨角齒牙，皮革毛羽，可飾器用，堪爲氅毦者，皆責焉。徵發倉卒，朝命夕辦，百姓求捕，網罟徧野，水陸禽獸殆盡，猶不能給，而買於豪富蓄積之家，其價騰踊。是歲，翟雉尾一，直十縑，白鷺鮮半之。

乃使屯田主事常駿使赤土國，致羅剎。又使朝請大夫張鎮州擊流求，俘虜數萬。士卒深入，蒙犯瘴癘，餒疾而死者十八九。又以西域多諸寶物，令裴矩往張掖，監諸商胡互市。啖之以利，勸令入朝。自是西域諸蕃，往來相繼，所經州郡，疲於送迎，縻費以萬萬計。

明年，帝北巡狩。又興衆百萬，北築長城，西距榆林，東至紫河，緜亘千餘里，死者太半。四年，發河北諸郡百餘萬衆，引沁水，南達于河，北通涿郡。自是以丁男不供，始以婦人從役。五年，西巡河右。西域諸胡，佩金玉，被錦罽，焚香奏樂，迎候道左。帝乃令武威、張掖士女，盛飾縱觀。衣服車馬不鮮者，州縣督課，以誇示之。其年，帝親征吐谷渾，破之於赤水。慕容佛允，〔三〕委其家屬，西奔青海。帝駐兵不出，遇天霖雨，經大斗拔谷，士卒死者十二三焉，馬驢十八九。於是置河源郡、積石鎮。又於西域之地，置西海、鄯善、且末等郡。謫天下罪人，配爲戍卒，大開屯田，發西方諸郡運糧以給之。道里懸遠，兼遇寇抄，死亡相續。

六年，將征高麗，有司奏兵馬已多損耗。詔又課天下富人，量其貲產，出錢市武馬，填元數。限令取足。復點兵具器仗，皆令精新，濫惡則使人便斬。於是馬匹至十萬。七年冬，大會涿郡。分江淮南兵，配驍衞大將軍來護兒，別以舟師濟滄海，舳艫數百里。並載軍糧，期與大兵會平壤。是歲山東、河南大水，漂沒四十餘郡，重以遼東覆敗，死者數十萬。因屬疫疾，山東尤甚。所在皆以徵斂供帳軍旅所資爲務，百姓雖困，而弗之恤也。每急徭卒賦，有所徵求，長吏必先賤買之，然後宣下，乃貴賣與人，且暮之間，價盈數倍，裒刻徵斂，取辦一時。强者聚而爲盜，弱者自賣爲奴婢。九年，詔又課關中富人，計其貲產出驢，往伊吾、河源、且末運糧。多者至數百頭，每頭價至萬餘。又發諸州丁，分爲四番，於遼西柳城營屯，往來艱苦，生業盡罄。盜賊四起，道路南絕，隴右牧馬，盡爲奴賊所掠，楊玄感乘虛爲亂。時帝在遼東，聞之，遽歸于高陽郡。及玄感平，帝謂侍臣曰：「玄感一呼而從者如市，益知天下人不欲多，多則爲賊。不盡誅，後無以示勸。」乃令裴蘊窮其黨與，詔郡縣坑殺之，死者不可勝數。所在驚駭。舉天下之人十分，九爲盜賊，皆盜武馬，始作長槍，攻陷城邑。帝又命郡縣置督捕以討賊。益遣募人征遼，馬少不充八馱，而許爲六馱。又不足，聽半以驢充。在路逃者相繼，執獲皆斬之，而莫能止。帝不懌。遇高麗執送叛臣斛斯政，遣使求降，發詔赦之。囚政至于京師，於開遠門外，磔而射殺之。遂幸太原，爲突厥圍於雁門。突厥尋散，遽還洛陽，募益驍果，以充舊數。

是時百姓廢業，屯集城堡，無以自給。然所在倉庫，猶大充牣，吏皆懼法，莫肯賑救，由是益困。初皆剝樹皮以食之，漸及於葉，皮葉皆盡，乃煮土或擣藁爲末而食之。其後人乃

相食。十二年，帝幸江都。是時李密據洛口倉，聚衆百萬。越王侗與段達等守東都。東都城內糧盡，布帛山積，乃以絹爲汲綆，然布以爨。代王侑與衞玄守京師，百姓饑饉，亦不能救。義師入長安，發永豐倉以賑之，百姓方蘇息矣。

晉自過江，凡貨賣奴婢馬牛田宅，有文券，率錢一萬，輸估四百入官，賣者三百，買者一百。無文券者，隨物所堪，亦百分收四，名爲散估。歷宋齊梁陳，如此以爲常。以此人競商販，不爲田業，故使均輸，欲爲懲勵。雖以此爲辭，其實利在侵削。又都西有石頭津，東有方山津，各置津主一人，賊曹一人，直水五人，以檢察禁物及亡叛者。其荻炭魚薪之類過津者，並十分稅一以入官。其東路無禁貨，故方山津檢察甚簡。淮水北有大市百餘，小市十餘所。大市備置官司，稅斂既重，時甚苦之。

梁初，唯京師及三吳、荆、郢、江、湘、梁、益用錢。其餘州郡，則雜以穀帛交易。交、廣之域，全以金銀爲貨。武帝乃鑄錢，肉好周郭，文曰「五銖」，重如其文。而又別鑄，除其肉郭，謂之女錢。二品並行。百姓或私以古錢交易，有直百五銖、五銖、女錢、太平百錢、定平一百、五銖雉錢、五銖對文等號。輕重不一。天子頻下詔書，非新鑄二種之錢，並不許用。而

趣利之徒，私用轉甚。至普通中，乃議盡罷銅錢，更鑄鐵錢。人以鐵賤易得，並皆私鑄。及大同已後，所在鐵錢，遂如丘山，物價騰貴。交易者以車載錢，不復計數，而唯論貫。商旅姦詐，因之以求利。自破嶺以東，八十爲百，名曰東錢。江、郢已上，七十爲百，名曰西錢。京師以九十爲百，名曰長錢。中大同元年，天子乃詔通用足陌。詔下而人不從，錢陌益少。至于末年，遂以三十五爲百云。

陳初，承梁喪亂之後，鐵錢不行。始梁末又有兩柱錢及鵝眼錢，于時人雜用，其價同，但兩柱重而鵝眼輕。私家多鎔錢，又間以錫鐵，兼以粟帛爲貨。至文帝天嘉五年，改鑄五銖。初出，一當鵝眼之十。宣帝太建十一年，又鑄大貨六銖，以一當五銖之十，與五銖並行。後還當一，人皆不便。乃相與訛言曰：「六銖錢有不利縣官之象。」未幾而帝崩，遂廢六銖而行五銖。竟至陳亡。其嶺南諸州，多以鹽米布交易，俱不用錢云。

齊神武霸政之初，承魏猶用永安五銖。遷鄴已後，百姓私鑄，體制漸別，遂各以爲名。有雍州青赤，梁州生厚、緊錢、吉錢，河陽生澀、天柱、赤牽之稱。冀州之北，錢皆不行，交貿者皆以絹布。神武帝乃收境內之銅及錢，仍依舊文更鑄，流之四境。未幾之間，漸復細薄，

姦僞競起。文宣受禪，除永安之錢，改鑄常平五銖，重如其文。其錢甚貴，且制造甚精。至乾明、皇建之間，往往私鑄。鄴中用錢，有赤熟、青熟、細眉、赤生之異。河南所用，有青薄鉛錫之別。青、齊、徐、兗、梁、豫州，輩類各殊。武平已後，私鑄轉甚，或以生鐵和銅。至于齊亡，卒不能禁。

後周之初，尚用魏錢。及武帝保定元年七月，乃更鑄布泉之錢，以一當五，與五銖並行。時梁、益之境，又雜用古錢交易。河西諸郡，或用西域金銀之錢，而官不禁。建德三年六月，更鑄五行大布錢，以一當十，大收商估之利，與布泉錢並行。四年七月，又以邊境之上，人多盜鑄，乃禁五行大布，不得出入四關，布泉之錢，聽入而不聽出。五年正月，以布泉漸賤而人不用，遂廢之。初令私鑄者絞，從者遠配爲戶。齊平已後，山東之人，猶雜用齊氏舊錢。至宣帝大象元年十一月，又鑄永通萬國錢。以一當十，與五行大布及五銖，凡三品並用。

高祖既受周禪，以天下錢貨輕重不等，乃更鑄新錢。背面肉好，皆有周郭，文曰「五銖」，而重如其文。每錢一千，重四斤二兩。是時錢既新出，百姓或私有鎔鑄。三年四月，詔四面諸關，各付百錢爲樣。從關外來，勘樣相似，然後得過。樣不同者，卽壞以爲銅，入官。詔

行新錢已後，前代舊錢，有五行大布、永通萬國及齊常平，所在用以貿易不止。四年，詔仍依舊不禁者，縣令奪半年祿。然百姓習用既久，尚猶不絕。五年正月，詔又嚴其制。自是錢貨始一，所在流布，百姓便之。是時見用之錢，皆須和以錫鑞。錫鑞既賤，求利者多，私鑄之錢，不可禁約。其年，詔乃禁出錫鑞之處，並不得私有採取。十年，詔晉王廣，聽於揚州立五鑪鑄錢。其後姦狡稍漸磨鑢錢郭，取銅私鑄，又雜以錫錢，遞相放效，錢遂輕薄。乃下惡錢之禁。京師及諸州邸肆之上，皆令立榜，置樣爲准。不中樣者，不入於市。十八年，詔漢王諒，聽於并州立五鑢鑄錢。是時江南人間錢少，晉王廣又聽於鄂州白紵山有銅鉚處，錮銅鑄錢。於是詔聽置十鑪鑄錢。又詔蜀王秀，聽於益州立五鑪鑄錢。是時錢益濫惡，乃令有司，括天下邸肆見錢，非官鑄者，皆毀之，其銅入官。而京師以惡錢貿易，爲吏所執，有死者。數年之間，私鑄頗息。大業已後，王綱弛紊，巨姦大猾，遂多私鑄，錢轉薄惡。初每千猶重二斤，後漸輕至一斤。或翦鐵鍱，裁皮糊紙以爲錢，相雜用之。貨賤物貴，以至於亡。

校勘記

〔一〕道關政亂　「政」當作「治」，唐人諱改。

〔二〕准所輸　通典五，「准」作「惟」。

〔三〕不可委載　「委」原作「妄」，據通典三五改。

〔四〕永業田　原作「永田」，據册府四九五、通典二改。

〔五〕限止四牛　「牛」原作「年」，據通典二改。

〔六〕課人農桑　「人」原作「入」，據册府四九五、通典二改。

〔七〕至天統中　「天」原作「大」，據通典五改。

〔八〕口九已上　按：應作「口九已下」，才能和下文「口五已下」相銜接。

〔九〕建德二年　周書武帝紀作「建德三年」。

〔一〇〕朱雀門　本書高祖紀下作「廣陽門」。

〔一一〕前後用穀五百餘石　陸錫熊炳燭偶鈔：按文當作「五百餘萬石」，疑脫「萬」字。

〔一二〕慕容佛允　本書吐谷渾傳，「佛」作「伏」，音譯異字。

隋書卷二十五

志第二十

刑法

夫刑者，制死生之命，詳善惡之源，翦亂誅暴，禁人爲非者也。聖王仰視法星，旁觀習坎，彌縫五氣，取則四時，莫不先春風以播恩，後秋霜而動憲。是以宣慈惠愛，導其萌芽，刑罰威怒，隨其肅殺。仁恩以爲情性，禮義以爲綱紀，養化以爲本，明刑以爲助。上有道，刑之而無刑；上無道，殺之而不勝也。記曰：「教之以德，齊之以禮，則人有格心。教之以政，齊之以刑，則人有遁心。」而始乎勸善，終乎禁暴，以此字人，必兼刑罰。至於時逢交泰，政稱忠厚，美化與車軌攸同，至仁與嘉祥間出，歲布平典，年垂簡憲。昭然如日月，望之者不迷，曠乎如大路，行之者不惑。

刑者甲兵焉，鈇鉞焉，刀鋸鑽鑿，鞭扑榎楚，陳乎原野而肆諸市朝，其所由來，亦已久

矣。若夫龍官之歲，鳳紀之前，結繩而不違，不令而人畏。五帝畫象，殊其衣服，三王肉刑，刻其膚體。若重華之眚災肆赦，文命之刑罰三千，而都君衈刑，尙奉唐堯之德，高密泣罪，猶懷虞舜之心。殷因以降，去德滋遠。若紂能遵成湯，不造炮格，設刑兼禮，守位依仁，則西伯斂轡，化爲田叟。周王立三剌以不濫，弘三宥以開物，成、康以四十二年之間，刑厝不用。薰風潛暢，頌聲遐舉，越裳重譯，萬里來歸。若乃魯接燕、齊，荆鄰鄭、晉，時之所尙，資乎辯舌，國之所恃，不在威刑。是以𢱧鼓夷蒐，宣尼致誚，既鑄刑辟，叔向貽書。夫勃澥之浸，沾濡千里，列國之政，豈周之膏潤者歟！秦氏僻自西戎，初平區夏，于時投戈棄甲，仰恩祈惠，乃落嚴霜於政教，揮流電於邦國，棄灰偶語，生愁怨於前，毒網凝科，害肌膚於後。玄鉞肆於朝市，赭服飄於路衢，將閭有一劍之哀，茅焦請列星之數。漢高祖初以三章之約，以慰秦人，孝文躬親玄默，遂疎天網。孝宣樞機周密，法理詳備，選于定國爲廷尉，黃霸以爲廷平。每以季秋之後，諸所請讞，帝常幸宣室，齋而決事，明察平恕，號爲寬簡。光武中興，不移其舊，是以二漢羣后，罕聞殘酷。魏武造易鈇之科，明皇施減死之令，中原凋敝，吳、蜀三分，哀矜折獄，亦所未暇。晉氏平吳，九州寧一，乃命賈充，大明刑憲。內以平章百姓，外以和協萬邦，實曰輕平，稱爲簡易。是以宋、齊方駕，轥其餘軌。若乃刑隨喜怒，道睽正直，布憲擬於秋荼，設網踰於朝脛，恣興夷翦，取快情靈。若隋高祖之揮刃無辜，齊文宣之輕刀臠割，

此所謂匹夫私讎，非關國典。孔子曰：「刑亂及諸政，政亂及諸身。」心之所詣，則善惡之本原也。彪、約所製，無刑法篇，臧、蕭之書，又多漏略。是以撮其遺事，以至隋氏，附于篇云。

梁武帝承齊昏虐之餘，刑政多僻。既卽位，乃制權典，依周、漢舊事，有罪者贖。其科，凡在官身犯，罰金。鞭杖杖督之罪，悉入贖停罰。其臺省令史士卒欲贖者，聽之。時欲議定律令，得齊時舊郎濟陽蔡法度，家傳律學，云齊武時，删定郎王植之，集注張、杜舊律，合爲一書，凡一千五百三十條，事未施行，其文殆滅。法度能言之。於是以爲兼尚書删定郎，使損益植之舊本，以爲梁律。天監元年八月，乃下詔曰：「律令不一，實難去弊。[一]殺傷有法，昏墨有刑，此蓋常科，易爲條例。至如三男一妻，懸首造獄，事非慮內，法出恒鈞。前王之律，後王之令，因循創附，良各有以。若遊辭費句，無取於實錄者，宜悉除之。求文指歸，可適變者，載一家爲本，用衆家以附。丙丁俱有，則去丁以存丙。若丙丁二事，注釋不同，則二家兼載。咸使百司，議其可不，取其可安，以爲標例。宜云『某等如干人同議，以此爲長』，則定以爲梁律。留尚書比部，悉使備文，若班下州郡，止撮機要。可無二門侮法之弊。」法度又請曰：「魏、晉撰律，止關數人，今若皆諸列位，恐緩而無決。」

於是以尚書令王亮、侍中王瑩、尚書僕射沈約、吏部尚書范雲、長兼侍中柳惲、給事黃門侍郎傅昭、通直散騎常侍孔藹、御史中丞樂藹、太常丞許懋等，參議斷定，定爲二十篇：一曰刑名，二曰法例，三曰盜劫，四曰賊叛，五曰詐僞，六曰受賕，七曰告劾，八曰討捕，九曰繫訊，十曰斷獄，十一曰雜，十二曰戶，十三曰擅興，十四曰毀亡，十五曰衞宮，十六曰水火，十七曰倉庫，十八曰廐，十九曰關市，二十曰違制。其制刑爲十五等之差：棄市已上爲死罪，大罪梟其首，其次棄市。刑二歲已上爲耐罪，言各隨伎能而任使之也。有髡鉗五歲刑，笞二百，收贖絹，男子六十疋。又有四歲刑，男子四十八疋。又有三歲刑，男子三十六疋。又有二歲刑，男子二十四疋。罰金一兩已上爲贖罪。贖死者金二斤，男子十六疋。贖髡鉗五歲刑笞二百者，金一斤十二兩，男子十四疋。贖四歲刑者，金一斤八兩，男子十二疋。贖三歲刑者，金一斤四兩，男子十疋。贖二歲刑者，金一斤，男子八疋。罰金十二兩者，男子六疋。罰金八兩者，男子四疋。罰金四兩者，男子二疋。罰金二兩者，男子一疋。罰金一兩者，男子二丈。女子各半之。五刑不簡，正于五罰，五罰不服，正于五過，以贖論，故爲此十五等之差。又制九等之差：有一歲刑，半歲刑，百日刑，鞭杖二百，鞭杖一百，鞭杖五十，鞭杖三十，鞭杖二十，鞭杖一十。又有八等之差：一曰免官，加杖督一百；二曰免官；三曰奪勞百日，杖督一百；四曰杖督一百；五曰杖督五十；六曰杖督三十；七曰杖督二十；八曰杖督一十。論加者上就次，當減者下就次。

凡繫獄者，不卽答款，應加測罰，不得以人士爲隔。若人士犯罰，違扞不款，宜測罰者，先參議牒啓，然後科行。斷食三日，聽家人進粥二升。女及老小，一百五十刻乃與粥，滿千刻而止。囚有械、杻、斗械及鉗，[二]並立輕重大小之差，而爲定制。其鞭，有制鞭、法鞭、常鞭，凡三等之差。制鞭，生革廉成；法鞭，生革去廉；常鞭，熟靼不去廉。[三]皆作鶴頭紐，長一尺一寸。梢長二尺七寸，廣三分，[四]靶長二尺五寸。杖皆用生荆，長六尺。有大杖、法杖、小杖三等之差。大杖，大頭圍一寸三分，小頭圍八分半。法杖，圍一寸三分，小頭五分。小杖，圍一寸一分，小頭極杪。諸督罰，大罪無過五十、三十，小者二十。當笞二百以上者，笞半，餘半後決，中分鞭杖。老小於律令當得鞭杖罰者，皆半之。其應得法鞭、杖者，以熟靼鞭、小杖。過五十者，稍行之。將吏已上及女人應有罰者，以罰金代之。其以職員應罰，[五]及律令指名制罰者，不用此令。其問事諸罰，皆用熟靼鞭、小杖。其制鞭制杖，法鞭法杖，自非特詔，皆不得用。詔鞭杖在京師者，皆於雲龍門行。女子懷孕者，勿得決罰。其謀反、降叛、大逆已上皆斬。父子同產男，無少長，皆棄市。母妻姊妹及應從坐棄市者，妻子女妾同補奚官爲奴婢。貲財沒官。劫身皆斬，妻子補兵。遇赦降死者，黵面爲劫字，髡鉗，補治鎖士終身。其下又讁運配材官冶士、尚方鎖士，皆以輕重差其年數。其重者或終身。

士人有禁錮之科，亦有輕重爲差。其犯淸議，則終身不齒。耐罪囚八十已上，十歲已下，及孕者、盲者、侏儒當械繫者，及郡國太守相、都尉、關中侯已上，亭侯已上之父母妻子，及所生坐非死罪除名之罪，二千石已上非檻徵者，並頌繫之。

丹陽尹月一詣建康縣，令三官參共錄獄，察斷枉直。其尚書當錄人之月者，與尚書參共錄之。大凡定罪二千五百二十九條。

二年四月癸卯，法度表上新律，又上令三十卷，科三十卷。帝乃以法度守廷尉卿，詔班新律於天下。

三年八月，建康女子任提女，坐誘口當死。其子景慈對鞫辭云，母實行此。是時法官虞僧虯啓稱：「案子之事親，有隱無犯，直躬證父，仲尼爲非。景慈素無防閑之道，死有明目之據，陷親極刑，傷和損俗。凡乞鞫不審，降罪一等，豈得避五歲之刑，忽死母之命！景慈宜加罪辟。」詔流于交州。至是復有流徒之罪。其年十月甲子，詔以金作權典，宜在蠲息。於是除贖罪之科。

武帝敦睦九族，優借朝士，有犯罪者，皆諷羣下，屈法申之。百姓有罪，皆案之以法。其緣坐則老幼不免，一人亡逃，則舉家質作。人既窮急，姦宄益深。後帝親謁南郊，秣陵老

人遮帝曰：「陛下爲法，急於黎庶，緩於權貴，非長久之術。誠能反是，天下幸甚。」帝於是思有以寬之。舊獄法，夫有罪，逮妻子，子有罪，逮父母。十一年正月壬辰，乃下詔曰：「自今捕謫之家，及罪應質作，若年有老小者，可停將送。」十四年，又除黥面之刑。

帝銳意儒雅，疎簡刑法，自公卿大臣，咸不以鞫獄留意。姦吏招權，巧文弄法，貨賄成市，多致枉濫。大率二歲刑已上，歲至五千人。是時徒居作者具五任，其無任者，著斗械。若疾病，權解之。是後囚徒或有優劇。大同中，皇太子在春宮視事，見而愍之，乃上疏曰：「臣以比時奉勅，權親京師雜事。切見南北郊壇、材官、車府、太官下省、左裝等處上啓，並請四五歲已下輕囚，助充使役。自有刑均罪等，愆目不異，而甲付錢署，乙配郊壇。錢署三所，於事爲劇，〔六〕郊壇六處，在役則優。今聽獄官詳其可否，舞文之路，自此而生。公平難遇其人，流泉易啓其齒，將恐玉科重輕，全關墨綬，金書去取，更由丹筆。愚謂宜詳立條制，以爲永準。」帝手勅報曰：「頃年已來，處處之役，唯資徒謫，逐急充配。若科制繁細，義同簡絲，切須之處，終不可得。引例興訟，紛紜方始，防杜姦巧，自是爲難。更當別思，取其便也。」竟弗之從。是時王侯子弟皆長，而驕蹇不法。武帝年老，厭於萬機，又專精佛戒，每斷重罪，則終日弗懌。嘗遊南苑，臨川王宏，伏人於橋下，將欲爲逆。事覺，有司請誅之。帝但泣而讓曰：「我人才十倍於爾，處此恒懷戰懼。爾何爲者？我豈不能行周公之事，念汝愚

故也。」免所居官。頃之，還復本職。由是王侯驕橫轉甚，或白日殺人於都街，劫賊亡命，咸於王家自匿，薄暮塵起，則剝掠行路，謂之打稽。武帝深知其弊，而難於誅討。十一年十月，復開贖罪之科。中大同元年七月甲子，詔自今犯罪，非大逆，父母、祖父母勿坐。自是禁網漸疎，百姓安之，而貴戚之家，不法尤甚矣。尋而侯景逆亂。

及元帝即位，懲前政之寬，且帝素苛刻，及周師至，獄中死囚且數千人，有司請皆釋之，以充戰士。帝不許，並令棒殺之。事未行而城陷。敬帝即位，刑政適陳矣。

陳氏承梁季喪亂，刑典疎闊。及武帝即位，思革其弊，乃下詔曰：「朕聞唐、虞道盛，設畫象而不犯，夏、商德衰，雖孥戮其未備。洎乎末代，綱目滋繁，矧屬亂離，憲章遺紊。朕始膺寶曆，思廣政樞，外可搜舉良才，刪改科令，羣僚博議，務存平簡。」於是稍求得梁時明法吏，令與尚書刪定郎范泉，參定律令。又勅尚書僕射沈欽、吏部尚書徐陵、兼尚書左丞宗元饒、兼尚書左丞賀朗參知其事，制律三十卷，令律四十卷。採酌前代，條流冗雜，綱目雖多，博而非要。其制唯重清議禁錮之科。若縉紳之族，犯虧名教，不孝及內亂者，發詔棄之，終身不齒。先與士人爲婚者，許妻家奪之。其獲賊帥及士人惡逆，免死付治，聽將妻入役，不爲年數。又存贖罪之律，復父母緣坐之刑。自餘篇目條綱，輕重簡繁，一用梁法。其有贓驗顯

然而不款，則上測立。立測者，以土爲垛，高一尺，上圓，劣容囚兩足立。鞭二十，笞三十訖，著兩械及杻，上垛。一上測七刻，日再上。三七日上測，七日一行鞭。凡經杖，合一百五十，得度不承者，免死。其髡鞭五歲刑，降死一等，鎖二重。〔七〕其五歲刑已下，並鎖一重。五歲四歲刑，若有官，准當二年，餘並居作。其三歲刑，若有官，准當二年，餘一年贖。若公坐過誤，罰金。其二歲刑，有官者，贖論。一歲刑，無官亦贖論。寒庶人，准決鞭杖。囚並著械，徒並著鎖，不計階品。〔八〕死罪將決，乘露車，著三械，加壺手。至市，脫手械及壺手焉。當刑於市者，夜須明，雨須晴。晦朔、八節、六齋、月在張心日，並不得行刑。廷尉寺爲北獄，建康縣爲南獄，並置正監平。又制，常以三月，侍中、吏部尚書、尚書、三公郎、部都令史、三公錄冤局，令史、御史中丞、侍御史、蘭臺令史，親行京師諸獄及冶署，理察囚徒冤枉。

文帝性明察，留心刑政，親覽獄訟，督責羣下，政號嚴明。是時承寬政之後，功臣貴戚有非法，帝咸以法繩之，頗號峻刻。及宣帝即位，優借文武之士，崇簡易之政，上下便之。其後政令既寬，刑法不立，又以連年北伐，疲人聚爲劫盜矣。後主即位，信任讒邪，羣下縱恣，鬻獄成市，賞罰之命，不出于外。後主性猜忍疾忌，威令不行，左右有忤意者，動至夷戮。百姓怨叛，以至於滅。

齊神武、文襄，並由魏相，尚用舊法。及文宣天保元年，始命羣官刊定魏朝麟趾格。是時軍國多事，政刑不一，決獄定罪，罕依律文，相承謂之變法從事。清河房超爲黎陽郡守，有趙道德者，使以書屬超。超不發書，棒殺其使。文宣於是令守宰各設棒，以誅屬請之使。後都官郎中宋軌奏曰：「昔曹操懸棒，威於亂時，今施之太平，未見其可。若受使請賕，猶致大戮，身爲枉法，何以加罪？」於是罷之。既而司徒功曹張老上書，稱大齊受命已來，律令未改，非所以創制垂法，革人視聽。於是始命羣官，議造齊律，積年不成。其決獄猶依魏舊。是時刑政尚新，吏皆奉法。自六年之後，帝遂以功業自矜，恣行酷暴，昏狂酗醟，任情喜怒。爲大鑊、長鋸、剉碓之屬，並陳於庭，意有不快，則手自屠裂，或命左右臠噉，以逞其意。時僕射楊遵彥，乃令憲司先定死罪囚，置于仗衞之中，帝欲殺人，則執以應命，謂之供御囚。經三月不殺者，則免其死。帝嘗幸金鳳臺，受佛戒，多召死囚，編籧篨爲翅，命之飛下，謂之放生。墜皆致死，帝視以爲歡笑。時有司折獄，又皆酷法。訊囚則用車輻獨杖，夾指壓踝，又立之燒犁耳上，或使以臂貫燒車釭。既不勝其苦，皆致誣伏。七年，豫州檢使白摽，爲左丞盧斐所劾，乃於獄中誣告斐受金。文宣知其姦罔，詔令按之，果無其事。乃勅八座議立案劾格，負罪不得告人事。於是挾姦者畏糾，乃先加誣訟，以擬當格，吏不能斷。又妄相引，大獄動至千人，多移歲月。然帝猶委政輔臣楊遵彥，彌縫其闕，故時議者竊云，主昏於上，

政淸於下。

孝昭在藩，已知其失，卽位之後，將加懲革。未幾而崩。武成卽位，思存輕典，大寧元年，乃下詔曰：「王者所用，唯在賞罰，賞貴適理，罰在得情。然理容進退，事涉疑似，盟府司勳，或有開塞之路，三尺律令，未窮畫一之道。想文王之官人，念宣尼之止訟，刑賞之宜，思獲其所。自今諸應賞罰，皆賞疑從重，罰疑從輕。」又以律令不成，頻加催督。河淸三年，尙書令、趙郡王叡等，奏上齊律十二篇：一曰名例，二曰禁衞，三曰婚戶，四曰擅興，五曰違制，六曰詐僞，七曰鬬訟，八曰賊盜，九曰捕斷，十曰毀損，十一曰廄牧，十二曰雜。其定罪九百四十九條。又上新令四十卷，大抵採魏、晉故事。其制，刑名五：一曰死，重者轘之，其次梟首，並陳屍三日；無市者，列於鄉亭顯處。其次斬刑，殊身首。其次絞刑，死而不殊。凡四等。二曰流刑，謂論犯可死，原情可降，鞭笞各一百，髡之，投于邊裔，以爲兵卒。未有道里之差。其不合遠配者，男子長徒，女子配舂，並六年。三曰刑罪，卽耐罪也。有五歲、四歲、三歲、二歲、一歲之差。凡五等。各加鞭一百。其五歲者，又加笞八十，四歲者六十，三歲者四十，二歲者二十，一歲者無笞。並鎖輸左校而不髡。無保者鉗之。婦人配舂及掖庭織。四曰鞭，有一百、八十、六十、五十、四十之差，凡五等。五曰杖，有三十、二十、十之差，凡三等。大凡爲十五等。當加者上就次，當減者下就次。贖罪舊以金，皆代以中絹。死一百匹，流九

十二匹，刑五歲七十八匹，四歲六十四匹，三歲五十匹，二歲三十六匹。各通鞭笞論。一歲無笞，則通鞭二十四匹。鞭杖每十，贖絹一匹。至鞭百，則絹十匹。無絹之鄉，皆准絹收錢。自贖笞十已上至死，又爲十五等之差。當加減次，如正決法。合贖者，謂流內官及爵秩比視，老小閹癡并過失之屬。犯罰絹一匹及杖十已上，皆名爲罪人。盜及殺人而亡者，卽懸名注籍，甄其一房配驛戶。宗室則不注盜，及不入奚官，不加宮刑。〔九〕自犯流罪已下合贖者，及婦人犯刑已下，侏儒、篤疾、癃殘非犯死罪，皆頌繫之。罪刑年者鎖，無鎖以枷。流罪已上加杻械。死罪者桁之。決流刑鞭笞者，鞭其背。五十，一易執鞭人。鞭鞘皆用熟皮，削去廉稜。鞭瘡長一尺。笞者笞臀，而不中易人。杖長三尺五寸，大頭徑二分半，小頭徑一分半。決三十已下杖者，長四尺，大頭徑三分，小頭徑二分。在官犯罪，鞭杖十爲一負。閑局六負爲一殿，平局八負爲一殿，繁局十負爲一殿。加於殿者，復計爲負焉。赦日，則武庫令設金雞及鼓於閶闔門外之右。勒集囚徒於闕前，撾鼓千聲，釋枷鎖焉。又列重罪十條：一曰反逆，二曰大逆，三曰叛，四曰降，五曰惡逆，六曰不道，七曰不敬，八曰不孝，九曰不義，十曰內亂。其犯此十者，不在八議論贖之限。是後法令明審，科條簡要，又敕仕門之子弟，常講習之。齊人多曉法律，蓋由此也。

其不可爲定法者，別制權令二卷，與之並行。後平秦王高歸彥謀反，須有約罪，律無正條，於是遂有別條權格，與律並行。大理明法，上下比附，欲出則附依輕議，欲入則附從重法，姦吏因之，舞文出沒。至于後主，權幸用事，有不附之者，陰中以法。綱紀紊亂，卒至於亡。

周文帝之有關中也，霸業初基，典章多闕。大統元年，命有司斟酌今古通變，可以益時者，爲二十四條之制，奏之。七年，又下十二條制。十年，魏帝命尙書蘇綽，總三十六條，更損益爲五卷，班於天下。其後以河南趙肅爲廷尉卿，撰定法律。肅積思累年，遂感心疾而死。乃命司憲大夫拓拔迪掌之。至保定三年三月庚子乃就，謂之大律，凡二十五篇：一曰刑名，二曰法例，三曰祀享，四曰朝會，五曰婚姻，六曰戶禁，七曰水火，八曰興繕，九曰衞宮，十曰市廛，十一曰鬬競，十二曰劫盜，十三曰賊叛，十四曰毀亡，十五曰違制，十六曰關津，十七曰諸侯，十八曰廄牧，十九曰雜犯，二十曰詐僞，二十一曰請求，二十二曰告言，二十三曰逃亡，二十四曰繫訊，二十五曰斷獄。大凡定罪一千五百三十七條。其制罪：一曰杖刑五，自十至五十。二曰鞭刑五，自六十至于百。三曰徒刑五，徒一年者，鞭六十，笞十。徒二年者，鞭七十，笞二十。徒三年者，鞭八十，笞三十。徒四年者，鞭九十，笞四十。徒五年者，鞭一百，笞五十。四曰流刑五，流衞服，去皇畿二千五百里者，鞭一百，笞六十。流要

服，去皇畿三千里者，鞭一百，笞七十。流荒服，去皇畿三千五百里者，鞭一百，笞八十。流鎭服，去皇畿四千里者，鞭一百，笞九十。流蕃服，去皇畿四千五百里者，鞭一百，笞一百。五曰死刑五，一曰磬，二曰絞，三曰斬，四曰梟，五曰裂。五刑之屬各有五，合二十五等。不立十惡之目，而重惡逆、不道、大不敬、不孝、不義、內亂之罪。凡惡逆，肆之三日。盜賊羣攻鄉邑及入人家者，殺之無罪。若報讎者，告於法而自殺之，不坐。經爲盜者，注其籍。唯皇宗則否。凡死罪枷而拲，流罪枷而梏，徒罪枷，鞭罪桎，杖罪散以待斷。皇族及有爵者，死罪已下鎖之，徒已下散之。獄成將殺者，書其姓名及其罪於拲，而殺之市。唯皇族與有爵者隱獄。

其贖杖刑五，金一兩至五兩。贖鞭刑五，金六兩至十兩。贖徒刑五，一年金十二兩，二年十五兩，三年一斤二兩，四年一斤五兩，五年一斤八兩。贖流刑，一斤十二兩，俱役六年，不以遠近爲差等。贖死罪，金二斤。鞭者以一百爲限。加笞者，合二百止。應加鞭笞者，皆先笞後鞭。婦人當笞者，聽以贖論。徒輸作者，皆任其所能而役之。杖十已上，當加者上就次，數滿乃坐。當減者，死罪流蕃服，蕃服已下俱至徒五年。五年以下，各以一等爲差。盜賊及謀反大逆降叛惡逆罪當流者，皆甄一房配爲雜戶。其爲盜賊事發逃亡者，懸名注配。若再犯徒、三犯鞭者，一身永配下役。應贖金者，鞭杖十，收中絹一匹。流徒者，依

中華書局

限歲收絹十二匹。死罪者一百匹。其贖刑，死罪五旬，流刑四旬，徒刑三旬，鞭刑二旬，杖刑一旬。限外不輸者，歸於法。貧者請而免之。大凡定法一千五百三十七條，班之天下。其大略滋章，條流苛密，比於齊法，煩而不要。

又初除復讎之法，犯者以殺論。時晉公護將有異志，欲寬政以取人心，然闇於知人，所委多不稱職。既用法寬弛，不足制姦，子弟僚屬，皆竊弄其權，百姓愁怨，控告無所。武帝性甚明察，自誅護後，躬覽萬機，雖骨肉無所縱捨，用法嚴正，中外肅然。自魏、晉相承，死罪其重者，妻子皆以補兵。魏虜西涼之人，沒入名爲隸戶。魏武入關，隸戶皆在東魏，後齊因之，仍供厮役。建德六年，齊平後，帝欲施輕典於新國，乃詔凡諸雜戶，悉放爲百姓。自是無復雜戶。其後又以齊之舊俗，未改昏政，賊盜姦宄，頗乖憲章。其年，又爲刑書要制以督之。其大抵持仗羣盜一匹以上，不持仗羣盜五匹以上，監臨主掌自盜二十匹以上，盜及詐請官物三十匹以上，正長隱五戶及十丁以上、及地三頃以上，〔一〇〕皆死。自餘依大律。由是澆詐頗息焉。

宣帝性殘忍暴戾，自在儲貳，惡其叔父齊王憲及王軌、宇文孝伯等。及即位，並先誅戮，由是內外不安，俱懷危懼。帝又恐失衆望，乃行寬法，以取衆心。宣政元年八月，詔制九條，宣下州郡。大象元年，又下詔曰：「高祖所立刑書要制，用法深重，其一切除之。」然帝荒淫

日甚，惡聞其過，誅殺無度，疎斥大臣。又數行肆赦，爲姦者皆輕犯刑法，政令不一，下無適從。於是又廣刑書要制，而更峻其法，謂之刑經聖制。宿衞之官，一日不直，罪至削除。逃亡者皆死，而家口籍沒。上書字誤者，科其罪。鞭杖皆百二十爲度，名曰天杖。其後又加至二百四十。又作礔礰車，以威婦人。其決人罪，云與杖者，即一百二十，多打者，即二百四十。帝既酣飲過度，嘗中飲，有下士楊文祐白宮伯長孫覽，求歌曰：「朝亦醉，暮亦醉。日日恒常醉，政事日無次。」鄭譯奏之，帝怒，命賜杖二百四十而致死。後更令中士皇甫猛歌，猛歌又諷諫。鄭譯又以奏之，又賜猛杖一百二十。是時下自公卿，內及妃后，咸加棰楚，上下愁怨。及帝不豫，而內外離心，各求苟免。隋高祖爲相，又行寬大之典，刪略舊律，作刑書要制。既成奏之，靜帝下詔頒行。諸有犯罪未科決者，並依制處斷。

高祖既受周禪，開皇元年，乃詔尚書左僕射、勃海公高熲，上柱國、沛公鄭譯，上柱國、清河郡公楊素，大理前少卿、平源縣公常明，刑部侍郎、保城縣公韓濬，比部侍郎李諤，兼考功侍郎柳雄亮等，更定新律，奏上之。其刑名有五：一曰死刑二，有絞，有斬。二曰流刑三，有一千里、千五百里、二千里。應配者，一千里居作二年，一千五百里居作二年半，二千里居作三年。應住居作者，三流俱役三年。近流加杖一百，一等加三十。三曰徒刑五，有一

年、一年半、二年、二年半、三年。四曰杖刑五，自五十至于百。五曰笞刑五，自十至于五十。而蠲除前代鞭刑及梟首轘裂之法。其流徒之罪皆減從輕。〔一一〕唯大逆謀反叛者，父子兄弟皆斬，家口沒官。又置十惡之條，多採後齊之制，而頗有損益。一曰謀反，二曰謀大逆，三曰謀叛，四曰惡逆，五曰不道，六曰大不敬，七曰不孝，八曰不睦，九曰不義，十曰內亂。犯十惡及故殺人獄成者，雖會赦，猶除名。

其在八議之科，及官品第七已上犯罪，皆例減一等。其品第九已上犯者，聽贖。應贖者，皆以銅代絹。贖銅一斤爲一負，負十爲殿。笞十者銅一斤，加至杖百則十斤。徒一年，贖銅二十斤，每等則加銅十斤，三年則六十斤矣。流一千里，贖銅八十斤，每等則加銅十斤，二千里則百斤矣。二死皆贖銅百二十斤。犯私罪以官當徒者，五品已上，一官當徒二年；九品已上，一官當徒一年；當流者，三流同比徒三年。〔一二〕若犯公罪者，徒各加一年，當流者各加一等。其累徒過九年者，流二千里。

定訖，詔頒之曰：「帝王作法，沿革不同，取適於時，故有損益。夫絞以致斃，斬則殊刑，除惡之體，於斯已極。梟首轘身，義無所取，不益懲肅之理，徒表安忍之懷。鞭之爲用，殘剝膚體，徹骨侵肌，酷均臠切。雖云遠古之式，事乖仁者之刑，梟轘及鞭，並令去也。貴礪帶之書，不當徒罰，廣軒冕之蔭，旁及諸親。流役六年，改爲五載，刑徒五歲，變從三祀。其

餘以輕代重，化死爲生，條目甚多，備於簡策。宜班諸海內，爲時軌範，雜格嚴科，並宜除削。先施法令，欲人無犯之心，國有常刑，誅而不怒之義。措而不用，庶或非遠，萬方百辟，知吾此懷。」自前代相承，有司訊考，皆以法外。或有用大棒束杖，車輻鞵底，壓踝杖桄之屬，楚毒備至，多所誣伏。雖文致於法，而每有枉濫，莫能自理。至是盡除苛慘之法，訊囚不得過二百，枷杖大小，咸爲之程品，行杖者不得易人。帝又以律令初行，人未知禁，故犯法者衆。又下吏承苛政之後，務鍛鍊以致人罪。乃詔申勑四方，敦理辭訟。有枉屈縣不理者，令以次經郡及州，至省仍不理，〔一三〕乃詣闕申訴。有所未愜，聽撾登聞鼓，有司錄狀奏之。

帝又每季親錄囚徒。常以秋分之前，省閱諸州申奏罪狀。三年，因覽刑部奏，斷獄數猶至萬條。以爲律尚嚴密，故人多陷罪。又勑蘇威、牛弘等，更定新律。除死罪八十一條，流罪一百五十四條，徒杖等千餘條，定留唯五百條。凡十二卷。一曰名例，二曰衞禁，三曰職制，四曰戶婚，五曰廄庫，六曰擅興，七曰賊盜，八曰鬭訟，九曰詐僞，十曰雜律，十一曰捕亡，十二曰斷獄。自是刑網簡要，疎而不失。於是置律博士弟子員。斷決大獄，皆先牒明法，定其罪名，然後依斷。五年，侍官慕容天遠，糾都督田元，冒請義倉，事實而始平縣律生輔恩，舞文陷天遠，遂更反坐。帝聞之，乃下詔曰：「人命之重，懸在律文，刊定科條，俾令易曉。分官命職，恒選循吏，小大之獄，理無疑舛。而因襲往代，別置律官，報判之人，推其爲

首。殺生之柄，常委小人，刑罰所以未清，威福所以妄作。爲政之失，莫大於斯。其大理律博士、尚書刑部曹明法、州縣律生，並可停廢。」自是諸曹決事，皆令具寫律文斷之。六年，勑諸州長史已下，行參軍已上，並令習律，集京之日，試其通不。又詔免尉迥、王謙、司馬消難三道逆人家口之配沒者，悉官酬贖，使爲編戶。因除孥戮相坐之法。又命諸州囚有處死，不得馳驛行決。

高祖性猜忌，素不悅學，既任智而獲大位，因以文法自矜，明察臨下。恒令左右覘視內外，有小過失，則加以重罪。又患令史贓污，因私使人以錢帛遺之，得犯立斬。每於殿廷打人，一日之中，或至數四。嘗怒問事揮楚不甚，卽命斬之。十年，尚書左僕射高熲、治書侍御史柳彧等諫，以爲朝堂非殺人之所，殿庭非決罰之地。帝不納。熲等乃盡詣朝堂請罪，曰：「陛下子育羣生，務在去弊，而百姓無知，犯者不息，致陛下決罰過嚴。皆臣等不能有所裨益，請自退屏，以避賢路。」帝於是顧謂領左右都督田元曰：「吾杖重乎？」元曰：「重。」帝問其狀，元舉手曰：「陛下杖大如指，棰楚人三十者，比常杖數百，故多致死。」帝不懌，乃令殿內去杖，欲有決罰，各付所由。後楚州行參軍李君才上言，帝寵高熲過甚，上大怒，命杖之，而殿內無杖，遂以馬鞭笞殺之。自是殿內復置杖。未幾怒甚，又於殿庭殺人，兵部侍郎馮基固諫，帝不從，竟於殿庭行決。帝亦尋悔，宣慰馮基，而怒羣僚之不諫者。十二年，帝

以用律者多致踳駁，罪同論異。詔諸州死罪不得便決，悉移大理案覆，事盡然後上省奏裁。十三年，改徒及流並爲配防。十五年制，死罪者三奏而後決。十六年，有司奏合川倉粟少七千石，命斛律孝卿鞫問其事，以爲主典所竊。復令孝卿馳驛斬之，沒其家爲奴婢，鬻粟以塡之。是後盜邊糧者，一升已上皆死，家口沒官。上又以典吏久居其職，肆情爲姦。諸州縣佐史，三年一代，經任者不得重居之。十七年，詔又以所在官人，不相敬憚，多自寬縱，事難克舉。諸有殿失，雖備科條，或據律乃輕，論情則重，不卽決罪，無以懲肅。其諸司屬官，若有愆犯，聽於律外斟酌決杖。於是上下相驅，迭行棰楚，以殘暴爲幹能，以守法爲懦弱。

是時帝意每尚慘急，而姦回不止，京市白日，公行掣盜，人間强盜，亦往往而有。帝患之，問羣臣斷禁之法。楊素等未及言，帝曰：「朕知之矣。」詔有能糾告者，沒賊家產業，以賞糾人。時月之間，內外寧息。其後無賴之徒，候富人子弟出路者，而故遺物於其前，偶拾取則擒以送官，而取其賞。大抵被陷者甚衆。帝知之，乃命盜一錢已上皆棄市。行旅皆晏起早宿，[一四]天下懍懍焉。此後又定制，行署取一錢已上，聞見不告言者，坐至死。自此四人共盜一榱桶，三人同竊一瓜，事發卽時行決。有數人劫執事而謂之曰：「吾豈求財者邪？但爲枉人來耳。而爲我奏至尊，自古以來，體國立法，未有盜一錢而死也。而不爲我以聞，吾更來，而屬無類矣。」帝聞之，爲停盜取一錢棄市之法。

帝嘗發怒，六月棒殺人。大理少卿趙綽固爭曰：「季夏之月，天地成長庶類。不可以此時誅殺。」帝報曰：「六月雖曰生長，此時必有雷霆。天道既於炎陽之時，震其威怒，我則天而行，有何不可。」遂殺之。大理掌固來曠上封事，言大理官司恩寬。帝以曠爲忠直，遣每旦於五品行中參見。曠又告少卿趙綽濫免徒囚，帝使信臣推驗，初無阿曲。帝又怒曠，命斬之。綽因固爭，以爲曠不合死。帝乃拂衣入閤，綽又矯言，臣更不理曠，自有他事未及奏聞。帝命引入閤，綽再拜請曰：「臣有死罪三。臣爲大理少卿，不能制馭掌固，使曠觸挂天刑，死罪一也。囚不合死，而臣不能死爭，死罪二也。臣本無他事，而妄言求入，死罪三也。」帝解顏。會獻皇后在坐，帝賜綽二金盃酒，飲訖，幷以盃賜之。曠因免死，配徙廣州。

帝以年齡晚暮，尤崇尚佛道，又素信鬼神。二十年，詔沙門道士壞佛像天尊，百姓壞岳瀆神像，皆以惡逆論。帝猜忌，二朝臣僚，用法尤峻。御史監師，於元正日不劾武官衣劍之不齊者，或以白帝，帝謂之曰：「爾爲御史，何縱捨自由。」命殺之。諫議大夫毛思祖諫，又殺之。左領軍府長史考校不平，將作寺丞以諫麥䴷遲晚，武庫令以署庭荒蕪，獨孤師以受蕃客鸚鵡，帝察知，並親臨斬決。

仁壽中，用法益峻，帝既喜怒不恒，不復依準科律。時楊素正被委任。素又稟性高下，公卿股慄，不敢措言。素於鴻臚少卿陳延不平，經蕃客館，庭中有馬屎，又庶僕氈上樗蒱。

旋以白帝，帝大怒曰：「主客令不灑掃庭內，掌固以私戲污敗官氈，罪狀何以加此。」皆於西市棒殺，而榜棰陳延，殆至於斃。大理寺丞楊遠、劉子通等，性愛深文，每隨牙奏獄，能承順帝旨。帝大悅，並遣於殿庭三品行中供奉，每有詔獄，專使主之。候帝所不快，則案以重抵，無殊罪而死者，不可勝原。遠又能附楊素，每於塗中接候，而以囚名白之，皆隨素所爲輕重。其臨終赴市者，莫不塗中呼枉，仰天而哭。越公素侮弄朝權，帝亦不之能悉。

煬帝卽位，以高祖禁網深刻，又勑修律令，除十惡之條。時斗稱皆小舊二倍，[一五]其贖銅亦加二倍爲差。杖百則三十斤矣。徒一年者六十斤，每等加三十斤爲差，三年則一百八十斤矣。流無異等，贖二百四十斤。二死同贖三百六十斤。其實不異。開皇舊制，釁門子弟，不得居宿衛近侍之官。先是蕭巖以叛誅，崔君綽坐連庶人勇事，家口籍沒。巖以中宮故，君綽緣女入宮愛幸，帝乃下詔革前制曰：「罪不及嗣，既弘至孝之道，恩由義斷，以勸事君之節。故羊鮒從戮，彌見叔向之誠，季布立勳，無預丁公之禍，用能樹聲往代，貽範將來。朕虛己爲政，思遵舊典，推心待物，每從寬政。六位成象，美厥含弘，一眚掩德，甚非謂也。諸犯罪被戮之門，期已下親，仍令合仕，聽預宿衛近侍之官。」

三年，新律成。凡五百條，爲十八篇。詔施行之，謂之大業律：一曰名例，二曰衞宮，三曰違制，四曰請求，五曰戶，六曰婚，七曰擅興，八曰告劾，九曰賊，十曰盜，十一曰鬭，十二

曰捕亡，十三曰倉庫，十四曰廄牧，十五曰關市，十六曰雜，十七曰詐僞，十八曰斷獄。其五刑之內，降從輕典者，二百餘條。其枷杖決罰訊囚之制，並輕於舊。是時百姓久厭嚴刻，喜於刑寬。後帝乃外征四夷，內窮嗜慾，兵革歲動，賦斂滋繁。有司皆臨時迫脅，苟求濟事，憲章遐棄，賄賂公行，窮人無告，聚爲盜賊。帝乃更立嚴刑，勑天下竊盜已上，罪無輕重，不待聞奏，皆斬。百姓轉相羣聚，攻剽城邑，誅罰不能禁。帝以盜賊不息，乃益肆淫刑。九年，又詔爲盜者籍沒其家。自是羣賊大起，郡縣官人，又各專威福，生殺任情矣。及楊玄感反，帝誅之，罪及九族。其尤重者，行轘裂梟首之刑。或磔而射之。命公卿已下，臠噉其肉。百姓怨嗟，天下大潰，及恭帝卽位，獄訟有歸焉。

校勘記

〔一〕實難去弊　册府六一〇，「弊」作「取」。

〔二〕斗械　「斗」原作「升」，據册府六一〇改。下文「斗械」，據册府二六一改。

〔三〕熟粗不去廉　「粗」原作「粗」。御覽六四九引晉令也作「粗」，御覽注：「柔革也。」按：說文解字「粗，柔革也」；「粗」始見于廣韻。是此字應作「粗」，不作「粗」，今改正。下同。

〔四〕廣三分　「分」原作「寸」，據御覽六四九改。

〔五〕其以職員應罰　「員」疑當作「負」。下文，北齊「鞭杖十爲一負」，隋「贖銅一斤爲一負」。

〔六〕於事爲劇　「事」原作「辛」，據册府二六一改。

〔七〕鎖二重　册府六一一，「鎖」作「鉗」。下「並鎖一重」同。

〔八〕不計階品　册府六一一，「不計」作「亦許」。

〔九〕不加宮刑　「宮」原作「害」，據册府六一一改。

〔一〇〕正長隱五戶及十丁以上及地三頃以上　「丁」上原脫「十」字，「頃」上原脫「三」字，據周書武帝紀下補。通鑑一七三，「三頃」作「頃」。

〔一一〕其流徒之罪皆減從輕　「流」原作「法」，據册府六一一改。

〔一二〕三流同比徒三年　「同」原作「周」，據通典一六四、册府六一一、唐律疏義名例改。

〔一三〕至省仍不理　原脫「至」字，據通典一六四、册府六一一補。

〔一四〕晏起早宿　「早」原作「晚」，據御覽六四六改。

〔一五〕斗稱　「斗」原作「升」，據册府六一一改。

隋書卷二十六

志第二十一

百官上

易曰：「天尊地卑，乾坤定矣，卑高既陳，貴賤位矣。」是以聖人法乾坤以作則，因卑高以垂教，設官分職，錫珪胙土。由近以制遠，自中以統外，內則公卿大夫士，外則公侯伯子男。咸所以協和萬邦，平章百姓，允釐庶績，式敍彝倫。其由來尚矣。然古今異制，文質殊途，或以龍表官，或以雲紀職，放勛卽分命四子，重華乃爰置九官，夏倍於虞，殷倍於夏，周監二代，沿革不同。其道既文，置官彌廣。逮于戰國，戎馬交馳，雖時有變革，然猶承周制。秦始皇廢先王之典，焚百家之言，創立朝儀，事不師古，始罷封侯之制，立郡縣之官。太尉主五兵，丞相總百揆，又置御史大夫，以貳於相。自餘衆職，各有司存。漢高祖除暴寧亂，輕刑約法，而職官之制，因於嬴氏。其間同異，抑亦可知。光武中興，聿遵前緒，唯廢丞相與

御史大夫，而以三司綜理衆務。洎于叔世，事歸臺閣，論道之官，備員而已。魏、晉繼及，大抵略同，爰及宋、齊，亦無改作。梁武受終，多循齊舊。然而定諸卿之位，各配四時，置戎秩之官，百有餘號。陳氏繼梁，不失舊物。高齊創業，亦遵後魏，臺省位號，與江左稍殊，所有節文，備詳於志。有周創據關右，日不暇給，洎乎克清江、漢，爰議憲章。酌酆鎬之遺文，置六官以綜務，詳其典制，有可稱焉。高祖踐極，百度伊始，復廢周官，還依漢、魏。唯以中書爲內史，侍中爲納言，自餘庶僚，頗有損益。煬帝嗣位，意存稽古，建官分職，率由舊章。大業三年，始行新令。于時三川定鼎，萬國朝宗，衣冠文物，足爲壯觀。既而以人從欲，待下若讎，號令日改，官名月易。尋而南征不復，朝廷播遷，圖籍注記，多從散逸。今之存錄者，不能詳備焉。

梁武受命之初，官班多同宋、齊之舊，有丞相、太宰、太傅、太保、大將軍、大司馬、太尉、司徒、司空、開府儀同三司等官。諸公及位從公開府者，置官屬。有長史、司馬、諮議參軍，掾屬從事中郎、記室、主簿、列曹參軍、行參軍、舍人等官。其司徒則有左、右二長史，又增置左西掾一人，自餘僚佐，同於二府。有公則置，無則省。而司徒無公，唯省舍人，餘官常置。開府儀同三司，位次三公，諸將軍、左右光祿大夫，優者則加之，同三公，置官屬。

特進，舊位從公。武帝以鄧禹列侯就第，特進奉朝請，是特引見之稱，無官定體。於是革之。

尚書省，置令，左、右僕射各一人。又置吏部、祠部、度支、左戶、都官、五兵等六尚書。左右丞各一人。吏部、刪定、三公、比部、祠部、儀曹、虞曹、主客、度支、殿中、金部、倉部、左戶、駕部、起部、屯田、都官、水部、庫部、功論、中兵、外兵、騎兵等郎二十三人。令史百二十人，書令史百三十人。

尚書掌出納王命，敷奏萬機。令總統之。僕射副令，又與尚書分領諸曹。令闕，則左僕射爲主。其祠部尚書多不置，以右僕射主之。若左、右僕射並闕，則置尚書僕射，以掌左事，置祠部尚書，以掌右事。然則尚書僕射、祠部尚書不恒置矣。又有起部尚書，營宗廟宮室則權置之。事畢則省，以其事分屬都官、左戶二尚書。左、右丞各一人，佐令、僕射知省事。左掌臺內分職儀、禁令、報人章，督錄近道文書章表奏事，糾諸不法。右掌臺內藏及廬舍，凡諸器用之物，督錄遠道文書章表奏事。凡諸尚書文書，詣中書省者，密事皆以挈囊盛之，封以左丞印。自晉以後，八座及郎中，多不奏事。天監元年詔曰：「自禮闈陵替，曆茲永久，郎署備員，無取職事。糠粃文案，貴尚虛閑，空有趨墀之名，了無握蘭之實。曹郎可依昔奏事。」自是始奏事矣。三年，置侍郎，視通直郎。其郎中在職勤能，滿二歲者，轉之。又

有五都令史，與左、右丞共知所司。舊用人常輕，九年詔曰：「尚書五都，職參政要，非但總領衆局，亦乃方軌二丞。頃雖求才，未臻妙簡，可革用士流，每盡時彥，庶同持領，秉此羣目。」於是以都令史視奉朝請。其年，以太學博士劉納兼殿中都，司空法曹參軍劉顯兼吏部都，太學博士孔虔孫兼金部都，司空法曹參軍蕭軌兼左戶都，宣毅墨曹參軍王顒兼中兵都。五人並以才地兼美，首膺茲選矣。駕部又別領車府署，庫部領南、北武庫二署令丞。

門下省置侍中、給事黃門侍郎各四人，掌侍從左右，擯相威儀，盡規獻納，糾正違闕。監合嘗御藥，封璽書。侍郎中高功者，〔一〕在職一年，詔加侍中祭酒，與侍郎高功者一人，對掌禁令，公車、太官、太醫等令，驊騮廐丞。〔二〕

集書省置散騎常侍、通直散騎常侍各四人。員外散騎常侍無員，散騎侍郎、通直郎各四人。又有員外散騎侍郎，給事中，奉朝請，常侍侍郎，掌侍從左右，獻納得失，省諸奏聞文書。意異者，隨事爲駁。集錄比詔比璽，爲諸優文策文，平處諸文章詩頌。常侍高功者一人爲祭酒，與侍郎高功者一人，對掌禁令，糾諸逋違。

駙馬、奉車、車騎三都尉，並無員。駙馬以加尚公主者，無班秩。

散騎常侍、通直散騎常侍、員外散騎常侍，舊並爲顯職，與侍中通官。宋代以來，或輕或雜，其官漸替。天監六年革選，詔曰：「在昔晉初，仰惟盛化，常侍、侍中，並奏帷幄，員外常侍，特爲清顯。陸始名公之胤，位居納言，曲蒙優禮，方有斯授。可分門下二局，委散騎常侍尚書案奏，分曹入集書。通直常侍，本爲顯爵，員外之選，宜參舊准人數，依正員格。」自是散騎視侍中，通直視中丞，員外視黃門郎。

中書省置監、令各一人，掌出內帝命。侍郎四人，功高者一人，主省內事。又有通事舍人、主事令史等員，及置令史，以承其事。通事舍人，舊入直閤內。梁用人殊重，簡以才能，不限資地，多以他官兼領。其後除通事，直曰中書舍人。

祕書省置監、丞各一人，郎四人，掌國之典籍圖書。著作郎一人，佐郎八人，掌國史，集注起居。著作郎謂之大著作，梁初周捨、裴子野，皆以他官領之。又有撰史學士，亦知史書。佐郎爲起家之選。

御史臺，梁國初建，置大夫，天監元年，復曰中丞。置一人，掌督司百僚。皇太子已下，其在宮門行馬內違法者，皆糾彈之。雖在行馬外，而監司不糾，亦得奏之。專道而行，逢尚書丞郎，亦得停駐。其尚書令、僕、御史中丞，各給威儀十人。其八人武冠絳韝，執青儀囊在前。囊題云「宜官吉」，以受辭訴。一人緗衣，執鞭杖，依列行，七人唱呼入殿，引喤至階。一人執儀囊，不喤。屬官治書侍御史二人，掌舉劾官品第六已下，分統侍御史。侍御史九人，居曹，掌知其事，糾察不法。殿中御史四人，掌殿中禁衞內。又有符節令史員。

謁者臺，僕射一人，掌朝覲賓饗之事。屬官謁者十人，掌奉詔出使拜假，朝會擯贊。高功者一人爲假史，掌差次謁者。

諸卿，梁初猶依宋、齊，皆無卿名。天監七年，以太常爲太常卿，加置宗正卿，以大司農爲司農卿，三卿是爲春卿。加置太府卿，以少府爲少府卿，加置太僕卿，三卿是爲夏卿。以衞尉爲衞尉卿，廷尉爲廷尉卿，將作大匠爲大匠卿，三卿是爲秋卿。以光祿勳爲光祿卿，大鴻臚爲鴻臚卿，都水使者爲太舟卿，三卿是爲冬卿。凡十二卿，皆置丞及功曹、主簿。而太常視金紫光祿大夫，統明堂、二廟、太史、太祝、廩犧、太樂、鼓吹、乘黃、北館、典客館等令丞，及陵監、國學等。又置協律校尉、總章校尉監、掌故、樂正之屬，以掌樂事。太樂又有清商署丞，太史別有靈臺丞。詔以爲陵監之名，不出前誥，且宗廟憲章，既備典禮，園寢職司，理不容異，諸正陵先立監者改爲令。於是陵置令矣。

國學，有祭酒一人，博士二人，助教十人，太學博士八人。又有限外博士員。天監四年，置五經博士各一人。舊國子學生，限以貴賤，帝欲招來後進，五館生皆引寒門儁才，不限人數。大同七年，國子祭酒到溉等，又表立正言博士一人，位視國子博士。置助教二人。

宗正卿，位視列曹尚書，主皇室外戚之籍。以宗室爲之。

司農卿，位視散騎常侍，主農功倉廩。統太倉、導官、籍田、上林令，又管樂遊、北苑丞，

左右中部三倉丞，葓庫、菰庫、箬庫丞，湖西諸屯主。天監九年，又置勸農謁者，視殿中御史。

太府卿，位視宗正，掌金帛府帑。統左右藏令、上庫丞，掌太倉、南北市令。關津亦皆屬焉。

少府卿，位視尚書左丞，置材官將軍、左中右尚方、甄官、平水署、南塘邸稅庫、東西冶、中黃、細作、炭庫、紙官、染署等令丞。〔三〕

太僕卿，位視黃門侍郎，統南馬牧、左右牧、龍廄、內外廄丞。又有弘訓太僕，亦置屬官。

衞尉卿，位視侍中，掌宮門屯兵。卿每月、丞每旬行宮徼，糾察不法。統武庫令、公車司馬令。又有弘訓衞尉，亦置屬官。

廷尉卿，梁國初建，曰大理，天監元年，復改爲廷尉。有正、監、平三人。元會，廷尉三官，與建康三官，皆法冠玄衣朝服，以監東、西、中華門。手執方木，長三尺，方一寸，謂之執方。四年，置胄子律博士，位視員外郎。

大匠卿，位視太僕，掌土木之工。統左、右校諸署。

光祿卿，位視太子中庶子，掌宮殿門戶。統守宮、黃門、華林園、暴室等令。又有左右

光祿、金紫光祿、太中、中散等大夫，並無員，以養老疾。

鴻臚卿，位視尚書左丞，掌導護贊拜。

太舟卿，梁初爲都水臺，使者一人，參軍事二人，河堤謁者八人。七年，改焉。位視中書郎，列卿之最末者也。主舟航堤渠。

大長秋，主諸宦者，以司宮閳之職。統黃門、中署、奚官、暴室、華林等署。

領軍，護軍，左、右衞，驍騎，游騎等六將軍，是爲六軍。又有中領、中護，資輕於領、護。又左右前後四將軍，左右中郎將，屯騎、步騎、越騎、長水、射聲等五營校尉，武賁、冗從、羽林三將軍，積射、强弩二軍，殿中將軍、武騎之職，皆以分司丹禁，侍衞左右。天監六年，置左右驍騎、左右游擊將軍，位視二率。改舊驍騎曰雲騎，游擊曰游騎，降左右驍、游一階。又置朱衣直閤將軍，以經爲方牧者爲之。其以左右驍、游帶領者，量給儀從。

太子太傅一人，位視尚書令。少傅一人，位視左僕射。天監初，又置東宮常侍，皆散騎常侍爲之。

詹事，位視中護軍，任總宮朝。二傅及詹事，各置丞、功曹、主簿。五官、家令、率更令、僕各一人。家令，自宋、齊已來，清流者不爲之。天監六年，帝以三卿陵替，乃詔革選。家令視通直常侍，率更、僕視黃門三等，皆置丞。中大通三年，以昭明太子妃居金華宮，又置

金華家令。

左、右衞率各一人，位視御史中丞。各有丞。左率領果毅、統遠、立忠、建寧、陵鋒、夷寇、〔四〕祚德等七營，右率領崇桀、永吉、崇和、細射等四營。二率各置殿中將軍十人，員外將軍十人，正員司馬四人。又有員外司馬督官。其屯騎、步兵、翊軍三校尉各一人，謂之三校。旅賁中郎將、冗從僕射各一人，謂之二將。左、右積弩將軍各一人。門大夫一人，視謁者僕射。

中庶子四人，功高者一人爲祭酒。行則負璽，前後部護駕。

中舍人四人，功高者一人，與中庶子祭酒共掌其坊之禁令。又有通事守舍人、典事守舍人、典法守舍人員。

庶子四人，掌侍從左右，獻納得失。高功者一人，與高功舍人共掌其坊之禁令。

舍人十六人，掌文記。通事舍人二人，視南臺御史，多以餘官兼職。典經局洗馬八人，位視通直郎。置典經守舍人、典事守舍人員。又有外監殿局，內監殿局，導客局，齋內局，主璽、主衣、扶侍等局，門局，錫庫局，內廄局，中藥藏局，食官局，外廄局，車廄局等，各置有司，以承其事。

皇弟、皇子府，置師，長史，司馬，從事中郎，諮議參軍，及掾屬中錄事、中記室、中直兵

等參軍，功曹史，錄事、記室、中兵等參軍，文學，主簿，正參軍、行參軍、長兼行參軍等員。嗣王府則減皇弟皇子府師、友、文學、長兼行參軍。蕃王府則又減嗣王從事中郎，諮議參軍，掾屬錄事、記室、中兵參軍等員。自此以下，則並不登二品。

王國置郎中令、將軍、常侍官。又置典祠令、廟長、陵長、典醫丞、典府丞、典書令、學官令、食官長、中尉、侍郎、執事中尉、司馬、謁者、典衞令、舍人、中大夫、大農等官。嗣王國則唯置郎中令、中尉、常侍、大農等員。蕃王則無常侍。自此以下，並不登二品。

諸王皆假金獸符第一至第五左，竹使符第一至第十左。諸公侯皆假銅獸符，竹使符第一至第五。名山大澤不以封。鹽鐵金銀銅錫，及竹園別都，宮室園囿，皆不以屬國。

諸王言曰令，境內稱之曰殿下。公侯封郡縣者，言曰教，境內稱之曰第下。自稱皆曰寡人。相以下，公文上事，皆詣典書。世子主國，其文書表疏，儀式如臣，而不稱臣。文書下羣官，皆言告。諸王公侯國官，皆稱臣。上於天朝，皆稱陪臣。有所陳，皆曰上疏。其公文曰言事。五等諸公，位視三公，班次之。開國諸侯，位視孤卿、重號將軍、光祿大夫，班次之。開國諸伯，位視九卿，班次之。開國諸子，位視二千石，班次之。開國諸男，位視比二千石，班次之。公已下，各置相、典祠、典書令、典衞長一人。而伯子典書謂之長，典衞謂之丞。男典祠謂之長，典書謂之丞，無典衞。諸公已下，臺爲選置相，掌知百姓事。典祠已

下，自選補上。諸列侯食邑千戶已上，置家丞、庶子員。不滿千戶，則但置庶子員。

州刺史二千石，受拜之明日，辭宮廟而行。州置別駕、治中從事各一人，主簿，西曹、議曹從事，祭酒從事，部傳從事，文學從事，各因其州之大小而置員。郡置太守，置丞。國曰內史。郡丞，三萬戶以上，置佐一人。

縣爲國曰相，大縣爲令，小縣爲長，皆置丞、尉。郡縣置吏，亦各准州法，以大小而制員。郡縣吏有書僮，有武吏，有醫，有迎新、送故等員。亦各因其大小而置焉。

建康舊置獄丞一人。天監元年，詔依廷尉之官，置正、平、監，革選士流，務使任職。又令三官更直一日，分受罪繫，事無小大，悉與令籌。若有大事，共詳，三人具辨。脫有同異，各立議以聞。尚書水部郎袁孝然、議曹郎孔休源，並爲之。位視給事中。

天監初，武帝命尚書刪定郎濟陽蔡法度，定令爲九品。秩定，帝於品下注一品秩爲萬石，第二第三爲中二千石，第四第五爲二千石。至七年，革選，徐勉爲吏部尚書，定爲十八班。以班多者爲貴，同班者，則以居下者爲劣。

丞相、太宰、太傅、太保、大司馬、大將軍、太尉、司徒、司空，爲十八班。

諸將軍開府儀同三司、左右光祿開府儀同三司，爲十七班。尚書令、太子太傅、左右光祿大夫，爲十六班。

尚書左僕射，太子少傅，尚書僕射、右僕射，中書監，特進，領、護軍將軍，爲十五班。

中領、護軍，吏部尚書，太子詹事，金紫光祿大夫，太常卿，爲十四班。

中書令，列曹尚書，國子祭酒，宗正、太府卿，光祿大夫，爲十三班。

侍中，散騎常侍，左、右衞將軍，司徒左長史，衞尉卿，爲十二班。

御史中丞，尚書吏部郎，祕書監，通直散騎常侍，太子左、右二衞率，左、右驍騎，左、右游擊，太中大夫，皇弟皇子師，司農、少府、廷尉卿，太子中庶子，光祿卿，爲十一班。

給事黃門侍郎，員外散騎常侍，皇弟皇子府長史，太僕、大匠卿，太子家令、率更令、僕，揚州別駕，中散大夫，司徒右長史，雲騎，游騎，皇弟皇子府司馬，朱衣直閤將軍，爲十班。

尚書左丞，鴻臚卿，中書侍郎，國子博士，太子庶子，揚州中從事，皇弟皇子公府從事中郎，太舟卿，大長秋，皇弟皇子府諮議，嗣王府長史，前左右後四軍，嗣王府司馬，庶姓公府長史、司馬，爲九班。

祕書丞，太子中舍人，司徒左西掾，司徒屬，皇弟皇子友，散騎侍郎，尚書右丞，南徐州別駕，皇弟皇子公府掾屬，皇弟皇子單爲二衞司馬，嗣王庶姓公府從事中郎，左、右中郎將，嗣王庶姓公府諮議，皇弟皇子之庶子府長史、司馬，蕃王府長史、司馬，庶姓持節府長史、司馬，爲八班。

五校，東宮三校，皇弟皇子之庶子府中錄事、中記室、中直兵參軍，南徐州中從事，皇弟皇子之庶子府、蕃王府諮議，爲七班。

太子洗馬，通直散騎侍郎，司徒主簿，尚書侍郎，著作郎，皇弟皇子府功曹史，五經博士，皇弟皇子府錄事、記室、中兵參軍，皇弟皇子荆江雍郢南兗五州別駕，領、護軍長史、司馬，嗣王庶姓公府掾屬，南臺治書侍御史，廷尉三官，謁者僕射，太子門大夫，嗣王庶姓公府中錄事、中記室、中直兵參軍，庶姓府諮議，爲六班。

尚書郎中，皇弟皇子文學及府主簿，太子太傅、少傅丞，皇弟皇子湘豫司益廣青衡七州別駕，皇弟皇子荆江雍郢南兗五州中從事，嗣王庶姓荆江雍郢南兗五州別駕，太常丞，皇弟皇子國郎中令、三將，東宮二將，嗣王府功曹史，庶姓公府錄事、記室、中兵參軍，皇弟皇子之庶子府、蕃王府中錄事、中記室、中直兵參軍，爲五班。

給事中，皇弟皇子府正參軍，中書舍人，建康三官，皇弟皇子北徐北兗梁交南梁五州別駕，皇弟皇子湘豫司益廣青衡七州別駕、中從事，嗣王庶姓湘豫司益廣青衡七州別駕，嗣王庶姓荆江雍郢南兗五州中從事，宗正、太府、衞尉、司農、少府、廷尉、太子詹事等丞，積射、强弩將軍，太子左右積弩將軍，皇弟皇子國大農，嗣王國郎中令，嗣王庶姓公府主簿，皇弟皇子之庶子府蕃王府功曹史，皇弟皇子之庶子府蕃王府錄事、記室、中兵參軍，爲四班。

太子舍人，司徒祭酒，皇弟皇子公府祭酒，員外散騎侍郎，皇弟皇子府行參軍，太子太傅少傅五官功曹主簿，二衞司馬，公車令，胄子律博士，皇弟皇子越桂寧霍四州別駕，皇弟皇子北徐北兗梁交南梁五州中從事，嗣王庶姓北徐北兗梁交南梁五州別駕，湘豫司益廣青衡七州中從事，嗣王庶姓公府正參軍，皇弟皇子之庶子府蕃王府曹主簿，武衞將軍，光祿丞，皇弟皇子國中尉，太僕大匠丞，嗣王國大農，蕃王國郎中令，庶姓持節府中錄事、中記室、中直兵參軍，北館令，爲三班。

祕書郎，著作佐郎，揚、南徐州主簿，嗣王庶姓公府祭酒，皇弟皇子單爲領護詹事二衞等五官、功曹、主簿，太學博士，皇弟皇子國常侍，奉朝請，國子助教，皇弟皇子越桂寧霍四州中從事，皇弟皇子荆江雍郢南兗五州主簿，嗣王庶姓越桂寧霍四州別駕，嗣王庶姓北徐北兗梁交南梁五州中從事，鴻臚丞，尚書五都令史，武騎常侍，材官將軍，明堂二廟帝陵令，嗣王府庶姓公府行參軍，皇弟皇子之庶子府正參軍，蕃王國大農，庶姓持節府錄事、記室、中兵參軍，庶姓持節府功曹史，爲二班。

揚南徐州西曹祭酒從事，皇弟皇子國侍郎，嗣王國常侍，揚南徐州議曹從事，東宮通事舍人，南臺侍御史，太舟丞，二衞殿中將軍，太子二率殿中將軍，皇弟皇子之庶子府蕃王府行參軍，蕃王國中尉，皇弟皇子湘豫司益廣青衡七州主簿，皇弟皇子荆雍郢南兗四州西曹

祭酒議曹從事，皇弟皇子江州西曹從事、祭酒議曹祭酒部傳從事，嗣王庶姓越桂寧霍四州中從事，嗣王庶姓荆江雍郢南兗五州主簿，庶姓持節府主簿，汝陰巴陵二國郎中令，太官、太樂、太市、太史、太醫、太祝、東西冶、左右尚方、南北武庫、車府等令，爲一班。

位不登二品者，又爲七班。皇弟皇子府長兼參軍，皇弟皇子國三軍、嗣王國侍郎、蕃王國常侍、揚南徐州文學從事，殿中御史、庶姓持節府除正參軍、太子家令丞、二衞殿中員外將軍、太子二率殿中員外將軍、鎭蠻安遠護軍度支校尉等司馬，皇弟皇子北徐北兗梁交南梁五州主簿、皇弟皇子湘豫司益廣青衡七州西曹祭酒議曹從事，皇弟皇子荆雍郢三州從事史，江州議曹從事，南兗州文學從事，嗣王庶姓湘豫司益廣青衡七州主簿、嗣王庶姓荆雍郢南兗四州西曹祭酒議曹從事，嗣王庶姓江州西曹從事、祭酒部傳從事、勸農謁者，汝陰巴陵二王國大農，郡公國郎中令，爲七班。

皇弟皇子國典書令，嗣王國三軍，蕃王國侍郎，領護詹事五官功曹，皇弟皇子府參軍督護，嗣王府長兼參軍，庶姓公府長兼參軍，庶姓持節府板正參軍，皇弟皇子越桂寧霍四州主簿，皇弟皇子北徐北兗梁交南梁五州西曹祭酒議曹從事，嗣王庶姓北徐北兗梁交南梁五州主簿，嗣王庶姓湘豫司益廣青衡七州西曹祭酒議曹從事，皇弟皇子豫司益廣青五州文學從事，湘衡二州從事，嗣王庶姓荆霍郢三州從事史，江州議曹從事，南兗州文學從事，汝陰巴

陵二王國中尉，皇弟皇子之庶子縣侯國郎中令，郡公國大農，縣公國郎中令，爲六班。

皇弟皇子國三令，嗣王國典書令，蕃王國三軍，皇弟皇子公府東曹督護，嗣王府庶姓公府參軍督護，皇弟皇子之庶子長兼參軍，蕃王府長兼參軍，二衞正員司馬督，太子二率正員司馬督，領護主簿，詹事主簿，二衞功曹，太常五官功曹，石頭戍軍功曹，庶姓持節府行參軍，皇弟皇子越桂寧霍四州西曹祭酒議曹從事，皇弟皇子北徐北兗梁交南梁五州文學從事，嗣王庶姓越桂寧霍四州主簿，嗣王庶姓北徐北兗梁交南梁五州西曹祭酒議曹從事，嗣王庶姓豫司益廣青五州文學從事，湘衡二州從事，汝陰巴陵二王國常侍，郡公國中尉，縣侯國郎中令，皇弟皇子府功曹督護，爲五班。

嗣王國三令，蕃王國典書令，嗣王府功曹督護，庶姓公府東曹督護，皇弟皇子之庶子府參軍督護，蕃王府參軍督護，二衞員外司馬督，太子二率員外司馬督，二衞主簿，太常主簿，宗正等十一卿五官功曹，石頭戍軍主簿，庶姓持節府板行參軍，皇弟皇子越桂寧霍四州文學從事，嗣王庶姓越桂寧霍四州西曹祭酒議曹從事，嗣王庶姓北徐北兗梁交南梁五州文學從事，汝陰巴陵二王國侍郎，縣公國中尉，爲四班。

蕃王國三令，皇弟皇子之庶子府蕃王府功曹督護，宗正等十一卿主簿，庶姓持節府長兼參軍，嗣王庶姓越桂寧霍四州文學從事，郡公國侍郎，爲三班。

庶姓持節府參軍督護，汝陰巴陵二王國典書令，縣公國侍郎，爲二班。

庶姓持節府功曹督護，汝陰巴陵二王國三令，郡公國典書令，爲一班。

又著作正令史，集書正令史，尚書度支三公正令史，函典書、殿中外監、齋監、東堂監、〔五〕尚書都官左降正令史，諸州鎭監、石頭城監、琅邪城監、東宮外監、殿中守舍人，齋監、東宮典經守舍人，上庫令，太社令，細作令，導官令，平水令，太官市署丞，正廚丞，酒庫丞，柒署丞，太樂庫丞，別局校丞，淸商丞，太史丞，太醫二丞，中藥藏丞，東冶小庫等三丞，作堂金銀局丞，木局丞，北武庫二丞，南武庫二丞，東宮食官丞，上林丞，湖西塼屯丞，菱砦庫丞，紋絹簟席丞，國子典學，材官司馬，宣陽等諸門候，東宮導客守舍人，運署謁者，都水左右二裝五城謁者，石城宣城陽新屯謁者，南康建安晉安伐船謁者，晉安練葛屯主，爲三品蘊位。

又門下集書主事通正令史，〔六〕中書正令史，尚書正令史，尚書監籍正令史，都正令史，殿中內監，題閤監，婚局監，東宮門下通事守舍人，東宮典書守舍人，東宮內監，殿中守舍人，題閤監，〔七〕乘黃令，右藏令，籍田令，廩犧令，梅根諸冶令，典客館令，太官四丞，庫丞，太樂丞，東冶太庫丞，左尚方五丞，右尚方四丞，東宮衞庫丞，司農左右中部倉丞，廷尉律博士，公府舍人，諸州別署監，山陰獄丞，爲三品勳位。

其州二十三，並列其高下，選擬略視內職。郡守及丞，各爲十班。縣制七班。〔八〕用人各擬內職云。

又詔以將軍之名，高卑舛雜，命更加釐定。於是有司奏置一百二十五號將軍。以鎭、衞、驃騎、車騎，爲二十四班。內外通用。四征、東南西北，止施外。四中，軍、衞、撫、護，止施內。爲二十三班。八鎭東南西北，止施在外。左右前後，止施在內。爲二十二班。八安東西南北，止施在外。左右前後，止施在內。爲二十一班。四平、東南西北。四翊，左右前後。爲二十班。凡三十五號，爲一品。是爲重號將軍。忠武、軍師，爲十九班。武臣、爪牙、龍騎、雲麾，爲十八班。代舊前後左右四將軍。鎭兵、翊師、宣惠、宣毅，爲十七班。代舊四中郎。十號爲一品。智威、仁威、勇威、信威、嚴威，爲十六班。代舊征虜。智武、仁武、勇武、信武、嚴武，爲十五班。代舊冠軍。十號爲一品，所謂五德將軍者也。輕車、征遠、鎭朔、武旅、貞毅，爲十四班。代舊輔國。凡將軍加大者，唯至貞毅而已。通進一階。優者方得比加位從公。凡督府，置長史司馬諮議諸曹，有錄事記室等十八曹。天監七年，更置中錄事、中記室、中直兵參軍各一人。寧遠、明威、振遠、電耀、威耀，爲十三班。代舊寧朔。十號爲一品。武威、武騎、武猛、壯武、飆武，爲十二班。電威、馳銳、追鋒、羽騎、突騎，爲十一班。十號爲一品。折衝、冠武、和戎、安壘、猛烈，爲十班。掃狄、雄信、掃虜、武銳、摧鋒，爲九班。十號爲一品。略遠、貞威、決勝、開遠、光野，爲八班。厲鋒、輕銳、討狄、蕩虜、蕩夷，爲七班。十號

爲一品。武毅、鐵騎、樓船、宣猛、樹功，爲六班。克狄、平虜、討夷、平狄、威戎，爲五班。十號爲一品。伏波、雄戟、長劍、衝冠、雕騎，爲四班。佽飛、安夷、克戎、綏狄、威虜，爲三班。十號爲一品。前鋒、武毅、開邊、招遠、金威，爲二班。綏虜、蕩寇、殄虜、横野、馳射，爲一班。十號爲一品。凡十品，二十四班。亦以班多爲貴。其制品十，取其盈數。班二十四，以法氣序。制簿悉以大號居後，以爲選法自小遷大也。前史所記，以位得從公，故將軍之名，次于台槐之下。至是備其班品，叙於百司之外。其不登二品，應須軍號者，有牙門、代舊建威。期門，代舊建武。爲八班。候騎、代舊振威。熊渠，代舊振武。爲七班。中堅、代舊奮威。典戎，代舊奮武。爲六班。戈船、代舊揚威。繡衣，代舊揚武。爲五班。執訊、代舊廣威。行陣，代舊廣武。爲四班。鷹揚爲三班。陵江爲二班。偏將軍、裨將軍，爲一班。凡十四號，別爲八班，以象八風。所施甚輕。又有武安、鎮遠、雄義，擬車騎。爲二十四班。四撫東南西北，擬四征。爲二十三班。四寧東南西北，擬四鎮。爲二十二班。四威東南西北，擬四安。爲二十一班。四綏東南西北，擬四平。爲二十班。凡十九號，爲一品。安遠、安邊，擬忠武、軍師。爲十九班。輔義、安沙、衞海、撫河，擬武臣等四號。爲十八班。平遠、撫朔、寧沙、航海，擬鎮兵等四號。爲十七班。凡十號，爲一品。翊海、朔野、拓遠、威河、龍幕，擬智威等五號。爲十六班。威隴、安漠、綏邊、寧寇、梯山，擬智武等五號。爲十五班。凡十號，爲一品。寧境、綏河、明信、明義、威漠，擬輕車等五號。爲

十四班。安隴、向義、宣節、振朔、候律，擬寧遠等五號。爲十三班。凡十號，爲一品。平寇、定遠、陵海、寧隴、振漠，擬武威等五號。爲十二班。馳義、横朔、明節、執信、懷德，擬電威等五號。爲十一班。凡十號，爲一品。撫邊、定隴、綏關、立信、奉義，擬折衝等五號。爲十班。綏隴、寧邊、定朔、立節、懷威，擬掃狄等五號。爲九班。凡十號，爲一品。懷關、靜朔、掃寇、寧河、安朔，擬略遠等五號。爲八班。揚化、超隴、執義、來化、度嶂，擬厲鋒等五號。爲七班。凡十號，爲一品。平河、振隴、雄邊、横沙、寧關，擬武毅等五號。爲六班。懷信、宣義、弘節、浮遼、鑿空，擬克狄等五號。爲五班。凡十號，爲一品。扞海、款塞、歸義、陵河、明信，擬伏波等五號。爲四班。奉忠、守義、弘信、仰化、立義，擬佽飛等五號。爲三班。凡十號，爲一品。綏方、奉正、承化、浮海、度河，擬先鋒等五號。爲二班。懷義、奉信、歸誠、懷澤、伏義，擬綏虜等五號。爲一班。凡十號，爲一品。大凡一百九號將軍，亦爲十品，二十四班。正施於外國。

及大通三年，有司奏曰：「天監七年，改定將軍之名，有因有革。普通六年，又置百號將軍，更加刊正，雜號之中，微有移異。大通三年，奏移寧遠班中明威將軍進輕車班中，以輕車班中征遠度入寧遠班中。又置安遠將軍代貞武，宣遠代明烈。其戎夷之號，亦加附擬。選序則依此承用。」遂以定制。轉則進一班，黜則退一班。班卽階也。同班以優劣爲前後。有鎮、衞、驃騎、車騎同班。四中、四征同班。八鎮同班。八安同班。四平、四翊同班。忠

武、軍師同班。武臣、爪牙、龍騎、雲麾、冠軍同班。鎮兵、翊師、宣惠、宣毅四將軍，東南西北四中郎將同班。智威、仁威、勇威、信威、嚴威同班。智武、仁武、勇武、信武、嚴武同班。謂爲五德將軍。輕車、鎮朔、武旅、貞毅、明威同班。寧遠、安遠、征遠、振遠、宣遠同班。威雄、威猛、威烈、威振、威信、威勝、威略、威風、威力、威光同班。武猛、武略、武勝、武力、武毅、武健、武烈、武威、武鋭、武勇同班。猛毅、猛烈、猛威、猛鋭、猛震、猛進、猛智、猛武、[九]猛勝、猛駿同班。壯武、壯勇、壯烈、壯猛、壯鋭、壯盛、壯毅、壯志、壯意、壯力同班。驍雄、驍桀、驍猛、驍烈、驍武、驍勇、驍鋭、驍名、驍勝、驍迅同班。雄猛、雄威、雄明、雄烈、雄信、雄武、雄勇、雄毅、雄壯、雄健同班。忠勇、忠烈、忠猛、忠鋭、忠壯、忠毅、忠捍、忠信、忠義、忠勝同班。明智、明略、明遠、明勇、明烈、明威、明勝、明進、明鋭、明毅同班。光烈、光明、光英、光遠、光勝、光鋭、光命、光勇、光戎、光野同班。飆勇、飆猛、飆烈、飆鋭、飆奇、飆決、飆起、飆略、飆勝、飆出同班。龍驤、武視、雲旗、風烈、電威、雷音、馳鋭、追鋭、羽騎、突騎同班。折衝、冠武、和戎、安壘、超猛、英果、掃虜、掃狄、武鋭、摧鋒同班。開遠、略遠、貞威、決勝、清野、堅鋭、輕鋭、拔山、雲勇、振旅同班。超武、鐵騎、樓船、宣猛、樹功、克狄、平虜、稜威、昭威、威戎同班。伏波、雄戟、長劍、衝冠、雕騎、佽飛、勇騎、破敵、克敵、威虜同班。前鋒、武毅、開邊、招遠、金威、破陣、蕩寇、殄虜、横野、馳射同班。牙門、期門同班。候騎、熊

渠同班。中堅、典戎同班。執訊、行陣同班。伏武、懷奇同班。偏、裨將軍同班。凡二百四十號，爲四十四班。[一〇]

又雍州置寧蠻校尉，廣州置平越中郎將，北涼、南秦置西戎校尉，南秦、梁州置平戎校尉，寧州置鎮蠻校尉，西陽、南新蔡、晉熙、廬江等郡，置鎮蠻護軍，武陵郡置安遠護軍，巴陵郡置度支校尉。皆立府，隨府主號輕重而不爲定。其將軍施於外國者，雄義、鎮遠、武安同班，擬鎮、衞等三號。四撫同班，擬四征。四威同班，擬四安。四綏同班，擬四平。安遠、安邊同班，擬忠武等號。撫河、衞海、安沙、輔義同班，擬武臣等號。航海、寧沙、撫朔、平遠同班，擬鎮兵等號。龍幕、威河、和戎、拓遠、朔野、翊海同班，擬智威等號。梯山、寧寇、綏邊、安漠、威隴五號同班，擬智武等號。威漠、明義、昭信、綏河、寧境同班，擬輕車等號。候律、振朔、宣節、向義、安隴同班，擬寧遠等號。振漠、寧隴、陵海、安遠、平寇同班，擬威雄等號。懷德、執信、明節、横朔、馳義同班，擬武猛等號。安朔、寧河、掃寇、靜朔、懷關同班，擬驍雄等號。度嶂、奉化、康義、超隴、揚化同班，擬猛烈等號。寧關、横沙、雄邊、振隴、平河同班，擬忠勇等號。鑿空、浮遼、弘節、宣義、懷信同班，擬明智等號。明信、陵河、歸義、款塞、扞海同班，擬光烈等號。立義、仰化、弘信、守義、奉忠同班，擬飆勇等號。奉誠、立誠、建誠、顯誠、義誠同班，擬龍驤等號。尉遼、寧渤、綏嶺、威塞、通候同班，擬折衝等號。掃荒、威

荒、定荒、開荒、理荒同班，擬開遠等號。奉節、掃節、建節、效節、伏節同班，擬超武等號。渡河、陵海、承化、奉正、綏方同班，擬伏波等號。伏義、懷澤、歸誠、奉信、懷義同班，擬前鋒等號。凡一百二十五將軍，二十八班，並施外國戎號，准于中夏焉。大同四年，魏彭城王尒朱仲遠來降，以爲定洛大將軍，仍使其北討，故名云。

陳承梁，皆循其制官，而又置相國，位列丞相上。幷丞相、太宰、太傅、太保、大司馬、大將軍，並以爲贈官。定令，尚書置五員，郎二十一員。其餘並遵梁制，爲十八班，而官有清濁。自十二班以上並詔授，表啓不稱姓。從十一班至九班，禮數復爲一等。又流外有七班，此是寒微士人爲之。從此班者，方得進登第一班。其親王起家則爲侍中。若加將軍，方得有佐史，無將軍則無府，止有國官。皇太子冢嫡者，起家封王，依諸王起家。餘子並封公，起家中書郎。諸王子幷諸侯世子，起家給事。三公子起家員外散騎侍郎，令僕子起家祕書郎。若員滿，亦爲板法曹，雖高半階，望終祕書郎下。次令僕子起家著作佐郎，亦爲板行參軍。此外有揚州主簿、太學博士、王國侍郎、奉朝請、嗣王行參軍，並起家官，未合發詔。諸王公參佐等官，仍爲清濁。或有選司補用，亦有府牒卽授者，不拘年限，去留隨意。在府之日，唯賓遊宴賞，時復修參，更無餘事。若隨府王在州，其僚佐等，或亦得預催督。

若其驅使，便有職務。其衣冠子弟，多自修立，非氣類者，唯利是求，暴物亂政，皆此之類。國之政事，並由中書省。有中書舍人五人，領主事十人，書吏二百人。書吏不足，幷取助書。分掌二十一局事，各當尚書諸曹，並爲上司，總國內機要，而尚書唯聽受而已。被委此官，多擅威勢。其庶姓爲州，若無將軍者，謂之單車。郡縣官之任代下，有迎新送故之法，餉饋皆百姓出，並以定令。其所制品秩，今列之云。

相國，丞相，太宰，太傅，太保，大司馬，大將軍，太尉，司徒，司空，開府儀同三司，已上秩萬石。巴陵王、汝陰王後，尚書令，已上秩中二千石。品並第一。

中書監，尚書左右僕射，特進，太子二傅，左右光祿大夫，已上中二千石。品並第二。

中書令，侍中，散騎常侍，領、護軍，中領、護軍，〔二〕吏部尚書，列曹尚書，金紫光祿大夫，光祿大夫，已上並中二千石。左右衞將軍，御史中丞，已上二千石。太后衞尉、太僕、少府三卿，太常、宗正、太府、衞尉、司農、少府、廷尉、光祿、大匠、太僕、鴻臚、太舟等卿，太子詹事，國子祭酒，已上中二千石。揚州刺史，凡單車刺史，加督進一品，都督進二品。不論持節假節，揚州、徐州加督，進二品右光祿已下。加都督，第一品尚書令下。南徐、東揚州刺史，皇弟皇子封國王世子，品並第三。

通直散騎常侍，員外散騎常侍，黃門侍郎，已上二千石。祕書監，中二千石。左右驍騎、左右游擊等將軍，太子中庶子，已上二千石。太子左右衞率，二千石。朱衣直閤，雲騎、游騎將軍，中書侍郎，已上千石。尚書左右丞，尚書、吏部侍郎、郎中，已上六百石。尚書郎中與吏部郎同列，今品同。太子三卿，太中、中散大夫，司徒左右長史，已上千石。諸王師，依秩減之例。國子博士，千石。荊江南兗郢湘雍等州刺史，六州加督，進在第三品東揚州下。加都督，進在第二品右光祿下。嗣王、蕃王、郡公、縣公等世子，品並第四。

祕書丞，明堂、太廟、帝陵等令，已上六百石。散騎侍郎，前左右後軍將軍，左右中郎將，已上千石。大長秋，二千石。太子中舍人、庶子，六百石。豫益廣衡等州，青州領冀州，北兗北徐等州，梁州領南秦州，司南梁交越桂霍寧等十五州，加督，進在第四品雍州下。加都督，進在第三品南徐州下。不言秩。丹陽尹，中二千石。會稽太守，二千石。加督，進在第四品雍州下。加都督，進在第三品南徐州下。諸郡若督及都督，皆以此差次爲例。吳郡吳興二太守，二千石。侯世子，不言秩。皇弟皇子府諮議參軍，八百石。皇弟皇子府板諮議參軍，不言秩。皇弟皇子府長史，千石。皇弟皇子府板長史，不言秩。皇弟皇子府司馬，千石。皇弟皇子府板司馬，不言秩。皇弟皇子公府從事中郎，六百石。品並第五。

通直散騎侍郎，千石。著作郎，六百石。步兵、射聲、長水、越騎、屯騎五校尉，並千石。太子洗馬，六百石。太子步兵、翊軍、屯騎三校尉，並秩同臺校。司徒左西掾屬，並本秩四百石。依減秩例。皇弟皇子友，依減秩例。皇弟皇子公府屬，本秩四百石。依減秩例。五經博士，六百石。子男世子，不

言秩。萬戶以上郡太守、內史、相，嗣王府、皇弟皇子之庶子府諮議參軍，六百石。板者不言秩。嗣王府、皇弟皇子之庶子府長史、司馬，並八百石。嗣王府官減正王府一階。其板長史、司馬，並不言秩。庶姓公府諮議參軍，六百石。與嗣王府同。其板者並不言秩。嗣王庶姓公府從事中郎，六百石。皇弟皇子府中錄事參軍、板府中錄事參軍，中記室參軍、板中記室參軍，中直兵參軍、板中直兵參軍，揚州別駕中從事，皇弟皇子南徐荊江南兗郢湘雍州別駕中從事，並不言秩。品並第六。

給事中，六百石。員外散騎侍郎，祕書著作佐郎，並四百石。依減秩例。奉車、駙馬都尉，武賁中郎將，羽林監，宂從僕射，已上並六百石。謁者僕射，千石。南臺治書侍御史，六百石。太子舍人，二百石。依減秩例。太子門大夫，六百石。太子旅賁中郎將、宂從僕射，並秩同臺將。司徒主簿，依減秩例。司徒祭酒，不言秩。領護軍長史、司馬，廷尉正、監、平，並六百石。皇弟皇子府錄事記室中兵等參軍、板錄事記室中兵等參軍、功曹史、主簿，公府祭酒，並不言秩。皇弟皇子文學，依減秩例。嗣王庶姓公府掾屬，並本秩四百石。依減秩例。太子二傅丞，並六百石。蕃王府諮議參軍，四百石。蕃王府板諮議參軍，不言秩。蕃王府長史、司馬，六百石。板者並不言秩。庶姓持節府諮議參軍，四百石。庶姓非公不持節將軍置長史，六百石。庶姓持節府板諮議參軍，不言秩。庶姓持節府長史、司馬，並六百石。板者皆不言秩。嗣王府、皇弟皇子之庶子、及庶姓公府中錄事中記室

中直兵參軍、及板中錄事中記室中直兵參軍，並不言秩。不滿萬戶太守、內史、相，二千石。丹陽會稽吳郡吳興及萬戶郡丞，並六百石。建康令，千石。建康正、監、平，秩同廷尉。品並第七。

中書通事舍人，依減秩例。積射、强弩、武衞等將軍，公車令，太子左右積弩將軍，並六百石。奉朝請武騎常侍，依減秩例。太后三卿、十二卿、大長秋等丞，並六百石。左右衞司馬，不言秩。太子詹事丞，冑子律博士，並六百石。皇弟皇子府正參軍、板正參軍、行參軍、板行參軍，嗣王府、皇弟皇子之庶子府錄事記室中兵參軍、板錄事記室中兵參軍、功曹史、主簿，庶姓非公不持節諸將軍置主簿，庶姓公府錄事記室中兵參軍、板錄事記室中兵參軍、主簿，嗣王庶姓公府祭酒，蕃王府中錄事記室直兵參軍、板中錄事記室直兵參軍，庶姓持節府中錄事記室直兵參軍、及板中錄事記室直兵參軍，太子太傅、五官功曹史、主簿，少傅、五官功曹史、主簿，已上並不言秩。太學博士，六百石。國子助教，司樽郎，安蠻戎越校尉中郎將府等長史，六百石。蠻戎越等府佐無定品。自隨主軍號輕重。小府減大府一階。蠻戎越校尉中郎將等府板長史，不言秩。蠻戎越校尉中郎將等司馬，六百石。板者不言秩。庶姓南徐荆江南兗郢湘雍等州別駕中從事，不言秩。不滿萬戶已下郡丞，六百石。五千戶已上縣令、相，一千石。皇弟皇子國郎中令、大農、中尉，並六百石。品並第八。

左右二衞殿中將軍，不言秩。南臺侍御史，依秩減例。東宮通事舍人，不言秩。材官將軍，六

百石。太子左右二衞率、殿中將軍及丞、嗣王府、皇弟皇子之庶子府正參軍、板正參軍、行參軍、板行參軍，庶姓公府正參軍、板正參軍，蕃王府錄事記室中兵等參軍、板錄事記室中兵等參軍、功曹史、主簿、正參軍、板正參軍、行參軍、板行參軍，庶姓持節府錄事記室中兵等參軍、板錄事記室中兵等參軍、功曹史、主簿，庶姓豫益廣衡青冀北兗北徐梁秦司南徐等州別駕中從事史，揚州主簿、西曹及祭酒、議曹二從事，南徐州主簿、西曹、祭酒議曹二從事，皇弟皇子諸州主簿、西曹，已上並不言秩。不滿五千戶已下縣令、相，六百石。皇弟皇子國常侍、侍郎，不言秩。嗣王國郎中令、大農、中尉，並四百石。嗣王國常侍，不言秩。蕃王國郎中令、大農、殿中，並二百石。品並第九。

又有戎號擬官，自一品至于九品，凡二百三十七。鎮衞、驃騎、車騎等三號將軍，擬官品第一。比秩中二千石。四中、軍、撫、衞、權。四征、東南西北。八鎮東南西北，左右前後。等十六號將軍，擬官品第二。秩中二千石。八安、左前右後，東南西北。四翊、左前右後。四平東南西北。等十六號將軍，擬官品第三。秩中二千石。忠武、軍師、武臣、爪牙、龍騎、雲麾、冠軍、鎮兵、翊師、宣惠、宣毅等將軍，四中郎將，智、仁、勇、信、嚴等五威、五武將軍，合二十五號，擬官品第四。秩中二千石。輕車、鎮朔、武旅、貞毅、明威等將軍，將軍加大者至此。凡加大，通進一階。寧、安、征、振、宣等五遠將軍，寧蠻校尉，雍州小府、蠻越校尉中郎將，隨府主軍號輕重。若單作，則減刺史一階。若有將軍，減

將軍一階。合十八號，擬官品第五。威雄、猛、烈、震、信、略、勝、風、力、光等十威，武猛、略、勝、力、毅、健、烈、威、銳、勇等十武，猛毅、烈、威、震、銳、進、智、勝、駿等十猛，〔一二〕壯武、勇、烈、猛、銳、威、力、毅、志、意等十壯，驍雄、桀、猛、烈、武、勇、銳、名、勝、迅等十驍，雄猛、威、明、烈、信、武、勇、毅、壯、健等十雄，忠勇、烈、猛、銳、壯、毅、捍、信、義、勝等十忠，明智、略、遠、勇、烈、威、銳、毅、勝、進等十明，光烈、明、英、遠、勝、銳、命、勇、戎、野等十光，飆勇、烈、猛、銳、奇、決、起、勝、略、出等十飆將軍，平越中郎，廣、梁、南秦、南梁、寧等州小府。西戎、平戎、鎮蠻三校尉等，擬官一百四號，品第六。並千石。龍驤、武視、〔一三〕雲旗、風烈、電威、雷音、馳銳、追銳、羽騎、突騎、折衝、冠武、和戎、安壘、超猛、英果、掃虜、掃狄、武銳、摧鋒、開遠、略遠、貞威、決勝、清野、堅銳、輕車、拔山、雲勇、振旅等將軍，擬官三十號，品第七。並六百石。超武、鐵騎、樓船、宣猛、樹功、克狄、平虜、稜威、戎昭、威戎、伏波、雄戟、長劍、衝冠、雕騎、佽飛、勇騎、破敵、克敵、威虜等將軍，鎮蠻護軍，西陽、南新蔡、晉熙、廬江郡小府，鎮蠻安遠護軍、度支校尉，隨府主號輕重。若單作，則減太守內史相一階。若有將軍，減一階。安遠護軍，度支校尉巴陵郡丞等，擬官二十三號，品第八。並六百石。前鋒、武毅、開邊、招遠、金威、破陣、蕩寇、殄虜、橫野、馳射等將軍，擬官十號，品第九。並四百石。諸將起自第六品已下，板則無秩。其雖除不領兵，領兵不滿百人，并除此官而爲州郡縣者，皆依本條減秩石。二千石減爲千石，千石降爲六百石。自四百石降而

無秩。其州郡縣，自各以本秩論。凡板將軍，皆降除一品。諸依此減降品秩。其應假給章印，各依舊差，不貶奪。

其封爵亦爲九等之差。郡王第一品。秩萬石。嗣王、蕃王、開國郡縣公，第二品。開國郡、縣侯，第三品。開國縣伯，第四品。並視中二千石。開國子，第五品。開國男，第六品。並視二千石。湯沐食侯，第七品。鄉、亭侯，第八品。並視千石。關中、關外侯，第九品。視六百石。

陳依梁制，年未滿三十者，不得入仕。唯經學生策試得第，諸州光迎主簿，西曹左奏及經爲挽郎得仕。〔一四〕其諸郡，唯正王任丹陽尹經迎得出身，庶姓尹則不得。必有奇才異行殊勳，別降恩旨敍用者，不在常例。其相知表啓通舉者，每常有之，亦無年常考校黜陟之法。既不爲此式，所以勤惰無辨。凡選官無定期，隨闕卽補，多更互遷官，未必卽進班秩。其官唯論清濁，從濁官得微清，則勝於轉。若有遷授，或由別敕，但移轉一人爲官，則諸官多須改動。其用官式，吏部先爲白牒，錄數十人名，吏部尚書與參掌人共署奏。敕或可或不可。其不用者，更銓量奏請。若敕可，則付選，更色別，量貴賤，內外分之，隨才補用。以黃紙錄名，八座通署，奏可，卽出付典名。而典以名帖鶴頭板，整威儀，送往得官之家。其有特發詔授官者，卽宜付詔誥局，作詔章草奏聞。敕可，黃紙寫出門下。門下答詔，請付外施行。又畫可，付選司行召。得詔官者，不必皆須待召。但聞詔出，明日，卽與其親入謝後，詣尙

書，上省拜受。若拜王公則臨軒。

校勘記

〔一〕侍郎中高功者　按：下文已有「侍郎高功者」，此處「郎」字當是衍文。

〔二〕公車太官太醫等令驊騮廄丞　按：所舉各令丞都屬門下省，依文例，「公車」上應有「統」字。

〔三〕柒署　「柒」，從宋小字本，別本作「柴」。册府四八二作「漆」。下同。

〔四〕夷寇　「寇」原作「冠」，據職官分紀三〇改。

〔五〕齋監東堂監　原作「齊東堂監」，脫一「監」字，據通典三七改補。下「齋監」同。

〔六〕門下集書主事通正令史　通典三七，「事」字在「通」下。

〔七〕題閣監　通典三七無此三字。

〔八〕縣制七班　本書食貨志：「大縣六班」。

〔九〕猛武　「武」原作「威」，與上文重復，據通典六三改。

〔一〇〕四十四班　今計止三十三班。

〔一一〕中領護軍　宋小字本此處泐四字，別本脫，據通典三八補。

〔一二〕猛毅五十猛　據上文梁制，「智」下當補「武」字。

〔一三〕武視　當作「虎視」，唐人諱改。

〔一四〕西曹左奏　册府六二九，「左」作「佐」。

隋書卷二十七

志第二十二

百官中

後齊制官，多循後魏，置太師、太傅、太保，是爲三師，擬古上公，非勳德崇者不居。次有大司馬、大將軍，是爲二大，並典司武事。次置太尉、司徒、司空，是爲三公。三師、二大、三公府，三門，當中開黃閤，設內屏。各置長史，司馬，諮議參軍，從事中郎，掾屬，主簿，錄事，功曹，記室、戶曹、金曹、中兵、外兵、騎兵、長流、城局、刑獄等參軍事，東西閤祭酒及參軍事，法、墨、田、水、鎧、集、士等曹行參軍，兼左戶右戶行參軍，長兼行參軍，參軍，督護等員。司徒則加有左右長史。三公下次有儀同三司。加開府者，亦置長史已下官屬，而減記室、倉、城局、田、水、鎧、士等七曹，各一人。其品亦每官下三府一階。三師、二大置佐史，則同太尉府。乾明中，又置丞相。河清中，分爲左右，亦各置府僚云。

特進，左右光祿，金紫、銀青等光祿大夫，用人俱以舊德就閑者居之　自一品已下，從九品已上，又有驃騎、車騎、衞、四征、四鎮、中軍、鎮軍、撫軍、翊軍、四安、冠軍、輔國、龍驤、鎮遠、安遠、建忠、建節、中堅、中壘、振威、奮威、廣德、弘義、折衝、制勝、伏波、陵江、輕車、樓船、勁武、昭勇、明威、顯信、度遼、橫海、踰岷、越嶂、戎昭、武毅、雄烈、恢猛、揚麾、曜鋒、蕩邊、開城、靜漠、綏戎、平越、殄夷、飛騎、隼擊、武牙、〔一〕武奮、清野、橫野、偏、裨等將軍，以褒賞勳庸。

尚書省，置令、僕射，吏部、殿中、祠部、五兵、都官、度支等六尚書。又有錄尚書一人，位在令上，掌與令同，但不糾察。令則彈糾見事，與御史中丞更相廉察。僕射職爲執法，置二則爲左、右僕射，皆與令同。左糾彈，而右不糾彈。錄、令、僕射，總理六尚書事，謂之都省。其屬官，左丞、掌吏部、考功、主爵、殿中、儀曹、三公、祠部、主客、左右中兵、左右外兵、都官、二千石、度支、左右戶十七曹，并彈糾見事。又主管轄臺中，有違失者，兼糾駁之。右丞各一人。掌駕部、虞曹、屯田、起部、都兵、比部、水部、膳部、倉部、金部、庫部十一曹。亦管轄臺中。又主凡諸用度雜物、脂、燈、筆、墨、韓帳。唯不彈糾，餘悉與左同。并都令史八人，共掌其事。其六尚書，分統列曹。吏部統吏部、掌褒崇、選補等事。考功、掌考第及秀孝貢士等事。主爵掌封爵等事。三曹。殿中統殿中、掌駕行百官留守名帳，宮殿禁衞，供御衣倉等事。儀曹、掌吉凶禮制事。三公、掌五時讀時令，諸曹囚帳，斷罪，赦日建金雞等事。駕部掌車輿、牛馬廄牧等事。四

曹。祠部統祠部、掌祠部醫藥，死喪贈賜等事。主客、掌諸蕃雜客等事。虞曹、掌地圖，山川遠近，園囿田獵，殽膳雜味等事。屯田、掌籍田、諸州屯田等事。起部掌諸興造工匠等事。五曹。祠部，無尚書則右僕射攝。五兵統左中兵、掌諸郡督告身、諸宿衞官等事。右中兵、掌畿內丁帳、事力、蕃兵等事。左外兵、掌河南及潼關已東諸州丁帳，及發召征兵等事。右外兵、掌河北及潼關已西諸州，所典與左外同。都兵掌鼓吹、太樂、雜戶等事。五曹。都官統都官、掌畿內非違得失事。二千石、掌畿外得失等事。比部、掌詔書律令勾檢等事。水部、掌舟船、津梁，公私水事。膳部掌侍官百司禮食肴饌等事。五曹。度支統度支、掌計會，凡軍國損益、事役糧廩等事。倉部、掌諸倉帳出入等事。左戶、掌天下計帳、戶籍等事。右戶、掌天下公私田宅租調等事。金部、掌權衡量度、外內諸庫藏文帳等事。庫部掌凡是戎仗器用所須事。六曹。凡二十八曹。吏部、三公，郎中各二人，餘並一人。凡三十郎中。吏部、儀曹、三公、虞曹、都官、二千石、比部、左戶，各量事置掌故主事員。

門下省，掌獻納諫正，及司進御之職。侍中、給事黃門侍郎各六人，錄事四人，通事令史、主事令史八人。統局六。領左右局，領左右各二人，掌知朱華閣內諸事。〔三〕宣傳已下，白衣齋子已上，皆主之。左右直長四人。尚食局，典御二人，總知御膳事。丞、監各四人。尚藥局，典御及丞各二人，總知御藥事。侍御師、尚藥監各四人。主衣局，都統、子統各二人。掌御衣服玩弄事。齋帥局，齋帥四人。掌鋪設灑掃事。殿中局，殿中監四人。掌駕前奏引行事，制請修補。東耕則進

耒耜。

中書省，管司王言，及司進御之音樂。監、令各一人，侍郎四人。幷司伶官西涼部直長、伶官西涼四部、伶官龜茲四部、伶官清商部直長、伶官清商四部。又領舍人省，掌署勑行下，宣旨勞問。中書舍人、主書各十人。

祕書省，典司經籍。監、丞各一人，郎中四人，校書郎十二人，正字四人。又領著作省，郎二人，佐郎八人，校書郎二人。

集書省，掌諷議左右，從容獻納。散騎常侍、通直散騎常侍各六人，諫議大夫七人，散騎侍郎六人，員外散騎常侍二十人，通直散騎侍郎六人，給事中六人，員外散騎侍郎一百二十人，奉朝請二百四十人。又領起居省，散騎常侍、通直散騎常侍、散騎侍郎、通直散騎侍郎各一人，校書郎二人。

中侍中省，掌出入門閤。中侍中二人，中常侍中、給事中各四人。又有中尚藥典御及丞，幷中謁者僕射，各二人。中尚食局，典御、丞各二人，監四人。內謁者局，統、丞各一人。

御史臺，掌察糾彈劾。中丞一人，治書侍御史二人，侍御史八人，殿中侍御史、檢校御史各十二人，錄事四人。領符節署，令一人，符璽郎中四人。

都水臺，管諸津橋。使者二人，參事十人。又領都尉、合昌、坊城等三局。尉皆分司諸津橋。

謁者臺，掌凡諸吉凶公事，導相禮儀事。僕射二人，謁者三十人，錄事一人。

太常、光祿、衞尉、宗正、太僕、大理、鴻臚、司農、太府，是爲九寺。置卿、少卿、丞各一人。各有功曹、五官、主簿、錄事等員。

太常，掌陵廟羣祀、禮樂儀制，天文術數衣冠之屬。其屬官有博士、四人，掌禮制。協律郎、二人，掌監調律呂音樂。八書博士二人。等員。統諸陵、掌守衞山陵等事。太廟、掌郊廟社稷等事。太樂、掌諸樂及行禮節奏等事。衣冠、掌冠幘、舄履之屬等事。鼓吹、掌百戲、鼓吹樂人等事。太祝、掌郊廟贊祝，祭社衣服等事。太史、掌天文地動，風雲氣色，律曆卜筮等事。太醫、掌醫藥等事。廩犧、掌養犧牲，供祭羣祀等事。太宰掌諸神祀烹宰行禮事。等署令、丞。而太廟兼領郊祠、掌五郊羣神事。崇虛掌五岳四瀆神祀，在京及諸州道士簿帳等事。二局丞，太樂兼領清商部丞，掌清商音樂等事。鼓吹兼領黃戶局丞，掌供樂人衣服。太史兼領靈臺、掌天文觀候。太卜掌諸卜筮。二局丞。

光祿寺，掌諸膳食，帳幕器物，宮殿門戶等事。統守宮、掌凡張設等事。太官、掌食膳事。宮門、主諸門籥事。供府、掌供御衣服玩弄之事。肴藏、掌器物鮭味等事。清漳、主酒，歲二萬石。春秋中半。華林掌禁籞林木等事。等署。宮門署，置僕射六人，以司其事。餘各有令、丞。又領東園局丞

員。掌諸凶具。

衞尉寺，掌禁衞甲兵。統城門寺，置校尉二人，以司其職。掌宮殿城門，幷諸倉庫管籥等事。又領公車、掌尚書所不理，有枉屈，經判奏聞。武庫、掌甲兵及吉凶儀仗。衞士掌京城及諸門士兵。等署令。武庫又有修故局丞。掌領匠修故甲等事。

大宗正寺，掌宗室屬籍。統皇子王國、諸王國、諸長公主家。

太僕寺，掌諸車輦、馬、牛、畜產之屬。統驊騮、掌御馬及諸鞍乘。左右龍、左右牝、掌駝馬。駝牛、掌飼駝騾驢牛。司羊、掌諸羊。乘黃、掌諸輦輅。車府掌諸雜車。等署令、丞。驊騮署，又有奉承直長二人。左龍署，有左龍局。右龍署，有右龍局。左牝署，有左牝局。右牝署，有右牝局。駝牛署，有典駝、特牛、牸牛三局。司羊署，有特羊、牸羊局。諸局並有都尉。寺又領司訟、典腊、出入等三局丞。

大理寺，掌決正刑獄。正、監、評各一人，律博士四人，明法掾二十四人，檻車督二人，掾十人，獄丞、掾各二人，司直、明法各十人。

鴻臚寺，掌蕃客朝會，吉凶弔祭。統典客、典寺、司儀等署令、丞。典客署，又有京邑薩甫二人，諸州薩甫一人。典寺署，有僧祇部丞一人。司儀署，又有奉禮郎三十人。

司農寺，掌倉市薪菜，園池果實。統平準、太倉、鉤盾、典農、導官、梁州水次倉、石濟水

次倉、藉田等署令、丞。而鉤盾又別領大囿、上林、遊獵、柴草、池藪、苜蓿等六部丞。典農署，又別領山陽、平頭、督亢等三部丞。導官署，又有御細部、麴麵部、典庫部等倉督員。

太府寺，掌金帛府庫，營造器物。統左、中、右三尚方，左藏、司染、諸治東西道署、黃藏、右藏、細作、左校、甄官等署令、丞。左尚方，又別領別局、樂器、器作三局丞。中尚方，又別領別局、涇州絲局、雍州絲局、定州紬綾局四局丞。右尚方，又別領別局丞。司染署，又別領京坊、河東、信都三局丞。諸治東道，又別領滏口、武安、白間〔三〕三局丞。諸治西道，又別領晉陽治、泉部、大邧、原仇四局丞。甄官署，又別領石窟丞。

國子寺，掌訓教胄子。祭酒一人，亦置功曹、五官、主簿、錄事員。領博士五人，助教十人，學生七十二人。太學博士十人，助教二十人，太學生二百人。四門學博士二十人，助教二十人，學生三百人。

長秋寺，掌諸宮闈。卿、中尹各一人，並用宦者。丞二人。亦有功曹、五官、主簿、錄事員。領中黃門、掖庭、晉陽宮、中山宮、園池、中宮僕、奚官等署令、丞。又有暴室局丞。其中黃門，又有冗從僕射及博士四人。掖庭、晉陽、中山，各有宮教博士二人。中山署，又別有麵豆局丞。園池署，又別有桑園部丞。中宮僕署，又別有乘黃局教尉、細馬車都督、車府部丞。奚官署，又別有染局丞。

將作寺，掌諸營建。大匠一人，丞四人。亦有功曹，主簿，錄事員。若有營作，則立將、副將、長史、司馬、主簿、錄事各一人。又領軍主、副，幢主、副等。

昭玄寺，掌諸佛教。置大統一人，統一人，都維那三人。亦置功曹、主簿員，以管諸州郡縣沙門曹。

領軍府，將軍一人，掌禁衞宮掖。朱華閤外，凡禁衞官，皆主之。輿駕出入，督攝仗衞。中領軍亦同。有長史、司馬、功曹、五官、主簿、錄事，釐其府事。又領左右衞、領左右等府。

左右衞府，將軍各一人，掌左右廂。所主朱華閤以外，各武衞將軍二人貳之。皆有司馬、功曹、主簿、錄事，釐其府事。其御仗屬官，有御仗正副都督、御仗五職、御仗等員。其直盪屬官，有直盪正副都督、直入正副都督、勳武前鋒正副都督、勳武前鋒五藏等員。直衞屬官，有直衞正副都督、翊衞正副都督、前鋒正副都督等員。直突屬官，有直突都督、勳武前鋒散都督等員。直閤屬官，有朱衣直閤、直閤將軍、直寢、直齋、直後之屬。又有武騎、雲騎將軍各一人，驍騎、遊擊、前後左右等四軍將軍，左右中郎將，各五人，步兵、越騎、射聲、屯騎、長水等校尉，奉車都尉等，各十人，武賁中郎將、羽林監各十五人，冗從僕射三十人，騎都尉六十人，積弩、積射、强弩等將軍及武騎常侍，各二十五人，殿中將軍五十人，員外將軍一百人，殿中司馬督五十人，員外司馬督一百人。

領左右府，有領左右將軍、領千牛備身，又有左右備身正副都督、左右備身五職、左右備身員。又有刀劍備身正副都督、刀劍備身五職、刀劍備身員。又有備身正副督、備身五職員。

護軍府，將軍一人，掌四中關津。輿駕出則護駕。中護軍亦同。有長史、司馬、功曹、五官、主簿、錄事，釐其府事。其屬官，東西南北四中府皆統之。四府各中郎將一人，長史、司馬、錄事參軍、統府錄事各一人。又有統府直兵及功曹、倉曹、中兵、外兵、騎兵、長流、城局等參軍各一人，法、田、鎧等曹行參軍各一人。又領諸關尉、津尉。

行臺，在令無文。其官置令、僕射。其尚書丞郎，皆隨權制而置員焉。其文未詳。

太子太師、太傅、太保，是爲三師，掌師範訓導，輔翊皇太子。少師、少傅、少保，是爲三少，各一人，掌奉皇太子，以觀三師之德。出則三師在前，三少在後。

詹事，總東宮內外衆務，事無大小，皆統之。府置丞、功曹、五官、主簿、錄事員。領家令，率更令、僕等三寺，左右衞二坊。三寺各置丞，二坊各置司馬，俱有功曹、主簿，以承其事。

家令，領食官、典倉、司藏等署令、丞。又領內坊令、丞。掌知閤內諸事。其食官，又別領器局、酒局二丞，典倉又別領園丞，司藏又別領仗庫、典作二局丞。率更領中盾署令、丞各一

人。掌周衞禁防，漏刻鍾鼓。僕寺領廐牧署令、丞，署又別有車輿局丞。

左右衞坊率，各領騎官備身正副都督、騎官備身五職、騎官備身員。又有內直備身正副都督、內直備身五職、內直備身員。又有備身正副都督、備身五職員。又有直閤、直前、直後員。又有旅騎、屯衞、典軍等校尉各二人，騎尉三十人。

門下坊，中庶子、中舍人、通事守舍人、主事守舍人，各四人。又領殿內、典膳、藥藏、齋帥等局。殿內局有內直監二人，副直監四人。典膳、藥藏局，監、丞各二人。藥藏又有侍醫四人。齋帥局，齋帥、內閤帥各二人。

典書坊，庶子四人，舍人二十八人。又領典經坊，洗馬八人，守舍人二人，門大夫、坊門大夫、主簿各一人。幷統伶官西涼二部、伶官清商二部。

自諸省臺府寺，各因其繁簡而置吏。有令史、書令史、書吏之屬。又各置曹兵，以共其役。其員因繁簡而立。其餘主司專其事者，各因事立名，條流甚衆，不可得而具也。

王，位列大司馬上。非親王則位在三公下。置師一人，餘官大抵與梁制不異。其封內之調，盡以入臺，三分食一。公已下，四分食一。

皇子王國，置郎中令，大農，中尉，常侍，各一人。侍郎，二人。上、中、下三將軍，各一人。上、中大夫，各二人。防閤，四人。典書、典祠、學官、典衞等令，各一人。齋帥，四人。食官、廐牧長、各

一人。典醫丞、二人。典府丞、一人。執書、二人。謁者、四人。舍人十人。等員。

諸王國，則加有陵長、廟長、常侍各一人，而無中將軍員。上、中大夫各減一人。諸公又減諸王防閤、齋帥、典醫丞等員。諸侯伯子男國，又減諸公國將軍、大夫員。諸公主則置家令、丞、主簿、錄事等員。

司州，置牧。屬官有別駕從事史，治中從事史，州都，主簿，西曹書佐、記室、戶曹、功曹、金曹、租曹、兵曹、騎曹、都官、法曹、部郡等從事員。主簿置史，西曹已下各置掾史。又領西、東市署令、丞，及統清都郡諸畿郡。

清都郡，置尹，丞，中正，功曹，主簿，督郵，五官，門下督，錄事，主記，議生，及功曹、記室、戶、田、金、租、兵、騎、賊、法等曹掾，中部掾等員。

鄴、臨漳、成安三縣令，各置丞、中正、功曹、主簿、門下督、錄事、主記，議及功曹、〔四〕記室、戶、田、金、租、兵、騎、賊、法等曹掾員。鄴又領右部、南部、西部三尉，又領十二行經途尉。凡一百三十五里，里置正。臨漳又領左部、東部二尉，左部管九行經途尉。凡一百一十四里，里置正。成安又領後部、北部二尉，後部管十一行經途尉，七十四里，里置正。清都郡諸縣令已下官員，悉與上上縣同。諸畿郡太守已下，悉與上上郡同。

上上州刺史，置府。屬官有長史，司馬，錄事，功曹、倉曹、中兵等參軍事及掾史，主簿

及掾，記室掾史，外兵、騎兵、長流、城局、刑獄等參軍事及掾史，參軍事及法、墨、田、鎧、集、士等曹行參軍及掾史，右戶掾史，行參軍，長兼行參軍，督護，統府錄事，統府直兵，箱錄事等員。州屬官，有別駕從事史，治中從事史，州都光迎主簿，主簿，西曹書佐，市令及史，祭酒從事史，部郡從事，皁服從事，典籤及史，門下督，省事，都錄事及史，箱錄事及史，朝直、刺姦、記室掾，戶曹、田曹、金曹、租曹、兵曹、左戶等掾史等員。

上上州府，州屬官佐史，合三百九十三人。上中州減上上州十人。上下州減上中州十人。中上州減上下州五十一人。中中州減中上州十人。中下州減中中州十人。下上州減中下州五十人。下中州減下上州十人。下下州減下中州十人。

上上郡太守，屬官有丞，中正，光迎功曹，光迎主簿，功曹，主簿，五官，省事，錄事，及西曹、戶曹、金曹、租曹、兵曹、集曹等掾佐，太學博士，助教，太學生，市長，倉督等員。合屬官佐史二百一十二人。上中郡減上上郡五人。上下郡減上中郡五人。中上郡減上下郡四十五人。中中郡減中上郡五人。中下郡減中中郡五人。下上郡減中下郡四十人。下中郡減下上郡二人。下下郡減下中郡二人。

上上縣令，屬官有丞，中正，光迎功曹，光迎主簿，功曹，主簿，錄事，及西曹、戶曹、金曹、租曹、兵曹等掾，市長等員。合屬官佐史五十四人。上中縣減上上縣五人。上下縣減上中縣五人。中上縣減上下縣六人。中中縣減中上縣五人。中下縣減中中縣一人。下上縣減中下縣一人。下中縣減下上縣一人。下下縣減下中縣一人。

自州、郡、縣，各因其大小置白直，以供其役。

三等諸鎮，置鎮將、副將，長史，錄事參軍，倉曹、中兵、長流、城局等參軍事，鎧曹行參軍，市長，倉督等員。

三等戍，置戍主、副，掾，隊主、副等員。

官一品，每歲祿八百匹，二百匹爲一秩。從一品，七百匹，一百七十五匹爲一秩。二品，六百匹，一百五十匹爲一秩。從二品，五百匹，一百二十五匹爲一秩。三品，四百匹，一百匹爲一秩。從三品，三百匹，七十五匹爲一秩。四品，二百四十匹，六十匹爲一秩。從四品，二百匹，五十匹爲一秩。五品，一百六十匹，四十匹爲一秩。從五品，一百二十匹，三十匹爲一秩。六品，一百匹，二十五匹爲一秩。從六品，八十匹，二十匹爲一秩。七品，六十匹，十五匹爲一秩。從七品，四十匹，十匹爲一秩。八品，三十六匹，九匹爲一秩。從八品，三十二匹，八匹爲一秩。九品，二十八匹，七匹爲一秩。從九品，二十四匹，六匹爲一秩。

祿率一分以帛，一分以粟，一分以錢。事繁者優一秩，平者守本秩，閑者降一秩。長兼、試守者，亦降一秩。官非執事、不朝拜者，皆不給祿。又自一品已下，至於流外勳品，各給事力。一品至三十人，下至於流外勳品，或以五人爲等，或以四人、三人、二人、一人爲等。繁者加一等，平者守本力，閑者降一等焉。

州、郡、縣制祿之法，刺史、守、令下車，各前取一時之秩。

上上州刺史，歲秩八百匹，與司州牧同。上中、上下各以五十匹爲差。中上降上下一百匹，中中及中下，亦以五十匹爲差。下上降中下一百匹，下中、下下，亦各以五十匹爲差。

上郡太守，歲秩五百匹，降清都尹五十匹。上中、上下各以五十匹爲差。中上降上下四十匹，中中及中下，各以三十匹爲差。下上降中下四十匹，下中、下下各以二十匹爲差。

上上縣，歲秩一百五十匹，與鄴、臨漳、成安三縣同。上中、上下各以十匹爲差。中上降上下三十匹，中中及中下，各以五匹爲差。下上降中下二十匹，下中、下下各以十匹爲差。

州自長史已下，逮于史吏，郡縣自丞已下，逮于掾佐，亦皆以帛爲秩。郡有尉者，尉減丞之半。皆以其所出常調課之。其鎮將，戍主，軍主、副，幢主、副，逮于掾史，亦各有差矣。

諸州刺史、守、令已下，幹及力，皆聽敕乃給。其幹出所部之人。一幹輸絹十八匹，幹身放之。力則以其州、郡、縣白直充。

三師、王、二大、大司馬、大將軍。三公，爲第一品。

開府儀同三司、開國郡公，爲從一品。

儀同三司，太子三師，特進，尚書令，驃騎、車騎將軍，二將軍加大者，在開國郡公下。衞將軍，加大者，在太子太師上。四征將軍，加大者，次衞大將軍。左右光祿大夫，散郡公，開國縣公，爲第二品。

尚書僕射，置二，左居右上。中書監，四鎮，加大者，次四征。中、鎮、撫軍將軍，三將軍，武職罷任者爲之。領軍、加大者，在尚書令下。護軍、翊軍將軍，金紫光祿大夫，散縣公，開國縣侯，爲從二品。

吏部尚書，四安將軍，中領、護，太常、光祿、衞尉卿，太子三少，中書令，太子詹事，侍中，列曹尚書，四平將軍，大宗正、太僕、大理、鴻臚、司農、太府卿，清都尹，三等上州刺史，左右衞將軍，祕書監，銀青光祿大夫，散縣侯，開國縣伯，爲第三品。

散騎常侍，三等中州刺史，司徒左長史，四方中郎將，四護匈奴、羌戎、夷、蠻越。中郎將，國子祭酒，御史中丞，中侍中，長秋卿，將作大匠，冠軍將軍、太尉長史、領左右將軍、武衞將

軍、太子左右衞率、輔國將軍、四護校尉、太中大夫、龍驤將軍、三等上郡太守、散縣伯，爲從第三品。

鎮遠、安遠將軍，太常、光祿、衞尉少卿，尚書，吏部郎中，給事黃門侍郎，太子中庶子，司徒右長史，司空長史，大宗正、太僕、大理、鴻臚、司農、太府少卿，三公府司馬，中常侍，中尹，城門校尉，武騎、雲騎、驍騎、遊擊將軍，已前上階。建忠、建節將軍，通直散騎常侍，諸開府長史、中大夫，三等下州刺史，三等鎮將，諸開府司馬，開國縣子，爲第四品。

中堅、中壘將軍，尚書左丞，三公府諮議參軍事，司州別駕從事史，三等上州長史，太子三卿，前、左、右、後軍將軍，中書侍郎，太子庶子，三等中郡太守，左右備身、刀劍備身、備身、衞仗、直盪等正都督，三等上州司馬，已前上階。振威、奮武將軍，諫議大夫，尚書右丞，諸開府諮議參軍，司州治中從事史，左右中郎將，步兵、越騎、射聲、屯騎、長水校尉，朱衣直閤，直閤將軍，太子騎官備身、內直備身等正都督，三等鎮副將，散縣子，爲從第四品。

廣德、弘義將軍，太子備身、直入、直衞等正都督，領左右、三等中州長史，三公府從事中郎，祕書丞，皇子友，國子博士，散騎侍郎，太子中舍人，員外散騎常侍，三等中州司馬，已前上階。折衝、制勝將軍，主衣都統，尚食、尚藥二典御，太子旅騎、屯衞、典軍校尉，領護府長史司馬，諸開府從事中郎，開國縣男，爲第五品。

伏波、陵江將軍，三等下州長史，三公府掾屬，著作郎，通直散騎侍郎，太子洗馬，左右備身、刀劍備身、御仗、直盪等副都督，〔五〕左右直長，中尚食、中尚藥典御，三等下州司馬，已前上階。輕車、樓船將軍，駙馬都尉，翊衞正都督，直寢，直齋，奉車都尉，都水使者，諸開府掾屬，崇聖、歸義、歸正、歸命、歸德侯，清都郡丞，治書侍御史，鄴、臨漳、成安三縣令，中給事中，三等下郡太守，大理司直，太子直閤、二衞隊主，太子騎官、內直備身副都督，開國鄉男，散縣男，爲從第五品。

勁武、昭勇將軍，尚書諸曹郎中，中書舍人，三公府主簿，三等上州別駕從事史，四中府三等鎮守長史，三公府錄事參軍事，皇子郎中令，三公府功曹、記室、戶、倉、中兵參軍事，皇子文學，謁者僕射，已前上階。明威、顯信將軍，太子備身副都督，四中府司馬，武賁中郎將，羽林監，冗從僕射，直入副都督，千牛備身，大理正、監、評，侍御師諸開府錄事、功曹、記室、倉、中兵等曹參軍事，三等上州錄事參軍事，治中從事史，三等上郡丞，三等上縣令，太子內直監，平準署令，爲第六品。

度遼、橫海將軍，直突都督，三等中州別駕從事史，三公府列曹參軍事，給事中，太子門大夫，三等上州功、倉、中兵等參軍事，皇子大農，騎都尉，直後，符璽郎中，三等中州錄事參軍事，已前上階。踰岷、越嶂將軍，直衞副都督，三等中州從事史，諸開府主簿、列曹參軍事，

三等中州功、倉、中兵等參軍事，太子舍人，三寺丞，太子直前，太子副直監，太子諸隊主，爲從第六品。

戎昭、武毅將軍，勳武前鋒正都督，三公府東西閤祭酒，三等下州別駕從事史，三等上州府主簿、列曹參軍事，三等下州錄事參軍事，四中府錄事參軍事，王公國郎中令，積弩、積射將軍，員外散騎侍郎，皇子中尉，三公府參軍事、列曹行參軍，已前上階。雄烈、恢猛將軍，翊衞副都督，諸開府東西閤祭酒參軍事、列曹行參軍，三等下州功、倉、中兵參軍事，四中府功、倉、中兵參軍事，三等中州府主簿、列曹參軍事，二衞府司馬，詹事府丞，左右備身五職，三等鎮錄事參軍事，六寺丞，祕書郎中，著作佐郎，太子侍醫，太子騎尉，太子騎官備身五職，三等中郡丞，三等中縣令，爲第七品。

揚麾、曜鋒將軍，勳武前鋒副都督，强弩將軍，三公府行參軍，三等上州參軍事、列曹行參軍，三等下州府主簿、列曹參軍事，四中府列曹參軍事，王公國大農，長秋、將作寺丞，太子二率坊司馬，三等鎮倉、中兵參軍事，已前上階。蕩邊、開域將軍，勳武前鋒散都督，太學博士，皇子常侍，太常博士，武騎常侍，左右備身，刀劍備身五職，都將、別、統、軍主、幢主。三等中州參軍事、列曹行參軍，諸開府行參軍，奉朝請，國子助教，公車、京邑二市署令，三等鎮列曹參軍事，三縣丞，侍御史，尚食、尚藥丞，齋帥，中尚食、中尚藥丞，太子直後、二衞隊副，前

鋒正都督，太子騎官備身，太子內直備身五職，已見前。諸戍主、軍主，爲從第七品。

靜漠、綏戎將軍，協律郎，三等上州行參軍，三等下州參軍事、列曹參軍事，四中府列曹行參軍，侯、伯國郎中令，殿中將軍，皇子侍郎，已前上階。平越、殄夷將軍，刀劍備身五職，已見前。前鋒副都督，太子內直備身，主書，殿中侍御史，太子典膳、藥藏丞，太子齋帥，三等中州行參軍，王、公國中尉，三等鎮鎧曹行參軍，三等下郡丞，三等下縣令，爲第八品。

飛騎、隼擊將軍，三公府長兼左右戶行參軍、長兼行參軍，門下錄事，尚書都令史，檢校御史，諸署令，諸開府典籤，中謁者僕射，中黃門冗從僕射，已前上階。武牙、武奮將軍，備身御仗五職，宮門署僕射，太子備身五職，侯、伯國大農，皇子上、中、下將軍，皇子上、中大夫，王、公國常侍，諸開府長兼左右戶行參軍，諸開府長兼行參軍，員外將軍，勳武前鋒五職，司州及三等上州典籤，太子諸隊副，諸戍諸軍副，清都郡丞，爲從第八品。

清野將軍，子、男國郎中令，諸署內謁者局統，三等上州長兼行參軍，中黃門，太子內坊令，公主家令，皇子防閤，典書令，四門博士，大理律博士，校書郎，三公府參軍督護，都水參軍事，七部尉，諸郡尉，已前上階。橫野將軍，王、公國侍郎，侯、伯國中尉，謁者，太子三寺丞，諸開府參軍督護，殿中司馬督，御仗，太子食官、中省、典倉等令，太子備身，平準、公車丞，三等中州典籤，爲第九品。

偏將軍，諸宮教博士，太子司藏、廄牧令，太子校書，諸署別局都尉，諸尉，諸關津尉，三等上州參軍督護，三等中州長兼行參軍，祕書省正字，皇太子三令，王、公國上中下將軍及上中大夫，諸署令，諸縣丞，已前上階。裨將軍，領軍護軍府、太常光祿衞尉寺、詹事府等功曹、五官、奉禮郎，子、男國大農，小黃門，員外司馬督，太學助教，諸幢主、遙途尉，〔六〕中侍中，省錄事，三等下州典籤，尚書、門下、中書等省醫師，爲從第九品。

流內比視官十三等。第一領人酋長，〔七〕視從第三品。第一不領人酋長，視第四品。第二領人酋長，第一領人庶長，視從第四品。諸州大中正，第二不領人酋長，第一不領人庶長，視第五品。諸州中正，畿郡邑中正，第三領人酋長，第二領人庶長，視從第五品。第三不領人酋長，第二不領人庶長，視第六品。第三領人庶長，視從第六品。第三不領人庶長，視第七品。司州州都主簿，國子學生，視從第七品。諸州州都督簿，司州西曹書佐，清都郡中正、功曹，視第八品。司州列曹從事，諸州西曹書佐，諸郡中正、功曹，清都郡主簿，視從第八品。司州部郡從事，諸州祭酒從事史，視第九品。諸州部郡從事，司州守從事，諸郡主簿，司州武猛從事，視從第九品。

周太祖初據關內，官名未改魏號。及方隅粗定，改創章程，命尚書令盧辯，遠師周之建

職，置三公三孤，以爲論道之官。次置六卿，以分司庶務。其所制班序：

內命，謂王朝之臣。三公九命，三孤八命，六卿七命，上大夫六命，中大夫五命，下大夫四命，上士三命，中士再命，下士一命。

外命，謂諸侯及其臣。諸公九命，諸侯八命，諸伯七命，諸子六命，諸男五命，諸公之孤卿四命，侯之孤卿、公之大夫三命，子男之孤卿，侯伯之大夫、公之上士再命，子男之大夫、公之中士、侯伯之上士一命，公之下士、侯伯之中士下士、子男之士不命。

其制祿秩，下士一百二十五石，中士已上，至於上大夫，各倍之。上大夫是爲四千石。卿二分，孤三分，公四分，各益其一。公因盈數爲一萬石。其九秩一百二十石，八秩至於七秩，每二秩六分而下各去其一，二秩一秩俱爲四十石。〔八〕凡頒祿，視年之上下。畝至四釜爲上年，上年頒其正。三釜爲中年，中年頒其半。二釜爲下年，下年頒其一。無年爲凶荒，不頒祿。六官所制如此。

制度既畢，太祖以魏恭帝三年，始命行之。所設官名，訖於周末，多有改更。並具盧傳，〔九〕不復重序云。

校勘記

〔一〕武牙　當作「虎牙」，唐人諱改。

〔二〕朱華閤　「閤」原作「闕」，據下文及通鑑天嘉元年胡注改。

〔三〕白間　職官分紀卷二二作「白澗」。

〔四〕議及功曹　按上文清都郡條，「議」下當有「生」字。

〔五〕御仗直盪等副都督　「仗」原作「使」，「盪」原作「塗」，據上文及通鑑陳紀二文帝天嘉元年胡注改。

〔六〕遙途尉　按：「遙」當作「經」，上文有「經途尉」。原文「遙」當是「逕」字之訛，而「逕」又是「經」字之訛。魏設「經途尉」，見魏書甄琛傳。北齊承魏制。

〔七〕領人酋長　「領人」當作「領民」，唐人諱改。

〔八〕二秩一秩俱爲四十石　原脫「一秩」二字，據通典一九、又三五及册府五〇五改。

〔九〕盧傳　指周書盧辯傳。

隋書卷二十八

志第二十三

百官下

高祖既受命，改周之六官，其所制名，多依前代之法。置三師、三公及尚書、門下、內史、祕書、內侍等省，御史、都水等臺，太常、光祿、衞尉、宗正、太僕、大理、鴻臚、司農、太府、國子、將作等寺，左右衞、左右武衞、左右武候、左右領、左右監門、左右領軍等府，分司統職焉。

三師，不主事，不置府僚，蓋與天子坐而論道者也。

三公，參議國之大事，依後齊置府僚。無其人則闕。祭祀則太尉亞獻，司徒奉俎，司空行掃除。其位多曠，皆攝行事。尋省府及僚佐，置公則坐於尚書都省。朝之衆務，總歸於臺閣。

尚書省，事無不總。置令、左右僕射各一人，總吏部、禮部、兵部、都官、度支、工部等六曹事，是爲八座。屬官左、右丞各一人，都事八人，分司管轄。吏部尚書統吏部侍郎二人，主爵侍郎一人，司勳侍郎二人，考功侍郎一人。禮部尚書統禮部、祠部侍郎各一人，主客、膳部侍郎各二人。兵部尚書統兵部、職方侍郎各二人，駕部、庫部侍郎各一人。都官尚書統都官侍郎二人，刑部、比部侍郎各一人，司門侍郎二人。度支尚書統度支、戶部侍郎各二人，〔一〕金部、倉部侍郎各一人。工部尚書統工部、屯田侍郎各二人，虞部、水部侍郎各一人。凡三十六侍郎，分司曹務，直宿禁省，如漢之制。

門下省，納言二人，給事黃門侍郎四人，錄事、通事令史各六人。又有散騎常侍、通直散騎常侍各四人，諫議大夫七人，散騎侍郎四人，員外散騎常侍六人，通直散騎侍郎四人，並掌部從朝直。又有給事二十人，員外散騎侍郎二十人，奉朝請四十人，並掌同散騎常侍等，兼出使勞問。統城門、尚食、尚藥、符璽、御府、殿內等六局。城門局，校尉二人，直長四人。尚食局，典御二人，直長四人，食醫四人。尚藥局，典御二人，侍御醫、直長各四人，醫師四十人。符璽、御府、殿內局，監各二人，直長各四人。

內史省，置監、令各一人。尋廢監。置令二人，侍郎四人，舍人八人，通事舍人十六人，主書十人，錄事四人。

祕書省，監、丞各一人，郎四人，校書郎十二人，正字四人，錄事二人。領著作、太史二曹。著作曹，置郎二人，佐郎八人，校書郎、正字各二人。太史曹，置令、丞各二人，司曆二人，監候四人。其曆、天文、漏刻、視祲，各有博士及生員。

內侍省，內侍、內常侍各二人，內給事四人，內謁者監六人，內寺伯二人，內謁者十二人，寺人六人，伺非八人。並用宦者。領內尚食、掖庭、宮闈、奚官、內僕、內府等局。尚食，置典御及丞各二人。餘各置令、丞，皆二人。其宮闈、內僕，則加置丞各一人。掖庭又有宮教博士二人。

御史臺，大夫一人，治書侍御史二人，侍御史八人，殿內侍御史、監察御史，各十二人，錄事二人。後魏延昌中，王顯有寵於宣武，爲御史中尉，請革選御史。此後踵其事，每一中尉，則更置御史。自開皇後，始自吏部選用，仍依舊入直禁中。

都水臺，使者及丞各二人，參軍三十人，河堤謁者六十人，錄事二人。領掌船局、都水尉二人，又領諸津。上津每尉一人，丞二人。中津每尉、丞各一人。下津每典作一人，津長四人。〔二〕

太常、光祿、衞尉、宗正、太僕、大理、鴻臚、司農、太府等九寺，並置卿、少卿各一人。太僕寺加少卿一人。各置丞，太常、衞尉、宗正、大理、鴻臚、將作二人，光祿、太僕各三人，司農五人，太府六人。主簿、太府四人。餘寺各二人。錄事各二人。光祿則加至三人，司農、太府則各四人。等員。

太常寺又有博士四人，協律郎二人，奉禮郎十六人。統郊社、太廟、諸陵、太祝、衣冠、太樂、清商、鼓吹、太醫、太卜、廩犧等署。各置令，並一人。太樂、太醫則各加至二人。丞。各一人。郊社、太樂、鼓吹則各至二人。郊社署又有典瑞。四人。太祝署有太祝。二人。太樂署、清商署，各有樂師員。太樂八人，清商二人。鼓吹署有哄師。二人。太醫署有主藥、二人。醫師、二百人。藥園師、二人。醫博士、二人。助教、二人。按摩博士、二人。祝禁博士二人。等員。太卜署有卜師、二十人。相師、十人。男覡、十六人。女巫、八人。太卜博士、助教、各二人。相博士、助教各一人。等員。

光祿寺統太官、肴藏、良醞、掌醢等署。各置令、太官三人，肴藏、良醞各二人，掌醢一人。丞。太官八人，肴藏、掌醢各二人，良醞四人。太官又有監膳，十二人。良醞有掌醞，五十人。掌醢有掌醢十人。等員。

衞尉寺統公車、武庫、守宮等署。各置令公車一人，武庫、守宮各二人。丞公車一人，武庫二人。等員。

宗正寺不統署。

太僕寺又有獸醫博士員。一百二十人。統驊騮、乘黃、龍廐、車府、典牧、牛羊等署。各置令、二人。乘黃、車府則各減一人。丞二人。乘黃則一人，典牧牛羊則各三人。等員。

大理寺，不統署。又有正、監、評、各一人。司直、十人。律博士、八人。明法、二十人。獄掾。

八人。

鴻臚寺統典客、司儀、崇玄三署。各置令。二人。崇玄則惟置一人。典客署又有掌客，十人。司儀有掌儀二十人。等員。

司農寺統太倉、典農、平準、廩市、鉤盾、華林、上林、導官等署。各置令。二人。鉤盾、上林則加至三人，華林惟置一人。太倉又有米廩督，二人。穀倉督，四人。鹽倉督，二人。京市有肆長，四十人。導官有御細倉督，二人。麴麮倉督二人。等員。

太府寺統左藏、左尚方、內尚方、右尚方、司染、右藏、黃藏、掌冶、〔三〕甄官等署。各置令、二人。左、右尚方則加至二人，黃藏則惟置一人。丞四人。左尚則八人，右尚則六人，黃藏則一人。等員。

國子寺元隸太常。祭酒，一人。屬官有主簿、錄事。各一人。統國子、太學、四門、書算學，各置博士、國子、太學、四門各五人，書、算各二人。助教、國子、太學、四門各五人，書、算各二人。學生國子一百四十人，太學、四門各三百六十人，書四十人，算八十人。等員。

將作寺大匠、一人。丞、主簿、錄事。各二人。統左右校署令、各二人。丞，左校四人，右校三人。各有監作左校十二人，右校八人。等員。

左右衛、左右武衛、左右武候，各大將軍、一人。將軍，二人。並有長史，司馬，錄事，功、倉、兵、騎等曹參軍，法曹、鎧曹行參軍，各一人。行參軍左右衛、左右武候各六人，左右武衛各八人。

等員。

左右衛，掌宮掖禁禦，督攝仗衛。又各有直閤將軍、六人。直寢、十二人。直齋、直後，各十五人。並掌宿衛侍從。奉車都尉，六人。掌馭副車。武騎常侍、十人。殿內將軍、十五人。員外將軍、三十人。殿內司馬督、二十人。員外司馬督，四十人。並以參軍府朝，出使勞問。左右衛又各統親衛，置開府。左勳衛開府，左翊一開府、二開府、三開府、四開府，及武衛、武候、領軍、東宮領兵開府准此。府置開府，一人。有長史，司馬，錄事，及倉、兵等曹參軍，法曹行參軍，各一人。行參軍。三人。又有儀同府。武衛、武候、領軍、東宮領兵儀同皆准此。儀同已下，置員同開府，但無行參軍員。諸府皆領軍坊。每坊東宮軍坊准此。置坊主、一人。佐。二人。每鄉團東宮鄉團准此。置團主、一人。佐。二人。

左右武衛府，無直閤已下員，但領外軍宿衛。

左右武候，掌車駕出，先驅後殿，晝夜巡察，執捕姦非，烽候道路，水草所置。巡狩師田，則掌其營禁。右加置司辰師、四人。漏刻生。一百一十人。

左右領左右府，各大將軍、一人。將軍，二人。掌侍衛左右，供御兵仗。領千牛備身，十二人。掌執千牛刀；備身左右，十二人。掌供御弓箭；備身，六十人。掌宿衛侍從。各置長史，司馬、錄事，及倉、兵二曹參軍事，鎧曹行參軍各一人。等員。

左右監門府各將軍，一人。掌宮殿門禁及守衛事。各置郎將，二人。校尉，直長，各三十人。長史，司馬，錄事，及倉、兵曹參軍，鎧曹行參軍，各一人。行參軍四人。等員。

左右領軍府，各掌十二軍籍帳、差科、辭訟之事。不置將軍。唯有長史，司馬，掾屬及錄事，功、倉、戶、騎、兵等曹參軍，法、鎧等曹行參軍，各一人。行參軍十六人。等員。又置明法，四人。隸於法司，掌律令輕重。

行臺省，則有尚書令，僕射，左、右任置。兵部、兼吏部、禮部。度支兼都官、工部。尚書及丞左、右任置。各一人，都事四人。有考功、兼吏部、爵部、司勳。禮部、兼祠部、主客。膳部、兵部、兼職方。駕部、庫部、刑部、兼都官、司門。度支、兼倉部。戶部、兼比部。金部、工部、屯田兼水部、虞部。侍郎，各一人。每行臺置食貨，農圃，武器，百工監、副監，各一人。各置丞、食貨四人，農圃六人，武器二人，百工四人。錄事食貨、農圃、百工各二人，武器一人。等員。

太子置太師、太傅、太保、少師、少傅、少保。開皇初，置詹事。二年定令，罷之。

門下坊，置左庶子二人，內舍人四人，錄事二人，主事令史四人。統司經、宮門、內直、典膳、藥藏、齋帥等六局。司經置洗馬四人，校書六人，正字二人。宮門置大夫二人。內直置監、副監各二人，監殿舍人四人。典膳、藥藏，並置監、丞各二人。藥藏又有侍醫四人。齋帥置四人。

典書坊，右庶子二人，舍人、通事舍人各八人，錄事二人，主事令史四人，內坊典內及丞各二人，丞直四人，錄事一人。內廐置尉二人，掌內車輿之事。

家令、掌刑法、食膳、倉庫、什物、奴婢等事。率更令、掌伎樂漏刻。僕、掌宗族親疎，車輿騎乘。各一人。三寺各置丞。家令二人，寺各一人。錄事。家令二人，寺各一人。家令領食官、典倉、司藏三署令、各一人。丞。食官二人，典倉一人，司藏三人。僕寺領廐牧令一人。員。

左右衛，各置率一人，副率二人，掌宮中禁衛。各置長史，司馬及錄事，功、倉、兵、騎兵等曹參軍事，法曹、鎧曹行參軍，各一人，行參軍四人。員。又各有直閤四人，直寢八人，直齋、直後各十人。

左右宗衛，制官如左右衛，各掌以宗人侍衛。加置行參軍二人，而無直閤、直寢、直齋、直後等員。

左右虞候，各置開府一人，掌斥候伺非。長史已下如左右衛，而無錄事參軍員，減行參軍一人。

左右內率、副率，各一人，掌領備身已上禁內侍衛，供奉兵仗。又無功、騎兵、法等曹及行參軍員，餘與虞候同。有千牛備身八人，掌執千牛刀；備身左右八人，掌供奉弓箭；備身二十人，掌宿衛侍從。

左右監門，各率一人，副率二人，掌諸門禁。長史已下，同內率府，而各有直長十人。

高祖又採後周之制，置上柱國、柱國、上大將軍、大將軍、上開府儀同三司、開府儀同三司、上儀同三司、儀同三司、大都督、帥都督、都督，總十一等，以酬勤勞。又有特進、左右光祿大夫、金紫光祿大夫、銀青光祿大夫、朝議大夫、朝散大夫，並爲散官，以加文武官之德聲者，並不理事。六品已下，又有翊軍等四十三號將軍，品凡十六等，爲散號將軍，以加汎授。居曹有職務者爲執事官，無職務者爲散官。戎上柱國已下爲散實官，軍爲散號官。諸省及左右衞、武候，領左右監門府爲內官，自餘爲外官。

國王、郡王、國公、郡公、縣公、侯、伯、子、男，凡九等。皇伯叔昆弟、皇子爲親王。置師、友各二人，文學二人，嗣王則無師友。長史、司馬、諮議參軍事、掾屬，各一人，主簿二人，錄事，功曹，記室，戶、倉、兵等曹，騎兵、城局等參軍事，東西閤祭酒，各一人，參軍事四人，法、田、水、鎧、士等曹行參軍各一人，行參軍六人，長兼行參軍八人，典籤二人。

上柱國、嗣王、郡王，無主簿、錄事參軍、東西閤祭酒、長兼行參軍等員，而加參軍事爲五人，行參軍爲十二人。柱國又無騎兵參軍事、水曹行參軍等員，而減參軍事、行參軍各一人。上大將軍又無諮議參軍事，田曹、鎧曹行參軍員，又減行參軍一人。大將軍又無掾屬員，又減參軍事二人。上開府又無法曹、士曹行參軍，參軍事員。開府又無典籤員，減行參

軍二人。上儀同又無功曹、城局參軍事員，又減行參軍二人。儀同又無倉曹員，減行參軍三人。

三師、三公，置府佐，與柱國同。若上柱國任三師、三公，唯從上柱國置。王公已下，三品已上，又並有親信、帳內，各隨品高卑而制員。

諸王置國官。有令、大農各一人，尉各二人，典衞各八人，常侍各二人，侍郎各四人，廟長、學官長各一人，食官，廄牧長、丞，各一人，典府長、丞各一人，舍人各四人等員。上柱國、柱國公，減典衞二人，無侍郎員。侯、伯又減典衞二人，食官、廄牧長各一人。子、男又減尉、典衞、常侍、舍人各一人。上大將軍、大將軍公，同柱國、子、男。上開府、開府公，同大將軍、子、男。其廄牧丞各一人。子、男無令，無典衞，又減舍人一人。其侯、伯減公典衞、侍郎、侯、伯又無常侍，無食官、廄牧丞。子、男又無侍郎、廄牧長。上儀同、儀同公，同開府子、男。其侯、伯又無尉，無學官長。子、男又無廄長、食官長。二王後，置國官，與諸王同。郡王與上柱國公同。國公無上開府已上官者，與開府公同。散郡公與儀同侯、伯同。散縣公與儀同子、男同。大長公主、長公主、公主，並置家令、丞各一人，主簿謁者、舍人各二人等員。郡主唯減主簿員。

雍州，置牧。屬官有別駕，贊務，州都，郡正，主簿，錄事，西曹書佐，金、戶、兵、法、士等曹從事，部郡從事，武猛從事等員。幷佐史，合五百二十四人。

京兆郡，置尹，丞，正，功曹，主簿，金、戶、兵、法、士等曹佐等員。幷佐史，合二百四十四人。

大興、長安縣，置令，丞，正，功曹，主簿，西曹，金、戶、兵、法、士曹等員。幷佐史，合一百四十七人。

上上州，置刺史，長史，司馬，錄事參軍事，功曹，戶、兵等曹參軍事，法、士曹等行參軍，行參軍，典籤，州都光初主簿，郡正，主簿，西曹書佐，祭酒從事，部郡從事，倉督，市令、丞等員。幷佐史，合三百二十三人。上中州，減上上州吏屬十二人。上下州，減上中州十六人。中上州，減上下州二十九人。中中州，減中上州二十人。中下州，減中中州二十人。下上州，減中下州三十二人。下中州，減下上州十五人。下下州，減下中州十二人。

郡，置太守，丞，尉，正，光初功曹，光初主簿，縣正，功曹，主簿，西曹，金、戶、兵、法、士等曹，市令等員。幷佐史，合一百四十六人。上中郡，減上上郡吏屬五人。上下郡，減上中郡四人。中上郡，減上下郡十九人。中中郡，減中上郡六人。中下郡，減中中郡五人。下上郡，減中下郡十九人。下中郡，減下上郡五人。下下郡，減下中郡六人。

縣，置令，丞，尉，正，光初功曹，光初主簿，功曹，主簿，西曹，金、戶、兵、法、士等曹佐，

及市令等員。合九十九人。上中縣，減上上縣吏屬四人。上下縣，減上中縣五人。中上縣，減上下縣十人。中中縣，減中上縣五人。中下縣，減中中縣五人。下上縣，減中下縣十二人。下中縣，減下上縣六人。下下縣，減下中縣五人。

州，置總管者，列爲上中下三等。總管刺史加使持節。

鎭，置將、副。戍，置主、副。關，置令、丞。其制，官屬各立三等之差。

同州，總監、副監各一人，置二丞。統食貨農圃二監、副監。岐州亦置監、副監。諸治亦置三等監。各有丞員。

鹽池，置總監、副監、丞等員。管東西南北面等四監，亦各置副監及丞。隴右牧，置總監、副監、丞，以統諸牧。其驊騮牧及二十四軍馬牧，每牧置儀同及尉、大都督、帥都督等員。驢騾牧，置帥都督及尉。原州羊牧，置大都督幷尉。原州駝牛牧，置尉。又有皮毛監、副監及丞、錄事。又鹽州牧監，置監及副監，置丞，統諸羊牧，牧置尉。苑川十二馬牧，每牧置大都督及尉各一人，帥都督二人。沙苑羊牧，置尉二人。緣邊交市監及諸屯監，每監置監、副監各一人。畿內者隸司農，自外隸諸州焉。

五嶽各置令，又有吳山令，以供其洒掃。

三師、王、三公，爲正一品。

上柱國、郡王、國公、開國郡縣公，爲從一品。

柱國、太子三師、特進、尚書令、左右光祿大夫、開國侯，爲正二品。

上大將軍、尚書左右僕射、雍州牧、金紫光祿大夫，爲從二品。

大將軍，吏部尚書，太常、光祿、衞尉等三卿，太子三少，納言，內史令，左右衞、左右武衞、左右武候、領左右等大將軍，禮部、兵部、都官、度支、工部尚書，宗正、太僕、大理、鴻臚、司農、太府等六卿，上州刺史，京兆尹，祕書監，銀青光祿大夫，開國伯，爲正三品。

上開府儀同三司，散騎常侍，左右衞、武衞、武候、領左右、監門等將軍，國子祭酒，御史大夫，將作大匠，中州刺史，親王師，朝議大夫，爲從三品。

驃騎將軍，開府儀同三司，太常、光祿、衞尉等三少卿，太子左右衞、宗衞、內等率，尚書吏部侍郎，給事黃門侍郎，太子左庶子，宗正、太僕、大理、鴻臚、司農、太府等少卿，下州刺史，已前上階。內史侍郎，太子右庶子，通直散騎常侍，左右監門郎將，朝散大夫，開國子，爲正四品。

上儀同三司，尚書左丞，太子左右衞、宗衞、內等副率，左右監門率，上郡太守，雍州別駕，親王府長史，太子家令，率更令、僕，內侍，城門校尉，已前上階。尚書右丞，上鎮將軍，雍州贊務，直閤將軍，親王府司馬，諫議大夫，爲從四品。

車騎將軍，儀同三司，內常侍，祕書丞，國子博士，散騎侍郎，太子內舍人，太子左右監門副率，員外散騎常侍，上州長史，親王府諮議參軍事，開國男，已前上階。尚食、尚藥典御，上州司馬，爲正五品。

著作郎，通直散騎侍郎，中郡太守，直寢，太子洗馬，中州長史，奉車都尉，已前上階。都水使者，治書侍御史，大興、長安令，大理司直，直齋，太子直閤，京兆郡丞，中州司馬，中鎮將，上鎮副，內給事，駙馬都尉，親王友，員外散騎侍郎，爲從五品。

翊軍、翊師將軍，尚書諸曹侍郎，內史舍人，下郡太守，大都督，親王府掾屬，下州長史，已前上階。四征將軍，征東、征南、征西、征北。三將軍，內軍、鎮軍、撫軍。大理正、監、評，千牛備身左右，左右監門校尉，內尚食典御，符璽監，御府監，殿內監，太子內直監，下州司馬，下鎮將，中鎮副，爲正六品。

四平將軍，平東、平南、平西、平北。四將軍，前軍、後軍、左軍、右軍。通事舍人，親王文學，帥都督，左右領軍府長史，太子直寢，親王府主簿，親王府錄事參軍事，太子門大夫，給事，上縣令，已前上階。冠軍、輔國二將軍，太子舍人，直後，三寺丞，親王府功曹、記室、倉戶曹參軍事，城門直長，太子直齋，太子副直監，太子典內，左右領軍府司馬，下鎮副，爲從六品。

鎮遠、安遠二將軍，員外散騎侍郎，御醫，左右衞、武衞、武候、領左右等府長史，親衞，親王府諸曹參軍事，已前上階。建威、寧朔二將軍，六寺丞，祕書郎，著作佐郎，太子千牛備身，太子備身左右，尚食、尚藥、左右監門等直長，太子通事舍人，左右衞、武衞、武候、領左右等府司馬，都督，太子典膳、藥藏等監，太子齋帥，上戍主，爲正七品。

寧遠、振威二將軍，左右監門府長史，太子左右衞、宗衞等率，左右虞候、左右內率等府長史，符璽、御府、殿內等直長，上州錄事參軍事，左右領軍府掾屬，親王府東西閤祭酒，中縣令，上郡丞，太子親衞，將作丞，勳衞，親王府參軍事，上鎮長史，已前上階。伏波、輕車二將軍，太學、太常二博士，武騎常侍，奉朝請，國子助教，親王府諸曹行參軍，太子直後，太子左右監門直長，大興、長安縣丞，太子侍醫，侍御史，太史令，上州諸曹參軍事，左右監門府、太子左右衞、左右宗衞、左右虞候、左右內率等司馬，上鎮司馬，爲從七品。

宣威、明威二將軍，協律郎，都水丞，殿內將軍，太子左右監門率府長史，別將，下縣令，中郡丞，中州錄事參軍事，上上州諸曹行參軍事，親王府行參軍，左右領軍府錄事參軍事，中鎮長史，太子內坊丞，太子勳衞，已前上階。襄威、厲威二將軍，殿內御史，掖庭、宮闈二令，上署令，公車、郊社、太廟、太祝、平準、太樂、驊騮、武庫、典客、鉤盾、左藏、太倉、左尚方、右尚方、司染、典農、京市、太官、鼓吹。太子左右監門率府司馬，中州諸曹參軍事，左右衞、武衞、武候等府錄事參軍事，左右領軍府諸曹參軍事，內尚食丞，中戍主，上戍副，爲正八品。

威戎、討寇二將軍，四門博士，主書，門下錄事，尚書都事，監察御史，內謁者監，上關令，中署令，太醫、右藏、黃藏、乘黃、龍廄、衣冠、守宮、華林、上林、掌冶、導官、左校、右校、牛羊、典牧。下郡丞，下州錄事參軍事，中州諸曹行參軍，備身，左右衞、武衞、武候、領左右等府諸曹參軍事，左右領軍府諸曹行參軍，太子左右衞、宗衞、率等府錄事參軍事，下鎮長史，太子翊衞，已前上階。盪寇、盪難二將軍，親王府長兼行參軍及典籤，員外將軍，統軍，太子三寺丞，中關令，奚官、內僕二令，下署令，諸陵、崇玄、太卜、車府、清商、司儀、肴藏、良醞、掌醢、甄官、廩犧。上津尉，下州諸曹參軍事，左右衞、武衞、武候等府諸曹行參軍，領左右府鎧曹行參軍，左右監門、太子左右衞、宗衞等率，左右虞候、左右內率等府諸曹參軍事，掌船局都尉，上鎮諸曹參軍事，上縣丞，上郡尉，爲從八品。

殄寇、殄難二將軍，太學助教，太子備身，大理寺律博士，諸校書郎，都水參軍事，內史錄事，內謁者令，內寺伯，中縣丞，下關令，中津尉，下州諸曹行參軍，上州行參軍，左右監門府鎧曹行參軍，太子左右衞、宗衞、虞候府等諸曹行參軍，太子左右內率府鎧曹行參軍，左右領軍府行參軍，中鎮諸曹參軍事，上鎮士曹行參軍，中郡尉，已前上階。掃寇、掃難二將軍，殿內司馬督，太子食官、典倉、司藏等令，尚食、尚醫、軍主、太史、掖庭、宮闈局等丞，上署丞，〔四〕太子左右監門率府諸曹參軍事，中州行參軍，左右衞、武衞、武候等府行參軍，上州

典籤，下戍主，上關丞，太子典膳、藥藏等局丞，下郡尉，典客署掌客，司辰師，爲正九品。

曠野、橫野二將軍，掖庭局宮教博士，太祝，太子廄牧令，太子校書，下縣丞，中署丞，左右監門率府鎧曹行參軍，下州行參軍，中州典籤，左右監門府、太子左右衞、宗衞、虞候、率府等行參軍，正字，太子內坊丞直，中關、上津丞，下鎭諸曹參軍事，中鎭士曹行參軍，上縣尉，已前上階。偏、裨二將軍，四門助教，書算學博士，奉禮郎，員外司馬督，幢主，奚官、內僕等局丞，下署丞，下州典籤，內謁者局丞，中津丞，中縣尉，太子正字，太史監候，太官監膳，御府局監事，左右校及掖庭監作，太史司曆，諸樂師，爲從九品。

又有流內視品十四等：

行臺尚書令，爲視正二品。

上總管、行臺尚書僕射，爲視從二品。

中總管、行臺諸曹尚書，爲視正三品。

下總管，爲視從三品。

行臺尚書左右丞，爲視從四品。

同州總監、隴右牧總監，爲視從五品。

行臺諸曹侍郎，爲視正六品。

上柱國、嗣王、郡王、柱國府長史、司馬、諮議參軍事，鹽池總監，同州、隴右牧總副監，王、二王後國令，爲視從六品。

上大將軍、大將軍府長史、司馬，上柱國、嗣王、郡王、柱國府掾屬，嗣王文學，公國令，王、二王後大農尉、典衞，爲視正七品。

上開府、開府府長史、司馬，上大將軍、大將軍府掾屬，上柱國、嗣王、郡王、柱國府諸曹參軍事，鹽池總副監，鹽州牧監，諸屯監，國子學生，侯、伯國令，公國大農尉、典衞，雍州薩保，爲視從七品。

上儀同儀同府長史、司馬，上大將軍、大將軍府諸曹參軍事，上柱國、嗣王、郡王、柱國府參軍事、諸曹行參軍，行臺諸監，同州諸監，鹽池四面監，皮毛監，岐州監，同州總監、隴右牧監等丞，諸大冶監，雍州州都主簿，子、男國令，侯、伯國大農尉、典衞，王、二王後國常侍，爲視正八品。

行臺尚書都事，上開府、開府府諸曹參軍事，上大將軍、大將軍府參軍事、諸曹行參軍，上柱國、嗣王、郡王、柱國府行參軍，五岳、四瀆、吳山等令，鹽池四面副監，諸皮毛副監，行臺諸副監，諸屯副監，諸中冶監，諸緣邊交市監，鹽池總監丞，諸州州都主簿，雍州西曹書佐、諸曹從事，京兆郡正功曹，太學生，子、男國大農、典衞，爲視從八品。

開府府法曹行參軍，上儀同、儀同府諸曹參軍事，上大將軍、大將軍府行參軍，上柱國、嗣王、郡王、柱國府典籤，同州諸副監，岐州副監，諸小冶監，鹽州牧監丞，諸大冶監丞，諸緣邊交市副監，諸郡正、功曹，京兆郡主簿，諸州西曹書佐、祭酒從事，雍州部郡從事，公國常侍，王、二王後國侍郎，公主家令，諸州胡二百戶已上薩保，爲視正九品。

儀同府法曹行參軍，上開府、開府府行參軍，上大將軍、大將軍府典籤，上儀同、儀同府行參軍，上開府府典籤，行臺諸監丞，鹽池四面監丞，皮毛監丞，諸中冶監丞，四門學生，諸郡主簿，諸州部郡從事，雍州武猛從事，大興、長安縣正、功曹、主簿，侯、伯、子、男國常侍，公國侍郎，爲視從九品。

又有流外勳品、二品、三品、四品、五品、六品、七品、八品、九品之差。又視流外，亦有視勳品、視二品、視三品、視四品、視五品、視六品、視七品、視八品、視九品之差。極於胥吏矣，皆無上下階云。

京官正一品，祿九百石，其下每以百石爲差，至正四品，是爲三百石。從四品，二百五十石，其下每以五十石爲差，至正六品，是爲百石。從六品，九十石，以下每以十石爲差，至從八品，是爲五十石。食封及官不判事者，并九品，皆不給祿。其給皆以春秋二季。刺史、太守、縣令，則計戶而給祿，各以戶數爲九等之差。大州六百二十石，其下每以四十石爲差，

至於下下，則三百石。大郡三百四十石，其下每以三十石爲差，至於下下，則百石。大縣百四十石，其下每以十石爲差，至於下下，則六十石。其祿唯及刺史二佐及郡守、縣令。

三年四月，詔尚書左僕射，掌判吏部、禮部、兵部三尚書事，御史糾不當者，兼糾彈之。尚書右僕射，掌判都官、度支、工部三尚書事，又知用度。餘皆依舊。尋改度支尚書爲戶部尚書，都官尚書爲刑部尚書。諸曹侍郎及內史舍人，並加爲從五品。增置通事舍人十二員，通舊爲二十四員。廢光祿寺及都水臺入司農，廢衞尉入太常尚書省，廢鴻臚亦入太常。罷大理寺監、評及律博士員，加置正爲四人。罷郡，以州統縣，改別駕、贊務，以爲長史、司馬。舊周、齊州郡縣職，自州都、郡縣正已下，皆州郡將縣令至而調用，理時事。至是不知時事，直謂之鄉官。別置品官，皆吏部除授，每歲考殿最。刺史、縣令，三年一遷，佐官四年一遷。佐官以曹爲名者，並改爲司。六年，尚書省二十四司，各置員外郎一人，以司其曹之籍帳。侍郎闕，則釐其曹事。吏部又別置朝議、通議、朝請、朝散、給事、承奉、儒林、文林等八郎，武騎、屯騎、驍騎、游騎、飛騎、旅騎、雲騎、羽騎八尉。其品則正六品以下，從九品以上。上階爲郎，下階爲尉。散官番直，常出使監檢。罷門下省員外散騎常侍、奉朝請、通事令史員，及左右衞、殿內將軍，司馬督，武騎常侍等員。

十二年，復置光祿、衞尉、鴻臚等寺。諸州司以從事爲名者，改爲參軍。

十三年，復置都水臺。國子寺罷隸太常，又改寺爲學。

十四年，諸省各置主事令史員。改九等州縣爲上、中、中下、下，凡四等。

十五年，罷州縣、鄉官。

十六年，內侍省加置內主事員二十人，以承門閤。

十八年，置備身府。

二十年，改將作寺爲監，以大匠爲大監。初加置副監。

仁壽元年，改都水臺爲監，更名使者爲監。罷國子學，唯立太學一所，置博士五人，從五品，學生七十二人。

三年，監門府又置門候一百二十人。

煬帝即位，多所改革。三年定令，品自第一至于第九，唯置正從，而除上下階。罷諸總管，廢三師、特進官。分門下、太僕二司，取殿內監名，以爲殿內省，幷尚書、門下、內史、祕書，以爲五省。增置謁者、司隸二臺，幷御史爲三臺。分太府寺爲少府監。改內侍省爲長秋監，國子學爲國子監，將作寺爲將作監，幷都水監，總爲五監。改左右衞爲左右翊衞，左右備身爲左右騎衞。〔五〕左右武衞依舊名。改領軍爲左右屯衞，加置左右禦。改左右武候

爲左右候衞。是爲十二衞。又改領左右府爲左右備身府，左右監門依舊名。凡十六府。其朝之班序，以品之高卑爲列。品同則以省府爲前後，省府同則以局署爲前後焉。

尚書省六曹，各侍郎一人，以貳尚書之職。又增左、右丞階，與六侍郎，並正四品。諸曹侍郎，並改爲郎。又改吏部爲選部郎，戶部爲人部郎，禮部爲儀曹郎，兵部爲兵曹郎，刑部爲憲部郎，工部爲起部郎，以異六侍郎之名。廢諸司員外郎，而每增置一曹郎，各爲二員。都司郎各一人，品同曹郎，掌都事之職。以都事爲正八品，分隸六尚書。諸司主事，並去令史之名。其令史隨曹閑劇而置。每十令史，置一主事，不滿十者，亦置一人。其餘四省三臺，亦皆曰令史，九寺五監諸衞府，則皆曰府史。後又改主客郎爲司蕃郎。尋又每減一郎，置承務郎一人，同員外之職。

舊都督已上，至上柱國，凡十一等，及八郎、八尉、四十三號將軍官，皆罷之。幷省朝議大夫。自一品至九品，置光祿、從一品。左右光祿、左正二品，右從二品。金紫、正三品。銀青光祿、從三品。正議、正四品。通議、從四品。朝請、正五品。朝散從五品。等九大夫，建節、正六品。奮武、從六品。宣惠、正七品。綏德、從七品。懷仁、正八品。守義、從八品。奉誠、正九品。立信從九品。等八尉，以爲散職。開皇中，以開府儀同三司爲四品散實官，至是改爲從一品，同漢、魏之制，位次王公。門下省減給事黃門侍郎員，置二人，去給事之名，移吏部給事郎名爲門下之職，位次

黃門下。置員四人，從五品，省讀奏案。廢散騎常侍、通直散騎常侍、諫議大夫、散騎侍郎等常員。改符璽監爲郎，置員二人，爲從六品。加錄事階爲正八品。以城門、殿內、尚食、尚藥、御府等五局隸殿內省。十二年，又改納言爲侍內。

內史省減侍郎員爲二人，減內史舍人員爲四人。加置起居舍人員二人，從六品。次舍人下。改通事舍人員爲謁者臺職。減主書員，置四人，加爲正八品。十二年，改內史爲內書。

殿內省置監、正四品。少監、從四品。丞，從五品。各一人，掌諸供奉。又有奉車都尉十二人，掌進御輿馬。統尚食、尚藥、尚衣、尚舍、尚乘、尚輦等六局，各置奉御二人，正五品。皆置直長，以貳之。正七品。尚食直長六人，又有食醫員。尚藥直長四人，又有侍御醫、司醫、醫佐員。尚衣卽舊御府也，改名之，有直長四人。尚舍卽舊殿中局也，改名之，有直長八人。尚乘局置左右六閑：一左右飛黃閑，二左右吉良閑，三左右龍媒閑，四左右騊駼閑，五左右駃騠閑，六左右天苑閑。有直長十四人，又有奉乘十人。尚輦有直長四人，又有掌輦六人。城門置校尉一人，降爲正五品。後又改校尉爲城門郎，置員四人，從六品。自殿內省隸爲門下省官。

祕書省降監爲從二品，增置少監一人。從四品。增著作郎階爲正五品，減校書郎爲十人。改太史局爲監，進令階爲從五品，又減丞爲一人。置司辰師八人，增置監候爲十人。其後

又改監、少監爲令、少令。增祕書郎爲從五品，加置佐郎四人，從六品。以貳郎之職。降著作郎階爲從五品。又置儒林郎十人，正七品。掌明經待問，唯詔所使。文林郎二十人，從八品。掌撰錄文史，檢討舊事。此二郎皆上在藩已来直司學士。增校書郎員四十人，加置楷書郎員二十人，從九品。掌抄寫御書。

御史臺增治書侍御史爲正五品。省殿內御史員，增監察御史員十六人，加階爲從七品。開皇中，御史直宿禁中，至是罷其制。又置主簿、錄事員各二人。五年，又降大夫階爲正四品，減治書侍御史爲從五品；增侍御史爲正七品，唯掌侍從糾察，其臺中簿領，皆治書侍御史主之。後又增置御史，從九品，尋又省。

謁者臺大夫一人，從四品。五年，改爲正四品。掌受詔勞問，出使慰撫，持節察授，及受冤枉而申奏之。駕出，對御史引駕。置司朝謁者二人以貳之。從五品。屬官有丞一人，主簿、錄事各一人等員。又有通事謁者二十人，從六品。卽內史通事舍人之職也。次有議郎二十四人，通直三十六人，將事謁者三十人，謁者七十人，皆掌出使。尋詔門下、內史、御史、司隸、謁者五司，監受表，以爲恒式，不復專謁者矣。尋又置散騎郎，從五品，二十人，承議郎、正六品。通直郎，從六品。各三十人，宣德郎、正七品。宣義郎，從七品。各四十人，徵事郎、正八品。將仕郎、從八品。常從郎、正九品。奉信

郎，從九品。各五十人，是爲正員。並得祿當品。又各有散員郎，無員無祿。尋改常從爲登仕，奉信爲散從。自散騎已下，皆主出使，量事大小，據品以發之。

司隸臺大夫一人，正四品。掌諸巡察。別駕二人，從五品。分察畿內，一人案東都，一人案京師。刺史十四人，正六品。巡察畿外。諸郡從事四十人，副刺史巡察。其所掌六條：一察品官以上理政能不。二察官人貪殘害政。三察豪強姦猾，侵害下人，及田宅踰制，官司不能禁止者。四察水旱蟲災，不以實言，枉徵賦役，及無災妄蠲免者。五察部內賊盜，不能窮逐，隱而不申者。六察德行孝悌，茂才異行，隱不貢者。每年二月，乘軺巡郡縣，十月入奏。置丞、從六品。主簿、從八品。錄事從九品。各一人。後又罷司隸臺，而留司隸從事之名，不爲常員。臨時選京官清明者，權攝以行。

光祿已下八寺卿，皆降爲從三品。少卿各加置二人，爲從四品。諸寺上署令，並增爲正六品，中署令爲從六品，下署令爲正七品。始開皇中，署司唯典掌受納，至是署令爲判首，取二卿判。丞唯知勾檢。令闕，丞判。五年，寺丞並增爲從五品。

太常寺罷太祝署，而留太祝員八人，屬寺。後又增爲十人。奉禮減置六人。太廟署又置陰室丞，守視陰室。改樂師爲樂正，置十人。太卜又省博士員，置太卜卜正二十人，以掌其事。太醫又置醫監五人，正十人。罷衣冠、清商二署。

太僕減驊騮署入殿內尚乘局，改龍廄曰典廄署，有左、右馭皁二廄。加置主乘、司庫、司廩官。罷牛羊署。

大理寺丞改爲勾檢官，增正員爲六人，分判獄事。置司直十六人，降爲從六品，後加至二十人。又置評事四十八人，掌頗同司直，正九品。

鴻臚寺改典客署爲典蕃署。初煬帝置四方館於建國門外，以待四方使者，後罷之，有事則置，名隸鴻臚寺，量事繁簡，臨時損益。東方曰東夷使者，南方曰南蠻使者，西方曰西戎使者，北方曰北狄使者，各一人，掌其方國及互市事。每使者署，典護錄事、敍職、敍儀、監府、監置、互市監及副、參軍各一人。錄事主綱紀。敍職掌其貴賤立功合敍者。敍儀掌小大次序。監府掌其貢獻財貨。監置掌安置其駝馬船車，并糾察非違。互市監及副，掌互市。參軍事出入交易。

司農但統上林、太倉、鉤盾、導官四署，罷典農、華林二署，而以平準、京市隸太府。

太府寺既分爲少府監，而但管京都市五署及平準、左右藏等，凡八署。京師東市曰都會，西市曰利人。東都東市曰豐都，南市曰大同，北市曰通遠。及改諸令爲監，唯市署曰令。

國子監依舊置祭酒，加置司業一人，從四品，丞三人，加爲從六品。并置主簿、錄事各一人。國子學置博士，正五品，助教，從七品，員各一人。學生無常員。太學博士、助教各二人，學生五百人。先是仁壽元年，省國子祭酒、博士，置太學博士員五人，爲從五品，總知學事。至是太學博士降爲從六品。

將作監改大監、少監爲大匠、少匠，丞加爲從六品。統左右校及甄官署。五年，又改大匠爲大監，正四品，少匠爲少監，正五品。十三年，又改監、少監爲令、少令。丞加品至從五品。

少府監置監，從三品，少監，從四品，各一人。丞從五品，二人。統左尚、右尚、內尚、司織、司染、鎧甲、弓弩、掌冶等署。復改監、少監爲令、少令。併司織、司染爲織染署，廢鎧甲、弓弩二署。

都水監改爲使者，增爲正五品，丞爲從七品。統舟楫、河渠二署。舟楫署每津置尉一人。五年，又改使者爲監，四品，加置少監，爲五品。後又改監、少監爲令，從三品，少令，從四品。

長秋監置令一人，正四品，少令一人，從五品，丞二人，正七品。並用士人。改內常侍爲內承奉，置二人，正五品，給事爲內承直，置四人，從五品。並用宦者。罷內謁者官。領掖庭、宮闈、奚官等三署，並參用士人。後又置內謁者員。

十二衞，各置大將軍一人，將軍二人，總府事，并統諸鷹揚府。改驃騎爲鷹揚郎將，正五品；車騎爲鷹揚副郎將，從五品；大都督爲校尉；帥都督爲旅帥；都督爲隊正，增置隊副以貳之。改三衞爲三侍。其直閤將軍、直寢、奉車都尉、駙馬都尉、直齋、別將、統軍、軍主、幢主之屬，並廢。以武候府司辰師員，隸爲太史局官。其軍士，左右衞所領名爲驍騎，左右驍衞所領名豹騎，左右武衞所領名熊渠，左右屯衞所領名羽林，左右禦衞所領名射聲，左右候衞所領名佽飛，而總號衞士。每衞置護軍四人，掌副貳將軍。將軍無則一人攝。尋改護軍爲武賁郎將，正四品，而置武牙郎將六人，副焉，從四品。諸衞皆置長史，從五品。又有錄事參軍，司倉、兵、騎、鎧等員。翊衞又加有親侍。鷹揚府，每府置鷹揚郎將一人，正五品，副鷹揚郎將一人，從五品，各有司馬及兵、倉兩司。其府領親、勳、武三侍，非翊衞府，皆無三侍。鷹揚每府置越騎校尉二人，掌騎士，步兵校尉二人，領步兵，並正六品。外軍鷹揚官並同。

左右候衞增置察非掾二人，專糾彈之事。五年，又改副郎將並爲鷹擊郎將。

左右領左右府，改爲左右備身府，各置備身郎將一人。又各置直齋二人，以貳之，並正四品，掌侍衞左右。統千牛左右、司射左右各十六人，並正六品。千牛掌執千牛刀宿衞，司射掌供御弓箭。置長史，正六品，錄事，司兵、倉、騎，參軍等員，並正八品。有折衝郎將，各三人，正四品，掌領驍果。又各置果毅郎將三人以貳之，從四品。其驍果，置左、右雄武府雄武郎將，

以領之。以武勇郎將爲副員，同鷹揚、鷹擊。有司兵、司騎二局，並置參軍事。

左右監門府，改將軍爲郎將，各置一人，正四品，直閤各六人，正五品。置官屬，並同備身府。又增左右門尉員一百二十人，正六品；置門候員二百四十人，正七品。並分掌門禁守衞。

門下坊減內舍人、洗馬員，各置二人。減侍醫，置二人。改門大夫爲宮門監，正字爲正書。

典書坊改太子舍人爲管記舍人，減置四人。改通事舍人爲宣令舍人，爲八員。家令改爲司府令，內坊承直改爲典直。

左右衞率改爲左右侍率，正四品。改親衞爲功曹，勳衞爲義曹，翊衞爲良曹。罷直齋、直閤員。

左右宗衞率改爲左右武侍率，正四品。

左右虞候開府改爲左右虞候率，正四品，幷置副率。

左右內率降爲正五品。千牛備身改爲司仗左右，備身左右改爲主射左右。各員八人。

左右監門率改爲宮門將，降爲正五品。監門直長改爲直事，置六十人。

開皇中，置國王、郡王、國公、郡公、縣公、侯、伯、子、男爲九等者，至是唯留王、公、侯三等。餘並廢之。

王府諸司參軍，更名諸司書佐，〔六〕屬參軍則直以屬爲名。改國令爲家令。自餘以國爲名者，皆去之。

行宮所在，皆立總監以司之。上宮正五品，中宮從五品，下宮正七品。隴右諸牧，置左、右牧監各一人，以司統之。

罷州置郡，郡置太守。上郡從三品，中郡正四品，下郡從四品。京兆、河南則俱爲尹，並正三品。罷長史、司馬，置贊務一人以貳之。京兆、河南從四品，上郡正五品，中郡從五品，下郡正六品。次置東西曹掾，京兆、河南從五品，上郡正六品，中郡從六品，下郡正七品。主簿，司功、倉、戶、兵、法、士曹等書佐，各因郡之大小而爲增減。改行參軍爲行書佐。舊有兵處，則刺史帶諸軍事以統之，至是別置都尉、副都尉。都尉正四品，領兵，與郡不相知。副都尉正五品。又置京輔都尉，從三品，立府於潼關，主兵領遏。幷置副都尉，從四品。又置諸防主、副官，掌同諸鎭。大興、長安、河南、洛陽四縣令，並增爲正五品。諸縣皆以所管閑劇及衝要以爲等級。丞、主簿如故。其後諸郡各加置通守一人，位次太守，京兆、河南，則謂之內史。又改郡贊務爲丞，位在通守下，縣尉爲縣正，尋改正爲戶曹、法曹，分司以承郡之六司。〔七〕河南、洛陽、長安、大興，則加置功曹，而爲三司，司各二人。郡縣佛寺，改爲道場，道觀改爲玄壇，各置監、丞。京都諸坊改爲里，皆省除里司，官以主其事。

帝自三年定令之後，驟有制置，制置未久，隨復改易。其餘不可備知者，蓋史之闕文云。

校勘記

〔一〕戶部侍郎　「戶部」當作「民部」，唐人諱改。下同。

〔二〕下津每典作一人津長四人　按：唐六典二三作「下津，尉一人」；又「每津，典作一人，津長四人」。此處當有脫文。

〔三〕掌治　「治」原作「冶」，據下文「少府監」條及通典二七改。

〔四〕上署丞　「丞」原作「令」，據通典三九改。

〔五〕左右騎衞　「衞」原作「尉」，據職官分紀三五改。

〔六〕諸司書佐　原脫「書佐」二字，據通典三一補。

〔七〕分司以承郡之六司　「承」原作「丞」，據通典三三改。

隋書卷二十九

志第二十四

地理上

京兆郡　馮翊郡　扶風郡　安定郡　北地郡　上　郡　雕陰郡
延安郡　弘化郡　平涼郡　朔方郡　鹽川郡　靈武郡　榆林郡
五原郡　天水郡　隴西郡　金城郡　枹罕郡　澆河郡　西平郡
武威郡　張掖郡　敦煌郡　鄯善郡　且末郡　西海郡　河源郡
漢川郡　西城郡　房陵郡　清化郡　通川郡　宕渠郡　漢陽郡
臨洮郡　宕昌郡　武都郡　同昌郡　河池郡　順政郡　義城郡
平武郡　汶山郡　普安郡　金山郡　新城郡　巴西郡　遂寧郡
涪陵郡　巴　郡　巴東郡　蜀　郡　臨邛郡　眉山郡　隆山郡

資陽郡　瀘川郡　犍爲郡　越嶲郡　黔安郡

自古聖王之受命也，莫不體國經野，以爲人極。上應躔次，下裂山河，分疆畫界，建都錫社。是以放勛御曆，修職貢者九州，文命會同，執玉帛者萬國。洎乎殷遷夏鼎，周黜殷命，雖質文之用不同，損益之途或革，而封建之制，率由舊章。於是分土惟三，列爵惟五，千里以制畿甸，九服以別要荒。十國爲連，連有帥，倍連爲卒，卒有正。皆所以式固鴻基，蕃屏王室，興邦致化，康俗庇人者歟！周德既衰，諸侯力政，干戈日用，戎馬生郊。强陵弱，衆暴寡，魯滅於楚，鄭滅於韓，田氏篡齊，六卿分晉。其餘弑君亡國，不得守其社稷者，不可勝數。逮于七雄競逐，二帝爭强，疆埸之事，一彼一此。秦始皇據百二之巖險，奮六世之餘烈，力爭天下，蠶食諸侯，在位二十餘年，遂乃削平宇內，懲周氏之微弱，恃狙詐以爲强，蔑棄經典，罷侯置守。子弟無立錐之地，功臣無尺土之賞，身沒而區宇幅裂，及子而社稷淪胥。漢高祖挺神武之宏圖，掃清禍亂，矯秦皇之失策，封建王侯，並跨州連邑，有踰古典，而郡縣之制，無改於秦。逮于孝武，務勤遠略，南兼百越，東定三韓。通邛、筰之險塗，斷匈奴之右臂，雖聲教遠洎，而人亦勞止。昭、宣之後，罷戰務農，戶口既其滋多，郡縣亦有增置。至于平帝，郡國一百有三，戶一千二百二十三萬。〔一〕光武中興，承王莽之餘弊，兵戈不戢，饑疫荐臻，率土遺黎，十纔一二，乃併省郡縣，四百餘所。明、章之後，漸至滋繁，郡縣之數，有加曩日。逮炎靈數盡，三國爭强，兵革屢興，戶口減半。有晉太康之後，文軌方同，大抵編戶二百六十餘萬。〔二〕尋而五胡逆亂，二帝播遷，東晉洎于宋、齊，僻陋江左，苻、姚之與劉、石，竊據中原，事跡糾紛，難可具紀。

梁武帝除暴寧亂，奄有舊吳，天監十年，有州二十三，郡三百五十，縣千二十二。其後務恢境宇，頻事經略，開拓閩、越，克復淮浦，平俚洞，破牂柯，又以舊州遐闊，多有析置。大同年中，州一百七，郡縣亦稱於此。既而侯景構禍，臺城淪陷，墳籍散逸，注記無遺，郡縣戶口，不能詳究。逮于陳氏，土宇彌蹙，西亡蜀、漢，北喪淮、肥，威力所加，不出荊、揚之域。天保之末，總加併省，洎乎國滅，州九十有七，郡一百六十，縣三百六十五，〔三〕戶三百三萬。後齊承魏末喪亂，與周人抗衡，雖開拓淮南，而郡縣僻小。州有四十二，郡唯一百九，縣四百三十八，戶六十萬。周氏初有關中，百度草創，遂乃訓兵教戰，務穀勸農，南清江、漢，西兼巴、蜀，卒能以寡擊衆，戡定强鄰。及于東夏削平，多有省廢。大象二年，通計州二百一十一，郡五百八，縣一千一百二十四。

高祖受終，惟新朝政，開皇三年，遂廢諸郡。洎于九載，廓定江表，尋以戶口滋多，析置州縣。煬帝嗣位，又平林邑，更置三州。既而併省諸州，尋即改州爲郡，乃置司隸刺史，分部巡察。五年，平定吐谷渾，更置四郡。大凡郡一百九十，縣一千二百五十五，戶八百九十萬七千五百四十六，〔四〕口四千六百一萬九千九百五十六。墾田五千五百八十五萬四千四十一頃。其邑居道路，山河溝洫，沙磧鹹鹵，丘陵阡陌，皆不預焉。東西九千三百里，南北萬四千八百一十五里，東南皆至於海，西至且末，北至五原，隋氏之盛，極於此也。

京兆郡開皇三年，置雍州。城東西十八里一百一十五步，南北十五里一百七十五步。東面通化、春明、延興三門，南面啓夏、明德、安化三門，西面延平、金光、開遠三門，北面光化一門。里一百六，市二。大業三年，改州爲郡，故名焉。置尹。統縣二十二，戶三十萬八千四百九十九。

大興開皇三年置。後周于舊郡置縣曰萬年，〔五〕高祖龍潛，封號大興，故至是改焉。有長樂宮。有後魏杜城縣、西霸城縣、西魏山北縣，並後周廢。長安帶郡。有仙都、福陽、太平等宮。有關官。有舊長安城。始平故置扶風郡，開皇三年郡廢。武功後周置武功郡，建德中郡廢。有永豐渠、普濟渠。盩厔後周置周南郡及恒州，又有倉城、溫湯二縣，尋並廢。有司竹園，有宜壽、仙遊、文山、鳳皇等宮。有關官。有太一山。有溫湯。醴泉後魏曰寧夷，西魏置寧夷郡。後周改爲秦郡，後廢，又以新畤、甘泉二縣入焉。開皇十八年改縣名醴泉。有甘泉水、波水、浪水。有九嵕山、溫秀嶺。上宜開皇十七年置。有舊莫西縣，十八年改名好畤，大業三年廢入焉。鄠有甘泉宮。有終南山。有澇水。藍田後周置藍田郡，尋廢郡，及白鹿、玉山二縣入焉。有關官。有滋水。新豐有溫湯。華原後

魏置北雍州，西魏改爲宜州，又置北地郡，尋改爲通川郡。開皇初郡廢，大業初州廢，及土門縣入焉。有沮水、頻山。宜君舊置宜君郡，開皇初郡廢。有清水。同官　鄭後魏置東雍州，并華山郡。西魏改曰華州。開皇初郡廢，大業初州廢。有少華山。渭南後魏置渭南郡，西魏分置靈源、中源二縣，後周郡及二縣並廢入焉。有步壽宮。萬年　高陵後魏曰高陸，大業初改焉。三原後周置建忠郡，建德初郡廢。涇陽舊置咸陽縣，開皇初廢。有茂農渠。雲陽舊置，後周置雲陽郡，開皇初郡廢。有涇水、五龍水、甘水、走馬水。富平舊置北地郡，後周改曰中華郡，尋罷。有荆山。華陰有興德宮。有關官，有京輔都尉。有白渠。有華山。

馮翊郡後魏置華州，西魏改曰同州。統縣八，戶九萬一千五百七十二。

馮翊後魏曰華陰。西魏改爲武鄉，置武鄉郡。開皇初郡廢，大業初改名馮翊，置馮翊郡。有沙苑。韓城開皇十八年置。有關官。有梁山，有鬼谷。郃陽　朝邑後魏曰南五泉，西魏改焉。有長春宮。有關官。有朝坂。澄城後魏置澄城郡，後周併五泉縣入焉。開皇初郡廢。蒲城舊置南、北二白水。西魏改爲蒲城，置白水郡，開皇初郡廢。下邽舊置延壽郡。開皇初郡廢，大業初併蓮勺縣入焉。有金氏陂。白水有五龍山、馬蘭山。

扶風郡舊置岐州。統縣九，戶九萬二千二百二十三。

雍後魏置秦平郡，西魏改爲岐山郡，開皇三年郡廢。大業初置扶風郡。有岐陽宮。岐山後周曰三龍縣，開皇十六年改名焉。又有後魏周城縣，後周廢。有岐山。陳倉後魏曰宛川，西魏改曰陳倉。後周置顯州，尋州縣俱廢。開皇十八年置，曰陳倉。有陳倉山。有關官。虢後魏置武都郡，西魏改縣曰洛邑。後周置朔州，州尋廢。

郡開皇初廢，大業初改縣爲虢。郿舊曰平陽縣，西魏改曰郿城，後周廢入周城縣。開皇十八年改周城爲渭濱，大業二年改爲郿。又後周置雲州，建德中廢。有安仁宮、鳳泉宮。有太白山、五丈原。普閏大業初置。有仁壽宮。有漆水、岐水、杜水。汧源西魏置隴東郡及汧陰縣，後改縣曰杜陽。後周又曰汧陰。開皇三年郡廢，五年縣改曰汧源。又有西魏東秦州，後改爲隴州，大業三年州廢。有關官。有隴山、汧山、汧水。汧陽舊置汧陽郡，後周罷。南由後魏置，西魏改爲鎮，後周復置縣。又有舊長蛇縣，開皇末廢。有關官。有盤龍山。

安定郡舊置涇州。統縣七，戶七萬六千二百八十一。

安定帶郡。鶉觚舊置趙平郡。後周廢郡，并以宜祿縣入焉。大業初分置靈臺縣，二年廢。陰盤後魏置平涼郡，開皇初郡廢。有盧水。朝那西魏置安武郡，及析置安武縣。開皇三年郡縣並廢入焉。良原大業初置。臨涇大業初置，初曰湫谷，尋改焉。華亭大業初置。有隴水、芮水。

北地郡後魏置豳州，西魏改爲寧州。大業初復曰豳州。統縣六，戶七萬六百九十。

定安舊置趙興郡。開皇初郡廢，大業初置北地郡。羅川舊曰陽周，開皇中改焉。又西魏置顯州，後周廢。有橋山。彭原舊曰彭陽。後魏置西北地郡，有洛蟠城。西魏置蔚州，有豐城。西魏置雲州。後周二州並廢。開皇初郡廢，十八年改縣曰彭原。有珊瑚水。襄樂後魏置襄樂郡，後周廢。又西魏置燕州，後周廢。又有子午山。新平舊曰白土，西魏置豳州。開皇四年改縣爲新平，大業初州廢。三水西魏置恒州，尋廢。

上郡後魏置東秦州，後改爲北華州。西魏改爲敷州。大業二年改爲鄜城郡，後改爲上郡。統縣五，戶五萬三千四百八十九。

洛交開皇三年置。大業三年置上郡。內部舊置敷州及內部郡。開皇三年郡廢，大業初州廢。三川舊名長城，西魏改焉。又有利仁縣，尋廢入焉。鄜城後魏曰敷城，大業初改焉。洛川有鄜水。

雕陰郡西魏置綏州。大業初改爲上州。統縣十一，戶三萬六千一十八。

上縣西魏置安寧郡，與安寧、綏德、安人三縣同置。開皇初郡廢，改安人爲吉萬。大業初置雕陰郡，廢安寧、吉萬二縣入。又後周置義良縣，亦廢入焉。大斌西魏置，仍立安政郡。開皇初廢。有平水。延福西魏置，曰延陵。開皇中改焉。儒林後周置銀州，開皇三年改名焉。大業初州廢。眞鄉西魏置。後周置眞鄉郡，開皇初郡廢。開光舊置開光郡，開皇三年郡廢。有圁水。銀城後周置，〔六〕曰石城，後改名焉。城平西魏置。開疆西魏置，有後魏撫寧郡，開皇三年郡廢。撫寧西魏置。綏德西魏置。

延安郡後魏置東夏州。西魏改爲延州，置總管府。開皇中府廢。統縣十一，戶五萬三千九百三十九。

膚施大業三年置，及置延安郡。有豐林山。豐林後魏置，曰廣武，及徧城郡。開皇初郡廢，十八年改爲豐林，大業初又併沃野縣入焉。魏平後魏置，并立朔方郡。後周廢郡，併朔方、政和二縣入焉。〔七〕金明有冶官。有清水。臨眞有西魏神水郡、眞川縣，後周郡廢，大業初廢眞川入焉。延川西魏置，曰文安，及置文安郡。開皇初郡廢，改縣爲延川。延安西魏置，又置義鄉縣。大業中廢義鄉入焉。因城後魏置。後周廢，尋又置。義川西魏置汾州、義川郡，後改州爲丹州。後周改縣爲丹陽。開皇初郡廢，改縣曰義川，又廢樂川郡入。大業初州

廢，又廢雲巖縣入焉。汾川舊曰安平，後周改曰汾川。大業初廢門山縣入焉。咸寧舊曰永寧，西魏改爲太平。開皇中改爲咸寧。

弘化郡西魏置朔州，後周廢。開皇十六年，置慶州。統縣七，戶五萬二千四百七十三。

合水開皇十六年置，大業初置弘化郡。馬嶺大業初置。華池仁壽初置。又西魏置蔚州，後周廢。歸德西魏置恒州，後周廢。有雕水。洛源大業初置。有博水、洱水。弘化開皇十八年置弘州，大業初州廢。弘德大業初置。

平涼郡舊置原州，後周置總管府，大業初府廢。統縣五，戶二萬七千九百九十五。

平高後魏置太平郡，後改爲平高。開皇初郡廢。大業初置平涼郡。有關官。有笄頭山。百泉後魏置長城郡及黄石縣，西魏改黄石爲長城。開皇初郡廢，大業初縣改爲百泉。平涼後周置。有可藍山。會寧西魏置會州，後周廢，開皇十六年置縣。默亭

朔方郡後魏置夏州，後周置總管府，大業初府廢。統縣三，戶一萬一千六百七十三。

巖綠西魏置弘化郡。開皇初廢，大業初置朔方郡。寧朔後周置。長澤西魏置闡熙郡。又有後魏大安郡，及置長州。開皇三年郡廢，又廢山鹿、新囶二縣入焉。大業三年州廢。

鹽川郡西魏置西安州，後改爲鹽州。統縣一，戶三千七百六十三。

五原後魏置郡，曰大興。西魏改爲五原，後又爲大興。開皇初郡廢，大業初置鹽川郡。

靈武郡後魏置靈州，後周置總管府，大業元年府廢。統縣六，戶一萬二千三百三十。

迴樂後周置，帶普樂郡。又西魏置臨河郡。開皇元年改臨河郡曰新昌，三年郡並廢。大業初置靈武郡。弘靜開皇十一年置。有賀蘭山。懷遠後周置，仍立懷遠郡。開皇三年郡廢。靈武後周置，曰建安，後又置歷城郡。開皇三年郡廢，十八年改建安爲廣閏，仁壽元年改名焉。鳴沙後周置會州，尋廢。開皇十九年置環州及鳴沙縣。大業三年州廢。有關官。豐安開皇十年置。

榆林郡開皇二十年，置勝州。統縣三，戶二千三百三十。

榆林開皇七年置。大業初置郡。富昌開皇十年置。金河開皇三年置，曰陽壽，及置油雲縣，又置榆關總管。五年改置雲州總管。十八年改陽壽曰金河，二十年雲州移，二縣俱廢。仁壽二年又置金河縣，帶關。

五原郡開皇五年置豐州，仁壽元年置總管府，大業元年府廢。統縣三，戶二千三百三十。

九原開皇五年置。大業初置郡。永豐開皇五年置。安化開皇十一年置。

天水郡舊秦州。後周置總管府，大業初府廢。統縣六，戶五萬二千一百三十。

上邽故曰上邽，〔八〕帶天水郡。開皇初郡廢，大業初復置郡，縣改名焉。有濛水。冀城後周曰冀城縣，廢入黃瓜縣。〔九〕大業初改曰冀城。有石鼓崖。清水後魏置，及置清水郡。開皇初郡廢。有關官。有分水嶺。秦嶺後魏置，曰伯陽縣。開皇中改焉。隴城舊曰略陽，置略陽郡。開皇二年郡廢，縣改曰河陽。六年改曰隴城。成紀舊廢，後周置。有龍馬城、仙人硤。

隴西郡舊渭州。統縣五，戶一萬九千二百四十七。

襄武帶郡。隴西舊城內陶，〔一〇〕置南安郡。開皇初郡廢，改爲武陽，十年改名焉。渭源有鳥鼠山。有渭水。障後魏置。西魏置廣安郡，後周郡廢。長川後魏置安陽郡，領安陽、烏水二縣。西魏改曰北秦州，後又改曰交州。開皇三年郡廢。十八年改州曰紀州，安陽曰長川。大業初州廢，又廢烏水入焉。

金城郡開皇初，置蘭州總管府，大業初府廢。統縣二，戶六千八百一十八。

金城舊縣曰子城，帶金城郡。開皇初郡廢。大業初改縣爲金城，置金城郡。有關官。狄道後魏置臨洮郡、龍城縣，後周皆廢。又後魏置武始郡，開皇初廢。有白石山。

枹罕郡舊置河州。統縣四，戶一萬三千一百五十七。

枹罕舊置枹罕郡，開皇初郡廢。大業初置郡。有關官。有鳳林山。龍支後魏曰北金城，西魏改焉。有唐述山。大夏有金紐山。水池後魏曰覃川，後周改焉。

澆河郡後周武帝逐吐谷渾，以置廓州總管府。開皇初府廢。統縣二，戶二千二百四十。

河津後周置洮河郡，領洮河、廣威、安戎三縣。開皇初郡廢，併三縣入焉。大業初置澆河郡。有溢水。達化後周置達化郡。開皇初郡廢，併綏遠縣入焉。有連雲山。

西平郡舊置鄯州。統縣二，戶三千一百一十八。

湟水舊曰西都，後周置樂都郡。開皇初郡廢，十八年改縣曰湟水。又有舊浩亹縣，又西魏置龍居、路倉二縣，並後周廢。大業初置西平郡。有土樓山。化隆舊魏曰廣威，西魏置澆河郡，後周廢郡，仁壽初改爲化隆。有拔延山、湟水、盧水。

武威郡舊置涼州，後周置總管府，大業初府廢。統縣四，戶一萬一千七百五。

姑臧舊置武威郡，開皇初郡廢。大業初復置武威郡。又後魏置武安郡、襄武縣，並西魏廢。又舊有顯美縣，後周廢。有第五山。〔一一〕昌松後魏置昌松郡，後周廢郡，以揟次縣入。〔一二〕開皇初改縣爲永世，後改曰昌松。又有後魏魏安郡，後周改置白山縣，尋廢。有白山。番和後魏置番和郡。後周郡廢，置鎮。開皇中爲縣，又併力乾、安寧、廣城、障、燕支五縣之地入焉。有燕支山。允吾後魏置，曰廣武，及置廣武郡。開皇初郡廢，改縣曰邑次，尋改爲廣武，後又改爲邑次。大業初改爲允吾。有青巖山。

張掖郡西魏置西涼州，尋改曰甘州。統縣三，戶六千一百二十六。

張掖舊曰永平縣，後周置張掖郡。開皇初郡廢，十七年縣改爲酒泉。大業初改爲張掖，置張掖郡。又有臨松縣，後周廢。有甘峻山、臨松山、合黎山，有玉石潤、大柳谷。删丹後魏曰山丹，又有西郡、永寧縣。西魏郡廢，縣改爲弱水。後周省入山丹。大業改爲删丹。又後周置金山縣，尋廢入焉。有祁山。有鹽池。有弱水。福祿舊置酒泉郡，開皇初郡廢。仁壽中以置肅州，大業初州尋廢。又後周置樂涫縣，尋廢。有祁連山、崆峒山、崑崙山，有石渠。

敦煌郡舊置瓜州。統縣三，戶七千七百七十九。

敦煌舊置敦煌郡，後周併效穀、壽皇二郡入焉。又併敦煌、鳴沙、平康、效穀、東鄉、龍勒六縣爲鳴沙縣。〔一三〕開皇初郡廢。大業置敦煌郡，改鳴沙爲敦煌。有神沙山、三危山，有流沙。常樂後魏置常樂郡。後周併涼興、大至、冥安、閏泉，合爲涼興縣。開皇初郡廢，改縣爲常樂。有關官。玉門後魏置會稽郡。後周廢郡，併會稽、新鄉、延興爲會稽縣。開皇中改爲玉門，併得後魏玉門郡地。

鄯善郡大業五年平吐谷渾置，置在鄯善城，卽古樓蘭城也。并置且末、西海、河源，總四郡。有蒲昌海、鄯善水。統縣二。

顯武　濟遠

且末郡置在古且末城。有且末水、薩毗澤。統縣二。

肅寧　伏戎

西海郡置在古伏俟城，卽吐谷渾國都。有西王母石窟、青海、鹽池。統縣二。

宣德　威定

河源郡置在古赤水城。有曼頭城、積石山，河所出。有七烏海。統縣二。

遠化　赤水

周禮職方氏：「正西曰雍州。」上當天文，自東井十度至柳八度，爲鶉首。於辰在未，得秦之分野。考其舊俗，前史言之詳矣。化於姬德，則閑田而興讓，習於嬴敝，則相稽而反

脣。斯豈土壤之殊乎？亦政敎之移人也。京兆王都所在，俗具五方，人物混淆，華戎雜錯。去農從商，爭朝夕之利，游手爲事，競錐刀之末。貴者崇侈靡，賤者薄仁義，豪强者縱橫，貧窶者窘蹙。桴鼓屢驚，盜賊不禁，此乃古今之所同焉。自京城至於外郡，得馮翊、扶風，是漢之三輔。其風大抵與京師不異。安定、北地、上郡、隴西、天水、金城，於古爲六郡之地，其人性猶質直。然尙儉約，習仁義，勤於稼穡，多畜牧，無復寇盜矣。雕陰、延安、弘化，連接山胡，性多木强，皆女淫而婦貞，蓋俗然也。平涼、朔方、鹽川、靈武、楡林、五原，地接邊荒，多尙武節，亦習俗然焉。河西諸郡，其風頗同，並有金方之氣矣。

漢川郡舊置梁州。統縣八，戶一萬一千九百一十。

南鄭舊置漢川郡。開皇初郡廢，大業初置郡。又西魏置白雲縣，至是倂入焉。有黃牛山、龍岡山。西舊曰嶓冢，大業初改焉。有關官。有定軍山、百牢山、街亭山、嶓冢山。有漢水。褒城開皇初曰褒內。仁壽九年因失印更給，改名焉。有關官。有女郎山。城固　興勢舊置儻城郡，〔一四〕開皇初郡廢。西鄉舊曰豐寧，置洋州，及洋川郡。開皇初廢郡，大業初廢州，改縣曰西鄉。又舊有懷昌郡，後周廢爲懷昌縣，至是入焉。有洋水。黃金　難江後周置集州及平桑郡。開皇初郡廢，大業初州廢。

西城郡梁置梁州，尋改曰南梁州。西魏改置東梁州，尋改爲金州，置總管府。開皇初府廢。統縣六，戶一萬四千三百四十一。

金川梁初曰上廉，後曰吉陽。西魏改曰吉安，後周以西城入焉。舊有金城、吉安二郡，開皇初並廢。十八年改縣爲吉安。大業三年改曰金川，置西城郡。又後周置洵州，尋廢。有焦陵山。石泉舊曰永樂，置晉昌郡。西魏改郡曰魏昌，尋改永樂曰石泉，析置魏寧縣。後周省魏昌郡入中城郡，又省魏寧縣入石泉縣。洵陽舊置洵陽郡，開皇初郡廢。有洵水。安康舊曰寧都，齊置安康郡，後魏置東梁州，後蕭詧改直州。開皇初郡廢，大業初州廢，縣改曰安康。黃土西魏置淸陽郡。後周改郡，〔一五〕置縣曰長岡。後郡省入甲郡，〔一六〕置縣曰黃土，倂赤石、甲、臨江三縣入焉。開皇初郡廢。豐利梁置南上洛郡，西魏改郡曰豐利。後周省郡入上津郡，以熊川、陽川二縣入豐利，後又廢上津郡入甲郡。有天心水。

房陵郡西魏置光遷國。後周國廢，置遷州。大業初改名房州。統縣四，戶七千一百六。

光遷舊曰房陵，置新城郡。梁末置岐州，後周郡縣並改爲光遷。又有舊綏州，開皇初，與郡並廢。大業初置房陵郡。有房山、霍水。永淸舊曰大洪，後周改焉。有照珠山、百武山、沮水、汎水。竹山梁曰安城，西魏改焉，置羅州。開皇十八年改曰房州，大業初州廢。有花林山、懸鼓山。上庸梁曰新豐，西魏改焉。後周改曰孔陽。開皇十八年復曰上庸。

淸化郡舊置巴州。統縣十四，戶一萬六千五百三十九。

化成梁曰梁廣，仍置歸化郡。後周改縣曰化成。開皇初郡廢。大業初置淸化郡。曾口梁置。淸化梁置，曰伏彊，有木門郡。開皇三年郡廢，七年縣改曰淸化。有伏强山、淸水。盤道梁置，曰難江。西魏改焉。有龍腹山。永穆梁置，曰永康，又有萬榮郡。開皇初郡廢，十八年縣改名焉。歸仁梁置，曰平州縣。後周改曰同昌，開皇中改名焉。始寧梁置，并置遂寧郡。開皇初郡廢。有始寧山。其章梁置。恩陽梁置，曰義陽。開皇末改。長池後周置，曰曲細。開皇末改焉。符陽舊置其章郡，開皇初廢。白石有文山。安固梁置。後周置蓬州，大業初州廢。有大蓬山。伏虞梁置，曰宣漢，及置伏虞郡。開皇初郡廢，十八年改焉。

通川郡梁置萬州，西魏曰通州。〔一七〕統縣七，戶一萬二千六百二十四。

通川梁曰石城，置東關郡。開皇初郡廢。大業初置通川郡。三岡梁置，屬新安郡。西魏改郡曰新寧。開皇初郡廢。石鼓西魏置遂州。後周廢州，置臨淸郡。開皇初廢郡。東鄉西魏置石州。後周廢州，置三巴郡。開皇初郡廢。宣漢西魏置并州及永昌郡。開皇三年郡廢，五年州廢。西流後魏曰漢興。西魏改焉，又置開州，及周安、萬安、江會三郡。後周省江會入周安。開皇初郡並廢，大業初州廢。萬世後周置，及置萬世郡。開皇初郡廢。

宕渠郡梁置渠州。統縣六，戶一萬四千三十五。

流江後魏置縣，及置流江郡。開皇初郡廢，大業初置宕渠郡。賨城舊曰始安，開皇十八年改焉。鄰水梁置縣，并置鄰州。後魏改鄰山郡，開皇初郡廢。宕渠梁置，并置境陽郡。開皇初郡廢。咸安梁置，曰綏安。開皇末改名焉。墊江西魏置縣及容川、容山郡。後周改爲魏安縣。開皇初郡廢，十八年縣改名焉。

漢陽郡後魏曰南秦州，西魏曰成州。統縣三，戶一萬九百八十五。

上祿舊置仇池郡，後魏置倉泉縣，後周廢階陵、豐川、建平、城階四縣入焉。開皇初郡廢，大業初置漢陽郡，改縣曰上祿。有百頃堆。潭水西魏置潭水郡。後周郡廢，并廢甘若、相山、武定三縣入焉。長道後魏置漢陽郡。後周郡廢，又省水南縣入焉。開皇初郡廢，十八年改曰長道。

臨洮郡後周武帝逐吐谷渾，以置洮陽郡，尋立洮州。開皇初郡廢。統縣十一，戶二萬八千九百七十一。

美相後周置縣，及置洮陽郡。開皇初郡廢，併洮陽縣入焉。大業初置臨洮郡。疊川後周置疊州、疊川縣。開皇四年置總管府，大業元年府廢。有洮水、流水。合川後周置，仍立西疆郡。開皇初郡廢。有白嶺山。樂川後周置。歸政開皇二年置，仍立驪澤郡，三年廢。又後周立弘州及開遠、河濱二郡。開皇初州郡並廢。洮源後周置，曰金城，并立旭州，又置通義郡。開皇初郡廢，十八年縣改爲美俗。大業初州廢，縣改名焉。洮陽後周置，曰廣恩，并置廣恩郡。開皇初郡廢，仁壽元年，改縣爲洮河，大業初改曰洮陽。臨潭後周曰汎潭，開皇十一年改名焉。臨洮西魏置，曰溢樂，并置岷州及同和郡。開皇初郡廢，大業初州廢，更名縣曰臨洮。又後周置祐川郡、基城縣，尋郡縣俱廢。有岷山、崆峒山。當夷後周置。又立洪和郡，郡尋廢。又置博陵郡及博陵、寧人二縣。開皇初併入。和政後周置洮城郡，尋廢。

宕昌郡後周置宕昌國，天和元年置宕州總管府。開皇四年府廢。統縣三，戶六千九百九十六。

良恭後周置，初曰陽宕，置宕昌郡。開皇初郡廢，十八年改名焉。大業初置宕昌郡。和戎後周置。有良恭山。懷道後周置甘松郡，開皇初郡廢。

武都郡西魏置武州。統縣七，戶一萬七百八十。

將利舊曰石門，西魏改曰安育。後周改曰將利，置武都郡，後改曰永都郡。開皇初郡廢，大業初置武都郡。又有東平縣，後周併入焉。有河池水。建威後魏置白水郡，後廢，改爲白水縣。西魏復立郡，改爲綏戎。後周郡廢，改爲建威縣，幷廢洪化縣入焉。又西魏有孔堤郡及縣，後周並廢。覆津後魏初曰甀當，置武階郡。西魏又置覆津縣，及置萬郡，統赤萬、〔一八〕接難、五部三縣。後周一郡三縣幷甀當，並廢入焉。開皇初武階郡又廢。盤堤西魏置，曰南五部縣，後改名焉；幷立武陽郡及茄蘆縣。後周郡廢，縣併入焉。長松西魏置，初曰建昌，置文州及盧北郡。開皇初郡廢，十八年縣改曰長松，大業初州廢。曲水西魏置。正西西魏置。

同昌郡西魏逐吐谷渾，置鄧州。開皇七年改曰扶州。統縣八，戶一萬二千二百四十八。

尙安西魏置縣及鄧寧郡。開皇初郡廢，大業初置同昌郡。有黑水。鉗川西魏置。有鉗川山。有白水。帖夷西魏置，又置昌寧郡。開皇三年郡廢。同昌西魏置。有鄧至山，云鄧艾所至，故名焉。嘉誠後周置縣幷龍涸郡及扶州總管府。開皇初府廢，三年郡廢，七年州廢。有雪山。封德後魏置，又立芳州，有深泉郡。開皇初郡廢，又省理定縣入焉。大業初州廢。常芬後周置，及立恒香郡。開皇初郡廢。有弱水。金崖後周置。

河池郡後魏置南岐州，後周改曰鳳州。統縣四，戶一萬一千二百二。

梁泉舊曰故道，後魏置郡，曰固道，縣曰涼泉，尋改曰梁泉。西魏改郡曰歸眞。後周廢郡，又廢龍安、商樂二縣入。大業初置郡。兩當後魏置，及立兩當郡。開皇初郡廢。河池後魏曰廣化，幷置廣化郡。開皇初郡廢，仁壽初縣改名焉。又後魏置思安縣，大業初省入。有河池水。同谷舊曰白石，置廣業郡。西魏改曰同谷，後周置康州。開皇初郡廢，大業初州廢。又有泥陽縣，西魏廢。

順政郡後魏置東益州，梁爲武興蕃王國，西魏改爲興州。統縣四，戶四千二百六十一。

順政舊曰略陽。西魏置郡，曰順政，縣曰漢曲；又置仇池縣，後改曰靈道。開皇初郡廢。十八年，縣改名焉。大業初置郡，又省靈道縣併入。鳴水西魏置，曰落叢，幷置落叢郡。開皇初郡廢。六年，縣改爲廚北。八年，改曰鳴水。長舉西魏置，又立盤頭郡。後周廢郡。有鳳溪水。修城舊置修城郡，縣曰廣長。後周郡廢，又廢下辨縣入。仁壽初，縣改名焉。又西魏置柏樹縣，後周廢。

義城郡後魏立益州，世號小益州。梁曰黎州。西魏復曰益州，又改曰利州，置總管府。大業初府廢。統縣七，戶一萬五千九百五十。

緜谷舊曰興安，置晉壽郡。開皇初郡廢。十八年，縣改名焉。大業初置郡。又有華陽郡，梁置華州。西魏並廢。有龍門山。益昌 義城西魏置。葭萌後魏曰晉安，置新巴郡。開皇初郡廢。十八年，縣改名焉。大業初又併恩金縣入焉。岐坪 景谷舊曰白水，置平興郡。後周省東洛郡入。開皇初郡廢，縣改名平興。十八年，改曰景谷。大業初又省魚盤縣入焉。有關官。有木馬山、良珠山。有湅水。嘉川舊置宋熙郡，開皇初廢。

平武郡西魏置龍州。統縣四，戶五千四百二十。

江油後魏置江油郡，開皇三年郡廢，大業初置郡。有關官。馬盤後魏置馬盤郡，開皇三年郡廢。平武梁末，李文智自立爲藩王，西魏廢爲縣。有涪水、潺水。方維舊曰秦興，置建陽郡。開皇初郡廢，縣改名焉。

汶山郡後周置汶州。開皇初改曰蜀州，尋爲會州，置總管府。大業初府廢。統縣十一，戶二萬四千一百五十九。

汶山舊曰廣陽。梁改爲北部都尉，置繩州、北部郡。後周改曰汶州。開皇初郡廢，仁壽元年改名焉。北川後周置。有龍泉水、鷹門山、〔一九〕襄陽山。汶川後周置汶山郡，開皇初郡廢。交川開皇初置。有關官。通化開皇初置，曰金川，仁壽初改名焉。左封後周置，曰廣年，及置廣年郡、左封郡。開皇初郡並廢。仁壽初縣改名焉。又周置翼州，大業初廢。有汶山。平康後周置。有羊腸山。翼水後周置，曰龍求，及置清江郡。開皇初郡廢，縣改曰清江。十八年，又改名焉。翼針後周置，及翼針郡。開皇初郡廢。有石鏡山。江源後周置。通軌後周置縣及覃州，幷覃川、榮鄉二郡。開皇初郡廢，四年州廢。有甘松山。

普安郡梁置南梁州，後改爲安州。西魏改爲始州。統縣七，戶三萬一千三百五十一。

普安舊曰南安。西魏改曰普安，置普安郡。開皇初郡廢，大業初置郡焉。永歸舊曰白水，西魏改焉。黃安舊曰華陽，西魏改焉，又置黃原郡。開皇初郡廢。陰平宋置北陰平郡，魏置龍州。西魏改郡爲陰平，又名縣焉。後周從江油郡，〔二〇〕改曰靜龍，縣曰陰平。開皇初郡廢。梓潼舊曰安壽，西魏置潼川郡。開皇初郡廢。大業初縣改名焉。有五婦山。武連舊曰武功，置輔劍郡。西魏改郡曰安都，縣曰武連。開皇初郡廢。臨津舊曰胡原，開皇七年改焉。

金山郡西魏置潼州。開皇五年，改曰緜州。統縣七，戶三萬六千九百六十三。

巴西舊曰涪，置巴西郡。西魏改縣曰巴西。開皇初郡廢。大業初置金山郡。有鹽井。昌隆有雲臺山。涪城舊置始平郡，西魏改郡爲涪城，後周又改曰安城。開皇初郡廢，改縣曰安城。十六年，改爲涪城。魏城西魏置。萬安舊曰孱亭，西魏改名焉，置萬安郡。開皇初郡廢。神泉舊曰西充國，開皇六年改名焉。金山舊置益昌、晉興二縣，西魏省晉興入益昌，後周別置金山。開皇四年，省益昌入金山。

新城郡梁末置新州。開皇末改曰梓州。統縣五，戶三萬七百二十七。

郪舊曰伍城。西魏改曰昌城，仍置昌城郡。開皇初郡廢。大業初置新城郡，改縣名焉。射洪西魏置，曰射江，後周改名焉。鹽亭西魏置鹽亭郡。開皇初郡廢，有高渠縣。大業初併入焉。通泉舊曰通泉，置西宕渠郡。西魏改郡、縣俱曰湧泉。開皇初郡廢，縣改名，又併光漢縣入焉。飛烏開皇中置。

巴西郡梁置南梁、北巴州，西魏置隆州。統縣十，戶四萬一千六十四。

閬內梁置北巴郡，後魏平蜀，置盤龍郡，開皇初郡廢。大業初置巴西郡。有盤龍山、天柱山、靈山。南部舊曰南充國，梁曰南部，西魏置新安郡，後周郡廢。蒼溪舊曰漢昌，開皇末改名焉。南充舊曰安漢，置宕渠郡。開皇初郡廢。十八年，縣改名焉。相如梁置梓潼郡，後魏郡廢。西水梁置掌天郡，西魏改曰金遷，開皇初郡廢。晉城舊曰西充國，梁置木蘭郡。西魏廢郡，改縣名焉。有閬水。奉國梁置白馬、義陽二郡，開皇初郡廢，幷廢義陽縣入焉。儀隴梁置，幷置隆城郡。開皇初郡廢。大寅梁置。

遂寧郡後周置遂州。仁壽二年，置總管府。大業初府廢。統縣三，戶一萬二千六百二十二。

方義梁曰小溪，置東遂寧郡。西魏改縣名焉。後周改郡曰石山。開皇初郡廢。大業初置遂寧郡。 青石舊曰晉興，西魏改名焉，又置懷化郡。開皇初郡廢。 長江舊曰巴興，西魏改名焉，又置懷化郡。開皇初郡廢。

涪陵郡西魏置合州。開皇末改曰涪州。統縣三，戶九千九百二十一。

石鏡舊曰墊江，置宕渠郡。西魏改郡爲墊江，縣爲石鏡。開皇初郡廢。大業初置涪陵郡。 漢初梁置新興郡，西魏改郡曰清居，名縣曰漢初。開皇初郡廢。 赤水開皇八年置。

巴郡梁置楚州。開皇初改曰渝州。統縣三，戶一萬四千四百二十三。

巴舊置巴郡，後周廢枳、墊江二縣入焉。開皇初郡廢。大業初置巴郡。 江津舊曰江州縣。西魏改爲江陽，置七門郡。開皇初郡廢。十八年，縣改名焉。 涪陵舊曰漢平，置涪陵郡。開皇初郡廢。十三年，縣改名焉。

巴東郡梁置信州，後周置總管府，大業元年府廢。統縣十四，戶二萬一千三百七十。

人復舊置巴東郡，縣曰魚復。西魏改曰人復。開皇初郡廢。大業初，置巴東郡。有鹽井、白鹽山。 雲安舊曰朐䏰，後周改焉。 南浦後周置安鄉郡，後改縣曰安鄉，改郡曰萬川。開皇初郡廢。十八年，縣改名焉。 梁山西魏置。有高梁山。有紵溪。 大昌後周置永昌郡，尋廢，又廢北井縣入焉。 巫山舊置建平郡，開皇初郡廢。有巫山。 秭歸後周曰長寧，置秭歸郡。開皇初郡廢，改縣曰秭歸。 巴東舊曰歸鄉，梁置信陵郡。後周郡廢，縣改曰樂鄉。開皇末，又改名焉。有巫峽。 新浦後周置周安郡，開皇初郡廢。 盛山梁曰漢豐，西魏改爲永寧，開皇末，曰盛山。 臨江梁置臨江郡，後周置臨州。開皇初郡廢，大業初州廢。有平都山。有彭溪。 武寧後周置南州、南都郡、源陽縣，後改郡曰懷德，縣曰武寧。開皇初州郡並廢入焉。 石城開皇初置庸州，大業初州廢。 務川開皇末置。

蜀郡舊置益州，開皇初廢。後周置總管府。開皇二年，置西南道行臺省，三年，復置總管府，大業元年府廢。統縣十三，戶十萬五千五百八十六。

成都舊置蜀郡，又有新都縣。梁置始康郡，西魏廢始康郡。開皇初廢蜀郡，并廢新繁入焉。十八年，改新都曰興樂。大業初置蜀郡，省興樂入焉。舊置懷寧、晉熙、宋興、宋寧四郡，至後周並廢。有武檐山。 雙流舊曰廣都，置寧蜀郡，後周郡廢。仁壽元年改縣曰雙流。有女伎山。 新津後周置，并置犍爲郡。開皇初郡廢。大業初又廢僰道縣入焉。 晉原舊曰江原，及置江原郡。後周廢郡，縣改名焉。 清城〔一二〕舊置齊基郡，後周廢爲清城縣。有鳴鵠山、清城山。 九隴舊曰晉壽，梁置東益州。後周州廢，置九隴郡，并改縣曰九隴。仁壽初置濛州。開皇初郡廢，并隴泉、興固、青陽三縣入焉。大業初州廢。有太山、道場山。 緜竹舊置晉熙郡及長楊、南武都二縣。後周併二縣爲晉熙，後又廢晉熙入陽泉。開皇初郡廢，十八年改爲孝水，大業二年改曰緜竹。有治官。有緜水。有鹿堂山。 郫西魏分置溫江縣，開皇初省入。仁壽初復置萬春縣，大業初又廢入焉。有金山、平樂山、天彭門。 玄武舊曰伍城，後周置玄武郡。開皇初郡廢，改縣名焉。仁壽初置凱州，大業初廢。有三堆山、郪江。 雒舊曰廣漢，又置廣漢郡。開皇初郡廢。十八年，改曰緜竹。大業初改名雒焉。又有西遂寧郡、南陰平郡。後周廢西遂寧，改爲懷中，南陰平郡曰南陰平縣，尋並廢。 陽安舊曰牛鞞，西魏改名焉，并置武康郡。開皇初郡廢。仁壽初置簡州，大業初州廢。有鹽井。 平泉西魏置，曰婆閏。開皇十八年，改名焉。 金泉西魏置縣及金泉郡。後周廢郡，并廢白牟縣入焉。有昌利山、銅官山、石城山。

臨邛郡舊置雅州。統縣九，戶二萬三千三百四十八。

嚴道西魏置，曰始陽縣，置蒙山郡。開皇初郡廢。十三年，改曰蒙山，尋置雅州。大業置臨邛郡，縣改名焉。有邛來山。 名山舊曰蒙山。開皇十三年，改始陽曰蒙山，改蒙山曰名山。 盧山仁壽末置。 依政西魏置，及置邛州，大業初廢。 臨邛舊置臨邛郡，開皇初廢。有火井。 蒲江西魏置，曰廣定，及置蒲原郡。開皇初郡廢。仁壽初縣改名焉。 蒲溪西魏置。 沈黎後周置黎州，尋并縣廢。開皇中置縣。仁壽末置登州，大業初州廢。 漢源大業初置。

眉山郡西魏曰眉州。後周曰青州，後又曰嘉州。大業二年又改曰眉州。統縣八，戶二萬三千七百九十九。

龍遊後周置，曰峨眉，及置平羌郡。開皇初郡廢。九年改縣爲青衣。平陳日，龍見水，隨軍而進，十年改名焉。 平羌後周置，仍置平羌郡。開皇初郡廢。 夾江開皇三年置。 峨眉開皇十三年置。有峨眉山、綏山。 通義舊置齊通郡及青州。西魏改州曰眉州。開皇初郡廢，改齊通曰廣通。仁壽元年改爲通義。大業初州廢。 青神後周置，并置青神郡。開皇初郡廢。 丹稜後周置，曰齊樂。開皇中改名焉。 洪雅開皇十三年置。

隆山郡西魏置陵州。統縣五，戶一萬一千四百四十二。

仁壽梁置懷仁郡，西魏改縣曰普寧。開皇初郡廢，十八年縣改名焉。又西魏置蒲亭。〔一三〕大業初置隆山郡，蒲亭併入焉。有鹽井。 貴平西魏置，又立和仁郡。後周又廢可曇、平井二縣入焉。開皇初郡廢。大業初，又廢籍縣入焉。〔一四〕 井研 始建開皇十一年置。有鐵山。 隆山舊曰犍爲，置江州。西魏改縣曰隆山。後周省州，置隆山郡。開皇初郡廢，又併江陽縣入焉。有治官。有鼎鼻山。

資陽郡西魏置資州。統縣九，戶二萬五千七百二十二。

盤石後周置縣及資中郡，開皇初郡廢。大業初置資陽郡。 內江後周置。 威遠開皇初置。 大牢開皇十三年置。 安岳後周置，并置普州。大業初州廢。 普慈後周置郡曰普慈，縣曰多業。開皇初郡廢。十三年，縣改名焉。 安居後周置，曰柔剛，及置安居郡。開皇初郡廢。十三年，縣改名焉。 隆康後周置，曰永康。開皇十八年改焉。 資陽後周置。

瀘川郡梁置瀘州。仁壽中置總管府，大業初府廢。統縣五，戶一千八百二。

瀘川舊曰江陽，并置江陽郡。開皇初郡廢。大業初置瀘川郡，縣改名焉。 富世後周置，及置洛源郡。開皇初郡廢。 江安舊曰漢安，開皇十八年改名焉。 合江後周置。 緜水梁置。有緜溪。

犍爲郡梁置戎州。統縣四，戶四千八百五十九。

僰道後周置，曰外江。大業初改曰僰道，置犍爲郡。 犍爲後周置，曰武陽。開皇初改焉。 南溪梁置，曰南

廣，及置六同郡。開皇初郡廢。仁壽初縣改名焉。開邊開皇六年置，七年廢訓州入焉。大業初廢恭州、協州入焉。

越巂郡後周置嚴州。開皇六年改曰西寧州，十八年又改曰巂州。統縣六，戶七千四百四十八。

越巂帶郡。邛都　蘇祗舊置亮善郡，開皇初郡廢。有孫水。可泉舊宣化郡，開皇初廢。臺登舊置白沙郡。〔二四〕開皇初郡廢。邛部舊置邛部郡，又有平樂郡。開皇初並廢。有嶲山。

牂柯郡開皇初，置牂州。統縣二。

牂柯帶郡。賓化

黔安郡後周置黔州，不帶郡。統縣二，戶一千四百六十。

彭水開皇十三年置。有伏牛山。出鹽井。涪川開皇五年置。

梁州於天官上應參之宿。周時梁州，以併雍部。及漢，又析置益州。在禹貢，自漢川以下諸郡，皆其封域。漢中之人，質樸無文，不甚趨利。性嗜口腹，多事田漁，雖蓬室柴門，食必兼肉。好祀鬼神，尤多忌諱，家人有死，輒離其故宅。崇重道教，猶有張魯之風焉。每至五月十五日，必以酒食相饋，賓旅聚會，有甚於三元。傍南山雜有獠戶，富室者頗參夏人為婚，衣服居處言語，殆與華不別。西城、房陵、清化、通川、宕渠，地皆連接，風俗頗同。漢陽、臨洮、宕昌、武都、同昌、河池、順政、義城、平武、汶山，皆連雜氐羌。人尤勁悍，性多質

直。皆務於農事，工習獵射，於書計非其長矣。蜀郡、臨邛、眉山、隆山、資陽、瀘川、巴東、遂寧、巴西、新城、金山、普安、犍為、越巂、牂柯、黔安，得蜀之舊域。其地四塞，山川重阻，水陸所湊，貨殖所萃，蓋一都之會也。昔劉備資之，以成三分之業。自金行喪亂，四海沸騰，李氏據之於前，譙氏依之於後。當梁氏將亡，武陵憑險而取敗，後周之末，王謙負固而速禍。故孟門不祀，古人所以誡焉。其風俗大抵與漢中不別。其人敏慧輕急，貌多蕞陋，頗慕文學，時有斐然，多溺於逸樂，少從宦之士，或至耆年白首，不離鄉邑。人多工巧，綾錦雕鏤之妙，殆侔於上國。貧家不務儲蓄，富室專於趨利。其處家室，則女勤作業，而士多自閑，聚會宴飲，尤足意錢之戲。小人薄於情禮，父子率多異居。其邊野富人，多規固山澤，以財物雄役夷、獠，故輕為姦藏，權傾州縣。此亦其舊俗乎？又有獽狿蠻賨，其居處風俗，衣服飲食，頗同於獠，而亦與蜀人相類。

校勘記

〔一〕戶一千二百二十三萬　「千」下原脫「二百」。楊守敬隋書地理志考證以下簡稱楊考「漢志漢書地理志作一千二百二十三萬三千六十二，晉志晉書地理志同。」今據補。本志的校勘，采用楊考者較多，除必須說明者外，以下校記不一一注明。

〔二〕二百六十餘萬　晉書地理志上，太康元年平吳，大凡戶二百四十五萬九千八百四十。

〔三〕洎乎國滅州九十有七郡一百六十縣三百六十五　周書武帝紀下，建德六年關東平，合州五十五，郡一百六十二，縣三百八十五。北史周紀同。

〔四〕縣一千二百五十五戶八百九十萬七千五百四十六　按：據本志各郡分列的縣數和戶數統計，縣一千二百五十二，戶九百零七萬五千七百九十一。

〔五〕後周于舊郡置縣曰萬年　原脫「于」字，據楊氏所見宋本增。

〔六〕後周置　元和郡縣圖志以下簡稱元和志四，「後周」上應有「舊圓陰」三字。

〔七〕政和　原作「和政」，據魏書地形志上改。

〔八〕故曰上邽　廿二史考異：「當云『故曰上封』。後魏避道武帝嫌名（珪），改上邽為上封。」

〔九〕廢入黃瓜縣　按前後文例，「廢」上當有「尋」字。

〔一〇〕舊城內陶　廿二史考異：「『城』當作『曰』。」

〔一一〕第五川　「第」原作「茅」。楊考：「據前涼錄，『茅』疑『第』訛。」按：太平寰宇記以下簡稱寰宇記五二正作「第」，今據改。

〔一二〕搢次縣　原作「榆次」。考異：「『榆次』當作『搢次』，因并州有榆次縣，相涉而誤。」按：漢書地理志下正作「搢次」，今據改。

〔一三〕龍勒　「勒」原作「勤」，據漢書地理志下、續漢書郡國志五改。

〔一四〕儻城郡　「城」原作「成」，據周書楊㯹傳、寰宇記一三八改。

〔一五〕後周改郡　當作「後周改黃土郡」。

〔一六〕甲郡　楊考：「『甲』上疑脫『上』字。下『併赤石、甲、臨江三縣入焉』及監利縣注『入甲郡』，並同。」

〔一七〕西魏曰通州　「州」原作「川」，據寰宇記一三七改。

〔一八〕赤萬　「萬」原作「方」，「方」當卽「萬」（万）字之訛，據魏書地形志下改。

〔一九〕鷹門山　「鷹」原作「雁」。寰宇記七八：「鷹門山在汶山縣北二十里。山多鷹栖，故名。」今據改。

〔二〇〕後周從江油郡　楊考：「案『周』為『州』之誤，『從』為『從』之誤。」

〔二一〕清城　輿地廣記三〇：「開元十八年去水，作青城。」

〔二二〕蒲亭　原作「蒱縣」，據舊唐書地理志四、寰宇記八五改。

〔二三〕籍縣　「籍」原作「藉」。元和志三三：「本漢武陽縣地。周閔帝於此置籍縣，因蜀先主籍田地為名。」大業二年省。今據改。

〔二四〕舊置白沙郡　「白」原作「曰」，據輿地廣記三〇改。

隋書卷三十

志第二十五

地理中

河南郡　滎陽郡　梁　郡　譙　郡　濟陰郡　襄城郡　潁川郡
汝南郡　淮陽郡　汝陰郡　上洛郡　弘農郡　淅陽郡　南陽郡
淯陽郡　淮安郡　東　郡　東平郡　濟北郡　武陽郡　渤海郡
平原郡　信都郡　清河郡　魏　郡　汲　郡　河內郡　長平郡
上黨郡　河東郡　絳　郡　文城郡　臨汾郡　龍泉郡　西河郡
離石郡　鴈門郡　馬邑郡　定襄郡　樓煩郡　太原郡　襄國郡
武安郡　趙　郡　恒山郡　博陵郡　河間郡　涿　郡　上谷郡
漁陽郡　北平郡　安樂郡　遼西郡　北海郡　齊　郡　東萊郡

高密郡

河南郡舊置洛州。大業元年移都，改曰豫州。東面三門，北曰上春，中曰建陽，南曰永通。南面二門，東曰長夏，正南曰建國。里一百三，市三。三年改爲郡，置尹。統縣十八，戶二十萬二千二百三十。

河南帶郡。有關官。有郟山。有瀍水。洛陽有漢已來舊都。後魏置司州，東魏改曰洛州。後周置東京六府、洛州總管。開皇元年改六府，置東京尚書省。其年廢東京尚書省。二年廢總管，置河南道行臺省。三年廢行臺，以洛州刺史領總監。十四年於金墉城別置總監。煬帝即位，廢省。舊河南縣，東魏遷鄴，改爲宜遷縣。後周復曰河南。大業元年徙入新都。又東魏置洛陽郡、河陰縣。開皇初郡並廢，又析置伊川縣。大業初河陰、伊川二縣併入焉。閿鄉舊曰湖城，開皇十六年改焉。有王澗、全鳩澗、〔一〕秦山。桃林開皇十六年置。有上陽宮。有淄水。陝後魏置，及置陜州、恒農郡。後周又置崤郡。開皇初郡並廢。大業初州廢，置弘農宮。有常平倉、溫湯。有砥柱。熊耳後周置，及同軌郡。開皇初郡廢。又有後魏崤縣，大業初廢入。有二崤。有天柱山、大頭山、硤石山、穀水。澠池後周置河南郡，大象中廢。新安後周置中州及東垣縣，州尋廢。開皇十六年置穀州，仁壽四年州廢，又廢新安入東垣。大業初改名新安。有冶官。有魏山、〔二〕强山、缺門山、孝水、澗水、金谷水。偃師舊廢，開皇十六年置。有關官。有河陽倉。有都尉府。有首陽山、鄍山、乾脯山。鞏後齊廢，開皇十六年復。有興洛倉。有九山，有天陵山、緱山、東首陽山。宜陽後魏置宜陽郡，東魏置陽州，後周改曰熊州。又復後魏置南澠池縣，後周改曰昌洛。開皇初郡廢。十八年改昌洛曰洛水。大業初廢熊州，省洛水入宜陽。又東魏置金門郡，後周廢。有福昌宮、金門山、女几山、太陰山、嶕嶢山。壽安後魏置縣曰甘棠，仁壽四年改焉。有顯仁宮。有慈澗。陸渾東魏置伊川郡，領南陸渾縣。開皇初廢郡，改縣曰伏流。大業初改曰陸渾。又有東魏北荊州，後周改曰和州。開皇初又改曰伊州。大業初州廢。又有東魏東亭縣，尋廢。有方山、三塗山、孤山、陽山、王母澗。伊闕舊曰新城，東魏置新城郡。開皇初郡廢。十八年縣改名焉。有伊闕山。興泰大業初置。有鹿蹄山、石墨山、鍾山。緱氏舊廢，東魏置。開皇十六年廢，大業初又置。有緱氏山、轘轅山、〔三〕景山。嵩陽後魏置，曰潁陽。東魏分置堙陽，後周廢潁陽入。開皇六年改曰武林。十八年改曰輪氏，大業元年改曰嵩陽。又有東魏中川郡，後周廢。有嵩高山、少室山、潁水。陽城後魏置陽城郡，開皇初廢。十六年置嵩州，仁壽四年廢。又後魏置康城縣，仁壽四年廢入焉。有箕山、偃月山、荊山、禹山、崤山。

滎陽郡舊鄭州。開皇十六年置管州。大業初復曰鄭州。統縣十一，戶十六萬九百六十四。

管城舊曰中牟，東魏置廣武郡。開皇初郡廢，改中牟曰內牟。十六年析置管城。十八年改內牟曰圃田入焉。後魏置曲梁縣，後齊廢。有鄭水。汜水舊曰成皐，即武牢也。後魏置東中府，東魏置北豫州，後周置滎州。開皇初曰鄭州，十八年改成皐曰汜水。大業初置武牢都尉府。有周山、天陵山。滎澤開皇四年置，曰廣武。仁壽元年改名焉。原武開皇十六年置。陽武　圃田開皇十六年置，曰郟城。大業初改焉。浚儀東魏置梁州、陳留郡，後齊廢開封郡入，後周改曰汴州。開皇初郡廢，大業初州廢。有關官。有通濟渠、蔡水。酸棗後齊廢，開皇六年

復。有關官。新鄭後魏廢，開皇十六年復，大業初併宛陵縣入焉。有關官。有大騩山。滎陽舊置滎陽郡。後齊省卷、京二縣入，改曰成皐郡。開皇初郡廢。有京索水、梧桐澗。開封東魏置郡，後齊廢。

梁郡開皇十六年置宋州。統縣十三，戶十五萬五千四百七十七。

宋城舊曰睢陽，置梁郡。開皇初郡廢，十八年縣改名焉。大業初又置郡。又梁置北新安郡，尋廢。雍丘後魏置陽夏郡。開皇初郡廢，十六年置杞州。大業初州廢。襄邑後齊廢，開皇十六年復。寧陵後齊廢，開皇六年復。虞城後魏曰蕭，後齊廢。開皇十六年置，改名焉。又後魏置沛郡，後齊廢。穀熟後魏廢，開皇十六年復。陳留後魏廢，開皇六年復。十六年析置新里縣，大業初廢入焉。又有小黃縣，後齊廢入。有睢水、渙水。下邑後齊廢已吾縣入焉。考城後魏曰考陽，置北梁郡。後齊郡縣並廢，爲城安縣。開皇十八年以重名，改曰考城。楚丘後魏曰已氏，置北譙郡。後齊郡縣並廢。開皇四年又置已氏，六年改曰楚丘。碭山後魏置，曰安陽。開皇十八年改名焉。有碭山、魚山。圉城舊曰圉，後齊廢。開皇六年復置，曰圉城。有谷水。柘城舊曰柘，久廢。開皇十六年置，曰柘城。

譙郡後魏置南兗州。後周置總管府，後改曰亳州。開皇元年府廢。統縣六，戶七萬四千八百一十七。

譙舊曰小黃，置陳留郡。開皇初郡廢，十六年分置梅城縣。大業三年，改小黃爲譙縣，併梅城入焉。酇舊廢，開皇十六年復。舊有馬頭郡，後魏又置下邑縣，後齊並廢。城父宋置，曰浚儀。開皇十八年改焉。谷陽後齊省，開皇六年復。山桑後魏置渦州、渦陽縣，又置譙郡。梁改渦州曰西徐州。東魏改曰譙州。開皇初郡廢，十六年

改渦陽爲肥水。大業初州廢，改縣曰山桑。又梁置北新安郡，東魏改置蒙郡。後齊廢郡，置蒙縣，後又置郡。開皇初郡廢。又梁置陽夏郡，東魏廢。臨渙 後魏置臨渙郡，又別置丹城縣。東魏析置白檡縣，後齊郡廢。開皇元年丹城省，大業初白檡又省，並入焉。有嵇山、〔四〕龍岡。

濟陰郡 後魏置西兗州，後周改曰曹州。統縣九，戶十四萬九百四十八。

濟陰 後魏置沛郡，後齊廢。又開皇六年分置黃縣，十八年改爲蒙澤，大業初廢入焉。外黃 後齊廢成安縣入。又開皇十八年置首城縣，大業初廢入焉。濟陽 成武 後齊置永昌郡。開皇初郡廢，十六年置戴州。大業初州廢。冤句 乘氏 定陶 單父 後魏曰離狐，置北濟陰郡。後齊郡縣並廢。開皇六年更置，名單父。金鄉 開皇十六年分置昌邑縣，大業初併入。

襄城郡 東魏置北荆州，後周改曰和州。開皇初改爲伊州，大業初改曰汝州。統縣八，戶十萬五千九百一十七。

承休 舊曰汝原，置汝北郡，後改曰汝陰郡。後周郡廢。大業初改縣曰承休，置襄城郡。有黃水。梁 舊置汝北郡，後齊廢。有濫泉。郟城 舊曰龍山。東魏置順陽郡及南陽郡、南陽縣。開皇初改龍山曰汝南，三年二郡並廢。十八年改汝南曰輔城，南陽曰期城。大業初改輔城曰郟城，廢期城入焉。有關官。有大留山。陽翟 東魏置陽翟郡，開皇初郡廢。有鈞臺。有九山祠。汝源 汝南 有後魏汝南郡及符壘縣，並後齊廢。魯 後魏置荆州，尋廢，立魯陽郡，後置魯州。〔五〕開皇初郡廢，大業初州廢。有關官。有和山、大義山。犨城 舊曰雉陽。開皇十八年改曰

滍水，大業初改名焉。又有後周置武山郡，開皇初廢。後魏置南陽縣、河山縣，大業初並廢入焉。有應山。

潁川郡 舊置潁州，東魏改曰鄭州，後周改曰許州。統縣十四，戶十九萬五千六百四十。

潁川 舊曰長社，置潁川郡。後齊廢潁陰縣入，開皇初廢郡改縣焉。又東魏置黃臺縣，大業初廢入焉，置郡。襄城 舊置襄城郡，後周置汝州。開皇初郡廢，大業初州廢。有溵水。汝墳 後齊置漢廣郡，尋廢。有首山。葉 後齊置襄州。後周廢襄州，置南襄城郡。開皇初郡廢。又東魏置定南郡，後周廢爲定南縣，大業初省入。北舞 舊置定陵郡，開皇初廢。有百尺溝。郾城 開皇初置，十六年置道州，大業初州廢。又後魏置潁川郡，後齊改爲臨潁郡，開皇初郡廢。又有邵陵縣，大業初廢。有溵水。繁昌 臨潁 尉氏 後齊廢，開皇六年復。長葛 開皇六年置。許昌 溵强 開皇十六年置，曰陶城，大業初改焉。扶溝 鄢陵 東魏置許昌郡，後齊廢縣。開皇初郡廢，七年復鄢陵縣。十六年置洧州，大業初州廢。又開皇十六年置蔡陂縣，至是省入焉。

汝南郡 後魏置豫州，東魏置行臺。後周置總管府，後改曰舒州，尋復曰豫州，及改洛州爲豫州，此爲溱州，又改曰蔡州。統縣十一，戶十五萬二千七百八十五。

汝陽 舊曰上蔡，置汝南郡。開皇初郡廢。大業初置郡，改縣曰汝陽，幷廢保城縣入焉。有鴻郄陂。城陽 舊廢，梁置，又有義興縣。後魏置城陽郡，梁置楚州，東魏置西楚州，後齊曰永州。開皇九年，廢入純州。十八年改義興爲純義。大業初州縣並廢入焉。又梁置伍城郡，後齊廢。有十丈山、大木山。眞陽 舊置郢州。東魏廢州，置義陽郡。後齊廢郡入保城縣。開皇十一年廢縣。十六年置縣，曰眞丘。大業初改曰眞陽。又有白狗縣，梁置淮州。

後齊廢州，以置齊興郡，郡尋廢。開皇初，改縣曰淮川，至是亦省入焉。又有後魏安陽縣，後廢。有汝水。新息 後魏置東豫州。梁改曰西豫州，又改曰淮州。東魏復曰東豫州，後周改曰息州，大業初州廢。又後魏置汝南郡，開皇初郡廢。又梁置潁州，尋廢。又梁置北光城郡，東魏廢，又有北新息縣，後齊廢。褒信 宋改曰包信。大業初改復舊焉。又梁置梁安郡，開皇初廢。又有長陵郡，後齊廢爲縣。大業初又省縣焉。上蔡 後魏置，曰臨汝。後齊廢。開皇中置，曰武津。大業初改名焉。平輿 舊廢，大業初改新蔡置焉。有葛陂。新蔡 齊置北新蔡郡，魏曰新蔡郡，東魏置蔡州。〔六〕後齊廢州置廣寧郡。開皇初郡廢。十六年置舒州及舒縣、廣寧縣。仁壽元年改廣寧曰汝北。大業初州廢，改汝北曰新蔡。又後齊置永康縣，後改名曰澺水，至是及舒縣並廢入焉。朗山 舊曰安昌，置初安郡。廢，十八年縣改名焉。〔七〕又梁置陳州，後魏廢，又齊置荆州，尋廢。後周又置威州，後又廢。吳房 故曰遂寧，後齊省紘義縣入焉。大業初改曰吳房。西平 後魏置襄城郡，後齊改郡曰文城，開皇初郡廢。又有故武陽縣，十八年改曰吳房，大業初省。又有故洧州、灈州，並後齊置，開皇初皆廢。

淮陽郡 開皇十六年置陳州。統縣十，戶十二萬七千一百四。

宛丘 後魏曰項，置陳郡。開皇初縣改名宛丘，尋廢郡，後析置臨蔡縣。大業初置淮陽郡，幷臨蔡縣入焉。又後魏置南陽郡，東魏廢。西華 舊曰長平，開皇十八年改曰鴻溝。大業初改焉。有舊長平縣，後齊廢。溵水 開皇十六年置，又有後魏汝陽郡及縣，後齊郡廢，大業初縣廢。扶樂 開皇十六年置。有渦水。太康 舊曰陽夏，幷置淮陽郡。開皇初郡廢，七年更名太康。有洼水。鹿邑 舊曰武平，開皇十八年改名焉。項城 東魏置揚州及丹陽郡、

秣陵縣，梁改曰殷州，東魏又改曰北揚州，後齊改曰信州，後周改曰陳州。開皇初改秣陵爲項縣。十六年分置沈州，大業初州廢。又有項城郡，開皇初分立陳郡，三年並廢。南頓 舊置南頓郡。後齊廢郡及平鄉縣入，改曰和城。大業初又改爲南頓。鄲 開皇六年置。鮦陽 後齊廢，開皇十一年復。又東魏置財州，後齊廢，以置包信縣。開皇初廢。

汝陰郡 舊置潁州。統縣五，戶六萬五千九百二十六。

汝陰 舊置汝陰郡，開皇初郡廢。大業初復置。潁陽 梁曰陳留，幷置陳留郡及陳州。東魏廢州。開皇初廢郡，十八年縣改名焉。有鄭縣，後齊廢。清丘 梁曰許昌，及置潁川郡。開皇初廢郡，十八年縣改名焉。潁上 梁置下蔡郡，後齊廢郡。大業初縣改名焉。下蔡 梁置汴郡，後齊郡廢。大業初縣改名焉。又梁置淮陽郡，後齊改曰潁川郡。開皇初郡廢。

上洛郡 舊置洛州，後周改爲商州。統縣五，戶一萬五百一十六。

上洛 舊置上洛郡，開皇初郡廢，大業初復置。有秦嶺山、熊耳山、洛水、丹水。商洛 有關官。洛南 舊曰拒陽，置拒陽郡。開皇初郡廢，縣改名焉。有玄扈山、陽虛山。〔八〕豐陽 後周置，開皇初併南陽縣入。有洵水、甲水。〔九〕上津 舊置北上洛郡，梁改爲南洛州，西魏又改爲上州，後周併漫川、開化二縣入，大業初廢州。有天柱山、詔及山、女思山。

弘農郡 大業三年置。統縣四，戶二萬七千四百六十六。

弘農舊置西恒農郡，後周廢。大業初置弘農郡。又有石城郡、玉城縣，〔一〇〕西魏並廢。有石隄山。盧氏後魏置漢安郡，西魏置義川郡。〔一一〕開皇初郡廢，州改爲虢州。大業初州廢。有關官。有石扇山。長泉後魏曰南陜，西魏改焉。有松楊山、檀山。朱陽舊置朱陽郡，後周郡廢。有邑陽縣，開皇末改爲邑川，大業初併入。有肺山，有湖水。

淅陽郡西魏置淅州。統縣七，戶三萬七千二百五十。

南鄉舊置南鄉郡，後周併龍泉、湖里、白亭三縣入。又有左南鄉縣，并置左鄉郡。西魏改郡爲秀山，改縣爲安山。後周秀山郡廢。開皇初南鄉郡廢。大業初置淅陽郡，併安山縣入焉。有石盎山。內鄉舊曰西淅陽郡，西魏改爲內鄉。後周廢，〔一二〕併淅川、石人二縣入焉。有淅水。丹水舊置丹川郡。後周郡廢，併茅城、倉陵、許昌三縣入。有胡保山。武當舊置武當郡。又僑置始平郡，後改爲齊興郡。梁置興州，後周改爲豐州。開皇初二郡並廢，改爲均州。大業初州廢。有石階山、武當山。均陽梁置。安福梁置，曰廣福，併爲郡。開皇初郡廢，仁壽初改焉。鄖鄉有防山。

南陽郡舊置荊州。開皇初，改爲鄧州。統縣八，戶七萬七千五百二十。

穰帶郡。有白水。新野舊曰棘陽，置新野郡。又有漢廣郡，西魏改爲黃岡郡。又有南棘陽縣，改爲百寧縣。後周二郡並廢，併南棘縣入焉。開皇初更名新野。南陽舊曰上陌，置南陽郡。後周併宛縣入，更名上宛。〔一三〕開皇初郡廢，又改爲南陽。課陽〔一四〕舊曰涅陽，開皇初改焉。有課水、涅水。順陽舊置順陽郡。西魏析置鄭縣，尋

改爲清鄉。後周又併順陽入清鄉。開皇初又改爲順陽。冠軍　菊潭舊曰酈，開皇初改焉。有東弘農郡，西魏改爲武關，至是廢入。有梅溪、湍水。新城西魏改爲臨湍，開皇初復名焉。有朝水。

淯陽郡西魏置蒙州。仁壽中，改曰淯州。統縣三，戶一萬七千九百。

武川帶郡。有雉衡山。有淯水、湍水、澧水。向城西魏置，又立雉陽郡。開皇初郡廢。方城西魏置，及置襄邑郡。開皇初廢。東魏又置建城郡及建城縣，後齊郡縣並廢。又有業縣，開皇末改爲澧水，大業併入。〔一五〕有西唐山。

淮安郡後魏置東荊州，西魏改爲淮州。開皇五年又改爲顯州。統縣七，戶四萬六千八百四十。

比陽帶郡。後魏曰陽平，開皇七年改爲饒良，大業初又改焉。又有後魏城陽縣，置殷州、城陽郡。開皇初郡並廢，〔一六〕其縣尋省。又有昭越縣，大業初改爲同光，尋廢。又有東南陽郡，西魏改爲南郭郡，後周廢。又有比陽故縣，置西郢州。西魏改爲鴻州，後周廢爲眞昌郡。開皇初郡廢，大業初縣廢。平氏舊置漢廣郡，開皇初郡廢。有淮水。眞昌舊曰北平，開皇九年改焉。顯岡舊置舞陰郡，開皇初郡廢。臨舞東魏置，及置期城郡。開皇初郡廢。又有東舞陽縣，開皇十八年改爲昆水，大業初廢。慈丘後魏曰江夏，并置江夏郡。開皇初郡廢，更置慈丘於其北境。後魏有鄭州、潘州、溱州及襄城、周康二郡，上蔡、青山、濮山三縣，並開皇初廢。有比水。桐柏梁置，曰淮安，并立華州，又立上川郡。西魏改州爲淮州，後改爲純州，尋廢。開皇初郡廢，更名縣曰桐柏。又梁置西義陽郡，西魏置淮陽郡及輔州，後周州郡並廢，又置淮南縣。開皇末改爲油水，大業初廢。又有大義郡，後周置，開皇初廢。有桐柏山。

豫州於禹貢爲荊州之地。其在天官，自氐五度至尾九度，爲大火，於辰在卯，宋之分野，屬豫州。自柳九度至張十六度，爲鶉火，於辰在午，周之分野，屬三河，則河南。淮之星次，〔一七〕亦豫州之域。豫之言舒也，言稟平和之氣，性理安舒也。洛陽得土之中，賦貢所均，故周公作洛，此焉攸在。其俗尚商賈，機巧成俗。故漢志云「周人之失，巧僞趨利，賤義貴財」，此亦自古然矣。滎陽古之鄭地，梁郡梁孝故都，邪僻傲蕩，舊傳其俗。今則好尚稼穡，重於禮文，其風皆變於古。譙郡、濟陰、襄城、潁川、汝南、淮陽、汝陰，其風頗同。南陽古帝鄉，搢紳所出，自三方鼎立，地處邊疆，戎馬所萃，失其舊俗。上洛、弘農，本與三輔同俗。自漢高發巴、蜀之人，定三秦，遷巴之渠率七姓，居於商、洛之地，由是風俗不改其壤。其人自巴來者，風俗猶同巴郡。淅陽、淯陽，亦頗同其俗云。

東郡開皇九年置杞州，十六年改爲滑州，大業二年爲兗州。統縣九，戶十二萬一千九百五。

白馬舊置東郡，後齊併涼城縣入焉。〔一八〕大業初復置郡。靈昌開皇十六年置。衞南開皇十六年置，大業初廢西濮陽入焉。又有後魏平昌、長樂二縣，後齊並廢。濮陽開皇十六年分置昆吾縣，大業初入焉。封丘後齊廢，開皇十六年復。匡城後齊曰長垣，開皇十六年改焉。胙城舊曰東燕，開皇十八年改焉。韋城開皇六年置，十六年分置長垣縣，大業初省入焉。離狐

東平郡後周置魯州，尋廢。開皇十年置鄆州。統縣六，戶八萬六千九十。

鄆城後周置，曰清澤，又置高平郡。開皇初郡廢，改縣曰萬安。十八年改曰鄆城。大業初置郡，併廩丘入焉。鄄城舊置濮陽郡，開皇初郡廢，十六年置濮州，大業初州廢。有關官。須昌開皇十六年置。有梁山。宿城後齊曰須昌，開皇十六年改焉。舊置東平郡，後齊並廢。〔一九〕雷澤舊曰城陽，後齊廢。開皇十六年置，曰雷澤，又分置臨濮縣。大業初併入焉。有歷山、雷澤。鉅野舊廢，開皇十六年復，又置乘丘縣，大業初廢入焉。

濟北郡舊置濟州。統縣九，戶十萬五千六百六十。

盧舊置郡，開皇初廢。六年分置濟北縣，大業初省入焉，尋置郡。有關官。有成迴倉。有魚山、遊仙山。范後齊廢，開皇十六年置。陽穀開皇十六年置。東阿有浮山、鱉山、狠水。平陰開皇十四年置，曰榆山，大業初改焉。長淸開皇十四年置。又有東太原郡，後齊廢。濟北開皇十四年置，曰時平，大業初改焉。壽張　肥城宋置濟北郡，後齊廢。後周置肥城郡，尋廢，又復。開皇初又廢。

武陽郡後周置魏州。統縣十四，戶二十一萬三千三十五。

貴鄉東魏置。又有平邑縣，後齊廢，開皇十六年又置。大業初置武陽郡，并省平邑縣入焉。〔二〇〕有慨山。元城後齊廢。開皇六年復，又置馬陵縣，大業初廢入焉。有沙麓山。繁水舊曰昌樂，置昌樂郡。東魏郡廢，後周又置。舊有魏城縣，後齊廢。開皇初廢郡。六年置縣，曰繁水。大業初廢昌樂縣入焉。魏後齊廢，開皇六年復。十六年析置漳陰縣，大業初省入焉。莘舊曰陽平，後齊改曰樂平。開皇六年復曰陽平，八年改曰淸邑，十六年置莘州。大

業初州廢，改縣名莘，又廢莘亭縣入焉。後周置武陽郡焉，開皇初廢。頓丘後齊省，開皇六年置。又有舊陰安縣，後齊廢。觀城舊曰衞國，開皇六年改。臨黃後魏置，後齊省，開皇六年復，十六年分置河上縣，大業初省入焉。武陽後齊省，後周置。武水開皇十六年置。館陶舊置毛州，大業初州廢。又有舊陽平郡，開皇初廢。堂邑開皇六年置。冠氏開皇六年置。聊城舊置南冀州及平原郡，未幾，州廢。開皇初郡廢。十六年置博州，大業初州廢。

渤海郡開皇六年置棣州，大業二年爲滄州。統縣十，戶十二萬二千九百九。

陽信帶郡。樂陵舊置樂陵郡，開皇初郡廢。十六年分置高津縣，大業初廢入焉。滴河開皇十六年置。又有後魏濕沃縣，後齊廢。有關官。厭次後齊廢，開皇十六年復。蒲臺開皇十六年置。饒安舊置滄州、浮陽郡，開皇初郡廢，大業初州廢。無棣開皇六年置。鹽山舊曰高成。開皇十六年又置浮水縣。十八年改高成曰鹽山。大業初省浮水入焉。有鹽山、峽山。南皮　清池〔二一〕舊曰浮陽，開皇十八年改。

平原郡開皇九年置德州。統縣九，戶十三萬五千八百二十二。

安樂舊置平原郡，開皇初郡廢，大業初復。又開皇十六年置繹幕縣，至是廢入焉。又有後魏鬲縣，後齊廢。有關官。平原後齊併鄃縣入焉。有關官。又後魏置東青州，置未久而廢。將陵開皇十六年置。平昌後魏置東安郡，後齊廢，并以重平縣入焉。般後齊省，開皇十六年復。長河舊曰廣川。後齊省，開皇六年復置，仁壽初改名焉。弓高舊廢，開皇十六年置。東光舊置渤海郡，開皇初郡廢。九年置觀州，大業初州廢，又併安陵入焉。有天胎山。胡蘇舊廢，開皇十六年置。

兗州於禹貢爲濟、河之地。其於天官，自軫十二度至氐四度，爲壽星，於辰在辰，〔二二〕鄭之分野。兗州蓋取沇水爲名，亦曰兗，兗之爲言端也，言陽精端端，故其氣纖殺也。東郡、東平、濟北、武陽、平原等郡，得其地焉。兼得鄒、魯、齊、衞之交。舊傳太公唐叔之教，亦有周孔遺風。今此數郡，其人尚多好儒學，性質直懷義，有古之風烈矣。

信都郡舊置冀州。統縣十二，戶十六萬八千七百一十八。

長樂舊曰信都，帶長樂郡，後齊廢扶柳縣入焉。開皇初郡廢，分信都置長樂縣。十六年又分長樂置澤城縣。大業初廢信都及澤城入焉，置信都郡。堂陽舊縣，後齊廢，開皇十六年復。衡水開皇十六年置。棗强舊縣，後齊廢索盧、廣川二縣入焉。武邑舊縣，後齊廢。開皇六年置，并得後齊觀津縣地。十六年分武强置昌亭縣，大業初廢入焉。武强舊置武邑郡，後齊郡廢，又廢武遂縣入焉。南宮舊縣，後齊廢，開皇六年復。斌强　鹿城舊曰鄡，〔二三〕後齊改曰安國。開皇六年改爲安定，十八年改。開皇十六年又置晏城，大業初廢入。下博　蓨舊曰脩，開皇五年改。十六年分置觀津縣，大業初廢。阜城

清河郡後周置貝州。統縣十四，戶三十萬六千五百四十四。

清河舊曰武城，置清河郡。開皇初郡廢，改名焉，仍別置武城縣。十六年置夏津縣，大業初廢入，置清河郡。清陽舊曰清河縣，後齊省貝丘入焉，改爲貝丘。開皇六年改爲清陽。又有後魏侯城縣，後齊省以入武城，亦入焉。武城舊曰東武城。開皇初改武城爲清河縣，於此置武城。歷亭開皇十六年分武城置焉。漳南開皇六年置，曰東陽，十八年改爲漳南。有後魏故索盧城，後齊以入棗强，至是入。鄃舊廢，開皇十六年置。臨清後齊廢，開皇六年復。又十六年置沙丘縣，大業初廢入焉。清泉後齊廢千童縣入。〔二四〕開皇十六年置貝丘縣，大業二年廢入。清平開皇六年置，曰貝丘，十六年改曰清平。高唐後魏置南清河郡，後齊郡廢。經城後齊廢，開皇六年置，十六年分置府城縣，大業初省入焉。宗城舊曰廣宗，仁壽元年改。博平開皇六年置靈縣，大業初省入。茌平後齊廢，開皇初復。

魏郡後魏置相州，東魏改曰司州牧。後周又改曰相州，置六府。宣政初府移洛，以置總管府，未幾，府廢。統縣十一，戶十二萬二百二十七。

安陽周大象初，置相州及魏郡，因改名鄴。開皇初郡廢，十年復，名安陽，分置相縣，鄴還復舊。大業初廢相入焉，置魏郡。有韓陵山。鄴東魏都。後周平齊，置相州。大象初縣隨州徙安陽，此改爲靈芝縣。開皇十年又改焉。臨漳東魏置。成安後齊置。靈泉後周置。有龍山。堯城開皇十年置，名長樂。十八年改焉。洹水後周置。滏陽後周置。開皇十年置慈州，大業初州廢。臨水有慈石山、鼓山、滏山。林慮後魏置林慮郡，後齊郡廢，後又置。開皇初郡廢，又分置淇陽縣。十六年置巖州。大業初州廢，又廢淇陽入焉。有林慮嶺、仙人臺、洹水。臨淇東魏置，尋廢，開皇十六年復。有淇水。

汲郡東魏置義州，後周爲衞州。統縣八，戶十一萬一千七百二十一。

衞舊曰朝歌，置汲郡。後周又分置修武郡。開皇初郡並廢，十六年又置清淇縣。大業初置汲郡，改朝歌縣曰衞，廢清淇入焉。有朝陽山、同山。有紂朝歌城、比干墓。汲東魏僑置七郡十八縣。後齊省，以置伍城郡，後周廢爲伍城縣，開皇六年改焉。隋興開皇六年置。後析置陽源縣，大業初併入焉。有倉巖山。黎陽後魏置黎陽郡，後置黎州。開皇初州郡並廢。十六年又置黎州，大業初罷。有倉。有關官。有大伾山、枉人山。內黃舊廢，開皇六年置。十六年分置繁陽縣，大業初廢入。湯陰舊廢，開皇六年又置。有博望岡。臨河開皇六年置。澶水開皇十六年置。

河內郡舊置懷州。統縣十，戶十三萬三千六百六。

河內舊曰野王，置河內郡。開皇初郡廢，十六年縣改焉。有軹縣，大業初廢入，尋置郡。有大行。有丹水。有絺城。溫舊廢，開皇十六年置。古溫城。濟源開皇十六年置。舊有沁水縣，後齊廢入。有孔山、毋山。有濟水、湨水、〔二五〕古原城。河陽舊廢，開皇十六年置。有盟津。有古河陽城治。安昌舊曰州縣，置武德郡。開皇初郡廢，十八年縣改爲邢丘。大業初改名安昌，又廢懷縣入焉。舊有平高縣，後齊廢。王屋舊曰長平，後周改焉，後又置懷州。及平齊，廢州置王屋郡。開皇初郡廢。有王屋山、齊子嶺。有軹關。獲嘉後周置修武郡，開皇初郡廢。十六年置殷州，大業初州廢。新鄉開皇初年置。有關官。舊有獲嘉縣，後齊廢。修武後魏置修武，後齊併入焉。開皇十六年析置武陟，大業初併入焉。又有東魏廣寧郡，後周廢。共城舊曰共，後齊廢。開皇六年復置，

曰共城。有共山、白鹿山。

長平郡舊曰建州。開皇初改爲澤州。統縣六，戶五萬四千九百一十三。

丹川舊曰高都。後齊置長平、高都二郡，後周併爲高平郡。開皇初郡廢，十八年改爲丹川。大業初置長平郡。有太行山。沁水舊置廣寧郡。後齊郡廢，縣改爲永寧。開皇十八年改焉。有輔山。端氏後魏置安平郡，開皇初郡廢。有巨峻山、秦川水。濩澤有嶕嶢山、濩澤山。高平舊曰平高，齊末改焉，又併泫氏縣入焉。有關官。陵川開皇十六年置。

上黨郡後周置潞州。統縣十，戶十二萬五千五十七。

上黨舊置上黨郡，開皇初郡廢。有壺關縣。大業初復置郡，廢壺關入焉。有羊頭山、抱犢山。長子後齊廢。開皇九年置，曰寄氏縣。十八年改爲長子。舊有屯留、樂陽二縣，後齊廢。有濁漳水、堯水。潞城開皇十六年置。有黃阜山。屯留後齊廢，開皇十六年復。襄垣舊置襄垣郡，後齊郡廢。後周置韓州，大業初州廢。有鹿臺山。黎城後魏以潞縣被誅遣人置，〔二六〕十八年改名黎城。有積布山、松門嶺。涉後魏廢，開皇十八年復。有崇山。鄉石勒置武鄉郡，後魏去「武」字。開皇初郡廢，十六年分置榆社縣，大業初廢。又有後魏南垣州，尋改豐州，後周廢。銅鞮有舊涅縣，後魏改爲陽城。開皇十八年改爲甲水，大業初省入。有銅鞮水。沁源後魏置縣及義寧郡，開皇初廢。〔二七〕十六年置沁州。又義寧縣十八年改爲和川。大業初州廢，又廢和川縣入。

河東郡後魏曰秦州，後周改曰蒲州。統縣十，戶十五萬七千七十八。

河東舊曰蒲坂縣，置河東郡。開皇初郡廢，十六年析置河東縣。大業初置河東郡，併蒲坂入。有酒官。有首山。有媯、汭水。桑泉開皇十六年置。有三疑山。汾陰舊置汾陰郡，開皇初郡廢。有龍門山。龍門後魏置，并置龍門郡。開皇初郡廢。芮城舊置，曰安戎。後周改焉，又置永樂郡，後省入焉。有關官。安邑開皇十六年置虞州，大業初州廢。有鹽池、銀冶。夏舊置安邑郡，開皇初郡廢。有巫咸山、稷山、虞坂。河北舊置河北郡，開皇初郡廢。有關官。有砥柱山。有傅巖。猗氏西魏改曰桑泉，後周復焉。虞鄉後魏曰安定，西魏改曰南解，又改曰綏化，又曰虞鄉。有石錐山、百梯山、百徑山。

絳郡後魏置東雍州，後周改曰絳州。統縣八，戶七萬一千八百七十六。

正平舊曰臨汾，置正平郡。開皇初郡廢，十八年縣改名焉。大業初置絳郡。又有後魏南絳郡，後周廢郡，又併南絳縣入小鄉縣。開皇十八年改曰汾東，大業初省入焉。翼城後魏置，曰北絳縣，并置北絳郡。後齊廢新安縣，幷南絳郡入焉。開皇初郡廢，十八年改爲翼城。有烏嶺山、東涇山。有澮水。絳舊置絳郡，開皇初郡廢。後周置晉州，建德五年廢。曲沃後周置，建德六年廢。有絳山、橋山。稷山後魏曰高涼，開皇十八年改焉。有後魏龍門郡，開皇初廢。又有後周勳州，置總管，後改曰絳州，開皇初移。聞喜有景山。有董澤陂。垣後魏置邵郡及白水縣。後周置邵州，改白水爲亳城。開皇初郡廢。大業初州廢，縣改爲垣縣，又省後魏所置清廉縣及後周所置蒲原縣入焉。有黑山。太平後魏置，後齊省臨汾縣入焉。有關官。

文城郡東魏置南汾州，後周改爲汾州，後齊爲西汾州。後周平齊，置總管府。開皇四年府廢，十六年改爲耿州，後復爲汾州。統縣四，戶二萬二千三百。

吉昌後魏曰定陽縣，并置定陽郡。開皇初郡廢，十八年縣改名焉。大業初，置文城郡。有風山。文城後魏置。有石門山。伍城後魏置，曰刑軍縣，後改爲伍城，後又置伍城郡。開皇初郡廢，又廢後魏平昌縣入焉。大業初又廢大寧縣入焉。昌寧後魏置，并內陽郡。開皇初郡廢。有壺口山、嶗山。

臨汾郡後魏置唐州，改曰晉州。後周置總管府，開皇初府廢。統縣七，戶七萬一千八百七十四。

臨汾後魏曰平陽，并置平陽郡。開皇初改郡爲平河，改縣爲臨汾，尋郡廢。又有東魏西河、敷城、伍城、北伍城、定陽等五郡，後周廢爲西河、定陽二郡。開皇初郡並廢。又有後魏永安縣，開皇初改爲西河，大業初省。又有舊襄城縣，後齊省。有姑射山。襄陵後魏太武禽赫連昌，乃分置禽昌縣。齊併襄陵入禽昌縣。大業初又改爲襄陵。冀氏後魏置冀氏郡，領冀氏、合陽二縣。後齊郡廢，又廢合陽入焉。楊霍邑後魏曰永安，并置永安郡。開皇初郡廢。十六年置汾州，十八年改爲呂州，縣曰霍邑。大業初州廢。有霍山。有彘水。汾西後魏曰臨汾，并置汾西郡。開皇初郡廢，十八年縣改爲汾西。又有後周新城縣，開皇十年省入。岳陽後魏置，曰安澤。大業初改焉。

龍泉郡後周置汾州。開皇四年置西汾州總管，五年改爲隰州總管。大業初府廢。統縣五，戶二萬五千八百三十。

隰川後周置縣，初曰長壽，又置龍泉郡。開皇初郡廢，縣改曰隰川。大業初置郡。永和後周置，曰臨河縣及臨河郡。開皇初郡廢，十八年縣改名焉。有關官。樓山後周置，曰歸化。開皇十八年改名焉。有北石樓山，有孔

山。石樓舊置吐京郡及吐京縣，開皇初郡廢，十八年縣改名。蒲後周置，有伍城郡及石城郡及石城縣，周末並廢。又有後魏平昌縣，開皇中改曰蒲川，大業初廢入焉。

西河郡後魏置汾州，後齊置南朔州，後周改曰介州。統縣六，戶六萬七千三百五十一。

隰城舊置西河郡，開皇初郡廢，大業初復。有隱泉山。介休後魏置定陽郡、平昌縣。後周改郡曰介休，以介休縣入焉。開皇初郡廢，十八年縣改曰介休。永安有雀鼠谷。平遙開皇十六年析置清世縣，大業初廢入焉。又後魏置蔚州，後周廢。有鹿臺山。靈石開皇十年置。有介山，有靖巖山。綿上開皇十六年置。有沁水。

離石郡後齊置西汾州，後周改爲石州。統縣五，戶二萬四千八十一。

離石後齊曰昌化縣，置懷政郡。後周改曰離石郡及縣，又置寧鄉縣。開皇初郡廢。大業初置郡，併寧鄉入焉。修化後周置，曰窟胡，并置窟胡郡。開皇初郡廢，後縣改爲修化。又後周置盧山縣，大業初併入焉。有伏盧山。定胡後周置，及置定胡郡。開皇初郡廢。有關官。平夷後周置。太和後周置，曰烏突，及置烏突郡。開皇初郡廢，縣尋改焉。有湫水。

雁門郡後周置肆州。開皇五年改爲代州，置總管府。大業初府廢。統縣五，戶四萬二千五百二。

雁門舊曰廣武，置雁門郡。開皇初郡廢，十八年改曰雁門。大業初置雁門郡。有關官。有長城。有纍頭山，有夏屋山。繁畤後魏置，并置繁畤郡。後周郡縣並廢。開皇十八年復置縣。有東魏武州及吐京、齊、新安三郡，寄在城中。後齊改爲北靈州，尋廢。有長城、滹沱水、泒水、唐山。崞後魏置，曰石城縣。東魏置廓州。有廣安、永

定、建安三郡，寄山城。後齊廢郡，改爲北顯州。後周廢。開皇十年改縣曰平寇。大業初改爲崞縣。又有雲中城，東魏僑置恒州，尋廢。有無京山、崞山。有土城。五臺 舊曰慮虒，久廢。後魏置，曰驢夷。大業初改焉。有五臺山。靈丘 後魏置靈丘郡，後齊省莎泉縣入焉。後周置蔚州，又立大昌縣。開皇初郡廢，縣併入焉。大業初州廢。

馬邑郡舊置朔州。開皇初置總管府，大業初府廢。統縣四，戶四千六百七十四。

善陽 後齊置縣曰招遠，郡曰廣安。開皇初郡廢。大業初縣改曰善陽，置代郡，尋曰馬邑。又有後魏桑乾郡，後齊以置朔州及廣寧郡。後周郡廢，大業初州廢。神武 後魏置神武郡，後齊改曰太平，後周罷郡。有桑乾水。雲內 後魏立平齊郡，尋廢。後齊改曰太平縣，後周改曰雲中，開皇初改曰雲內。有後魏都，置司州，又有後齊安遠、臨塞、威遠、臨陽等郡屬北恒州，後周並廢。有純眞山、白登山、武周山。有㶟水。開陽 舊曰長寧，後齊置齊德、長寧二郡。後周廢齊德郡。開皇初郡廢，十九年縣改曰開陽。

定襄郡開皇五年置雲州總管府，大業元年府廢。統縣一，戶三百七十四。

大利 大業初置，帶郡。有長城。有陰山。有紫河。

樓煩郡大業四年置。統縣三，戶二萬四千四百二十七。

靜樂 舊曰岢嵐。開皇十八年改爲汾源，大業四年改焉。有長城。有汾陽宮。有關官。有管涔山、〔二八〕天池、汾水。臨泉 後齊置，曰蔚汾。大業四年改焉。秀容 舊置肆州，〔二九〕後齊又置平寇縣。後周州徙雁門。開皇初置

新興郡、銅川縣。郡尋廢。十年廢平寇縣。十八年置忻州，大業初州廢，又廢銅川。〔三〇〕有程侯山、繫舟山。有嵐水。

太原郡後齊并州，置省，立別宮。後周置并州六府，後置總管，廢六府。開皇二年置河北道行臺，九年改爲總管府，大業初府廢。統縣十五，戶十七萬五千三。

晉陽 後齊置，曰龍山，帶太原郡。開皇初郡廢，十年改縣曰晉陽，十六年又置清源縣，大業初省入焉。有龍山、蒙山。太原 舊曰晉陽，帶郡。開皇十年分置陽眞縣，大業初省入焉。有晉陽宮。有晉水。交城 開皇十六年置。汾陽 舊曰陽曲。開皇六年改爲陽直，十六年又改名焉，復分置盂縣，大業初廢。有摩笄山。文水 舊曰受陽，開皇十年改焉。有文水、泌水。〔三一〕祁〔三二〕後齊廢，開皇中復。壽陽 開皇十年改州南受陽縣爲文水；分州東故壽陽，置壽陽。有鷲巖。榆次 後齊曰中都，開皇中改焉。太谷 舊曰陽邑，開皇十八年改焉。樂平 舊置樂平郡，開皇初廢郡。十六年分置遼州及東山縣，大業初廢州及東山縣。有皐洛山。有清漳水。和順 舊曰梁榆，開皇十年改。有九京山。遼山 後魏曰遼陽，後齊省。開皇十年置，改名焉。十六年屬遼州，并置交漳縣。大業初廢州，并罷交漳入焉。有萁藾水。平城 開皇十六年置。有涂水。〔三三〕石艾 有蒙山。盂 開皇十六年置，曰原仇，大業初改焉。有白鹿山。

襄國郡開皇十六年置邢州。統縣七，戶十萬五千八百七十三。

龍岡 舊曰襄國，開皇九年改名焉。十六年又置靑山縣，大業初省入焉。有黑山。有漉水。南和 舊置北廣平郡，後齊省入廣平郡，後周分置南和郡。開皇初郡廢，十六年置任縣，大業初廢入。平鄉 沙河 開皇十六年置。有磬山。鉅鹿 後齊廢，開皇六年置南欒縣，後廢入焉。〔三四〕內丘 有干言山。〔三五〕栢仁 有鵲山。

武安郡後周置洺州。統縣八，戶十一萬八千五百九十五。

永年 舊曰廣平，置廣平郡，後齊廢北廣平郡及曲梁、廣平二縣入。開皇初郡廢，復置廣平，後改曰雞澤。仁壽元年改廣平爲永年。大業初置武安郡，又併雞澤縣入。肥鄉 東魏省，開皇十年復。淸漳 開皇十六年置。平恩 洺水 舊曰斥漳，後齊省入平恩。開皇六年分置曲周，大業初廢入焉。武安 開皇十年分置陽邑縣，大業初廢入焉。有榆溪，有關與山，有寖水。邯鄲 東魏廢。開皇十六年復置陟鄉，大業初省入焉。臨洺 舊曰易陽。後齊廢入襄國縣，置襄國郡。後周改爲易陽縣，別置襄國縣。開皇六年改易陽爲邯鄲，十年改邯鄲爲臨洺。開皇初郡廢。有紫山、狗山、㙮山。

趙郡開皇十六年置欒州，大業三年改爲趙州。統縣十一，戶十四萬八千一百五十六。

平棘 舊置趙郡，開皇初省。有宋子縣，後齊廢。大業初置趙郡，廢宋子縣入焉。高邑 贊皇 開皇十六年置。有孔子嶺，有白溝。元氏 舊縣，後齊廢，開皇六年置。十六年分置靈山縣，大業初廢入焉。有靈山。廮陶 舊曰廮遙，開皇六年改爲「陶」。欒城 舊縣，後齊廢，開皇十六年復。大陸 舊曰廣阿，置殷州及南鉅鹿郡。後改爲南趙郡，改州爲趙州。開皇十六年分置欒州，仁壽元年改爲象城。大業初州廢，縣改爲大陸。又開皇十六年所置大陸縣，亦廢入焉。栢鄉 開皇十六年置。有巏嵍山。房子 舊縣，後齊省，開皇六年復。有贊皇山。有彭水。槀城

後齊廢下曲陽入焉，改爲高城縣，〔三六〕置鉅鹿郡。開皇初郡廢。十年置廉州，十八年改爲槀城縣，大業初州廢。又開皇十六年置栢鄉縣，亦廢入焉。鼓城 舊曰曲陽，後齊廢。開皇十六年分置昔陽縣，〔三七〕十八年改爲鼓城。十六年又置廉平縣，大業初併入。

恒山郡後周置恒州。統縣八，戶十七萬七千五百七十一。

眞定 舊置常山郡，開皇初郡廢。十六年分置常山縣。大業初置恒山郡，省常山入焉。滋陽 開皇六年置。十六年又置王亭縣，大業初省入焉。有大茂山、嵗山。行唐 石邑 舊縣，後齊改曰井陘，開皇六年改焉。十六年析置鹿泉縣，大業初併入。有封龍山、抱犢山。九門 後齊廢，開皇六年復。大業初，又併新市縣入焉。有許春壘。井陘 後齊廢石邑，以置井陘。開皇六年復石邑縣，分置井陘。十六年於井陘置井州，及置葦澤縣。大業初廢州，并廢葦澤縣及蒲吾縣入焉。房山 開皇十六年置。靈壽 後周置蒲吾郡，開皇初郡廢。

博陵郡舊置定州。後周置總管府，尋罷。統縣十，戶十萬二千八百一十七。

鮮虞 舊曰盧奴，置鮮虞郡。後齊廢盧奴入安喜。開皇初廢郡，以置鮮虞縣。大業初置博陵郡，又廢安喜入焉。有盧水。北平 舊置北平郡。後齊郡廢，又併望都、蒲陰二縣來入。開皇六年又置望都，大業初又廢。有都山、伊祁山。有濡水。〔三八〕唐 舊縣，後齊廢，開皇十六年復。有堯山、郎山、中山。恒陽 舊曰上曲陽，後齊去「上」字。開皇六年改爲石邑，七年改曰恒陽。有恒山，有恒陽溪，有范水。新樂 開皇十六年置。有黃山。隋昌 後魏曰魏昌，後齊廢。開皇十六年復，仍改焉。毋極 義豐 開皇六年置。舊有安國縣，後齊廢。深澤 後齊廢，開皇六年復。

安平後齊置博陵郡，開皇初廢。十六年置深州，大業初州廢。

河間郡舊置瀛州。〔三九〕統縣十三，戶十七萬三千八百八十三。

河間舊置河間郡，開皇初郡廢。大業初復置郡，併武垣縣入焉。文安有狐狸淀。〔四〇〕樂壽舊曰樂城，開皇十八年改爲廣城，仁壽初改焉。束城舊曰東州，後齊廢。開皇十六年置，後改名焉。景城舊曰成平，開皇十八年改焉。高陽舊置高陽郡，開皇初郡廢。十六年置蒲州，大業初州廢，并任丘縣入焉。鄚有易城縣，後齊廢。開皇中置永寧縣，大業初廢入焉。博野舊曰博陸，後魏改爲博野，後齊廢蠡吾縣入焉。有君子淀。清苑舊曰樂鄉。後齊省樊輿、〔四一〕北新城、清苑、樂鄉入永寧，改名焉。開皇十八年改爲清苑。長蘆開皇初置，并立漳河郡，郡尋廢。十六年置景州，大業初州廢。平舒舊置章武郡，開皇初廢。魯城開皇十六年置。饒陽開皇十六年分置安平、蕪蔞二縣，大業初省入焉。

涿郡舊置幽州，後齊置東北道行臺。後周平齊，改置總管府。大業初府廢。統縣九，戶八萬四千五十九。

薊舊置燕郡，開皇初廢，大業初置涿郡。良鄉　安次　涿舊置范陽郡，開皇初郡廢。固安舊曰故安，開皇六年改焉。雍奴　昌平舊置東燕州及平昌郡。後周州郡並廢，後又置平昌郡。開皇初郡廢，又省萬年縣入焉。有關官。有長城。懷戎後齊置北燕州，領長寧、永豐二郡。後周去「北」字。開皇初郡廢，大業初州廢。有𣋧山，歷陽山，大、小翮山。有㶟水、㶟水、涿水、阪泉水。潞舊置漁陽郡，開皇初廢。

上谷郡開皇元年置易州。統縣六，戶三萬八千七百。

易開皇初置黎郡，尋廢。十六年置縣。大業初置上谷郡。舊有故安縣，後齊廢。有駁牛山、五廻嶺。有易水、徐水。淶水舊曰遒縣，後周廢。開皇元年，以范陽爲遒，更置范陽於此。六年改爲固安，八年廢。十年又置，爲永陽。十八年改爲淶水。遒舊范陽居此，俗號小范陽。開皇初改爲遒。遂城舊曰武遂。後魏置南營州，准營州置五郡十一縣：龍城、廣興、定荒屬昌黎郡；石城、廣都屬建德郡；〔四二〕襄平、新昌屬遼東郡；永樂屬樂浪郡；富平、帶方、永安屬營丘郡。後齊唯留昌黎一郡，〔四三〕領永樂、新昌二縣，餘並省。開皇元年州移，三年郡廢，十八年改爲遂城。有龍山。永樂舊曰北平，後周改名焉。有郎山。飛狐後周置，曰廣昌。仁壽初改焉。有栗山。有巨馬河。

漁陽郡開皇六年徙玄州於此，并立總管府。大業初府廢。統縣一，戶三千九百二十五。

無終後齊置，後周又廢徐無縣入焉。大業初置漁陽郡。有長城。有燕山、無終山。有泃河、〔四四〕如河、庚水、灅水、藍水。有海。

北平郡舊置平州。統縣一，戶二千二百六十九。

盧龍舊置北平郡，領新昌、朝鮮二縣。後齊省朝鮮入新昌，又省遼西郡并所領海陽縣入肥如。開皇六年又省肥如入新昌，十八年改名盧龍。大業初置北平郡。有長城。有關官。有臨渝宮。有覆舟山。有碣石。有玄水、盧水、溫水、〔四五〕閏水、龍鮮水、巨梁水。〔四六〕有海。

安樂郡舊置安州，後周改爲玄州。開皇十六年州徙，尋置檀州。統縣二，戶七千五百九十九。

燕樂後魏置廣陽郡，領大興、方城、燕樂三縣。後齊廢郡，以大興、方城入焉。大業初置安樂郡。有長城。有沽河。密雲後魏置密雲郡，領白檀、要陽、密雲三縣。後齊廢郡及二縣入密雲。又有舊安樂郡，領安市、土垠二縣，後齊廢土垠入安市，後周廢安市入密雲縣。開皇初郡廢。有長城。有桃花山、螺山。有漁水。

遼西郡舊置營州，開皇初置總管府，大業初府廢。統縣一，戶七百五十一。

柳城後魏置營州於和龍城，領建德、冀陽、昌黎、遼東、樂浪、營丘等郡，龍城、大興、永樂、帶方、定荒、石城、廣都、陽武、襄平、新昌、〔四七〕平剛、柳城、富平等縣。後齊唯留建德、冀陽二郡，永樂、帶方、龍城、大興等縣，其餘並廢。開皇元年唯留建德一郡，龍城一縣，其餘並廢。尋又廢郡，改縣爲龍山，十八年改爲柳城。大業初，置遼西郡。有帶方山、禿黎山、雞鳴山、松山。有渝水、白狼水。

冀州於古，堯之都也。舜分州爲十二，冀州析置幽、并。其於天文，自胃七度至畢十一度，爲大梁，屬冀州。自尾十度至南斗十一度，爲析木，屬幽州。自危十六度至奎四度，爲娵訾，屬并州。自柳九度至張十六度，爲鶉火，屬三河，則河內、河東也。准之星次，本皆冀州之域，帝居所在，故其界尤大。至夏廢幽、并入焉，得唐之舊矣。信都、清河、河間、博陵、恒山、趙郡、武安、襄國，其俗頗同。人性多敦厚，務在農桑，好尚儒學，而傷於遲重。前代稱冀、幽之士鈍如椎，蓋取此焉。俗重氣俠，好結朋黨，其相赴死生，亦出於仁義。故班志述其土風，悲歌慷慨，椎剽掘冢，亦自古之所患焉。前諺云「仕官不偶遇冀部」，〔四八〕實弊此

也。魏郡，鄴都所在，浮巧成俗，彫刻之工，特云精妙，士女被服，咸以奢麗相高，其性所尚習，得京、洛之風矣。語曰：「魏郡、清河，天公無奈何！」斯皆輕狡所致。汲郡、河內，得殷之故壤，考之舊說，有紂之餘教。汲又衞地，習仲由之勇，故漢之官人，得以便宜從事，其多行殺戮，本以此焉。今風俗頗移，皆向於禮矣。長平、上黨，人多重農桑，性尤朴直，蓋少輕詐。河東、絳郡、文城、臨汾、龍泉、西河，土地沃少堉多，是以傷於儉嗇。其俗剛強，亦風氣然乎？太原山川重複，實一都之會，本雖後齊別都，人物殷阜，然不甚機巧。俗與上黨頗同，人性勁悍，習於戎馬。離石、雁門、馬邑、定襄、樓煩、涿郡、上谷、漁陽、北平、安樂、遼西，皆連接邊郡，習尚與太原同俗，故自古言勇俠者，皆推幽、并云。然涿郡、太原，自前代已來，皆多文雅之士，雖俱曰邊郡，然風教不爲比也。

北海郡舊置青州，後周置總管府，開皇十四年府廢。統縣十，戶十四萬七千八百四十五。

益都舊置齊郡，開皇初廢，大業初置北海郡。有堯山、猶山。臨淄及東安平、西安，並後齊廢。〔四九〕開皇十六年又置臨淄及時水縣。大業初廢高陽、時水二縣入焉。有社山、葵丘、牛山、稷山。千乘舊置樂安郡，開皇初郡廢。博昌舊曰樂安，開皇十六年改焉。又十八年析置新河縣，大業初廢入焉。壽光開皇十六年置閭丘縣，大業初廢入焉。臨朐舊曰昌國。開皇六年改爲逢山，又置般陽縣。大業初改曰臨朐，并廢般陽入焉。有逢山、沂山、〔五〇〕

穆陵山、大峴山。有汶水、浯水。〔五一〕都昌有箕山、阜山、白狼山。北海舊曰下密，置北海郡。後齊改郡曰高陽，開皇初郡廢。十六年分置濰州，大業初州廢，縣改名焉。營丘後齊廢，開皇十六年復。有叢角山、女節山。下密後魏曰膠東，後齊廢。開皇六年復，改爲濰水。大業初改名焉。有鐵山。有溉水。

齊郡舊曰齊州。統縣十，戶十五萬二千三百二十三。

歷城舊置濟南郡，開皇初廢。大業初置齊郡，廢山茌縣入焉。有舜山、雞山、盧山、鵲山、華山、鮑山。祝阿臨邑臨濟開皇六年置，曰朝陽。十六年改曰臨濟，別置朝陽。大業初廢入焉。鄒平舊曰平原，開皇十八年改名焉。章丘舊曰高唐，開皇十六年改焉，又置營城縣。大業初廢入焉。又宋置東魏郡，後齊廢。有東陵山、長白山、龍盤山。長山舊曰武強，置廣川郡，併東清河、平原二郡入，改曰東平原郡。開皇初郡廢。又十六年置濟南縣，十八年改武強曰長山。大業初省濟南縣入焉。高苑後齊曰長樂。開皇十八年改爲會城。大業初改焉。亭山舊曰衞國，後齊併土鼓、肥鄉入焉。開皇六年改名亭山。有龍舟山、儒山。淄川舊曰貝丘，置東清河郡。後齊郡廢。開皇十六年置淄州，十八年縣改名焉。大業初州廢。

東萊郡舊置光州，開皇五年改曰萊州。統縣九，戶九萬三百五十一。

掖舊置東萊郡，後齊併曲城、當利二縣入焉。開皇初廢郡，大業初復置郡。有缶山。有掖水、光水。〔五二〕膠水舊曰長廣，仁壽元年改名焉。有明堂山。盧鄉後齊盧鄉及挺城並廢。開皇十六年復置盧鄉，并廢挺城入焉。卽墨後齊及不其縣並廢。開皇十六年復，并廢不其入焉。有大勞山、馬山。有田橫島。觀陽後周廢。開皇十六年

復，又分置牟州。大業初州廢。昌陽有巨神山。黃舊置東牟、長廣二郡，後齊廢東牟郡入長廣郡，開皇初郡廢。牟平有牟山、龍山、金山、九目山。文登後齊置。有石橋。有文登山、斥山、之罘山。

高密郡舊置膠州，開皇五年改爲密州。統縣七，戶七萬一千九百二十。

諸城舊曰東武，置高密郡。開皇初郡廢，十八年縣改名焉。大業初復置郡。有烽火山。東莞後齊併姑幕縣入焉。有箕山、濰水。郚城舊置平昌郡。後齊廢郡，置琅邪縣，廢朱虛入焉。大業初改名郚城。安丘開皇十六年置，曰牟山。大業初改名，并省安昌入焉。高密後齊廢淳于縣入焉。膠西舊曰黔陬，置平昌郡。開皇初郡廢。十六年置縣，曰膠西。大業初又以黔陬入焉。琅邪開皇十六年置，曰豐泉。大業初改焉。有徐山、盧山、郚日山、膠水。

周禮職方氏：「正東曰青州。」其在天官，自須女八度至危十五度，爲玄枵，於辰在子，齊之分野。吳札觀樂，聞齊之歌曰：「泱泱乎大風也哉，國未可量也。」在漢之時，俗彌侈泰，織作冰紈綺繡純麗之物，號爲冠帶衣履天下。始太公以尊賢尙智爲教，故士庶傳習其風，莫不矜于功名，依於經術，闊達多智，志度舒緩。其爲失也，夸奢朋黨，言與行謬。齊郡舊曰濟南，其俗好教飾子女淫哇之音，能使骨騰肉飛，傾詭人目。俗云「齊倡」，本出此也。祝阿縣俗，賓婚大會，肴饌雖豐，至於蒸膾，嘗之而已，多則謂之不敬，共相誚責，此其異也。大抵數郡風俗，與古不殊，男子多務農桑，崇尙學業，其歸于儉約，則頗變舊風。東萊人尤朴魯，故特少文義。

校勘記

〔一〕全鳩澗　「全」原作「金」，據水經四河水注改。

〔二〕䲨山　「䲨」原作「魏」，據水經四河水注改。

〔三〕轘轅山　「轘」原作「軒」，據左傳襄公二十一年及元和志五改。

〔四〕嵇山　「嵇」原作「稽」，據水經三〇淮水注改。

〔五〕後置魯州　考異：「魏永安中置廣州於魯陽，而齊、周因之，『魯州』當爲『廣州』之誤。」求是：「此『廣州』之作『魯州』，蓋隋仁壽中避『廣』字改。」

〔六〕蔡州　「蔡」上原衍「終」字，今删。

〔七〕廢十八年縣改名焉　按前後文例，「廢」前似脫「開皇初郡」四字。

〔八〕陽虛山　「虛」原作「靈」，據水經一五洛水注改。

〔九〕甲水　「甲」原作「申」，據水經二七沔水注改。

〔一〇〕玉城縣　「玉」原作「王」，據周書陽雄傳、元和志六、寰宇記六改。

〔一一〕西魏置義川郡　楊考：「當云『置義州義川郡』，下云『州改虢州』，知有脫文。」

〔一二〕後周廢　「廢」下脫「郡」字。

〔一三〕上宛　「宛」原作「苑」，據輿地廣記八改。

〔一四〕課陽　求是：「芒洛冢墓遺文四編韓智門誌作『溧陽』。說文：『溧，水也。』」

〔一五〕大業併入　依上下文例，「大業」下似脫一「初」字。

〔一六〕開皇初郡並廢　「郡」當作「州郡」。

〔一七〕淮之星次　「淮」原作「滙」，文義不通。下文冀州序亦作「淮之星次」。今據改。

〔一八〕後齊併涼城縣入焉　句下應補「開皇初郡廢」五字，才能和下文「大業初復置郡」相照應。

〔一九〕舊置東平郡後齊並廢　楊考引葉圭綬說，「郡」下當有「及無鹽縣」四字。

〔二〇〕并省平邑縣入焉　「平邑」原作「玄邑」。按平邑原是戰國地名。上文「又有平邑縣」，此處也應指該縣。今據改。

〔二一〕清池　「池」原作「地」，據元和志一八、通典一八〇、舊唐書地理志二改。

〔二二〕於辰在辰　「在」下原脫「辰」字，據李慈銘隋書札記補。

〔二三〕舊曰鄎　「鄎」原作「郡」，據漢書地理志下、續漢書郡國志二改。

〔二四〕千童縣　楊考：「葉圭綬云，『千童』是『發干』之誤。按漢發干故城在今堂邑縣東南三十三里，與清泉境相接，葉說是。」

〔二五〕潞水　「潞」原作「淇」，據水經四河水注改。

〔二六〕後魏以潞縣被誅遺人置　楊考：「『置』下當有『刈陵』二字。〔魏書〕地形志：刈陵，二漢晉曰『潞』，屬上黨。」

〔二七〕開皇初廢　「廢」上當脫「郡」字。

〔二八〕管涔山　郝懿行山海經北山經管涔之山注：「寰宇記引郭璞注『管音姦』，是『管』當爲『菅』。」

〔二九〕肆州　「肆」原作「泗」，據魏書地形志上改。

〔三〇〕又廢銅川　「川」下當有「入焉」二字。

〔三一〕泌水　「泌」原作「沁」，據水經六文水注改。

〔三二〕祁　原作「祈」，據漢書地理志上、晉書地理志上改。

〔三三〕涂水　「涂」原作「徐」，據水經六洞過水注改。

〔三四〕南欒縣　「欒」原作「鑾」，據魏書地形志上、元和志一五、舊唐書地理志二改。

〔三五〕干言山　汲古閣本「干」作「于」。楊考：寰宇記謂詩「出宿于干，飲餞于言」，卽此。

〔三六〕高城縣　「高」原作「稾」，據元和志一七改。

〔三七〕昔陽縣　「昔」原作「晉」。洪頤煊諸史考異：「據水經濁漳水注、元和志，『晉』當作『昔』。」按：寰宇記六一也作「昔」。今據改。

〔三八〕有都山伊祁山有濡水　「祁」原作「祈」，據寰宇記六三改。「濡」原作「漂」，據元和志六二、水經一一易水注改。

〔三九〕瀛州　「瀛」原作「嬴」。按：寰宇記六六，後魏太和十一年置瀛州，「以瀛海爲名」。今據改。

〔四〇〕狐狸淀　「淀」原作「液」，據寰宇記六七改。

〔四一〕樊輿　「輿」原作「與」，據水經一一易水注改。

〔四二〕置五郡十一縣龍城廣興定荒屬昌黎郡石城廣都屬建德郡　原脫「十」下十五字，據魏書地形志上補。參看廿二史考異。

〔四三〕後齊唯留昌黎一郡　原脫「昌」字，據廿二史考異補。

〔四四〕洵河　「洵」「原作「洵」，據水經一四鮑邱水注改。

〔四五〕溫水　「溫」原作「湜」，據水經一四濡水注改。

〔四六〕巨梁水　「巨」原作「巨」，據水經一四鮑邱水注改。

〔四七〕新昌　「新」原作「親」，據魏書地形志上改。

〔四八〕仕官不偶遇冀部　「官」當作「宦」。

〔四九〕及東安平西安並後齊廢　「及」上疑有脫文。

〔五〇〕沂山　「沂」原作「汴」，據水經二五沂水注改。

〔五一〕涪水　「涪」原作「涪」，據水經二六濰水注改。

〔五二〕光水　楊考據左傳昭二十年及汪士鐸水經注圖說，疑當作「尤水」。

隋書卷三十一

志第二十六

地理下

彭城郡　魯　郡　琅邪郡　东海郡　下邳郡　江都郡
鍾離郡　淮南郡　弋陽郡　蘄春郡　廬江郡　同安郡
歷陽郡　丹陽郡　宣城郡　毗陵郡　吳　郡　會稽郡
餘杭郡　新安郡　東陽郡　永嘉郡　建安郡　遂安郡
鄱陽郡　臨川郡　廬陵郡　南康郡　宜春郡　豫章郡
南海郡　龍川郡　義安郡　高涼郡　信安郡　永熙郡
蒼梧郡　始安郡　永平郡　鬱林郡　合浦郡　珠崖郡
寧越郡　交趾郡　九眞郡　日南郡　比景郡　海陰郡

林邑郡　南　郡　夷陵郡　竟陵郡　沔陽郡　沅陵郡
武陵郡　清江郡　襄陽郡　舂陵郡　漢東郡　安陸郡
永安郡　義陽郡　九江郡　江夏郡　澧陽郡　巴陵郡
長沙郡　衡山郡　桂陽郡　零陵郡　熙平郡

彭城郡舊置徐州，後齊置東南道行臺，後周立總管府。開皇七年行臺廢，大業四年府廢。統縣十一，戶一十三萬二百三十二。

彭城舊置郡，後周併沛及南陽平二郡入。開皇初郡廢，大業初復置郡。有呂梁山、徐山。蘄梁置蘄郡。後齊置仁州，又析置龍亢郡。開皇初郡廢，大業初州廢。穀陽後齊置穀陽郡，開皇初郡廢。又有巳吾、義城二縣，後齊併以爲臨淮縣，大業初併入焉。沛　留後齊廢，開皇十六年復。有微山、黃山。豐　蕭舊置沛郡，後齊廢爲承高縣。開皇六年改爲龍城，十八年改爲臨沛，大業初改曰蕭。有相山。滕舊曰蕃，置蕃郡。後齊廢。開皇十六年改曰滕縣。〔一〕蘭陵舊曰承，置蘭陵郡。開皇初郡廢，十六年分承置鄫州及蘭陵縣。大業初州廢，又併蘭陵、鄫城二縣入焉，尋改承爲蘭陵。有抱犢山。符離後齊置睢南郡，開皇初郡廢，有竹邑縣，梁置睢州，開皇三年州廢，又廢竹邑入焉。有女山、定陶山。方與後齊廢，開皇十六年復。

魯郡舊兗州，大業二年改爲魯郡。〔二〕統縣十，戶十二萬四千一十九。

瑕丘舊廢，開皇十三年復，帶郡。任城舊置高平郡，開皇初廢。鄒有鄒山、承匡山。曲阜舊曰魯，郡，後齊改郡爲任城。開皇三年郡廢，四年改縣曰汶陽，十六年改名曲阜。泗水開皇十六年置。有陪尾山、尼丘山、防山。有洙、泗水。平陸後齊曰樂平，開皇十六年改焉。龔丘後齊曰平原縣，開皇十六年改焉。梁父有龜山。博城舊曰博，置泰山郡。後齊改郡曰東平，又併博平、牟入焉。開皇初郡廢，十六年改縣曰汶陽，尋改曰博城。有奉高縣，開皇六年改曰岱山，大業初州廢，〔三〕又廢岱山縣入焉。有岱山、玉符山。嬴開皇十六年分置牟城縣，大業初併入焉。有艾山。有淄水。

琅邪郡舊置北徐州，後周改曰沂州。統縣七，戶六萬三千四百二十三。

臨沂舊曰即丘，帶郡。開皇初郡廢，十六年分置臨沂，大業初併即丘入焉。有大祠山。費　顓臾舊曰南武陽，開皇十八年改名焉。又有南城縣，後齊廢。有開明山。新泰後齊廢蒙陰縣入焉。沂水舊置南青州及東安郡，〔四〕後周改州爲莒州。開皇初郡廢，改縣曰東安。十六年又改曰沂水。大業初州廢。東安後齊廢，開皇十六年復。有松山。莒舊置東莞郡。後齊廢，後置義唐郡。開皇初廢。

東海郡梁置南、北二青州，東魏改爲海州。統縣五，戶二萬七千八百五十八。

朐山舊曰朐，置琅邪郡。後周改縣曰朐山，郡曰朐山。開皇初郡廢，大業初復，帶郡。有朐山、羽山。東海舊置廣饒縣及東海郡，後齊分廣饒置東海縣。開皇初廢郡及東海縣，仁壽元年，改廣饒曰東海。有謝祿山、鬱林山。漣水舊曰襄賁，置東海郡。東魏改曰海安。開皇初郡廢，縣又改焉。沭陽梁置潼陽郡。東魏改曰沭陽郡，置縣曰

懷文。後周改縣曰沭陽。開皇初郡廢。懷仁梁置南、北二青州。東魏廢州，立義唐郡及懷仁縣。開皇初郡廢。

下邳郡後魏置南徐州，梁改爲東徐州，東魏又改曰東楚州，陳改爲安州，後周改爲泗州。統縣七，戶五萬二千七十。

宿豫舊置宿豫郡，開皇初郡廢。大業初置下邳郡。又梁置朝陽、臨沭二郡，後齊置晉寧郡，尋並廢。夏丘後齊置，並置夏丘郡，尋立潼州。後周改州爲宋州，縣曰晉陵。開皇初郡廢，十八年州廢，縣復曰夏丘。又東魏置臨潼郡、睢陵縣，後齊改郡爲潼郡。又梁置潼州，後齊改曰睢州，尋廢，亦入潼郡。開皇初郡縣並廢。徐城梁置高平郡。東魏又併梁東平、陽平、清河、歸義四郡爲高平縣，又併梁朱沛、循儀、安豐三郡置朱沛縣。又有安遠郡，後齊廢，後周又併朱沛入高平。開皇初郡廢，十八年更名徐城。淮陽梁置淮陽郡。東魏併綏化、呂梁二郡置綏化縣。後周改縣爲淮陽。開皇初郡廢。又有梁臨清、天水、浮陽三郡，東魏併爲甬城縣，後齊改曰文城縣，後周又改爲臨清，開皇三年省入焉。下邳梁曰歸政，置武州、下邳郡。魏改縣爲下邳，置郡不改，改州曰東徐。後周改州爲邳州。開皇初郡廢，大業初州廢。有嶧山、磬石山。良城梁置武安郡，開皇初郡廢，十一年縣更名曰良城。有徐山。郯舊置郡，開皇初廢。

禹貢：「海、岱及淮惟徐州。」彭城、魯郡、琅邪、東海、下邳，得其地焉。在於天文，自奎五度至胃六度，爲降婁，於辰在戌。其在列國，則楚、宋及魯之交。考其舊俗，人頗勁悍輕剽，其士子則挾任節氣，好尚賓遊，此蓋楚之風焉。大抵徐、兗同俗，故其餘諸郡，皆得齊、

魯之所尚。莫不賤商賈，務稼穡，尊儒慕學，得洙泗之俗焉。

江都郡梁置南兗州，後齊改爲東廣州，陳復曰南兗，後周改爲吳州。開皇九年改爲揚州，置總管府，大業初府廢。統縣十六，戶十一萬五千五百二十四。

江陽舊曰廣陵，後齊置廣陵、江陽二郡。開皇初郡廢，十八年改縣爲邗江，大業初更名江陽。有江都宮、揚子宮。有陵湖。江都自梁及隋，或廢或置。海陵梁置海陵郡。開皇初郡廢，又併建陵縣入，尋析置江浦縣，大業初省入。寧海開皇初併如皐縣入。高郵梁析置竹塘、三歸二縣，及置廣業郡，尋以有嘉禾，爲神農郡。開皇初郡廢，又併竹塘、三歸、臨澤三縣入焉。安宜梁置陽平郡及東莞郡。開皇初郡廢，又廢石鼈縣入焉。有白馬湖。山陽舊置山陽郡，開皇初郡廢。十二年置楚州，大業初州廢。有後魏淮陰郡，東魏改爲淮州，後齊併魯、富陵立懷恩縣，後周改曰壽張，又僑立東平郡。開皇元年改郡爲淮陰，并立楚州，尋廢郡，更改縣曰淮陰。大業初州廢，縣併入焉。盱眙舊魏置盱眙郡。陳置北譙州，尋省。開皇初郡廢，又併考城、直瀆、陽城三縣入。有都梁山。鹽城後齊置射陽郡，陳改曰鹽城，開皇初郡廢。清流舊曰頓丘，置新昌郡及南譙州。開皇初改爲滁州，郡廢。又廢樂鉅、高塘二縣入頓丘，改曰新昌。十八年又改爲清流。大業初州廢。有白禪山、曲亭山。全椒梁曰北譙，置北譙郡。後齊改郡爲臨滁，後周又曰北譙。開皇初郡廢，改縣爲滁水。大業初改名焉。有銅官山、九鬬山。六合舊曰尉氏，置秦郡。後齊置秦州。後周改州曰方州，改郡曰六合。開皇初郡廢，四年改尉氏曰六合，省堂邑、方山

二縣入焉。大業初州廢。又後齊置瓦梁郡，陳廢。有瓜步山、六合山。永福舊曰沛，梁置涇城、東陽二郡，〔五〕陳廢州，併二郡爲沛郡。後周改沛郡爲石梁郡，改沛縣曰石梁縣，省橫山縣入焉。開皇初郡廢。大業初改縣曰永福。有香山、永福山。句容有茅山、浮山、四平山。延陵舊置南徐州、南東海郡，梁改曰蘭陵郡，陳又改爲東海。開皇九年州郡並廢，又廢丹徒縣入焉。十五年置潤州，大業初州廢。有句驪山、黃鵠山、蒜山、長塘湖。曲阿有武進縣，梁改爲蘭陵，開皇九年併入。

鍾離郡後齊曰西楚州，開皇二年改曰濠州。〔六〕統縣四，戶三萬五千一十五。

鍾離舊置郡，開皇初郡廢。大業中復置郡。定遠舊曰東城。梁改曰定遠，置臨濠郡。後齊改曰廣安。開皇初郡廢。又有舊九江郡，後齊廢爲曲陽縣，縣尋廢。又有梁置安州，侯景亂廢。化明故曰睢陵，置濟陰郡。後齊改縣曰池南，陳復曰睢陵，後周改爲昭義。開皇初郡廢，大業初縣改名焉。塗山舊曰當塗。後齊改曰馬頭，置郡曰荊山。開皇初改縣曰塗山，廢郡。有當塗山。

淮南郡舊曰豫州，後魏曰揚州，梁曰南豫州，東魏曰揚州，陳又曰豫州，後周曰揚州。開皇九年曰壽州，置總管府，大業元年府廢。統縣四，戶三萬四千二百七十八。

壽春舊有淮南、梁郡、北譙、汝陰等郡，開皇初並廢，并廢蒙縣入焉。大業初置淮南郡。有八公山、門溪。安豐梁置陳留、安豐二郡，開皇初並廢。有芍陂。霍丘梁置安豐郡，東魏廢。開皇十九年置縣，名焉。長平梁置北陳郡，開皇初廢，又併西華縣入。

弋陽郡梁置光州。統縣六，戶四萬一千四百三十三。

光山舊置光城郡。開皇初郡廢，十八年置縣焉。大業初置光陽郡。又有舊黃川郡，梁廢。樂安梁置宋安郡，及宋安、光城二縣，又有豐安郡，開皇三年並廢入焉。有弋陽山、浮光山、金山、錫山。定城後齊置南郢州，後廢入南、北二弋陽縣，後又省北弋陽入南弋陽，改爲定遠焉。又後魏置弋陽郡，及有梁東新蔡縣。後周改爲淮南郡。又後齊置齊安、新蔡二郡，及廢舊義州，立東光城郡。至開皇初，五郡及郢州並廢。殷城舊曰包信，開皇初改名焉。又梁置義城郡及建州，并所領平高、新蔡、新城三郡，開皇初並廢。有大蘇山、〔七〕南松山。固始梁曰蓼縣。後齊改名焉，置北建州，尋廢州，置新蔡郡。後周改置澮州。開皇初州郡並廢入，又改縣爲固始。有安陽山。期思陳置邊城郡。開皇初郡廢，改縣名焉。有後齊光化郡，亦廢入焉。有大別山。

蘄春郡後齊置雍州，〔八〕後周改曰蘄州。開皇初置總管府，九年府廢。統縣五，戶三萬四千六百九十。

蘄春舊曰蘄陽，梁改曰蘄水。後齊改曰齊昌，置齊昌郡。開皇十八年改爲蘄春。開皇初郡廢。有安山。浠水舊置永安郡，開皇初郡廢。有石鼓山。蘄水舊曰蘄春，梁改名焉。有鼓吹山。有蘄水。黃梅舊曰永興，開皇初改曰新蔡，十八年改名焉。有黃梅山。羅田梁置義州、義城郡，開皇初並廢。

廬江郡梁置南豫州，又改爲合州。開皇初改爲廬州。統縣七，戶四萬一千六百三十二。

合肥梁曰汝陰，置汝陰郡。後齊分置北陳郡。開皇初郡廢，縣改名焉。廬江齊置廬江郡，梁置湘州，後齊州廢，開皇初郡廢。有治甫山、上薄山、三公山、聖山、藍家山。襄安梁曰蘄，開皇初改焉。有龜山、紫微山、亞父山、牛

陽山、白石山、四鼎山。愼東魏置平梁郡，陳曰梁郡，開皇初郡廢。有浮闍山。霍山梁置霍州及岳安郡、岳安縣。後齊州廢。開皇初郡廢，縣改名焉。渒水梁置北沛郡及新蔡縣。開皇初郡廢，又廢新蔡入焉。有墜星山。開化梁置。有衡山、九公山、鬬鼓山、天山、多智山。

同安郡梁置豫州，後改曰晉州，後齊改曰江州，陳又曰晉州，開皇初曰熙州。統縣五，戶二萬一千七百六十六。

懷寧舊置晉熙郡，開皇初郡廢。大業三年置同安郡。宿松梁置高塘郡。開皇初郡廢，改縣曰高塘，十八年又改名焉。有雷水。太湖開皇初改爲晉熙，十八年復改名焉。望江陳置大雷郡。開皇十一年改曰義鄉，十八年改名焉。同安舊曰樅陽，并置樅陽郡。開皇初郡廢，十八年縣改名焉。有浮度山。

歷陽郡後齊立和州。統縣二，戶八千二百五十四。

歷陽舊置歷陽郡，開皇初郡廢。大業初復置郡。烏江梁置江都郡，後齊改爲齊江郡，陳又改爲臨江郡，周改爲同江郡。開皇初郡廢。大業初置歷陽郡。〔九〕有六合山。

丹陽郡自東晉已後置郡曰揚州。平陳，詔並平蕩耕墾，更於石頭城置蔣州。統縣三，戶二萬四千一百二十五。

江寧梁置丹陽郡及南丹陽郡，陳省南丹陽郡。平陳，又廢丹陽郡，并以秣陵、建康、同夏三縣入焉。大業初置丹陽郡。有蔣山。當塗舊置淮南郡。平陳，廢郡，并襄垣、于湖、繁昌、〔一〇〕西鄉入焉。有天門山、楚山。溧水舊曰

溧陽。開皇九年廢丹陽郡入，〔一一〕十八年改焉。有赭山、廬山、楚山。

宣城郡舊置南豫州。平陳，改爲宣州。統縣六，戶一萬九千九百七十九。

宣城舊曰宛陵，置宣城郡。平陳，郡廢，仍併懷安、寧國、當塗、逡遒四縣入焉。大業初置郡。有敬亭山。涇平陳，省安吳、南陽二縣入焉。有蓋山、陵陽山。南陵梁置，併置南陵郡，陳置北江州。平陳，州郡並廢，并所管石城、臨城、定陵、故治、〔一二〕南陵五縣入焉。秋浦舊曰石城。平陳廢，開皇十九年置，改名焉。永世平陳廢，開皇十二年又置。有靈光山。綏安舊曰石封，平陳，改名焉。梁末立大梁郡，又改爲陳留。平陳，郡廢，省大德、故鄣、安吉、原鄉四縣入焉。

毗陵郡平陳，置常州。統縣四，戶一萬七千五百九十九。

晉陵舊置晉陵郡。平陳，郡廢。大業初置郡。有橫山。江陰梁置，及置江陰郡。平陳，廢郡及利城梁豐縣入焉。有毗陵山。無錫有九龍山。義興舊曰陽羨，置義興郡。平陳，郡廢，改縣名焉，又廢義鄉、國山、臨津三縣入焉。〔一三〕有計山、洞庭山。

吳郡陳置吳州。平陳，改曰蘇州，大業初復曰吳州。統縣五，戶一萬八千三百七十七。

吳舊置吳郡。平陳，郡廢，大業初復置。有胥山、〔一四〕橫山、華山、黃山、姑蘇山、太湖。崑山梁置。平陳廢，開皇十八年復。常熟舊曰南沙，梁置信義郡。平陳廢，并所領海陽、前京、信義、海虞、興國、南沙入焉。有虞山。烏程舊置吳興郡。平陳，郡廢，并東遷縣入焉。仁壽中置湖州，大業初州廢。有雉山。長城平陳廢，仁壽二年復。

有下山。

會稽郡梁置東揚州。陳初省，尋復。平陳，改曰吳州，置總管府。大業初府廢，置越州。統縣四，戶二萬二百七十一。

會稽舊置會稽郡。平陳，郡廢，及廢山陰、永興、上虞、始寧四縣入，大業初置郡。有稷山、穜山、〔一五〕會稽山。句章平陳，併餘姚、鄞、鄮三縣入。〔一六〕有太白山、方山。剡有桐栢山。諸暨有泄溪、大農湖。

餘杭郡平陳，置杭州。仁壽中置總管府，大業初府廢。統縣六，戶一萬五千三百八十。

錢唐舊置錢唐郡。平陳，廢郡，并所領新城縣入。大業三年置餘杭郡。有粟山、石甑山、臨平湖。富陽有石頭山、鷄籠山。餘杭有由拳山、金鵝山。於潛有天目山、石鏡山。有桐溪。鹽官有蜀山。武康平陳廢，仁壽二年復。有封嵎山、青山、白鵠山。

新安郡平陳，置歙州。統縣三，戶六千一百六十四。

休寧舊曰海寧，開皇十八年改名焉。大業初置郡。歙平陳廢，十一年復。黟平陳廢，十一年復。

東陽郡平陳，置婺州。統縣四，戶一萬九千八百五。

金華舊曰長山，置金華郡。平陳，郡廢，又廢建德、太末、豐安三縣入，改爲吳寧縣。十二年改曰東陽，十八年改名焉。大業初置東陽郡。有長山、龍山、樓山、丘山。〔一七〕有赤松澗。永康　烏傷有香山、歌山。信安有江山、悲思嶺。有定陽溪。

永嘉郡開皇九年置處州，十二年改曰括州。統縣四，戶一萬五百四十二。

括倉平陳，置縣，大業初置永嘉郡。有縉雲山、括倉山。永嘉舊曰永寧，置永嘉郡。平陳，郡廢，縣改名焉。有芙蓉山。松陽　臨海舊曰章安，置臨海郡。平陳，郡廢，縣改名焉。有赤山、天台山。

建安郡陳置閩州，仍廢，後又置豐州。平陳，改曰泉州。大業初改曰閩州。統縣四，戶一萬二千四百二十。

閩舊曰東侯官，置晉安郡。平陳，郡廢，縣改曰原豐。十二年改曰閩，大業初置建安郡。有岱山、飛山。建安舊置建安郡。平陳廢。南安舊曰晉安，置南安郡。平陳，郡廢，縣改名焉；又置莆田縣，尋廢入焉。龍溪梁置，開皇十二年併蘭水、綏安二縣入焉。

遂安郡仁壽三年置睦州。統縣三，戶七千三百四十三。

雉山舊置新安郡。平陳，廢爲新安縣。大業初縣改名焉，置遂安郡。有仙壇山。遂安平陳廢，仁壽中復。桐廬平陳廢，仁壽中復。有白石山。

鄱陽郡梁置吳州，陳廢。平陳，置饒州。統縣三，戶一萬一百二。

鄱陽舊置鄱陽郡。平陳廢，又有陳銀城縣廢入焉。大業初復置郡。餘干　弋陽舊曰葛陽，開皇十二年改。有弋水。

臨川郡平陳，置撫州。統縣四，戶一萬九百。

臨川舊置臨川郡。平陳，郡廢，大業三年復置郡。有銅山、黃山。有夢水。南城有五章山。崇仁梁置巴山郡，

領大豐、新安、巴山、新建、興平、豐城、西寧七縣。平陳，郡縣並廢，以置縣焉。邵武開皇十二年置。

廬陵郡平陳，置吉州。統縣四，戶二萬三千七百一十四。

廬陵舊置廬陵郡。平陳廢，大業初復置。泰和平陳置，曰西昌。十一年省東昌入，更名焉。安復舊置安成郡。平陳，郡廢，縣改曰安成。十八年又曰安復。有更生山、長嶺。新淦有玉笥山。

南康郡開皇九年置虔州。統縣四，戶一萬一千一百六十八。

贛舊曰南康，置南康郡。平陳，郡廢。大業初縣改名焉，尋置郡。有儲山。有贛水。虔化舊曰寧都，開皇十八年改名焉。有石鼓山。雩都舊廢，平陳置。有金鷄山、君山。南康舊曰贛，大業初改名焉。有廩山、上洛山、贛山。

宜春郡平陳，置袁州。統縣三，戶一萬一百一十六。

宜春舊曰宜陽。開皇十一年廢吳平縣入，十八年改名焉。大業初置郡。有盧溪、渝水。萍鄉有宜春江。新喻

豫章郡平陳，置洪州總管府。大業初府廢。統縣四，戶一萬二千二十一。

豫章舊置豫章郡。平陳，郡廢。大業初復置郡。豐城平陳廢。十二年置，曰廣豐。仁壽初改名焉。建昌開皇九年省并、永修、豫章、新吳四縣入焉。〔一八〕建城有然石。

南海郡舊置廣州，梁、陳並置都督府。平陳，置總管府。仁壽元年置番州，大業初府廢。統縣十五，戶三萬七千四百八十二。

南海舊置南海郡。平陳，郡廢；又分置番禺縣，尋廢入焉。大業初置郡。曲江舊置始興郡。平陳廢，十六年又廢湞陽縣入焉。〔一九〕有玉山、銀山。始興齊曰正階，梁改名焉，又置安遠郡，置東衡州。平陳，改郡置大庾縣，又於此置廣州總管。開皇末移向南海，又十六年廢大庾入焉。翁源梁置，陳又置清遠郡。平陳郡廢。增城舊置東官郡，平陳廢。有羅浮山。寶安 樂昌梁置，曰梁化，又分置平石縣。開皇十二年省平石入，十八年改名焉。四會舊置綏建郡，又有樂昌郡。平陳，二郡並廢。大業初又併始昌縣入焉。化蒙大業初廢威城縣入焉。清遠舊置清遠郡，又分置威正、廉平、恩洽、浮護等四縣。平陳並廢，以置清遠縣。又齊置齊康郡，至是亦廢入焉。含洭梁置衡州、陽山郡。平陳，州改曰洭州，廢郡。二十年州廢。有堯山。政賓舊置東官郡。平陳，郡廢。懷集 新會舊置新會郡。平陳，郡廢，又併盆允、永昌、新建、熙潭、化召、懷集六縣入，爲封州。十一年改爲允州，後又改爲岡州。大業初州廢，并廢封樂縣入。有社山。義寧開皇十年廢新夷、初賓二縣入；又有始康縣，廢入封平。大業初又廢封平入焉。有茂山。

龍川郡平陳，置循州總管府。大業初府廢。統縣五，戶六千四百二十。

歸善帶郡。有歸化山、懷安山。河源開皇十一年省龍川縣入焉。又有新豐縣，十八年改曰休吉，大業初省入焉。有龍山、亢山。有修江。博羅 興寧 海豐有黑龍山。有漲海。

義安郡梁置東揚州，後改曰瀛州，〔二〇〕及陳州廢。平陳，置潮州。統縣五，戶二千六十六。

海陽舊置義安郡。平陳，郡廢。大業初置郡。有鳳皇山。程鄉 潮陽 海寧有龍溪山。萬川舊曰義招，〔二一〕

大業初改名焉。

高涼郡梁置高州。統縣九，戶九千九百一十七。

高涼舊置高涼郡。平陳廢，大業初復置。連江梁置連江郡。平陳，郡廢。梁又置梁封縣，開皇十八年改爲義封。梁又置南巴郡。平陳，郡廢爲南巴縣。大業初二縣並廢入。電白梁置電白郡。平陳，郡廢。又有海昌郡廢入焉。杜原舊曰杜陵。梁置杜陵郡，又有永寧、宋康二郡。平陳，並廢爲縣。十八年改杜陵曰杜原，宋康曰義康。大業二年二縣並廢入杜原。海安舊曰齊安，置齊安郡。平陳，郡廢。開皇十八年改縣名焉。陽春梁置陽春郡。平陳，郡廢。石龍舊置羅州、高興郡。平陳，郡廢。大業初州廢。吳川 茂名

信安郡平陳，置端州。統縣七，戶一萬七千七百八十七。

高要舊置高要郡。平陳，郡廢。大業初置信安郡。有定山。端溪舊置晉康郡。平陳，郡廢。有端水。樂城開皇十二年廢文招、悅成二縣入。平興舊置宋隆郡，領初寧、建寧、熙穆、崇德、召興、崇化、南安等縣。平陳，郡廢，并所領縣入焉。又梁置梁泰郡及縣。平陳，郡廢，縣改曰清泰。大業初廢入焉。新興梁置新州、新寧郡。平陳，郡廢。大業初州廢，又廢索盧縣入焉。博林大業初廢撫納縣入。銅陵有瀧南縣，開皇十八年改曰南流。又有西城縣，大業初廢入。

永熙郡梁置瀧州。統縣六，戶一萬四千三百一十九。

瀧水舊置開陽縣，置開陽、平原、羅陽等郡。平陳，郡並廢，以名縣。開皇十八年改平原曰瀧水，羅陽縣爲正義。大業初置永熙郡，開陽、正義俱廢入焉。懷德舊曰梁德，置梁德郡。平陳，廢郡。十八年改名懷德。良德陳置，曰務德，後改名焉。安遂梁置建州、廣熙郡，尋廢。〔二二〕州大業初廢。永業梁置永業郡，尋改爲縣，後省。開皇十六年又置。永熙大業初併安南縣入。

蒼梧郡梁置成州，開皇初改爲封州。統縣四，戶四千五百七十八。

封川梁曰梁信，置梁信郡。平陳，郡廢。十八年改爲封川。大業初又廢封興縣入焉。都城開皇十二年省威城、晉化二縣入焉。蒼梧舊置蒼梧郡。平陳，郡廢。封陽

始安郡梁置桂州。平陳，置總管府。大業元年府廢。統縣十五，戶五萬四千五百一十七。

始安舊置始安、梁化二郡。平陳，郡並廢。大業初廢興安縣入焉。平樂有目山。荔浦 建陵 陽朔 象 隋化 義熙舊曰齊熙，置齊熙、黃水二郡及東寧州。平陳，郡並廢。十八年改州曰融州，縣曰義熙。大業初州廢，並廢臨牂、黃水二縣入焉。龍城梁置。馬平開皇十二年置象州，大業初州廢。桂林大業初併西寧縣入。陽壽有馬平、桂林、象、韶陽等四郡。平陳，並廢。又有淮陽縣，開皇十八年改曰陽壽。大業初省入焉。富川舊置臨賀、樂梁二郡。平陳，並廢，置賀州。大業初州廢，又置臨賀、綏越、蕩山三縣入焉。龍平梁置靜州，梁壽、靜慰二郡。平陳，並廢，又置歸化縣。大業初州廢，又廢歸化、安樂、博勞三縣入焉。豪靜梁置開江、武城二郡，陳置遺遙郡。平陳，郡並廢。又有猛陵、開江二縣，大業初並廢入焉。

永平郡平陳，置藤州。統縣十一，戶三萬四千四十九。

永平舊置永平郡。平陳，郡廢。大業置郡。武林有鷲石山。隋建開皇十九年置。安基梁置建陵郡。平陳，郡廢。隋安開皇十九年置。普寧舊曰陰石，梁置陰石郡。平陳，郡廢，改縣爲奉化。開皇十九年又改名焉。戎成梁置，曰遂成。開皇十一年改名焉。有農山。寧人開皇十五年置，曰安人。十八年改名焉。有壽原山。淳人開皇十九年置。大賓開皇十五年置。賀川開皇十九年置，又陳置建陵、綏越、蒼梧、永建等四郡。平陳，並廢。

鬱林郡梁置定州，後改爲南定州。平陳，改爲尹州。大業初改爲鬱州。統縣十二，戶五萬九千二百。

鬱林舊置鬱林郡。平陳，郡廢。大業初又置郡，又廢武平、龍山、懷澤、布山四縣入。鬱平 領方梁置領方郡。平陳，郡廢。阿林 石南陳置石南郡。平陳，廢郡。桂平梁置桂平郡。平陳，郡廢。大業初又廢皇化縣入。馬度 安成梁置安成郡。平陳，郡廢。寧浦舊置寧浦郡，梁分立簡陽郡。平陳，郡廢，置簡州。十八年改爲緣州。大業二年州廢。樂山梁置樂陽郡。平陳，改爲樂陽縣。十八年改名焉。嶺山梁置嶺山郡。平陳，改爲嶺縣。十八年改爲嶺山。大業初併武緣縣入。有武緣山。宣化舊置晉興郡。平陳，廢爲縣。開皇十八年改名焉。

合浦郡舊置越州。大業初改爲祿州，尋改爲合州。統縣十一，戶二萬八千六百九十。

合浦舊置合浦郡。平陳，郡廢。大業初置郡。南昌 北流大業初廢陸川縣入。封山大業初廢廉昌縣入。定川舊立定川郡。平陳，郡廢。龍蘇舊置龍蘇郡。平陳，郡廢。大業初又併大廉縣入。海康梁大通中，割番州合浦立高州，尋又分立合州。大同末，以合肥爲合州，此置南合州。平陳，以此爲合州，置海康縣。大業初州廢，

又廢撲落、雞阿、雷川三縣入。抱成舊曰抱，幷置郡。平陳，郡廢。十八年改曰抱成。隋康舊曰齊康，置齊康郡。平陳，郡廢，縣改名焉。扇沙舊有椎縣，開皇十八年改爲椎川，大業初廢入。鐵杷開皇十年置。

珠崖郡梁置崖州。統縣十，戶一萬九千五百。

義倫帶郡。感恩　顏盧　毗善　昌化有藤山。吉安　延德　寧遠　澄邁　武德有扶山。

寧越郡梁置安州，開皇十八年改曰欽州。統縣六，戶一萬二千六百七十。

欽江舊置宋壽郡。平陳，郡廢。開皇十八年改曰欽江，大業初置寧越郡。安京舊置安京郡。平陳，郡廢。有羅浮山。有武郎江。內亭舊置宋廣郡。平陳，郡廢。十七年改曰新化縣，十八年改名焉。南賓開皇十八年置。遵化開皇二十年置。海安梁置，曰安平，置黃州及寧海郡。平陳，郡廢。十八年改州曰玉州。大業初州廢，其年又省海平、玉山二縣入。

交趾郡舊曰交州。統縣九，戶三萬五十六。

宋平舊置宋平郡。平陳，郡廢。大業初置交趾郡。龍編舊置交趾郡。平陳，郡廢。朱鳶舊置武平郡。平陳，郡廢。隆平舊曰武定，置武平郡。平陳，郡廢。開皇十八年縣改名焉。平道舊曰國昌，開皇十二年改名焉。交趾　嘉寧舊置興州、新昌郡。平陳，郡廢。十八年改曰峯州，大業初州廢。新昌　安人舊曰臨西，開皇十八年改名焉。

九眞郡梁置愛州。統縣七，戶一萬六千一百三十五。

九眞帶郡。有陽山、堯山。移風舊置九眞郡。平陳，郡廢。胥浦　隆安舊曰高安，開皇十八年改名焉。軍安　安順舊曰常樂，開皇十六年改名焉。日南

日南郡梁置德州，開皇十八年改曰驩州。統縣八，戶九千九百一十五。

九德帶郡。咸驩　浦陽　越常　金寧梁置利州。開皇十八年改爲智州，大業初州廢。交谷梁置明州，大業初州廢。安遠　光安舊曰西安，開皇十八年改名焉。

比景郡大業元年平林邑，置蕩州，尋改爲郡。統縣四，戶一千八百一十五。

比景　朱吾　壽泠　西捲

海陰郡大業元年平林邑，置農州，尋改爲郡。統縣四，戶一千一百。

新容　眞龍　多農　安樂

林邑郡大業元年平林邑，置沖州，尋改爲郡。統縣四，戶一千二百二十。

象浦　金山　交江　南極

揚州於禹貢爲淮海之地。在天官，自斗十二度至須女七度，爲星紀，於辰在丑，吳、越得其分野。江南之俗，火耕水耨，食魚與稻，以漁獵爲業，雖無蓄積之資，然而亦無饑餒。其俗信鬼神，好淫祀，父子或異居，此大抵然也。江都、弋陽、淮南、鍾離、蘄春、同安、廬江、歷陽，人性並躁勁，風氣果決，包藏禍害，視死如歸，戰而貴詐，此則其舊風也。自平陳之後，

其俗頗變，尚淳質，好儉約，喪紀婚姻，率漸於禮。其俗之敝者，稍愈於古焉。丹陽舊京所在，人物本盛，小人率多商販，君子資於官祿，市廛列肆，埒於二京，人雜五方，故俗頗相類。京口東通吳、會，南接江、湖，西連都邑，亦一都會也。其人本並習戰，號爲天下精兵。俗以五月五日爲鬬力之戲，各料强弱相敵，事類講武。宣城、毗陵、吳郡、會稽、餘杭、東陽，其俗亦同。然數郡川澤沃衍，有海陸之饒，珍異所聚，故商賈並湊。其人君子尚禮，庸庶敦厖，故風俗澄清，而道教隆洽，亦其風氣所尚也。豫章之俗，頗同吳中，其君子善居室，小人勤耕稼。衣冠之人，多有數婦，暴面市廛，競分銖以給其夫。及舉孝廉，更要富者，前妻雖有積年之勤，子女盈室，猶見放逐，以避後人。俗少爭訟，而尚歌舞。一年蠶四五熟，勤於紡績，亦有夜浣紗而旦成布者，俗呼爲鷄鳴布。新安、永嘉、建安、遂安、鄱陽、九江、臨川、廬陵、南康、宜春，其俗又頗同豫章，而廬陵人厖淳，率多壽考。然此數郡，往往畜蠱，而宜春偏甚。其法以五月五日聚百種蟲，大者至蛇，小者至蝨，合置器中，令自相啖，餘一種存者留之，蛇則曰蛇蠱，蝨則曰蝨蠱，行以殺人。因食入人腹內，食其五藏，死則其產移入蠱主之家，三年不殺他人，則畜者自鍾其弊。累世子孫相傳不絕，亦有隨女子嫁焉。干寶謂之爲鬼，其實非也。自侯景亂後，蠱家多絕，既無主人，故飛遊道路之中則殞焉。

自嶺已南二十餘郡，大率土地下濕，皆多瘴厲，人尤夭折。南海、交趾，各一都會也，並

所處近海，多犀象瑇瑁珠璣，奇異珍瑋，故商賈至者，多取富焉。其人性並輕悍，易興逆節，椎結踑踞，乃其舊風。其俚人則質直尚信，諸蠻則勇敢自立，皆重賄輕死，唯富爲雄。巢居崖處，盡力農事。刻木以爲符契，言誓則至死不改。父子別業，父貧，乃有質身於子。諸獠皆然。並鑄銅爲大鼓，初成，懸於庭中，置酒以招同類。來者有豪富子女，則以金銀爲大釵，執以叩鼓，竟乃留遺主人，名爲銅鼓釵。俗好相殺，多搆讎怨，欲相攻則鳴此鼓，到者如雲。有鼓者號爲「都老」，羣情推服。本之舊事，尉陀於漢，自稱「蠻夷大酋長、老夫臣」，故俚人猶呼其所尊爲「倒老」也。言訛，故又稱「都老」云。

南郡舊置荊州。西魏以封梁爲蕃國，又置江陵總管府。開皇初府廢。七年併梁，又置江陵總管，二十年改爲荊州總管。大業初廢。統縣一十，戶五萬八千八百三十六。

江陵帶南郡。開皇初郡廢，大業初復置郡。長楊開皇八年置，幷立睦州，十七年州廢。有宜陽山。宜昌開皇九年置松州，又省歸化、受陵二縣入。十一年州廢，又省宜都縣入。有丹山、黃牛山。枝江　當陽後周置平州，領漳川、安遠二郡，屬梁蕃。開皇七年改爲玉州，九年州郡並廢。梁又置安居縣，開皇十八年改曰昭丘，大業初改曰荊臺，尋廢入。有清溪山。松滋江左舊置河東郡。平陳，郡廢。有涔水。長林舊曰長寧縣。開皇十一年省長林縣入，十八年改曰長林。有黃山。有靈溪水。公安陳置荊州。開皇九年省孱陵、永安二縣入。安興舊置廣牧縣，

開皇十一年省安興縣入，仁壽初改曰安興。又有定襄縣，大業初廢入。紫陵西魏置華陵縣，後周改名焉。共城南面，梁置都州，又置雲澤縣。大業初州縣俱廢入焉。有硤石山。

夷陵郡梁置宜州，西魏改曰拓州，後周改曰硤州。統縣三，戶五千一百七十九。

夷陵帶郡。有馬穴。夷道舊置宜都郡，開皇七年廢。有女觀山。遠安舊曰高安，置汶陽郡。又周改縣曰安遠。開皇七年郡廢。

竟陵郡舊置郢州。統縣八，戶五萬三千三百八十五。

長壽後周置石城郡，開皇初郡廢，大業初置竟陵郡。又梁置北新州及梁寧等八郡，後周保定中，州及八郡總管廢入焉。有敖山。藍水宋僑立馮翊郡、蓮勺縣。西魏改郡爲漢東，縣爲藍水。又宋置高陸縣，西魏改曰激水。開皇初郡廢，大業初省激水入焉。有唐水。蓩川後周置，及置激川郡。又置淸縣，〔二三〕西魏改曰激陂。開皇初郡廢，大業初省激陂入焉。漢東齊置，曰上蔡，及置齊興郡。後周郡廢。開皇十八年縣改名焉。有東溫山。淸騰梁置，曰梁安，又立崇義郡。後周廢郡。後周又有遂安郡，開皇初廢，七年改名焉。有淸騰山。樂鄉舊置武寧郡，西魏置都州。又梁置旌陽縣，後改名惠懷，西魏又改曰武山。開皇七年郡廢，大業初州廢，又廢武山入焉。有武陵山。豐鄉西魏置，又置基州及章山郡。開皇七年郡廢，大業初州廢。章山西魏置，曰蘇麻，及立上黃郡。開皇七年郡廢，大業初縣改名焉。

沔陽郡後周置復州，大業初改曰沔州。統縣五，戶四萬一千七百一十四。

沔陽梁置沔陽、營陽、州城三郡。西魏省州陵、惠懷二縣，置縣曰建興。後周置復州，後又省營陽、州城二郡入建興。開皇初州移郡廢，仁壽三年復置州。大業初改建興曰沔陽，州廢，復置沔陽郡焉。監利　竟陵舊曰霄城，置竟陵郡。後周改縣曰竟陵。開皇初置復州，仁壽三年州復徙建興。又有京山縣，齊置建安郡，西魏改曰光川，後周郡廢。大業初京山縣又廢入焉。甑山梁置梁安郡。西魏改曰魏安郡，置江州，尋改郡曰汝川。後周置甑山縣，建德二年州廢。開皇初郡廢。有陽臺山。漢陽開皇十七年置，曰漢津，大業初改焉。有沌水。

沅陵郡開皇九年置辰州。統縣五，戶四千一百四十。

沅陵舊置沅陵郡。平陳，郡廢，大業初復。大鄉梁置。鹽泉梁置。龍檦梁置。有武山。辰溪舊曰辰陽。平陳，改名；幷廢故夜郎郡，置靜人縣，尋廢。又梁置南陽郡、建昌縣，陳廢縣。開皇初廢郡，置壽州，十八年改爲充州，大業初州廢。有郎溪。

武陵郡梁置武州，後改曰沅州。平陳，爲朗州。統縣二，戶三千四百一十六。

武陵舊置武陵郡。平陳，郡廢，幷臨沅、沅南、漢壽三縣置武陵縣。大業初復置武陵郡。有望夷山、龍山。龍陽有白查湖。

清江郡後周置亭州，大業初改爲庸州。統縣五，戶二千六百五十八。

鹽水後周置縣，幷置資田郡。開皇初郡廢，大業初置清江郡。巴山梁置宜都郡、宜昌縣，後周置江州。開皇初置清江縣，十八年改江州爲津州，大業初廢州，省清江入焉。清江後周置施州及清江郡。開皇初郡廢，五年

置清江縣，大業初州廢。有陽猳水。開夷後周置，曰烏飛，開皇初改焉。建始後周置業州及軍屯郡。開皇初郡廢，五年置縣，大業初州廢。

襄陽郡江左並僑置雍州。西魏改曰襄州，置總管府。大業初府廢。統縣十一，戶九萬九千五百七十七。

襄陽帶襄陽郡。開皇初郡廢，大業初復置。有鍾山、峴山、鳳林山。安養西魏置河南郡，後周廢樊城、山都二縣入，開皇初郡廢焉。穀城舊曰義城，置義城郡。後周廢郡，開皇十八年改縣名焉。又梁有筑陽，開皇初廢。又梁有興國、義城二郡，並西魏廢。有穀城山、闕林山。上洪宋僑立略陽縣，梁又立德廣郡。西魏改縣曰上洪。開皇初郡廢。又梁置新野郡，西魏改曰威寧，後周廢。有亞山。率道梁置。漢南宋曰華山，置華山郡。西魏改縣爲漢南，屬宜城郡。後周廢武建郡及惠懷、石梁、歸仁、鄀等四縣入，後省宜城郡入武泉。又梁置秦南郡，後周幷武泉縣俱廢。有石梁山。陰城西魏置酇城郡，後周廢。又梁置南陽郡，西魏改爲山都郡，後周省。義清梁置，曰穰縣。西魏改爲義清，屬歸義郡。後周廢郡及左安、開南、歸仁三縣入焉。又有武泉郡，開皇初廢。有柤山、〔二四〕靈山。有櫃溪水、襄水。南漳西魏併新安、武昌、武平、安武、建平五縣置，〔二五〕初曰重陽，又立南襄陽郡。後周置沮州，尋廢，復改重陽縣曰思安。開皇初郡廢，十八年改縣曰南漳。有荊山。常平西魏置，曰義安，置長湖郡，後改縣曰常平。開皇初郡廢。又後魏置旱停縣，大業初廢。鄀

春陵郡後魏置南荊州，西魏改曰昌州。統縣六，戶四萬二千八百四十七。

棗陽舊曰廣昌，幷置廣昌郡。開皇初郡廢，仁壽元年縣改名焉。大業初置春陵郡。又西魏置東荊州，尋廢。有

霸山。有溲水。春陵舊置安昌郡，開皇初郡廢。又後魏置豐良縣，大業初廢。有石鼓山。有四望水。淸潭有大洪山。有清水。湖陽後魏置西淮安郡及南襄州，後郡廢，州改爲南平州。西魏改曰昇州，後又改曰湖州。〔二六〕後周改置昇平郡。開皇初郡廢。仁壽初改曰昇州，大業初州廢。又後魏置順陽郡，西魏改爲柘林郡。後周省郡，改縣曰柘林。大業初縣廢入焉。有蓼山。上馬後魏置，曰石馬，後訛爲上馬，因改焉。有鍾離縣，置洞州、洞川郡。後周州廢，開皇初郡廢。十八年改鍾離曰洞川縣，大業初廢入焉。蔡陽梁置蔡陽郡，後魏置南雍州。西魏改曰蔡州，分置南陽縣，後改曰雙泉；又置千金郡、漯源縣。開皇初郡並廢，大業初州廢，雙泉、漯源二縣並廢入焉。有唐子山、大鼓山。有漯水。

漢東郡西魏置幷州，後改曰隋州。統縣八，戶四萬七千一百九十三。

隋舊置隨郡，西魏又析置溳西郡及溳西縣。梁又置曲陵郡。開皇初郡並廢。大業初廢溳西縣，尋置漢東郡。土山梁曰龍巢，置土州、東西二永寧、眞陽三郡，及置石武縣。後周廢三郡爲齊郡，改龍巢曰左陽；又有阜陵縣，改爲漳川縣。開皇初郡廢。十八年改左陽爲眞陽，石武爲宜人。大業初又改眞陽爲土山，州及宜人、漳川並廢入焉。唐城後魏曰溳西，置義陽郡。西魏改溳西爲下溠，又立肆州，尋曰唐州。後周省均、歡、湞、歸四州入，改曰唐州。又有東魏南豫州，至是改爲溳川郡，又置清嘉縣。開皇初郡並廢。十六年改下溠曰唐城，大業初州及諸縣並廢入焉。有清臺山。有溳水。安貴梁置，曰定陽，又置北郢州。西魏改定陽曰安貴，改北郢州爲歟州，又尋廢爲涓水郡，別置戟城郡及戟城縣。後廢戟城郡，改戟城縣曰橫山。開皇初涓水郡廢，大業初又廢橫山縣入焉。順義梁置北

隨郡。西魏改爲南陽，析置淮南郡；以厲城、順義二縣立莢州，尋改爲順州；又置安化縣。開皇初郡並廢，十八年改安化曰寧化。大業初州廢，改厲城爲順義，其舊順義及寧化，並廢入焉。有浮山。平林梁置上明郡，開皇初廢。有漂水。上明西魏置，曰洛平縣，開皇十八年改名焉。有鸚鵡山。光化舊曰安化，西魏改爲新化，後周又改焉。

安陸郡梁置南司州，尋罷。西魏置安州總管府，開皇十四年府廢。統縣八，戶六萬八千四十二。

安陸舊置安陸郡。開皇初郡廢，大業初復置郡。有舊永陽縣，西魏改曰吉陽，至是廢入。孝昌西魏置岳州及岳山郡，後周州郡並廢。又有澴岳郡，開皇初廢。有鳳皇岡。吉陽梁置，曰平陽，及立汝南郡。西魏改郡爲薑城，〔二七〕改縣曰京池。後周置澴州，尋州郡並廢。大業初改縣曰吉陽。又梁置義陽郡，西魏改爲南司州，尋廢。應陽西魏置，曰應城，又置城陽郡。開皇初郡廢，大業初縣改名焉。有瀧水、溫水。雲夢西魏置。京山舊曰新陽，梁置新州、梁寧郡。西魏改州爲溫州，改縣爲角陵，又置盤陂縣。開皇初郡廢，大業初州廢；改角陵曰京山，廢盤陂入焉。有角陵山、京山。富水舊曰南新市。西魏改爲富水，又置富水郡。開皇初郡廢。應山梁置，曰永陽，仍置應州，又有平靖郡。西魏又置平靖縣。開皇初郡廢，大業初州廢，又省平靖縣入焉。有大龜山、安居山。

永安郡後齊置衡州，陳廢，後周又置，開皇五年改曰黃州。統縣四，戶二萬八千三百九十八。

黃岡齊曰南安，又置齊安郡。開皇初郡廢，十八年改縣曰黃岡。又後齊置巴州，陳廢。後周置，曰弋州，統西陽、弋陽、邊城三郡。開皇初州郡並廢，大業初置永安郡。黃陂後齊置南司州。後周改曰黃州，置總管府，又有安昌郡。開皇初府廢。又後齊置滻州，陳廢之。木蘭梁曰梁安，置梁安郡，又有永安、義陽二郡。後齊置湘州，後改爲北江

州。〔二八〕開皇初別置廉城縣，〔二九〕尋及州、二郡相次並廢。十八年改縣曰木蘭。麻城梁置信安，又有北西陽縣。陳廢北西陽，置定州。後周改州曰亭州，又有建寧、陰平、定城三郡。開皇初州郡並廢，十八年縣改名焉。有陰山。

義陽郡齊置司州。梁曰北司州，後復曰司州。後魏改曰郢州，後周改曰申州，大業二年爲義州。統縣五，戶四萬五千九百三十。

義陽舊曰平陽，置宋安郡。開皇初郡廢，縣改名焉。大業初置義陽郡。有大龜山、金山。鍾山舊曰鄳。後齊改曰齊安，仍置郡。開皇初郡廢，縣改曰鍾山。有鍾山。羅山後齊置，曰高安。開皇初廢，十六年置，曰羅山。禮山舊曰東隨，開皇九年改焉。有關官。有禮山。淮源後齊置，曰慕化，置淮安郡。開皇初郡廢，大業初縣改名焉。有油水。

九江郡舊置江州。統縣二，戶七千六百一十七。

湓城舊曰柴桑，置尋陽郡。梁又立汝南縣。平陳，郡廢，又廢汝南、柴桑二縣，立尋陽縣，十八年改曰彭蠡。大業初置郡，縣改名焉。有巢湖、彭蠡湖。有廬山、望夫山。彭澤梁置太原郡，領彭澤、晉陽、和城、天水。平陳，郡縣並廢，置龍城縣。開皇十八年改名焉。有釣磯。

江夏郡舊置郢州。梁分置北新州，尋又分北新立壯、富、洄、泉、豪五州。平陳，改置鄂州。統縣四，戶一萬三千七百七十一。

江夏舊置江夏郡。平陳，郡廢，大業初復置。有烽火山、塗水。武昌舊置武昌郡。平陳，郡廢，又廢西陵、鄂二

縣入焉。有樊山、白紵山。永興陳曰陽新。平陳，改曰富川。開皇十一年廢永興縣入，十八年改名焉。有五龍山。蒲圻梁置上雋郡，又有沙陽縣，置沙州，州尋廢。平陳，郡廢。有石頭山、漁獄山、鮑山。

澧陽郡平陳，置松州，尋改爲澧州。統縣六，戶八千九百六。

澧陽平陳，置縣，大業初置郡。有藥山。有油水。石門舊置天門郡。〔三〇〕平陳，郡廢。孱陵舊曰作唐，〔三一〕置南平郡。平陳，郡廢，縣改名焉。安鄉舊置義陽郡。平陳，郡廢。有皇山。崇義後周置衡州。開皇中置縣，名焉。十八年改州曰崇州，大業初州廢。有澧水。慈利開皇中置，曰零陵，十八年改名焉。有始零山。

巴陵郡梁置巴州。平陳，改曰岳州，大業初改曰羅州。統縣五，戶六千九百三十四。

巴陵舊置巴陵郡。平陳，郡廢，大業初復置郡。華容舊曰安南，梁置南安湘郡，尋廢。開皇十八年縣改名焉。沅江梁置，曰藥山，仍爲郡。平陳，郡廢，縣改曰安樂，十八年改曰沅江。湘陰梁置岳陽郡及羅州，陳廢州。平陳，廢郡及湘陰入岳陽縣，置玉州。尋改岳陽爲湘陰，廢玉山縣入焉。十二年廢玉州。羅開皇九年廢吳昌、湘濱二縣入。有澴水、〔三二〕汨水。

長沙郡舊置湘州，平陳置潭州總管府，大業初府廢。統縣四，戶一萬四千二百七十五。

長沙舊曰臨湘，置長沙郡。平陳，郡廢，縣改名焉。有銅山、錫山。衡山舊置衡陽郡。平陳，郡廢，併衡山、湘鄉、湘西三縣入焉。益陽平陳，併新康縣入焉。有浮梁山。邵陽舊置邵陵郡。平陳，郡廢，併扶夷、都梁二縣入焉。

衡山郡平陳，置衡州。統縣四，戶五千六十八。

衡陽舊置湘東郡。平陳，郡廢，并省臨烝、新城、重安三縣入焉。有衡山、武水、逹水。洣陰舊曰洣陽。平陳，改名焉。有肥水、酃水。湘潭平陳，廢茶陵、攸水、陰山、建寧四縣入焉。有武陽山。有歷水。新寧有宜溪水、春江。〔三三〕

桂陽郡平陳，置郴州。統縣三，戶四千六百六十六。

郴舊置桂陽郡。平陳，郡廢，大業初復置。有萬歲山。有溱水。臨武有華陰山。盧陽陳置盧陽郡。平陳，郡廢。有滁水。

零陵郡平陳初，置永州總管府，尋廢府。統縣五，戶六千八百四十五。

零陵舊曰泉陵，置零陵郡。平陳，郡廢，又廢應陽、永昌、祁陽三縣入焉。大業初復置郡。湘源平陳，廢洮陽、灌陽、零陵三縣置縣。有黃華山。有觀水、湘水、洮水。永陽舊曰營陽，梁置永陽郡。平陳，郡廢，併營浦、謝沐二縣入焉。營道平陳，併泠道、舂陵二縣入。有九疑山、營山。馮乘有馮水。

熙平郡平陳，置連州。統縣九，戶一萬二百六十五。

桂陽梁置陽山郡。平陳，郡廢。大業初置熙平郡。有貞女山、方山。有盧水、涯水。〔三四〕陽山有斟水。連山梁置，曰廣德，隋改曰廣澤，仁壽元年改名焉。有黃連山。宜樂梁置，曰梁樂，并置梁樂郡，平陳，郡廢，十八年改爲宜樂。游安　熙平舊置齊樂郡，平陳，郡廢。武化梁置。桂嶺舊曰興安，開皇十八年改名焉。開建梁置南靜郡，平陳，郡廢。

尙書：「荆及衡陽惟荆州。」上當天文，自張十七度至軫十一度，爲鶉首，於辰在巳，楚之分野。其風俗物產，頗同揚州。其人率多勁悍決烈，蓋亦天性然也。南郡、夷陵、竟陵、沔陽、沅陵、清江、襄陽、舂陵、漢東、安陸、永安、義陽、九江、江夏諸郡，多雜蠻左，其與夏人雜居者，則與諸華不別。其僻處山谷者，則言語不通，嗜好居處全異，頗與巴、渝同俗。諸蠻本其所出，承盤瓠之後，故服章多以班布爲飾。其相呼以蠻，則爲深忌。自晉氏南遷之後，南郡、襄陽，皆爲重鎭，四方湊會，故益多衣冠之緒，稍尙禮義經籍焉。九江襟帶所在，江夏、竟陵、安陸，各置名州，爲藩鎭重寄，人物乃與諸郡不同。大抵荆州率敬鬼，尤重祠祀之事，昔屈原爲制九歌，蓋由此也。屈原以五月望日赴汨羅，土人追至洞庭不見，湖大船小，莫得濟者，乃歌曰：「何由得渡湖！」因爾鼓櫂爭歸，競會亭上，習以相傳，爲競渡之戲。其迅楫齊馳，櫂歌亂響，喧振水陸，觀者如雲，諸郡率然，而南郡、襄陽尤甚。二郡又有牽鉤之戲，云從講武所出，楚將伐吳，以爲教戰，流遷不改，習以相傳。鉤初發動，皆有鼓節，羣譟歌謠，振驚遠近，俗云以此厭勝，用致豐穰。其事亦傳于他郡。梁簡文之臨雍部，發教禁之，由是頗息。其死喪之紀，雖無被髮袒踊，亦知號叫哭泣。始死，即出屍於中庭，不留室內。斂畢，送至山中，以十三年爲限。先擇吉日，改入小棺，謂之拾骨。拾骨必須女壻，蠻重女壻，故以委之。拾骨者，除肉取骨，棄小取大。當葬之夕，女壻或三數十人，集會於宗長之宅，

著芒心接䍠，名曰茅綏。各執竹竿，長一丈許，上三四尺許，猶帶枝葉。其行伍前却，皆有節奏，歌吟叫呼，亦有章曲。傳云盤瓠初死，置之於樹，乃以竹木刺而下之，故相承至今，以爲風俗。隱諱其事，謂之刺北斗。既葬設祭，則親疎咸哭，哭畢，家人既至，但歡飲而歸，無復祭哭也。其左人則又不同，無衰服，不復魄。始死，置屍館舍，隣里少年，各持弓箭，遶屍而歌，以箭扣弓爲節。其歌詞說平生樂事，以至終卒，大抵亦猶今之挽歌。歌數十闋，乃衣衾棺斂，送往山林，別爲廬舍，安置棺柩。亦有於村側瘞之，待二三十喪，總葬石窟。長沙郡又雜有夷蜒，名曰莫徭，自云其先祖有功，常免徭役，故以爲名。其男子但著白布褌衫，更無巾袴；其女子青布衫、班布裙，通無鞋屩。婚嫁用鐵鈷鉧爲聘財。武陵、巴陵、零陵、桂陽、澧陽、衡山、熙平皆同焉。其喪葬之節，頗同於諸左云。

校勘記

〔一〕滕縣　原作「滕郡」，據元和志九改。

〔二〕大業二年改爲魯郡　元和志一〇：「大業二年改兗州爲魯州，三年罷魯州爲魯郡。」

〔三〕大業初州廢　廿二史考異：「按志云『州廢』，不云何時置州，蓋有脫文。以王劭舍利感應記證之，當置泰州於此。」

〔四〕舊置南青州　楊考：「『舊』下有脫文，當作『舊曰東莞』。」

〔五〕梁置涇城東陽二郡　廿二史考異：「通鑑胡注引此云『梁置涇州，領涇城、東陽二郡』，當從之。」

〔六〕濠州　「濠」原作「豪」，據元和志九、寰宇記一二八改。

〔七〕大蘇山　「大」原作「太」，據水經三二決水注、寰宇記一二七改。

〔八〕雍州　「雍」原作「羅」，據通典一八一、寰宇記一二七、輿地廣記二一改。

〔九〕大業初置歷陽郡　「歷陽」下已注「大業初復置郡」，此句當是衍文。

〔一〇〕繁昌　「繁」原作「樊」，據宋書州郡志一、南齊書州郡志上改。

〔一一〕廢丹陽郡入　「江寧」下已注「廢丹陽郡」，此處當作「廢丹陽縣」。丹陽縣見梁書敬帝紀太平元年五月。

〔一二〕故治　按寰宇記一〇五，南陵縣「自齊梁之代，爲梅根冶，以烹銅鐵」。此處「故治」疑當作「故冶」。

〔一三〕臨津　「津」原作「澤」，據宋書州郡志一、南齊書州郡志上改。

〔一四〕胥山　「胥」原作「首」。寰宇記九一：「胥山在吳縣西南四十里。吳錄云，吳王殺子胥，投之於江，吳人立祠於江上，因名胥山。」水經四〇浙水注所記胥山大致相同。今據改。

〔一五〕種山　「種」原作「重」。寰宇記九六：「種山在山陰縣北三里餘。吳越春秋云，大夫種所葬處。」

水經四〇浙水注官本作「重山」，趙一清校本改爲「種山」。今據改。

〔一六〕鄮　原作「鄮」，據漢書地理志上、續漢書郡國志四改。

〔一七〕龍山樓山丘山　龍山、丘山，續漢書郡國志四太末縣注作「龍丘山」，不是分爲二山。

〔一八〕省幷永修豫章新吳四縣入焉　楊考：「『幷』當是『艾』字之誤。名勝記亦云，艾縣隋省入建昌。」

〔一九〕湞陽縣　「湞」原作「須」，據宋書州郡志一改。

〔二〇〕瀛州　「瀛」原作「嬴」，據寰宇記一五八改。

〔二一〕義招　原作「昭義」，據宋書州郡志一、南齊書州郡志上改。寰宇記一五八引南越志作「義昭」。

〔二二〕梁置建州廣熙郡尋廢　「尋廢」下疑脫「郡」字，因州至大業初始廢。

〔二三〕又置清縣　楊考：當是梁置。志脫「梁」字，文遂不順。

〔二四〕租山　「租」原作「祖」，據寰宇記一四五改。

〔二五〕西魏併新安武昌武平安武建平五縣置　「武平」原作「平武」，「建平」原脫「平」字，據南齊書州郡志下補改。

〔二六〕西魏改曰昇州後又改曰湖州　廿二史考異：「周書文帝紀，魏廢帝三年改南襄州爲湖州，南平爲昇州，明是二州，志混而一。」

〔二七〕董城　「董」原作「重」，據梁書簡文帝紀、輿地紀勝七七改。

〔二八〕後齊置湘州後改爲北江州　楊考：「湘州、北江州明係兩地，此志旣誤梁爲後齊，又合二州爲一。」

〔二九〕廉城縣　魏書地形志中，北江州治鹿城關。楊考疑「廉城」是「鹿城」之誤。

〔三〇〕天門郡　「天」原作「石」，據宋書州郡志三、水經三七澧水注改。

〔三一〕作唐　「唐」原作「塘」，據宋書州郡志三改。

〔三二〕瀆水　「瀆」原作「渭」，據水經三八湘水注改。

〔三三〕舂江　「舂」原作「春」，據水經三八湘水注改。

〔三四〕洭水　「洭」原作「淮」，據水經三九洭水注改。

唐　魏徵等撰

隋書

第四冊

卷三一至卷四五（志傳）

中華書局

隋書卷三十二

志第二十七

經籍一 經

夫經籍也者，機神之妙旨，聖哲之能事，所以經天地，緯陰陽，正紀綱，弘道德，顯仁足以利物，藏用足以獨善，學之者將殖焉，不學者將落焉。大業崇之，則成欽明之德，匹夫克念，則有王公之重。其王者之所以樹風聲，流顯號，美教化，移風俗，何莫由乎斯道？故曰：「其爲人也，溫柔敦厚，詩教也；疏通知遠，書教也；廣博易良，樂教也；潔靜精微，易教也；恭儉莊敬，禮教也；屬辭比事，春秋教也。」遭時制宜，質文迭用，應之以通變，通變之以中庸。中庸則可久，通變則可大，其教有適，其用無窮。實仁義之陶鈞，誠道德之橐籥也。其爲用大矣，隨時之義深矣，言無得而稱焉。故曰：「不疾而速，不行而至。」今之所以知古，後之所以知今，其斯之謂也。是以大道方行，俯龜象而設卦，後聖有作，仰鳥跡以成文。書契已

傳，繩木棄而不用，史官既立，經籍於是興焉。

夫經籍也者，先聖據龍圖，握鳳紀，南面以君天下者，咸有史官，以紀言行。言則左史書之，動則右史書之。故曰「君舉必書」，懲勸斯在。考之前載，則三墳、五典、八索、九丘之類是也。下逮殷、周，史官尤備，紀言書事，靡有闕遺，則周禮所稱：太史掌建邦之六典、八法、八則，以詔王治；小史掌邦國之志，定世繫，辨昭穆；內史掌王之八柄，策命而貳之；外史掌王之外令及四方之志，三皇、五帝之書；御史掌邦國都鄙萬民之治令，以贊冢宰。此則天子之史，凡有五焉。諸侯亦各有國史，分掌其職。則春秋傳，晉趙穿弒靈公，太史董狐書曰「趙盾殺其君」，以示於朝。宣子曰：「不然。」對曰：「子爲正卿，亡不越境，反不討賊，非子而誰？」齊崔杼弒莊公，太史書曰「崔杼弒其君」，崔子殺之。其弟嗣書，死者二人。其弟又書，乃舍之。南史聞太史盡死，執簡以往，聞既書矣，乃還。楚靈王與右尹子革語，左史倚相趨而過。王曰：「此良史也，能讀三墳、五典、八索、九丘。」然則諸侯史官，亦非一人而已，皆以記言書事，太史總而裁之，以成國家之典。不虛美，不隱惡，故得有所懲勸，遺文可觀，則左傳稱周志，國語有鄭書之類是也。

暨夫周室道衰，紀綱散亂，國異政，家殊俗，褒貶失實，隳紊舊章。孔丘以大聖之才，當傾頹之運，歎鳳鳥之不至，惜將墜於斯文，乃述易道而删詩、書，修春秋而正雅、頌。壞禮崩樂，咸得其所。自哲人萎而微言絕，七十子散而大義乖，戰國縱橫，眞僞莫辨，諸子之言，紛然淆亂。聖人之至德喪矣，先王之要道亡矣，陵夷踳駁，以至于秦。秦政奮豺狼之心，剗先代之迹，焚詩、書，坑儒士，以刀筆吏爲師，制挾書之令。學者逃難，竄伏山林，或失本經，口以傳說。

漢氏誅除秦、項，未及下車，先命叔孫通草緜蕝之儀，救擊柱之弊。其後張蒼治律曆，陸賈撰新語，曹參薦蓋公言黃老，惠帝除挾書之律，儒者始以其業行於民間。猶以去聖既遠，經籍散逸，簡札錯亂，傳說紕繆，遂使書分爲二，詩分爲三，論語有齊、魯之殊，春秋有數家之傳。其餘互有踳駁，不可勝言。此其所以博而寡要，勞而少功者也。武帝置太史公，命天下計書，先上太史，副上丞相，開獻書之路，置寫書之官，外有太常、太史、博士之藏，內有延閣、廣內、祕室之府。司馬談父子，世居太史，探采前代，斷自軒皇，逮于孝武，作史記一百三十篇。詳其體制，蓋史官之舊也。至於孝成，祕藏之書，頗有亡散，乃使謁者陳農，求遺書於天下。命光祿大夫劉向校經傳諸子詩賦，步兵校尉任宏校兵書，太史令尹咸校數術，太醫監李柱國校方技。每一書就，向輒撰爲一錄，論其指歸，辨其訛謬，敍而奏之。向卒後，哀帝使其子歆嗣父之業。乃徙溫室中書於天祿閣上。歆遂總括羣篇，撮其指要，著爲七略：一曰集略，二曰六藝略，三曰諸子略，四曰詩賦略，五曰兵書略，六曰術數略，七

曰方技略。大凡三萬三千九十卷。王莽之末，又被焚燒。光武中興，篤好文雅，明、章繼軌，尤重經術。四方鴻生鉅儒，負袠自遠而至者，不可勝算。石室、蘭臺，彌以充積。又於東觀及仁壽閣集新書，校書郎班固、傅毅等典掌焉。並依七略而爲書部，固又編之，以爲漢書藝文志。董卓之亂，獻帝西遷，圖書縑帛，軍人皆取爲帷囊。所收而西，猶七十餘載。兩京大亂，掃地皆盡。

魏氏代漢，采掇遺亡，藏在祕書中、外三閣。魏祕書郎鄭默，始制中經，祕書監荀勖，又因中經，更著新簿，分爲四部，總括羣書。一曰甲部，紀六藝及小學等書；二曰乙部，有古諸子家、近世子家、兵書、兵家、術數；三曰丙部，有史記、舊事、皇覽簿、雜事；四曰丁部，有詩賦、圖讚、汲冢書，大凡四部合二萬九千九百四十五卷。但錄題及言，盛以縹囊，書用緗素。至於作者之意，無所論辯。惠、懷之亂，京華蕩覆，渠閣文籍，靡有孑遺。東晉之初，漸更鳩聚。著作郎李充，以勖舊簿校之，其見存者，但有三千一十四卷。充遂總沒衆篇之名，但以甲乙爲次。自爾因循，無所變革。其後中朝遺書，稍流江左。宋元嘉八年，祕書監謝靈運造四部目錄，大凡六萬四千五百八十二卷。元徽元年，祕書丞王儉又造目錄，大凡一萬五千七百四卷。儉又別撰七志：一曰經典志，紀六藝、小學、史記、雜傳；二曰諸子志，紀今古諸子；三曰文翰志，紀詩賦；四曰軍書志，紀兵書；五曰陰陽志，紀陰陽

圖緯。六曰術藝志，紀方技；七曰圖譜志，紀地域及圖書。其道、佛附見，合九條。然亦不述作者之意，但於書名之下，每立一傳，而又作九篇條例，編乎首卷之中。文義淺近，未爲典則。齊永明中，祕書丞王亮、監謝朏，又造四部書目，大凡一萬八千一十卷。齊末兵火，延燒祕閣，經籍遺散。梁初，祕書監任昉，躬加部集，又於文德殿內列藏衆書，華林園中總集釋典，大凡二萬三千一百六卷，而釋氏不豫焉。梁有祕書監任昉、殷鈞四部目錄，又文德殿目錄。其術數之書，更爲一部，使奉朝請祖暅撰其名。故梁有五部目錄。普通中，有處士阮孝緒，沉靜寡慾，篤好墳史，博采宋、齊已來，王公之家凡有書記，參校官簿，更爲七錄：一曰經典錄，紀六藝；二曰記傳錄，紀史傳；三曰子兵錄，紀子書、兵書；四曰文集錄，紀詩賦；五曰技術錄，紀數術；六曰佛錄；七曰道錄。其分部題目，頗有次序，割析辭義，淺薄不經。梁武敦悅詩書，下化其上，四境之內，家有文史。元帝克平侯景，收文德之書及公私經籍，歸于江陵，大凡七萬餘卷。周師入郢，咸自焚之。陳天嘉中，又更鳩集，考其篇目，遺闕尚多。

其中原則戰爭相尋，干戈是務，文教之盛，苻、姚而已。宋武入關，收其圖籍，府藏所有，纔四千卷。赤軸青紙，文字古拙。後魏始都燕、代，南略中原，粗收經史，未能全具。孝文徙都洛邑，借書於齊，祕府之中，稍以充實。暨於尒朱之亂，散落人間。後齊遷鄴，頗更

搜聚，迄於天統、武平，校寫不輟。後周始基關右，外逼強隣，戎馬生郊，日不暇給。保定之始，書止八千，後稍加增，方盈萬卷。周武平齊，先封書府，所加舊本，纔至五千。隋開皇三年，祕書監牛弘，表請分遣使人，搜訪異本。每書一卷，賞絹一匹，校寫既定，本即歸主。於是民間異書，往往間出。及平陳已後，經籍漸備。檢其所得，多太建時書，紙墨不精，書亦拙惡。於是總集編次，存爲古本。召天下工書之士，京兆韋霈、南陽杜頵等，於祕書內補續殘缺，爲正副二本，藏于宮中，其餘以實祕書內、外之閣，凡三萬餘卷。煬帝即位，祕閣之書，限寫五十副本，分爲三品：上品紅瑠璃軸，中品紺瑠璃軸，下品漆軸。於東都觀文殿東西廂構屋以貯之，東屋藏甲乙，西屋藏丙丁。又聚魏已來古跡名畫，於殿後起二臺，東曰妙楷臺，藏古跡；西曰寶蹟臺，〔一〕藏古畫。又於內道場集道、佛經，別撰目錄。大唐武德五年，克平僞鄭，盡收其圖書及古跡焉。命司農少卿宋遵貴載之以船，泝河西上，將致京師。行經底柱，多被漂沒，其所存者，十不一二。其目錄亦爲所漸濡，時有殘缺。今考見存，分爲四部，合條爲一萬四千四百六十六部，有八萬九千六百六十六卷。其舊錄所取，文義淺俗、無益教理者，並刪去之。其舊錄所遺，辭義可采，有所弘益者，咸附入之。遠覽馬史、班書，近觀王、阮志、錄，挹其風流體制，削其浮雜鄙俚，離其疏遠，合其近密，約文緒義，凡五十五篇，各列本條之下，以備經籍志。雖未能研幾探賾，窮極幽隱，庶乎

弘道設教，可以無遺闕焉。夫仁義禮智，所以治國也，方技數術，所以治身也；諸子爲經籍之鼓吹，文章乃政化之黼黻，皆爲治之具也。故列之於此志云。

歸藏十三卷晉太尉參軍薛貞注。

周易二卷魏文侯師卜子夏傳，殘缺。梁六卷。

周易十卷漢魏郡太守京房章句。

周易八卷漢曲臺長孟喜章句，殘缺。梁十卷。又有漢單父長費直注周易四卷，亡。

周易九卷後漢大司農鄭玄注。梁又有漢南郡太守馬融注周易一卷，亡。

周易五卷漢荊州牧劉表章句。梁有漢荊州五業從事宋忠注周易十卷，亡。

周易十一卷漢司空荀爽注。

周易十卷魏衛將軍王肅注。

周易十卷魏尚書郎王弼注六十四卦六卷，韓康伯注繫辭以下三卷，王弼又撰易略例一卷。梁有魏大司農卿董遇注周易十卷，魏散騎常侍荀煇注周易十卷，亡。

周易十卷吳太常姚信注。

周易四卷晉儒林從事黃頴注。梁有十卷，今殘缺。

周易九卷吳侍御史虞翻注。

周易十五卷吳鬱林太守陸績注。

周易十卷晉散騎常侍干寶注。

周易三卷晉驃騎將軍王廙注，殘缺。梁有十卷。

周易八卷晉著作郎張璠注，殘缺。梁有十卷。

周易馬、鄭、二王四家集解十卷

周易荀爽九家注十卷

周易楊氏集二王注五卷　梁有集馬、鄭、二王解十卷，亡。

周易十卷蜀才注。梁有齊安參軍費元珪注周易九卷，謝氏注周易八卷，尹濤注周易六卷，亡。

周易十卷後魏司徒崔浩注。

周易十卷梁處士何胤注。梁有臨海令伏曼容注周易八卷，〔二〕侍中朱异集注周易一百卷，又周易集注三十卷，亡。

周易七卷姚規注。

周易十三卷崔覲注。

周易十三卷傅氏注。

周易一帙十卷盧氏注。

周易繫辭二卷晉桓玄注。

周易繫辭二卷晉西中郎將謝萬等注。〔三〕

周易繫辭二卷晉太常韓康伯注。

周易繫辭二卷梁太中大夫宋褰注。又有宋東陽太守卞伯玉注繫辭二卷，亡。

周易繫辭二卷荀柔之注。

周易集注繫辭二卷　梁有宋太中大夫徐爰注繫辭二卷，亡。

周易音一卷東晉太子前率徐邈撰。

周易音一卷東晉尚書郎李軌弘範撰。

周易音一卷范氏撰。

周易幷注音七卷秘書學士陸德明撰。

周易盡神論一卷魏司空鍾會撰。梁有周易無互體論三卷，鍾會撰，亡。

周易象論三卷晉尚書郎欒肇撰。

周易卦序論一卷晉司徒右長史楊乂撰。

周易統略五卷晉少府卿鄒湛撰。

周易論二卷晉馮翊太守阮渾撰。

周易論一卷晉荊州刺史宋岱撰。梁有擬周易說八卷、

范氏撰；周易宗塗四卷，干寶撰；周易問難二卷，王氏撰；周易問答一卷，揚州從事徐伯珍撰；周易難王輔嗣義一卷，晉揚州刺史顧夷等撰；周易雜論十四卷。亡。

周易義一卷宋陳令范歆撰。

周易玄品二卷

周易論十卷齊中書郎周顒撰。梁有三十卷，亡。

周易論四卷范氏撰。

周易統例十卷崔覲撰。

周易爻義一卷干寶撰。

周易乾坤義一卷齊步兵校尉劉瓛撰。梁又有齊臨沂令李玉之、梁釋法通等乾坤義各一卷，亡。

周易大義二十一卷梁武帝撰。

周易幾義一卷梁南平王撰。梁有周易疑通五卷，宋中散大夫何諲之撰；周易四德例一卷，劉瓛撰。亡。

周易大義一卷梁有周易錯八卷，京房撰；周易日月變例六卷，虞翻、陸績撰；周易卦象數旨六卷，東晉樂安亭侯李顒撰；周易爻一卷，馬揩撰。亡。

周易大義二卷陸德明撰。

周易釋序義三卷

周易開題義十卷梁蕃撰。

周易問二十卷

周易義疏十九卷宋明帝集羣臣講。梁又有國子講易議六卷；宋明帝集羣臣講易義疏二十卷；齊永明國學講周易講疏二十六卷；又周易義三卷，沈林撰。亡。

周易講疏三十五卷梁武帝撰。

周易講疏十六卷梁五經博士褚仲都撰。

周易義疏十四卷梁都官尚書蕭子政撰。

周易繫辭義疏三卷蕭子政撰。

周易講疏三十卷陳諮議參軍張譏撰。

周易文句義二十卷梁有擬周易義疏十三卷。

周易義疏十六卷陳尚書左僕射周弘正撰。

周易私記二十卷

周易講疏十三卷國子祭酒何妥撰。

周易繫辭義疏二卷劉瓛撰。

周易繫辭義疏一卷梁武帝撰。

周易繫辭義疏二卷蕭子政撰。梁有周易乾坤三象、周易新圖各一卷；又周易普玄圖八卷，薛景和撰；周易大演通統一卷，顏氏撰。[四]

周易譜一卷。

右六十九部，五百五十一卷。通計亡書，合九十四部，八百二十九卷。

昔宓羲氏始畫八卦，以通神明之德，以類萬物之情，蓋因而重之，爲六十四卦。及乎三代，實爲三易：夏曰連山，殷曰歸藏，周文王作卦辭，謂之周易。周公又作爻辭，孔子爲彖、象、繫辭、文言、序卦、說卦、雜卦，而子夏爲之傳。及秦焚書，周易獨以卜筮得存，唯失說卦三篇。後河內女子得之。漢初，傳易者有田何，何授丁寬，寬授田王孫，王孫授沛人施讎、東海孟喜、琅邪梁丘賀。由是有施、孟、梁丘之學。又有東郡京房，自云受易於梁國焦延壽，別爲京氏學。嘗立，後罷。後漢施、孟、梁丘、京氏，凡四家並立，而傳者甚衆。漢初又有東萊費直傳易，其本皆古字，號曰古文易。以授琅邪王璜，璜授沛人高相，相以授子康及蘭陵毋將永。故有費氏之學，行於人間，而未得立。後漢陳元、鄭衆，皆傳費氏之學。馬融又爲其傳，以授鄭玄。玄作易注，荀爽又作易傳。魏代王肅、王弼，並爲之注。自是費氏大興，高氏遂衰。梁丘、施氏、高氏，亡於西晉。孟氏、京氏，有書無師。梁、陳鄭玄、王弼二注，列於國學。齊代唯傳鄭義。至隋，王注盛行，鄭學浸微，今殆絕矣。歸藏，漢初已亡，案晉中經有之，唯載卜筮，不似聖人之旨。以本卦尚存，故取貫於周易之首，以備殷易之缺。

古文尚書十三卷漢臨淮太守孔安國傳。

今字尚書十四卷孔安國傳。

尚書十一卷馬融注。

尚書九卷鄭玄注。

尚書十一卷王肅注。

尚書十五卷晉祠部郎謝沈撰。

集解尚書十一卷李顒注。

集釋尚書十一卷宋給事中姜道盛注。

古文尚書舜典一卷晉豫章太守范甯注。梁有尚書十卷，范甯注，亡。

尚書亡篇序一卷梁五經博士劉叔嗣注。梁有尚書二十一卷，劉叔嗣注；又有尚書新集序一卷。亡。

尚書逸篇二卷

古文尚書音一卷徐邈撰。梁有尚書音五卷，孔安國、鄭玄、李軌、徐邈等撰。

今文尚書音一卷祕書學士顧彪撰。

尚書大傳三卷鄭玄注。

大傳音二卷顧彪撰。

尚書洪範五行傳論十一卷漢光祿大夫劉向注。

尚書駁議五卷王肅撰。梁有尚書義問三卷，鄭玄、王肅及晉五經博士孔晁撰；尚書釋問四卷，魏侍中王粲撰；尚書王氏傳問二卷；尚書義二卷，吳太尉范順問，劉毅答。[五]亡。

尚書新釋二卷李顒撰。

尚書百問一卷齊太學博士顧歡撰。

尚書大義二十卷梁武帝撰。

尚書百釋三卷梁國子助教巢猗撰。

尚書義三卷巢猗撰。

尚書義疏十卷梁國子助教費甝撰。梁有尚書義疏四卷，晉樂安王友伊說撰，亡。

尚書義疏三十卷蕭詧司徒蔡大寶撰。

尚書義注三卷呂文優撰。

尚書義疏七卷

尚書述義二十卷國子助教劉炫撰。

尚書疏二十卷顧彪撰。

尚書閏義一卷

尚書義三卷劉先生撰。

尚書釋問一卷虞氏撰。

尚書文外義一卷顧彪撰。

右三十二部，二百四十七卷。通計亡書，合四十一部，共二百九十六卷。

書之所興，蓋與文字俱起。孔子觀書周室，得虞、夏、商、周四代之典，刪其善者，上自虞，下至周，爲百篇，編而序之。遭秦滅學，至漢，唯濟南伏生口傳二十八篇。又河內女子得泰誓一篇，獻之。伏生作尚書傳四十一篇，以授同郡張生，張生授千乘歐陽生，歐陽生授同郡兒寬，寬授歐陽生之子，世世傳之，至曾孫歐陽高，謂之尚書歐陽之學。又有夏侯都尉，受業於張生，以授族子始昌，始昌傳族子勝，爲大夏侯之學。勝傳從子建，別爲小夏侯

之學。故有歐陽、大、小夏侯，三家並立。訖漢東京，相傳不絕，而歐陽最盛。初漢武帝時，魯恭王壞孔子舊宅，得其末孫惠所藏之書，字皆古文。孔安國以今文校之，得二十五篇。其泰誓與河內女子所獻不同。又濟南伏生所誦，有五篇相合。安國並依古文，開其篇第，以隸古字寫之，合成五十八篇。其餘篇簡錯亂，不可復讀，並送之官府。安國又爲五十八篇作傳，會巫蠱事起，不得奏上，私傳其業於都尉朝，朝授膠東庸生，謂之尚書古文之學，而未得立。後漢扶風杜林，傳古文尚書，同郡賈逵爲之作訓，馬融作傳，鄭玄亦爲之注。然其所傳，唯二十九篇，又雜以今文，非孔舊本。自餘絕無師說。晉世祕府所存，有古文尚書經文，今無有傳者。及永嘉之亂，歐陽、大、小夏侯尚書並亡。濟南伏生之傳，唯劉向父子所著五行傳，是其本法，而又多乖戾。至東晉，豫章內史梅賾，始得安國之傳，奏之，時又闕舜典一篇。齊建武中，吳姚方興，〔六〕於大桁市得其書，奏上，比馬、鄭所注，多二十八字，於是始列國學。梁、陳所講，有孔、鄭二家，齊代唯傳鄭義。至隋，孔、鄭並行，而鄭氏甚微。自餘所存，無復師說。又有尚書逸篇，出於齊、梁之間，考其篇目，似孔壁中書之殘缺者，故附尚書之末。

韓詩二十二卷漢常山太傅韓嬰，薛氏章句。

韓詩翼要十卷漢侯苞傳。

韓詩外傳十卷梁有韓詩譜二卷，詩神泉一卷，漢有道徵士趙曄撰，亡。

毛詩二十卷漢河間太傅毛萇傳，〔七〕鄭氏箋。梁有毛詩十卷，馬融注，亡。

毛詩二十卷王肅注。梁有毛詩二十卷，鄭玄、王肅合注；毛詩二十卷，謝沈注；毛詩二十卷，晉兗州別駕江熙注。亡。

集注毛詩二十四卷梁桂州刺史崔靈恩注。梁有毛詩序一卷，梁隱居先生陶弘景注，亡。

毛詩箋音證十卷後魏太常卿劉芳撰。梁有毛詩音十六卷，徐邈等撰；毛詩音二卷，徐邈撰；毛詩音隱一卷，干氏撰。亡。

毛詩并注音八卷祕書學士魯世達撰。

毛詩譜三卷吳太常卿徐整撰。

毛詩譜二卷太叔求及劉炫注。

謝氏毛詩譜鈔一卷梁有毛詩雜議難十卷，漢侍中賈逵撰，亡。

毛詩義問十卷魏太子文學劉楨撰。

毛詩義駁八卷王肅撰。

毛詩奏事一卷王肅撰。有毛詩問難二卷，〔八〕王肅撰，亡。

毛詩駁一卷魏司空王基撰，殘缺。梁五卷。又有毛詩答問、駁譜，合八卷；又毛詩釋義十卷，謝沈撰；毛詩義四卷，毛詩箋傳是非二卷，並魏祕書郎劉璠撰；毛詩答雜問七卷，吳侍中韋昭、侍中朱育等撰；毛詩義注四卷。亡。

毛詩異同評十卷晉長沙太守孫毓撰。

難孫氏毛詩評四卷晉徐州從事陳統撰。梁有毛詩表隱二卷，陳統撰，亡。

毛詩拾遺一卷郭璞撰。梁又有毛詩略四卷，亡。

毛詩辨異三卷晉給事郎楊乂撰。梁有毛詩背隱義二卷，宋中散大夫徐廣撰；毛詩引辨一卷，宋奉朝請孫暢之撰；毛詩釋一卷，宋金紫光祿大夫何偃撰；毛詩檢漏義二卷，梁給事郎謝曇濟撰；毛詩總集六卷，毛詩隱義十卷，並梁處士何胤撰。亡。

毛詩異義二卷楊乂撰。梁有毛詩雜義五卷，楊乂撰；毛詩義疏十卷，謝沈撰；毛詩雜義四卷，晉江州刺史殷仲堪撰；毛詩義疏五卷，張氏撰。亡。

毛詩集解敍義一卷顧歡等撰。

毛詩序義二卷宋通直郎雷次宗撰。梁有毛詩義一卷，雷次宗撰；毛詩序注一卷，宋交州刺史阮珍之撰；毛詩序義七卷，孫暢之撰。亡。

毛詩集小序一卷劉炫注。

毛詩序義疏一卷劉瓛等撰，殘缺。梁三卷。梁有毛詩篇次義一卷，劉瓛撰；毛詩雜義注三卷。亡。

毛詩發題序義一卷梁武帝撰。

毛詩大義十一卷梁武帝撰。梁有毛詩十五國風義二十卷，梁簡文撰。

毛詩大義十三卷

毛詩草木蟲魚疏二卷烏程令吳郡陸機撰。

毛詩義疏二十卷舒援撰。〔九〕

毛詩誼府三卷後魏安豐王元延明撰。

毛詩義疏二十八卷蕭巋散騎常侍沈重撰。

毛詩義疏二十卷

毛詩義疏二十九卷

毛詩義疏十卷

毛詩義疏十一卷

毛詩義疏二十八卷

毛詩述義四十卷國子助教劉炫撰。

毛詩章句義疏四十卷魯世達撰。

毛詩釋疑一卷梁有毛詩圖三卷，毛詩孔子經圖十二卷，毛詩古聖賢圖二卷，亡。

業詩二十卷宋奉朝請業遵注。

右三十九部，四百四十二卷。通計亡書，合七十六部，六百八十三卷。

詩者，所以導達心靈，歌詠情志者也。故曰：「在心爲志，發言爲詩。」上古人淳俗樸，情志未惑。其後君尊於上，臣卑於下，面稱爲諂，目諫爲謗，故誦美譏惡，以諷刺之。初但歌詠而已，後之君子，因被管絃，以存勸戒。夏、殷已上，詩多不存。周氏始自后稷，而公劉克篤前烈，太王肇基王迹，文王光昭前緒，武王克平殷亂，成王、周公化至太平，誦美盛德，踵武相繼。幽、厲板蕩，怨刺並興。其後王澤竭而詩亡，魯太師摯次而錄之。孔子刪詩，上采商，下取魯，凡三百篇。至秦，獨以爲諷誦，不滅。漢初，有魯人申公，受詩於浮丘伯，作詁訓，是爲魯詩。齊人轅固生亦傳詩，是爲齊詩。燕人韓嬰亦傳詩，是爲韓詩。終于後漢，三家並立。漢初又有趙人毛萇善詩，自云子夏所傳，作詁訓傳，是爲「毛詩古學」，而未得立。後漢有九江謝曼卿，善毛詩，又爲之訓。東海衞敬仲，受學於曼卿。先儒相承，謂之毛詩。序，子夏所創，毛公及敬仲又加潤益。鄭衆、賈逵、馬融，並作毛詩傳，鄭玄作毛詩箋。齊詩，魏代已亡；魯詩亡於西晉；韓詩雖存，無傳之者。唯毛詩鄭箋，至今獨立。又有業詩，奉朝請業遵所注，立義多異，世所不行。

周官禮十二卷馬融注。
周官禮十二卷鄭玄注。
周官禮十二卷王肅注。
周官禮十二卷伊說注。
周官禮十二卷干寶注。梁又有周官寧朔新書八卷，晉
燕王師王懋約撰，亡。
集注周官禮二十卷崔靈恩注。
禮音三卷劉昌宗撰。
周官禮異同評十二卷晉司空長史陳劭撰。
周官禮駁難四卷孫略撰。梁有周官駁難三卷，孫琦
問，干寶駁，晉散騎常侍虞喜撰。
周官禮義疏四十卷沈重撰。
周官禮義疏十九卷
周官禮義疏十卷

周官禮義疏九卷
周官分職四卷
周官禮圖十四卷梁有郊祀圖二卷，亡。
儀禮十七卷鄭玄注。
儀禮十七卷王肅注。梁有李軌、劉昌宗音各一卷，鄭
玄音二卷，亡。
儀禮義疏見二卷
儀禮義疏六卷
喪服經傳一卷馬融注。
喪服經傳一卷鄭玄注。
喪服經傳一卷王肅注。
喪服經傳一卷晉給事中袁準注。
集注喪服經傳一卷晉廬陵太守孔倫撰。
喪服經傳一卷陳銓注。

集注喪服經傳一卷宋太中大夫裴松之撰。
略注喪服經傳一卷雷次宗注。
集注喪服經傳二卷宋丞相諮議參軍蔡超注。〔一〇〕
梁又有喪服經傳一卷，宋徵士劉道拔注，亡。
集解喪服經傳二卷齊東平太守田僧紹解。
喪服義疏二卷梁步兵校尉、五經博士賀瑒撰。梁又
有喪服經傳義疏五卷，齊散騎郎司馬憲撰；〔一一〕喪服
經傳義疏二卷，齊給事中樓幼瑜撰；喪服經傳義疏一
卷，劉瓛撰；喪服經傳義疏一卷，齊徵士沈麟士撰。
喪服經傳義疏一卷〔一二〕梁尚書左丞何佟之撰，亡。
喪服傳一卷梁通直郎裴子野撰。
喪服文句義疏十卷梁國子助教皇侃撰。〔一三〕
喪服義十卷陳國子祭酒謝嶠撰。
喪服義鈔三卷梁有喪服經傳隱義一卷，亡。
喪服要記一卷王肅注。

喪服要記一卷蜀丞相蔣琬撰。梁有喪服變除圖五卷，
吳齊王傅射慈撰，亡。
喪服要集二卷晉征南將軍杜預撰。又有喪服要記二
卷，晉侍中劉逵撰，亡。
喪服儀一卷晉太保衞瓘撰。梁有喪服要記六卷，〔一四〕
晉司空賀循撰；喪服要問六卷，劉德明撰；喪服三十
一卷，宋員外郎散騎庾蔚之撰；喪服要問二卷，張耀
撰；喪服難問六卷，崔凱撰；喪服雜記二十卷，伊氏
撰；喪服釋疑二十卷，劉智撰。〔一五〕亡。
漢荊州刺史劉表新定禮一卷
喪服要略一卷晉太學博士環濟撰。
喪服要略二卷
喪服制要一卷徐氏撰。
喪服譜一卷鄭玄注。
喪服譜一卷晉開府儀同三司蔡謨撰。

喪服譜一卷賀循撰。
喪服變除一卷晉散騎常侍葛洪撰。
凶禮一卷晉廣陵相孔衍撰。
喪服要記十卷賀循撰。梁有喪服要記，宋員外常侍
庾蔚之注；又喪服世要一卷，庾蔚之撰；喪服集議十
卷，宋撫軍司馬費沈撰。
喪服古今集記三卷齊太尉王儉撰。
喪服世行要記十卷齊光祿大夫王逡撰。〔一六〕
喪服答要難一卷袁祈撰。
喪服記十卷王氏撰。
喪服五要一卷嚴氏撰。
駁喪服經傳一卷卜氏傳。
喪服疑問一卷樊氏撰。
喪服圖一卷王儉撰。
喪服圖一卷賀遊撰。

喪服圖一卷崔逸撰。梁有喪服祥禫雜議二十九卷，喪
服雜議故事二十一卷，又戴氏喪服五家要記圖譜五
卷，喪服君臣圖儀一卷，亡。
五服圖一卷
五服圖儀一卷
喪服禮圖一卷
五服略例一卷
喪服要問一卷
喪服問答目十三卷皇侃撰。
喪服假寧制三卷
喪禮五服七卷大將軍袁憲撰。
論喪服決一卷
喪禮鈔三卷王隆伯撰。
大戴禮記十三卷漢信都王太傅戴德撰。梁有諡法三
卷，後漢安南太守劉熙注，亡。

夏小正一卷戴德撰。
禮記十卷漢北中郎將盧植注。
禮記二十卷漢九江太守戴聖撰，鄭玄注。
禮記三十卷王肅注。梁有禮記十二卷，業遵注，亡。
禮記寧朔新書八卷王懋約注。梁有二十卷。
月令章句十二卷漢左中郎將蔡邕撰。
禮記音義隱一卷謝氏撰。
禮記音二卷宋中散大夫徐爰撰。梁有鄭玄、王肅、射
慈、射貞、孫毓、繆炳音各一卷，蔡謨、東晉安北諮議參
軍曹耽、國子助教尹毅、李軌、員外郎范宣音各二卷，
徐邈音三卷，劉昌宗音五卷，亡。
禮記音義隱七卷
禮記三十卷魏祕書監孫炎注。
禮略二卷
禮記要鈔十卷緱氏撰。梁有禮義四卷，魏侍中鄭小
同撰；摭遺別記一卷，樓幼瑜撰。亡。
禮記新義疏二十卷賀瑒撰。梁有義疏三卷，宋豫章
郡丞雷肅之撰，亡。
禮記講疏九十九卷〔一七〕皇侃撰。
禮記義疏四十八卷〔一八〕皇侃撰。
禮記義疏四十卷沈重撰。
禮記義十卷何氏撰。
禮記義疏三十八卷
禮記疏十一卷
禮記大義十卷梁武帝撰。
禮記文外大義二卷祕書學士褚暉撰。
禮大義十卷
禮記義證十卷劉芳撰。
禮大義章七卷
喪禮雜義三卷

禮記中庸傳二卷宋散騎常侍戴顒撰。
中庸講疏一卷梁武帝撰。
私記制旨中庸義五卷
禮記略解十卷庾氏撰。
禮記評十一卷劉雋撰。
石渠禮論四卷戴聖撰。梁有雜儀疑義十二卷，戴聖
撰。
禮論三百卷宋御史中丞何承天撰。
禮論條牒十卷宋太尉參軍任預撰。
禮論帖三卷任預撰。梁四卷。
禮論鈔二十卷庾蔚之撰。
禮論要鈔十卷王儉撰。梁三卷。
禮論要鈔一百卷賀瑒撰。
禮論鈔六十九卷
禮論要鈔十卷梁有齊御史中丞荀萬秋鈔略二卷；尚
書儀曹郎丘季彬論五十八卷，議一百三十卷，統六卷。
亡。
禮論答問八卷宋中散大夫徐廣撰。
禮論答問十三卷徐廣撰。
禮答問二卷徐廣撰，殘缺。梁十一卷。
禮答問六卷庾蔚之撰。
禮答問三卷王儉撰。梁有晉益陽令吳商禮難十二
卷，〔九〕雜議十二卷，又禮議雜記故事十三卷，喪雜事
二十卷，宋光祿大夫傅隆議二卷，祭法五卷。亡。
禮答問十二卷
禮雜問十卷范甯撰。
禮答問十卷何佟之撰。梁二十卷。
禮雜問十卷
禮雜答問八卷
禮雜答問六卷

禮雜問答鈔一卷何佟之撰。
問禮俗十卷董勛撰。
問禮俗九卷董子弘撰。
答問雜儀二卷任預撰。
禮義答問八卷王儉撰。
禮疑義五十二卷梁護軍周捨撰。
制旨革牲大義三卷梁武帝撰。
禮樂義十卷
禮秘義三卷
三禮目錄一卷鄭玄撰。梁有陶弘景注一卷，亡。
三禮義宗三十卷崔靈恩撰。
三禮宗略二十卷元延明撰。
三禮大義十三卷
三禮大義四卷
三禮雜大義三卷梁有司馬法三卷，李氏訓記三卷，
又郊丘議三卷，魏太尉蔣濟撰；祭法五卷，又明堂議
三卷，王肅撰；雜祭法六卷，晉司空中郎盧諶撰；祭
典三卷，晉安北將軍范汪撰；七廟議一卷，又後養議
五卷，干寶撰；雜鄉射等議三卷，晉太尉庾亮撰；逆
降義三卷，宋特進顏延之撰；逆降義一卷，田僧紹
撰；分明士制三卷，何承天撰；釋疑二卷，郭鴻撰；
答問四卷，徐廣撰；答問五十卷，何胤撰；又答問十
卷。亡。
三禮圖九卷鄭玄及後漢侍中阮諶等撰。
周室王城明堂宗廟圖一卷祁諶撰。梁又有冠服
圖一卷，五宗圖一卷，月令圖一卷，亡。

右一百三十六部，一千六百二十二卷。通計亡書，合二百一十一部，二千一百八十六卷。

自大道既隱，天下爲家，先王制其夫婦、父子、君臣、上下、親疏之節。至于三代，損益不同。周衰，諸侯僭忒，惡其害己，多被焚削。自孔子時，已不能具，至秦而頓滅。漢初，有高堂生傳十七篇。又有古經，出於淹中，而河間獻王好古愛學，收集餘燼，得而獻之，合五十六篇，並威儀之事。而又得司馬穰苴兵法一百五十五篇，及明堂陰陽之記，並無敢傳之者。唯古經十七篇，與高堂生所傳不殊，而字多異。自高堂生，至宣帝時后蒼，最明其業，乃爲曲臺記。蒼授梁人戴德，及德從兄子聖，沛人慶普，於是有大戴、小戴、慶氏，三家並立。後漢唯曹元傳慶氏，以授其子褒。然三家雖存並微，相傳不絕。漢末，鄭玄傳小戴之學，後以古經校之，取其於義長者作注，爲鄭氏學。其喪服一篇，子夏先傳之，諸儒多爲注解，今又別行。而漢時有李氏得周官。周官蓋周公所制官政之法，上於河間獻王，獨闕冬官一篇。獻王購以千金不得，遂取考工記以補其處，合成六篇奏之。至王莽時，劉歆始置博士，以行於世。河南緱氏及杜子春受業於歆，因以教授。是後馬融作周官傳，以授鄭玄，玄作周官注。漢初，河間獻王又得仲尼弟子及後學者所記一百三十一篇獻之，時亦無傳之者。至劉向考校經籍，檢得一百三十篇，向因第而敍之。而又得明堂陰陽記三十三篇、孔子三朝記七篇、王史氏記二十一篇、〔一〇〕樂記二十三篇，凡五種，合二百十四篇。戴德刪其煩重，合而記之，爲八十五篇，謂之大戴記。而戴聖又刪大戴之書，爲四十六篇，謂之小戴記。漢末馬融，遂傳小戴之學。融又定月令一篇、〔一一〕明堂位一篇、樂記一篇，合四十九篇，而鄭玄受業

於融，又爲之注。今周官六篇、古經十七篇、小戴記四十九篇，凡三種。唯鄭注立於國學，其餘並多散亡，又無師說。

樂社大義十卷梁武帝撰。
樂論三卷梁武帝撰。梁有樂義十一卷，武帝集朝臣
撰，亡。
樂論一卷衞尉少卿蕭吉撰。
古今樂錄十二卷陳沙門智匠撰。
樂書七卷後魏丞相士曹行參軍信都芳撰。
樂雜書三卷
樂元一卷魏僧撰。
管絃記十卷凌秀撰。
樂要一卷何妥撰。
樂部一卷
春官樂部五卷梁有宋元嘉正聲伎錄一卷，張解撰，
亡。
樂府聲調六卷岐州刺史、沛國公鄭譯撰。
樂府聲調三卷鄭譯撰。
樂經四卷
琴操三卷晉廣陵相孔衍撰。
琴操鈔二卷
琴操鈔一卷
琴譜四卷戴氏撰。
琴經一卷
琴說一卷
琴曆頭簿一卷
新雜漆調絃譜一卷

樂譜四卷
樂譜集二十卷蕭吉撰。
樂略四卷
樂律義四卷沈重撰。
鍾律義一卷
樂簿十卷
齊朝曲簿一卷
大隋總曲簿一卷
推七音二卷并尺法。
樂論事一卷
樂事一卷
正聲伎雜等曲簿一卷
太常寺曲名一卷
太常寺曲簿十一卷
歌曲名五卷
歷代樂名一卷
鍾磬志二卷公孫崇撰。
樂懸一卷何晏等撰議。
樂懸圖一卷
鍾律緯辯宗見一卷
當管七聲二卷魏僧撰。
黃鍾律一卷梁有鍾律緯六卷，梁武帝撰，亡。

右四十二部，一百四十二卷。通計亡書，合四十六部，一百六十三卷。

樂者，先王所以致神祇，和邦國，諧萬姓，安賓客，悅遠人，所從來久矣。周人存六代之樂，曰雲門、咸池、大韶、大夏、大護、大武。其後衰微崩壞，及秦而頓滅。漢初，制氏雖紀其鏗鏘鼓儛，而不能通其義。其後竇公、河間獻王、常山王、張禹，咸獻樂書。魏、晉已後，雖加損益，去正轉遠，事在聲樂志。今錄其見書，以補樂章之闕。

春秋經十一卷吳衛將軍士燮注。
春秋左氏長經二十卷漢侍中賈逵章句。
春秋左氏解詁三十卷賈逵撰。
春秋左氏傳解誼三十一卷漢九江太守服虔注。
春秋左氏傳三十卷王肅注。
春秋左氏傳三十卷董遇章句。
春秋左氏傳義注十八卷孫毓注。
春秋左氏傳十二卷魏司徒王朗撰。
春秋左氏經傳集解三十卷杜預撰。
春秋杜氏、服氏注春秋左傳十卷殘缺。
春秋左氏傳音三卷魏中散大夫嵇康撰。梁有服虔、杜預音三卷，魏高貴鄉公春秋左氏傳音三卷，曹耽音、尚書左人郎荀訥等音四卷，亡。
春秋左氏傳音三卷李軌撰。
春秋左氏傳音三卷徐邈撰。
春秋釋訓一卷賈逵撰。
春秋左氏經傳朱墨列一卷賈逵撰。
春秋釋例十卷漢公車徵士潁容撰。梁有春秋左氏傳條例九卷，漢大司農鄭衆撰。
春秋左氏膏肓釋痾十卷服虔撰。梁有春秋漢議駁二卷，服虔撰，亡。
駁何氏漢議二卷鄭玄撰。
春秋成長說九卷服虔撰。梁有春秋左氏達義一卷，漢司徒掾王玢撰，亡。
春秋塞難三卷服虔撰。梁有春秋雜議難五卷，漢少府孔融撰；春秋左氏釋駁一卷，王朗撰。亡。

春秋說要十卷魏樂平太守糜信撰。
春秋釋例十五卷杜預撰。梁有春秋釋例引序一卷，齊正員郎杜乾光撰，亡。
春秋左氏傳評二卷杜預撰。
春秋條例十一卷晉太尉劉寔撰。梁有春秋公羊達義三卷，劉寔撰，亡。
春秋經例十二卷晉方範撰。梁有春秋釋滯十卷，晉尚書左丞殷興撰；春秋釋難三卷，晉護軍范堅撰。亡。
春秋左氏傳條例二十五卷
春秋義例十卷
春秋左傳例苑十九卷梁有春秋經傳說例疑隱一卷，吳略撰；春秋左氏分野一卷，春秋十二公名一卷，鄭玄撰。亡。
春秋左氏經傳通解四卷王述之撰。
春秋左氏傳賈、服異同略五卷孫毓撰。
春秋左氏函傳義十五卷干寶撰。
春秋左氏區別三十卷宋尚書功論郎何始真撰。[三]
春秋文苑六卷
春秋叢林十二卷
春秋義林一卷
春秋大夫辭三卷
春秋嘉語六卷
春秋左氏諸大夫世譜十三卷
春秋五辯二卷梁五經博士沈宏撰。
春秋辯證六卷
春秋旨通十卷王述之撰。
春秋經傳解六卷崔靈恩撰。
春秋申先儒傳論十卷崔靈恩撰。
春秋左氏傳立義十卷崔靈恩撰。

劉寔等集解春秋序一卷
春秋序論二卷干寶撰。
春秋序一卷賀道養注。
春秋序一卷崔靈恩撰。
春秋序一卷田元休注。
春秋左傳杜預序集解一卷劉炫注。
春秋左氏經傳義略二十五卷陳國子博士沈文阿撰。
王元規續沈文阿春秋左氏傳義略十卷
春秋義略三十卷陳右軍將軍張沖撰。
春秋左氏義略八卷
春秋五十凡義疏二卷
春秋左氏傳述義四十卷東京太學博士劉炫撰。
春秋序義疏一卷梁有春秋發題一卷，梁簡文帝撰；春秋左氏圖十卷，漢太子太傅嚴彭祖撰；古今春秋盟會地圖一卷。亡。
春秋公羊傳十二卷嚴彭祖撰。
春秋公羊解詁十一卷漢諫議大夫何休注。
春秋公羊經傳十三卷晉散騎常侍王愆期注。梁有春秋公羊傳十二卷，晉河南太守高龍注；春秋公羊傳十四卷，孔衍集解；春秋公羊音，李軌、晉徵士江淳撰，各一卷。
春秋繁露十七卷漢膠西相董仲舒撰。
春秋決事十卷董仲舒撰。
春秋決疑論一卷
春秋左氏膏肓十卷何休撰。
春秋穀梁廢疾三卷何休撰。
春秋漢議十三卷何休撰。
駁何氏漢議二卷鄭玄撰。梁有漢議駁二卷，服虔撰，亡。

駁何氏漢議敍一卷

春秋公羊墨守十四卷何休撰。

春秋公羊例序五卷刁氏撰。

春秋公羊諡例一卷何休撰。梁有春秋公羊傳條例一卷，何休撰；春秋公羊傳問答五卷，荀爽問，魏安平太守徐欽答；春秋公羊論二卷，晉車騎將軍庾翼問，王愆期答。亡。

春秋公羊解序一卷鮮于公撰。

春秋公羊疏十二卷

春秋穀梁傳十三卷吳僕射唐固注。梁有春秋穀梁傳十五卷，漢諫議大夫尹更始撰，亡。

春秋穀梁傳十二卷魏樂平太守糜信注。[二三]

穀梁傳十卷晉堂邑太守張靖注。梁有春秋穀梁傳十三卷，晉給事郎徐乾注；春秋穀梁傳十卷，胡訥集解。亡。

春秋穀梁傳十六卷程闡撰。

春秋穀梁傳十四卷孔衍撰。

春秋穀梁傳十二卷徐邈撰。

春秋穀梁傳十四卷段肅注，疑漢人。

春秋穀梁傳五卷孔君指訓，殘缺。梁十四卷。

春秋穀梁傳十二卷范甯集解。梁有穀梁音一卷，亡。

春秋穀梁傳四卷殘缺。張、程、孫、劉四家集解。

糜信理何氏漢議二卷魏人撰。

春秋穀梁傳義十卷徐邈撰。

春秋議十卷何休撰。

徐邈答春秋穀梁義三卷

薄叔玄問穀梁義二卷梁四卷。

春秋穀梁傳例一卷范甯撰。

春秋公羊、穀梁傳十二卷晉博士劉兆撰。

春秋穀梁廢疾三卷何休撰，鄭玄釋，張靖箋。

春秋公羊、穀梁二傳評三卷

春秋三家經本訓詁十二卷賈逵撰。宋有三家經二卷，亡。

春秋三傳論十卷魏大長秋韓益撰。

春秋經合三傳十卷潘叔度撰。

春秋成奪十卷潘叔度撰。

春秋三傳評十卷胡訥撰。梁有春秋集三師難三卷，春秋集三傳經解十卷，胡訥撰。今亡。

春秋土地名三卷晉裴秀客京相璠等撰。

春秋外傳國語二十卷賈逵注。

春秋外傳國語二十一卷虞翻注。

春秋外傳章句一卷王肅撰。梁二十二卷。

春秋外傳國語二十二卷韋昭注。

春秋外傳國語二十卷晉五經博士孔晁注。

春秋外傳國語二十一卷唐固注。梁有春秋古今盟會地圖一卷，亡。

右九十七部，九百八十三卷。通計亡書，合一百三十部，一千一百九十二卷。

春秋者，魯史策書之名。昔成周微弱，典章淪廢，魯以周公之故，遺制尚存。仲尼因其舊史，裁而正之，或婉而成章，以存大順，或直書其事，以示首惡。故有求名而亡，欲蓋而彰，亂臣賊子，於是大懼。其所襃貶，不可具書，皆口授弟子。弟子退而異說，左丘明恐失其眞，乃爲之傳。遭秦滅學，口說尚存。漢初，有公羊、穀梁、鄒氏、夾氏，四家並行。王莽之亂，鄒氏無師，夾氏亡。初齊人胡母子都，傳公羊春秋，授東海嬴公。嬴公授東海孟卿，

孟卿授魯人眭孟，眭孟授東海嚴彭祖、魯人顏安樂。故後漢公羊有嚴氏、顏氏之學，與穀梁三家並立。漢末，何休又作公羊解說。而左氏，漢初出於張蒼之家，本無傳者。至文帝時，梁太傅賈誼爲訓詁，授趙人貫公。其後劉歆典校經籍，考而正之，欲立於學，諸儒莫應。至建武中，尚書令韓歆請立而未行。時陳元最明左傳，又上書訟之。於是乃以魏郡李封爲左氏博士。後羣儒蔽固者，數廷爭之。及封卒，遂罷。然諸儒傳左氏者甚衆。永平中，能爲左氏者，擢高第爲講郎。其後賈逵、服虔並爲訓解。至魏，遂行於世。晉時，杜預又爲經傳集解。穀梁范甯注、公羊何休注、左氏服虔、杜預注，俱立國學。然公羊、穀梁，但試讀文，而不能通其義。後學三傳通講，而左氏唯傳服義。至隋，杜氏盛行，服義及公羊、穀梁浸微，今殆無師說。

古文孝經一卷孔安國傳。梁末亡逸，今疑非古本。

孝經一卷鄭氏注。梁有馬融、鄭衆注孝經二卷，亡。

孝經一卷王肅解。梁有魏散騎常侍蘇林、吏部尚書何晏、光祿大夫劉邵、孫氏等注孝經各一卷，亡。

孝經解讚一卷韋昭解。

孝經默注一卷徐整注。

集解孝經一卷謝萬集。

集議孝經一卷晉中書郎荀昶撰。[二四]亡。

集議孝經一卷晉東陽太守袁敬仲集。[二五]梁有孝經皇義一卷，宋均撰；又有晉給事中楊泓、處士虞槃佐、

孫氏、東陽太守殷仲文、晉陵太守殷叔道、丹陽尹車胤、孔光各注孝經一卷；荀昶注孝經二卷；宋何承天、費沈，齊光祿大夫王玄載、國子博士明僧紹、梁五經博士嚴植之、尚書功論郎曹思文、羽林監江係之、江逌等注孝經各一卷；釋慧始注孝經一卷；陶弘景集注孝經一卷，諸葛循孝經序一卷，亡。

孝經一卷釋慧琳注。梁有晉穆帝時晉孝經一卷，武帝時送總明館孝經講，議各一卷，宋大明中東宮講，齊永明三年東宮講，齊永明中諸王講及賀瑒講、議孝經義疏各一卷，齊臨沂令李玄之爲始興王講孝經義疏二卷，亡。

孝經義疏十八卷梁武帝撰。梁有皇太子講孝經義三卷，天監八年皇太子講孝經義一卷，梁簡文孝經義疏五卷，蕭子顯孝經義疏一卷，亡。

孝經敬愛義一卷梁吏部尚書蕭子顯撰。

孝經私記四卷無名先生撰。

孝經義一卷

孝經義疏一卷趙景韶撰。

孝經義疏三卷皇侃撰。

孝經私記二卷周弘正撰。

古文孝經述義五卷[二六]劉炫撰。

孝經講疏六卷徐孝克撰。

孝經義一卷梁揚州文學從事太史叔明撰。梁有孝經玄，孝經圖各一卷，孝經孔子圖二卷，亡。

國語孝經一卷

右十八部，合六十三卷。通計亡書，合五十九部，一百一十四卷。

夫孝者，天之經，地之義，人之行。自天子達於庶人，雖尊卑有差，及乎行孝，其義一

也。先王因之以治國家，化天下，故能不嚴而順，不肅而成。斯實生靈之至德，王者之要道。孔子既敍六經，題目不同，指意差別，恐斯道離散，故作孝經，以總會之，明其枝流雖分，本萌於孝者也。遭秦焚書，爲河間人顏芝所藏。漢初，芝子貞出之，凡十八章，而長孫氏、博士江翁、少府后蒼、諫議大夫翼奉、安昌侯張禹，皆名其學。又有古文孝經，與古文尙書同出，而長孫有閨門一章，其餘經文，大較相似，篇簡缺解，又有衍出三章，并前合爲二十二章，孔安國爲之傳。至劉向典校經籍，以顏本比古文，除其繁惑，以十八章爲定。鄭衆、馬融，並爲之注。又有鄭氏注，相傳或云鄭玄，其立義與玄所注餘書不同，故疑之。梁代，安國及鄭氏二家，並立國學，而安國之本，亡於梁亂。陳及周、齊，唯傳鄭氏。至隋，祕書監王劭於京師訪得孔傳，送至河間劉炫。炫因序其得喪，述其議疏，講于人間，漸聞朝廷，後遂著令，與鄭氏並立。儒者諠諠，皆云炫自作之，非孔舊本，而祕府又先無其書。又云魏氏遷洛，未達華語，孝文帝命侯伏侯可悉陵，以夷言譯孝經之旨，敎于國人，謂之國語孝經。今取以附此篇之末。

論語十卷鄭玄注。梁有古文論語十卷，鄭玄注；又王肅、虞翻、譙周等注論語各十卷。亡。

論語九卷鄭玄注，晉散騎常侍虞喜讚。

集解論語十卷何晏集。

集注論語六卷晉八卷，晉太保衞瓘注。梁有論語補闕二卷，宋明帝補衞瓘闕，亡。

論語集義八卷晉尙書左中兵郎崔豹集。梁十卷。

論語十卷晉著作郎李充注。

集解論語十卷晉廷尉孫綽解。梁有盈氏及孟釐注論語各十卷，〔二七〕亡。

集解論語十卷晉兗州別駕江熙解。

論語七卷盧氏注。梁有晉國子博士梁覬、益州刺史袁喬、尹毅、司徒左長史張憑及陽惠明、〔二八〕宋新安太守孔澄之、齊員外郎虞遐及許容、曹思文注，釋僧智略解，梁太史叔明集解，陶弘景集注論語各十卷；又論語音二卷，徐邈等撰。亡。

論語難鄭一卷梁有古論語義注譜一卷，徐氏撰；論語隱義注三卷，論語義注三卷。亡。

論語難鄭一卷

論語標指一卷司馬氏撰。

論語雜問一卷

論語孔子弟子目錄一卷鄭玄撰。

論語體略二卷晉太傅主簿郭象撰。

論語旨序三卷晉衞尉繆播撰。

論語釋疑三卷王弼撰。

論語釋一卷張憑撰。

論語釋疑十卷晉尙書郎欒肇撰。梁有論語釋駁三卷，王肅撰；論語駁序二卷，欒肇撰；論語隱一卷，郭象撰；論語藏集解一卷，應琛撰；論語釋一卷，曹毗撰；論語君子無所爭一卷，庾亮撰；論語釋一卷，李充撰；論語釋一卷，庾翼撰；論語義一卷，王濛撰；又蔡系論語釋一卷，張隱論語釋一卷，郄原通鄭一卷，王氏修鄭錯一卷，姜處道論釋一卷。亡。

論語別義十卷范廙撰。梁有論語疏八卷，宋司空法曹張略等撰；新書對張論十卷，〔二九〕虞喜撰。

論語義疏十卷褚仲都撰。

論語義疏十卷皇侃撰。

論語述義十卷劉炫撰。

論語義疏八卷

論語講疏文句義五卷徐孝克撰，殘缺。

論語義疏二卷張沖撰。梁有論語義注圖十二卷，亡。

孔叢七卷陳勝博士孔鮒撰。梁有孔志十卷，梁太尉參軍劉被撰，亡。

孔子家語二十一卷王肅解。梁有當家語二卷，魏博士張融撰，亡。

孔子正言二十卷梁武帝撰。

爾雅三卷漢中散大夫樊光注。梁有漢劉歆、犍爲文學、中黃門李巡爾雅各三卷，亡。

爾雅七卷孫炎注。

爾雅五卷郭璞注。

集注爾雅十卷梁黃門郎沈旋注。

爾雅音八卷祕書學士江漼撰。梁有爾雅音二卷，孫炎、郭璞撰。

爾雅圖十卷郭璞撰。梁有爾雅圖讚二卷，郭璞撰，亡。

廣雅三卷魏博士張揖撰。梁有四卷。

廣雅音四卷祕書學士曹憲撰。

小爾雅一卷李軌略解。

方言十三卷漢揚雄撰，郭璞注。

釋名八卷劉熙撰。

辯釋名一卷韋昭撰。

五經音十卷徐邈撰。

五經正名十二卷劉炫撰。

白虎通六卷

五經異義十卷後漢太尉祭酒許愼撰。

五經然否論五卷晉散騎常侍譙周撰。

五經拘沈十卷晉高涼太守楊方撰。

五經大義三卷戴逵撰。梁有通五經五卷，王氏撰；五經咨疑八卷，周揚撰；五經異同評一卷，賀瑒撰；五經祕表要三卷。亡。

五經大義十卷後周縣伯中大夫樊文深撰。

經典大義十二卷沈文阿撰。

五經大義五卷何妥撰。

五經通義八卷梁九卷。

五經義六卷梁七卷。梁又有五經義略一卷，亡。

五經要義五卷梁十七卷，雷氏撰。

五經析疑二十八卷邯鄲綽撰。

五經宗略二十三卷元延明撰。

五經雜義六卷孫暢之撰。

長春義記一百卷梁簡文帝撰。

大義九卷

遊玄桂林九卷張譏撰。

六經通數十卷梁舍人鮑泉撰。

七經義綱二十九卷樊文深撰。

七經論三卷樊文深撰。

質疑五卷樊文深撰。

經典玄儒大義序錄二卷沈文阿撰。

玄義問答二卷

六藝論一卷鄭玄撰。

聖證論十二卷王肅撰。

鄭志十一卷魏侍中鄭小同撰。

鄭記六卷鄭玄弟子撰。

諡法三卷劉熙撰。

諡法十卷特進、中軍將軍沈約撰。〔三〇〕

諡法五卷梁太府卿賀瑒撰。

江都集禮一百二十六卷

右七十三部，七百八十一卷。通計亡書，合一百一十六部，一千二十七卷。

論語者，孔子弟子所錄。孔子既敍六經，講於洙、泗之上，門徒三千，達者七十。其與夫子應答，及私相講肄，言合於道，或書之於紳，或事之無厭。仲尼既沒，遂緝而論之，謂之論語。漢初，有齊、魯之說。其齊人傳者，二十二篇；魯人傳者，二十篇。齊則昌邑中尉王吉、少府宋畸、御史大夫貢禹、尚書令五鹿充宗、膠東庸生。魯則常山都尉龔奮、長信少府夏侯勝、韋丞相節侯父子、魯扶卿、前將軍蕭望之、安昌侯張禹，並名其學。張禹本授魯論，晚講齊論，後遂合而考之，刪其煩惑。除去齊論問王、知道二篇，從魯論二十篇爲定，號張侯論，當世重之。周氏、包氏，爲之章句，馬融又爲之訓。又有古論語，與古文尚書同出，章句煩省，與魯論不異，唯分子張爲二篇，故有二十一篇。孔安國爲之傳。漢末，鄭玄以張侯論爲本，參考齊論、古論而爲之注。魏司空陳羣、太常王肅、博士周生烈，皆爲義說。吏部尚書何晏，又爲集解。是後諸儒多爲之注，齊論遂亡。古論先無師說，梁、陳之時，唯鄭玄、何晏立於國學，而鄭氏甚微。周、齊，鄭學獨立。至隋，何、鄭並行，鄭氏盛於人間。其孔叢、家語，並孔氏所傳仲尼之旨。爾雅諸書，解古今之意，幷五經總義，附于此篇。

河圖二十卷梁河圖洛書二十四卷，目錄一卷，亡。

河圖龍文一卷

易緯八卷鄭玄注。梁有九卷。

尚書緯三卷鄭玄注。梁六卷。

尚書中候五卷鄭玄注。梁有八卷，今殘缺。

詩緯十八卷魏博士宋均注。梁十卷。

禮緯三卷鄭玄注，亡。

禮記默房二卷宋均注。梁有三卷，鄭玄注，亡。

樂緯三卷宋均注。梁有樂五鳥圖一卷，亡。

春秋災異十五卷郗萌撰。梁有春秋緯三十卷，宋均注；春秋內事四卷，春秋包命二卷，春秋祕事十一卷，書、易、詩、孝經、春秋、河洛緯祕要一卷，五帝鉤命決圖一卷。亡。

孝經勾命決六卷宋均注。

孝經援神契七卷宋均注。

孝經內事一卷梁有孝經雜緯十卷，宋均注；孝經元命包一卷，孝經古祕援神二卷，孝經古祕圖一卷，孝經左右握二卷，孝經左右契圖一卷，孝經雌雄圖三卷，孝經異本雌雄圖二卷，孝經分野圖一卷，孝經內事圖二卷，孝經內事星宿講堂七十二弟子圖一卷，又口授圖一卷；又論語讖八卷，宋均注；孔老讖十二卷，老子河洛讖一卷，尹公讖四卷，劉向讖一卷，雜讖書二十九卷，堯戒舜、禹一卷，孔子王明鏡一卷，郭文金雄記一卷，王子年歌一卷，嵩高道士歌一卷。亡。

右十三部，合九十二卷。通計亡書，合三十二部，共二百三十二卷。

易曰：「河出圖，洛出書。」然則聖人之受命也，必因積德累業，豐功厚利，誠著天地，澤被生人，萬物之所歸往，神明之所福饗，則有天命之應。蓋龜龍銜負，出於河、洛，以紀易代之徵，其理幽昧，究極神道。先王恐其惑人，祕而不傳。說者又云，孔子既敍六經，以明天人之道，知後世不能稽同其意，故別立緯及讖，以遺來世。其書出於前漢，有河圖九篇，洛書六篇，云自黃帝至周文王所受本文。又別有三十篇，云自初起至于孔子，九聖之所增演，以廣其意。又有七經緯三十六篇，並云孔子所作，幷前合爲八十一篇。而又有尚書中候、洛罪級、五行傳、詩推度災、汜曆樞、含神務、孝經勾命決、援神契、雜讖等書。漢代有郗氏、袁氏說。漢末，郎中郗萌，集圖緯讖雜占爲五十篇，謂之春秋災異。宋均、鄭玄，並爲讖律之注。然其文辭淺俗，顛倒舛謬，不類聖人之旨。相傳疑世人造爲之後，或者又加點竄，非其實錄。起王莽好符命，光武以圖讖興，遂盛行於世。漢時，又詔東平王蒼，正五經章句，皆命從讖。俗儒趨時，益爲其學，篇卷第目，轉加增廣。言五經者，皆憑讖爲說。唯孔安國、毛公、王璜、賈逵之徒獨非之，相承以爲妖妄，亂中庸之典。故因漢魯恭王、河間獻王所得古文，參而考之，以成其義，謂之「古學」。當世之儒，又非毀之，竟不得行。魏代王肅，推引古學，以難其義。王弼、杜預，從而明之，自是古學稍立。至宋大明中，始禁圖讖，梁天監已後，又重其制。及高祖受禪，禁之踰切。煬帝卽位，乃發使四出，搜天下書籍與讖緯相涉者，皆焚之，爲吏所糾者至死。自是無復其學，祕府之內，亦多散亡。今錄其見存，列于六經之下，以備異說。

三蒼三卷郭璞注。秦相李斯作蒼頡篇，漢揚雄作訓纂篇，後漢郎中賈魴作滂喜篇，故曰三蒼。梁有蒼頡二卷，後漢司空杜林注，亡。

埤蒼三卷張揖撰。梁有廣蒼一卷，樊恭撰，亡。

急就章一卷漢黃門令史游撰。

急就章二卷崔浩撰。

急就章三卷豆盧氏撰。

吳章二卷陸機撰。

小學篇一卷晉下邳內史王義撰。

少學九卷楊方撰。

始學一卷

勸學一卷蔡邕撰。有司馬相如凡將篇，[三一]班固太甲篇、在昔篇，崔瑗飛龍篇，蔡邕聖皇篇、黃初篇、吳章篇，蔡邕女史篇，合八卷；又幼學二卷，朱育撰；始學十二卷，吳郎中項峻撰；又月儀十二卷。亡。

發蒙記一卷晉著作郎束晳撰。

啓蒙記三卷晉散騎常侍顧愷之撰。

啓疑記三卷顧愷之撰。

千字文一卷梁給事郎周興嗣撰。

千字文一卷梁國子祭酒蕭子雲注。

千字文一卷胡肅注。

篆書千字文一卷

演千字文五卷

草書千字文一卷

古今字詁三卷張揖撰。梁有雜字一卷，錯誤字一卷，[三三]並張揖撰；異字二卷，朱育撰；字屬一卷，賈魴撰。亡。

雜字解詁四卷魏掖庭右丞周氏撰。梁有解文字七卷，

周成撰，字義訓音六卷，古今字苑十卷，曹侯彥撰。
亡。
雜字指一卷後漢太子中庶子郭顯卿撰。
字指二卷晉朝議大夫李彤撰。梁有單行字四卷，李彤
撰，又字偶五卷。亡。
說文十五卷許慎撰。梁有演說文一卷，庾儼默注，亡。
說文音隱四卷
字林七卷晉弦令呂忱撰。
字林音義五卷宋揚州督護吳恭撰。
古今字書十卷
字書三卷
字書十卷
字統二十一卷陽承慶撰。〔三三〕
玉篇三十一卷陳左衞將軍顧野王撰。〔三四〕
字類敍評三卷侯洪伯撰。

要字苑一卷宋豫章太守謝康樂撰。梁有常用字訓一
卷，殷仲堪撰；要用字對誤四卷，〔三五〕梁輕車參軍鄒
誕生撰，亡。
要用雜字三卷鄒里撰。梁有文字要記三卷，王義撰，
亡。
俗語難字一卷祕書少監王劭撰。
雜字要三卷密州行參軍李少通撰。
文字整疑一卷
正名一卷
文字集略六卷梁文貞處士阮孝緒撰。
今字辯疑三卷李少通撰。
異字同音一卷梁有釋字同音三卷，宋散騎常侍吉文
甫撰。
字宗三卷薛立撰。
文字譜一卷梁有古今文字序一卷，劉歊撰；文字統

略一卷，焦子明撰。亡。
文字辯嫌一卷彭立撰。
辯字一卷戴規撰。
雜字音一卷
借音字一卷
音書考源一卷
聲韻四十一卷周研撰。
聲類十卷魏左校令李登撰。
韻集十卷
韻集六卷晉安復令呂靜撰。
四聲韻林二十八卷張諒撰。
韻集八卷段弘撰。
羣玉典韻五卷梁有文章音韻二卷，王該撰，又五音
韻五卷。亡。
韻略一卷陽休之撰。

修續音韻決疑十四卷李槩撰。
纂韻鈔十卷
四聲指歸一卷劉善經撰。
四聲一卷梁太子少傅沈約撰。
四聲韻略十三卷夏侯詠撰。
音譜四卷李槩撰。
韻英三卷釋靜洪撰。
通俗文一卷服虔撰。
訓俗文字略一卷後齊黃門郎顏之推撰。
證俗音字略六卷梁有詁幼二卷，顏延之撰；廣詁幼
一卷，宋給事中荀楷撰。亡。
文字音七卷晉蕩昌長王延撰。梁有纂文三卷，亡。
翻真語一卷王延撰。
真言鑒誡一卷
字書音同異一卷

敍同音義三卷
河洛語音一卷王長孫撰。
國語十五卷
國語十卷
鮮卑語五卷
國語物名四卷後魏侯伏侯可悉陵撰。
國語真歌十卷
國語雜物名三卷侯伏侯可悉陵撰。
國語十八傳一卷
國語御歌十一卷
鮮卑語十卷
國語雜文十五卷
國語號令四卷
鮮卑號令一卷周武帝撰。
雜號令一卷

古文官書一卷後漢議郎衞敬仲撰。
古今奇字一卷郭顯卿撰。
六文書一卷
四體書勢一卷晉長水校尉衞恆撰。
雜體書九卷釋正度撰。
古今八體六文書法一卷
古今篆隸雜字體一卷蕭子政撰。
古今文等書一卷
篆隸雜體書二卷
文字圖二卷
古今字圖雜錄一卷祕書學士曹憲撰。
外國書四卷
婆羅門書一卷梁有扶南胡書一卷。
秦皇東巡會稽刻石文一卷
一字石經周易一卷梁有三卷。

一字石經尚書六卷梁有今字石經鄭氏尚書八卷，
亡。
一字石經魯詩六卷梁有毛詩二卷，亡。
一字石經儀禮九卷
一字石經春秋一卷梁有一卷。
一字石經公羊傳九卷

一字石經論語一卷梁有二卷。
一字石經典論一卷
三字石經尚書九卷梁有十三卷。
三字石經尚書五卷
三字石經春秋三卷梁有十二卷。

右一百八部，四百四十七卷。通計亡書，合一百三十五部，五百六十九卷。

孔子曰：「必也正名乎？」名謂書字。「名不正則言不順，言不順則事不成。」說者以爲書之所起，起自黃帝蒼頡。比類象形謂之文，形聲相益謂之字，著於竹帛謂之書。故有象形、諧聲、會意、轉注、假借、處事六義之別。古者童子示而不誑，六年教之數與方名。十歲入小學，學書計。二十而冠，始習先王之道，故能成其德而任事。然自蒼頡訖于漢初，書經五變：一曰古文，即蒼頡所作。二曰大篆，周宣王時史籀所作。三曰小篆，秦時李斯所作。四曰隸書，程邈所作。五曰草書，漢初作。秦世既廢古文，始用八體，有大篆、小篆、刻符、摹印、蟲書、署書、殳書、隸書。漢時以六體教學童，有古文、奇字、篆書、隸書、繆篆、蟲鳥，并藁書、楷書、懸針、垂露、飛白等二十餘種之勢，皆出於上六書，因事生變也。魏世又有八

分書，其字義訓讀，有史籀篇、蒼頡篇、三蒼、埤蒼、廣蒼等諸篇章，訓詁、說文、字林、音義、聲韻、體勢等諸書。自後漢佛法行於中國，又得西域胡書，能以十四字貫一切音，文省而義廣，謂之婆羅門書。與八體六文之義殊別。今取以附體勢之下。又後魏初定中原，軍容號令，皆以夷語。後染華俗，多不能通，故錄其本言，相傳教習，謂之「國語」。今取以附音韻之末。又後漢鐫刻七經，著於石碑，皆蔡邕所書。魏正始中，又立三字石經，〔三六〕相承以爲七經正字。後魏之末，齊神武執政，自洛陽徙于鄴都，行至河陽，值岸崩，遂沒于水。其得至鄴者，不盈太半。至隋開皇六年，又自鄴京載入長安，置于祕書內省，議欲補緝，立于國學。尋屬隋亂，事遂寢廢，營造之司，因用爲柱礎。貞觀初，祕書監臣魏徵，始收聚之，十不存一。其相承傳拓之本，猶在祕府，幷秦帝刻石，附於此篇，以備小學。

凡六藝經緯六百二十七部，五千三百七十一卷。通計亡書，合九百五十部，七千二百九十卷。

傳曰：「玉不琢，不成器，人不學，不知道。」古之君子，多識而不窮，畜疑以待問，學不踰等，教不陵節，言約而易曉，師逸而功倍，且耕且養，三年而成一藝。自孔子沒而微言絕，七十子喪而大義乖，學者離羣索居，各爲異說。至于戰國，典文遺棄，六經之儒，不能究其宗旨，多立小數，一經至數百萬言。致令學者難曉，虛誦問答，脣腐齒落而不知益。且先王設

教，以防人欲，必本於人事，折之中道。上天之命，略而罕言，方外之理，固所未說。至後漢好圖讖，晉世重玄言，穿鑿妄作，日以滋生。先王正典，雜之以妖妄，大雅之論，汨之以放誕。陵夷至于近代，去正轉疎，無復師資之法。學不心解，專以浮華相尚，豫造雜難，擬爲讎對，遂有芟角、反對、互從等諸翻競之說。馳騁煩言，以紊彝敍，譊譊成俗，而不知變，此學者之蔽也。班固列六藝爲九種，或以緯書解經，合爲十種。

校勘記

〔一〕寶蹟臺　原作「寶臺」，據張彥遠歷代名畫記一補「蹟」字。

〔二〕臨海令伏曼容　姚振宗隋書經籍志考證以下簡稱姚考說，梁書本傳作「臨海太守」。按：本書地理志下，隋代以前，臨海爲郡。作「太守」，是。本志的校勘，大部分採用姚考的研究成果，除必須指出的以外，以下校記不一一注明。

〔三〕謝萬等注　舊唐書經籍志以下簡稱舊唐志上、新唐書藝文志以下簡稱新唐志一無「等」字。

〔四〕顏氏撰　按：「撰」下當補「亡」字。這些書當時未列入存書目錄，當已佚亡。以下類似情況，不再出校記。

〔五〕吳太尉范順問劉毅答　原作「范順問吳太尉劉毅答」。侯康補三國藝文志：「『吳太尉』三字當上屬。吳志孫晧傳有太尉范愼，又見孫登傳注，卽其人也。順愼古通。」今據改。

〔六〕姚方興　原作「姚興方」，據經典釋文以下簡稱釋文敍錄、史通正史篇改。

〔七〕河間太傅毛萇　「太傅」原作「太守」。日本國見在書目，「守」作「傅」。按：漢代置河間國，後魏才置河間郡。毛萇應是河間王太傅。今據改。

〔八〕有毛詩問難二卷　依上下文例，「有」上當有「梁」字。

〔九〕舒援　孔穎達毛詩正義序：「近代爲義疏者有全緩、何胤、舒瑗。」舒援不知是否卽舒瑗。

〔一〇〕蔡超　原作「蔡超宗」，據宋書南郡王義宣傳、張暢傳及釋文敍錄删「宗」字。

〔一一〕司馬憲　「憲」原作「瓛」，據南史丘巨源傳、梁書伏曼容傳改。

〔一二〕喪服經傳義疏一卷　此書似應在注中，而誤入正文。

〔一三〕梁國子助教皇侃　「梁」原作「陳」。按梁書本傳，侃以大同十一年卒，不應說「陳」。今據改。

〔一四〕喪服要記　原脫「記」字，據舊唐志上、新唐志一補。

〔一五〕劉智　按：原作「孔智」，據晉書劉寔傳附劉智傳、通典九五改。書名，晉書作喪服釋疑論。

〔一六〕王逡　「逡」原作「逸」，據南齊書禮志下及舊唐志上、新唐志一改。王逡卽王逡之，南齊書及南史有傳。

〔一七〕禮記講疏　原作「禮記義疏」，據舊唐志上、新唐志一改。

〔一八〕禮記義疏　原作「禮記講疏」，據梁書武帝紀、釋文敍錄改。

〔一九〕梁有晉益陽令吳商禮難十二卷　「陽」原作「壽」。廿二史考異：「『益壽』誤，集部別集類吳商集作『益陽令』。按：晉書地理志有益陽縣，無益壽縣。」今據改。

〔二〇〕王史氏記　原作「王氏史氏記」。廿二史考異：「漢書作『王史氏』。『王史』，複姓也。此衍一『氏』字。」今據删。

〔二一〕融又定月令一篇　「定」原作「足」，據通典禮典序改。

〔二二〕何始眞　「始」原作「賀」，據宋書蔡興宗傳及舊唐志上、新唐志一改。

〔二三〕樂平太守　「樂平」原作「平樂」。按：魏書地形志無平樂郡，有樂平郡。今據改。

〔二四〕荀昶　「昶」原作「勖」，據釋文敍錄改。下「荀昶注孝經」同。

〔二五〕袁敬仲　釋文敍錄作「袁彥伯」。下「正始名士傳」注同。

〔二六〕古文孝經述義　「古」各本誤作「千」，宋小字本誤作「十」，文義不通。今據上列「古文孝經」書名改正。

〔二七〕孟整　「整」原作「鼇」，據釋文敍錄改。

〔二八〕陽惠明　舊唐志上、新唐志一及通志一九氏族略，「陽」作「暢」。

〔二九〕新書對張論　册府六〇五作「新書討張論語」。

〔三〇〕特進中軍將軍沈約　「特進」前應有「梁」字。

〔三一〕有司馬相如凡將篇　「有」上應有「梁」字。

〔三二〕錯誤字　姚考：册府六〇八，張揖撰字諟一卷。按廣韻引字諟四條，不著姓名。證以册府所載，蓋卽張揖字諟。其名當是錯誤字諟。

〔三三〕陽承慶　「陽」原作「楊」，據魏書陽尼傳改。

〔三四〕陳左衞將軍顧野王　原脫「衞」字，據下集部別集類補。

〔三五〕要用字對誤　姚考：按日本書目有周字對語二卷，蓋卽此書，而「用」譌爲「周」。此「對誤」實「對語」之譌。

〔三六〕三字石經　按：「三」原作「一」，據晉書衞恒傳改。「三字石經」也稱「三體石經」。

隋書卷三十三

志第二十八

經籍二　史

史記一百三十卷目錄一卷，漢中書令司馬遷撰。

史記八十卷宋南中郎外兵參軍裴駰注。

史記音義十二卷宋中散大夫徐野民撰。〔一〕

史記音三卷梁輕車錄事參軍鄒誕生撰。

古史考二十五卷晉義陽亭侯譙周撰。

漢書一百一十五卷　漢護軍班固撰，太山太守應劭集解。

漢書集解音義二十四卷應劭撰。

漢書音訓一卷服虔撰。

漢書音義七卷韋昭撰。

漢書音二卷梁尋陽太守劉顯撰。

漢書音二卷夏侯詠撰。

漢書音義十二卷國子博士蕭該撰。

漢書音十二卷廢太子勇命包愷等撰。

漢書集注十三卷晉灼撰。

漢書注一卷齊金紫光祿大夫陸澄撰。

漢書續訓三卷梁平北諮議參軍韋稜撰。〔二〕

漢書訓纂三十卷陳吏部尚書姚察撰。

漢書集解一卷姚察撰。

論前漢事一卷蜀丞相諸葛亮撰。

漢書駁議二卷晉安北將軍劉寶撰。

定漢書疑二卷姚察撰。

漢書敍傳五卷項岱撰。

漢疏四卷梁有漢書孟康音九卷，劉孝標注漢書一百四十卷，陸澄注漢書一百二卷，梁元帝注漢書一百一十五卷，並亡。

東觀漢記一百四十三卷起光武記注至靈帝，長水校尉劉珍等撰。

後漢書一百三十卷無帝紀，吳武陵太守謝承撰。

後漢記六十五卷本一百卷，梁有，今殘缺。晉散騎常侍薛瑩撰。

續漢書八十三卷晉祕書監司馬彪撰。

後漢書十七卷本九十七卷，今殘缺。晉少府卿華嶠撰。

後漢書八十五卷　本一百二十二卷，晉祠部郎謝沈撰。

後漢南記四十五卷本五十五卷，今殘缺。晉江州從事張瑩撰。

後漢書九十五卷本一百卷，晉祕書監袁山松撰。

後漢書九十七卷宋太子詹事范曄撰。

後漢書一百二十五卷范曄本，梁剡令劉昭注。

後漢書音一卷後魏太常劉芳撰。

范漢音訓三卷陳宗道先生臧競撰。〔三〕

范漢音三卷蕭該撰。

後漢書讚論四卷范曄撰。

漢書續十八卷范曄撰。梁有蕭子顯後漢書一百卷，

王劭後漢林二百卷，韋闡後漢音二卷，亡。

魏書四十八卷晉司空王沈撰。

吳書二十五卷韋昭撰。本五十五卷，梁有，今殘缺。

吳紀九卷晉太學博士環濟撰。晉有張勃吳錄三十卷，亡。

三國志六十五卷敍錄一卷，晉太子中庶子陳壽撰，宋太中大夫裴松之注。

魏志音義一卷盧宗道撰。

論三國志九卷何常侍撰。

三國志評三卷徐衆撰。〔四〕梁有三國志序評三卷，晉著作佐郎王濤撰，亡。

晉書八十六卷本九十三卷，今殘缺。晉著作郎王隱撰。

晉書二十六卷本四十四卷，訖明帝，今殘缺。晉散騎常侍虞預撰。

晉書十卷未成，本十四卷，今殘缺。晉中書郎朱鳳撰，訖元帝。

晉中興書七十八卷起東晉。宋湘東太守何法盛撰。

晉書三十六卷宋臨川內史謝靈運撰。

晉書一百一十卷齊徐州主簿臧榮緒撰。

晉書十一卷本一百二卷，梁有，今殘缺。蕭子雲撰。

晉史草三十卷梁蕭子顯撰。梁有鄭忠晉書七卷，沈約晉書一百一十一卷，庾銑東晉新書七卷，亡。

宋書六十五卷宋中散大夫徐爰撰。

宋書六十五卷齊冠軍錄事參軍孫嚴撰。

宋書一百卷梁尚書僕射沈約撰。梁有宋大明中所撰宋書六十一卷，亡。

齊書六十卷梁吏部尚書蕭子顯撰。

齊紀十卷劉陟撰。

齊紀二十卷沈約撰。梁有江淹齊史十三卷，亡。

梁書四十九卷梁中書郎謝吳撰，本一百卷。

梁史五十三卷陳領軍、大著作郎許亨撰。

梁書帝紀七卷姚察撰。

後魏書一百三十卷後齊僕射魏收撰。

後魏書一百卷著作郎魏彥深撰。

陳書四十二卷訖宣帝，陳吏部尚書陸瓊撰。

周史十八卷未成。吏部尚書牛弘撰。

通史四百八十卷梁武帝撰。起三皇，訖梁。

右六十七部，三千八十三卷。通計亡書，合八十部，四千三十卷。

古者天子諸侯，必有國史，以紀言行，後世多務，其道彌繁。夏殷已上，左史記言，右史記事，周則太史、小史、內史、外史、御史，分掌其事，而諸侯之國，亦置史官。又春秋國語引周志、鄭書之說，推尋事迹，似當時記事，各有職司，後又合而撰之，總成書記。其後陵夷衰亂，史官放絕，秦滅先王之典，遺制莫存。至漢武帝時，始置太史公，命司馬談爲之，以掌其職。時天下計書，皆先上太史，副上丞相，遺文古事，靡不畢臻。談乃據左氏、國語、世本、戰國策、楚漢春秋，接其後事，成一家之言。談卒，其子遷又爲太史令，嗣成其志。上自黃帝，訖于炎漢，合十二本紀、十表、八書、三十世家、七十列傳，謂之史記。遷卒以後，好事者亦頗著述，然多鄙淺，不足相繼。至後漢扶風班彪，綴後傳數十篇，并譏正前失。彪卒，明帝命其子固，續成其志。以爲唐、虞、三代，世有典籍，史遷所記，乃以漢氏繼於百王之末，非其義也。故斷自高祖，終於孝平、王莽之誅，爲十二紀、八表、十志、六十九傳，潛心積思，二十餘年。建初中，始奏表及紀傳，其十志竟不能就。固卒後，始命曹大家續成之。先是明帝召固爲蘭臺令史，與諸先輩陳宗、尹敏、孟冀等，共成光武本紀。擢固爲郎，典校祕書。固撰後漢事，作列傳載記二十八篇。其後劉珍、劉毅、劉陶、伏無忌等，相次著述東觀，謂之漢記。及三國鼎峙，魏氏及吳，並有史官。晉時，巴西陳壽刪集三國之事，唯魏帝爲紀，其功臣及吳、蜀之主，並皆爲傳，仍各依其國，部類相從，謂之三國志。壽卒後，梁州大中正范頵表奏其事，帝詔河南尹、洛陽令，就壽家寫之。自是世有著述，皆擬班、馬，以爲正史，作者尤廣。一代之史，至數十家。唯史記、漢書，師法相傳，並有解釋。三國志及范曄後漢，雖有音注，既近世之作，並讀之可知。梁時，明漢書有劉顯、韋稜，陳時有姚察，隋代有包愷、蕭該，並爲名家。史記傳者甚微。今依其世代，聚而編之，以備正史。

紀年十二卷汲冢書，并竹書同異一卷。

漢紀三十卷漢祕書監荀悅撰。〔五〕

後漢紀三十卷袁彥伯撰。

後漢紀三十卷張璠撰。

獻帝春秋十卷袁曄撰。

魏氏春秋二十卷孫盛撰。

魏紀十二卷左將軍陰澹撰。〔六〕

漢魏春秋九卷孔舒元撰。

晉紀四卷陸機撰。

晉紀二十三卷干寶撰。訖愍帝。

晉紀十卷晉前軍諮議曹嘉之撰。

漢晉陽秋四十七卷訖愍帝。晉滎陽太守習鑿齒撰。

晉紀十一卷訖明帝。晉荊州別駕鄧粲撰。

晉陽秋三十二卷訖哀帝。孫盛撰。

晉紀二十三卷宋中散大夫劉謙之撰。

晉紀十卷宋吳興太守王韶之撰。

晉紀四十五卷宋中散大夫徐廣撰。

續晉陽秋二十卷宋永嘉太守檀道鸞撰。

續晉紀五卷宋新興太守郭季產撰。

宋略二十卷梁通直郎裴子野撰。

宋春秋二十卷梁吳興令王琰撰。

齊春秋三十卷梁奉朝請吳均撰。

齊典五卷王逸撰。

齊典十卷

三十國春秋三十一卷梁湘東世子蕭方等撰。

戰國春秋二十卷李槩撰。

梁典三十卷劉璠撰。

梁典三十卷陳始興王諮議何之元撰。

梁撮要三十卷陳征南諮議陰僧仁撰。

梁後略十卷姚勖撰。

梁太清紀十卷梁長沙蕃王蕭韶撰。

淮海亂離志四卷蕭世怡撰。敍梁末侯景之亂。

齊紀三十卷紀後齊事。崔子發撰。

齊志十卷後齊事。王劭撰。

右三十四部，六百六十六卷。

自史官放絕，作者相承，皆以班、馬爲準。起漢獻帝，雅好典籍，以班固漢書文繁難省，命潁川荀悅作春秋左傳之體，爲漢紀三十篇。言約而事詳，辯論多美，大行於世。至晉太康元年，汲郡人發魏襄王冢，得古竹簡書，字皆科斗。發冢者不以爲意，往往散亂。帝命中書監荀勖、令和嶠，撰次爲十五部，八十七卷。多雜碎怪妄，不可訓知，唯周易、紀年，最爲分了。其周易上下篇，與今正同。紀年皆用夏正建寅之月爲歲首，起自夏、殷、周三代王事，無諸侯國別。唯特記晉國，起自殤叔，次文侯、昭侯，以至曲沃莊伯，盡晉國滅。獨記魏事，下至魏哀王，謂之「今王」。蓋魏國之史記也。其著書皆編年相次，文意大似春秋經。諸所記事，多與春秋、左氏扶同。學者因之，以爲春秋則古史記之正法，有所著述，多依春秋之體。今依其世代，編而敍之，以見作者之別，謂之古史。

周書十卷汲冢書，似仲尼刪書之餘。

古文瑣語四卷汲冢書。

春秋前傳十卷何承天撰。

春秋前雜傳九卷何承天撰。

春秋後傳三十一卷晉著作郎樂資撰。

戰國策三十二卷劉向錄。

戰國策二十一卷高誘撰注。

戰國策論一卷漢京兆尹延篤撰。

楚漢春秋九卷陸賈撰。

古今注八卷伏無忌撰。

越絕記十六卷子貢撰。

吳越春秋十二卷趙曄撰。

吳越春秋削繁五卷楊方撰。

吳越春秋十卷皇甫遵撰。

吳越記六卷

南越志八卷沈氏撰。

小史八卷

漢靈、獻二帝紀三卷漢侍中劉芳撰，〔七〕殘缺。梁有六卷。

山陽公載記十卷樂資撰。

漢末英雄記八卷王粲撰，殘缺。梁有十卷。

九州春秋十卷司馬彪撰，記漢末事。

魏武本紀四卷梁并曆五卷。

魏尚書八卷孔衍撰。梁十卷，成。

魏晉世語十卷晉襄陽令郭頒撰。

魏末傳二卷梁又有魏末傳并魏氏六事三卷，亡。

呂布本事一卷毛范撰。

晉諸公讚二十一卷晉祕書監傅暢撰。

晉後略記五卷晉下邳太守荀綽撰。

晉書鈔三十卷梁豫章內史張緬撰。

晉書鴻烈六卷張氏撰。

宋中興伐逆事二卷

宋拾遺十卷梁少府卿謝綽撰。

左史六卷李槩撰。

魏國統二十卷梁祚撰。

梁帝紀七卷

梁太清錄八卷

梁承聖中興略十卷劉仲威撰。

梁末代紀一卷

梁皇帝實錄三卷周興嗣撰。記武帝事。

梁皇帝實錄五卷梁中書郎謝吳撰。記元帝事。

棲鳳春秋五卷臧嚴撰。

陳王業曆一卷陳中書郎趙齊旦撰。

史要十卷漢桂陽太守衞颯撰。約史記要言，以類相從。

典略八十九卷魏郎中魚豢撰。

史漢要集二卷晉祠部郎王蔑撰。抄史記，入春秋者不錄。

三史略二十九卷吳太子太傅張溫撰。

史記正傳九卷張瑩撰。

後漢略二十五卷張緬撰。

漢皇德紀三十卷漢有道徵士侯瑾撰。起光武，至沖帝。

洞紀四卷韋昭撰。記庖犧已來，至漢建安二十七年。

續洞紀一卷臧榮緒撰。

帝王世紀十卷皇甫謐撰。起三皇，盡漢、魏。

帝王世紀音四卷虞綽撰。

帝王本紀十卷來奧撰。

續帝王世紀十卷何茂材撰。〔八〕

十五代略十卷吉文甫撰。起庖犧，至晉。

帝王要略十二卷環濟撰。紀帝王及天官、地理、喪服。

周載八卷東晉臨賀太守孟儀撰。路記前代，下至秦。本三十卷，今亡。

漢書鈔三十卷晉散騎常侍葛洪撰。

拾遺錄二卷僞秦姚萇方士王子年撰。

王子年拾遺記十卷蕭綺撰。

華夷帝王世紀三十卷楊曄撰。

正史削繁九十四卷阮孝緒撰。

童悟十二卷

帝王世錄一卷甄鸞撰。

先聖本紀十卷劉縚撰。

年曆帝紀三十卷姚恭撰。

帝王諸侯世略十一卷

王霸記三卷潘傑撰。

歷代記三十二卷

隋書六十卷未成。祕書監王劭撰。

右七十二部，九百一十七卷。通計亡書，七十三部，九百三十九卷。

自秦撥去古文，篇籍遺散。漢初，得戰國策，蓋戰國遊士記其策謀。其後陸賈作楚漢春秋，以述誅鋤秦、項之事。又有越絕，相承以爲子貢所作。後漢趙曄，又爲吳越春秋。其屬辭比事，皆不與春秋、史記、漢書相似，蓋率爾而作，非史策之正也。靈、獻之世，天下大亂，史官失其常守。博達之士，愍其廢絕，各記聞見，以備遺亡。是後羣才景慕，作者甚衆。又自後漢已來，學者多鈔撮舊史，自爲一書，或起自人皇，或斷之近代，亦各其志，而體制不經。又有委巷之說，迂怪妄誕，眞虛莫測。然其大抵皆帝王之事，通人君子，必博采廣覽，以酌其要，故備而存之，謂之雜史。

趙書十卷一曰二石集，記石勒事。僞燕太傅長史田融撰。

二石傳二卷晉北中郎參軍王度撰。

二石僞治時事二卷王度撰。

漢之書十卷常璩撰。
華陽國志十二卷常璩撰。梁有蜀平記十卷，蜀漢僞官故事一卷，亡。
燕書二十卷記慕容儁事。僞燕尚書范亨撰。
南燕錄五卷記慕容德事。僞燕尚書郎張詮撰。
南燕錄六卷記慕容德事。僞燕中書郎王景暉撰。
南燕書七卷游覽先生撰。
燕志十卷記馮跋事。魏侍中高閭撰。
秦書八卷何仲熙撰。〔九〕記苻健事。
秦記十一卷宋殿中將軍裴景仁撰，梁雍州主簿席惠明注。〔一〇〕
秦紀十卷記姚萇事。魏左民尚書姚和都撰。
涼記八卷記張軌事。僞燕右僕射張諮撰。
涼書十卷記張軌事。僞涼大將軍從事中郎劉景撰。
西河記二卷記張重華事。晉侍御史喻歸撰。
涼記十卷記呂光事。僞涼著作佐郎段龜龍撰。
涼書十卷高道讓撰。
涼書十卷沮渠國史。
托跋涼錄十卷
敦煌實錄十卷劉景撰。
十六國春秋一百卷魏崔鴻撰。
纂錄一十卷
戰國春秋二十卷李槩撰。
漢趙記十卷和苞撰。
吐谷渾記二卷宋新亭侯段國撰。梁有翟遼書二卷，諸國略記二卷，永嘉後纂年記二卷，段業傳一卷，亡。
天啓紀十卷記梁元帝子諝據湘州事。

右二十七部，三百三十五卷。通計亡書，合三十三部，三百四十六卷。

傳曰：「不有君子，其能國乎？」自晉永嘉之亂，皇綱失馭，九州君長，據有中原者甚衆。或推奉正朔，或假名竊號，然其君臣忠義之節，經國字民之務，蓋亦勤矣。而當時臣子，亦各記錄。後魏克平諸國，據有嵩、華，始命司徒崔浩，博采舊聞，綴述國史。諸國記注，盡集祕閣。尒朱之亂，並皆散亡。今舉其見在，謂之霸史。

穆天子傳六卷汲冢書。郭璞注。
漢獻帝起居注五卷
晉泰始起居注二十卷李軌撰。
晉咸寧起居注十卷李軌撰。
晉泰康起居注二十一卷李軌撰。
晉元康起居注一卷梁有永平、元康、永寧、起居注六卷，又有惠帝起居注二卷，永嘉、建興起居注十三卷，亡。
晉建武、大興、永昌起居注九卷梁有二十卷。
晉元康起居注一卷
晉咸和起居注十六卷李軌撰。
晉咸康起居注二十二卷
晉建元起居注四卷
晉永和起居注十七卷梁有二十四卷。
晉升平起居注十卷
晉隆和、興寧起居注五卷
晉咸安起居注三卷
晉泰和起居注六卷梁十卷。
晉寧康起居注六卷
晉泰元起居注二十五卷梁五十四卷。

晉隆安起居注十卷
晉元興起居注九卷
晉義熙起居注十七卷梁三十四卷。
晉元熙起居注二卷
晉起居注三百一十七卷宋北徐州主簿劉道會撰。梁有三百二十二卷。
流別起居注三十七卷梁有晉、宋起居注鈔五十一卷，晉、宋先朝起居注二十卷，亡。
宋永初起居注十卷
宋景平起居注三卷
宋元嘉起居注五十五卷梁六十卷。
宋孝建起居注十二卷
宋大明起居注十五卷梁三十四卷，又有景和起居注四卷，明帝在蕃注三卷，亡。
宋泰始起居注十九卷梁二十三卷。
宋泰豫起居注四卷梁有宋元徽起居注二十卷，昇明起居注六卷，亡。
齊永明起居注二十五卷梁有三十四卷，又有建元起居注十二卷，隆昌、延興、建武起居注四卷，中興起居注四卷，亡。
梁大同起居注十卷
後魏起居注三百三十六卷
陳永定起居注八卷
陳天嘉起居注二十三卷
陳天康、光大起居注十卷
陳太建起居注五十六卷
陳至德起居注四卷
後周太祖號令三卷
隋開皇起居注六十卷
南燕起居注一卷

右四十四部，一千一百八十九卷。

起居注者，錄紀人君言行動止之事。春秋傳曰：「君舉必書，書而不法，後嗣何觀？」周官，內史掌王之命，遂書其副而藏之，是其職也。漢武帝有禁中起居注，後漢明德馬后撰明帝起居注，然則漢時起居，似在宮中，爲女史之職。然皆零落，不可復知。今之存者，有漢獻帝及晉代已來起居注，皆近侍之臣所錄。晉時，又得汲冢書，有穆天子傳，體制與今起居正同，蓋周時內史所記王命之副也。近代已來，別有其職，事在百官志，今依其先後，編而次之。其僞國起居，唯南燕一卷，不可別出，附之於此。

漢武帝故事二卷
西京雜記二卷
漢、魏、吳、蜀舊事八卷
晉朝雜事二卷
晉、宋舊事一百三十五卷
晉要事三卷
晉故事四十三卷
晉建武故事一卷
晉咸和、咸康故事四卷晉孔愉撰。
晉修復山陵故事五卷車灌撰。
交州雜事九卷記士燮及陶璜事。
晉八王故事十卷
晉四王起事四卷晉廷尉盧綝撰。
大司馬陶公故事三卷

郄太尉爲尚書令故事三卷

桓玄僞事三卷

晉東宮舊事十卷

秦、漢已來舊事十卷

尚書大事二十卷范汪撰。

沔南故事三卷應思遠撰。

天正舊事三卷釋撰，亡名。〔一一〕

皇儲故事二卷

梁舊事三十卷內史侍郎蕭大圜撰。〔一二〕

東宮典記七十卷左庶子宇文愷撰。

開業平陳記二十卷

右二十五部，四百四卷。

古者朝廷之政，發號施令，百司奉之，藏于官府，各修其職，守而弗忘。春秋傳曰「吾視諸故府」，則其事也。周官，御史掌治朝之法，太史掌萬民之約契與質劑，以逆邦國之治。然則百司庶府，各藏其事，太史之職，又總而掌之。漢時，蕭何定律令，張蒼制章程，叔孫通定儀法，條流派別，制度漸廣。晉初，甲令已下，至九百餘卷，晉武帝命車騎將軍賈充，博引羣儒，刪采其要，增律十篇。其餘不足經遠者爲法令，施行制度者爲令，品式章程者爲故事，各還其官府。搢紳之士，撰而錄之，遂成篇卷，然亦隨代遺失。今據其見存，謂之舊事篇。

漢官解詁三篇漢新汲令王隆撰，胡廣注。

漢官五卷應劭注。

漢官儀十卷應劭撰。

漢官典職儀式選用二卷漢衞尉蔡質撰。梁有荀攸魏官儀一卷，韋昭官儀職訓一卷，亡。

晉公卿禮秩故事九卷傅暢撰。

晉新定儀注十四卷梁有徐宣瑜晉官品一卷，荀綽百官表注十六卷，干寶司徒儀一卷，宋職官記九卷，晉百官儀服錄五卷，大興二年定官品事五卷，百官品九卷，亡。

百官階次一卷

齊職儀五十卷齊長水校尉王珪之撰。梁有王珪之齊儀四十九卷，亡。

齊職儀五卷

梁選簿三卷徐勉撰。

梁勳選格一卷

職官要錄三十卷陶藻撰。

梁官品格一卷

百官階次三卷

新定將軍名一卷

吏部用人格一卷

官族傳十四卷何晏撰。

百官春秋五十卷王秀道撰。

百官春秋二十卷

魏、晉百官名五卷

晉百官名三十卷

晉官屬名四卷

陳百官簿狀二卷

陳將軍簿一卷

新定官品二十卷梁沈約撰。

梁尚書職制儀注四十一卷

職令古今百官注十卷郭演撰。

右二十七部，三百三十六卷。通計亡書，合三十六部，四百三十三卷。

古之仕者，名書於所臣之策，各有分職，以相統治。周官，冢宰掌建邦之六典，而御史數凡從正者。然則冢宰總六卿之屬，以治其政，御史掌其在位名數，先後之次焉。今漢書百官表列衆職之事，記在位之次，蓋亦古之制也。漢末，王隆應劭等，以百官表不具，乃作漢官解詁、漢官儀等書。是後相因，正史表志，無復百僚在官之名矣。搢紳之徒，或取官曹名品之書，撰而錄之，別行於世。宋、齊已後，其書益繁，而篇卷零疊，易爲亡散；又多瑣細，不足可紀，故刪。其見存可觀者，編爲職官篇。

漢舊儀四卷衞敬仲撰。梁有衞敬仲漢中興儀一卷，亡。

晉新定儀注四十卷晉安成太守傅瑗撰。

晉雜儀注十一卷

晉尚書儀十卷

甲辰儀五卷江左撰。

封禪儀六卷

宋儀注十卷

宋儀注二十卷

宋尚書雜注十八卷本二十卷。

宋東宮儀記二十三卷宋新安太守張鏡撰。

徐爰家儀一卷

東宮新記二十卷蕭子雲撰。

梁吉禮儀注十卷明山賓撰。

梁賓禮儀注九卷賀瑒撰。案，梁明山賓撰吉儀注二百六卷，錄六卷；嚴植之撰凶儀注四百七十九卷，錄四十五卷；陸璉撰軍儀注一百九十卷，錄二卷；司馬褧撰嘉儀注一百一十二卷，錄三卷。並亡。存者唯士、吉及賓，合十九卷。

皇典二十卷梁豫章太守丘仲孚撰。

雜凶禮四十二卷

政禮儀注十卷〔一三〕何胤撰。梁有何胤士喪儀注九卷，亡。

雜儀注一百八十卷

陳尚書雜儀注五百五十卷

陳吉禮一百七十一卷

陳賓禮六十五卷

陳軍禮六卷

陳嘉禮一百二卷

後魏儀注五十卷

後齊儀注二百九十卷

雜嘉禮三十八卷

國親皇太子序親簿一卷

隋朝儀禮一百卷牛弘撰。

大漢輿服志一卷魏博士董巴撰。

魏、晉謚議十三卷何晏撰。

汝南君諱議二卷

決疑要注一卷摯虞撰。

車服雜注一卷徐廣撰。

禮儀制度十三卷王逡之撰。

古今輿服雜事二十卷梁周遷撰。

晉鹵簿圖一卷

鹵簿儀二卷

陳鹵簿圖一卷

齊鹵簿儀一卷
諸衛左右廂旗圖樣十五卷
內外書儀四卷謝元撰。
書儀二卷蔡超撰。
書筆儀二十一卷謝朏撰。
宋長沙檀太妃薨弔答書十二卷
弔答儀十卷王儉撰。
書儀十卷王弘撰。
皇室儀十三卷鮑行卿撰。
吉書儀二卷王儉撰。
書儀疏一卷周捨撰。
新儀三十卷鮑泉撰。
文儀二卷梁修端撰。
趙李家儀十卷錄一卷，李穆叔撰。
書儀十卷唐瑾撰。
言語儀十卷
嚴植之儀二卷
邇儀四卷馬樞撰。
婦人書儀八卷
僧家書儀五卷釋曇瑗撰。
要典雜事五十卷

右五十九部，二千二十九卷。通計亡書，合六十九部，三千九十四卷。

儀注之興，其所由來久矣。自君臣父子，六親九族，各有上下親疏之別。養生送死，弔恤賀慶，則有進止威儀之數。唐、虞已上，分之爲三，在周因而爲五。周官，宗伯所掌吉、凶、賓、軍、嘉，以佐王安邦國，親萬民，而太史執書以協事之類是也。是時典章皆具，可履而

行。周衰，諸侯削除其籍。至秦，又焚而去之。漢興，叔孫通定朝儀，武帝時始祀汾陰后土，成帝時初定南北之郊，節文漸具。後漢又使曹褒定漢儀，是後相承，世有制作。然猶以舊章殘缺，各遵所見，彼此紛爭，盈篇滿牘。而後世多故，事在通變，或一時之制，非長久之道，載筆之士，刪其大綱，編于史志。而或傷於淺近，或失於未達，不能盡其旨要。遺文餘事，亦多散亡。今聚其見存，以爲儀注篇。

律本二十一卷杜預撰。
漢晉律序注一卷晉僮長張斐撰。
雜律解二十一卷張斐撰。案：梁有杜預雜律七卷，亡。
晉、宋、齊、梁律二十卷梁義興太守蔡法度撰。
後魏律二十卷
北齊律十二卷目一卷。
陳律九卷范泉撰。
周律二十五卷
周大統式三卷
隋律十二卷
隋大業律十一卷
晉令四十卷
梁令三十卷錄一卷。
梁科三十卷
北齊令五十卷
北齊權令二卷
陳令三十卷范泉撰。
陳科三十卷范泉撰。
隋開皇令三十卷目一卷。
隋大業令三十卷
漢朝議駮三十卷應劭撰。案：梁有建武律令故事二卷，劉邵律略論五卷，[一四]亡。
晉雜議十卷
晉彈事十卷
南臺奏事二十二卷
漢名臣奏事三十卷
魏王奏事十卷
魏名臣奏事四十卷目一卷，陳壽撰。
魏臺雜訪議三卷高堂隆撰。
魏廷尉決事十卷
晉駮事四卷
晉雜制六十卷
晉刺史六條制一卷
齊五服制一卷
陳新制六十卷

右三十五部，七百一十二卷。通計亡書，合三十八部，七百二十六卷。

刑法者，先王所以懲罪惡，齊不軌者也。書述唐、虞之世，五刑有服，而夏后氏正刑有五，科條三千。周官，司寇掌三典以刑邦國，司刑掌五刑之法，麗萬民之罪，太史又以典法逆于邦國，內史執國法以考政事。春秋傳曰：「在九刑不忘。」然則刑書之作久矣。蓋藏于官府，懼人之知爭端，而輕於犯。及其末也，肆情越法，刑罰僭濫。至秦，重之以苛虐，先王

之正刑滅矣。漢初，蕭何定律九章，其後漸更增益，令甲已下，盈溢架藏。晉初，賈充、杜預，刪而定之。有律，有令，有故事。梁時，又取故事之宜於時者爲梁科。後齊武成帝時，又於麟趾殿刪正刑典，謂之麟趾格。後周太祖，又命蘇綽撰大統式。隋則律令格式並行。自律已下，世有改作，事在刑法志。漢律久亡，故事駮議，又多零失。今錄其見存可觀者，編爲刑法篇。

三輔決錄七卷漢太僕趙岐撰，摯虞注。
海內先賢傳四卷魏明帝時撰。
四海耆舊傳一卷
海內士品一卷
先賢集三卷
兗州先賢傳一卷
徐州先賢傳一卷
徐州先賢傳贊九卷劉義慶撰。
海岱志二十卷齊前將軍記室崔慰祖撰。[一五]
交州先賢傳三卷晉范瑗撰。
益部耆舊傳十四卷陳長壽撰。
續益部耆舊傳二卷
諸國清賢傳一卷
魯國先賢傳二卷晉大司農白褒撰。
楚國先賢傳贊十二卷晉張方撰。
汝南先賢傳五卷魏周斐撰。
陳留耆舊傳二卷漢議郎圈稱撰。
陳留耆舊傳一卷魏散騎侍郎蘇林撰。

陳留先賢像贊一卷陳英宗撰。
陳留志十五卷東晉剡令江敞撰。
濟北先賢傳一卷
廬江七賢傳二卷
東萊耆舊傳一卷王基撰。
襄陽耆舊記五卷習鑿齒撰。
會稽先賢傳七卷謝承撰。
會稽後賢傳記二卷鍾離岫撰。
會稽典錄二十四卷虞豫撰。
會稽先賢像贊五卷
漢世要記一卷
吳先賢傳四卷吳左丞相陸凱撰。
東陽朝堂像讚一卷晉南平太守留叔先撰。
豫章烈士傳三卷徐整撰。
豫章舊志三卷晉會稽太守熊默撰。
豫章舊志後撰一卷熊欣撰。
零陵先賢傳一卷
長沙耆舊傳讚三卷〔一六〕晉臨川王郎中劉彧撰。
桂陽先賢畫贊一卷〔一七〕吳左中郎張勝撰。
武昌先賢志二卷宋天門太守郭緣生撰。
蜀文翁學堂像題記二卷
聖賢高士傳贊三卷嵇康撰，周續之注。
高士傳六卷皇甫謐撰。
逸士傳一卷皇甫謐撰。
逸民傳七卷張顯撰。
高士傳二卷虞槃佐撰。
至人高士傳讚二卷晉廷尉卿孫綽撰。
高隱傳十卷阮孝緒撰。
高隱傳十卷
高僧傳六卷虞孝敬撰。

止足傳十卷
續高士傳七卷周弘讓撰。
孝子傳讚三卷王韶之撰。〔一八〕
孝子傳十五卷晉輔國將軍蕭廣濟撰。
孝子傳十卷宋員外郎鄭緝之撰。
孝子傳八卷師覺授撰。
孝子傳二十卷宋躬撰。〔一九〕
孝子傳略二卷
孝德傳三十卷梁元帝撰。
孝友傳八卷
曾參傳一卷
忠臣傳三十卷梁元帝撰。
顯忠錄二十卷梁元懌撰。〔二〇〕
丹陽尹傳十卷梁元帝撰。
英蕃可錄二卷張萬賢撰，邵武侯注。
高才不遇傳四卷後齊劉晝撰。
良吏傳十卷鍾岏撰。
海內名士傳一卷
正始名士傳三卷袁敬仲撰。
江左名士傳一卷劉義慶撰。
竹林七賢論二卷晉太子中庶子戴逵撰。
七賢傳五卷孟氏撰。
文士傳五十卷張隱撰。〔二一〕
列士傳二卷劉向撰。
陰德傳二卷宋光祿大夫范晏撰。
悼善傳十一卷
雜傳三十六卷任昉撰。本一百四十七卷，亡。
東方朔傳八卷
毌丘儉記三卷
管輅傳三卷管辰撰。

雜傳四十卷賀蹤撰。本七十卷，亡。
雜傳十九卷陸澄撰。
雜傳十一卷
玄晏春秋三卷皇甫謐撰。
孔子弟子先儒傳十卷
李氏家傳一卷
桓氏家傳一卷〔二二〕
王朗、王肅家傳一卷
太原王氏家傳二十三卷
褚氏家傳一卷褚覬等撰。
薛常侍家傳一卷
江氏家傳七卷江祚等撰。
庾氏家傳一卷庾斐撰。
裴氏家傳四卷裴松之撰。
虞氏家記五卷虞覽撰。
曹氏家傳一卷曹毗撰。
范氏家傳一卷范汪撰。
紀氏家紀一卷紀友撰。
韋氏家傳一卷
何顒使君家傳一卷
明氏家訓一卷僞燕衞尉明岌撰。
明氏世錄六卷梁信武記室明粲撰。
陸史十五卷
王氏江左世家傳二十卷王褒撰。
孔氏家傳五卷
崔氏五門家傳二卷崔氏撰。
暨氏家傳一卷
周、齊王家傳一卷姚氏撰。
尒朱家傳二卷王氏撰。
周氏家傳一卷

令狐氏家傳一卷
新舊傳四卷
漢南庾氏家傳三卷〔二三〕
何氏家傳三卷
童子傳二卷王瓚之撰。
幼童傳十卷劉昭撰。
訪來傳十卷來奧撰。
懷舊志九卷梁元帝撰。
知己傳一卷盧思道撰。
全德志一卷梁元帝撰。
同姓名錄一卷梁元帝撰。
列女傳十五卷劉向撰，曹大家注。
列女傳七卷趙母注。
列女傳八卷高氏撰。
列女傳頌一卷劉歆撰。
列女傳頌一卷曹植撰。
列女傳讚一卷繆襲撰。
列女後傳十卷項原撰。
列女傳六卷皇甫謐撰。
列女傳七卷綦毋邃撰。
列女傳要錄三卷
女記十卷杜預撰。
美婦人傳六卷
妬記二卷虞通之撰。
道人善道開傳一卷康泓撰。
名僧傳三十卷釋寶唱撰。
高僧傳十四卷釋慧皎撰。〔二四〕
江東名德傳三卷釋法進撰。
法師傳十卷王巾撰。
衆僧傳二十卷裴子野撰。

薩婆多部傳五卷釋僧祐撰。
梁故草堂法師傳一卷
尼傳二卷釋寶唱撰。〔二五〕
法顯傳二卷
法顯行傳一卷
梁武皇帝大捨三卷嚴竄撰。
列仙傳讚三卷劉向撰，鬷續，〔二六〕孫綽讚。
列仙傳讚二卷劉向撰，晉郭元祖讚。
神仙傳十卷葛洪撰。
說仙傳一卷朱思祖撰。
養性傳二卷
漢武內傳三卷
太元眞人東鄉司命茅君內傳一卷弟子李遵撰。
清虛眞人王君內傳一卷弟子華存撰。
清虛眞人裴君內傳一卷
正一眞人三天法師張君內傳一卷
太極左仙公葛君內傳一卷
仙人馬君陰君內傳一卷
仙人許遠遊傳一卷
靈人辛玄子自序一卷
劉君內記一卷王珍撰。
陸先生傳一卷孔稚珪撰。
列仙讚序一卷郭元祖撰。
集仙傳十卷
洞仙傳十卷
王喬傳一卷
關令內傳一卷鬼谷先生撰。
南嶽夫人內傳一卷
蘇君記一卷周季通撰。

嵩高寇天師傳一卷
華陽子自序一卷
太上眞人內記一卷李氏撰。
道學傳二十卷
宣驗記十三卷劉義慶撰。
應驗記一卷宋光祿大夫傅亮撰。
冥祥記十卷王琰撰。
列異傳三卷魏文帝撰。
感應傳八卷王延秀撰。
古異傳三卷宋永嘉太守袁王壽撰。
甄異傳三卷晉西戎主簿戴祚撰。
述異記十卷祖沖之撰。
異苑十卷宋給事劉敬叔撰。
續異苑十卷
搜神記三十卷干寶撰。
搜神後記十卷陶潛撰。
靈鬼志三卷荀氏撰。
志怪二卷祖台之撰。
志怪四卷孔氏撰。
神錄五卷劉之遴撰。
齊諧記七卷宋散騎侍郎東陽无疑撰。〔二七〕
續齊諧記一卷吳均撰。
幽明錄二十卷劉義慶撰。
補續冥祥記一卷王曼穎撰。
漢武洞冥記一卷郭氏撰。
嘉瑞記三卷陸瓊撰。
祥瑞記三卷
符瑞記十卷許善心撰。
靈異錄十卷
靈異記十卷

研神記十卷蕭繹撰。
旌異記十五卷侯君素撰。
近異錄二卷劉質撰。
鬼神列傳一卷謝氏撰。
志怪記三卷殖氏撰。
舍利感應記三卷王劭撰。
眞應記十卷
周氏冥通記一卷
集靈記二十卷顏之推撰。
寃魂志三卷顏之推撰。

右二百一十七部，一千二百八十六卷。通計亡書，合二百一十九部，一千五百三卷。

古之史官，必廣其所記，非獨人君之舉。周官，外史掌四方之志，則諸侯史記，兼而有之。春秋傳曰：「虢仲、虢叔，王季之穆，勳在王室，藏於盟府。」臧紇之叛，季孫命太史召掌惡臣而盟之。周官，司寇凡大盟約，涖其盟書，登于天府。太史、內史、司會，六官皆受其貳而藏之。是則王者誅賞，具錄其事，昭告神明，百官史臣，皆藏其書。故自公卿諸侯，至于羣士，善惡之迹，畢集史職。而又閭胥之政，凡聚衆庶，書其敬敏任卹者，族師每月書其孝悌睦婣有學者，黨正歲書其德行道藝者，而入之於鄉大夫。鄉大夫三年大比，考其德行道藝，舉其賢者能者，而獻其書。王再拜受之，登于天府，內史貳之。是以窮居側陋之士，言行必達，皆有史傳。自史官曠絕，其道廢壞，漢初，始有丹書之約，白馬之盟。武帝從董仲舒之言，始舉賢良文學。天下計書，先上太史，善惡之事，靡不畢集。司馬遷、班固，撰而成之，

股肱輔弼之臣，扶義俶儻之士，皆有記錄。而操行高潔，不涉於世者，史記獨傳夷齊，漢書但述楊王孫之儔，其餘皆略而不說。又漢時，阮倉作列仙圖，劉向典校經籍，始作列仙、列士、列女之傳，皆因其志尚，率爾而作，不在正史。後漢光武，始詔南陽，撰作風俗，故沛、三輔有耆舊節士之序，魯、廬江有名德先賢之讚。郡國之書，由是而作。魏文帝又作列異，以序鬼物奇怪之事，嵇康作高士傳，以敍聖賢之風。因其事類，相繼而作者甚衆，名目轉廣，而又雜以虛誕怪妄之說。推其本源，蓋亦史官之末事也。載筆之士，刪採其要焉。魯、沛、三輔，序贊並亡，後之作者，亦多零失。今取其見存，部而類之，謂之雜傳。

山海經二十三卷郭璞注。
水經三卷郭璞注。
黃圖一卷記三輔宮觀陵廟明堂辟雍郊畤等事。
洛陽記四卷
洛陽記一卷陸機撰。
洛陽宮殿簿一卷
洛陽圖一卷晉懷州刺史楊佺期撰。〔二八〕
述征記二卷郭緣生撰。
西征記二卷戴延之撰。
婁地記一卷吳顧啓期撰。
風土記三卷晉平西將軍周處撰。
吳興記三卷山謙之撰。
吳郡記一卷顧夷撰。
京口記二卷宋太常卿劉損撰。

南徐州記二卷山謙之撰。
會稽土地記一卷朱育撰。
會稽記一卷賀循撰。
隨王入沔記六卷[二九]宋侍中沈懷文撰。
荊州記三卷宋臨川王侍郎盛弘之撰。
神壤記一卷記榮陽山水。黃閔撰。
豫章記一卷雷次宗撰。
蜀王本記一卷揚雄撰。
三巴記一卷譙周撰。
珠崖傳一卷僞燕聘晉使蓋泓撰。
陳留風俗傳三卷圈稱撰。
鄴中記二卷晉國子助教陸翽撰。
春秋土地名三卷晉裴秀客京相璠撰。
衡山記一卷宗居士撰。[三〇]
遊名山志一卷謝靈運撰。
聖賢冢墓記一卷李彤撰。
佛國記一卷沙門釋法顯撰。
遊行外國傳一卷沙門釋智猛撰。
交州以南外國傳一卷
十洲記一卷東方朔撰。
神異經一卷東方朔撰，張華注。
異物志一卷後漢議郎楊孚撰。
南州異物志一卷吳丹陽太守萬震撰。
蜀志一卷東京武平太守常寬撰。
發蒙記一卷束皙撰。載物產之異。
地理書一百四十九卷錄一卷。陸澄合山海經已來一百六十家，以爲此書。澄本之外，其舊事並多零失。見存別部自行者，唯四十二家，今列之於上。
三輔故事二卷晉世撰。
湘州記二卷庾仲雍撰。

吳郡記二卷晉本州主簿顧夷撰。
日南傳一卷
江記五卷庾仲雍撰。
漢水記五卷庾仲雍撰。
居名山志一卷謝靈運撰。
西征記一卷戴祚撰。
廬山南陵雲精舍記一卷
永初山川古今記二十卷齊都官尚書劉澄之撰。
元康三年地記六卷
司州記二卷
并帖省置諸郡舊事一卷
地記二百五十二卷梁任昉增陸澄之書八十四家，以爲此記。其所增舊書，亦多零失。見存別部行者，唯十二家，今列之於上。
山海經圖讚二卷郭璞注。
山海經音二卷
水經四十卷酈善長注。
廟記一卷
地理書抄二十卷陸澄撰。
地理書抄九卷任昉撰。
地理書抄十卷劉黃門撰。
洛陽伽藍記五卷後魏楊衒之撰。
荊南地志二卷蕭世誠撰。
巴蜀記一卷
交州異物志一卷楊孚撰。
元康六年戶口簿記三卷
元嘉六年地記三卷
九州郡縣名九卷
扶南異物志一卷朱應撰。
臨海水土異物志一卷[三一]沈瑩撰。

益州記三卷李氏撰。
湘州記一卷郭仲產撰。[三二]
湘州圖副記一卷
四海百川水源記一卷釋道安撰。
京師寺塔記十卷錄一卷。劉璆撰。
華山精舍記一卷張光祿撰。
南雍州記六卷鮑至撰。
京師寺塔記二卷釋曇宗撰。[三三]
張騫出關志一卷
外國傳五卷釋曇景撰。
歷國傳二卷釋法盛撰。
西京記三卷
京師錄七卷
尋江源記一卷
後園記一卷
江表行記一卷
淮南記一卷
古來國名二卷
十三州志十卷闞駰撰。
慧生行傳一卷
宋武北征記一卷戴氏撰。
林邑國記一卷
涼州異物志一卷
闕象傳二卷閭先生撰。
司州山川古今記三卷劉澄之撰。
江圖一卷張氏撰。
江圖二卷劉氏撰。
廣梁南徐州記九卷虞孝敬撰。
水飾圖二十卷
甌閩傳一卷

北荒風俗記二卷
諸蕃風俗記二卷
男、女二國傳一卷
突厥所出風俗事一卷
古今地譜二卷
輿地志三十卷陳顧野王撰。
序行記十卷姚最撰。
魏永安記三卷溫子昇撰。
國都城記二卷
周地圖記一百九卷
冀州圖經一卷
齊州圖經一卷
齊州記四卷李叔布撰。
幽州圖經一卷
魏聘使行記六卷
聘北道里記三卷江德藻撰。
李諧行記一卷
聘遊記三卷劉師知撰。
朝覲記六卷
封君義行記一卷李繪撰。
輿駕東行記一卷薛泰撰。
北伐記七卷諸葛穎撰。
巡撫揚州記七卷諸葛穎撰。
大魏諸州記二十一卷
并州入朝道里記一卷蔡允恭撰。
趙記十卷
代都略記三卷
世界記五卷釋僧祐撰。
州郡縣簿七卷
大隋翻經婆羅門法師外國傳五卷

隋區宇圖志一百二十九卷

隋西域圖三卷裴矩撰。

隋諸州圖經集一百卷郎蔚之撰。

隋諸郡土俗物產一百五十一卷

西域道里記三卷

諸蕃國記十七卷

方物志二十卷許善心撰。

并州總管內諸州圖一卷

右一百三十九部，一千四百三十二卷。通計亡書，合一百四十部，一千四百三十四卷。

昔者先王之化民也，以五方土地，風氣所生，剛柔輕重，飲食衣服，各有其性，不可遷變。是故疆理天下，物其土宜，知其利害，達其志而通其欲，齊其政而修其敎。故曰廣谷大川異制，人居其間異俗。書錄禹別九州，定其山川，分其圻界，條其物產，辨其貢賦，斯之謂也。周則夏官司險，掌建九州之圖，周知山林川澤之阻，達其道路。地官誦訓，掌方志以詔觀事，以知地俗。春官保章，以星土辨九州之地，所封之域，以觀祅祥。夏官職方，〔三四〕掌天下之圖地，辨四夷八蠻九貉五戎六狄之人，與其財用九穀六畜之數，周知利害，辨九州之國，使同其貫。司徒掌邦之土地之圖，與其人民之數，以佐王擾邦國，周知九州之域，廣輪之數，辨其山林川澤丘陵墳衍原隰之名物，及土會之法。然則其事分在衆職，而冢宰掌建邦之六典，實總其事。太史以典逆冢宰之治，其書蓋亦總爲史官之職。漢初，蕭何得秦圖書，故知天下要害。後又得山海經，相傳以爲夏禹所記。武帝時，計書既上太史，郡國地

志，固亦在焉。而史遷所記，但述河渠而已。其後劉向略言地域，丞相張禹使屬朱貢條記風俗，班固因之作地理志。其州國郡縣山川夷險時俗之異，經星之分，風氣所生，區域之廣，戶口之數，各有攸敍，與古禹貢、周官所記相埒。是後載筆之士，管窺末學，不能及遠，但記州郡之名而已。晉世，摯虞依禹貢、周官，作畿服經，其州郡及縣分野封略事業，國邑山陵水泉，鄉亭城道里土田，民物風俗，先賢舊好，靡不具悉，凡一百七十卷，今亡。而學者因其經歷，並有記載，然不能成一家之體。齊時，陸澄聚一百六十家之說，依其前後遠近，編而爲部，謂之地理書。任昉又增陸澄之書八十四家，謂之地記。陳時，顧野王抄撰衆家之言，作輿地志。隋大業中，普詔天下諸郡，條其風俗物產地圖，上于尚書。故隋代有諸郡物產土俗記一百五十一卷，區宇圖志一百二十九卷，諸州圖經集一百卷。其餘記注甚衆。今任、陸二家所記之內而又別行者，各錄在其書之上，自餘次之於下，以備地理之記焉。

世本王侯大夫譜二卷

世本二卷劉向撰。

世本四卷宋衷撰。

漢氏帝王譜三卷梁有宋譜四卷，劉湛百家譜二卷，亡。

齊帝譜屬十卷

百家集譜十卷王儉撰。梁有王逡之續儉百家譜四卷，南族譜二卷，百家譜拾遺一卷，又有齊、梁帝譜四卷，梁帝譜十三卷，亡。

百家譜三十卷王僧孺撰。

百家譜集鈔十五卷王僧孺撰。

百家譜二十卷賈執撰。

百家譜十五卷傅昭撰。

百家譜世統十卷

百家譜鈔五卷

姓氏英賢譜一百卷賈執撰。案：梁有王司空新集諸州譜十一卷，又別有諸姓譜一百一十六卷，益州譜四十卷，關東、關北譜三十三卷，梁武帝總集境內十八州譜六百九十卷，〔三五〕亡。

後魏辯宗錄二卷元暉業撰。〔三六〕

後魏皇帝宗族譜四卷

魏孝文列姓族牒一卷

後齊宗譜一卷

益州譜三十卷

冀州姓族譜二卷

洪州諸姓譜九卷

吉州諸姓譜八卷

江州諸姓譜十一卷

諸州雜譜八卷

袁州諸姓譜八卷

揚州譜鈔五卷

京兆韋氏譜二卷

謝氏譜一十卷

楊氏血脈譜二卷

楊氏家譜狀并墓記一卷

楊氏枝分譜一卷

楊氏譜一卷

北地傅氏譜一卷

蘇氏譜一卷

述系傳一卷姚最撰。

氏族要狀十五卷

姓苑一卷何氏撰。

複姓苑一卷

齊永元中表簿五卷

竹譜一卷

錢譜一卷顧烜撰。

錢圖一卷

右四十一部，三百六十卷。通計亡書，合五十三部，一千二百八十卷。

氏姓之書，其所由來遠矣。書稱：「別生分類。」傳曰：「天子建德，因生以賜姓。」周家小史定繫世，辨昭穆，則亦史之職也。秦兼天下，剗除舊迹，公侯子孫，失其本繫。漢初，得世本，敍黃帝已來祖世所出。而漢又有帝王年譜，後漢有鄧氏官譜。晉世，摯虞作族姓昭穆記十卷，齊、梁之間，其書轉廣。後魏遷洛，有八氏十姓，咸出帝族。又有三十六族，則諸國之從魏者；九十二姓，世爲部落大人者，並爲河南洛陽人。其中國士人，則第其門閥，有四海大姓、郡姓、州姓、縣姓。及周太祖入關，諸姓子孫有功者，並令爲其宗長，仍撰譜錄，紀其所承。又以關內諸州，爲其本望。其鄧氏官譜及族姓昭穆記，晉亂已亡。自餘亦多遺失。今錄其見存者，以爲譜系篇。

七略別錄二十卷劉向撰。
七略七卷劉歆撰。
晉中經十四卷荀勖撰。
晉義熙已來新集目錄三卷
宋元徽元年四部書目錄四卷王儉撰。
今書七志七十卷王儉撰。
梁天監六年四部書目錄四卷殷鈞撰。
梁東宮四部目錄四卷劉遵撰。
梁文德殿四部目錄四卷劉孝標撰。
七錄十二卷阮孝緒撰。
魏闕書目錄一卷
陳祕閣圖書法書目錄一卷
陳天嘉六年壽安殿四部目錄四卷
陳德敎殿四部目錄四卷
陳承香殿五經史記目錄二卷
開皇四年四部目錄四卷
開皇八年四部書目錄四卷
香厨四部目錄四卷
隋大業正御書目錄九卷
法書目錄六卷
雜儀注目錄四卷
雜撰文章家集敍十卷荀勖撰。
文章志四卷摯虞撰。
續文章志二卷傅亮撰。
晉江左文章志三卷宋明帝撰。
宋世文章志二卷沈約撰。
書品二卷
名手畫錄一卷
正流論一卷

右三十部，二百一十四卷。

古者史官既司典籍，蓋有目錄，以爲綱紀，體制堙滅，不可復知。孔子删書，別爲之序，各陳作者所由。韓、毛二詩，亦皆相類。漢時劉向別錄、劉歆七略，剖析條流，各有其部，推尋事迹，疑則古之制也。自是之後，不能辨其流別，但記書名而已。博覽之士，疾其渾漫，故王儉作七志，阮孝緒作七錄，並皆別行。大體雖準向、歆，而遠不逮矣。其先代目錄，亦多散亡。今總其見存，編爲簿錄篇。

凡史之所記，八百一十七部，一萬三千二百六十四卷。通計亡書，合八百七十四部，一萬六千五百五十八卷。

夫史官者，必求博聞强識，疏通知遠之士，使居其位，百官衆職，咸所貳焉。是故前言往行，無不識也；天文地理，無不察也；人事之紀，無不達也。內掌八柄，以詔王治，外執六典，以逆官政。書美以彰善，記惡以垂戒，範圍神化，昭明令德，窮聖人之至賾，詳一代之亹亹。自史官廢絕久矣，漢氏頗循其舊，班、馬因之。魏、晉已來，其道逾替。南、董之位，以祿貴遊，政、駿之司，罕因才授。故梁世諺曰：「上車不落則著作，體中何如則祕書。」於是尸素之儔，盱衡延閣之上，立言之士，揮翰蓬茨之下。一代之記，至數十家，傳說不同，聞見舛駁，理失中庸，辭乖體要。致令允恭之德，有闕於典墳，忠肅之才，不傳於簡策。斯所以爲蔽也。班固以史記附春秋，今開其事類，凡十三種，別爲史部。

校勘記

〔一〕徐野民　廿二史考異：徐野民卽徐廣。隋人諱「廣」，稱徐氏字；唐人諱「民」，稱徐氏名。今書中或稱徐廣，或稱徐野民之處，一律不加改動。

〔二〕平北諮議參軍韋稜　「平北」原作「北平」，據廿二史考異改。按：韋稜見梁書韋叡傳。傳中沒有記載韋稜歷此官職。但其父韋叡曾任平北將軍，則他的這項官職應是「平北諮議參軍」。

〔三〕臧競　雲笈七籤五唐茅山昇眞王先生傳作「臧矜」。

〔四〕徐衆　「衆」原作「爰」，據魏志臧洪傳注及舊唐志上、新唐志二改。

〔五〕漢秘書監荀悅　「漢」原作「魏」，據後漢書本傳改。

〔六〕左將軍陰澹　據晉書張軌傳，陰澹爲晉代人。「左將軍」前當有「晉」字。

〔七〕劉芳　舊唐志上、新唐志二作「劉艾」。

〔八〕何茂材　日本國見在書目作「何茂林」。

〔九〕何仲熙　前秦錄作「何熙仲」。

〔一〇〕席惠明　舊唐志上、新唐志二作「杜惠明」。

〔一一〕釋撰亡名　新唐志二作「釋亡名撰」。

〔一二〕蕭大圜　「圜」原作「環」，據周書本傳改。

〔一三〕政禮儀注　原作「政理」。姚考：「新唐志作『何點理禮儀注九卷』。考是書本名，當是『治禮儀注』。而本志則諱『治』作『政』。」今補「儀注」二字。

〔一四〕劉卲律略論　「劉卲」原作「應劭」，據魏志劉卲傳及舊唐志上、新唐志二改。

〔一五〕崔慰祖　「慰」原作「蔚」，據南齊書本傳改。

〔一六〕長沙耆舊傳讚　原脫「耆」字。按：水經一五洛水注、初學記二、藝文類聚二並引長沙耆舊傳，御覽二四八也引作「長沙耆舊傳」。今據補。

〔一七〕桂陽先賢畫贊　「畫」原作「書」，據舊唐志上、新唐志二改。

〔一八〕王韶之　「韶」原作「昭」，據南史本傳及舊唐志上、新唐志二改。

〔一九〕宋躬　本志集部別集類及舊唐志上、新唐志二作「宗躬」。

〔二〇〕梁元懌　「懌」原作「帝」，據北史清河王懌傳、魏書韓子熙傳及舊唐志上、新唐志二改。

〔二一〕張騭　「騭」原作「隱」，據魏志王粲傳注及舊唐志上、新唐志二改。

〔二二〕桓氏家傳　「氏」原作「任」，據北堂書鈔五八、御覽二五五改。

〔二三〕漢南庾氏家傳　原脫「庾氏」二字，據舊唐志上、新唐志二補。舊唐志作「庾氏家傳三卷，庾守業撰。」
〔二四〕釋慧皎　原作「釋僧祐」，據開元釋教錄及舊唐志上、新唐志三改。兩唐志，「慧」作「惠」。
〔二五〕釋寶唱　原作「皎法師」，據開元釋教錄及舊唐志上、新唐志三改。
〔二六〕劉向撰鬷續　「鬷」是姓，其下疑有脫文。
〔二七〕東陽无疑　「无」原作「元」，據廣韻「東」字注及新唐志三改。
〔二八〕晉懷州刺史楊佺期　廿二史考異：「晉無『懷州』，當是『雍州』之訛。」
〔二九〕隨王入沔記　「隨」原作「隋」，據新唐志三改。
〔三〇〕宗居士　「宗」原作「宋」，據南齊書宗測傳改。
〔三一〕臨海水土異物志　原脫「異」字，據兩唐志補。
〔三二〕郭仲產　「產」原作「彥」，據史通正史篇、崇文總目改。
〔三三〕釋曇宗　「宗」原作「景」，據高僧傳改。
〔三四〕夏官職方　按：「夏」原作「秋」，據周禮改。
〔三五〕梁武帝總集境內十八州譜　「總集」原作「總責」，一本作「總貢」。姚考：「梁書王僧孺傳，僧孺入直西省，知撰譜事，集十八州譜七百一十卷。案此『總責』、『總貢』皆『總集』之誤。」今據改。

〔三六〕元暉業　「暉」原作「曄」，據魏書景穆十二王傳、北齊書本傳改。

隋書卷三十四

志第二十九

經籍三　子

晏子春秋七卷齊大夫晏嬰撰。
曾子二卷目一卷。魯國曾參撰。
子思子七卷魯穆公師孔伋撰。
公孫尼子一卷尼，似孔子弟子。
孟子十四卷齊卿孟軻撰，趙岐注。
孟子七卷鄭玄注。
孟子七卷劉熙注。梁有孟子九卷，綦毋邃撰，亡。
孫卿子十二卷楚蘭陵令荀況撰。梁有王孫子一卷，亡。
董子一卷戰國時，董無心撰。
魯連子五卷、錄一卷魯連，齊人，不仕，稱爲先生。
新語二卷陸賈撰。
賈子十卷錄一卷。漢梁太傅賈誼撰。
鹽鐵論十卷漢廬江府丞桓寬撰。
新序三十卷錄一卷。劉向撰。
說苑二十卷劉向撰。

揚子法言十五卷、解一卷揚雄撰，李軌注。梁有揚子法言六卷，侯苞注，亡。
揚子法言十三卷宋衷注。〔一〕
揚子太玄經九卷宋衷注。梁有揚子太玄經九卷，揚雄自作章句，亡。
揚子太玄經十卷陸績、宋衷注。
揚子太玄經十卷蔡文邵注。梁有揚子太玄經十四卷，虞翻注；揚子太玄經十三卷，陸凱注；揚子太玄經七卷，王肅注。亡。
桓子新論十七卷後漢六安丞桓譚撰。
潛夫論十卷後漢處士王符撰。梁有王逸正部論八卷，後漢侍中王逸撰；後序十二卷，後漢司隸校尉應奉撰；周生子要論一卷，錄一卷，魏侍中周生烈撰。亡。
申鑒五卷荀悅撰。
魏子三卷後漢會稽人魏朗撰。梁有文檢六卷，似後漢末人作，亡。
牟子二卷後漢太尉牟融撰。
典論五卷魏文帝撰。
徐氏中論六卷魏太子文學徐幹撰，梁目一卷。
王子正論十卷王肅撰。梁有去伐論集三卷，王粲撰，亡。
杜氏體論四卷魏幽州刺史杜恕撰。梁有新書五卷，王基撰；周子九卷，吳中書郎周昭撰。亡。
顧子新語十二卷吳太常顧譚撰。通語十卷，〔二〕晉尚書左丞殷興撰；典語十卷、典語別二卷，並吳中夏督陸景撰。亡。
譙子法訓八卷譙周撰。梁有譙子五教志五卷，亡。
袁子正論十九卷袁準撰。梁又有袁子正書二十五卷，袁準撰；孫氏成敗志三卷，孫毓撰；古今通論二卷，王嬰撰；蔡氏化清經十卷，松滋令蔡洪撰；〔三〕通

經二卷，晉丞相從事中郎王長文撰。〔四〕亡。

新論十卷晉散騎常侍夏侯湛撰。梁有楊子物理論十六卷，楊子大元經十四卷，並晉徵士楊泉撰；新論十卷，晉金紫光祿大夫華譚撰；梅子新論一卷。亡。

志林新書三十卷虞喜撰。梁有廣林二十四卷，又後林十卷，虞喜撰；干子十八卷，干寶撰；閎論二卷，晉江州從事蔡韶撰；顧子十卷，晉揚州主簿顧夷撰。亡。

要覽十卷晉郡儒林祭酒呂竦撰。

正覽六卷梁太子詹事周捨撰。梁有三統五德論二卷，曹思文撰，亡。

諸葛武侯集誡二卷

衆賢誡十三卷

女篇一卷

女鑒一卷

婦人訓誡集十一卷

娣姒訓一卷〔五〕

曹大家女誡一卷

貞順志一卷

右六十二部，五百三十卷。通計亡書，合六十七部，六百九卷。

儒者，所以助人君明教化者也。聖人之教，非家至而戶說，故有儒者宣而明之。其大抵本於仁義及五常之道，黃帝、堯、舜、禹、湯、文、武，咸由此則。周官，太宰以九兩繫邦國之人，其四曰儒，是也。其後陵夷衰亂，儒道廢闕。仲尼祖述前代，修正六經，三千之徒，並受其義。至于戰國，孟軻、子思、荀卿之流，宗而師之，各有著述，發明其指。所謂中庸之教，百王不易者也。俗儒爲之，不顧其本，苟欲譁衆，多設問難，便辭巧說，亂其大體，致令學者難曉，故曰「博而寡要」。

鬻子一卷周文王師鬻熊撰。

老子道德經二卷周柱下史李耳撰。漢文帝時，河上公注。梁有戰國時河上丈人注老子經二卷，漢長陵三老毋丘望之注老子二卷，漢徵士嚴遵注老子二卷，虞翻注老子二卷，亡。

老子道德經二卷王弼注。梁有老子道德經二卷，張嗣注；老子道德經二卷，蜀才注。亡。

老子道德經二卷鍾會注。梁有老子道德經二卷，晉太傅羊祜解釋；老子經二卷，東晉江州刺史王尚述注；老子二卷，晉郎中程韶集解；老子二卷，邯鄲氏注；老子二卷，常氏傳；老子二卷，孟氏注；老子二卷，盈氏注。亡。

老子道德經二卷、音一卷晉尚書郎孫登注。

老子道德經二卷劉仲融注。梁有老子道德經二卷，巨生解；老子道德經二卷，晉西中郎將袁眞注；老子道德經二卷，張憑注；老子道德經二卷，釋惠琳注；老子道德經二卷，釋惠嚴注；老子道德經二卷，王玄載注。亡。

老子道德經二卷盧景裕撰。

老子音一卷李軌撰。梁有老子音一卷，晉散騎常侍戴逵撰，亡。

老子四卷〔六〕梁曠撰。

老子指歸十一卷嚴遵注。

老子指趣三卷毋丘望之撰。

老子義綱一卷顧歡撰。梁有老子道德論二卷，何晏撰；老子序決一卷，葛仙公撰；老子雜論一卷，何、王

等注；老子私記十卷，梁簡文帝撰；老子玄示一卷，韓壯撰；老子玄譜一卷，晉柴桑令劉遺民撰；老子玄機三卷，宗塞撰；老子幽易五卷，又老子志一卷，山琮撰。亡。

老子義疏一卷顧歡撰。梁有老子義疏一卷，釋慧觀撰，亡。

老子義疏五卷孟智周私記。

老子義疏四卷韋處玄撰。

老子講疏六卷梁武帝撰。

老子義疏九卷戴詵撰。

老子節解二卷

老子章門一卷

文子十二卷文子，老子弟子。七略有九篇，梁七錄十卷，亡。

鶡冠子三卷楚之隱人。

列子八卷鄭之隱人列禦寇撰，東晉光祿勳張湛注。

莊子二十卷梁漆園吏莊周撰，晉散騎常侍向秀注。本二十卷，〔七〕今闕。梁有莊子十卷，東晉議郎崔譔注，亡。

莊子十六卷司馬彪注。本二十一卷，今闕。

莊子三十卷、目一卷晉太傅主簿郭象注。梁七錄三十三卷。

集注莊子六卷梁有莊子三十卷，晉丞相參軍李頤注；莊子十八卷，孟氏注，錄一卷。亡。

莊子音一卷李軌撰。

莊子音三卷徐邈撰。

莊子集音三卷徐邈撰。

莊子注音一卷司馬彪等撰。

莊子音三卷郭象撰。梁有向秀莊子音一卷。

莊子外篇雜音一卷

莊子內篇音義一卷

莊子講疏十卷梁簡文帝撰。本二十卷，今闕。

莊子講疏二卷張譏撰，〔八〕亡。

莊子講疏八卷

莊子文句義二十八卷本三十卷，今闕。梁有莊子義疏十卷，又莊子義疏三卷，宋處士王叔之撰，〔九〕亡。

莊子內篇講疏八卷周弘正撰。

莊子義疏八卷戴詵撰。

南華論二十五卷梁曠撰，本三十卷。

南華論音三卷

莊成子十二卷梁有蹇子一卷，今亡。

玄言新記明莊部二卷梁澡撰。

守白論一卷

任子道論十卷魏河東太守任嘏撰。梁有渾輿經一卷，魏安成令桓威撰，亡。

唐子十卷吳唐滂撰。梁有蘇子七卷，晉北中郎參軍蘇彥撰；宣子二卷，晉宣城令宣舒撰；〔一〇〕陸子十卷，陸雲撰。亡。

杜氏幽求新書二十卷杜夷撰。

抱朴子內篇二十一卷、音一卷葛洪撰。梁有顧道士新書論經三卷，晉方士顧谷撰，亡。

孫子十二卷孫綽撰。

符子二十卷東晉員外郎符朗撰。梁有賀子述言十卷，宋太學博士賀道養撰；少子五卷，齊司徒左長史張融撰；梁有養生論三卷，嵇康撰；攝生論二卷，晉河內太守阮侃撰；無宗論四卷，聖人無情論六卷。亡。

夷夏論一卷顧歡撰。梁二卷。梁又有談衆三卷，亡。

簡文談疏六卷晉簡文帝撰。

無名子一卷張太衡撰。

玄子五卷

遊玄桂林二十一卷、目一卷張譏撰。

廣成子十三卷商洛公撰。張太衡注，疑近人作。

右七十八部，合五百二十五卷。

道者，蓋爲萬物之奧，聖人之至賾也。易曰：「一陰一陽之謂道。」又曰：「仁者見之謂之仁，智者見之謂之智，百姓日用而不知。」夫陰陽者，天地之謂也。天地變化，萬物蠢生，則有經營之迹。至於道者，精微淳粹，而莫知其體，處陰與陰爲一，在陽與陽不二。仁者資道以成仁，道非仁之謂也；智者資道以爲智，道非智之謂也；百姓資道而日用，而不知其用也。聖人體道成性，清虛自守，爲而不恃，長而不宰，故能不勞聰明而人自化，不假修營而功自成。其玄德深遠，言象不測。先王懼人之惑，置于方外，六經之義，是所罕言。周官九兩，其三曰師，蓋近之矣。然自黄帝以下，聖哲之士，所言道者，傳之其人，世無師說。漢時，曹參始薦蓋公能言黄老，文帝宗之。自是相傳，道學衆矣。下士爲之，不推其本，苟以異俗爲高，狂狷爲尚，迂誕譎怪而失其眞。

管子十九卷齊相管夷吾撰。

商君書五卷秦相衞鞅撰。梁有申子三卷，韓相申不害撰，亡。

愼子十卷戰國時處士愼到撰。

韓子二十卷、目一卷韓非撰。梁有朝氏新書三卷，漢御史大夫鼂錯撰，亡。

正論六卷漢大尚書崔寔撰。梁有法論十卷，劉邵撰；政論五卷，魏侍中劉廙撰；阮子正論五卷，魏清河太守阮武撰。亡。

世要論十二卷魏大司農桓範撰。梁有二十卷。又有陳子要言十四卷，吳豫章太守陳融撰；蔡司徒難論五卷，晉三公令史黃命撰。亡。

右六部，合七十二卷。

法者，人君所以禁淫慝，齊不軌，而輔於治者也。易著「先王明罰飭法」，書美「明于五刑，以弼五教」。周官，司寇「掌建國之三典，以佐王刑邦國，詰四方」，司刑「以五刑之法，麗萬民之罪」，是也。刻者爲之，則杜哀矜，絕仁愛，欲以威劫爲化，殘忍爲治，乃至傷恩害親。

鄧析子一卷析，鄭大夫。

尹文子二卷尹文，周之處士，遊齊稷下。

士操一卷〔一一〕魏文帝撰。梁有刑聲論一卷，亡。

人物志三卷劉邵撰。梁有士緯新書十卷，姚信撰，又姚氏新書二卷，與士緯相似；九州人士論一卷，魏司空盧毓撰；通古人論一卷。亡。

右四部，合七卷。

名者，所以正百物，叙尊卑，列貴賤，各控名而責實，無相僭濫者也。春秋傳曰：「古者名位不同，節文異數。」孔子曰：「名不正則言不順，言不順則事不成。」周官，宗伯「以九儀之命，正邦國之位，辨其名物之類」，是也。拘者爲之，則苛察繳繞，滯於析辭而失大體。

墨子十五卷、目一卷宋大夫墨翟撰。

隨巢子一卷巢，似墨翟弟子。

胡非子一卷非，似墨翟弟子。梁有田俅子一卷，〔一二〕亡。

右三部，合一十七卷。

墨者，强本節用之術也。上述堯、舜、夏禹之行，茅茨不翦，糲粱之食，桐棺三寸，貴儉兼愛，嚴父上德，以孝示天下，右鬼神而非命。漢書以爲本出清廟之守。然則周官宗伯「掌建邦之天神地祇人鬼」，肆師「掌立國祀及兆中廟中之禁令」，是其職也。愚者爲之，則守於節儉，不達時變，推心兼愛，而混於親疏也。

鬼谷子三卷皇甫謐注。鬼谷子，周世隱於鬼谷。梁有補闕子十卷，湘東鴻烈十卷，並元帝撰，亡。

鬼谷子三卷樂一注。

右二部，合六卷。

從横者，所以明辯說，善辭令，以通上下之志者也。漢書以爲本出行人之官，受命出疆，臨事而制。故曰：「誦詩三百，使于四方，不能專對，雖多亦奚以爲？」周官，掌交「以節與幣，巡邦國之諸侯及萬姓之聚，導王之德意志慮，使辟行之，而和諸侯之好，達萬民之說；諭以九稅之利，九儀之親，九牧之維，九禁之難，九戎之威」，是也。佞人爲之，則便辭利口，傾危變詐，至於賊害忠信，覆邦亂家。

尉繚子五卷梁并錄六卷。尉繚，梁惠王時人。

尸子二十卷、目一卷梁十九卷。秦相衞鞅上客尸佼撰。其九篇亡，魏黃初中續。

呂氏春秋二十六卷秦相呂不韋撰，高誘注。

淮南子二十一卷漢淮南王劉安撰，許愼注。

淮南子二十一卷高誘注。

論衡二十九卷後漢徵士王充撰。梁有洞序九卷、錄一卷，應奉撰，亡。

風俗通義三十一卷錄一卷。應劭撰。梁三十卷。

仲長子昌言十二卷錄一卷。漢尚書郎仲長統撰。

蔣子萬機論八卷蔣濟撰。梁有篤論四卷，杜恕撰；芻蕘論五卷，鍾會撰；梁有諸葛子五卷，吳太傅諸葛悋撰。亡。

傅子百二十卷晉司隸校尉傅玄撰。默記三卷，吳大鴻臚張儼撰。裴氏新言五卷，吳大鴻臚裴玄撰。〔一三〕梁有新義十八卷，吳太子中庶子劉廞撰；析言論二十卷，晉議郎張顯撰；桑丘先生書二卷，晉征南軍師楊偉撰。亡。

時務論十二卷楊偉撰。梁有古世論十七卷，桓子一卷；秦子三卷，吳秦菁撰；劉子十卷，何子五卷。亡。

立言六卷蘇道撰。梁有孔氏說林二卷，孔衍撰，亡。

抱朴子外篇三十卷葛洪撰。梁有五十一卷。

金樓子十卷梁元帝撰。

博物志十卷張華撰。

張公雜記一卷張華撰。梁有五卷，與博物志相似，小小不同。又有雜記十卷，何氏撰，亡。
雜記十一卷張華撰。梁有子林二十卷，孟儀撰，亡。
廣志二卷郭義恭撰。
部略十五卷
博覽十三卷
諫林五卷齊晉陵令何翌之撰。〔一四〕
述政論十三卷陸澄撰。
古今注三卷崔豹撰。
古今訓十一卷張顯撰。
古今善言三十卷宋車騎將軍范泰撰。
善諫二卷宋領軍長史虞通之撰。
缺文十三卷陸澄撰。
政論十三卷陸澄撰。
記聞二卷宋後軍參軍徐益壽撰。
新舊傳四卷
釋俗語八卷劉霽撰。
稱謂五卷後周大將軍盧辯撰。
備遺記三卷
纂要一卷戴安道撰，亦云顏延之撰。
方類六卷
俗說三卷沈約撰。梁五卷。
雜說二卷沈約撰。
袖中記二卷沈約撰。
袖中略集一卷沈約撰。
珠叢一卷沈約撰。
採璧三卷梁中書舍人庾肩吾撰。
物始十卷謝吳撰。
宜覽二十二卷
玉府集八卷

鴻寶十卷
顯用九卷
墳典三十卷盧辯撰。
玉燭寶典十二卷著作郎杜臺卿撰。
典言四卷後魏人李穆叔撰。
典言四卷後齊中書郎荀士遜等撰。
補文六卷
四時錄十二卷
正訓二十卷
內訓二十卷
雜略十三卷
清神三卷
前言八卷
會林五卷
對林十卷
道言六卷比羅羨撰。
道術志三卷
述伎藝一卷
諸書要略一卷魏彥深撰。
文府五卷梁有文章義府三十卷。
語對十卷朱澹遠撰。
語麗十卷朱澹遠撰。
對要三卷
雜語三卷
衆書事對三卷
廊廟五格二卷王彬撰。
名數八卷
新言四卷裴立撰。〔一五〕
善說五卷
君臣相起發事三卷

物重名五卷
眞注要錄一卷
天地體二卷
雜事鈔二十四卷
雜書鈔四十四卷
子抄三十卷梁黟令庾仲容撰。
子鈔二十卷梁有子鈔十五卷，沈約撰，亡。
論集八十六卷殷仲堪撰。梁九十六卷。梁又有雜論五十八卷，雜論十三卷，亡。
皇覽一百二十卷繆襲等撰。〔一六〕梁六百八十卷。梁又有皇覽一百二十三卷，何承天合；皇覽五十卷，徐爰合，皇覽目四卷；又有皇覽抄二十卷，梁特進蕭琛抄。亡。
帝王集要三十卷崔安撰。〔一七〕
類苑一百二十卷梁征虜刑獄參軍劉孝標撰。梁七錄八十二卷。
華林遍略六百二十卷梁綏安令徐僧權等撰。
要錄六十卷
壽光書苑二百卷梁尚書左丞劉杳撰。
科錄二百七十卷〔一八〕元暉撰。
書圖泉海二十卷陳張式撰。
聖壽堂御覽三百六十卷
長洲玉鏡二百三十八卷
書鈔一百七十四卷
釋氏譜十五卷
內典博要三十卷
淨住子二十卷齊竟陵王蕭子良撰。
因果記十卷
歷代三寶記三卷費長房撰。
眞言要集十卷

義記二十卷蕭子良撰。
感應傳八卷宋尚書郎王延秀撰。〔一九〕
衆僧傳二十卷裴子野撰。
高僧傳六卷虞孝敬撰。
皇帝菩薩清淨大捨記三卷謝吳撰，亡。
寶臺四法藏目錄一百卷大業中撰。
玄門寶海一百二十卷大業中撰。

右九十七部，合二千七百二十卷。

雜者，兼儒、墨之道，通衆家之意，以見王者之化，無所不冠者也。古者，司史歷記前言往行，禍福存亡之道。然則雜者，蓋出史官之職也。放者爲之，不求其本，材少而多學，言非而博，是以雜錯漫羡，而無所指歸。

汜勝之書二卷漢議郎汜勝之撰。
四人月令一卷〔二〇〕後漢大尚書崔寔撰。
禁苑實錄一卷
齊民要術十卷賈思勰撰。
春秋濟世六常擬議五卷楊瑾撰。梁有陶朱公養魚法，卜式養羊法、養猪法、月政畜牧栽種法，各一卷，亡。

右五部，一十九卷。

農者，所以播五穀，藝桑麻，以供衣食者也。書叙八政，其一曰食，二曰貨。孔子曰：「所

重民食。」周官，冢宰「以九職任萬民」，其一曰「三農生九穀」，地官司稼「掌巡邦野之稼，而辨種稑之種，周知其名與其所宜地，以爲法而懸于邑閭」，是也。鄙者爲之，則棄君臣之義，徇耕稼之利，而亂上下之序。

燕丹子一卷丹，燕王喜太子。梁有青史子一卷；又宋玉子一卷、錄一卷，楚大夫宋玉撰；羣英論一卷，郭頒撰；語林十卷，東晉處士裴啟撰。亡。

雜語五卷

郭子三卷東晉中郎郭澄之撰。

雜對語三卷

要用語對四卷

文對三卷

瑣語一卷梁金紫光祿大夫顧協撰。

笑林三卷後漢給事中邯鄲淳撰。

笑苑四卷

解頤二卷陽玠松撰。〔三〇〕

世說八卷宋臨川王劉義慶撰。

世說十卷劉孝標注。梁有俗說一卷，亡。

小說十卷梁武帝勅安右長史殷芸撰。梁目，三十卷。

小說五卷

邇說一卷梁南臺治書伏挺撰。〔三一〕

辯林二十卷蕭賁撰。

辯林二卷席希秀撰。

瓊林七卷周獸門學士陰顥撰。

古今藝術二十卷

雜書鈔十三卷

座右方八卷庾元威撰。

座右法一卷

魯史欹器圖一卷儀同劉徽注。〔三二〕

器準圖三卷後魏丞相士曹行參軍信都芳撰。

水飾一卷

右二十五部，合一百五十五卷。

小說者，街說巷語之說也。傳載輿人之誦，詩美詢于芻蕘。古者聖人在上，史爲書，瞽爲詩，工誦箴諫，大夫規誨，士傳言而庶人謗。孟春，徇木鐸以求歌謠，巡省觀人詩，以知風俗。過則正之，失則改之，道聽塗說，靡不畢紀。周官，誦訓「掌道方志以詔觀事」，道方慝以詔辟忌，以知地俗」；而訓方氏「掌道四方之政事，與其上下之志，誦四方之傳道而觀衣物」，是也。孔子曰：「雖小道，必有可觀者焉，致遠恐泥。」

司馬兵法三卷齊將司馬穰苴撰。

孫子兵法二卷吳將孫武撰，魏武帝注。梁三卷。

孫子兵法一卷魏武、王凌集解。

孫武兵經二卷張子尚注。

鈔孫子兵法一卷魏太尉賈詡鈔。梁有孫子兵法二卷，孟氏解詁；孫子兵法二卷，吳處士沈友撰；又孫子八陣圖一卷。亡。

吳起兵法一卷賈詡注。

吳孫子牝牡八變陣圖二卷〔三三〕

續孫子兵法二卷魏武帝撰。

孫子兵法雜占四卷梁有諸葛亮兵法五卷，又慕容氏兵法一卷，亡。

皇帝兵法一卷宋武帝所傳神人書。梁有雜兵注二十四卷，兵法序二卷，亡。

太公六韜五卷梁六卷。周文王師姜望撰。

太公陰謀一卷梁六卷。梁又有太公陰謀三卷，魏武帝解。

太公陰符鈐錄一卷

太公金匱二卷

太公兵法二卷梁三卷。

太公兵法六卷梁有太公雜兵書六卷。

太公伏符陰陽謀一卷

黃帝兵法孤虛雜記一卷

太公三宮兵法一卷梁有太一三宮兵法立成圖二卷。

太公書禁忌立成集二卷

太公枕中記一卷

周書陰符九卷

周呂書一卷

黃石公內記敵法一卷

黃石公三略三卷下邳神人撰，成氏注。梁又有黃石公記三卷，黃石公略注三卷。

黃石公三奇法一卷梁有兵書一卷，張良經與三略往往同，亡。

黃石公五壘圖一卷

黃石公陰謀行軍祕法一卷梁有黃石公騎經二卷。

大將軍兵法一卷

黃石公兵書三卷

兵書接要十卷魏武帝撰。梁有兵書接要別本五卷，

又有兵書要論七卷，亡。

兵法接要三卷魏武帝撰。

三宮用兵法一卷

兵書略要九卷魏武帝撰。梁有兵要二卷。

魏武帝兵法一卷梁有魏時羣臣表伐吳策一卷，諸州策四卷，軍令八卷，尉繚子兵書一卷。

兵林六卷東晉江都相孔衍撰。

兵林一卷

玄女戰經一卷

武林一卷王略撰。

黃帝問玄女兵法四卷梁三卷。

秦戰鬬一卷

梁主兵法一卷

梁武帝兵書鈔一卷

梁武帝兵書要鈔一卷

玉韜十卷梁元帝撰。

金韜十卷

金策十九卷

兵書要略五卷後周齊王宇文憲撰。

兵書七卷

兵書要術四卷伍景志撰。

兵記八卷司馬彪撰。一本二十卷。

兵書要序十卷趙氏撰。

兵法五卷

雜兵書十卷梁有雜兵書八卷，三家兵法要集三卷，戎略機品二卷，亡。

大將軍一卷

雜兵圖二卷

兵略五卷

軍勝見十卷許昉撰。

戎決十三卷許昉撰。
陣圖一卷
陰策二十二卷大都督劉祐撰。
陰策林一卷
承神兵書二十卷
眞人水鏡十卷
戰略二十六卷金城公趙煚撰。
金海三十卷蕭吉撰。
兵書二十五卷
雜撰陰陽兵書五卷莫珍寶撰。
黃帝兵法雜要決一卷
黃帝軍出大師年命立成一卷
黃帝複姓符二卷許昉撰。梁有辟兵法一卷。
黃帝太一兵歷一卷
黃帝蚩尤風后行軍祕術二卷梁有黃帝蚩尤兵法一卷，亡。
老子兵書一卷
吳有道占出軍決勝負事一卷梁二卷。又黃帝出軍雜用決十二卷，風氣占軍決勝戰二卷，太史令吳範撰。〔二五〕
對敵權變一卷吳氏撰。
對敵占風一卷梁有黃帝夏氏占氣六卷，兵法風氣等占三卷，亡。
對敵權變逆順一卷
兵法權儀一卷
六甲孤虛雜決一卷梁有孫子戰鬭六甲兵法一卷。
六甲孤虛兵法一卷
孤虛法十卷梁有兵法遁甲孤虛斗中域法九卷。
兵書雜占十卷梁有兵法日月風雲背向雜占十二卷，兵法三卷，虛占三卷，京氏征伐軍候八卷。

兵書雜歷八卷
太一兵書一十一卷梁二十卷。
兵書內術二卷
兵法書決九卷闕一卷。
軍國要略一卷
兵法要錄二卷
用兵撮要二卷
用兵要術一卷
用兵祕法雲氣占一卷
五家兵法一卷
兵法三家軍占祕要一卷李行撰。
氣經上部占一卷
天大芒霧氣占一卷
鬼谷先生占氣一卷
五行候氣占災一卷
乾坤氣法一卷
雜匈奴占一卷漢武帝王朔注。〔二六〕
對敵占一卷
雜占八卷梁有推元嘉十二年日時兵法二卷，逆推元嘉五十年太歲計用兵法一卷。
兵殺歷一卷
馬槊譜一卷梁二卷。梁有騎馬都格一卷，騎馬變圖一卷，馬射譜一卷，亡。
碁勢四卷梁有術藝略序五卷，孫暢之撰；圍碁勢七卷，湘東太守徐泓撰；齊高碁圖二卷；圍碁九品序錄五卷，范汪等撰；圍碁勢二十九卷，晉趙王倫舍人馬朗等撰；碁品敍略三卷；建元、永明碁品二卷，宋員外殿中將軍褚思莊撰；天監碁品一卷，梁尙書僕射柳惲撰。亡。
雜博戲五卷

投壺經一卷
梁東宮撰太一博法一卷
雙博法一卷
皇博法一卷梁有大小博法一卷；投壺經四卷，投壺變一卷，晉左光祿大夫虞潭撰；投壺道一卷，郝沖撰；擊壤經一卷。亡。
象經一卷周武帝撰。
博塞經一卷鄒涮撰。
碁勢十卷沈敞撰。
碁勢十卷二卷，成。
碁勢十卷王子沖撰。
碁勢八卷
碁圖勢十卷
碁九品序錄一卷范汪等注。
碁後九品序一卷袁遵撰。
圍碁品一卷梁武帝撰。
碁品序一卷陸雲公撰。〔二七〕
碁法一卷梁武帝撰。
彈碁譜一卷徐廣撰。
二儀十博經一卷
象經一卷王褒注。
象經三卷王裕注。
象經一卷何妥注。
象經發題義一卷

右一百三十三部，五百一十二卷。

兵者，所以禁暴靜亂者也。易曰：「古者弦木爲弧，剡木爲矢，弧矢之利，以威天下。」孔子曰：「不教人戰，是謂棄之。」周官，大司馬「掌九法九伐，以正邦國」，是也。然皆動之以

仁，行之以義，故能誅暴靜亂，以濟百姓。下至三季，恣情逞欲，爭伐尋常，不撫其人，設變詐而滅仁義，至乃百姓離叛，以致於亂。

周髀一卷趙嬰注。
周髀一卷甄鸞重述。
周髀圖一卷
靈憲一卷張衡撰。
渾天象注一卷吳散騎常侍王蕃撰。
渾天義二卷
渾天圖一卷石氏
渾天圖一卷
渾天圖記一卷梁有昕天論一卷，姚信撰；安天論六卷，虞喜撰；〔二八〕圖天圖一卷，原天論一卷，神光內抄一卷。
定天論三卷
天儀說要一卷陶弘景撰。
玄圖一卷
石氏星簿經讚一卷
星經二卷
甘氏四七法一卷
巫咸五星占一卷
天儀說要一卷陶弘景撰。
錄軌象以頌其章一卷內有圖。
天文集占十卷晉太史令陳卓定。
天文要集四十卷晉太史令韓楊撰。
天文要集四卷
天文要集三卷

天文集占十卷梁百卷。梁有石氏、甘氏天文占各八卷。
天文占六卷李暹撰。
天文占一卷
天文占氣書一卷
天文集要鈔二卷
天文書二卷梁有雜天文書二十五卷。
雜天文横占一卷
天文横圖一卷高文洪撰。
天文集占圖十一卷梁有天文五行圖十二卷，天文雜占十六卷，亡。
天文錄三十卷梁奉朝請祖暅撰。
天文志十二卷吳雲撰。
天文志雜占一卷吳雲撰。梁有天文雜占十五卷，亡。
天文十二卷史崇注。

天文十二次圖一卷梁有天宮宿野圖一卷，亡。
婆羅門天文經二十一卷婆羅門捨仙人所說。
婆羅門竭伽仙人天文說三十卷
婆羅門天文一卷
陳卓四方宿占一卷梁四卷。
黃帝五星占一卷
五星占一卷丁巡撰。
五星占一卷梁有五星集占六卷，日月五星集占十卷。
五星占一卷陳卓撰。
五星犯列宿占六卷
雜星書一卷
星占二十八卷孫僧化等撰。
星占一卷梁有石氏星經七卷，陳卓記；又石氏星官十九卷，又星經七卷，郭歷撰。亡。
天官星占十卷陳卓撰。梁天官星占二十卷，吳襲撰。

星占八卷梁又有星占十八卷。
中星經海十五卷梁有星官簿贊十三卷，又有星書三十四卷，雜家星占六卷，論星一卷，亡。
著明集十卷
雜星圖五卷
天文外官占八卷
雜星占七卷
雜星占十卷
海中星占一卷梁有論星一卷。
星圖海中占一卷
解天命星宿要決一卷
摩登伽經說星圖一卷
星圖二卷梁有星書圖七卷。
彗星占一卷
妖星流星形名占一卷

太白占一卷
流星占一卷
石氏星占一卷吳襲撰。
彗孛占一卷
候雲氣一卷
星官次占一卷
二十八宿二百八十三官圖一卷
荆州占二十卷宋通直郎劉叡撰。梁二十二卷。
翼氏占風一卷
日月暈三卷梁日月暈圖二卷。
孝經內記二卷
京氏釋五星災異傳一卷
京氏日占圖三卷
夏氏日旁氣一卷許氏撰。梁四卷。
日食蔀候占一卷

魏氏日旁氣圖一卷
日旁雲氣圖五卷
天文占雲氣圖一卷梁有雜望氣經八卷，候氣占一卷，章賁十二時雲氣圖二卷。
天文洪範日月變一卷
洪範占二卷梁有洪範五行星曆四卷。
黃道晷景占一卷梁有晷景記二卷。
月行黃道圖一卷梁有日月交會圖，鄭玄注一卷，又日月本次位圖二卷。
月暈占一卷
日月食暈占四卷
日食占一卷

日月薄蝕圖一卷
日變異食占一卷
日月暈珥雲氣圖占一卷梁有君失政大雲雨日月占二卷。
二十八宿十二次一卷
二十八宿分野圖一卷
五緯合雜一卷
五星合雜說一卷
垂象志一百四十八卷
太史注記六卷
靈臺祕苑一百一十五卷太史令庾季才撰。

右九十七部，合六百七十五卷。

天文者，所以察星辰之變，而參於政者也。易曰：「天垂象，見吉凶。」書稱：「天視自我人視，天聽自我人聽。」故曰：「王政不修，謫見于天，日爲之蝕。后德不修，謫見于天，月爲之

蝕。」其餘孛彗飛流，見伏陵犯，各有其應。周官，馮相「掌十有二歲、十有二月、十有二辰、十日、二十有八星之位，辨其叙事，以會天位」，是也。小人爲之，則指凶爲吉，謂惡爲善，是以數術錯亂而離明。

四分曆三卷梁四分曆三卷，漢修曆人李梵撰。梁又有三統曆法三卷，劉歆撰，亡。
趙隱居四分曆一卷
魏甲子元三統曆一卷
姜氏三紀曆一卷
曆序一卷姜氏撰。
乾象曆三卷吳太子太傅闞澤撰。梁有乾象曆五卷，漢會稽都尉劉洪等注；又有闞澤注五卷，又乾象五星幻術一卷，亡。
曆術一卷吳太史令吳範撰。
景初曆三卷晉楊偉撰。梁有景初曆術二卷，景初曆法三卷，又一本五卷，並楊偉撰；并景初曆略要二卷，亡。
景初壬辰元曆一卷楊沖撰。
正曆四卷晉太常劉智撰。
河西甲寅元曆一卷涼太史趙敺撰。
甲寅元曆序一卷趙敺撰。
宋元嘉曆二卷何承天撰。梁又有元嘉曆統二卷，元嘉中論曆事六卷，元嘉曆疏一卷，元嘉二十六年度日景敺一卷，亡。
曆術一卷何承天撰。梁有驗日食法三卷，何承天撰；又有論頻月合朔法五卷，雜曆七卷，曆法集十卷，又曆

術十卷；京氏要集曆術四卷，姜岌撰。亡。
曆術一卷崔浩撰。
神龜壬子元曆一卷後魏護軍將軍祖瑩撰。
魏後元年甲子曆一卷
壬子元曆一卷後魏校書郎李業興撰。
甲寅元曆序一卷趙歐撰。
魏武定曆一卷
齊甲子元曆一卷宋氏撰。
宋景業曆一卷景業，後齊散騎常侍。
周天和年曆一卷甄鸞撰。
甲子元曆一卷李業興撰。
周大象年曆一卷王琛撰。
曆術一卷王琛撰。
壬辰元曆一卷
甲午紀曆術一卷
新造曆法一卷
開皇甲子元曆一卷
曆術一卷華州刺史張賓撰。
七曜本起三卷後魏甄叔遵撰。
七曜小甲子元曆一卷
七曜曆術一卷梁七曜曆法四卷。
七曜要術一卷
七曜曆法一卷
推七曜曆一卷
五星曆術一卷
天圖曆術一卷
陳永定七曜曆四卷
陳天嘉七曜曆七卷
陳天康二年七曜曆一卷
陳光大元年七曜曆二卷

甲午紀曆術一卷
陳光大元年七曜曆二卷

陳光大二年七曜曆一卷
陳太建年七曜曆十三卷
陳至德年七曜曆二卷
陳禎明年七曜曆二卷
開皇七曜年曆一卷
仁壽二年七曜曆一卷
七曜曆經四卷張賓撰。
春秋去交分曆一卷
曆日義說一卷
律曆注解一卷
龍曆草一卷
推漢書律曆志術一卷
推曆法一卷崔隱居撰。
曆疑質讞序二卷
興和曆疏二卷
七曜曆數算經一卷趙歐撰。
算元嘉曆術一卷
七曜曆疏一卷李業興撰。
七曜義疏一卷李業興撰。
七曜術算二卷甄鸞撰。
七曜曆疏五卷太史令張冑玄撰。
陰陽曆術一卷趙歐撰。梁有朔氣長曆二卷，皇甫謐撰；曆章句二卷，月令七十二候一卷，三五曆說圖一卷。亡。
雜注一卷
曆注一卷
曆記一卷
雜曆二卷
雜曆術一卷梁三棊推法一卷。
太史注記六卷

太史記注六卷
見行曆一卷
八家曆一卷
漏刻經一卷何承天撰。梁有後漢待詔太史霍融、何承天、楊偉等撰三卷，亡。
漏刻經一卷祖暅撰。
漏刻經一卷梁中書舍人朱史撰。
漏刻經一卷梁代撰。梁有天監五年修漏刻事一卷，亡。
漏刻經一卷陳太史令宋景撰。
雜漏刻法十一卷皇甫洪澤撰。
晷漏經一卷
九章術義序一卷
九章算術十卷劉徽撰。
九章算術二卷徐岳、甄鸞重述。
九章算術一卷李遵義疏。
九九算術二卷楊淑撰。
九章別術二卷
九章算經二十九卷徐岳、甄鸞等撰。
九章算經二卷徐岳注。
九章六曹算經一卷
九章重差圖一卷劉徽撰。
九章推圖經法一卷張峻撰。
綴術六卷
孫子算經二卷
趙歐算經一卷
夏侯陽算經二卷
張丘建算經二卷
五經算術錄遺一卷
五經算術一卷

九章算術二卷徐岳、甄鸞重述。
五經算術一卷

算經異義一卷張纘撰。
張去斤算疏一卷
算法一卷
黃鍾算法三十八卷
算律呂法一卷
衆家算陰陽法一卷
婆羅門算法三卷
婆羅門陰陽算曆一卷
婆羅門算經三卷

右一百部，二百六十三卷。

曆數者，所以揆天道，察昬明，以定時日，以處百事，以辨三統，以知阨會，吉隆終始，窮理盡性，而至於命者也。易曰：「先王以治曆明時。」書叙：「朞，三百有六旬有六日，以閏月定四時，成歲。」春秋傳曰：「先王之正時也，履端於始，舉正於中，歸餘於終。」又曰：「閏以正時，時以序事，事以厚生，生民之道。」其在周官，則亦太史之職。小人為之，則壞大為小，削遠為近，是以道術破碎而難知。

黃帝飛鳥曆一卷張衡撰。
黃帝四神曆一卷吳範撰。
黃帝地曆一卷
黃帝斗曆一卷
黃石公北斗三奇法一卷
風角集要占十二卷

風角要占三卷梁八卷，京房撰。
風角占三卷梁有侯公領中風角占四卷，亡。
風角總占要決十一卷梁有風角總集一卷，風角雜占要決十二卷，亡。
風角雜占四卷梁有風角雜占十卷，亡。
風角要集十卷
風角要集六卷梁十一卷。
風角要集一卷
風角要候十一卷翼奉撰。
風角書十二卷梁十卷。
風角七卷章仇太翼撰。
風角占候四卷梁有風角雜兵候十三卷，亡。
風角鐶歷占二卷呂氏撰。
風角要候一卷章仇太翼撰。
兵法風角式一卷

戰鬬風角鳥情三卷梁有風角五音六情經十三卷，風角兵候十二卷，亡。
風角鳥情一卷翼氏撰。
風角鳥情二卷儀同臨孝恭撰。
陰陽風角相動法一卷梁有風角廻風卒起占五卷，風角地辰一卷，風角望氣八卷，風雷集占一卷。
五音相動法二卷
五音相動法一卷梁有風角五音占五卷，京房撰，亡。
風角五音圖二卷
風角雜占五音圖五卷翼氏撰。梁十三卷，京房撰，翼奉撰，亡。
黃帝九宮經一卷
九宮經三卷鄭玄注。梁有黃帝四部九宮五卷，亡。
九宮行棊經三卷鄭玄注。

九宮行棊法一卷房氏撰。
九州行棊立成法一卷王琛撰。
九宮行棊雜法一卷
九宮行棊法一卷
行棊新術一卷
九宮行棊鈔一卷
九宮推法一卷
三元九宮立成二卷
九宮要集一卷豆盧晃撰。
九宮經解二卷李氏注。
九宮圖一卷
九宮變圖一卷
九宮八卦式蟠龍圖一卷
九宮郡縣錄一卷
九宮雜書十卷梁有太一九宮雜占十二卷，亡。

射候二卷
太一飛鳥曆一卷王琛撰。
太一飛鳥曆一卷
太一飛鳥曆二卷
太一十精飛鳥曆一卷
太一飛鳥立成一卷
太一飛鳥雜決捕盜賊法一卷
太一三合五元要決一卷梁有黃帝太一雜書十八卷，黃帝太一度厄祕術八卷，太一帝記法八卷，太一雜用十四卷，太一雜要七卷，雜太一經八卷，亡。
太一龍首式經一卷董氏注。梁三卷。梁又有式經三十三卷，亡。
太一經二卷宋琨撰。
太一式雜占十卷梁二十卷。
太一九宮雜占十卷

黃帝飛鳥曆一卷
黃帝集靈三卷
黃帝絳圖一卷
黃帝龍首經二卷
黃帝式經三十六用一卷曹氏撰。
黃帝式用當陽經二卷
黃帝奄心圖一卷
玄女式經要法一卷
黃帝陰陽遁甲六卷
遁甲決一卷吳相伍子胥撰。
遁甲文一卷伍子胥撰。
遁甲經要鈔一卷
遁甲萬一決二卷
遁甲九元九局立成法一卷
遁甲肘後立成囊中祕一卷葛洪撰。

遁甲囊中經一卷
遁甲囊中經疏一卷
遁甲立成六卷
遁甲叙三元玉曆立成一卷郭弘遠撰。
遁甲立成一卷
遁甲立成法一卷臨孝恭撰。
遁甲穴隱祕處經一卷
黃帝九元遁甲一卷王琛撰。
黃帝出軍遁甲式法一卷
遁甲法一卷
遁甲術一卷
陽遁甲用局法一卷臨孝恭撰。
雜遁甲鈔四卷
三元遁甲上圖一卷
三元遁甲圖三卷

遁甲九宮八門圖一卷
遁甲開山圖三卷榮氏撰。
遁甲返覆圖一卷葛洪撰。
遁甲年錄一卷
遁甲支手決一卷
遁甲肘後立成一卷
遁甲行日時一卷
遁甲孤虛記一卷伍子胥撰。
遁甲孤虛注一卷
東方朔歲占一卷
斗中孤虛圖一卷
孤虛占一卷
遁甲九宮亭亭白姦書一卷
戰鬬博戲等法一卷
玉女反閉局法三卷

逆刺一卷京房撰。
逆刺占一卷
逆刺總決一卷
壬子決一卷
鳥情占一卷王喬撰。
鳥情逆占一卷
鳥情書二卷
鳥情雜占禽獸語一卷
占鳥情二卷
六情決一卷王琛撰。
六情鳥音內祕一卷焦氏撰。
孝經元辰決九卷
孝經元辰二卷
元辰本屬經一卷
推元辰厄會一卷

元辰事一卷
元辰救生削死法一卷
推元辰要祕次序一卷
元辰章用二卷
雜推元辰要祕立成六卷
元辰立成譜一卷
方正百對一卷京房撰。
晉災祥一卷京房撰。
災祥集七十六卷
地形志八十七卷庾季才撰。
海中仙人占災祥書三卷
周易占事十二卷漢魏郡太守京房撰。
遁甲三卷梁有遁甲經十卷，遁甲正經五卷，太一遁甲一卷，亡。
遁甲要用四卷葛洪撰。
遁甲祕要一卷葛洪撰。
遁甲要一卷葛洪撰。
遁甲三十三卷後魏信都芳撰。
三元遁甲六卷許昉撰。
三元遁甲六卷陳員外散騎常侍劉毗撰。
三元遁甲二卷梁太一遁甲一卷，遁甲三元三卷。
三元九宮遁甲二卷梁有遁甲三元三卷，亡。
三正遁甲一卷杜仲撰。
遁甲三十五卷
遁甲時下決三十三卷
陰陽遁甲十四卷
遁甲正經三卷梁五卷。
遁甲經十卷
遁甲開山圖一卷梁遁甲開山經圖一卷。
遁甲九星曆一卷

遁甲三奇三卷
遁甲推時要一卷
遁甲三元九甲立成一卷
雜遁甲五卷梁九卷。遁甲經外篇一百卷，六甲隱圖并遁甲圖二卷，亡。
陽遁甲九卷釋智海撰。
陰遁甲九卷
武王須臾二卷
六壬式經雜占九卷梁有六壬式經三卷，亡。
六壬釋兆六卷
破字要決一卷
桓安吳式經一卷梁有雜式占五卷，式經雜要、決式立成各九卷，式王曆、伍子胥式經章句、起射覆式、越相范蠡玉筍式，各二卷，亡。
光明符十二卷錄一卷，梁簡文帝撰。
龜經一卷晉掌卜大夫史蘇撰。梁有史蘇龜經十卷；〔三九〕龜決二卷，葛洪撰；管郭近要決、龜音色、九宮著龜序各一卷；龜卜要決、龜圖五行九親各四卷；又龜親經三十卷，周子曜撰。亡。
史蘇沉思經一卷
龜卜五兆動搖決一卷
周易占十二卷京房撰。梁周易妖占十三卷，京房撰。
周易守林三卷京房撰。
周易集林十二卷京房撰。七錄云，伏萬壽撰。
周易飛候九卷京房撰。梁有周易飛候六日七分八卷，亡。
周易飛候六卷京房撰。
周易四時候四卷京房撰。
周易錯卦七卷京房撰。
周易混沌四卷京房撰。

周易委化四卷京房撰。
周易逆刺占災異十二卷京房撰。
周易占一卷張浩撰。
周易雜占十三卷
周易雜占十一卷
周易雜占九卷尚廣撰。梁有周易雜占八卷，武靖撰，亡。
易林十六卷焦贛撰。梁又本三十二卷。
易林變占十六卷焦贛撰。
易林二卷費直撰。梁五卷。
易內神筮二卷費直撰。梁有周易筮占林五卷，費直撰，亡。
易新林一卷後漢方士許峻等撰。梁十卷。
易災條二卷許峻撰。
易決一卷許峻撰。梁有易雜占七卷，許峻撰，又易要決三卷，亡。
周易通靈決二卷魏少府丞管輅撰。
周易通靈要決一卷管輅撰。
周易集林律曆一卷虞翻撰。梁有周易筮占二十四卷，晉徵士徐苗撰，亡。
周易新林四卷郭璞撰。梁有周易雜占十卷，葛洪撰，亡。
周易新林九卷郭璞撰。梁有周易林五卷，郭璞撰，亡。
易洞林三卷郭璞撰。
周易新林一卷
周易新林二卷
易林三卷魯洪度撰。
周易林十卷梁周易林三十三卷，錄一卷。
易讚林二卷
易立成林二卷郭氏撰。

易立成四卷
易玄成一卷
周易立成占三卷顏氏撰。
神農重卦經二卷
文王幡音一卷
易三備三卷
易三備一卷
易占三卷
易射覆二卷
易射覆一卷
周易孔子通覆決三卷顏氏撰。
易林要決一卷
易要決二卷梁有周易曆、周易初學筮要法各一卷。
周易髓腦二卷
易腦經一卷鄭氏撰。
周易玄品二卷
易律曆一卷虞翻撰。
易曆七卷
易曆決疑二卷
周易卦林一卷
洞林三卷梁元帝撰。
連山三十卷梁元帝撰。
雜筮占四卷
五兆算經一卷
十二靈棊卜經一卷梁有管公明算占書一卷，五行雜卜經十卷，亡。
京君明推偸盜書一卷
天皇大神氣君注曆一卷
太史公萬歲曆一卷
千歲曆祠一卷任氏撰。

萬歲曆祠二卷
萬年曆二十八宿人神一卷
六甲周天曆一卷孫僧化撰。
六十甲子曆八卷
曆祀一卷
田家曆十二卷
三合紀讖穰一卷
師曠書三卷
海中仙人占災祥書三卷
東方朔占二卷
東方朔書二卷
東方朔書鈔二卷
東方朔曆一卷
東方朔占候水旱下人善惡一卷梁有擇日書十卷，太歲所在占善惡書一卷，亡。

雜忌曆二卷魏光祿勳高堂隆撰。
百忌大曆要鈔一卷
百忌曆術一卷
百忌通曆法一卷梁有雜百忌五卷，亡。
曆忌新書十二卷
太史百忌曆圖一卷梁有太史百忌一卷，亡。
雜殺曆九卷梁有秦災異一卷，後漢中郎郗萌撰；後漢災異十五卷，晉災異簿二卷，宋災異簿四卷，雜凶妖一卷，破書、玄武書契各一卷。亡。
二儀曆頭堪餘一卷
堪餘曆二卷
注曆堪餘一卷
地節堪餘二卷
堪餘曆注一卷
堪餘四卷

大小堪餘曆術一卷梁大小堪餘三卷。
四序堪餘二卷殷紹撰。梁有堪餘天赦書七卷，雜堪餘四卷，亡。
八會堪餘一卷
雜要堪餘一卷
元辰五羅算一卷
孝經元辰四卷梁有五行元辰厄會十三卷，孝經元辰會九卷，孝經元辰決一卷，亡。
元辰曆一卷
雜元辰祿命二卷
泜河祿命三卷梁有五行祿命厄會十卷，亡。
乾坤氣法一卷許辯撰。
易通統卦驗玄圖一卷
易通統圖二卷
易新圖序一卷

易通統圖一卷
易八卦命錄斗內圖一卷郭璞撰。
易斗圖一卷郭璞撰。
易八卦斗內圖二卷
八卦斗內圖二卷梁有周易八卦五行圖、周易斗中八卦絕命圖、周易斗中八卦推遊年圖各一卷，亡。
周易分野星圖一卷
舉百事略一卷
舉百事要一卷
五姓歲月禁忌一卷
嫁娶經四卷
陰陽婚嫁書四卷
雜陰陽婚嫁書三卷
婚嫁書二卷
婚嫁黃籍科一卷

六合婚嫁曆一卷梁六合婚嫁書及圖，各一卷。
嫁娶迎書四卷
雜婚嫁書六卷
嫁娶陰陽圖二卷
陰陽嫁娶圖二卷
雜嫁娶房內圖術四卷
九天嫁娶圖一卷
六甲貫胎書一卷
產乳書二卷
產經一卷
推產婦何時產法一卷王琛撰。
推產法一卷
雜產書六卷
生產符儀一卷
產圖二卷

雜產圖四卷
拜官書三卷
臨官冠帶書一卷
仙人務子傳神通黃帝登壇經一卷
壇經一卷四等撰。
登壇經三卷
五姓登壇圖一卷
登壇文一卷梁有二公地基一卷，雜地基立成五卷，八神圖二卷，十二屬神圖一卷，亡。
沐浴書一卷梁有裁衣書一卷，亡。
占夢書三卷京房撰。
占夢書一卷崔元撰。
竭伽仙人占夢書一卷
占夢書一卷周宣等撰。
新撰占夢書十七卷并目錄。

夢書十卷
解夢書二卷
海中仙人占體瞤及雜吉凶書三卷
海中仙人占吉凶要略二卷
雜占夢書一卷梁有師曠占五卷，東方朔占七卷，黃帝太一雜占十卷，和菟鳥鳴書、王喬解鳥語經、嚏書、耳鳴書、目瞤書各一卷，董仲舒請禱圖三卷，亡。
竈經十四卷梁簡文帝撰。梁又有祠竈書一卷，六甲祀書二卷，又有太玄禁經、白獸七變經、墨子枕中五行要記、淮南萬畢經、淮南變化術、陶朱變化術各一卷，三五步剛三十卷，五行變化墨子五卷，淮南中經四卷，六甲隱形圖五卷，太史公素王妙論二卷，〔三〇〕亡。
瑞應圖三卷
瑞圖讚二卷梁有孫柔之瑞應圖記、孫氏瑞應圖贊各三卷，亡。

祥瑞圖十一卷
祥瑞圖八卷侯亶撰。
芝英圖一卷
祥異圖十一卷
災異圖一卷
地動圖一卷
張掖郡玄石圖一卷高堂隆撰。
張掖郡玄石圖一卷孟衆撰。梁有晉玄石圖一卷，晉德易天圖二卷，亡。
天鏡二卷
乾坤鏡二卷梁天鏡、地鏡、日月鏡、四規鏡經各一卷，地鏡圖六卷，亡。
望氣書七卷
雲氣占一卷梁望氣相山川寶藏祕記一卷，仙寶劍經二卷，亡。

地形志八十卷庾季才撰。
宅吉凶論三卷
相宅圖八卷
五姓墓圖一卷梁有冢書、黃帝葬山圖各四卷，五音相墓書五卷，五音圖墓書九十一卷，五姓圖山龍及科墓葬不傳各一卷，雜相墓書四十五卷，亡。
相書四十六卷
相經要錄二卷蕭吉撰。相經三十卷，鍾武隸撰；相書十一卷，樊、許、唐氏武王相書一卷，雜相書九卷，相書圖七卷。亡。
相手板經六卷梁相手板經、受版圖、韋氏相板印法指略抄、魏征東將軍程申伯相印法各一卷，亡。
大智海四卷
白澤圖一卷
相馬經一卷梁有伯樂相馬經、闕中銅馬法、周穆王八馬圖、齊侯大夫甯戚相牛經、王良相牛經、高堂隆相牛經、淮南八公相鵠經、浮丘公相鶴書、相鴨經、相雞經、相鵝經、相貝經、瓡𥈭權衡記、稱物重率術各二卷，劉潛泉圖記三卷，亡。

右二百七十二部，合一千二十二卷。

五行者，金、木、水、火、土，五常之形氣者也。在天爲五星，在人爲五藏，在目爲五色，在耳爲五音，在口爲五味，在鼻爲五臭。在上則出氣施變，在下則養人不倦。故傳曰：「天生五材，廢一不可。」是以聖人推其終始，以通神明之變，爲卜筮以考其吉凶，占百事以觀於來物，覩形法以辨其貴賤。周官則分在保章、馮相、卜師、筮人、占夢、眡祲，而太史之職，實

司總之。小數者纔得其十物，便以細事相亂，以惑於世。

黃帝素問九卷梁八卷。
黃帝甲乙經十卷音一卷。梁十二卷。
黃帝八十一難二卷梁有黃帝衆難經一卷，呂博望注，亡。
黃帝鍼經九卷梁有黃帝鍼灸經十二卷，徐悅、龍銜素鍼經並孔穴蝦蟆圖三卷，〔三一〕雜鍼經四卷，程天祚鍼經六卷，灸經五卷，曹氏灸方七卷，秦承祖偃側雜鍼灸經三卷，亡。
徐叔嚮鍼灸要鈔一卷
玉匱鍼經一卷
赤烏神鍼經一卷
岐伯經十卷
脈經十卷王叔和撰。
脈經二卷梁脈經十四卷，又脈生死要訣二卷；又脈經六卷，黃公興撰；脈經六卷，秦承祖撰；脈經十卷，康普思撰。亡。
黃帝流注脈經一卷梁有明堂流注六卷，亡。
明堂孔穴五卷梁明堂孔穴二卷，新撰鍼灸穴一卷，亡。
明堂孔穴圖三卷
明堂孔穴圖三卷梁有偃側圖八卷，又偃側圖二卷。
神農本草八卷梁有神農本草五卷，神農本草屬物二卷，神農明堂圖一卷，蔡邕本草七卷，華佗弟子吳普本草六卷，陶隱居本草十卷，隨費本草九卷，秦承祖本草六卷，王季璞本草經三卷，李譡之本草經、談道術本草經鈔各一卷，宋大將軍參軍徐叔嚮本草病源合藥要鈔五卷，徐叔嚮等四家體療雜病本草要鈔十卷，王末鈔小兒用藥本草二卷，甘濬之癰疽耳眼本草要鈔九卷，陶弘景本草經集注七卷，趙贊本草經一卷，本草經輕行、本草經利用各一卷，亡。
神農本草四卷雷公集注。
甄氏本草三卷
桐君藥錄三卷梁有雲麾將軍徐滔新集藥錄四卷，李譡之藥錄六卷，藥法四十二卷，藥律三卷，藥性、藥對各二卷，藥目三卷，神農採藥經二卷，藥忌一卷，亡。
太清草木集要二卷陶隱居撰。
張仲景方十五卷仲景，後漢人。梁有黃素藥方二十五卷，亡。
華佗方十卷吳普撰。佗，後漢人。梁有華佗內事五卷，又耿奉方六卷，亡。
集略雜方十卷
雜藥方一卷梁有雜藥方四十六卷。
雜藥方十卷
寒食散論二卷梁有寒食散湯方二十卷，寒食散方一十卷，皇甫謐、曹歙論寒食散方二卷，〔三二〕亡。
寒食散對療一卷釋道洪撰。
解寒食散方二卷釋智斌撰。梁解散論二卷。
解寒食散論二卷梁有徐叔嚮解寒食散方六卷，釋慧義寒食解雜論七卷，亡。
雜散方八卷梁有解散方、解散論各十三卷，徐叔嚮解散消息節度八卷，范氏解散方七卷，解釋慧義解散方一卷，亡。
湯丸方十卷
雜丸方十卷梁有百病膏方十卷，雜湯丸散酒煎薄帖膏湯婦人少小方九卷，羊中散雜湯丸散酒方一卷，療下湯丸散方十卷。

石論一卷
醫方論七卷梁有張仲景辨傷寒十卷，療傷寒身驗方、徐文伯辨傷寒各一卷，〔三三〕傷寒總要二卷，支法存申蘇方五卷，王叔和論病六卷，張仲景評病要方一卷，徐叔嚮、談道述、徐悅體療雜病疾源三卷，甘濬之癰疽部黨雜病疾源三卷，府藏要三卷，亡。
肘後方六卷葛洪撰。梁二卷。陶弘景補闕肘後百一方九卷，亡。
姚大夫集驗方十二卷
范東陽方一百五卷〔三四〕錄一卷。范汪撰。梁一百七十六卷。梁又有阮河南藥方十六卷，阮文叔撰；釋僧深藥方三十卷，孔中郎雜藥方二十九卷，宋建平王典術一百二十卷，羊中散藥方三十卷，羊欣撰；褚澄雜藥方二十卷，齊吳郡太守褚澄撰。亡。
秦承祖藥方四十卷見三卷。梁有陽眄藥方二十八卷，夏侯氏藥方七卷，王季琰藥方一卷，徐叔嚮雜療方二十二卷，徐叔嚮雜病方六卷，李譡之藥方一卷，徐文伯藥方二卷，亡。
胡洽百病方二卷梁有治卒病方一卷，徐奘要方一卷，無錫令徐奘撰；遼東備急方三卷，都尉臣廣上；殷荊州要方一卷，殷仲堪撰。亡。
俞氏療小兒方四卷梁有范氏療婦人藥方十一卷，徐叔嚮療少小百病雜方三十七卷，療少小雜方二十卷，療少小雜方二十九卷，范氏療小兒藥方一卷，王末療小兒雜方十七卷，亡。
徐嗣伯落年方三卷梁有徐叔嚮療脚弱雜方八卷，徐文伯辨脚弱方一卷，甘濬之療癰疽金創要方十四卷，甘濬之療癰疽毒惋雜病方三卷，甘伯齊療癰疽金創方十五卷，亡。
陶氏效驗方六卷梁五卷。梁又有療目方五卷，甘濬

中華書局

之療耳眼方十四卷，神枕方一卷；雜戎狄方一卷，宋武帝撰；摩訶出胡國方十卷，摩訶胡沙門撰；又范曄上香方一卷，雜香膏方一卷。亡。
彭祖養性經一卷
養生要集十卷張湛撰。
玉房祕決十卷
墨子枕內五行紀要一卷梁有神枕方一卷，疑此即是。
如意方十卷
練化術一卷
神仙服食經十卷
雜仙餌方八卷
服食諸雜方二卷梁有仙人水玉酒經一卷。
老子禁食經一卷
崔氏食經四卷
食經十四卷梁有食經二卷，又食經十九卷；劉休食方一卷，齊冠軍將軍劉休撰。亡。
食饌次第法一卷梁有黃帝雜飲食忌二卷。
四時御食經一卷梁有太官食經五卷，又太官食法二十卷，食法雜酒食要方白酒并作物法十二卷，家政方十二卷，食圖、四時酒要方、白酒方、七日麴酒法、雜酒食要法、雜藏釀法、雜酒食要法、酒并飲食方、鮭及鐺蟹方、羹臛法、䏣膢朐法、北方生醬法各一卷，亡。
療馬方一卷梁有伯樂療馬經一卷，疑與此同。
黃帝素問八卷全元起注。〔三五〕
脉經二卷徐氏撰。
華佗觀形察色并三部脉經一卷
脉經決二卷徐氏新撰。
脉經鈔二卷許建吳撰。
黃帝素問女胎一卷

三部四時五藏辨診色決事脉一卷
脉經略一卷
辨病形證七卷
五藏決一卷
論病源候論五卷目一卷，吳景賢撰。
服石論一卷
癰疽論方一卷
五藏論五卷
瘧論并方一卷
神農本草經三卷
本草經四卷蔡英撰。
藥目要用二卷
本草經略一卷
本草二卷徐太山撰。〔三六〕
本草經類用三卷
本草音義三卷姚最撰。
本草音義七卷甄立言撰。
本草集錄二卷
本草鈔四卷
本草雜要決一卷
本草要方三卷甘濬之撰。
依本草錄藥性三卷錄一卷。
靈秀本草圖六卷原平仲撰。
芝草圖一卷
入林採藥法二卷
太常採藥時月一卷
四時採藥及合目錄四卷
藥錄二卷李密撰。
諸藥異名八卷沙門行矩撰。本十卷，今闕。
諸藥要性二卷

種植藥法一卷
種神芝一卷
藥方二卷徐文伯撰。
解散經論并增損寒食節度一卷
張仲景療婦人方二卷
徐氏雜方一卷
少小方一卷
療小兒丹法一卷
徐太山試驗方二卷
徐文伯療婦人瘕一卷
徐太山巾箱中方三卷
藥方五卷徐嗣伯撰。
墮年方二卷〔三七〕徐太山撰。
効驗方三卷徐氏撰。
雜要方一卷
玉函煎方五卷葛洪撰。
小品方十二卷陳延之撰。
千金方三卷范世英撰。
徐王方五卷
徐王八世家傳効驗方十卷
徐氏家傳祕方二卷
藥方五十七卷後魏李思祖撰。〔三八〕本百一十卷。
稟丘公論一卷
太一護命石寒食散二卷宋尚撰。
皇甫士安依諸方撰一卷
序服石方一卷
服玉方法一卷
劉涓子鬼遺方十卷龔慶宣撰。
療癰經一卷
療三十六瘻方一卷

王世榮單方一卷
集驗方十卷姚僧垣撰。〔三九〕
集驗方十二卷
備急單要方三卷許澄撰。〔四〇〕
藥方二十一卷徐辨卿撰。
名醫集驗方六卷
名醫別錄三卷陶氏撰。
刪繁方十三卷謝士秦撰。
吳山居方三卷
新撰藥方五卷
療癰疽諸瘡方二卷秦政應撰。
單複要驗方二卷釋莫滿撰。
釋道洪方一卷
小兒經一卷
散方二卷
雜散方八卷
療百病雜丸方三卷釋曇鸞撰。
療百病散三卷
雜湯方十卷成毅撰。
雜療方十三卷
雜藥酒方十五卷
趙婆療瘭方一卷
議論備豫方一卷于法開撰。
扁鵲陷冰丸方一卷
扁鵲肘後方三卷
療消渴衆方一卷謝南郡撰。
論氣治療方一卷釋曇鸞撰。
梁武帝所服雜藥方一卷
大略丸五卷
靈壽雜方二卷

經心錄方八卷宋俠撰。[四一]
黃帝養胎經一卷
療婦人產後雜方三卷
黃帝明堂偃人圖十二卷
黃帝鍼灸蝦蟆忌一卷
明堂蝦蟆圖一卷
鍼灸圖要決一卷
鍼灸圖經十一卷本十八卷。
十二人圖一卷
鍼灸經一卷
扁鵲偃側鍼灸圖三卷
流注鍼經一卷
曹氏灸經一卷
偃側人經二卷秦承祖撰。
華佗枕中灸刺經一卷

謝氏鍼經一卷
殷元鍼經一卷
要用孔穴一卷
九部鍼經一卷
釋僧匡鍼灸經一卷
三奇六儀鍼要經一卷
黃帝十二經脉明堂五藏人圖一卷
老子石室蘭臺中治癩符一卷
龍樹菩薩藥方四卷
西域諸仙所說藥方二十三卷目一卷。本二十五卷。
香山仙人藥方十卷
西域波羅仙人方三卷[四二]
西域名醫所集要方四卷本十二卷。
婆羅門諸仙藥方二十卷

婆羅門藥方五卷
耆婆所述仙人命論方二卷目一卷。本三卷。
乾陀利治鬼方十卷
新錄乾陀利治鬼方四卷本五卷，闕。
伯樂治馬雜病經一卷
治馬經三卷俞極撰，亡。
治馬經四卷
治馬經目一卷
治馬經圖二卷
馬經孔穴圖一卷
雜撰馬經一卷
治馬牛駝騾等經三卷目一卷。
香方一卷宋明帝撰。
雜香方五卷
龍樹菩薩和香法二卷

食經三卷馬琬撰。
會稽郡造海味法一卷
論服餌一卷
淮南王食經并目百六十五卷[四三]大業中撰。
膳羞養療二十卷
金匱錄二十三卷目一卷。京里先生撰。
練化雜術一卷陶隱居撰。
玉衡隱書七十卷目一卷。周弘讓撰。
太清諸丹集要四卷陶隱居撰。
雜神丹方九卷
合丹大師口訣一卷
合丹節度四卷陶隱居撰。
合丹要略序一卷孫文韜撰。
仙人金銀經并長生方一卷
狐剛子萬金決二卷葛仙公撰。

雜仙方一卷
神仙服食經十卷
神仙服食神祕方二卷
神仙服食藥方十卷抱朴子撰。
神仙餌金丹沙祕方一卷
衛叔卿服食雜方一卷
金丹藥方四卷
雜神仙丹經十卷
雜神仙黃白法十二卷
神仙雜方十五卷
神仙服食雜方十卷
神仙服食方五卷
服食諸雜方二卷
服餌方三卷陶隱居撰。
眞人九丹經一卷

太極眞人九轉還丹經一卷
練寶法二十五卷目三卷。本四十卷，闕。
太清璇璣文七卷沖和子撰。[四四]
陵陽子說黃金祕法一卷
神方二卷
狐子雜決三卷
太山八景神丹經一卷
太清神丹中經一卷
養生注十一卷目一卷。
養生術一卷翟平撰。
龍樹菩薩養性方一卷
引氣圖一卷
道引圖三卷立一，坐一，臥一。
養身經一卷
養生要術一卷

養生服食禁忌一卷
養生傳二卷
帝王養生要方二卷蕭吉撰。
素女祕道經一卷并玄女經。
素女方一卷
彭祖養性一卷
郯子說陰陽經一卷

序房內祕術一卷葛氏撰。
玉房祕決八卷
徐太山房內祕要一卷
新撰玉房祕決九卷
四海類聚方二千六百卷
四海類聚單要方三百卷

右二百五十六部，合四千五百一十卷。

醫方者，所以除疾疢，保性命之術者也。天有陰陽風雨晦明之氣，人有喜怒哀樂好惡之情。節而行之，則和平調理，專壹其情，則溺而生疢。是以聖人原血脉之本，因鍼石之用，假藥物之滋，調中養氣，通滯解結，而反之於素。其善者，則原脉以知政，推疾以及國。周官，醫師之職「掌聚諸藥物，凡有疾者治之」，是其事也。鄙者爲之，則反本傷性。故曰：「有疾不治，恒得中醫。」

凡諸子，合八百五十三部，六千四百三十七卷。

易曰：「天下同歸而殊塗，一致而百慮。」儒、道、小說，聖人之教也，而有所偏。兵及醫方，聖人之政也，所施各異。世之治也，列在衆職，下至衰亂，官失其守。或以其業遊說諸侯，各崇所習，分鑣並騖。若使總而不遺，折之中道，亦可以興化致治者矣。漢書有諸子、兵書、數術、方伎之略，今合而叙之，爲十四種，謂之子部。

校勘記

〔一〕宋衷注　「注」原作「撰」，據舊唐志上、新唐志三改。下「揚子太玄經陸績、宋衷注」同。

〔二〕通語十卷　「通語」前疑脫「梁有」二字。以下凡此種情況，不再出校記。

〔三〕松滋令蔡洪　「松滋令」三字原在上文「王嬰」上。姚考：晉書王沉傳附蔡洪傳載蔡洪曾官「松滋令」，本志集部別集類有「晉松滋令蔡洪集二卷」。今據改。

〔四〕王長文　「文」原作「元」，據晉書本傳及華陽國志改。

〔五〕娣姒訓　「娣」原作「婦」，據本志集部總集類改。

〔六〕老子　舊唐志下作「老子道德經品」，新唐志三作「道德經品」。此處「老子」下有脫文。

〔七〕本二十卷　當時已存二十卷，不全，則本來的卷數應更多。「本二十卷」，疑有脫誤。

〔八〕張讖撰　「讖」原作「機」，據陳書本傳改。下「遊玄桂林」同。「撰」下或有脫文。

〔九〕王叔之　「王」原作「李」，據釋文敍錄、舊唐志下、新唐志三及册府六〇六改。

〔一〇〕宣舒　「舒」原作「聘」，據釋文敍錄及本志別集類注改。

〔一一〕士操　當作「士品」，見本志史部雜傳類。姚考：「案魏武諱操，安得以『操』名書？此必『士品』之誤。」

〔一二〕田俅子　「俅」原作「休」，據漢書藝文志改。

〔一三〕默記三 裴玄撰　默記與裴氏新言似原爲正文，誤入注內。

〔一四〕何翌之　「翌」原作「望」，據宋書廢帝紀、又何尚之傳改。

〔一五〕新言四卷裴立撰　此書可能是上面注文中裴玄新言的別本，而訛「玄」爲「立」。

〔一六〕繆襲　「襲」原作「卜」，據史記五帝本紀索引改。

〔一七〕崔安　新唐志三作「崔宏」。

〔一八〕科錄二百七十卷　原脫「二百」二字，據魏書元暉傳及舊唐志下、新唐志三補。

〔一九〕宋尚書郎王延秀　「宋」原作「晉」，據宋書何尙之傳改。

〔二〇〕四人月令　「人」當作「民」，唐人諱改。

〔二一〕陽玠松　原作「楊松玢」。姚考：史通雜述篇及直齋書錄解題史部傳記類載陽玠松著談藪二卷，此處解頤卽談藪之異名。今據改。

〔二二〕伏挺　原作「伏棰」，據梁書本傳改。

〔二三〕儀同劉徽　本志於隋人書但書官位，不書時代，此劉徽當是隋人。「徽」當作「暉」。劉暉在隋官儀同，見本書律曆志中。

〔二四〕吳孫子牝牡八變陣圖　原脫「牡」字，據歷代名畫記補。

〔二五〕吳範　原作「全範」，據本志曆術類、五行類及吳志本傳改。

〔二六〕漢武帝王朔注　「漢武帝」下疑有脫文。

〔二七〕陸雲公　原脫「公」字，據梁書、南史本傳補。

〔二八〕安天論六卷虞喜撰　原脫「撰」字，據舊唐志下補。

〔二九〕梁有史蘇龜經十卷　「梁」字原在「卷」下，今依文例上移。

〔三〇〕素王妙論　「論」原作「議」，據史記越王句踐世家集解引文改。

〔三一〕鍼經並孔穴蝦蟇圖　原脫「經」字，據舊唐志下、新唐志三補。

〔三二〕曹翕　「翕」原作「歙」，據魏志東平靈王徽傳改。翕爲徽子。

〔三三〕徐文伯　「文」原作「方」，據南史張邵傳、通志六九藝文志改。

〔三四〕范東陽　原作「范陽東」。范汪爲東陽太守，見晉書本傳。新唐志三有范東陽雜藥方一百七十卷。今據改。

〔三五〕仝元起　「起」原作「越」，據舊唐志下、新唐志三改。

〔三六〕徐太山　「太」原作「大」。按：徐太山卽徐文伯。文伯曾爲太山太守。今校改。下同。

〔三七〕隨年方　日本國見在書目作「隨手方」。

〔三八〕後魏李思祖　「魏」原作「齊」，據魏書李修傳改。李修字思祖。

〔三九〕姚僧垣　「垣」原作「坦」，據周書本傳改。

〔四〇〕備急單要方許澄撰　「單」原作「草」，「澄」原作「證」，據本書許智藏傳附許澄傳改。

〔四一〕宋俠　原作「宋候」，據舊唐書方技傳、又經籍志下及新唐志三改。

〔四二〕西域波羅仙人方　「域」原作「錄」，據通志六九藝文略改。

〔四三〕淮南王食經　大業雜記，「王」作「玉」。

〔四四〕沖和子撰　原脫「和」、「撰」二字，據兩唐志補。

隋書卷三十五

志第三十

經籍四 集 道經 佛經

楚辭十二卷并目錄。後漢校書郎王逸注。

楚辭三卷郭璞注。梁有楚辭十一卷，宋何偃删王逸注，亡。

楚辭九悼一卷楊穆撰。

參解楚辭七卷皇甫遵訓撰。

楚辭音一卷徐邈撰。

楚辭音一卷宋處士諸葛氏撰。

楚辭音一卷孟奧撰。

楚辭音一卷

楚辭音一卷釋道騫撰。

離騷草木疏二卷劉杳撰。

右十部，二十九卷。通計亡書，十一部，四十卷。

楚辭者，屈原之所作也。自周室衰亂，詩人寢息，諂佞之道興，諷刺之辭廢。楚有賢臣

屈原，被讒放逐，乃著離騷八篇，言已離別愁思，申杼其心，自明無罪，因以諷諫，冀君覺悟，卒不省察，遂赴汨羅死焉。弟子宋玉，痛惜其師，傷而和之。其後，賈誼、東方朔、劉向、揚雄，嘉其文彩，擬之而作。蓋以原楚人也，謂之「楚辭」。然其氣質高麗，雅致清遠，後之文人，咸不能逮。始漢武帝命淮南王爲之章句，旦受詔，食時而奏之，其書今亡。後漢校書郎王逸，集屈原已下，迄於劉向，逸又自爲一篇，并叙而注之，今行於世。隋時有釋道騫，善讀之，能爲楚聲，音韻清切，至今傳楚辭者，皆祖騫公之音。

楚蘭陵令荀況集一卷殘缺。梁二卷。

楚大夫宋玉集三卷

漢武帝集一卷梁二卷。

漢淮南王集一卷梁二卷。又有賈誼集四卷，晁錯集三卷，漢弘農都尉枚乘集二卷，錄各一卷，亡。

漢中書令司馬遷集一卷

漢太中大夫東方朔集二卷梁有漢光祿大夫吾丘壽王集二卷，亡。

漢孝文園令司馬相如集一卷〔一〕

漢膠西相董仲舒集一卷梁二卷。又有漢太常孔臧集二卷，亡。

漢騎都尉李陵集二卷梁有漢丞相魏相集二卷，錄一卷；左馮翊張敞集一卷，錄一卷。亡。

漢諫議大夫王褒集五卷

漢諫議大夫劉向集六卷梁有漢射聲校尉陳湯集二卷，丞相韋玄成集二卷，亡。

漢諫議大夫谷永集二卷梁有涼州刺史杜鄴集二卷，騎都尉李尋集二卷，亡。

漢司空師丹集一卷梁三卷，錄一卷。

漢光祿大夫息夫躬集一卷

漢太中大夫揚雄集五卷

漢太中大夫劉歆集五卷

漢成帝班婕妤集一卷梁有班昭集三卷，王莽建新大尹崔篆集一卷，保成師友唐林集一卷，中謁者史岑集二卷，後漢東平王蒼集五卷，桓譚集五卷，亡。

後漢司隸從事馮衍集五卷

後漢徐令班彪集二卷梁五卷。又有司徒掾陳元集一卷，王隆集二卷，雲陽令朱勃集二卷，後漢處士梁鴻集二卷，亡。

後漢車騎從事杜篤集一卷

後漢車騎司馬傅毅集二卷梁五卷。

後漢大將軍護軍司馬班固集十七卷梁有魏郡太守黃香集二卷，亡。

後漢長岑長崔駰集十卷

後漢侍中賈逵集一卷梁二卷。

後漢校書郎劉騊駼集一卷梁二卷，錄一卷。又有樂安相李尤集五卷，大鴻臚竇章集二卷，亡。

後漢濟北相崔瑗集六卷梁五卷。

後漢劉珍集二卷錄一卷。

後漢河間相張衡集十一卷〔二〕梁十二卷，又一本十四卷。又有郎中蘇順集二卷，〔三〕錄二卷；後漢太傅胡廣集二卷，錄一卷。亡。

後漢黃門郎葛龔集六卷梁五卷，一本七卷。

後漢司空李固集十二卷梁十卷。

後漢南郡太守馬融集九卷梁有外黃令高彪集二卷，錄一卷；王逸集二卷，錄一卷；司徒掾桓麟集二

卷，〔四〕錄一卷。亡。

後漢徵士崔琦集一卷梁二卷。又有鄭炎集二卷，錄二卷；陳相邊韶集一卷，錄一卷；益州刺史朱穆集二卷，錄一卷。亡。

後漢京兆尹延篤集一卷梁二卷，錄一卷。又有司農卿皇甫規集五卷；太常卿張奐集二卷，錄一卷；王延壽集三卷；五原太守崔寔集二卷，錄一卷；上計趙壹集二卷，錄一卷。亡。

後漢諫議大夫劉陶集三卷梁二卷，錄一卷。又有外黃令張升集二卷，錄一卷；侯瑾集二卷，盧植集二卷，議郎廉品集二卷。亡。

後漢司空荀爽集一卷梁三卷，錄一卷。

後漢野王令劉梁集三卷梁二卷，錄一卷。又有鄭玄集二卷，錄一卷，亡。

後漢左中郎將蔡邕集十二卷梁有二十卷，錄一卷。又有尚書令士孫瑞集二卷，亡。

後漢太山太守應劭集二卷梁四卷。又有別部司馬張超集五卷，亡。

後漢少府孔融集九卷梁十卷，錄一卷。

後漢侍御史虞翻集二卷梁三卷，錄一卷。

後漢討虜長史張紘集一卷梁二卷，錄一卷。梁有後漢處士禰衡集二卷，錄一卷，亡。

後漢尚書右丞潘勗集二卷梁有錄一卷，亡。

後漢丞相倉曹屬阮瑀集五卷梁有錄一卷，亡。

魏太子文學徐幹集五卷梁有錄一卷，亡。

魏太子文學應瑒集一卷梁有五卷，錄一卷，亡。

後漢丞相軍謀掾陳琳集三卷梁十卷，錄一卷。

魏太子文學劉楨集四卷錄一卷。

後漢丞相主簿繁欽集十卷梁錄一卷，亡。

後漢丞相主簿楊修集一卷梁二卷，錄一卷。

後漢侍中王粲集十一卷梁有魏國郎中令路粹集二卷，錄一卷；行御史大夫袁渙集五卷，錄一卷；魏國奉常王修集二卷。亡。

後漢尚書丁儀集一卷梁二卷，錄一卷。

後漢黃門郎丁廙集一卷梁二卷，錄一卷。梁又有婦人後漢黃門郎秦嘉妻徐淑集一卷，後漢董祀妻蔡文姬集一卷，傅石甫妻孔氏集一卷，亡。

魏武帝集二十六卷梁三十卷，錄一卷。梁又有武皇帝逸集十卷，亡。

魏武帝集新撰十卷

魏文帝集十卷梁二十三卷。

魏明帝集七卷梁五卷，或九卷，錄一卷。梁又有高貴鄉公集四卷，亡。

魏陳思王曹植集三十卷梁又有司徒華歆集二卷，亡。

魏司徒王朗集三十四卷梁三十卷。又司空陳羣集五卷，〔五〕亡。

魏給事中邯鄲淳集二卷梁有錄一卷。又有劉廙集二卷，侍中吳質集五卷，新城太守孟達集三卷，魏徵士管寧集三卷，錄一卷，亡。

魏光祿勳高堂隆集六卷〔六〕梁十卷，錄一卷。又有光錄勳劉邵集二卷，錄一卷，〔七〕亡。

魏散騎常侍繆襲集五卷梁有錄一卷。又有散騎常侍王象集一卷；光祿大夫韋誕集三卷，錄一卷；散騎常侍應元集五卷；游擊將軍卞蘭集二卷，錄一卷；隰陽侯李康集二卷，錄一卷；陳郡太守孫該集二卷，錄一卷；尚書傅巽集二卷，錄一卷。亡。

魏章武太守殷褒集一卷梁二卷。

魏司空王昶集五卷梁有錄一卷。

魏衞將軍王肅集五卷梁有錄一卷。又有桓範集二

卷，中領軍曹羲集五卷，錄一卷，亡。

魏尚書何晏集十一卷梁十卷，錄一卷。

魏衞尉卿應璩集十卷梁有錄一卷。又有王弼集五卷，錄一卷；中書令劉階集二卷；太常卿傅嘏集二卷，錄一卷；樂安太守夏侯惠集二卷，錄一卷。亡。

魏校書郎杜摯集二卷梁有毌丘儉集二卷，錄一卷；征東軍司馬江奉集二卷。亡。

魏太常夏侯玄集三卷梁有車騎將軍鍾毓集五卷，錄一卷，亡。

魏步兵校尉阮籍集十卷梁十三卷，錄一卷。

魏中散大夫嵇康集十三卷梁十五卷，錄一卷。又有魏徵士呂安集二卷，錄一卷，亡。

魏司徒鍾會集九卷梁十卷，錄一卷。

魏汝南太守程曉集二卷梁錄一卷。

蜀丞相諸葛亮集二十五卷梁二十四卷。又有蜀司徒許靖集二卷，錄一卷；征北將軍夏侯霸集二卷。亡。

吳輔義中郎將張溫集六卷梁有士燮集五卷，亡。

吳偏將軍駱統集十卷梁有錄一卷。又有太子少傅薛綜集三卷，錄一卷，亡。

吳選曹尚書暨豔集二卷梁三卷，錄一卷。又有姚信集二卷，錄一卷；謝承集四卷。〔八〕今亡。

吳人楊厚集二卷梁又有錄一卷。

吳丞相陸凱集五卷梁有錄一卷。

吳侍中胡綜集二卷梁有錄一卷。又有東觀令華覈集五卷，錄一卷，亡。

吳侍中張儼集一卷梁二卷，錄一卷。又有韋昭集二卷，錄一卷，亡。

吳中書令紀騭集三卷梁有錄一卷。又有陸景集一卷，亡。

晉宣帝集五卷梁有錄一卷。

晉文帝集三卷

齊王攸集二卷梁三卷。

晉王沈集五卷梁有鄭褒集二卷，亡。

晉宗正嵇喜集一卷殘缺。梁二卷，錄一卷。

晉散騎常侍應貞集一卷梁五卷。

晉司隸校尉傅玄集十五卷梁五十卷，錄一卷，亡。

晉著作郎成公綏集九卷殘缺。梁十卷。又有裴秀集三卷，錄一卷，亡。

晉金紫光祿大夫何楨集一卷〔九〕梁五卷。又有袁準集二卷，錄一卷，亡。

晉少傅山濤集九卷梁五卷，錄一卷，又一本十卷。齊奉朝請裴津注。又梁有向秀集二卷，錄一卷；平原太守阮种集二卷，錄一卷；阮侃集五卷，錄一卷。亡。

晉太傅羊祜集一卷殘缺。梁二卷，錄一卷。又有蔡玄通集五卷；太宰賈充集五卷，錄一卷；荀勖集三卷，錄一卷。亡。

晉征南將軍杜預集十八卷

晉輔國將軍王濬集一卷殘缺。梁二卷，錄一卷。

晉徵士皇甫謐集二卷錄一卷。

晉侍中程咸集三卷梁有光祿大夫劉毅集二卷，錄一卷；晉侍中庾峻集二卷，錄一卷。亡。

晉巴西太守郤正集一卷

晉散騎常侍薛瑩集三卷梁又有散騎常侍陶濬集二卷，錄一卷，亡。

晉通事郎江偉集六卷梁有宣舒集五卷；散騎常侍曹志集二卷，錄一卷；鄒湛集三卷，錄一卷。亡。

晉汝南太守孫毓集六卷

晉處士楊泉集二卷錄一卷。梁有司徒王渾集五

卷，冀州刺史王深集五卷，亡。

晉徵士閔鴻集三卷梁有光祿大夫裴楷集二卷，錄一卷，亡。

晉司空張華集十卷錄一卷。

晉尚書僕射裴頠集九卷梁有太子中庶子許孟集三卷，錄一卷；太宰何劭集二卷，〔一〇〕錄一卷；光祿大夫劉頌集三卷，錄一卷；劉寔集二卷，錄一卷。亡。

晉散騎常侍王佑集三卷錄一卷。梁有晉驃騎將軍王濟集二卷，亡。

華嶠集八卷梁二卷。

晉祕書丞司馬彪集四卷梁三卷，錄一卷。又有尚書庾儵集二卷，錄一卷；國子祭酒謝衡集二卷。亡。

晉漢中太守李虔集一卷梁二卷，錄一卷。

晉司隸校尉傅咸集十七卷梁三十卷，錄一卷。又有太子中庶子棗據集二卷，錄一卷；劉寶集三卷。亡。

晉馮翊太守孫楚集六卷梁十二卷，錄一卷。

晉散騎常侍夏侯湛集十卷梁有錄一卷。又有弋陽太守夏侯淳集二卷，散騎侍郎王讚集五卷，亡。

晉衞尉卿石崇集六卷梁有錄一卷。

晉尚書郎張敏集二卷梁五卷。又有黃門郎伏偉集一卷，亡。

晉黃門郎潘岳集十卷

晉太常卿潘尼集十卷

晉頓丘太守歐陽建集二卷梁有宗正劉許集二卷，〔一一〕錄一卷；散騎常侍李重集二卷；光祿大夫欒廣集二卷，錄一卷；阮渾集三卷，錄一卷。亡。

晉侍中嵇紹集二卷錄一卷。梁有錢唐令楊建集九卷，長沙相盛彥集五卷，左長史楊乂集三卷，錄一卷。

晉尚書盧播集一卷梁二卷，錄一卷。又有欒肇集

五卷，錄一卷；南中郎長史應亨集二卷。亡。

晉國子祭酒杜育集二卷

晉太常卿摯虞集九卷梁十卷，錄一卷。又祕書監繆徵集二卷，錄一卷，亡。

晉齊王府記室左思集二卷梁有五卷，錄一卷。又有晉豫章太守夏靖集二卷，錄一卷；吳王文學鄭豐集二卷，錄一卷；大司馬東曹掾張翰集二卷，錄一卷；清河王文學陳略集二卷，錄一卷；揚州從事陸沖集二卷，錄一卷。亡。

晉平原內史陸機集十四卷梁四十七卷，錄一卷，亡。

晉清河太守陸雲集十二卷梁十卷，錄一卷。又有少府丞孫極集二卷，〔一二〕錄一卷，亡。

晉中書郎張載集七卷梁一本二卷，錄一卷。

晉黃門郎張協集三卷梁四卷，錄一卷。

晉著作郎束皙集七卷梁五卷，錄一卷。又有征南司馬曹攄集三卷，錄一卷；散騎常侍江統集十卷，錄一卷；著作郎胡濟集五卷，錄一卷。亡。

晉中書令卞粹集一卷梁五卷。又有光祿勳閭丘沖集二卷，錄一卷，亡。

晉太傅從事中郎庾敳集一卷梁五卷，錄一卷。又有太子中舍人阮瞻集二卷，錄一卷；太子洗馬阮修集二卷，錄一卷；廣威將軍裴邈集二卷，錄一卷。亡。

晉太傅主簿郭象集二卷〔一三〕梁五卷，錄一卷。又有廣州刺史嵇含集十卷，錄一卷，亡。

晉安豐太守孫惠集八卷梁十一卷，錄一卷。又有松滋令蔡洪集二卷，錄一卷，亡。

晉平北將軍牽秀集四卷梁三卷，錄一卷。又有車騎從事中郎蔡克集二卷，錄一卷；游擊將軍索靖集三卷；隴西太守閻纂集二卷，錄一卷；秦州刺史張輔集

二卷，錄一卷；交阯太守殷巨集二卷，錄一卷；太子洗馬陶佐集五卷，錄一卷；東晉鄱陽太守虞溥集二卷，〔一四〕錄一卷；益陽令吳商集五卷；仲長敖集二卷；晉太常卿劉弘集三卷，錄一卷；開府山簡集二卷，錄一卷；兗州刺史宗岱集二卷；侍中王峻集二卷，錄一卷；濟陽內史王曠集五卷，錄一卷。亡。

晉散騎常侍棗嵩集一卷梁二卷，錄一卷。又有襄陽太守棗腆集二卷，錄一卷，亡。

晉太尉劉琨集九卷梁十卷。

劉琨別集十二卷

晉司空從事中郎盧諶集十卷梁有錄一卷。

晉祕書丞傅暢集五卷梁有錄一卷。又有晉明帝集五卷，錄一卷；簡文帝集五卷，錄一卷；孝武帝集二卷，錄一卷；彭城王紘集二卷；譙烈王集九卷，錄一卷。亡。

晉會稽王司馬道子集八卷梁九卷。又有鎮東從事中郎傅毅集五卷，亡。

晉衡陽內史曾瓌集三卷梁四卷，錄一卷。又有驃騎將軍顧榮集五卷，錄一卷，亡。

晉司空賀循集十八卷梁二十卷，錄一卷。又有散騎常侍張亢集二卷，〔一五〕錄一卷；車騎長史賈彬集三卷，錄一卷。亡。

晉光祿大夫衞展集十二卷梁十五卷。又有東晉太尉荀組集三卷，錄一卷，亡。

晉祕書郎張委集九卷梁五卷。又有關內侯傅琨集一卷；光祿大夫周顗集二卷，錄一卷。亡。

晉太常謝鯤集六卷梁二卷。

晉驃騎將軍王廙集十卷梁三十四卷，錄一卷。又有華譚集二卷，亡。

晉御史中丞熊遠集十二卷梁五卷，錄一卷。又

有湘州秀才谷儉集一卷；大鴻臚周嵩集三卷，錄一卷。亡。

晉弘農太守郭璞集十七卷梁十卷，錄一卷。

晉張駿集八卷殘缺。

晉大將軍王敦集十卷梁有吳興太守沈充集三卷；散騎常侍傅純集二卷，錄一卷。亡。

晉光祿大夫梅陶集九卷梁二十卷，錄一卷。又有金紫光祿大夫荀邃集二卷，錄一卷，亡。

晉散騎常侍王鑒集九卷梁五卷。又有晉著作佐郎王濤集五卷；廷尉卿阮放集十卷，錄一卷；宗正卿張悛集五卷，錄一卷；汝南太守應碩集二卷；金紫光祿大夫張闓集二卷，錄一卷；揚州從事陸沈集二卷，錄一卷；驃騎將軍卞壼集二卷，錄一卷；光祿勳鍾雅集一卷，衞尉卿劉超集二卷；衞將軍戴邈集五卷，錄一卷；光祿大夫荀崧集一卷，亡。

晉大將軍溫嶠集十卷梁錄一卷。

晉侍中孔坦集十七卷梁五卷，錄一卷。又有臧沖集一卷，晉鎮南大將軍應詹集五卷，〔一六〕亡。

晉太僕卿王嶠集八卷梁有衞尉荀闓集一卷，鎮北將軍劉隗集二卷；大司馬陶侃集二卷，錄一卷。亡。

晉丞相王導集十一卷梁十卷，錄一卷。

晉太尉郗鑒集十卷錄一卷。

晉太尉庾亮集二十一卷梁二十卷，錄一卷。又有虞預集十卷，錄一卷；平越司馬黃整集十卷，錄一卷。亡。

晉護軍長史庾堅集十三卷梁十卷，錄一卷。

晉司空庾氷集七卷梁二十卷，錄一卷。

晉給事中庾闡集九卷梁十卷，錄一卷。

晉著作郎王隱集十卷梁二十卷，錄一卷。

晉散騎常侍干寶集四卷梁五卷。

晉太常卿殷融集十卷梁有衞尉張虞集十卷；光祿大夫諸葛恢集五卷，錄一卷。亡。

晉車騎將軍庾翼集二十二卷梁二十卷，錄一卷。

晉司空何充集四卷梁五卷。又有御史中丞郝默集五卷，征西諮議甄述集十二卷，武昌太守徐彥則集十卷，亡。

晉散騎常侍王愆期集七卷梁十卷，錄一卷。又有司徒左長史王濛集五卷；丹陽尹劉惔集二卷，〔一七〕錄一卷；益州刺史袁喬集七卷。亡。

晉尚書令顧和集五卷梁有錄一卷。又有尚書僕射劉遐集五卷；徵士江惇集三卷，〔一八〕錄一卷；魏興太守荀述集一卷；平南將軍賀翹集五卷，李軌集八卷。亡。

晉李充集二十二卷梁十五卷，錄一卷。

晉司徒蔡謨集十七卷梁四十三卷。

晉揚州刺史殷浩集四卷梁五卷，錄一卷。又有吳興孝廉鈕滔集五卷，錄一卷；宣城內史劉系之集五卷，錄一卷。亡。

庾赤玉集四卷

晉尋陽太守庾統集八卷〔一九〕梁有驃騎司馬王修集二卷，錄一卷；衞將軍謝尚集十卷，錄一卷；青州刺史王淡集二卷。亡。

晉西中郎將王胡之集十卷梁五卷，錄一卷。

晉中書令王洽集五卷錄一卷。梁有宜春令范保集七卷；徵士范宣集十卷，錄一卷；建安太守丁纂集四卷，錄一卷。亡。

晉金紫光祿大夫王羲之集九卷梁十卷，錄一卷。

晉散騎常侍謝萬集十六卷梁十卷。

晉司徒長史張憑集五卷梁有錄一卷。梁有高涼

太守楊方集二卷,亡。

晉徵士許詢集三卷梁八卷,錄一卷。

晉征西將軍張望集十卷梁十二卷,錄一卷。

晉餘姚令孫統集二卷梁九卷,錄一卷。又有晉陵令臧沅集三卷,錄一卷,亡。

晉衞尉卿孫綽集十五卷梁二十五卷。

晉太常江逌集九卷梁有謝沈集十卷,亡。

晉李顒集十卷錄一卷。

晉光祿勳曹毗集十卷梁十五卷,錄一卷。又有郡主簿王箴集五卷,亡。

晉沙門支遁集八卷梁十三卷。又有劉惔集十六卷,亡。

張重華酒泉太守謝艾集七卷梁八卷。又有撫軍長史蔡系集二卷,護軍將軍江彪集五卷,〔三〇〕錄一卷。亡。

晉范汪集一卷梁十卷。

晉尙書僕射王述集八卷梁又有王度集五卷,錄一卷;中領軍庾龢集二卷,錄一卷;將作大匠喻希集一卷;吳興太守孔嚴集十一卷,錄一卷。亡。

晉大司馬桓溫集十一卷梁有四十三卷。又有桓溫要集二十卷,錄一卷;豫章太守車灌集五卷,錄一卷。亡。

晉尙書僕射王坦之集七卷梁五卷,錄一卷,亡。

晉左光祿王彪之集二十卷梁有錄一卷。

晉中書郎郗超集九卷梁十卷。又有南中郎桓嗣集五卷;平固令郜數集五卷,錄一卷;太學博士滕輔集五卷,錄一卷。亡。

晉苻堅丞相王猛集九卷錄一卷。梁有顧夷集五卷,散騎常侍鄭襲集四卷,撫軍掾劉暢集一卷,亡。

晉太常卿韓康伯集十六卷梁有黃門郎范啓集四

卷;豫章太守王恪集十卷,零陵太守陶混集七卷,海鹽令祖撫集三卷;吳興太守殷康集五卷,錄一卷。亡。

晉太傅謝安集十卷梁十卷,錄一卷。又有中軍參軍孫嗣集三卷,錄一卷;司徒左長史劉衰集三卷。亡。

晉御史中丞孔欣時集八卷梁七卷。

晉伏滔集十一卷并目錄。梁五卷,錄一卷。

晉滎陽太守習鑿齒集五卷

晉祕書監孫盛集五卷殘缺。梁十卷,錄一卷。

晉東陽太守袁宏集十五卷梁二十卷,錄一卷。又有晉黃門郎顧淳集一卷,尋陽太守熊鳴鵠集十卷,車騎司馬謝韶集三卷;金紫光祿大夫王獻之集十卷,錄一卷;琅邪內史袁質集二卷,錄一卷;太宰從事中郎袁邵集五卷,錄一卷;車騎長史謝朗集六卷,錄一卷;車騎將軍謝顗集十卷,錄一卷。亡。

晉新安太守郗愔集四卷殘缺。梁五卷。又有吳郡功曹陸法之集十九卷,亡。

晉太常卿王珉集十卷〔三一〕梁錄一卷。

晉中散大夫羅含集三卷梁有太宰長史庾倩集二卷,大司馬參軍庾悠之集三卷,司徒右長史庾凱集二卷,亡。

晉國子博士孫放集一卷殘缺。梁十卷。

晉聘士殷叔獻集四卷并目錄。梁三卷,錄一卷。

晉湘東太守庾肅之集十卷錄一卷。梁有晉北中郎參軍蘇彥集十卷;太子左率王肅之集三卷,錄一卷;黃門郎王徽之集八卷;徵士謝敷集五卷,錄一卷;太常卿孔汪集十卷,陳統集七卷,太常王愷集十五卷;右將軍王忱集五卷,錄一卷;太常殷允集十卷。亡。

晉徵士戴逵集九卷殘缺。梁十卷,錄一卷。又有晉光祿大夫孫緘集十卷,尚書左丞徐禪集六卷,亡。

晉太子前率徐邈集九卷并目錄。梁二十卷,錄一卷。

晉給事中徐乾集二十一卷并目錄。梁二十卷,錄一卷。又有晉冠軍將軍張玄之集五卷,錄一卷;員外常侍荀世之集八卷,袁山松集十卷,黃門郎魏邁之集五卷,驃騎參軍卞湛集五卷;金紫光祿大夫褚爽集十六卷,錄一卷。亡。

晉豫章太守范甯集十六卷梁有晉餘杭令范弘之集六卷,亡。

晉司徒王珣集十一卷并目錄。梁十卷,錄一卷,亡。

晉處士薄蕭之集九卷梁十卷。又有晉安北參軍薄要集九卷,薄邕集七卷;延陵令唐邁之集十一卷,錄一卷。亡。

晉孫恩集五卷梁有晉殿中將軍傅縡集十五卷,驍騎將軍弘戎集十六卷,御史中丞魏叔齊集十五卷,司徒右長史劉寧之集五卷,亡。

晉臨海太守辛德遠集五卷梁四卷。又有晉車騎參軍何瑾之集十一卷;太保王恭集五卷,錄一卷;殷覬集十卷,錄一卷。亡。

晉荊州刺史殷仲堪集十二卷并目錄。梁十卷,錄一卷,亡。

晉驃騎長史謝景重集一卷

晉桓玄集二十卷梁有晉丹陽尹卞範之集五卷,〔三二〕錄一卷;光祿勳卞承之集十卷,錄一卷。亡。

晉東陽太守殷仲文集七卷梁五卷。

晉司徒王謐集十卷錄一卷。梁有晉光祿大夫伏系之集十卷,錄一卷,亡。

晉右軍參軍孔璠集二卷

晉衞軍諮議湛方生集十卷錄一卷。

晉光祿大夫祖台之集十六卷梁二十卷。

晉通直常侍顧愷之集七卷梁二十卷。

晉太常卿劉瑾集九卷梁五卷。

晉左僕射謝混集三卷梁五卷。

晉祕書監滕演集十卷錄一卷。

晉司徒長史王誕集二卷梁有晉太尉咨議劉簡之集十卷,亡。

晉丹陽太守袁豹集八卷〔三三〕梁十卷,錄一卷。又有晉廬江太守殷遵集五卷,錄一卷;興平令荀軌集五卷。亡。

晉西中郎長史羊徽集九卷梁十卷,錄一卷。

晉國子博士周祇集十一卷梁二十卷,錄一卷。又有晉相國主簿殷闡集十卷,錄一卷;太常傅迪集十卷。亡。

晉始安太守卞裕集十三卷梁十五卷。又有晉韋公藝集六卷,亡。

晉毛伯成集一卷

晉沙門支曇諦集六卷

晉沙門釋惠遠集十二卷

晉姚萇沙門釋僧肇集一卷

晉王茂略集四卷

晉曹毗集四卷

晉宗欽集二卷梁有晉中軍功曹殷曠之集五卷,太學博士魏說集十三卷;征西主簿丘道護集五卷,錄一卷;柴桑令劉遺民集五卷,錄一卷;郭澄之集十卷,徵士周續之集一卷,〔三四〕孔瞻集九卷。亡。

晉江州刺史王凝之妻謝道韞集二卷梁有婦人晉司徒王渾妻鍾夫人集五卷,晉武帝左九嬪集四卷,

晉太宰賈充妻李扶集一卷，晉武平都尉陶融妻陳窈集一卷，晉都水使者妻陳玢集五卷，[二五]晉海西令劉臻妻陳珍集七卷，[二六]晉劉柔妻王邵之集十卷，晉散騎常侍傅伉妻辛蕭集一卷，晉松陽令鈕滔母孫瓊集二卷，晉成公道賢妻龐馥集一卷，晉宣城太守何殷妻徐氏集一卷，亡。

宋武帝集十二卷梁二十卷，錄一卷。

宋文帝集七卷梁十卷，亡。

宋孝武帝集二十五卷梁三十一卷，錄一卷。又有宋廢帝景和集十卷，錄一卷；明帝集三十三卷。亡。

宋長沙王道憐集十卷錄一卷。[二七]梁有宋臨川王道規集四卷，錄一卷，亡。

宋臨川王義慶集八卷

宋江夏王義恭集十一卷梁十五卷，錄一卷。又有江夏王集別本十五卷；宋衡陽王義季集十卷，錄一卷。亡。

宋南平王鑠集五卷梁有宋竟陵王誕集二十卷，建平王休度集十卷，[二八]新渝惠侯義宗集十二卷，散騎常侍祖柔之集二十卷，亡。

宋豫章太守謝瞻集三卷梁有宋征虜將軍沈林子集七卷，亡。

宋太常卿孔琳之集九卷并目錄，梁十卷，錄一卷。

宋王叔之集七卷梁十卷，錄一卷。

宋太中大夫徐廣集十五卷錄一卷。

宋秘書監盧繁集一卷殘缺。梁十卷，錄一卷。

宋侍中孔甯子集十一卷并目錄。梁十五卷，錄一卷。

宋建安太守卞瑾集十卷梁十卷。

宋太常卿蔡廓集九卷并目錄。梁十卷，錄一卷。

又有宋王韶之集二十四卷，亡。

宋尚書令傅亮集三十一卷梁二十卷，錄一卷。

又有宋征南長史孫康集十卷，左軍長史范述集三卷，亡。

宋太常卿鄭鮮之集十三卷梁二十卷，錄一卷。

宋徵士陶潛集九卷梁五卷，錄一卷。又有張野集十卷，宋零陵令陶階集八卷，東莞太守張元瑾集八卷；光祿大夫王曇首集二卷，錄一卷。亡。

宋太常卿范泰集十九卷梁二十卷，錄一卷。

宋中書郎荀昶集十四卷梁十五卷，錄一卷。又有卞伯玉集五卷，錄一卷；中散大夫羊欣集七卷。亡。

宋司徒王弘集一卷梁二十卷，錄一卷。又有宋金紫光祿大夫沈演集十卷，廣平太守范凱集八卷，亡。

宋沙門釋惠琳集五卷梁九卷，錄一卷。又有宋范晏集十四卷，亡。

宋司徒府參軍謝惠連集六卷梁五卷，錄一卷。

又有宋太常謝弘微集二卷，亡。

宋臨川內史謝靈運集十九卷梁二十卷，錄一卷。

宋給事中丘深之集七卷梁十五卷。又有義成太守祖侖之集五卷，荊州西曹孫詔集十卷，殷淳集二卷，揚州刺史殷景仁集九卷；國子博士姚濤之集二十卷，錄一卷；周祋集十一卷。亡。

宋徵士宗景集十六卷梁十五卷。

殷闡之集一卷

宋徵士雷次宗集十六卷梁二十九卷，錄一卷。

宋奉朝請伍緝之集十二卷梁有宋南臺主簿衛令元集八卷；范曄集十五卷，錄一卷；撫軍諮議范廣集一卷；右光祿大夫王敬弘集五卷，[二九]錄一卷；任豫集六卷。

宋御史中丞何承天集二十卷梁三十二卷，亡。

宋太中大夫裴松之集十三卷梁二十一卷。又有

王韶之集十九卷；宋光祿大夫江湛集四卷，錄一卷。亡。

宋太尉袁淑集十一卷并目錄。梁十卷，錄一卷。

宋秘書監王微集十卷梁有錄一卷。又有宋太子舍人王僧謙集二卷，金紫光祿大夫王僧綽集一卷，征北行參軍顧邁集二十卷，魚復令陳超之集十卷，平南將軍何長瑜集八卷，亡。

宋員外郎荀雍集二卷梁四卷。又有宋國子博士范演集八卷，錢唐令顧昱集六卷，臨成令韓濬之集八卷，南陽太守沈亮之集七卷，國子博士孔欣集九卷，臨海太守江玄叔集四卷，尚書郎劉馥集十一卷，太子中舍人張演集八卷，南昌令蔡眇之集三卷，太學博士顧雅集十三卷，巴東太守孫仲之集十一卷，[三〇]太尉諮議參軍謝元集一卷，南海太守陸展集九卷，棘陽令山謙之集十二卷，廣州刺史羊希集九卷，[三一]員外常侍周始之集十一卷，主客郎羊崇集六卷，太子舍人孔景亮集三卷，亡。

宋中書郎袁伯文集十一卷并目錄。梁有宋丞相諮議蔡超集七卷，亡。

宋東中郎長史孫緬集八卷并目錄。梁十一卷。又有宋賀道養集十卷，太子洗馬謝登集六卷，新安太守張鏡集十卷；兼中書舍人褚詮之集八卷，錄一卷。亡。

宋特進顏延之集二十五卷梁三十卷。又有顏延之逸集一卷，亡。

宋東揚州刺史顏竣集十四卷并目錄。

宋大司馬錄事顏測集十一卷并目錄。

宋護軍將軍王僧達集十卷梁有錄一卷。又有國子博士羊戎集十卷，江寧令蘇寶生集四卷，兗州別駕范義集十二卷，吳興太守劉瑀集七卷，本郡孝廉劉氏

集九卷，亡。

宋會稽太守張暢集十二卷殘缺。梁十四卷，錄一卷。又有宋司空何尚之集十卷，亡。

宋吏部尚書何偃集十九卷梁十六卷。又有廬江太守周朗集八卷，亡。

宋侍中沈懷文集十二卷殘缺。梁十六卷。

宋北中郎長史江智深集九卷[三二]并目一卷。

宋太子中庶子殷琰集七卷梁又有宋武陵太守袁顗集八卷，荀欽明集六卷，安北參軍王詢之集五卷，越騎校尉戴法興集四卷，亡。

宋黃門郎虞通之集十五卷梁二十卷。

宋司徒左長史沈勃集十五卷梁二十卷。

宋金紫光祿大夫謝莊集十九卷梁十五卷。又有宋金紫光祿大夫謝協集三卷，三巴校尉張悅集十一卷，揚州從事賀顧集十一卷，領軍長史孔邁之集八卷，撫軍參軍賀弼集十六卷，本州秀才劉遂集二卷，亡。

宋建平王景素集十卷

宋征虜記室參軍鮑照集十卷梁六卷。又有宋武康令沈懷遠集十九卷，裴駰集六卷，刪定郎劉鯤集五卷，宜都太守費修集十卷，亡。

宋太中大夫徐爰集六卷梁十卷。又有宋護軍司馬孫勃集六卷，右光祿大夫張永集十卷，陽羨令趙繹集十六卷，亡。

宋庾蔚之集十六卷梁二十卷。又有太子中舍人徵不就王素集十六卷，亡。

宋豫章太守劉愔集八卷梁十卷。又有宋起部郎費鏡運集二十卷，光祿大夫孫奧集十一卷，太尉從事中郎蔡頤集三卷；司空劉勔集二十卷，[三三]錄一卷；青州刺史明僧暠集十卷，吳興太守蕭惠開集七卷，沈宗之集十卷，大司農張辯集十六卷；金紫光祿大夫王瓚

集十五卷，錄一卷；郭珇之集五卷，會稽主簿辛滋之集八卷，太子舍人朱百年集二卷，〔三四〕東海王常侍鮑德遠集六卷，會稽郡丞張緩集六卷。亡。
宋寧國令劉蒼集七卷
宋江州從事吳邁遠集一卷殘缺。梁八卷，亡。
宋宛朐令湯惠休集三卷梁四卷。又有南海太守孫奉伯集十卷，右將軍成元範集十卷，奉朝請虞喜集十一卷，延陵令唐思賢集十五卷，戴凱之集六卷，亡。
宋司徒袁粲集十一卷并目錄。梁九卷。又有婦人辛氏集一卷，宋後宮司儀韓蘭英集四卷，亡。
齊文帝集一卷殘缺。梁十一卷。又有齊晉安王子懋集四卷，錄一卷；隨王子隆集七卷，亡。
齊竟陵王子良集四十卷梁又有齊聞喜公蕭遙欣集十一卷，領軍諮議劉祥集十卷，亡。
齊太宰褚彥回集十五卷梁又有齊黃門侍郎崔祖思集二十卷，中軍佐鍾蹈集十二卷；餘杭令丘巨源集十卷，錄一卷。亡。
齊太尉王儉集五十一卷梁六十卷。又有齊東海太守謝顥集十六卷，謝瀹集十卷，豫州刺史劉善明集十卷，侍中褚賁集十二卷，徵士劉虬集二十四卷，司徒主簿徵不就庾易集十卷，顧歡集三十卷，劉瓛集三十卷，射声校尉劉璡集三卷，亡。
齊中書郎周顒集八卷梁十六卷。又有齊左侍郎鮑鴻集二十卷，錄一卷；雍州秀才韋瞻集十卷；正員郎劉懷慰集十卷，錄一卷；永嘉太守江山圖集十卷，驃騎記室參軍荀憲集十一卷。亡。
齊前軍參軍虞羲集九卷殘缺。梁十一卷。又有平陽令韋沈集十卷，車騎參軍任文集十一卷，卞鑠集十六卷，裴幼瑜集六十六卷，長水校尉祖沖之集五十一卷，亡。

齊中書郎王融集十卷
齊吏部郎謝朓集十二卷
謝朓逸集一卷梁又有王巾集十一卷，亡。
齊司徒左長史張融集二十七卷梁十卷。又有齊張融玉海集十卷、大澤集十卷、金波集六十卷，又有齊羽林監庾韶集十卷，黃門郎王僧祐集十卷；太常卿劉悛集二十卷，錄一卷；祕書王寂集五卷。亡。
齊金紫光祿大夫孔稚珪集十卷
齊後軍法曹參軍陸厥集八卷梁十卷。
齊太尉徐孝嗣集十卷梁七卷。又有侍中劉暄集一十一卷，通直常侍裴昭明集九卷，虞炎集七卷，吏部郎劉瑱集十卷，梁國從事中郎劉繪集十卷，亡。
齊侍中袁彖集五卷并錄。
齊中書郎江奐集九卷并錄。
齊平西諮議宗躬集十三卷
齊太子舍人沈驎士集六卷
梁武帝集二十六卷梁三十二卷。
梁武帝詩賦集二十卷
梁武帝雜文集九卷
梁武帝別集目錄二卷
梁武帝淨業賦三卷
梁簡文帝集八十五卷陸罩撰，并錄。
梁元帝集五十二卷
梁元帝小集十卷
梁昭明太子集二十卷梁有梁安成王集三十卷，〔三五〕亡。
梁岳陽王詧集十卷
梁王蕭巋集十卷
梁邵陵王綸集六卷
梁武陵王紀集八卷

梁蕭琮集七卷梁又有安成煬王集五卷，亡。
梁司徒諮議宗夬集九卷并錄。
梁國子博士丘遲集十卷并錄。梁十一卷，又有謝朏集十五卷，亡。
梁金紫光祿大夫江淹集九卷梁二十卷。
江淹後集十卷
梁尚書僕射范雲集十一卷并錄。
梁太常卿任昉集三十四卷梁有晉安太守謝纂集十卷，撫軍將軍柳惔集二十卷，〔三六〕中護軍柳惲集十二卷，豫州刺史柳憕集六卷，尚書令柳忱集十三卷，義興郡丞何倜集三卷，撫軍中兵參軍袁溫集十卷，鎮西錄事參軍到洽集十一卷，太子洗馬劉苞集十卷，南徐州秀才諸葛璩集十卷，亡。
梁特進沈約集一百一卷并錄。梁又有謝綽集十一卷，亡。
梁中軍府諮議王僧孺集三十卷
梁尚書左丞范縝集十一卷
梁護軍將軍周捨集二十卷梁有祕書張纘金河集六十卷，劉敲集八卷，玄貞處士劉訏集一卷，亡。
梁蕭洽集二卷
梁隱居先生陶弘景集三十卷
陶弘景內集十五卷
梁徵士魏道微集三卷
梁黃門郎張率集三十八卷
梁南徐州治中王冏集三卷
梁都官尚書江革集六卷
梁奉朝請吳均集二十卷
梁光祿大夫庾曇隆集十卷并錄。
梁儀同三司徐勉前集三十五卷
徐勉後集十六卷并序錄。

梁吏部郎王錫集七卷并錄。
梁尚書左僕射王暕集二十一卷
梁平西刑獄參軍劉孝標集六卷
梁鴻臚卿裴子野集十四卷
梁仁威府長史司馬褧集九卷
梁蕭子暉集九卷
梁始興內史蕭子範集十三卷
梁建陽令江洪集二卷
梁鎮西府記室鮑幾集八卷
梁尚書祠部郎虞嚼集十卷
梁新田令費昶集三卷
梁蕭幾集二卷〔三七〕
梁東陽郡丞謝瑱集八卷
梁通直郎謝琛集五卷
梁仁威記室何遜集七卷梁有安西記室劉緩集四卷，〔三八〕沙門釋智藏集五卷，亡。
梁太常卿陸倕集十四卷
梁廷尉卿劉孝綽集十四卷
梁都官尚書劉孝儀集二十卷
梁太子庶子劉孝威集十卷
梁東陽太守王揖集五卷
梁黃門郎陸雲公集十卷
梁國子祭酒蕭子雲集十九卷
梁征西府長史楊眺集十一卷并錄。
梁太子洗馬王筠集十一卷并錄。
王筠中書集十一卷并錄。
王筠臨海集十一卷并錄。
王筠左佐集十一卷并錄。
王筠尚書集九卷并錄。
梁西昌侯蕭深藻集四卷并錄。

梁中書郎任孝恭集十卷
梁平北府長史鮑泉集一卷
梁雍州刺史張纘集十一卷并錄。
梁尚書僕射張綰集十一卷并錄。
梁度支尚書庾肩吾集十卷
梁太常卿劉之遴前集十一卷
劉之遴後集二十一卷
梁豫章世子侍讀謝郁集五卷
梁安成蕃王蕭欣集十卷
梁中書舍人朱超集一卷
梁護軍將軍甄玄成集十卷并錄。
梁散騎常侍沈君游集十三卷〔三九〕
梁臨安恭公主集三卷武帝女。
梁征西記室范靖妻沈滿願集三卷
梁太子洗馬徐悱妻劉令嫺集三卷

後魏孝文帝集三十九卷
後魏司空高允集二十一卷
後魏司農卿李諧集十卷
後魏太常卿盧元明集十七卷
後魏司空祭酒袁躍集十三卷
後魏著作佐郎韓顯宗集十卷
後魏散騎常侍溫子昇集三十九卷
後魏太常卿陽固集三卷
北齊特進邢子才集三十一卷
北齊尚書僕射魏收集六十八卷
北齊儀同劉逖集二十六卷
後周明帝集九卷
後周趙王集八卷
後周滕簡王集八卷
後周儀同宗懍集十二卷并錄。

後周沙門釋亡名集十卷〔四〇〕
後周小司空王褒集二十一卷并錄。
後周少傅蕭撝集十卷
後周開府儀同庾信集二十一卷并錄。
陳後主集三十九卷
陳後主沈后集十卷
陳大匠卿杜之偉集十二卷
陳金紫光祿大夫周弘讓集九卷
陳周弘讓後集十二卷
陳侍中沈炯前集七卷
陳沈炯後集十三卷
陳沙門釋標集二卷
陳沙門釋洪偃集八卷
陳沙門釋瑗集六卷
陳沙門釋靈裕集四卷

陳尚書僕射周弘正集二十卷
陳鎮南府司馬陰鏗集一卷
陳左衞將軍顧野王集十九卷
陳沙門策上人集五卷
陳尚書左僕射徐陵集三十卷
陳右衞將軍張式集十四卷
陳尚書度支郎張正見集十四卷
陳司農卿陸琰集二卷
陳少府卿陸玠集十卷〔四一〕
陳光祿卿陸瑜集十一卷并錄。
陳護軍將軍蔡景歷集五卷
陳沙門釋暠集六卷
陳御史中丞褚玠集十卷
陳安右府諮議司馬君卿集二卷
陳著作佐郎張仲簡集一卷

煬帝集五十五卷
王祮集一卷
武陽太守盧思道集三十卷
金州刺史李元操集十卷
蜀王府記室辛德源集三十卷
太尉楊素集十卷
懷州刺史李德林集十卷
吏部尚書牛弘集十二卷
司隸大夫薛道衡集三十卷

國子祭酒何妥集十卷
祕書監柳䛒集五卷
開府江總集三十卷
江總後集二卷
記室參軍蕭慤集九卷
著作郎魏彥深集三卷
著作郎諸葛潁集十四卷
劉子政母祖氏集九卷
著作郎王胄集十卷

右四百三十七部，四千三百八十一卷。通計亡書，合八百八十六部，八千一百二十六卷。

別集之名，蓋漢東京之所創也。自靈均已降，屬文之士衆矣，然其志尚不同，風流殊別。後之君子，欲觀其體勢，而見其心靈，故別聚焉，名之爲集。辭人景慕，並自記載，以成書部。年代遷徙，亦頗遺散。其高唱絕俗者，略皆具存，今依其先後，次之於此。

文章流別集四十一卷梁六十卷，志二卷，論二卷，摯虞撰。

文章流別志、論二卷摯虞撰。
文章流別本十二卷謝混撰。
續文章流別三卷孔甯撰。
集苑四十五卷梁六十卷。
集林一百八十一卷宋臨川王劉義慶撰。梁二百卷。
集林鈔十一卷
集鈔十卷沈約撰。梁有集鈔四十卷，丘遲撰，亡。
集略二十卷
撰遺六卷梁又有零集三十六卷，亡。
翰林論三卷李充撰。梁五十四卷。
文苑一百卷孔逭撰。
文苑鈔三十卷
文選三十卷梁昭明太子撰。
詞林五十八卷
文海五十卷

吳朝士文集十卷梁十三卷。又有漢書文府三卷，亡。
巾箱集七卷梁有文章志錄雜文八卷，謝沈撰，又名士雜文八卷，亡。
婦人集二十卷梁有婦人集三十卷，殷淳撰。又有婦人集十一卷，亡。
婦人集鈔二卷
雜文十六卷爲婦人作。
文選音三卷蕭該撰。
文心彫龍十卷梁兼東宮通事舍人劉勰撰。
文章始一卷姚察撰。梁有文章始一卷，任昉撰；四代文章記一卷，吳郡功曹張防撰。亡。
賦集九十二卷謝靈運撰。梁又有賦集五十卷，宋新渝惠侯撰；賦集四十卷，宋明帝撰；樂器賦十卷；伎藝賦六卷。亡。
賦集鈔一卷

賦集八十六卷後魏秘書丞崔浩撰。
續賦集十九卷殘缺。
歷代賦十卷梁武帝撰。
皇德瑞應賦頌一卷梁十六卷。
五都賦六卷并錄。張衡及左思撰。
雜都賦十一卷梁雜賦十六卷。又東都賦一卷，孔逭作，二京賦音二卷，[四二]李軌、綦毋邃撰；齊都賦二卷并音，左思撰；相風賦七卷，傅玄等撰；迦維國賦二卷，晉右軍行參軍虞干紀撰；遂志賦十卷，乘輿赭白馬賦二卷。[四三]亡。
述征賦一卷
神雀賦一卷後漢傅毅撰。
雜賦注本三卷梁有郭璞注子虛上林賦一卷，薛綜注張衡二京賦二卷，晁矯注二京賦一卷，傅巽注二京賦二卷，[四四]張載及晉侍中劉逵、晉懷令衞權注左思三都賦三卷，[四五]綦毋邃注三都賦三卷，項氏注幽通賦，蕭廣濟注木玄虛海賦一卷，徐爰注射雉賦一卷，亡。
獻賦十八卷
圍碁賦一卷梁武帝撰。
觀象賦一卷
洛神賦一卷孫壑注。
枕賦一卷張君祖撰。
二都賦音一卷李軌撰。
百賦音十卷宋御史褚詮之撰。梁有賦音二卷，郭徵之撰；雜賦圖十七卷。亡。
大隋封禪書一卷
上封禪書二卷梁有雜封禪文八卷，秦帝刻石文一卷，宋會稽太守褚淡撰，亡。
集雅篇五卷
靖恭堂頌一卷晉涼王李暠撰。梁有頌集二十卷，王

僧綽撰；木連理頌二卷，太元十九年羣臣上。亡。
詩集五十卷謝靈運撰。梁五十一卷。又有宋侍中張敷、袁淑補謝靈運詩集一百卷；又詩集百卷，并例、錄二卷，顏峻撰；詩集四十卷，宋明帝撰；雜詩七十九卷，江邃撰；雜詩二十卷，宋太子洗馬劉和注；二晉雜詩二十卷；古今五言詩美文五卷，荀綽撰；詩鈔十卷。亡。
詩集鈔十卷謝靈運撰。梁有雜詩鈔十卷，錄一卷，謝靈運撰，亡。
古詩集九卷
六代詩集鈔四卷梁有雜言詩鈔五卷，謝朏撰，亡。
詩英九卷謝靈運集。梁十卷。又有文章英華三十卷，梁昭明太子撰，亡。
今詩英八卷
古今詩苑英華十九卷梁昭明太子撰。
詩纘十三卷
衆詩英華一卷
詩類六卷
玉臺新詠十卷徐陵撰。
百志詩九卷干寶撰。梁五卷。又有古遊仙詩一卷，應貞注應璩百一詩八卷，百一詩二卷，晉蜀郡太守李彪撰，亡。
齊釋奠會詩十卷
齊讌會詩十七卷
靑溪詩三十卷齊讌會作。梁有魏、晉、宋雜祖餞讌會詩集二十一部，一百四十三卷，亡，今略其數。
西府新文十一卷并錄。梁蕭淑撰。
百國詩四十三卷
文林館詩府八卷後齊文林館作。
詩評三卷鍾嶸撰，或曰詩品。

古樂府八卷
文會詩集四卷陳仁威記室徐伯陽撰。
五岳七星迴文詩一卷梁有雜詩圖一卷，亡。
毛伯成詩一卷伯成，東晉征西參軍。[四六]
春秋寶藏詩四卷張朏撰。
江淹擬古一卷羅潛注。
樂府歌辭鈔一卷
歌錄十卷
古歌錄鈔二卷
晉歌章八卷梁十卷。
吳聲歌辭曲一卷梁二卷。又有樂府歌詩二十卷，秦伯文撰；樂府歌詩十二卷，樂府三校歌詩十卷，樂府歌辭九卷，太樂歌詩八卷，歌辭四卷，張永記；魏讌樂歌辭七卷，晉歌章十卷，又晉歌詩十八卷，晉讌樂歌辭十卷，荀勗撰；宋太始祭高禖歌辭十一卷，齊三調雅辭五卷，古今九代歌詩七卷，張湛撰；三調相和歌辭五卷，三調詩吟錄六卷，奏鞞鐸舞曲二卷，管弦錄一卷，伎錄一卷，太樂備問鍾鐸律奏舞歌四卷，郝生撰；迴文集十卷，謝靈運撰；又迴文詩八卷；織錦迴文詩一卷，苻堅秦州刺史竇氏妻蘇氏作；頌集二十卷，王僧綽撰；木連理頌二卷，晉太元十九年羣臣上；又有鼓吹、清商、讌樂、高禖、鞞、鐸等歌辭舞錄，凡十部。
陳郊廟歌辭三卷并錄。徐陵撰。
樂府新歌十卷秦王記室崔子發撰。
樂府新歌二卷秦王司馬殷僧首撰。
古今箴銘集十四卷張湛撰。錄一卷。梁有箴集十六卷，雜誡箴二十四卷，女箴一卷，女史箴圖一卷，又有銘集十一卷，又陸少玄撰佛像雜銘十三卷，釋僧祐撰箴器雜銘五卷，亡。

衆賢誡集十卷殘缺。梁有誡林三卷，綦毋邃撰；四帝誡三卷，王誕撰；雜家誡七卷，諸家雜誡九卷，集誡二十二卷，亡。
諸葛武侯誡一卷、女誡一卷
女誡一卷曹大家撰。
女鑒一卷梁有女訓十六卷。
婦人訓誡集十一卷并錄。梁十卷。宋司空徐湛之撰。
娣姒訓一卷馮少冑撰。
貞順志一卷
讚集五卷謝莊撰。
畫讚五卷漢明帝殿閣畫，魏陳思王讚。梁五十卷。又有誄集十五卷，謝莊撰，亡。
七集十卷謝靈運集。
七林十卷梁十二卷，錄二卷。卞景撰。梁又有七林三十卷，音一卷，亡。
七悟一卷顏之推撰。梁有弔文集六卷，錄一卷；弔文二卷。亡。
碑集二十九卷
雜碑集二十九卷
雜碑集二十二卷梁有碑集十卷，謝莊撰；釋氏碑文三十卷，梁元帝撰；雜碑二十二卷，碑文十五卷，晉將作大匠陳勰撰；碑文十卷，車灌撰；又有羊祜墮淚碑一卷，桓宣武碑十卷，長沙景王碑文三卷，荊州雜碑三卷，雍州雜碑四卷，廣州刺史碑十二卷，義興周處碑一卷，[四七]太原王氏家碑誄頌讚銘集二十六卷，諸寺碑文四十六卷，釋僧祐撰；雜祭文六卷；衆僧行狀四十卷，釋僧祐撰，亡。
設論集二卷劉楷撰。梁有設論集三卷，東晉人撰；客難集二十卷。亡。

論集七十三卷
雜論十卷
明眞論一卷晉兗州刺史宗岱撰。
東西晉興亡論一卷
陶神論五卷
正流論一卷
黃芳引連珠一卷
梁武連珠一卷沈約注。
梁武帝制旨連珠十卷梁邵陵王綸注。
梁武帝制旨連珠十卷陸緬注。梁有設論連珠十卷，謝靈運撰連珠集五卷，陳證撰連珠十五卷；又連珠一卷，陸機撰，何承天注；又班固典引一卷，蔡邕注。亡。
梁代雜文三卷
詔集區分四十一卷後周獸門學士宗幹撰。

魏朝雜詔二卷梁有漢高祖手詔一卷，亡。
錄魏吳二志詔二卷梁有三國詔誥十卷，亡。
晉咸康詔四卷
晉朝雜詔九卷梁有晉雜詔百卷，錄一卷。又有晉雜詔二十八卷，錄一卷；又晉詔六十卷，晉文王、武帝雜詔十二卷。亡。
錄晉詔十四卷梁有晉武帝詔十二卷，成帝詔草十七卷，康帝詔草十卷，建元直詔三卷，永和副詔九卷，升平、隆和、興寧副詔十卷，泰元、咸寧、寧康副詔二十二卷，隆安直詔五卷，元興大亨副詔三卷，亡。
晉義熙詔十卷梁有義熙副詔十卷，義熙以來至于大明詔三十卷，晉宋雜詔四卷；又晉宋雜詔八卷，王韶之撰；又雜詔十四卷，班五條詔十卷。亡。
宋永初雜詔十三卷梁有詔集百卷，起漢訖宋；武帝詔四卷，宋元熙詔令五卷，永初二年五年詔三

卷，〔四八〕永初已來中書雜詔二十卷。亡。
宋孝建詔一卷梁有宋景平詔三卷，亡。
宋元嘉副詔十五卷梁有宋元嘉詔六十二卷，又宋孝武詔五卷，宋大明詔七十卷，宋永光、景和詔五卷，宋泰始、泰豫詔二十二卷，宋義嘉僞詔一卷，宋元徽詔十三卷，宋昇明詔四卷，亡。
齊雜詔十卷
齊中興二年詔三卷梁有齊建元詔五卷，永明詔三卷，武帝中詔十卷，齊隆昌、延興、建武詔九卷，〔四九〕齊建武二年副詔九卷，梁天監元年至七年詔十二卷，天監九年、十年詔二卷，亡。
後魏詔集十六卷
後周雜詔八卷
雜詔八卷
雜赦書六卷

陳天嘉詔草三卷
霸朝集三卷李德林撰。
皇朝詔集九卷
皇朝陳事詔十三卷梁有雜九錫文四卷，亡。
上法書表一卷虞和撰。
梁中表十一卷梁邵陵王撰。梁有漢名臣奏三十卷；魏名臣奏三十卷，陳長壽撰；魏雜事七卷，晉諸公奏十一卷，雜表奏駁三十五卷，漢丞相匡衡、大司馬王鳳奏五卷，劉隗奏五卷，孔羣奏二十二卷，晉金紫光祿大夫周閔奏事四卷，晉中丞劉邵奏事六卷，中丞司馬無忌奏事十三卷，中丞虞谷奏事六卷，中丞高崧奏事五卷，又諸彈事等十四部。亡。
雜露布十二卷梁有雜檄文十七卷，魏武帝露布文九卷，亡。
山公啓事三卷

范寧啓事三卷梁十卷。梁有雜薦文十二卷，薦文集七卷，亡。
善文五十卷杜預撰。
雜集一卷殷仲堪撰。
梁、魏、周、齊、陳皇朝聘使雜啓九卷
政道集十卷
書集八十八卷晉散騎常侍王履撰。梁八十卷，亡。
書林十卷
雜逸書六卷梁二十二卷。徐爰撰。應璩書林八卷，夏赤松撰；抱朴君書一卷，葛洪撰；蔡司徒書三卷，蔡謨撰；前漢雜筆十卷，吳晉雜筆九卷，吳朝文二十四卷，李氏家書八卷，晉左將軍王鎭惡與劉丹陽書一卷，亡。
後周與齊軍國書二卷
高澄與侯景書一卷
策集一卷殷仲堪撰。
策集六卷梁有孝秀對策十二卷，亡。
宋元嘉策孝秀文十卷
誹諧文三卷
誹諧文十卷袁淑撰。梁有續誹諧文集十卷；又有誹諧文一卷，沈宗之撰；任子春秋一卷，杜嵩撰；博陽秋一卷，宋零陵令辛邕之撰。亡。
法集百七卷梁沙門釋寶唱撰。

右一百七部，二千二百一十三卷。通計亡書，合二百四十九部，五千二百二十四卷。

總集者，以建安之後，辭賦轉繁，衆家之集，日以滋廣，晉代摯虞，苦覽者之勞倦，於是採擿孔翠，芟剪繁蕪，自詩賦下，各爲條貫，合而编之，謂爲流別。是後文集總鈔，作者繼

軌，屬辭之士，以爲覃奧，而取則焉。今次其前後，并解釋評論，總於此篇。

凡集五百五十四部，六千六百二十二卷。通計亡書，合一千一百四十六部，一萬三千三百九十卷。

文者，所以明言也。古者登高能賦，山川能祭，師旅能誓，喪紀能誄，作器能銘，則可以爲大夫。言其因物騁辭，情靈無擁者也。唐歌虞詠，商頌、周雅，敍事緣情，紛綸相襲，自斯已降，其道彌繁。世有澆淳，時移治亂，文體遷變，邪正或殊。宋玉、屈原，激清風於南楚，嚴、鄒、枚、馬，陳盛藻於西京，平子豔發於東都，王粲獨步於漳、滏。爰逮晉氏，見稱潘、陸，並黼藻相輝，宮商間起，清辭潤乎金石，精義薄乎雲天。永嘉已後，玄風既扇，辭多平淡，文寡風力。降及江東，不勝其弊。宋、齊之世，下逮梁初，靈運高致之奇，延年錯綜之美，謝玄暉之藻麗，沈休文之富溢，煇煥斌蔚，辭義可觀。梁簡文之在東宮，亦好篇什，清辭巧製，止乎衽席之間，彫琢蔓藻，思極閨闈之內。後生好事，遞相放習，朝野紛紛，號爲宮體。流宕不已，訖于喪亡。陳氏因之，未能全變。其中原則兵亂積年，文章道盡。後魏文帝，頗效屬辭，未能變俗，例皆淳古。齊宅漳濱，辭人間起，高言累句，紛紜絡繹，清辭雅致，是所未聞。後周草創，干戈不戢，君臣戮力，專事經營，風流文雅，我則未暇。其後南平漢、沔，東定河

朔，訖于有隋，四海一統，采荆南之杞梓，收會稽之箭竹，辭人才士，總萃京師。屬以高祖少文，煬帝多忌，當路執權，逮相擯壓。於是握靈蛇之珠，韞荆山之玉，轉死溝壑之內者，不可勝數，草澤怨刺，於是興焉。古者陳詩觀風，斯亦所以關乎盛衰者也。班固有詩賦略，凡五種，今引而伸之，合爲三種，謂之集部。

凡四部經傳三千一百二十七部，三萬六千七百八卷。通計亡書，合四千一百九十一部，四万九千四百六十七卷。

經戒三百一部，九百八卷。餌服四十六部，一百六十七卷。房中十三部，三十八卷。符錄十七部，一百三卷。

右三百七十七部，一千二百一十六卷。

道經者，云有元始天尊，生於太元之先，稟自然之氣，沖虛凝遠，莫知其極。所以說天地淪壞，劫數終盡，略與佛經同。以爲天尊之體，常存不滅。每至天地初開，或在玉京之上，或在窮桑之野，授以祕道，謂之開劫度人。然其開劫，非一度矣，故有延康、赤明、龍漢、開皇，是其年號。其間相去經四十一億萬載。所度皆諸天仙上品，有太上老君、太上丈人、天眞皇人、五方天帝及諸仙官，轉共承受，世人莫之豫也。所說之經，亦稟元一之氣，自然

而有，非所造爲，亦與天尊常在不滅。天地不壞，則蘊而莫傳，劫運若開，其文自見。凡八字，盡道體之奧，謂之天書。字方一丈，八角垂芒，光輝照耀，驚心眩目，雖諸天仙，不能省視。天尊之開劫也，乃命天眞皇人，改囀天音而辯析之。自天眞以下，至于諸仙，展轉節級，以次相授。諸仙得之，始授世人。然以天尊經歷年載，始一開劫，受法之人，得而寶祕，亦有年限，方始傳授。上品則年久，下品則年近。故今授道者，經四十九年，始得授人。推其大旨，蓋亦歸於仁愛清靜，積而修習，漸致長生，自然神化，或白日登仙，與道合體。其受道之法，初受五千文籙，次受三洞籙，次受洞玄籙，次受上清籙。籙皆素書，紀諸天曹官屬佐吏之名有多少，又有諸符，錯在其間，文章詭怪，世所不識。受者必先潔齋，然後齎金環一，幷諸贄幣，以見於師。師受其贄，以籙授之，仍剖金環，各持其半，云以爲約。弟子得籙，緘而佩之。

其潔齋之法，有黃籙、玉籙、金籙、塗炭等齋。爲壇三成，每成皆置緜蕝，以爲限域。傍各開門，皆有法象。齋者亦有人數之限，以次入于緜蕝之中，魚貫面縛，陳說愆咎，告白神祇，晝夜不息，或一二七日而止。其齋數之外有人者，並在緜蕝之外，謂之齋客，但拜謝而已，不面縛焉。而又有諸消災度厄之法，依陰陽五行數術，推人年命書之，如章表之儀，幷具贄幣，燒香陳讀。云奏上天曹，請爲除厄，謂之上章。夜中，於星辰之下，陳設酒脯餅餌幣物，歷祀天皇太一，祀五星列宿，爲書如上章之儀以奏之，名之爲醮。又以木爲印，刻星辰日月於其上，吸氣執之，以印疾病，多有愈者。又能登刀入火而焚勑之，使刃不能割，火不能熱。而又有諸服餌、辟穀、金丹、玉漿、雲英，蠲除滓穢之法，不可殫記。云自上古黃帝、帝嚳、夏禹之儔，並遇神人，咸受道籙，年代既遠，經史無聞焉。

推尋事迹，漢時諸子，道書之流有三十七家，大旨皆去健羨，處沖虛而已，無上天官符籙之事。其黃帝四篇，老子二篇，最得深旨。故言陶弘景者，隱於句容，好陰陽五行，風角星算，修辟穀導引之法，受道經符籙，武帝素與之遊。及禪代之際，弘景取圖讖之文，合成「景梁」字以獻之，由是恩遇甚厚。又撰登眞隱訣，以證古有神仙之事；又言神丹可成，服之則能長生，與天地永畢。帝令弘景試合神丹，竟不能就，乃言中原隔絕，藥物不精故也。帝以爲然，敬之尤甚。然武帝弱年好事，先受道法，及即位，猶自上章，朝士受道者衆。三吳及邊海之際，信之踰甚。陳武世居吳興，故亦奉焉。後魏之世，嵩山道士寇謙之，自云嘗遇眞人成公興，後遇太上老君，授謙之爲天師，而又賜之雲中音誦科誡二十卷。又使玉女授其服氣導引之法，遂得辟穀，氣盛體輕，顏色鮮麗。弟子十餘人，皆得其術。其後又遇神人李譜，云是老君玄孫，授其圖籙眞經，劾召百神，六十餘卷，及銷鍊金丹雲英八石玉漿之法。太武始光之初，奉其書而獻之。帝使謁者，奉玉帛牲牢，祀嵩岳，迎致其餘弟子，於代都東

南起壇宇，給道士百二十餘人，顯揚其法，宣布天下。太武親備法駕，而受符籙焉。自是道業大行，每帝即位，必受符籙，以爲故事，刻天尊及諸仙之象，而供養焉。遷洛已後，置道場於南郊之傍，方二百步。正月、十月之十五日，並有道士哥人百六人，拜而祠焉。後齊武帝遷鄴，[四〇]遂罷之。文襄之世，更置館宇，選其精至者使居焉。後周承魏，崇奉道法，每帝受籙，如魏之舊，尋與佛法俱滅。開皇初又興，高祖雅信佛法，於道士蔑如也。大業中，道士以術進者甚衆。其所以講經，由以老子爲本，次講莊子及靈寶、昇玄之屬。其餘衆經，或言傳之神人，篇卷非一。自云天尊姓樂名靜信，例皆淺俗，故世甚疑之。其術業優者，行諸符禁，往往神驗。而金丹玉液長生之事，歷代糜費，不可勝紀，竟無效焉。今考其經目之數，附之於此。

大乘經六百一十七部，二千七十六卷。五百五十八部，一千六百九十七卷，經。五十九部，三百七十九卷，疏。小乘經四百八十七部，八百五十二卷。雜經三百八十部，七百一十六卷。雜經目殘缺甚，見數如此。雜疑經一百七十二部，三百三十六卷。大乘律五十二部，九十一卷。小乘律八十部，四百七十二卷。七十七部，四百九十卷，律。二部，二十三卷，講疏。雜律二十七部，四十六卷。大乘論三十五部，一百四十一卷。三十部，九十四卷，論。十五部，四十七卷，疏。小乘

論四十一部，五百六十七卷。二十一部，四百九十一卷，論。十部，七十六卷，講疏。雜論五十一部四百三十七卷。三十二部，二百九十九卷，論。九部，一百三十八卷，講疏。記二十部，四百六十四卷。

右一千九百五十部，六千一百九十八卷。

佛經者，西域天竺之迦維衞國淨飯王太子釋迦牟尼所說。釋迦當周莊王之九年四月八日，自母右脅而生，姿貌奇異，有三十二相，八十二好。捨太子位，出家學道，勤行精進，覺悟一切種智，而謂之佛，亦曰佛陀，亦曰浮屠，皆胡言也。華言譯之爲淨覺。其所說云，人身雖有生死之異，至於精神，則恒不滅。此身之前，則經無量身矣。積而修習，精神清淨，則成佛道。[五一]天地之外，四維上下，更有天地，亦無終極，然皆有成有敗。一成一敗，謂之一劫。自此天地已前，則有無量劫矣。每劫必有諸佛得道，出世教化，其數不同。今此劫中，當有千佛。自初至于釋迦，已七佛矣。其次當有彌勒出世，必經三會，演說法藏，開度衆生。由其道者，有四等之果。一曰須陁洹，二曰斯陁含，三曰阿那含，四曰阿羅漢。至羅漢者，則出入生死，去來隱顯，而不爲累。阿羅漢已上，至菩薩者，深見佛性，以至成道。每佛滅度，遺法相傳，有正、象、末三等淳醨之異。年歲遠近，亦各不同。末法已後，衆生愚鈍，無復佛教，而業行轉惡，年壽漸短，經數百千載間，乃至朝生夕死。然後有大水、大火、大風之災，一切除去之，而更立生人，又歸淳朴，謂之小劫。每一小劫，則一佛出世。

初天竺中多諸外道，並事水火毒龍，而善諸變幻。釋迦之苦行也，是諸邪道，並來嬲惱，以亂其心，而不能得。及佛道成，盡皆摧伏，並爲弟子。弟子，男曰桑門，譯言息心，而總曰僧，譯言行乞。女曰比丘尼。皆剃落鬚髮，釋累辭家，相與和居，治心修淨，行乞以自資，而防心攝行。僧至二百五十戒，尼五百戒。俗人信憑佛法者，男曰優婆塞，女曰優婆夷，皆去殺、盜、淫、妄言、飲酒，是爲五誡。釋迦在世教化四十九年，乃至天龍人鬼並來聽法，弟子得道，以百千萬億數。然後於拘尸那城娑羅雙樹間，以二月十五日，入般涅槃。涅槃亦曰泥洹，譯言滅度，亦言常樂我淨。初釋迦說法，以人之性識根業各差，故有大乘小乘之說。至是謝世，弟子大迦葉與阿難等五百人，追共撰述，綴以文字，集載爲十二部。後數百年，有羅漢菩薩，相繼著論，贊明其義。然佛所說，我滅度後，正法五百年，像法一千年，末法三千年，其義如此。

推尋典籍，自漢已上，中國未傳。或云久以流布，遭秦之世，所以堙滅。其後張騫使西域，蓋聞有浮屠之教。哀帝時，博士弟子秦景使伊存口授浮屠經，[五二]中土聞之，未之信也。後漢明帝，夜夢金人飛行殿庭，以問於朝，而傅毅以佛對。帝遣郎中蔡愔及秦景使天竺求之，得佛經四十二章及釋迦立像。并與沙門攝摩騰、竺法蘭東還。愔之來也，以白馬負經，因立白馬寺於洛城雍門西以處之。其經緘于蘭臺石室，而又畫像於清涼臺及顯節陵上。[五三]

章帝時，楚王英以崇敬佛法聞，西域沙門，齎佛經而至者甚衆。永平中，法蘭又譯十住經。其餘傳譯，多未能通。至桓帝時，有安息國沙門安靜，齎經至洛，翻譯最爲通解。靈帝時，有月支沙門支讖、天竺沙門竺佛朔等，並翻佛經。而支讖所譯泥洹經二卷，學者以爲大得本旨。漢末，太守竺融，亦崇佛法。三國時，有西域沙門康僧會，齎佛經至吳譯之，吳主孫權，甚大敬信。魏黃初中，中國人始依佛戒，剃髮爲僧。先是西域沙門來此，譯小品經，首尾乖舛，未能通解。甘露中，有朱仕行者，往西域，至于闐國，得經九十章，晉元康中，至鄴譯之，題曰放光般若經。太始中，有月支沙門竺法護，西遊諸國，大得佛經，至洛翻譯，部數甚多。佛教東流，自此而盛。

石勒時，常山沙門衞道安，性聰敏，誦經日至萬餘言。以胡僧所譯維摩、法華，未盡深旨，精思十年，心了神悟，乃正其乖舛，宣揚解釋。時中國紛擾，四方隔絕，道安乃率門徒，南遊新野，欲令玄宗所在流布，分遣弟子，各趣諸方。法性詣揚州，法和入蜀，道安與慧遠之襄陽。後至長安，苻堅甚敬之。[五四]道安素聞天竺沙門鳩摩羅什，思通法門，勸堅致之。什亦聞安令問，遙拜致敬。姚萇弘始二年，[五五]羅什至長安，時道安卒後已二十載矣，什深慨恨。什之來也，大譯經論，道安所正，與什所譯，義如一，初無乖舛。

初，晉元熙中，新豐沙門智猛，策杖西行，到華氏城，得泥洹經及僧祇律，東至高昌，譯

泥洹爲二十卷。後有天竺沙門曇摩羅讖復齎胡本，來至河西。沮渠蒙遜遣使至高昌取猛本，欲相參驗，未還而蒙遜破滅。姚萇弘始十年，猛本始至長安，譯爲三十卷。曇摩羅讖又譯金光明等經。時胡僧至長安者數十輩，惟鳩摩羅什才德最優。其所譯則維摩、法華、成實論等諸經，及曇無懺所譯金光明，曇摩羅懺所譯泥洹等經，並爲大乘之學。而什又譯十誦律，天竺沙門佛陀耶舍譯長阿含經及四方律，[五六]兜佉勒沙門曇摩難提譯增一阿含經，[五七]曇摩耶舍譯阿毗曇論，並爲小乘之學。其餘經論，不可勝記。自是佛法流通，極於四海矣。東晉隆安中，又有罽賓沙門僧伽提婆譯增一阿含經及中阿含經。義熙中，沙門支法領，從于闐國得華嚴經三萬六千偈，至金陵宣譯。又有沙門法顯，自長安遊天竺，經三十餘國，隨有經律之處，學其書語，譯而寫之。還至金陵，與天竺禪師跋羅，參共辯定，謂僧祇律，學者傳之。

齊梁及陳，並有外國沙門。然所宣譯，無大名部可爲法門者。梁武大崇佛法，於華林園中，總集釋氏經典，凡五千四百卷。沙門寶唱，撰經目錄。又後魏時，太武帝西征長安，以沙門多違佛律，羣聚穢亂，乃詔有司，盡坑殺之，焚破佛像。長安僧徒，一時殲滅。自餘征鎮，豫聞詔書，亡匿得免者十一二。文成之世，又使修復。熙平中，遣沙門慧生使西域，采諸經律，得一百七十部。永平中，又有天竺沙門菩提留支，大譯佛經，與羅什相埒。其地

持、十地論，並爲大乘學者所重。後齊遷鄴，佛法不改。至周武帝時，蜀郡沙門衞元嵩上書，稱僧徒猥濫，武帝出詔，一切廢毀。

開皇元年，高祖普詔天下，任聽出家，仍令計口出錢，營造經像。而京師及幷州、相州、洛州等諸大都邑之處，並官寫一切經，置于寺內；而又別寫，藏于祕閣。天下之人，從風而靡，競相景慕，民間佛經，多於六經數十百倍。大業時，又令沙門智果，於東都內道場，撰諸經目，分別條貫，以佛所說經爲三部：一曰大乘，二曰小乘，三曰雜經。其餘似後人假託爲之者，別爲一部，謂之疑經。又有菩薩及諸深解奧義、贊明佛理者，名之爲論，及戒律並有大、小及中三部之別。又所學者，錄其當時行事，名之爲記。凡十一種。今舉其大數，列於此篇。

右道、佛經二千三百二十九部，七千四百一十四卷。

道、佛者，方外之教，聖人之遠致也。俗士爲之，不通其指，多離以迂怪，假託變幻亂於世，斯所以爲弊也。故中庸之教，是所罕言，然亦不可誣也。故錄其大綱，附于四部之末。

大凡經傳存亡及道、佛，六千五百二十部，五萬六千八百八十一卷。

校勘記

〔一〕孝文園令司馬相如　原脫「孝」字，據史記本傳補。

〔二〕後漢河間相張衡　原脫「相」字，據後漢書本傳補。

〔三〕蘇順　「蘇」原作「籍」，據後漢書本傳及舊唐志下、新唐志四改。

〔四〕桓麟　「麟」原作「鱗」，據後漢書桓榮傳改。

〔五〕司空陳羣　「空」原作「徒」，據魏志本傳改。

〔六〕高堂隆集　原脫「集」字，據舊唐志下補。

〔七〕錄一卷　「錄」原作「魏」，據本志文例改。

〔八〕謝承　「承」原作「丞」，據本志史部正史類及舊唐志下改。

〔九〕何楨　「楨」原作「禎」，據舊唐志下、新唐志四改。

〔一〇〕何劭　「劭」原作「邵」，據晉書何曾傳改。

〔一一〕劉許　「許」原作「訏」，據魏志劉放傳注及世說新語排調篇注改。劉許入晉官宗正卿。舊唐志下作「劉訏」。

〔一二〕孫極　姚考：晉書陸機傳附傳中有「孫拯」。此孫極大抵是孫拯之誤，故七錄附其集于二陸之後。

〔一三〕晉太傅主簿郭象　原脫「主簿」二字，據晉書本傳補。

〔一四〕東晉鄱陽太守虞溥　據晉書本傳，「溥卒于洛」，不及東晉。

〔一五〕張亢　「亢」原作「杭」，別本或作「抗」，據晉書張載傳改。

〔一六〕應詹　「詹」原作「瞻」，據晉書本傳改。

〔一七〕劉惔集二卷　「惔」原作「恢」，據晉書本傳及舊唐志下、新唐志四改。

〔一八〕江惇　「惇」原作「淳」，據本志經部春秋類及晉書江統傳改。

〔一九〕庾赤玉集四卷庾統集八卷　「玉」原作「王」，「統」原作「純」，據晉書庾亮傳附庾統傳及世說新語賞譽篇改。

〔二〇〕江彪　「彪」原作「彬」，據晉書江統傳改。

〔二一〕王珉　「珉」原作「岷」，據晉書王導傳附王珉傳改。

〔二二〕丹陽尹卞範之　「尹」原作「令」，據晉書本傳改。

〔二三〕丹陽太守袁豹　晉書本傳作「丹陽尹」。

〔二四〕周續之　「續」原作「桓」，據本志史部雜傳類及宋書、南史本傳改。

〔二五〕晉都水使者妻陳玢　「使者」下疑有脫文。

〔二六〕劉臻妻陳璆　「臻」原作「驎」，據晉書列女傳及舊唐志下、新唐志四改。

〔二七〕宋長沙王道憐集　據宋書宗室傳及新唐志四，疑「道憐」是「義欣」之誤。

〔二八〕建平王休度集　「休度」原作「休祐」，據宋書文九王傳建平宣簡王宏傳改。宏字休度。

〔二九〕王敬弘　原脫「弘」字，據宋書、南史王裕之傳補。裕之字敬弘。按：「弘」字或是宋人刊書時諱刪。

〔三〇〕孫仲之　「仲」當作「沖」，見宋書臧質傳。

〔三一〕羊希　「羊」原作「楊」，據宋書本傳改。

〔三二〕江智深　「深」當作「淵」，見宋書、南史本傳，唐人諱改。

〔三三〕劉勔集　「勔」原作「緬」，據宋書本傳改。

〔三四〕朱百年　原脫「百」字，據宋書本傳補。

〔三五〕梁安成王　「梁」原作「晉」，據梁書、南史本傳改。

〔三六〕柳惔　「惔」原作「憺」，據梁書本傳改。

〔三七〕蕭幾　「幾」原作「機」，據梁書本傳改。

〔三八〕劉緩　「緩」原作「綏」，據梁書、南史劉昭傳附劉緩傳改。

〔三九〕沈君游　「游」原作「攸」，據周書蕭詧傳改。

〔四〇〕釋亡名　「亡」原作「忘」，據舊唐志下、新唐志四及日本國見在書目改。

〔四一〕陸玠　「玠」原作「玢」，據陳書陸琰傳改。

〔四二〕二京賦音　原脫「音」字。兩唐志有「綦毋邃三京賦音一卷」。今據補。姚考：「唐代惟存綦毋氏

一家，故止一卷。其云『三京』，似轉寫之誤。」

〔四三〕乘輿赭白馬　「馬」下疑脫「賦」字。昭明文選有嚴延年奉詔所作赭白馬賦。姚考：「案同時奉詔作賦者，不止嚴氏一人，此殆哀爲一帙歟？時宋文帝元嘉十七年也。」

〔四四〕傳巽　「傳」原作「武」，據通志七〇藝文略改。本志集部別集類有傳巽集。

〔四五〕衞權　「權」原作「瓘」，據魏志衞臻傳注改。

〔四六〕伯成東晉征西參軍　「參軍」原作「將軍」，據世說新語言語篇改。

〔四七〕周處　「處」原作「許」，據晉書本傳改。

〔四八〕永初二年五年詔　「永初」無「五年」，「五」疑當作「三」。

〔四九〕齊隆昌延興建武詔　「昌」原作「平」。姚考：鬱林王卽位，改元「隆昌」，此曰「隆平」，葢誤。今據改。

〔五〇〕後齊武帝　「武」上應有「神」字。

〔五一〕則成佛道　原作「則佛道」不成文。通考二二六，「佛」上有「成」字，據補。

〔五二〕秦景使伊存口授浮屠經　魏書釋老志，「景」下有「憲受大月氏王」六字，疑此脫。

〔五三〕清涼臺　「涼」原作「源」，據魏書釋老志及王琰冥祥記改。

〔五四〕苻堅甚敬之　「苻堅」上原衍「與」字，今據通考二二六刪。

〔五五〕姚萇弘始二年　「萇」或是「興」字之誤。下同。

〔五六〕四方律　「方」當作「分」。

〔五七〕兜佉勒沙門曇摩難提　「佉」原作「法」，「曇」原作「雲」，據高僧傳一改。

隋書卷三十六

列傳第一

后妃

夫陰陽肇分，乾坤定位，君臣之道斯著，夫婦之義存焉。陰陽和則裁成萬物，家道正則化行天下，由近及遠，自家刑國，配天作合，不亦大乎！興亡是繫，不亦重乎！是以先王愼之，正其本而嚴其防。後之繼體，靡克聿修，甘心柔曼之容，罔念幽閑之操。成敗攸屬，安危斯在。故皇、英降而虞道隆，任、姒歸而姬宗盛，妹、妲致夏、殷之釁，褒、趙結周、漢之禍。爰歷晉、宋，實繁有徒。皆位以寵升，榮非德進，恣行淫僻，莫顧禮儀，爲梟爲鴟，敗不旋踵。後之伉儷宸極，正位居中，罕蹈平易之塗，多遵覆車之轍。雎鳩之德，千載寂寥；牝雞之晨，殊邦接響。窈窕淑女，靡有求於寤寐；鏗鏘環珮，鮮克嗣於徽音。永念前修，歎深彤管。覽載籍於既往，考行事於當時，存亡得失之機，蓋亦多矣。故述皇后列傳，所以垂戒將來。

然后妃之制，夏、殷以前略矣。周公定禮，內職始備列焉。秦、漢以下，代有沿革，品秩差次，前史載之詳矣。齊、梁以降，歷魏暨周，廢置益損，參差不一。周宣嗣位，不率典章，衣褘翟、稱中宮者，凡有五。夫人以下，略無定數。高祖思革前弊，大矯其違，唯皇后正位，傍無私寵，婦官稱號，未詳備焉。開皇二年，著內官之式，略依周禮，省減其數。嬪三員，掌教四德，視正三品。世婦九員，掌賓客祭祀，視正五品。女御三十八員，掌女工絲枲，視正七品。又採漢、晉舊儀，置六尚、六司、六典，遞相統攝，以掌宮掖之政。一曰尚宮，掌導引皇后及閨閤廩賜。管司令三人，掌圖籍法式，糾察宣奏；典琮三人，掌琮璽器玩。二曰尚儀，掌禮儀教學。管司樂三人，掌音律之事；典贊三人，掌導引內外命婦朝見。三曰尚服，掌服章寶藏。管司飾三人，掌簪珥花嚴；典櫛三人，掌巾櫛膏沐。四曰尚食，掌進膳先嘗。管司醫三人，掌方藥卜筮；典器三人，掌樽彝器皿。五曰尚寢，掌幃帳牀褥。管司筵三人，掌鋪設灑掃；典執三人，掌扇傘燈燭。六曰尚工，掌營造百役。管司製三人，掌衣服裁縫；典會三人，掌財帛出入。六尚各三員，視從九品，六司視勳品，六典視流外二品。初，文獻皇后功參歷試，外預朝政，內擅宮闈，懷嫉妒之心，虛嬪妾之位，不設三妃，防其上逼。自嬪以下，置六十員。加又抑損服章，降其品秩。至文獻崩後，始置貴人三員，增嬪至九員，世婦二十七員，御女八十一員。貴人等關掌宮闈之務，六尚已下，皆分隸焉。

煬帝時，后妃嬪御，無釐婦職，唯端容麗飾，陪從醼遊而已。帝又參詳典故，自製嘉名，著之於令。貴妃、淑妃、德妃，是爲三夫人，品正第一。順儀、順容、順華、修儀、修容、修華、充儀、充容、充華，是爲九嬪，品正第二。婕妤一十二員，品正第三；美人、才人一十五員，品正第四，是爲世婦。寶林二十四員，品正第五；御女二十四員，品正第六；采女三十七員，品正第七，是爲女御。總一百二十，以敍於宴寢。又有承衣刀人，皆趨侍左右，並無員數，視六品已下。

時又增置女官，準尚書省，以六局管二十四司。一曰尚宮局，管司言，掌宣傳奏啓；司簿，掌名錄計度；司正，掌格式推罰；司闈，掌門閤管鑰。二曰尚儀局，管司籍，掌經史教學，紙筆几案；司樂，掌音律；司賓，掌賓客；司贊，掌禮儀贊相導引。三曰尚服局，管司璽，掌琮璽符節；司衣，掌衣服；司飾，掌湯沐巾櫛玩弄；司仗，掌仗衞戎器。四曰尚食局，管司膳，掌膳羞；司醞，掌酒醴醯醢；司藥，掌醫巫藥劑；司饎，掌廩餼柴炭。五曰尚寢局，管司設，掌牀席帷帳，鋪設灑掃；司輿，掌輿輦傘扇，執持羽儀；司苑，掌園籞種植，蔬菜瓜果；司燈，掌火燭。六曰尚工局，管司製，掌營造裁縫；司寶，掌金玉珠璣錢貨；司綵，掌繒帛；司織，掌織染。六尚二十二司，員各二人，唯司樂、司膳員各四人。每司又置典及掌，以貳其職。六尚十人，品從第五；司二十八人，品從第六；典二十八人，品從第七；掌二十八人，品從第九。女使

流外，量局閑劇，多者十人已下，無定員數。聯事分職，各有司存焉。

文獻獨孤皇后，河南洛陽人，周大司馬、河內公信之女也。信見高祖有奇表，故以后妻焉，時年十四。高祖與后相得，誓無異生之子。后初亦柔順恭孝，不失婦道。后姊爲周明帝后，長女爲周宣帝后，貴戚之盛，莫與爲比，而后每謙卑自守，世以爲賢。及周宣帝崩，高祖居禁中，總百揆，后使人謂高祖曰：「大事已然，騎獸之勢，必不得下，勉之！」高祖受禪，立爲皇后。

突厥嘗與中國交市，有明珠一篋，價值八百萬，幽州總管陰壽白后市之。后曰：「非我所須也。當今戎狄屢寇，將士罷勞，未若以八百萬分賞有功者。」百僚聞而畢賀。高祖甚寵憚之。上每臨朝，后輒與上方輦而進，至閤乃止。使宦官伺上，政有所失，隨則匡諫，多所弘益。候上退朝而同反燕寢，相顧欣然。后早失二親，常懷感慕，見公卿有父母者，每爲致禮焉。有司奏以周禮百官之妻，命於王后，憲章在昔，請依古制。后曰：「以婦人與政，或從此漸，不可開其源也。」不許。后每謂諸公主曰：「周家公主，類無婦德，失禮於舅姑，離薄人骨肉，此不順事，爾等當誡之。」大都督崔長仁，后之中外兄弟也，犯法當斬。高祖以后之故，欲免其罪。后曰：「國家之事，焉可顧私！」長仁竟坐死。后異母弟陀，以猫鬼巫蠱，呪詛於后，坐當死。后三日不食，爲之請命曰：「陀若蠹政害民者，妾不敢言。今坐爲妾身，敢請其命。」陀於是減死一等。后每與上言及政事，往往意合，宮中稱爲二聖。

后頗仁愛，每聞大理決囚，未嘗不流涕。然性尤妬忌，後宮莫敢進御。尉遲迥女孫有美色，先在宮中。上於仁壽宮見而悅之，因此得幸。后伺上聽朝，陰殺之。上由是大怒，單騎從苑中而出，不由徑路，入山谷閒二十餘里。高熲、楊素等追及上，扣馬苦諫。上太息曰：「吾貴爲天子，而不得自由！」高熲曰：「陛下豈以一婦人而輕天下！」上意少解，駐馬良久，中夜方始還宮。后俟上於閤內。及上至，后流涕拜謝，熲、素等和解之。上置酒極歡，后自此意頗衰折。初，后以高熲是父之家客，甚見親禮。至是，聞熲謂己爲一婦人，因此銜恨。又以熲夫人死，其妾生男，益不善之，漸加譖毀，上亦每事唯后言是用。后見諸王及朝士有妾孕者，必勸上斥之。時皇太子多內寵，妃元氏暴薨，后意太子愛妾雲氏害之。由是諷上黜高熲，竟廢太子立晉王廣，皆后之謀也。

仁壽二年八月甲子，月暈四重，己巳，太白犯軒轅。其夜，后崩於永安宮，時年五十。葬於太陵。其後，宣華夫人陳氏、容華夫人蔡氏俱有寵，上頗惑之，由是發疾。及危篤，謂侍者曰：「使皇后在，吾不及此。」云。

宣華夫人陳氏，陳宣帝之女也。性聰慧，姿貌無雙。及陳滅，配掖庭，後選入宮爲嬪。時獨孤皇后性妬，後宮罕得進御，唯陳氏有寵。晉王廣之在藩也，陰有奪宗之計，規爲內助，每致禮焉。進金蛇、金駝等物，以取媚於陳氏。皇太子廢立之際，頗有力焉。及文獻皇后崩，進位爲貴人，專房擅寵，主斷內事，六宮莫與爲比。及上大漸，遺詔拜爲宣華夫人。

初，上寢疾於仁壽宮也，夫人與皇太子同侍疾。平旦出更衣，爲太子所逼，夫人拒之得免，歸於上所。上怪其神色有異，問其故。夫人泫然曰：「太子無禮。」上恚曰：「畜生何足付大事，獨孤誠誤我！」意謂獻皇后也。因呼兵部尚書柳述、黃門侍郎元巖曰：「召我兒！」述等將呼太子，上曰：「勇也。」述、巖出閤爲敕書訖，示左僕射楊素。素以其事白太子，太子遣張衡入寢殿，遂令夫人及後宮同侍疾者，並出就別室。俄聞上崩，而未發喪也。夫人與諸後宮相顧曰：「事變矣！」皆色動股慄。晡後，太子遣使者齎金合子，帖紙於際，親署封字，以賜夫人。夫人見之惶懼，以爲鴆毒，不敢發。使者促之，於是乃發，見合中有同心結數枚。諸宮人咸悅，相謂曰：「得免死矣！」陳氏恚而却坐，不肯致謝。諸宮人共逼之，乃拜使者。其夜，太子烝焉。

及煬帝嗣位之後，出居仙都宮。尋召入，歲餘而終，時年二十九。帝深悼之，爲製神傷賦。

容華夫人蔡氏，丹陽人也。陳滅之後，以選入宮，爲世婦。容儀婉嫕，上甚悅之。以文獻皇后故，希得進幸。及后崩，漸見寵遇，拜爲貴人，參斷宮掖之務，與陳氏相亞。上寢疾，加號容華夫人。上崩後，自請言事，亦爲煬帝所烝。

煬帝蕭皇后，梁明帝巋之女也。江南風俗，二月生子者不舉。后以二月生，由是季父岌收而養之。未幾，岌夫妻俱死，轉養舅氏張軻家。然軻甚貧窶，后躬親勞苦。煬帝爲晉王時，高祖將爲王選妃於梁，遍占諸女，諸女皆不吉。巋迎后於舅氏，令使者占之，曰：「吉。」於是遂策爲王妃。

后性婉順，有智識，好學解屬文，頗知占候。高祖大善之，帝甚寵敬焉。及帝嗣位，詔曰：「朕祗承丕緒，憲章在昔，爰建長秋，用承饗薦。妃蕭氏，夙禀成訓，婦道克修，宜正位軒闈，式弘柔教，可立爲皇后。」

帝每遊幸，后未嘗不隨從。時后見帝失德，心知不可，不敢厝言，因爲述志賦以自寄。其詞曰：

承積善之餘慶，備箕箒於皇庭。恐修名之不立，將負累於先靈。廼夙夜而匪懈，

實寅懼於玄冥。雖自强而不息，亮愚矇之所滯。思竭節於天衢，才追心而弗逮。實庸薄之多幸，荷隆寵之嘉惠。賴天高而地厚，屬王道之升平。均二儀之覆載，與日月而齊明。廼春生而夏長，等品物而同榮。顧立志於恭儉，私自競於誡盈。孰有念於知足，苟無希於濫名。惟至德之弘深，情不邇於聲色。感懷舊之餘恩，求故劍於宸極。叨不世之殊盼，謬非才而奉職。何寵祿之踰分，撫胸襟而未識。雖沐浴於恩光，內慚惶而累息。顧微躬之寡昧，思令淑之良難。實不遑於啓處，將何情而自安！若臨深而履薄，心戰慄其如寒。

夫居高而必危，慮處滿而防溢。知恣夸之非道，乃攝生於沖謐。嗟寵辱之易驚，尙無爲而抱一。履謙光而守志，且願安乎容膝。珠簾玉箔之奇，金屋瑤臺之美，雖時俗之崇麗，蓋吾人之所鄙。愧絺綌之不工，豈絲竹之喧耳。知道德之可尊，明善惡之由己。蕩囂煩之俗慮，乃伏膺於經史。綜箴誡以訓心，觀女圖而作軌。遵古賢之令範，冀福祿之能綏。時循躬而三省，覺今是而昨非。嗤黃老之損思，信爲善之可歸。慕周姒之遺風，美虞妃之聖則。仰先哲之高才，貴至人之休德。質菲薄而難蹤，心恬愉而去惑。乃平生之耿介，實禮義之所遵。雖生知之不敏，庶積行以成仁。懼達人之蓋寡，謂何求而自陳。誠素志之難寫，同絕筆於獲麟。

及帝幸江都，臣下離貳，有宮人白后曰：「外聞人人欲反。」后曰：「任汝奏之。」宮人言於帝，帝大怒曰：「非所宜言！」遂斬之。後人復白后曰：「宿衞者往往偶語謀反。」后曰：「天下事一朝至此，勢已然，無可救也。何用言之，徒令帝憂煩耳。」自是無復言者。

及宇文氏之亂，隨軍至聊城。化及敗，沒於竇建德。突厥處羅可汗遣使迎后於洺州，建德不敢留，遂入於虜庭。大唐貞觀四年，破滅突厥，乃以禮致之，歸于京師。

史臣曰：二后，帝未登庸，早儷宸極，恩隆好合，始終不渝。文獻德異鳲鳩，心非均一，擅寵移嫡，傾覆宗社，惜哉！書曰：「牝雞之晨，惟家之索。」高祖之不能敦睦九族，抑有由矣。蕭后初歸藩邸，有輔佐君子之心。煬帝得不以道，便謂人無忠信。父子之間，尙懷猜阻，夫婦之際，其何有焉！暨乎國破家亡，竄身無地，飄流異域，良足悲矣！

隋書卷三十七

列傳第二

李穆 子渾 穆兄子詢 詢弟崇 崇子敏

李穆字顯慶，自云隴西成紀人，漢騎都尉陵之後也。陵沒匈奴，子孫代居北狄，其後隨魏南遷，復歸汧、隴。祖斌，以都督鎮高平，因家焉。父文保，早卒，及穆貴，贈司空。穆風神警俊，倜儻有奇節。周太祖首建義旗，穆便委質，釋褐統軍。永熙末，奉迎魏武帝，授都督，封永平縣子，邑三百戶。又領鄉兵，累以軍功進爵爲伯。從太祖擊齊師於芒山，太祖臨陣墮馬，穆突圍而進，以馬策擊太祖而詈之，授以從騎，潰圍俱出。賊見其輕侮，謂太祖非貴人，遂緩之。以故得免。既而與穆相對泣，顧謂左右曰：「成我事者，其此人乎！」即令撫慰關中，所至克定，擢授武衞將軍、儀同三司，進封安武郡公，增邑一千七百戶，賜以鐵券，恕其十死。尋加開府，領侍中。初，芒山之敗，穆以驄馬授太祖。太祖於是廄內驄馬盡以

賜之，封穆姊妹皆爲郡縣君，宗從舅氏，頒賜各有差。轉太僕。從于謹破江陵，增邑千戶，進位大將軍。擊曲沔蠻，破之，授原州刺史，拜嫡子惇爲儀同三司。穆以二兄賢、遠並爲佐命功臣，而子弟布列清顯，穆深懼盈滿，辭不受拜。太祖不許。俄遷雍州刺史，兼小冢宰。周元年，增邑三千戶，通前三千七百戶。又別封一子爲升遷伯。穆讓兄子孝軌，許之。

宇文護執政，穆兄遠及其子植俱被誅，穆當從坐。先是，穆知植非保家之主，每勸遠除之，遠不能用。及遠臨刑，泣謂穆曰：「顯慶，吾不用汝言，以至於此，將復奈何！」穆以此獲免，除名爲民，及其子弟亦免官。植弟淅州刺史基，當坐戮，穆請以二子代基之命，護義而兩釋焉。未幾，拜開府儀同三司、直州刺史，復爵安武郡公。武成中，子弟免官爵者悉復之。尋除少保，進位大將軍。歲餘，拜小司徒，進位柱國，轉大司空。奉詔築通洛城。天和中，進爵申國公，持節綏集東境，築武申、旦郛、慈澗、崇德、安民、交城、鹿盧等諸鎮。建德初，拜太保。歲餘，出爲原州總管。數年，進位上柱國，轉并州總管。大象初，加邑至九千戶，拜大左輔，總管如故。

高祖作相，尉迥之作亂也，遣使招穆。穆鎖其使，上其書。穆子士榮，以穆所居天下精兵處，陰勸穆反。穆深拒之，乃奉十三環金帶於高祖，蓋天子之服也。穆尋以天命有在，密表勸進。高祖既受禪，下詔曰：「公既舊德，且又父黨，敬惠來旨，義無有違。便以今月十三

日恭膺天命。」俄而穆來朝，高祖降坐禮之，拜太師，贊拜不名，眞食成安縣三千戶。於是穆子孫雖在襁褓，悉拜儀同，其一門執象笏者百餘人。穆之貴盛，當時無比。穆上表乞骸骨，詔曰：「朕初臨宇內，方藉嘉猷，養老乞言，實懷虛想。七十致仕，本爲常人。至若呂尚以期頤佐周，張蒼以華皓相漢，高才命世，不拘恒禮，遲得此心，留情規訓。公年既耆舊，筋力難煩，今勒所司，敬蠲朝集。如有大事，須共謀謨，別遣侍臣，就第詢訪。」

時太史奏云，當有移都之事。上以初受命，甚難之。穆上表曰：

帝王所居，隨時興廢，天道人事，理有存焉。始自三皇，暨夫兩漢，有一世而屢徙，無革命而不遷。曹、馬同洛水之陽，魏、周共長安之內，此之四代，蓋聞之矣。曹則三家鼎立，馬則四海尋分，有魏及周，甫得平定，事乃不暇，非曰師古。

往者周運將窮，禍生華裔，廟堂冠帶，屢覩姦回，士有苞藏，人稀柱石。四海萬國，皆縱豺狼，不叛不侵，百城罕一。伏惟陛下膺期誕聖，秉籙受圖，始晦君人之德，俯從將相之重。內翦羣兇，崇朝大定，外誅巨猾，不日肅清。變大亂之民，成太平之俗，百靈符命，兆庶謳歌。幽顯樂推，日月填積，方屈箕、潁之志，始順內外之請。自受命神宗，弘道設教，陶冶與陰陽合德，覆育共天地齊旨。萬物開闢之初，八表光華之旦，視聽以革，風俗且移。至若帝室天居，未議經創，非所謂發明大造，光贊惟新。自漢已來，

爲喪亂之地，爰從近代，累葉所都。未嘗謀龜問筮，瞻星定鼎，何以副聖主之規，表大隋之德？

竊以神州之廣，福地之多，將爲皇家興廟建寢，上玄之意，當別有之。伏願遠順天人，取決卜筮，時改都邑，光宅區夏。任子來之民，垂無窮之業，應神宮於辰極，順和氣於天壤，理康物阜，永隆長世。臣日薄桑榆，位高軒冕，經邦論道，自顧缺然。丹赤所懷，無容噤默。

上素嫌臺城制度迮小，又宮內多鬼妖，蘇威嘗勸遷，上不納。遇太史奏狀，意乃惑之。至是，省穆表，上曰：「天道聰明，已有徵應，太師民望，復抗此請，則可矣。」遂從之。

歲餘，下詔曰：「禮制凡品，不拘上智，法備小人，不防君子。太師、上柱國、申國公，器宇弘深，風猷遐曠，社稷佐命，公爲稱首，位極帥臣，才爲人傑，萬頃不測，百鍊彌精。乃無伯玉之非，豈有顏回之貳，故以自居寥廓，弗關憲網。然王者作教，惟旌善人，去法弘道，示崇年德。自今已後，雖有愆罪，但非謀逆，縱有百死，終不推問。」

開皇六年薨于第，年七十七。遺令曰：「吾荷國恩，年宦已極，啓足歸泉，無所復恨。竟不得陪玉鑾於岱宗，預金泥於梁甫，眷眷光景，其在斯乎！」詔遣黃門侍郎監護喪事，賵馬四匹，粟麥二千斛，布絹一千匹。贈使持節、冀定趙相瀛毛魏衞洛懷十州諸軍事、冀州刺

史。諡曰明。賜以石椁、前後部羽葆鼓吹、輼輬車。百僚送之郭外。詔遣太常卿牛弘齎哀冊，祭以太牢。孫筠嗣。

筠父惇，字士獻，穆長子也。仕周，官至安樂郡公、鳳州刺史，先穆卒。筠幼以穆功，拜儀同。開皇八年，以嫡孫襲爵。仁壽初，叔父渾忿其吝嗇，陰遣兄子善衡賊殺之。求盜不獲，高祖大怒，盡禁其親族。初，筠與從父弟瞿曇有隙，時渾有力，遂證瞿曇殺之。瞿曇竟坐斬，而善衡獲免。四年，議立嗣。邳公蘇威奏筠不義，骨血相殺，請絕其封。上不許。惇弟怡，官至儀同，早卒，贈渭州刺史。

怡弟雅，少有識量。周保定中，屢以軍功封西安縣男，拜大都督。天和中，從元定征江西，時諸軍失利，遂沒於陳。後得歸國，拜開府儀同三司，領左右軍。其年，從太子西征吐谷渾，雅率步騎二千，督軍糧於洮河，爲賊所躡，相持數日。雅患之，遂與僞和，虜備稍解，縱奇兵擊破之。賜奴婢百口，封一子爲侯。後拜齊州刺史，俄徵還京。數載，授瀛州刺史。高祖作相，鎭靈州以備胡。還授大將軍，遷荆州總管，加邑八百戶。開皇初，進爵爲公。

雅弟恒，官至鹽州刺史，封陽曲侯。恒弟榮，官至合州刺史、長城縣公。榮弟直，官至車騎將軍、歸政縣侯。直弟雄，官至柱國、密國公、驃騎將軍。雄弟渾，最知名。

渾字金才，穆第十子也。姿貌瓌偉，美鬚髯。起家周左侍上士。尉迥反於鄴，時穆在幷州，高祖慮其爲迥所誘，遣渾乘驛往布腹心。穆遽令渾入京，奉熨斗於高祖，曰：「願執威柄以熨安天下也。」高祖大悅。又遣渾詣韋孝寬所而述穆意焉。適遇平鄴，以功授上儀同三司，封安武郡公。開皇初，進授象城府驃騎將軍。晉王廣出藩，渾以驃騎領親信，從往揚州。仁壽元年，從左僕射楊素爲行軍總管，出夏州北三百里，破突厥阿勿俟斤〔一〕於納遠川，斬首五百級。進位大將軍，拜左武衞將軍，領太子宗衞率。

初，穆孫筠卒，高祖議立嗣，渾規欲紹之，謂其妻兄太子左衞率宇文述曰：「若得襲封，當以國賦之半每歲奉公。」述利之，因入白皇太子曰：「立嗣以長，不則以賢。今申明公嗣絕，徧觀其子孫，皆無賴，不足以當榮寵。唯金才有勳於國，謂非此人無可以襲封者。」太子許之，竟奏高祖，封渾爲申國公，以奉穆嗣。大業初，轉右驍衞將軍。六年，有詔追改穆封爲郕國公，渾仍襲焉。累加光祿大夫。九年，遷右驍衞大將軍。

渾既紹父業，日增豪侈，後房曳羅綺者以百數。二歲之後，不以俸物與述。述大恚之，因醉，廼謂其友人于象賢曰：「我竟爲金才所賣，死且不忘！」渾亦知其言，由是結隙。後帝討遼東，有方士安伽陀，自言曉圖讖，謂帝曰：「當有李氏應爲天子。」勸盡誅海內凡姓李者。述知之，因誣構渾於帝曰：「伽陀之言，信有徵矣。臣與金才夙親，聞其情趣大異。常日數共李敏、善衡等，日夜屛語，或終夕不寐。渾大臣也，家代隆盛，身捉禁兵，不宜如此。願陛下察之。」帝曰：「公言是矣，可覓其事。」述乃遣武賁郎將裴仁基表告渾反，卽日發宿衞千餘人付述，掩渾等家，遣左丞元文都、御史大夫裴蘊雜治之。案問數日，不得其反狀，以實奏聞。帝不納，更遣述窮治之。述入獄中，召出敏妻宇文氏謂之曰：「夫人，帝甥也，何患無賢夫！李敏、金才，名當妖讖，國家殺之，無可救也。夫人當自求全，若相用語，身當不坐。」敏妻曰：「不知所出，惟尊長敎之。」述曰：「可言李家謀反，金才嘗告敏云：『汝應圖籙，當爲天子。今主上好兵，勞擾百姓，此亦天亡隋時也，正當共汝取之。若復渡遼，吾與汝必爲大將，每軍二萬餘兵，固以五萬人矣。又發諸房子姪，內外親婭，並募從征。吾家子弟，決爲主帥，分領兵馬，散在諸軍，伺候間隙，首尾相應。吾與汝前發，襲取御營，子弟響起，各殺軍將。一日之間，天下足定矣。』」述口自傳授，令敏妻寫表，封云上密。述持入奏之，曰：「已得金才反狀，幷有敏妻密表。」帝覽之泣曰：「吾宗社幾傾，賴親家公而獲全耳。」於是誅渾、敏等宗族三十二人，自餘無少長，皆徙嶺外。

渾從父兄威，開皇初，以平蠻功，官至上柱國、黎國公。

詢字孝詢。父賢，周大將軍。詢沉深有大略，頗涉書記。仕周納言上士，俄轉內史上

士，兼掌吏部，以幹濟聞。建德三年，武帝幸雲陽宮，拜司衞上士，委以留府事。周衞王直作亂，焚肅章門，詢於內益火，故賊不得入。帝聞而善之，拜儀同三司，遷長安令。累遷英果中大夫。屢以軍功，加位大將軍，賜爵平高郡公。

高祖爲丞相，尉迥作亂，遣韋孝寬擊之，以詢爲元帥長史，委以心膂。軍至永橋，諸將不一，詢密啓高祖，請重臣監護。高祖遂令高熲監軍，與熲同心協力，唯詢而已。及平尉迥，進位上柱國，改封隴西郡公，賜帛千匹，加以口馬。

開皇元年，引杜陽水灌三畤原，〔二〕詢督其役，民賴其利。尋檢校襄州總管事。歲餘，拜隰州總管。數年，以疾徵還京師，中使顧問不絕。卒於家，時年四十九，上悼惜者久之。諡曰襄。有子元方嗣。

崇字永隆，英果有籌算，膽力過人。周元年，以父賢勳，封廻樂縣侯。時年尚小，拜爵之日，親族相賀，崇獨泣下。賢怪而問之，對曰：「無勳於國，而幼少封侯，當報主恩，不得終於孝養，是以悲耳。」賢由此大奇之。起家州主簿，非其所好，辭不就官，求爲將兵都督。尋除小司金大夫，治軍器監。建德初，遷少侍伯大夫，隨宇文護伐齊，以功最，擢授儀同三司。周武帝平齊，引參謀議，以勳加授開府，封襄陽縣公，邑一千

戶。尋改封廣宗縣公，轉太府中大夫，歷工部中大夫，還右司馭。

高祖爲丞相，遷左司武上大夫，加授上開府儀同大將軍。尋爲懷州刺史，進爵郡公，加邑至二千戶。尉迥反，遣使招之。崇初欲相應，後知叔父穆以幷州附高祖，慨然太息曰：「合家富貴者數十人，值國有難，竟不能扶傾繼絕，復何面目處天地間乎！」韋孝寬亦疑之，與俱臥起。其兄詢時爲元帥長史，〔三〕每諷諭之，崇由是亦歸心焉。及破尉惇，拜大將軍。既平尉迥，授徐州總管，尋進位上柱國。

開皇三年，除幽州總管。突厥犯塞，崇輒破之。奚、霫、契丹等懾其威略，爭來內附。其後突厥大爲寇掠，崇率步騎三千拒之，轉戰十餘日，師人多死，遂保於砂城。突厥圍之。城本荒廢，不可守禦，曉夕力戰，又無所食，每夜出掠賊營，復得六畜，以繼軍糧。突厥畏之，厚爲其備，每夜中結陣以待之。崇軍苦飢，出輒遇敵，死亡略盡，遲明奔還城者，尚且百許人。然多傷重，不堪更戰。突厥意欲降之，遣使謂崇曰：「若來降者，封爲特勤。」崇知必不免，令其士卒曰：「崇喪師徒，罪當死，今日効命以謝國家。待看吾死，且可降賊，方便散走，努力還鄉。若見至尊，道崇此意。」乃挺刃突賊，復殺二人。賊亂射之，卒于陣，年四十八。贈豫鄎申永澮亳六州諸軍事、豫州刺史，謚曰壯。子敏嗣。

敏字樹生。高祖以其父死王事，養宮中者久之。及長，襲爵廣宗公，起家左千牛。美姿儀，善騎射，歌舞管絃，無不通解。開皇初，周宣帝后封樂平公主，有女娥英，妙擇婚對，勑貴公子弟集弘聖宮者，日以百數。公主親在帷中，並令自序，幷試技藝。選不中者，輒引出之。至敏而合意，竟爲姻媾。敏假一品羽儀，禮如尚帝之女。後將侍宴，公主謂敏曰：「我以四海與至尊，唯一女夫，當爲汝求柱國。若授餘官，汝愼無謝。」及進見上，上親御琵琶，遣敏歌舞。既而大悅，謂公主曰：「李敏何官？」對曰：「一白丁耳。」上因謂敏曰：「今授汝儀同。」敏不答。上曰：「不滿爾意邪？今授汝開府。」敏又不謝。上曰：「公主有大功於我，我何得向其女婿而惜官乎！今授卿柱國。」敏廼拜而蹈舞。遂於坐發詔授柱國，以本官宿衞。後避諱，改封經城縣公，邑一千戶。歷蒲、豳、金、華、敷州刺史，多不莅職，常留京師，往來宮內，侍從遊宴，賞賜超於功臣。後幸仁壽宮，以爲岐州刺史。

大業初，轉衞尉卿。樂平公主之將薨也，遺言於煬帝曰：「妾無子息，唯有一女。不自憂死，但深憐之。今湯沐邑，乞迴與敏。」帝從之。竟食五千戶，攝屯衞將軍。楊玄感反後，城大興，敏之策也。轉將作監，從征高麗，領新城道軍將，加光祿大夫。十年，帝復征遼東，遣敏於黎陽督運。

時或言敏一名洪兒，帝疑「洪」字當讖，嘗面告之，冀其引決。敏由是大懼，數與金才、

善衡等屛人私語。宇文述知而奏之，竟與渾同誅，年三十九。其妻宇文氏，後數月亦賜鴆而終。

梁睿

梁睿字恃德，安定烏氏人也。父禦，西魏太尉。睿少沉敏，有行檢。周太祖時，以功臣子養宮中者數年。其後命諸子與睿遊處，同師共業，情契甚歡。七歲，襲爵廣平郡公，累加儀同三司，邑五百戶。尋爲本州大中正。魏恭帝時加開府，改封爲五龍郡公，拜渭州刺史。周閔帝受禪，徵爲御伯。未幾，出爲中州刺史，鎮新安，以備齊。齊人來寇，睿輒挫之，帝甚嘉歎。拜大將軍，進爵蔣國公，入爲司會。後從齊王憲拒齊將斛律明月於洛陽，每戰有功，遷小冢宰。武帝時，歷敷州刺史、涼安二州總管，俱有惠政，進位柱國。

高祖總百揆，代王謙爲益州總管。行至漢川而謙反，遣兵攻始州，睿不得進。高祖命睿爲行軍元帥，率行軍總管于義、張威、達奚長儒、梁昇、石孝義步騎二十萬討之。時謙遣開府李三王等守通谷，睿使張威擊破之，擒數千人，進至龍門。謙將趙儼、秦會擁衆十萬，據嶮爲營，周亘三十里。睿令將士銜枚出自間道，四面奮擊，力戰破之。蜀人大駭，睿鼓行而進。謙將敬豪守劍閣，梁巖拒平林，並懼而來降。謙又令高阿那肱、〔四〕達奚惎等以盛兵

攻利州。聞睿將至，惎分兵據開遠。睿顧謂將士曰：「此虜據要，欲遏吾兵勢，吾當出其不意，破之必矣。」遣上開府拓拔宗趣劍閣，大將軍宇文夐詣巴西，大將軍趙達水軍入嘉陵。睿遣張威、王倫、賀若震、于義、韓相貴、阿那惠等分道攻惎，自午及申，破之。惎奔歸于謙。睿進逼成都，謙令達奚惎、乙弗虔城守，親率精兵五萬，背城結陣。睿擊之，謙不利，將入城，惎、虔以城降，拒謙不內。謙將麾下三十騎遁走，新都令王寶執之。睿斬謙于市，劍南悉平。進位上柱國，總管如故。賜物五千段，奴婢一千口，金二千兩，銀三千兩，食邑千戶。

睿時威振西川，夷、獠歸附，唯南寧酋帥爨震恃遠不賓。睿上疏曰：「竊以遠撫長駕，王者令圖，易俗移風，有國恒典。南寧州，漢世牂柯之地，近代已來，分置興古、雲南、建寧、朱提四郡。戶口殷衆，金寶富饒，二河有駿馬、明珠，益寧出鹽井、犀角。晉太始七年，以益州曠遠，分置寧州。至僞梁南寧州刺史徐文盛，被湘東徵赴荊州，屬東夏尙阻，未遑遠略。土民爨瓚遂竊據一方，國家遙授刺史。其子震，相承至今。而震臣禮多虧，貢賦不入，每年奉獻，不過數十匹馬。其處去益，路止一千，朱提北境，卽與戎州接界。如聞彼人苦其苛政，思被皇風。伏惟大丞相匡贊聖朝，寧濟區宇，絕後光前，方垂萬代，闢土服遠，今正其時。幸因平蜀士衆，不煩重興師旅，押獠旣訖，卽請略定南寧。自盧、戎已來，軍糧須給，過此卽於蠻夷徵稅，以供兵馬。其寧州、朱提、雲南、西爨，並置總管州鎮。計彼熟蠻租調，足供城防

倉儲。一則以肅蠻夷，二則裨益軍國。今謹件南寧州郡縣及事意如別。有大都督杜神敬，昔曾使彼，具所諳練，今幷送往。」書未答，又請曰：「竊以柔遠能邇，著自前經，拓土開疆，王者所務。南寧州，漢代牂柯之郡，其地沃壤，多是漢人，旣饒寶物，又出名馬。今若往取，仍置州郡，一則遠振威名，二則有益軍國。其處與交、廣相接，路乃非遙。漢代開此，本爲討越之計。伐陳之日，復是一機，以此商量，決謂須取。」高祖深納之，然以天下初定，恐民心不安，故未之許。後竟遣史萬歲討平之，並因睿之策也。

睿威惠兼著，民夷悅服，聲望逾重，高祖陰憚之。薛道衡從軍在蜀，因入接宴，說睿曰：「天下之望，已歸于隋。」密令勸進，高祖大悅。及受禪，顧待彌隆。睿復上平陳之策，上善之，下詔曰：「公英風震動，妙算縱橫，清蕩江南，宛然可見。循環三復，但以欣然。公旣上才，若管戎律，一舉大定，固在不疑。但朕初臨天下，政道未洽，恐先窮武事，未爲盡善。昔公孫述、隗囂，漢之賊也，光武與其通和，稱爲皇帝。尉佗之於高祖，初猶不臣。孫晧之答晉文，書尚云白。或尋款服，或卽滅亡。王者體大，義存遵養，雖陳國來朝，未盡藩節，如公大略，誠須責罪。尙欲且緩其誅，宜知此意。淮海未滅，必興師旅，若命水襲，終當相屈。想以身許國，無足致辭也。」睿乃止焉。

睿時見突厥方强，恐爲邊患，復陳鎭守之策十餘事，上書奏之曰：「竊以戎狄作患，其來

久矣。防遏之道，自古爲難。所以周無上算，漢收下策，以其倏來忽往，雲屯霧散，强則騁其犯塞，弱又不可盡除故也。今皇祚肇興，宇內寧一，唯有突厥種類，尙爲邊梗。此臣所以廢寢與食，寤寐思之。昔匈奴未平，去病辭宅，先零尙在，充國自劾。臣才非古烈，而志追昔士。謹件安置北邊城鎭烽候，及人馬糧貯戰守事意如別，謹幷圖上呈，伏惟裁覽。」上嘉歎久之，答以厚意。

睿時自以周代舊臣，久居重鎭，內不自安，屢請入朝，於是徵還京師。及引見，上爲之興，命睿上殿，握手極歡。睿退謂所親曰：「功遂身退，今其時也。」遂謝病於家，闔門自守，不交當代。上賜以版輿，每有朝覲，必令三衞輿上殿。睿初平王謙之始，自以威名太盛，恐爲時所忌，遂大受金賄以自穢。由是勳簿多不以實，詣朝堂稱屈者，前後百數。上令有司案驗其事，主者多獲罪。睿惶懼，上表陳謝，請歸大理。上慰諭遣之。

十五年，從上至洛陽而卒，時年六十五。諡曰襄。子洋嗣，官歷嵩、徐二州刺史、武賁郎將。大業六年，詔追改封睿爲戴公，命以洋襲焉。

史臣曰：李穆、梁睿，皆周室功臣，高祖王業初基，俱受腹心之寄。故穆首登師傅，睿

終膺殊寵，觀其見機而動，抑亦民之先覺。然方魏朝之貞烈，有愧王陵，比晉室之忠臣，終慚徐廣。穆之子孫，特爲隆盛，朱輪華轂，凡數十人，見忌當時，禍難遄及。得之非道，可不戒歟！

校勘記

〔一〕阿勿俟斤　本書突厥傳作「阿勿思力俟斤」。

〔二〕三時原　「時」原作「跱」。據本書高祖紀上、又元暉傳改。

〔三〕其兄詢時爲元帥長史　據周書李賢傳，詢爲崇弟。

〔四〕高阿那肱　「肱」原作「瓌」。北齊書高阿那肱傳：「肱字，世人皆稱爲『瓌』音。」本書豆盧勣傳、又李德林傳都作「肱」。

隋書卷三十八

列傳第三

劉昉

劉昉，博陵望都人也。父孟良，大司農。從魏武入關，周太祖以爲東梁州刺史。昉性輕狡，有姦數。周武帝時，以功臣子入侍皇太子。及宣帝嗣位，以技佞見狎，出入宮掖，寵冠一時。授大都督，遷小御正，與御正中大夫顏之儀並見親信。及帝不悆，召昉及之儀俱入臥內，屬以後事。帝瘖不復能言。昉見靜帝幼沖，不堪負荷。然昉素知高祖，又以后父之故，有重名於天下，遂與鄭譯謀，引高祖輔政。高祖固讓，不敢當。昉曰：「公若爲，當速爲之；如不爲，昉自爲也。」高祖乃從之。

及高祖爲丞相，以昉爲司馬。時宣帝弟漢王贊居禁中，每與高祖同帳而坐。昉飾美妓進於贊，贊甚悅之。昉因說贊曰：「大王，先帝之弟，時望所歸。孺子幼沖，豈堪大事！今先

帝初崩，群情尚擾，王且歸第。待事寧之後，入爲天子，此萬全之計也。」贊時年未弱冠，性識庸下，聞昉之說，以爲信然，遂從之。高祖以昉有定策之功，拜上大將軍，封黃國公，與沛國公鄭譯皆爲心膂。前後賞賜鉅萬，出入以甲士自衞，朝野傾屬，稱爲黃、沛。時人爲之語曰：「劉昉牽前，鄭譯推後。」昉自恃其功，頗有驕色。然性粗疏，溺於財利，富商大賈朝夕盈門。

于時尉迥起兵，高祖令韋孝寬討之。至武陟，諸將不一。高祖欲遣昉、譯一人往監軍，因謂之曰：「須得心膂以統大軍，公等兩人，誰當行者？」昉自言未嘗爲將，譯又以母老爲請，高祖不懌。而高熲請行，遂遣之。由是恩禮漸薄。又王謙、司馬消難相繼而反，高祖憂之，忘寢與食。昉逸遊縱酒，不以職司爲意，相府事物，多所遺落。高祖深銜之，以高熲代爲司馬。是後益見疏忌。及受禪，進位柱國，改封舒國公，閑居無事，不復任使。

昉自以佐命元功，中被疏遠，甚不自安。後遇京師饑，上令禁酒，昉使妾賃屋，當壚沽酒。治書侍御史梁毗劾奏昉曰：「臣聞處貴則戒之以奢，持滿則守之以約。昉既位列羣公，秩高庶尹，縻爵稍久，厚祿已淹，正當戒滿歸盈，鑒斯止足，何乃規麴糵之潤，競錐刀之末，身昵酒徒，家爲逋藪？若不糾繩，何以肅厲！」有詔不治。

昉鬱鬱不得志。時柱國梁士彥、宇文忻俱失職忿望，昉並與之交，數相來往。士彥妻有美色，昉因與私通，士彥不之知也，情好彌協，遂相與謀反，許推士彥爲帝。後事泄，上窮治

之。昉自知不免，默無所對。下詔誅之，曰：

朕君臨四海，慈愛爲心。加以起自布衣，入升皇極，公卿之內，非親則友，位雖差等，情皆舊人。護短全長，恒思覆育，每殷勤戒約，言無不盡。天之曆數，定於杳冥，豈慮苞藏之心，能爲國家之害？欲使其長守富貴，不觸刑書故也。

上柱國、郕國公梁士彥，上柱國、杞國公宇文忻，柱國、舒國公劉昉等，朕受命之初，並展勤力，酬勳報効，榮高祿重。待之既厚，愛之實隆，朝夕宴言，備知朕意。但心如溪壑，志等豺狼，不荷朝恩，忽謀逆亂。士彥爰始幼來，恒自誣罔，稱有相者，云其應籙，年過六十，必據九五。初平尉迥，暫臨相州，已有反心，彰於行路。朕卽遣人代之，不聲其罪。入京之後，逆意轉深。忻、昉之徒，言相扶助。士彥許率僮僕，剋期不遠，欲於蒲州起事。卽斷河橋，捉黎陽之關，塞河陽之路，劫調布以爲牟甲，募盜賊而爲戰士，就食之人，亦云易集。輕忽朝廷，嗤笑官人，自謂一朝奮發，無人當者。其第二子剛，每常苦諫，第三子叔諧，固深勸獎。朕既聞知，猶恐枉濫，乃授晉部之任，欲驗蒲州之情。士彥得以欣然，云是天贊，忻及昉等，皆賀時來。忻往定鄴城，自矜不已，位極人臣，猶恨賞薄。云我欲反，何慮不成。怒色忿言，所在流布。朕深念其功，不計其禮，任以武候，授以領軍，寄之爪牙，委之心腹。忻密爲異計，樹黨宮闈，多奏親友，入參宿衞。

朕推心待物，言必依許。爲而弗止，心迹漸彰，仍解禁兵，令其改悔。而志規不逞，愈結於懷，乃與士彥情意偏厚，要請神明，誓不負約。俱營賊逆，逢則交謀，委彥河東，自許關右，蒲津之事，卽望從征，兩軍結東西之旅，一舉合連橫之勢，然後北破晉陽，還圖宗社。昉入佐相府，便爲非法，三度事發，二度其婦自論。常云姓是「卯金刀」，名是「一萬日」，劉氏應王，爲萬日天子。朕訓之導之，示其利害，每加寬宥，望其修改。口請自新，志存如舊，亦與士彥情好深重，逆節姦心，盡探肝鬲。嘗共士彥論太白所犯，問東井之間，思秦地之亂，訪軒轅之裏，願宮掖之災。唯待蒲坂事興，欲在關內應接。殘賊之策，千端萬緒。惟忻及昉，名位並高，寧肯北面曲躬，臣於士彥，乃是各懷不遜，圖成亂階，一得擾攘之基，方逞吞并之事。人之姦詐，一至於此！雖國有常刑，罪在不赦，朕載思草創，咸著厥誠，情用愍然，未忍極法。士彥、忻、昉，身爲謀首，叔諧贊成父意，義實難容，並已處盡。士彥、忻、昉兄弟叔姪，特恕其命，有官者除名。士彥小男女、忻母妻女及小男並放。士彥、叔諧妻妾及資財田宅，忻、昉妻妾及資財田宅，悉沒官。士彥、昉兒年十五以上遠配。上儀同薛摩兒，是士彥交舊，上柱國府戶曹參軍事裴石達，是士彥府僚，反狀逆心，巨細皆委。薛摩兒聞語，仍相應和，俱不申陳，宜從大辟。問卽承引，頗是恕心，可除名免死。朕握圖當籙，六載於斯，政事徒勤，淳化

未洽，與言軫念，良深歎憤！臨刑，至朝堂，宇文忻見高熲，向之叩頭求哀。昉勃然謂忻曰：「事形如此，何叩頭之有！」於是伏誅，籍沒其家。後數日，上素服臨射殿，盡取昉、忻、士彥三家資物置於前，令百僚射取之，以爲鑒誡云。

鄭譯

鄭譯字正義，滎陽開封人也。祖瓊，魏太常。父道邕，周司空。〔一〕譯頗有學識，兼知鍾律，善騎射。譯從祖開府文寬，尚魏平陽公主，則周太祖元后之妹也。主無子，太祖令譯後之。由是譯少爲太祖所親，恒令與諸子遊集。年十餘歲，嘗詣相府司錄李長宗，長宗於衆中戲之。譯斂容謂長宗曰：「明公位望不輕，瞻仰斯屬，輒相玩狎，無乃喪德也。」長宗甚異之。文寬後誕二子，譯復歸本生。

周武帝時，起家給事中士，拜銀青光祿大夫，轉左侍上士。與儀同劉昉恒侍帝側。譯時喪妻，帝命譯尚梁安固公主。及帝親總萬機，以爲御正下大夫，俄轉太子宮尹。時太子多失德，內史中大夫烏丸軌每勸帝廢太子而立秦王，〔二〕由是太子恒不自安。其後詔太子西征吐谷渾，太子乃陰謂譯曰：「秦王，上愛子也。烏丸軌，上信臣也。今吾此行，得無扶蘇之

事乎？」譯曰：「願殿下勉著仁孝，無失子道而已。勿爲他慮。」太子然之。既破賊，譯以功最，賜爵開國子，邑三百戶。後坐褻狎皇太子，帝大怒，除名爲民。太子復召之，譯戲狎如初。因言於太子曰：「殿下何時可得據天下？」太子悅而益昵之。

及帝崩，太子嗣位，是爲宣帝。超拜開府、內史下大夫、封歸昌縣公，邑一千戶，委以朝政。俄遷內史上大夫，進封沛國公，邑五千戶，以其子善願爲歸昌公，元琮爲永安縣男，又監國史。譯頗專權，時帝幸東京，譯擅取官材，自營私第，坐是復除名爲民。劉昉數言於帝，帝復召之，顧待如初。詔領內史事。

初，高祖與譯有同學之舊，譯又素知高祖相表有奇，傾心相結。至是，高祖爲宣帝所忌，情不自安，嘗在永巷私於譯曰：「久願出藩，公所悉也。敢布心腹，少留意焉。」譯曰：「以公德望，天下歸心，欲求多福，豈敢忘也。謹卽言之。」時將遣譯南征，譯請元帥。帝曰：「卿意如何？」譯對曰：「若定江東，自非懿戚重臣無以鎭撫。可令隋公行，且爲壽陽總管以督軍事。」帝從之。乃下詔以高祖爲揚州總管，譯發兵俱會壽陽以伐陳。行有日矣，帝不悆，遂與御正下大夫劉昉謀，引高祖入受顧託。既而譯宣詔，文武百官皆受高祖節度。時御正中大夫顏之儀與宦者謀，引大將軍宇文仲輔政。仲已至御坐，譯知之，遽率開府楊惠及劉昉、皇甫績、柳裘俱入。仲與之儀見譯等，愕然，逡巡欲出，高祖因執之。於是矯詔復以譯爲內史上

大夫。明日，高祖爲丞相，拜譯柱國、相府長史、治內史上大夫事。及高祖爲大冢宰，總百揆，以譯兼領天官都府司會，總六府事。出入臥內，言無不從，賞賜玉帛不可勝計。每出入，以甲士從。拜其子元璹爲儀同。時尉迥、王謙、司馬消難等作亂，高祖逾加親禮。俄而進位上柱國，恕以十死。

譯性輕險，不親職務，而贓貨狼籍。高祖陰疏之，然以其有定策功，不忍廢放，陰勑官屬不得白事於譯。譯猶坐廳事，無所關預。譯懼，頓首求解職，高祖寬諭之，接以恩禮。及上受禪，以上柱國公歸第，賞賜豐厚。進子元璹爵城皋郡公，邑二千戶，元珣永安男。追贈其父及亡兄二人並爲刺史。譯自以被疏，陰呼道士章醮以祈福助，其婢奏譯厭蠱左道。上謂譯曰：「我不負公，此何意也？」譯無以對。譯又與母別居，爲憲司所劾，由是除名。下詔曰：「譯嘉謀良策，寂爾無聞，鬻獄賣官，沸騰盈耳。若留之於世，在人爲不道之臣，戮之於朝，入地爲不孝之鬼。有累幽顯，無以置之，宜賜以孝經，令其熟讀。」仍遣與母共居。

未幾，詔譯參撰律令，復授開府、隆州刺史。請還治疾，有詔徵之，見於醴泉宮。上賜宴甚歡，因謂譯曰：「貶退已久，情相矜愍。」於是復爵沛國公，位上柱國。上顧謂侍臣曰：「鄭譯與朕同生共死，間關危難，興言念此，何日忘之！」譯因奉觴上壽。上令內史令李德林立作詔書，高熲戲謂譯曰：「筆乾。」譯答曰：「出爲方岳，杖策言歸，不得一錢，何以潤筆。」上大笑。

未幾，詔譯參議樂事。譯以周代七聲廢缺，自大隋受命，禮樂宜新，更修七始之義，名曰樂府聲調，凡八篇。奏之，上嘉美焉。俄遷岐州刺史。在職歲餘，復奉詔定樂於太常，前後所論樂事，語在音律志。上勞譯曰：「律令則公定之，音樂則公正之。禮樂律令，公居其三，良足美也。」於是還岐州。

開皇十一年，以疾卒官，時年五十二，上遣使弔祭焉。謚曰達。子元璹嗣。煬帝初立，五等悉除，以譯佐命元功，詔追改封譯莘公，以元璹襲。

元璹初爲驃騎將軍，後轉武賁郎將，數以軍功進位右光祿大夫，遷右候衞將軍。大業末，出爲文城太守。及義兵起，義將張倫略地至文城，元璹以城歸之。

柳裘

柳裘字茂和，河東解人，齊司空世隆之曾孫也。祖惔，梁尚書左僕射。父明，〔三〕太子舍人、義興太守。裘少聰慧，弱冠有令名，在梁仕歷尚書郎、駙馬都尉。梁元帝爲魏軍所逼，遣裘請和於魏。俄而江陵陷，遂入關中。周明、武間，自麟趾學士累遷太子侍讀，封昌樂縣侯。後除天官府都上士。宣帝卽位，拜儀同三司，進爵爲公，轉御飾大夫。及帝不悆，留侍禁中，與劉昉、韋謩、皇甫績同謀，引高祖入總萬機。高祖固讓不許。裘進曰：「時不可再，機

不可失，今事已然，宜早定大計。天與不取，反受其咎，如更遷延，恐貽後悔。」高祖從之。進位上開府，拜內史大夫，委以機密。

及尉迥作亂，天下騷動，幷州總管李穆頗懷猶豫，高祖令裘往喻之。裘見穆，盛陳利害，穆甚悅，遂歸心於高祖。後以奉使功，賜綵三百匹，金九環帶一腰。時司馬消難阻兵安陸，又令喻之，未到而消難奔陳。高祖卽令裘隨便安集淮南，賜馬及雜物。

開皇元年，進位大將軍，拜許州刺史。在官清簡，吏民懷之。復轉曹州刺史。其後上思裘定策功，欲加榮秩，將徵之，顧問朝臣曰：「曹州刺史何當入朝？」或對曰：「卽今冬也。」帝乃止。裘尋卒，高祖傷惜者久之，謚曰安。子惠童嗣。

皇甫績 韋䜩

皇甫績字功明，安定朝那人也。祖穆，魏隴東太守。父道，周湖州刺史、雍州都督。績三歲而孤，爲外祖韋孝寬所鞠養。嘗與諸外兄博奕，孝寬以其惰業，督以嚴訓，愍績孤幼，特捨之。績歎曰：「我無庭訓，養於外氏，不能剋躬勵己，何以成立？」深自感激，命左右自杖三十。孝寬聞而對之流涕。於是精心好學，略涉經史。

周武帝爲魯公時，引爲侍讀。建德初，轉宮尹中士。武帝嘗避暑雲陽宮，時宣帝爲太

子監國。衞剌王作亂，城門已閉，百僚多有遁者。績聞難赴之，於玄武門遇皇太子，太子下樓執績手，悲喜交集。帝聞而嘉之，遷小宮尹。宣政初，錄前後功，封義陽縣男，拜畿伯下大夫，累轉御正下大夫。

宣帝崩，高祖總己，績有力焉，語在鄭譯傳。加位上開府，轉內史中大夫，進封郡公，邑千戶。尋拜大將軍。

開皇元年，出爲豫州刺史，增邑通前二千五百戶。尋拜都官尚書。後數載，轉晉州刺史，將之官，稽首而言曰：「臣實庸鄙，無益於國，每思犯難以報國恩。今僞陳尙存，以臣度之，有三可滅。」上問其故。績答曰：「大吞小，一也；以有道伐無道，二也；納叛臣蕭巖，於我有詞，三也。陛下若命鷹揚之將，臣請預戎行，展絲髮之効。」上嘉其壯志，勞而遣之。及陳平，拜蘇州刺史。

高智慧等作亂江南，州民顧子元發兵應之，因以攻績，相持八旬。子元素感績恩，於冬至日遣使奉牛酒。績遺子元書曰：「皇帝握符受籙，合極通靈，受揖讓於唐、虞，棄干戈於湯、武。東踰蟠木，方朔所未窮，西盡流沙，張騫所不至。玄漠黃龍之外，交臂來王，葱嶺、榆關之表，屈膝請吏。曩者僞陳獨阻聲教，江東士民困於荼毒。皇天輔仁，假手朝廷，聊申薄伐，應時瓦解。金陵百姓，死而復生，吳、會臣民，白骨還肉。唯當懷音感德，行歌擊壤，豈

宜自同吠主，翻成反噬。卿非吾民，何須酒禮？吾是隋將，何容外交？易子析骸，未能相告，況是足食足兵，高城深塹，坐待強援，綽有餘力。何勞踵輕敝之俗，作虛僞之辭，欲阻誠臣之心，徒惑驍雄之志。以此見期，必不可得。卿宜善思活路，曉諭黎元，能早改迷，失道非遠。」子元得書，於城下頓首陳謝。楊素援兵至，合擊破之。拜信州總管、十二州諸軍事。俄以病乞骸骨，詔徵還京，賜以御藥，中使相望，顧問不絕。卒於家，時年五十二。謚曰安。子偲嗣。大業之世，官至尙書主爵郎。

韋䜩者，京兆人也。仕周內史大夫。高祖以䜩有定策之功，累遷上柱國，封普安郡公。開皇初，卒於蒲州刺史。

盧賁

盧賁字子徵，涿郡范陽人也。父光，周開府、燕郡公。賁略涉書記，頗解鍾律。周武帝時，襲爵燕郡公，邑一千九百戶。後歷魯陽太守、太子小宮尹、儀同三司。平齊有功，增邑四百戶，轉司武上士。時高祖爲大司武，賁知高祖爲非常人，深自推結。宣帝嗣位，加開府。

及高祖初被顧託，羣情未一，乃引賁置於左右。高祖將之東第，百官皆不知所去。高祖潛令賁部伍仗衞，因召公卿而謂曰：「欲求富貴者，當相隨來。」往往偶語，欲有去就。賁嚴兵

而至，衆莫敢動。出崇陽門，至東宮，門者拒不內。賁諭之，不去，瞋目叱之，門者遂却。既而高祖得入。賁恒典宿衞，後承間進說曰：「周歷已盡，天人之望實歸明公，願早應天順民也。天與不取，反受其咎。」高祖甚然之。及受禪，命賁清宮，因典宿衞。賁於是奏改周代旗幟，更爲嘉名。其青龍、騶虞、朱雀、玄武、千秋、萬歲之旗，皆賁所創也。尋拜散騎常侍，兼太子左庶子、左領軍、右將軍。

時高熲、蘇威共掌朝政，賁甚不平之。柱國劉昉時被疏忌，賁因諷昉及上柱國元諧、李詢、華州刺史張賓等，謀黜熲、威，五人相與輔政。又以晉王上之愛子，謀行廢立。復私謂皇太子曰：「賁將數謁殿下，恐爲上所譴，願察區區之心。」謀泄，上窮治其事。昉等委罪於賓、賁，公卿奏二人坐當死。上以龍潛之舊，不忍加誅，並除名爲民。賓未幾卒。

歲餘，賁復爵位，檢校太常卿。賁以古樂宮懸七八，損益不同，歷代通儒，議無定準。於是上表曰：「殷人以上，通用五音，周武克殷，得鶉火、天駟之應，其音用七。漢興，加應鍾，故十六枚而在一簴。鄭玄注周禮，二八十六爲簴。此則七八之義，其來遠矣。然世有沿革，用捨不同，至周武帝，復改懸七，以林鍾爲宮。夫樂者，治之本也，故移風易俗，莫善於樂。是以吳札觀而辯興亡。然則樂也者，所以動天地，感鬼神，情發於聲，治亂斯應。周武以林鍾爲宮，蓋將亡之徵也。且林鍾之管，卽黃鍾下生之義。黃鍾，君也，而生於臣，明爲皇家九五之

應。又陰者臣也，而居君位，更顯國家登極之祥。斯實冥數相符，非關人事。伏惟陛下握圖御宇，道邁前王，功成作樂，煥乎曩策。臣聞五帝不相沿樂，三王不相襲禮，此蓋隨時改制，而不失雅正者也。」上竟從之，卽改七懸八，以黃鍾爲宮。詔賁與儀同楊慶和删定周、齊音律。

未幾，拜郢州刺史，尋轉虢州刺史。後遷懷州刺史，決沁水東注，名曰利民渠，又派入溫縣，名曰溫潤渠，以溉舄鹵，民賴其利。後數年，轉齊州刺史。民飢，穀米踊貴，閉人糶而自糶之。坐是除名爲民。

後從幸洛陽，上從容謂賁曰：「我始爲大司馬時，卿以布腹心於我。及總百揆，頻繁左右，與卿足爲恩舊。卿若無過者，位與高熲齊。坐與凶人交構，由是廢黜。言念疇昔之恩，復當牧伯之位，何乃不思報効，以至於此！吾不忍殺卿，是屈法申私耳。」賁俯伏陳謝，詔復本官。後數日，對詔失旨，又自敍功績，有怨言。上大怒，顧謂羣臣曰：「吾將與賁一州，觀此不可復用。」後皇太子爲其言曰：「此輩並有佐命之功，雖性行輕險，誠不可棄。」上曰：「我抑屈之，全其命也。微劉昉、鄭譯及賁、柳裘、皇甫績等，則我不至此。然此等皆反覆子也。當周宣帝時，以無賴得幸，及帝大漸，顏之儀等請以宗王輔政，此輩行詐，顧命於我。我將爲治，又欲亂之。故昉謀大逆於前，譯爲巫蠱於後。如賁之徒，皆不滿志。任之則不遜，致之則怨，自難信也，非我棄之。衆人見此，或有竊議，謂我薄於功臣，斯不然矣。」蘇威進曰：「漢光武欲全功臣，

皆以列侯奉朝請。至尊仁育，復用此道以安之。」上曰：「然。」遂廢於家。是歲卒，年五十四。

史臣曰：高祖肇基王業，昉、譯實啓其謀，當軸執鈞，物無異論。不能忘身急病，以義斷恩，方乃慮難求全，偸安懷祿。暨夫帝遷明德，義非簡在，鹽梅之寄，自有攸歸。言追昔款，內懷觖望，恥居吳、耿之末，羞與絳、灌爲伍。事君盡禮，旣闕於宿心，不愛其親，遽彰於物議。其在周也，靡忠貞之節，其奉隋也，愧竭命之誠。非義掩其前功，畜怨興其後釁，而望不陷刑辟，保貴全生，難矣。柳裘、皇甫績、盧賁，因人成事，協規不二，大運光啓，莫參樞要。斯固在人欲其悅己，在我欲其罵人，理自然也。晏嬰有言：「一心可以事百君，百心不可以事一君。」於昉、譯見之矣。

校勘記

〔一〕父道邕周司空　「周」原作「魏」，據周書鄭孝穆傳改。

〔二〕烏丸軌　卽王軌，北周賜姓「烏丸氏」。本書或稱王軌，或稱烏丸軌。

〔三〕父明　「明」應作「昞」，唐人諱改。

隋書卷三十九

列傳第四

于義　子宣道　宣敏

于義字慈恭，河南洛陽人也。父謹，從魏武帝入關，仕周，官至太師，因家京兆。義少矜嚴，有操尙，篤志好學。大統末，以父功，賜爵平昌縣伯，邑五百戶。起家直閤將軍。其後改封廣都縣公。周閔帝受禪，增邑六百戶。累遷安武太守，專崇德教，不尙威刑。有郡民張善安、王叔兒爭財相訟，義曰：「太守德薄不勝任之所致，非其罪也。」於是取家財，倍與二人，喻而遣去。善安等各懷耻愧，移貫他州。於是風教大洽。其以德化人，皆此類也。進封建平郡公。明、武世，歷西兗、瓜、邵三州刺史。數從征伐，進位開府。

宣帝嗣位，政刑日亂，義上疏諫。時鄭譯、劉昉以恩倖當權，謂義不利於己，先惡之於帝。帝覽表色動，謂侍臣曰：「于義謗訕朝廷也。」御正大夫顏之儀進曰：「古先哲王立誹謗

之木，置敢諫之鼓，猶懼不聞過。于義之言，不可罪也。」帝乃解。

及高祖作相，王謙構逆，高祖將擊之，問將於高熲。熲答曰：「于義素有經略，可爲元帥。」高祖初然之。劉昉進曰：「梁睿位望素重，不可居義之下。」高祖乃止。於是以睿爲元帥，以義爲行軍總管。謙將達奚惎擁衆據開遠，義將左軍擊破之。尋拜潼州總管，賜奴婢五百口，雜綵三千段，超拜上柱國。時義兄翼爲太尉，弟智、兄子仲文並上柱國，大將軍已上十餘人，稱爲貴戚。

歲餘，以疾免職，歸於京師。數月卒，時年五十。贈豫州刺史，謚曰剛。賻物千段，粟米五百石。子宣道、宣敏，並知名。

宣道字元明，性謹密，不交非類。仕周，釋褐左侍上士。以父功，賜爵成安縣男，邑二百戶。後轉小承御上士。高祖爲丞相，引爲外兵曹，尋拜儀同。及踐阼，遷內史舍人，進爵爲子。丁父憂，水漿不入口者累日。獻皇后命中使敦諭，歲餘，起令視事。免喪，拜車騎將軍，兼左衞長史，舍人如故。後六歲，遷太子左衞副率，進位上儀同。卒，年四十二。子志寧，早知名，出繼叔父宣敏。

宣敏字仲達，少沉密，有才思。年十一，詣周趙王招，王命之賦詩。宣敏爲詩，甚有幽貞之志。王大奇之，坐客莫不嗟賞。起家右侍上士，遷千牛備身。高祖踐阼，拜奉車都尉，奉使撫慰巴、蜀。及還，上疏曰：

臣聞開盤石之宗，漢室於是惟永，建維城之固，周祚所以靈長。昔秦皇置牧守而罷諸侯，魏后暱諂邪而疎骨肉，遂使宗社移於他族，神器傳於異姓。此事之明，甚於觀火。然山川設險，非親勿居。且蜀土沃饒，人物殷阜，西通邛、僰，南屬荆、巫。周德之衰，茲土遂成戎首，炎政失御，此地便爲禍先。是以明者防於無形，治者制其未亂，方可慶隆萬世，年逾七百。

伏惟陛下日角龍顏，膺樂推之運，參天貳地，居揖讓之期。億兆宅心，百神受職，理須樹建藩屏，封植子孫，繼周、漢之宏圖，改秦、魏之覆軌，抑近習之權勢，崇公族之本枝。但三蜀、三齊，古稱天險，分王戚屬，今正其時。若使利建合宜，封樹得所，巨猾息其非望，姦臣杜其邪謀。盛業洪基，同天地之長久，英聲茂實，齊日月之照臨。臣雖學謝多聞，然情深體國，輒申管見，戰灼惟深。

帝省表嘉之，謂高熲曰：「于氏世有人焉。」竟納其言，遣蜀王秀鎭於蜀。宣敏常以盛滿之誡，昔賢所重，每懷靜退，著述志賦以見其志焉。未幾，卒官，時年二十九。

陰壽　子世師　骨儀

陰壽字羅雲，武威人也。父嵩，周夏州刺史。壽少果烈，有武幹，性謹厚，敦然諾。周世屢以軍功，拜儀同。從武帝平齊，進位開府，賜物千段，奴婢百口，女樂二十人。及高祖爲丞相，引壽爲掾。尉迥作亂，高祖以韋孝寬爲元帥擊之，令壽監軍。時孝寬有疾，不能親總戎事，每臥帳中，遣婦人傳教命。三軍綱紀，皆取決於壽。以功進位上柱國。尋以行軍總管鎭幽州，即拜幽州總管，封趙國公。

時有高寶寧者，齊氏之疎屬也，爲人桀黠，有籌算，在齊久鎭黃龍。及齊滅，周武帝拜爲營州刺史，甚得華夷之心。高祖爲丞相，遂連結契丹、靺鞨舉兵反。高祖以中原多故，未遑進討，以書喻之而不得。開皇初，又引突厥攻圍北平。至是，令壽率步騎數萬，出盧龍塞以討之。寶寧求救於突厥。時衞王爽等諸將數道北征，突厥不能援。寶寧棄城奔于磧北，黃龍諸縣悉平。壽班師，留開府成道昂鎭之。寶寧遣其子僧伽率輕騎掠城下而去。尋引契丹、靺鞨之衆來攻，道昂苦戰連日乃退。壽患之，於是重購寶寧，又遣人陰間其所親任者趙世模、王威等。月餘，世模率其衆降，寶寧復走契丹，爲其麾下趙修羅所殺，北邊遂安。賜物千段。未幾，卒官，贈司空。子世師嗣。

世師少有節概，性忠厚，多武藝。弱冠，以功臣子拜儀同，累遷驃騎將軍。煬帝嗣位，領東都瓦工監。後三歲，拜張掖太守。先是，吐谷渾及党項羌屢爲侵掠，世師至郡，有來寇者，親自捕擊，輒擒斬之，深爲戎狄所憚。入爲武賁郎將。遼東之役，出襄平道。明年，帝復擊高麗，以本官爲涿郡留守。于時盜賊蜂起，世師逐捕之，往往克捷。及帝還，大加賞勞，拜樓煩太守。時帝在汾陽宮，世師聞始畢可汗將爲寇，勸帝幸太原。帝不從，遂有鴈門之難。尋還左翊衞將軍，與代王留守京師。及義軍至，世師自以世荷隋恩，又藩邸之舊，遂勒兵拒守。月餘，城陷，與京兆郡丞骨儀等見誅，時年五十三。

骨儀，京兆長安人也。性剛鯁，有不可奪之志。開皇初，爲侍御史，處法平當，不爲勢利所回。煬帝嗣位，遷尚書右司郎。于時朝政漸亂濁，貨賂公行，〔一〕凡當樞要之職，無問貴賤，並家累金寶。天下士大夫莫不變節，而儀勵志守常，介然獨立。帝嘉其清苦，超拜京兆郡丞，公方彌著。時刑部尚書衞玄兼領京兆內史，頗行詭道，輒爲儀所執正。玄雖不便之，不能傷也。及義兵至，而玄恐禍及己，遂稱老病，無所干預。儀與世師同心協契，父子並誅，其後遂絕。世師有子弘智等，以年幼獲全。

竇榮定

竇榮定，扶風平陵人也。父善，周太僕。季父熾，開皇初，爲太傅。榮定沈深有器局，容貌瓌偉，美鬚髯，便弓馬。魏文帝時，爲千牛備身。周太祖見而奇之，授平東將軍，賜爵宜君縣子，邑三百戶。後從太祖與齊人戰於北芒，周師不利。榮定與汝南公宇文神慶帥精騎二千邀擊之，齊師乃却。以功拜上儀同。後從武元皇帝引突厥木杆侵齊之幷州，賜物三百段。襲爵永富縣公，邑千戶，進位開府，除忠州刺史。從武帝平齊，加上開府，拜前將軍、佽飛中大夫。

其妻則高祖姊安成長公主也。高祖少小與之情契甚厚，榮定亦知高祖有人君之表，尤相推結。及高祖作相，領左右宮伯，使鎭守天臺，總統露門內兩箱仗衞，常宿禁中。遇尉迥初平，朝廷頗以山東爲意，乃拜榮定爲洛州總管以鎭之。前後賜縑四千匹，西涼女樂一部。高祖受禪，來朝京師。上顧謂羣臣曰：「朕少惡輕薄，性相近者，唯竇榮定而已。」賜馬三百匹，部曲八十戶而遣之。坐事除名，高祖以長公主之故，尋拜右武候大將軍。上數幸其第，恩賜甚厚。每令尙食局日供羊一口，珍味稱是。以佐命功，拜上柱國、寧州刺史。未

幾，復爲右武候大將軍。尋除秦州總管，賜吳樂一部。突厥沙鉢略寇邊，以爲行軍元帥，率九總管，步騎三萬，出涼州。與虜戰於高越原，兩軍相持，其地無水，士卒渴甚，至刺馬血而飲，死者十有二三。榮定仰天太息，俄而澍雨，軍乃復振。於是進擊，數挫其鋒，突厥憚之，請盟而去。賜縑萬匹，進爵安豐郡公，增邑千六百戶。復封子憲爲安康郡公，賜縑五千匹。

歲餘，拜右武衞大將軍，俄轉左武衞大將軍。上欲以爲三公，榮定上書曰：「臣每觀西朝衞、霍，東都梁、鄧，幸託葭莩，位極台鉉，寵積驕盈，必致傾覆。向使前賢少自貶損，遠避權勢，推而不居，則天命可保，何覆宗之有！臣每覽前修，實爲畏懼。」上於是乃止。前後賞賜，不可勝計。

開皇六年卒，時年五十七。上爲之廢朝，令左衞大將軍元旻監護喪事，賻縑三千匹。上謂侍臣曰：「吾每欲致榮定於三事，其人固讓不可。今欲贈之，重違其志。」於是贈冀州刺史、陳國公，諡曰懿。子抗嗣。

抗美容儀，性通率，長於巧思。父卒之後，恩遇彌隆，所賜錢帛金寶，亦以鉅萬。抗官至定州刺史，復檢校幽州總管。煬帝卽位，漢王諒構逆，以爲抗與通謀，由是除名，以其弟慶襲封陳公焉。

慶亦有姿儀，性和厚，頗工草隸。初封永富郡公，官至河東太守、衞尉卿。大業之末，

出爲南郡太守，爲盜賊所害。

慶弟璡，亦工草隸，頗解鍾律。官歷潁川、南郡、扶風太守。

元景山

元景山字珤岳，河南洛陽人也。祖燮，魏安定王。父琰，宋安王。景山少有器局，幹略過人。周閔帝時，從大司馬賀蘭祥擊吐谷渾，以功拜撫軍將軍。其後數從征伐，累遷儀同三司，賜爵文昌縣公，授亹川防主。後與齊人戰於北邙，斬級居多，加開府，遷建州刺史，進封宋安郡公，邑三千戶。從武帝平齊，每戰有功，拜大將軍，改封平原郡公，邑二千戶，賜女樂一部，帛六千匹，奴婢二百五十口，牛羊數千。

治亳州總管。先是，州民王迴洛、張季眞等聚結亡命，每爲劫盜。前後牧守不能制。景山下車，逐捕之，迴洛、季眞挺身奔江南。禽其黨與數百人，皆斬之。法令明肅，盜賊屏跡，稱爲大治。陳人張景遵以淮南內屬，爲陳將任蠻奴所攻，破其數柵。景山發譙、潁兵援之，蠻奴引軍而退。徵爲候正。

宣帝嗣位，從上柱國韋孝寬經略淮南。鄖州總管宇文亮謀圖不軌，以輕兵襲孝寬。孝寬窘迫，未得整陣，爲亮所薄。景山率鐵騎三百出擊，破之，斬亮傳首。以功拜亳州總管。

高祖爲丞相，尉迥稱兵作亂。滎州刺史宇文冑與迥通謀，〔二〕陰以書諷動景山。景山執其使，封書詣相府。高祖甚嘉之，進位上大將軍。司馬消難之以鄖州入陳也，陳遣將樊毅、馬傑等來援。景山率輕騎五百馳赴之。毅等懼，掠居民而遁。景山追之，一日一夜，行三百餘里，與毅戰於漳口，二合皆剋。毅等退保甑山鎭。其城邑爲消難所陷者，悉平之。拜安州總管，進位柱國，前後賜帛二千匹。時桐柏山蠻相聚爲亂，景山復擊平之。

高祖受禪，拜上柱國。明年，大舉伐陳，以景山爲行軍元帥，率行軍總管韓延、呂哲出漢口。遣上開府鄧孝儒將勁卒四千，攻陳甑山鎭。陳人遣其將陸綸以舟師來援。孝儒逆擊，破之。陳將魯達、陳紀以兵守涓口，景山復遣兵擊走之。陳人大駭，甑山、沌陽二鎭守將皆棄城而遁。景山將濟江，會陳宣帝卒，有詔班師。景山大著威名，甚爲敵人所憚。

後數載，坐事免，卒于家，時年五十五。贈梁州總管，賜縑千匹，諡曰襄。子成壽嗣。

成壽便弓馬，起家千牛備身。以上柱國世子，拜儀同。後爲秦王庫眞車騎。煬帝嗣位，徵爲左親衞郎將。楊玄感之亂也，從刑部尚書衞玄擊之，以功進位正議大夫，拜西平通守。

源雄

源雄字世略，西平樂都人也。祖懷，父纂，俱爲魏隴西王。雄少寬厚，偉姿儀。在魏起

家秘書郎，尋加征虜將軍。屬其父爲高氏所誅，雄脫身而遁，變姓名，西歸長安。周太祖見而器之，賜爵隴西郡公。後從武帝伐齊，以功授開府，改封朔方郡公，拜冀州刺史。時以突厥寇邊，徙雄爲平州刺史以鎭之。未幾，檢校徐州總管。

及高祖爲丞相，尉迥作亂。時雄家累在相州，迥潛以書誘之，雄卒不顧。高祖遺雄書曰：「公妻子在鄴城，雖言離隔，賊徒翦滅，聚會非難。今日已後，不過數旬之別，遲能開慰，無以累懷。徐部大蕃，東南襟帶，密邇吳寇，特須安撫。藉公英略，委以邊謀，善建功名，用副朝委也。」迥遣其將畢義緒據蘭陵，席毗陷昌慮、下邑。雄遣徐州刺史劉仁恩擊義緒，儀同劉弘、李琰討席毗，悉平之。

陳人見中原多故，遣其將陳紀、蕭摩訶、任蠻奴、周羅睺、樊毅等侵江北，西自江陵，東距壽陽，民多應之。攻陷城鎭。雄與吳州總管于顗、揚州總管賀若弼、黃州總管元景山等擊走之，悉復故地。東潼州刺史曹孝達據州作亂，雄遣兵襲斬之。進位上大將軍，拜徐州總管。後數歲，轉懷州刺史，尋遷朔州總管。突厥有來寇掠，雄輒捕斬之，深爲北夷所憚。伐陳之役，高祖下冊書曰：「於戲！唯爾上大將軍、朔方公雄，識悟明允，風神果毅。往牧徐方，時逢寇逆，建旗馬邑，安撫北蕃。嘉謀絕外境之虞，挺劍息韋韝之望。沙漠以北，俱荷威恩，呂梁之間，罔不懷惠。但江淮蕞爾，有陳僭逆，今將董率戎旅，清彼東南，是用命爾

爲行軍總管。往欽哉！」於是從秦王俊出信州道。及陳平，以功進位上柱國。賜子崇爵端氏縣伯，褒爲安化縣伯，賜物五千段，復鎮朔州。二歲，上表乞骸骨，徵還京師，卒于家，時年七十。

子崇嗣，官至儀同。大業中，自上黨贊治入爲尚書虞部郎。及天下盜起，將兵討北海，與賊力戰而死，贈正議大夫。

豆盧勣 子毓　勣兄通

豆盧勣字定東，昌黎徒河人也。本姓慕容，燕北地王精之後也。中山敗，歸魏，北人謂歸義爲「豆盧」，因氏焉。祖萇，魏柔玄鎭大將。父寧，柱國、太保。勣初生時，周太祖親幸寧家稱慶，時遇新破齊師，太祖因字之曰定東。勣聰悟，有器局。少受業國子學，略涉文藝。魏大統十二年，太祖以勣勳臣子，封義安縣侯。周閔帝受禪，授稍伯下大夫、開府儀同三司，改封丹陽郡公，邑千五百戶。明帝時，爲左武伯中大夫。勣自以經業未通，請解職遊露門學。帝嘉之，勑以本官就學。未幾，齊王憲納勣妹爲妃，恩禮逾厚。

會武帝嗣位，拜邛州刺史。未之官，渭源燒當羌因饑饉作亂，以勣有才略，轉渭州刺史。甚有惠政，華夷悅服，德澤流行，大致祥瑞。鳥鼠山俗呼爲高武隴，其下渭水所出。其

山絕壁千尋，由來乏水，諸羌苦之。勣馬足所踐，忽飛泉湧出。有白烏翔止廳前，乳子而後去，又白狼見於襄武。民爲之謠曰：「我有丹陽，山出玉漿。濟我民夷，神烏來翔。」百姓因號其泉爲玉漿泉。

後丁父艱，毀瘁過禮。天和二年，授邵州刺史，襲爵楚國公。復徵爲天官府司會，歷信、夏二州總管、相州刺史。以母憂還京。宣帝大象二年，拜利州總管，進位上大將軍。月餘，拜柱國。

高祖爲丞相，益州總管王謙作亂。勣嬰城固守，謙遣其將達奚惎、高阿那肱、乙弗虔等衆十萬攻之，起土山，鑿城爲七十餘穴，堰江水以灌之。勣時戰士不過二千，晝夜相拒。經四旬，勢漸迫。勣於是出奇兵擊之，斬數千級，降二千人。梁睿軍且至，賊因而解去。高祖遣開府趙仲卿勞之，詔曰：「勣器識優長，氣調英遠，總馭藩部，風化已行。巴、蜀稱兵，奄來圍逼，入守出戰，大摧凶醜。貞節雄規，厥功甚茂，可使持節、上柱國。賜一子爵中山縣公。」

開皇二年，突厥犯塞，以勣爲北道行軍元帥以備邊。歲餘，拜夏州總管。上以其家世貴盛，勳効克彰，甚重之。後爲漢王諒納勣女爲妃，恩遇彌厚。七年，詔曰：「上柱國、楚國公勣，蜀人寇亂之日，稱兵犯順，固守金湯，隱如敵國。嘉猷大節，其勞已多，可食始州臨津

縣邑千戶。」

十年，以疾徵還京師，詔諸王並至勣第，中使顧問，道路不絕。其年卒，時年五十五。上悼惜者久之，特加賵贈，鴻臚監護喪事，謚曰襄。子賢嗣，官至顯州刺史、大理少卿、武賁郎將。賢弟毓。

毓字道生，少英果，有氣節。漢王諒出鎭并州，毓以妃兄爲王府主簿。從趙仲卿北征突厥，以功授儀同三司。

及高祖崩，煬帝即位，徵諒入朝。諒納諮議王頍之謀，發兵作亂。毓苦諫不從，因謂弟懿曰：「吾匹馬歸朝，自得免禍。此乃身計，非爲國也。今且僞從，以思後計。」毓兄顯州刺史賢言於帝曰：「臣弟毓素懷志節，必不從亂，但逼兇威，不能克遂。臣請從軍，與毓爲表裏，諒不足圖也。」帝以爲然，許之。賢密遣家人齎勑書至毓所，與之計議。諒出城，將往介州，令毓與總管屬朱濤留守。毓謂濤曰：「漢王構逆，敗不旋踵，吾豈坐受夷滅，孤負家國邪！當與卿出兵拒之。」濤驚曰：「王以大事相付，何得有是語！」因拂衣而去。毓追斬之。時諒司馬皇甫誕，前以諫諒被囚。毓於是出誕，與之協計，及開府、盤石侯宿勤武，開府宇文永昌，儀同成端、長孫愷，車騎、安成侯元世雅，原武令皇甫文顥等，閉城拒諒。部分未

定，有人告諒，諒襲擊之。毓見諒至，紿其衆曰：「此賊軍也。」諒攻城南門，毓時遣稽胡守堞，稽胡不識諒，射之，箭下如雨。諒復至西門，守兵皆并州人，素識諒，卽開門納之。毓遂見害，時年二十八。

及諒平，煬帝下詔曰：「褒顯名節，有國通規，加等飾終，抑推令典。毓深識大義，不顧姻親，出於萬死，首建奇策。去逆歸順，殉義亡身，追加榮命，宜優恒禮。可贈大將軍，封正義縣公，賜帛二千匹，謚曰愍。」子願師嗣，尋拜儀同三司。大業初，行新令，五等並除。未幾，帝復下詔曰：「故大將軍、正義愍公毓，臨節能固，捐生殉國，成爲令典，沒世不忘。象賢無墜，德隆必祀，改封雍丘愍侯。」復以願師承襲。大業末，授千牛左右。

通字平東，勣之兄也，一名會。弘厚有器局。在周，少以父功，賜爵臨貞縣侯，邑千戶。尋授大都督，俄遷儀同三司。大冢宰宇文護引之令督親信兵，改封沃野縣公，邑四千七百戶。後加開府，歷武賁中大夫、北徐州刺史。

及高祖爲丞相，尉迥作逆，遣其所署莒州刺史烏丸尼率衆來攻。通逆擊，破之。賜物八百段，進位大將軍。開皇初，進爵南陳郡公。尋徵入朝，以本官典宿衞。歲餘，出拜定州刺史。後轉相州

刺史。尙高祖妹昌樂長公主，自是恩禮漸隆。遷夏州總管、洪州總管。所在之職，並稱寬惠。十七年，卒官，年五十九。謚曰安。有子寬。

賀若誼

賀若誼字道機，河南洛陽人也。祖伏連，魏雲州刺史。父統，右衞將軍。誼性剛果，有幹略。在魏，以功臣子，賜爵容城縣男。累遷直閤將軍、大都督、通直散騎常侍、尙食典御。周太祖據有關中，引之左右。嘗使詣杏城，屬茹茹種落擕貳，屯於河表。誼因譬以禍福，誘令歸附，降者萬餘口。太祖深奇之，賜金銀百兩。齊遣其舍人楊暢結好於茹茹，太祖恐其幷力，爲邊境之患，使誼聘茹茹。誼因啗以厚利，茹茹信之，遂與周連和，執暢付誼。太祖嘉之，拜車騎大將軍、儀同三司、略陽公府長史。

周閔帝受禪，除司射大夫，改封霸城縣子，轉左宮伯，尋加開府。後歷靈邵二州刺史，原信二州總管，俱有能名。其兄敦，爲金州總管，以讒毀伏誅。坐是免職。

武帝親總萬機，召誼治熊州刺史。平齊之役，誼率兵出函谷，先據洛陽，即拜洛州刺史，進封建威縣侯。齊范陽王高紹義之奔突厥也，誼以兵追之，戰於馬邑，遂擒紹義。以功進位大將軍。

高祖爲丞相，拜亳州總管，馳驛之部。西遏司馬消難，東拒尉迥。申州刺史李慧反，誼討之，進爵范陽郡公，授上大將軍。

開皇初，入爲右武候將軍。河間王弘北征突厥，以誼爲副元帥。軍還，轉左武候大將軍。坐事免。歲餘，拜華州刺史，俄轉敷州刺史，改封海陵郡公，復轉涇州刺史。時突厥屢爲邊患，朝廷以誼素有威名，拜靈州刺史，進位柱國。誼時年老，而筋力不衰，猶能重鎧上馬，甚爲北夷所憚。數載，上表乞骸骨，優詔許之。

誼家富於財，於郊外構一別廬，多植菓木。每邀賓客，列女樂，遊集其間。卒于家，時年七十七。子舉襲爵。

庶長子協，官至驃騎將軍。協弟祥，奉車都尉。祥弟與，車騎將軍。誼兄子弼，別有傳。

史臣曰：于義、竇榮定等，或南陽姻亞，或豐邑舊遊，運屬時來，俱宜力用。以勞定國，以功懋賞，保其祿位，貽厥子孫。析薪克荷，崇基弗墜，盛矣！豆盧毓遇屯剝之機，亡身殉義，陰世師遭天之所廢，捨命不渝。使夫死者有知，足以無愧君親矣。

校勘記

〔一〕貨賂公行　原脫「賂」字，據冊府四六二、御覽二一三補。

〔二〕滎州　「滎」原作「榮」，據本書高祖紀上、又楊素傳改。

隋書卷四十

列傳第五

梁士彥 子剛 梁默

梁士彥字相如，安定烏氏人也。少任俠，不仕州郡。性剛果，喜正人之是非。好讀兵書，頗涉經史。周世以軍功拜儀同三司。武帝將有事東夏，聞其勇決，自扶風郡守除九曲鎮將，進位上開府，封建威縣公，齊人甚憚焉。尋遷熊州刺史。

後從武帝拔晉州，進位柱國，除使持節、晉絳二州諸軍事、晉州刺史。及帝還後，齊後主親總六軍而圍之。獨守孤城，外無聲援，衆皆震懼，士彥慷慨自若。賊盡銳攻之，樓堞皆盡，城雉所存，尋仞而已。或短兵相接，或交馬出入。士彥謂將士曰：「死在今日，吾爲爾先！」於是勇烈齊奮，呼聲動地，無不一當百。齊師少却。乃令妻妾軍民子女，晝夜修城，三日而就。帝率六軍亦至，齊師解圍，營於城東十餘里。士彥見帝，持帝鬚而泣曰：「臣幾不見陛

下！」帝亦爲之流涕。時帝以將士疲倦，意欲班師。士彥叩馬諫曰：「今齊師遁，衆心皆動，因其懼也而攻之，其勢必舉。」帝從之，大軍遂進。帝執其手曰：「余之有晉州，爲平齊之基。若不固守，則事不諧矣。朕無前慮，惟恐後變，善爲我守之。」及齊平，封郕國公，進位上柱國、雍州主簿。

宣帝卽位，除東南道行臺、使持節、徐州總管、三十二州諸軍事、徐州刺史。與烏丸軌擒陳將吳明徹、裴忌於呂梁，別破黃陵，略定淮南地。

高祖作相，轉亳州總管、二十四州諸軍事。尉迥之反也，以爲行軍總管，從韋孝寬擊之。至河陽，與迥軍相對。令家僮梁默等數人爲前鋒，士彥以其徒繼之，所當皆破。乘勝至草橋，迥衆復合，進戰，大破之。及圍鄴城，攻北門而入，馳啓西門，納宇文忻之兵。

及迥平，除相州刺史。高祖忌之。未幾，徵還京師，閑居無事。自恃元功，甚懷怨望，遂與宇文忻、劉昉等謀作亂。將率僮僕，於享廟之際，因車駕出，圖以發機。復欲於蒲州起事，略取河北，捉黎陽關，塞河陽路，劫調布以爲牟甲，募盜賊以爲戰士。其甥裴通豫知其謀而奏之。高祖未發其事，授晉州刺史，欲觀其意。士彥欣然謂昉等曰：「天也！」又請儀同薛摩兒爲長史，高祖從之。後與公卿朝謁，高祖令左右執士彥、忻、昉等於行間，詰之曰：「爾等欲反，何敢發此意？」初猶不伏，捕薛摩兒適至，於是庭對之。摩兒具論始末，云：「第二子剛垂泣苦諫，第三子叔諧曰：『作猛獸要須成斑。』」士彥失色，顧謂摩兒曰：「汝殺我！」於是伏誅，時年七十二。

有子五人。操字孟德，出繼伯父，官至上開府、義鄉縣公、長寧王府驃騎，早卒。剛字永固，弱冠授儀同，以平尉迥勳，加開府。擊突厥有功，進位上大將軍、通政縣公、涇州刺史。士彥之誅也，以諫獲免，徙瓜州。叔諧官至上儀同、廣平縣公、車騎將軍。志遠爲安定伯，務爲建威伯，皆坐士彥誅。

梁默者，士彥之蒼頭，驍武絕人。士彥每從征伐，常與默陷陣。仕周，致位開府。開皇末，以行軍總管從楊素北征突厥，進位大將軍。漢王諒之反也，復以行軍總管從楊素討平之，加授柱國。大業五年，從煬帝征吐谷渾，遇賊力戰而死，贈光祿大夫。

宇文忻

宇文忻字仲樂，本朔方人，徙京兆。祖莫豆干，周安平公。〔一〕父貴，周大司馬、〔二〕許國公。忻幼而敏慧，爲兒童時，與羣輩遊戲，輒爲部伍，進止行列，無不用命，有識者見而異之。年十二，能左右馳射，驍捷若飛。恒謂所親曰：「自古名將，唯以韓、白、衞、霍爲美談，吾察其行事，未足多尚。若使與僕並時，不令豎子獨擅高名也。」其少小慷慨如此。年十八，

從周齊王憲討突厥有功，拜儀同三司，賜爵興固縣公。韋孝寬之鎮玉壁也，以忻驍勇，請與同行。屢有戰功，加位開府、驃騎將軍，進爵化政郡公，邑二千戶。

從武帝伐齊，攻拔晉州。齊後主親馭六軍，兵勢甚盛，帝憚之，欲旋師。忻諫曰：「以陛下之聖武，乘敵人之荒縱，何往不克！若使齊人更得令主，君臣協力，雖湯、武之勢，未易平也。今主暗臣愚，兵無鬬志，雖有百萬之衆，實爲陛下奉耳。」帝從之，戰遂大克。及帝攻陷并州，先勝後敗，帝爲賊所窘，左右皆殲，帝挺身而遁，諸將多勸帝還。忻勃然而進曰：「自陛下克晉州，破高緯，乘勝逐北，以至於此。致令僞主奔波，關東響振，自古行兵用師，未有若斯之盛也。昨日破城，將士輕敵，微有不利，何足爲懷。丈夫當死中求生，敗中取勝。今者破竹，其勢已成，奈何棄之而去？」帝納其言，明日復戰，遂拔晉陽。及齊平，進位大將軍，賜物千段。尋與烏丸軌破陳將吳明徹於呂梁，進位柱國，賜奴婢二百口，除豫州總管。

高祖龍潛時，與忻情好甚協，及爲丞相，恩顧彌隆。尉迥作亂，以忻爲行軍總管，從韋孝寬擊之。時兵屯河陽，諸軍莫敢先進。帝令高熲馳驛監軍，與熲密謀進取者，唯忻而已。迥遣子惇，盛兵武陟，忻先鋒擊走之。進臨相州，迥遣精甲三千伏於野馬岡，欲邀官軍。忻以五百騎襲之，斬獲略盡。進至草橋，迥又拒守，忻率奇兵擊破之，直趨鄴下。迥背城結陣，與官軍大戰，官軍不利。時鄴城士女觀戰者數萬人，忻與高熲、李詢等謀曰：「事急矣，當以

權道破之。」於是擊所觀者，大囂而走，轉相騰藉，聲如雷霆。忻乃傳呼曰：「賊敗矣！」衆軍復振，齊力急擊之，迥軍大敗。及平鄴城，以功加上柱國，賜奴婢二百口，牛馬羊萬計。高祖顧謂忻曰：「尉迥傾山東之衆，運百萬之師，公舉無遺策，戰無全陣，誠天下之英傑也。」進封英國公，增邑三千戶。自是以後，每參帷幄，出入臥內，禪代之際，忻有力焉。後拜右領軍大將軍，恩顧彌重。

忻妙解兵法，馭戎齊整，當時六軍有一善事，雖非忻所建，在下輒相謂曰：「此必英公法也。」其見推服如此。後改封杞國公。上嘗欲令忻率兵擊突厥，高熲言於上曰：「忻有異志，不可委以大兵。」乃止。

忻既佐命功臣，頻經將領，有威名於當世。上由是微忌焉，以譴去官。忻與梁士彥昵狎，數相往來，士彥時亦怨望，陰圖不軌。忻謂士彥曰：「帝王豈有常乎？相扶即是。公於蒲州起事，我必從征。兩陣相當，然後連結，天下可圖也。」謀洩伏誅，年六十四，家口籍沒。

忻兄善，弘厚有武藝。仕周，官至上柱國、許國公。高祖受禪，遇之甚厚，拜其子熲爲上儀同。及忻誅，並廢于家。善未幾卒。熲至大業中，爲司農少卿。及李密逼東都，叛歸于密。忻弟愷，別有傳。

王誼

王誼字宜君，河南洛陽人也。父顯，周鳳州刺史。誼少慷慨，有大志，便弓馬，博覽羣言。周閔帝時，爲左中侍上士。時大冢宰宇文護執政，勢傾王室，帝拱默無所關預。有朝士於帝側，微爲不恭，誼勃然而進，將擊之。其人惶懼請罪，乃止。自是朝士無敢不肅。歲餘，遷御正大夫。丁父艱，毀瘁過禮，廬於墓側，負土成墳。歲餘，起拜雍州別駕，固讓，不許。武帝即位，授儀同，累遷內史大夫，封楊國公。從帝伐齊，至并州，帝既入城，反爲齊人所敗，左右多死。誼率麾下驍雄赴之，帝賴以全濟。時帝以六軍挫衄，將班師。誼固諫，帝從之。及齊平，授相州刺史。未幾，復徵爲大內史。汾州稽胡爲亂，誼率兵擊之。帝弟越王盛、譙王儉雖爲總管，並受誼節度。其見重如此。及平賊而還，賜物五千段，封一子開國公。帝臨崩，謂皇太子曰：「王誼社稷臣，宜處以機密，不須遠任也。」皇太子即位，是爲宣帝。憚誼剛正，出爲襄州總管。

及高祖爲丞相，轉爲鄖州總管。司馬消難舉兵反，高祖以誼爲行軍元帥，率四總管討之。軍次近郊，消難懼而奔陳。于時北至商、洛，南拒江、淮，東西二千餘里，巴蠻多叛，共推渠帥蘭雒州爲主。雒州自號河南王，以附消難，北連尉迥。誼率行軍總管李威、馮暉、李遠等分討之，旬月皆平。高祖以誼前代舊臣，甚加禮敬，遣使勞問，冠蓋不絕。以第五女妻其子奉孝，尋拜大司徒。誼自以與高祖有舊，亦歸心焉。

及上受禪，顧遇彌厚，上親幸其第，與之極歡。太常卿蘇威立議，以爲戶口滋多，民田不贍，欲減功臣之地以給民。誼奏曰：「百官者，歷世勳賢，方蒙爵土。一旦削之，未見其可。如臣所慮，正恐朝臣功德不建，何患人田有不足？」上然之，竟寢威議。開皇初，上將幸岐州。誼諫曰：「陛下初臨萬國，人情未洽，何用此行？」上戲之曰：「吾昔與公位望齊等，一朝屈節爲臣，或當恥愧。是行也，震揚威武，欲以服公心耳。」誼笑而退。尋奉使突厥，上嘉其稱旨，進封郢國公。

未幾，其子奉孝卒。踰年，誼上表，言公主少，請除服。御史大夫楊素劾誼曰：「臣聞喪服有五，親疏異節，喪制有四，降殺殊文。王者之所常行，故曰不易之道也。是以賢者不得踰，不肖者不得不及。而儀同王奉孝，既尚蘭陵公主，奉孝以去年五月身喪，始經一周，而誼便請除釋。竊以雖曰王姬，終成下嫁之禮，公則主之，猶在移天之義。況復三年之喪，自上達下，及朞釋服，在禮未詳。然夫婦則人倫攸始，喪紀則人道至大，苟不重之，取笑君子。故鑽燧改火，責以居喪之速，朝祥暮歌，譏以忘哀之早。然誼雖不自強，爵位已重，欲爲無禮，其可得乎？乃薄俗傷教，爲父則不慈，輕禮易喪，致婦於無義。若縱而不正，恐傷風俗，

請付法推科。」有詔勿治，然恩禮稍薄。誼頗怨望。或告誼謀反，上令案其事。主者奏誼有不遜之言，實無反狀。上賜酒而釋之。

于時上柱國元諧亦頗失意，誼數與相往來，言論醜惡。胡僧告之。公卿奏誼大逆不道，罪當死。上見誼愴然曰：「朕與公舊爲同學，甚相憐愍，將奈國法何？」於是下詔曰：「誼，有周之世，早豫人倫，朕共遊庠序，遂相親好。然性懷險薄，巫覡盈門，鬼言怪語，稱神道聖。朕受命之初，深存誡約，口云改悔，心實不悛。乃說四天王神道，誼應受命，書有誼讖，天有誼星，桃、鹿二川，岐州之下，歲在辰巳，興帝王之業。密令卜問，伺殿省之災。又說其身是明王，信用左道，所在詿誤，自言相表當王不疑。此而赦之，將或爲亂，禁暴除惡，宜伏國刑。」上復令大理正趙綽謂誼曰：「時命如此，將若之何！」於是賜死於家，時年四十六。

元諧

元諧，河南洛陽人也，家代貴盛。諧性豪俠，有氣調。少與高祖同受業於國子，甚相友愛。後以軍功，累遷大將軍。及高祖爲丞相，引致左右。諧白高祖曰：「公無黨援，譬如水間一堵牆，大危矣。公其勉之。」尉迥作亂，遣兵寇小鄉，令諧擊破之。及高祖受禪，上顧諧笑曰：「水間牆竟何如也？」於是賜宴極歡。進位上大將軍，封樂安郡公，邑千戶。奉詔參修律令。

時吐谷渾寇涼州，詔諧爲行軍元帥，率行軍總管賀婁子幹、郭竣、元浩等步騎數萬擊之。上勑諧曰：「公受朝寄，總兵西下，本欲自寧疆境，保全黎庶，非是貪無用之地，害荒服之民。王者之師，意在仁義。渾賊若至界首者，公宜曉示以德，臨之以教，誰敢不服也！」時賊將定城王鍾利房率騎三千渡河，連結党項。諧率兵出鄯州，趣青海，邀其歸路。吐谷渾引兵拒諧，相遇於豐利山。賊鐵騎二萬，與諧大戰，諧擊走之。賊駐兵青海，遣其太子可博汗以勁騎五萬來掩官軍。諧逆擊，敗之，追奔三十餘里，俘斬萬計，虜大震駭。於是移書諭以禍福，其名王十七人、公侯十三人，各率其所部來降。上大悅，下詔曰：「褒善疇庸，有聞前載，諧識用明達，神情警悟，文規武略，譽流朝野。申威拓土，功成疆埸，深謀大節，實朕心。加禮延代，宜隆賞典。可柱國，別封一子縣公。」諧拜寧州刺史，頗有威惠。然剛愎，好排詆，不能取媚於左右。嘗言於上曰：「臣一心事主，不曲取人意。」上曰：「宜終此言。」後以公事免。

時上柱國王誼有功於國，與諧俱無任用，每相往來。胡僧告諧、誼謀反，上按其事，無逆狀，上慰諭而釋之。未幾，誼伏誅，諧漸被疎忌。然以龍潛之舊，每預朝請，恩禮無虧。及上大宴百僚，諧進曰：「陛下威德遠被，臣請突厥可汗爲候正，陳叔寶爲令史。」上曰：「朕平陳國，以伐罪弔人，非欲誇誕取威天下。公之所奏，殊非朕心。突厥不知山川，何能警候！叔寶昏醉，寧堪驅使！」諧默然而退。

後數歲，有人告諧與從父弟上開府滂、臨澤侯田鸞、上儀同祁緒等謀反。上令案其事。有司奏：「諧謀令祁緒勒党項兵，卽斷巴、蜀。時廣平王雄、左僕射高熲二人用事，諧欲譖去之，云：『左執法星動已四年矣，狀一奏，高熲必死。』又言：『太白犯月，光芒相照，主殺大臣，楊雄必當之。』諧嘗與滂同謁上，諧私謂滂曰：『我是主人，殿上者賊也。』因令滂望氣，滂曰：『彼雲似蹲狗走鹿，不如我輩有福德雲。』」上大怒，諧、滂、鸞、緒並伏誅，籍沒其家。

王世積

王世積，闡熙新囶人也。父雅，周使持節、開府儀同三司。世積容貌魁岸，腰帶十圍，風神爽拔，有傑人之表。在周，有軍功，拜上儀同，封長子縣公。高祖爲丞相，尉迥作亂，從韋孝寬擊之，每戰有功，拜上大將軍。

高祖受禪，進封宜陽郡公。高熲美其才能，甚善之。嘗密謂熲曰：「吾輩俱周之臣子，社稷淪滅，其若之何？」熲深拒其言。未幾，授蘄州總管。平陳之役，以舟師自蘄水趣九江，與陳將紀瑱戰於蘄口，大破之。既而晉王廣已平丹陽，世積於是移書告諭，遣千金公權始璋略取新蔡。陳江州司馬黃偲棄城而遁，始璋入據其城。世積繼至，陳豫章太守徐璒、廬陵太守蕭廉、潯陽太守陸仲容、巴山太守王誦、太原太守馬頲、齊昌太守黃正始、安成太守任瓘等，及鄱陽、臨川守將，並詣世積降。以功進位柱國、荆州總管，賜絹五千段，加之寶帶，邑三千戶。後數歲，桂州人李光仕作亂，世積以行軍總管討平之。上遣都官員外郎辛凱卿馳勞之。及還，進位上柱國，賜物二千段。上甚重之。

世積見上性忌刻，功臣多獲罪，由是縱酒，不與執政言及時事。上以爲有酒疾，舍之宮內，令醫者療之。世積詭稱疾愈，始得就第。

及起遼東之役，世積與漢王並爲行軍元帥，至柳城，遇疾疫而還。拜涼州總管，令騎士七百人送之官。未幾，其親信安定皇甫孝諧有罪，吏捕之，亡抵世積。世積不納，由是有憾。孝諧竟配防桂州，事總管令狐熙。熙又不之禮，甚困窮，因徼幸上變，稱：「世積嘗令道人相其貴不？道人答曰：『公當爲國主。』謂其妻曰：『夫人當爲皇后。』又將之涼州，其所親謂世積曰：『河西天下精兵處，可以圖大事也。』世積曰『涼州土曠人稀，非用武之國。』」由是被徵入朝，按其事。有司奏：「左衞大將軍元旻、右衞大將軍元冑、左僕射高熲，並與世積交通，受其名馬之贈。」世積竟坐誅，旻、冑等免官，拜孝諧爲上大將軍。

虞慶則

虞慶則，京兆櫟陽人也。本姓魚。其先仕於赫連氏，遂家靈武，代爲北邊豪傑。父祥，周靈武太守。慶則幼雄毅，性倜儻，身長八尺，有膽氣，善鮮卑語，身被重鎧，帶兩鞬，左右馳射，本州豪俠皆敬憚之。初以弋獵爲事，中便折節讀書，常慕傅介子、班仲升爲人。仕周，釋褐中外府行參軍，稍遷外兵參軍事，襲爵沁源縣公。宣政元年，授儀同大將軍，除并州總管長史。二年，授開府。時稽胡數爲反叛，越王盛、內史下大夫高熲討平之。將班師，熲與盛謀，須文武幹略者鎮遏之。表請慶則，於是卽拜石州總管。甚有威惠，境內清肅，稽胡慕義而歸者八千餘戶。

開皇元年，進位大將軍，遷內史監、吏部尚書、京兆尹，封彭城郡公，營新都總監。二年冬，突厥入寇，慶則爲元帥討之。部分失所，士卒多寒凍，墮指者千餘人。偏將達奚長儒率騎兵二千人別道邀賊，爲虜所圍，甚急。慶則案營不救。由是長儒孤軍獨戰，死者十八九。上不之責也。尋遷尚書右僕射。

後突厥主攝圖將內附，請一重臣充使，於是上遣慶則詣突厥所。攝圖恃强，初欲亢禮，慶則責以往事，攝圖不服。其介長孫晟又說諭之，攝圖及弟葉護皆拜受詔，因卽稱臣朝貢，請永爲藩附。初，慶則出使，高祖勑之曰：「我欲存立突厥，彼送公馬，但取五三匹。」攝圖見慶則，贈馬千匹，又以女妻之。上以慶則勳高，皆無所問。授上柱國，封魯國公，食任城縣

千戶。詔以彭城公迴授第二子義。

高祖平陳之後，幸晉王第，置酒會羣臣。高熲等奉觴上壽。上因曰：「高熲平江南，虞慶則降突厥，可謂茂功矣。」楊素曰：「皆由至尊威德所被。」慶則曰：「楊素前出兵武牢、硤石，若非至尊威德，亦無克理。」遂與互相長短。御史欲彈之，上曰：「今日計功爲樂，宜不須劾。」上觀羣臣宴射，慶則進曰：「臣蒙賚酒食，令盡樂，御史在側，恐醉而被彈。」上賜御史酒，因遣之出。慶則奉觴上壽，極歡。上謂諸公曰：「飲此酒，願我與諸公等子孫常如今日，世守富貴。」九年，轉爲右衞大將軍，尋改爲右武候大將軍。

開皇十七年，嶺南人李賢據州反，高祖議欲討之。諸將二三請行，皆不許。高祖顧謂慶則曰：「位居宰相，爵乃上公，國家有賊，遂無行意，何也？」慶則拜謝恐懼，上乃遣焉。爲桂州道行軍總管，以婦弟趙什柱爲隨府長史。什柱先與慶則愛妾通，恐事彰，乃宣言曰：「慶則不欲此行。」遂聞於上。先是，朝臣出征，上皆宴別，禮賜遣之。及慶則南討辭上，上色不悅，慶則由是怏怏不得志。暨平賢，至潭州臨桂鎮，慶則觀眺山川形勢，曰：「此誠嶮固，加以足糧。若守得其人，攻不可拔。」遂使什柱馳詣京奏事，觀上顏色。什柱至京，因告慶則謀反。上案驗之，慶則於是伏誅。拜什柱爲柱國。

慶則子孝仁，幼豪俠任氣，起家拜儀同，領晉王親信。坐父事除名。煬帝嗣位，以藩邸

之舊，授候衞長史，兼領金谷監，監禁苑。有巧思，頗稱旨。九年，伐遼，授都水丞，充使監運，頗有功。然性奢華，以駱駝負函盛水養魚而自給。十一年，或告孝仁謀圖不軌，遂誅之。其弟澄道，東宮通事舍人，坐除名。

元冑

元冑，河南洛陽人也，魏昭成帝之六代孫。祖順，魏濮陽王。父雄，武陵王。冑少英果，多武藝，美鬚眉，有不可犯之色。周齊王憲見而壯之，引致左右，數從征伐。官至大將軍。

高祖初被召入，將受顧託，先呼冑，次命陶澄，並委以腹心，恒宿臥內。及爲丞相，每典軍在禁中，又引弟威俱入侍衞。周趙王招知高祖將遷周鼎，乃要高祖就第。趙王引高祖入寢室，左右不得從，唯楊弘與冑兄弟坐於戶側。趙王謂其二子員、貫曰：「汝當進瓜，我因刺殺之。」及酒酣，趙王欲生變，以佩刀子刺瓜，連啗高祖，將爲不利。冑進曰：「相府有事，不可久留。」趙王訶之曰：「我與丞相言，汝何爲者！」叱之使却。冑瞋目憤氣，扣刀入衞。趙王問其姓名，冑以實對。趙王曰：「汝非昔事齊王者乎？誠壯士也！」因賜之酒，曰：「吾豈有不善之意邪？卿何猜警如是！」趙王僞吐，將入後閤，冑恐其爲變，扶令上坐，如此者再三。趙王稱喉乾，命冑就廚取飲，冑不動。會滕王逌後至，高祖降階迎之，冑與高祖耳語曰：

「事勢大異，可速去。」高祖猶不悟，謂曰：「彼無兵馬，復何能爲？」冑曰：「兵馬悉他家物，一先下手，大事便去。冑不辭死，死何益耶？」高祖復入坐。冑聞屋後有被甲聲，遽請曰：「相府事殷，公何得如此？」因扶高祖下牀，趣而去。趙王將追之，冑以身蔽戶，王不得出。高祖及門，冑自後而至。趙王恨不時發，彈指出血。及誅趙王，賞賜不可勝計。

高祖受禪，進位上柱國，封武陵郡公，邑三千戶。拜左衞將軍，尋遷右衞大將軍。高祖從容曰：「保護朕躬，成此基業，元冑功也。」後數載，出爲豫州刺史，歷亳、浙二州刺史。時突厥屢爲邊患，朝廷以冑素有威名，拜靈州總管，北夷甚憚焉。後復徵爲右衞大將軍，親顧益密。嘗正月十五日，上與近臣登高，時冑下直，上令馳召之。及冑見，上謂曰：「公與外人登高，未若就朕勝也。」賜宴極歡。晉王廣每致禮焉。

房陵王之廢也，冑豫其謀。上正窮治東宮事，左衞大將軍元旻苦諫，楊素乃譖之。上大怒，執旻於仗。冑時當下直，不去，因奏曰：「臣不下直者，爲防元旻耳。」復以此言激怒上，上遂誅旻，賜冑帛千匹。蜀王秀之得罪，冑坐與交通，除名。

煬帝即位，不得調。時慈州刺史上官政坐事徙嶺南，將軍丘和亦以罪廢。冑與和有舊，因數從之遊。冑嘗酒酣謂和曰：「上官政壯士也，今徙嶺表，得無大事乎？」因自拊腹曰：「若是公者，不徒然矣。」和明日奏之，冑竟坐死。於是徵政爲驍衞將軍，拜和代州刺史。

史臣曰：昔韓信癥垓下之期，則項王不滅，英布無淮南之舉，則漢道未隆。以二子之勳庸，咸憤怨而葅戮，況乃無古人之殊績，而懷悖逆之心者乎！梁士彥、宇文忻皆一時之壯士也，遭雲雷之會，並以勇略成名，遂貪天之功以爲己力。報者倦矣，施者未厭，將生厲階，求逞其欲。及茲顚墜，自取之也。王誼、元諧、王世積、虞慶則、元冑，或契闊艱厄，或綢繆恩舊，將安將樂，漸見遺忘，內懷怏怏，矜伐不已。雖時主之刻薄，亦言語以速禍乎？然高祖佐命元功，鮮有終其天命，配享清廟，寂寞無聞。斯葢草創帝圖，事出權道，本異同心，故久而逾薄。其牽牛蹊田，雖則有罪，奪之非道，能無怨乎？皆深文巧詆，致之刑辟，高祖沉猜之心，固已甚矣。求其餘慶，不亦難哉！

校勘記

〔一〕祖莫豆于周安平公　「周」原作「魏」，據周書宇文貴傳改。

〔二〕父貴周大司馬　按周書本傳，宇文貴曾爲大司空、大司徒，未爲大司馬。

隋書卷四十一

列傳第六

高熲

高熲字昭玄，一名敏，自云渤海蓨人也。父賓，背齊歸周，大司馬獨孤信引爲僚佐，賜姓獨孤氏。及信被誅，妻子徙蜀。文獻皇后以賓父之故吏，每往來其家。賓後官至鄀州刺史，及熲貴，贈禮部尚書、渤海公。

熲少明敏，有器局，略涉書史，尤善詞令。初，孩孺時，家有柳樹，高百許尺，亭亭如蓋。里中父老曰：「此家當出貴人。」年十七，周齊王憲引爲記室。武帝時，襲爵武陽縣伯，除內史上士，尋遷下大夫。以平齊功，拜開府。尋從越王盛擊隰州叛胡，平之。

高祖得政，素知熲强明，又習兵事，多計略，意欲引之入府。遣邗國公楊惠諭意，熲承旨欣然曰：「願受驅馳。縱令公事不成，熲亦不辭滅族。」於是爲相府司錄。時長史鄭譯、司

馬劉昉並以奢縱被疏，高祖彌屬意於熲，委以心膂。尉迥之起兵也，遣子惇率步騎八萬，進屯武陟。高祖令韋孝寬擊之，軍至河陽，莫敢先進。高祖以諸將不一，令崔仲方監之，仲方辭父在山東。時熲又見劉昉、鄭譯並無去意，遂自請行，深合上旨，遂遣熲。熲受命便發，遣人辭母，云忠孝不可兩兼，歔欷就路。至軍，爲橋於沁水，賊於上流縱火栰，熲預爲土狗以禦之。〔一〕既渡，焚橋而戰，大破之。遂至鄴下，與迥交戰，仍共宇文忻、李詢等設策，因平尉迥。軍還，侍宴於臥內，上撤御帷以賜之。進位柱國，改封義寧縣公，遷相府司馬，任寄益隆。

高祖受禪，拜尚書左僕射，兼納言，進封渤海郡公，朝臣莫與爲比，上每呼爲獨孤而不名也。熲深避權勢，上表遜位，讓於蘇威。上欲成其美，聽解僕射。數日，上曰：「蘇威高蹈前朝，熲能推舉。吾聞進賢受上賞，寧可令去官！」於是命熲復位。俄拜左衞大將軍，本官如故。時突厥屢爲寇患，詔熲鎮遏緣邊。及還，賜馬百餘匹，牛羊千計。領新都大監，制度多出於熲。熲每坐朝堂北槐樹下以聽事，其樹不依行列，有司將伐之。上特命勿去，以示後人。其見重如此。又拜左領軍大將軍，餘官如故。母憂去職，二旬起令視事。熲流涕辭讓，優詔不許。

開皇二年，長孫覽、元景山等伐陳，令熲節度諸軍。會陳宣帝薨，熲以禮不伐喪，奏請

班師。蕭巖之叛也，詔熲綏集江、漢，甚得人和。上嘗問熲取陳之策，熲曰：「江北地寒，田收差晚，江南土熱，水田早熟。量彼收穫之際，微徵士馬，聲言掩襲。彼必屯兵禦守，足得廢其農時。彼既聚兵，我便解甲，再三若此，賊以爲常。後更集兵，彼必不信，猶豫之頃，我乃濟師，登陸而戰，兵氣益倍。又江南土薄，舍多竹茅，所有儲積，皆非地窖。密遣行人，因風縱火，待彼修立，復更燒之。不出數年，自可財力俱盡。」上行其策，由是陳人益敝。九年，晉王廣大舉伐陳，以熲爲元帥長史，三軍諮稟，皆取斷於熲。及陳平，晉王欲納陳主寵姬張麗華。熲曰：「武王滅殷，戮妲己。今平陳國，不宜取麗華。」乃命斬之，王甚不悅。及軍還，以功加授上柱國，進爵齊國公，賜物九千段，定食千乘縣千五百戶。上因勞之曰：「公伐陳後，人言公反，朕已斬之。君臣道合，非青蠅所間也。」熲又遜位，詔曰：「公識鑒通遠，器略優深，出參戎律，廓清淮海，入司禁旅，實委心腹。自朕受命，常典機衡，竭誠陳力，心迹俱盡。此則天降良輔，翊贊朕躬，幸無詞費也。」其優獎如此。

是後右衞將軍龐晃及將軍盧賁等，前後短熲於上。上怒之，皆被疏黜。因謂熲曰：「獨孤公猶鏡也，每被磨瑩，皎然益明。」未幾，尚書都事姜曄、楚州行參軍李君才並奏稱水旱不調，罪由高熲，請廢黜之。二人俱得罪而去，親禮逾密。上幸并州，留熲居守。及上還京，賜縑五千匹，復賜行宮一所，以爲莊舍。其夫人賀拔氏寢疾，中使顧問，絡繹不絕。上親幸

其第，賜錢百萬，絹萬匹，復賜以千里馬。上嘗從容命熲與賀若弼言及平陳事，熲曰：「賀若弼先獻十策，後於蔣山苦戰破賊。臣文吏耳，焉敢與大將軍論功！」帝大笑，時論嘉其有讓。尋以其子表仁取太子勇女，前後賞賜不可勝計。時熒惑入太微，犯左執法。術者劉暉私言於熲曰：「天文不利宰相，可修德以禳之。」熲不自安，以暉言奏之。上厚加賞慰。突厥犯塞，以熲爲元帥，擊賊破之。又出白道，進圖入磧，遣使請兵。近臣緣此言熲欲反，上未有所答，熲亦破賊而還。

時太子勇失愛於上，潛有廢立之意。謂熲曰：「晉王妃有神憑之，言王必有天下，若之何？」熲長跪曰：「長幼有序，其可廢乎！」上默然而止。獨孤皇后知熲不可奪，陰欲去之。初，夫人卒，后言於上曰：「高僕射老矣，而喪夫人，陛下何能不爲之娶！」上以后言謂熲，熲流涕謝曰：「臣今已老，退朝之後，唯齋居讀佛經而已。雖陛下垂哀之深，至於納室，非臣所願。」上乃止。至是，熲愛妾產男，上聞之極歡，后甚不悅。上問其故，后曰：「陛下當復信高熲邪？始陛下欲爲熲娶，熲心存愛妾，面欺陛下。今其詐已見，陛下安得信之！」上由是疏熲。會議伐遼東，熲固諫不可。上不從，以熲爲元帥長史，從漢王征遼東，遇霖潦疾疫，不利而還。后言於上曰：「熲初不欲行，陛下强遣之，妾固知其無功矣。」又上以漢王年少，專委軍於熲。熲以任寄隆重，每懷至公，無自疑之意。諒所言多不用，甚銜之。及還，諒泣言

於后曰：「兒幸免高熲所殺。」上聞之，彌不平。俄而上柱國王世積以罪誅，當推覈之際，乃有宮禁中事，云於熲處得之。上欲成熲之罪，聞此大驚。時上柱國賀若弼、吳州總管宇文弼、刑部尚書薛胄、民部尚書斛律孝卿、兵部尚書柳述等明熲無罪，上逾怒，皆以之屬吏。自是朝臣莫敢言者。熲竟坐免，以公就第。

未幾，上幸秦王俊第，召熲侍宴。熲歔欷悲不自勝，獨孤皇后亦對之泣，左右皆流涕。上謂熲曰：「朕不負公，公自負也。」因謂侍臣曰：「我於高熲勝兒子，雖或不見，常似目前。自其解落，瞑然忘之，如本無高熲。不可以身要君，自云第一也。」

頃之，熲國令上熲陰事，稱：「其子表仁謂熲曰：『司馬仲達初託疾不朝，遂有天下。公今遇此，焉知非福！』」於是上大怒，囚熲於內史省而鞫之。憲司復奏熲他事，云：「沙門眞覺嘗謂熲云：『明年國有大喪。』尼令暉復云：『十七、十八年，皇帝有大厄。十九年不可過。』」上聞而益怒，顧謂羣臣曰：「帝王豈可力求。孔子以大聖之才，作法垂世，寧不欲大位邪？天命不可耳。熲與子言，自比晉帝，此何心乎？」有司請斬熲。上曰：「去年殺虞慶則，今茲斬王世積，如更誅熲，天下其謂我何？」於是除名爲民。熲初爲僕射，其母誡之曰：「汝富貴已極，但有一斫頭耳，爾宜愼之！」熲由是常恐禍變。及此，熲歡然無恨色，以爲得免於禍。

煬帝卽位，拜爲太常。時詔收周、齊故樂人及天下散樂。熲奏曰：「此樂久廢。今若徵之，恐無識之徒棄本逐末，遞相教習。」帝不悅。帝時侈靡，聲色滋甚，又起長城之役。熲甚病之，謂太常丞李懿曰：「周天元以好樂而亡，殷鑒不遙，安可復爾！」時帝遇啓民可汗恩禮過厚，熲謂太府卿何稠曰：「此虜頗知中國虛實、山川險易，恐爲後患。」復謂觀王雄曰：「近來朝廷殊無綱紀。」有人奏之，帝以爲謗訕朝政，於是下詔誅之，諸子徙邊。

熲有文武大略，明達世務。及蒙任寄之後，竭誠盡節，進引貞良，以天下爲己任。蘇威、楊素、賀若弼、韓擒等，皆熲所推薦，各盡其用，爲一代名臣。自餘立功立事者，不可勝數。當朝執政將二十年，朝野推服，物無異議。治致升平，熲之力也。論者以爲眞宰相。及其被誅，天下莫不傷惜，至今稱冤不已。所有奇策密謀及損益時政，熲皆削藁，世無知者。

其子盛道，官至莒州刺史，徙柳城而卒。次弘德，封應國公，晉王府記室。次表仁，封渤海郡公，徙蜀郡。

蘇威 子夔

蘇威字無畏，京兆武功人也。父綽，魏度支尚書。威少有至性，五歲喪父，哀毀有若成人。周太祖時，襲爵美陽縣公，仕郡功曹。大冢宰宇文護見而禮之，以其女新興主妻焉。見護專權，恐禍及己，逃入山中，爲叔父所逼，卒不獲免。然威每屏居山寺，以諷讀爲娛。未幾，授使持節、車騎大將軍、儀同三司，改封懷道縣公。武帝親總萬機，拜稍伯下大夫。前後所授，並辭疾不拜。有從父妹者，適河南元雄。雄先與突厥有隙，突厥入朝，請雄及其妻子，將甘心焉。周遂遣之。威曰：「夷人昧利，可以賂動。」遂標賣田宅，罄家所有以贖雄，論者義之。宣帝嗣位，就拜開府。

高祖爲丞相，高熲屢言其賢，高祖亦素重其名，召之。及至，引入臥內，與語大悅。居月餘，威聞禪代之議，遁歸田里。高熲請追之，高祖曰：「此不欲預吾事，且置之。」及受禪，徵拜太子少保。追贈其父爲邳國公，邑三千戶，以威襲焉。俄兼納言、民部尚書。威上表陳讓，詔曰：「舟大者任重，馬駿者遠馳。以公有兼人之才，無辭多務也。」威乃止。

初，威父在西魏，以國用不足，爲征稅之法，頗稱爲重。既而歎曰：「今所爲者，正如張弓，非平世法也。後之君子，誰能弛乎？」威聞其言，每以爲己任。至是，奏減賦役，務從輕典，上悉從之。漸見親重，與高熲參掌朝政。威見宮中以銀爲幔鉤，因盛陳節儉之美以諭上。上爲之改容，彫飾舊物，悉命除毀。上嘗怒一人，將殺之，威入閤進諫，不納。上怒甚，將自出斬之，威當上前不去。上避之而出，威又遮止，上拂衣而入。良久，乃召威謝曰：「公

能若是，吾無憂矣。」於是賜馬二匹，錢十餘萬。尋復兼大理卿、京兆尹、御史大夫，本官悉如故。

治書侍御史梁毗以威領五職，安繁戀劇，無舉賢自代之心，抗表劾威。上曰：「蘇威朝夕孜孜，志存遠大，舉賢有闕，何遽迫之！」顧謂威曰：「用之則行，舍之則藏，唯我與爾有是夫！」因謂朝臣曰：「蘇威不値我，無以措其言；我不得蘇威，何以行其道？楊素才辯無雙，至若斟酌古今，助我宣化，非威之匹也。蘇威若逢亂世，南山四皓，豈易屈哉！」其見重如此。

未幾，拜刑部尚書，解少保、御史大夫之官。後京兆尹廢，檢校雍州別駕。時高熲與威同心協贊，政刑大小，無不籌之，故革運數年，天下稱治。俄轉民部尚書，納言如故。屬山東諸州民飢，上令威賑卹之。後二載，遷吏部尚書。歲餘，兼領國子祭酒。隋承戰爭之後，憲章踳駁，上令朝臣釐改舊法，爲一代通典。律令格式，多威所定，世以爲能。九年，拜尚書右僕射。其年，以母憂去職，柴毀骨立。上勑威曰：「公德行高人，情寄殊重，大孝之道，蓋同俯就。必須抑割，爲國惜身。朕之於公，爲君爲父，宜依朕旨，以禮自存。」未幾，起令視事，固辭，優詔不許。明年，上幸并州，命與高熲同總留事。俄追詣行在所，使決民訟。

威子夔，少有盛名於天下，引致賓客，四海士大夫多歸之。後議樂事，夔與國子博士何

妥各有所持。於是夔、妥俱爲一議，使百僚署其所同。朝廷多附威，同夔者十八九。妥恚曰：「吾席間函丈四十餘年，反爲昨暮兒之所屈也！」遂奏威與禮部尚書盧愷、吏部侍郎薛道衡、尚書右丞王弘、考功侍郎李同和等共爲朋黨，省中呼王弘爲世子，李同和爲叔，言二人如威之子弟也。復言威以曲道任其從父弟徹、肅等罔冒爲官。又國子學請蕩陰人王孝逸爲書學博士，威屬盧愷，以爲其府參軍。上令蜀王秀、上柱國虞慶則等雜治之，事皆驗。上以宋書謝晦傳中朋黨事，令威讀之。威惶懼，免冠頓首。上曰：「謝已晚矣。」於是免威官爵，以開府就第。知名之士坐威得罪者百餘人。

未幾，上曰：「蘇威德行者，但爲人所誤耳。」命之通籍。歲餘，復爵邳公，拜納言。從祠太山，坐不敬免。俄而復位。上謂羣臣曰：「世人言蘇威詐清，家累金玉，此妄言也。然其性很戾，不切世要，求名太甚，從己則悅，違之必怒，此其大病耳。」尋令持節巡撫江南，得以便宜從事。過會稽，踰五嶺而還。時突厥都藍可汗屢爲邊患，復使威至可汗所，與結和親。可汗卽遣使獻方物。以勤勞，進位大將軍。仁壽初，復拜尚書右僕射。上幸仁壽宮，以威總留後事。及上還，御史奏威職事多不理，請推之。上怒，詰責威。威拜謝，上亦止。後上幸仁壽宮，不豫，皇太子自京師來侍疾，詔威留守京師。

煬帝嗣位，加上大將軍。及長城之役，威諫止之。高熲、賀若弼等之誅也，威坐與相

連，免官。歲餘，拜魯郡太守。俄召還，參預朝政。未幾，拜太常卿。其年從征吐谷渾，進位左光祿大夫。帝以威先朝舊臣，漸加委任。後歲餘，復爲納言。與左翊衞大將軍宇文述、黃門侍郎裴矩、御史大夫裴蘊、內史侍郎虞世基參掌朝政，時人稱爲「五貴」。及遼東之役，以本官領左武衞大將軍，進位光祿大夫，賜爵寧陵侯。其年，進封房公。明年，從征遼東，領右禦衞大將軍。威以年老，上表乞骸骨。上不許，復以本官參掌選事。

楊玄感之反也，帝引威帳中，懼見於色，謂威曰：「此小兒聰明，得不爲患乎？」威曰：「夫識是非，審成敗者，乃所謂聰明。玄感粗疏，非聰明者，必無所慮。但恐寖成亂階耳。」威見勞役不息，百姓思亂，微以此諷帝，帝竟不寤。從還至涿郡，詔威安撫關中。以威孫尚輦直長儇爲副。其子鴻臚少卿夔，先爲關中簡黜大使，一家三人，俱奉使關右，三輔榮之。歲餘，帝下手詔曰：「玉以潔潤，丹紫莫能渝其質，松表歲寒，霜雪莫能凋其采。可謂溫仁勁直，性之然乎！房公威器懷溫裕，識量弘雅，早居端揆，備悉國章，先皇舊臣，朝之宿齒。棟梁社稷，弼諧朕躬，守文奉法，卑身率禮。昔漢之三傑，輔惠帝者蕭何，周之十亂，佐成王者邵奭。國之寶器，其在得賢，參燮台階，具瞻斯允。雖復事藉論道，終期獻替，銓衡時務，朝寄爲重，可開府儀同三司，餘並如故。」威當時見尊重，朝臣莫與爲比。

後從幸雁門，爲突厥所圍，朝廷危懼。帝欲輕騎潰圍而出，威諫曰：「城守則我有餘力，

輕騎則彼之所長。陛下萬乘之主，何宜輕脫！」帝乃止。突厥俄亦解圍而去。車駕至太原，威言於帝曰：「今者盜賊不止，士馬疲敝。願陛下還京師，深根固本，爲社稷之計。」帝初然之，竟用宇文述等議，遂往東都。

時天下大亂，威知帝不可改，意甚患之。屬帝問侍臣盜賊事，宇文述曰：「盜賊信少，不足爲虞。」威不能詭對，以身隱於殿柱。帝呼威而問之。威對曰：「臣非職司，不知多少，但患其漸近。」帝曰：「何謂也？」威曰：「他日賊據長白山，今者近在滎陽、汜水。」帝不悅而罷。尋屬五月五日，百僚上饋，多以珍玩。威獻尚書一部，微以諷帝，帝彌不平。後復問伐遼東事，威對願赦羣盜，遣討高麗，帝益怒。御史大夫裴蘊希旨，令白衣張行本奏威昔在高陽典選，〔三〕濫授人官；畏怯突厥，請還京師。帝令案其事。及獄成，下詔曰：「威立性朋黨，好爲異端，懷挾詭道，徼幸名利，詆訶律令，謗訕臺省。昔歲薄伐，奉述先志，凡預切問，各盡胸臆。而威不以開懷，遂無對命，啓沃之道，其若是乎！資敬之義，何其甚薄！」於是除名爲民。後月餘，有人奏威與突厥陰圖不軌者，大理簿責威。威自陳奉事二朝三十餘載，精誠微淺不能上感，咎釁屢彰，罪當萬死。帝憫而釋之。其年從幸江都宮，帝將復用威。裴蘊、虞世基奏言，昏耄羸疾。帝乃止。

宇文化及之弒逆也，以威爲光祿大夫、開府儀同三司。化及敗，歸於李密。未幾密敗，

歸東都，越王侗以爲上柱國、邳公。王充僭號，署太師。威自以隋室舊臣，遭逢喪亂，所經之處，皆與時消息，以求容免。及大唐秦王平王充，坐於東都閶闔門內，威請謁見，稱老病不能拜起。王遣人數之曰：「公隋朝宰輔，政亂不能匡救，遂令品物塗炭，君弒國亡。見李密、王充，皆拜伏舞蹈。今既老病，無勞相見也。」尋歸長安，至朝堂請見，又不許。卒於家。時年八十二。

威治身清儉，以廉愼見稱。每至公議，惡人異己，雖或小事，必固爭之。時人以爲無大臣之體。所修格令章程，並行於當世，然頗傷苛碎，論者以爲非簡允之法。及大業末年，尤多征役，至於論功行賞，威每承望風旨，輒寢其事。時羣盜蜂起，郡縣有表奏詣闕者，又訶詰使人，令減賊數。故出師攻討，多不克捷。由是爲物議所譏。子夔。

夔字伯尼，少聰敏，有口辯。八歲誦詩書，兼解騎射。年十三，從父至尚書省，與安德王雄馳射，賭得雄駿馬而歸。十四詣學，與諸儒論議，詞致可觀，見者莫不稱善。及長，博覽羣言，尤以鍾律自命。初不名夔，其父改之，頗爲有識所哂。起家太子通事舍人。楊素甚奇之，素每戲威曰：「楊素無兒，蘇夔無父。」後與沛國公鄭譯、國子博士何妥議樂，因而得罪，議寢不行。著樂志十五篇，以見其志。數載，遷太子舍人。後加武騎尉。仁壽末，詔天

下舉達禮樂之源者，晉王昭時爲雍州牧，舉夔應之。與諸州所舉五十餘人謁見，高祖望夔謂侍臣曰：「唯此一人，稱吾所舉。」於是拜晉王友。

煬帝嗣位，遷太子洗馬，轉司朝謁者。以父免職，夔亦去官。後歷尙書職方郎、燕王司馬。遼東之役，夔領宿衞，以功拜朝散大夫。時帝方勤遠略，蠻夷朝貢，前後相屬。帝嘗從容謂宇文述、虞世基等曰：「四夷率服，觀禮華夏，鴻臚之職，須歸令望。寧有多才藝，美容儀，可以接對賓客者爲之乎？」咸以夔對。帝然之，卽日拜鴻臚少卿。其年，高昌王麴伯雅來朝，朝廷妻以公主。夔有雅望，令主婚焉。其後弘化、延安等數郡盜賊蜂起，所在屯結，夔奉詔巡撫關中。突厥之圍雁門也，夔領城東面事。夔爲弩樓車箱獸圈，一夕而就。帝見而善之，以功進位通議大夫。坐父事，除名爲民。復丁母憂，不勝哀而卒，時年四十九。

史臣曰：齊公，霸圖伊始，早預經綸，魚水冥符，風雲玄感。正身直道，弼諧興運，心同契合，言聽計從。東夏克平，南國底定，參謀帷幄，決勝千里。高祖既復禹迹，思布堯心，舟楫是寄，鹽梅斯在。兆庶賴以康寧，百僚資而輯睦，年將二紀，人無間言。屬高祖將廢儲宮，由忠信而得罪，逮煬帝方逞浮侈，以忤時而受戮。若使遂無猜釁，克終厥美，雖未可參

蹤稷、契，足以方駕蕭、曹。繼之實難，惜矣！邳公，周道云季，方事幽貞，隋室龍興，首應旌命。綢繆任遇，窮極榮寵，久處機衡，多所損益，罄竭心力，知無不爲。然志尙清儉，體非弘曠，好同惡異，有乖直道，不存易簡，未爲通德。歷事二帝，三十餘年，雖廢黜當時，終稱遺老。君邪而不能正言，國亡而情均衆庶。予違汝弼，徒聞其語，疾風勁草，未見其人。禮命闕於興王，抑亦此之由也。夔志識沉敏，方雅可稱，若天假之年，足以不虧堂構矣。

校勘記

〔一〕賊於上流縱火栰煩預爲土狗以禦之　「火」原作「大」，「土」原作「木」，據北史高熲傳改。

〔二〕白衣　北史蘇威傳作「御史」。

隋書卷四十二

列傳第七

李德林　子百藥

李德林字公輔，博陵安平人也。祖壽，湖州戶曹從事。父敬族，歷太學博士、鎭遠將軍。魏孝靜帝時，命當世通人正定文籍，以爲內校書，別在直閣省。德林幼聰敏，年數歲，誦左思蜀都賦，十餘日便度。高隆之見而嗟歎，遍告朝士，云：「若假其年，必爲天下偉器。」鄴京人士多就宅觀之，月餘，日中車馬不絕。年十五，誦五經及古今文集，日數千言。俄而該博墳典，陰陽緯候無不通涉。善屬文，辭覈而理暢。魏收嘗對高隆之謂其父曰：「賢子文筆終當繼溫子昇。」隆之大笑曰：「魏常侍殊已嫉賢，何不近比老、彭，乃遠求溫子！」年十六，遭父艱，自駕靈輿，反葬故里。時正嚴冬，單衰跣足，州里人物由是敬慕之。博陵豪族有崔諶者，僕射之兄，因休假還鄉，車服甚盛。將從其宅詣德林赴弔，相去十餘里，從者數十騎，稍稍

減留。比至德林門，纔餘五騎，云不得令李生怪人熾灼。德林居貧轗軻，母氏多疾，方留心典籍，無復宦情。其後，母病稍愈，逼令仕進。

任城王湝爲定州刺史，重其才，召入州館。朝夕同遊，殆均師友，不爲君民禮數。嘗語德林云：「竊聞蔽賢蒙顯戮。久令君沈滯，吾獨得潤身，朝廷縱不見尤，亦懼明靈所譴。」於是舉秀才入鄴，于時天保八年也。王因遺尙書令楊遵彥書云：「燕、趙固多奇士，此言誠不爲謬。今歲所貢秀才李德林者，文章學識，固不待言，觀其風神器宇，終爲棟梁之用。至如經國大體，是賈生、晁錯之儔；彫蟲小技，殆相如、子雲之輩。今雖唐、虞君世，俊乂盈朝，然修大廈者，豈厭夫良材之積也。吾嘗見孔文舉薦禰衡表云：『洪水橫流，帝思俾乂。』以正平比夫大禹，常謂擬諭非倫。今以德林言之，便覺前言非大。」遵彥卽命德林製讓尙書令表，援筆立成，不加治點。因大相賞異，以示吏部郎中陸卬。卬云：「已大見其文筆，浩浩如長河東注。比來所見，後生制作，乃涓澮之流耳。」卬仍命其子乂與德林周旋，戒之曰：「汝每事宜師此人，以爲模楷。」時遵彥銓衡，深愼選舉，秀才擢第，罕有甲科。德林射策五條，考皆爲上，授殿中將軍。既是西省散員，非其所好，又以天保季世，乃謝病還鄉，闔門守道。

乾明初，遵彥奏追德林入議曹。皇建初，下詔搜揚人物，復追赴晉陽。撰春思賦一篇，代稱典麗。是時長廣王作相，居守在鄴。勑德林還京，與散騎常侍高元海等參掌機密。王

引授丞相府行參軍。未幾而王即帝位，授奉朝請，寓直舍人省。河清中，授員外散騎侍郎，帶齋帥，仍別直機密省。天統初，授給事中，直中書，參掌詔誥。尋遷中書舍人。武平初，加通直散騎侍郎。又勑與中書侍郎宋士素、副侍中趙彥深別典機密。尋丁母艱去職，勺飲不入口五日。因發熱病，遍體生瘡，而哀泣不絕。諸士友陸騫、宋士素，名醫張子彥等，爲合湯藥。德林不肯進，遍體洪腫，數日間，一時頓差，身力平復。諸人皆云孝感所致。太常博士巴叔仁表上其事，朝廷嘉之。纔滿百日，奪情起復，德林以羸病屬疾，請急罷歸。

魏收與陽休之論齊書起元事，勑集百司會議。收與德林書曰：「前者議文，總諸事意，小如混漫，難可領解。今便隨事條列，幸爲留懷，細加推逐。凡言或者，皆是敵人之議。既聞人說，因而探論耳。」德林復書曰：「即位之元，春秋常義。謹按魯君息姑不稱即位，亦有元年，非獨即位得稱元年也。議云受終之元，尚書之古典。謹按大傳，周公攝政，一年救亂，二年伐殷，三年踐奄，四年建侯衞，五年營成周，六年制禮作樂，七年致政成王。論者或以舜、禹受終，是爲天子。然則周公以臣禮而死，此亦稱元，非獨受終爲帝也。蒙示議文，扶病省覽，荒情迷識，暫得發蒙。當世君子，必無橫議，唯應閣筆贊成而已。輒謂前二條有益於議，仰見議中不錄，謹以寫呈。」收重遣書曰：「惠示二事，感佩殊深。以魯公諸侯之事，昨小爲疑。息姑不書即位，舜、禹亦不言即位。息姑雖攝，尚得書元，舜、禹之攝稱元，理也。

周公居攝，乃云一年救亂，似不稱元。自無大傳，不得尋討。一之與元，其事何別？更有所見，幸請論之。」德林答曰：

攝之與相，其義一也。故周公攝政，孔子曰「周公相成王」；魏武相漢，曹植曰「如虞翼唐」。或云高祖身未居攝，灼然非理。攝者專賞罰之名，古今事殊，不可以體爲斷。陸機見舜肆類上帝，班瑞羣后，便云舜有天下，須格於文祖也，欲使晉之三主異於舜攝。竊以爲舜若堯死獄訟不歸，便是夏朝之益，何得不須格於文祖也？若使用王者之禮，便曰即眞，則周公負扆朝諸侯，霍光行周公之事，皆眞帝乎？斯不然矣。必知高祖與舜攝不殊，不得從士衡之謬。

或以爲書元年者，當時實錄，非追書也。大齊之興，實由武帝，謙匿受命，豈直史也？比觀論者聞追舉受命之元，多有河漢，但言追數受命之歲，情或安之。似所怖者元字耳，事類朝三，是許其一年，不許其元年也。案易「黃裳元吉」，鄭玄注云：「如舜試天子，周公攝政。」是以試攝不殊。大傳雖無元字，一之與元，無異義矣。春秋不言一年一月者，欲使人君體元以居正，蓋史之婉辭，非一與元別也。漢獻帝死，劉備自尊崇。陳壽，蜀人，以魏爲漢賊。寧肯蜀主未立，已云魏武受命乎？士衡自尊本國，誠如高議，欲使三方鼎峙，同爲霸名。習氏漢晉春秋，意在是也。正司馬炎兼并，許其帝號。魏之君臣，吳人並以爲戮賊，亦寧肯當塗之世，云晉有受命之徵？史者，編年也，故魯號紀年。墨子又云，吾見百國春秋。史又有無事而書年者，是重年驗也。若欲高祖事事謙沖，即須號令皆推魏氏。便是編魏年，紀魏事，此即魏末功臣之傳，豈復皇朝帝紀者也。

陸機稱紀元立斷，或以正始，或以嘉平。束晳議云，赤雀白魚之事。恐晉朝之議，是并論受命之元，非止代終之斷也。公議云陸機不議元者，是所未喻，願更思之。陸機以刊木著於虞書，龕黎見於商典，以蔽晉朝正始、嘉平之議，斯又謬矣。唯可二代相涉，兩史並書，必不得以後朝創業之迹，斷入前史。若然，則世宗、高祖皆天保以前，唯入魏氏列傳，不作齊朝帝紀，可乎？此既不可，彼復何證！

是時中書侍郎杜臺卿上世祖武成皇帝頌，齊主以爲未盡善，令和士開以頌示德林。宣旨云：「臺卿此文，未當朕意。以卿有大才，須敍盛德，即宜速作，急進本也。」德林乃上頌十六章并序，文多不載。武成覽頌善之，賜名馬一匹。三年，祖孝徵入爲侍中，尚書左僕射趙彥深出爲兗州刺史。朝士有先爲孝徵所待遇者，間德林，云是彥深黨與，不可仍掌機密。孝徵曰：「德林久滯絳衣，我常恨彥深待賢未足。內省文翰，方以委之。尋當有佳處分，不宜妄說。」尋除中書侍郎，仍詔修國史。齊主留情文雅，召入文林館。又令與黃門侍郎顏之推二人同判文林館事。五年，勑令與黃門侍郎李孝貞、中書侍郎李若別掌宣傳。尋除通直散

騎常侍，兼中書侍郎。隆化中，假儀同三司。承光中，授儀同三司。

及周武帝克齊，入鄴之日，勑小司馬唐道和就宅宣旨慰喻，云：「平齊之利，唯在於爾。朕本畏爾逐齊王東走，今聞猶在，大以慰懷，宜即入相見。」道和引之入內，遣內史宇文昂訪問齊朝風俗政教、人物善惡，即留內省，三宿乃歸。仍遣從駕至長安，授內史上士。自此以後，詔誥格式，及用山東人物，一以委之。武帝嘗於雲陽宮作鮮卑語謂羣臣云：「我常日唯聞李德林名，及見其與齊朝作詔書移檄，我正謂其是天上人。豈言今日得其驅使，復爲我作文書，極爲大異。」神武公紇豆陵毅答曰：〔一〕「臣聞明王聖主，得騏驎鳳凰爲瑞，是聖德所感，非力能致之。瑞物雖來，不堪使用。如李德林來受驅策，亦陛下聖德感致，有大才用，無所不堪，勝於騏驎鳳凰遠矣。」武帝大笑曰：「誠如公言。」宣政末，授御正下大夫。大象初，賜爵成安縣男。

宣帝大漸，屬高祖初受顧命，邗國公楊惠謂德林曰：「朝廷賜令總文武事，經國任重，非羣才輔佐，無以克成大業。今欲與公共事，必不得辭。」德林聞之甚喜，乃答云：「德林雖庸懦，微誠亦有所在。若曲相提獎，必望以死奉公。」高祖大悅，即召與語。劉昉、鄭譯初矯詔召高祖受顧命輔少主，總知內外兵馬事。諸衞既奉勑，並受高祖節度。鄭譯、劉昉議，欲授高祖冢宰，鄭譯自攝大司馬，劉昉又求小冢宰。高祖私問德林曰：「欲何以見處？」德林云：

「卽宜作大丞相，假黃鉞，都督內外諸軍事。不爾，無以壓衆心。」及發喪，便卽依此。以譯爲相府長史，帶內史上大夫，昉但爲丞相府司馬。譯、昉由是不平。以德林爲丞相府屬，加儀同大將軍。未幾而三方構亂，指授兵略，皆與之參詳。軍書羽檄，朝夕塡委，一日之中，動逾百數。或機速競發，口授數人，文意百端，不加治點。鄖公韋孝寬爲東道元帥，師次永橋，爲沁水泛長，兵未得度。長史李詢上密啓云：「大將梁士彥、宇文忻、崔弘度並受尉遲迥餉金，軍中慅慅，人情大異。」高祖得詢啓，深以爲憂，與鄭譯議，欲代此三人。德林獨進計云：「公與諸將，並是國家貴臣，未相伏馭，今以挾令之威，使得之耳。安知後所遣者，能盡腹心，前所遣人，獨致乖異？又取金之事，虛實難明，卽令換易，彼將懼罪，恐其逃逸，便須禁錮。然則鄖公以下，必有驚疑之意。且臨敵代將，自古所難，樂毅所以辭燕，趙括以之敗趙。如愚所見，但遣公一腹心，明於智略，爲諸將舊來所信服者，速至軍所，使觀其情僞。縱有異志，必不敢動。」丞相大悟曰：「若公不發此言，幾敗大事。」卽令高熲馳驛往軍所，爲諸將節度，竟成大功。凡厥謀謨，多此類也。進授丞相府從事內郎。禪代之際，其相國總百揆、九錫殊禮詔策牋表璽書，皆德林之辭也。高祖登阼之日，授內史令。初，將受禪，虞慶則勸高祖盡滅宇文氏，高熲、楊惠亦依違從之。唯德林固爭，以爲不可。高祖作色怒云：「君讀書人，不足平章此事。」於是遂盡誅之。自是品位不加，出於高、虞之下，唯依班例授上儀

同，進爵爲子。

開皇元年，勑令與太尉任國公于翼、高熲等同修律令。事訖奏聞，別賜九環金帶一腰，駿馬一匹，賞損益之多也。格令班後，蘇威每欲改易事條。德林以爲格式已頒，義須畫一，縱令小有踳駁，非過蠹政害民者，不可數有改張。威又奏置五百家鄉正，卽令理民間辭訟。德林以爲本廢鄉官判事，爲其里閭親戚，剖斷不平，今令鄉正專治五百家，恐爲害更甚。且今時吏部，總選人物，天下不過數百縣，於六七百萬戶內，詮簡數百縣令，猶不能稱其才，乃欲於一鄉之內，選一人能治五百家者，必恐難得。又卽時要荒小縣，有不至五百家者，復不可令兩縣共管一鄉。勑令內外羣官，就東宮會議。自皇太子以下，多從德林議。蘇威又言廢郡，德林語之云：「修令時，公何不論廢郡爲便。今令纔出，其可改乎？」然高熲同威之議，稱德林狠戾，多所固執。由是高祖盡依威議。

五年，勑令撰錄作相時文翰，勒成五卷，謂之霸朝雜集。序其事曰：

竊以陽烏垂曜，微藿傾心，神龍騰舉，飛雲觸石。聖人在上，幽顯冥符，故稱比屋可封，萬物斯覩。臣皇基草創，便豫驅馳，遂得參可封之民，爲萬物之一。其爲嘉慶，固以多也。若夫帝臣王佐，應運挺生，接踵於朝，諒有之矣。而班、爾之妙，曲木變容，朱藍所染，素絲改色。二十二臣，功成盡美，二十八將，效力於時。種德積善，豈皆比於稷、契，計功稱伐，非悉類於耿、賈。書契已還，立言立事，質非殆庶，何世無之。蓋上稟睿后，旁賚羣傑，牧商鄙賤，屠釣幽微，化爲侯王，皆由此也。有教無類，童子羞於霸功，見德思齊，狂夫成於聖業。治世多士，亦因此焉。煙霧可依，騰蛇與蛟龍俱遠，栖息有所，蒼蠅同騏驥之速。因人成事，其功不難。自此而談，雖非上智，事受命之主，委質爲臣，遇高世之才，連官接席，皆可以翊亮天地，流名鐘鼎，何必蒼頡造書，伊尹制命，公旦操筆，老聃爲史，方可敍帝王之事，談人鬼之謀乎？至若臣者，本慚賓實，非勳非德，廁軒冕之流，無學無才，處藝文之職。若不逢休運，非遇天恩，光大含弘，博約文禮，萬官百辟，才悉兼人，收拙里閭，退仕鄉邑，不種東陵之瓜，豈過南陽之掾，安得出入閶闔之闈，趨走太微之庭，履天子之階，侍聖皇之側，樞機帷幄，霑及榮寵者也！

昔歲木行將季，諒闇在辰，火運肇興，羣官總己。有周典八柄之所，大隋納百揆之日，兩朝文翰，臣兼掌之。時溥天之下，三方構亂，軍國多務，朝夕塡委。簿領紛紜，羽書交錯，或速均發弩，或事大滔天，或日有萬幾，或幾有萬事。皇帝內明外順，經營區宇，吐無窮之術，運不測之神，幽贊兩儀，財成萬類。咨謀臺閣，曉喻公卿，訓率土之濱，責反常之賊。三軍奉律，戰勝攻取之方，萬國承風，安上治民之道。讓受終之禮，報羣臣之令，有憲章古昔者矣，有隨事作故者矣。千變萬化，譬彼懸河，寸陰尺日，不棄光

景。大則天壤不遺，小則毫毛無失。遠尋三古，未聞者盡聞，逖聽百王，未見者皆見。發言吐論，卽成文章，臣染翰操牘，書記而已。昔放勛之化，老人覩而未知，孔丘之言，弟子聞而不達。愚情稟聖，多必乖舛。加以奏閤趨墀，盈懷滿袖，手披目閱，堆案積几。心無別慮，筆不暫停，或畢景忘餐，或連宵不寐，以勤補拙，不遑自處。其有詞理疎謬，遺漏闕疑，皆天旨訓誘，神筆改定。運籌建策，通幽達冥，從命者獲安，違命者悉禍。懸測萬里，指期來事，常如目見，固乃神知。變大亂而致太平，易可誅而爲淳粹，化成道洽，其在人文，盡出聖懷，用成典誥，並非臣意所能至此。伯禹矢謨，成湯陳誓，漢光數行之札，魏武接要之書，濟時拯物，無以加也。屬神器大寶，將遷明德，天道人心，同謨歸往。周靜南面，每詔褒揚，在位諸公，各陳本志，璽書表奏，羣情賜委。臣寰海之內，忝曰一民，樂推之心，切於黎獻，欣然從命，輒不敢辭。比夫潘勗之冊魏王，阮籍之勸晉后，道高前世，才謝往人，內手捫心，夙宵慚惕。檄書露板，及以諸文，有臣所作之，有臣潤色之。唯是愚思，非奏定者，雖詞乖黼藻，而理歸霸德，文有可忽，事不可遺。前奉勑旨，集納麓已還，至於受命文筆，當時制述，條目甚多，今日收撰，略爲五卷云爾。

高祖省讀訖，明旦謂德林曰：「自古帝王之興，必有異人輔佐。我昨讀霸朝集，方知感應之理。昨宵恨夜長，不能早見公面。必令公貴與國始終。」於是追贈其父恒州刺史。未幾，上

曰：「我本意欲深榮之。」復贈定州刺史、安平縣公，謚曰孝。以德林襲焉。德林既少有才名，重以貴顯，凡製文章，動行於世。或有不知者，謂爲古人焉。

德林以梁士彥及元諧之徒頻有逆意，大江之南，抗衡上國。乃著天命論上之，其辭曰：

粵若邃古，玄黄肇闢，帝王神器，歷數有歸。生其德者天，應其時者命，確乎不變，非人力所能爲也。龍圖鳥篆，號謚遺跡，疑而難信，缺而未詳者，靡得而明焉。其在典文，煥乎緗素，欽明至德，莫盛於唐、虞，貽謀長世，莫過於文、武。大隋神功積於文王，天命顯於唐叔。昔邑姜方娠，夢帝謂己：「余命而子曰虞，將與之唐，而蕃育其子孫。」及生，有文在其手曰「虞」，遂以命之。成王滅唐而封太叔。又唐叔之封也，箕子曰：「其後必大。」易曰：「崇高富貴，莫大於帝王。」老子謂：「域內四大，王居一焉。」此則名虞與唐，美兼二聖，將令其後必大，終致唐、虞之美，蕃育子孫，用享無窮之祚。

逮皇家建國，初號大興，箕子必大之言，於茲乃驗。天之眷命，懸屬聖朝，重耳區區，豈足云也！有娀玄鳥，商以興焉，姜嫄巨跡，周以興焉，邑姜夢帝，隋以興焉。古今三代，靈命如一，本枝種德，奕葉丕基。佐高帝而滅楚，立宣皇以定漢，東京太尉，關西孔子，生感遺鱣之集，殁降巨鳥之奇，累仁積善，大申休命。太祖挺生，庇民匡主，立殊勳於魏室，建盛業於周朝。啓翼軫之國，肇炎精之紀，爰受厥命，陟配彼天。皇帝載誕

之初，神光滿室，具興王之表，韞大聖之能。或氣或雲，蔭映於廊廟，如天如日，臨照於軒冕。內明外順，自險獲安，豈非萬福扶持，百祿攸集。有周之末，朝野騷然，降志執均，鎮衞宗社。明神饗其德，上帝付其民，誅姦逆於九重，行神化於四海。于斯時也，尉迥據有齊累世之都，乘新國易亂之俗，驅馳蛇豕，連合縱橫，地廼九州陷三，民則十分擁六。王謙乘連率之威，憑全蜀之險，興兵舉衆，震蕩江山，鴆毒巴、庸，蠶食秦、楚。此二虜也，窮凶極逆，非欲割鴻溝之地，閉劍閣之門，皆將長戟强弩，睥睨宸極。從漳河而達負海，連岱岳而距華陽，迫脅荊蠻，吐納江漢。佐鬭嫁禍，紛若蝟毛，曝骨履腸，間不容礪。爾乃奉殪戎之命，運先天之略，不出戶庭，推轂分閫，一麾以定三方，數旬而清萬國。蕩滌天壤之速，規摹指畫之神，造化以來，弗之聞也。光熙前緒，罔有不服，煙雲改色，鍾石變音，三靈顧望，萬物影響。木運告盡，褰裳克讓，天歷在躬，推而弗有。百辟庶尹，四方岳牧，稽圖讖之文，順億兆之請，披肝瀝膽，晝歌夜吟，方屈箕潁之高，式允幽明之願。基命宥密，如恒如升，推帝居歆，創業垂統。殊徽號，改服色，建都邑，敍彜倫，薄賦輕徭，慎刑恤獄，除繁苛之政，興清靜之風，去無用之官，省相監之職。奇才間出，盛德無隱，星精雲氣，共趨走於堦墀，山神海靈，咸燮理於臺閣。東漸日谷，西被月川，致暨北溟之表，聲加南海之外，悠悠沙漠，區域萬里，蠢蠢百蠻，莫之與競。

五帝所不化，三王所未賓，屈膝頓顙，盡爲臣妾。殊方異類，書契不傳，梯山越海，貢琛奉贄，欣欣如也。巢居穴處，化以宮室，不火不粒，訓以庖廚。禮樂合天地之同，律呂節寒暑之候，制作詳垂衣之後，淳粹得神農之前。遨遊文雅之場，出入杳冥之極，合神謨鬼，通幽洞微，羣物歲成，含生日用，飲和氣以自得，沐玄澤而不知也。丹雀爲使，玄龜載書，甘露白天，醴泉出地。神禽異獸，珍木奇草，望風觀海，應化歸風。備休祥於圖牒，罄幽遐而戾止。猶且父天子民，兢兢翼翼，至矣大矣，七十四帝，曷可同年而語哉！

若夫天下之重，不可妄據，故唐之許由，夏之伯益，懷道立事，人授而弗可也。軒初四帝，周餘六王，藉世因基，自取而不得也。孟軻稱仲尼之德過於堯、舜，著述成帝者之事，弟子備王佐之才，黑不代蒼，泣麟歎鳳，栖栖汲汲，雖聖達而莫許也。蚩尤則黃帝抗衡，共工則黑帝勍敵，項羽誅秦摧漢，宰割神州，角逐爭驅，盡威力而無就也。其餘欻起妖妄，曾何足數！賊子逆臣，所以爲亂，皆由不識天道，不悟人謀，牽逐鹿之邪說，謂飛梟而爲鼎。若使四凶爭八元之誠，三監同九臣之志，韓信、彭越深明帝子之符，孫述、隗囂妙識眞人之出，尉迥同謳歌之類，王謙比獄訟之民，福祿蟬聯，胡可窮也！而違天逆物，獲罪人神。嗚呼！此前事之大戒矣。誅夷烹醢，歷代共尤，僭逆凶邪，時煩

獄吏，其可不戒慎哉！蓋積惡既成，心自絕於善道，物類相感，理必至於誅戮。天奪其魄，鬼惡其盈故也。大帝聰明，羣臣正直，耳目監於率土，賞罰參於國朝，輔助一人，覆育兆庶。豈有食人之祿，受人之榮，包藏禍心而不殲盡者也？必當執法未處其罪，司命已除其籍。自古明哲，慮遠防微，執一心，持一德，立功坐樹，上書削藁，位尊而心逾下，祿厚而志彌約，寵盛思之以懼，道高守之以恭，克念於此，則姦回不至。事乃畏天，豈惟愛禮，謙光滿覆，義在知幾，吉凶由人，妖不自作。

衆星共極，在天成象。夙沙則主雖愚蔽，民盡知歸，有苗則始爲跋扈，終而大服。漢南諸國，見一面以從殷，河西將軍，率五郡以歸漢。故能招信順之助，保太山之安。彼陳國者，盜竊江外，民少一郡，地減半州。遇受命之主，逢太平之日，自可獻土銜璧，乞同溥天。乃復養喪家之疹，遵顚覆之軌，赼趄吳、越，仍爲匪民。雖時屬大道，偃兵舞鍼，然國家當混一之運，金陵是殄滅之期，有命不恒，斷可知矣。房風之戮，元龜匪遙，孫晧之侯，守株難得。迷而未覺，諒可愍焉。斯故未辯玄天之心，不閑君子之論也。

德林自隋有天下，每贊平陳之計。八年，車駕幸同州，德林以疾不從。勅書追之，書後御筆注云：「伐陳事意，宜自隨也。」時高熲因使入京，上語熲曰：「德林若患未堪行，宜自至

宅取其方略。」高祖以之付晉王廣。後從駕還，在塗中，高祖以馬鞭南指云：「待平陳訖，會以七寶裝嚴公，使自山東無及之者。」及陳平，授柱國、郡公，實封八百戶，賞物三千段。晉王廣已宣勑訖，有人說高熲曰：「天子畫策，晉王及諸將戮力之所致也。今乃歸功於李德林，諸將必當憤惋，且後世觀公有若虛行。」熲入言之，高祖乃止。

初，大象末，高祖以逆人王謙宅賜之，文書已出，至地官府，忽復改賜崔謙。上語德林曰：「夫人欲得，將與其舅。於公無形迹，不須爭之，可自選一好宅。若不稱意，當爲營造，并覓莊店作替。」德林乃奏取逆人高阿那肱衞國縣市店八十塸爲王謙宅替。九年，車駕幸晉陽，店人上表訴稱：「地是民物，高氏强奪，於內造舍。」上命有司料還價直。遇追蘇威自長安至，奏云：「高阿那肱是亂世宰相，以諂媚得幸，枉取民地，造店賃之。德林誣罔，妄奏自入。」李圓通、馮世基等又進云：「此店收利如食千戶，請計日追贓。」上因責德林，德林請勘逆人文簿及本換宅之意，上不聽，乃悉追店給所住者。自是益嫌之。十年，虞慶則等於關東諸道巡省使還，並奏云：「五百家鄉正，專理辭訟，不便於民。黨與愛憎，公行貨賄。」上仍令廢之。德林復奏云：「此事臣本以爲不可。然置來始爾，復即停廢，政令不一，朝成暮毁，深非帝王設法之義。臣望陛下若於律令輒欲改張，即以軍法從事。不然者，紛紜未已。」高祖遂發怒，大詬云：「爾欲將我作王莽邪？」初，德林稱父爲太尉諮議以取贈官，李元操與陳

茂等陰奏之曰：「德林之父終於校書，妄稱諮議。」上甚銜之。至是，復庭議忤意，因數之曰：「公爲內史，典朕機密，比不可豫計議者，以公不弘耳。寧自知乎？朕方以孝治天下，恐斯道廢闕，故立五教以弘之。公言孝由天性，何須設教。然則孔子不當說孝經也。又謂冒取店，妄加父官，朕實忿之而未能發。今當以一州相遣耳。」因出爲湖州刺史。德林拜謝曰：「臣不敢復望內史令，請預散參。待陛下登封告成，一觀盛禮，然後收拙丘園，死且不恨。」上不許，轉懷州刺史。在州逢亢旱，課民掘井溉田，空致勞擾，竟無補益，爲考司所貶。歲餘，卒官，時年六十一。贈大將軍、廉州刺史，謚曰文。及將葬，勑令羽林百人，并鼓吹一部，以給喪事。贈物三百段，粟千石，祭以太牢。

德林美容儀，善談吐，齊天統中，兼中書侍郎，於賓館受國書。陳使江總目送之曰：「此即河朔之英靈也。」器量沉深，時人未能測，唯任城王湝、趙彥深、魏收、陸卬大相欽重，延譽之言，無所不及。德林少孤，未有字，魏收謂之曰：「識度天才，必至公輔，吾輒以此字卿。」從官以後，即典機密，性重慎，嘗云古人不言溫樹，何足稱也。少以才學見知，及位望稍高，頗傷自任，爭名之徒，更相譖毁，所以運屬興王，功參佐命，十餘年間竟不徙級。所撰文集，勑成八十卷，遭亂亡失，見五十卷行於世。勑撰齊史未成。

有子曰百藥，博涉多才，詞藻清贍。釋巾太子通事舍人，後遷太子舍人、尚書禮部員外郎，襲爵安平縣公，桂州司馬。煬帝惡其初不附己，以爲步兵校尉。大業末，轉建安郡丞。

史臣曰：德林幼有操尚，學富才優，譽重鄴中，聲飛關右。王基締構，協贊謀猷，羽檄交馳，絲綸間發，文誥之美，時無與二。君臣體合，自致青雲，不患莫己知，豈徒言也！

校勘記

〔一〕紇豆陵毅　即竇毅，北周賜姓「紇豆陵氏」。本書或稱竇毅，或稱紇豆陵毅。

隋書卷四十三

列傳第八

河間王弘 子慶

河間王弘字辟惡，高祖從祖弟也。祖愛敬，早卒。父元孫，少孤，隨母郭氏，養於舅族。及武元皇帝與周太祖建義關中，元孫時在鄴下，懼爲齊人所誅，因假外家姓爲郭氏。元孫死，齊爲周所幷，弘始入關，與高祖相得。高祖哀之，爲買田宅。弘性明悟，有文武幹略。數從征伐，累遷開府儀同三司。高祖爲丞相，常置左右，委以心腹。高祖詣周趙王宅，將及於難，弘時立於戶外，以衞高祖。尋加上開府，賜爵永康縣公。

及上受禪，拜大將軍，進爵郡公。尋贈其父爲柱國、尙書令、河間郡公。其年立弘爲河間王，拜右衞大將軍。歲餘，進授柱國。時突厥屢爲邊患，以行軍元帥，率衆數萬，出靈州道，與虜相遇，戰，大破之，斬數千級。賜物二千段，出拜寧州總管，進位上柱國。弘在州，

治尙淸靜，甚有恩惠。後數載，徵還京師。未幾，拜蒲州刺史，得以便宜從事。時河東多盜賊，民不得安。弘奏爲盜者百餘人，投之邊裔，州境帖然，號爲良吏。每晉王廣入朝，弘輒領揚州總管，及晉王歸藩，弘復還蒲州。在官十餘年，風教大洽。煬帝嗣位，徵還，拜太子太保。歲餘，薨。大業六年，追封郇王。子慶嗣。

慶傾曲，善候時變。帝時猜忌骨肉，滕王綸等皆被廢放，唯慶獲全。累遷滎陽郡太守，頗有治績。

及李密據洛口倉，滎陽諸縣多應密，慶勒兵拒守，密頻遣攻之，不能克。歲餘，城中糧盡，兵勢日蹙。密因遺慶書曰：

自昏狂嗣位，多歷歲年，剝削生民，塗炭天下。璿室瑤臺之麗，未極驕奢，糟丘酒池之荒，非爲淫亂。今者共舉義旗，勸翦兇虐，八方同德，萬里俱來，莫不期入關以亡秦，爭渡河而滅紂。東窮海、岱，南泊江、淮，凡厥遺人，承風慕義，唯滎陽一郡，王獨守迷。夫微子，紂之元兄，族實爲重；項伯，籍之季父，戚乃非疎。然猶去朝歌而入周，背西楚而歸漢。豈不眷戀宗祊，留連骨肉，但識寶鼎之將移，知神器之先改。而王之先代，家住山東，本姓郭氏，乃非楊族。止爲宿與隋朝先有勳舊，遂得預霑盤石，名在葭莩。婁敬之與漢高，殊非血胤，呂布之於董卓，良異天親。芝焚蕙歎，事不同此。又王之昏主，心若豺狼，讎忿同胞，有逾沉、閼，惟勇及諒，咸磬甸師，況乃族類爲非，何能自保！爲王計者，莫若舉城從義，開門送款，安若太山，高枕而臥，長守富貴，足爲美談，乃至子孫，必有餘慶。

今王世充屢被摧衂，自救無聊，偸存晷漏，詎能支久？段達、韋津，東都自固，何暇圖人？世充朝亡，達便夕滅。又江都荒湎，流宕忘歸，內外崩離，人神怨憤。上江米船，皆被抄截，士卒飢餒，半菽不充，事切析骸，義均煑弩。舉烽火於驪山，諸侯莫至，浮膠船於漢水，還日未期。王獨守孤城，絕援千里，餱糧之計，僅有餘，斂卒之多，纔盈數百。有何恃賴，欲相拒抗！求枯魚於市肆，即事非虛，因歸雁以運糧，竟知何日。然城中豪傑，王之腹心，思殺長吏，將爲內啓。正恐禍生匕首，釁發蕭牆，空以七尺之軀，懸賞千金之購，可爲寒心，可爲酸鼻者也。幸能三思，自求多福。

于時江都敗問亦至，慶得書，遂降于密，改姓爲郭氏。密爲王世充所破，復歸東都，更爲楊氏，越王侗不之責也。及侗稱制，拜宗正卿。

世充將篡，慶首爲勸進。世充既僭僞號，降爵郇國公，慶復爲郭氏。世充以兄女妻之，署滎州刺史。及世充將敗，慶欲將其妻同歸長安，其妻謂之曰：「國家以妾奉箕箒於公者，

欲以申厚意，結公心耳。今叔父窮迫，家國阽危，而公不顧婚姻，孤負付屬，爲全身之計，非妾所能責公也。妾若至長安，則公家一婢耳，何用妾爲！願得送還東都，君之惠也。」慶不許。其妻遂沐浴靚粧，仰藥而死。慶歸大唐，爲宜州刺史、郇國公，復姓楊氏。其嫡母元太妃，年老，兩目失明，王世充以慶叛己而斬之。

楊處綱

楊處綱，高祖族父也。生長北邊，少習騎射。在周，嘗以軍功拜上儀同。高祖受禪，贈其父鍾葵爲柱國、尙書令、義城縣公，以處綱襲焉。授開府，督武候事。尋爲太子宗衞率，轉左監門郎將。後數載，起授右領軍將軍。處綱雖無才藝，而性質直，在官强濟，亦爲當時所稱。尋拜蒲州刺史，吏民悅之。進位大將軍。後遷秦州總管，卒官。諡曰恭。

弟處樂，官至洛州刺史。漢王諒之反也，朝廷以爲有二心，廢錮不齒。

楊子崇

楊子崇，高祖族弟也。父盆生，贈荊州刺史。子崇少好學，涉獵書記，有風儀，愛賢好士。開皇初，拜儀同，以車騎將軍恒典宿衞。後爲司門侍郎。煬帝嗣位，累遷候衞將軍，坐

事免。未幾，復令檢校將軍事。從帝幸汾陽宮，子崇知突厥必爲寇患，屢請早還京師，帝不納。尋有雁門之圍。及賊退，帝怒之曰：「子崇怯懦，妄有陳請，驚動我衆心，不可居爪牙之寄。」出爲離石郡太守，治有能名。

自是突厥屢寇邊塞，胡賊劉六兒復擁衆劫掠郡境，子崇上表請兵鎮遏。帝復大怒，下書令子崇巡行長城。子崇出百餘里，四面路絕，不得進而歸。時百姓饑饉，相聚爲盜，子崇前後捕斬數千人。歲餘，朔方梁師都、馬邑劉武周等各稱兵作亂，郡中諸胡復相嘯聚。子崇患之，言欲朝集，遂與心腹數百人自孟門關將還京師。輜重半濟，遇河西諸縣各殺長吏，叛歸師都，道路隔絕，子崇退歸離石。所將左右，既聞太原有兵起，不復入城，遂各叛去。子崇悉收叛者父兄斬之。後數日，義兵夜至城下，城中豪傑復出應之。城陷，子崇爲讎家所殺。

觀德王雄 弟達

觀德王雄，初名惠，高祖族子也。父紹，仕周，歷八州刺史、儻城縣公，賜姓叱呂引氏。〔一〕雄美姿儀，有器度，雍容閑雅，進止可觀。周武帝時，爲太子司旅下大夫。帝幸雲陽宮，衞王直作亂，以其徒襲肅章門，雄逆拒破之。進位上儀同，封武陽縣公，邑千戶。累遷

右司衞上大夫。大象中，進爵邗國公，邑五千戶。高祖爲丞相，雍州牧畢王賢謀作難，雄時爲別駕，知其謀，以告高祖。賢伏誅，以功授柱國、雍州牧，仍領相府虞候。周宣帝葬，備諸王有變，令雄率六千騎送至陵所。進位上柱國。

高祖受禪，除左衞將軍，兼宗正卿。俄遷右衞大將軍，參預朝政。進封廣平王，食邑五千戶，以邗公別封一子。雄請封弟士貴，朝廷許之。或奏高熲朋黨者，上詰雄於朝。雄對曰：「臣忝衞宮闈，朝夕左右，若有朋附，豈容不知！至尊欽明睿哲，萬機親覽，熲用心平允，奉法而行。此乃愛憎之理，惟陛下察之。」高祖深然其言。雄時貴寵，冠絕一時，與高熲、虞慶則、蘇威稱爲「四貴」。

雄寬容下士，朝野傾矚。高祖惡其得衆，陰忌之，不欲其典兵馬。乃下冊書，拜雄爲司空，曰：「維開皇九年八月朔壬戌，皇帝若曰：於戲！惟爾上柱國、左衞大將軍、宗正卿、廣平王，風度寬弘，位望隆顯，爰司禁旅，緜歷十載。入當心腹，外任爪牙，驅馳軒陛，勤勞著績。往欽哉！光膺寵命，得不慎歟！」外示優崇，實奪其權也。雄無職務，乃閉門不通賓客。尋改封清漳王。仁壽初，高祖曰：「清漳之名，未允聲望。」命職方進地圖，上指安德郡以示羣臣曰：「此號足爲名德相稱。」於是改封安德王。

大業初，授太子太傅。及元德太子薨，檢校鄭州刺史事。歲餘，授懷州刺史。尋拜京兆尹。帝親征吐谷渾，詔雄總管澆河道諸軍。及還，改封觀王。上表讓曰：「臣早逢興運，預班末屬，有命有時，藉風雲之會，無才無德，濫公卿之首。蒙先皇不次之賞，荷陛下非分之恩，久紊台槐，常慮盈滿，豈可仍叨匪服，重竊鴻名！臣實面牆，敢緣往例，臣誠昧寵，交懼身貢。昔劉賈封王，豈備三階之任，曹洪上將，寧超五等之爵？況臣衰章踰於帝子，京尹亞於皇枝，錫土作藩，錙金開國，於臣何以自處，在物謂其乖分。是以露款執愚，祈恩固守。伏願陛下曲留慈照，特鑒丹誠。頻觸宸嚴，伏增流汗。」優詔不許。

遼東之役，檢校左翊衞大將軍，出遼東道。次瀘河鎮，遘疾而薨，時年七十一。帝爲之廢朝，鴻臚監護喪事。有司考行，請謚曰懿。帝曰：「王道高雅俗，德冠生人。」乃賜謚曰德。贈司徒，襄國武安渤海清河上黨河間濟北高密濟陰長平等十郡太守。

子恭仁，位至吏部侍郎。恭仁弟緤，性和厚，頗有文學。歷義州刺史、淮南太守。及父薨，起爲司隸大夫。遼東之役，帝令緤於臨海頓別有所督。楊玄感之反也，玄感弟玄縱自帝所逃赴其兄，路逢緤。緤避人偶語久之，既別而復相就者數矣。司隸刺史劉休文奏之。時緤兄吏部侍郎恭仁將兵於外，帝以是寢之，未發其事。緤憂懼，發病而卒。緤弟續，仕至散騎侍郎。

雄弟達，字士達。少聰敏，有學行。仕周，官至儀同、內史下大夫，遂寧縣男。高祖受禪，拜給事黃門侍郎，進爵爲子。時吐谷渾寇邊，詔上柱國元諧爲元帥，達爲司馬。軍還，兼吏部侍郎，加開府。歲餘，轉內史侍郎，出爲鄯、鄭、趙三州刺史，俱有能名。平陳之後，四海大同，上差品天下牧宰，達爲第一，賜雜綵五百段，加以金帶，擢拜工部尚書，加位上開府。達爲人弘厚，有局度。楊素每言曰：「有君子之貌，兼君子之心者，唯楊達耳。」獻皇后及高祖山陵制度，達並參豫焉。

煬帝嗣位，轉納言，仍領營東都副監，帝甚信重之。遼東之役，領右武衞將軍，進位左光祿大夫，卒於師，時年六十二。帝歎惜者久之，贈吏部尚書、始安侯。謚曰恭。贈物三百五十段。

史臣曰：高祖始遷周鼎，衆心未附，利建同姓，維城宗社，是以河間、觀德，咸啓山河。屬乃葭莩，地非寵逼，故高位厚秩，與時終始。楊慶二三其德，志在苟生，變本宗如反掌，棄慈母如遺跡，及身而絕，宜其然矣。觀王位登台衮，慶流後嗣，保茲寵祿，實仁厚之所

致乎！

校勘記

〔一〕叱呂引氏　周書楊紹傳作「叱利氏」。

隋書卷四十四

列傳第九

滕穆王瓚　嗣王綸

滕穆王瓚字恒生，一名慧，高祖母弟也。周世，以太祖軍功封竟陵郡公，尙武帝妹順陽公主，自右中侍上士遷御伯中大夫。保定四年，改爲納言，授儀同。瓚貴公子，又尙公主，美姿儀，好書愛士，甚有令名於當世，時人號曰楊三郎。武帝甚親愛之。平齊之役，諸王咸從，留瓚居守，帝謂之曰：「六府事殷，一以相付。朕將遂事東方，無西顧之憂矣。」其見親信如此。宣帝卽位，遷吏部中大夫，加上儀同。

未幾，帝崩，高祖入禁中，將總朝政，令廢太子勇召之，欲有計議。瓚素與高祖不協，聞召不從，曰：「作隋國公恐不能保，何乃更爲族滅事邪？」高祖作相，遷大將軍。尋拜大宗伯，典修禮律。進位上柱國、邵國公。瓚見高祖執政，羣情未一，恐爲家禍，陰有圖高祖之計，

高祖每優容之。及受禪，立爲滕王。後拜雍州牧。上數與同坐，呼爲阿三。後坐事去牧，以王就第。

瓚妃宇文氏，先時與獨孤皇后不平，及此鬱鬱不得志，陰有呪詛。上命瓚出之，瓚不忍離絕，固請。上不得已，從之，宇文氏竟除屬籍。瓚由是忤旨，恩禮更薄。開皇十一年，從幸栗園，暴薨，時年四十二。人皆言其遇鴆以斃。子綸嗣。

綸字斌籀，性弘厚，美姿容，頗解鍾律。高祖受禪，封邵國公，邑八千戶。明年，拜邵州刺史。晉王廣納妃於梁，詔綸致禮焉，甚爲梁人所敬。

綸以穆王之故，當高祖之世，每不自安。煬帝卽位，尤被猜忌。綸憂懼不知所爲，呼術者王琛而問之。琛答曰：「王相祿不凡。」乃因曰：「滕卽騰也，此字足爲善應。」有沙門惠恩、崛多等，頗解占候，綸每與交通，常令此三人爲度星法。有人告綸怨望呪詛，帝命黃門侍郎王弘窮治之。弘見帝方怒，遂希旨奏綸厭蠱惡逆，坐當死。帝令公卿議其事，司徒楊素等曰：「綸希冀國災，以爲身幸。原其懷惡之由，積自家世。惟皇運之始，四海同心，在於孔懷，彌須協力。其先乃離阻大謀，棄同卽異。父悖於前，子逆於後，非直覬覦朝廷，便是圖危社稷。爲惡有狀，其罪莫大，刑茲無赦，抑有舊章，請依前律。」帝以公族不忍，除名爲民，徙始

安。諸弟散徙邊郡。大業七年，親征遼東，綸欲上表，請從軍自劾，爲郡司所遏。未幾，復徙朱崖。及天下大亂，爲賊林仕弘所逼，携妻子，竄于儋耳。後歸大唐，爲懷化縣公。

綸弟坦，字文籓，初封竟陵郡公，坐綸徙長沙。坦弟猛，字武籓，徙衡山。猛弟溫，字明籓，初徙零陵。溫好學，解屬文，既而作零陵賦以自寄，其辭哀思。帝見而怒之，轉徙南海。溫弟詵，字弘籓，前亦徙零陵。帝以其修謹，襲封滕王，以奉穆王嗣。大業末，薨於江都。

道悼王靜

道悼王靜字賢籓，滕穆王瓚之子也。出繼叔父嵩。嵩在周代，以太祖軍功，賜爵興城公，早卒。高祖踐位，追封道王，謚曰宣。以靜襲焉。卒，無子，國除。

衛昭王爽 嗣王集

衛昭王爽字師仁，小字明達，高祖異母弟也。周世，在襁褓中，以太祖軍功，封同安郡公。六歲而太祖崩，爲獻皇后之所鞠養，由是高祖於諸弟中特寵愛之。十七爲內史上士。高祖執政，拜大將軍、秦州總管。未之官，轉授蒲州刺史，進位柱國。及受禪，立爲衛王。尋遷雍州牧，領左右將軍。俄遷右領軍大將軍，權領并州總管。歲餘，進位上柱國，轉涼州

總管。爽美風儀，有器局，治甚有聲。

其年，以爽爲行軍元帥，步騎七萬以備胡。出平涼，無虜而還。明年，大舉北伐，又爲元帥。河間王弘、豆盧勣、竇榮定、高熲、虞慶則等分道而進，俱受爽節度。爽親率李充節等四將出朔州，〔一〕遇沙鉢略可汗於白道，接戰，大破之，虜獲千餘人，驅馬牛羊鉅萬。沙鉢略可汗中重創而遁。高祖大悅，賜爽眞食梁安縣千戶。六年，復爲元帥，步騎十五萬，出合川。突厥遁逃，而返。明年，徵爲納言。高祖甚重之。

未幾，爽寢疾，上使巫者薛榮宗視之，云衆鬼爲厲。爽令左右驅逐之。居數日，有鬼物來擊榮宗，榮宗走下階而斃。其夜爽薨，時年二十五。贈太尉、冀州刺史。子集嗣。

集字文會，初封遂安王，尋襲封衛王。煬帝時，諸侯王恩禮漸薄，猜防日甚。集憂懼不知所爲，乃呼術者俞普明，章醮以祈福助。有人告集呪詛，憲司希旨，鍛成其獄，奏集惡逆，坐當死。天子下公卿議其事，楊素等曰：「集密懷左道，厭蠱君親，公然呪詛，無慚幽顯。情滅人理，事悖先朝，是君父之罪人，非臣子之所赦，請論如律。」時滕王綸坐與相連，帝不忍加誅，乃下詔曰：「綸、集以附萼之華，猶子之重，縻之好爵，匪由德進。正應與國升降，休戚是同，乃包藏妖禍，誕縱邪僻。在三之義，愛敬俱淪，急難之情，孔懷頓滅。公卿議既如此，覽以潸然。雖復王法無私，恩從義斷，但法隱公族，禮有親親。致之極辟，情所未忍。」於是除名爲民，遠徙邊郡。遇天下大亂，不知所終。

蔡王智積

蔡王智積，高祖弟整之子也。整周明帝時，以太祖軍功，賜爵陳留郡公。尋授開府、車騎大將軍。從武帝平齊，至并州，力戰而死。及高祖作相，贈柱國、大司徒、冀定瀛相懷衛趙貝八州刺史。高祖受禪，追封蔡王，謚曰景。以智積襲焉。又封其弟智明爲高陽郡公，智才爲開封縣公。尋拜智積爲開府儀同三司，授同州刺史，儀衛資送甚盛。頃之，以修謹聞，高祖善之。在州未嘗嬉戲遊獵，聽政之暇，端坐讀書，門無私謁。有侍讀公孫尙儀，山東儒士，府佐楊君英、蕭德言，並有文學，時延於座，所設唯餅果，酒纔三酌。家有女妓，唯年節嘉慶，奏於太妃之前，其簡靜如此。昔高祖龍潛時，景王與高祖不睦，其太妃尉氏，又與獨孤皇后不相諧，以是智積常懷危懼，每自貶損。高祖知其若是，亦哀憐之。人或勸智積治產業者，智積曰：「昔平原露朽財帛，苦其多也。吾幸無可露，何更營乎？」有五男，止教讀論語、孝經而已，亦不令交通賓客。或問其故，智積答曰：「卿非知我者。」其意恐兒子有才能，以致禍也。開皇二十年，徵還京第，無他職任，闔門自守，非朝覲不出。

煬帝卽位，滕王綸、衛王集並以讒構得罪，高陽公智明亦以交遊奪爵，智積逾懼。大業七年，授弘農太守，委政僚佐，淸靜自居。及楊玄感作亂，自東都引軍而西，智積謂官屬曰：「玄感聞大軍將至，欲西圖關中。若成其計，則根本固矣。當以計縻之，使不得進。不出一旬，自可擒耳。」及玄感軍至城下，智積登陴詈辱之，玄感怒甚，留攻之。城門爲賊所燒，智積乃更益火，賊不得入。數日，宇文述等援軍至，合擊破之。

十二年，從駕江都，寢疾。帝時疎薄骨肉，智積每不自安，及遇患，不呼醫。臨終，謂所親曰：「吾今日始知得保首領沒於地矣。」時人哀之。有子道玄。

史臣曰：周建懿親，漢開盤石，內以敦睦九族，外以輯寧億兆，深根固本，崇獎王室。安則有以同其樂，衰則有以恤其危，所由來久矣。魏、晉以下，多失厥中，不遵王度，各徇所私。抑之則勢齊於匹夫，抗之則權侔於萬乘，矯枉過正，非一時也。得失詳乎前史，不復究而論焉。高祖昆弟之恩，素非篤睦，閨房之隙，又不相容。至于二世承基，其弊愈甚。是以滕穆暴薨，人皆竊議，蔡王將沒，自以爲幸。唯衛王養於獻后，故任遇特隆，而諸子遷流，莫知死所，悲夫！其錫以茅土，稱爲盤石，行無甲兵之衞，居與皂隸爲伍。外內無虞，顚危不

暇，時逢多難，將何望焉！

校勘記

〔一〕李充節 原作「李元節」，據舊唐書李大亮傳、北史敍傳改。

隋書卷四十五

列傳第十

文四子

高祖五男，皆文獻皇后之所生也。長曰房陵王勇，次煬帝，次秦孝王俊，次庶人秀，次庶人諒。

房陵王勇字睍地伐，高祖長子也。周世，以太祖軍功，封博平侯。及高祖輔政，立為世子，拜大將軍、左司衞，封長寧郡公。出為洛州總管、東京小冢宰，總統舊齊之地。後徵還京師，進位上柱國、大司馬，領內史御正，諸禁衞皆屬焉。高祖受禪，立為皇太子，軍國政事及尚書奏死罪已下，皆令勇參決之。上以山東民多流冗，遣使按檢，又欲徙民北實邊塞。勇

上書諫曰：「竊以導俗當漸，非可頓革，戀土懷舊，民之本情，波迸流離，蓋不獲已。有齊之末，主闇時昏，周平東夏，繼以威虐，民不堪命，致有逃亡，非厭家鄉，願為羈旅。加以去年三方逆亂，賴陛下仁聖，區宇肅清，鋒刃雖屏，瘡痍未復。若假以數歲，沐浴皇風，逃竄之徒，自然歸本。雖北夷猖獗，嘗犯邊烽，今城鎮峻峙，所在嚴固，何待遷配，以致勞擾。臣以庸虛，謬當儲貳，寸誠管見，輒以塵聞。」上覽而嘉之，遂寢其事。是後時政不便，多所損益，上每納之。上嘗從容謂羣臣曰：「前世皇王，溺於嬖幸，廢立之所由生。朕傍無姬侍，五子同母，可謂眞兄弟也。豈若前代多諸內寵，孽子忿諍，為亡國之道邪！」

勇頗好學，解屬詞賦，性寬仁和厚，率意任情，無矯飾之行。引明克讓、姚察、陸開明等為之賓友。勇嘗文飾蜀鎧，上見而不悅，恐致奢侈之漸，因而誡之曰：「我聞天道無親，唯德是與，歷觀前代帝王，未有奢華而得長久者。汝當儲后，若不上稱天心，下合人意，何以承宗廟之重，居兆民之上？吾昔日衣服，各留一物，時復看之，以自警戒。今以刀子賜汝，宜識我心。」

其後經冬至，百官朝勇，勇張樂受賀。高祖知之，問朝臣曰：「近聞至節，內外百官，相率朝東宮，是何禮也？」太常少卿辛亶對曰：「於東宮是賀，不得言朝。」高祖曰：「改節稱賀，正可三數十人，逐情各去。何因有司徵召，一時普集，太子法服設樂以待之？東宮如此，殊

乖禮制。」於是下詔曰：「禮有等差，君臣不雜，爰自近代，聖教漸虧，俯仰逐情，因循成俗。皇太子雖居上嗣，義兼臣子，而諸方岳牧，正冬朝賀，任土作貢，別上東宮。事非典則，宜悉停斷。」自此恩寵始衰，漸生疑阻。

時高祖令選宗衞侍官，以入上臺宿衞。高熲奏稱，若盡取强者，恐東宮宿衞太劣。高祖作色曰：「我有時行動，宿衞須得雄毅。太子毓德東宮，左右何須强武？此極敝法，甚非我意。如我商量，恒於交番之日，分向東宮上下，團伍不別，豈非好事？我熟見前代，公不須仍踵舊風。」蓋疑高熲男尚勇女，形於此言，以防之也。

勇多內寵，昭訓雲氏，尤稱嬖幸，禮匹於嫡。勇妃元氏無寵，嘗遇心疾，二日而薨。獻皇后意有他故，甚責望勇。自是雲昭訓專擅內政，后彌不平，頗遣人伺察，求勇罪過。晉王知之，彌自矯飾，姬妾但備員數，唯共蕭妃居處。皇后由是薄勇，愈稱晉王德行。其後晉王來朝，車馬侍從，皆爲儉素，敬接朝臣，禮極卑屈，聲名籍甚，冠於諸王。臨還揚州，入內辭皇后，因進言曰：「臣鎭守有限，方違顏色，臣子之戀，實結于心。一辭階闥，無由侍奉，拜見之期，杳然未日。」因哽咽流涕，伏不能興。皇后亦曰：「汝在方鎭，我又年老，今者之別，有切常離。」又泫然泣下，相對歔欷。王曰：「臣性識愚下，常守平生昆弟之意，不知何罪，失愛東宮，恒蓄盛怒，欲加屠陷。每恐讒譖生於投杼，鴆毒遇於杯勺，是用勤憂積念，懼履危亡。」

皇后忿然曰：「睍地伐漸不可耐，我爲伊索得元家女，望隆基業，竟不聞作夫妻，專寵阿雲，使有如許豚犬。前新婦本無病痛，忽爾暴亡，遣人投藥，致此夭逝。事已如是，我亦不能窮治，何因復於汝處發如此意？我在尙爾，我死後，當魚肉汝乎？每思東宮竟無正嫡，至尊千秋萬歲之後，遣汝等兄弟向阿雲兒前再拜問訊，此是幾許大苦痛邪！」晉王又拜，嗚咽不能止，皇后亦悲不自勝。

此別之後，知皇后意移，始構奪宗之計。因引張衡定策，遣褒公宇文述深交楊約，令喻旨於越國公素，具言皇后此語。素瞿然曰：「但不知皇后如何？必如所言，吾又何爲者！」後數日，素入侍宴，微稱晉王孝悌恭儉，有類至尊，用此揣皇后意。皇后泣曰：「公言是也。我兒大孝順，每聞至尊及我遣內使到，必迎於境首。言及違離，未嘗不泣。又其新婦亦大可憐，我使婢去，常與之同寢共食。豈若睍地伐共阿雲相對而坐，終日酣宴，昵近小人，疑阻骨肉。我所以益憐阿麽者，常恐暗地殺之。」素既知意，因盛言太子不才。皇后遂遺素金，始有廢立之意。

勇頗知其謀，憂懼，計無所出。聞新豐人王輔賢能占候，召而問之。輔賢曰：「白虹貫東宮門，太白襲月，皇太子廢退之象也。」以銅鐵五兵造諸厭勝。又於後園之內作庶人村，屋宇卑陋，太子時於中寢息，布衣草褥，冀以當之。高祖知其不安，在仁壽宮，使楊素觀勇。

素至東宮，偃息未入，勇束帶待之，故久不進，以激怒勇。勇銜之，形於言色。素還，言勇怨望，恐有他變，願深防察。高祖聞素譖毀，甚疑之。皇后又遣人伺覘東宮，纖介事皆聞奏，因加媒孽，構成其罪。高祖惑於邪議，遂疎忌勇。乃於玄武門達至德門量置候人，以伺動靜，皆隨事奏聞。又東宮宿衞之人，侍官已上，名籍悉令屬諸衞府，有健兒者，咸屛去之。晉王又令段達私於東宮幸臣姬威，遺以財貨，令取太子消息，密告楊素。於是內外諠謗，過失日聞。段達脅姬威曰：「東宮罪過，主上皆知之矣，已奉密詔，定當廢立。君能告之，則大富貴。」威遂許諾。

九月壬子，車駕至自仁壽宮，翌日，御大興殿，謂侍臣曰：「我新還京師，應開懷歡樂，不知何意，翻邑然愁苦？」吏部尙書牛弘對曰：「由臣等不稱職，故至尊憂勞。」高祖既數聞讒譖，疑朝臣皆具委，故有斯問，冀聞太子之愆。弘爲此對，大乖本旨。高祖因作色謂東宮官屬曰：「仁壽宮去此不遠，而令我每還京師，嚴備仗衞，如入敵國。我爲患利，不脫衣臥。昨夜欲得近廁，故在後房，恐有警急，還移就前殿。豈非爾輩欲壞我國家邪？」於是執唐令則等數人，付所司訊鞫。令楊素陳東宮事狀，以告近臣。素顯言之曰：「臣奉勑向京，令皇太子檢校劉居士餘黨。太子奉詔，乃作色奮厲，骨肉飛騰，語臣云：『居士黨盡伏法，遣我何處窮討？爾作右僕射，委寄不輕，自檢校之，何關我事？』又云：『若大事不遂，我先被誅。今作

天子，竟乃令我不如諸弟。一事以上，不得自由。』因長歎迴視云：『我大覺身妨。』」高祖曰：

「此兒不堪承嗣久矣。皇后恒勸我廢之，我以布素時生，復是長子，望其漸改，隱忍至今。勇昔從南兗州來，語衞王云：『阿孃不與我一好婦女，亦是可恨。』因指皇后侍兒曰：『是皆我物。』此言幾許異事。其婦初亡，卽以斗帳安餘老嫗。新婦初亡，我深疑使馬嗣明藥殺。我曾責之，便懟曰：『會殺元孝矩。』此欲害我而遷怒耳。

初，長寧誕育，朕與皇后共抱養之，自懷彼此，連遣來索。且雲定興女，在外私合而生，想此由來，何必是其體胤！昔晉太子取屠家女，其兒卽好屠割。今儻非類，便亂宗社。又劉金驎，諂佞人也，呼定興作親家翁，定興愚人，受其此語。我前解金驎者，爲其此事。勇嘗引曹妙達共定興女同讌，妙達在外說云：『我今得勸妃酒。』直以其諸子偏庶，畏人不服，故逆縱之，欲收天下之望耳。我雖德慚堯、舜，終不以萬姓付不肖子也。我恒畏其加害，如防大敵，今欲廢之，以安天下。」

左衞大將軍、五原公元旻諫曰：「廢立大事，天子無二言，詔旨若行，後悔無及。讒言罔極，惟陛下察之。」旻辭直爭强，聲色俱厲，上不答。

是時姬威又抗表告太子非法。高祖謂威曰：「太子事跡，宜皆盡言。」威對曰：「皇太子由來共臣語，唯意在驕奢，欲得從樊川以至于散關，總規爲苑。兼云：『昔漢武帝將起上林

苑，東方朔諫之，賜朔黃金百斤，幾許可笑。我實無金輒賜此等。若有諫者，正當斬之，不過殺百許人，自然永息。』前蘇孝慈解左衞率，皇太子奮髯揚肘曰：『大丈夫會當有一日，終不忘之，決當快意。』又宮內所須，尚書多執法不與，便怒曰：『僕射以下，吾會戮一二人，使知慢我之禍。』又於苑內築一小城，春夏秋冬，作役不輟，營起亭殿，朝造夕改。每云：『至尊嗔我多側庶，高緯、陳叔寶豈是孼子乎？』嘗令師姥卜吉凶，語臣曰：『至尊忌在十八年，此期促矣。』」高祖泫然曰：「誰非父母生，乃至於此！我有舊使婦女，令看東宮，奏我云：『勿令廣平王至皇太子處。東宮憎婦，亦廣平教之。』元贊亦知其陰惡，勸我於左藏之東，加置兩隊。初平陳後，宮人好者悉配春坊，如聞不知厭足，於外更有求訪。朕近覽齊書，見高歡縱其兒子，不勝忿憤，安可效尤邪！」於是勇及諸子皆被禁錮，部分收其黨與。楊素舞文巧詆，鍛鍊以成其獄。勇由是遂敗。

居數日，有司承素意，奏言左衞元旻身備宿衞，常曲事於勇，情存附託。在仁壽宮，裴弘將勇書於朝堂與旻，題封云勿令人見。高祖曰：「朕在仁壽宮，有纖小事，東宮必知，疾於驛馬。怪之甚久，豈非此徒耶？」遣武士執旻及弘付法治其罪。

先是，勇嘗從仁壽宮參起居還，塗中見一枯槐，根幹蟠錯，大且五六圍，顧左右曰：「此堪作何器用？」或對曰：「古槐尤堪取火。」于時衞士皆佩火燧，勇因令匠者造數千枚，欲以分

賜左右。至是，獲於庫。又藥藏局貯艾數斛，亦搜得之。大將爲怪，以問姬威。威曰：「太子此意別有所在。比令長寧王已下，詣仁壽宮還，每嘗急行，一宿便至。恒飼馬千匹，云徑往捉城門，自然餓死。」素以威言詰勇，勇不服曰：「竊聞公家馬數萬匹，勇忝備位太子，有馬千匹，乃是反乎？」素又發洩東宮服玩，似加琱飾者，悉陳之於庭，以示文武羣官，爲太子之罪。高祖遣將諸物示勇，以誚詰之。皇后又責之罪。高祖使使責問勇，勇不服。太史令袁充進曰：「臣觀天文，皇太子當廢。」上曰：「玄象久見矣，羣臣無敢言者。」

於是使人召勇。勇見使者，驚曰：「得無殺我耶？」高祖戎服陳兵，御武德殿，集百官，立於東面，諸親立於西面，引勇及諸子列於殿庭。命薛道衡宣廢勇之詔曰：「太子之位，實爲國本，苟非其人，不可虛立。自古儲副，或有不才，長惡不悛，仍令守器，皆由情溺寵愛，失於至理，致使宗社傾亡，蒼生塗地。由此言之，天下安危，繫乎上嗣，大業傳世，豈不重哉！皇太子勇，地則居長，情所鍾愛，初登大位，卽建春宮，冀德業日新，隆茲負荷。而性識庸闇，仁孝無聞，昵近小人，委任姦佞，前後愆釁，難以具紀。但百姓者，天之百姓，朕恭天命，屬當安育，雖欲愛子，實畏上靈，豈敢以不肖之子，而亂天下。勇及其男女爲王、公主者，並可廢爲庶人。顧惟兆庶，事不獲已，興言及此，良深愧歎！」令薛道衡謂勇曰：「爾之罪惡，人神所棄，欲求不廢，其可得耶？」勇再拜而言曰：「臣合尸之都市，爲將來鑒誡，幸蒙哀憐，得

全性命。」言畢，泣下流襟，既而舞蹈而去。左右莫不憫默。又下詔曰：

自古以來，朝危國亂，皆邪臣佞媚，凶黨扇惑，致使禍及宗社，毒流兆庶。若不標明典憲，何以肅清天下！左衞大將軍、五原郡公元旻，任掌兵衞，委以心膂，陪侍左右，恩寵隆渥；乃包藏姦伏，離間君親，崇長厲階，最爲魁首。太子左庶子唐令則，策名儲貳，位長宮僚，諂曲取容，音技自進，躬執樂器，親教內人，贊成驕侈，導引非法。太子家令鄒文騰，專行左道，偏被親昵，心腹委付，鉅細關知，占問國家，希覬災禍。左衞率司馬夏侯福，內事諂諛，外作威勢，凌侮上下，褻濁宮闈。典膳監元淹，謬陳愛憎，開示怨隙，妄起訕謗，潛行離阻，進引妖巫，營事厭禱。前吏部侍郎蕭子寶，往居省閤，舊非宮臣，稟性浮躁，用懷輕險，進畫姦謀，要射榮利，經營間構，開造禍端。前主璽下士何竦，假託玄象，妄說妖怪，志圖禍亂，心在速發，兼制奇器異服，皆竦規摹，增長驕奢，糜費百姓。凡此七人，爲害乃甚，並處斬，妻妾子孫皆悉沒官。

車騎將軍閻毗、東郡公崔君綽、游騎尉沈福寶、瀛州民章仇太翼等四人，所爲之事，皆是悖惡，論其狀迹，罪合極刑。但朕情存好生，未能盡戮，可並特免死，各決杖一百，身及妻子資財田宅，悉可沒官。副將作大匠高龍乂，豫追番丁，輒配東宮使役，營造亭舍，進入春坊。率更令晉文建，通直散騎侍郎、判司農少卿事元衡，料度之外，私

自出給，虛破丁功，擅割園地。並處盡。

於是集羣官于廣陽門外，宣詔以戮之。廣平王雄答詔曰：「至尊爲百姓割骨肉之恩，廢黜無德，實爲大慶，天下幸甚！」乃移勇於內史省，立晉王廣爲皇太子，仍以勇付之，復囚於東宮。賜楊素物三千段，元冑、楊約並千段，楊難敵五百段，皆鞫勇之功賞也。

時文林郎楊孝政上書諫曰：「皇太子爲小人所誤，宜加訓誨，不宜廢黜。」上怒，撻其胸。尋而貝州長史裴肅表稱：「庶人罪黜已久，當克己自新，請封一小國。」高祖知勇之黜也，不允天下之情，乃徵肅入朝，具陳廢立之意。

時勇自以廢非其罪，頻請見上，面申冤屈。而皇太子遏之，不得聞奏。勇於是升樹大叫，聲聞於上，冀得引見。素因奏言：「勇情志昏亂，爲癲鬼所著，不可復收。」上以爲然，卒不得見。素誣陷經營，構成其罪，類皆如此。

高祖寢疾於仁壽宮，徵皇太子入侍醫藥，而姦亂宮闈，事聞於高祖。高祖抵牀曰：「枉廢我兒！」因遣追勇。未及發使，高祖暴崩，秘不發喪。遽收柳述、元巖，繫於大理獄，僞爲高祖勑書，賜庶人死。追封房陵王，不爲立嗣。

勇有十男：雲昭訓生長寧王儼、平原王裕、安城王筠，高良娣生安平王嶷、襄城王恪，王良媛生高陽王該、建安王韶，成姬生潁川王煚，後宮生孝實、孝範。

長寧王儼，勇長子也。誕乳之初，以報高祖，高祖曰：「此卽皇太孫，何乃生不得地？」雲定興奏曰：「天生龍種，所以因雲而出。」時人以爲敏對。六歲，封長寧郡王。勇敗，亦坐廢黜。上表乞宿衞，辭情哀切，高祖覽而憫焉。楊素進曰：「伏願聖心同於螫手，不宜復留意。」煬帝踐極，儼常從行，卒於道，實鴆之也。諸弟分徙嶺外，仍勑在所皆殺焉。

秦孝王俊字阿祇，高祖第三子也。開皇元年立爲秦王。二年春，拜上柱國、河南道行臺尚書令、洛州刺史，時年十二。加右武衞大將軍，領關東兵。三年，遷秦州總管，隴右諸州盡隸焉。俊仁恕慈愛，崇敬佛道，請爲沙門，上不許。六年，遷山南道行臺尚書令。伐陳之役，以爲山南道行軍元帥，督三十總管，水陸十餘萬，屯漢口，爲上流節度。陳將周羅睺、荀法尚等，以勁兵數萬屯鸚鵡洲，總管崔弘度請擊之。俊慮殺傷，不許。羅睺亦相率而降。於是遣使奉章詣闕，垂泣謂使者曰：「謬當推轂，愧無尺寸之功，以此多慚耳。」上聞而善之。授揚州總管四十四州諸軍事，鎭廣陵。歲餘，轉幷州總管二十四州諸軍事。

初，頗有令問，高祖聞而大悅，下書獎勵焉。其後俊漸奢侈，違犯制度，出錢求息，民吏

苦之。上遣使按其事，與相連坐者百餘人。俊猶不悛，於是盛治宮室，窮極侈麗。俊有巧思，每親運斤斧，工巧之器，飾以珠玉。爲妃作七寶羃䍦，又爲水殿，香塗粉壁，玉砌金堦，梁柱楣棟之間，周以明鏡，間以寶珠，極榮飾之美。每與賓客妓女，絃歌於其上。俊頗好內，妃崔氏性妬，甚不平之，遂於瓜中進毒。俊由是遇疾，徵還京師。上以其奢縱，免官，以王就第。左武衞將軍劉昇諫曰：「秦王非有他過，但費官物營廨舍而已。臣謂可容。」上曰：「法不可違。」昇固諫，上忿然作色，昇乃止。其後楊素復進諫曰：「秦王之過，不應至此，願陛下詳之。」上曰：「我是五兒之父，若如公意，何不別制天子兒律？以周公之爲人，尚誅管、蔡，我誠不及周公遠矣，安能虧法乎？」卒不許。

俊疾篤，未能起，遣使奉表陳謝。上謂其使曰：「我戮力關塞，創茲大業，作訓垂範，庶臣下守之而不失。汝爲吾子，而欲敗之，不知何以責汝！」俊慚怖，疾甚。大都督皇甫統上表，請復王官，不許。歲餘，以疾篤，復拜上柱國。二十年六月，薨於秦邸。上哭之數聲而已。俊所爲侈麗之物，悉命焚之。勑送終之具，務從儉約，以爲後法也。王府僚佐請立碑，上曰：「欲求名，一卷史書足矣，何用碑爲？若子孫不能保家，徒與人作鎭石耳。」

妃崔氏以毒王之故，下詔廢絕，賜死於其家。子浩，崔氏所生也。庶子曰湛。羣臣議曰：「春秋之義，母以子貴，子以母貴。貴旣如此，罪則可知。故漢時栗姬有罪，其子便廢，郭后被廢，其子斯黜。大旣然矣，小亦宜同。今秦王二子，母皆罪廢，不合承嗣。」於是以秦國官爲喪主。俊長女永豐公主，年十二，遭父憂，哀慕盡禮，免喪，遂絕魚肉。每至忌日，輒流涕不食。有開府王延者，性忠厚，領親信兵十餘年，俊甚禮之。及俊有疾，延恒在閤下，衣不解帶。俊薨，勺飲不入口者數日，羸頓骨立。上聞而憫之，賜以御藥，授驃騎將軍，典宿衞。俊葬之日，延號慟而絕。上嗟異之，令通事舍人弔祭焉。詔葬延於俊墓側。

煬帝卽位，立浩爲秦王，以奉孝王嗣。封湛爲濟北侯。後以浩爲河陽都尉。楊玄感作逆之際，左翊衞大將軍宇文述勒兵討之。至河陽，修啓於浩，浩復詣述營，兵相往復。有司劾浩，以諸侯交通內臣，竟坐廢免。宇文化及殺逆之始，立浩爲帝。化及敗於黎陽，北走魏縣，自僭僞號，因而害之。湛驍果，有膽烈。大業初，爲滎陽太守，坐浩免，亦爲化及所害。

庶人秀，高祖第四子也。開皇元年，立爲越王。未幾，徙封於蜀，拜柱國、益州刺史、總管，二十四州諸軍事。二年，進位上柱國、西南道行臺尚書令，本官如故。歲餘而罷。十二年，又爲內史令、右領軍大將軍。尋復出鎭於蜀。

秀有膽氣，容貌瓌偉，美鬚髯，多武藝，甚爲朝臣所憚。上每謂獻皇后曰：「秀必以惡

終。我在當無慮，至兄弟必反。」兵部侍郎元衡使於蜀，秀深結於衡，以左右爲請。旣還京師，請益左右，上不許。大將軍劉噲之討西爨也，高祖令上開府楊武通將兵繼進。秀使嬖人萬智光爲武通行軍司馬。上以秀任非其人，譴責之。因謂羣臣曰：「壞我法者，必在子孫乎？譬如猛獸，物不能害，反爲毛間蟲所損食耳。」於是遂分秀所統。

秀漸奢侈，違犯制度，車馬被服，擬於天子。及太子勇以讒毀廢，晉王廣爲皇太子，秀意甚不平。皇太子恐秀終爲後變，陰令楊素求其罪而譖之。仁壽二年，徵還京師，上見，不與語。明日，使使切讓之。秀謝曰：「忝荷國恩，出臨藩岳，不能奉法，罪當萬死。」皇太子及諸王流涕庭謝。上曰：「頃者秦王糜費財物，我以父道訓之。今秀蠹害生民，當以君道繩之。」於是付執法者。開府慶整諫曰：「庶人勇旣廢，秦王已薨，陛下兒子無多，何至如是？然蜀王性甚耿介，今被重責，恐不自全。」上大怒，欲斷其舌。因謂羣臣曰：「當斬秀於市，以謝百姓。」乃令楊素、蘇威、牛弘、柳述、趙綽等推治之。太子陰作偶人，書上及漢王姓字，縛手釘心，令人埋之華山下，令楊素發之。又作檄文曰：「逆臣賊子，專弄威柄，陛下唯守虛器，一無所知。」陳甲兵之盛，云「指期問罪」。置秀集中，因以聞奏。上曰：「天下寧有是耶！」於是廢爲庶人，幽內侍省，不得與妻子相見，令給獠婢二人驅使。與相連坐者百餘人。

秀旣幽逼，憤懣不知所爲，乃上表曰：「臣以多幸，聯慶皇枝，蒙天慈鞠養，九歲榮貴，唯

中華書局

知富樂，未嘗憂懼。輒恣愚心，陷茲刑網，負深山岳，甘心九泉。不謂天恩尚假餘漏，至如今者，方知愚心不可縱，國法不可犯，撫膺念咎，自新莫及。猶望分身竭命，少答慈造，但以靈祇不祐，福祿消盡，夫婦抱思，不相勝致。只恐長辭明世，永歸泉壤，伏願慈恩，賜垂矜愍，殘息未盡之間，希與爪子相見。請賜一穴，令骸骨有所。」爪子卽其愛子也。上因下詔數其罪曰：

汝地居臣子，情兼家國，庸、蜀要重，委以鎭之。汝乃干紀亂常，懷惡樂禍，睥睨二宮，佇遲災釁，容納不逞，結構異端。我有不和，汝便覘候，望我不起，便有異心。皇太子，汝兄也，次當建立，汝假託妖言，乃云不終其位。妄稱鬼怪，又道不得入宮，自言骨相非人臣，德業堪承重器。妄道淸城出聖，欲以己當之，詐稱益州龍見，託言吉兆。重述木易之姓，更治成都之宮，妄說禾乃之名，以當八千之運。橫生京師妖異，以證父兄之災，妄造蜀地徵祥，以符己身之籙。汝豈不欲得國家惡也，天下亂也？輒造白玉之珽，又爲白羽之箭，文物服飾，豈似有君？鳩集左道，符書厭鎭。漢王於汝，親則弟也，乃畫其形像，書其姓名，縛手釘心，枷鎖杻械。仍云請西岳華山慈父聖母神兵九億萬騎，收楊諒魂神，閉在華山下，勿令散蕩。我之於汝，親則父也，復云請西岳華山慈父聖母，賜爲開化楊堅夫妻，廻心歡喜。又畫我形像，縛手撮頭，仍云請西岳神兵收楊堅

魂神。如此形狀，我今不知楊諒、楊堅是汝何親也？

苞藏凶慝，圖謀不軌，逆臣之迹也。希父之災，以爲身幸，賊子之心也。懷非分之望，肆毒心於兄，悖弟之行也。嫉妒於弟，無惡不爲，無孔懷之情也。違犯制度，壞亂之極也。多殺不辜，豺狼之暴也。剝削民庶，酷虐之甚也。唯求財貨，市井之業也。專事妖邪，頑嚚之性也。弗克負荷，不材之器也。凡此十者，滅天理，逆人倫，汝皆爲之，不祥之甚也，欲免禍患，長守富貴，其可得乎！

後復聽與其子同處。煬帝卽位，禁錮如初。宇文化及之弑逆也，欲立秀爲帝，羣議不許。於是害之，幷其諸子。

庶人諒字德章，一名傑，開皇元年，立爲漢王。十二年，爲雍州牧，加上柱國、右衞大將軍。歲餘，轉左衞大將軍。十七年，出爲幷州總管，上幸溫湯而送之。自山以東，至于滄海，南拒黃河，五十二州盡隸焉。特許以便宜，不拘律令。十八年，起遼東之役，以諒爲行軍元帥，率衆至遼水，遇疾疫，不利而還。十九年，突厥犯塞，以諒爲行軍元帥，竟不臨戎。高祖甚寵愛之。

諒自以所居天下精兵處，以太子讒廢，居常怏怏，陰有異圖。遂諷高祖云：「突厥方强，太原卽爲重鎭，宜修武備。」高祖從之。於是大發工役，繕治器械，貯納於幷州。招傭亡命，左右私人，殆將數萬。王頍者，梁將王僧辯之子也，少倜儻，有奇略，爲諒咨議參軍。蕭摩訶者，陳氏舊將。二人俱不得志，每鬱鬱思亂，並爲諒所親善。

及蜀王以罪廢，諒愈不自安。會高祖崩，徵之不赴，遂發兵反。總管司馬皇甫誕切諫，諒怒，收繫之。王頍說諒曰：「王所部將吏家屬，盡在關西，若用此等，卽宜長驅深入，直據京都，所謂疾雷不及掩耳。若但欲割據舊齊之地，宜任東人。」諒不能專定，乃兼用二策，唱言曰：「楊素反，將誅之。」聞喜人總管府兵曹裴文安說諒曰：「井陘以西，是王掌握之內，山東士馬，亦爲我有，宜悉發之。分遣羸兵，屯守要路，仍令隨方略地。率其精銳，直入蒲津。文安請爲前鋒，王以大軍繼後，風行電擊，頓於霸上，咸陽以東可指麾而定。京師震擾，兵不暇集，上下相疑，羣情離駭，我卽陳兵號令，誰敢不從，旬日之間，事可定矣。」諒大悅。於是遣所署大將軍余公理出太谷，以趣河陽。大將軍綦良出滏口，以趣黎陽。大將軍劉建出井陘，以略燕、趙。柱國喬鍾葵出雁門。署文安爲柱國，紇單貴、王聃、大將軍茹茹天保、侯莫陳惠直指京師。未至蒲津百餘里，諒忽改圖，令紇單貴斷河橋，守蒲州，而召文安。文安

至曰：「兵機詭速，本欲出其不意。王既不行，文安又退，使彼計成，大事去矣。」諒不對。以王聃爲蒲州刺史，裴文安爲晉州，薛粹爲絳州，梁菩薩爲潞州，韋道正爲韓州，張伯英爲澤州。

煬帝遣楊素率騎五千，襲王聃、紇單貴於蒲州，破之。於是率步騎四萬趣太原。諒使趙子開守高壁，楊素擊走之。諒大懼，拒素於蒿澤。屬天大雨，諒欲旋師，王頍諫曰：「楊素懸軍，士馬疲弊，王以銳卒親戎擊之，其勢必舉。今見敵而還，示人以怯，阻戰士之心，益西軍之氣，願王必勿還也。」諒不從，退守淸源。素進擊之，諒勒兵與官軍大戰，死者萬八千人。諒退保幷州，楊素進兵圍之。諒窮蹙，降於素。百僚奏諒罪當死，帝曰：「朕終鮮兄弟，情不忍言，欲屈法恕諒一死。」於是除名爲民，絕其屬籍，竟以幽死。子顥，因而禁錮，宇文化及弑逆之際，遇害。

史臣曰：高祖之子五人，莫有終其天命，異哉！房陵資於骨肉之親，篤以君臣之義，經綸締構，契闊夷險，撫軍監國，凡二十年。雖三善未稱，而視膳無闕。恩寵既變，讒言間之，顧復之慈，頓隔於人理，父子之道，遂滅於天性。隋室將亡之效，衆庶皆知之矣。愼子有言

曰：「一兔走街，百人逐之，積兔於市，過者不顧。」豈其無欲哉？分定故也。房陵分定久矣，高祖一朝易之，開逆亂之源，長覬覦之望。又維城肇建，崇其威重，恃寵而驕，厚自封植，進之既踰制，退之不以道。俊以憂卒，實此之由。俄屬天步方艱，讒人已勝，尺布斗粟，莫肯相容。秀窺岷、蜀之阻，諒起晉陽之甲，成茲亂常之釁，蓋亦有以動之也。棠棣之詩徒賦，有鼻之封無期，或幽囚於囹圄，或顚殞於鴆毒。本根既絕，枝葉畢剪，十有餘年，宗社淪陷。自古廢嫡立庶，覆族傾宗者多矣，考其亂亡之禍，未若有隋之酷。詩曰：「殷鑒不遠，在夏后之世。」後之有國有家者，可不深戒哉！

隋書

唐　魏徵等撰

第五冊

卷四六至卷六六（傳）

中華書局

中華書局

隋書卷四十六

列傳第十一

趙煚

趙煚字賢通，天水西人也。祖超宗，魏河東太守。父仲懿，尚書左丞。煚少孤，養母至孝。年十四，有人盜伐其父墓中樹者，煚對之號慟，因執送官。見魏右僕射周惠達，長揖不拜，自述孤苦，涕泗交集，惠達爲之隕涕，歎息者久之。及長，深沉有器局，略涉書史。周太祖引爲相府參軍事。尋從破洛陽。及太祖班師，煚請留撫納亡叛，太祖從之。煚於是帥所領與齊人前後五戰，斬郡守、鎭將、縣令五人，虜獲甚衆，以功封平定縣男，邑三百戶。累轉中書侍郎。

閔帝受禪，遷陝州刺史。蠻酋向天王聚衆作亂，以兵攻信陵、秭歸。煚勒所部五百人，出其不意，襲擊破之，二郡獲全。時周人於江南岸置安蜀城以禦陳，屬霖雨數旬，城頹者百

餘步。蠻酋鄭南鄉叛，引陳將吳明徹欲掩安蜀。議者皆勸煚益修守禦，煚曰：「不然，吾自有以安之。」乃遣使說誘江外生蠻向武陽，令乘虛掩襲所居，獲其南鄉父母妻子。南鄉聞之，其黨各散，陳兵遂退。明年，吳明徹屢爲寇患，煚勒兵禦之，前後十六戰，每挫其鋒。獲陳裨將覃問、王足子、吳朗等三人，斬首百六十級。以功授開府儀同三司，遷荊州總管長史。入爲民部中大夫。

武帝出兵鞏、洛，欲收齊河南之地。煚諫曰：「河南洛陽，四面受敵，縱得之，不可以守。請從河北，直指太原，傾其巢穴，可一舉以定。」帝不納，師竟無功。尋從上柱國于翼率衆數萬，自三鴉道以伐陳，克陳十九城而還。以讒毀，功不見錄，除益州總管長史。未幾，入爲天官司會，累遷御正上大夫。煚與宗伯斛斯徵素不協，徵後出爲齊州刺史，坐事下獄，自知罪重，遂踰獄而走。帝大怒，購之甚急。煚上密奏曰：「徵自以負罪深重，懼死遁逃，若不北竄匈奴，則南投吳越。徵雖愚陋，久歷清顯，奔彼敵國，無益聖朝。今者炎旱爲災，可因茲大赦。」帝從之。徵賴而獲免，煚卒不言。

高祖爲丞相，加上開府，復拜天官都司會。俄遷大宗伯。及踐阼，煚授璽紱，進位大將軍，賜爵金城郡公，邑二千五百戶，拜相州刺史。朝廷以煚曉習故事，徵拜尚書右僕射。視事未幾，以忤旨，尋出爲陝州刺史，俄轉冀州刺史，甚有威德。煚嘗有疾，百姓奔馳，爭爲祈禱，其得民情如此。冀州俗薄，市井多姦詐，煚爲銅斗鐵尺，置之於肆，百姓便之。上聞而嘉焉，頒告天下，以爲常法。嘗有人盜煚田中蒿者，爲吏所執。煚曰：「此乃刺史不能宣風化，彼何罪也。」慰諭而遣之，令人載蒿一車以賜盜者，盜者愧恧，過於重刑。其以德化民，皆此類也。上幸洛陽，煚來朝，上勞之曰：「冀州大藩，民用殷實，卿之爲政，深副朕懷。」開皇十九年卒，時年六十八。子義臣嗣，官至太子洗馬。後同楊諒反，誅。

趙芬

趙芬字士茂，天水西人也。父演，〔一〕周秦州刺史。芬少有辯智，頗涉經史。周太祖引爲相府鎧曹參軍，歷記室，累遷熊州刺史。撫納降附，得二千戶，加開府儀同三司。大冢宰宇文護召爲中外府掾，俄遷吏部下大夫。芬性强濟，所居之職，皆有聲績。武帝親總萬機，拜內史下大夫，轉少御正。芬明習故事，每朝廷有所疑議，衆不能決者，芬輒爲評斷，莫不稱善。後爲司會。申國公李穆之討齊也，引爲行軍長史，封淮安縣男，邑五百戶。復出爲淅州刺史，轉東京小宗伯，鎭洛陽。

高祖爲丞相，尉迥與司馬消難陰謀往來，芬察知之，密白高祖。由是深見親委，遷東京左僕射，進爵郡公。開皇初，罷東京官，拜尚書左僕射，與郢國公王誼修律令。俄兼內史

令，上甚信任之。未幾，以老病出拜蒲州刺史，加金紫光祿大夫，仍領關東運漕，賜錢百萬、粟五千石而遣之。後數年，上表乞骸骨，徵還京師。賜以二馬軺車、几杖被褥，歸于家。皇太子又致巾帔。後數年，卒。上遣使致祭，鴻臚監護喪事。

子元恪嗣，官至揚州總管司馬，左遷候衞長史。少子元楷與元恪，皆明幹世事。元楷，大業中爲歷陽郡丞，與廬江郡丞徐仲宗，皆竭百姓之產，以貢于帝。仲宗遷南郡丞，元楷超拜江都郡丞，兼領江都宮使。

楊尚希

楊尚希，弘農人也。祖眞，魏天水太守。父承賓，商、直、淅三州刺史。尚希齠齔而孤。年十一，辭母請受業長安。涿郡盧辯見而異之，令入太學，專精不倦，同輩皆共推伏。周太祖嘗親臨釋奠，尚希時年十八，令講孝經，詞旨可觀。太祖奇之，賜姓普六茹氏，擢爲國子博士。累轉舍人。仕明、武世，歷太學博士、太子宮尹、計部中大夫，賜爵高都縣侯，東京司憲中大夫。宣帝時，令尚希撫慰山東、河北，至相州而帝崩，與相州總管尉迥發喪於館。尚希出謂左右曰：「蜀公哭不哀而視不安，將有他計。吾不去，將及於難。」遂夜中從捷徑而遁。遲明，迥方覺，分數十騎自驛路追之，不及，遂歸京師。高祖以尚希宗室之望，又背迥而至，

中華書局

待之甚厚。及迥屯兵武陟，遣尙希督宗室兵三千人鎭潼關。尋授司會中大夫。

高祖受禪，拜度支尙書，進爵爲公。歲餘，出爲河南道行臺兵部尙書，加銀青光祿大夫。尙希時見天下州郡過多，上表曰：「自秦幷天下，罷侯置守，漢、魏及晉，邦邑屢改。竊見當今郡縣，倍多於古，或地無百里，數縣並置，或戶不滿千，二郡分領。具僚以衆，資費日多，吏卒人倍，租調歲減。淸幹良才，百分無一，動須數萬，如何可覓？所謂民少官多，十羊九牧。琴有更張之義，瑟無膠柱之理。今存要去閑，併小爲大，國家則不虧粟帛，選舉則易得賢才，敢陳管見，伏聽裁處。」帝覽而嘉之，於是遂罷天下諸郡。尋拜瀛州刺史，未之官，奉詔巡省淮南。還除兵部尙書。俄轉禮部尙書，授上儀同。

尙希性弘厚，兼以學業自通，甚有雅望，爲朝廷所重。上時每旦臨朝，日側不倦，尙希諫曰：「周文王以憂勤損壽，武王以安樂延年。願陛下舉大綱，責成宰輔，繁碎之務，非人主所宜親也。」上歡然曰：「公愛我者。」尙希素有足疾，上謂之曰：「蒲州出美酒，足堪養病，屈公臥治之。」於是出拜蒲州刺史，仍領本州宗團驃騎。尙希在州，甚有惠政，復引瀵水，立隄防，開稻田數千頃，民賴其利。開皇十年卒官，時年五十七。謚曰平。子旻嗣，後改封丹水縣公，官至安定郡丞。

長孫平

長孫平字處均，河南洛陽人也。父儉，周柱國。平美容儀，有器幹，頗覽書記。仕周，釋褐衞王侍讀。時武帝逼於宇文護，謀與衞王誅之，王前後常使平往來通意於帝。及護伏誅，拜開府、樂部大夫。宣帝卽位，置東京官屬，以平爲小司寇，與小宗伯趙芬分掌六府。

高祖龍潛時，與平情好款洽，及爲丞相，恩禮彌厚。尉迥、王謙、司馬消難並稱兵內侮，高祖深以淮南爲意。時賀若弼鎭壽陽，恐其懷二心，遣平馳驛往代之。弼果不從，平麾壯士執弼，送于京師。

開皇三年，徵拜度支尙書。平見天下州縣多罹水旱，百姓不給，奏令民間每秋家出粟麥一石已下，貧富差等，儲之閭巷，以備凶年，名曰義倉。因上書曰：「臣聞國以民爲本，民以食爲命，勸農重穀，先王令軌。古者三年耕而餘一年之積，九年作而有三年之儲，雖水旱爲災，而民無菜色，皆由勸導有方，蓄積先備者也。去年亢陽，關右饑餒，陛下運山東之粟，置常平之官，開發倉廩，普加賑賜，大德鴻恩，可謂至矣。然經國之道，義資遠算，請勸諸州刺史、縣令，以勸農積穀爲務。」上深嘉納。自是州里豐衍，民多賴焉。

後數載，轉工部尙書，名爲稱職。時有人告大都督邴紹非毀朝廷爲憒憒者，上怒，將斬之。平進諫曰：「川澤納污，所以成其深，山岳藏疾，所以就其大。臣不勝至願，願陛下弘山海之量，茂寬裕之德。鄙諺曰：『不癡不聾，未堪作大家翁。』此言雖小，可以喻大。邴紹之言，不應聞奏，陛下又復誅之，臣恐百代之後，有虧聖德。」上於是赦紹。因勑羣臣，誹謗之罪，勿復以聞。

其後突厥達頭可汗與都藍可汗相攻，各遣使請援。上使平持節宣諭，令其和解，賜縑三百匹，良馬一匹而遣之。平至突厥所，爲陳利害，遂各解兵。可汗贈平馬二百匹。及還，平進所得馬，上盡以賜之。

未幾，遇譴，以尙書檢校汴州事。歲餘，除汴州刺史。其後歷許、貝二州，俱有善政。鄴都俗薄，舊號難治，前後刺史多不稱職。朝廷以平所在善稱，轉相州刺史，甚有能名。在州數年，會正月十五日，百姓大戲，畫衣裳爲鍪甲之象，上怒而免之。俄而念平鎭淮南時事，進位大將軍，拜太常卿，判吏部尙書事。仁壽中卒官。謚曰康。

子師孝，性輕狡好利，數犯法。上以其不克負荷，遣使弔平國官。師孝後爲渤海郡主簿，屬大業之季，政教陵遲，師孝恣行貪濁，一郡苦之。後爲王世充所害。

元暉

元暉字叔平，河南洛陽人也。祖琛，魏恒、朔二州刺史。父翌，尙書左僕射。暉鬚眉如畫，進止可觀，頗好學，涉獵書記。少得美名於京下，周太祖見而禮之，命與諸子遊處，每同席共硯，情契甚厚。弱冠，召補相府中兵參軍，尋遷武伯下大夫。于時突厥屢爲寇患，朝廷將結和親，令暉齎錦綵十萬，使于突厥。暉說以利害，申國厚禮，可汗大悅，遣其名王隨獻方物。俄拜儀同三司、賓部下大夫。保定初，大冢宰宇文護引爲長史，會齊人來結盟好，以暉多才辯，與千乘公崔睦俱使于齊。遷振威中大夫。武帝之娉突厥后也，令暉致禮焉。加開府，轉司憲大夫。及平關東，使暉安集河北，封義寧子，邑四百戶。

高祖總百揆，加上開府，進爵爲公。開皇初，拜都官尙書，兼領太僕。奏請決杜陽水灌三時原，溉舃鹵之地數千頃，民賴其利。明年，轉左武候將軍，太僕卿如故。尋轉兵部尙書，監漕渠之役。未幾，坐事免。頃之，拜魏州刺史，頗有惠政。在任數年，以疾去職。歲餘，卒于京師，時年六十。上嗟悼久之，勑鴻臚監護喪事。謚曰元。子肅嗣，官至光祿少卿。肅弟仁器，性明敏，官至日南郡丞。

韋師

韋師字公穎，京兆杜陵人也。父瑱，周驃騎大將軍。師少沉謹，有至性。初就學，始讀孝經，捨書而歎曰：「名教之極，其在茲乎！」少丁父母憂，居喪盡禮，州里稱其孝行。及長，略涉經史，尤工騎射。周大冢宰宇文護引爲中外府記室，轉賓曹參軍。師雅知諸蕃風俗及山川險易，其有夷狄朝貢，師必接對，論其國俗，如視諸掌。夷人驚服，無敢隱情。齊王憲爲雍州牧，引爲主簿，本官如故。及武帝親總萬機，轉少府大夫。及平高氏，詔師安撫山東，徙爲賓部大夫。

高祖受禪，拜吏部侍郎，賜爵井陘侯，邑五百戶。數年，遷河北道行臺兵部尚書，詔爲山東河南十八州安撫大使。奏事稱旨，賜錢三百萬，兼領晉王廣司馬。其族人世康，爲吏部尚書，與師素懷勝負。于時晉王爲雍州牧，盛存望第，以司空楊雄、尚書左僕射高熲並爲州都督，〔二〕引師爲主簿。而世康弟世約爲法曹從事。世康恚恨不能食，又恥世約在師之下，召世約數之曰：「汝何故爲從事？」遂杖之。

後從上幸醴泉宮，上召師與左僕射高熲、上柱國韓擒等，於臥內賜宴，令各敍舊事，以爲笑樂。平陳之役，以本官領元帥掾，陳國府藏，悉委於師，秋毫無所犯，稱爲淸白。後上爲

長寧王儼納其女爲妃。除汴州刺史，甚有治名，卒官。謚曰定。子德政嗣，大業中，仕至給事郎。

楊异

楊异字文殊，弘農華陰人也。祖鈞，魏司空。父儉，侍中。异美風儀，沉深有器局。髫亂就學，日誦千言，見者奇之。九歲丁父憂，哀毀過禮，殆將滅性。及免喪之後，絕慶弔，閉戶讀書。數年之間，博涉書記。周閔帝時，爲寧都太守，甚有能名。賜爵昌樂縣子。後數以軍功，進爲侯。

高祖作相，行濟州事。及踐阼，拜宗正少卿，加上開府。蜀王秀之鎮益州也，朝廷盛選綱紀，以异方直，拜益州總管長史，賜錢二十萬，縑三百匹，馬五十匹而遣之。尋遷西南道行臺兵部尚書。數載，復爲宗正少卿。未幾，擢拜刑部尚書。歲餘，出除吳州總管，甚有能名。時晉王廣鎭揚州，詔令异每歲一與王相見，評論得失，規諷疑闕。數載，卒官，時年六十二。子虔遜。

蘇孝慈 兄子沙羅

蘇孝慈，扶風人也。父武周，周兗州刺史。孝慈少沉謹，有器幹，美容儀。周初爲中侍上士。後拜都督，聘于齊，以奉使稱旨，遷大都督。其年又聘于齊，還授宣納上士。後從武帝伐齊，以功進位開府，賜爵文安縣公，邑千五百戶。尋改封臨水縣公，增邑千二百戶，累遷工部上大夫。

高祖受禪，進爵安平郡公，拜太府卿。于時王業初基，百度伊始，徵天下工匠，纖微之巧，無不畢集。孝慈總其事，世以爲能。俄遷大司農，歲餘，拜兵部尚書，待遇踰密。時皇太子勇頗知時政，上欲重宮官之望，多令大臣領其職。於是拜孝慈爲太子右衞率，尚書如故。明年，上於陝州置常平倉，轉輸京下。以渭水多沙，流乍深乍淺，漕運者苦之，於是決渭水爲渠以屬河，令孝慈督其役。渠成，上善之。又領太子右庶子，轉授左衞率，仍判工部、民部二尚書，稱爲幹理。數載，進位大將軍，轉工部尚書，率如故。先是，以百僚供費不足，臺省府寺咸置廨錢，收息取給。孝慈以爲官民爭利，非興化之道，上表請罷之，請公卿以下給職田各有差，上並嘉納焉。開皇十八年，將廢太子，憚其在東宮，出爲浙州刺史。太子以孝慈去，甚不平，形於言色。其見重如此。仁壽初，遷洪州總管，俱有惠政。其後桂林山越相聚爲亂，詔孝慈爲行軍總管，擊平之。其年卒官。有子會昌。

孝慈兄子沙羅，字子粹。父順，周眉州刺史。沙羅仕周，釋褐都督。後從韋孝寬破尉迥，以功授開府儀同三司，封通秦縣公。〔三〕開皇初，蜀王秀鎭益州，沙羅以本官從，拜資州刺史。八年，冉尨羌作亂，攻汶山、金川二鎭，沙羅率兵擊破之，授邛州刺史。後數載，檢校利州總管事。從史萬歲擊西爨，累戰有功，進位大將軍，賜物千段。尋檢校益州總管長史。會越巂人王奉舉兵作亂，沙羅從段文振討平之，賜奴婢百口。會蜀王秀廢，吏案奏沙羅云：「王奉爲奴所殺，秀迺詐稱左右斬之。又調熟獠，令出奴婢，沙羅隱而不奏。」由是除名，卒於家。有子康。

李雄

李雄字毗盧，趙郡高邑人也。祖榼，魏太中大夫。父徽伯，齊陝州刺史，陷于周，雄因隨軍入長安。雄少慷慨，有大志。家世並以學業自通，雄獨習騎射。其兄子旦讓之曰：「棄文尚武，非士大夫之素業。」雄答曰：「竊覽自古誠臣貴仕，文武不備而能濟其功業者鮮矣。雄雖不敏，頗觀前志，但不守章句耳。既文且武，兄何病焉！」子旦無以應之。

周太祖時，釋褐輔國將軍。從達奚武平漢中，定興州，又討汾州叛胡，錄前後功，拜驃騎大將軍、儀同三司。閔帝受禪，進爵爲公，遷小賓部。其後復從達奚武與齊人戰於芒山，諸

軍大敗，雄所領獨全。武帝時，從陳王純迎后於突厥，進爵奚伯，拜硤州刺史。數歲，徵爲本府中大夫。尋出爲涼州總管長史。從滕王逌破吐谷渾於青海，以功加上儀同。宣帝嗣位，從行軍總管韋孝寬略定淮南。〔四〕雄以輕騎數百至硤石，說下十餘城，拜豪州刺史。

高祖總百揆，徵爲司會中大夫。以淮南之功，加位上開府。及受禪，拜鴻臚卿，進爵高都郡公，食邑二千戶。後數年，晉王廣出鎮并州，以雄爲河北行臺兵部尚書。上謂雄曰：「吾兒旣少，更事未多，以卿兼文武才，今推誠相委，吾無北顧之憂矣。」雄頓首而言曰：「陛下不以臣之不肖，寄臣以重任。臣雖愚固，心非木石，謹當竭誠效命，以答鴻恩。」歔欷流涕，上慰諭而遣之。雄當官正直，侃然有不可犯之色，王甚敬憚，吏民稱焉。歲餘，卒官。子公挺嗣。

張煚 劉仁恩 郭均 馮世基 厙狄嶔

張煚字士鴻，河間鄚人也。父羡，少好學，多所通涉，仕魏爲蕩難將軍。從武帝入關，累遷銀青光祿大夫。周太祖引爲從事中郎，賜姓叱羅氏。歷司職大夫、雍州治中、雍州刺史、儀同三司，賜爵虞鄉縣公。復入爲司成中大夫，典國史。周代公卿，類多武將，唯羡以素業自通，甚爲當時所重。後以年老，致仕于家。及高祖受禪，欽其德望，以書徵之曰：「朕初臨四海，思存政術，舊齒名賢，實懷勤佇。儀同昔在周室，德業有聞，雖云致仕，猶克壯年。

卽宜入朝，用副虛想。」及謁見，勑令勿拜，扶升殿，上降榻執手，與之同坐，宴語久之，賜以几杖。會遷都龍首，羡上表勸以儉約，上優詔答之。俄而卒，時年八十四。贈滄州刺史，諡曰定。撰老子、莊子義，名曰道言，五十二篇。

煚好學，有父風。在魏釋褐奉朝請，遷員外侍郎。周太祖引爲外兵曹。閔帝受禪，加前將軍。明、武世，歷膳部大夫、冢宰司錄，賜爵北平縣子，邑四百戶。宣帝時，加儀同，進爵爲伯。

高祖爲丞相，煚深自推結，高祖以其有幹用，甚親遇之。及受禪，拜尚書右丞，進爵爲侯。俄遷太府少卿，領營新都監丞。丁父憂去職，柴毀骨立。未朞，起令視事，固讓不許，授儀同三司，襲爵虞鄉縣公，增邑通前千五百戶。尋遷太府卿，拜民部尚書。晉王廣爲揚州總管，授煚司馬，加銀青光祿大夫。煚性和厚，有識度，甚有當時之譽。後拜冀州刺史，晉王廣頻表請之，復爲晉王長史，檢校蔣州事。及晉王爲皇太子，復爲冀州刺史，進位上開府，吏民悅服，稱爲良二千石。仁壽四年卒官，時年七十四。子慧寶，官至絳郡丞。

開皇時有劉仁恩者，不知何許人也。倜儻，有文武幹用。初爲毛州刺史，治績號天下第一，擢拜刑部尚書。又以行軍總管從楊素伐陳，與素破陳將呂仲肅〔五〕於荆門，仁恩之計居多，授上大將軍，甚有當時之譽。馮翊郭均、上黨馮世基，並明悟有幹略，相繼爲兵部尚書。代人厙狄嶔，性弘厚，有局度，官至民部尚書。此四人俱顯名於當世，然事行闕落，史莫能詳。

史臣曰：二趙明習故事，當世所推，及居端右，無聞殊績。固知人之才器，各有分限，大小異宜，不可踰量。長孫平諫赦誹謗之罪，可謂仁人之言，高祖悅而從之，其利亦已博矣。元暉以明敏顯達，韋師以清白成名，楊尚希、楊异，宗室之英，譽望隆重，蘇孝慈、李雄、張煚，內外所履，咸稱貞幹，並任開皇之初，蓋當時之選也。

校勘記

〔一〕父演　「演」，北史作「諒」。求是：「文館詞林四五二趙芬碑作『脩演』。」

〔二〕並爲州都督　廿二史考異四〇：「州都下疑衍督字。」按：本書百官志下，隋雍州置牧，屬官有「州都」。

〔三〕封通秦縣公　「秦」，北史蘇孝慈傳作「泰」。

〔四〕從行軍總管韋孝寬略定淮南　按：周書宣帝紀、又韋孝寬傳，韋孝寬當時是行軍元帥，這裏應是李雄「以行軍總管從韋孝寬略定淮南」，疑傳文句有倒脫。

〔五〕呂仲肅　張森楷隋書校勘記：「陳書陳慧紀傳作『呂忠肅』，南史作『呂肅』，蓋本是『忠肅』，隋人諱改或省。」

隋書卷四十七

列傳第十二

韋世康 弟洸 藝 沖 從父弟壽

韋世康，京兆杜陵人也，世爲關右著姓。祖旭，魏南幽州刺史。父夐，隱居不仕，魏、周二代，十徵不出，號爲逍遙公。世康幼而沉敏，有器度。年十歲，州辟主簿。在魏，弱冠爲直寢，封漢安縣公，尙周文帝女襄樂公主，〔一〕授儀同三司。後仕周，自典祠下大夫，歷沔、硤二州刺史。從武帝平齊，授司州總管長史。于時東夏初定，百姓未安，世康綏撫之，士民胥悅。歲餘，入爲民部中大夫，進位上開府，轉司會中大夫。尉迥之作亂也，高祖憂之，謂世康曰：「汾、絳舊是周、齊分界，因此亂階，恐生搖動。今以委公，善爲吾守。」因授絳州刺史，以雅望鎭之，闔境淸肅。世康性恬素好古，不以得喪干懷。在州，嘗慨然有止足之志，與子弟書曰：「吾生因緒餘，夙霑纓弁，驅馳不已，四紀於茲。

亟登衮命，頻涖方岳，志除三惑，心愼四知，以不貪而爲寶，處膏脂而莫潤。如斯之事，頗爲時悉。今耄雖未及，壯年已謝，霜早梧楸，風先蒲柳。眼闇更劇，不見細書，足疾彌增，非可趨走。祿豈須多，防滿則退，年不待暮，有疾便辭。況孃春秋已高，溫凊宜奉，晨昏有闕，罪在我躬。今世穆、世文並從戎役，吾與世沖復嬰遠任，陟岵瞻望，此情彌切，桓山之悲，倍深常戀。意欲上聞，乞遵養禮，未訪汝等，故遣此及。興言遠慕，感咽難勝。」諸弟報以事恐難遂，於是乃止。

在任數年，有惠政，奏課連最，擢爲禮部尙書。世康寡嗜欲，不慕貴勢，未嘗以位望矜物。聞人之善，若己有之，亦不顯人過咎，以求名譽。尋進爵上庸郡公，加邑至二千五百戶。其年轉吏部尙書，餘官如故。四年，丁母憂去職。未朞，起令視事。世康固請，乞終私制，上不許。世康之在吏部，選用平允，請托不行。開皇七年，將事江南，議重方鎭，拜襄州刺史。坐事免。未幾，授安州總管，尋遷爲信州總管。十三年，入朝，復拜吏部尙書。前後十餘年間，多所進拔，朝廷稱爲廉平。嘗因休暇，謂子弟曰：「吾聞功遂身退，古人常道。今年將耳順，志在懸車，汝輩以爲云何？」子福嗣答曰：「大人澡身浴德，名立官成，盈滿之誡，先哲所重。欲追蹤二疎，伏奉尊命。」後因侍宴，世康再拜陳讓曰：「臣無尺寸之功，位亞台鉉。今犬馬齒截，不益明時，恐先朝露，無以塞責。願乞骸骨，退避賢能。」上曰：「朕夙夜庶幾，求賢若渴，冀與公共治天下，以致太平。今之所請，深乖本望，縱令筋骨衰謝，猶屈公臥治一隅。」於是出拜荊州總管。時天下唯置四大總管，幷、揚、益三州，並親王臨統，唯荊州委於世康，時論以爲美。世康爲政簡靜，百姓愛悅，合境無訟。十七年，卒于州，時年六十七。上聞而痛惜之，贈賻甚厚。贈大將軍，諡曰文。

世康性孝友，初以諸弟位並隆貴，獨季弟世約宦途不達，共推父時田宅，盡以與之，世多其義。

長子福子，官至司隸別駕。次子福嗣，仕至內史舍人，後以罪黜。楊玄感之作亂也，以兵逼東都，福嗣從衞玄戰於城北，軍敗，爲玄感所擒。令作文檄，辭甚不遜。尋背玄感還東都，帝銜之不已，車裂於高陽。少子福獎，通事舍人，在東都，與玄感戰沒。

洸字世穆，性剛毅，有器幹，少便弓馬。仕周，釋褐直寢上士。〔二〕數從征伐，累遷開府，賜爵衞國縣公，邑千二百戶。高祖爲丞相，從季父孝寬擊尉迥於相州，以功拜柱國，進封襄陽郡公，邑二千戶。時突厥寇邊，皇太子屯咸陽，令洸統兵出原州道，與虜相遇，擊破之。尋拜江陵總管。未幾，以母疾徵還。俄拜安州總管。伐陳之役，領行軍總管。及陳平，拜江州總管，率步騎二萬，略定九江。陳豫章太守徐璒

據郡持兩端，洸遣開府呂昂、長史馮世基以兵相繼而進。既至城下，璒僞降，其夜率所部二千人襲擊昂。昂與世基合擊，大破之，擒璒於陣。高梁女子洗氏率衆迎洸，〔三〕遂進圖嶺南。上遺洸書曰：「公鴻勳大業，名高望重，率將戎旅，撫慰彼方，風行電掃，咸應稽服。若使干戈不用，兆庶獲安，方副朕懷，是公之力。」至廣州，說陳瀛州都督王猛下之，嶺表皆定。上聞而大悅，許以便宜從事。洸所綏集二十四州，拜廣州總管。

歲餘，番禺夷王仲宣聚衆爲亂，以兵圍洸。洸勒兵拒之，中流矢而卒。贈上柱國，賜絹萬段，諡曰敬。子協嗣。

協字欽仁，好學，有雅量。起家著作佐郎，後轉祕書郎。開皇中，其父在廣州有功，上令協齎詔書勞問，未至而父卒。上以其父身死王事，拜協柱國。後歷定、息、秦三州刺史，皆有能名，卒官。

藝字世文，少受業國子。周武帝時，數以軍功，致位上儀同，賜爵修武縣侯，邑八百戶。授左旅下大夫。出爲魏郡太守。

及高祖爲丞相，尉迥陰圖不軌，朝廷微知之。遣藝季父孝寬馳往代迥。孝寬將至鄴，因詐病，止傳舍，從迥求藥，以察其變。迥遣藝迎孝寬。孝寬問迥所爲，藝黨於迥，不以實答。

孝寬怒，將斬之，藝懼，乃言迥反狀。孝寬於是將藝西遁，每至亭驛，輒盡驅傳馬而去。復謂驛司曰：「蜀公將至，宜速具酒食。」迥尋遣騎追孝寬，追人至驛，輒逢盛饌，又無馬，遂遲留不進，孝寬與藝由是得免。高祖以孝寬故，弗問藝之罪，加授上開府，即從孝寬擊迥，及破尉惇，平相州，皆有力焉。以功進位上大將軍，改封武威縣公，邑千戶。以修武縣侯別封一子。

高祖受禪，進封魏興郡公。歲餘，拜齊州刺史。爲政清簡，士庶懷惠。在職數年，遷營州總管。藝容貌瓌偉，每夷狄參謁，必整儀衞，盛服以見之，獨坐滿一榻。番人畏懼，莫敢仰視。而大治產業，與北夷貿易，家資鉅萬，頗爲清論所譏。開皇十五年卒官，時年五十八。謚曰懷。

沖字世沖，少以名家子，在周釋褐衞公府禮曹參軍。後從大將軍元定渡江伐陳，爲陳人所虜，周武帝以幣贖而還之。帝復令沖以馬千匹使於陳，以贖開府賀拔華等五十人及元定之柩而還。沖有辭辯，奉使稱旨，累遷少御伯下大夫，加上儀同。于時稽胡屢爲寇亂，沖自請安集之，因拜汾州刺史。

高祖踐阼，徵爲兼散騎常侍，進位開府，賜爵安固縣侯。歲餘，發南汾州胡千餘人北築

長城，在塗皆亡。上呼沖問計，沖曰：「夷狄之性，易爲反覆，皆由牧宰不稱之所致也。臣請以理綏靜，可不勞兵而定。」上然之，因命沖綏懷叛者。月餘皆至，並赴長城，上下書勞勉之。尋拜石州刺史，甚得諸胡歡心。以母憂去職。俄而起爲南寧州總管，持節撫慰。復遣柱國王長述以兵繼進。沖上表固讓。詔曰：「西南夷裔，屢有生梗，每相殘賊，朕甚愍之，已命戎徒，淸撫邊服。以開府器幹堪濟，識略英遠，軍旅事重，故以相任。知在艱疚，日月未多，金革奪情，蓋有通式。宜自抑割，即膺往旨。」沖既至南寧，渠帥爨震及西爨首領皆詣府參謁。上大悅，下詔褒揚之。其兄子伯仁，隨沖在府，掠人之妻，士卒縱暴，邊人失望。上聞而大怒，令蜀王秀治其事。益州長史元巖，性方正，案沖無所寬貸，沖竟坐免。其弟太子洗馬世約，譖巖於皇太子。上謂太子曰：「古人有沽酒酸而不售者，爲噬犬耳。今何用世約乎？適累汝也。」世約遂除名。

後數載，令沖檢校括州事。時東陽賊帥陶子定、吳州賊帥羅慧方並聚衆爲亂，攻圍婺州永康、烏程諸縣，沖率兵擊破之。改封義豐縣侯，檢校泉州事。尋拜營州總管。

沖容貌都雅，寬厚得衆心。懷撫靺鞨、契丹，皆能致其死力。奚、霫畏懼，朝貢相續。高麗嘗入寇，沖率兵擊走之。仁壽中，高祖爲豫章王暕納沖女爲妃，徵拜民部尙書。未幾，卒，時年六十六。少子挺，最知名。

壽字世齡。父孝寬，周上柱國、鄖國公。壽在周，以貴公子，早有令譽，爲右侍上士。遷千牛備身。趙王爲雍州牧，引爲主簿。尋遷少御伯。武帝親征高氏，拜京兆尹，委以後事。以父軍功，賜爵永安縣侯，邑八百戶。高祖爲丞相，以其父平尉迥，拜壽儀同三司，進封滑國公，邑五千戶。俄以父喪去職。高祖受禪，起令視事，尋遷恒、毛二州刺史，頗有治名。開皇十年，以疾徵還，卒于家，時年四十二。謚曰定。仁壽中，高祖爲晉王昭納其女爲妃。以其子保巒嗣。

壽弟霽，位至太常少卿，安邑縣伯。津位至內史侍郎，判民部尙書事。

世康從父弟操，字元節，剛簡有風概。仕周，致位上開府、光州刺史。高祖爲丞相，以平尉迥功，進位柱國，封平桑郡公，歷靑、荆二州總管，卒官。謚曰靜。

柳機　子述　機弟旦　肅　從弟雄亮　從子謇之　族兄昂　昂子調

柳機字匡時，河東解人也。父慶，魏尙書左僕射。機偉儀容，有器局，頗涉經史。年十九，周武帝時爲魯公，引爲記室。及帝嗣位，自宣納上士累遷少納言、太子宮尹，封平齊縣公。從帝平齊，拜開府，轉司宗中大夫。宣帝時，遷御正上大夫。機見帝失德，屢諫不聽，恐禍

及己，託於鄭譯，陰求出外，於是拜華州刺史。

及高祖作相，徵還京師。時周代舊臣皆勸禪讓，機獨義形於色，無所陳請。俄拜衞州刺史。及踐阼，進爵建安郡公，邑二千四百戶，徵爲納言。機性寬簡，有雅望，然當近侍，無所損益，又好飲酒，不親細務，在職數年，復出爲華州刺史。奉詔每月朝見。尋轉冀州刺史。後徵入朝，以其子述尙蘭陵公主，禮遇益隆。

初，機在周，與族人文城公昂俱歷顯要。及此，機、昂並爲外職，楊素時爲納言，方用事，因上賜宴，素戲機曰：「二柳俱摧，孤楊獨聳。」坐者歡笑，機竟無言。未幾，還州。前後作牧，俱稱寬惠。後數年，以疾徵還京師，卒於家，時年五十六。贈大將軍、靑州刺史，謚曰簡。子述嗣。

柳述字業隆，性明敏，有幹略，頗涉文藝。少以父蔭，爲太子親衞。後以尙主之故，拜開府儀同三司，內史侍郎。上於諸壻中，特所寵敬。歲餘，判兵部尙書事。丁父艱去職。未幾，起攝給事黃門侍郎事，襲爵建安郡公。仁壽中，判吏部尙書事。

述雖職務修理，爲當時所稱，然不達大體，暴於馭下，又怙寵驕豪，無所降屈。楊素時稱貴倖，朝臣莫不讋憚，述每陵侮之，數於上前面折素短。判事有不合素意，素或令述改之，

輒謂將命者曰：「語僕射，道尚書不肯。」素由是銜之。俄而楊素亦被疎忌，不知省務。述任寄踰重，拜兵部尚書，參掌機密。述自以無功可紀，過叨匪服，抗表陳讓。上許之，令攝兵部尚書事。

上於仁壽宮寢疾，述與楊素、黃門侍郎元巖等侍疾宮中。時皇太子無禮於陳貴人，上知而大怒，因令述召房陵王。述與元巖出外作勑書，楊素聞之，與皇太子協謀，便矯詔執述、巖二人，持以屬吏。及煬帝嗣位，述竟坐除名，與公主離絕。徙述于龍川郡。公主請與述同徙，帝不聽，事見列女傳。述在龍川數年，復徙寧越，遇瘴癘而死，時年三十九。

旦字匡德，工騎射，頗涉書籍。起家周左侍上士，累遷兵部下大夫。頃之，益州總管王謙起逆，拜爲行軍長史，從梁睿討平之，以功授儀同三司。開皇元年，加授開府，封新城縣男，遷授掌設驃騎。歷羅、淅、魯三州刺史，並有能名。大業初，拜龍川太守。民居山洞，好相攻擊，旦爲開設學校，大變其風。帝聞而善之，下詔褒美。四年，徵爲太常少卿，攝判黃門侍郎事。卒官，年六十一。子燮，官至河內掾。

肅字匡仁，少聰敏，閑於占對。起家周齊王文學，武帝見而異之，召拜宣納上士。高祖

作相，引爲賓曹參軍。開皇初，授太子洗馬。陳使謝泉來聘，以才學見稱，詔肅宴接，時論稱其華辯。轉太子內舍人，遷太子僕。太子廢，坐除名爲民。大業中，帝與段達語及庶人罪惡之狀，達云：「柳肅在宮，大見疎斥。」帝問其故，答曰：「學士劉臻，嘗進章仇太翼於宮中，爲巫蠱事。肅知而諫曰：『殿下帝之冢子，位當儲貳，誠在不孝，無患見疑。劉臻書生，鼓搖脣舌，適足以相誑誤，願殿下勿納之。』庶人不懌，他日謂臻曰：『汝何故漏洩，使柳肅知之，令面折我？』自是後言皆不用。」帝曰：「肅橫除名，非其罪也。」召守禮部侍郎，轉工部侍郎，大見親任。每行幸遼東，常委之於涿郡留守。十一年卒，時年六十二。

雄亮字信誠。父檜，仕周華陽太守。遇黃衆寶作亂，攻陷華陽，檜爲賊所害。雄亮時年十四，哀毀過禮，陰有復讎之志。武帝時，衆寶率其所部歸於長安，帝待之甚厚。雄亮手斬衆寶於城中，請罪闕下，帝特原之。尋治梁州總管記室，遷湖城令，累遷內史中大夫，賜爵汝陽縣子。

司馬消難作亂江北，高祖令雄亮聘于陳，以結鄰好。及還，會高祖受禪，拜尚書考功侍郎，尋遷給事黃門侍郎。尚書省凡有奏事，雄亮多所駁正，深爲公卿所憚。俄以本官檢校太子左庶子，進爵爲伯。秦王俊之鎮隴右也，出爲秦州總管府司馬，領山南道行臺左丞。卒

官，時年五十一。有子贊。

謇之字公正。父蔡年，周順州刺史。謇之身長七尺五寸，儀容甚偉，風神爽亮，進止可觀。爲童兒時，周齊王憲嘗遇謇之於塗，異而與語，大奇之。因奏入國子，以明經擢第，拜宗師中士，尋轉守廟下士。武帝嘗有事太廟，謇之讀祝文，音韻清雅，觀者屬目。帝善之，擢爲宣納上士。及高祖作相，引爲田曹參軍，仍諮典籤事。

開皇初，拜通事舍人，尋遷內史舍人，歷兵部、司勳二曹侍郎。朝廷以謇之有雅望，善談謔，又飲酒至石不亂，由是每梁、陳使至，輒令謇之接對。後遷光祿少卿。出入十餘年，每參掌敷奏。會吐谷渾來降，朝廷以宗女光化公主妻之，以謇之兼散騎常侍，送公主於西域。俄而突厥啓民可汗求結和親，復令謇之送義成公主於突厥。謇之前後奉使，得二國所贈馬千餘匹，雜物稱是，皆散之宗族，家無餘財。仁壽中，出爲肅州刺史，尋轉息州刺史，俱有惠政。後二歲，以母憂去職。

煬帝踐阼，復拜光祿少卿。大業初，啓民可汗自以內附，遂畜牧於定襄、馬邑間，帝使謇之諭令出塞。及還，奏事稱旨，拜黃門侍郎。

時元德太子初薨，朝野注望，皆以齊王當立。帝方重王府之選，大業三年，車駕還京

師，拜爲齊王長史。帝法服臨軒，備儀衞，命齊王立於西朝堂之前，北面。遣吏部尚書牛弘、內史令楊約、左衞大將軍宇文述等，從殿廷引謇之詣齊王所，西面立。牛弘宣勑謂齊王曰：「我昔階緣恩寵，啓封晉陽，出藩之初，時年十二。先帝立我於西朝堂，乃令高熲、虞慶則、元旻等，從內送王子相於我。于時誡我曰：『以汝幼沖，未更世事，今令子相作輔於汝，事無大小，皆可委之。無得昵近小人，疎遠子相。若從我言者，有益於社稷，成立汝名行。如不用此言，唯國及身，敗無日矣。』吾受勑之後，奉以周旋，不敢失墜。微子相之力，吾無今日矣。若與謇之從事，一如子相也。」又勑謇之曰：「今以卿作輔於齊，善思匡救之理，副朕所望。若齊王德業修備，富貴自當鍾卿一門。若有不善，罪亦相及。」時齊王正擅寵，左右放縱，喬令則之徒，深見昵狎。謇之雖知其罪失，不能匡正。及王得罪，謇之竟坐除名。

帝幸遼東，召謇之檢校燕郡事。及帝班師，至燕郡，坐供頓不給，配戍嶺南，卒於洭口，時年六十。子威明。

昂字千里。父敏，有高名，好禮篤學，治家如官。仕周，歷職清顯。開皇初，爲太子太保。昂有器識，幹局過人。周武帝時，爲大內史，賜爵文城郡公，致位開府，當塗用事，百僚皆出其下。宣帝嗣位，稍被疎遠，然不離本職。

及高祖爲丞相，深自結納。高祖大悅之，以爲大宗伯。昂受拜之日，遂得偏風，不能視事。高祖受禪，昂疾愈，加上開府，拜潞州刺史。昂見天下無事，可以勸學行禮，因上表曰：

臣聞帝王受命，建學制禮，故能移既往之風，成惟新之俗。自魏道將謝，分割九區，關右、山東，久爲戰國，各逞權詐，俱殉干戈，賦役繁重，刑政嚴急。蓋救焚拯溺，無暇從容，非朝野之願，以至於此。晚世因循，遂成希慕，俗化澆敝，流宕忘反。自非天然上哲，挺生於時，則儒雅之道，經禮之制，衣冠民庶，莫肯用心。世事所以未清，軌物由茲而壞。

伏惟陛下稟靈上帝，受命昊天，合三陽之期，膺千祀之運。往者周室頹毀，區宇沸騰，聖策風行，神謀電發，端坐廊廟，蕩滌萬方，俯順幽明，君臨四海。擇萬古之典，無善不爲，改百王之弊，無惡不盡。至若因情緣義，爲其節文，故以三百三千，事高前代。然下土黎獻，尚未盡行。臣謬蒙獎策，從政藩部，人庶軌儀，實見多闕，儒風以墜，禮教猶微，是知百姓之心，未能頓變。仰惟深思遠慮，情念下民，漸被以儉，使至於道。臣恐業淹事緩，動延年世。若行禮勸學，道教相催，必當靡然向風，不遠而就。家知禮節，人識義方，比屋可封，輒謂非遠。

上覽而善之，因下詔曰：

建國重道，莫先於學，尊主庇民，莫先於禮。自魏氏不競，周、齊抗衡，分四海之民，鬬二邦之力，遞爲强弱，多歷年所。務權詐而薄儒雅，重干戈而輕俎豆，民不見德，唯爭是聞。朝野以機巧爲師，文吏用深刻爲法，風澆俗弊，化之然也。雖復建立庠序，兼啓黌塾，業非時貴，道亦不行。其間服膺儒術，蓋有之矣，彼衆我寡，未能移俗。然其維持名教，獎飾彝倫，微相弘益，賴斯而已。王者承天，休咎隨化，有禮則祥瑞必降，無禮則妖孽興起。人稟五常，性靈不一，有禮則陰陽合德，無禮則禽獸其心。治國立身，非禮不可。

朕受命於天，財成萬物，去華夷之亂，求風化之宜。戒奢崇儉，率先百辟，輕徭薄賦，冀以寬弘。而積習生常，未能懲革，閭閻士庶，吉凶之禮，動悉乖方，不依制度。執憲之職，似塞耳而無聞，莅民之官，猶蔽目而不察。宣揚朝化，其若是乎？古人之學，且耕且養。今者民丁非役之日，農畝時候之餘，若敦以學業，勸以經禮，自可家慕大道，人希至德。豈止知禮節，識廉恥，父慈子孝，兄恭弟順者乎？始自京師，爰及州郡，宜祗朕意，勸學行禮。

自是天下州縣皆置博士習禮焉。

昂在州，甚有惠政。數年，卒官。

子調，起家秘書郎，尋轉侍御史。左僕射楊素嘗於朝堂見調，因獨言曰：「柳條通體弱，獨搖不須風。」調斂板正色曰：「調信無取者，公不當以爲侍御史；調信有可取，不應發此言。公當具瞻之秋，樞機何可輕發！」素甚奇之。煬帝嗣位，累遷尚書左司郎。時王綱不振，朝士多贓貨，唯調清素守常，爲時所美。然於幹用，非其所長。

史臣曰：韋氏自居京兆，代有人物。世康昆季，餘慶所鍾，或入處禮闈，或出總方岳，朱輪接軫，旟旆成陰，在周暨隋，勳庸並茂，盛矣！建安風韻閑雅，望重當時。沭恃寵驕人，終致傾敗。旦屢有惠政，肅每存誠讜。雄亮名節自立，忠正見稱，謇之神情開爽，頗爲疎放。文城歷仕二朝，咸見推重，獻書高祖，遂興學校，言能弘道，其利博哉！

校勘記

〔一〕尙周文帝女襄樂公主　「周文帝女」周書韋孝寬傳作「魏文帝女」。

〔二〕直寢上士　「直」原作「主」，據北史六四本傳改。

〔三〕高梁女子　求是：「梁」、「涼」字常混，應作「高涼」。

隋書卷四十八

列傳第十三

楊素 弟約 從父文思 文紀

楊素字處道，弘農華陰人也。祖暄，魏輔國將軍、諫議大夫。父敷，周汾州刺史，沒於齊。素少落拓，有大志，不拘小節，世人多未之知，唯從叔祖魏尚書僕射寬深異之，每謂子孫曰：「處道當逸羣絕倫，非常之器，非汝曹所逮也。」後與安定牛弘同志好學，研精不倦，多所通涉。善屬文，工草隸，頗留意於風角。美鬚髯，有英傑之表。周大冢宰宇文護引爲中外記室，後轉禮曹，加大都督。武帝親總萬機，素以其父守節陷齊，未蒙朝命，上表申理。帝不許，至於再三。帝大怒，命左右斬之。素乃大言曰：「臣事無道天子，死其分也。」帝壯其言，由是贈敷爲大將軍，諡曰忠壯。拜素爲車騎大將軍、儀同三司，漸見禮遇。帝命素爲詔書，下筆立成，詞義兼美。帝嘉之，顧謂素曰：「善自勉之，勿憂不富貴。」素應聲答曰：「臣但

恐富貴來逼臣，臣無心圖富貴。」

及平齊之役，素請率父麾下先驅。帝從之，賜以竹策，曰：「朕方欲大相驅策，故用此物賜卿。」從齊王憲與齊人戰於河陰，以功封清河縣子，邑五百戶。其年授司城大夫。明年，復從憲拔晉州。憲屯兵雞棲原，齊主以大軍至，憲懼而宵遁，爲齊兵所躡，衆多敗散。素與驍將十餘人盡力苦戰，憲僅而獲免。其後每戰有功。及齊平，加上開府，改封成安縣公，〔一〕邑千五百戶，賜以粟帛、奴婢、雜畜。從王軌破陳將吳明徹於呂梁，治東楚州事。封弟慎爲義安侯。陳將樊毅築城於泗口，素擊走之，夷毅所築。

宣帝即位，襲父爵臨貞縣公，以弟約爲安成公。尋從韋孝寬徇淮南，素別下盱眙、鍾離。

及高祖爲丞相，素深自結納，高祖甚器之，以素爲汴州刺史。行至洛陽，會尉迥作亂，滎州刺史宇文冑據武牢以應迥，素不得進。高祖拜素大將軍，發河內兵擊冑，破之。遷徐州總管，進位柱國，封清河郡公，邑二千戶。以弟岳爲臨貞公。高祖受禪，加上柱國。開皇四年，拜御史大夫。其妻鄭氏性悍，素忿之曰：「我若作天子，卿定不堪爲皇后。」鄭氏奏之，由是坐免。

上方圖江表，先是，素數進取陳之計，未幾，拜信州總管，賜錢百萬、錦千段、馬二百匹

而遺之。素居永安，造大艦，名曰五牙，上起樓五層，高百餘尺，左右前後置六拍竿，並高五十尺，容戰士八百人，旗幟加於上。次曰黃龍，置兵百人。自餘平乘、舴艋等各有差。及大舉伐陳，以素爲行軍元帥，引舟師趣三硤。軍至流頭灘，陳將戚欣，以青龍百餘艘、屯兵數千人守狼尾灘，以遏軍路。其地險峭，諸將患之。素曰：「勝負大計，在此一舉。若晝日下船，彼則見我，灘流迅激，制不由人，則吾失其便。」乃以夜掩之。素親率黃龍數千艘，銜枚而下，遣開府王長襲引步卒從南岸擊欣別柵，令大將軍劉仁恩率甲騎趣白沙北岸，遲明而至，擊之，欣敗走。悉虜其衆，勞而遣之，秋毫不犯，陳人大悅。素率水軍東下，舟艫被江，旌甲曜日。素坐平乘大船，容貌雄偉，陳人望之懼曰：「清河公即江神也。」陳南康內史呂仲肅屯岐亭，〔二〕正據江峽，於北岸鑿岩，綴鐵鎖三條，橫截上流，以遏戰船。素與仁恩登陸俱發，先攻其柵。仲肅軍夜潰，素徐去其鎖。仲肅復據荊門之延洲。素遣巴蜑卒千人，乘五牙四艘，以柏檣碎賊十餘艦，遂大破之，俘甲士二千餘人，仲肅僅以身免。陳主遣其信州刺史顧覺鎮安蜀城，荊州刺史陳紀鎮公安，皆懼而退走。巴陵以東，無敢守者。湘州刺史、岳陽王陳叔慎遣使請降。素下至漢口，與秦孝王會。及還，拜荊州總管，進爵郢國公，邑三千戶，真食長壽縣千戶。以其子玄感爲儀同，玄獎爲清河郡公。賜物萬段，粟萬石，加以金寶，又賜陳主妹及女妓十四人。素言於上曰：「里名勝母，曾子不入，逆人王誼，前封於郢，臣不願與

之同。」於是改封越國公。尋拜納言。歲餘，轉內史令。

俄而江南人李稜等聚衆爲亂，大者數萬，小者數千，共相影響，殺害長吏。以素爲行軍總管，帥衆討之。賊朱莫問自稱南徐州刺史，以盛兵據京口。素率舟師入自楊子津，進擊破之。晉陵顧世興自稱太守，與其都督鮑遷等復來拒戰。素逆擊破之，執遷，虜三千餘人。進擊無錫賊帥葉略，〔三〕又平之。吳郡沈玄懀、沈傑等以兵圍蘇州，刺史皇甫績頻戰不利。素率衆援之，玄懀勢迫，走投南沙賊帥陸孟孫。素擊孟孫於松江，大破之，生擒孟孫、玄懀。黟、歙賊帥沈雪、沈能據柵自固，又攻拔之。浙江賊帥高智慧自號東揚州刺史，船艦千艘，屯據要害，兵甚勁。素擊之，自旦至申，苦戰而破。智慧逃入海，素躡之，從餘姚泛海趣永嘉。智慧來拒戰，素擊走之，擒獲數千人。賊帥汪文進自稱天子，據東陽，署其徒蔡道人爲司空，守樂安。進討，悉平之。又破永嘉賊帥沈孝徹。於是步道向天台，指臨海郡，逐捕遺逸寇。前後百餘戰，智慧遁守閩越。

上以素久勞於外，詔令馳傳入朝。加子玄感官爲上開府，賜綵物三千段。素以餘賊未殄，恐爲後患，又自請行。乃下詔曰：「朕憂勞百姓，日旰忘食，一物失所，情深納隍。江外狂狡，妄構妖逆，雖經殄除，民未安堵。猶有賊首凶魁，逃亡山洞，恐其聚結，重擾蒼生。內史令、上柱國、越國公素，識達古今，經謀長遠，比曾推轂，舊著威名，宜任以大兵，總爲元帥。

宜布朝風，振揚威武，擒剪叛亡，慰勞黎庶，軍民事務，一以委之。」素復乘傳至會稽。先是，泉州人王國慶，南安豪族也，殺刺史劉弘，據州爲亂，諸亡賊皆歸之。自以海路艱阻，非北人所習，不設備伍。素汎海掩至，國慶遑遽，棄州而走，餘黨散入海島，或守溪洞。素分遣諸將，水陸追捕。乃密令人謂國慶曰：「爾之罪狀，計不容誅。唯有斬送智慧，可以塞責。」國慶於是執送智慧，斬於泉州。自餘支黨，悉來降附，江南大定。上遣左領軍將軍獨孤陀至浚儀迎勞。比到京師，問者日至。拜素子玄獎爲儀同，賜黃金四十斤，加銀瓶，實以金錢，縑三千段，馬二百匹，羊二千口，公田百頃，宅一區。代蘇威爲尚書右僕射，與高熲專掌朝政。

素性疏而辯，高下在心，朝臣之內，頗推高熲，敬牛弘，厚接薛道衡，視蘇威蔑如也。自餘朝貴，多被陵轢。其才藝風調，優於高熲，至於推誠體國，處物平當，有宰相識度，不如熲遠矣。

尋令素監營仁壽宮，素遂夷山堙谷，督役嚴急，作者多死，宮側時聞鬼哭之聲。及宮成，上令高熲前視，奏稱頗傷綺麗，大損人丁，高祖不悅。素憂懼，計無所出，即於北門啓獨孤皇后曰：「帝王法有離宮別館，今天下太平，造此一宮，何足損費！」后以此理諭上，上意乃解。於是賜錢百萬，錦絹三千段。

十八年，突厥達頭可汗犯塞，以素爲靈州道行軍總管，出塞討之，賜物二千段，黃金百

斤。先是，諸將與虜戰，每慮胡騎奔突，皆以戎車步騎相參，輿鹿角爲方陣，騎在其內。素謂人曰：「此乃自固之道，非取勝之方也。」於是悉除舊法，令諸軍爲騎陣。達頭聞之大喜，曰：「此天賜我也。」因下馬仰天而拜，率精騎十餘萬而至。素奮擊，大破之，達頭被重創而遁，殺傷不可勝計，羣虜號哭而去。優詔褒揚，賜縑二萬匹，及萬釘寶帶。加子玄感位大將軍，玄獎、玄縱、積善並上儀同。

素多權略，乘機赴敵，應變無方，然大抵馭戎嚴整，有犯軍令者，立斬之，無所寬貸。每將臨寇，輒求人過失而斬之，多者百餘人，少不下十數。流血盈前，言笑自若。及其對陣，先令一二百人赴敵，陷陣則已，如不能陷陣而還者，無問多少，悉斬之。又令二三百人復進，還如向法。將士股慄，有必死之心，由是戰無不勝，稱爲名將。素時貴倖，言無不從，其從素征伐者，微功必錄，至於他將，雖有大功，多爲文吏所譴却。故素雖嚴忍，士亦以此願從焉。

二十年，晉王廣爲靈朔道行軍元帥，素爲長史。王卑躬以交素。及爲太子，素之謀也。仁壽初，代高熲爲尙書左僕射，賜良馬百匹，牝馬二百匹，奴婢百口。其年，以素爲行軍元帥，出雲州擊突厥，連破之。突厥退走，率騎追躡，至夜而及之。將復戰，恐賊越逸，令其騎稍後。於是親將兩騎，幷降突厥二人，與虜並行，不之覺也。候其頓舍未定，趣後騎掩擊，大破之。自是突厥遠遁，磧南無復虜庭。以功進子玄感位爲柱國，玄縱爲淮南郡公。賚

物二萬段。

及獻皇后崩，山陵制度，多出於素。上善之，下詔曰：

君爲元首，臣則股肱，共治萬姓，義同一體。上柱國、尚書左僕射、仁壽宮大監、越國公素，志度恢弘，機鑒明遠，懷佐時之略，包經國之才。王業初基，霸圖肇建，策名委質，受脹出師，擒剪凶魁，克平虢、鄭。頻承廟算，揚旆江表，每稟戎律，長驅塞陰，南指而吳、越肅清，北臨而獯、獫摧服。自居端揆，參贊機衡，當朝正色，直言無隱。論文則詞藻縱橫，語武則權奇間出，既文且武，唯朕所命，任使之處，夙夜無怠。

獻皇后奄離六宮，遠日云及，塋兆安厝，委素經營。然葬事依禮，唯卜泉石，至如吉凶，不由於此。素義存奉上，情深體國，欲使幽明俱泰，寶祚無窮。以爲陰陽之書，聖人所作，禍福之理，特須審愼。乃徧歷川原，親自占擇，纖介不善，即更尋求，志圖元吉，孜孜不已。心力備盡，人靈協贊，遂得神皐福壤，營建山陵。論素此心，事極誠孝，豈與夫平戎定寇，比其功業？非唯廊廟之器，實是社稷之臣，若不加褒賞，何以申茲勸勵？可別封一子義康郡公，邑萬戶，子子孫孫，承襲不絕。餘如故。

幷賜田三十頃，絹萬段，米萬石，金鉢一，實以金，銀鉢一，實以珠，幷綾錦五百段。

時素貴寵日隆，其弟約、從父文思、弟文紀，及族父异，並尚書列卿。諸子無汗馬之勞，

位至柱國、刺史。家僮數千，後庭妓妾曳綺羅者以千數。第宅華侈，制擬宮禁。有鮑亨者，善屬文，殷胄者，工草隸，並江南士人，因高智慧沒爲家奴。親戚故吏，布列清顯，素之貴盛，近古未聞。煬帝初爲太子，忌蜀王秀，與素謀之，構成其罪，後竟廢黜。朝臣有違忤者，雖至誠體國，如賀若弼、史萬歲、李綱、柳彧等，素皆陰中之。若有附會及親戚，雖無才用，必加進擢。朝廷靡然，莫不畏附。唯兵部尚書柳述，以帝壻之重，數於上前面折素。大理卿梁毗，抗表上言，素作威作福。上漸疏忌之，後因出勑曰：「僕射國之宰輔，不可躬親細務，但三五日一度向省，評論大事。」外示優崇，實奪之權也。終仁壽之末，不復通判省事。上賜王公以下射，素箭爲第一，上手以外國所獻金精盤，價直鉅萬，以賜之。四年，從幸仁壽宮，宴賜重疊。

及上不豫，素與兵部尚書柳述、黃門侍郎元巖等入閤侍疾。時皇太子入居大寶殿，慮上有不諱，須豫防擬，乃手自爲書，封出問素。素錄出事狀以報太子。宮人誤送上所，上覽而大恚。所寵陳貴人，又言太子無禮。上遂發怒，欲召庶人勇。太子謀之於素，素矯詔追東宮兵士帖上臺宿衞，門禁出入，並取宇文述、郭衍節度，又令張衡侍疾。上以此日崩，由是頗有異論。

漢王諒反，遣茹茹天保來據蒲州，燒斷河橋。又遣王聃子率數萬人幷力拒守。〔四〕素

將輕騎五千襲之，潛於渭口宵濟，遲明擊之，天保敗走，玭子懼而以城降。有詔徵還。初，素將行也，計日破賊，皆如所量。帝於是以素爲并州道行軍總管、河北安撫大使，率衆數萬討諒。時晉、絳、呂三州並爲諒城守，素各以二千人縻之而去。諒遣趙子開擁衆十餘萬，策絕徑路，屯據高壁，布陣五十里。素令諸將以兵臨之，自引奇兵潛入霍山，緣崖谷而進，直指其營，一戰破之，殺傷數萬。諒所署介州刺史梁修羅屯介休，聞素至，懼，棄城而走。進至清源，去并州三十里，諒率其將王世宗、趙子開、蕭摩訶等，衆且十萬，來拒戰。又擊破之，擒蕭摩訶。諒退保并州，素進兵圍之，諒窮蹙而降，餘黨悉平。帝遣素弟修武公約齎手詔勞素曰：

我有隋之御天下也，于今二十有四年，雖復外夷侵叛，而內難不作，修文偃武，四海晏然。朕以不天，銜恤在疚，號天叩地，無所逮及。朕本以藩王，謬膺儲兩，復以庸虛，纂承鴻業。天下者，先皇之天下也，所以戰戰兢兢，弗敢失墜，況復神器之重，生民之大哉！

賊諒苞藏禍心，自幼而長，羊質獸心，假託名譽，不奉國諱，先圖叛逆，違君父之命，成莫大之罪。誑惑良善，委任奸回，稱兵內侮，毒流百姓。私假署置，擅相謀戮，小加大，少凌長，民怨神怒，衆叛親離，爲惡不同，同歸於亂。朕寡兄弟，猶未忍及言，是故開關門而待寇，戢干戈而不發。朕聞之，天生蒸民，爲之置君，仰惟先旨，每以子民

爲念，朕豈得枕伏苫廬，顧而不救也！大義滅親，春秋高義，周旦以誅二叔，漢啓乃戮七藩，義在茲乎？事不獲已，是以授公戎律，問罪太原。且逆子賊臣，何代不有，豈意今者，近出家國。所歎荼毒甫爾，便及此事。由朕不能和兄弟，不能安蒼生，德澤未弘，兵戈先動，賊亂者止一人，塗炭者乃衆庶。非唯寅畏天威，亦乃孤負付囑，薄德厚恥，愧乎天下。

公乃先朝功臣，勳庸克茂。至如皇基草創，百物惟始，便匹馬歸朝，誠識兼至。汴部、鄭州，風卷秋籜，荆南、塞北，若火燎原，早建殊勳，夙著誠節。及獻替朝端，具瞻惟允，爰弼朕躬，以濟時難。昔周勃、霍光，何以加也！賊乃竊據蒲州，關梁斷絕，公以少擊衆，指期平殄。高壁據嶮，抗拒官軍，公以深謀，出其不意，霧廓雲除，冰消瓦解，長驅北邁，直趣巢窟。晉陽之南，蟻徒數萬，諒不量力，猶欲舉斧。公以稜威外討，發憤於內，忘身殉義，親當矢石。兵刃暫交，魚潰鳥散，僵屍蔽野，積甲若山。諒遂守窮城，以拒鈇鉞。公董率驍勇，四面攻圍，使其欲戰不敢，求走無路，智力俱盡，面縛軍門。斬將搴旗，伐叛柔服，元惡既除，東夏清晏，嘉庸茂績，於是乎在。昔武安平趙，淮陰定齊，豈若公遠而不勞，速而克捷者也。朕殷憂諒闇，不得親御六軍，未能問道於上庠，遂使劬勞於行陣。言念於此，無忘寢食。公乃建累世之元勳，執一心之確志。古人有言曰：「疾風知勁草，世亂有誠臣。」公得之矣。乃銘之常鼎，豈止書勳竹帛哉！功績克諧，哽歎無已。稍冷，公如宜。軍旅務殷，殊當勞慮，故遣公弟，指宣往懷。迷塞不次。

素上表陳謝曰：

臣自惟虛薄，志不及遠，州郡之職，敢憚劬勞，卿相之榮，無階覬望。然時逢昌運，王業惟始，雖涓流赴海，誠心屢竭，輕塵集岳，功力蓋微。徒以南陽里閭，豐、沛子弟，高位重爵，榮顯一時。遂復入處朝端，出總戎律，受文武之任，預帷幄之謀。豈臣才能，實由恩澤。欲報之德，義極昊天。伏惟陛下照重離之明，養繼天之德，牧臣於疎遠，照臣以光暉，南服降枉道之書，春宮奉肅成之旨。然草木無識，尚榮枯候時，況臣有心，實自効無路。晝夜迴徨，寢食慚惕，常懼朝露奄至，虛負聖慈。

賊諒包藏禍心，有自來矣，因幸國哀，便肆凶逆，興兵晉、代，搖蕩山東。陛下拔臣於凡流，授臣以戎律，蒙心膂之寄，稟平亂之規。蕭王赤心，人皆以死，漢皇大度，天下爭歸，妖寇廓清，豈臣之力！曲蒙使臣弟約齎詔書問勞，高旨峻筆，有若天臨，洪恩大澤，便同海運。悲欣慚懼，五情振越，雖百殞微軀，無以一報。

其月還京師，因從駕幸洛陽，以素領營東京大監。以平諒之功，拜其子萬石、仁行，姪玄挺，皆儀同三司，賚物五萬段，綺羅千匹，諒之妓妾二十人。大業元年，遷尚書令，賜東京甲

第一區，物二千段。尋拜太子太師，餘官如故。前後賞錫，不可勝計。明年，拜司徒，改封楚公，眞食二千五百戶。其年，卒官。謚曰景武，贈光祿大夫、太尉公、弘農河東絳郡臨汾文城河內汲郡長平上黨西河十郡太守。給轀車，班劍四十人，前後部羽葆鼓吹，粟麥五千石，物五千段。鴻臚監護喪事。帝又下詔曰：「夫銘功彝器，紀德豐碑，所以垂名迹於不朽，樹風聲於沒世。故楚景武公素，茂績元勳，劬勞王室，竭盡誠節，協贊朕躬。故以道邁三傑，功參十亂。未臻遐壽，遽戢清徽。春秋遞代，方綿歲祀，式播彫篆，用圖勳德，可立碑宰隧，以彰盛美。」素嘗以五言詩七百字贈番州刺史薛道衡，詞氣宏拔，風韻秀上，亦爲一時盛作。未幾而卒，道衡歎曰：「人之將死，其言也善，豈若是乎！」有集十卷。

素雖有建立之策，及平楊諒功，然特爲帝所猜忌，外示殊禮，內情甚薄。太史言隋分野有大喪，因改封於楚。楚與隋同分，欲以此厭當之。素寢疾之日，帝每令名醫診候，賜以上藥。然密問醫人，恒恐不死。素又自知名位已極，不肯服藥，亦不將慎，每語弟約曰：「我豈須更活耶？」素負冒財貨，營求產業，東、西二京，居宅侈麗，朝毀夕復，營繕無已，爰及諸方都會處，邸店、水磑并利田宅以千百數，時議以此鄙之。子玄感嗣，別有傳。諸子皆坐玄感誅死。

約字惠伯，素異母弟也。在童兒時，嘗登樹墮地，爲查所傷，由是竟爲宦者。性如沉靜，內多譎詐，好學强記。素友愛之，凡有所爲，必先籌於約而後行之。在周末，以素軍功，賜爵安成縣公，拜上儀同三司。高祖受禪，授長秋卿。久之，爲邵州刺史，入爲宗正少卿，轉大理少卿。

時皇太子無寵，而晉王廣規欲奪宗，以素幸於上，而雅信約。於是用張衡計，遣宇文述大以金寶賂遺於約，因通王意說之曰：「夫守正履道，固人臣之常致，反經合義，亦達者之令圖。自古賢人君子，莫不與時消息，以避禍患。公之兄弟，功名蓋世，當塗用事，有年歲矣。朝臣爲足下家所屈辱者，可勝數哉！又儲宮以所欲不行，每切齒於執政。公雖自結於人主，而欲危公者，固亦多矣。主上一旦棄羣臣，公亦何以取庇？今皇太子失愛於皇后，主上素有廢黜之心，此公所知也。今若請立晉王，在賢兄之口耳。誠能因此時建大功，王必鏤銘於骨髓，斯則去累卵之危，成太山之安也。」約然之，因以白素。素本凶險，聞之大喜，乃撫掌而對曰：「吾之智思，殊不及此，賴汝起予。」約知其計行，復謂素曰：「今皇后之言，上無不用，宜因機會，早自結託，則匪唯長保榮祿，傳祚子孫；又晉王傾身禮士，聲名日盛，躬履節儉，有主上之風，以約料之，必能安天下。兄若遲疑，一旦有變，令太子用事，恐禍至無日矣。」素遂行其策，太子果廢。

及晉王入東宮，引約爲左庶子，改封修武縣公，進位大將軍。及素被高祖所疎，出約爲伊州刺史。入朝仁壽宮，遇高祖崩，遣約入京。易留守者，縊殺庶人勇，然後陳兵集衆，發高祖凶問。煬帝聞之曰：「令兄之弟，果堪大任。」即位數日，拜內史令。約有學術，兼達時務，帝甚任之。後數載，加位右光祿大夫。

後帝在東都，令約詣京師享廟，行至華陰，見其兄墓，遂枉道拜哭，爲憲司所劾。坐是免官。未幾，拜淅陽太守。其兄子玄感，時爲禮部尚書，與約恩義甚篤。既愴分離，形於顏色，帝謂之曰：「公比憂瘁，得非爲叔邪？」玄感再拜流涕曰：「誠如聖旨。」帝亦思約廢立功，由是徵入朝。未幾，卒，以素子玄挺後之。

文思字溫才，素從叔也。父寬，魏左僕射，周小冢宰。文思在周，年十一，拜車騎大將軍、儀同三司、散騎常侍。尋以父功，封新豐縣子，邑五百戶。天和初，治武都太守。十姓獠反，文思討平之，復治翼州事。党項羌叛，文思率州兵討平之。進擊資中、武康、隆山生獠及東山獠，並破之。後從陳王攻齊河陰城，又從武帝攻拔晉州，以勳進授上儀同三司，改封永寧縣公，增邑至千戶。壽陽劉叔仁作亂，從清河公宇文神舉討之，戰於塼井，在陣生擒叔仁。又別從王誼破賊於鯉魚柵。其後累以軍功，遷果毅右旅下大夫。

高祖爲丞相，從韋孝寬拒尉迥於武陟。迥遣其將李儁圍懷州，與行軍總管宇文述擊走之。破尉惇，平鄴城，皆有功，進授上大將軍，改封洛川縣公。尋拜隆州刺史。開皇元年，進爵正平郡公，加邑二千戶。後爲魏州刺史，甚有惠政，及去職，吏民思之，爲立碑頌德。轉冀州刺史。

煬帝嗣位，徵爲民部尚書。轉納言，改授右光祿大夫。從幸江都宮，以足疾不堪趨奏，復授民部尚書，加位左光祿大夫。卒官，時年七十。謚曰定。初，文思當襲父爵，自以非嫡，遂讓封於弟文紀，當世多之。

文紀字溫範，少剛正，有器局。在周，襲爵華山郡公，邑二千七百戶。自右侍上士累遷車騎大將軍、儀同三司、安州總管長史。將兵迎陳降將李瑗於齊安，〔五〕與陳將周法尚軍遇，擊走之。以功進授開府，入爲虞部下大夫。高祖爲丞相，改封汾陰縣公。從梁睿討王謙，以功進授上大將軍。前後增邑三千戶。拜資州刺史。入爲宗正少卿，坐事除名。後數載，復其爵位，拜熊州刺史，改封上明郡公。除宗正卿，兼給事黃門侍郎，判禮部尚書事。仁壽二年，遷荊州總管。歲餘，卒官，時年五十八。謚曰恭。

史臣曰：楊素少而輕俠，俶儻不羈，兼文武之資，包英奇之略，志懷遠大，以功名自許。高祖龍飛，將清六合，許以腹心之寄，每當推轂之重。掃妖氛於牛斗，江海無波，摧驍騎於龍庭，匈奴遠遁。考其夷凶靜亂，功臣莫居其右，覽其奇策高文，足爲一時之傑。然專以智詐自立，不由仁義之道，阿諛時主，高下其心，營構離宮，陷君於奢侈，謀廢冢嫡，致國於傾危。終使宗廟丘墟，市朝霜露，究其禍敗之源，實乃素之由也。幸而得死，子爲亂階，墳土未乾，闔門殂戮，丘隴發掘，宗族誅夷。則知積惡餘殃，信非徒語。多行無禮必自及，其斯之謂歟！約外示溫柔，內懷狡算，爲蛇畫足，終傾國本，俾無遺育，宜哉！

校勘記

〔一〕成安縣公　「成安」，下文作「安成」。

〔二〕呂仲肅　參看本書卷四六校記〔五〕。

〔三〕葉略　北史楊素傳作「葉晧」。

〔四〕王聃子　本書庶人諒傳作「王聃」。

〔五〕李瑗　北史楊文紀傳作「王瑗」。

隋書卷四十九

列傳第十四

牛弘

牛弘字里仁，安定鶉觚人也，本姓尞氏。祖熾，郡中正。父允，魏侍中、工部尚書、臨涇公，賜姓爲牛氏。弘初在襁褓，有相者見之，謂其父曰：「此兒當貴，善愛養之。」及長，鬚貌甚偉，性寬裕，好學博聞。在周，起家中外府記室、內史上士。俄轉納言上士，專掌文翰，甚有美稱。加威烈將軍、員外散騎侍郎，修起居注。其後襲封臨涇公。宣政元年，轉內史下大夫，進位使持節、大將軍、儀同三司。

開皇初，遷授散騎常侍、秘書監。弘以典籍遺逸，上表請開獻書之路，曰：

經籍所興，由來尚矣。爻畫肇於庖羲，文字生於蒼頡，聖人所以弘宣教導，博通古今，揚於王庭，肆於時夏。故堯稱至聖，猶考古道而言，舜其大智，尚觀古人之象。周

官，外史掌三皇五帝之書，及四方之志。武王問黃帝、顓頊之道，太公曰：「在丹書。」是知握符御曆，有國有家者，曷嘗不以詩、書而爲教，因禮樂而成功也。

昔周德既衰，舊經紊棄。孔子以大聖之才，開素王之業，憲章祖述，制禮刊詩，正五始而修春秋，闡十翼而弘易道。治國立身，作範垂法。及秦皇馭宇，吞滅諸侯，任用威力，事不師古，始下焚書之令，行偶語之刑。先王墳籍，掃地皆盡。本既先亡，從而顚覆。臣以圖讖言之，經典盛衰，信有徵數。此則書之一厄也。漢興，改秦之弊，敦尚儒術，建藏書之策，置校書之官，屋壁山巖，往往間出。外有太常、太史之藏，內有延閣、秘書之府。至孝成之世，亡逸尚多，遣謁者陳農求遺書於天下，詔劉向父子讎校篇籍。漢之典文，於斯爲盛。及王莽之末，長安兵起，宮室圖書，並從焚燼。此則書之二厄也。光武嗣興，尤重經誥，未及下車，先求文雅。於是鴻生鉅儒，繼踵而集，懷經負帙，不遠斯至。肅宗親臨講肄，和帝數幸書林，其蘭臺、石室，鴻都、東觀，秘牒塡委，更倍於前。及孝獻移都，吏民擾亂，圖書縑帛，皆取爲帷囊。所收而西，裁七十餘乘，屬西京大亂，一時燔蕩。此則書之三厄也。魏文代漢，更集經典，皆藏在秘書、內外三閣，遣秘書郎鄭默刪定舊文。時之論者，美其朱紫有別。晉氏承之，文籍尤廣。晉秘書監荀勗定魏內經，更著新簿。雖古文舊簡，猶云有缺，新章後錄，鳩集已多，足得恢弘正道，訓範當世。屬劉、石憑陵，京華覆滅，朝章國典，從而失墜。此則書之四厄也。永嘉之後，寇竊競興，因河據洛，跨秦帶趙。論其建國立家，雖傳名號，憲章禮樂，寂滅無聞。劉裕平姚，〔一〕收其圖籍，五經子史，纔四千卷，皆赤軸青紙，文字古拙。僭僞之盛，莫過二秦，以此而論，足可明矣。故知衣冠軌物，圖畫記注，播遷之餘，皆歸江左。晉、宋之際，學藝爲多，齊、梁之間，經史彌盛。宋秘書丞王儉，依劉氏七略，撰爲七志。梁人阮孝緒，亦爲七錄。總其書數，三萬餘卷。及侯景渡江，破滅梁室，秘省經籍，雖從兵火，其文德殿內書史，宛然猶存。蕭繹據有江陵，遣將破平侯景，收文德之書，及公私典籍，重本七萬餘卷，悉送荊州。故江表圖書，因斯盡萃於繹矣。及周師入郢，繹悉焚之於外城，所收十纔一二。此則書之五厄也。後魏爰自幽方，遷宅伊、洛，日不暇給，經籍闕如。周氏創基關右，戎車未息。保定之始，書止八千，後加收集，方盈萬卷。高氏據有山東，初亦採訪，驗其本目，殘缺猶多。及東夏初平，獲其經史，四部重雜，三萬餘卷。所益舊書，五千而已。

今御書單本，合一萬五千餘卷，部帙之間，仍有殘缺。比梁之舊目，止有其半。至於陰陽河洛之篇，醫方圖譜之說，彌復爲少。臣以經書，自仲尼已後，迄于當今，年踰千載，數遭五厄，興集之期，屬膺聖世。伏惟陛下受天明命，君臨區宇，功無與二，德冠

往初。自華夏分離，彝倫攸斁，其間雖霸王遞起，而世難未夷，欲崇儒業，時或未可。今土宇邁於三王，民黎盛於兩漢，有人有時，正在今日。方當大弘文教，納俗升平，而天下圖書尚有遺逸，非所以仰協聖情，流訓無窮者也。臣史籍是司，寢興懷懼。昔陸賈奏漢祖云「天下不可馬上治之」，故知經邦立政，在於典謨矣。爲國之本，莫此攸先。今秘藏見書，亦足披覽，但一時載籍，須令大備。不可王府所無，私家乃有。然士民殷雜，求訪難知，縱有知者，多懷吝惜，必須勒之以天威，引之以微利。若猥發明詔，兼開購賞，則異典必臻，觀閣斯積，重道之風，超於前世，不亦善乎！伏願天監，少垂照察。

上納之，於是下詔，獻書一卷，賚縑一匹。一二年間，篇籍稍備。進爵奇章郡公，邑千五百戶。

三年，拜禮部尚書，奉勑修撰五禮，勒成百卷，行於當世。弘請依古制修立明堂，上議曰：

竊謂明堂者，所以通神靈，感天地，出教化，崇有德。孝經曰：「宗祀文王於明堂，以配上帝。」祭義云：「祀于明堂，教諸侯孝也。」黃帝曰合宮，堯曰五府，舜曰總章，布政興治，由來尚矣。周官考工記曰：「夏后氏世室，堂脩二七，廣四脩一。」鄭玄注云：「脩十四步，其廣益以四分脩之一，則堂廣十七步半也。」「殷人重屋，堂脩七尋，四阿重屋。」

鄭云：「其脩七尋，廣九尋也。」「周人明堂，度九尺之筵，南北七筵，五室，凡室二筵。」鄭云：「此三者，或舉宗廟，或舉王寢，或舉明堂，互言之，明其同制也。」馬融、王肅、干寶所注，與鄭亦異，今不具出。漢司徒馬宮議云：「夏后氏世室，室顯於堂，故命以室。殷人重屋，屋顯於堂，故命以屋。周人明堂，堂大於夏室，故命以堂。夏后氏益其堂之廣百四十四尺，周人明堂，以爲兩序問大夏后氏七十二尺。」若據鄭玄之說，則夏室大於周堂，如依馬宮之言，則周堂大於夏室。後王轉文，周大爲是。但宮之所言，未詳其義。此皆去聖久遠，禮文殘缺，先儒解說，家異人殊。鄭注玉藻亦云：「宗廟路寢，與明堂同制。」王制曰：「寢不踰廟。」明大小是同。今依鄭玄注，每室及堂，止有一丈八尺，四壁之外，四尺有餘。若以宗廟論之，祫享之時，周人旅酬六尸，幷后稷爲七，先公昭穆二尸，先王昭穆二尸，合十一尸，三十六主，及君北面行事於二丈之堂，愚不及此。若以正寢論之，便須朝宴。據燕禮：「諸侯宴，則賓及卿大夫脫屨升坐。」是知天子宴，則三公九卿並須升堂。燕義又云：「席，小卿次上卿。」言皆侍席。止於二筵之間，豈得行禮？若以明堂論之，總享之時，五帝各於其室。設青帝之位，須於木室之內，[三]少北西面。太昊從食，坐於其西，近南北面。祖宗配享者，又於青帝之南，稍退西面。丈八之室，神位有三，加以簠簋籩豆，牛羊之俎，四海九州美物咸設，復須席上升歌，[三]出

櫓反坫，揖讓升降，亦以隘矣。據茲而說，近是不然。

案劉向別錄及馬宮、蔡邕等所見，當時有古文明堂禮、王居明堂禮、明堂圖、明堂大圖、明堂陰陽、太山通義、魏文侯孝經傳等，並說古明堂之事。其書皆亡，莫得而正。今明堂月令者，鄭玄云：「是呂不韋著，春秋十二紀之首章，禮家鈔合爲記。」蔡邕、王肅云：「周公所作。」周書內有月令第五十三，卽此也。各有證明，文多不載。束晳以爲夏時之書。劉瓛云：「不韋鳩集儒者，尋于聖王月令之事而記之。不韋安能獨爲此記？」今案不得全稱周書，亦未可卽爲秦典，其內雜有虞、夏、殷、周之法，皆聖王仁恕之政也。蔡邕具爲章句，又論之曰：「明堂者，所以宗祀其祖以配上帝也。夏后氏曰世室，殷人曰重屋，周人曰明堂。東曰青陽，南曰明堂，西曰總章，北曰玄堂，內曰太室。聖人南面而聽，向明而治，人君之位莫不正焉。故雖有五名，而主以明堂也。制度之數，各有所依。堂方一百四十四尺，坤之策也，屋圓楣徑二百一十六尺，乾之策也。太廟明堂方六丈，通天屋徑九丈，陰陽九六之變，且圓蓋方覆，九六之道也。八闥以象卦，九室以象州，十二宮以應日辰。三十六戶，七十二牖，以四戶八牖乘九宮之數也。戶皆外設而不閉，示天下以不藏也。通天屋高八十一尺，黃鍾九九之實也。二十八柱布四方，四方七宿之象也。堂高三尺，以應三統，四向五色，各象其行。水闊二十四丈，象二十四

氣，於外，以象四海。王者之大禮也。」觀其模範天地，則象陰陽，必據古文，義不虛出。今若直取考工，不參月令，青陽總章之號不得而稱，九月享帝之禮不得而用。漢代二京所建，與此說悉同。

建安之後，海內大亂，京邑焚燒，憲章泯絕。魏氏三方未平，無聞興造。晉則侍中裴頠議曰：「尊祖配天，其義明著，而廟宇之制，理據未分。宜可直爲一殿，以崇嚴父之祀，其餘雜碎，一皆除之。」宋、齊已還，咸率茲禮。此乃世乏通儒，時無思術，前王盛事，於是不行。後魏代都所造，出自李沖，三三相重，合爲九室。簷不覆基，房間通街，穿鑿處多，迄無可取。及遷宅洛陽，更加營構，五九紛競，[四]遂至不成，宗配之事，於焉靡託。

今皇猷遐闡，化覃海外，方建大禮，垂之無窮。弘等不以庸虛，謬當議限。今檢明堂必須五室者何？尚書帝命驗曰：「帝者承天立五府，赤曰文祖，黃曰神斗，[五]白曰顯紀，黑曰玄矩，蒼曰靈府。」鄭玄注曰：「五府與周之明堂同矣。」且三代相沿，多有損益，至於五室，確然不變。夫室以祭天，天實有五，若立九室，四無所用。布政視朔，自依其辰。鄭司農云：「十二月分在青陽等左右之位。」不云居室。鄭玄亦言：「每月於其時之堂而聽政焉。」禮圖畫个，皆在堂偏，是以須爲五室。明堂必須上圓下方者何？孝經

援神契曰：「明堂者，上圓下方，八窗四達，布政之宮。」禮記盛德篇曰：「明堂四戶八牖，上圓下方。」五經異義稱講學大夫淳于登亦云：「上圓下方。」鄭玄同之。是以須爲圓方。明堂必須重屋者何？案考工記，夏言「九階，四旁兩夾窗，門堂三之二，室三之一」。殷、周不言者，明一同夏制。殷言「四阿重屋」，周承其後不言屋，制亦盡同可知也。其「殷人重屋」之下，本無五室之文。鄭注云：「五室者，亦據夏以知之。」明周不云重屋，因殷則有，灼然可見。禮記明堂位曰：「太廟天子明堂。」言魯爲周公之故，得用天子禮樂，魯之太廟與周之明堂同。又曰：「複廟重檐，刮楹達鄉，天子之廟飾。」鄭注：「複廟重屋也。」據廟既重屋，明堂亦不疑矣。春秋文公十三年：「太室屋壞。」五行志曰：「前堂曰太廟，中央曰太室，屋其上重者也。」服虔亦云：「太室，太廟太室之上屋也。」周書作洛篇曰：「乃立太廟宗宮路寢明堂，咸有四阿反坫，重亢重廊。」孔晁注曰：「重亢累棟，重廊累屋也。」依黃圖所載，漢之宗廟皆爲重屋。此去古猶近，遺法尚在，是以須爲重屋。明堂必須爲辟雍者何？禮記盛德篇云：「明堂者，明諸侯尊卑也。外水曰辟雍。」明堂陰陽錄曰：「明堂之制，周圜行水，左旋以象天，內有太室以象紫宮。」此明堂有水之明文也。然馬宮、王肅以爲明堂、辟雍、太學同處，蔡邕、盧植亦以爲明堂、靈臺、辟雍、太學同實異名。邕云：「明堂者，取其宗祀之清貌，則謂之清廟，取其正室，則曰太室，取其堂，則

曰明堂，取其四門之學，則曰太學，取其周水圜如璧，則曰璧雍。其實一也。」其言別者，五經通義曰：「靈臺以望氣，明堂以布政，辟雍以養老教學。」三者不同。袁準、鄭玄亦以爲別。歷代所疑，豈能輒定？今據郊祀志云：「欲治明堂，未曉其制。濟南人公玉帶上黃帝時明堂圖，一殿無壁，蓋之以茅，水圜宮垣，天子從之。」以此而言，其來則久。漢中元二年，起明堂、辟雍、靈臺於洛陽，並別處。然明堂亦有璧水，李尤明堂銘云「流水洋洋」是也。以此須有辟雍。

夫帝王作事，必師古昔，今造明堂，須以禮經爲本。形制依於周法，度數取於月令，遺闕之處，參以餘書，庶使該詳沿革之理。其五室九階，上圓下方，四阿重屋，四旁兩門，依考工記、孝經說。堂方一百四十四尺，屋圓楣徑二百一十六尺，太室方六丈，通天屋徑九丈，八闥二十八柱，堂高三尺，四向五色，依周書月令論。殿垣方在內，水周如外，水內徑三百步，依太山盛德記、覲禮經。仰觀俯察，皆有則象，足以盡誠上帝，祗配祖宗，弘風布教，作範於後矣。弘等學不稽古，輒申所見，可否之宜，伏聽裁擇。

上以時事草創，未遑制作，竟寢不行。

六年，除太常卿。九年，詔改定雅樂，又作樂府歌詞，撰定圓丘五帝凱樂，幷議樂事。弘上議云：

謹案禮，五聲、六律、十二管還相爲宮。周禮奏黃鍾，歌大呂，奏太簇，歌應鍾，皆是旋相爲宮之義。蔡邕明堂月令章句曰：「孟春月則太簇爲宮，姑洗爲商，蕤賓爲角，南呂爲徵，應鍾爲羽，大呂爲變宮，夷則爲變徵。他月倣此。」故先王之作律呂也，所以辯天地四方陰陽之聲。揚子雲曰：「聲生於律，律生於辰。」故律呂配五行，通八風，歷十二辰，行十二月，循環轉運，義無停止。譬如立春木王火相，立夏火王土相，季夏餘分，土王金相，立秋金王水相，立冬水王木相。還相爲宮者，謂當其王月，名之爲宮。

今若十一月不以黃鍾爲宮，十三月不以太簇爲宮，便是春木不王，夏王不相，豈不陰陽失度，天地不通哉？劉歆鍾律書云：「春宮秋律，百卉必彫；秋宮春律，萬物必榮；夏宮冬律，雨雹必降；冬宮夏律，雷必發聲。」以斯而論，誠爲不易。且律十二，今直爲黃鍾一均，唯用七律，以外五律，竟復何施？恐失聖人制作本意。故須依禮作還相爲宮之法。

上曰：「不須作旋相爲宮，且作黃鍾一均也。」弘又論六十律不可行：

謹案續漢書律曆志，元帝遣韋玄成問京房於樂府，房對：「受學故小黃令焦延壽。六十律相生之法，以上生下，皆三生二，以下生上，皆三生四。陽下生陰，陰上生陽，終於中呂，而十二律畢矣。中呂上生執始，執始下生去滅，上下相生，終於南事，六十律畢矣。十二律之變至於六十，猶八卦之變至於六十四也。冬至之聲，以黃鍾爲宮，太簇爲商，姑洗爲角，林鍾爲徵，南呂爲羽，應鍾爲變宮，蕤賓爲變徵。此聲氣之元，五音之正也。故各統一日。其餘以次運行，當日者各自爲宮，〔六〕而商徵以類從焉。」房又曰：「竹聲不可以度調，故作準以定數。準之狀如瑟，長一丈而十三絃，隱間九尺，以應黃鍾之律九寸。中央一絃，下畫分寸，以爲六十律清濁之節。」執始之類，皆房自造。房云受法於焦延壽，未知延壽所承也。

至元和年，待詔候鍾律殷彤上言：〔七〕「官無曉六十律以準調音者。故待詔嚴崇具以準法教其子宣，〔八〕願召宣補學官，主調樂器。」大史丞弘試宣十二律，其二中，其四不中，其六不知何律，宣遂罷。自此律家莫能爲準施絃。熹平年，〔九〕東觀召典律者太子舍人張光問準意。光等不知，歸閱舊藏，乃得其器，形制如房書，猶不能定其絃緩急，故史官能辨清濁者遂絕。其可以相傳者，唯大榷常數及候氣而已。

據此而論，京房之法，漢世已不能行。沈約宋志曰：「詳案古典及今音家，六十律無施於樂。」禮云「十二管還相爲宮」，不言六十。封禪書云：「大帝使素女鼓五十絃瑟而悲，破爲二十五絃。」假令六十律爲樂，得成亦所不用。取「大樂必易，大禮必簡」之意也。

又議曰：

案周官云：「大司樂掌成均之法。」鄭衆注云：「均，調也。樂師主調其音。」三禮義宗稱：「周官奏黃鍾者，用黃鍾爲調，歌大呂者，用大呂爲調。奏者謂堂下四懸，歌者謂堂上所歌。但一祭之間，皆用二調。」是知據宮稱調，其義一也。明六律六呂迭相爲宮，各自爲調。

今見行之樂，用黃鍾之宮，乃以林鍾爲調，與古典有違。晉內書監荀勗依典記，以五聲十二律還相爲宮之法，制十二笛。黃鍾之笛，正聲應黃鍾，下徵應林鍾，以姑洗爲清角。大呂之笛，正聲應大呂，下徵應夷則。以外諸均，例皆如是。然今所用林鍾，是勗下徵之調。不取其正，先用其下，於理未通，故須改之。

上甚善其議，詔弘與姚察、許善心、何妥、虞世基等正定新樂，事在音律志。是後議置明堂，詔弘條上故事，議其得失，事在禮志。上甚敬重之。

時楊素恃才矜貴，輕侮朝臣，唯見弘未嘗不改容自肅。素將擊突厥，詣太常與弘言別。弘送素至中門而止，素謂弘曰：「大將出征，故來敍別，何相送之近也？」弘遂揖而退。素笑曰：「奇章公可謂其智可及，其愚不可及也。」亦不以屑懷。

尋授大將軍，拜吏部尚書。時高祖又令弘與楊素、蘇威、薛道衡、許善心、虞世基、崔子發

發等弁召諸儒，論新禮降殺輕重。弘所立議，衆咸推服之。仁壽二年，獻皇后崩，三公已下不能定其儀注。楊素謂弘曰：「公舊學，時賢所仰，今日之事，決在於公。」弘了不辭讓，斯須之間，儀注悉備，皆有故實。素歎曰：「衣冠禮樂盡在此矣，非吾所及也！」弘以三年之喪，祥禫具有降殺，朞服十一月而練者，無所象法，以聞於高祖，高祖納焉。下詔除朞練之禮，自弘始也。弘在吏部，其選舉先德行而後文才，務在審愼。雖致停緩，所有進用，並多稱職。吏部侍郎高孝基，鑒賞機晤，清愼絕倫，然爽俊有餘，迹似輕薄，時宰多以此疑之。唯弘深識其眞，推心委任。隋之選舉，於斯爲最。時論彌服弘識度之遠。

煬帝之在東宮也，數有詩書遺弘，弘亦有答。及嗣位之後，嘗賜弘詩曰：「晉家山吏部，魏世盧尙書，莫言先哲異，奇才並佐余。學行敦時俗，道素乃沖虛，納言雲閣上，禮儀皇運初。彝倫欣有敘，垂拱事端居。」其同被賜詩者，至於文詞贊揚，無如弘美。大業二年，進位上大將軍。三年，改爲右光祿大夫。從拜恒岳，壇場珪幣，墠時牲牢，並弘所定。還下太行，煬帝嘗引入內帳，對皇后賜以同席飲食。其禮遇親重如此。弘謂其諸子曰：「吾受非常之遇，荷恩深重。汝等子孫，宜以誠敬自立，以答恩遇之隆也。」六年，從幸江都。其年十一月，卒於江都郡，時年六十六。帝傷惜之，賵贈甚厚。歸葬安定，贈開府儀同三司、光祿大夫、文安侯，謚曰憲。

弘榮寵當世，而車服卑儉，事上盡禮，待下以仁，訥於言而敏於行。上嘗令其宣勑，弘至階下，不能言，退還拜謝，云：「並忘之。」上曰：「傳語小辯，故非宰臣任也。」愈稱其質直。大業之世，委遇彌隆。性寬厚，篤志於學，雖職務繁雜，書不釋手。隋室舊臣，始終信任，悔吝不及，唯弘一人而已。有弟曰弼，好酒而酗，嘗因醉，射殺弘駕車牛。弘來還宅，其妻迎謂之曰：「叔射殺牛矣。」弘聞之，無所怪問，直答云：「作脯。」坐定，其妻又曰：「叔忽射殺牛，大是異事！」弘曰：「已知之矣。」顏色自若，讀書不輟。其寬和如此。有文集十三卷行於世。

長子方大，亦有學業，官至內史舍人。次子方裕，性凶險，無人心，從幸江都，與裴虔通等同謀弒逆，事見司馬德戡傳。〔一〇〕

史臣曰：牛弘篤好墳籍，學優而仕，有淡雅之風，懷曠遠之度，採百王之損益，成一代之典章，漢之叔孫，不能尙也。綢繆省闥三十餘年，夷險不渝，始終無際。雖開物成務非其所長，然激之不清，混之不濁，可謂大雅君子矣。子實不才，崇基不構，干紀犯義，以墜家風，惜哉！

校勘記

〔一〕劉裕平姚　册府六〇三「姚」下有「泓」字。

〔二〕須於木室之內　「木」原作「太」，據册府五八四改。

〔三〕席上升歌　「上」原作「工」，據北史牛弘傳及册府五八四改。

〔四〕五九紛競　「九」原作「鬼」，據北史牛弘傳、册府五八四改。「五九紛競」卽明堂建五室或九室之爭。

〔五〕黃曰神斗　「斗」原作「升」，據本書宇文愷傳、御覽五三三引尙書帝命驗改。御覽注：「斗，主也。」

〔六〕當日者各自爲宮　「當」原作「宮」，據續漢書律曆志上改。

〔七〕待詔候鍾律殷彤　原脫「律」字，據續漢書律曆志上補。

〔八〕嚴崇　「崇」原作「嵩」，據續漢書律曆志上改。

〔九〕嘉平　原作「嘉平」，據續漢書律曆志上改。

〔一〇〕事見司馬德戡傳　按：牛方裕事見本書宇文化及傳。

隋書卷五十

列傳第十五

宇文慶

宇文慶字神慶，河南洛陽人也。祖金殿，魏征南大將軍，仕歷五州刺史、安吉侯。父顯和，夏州刺史。慶沉深，有器局，少以聰敏見知。周初，受業東觀，頗涉經史。既而謂人曰：「書足記姓名而已，安能久事筆硯，爲腐儒之業！」于時文州民夷相聚爲亂，慶應募從征。賊據保巖谷，徑路懸絕，慶束馬而進，襲破之，以功授都督。衞王直之鎭山南也，引爲左右。慶善射，有膽氣，好格猛獸，直甚壯之。稍遷車騎大將軍、儀同三司，柱國府掾。及誅宇文護，慶有謀焉，進授驃騎大將軍，加開府。後從武帝攻河陰，先登攀堞，與賊短兵接戰，良久，中石乃墜，絕而後蘇。帝勞之曰：「卿之餘勇，可以賈人也。」復從武帝拔晉州。其後齊師大至，慶與宇文憲輕騎而覘，卒與賊相遇，爲賊所窘。憲挺身而遁，慶退據汾橋，衆賊爭

進，慶引弓射之，所中人馬必倒，賊乃稍却。及破高緯，拔高壁，克并州，下信都，禽高湝，功並居最。周武帝詔曰：「慶勳庸早著，英望華遠，出內之績，簡在朕心。戎車自西，俱總行陣，東夏蕩定，實有茂功。高位縟禮，宜崇榮册。」於是進位大將軍，封汝南郡公，邑千六百戶。尋以行軍總管擊延安反胡，平之，拜延州總管。俄轉寧州總管。高祖爲丞相，復以行軍總管南征江表。師次白帝，徵還，以勞進位上大將軍。高祖與慶有舊，甚見親待，令督丞相軍事，委以心腹。尋加柱國。開皇初，拜左武衞將軍，進位上柱國。數年，出除涼州總管。歲餘，徵還，不任以職。

初，上潛龍時，嘗從容與慶言及天下事，上謂慶曰：「天元實無積德，視其相貌，壽亦不長。加以法令繁苛，耽恣聲色，以吾觀之，殆將不久。又復諸侯微弱，各令就國，曾無深根固本之計，羽翮既剪，何能及遠哉！尉迥貴戚，早著聲望，國家有釁，必爲亂階。然智量庸淺，子弟輕佻，貪而少惠，終致亡滅。司馬消難反覆之虜，亦非池內之物，變成俄頃，但輕薄無謀，未能爲害，不過自竄江南耳。庸、蜀嶮隘，易生艱阻，王謙愚惷，素無籌略，但恐爲人所誤，不足爲虞。」未幾，上言皆驗。及此，慶恐上遺忘，不復收用，欲見舊蒙恩顧，具錄前言爲表而奏之曰：「臣聞智侔造化，二儀無以隱其靈，明同日月，萬象不能藏其狀。先天弗違，實聖人之體道，未萌見兆，諒達節之神機。伏惟陛下特挺生知，徇齊誕御，懷五岳其猶輕，吞八荒而不梗，蘊妙見於胸襟，運奇謨於掌握。臣以微賤，早逢天眷，不以庸下，親蒙推赤。所奉成規，纖毫弗舛，尋惟聖慮，妙出蓍龜，驗一人之慶有徵，實天子之言無戲。臣親聞親見，實榮實喜。」上省表大悅，下詔曰：「朕之與公，本來親密，懷抱委曲，無所不盡。話言歲久，尚能記憶，今覽表奏，方悟昔談。何謂此言，遂成實錄。古人之先知禍福，明可信也，朕言之驗，自是偶然。公乃不忘，彌表誠節，深感至意，嘉尚無已。」自是上每加優禮。卒于家。

子靜禮，初爲太子千牛備身，尋尚高祖女廣平公主，授儀同，安德縣公，邑千五百戶。後爲熊州刺史。先慶卒。

子協，歷武賁郎將、右翊衞將軍，宇文化及之亂遇害。

協弟皛，字婆羅門，大業之世，少養宮中。後爲千牛左右，煬帝甚親昵之。每有遊宴，皛必侍從，至於出入臥內，伺察六宮，往來不限門禁，其恩倖如此。時人號曰宇文三郎。皛與宮人淫亂，至於妃嬪公主，亦有醜聲。蕭后言於帝，皛聞而懼，數日不敢見。其兄協因奏曰：「皛今已壯，不可在宮掖。」帝曰：「皛安在？」協曰：「在朝堂。」帝不之罪，因召入，待之如初。宇文化及弑逆之際，皛時在玄覽門，覺變，將入奏，爲門司所遏，不得時進。會日暝，宮門閉，退還所守。俄而難作，皛與五十人赴之，爲亂兵所害。

李禮成

李禮成字孝諧，隴西狄道人也。涼王暠之六世孫。祖延實，魏司徒。父彧，侍中。禮成年七歲，與姑之子蘭陵太守滎陽鄭顥隨魏武帝入關。顥母每謂所親曰：「此兒平生未嘗迴顧，當爲重器耳。」及長，沉深有行檢，不妄通賓客。魏大統中，釋褐著作郎，遷太子洗馬、員外散騎常侍。周受禪，拜平東將軍、散騎常侍。于時貴公子皆競習弓馬，被服多爲軍容。禮成雖善騎射，而從容儒服，不失素望。後以軍功，拜車騎大將軍、儀同三司，賜爵修陽縣侯，拜遷州刺史。時朝廷有所徵發，禮成度以蠻夷不可擾，擾必爲亂，上表固諫。周武帝從之。伐齊之役，從帝圍晉陽，禮成以兵擊南門，齊將席毗羅率精甲數千拒帝，禮成力戰，擊退之。加開府，進封冠軍縣公，拜北徐州刺史。未幾，徵爲民部中大夫。

禮成妻竇氏早沒，知高祖有非常之表，遂聘高祖妹爲繼室，情契甚歡。及高祖爲丞相，進位上大將軍，遷司武上大夫，委以心膂。及受禪，拜陝州刺史，進封絳郡公，賞賜優洽。尋徵爲左衞將軍，遷右武衞大將軍。歲餘，出拜襄州總管，稱有惠政。後數載，復爲左衞大將軍。時突厥屢爲寇患，緣邊要害，多委重臣，由是拜寧州刺史。歲餘，以疾徵還京師，終於家。其子世師，官至度支侍郎。

元孝矩 弟襃

元孝矩，河南洛陽人也。祖修義，父子均，並爲魏尚書僕射。孝矩西魏時襲爵始平縣公，拜南豐州刺史。時見周太祖專政，將危元氏，孝矩每慨然有興復社稷之志，陰謂昆季曰：「昔漢氏有諸呂之變，朱虛、東牟，卒安劉氏。今宇文之心，路人所見，顚而不扶，焉用宗子？盍將圖之。」爲兄則所遏，孝矩乃止。其後周太祖爲兄子晉公護娶孝矩妹爲妻，情好甚密。及閔帝受禪，護總百揆，孝矩之寵益隆。及護誅，坐徙蜀。數載，徵還京師，拜益州總管司馬，轉司憲大夫。

高祖重其門地，娶其女爲房陵王妃。及高祖爲丞相，拜少冢宰，進位柱國，賜爵洵陽郡公。時房陵王鎭洛陽，及上受禪，立爲皇太子，令孝矩代鎭。旣而立其女爲皇太子妃，親禮彌厚。俄拜壽州總管，賜孝矩璽書曰：「揚、越氛祲，侵軼邊鄙，爭桑興役，不識大猷。以公志存遠略，今故鎭邊服，懷柔以禮，稱朕意焉。」時陳將任蠻奴等屢寇江北，復以孝矩領行軍總管，屯兵於江上。後數載，自以年老，筋力漸衰，不堪軍旅，上表乞骸骨，轉涇州刺史，高祖下書曰：「知執謙撝，請歸初服。恭膺寶命，實賴元功，方欲委裘，寄以分陝，何容便請高蹈，獨爲君子者乎！若以邊境務煩，卽宜徙節涇郡，養德臥治也。」在州歲餘，卒官，年五十

九。諡曰簡。子無竭嗣。

孝矩兄子文都，見誠節傳。孝矩次弟雅，字孝方，有文武幹用。開皇中，歷左領左右將軍、集沁二州刺史，封順陽郡公。季弟襃，最知名。

襃字孝整，便弓馬，少有成人之量。年十歲而孤，爲諸兄所鞠養。性友悌，善事諸兄。諸兄議欲別居，襃泣諫不得，家素富，多金寶，襃無所受，脫身而出，爲州里所稱。及長，寬仁大度，涉獵書史。仕周，官至開府、北平縣公、趙州刺史。

及高祖爲丞相，從韋孝寬擊尉迥，以功超拜柱國，進封河間郡公，邑二千戶。開皇二年，拜安州總管。歲餘，徙原州總管。有商人爲賊所劫，其人疑同宿者而執之，襃察其色寃而辭正，遂捨之。商人詣闕訟襃受金縱賊，上遣使窮治之。使者簿責襃曰：「何故利金而捨盜也？」襃便卽引咎，初無異詞。使者與襃俱詣京師，遂坐免官。其盜尋發於他所，上謂襃曰：「公朝廷舊人，位望隆重，受金捨盜非善事，何至自誣也？」對曰：「臣受委一州，不能息盜賊，臣之罪一也。州民爲人所謗，不付法司，懸卽放免，臣之罪二也。牽率愚誠，無顧形迹，不恃文書約束，至令爲物所疑，臣之罪三也。臣有三罪，何所逃責？臣又不言受賂，使者復將有所窮究，然則縲紲橫及良善，重臣之罪，是以自誣。」上歎異之，稱爲長者。十四年，以

行軍總管屯兵備邊。遼東之役，復以行軍總管從漢王至柳城而還。仁壽初，嘉州夷、獠爲寇，襃率步騎二萬擊平之。

煬帝卽位，拜齊州刺史，尋改爲齊郡太守，吏民安之。及興遼東之役，郡官督事者前後相屬，有西曹掾當行，詐疾，襃詰之，掾理屈，襃杖之，掾遂大言曰：「我將詣行在所，欲有所告。」襃大怒，因杖百餘，數日而死，坐是免官。卒於家，時年七十三。

郭榮

郭榮字長榮，自云太原人也。父徽，魏大統末，爲同州司馬。時武元皇帝爲刺史，由是與高祖有舊。徽後官至洵州刺史、安城縣公。及高祖受禪，拜太僕卿，數年，卒官。榮容貌魁岸，外疎內密，與其交者多愛之。周大冢宰宇文護引爲親信。護察榮謹厚，擢爲中外府水曹參軍。時齊寇屢侵，護令榮於汾州觀賊形勢。時汾州與姚襄鎭相去懸遠，榮以爲二城孤迥，勢不相救，請於州鎭之閒更築一城，以相控攝，護從之。俄而齊將段孝先攻陷姚襄、汾州二城，唯榮所立者獨能自守。護作浮橋，出兵渡河，與孝先戰。孝先於上流縱大筏以擊浮橋，護令榮督便水者引取其筏。以功授大都督。護又以稽胡數爲寇亂，使榮綏集之。榮於上郡、延安築周昌、弘信、廣安、招遠、咸寧等五城，以遏其要路，稽胡由是不能爲寇。

武帝親總萬機，拜宣納中士。後從帝平齊，以戰功，賜馬二十四，絹綃六百段，封平陽縣男，遷司水大夫。

榮少與高祖親狎，情契極歡，嘗與高祖夜坐月下，因從容謂榮曰：「吾仰觀玄象，俯察人事，周曆已盡，我其代之。」榮深自結納。宣帝崩，高祖總百揆，召榮，撫其背而笑曰：「吾言驗未？」卽拜相府樂曹參軍。俄以本官復領蕃部大夫。高祖受禪，引爲內史舍人，以龍潛之舊，進爵蒲城郡公，加位上儀同。累遷通州刺史。仁壽初，西南夷、獠多叛，詔榮領八州諸軍事行軍總管，率兵討之。歲餘悉平，賜奴婢三百餘口。

煬帝卽位，入爲武候驃騎將軍，以嚴正聞。後數歲，黔安首領田羅駒阻清江作亂，夷陵諸郡民夷多應者，詔榮擊平之。遷左候衞將軍。從帝西征吐谷渾，拜銀青光祿大夫。遼東之役，以功進位左光祿大夫。明年，帝復事遼東，榮以爲中國疲敝，萬乘不宜屢動，乃言於帝曰：「戎狄失禮，臣下之事。臣聞千鈞之弩不爲鼷鼠發機，豈有親辱大駕以臨小寇？」帝不納。復從軍攻遼東城，榮親蒙矢石，晝夜不釋甲胄百餘日。帝每令人窺諸將所爲，知榮如是，帝大悅，每勞勉之。九年，帝至東都，謂榮曰：「公年德漸高，不宜久涉行陣，當與公一郡，任所選也。」榮不願違離，頓首陳讓，辭情哀苦，有感帝心，於是拜爲右候衞大將軍。後數日，帝謂百僚曰：「誠心純至如郭榮者，固無比矣。」其見信如此。楊玄感之亂，帝令馳守

中華書局

太原。明年，復從帝至柳城，遇疾，帝令存問動靜，中使相望。卒於懷遠鎮，時年六十八。帝爲之廢朝，贈兵部尚書，謚曰恭，賵物千段。有子福善。

龐晃

龐晃字元顯，榆林人也。父虬，周驃騎大將軍。晃少以良家子，刺史杜達召補州都督。周太祖既有關中，署晃大都督，領親信兵，常置左右。晃因徙居關中。後遷驃騎將軍，襲爵比陽侯。衞王直出鎮襄州，晃以本官從。尋與長湖公元定擊江南，孤軍深入，遂沒於陣。數年，衞王直遣晃弟車騎將軍元儁齎絹八百匹贖焉，乃得歸朝。拜上儀同，賜綵二百段，復事衞王。

時高祖出爲隨州刺史，路經襄陽，衞王令晃詣高祖。晃知高祖非常人，深自結納。及高祖去官歸京師，晃迎見高祖於襄邑。高祖甚歡，晃因白高祖曰：「公相貌非常，名在圖籙。九五之日，幸願不忘。」高祖笑曰：「何妄言也！」頃之，有一雄雉鳴於庭，高祖命晃射之，曰：「中則有賞。然富貴之日，持以爲驗。」晃既射而中，高祖撫掌大笑曰：「此是天意，公能感之而中也。」因以二婢賜之，情契甚密。武帝時，晃爲常山太守，高祖爲定州總管，屢相往來。俄而高祖轉亳州總管，將行，意甚不悅。晃因白高祖曰：「燕、代精兵之處，今若動衆，天下

不足圖也。」高祖握晃手曰：「時未可也。」晃亦轉爲車騎將軍。及高祖爲揚州總管，奏晃同行。既而高祖爲丞相，進晃位開府，命督左右，甚見親待。及踐阼，謂晃曰：「射雉之符，今日驗不？」晃再拜曰：「陛下應天順民，君臨宇內，猶憶曩時之言，不勝慶躍。」上笑曰：「公之此言，何得忘也！」尋加上開府，拜右衞將軍，進爵爲公，邑千五百戶。河閒王弘之擊突厥也，晃以行軍總管從至馬邑。別路出賀蘭山，擊賊破之，斬首千餘級。

晃性剛悍，時廣平王雄當塗用事，勢傾朝廷，晃每陵侮之。嘗於軍中臥，見雄不起，雄甚銜之。復與高熲有隙，二人屢譖晃。由是宿衞十餘年，官不得進。出爲懷州刺史，數歲，遷原州總管。仁壽中卒官，年七十二。高祖爲之廢朝，贈物三百段，米三百石，謚曰敬。子長壽，頗知名，官至驃騎將軍。

李安

李安字玄德，隴西狄道人也。父蔚，仕周爲朔燕恒三州刺史、襄武縣公。安美姿儀，善騎射。周天和中，釋褐右侍上士，襲爵襄武公。俄授儀同、少師右上士。〔一〕高祖作相，引之左右，遷職方中大夫。復拜安弟悊爲儀同。安叔父梁州刺史璋，時在京師，與周趙王謀害高祖，誘悊爲內應。悊謂安曰：「寢之則不忠，言之則不義，失忠與義，何以立身？」安曰：「丞相父也，其可背乎？」遂陰白之。及趙王等伏誅，將加官賞，安頓首而言曰：「兄弟無汗馬之勞，過蒙獎擢，合門竭節，無以酬謝。不意叔父無狀，爲凶黨之所蠱惑，覆宗絕嗣，其甘若薺。蒙全首領，爲幸實多，豈可將叔父之命以求官賞？」於是俯伏流涕，悲不自勝。高祖爲之改容曰：「我爲汝特存璋子。」乃命有司罪止璋身，高祖亦爲安隱其事而不言。尋授安開府，進封趙郡公，悊上儀同、黃臺縣男。

高祖即位，授安內史侍郎，轉尚書左丞、黃門侍郎。平陳之役，以爲楊素司馬，仍領行軍總管，率蜀兵順流東下。時陳人屯白沙，安謂諸將曰：「水戰非北人所長。今陳人依險泊船，必輕我而無備。以夜襲之，賊可破也。」諸將以爲然。安率衆先鋒，大破陳師。高祖嘉之，詔書勞曰：「陳賊之意，自言水戰爲長，險隘之閒，彌謂官軍所憚。開府親將所部，夜動舟師，摧破賊徒，生擒虜衆，益官軍之氣，破賊人之膽，副朕所委，聞以欣然。」進位上大將軍，除郢州刺史。數日，轉鄧州刺史。安請爲內職，高祖重違其意，除左領左右將軍。俄遷右領軍大將軍，復拜悊開府儀同三司、備身將軍。兄弟俱典禁衞，恩信甚重。八年，突厥犯塞，〔二〕以安爲行軍總管，從楊素擊之。安別出長川，會虜渡河，與戰破之。仁壽元年，出安爲寧州刺史，悊爲衞州刺史。安子瓊，悊子瑋，始自襁褓，乳養宮中，至是年八九歲，始命歸家。其見親顧如是。

高祖嘗言及作相時事，因愍安兄弟滅親奉國，乃下詔曰：「先王立教，以義斷恩，割親愛之情，盡事君之道，用能弘獎大節，體此至公。往者周曆既窮，天命將及，朕登庸惟始，王業初基，承此澆季，實繁姦宄。上大將軍、寧州刺史、趙郡公李安，其叔璋潛結藩枝，扇惑猶子，包藏不逞，禍機將發。安與弟開府儀同三司、衞州刺史、黃臺縣男悊，深知逆順，披露丹心，凶謀既彰，罪人斯得。朕每念誠節，嘉之無已，疇庸册賞，宜不踰時。但以事涉其親，猶有疑惑，欲使安等名教之方，自處有地，朕常爲思審，遂致淹年。今更詳按聖典，求諸往事，父子天性，誠孝猶不並立，況復叔姪恩輕，情禮本有差降，忘私奉國，深得正理，宜錄舊勳，重弘賞命。」於是拜安、悊俱爲柱國，賜縑各五千匹，馬百匹，羊千口。復以悊爲備身將軍，進封順陽郡公。安謂親族曰：「雖家門獲全，而叔父遭禍，今奉此詔，悲愧交懷。」因歔欷悲感，不能自勝。先患水病，於是疾甚而卒，時年五十三。謚曰懷。子瓊嗣。少子孝恭，最有名。悊後坐事除名，配防嶺南，道病卒。

史臣曰：宇文慶等，龍潛惟舊，疇昔親姻，或素盡平生之言，或早有腹心之託。霑雲雨之餘潤，照日月之末光，騁步天衢，與時升降。高位厚秩，貽厥後昆，優矣。昂幼養宮中，未

聞教義，煬帝愛之不以禮，其能不及於此乎？安、葳之於高祖，未有君臣之分，陷其骨肉，使就誅夷，大義滅親，所聞異於此矣。雖有悲悼，何損於譽。

校勘記

〔一〕少師右上士　通典三九「少」作「小」，「師」作「司」。

〔二〕八年突厥犯塞　按：本書楊素傳，擊突厥在十八年，通鑑隋紀二系此事於十九年。「八」上當脫「十」字。

隋書卷五十一

列傳第十六

長孫覽 從子熾　熾弟晟

長孫覽字休因，河南洛陽人也。祖稚，魏太師、假黃鉞、上黨文宣王。父紹遠，周小宗伯、上黨郡公。覽性弘雅，有器量，略涉書記，尤曉鍾律。魏大統中，起家東宮親信。周明帝時，為大都督。武帝在藩，與覽親善，及即位，彌加禮焉，超拜車騎大將軍，每公卿上奏，必令省讀。覽有口辯，聲氣雄壯，凡所宣傳，百僚屬目，帝每嘉歎之。覽初名善，帝謂之曰：「朕以萬機委卿先覽。」遂賜名焉。及誅宇文護，以功進封薛國公。其後歷小司空。從平齊，進位柱國，封第二子寬管國公。宣帝時，進位上柱國、大司徒，俄歷同、涇二州刺史。高祖為丞相，轉宜州刺史。

開皇二年，將有事於江南，徵為東南道行軍元帥，統八總管出壽陽，水陸俱進。師臨江，

陳人大駭。會陳宣帝卒，覽欲乘釁遂滅之，監軍高熲以禮不伐喪而還。上常命覽與安德王雄、上柱國元諧、李充、左僕射高熲、右衞大將軍虞慶則、吳州總管賀若弼等同宴，上曰：「朕昔在周朝，備展誠節，但苦猜忌，每致寒心。為臣若此，竟何情賴！朕之於公，義則君臣，恩猶父子。朕當與公共享終吉，罪非謀逆，一無所問。朕亦知公至誠，特付太子，宜數參見之，庶得漸相親愛。柱臣素望，實屬於公，宜識朕意。」其恩禮如此。又為蜀王秀納覽女為妃。其後以母憂去職。歲餘，起令復位。俄轉涇州刺史，所在並有政績。卒官。子洪嗣。仕歷宋順臨三州刺史、司農少卿、北平太守。

熾字仲光，上黨文宣王稚之曾孫也。祖裕，魏太常卿、冀州刺史。父兕，周開府儀同三司、熊絳二州刺史、平原侯。熾性敏慧，美姿儀，頗涉羣書，兼長武藝。建德初，武帝尚道法，尤好玄言，求學兼經史、善於談論者，為通道館學士。熾應其選，與英俊並遊，通涉彌博。建德二年，授雍州倉城令，尋轉盩厔令。頻宰二邑，考績連最，遷崤郡守。入為御正上士。高祖作相，擢為丞相府功曹參軍，加大都督，封陽平縣子，邑二百戶。遷稍伯下大夫。其年王謙反，熾從信州總管王長述泝江而上。以熾為前軍，破謙一鎮，定楚、合等五州，擒偽總管荊山公元振，以功拜儀同三司。

及高祖受禪，熾率官屬先入清宮，即日授內史舍人、上儀同三司。尋以本官攝判東宮右庶子，出入兩宮，甚被委遇。加以處事周密，高祖每稱美之。授左領軍長史，持節，使於東南道三十六州，廢置州郡，巡省風俗。還授太子僕，加諫議大夫，攝長安令。與大興令梁毗俱爲稱職。然毗以嚴正聞，熾以寬平顯，爲政不同，部內各化。尋領右常平監，遷雍州贊治，改封饒良縣子。遷鴻臚少卿。後數歲，轉太常少卿，進位開府儀同三司。復持節爲河南道二十八州巡省大使，於路授吏部侍郎。大業元年，遷大理卿，復爲西南道大使，巡省風俗。擢拜戶部尚書。〔一〕吐谷渾寇張掖，令熾率精騎五千擊走之，追至青海而還，以功授銀青光祿大夫。六年，幸江都宮，留熾於東都居守，仍攝左候衞將軍事。其年卒官，時年六十二。謚曰靜。子安世，通事謁者。

晟字季晟，性通敏，略涉書記，善彈工射，趫捷過人。時周室尚武，貴遊子弟咸以相矜，每共馳射，時輩皆出其下。年十八，爲司衞上士，初未知名，人弗之識也。唯高祖一見，深嗟異焉，乃攜其手而謂人曰：「長孫郎武藝逸羣，適與其言，又多奇略。後之名將，非此子邪？」

宣帝時，突厥攝圖請婚于周，以趙王招女妻之。然周與攝圖各相誇競，妙選驍勇以充

使者，因遣晟副汝南公宇文神慶送千金公主至其牙。前後使人數十輩，攝圖多不禮，見晟而獨愛焉，每共遊獵，留之竟歲。嘗有二鵰，飛而爭肉，因以兩箭與晟曰：「請射取之。」晟乃彎弓馳往，遇鵰相攫，遂一發而雙貫焉。攝圖喜，命諸子弟貴人皆相親友，冀昵近之，以學彈射。其弟處羅侯號突利設，尤得衆心，而爲攝圖所忌，密託心腹，陰與晟盟。晟與之遊獵，因察山川形勢，部衆强弱，皆盡知之。時高祖作相，晟以狀白高祖。高祖大喜，遷奉車都尉。

至開皇元年，攝圖曰：「我周家親也，今隋公自立而不能制，復何面目見可賀敦乎？」因與高寶寧攻陷臨渝鎮，約諸面部落謀共南侵。高祖新立，由是大懼，修築長城，發兵屯北境，命陰壽鎮幽州，虞慶則鎮幷州，屯兵數萬人以爲之備。晟先知攝圖、玷厥、阿波、突利等叔姪兄弟各統强兵，俱號可汗，分居四面，內懷猜忌，外示和同，難以力征，易可離間，因上書曰：「臣聞喪亂之極，必致升平，是故上天啓其機，聖人成其務。伏惟皇帝陛下當百王之末，膺千載之期，諸夏雖安，戎場尚梗。興師致討，未是其時，棄於度外，又復侵擾。故宜密運籌策，漸以攘之，計失則百姓不寧，計得則萬代之福。吉凶所係，伏願詳思。臣於周末，忝充外使，匈奴倚伏，實所具知。玷厥之於攝圖，兵强而位下，外名相屬，內隙已彰，鼓動其情，必將自戰。又處羅侯者，攝圖之弟，姦多而勢弱，曲取於衆心，國人愛之，因爲攝圖所忌，其

心殊不自安，迹示彌縫，實懷疑懼。又阿波首鼠，介在其間，頗畏攝圖，受其牽率，唯强是與，未有定心。今宜遠交而近攻，離强而合弱，通使玷厥，說合阿波，則攝圖廻兵，自防右地。又引處羅，遣連奚、霫，則攝圖分衆，還備左方。首尾猜嫌，腹心離阻，十數年後，承釁討之，必可一舉而空其國矣。」上省表大悅，因召與語。晟復口陳形勢，手畫山川，寫其虛實，皆如指掌。上深嗟異，皆納用焉。因遣太僕元暉出伊吾道，使詣玷厥，賜以狼頭纛，謬爲欽敬，禮數甚優。玷厥使來，引居攝圖使上。反間既行，果相猜貳。授晟車騎將軍，出黃龍道，齎幣賜奚、霫、契丹等，遣爲鄉導，得至處羅侯所，深布心腹，誘令內附。

二年，攝圖四十萬騎自蘭州入，至于周盤，破達奚長儒軍，更欲南入。玷厥不從，引兵而去。時晟又說染干詐告攝圖曰：「鐵勒等反，欲襲其牙。」攝圖乃懼，廻兵出塞。

後數月，〔二〕突厥大入，發八道元帥分出拒之。阿波至涼州，與竇榮定戰，賊帥累北。時晟爲偏將，使謂之曰：「攝圖每來，戰皆大勝。阿波纔入，便即致敗，此乃突厥之恥，豈不內愧於心乎？且攝圖之與阿波，兵勢本敵。今攝圖日勝，爲衆所崇，阿波不利，爲國生辱。攝圖必當因以罪歸於阿波，成其夙計，滅北牙矣。願自量度，能禦之乎？」阿波使至，晟又謂之曰：「今達頭與隋連和，而攝圖不能制。可汗何不依附天子，連結達頭，相合爲强，此萬全之計。豈若喪兵負罪，歸就攝圖，受其戮辱邪？」阿波納之，因留塞上，使人隨晟入朝。時

攝圖與衞王軍遇，戰於白道，敗走至磧。聞阿波懷貳，乃掩北牙，盡獲其衆而殺其母。阿波還無所歸，西奔玷厥，乞師十餘萬，東擊攝圖，復得故地，收散卒數萬，與攝圖相攻。阿波頻勝，其勢益張。攝圖又遣使朝貢，公主自請改姓，乞爲帝女，上許之。

四年，遣晟副虞慶則使于攝圖，賜公主姓爲楊氏，改封大義公主。攝圖奉詔，不肯起拜，晟進曰：「突厥與隋俱是大國天子，可汗不起，安敢違意。但可賀敦爲帝女，則可汗是大隋女壻，奈何無禮，不敬婦公乎？」攝圖乃笑謂其達官曰：「須拜婦公，我從之耳。」於是乃拜詔書。使還稱旨，授儀同三司、左勳衞車騎將軍。

七年，攝圖死，遣晟持節拜其弟處羅侯爲莫何可汗，以其子雍閭爲葉護可汗。處羅侯因晟奏曰：「阿波爲天所滅，與五六千騎在山谷間，伏聽詔旨，當取之以獻。」乃召文武議焉。樂安公元諧曰：「請就彼梟首，以懲其惡。」武陽公李充曰：「請生將入朝，顯戮以示百姓。」上謂晟曰：「於卿何如？」晟對曰：「若突厥背誕，須齊之以刑。今其昆弟自相夷滅，阿波之惡，非負國家。因其困窮，取而爲戮，恐非招遠之道，不如兩存之。」上曰：「善。」八年，處羅侯死，遣晟往弔，仍齎陳國所獻寶器以賜雍閭。

十三年，流人楊欽亡入突厥，詐言彭公劉昶共宇文氏女謀欲反隋，稱遣其來，密告公主。雍閭信之，乃不修職貢。又遣晟出使，微觀察焉。公主見晟，乃言辭不遜，又遣所私胡

人安遂迦共欽計議，扇惑雍閭。晟至京師，具以狀奏。又遣晟往索欽，雍閭欲勿與，謬答曰：「檢校客內，無此色人。」晟乃貨其達官，知欽所在，夜掩獲之，以示雍閭，因發公主私事，國人大恥。雍閭執遂迦等，並以付晟。上大喜，加授開府，仍遣入蕃，涖殺大義公主。雍閭又表請婚，僉議將許之。晟又奏曰：「臣觀雍閭，反覆無信，特共玷厥有隙，所以依倚國家。縱與爲婚，終當必叛。今若得尚公主，承藉威靈，玷厥、染干必又受其徵發。强而更反，後恐難圖。且染干者，處羅侯之子也，素有誠款，于今兩代。臣前與相見，亦乞通婚，不如許之，招令南徙，兵少力弱，易可撫馴，使敵雍閭，以爲邊捍。」上曰：「善。」又遣慰喻染干，許尚公主。

十七年，染干遣五百騎隨晟來逆女，以宗女封安義公主以妻之。晟說染干率衆南徙，居度斤舊鎮。雍閭疾之，亟來抄略。染干伺知動靜，輒遣奏聞，是以賊來每先有備。

十九年，染干因晟奏，雍閭作攻具，欲打大同城。詔發六總管，並取漢王節度，分道出塞討之。雍閭大懼，復共達頭同盟，合力掩襲染干，大戰于長城下。染干敗績，殺其兄弟子姪，而部落亡散。染干與晟獨以五騎逼夜南走，至旦，行百餘里，收得數百騎，乃相與謀曰：「今兵敗入朝，一降人耳，大隋天子豈禮我乎？玷厥雖來，本無冤隙，若往投之，必相存濟。」晟知其懷貳，乃密遣從者入伏遠鎮，令速舉烽。染干見四烽俱發，問晟曰：「城上然烽何也？」

晟紿之曰：「城高地迥，必遙見賊來。我國家法，若賊少舉二烽，來多舉三烽，大逼舉四烽，使見賊多而又近耳。」染干大懼，謂其衆曰：「追兵已逼，且可投城。」既入鎮，晟留其達官執室以領其衆，自將染干馳驛入朝。帝大喜，進授左勳衞驃騎將軍，持節護突厥。晟遣降虜覘候雍閭，知其牙內屢有災變，夜見赤虹，光照數百里，天狗隕，雨血三日，流星墜其營內，有聲如雷。每夜自驚，言隋師且至。並遣奏知，仍請出討突厥。都速等歸染干，前後至者男女萬餘口，晟安置之。由是突厥悅附。尋以染干爲意利珍豆啓人可汗，〔三〕賜射於武安殿。選善射者十二人，分爲兩朋。啓人曰：「臣由長孫大使得見天子，今日賜射，願入其朋。」許之。給晟箭六侯，發皆入鹿，啓人之朋竟勝。時有鳶羣飛，上曰：「公善彈，爲我取之。」十發俱中，並應丸而落。是日百官獲賚，晟獨居多。尋遣領五萬人，於朔州築大利城以處染干。安義公主死，持節送義城公主，復以妻之。晟又奏：「染干部落歸者既衆，雖在長城之內，猶被雍閭抄略，往來辛苦，不得寧居。請徙五原，以河爲固，於夏、勝兩州之間，東西至河，南北四百里，掘爲橫塹，令處其內，任情放牧，免於抄略，人必自安。」上並從之。

二十年，都藍大亂，爲其部下所殺。晟因奏請曰：「今王師臨境，戰數有功，賊內攜離，其主被殺。乘此招誘，必並來降，請遣染干部下分頭招慰。」上許之，果盡來附。達頭恐怖，又大集兵。詔晟部領降人，爲秦川行軍總管，取晉王廣節度出討。達頭與王相抗，晟進策曰：「突厥飲泉，易可行毒。」因取諸藥毒水上流，達頭人畜飲之多死，於是大驚曰：「天雨惡水，其亡我乎？」因夜遁。晟追之，斬首千餘級，俘百餘口，六畜數千頭。王大喜，引晟入內，同宴極歡。有突厥達官來降，時亦預坐，說言突厥之內，大畏長孫總管，聞其弓聲，謂爲霹靂，見其走馬，稱爲閃電。王笑曰：「將軍震怒，威行域外，遂與雷霆爲比，一何壯哉！」師旋，授上開府儀同三司，復遣還大利城，安撫新附。

仁壽元年，晟表奏曰：「臣夜登城樓，望見磧北有赤氣，長百餘里，皆如雨足下垂被地。謹驗兵書，此名灑血，其下之國必且破亡。欲滅匈奴，宜在今日。」詔楊素爲行軍元帥，晟爲受降使者，送染干北伐。二年，軍次北河，値賊帥思力俟斤等領兵拒戰，晟與大將軍梁默擊走之，轉戰六十餘里，賊衆多降。晟又教染干分遣使者，往北方鐵勒等部招攜取之。三年，有鐵勒、思結、伏利具、渾、斛薩、阿拔、僕骨等十餘部，盡背達頭，請來降附。達頭衆大潰，西奔吐谷渾。晟送染干安置于磧口。

事畢，入朝，遇高祖崩，匿喪未發。煬帝引晟於大行前委以內衞宿衞，知門禁事，即日拜左領軍將軍。遇楊諒作逆，勑以本官爲相州刺史，發山東兵馬，與李雄等共經略之。晟辭曰：「有男行布，今在逆地，忽蒙此任，情所不安。」帝曰：「公著勤誠，朕之所悉。今相州之地，本是齊都，人俗澆浮，易可搔擾。儻生變動，賊勢即張，思所以鎮之，非公莫可。公體國

之深，終不可以兒害義，故用相委，公其勿辭。」於是遣捉相州。諒破，追還，轉武衞將軍。

大業三年，煬帝幸榆林，欲出塞外，陳兵耀武，經突厥中，指于涿郡。仍恐染干驚懼，先遣晟往喻旨，稱述帝意。染干聽之，因召所部諸國，奚、霫、室韋等種落數十酋長咸萃。晟以牙中草穢，欲令染干親自除之，示諸部落，以明威重，乃指帳前草曰：「此根大香。」染干遽嗅之曰：「殊不香也。」晟曰：「天子行幸所在，諸侯躬親灑掃，耘除御路，以表至敬之心。今牙中蕪穢，謂是留香草耳。」染干乃悟曰：「奴罪過。奴之骨肉，皆天子賜也，得効筋力，豈敢有辭？特以邊人不知法耳，賴將軍恩澤而教導之。將軍之惠，奴之幸也。」遂拔所佩刀，親自芟草，其貴人及諸部爭放效之。乃發榆林北境，至于其牙，又東達于薊，長三千里，廣百步，舉國就役而開御道。帝聞晟策，乃益嘉焉。後除淮陽太守，未赴任，復爲右驍衞將軍。

五年，卒，時年五十八。帝深悼惜之，賵贈甚厚。後突厥圍雁門，帝歎曰：「向使長孫晟在，不令匈奴至此！」晟好奇計，務功名。性至孝，居憂毀瘠，爲朝士所稱。貞觀中，追贈司空、上柱國、齊國公，謚曰獻。少子無忌嗣。

其長子行布，亦多謀略，有父風。起家漢王諒庫眞，〔四〕甚見親狎。後遇諒於并州起逆，率衆南拒官軍，乃留行布城守，遂與豆盧毓等閉門拒諒，城陷，遇害。次子恒安，以兄功授鷹揚郎將。

史臣曰：長孫氏爰自代陰，來儀京洛，門傳鍾鼎，家誓山河。漢代八王，無以方其茂績，張氏七葉，不能譬此重光。覽獨擅雄辨，熾早稱爽俊，俱司禮閣，並統師旅，且公且侯，文武不墜。晟體資英武，兼包奇略，因機制變，懷彼戎夷。傾巢盡落，屈膝稽顙，塞垣絕鳴鏑之旅，渭橋有單于之拜。惠流邊朔，功光王府，保茲爵祿，不亦宜乎！

校勘記

〔一〕戶部　據本書煬帝紀上當作「民部」，唐人諱改。

〔二〕後數月　「月」原作「年」。突厥集史二：「傳上文稱二年，下文稱四年，勘之本紀及他傳，此顯是三年事，『後數年』者，『後數月』之訛也。」按通鑑系此事于陳至德元年，正是開皇三年。

〔三〕意利珍豆啓人可汗　「珍」原作「彌」，據本書煬帝紀上、又突厥傳，及通鑑開皇十九年改。「啓人」當作「啓民」，唐人諱改。

〔四〕起家漢王諒庫眞　「眞」原作「直」，據本書元景山傳改。庫眞，北朝官名，見南史侯景傳、舊唐書職官志一、文館詞林四五三周孝範碑銘。

隋書卷五十二

列傳第十七

韓擒虎〔一〕　弟僧壽　洪

韓擒字子通，河南東垣人也，後家新安。父雄，以武烈知名，仕周，官至大將軍、洛、虞等八州刺史。擒少慷慨，以膽略見稱，容貌魁岸，有雄傑之表。性又好書，經史百家皆略知大旨。周太祖見而異之，令與諸子遊集。後以軍功，拜都督、新安太守，稍遷儀同三司，襲爵新義郡公。武帝伐齊，齊將獨孤永業守金墉城，擒說下之。進平范陽，加上儀同，拜永州刺史。陳人逼光州，擒以行軍總管擊破之。又從宇文忻平合州。高祖作相，遷和州刺史。〔二〕陳將甄慶、任蠻奴、蕭摩訶等共為聲援，頻寇江北，前後入界。擒屢挫其鋒，陳人奪氣。

開皇初，高祖潛有吞并江南之志，以擒有文武才用，夙著聲名，於是拜為廬州總管，委

以平陳之任，甚為敵人所憚。及大舉伐陳，以擒為先鋒。擒率五百人宵濟，襲採石，守者皆醉，擒遂取之。進攻姑熟，半日而拔，次於新林。江南父老素聞其威信，來謁軍門，晝夜不絕。陳人大駭，其將樊巡、魯世眞、田瑞等相繼降之。晉王廣上狀，高祖聞而大悅，宴賜羣臣。晉王遣行軍總管杜彥與擒合軍，步騎二萬。陳叔寶遣領軍蔡徵守朱雀航，聞擒將至，衆懼而潰。任蠻奴為賀若弼所敗，棄軍降於擒。擒以精騎五百，直入朱雀門。陳人欲戰，蠻奴撝之曰：「老夫尚降，諸君何事！」衆皆散走。遂平金陵，執陳主叔寶。時賀若弼亦有功。乃下詔於晉王曰：「此二公者，深謀大略，東南逋寇，朕本委之，靜地恤民，悉如朕意。九州不一，已數百年，以名臣之功，成太平之業，天下盛事，何用過此！聞以欣然，實深慶快。平定江表，二人之力也。」賜物萬段。又下優詔於擒、弼曰：「申國威於萬里，宣朝化於一隅，使東南之民俱出湯火，數百年寇旬日廓清，專是公之功也。高名塞於宇宙，盛業光於天壤，逖聽前古，罕聞其匹。班師凱入，誠知非遠，相思之甚，寸陰若歲。」

及至京，弼與擒爭功於上前，弼曰：「臣在蔣山死戰，破其銳卒，擒其驍將，震揚威武，遂平陳國。韓擒略不交陣，豈臣之比！」擒曰：「本奉明旨，令臣與弼同時合勢，以取僞都。弼乃敢先期，逢賊遂戰，致令將士傷死甚多。臣以輕騎五百，兵不血刃，直取金陵，降任蠻奴，執陳叔寶，據其府庫，傾其巢穴。弼至夕，方扣北掖門，臣啓關而納之。斯乃救罪不暇，安得

與臣相比！」上曰：「二將俱合上勳。」於是進位上柱國，賜物八千段。有司劾擒放縱士卒，淫污陳宮，坐此不加爵邑。

先是，江東有謠歌曰：「黃斑青驄馬，發自壽陽涘，來時冬氣末，去日春風始。」皆不知所謂。擒本名豹，〔三〕平陳之際，又乘青驄馬，往反時節與歌相應，至是方悟。其後突厥來朝，上謂之曰：「汝聞江南有陳國天子乎？」對曰：「聞之。」上命左右引突厥詣擒前，曰：「此是執得陳國天子者。」擒厲然顧之，突厥惶恐，不敢仰視，其有威容如此。別封壽光縣公，食邑千戶。以行軍總管屯金城，禦備胡寇，即拜涼州總管。

俄徵還京，上宴之內殿，恩禮殊厚。無何，其鄰母見擒門下儀衞甚盛，有同王者，母異而問之。其中人曰：「我來迎王。」忽然不見。又有人疾篤，忽驚走至擒家曰：「我欲謁王。」左右問曰：「何王也？」答曰：「閻羅王。」擒子弟欲撻之，擒止之曰：「生爲上柱國，死作閻羅王，斯亦足矣。」因寢疾，數日竟卒，時年五十五。子世諤嗣。

世諤倜儻驍捷，有父風。楊玄感之作亂也，引世諤爲將，每戰先登。及玄感敗，爲吏所拘。時帝在高陽，送詣行所。世諤日令守者市酒殽以酣暢，揚言曰：「吾死在朝夕，不醉何爲！」漸以酒進守者，守者狎之，遂飲令致醉。世諤因得逃奔山賊，不知所終。

僧壽字玄慶，擒母弟也，亦以勇烈知名。周武帝時，爲侍伯中旅下大夫。高祖得政，從韋孝寬平尉迥，每戰有功，授大將軍，封昌樂公，邑千戶。開皇初，拜安州刺史。時擒爲廬州總管，朝廷不欲同在淮南，轉爲熊州刺史。後轉蔚州刺史，進爵廣陵郡公。尋以行軍總管擊突厥於雞頭山，破之。後坐事免。數歲，復拜蔚州刺史。突厥甚憚之。十七年，屯蘭州以備胡。明年，遼東之役，領行軍總管，還，檢校靈州總管事。從楊素擊突厥，破之，進位上柱國，改封江都郡公。煬帝即位，又改封新蔡郡公。自是之後，不復任用。大業五年，從幸太原。有京兆人達奚通妾王氏，能清歌，朝臣多相會觀之，僧壽亦豫焉，坐是除名。尋令復位。八年，卒於京師，時年六十五。有子孝基。

洪字叔明，擒季弟也。少驍勇，善射，膂力過人。仕周侍伯上士，後以軍功，拜大都督。高祖爲丞相，從韋孝寬破尉迥於相州，加上開府，甘棠縣侯，邑八百戶。高祖受禪，進爵爲公。尋授驃騎將軍。開皇九年，平陳之役，授行軍總管。及陳平，晉王廣大獵於蔣山，有猛獸在圍中，衆皆懼。洪馳馬射之，應弦而倒。陳氏諸將，列觀於側，莫不歎伏焉。王大喜，賜縑百匹。尋以功加柱國，拜蔣州刺史。數歲，轉廉州刺史。

時突厥屢爲邊患，朝廷以洪驍勇，檢校朔州總管事。尋拜代州總管。仁壽元年，突厥

達頭可汗犯塞，洪率蔚州刺史劉隆、大將軍李藥王拒之。遇虜於恒安，衆寡不敵，洪四面搏戰，身被重創，將士沮氣。虜悉衆圍之，矢下如雨。洪僞與虜和，圍少解。洪率所領潰圍而出，死者大半，殺虜亦倍。洪及藥王除名爲民，隆竟坐死。煬帝北巡，至恒安，見白骨被野，以問侍臣。侍臣曰：「往者韓洪與虜戰處也。」帝憫然傷之，收葬骸骨，命五郡沙門爲設佛供，拜洪隴西太守。

未幾，朱崖民王萬昌作亂，詔洪擊平之。以功加位金紫光祿大夫，領郡如故。俄而萬昌弟仲通復叛，又詔洪討平之。師未旋，遇疾而卒，時年六十三。

賀若弼

賀若弼字輔伯，河南洛陽人也。〔四〕父敦，以武烈知名，仕周爲金州總管，宇文護忌而害之。臨刑，呼弼謂之曰：「吾必欲平江南，然此心不果，汝當成吾志。且吾以舌死，汝不可不思。」因引錐刺弼舌出血，誡以慎口。弼少慷慨，有大志，驍勇便弓馬，解屬文，博涉書記，有重名於當世。周齊王憲聞而敬之，引爲記室。未幾，封當亭縣公，遷小內史。周武帝時，上柱國烏丸軌言於帝曰：「太子非帝王器，臣亦嘗與賀若弼論之。」帝呼弼問之，弼知太子不可動搖，恐禍及己，詭對曰：「皇太子德業日新，未覩其闕。」帝默然。弼既退，軌讓其背己，弼

曰：「君不密則失臣，臣不密則失身，所以不敢輕議也。」及宣帝嗣位，軌竟見誅，弼乃獲免。尋與韋孝寬伐陳，攻拔數十城，弼計居多。拜壽州刺史，改封襄邑縣公。高祖爲丞相，尉迥作亂鄴城，恐弼爲變，遣長孫平馳驛代之。

高祖受禪，陰有并江南之志，訪可任者。高熲曰：「朝臣之內，文武才幹，無若賀若弼者。」高祖曰：「公得之矣。」於是拜弼爲吳州總管，委以平陳之事，弼忻然以爲己任。與壽州總管源雄並爲重鎭。弼遺雄詩曰：「交河驃騎幕，合浦伏波營，勿使騏驎上，無我二人名。」獻取陳十策，上稱善，賜以寶刀。開皇九年，大舉伐陳，以弼爲行軍總管。將渡江，酹酒而呪曰：「弼親承廟略，遠振國威，伐罪弔民，除兇翦暴。上天長江，鑒其若此。如使福善禍淫，大軍利涉；如事有乖違，得葬江魚腹中，死且不恨。」先是，弼請緣江防人每交代之際，必集歷陽。於是大列旗幟，營幕被野。陳人以爲大兵至，悉發國中士馬。既知防人交代，其衆復散。後以爲常，不復設備。及此，弼以大軍濟江，陳人弗之覺也。襲陳南徐州，拔之，執其刺史黃恪。軍令嚴肅，秋毫不犯，有軍士於民間沽酒者，弼立斬之。進屯蔣山之白土岡，陳將魯達、周智安、任蠻奴、〔五〕田瑞、樊毅、孔範、蕭摩訶等以勁兵拒戰。田瑞先犯弼軍，弼擊走之。魯達等相繼遞進，弼軍屢却。弼揣知其驕，士卒且惰，於是督厲將士，殊死戰，遂大破之。麾下開府員明擒摩訶至，弼命左右牽斬之。摩訶顏色自若，弼釋而禮之。從北掖

門而入。時韓擒已執陳叔寶，弼至，呼叔寶視之。叔寶惶懼流汗，股慄再拜。弼謂之曰：「小國之君，當大國卿，拜，禮也。入朝不失作歸命侯，無勞恐懼。」既而弼恚恨不獲叔寶，功在韓擒之後，於是與擒相詢，挺刃而出。上聞弼有功，大悅，下詔褒揚，語在韓擒傳。晉王以弼先期決戰，違軍命，於是以弼屬吏。上驛召之，及見，迎勞曰：「克定三吳，公之功也。」命登御坐，賜物八千段，加位上柱國，進爵宋國公，眞食襄邑三千戶，加以寶劍、寶帶、金甕、金盤各一，并雉尾扇、曲蓋，雜綵二千段，女樂二部，又賜陳叔寶妹爲妾。拜右領軍大將軍，尋轉右武候大將軍。

弼時貴盛，位望隆重，其兄隆爲武都郡公，弟東爲萬榮郡公，並刺史、列將。弼家珍玩不可勝計，婢妾曳綺羅者數百，時人榮之。弼自謂功名出朝臣之右，每以宰相自許。既而楊素爲右僕射，弼仍爲將軍，甚不平，形於言色，由是免官，弼怨望愈甚。後數年，下弼獄，上謂之曰：「我以高熲、楊素爲宰相，汝每倡言，云此二人惟堪啗飯耳，是何意也？」弼曰：「熲，臣之故人，素，臣之舅子，臣並知其爲人，誠有此語。」公卿奏弼怨望，罪當死。上惜其功，於是除名爲民。歲餘，復其爵位。上亦忌之，不復任使，然每宴賜，遇之甚厚。開皇十九年，上幸仁壽宮，讌王公，詔弼爲五言詩，詞意憤怨，帝覽而容之。嘗遇突厥入朝，上賜之射，突厥一發中的。上曰：「非賀若弼無能當此。」於是命弼。弼再拜祝曰：「臣若赤誠奉國

者，當一發破的。如其不然，發不中也。」既射，一發而中。上大悅，顧謂突厥曰：「此人，天賜我也！」

煬帝之在東宮，嘗謂弼曰：「楊素、韓擒、史萬歲三人，俱稱良將，優劣如何？」弼曰：「楊素是猛將，非謀將；韓擒是鬬將，非領將；史萬歲是騎將，非大將。」太子曰：「然則大將誰也？」弼拜曰：「唯殿下所擇。」弼意自許爲大將。及煬帝嗣位，尤被疎忌。大業三年，從駕北巡，至榆林。帝時爲大帳，其下可坐數千人，召突厥啓民可汗饗之。弼以爲大侈，與高熲、宇文弼等私議得失，爲人所奏，竟坐誅，時年六十四。妻子爲官奴婢，羣從徙邊。子懷亮，慷慨有父風，以柱國世子拜儀同三司。坐弼爲奴，俄亦誅死。

史臣曰：夫天地未泰，聖哲啓其機，疆場尙梗，爪牙宣其力。周之方、邵，漢室韓、彭，代有其人，非一時也。自晉衰微，中原幅裂，區宇分隔，將三百年。陳氏憑長江之地險，恃金陵之餘氣，以爲天限南北，人莫能窺。高祖爰應千齡，將一函夏。賀若弼慷慨，中必取之長策，韓擒奮發，賈餘勇以爭先，勢甚疾雷，鋒踰駭電。隋氏自此一戎，威加四海。稽諸天道，或時有廢興，考之人謀，實二臣之力。其俶儻英略，賀若居多，武毅威雄，韓擒稱重。方於晉之王、杜，勳庸綽有餘地。然賀若功成名立，矜伐不已，竟顚殞於非命，亦不密以失身。若念父臨終之言，必不及於斯禍矣。韓擒累世將家，威聲動俗，敵國既破，名遂身全，幸也。廣陵、甘棠，咸有武藝，驍雄膽略，並爲當時所推，赳赳干城，難兄難弟矣。

校勘記

〔一〕韓擒虎　原作「韓擒」。唐人避諱省「虎」字，今補。本書其他稱「韓擒」處，不一一增補。

〔二〕和州刺史　「和」原作「利」，據本書高祖紀上、北史本傳、集古錄五韓擒虎碑跋改。

〔三〕擒本名豹　廿二史考異：「唐人諱『虎』，史多改爲『武』，或爲『獸』，或爲『彪』。此獨更爲『豹』者，欲應『黃斑』之文也。虎豹皆有斑，黃韓聲亦許近。」

〔四〕河南洛陽　「河南」原作「河陽」，據北史賀若敦傳改。

〔五〕魯達任蠻奴　廿二史考異：「陳書作『魯廣達』，此避諱去一字。蠻奴本名『忠』，亦避諱稱其小字。」

隋書卷五十三

列傳第十八

達奚長儒

達奚長儒字富仁，代人也。祖俟，魏定州刺史。父慶，驃騎大將軍、儀同三司。長儒少懷節操，膽烈過人。十五，襲爵樂安公。魏大統中，起家奉車都尉。周太祖引爲親信，以質直恭勤，授子都督。數有戰功，假輔國將軍，累遷使持節、撫軍將軍、通直散騎常侍。平蜀之役，恒爲先鋒，攻城野戰，所當必破之。除車騎大將軍、儀同三司，增邑三百戶。天和中，除渭南郡守，遷驃騎大將軍、開府儀同三司。從武帝平齊，遷上開府，進爵成安郡公，邑千二百戶，別封一子縣公。宣政元年，除左前軍勇猛中大夫。後與烏丸軌圍陳將吳明徹於呂梁，陳遣驍將劉景率勁勇七千來爲聲援，軌令長儒逆拒之。長儒於是取車輪數百，繫以大石，沉之清水，連轂相次，以待景軍。景至，船艦礙輪不得進，長儒乃縱奇兵，水陸俱發，大

破之，俘數千人。及獲吳明徹，以功進位大將軍。尋授行軍總管，北巡沙塞，卒與虜遇，接戰，大破之。

高祖作相，王謙舉兵於蜀，沙氏上柱國楊永安扇動利、興、武、文、沙、龍等六州以應謙，詔長儒擊破之。謙二子自京師亡歸其父，長儒並捕斬之。高祖受禪，進位上大將軍，封蘄春郡公，邑二千五百戶。

開皇二年，突厥沙鉢略可汗并弟葉護及潘那可汗衆十餘萬，寇掠而南，詔以長儒爲行軍總管，率衆二千擊之。遇於周槃，衆寡不敵，軍中大懼，長儒慷慨，神色愈烈。爲虜所衝突，散而復聚，且戰且行，轉鬬三日，五兵咸盡，士卒以拳毆之，手皆見骨，殺傷萬計，虜氣稍奪，於是解去。長儒身被五創，通中者二；其戰士死傷者十八九。突厥本欲大掠秦、隴，既逢長儒，兵皆力戰，虜意大沮，明日，於戰處焚屍慟哭而去。高祖下詔曰：「突厥猖狂，輒犯邊塞，犬羊之衆，彌亘山原。而長儒受任北鄙，式遏寇賊，所部之內，少將百倍。以晝通宵，四面抗敵，凡十有四戰，所向必摧。兇徒就戮，過半不反，鋒刃之餘，亡魂竄迹。自非英威奮發，奉國情深，撫御有方，士卒用命，豈能以少破衆，若斯之偉？言念勳庸，宜隆名器，可上柱國，餘勳迴授一子。其戰亡將士，皆贈官三轉，子孫襲之。」

其年，授寧州刺史，尋轉鄜州刺史，母憂去職。長儒性至孝，水漿不入口五日，毀悴過

禮，殆將滅性，天子嘉歎。起爲夏州總管三州六鎮都將事，匈奴憚之，不敢窺塞。以病免。又除襄州總管，在職二年，轉蘭州總管。高祖遣涼州總管獨孤羅、原州總管元褒、靈州總管賀若誼等發卒備胡，皆受長儒節度。長儒率衆出祁連山北，西至蒲類海，無虜而還。復轉荊州總管三十六州諸軍事，高祖謂之曰：「江陵要害，國之南門，今以委公，朕無慮也。」歲餘，卒官。謚曰威。子暠大業時，官至太僕少卿。

賀婁子幹

賀婁子幹字萬壽，本代人也。隨魏氏南遷，世居關右。祖道成，魏侍中、太子太傅。父景賢，右衞大將軍。子幹少以驍武知名。周武帝時，釋褐司水上士，稱爲强濟。累遷小司水，以勤勞，封思安縣子。俄授使持節、儀同大將軍。大象初，領軍器監，尋除秦州刺史，進爵爲伯。

及尉迥作亂，子幹與宇文司錄從韋孝寬討之。遇賊圍懷州，子幹與宇文述等擊破之。高祖大悅，手書曰：「逆賊尉迥，敢遣蟻衆，作寇懷州。公受命誅討，應機蕩滌，聞以嗟贊，不易可言。丈夫富貴之秋，正在今日，善建功名，以副朝望也。」其後每戰先登，及破鄴城，與崔弘度逐迥至樓上。進位上開府，封武川縣公，邑三千戶，以思安縣伯別封子皎。

開皇元年，進爵鉅鹿郡公。其年，吐谷渾寇涼州，子幹以行軍總管從上柱國元諧擊之，功最優，詔褒美。高祖慮邊塞未安，即令子幹鎮涼州。明年，突厥寇蘭州，子幹率衆拒之，至可洛峐山，與賊相遇。賊衆甚盛，子幹阻川爲營，賊軍不得水數日，人馬甚敝，縱擊，大破之。於是册授子幹爲上大將軍曰：「於戲！敬聽朕命。唯爾器量閑明，志情强果，任經武將，勤績有聞。往歲凶醜未寧，屢驚疆埸，拓土靜亂，殊有厥勞。是用崇茲賞典，加此車服，往欽哉！祗承榮册，可不慎歟！」徵授營新都副監，尋拜工部尚書。其年，突厥復犯塞，以行軍總管從竇榮定擊之。子幹別路破賊，斬首千餘級，高祖嘉之，遣通事舍人曹威齎優詔勞勉之。子幹請入朝，詔令馳驛奉見。吐谷渾復寇邊，西方多被其害，命子幹討之。馳驛至河西，發五州兵，入掠其國，殺男女萬餘口，二旬而還。高祖以隴西頻被寇掠，甚患之。彼俗不設村塢，勑子幹勒民爲堡，營田積穀，以備不虞。子幹上書曰：「比者兇寇侵擾，蕩滅之期，匪朝伊夕。伏願聖慮，勿以爲懷。今臣在此，觀機而作，不得準詔行事。且隴西、河右，土曠民稀，邊境未寧，不可廣爲田種。比見屯田之所，獲少費多，虛役人功，卒逢踐暴。屯田疎遠者，請皆廢省。但隴右之民以畜牧爲事，若更屯聚，彌不獲安。只可嚴謹斥候，豈容集人聚畜。請要路之所，加其防守。但使鎮戍連接，烽候相望，民雖散居，必謂無慮。」高祖從之。俄而虜寇岷、洮二州，子幹勒兵赴之，賊聞而遁去。

高祖以子幹曉習邊事，授榆關總管十鎮諸軍事。歲餘，拜雲州刺史，甚爲虜所憚。後數年，突厥雍虞閭遣使請降，并獻羊馬。詔以子幹爲行軍總管，出西北道應接之。還拜雲州總管，以突厥所獻馬百匹、羊千口以賜之，乃下書曰：「自公守北門，風塵不警。突厥所獻，還以賜公。」母憂去職。朝廷以榆關重鎮，非子幹不可，尋起視事。十四年，以病卒官，時年六十。高祖傷惜者久之，賻縑千匹，米麥千斛，贈懷、魏等四州刺史，謚曰懷。子善柱嗣，官至黔安太守。

子幹兄詮，亦有才器，位至銀青光祿大夫，鄯、純、深三州刺史，北地太守，東安郡公。

史萬歲

史萬歲，京兆杜陵人也。父靜，周滄州刺史。萬歲少英武，善騎射，驍捷若飛。好讀兵書，兼精占候。年十五，值周、齊戰於芒山，萬歲時從父入軍，旗鼓正相望，萬歲令左右趣治裝急去。俄而周師大敗，其父由是奇之。武帝時，釋褐侍伯上士。及平齊之役，其父戰沒，萬歲以忠臣子，拜開府儀同三司，襲爵太平縣公。尉迥之亂也，萬歲從梁士彥擊之。軍次馮翊，見羣雁飛來，萬歲謂士彥曰：「請射行中第三者。」既射之，應弦而落，三軍莫不悅服。及與迥軍相遇，每戰先登。鄴城之陣，官軍稍却，

萬歲謂左右曰：「事急矣，吾當破之。」於是馳馬奮擊，殺數十人，衆亦齊力，官軍乃振。及迥平，以功拜上大將軍。

尒朱勣以謀反伏誅，萬歲頗相關涉，坐除名，配敦煌爲戍卒。其戍主甚驍武，每單騎深入突厥中，掠取羊馬，輒大剋獲。突厥無衆寡，莫之敢當。其人深自矜負，數罵辱萬歲。萬歲患之，自言亦有武用。戍主試令馳射而工，戍主笑曰：「小人定可。」萬歲請弓馬，復掠突厥中，大得六畜而歸。戍主始善之，每與同行，輒入突厥數百里，名讋北夷。竇榮定之擊突厥也，萬歲詣轅門請自効。榮定數聞其名，見而大悅。因遣人謂突厥曰：「士卒何罪過，令殺之，但當各遣一壯士決勝負耳。」突厥許諾，因遣一騎挑戰。榮定遣萬歲出應之，萬歲馳斬其首而還。突厥大驚，不敢復戰，遂引軍而去。由是拜上儀同，領車騎將軍。平陳之役，又以功加上開府。

及高智慧等作亂江南，以行軍總管從楊素擊之。萬歲率衆二千，自東陽別道而進，踰嶺越海，攻陷溪洞不可勝數。前後七百餘戰，轉鬭千餘里，寂無聲問者十旬，遠近皆以萬歲爲沒。萬歲以水陸阻絕，信使不通，乃置書竹筒中，浮之於水。汲者得之，以言於素。素大悅，上其事。高祖嗟歎，賜其家錢十萬，還拜左領軍將軍。

先是，南寧夷爨翫來降，拜昆州刺史，既而復叛。遂以萬歲爲行軍總管，率衆擊之。入自蜻蛉川，經弄凍，次小勃弄、大勃弄，至于南中。賊前後屯據要害，萬歲皆擊破之。行數百里，見諸葛亮紀功碑，銘其背曰：「萬歲之後，勝我者過此。」萬歲令左右倒其碑而進。渡西二河，入渠濫川，行千餘里，破其三十餘部，虜獲男女二萬餘口。諸夷大懼，遣使請降，獻明珠徑寸。於是勒石頌美隋德。萬歲遣使馳奏，請將翫入朝，詔許之。爨翫陰有二心，不欲詣闕，因賂萬歲以金寶，萬歲於是捨翫而還。蜀王時在益州，知其受賂，遣使將索之。萬歲聞而悉以所得金寶沉之於江，索無所獲。以功進位柱國。晉王廣虛衿敬之，待以交友之禮。上知爲所善，令萬歲督晉府軍事。明年，爨翫復反，蜀王秀奏萬歲受賂縱賊，致生邊患，無大臣節。上令窮治其事，事皆驗，罪當死。上數之曰：「受金放賊，重勞士馬。朕念將士暴露，寢不安席，食不甘味，卿豈社稷臣也？」萬歲曰：「臣留爨翫者，恐其州有變，留以鎮撫。臣還至瀘水，詔書方到，由是不將入朝，實不受賂。」上以萬歲心有欺隱，大怒曰：「朕以卿爲好人，何乃官高祿重，翻爲國賊也？」顧有司曰：「明日將斬之。」萬歲懼而服罪，頓首請命。左僕射高熲、左衞大將軍元旻等進曰：「史萬歲雄略過人，每行兵用師之處，未嘗不身先士卒，尤善撫御，將士樂爲致力，雖古名將未能過也。」上意少解，於是除名爲民。歲餘，復官爵。尋拜河州刺史，復領行軍總管以備胡。

開皇末，突厥達頭可汗犯塞，上令晉王廣及楊素出靈武道，漢王諒與萬歲出馬邑道。〔一〕

萬歲率柱國張定和、大將軍李藥王、楊義臣等出塞，至大斤山，與虜相遇。達頭遣使問曰：「隋將爲誰？」候騎報「史萬歲也」。突厥復問曰：「得非敦煌戍卒乎？」候騎曰：「是也。」達頭聞之，懼而引去。萬歲馳追百餘里乃及，擊大破之，斬數千級，逐北入磧數百里，虜遁逃而還。楊素害其功，因譖萬歲云：「突厥本降，初不爲寇，來於塞上畜牧耳。」遂寢其功。萬歲數抗表陳狀，上未之悟。會上從仁壽宮初還京師，廢皇太子，窮東宮黨與。上問萬歲所在，萬歲實在朝堂，楊素見上方怒，因曰：「萬歲謁東宮矣。」以激怒上。上謂爲信然，令召萬歲。時所將士卒在朝稱冤者數百人，萬歲謂之曰：「吾今日爲汝極言於上，事當決矣。」既見上，言將士有功，爲朝廷所抑，詞氣憤厲，忤於上。上大怒，令左右摚殺之。既而悔，追之不及，因下詔罪萬歲曰：「柱國、太平公萬歲，拔擢委任，每總戎機。往以南寧逆亂，令其出討。而昆州刺史爨翫包藏逆心，爲民興患。朕備有成勑，令將入朝。萬歲乃多受金銀，違勑令住，致爨翫尋爲反逆，更勞師旅，方始平定。所司檢校，罪合極刑，捨過念功，恕其性命，年月未久，即復本官。近復總戎，進討蕃裔。突厥達頭可汗領其兇衆，欲相拒抗，既見軍威，便即奔退，兵不血刃，賊徒瓦解。如此稱捷，國家盛事，朕欲成其勳庸，復加褒賞。而萬歲、定和通簿之日，乃懷姦詐，妄稱逆面交兵，不以實陳，懷反覆之方，弄國家之法。若竭誠立節，心無虛罔者，乃爲良將，至如萬歲，懷詐要功，便是國賊，朝憲難虧，不可再捨。」死之日，天下

士庶聞者，識與不識，莫不寃惜。

萬歲爲將，不治營伍，令士卒各隨所安，無警夜之備，虜亦不敢犯。臨陣對敵，應變無方，號爲良將。有子懷義。

劉方　馮昱　王𢯱　李充　楊武通　陳永貴　房兆

劉方，京兆長安人也。性剛決，有膽氣。仕周承御上士，尋以戰功，拜上儀同。高祖爲丞相，方從韋孝寬破尉迥於相州，以功加開府，賜爵河陰縣侯，邑八百戶。高祖受禪，進爵爲公。開皇三年，從衞王爽破突厥於白道，進位大將軍。其後歷甘、瓜二州刺史，尚未知名。

仁壽中，會交州俚人李佛子作亂，據越王故城，遣其兄子大權據龍編城，其別帥李普鼎據烏延城。左僕射楊素言方有將帥之略，上於是詔方爲交州道行軍總管，以度支侍郎敬德亮爲長史，統二十七營而進。方法令嚴肅，軍容齊整，有犯禁者，造次斬之。然仁而愛士，有疾病者，親自撫養。長史敬德亮從軍至尹州，疾甚，不能進，留之州館。分別之際，方哀其危篤，流涕嗚咽，感動行路。其有威惠如此，論者稱爲良將。至都隆嶺，遇賊二千餘人來犯官軍，方遣營主宋纂、何貴、嚴願等擊破之。進兵臨佛子，先令人諭以禍福，佛子懼而降，

送於京師。其有桀黠者，恐於後爲亂，皆斬之。

尋授驩州道行軍總管，以尚書右丞李綱爲司馬，經略林邑。方遣欽州刺史甯長眞、驩州刺史李暈、上開府秦雄以步騎出越常，方親率大將軍張愻、司馬李綱舟師趣比景。高祖崩，煬帝即位，大業元年正月，軍至海口。林邑王梵志遣兵守險，方擊走之。師次闍黎江，賊據南岸立栅，方盛陳旗幟，擊金鼓，賊懼而潰。既渡江，行三十里，賊乘巨象，四面而至。方以弩射象，象中創，却蹂其陣，王師力戰，賊奔於栅，因攻破之，俘馘萬計。於是濟區粟，度六里，前後逢賊，每戰必擒。進至大緣江，賊據險爲栅，又擊破之。逕馬援銅柱，南行八日，至其國都。林邑王梵志棄城奔海，獲其廟主金人，污其宮室，刻石紀功而還。士卒脚腫，死者十四五。方在道遇患而卒，帝甚傷惜之，乃下詔曰：「方肅承廟略，恭行天討，飲冰遄邁，視險若夷。摧鋒直指，出其不意，鯨鯢盡殪，巢穴咸傾，役不再勞，肅清海外。致身王事，誠績可嘉，可贈上柱國、盧國公。」子通仁嗣。

開皇時，有馮昱、王𢯱、李充、楊武通、陳永貴、房兆，俱爲邊將，名顯當時。昱、𢯱，並不知何許人也。昱多權略，有武藝。高祖初爲丞相，以行軍總管與王誼、李威等討叛蠻，平之，拜柱國。開皇初，又以行軍總管屯乙弗泊以備胡。突厥數萬騎來掩之，昱力戰累日，衆寡不敵，竟爲虜所敗，亡失數千人，殺虜亦過當。其後備邊數年，每戰常大克捷。𢯱驍勇善射，高祖以其有將帥才，每以行軍總管屯兵江北，禦陳寇。數有戰功，爲陳人所憚。伐陳之役，及高智慧反，攻討皆有殊績。官至柱國、白水郡公。充，隴西成紀人也。少慷慨，有英略。開皇中，頻以行軍總管擊突厥有功，官至上柱國、武陽郡公，拜朔州總管，甚有威名，爲虜所憚。後有人譖其謀反，徵還京師，上譴怒之。充性素剛，遂憂憤而卒。武通，弘農華陰人，性果烈，善馳射。數以行軍總管討西南夷，每有功，封白水郡公，拜左武衞大將軍。時党項羌屢爲邊患，朝廷以其有威名，歷岷、蘭二州總管以鎭之。後與周法尚討嘉州叛獠，法尚軍初不利，武通率數千人，爲賊斷其歸路。武通於是束馬懸車，出賊不意，頻戰破之。賊知其孤軍無援，傾部落而至。武通轉鬬數百里，爲賊所拒，四面路絕。武通輕騎接戰，墜馬，爲賊所執，殺而噉之。永貴，隴右胡人也，本姓白氏，以勇烈知名。高祖甚親愛之，數以行軍總管鎭邊，每戰必單騎陷陣。官至柱國、蘭利二州總管，封北陳郡公。兆，代人也，本姓屋引氏，剛毅有武略。頻爲行軍總管擊胡，以功官至柱國、徐州總管。並史失其事。

史臣曰：長儒等結髮從戎，俱有驍雄之略，總統師旅，各擅禦侮之功。長儒以步卒二千，抗十萬之虜，師殲矢盡，勇氣彌厲，壯哉！子幹西涉青海，北臨玄塞，胡夷懾憚，烽候無警，

亦有可稱。萬歲實懷智勇，善撫士卒，人皆樂死，師不疲勞。北却匈奴，南平夷、獠，兵鋒所指，威驚絕域。論功杖氣，犯忤貴臣，偏聽生姦，死非其罪，人皆痛惜，有李廣之風焉。劉方號令無私，治軍嚴肅，克剪林邑，遂清南海，徼外百蠻，無思不服。凡此諸將，志烈過人，出當推轂之重，入受爪牙之寄，雖馬伏波之威行南裔，趙充國之聲動西羌，語事論功，各一時也。

校勘記

〔一〕馬邑道　本書裴矩傳作「定襄道」。

隋書卷五十四

列傳第十九

王長述

王長述，京兆霸城人也。祖羆，魏太尉。父慶遠，周淮州刺史。長述幼有儀範，年八歲，周太祖見而異之，曰：「王公有此孫，足爲不朽。」解褐員外散騎侍郎，封長安縣伯。累遷撫軍將軍、銀青光祿大夫、太子舍人。長述早孤，少爲祖羆所養，及羆薨，居喪過禮，有詔褒異之。免喪，襲封扶風郡公，邑三千戶。除中書舍人，修起居注，改封龍門郡公。從于謹平江陵有功，增邑五百戶。周受禪，又增邑，通前四千七百戶。拜賓部大夫，出爲晉州刺史，轉玉壁總管長史。尋授司憲大夫，出拜廣州刺史，甚有威惠，吏人懷之，在任數年，蠻夷歸之者三萬餘戶。朝議嘉之，就拜大將軍。後歷襄、仁二州總管，並有能名。及高祖爲丞相，授信州總管，部內夷、獠猶有未賓，長述討平之，進位上大將軍。王謙作

亂益州，遣使致書於長述，因執其使，上其書，又陳取謙之策。上大悅，前後賜黃金五百兩，授行軍總管，率衆討謙。以功進位柱國。開皇初，復獻平陳之計，修營戰艦，爲上流之師。上善其能，頻加賞勞，下書曰：「每覽高策，深相嘉歎，命將之日，當以公爲元帥也。」後數歲，以行軍總管擊南寧，未至，道病卒。上甚傷惜之，令使者弔祭，贈上柱國、冀州刺史，謚曰莊。子謨嗣。謨弟軌，大業末，東郡通守。少子文楷，起部郎。

李衍

李衍字拔豆，遼東襄平人也。父弼，周太師。衍少專武藝，慷慨有志略。周太祖時，釋褐千牛備身，封懷仁縣公。加開府，改封普寧縣公，遷義州刺史。尋從韋孝寬鎮玉壁城，數與賊戰，敵人憚之。及平齊，以軍功進授大將軍，改封眞鄉郡公，拜左宮伯，賜雜綵三百匹，奴婢二十口，賜子仲威爵淨陽郡公。後歷定、鄜二州刺史。

及王謙作亂，高祖以衍爲行軍總管，從梁睿擊平之。進位上大將軍，賜縑二千匹。開皇元年，又以行軍總管討叛蠻，平之。進位柱國，賜帛二千匹。尋檢校利州總管事。明年，突厥犯塞，以行軍總管率衆討之，不見虜而還。轉介州刺史。後數年，朝廷將有事江南，詔衍於襄州道營戰船。及大舉伐陳，授行軍總管，從秦王俊出襄陽道，以功賜帛三千匹，米六百石。拜安州總管，頗有惠政，歲餘，以疾還京師，卒於家，時年五十七。子仲威嗣。

衍弟子長雅，尚高祖女襄國公主，襲父綸爵，爲河陽郡公。開皇初，拜將軍、散騎常侍，歷內史侍郎、河州刺史、檢校秦州總管。

衍從孫密，別有傳。

伊婁謙

伊婁謙字彥恭，本鮮卑人也。其先代爲酋長，隨魏南遷。祖信，中部太守。父靈，相、隆二州刺史。謙性忠直，善辭令。仕魏爲直閤將軍。周受禪，累遷宣納上士，使持節、車騎大將軍。

武帝將伐齊，引入內殿，從容謂曰：「朕將有事戎馬，何者爲先？」謙對曰：「愚臣誠不足以知大事，但僞齊僭擅，跋扈不恭，沈溺倡優，耽昏麴糵。其折衝之將斛律明月已斃，讒人之口，上下離心，道路仄目。若命六師，臣之願也。」帝大笑，因使謙與小司寇拓拔偉聘齊觀釁。[一]帝尋發兵。齊主知之，令其僕射陽休之責謙曰：「貴朝盛夏徵兵，馬首何向？」謙答曰：「僕憑式之始，未聞興師。設復西增白帝之城，東益巴丘之戍，人情恒理，豈足怪哉！」謙參軍高遵以情輸於齊，遂拘留謙不遣。帝克幷州，召謙勞之曰：「朕之舉兵，本俟卿還，不

圖高遵中爲叛逆，乖朕宿心，遵之罪也。」乃執遵付謙，任令報復。謙頓首請赦之，帝曰：「卿可聚衆唾面，令知愧也。」謙跪曰：「以遵之罪，又非唾面之責。」帝善其言而止。謙竟待遵如初。其寬厚仁恕，皆此類也。尋賜爵濟陽縣伯，累遷前驅中大夫。大象中，進爵爲侯，加位開府。

高祖作相，授亳州總管，俄徵還京。既平王謙，謙恥與逆人同名，因爾稱字。高祖受禪，以彥恭爲左武候將軍，俄拜大將軍，進爵爲公。數年，出爲澤州刺史，清約自處，甚得人和。以疾去職，吏人攀戀，行數百里不絕。數歲，卒於家，時年七十。子傑嗣。

田仁恭

田仁恭字長貴，平涼長城人也。父弘，周大司空。仁恭性寬仁，有局度。在周，以明經爲掌式中士。後以父軍功，賜爵鶉陰子。大冢宰宇文護引爲中外兵曹。後數載，復以父功拜開府儀同三司，遷中外府掾。從護征伐，數有戰功，改封襄武縣公，邑五百戶。從武帝平齊，加授上開府，進封淅陽郡公，增邑二千戶，拜幽州總管。宣帝時，進爵鴈門郡公。

高祖爲丞相，徵拜小司馬，進位大將軍。從韋孝寬破尉遲迥於相州，拜柱國。高祖受禪，進上柱國，拜太子太師，甚見親重，嘗幸其第，宴飲極歡，禮賜殊厚。奉詔營廟社，進爵

觀國公，增邑通前五千戶。未幾，拜右武衞大將軍。歲餘，卒官，時年四十七。贈司空，謚曰敬。子世師嗣。次子德懋，在孝義傳。

時有任城郡公王景、〔三〕鮮虞縣公謝慶恩，並官至上柱國。大義公辛遵及其弟韶，並官至柱國。高祖以其俱佐命功臣，特加崇貴，親禮與仁恭等。事皆亡失云。

元亨

元亨字德良，一名孝才，河南洛陽人也。父季海，魏司徒、馮翊王，遇周、齊分隔，季海遂仕長安。亨時年數歲，與母李氏在洛陽。齊神武帝以亨父在關西，禁錮之。其母則魏司空李沖之女也，素有智謀，遂詐稱凍餒，請就食於滎陽。齊人以其去關西尚遠，老婦弱子，不以爲疑，遂許之。李氏陰託大豪李長壽，攜亨及孤姪八人，潛行草間，得至長安。周太祖見而大悅，以亨功臣子，甚優禮之。亨年十二，魏恭帝在儲宮，引爲交友。釋褐千牛備身。大統末，襲爵馮翊王，邑千戶。授拜之日，悲慟不能自勝。俄遷通直散騎常侍，歷武衞將軍、勳州刺史，改封平涼王。周閔帝受禪，例降爲公。明、武時，歷隴州刺史、御正大夫、小司馬。宣帝時，爲洛州刺史。

高祖爲丞相，遇尉遲迥作亂，洛陽人梁康、邢流水等舉兵應迥，旬日之間，衆至萬餘。州

治中王文舒潛與梁康相結，將圖亨。亨陰知其謀，乃選關中兵，得二千人爲左右，執文舒斬之，以兵襲擊梁康、邢流水，皆破之。高祖受禪，徵拜太常卿，增邑七百戶。尋出爲衞州刺史，加大將軍。衞土俗薄，亨以威嚴鎮之，在職八年，風化大洽。後以老病，表乞骸骨，吏人詣闕上表，請留臥治，上嗟歎者久之。其年，亨以篤疾，重請還京，上令使者致醫藥，問動靜，相望於道。歲餘，卒于家，時年六十九。謚曰宣。

杜整

杜整字皇育，京兆杜陵人也。祖盛，魏直閤將軍、潁川太守。父闢，渭州刺史。整少有風概，九歲丁父憂，哀毀骨立，事母以孝聞。及長，驍勇有旅力，好讀孫、吳兵法。魏大統末，襲爵武鄉侯。周太祖引爲親信。後事宇文護子中山公訓，甚被親遇。俄授都督。明帝時，爲內侍上士，累遷儀同三司，拜武州刺史。從武帝平齊，加上儀同，進爵平原縣公，邑千戶，入爲勳曹中大夫。

高祖爲丞相，進位開府。及受禪，加上開府，進封長廣郡公，俄拜左武衞將軍。在職數年，以母憂去職，起令視事。開皇六年，突厥犯塞，詔遣衞王爽總戎北伐，以整爲行軍總管兼元帥長史。至合川，無虜而還。整密進取陳之策，上善之，於是以行軍總管鎮襄陽。尋

病卒，時年五十五。高祖聞而傷之，贈帛四百匹，米四百石，謚曰襄。子楷嗣。官至開府。

整弟肅，亦少有志行。開皇初，爲通直散騎常侍、北地太守。

李徹

李徹字廣達，朔方巖綠人也。父和，開皇初爲柱國。徹性剛毅，有器幹，偉容儀，多武藝。大冢宰宇文護引爲親信，尋拜殿中司馬，累遷奉車都尉。護以徹謹厚有才具，甚禮之。護子中山公訓爲蒲州刺史，護令徹以本官從焉。未幾，拜車騎大將軍、儀同三司。武帝時，從皇太子西征吐谷渾，以功賜爵同昌縣男，邑三百戶。後從帝拔晉州。及帝班師，徹與齊王憲屯雞棲原。齊主高緯以大軍至，憲引兵西上，以避其鋒。緯遣其驍將賀蘭豹子率勁騎躡憲，戰於晉州城北。憲師敗，徹與楊素、宇文慶等力戰，憲軍賴以獲全。復從帝破齊師於汾北，乘勝下高壁，拔晉陽，擒高湝於冀州，俱有力焉。錄前後功，加開府，別封蔡陽縣公，邑千戶。宣帝即位，從韋孝寬略定淮南，每爲先鋒。及淮南平，即授淮州刺史，安集初附，甚得其歡心。

高祖受禪，加上開府，轉雲州刺史。歲餘，徵爲左武衞將軍。及晉王廣之鎮幷州也，朝廷妙選正人有文武才幹者，爲之僚佐。上以徹前代舊臣，數持軍旅，詔徹總晉王府軍事，進爵齊安郡公。時蜀王秀亦鎮益州，上謂侍臣曰：「安得文同王子相，武如李廣達者乎？」其見

重如此。

明年，突厥沙鉢略可汗犯塞，上令衞王爽爲元帥，率衆擊之，以徹爲長史。遇虜於白道，行軍總管李充言於爽曰：「周、齊之世，有同戰國，中夏力分，其來久矣。突厥每侵邊，諸將輒以全軍爲計，莫能死戰。由是突厥勝多敗少，所以每輕中國之師。今者沙鉢略悉國內之衆，屯據要險，必輕我而無備，精兵襲之，可破也。」爽從之。諸將多以爲疑，唯徹奬成其計，請與同行。遂與充率精騎五千，出其不意，掩擊大破之。沙鉢略棄所服金甲，潛草中而遁。以功加上大將軍。沙鉢略因此屈膝稱藩。未幾，沙鉢略爲阿拔所侵，上疏請援。以徹爲行軍總管，率精騎一萬赴之。阿拔聞而遁去。及軍還，復領行軍總管，屯平涼以備胡寇，封安道郡公。開皇十年，進位柱國。及晉王廣轉牧淮海，以徹爲揚州總管司馬，改封德廣郡公。尋徙封城陽郡公。其後突厥犯塞，徹復領行軍總管擊破之。

左僕射高熲之得罪也，以徹素與熲相善，因被疏忌，不復任使。後出怨言，上聞而召之，入臥內賜宴，言及平生，因遇鴆而卒。大業中，其妻宇文氏爲孽子安遠誣以呪詛，伏誅。

崔彭

崔彭字子彭，博陵安平人也。祖楷，魏殷州刺史。父謙，周荊州總管。彭少孤，事母以

孝聞。性剛毅，有武略，工騎射。善周官、尚書，略通大義。周武帝時，爲侍伯上士，累轉門正上士。

及高祖爲丞相，周陳王純鎭齊州，高祖恐純爲變，遣彭以兩騎徵純入朝。彭未至齊州三十里，因詐病，止傳舍，遣人謂純曰：「天子有詔書至王所，彭苦疾，不能強步，願王降臨之。」純疑有變，多將從騎至彭所。彭出傳舍迎之，察純有疑色，恐不就徵，因詐純曰：「王可避人，將密有所道。」純麾從騎，彭又曰：「將宣詔，王可下馬。」純遽下，彭顧其騎士曰：「陳王不從詔徵，可執也。」騎士因執而鎖之。彭乃大言曰：「陳王有罪，詔徵入朝，左右不得輒動。」其從者愕然而去。高祖見而大悅，拜上儀同。

及踐阼，遷監門郎將，兼領右衞長史，賜爵安陽縣男。數歲，轉車騎將軍，俄轉驃騎，恒典宿衞。性謹密，在省闥二十餘年，每當上在仗，危坐終日，未嘗有怠惰之容，上甚嘉之。上每謂彭曰：「卿當上日，我寢處自安。」又嘗曰：「卿弓馬固以絕人，頗知學不？」彭曰：「臣少愛周禮、尚書，每於休沐之暇，不敢廢也。」上曰：「試爲我言之。」彭因說君臣戒愼之義，上稱善。觀者以爲知言。後加上開府，遷備身將軍。

上嘗宴達頭可汗使者於武德殿，有鴿鳴於梁上。上命彭射之，既發而中。上大悅，賜錢一萬。及使者反，可汗復遣使於上曰：「請得崔將軍一與相見。」上曰：「此必善射聞於虜庭，所以來請耳。」遂遣之。及至匈奴中，可汗召善射者數十人，因擲肉於野，以集飛鳶，遣其善射者射之，多不中。復請彭射之，彭連發數矢，皆應弦而落。突厥相顧，莫不歎服。可汗留彭不遣百餘日，上賂以繒綵，然後得歸。仁壽末，進爵安陽縣公，邑二千戶。

煬帝即位，遷左領軍大將軍。從幸洛陽，彭督後軍。時漢王諒初平，餘黨往往屯聚，令彭率衆數萬鎭遏山東，復領慈州事。帝以其淸，賜絹五百匹。未幾而卒，時年六十三。帝遣使弔祭，贈大將軍，諡曰肅。子寶德嗣。

史臣曰：王長述等，或出總方岳，或入司禁旅，咸著聲績，以功名終，有以取之也。伊婁謙志量弘遠，不念舊惡，請赦高遵之罪，有國士之風焉。崔彭巡警嚴廊，毅然難犯，禦侮之寄，有足稱乎！

校勘記

〔一〕拓拔偉　周書武帝紀下作「元衞」，又本傳作「元偉」。

〔二〕任城郡公　「任」原作「玉」。周書靜帝紀作「任城公」，今據改。按：北齊有任城郡，開皇三年郡廢。玉城是縣名，北魏已廢。

隋書卷五十五

列傳第二十

杜彥

杜彥，雲中人也。父遷，屬葛榮之亂，徙家於豳。彥性勇果，善騎射。仕周，釋褐左侍上士，後從柱國陸通擊陳將吳明徹於土州，破之。又擊叛蠻，剋倉塠、白楊二柵，幷斬其渠帥。進平郢州賊帥樊志，以戰功，拜大都督。尋遷儀同，治隆山郡事。明年，拜隴州刺史，賜爵永安縣伯。高祖爲丞相，從韋孝寬擊尉迥於相州，每戰有功，賜物三千段，奴婢三十口。進位上開府，改封襄武縣侯，拜魏郡太守。

開皇初，授丹州刺史，進爵爲公。後六歲，徵爲左武衞將軍。平陳之役，以行軍總管與新義公韓擒相繼而進。軍至南陵，賊屯據江岸，彥遣儀同樊子蓋率精兵擊破其柵，獲船六百餘艘。渡江，擊南陵城，拔之，擒其守將許翼。進至新林，與擒合軍。及陳平，賜物五千段，粟六千石，進位柱國，賜子寶安爵昌陽縣公。高智慧等之作亂也，復以行軍總管從楊素討之，別解江州圍。智慧餘黨往往屯聚，保投溪洞，彥水陸兼進，攻錦山、陽父、若、石壁四洞，〔一〕悉平之，皆斬其渠帥。賊李陁擁衆數千，據彭山，彥襲擊破之，斬陁，傳其首。又擊徐州、宜豐二洞，悉平之。賜奴婢百餘口。拜洪州總管，甚有治名。

歲餘，雲州總管賀婁子幹卒，上悼惜者久之，因謂侍臣曰：「榆林國之重鎭，安得子幹之輩乎？」後數日，上曰：「吾思可以鎭榆林者，莫過杜彥。」於是徵拜雲州總管。突厥來寇，彥輒擒斬之，北夷畏憚，胡馬不敢至塞。後數年，朝廷復追錄前功，賜子寶虔爵承縣公。十八年，遼東之役，以行軍總管從漢王至營州。上以彥曉習軍旅，令總統五十營事。及還，拜朔州總管。突厥復寇雲州，上令楊素擊走之，是後猶恐爲邊患，以彥素爲突厥所憚，復拜雲州總管。未幾，以疾徵還，卒，時年六十。子寶虔，大業末，文城郡丞。

高勱

高勱字敬德，渤海蓨人也，齊太尉、淸河王岳之子也。幼聰敏，美風儀，以仁孝聞，爲齊顯祖所愛。〔二〕年七歲，襲爵淸河王。十四，爲靑州刺史，歷右衞將軍、領軍大將軍、祠部尙書、開府儀同三司，改封樂安王。性剛直，有才幹，甚爲時人所重。斛律明月雅敬之，每有

征伐，則引之爲副。遷侍中、尚書右僕射。及後主爲周師所敗，勱奉太后歸鄴。時宦官放縱，儀同苟子溢尤稱寵幸，勱將斬之以徇。太后救之，乃釋。劉文殊竊謂勱曰：「子溢之徒，言成禍福，何得如此！」勱攘袂曰：「今者西寇日侵，朝貴多叛，正由此輩弄權，致使衣冠解體。若得今日殺之，明日受誅，無所恨也。」文殊甚愧。旣至鄴，勱勸後主：「五品已上家累，悉置三臺之上，因脅之曰：『若戰不捷，則燒之。』此輩惜妻子，必當死戰，可敗也。」後主不從，遂棄鄴東遁。勱恒後殿，爲周軍所得。武帝見之，與語，大悅，因問齊亡所由。勱發言流涕，悲不自勝，帝亦爲之改容。授開府儀同三司。

高祖爲丞相，謂勱曰：「齊所以亡者，由任邪佞。公父子忠良聞於鄰境，宜善自愛。」勱再拜謝曰：「勱，亡齊末屬，世荷恩榮，不能扶危定傾，以致淪覆。旣蒙獲宥，恩幸已多，況復濫叨名位，致速官謗。」高祖甚器之，以勱檢校揚州事。後拜楚州刺史，民安之。先是，城北有伍子胥廟，其俗敬鬼，祈禱者必以牛酒，至破產業。勱歎曰：「子胥賢者，豈宜損百姓乎？」乃告諭所部，自此遂止，百姓賴之。

七年，轉光州刺史，上取陳五策，又上表曰：「臣聞夷凶翦暴，王者之懋功，取亂侮亡，往賢之雅誥。是以苗民逆命，爰興兩階之舞，有扈不賓，終召六師之伐。皆所以寧一宇內，匡濟羣生者也。自昔晉氏失馭，天網絕維，羣凶於焉蝟起，三方因而鼎立。陳氏乘其際運，拔起

細微，蒨頊縱其長蛇，竊據吳會，叔寶肆其昏虐，毒被金陵。數年已來，荒悖滋甚。牝雞司旦，昵近姦回，尚方役徒，積骸千數，疆埸防守，長戍三年。或微行暴露，沉湎王侯之宅，或奔馳駿騎，顛墜康衢之首。有功不賞，無辜獲戮，烽燧日警，未以爲虞，耽淫靡嫚，不知紀極。天厭亂德，妖實人興，或空裏時有大聲，或行路共傳鬼怪，或刳人肝以祠天狗，或自捨身以厭妖訛。民神怨憤，災異荐發，天時人事，昭然可知。臣以庸才，猥蒙朝寄，頻歷藩任，與其鄰接，密邇仇讎，知其動靜，天討有罪，此卽其時。若戎車雷動，戈船電邁，臣雖駑怯，請效鷹犬。」高祖覽表嘉之，答以優詔。及大舉伐陳，以勱爲行軍總管，從宜陽公王世積下陳江州。以功拜上開府，賜物三千段。

隴右諸羌數爲寇亂，朝廷以勱有威名，拜洮州刺史。下車大崇威惠，民夷悅附，其山谷間生羌相率詣府稱謁，前後至者，數千餘戶。豪猾屛迹，路不拾遺，在職數年，稱爲治理。後遇吐谷渾來寇，勱遇疾不能拒戰，賊遂大掠而去。憲司奏勱亡失戶口，又言受羌饋遺，竟坐免官。後卒於家，時年五十六。子士廉，最知名。

尒朱敞

尒朱敞字乾羅，秀容契胡人，尒朱榮之族子也。父彥伯，官至司徒、博陵王。齊神武帝

韓陵之捷，盡誅尒朱氏，敞小，隨母養於宮中。及年十二，自竇而走，至于大街，見童兒羣戲者，敞解所著綺羅金翠之服，易衣而遁。追騎尋至，初不識敞，便執綺衣兒。比究問知非，會日已暮，由是得免。遂入一村，見長孫氏媼踞胡牀而坐。敞再拜求哀，長孫氏愍之，藏於複壁。三年，購之愈急，迹且至，長孫氏曰：「事急矣，不可久留。」資而遣之。遂詐爲道士，變姓名，隱嵩山，略涉經史。數年之間，人頗異之。嘗獨坐巖石之下，泫然而歎曰：「吾豈終於此乎？伍子胥獨何人也！」於是間行微服，西歸于周。太祖見而禮之，拜大都督、行臺郎中，封靈壽縣伯，邑千五百戶。遷通直散騎常侍，轉車騎大將軍、儀同三司，進爵爲侯。保定中，遷使持節、驃騎大將軍、開府儀同三司。天和中，增邑五百戶，歷信、臨、熊、潼四州刺史，進爵爲公。武帝東征，上表求從，許之。攻城陷陣，所當皆破，進位上開府。除南光州刺史，入爲護軍大將軍。歲餘，轉膠州刺史。於是迎長孫氏及弟置於家，厚資給之。

高祖受禪，改封邊城郡公。黔安蠻叛，命敞討平之。師旋，拜金州總管，尋轉徐州總管。在職數年，號爲明肅，民吏懼之。後以年老，上表乞骸骨，賜二馬軺車，歸於河內，卒於家，時年七十二。子最嗣。

周搖

周搖字世安，其先與後魏同源，初爲普乃氏，及居洛陽，改爲周氏。曾祖拔拔，祖右六肱，俱爲北平王。父恕延，歷行臺僕射、南荊州總管。搖少剛果，有武藝，性謹厚，動遵法度。仕魏，官至開府儀同三司。周閔帝受禪，賜姓車非氏，封金水郡公。歷鳳、楚二州刺史，吏民安之。從帝平齊，每戰有功，超授柱國，進封夔國公。未幾，拜晉州總管。時高祖爲定州總管，文獻皇后自京師詣高祖，路經搖所，主禮甚薄。旣而白后曰：「公廨甚富於財，限法不敢輒費。又王臣無得効私。」其質直如此。高祖以其奉法，每嘉之。及爲丞相，徙封濟北郡公，尋拜豫州總管。高祖受禪，復姓周氏。

開皇初，突厥寇邊，燕、薊多被其患，前總管李崇爲虜所殺，上思所以鎭之，臨朝曰：「無以加周搖者。」拜爲幽州總管六州五十鎭諸軍事。搖修鄣塞，謹斥候，邊民以安。後六載，徙爲壽州。初，自以年老，乞骸骨，上召之。旣引見，上勞之曰：「公積行累仁，歷仕三代，克終富貴，保兹遐壽，良足善也。」賜坐褥，歸於第。歲餘，終于家，謚曰恭，時年八十四。

獨孤楷

獨孤楷字修則，不知何許人也，本姓李氏。父屯，從齊神武帝與周師戰于沙苑，齊師敗績，因爲柱國獨孤信所擒，配爲士伍，給使信家，漸得親近，因賜姓獨孤氏。楷少謹厚，便弄馬槊，爲宇文護執刀，累轉車騎將軍。其後數從征伐，賜爵廣阿縣公，邑千戶，拜右侍下大夫。周末，從韋孝寬平淮南，以功賜子景雲爵西河縣公。

高祖爲丞相，進授開府，每督親信兵。及受禪，拜右監門將軍，進封汝陽郡公。數歲，遷右衞將軍。仁壽初，出爲原州總管。時蜀王秀鎭益州，上徵之，猶豫未發。朝廷恐秀生變，拜楷益州總管，馳傳代之。秀果有異志，楷諷諭久之，乃就路。楷察秀有悔色，因勒兵爲備。秀至興樂，去益州四十餘里，將反襲楷，密令左右覘所爲，知楷不可犯而止。楷在益州，甚有惠政，蜀中父老于今稱之。

煬帝卽位，轉幷州總管。遇疾喪明，上表乞骸骨。帝曰：「公先朝舊臣，歷職二代，高風素望，臥以鎭之，無勞躬親簿領也。」遣其長子凌雲監省郡事。其見重如此。數載，轉長平太守，未視事而卒。謚曰恭。子凌雲、平雲、彥雲，皆知名。楷弟盛，見誠節傳。

乞伏慧

乞伏慧字令和，馬邑鮮卑人也。祖周，魏銀青光祿大夫，父纂，金紫光祿大夫，並爲第

一領民酋長。慧少慷慨，有大節，便弓馬，好鷹犬。齊文襄帝時，爲行臺左丞，加蕩寇將軍，累遷右衞將軍、太僕卿，自永寧縣公封宜民郡王。其兄貴和，又以軍功爲王，一門二王，稱爲貴顯。周武平齊，授使持節、開府儀同大將軍，拜佽飛右旅下大夫，轉熊渠中大夫。

高祖爲丞相，從韋孝寬擊尉惇於武陟，所當皆破，授大將軍，賜物八百段。及平尉迥，進位柱國，賜爵西河郡公，邑三千戶，賚物二千三百段。請以官爵讓兄，朝廷不許，論者義之。高祖受禪，拜曹州刺史。曹土舊俗，民多姦隱，戶口簿帳恒不以實。慧下車按察，得戶數萬。遷涼州總管。先是，突厥屢爲寇抄，慧於是嚴警烽燧，遠爲斥候，虜亦素憚其名，竟不入境。歲餘，轉齊州刺史，得隱戶數千。遷壽州總管。其年，左轉杞州刺史，在職數年，遷徐州總管。時年逾七十，上表求致仕，不許。俄轉荆州總管，又領潭、桂二州總管三十一州諸軍事。其俗輕剽，慧躬行樸素以矯之，風化大洽。曾見人以簺捕魚者，出絹買而放之，其仁心如此。百姓美之，號其處曰西河公簺。轉秦州總管。

煬帝卽位，爲天水太守。大業五年，征吐谷渾，郡濱西境，民苦勞役，又遇帝西巡，坐爲道不整，獻食疏薄，帝大怒，命左右斬之。見其無髮，乃釋，除名爲民。卒於家。

張威

張威，不知何許人也。父琛，魏弘農太守。威少倜儻，有大志，善騎射，膂力過人。在周，數從征伐，位至柱國、京兆尹，封長壽縣公，邑千戶。

王謙作亂，高祖以威爲行軍總管，從元帥梁睿擊之。軍次通谷，謙守將李三王擁勁兵拒守。睿以威爲先鋒。三王初閉壘不戰，威令人詈侮以激怒之，三王果出陣。威令壯士奮擊，三王軍潰，大兵繼至，於是擒斬四千餘人。進至開遠，謙將趙儼衆十萬，連營三十里。威鑿山通道，自西嶺攻其背，儼遂敗走。追至成都，與謙大戰，威將中軍。及謙平，進位上柱國，拜瀘州總管。

高祖受禪，歷幽、洛二州總管，改封晉熙郡公。尋拜河北道行臺僕射，後督晉王軍府事。數年，拜青州總管，賜錢八十萬，米五百石，雜綵三百段。威在青州，頗治產業，遣家奴於民間鬻蘆菔根，其奴緣此侵擾百姓。上深加譴責，坐廢於家。後從上祠太山，至洛陽，上謂威曰：「自朕之有天下，每委公以重鎭，可謂推赤心矣。何乃不修名行，唯利是視？豈直孤負朕心，亦且累卿名德。」因問威曰：「公所執笏今安在？」威頓首曰：「臣負罪虧憲，無顏復執，謹藏於家。」上曰：「可持來。」威明日奉笏以見，上曰：「公雖不遵法度，功効實多，朕不忘之。今還公笏。」於是復拜洛州刺史，後封晥城郡公。尋轉相州刺史，卒官。有子植，大業中，至武賁郎將。

和洪

和洪，汝南人也。少有武力，勇烈過人。周武帝時，數從征伐，以戰功，累遷車騎大將軍、儀同三司。時龍州蠻任公忻、李國立等聚衆爲亂，刺史獨孤善不能禦。朝議以洪有武略，代善爲刺史。月餘，擒公忻、國立，皆斬首梟之，餘黨悉平。從帝攻河陰，洪力戰，陷其西門。帝壯之，賞物千段。復從帝平齊，進位上儀同，賜爵北平侯，邑八百戶，拜左勳曹下大夫。柱國王軌之擒吳明徹也，洪有功焉，加位開府，遷折衝中大夫。

尉迥作亂相州，以洪爲行軍總管，從韋孝寬擊之。軍至河陽，迥遣兵圍懷州，洪與總管宇文述等擊走。又破尉惇於武陟。及平相州，每戰有功，拜柱國，封廣武郡公，邑二千戶。前後賜物萬段，奴婢五十口，金銀各百挺，牛馬百匹。時東夏初平，物情尚梗，高祖以洪有威名，令領冀州事，甚得人和。數歲，徵入朝，爲漕渠總管監，轉拜泗州刺史。屬突厥寇邊，詔洪爲北道行軍總管，擊走虜，至磧而還。後遷徐州總管，卒，時年六十四。

侯莫陳穎

侯莫陳穎字遵道，代人也。與魏南遷，世爲列將。父崇，魏、周之際，歷職顯要，官至大

司空。穎少有器量，風神警發，爲時輩所推。魏大統末，以父軍功賜爵廣平侯，累遷開府儀同三司。周武帝時，從滕王逌擊龍泉、文城叛胡，與杜國豆盧勣各帥兵分路而進。穎懸軍五百餘里，破其三柵。先是，稽胡叛亂，輒略邊人爲奴婢。至是詔胡敢有壓匿良人者誅，籍沒其妻子。有人言爲胡村所隱匿者，勣將誅之。穎謂勣曰：「將在外，君命有所不行。諸胡固非悉反，但相迫脅爲亂耳。大兵臨之，首亂者知懼，脅從者思降。今漸加撫慰，自可不戰而定。如卽誅之，轉相驚恐，爲難不細。未若召其渠帥，以隱匿者付之，令自歸首，則羣胡可安。」勣從之。羣胡感悅，爭來降附，北土以安。遷司武，加振威中大夫。

高祖爲丞相，拜昌州刺史。會受禪，竟不行，加上開府，進爵昇平郡公。俄拜延州刺史。數年，轉陳州刺史。平陳之役，以行軍總管從秦王俊出魯山道。屬陳將荀法尚、陳紀降，穎與行軍總管段文振度江安集初附。尋拜饒州刺史，未之官，遷瀛州刺史，甚有惠政。在職數年，坐與秦王俊交通免官。百姓將送者，莫不流涕，因相與立碑，頌穎清德。未幾，檢校汾州事，俄拜邢州刺史。仁壽中，吏部尚書牛弘持節巡撫山東，以穎爲第一。高祖嘉歎，優詔褒揚。時朝廷以嶺南刺史、縣令多貪鄙，蠻夷怨叛，妙簡清吏以鎭撫之，於是徵穎入朝。及進見，上與穎言及平生，以爲歡笑。數日，進位大將軍，拜桂州總管十七州諸軍事，賜物而遣之。及到官，大崇恩信，民夷悅服，溪洞生越多來歸附。

煬帝卽位，穎兄梁國公芮坐事徙邊，朝廷恐穎不自安，徵歸京師。數年，拜恒山太守。其年，嶺南、閩越多不附，帝以穎前在桂州有惠政，爲南土所信伏，復拜南海太守。後四歲，卒官。謚曰定。子虔會，最知名。

史臣曰：杜彥東夏、南服屢有戰功，作鎭朔垂，胡塵不起。高勱死亡之際，志氣懔然，疾彼姦邪，致玆餘慶。尒朱敞幼有權奇，終能止足，崇基墜而復搆，不亦仁且智乎！周搖以質實見知，獨孤以恤人流譽，乞伏慧能以國讓，侯莫陳所居治理，或知牧人之道，或踐仁義之路，皆有可稱焉。慧以供帳不厚，至於放黜，並結髮登朝，出入三代，終享祿位，不夭性齡，蓋其任心而行，不爲矯飾之所致也。

校勘記

〔一〕錦山陽父若石壁四洞　按：此四洞洞名無考，暫時這樣標點。也不知洞名中是否有脫文。

〔二〕爲齊顯祖所愛　原脫「顯」字，據北齊書高勱傳補。

隋書卷五十六

列傳第二十一

盧愷

盧愷字長仁，涿郡范陽人也。父柔，終於魏中書監。愷性孝友，神情爽悟，略涉書記，頗解屬文。周齊王憲引爲記室。其後襲爵容城伯，邑千一百戶。從憲伐齊，愷說柏杜鎭下之。遷小吏部大夫，增邑七百戶。染工上士王神歡者，嘗以賂自進，冢宰宇文護擢爲計部下大夫。愷諫曰：「古者登高能賦，可爲大夫，求賢審官，理須詳愼。今神歡出自染工，更無殊異，徒以家富自通，遂與搢紳並列，實恐惟鵜之刺聞之外境。」護竟寢其事。建德中，增邑二百戶。歲餘，轉內史下大夫。武帝在雲陽宮，勑諸屯簡老牛，欲以享士。愷進諫曰：「昔田子方贖老馬，君子以爲美談。向奉明勑，欲以老牛享士，有虧仁政。」帝美其言而止。轉禮部大夫，爲聘陳使副。先是，行人多從其國禮，及愷爲使，一依本朝，陳人莫能屈。四年秋，李穆攻拔軹關、柏崖二鎭，命愷作露布，帝讀之大悅，曰：「盧愷文章大進，荀景倩故是令君之子。」尋授襄州總管司錄，轉治中。大象元年，徵拜東京吏部大夫。

開皇初，加上儀同三司，除尚書吏部侍郎，進爵爲侯，仍攝尚書左丞。每有敷奏，侃然正色，雖逢喜怒，不改其常。帝嘉愷有吏幹，賜錢二十萬，并賚雜綵三百匹，加散騎常侍。八年，上親考百僚，以愷爲上。愷固讓，不敢受，高祖曰：「吏部勤幹，舊所聞悉。今者上考，僉議攸同，當仁不讓，何愧之有！皆在朕心，無勞飾讓。」

歲餘，拜禮部尚書，攝吏部尚書事。會國子博士何妥與右僕射蘇威不平，奏威陰事。愷坐與相連，上以愷屬吏。憲司奏愷曰：「房恭懿者，尉遲迥之黨，不當仕進。威、愷二人曲相薦達，累轉爲海州刺史。又吏部預選者甚多，愷不卽授官，皆注色而遣。威之從父弟徹、肅二人，並以鄉正徵詣吏部。徹文狀後至而先任用，肅左足攣蹇，才用無算，愷以威故，授朝請郎。愷之朋黨，事甚明白。」上大怒曰：「愷敢將天官以爲私惠！」愷免冠頓首曰：「皇太子將以通事舍人蘇夔爲舍人，夔卽蘇威之子，臣以夔未當遷，固啓而止。臣若與威有私，豈當如此！」上曰：「蘇威之子，朝廷共知，卿乃固執，以徼身倖。至所不知者，便行朋附，姦臣之行也。」於是除名爲百姓。未幾，卒于家。自周氏以降，選無清濁，及愷攝吏部，與薛道衡、陸彥師等甄別士流，故涉黨固之譖，遂及於此。子義恭嗣。

令狐熙

令狐熙字長熙，燉煌人也，代爲西州豪右。父整，仕周，官至大將軍、始、豐二州刺史。熙性嚴重，有雅量，雖在私室，終日儼然。不妄通賓客，凡所交結，必一時名士。博覽羣書，尤明三禮，善騎射，頗知音律。起家以通經爲吏部上士，尋授帥都督、輔國將軍，轉夏官府都上士，俱有能名。以母憂去職，殆不勝喪。其父戒之曰：「大孝在於安親，義不絕嗣。吾今見存，汝又隻立，何得過爾毀頓，貽吾憂也！」熙自是稍加饘粥。服闋，除小駕部，復丁父憂，非杖不起，人有聞其哭聲，莫不爲之下泣。河陰之役，詔令墨縗從事，還授職方下大夫，襲爵彭陽縣公，邑二千一百戶。及武帝平齊，以留守功，增邑六百戶。進位儀同，歷司勳、吏部二曹中大夫，甚有當時之譽。

高祖受禪之際，熙以本官行納言事。尋除司徒左長史，加上儀同，進爵河南郡公。時吐谷渾寇邊，以行軍長史從元帥元諧討之，以功進位上開府。會蜀王秀出鎮於蜀，綱紀之選，咸屬正人，以熙爲益州總管長史。未之官，拜滄州刺史。時山東承齊之弊，戶口簿籍類不以實。熙曉諭之，令自歸首，至者一萬戶。在職數年，風教大洽，稱爲良二千石。開皇四年，上幸洛陽，熙來朝，吏民恐其遷易，悲泣於道。及熙復還，百姓出境迎謁，歡叫盈路。在

州獲白烏、白麞、嘉麥，甘露降於庭前柳樹。八年，徙爲河北道行臺度支尚書，吏民追思，相與立碑頌德。及行臺廢，授幷州總管司馬。後徵爲雍州別駕。尋爲長史，遷鴻臚卿。後以本官兼吏部尚書，往判五曹尚書事，號爲明幹，上甚任之。

及上祠太山還，次汴州，惡其殷盛，多有姦俠，於是以熙爲汴州刺史。下車禁游食，抑工商，民有向街開門者杜之，船客停於郭外星居者勒爲聚落，僑人逐令歸本，其有滯獄，並決遣之，令行禁止，稱爲良政。上聞而嘉之，顧謂侍臣曰：「鄴都，天下難理處也。」勑相州刺史豆盧通令習熙之法。其年來朝，考績爲天下之最，賜帛三百匹，頒告天下。

上以嶺南夷、越數爲反亂，徵拜桂州總管十七州諸軍事，許以便宜從事，刺史以下官得承制補授。給帳內五百人，賜帛五百匹，發傳送其家累，改封武康郡公。熙至部，大弘恩信，其溪洞渠帥更相謂曰：「前時總管皆以兵威相脅，今者乃以手教相諭，我輩其可違乎？」於是相率歸附。先是，州縣生梗，長吏多不得之官，寄政於總管府。熙悉遣之，爲建城邑，開設學校，華夷感敬，稱爲大化。時有甯猛力者，與陳後主同日生，自言貌有貴相。在陳日，已據南海，平陳後，高祖因而撫之，即拜安州刺史。然驕倨，恃其阻險，未嘗參謁。熙手書諭之，申以交友之分。其母有疾，熙復遺以藥物。猛力感之，詣府請謁，不敢爲非。熙以州縣多有同名者，於是奏改安州爲欽州，黃州爲峯州，〔一〕利州爲智州，德州爲驩州，東寧爲

融州，上皆從之。在職數年，上表曰：「臣忝寄嶺表，四載于茲，犬馬之年，六十有一。才輕任重，愧懼兼深，常願收拙避賢，稍免官謗。然所管遐曠，綏撫尤難，雖未能頓革夷風，頗亦漸識皇化。但臣夙患消渴，比更增甚，筋力精神，轉就衰邁。昔在壯齒，猶不如人，況今年疾俱侵，豈可猶當重寄！請解所任。」優詔不許，賜以醫藥。熙奉詔，令交州渠帥李佛子入朝，佛子欲爲亂，請至仲冬上道，熙意在羈縻，遂從之。有人詣闕訟熙受佛子賂而捨之，上聞而固疑之。既而佛子反問至，上大怒，以爲信然，遣使者鎖熙詣闕。熙性素剛，鬱鬱不得志，行至永州，憂憤發病而卒，時年六十三。上怒不解，於是沒其家財。及行軍總管劉方擒佛子送於京師，言熙實無贓貨，上乃悟，於是召其四子，聽預仕焉。少子德棻，最知名。

薛胄

薛胄字紹玄，河東汾陰人也。父端，周蔡州刺史。胄少聰明，每覽異書，便曉其義。常歎訓注者不會聖人深旨，輒以意辯之，諸儒莫不稱善。性慷慨，志立功名。周明帝時，襲爵文城郡公。累遷上儀同，尋拜司金大夫，後加開府。

高祖受禪，擢拜魯州刺史，未之官，檢校廬州總管事。尋除兗州刺史。及到官，繫囚數百，胄剖斷旬日便了，囹圄空虛。有陳州人向道力者，僞作高平郡守，將之官，胄遇諸塗，察

其有異，將留詰之。司馬王君馥固諫，乃聽詣郡。既而悔之，即遣主簿追禁道力。有部人徐俱羅者，嘗任海陵郡守，先是已爲道力僞代之。比至秩滿，公私不悟。俱羅遂語君馥曰：「吾向道力以經代俱羅爲郡，使君豈容疑之？」君馥以俱羅所陳，又固請胄。胄呵君馥曰：「吾已察知此人詐也。司馬容姦，當連其坐！」君馥乃止。遂往收之，道力懼而引僞。其發姦擿伏，皆此類也，時人謂爲神明。先是，兗州城東沂、泗二水合而南流，汎濫大澤中，胄遂積石堰之，使決令西注，陂澤盡爲良田。又通轉運，利盡淮海，百姓賴之，號爲薛公豐兗渠。胄以天下太平，登封告禪，帝王盛烈，遂遣博士登太山，觀古跡，撰封禪圖及儀上之。高祖謙讓不許。後轉郢州刺史，前後俱有惠政。徵拜衞尉卿，尋轉大理卿，持法寬平，名爲稱職。

後遷刑部尚書。時左僕射高熲稍被疏忌，及王世積之誅也，熲事與相連，上因此欲成熲罪。胄明雪之，正議其獄。由是忤旨，械繫之，久而得免。檢校相州事，甚有能名。會漢王諒作亂幷州，遣僞將綦良東略地，攻逼慈州。刺史上官政請援於胄，胄畏諒兵鋒，不敢拒。良又引兵攻胄，胄欲以計却之，遣親人魯世範說良曰：「天下事未可知，胄爲人臣，去就須得其所，何遽相攻也？」良於是釋去，進圖黎陽。及良爲史祥所攻，棄軍歸胄。朝廷以胄懷貳心，鎖詣大理。相州吏人素懷其恩，詣闕理胄者百餘人，胄竟坐除名，配防嶺南，道病

卒。有子筠、獻，並知名。

宇文㢸

宇文㢸字公輔，河南洛陽人也，其先與周同出。祖直力覲，魏鉅鹿太守。父珍，周宕州刺史。㢸慷慨有大節，博學多通。仕周爲禮部上士，嘗奉使鄧至國及黑水、龍涸諸羌，前後降附三十餘部。及還，奉詔修定五禮，書成奏之，賜公田十二頃，粟百石。累遷少吏部，擢八人爲縣令，皆有異績，時以爲知人。轉內史都上士。武帝將出兵河陽以伐齊，謀及臣下，㢸進策曰：「齊氏建國，于今累葉，雖曰無道，藩屏之寄，尚有其人。今之用兵，須擇其地。河陽衝要，精兵所聚，盡力攻圍，恐難得志。如臣所見，彼汾之曲，戍小山平，攻之易拔。用武之地，莫過於此，願陛下詳之。」帝不納，師竟無功。建德五年，大舉伐齊，卒用㢸計。㢸於是募三輔豪俠少年數百人以爲別隊，從帝攻拔晉州。身被三創，苦戰不息，帝奇而壯之。後從帝平齊，以功拜上儀同，封武威縣公，邑千五百戶，賜物千五百段，奴婢百五十口，馬牛羊千餘頭，拜司州總管司錄。

宣帝嗣位，遷左守廟大夫。時突厥寇甘州，帝令侯莫陳昶率兵擊之，㢸爲監軍。㢸謂昶曰：「黠虜之勢，來如激矢，去若絕絃，若欲追躡，良爲難及。且宜選精騎，直趣祁連之西。

賊若收軍，必自蓼泉之北，此地險隘，兼復下濕，度其人馬，三日方度，緩轡追討，何慮不及？彼勞我逸，破之必矣。若邀此路，眞上策也。」昶不能用之，西取合黎，大軍行遲，虜已出塞。其年，㢸又率兵從梁士彥攻拔壽陽，尋改封安樂縣公，增邑六百戶，賜物六百段，加以口馬。除滄州刺史，俄轉南司州刺史。後司馬消難之奔陳也，㢸追之不及。遇陳將樊毅，戰於漳口，自旦及午，三戰三捷，虜獲三千人。除黃州刺史，尋轉南定州刺史。

開皇初，以前功封平昌縣公，加邑一千二百戶，入爲尚書右丞。時西羌內附，詔㢸持節安集之，置鹽澤、蒲昌二郡而還。遷尚書左丞，當官正色，爲百僚所憚。三年，突厥寇甘州，以行軍司馬從元帥竇榮定擊破之。還除太僕少卿，轉吏部侍郎。平陳之役，楊素出信州道，令㢸持節爲諸軍節度，仍領行軍總管。劉仁恩之破陳將呂仲肅也，㢸有謀焉。加開府，擢拜刑部尚書，領太子虞候率。上嘗親臨釋奠，㢸與博士論議，詞致清遠，觀者屬目。上大悅，顧謂侍臣曰：「朕今覩周公之制禮，見宣尼之論孝，實慰朕心。」於是頒賜各有差。時朝廷以晉陽爲重鎭，并州總管必屬親王，其長史、司馬亦一時高選。前長史王韶卒，以㢸有文武幹用，出爲并州長史。俄以父艱去職，尋詔起之。十八年，遼東之役，授元帥漢王府司馬，仍尋領行軍總管。軍還之後，歷朔、代、吳三州總管，皆有能名。

煬帝卽位，徵拜刑部尚書，仍持節巡省河北。還除泉州刺史。歲餘，復拜刑部尚書，尋

轉禮部尚書。㢸既以才能著稱，歷職顯要，聲望甚重，物議時談，多見推許，帝頗忌之。時帝漸好聲色，尤勤遠略，㢸謂高熲曰：「昔周天元好聲色而國亡，以今方之，不亦甚乎？」又言「長城之役，幸非急務」。有人奏之，竟坐誅死，時年六十二，天下冤之。所著辭賦二十餘萬言，爲尚書、孝經注行於時。有子儉、瑗。

張衡

張衡字建平，河內人也。祖嶷，魏河陽太守。父光，周萬州刺史。衡幼懷志尚，有骨鯁之風。年十五，詣太學受業，研精覃思，爲同輩所推。周武帝居太后憂，與左右出獵，衡露髮輿櫬，扣馬切諫。帝嘉焉，賜衣一襲，馬一匹，擢拜漢王侍讀。衡又就沈重受三禮，略究大旨。累遷掌朝大夫。

高祖受禪，拜司門侍郎。及晉王廣爲河北行臺，衡歷刑部、度支二曹郎。後以臺廢，拜并州總管掾。及王轉牧揚州，衡復爲掾，王甚親任之。衡亦竭慮盡誠事之，奪宗之計，多衡所建也。以母憂去職，歲餘，起授揚州總管司馬，賜物三百段。開皇中，熙州李英林聚衆反，署置百官，以衡爲行軍總管，率步騎五萬人討平之。拜開府，賜奴婢一百三十口，物五百段，金銀雜畜稱是。及王爲皇太子，拜衡右庶子，仍領給事黃門侍郎。

煬帝嗣位，除給事黃門侍郎，進位銀青光祿大夫，俄遷御史大夫，甚見親重。大業三年，帝幸榆林郡，還至太原，謂衡曰：「朕欲過公宅，可爲朕作主人。」衡於是馳至河內，與宗族具牛酒。帝上太行，開直道九十里，以抵其宅。帝悅其山泉，留宴三日，因謂衡曰：「往從先皇拜太山之始，塗經洛陽，瞻望於此，深恨不得相過，不謂今日得諧宿願。」衡俯伏辭謝，奉觴上壽。帝益歡，賜其宅傍田三十頃，良馬一匹，金帶，縑綵六百段，衣一襲，御食器一具。衡固讓，帝曰：「天子所至稱幸者，蓋爲此也，不足爲辭。」衡復獻食於帝，帝令頒賜公卿，下至衞士，無不霑洽。

衡以藩邸之舊，恩寵莫與爲比，頗自驕貴。明年，帝幸汾陽宮，宴從官，特賜絹五百匹。時帝欲大汾陽宮，令衡與紀弘整具圖奏之。衡承間進諫曰：「比年勞役繁多，百姓疲敝，伏願留神，稍加折損。」帝意甚不平。後嘗目衡謂侍臣曰：「張衡自謂由其計畫，令我有天下也。」時齊王暕失愛於上，帝密令人求暕罪失。有人譖暕違制，將伊闕令皇甫詡從之汾陽宮。又錄前幸涿郡及祠恒岳時，父老謁見者，衣冠多不整。帝譴衡以憲司皆不能舉正，出爲榆林太守。明年，帝復幸汾陽宮，衡督役築樓煩城，因而謁帝。帝惡衡不損瘦，以爲不念咎，因謂衡曰：「公甚肥澤，宜且還郡。」衡復之榆林。俄而勑衡督役江都宮。有人詣衡訟宮監者，衡不爲理，還以訟書付監，其人大爲監所困。禮部尚書楊玄感使至江都，其人詣玄感

稱寃。玄感固以衡爲不可。及與衡相見，未有所言，又先謂玄感曰：「薛道衡眞爲枉死。」玄感具上其事，江都丞王世充又奏衡頻減頓具。帝於是發怒，鎖衡詣江都市，將斬之，久而乃釋，除名爲民，放還田里。帝每令親人覘衡所爲。八年，帝自遼東還都，衡妾言衡怨望，謗訕朝政，竟賜盡于家。臨死大言曰：「我爲人作何物事，而望久活！」監刑者塞耳，促令殺之。義寧中，以死非其罪，贈大將軍、南陽郡公，謚曰忠。有子希玄。

楊汪

楊汪字元度，本弘農華陰人也，曾祖順，徙居河東。父琛，儀同三司，及汪貴，追贈平鄉縣公。汪少凶疎，好與人羣鬬，拳所毆擊，無不顚踣。長更折節勤學，專精左氏傳，通三禮。解褐周冀王侍讀，王甚重之，每曰：「楊侍讀德業優深，孤之穆生也。」其後問禮於沈重，受漢書於劉臻，二人推許之曰：「吾弗如也。」由是知名，累遷夏官府都上士。及高祖居相，引知兵事，遷掌朝下大夫。

高祖受禪，賜爵平鄉縣伯，邑二百戶。歷尙書司勳兵部二曹侍郎、秦州總管長史，名爲明幹。遷尙書左丞，坐事免。後歷荆、洛二州長史，每聽政之暇，必延生徒講授，時人稱之。數年，高祖謂諫議大夫王逵曰：「卿爲我覓一好左丞。」逵遂私於汪曰：「我當薦君爲左丞，若

事果，當以良田相報也。」汪以逵所言奏之，逵竟以獲罪，卒拜汪爲尙書左丞。汪明習法令，果於剖斷，當時號爲稱職。

煬帝卽位，守大理卿。汪視事二日，帝將親省囚徒。其時繫囚二百餘人，汪通宵究審，詰朝而奏，曲盡事情，一無遺誤，帝甚嘉之。歲餘，拜國子祭酒。帝令百僚就學，與汪講論，天下通儒碩學多萃焉，論難鋒起，皆不能屈。帝令御史書其問答奏之，省而大悅，賜良馬一匹。大業中，爲銀青光祿大夫。

及楊玄感反河南，贊治裴弘策出師禦之，戰不利，弘策出還，遇汪而屛人交語。旣而留守樊子蓋斬弘策，以狀奏汪，帝疑之，出爲梁郡通守。後李密已逼東都，其徒頻寇梁郡，汪勒兵拒之，頻挫其鋭。煬帝崩，王世充推越王侗爲主，徵拜吏部尙書，頗見親委。及世充僭號，汪復用事，世充平，以凶黨誅死。

史臣曰：盧愷諫說可稱，令狐熙所居而治，薛胄執憲平允，宇文弼聲望攸歸，張衡以鯁正立名，楊汪以學業自許。然皆有善始，鮮克令終，九仞之基，俱傾於一簣，惜哉！夫忠爲令德，施非其人尙或不可，況託足邪徑，而又不得其人者歟！語曰：「無爲權首，將受其咎。」又曰：「無始禍，無召亂。」張衡旣召亂源，實爲權首，動不以順，其能不及於此乎？

校勘記

〔一〕奏改安州爲欽州黃州爲峯州　廿二史考異：「地理志『開皇十八年改黃州爲玉州，改興州曰峯州』，此傳恐有脫文。」

隋書卷五十七

列傳第二十二

盧思道 從父兄昌衡

盧思道字子行，范陽人也。祖陽烏，魏祕書監。父道亮，隱居不仕。思道聰爽俊辯，通侻不羈。年十六，遇中山劉松，松為人作碑銘，以示思道。思道讀之，多所不解，於是感激，閉戶讀書，師事河間邢子才。後思道復為文，以示劉松，松又不能甚解。思道乃喟然歎曰：「學之有益，豈徒然哉！」因就魏收借異書，數年之間，才學兼著。然不持操行，好輕侮人。齊天保中，魏史未出，思道先已誦之，由是大被笞辱。前後屢犯，因而不調。其後左僕射楊遵彥薦之於朝，解褐司空行參軍，長兼員外散騎侍郎，直中書省。文宣帝崩，當朝文士各作挽歌十首，擇其善者而用之。魏收、陽休之、祖孝徵等不過得一二首，唯思道獨得八首。故時人稱為「八米盧郎」。後漏洩省中語，出為丞相西閤祭酒，歷太子舍人、司徒錄事參軍。每

居官，多被譴辱。後以擅用庫錢，免歸於家。嘗於薊北悵然感慨，為五言詩以見意，人以為工。數年，復為京畿主簿，歷主客郎、給事黃門侍郎，待詔文林館。周武帝平齊，授儀同三司，追赴長安，與同輩陽休之等數人作聽蟬鳴篇。思道所為，詞意清切，為時人所重。新野庾信徧覽諸同作者，而深歎美之。未幾，以母疾還鄉，遇同郡祖英伯及從兄昌期、宋護等舉兵作亂，思道預焉。周遣柱國宇文神舉討平之，罪當法，已在死中。神舉素聞其名，引出之，令作露布。思道援筆立成，文無加點，神舉嘉而宥之。後除掌教上士。高祖為丞相，遷武陽太守，非其好也。為孤鴻賦以寄其情曰：

余志學之歲，自鄉里遊京師，便見識知音，歷受羣公之眷。年登弱冠，甫就朝列，談者過誤，遂竊虛名。通人楊令君、邢特進已下，皆分庭致禮，倒屣相接，翦拂吹噓，長其光價。而才本駑拙，性實疎嬾，勢利貨殖，淡然不營。雖籠絆朝市且三十載，而獨往之心未始去懷抱也。攝生舛和，有少氣疾。分符坐嘯，作守東原。洪河之湄，沃野彌望，囂務既屏，魚鳥為鄰。有離羣之鴻，為羅者所獲，野人馴養，貢之於余。置諸池庭，朝夕賞玩，既用銷憂，兼以輕疾。大易稱「鴻漸於陸」，羽儀盛也。揚子曰「鴻飛冥冥」，騫翥高也。淮南云「東歸碣石」，違溽暑也。平子賦曰「南寓衡陽」，避祁寒也。若其雅步清音，遠心高韻，鵷鸞以降，罕見其儔，而鎩翮牆陰，偶影獨立，唼喋粃粺，雞鶩為伍，

不亦傷乎！余五十之年，忽焉已至，永言身事，慨然多緒，乃為之賦，聊以自慰云。其詞曰：

惟此孤鴻，擅奇羽蟲，實稟清高之氣，遠生遼碣之東。氄毛將落，和鳴順風，壯冰云厚，矯翅排空。出島嶼之緜邈，犯霜露之溟濛，驚絓魚之密網，畏落雁之虛弓。若其斗柄東指，女夷司月，乃遙集於寒門，遂輕舉於玄闕。至如天高氣肅，搖落在時，既嘯儔於淮浦，亦弄吭於江湄。摩赤霄以淩厲，乘丹氣之威夷，遡商飆之嫋嫋，玩陽景之遲遲。彭蠡方春，洞庭初綠，理翮整翰，羣浮侶浴。振雪羽而臨風，掩霜毛而候旭，饜江湖之菁藻，飫原野之菽粟。行離離而高逝，響嗈嗈而相續，潔齊國之氷紈，皓密山之華玉。若乃晨沐清露，安趾徐步，夕息芳洲，延頸乘流；違寒競逐，浮沉水宿；避暑言歸，絕漠雲飛。望玄鵠而為侶，比朱鷺而相依，倦天衢之冥漠，降河渚之芳菲。

忽值羅人設網，虞者懸機，永辭寥廓，蹈迹重圍。始則窘束籠樊，憂憚刀俎，靡軀絕命，恨失其所。終乃馴狎園庭，栖託池籞，稻粱為惠，恣其容與。於是翕羽宛頸，屏氣銷聲，滅煙霞之高想，閟江海之幽情。何時驤首奮翼，上淩太清，騫翥鼓舞，遠薄層城。惡禽視而不貴，小鳥顧而相輕，安控地而無恥，豈沖天之復榮！若夫圖南之羽，偉而去羨，栖睫之蟲，微而不賤，各遂性於天壤，弗企懷以交戰。不聽咸池之樂，不饗太牢之薦，匹晨雞而共飲，偶野鳧以同膳。匪揚聲以顯聞，寧校體而求見，聊寓形乎沼沚，且夷心於湻淀。齊榮辱以晏如，承君子之餘眄。

開皇初，以母老，表請解職，優詔許之。思道自恃才地，多所陵轢，由是官塗淪滯。既而又著勞生論，指切當時，其詞曰：

莊子曰：「大塊勞我以生。」誠哉斯言也！余年五十，嬴老云至，追惟疇昔，勤矣厥生。乃著茲論，因言時云爾。

罷郡屏居，有客造余者，少選之頃，盱衡而言曰：「生者天地之大德，人者有生之最靈，所以作配兩儀，稱貴羣品，妍蚩愚智之辯，天懸壤隔，行己立身之異，入海登山。今吾子生於右地，九葉卿族，天授俊才，萬夫所仰，學綜流略，慕孔門之游、夏，辭窮麗則，擬漢日之卿、雲。行藏有節，進退以禮，不諂不驕，無慍無懌，俛仰貴賤之間，從容語默之際，何其裕也！下走所欣羨焉。」余莞爾而笑曰：「未之思乎？何所言之過也！子其清耳，請為左右陳之。夫人之生也，皆未若無生。在余之生，勞亦勤止，紈綺之年，伏膺教義，規行矩步，從善而登。巾冠之後，濯纓受署，纏鎖仁義，籠絆朝市。失翹陸之本性，喪江湖之遠情，淪此風波，溺於倒躓，憂勞總至，事非一緒。何則？地胄高華，既致嫌於管庫，才識美茂，亦受嫉於愚庸。篤學強記，聾瞽於焉側目，清言河瀉，木訥

所以疚心。豈徒蟲惜春槳，鴟吝腐鼠，相江都而永歎，傅長沙而不歸，固亦魯値臧倉，楚逢靳尙，趙壹爲之哀歌，張升於是慟哭。有齊之季，不遇休明，申胆就軮，屏迹無地。段珪、張讓，金貝是視，賈謐、郭淮，腥臊可鑒。淫刑以逞，禍近池魚，耳聽惡來之讒，足踐龍逢之血。周氏末葉，仍値僻王，斂笏升階，汗流浹背，莒客之踵躋焦原，匹茲非險，齊人之手執馬尾，方此未危。若乃羊腸、句注之道，據鞍振策，武落、〔一〕雞田之外，櫛風沐雨，三旬九食，不敢稱弊，此之爲役，蓋其小小者耳。

今泰運肇開，四門以穆，冕旒司契於上，夔、龍佐命於下，岐伯、善卷，恥徇幽憂，卞隨、務光，悔從木石。余年在秋方，已迫知命，情禮宜退，不獲晏安。一葉從風，無損鄧林之攢植，雙鳧退飛，不虧渤澥之游泳。耕田鑿井，晚息晨興，候南山之朝雲，攀北堂之明月。氾勝九穀之書，觀其節制，崔寔四人之令，〔二〕奉以周旋。晨荷蓑笠，白屋黃冠之伍，夕談穀稼，霑體塗足之倫。濁酒盈樽，高歌滿席，恍兮惚兮，天地一指。此野人之樂也，子或以是羨余乎？」

客曰：「吾子之事，既聞之矣。他人有心，又請論其梗概。」余答曰：「雲飛泥沉，卑高異等，圓行方止，動息殊致。是以摩霄運海，輕罻羅於藪澤，五衢四照，忽斤斧於山林。余晚値昌辰，遂其弱尙，觀人事之隕穫，覩時路之邅危。玄冬修夜，靜言長想，可以

累歎悼心，流涕酸鼻。人之百年，脆促已甚，奔駒流電，不可爲辭。顧慕周章，數紀之內，窮通榮辱，事無足道。而有識者鮮，無識者多，褊隘凡近，輕險躁薄。居家則人面獸心，不孝不義，出門則諂諛讒佞，無愧無恥。退身知足，忘伯陽之炯戒，陳力就列，棄周任之格言。悠悠遠古，斯患已積，迄於近代，此蠹尤深。范卿揖讓之風，搢紳不嗣，夏書昏墊之罪，執政所安。朝露未晞，小車盈董、石之巷，夕陽且落，皁蓋塡閻、竇之里。皆如脂如韋，俯僂匍匐，噉惡求媚，舐痔自親。美言諂笑，助其愉樂，詐泣佞哀，恤其喪紀。近通旨酒，遠貢文蛇，艷姬美女，委如脫屣，金銑玉華，棄同遺跡。及鄧通失路，一簪之賄無餘，梁冀就誅，五侯之貴將起。向之求官買職，晚謁晨趨，刺促望塵之舊遊，伊優上堂之夜客，始則亡魂褫魄，若牛兄之遇獸，心戰色沮，似葉公之見龍。俄而抵掌揚眉，高視闊步，結侶棄廉公之第，攜手哭聖卿之門。華轂生塵，來如激矢，雀羅暫設，去等絕絃。飴蜜非甘，山川未阻，千變萬化，鬼出神入。爲此者皆衣冠士族，或有藝能，不恥不仁，不畏不義，靡愧友朋，莫慚妻子。外呈厚貌，內蘊百心，繇是則紆青佩紫，牧州典郡，冠幘劫人，厚自封殖。妍歌妙舞，列鼎撞鍾，耳倦絲桐，口飫珍旨。雖素論以爲非，而時宰之不責，末俗蚩蚩，如此之敝。

余則違時薄宦，屏息窮居，甚恥驅馳，深畏乾沒。心若死灰，不營勢利，家無儋石，

不貲囊錢。偶影聯官，將數十載，鶩拙致笑，輕生所以告勞也。眞人御宇，斲雕爲朴，人知榮辱，時反邕熙。風力上宰，內敷文教，方、邵重臣，外揚武節。被之大道，洽以淳風，舉必以才，爵無濫授。稟斯首鼠，不預衣簪，阿黨比周，掃地俱盡，輕薄之儔，滅影竄迹，礫石變成瑜瑾，萑蒲化爲芝蘭。曩之扇俗攪時，駭耳穢目，今悉不聞不見，莫余敢侮。易曰：『聖人作而萬物覩。』斯之謂乎！」

歲餘，被徵，奉詔郊勞陳使。頃之，遭母憂，未幾，起爲散騎侍郎，奏內史侍郎事。于時議置六卿，將除大理。思道上奏曰：「省有駕部，寺留大僕，省有刑部，寺除大理，斯則重畜產而賤刑名，誠爲未可。」又陳殿庭非杖罰之所，朝臣犯笞罪，請以贖論，上悉嘉納之。是歲，卒于京師，時年五十二。上甚惜之，遣使弔祭焉。有集三十卷，行於時。子赤松，大業中，官至河東長史。

昌衡字子均。父道虔，魏尙書僕射。昌衡小字龍子，風神澹雅，容止可法，博涉經史，工草行書。從弟思道，小字釋奴，宗中俱稱英妙。故幽州爲之語曰：「盧家千里，釋奴、龍子。」年十七，魏濟陰王元暉業召補太尉參軍事，兼外兵參軍。齊氏受禪，歷平恩令、太子舍人。尋爲僕射祖孝徵所薦，遷尙書金部郎。孝徵每曰：「吾用盧子均爲尙書郎，自謂無愧幽

州矣。」其後兼散騎侍郎，迎勞周使。武帝平齊，授司玉中士，與大宗伯斛斯徵修禮令。開皇初，拜尙書祠部侍郎。高祖嘗大集羣下，令自陳功績，人皆競進，昌衡獨無所言。左僕射高熲目而異之。陳使賀徹、周濆相繼來聘，朝廷每令昌衡接對之。未幾，出爲徐州總管長史，甚有能名。吏部尙書蘇威考之曰：「德爲人表，行爲士則。」論者以爲美談。嘗行至浚儀，所乘馬爲他牛所觸，因致死。牛主陳謝，求還價直。昌衡謂之曰：「六畜相觸，自關常理，此豈人情也，君何謝？」拒而不受。性寬厚不校，皆此類也。轉壽州總管長史。總管宇文述甚敬之，委以州務。歲餘，遷金州刺史。仁壽中，奉詔持節爲河南道巡省大使，及還，以奉使稱旨，授儀同三司，賜物三百段。昌衡自以年在懸車，表乞骸骨，優詔不許。大業初，徵爲太子左庶子，行詣洛陽，道卒，時年七十二。子寶素、寶胤。

李孝貞

李孝貞字元操，趙郡柏人人也。父希禮，齊信州刺史，世爲著姓。孝貞少好學，能屬文。在齊，釋褐司徒府參軍事。簡靜，不妄通賓客，與從兄儀曹郎中騷、太子舍人季節、博陵崔子武、范陽盧詢祖爲斷金之契。後以射策甲科，拜給事中。于時黃門侍郎高乾和親要用事，求婚於孝貞。孝貞拒之，由是有隙，陰譖之，出爲太尉府外兵參軍。後歷中書舍人、博陵太

守、司州別駕，復兼散騎常侍、聘周使副，還除給事黃門侍郎。周武帝平齊，授儀同三司、少典祀下大夫。宣帝即位，轉吏部下大夫。

高祖爲丞相，尉迥作亂相州，孝貞從韋孝寬擊之，以功授上儀同三司。開皇初，拜馮翊太守，爲犯廟諱，於是稱字。後數歲，還蒙州刺史，吏民安之。自此不復留意於文筆，人問其故，慨然歎曰：「五十之年，倏焉而過，鬢垂素髮，筋力已衰，宦意文情，一時盡矣，悲夫！」然每暇日，輒引賓客絃歌對酒，終日爲歡。徵拜內史侍郎，與內史李德林參典文翰。然孝貞無幹劇之用，頗稱不理，上譴怒之，勑御史劾其事，由是出爲金州刺史。卒官。所著文集二十卷，行於世。有子允玉。

孝貞弟孝威，亦有雅望，大業中，官至大理少卿。

薛道衡 從弟孺

薛道衡字玄卿，河東汾陰人也。祖聰，魏齊州刺史。父孝通，常山太守。道衡六歲而孤，專精好學。年十三，講左氏傳，見子產相鄭之功，作國僑贊，頗有詞致，見者奇之。其後才名益著，齊司州牧、彭城王浟引爲兵曹從事。尙書左僕射弘農楊遵彥，一代偉人，見而嗟賞。授奉朝請。吏部尙書隴西辛術與語，歎曰：「鄭公業不亡矣。」河東裴讞目之曰：「自

鼎遷河朔，吾謂關西孔子罕值其人，今復遇薛君矣。」武成作相，召爲記室，及即位，累遷太尉府主簿。歲餘，兼散騎常侍，接對周、陳二使。武平初，詔與諸儒修定五禮，除尙書左外兵郎。陳使傅縡聘齊，以道衡兼主客郎接對之。縡贈詩五十韻，道衡和之，南北稱美，魏收曰：「傅縡所謂以蚓投魚耳。」待詔文林館，與范陽盧思道、安平李德林齊名友善。復以本官直中書省，尋拜中書侍郎，仍參太子侍讀。後主之時，漸見親用，于時頗有附會之譏。後與侍中斛律孝卿參預政事，道衡具陳備周之策，孝卿不能用。及齊亡，周武引爲御史二命士。後歸鄉里，自州主簿入爲司祿上士。

高祖作相，從元帥梁睿擊王謙，攝陵州刺史。大定中，授儀同，攝邛州刺史。高祖受禪，坐事除名。河間王弘北征突厥，召典軍書，還除內史舍人。其年，兼散騎常侍，聘陳主使。道衡因奏曰：「江東蕞爾一隅，僭擅遂久，實由永嘉已後，華夏分崩。劉、石、符、姚、慕容、赫連之輩，妄竊名號，尋亦滅亡。魏氏自北徂南，未遑遠略。周、齊兩立，務在兼并，所以江表逋誅，積有年祀。陛下聖德天挺，光膺寶祚，比隆三代，平一九州，豈容使區區之陳久在天網之外？臣今奉使，請責以稱藩。」高祖曰：「朕且含養，置之度外，勿以言辭相折，識朕意焉。」江東雅好篇什，陳主尤愛雕蟲，道衡每有所作，南人無不吟誦焉。

及八年伐陳，授淮南道行臺尙書吏部郎，兼掌文翰。王師臨江，高熲夜坐幕下，謂之曰：「今段之舉，克定江東已不？君試言之。」道衡答曰：「凡論大事成敗，先須以至理斷之。禹貢所載九州，本是王者封域。後漢之季，羣雄競起，孫權兄弟遂有吳、楚之地。晉武受命，尋即吞併，永嘉南遷，重此分割。自爾已來，戰爭不息，否終斯泰，天道之恒。郭璞有云：『江東偏王三百年，還與中國合。』今數將滿矣。以運數而言，其必克一也。有德者昌，無德者亡，自古興滅，皆由此道。主上躬履恭儉，憂勞庶政，叔寶峻宇雕牆，酣酒荒色。上下離心，人神同憤，其必克二也。爲國之體，在於任寄，彼之公卿，備員而已。拔小人施文慶委以政事，尙書令江總唯事詩酒，本非經略之才，蕭摩訶、任蠻奴是其大將，一夫之用耳。其必克三也。我有道而大，彼無德而小，量其甲士，不過十萬。西自巫峽，東至滄海，分之則勢懸而力弱，聚之則守此而失彼。其必克四也。席卷之勢，其在不疑。」熲忻然曰：「君言成敗，事理分明，吾今豁然矣。本以才學相期，不意籌略乃爾。」還除吏部侍郎。

後坐抽擢人物，有言其黨蘇威，任人有意故者，除名，配防嶺表。晉王廣時在揚州，陰令人諷道衡，從揚州路，將奏留之。道衡不樂王府，用漢王諒之計，遂出江陵道而去。尋有詔徵還，直內史省。晉王由是銜之，然愛其才，猶頗見禮。後數歲，授內史侍郎，加上儀同三司。

道衡每至構文，必隱坐空齋，蹋壁而臥，聞戶外有人便怒，其沉思如此。高祖每曰：「薛

道衡作文書稱我意。」然誡之以迂誕。後高祖善其稱職，謂楊素、牛弘曰：「道衡老矣，驅使勤勞，宜使其朱門陳戟。」於是進位上開府，賜物百段。道衡辭以無功，高祖曰：「爾久勞階陛，國家大事，皆爾宣行，豈非爾功也？」道衡久當樞要，才名益顯，太子諸王爭相與交，高熲、楊素雅相推重，聲名籍甚，無競一時。

仁壽中，楊素專掌朝政，道衡既與素善，上不欲道衡久知機密，因出檢校襄州總管。道衡久蒙驅策，一旦違離，不勝悲戀，言之哽咽。高祖愴然改容曰：「爾光陰晚暮，侍奉誠勞。朕欲令爾將攝，兼撫萌俗。今爾之去，朕如斷一臂。」於是賚物三百段，九環金帶，并時服一襲，馬十匹，慰勉遣之。在任清簡，吏民懷其惠。

煬帝嗣位，轉番州刺史。〔三〕歲餘，上表求致仕。帝謂內史侍郎虞世基曰：「道衡將至，當以祕書監待之。」道衡既至，上高祖文皇帝頌，其詞曰：

太始太素，荒茫造化之初，天皇、地皇，杳冥書契之外。其道絕，其迹遠，言談所不詣，耳目所不追。至於入穴登巢，鶉居鷇飲，不殊於羽族，取類於毛羣，亦何貴於人靈，何用於心識？羲、軒已降，爰暨唐、虞，則乾象而施法度，觀人文而化天下，然後帝王之位可重，聖哲之道爲尊。夏后、殷、周之國，禹、湯、文、武之主，功濟生民，聲流雅頌，然陵替於三五，慚德於干戈。秦居閏位，任刑名爲政本，漢執靈圖，雜霸道而爲業。當塗

興而三方峙，典午末而四海亂，九州封域，窟穴鯨鯢之羣，五都遺黎，蹴踏戎馬之足。雖玄行定嵩、洛，木運據崤、函，未正滄海之流，詎息崑山之燎！協千齡之旦暮，當萬葉之一朝者，其在大隋乎？

粵若高祖文皇帝，誕聖降靈則赤光照室，韜神晦迹則紫氣騰天。龍顏日角之奇，玉理珠衡之異，著在圖籙，彰乎儀表。而帝系靈長，神基崇峻，類邠、岐之累德，異豐、沛之勃起，俯膺歷試，納揆賓門，位長六卿，望高百辟，猶重華之爲太尉，若文命之任司空。蒼歷將盡，率土糜沸，玉弩驚天，金鉦照野，姦雄挻禍，據河朔而連海岱，猾長縱惡，杜白馬而塞成皋，庸、蜀逆命，憑銅梁之險，鄖、黃背誕，引金陵之寇，三川已震，九鼎將飛。高祖龍躍鳳翔，濡足授手，應赤伏之符，受玄狐之籙，命百下百勝之將，動九天九地之師，平共工而殄蚩尤，翦㝢窳而戮鑿齒。不煩二十八將，無假五十二征，曾未踰時，妖逆咸殄，廓氛霧於區宇，出黎元於塗炭。天柱傾而還正，地維絕而更紐，殊方稽顙，識牛馬之內向，樂師伏地，懼鍾石之變聲。萬姓所以樂推，三靈於是改卜，壇場已備，猶弘五讓之心，億兆難違，方從四海之請。光臨寶祚，展禮郊丘，舞六代而降天神，陳四圭而饗上帝，乾坤交泰，品物咸亨。酌前王之令典，改易徽號，因庶萌之子來，移創都邑。天文上當朱鳥，地理下據黑龍，正位辨方，揆影於日月，內宮外座，取法於

辰象。懸政教於魏闕，朝羣后於明堂，除舊布新，移風易俗。天街之表，地脉之外，獫狁孔熾，其來自久，橫行十萬，樊噲於是失辭，提步五千，李陵所以陷沒。周、齊兩盛，競結旄頭，娉狄后於漠北，未足息其侵擾，傾珍藏於山東，不能止其貪暴。炎靈啓祚，聖皇馭宇，運天策於帷扆，播神威於沙朔，柳室、氈裘之長，皆爲臣隸，瀚海、蹛林之地，盡充池苑。三吳、百越，九江五湖，地分南北，天隔內外，談黃旗紫蓋之氣，恃龍蟠獸據之嶮，恒有僭僞之君，妄竊帝王之號。時經五代，年移三百，爰降皇情，永懷大道，愍彼黎獻，獨爲匪人。今上利建在唐，則哲居代，地憑宸極，天縱神武，受脤出車，一舉平定。於是八荒無外，九服大同，四海爲家，萬里爲宅。乃休牛散馬，偃武修文。

自華夏亂離，緜積年代，人造戰爭之具，家習澆僞之風，聖人之遺訓莫存，先王之舊典咸墜。爰命秩宗，刊定五禮，申勅大予，改正六樂，玉帛樽俎之儀，節文乃備，金石匏革之奏，雅俗始分。而留心政術，垂神聽覽，早朝晏罷，廢寢忘食，憂百姓之未安，懼一物之失所。行先王之道，夜思待旦，革百王之弊，朝不及夕，見一善事，喜彰於容旨，聞一愆犯，歎深於在予。薄賦輕徭，務農重穀，倉廩有紅腐之積，黎萌無阻飢之慮。天性弘慈，聖心惻隱，恩加禽獸，胎卵於是獲全，仁霑草木，牛羊所以勿踐。至於憲章重典，刑名大辟，申法而屈情，決斷於俄頃，故能彝倫攸敍，上下齊肅。左右絕諂諛之路，

縉紳無勢力之門，小心翼翼，敬事於天地，終日乾乾，誠慎於亢極。陶黎萌於德化，致風俗於太康，公卿庶尹，遐邇岳牧，僉以天平地成，千載之嘉會，登封降禪，百王之盛典。宜其金泥玉檢，展禮介丘，飛聲騰實，常爲稱首。天子爲而不恃，成而不居，沖旨凝邈，固辭弗許。而雖休勿休，上德不德，更乃潔誠岱岳，遜謝愆咎。方知六十四卦，謙撝之道爲尊，七十二君，告成之義爲小。巍巍蕩蕩，無得以稱焉。而深誠至德，感達於穹壤，和氣薰風，充溢於宇宙。二儀降福，百靈薦祉，日月星象，風雲草樹之祥，山川玉石，鱗介羽毛之瑞，歲見月彰，不可勝紀。至於振古所未有，圖籍所不載，目所不見，耳所未聞。古語稱聖人作，萬物覩，神靈滋，百寶用，此其效矣。

既而遊心姑射，脫屣之志已深，鑄鼎荆山，升天之駕遂遠。凡在黎獻，具惟帝臣，慕深考妣，哀纏弓劍，塗山幽峻，無復玉帛之禮，長陵寂寞，空見衣冠之遊。若乃降精熛怒，飛名帝籙，開運握圖，創業垂統，聖德也；撥亂反正，濟國寧人，六合八紘，同文共軌，神功也；玄酒陶匏，雲和孤竹，禋祀上帝，尊極配天，大孝也；偃伯戢戈，正禮裁樂，納民壽域，驅俗福林，至政也。張四維而臨萬宇，侔三皇而並五帝，豈直錙銖周、漢，么麽魏、晉而已。雖五行之舞每陳於清廟，九德之歌無絕於樂府，而玄功暢洽不局於形器，懿業遠大豈盡於揄揚。

臣輕生多幸，命偶興運，趨事紫宸，驅馳丹陛，一辭天闕，奄隔鼎湖，空有攀龍之心，徒懷蓐蟻之意。庶憑毫翰，敢希贊述！昔堙海之禽不增於大地，泣河之士非益於洪流，盡其心之所存，忘其力之所及，輒緣斯義，不覺斐然。乃作頌曰：

悠哉邃古，邈矣季世，四海九州，萬王千帝。三代之後，其道逾替，爰逮金行，不勝其弊。戎狄猾夏，羣凶縱慝，竊號淫名，十有餘國。怙威逞暴，悖禮亂德，五嶽塵飛，三象霧塞。玄精啓曆，發迹幽方，并吞寇僞，獨擅雄強。載祀二百，比祚前王，江湖尚阻，區域未康。句吳、閩越，河朔渭涘，九縣瓜分，三方鼎峙。狙詐不息，干戈競起，東夏雖平，亂離瘼矣。五運協期，千年肇旦，赫矣高祖，人靈攸贊。聖德迥生，神謀獨斷，癉惡彰善，夷凶靜難。宗伯撰儀，太史練日，孤竹之管，雲和之瑟。展禮上玄，飛煙太一，珪璧朝會，山川望秩。占揆星景，移建邦畿，下憑赤壤，上協紫微。布政衢室，懸法象魏，帝宅天府，固本崇威。闵河、瀚海，龍荒狼望，種落陸梁，時犯亭障。皇威遠懾，帝德遐暢，稽顙歸誠，稱臣內向。吳、越提封，斗牛星象，積有年代，自稱君長。大風未繳，長鯨漏網，授鉞天人，豁然清蕩。戴日戴斗，太平太蒙，禮教周被，書軌大同。復禹之跡，成舜之功，禮以安上，樂以移風。憂勞庶績，矜育黔首，三面解羅，萬方引咎。納民軌物，驅時仁壽，神化隆平，生靈熙阜。虔心恭己，奉天事地，協氣橫流，休徵紹至。壇場

望幸，云亭虛位，推而不居，聖道彌粹。齊跡姬文，登發嗣聖，道類漢光，傳莊寶命。知來藏往，玄覽幽鏡，鼎業靈長，洪基隆盛。崆峒問道，汾射窅然，御辯遐逝，乘雲上仙。哀纏率土，痛感穹玄，流澤萬葉，用教百年。尚想叡圖，永惟聖則，道洽幽顯，仁霑動植。爻象不陳，乾坤將息，微臣作頌，用申罔極。

帝覽之不悅，顧謂蘇威曰：「道衡致美先朝，此魚藻之義也。」於是拜司隸大夫，將置之罪。道衡不悟。司隸刺史房彥謙素相善，知必及禍，勸之杜絕賓客，卑辭下氣，而道衡不能用。會議新令，久不能決，道衡謂朝士曰：「向使高熲不死，令決當久行。」有人奏之，帝怒曰：「汝憶高熲邪？」付執法者勘之。道衡自以非大過，促憲司早斷。暨於奏日，冀帝赦之，勑家人具饌，以備賓客來候者。及奏，帝令自盡。道衡殊不意，未能引訣。憲司重奏，縊而殺之，妻子徙且末。時年七十。天下冤之。有集七十卷，行於世。

有子五人，收最知名，出繼族父孺。孺清貞孤介，不交流俗，涉歷經史，有才思，雖不爲大文，所有詩詠，詞致清遠。開皇中，爲侍御史、揚州總管司功參軍。每以方直自處，府僚多不便之。及滿，轉清陽令、襄城郡掾，卒官。所經並有惠政。與道衡偏相友愛，收初生，即與孺爲後，養於孺宅。至於成長，殆不識本生。太常丞胡仲操曾在朝堂，就孺借刀子割爪

甲。孺以仲操非雅士，竟不與之。其不肯妄交，清介獨行，皆此類也。

道衡兄子邁，官至吏部侍郎，從父弟道實，官至禮部侍郎、離石太守，並知名於世。從子德音，有儁才，起家爲游騎尉。佐魏澹修魏史，史成，遷著作佐郎。及越王侗稱制東都，王世充之僭號也，軍書羽檄，皆出其手。世充平，以罪伏誅。所有文筆，多行於時。

史臣曰：二三子有齊之季皆以辭藻著聞，爰歷周、隋，咸見推重。李稱一代俊偉，薛則時之令望，握靈蛇以俱照，騁逸足以並驅，文雅縱橫，金聲玉振。靜言揚榷，盧居二子之右。李、薛紆青拖紫，思道官塗寥落，雖窮通有命，抑亦不護細行之所致也。

校勘記

〔一〕武落　「武」當作「虎」，唐人諱改。

〔二〕崔寔四人之令　「人」當作「民」，唐人諱改。後漢崔寔撰四民月令。

〔三〕轉番州刺史　「番」原作「潘」，據本書楊素傳、又房彥謙傳改。隋有番州，無潘州。

隋書卷五十八

列傳第二十三

明克讓

明克讓字弘道，平原鬲人也。父山賓，梁侍中。克讓少好儒雅，善談論，博涉書史，所覽將萬卷。三禮禮論，尤所研精，龜策曆象，咸得其妙。年十四，釋褐湘東王法曹參軍。時舍人朱异在儀賢堂講老子，克讓預焉。堂邊有修竹，异令克讓詠之。克讓攬筆輒成，其卒章曰：「非君多愛賞，誰貴此貞心。」异甚奇之。仕歷司徒祭酒、尚書都官郎中、散騎侍郎，兼國子博士、中書侍郎。梁滅，歸于長安，周明帝引爲麟趾殿學士，俄授著作上士，轉外史下大夫，出爲衞王友，歷漢東、南陳二郡守。武帝即位，復徵爲露門學士，令與太史官屬正定新曆。拜儀同三司，累遷司調大夫，賜爵歷城縣伯，邑五百戶。

高祖受禪，拜太子內舍人，轉率更令，進爵爲侯。太子以師道處之，恩禮甚厚。每有四

方珍味，輒以賜之。于時東宮盛徵天下才學之士，至於博物洽聞，皆出其下。詔與太常牛弘等修禮議樂，當朝典故多所裁正。開皇十四年，以疾去官，加通直散騎常侍。卒，年七十。上甚傷惜焉，賻物五百段，米三百石。太子又贈絹布二千匹，錢十萬，朝服一具，給棺槨。著孝經義疏一部，古今帝代記一卷，文類四卷，續名僧記一卷，集二十卷。

子餘慶，官至司門郎。越王侗稱制，爲國子祭酒。

魏澹

魏澹字彥深，鉅鹿下曲陽人也。祖鸞，魏光州刺史。父季景，齊大司農卿，稱爲著姓，世以文學自業。澹年十五而孤，專精好學，博涉經史，善屬文，詞采贍逸。齊博陵王濟聞其名，引爲記室。及琅邪王儼爲京畿大都督，以澹爲鎧曹參軍，轉殿中侍御史。尋與尚書左僕射魏收、吏部尚書陽休之、國子博士熊安生同修五禮。又與諸學士撰御覽，書成，除殿中郎中、中書舍人。復與李德林俱修國史。周武帝平齊，授納言中士。

及高祖受禪，出爲行臺禮部侍郎。尋爲散騎常侍、聘陳主使。還除太子舍人。廢太子勇深禮遇之，屢加優錫，令注庾信集，復撰笑苑、詞林集，世稱其博物。數年，遷著作郎，仍爲太子學士。

高祖以魏收所撰書，褒貶失實，平繪爲中興書，事不倫序，詔澹別成魏史。澹自道武下及恭帝，爲十二紀，七十八傳，別爲史論及例一卷，并目錄，合九十二卷。澹之義例與魏收多所不同：

其一曰，臣聞天子者，繼天立極，終始絕名。故穀梁傳曰：「太上不名。」曲禮曰：「天子不言出，諸侯不生名。」諸侯尚不生名，況天子乎！若爲太子，必須書名。良由子者對父生稱，父前子名，禮之意也。是以桓公六年九月丁卯，子同生，傳曰：「舉以太子之禮。」杜預注云：「桓公子莊公也。」十二公唯子同是嫡夫人之長子，備用太子之禮，故史書之於策。即位之日，尊成君而不名，春秋之義，聖人之微旨也。至如馬遷，周之太子並皆言名，漢之儲兩俱沒其諱，以尊漢卑周，臣子之意也。竊謂雖立此理，恐非其義。何者？春秋、禮記，太子必書名，天王不言出。此仲尼之褒貶，皇王之稱謂，非當時與異代遂爲優劣也。班固、范曄、陳壽、王隱、沈約參差不同，尊卑失序。至於魏收，諱儲君之名，書天子之字，過又甚焉。今所撰史，諱皇帝名，書太子字，欲以尊君卑臣，依春秋之義也。

其二曰，五帝之聖，三代之英，積德累功，乃文乃武，賢聖相承，莫過周室，名器不及后稷，追謚止於三王，此即前代之茂實，後人之龜鏡也。魏氏平文以前，部落之君長

耳。太祖遠追二十八帝，並極崇高，違堯、舜憲章，越周公典禮。但道武出自結繩，未師典誥，當須南、董直筆，裁而正之。反更飾非，言是觀過，所謂決渤澥之水，復去隄防，襄陵之災，未可免也。但力微天女所誕，靈異絕世，尊爲始祖，得禮之宜。平文、昭成雄據塞表，英風漸盛，圖南之業，基自此始。長孫斤之亂也，兵交御坐，太子授命，昭成獲免。道武此時，后緡方娠，宗廟復存，社稷有主，大功大孝，實在獻明。此之三世，稱謚可也。自茲以外，未之敢聞。

其三曰，臣以爲南巢桀亡，牧野紂滅，斬以黃鉞，懸首白旗，幽王死於驪山，厲王出奔於彘，未嘗隱諱，直筆書之，欲以勸善懲惡，貽誡將來者也。而太武、獻文並皆非命，前史立紀，不異天年，言論之間，頗露首尾。殺主害君，莫知名姓，逆臣賊子，何所懼哉！君子之過，如日月之食，圓首方足，孰不瞻仰，況復兵交御坐，矢及王屋，而可隱沒者乎！今所撰史，分明直書，不敢迴避。且隱、桓之死，閔、昭殺逐，丘明據實敘於經下，況復懸隔異代而致依違哉！

其四曰，周道陵遲，不勝其敝，楚子親問九鼎，吳人來徵百牢，無君之心，實彰行路，夫子刊經，皆書曰卒。自晉德不競，宇宙分崩，或帝或王，各自署置。當其生日，聘使往來，略如敵國，及其終也，書之曰死，便同庶人。存沒頓殊，能無懷愧！今所撰史，諸國凡處華夏之地者，皆書曰卒，同之吳、楚。

其五曰，壺遂發問，馬遷答之，義已盡矣。後之述者，仍未領悟。董仲舒、司馬遷之意，本云尚書者，隆平之典，春秋者，撥亂之法，興衰理異，制作亦殊。治定則直敘欽明，世亂則辭兼顯晦，分路命家，不相依放。故云「周道廢，春秋作焉，堯、舜盛，尚書載之」，是也。「漢興以來，改正朔，易服色，臣力誦聖德，仍不能盡，余所謂述故事，而君比之春秋，謬哉」。〔一〕然則紀傳之體出自尚書，不學春秋，明矣。而范曄云：「春秋者，文既總略，好失事形，今之擬作，所以爲短。紀傳者，史、班之所變也，網羅一代，事義周悉，適之後學，此焉爲優，故繼而述之。」觀曄此言，豈直非聖人之無法，又失馬遷之意旨。孫盛自謂鑽仰具體而放之。魏收云：「魯史既修，達者貽則，子長自拘紀傳，不存師表，蓋泉源所由，地非企及。」雖復遜辭畏聖，亦未思紀傳所由來也。澹又以爲司馬遷創立紀傳以來，述者非一，人無善惡，皆爲立論。計在身行迹，具在正書，事既無奇，不足懲勸。再述乍同銘頌，重敘唯覺繁文。案丘明亞聖之才，發揚聖旨，言「君子曰」者，無非甚泰，其間尋常，直書而已。今所撰史，竊有慕焉，可爲勸戒者，論其得失，其無損益者，所不論也。

澹所著魏書，甚簡要，大矯收、繪之失。上覽而善之。未幾，卒，時年六十五。有文集三

十卷行於世。子信言，頗知名。

澹弟彥玄，有文學，歷揚州總管府記室、洧州司馬。有子滿行。

陸爽 侯白

陸爽字開明，魏郡臨漳人也。祖順宗，魏南青州刺史。父概之，齊霍州刺史。爽少聰敏，年九歲就學，日誦二千餘言。齊尚書僕射楊遵彥見而異之，曰：「陸氏代有人焉。」年十七，齊司州牧、清河王岳召爲主簿。擢殿中侍御史，俄兼治書，累轉中書侍郎。及齊滅，周武帝聞其名，與陽休之、袁叔德等十餘人俱徵入關。諸人多將輜重，爽獨載書數千卷。至長安，授宣納上士。高祖受禪，轉太子內直監，尋遷太子洗馬。與左庶子宇文愷等撰東宮典記七十卷。朝廷以其博學，有口辯，陳人至境，常令迎勞。開皇十一年，卒官，時年五十三，贈上儀同、宣州刺史，賜帛百匹。

子法言，敏學有家風，釋褐承奉郎。初，爽之爲洗馬，嘗奏高祖云：「皇太子諸子未有嘉名，請依春秋之義更立名字。」上從之。及太子廢，上追怒爽云：「我孫製名，寧不自解，陸爽乃爾多事！扇惑於勇，亦由此人。其身雖故，子孫並宜屏黜，終身不齒。」法言竟坐除名。

爽同郡侯白，字君素，好學有捷才，性滑稽，尤辯俊。舉秀才，為儒林郎。通侻不恃威儀，好為誹諧雜說，人多愛狎之，所在之處，觀者如市。楊素甚狎之。素嘗與牛弘退朝，白謂素曰：「日之夕矣。」素大笑曰：「以我為牛羊下來邪？」高祖聞其名，召與語，甚悅之，令於秘書修國史。每將擢之，高祖輒曰「侯白不勝官」而止。後給五品食，月餘而死，時人傷其薄命。著旌異記十五卷，行於世。

杜臺卿

杜臺卿字少山，博陵曲陽人也。父弼，齊衞尉卿。臺卿少好學，博覽書記，解屬文。仕齊奉朝請，歷司空西閤祭酒、司徒戶曹、著作郎、中書黃門侍郎。性儒素，每以雅道自居。及周武帝平齊，歸于鄉里，以禮記、春秋講授子弟。開皇初，被徵入朝。臺卿嘗采月令，觸類而廣之，為書名玉燭寶典十二卷。至是奏之，賜絹二百匹。臺卿患聾，不堪吏職，請修國史。上許之，拜著作郎。十四年，上表請致仕，勑以本官還第。數載，終於家。有集十五卷，撰齊記二十卷，並行於世。無子。

有兄蕤，學業不如臺卿，而幹局過之。仕至開州刺史。子公贍，少好學，有家風，卒於安陽令。公贍子之松，大業中，為起居舍人。

辛德源

辛德源字孝基，隴西狄道人也。祖穆，魏平原太守。父子馥，尚書右丞。德源沉靜好學，年十四，解屬文。及長，博覽書記，少有重名。齊尚書僕射楊遵彥、殿中尚書辛術皆一時名士，見德源，並虛襟禮敬，因同薦之於文宣帝。起家奉朝請，後為兼員外散騎侍郎，聘梁使副。後歷馮翊、華山二王記室。中書侍郎劉逖上表薦德源曰：「弱齡好古，晚節逾厲，枕藉六經，漁獵百氏。文章綺豔，體調清華，恭慎表於閨門，謙撝著於朋執。實後進之辭人，當今之雅器。必能効節一官，騁足千里。」由是除員外散騎侍郎，累遷比部郎中，復兼通直散騎常侍。聘于陳，及還，待詔文林館，除尚書考功郎中，轉中書舍人。及齊滅，仕周為宣納上士。因取急詣相州，會尉迥作亂，以為中郎。德源辭不獲免，遂亡去。

高祖受禪，不得調者久之，隱於林慮山，鬱鬱不得志，著幽居賦以自寄，文多不載。德源素與武陽太守盧思道友善，時相往來。魏州刺史崔彥武奏德源潛為交結，恐其有姦計。由是謫令從軍討南寧，歲餘而還。秘書監牛弘以德源才學顯著，奏與著作郎王劭同修國史。德源每於務隙撰集注春秋三傳三十卷，注揚子法言二十三卷。蜀王秀聞其名而引之，居數歲，奏以為掾。後轉諮議參軍，卒官。有集二十卷，又撰政訓、內訓各二十卷。有子素臣、正臣，並學涉有文義。

柳䛒

柳䛒字顧言，本河東人也，永嘉之亂，徙家襄陽。祖惔，梁侍中。父暉，都官尚書。䛒少聰敏，解屬文，好讀書，所覽將萬卷。仕梁，釋褐著作佐郎。後蕭詧據荊州，以為侍中，領國子祭酒、吏部尚書。及梁國廢，拜開府、通直散騎常侍，尋遷內史侍郎。以無吏幹去職，轉晉王諮議參軍。王好文雅，招引才學之士諸葛潁、虞世南、王胄、朱瑒等百餘人以充學士。而䛒為之冠，王以師友處之，每有文什，必令其潤色，然後示人。嘗朝京師還，作歸藩賦，命䛒為序，詞甚典麗。初，王屬文，為庾信體，及見䛒已後，文體遂變。仁壽初，引䛒為東宮學士，加通直散騎常侍，檢校洗馬。甚見親待，每召入臥內，與之宴謔。䛒尤俊辯，多在侍從，有所顧問，應答如響。性又嗜酒，言雜誹諧，由是彌為太子之所親狎。以其好內典，令撰法華玄宗，為二十卷，奏之。太子覽而大悅，賞賜優洽，儕輩莫與為比。

煬帝嗣位，拜秘書監，封漢南縣公。帝退朝之後，便命入閤，言宴諷讀，終日而罷。帝每與嬪后對酒，時逢興會，輒遣命之至，與同榻共席，恩若友朋。帝猶恨不能夜召，於是命

匠刻木偶人，施機關，能坐起拜伏，以像於䛒。帝每在月下對酒，輒令宮人置之於座，與相酬酢，而為歡笑。從幸揚州，遇疾卒，年六十九。帝傷惜者久之，贈大將軍，謚曰康。撰晉王北伐記十五卷，有集十卷，行於世。

許善心

許善心字務本，高陽北新城人也。祖懋，〔三〕梁太子中庶子，始平、天門二郡守、散騎常侍。父亨，仕梁至給事黃門侍郎，在陳歷羽林監、太中大夫、衞尉卿，領大著作。善心九歲而孤，為母范氏所鞠養。幼聰明，有思理，所聞輒能誦記，多聞默識，為當世所稱。家有舊書萬餘卷，皆徧通涉。十五解屬文，牋上父友徐陵，陵大奇之，謂人曰：「才調極高，此神童也。」起家除新安王法曹。太子詹事江總舉秀才，對策高第，授度支郎中，轉侍郎，補撰史學士。

禎明二年，加通直散騎常侍，聘於隋。遇高祖伐陳，禮成而不獲反命，累表請辭。上不許，留縶賓館。及陳亡，高祖遣使告之。善心衰服號哭於西階之下，藉草東向，經三日。勑書唁焉。明日，有詔就館，拜通直散騎常侍，賜衣一襲。善心哭盡哀，入房改服，復出北面立，垂涕再拜受詔。明日乃朝，伏泣於殿下，悲不能興。上顧左右曰：「我平陳國，唯獲此人。

既能懷其舊君，即是我誠臣也。」勑以本官直門下省，賜物千段，草馬二十匹。從幸太山，還授虞部侍郎。

十六年，有神雀降於含章闥，高祖召百官賜讌，告以此瑞。善心於座請紙筆，製神雀頌，其詞曰：

臣聞觀象則天，乾元合其德，觀法審地，域大表其尊。雨施雲行，四時所以生殺，川流岳立，萬物於是裁成。出震乘離之君，紀鳥司鳳之后，玉鍾玉斗而降，金版金縢以傳。並陶冶性靈，含煦動植，眇玄珠於赤水，寂明鏡乎虛堂。莫不景福氤氳，嘉貺鑫集，馳聲南、董，越響雲、韶。

粵我皇帝之君臨，闢大方，抗太極，負鳳邸，據龍圖。不言行焉，攝提建指，不肅清焉，喉鈴啓閉。括地復夏，截海覊商，就望體其尊，登咸昌其會。緜區浹宇，遐至邇安，騰實飛聲，直暢傍施。無體之禮，威儀布政之宮，無聲之樂，綴兆總章之觀。上庠養老，躬問百年，下士字民，心爲百姓。月棲日浴，熱坂寒門，吹鱗沒羽之荒，赤蛇青馬之裔，解辮請吏，削衽承風。豈止呼韓北場，瘨勒狼居之岫，熄愼南境，近表不耐之城。故使天弗愛道，地寧吝寶，川岳展異，幽明効靈。狎素游赬，團膏漱醴，半景青赤，孳歷蔚盈。足足懷仁，般般擾義，祥祐之來若此，升隆之化如彼。而登封盛典，云亭佇白檢之儀，

致治成功，柴燎靡玄珪之告。雖奉常定禮，武騎草文，天子抑而未行，推而不有。允恭克讓，其在斯乎？七十二君，信蔑如也！故神禽顯貢，玄應特昭，白爵主鐵豸之奇，赤爵銜丹書之貴。班固神爵之頌，履武戴文，曹植嘉爵之篇，棲庭集牖。未若于飛武帳，來賀文槐，刷采青蒲，將翱赤闕。玉几朝御，取玩軒楯之間，金門旦開，兼留鞏翟之鑒。終古曠世，未或前聞，福召冥徵，得之玆日。

歲次上章，律諧大呂，玄枵會節，玄英統時。至尊未明求衣，晨興於含章之殿。爰有瑞爵，翱翔而下。載行載止，當扆宁而徐前，來集來儀，承軒墀而顧步。夫瑞者符也，明主之休徵；雀者爵也，聖人之大寶。謹案考異郵云：「軒轅有黃爵赤頭，立日傍。」占云：「土精之應。」又禮稽命徵云：「祭祀合其宜，則黃爵集。」昔漢集泰畤之殿，魏下文昌之宮，一見雍丘之祠，三入平東之府，並旁觀廻矚，事陋人微，奚足稱矣。抑又聞之，不刳胎剖卵則鸞鳳馴鳴，不漉浸焚原則螭龍盤蜿。是知陛下止殺，故飛走宅心，皇慈好生，而浮潛育德。臣面奉綸綍，垂示休祥，預承嘉宴，不勝藻躍。李虔僻處西土，陸機少長東隅，微臣慚於往賢，逢時盛乎曩代。輒竭庸瑣，敢獻頌云。

太素式肇，大德資生，功玄不器，道要無名。質文鼎革，沿習因成，祥圖瑞史，赫赫明明。天保大定，於鑠我君，武義廼武，文敎惟文。橫塞宇宙，旁凝射、汾，軒物重造，姚風再薰。煥發王策，昭彰帝道，御地七神，飛天五老。山祇吐秘，河靈孕寶，黑羽升壇，青鱗伏阜。丹烏流火，白雉從風，棲阿德砌，鳴岐祚隆。未如神爵，近賀王宮，五靈何有，百福攸同。孔圖獻赤，荀文表白，節節奇音，行行瑞跡。化玉黼扆，銜環陛戟，上天之命，明神所格。綏應在旂，伊臣預焉，永緝韋素，方流管絃。頌歌不足，蹈儛無宣，臣拜稽首，億萬斯年。

頌成，奏之，高祖甚悅，曰：「我見神雀，共皇后觀之。今旦召公等入，適述此事，善心於座始知，即能成頌。文不加點，筆不停豪，常聞此言，今見其事。」因賜物二百段。十七年，除秘書丞。于時秘藏圖籍尚多淆亂，善心放阮孝緒七錄更製七林，各爲總敘，冠於篇首。又於部錄之下，明作者之意，區分其類例焉。又奏追李文博、陸從典等學者十許人，正定經史錯謬。仁壽元年，攝黃門侍郎。二年，加攝太常少卿，與牛弘等議定禮樂，秘書丞、黃門，並如故。四年，留守京師。高祖崩于仁壽宮，煬帝秘喪不發，先易留守官人，出除巖州刺史。逢漢王諒反，不之官。

大業元年，轉禮部侍郎，奏薦儒者徐文遠爲國子博士，包愷、陸德明、褚徽、魯世達之輩並加品秩，授爲學官。其年，副納言楊達爲冀州道大使，以稱旨，賜物五百段。左衞大將軍宇文述每旦借本部兵數十人，以供私役，常半日而罷。攝御史大夫梁毗奏劾之。上方以腹

心委述，初付法推，千餘人皆稱被役。經二十餘日，法官候伺上意，乃言役不滿日，其數雖多，不合通計，縱令有實，亦當無罪。諸兵士聞之，更云初不被役。上欲釋之，付議虛實，百僚咸議爲虛。善心以爲述於仗衞之所抽兵私役，雖不滿日，闕於宿衞，與常役所部，情狀乃殊。又兵多下番，散還本府，分道追至，不謀同辭。今殆一月，方始翻覆，姦狀分明，此何可捨。蘇威、楊汪等二十餘人，同善心之議。其餘皆議免罪。煬帝可免罪之奏。後數月，述譖善心曰：「陳叔寶卒，善心與周羅睺、虞世基、袁充、蔡徵等同往送葬。善心爲祭文，謂爲陛下，敢於今日加叔寶尊號。」召問有實，自援古例，事得釋，而帝甚惡之。又太史奏帝即位之年，與堯時符合，善心議，以國哀甫爾，不宜稱賀。述諷御史劾之，左遷給事郎，降品二等。四年，撰方物志奏之。七年，從至涿郡，帝方自御戎以東討，善心上封事忤旨，免官。其年復徵爲守給事郎。九年，攝左翊衞長史，從渡遼，授建節尉。帝嘗言及高祖受命之符，因問鬼神之事，勑善心與崔祖濬撰靈異記十卷。

初，善心父撰著梁史，未就而歿。善心述成父志，修續家書，其序傳末，述制作之意曰：

謹案太素將萌，洪荒初判，乾儀資始，辰象所以正時，巛載厚生，品物於焉播氣。參三才而育德，肖二統而降靈。有人民焉，樹之君長，有貴賤矣，爲其宗極。保上天之眷命，膺下土之樂推，莫不執大方，振長策，感召風雲，驅馳英俊。干戈揖讓，取之也殊

功，鼎玉龜符，成之也一致。革命創制，竹素之道稍彰，紀事記言，筆墨之官漸著。炎農以往，存其名而漏其迹，黃軒以來，晦其文而顯其用。登丘納麓，具訓誥及典謨，貫昴入房，傳夏正與殷祀。洎辯方正位，論時訓功，南北左右，兼四名之別，檮杌、乘車，擅一家之稱。國惡雖諱，君舉必書，故賊子亂臣，天下大懼，元龜明鏡，昭然可察。及三郊遞襲，五勝相沿，俱稱百谷之王，並以四海自任，重光累德，何世無哉！

逮有梁之君臨天下，江左建國，莫斯爲盛。受命在於一君，繼統傳乎四主，克昌四十八載，餘祚五十六年。武皇帝出自諸生，爰升寶曆，拯百王之弊，救萬姓之危，反澆季之末流，登上皇之獨道。朝多君子，野無遺賢，禮樂必備，憲章咸舉。弘深慈於不殺，濟大忍於無刑，蕩蕩巍巍，可爲稱首。屬陰戎入潁，羯胡侵洛，沸騰磣黷，三季所未聞，掃地滔天，一元之巨厄。廊廟有序，翦成狐兔之場，珪帛有儀，碎夫犬羊之手。福善積而身禍，仁義在而國亡。豈天道歟？豈人事歟？嘗別論之，在序論之卷。

先君昔在前代，早懷述作，凡撰齊書爲五十卷，梁書紀傳，隨事勒成，及闕而未就者，目錄注爲一百八卷。梁室交喪，墳籍銷盡。冢壁皆殘，不准無所盜，帷囊同毀，陳農何以求！秦儒既坑，先王之道將墜，漢臣徒請，口授之文亦絕。所撰之書，一時亡散。有陳初建，詔爲史官，補闕拾遺，心識口誦。依舊目錄，更加修撰，且成百卷，已有六帙

五十八卷，上秘閣訖。

善心早嬰荼蓼，弗荷薪構，太建之末，頻抗表聞，至德之初，蒙授史任。方願油素採訪，門庭記錄，俯勵弱才，仰成先志；而單宗少强近，虛室類原、顏，退屏無所交遊，棲遲不求進益。假班嗣之書，徒聞其語，給王隱之筆，未見其人。加以庸瑣涼能，孤陋末學，忝職郎署，兼撰陳史，致此書延時，未即成續。禎明二年，以臺郎入聘，值本邑淪覆，他鄉播遷，行人失時，將命不復。望都亭而長慟，遷別館而懸壺，家史舊書，在後焚蕩。今止有六十八卷在，又並缺落失次。自入京已來，隨見補葺，略成七十卷。四帝紀八卷，后妃一卷，三太子錄一卷，爲一帙十卷。宗室王侯列傳一帙十卷。具臣列傳二帙二十卷。外戚傳一卷，孝德傳一卷，誠臣傳一卷，文苑傳二卷，儒林傳二卷，逸民傳一卷，數術傳一卷，藩臣傳一卷，合一帙十卷。止足傳一卷，列女傳一卷，權幸傳一卷，羯賊傳二卷，逆臣傳二卷，叛臣傳二卷，敍傳論述一卷，合一帙十卷。凡稱史臣者，皆先君所言，下稱名案者，並善心補闕。別爲敍論一篇，託于敍傳之末。

十年，又從至懷遠鎭，加授朝散大夫。突厥圍雁門，攝左親衞武賁郎將，領江南兵宿衞殿省。駕幸江都郡，追敍前勳，授通議大夫，詔還本品，行給事郎。十四年，化及殺逆之日，隋宮盡詣朝堂謁賀，善心獨不至。許弘仁馳告之曰：「天子已崩，宇文將軍攝政，合朝文武莫不咸集。天道人事，自有代終，何預於叔而低徊若此！」善心怒之，不肯隨去。弘仁反走上馬，泣而言曰：「將軍於叔全無惡意，忽自求死，豈不痛哉！」還告唐奉義，以狀白化及，遣人就宅執至朝堂。化及令釋之，善心不舞蹈而出。化及目送之曰：「此人大負氣。」命捉將來，罵云：「我好欲放你，敢如此不遜！」其黨輒牽曳，因遂害之，時年六十一。及越王稱制，贈左光祿大夫、高陽縣公，謚曰文節。

善心母范氏，梁太子中舍人孝才之女，少寡養孤，博學有高節。高祖知之，勑尙食每獻時新，常遣分賜。嘗詔范入內，侍皇后講讀，封永樂郡君。及善心遇禍，范年九十有二，臨喪不哭，撫柩曰：「能死國難，我有兒矣。」因臥不食，後十餘日亦終。

李文博

博陵李文博，性貞介鯁直，好學不倦，至於教義名理，特所留心。每讀書至治亂得失，忠臣烈士，未嘗不反覆吟玩。開皇中，爲羽騎尉，特爲吏部侍郎薛道衡所知，恒令在聽事帷中披檢書史，幷察己行事。若遇治政善事，即抄撰記錄，如還用踈謬，即委之臧否。道衡每得其語，莫不欣然從之。後直秘書內省，典校墳籍，守道居貧，晏如也。雖衣食乏絕，而清操逾厲，不妄通賓客，恒以禮法自處，儕輩莫不敬憚焉。道衡知其貧，每延于家，給以資費。

文博商略古今，治政得失，如指諸掌，然無吏幹。稍遷校書郎，後出爲縣丞，遂得下考，數歲不調。道衡爲司隸大夫，遇之於東都尙書省，甚嗟愍之，遂奏爲從事。因爲齊王司馬李綱曰：「今日遂遇文博，得奏用之。」以爲歡笑。其見賞知音如此。在洛下，曾詣房玄齡，相送於衢路。玄齡謂之曰：「公生平志尙，唯在正直，今既得爲從事，故應有會素心。比來激濁揚清，所爲多少？」文博遂奮臂厲聲曰：「夫淸其流者必潔其源，正其末者須端其本。今治源混亂，雖日免十貪郡守，亦何所益！」其謇直疾惡，不知忌諱，皆此類也。于時朝政浸壞，人多贓賄，唯文博不改其操，論者以此貴之。遭離亂播遷，不知所終。

初，文博在內校書，虞世基子亦在其內，盛飾容服，而未有所却。文博因從容問之年紀，答云：「十八。」文博乃謂之曰：「昔賈誼當此之年，議論何事？君今徒事儀容，故何爲者！」又秦孝王妃生男，高祖大喜，頒賜羣官各有差。文博家道屢空，人謂其悅，乃云：「賞罰之設，功過所歸，今王妃生男，於羣官何事，乃妄受賞也！」其循名責實，錄過計功過無隱者皆爾。文博本爲經學，後讀史書，於諸子及論尤所該洽。性長議論，亦善屬文，著治道集十卷，大行於世。

史臣曰：明克讓、魏澹等，或博學洽聞，詞藻贍逸，既稱燕、趙之俊，實曰東南之美。所在見寶，咸取祿位，雖無往非命，蓋亦道有存焉。澹之魏書，時稱簡正，條例詳密，足傳於後。此外諸子，各有記述，雖道或小大，皆志在立言，美矣。

校勘記

〔一〕周道廢至而君比之春秋謬哉　此处是魏澹摘引司馬遷答壺遂語，見漢書司馬遷傳。

〔二〕祖懋　「懋」原作「茂」，據梁書本傳、陳書許亨傳改。

隋書卷五十九

列傳第二十四

煬三子

煬帝三男，蕭皇后生元德太子昭、齊王暕，蕭嬪生趙王杲。

元德太子昭，煬帝長子也，生而高祖命養宮中。三歲時，於玄武門弄石師子，高祖與文獻后至其所。高祖適患腰痛，舉手憑后，昭因避去，如此者再三。高祖歎曰：「天生長者，誰復教乎！」由是大奇之。高祖嘗謂曰：「當為爾娶婦。」昭應聲而泣。高祖問其故，對曰：「漢王未婚時，恒在至尊所，一朝娶婦，便則出外。懼將違離，是以啼耳。」上歎其有至性，特鍾愛焉。

年十二，立為河南王。仁壽初，徙為晉王，拜內史令，兼左衞大將軍。後三年，轉雍州牧。煬帝卽位，便幸洛陽宮，昭留守京師。大業元年，帝遣使者立為皇太子。昭有武力，能引强弩。性謙沖，言色恂恂，未嘗忿怒。有深嫌可責者，但云「大不是」。所膳不許多品，帷席極於儉素。臣吏有老父母者，必親問其安否，歲時皆有惠賜。其仁愛如此。明年，朝於洛陽。後數月，將還京師，願得少留，帝不許。拜請無數，體素肥，因致勞疾。帝令巫者視之，云「房陵王為祟」。未幾而薨。詔內史侍郎虞世基為哀册文曰：

維大業二年七月癸丑朔二十三日，皇太子薨于行宮。粵三年五月庚辰朔六日，將遷座于莊陵，禮也。蜃綍宵載，鶴關曉闢，肅文物以具陳，儼賓從其如昔。皇帝悼離方之云晦，嗟震宮之虧象，顧守器以長懷，臨登餕而興想。先遠戒日，占謀允從，庭彝徹祖，階戺收重，抗銘旌以啓路，動徐輪於振容。揆行度名，累德彰謚，爰詔史册，式遵典志，俾濬哲之徽猷，播長久乎天地。其辭曰：

宸基峻極，帝緒會昌。體元襲聖，儀耀重光。氣秀春陸，神華少陽。居周軼誦，處漢韜莊。有縱生知，誕膺惟睿。性道觿日，幾深綺歲。降迹大成，俯情多藝。樹親建國，命懿作藩。威蕤先路，舄奕渠門。庸服有紀，分器惟尊。風高楚殿，雅盛梁園。睿后膺儲，天人協順。本茂條遠，基崇體峻。改王參墟，奄有唐、晉。在貴能謙，居沖益愼。

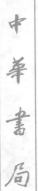

封畿千里，闉闍九重。神州王化，禁旅軍容。瞻言偃草，高視折衝。帷扆清秘，親賢允屬。泛景鳳瀾，飛華螭玉。揮翰泉涌，敷言藻縟。式是便煩，思謀啓沃。洪惟積德，豐衍繁祉。粵自天孫，光升元子。綠車逮事，翠纓奉祀。肅穆滿容，儀形讓齒。禮樂交暢，愛敬兼資。優游養德，恭己承儀。南山聘隱，東序尊師。有粹神儀，深穆其度。顯顯觀德，溫溫審諭。炯戒齊箴，留連王賦。入監出撫，日就月將。沖情玉裕，令問金相。宜綏景福，永作元良。神理冥漠，天道難究。仁不必壽，善或愆祐。遽瑤山之頹壞，忽桂宮之毀構。痛結幽明，悲纏宇宙。慟皇情之深惘，摧具僚其如疚。嗚呼哀哉！廻環氣朔，荏苒居諸。沾零露於瑤圃，下申霜於玉除。夜漏盡兮空階曙，曉月懸兮帷殿虛。嗚呼哀哉！將寧甫竁，長違望苑。渡渭涘於造舟，遵長平之修坂。望鶴駕而不追，顧龍樓而日遠。嗚呼哀哉！永隔存沒，長分古今。去榮華於人世，卽潛壋之幽深。霏夕煙而稍起，慘落景而將沈。聽哀挽之悽楚，雜灌木之悲吟。紛徒御而流袂，欷纓弁以霑衿。嗚呼哀哉！九地黃泉，千年白日。雖金石之能久，終天壤乎長畢。敢圖芳於篆素，永飛聲而騰實。

帝深追悼。

有子三人，韋妃生恭皇帝，大劉良娣生燕王倓，小劉良娣生越王侗。

燕王倓字仁安。敏慧美姿儀，煬帝於諸孫中特所鍾愛，常置左右。性好讀書，尤重儒素，非造次所及，有若成人。良娣早終，每至忌日，未嘗不流涕嗚咽。帝由是益以奇之。宇文化及弒逆之際，倓覺變，欲入奏，恐露其事，因與梁公蕭鉅、千牛宇文皛等穿芳林門側水竇而入。至玄武門，詭奏曰：「臣卒中惡，命縣俄頃，請得面辭，死無所恨。」冀以見帝，爲司宮者所遏，竟不得聞。俄而難作，爲賊所害，時年十六。

越王侗字仁謹，美姿儀，性寬厚。大業二年，立爲越王。帝每巡幸，侗常留守東都。楊玄感作亂之際，與民部尚書樊子蓋拒之。及玄感平，朝於高陽，拜高陽太守。俄以本官復留守東都。十三年，帝幸江都，復令侗與金紫光祿大夫段達、太府卿元文都、攝民部尚書韋津、右武衛將軍皇甫無逸等總留臺事。

宇文化及之弒逆也，文都等議，以侗元德太子之子，屬最爲近，於是乃共尊立，大赦，改元曰皇泰。諡帝曰明，廟號世祖。追尊元德太子爲孝成皇帝，廟號世宗。尊其母劉良娣爲皇太后。以段達爲納言、右翊衛大將軍、攝禮部尚書，王世充亦納言、左翊衛大將軍、攝吏部尚書，元文都內史令、左驍衛大將軍，盧楚亦內史令，皇甫無逸兵部尚書、右武衛大將軍，郭文懿內史侍郎，趙長文黃門侍郎，委以機務，爲金書鐵券，藏之宮掖。于時洛陽稱段達等爲「七貴」。

未幾，宇文化及立秦王子浩爲天子，來次彭城，所經城邑多從逆黨。侗懼，遣使者蓋琮、馬公政，招懷李密。密遂遣使請降，侗大悅，禮其使甚厚。卽拜密爲太尉、尚書令、魏國公，令拒化及。下書曰：

我大隋之有天下，於茲三十八載。高祖文皇帝聖略神功，載造區夏。世祖明皇帝則天法地，混一華戎。東暨蟠木，西通細柳，前踰丹徼，後越幽都。日月之所臨，風雨之所至，圓首方足，禀氣食芼，莫不盡入提封，皆爲臣妾。加以寶貺畢集，靈瑞咸臻，作樂制禮，移風易俗。智周寰海，萬物咸受其賜，道濟天下，百姓用而不知。世祖往因歷試，統臨南服，自居皇極，順茲望幸。所以往歲省方，展禮肆覲，停鑾駐蹕，按駕淸道，八屯如昔，七萃不移。豈意釁起非常，逮於軒陛，災生不意，延及冕旒。奉諱之日，五情崩隕，攀號荼毒，不能自勝。

且聞之，自古代有屯剝，賊臣逆子，無世無之。至如宇文化及，世傳庸品。其父述，往屬時來，早霑厚遇，賜以婚媾，置之公輔。位尊九命，祿重萬鍾，禮極人臣，榮冠世表。徒承海嶽之恩，未有涓塵之益。化及以此下材，夙蒙顧盼，出入外內，奉望階墀。昔陪

藩國，統領禁衛，及從升皇祚，陪列九卿。但本性兇狠，恣其貪穢，或交結惡黨，或侵掠貨財，事重刑篇，狀盈獄簡。在上不遺簪履，恩加草芥，應至死辜，每蒙恕免。三經除解，尋復本職，再徙邊裔，仍卽追還。生成之恩，昊天罔極，獎擢之義，人事罕聞。化及梟獍爲心，禽獸不若，縱毒興禍，傾覆行宮。諸王兄弟，一時殘酷，痛暴行路，世不忍言。有窮之在夏時，犬戎之於周代，釁辱之極，亦未是過。朕所以刻骨崩心，飲膽嘗血，瞻天視地，無處容身。

今王公卿士，庶僚百辟，咸以大寶鴻名，不可顚墜，元兇巨猾，須早夷殄，翼戴朕躬，嗣守寶位。顧惟寡薄，志不逮此。今者出黼扆而杖旄鉞，釋衰麻而擐甲冑，銜冤誓衆，忍淚治兵，指日遄征，以平大盜。且化及僞立秦王之子，幽遏比於囚拘，其身自稱霸相，專擅擬於九五。履踐禁御，據有宮闈，昂首揚眉，初無慚色。衣冠朝望，外懼兇威，志士誠臣，內皆憤怨。以我義師，順彼天道，梟夷醜族，匪夕伊朝。

太尉、尚書令、魏公丹誠內發，宏略外擧，率勤王之師，討違天之逆。果毅爭先，熊羆競逐，金鼓振讋，若火焚毛，鋒刃縱橫，如湯沃雪。魏公志在匡濟，投袂前驅，朕親御六軍，星言繼進。以此衆戰，以斯順擧，擘山可以動，射石可以入。況擁此人徒，皆有離德，京都侍衛，西憶鄉家，江左淳民，南思邦邑，比來表書駱驛，人信相尋。若王師

一臨，舊章暫覩，自應解甲倒戈，冰銷葉散。且聞化及自恣，天奪其心，殺戮不辜，挫辱人士，莫不道路仄目，號天踢地。朕今復讎雪恥，梟轘者一人，拯溺救焚，所哀者士庶。唯天鑒孔殷，祐我宗社，億兆感義，俱會朕心。梟戮元兇，策勳飲至，四海交泰，稱朕意焉。兵術軍機，並受魏公節度。

密見使者，大悅，北面拜伏，臣禮甚恭。密遂東拒化及。

「七貴」頗不協，陰有相圖之計。未幾，元文都、盧楚、〔一〕郭文懿、趙長文等爲世充所殺，皇甫無逸遁歸長安。世充詣侗所陳謝，辭情哀苦。侗以爲至誠，命之上殿，被髮爲盟，誓無貳志。自是侗無所關預。侗心不能平，遂與記室陸士季謀圖世充，事不果而止。及世充破李密，衆望益歸之，遂自爲鄭王，總百揆，加九錫，備法物，侗不能禁也。段達、雲定興等十人入見於侗曰：「天命不常，鄭王功德甚盛，願陛下揖讓告禪，遵唐、虞之迹。」侗聞之怒曰：「天下者，高祖之天下，東都者，世祖之東都。若隋德未衰，此言不可發；必天命有改，亦何論於禪讓！公等或先朝舊臣，績宣上代，或勤王立節，身服軒冕，忽有斯言，朕復當何所望！」神色懍然，侍衞者莫不流汗。旣而退朝，對良娣而泣。世充更使人謂侗曰：「今海內未定，須得長君。待四方乂安，復子明辟，必若前盟，義不違負。」侗不得已，遜位於世充，遂被幽於含涼殿。世充僭僞號，封爲潞國公，邑五千戶。

月餘，宇文儒童、裴仁基等謀誅世充，復尊立侗，事泄，並見害。世充兄世惲因勸世充害侗，以絕民望。世充遣其姪行本齎鴆詣侗所曰：「願皇帝飲此酒。」侗知不免，請與母相見，不許。遂布席焚香禮佛，呪曰：「從今以去，願不生帝王尊貴之家。」於是仰藥，不能時絕，更以帛縊之。世充僞謚爲恭皇帝。

齊王暕字世朏，小字阿孩。美容儀，疎眉目，少爲高祖所愛。開皇中，立爲豫章王，邑千戶。及長，頗涉經史，尤工騎射。初爲內史令。仁壽中，拜揚州總管沿淮以南諸軍事。煬帝卽位，進封齊王，增邑四千戶。大業二年，帝初入東都，盛陳鹵簿，暕爲軍導。尋轉豫州牧。俄而元德太子薨，朝野注望，咸以暕當嗣。帝又勑吏部尚書牛弘妙選官屬，公卿由是多進子弟。明年，轉雍州牧，尋徙河南尹，開府儀同三司。元德太子左右二萬餘人悉隸於暕，寵遇益隆，自樂平公主及諸戚屬競來致禮，百官稱謁，塡咽道路。

暕頗驕恣，昵近小人，所行多不法，遣喬令則、劉虔安、裴該、皇甫諶、庫狄仲錡、陳智偉等求聲色狗馬。令則等因此放縱，訪人家有女者，輒矯暕命呼之，載入暕宅，因緣藏隱，恣行淫穢，而後遣之。仲錡、智偉二人詣隴西，撾炙諸胡，責其名馬，得數匹以進於暕。暕令還主，仲錡等詐言王賜，將歸於家，暕不之知也。又樂平公主嘗奏帝，言柳氏女美者，帝未有所答。久之，主復以柳氏進於暕，暕納之。其後帝問主，柳氏女所在，主曰：「在齊王所。」帝不悅。暕於東都營第，大門無故而崩，聽事栿中折，識者以爲不祥。其後從帝幸楡林，暕督後軍步騎五萬，恒與帝相去數十里而舍。會帝於汾陽宮大獵，詔暕以千騎入圍。暕大獲麋鹿以獻，而帝未有得也，乃怒從官，皆言爲暕左右所遏，獸不得前。帝於是發怒，求暕罪失。

時制縣令無故不得出境，有伊闕令皇甫詡幸於暕，違禁將之汾陽宮。又京兆人達奚通有妾王氏善歌，貴遊宴聚，多或要致，於是展轉亦出入王家。御史韋德裕希旨劾暕，帝令甲士千餘，大索暕第，因窮治其事。暕妃韋氏者，民部尚書沖之女也，早卒。暕遂與妃姊元氏婦通，遂產一女。外人皆不得知。陰引喬令則於第內酣宴，令則稱慶，脫暕帽以爲歡樂。召相工令徧視後庭，相工指妃姊曰：「此產子者當爲皇后。」王貴不可言。」時國無儲副，暕自謂次當得立。又以元德太子有三子，內常不安，陰挾左道，爲厭勝之事。至是，事皆發，帝大怒，斬令則等數人，妃姊賜死，暕府僚皆斥之邊遠。時趙王杲猶在孩孺，帝謂侍臣曰：「朕唯有暕一子，不然者，當肆諸市朝，以明國憲也。」暕自是恩寵日衰，雖爲京尹，不復關預時政。帝恒令武賁郎將一人監其府事，暕有微失，武賁輒奏之。帝亦常慮暕生變，所給左右，皆以老弱，備員而已。暕每懷危懼，心不自安。又帝在江都宮，元會，暕具法服將朝，無故有血

從裳中而下。又坐齋中，見羣鼠數十，至前而死，視皆無頭。暕意甚惡之。俄而化及作亂，兵將犯蹕，帝聞，顧謂蕭后曰：「得非阿孩邪？」其見疎忌如此。化及復令人捕暕，暕時尙臥未起，賊旣進，暕驚曰：「是何人？」莫有報者，暕猶謂帝令捕之，因曰：「詔使且緩，兒不負國家。」賊於是曳至街而斬之，及其二子亦遇害。暕竟不知殺者爲誰。時年三十四。

有遺腹子政道，與蕭后同入突厥，處羅可汗號爲隋王，中國人沒入北蕃者，悉配之以爲部落，以定襄城處之。及突厥滅，歸于大唐，授員外散騎侍郎。

趙王杲小字季子。年七歲，以大業九年封趙王。尋授光祿大夫，拜河南尹。從幸淮南，詔行江都太守事。杲聰令，美容儀，帝有所製詞賦，杲多能誦之。性至孝，常見帝風動，不進膳，杲亦終日不食。又蕭后當灸，杲先請試炷，后不許之。杲泣請曰：「后所服藥，皆蒙嘗之。今灸，願聽嘗炷。」悲咽不已。后竟爲其停灸，由是尤愛之。後遇化及反，杲在帝側，號慟不已。裴虔通使賊斬之於帝前，血湔御服。時年十二。

史臣曰：元德太子雅性謹重，有君人之量，降年不永，哀哉！齊王敏慧可稱，志不及遠，頗懷驕僭，故煬帝疎而忌之。心無父子之親，貌展君臣之敬，身非積善，國有餘殃。至令趙及燕、越皆不得其死，悲夫！

校勘記

〔一〕盧楚　「楚」原作「逸」，據上文改。

隋書卷六十

列傳第二十五

崔仲方

崔仲方字不齊，博陵安平人也。祖孝芬，魏荆州刺史。父宣猷，周小司徒。仲方少好讀書，有文武才幹。年十五，周太祖見而異之，令與諸子同就學。時高祖亦在其中，由是與高祖少相款密。後以明經爲晉公宇文護參軍事，尋轉記室，遷司玉大夫，與斛斯徵、柳敏等同修禮律。後以軍功，授平東將軍、銀青光祿大夫，賜爵石城縣男，邑三百戶。時武帝陰有滅齊之志，仲方獻二十策，帝大奇之。後與少內史趙芬删定格式。尋從帝攻晉州，齊之亞將崔景嵩請爲內應，仲方與段文振等登城應接，遂下晉州，語在文振傳。又令仲方說翼城等四城，下之。授儀同，進爵范陽縣侯。後以行軍長史從鄭公王軌擒陳將吳明徹於呂梁，仲方計策居多。宣帝嗣位，爲少內史，奉使淮南而還。

會帝崩，高祖爲丞相，與仲方相見，握手極歡，仲方亦歸心焉。其夜上便宜十八事，高祖並嘉納之。又見衆望有歸，陰勸高祖應天受命，高祖從之。及受禪，上召仲方與高熲議正朔服色事。仲方曰：「晉爲金行，後魏爲水，周爲木。皇家以火承木，得天之統。又聖躬載誕之初，有赤光之瑞，車服旗牲，並宜用赤。」又勸上除六官，請依漢、魏之舊。上皆從之。進位上開府，尋轉司農少卿，進爵安固縣公。令發丁三萬，於朔方、靈武築長城，東至黃河，西拒綏州，南至勃出嶺，緜亙七百里。明年，上復令仲方發丁十五萬，於朔方已東緣邊險要築數十城，以遏胡寇。丁父艱去職。未朞，起爲虢州刺史。上書論取陳之策曰：

臣謹案晉太康元年歲在庚子，晉武平吳，至今開皇六年，歲次丙午，合三百七載。春秋寶乾圖云：「王者三百年一蠲法。」今三百之期，可謂備矣。陳氏草竊，起於丙子，至今丙午，又子午爲衝，陰陽之忌。昔史趙有言曰：「陳，顓頊之族，爲水，故歲在鶉火以滅。」又云：「周武王克商，封胡公滿於陳。」至魯昭公九年，陳災，裨竈曰：「歲五及鶉火而後陳亡，楚克之。」楚，祝融之後也，爲火正，故復滅陳。陳承舜後，舜承顓頊，雖太歲左行，歲星右轉，鶉火之歲，陳族再亡，戊午之年，嬀虞運盡，語迹雖殊，考事無別。皇朝五運相承，感火德而王，國號爲隋，與楚同分。楚是火正，午爲鶉火，未爲鶉首，申爲實沈，酉爲大梁。既當周、秦、晉、趙之分，若當此分發兵，將得歲之助，以今量古，陳

滅不疑。

臣謂午未申酉，並是數極。蓋聞天時不如地利，地利不如人和，況主聖臣良，兵強國富，動植迴心，人神協契。陳既主昏於上，民讟於下，險無百二之固，衆非九國之師。夏癸、殷辛尚不能立，獨此島夷而稽天討！伏度朝廷自有宏謨，但芻蕘所見，冀申螢爝。今唯須武昌已下，蘄、和、滁、方、吳、海等州更帖精兵，密營渡計。益、信、襄、荊、基、郢等州速造舟楫，多張形勢，爲水戰之具。蜀、漢二江，是其上流，水路衝要，必爭之所。賊雖於流頭、荊門、延州、公安、巴陵、隱磯、夏首、蘄口、盆城置船，然終聚漢口、峽口，以水戰大決。若賊必以上流有軍，令精兵赴援者，下流諸將即須擇便橫渡。如擁衆自衞，上江水軍鼓行以前。雖恃九江五湖之險，非德無以爲固，徒有三吳、百越之兵，無恩不能自立。

上覽而大悅，轉基州刺史，徵入朝。仲方因面陳經略，上善之，賜以御袍袴，并雜綵五百段，進位開府而遣之。及大舉伐陳，以仲方爲行軍總管，率兵與秦王會。及陳平，坐事免。未幾，復位。後數載，轉會州總管。時諸羌猶未賓附，詔令仲方擊之，與賊三十餘戰，紫祖、四鄰、望方、涉題、千碉、[二]小鐵圍山、白男王、弱水等諸部悉平。賜奴婢一百三十口，黃金三十斤，雜物稱是。

仁壽初，授代州總管，在職數年，被徵入朝。會上崩，漢王諒餘黨據呂州不下，煬帝令周羅睺攻之，中流矢卒，乃令仲方代總其衆，月餘拔之。進位大將軍，拜民部尚書，尋轉禮部尚書。後三載，坐事免。尋爲國子祭酒，轉太常卿。朝廷以其衰老，出拜上郡太守。未幾，以母憂去職。歲餘，起爲信都太守，上表乞骸骨，優詔許之。尋卒於家，時年七十六。子民壽，官至定陶令。

于仲文 兄顗 從父弟璽

于仲文字次武，建平公義之兄子。父寔，周大左輔、燕國公。仲文少聰敏，髫齓就學，耽閱不倦。其父異之曰：「此兒必興吾宗矣。」九歲，嘗於雲陽宮見周太祖，太祖問曰：「聞兒好讀書，書有何事？」仲文對曰：「資父事君，忠孝而已。」太祖甚嗟歎之。其後就博士李祥受周易、三禮，略通大義。及長，倜儻有大志，氣調英拔，當時號爲名公子。起家爲趙王屬，尋遷安固太守。有任、杜兩家各失牛，後得一牛，兩家俱認，州郡久不能決。益州長史韓伯儁曰：「于安固少聰察，可令決之。」仲文曰：「此易解耳。」於是令二家各驅牛羣至，乃放所認者，遂向任氏羣中。又陰使人微傷其牛，任氏嗟惋，杜家自若。仲文於是訶詰杜氏，杜氏服罪而去。始州刺史屈突尚，宇文護之黨也，先坐事下獄，無敢繩者。仲文至郡窮治，遂竟其獄。蜀中爲之語曰：「明斷無雙有于公，不避強禦有次武。」未幾，徵爲御正下大夫，封延壽郡公，邑二千五百戶。數從征伐，累勳授儀同三司。宣帝時，爲東郡太守。

高祖爲丞相，尉迥作亂，遣將檀讓收河南之地。復使人誘致仲文，仲文拒之。迥怒其不同己，遣儀同宇文威攻之。仲文迎擊，大破威衆，斬首五百餘級。以功授開府。迥又遣其將宇文胄渡石濟，宇文威、鄒紹自白馬，二道俱進，復攻仲文。賊勢逾盛，人情大駭，郡人赫連僧伽、敬子哲率衆應迥。仲文自度不能支，棄妻子，將六十餘騎，開城西門，潰圍而遁。爲賊所追，且戰且行，所從騎戰死者十七八。仲文僅而獲免，達於京師。迥於是屠其三子一女。高祖見之，引入臥內，爲之下泣。賜綵五百段，黃金二百兩，進位大將軍，領河南道行軍總管。給以鼓吹，馳傳詣洛陽發兵，以討檀讓。

時韋孝寬拒迥於永橋，仲文詣孝寬有所計議。時總管宇文忻頗有自疑之心，因謂仲文曰：「公新從京師來，觀執政意何如也？尉迥誠不足平，正恐事寧之後，更有藏弓之慮。」仲文懼忻生變，因謂之曰：「丞相寬仁大度，明識有餘，苟能竭誠，必心無貳。仲文在京三日，頻見三善，以此爲觀，非尋常人也。」忻曰：「三善如何？」仲文曰：「有陳萬敵者，新從賊中來，即令其弟難敵召募鄉曲，從軍討賊。此其有大度一也。上士宋謙，奉使勾檢，謙緣此別求他罪。丞相責之曰：『入網者自可推求，何須別訪，以虧大體。』此其不求人私二也。言及仲

文妻子，未嘗不潸泫。此其有仁心三也。」忻自此遂安。

仲文軍至汴州之東倪塢，與迥將劉子昂、劉浴德等相遇，進擊破之。軍次蓼隄，去梁郡七里，讓擁衆數萬，仲文以羸師挑戰。讓悉衆來拒，仲文僞北，讓軍頗驕。於是遣精兵左右翼擊之，大敗讓軍，生獲五千餘人，斬首七百級。進攻梁郡，迥守將劉子寬棄城遁走。仲文追擊，擒斬數千人，子寬僅以身免。初，仲文在蓼隄，諸將皆曰：「軍自遠來，士馬疲敝，不可決勝。」仲文令三軍趣食，列陣大戰。既而破賊，諸將皆請曰：「前兵疲不可交戰，竟而剋勝，其計安在？」仲文笑曰：「吾所部將士皆山東人，果於速進，不宜持久。乘勢擊之，所以制勝。」諸將皆以爲非所及也。進擊曹州，獲迥所署刺史李仲康及上儀同房勁。

檀讓以餘衆屯城武，別將高士儒以萬人屯永昌。仲文詐移書州縣曰：「大將軍至，可多積粟。」讓謂仲文未能卒至，方槌牛享士。仲文知其怠，選精騎襲之，一日便至。遂拔城武。迥將席毗羅，衆十萬，屯於沛縣，將攻徐州。其妻子在金鄉。仲文遣人詐爲毗羅使者，謂金鄉城主徐善淨曰：「檀讓明日午時到金鄉，將宣蜀公令，賞賜將士。」金鄉人謂爲信然，皆喜。仲文簡精兵，僞建迥旗幟，倍道而進。善淨望見仲文軍且至，以爲檀讓，乃出迎謁。仲文執之，遂取金鄉。諸將多勸屠之，仲文曰：「此城是毗羅起兵之所，當寬其妻子，其兵可自歸。如即屠之，彼望絕矣。」衆皆稱善。於是毗羅恃衆來薄官軍，仲文背城結陣，去軍數里，設伏

於麻田中。兩陣纔合，伏兵發，俱曳柴鼓譟，塵埃張天。毗羅軍大潰，仲文乘之，賊皆投洙水而死，爲之不流。獲檀讓，檻送京師，河南悉平。毗羅匿滎陽人家，執斬之，傳首闕下。勒石紀功，樹於泗上。

入朝京師，高祖引入臥內，宴享極歡。賜雜綵千餘段，妓女十人，拜柱國、河南道大行臺。屬高祖受禪，不行。未幾，其叔父太尉翼坐事下獄，仲文亦爲吏所簿，於獄中上書曰：

臣聞春生夏長，天地平分之功，子孝臣誠，人倫不易之道。曩者尉迥逆亂，所在影從。臣任處關、河，地居衝要，嘗膽枕戈，誓以必死。迥時購臣，位大將軍，邑萬戶。臣不顧妻子，不愛身命，冒白刃，潰重圍，三男一女，相繼淪沒，披露肝膽，馳赴闕庭。蒙陛下授臣以高官，委臣以兵革。于時河南兇寇，狼顧鴟張，臣以羸兵八千，掃除氛祲。摧劉寬於梁郡，破檀讓於蓼隄，平曹州，復東郡、安城、武定、永昌，解亳州圍，殄徐州賊。席毗十萬之衆，一戰土崩，河南蟻聚之徒，應時戡定。

當羣兇問鼎之際，黎元乏主之辰，臣第二叔翼先在幽州，總馭燕、趙，南鄰羣寇，北捍旄頭，內外安撫，得免罪戾。臣第五叔智建旟黑水，與王謙爲鄰，式遏蠻陬，鎮綏蜀道。臣兄顗作牧淮南，坐制勍敵，乘機勦定，傳首京師。王謙竊據二江，叛換三蜀。臣第三叔義受脤廟庭，龔行天討。自外父叔兄弟，皆當文武重寄，或衘命危難之間，或侍

衞鉤陳之側，合門誠款，冀有可明。伏願垂泣辜之恩，降雲雨之施，追草昧之始，錄涓滴之功，則寒灰更然，枯骨生肉，不勝區區之至，謹冒死以聞。

上覽表，幷翼俱釋之。

未幾，詔仲文率兵屯白狼塞以備胡。明年，拜行軍元帥，統十二總管以擊胡。出服遠鎮，遇虜，破之，斬首千餘級，六畜巨萬計。於是從金河出白道，遣總管辛明瑾、元滂、賀蘭志、呂楚、段諧等二萬人出盛樂道，趣那頡山。至護軍川北，與虜相遇，可汗見仲文軍容齊肅，不戰而退。仲文率精騎五千，踰山追之，不及而還。上以尚書文簿繁雜，吏多姦計，令仲文勘錄省中事。其所發擿甚多，上嘉其明斷，厚加勞賞焉。上每憂轉運不給，仲文請決渭水，開漕渠。上然之，使仲文總其事。及伐陳之役，拜行軍總管，以舟師自章山出漢口。陳郢州刺史荀法尚、魯山城主誕法澄、鄧沙彌等請降，秦王俊皆令仲文以兵納之。高智慧等作亂江南，復以行軍總管討之。時三軍乏食，米粟踊貴，仲文私糶軍糧，坐除名。明年，復官爵，率兵屯馬邑以備胡。數旬而罷。

晉王廣以仲文有將領之才，每常屬意，至是奏之，乃令督晉王軍府事。後突厥犯塞，晉王爲元帥，以仲文將前軍，大破賊而還。仁壽初，拜太子右衞率。煬帝即位，遷右翊衞大將軍，參掌文武選事。從帝討吐谷渾，進位光祿大夫，甚見親幸。遼東之役，仲文率軍指樂浪道。軍次烏骨城，仲文簡羸馬驢數千，置於軍後。既而率衆東過，高麗出兵掩襲輜重，仲文迴擊，大破之。至鴨綠水，高麗將乙支文德詐降，來入其營。仲文先奉密旨，若遇高元及文德者，必擒之。至是，文德來，仲文將執之。時尚書右丞劉士龍爲慰撫使，固止之。仲文遂捨文德。尋悔，遣人紿文德曰：「更有言議，可復來也。」文德不從，遂濟。仲文選騎渡水追之，每戰破賊。文德遺仲文詩曰：「神策究天文，妙算窮地理。戰勝功既高，知足願云止。」仲文答書諭之，文德燒柵而遁。時宇文述以糧盡欲還，仲文議以精銳追文德，可以有功。述固止之，仲文怒曰：「將軍仗十萬之衆，不能破小賊，何顏以見帝！且仲文此行也，固無功矣。」述因厲聲曰：「何以知無功？」仲文曰：「昔周亞夫之爲將也，見天子，軍容不變。此決在一人，所以功成名遂。今者人各其心，何以赴敵！」初，帝以仲文有計畫，令諸軍諮稟節度，故有此言。由是述等不得已而從之，遂行。東至薩水，宇文述以兵餒退歸，師遂敗績。帝以屬吏，諸將皆委罪於仲文。帝大怒，釋諸將，獨繫仲文。仲文憂恚發病，困篤方出之，卒於家，時年六十八。撰漢書刊繁三十卷、略覽三十卷。有子九人，欽明最知名。

顗字元武，身長八尺，美鬚眉。周大冢宰宇文護見而器之，妻以季女。尋以父勳，賜爵

新野郡公，邑三千戶。授大都督，遷車騎大將軍、儀同三司。其後累以軍功，授上開府。歷左、右宮伯，郢州刺史。大象中，以水軍總管從韋孝寬經略淮南。顗率開府元紹貴、上儀同毛猛等，以舟師自潁口入淮。陳防主潘深棄柵而走，進與孝寬攻拔壽陽。復引師圍硤石，守將許約懼而降，顗乃拜東廣州刺史。

尉迥之反也，時總管趙文表與顗素不協，顗將圖之，因臥閤內，詐得心疾，謂左右曰：「我見兩三人至我前者，輒大驚，即欲斫之，不能自制也。」其有賓客候問者，皆令去左右。顗漸稱危篤，文表往候之，令從者至大門而止，文表獨至顗所。顗欻然而起，抽刀斫殺之，因唱言曰：「文表與尉迥通謀，所以斬之。」其麾下無敢動者。時高祖以尉迥未平，慮顗復生邊患，因而勞勉之，即拜吳州總管。

陳將錢茂和率數千人襲江陽，顗逆擊走之。陳復遣將陳紀、周羅睺、燕合兒等襲顗，顗拒之而退，賜綵數百段。

高祖受禪，文表弟詣闕稱兄無罪。上令案其事，太傅竇熾等議顗當死。上以門著勳績，特原之，貶爲開府。後襲爵燕國公，邑萬六千戶。尋以疾免。開皇七年，拜澤州刺史。數年，免職，卒於家。子世虞嗣。

頲字伯符。父翼，仕周爲上柱國、幽州總管、任國公。高祖爲丞相，尉迥作亂，遣人誘翼。翼鎖其使，送之長安，高祖甚悅。及高祖受禪，翼入朝，上爲之降榻，握手極歡。數日，拜爲太尉。歲餘，卒，謚曰穆。

頲少有器幹，仕周，起家右侍上士。尋授儀同，領右羽林，遷少胥附。武帝時，從齊王憲破齊師於洛陽，以功賜爵豐寧縣子，邑五百戶。尋從帝平齊，加開府，改封黎陽縣公，邑千二百戶，授職方中大夫。及宣帝嗣位，轉右勳曹中大夫。尋領右忠義。高祖爲丞相，加上開府。及受禪，進位大將軍，拜汴州刺史，甚有能名。上聞而善之，優詔褒揚，賜帛百匹。尋加上大將軍，進爵郡公。轉邵州刺史，在州數年，甚有恩惠。後檢校江陵總管，州人張願等數十人，詣闕上表，請留頲。上嘉歎良久，令還邵州，父老相賀。尋遷洛州刺史，復爲熊州刺史，並有惠政。以疾徵還京師。仁壽末，卒于家，謚曰靜。有子志本。

段文振

段文振，北海期原人也。祖壽，魏滄州刺史。父威，周洮、河、甘、渭四州刺史。文振少有膂力，膽氣過人，性剛直，明達時務。初爲宇文護親信，護知其有幹用，擢授中外府兵曹。

後武帝攻齊海昌王尉相貴於晉州，其亞將侯子欽、崔景嵩爲內應。文振杖槊登城，與崔仲方等數十人先登。文振隨景嵩至相貴所，拔佩刃劫之，相貴不敢動，城遂下。帝大喜，賜物千段。進拔文侯、華谷、高壁三城，皆有力焉。及攻幷州，陷東門而入，齊安德王延宗懼而出降。錄前後勳，將拜高秩，以讒毁獲譴，因授上儀同，賜爵襄國縣公，邑千戶。進平鄴都，又賜綺羅二千匹。後從滕王逌擊稽胡，破之。歷相州別駕、揚州總管長史。入爲天官都上士，從韋孝寬經略淮南。

俄而尉迥作亂，時文振老母妻子俱在鄴城，迥遣人誘之，文振不顧，歸於高祖。高祖引爲丞相掾，領宿衞驃騎。司馬消難之奔陳也，高祖令文振安集淮南，還除衞尉少卿，兼內史侍郎。尋以行軍長史從達奚震討叛蠻，平之，加上開府。歲餘，遷鴻臚卿。衞王爽北征突厥，以文振爲長史，坐勳簿不實免官。後爲石、河二州刺史，甚有威惠。遷蘭州總管，改封龍崗縣公。突厥犯塞，以行軍總管擊破之，逐北至居延塞而還。九年，大舉伐陳，以文振爲元帥秦王司馬，別領行軍總管。及平江南，授揚州總管司馬。尋轉幷州總管司馬，以母憂去職。未幾，起令視事，固辭不許。後數年，拜雲州總管，尋爲太僕卿。十九年，突厥犯塞，文振以行軍總管拒之，遇達頭可汗於沃野，擊破之。文振先與王世積有舊，初，文振北征，世積遺以駝馬。比還，世積以罪被誅，文振坐與交關，功遂不錄。明年，率衆出靈州道以備胡，無虜而還。越嶲蠻叛，文振擊平之，賜奴婢二百口。仁壽初，嘉州獠作亂，文振以行軍總管討之。引軍山谷間，爲賊所襲，前後阻險，不得相救，軍遂大敗。文振復收散兵，擊其不意，竟破之。文振性素剛直，無所降下。初，軍次益州，謁蜀王秀，貌頗不恭，秀甚銜之。及此，奏文振師徒喪敗。右僕射蘇威與文振有隙，因而譖之，坐是除名。及秀廢黜，文振上表自申理，高祖慰諭之，授大將軍。尋拜靈州總管。

煬帝卽位，徵爲兵部尚書，待遇甚重。從征吐谷渾，文振督兵屯雪山，連營三百餘里，東接楊義臣，西連張壽，合圍渾主於覆袁川。以功進位右光祿大夫。帝幸江都，以文振行江都郡事。文振見高祖時容納突厥啓民居于塞內，妻以公主，賞賜重疊；及大業初，恩澤彌厚。文振以狼子野心，恐爲國患，乃上表曰：「臣聞古者遠不間近，夷不亂華，周宣外攘戎狄，秦帝築城萬里，蓋遠圖良算，弗可忘也。竊見國家容受啓民，資其兵食，假以地利。如臣愚計，竊又未安。何則？夷狄之性，無親而貪，弱則歸投，强則反噬，蓋其本心也。臣學非博覽，不能遠見，且聞晉朝劉曜，梁代侯景，近事之驗，衆所共知。以臣量之，必爲國患。如臣之計，以時喻遣，令出塞外。然後明設烽候，緣邊鎭防，務令嚴重，此乃萬歲之長策也。」時兵曹郎斛斯政專掌兵事，文振知政險薄，不可委以機要，屢言於帝，帝並弗納。

及遼東之役，授左候衞大將軍，出南蘇道。在道疾篤，上表曰：「臣以庸微，幸逢聖世，

濫蒙獎擢，榮冠儕伍。而智能無取，叨竊已多，言念國恩，用忘寢食。常思効其鳴吠，以報萬分，而攝養乖方，疾患遂篤。抱此深愧，永歸泉壤，不勝餘恨，輕陳管穴。竊見遼東小醜，未服嚴刑，遠降六師，親勞萬乘。但夷狄多詐，深須防擬，口陳降款，心懷背叛，詭伏多端，勿得便受。水潦方降，不可淹遲，唯願嚴勒諸軍，星馳速發，水陸俱前，出其不意，則平壤孤城，勢可拔也。若傾其本根，餘城自剋。如不時定，脫遇秋霖，深爲艱阻，兵糧又竭，强敵在前，靺鞨出後，遲疑不決，非上策也。」後數日，卒於師。帝省表，悲歎久之，贈光祿大夫、尚書右僕射、北平侯，謚曰襄。賜物一千段，粟麥二千石，威儀鼓吹，送至墓所。有子十人。

長子詮，官至武牙郎將。次綸，少以俠氣聞。文振弟文操，大業中，爲武賁郎將，性甚剛嚴。帝令督秘書省學士。時學士頗存儒雅，文操輒鞭撻之，前後或至千數，時議者鄙之。

史臣曰：仲方兼資文武，雅有籌算，伐陳之策，信爲深遠矣。聲績克舉，夫豈徒言哉！仲文博涉書記，以英略自許，尉迥之亂，遂立功名。自茲厥後，屢當推轂。遼東之役，實喪師徒。斯乃大樹將顚，蓋亦非戰人之罪也。文振少以膽略見重，終懷壯夫之志，時進讜言，頻

稱諒直。其取高位厚秩，良有以也。

校勘記

〔一〕涉題千彌　「題」，册府三五六作「匙」。「千」原作「干」，據本書附國傳及册府三五六改。

隋書卷六十一

列傳第二十六

宇文述 雲定興

宇文述字伯通，代郡武川人也。本姓破野頭，役屬鮮卑俟豆歸，後從其主爲宇文氏。父盛，周上柱國。述少驍銳，便弓馬。年十一時，有相者謂述曰：「公子善自愛，後當位極人臣。」周武帝時，以父軍功，起家拜開府。述性恭謹沈密，周大冢宰宇文護甚愛之，以本官領護親信。及帝親總萬機，召爲左宮伯，累遷英果中大夫，賜爵博陵郡公，尋改封濮陽郡公。高祖爲丞相，尉迥作亂相州，述以行軍總管率步騎三千，從韋孝寬擊之。軍至河陽，迥遣將李儁攻懷州，述別擊儁軍，破之。又與諸將擊尉惇於永橋，述先鋒陷陣，俘馘甚衆。平尉迥，每戰有功，超拜上柱國，進爵褒國公，賜縑三千匹。

開皇初，拜右衞大將軍。平陳之役，復以行軍總管率衆三萬，自六合而濟。時韓擒、賀

若弼兩軍趣丹陽，述進據石頭，以爲聲援。陳主既擒，而蕭瓛、蕭巖據東吳之地，擁兵拒守。述領行軍總管元契、張默言等討之，水陸兼進。落叢公燕榮以舟師自海至，亦受述節度。上下詔曰：「公鴻勳大業，名高望重，奉國之誠，久所知悉。金陵之寇，旣已清蕩，而吳、會之地，東路爲遙，蕭巖、蕭瓛，並在其處。公率將戎旅，撫慰彼方，振揚國威，宣布朝化。以公明略，乘勝而往，風行電掃，自當稽服。若使干戈不用，黎庶獲安，方副朕懷，公之力也。」陳永新侯陳君範自晉陵奔瓛，并軍合勢。見述軍且至，瓛懼，立柵於晉陵城東，又絕塘道，留兵拒述。瓛自義興入太湖，圖掩述後。述進破其柵，廻兵擊瓛，大敗之，斬瓛司馬曹勤叉。前軍復陷吳州，瓛以餘衆保包山，燕榮擊破之。述進至奉公埭，蕭巖、陳君範等以會稽請降。述許之，二人面縛路左，吳、會悉平。以功拜一子開府，賜物三千段，拜安州總管。

時晉王廣鎭揚州，甚善於述，欲述近己，因奏爲壽州刺史總管。王時陰有奪宗之志，請計於述，述曰：「皇太子失愛已久，令德不聞於天下。大王仁孝著稱，才能蓋世，數經將領，深有大功。主上之與內宮，咸所鍾愛，四海之望，實歸於大王。然廢立者，國家之大事，處人父子骨肉之間，誠非易謀也。然能移主上者，唯楊素耳。素之謀者，唯其弟約。述雅知約，請朝京師，與約相見，共圖廢立。」晉王大悅，多齎金寶，資述入關。述數請約，盛陳器玩，與之酣暢，因而共博，每佯不勝，所齎金寶盡輸之。約所得旣多，稍以謝述。述因曰：

「此晉王之賜，命述與公爲歡樂耳。」約大驚曰：「何爲者？」述因爲王申意。約然其說，退言於素，素亦從之。於是素每與述謀事。晉王與述情好益密，命述子士及尚南陽公主，前後賞賜不可勝計。及晉王爲皇太子，以述爲左衞率。舊令，率官第四品，上以述素貴，遂進率品爲第三，其見重如此。

煬帝嗣位，拜左衞大將軍，改封許國公。大業三年，加開府儀同三司，每冬正朝會，輒給鼓吹一部。從幸榆林，時鐵勒契弊歌稜攻敗吐谷渾，其部攜散，遂遣使請降求救。帝令述以兵屯西平之臨羌城，撫納降附。吐谷渾見述擁强兵，懼不敢降，遂西遁。述領鷹揚郎將梁元禮、張峻、崔師等追之，至曼頭城，攻拔之，斬三千餘級。乘勝至赤水城，復拔之。其餘黨走屯丘尼川，述進擊，大破之，獲其王公、尚書、將軍二百人，前後虜男女四千口而還。渾主南走雪山，其故地皆空。帝大悅。明年，從帝西幸，巡至金山，登燕支，述每爲斥候。時渾賊復寇張掖，進擊走之。還至江都宮，勑述與蘇威常典選舉，參預朝政。述時貴重，委任與蘇威等，其親愛則過之。帝所得遠方貢獻及四時口味，輒見班賜，中使相望於道。述善於供奉，俯仰折旋，容止便辟，宿衞者咸取則焉。又有巧思，凡有所裝飾，皆出人意表。數以奇服異物進獻宮掖，由是帝彌悅焉。時述貴倖，言無不從，勢傾朝廷。左衞將軍張瑾與述連官，嘗有評議，偶不中意，述張目叱之，瑾惶懼而走，文武百僚莫敢違忤。然性貪鄙，知人有珍異之物，必求取之。富商大賈及隴右諸胡子弟，述皆接以恩意，呼之爲兒。由是競加餽遺，金寶累積。後庭曳羅綺者數百，家僮千餘人，皆控良馬，被服金玉。述之寵遇，當時莫與爲比。

及征高麗，述爲扶餘道軍將。臨發，帝謂述曰：「禮，七十者行役以婦人從，公宜以家累自隨。古稱婦人不入軍，謂臨戰時耳。至於營壘之間，無所傷也。項籍虞姬，卽其故事。」述與九軍至鴨綠水，糧盡，議欲班師。諸將多異同，述又不測帝意。會乙支文德來詣其營，述先與于仲文俱奉密旨，令誘執文德。既而緩縱，文德逃歸，語在仲文傳。述內不自安，遂與諸將渡水追之。時文德見述軍中多飢色，欲疲述衆，每鬭便北。述一日之中七戰皆捷，既恃驟勝，又內逼羣議，於是遂進，東濟薩水，去平壤城三十里，因山爲營。文德復遣使僞降，請述曰：「若旋師者，當奉高元朝行在所。」述見士卒疲敝，不可復戰，又平壤嶮固，卒難致力，遂因其詐而還。衆半濟，賊擊後軍，於是大潰不可禁止，九軍敗績，一日一夜，還至鴨綠水，行四百五十里。初，渡遼九軍三十萬五千人，及還至遼東城，唯二千七百人。帝大怒，以述等屬吏。至東都，除名爲民。

明年，帝有事遼東，復述官爵，待之如初。從至遼東，與將軍楊義臣率兵復臨鴨綠水。會楊玄感作亂，帝召述班師，令馳驛赴河陽，發諸郡兵以討玄感。時玄感逼東都，聞述軍將

至，懼而西遁，將圖關中。述與刑部尚書衞玄、左禦衞將軍來護兒、武衞將軍屈突通等躡之。至閿鄉皇天原，與玄感相及。述與來護兒列陣當其前，遣屈突通以奇兵擊其後，大破之，遂斬玄感，傳首行在所。賜物數千段。復從東征，至懷遠而還。

突厥之圍雁門，帝懼，述請潰圍而出。樊子蓋固諫不可，帝乃止。及圍解，車駕次太原，議者多勸帝還京師，帝有難色。述因奏曰：「從官妻子多在東都，便道向洛陽，自潼關而入可也。」帝從之。是歲，至東都，述又覩望帝意，勸幸江都，帝大悅。

述於江都遇疾，中使相望，帝將親臨視之，羣臣苦諫乃止。遂遣司宮魏氏問述曰：「必有不諱，欲何所言？」述二子化及、智及，時並得罪于家，述因奏曰：「化及臣之長子，早預藩邸，願陛下哀憐之。」帝聞，泫然曰：「吾不忘也。」及薨，帝爲之廢朝，贈司徒、尚書令、十郡太守，班劍四十人，轀輬車，前後部鼓吹，諡曰恭。帝令黃門侍郎裴矩，祭以太牢，鴻臚監護喪事。子化及，別有傳。

雲定興者，附會於述。初，定興女爲皇太子勇昭訓，及勇廢，除名配少府。定興先得昭訓明珠絡帳，私賂於述，自是數共交遊。定興每時節必有賂遺，并以音樂干述。述素好著奇服，炫耀時人。定興爲製馬韉，於後角上缺方三寸，以露白色。世輕薄者爭放學之，謂爲許公缺勢。又遇天寒，定興曰：「入內宿衞，必當耳冷。」述曰：「然。」乃製裌頭巾，令深袙耳。又學之，名爲許公袙勢。述大悅曰：「雲兄所作，必能變俗。我聞作事可法，故不虛也。」後帝將事四夷，大造兵器，述薦之，因勑少府工匠並取其節度。述欲爲之求官，謂定興曰：「兄所製器仗並合上心，而不得官者，爲長寧兄弟猶未死耳。」定興曰：「此無用物，何不勸上殺之。」述因奏曰：「房陵諸子，年並成立。今欲動兵征討，若將從駕，則守掌爲難；若留一處，又恐不可。進退無用，請早處分。」帝從之，因鴆殺長寧，又遣以下七弟分配嶺表，仍遣間使於路盡殺之。五年，大閱軍實，帝稱甲仗爲佳。述奏曰：「並雲定興之功也。」擢授少府丞。尋代何稠爲少監，轉衞尉少卿，遷左禦衞將軍，仍知少府事。十一年，授左屯衞大將軍。

凡述所薦達，皆至大官。趙行樞以太常樂戶，家財億計，述謂爲兒，多受其賄。稱其驍勇，起家爲折衝郎將。

郭衍

郭衍字彥文，自云太原介休人也。父崇以舍人從魏武帝入關，〔一〕其後官至侍中。衍少驍武，善騎射。周陳王純引爲左右，累遷大都督。時齊氏未平，衍奉詔於天水募人，以鎮

東境，得樂從千餘家，屯於陝城。拜使持節、車騎大將軍、儀同三司。每有寇至，輒率所領禦之，一歲數告捷，頗爲齊人所憚。王益親任之。建德中，周武帝出幸雲陽，衍朝於行所，時議欲伐齊，衍請爲前鋒。攻河陰城，授儀同大將軍。武帝圍晉州，慮齊兵來援，令衍從陳王守千里徑。又從武帝與齊主大戰於晉州，追齊師至高壁，敗之。仍從平幷州，以功加授開府，封武强縣公，邑一千二百戶，賜姓叱羅氏。宣政元年，爲右中軍熊渠中大夫。

尉迥之起逆，從韋孝寬戰於武陟，進戰於相州。先是，迥遣弟子勤爲青州總管，率青、齊之衆來助迥。迥敗，勤與迥子惇、祐等欲東奔青州。衍將精騎一千，追破之，執祐於陣，勤遂遁走，而惇亦逃逸。衍至濟州，入據其城，又擊其餘黨於濟北，累戰破之，執送京師。超授上柱國，封武山郡公。賞物七千段。密勸高祖殺周室諸王，早行禪代。由是大被親昵。

開皇元年，勑復舊姓爲郭氏。突厥犯塞，以衍爲行軍總管，領兵屯於平涼。數歲，虜不入。徵爲開漕渠大監。部率水工，鑿渠引渭水，經大興城北，東至于潼關，漕運四百餘里。關內賴之，名之曰富民渠。五年，授瀛州刺史，遇秋霖大水，其屬縣多漂沒，民皆上高樹，依大冢。衍親備船栰，幷齎糧拯救之，民多獲濟。衍先開倉賑卹，後始聞奏。上大善之，選授朔州總管。所部有恒安鎮，北接蕃境，常勞轉運。衍乃選沃饒地，置屯田，歲剩粟萬餘石，民免轉輸之勞。又築桑乾鎮，皆稱旨。十年，從晉王廣出鎮揚州。遇江表搆逆，命衍爲總

管，領精銳萬人先屯京口。於貴洲南，與賊戰，敗之，生擒魁帥，大獲舟楫糧儲，以充軍實。乃討東陽、永嘉、宣城、黟、歙諸洞，盡平之。授蔣州刺史。

衍臨下甚踞，事上姦諂。晉王愛暱之，宴賜隆厚。遷洪州總管。王有奪宗之謀，託衍心腹，遣宇文述以情告之。衍大喜曰：「若所謀事果，自可爲皇太子。如其不諧，亦須據淮海，復梁、陳之舊。副君酒客，其如我何？」王因召衍，陰共計議。又恐人疑無故來往，託以衍妻患癭，王妃蕭氏有術能療之。以狀奏高祖，高祖聽衍共妻向江都，往來無度。衍又詐稱桂州俚反，王乃奏衍行兵討之。由是大修甲仗，陰養士卒。及王入爲太子，徵授左監門率，轉左宗衞率。高祖於仁壽宮將大漸，太子與楊素矯詔，令衍、宇文述領東宮兵，帖上臺宿衞，門禁並由之。及上崩，漢王起逆，而京師空虛，使衍馳還，總兵居守。

大業元年，拜左武衞大將軍。帝幸江都，令衍統左軍，改授光祿大夫。又從討吐谷渾，出金山道，納降二萬餘戶。衍能揣上意，阿諛順旨。帝每謂人曰：「唯有郭衍，心與朕同。」又嘗勸帝取樂，五日一視事，無得効高祖空自劬勞。帝從之，益稱其孝順。初，新令行，衍封爵從例除。六年，以恩倖封眞定侯。七年，從往江都，卒。贈左衞大將軍，賵賜甚厚，謚曰襄。長子臻，武牙郎將。次子嗣本，孝昌縣令。

史臣曰：謇謇匪躬，爲臣之高節，和而不同，事君之常道。宇文述、郭衍以水濟水，如脂如韋，便辟足恭，柔顏取悅。君所謂可，亦曰可焉，君所謂不，亦曰不焉。無所是非，不能輕重，默默苟容，偷安高位，甘素餐之責，受彼己之譏。此固君子所不爲，亦丘明之深恥也。

校勘記

〔一〕父崇以舍人從魏武帝入關　原脫「崇」字，張校據北史郭衍傳補。

隋書卷六十二

列傳第二十七

王韶

王韶字子相，自云太原晉陽人也，世居京兆。祖諧，原州刺史。父諒，早卒。韶幼而方雅，頗好奇節，有識者異之。在周，累以軍功，官至車騎大將軍、儀同三司。復轉軍正。武帝既拔晉州，意欲班師，韶諫曰：「齊失紀綱，於茲累世，天奬王室，一戰而扼其喉。加以主昏於上，民懼於下，取亂侮亡，正在今日。方欲釋之而去，以臣愚固，深所未解，願陛下圖之。」帝大悅，賜縑一百匹。及平齊氏，以功進位開府，封晉陽縣公，邑五百戶，賜口馬雜畜以萬計。遷內史中大夫。宣帝即位，拜豐州刺史，改封昌樂縣公。

高祖受禪，進爵項城郡公，邑二千戶。轉靈州刺史，加位大將軍。晉王廣之鎮幷州也，除行臺右僕射，賜綵五百匹。韶性剛直，王甚憚之，每事諮詢，不致違於法度。韶嘗奉使檢

行長城，其後王穿池，起三山，韶既還，自鎖而諫，王謝而罷之。高祖聞而嘉歎，賜金百兩，幷後宮四人。平陳之役，以本官爲元帥府司馬，帥師趣河陽，與大軍會。既至壽陽，與高熲支度軍機，無所擁滯。及剋金陵，韶卽鎭焉。晉王廣班師，留韶於石頭防遏，委以後事。歲餘，徵還，高祖謂公卿曰：「晉王以幼稚出藩，遂能剋平吳、越，綏靜江湖，子相之力也。」於是進位柱國，賜奴婢三百口，綿絹五千段。

開皇十一年，上幸幷州，以其稱職，特加勞勉。其後，上謂韶曰：「自朕至此，公鬢鬢漸白，無乃憂勞所致？柱石之望，唯在於公，努力勉之！」韶辭謝曰：「臣比衰暮，殊不解作官人。」高祖曰：「是何意也？不解者，是未用心耳。」韶對曰：「臣昔在昏季，猶且用心，況逢明聖，敢不罄竭！但神化精微，非駑蹇所逮。加以今年六十有六，桑榆云晚，比於疇昔，昏忘又多。豈敢自寬，以速身累，恐以衰暮，虧紊朝綱耳。」上勞而遣之。

秦王俊爲幷州總管，仍爲長史。歲餘，馳驛入京，勞敝而卒，時年六十八。高祖甚傷惜之，謂秦王使者曰：「語爾王，我前令子相緩來，如何乃遣馳驛？殺我子相，豈不由汝邪？」言甚悽愴。使有司爲之立宅，曰：「往者何用宅爲，但以表我深心耳。」又曰：「子相受我委寄，十有餘年，終始不易，寵章未極，舍我而死乎！」發言流涕。因命取子相封事數十紙，傳示羣臣。上曰：「其直言匡正，裨益甚多，吾每披尋，未嘗釋手。」煬帝卽位，追贈司徒、尚書令、靈豳等十州刺史、魏國公。子士隆嗣。

士隆略知書計，尤便弓馬，慷慨有父風。大業之世，頗見親重，官至備身將軍，改封耿公。數令討擊山賊，往往有捷。越王侗稱帝，士隆率數千兵自江、淮而至。會王世充僭號，甚禮重之，署尚書右僕射。士隆憂憤，疽發背卒。

元巖

元巖字君山，河南洛陽人也。父禎，魏敷州刺史。巖好讀書，不治章句，剛鯁有器局，以名節自許，少與渤海高熲、太原王韶同志友善。仕周，釋褐宣威將軍、武賁給事。大冢宰宇文護見而器之，以爲中外記室。累遷內史中大夫，昌國縣伯。宣帝嗣位，爲政昏暴，京兆郡丞樂運乃輿櫬詣朝堂，陳帝八失，言甚切至。帝大怒，將戮之。朝臣皆恐懼，莫有救者。巖謂人曰：「臧洪同日，尚可俱死，其況比干乎！若樂運不免，吾將與之俱斃。」詣閤請見，言於帝曰：「樂運知書奏必死，所以不顧身命者，欲取後世之名。陛下若殺之，乃成其名，落其術內耳。不如勞而遣之，以廣聖度。」運因獲免。後帝將誅烏丸軌，巖不肯署詔。御正顏之儀切諫不入，巖進繼之，脫巾頓顙，三拜三進。帝曰：「汝欲黨烏丸軌邪？」巖曰：「臣非黨軌，正恐濫誅失天下之望。」帝怒，使閹豎搏其面，遂廢于家。

高祖爲丞相，加位開府、民部中大夫。及受禪，拜兵部尚書，進爵平昌郡公，邑二千戶。巖性嚴重，明達世務，每有奏議，侃然正色，庭諍面折，無所迴避。上及公卿，皆敬憚之。時高祖初卽位，每懲周代諸侯微弱，以致滅亡，由是分王諸子，權侔王室，以爲磐石之固，遣晉王廣鎭幷州，蜀王秀鎭益州。二王年並幼稚，於是盛選貞良有重望者爲之僚佐。于時巖與王韶俱以骨鯁知名，物議稱二人才具侔於高熲，由是拜巖爲益州總管長史，韶爲河北道行臺右僕射。高祖謂之曰：「公宰相大器，今屈輔我兒，如曹參相齊之意也。」及巖到官，法令明肅，吏民稱焉。蜀王性好奢侈，嘗欲取獠口以爲閹人，又欲生剖死囚，取膽爲藥。巖皆不奉教，排閤切諫，王輒謝而止，憚巖爲人，每循法度。蜀中獄訟，巖所裁斷，莫不悅服。其有得罪者，相謂曰：「平昌公與吾罪，吾何怨焉。」上甚嘉之，賞賜優洽。十三年，卒官，上悼惜久之。益州父老莫不殞涕，于今思之。巖卒之後，蜀王竟行其志，漸致非法，造渾天儀、司南車、記里鼓，凡所被服，擬於天子。又共妃出獵，以彈彈人，多捕山獠，以充宦者。僚佐無能諫止。及秀得罪，上曰：「元巖若在，吾兒豈有是乎！」子弘嗣。仕歷給事郎、司朝謁者、北平通守。

劉行本

劉行本，沛人也。父瓌，仕梁，歷職清顯。行本起家武陵國常侍。遇蕭脩以梁州北附，遂與叔父璠同歸于周，寓居京兆之新豐。每以諷讀爲事，精力忘疲，雖衣食乏絕，晏如也。性剛烈，有不可奪之志。周大冢宰宇文護引爲中外府記室。武帝親總萬機，轉御正中士，兼領起居注。累遷掌朝下大夫。周代故事，天子臨軒，掌朝典筆硯，持至御坐，則承御大夫取以進之。及行本爲掌朝，將進筆於帝，承御復欲取之。行本抗聲謂承御曰：「筆不可得。」帝驚視問之，行本言於帝曰：「臣聞設官分職，各有司存。臣既不得佩承御刀，承御亦焉得取臣筆。」帝曰：「然。」因令二司各行所職。及宣帝嗣位，多失德，行本切諫忤旨，出爲河內太守。

高祖爲丞相，尉迥作亂，進攻懷州。行本率吏民拒之，拜儀同，賜爵文安縣子。及踐阼，徵拜諫議大夫，檢校治書侍御史。未幾，遷黃門侍郎。上嘗怒一郎，於殿前笞之。行本進曰：「此人素清，其過又小，願陛下少寬假之。」上不顧。行本於是正當上前曰：「陛下不以臣不肖，置臣左右。臣言若是，陛下安得不聽？臣言若非，當致之於理，以明國法，豈得輕臣而不顧也！臣所言非私。」因置笏於地而退，上斂容謝之，遂原所笞者。

于時天下大同，四夷內附，行本以党項羌密邇封域，最爲後服，上表劾其使者曰：「臣聞南蠻遵校尉之統，西域仰都護之威。比見西羌鼠竊狗盜，不父不子，無君無臣，異類殊方，於斯爲下。不悟羈縻之惠，詎知含養之恩，狼戾爲心，獨乖正朔。使人近至，請付推科。」上奇其志焉。雍州別駕元肇言於上曰：「有一州吏，受人餽錢三百文，依律合杖一百。然臣下車之始，與其爲約。此吏故違，請加徒一年。」行本駁之曰：「律令之行，並發明詔，與民約束。今肇乃敢重其教命，輕忽憲章。欲申己言之必行，忘朝廷之大信，虧法取威，非人臣之禮。」上嘉之，賜絹百匹。

在職數年，拜太子左庶子，領治書如故。皇太子虛襟敬憚。時唐令則亦爲左庶子，太子昵狎之，每令以絃歌教內人。行本責之曰：「庶子當匡太子以正道，何有嬖昵房帷之間哉！」令則甚慚而不能改。時沛國劉臻、平原明克讓、魏郡陸爽並以文學爲太子所親。行本怒其不能調護，每謂三人曰：「卿等正解讀書耳。」時左衞率長史夏侯福爲太子所昵，嘗於閤內與太子戲。福大笑，聲聞於外。行本時在閤下聞之，待其出，行本數之曰：「殿下寬容，賜汝顏色。汝何物小人，敢爲褻慢！」因付執法者治之。數日，太子爲福致請，乃釋之。太子嘗得良馬，令福乘而觀之。太子甚悅，因欲令行本復乘之。行本不從，正色而進曰：「至尊置臣於庶子之位者，欲令輔導殿下以正道，非爲殿下作弄臣也。」太子慚而止。復以本官領大興令，權貴憚其方直，無敢至門者。由是請託路絕，法令清簡，吏民懷之。未幾，卒官，上甚傷惜之。及太子廢，上曰：「嗟乎！若使劉行本在，勇當不及於此。」無子。

梁毗

梁毗字景和，安定烏氏人也。祖越，魏涇、豫、洛三州刺史，郃陽縣公。父茂，周滄、兗二州刺史。毗性剛謇，頗有學涉。周武帝時，舉明經，累遷布憲下大夫。平齊之役，以毗爲行軍總管長史，迥并州，毗有力焉。除爲別駕，加儀同三司。宣政中，封易陽縣子，邑四百戶。遷武藏大夫。

高祖受禪，進爵爲侯。開皇初，置御史官，朝廷以毗鯁正，拜治書侍御史，名爲稱職。尋轉大興令，遷雍州贊治。毗既出憲司，復典京邑，直道而行，無所迴避，頗失權貴心，由是出爲西寧州刺史，改封邯鄲縣侯。在州十一年。先是，蠻夷酋長皆服金冠，以金多者爲豪儁，由此遞相陵奪，每尋干戈，邊境略無寧歲。毗患之。後因諸酋長相率以金遺毗，於是置金坐側，對之慟哭而謂之曰：「此物飢不可食，寒不可衣。汝等以此相滅，不可勝數。今將此來，欲殺我邪？」一無所納，悉以還之。於是蠻夷感悟，遂不相攻擊。高祖聞而善之，徵爲散騎常侍、大理卿。處法平允，時人稱之。歲餘，進位上開府。

毗見左僕射楊素貴寵擅權，百僚震懾，恐爲國患，因上封事曰：「臣聞臣無有作威福，臣之作威福，其害乎而家，凶乎而國。竊見左僕射、越國公素，幸遇愈重，權勢日隆，搢紳之徒，屬其視聽。忤意者嚴霜夏零，阿旨者膏雨冬澍，榮枯由其脣吻，廢興候其指麾。所私皆非忠讜，所進咸是親戚，子弟布列，兼州連縣。天下無事，容息異圖，四海稍虞，必爲禍始。夫姦臣擅命，有漸而來。王莽資之於積年，桓玄基之於易世，而卒殄漢祀，終傾晉祚。季孫專魯，田氏篡齊，皆載典誥，非臣臆說。陛下若以素爲阿衡，臣恐其心未必伊尹也。伏願揆鑒古今，量爲處置，俾洪基永固，率土幸甚。輕犯天顏，伏聽斧鑕。」高祖大怒，命有司禁止，親自詰之。毗極言曰：「素既擅權寵，作威作福，將領之處，殺戮無道。又太子及蜀王罪廢之日，百僚無不震悚，惟素揚眉奮肘，喜見容色，利國家有事以爲身幸。」毗發言謇謇，有誠亮之節，高祖無以屈也，乃釋之。素自此恩寵漸衰。但素任寄隆重，多所折挫，當時朝士無不慴伏，莫有敢與相是非。辭氣不撓者，獨毗與柳彧及尚書右丞李綱而已。後上不復專委於素，蓋由察毗之言也。

煬帝即位，遷刑部尚書，并攝御史大夫事。奏劾宇文述私役部兵，帝議免述罪，毗固諍，因忤旨，遂令張衡代爲大夫。毗憂憤，數月而卒。帝令吏部尚書牛弘弔之，贈縑五百匹。

子敬眞，大業之世，爲大理司直。時帝欲成光祿大夫魚俱羅之罪，令敬眞治其獄，遂希旨陷之極刑。未幾，敬眞有疾，見俱羅爲之厲，數日而死。

柳彧

柳彧字幼文，河東解人也。七世祖卓，隨晉南遷，寓居襄陽。父仲禮，爲梁將，敗歸周，復家本土。彧少好學，頗涉經史。周大冢宰宇文護引爲中外府記室，久而出爲寧州總管掾。武帝親總萬機，彧詣闕求試。帝異之，以爲司武中士。轉鄭令。平齊之後，帝大賞從官，留京者不預。彧上表曰：「今太平告始，信賞宜明，酬勳報勞，務先有本。屠城破邑，出自聖規，斬將搴旗，必由神略。若負戈擐甲，征扞劬勞，至於鎮撫國家，宿衞爲重。俱稟成算，非專己能，留從事同，功勞須等。皇太子以下，實有守宗廟之功。昔蕭何留守，茅土先於平陽，穆之居中，沒後猶蒙優策。不勝管見，奉表以聞。」於是留守並加汎級。

高祖受禪，累遷尚書虞部侍郎，以母憂去職。未幾，起爲屯田侍郎，固讓弗許。時制三品已上，門皆列戟。左僕射高熲子弘德封應國公，申牒請戟。彧判曰：「僕射之子更不異居，父之戟槊已列門外。尊有壓卑之義，子有避父之禮，豈容外門既設，內閤又施！」事竟不行，熲聞而歎伏。後遷治書侍御史，當朝正色，甚爲百僚之所敬憚。上嘉其婞直，謂彧曰：「大丈夫當立名於世，無容容而已。」賜錢十萬，米百石。

于時刺史多任武將，類不稱職。彧上表曰：「方今天下太平，四海清謐，共治百姓，須任

其才。昔漢光武一代明哲，起自布衣，備知情僞，與二十八將，披荊棘，定天下，及功成之後，無所職任。伏見詔書以上柱國和干子爲杞州刺史，其人年垂八十，鍾鳴漏盡。前任趙州，闇於職務，政由羣小，賄賂公行，百姓吁嗟，歌謠滿道。乃云：『老禾不早殺，餘種穢良田。』古人有云：『耕當問奴，織當問婢。』此言各有所能也。干子弓馬武用，是其所長，治民莅職，非其所解。至尊思治，無忘寢興，如謂優老尚年，自可厚賜金帛，若令刺舉，所損殊大。臣死而後已，敢不竭誠。」上善之，干子竟免。有應州刺史唐君明，居母喪，娶雍州長史庫狄士文之從父妹。彧劾之曰：「臣聞天地之位既分，夫婦之禮斯著，君親之義生焉，尊卑之教攸設。是以孝惟行本，禮實身基，自國刑家，率由斯道。竊以愛敬之情，因心至切，喪紀之重，人倫所先。君明鑽燧雖改，在文無變，忽劬勞之痛，成嬿爾之親，冒此苴縗，命彼褕翟。不義不昵，春秋載其將亡，無禮無儀，詩人欲其遄死。士文贊務神州，名位通顯，整齊風教，四方是則。棄二姓之重匹，違六禮之軌儀。請禁錮終身，以懲風俗。」二人竟坐得罪。隋承喪亂之後，風俗頹壞，彧多所矯正，上甚嘉之。

又見上勤於聽受，百僚奏請，多有煩碎，因上疏諫曰：「臣聞自古聖帝，莫過唐、虞，象地則天，布政施化，不爲叢脞，是謂欽明。語曰：『天何言哉，四時行焉。』故知人君出令，誡在煩數。是以舜任五臣，堯咨四岳，設官分職，各有司存，垂拱無爲，天下以治。所謂勞於求

賢，逸於任使。又云：『天子穆穆，諸侯皇皇。』此言君臣上下，體裁有別。比見四海一家，萬機務廣，事無大小，咸關聖聽。陛下留心治道，無憚疲勞，亦由羣官懼罪，不能自決，取判天旨。聞奏過多，乃至營造細小之事，出給輕微之物，一日之內，酬答百司，至乃日旰忘食，夜分未寢，動以文簿，憂勞聖躬。伏願思臣至言，少減煩務，以怡神爲意，以養性爲懷，思武王安樂之義，念文王勤憂之理。若其經國大事，非臣下裁斷者，伏願詳決。自餘細務，責成所司，則聖體盡無疆之壽，臣下蒙覆育之賜也。」上覽而嘉之。後以忤旨免。未幾，復令視事，因謂彧曰：「無改爾心。」以其家貧，勑有司爲之築宅。因曰：「柳彧正直士，國之寶也。」其見重如此。

右僕射楊素當塗顯貴，百僚懾憚，無敢忤者。嘗以少譴，勑送南臺。素恃貴，坐彧牀。彧從外來，見素如此，於階下端笏整容謂素曰：「奉勑治公之罪。」素遽下。彧據案而坐，立素於庭，辨詰事狀。素由是銜之。彧時方爲上所信任，故素未有以中之。

彧見近代以來，都邑百姓每至正月十五日，作角抵之戲，遞相誇競，至於糜費財力，上奏請禁絕之，曰：「臣聞昔者明王訓民治國，率履法度，動由禮典。非法不服，非道不行，道路不同，男女有別，防其邪僻，納諸軌度。竊見京邑，爰及外州，每以正月望夜，充街塞陌，聚戲朋遊。鳴鼓聒天，燎炬照地，人戴獸面，男爲女服，倡優雜技，詭狀異形。以穢嫚爲歡

娛，用鄙褻爲笑樂，內外共觀，曾不相避。高棚跨路，廣幕陵雲，袨服靚粧，車馬塡噎。肴醑肆陳，絲竹繁會，竭貲破產，競此一時。盡室并孥，無問貴賤，男女混雜，緇素不分。穢行因此而生，盜賊由斯而起。浸以成俗，實有由來，因循敝風，曾無先覺。非益於化，實損於民，請頒行天下，並卽禁斷。康哉雅、頌，足美盛德之形容，鼓腹行歌，自表無爲之至樂。敢有犯者，請以故違勑論。」詔可其奏。是歲，持節巡省河北五十二州，奏免長吏贓污不稱職者二百餘人，州縣肅然，莫不震懼。上嘉之，賜絹布二百匹、氈三十領，拜儀同三司。歲餘，加員外散騎常侍，治書如故。仁壽初，復持節巡省太原道十九州。及還，賜絹百五十匹。

彧嘗得博陵李文博所撰治道集十卷，蜀王秀遣人求之。彧送之於秀，秀復賜彧奴婢十口。及秀得罪，楊素奏彧以內臣交通諸侯，除名爲民，配戍懷遠鎮。行達高陽，有詔徵還。至晉陽，值漢王諒作亂，遣使馳召彧，將與計事。彧爲使所逼，初不知諒反，將入城而諒反形已露。彧度不得免，遂詐中惡不食，自稱危篤。諒怒，囚之。及諒敗，楊素奏彧心懷兩端，以候事變，迹雖不反，心實同逆，坐徙敦煌。楊素卒後，乃自申理，有詔徵還京師，卒於道。有子紹，爲介休令。

趙綽

趙綽，河東人也，性質直剛毅。在周，初爲天官府史，以恭謹恪勤，擢授夏官府下士。稍以明幹見知，累轉內史中士。父艱去職，哀毁骨立，世稱其孝。既免喪，又爲掌教中士。高祖爲丞相，知其清正，引爲錄事參軍。尋遷掌朝大夫，從行軍總管是云暉擊叛蠻，以功拜儀同，賜物千段。

高祖受禪，授大理丞。處法平允，考績連最，轉大理正。尋遷尚書都官侍郎，未幾轉刑部侍郎。治梁士彥等獄，賜物三百段，奴婢十口，馬二十匹。每有奏讞，正色侃然，上嘉之，漸見親重。上以盜賊不禁，將重其法。綽進諫曰：「陛下行堯、舜之道，多存寬宥。況律者天下之大信，其可失乎！」上忻然納之，因謂綽曰：「若更有聞見，宜數陳之也。」遷大理少卿。故陳將蕭摩訶，其子世略在江南作亂，摩訶當從坐。上曰：「世略年未二十，亦何能爲！以其名將之子，爲人所逼耳。」因赦摩訶。綽固諫不可，上不能奪，欲綽去而赦之，固命綽退食。綽曰：「臣奏獄未決，不敢退朝。」上曰：「大理其爲朕特赦摩訶也。」因命左右釋之。刑部侍郎辛亶，嘗衣緋褌，俗云利於官，上以爲厭蠱，將斬之。綽曰：「據法不當死，臣不敢奉詔。」上怒甚，謂綽曰：「卿惜辛亶而不自惜也？」命左僕射高熲將綽斬之，綽曰：「陛下寧可殺臣，不得殺辛亶。」至朝堂，解衣當斬，上使人謂綽曰：「竟何如？」對曰：「執法一心，不敢惜死。」上拂衣而入，良久乃釋之。明日，謝綽，勞勉之，賜物三百段。時上禁行惡錢，有二人在市，

以惡錢易好者，武候執以聞，上令悉斬之。綽進諫曰：「此人坐當杖，殺之非法。」上曰：「不關卿事。」綽曰：「陛下不以臣愚暗，置在法司，欲妄殺人，豈得不關臣事！」上曰：「撼大木不動者，當退。」對曰：「臣望感天心，何論動木！」上復曰：「啜羹者，熱則置之。天子之威，欲相挫耶？」綽拜而益前，訶之不肯退。上遂入。治書侍御史柳彧復上奏切諫，上乃止。上以綽有誠直之心，每引入閤中，或遇上與皇后同榻，即呼綽坐，評論得失。前後賞賜萬計。其後進位開府，贈其父爲蔡州刺史。

時河東薛胄爲大理卿，俱名平恕。然胄斷獄以情，而綽守法，俱爲稱職。上每謂綽曰：「朕於卿無所愛惜，但卿骨相不當貴耳。」仁壽中卒官，時年六十三。上爲之流涕，中使弔祭，鴻臚監護喪事。有二子：元方、元襲。

裴肅

裴肅字神封，河東聞喜人也。父俠，周民部大夫。肅少剛正，有局度，少與安定梁毗同志友善。仕周，釋褐給事中士，累遷御正下大夫。以行軍長史從韋孝寬征淮南。屬高祖爲丞相，肅聞而歎曰：「武帝以雄才定六合，墳土未乾，而一朝遷革，豈天道歟！」高祖聞之，甚不悅，由是廢于家。

開皇五年，授膳部侍郎。後二歲，遷朔州總管長史，轉貝州長史，俱有能名。仁壽中，肅見皇太子勇、蜀王秀、左僕射高熲俱廢黜，遣使上書曰：「臣聞事君之道，有犯無隱，愚情所懷，敢不聞奏。竊見高熲以天挺良才，元勳佐命，陛下光寵，亦已優隆。但鬼瞰高明，世疵俊異，側目求其長短者，豈可勝道哉！願陛下錄其大功，忘其小過。臣又聞之，古先聖帝，教而不誅，陛下至慈，度越前聖。二庶人得罪已久，寧無革心？願陛下弘君父之慈，顧天性之義，各封小國，觀其所爲。若能遷善，漸更增益，如或不悛，貶削非晚。今者自新之路永絕，愧悔之心莫見，豈不哀哉！」書奏，上謂楊素曰：「裴肅憂我家事，此亦至誠也。」於是徵肅入朝。皇太子聞之，謂左庶子張衡曰：「使勇自新，欲何爲也？」衡曰：「觀肅之意，欲令如吳太伯、漢東海王耳。」皇太子甚不悅。頃之，肅至京師，見上于含章殿，上謂肅曰：「吾貴爲天子，富有四海，後宮寵幸，不過數人，自勇以下，並皆同母，非爲憎愛輕事廢立。」因言勇不可復收之意。既而罷遣之。

未幾，上崩。煬帝嗣位，不得調者久之，肅亦杜門不出。後執政者以嶺表荒遐，遂希旨授肅永平郡丞，甚得民夷心。歲餘，卒，時年六十二。夷、獠思之，爲立廟於鄣江之浦。有子尙賢。

史臣曰：猛獸之處山林，藜藿爲之不採，正臣之立朝廷，姦邪爲之折謀。皆志在匪躬，義形于色，豈惟綱紀由其隆替，抑亦社稷繫以存亡者也。晉、蜀二王，帝之愛子，擅以權寵，莫拘憲令，求其恭肅，不亦難乎！元巖、王韶，任當彼相，並見嚴憚，莫敢爲非，謇諤之風，有足稱矣。行本正色於房陵，梁毗抗言於楊素，直辭鯁氣，懍焉可想。趙綽之居大理，囹圄無冤，柳彧之處憲臺，姦邪自肅。然不畏强禦，梁毗其有焉，邦之司直，行本、柳彧近之矣。裴肅朝不坐，宴不預，忠誠慷慨，犯忤龍鱗，固知嫠婦憂宗周之亡，處女悲太子之少，非徒語也。方諸前載，有闇篡之風焉。

中華書局

隋書卷六十三

列傳第二十八

樊子蓋

樊子蓋字華宗，廬江人也。祖道則，梁越州刺史。父儒，侯景之亂奔于齊，官至仁州刺史。子蓋解褐武興王行參軍，出爲愼縣令，東汝、北陳二郡太守，員外散騎常侍，封富陽縣侯，邑五百戶。周武帝平齊，授儀同三司，治郢州刺史。

高祖受禪，以儀同領鄉兵，後除樅陽太守。平陳之役，以功加上開府，改封上蔡縣伯，食邑七百戶，賜物三千段，粟九千斛。拜辰州刺史，俄轉嵩州刺史。母憂去職。未幾，起授齊州刺史，固讓，不許。其年，轉循州總管，許以便宜從事。十八年入朝，奏嶺南地圖，賜以良馬雜物，加統四州，令還任所，遣光祿少卿柳謇之餞於霸上。

煬帝即位，徵還京師，轉涼州刺史。子蓋言於帝曰：「臣一居嶺表，十載於茲，犬馬之情，

不勝戀戀。願趨走闕庭，萬死無恨。」帝賜物三百段，慰諭遣之。授銀青光祿大夫，武威太守，以善政聞。大業三年入朝，帝引之內殿，特蒙褒美。乃下詔曰：「設官之道，必在用賢，安人之術，莫如善政。龔、汲振德化於前，張、杜垂清風於後，共治天下，實資良守。子蓋幹局通敏，操履清潔，自剖符西服，愛惠爲先，撫道有方，寬猛得所，處脂膏不潤其質，酌貪泉豈渝其性，故能治績克彰，課最之首。凡厥在位，莫匪王臣，若能人思奉職，各展其效，朕將冕旒垂拱，何憂不治哉！」於是進位金紫光祿大夫，賜物千段，太守如故。

五年，車駕西巡，將入吐谷渾。子蓋以彼多鄣氣，獻青木香以禦霧露。及帝還，謂之曰：「人道公清，定如此不？」子蓋謝曰：「臣安敢言清，止是小心不敢納賄耳。」由此賜之口味百餘斛。又下詔曰：「導德齊禮，實惟共治，懲惡勸善，用明黜陟。而金紫光祿大夫、武威太守樊子蓋，執操清潔，處涅不渝，立身雅正，臨人以簡。威惠兼舉，寬猛相資，故能畏而愛之，不嚴斯治。實字人之盛績，有國之良臣，宜加褒顯，以弘獎勵。可右光祿大夫，太守如故。」賜縑千匹，粟麥二千斛。子蓋又自陳曰：「臣自南裔，即適西垂，常爲外臣，未居內職。不得陪屬車，奉丹陛，澁死邊城，沒有遺恨。惟陛下察之。」帝曰：「公侍朕則一人而已，委以西方則萬人之敵，宜識此心。」

六年，帝避暑隴川宮，又云欲幸河西。子蓋傾望鑾輿，願巡郡境。帝知之，下詔曰：「卿夙懷恭順，深執誠心，聞朕西巡，欣然望幸。丹款之至，甚有可嘉，宜保此純誠，克終其美。」是歲，朝於江都宮，帝謂之曰：「富貴不還故鄉，眞衣繡夜行耳。」勑廬江郡設三千人會，賜米麥六千石，使謁墳墓，宴故老。當時榮之。還除民部尚書。時處羅可汗及高昌王款塞，復以子蓋檢校武威太守，應接二蕃。

遼東之役，徵攝左武衞將軍，出長岑道。後以宿衞不行。進授左光祿大夫，尚書如故。其年帝還東都，以子蓋爲涿郡留守。九年，車駕復幸遼東，命子蓋爲東都留守。屬楊玄感作逆，來逼王城，子蓋遣河南贊治裴弘策逆擊之，返爲所敗，遂斬弘策以徇。國子祭酒楊汪小有不恭，子蓋又將斬之。汪拜謝，頓首流血，久乃釋免。於是三軍莫不戰慄，將吏無敢仰視。玄感每盡銳攻城，子蓋徐設備禦，至輒摧破，故久不能克。會來護兒等救至，玄感解去。子蓋凡所誅殺者數萬人。

又檢校河南內史。車駕至高陽，追詣行在所。既而引見，帝逆勞之曰：「昔高祖留蕭何於關西，光武委寇恂以河內，公其人也。」子蓋謝曰：「臣任重器小，寧可竊譬兩賢！但以陛下威靈，小盜不足除耳。」進位光祿大夫，封建安侯，尚書如故。賜縑三千匹，女樂五十人。子蓋固讓，優詔不許。帝顧謂子蓋曰：「朕遣越王留守東都，示以皇枝盤石；社稷大事，終以

委公。特宜持重，戈甲五百人而後出，此亦勇夫重閉之義也。無賴不軌者，便誅鋤之。凡可施行，無勞形迹。今爲公別造玉麟符，以代銅獸。」又指越、代二王曰：「今以二孫委公與衞文昇耳。宜選貞良宿德有方幅者教習之。動靜之節，宜思其可。」於是賜以良田、甲第。

十年冬，車駕還東都，帝謂子蓋曰：「玄感之反，神明故以彰公赤心耳。析珪進爵，宜有令譽。」是日下詔，進爵爲濟公，言其功濟天下，特爲立名，無此郡國也。賜縑三千匹，奴婢二十口。後與蘇威、宇文述陪宴積翠亭，帝親以金杯屬子蓋酒，曰：「良算嘉謀，俟公後動，即以此杯賜公，用爲永年之瑞。」幷綺羅百匹。

十一年，從駕汾陽宮。至于鴈門，車駕爲突厥所圍，頻戰不利。帝欲以精騎潰圍而出，子蓋諫曰：「陛下萬乘之主，豈宜輕脫，一朝狼狽，雖悔不追。未若守城以挫其銳，四面徵兵，可立而待。陛下亦何所慮，乃欲身自突圍！」因垂泣，「願暫停遼東之役，以慰衆望。聖躬親出慰撫，厚爲勳格，人心自奮，不足爲憂」。帝從之。其後援兵稍至，虜乃引去。納言蘇威追論勳格太重，宜在斟酌。子蓋執奏不宜失信。帝曰：「公欲收物情邪？」子蓋默然不敢對。

從駕還東都。時絳郡賊敬槃陀、柴保昌等阻兵數萬，汾、晉苦之。詔令子蓋進討。于時人物殷阜，子蓋善惡無所分別，汾水之北，村塢盡焚之。百姓大駭，相率爲盜。其有歸首者，無少長悉坑之。擁數萬之衆，經年不能破賊，有詔徵還。又將兵擊宜陽賊，以疾停，卒

于京第，時年七十有二。上悲傷者久之，顧謂黃門侍郎裴矩曰：「子蓋臨終有何語？」矩對曰：「子蓋病篤，深恨鴈門之恥。」帝聞而歎息，令百官就弔，賜縑三百匹，米五百斛，贈開府儀同三司，謚曰景。會葬者萬餘人。武威民吏聞其死，莫不嗟痛，立碑頌德。

子蓋無他權略，在軍持重，未嘗負敗，臨民明察，下莫敢欺。然嚴酷少恩，果於殺戮，臨終之日，見斷頭鬼前後重沓爲之厲云。

史祥

史祥字世休，朔方人也。父寧，周少司徒。祥少有文武才幹，仕周太子車右中士，襲爵武遂縣公。高祖踐阼，拜儀同，領交州事，進爵陽城郡公。祥在州頗有惠政。後數年，轉驃騎將軍。伐陳之役，從宜陽公王世積，以舟師出九江道，先鋒與陳人合戰，破之，進拔江州。上聞而大悅，下詔曰：「朕以陳叔寶世爲僭逆，毒虐生民，故命諸軍救彼塗炭。小寇猖狂，顧恃江湖之險，遂敢汎舟楫，擬抗王師。公親率所部，應機奮擊，沉溺俘獲，厥功甚茂。又聞帥旅進取江州。行軍總管、襄邑公賀若弼既獲京口，新義公韓擒尋剋姑熟。驃騎既渡江岸，所在橫行。晉王兵馬即入建業，清蕩吳、越，旦夕非遠。驃騎高才壯志，是朕所知，善爲經略，以取大賞，使富貴功名永垂竹帛也。」進位上開府。尋拜蘄州總管，未幾，徵拜左領左右將軍。後以行軍總管從晉王廣擊突厥於靈武，破之。遷右衞將軍。

仁壽中，率兵屯弘化以備胡。煬帝時在東宮，遺祥書曰：

將軍總戎塞表，胡虜清塵，秣馬休兵，猶事校獵，足使李廣慚勇，魏尚愧能，冠彼二賢，獨在吾子。昔余濫舉，推轂治兵，振皇靈於塞外，驅犬羊乎大漠。于時同行軍旅，契闊戎旃，望龍城而衝冠，眄狼居而發憤。將軍英圖不世，猛氣無前，但物不遂心，僶俛從事。每一思此，我勞如何。將軍宿心素志，早同膠漆，久而敬之，方成魚水。近者陪隨鑾駕，言旋上京，本即述職南蕃，宜條下國，不悟皇鑒曲發，備位少陽，戰戰兢兢，如臨冰谷。至如建節邊境，征伐四方，褰帷作牧，綏撫百姓，上稟成規，下盡臣節，是所願也，是所甘心。仰慕前修，庶得自效。謬其入守神器，元良萬國，身輕負重，何以克堪！所望故人匡其不逮。

比監國多暇，養疾閑宮，厭北闕之端居，罷南皮之馳射。博望之苑，既乏名賢，飛蓋之園，理乖終宴。親朋遠矣，琴書寂然，想望吾賢，疹如疾首。

祥答書曰：

行人戾止，奉所賜況，恩紀綢繆，形於文墨。不悟飛雪增冰之地，忽載三陽，毳幙韋韝之鄉，俄聞九奏。精駭思越，莫知啓處。

祥少不學軍旅，長遇升平，幸以先人緒餘，備職宿衞。惟駑蹇無致遠之用，朽薄非折衝之材，豈欲追蹤古人，語其優劣？曩者王師薄伐，天人受脤，絕漠揚旌，威震海外。當此之時，猛將如雲，謀夫如雨，至若祥者，列於卒伍，預聞指蹤之規，得免逗遛之責，循涯揣分，實爲幸甚。爰以情喻雷、陳，事方劉、葛，信聖人之屈己，非庸人之擬議。何則？川澤之大，污潦攸歸，松柏之高，蔦蘿斯託。微心眷眷，孟侯所知也。仰惟體元良之德，煥重離之暉，三善克修，萬邦以正。斯固道高周誦，契協商皓，豈在管蠡所能窺測！

伏承監國多暇，養德怡神，咀嚼六經，逍遙百氏。追西園之愛客，眷南皮之出遊，疇昔之恩，無忘造次。祥自忝式遏，載罹寒暑，身在邊隅，情馳魏闕。每至清風夕起，朗月孤照，想鳴葭之啓路，思託乘於後車。塞表京華，山川悠遠，瞻望浮雲，伏增潸結。

太子甚親遇之。

煬帝即位，漢王諒發兵作亂，遣其將綦良自滏口徇黎陽，塞白馬津，余公理自太行下河內。帝以祥爲行軍總管，軍於河陰，久不得濟。祥謂軍吏曰：「余公理輕而無謀，才用素不足稱。又新得志，謂其衆可恃。恃衆必驕。且河北人先不習兵，所謂擁市人而戰。以吾籌之，不足圖也。」乃令軍中修攻具，公理使諜知之，果屯兵於河陽內城以備祥。祥於是艤船

南岸，公理聚甲以當之。祥乃簡精銳於下流潛渡，公理率衆拒之。祥至須水，〔一〕兩軍相對，公理未成列，祥縱擊，大破之。東趣黎陽討綦良等。良列陣以待，兵未接，良棄軍而走。於是其衆大潰，祥縱兵乘之，殺萬餘人。進位上大將軍，賜縑綵七千段，女妓十人，良馬二十匹。轉太僕卿。帝嘗賜祥詩曰：「伯奭朝寄重，夏侯親遇深。貴耳唯聞古，賤目詎知今！早摽勁草質，久有背淮心。掃逆黎山外，振旅河之陰。功已書王府，留情太僕箴。」祥上表辭謝，帝降手詔曰：「昔歲勞公問罪河朔，賊爾日塞兩關之路，據倉阻河，百姓脅從，人亦衆矣。公竭誠奮勇，一舉剋定。詩不云乎：『喪亂既平，既安且寧。』非英才大略，其孰能與於此邪！故聊示所懷，亦何謝也。」

尋遷鴻臚卿。時突厥啓民可汗請朝，帝遣祥迎接之。從征吐谷渾，祥率衆出間道擊虜，破之，俘男女千餘口。賜奴婢六十人，馬三百匹。進位左光祿大夫，拜左驍衞將軍。及遼東之役，出蹋頓道，不利而還。由是除名爲民。俄拜燕郡太守，被賊高開道所圍，祥稱疾不視事。及城陷，開道甚禮之。會開道與羅藝通和，送祥於涿郡，卒於塗。

有子義隆，永年令。祥兄雲，〔二〕字世高，弟威，字世儀，〔三〕並有幹局。雲官至萊州刺史、武平縣公，威官至武賁郎將、武當縣公。

元壽

元壽字長壽，河南洛陽人也。祖敦，魏侍中、邵陵王。父寶，周涼州刺史。壽少孤，性仁孝，九歲喪父，哀毁骨立，宗族鄉黨咸異之。事母以孝聞。及長，方直，頗涉經史。周武成初，封隆城縣侯，邑千戶。保定四年，改封儀隴縣侯，授儀同三司。

開皇初，議伐陳，以壽有思理，奉使於淮浦監修船艦，以強濟見稱。四年，參督漕渠之役，授尚書主爵侍郎。八年，從晉王伐陳，除行臺左丞，兼領元帥府屬。及平陳，拜尚書左丞。高祖嘗出苑觀射，文武並從焉。開府蕭摩訶妻患且死，奏請遣子向江南收其家產，御史見而不言。壽奏劾之曰：

臣聞天道不言，功成四序，聖皇垂拱，任在百司。御史之官，義存糾察，直繩莫舉，憲典誰寄？今月五日，鑾輿徙蹕，親臨射苑，開府儀同三司蕭摩訶幸厠朝行，預觀盛禮，奏稱請遣子世略暫往江南重收家產。妻安遇患，彌留有日，安若長逝，世略不合此行。竊以人倫之義，伉儷爲重，資愛之道，烏鳥弗虧。摩訶遠念資財，近忘匹好，又命其子捨危惙之母，爲聚斂之行。一言纔發，名教頓盡。而兼殿內侍御史臣韓徵之等親所聞見，竟不彈糾。若知非不舉，事涉阿縱；如不以爲非，豈關理識？謹按儀同三司、

太子左庶子、檢校治書侍御史臣劉行本出入宮省，備蒙任遇，攝職憲臺，時月稍久，庶能整肅纓冕，澄清風教。而在法司虧失憲體，瓶罄罍恥，何所逃愆！臣謬膺朝寄，忝居左轄，無容寢默，謹以狀聞。其行本、徵之等，請付大理。

上嘉納之。尋授太常少卿。數年，拜基州刺史，在任有公廉之稱。入爲太府少卿，進位開府。

煬帝嗣位，漢王諒舉兵反，左僕射楊素爲行軍元帥，壽爲長史。壽每遇賊，爲士卒先，以功授大將軍，遷太府卿。四年，拜內史令，從帝西討吐谷渾。壽率衆屯金山，東西連營三百餘里，以圍渾主。及還，拜右光祿大夫。七年，兼左翊衞將軍，從征遼東。行至涿郡，遇疾卒，時年六十三。帝悼惜焉，哭之甚慟。贈尚書右僕射、光祿大夫，謚曰景。

子敏，頗有才辯，而輕險多詐。壽卒後，帝追思之，擢敏爲守內史舍人，而交通博徒，數漏泄省中語。化及之反也，敏創其謀，僞授內史侍郎，爲沈光所殺。

楊義臣

楊義臣，代人也，本姓尉遲氏。父崇，仕周爲儀同大將軍，以兵鎮恒山。時高祖爲定州總管，崇知高祖相貌非常，每自結納，高祖甚親待之。及爲丞相，尉迥作亂，崇以宗族之故，

自囚於獄，遣使請罪。高祖下書慰諭之，即令馳驛入朝，恒置左右。開皇初，封秦興縣公。歲餘，從行軍總管達奚長儒擊突厥於周盤，力戰而死。贈大將軍、豫州刺史，以義臣襲崇官爵。

時義臣尚幼，養於宮中，年未弱冠，奉詔宿衞如千牛者數年，賞賜甚厚。上嘗從容言及恩舊，顧義臣嗟歎久之，因下詔曰：「朕受命之初，羣凶未定，明識之士，有足可懷。尉義臣與尉迥，本同骨肉，既狂悖作亂鄴城，其父崇時在常山，典司兵甲，與迥鄰接，又是至親。知逆順之理，識天人之意，即陳丹款，慮染惡徒，自執有司，請歸相府。及北夷內侵，橫戈制敵，輕生重義，馬革言旋。操表存亡，事貫幽顯，雖高官大賞，延及於世，未足表松筠之志，彰節義之門。義臣可賜姓楊氏，賜錢三萬貫，酒三十斛，米麥各百斛，編之屬籍，爲皇從孫。」未幾，拜陝州刺史。義臣性謹厚，能馳射，有將領之才，由是上甚重之。其後突厥達頭可汗犯塞，以行軍總管率步騎三萬出白道，與賊遇，戰，大破之。明年，突厥又寇邊，雁門、馬邑多被其患。義臣擊之，虜遂出塞，因而追之，至大斤山，與虜相遇。時太平公史萬歲軍亦至，義臣與萬歲合軍擊虜，大破之。萬歲爲楊素所陷而死，義臣功竟不錄。仁壽初，拜朔州總管，賜以御甲。

煬帝嗣位，漢王諒作亂并州。時代州總管李景爲漢王將喬鍾葵所圍，詔義臣救之。義

臣率馬步二萬，夜出西陘，遲明行數十里。鍾葵覘見義臣兵少，悉衆拒之。鍾葵亞將王拔，驍勇，善用矟，射之者不能中，每以數騎陷陣。義臣患之，募能當拔者。車騎將軍楊思恩請當之。義臣見思恩氣貌雄勇，顧之曰：「壯士也！」賜以巵酒。思恩望見拔立於陣後，投觴於地，策馬赴之。再往不剋，義臣復選騎士十餘人從之。思恩遂突擊，殺數人，直至拔麾下。短兵方接，所從騎士退，思恩爲拔所殺。拔遂乘之，義臣軍北者十餘里。於是購得思恩屍，義臣哭之甚慟，三軍莫不下泣。所從騎士皆腰斬。義臣自以兵少，悉取軍中牛驢，得數千頭，復令兵數百人，人持一鼓，潛驅之澗谷間，出其不意。義臣晡後復與鍾葵軍戰，兵初合，命驅牛驢者疾進。一時鳴鼓，塵埃張天，鍾葵軍不知，以爲伏兵發，因而大潰，縱擊破之。以功進位上大將軍，賜物二千段，雜綵五百段，女妓十人，良馬二十匹。尋授相州刺史。

後三歲，徵爲宗正卿。未幾，轉太僕卿。從征吐谷渾，令義臣屯琵琶峽，連營八十里，南接元壽，北連段文振，合圍渾主於覆袁川。其後復征遼東，以軍將指肅愼道。至鴨綠水，與乙支文德戰，每爲先鋒，一日七捷。後與諸軍俱敗，竟坐免。俄而復位。明年，以爲軍副，與大將軍宇文述趣平壤。至鴨綠水，會楊玄感作亂班師，檢校趙郡太守。妖賊向海公聚衆作亂，寇扶風、安定間，義臣奉詔擊平之。尋從帝復征遼東，進位左光祿大夫。時渤海高士達、清河張金稱並相聚爲盜，衆已數萬，攻陷郡縣。帝遣將軍段達討之，不能剋，詔義臣率

遼東還兵數萬擊之，大破士達，斬金稱。又收合降賊，入豆子䴚，討格謙，擒之，以狀聞奏。帝惡其威名，遽追入朝，賊由是復盛。義臣以功進位光祿大夫，尋拜禮部尚書。未幾，卒官。

衞玄

衞玄字文昇，河南洛陽人也。祖悅，魏司農卿。父㨟，侍中、左武衞大將軍。玄少有器識，周武帝在藩，引爲記室。遷給事上士，襲爵興勢公，食邑四千戶。轉宣納下大夫。武帝親總萬機，拜益州總管長史，賜以萬釘寶帶。稍遷開府儀同三司、太府中大夫，治內史事，仍領京兆尹，稱爲强濟。宣帝時，以忤旨免官。

高祖作相，檢校熊州事。和州蠻反，玄以行軍總管擊平之。及高祖受禪，遷淮州總管，進封同軌郡公，坐事免。未幾，拜嵐州刺史。會起長城之役，詔玄監督之。俄檢校朔州總管事。後爲衞尉少卿。仁壽初，山獠作亂，出爲資州刺史以鎭撫之。玄既到官，時獠攻圍大牢鎭，玄單騎造其營，謂羣獠曰：「我是刺史，銜天子詔安養汝等，勿驚懼也。」諸賊莫敢動。於是說以利害，渠帥感悅，解兵而去，前後歸附者十餘萬口。高祖大悅，賜縑二千匹，除遂州總管，仍令劍南安撫。

煬帝即位，復徵爲衞尉卿。夷、獠攀戀，數百里不絕。玄曉之曰：「天子詔徵，不可久住。」

因與之訣，夷、獠各揮涕而去。歲餘，遷工部尚書。其後拜魏郡太守，尚書如故。帝謂玄曰：「魏郡名都，衝要之所，民多姦宄，是用煩公。此郡去都，道里非遠，宜數往來，詢謀朝政。」賜物五百段而遣之。未幾，拜右候衞大將軍，檢校左候衞事。大業八年，轉刑部尚書。遼東之役，檢校右禦衞大將軍，率師出增地道。時諸軍多不利，玄獨全衆而還。拜金紫光祿大夫。

九年，車駕幸遼東，使玄與代王侑留守京師，拜爲京兆內史，尚書如故。許以便宜從事，勑代王待以師傅之禮。會楊玄感圍逼東都，玄率步騎七萬援之。至華陰，掘楊素冢，焚其骸骨，夷其塋域，示士卒以必死。既出潼關，議者恐崤、函有伏兵，請於陜縣沿流東下，直趣河陽，以攻其背。玄曰：「以吾度之，此計非豎子所及。」於是鼓行而進。既度函谷，卒如所量。於是遣武賁郎將張峻爲疑軍於南道，玄以大兵直趣城北。玄感逆拒之，且戰且行，屯軍金谷。於軍中掃地而祭高祖曰：「刑部尚書、京兆內史臣衞文昇，敢昭告于高祖文皇帝之靈。自皇家啓運，三十餘年，武功文德，漸被海外。楊玄感孤負聖恩，躬爲蛇豕，蜂飛蟻聚，犯我王略。臣二世受恩，一心事主，董率熊羆，志梟兇逆。若社稷靈長，宜令醜徒冰碎，如或大運去矣，幸使老臣先死。」詞氣抑揚，三軍莫不涕咽。時衆寡不敵，與賊頻戰不利，死傷太半。玄感盡銳來攻，玄苦戰，賊稍却，進屯北芒。會宇文述、來護兒等援兵至，玄感懼

而西遁。玄遣通議大夫斛斯萬善、監門直閤龐玉前鋒追之，及于閿鄉，與宇文述等合擊破之。車駕至高陽，徵詣行在所。帝勞之曰：「社稷之臣也。使朕無西顧之憂。」乃下詔曰：「近者妖氛充斥，擾動關、河，文昇率勵義勇，應機響赴，表裏奮擊，摧破兇醜，宜升榮命，式弘賞典。可右光祿大夫。」賜以良田、甲第，資物鉅萬。還鎭京師，帝謂之曰：「關右之任，一委於公。公安，社稷乃安；公危，社稷亦危。出入須有兵衞，坐臥恒宜自牢，勇夫重閉，此其義也。今特給千兵，以充侍從。」賜以玉麟符。

十一年，詔玄安撫關中。時盜賊蜂起，百姓饑饉，玄竟不能救恤，而官方壞亂，貨賄公行。玄自以年老，上表乞骸骨，帝使內史舍人封德彝馳諭之曰：「京師國本，王業所基，宗廟園陵所在。藉公耆舊，臥以鎭之。朕爲國計，義無相許，故遣德彝口陳指意。」玄乃止。義師入關，自知不能守，憂懼稱疾，不知政事。城陷，歸于家。義寧中卒，時年七十七。

子孝則，官至通事舍人、兵部承務郎，早卒。

劉權

劉權字世略，彭城豐人也。祖軌，齊羅州刺史。權少有俠氣，重然諾，藏亡匿死，吏不敢過門。後更折節好學，動循法度。初爲州主簿，仕齊，釋褐奉朝請、行臺郎中。及齊滅，

周武帝以爲假淮州刺史。

高祖受禪，以車騎將軍領鄉兵。後從晉王廣平陳，以功進授開府儀同三司，賜物三千段。宋國公賀若弼甚禮之。開皇十二年，拜蘇州刺史，賜爵宗城縣公。于時江南初平，物情尚擾，權撫以恩信，甚得民和。

煬帝嗣位，拜衞尉卿，進位銀青光祿大夫。大業五年，從征吐谷渾，權率衆出伊吾道，[三]與賊相遇，擊走之。逐北至青海，虜獲千餘口，乘勝至伏俟城。帝復令權過曼頭、赤水，置河源郡、積石鎭，大開屯田，留鎭西境。在邊五載，諸羌懷附，貢賦歲入，吐谷渾餘燼遠遁，道路無壅。徵拜司農卿，加位金紫光祿大夫。

尋爲南海太守。行至鄱陽，會羣盜起，不得進，詔令權召募討之。權率兵與賊相遇，不與戰，先乘單舸詣賊營，說以利害。羣賊感悅，一時降附。帝聞而嘉之。既至南海，甚有異政。數歲，遇盜賊羣起，數來攻郡。豪帥多願推權爲首，權竟盡力固守以拒之。子世徹又密遣人齎書詣權，稱四方擾亂，英雄並起，時不可失，諷令擧兵。權召集佐僚，對斬其使，竟無異圖，守之以死。卒官，時年七十。

世徹倜儻不羈，頗爲時人所許。大業末，羣雄並起，世徹所至之處，輒爲所忌，多拘禁之，後竟爲兗州賊帥徐圓朗所殺。

中華書局

權從父烈，字子將，美容儀，有器局，官至鷹揚郎將。有子德威，知名於世。

史臣曰：子蓋雅有幹局，質性嚴敏，見義而勇，臨機能斷，保全都邑，勤亦懋哉！楊諒干紀，史祥著獨克之効，羣盜侵擾，義臣致三捷之功。此皆名重當年，聲流後葉者也。元壽彈奏行本，有意存夫名教，然其計功稱伐，猶居義臣之後，端揆之贈，不已優乎？文昇，東都解圍，頗亦宣力，西京居守，政以賄成，鄙哉鄙哉，夫何足數！劉權，淮、楚舊族，早著雄名，屬擾攘之辰，居尉佗之地，遂能拒子邪計，無所覬覦，雖謝勤王之謀，足爲守節之士矣。

校勘記

〔一〕須水　通典一五三作「溴水」。

〔二〕祥兄雲　周書史寧傳作「祥弟雲」。

〔三〕弟威字世儀　「儀」原作「武」，據北史史祥傳改。周書史寧傳：「祥兄雄，字世武。」

〔四〕伊吾道　本書趙才傳作「合河道」。

隋書卷六十四

列傳第二十九

李圓通

李圓通，京兆涇陽人也。父景，以軍士隸武元皇帝，因與家僮黑女私，生圓通。景不之認，由是孤賤，給使高祖家。及爲隋國公，擢授參軍事。初，高祖少時，每讌賓客，恒令圓通監厨。圓通性嚴整，左右婢僕咸所敬憚。唯世子乳母恃寵輕之，賓客未供，每有干請，圓通不許，或輒持去。圓通大怒，叱厨人撾之數十，叫呼之聲徹於閤內，僚吏左右代其失色。賓去之後，高祖具知之，召圓通，命坐賜食，從此獨善之，以爲堪當大任。

高祖作相，賜封懷昌男。久之，授帥都督，進爵新安子，委以心膂。圓通多力勁捷，長於武用。周氏諸王素憚高祖，每伺高祖之隙，圖爲不利，賴圓通保護，獲免者數矣。高祖深感之，由是參預政事。授相國外兵曹，仍領左親信。尋授上儀同。高祖受禪，拜內史侍郎，

領左衞長史，進爵爲伯。歷左右庶子、給事黃門侍郎，尚書左丞，攝刑部尚書，深被任信。後以左丞領左翊衞驃騎將軍。伐陳之役，圓通以行軍總管從楊素出信州道，以功進位大將軍，進封萬安縣侯，拜揚州總管長史。尋轉幷州總管長史。秦孝王仁柔自善，少斷決，府中事多決於圓通。入爲司農卿、治粟內史，遷刑部尚書。後數歲，復爲幷州長史。孝王以奢侈得罪，圓通亦坐免官。尋檢校刑部尚書事。仁壽中，以勳舊進爵郡公。

煬帝嗣位，拜兵部尚書。帝幸揚州，以圓通留守京師。判宇文述田以還民，述訴其受賂。帝怒而徵之，見帝於洛陽，坐是免官。圓通憂懼發疾而卒。贈柱國，封爵悉如故。子孝常，大業末，爲華陰令。

陳茂

陳茂，河東猗氏人也。家世寒微，質直恭謹，爲州里所敬。高祖爲隋國公，引爲僚佐，遇待與圓通等。每令典家事，未嘗不稱旨，高祖善之。後從高祖與齊師戰於晉州，賊甚盛，高祖將挑戰，茂固止不得，因捉馬鞚。高祖忿之，拔刀斫其額，流血被面，詞氣不撓。高祖感而謝之，厚加禮敬。其後官至上士。高祖爲丞相，委以心膂。及受禪，拜給事黃門侍郎，封魏城縣男，每典機密。在官十餘年，轉益州總管司馬，遷太府卿，進爵爲伯。後數載，卒

官。子政嗣。

政字弘道，倜儻有文武大略，善鍾律，便弓馬。少養宮中，年十七，爲太子千牛備身。時京師大俠劉居士重政才氣，數從之遊。圓通子孝常與政相善，並與居士交結。及居士下獄誅，政及孝常當從坐，上以功臣子，撻之二百而赦之。由是不得調。煬帝時，授協律郎，遷通事謁者，兵曹承務郎。帝美其才，甚重之。宇文化及之亂也，以爲太常卿。後歸大唐，卒於梁州總管。

張定和

張定和字處謐，京兆萬年人也。少貧賤，有志節。初爲侍官。會平陳之役，定和當從征，無以自給。其妻有嫁時衣服，定和將鬻之，妻靳固不與，定和於是遂行。以功拜儀同，賜帛千匹，遂棄其妻。是後數以軍功，加上開府、驃騎將軍。從上柱國李充擊突厥，先登陷陣，虜刺之中頸，定和以草塞創而戰，神氣自若，虜遂敗走。上聞而壯之，遣使者齎藥，馳詣定和所勞問之。進位柱國，封武安縣侯，賞物二千段，良馬二匹，金百兩。

煬帝嗣位，拜宜州刺史，尋轉河內太守，頗有惠政。歲餘，徵拜左屯衞大將軍。從帝征吐谷渾，至覆袁川。時吐谷渾主與數騎而遁，其名王詐爲渾主，保車我眞山，帝命定和率師

擊之。既與賊相遇，輕其衆少，呼之令降，賊不肯下。定和不被甲，挺身登山，賊伏兵於巖谷之下，發矢中之而斃。其亞將柳武建擊賊，悉斬之。帝爲流涕，贈光祿大夫。時舊爵例除，於是復封武安侯，謚曰壯武。賻絹千匹，米千石。子世立嗣，尋拜爲光祿大夫。

張奫

張奫字文懿，自云清河人也，家於淮陰。好讀兵書，尤便刀楯。周世，鄉人郭子冀密引陳寇，奫父雙欲率子弟擊之，猶豫未決。奫贊成其謀，竟以破賊，由是以勇決知名。起家州主簿。

高祖作相，授大都督，領鄉兵。賀若弼之鎭壽春也，恒爲閒諜，平陳之役，頗有功焉。進位開府儀同三司，封文安縣子，邑八百戶，賜物二千五百段，粟二千五百石。歲餘，率水軍破逆賊笮子游於京口，薛子建於和州。徵入朝，拜大將軍。高祖命升御坐而宴之，謂奫曰：「卿可爲朕兒，朕爲卿父。今日聚集，示無外也。」其後賜綺羅千匹，綠沉甲、獸文具裝。尋從楊素征江表，別破高智慧於會稽，吳世華於臨海。進位上大將軍，賜奴婢六十口，縑綵三百匹。歷撫、顯、齊三州刺史，俱有能名。開皇十八年，爲行軍總管，從漢王諒征遼東，諸軍多物故，奫衆獨全。高祖善之，賜物二百五十段。仁壽中，遷潭州總管，在職三年卒。有子孝廉。

麥鐵杖

麥鐵杖，始興人也。驍勇有膂力，日行五百里，走及奔馬。性疎誕使酒，好交遊，重信義，每以漁獵爲事，不治產業。陳太建中，結聚爲羣盜，廣州刺史歐陽頠俘之以獻，沒爲官戶，配執御傘。每罷朝後，行百餘里，夜至南徐州，踰城而入，行光火劫盜。旦還及時，仍又執傘。如此者十餘度，物主識之，州以狀奏。朝士見鐵杖每旦恒在，不之信也。後數告變，尙書蔡徵曰：「此可驗耳。」於仗下時，購以百金，求人送詔書與南徐州刺史。鐵杖出應募，齎勑而往，明旦及奏事。帝曰：「信然，爲盜明矣。」惜其勇捷，誡而釋之。

陳亡後，徙居清流縣。遇江東反，楊素遣鐵杖頭戴草束，夜浮渡江，覘賊中消息，具知還報。後復更往，爲賊所擒。逆帥李稜遣兵仗三十人衞之，縛送高智慧。行至庱亭，衞者憩食，哀其餒，解手以給其餐。鐵杖取賊刀，亂斬衞者，殺之皆盡，悉割其鼻，懷之以歸。素大奇之。後敍戰勳，不及鐵杖，遇素馳驛歸于京師，鐵杖步追之，每夜則同宿。素見而悟，特奏授儀同三司。以不識書，放還鄉里。成陽公李徹稱其驍武，開皇十六年，徵至京師，除車騎將軍。仍從楊素北征突厥，加上開府。

煬帝卽位，漢王諒反於幷州，又從楊素擊之，每戰先登。進位柱國。尋除萊州刺史，無治名。後轉汝南太守，稍習法令，羣盜屏跡。後因朝集，考功郎竇威嘲之曰：「麥是何姓？」鐵杖應口對曰：「麥豆不殊，那忽相怪！」威赧然，無以應之，時人以爲敏慧。尋除右屯衞大將軍，帝待之逾密。

鐵杖自以荷恩深重，每懷竭命之志。及遼東之役，請爲前鋒，顧謂醫者吳景賢曰：「大丈夫性命自有所在，豈能艾炷灸頞，瓜蔕歕鼻，治黃不差，而卧死兒女手中乎？」將渡遼，謂其三子曰：「阿奴當備淺色黃衫。吾荷國恩，今是死日。我旣被殺，爾當富貴。唯誠與孝，爾其勉之。」及濟，橋未成，去東岸尙數丈，賊大至。鐵杖跳上岸，與賊戰，死。武賁郎將錢士雄、孟金叉亦死之，左右更無及者。帝爲之流涕，購得其屍，下詔曰：「鐵杖志氣驍果，夙著勳庸，陪麾問罪，先登陷陣，節高義烈，身殞功存。興言至誠，追懷傷悼，宜賚殊榮，用彰飾德。可贈光祿大夫，宿國公。謚曰武烈。」子孟才嗣，尋授光祿大夫。孟才有二弟，仲才、季才，俱拜正議大夫。賵贈鉅萬，賜轀輬車，給前後部羽葆鼓吹。平壤道敗將宇文述等百餘人皆爲執紼，王公已下送至郊外。士雄贈左光祿大夫、右屯衞將軍、武强侯，謚曰剛。子傑嗣。金叉贈右光祿大夫，子善誼襲官。

孟才字智稜，果烈有父風。帝以孟才死節將子，恩賜殊厚，拜武賁郎將。及江都之難，

慨然有復讎之志。與武牙郎錢傑素交友，二人相謂曰：「吾等世荷國恩，門著誠節。今賊臣弑逆，社稷淪亡，無節可紀，何面目視息世間哉！」於是流涕扼腕，遂相與謀，糾合恩舊，欲於顯福宮邀擊宇文化及。事臨發，陳藩之子謙知其謀而告之，與其黨沈光俱爲化及所害，忠義之士哀焉。

沈光

沈光字總持，吳興人也。父君道，仕陳吏部侍郎，陳滅，家于長安。皇太子勇引署學士。後爲漢王諒府掾，諒敗，除名。光少驍捷，善戲馬，爲天下之最。略綜書記，微有詞藻，常慕立功名，不拘小節。家甚貧窶，父兄並以傭書爲事，光獨跅弛，交通輕俠，爲京師惡少年之所朋附。人多贍遺，得以養親，每致甘食美服，未嘗困匱。初建禪定寺，其中幡竿高十餘丈，適遇繩絕，非人力所及，諸僧患之。光見而謂僧曰：「可持繩來，當相爲上耳。」諸僧驚喜，因取而與之。光以口銜索，拍竿而上，直至龍頭。繫繩畢，手足皆放，透空而下，以掌拒地，倒行數十步。觀者駭悅，莫不嗟異，時人號爲「肉飛仙」。

大業中，煬帝徵天下驍果之士以伐遼左，光預焉。同類數萬人，皆出其下。光將詣行在所，賓客送至灞上者百餘騎。光酹酒而誓曰：「是行也，若不能建立功名，當死於高麗，不

復與諸君相見矣。」及從帝攻遼東，以衝梯擊城，竿長十五丈，光升其端，臨城與賊戰，短兵接，殺十數人。賊競擊之而墜，未及於地，適遇竿有垂絙，光接而復上。帝望見，壯異之，馳召與語，大悅，卽日拜朝請大夫，賜寶刀良馬，恒致左右，親顧漸密。未幾，以爲折衝郎將，賞遇優重。帝每推食解衣以賜之，同輩莫與爲比。

光自以荷恩深重，思懷竭節。及江都之難，潛構義勇，將爲帝復讎。先是，帝寵昵官奴，名爲給使，宇文化及以光驍勇，方任之，令其總統，營於禁內。時孟才、錢傑等陰圖化及，因謂光曰：「我等荷國厚恩，不能死難以衞社稷，斯則古人之所恥也。今又俛首事讎，受其驅率，有靦面目，何用生爲？吾必欲殺之，死無所恨。公義士也，肯從我乎？」光泣下霑衿，曰：「是所望於將軍也。僕領給使數百人，並荷先帝恩遇，今在化及內營。以此復讎，如鷹鸇之逐鳥雀。萬世之功，在此一舉，願將軍勉之。」孟才爲將軍，領江淮之衆數千人，期以營將發時，晨起襲化及。光語洩，陳謙告其事。化及大懼曰：「此麥鐵杖子也，及沈光者，並勇決不可當，須避其鋒。」是夜卽與腹心走出營外，留人告司馬德戡等，遣領兵馬，逮捕孟才。光聞營內諠聲，知事發，不及被甲，卽襲化及營，空無所獲。值舍人元敏，數而斬之。遇德戡兵入，四面圍合。光大呼潰圍，給使齊奮，斬首數十級，賊皆披靡。德戡輒復遣騎，持弓弩，翼而射之。光身無介胄，遂爲所害。麾下數百人皆鬭而死，一無降者。時年二十八。

壯士聞之，莫不爲之隕涕。

來護兒

來護兒字崇善，江都人也。幼而卓詭，好立奇節。初讀詩，至「擊鼓其鏜，踊躍用兵」，「羔裘豹飾，孔武有力」，捨書而歎曰：「大丈夫在世當如是。會爲國滅賊以取功名，安能區區久事隴畝！」羣輩驚其言而壯其志。

護兒所住白土村，密邇江岸。于時江南尙阻，賀若弼之鎭壽州也，常令護兒爲間諜，授大都督。平陳之役，護兒有功焉，進位上開府。從楊素擊高智慧于浙江，而賊據岸爲營，周亘百餘里，船艦被江，鼓譟而進。素令護兒率數百輕艓徑登江岸，直掩其營，破之。時賊前與素戰不勝，歸無所據，因而潰散。智慧將逃於海，護兒追至泉州，智慧窮蹙，遁走閩越。進位大將軍，除泉州刺史。時有盛道延擁兵作亂，侵擾州境，護兒進擊，破之。又從蒲山公李寬破汪文進於黟、歙，進位柱國。仁壽三年，除瀛州刺史，賜爵黃縣公，邑三千戶。尋加上柱國，除右禦衞將軍。

煬帝卽位，遷右驍衞大將軍，帝甚親重之。大業六年，從駕江都，賜物千段，令上先人塚，宴父老，州里榮之。數歲，轉右翊衞大將軍。遼東之役，護兒率樓船，指滄海，入自浿

水，去平壤六十里，與高麗相遇。進擊，大破之，乘勝直造城下，破其郛郭。於是縱軍大掠，稍失部伍，高元弟建武募敢死士五百人邀擊之。護兒因却，屯營海浦，以待期會。後知宇文述等敗，遂班師。明年，又出滄海道，師次東萊，會楊玄感作逆黎陽，進逼鞏、洛，護兒勒兵與宇文述等擊破之。封榮國公，邑二千戶。十年，又帥師度海，至卑奢城，高麗舉國來戰，護兒大破之，斬首千餘級。將趣平壤，高元震懼，遣使執叛臣斛斯政，詣遼東城下，上表請降。帝許之，遣人持節詔護兒旋師。護兒集衆曰：「三度出兵，未能平賊。此還也，不可重來。今高麗困弊，野無青草，以我衆戰，不日剋之。吾欲進兵，徑圍平壤，取其僞主，獻捷而歸。」答表請行，不肯奉詔。長史崔君肅固爭，不許。護兒曰：「賊勢破矣，專以相任，自足辦之。吾在閫外，事合專決，豈容千里稟聽成規！俄頃之間，動失機會，勞而無功，故其宜也。吾寧征得高元，還而獲譴，捨此成功，所不能矣。」君肅告衆曰：「若從元帥，違拒詔書，必當聞奏，皆獲罪也。」諸將懼，盡勸還，方始奉詔。

十三年，轉爲左翊衞大將軍，進位開府儀同三司，任委逾密，前後賞賜不可勝計。江都之難，宇文化及忌而害之。

長子楷，以父軍功授散騎郎、朝散大夫。楷弟弘，仕至果毅郎將、金紫光祿大夫。弘弟整，武賁郎將、右光祿大夫。整尤驍勇，善撫士衆，討擊羣盜，所向皆捷。諸賊甚憚之，爲作

歌曰：「長白山頭百戰場，十十五五把長槍，不畏官軍十萬衆，只畏榮公第六郎。」化及反，皆遇害，唯少子恒、濟獲免。

魚俱羅

魚俱羅，馮翊下邽人也。身長八尺，膂力絶人，聲氣雄壯，言聞數百步。弱冠爲親衞，累遷大都督。從晉王廣平陳，以功拜開府，賜物一千五百段。未幾，沈玄懀、高智慧等作亂江南，楊素以俱羅壯勇，請與同行。每戰有功，加上開府、高唐縣公，拜疊州總管。以母憂去職。還至扶風，會楊素率兵將出靈州道擊突厥，路逢俱羅，大悅，遂奏與同行。及遇賊，俱羅與數騎奔擊，瞋目大呼，所當皆披靡，出左入右，往返若飛。以功進位柱國，拜豐州總管。初，突厥數入境爲寇，俱羅輒擒斬之，自是突厥畏懼屏迹，不敢畜牧於塞上。

初，煬帝在藩，俱羅弟贇，以左右從，累遷大都督。及帝嗣位，拜車騎將軍。贇性凶暴，虐其部下，令左右炙肉，遇不中意，以籤刺瞎其眼。有溫酒不適者，立斷其舌。帝以贇藩邸之舊，不忍加誅，謂近臣曰：「弟既如此，兄亦可知。」因召俱羅，譴責之，出贇於獄，令自爲計。贇至家，飮藥而死。帝恐俱羅不自安，慮生邊患，轉爲安州刺史。歲餘，遷趙郡太守。後因朝集，至東都，與將軍梁伯隱有舊，數相往來。又從郡多將雜物以貢獻，帝不受，因遺權貴。

御史劾俱羅以郡將交通內臣，帝大怒，與伯隱俱坐除名。

未幾，越巂飛山蠻作亂，侵掠郡境。詔俱羅白衣領將，幷率蜀郡都尉段鍾葵討平之。大業九年，重征高麗，以俱羅爲碣石道軍將。及還，江南劉元進作亂，詔俱羅將兵向會稽諸郡逐捕之。于時百姓思亂，從盜如市，俱羅擊賊帥朱燮、管崇等，戰無不捷。然賊勢浸盛，敗而復聚。俱羅度賊非歲月可平，諸子並在京、洛，又見天下漸亂，終恐道路隔絕。于時東都饑饉，穀食踊貴，俱羅遣家僕將船米至東都糶之，益市財貨，潛迎諸子。朝廷微知之，恐其有異志，發使案驗。使者至，前後察問，不得其罪。帝復令大理司直梁敬眞就鎖將詣東都。俱羅相表異人，目有重瞳，陰爲帝之所忌。敬眞希旨，奏俱羅師徒敗衄，於是斬東都市，家口籍沒。

陳稜

陳稜字長威，廬江襄安人也。祖碩，以漁釣自給。父峴，少驍勇，事章大寶爲帳內部曲。告大寶反，授譙州刺史。陳滅，廢于家。高智慧、汪文進等作亂江南，廬江豪傑亦舉兵相應，以峴舊將，共推爲主。峴欲拒之，稜謂峴曰：「衆亂既作，拒之禍且及己。不如僞從，別爲後計。」峴然之。時柱國李徹軍至當塗，峴潛使稜至徹所，請爲內應。徹上其事，拜上大將軍、宣州刺史，封譙郡公，邑一千戶，詔徹應接之。徹軍未至，謀洩，爲其黨所殺，稜僅以獲免。上以其父之故，拜開府，尋領鄉兵。

煬帝卽位，授驃騎將軍。大業三年，拜武賁郎將。後三歲，與朝請大夫張鎭周發東陽兵萬餘人，自義安汎海，擊流求國，月餘而至。流求人初見船艦，以爲商旅，往往詣軍中貿易。稜率衆登岸，遣鎭周爲先鋒。其主歡斯渴剌兜遣兵拒戰，鎭周頻擊破之。稜進至低沒檀洞，其小王歡斯老模率兵拒戰，稜擊敗之，斬老模。其日霧雨晦冥，將士皆懼，稜刑白馬以祭海神。既而開霽，分爲五軍，趣其都邑。渴剌兜率衆數千逆拒，稜遣鎭周又先鋒擊走之。稜乘勝逐北，至其柵，渴剌兜背柵而陣。稜盡銳擊之，從辰至未，苦鬭不息。渴剌兜自以軍疲，引入柵。稜遂塡塹，攻破其柵，斬渴剌兜，獲其子島槌，虜男女數千而歸。帝大悅，進稜位右光祿大夫，武賁如故，鎭周金紫光祿大夫。

遼東之役，以宿衞遷左光祿大夫。明年，帝復征遼東，稜爲東萊留守。楊玄感之作亂也，稜率衆萬餘人擊平黎陽，斬玄感所署刺史元務本。尋奉詔於江南營戰艦。至彭城，賊帥孟讓衆將十萬，據都梁宮，阻淮爲固。稜潛於下流而濟，至江都，率兵襲讓，破之。以功進位光祿大夫，賜爵信安侯。

後帝幸江都宮，俄而李子通據海陵，左才相掠淮北，杜伏威屯六合，衆各數萬。帝遣稜

率宿衞兵擊之，往往克捷。超拜右禦衞將軍。復渡淸江，擊宣城賊。俄而帝以弑崩，宇文化及引軍北上，召稜守江都。稜集衆縞素，爲煬帝發喪，備儀衞，改葬於吳公臺下，衰杖送喪，慟感行路，論者深義之。稜後爲李子通所陷，奔杜伏威，伏威忌之，尋而見害。

王辯 斛斯萬善

王辯字警略，馮翊蒲城人也。祖訓，以行商致富。魏世，出粟助給軍糧，爲假淸河太守。辯少習兵書，尤善騎射，慷慨有大志。在周，以軍功授帥都督。開皇初，遷大都督。仁壽中，遷車騎將軍。漢王諒之作亂也，從楊素討平之。賜爵武寧縣男，邑三百戶。後三歲，遷尙舍奉御。從征吐谷渾，拜朝請大夫。數年，轉鷹揚郎將。遼東之役，以功加通議大夫，尋遷武賁郎將。

及山東盜賊起，上谷魏刀兒自號歷山飛，衆十餘萬，劫掠燕、趙。帝引辯升御榻，問以方略。辯論取賊形勢，帝稱善，曰：「誠如此計，賊何足憂也。」於是發從行步騎三千，擊敗之，賜黃金二百兩。明年，渤海賊帥高士達自號東海公，衆以萬數。復令辯擊之，屢挫其銳。帝在江都宮，聞而馳召之。及引見，禮賜甚厚，復令往信都經略。士達於是復戰，破之，優詔褒顯。時賊帥郝孝德、孫宣雅、時季康、竇建德、魏刀兒等往往屯聚，大至十萬，小

至數千，寇掠河北。辯進兵擊之，所往皆捷，深爲羣賊所憚。及翟讓寇徐、豫，辯進，頻擊走之。讓尋與李密屯據洛口倉，辯與王世充討密，阻洛水相持經年。辯率諸將攻敗密，因薄其營，戰破外柵。密諸營已有潰者，乘勝將入城，世充不知，恐將士勞倦，於是鳴角收兵，翻爲密徒所乘。官軍大潰，不可救止。辯至洛水，橋已壞，不得渡，遂涉水，至中流，爲溺人所引墜馬。辯時身被重甲，敗兵前後相蹈藉，不能復上馬，竟溺死焉。時年五十六。三軍莫不痛惜之。

河南斛斯萬善，驍勇果毅，與辯齊名。大業中，從衞玄討楊玄感，頻戰有功。及玄感敗走，萬善與數騎追及之，玄感窘迫自殺。由是知名，拜武賁郎將。突厥始畢之圍鴈門也，萬善奮擊之，所向皆破。每賊至，輒出當其鋒，或下馬坐地，引强弓射賊，所中皆殪。由是突厥莫敢逼城，十許日竟退，萬善之力也。其後頻討羣盜，累功至將軍。

時有將軍鹿愿、范貴、馮孝慈，俱爲將帥，數從征討，並有名於世。然事皆亡失，故史官無所述焉。

史臣曰：楚、漢未分，絳、灌所以宣力，曹、劉競逐，關、張所以立名。然則名立資草昧之初，力宣候經綸之會，攀附鱗翼，世有之矣。圓通、護兒之輩，定和、鐵杖之倫，皆一時之壯士，困於貧賤。當其鬱抑未遇，亦安知其有鴻鵠之志哉！終能振拔汚泥之中，騰躍風雲之上，符馬革之願，快生平之心，非遇其時，焉能至於此也！俱羅欲加之罪，非其咎釁，王辯殞身勍敵，志實勤王。陳稜縞素發喪，哀感行路，義之所動，固已深乎！孟才、錢傑、沈光等，感恩懷舊，臨難忘生，雖功無所成，其志有可稱矣。

隋書卷六十五

列傳第三十

周羅睺

周羅睺字公布，九江尋陽人也。父法暠，仕梁冠軍將軍、始興太守、通直散騎常侍、南康內史、臨蒸縣侯。羅睺年十五，善騎射，好鷹狗，任俠放蕩，收聚亡命，陰習兵書。從祖景彥誡之曰：「吾世恭謹，汝獨放縱，難以保家。若不喪身，必將滅吾族。」羅睺終不改。

陳宣帝時，以軍功授開遠將軍、句容令。後從大都督吳明徹與齊師戰於江陽，爲流矢中其左目。齊師圍明徹於宿預也，諸軍相顧，莫有鬭心。羅睺躍馬突進，莫不披靡。太僕卿蕭摩訶因而副之，斬獲不可勝計。進師徐州，與周將梁士彥戰於彭城，摩訶臨陣墮馬，羅睺進救，拔摩訶於重圍之內，勇冠三軍。明徹之敗也，羅睺全衆而歸，拜光遠將軍、鍾離太守。十一年，授使持節、都督霍州諸軍事。平山賊十二洞，除右軍將軍、始安縣伯，邑四百

戶，總管檢校揚州內外諸軍事。賜金銀三千兩，盡散之將士，分賞驍雄。陳宣帝深歎美之。出爲晉陵太守，進爵爲侯，增封一千戶。除太僕卿，增封幷前一千六百戶。尋除雄信將軍、使持節、都督豫章十郡諸軍事、豫章內史。獄訟庭決，不關吏手，民懷其惠，立碑頌德焉。

至德中，除持節、都督南川諸軍事。江州司馬吳世興密奏羅睺甚得人心，擁衆嶺表，意在難測，陳主惑焉。蕭摩訶、魯廣達等保明之。外有知者，或勸其反，羅睺拒絕之。軍還，除太子左衞率，信任逾重，時參宴席。陳主曰：「周左率武將，詩每前成，文士何爲後也？」都官尚書孔範對曰：「周羅睺執筆製詩，還如上馬入陣，不在人後。」自是益見親禮。出督湘州諸軍事，還拜散騎常侍。

晉王廣之伐陳也，都督巴峽緣江諸軍事，以拒秦王俊，軍不得渡，相持踰月。遇丹陽陷，陳主被擒，上江猶不下，晉王廣遣陳主手書命之，羅睺與諸將大臨三日，放兵士散，然後乃降。高祖慰諭之，許以富貴。羅睺垂泣而對曰：「臣荷陳氏厚遇，本朝淪亡，無節可紀。陛下所賜，獲全爲幸，富貴榮祿，非臣所望。」高祖甚器之。賀若弼謂之曰：「聞公郢、漢捉兵，即知揚州可得。王師利涉，果如所量。」羅睺答曰：「若得與公周旋，勝負未可知也。」其年秋，拜上儀同三司，鼓吹羽儀，送之于宅。先是，陳裨將羊翔歸降于我，使爲鄉導，位至上開府，班在羅睺上。韓擒於朝堂戲之曰：「不知機變，立在羊翔之下，能無愧乎？」羅睺答曰：

「昔在江南，久承令問，謂公天下節士。今日所言，殊匪誠臣之論。」搉有愧色。其年冬，除幽州刺史，俄轉涇州刺史，母憂去職。未朞，復起，授豳州刺史，並有能名。

十八年，起遼東之役，徵爲水軍總管。自東萊汎海，趣平壤城，遭風，船多飄沒，無功而還。十九年，突厥達頭可汗犯塞，從楊素擊之，虜衆甚盛，羅睺白素曰：「賊陣未整，請擊之。」素許焉，與輕勇二十騎直衝虜陣，從申至酉，短兵屢接，大破之。進位大將軍。仁壽元年，爲東宮右虞候率，賜爵義寧郡公，食邑一千五百戶。俄轉右衛率。

煬帝卽位，授右武候大將軍。漢王諒反，詔副楊素討平之，進授上大將軍。其年冬，帝幸洛陽。陳主卒，羅睺請一臨哭，帝許之。縗絰送至墓所，葬還釋服而後入朝。帝甚嘉尚，世論稱其有禮。時諒餘黨據晉、絳等三州未下，詔羅睺行絳、晉、呂三州諸軍事，進兵圍之。爲流矢所中，卒于師，時年六十四。送柩還京，行數里，無故輿馬自止，策之不動，有飄風旋遶焉。絳州長史郭雅稽顙呪曰：「公恨小寇未平邪？尋卽除殄，無爲戀恨。」於是風靜馬行，見者莫不悲歎。其年秋七月，子仲隱夢見羅睺曰：「我明日當戰。」其靈坐所有弓箭刀劍，無故自動，若人帶持之狀。絳州城陷，是其日也。贈柱國、右翊衞大將軍，謚曰壯。賻物千段。子仲安，官至上開府。

周法尚

周法尚字德邁，汝南安成人也。祖靈起，梁直閤將軍、義陽太守、廬、桂二州刺史。父炅，定州刺史、平北將軍。法尚少果勁，有風概，好讀兵書。年十八，爲陳始興王中兵參軍，尋加伏波將軍。其父卒後，監定州事，督父本兵。數有戰功，遷使持節、貞毅將軍、散騎常侍，領齊昌郡事，封山陰縣侯，邑五千戶。以其兄武昌縣公法僧代爲定州刺史。

法尚與長沙王叔堅不相能，叔堅言其將反。陳宣帝執禁法僧，發兵欲取法尚。其下將吏皆勸之歸北，法尚猶豫未決。長史殷文則曰：「樂毅所以辭燕，良由不獲已。事勢如此，請早裁之。」法尚遂歸于周。宣帝甚優寵之，拜開府、順州刺史，封歸義縣公，邑千戶。賜良馬五匹，女妓五人，綵物五百段，加以金帶。陳將樊猛濟江討之，法尚遣部曲督韓明詐爲背己奔于陳，僞告猛曰：「法尚部兵不願降北，人皆竊議，盡欲叛還。若得軍來，必無鬬者，自當於陣倒戈耳。」猛以爲然，引師急進。法尚乃陽爲畏懼，自保於江曲。猛陳兵挑戰，法尚先伏輕舸於浦中，又伏精銳於古村之北，自張旗幟，迎流拒之。戰數合，僞退登岸，投古村。猛捨舟逐之，法尚又疾走，行數里，與村北軍合，復前擊猛。猛退走赴船，既而浦中伏舸取其舟楫，建周旗幟。猛於是大敗，僅以身免，虜八千人。

高祖爲丞相，司馬消難作亂，陰遣上開府段珣率兵陽爲助守，因欲奪其城。法尚覺其詐，閉門不納，珣遂圍之。于時倉卒，兵散在外，因率吏士五百人守拒二十日。外無救援，自度力不能支，遂拔所領，棄城遁走。消難虜其母弟及家累三百人歸于陳。

高祖受禪，拜巴州刺史，破三鵶叛蠻於鐵山，復從柱國王誼擊走陳寇。遷衡州總管、四州諸軍事，改封譙郡公，邑二千戶。後上幸洛陽，召之，及引見，賜金鈿酒鍾一雙，綵五百段，良馬十五匹，奴婢三百口，給鼓吹一部。法尚固辭，上曰：「公有大功於國，特給鼓吹者，欲令公鄉人知朕之寵公也。」固與之。歲餘，轉黃州總管，上降密詔，使經略江南，伺候動靜。及伐陳之役，以行軍總管隸秦孝王，率舟師三萬出于樊口。陳城州刺史熊門超出師拒戰，擊破之，擒超於陣。轉鄂州刺史，尋遷永州總管，安集嶺南，賜綵五百段，良馬五匹，仍給黃州兵三千五百人爲帳內。陳桂州刺史錢季卿、南康內史柳璿、西衡州刺史鄧暠、陽山太守毛爽等前後詣法尚降。陳定州刺史呂子廓據山洞反，法尚引兵踰嶺，子廓兵衆日散，與千餘人走保巖嶮，其左右斬之而降。賜綵五百段，奴婢五十口，幷銀甕寶帶，良馬十匹。十年，轉桂州總管，仍爲嶺南安撫大使。

後數年入朝，以本官宿衞。賜綵三百段，米五百石，絹五百匹。未幾，桂州人李光仕舉兵作亂，令法尚與上柱國王世積討之。法尚馳往桂州，發嶺南兵，世積出岳州，徵嶺北軍，

俱會于尹州。光仕來逆戰，擊走之。世積所部多遇瘴，不能進，頓于衡州，法尚獨討之。光仕帥勁兵保白石洞，法尚捕得其弟光略、光度，大獲家口。其黨有來降附，輒以妻子還之。居旬日，降者數千人。法尚遣兵列陣，以當光仕，親率奇兵，蔽林設伏。兩陣始交，法尚馳擊其柵，柵中人皆走散，光仕大潰，追斬之。賜奴婢百五十口，黃金百五十兩，銀百五十斤。仁壽中，遂州獠叛，復以行軍總管討平之。巂州烏蠻反，攻陷州城，詔令法尚便道擊之。軍將至，賊棄州城，散走山谷閒，法尚捕不能得。於是遣使慰諭，假以官號，僞班師，日行二十里。軍再舍，潛遣人覘之，知其首領盡歸柵，聚飲相賀。法尚選步騎數千人，襲擊破之，獲其渠帥數千人，虜男女萬餘口。賜奴婢百口，物三百段，蜀馬二十匹。軍還，檢校潞州事。

煬帝嗣位，轉雲州刺史。後三歲，轉定襄太守，進位金紫光祿大夫。時帝幸榆林，法尚朝于行宮。內史令元壽言於帝曰：「漢武出塞，旌旗千里。今御營之外，請分爲二十四軍，日別遣一軍發，相去三十里，旗幟相望，鉦鼓相聞，首尾連注，千里不絕。此亦出師之盛者也。」法尚曰：「不然，兵亘千里，動間山川，卒有不虞，四分五裂。腹心有事，首尾未知，道阻且長，難以相救。雖是故事，此乃取敗之道也。」帝不懌曰：「卿意以爲如何？」法尚曰：「結爲方陣，四面外距，六宮及百官家口並住其間。若有變起，當頭分抗，內引奇兵，出外奮擊，車爲壁壘，重設鉤陳，此與據城理亦何異！若戰而捷，抽騎追奔，或戰不利，屯營自守。臣謂

牢固萬全之策也。」帝曰：「善。」因拜左武衞將軍，賜良馬一匹，絹三百匹。

明年，黔安夷向思多反，殺將軍鹿愿，圍太守蕭造，法尚與將軍李景分路討之。法尚擊思多于清江，破之，斬首三千級。還，從討吐谷渾，法尚別出松州道，逐捕亡散，至于青海。賜奴婢一百口，物二百段，馬七十匹。出爲敦煌太守，尋領會寧太守。遼東之役，以舟師指朝鮮道，會楊玄感反，與將軍宇文述、來護兒等破之。以功進右光祿大夫，賜物九百段。時有齊郡人王薄、孟讓等舉兵爲盜，衆十餘萬，保長白山。頻戰，每挫其銳。賜奴婢百口。明年，復臨滄海，在軍疾甚，謂長史崔君肅曰：「吾再臨滄海，未能利涉，時不我與，將辭人世。立志不果，命也如何！」言畢而終，時年五十九。贈武衞大將軍，謚曰僖。有子六人。長子紹基，靈壽令，少子紹範，最知名。

李景

李景字道興，天水休官人也。父超，周應、戎二州刺史。景容貌奇偉，膂力過人，美鬚髯，驍勇善射。平齊之役，頗有力焉，授儀同三司。以平尉迥，進位開府，賜爵平寇縣公，邑千五百戶。開皇九年，以行軍總管從王世積伐陳，陷陣有功，進位上開府，賜奴婢六十口，物千五百段。及高智慧等作亂江南，復以行軍總管從楊素擊之。別平倉嶺，還授鄜州刺史。

十七年，遼東之役，爲馬軍總管，及還，配事漢王。高祖奇其壯武，使袒而觀之，曰：「卿相表當位極人臣。」尋從史萬歲擊突厥於大斤山，別路邀賊，大破之。後與上明公楊紀送義成公主於突厥，至恒安，遇突厥來寇。時代州總管韓洪爲虜所敗，景率所領數百人援之。力戰三日，殺虜甚衆，賜物三千段，授韓州刺史。以事王故，不之官。

仁壽中，檢校代州總管。漢王諒作亂幷州，景發兵拒之。諒遣劉嵩襲景，戰於城東。升樓射之，無不應弦而倒。選壯士擊之，斬獲略盡。諒復遣嵐州刺史喬鍾葵率勁勇三萬攻之。景戰士不過數千，加以城池不固，爲賊衝擊，崩毀相繼。景且戰且築，士卒皆殊死鬬，屢挫賊鋒。司馬馮孝慈、司法參軍呂玉並驍勇善戰，儀同三司侯莫陳乂多謀畫，〔一〕工拒守之術。景知將士可用，其後推誠於此三人，無所關預，唯在閤持重，時出撫循而已。月餘，朔州總管楊義臣以兵來援，合擊大破之。先是，景府內井中甃上生花如蓮，幷有龍見，時變爲鐵馬甲士。又有神人長數丈見於城下，其跡長四尺五寸。景問巫，對曰：「此是不祥之物，來食人血耳。」景大怒，推出之。旬日而兵至，死者數萬焉。景尋被徵入京，進位柱國，拜右武衞大將軍，賜縑九千匹，女樂一部，加以珍物。

景智略非所長，而忠直爲時所許，帝甚信之。擊叛蠻向思多，破之，賜奴婢八十口。明年，擊吐谷渾於青海，破之，進位光祿大夫。賜奴婢六十口，縑二千匹。五年，車駕西巡，至天水，景獻食於帝。帝曰：「公，主人也。」賜坐齊王暕之上。至隴川宮，帝將大獵，景與左武衞大將軍郭衍俱有難言，爲人所奏。帝大怒，令左右㩧之，竟以坐免。歲餘，復位，與宇文述等參掌選舉。明年，攻高麗武厲城，破之，賜爵苑丘侯，物一千段。八年，出渾彌道。九年，復出遼東。及旋師，以景爲殿。高麗追兵大至，景擊走之。賚物三千段，進爵滑國公。楊玄感之反也，朝臣子弟多預焉，而景獨無關涉。帝曰：「公誠直天然，我之梁棟也。」賜以美女。帝每呼李大將軍而不名，其見重如此。十二年，帝令景營遼東戰具於北平，賜御馬一匹，名師子駱。會幽州賊楊仲緒率衆萬餘人來攻北平，景督兵擊破之，斬仲緒。于時盜賊蜂起，道路隔絕，景遂召募，以備不虞。武賁郎將羅藝與景有隙，遂誣景將反。帝遣其子慰諭之曰：「縱人言公闚天闕，據京師，吾無疑也。」後爲高開道所圍，獨守孤城，外無聲援，歲餘，士卒患脚腫而死者十將六七，景撫循之，一無離叛。遼東軍資多在其所，粟帛山積，既逢離亂，景無所私焉。及帝崩於江都，遼西太守鄧暠率兵救之，遂歸柳城。後將還幽州，在道遇賊，見害。契丹、靺鞨素感其恩，聞之莫不流涕，幽、燕人士于今傷惜之。有子世謨。

慕容三藏

慕容三藏，燕人也。父紹宗，齊尚書左僕射，東南道大行臺。三藏幼聰敏，多武略，頗

有父風。仕齊，釋褐太尉府參軍事，尋遷備身都督。武平初，襲爵燕郡公，邑八百戶。其年，敗周師於孝水，又破陳師於壽陽，轉武衞將軍。又敗周師於河陽，授武衞大將軍。又轉右衞將軍，別封范陽縣公，食邑千戶。周師入鄴也，齊後主失守東遁，委三藏等留守鄴宮。齊之王公以下皆降，三藏猶率麾下抗拒周師。及齊平，武帝引見，恩禮甚厚，詔曰：「三藏父子誠節著聞，宜加榮秩。」授開府儀同大將軍。其年，稽胡叛，令三藏討平之。

開皇元年，授吳州刺史。九年，奉詔持節涼州道黜陟大使。其年，嶺南酋長王仲宣反，圍廣州，詔令柱國、襄陽公韋洸爲行軍總管，三藏爲副。至廣州，與賊交戰，洸爲流矢所中，卒，詔令三藏檢校廣州道行軍事。十年，賊衆四面攻圍，三藏固守月餘。城中糧少矢盡，三藏以爲不可持久，遂自率驍銳，夜出突圍擊之。賊衆敗散，廣州獲全。以功授大將軍，賜奴婢百口，加以金銀雜物。十二年，授廓州刺史。州極西界，與吐谷渾鄰接，姦宄犯法者皆遷配彼州，流人多有逃逸。及三藏至，招納綏撫，百姓愛悅，繈負日至，吏民歌頌之。高祖聞其能，屢有勞問。其年，當州畜產繁孳，獲醍醐奉獻，賚物百段。十三年，州界連雲山響，稱萬年者三，詔頒郡國，仍遣使醮於山所。其日景雲浮於上，雉間兔馴壇側，使還具以聞，上大悅。十五年，授疊州總管。党項羌時有翻叛，三藏隨便討平之，部內夷夏咸得安輯。仁壽元年，改封河內縣男。

大業元年，授和州刺史。三年，轉任淮南郡太守，所在有惠政。其年，改授金紫光祿大夫。大業七年卒。

三藏從子邏，爲澶水丞，漢王反，抗節不從，以誠節聞。

薛世雄

薛世雄字世英，本河東汾陰人也，其先寓居關中。父回，字道弘，仕周，官至涇州刺史。開皇初，封舞陰郡公，領漕渠監，以年老致事，終於家。世雄爲兒童時，與羣輩遊戲，輒畫地爲城郭，令諸兒爲攻守之勢，有不從令者，世雄輒撻之，諸兒畏憚，莫不齊整。其父見而奇之，謂人曰：「此兒當興吾家矣。」年十七，從周武帝平齊，以功拜帥都督。開皇時，數有戰功，累遷儀同三司、右親衞車騎將軍。煬帝嗣位，番禺夷、獠相聚爲亂，詔世雄討平之。遷右監門郎將。從帝征吐谷渾，進位通議大夫。

世雄性廉謹，凡所行軍破敵之處，秋毫無犯，帝由是嘉之。帝嘗從容謂羣臣曰：「我欲舉好人，未知諸君識不？」羣臣咸曰：「臣等何能測聖心。」帝曰：「我欲舉者薛世雄。」羣臣皆稱善。帝復曰：「世雄廉正節概，有古人之風。」於是超拜右翊衞將軍。

歲餘，以世雄爲玉門道行軍大將，與突厥啓民可汗連兵擊伊吾。師次玉門，啓民可汗

背約，兵不至，世雄孤軍度磧。伊吾初謂隋軍不能至，皆不設備，及聞世雄兵已度磧，大懼，請降，詣軍門上牛酒。世雄遂於漢舊伊吾城東築城，號新伊吾，留銀青光祿大夫王威，以甲卒千餘人戍之而還。天子大悅，進位正議大夫，賜物二千段。

遼東之役，以世雄爲沃沮道軍將，與宇文述同敗績於平壤。還次白石山，爲賊所圍百餘重，四面矢下如雨。世雄以羸師爲方陣，選勁騎二百先犯之，賊稍却，因而縱擊，遂破之而還。所亡失多，竟坐免。明年，帝復征遼東，拜右候衞將軍，兵指蹋頓道。軍至烏骨城，會楊玄感作亂，班師。帝至柳城，以世雄爲東北道大使，行燕郡太守，鎮懷遠。于時突厥頗爲寇盜，緣邊諸郡多苦之，詔世雄發十二郡士馬，巡塞而還。十年，復從帝至遼東，遷左禦衞大將軍，仍領涿郡留守。未幾，李密逼東都，中原騷動，詔世雄率幽、薊精兵將擊之。軍次河間，營於郡城南，河間諸縣並集兵，依世雄大軍爲營，欲討竇建德。建德將家口遁，自選精銳數百，夜來襲之。先犯河間兵，潰奔世雄營。時遇雰霧晦冥，莫相辨識，軍不得成列，皆騰柵而走，於是大敗。世雄與左右數十騎遁入河間城，慚恚發病，歸於涿郡，未幾而卒，時年六十三。有子萬述、萬淑、萬鈞、萬徹，並以驍武知名。

王仁恭

王仁恭字元實，天水上邽人也。祖建，周鳳州刺史。父猛，鄯州刺史。仁恭少剛毅修謹，工騎射。弱冠，州補主簿，秦孝王引爲記室，轉長道令，遷車騎將軍。從楊素擊突厥於靈武，以功拜上開府，賜物三千段。以驃騎將軍典蜀王軍事。山獠作亂，蜀王命仁恭討破之，賜奴婢三百口。及蜀王以罪廢，官屬多罹其患。上以仁恭素質直，置而不問。

煬帝嗣位，漢王諒舉兵反，從楊素擊平之。以功進位大將軍，拜呂州刺史，賜帛四千匹，女妓十人。歲餘，轉衞州刺史，尋改爲汲郡太守，有能名。徵入朝，帝呼上殿，勞勉之，賜雜綵六百段，良馬二匹。遷信都太守，汲郡吏民扣馬號哭於道，數日不得出境，其得人情如此。

遼東之役，以仁恭爲軍將。及帝班師，仁恭爲殿，遇賊，擊走之。進授左光祿大夫，賜絹六千段，馬四十匹。明年，復以軍將指扶餘道，帝謂之曰：「往者諸軍多不利，公獨以一軍破賊。古人云，敗軍之將不可以言勇，諸將其可任乎？今委公爲前軍，當副所望也。」賜良馬十匹，黃金百兩。仁恭遂進軍，至新城，賊數萬背城結陣，仁恭率勁騎一千擊破之。賊嬰城拒守，仁恭四面攻圍。帝聞而大悅，遣舍人詣軍勞問，賜以珍物。進授光祿大夫，賜絹五千匹。會楊玄感作亂，其兄子武賁郎將仲伯預焉，仁恭由是坐免。

尋而突厥屢爲寇患，帝以仁恭宿將，頻有戰功，詔復本官，領馬邑太守。其年，始畢可

汗率騎數萬來寇馬邑，復令二特勤將兵南過。時郡兵不滿三千，仁恭簡精銳逆擊，破之。其二特勤衆亦潰，仁恭縱兵乘之，獲數千級，幷斬二特勤。帝大悅，賜縑三千匹。其後突厥復入定襄，仁恭率兵四千掩擊，斬千餘級，大獲六畜而歸。

于時天下大亂，百姓飢餒，道路隔絕，仁恭頗改舊節，受納貨賄，又不敢輒開倉廩，賑恤百姓。其麾下校尉劉武周與仁恭侍婢姦通，恐事泄，將爲亂，每宣言郡中曰：「父老妻子凍餒，塡委溝壑，而王府君閉倉不救百姓，是何理也！」以此激怒衆，吏民頗怨之。其後仁恭正坐廳事，武周率其徒數十人大呼而入，因害之，時年六十。武周於是開倉賑給，郡內皆從之，自稱天子，署置百官，轉攻傍郡。

權武

權武字武拚，天水人也。祖超，魏秦州刺史。父襲慶，周開府，從武元皇帝與齊師戰于幷州，被圍百餘重。襲慶力戰矢盡，短兵接戰，殺傷甚衆，刀矟皆折，脫冑擲地，向賊大罵曰：「何不來斫頭也！」賊遂殺之。武以忠臣子，起家拜開府，襲爵齊郡公，邑千二百戶。

武少果勁，勇力絕人，能重甲上馬。嘗倒投於井，未及泉，復躍而出，其拳捷如此。從王謙破齊服龍等五城，增邑八百戶。平齊之役，攻陷邵州，別下六城，以功增邑三百戶。宣

帝時，拜勁捷左旅上大夫，進位上開府。

高祖爲丞相，引置左右。及受禪，增邑五百戶。後六歲，拜浙州刺史。伐陳之役，以行軍總管從晉王出六合，還拜豫州刺史。在職數年，以創業之舊，進位大將軍，檢校潭州總管。其年，桂州人李世賢作亂，武以行軍總管與武候大將軍虞慶則擊平之。慶則以罪誅，功竟不錄，復還于州。多造金帶，遺嶺南酋領，其人復答以寶物，武皆納之，由是致富。後武晚生一子，與親客宴集，酒酣，遂擅赦所部內獄囚。武常以南越邊遠，治從其俗，務適便宜，不依律令，而每言當今法急，官不可爲。上令有司案其事，皆驗。上大怒，命斬之。武於獄中上書，言其父爲武元皇帝戰死於馬前，以此求哀。由是除名爲民。仁壽中，復拜大將軍，封邑如舊。未幾，授太子右衞率。

煬帝卽位，拜右武衞大將軍，坐事免，授桂州刺史。俄轉始安太守。久之，徵拜右屯衞大將軍，尋坐事除名。卒于家。有子弘。

吐萬緒

吐萬緒字長緒，代郡鮮卑人也。父通，周郢州刺史。緒少有武略，在周，起家撫軍將軍，襲爵元壽縣公。數從征伐，累遷大將軍、少司武。高祖受禪，拜襄州總管，進封穀城郡

公，邑二千五百戶。尋轉青州總管，頗有治名。歲餘，突厥寇邊，朝廷以緒有威略，徙爲朔州總管，甚爲北夷所憚。其後高祖潛有吞陳之志，轉徐州總管，令修戰具。及大舉濟江，以緒領行軍總管，與西河公紇豆陵洪景屯兵江北。及陳平，拜夏州總管。

晉王廣之在藩也，頗見親遇，及爲太子，引爲左虞候率。煬帝嗣位，漢王諒時鎭幷州，帝恐其爲變，拜緒晉、絳二州刺史，馳傳之官。緒未出關，諒已遣兵據蒲坂，斷河橋，緒不得進。詔緒率兵從楊素擊破之，拜左武候將軍。大業初，轉光祿卿。賀若弼之遇讒也，引緒爲證，緒明其無罪，由是免官。歲餘，守東平太守。未幾，帝幸江都，路經其境，迎謁道傍。帝命升龍舟，緒因頓首陳謝往事。帝大悅，拜金紫光祿大夫，太守如故。遼東之役，請爲先鋒，帝嘉之，拜左屯衞大將軍，率馬步數萬指蓋馬道。及班師，留鎭懷遠，進位左光祿大夫。

時劉元進作亂江南，以兵攻潤州，帝徵緒討之。緒率衆至楊子津，元進自茅浦將渡江，緒勒兵擊走。緒因濟江，背水爲柵。明旦，元進來攻，又大挫之，賊解潤州圍而去。緒進屯曲阿，元進復結柵拒。緒挑之，元進出戰，陣未整，緒以騎突之，賊衆遂潰，赴江水而死者數萬。元進挺身夜遁，歸保其壘。僞署僕射朱燮、管崇等屯於毗陵，連營百餘里。緒乘勢進擊，復破之，賊退保黃山。緒進軍圍之，賊窮蹙請降，元進、朱燮僅以身免。於陣斬管崇及其將軍陸顗等五千餘人，收其子女三萬餘口，送江都宮。進解會稽圍。元進復據建安，帝令進討之，緒以士卒疲敝，請息甲待至來春。帝不悅，密令求緒罪失，有司奏緒怯懦違詔，於是除名爲民，配防建安。尋有詔徵詣行在所，緒鬱鬱不得志，還至永嘉，發疾而卒。

董純

董純字德厚，隴西成紀人也。祖和，魏太子左衞率。父昇，周柱國。純少有膂力，便弓馬。在周，仕歷司御上士、典馭下大夫，封固始縣男，邑二百戶。從武帝平齊，以功拜儀同，進爵大興縣侯，增邑通前八百戶。

高祖受禪，進爵漢曲縣公，累遷驃騎將軍。後以軍功，進位上開府。開皇末，以勞舊擢拜左衞將軍，尋改封順政縣公。漢王諒作亂幷州，以純爲行軍總管、河北道安撫副使，從楊素擊平之。以功拜柱國，進爵爲郡公，增邑二千戶。轉左備身將軍，賜女妓十人，縑綵五千匹。數年，轉左驍衞將軍、彭城留守。

齊王暕之得罪也，純坐與交通，帝庭譴之曰：「汝階緣宿衞，以至大官，何乃附傍吾兒，欲相離間也？」純曰：「臣本微賤下才，過蒙獎擢，先帝察臣小心，寵踰涯分，陛下重加收採，位至將軍。欲竭餘年，報國恩耳。比數詣齊王者，徒以先帝、先后往在仁壽宮，置元德太子

及齊王於膝上，謂臣曰：『汝好看此二兒，勿忘吾言也。』臣奉詔之後，每於休暇出入，未嘗不詣王所。臣誠不敢忘先帝之言。于時陛下亦侍先帝之側。」帝改容曰：「誠有斯旨。」於是捨之。後數日，出爲汶山太守。

歲餘，突厥寇邊，朝廷以純宿將，轉爲楡林太守。虜有至境，純輒擊却之。會彭城賊帥張大彪、宗世模等衆至數萬，保懸薄山，寇掠徐、兗。帝令純討之。純初閉營不與戰，賊屢挑之不出，賊以純爲怯，不設備，縱兵大掠。純選精銳擊之，合戰於昌慮，大破之，斬首萬餘級，築爲京觀。賊魏騏驎衆萬餘人，據單父，純進擊，又破之。及帝重征遼東，復以純爲彭城留守。東海賊彭孝才衆數千，掠懷仁縣，轉入沂水，保五不及山。純以精兵擊之，擒孝才於陣，車裂之，餘黨各散。

時百姓思亂，盜賊日益，純雖頻戰克捷，所在蜂起。有人譖純怯懦，不能平賊，帝大怒，遣使鎖純詣東都。有司見帝怒甚，遂希旨致純死罪，竟伏誅。

趙才

趙才字孝才，張掖酒泉人也。祖隗，魏銀青光祿大夫、樂浪太守。父壽，周順政太守。才少驍武，便弓馬，性粗悍，無威儀。周世爲輿正上士。高祖受禪，屢以軍功遷上儀同三司，

配事晉王。及王爲太子，拜右虞候率。煬帝即位，轉左備身驃騎，後遷右驍衞將軍。帝以才藩邸舊臣，漸見親待。才亦恪勤匪懈，所在有聲。歲餘，轉右候衞將軍。從征吐谷渾，以爲行軍總管，率衞尉卿劉權、兵部侍郎明雅等出合河道，與賊相遇，擊破之。以功進位金紫光祿大夫。及遼東之役，再出碣石道，還授左候衞將軍。俄遷右候衞大將軍。時帝每有巡幸，才恒爲斥候，肅遏姦非，無所迴避。在塗遇公卿妻子有違禁者，才輒醜言大罵，多所援及。時人雖患其不遜，然才守正，無如之何。十年，駕幸汾陽宮，以才留守東都。十二年，帝在洛陽，將幸江都。才見四海土崩，恐爲社稷之患。自以荷恩深重，無容坐看亡敗，於是入諫曰：「今百姓疲勞，府藏空竭，盜賊蜂起，禁令不行。願陛下還京師，安兆庶，臣雖愚蔽，敢以死請。」帝大怒，以才屬吏，旬日，帝意頗解，乃令出之。帝遂幸江都，待遇踰昵。時江都糧盡，將士離心，內史侍郎虞世基、祕書監袁充等多勸帝幸丹陽。帝廷議其事，才極陳入京之策，世基盛言渡江之便。帝默然無言，才與世基相忿而出。宇文化及弒逆之際，才時在苑北，化及遣驍果席德方矯詔追之。才聞詔而出，德方命其徒執之，以詣化及。化及謂才曰：「今日之事，祇得如此，幸勿爲懷。」才默然不對。化及忿才無言，將殺之，三日乃釋。以本官從事，鬱鬱不得志。才嘗對化及宴飲，請勸其同謀逆者一十八人楊士覽等酒，化及許之。才執杯曰：「十八人止可一度作，勿復餘處更爲。」諸人默然不對。行

至聊城，遇疾。俄而化及爲竇建德所破，才復見虜。心彌不平，數日而卒，時年七十三。

仁壽、大業間，有蘭興浴、賀蘭蕃，俱爲武候將軍，剛嚴正直，不避强禦，咸以稱職知名。

史臣曰：羅睺、法尙、李景、世雄、慕容三藏並以驍武之姿，當有事之日，致茲富貴，自取之也。仁恭初在汲郡，以淸能顯達，後居馬邑，以貪吝敗亡，鮮克有終，惜矣！吐萬緒、董純各以立效當年，取斯高秩。緒請息兵見責，純遭譖毀被誅。大業之季，盜可盡乎！淫刑暴逞，能不及焉！趙才雖人而無儀，志在强直，固拒世基之議，可謂不苟同矣。權武素無行檢，不拘刑憲，終取黜辱，宜哉。

校勘記

〔一〕侯莫陳乂　「乂」原作「又」，據北史李景傳改。

隋書卷六十六

列傳第三十一

李諤

李諤字士恢，趙郡人也。好學，解屬文。仕齊爲中書舍人，有口辯，每接對陳使。周武帝平齊，拜天官都上士。諤見高祖有奇表，深自結納。及高祖爲丞相，甚見親待，訪以得失。于時兵革屢動，國用虛耗，諤上重穀論以諷焉。高祖深納之。及受禪，歷比部、考功二曹侍郎，賜爵南和伯。諤性公方，明達世務，爲時論所推。遷治書侍御史。上謂羣臣曰：「朕昔爲大司馬，每求外職，李諤陳十二策，苦勸不許，朕遂決意在內。今此事業，諤之力也。」賜物二千段。

諤見禮教凋敝，公卿薨亡，其愛妾侍婢，子孫輒嫁賣之，遂成風俗。諤上書曰：「臣聞追遠慎終，民德歸厚，三年無改，方稱爲孝。如聞朝臣之內，有父祖亡沒，日月未久，子孫無

賴，便分其妓妾，嫁賣取財。有一於茲，實損風化。妾雖微賤，親承衣履，服斬三年，古今通式。豈容遽褫縗絰，强傅鉛華，泣辭靈几之前，送付他人之室。凡在見者，猶致傷心，況乎人子，能堪斯忍？復有朝廷重臣，位望通貴，平生交舊，情若弟兄。及其亡沒，杳同行路，朝聞其死，夕規其妾，方便求娉，以得爲限，無廉恥之心，棄友朋之義。且居家理治，可移於官，既不正私，何能贊務？」上覽而嘉之。五品以上妻妾不得改醮，始於此也。

諤又以屬文之家，體尙輕薄，遞相師効，流宕忘反，於是上書曰：

臣聞古先哲王之化民也，必變其視聽，防其嗜欲，塞其邪放之心，示以淳和之路。五教六行爲訓民之本，詩、書、禮、易爲道義之門。故能家復孝慈，人知禮讓，正俗調風，莫大於此。其有上書獻賦，制誄鐫銘，皆以褒德序賢，明勳證理。苟非懲勸，義不徒然。降及後代，風教漸落。魏之三祖，更尙文詞，忽君人之大道，好雕蟲之小藝。下之從上，有同影響，競騁文華，遂成風俗。江左齊、梁，其弊彌甚，貴賤賢愚，唯務吟詠。遂復遺理存異，尋虛逐微，競一韻之奇，爭一字之巧。連篇累牘，不出月露之形，積案盈箱，唯是風雲之狀。世俗以此相高，朝廷據茲擢士。祿利之路既開，愛尙之情愈篤。於是閭里童昏，貴遊總丱，未窺六甲，先製五言。至如羲皇、舜、禹之典，伊、傅、周、孔之說，不復關心，何嘗入耳。以傲誕爲清虛，以緣情爲勳績，指儒素爲古拙，用詞賦爲君

子。故文筆日繁，其政日亂，良由棄大聖之軌模，構無用以爲用也。損本逐末，流徧華壤，遞相師祖，久而愈扇。

及大隋受命，聖道聿興，屏黜輕浮，遏止華僞。自非懷經抱質，志道依仁，不得引預搢紳，參廁纓冕。開皇四年，普詔天下，公私文翰，並宜實錄。其年九月，泗州刺史司馬幼之文表華豔，付所司治罪。自是公卿大臣咸知正路，莫不鑽仰墳集，棄絕華綺，擇先王之令典，行大道於茲世。如聞外州遠縣，仍踵敝風，選吏舉人，未遵典則。至有宗黨稱孝，鄉曲歸仁，學必典謨，交不苟合，則擯落私門，不加收齒；其學不稽古，逐俗隨時，作輕薄之篇章，結朋黨而求譽，則選充吏職，舉送天朝。蓋由縣令、刺史未行風教，猶挾私情，不存公道。臣既忝憲司，職當糾察。若聞風即劾，恐挂網者多，請勒諸司，普加搜訪，有如此者，具狀送臺。

諤又以當官者好自矜伐，復上奏曰：

臣聞舜戒禹云：「汝惟不矜，天下莫與汝爭能，汝惟不伐，天下莫與汝爭功。」言偃又云：「事君數，斯辱矣，朋友數，斯疏矣。」此皆先哲之格言，後王之軌轍。然則人臣之道，陳力濟時，雖勤比大禹，功如師望，亦不得厚自矜伐，上要君父。況復功無足紀，勤不補過，而敢自陳勳績，輕干聽覽！

世之喪道，極於周代，下無廉恥，上使之然。用人唯信其口，取士不觀其行，矜誇自大，便以幹濟蒙擢，謙恭靜退，多以恬默見遺。是以通表陳誠，先論己之功狀，承顏敷奏，亦道臣最用心。自衒自媒，都無慚恥之色，强干橫請，唯以乾沒爲能。自隋受命，此風頓改，耕夫販婦，無不革心，況乃大臣，仍遵敝俗！如聞刺史入京朝覲，乃有自陳勾檢之功，諠訴墀墀之側，言辭不遜，高自稱譽，上黷冕旒，特爲難恕。凡如此輩，具狀送臺，明加罪黜，以懲風軌。

上以諤前後所奏頒示天下，四海靡然向風，深革其弊。諤在職數年，務存大體，不尚嚴猛，由是無剛謇之譽，而潛有匡正多矣。

邳公蘇威以臨道店舍，乃求利之徒，事業汚雜，非敦本之義。遂奏高祖，約遣歸農，有願依舊者，所在州縣錄附市籍，仍撤毀舊店，並令遠道，限以時日。正值冬寒，莫敢陳訴。諤因別使，見其如此，以爲四民有業，各附所安，逆旅之與旗亭，自古非同一概，即附市籍，於理不可。且行旅之所依託，豈容一朝而廢，徒爲勞擾，於事非宜。遂專決之，並令依舊。使還詣闕，然後奏聞。高祖善之曰：「體國之臣，當如此矣。」

以年老，出拜通州刺史，甚有惠政，民夷悅服。後三歲，卒官。有子四人。大體、大鈞，並官至尚書郎。世子大方襲爵，最有材品，大業初，判內史舍人。帝方欲任之，遇卒。

鮑宏

鮑宏字潤身，東海郯人也。父機，以才學知名。事梁，官至治書侍御史。宏七歲而孤，爲兄泉之所愛育。年十二，能屬文，嘗和湘東王繹詩，繹嗟賞不已，引爲中記室。遷鎮南府諮議、尚書水部郎，轉通直散騎侍郎。江陵既平，歸于周。明帝甚禮之，引爲麟趾殿學士。累遷遂伯下大夫，與杜子暉聘于陳，謀伐齊也。陳遂出兵江北以侵齊。帝嘗問宏取齊之策，宏對云：「我强齊弱，勢不相侔。齊主昵近小人，政刑日紊，至尊仁惠慈恕，法令嚴明。事等建瓴，何憂不剋。但先皇往日出師洛陽，彼有其備，每不剋捷。如臣計者，進兵汾、潞，直掩晉陽，出其不虞，以爲上策。」帝從之。及定山東，除少御正，賜爵平遙縣伯，邑六百戶，加上儀同。

高祖作相，奉使山南。會王謙舉兵於蜀，路次潼州，爲謙將達奚惎所執，逼送成都，竟不屈節。謙敗之後，馳傳入京，高祖嘉之，賜以金帶。及受禪，加開府，除利州刺史，進爵爲公。轉卭州刺史，秩滿還京。時有尉義臣者，其父崇不從尉迥，後復與突厥戰死。上嘉之，將賜姓爲金氏，訪及羣下。宏對曰：「昔項伯不同項羽，漢高賜姓劉氏，秦眞父能死難，魏武賜姓曹氏。如臣愚見，請賜以皇族。」高祖曰：「善。」因賜義臣姓爲楊氏。

後授均州刺史，以目疾免，卒於家，時年九十六。初，周武帝勑宏修皇室譜一部，分爲帝緒、疎屬、賜姓三篇。有集十卷，行於世。

裴政

裴政字德表，河東聞喜人也。高祖壽孫，從宋武帝徙家于壽陽，歷前軍長史、廬江太守。祖邃，梁侍中、左衞將軍、豫州大都督。父之禮，廷尉卿。政幼明敏，博聞强記，達於時政，爲當時所稱。年十五，辟邵陵王府法曹參軍事，轉起部郎、枝江令。湘東王之臨荊州也，召爲宣惠府記室，尋除通直散騎侍郎。侯景作亂，加壯武將軍，帥師隨建寧侯王琳進討之。擒賊率宋子仙，獻于荊州。及平侯景，先鋒入建鄴，以軍功速最，封夷陵侯。徵授給事黃門侍郎，復帥師副王琳，拒蕭紀，破之於硤口。加平越中郎將、鎭南府長史。及周師圍荊州，琳自桂州來赴難，次于長沙。政請從間道，先報元帝。至百里洲，爲周人所獲，蕭詧謂政曰：「我，武皇帝之孫也，不可爲爾君乎？爾亦何煩殉身於七父？若從我計，則貴及子孫；如或不然，分腰領矣。」政詭曰：「唯命。」詧鎖之，送至城下，使謂元帝曰：「王僧辯聞臺城被圍，已自爲帝。王琳孤弱，不復能來。」政許之。既而告城中曰：「援兵大至，各思自勉。吾以間使被擒，當以碎身報國。」監者擊其口，終不易辭。詧怒，命趣行戮。蔡大業諫曰：「此民望也。

若殺之，則荊州不可下矣。」因得釋。會江陵陷，與城中朝士俱送于京師。周文帝聞其忠，授員外散騎侍郎，引事相府。命與盧辯依周禮建六卿，設公卿大夫士，幷撰次朝儀，車服器用，多遵古禮，革漢、魏之法，事並施行。尋授刑部下大夫，轉少司憲。政明習故事，又參定周律。能飲酒，至數斗不亂。簿案盈几，剖決如流，用法寬平，無有寃濫。因徒犯極刑者，乃許其妻子入獄就之，至冬，將行決，皆曰：「裴大夫致我於死，死無所恨。」其處法詳平如此。又善鍾律，嘗與長孫紹遠論樂，語在音律志。〔一〕宣帝時，以忤旨免職。

高祖攝政，召復本官。開皇元年，轉率更令，加位上儀同三司。詔與蘇威等修定律令。政採魏、晉刑典，下至齊、梁，沿革輕重，取其折衷。同撰著者十有餘人，凡疑滯不通，皆取決於政。

進位散騎常侍，轉左庶子，多所匡正，見稱純慤。東宮凡有大事，皆以委之。右庶子劉榮，性甚專固。時武職交番，通事舍人趙元愷作辭見帳，未及成。太子有旨，再三催促。榮語元愷云：「但爾口奏，不須造帳。」及奏，太子問曰：「名帳安在？」元愷曰：「稟承劉榮，不聽造帳。」太子即以詰榮，榮便拒諱，云「無此語」。太子付政推問。未及奏狀，有附榮者先言於太子曰：「政欲陷榮，推事不實。」太子召責之，政奏曰：「凡推事有兩，一察情，一據證，審其

曲直，以定是非。臣察劉榮，位高任重，縱令實語元愷，蓋是纖介之愆。計理而論，不須隱諱。又察元愷受制於榮，豈敢以無端之言妄相點累。二人之情，理正相似。元愷引左衞率崔蒨等爲證，蒨等款狀悉與元愷符同。察情既敵，須以證定。臣謂榮語元愷，事必非虛。」太子亦不罪榮，而稱政平直。

政好面折人短，而退無後言。時雲定興數入侍太子，爲奇服異器，進奉後宮，又緣女寵，來往無節。政數切諫，太子不納。政因謂定興曰：「公所爲者，不合禮度。又元妃暴薨，道路籍籍，此於太子非令名也。願公自引退，不然將及禍。」定興怒，以告太子，太子益踈政，由是出爲襄州總管。妻子不之官，所受秩奉，散給僚吏。民有犯罪者，陰悉知之，或竟歲不發，至再三犯，乃因都會時，於衆中召出，親案其罪，五人處死，流徙者甚衆。合境惶慴，令行禁止，小民蘇息，稱爲神明。爾後不修囹圄，殆無爭訟。卒官，年八十九。著承聖降錄十卷。及太子廢，高祖追憶之曰：「向遣裴政、劉行本在，共匡弼之，猶應不令至此。」子南金，仕至膳部郎。

柳莊

柳莊字思敬，河東解人也。祖季遠，梁司徒從事中郎。父遐，霍州刺史。莊少有遠量，博覽墳籍，兼善辭令。濟陽蔡大寶有重名於江左，時爲岳陽王蕭詧諮議，見莊便歎曰：「襄陽水鏡，復在於茲矣。」大寶遂以女妻之。俄而詧辟爲參軍，轉法曹。及詧稱帝，還署中書舍人，歷給事黃門侍郎、吏部郎中、鴻臚卿。

及高祖輔政，蕭巋令莊奉書入關。時三方構難，高祖懼巋有異志，及莊還，謂莊曰：「孤昔以開府從役江陵，深蒙梁主殊眷。今主幼時艱，猥蒙顧託，中夜自省，實懷慚懼。梁主奕葉重光，委誠朝廷，而今已後，方見松筠之節。君還本國，幸申孤此意於梁主也。」遂執莊手而別。時梁之將帥咸潛請興師，與尉迥等爲連衡之勢，進可以盡節於周氏，退可以席卷山南。唯巋疑爲不可。會莊至自長安，具申高祖結託之意，遂言於巋曰：「昔袁紹、劉表、王淩、諸葛誕之徒，並一時之雄傑也。及據要害之地，擁哮闞之羣，功業莫建，而禍不旋踵者，良由魏武、晉氏挾天子，保京都，仗大義以爲名，故能取威定霸。今尉迥雖曰舊將，昏耄已甚，消難、王謙，常人之下者，非有匡合之才。況山東、庸、蜀從化日近，周室之恩未洽。在朝將相，多爲身計，競効節於楊氏。以臣料之，迥等終當覆滅，隋公必移周國。未若保境息民，以觀其變。」巋深以爲然，衆議遂止。未幾，消難奔陳，迥及謙相次就戮，巋謂莊曰：「近者若從衆人之言，社稷已不守矣。」

高祖踐阼，莊又入朝，高祖深慰勉之。及爲晉王廣納妃于梁，莊因是往來四五反，前後

賜物數千段。蕭琮嗣位，遷太府卿。及梁國廢，授開府儀同三司，尋除給事黃門侍郎，幷賜以田宅。莊明習舊章，雅達政事，凡所駁正，帝莫不稱善。蘇威爲納言，重莊器識，常奏帝云：「江南人有學業者，多不習世務，習世務者，又無學業。能兼之者，不過於柳莊。」高熲亦與莊甚厚。莊與陳茂同官，不能降意，茂見上及朝臣多屬意於莊，心每不平，常謂莊爲輕己。帝與茂有舊，曲被引召，數陳莊短。經歷數載，譖愬頗行。尚書省嘗奏犯罪人依法合流，而上處以大辟，莊奏曰：「臣聞張釋之有言，法者天子所與天下共也。今法如是，更重之，是法不信於民心。方今海內無事，正是示信之時，伏願陛下思釋之之言，則天下幸甚。」帝不從，由是忤旨。俄屬尙藥進丸藥不稱旨，茂因密奏莊不親監臨，帝遂怒。

十一年，徐璒等反於江南，以行軍總管長史隨軍討之。璒平，即授饒州刺史，甚有治名。後數載卒官，年六十二。

源師

源師字踐言，河南洛陽人也。父文宗，有重名於齊。開皇初，終於莒州刺史。師早有聲望，起家司空府參軍事，稍遷尙書左外兵郎中，又攝祠部。後屬孟夏，以龍見請雩。時高阿那肱爲相，謂眞龍出見，大驚喜，問龍所在，師整容報曰：「此是龍星初見，依禮當雩祭郊

壇，非謂眞龍別有所降。」阿那肱忿然作色曰：「何乃干知星宿！」祭竟不行。師出而竊歎曰：「國家大事，在祀與戎。禮既廢也，何能久乎？齊亡無日矣。」七年，周武帝平齊，授司賦上士。

高祖受禪，除魏州長史，入爲尚書考功侍郎，仍攝吏部。朝章國憲，多所參定。十七年，歷尚書左右丞，以明幹著稱。時蜀王秀頗違法度，乃以師爲益州總管司馬。俄而秀被徵，秀恐京師有變，將謝病不行。師數勸之，不可違命，秀作色曰：「此自我家事，何預卿也！」師垂涕對曰：「師荷國厚恩，忝參府幕，僚吏之節，敢不盡心。但比年以來，國家多故，秦孝王寢疾，奄至薨殂，庶人二十年太子，相次淪廢。聖上之情，何以堪處！而有勑追王，已淹時月，今乃遷延未去，百姓不識王心，儻生異議，內外疑駭，發雷霆之詔，降一介之使，王何以自明？願王自計之。」秀乃從徵。秀廢之後，益州官屬多相連坐，師以此獲免。後加儀同三司。

煬帝卽位，拜大理少卿。帝在顯仁宮，勑宮外衞士不得輒離所守。有一主帥，私令衞士出外，帝付大理繩之。師據律奏徒，帝令斬之，師奏曰：「此人罪誠難恕，若陛下初便殺之，自可不關文墨。既付有司，義歸恒典，脫宿衞近侍者更有此犯，將何以加之？」帝乃止。轉刑部侍郎。師居職強明，有口辯，而無廉平之稱。未幾，卒官。有子崐玉。

郎茂

郎茂字蔚之，恒山新市人也。父基，齊潁川太守。茂少敏慧，七歲誦騷、雅，日千餘言。十五師事國子博士河間權會，受詩、易、三禮及玄象、刑名之學。又就國子助教長樂張率禮受三傳羣言，至忘寢食。家人恐茂成病，恒節其燈燭。及長，稱爲學者，頗解屬文。年十九，丁父憂，居喪過禮。仕齊，解褐司空府行參軍。會陳使傅縡來聘，令茂接對之。後奉詔於祕書省刊定載籍。遷保城令，有能名，百姓爲立清德頌。及周武平齊，上柱國王誼薦之，授陳州戶曹。屬高祖爲亳州總管，見而悅之，命掌書記。時周武帝爲象經，高祖從容謂茂曰：「人主之所爲也，感天地，動鬼神，而象經多糺法，將何以致治？」茂竊歎曰：「此言豈常人所及也！」乃陰自結納，高祖亦親禮之。後還家爲州主簿。

高祖爲丞相，以書召之，言及疇昔，甚歡。授衞州司錄，有能名。尋除衞國令。時有繫囚二百，茂親自究審數日，釋免者百餘人。歷年辭訟，不詣州省。魏州刺史元暉謂茂曰：「長史言衞國民不敢申訴者，畏明府耳。」茂進曰：「民猶水也，法令爲隄防。隄防不固，必致奔突，苟無決溢，使君何患哉？」暉無以應之。有民張元預，與從父弟思蘭不睦。丞尉請加嚴法，茂曰：「元預兄弟，本相憎疾，又坐得罪，彌益其忿，非化民之意也。」於是遣縣中耆舊更往敦諭，道路不絕。元預等各生感悔，詣縣頓首請罪。茂曉之以義，遂相親睦，稱爲友悌。

茂自延州長史轉太常丞，遷民部侍郎。時尚書右僕射蘇威立條章，每歲責民間五品不遜。或答者乃云：「管內無五品之家。」不相應領，類多如此。又爲餘糧簿，擬有無相贍。茂以爲繁紆不急，皆奏罷之。數歲，以母憂去職。未朞，起令視事。又奏身死王事者，子不退田，品官年老不減地，皆發於茂。茂性明敏，剖決無滯，當時以吏幹見稱。仁壽初，以本官領大興令。

煬帝卽位，遷雍州司馬，尋轉太常少卿。後二歲，拜尚書左丞，參掌選事。茂工法理，爲世所稱。時工部尚書宇文愷、右翊衞大將軍于仲文競河東銀窟。茂奏劾之曰：「臣聞貴賤殊禮，士農異業，所以人知局分，家識廉恥。宇文愷位望已隆，祿賜優厚，拔葵去織，寂爾無聞，求利下交，曾無愧色。于仲文大將，宿衞近臣，趨侍階庭，朝夕聞道。虞、芮之風，抑而不慕，分銖之利，知而必爭。何以貽範庶僚，示民軌物！若不糺繩，將虧政教。」愷與仲文竟坐得罪。茂撰州郡圖經一百卷奏之，賜帛三百段，以書付祕府。

于時帝每巡幸，王綱已紊，法令多失。茂既先朝舊臣，明習世事，然善自謀身，無謇諤之節。見帝忌刻，不敢措言，唯竊歎而已。以年老，上表乞骸骨，不許。會帝親征遼東，以茂爲晉陽宮留守。其年，恒山贊治王文同與茂有隙，奏茂朋黨，附下罔上。詔遣納言蘇威、御史大夫裴蘊雜治之。茂素與二人不平，因深文巧詆，成其罪狀。帝大怒，及其弟司隸別駕楚之，皆除名爲民，徙且末郡。茂怡然受命，不以爲憂。在途作登壠賦以自慰，詞義可觀。復附表自陳，帝頗悟。十年，追還京兆，歲餘而卒，時年七十五。有子知年。

高構

高構字孝基，北海人也。性滑稽，多智，辯給過人，好讀書，工吏事。弱冠，州補主簿。仕齊河南王參軍事，歷徐州司馬、蘭陵、平原二郡太守。齊滅後，周武帝以爲許州司馬。

高祖受禪，轉冀州司馬，甚有能名。徵拜比部侍郎，尋轉民部。時內史侍郎晉平東與兄子長茂爭嫡，尚書省不能斷，朝臣三議不決。構斷而合理，上以爲能，召入內殿，勞之曰：「我聞尚書郎上應列宿，觀卿才識，方知古人之言信矣。嫡庶者，禮教之所重，我讀卿判數徧，詞理愜當，意所不能及。」賜米百石。由是知名。尋遷雍州司馬，以明斷見稱。歲餘，轉吏部侍郎，號爲稱職。復徙雍州司馬，坐事左轉盩厔令，甚有治名。上善之，復拜雍州司馬，又爲吏部侍郎，以公事免。

煬帝立，召令復位。時爲吏部者，多以不稱職去官，唯構最有能名，前後典選之官，皆出其下。時人以構好劇談，頗謂輕薄，然其內懷方雅，特爲吏部尚書牛弘所重。後以老病

解職，弘時典選，凡將有所擢用，輒遣人就第問其可不。河東薛道衡才高當世，每稱構有清鑒，所爲文筆，必先以草呈構，而後出之。構有所詆訶，道衡未嘗不嗟伏。大業七年，終于家，時年七十二。所舉杜如晦、房玄齡等，後皆自致公輔，論者稱構有知人之鑒。

開皇中，昌黎豆盧寔爲黃門侍郎，稱爲愼密。河東裴術爲右丞，多所糾正。河東士燮、平原東方舉、安定皇甫聿道，俱爲刑部，並執法平允。弘農劉士龍、清河房山基爲考功，河東裴鏡民爲兵部，並稱明幹。京兆韋焜爲民曹，屢進讜言。南陽韓則爲延州長史，甚有惠政。此等事行遺闕，皆有吏幹，爲當時所稱。

張虔威

張虔威字元敬，清河東武城人也。父晏之，齊北徐州刺史。虔威性聰敏，涉獵羣書。其世父禺之謂人曰：「虔威，吾家千里駒也。」年十二，州補主簿。十八爲太尉中兵參軍，後累遷太常丞。及齊亡，仕周爲宣納中士。

高祖得政，引爲相府典籤。開皇初，晉王廣出鎭并州，盛選僚佐，以虔威爲刑獄參軍，累遷爲屬。王甚美其才，與河內張衡俱見禮重，晉邸稱爲「二張」焉。及王爲太子，遷員外散騎侍郎、太子內舍人。

煬帝卽位，授內史舍人、儀同三司。尋以藩邸之舊，加開府。尋拜謁者大夫，從幸江都，以本官攝江都贊治，稱爲幹理。虔威嘗在塗，見一遺囊，恐其主求失，因令左右負之而行。後數日，物主來認，悉以付之。淮南太守楊綝，嘗與十餘人同來謁見，帝問虔威曰：「其首立者爲誰？」虔威下殿就視而答曰：「淮南太守楊綝。」帝謂虔威曰：「卿爲謁者大夫，而乃不識參見人，何也？」虔威對曰：「臣非不識楊綝，但慮不審，所以不敢輕對。」石建數馬足，蓋愼之至也。」帝甚嘉之。其廉愼皆此類也。于時帝數巡幸，百姓疲敝，虔威因上封事以諫。帝不悅，自此見疎。未幾，卒官。有子爽，仕至蘭陵令。

虔威弟虔雄，亦有才器。秦孝王俊爲秦州總管，選爲法曹參軍。王嘗親案囚徒，虔雄誤不持狀，口對百餘人，皆盡事情，同輩莫不歎服。後歷壽春、陽城二縣令，俱有治績。

榮毗 兄建緒

榮毗字子諶，北平無終人也。父權，魏兵部尚書。毗少剛鯁，有局量，涉獵羣言。仕周，釋褐漢王記室，轉內史下士。

開皇中，累遷殿內監。時以華陰多盜賊，妙選長吏，楊素薦毗爲華州長史，世號爲能。素之田宅，多在華陰，左右放縱，毗以法繩之，無所寬貸。毗因朝集，素謂之曰：「素之舉卿，適以自罰也。」毗答曰：「奉法一心者，但恐累公所舉。」素笑曰：「前者戲耳。卿之奉法，素之望也。」時晉王在揚州，每令人密覘京師消息。遣張衡於路次往往置馬坊，以畜牧爲辭，實給私人也。州縣莫敢違，毗獨遏絕其事。上聞而嘉之，賚絹百匹，轉蒲州司馬。

漢王諒之反也，河東豪傑以城應諒。刺史丘和覺，遁歸關中。長史渤海高義明謂毗曰：「河東要害，國之東門，若失之，則爲難不細。城中雖復恟恟，非悉反也。但收桀黠者十餘人斬之，自當立定耳。」毗然之。義明馳馬追和，將與協計。至城西門，爲反者所殺，毗亦被執。及諒平，拜治書侍御史，帝謂之曰：「今日之舉，馬坊之事也。無改汝心。」帝亦敬之。毗在朝侃然正色，爲百僚所憚。後以母憂去職。歲餘，起令視事。尋卒官。贈鴻臚少卿。

毗兄建緒，性甚亮直，兼有學業。仕周爲載師下大夫、儀同三司。及平齊之始，留鎭鄴城，因著齊紀三十卷。建緒與高祖有舊，及爲丞相，加位開府，拜息州刺史。將之官，時高祖陰有禪代之計，因謂建緒曰：「且躊躇，當共取富貴。」建緒自以周之大夫，因義形於色曰：「明公此旨，非僕所聞。」高祖不悅。建緒遂行。開皇初來朝，上謂之曰：「卿亦悔不？」建緒稽首曰：「臣位非徐廣，情類楊彪。」上笑曰：「朕雖不解書語，亦知卿此言不遜也。」歷始、洪二州刺史，俱有能名。

陸知命

陸知命字仲通，吳郡富春人也。父敖，陳散騎常侍。知命性好學，通識大體，以貞介自持。釋褐陳始興王行參軍，後歷太學博士、南獄正。及陳滅，歸于家。會高智慧等作亂于江左，晉王廣鎭江都，以其三吳之望，召令諷諭反者。知命說下賊十七城，得其渠帥陳正緒、蕭思行等三百餘人。以功拜儀同三司，賜以田宅，復用其弟恪爲汧陽令。知命以恪非百里才，上表陳讓，朝廷許之。

時見天下一統，知命勸高祖都洛陽，因上太平頌以諷焉。文多不載。數年不得調，詣朝堂上表，請使高麗，曰：「臣聞聖人當扆，物色岡遺，匹夫奔踶，或陳狂瞽。伏願暫輟旒纊，覽臣所謁。昔軒轅馭曆，旣緩夙沙之誅，虞舜握圖，猶稽有苗之伐。陛下當百代之末，膺千載之期，四海廓清，三邊底定，唯高麗小豎，狼顧燕垂。王度含弘，每懷遵養者，良由惡殺好生，欲諭之以德也。臣請以一節，宣示皇風，使彼君臣面縛闕下。」書奏，天子異之。歲餘，授普寧鎭將。人或言其正直者，由是待詔於御史臺。

煬帝嗣位，拜治書侍御史，侃然正色，爲百僚所憚。帝甚敬之。後坐事免。歲餘，復職。時齊王暕頗驕縱，暱近小人，知命奏劾之，暕竟得罪，百僚震慄。遼東之役，爲東暆道受降

中華書局

使者，卒於師，時年六十七。贈御史大夫。

房彥謙

房彥謙字孝沖，本清河人也。七世祖諶，仕燕太尉掾，隨慕容氏遷于齊，子孫因家焉。世爲著姓。高祖法壽，魏青、冀二州刺史，壯武侯。曾祖伯祖，齊郡、平原二郡太守，祖翼，宋安太守，並世襲爵壯武侯。父熊，釋褐州主簿，行清河、廣川二郡守。彥謙早孤，不識父，爲母兄之所鞠養。長兄彥詢，雅有清鑒，以彥謙天性穎悟，每奇之，親教讀書。年七歲，誦數萬言，爲宗黨所異。十五，出後叔父子貞，事所繼母，有踰本生，子貞哀之，撫養甚厚。後丁所繼母憂，勺飲不入口者五日。事伯父樂陵太守豹，竭盡心力，每四時珍果，口弗先嘗。遇期功之戚，必蔬食終禮，宗從取則焉。其後受學于博士尹琳，手不釋卷，遂通涉五經。解屬文，工草隸，雅有詞辯，風概高人。年十八，屬廣寧王孝珩爲齊州刺史，辟爲主簿。時禁網疏闊，州郡之職尤多縱弛。及彥謙在職，清簡守法，州境肅然，莫不敬憚。及周師入鄴，齊主東奔，以彥謙爲齊州治中。彥謙痛本朝傾覆，將糾率忠義，潛謀匡輔。事不果而止。齊亡，歸于家。周帝遣柱國辛遵爲齊州刺史，爲賊帥輔帶劍所執。彥謙以書諭之，帶劍慚懼，送遵還州，諸賊並各歸首。

及高祖受禪之後，遂優遊鄉曲，誓無仕心。開皇七年，刺史韋藝固薦之，不得已而應命。吏部尚書盧愷一見重之，擢授承奉郎，俄遷監察御史。後屬陳平，奉詔安撫泉、括等十州，以銜命稱旨，賜物百段，米百石，衣一襲，奴婢七口。遷秦州總管錄事參軍。嘗因朝集，時左僕射高熲定考課，彥謙謂熲曰：「書稱三載考績，黜陟幽明，唐、虞以降，代有其法。黜陟合理，褒貶無虧，便是進必得賢，退皆不肖。如或舛謬，法乃虛設。比見諸州考校，執見不同，進退多少，參差不類。況復愛憎肆意，致乖平坦，清介孤直，未必高名，卑諂巧宦，翻居上等。直爲眞僞混淆，是非瞀亂。宰貴既不精練，斟酌取捨，曾經驅使者，多以蒙識獲成，未歷臺省者，皆爲不知被退。又四方懸遠，難可詳悉，唯量準人數，半破半成。徒計官員之少多，莫顧善惡之衆寡，欲求允當，其道無由。明公鑒達幽微，平心遇物，今所考校，必無阿枉。脫有前件數事，未審何以裁之？唯願遠布耳目，精加採訪，褒秋毫之善，貶纖介之惡。非直有光至治，亦足標獎賢能。」詞氣侃然，觀者屬目。熲爲之動容，深見嗟賞，因歷問河西、隴右官人景行，彥謙對之如響。熲顧謂諸州總管、刺史曰：「與公言，不如獨與秦州考使語。」後數日，熲言於上，上弗能用。以秩滿，遷長葛令，甚有惠化，百姓號爲慈父。仁壽中，上令持節使者巡行州縣，察長吏能不，以彥謙爲天下第一，超授鄀州司馬。吏民號哭相謂曰：「房明府今去，吾屬何用生爲！」其後百姓思之，立碑頌德。鄀州久無刺史，州務皆歸彥謙，名有異政。

內史侍郎薛道衡，一代文宗，位望清顯，所與交結，皆海內名賢。重彥謙爲人，深加友敬，及兼襄州總管，辭翰往來，交錯道路。煬帝嗣位，道衡轉牧番州，路經彥謙所，留連數日，屑涕而別。黃門侍郎張衡，亦與彥謙相善。于時帝營東都，窮極侈麗，天下失望。又漢王構逆，罹罪者多。彥謙見衡當塗而不能匡救，以書諭之曰：

竊聞賞者所以勸善，刑者所以懲惡，故疏賤之人，有善必賞，尊貴之戚，犯惡必刑。未有罰則避親，賞則遺賤者也。今諸州刺史，受委宰牧，善惡之間，上達本朝，懾憚憲章，不敢怠慢。國家祇承靈命，作民父母，刑賞曲直，升聞於天，夤畏照臨，亦宜謹肅。故文王云：「我其夙夜，畏天之威。」以此而論，雖州國有殊，高下懸邈，然憂民愼法，其理一也。

至如并州釁逆，須有甄明。若楊諒實以詔命不通，慮宗社危逼，徵兵聚衆，非爲干紀，則當原其本情，議其刑罰，上副聖主友于之意，下曉愚民疑惑之心；若審知內外無虞，嗣后纂統，而好亂樂禍，妄有覬覦，則管、蔡之誅，當在於諒，同惡相濟，無所逃罪，梟懸孥戮，國有常刑。其間乃有情非協同，力不自固，或被擁逼，淪陷凶威，遂使籍沒流移，恐爲冤濫。恢恢天網，豈其然乎！罪疑從輕，斯義安在？昔叔向置鬻獄之死，

晉國所嘉，釋之斷犯蹕之刑，漢文稱善。羊舌寧不愛弟，廷尉非苟違君，但以執法無私，不容輕重。

且聖人大寶，是曰神器，苟非天命，不可妄得。故蚩尤、項籍之驍勇，伊尹、霍光之權勢，李老、孔丘之才智，呂望、孫武之兵術，吳、楚連磐石之據，產、祿承母后之基，不應歷運之兆，終無帝王之位。況乎蕞爾一隅，蜂扇蟻聚，楊諒之愚鄙，羣小之凶慝，而欲憑陵畿甸，覬幸非望者哉！開闢以降，書契云及，帝皇之跡，可得而詳。自非積德累仁，豐功厚利，孰能道洽幽顯，義感靈祇。是以古之哲王，昧旦丕顯，履冰在念，御朽競懷。逮叔世驕荒，曾無戒懼，肆於民上，騁嗜奔慾，不可具載，請略陳之。

曩者齊、陳二國，並居大位，自謂與天地合德，日月齊明，罔念憂虞，不恤刑政。近臣懷寵，稱善而隱惡，史官曲筆，掩瑕而錄美。是以民庶呼嗟，終閉塞於視聽，公卿虛譽，日敷陳於左右。法網嚴密，刑辟日多，徭役煩興，老幼疲苦。昔鄭有子產，齊有晏嬰，楚有叔敖，晉有士會。凡此小國，尙足名臣，齊、陳之疆，豈無良佐？但以執政壅蔽，懷私徇軀，忘國憂家，外同內忌。設有正直之士，才堪幹持，於己非宜，卽加擯壓；倘遇諂佞之輩，行多穢匿，於我有益，遽蒙薦舉。以此求賢，何從而至！夫賢材者，非尙膂力，豈繫文華，唯須正身負戴，確乎不動。譬棟之處屋，如骨之在身，所謂棟梁骨鯁

之材也。齊、陳不任骨鯁，信近讒諛，天高聽卑，監其淫僻，故總收神器，歸我大隋。向使二國祇敬上玄，惠恤鰥寡，委任方直，斥遠浮華，卑菲爲心，惻隱爲務，河朔强富，江湖險隔，各保其業，民不思亂，泰山之固，弗可動也。然而寢臥積薪，宴安鴆毒，遂使禾黍生廟，霧露沾衣，弔影撫心，何嗟及矣！故詩云：「殷之未喪師，克配上帝。宜鑒于殷，駿命不易。」萬機之事，何者不須熟慮哉！

伏惟皇帝望雲就日，仁孝夙彰，錫社分珪，大成規矩。及總統淮海，盛德日新，當璧之符，遐邇僉屬。讚歷甫爾，寬仁已布，率土蒼生，翹足而喜。并州之亂，變起倉卒，職由楊諒詭惑，詿誤吏民，非有構怨本朝，棄德從賊者也。而有司將帥，稱其願反，非止誣陷良善，亦恐大點皇猷。足下宿當重寄，早預心膂，粤自藩邸，柱石見知。方當書名竹帛，傳芳萬古，稷、契、伊、呂，彼獨何人？既屬明時，須存謇諤，立當世之大誡，作將來之憲範。豈容曲順人主，以愛虧刑，又使脅從之徒，橫貽罪譴？忝蒙眷遇，輒寫微誠，野人愚瞽，不知忌諱。

衡得書歎息，而不敢奏聞。

彥謙知王綱不振，遂去官隱居不仕，將結構蒙山之下，以求其志。會置司隸官，盛選天下知名之士。朝廷以彥謙公方宿著，時望所歸，徵授司隸刺史。彥謙亦慨然有澄清天下之

志，凡所薦舉，皆人倫表式。其有彈射，當之者曾無怨言。司隸別駕劉炫，陵上侮下，訐以爲直，刺史憚之，皆爲之拜。唯彥謙執志不撓，亢禮長揖，有識嘉之。炫亦不敢爲恨。

大業九年，從駕渡遼，監扶餘道軍。其後隋政漸亂，朝廷靡然，莫不變節。彥謙直道守常，介然孤立，頗爲執政者之所嫉。出爲涇陽令。未幾，終于官，時年六十九。

彥謙居家，每子姪定省，常爲講說督勉之，亹亹不倦。家有舊業，資產素殷，又前後居官，所得俸祿，皆以周恤親友，家無餘財，車服器用，務存素儉。自少及長，一言一行，未嘗涉私，雖致屢空，怡然自得。嘗從容獨笑，顧謂其子玄齡曰：「人皆因祿富，我獨以官貧。所遺子孫，在於清白耳。」所有文筆，恢廓閑雅，有古人之深致。又善草隸，人有得其尺牘者，皆寶玩之。太原王邵，北海高構，蓨縣李綱，河東柳彧、薛孺，皆一時知名雅澹之士，彥謙並與爲友。雖冠蓋成列，而門無雜賓。體資文雅，深達政務，有識者咸以遠大許之。初，開皇中，平陳之後，天下一統，論者咸云將致太平。彥謙私謂所親趙郡李少通曰：「主上性多忌刻，不納諫爭。太子卑弱，諸王擅威，在朝唯行苛酷之政，未施弘大之體。天下雖安，方憂危亂。」少通初謂不然，及仁壽、大業之際，其言皆驗。大唐馭宇，追贈徐州都督、臨淄縣公。謚曰定。

史臣曰：大廈云構，非一木之枝，帝王之功，非一士之略。長短殊用，大小異宜，榰梲棟梁，莫可棄也。李諤等或文能遵義，或才足幹時，識用顯於當年，故事留於臺閣。參之有隋多士，取其開物成務，皆廊廟之榱桷，亦北辰之衆星也。

校勘記

〔一〕音律志　指本書音樂志。按：裴政論樂事，見周書長孫紹遠傳，不見本書音樂志。

隋書

唐 魏徵等撰

第六冊
卷六七至卷八五（傳）

中華書局

隋書卷六十七

列傳第三十二

虞世基

虞世基字茂世，會稽餘姚人也。父荔，陳太子中庶子。世基幼沉靜，喜慍不形於色，博學有高才，兼善草隸。陳中書令孔奐見而歎曰：「南金之貴，屬在斯人。」少傅徐陵聞其名，召之，世基不往。後因公會，陵一見而奇之，顧謂朝士曰：「當今潘、陸也。」因以弟女妻焉。仕陳，釋褐建安王法曹參軍事，歷祠部殿中二曹郎、太子中舍人。遷中庶子、散騎常侍、尚書左丞。陳主嘗於莫府山校獵，令世基作講武賦，於坐奏之曰：

夫玩居常者，未可論匡濟之功，應變通者，然後見帝王之略。何則？化有文質，進讓殊風，世或澆淳，解張累務。雖復順紀合符之后，望雲就日之君，且修戰於版泉，亦治兵於丹浦。是知文德武功，蓋因時而並用，經邦創制，固與俗而推移。所以樹鴻名，

垂大訓，拱揖百靈，包舉六合，其唯聖人乎！

鶉火之歲，皇上御宇之四年也。萬物交泰，九有乂安，俗躋仁壽，民資日用。然而足食足兵，猶載懷於履薄，可久可大，尚懍乎於御朽。至如昆吾遠賮，肅愼奇賝，史不絕書，府無虛月。貝胄雍弧之用，犀渠闕鞏之殷，鑄名劍於尚方，積琱戈於武庫。熊羆百萬，貔豹千羣，利盡五材，威加四海。爰於農隙，有事春蒐，舍爵策勳，觀使臣之以禮，沮勸賞罰，迺示民以知禁。盛矣哉，信百王之不易，千載之一時也！昔上林從幸，相如於是頌德，長楊校獵，子雲退而爲賦。雖則體物緣情，不同年而語矣，英聲茂實，蓋可得而言焉。其辭曰：

惟則天以稽古，統資始於羣分。膺錄圖而出震，樹司牧以爲君。既濟寬而濟猛，亦乃武而乃文。北怨勞乎殷履，南伐盛於唐勛。彼周干與夏戚，粤可得而前聞。我大陳之創業，乃撥亂而爲武。戡定艱難，平壹區宇。從喋喋之樂推，爰蒼蒼而再補。故累仁以積德，諒重規而襲矩。惟皇帝之休烈，體徇齊之睿哲。敷九疇而咸敍，奄四海而有截。既搜揚於帝難，又文思之安安。幽明請吏，俊乂在官。御璇璣而七政辨，朝玉帛而萬國歡。昧旦丕顯，未明思治。道藏往而知來，功參天而兩地。運聖人之上德，盡生民之能事。於是禮暢樂和，刑淸政肅。西暨析支，東漸蟠木。罄圖諜而効祉，

漏川泉而禔福。在靈貺而必臻，亦何思而不服。

雖至治之隆平，猶戒國而强兵。選羽林於六郡，詔蹶張於五營。兼折衝而餘勇，咸重義而輕生。遂乃因農隙以教民，在春蒐而習戰。命司馬以示法，帥掌固而淸甸。導旬始以前驅，伏鉤陳而後殿。抗鳥旌於析羽，飾魚文於被練。爾乃革軒按轡，玉虬齊軑。屯左矩以啓行，擊右鍾而傳響。交雲罕之掩映，紛劍騎而來往。指攝提於斗極，洞閶闔之弘敞。跨玄武而東臨，款黃山而北上。隱圓闕之迢遰，屆方澤之塏爽。

于斯時也，靑春晚候，朝陽明岫。日月光華，煙雲吐秀。澄波瀾於江海，靜氛埃於宇宙。乘輿乃御太一之玉堂，授軍令於紫房。藴龍韜之妙算，誓武旅於戎場。銳金顏於庸、蜀，躪鐵騎於漁陽。彀神弩而持滿，彏天弧而並張。曳虹旗之正正，振䕫鼓之鏜鏜。八陳肅而成列，六軍儼以相望。拒飛梯於縈帶，聳樓車於武岡。或掉鞅而直指，乍交綏而弗傷。裁應變而蛇擊，俄蹈厲以鷹揚。中小枝於戟刃，徹蹲札於甲裳。聊七縱於孟獲，乃兩擒於卞莊。始軒軒而鶴舉，遂離離以雁行。振川谷而橫八表，蕩海岳而耀三光。諒窈冥之不測，羌進退而難常。亦有投石扛鼎，超乘挾輈。銜冠聳劍，鐵楯銅頭。熊渠殪兕，武勇操牛。雖任鄙與賁、育，故無得而爲仇。

九攻既決，三略已周。鳴鐲振響，風卷電收。於是勇爵班，金奏設，登元、凱而陪

位，命方、邵而就列。三獻式序，八音未闋。舞干戚而有豫，聽鼓鞞而載悅。俾挾纊與投醪，咸忘軀而殉節。方席卷而橫行，見王師之有征。登燕山而戮封豕，臨瀚海而斬長鯨。望雲亭而載蹕，禮升中而告成。實皇王之神武，信蕩蕩而難名者也。

陳主嘉之，賜馬一匹。

及陳滅歸國，爲通直郎，直內史省。貧無產業，每傭書養親，怏怏不平。嘗爲五言詩以見意，情理悽切，世以爲工，作者莫不吟詠。未幾，拜內史舍人。

煬帝卽位，顧遇彌隆。祕書監河東柳顧言博學有才，罕所推謝，至是與世基相見，歎曰：「海內當共推此一人，非吾儕所及也。」俄遷內史侍郎，以母憂去職，哀毀骨立。有詔起令視事，拜見之日，殆不能起，帝令左右扶之。哀其羸瘠，詔令進肉，世基食輒悲哽，不能下。帝使謂之曰：「方相委任，當爲國惜身。」前後敦勸者數矣。帝重其才，親禮逾厚，專典機密，與納言蘇威、左翊衞大將軍宇文述、黃門侍郎裴矩、御史大夫裴藴等參掌朝政。于時天下多事，四方表奏日有百數。帝方凝重，事不庭決，入閤之後，始召世基口授節度。世基至省，方爲勑書，日且百紙，無所遺謬。其精審如是。

遼東之役，進位金紫光祿大夫。後從幸鴈門，帝爲突厥所圍，戰士多敗。世基勸帝重爲賞格，親自撫循，又下詔停遼東之事。帝從之，師乃復振。及圍解，勳格不行，又下伐遼之詔。由是言其詐衆，朝野離心。

帝幸江都，次鞏縣，世基以盜賊日盛，請發兵屯洛口倉，以備不虞。帝不從，但答云：「卿是書生，定猶恇怯。」于時天下大亂，世基知帝不可諫止，又以高熲、張衡等相繼誅戮，懼禍及己，雖居近侍，唯諾取容，不敢忤意。盜賊日甚，郡縣多沒。世基知帝惡數聞之，後有告敗者，乃抑損表狀，不以實聞。是後外間有變，帝弗之知也。嘗遣太僕楊義臣捕盜於河北，降賊數十萬，列狀上聞。帝歎曰：「我初不聞賊頓如此，義臣降賊何多也！」世基對曰：「鼠竊雖多，未足爲慮。義臣克之，擁兵不少，久在閫外，此最非宜。」帝曰：「卿言是也。」遽追義臣，放其兵散。又越王侗遣太常丞元善達間行賊中，詣江都奏事。稱李密有衆百萬，圍逼京都。賊據洛口倉，城內無食。若陛下速還，烏合必散；不然者，東都決沒。因歔欷嗚咽，帝爲之改容。世基見帝色憂，進曰：「越王年小，此輩誑之。若如所言，善達何緣來至？」帝乃勃然怒曰：「善達小人，敢廷辱我！」因使經賊中，向東陽催運，善達遂爲羣盜所殺。此後外人杜口，莫敢以賊聞奏。

世基貌沉審，言多合意，是以特見親愛，朝臣無與爲比。其繼室孫氏，性驕淫，世基惑之，恣其奢靡。雕飾器服，無復素士之風。孫復攜前夫子夏侯儼入世基舍，而頑鄙無賴，爲其聚斂。鬻官賣獄，賄賂公行，其門如市，金寶盈積。其弟世南，素國士，而淸貧不立，未曾

有所贍。由是爲論者所譏，朝野咸共疾怨。宇文化及殺逆也，世基乃見害焉。

長子肅，好學多才藝，時人稱有家風。弱冠早沒。肅弟熙，大業末爲符璽郎，次子柔、晦，並宣義郎。化及將亂之夕，宗人虞伋知而告熙曰：「事勢以然，吾將濟卿南渡，且得免禍，同死何益！」熙謂伋曰：「棄父背君，求生何地？感尊之懷，自此訣矣。」及難作，兄弟競請先死，行刑人於是先世基殺之。

裴藴

裴藴，河東聞喜人也。祖之平，梁衞將軍。父忌，陳都官尚書，與吳明徹同沒于周，賜爵江夏郡公，在隋十餘年而卒。藴性明辯，有吏幹。在陳，仕歷直閤將軍、興寧令。藴以其父在北，陰奉表於高祖，請爲內應。及陳平，上悉閱江南衣冠之士，次至藴，上以爲夙有向化之心，超授儀同。左僕射高熲不悟上旨，進諫曰：「裴藴無功於國，寵踰倫輩，臣未見其可。」上又加藴上儀同，熲復進諫，上曰：「可加開府。」熲乃不敢復言，卽日拜開府儀同三司，禮賜優洽。歷洋、直、隸三州刺史，俱有能名。

大業初，考績連最。煬帝聞其善政，徵爲太常少卿。初，高祖不好聲技，遣牛弘定樂，非正聲淸商及九部四儛之色，皆罷遣從民。至是，藴揣知帝意，奏括天下周、齊、梁、陳樂家

子弟，皆爲樂戶。其六品已下，至于民庶，有善音樂及倡優百戲者，皆直太常。是後異技淫聲咸萃樂府，皆置博士弟子，遞相教傳，增益樂人至三萬餘。帝大悅，遷民部侍郎。

于時猶承高祖和平之後，禁網疎闊，戶口多漏。或年及成丁，猶詐爲小，未至於老，已免租賦。蘊歷爲刺史，素知其情，因是條奏，皆令貌閱。若一人不實，則官司解職，鄉正里長皆遠流配。又許民相告，若糾得一丁者，令被糾之家代輸賦役。是歲大業五年也。諸郡計帳，進丁二十四萬三千，新附口六十四萬一千五百。帝臨朝覽狀，謂百官曰：「前代無好人，致此罔冒。今進民戶口皆從實者，全由裴蘊一人用心。古語云，得賢而治，驗之信矣。」由是漸見親委，拜京兆贊治，發擿纖毫，吏民懾憚。

未幾，擢授御史大夫，與裴矩、虞世基參掌機密。蘊善候伺人主微意，若欲罪者，則曲法順情，鍛成其罪。所欲宥者，則附從輕典，因而釋之。是後大小之獄皆以付蘊，憲部大理莫敢與奪，必稟承進止，然後決斷。蘊亦機辯，所論法理，言若懸河，或重或輕，皆由其口，剖析明敏，時人不能致詰。楊玄感之反也，帝遣蘊推其黨與，謂蘊曰：「玄感一呼而從者十萬，益知天下人不欲多，多即相聚爲盜耳。不盡加誅，則後無以勸。」蘊由是乃峻法治之，所戮者數萬人，皆籍沒其家。帝大稱善，賜奴婢十五口。司隸大夫薛道衡以忤意獲譴，蘊知帝惡之，乃奏曰：「道衡負才恃舊，有無君之心。見詔書每下，便腹非私議，推惡於國，妄造

禍端。論其罪名，似如隱昧，源其情意，深爲悖逆。」帝曰：「然。我少時與此人相隨行役，輕我童稚，共高熲、賀若弼等外擅威權，自知罪當誣罔。及我即位，懷不自安，賴天下無事，未得反耳。公論其逆，妙體本心。」於是誅道衡。又帝問蘇威以討遼之策，威不願帝復行，且欲令帝知天下多賊，乃詭答曰：「今者之役，不願發兵，但詔赦羣盜，自可得數十萬。遣關內奴賊及山東歷山飛、張金稱等頭別爲一軍，出遼西道，諸河南賊王薄、孟讓等十餘頭並給舟楫，浮滄海道，必喜於免罪，競務立功，一歲之間，可滅高麗矣。」帝不懌曰：「我去尚猶未克，鼠竊安能濟乎？」威出後，蘊奏曰：「此大不遜，天下何處有許多賊！」帝悟曰：「老革多姦，將賊脅我。欲搭其口，但隱忍之，誠極難耐。」蘊知上意，遣張行本奏威罪惡，帝付蘊推鞫之，乃處其死。帝曰：「未忍便殺。」遂父子及孫三世並除名。

蘊又欲重己權勢，令虞世基奏罷司隸刺史以下官屬，增置御史百餘人。於是引致姦黠，共爲朋黨，郡縣有不附者，陰中之。于時軍國多務，凡是興師動衆，京都留守，及與諸蕃互市，皆令御史監之。賓客附隸，徧於郡國，侵擾百姓，帝弗之知也。以渡遼之役，進位銀青光祿大夫。

及司馬德戡將爲亂，江陽長張惠紹夜馳告之。蘊共惠紹謀，欲矯詔發郭下兵民，盡取榮公來護兒節度，〔一〕收在外逆黨宇文化及等，仍發羽林殿腳，遣范富婁等入自西苑，取梁公

蕭鉅及燕王處分，扣門援帝。謀議已定，遣報虞世基。世基疑反者不實，抑其計。須臾，難作，蘊歎曰：「謀及播郎，竟悞人事。」遂見害。子愔爲尚輦直長，亦同日死。

裴矩

裴矩字弘大，河東聞喜人也。祖他，魏都官尚書。父訥之，齊太子舍人。矩繈褓而孤，及長好學，頗愛文藻，有智數。世父讓之謂矩曰：「觀汝神識，足成才士，欲求宦達，當資幹世之務。」矩始留情世事。齊北平王貞爲司州牧，辟爲兵曹從事，轉高平王文學。及齊亡，不得調。高祖爲定州總管，召補記室，甚親敬之。以母憂去職。

高祖作相，遣使者馳召之，參相府記室事。及受禪，遷給事郎，奏舍人事。伐陳之役，領元帥記室。既破丹陽，晉王廣令矩與高熲收陳圖籍。明年，奉詔巡撫嶺南，未行而高智慧、汪文進等相聚作亂，吳、越道閉，上難遣矩行。矩請速進，上許之。行至南康，得兵數千人。時俚帥王仲宣逼廣州，遣其所部將周師舉圍東衡州。矩與大將軍鹿愿赴之，賊立九栅，屯大庾嶺，共爲聲援。矩進擊破之，賊懼，釋東衡州，據原長嶺。〔二〕又擊破之，遂斬師舉，進軍自南海援廣州。仲宣懼而潰散。矩所綏集者二十餘州，又承制署其渠帥爲刺史、縣令。及還報，上大悅，命升殿勞苦之，顧謂高熲、楊素曰：「韋洸將二萬兵，不能早度嶺。朕每患其

兵少。裴矩以三千敝卒，徑至南康。有臣若此，朕亦何憂！」以功拜開府，賜爵聞喜縣公，賚物二千段。除民部侍郎，尋遷內史侍郎。

時突厥強盛，都藍可汗妻大義公主，即宇文氏之女也，由是數爲邊患。後因公主與從胡私通，長孫晟先發其事，矩請出使說都藍，顯戮宇文氏。上從之。竟如其言，公主見殺。後都藍與突利可汗搆難，屢犯亭鄣。詔太平公史萬歲爲行軍總管，出定襄道，以矩爲行軍長史，破達頭可汗於塞外。萬歲被誅，功竟不錄。上以啓民可汗初附，令矩撫慰之，還爲尚書左丞。其年，文獻皇后崩，太常舊無儀注，矩與牛弘據齊禮參定之。轉吏部侍郎，名爲稱職。

煬帝即位，營建東都，矩職修府省，九旬而就。時西域諸蕃，多至張掖，與中國交市。帝令矩掌其事。矩知帝方勤遠略，諸商胡至者，矩誘令言其國俗山川險易，撰西域圖記三卷，入朝奏之。其序曰：

臣聞禹定九州，導河不踰積石，秦兼六國，設防止及臨洮。故知西胡雜種，僻居遐裔，禮教之所不及，書典之所罕傳。自漢氏興基，開拓河右，始稱名號者，有三十六國，其後分立，乃五十五王。仍置校尉、都護，以存招撫。然叛服不恒，屢經征戰。後漢之世，頻廢此官。雖大宛以來，略知戶數，而諸國山川未有名目。至如姓氏風土，服

章物產，全無纂錄，世所弗聞。復以春秋遞謝，年代久遠，兼并誅討，互有興亡。或地是故邦，改從今號，或人非舊類，因襲昔名。兼復部民交錯，封疆移改，戎狄音殊，事難窮驗。于闐之北，葱嶺以東，考于前史，三十餘國。其後更相屠滅，僅有十存。自餘淪沒，掃地俱盡，空有丘墟，不可記識。

皇上膺天育物，無隔華夷，率土黔黎，莫不慕化。風行所及，日入以來，職貢皆通，無遠不至。臣既因撫納，監知關市，尋討書傳，訪採胡人，或有所疑，卽詳衆口。依其本國服飾儀形，王及庶人，各顯容止，卽丹青模寫，爲西域圖記，共成三卷，合四十四國。仍別造地圖，窮其要害。從西頃以去，北海之南，縱橫所亘，將二萬里。諒由富商大賈，周遊經涉，故諸國之事罔不徧知。復有幽荒遠地，卒訪難曉，不可憑虛，是以致闕。而二漢相踵，西域爲傳，戶民數十，卽稱國王，徒有名號，乃乖其實。今者所編，皆餘千戶，利盡西海，多產珍異。其山居之屬，非有國名，及部落小者，多亦不載。

發自敦煌，至于西海，凡爲三道，各有襟帶。北道從伊吾，經蒲類海鐵勒部，突厥可汗庭，度北流河水，至拂菻國，達于西海。其中道從高昌，焉耆，龜茲，疏勒，度葱嶺，又經鏺汗，蘇對沙那國，康國，曹國，何國，大、小安國，穆國，至波斯，達于西海。其南道從鄯善，于闐，朱俱波、喝槃陀，[三]度葱嶺，又經護密，吐火羅，挹怛，忛延，[四]漕國，

至北婆羅門，達于西海。其三道諸國，亦各自有路，南北交通。其東女國、[五]南婆羅門國等，並隨其所往，諸處得達。故知伊吾、高昌、鄯善，並西域之門戶也。總湊敦煌，是其咽喉之地。

以國家威德，將士驍雄，汎濛汜而揚旌，越崐崙而躍馬，易如反掌，何往不至！但突厥、吐渾分領羌胡之國，爲其擁遏，故朝貢不通。今並因商人密送誠款，引領翹首，願爲臣妾。聖情含養，澤及普天，服而撫之，務存安輯。故皇華遣使，弗動兵車，諸蕃既從，渾、厥可滅。混一戎夏，其在茲乎！不有所記，無以表威化之遠也。

帝大悅，賜物五百段。每日引矩至御坐，親問西方之事。矩盛言胡中多諸寶物，吐谷渾易可幷吞。帝由是甘心，將通西域，四夷經略，咸以委之。

轉民部侍郎，未視事，遷黃門侍郎。帝復令矩往張掖，引致西蕃，至者十餘國。大業三年，帝有事於恒岳，咸來助祭。帝將巡河右，復令矩往敦煌。矩遣使說高昌王麴伯雅及伊吾吐屯設等，啗以厚利，導使入朝。及帝西巡，次燕支山，高昌王、伊吾設等，及西蕃胡二十七國，謁於道左。皆令佩金玉，被錦罽，焚香奏樂，歌儛諠譟。復令武威、張掖士女盛飾縱觀，騎乘塡咽，周亘數十里，以示中國之盛。帝見而大悅。竟破吐谷渾，拓地數千里，並遣兵戍之。每歲委輸巨億萬計，諸蕃懾懼，朝貢相續。帝謂矩有綏懷之略，進位銀青光祿大夫。其冬，帝至東都，矩以蠻夷朝貢者多，諷帝令都下大戲。徵四方奇技異藝，陳於端門街，衣錦綺、珥金翠者，以十數萬。又勒百官及民士女列坐棚閣而縱觀焉。皆被服鮮麗，終月乃罷。又令三市店肆皆設帷帳，盛列酒食，遣掌蕃率蠻夷與民貿易，所至之處，悉令邀延就坐，醉飽而散。蠻夷嗟歎，謂中國爲神仙。帝稱其至誠，顧謂宇文述、牛弘曰：「裴矩大識朕意，凡所陳奏，皆朕之成算。未發之頃，矩輒以聞。自非奉國用心，孰能若是！」

帝遣將軍薛世雄城伊吾，令矩共往經略。矩諷諭西域諸國曰：「天子爲蕃人交易懸遠，所以城伊吾耳。」咸以爲然，不復來競。及還，賜錢四十萬。矩又白狀，令反間射匱，潛攻處羅，語在西突厥傳。[六]後處羅爲射匱所迫，竟隨使者入朝。帝大悅，賜矩以貂裘及西域珍器。

從帝巡于塞北，幸啓民帳。時高麗遣使先通于突厥，啓民不敢隱，引之見帝。矩因奏狀曰：「高麗之地，本孤竹國也。周代以之封于箕子，漢世分爲三郡，晉氏亦統遼東。今乃不臣，別爲外域，故先帝疾焉，欲征之久矣。但以楊諒不肖，師出無功。當陛下之時，安得不事，使此冠帶之境，仍爲蠻貊之鄉乎？今其使者朝於突厥，親見啓民，合國從化，必懼皇靈之遠暢，慮後伏之先亡。脅令入朝，當可致也。」帝曰：「如何？」矩曰：「請面詔其使，放還本國，遣語其王，令速朝覲。不然者，當率突厥，卽日誅之。」帝納焉。高元不用命，始建征

遼之策。王師臨遼，以本官領武賁郎將。明年，復從至遼東。兵部侍郎斛斯政亡入高麗，帝令矩兼掌兵事。以前後渡遼之役，進位右光祿大夫。于時皇綱不振，人皆變節，左翊衞大將軍宇文述、內史侍郎虞世基等用事，文武多以賄聞。唯矩守常，無贓穢之響，以是爲世所稱。

還至涿郡，帝以楊玄感初平，令矩安集隴右。因之會寧，存問曷薩那部落，遣闕達度設寇吐谷渾，頻有虜獲，部落致富。還而奏狀，帝大賞之。後從師至懷遠鎭，詔護北蕃軍事。矩以始畢可汗部衆漸盛，獻策分其勢，將以宗女嫁其弟叱吉設，拜爲南面可汗。叱吉不敢受，始畢聞而漸怨。矩又言於帝曰：「突厥本淳易可離間，但由其內多有羣胡，盡皆桀黠，教導之耳。臣聞史蜀胡悉尤多姦計，幸於始畢，請誘殺之。」帝曰：「善。」矩因遣人告胡悉曰：「天子大出珍物，今在馬邑，欲共蕃內多作交關。若前來者，卽得好物。」胡悉貪而信之，不告始畢，率其部落，盡驅六畜，星馳爭進，冀先互市。矩伏兵馬邑下，誘而斬之。詔報始畢曰：「史蜀胡悉忽領部落走來至此，云背可汗，請我容納。突厥既是我臣，彼有背叛，我當共殺。今已斬之，故令往報。」始畢亦知其狀，由是不朝。十一年，帝北巡狩，始畢率騎數十萬，圍帝於雁門。詔令矩與虞世基每宿朝堂，以待顧問。及圍解，從至東都。屬射匱可汗遣其猶子，率西蕃諸胡朝貢，詔矩醮接之。

尋從幸江都宮。時四方盜賊蜂起，郡縣上奏者不可勝計。矩言之，帝怒，遣矩詣京師接候蕃客，以疾不行。及義兵入關，帝令虞世基就宅問矩方略。矩曰：「太原有變，京畿不靜，遙爲處分，恐失事機。唯願鑾輿早還，方可平定。」矩復起視事。俄而驍衞大將軍屈突通敗問至，矩以聞，帝失色。矩素勤謹，未嘗忤物，又見天下方亂，恐爲身禍，其待遇人，多過其所望，故雖至廝役，皆得其歡心。時從駕驍果數有逃散，帝憂之，以問矩。矩答曰：「方今車駕留此，已經二年。驍果之徒，盡無家口，人無匹合，則不能久安。臣請聽兵士於此納室。」帝大喜曰：「公定多智，此奇計也。」因令矩檢校爲將士等娶妻。矩召江都境內寡婦及未嫁女，皆集宮監，又召將帥及兵等恣其所取。因聽自首，先有姦通婦女及尼、女冠等，並即配之。由是驍果等悅，咸相謂曰：「裴公之惠也。」

宇文化及之亂，矩晨起將朝，至坊門，遇逆黨數人，控矩馬詣孟景所。賊皆曰：「不關裴黃門。」既而化及從百餘騎至，矩迎拜，化及慰諭之。令矩參定儀注，推秦王子浩爲帝，以矩爲侍內，隨化及至河北。及僭帝位，以矩爲尚書右僕射，加光祿大夫，封蔡國公，爲河北道安撫大使。

及宇文氏敗，爲竇建德所獲，以矩隋代舊臣，遇之甚厚。復以爲吏部尚書，尋轉尚書右僕射，專掌選事。建德起自羣盜，未有節文，矩爲制定朝儀。旬月之間，憲章頗備，擬於王

者。建德大悅，每諮訪焉。及建德渡河討孟海公，矩與曹旦等於洺州留守。建德敗於武牢，羣帥未知所屬，曹旦長史李公淹、大唐使人魏徵等說旦及齊善行令歸順。旦等從之，乃令矩與徵、公淹領旦及八璽，舉山東之地歸于大唐。授左庶子，轉詹事、民部尚書。

史臣曰：世基初以雅澹著名，兼以文華見重，亡國羇旅，特蒙任遇。參機衡之職，預帷幄之謀，國危未嘗思安，君昏不能納諫。方更鬻官賣獄，黷貨無厭，顚隕厥身，亦其所也。裴蘊素懷姦險，巧於附會，作威作福，唯利是視，滅亡之禍，其可免乎？裴矩學涉經史，頗有幹局，至於恪勤匪懈，夙夜在公，求諸古人，殆未之有。與聞政事，多歷歲年，雖處危亂之中，未虧廉謹之節，美矣。然承望風旨，與時消息，使高昌入朝，伊吾獻地，聚粮且末，師出玉門。關右騷然，頗亦矩之由也。

校勘記

〔一〕榮公來護兒　原脫「來」字，今補。

〔二〕原長嶺　「原」原作「愿」，據北史本傳及册府六五六改。

〔三〕喝槃陀　「喝」原作「唱」，據北史本傳改。

〔四〕帆延　本書煬帝紀下作「失范延」，又漕國傳作「帆延」。

〔五〕東女國　北史本傳作「東安國」。

〔六〕西突厥傳　原脫「西」字，今補。

隋書卷六十八

列傳第三十三

宇文愷

宇文愷字安樂，杞國公忻之弟也。在周，以功臣子，年三歲，賜爵雙泉伯，七歲，進封安平郡公，邑二千戶。愷少有器局。家世武將，諸兄並以弓馬自達，愷獨好學，博覽書記，解屬文，多伎藝，號爲名父公子。初爲千牛，累遷御正中大夫、儀同三司。

高祖爲丞相，加上開府中大夫。及踐阼，誅宇文氏，愷初亦在殺中，以其與周本別，兄忻有功於國，使人馳赦之，僅而得免。後拜營宗廟副監、太子左庶子。廟成，別封甑山縣公，邑千戶。及遷都，上以愷有巧思，詔領營新都副監。高熲雖總大綱，凡所規畫，皆出於愷。後決渭水達河，以通運漕，詔愷總督其事。後拜萊州刺史，甚有能名。兄忻被誅，除名於家，久不得調。會朝廷以魯班故道久絕不行，令愷修復之。旣而上建仁壽宮，訪可任者，

右僕射楊素言愷有巧思，上然之，於是檢校將作大匠。歲餘，拜仁壽宮監，授儀同三司，尋爲將作少監。文獻皇后崩，愷與楊素營山陵事，上善之，復爵安平郡公，邑千戶。煬帝卽位，遷都洛陽，以愷爲營東都副監，尋遷將作大匠。愷揣帝心在宏侈，於是東京制度窮極壯麗。帝大悅之，進位開府，拜工部尙書。及長城之役，詔愷規度之。時帝北巡，欲誇戎狄，令愷爲大帳，其下坐數千人。帝大悅，賜物千段。又造觀風行殿，上容侍衞者數百人，離合爲之，下施輪軸，推移倏忽，有若神功。戎狄見之，莫不驚駭。帝彌悅焉，前後賞賚不可勝紀。

自永嘉之亂，明堂廢絕，隋有天下，將復古制，議者紛然，皆不能決。博考羣籍，奏明堂議表曰：

臣聞在天成象，房心爲布政之宮，在地成形，丙午居正陽之位。觀雲告月，順生殺之序，五室九宮，統人神之際。金口木舌，發令兆民，玉瓚黃琮，式嚴宗祀。何嘗不矜莊扆宁，盡妙思於規摹，凝睟冕旒，致子來於矩矱。

伏惟皇帝陛下，提衡握契，御辯乘乾，咸五登三，復上皇之化，流凶去暴，丕下武之緒。用百姓之異心，驅一代以同域，康哉康哉，民無能而名矣。故使天符地寶，吐醴飛甘，造物資生，澄源反朴。九圍清謐，四表削平，襲我衣冠，齊其文軌。茫茫上玄，陳珪璧之敬，肅肅清廟，感霜露之誠。正金奏九韶、六莖之樂，定石渠五官、三雍之禮。乃卜瀍西，爰謀洛食，辨方面勢，仰稟神謀，敷土濬川，爲民立極。兼聿遵先言，表置明堂，爰詔下臣，占星揆日。於是採崧山之祕簡，披汶水之靈圖，訪通議於殘亡，購冬官於散逸。總集衆論，勒成一家。昔張衡渾象，以三分爲一度，裴秀輿地，以二寸爲千里。臣之此圖，用一分爲一尺，推而演之，冀輪奐有序。而經構之旨，議者殊途，或以綺井爲重屋，或以圓楣爲隆棟，各以臆說，事不經見。今錄其疑難，爲之通釋，皆出證據，以相發明。議曰：

臣愷謹案淮南子曰：「昔者神農之治天下也，甘雨以時，五穀蕃植，春生夏長，秋收冬藏，月省時考，終歲獻貢，以時嘗穀，祀于明堂。明堂之制，有蓋而無四方，風雨不能襲，燥濕不能傷，遷延而入之。」臣愷以爲上古朴略，創立典刑。尙書帝命驗曰：「帝者承天立五府，以尊天重象。赤曰文祖，黃曰神斗，白曰顯紀，黑曰玄矩，蒼曰靈府。」注云：「唐、虞之天府，夏之世室，殷之重屋，周之明堂，皆同矣。」尸子曰：「有虞氏曰總章。」周官考工記曰：「夏后氏世室，堂脩二七，博四脩一。」[一]注云：「脩，南北之深也。夏度以步，今堂脩十四步，[二]其博益以四分脩之一，則明堂博十七步半也。」臣愷按，三王之世，夏最爲古，從質尙文，理應漸就寬大，何因夏室乃大殷堂？相形爲論，理恐

不爾。記云「堂脩七，博四脩一」，[三]若夏度以步，則應脩七步。注云「今堂脩十四步」，乃是增益記文。殷、周二堂獨無加字，便是其義，類例不同。山東禮本輒加二七之字，何得殷無加尋之文，周闕增筵之義？研覈其趣，或是不然。讎校古書，並無「二」字，此乃桑間俗儒信情加減。黃圖議云：「夏后氏益其堂之大一百四十四尺，周人明堂以爲兩杼間。」馬宮之言，止論堂之一面，據此爲準，則三代堂基並方，得爲上圓之制。諸書所說，並云下方，鄭注周官，獨爲此義，非直與古違異，亦乃乖背禮文。尋文求理，深恐未愜。

尸子曰：「殷人陽館。」考工記曰：「殷人重屋，堂脩七尋，堂崇三尺，四阿重屋。」注云：「其脩七尋，五丈六尺，放夏周則其博九尋，七丈二尺。」又曰：「周人明堂，度九尺之筵，東西九筵，南北七筵。堂崇一筵。五室，凡室二筵。」[四]禮記明堂位曰：「天子之廟，複廟重檐。」鄭注云：「複廟，重屋也。」注玉藻云：「天子廟及露寢，皆如明堂制。」禮圖云：「於內室之上，起通天之觀，觀八十一尺，得宮之數，其聲濁，君之象也。」大戴禮曰：「明堂者，古有之。凡九室，一室有四戶八牖。以茅蓋，上圓下方，外水曰璧廱。赤綴戶，白綴牖。堂高三尺，東西九仞，南北七筵。其宮方三百步。凡人民疾，六畜疫，五穀災，生於天道不順。天道不順，生於明堂不飾。故有天災，則飾明堂。」周書明堂

曰：「堂方百一十二尺，高四尺，階博六尺三寸。室居內，方百尺，室內方六十尺。戶高八尺，博四尺。」作洛曰：「明堂太廟露寢，咸有四阿，重亢重廊。」〔五〕孔氏注云：「重亢累棟，重廊累屋也。」禮圖曰：「秦明堂九室十二階，各有所居。」呂氏春秋曰：「有十二堂。」與月令同，並不論尺丈。臣愷案，十二階雖不與禮合，一月一階，非無理思。

黃圖曰：「堂方百四十四尺，法坤之策也，方象地。屋圓楣徑二百一十六尺，法乾之策也，圓象天。太室九宮，〔六〕法九州。太室方六丈，法陰之變數。十二堂法十二月，三十六戶法極陰之變數，七十二牖法五行所行日數。八達象八風，法八卦。通天臺徑九尺，法乾以九覆六。高八十一尺，法黃鍾九九之數。二十八柱象二十八宿。堂高三尺，土階三等，法三統。堂四向五色，法四時五行。殿門去殿七十二步，法五行所行。門堂長四丈，取太室三之二。垣高無蔽目之照，牖六尺，其外倍之。殿垣方，在水內，法地陰也。水四周於外，象四海，圓法陽也。水闊二十四丈，象二十四氣。水內徑三丈，應觀禮經。」武帝元封二年，立明堂汶上，無室。其外略依此制。泰山通議今亡，不可得而辨也。

元始四年八月，起明堂、辟雍長安城南門，制度如儀。一殿，垣四面，門八觀，水外周，堤壤高四尺，和會築作三旬。五年正月六日辛未，始郊太祖高皇帝以配天，二十二

日丁亥，宗祀孝文皇帝於明堂以配上帝，及先賢、百辟、卿士有益者，於是秩而祭之。親扶三老五更，袒而割牲，跪而進之。因班時令，宣恩澤。諸侯王、宗室、四夷君長、匈奴、西國侍子，悉奉貢助祭。

禮圖曰：「建武三十年作明堂，明堂上圓下方，上圓法天，下方法地，十二堂法日辰，九室法九州。室八牕，八九七十二，法一時之王。室有二戶，二九十八戶，法土王十八日。內堂正壇高三尺，土階三等。」胡伯始注漢官云：〔七〕「古清廟蓋以茅，今蓋以瓦，瓦下藉茅，以存古制。」東京賦曰：「乃營三宮，布政頒常。複廟重屋，八達九房。造舟清池，惟水泱泱。」薛綜注云：「複重廇覆，謂屋平覆重棟也。」續漢書祭祀志云：「明帝永平二年，祀五帝於明堂，五帝坐各處其方，黃帝在未，皆如南郊之位。光武位在青帝之南，少退西面，各一犢，奏樂如南郊。」臣愷按詩云，我將祀文王於明堂，「我將我享，維牛維羊」。據此則備太牢之祭。今云一犢，恐與古殊。

自晉以前，未有鴟尾，其圓牆璧水，一依本圖。晉起居注裴頠議曰：「尊祖配天，其義明著，廟宇之制，理據未分。直可爲一殿，以崇嚴祀，其餘雜碎，一皆除之。」臣愷案，天垂象，聖人則之。辟雍之星，既有圖狀，晉堂方構，不合天文。既闕重樓，又無璧水，空堂乖五室之義，直殿違九階之文。非古欺天，一何過甚！

後魏於北臺城南造圓牆，在璧水外，門在水內迴立，不與牆相連。其堂上九室，三三相重，不依古制，室間通巷，違舛處多。其室皆用墼累，極成褊陋。後魏樂志曰：「孝昌二年立明堂，議者或言九室，或言五室，詔斷從五室。後元叉執政，復改爲九室，遭亂不成。」

宋起居注曰：「孝武帝大明五年立明堂，其牆宇規範，擬則太廟，唯十二間，以應朞數。依漢汶上圖儀，設五帝位。太祖文皇帝對饗，鼎俎簠簋，一依廟禮。」梁武即位之後，移宋時太極殿以爲明堂。無室，十二間。禮疑議云：「祭用純漆俎瓦樽，文於郊，質於廟。止一獻，用清酒。」平陳之後，臣得目觀，遂量步數，記其尺丈。猶見基內有焚燒殘柱，毀斫之餘，入地一丈，儼然如舊。柱下以樟木爲跗，長丈餘，闊四尺許，兩兩相並。凡安數重。〔八〕宮城處所，乃在郭內。雖湫隘卑陋，未合規摹，祖宗之靈，得崇嚴祀。周、齊二代，闕而不修，大饗之典，於焉靡託。

自古明堂圖惟有二本，一是宗周，劉熙、阮諶、劉昌宗等作，三圖略同。一是後漢建武三十年作，禮圖有本，不詳撰人。臣遠尋經傳，傍求子史，研究衆說，總撰今圖。其樣以木爲之，下爲方堂，堂有五室，上爲圓觀，觀有四門。

帝可其奏。會遼東之役，事不果行。

以渡遼之功，進位金紫光祿大夫。其年卒官，時年五十八。帝甚惜之，謚曰康。撰東都圖記二十卷、明堂圖議二卷、釋疑一卷，見行於世。子儒童，游騎尉。少子溫，起部承務郎。

閻毗

閻毗，榆林盛樂人也。祖進，魏本郡太守。父慶，周上柱國、寧州總管。毗七歲，襲爵石保縣公，邑千戶。及長，儀貌矜嚴，頗好經史。受漢書於蕭該，略通大旨。能篆書，工草隸，尤善畫，爲當時之妙。周武帝見而悅之，命尚清都公主。宣帝即位，拜儀同三司，授千牛左右。

高祖受禪，以技藝侍東宮，數以琱麗之物取悅於皇太子，由是甚見親待，每稱之於上。尋拜車騎，宿衞東宮。上嘗遣高熲大閱於龍臺澤，諸軍部伍多不齊整，唯毗一軍，法制肅然。熲言之於上，特蒙賜帛。俄兼太子宗衞率長史，尋加上儀同。太子服玩之物，多毗所爲。及太子廢，毗坐杖一百，與妻子俱配爲官奴婢。後二歲，放免爲民。

煬帝嗣位，盛修軍器，以毗性巧，諳練舊事，詔典其職。尋授朝請郎。毗立議，輦輅車輿，多所增損，語在輿服志。擢拜起部郎。

帝嘗大備法駕，嫌屬車太多，顧謂毗曰：「開皇之日，屬車十有二乘，於事亦得。今八十

一乘，以牛駕車，不足以益文物。朕欲減之，從何爲可？」毗對曰：「臣初定數，共宇文愷參詳故實，據漢胡伯始、蔡邕等議，屬車八十一乘，此起於秦，遂爲後式。故張衡賦云『屬車九九』是也。次及法駕，三分減一，爲三十六乘。此漢制也。又據宋孝建時，有司奏議，晉遷江左，惟設五乘，尚書令、建平王宏曰：『八十一乘，議兼九國，三十六乘，無所準憑。江左五乘，儉不中禮。但帝王文物，旂旒之數，爰及冕玉，皆同十二。今宜準此，設十二乘。』開皇平陳，因以爲法。今憲章往古，大駕依秦，法駕依漢，小駕依宋，以爲差等。」帝曰：「何用秦法乎？大駕宜三十六，法駕宜用十二，小駕除之。」毗研精故事，皆此類也。

長城之役，毗總其事。及帝有事恒岳，詔毗營立壇場。尋轉殿內丞，從幸張掖郡。高昌王朝于行所，詔毗持節迎勞，遂將護入東都。尋以母憂去職。未朞，起令視事。將興遼東之役，自洛口開渠，達於涿郡，以通運漕。毗督其役。明年，兼領右翊衞長史，營建臨朔宮。及征遼東，以本官領武賁郎將，典宿衞。時衆軍圍遼東城，帝令毗詣城下宣諭，賊弓弩亂發，所乘馬中流矢，毗顏色不變，辭氣抑揚，卒事而去。尋拜朝請大夫，遷殿內少監，又領將作少監事。後復從帝征遼東，會楊玄感作逆，帝班師，兵部侍郎斛斯政奔遼東，帝令毗率騎二千追之，不及。政據高麗栢崖城，毗攻之二日，有詔徵還。從至高陽，暴卒，時年五十。帝甚悼惜之，贈殿內監。

何稠　劉龍　黃亘　亘弟衮

何稠字桂林，國子祭酒妥之兄子也。父通，善斲玉。稠性絕巧，有智思，用意精微。年十餘歲，遇江陵陷，隨妥入長安。仕周御飾下士。及高祖爲丞相，召補參軍，兼掌細作署。

開皇初，授都督，累遷御府監，歷太府丞。稠博覽古圖，多識舊物。波斯嘗獻金緜錦袍，組織殊麗，上命稠爲之。稠錦既成，踰所獻者，上甚悅。時中國久絕瑠璃之作，匠人無敢厝意，稠以綠瓷爲之，與眞不異。尋加員外散騎侍郎。

開皇末，桂州俚李光仕聚衆爲亂，詔稠召募討之。師次衡嶺，遣使者諭其渠帥洞主莫崇解兵降款。桂州長史王文同鎖崇以詣稠所。稠詐宣言曰：「州縣不能綏養，致邊民擾叛，非崇之罪也。」乃命釋之，引崇共坐，并從者四人，爲設酒食而遣之。崇大悅，歸洞不設備。稠至五更，掩入其洞，悉發俚兵，以臨餘賊。象州逆帥杜條遼、羅州逆帥龐靖等相繼降款。分遣建州開府梁昵討叛夷羅壽，羅州刺史馮暄討賊帥李大檀，並平之，傳首軍門。承制署首領爲州縣官而還，衆皆悅服。有欽州刺史甯猛力，帥衆迎軍。初，猛力倔强山洞，欲圖爲逆，至是惶懼，請身入朝。稠以其疾篤，因示無猜貳，遂放還州，與之約曰：「八九月間，可詣京師相見。」稠還奏狀，上意不懌。其年十月，猛力卒，上謂稠曰：「汝前不將猛力來，今竟死矣。」稠曰：「猛力共臣爲約，假令身死，當遣子入侍。越人性直，其子必來。」初，猛力臨終，誡其子長眞曰：「我與大使爲約，不可失信於國士。汝葬我訖，卽宜上路。」長眞如言入朝，上大悅曰：「何稠著信蠻夷，乃至於此。」以勳授開府。

仁壽初，文獻皇后崩，與宇文愷參典山陵制度。稠性少言，善候上旨，由是漸見親昵。及上疾篤，謂稠曰：「汝旣曾葬皇后，今我方死，宜好安置。屬此何益，但不能忘懷耳。魂其有知，當相見於地下。」上因攬太子頸謂曰：「何稠用心，我付以後事，動靜當共平章。」

大業初，煬帝將幸揚州，謂稠曰：「今天下大定，朕承洪業，服章文物，闕略猶多。卿可討閱圖籍，營造輿服羽儀，送至江都也。」其日，拜太府少卿。稠於是營黃麾三萬六千人仗，及車輿輦輅、皇后鹵簿、百官儀服，依期而就，送于江都。所役工十萬餘人，用金銀錢物鉅億計。帝使兵部侍郎明雅、選部郎薛邁等勾覈之，數年方竟，毫釐無舛。稠參會今古，多所改創。魏、晉以來，皮弁有纓而無笄導。稠曰：「此古田獵之服也。今服以入朝，宜變其制。」故弁施象牙簪導，自稠始也。又從省之服，初無佩綬。稠曰：「此乃晦朔小朝之服。安有人臣謁帝而去印綬，兼無佩玉之節乎？」乃加獸頭小綬及佩一隻。舊制，五輅於轅上起箱，天子與參乘同在箱內。稠曰：「君臣同所，過爲相逼。」乃廣爲盤輿，別構欄楯，侍臣立於其中。

於內復起須彌平坐，天子獨居其上。自餘麾幢文物，增損極多，事見威儀志。帝復令稠造戎車萬乘，鉤陳八百連，帝善之，以稠守太府卿。

後三歲，兼領少府監。遼東之役，攝右屯衞將軍，領御營弩手三萬人。時工部尚書宇文愷造遼水橋不成，師不得濟，右屯衞大將軍麥鐵杖因而遇害。帝遣稠造橋，二日而就。初，稠制行殿及六合城，至是，帝於遼左與賊相對，夜中施之。其城周迴八里，城及女垣合高十仞，上布甲士，立仗建旗，四隅置闕，面別一觀，觀下三門，遲明而畢。高麗望見，謂若神功。是歲，加金紫光祿大夫。明年，攝左屯衞將軍，從至遼左。

十二年，加右光祿大夫，從幸江都。遇宇文化及作亂，以爲工部尚書。化及敗，陷于竇建德，建德復以爲工部尚書、舒國公。建德敗，歸于大唐，授將作少匠，卒。

開皇時，有劉龍者，河間人也。性强明，有巧思。齊後主知之，令修三爵臺，甚稱旨，因而歷職通顯。及高祖踐阼，大見親委，拜右衞將軍，兼將作大匠。遷都之始，與高熲參掌制度，代號爲能。

大業時，有黃亘者，不知何許人也，及其弟衮，俱巧思絕人。煬帝每令其兄弟直少府將

作。于時改創多務，亘、袞每參典其事。凡有所爲，何稠先令亘、袞立樣，當時工人皆稱其善，莫能有所損益。亘官至朝散大夫，袞官至散騎侍郎。

史臣曰：宇文愷學藝兼該，思理通贍，規矩之妙，參蹤班、爾，當時制度，咸取則焉。其起仁壽宮，營建洛邑，要求時幸，窮侈極麗，使文皇失德，煬帝亡身，危亂之源，抑亦此之由。至於考覽書傳，定明堂圖，雖意過其通，有足觀者。毗、稠巧思過人，頗習舊事，稽前王之采章，成一代之文物。雖失之於華盛，亦有可傳於後焉。

校勘記

〔一〕堂脩二七博四脩一　「博」，周禮考工記匠人原作「廣」，隋人諱改。下同。

〔二〕今堂脩十四步　「今」，考工記注原作「令」。下同。

〔三〕堂脩七博四脩一　原脫「一」字，據考工記補。「堂脩七」，是宇文愷據古本修改後的引文。

〔四〕凡室二筵　原脫「室」字，據册府五八四補。

〔五〕重亢　册府五八四作「重甍」。下同。

〔六〕太室九宮　原脫「太」字，據册府五八四補。

〔七〕胡伯始　胡廣字伯始。隋人避諱，不稱其名。

〔八〕凡安數重　「凡」原作「瓦」，據北史本傳、册府五八四改。

隋書卷六十九

列傳第三十四

王劭

王劭字君懋，太原晉陽人也。父松年，齊通直散騎侍郎。劭少沈默，好讀書。弱冠，齊尚書僕射魏收辟參開府軍事，累遷太子舍人，待詔文林館。時祖孝徵、魏收、陽休之等嘗論古事，有所遺忘，討閱不能得，因呼劭問之。劭具論所出，取書驗之，一無舛誤。自是大爲時人所許，稱其博物。後遷中書舍人。齊滅，入周，不得調。

高祖受禪，授著作佐郎。以母憂去職，在家著齊書。時制禁私撰史，爲內史侍郎李元操所奏。上怒，遣使收其書，覽而悅之。於是起爲員外散騎侍郎，修起居注。劭以古有鑽燧改火之義，近代廢絕，於是上表請變火，曰：「臣謹案周官，四時變火，以救時疾。明火不數變，時疾必興。聖人作法，豈徒然也！在晉時，有以洛陽火渡江者，代代事之，相續不滅，火色

變青。昔師曠食飯，云是勞薪所爨。晉平公使視之，果然車輞。今溫酒及炙肉，用石炭、柴火、竹火、草火、麻荄火，氣味各不同。以此推之，新火舊火，理應有異。伏願遠遵先聖，於五時取五木以變火，用功甚少，救益方大。縱使百姓習久，未能頓同，尚食內廚及東宮諸主食廚，不可不依古法。」上從之。劭又言上有龍顏戴干之表，指示羣臣。上大悅，賜物數百段。拜著作郎。劭上表言符命曰：

昔周保定二年，歲在壬午，五月五日，青州黃河變清，十里鏡澈，齊氏以爲己瑞，改元曰河清。是月，至尊以大興公始作隋州刺史，歷年二十，隋果大興。臣謹案易坤靈圖曰：「聖人受命，瑞先見於河。河者最濁，未能清也。」竊以靈貺休祥，理無虛發，河清啓聖，實屬大隋。午爲鶉火，以明火德，仲夏火王，亦明火德。月五日五，合天數地數，既得受命之辰，允當先見之兆。

開皇初，邵州人楊令悊近河，得青石圖一，紫石圖一，皆隱起成文，有至尊名，下云：「八方天心。」永州又得石圖，剖爲兩段，有楊樹之形，黃根紫葉。汝水得神龜，腹下有文曰：「天卜楊興。」安邑掘地，得古鐵版，文曰：「皇始天年，賫楊鐵券，王興。」同州得石龜，文曰：「天子延千年，大吉。」臣以前之三石，不異龍圖。何以用石？石體久固，義與上名符合。龜腹七字，何以著龜？龜亦久固，兼是神靈之物。孔子歎河不出圖，洛不

出書，今於大隋聖世，圖書屢出。

建德六年，亳州大周村有龍鬭，白者勝，黑者死。大象元年夏，滎陽汴水北有龍鬭，初見白氣屬天，自東方歷陽武而來。及至，白龍也，長十許丈。有黑龍乘雲而至，兩相薄，乍合乍離，自午至申，白龍升天，黑龍墜地。謹案：龍，君象也。前鬭於亳州周村者，蓋象至尊以龍鬭之歲爲亳州總管，遂代周有天下。後鬭於滎陽者，「滎」字三火，明火德之盛也。白龍從東方來，歷陽武者，蓋象至尊將登帝位，從東第入自崇陽門也。西北升天者，當乾位天門。坤靈圖曰：「聖人殺龍。」龍不可得而殺，皆盛氣也。又曰：「泰姓商名宮，黃色，長八尺，六十世，河龍以正月辰見，白龍與五黑龍鬭，白龍陵，故泰人有命。」謹案：此言皆爲大隋而發也。聖人殺龍者，前後龍死是也。姓商者，皇家於五姓爲商也。名宮者，武元皇帝諱於五聲爲宮。黃色者，隋色尚黃。長八尺者，武元皇帝身長八尺。河龍以正月辰見者，泰正月卦，龍見之所，於京師爲辰地。白龍與黑龍鬭者，亳州滎陽龍鬭是也。勝龍所以白者，楊姓納音爲商，至尊又辛酉歲生，位皆在西方，西方色白也。死龍所以黑者，周色黑。所以稱五者，周閔、明、武、宣、靖凡五帝。趙、陳、代、越、滕五王，一時伏法，〔一〕亦當五數。白龍陵者，陵猶勝也。鄭玄說：「陵當爲除。」凡鬭能去敵曰除。臣以泰人有命者，泰之爲言通也，大也，明其人道通德大，有天命也。

乾鑿度曰：「泰表戴干。」鄭玄注云：「表者，人形體之彰識也。干，盾也。泰人之表戴干。」臣伏見至尊有戴干之表，益知泰人之表不爽毫釐。坤靈圖所云，字字皆驗。緯書又稱「漢四百年」，終如其言，則知六十世亦必然矣。昔宗周卜世三十，今則倍之。

稽覽圖云：「太平時，陰陽和合，風雨咸同，海內不偏，地有阻險，故風有遲疾。雖太平之政，猶有不能均同，唯平均乃不鳴條，故欲風於亳。亳者，陳留也。」謹案：此言蓋明至尊者爲陳留公世子，亳州總管，遂受天命，海內均同，不偏不黨，以成太平之風化也。在大統十六年，武元皇帝改封陳留公。是時齊國有祕記云：「天王陳留入幷州。」齊王高洋爲是誅陳留王彭樂。其後武元皇帝果將兵入幷州。周武帝時，望氣者云亳州有天子氣，於是殺亳州刺史紇豆陵恭，至尊代爲之。又陳留老子祠有枯柏，世傳云老子將度世，云待枯柏生東南枝迴指，當有聖人出，吾道復行。至齊，枯柏從下生枝，東南上指。夜有三童子相與歌曰：「老子廟前古枯樹，東南狀如傘，聖主從此去。」及至尊牧亳州，親至祠樹之下。自是柏枝迴抱，其枯枝，漸指西北，道教果行。校考衆事，太平主出於亳州陳留之地，皆如所言。

稽覽圖又云：「治道得，則陰物變爲陽物。」鄭玄注云：「葱變爲韭亦是。」謹案：自六年以來，遠近山石，多變爲玉。石爲陰，玉爲陽。又左衞園中葱皆變爲韭。

上覽之大悅，賜物五百段。

未幾，劭復上書曰：

易乾鑿度曰：「隨上六，拘係之，乃從維之，王用亨于西山。隨者二月卦，陽德施行，藩決難解，萬物隨陽而出。故上六欲九五拘係之，維持之，明被陽化而陰隨從之也。」易稽覽圖：「坤六月，有子女，任政，一年，傳爲復。五月貧之從東北來立，大起土邑，西北地動星墜，陽衞。屯十一月神人從中山出，趙地動。北方三十日，千里馬數至。」謹案：凡此易緯所言，皆是大隋符命。隨者二月之卦，明大隋以二月卽皇帝位也。陽德施行者，明楊氏之德教施行於天下也。藩決難解者，明當時藩鄣皆是通決，險難皆解散也。萬物隨陽而出者，明天地間萬物盡隨楊氏而出見也。上六欲九五拘係之者，五爲王，六爲宗廟，明宗廟神靈欲令登九五之位，帝王拘民以禮，係民以義也。「拘民以禮」，「係民以義」，此二句亦是乾鑿度之言。維持之者，明能以綱維持正天下也。被陽化而欲陰隨之者，明陰類被服楊氏之風化，莫不隨從。陰謂臣下也。王用亨于西山者，蓋明至尊當以歲二月幸西山仁壽宮也。凡四稱隨，三稱陽，欲美隋楊，丁寧之至也。坤六月者，坤位在未，六月建未，言至尊以六月生也。有子女任政者，言樂平公主是皇帝子女，而爲周后，任理內政也。一年傳爲復者，復是坤之一世卦，陽氣初起，言周宣帝崩後一年，

傳位與楊氏也。五月貧之從東北來立者，「貧之」當爲「眞人」，字之誤也。言周宣帝以五月崩，眞人革命，當在此時。至尊謙讓而逆天意，故踰年乃立。昔爲定州總管，在京師東北，本而言之，故曰眞人從東北來立。大起土邑者，大起卽大興，言營大興城邑也。西北地動星墜者，蓋天意去周授隋，故變動也。陽衞者，言楊氏得天衞助。屯十一月神人從中山出者，此卦動而大亨作，故至尊以十一月被授亳州總管，將從中山而出也。趙地動者，中山爲趙地，以神人將去，故變動也。北方三十日者，蓋至尊從北方將往亳州之時，停留三十日也。千里馬者，蓋至尊舊所乘騧騮馬也。屯卦震下坎上，震於馬作足，坎於馬爲美脊，是故騧騮馬脊有肉鞍，行則先作弄四足也。數至者，言曆數至也。

河圖帝通紀曰：「形瑞出，變矩衡。赤應隨，協靈皇。」河圖皇參持曰：「皇辟出，承元訖。道無爲，治率。被遂矩，戲作術。開皇色，握神日。投輔提，象不絕。立皇後，翼不格。道終始，德優劣。帝任政，河曲出。協輔嬉，爛可述。」謹案：凡此河圖所言，亦是大隋符命。形瑞出、變矩衡者，矩，法也，衡，北斗星名，所謂璿璣玉衡者也。大隋受命，形兆之瑞始出，天象則爲之變動。北斗主天之法度，故曰矩衡。易緯「伏戲矩衡神」，鄭玄注亦以爲法玉衡之神。與此河圖矩衡義同。赤應隋者，言赤帝降精，感應而生隋也。故隋以火德爲赤帝天子。協靈皇者，協，合也，言大隋德合上靈天皇大帝也。又年

號開皇，與靈寶經之開皇年相合，故曰協靈皇。皇辟出者，皇，大也，辟，君也，大君出，蓋謂至尊受命出爲天子也。承元訖者，言承周天元終訖之運也。道無爲，治率者，治下脫一字，言大道無爲，治定天下率從。被遂矩，戲作術者，矩，法也。昔遂皇握機矩，伏戲作八卦之術，言大隋被服三皇之法術也。遂皇機矩，語見易緯。開皇色者，言開皇年易服色也。握神日者，握持羣神，明照如日也。又開皇以來日漸長，亦其義。投輔提者，言投授政事於輔佐，使之提挈也。象不絕者，法象不廢絕也。立皇後，翼不格者，格，至也，言本立太子以爲皇家後嗣，而其輔翼之人不能至於善也。道終始，德優劣者，言前東宮道終而德劣，今皇太子道始而德優也。帝任政，河曲出者，言皇帝親任政事，而邵州河濱得石圖也。協輔嬉，爛可述者，協，合也，嬉，興也，言羣臣合心輔佐，以興政治，爛然可紀述也。所以於皇參持，帝通紀二篇陳大隋符命者，明皇道帝德，盡在隋也。

上大悅，以劭爲至誠，寵錫日隆。

時有人於黃鳳泉浴，得二白石，頗有文理，遂附致其文以爲字，復言有諸物象而上奏曰：「其大玉有日月星辰，八卦五岳，及二麟雙鳳，青龍朱雀，騶虞玄武，各當其方位。又有五行、十日、十二辰之名，凡二十七字。又有『天門地戶人門鬼門閉』九字。又有却非及二鳥，

其鳥皆人面，則抱朴子所謂『千秋萬歲』也。其小玉亦有五嶽、却非、虯、犀之象。二玉俱有仙人玉女乘雲控鶴之象。別有異狀諸神，不可盡識，蓋是風伯、雨師、山精、海若之類。又有天皇大帝、皇帝及四帝坐，鉤陳、北斗、三公、天將軍、土司空、老人、天倉、南河、北河、五星、二十八宿，凡四十五官。諸字本無行伍，然往往偶對。於大玉則有皇帝姓名，並臨南面，與日字正鼎足。復有老人星，蓋明南面象日而長壽也。皇后二字在西，上有月形，蓋明象月也。於次玉則皇帝名與九千字次比，兩『楊』字與『萬年』字次比，『隋』與『吉』字正並，蓋明長久吉慶也。」劭復迴互其字，作詩二百八十篇奏之。上以爲誠，賜帛千匹。劭於是採民間歌謠，引圖書讖緯，依約符命，捃摭佛經，撰爲皇隋靈感誌，合三十卷，奏之。上令宣示天下。劭集諸州朝集使，洗手焚香，閉目而讀之，曲折其聲，有如歌詠。經涉旬朔，徧而後罷。上益喜，賞賜優洽。

仁壽中，文獻皇后崩，劭復上言曰：「佛說人應生天上，及上品上生無量壽國之時，天佛放大光明，以香花妓樂來迎之。如來以明星出時入涅槃。伏惟大行皇后聖德仁慈，福善禎符，備諸祕記，皆云是妙善菩薩。臣謹案：八月二十二日，仁壽宮內再雨金銀之花。二十三日，大寶殿後夜有神光。二十四日卯時，永安宮北有自然種種音樂，震滿虛空。至夜五更中，奄然如寐，便卽升遐，與經文所說，事皆符驗。臣又以愚意思之，皇后遷化，不在仁壽、大興宮者，蓋避至尊常居正處也。在永安宮者，象京師之永安門，平生所出入也。后升遐後二日，苑內夜有鍾聲三百餘處，此則生天之應顯然也。」上覽而且悲且喜。

時蜀王秀以罪廢，上顧謂劭曰：「嗟乎！吾有五子，三子不才。」劭進曰：「自古聖帝明王，皆不能移不肖之子。黃帝有二十五子，同姓者二，餘各異德。堯十子，舜九子，皆不肖。夏有五觀，周有三監。」上然其言。其後上夢欲上高山而不能得，崔彭捧脚，李盛扶肘得上，因謂彭曰：「死生當與爾俱。」劭曰：「此夢大吉。上高山者，明高崇大安，永如山也。彭猶彭祖，李猶李老，二人扶侍，實爲長壽之徵。」上聞之，喜見容色。其年，上崩。未幾，崔彭亦卒。

煬帝嗣位，漢王諒作亂，帝不忍加誅。劭上書曰：「臣聞黃帝滅炎，蓋云母弟，周公誅管，信亦天倫。叔向戮叔魚，仲尼謂之遺直，石碏殺石厚，丘明以爲大義。此皆經籍明文，帝王常法。今陛下置此逆賊，度越前聖，含弘寬大，未有以謝天下。謹案賊諒毒被生民者也。是知古者同德則同姓，異德則異姓，故黃帝有二十五子，其得姓者十有四人，唯青陽、夷鼓，與黃帝同爲姬姓。諒既自絕，請改其氏。」劭以此求媚，帝依違不從。遷祕書少監，數載，卒官。

劭在著作，將二十年，專典國史，撰隋書八十卷。多錄口勅，又採迂怪不經之語及委巷之言，以類相從，爲其題目，辭義繁雜，無足稱者，遂使隋代文武名臣列將善惡之迹，堙沒無聞。初撰齊誌，爲編年體，二十卷，復爲齊書紀傳一百卷，及平賊記三卷。或文詞鄙野，或不

軌不物，駭人視聽，大爲有識所嗤鄙。然其採擿經史謬誤，爲讀書記三十卷，時人服其精博。爰自志學，暨乎暮齒，篤好經史，遺落世事。用思既專，性頗恍忽，每至對食，閉目凝思，盤中之肉，輒爲僕從所噉。劭弗之覺，唯責肉少，數罰廚人。廚人以情白劭，劭依前閉目，伺而獲之，廚人方免笞辱。其專固如此。

袁充

袁充字德符，本陳郡陽夏人也。其後寓居丹陽。祖昂，父君正，俱爲梁侍中。充少警悟，年十餘歲，其父黨至門，時冬初，充尚衣葛衫。客戲充曰：「袁郎子絺兮綌兮，淒其以風。」充應聲答曰：「唯絺與綌，服之無斁。」以是大見嗟賞。仕陳，年十七，爲秘書郎。歷太子舍人、晉安王文學、吏部侍郎、散騎常侍。

及陳滅歸國，歷蒙、鄜二州司馬。充性好道術，頗解占候，由是領太史令。時上將廢皇太子，正窮治東宮官屬，充見上雅信符應，因希旨進曰：「比觀玄象，皇太子當廢。」上然之。充復表奏，隋興已後，日影漸長，曰：「開皇元年，冬至日影一丈二尺七寸二分，自爾漸短。至十七年，冬至影一丈二尺六寸三分。四年冬至，在洛陽測影，一丈二尺八寸八分。二年，夏至影一尺四寸八分，自爾漸短。至十六年，夏至影一尺四寸五分。周官以土圭之法正日影，

日至之影尺有五寸。鄭玄云：『冬至之影一丈三尺。』今十六年夏至之影，短於舊影五分，十七年冬至之影，短於舊影三寸七分。日去極近則影短而日長，去極遠則影長而日短，行內道則去極近，外道則去極遠。堯典云：『日短星昴，以正仲冬。』據昴星昏中，則知堯時仲冬，日在須女十度。以曆數推之，開皇已來冬至，日在斗十一度，與唐堯之代去極並近。謹案春秋元命包云：『日月出內道，琁璣得常，天帝崇靈，聖王祖功。』〔二〕京房別對曰：『太平日行上道，升平行次道，霸世行下道。』伏惟大隋啓運，上感乾元，影短日長，振古未之有也。」上大悅，告天下。將作役功，因加程課，丁匠苦之。

仁壽初，充言上本命與陰陽律呂合者六十餘條而奏之，因上表曰：「皇帝載誕之初，非止神光瑞氣，嘉祥應感，至於本命行年，生月生日，並與天地日月、陰陽律呂運轉相符，表裏合會。此誕聖之異，寶曆之元。今與物更新，改年仁壽，歲月日子，還共誕聖之時並同，明合天地之心，得仁壽之理。故知洪基長算，永永無窮。」上大悅，賞賜優崇，儕輩莫之比。

仁壽四年甲子歲，煬帝初卽位，充及太史丞高智寶奏言：「去歲冬至，日影逾長，今歲皇帝卽位，與堯受命年合。昔唐堯受命四十九年，到上元第一紀甲子，天正十一月庚戌冬至，陛下卽位，其年卽當上元第一紀甲子，天正十一月庚戌冬至，正與唐堯同。自放勳以來，凡經八上元，其間緜代，未有仁壽甲子之合。謹案：第一紀甲子，太一在一宮，天目居武德，陰

陽曆數並得符同。唐堯丙辰生，丙子年受命，止合三五，未若己丑甲子，支干並當六合。允一元三統之期，合五紀九章之會，共帝堯同其數，與皇唐比其蹤。信所謂皇哉唐哉，唐哉皇哉者矣。」仍諷齊王暕率百官拜表奉賀。其後熒惑守太微者數旬，于時繕治宮室，征役繁重，充上表稱「陛下修德，熒惑退舍」。百僚畢賀。帝大喜，前後賞賜將萬計。時軍國多務，充候帝意欲有所為，便奏稱天文見象，須有改作，以是取媚於上。

大業六年，遷內史舍人。從征遼東，拜朝請大夫、祕書少監。其後天下亂，帝初罹鴈門之厄，又盜賊益起，帝心不自安。充復假託天文，上表陳嘉瑞，以媚於上曰：

臣聞皇天輔德，皇天福謙，七政斯齊，三辰告應。伏惟陛下握錄圖而馭黔首，提萬善而化八紘，以百姓為心，匪以一人受慶，先天罔違所欲，後天必奉其時。是以初膺寶曆，正當上元之紀，乾之初九，又與天命符會。斯則聖人冥契，故能動合天經。謹按去年已來，玄象星瑞，毫釐無爽，謹錄尤異，上天降祥、破突厥等狀七事。

其一，去八月二十八日夜，大流星如斗，出王良北，正落突厥營，聲如崩牆。其二，八月二十九日夜，復有大流星如斗，出羽林，向北流，正當北方。依占，頻二夜流星墜賊所，賊必敗散。其三，九月四日夜，頻有兩星大如斗，出北斗魁，向東北流。依占，北斗主殺伐，賊必敗。其四，歲星主福德，頻行京、都二處分野。依占，國家之福。其五，

七月內，熒惑守羽林，九月七日已退舍。依占，不出三日，賊必敗散。其六，去年十一月二十日夜，有流星赤如火，從東北向西南，落賊帥盧明月營，破其橦車。其七，十二月十五日夜，通漢鎮北有赤氣亙北方，突厥將亡之應也。依勘城錄，河南洛陽並當甲子，與乾元初九爻及上元甲子符合。此是福地，永無所慮。旋觀往政，側聞前古，彼則異時間出，今則一朝總萃。豈非天贊有道，助殲兇孽，方清九夷於東獩，沉五狄於北溟，告成岱岳，無為汾水。

書奏，帝大悅，超拜秘書令，親待逾昵。帝每欲征討，充皆預知之，乃假託星象，奬成帝意，在位者皆切患之。宇文化及殺逆之際，并誅充，時年七十五。

史臣曰：王劭爰自幼童，迄乎白首，好學不倦，究極羣書。搢紳洽聞之士，無不推其博物。雅好著述，久在史官，既撰齊書，兼修隋典。好詭怪之說，尚委巷之談，文詞鄙穢，體統繁雜。直愧南、董，才無遷、固，徒煩翰墨，不足觀採。袁充少在江左，初以警悟見稱，委質隋朝，更以玄象自命。並要求時幸，干進務入。劭經營符瑞，雜以妖訛，充變動星占，謬增晷影。厚誣天道，亂常侮衆，刑茲勿捨，其在斯乎！且劭為河朔清流，充乃江南望族，乾沒榮

利，得不以道，頹其家聲，良可歎息。

校勘記

〔一〕趙陳代越滕五王一時伏法　「滕」原作「當」，據北史王慧龍傳附王劭傳改。按：周宣帝大象二年秋冬，趙王招、陳王純、代王達、越王盛、滕王逌五人先後被殺。「當」字當是「滕」字之訛，今改正。

〔二〕聖王祖功　北史袁充傳「祖」作「相」。

隋書卷七十

列傳第三十五

楊玄感

楊玄感，司徒素之子也。體貌雄偉，美鬚髯。少時晚成，人多謂之癡，其父每謂所親曰：「此兒不癡也。」及長，好讀書，便騎射。以父軍功，位至柱國，與其父俱爲第二品，朝會則齊列。其後高祖命玄感降一等，玄感拜謝曰：「不意陛下寵臣之甚，許以公廷獲展私敬。」初拜郢州刺史，到官，潛布耳目，察長吏能不。其有善政及贓污者，纖介必知之，往往發其事，莫敢欺隱。吏民敬服，皆稱其能。後轉宋州刺史，父憂去職。歲餘，起拜鴻臚卿，襲爵楚國公，遷禮部尚書。性雖驕倨，而愛重文學，四海知名之士多趨其門。

自以累世尊顯，有盛名於天下，在朝文武多是父之將吏，復見朝綱漸紊，帝又猜忌日甚，內不自安，遂與諸弟潛謀廢帝，立秦王浩。及從征吐谷渾，還至大斗拔谷，時從官狼狽，

玄感欲襲擊行宮。其叔慎謂玄感曰：「士心尚一，國未有釁，不可圖也。」玄感乃止。

時帝好征伐，玄感欲立威名，陰求將領。謂兵部尚書段文振曰：「玄感世荷國恩，寵踰涯分，自非立效邊裔，何以塞責！若方隅有風塵之警，庶得執鞭行陣，少展絲髮之功。明公兵革是司，敢布心腹。」文振因言於帝，帝嘉之，顧謂羣臣曰：「將門必有將，相門必有相，故不虛也。」於是賚物千段，禮遇益隆，頗預朝政。

帝征遼東，命玄感於黎陽督運。于時百姓苦役，天下思亂，玄感遂與武賁郎將王仲伯、汲郡贊治趙懷義等謀議，欲令帝所軍衆飢餒，每爲逗遛，不時進發。帝遲之，遣使者逼促，玄感揚言曰：「水路多盜賊，不可前後而發。」其弟武賁郎將玄縱、鷹揚郎將萬碩並從幸遼東，玄感潛遣人召之。時將軍來護兒以舟師自東萊將入海，趣平壤城，軍未發。玄感無以動衆，乃遣家奴僞爲使者，從東方來，謬稱護兒失軍期而反。玄感遂入黎陽縣，閉城大索男夫。於是取帆布爲牟甲，署官屬，皆準開皇之舊。移書傍郡，以討護兒爲名，各令發兵，會於倉所。以東光縣尉元務本爲黎州刺史，趙懷義爲衞州刺史，河內郡主簿唐禕爲懷州刺史。有衆且一萬，將襲洛陽。唐禕至河內，馳往東都告之。越王侗、民部尚書樊子蓋等大懼，勒兵備禦。修武縣民相率守臨清關，玄感不得濟，遂於汲郡南渡河，從亂者如市。數日，屯兵上春門，衆至十餘萬。子蓋令河南贊治裴弘策拒之，弘策戰敗。瀍、洛父老競致牛酒。玄感屯兵尚書省，每誓衆曰：「我身爲上柱國，家累鉅萬金，至於富貴，無所求也。今者不顧破家滅族者，但爲天下解倒懸之急，救黎元之命耳。」衆皆悅，詣轅門請自效者，日有數千。與樊子蓋書曰：

夫建忠立義，事有多途，見機而作，蓋非一揆。昔伊尹放太甲於桐宮，霍光廢劉賀於昌邑，此並公度內，不能一二披陳。

高祖文皇帝誕膺天命，造茲區宇，在璇璣以齊七政，握金鏡以馭六龍，無爲而至化流，垂拱而天下治。今上纂承寶曆，宜固洪基，乃自絕於天，殄民敗德。頻年肆眚，盜賊於是滋多，所在修治，民力爲之凋盡。荒淫酒色，子女必被其侵，躭玩鷹犬，禽獸皆離其毒。朋黨相扇，貨賄公行，納邪佞之言，杜正直之口。加以轉輸不息，徭役無期，士卒塡溝壑，骸骨蔽原野。黃河之北，則千里無煙，江淮之間，則鞠爲茂草。

玄感世荷國恩，位居上將，先公奉遺詔曰：「好子孫爲我輔弼之，惡子孫爲我屏黜之。」所以上稟先旨，下順民心，廢此淫昏，更立明哲。四海同心，九州響應，士卒用命，如赴私讎，民庶相趨，義形公道。天意人事，較然可知。公獨守孤城，勢何支久！願以黔黎在念，社稷爲心，勿拘小禮，自貽伊戚。誰謂國家一旦至此，執筆潸泫，言無所具。

遂進逼都城。

刑部尚書衞玄，率衆數萬，自關中來援東都。以步騎二萬渡瀍、澗挑戰，玄感僞北。玄逐之，伏兵發，前軍盡沒。後數日，玄復與玄感戰，兵始合，玄感詐令人大呼曰：「官軍已得玄感矣。」玄軍稍怠。玄感與數千騎乘之，於是大潰，擁八千人而去。玄感驍勇多力，每戰親運長矛，身先士卒，喑嗚叱咤，所當者莫不震懾。論者方之項羽。又善撫馭，士樂致死，由是戰無不捷。玄軍日蹙，糧又盡，乃悉衆決戰，陣於北邙，一日之間，戰十餘合。玄感弟玄挺中流矢而斃，玄感稍却。樊子蓋復遣兵攻尚書省，又殺數百人。

帝遣武賁郎將陳稜攻元務本於黎陽，武衞將軍屈突通屯河陽，左翊衞大將軍宇文述發兵繼進，右驍衞大將軍來護兒復來赴援。玄感請計於前民部尚書李子雄，子雄曰：「屈突通曉習兵事，若一渡河，則勝負難決，不如分兵拒之。通不能濟，則樊、衞失援。」玄感然之，將拒通。子蓋知其謀，數擊其營，玄感不果進。通遂濟河，軍於破陵。玄感爲兩軍，西抗衞玄，東拒屈突通。子蓋復出兵，於是大戰，玄感軍頻北。復請計於子雄，子雄曰：「東都援軍益至，我師屢敗，不可久留。不如直入關中，開永豐倉以賑貧乏，三輔可指麾而定。據有府庫，東面而爭天下，此亦霸王之業。」會華陰諸楊請爲鄉導，玄感遂釋洛陽，西圖關中，宣言曰：「我已破東都，取關西矣。」宇文述等諸軍躡之。至弘農宮，父老遮說玄感曰：「宮城空虛，又多積粟，攻之易下。進可絕敵人之食，退可割宜陽之地。」玄感以爲然，留攻之，三日城不下，

追兵遂至。玄感西至閿鄉，上槃豆，布陣亘五十里，與官軍且戰且行，一日三敗。復陣於董杜原，諸軍擊之，玄感大敗，獨與十餘騎竄林木間，將奔上洛。追騎至，玄感叱之，皆懼而返走。至葭蘆戍，玄感窘迫，獨與弟積善步行。自知不免，謂積善曰：「事敗矣。我不能受人戮辱，汝可殺我。」積善抽刀斫殺之，因自刺，不死，爲追兵所執，與玄感首俱送行在所。磔其屍於東都市三日，復臠而焚之。餘黨悉平。其弟玄獎爲義陽太守，將歸玄感，爲郡丞周琁玉所殺。玄縱弟萬碩，自帝所逃歸，至高陽，止傳舍，監事許華與郡兵執之，斬於涿郡。萬碩弟民行，官至朝請大夫，斬於長安。並具梟磔。公卿請改玄感姓爲梟氏，詔可之。

初，玄感圍東都也，梁郡人韓相國舉兵應之，玄感以爲河南道元帥。旬月間，衆十餘萬，攻剽郡縣。至于襄城，遇玄感敗，兵漸潰散，爲吏所執，傳首東都。

李子雄〔一〕

李子雄，渤海蓨人也。祖伯賁，魏諫議大夫。父桃枝，〔二〕東平太守，與鄉人高仲密同歸於周，官至冀州刺史。子雄少慷慨，有壯志。弱冠從周武帝平齊，以功授帥都督。高祖作相，從韋孝寬破尉迥於相州，拜上開府，賜爵建昌縣公。高祖受禪，爲驃騎將軍。伐陳之役，以功進位大將軍，歷郴、江二州刺史，並有能名。仁壽中，坐事免。

漢王諒之作亂也，煬帝將發幽州兵以討之。時竇抗爲幽州總管，帝恐其有二心，問可任者於楊素。素進子雄，授大將軍，拜廉州刺史，〔三〕馳至幽州，止傳舍，召募得千餘人。抗恃素貴，不時相見。子雄遣人諭之。後二日，抗從鐵騎二千，來詣子雄所。子雄伏甲，請與相見，因擒抗。遂發幽州兵步騎三萬，自井陘以討諒。時諒遣大將軍劉建略地燕、趙，正攻井陘，相遇於抱犢山下，力戰，破之。遷幽州總管，尋徵拜民部尚書。

子雄明辯有器幹，帝甚任之。新羅嘗遣使朝貢，子雄至朝堂與語，因問其冠制所由。其使者曰：「皮弁遺象。安有大國君子而不識皮弁也！」子雄因曰：「中國無禮，求諸四夷。」使者曰：「自至已來，此言之外，未見無禮。」憲司以子雄失詞，奏劾其事，竟坐免。俄而復職，從幸江都。帝以仗衛不整，顧子雄部伍之。子雄立指麾，六軍肅然。帝大悅曰：「公眞武候才也。」尋轉右武候大將軍，後坐事除名。

遼東之役，帝令從軍自效，因從來護兒自東平將指滄海。〔四〕會楊玄感反於黎陽，帝疑之，詔鎖子雄送行在所。子雄殺使者，亡歸玄感。玄感每請計於子雄，語在玄感傳。及玄感敗，伏誅，籍沒其家。

趙元淑

博陵趙元淑，父世模，初事高寶寧，後以衆歸周，授上開府，寓居京兆之雲陽。高祖踐阼，恒典宿衛。後從晉王伐陳，先鋒遇賊，力戰而死。朝廷以其身死王事，以元淑襲父本官，賜物二千段。元淑性踈誕，不治產業，家徒壁立。後數歲，授驃騎將軍，將之官，無以自給。時長安富人宗連，家累千金，仕周爲三原令。有季女，慧而有色，連獨奇之，每求賢夫。聞元淑如是，請與相見。連有風儀，美談笑，元淑亦異之。及至其家，服玩居處擬於將相。酒酣，奏女樂，元淑所未見也。元淑辭出，連曰：「公子有暇，可復來也。」後數日，復造之，宴樂更侈。如此者再三，因謂元淑曰：「知公子素貧，老夫當相濟。」因問元淑所須，盡買與之。臨別，元淑再拜致謝，連復拜曰：「鄙人竊不自量，敬慕公子。今有一女，願爲箕帚妾，公子意何如？」元淑感愧，遂娉爲妻。連復送奴婢二十口、良馬十餘匹，加以縑帛錦綺及金寶珍玩。元淑遂爲富人。

及煬帝嗣位，漢王諒作亂，元淑從楊素擊平之。以功進位柱國，拜德州刺史，尋轉潁川太守，並有威惠。因入朝，會司農不時納諸郡租穀，元淑奏之。帝謂元淑曰：「如卿意者，幾日當了？」元淑曰：「如臣意不過十日。」帝即日拜元淑爲司農卿，納天下租，如言而了。帝悅焉。

禮部尚書楊玄感潛有異志，以元淑可與共亂，遂與結交，多遺金寶。遼東之役，領將軍，

典宿衛，加授光祿大夫，封葛公。明年，帝復征高麗，以元淑鎭臨渝。及玄感作亂，其弟玄縱自帝所逃歸，路經臨渝。元淑出其小妻魏氏見玄縱，對宴極歡，因與通謀，并授玄縱賂遺。及玄感敗，人有告其事者，帝以屬吏。元淑言與玄感結婚，所得金寶則爲財娉，實無他故。魏氏復言初不受金。帝親臨問，卒無異辭。帝大怒，謂侍臣曰：「此則反狀，何勞重問！」元淑及魏氏俱斬於涿郡，籍沒其家。

斛斯政

河南斛斯政，祖椿，魏太保、尚書令、常山文宣王；父恢，散騎常侍、新蔡郡公。政明悟有器幹，初爲親衛，後以軍功授儀同，甚爲楊素所禮。大業中，爲尚書兵曹郎。政有風神，每奏事，未嘗不稱旨。煬帝悅之，漸見委信。楊玄感兄弟俱與之交。

遼東之役，兵部尚書段文振卒，侍郎明雅復以罪廢，帝彌屬意。尋遷兵部侍郎。于時外事四夷，軍國多務，政處斷辯速，稱爲幹理。玄感之反也，政與通謀。及玄縱等亡歸，亦政之計也。帝在遼東，將班師，窮治玄縱黨與。內不自安，遂亡奔高麗。明年，帝復東征，高麗請降，求執送政。帝許之，遂鎖政而還。至京師，以政告廟，左翊衛大將軍宇文述奏曰：「斛斯政之罪，天地所不容，人神所同忿。若同常刑，賊臣逆子何以懲肅，請變常法。」帝許之。

於是將政出金光門，縛政於柱，公卿百僚並親擊射，臠割其肉，多有噉者。噉後烹煮，收其餘骨，焚而揚之。

劉元進

餘杭劉元進，少好任俠，爲州里所宗。兩手各長尺餘，臂垂過膝。煬帝興遼東之役，百姓騷動，元進自以相表非常，陰有異志，遂聚衆，合亡命。會帝復征遼東，徵兵吳、會，士卒皆相謂曰：「去年吾輩父兄從帝征者，當全盛之時，猶死亡太半，骸骨不歸；今天下已罷敝，是行也，吾屬其無遺類矣。」於是多有亡散，郡縣捕之急。既而楊玄感起於黎陽，元進知天下思亂，於是舉兵應之。三吳苦役者莫不響至，旬月衆至數萬。將渡江，而玄感敗。吳郡朱燮、晉陵管崇亦舉兵，有衆七萬，共迎元進，奉以爲主。據吳郡，稱天子，燮、崇俱爲僕射，署置百官。毗陵、東陽、會稽、建安豪傑多執長吏以應之。帝令將軍吐萬緒、光祿大夫魚俱羅率兵討焉。元進西屯茅浦，以抗官軍，頻戰互有勝負。元進退保曲阿，與朱燮、管崇合軍，衆至十萬。緒進軍逼之，相持百餘日，爲緒所敗，保於黃山。緒復破之，燮戰死，元進引趣建安，休兵養士。二將亦以師老，頓軍自守。俄而二將俱得罪，帝令江都郡丞王世充發淮南兵擊之。有大流星墜於江都，未及地而

南逝，磨拂竹木皆有聲，至吳郡而落于地。元進惡之，令掘地，入二丈，得一石，徑丈餘。後數日，失石所在。世充既渡江，元進將兵拒戰，殺千餘人。世充窘急，退保延陵柵。元進遣兵，人各持茅，因風縱火。世充大懼，將棄營而遁。遇反風，火轉，元進之衆懼燒而退。世充簡銳卒掩擊，大破之，殺傷太半，自是頻戰輒敗。元進謂管崇曰：「事急矣，當以死決之。」於是出挑戰，俱爲世充所殺。其衆悉降，世充坑之於黃亭澗，死者三萬人。其餘黨往往保險爲盜。其後董道冲、沈法興、李子通等乘此而起，戰爭不息，逮於隋亡。

李密

李密字法主，眞鄉公衍之從孫也。祖耀，周邢國公。父寬，驍勇善戰，幹略過人，自周及隋，數經將領，至柱國、蒲山郡公，號爲名將。密多籌算，才兼文武，志氣雄遠，常以濟物爲己任。開皇中，襲父爵蒲山公，乃散家產，賙贍親故，養客禮賢，無所愛吝。與楊玄感爲刎頸之交。後更折節，下帷耽學，尤好兵書，誦皆在口。師事國子助教包愷，受史記、漢書，勵精忘倦，愷門徒皆出其下。大業初，授親衞大都督，非其所好，稱疾而歸。

及楊玄感在黎陽，有逆謀，陰遣家僮至京師召密，令與弟玄挺等同赴黎陽。玄感舉兵而密至，玄感大喜，以爲謀主。玄感謀計於密，密曰：「愚有三計，惟公所擇。今天子出征，

遠在遼外，地去幽州，懸隔千里。南有巨海之限，北有胡戎之患，中間一道，理極艱危。今公擁兵，出其不意，長驅入薊，直扼其喉。前有高麗，退無歸路，不過旬月，齎糧必盡。舉麾一召，其衆自降，不戰而擒，此計之上也。又關中四塞，天府之國，有衞文昇，不足爲意。今宜率衆，經城勿攻，輕齎鼓行，務早西入。天子雖還，失其襟帶，據險臨之，故當必尅，萬全之勢，此計之中也。若隨近逐便，先向東都，唐禕告之，理當固守。引兵攻戰，必延歲月，勝負殊未可知，此計之下也。」玄感曰：「不然。公之下計，乃上策矣。今百官家口並在東都，若不取之，安能動物？且經城不拔，何以示威？」密計遂不行。

玄感既至東都，皆捷，自謂天下響應，功在朝夕。及獲韋福嗣，又委以腹心，是以軍旅之事，不專歸密。福嗣既非同謀，因戰被執，每設籌畫，皆持兩端。後使作檄文，福嗣固辭不肯。密揣知其情，因謂玄感曰：「福嗣元非同盟，實懷觀望。明公初起大事，而姦人在側，聽其是非，必爲所誤矣。請斬謝衆，方可安輯。」玄感曰：「何至於此！」密知言之不用，退謂所親曰：「楚公好反而不欲勝，如何？吾屬今爲虜矣！」後玄感將西入，福嗣竟亡歸東都。

時李子雄勸玄感速稱尊號，玄感以問於密。密曰：「昔陳勝自欲稱王，張耳諫而被外，魏武將求九錫，荀彧止而見疎。今者密欲正言，還恐追蹤二子，阿諛順意，又非密之本圖。何者？兵起已來，雖復頻捷，至於郡縣，未有從者。東都守禦尚强，天下救兵益至，公當身

先士衆，早定關中。廼欲急自尊崇，何示不廣也！」玄感笑而止。

及宇文述、來護兒等軍且至，玄感謂密曰：「計將安出？」密曰：「元弘嗣統强兵於隴右，今可揚言其反，遣使迎公，因此入關，可得紿衆。」玄感遂以密謀，號令其衆，因引西入。至陝縣，欲圍弘農宮，密諫之曰：「公今詐衆入西，軍事在速，況乃追兵將至，安可稽留！若前不得據關，退無所守，大衆一散，何以自全？」玄感不從，遂圍之，三日攻不能拔，方引而西。至於閿鄉，追兵遂及。

玄感敗，密間行入關，與玄感從叔詢相隨，匿於馮翊詢妻之舍。尋爲鄰人所告，遂捕獲，囚於京兆獄。是時煬帝在高陽，與其黨俱送帝所。在途謂其徒曰：「吾等之命，同於朝露，若至高陽，必爲葅醢。今道中猶可爲計，安得行就鼎鑊，不規逃避也？」衆咸然之。其徒多有金，密令出示使者曰：「吾等死日，此金並留付公，幸用相瘞。其餘即皆報德。」使者利其金，遂相然許。及出關外，防禁漸弛，密請通市酒食，每讌飲喧譁竟夕，使者不以爲意。行次邯鄲，夜宿村中，密等七人皆穿牆而遁，與王仲伯亡抵平原賊帥郝孝德。孝德不甚禮之，備遭饑饉，至削樹皮而食。仲伯潛歸天水，密詣淮陽，舍於村中，變姓名稱劉智遠，聚徒教授。經數月，密鬱鬱不得志，爲五言詩曰：「金風蕩初節，玉露凋晚林。此夕窮塗士，空軫鬱陶心。眺聽良多感，慷慨獨霑襟。霑襟何所爲？悵然懷古意。秦俗猶未平，漢道將何冀！

樊噲市井徒，蕭何刀筆吏。一朝時運合，萬古傳名器。寄言世上雄，虛生眞可愧。」詩成而泣下數行。時人有怪之者，以告太守趙他。縣捕之，密乃亡去，抵其妹夫雍丘令丘君明。後君明從子懷義以告，帝令捕密，密得遁去，君明竟坐死。

會東郡賊帥翟讓聚黨萬餘人，密歸之。其中有知密是玄感亡將，潛勸讓害之。密大懼，乃因王伯當以策干讓。讓遣說諸小賊，所至輒降下，讓始敬焉，召與計事。密謂讓曰：「今兵衆既多，糧無所出，若曠日持久，則人馬困斃，大敵一臨，死亡無日。未若直趣滎陽，休兵館穀，待士馬肥充，然可與人爭利。」讓從之，於是破金堤關，掠滎陽諸縣，城堡多下之。滎陽太守郇王慶及通守張須陁以兵討讓。讓數爲須陁所敗，聞其來，大懼，將遠避之。密曰：「須陁勇而無謀，兵又驟勝，既驕且狠，可一戰而擒。公但列陣以待，保爲公破之。」讓不得已，勒兵將戰，密分兵千餘人於林木間設伏。讓與戰不利，軍稍却，密發伏自後掩之，須陁衆潰。與讓合擊，大破之，遂斬須陁於陣。讓於是令密建牙，別統所部。

密復說讓曰：「昏主蒙塵，播蕩吳、越，蝟毛競起，海內饑荒。明公以英桀之才，而統驍雄之旅，宜當廓清天下，誅剪羣凶，豈可求食草間，常爲小盜而已！今東都士庶，中外離心，留守諸官，政令不一。明公親率大衆，直掩興洛倉，發粟以賑窮乏，遠近孰不歸附！百萬之衆，一朝可集，先發制人，此機不可失也。」讓曰：「僕起隴畝之間，望不至此。必如所圖，請

君先發，僕領諸軍，便爲後殿。得倉之日，當別議之。」密與讓領精兵七千人，以大業十三年春，出陽城，北踰方山，自羅口襲興洛倉，破之。開倉恣民所取，老弱繈負，道路不絕。

越王侗武賁郎將劉長恭率步騎二萬五千討密，密一戰破之，長恭僅以身免。讓於是推密爲主。密城洛口周迴四十里以居之。房彥藻說下豫州，東都大懼。讓上密號爲魏公。密初辭不受，諸將等固請，乃從之。設壇場，即位，稱元年，置官屬以房彥藻爲左長史，邴元眞右長史，楊德方左司馬，鄭德韜右司馬。拜讓司徒，封東郡公。其將帥封拜各有差。長白山賊孟讓掠東都，〔五〕燒豐都市而歸。密攻下鞏縣，獲縣長柴孝和，拜爲護軍。武賁郎將裴仁基以武牢歸密，因遣仁基與孟讓率兵二萬餘人襲迴洛倉，破之，燒天津橋，遂縱兵大掠。東都出兵乘之，仁基等大敗，僅以身免。密復親率兵三萬逼東都，將軍段達、武賁郎將高毗、劉長恭等出兵七萬拒之，戰於故都，官軍敗走，密復下迴洛倉而據之。俄而德韜、德方俱死，復以鄭頲爲左司馬，鄭虔象爲右司馬。

柴孝和說密曰：「秦地阻山帶河，西楚背之而亡，漢高都之而霸。如愚意者，令仁基守迴洛，翟讓守洛口，明公親簡精銳，西襲長安，百姓孰不郊迎，必當有征無戰。既剋京邑，業固兵強，方更長驅崤、函，掃蕩京、洛，傳檄指撝，天下可定。但今英雄競起，實恐他人我先，一朝失之，噬臍何及！」密曰：「君之所圖，僕亦思之久矣，誠爲上策。但昏主尙在，從兵猶衆，

我之所部，並山東人，既見未下洛陽，何肯相隨西入！諸將出於羣盜，留之各競雌雄。若然者，殆將敗矣。」孝和曰：「誠如公言，非所及也。大軍既未可西出，請間行觀隙。」密從之。孝和與數十騎至陝縣，山賊歸之者萬餘人。密時兵鋒甚銳，每入苑，與官軍連戰。會密爲流矢所中，臥於營內，後數日，東都出兵擊之。密衆大潰，棄迴洛倉，歸洛口。孝和之衆聞密退，各分散而去。孝和輕騎歸密。

帝遣王世充率江、淮勁卒五萬來討密，密逆拒之，戰不利。柴孝和溺死於洛水，密甚傷之。世充營於洛西，與密相拒百餘日。武陽郡丞元寶藏、黎陽賊帥李文相、洹水賊帥張昇、清河賊帥趙君德、平原賊帥郝孝德並歸於密，共襲破黎陽倉據之。周法明舉江、黃之地以附密，齊郡賊帥徐圓朗、任城大俠徐師仁、淮陽太守趙他等前後款附，以千百數。

翟讓所部王儒信勸讓爲大冢宰，總統衆務，以奪密權。讓兄寬復謂讓曰：「天子止可自作，安得與人？汝若不能作，我當爲之。」密聞其言，有圖讓之計。會世充列陣而至，讓出拒之，爲世充所擊退者數百步。密與單雄信等率精銳赴之，世充敗走。讓欲乘勝進破其營，會日暮，密固止之。明日，讓與數百人至密所，欲爲宴樂。密具饌以待之，其所將左右，各分令就食。諸門並設備，讓不之覺也。密引讓入坐，有好弓，出示讓，遂令讓射。讓引滿將發，密遣壯士蔡建自後斬之，〔六〕殞於牀下。遂殺其兄寬及王儒信，并其從者亦有死焉。讓

所部將徐世勣爲亂兵所斫中，重創，密遽止之，僅而得免。單雄信等皆叩頭求哀，密並釋而慰諭之。於是率左右數百人詣讓本營。王伯當、邴元眞、單雄信等入營，告以殺讓之意，衆無敢動者。乃令徐世勣、單雄信、王伯當分統其衆。

未幾，世充夜襲倉城，密逆拒破之，斬武賁郎將費青奴。世充復移營洛北，南對鞏縣，其後遂於洛水造浮橋，悉衆以擊密。密與千騎拒之，不利而退。世充因薄其城下，密簡銳卒數百人，分爲三隊出擊之。官軍稍却，自相陷溺，死者數萬人，武賁郎將楊威、王辯、〔七〕霍世舉、劉長恭、梁德重、董智通等諸將率皆沒于陣。世充僅而獲免，不敢還東都，遂走河陽。其夜雨雪尺餘，衆隨之者，死亡殆盡。密於是修金墉故城居之，衆三十餘萬。復來攻上春門，留守韋津出拒戰，密擊敗之，執津於陣。其黨勸密即尊號，密不許。及義師圍東都，密出軍爭之，交綏而退。

俄而宇文化及殺逆，率衆自江都北指黎陽，兵十餘萬。密乃自率步騎二萬拒之。會越王侗稱尊號，遣使者授密太尉、尚書令、東南道大行臺、行軍元帥、魏國公，令先平化及，然後入朝輔政。密遣使報謝焉。化及與密相遇，密知其軍少食，利在急戰，故不與交鋒，又遏其歸路，使不得西。密遣徐世勣守倉城，化及攻之，不能下。密與化及隔水而語，密數之曰：「卿本匈奴皁隸破野頭耳，父兄子弟並受隋室厚恩，富貴累世，至妻公主，光榮隆顯，舉朝莫

二。苟國士之遇者，當須國士報之，豈容主上失德，不能死諫，反因衆叛，躬行殺虐，誅及子孫，傍立支庶，擅自尊崇，欲規篡奪，污辱妃后，枉害無辜？不追諸葛瞻之忠誠，乃爲霍禹之惡逆。天地所不容，人神所莫祐，擁逼良善，將欲何之！今若速來歸我，尚可得全後嗣。」化及默然，俯視良久，乃瞋目大言曰：「共你論相殺事，何須作書語邪？」密謂從者曰：「化及庸懦如此，忽欲圖爲帝王，斯乃趙高、聖公之流，吾當折杖驅之耳。」化及盛修攻具，以逼黎陽倉城，密領輕騎五百馳赴之。倉城兵又出相應，焚其攻具，經夜火不滅。

密知化及糧且盡，因僞與和，以敝其衆。化及不之悟，大喜，恣其兵食，冀密饋之。會密下有人獲罪，亡投化及，具言密情。化及大怒，其食又盡，乃渡永濟渠，與密戰于童山之下，自辰達酉。密爲流矢所中，頓於汲縣。化及掠汲郡，北趣魏縣，其將陳智略、張童仁等所部兵歸于密者，前後相繼。初，化及以輜重留於東郡，遣其所署刑部尚書王軌守之。至是，軌舉郡降密，以軌爲滑州總管。密引兵而西，遣記室參軍李儉朝於東都，執殺煬帝人于弘達以獻越王侗。侗以儉爲司農少卿，使之反命，召密入朝。密至溫縣，聞世充已殺元文都、盧楚等，乃歸金墉。

世充既得擅權，乃厚賜將士，繕治器械，人心漸鋭。然密兵少衣，世充乏食，乃請交易。密初難之，邴元眞等各求私利，遞來勸密，密遂許焉。初，東都絕糧，人歸密者，日有數百。

至此，得食，而降人益少，密方悔而止。密雖據倉，無府庫，兵數戰不獲賞，又厚撫初附之兵，於是衆心漸怨。時遣邴元眞守興洛倉。元眞起自微賤，性又貪鄙，宇文溫疾之，每謂密曰：「不殺元眞，公難未已。」密不答，而元眞知之，陰謀叛密。揚慶聞而告密，密固疑焉。會世充悉衆來決戰，密留王伯當守金墉，自引精兵就偃師，北阻邙山以待之。世充軍至，令數百騎渡御河，密遣裴行儼率衆逆之。會日暮，暫交而退，行儼、孫長樂、程齩金等驍將十數人皆遇重創，密甚惡之。世充夜潛濟師，詰朝而陣，密方覺之，狼狽出戰，於是敗績，與萬餘人馳向洛口。世充夜圍偃師，守將鄭頲爲其部下所翻，以城降世充。密將入洛口倉城，元眞已遣人潛引世充矣。密陰知之而不發其事，因與衆謀，待世充之兵半濟洛水，然後擊之。及世充軍至，密候騎不時覺，比將出戰，世充軍悉已濟矣。密自度不能支，引騎而遁。元眞竟以城降於世充。

密衆漸離，將如黎陽。人或謂密曰：「殺翟讓之際，徐世勣幾至於死。今創猶未復，其心安可保乎？」密乃止。時王伯當棄金墉，保河陽，密以輕騎自武牢渡河以歸之，謂伯當曰：「兵敗矣！久苦諸君，我今自刎，請以謝衆。」衆皆泣，莫能仰視。密復曰：「諸君幸不相棄，當共歸關中。密身雖愧無功，諸君必保富貴。」其府掾柳燮對曰：「昔盆子歸漢，尚食均輸，明公與長安宗族有疇昔之遇，雖不陪起義，然而阻東都，斷隋歸路，使唐國不戰而據京師，

此亦公之功也。」衆咸曰：「然。」密遂歸大唐，封邢國公，拜光祿卿。

裴仁基

河東裴仁基，字德本。祖伯鳳，周汾州刺史。父定，上儀同。仁基少驍武，便弓馬。開皇初，爲親衞。平陳之役，先登陷陣，拜儀同，賜物千段。以本官領漢王諒府親信。煬帝嗣位，諒舉兵作亂，仁基苦諫。諒大怒，囚之於獄。及諒敗，帝嘉之，超拜護軍。數歲，改授武賁郎將，從將軍李景討叛蠻向思多於黔安，以功進位銀青光祿大夫，賜奴婢百口，絹五百匹。擊吐谷渾於張掖，破之，加授金紫光祿大夫。斬獲寇掠靺鞨，拜左光祿大夫。從征高麗，進位光祿大夫。

帝幸江都，李密據洛口，令仁基爲河南道討捕大使，據武牢以拒密。及滎陽通守張須陁爲密所殺，仁基悉收其衆，每與密戰，多所斬獲。時隋大亂，有功者不錄。仁基見强寇在前，士卒勞敝，所得軍資，卽用分賞。監軍御史蕭懷靜每抑止之，衆咸怨怒。懷靜又陰持仁基長短，欲有所奏劾。仁基懼，遂殺懷靜，以其衆歸密。密以爲河東郡公。其子行儼，驍勇善戰，密復以爲絳郡公，甚相委昵。

王世充以東都食盡，悉衆詣偃師，與密決戰。密問計於諸將，仁基對曰：「世充盡鋭而

至，洛下必虛，可分兵守其要路，令不得東。簡精兵三萬，傍河西出，以逼東都。世充却還，我且按甲，世充重出，我又逼之。如此則此有餘力，彼勞奔命，兵法所謂『彼出我歸，彼歸我出，數戰以疲之，多方以誤之』者也。」密曰：「公知其一，不知其二。東都兵馬有三不可當：器械精，一也；決計而來，二也；食盡求鬭，三也。我按甲蓄力，以觀其敝，彼求鬭不得，欲走無路，不過十日，世充之首可懸於麾下。」單雄信等諸將輕世充，皆請戰，仁基苦爭不得。密難違諸將之言，戰遂大敗，仁基爲世充所虜。世充以其父子並驍鋭，深禮之，以兄女妻行儼。及僭尊號，署仁基爲禮部尚書，行儼爲左輔大將軍。行儼每有攻戰，所當皆披靡，號爲「萬人敵」。世充憚其威名，頗加猜防。仁基知其意，不自安，遂與世充所署尚書左丞宇文儒童、尚食直長陳謙、祕書丞崔德本等謀反，令陳謙於上食之際，持匕首以劫世充，行儼以兵應於階下。指麾事定，然後出越王侗以輔之。事臨發，將軍張童仁知其謀而告之，〔八〕俱爲世充所殺。

史臣曰：古先帝王之興也，非夫至德深仁格於天地，有豐功博利，弘濟艱難，不然，則其道無由矣。

自周邦不競，隋運將隆，武元、高祖並著大功於王室，平南國，摧東夏，總百揆，定三方，然後變謳歌，遷寶鼎。于時匈奴驕倨，勾吳不朝，既爭長於黃池，亦飲馬於清渭。高祖內綏外禦，日不暇給，委心膂於俊傑，寄折衝於爪牙，文武爭馳，羣策畢舉。服猾夏之虜，掃黃旗之寇，峻五岳以作鎮，環四海以爲池，厚澤被於域中，餘威震於殊俗。

煬帝蒙故業，踐丕基，阻伊、洛而固崤、函，跨兩都而總萬國。矜曆數之在己，忽王業之艱難，不務以道恤人，將以申威海外。運拒諫之智，騁飾非之辯，恥轍迹之未遠，忘德義之不修。於是鑿通渠，開馳道，樹以柳杞，隱以金槌。西出玉門，東踰碣石，塹山堙谷，浮河達海。民力凋盡，徭戍無期，率土之心，鳥驚魚潰。方西規奄蔡，南討流求，親總八狄之師，屢踐三韓之域。自以威行萬物，顧指無違，又躬爲長君，功高曩列，寵不假於外戚，權不逮於羣下，足以轥轢軒、唐，奄吞周、漢，子孫萬代，人莫能窺，振古以來，一君而已。遂乃外疎猛士，內忌忠良，恥有盜竊之聲，惡聞喪亂之事。出師命將，不料衆寡，兵少力屈者，以畏懦受顯誅，竭誠克勝者，以功高蒙隱戮。或斃鋒刃之下，或殞鴆毒之中，賞不可以有功求，刑不可以無罪免，畏首畏尾，進退維谷。彼山東之羣盜，多出厮役之中，無尺土之資，十家之產，豈有陳涉亡秦之志，張角亂漢之謀哉！皆苦於上欲無厭，下不堪命，飢寒交切，救死萑蒲。莫識旌旗什伍之容，安知行師用兵之勢！但人自爲戰，衆怒難犯，故攻無完城，野無橫陣，星離

棊布，以千百數。豪傑因其機以動之，乘其勢而用之，雖有勇敢之士，明智之將，連踵覆沒，莫之能禦。煬帝魂褫氣懾，望絕兩京，謀竄身於江湖，襲永嘉之舊迹。既而禍生轂下，釁起舟中，思早告而莫追，唯請死而獲可。身棄南巢之野，首懸白旗之上，子孫勦絕，宗廟爲墟。

夫以開皇之初，比於大業之盛，度土地之廣狹，料戶口之衆寡，算甲兵之多少，校倉廩之虛實，九鼎之譬鴻毛，未喻輕重，培塿之方嵩岱，曾何等級！論地險則遼隧未擬於長江，語人謀則勾麗不侔於陳國。高祖掃江南以清六合，煬帝事遼東而喪天下。其故何哉？所爲之迹同，所用之心異也。高祖北却强胡，南并百越，十有餘載，戎車屢動，民亦勞止，不爲無事。然其動也，思以安之，其勞也，思以逸之。是以民致時雍，師無怨讟，誠在於愛利，故其興也勃焉。煬帝嗣承平之基，守已安之業，肆其淫放，虐用其民，視億兆如草芥，顧羣臣如寇讎，勞近以事遠，求名而喪實。兵纏魏闕，阽危弗圖，圍解雁門，慢遊不息。天奪之魄，人益其災，羣盜並興，百殃俱起，自絕民神之望，故其亡也忽焉。訊之古老，考其行事，此高祖之所由興，而煬帝之所以滅者也。可不謂然乎！其隋之得失存亡，大較與秦相類。始皇并吞六國，高祖統一九州，二世虐用威刑，煬帝肆行猜毒，皆禍起於羣盜，而身殞於匹夫。原始要終，若合符契矣。

玄感宰相之子，荷國重恩，君之失德，當竭股肱。未議致身，先圖問鼎，遂假伊、霍之事，將肆莽、卓之心。人神同疾，敗不旋踵，兄弟就葅醢之誅，先人受焚如之酷，不亦甚乎！李密遭會風雲，奮其鱗翼，思封函谷，將割鴻溝。朞月之間，衆數十萬，破化及，摧世充，聲動四方，威行萬里。雖運乖天眷，事屈興王，而義協人謀，雄名克振，壯矣！然志性輕狡，終致顛覆，其度長挈大，抑陳、項之季孟歟？

校勘記

〔一〕李子雄　北史本傳作「李雄」。

〔二〕父桃枝　北史本傳作「父棠」。

〔三〕廉州　原作「廣州」，據北史李雄傳改。按：本書地理志中趙郡稾城縣條：「〔開皇〕十年置廉州，十八年改爲稾城縣，大業初州廢。」廉州距幽州較近，而廣州則距幽州甚遠。作廉州，是。

〔四〕東平　本書來護兒傳作「東萊」。

〔五〕東都　原作「東郡」，據本書煬帝紀下、御覽一〇七改。

〔六〕蔡建　通鑑隋義寧二年作「蔡建德」。

〔七〕王辯　原作「王辨」，據本書本傳及恭帝紀改。

〔八〕張童仁　北史王世充傳及本書宇文化及傳、又王世充傳作「張童兒」。

隋書卷七十一

列傳第三十六

誠節

易稱：「聖人大寶曰位，何以守位曰仁。」又云：「立人之道曰仁與義。」然則士之立身成名，在乎仁義而已。故仁道不遠，則殺身以成仁，義重於生，則捐生而取義。是以龍逄投軀於夏癸，比干竭節於商辛，申蒯斷臂於齊莊，弘演納肝於衞懿。爰逮漢之紀信、欒布，晉之向雄、嵇紹，凡在立名之士，莫不庶幾焉。至於臨難忘身，見危授命，雖斯文不墜，而行之蓋寡，固知士之所重，信在茲乎！非夫內懷鐵石之心，外負凌霜之節，孰能安之若命，赴蹈如歸者也。皇甫誕等，當擾攘之際，踐必死之機，白刃臨頸，確乎不拔，可謂歲寒貞柏，疾風勁草，千載之後，懍懍如生。豈獨聞彼伯夷，懦夫立志，亦冀將來君子有所庶幾。故掇採所聞，爲誠節傳。

劉弘

劉弘字仲遠，彭城叢亭里人，魏太常卿芳之孫也。少好學，有行檢，重節概。仕齊行臺郎中、襄城、沛郡、穀陽三郡太守、西楚州刺史。及齊亡，周武帝以爲本郡太守。

尉迥之亂也，遣其將席毗掠徐、兗。弘勒兵拒之，以功授儀同、永昌太守、齊州長史。志在立功，不安佐職。平陳之役，表請從軍，以行軍長史從總管吐萬緒度江。以功加上儀同，封濩澤縣公，拜泉州刺史。會高智慧作亂，以兵攻州，弘城守百餘日，救兵不至。前後出戰，死亡太半，糧盡無所食，與士卒數百人煮犀甲腰帶，及剝樹皮而食之，一無離叛。賊知其飢餓，欲降之，弘抗節彌厲。賊悉衆來攻，城陷，爲賊所害。上聞而嘉歎者久之，賜物二千段。子長信，襲其官爵。

皇甫誕 子無逸

皇甫誕字玄慮，〔三〕安定烏氏人也。祖和，魏膠州刺史。父璠，周隋州刺史。誕少剛毅，有器局。周畢王引爲倉曹參軍。高祖受禪，爲兵部侍郎。數年，出爲魯州長史。開皇中，復入爲比部、刑部二曹侍郎，俱有能名。遷治書侍御史，朝臣無不肅憚。上以百姓多流亡，令誕爲河南道大使以檢括之。及還，奏事稱旨，上甚悅，令判大理少卿。明年，遷尚書右丞。俄以母憂去職。未朞，起令視事。尋轉尚書左丞。

時漢王諒爲并州總管，朝廷盛選僚佐，前後長史、司馬，皆一時名士。上以誕公方著稱，拜并州總管司馬，總府政事，一以諮之，諒甚敬焉。及煬帝即位，徵諒入朝，諒用諮議王頍之謀，〔三〕發兵作亂。誕數諫止，諒不納。誕因流涕曰：「竊料大王兵資，無敵京師者。加以君臣位定，逆順勢殊，士馬雖精，難以取勝。願王奉詔入朝，守臣子之節，必有松、喬之壽，累代之榮。如更遷延，陷身叛逆，一挂刑書，爲布衣黔首不可得也。願察區區之心，思萬全之計，敢以死請。」諒怒而囚之。及楊素將至，諒屯清源以拒之。諒主簿豆盧毓出誕於獄，相與協謀，閉城拒諒。諒襲擊破之，並抗節而遇害。帝以誕亡身徇國，嘉悼者久之，下詔曰：「褒顯名節，有國通規，加等飾終，抑惟令典。并州總管司馬皇甫誕，性理淹通，志懷審正，効官贊務，聲績克宣。值狂悖構禍，凶威孔熾，確殉單誠，不從妖逆。雖幽縶寇手，而雅志彌厲，遂潛與義徒據城抗拒。衆寡不敵，奄致非命。可贈柱國，封弘義公，謚曰明。」子無逸嗣。

無逸尋爲淯陽太守，政甚有聲。大業令行，舊爵例除，以無逸誠義之後，賜爵平輿侯。入爲刑部侍郎，守右武衞將軍。

初，漢王諒之反也，州縣莫不響應。有嵐州司馬陶模、繁畤令敬釗，並抗節不從。

陶模

陶模，京兆人也。性明敏，有器幹。仁壽初，爲嵐州司馬。諒既作亂，刺史喬鍾葵發兵將赴逆，模拒之曰：「漢王所圖不軌，公荷國厚恩，致位方伯，謂當竭誠效命以答慈造，豈有大行皇帝梓宮未掩，翻爲厲階！」鍾葵失色曰：「司馬反邪？」臨之以兵，辭氣不撓，葵義而釋之。軍吏進曰：「若不斬模，何以壓衆心？」於是囚之於獄，悉掠取資財，分賜黨與。及諒平，煬帝嘉之，拜開府，授大興令。楊玄感之反也，率兵從衞玄擊之，以功進位銀青光祿大夫，卒官。

敬釗

敬釗字積善，河東蒲坂人也。父元約，周布憲中大夫。釗，仁壽中爲繁畤令，甚有能名。及賊至，力戰城陷。賊帥墨弼掠其資產而臨之以兵，釗辭氣不撓。弼義而止之，執送於僞將喬鍾葵所。鍾葵釋之，署爲代州總管司馬，釗正色拒之，至於再三。鍾葵忿然曰：「受官則可，不然當斬！」釗答曰：「忝爲縣宰，遭逢逆亂，進不能保境，退不能死節，爲辱已多，何乃復以僞官相迫也？死生唯命，餘非所聞。」鍾葵怒甚，熟視釗曰：「卿不畏死邪？」復將殺之。

會楊義臣軍至，鍾葵遽出戰，因而大敗，釗遂得免。

大業三年，煬帝避暑汾陽宮，代州長史柳銓、司馬崔寶山上其狀，付有司將加褒賞，會虞世基奏格而止。後遷朝邑令，未幾，終。

游元

游元字楚客，廣平任人，〔三〕魏五更明根之玄孫也。父寶藏，位至太守。元少聰敏，年十六，齊司徒徐顯秀引爲參軍事。周武帝平齊之後，歷壽春令、譙州司馬，俱有能名。開皇中，爲殿內侍御史。晉王廣爲揚州總管，以元爲法曹參軍，父憂去職。後爲內直監。煬帝嗣位，遷尙書度支郎。

遼東之役，領左驍衞長史，爲蓋牟道監軍，〔四〕拜朝請大夫，兼治書侍御史。宇文述等九軍敗績，帝令元按其獄。述時貴倖，其子士及又尙南陽公主，勢傾朝廷。遣家僮造元，有所請屬。元不之見。他日，數述曰：「公地屬親賢，腹心是寄，當咎身責己，以勸事君，乃遣人相造，欲何所道？」按之愈急，仍以狀劾之。帝嘉其公正，賜朝服一襲。

九年，奉使於黎陽督運，楊玄感作逆，乃謂元曰：「獨夫肆虐，天下士大夫肝腦塗地，加以陷身絕域之所，軍糧斷絕，此亦天亡之時也。我今親率義兵，以誅無道，卿意如何？」元正

色答曰：「尊公荷國寵靈，功參佐命，高官重祿，近古莫儔。公之弟兄，青紫交映，當謂竭誠盡節，上答鴻恩。豈意墳土未乾，親圖反噬，深爲明公不取，願思禍福之端。僕有死而已，不敢聞命。」玄感怒而囚之，屢脅以兵，竟不屈節，於是害之。帝甚嘉歎，贈銀青光祿大夫，賜縑五百匹。拜其子仁宗爲正議大夫、弋陽郡通守。

馮慈明

馮慈明字無佚，信都長樂人也。父子琮，仕齊官至尙書右僕射。慈明在齊，以戚屬之故，年十四，爲淮陽王開府參軍事。尋補司州主簿，進除中書舍人。周武平齊，授帥都督。高祖受禪，開三府官，除司空司倉參軍事。累遷行臺禮部侍郎。晉王廣爲幷州總管，盛選僚屬，以慈明爲司士。後歷吏部員外郎，兼內史舍人。煬帝卽位，以母憂去職。帝以慈明始事藩邸，後更在臺，意甚銜之，至是謫爲伊吾鎭副。未之官，轉交阯郡丞。大業九年，被徵入朝。時兵部侍郎斛斯政亡奔高麗，帝見慈明，深慰勉之。俄拜尙書兵曹郎，加位朝請大夫。十三年，攝江都郡丞事。

李密之逼東都也，詔令慈明安集瀍、洛，追兵擊密。至鄢陵，爲密黨崔樞所執。密延慈明於坐，勞苦之，因而謂曰：「隋祚已盡，區宇沸騰，吾躬率義兵，所向無敵，東都危急，計日將下。今欲率四方之衆，問罪於江都，卿以爲何如？」慈明答曰：「慈明直道事人，有死而已，不義之言，非所敢對。」密不悅，冀其後改，厚加禮焉。慈明潛使人奉表江都，及致書東都留守，論賊形勢。密知其狀，又義而釋之。出至營門，賊帥翟讓怒曰：「爾爲使人，爲我所執，魏公相待至厚，曾無感戴。寧有畏乎？」慈明勃然曰：「天子使我來，正欲除爾輩，不圖爲賊黨所獲。我豈從汝求活耶？欲殺但殺，何須罵詈！」因謂羣賊曰：「汝等本無惡心，因饑饉逐食至此。官軍且至，早爲身計。」讓益怒，於是亂刀斬之。時年六十八。梁郡通守楊汪上狀，帝歎惜之，贈銀青光祿大夫。拜其二子惇、忓俱爲尙書承務郎。王充推越王侗爲主，〔五〕重贈柱國、戶部尙書、昌黎郡公，謚曰壯武。

長子忱，先在東都，王充破李密，忱亦在軍中，遂遣奴負父屍柩詣東都，身不自送。未幾，又盛花燭納室。時論醜之。

張須陁

張須陁，弘農閿鄉人也。性剛烈，有勇略。弱冠，從史萬歲討西爨，以功授儀同，賜物三百段。煬帝嗣位，漢王諒作亂幷州，從楊素擊平之，加開府。大業中，爲齊郡丞。會興遼東之役，百姓失業，又屬歲饑，穀米踊貴，須陁將開倉賑給，官屬咸曰：「須待詔勑，不可擅

與。」須陁曰：「今帝在遠，遣使往來，必淹歲序。百姓有倒懸之急，如待報至，當委溝壑矣。吾若以此獲罪，死無所恨。」先開倉而後上狀，帝知之而不責也。

明年，賊帥王薄，聚結亡命數萬人，寇掠郡境。官軍擊之，多不利。須陁發兵拒之，薄遂引軍南，轉掠魯郡。須陁躡之，及于岱山之下。薄恃驟勝，不設備。須陁選精銳，出其不意擊之，薄衆大潰，因乘勝斬首數千級。薄收合亡散，得萬餘人，將北度河。須陁追之，至臨邑，復破之，斬五千餘級，獲六畜萬計。時天下承平日久，多不習兵，須陁獨勇決善戰。又長於撫馭，得士卒心，論者號爲名將。薄復北戰，連豆子䴚賊孫宣雅、石秪闍、郝孝德等衆十餘萬攻章丘。須陁遣舟師斷其津濟，親率馬步二萬襲擊，大破之，賊徒散走。既至津梁，復爲舟師所拒，前後狼狽，獲其家累輜重不可勝計，露布以聞。帝大悅，優詔褒揚，令使者圖畫其形容而奏之。

其年，賊裴長才、石子河等衆二萬，奄至城下，縱兵大掠。須陁未暇集兵，親率五騎與戰，賊競赴之，圍百餘重，身中數創，勇氣彌厲。會城中兵至，賊稍却，須陁督軍復戰，長才敗走。後數旬，賊帥秦君弘、郭方預等合軍圍北海，兵鋒甚銳，須陁謂官屬曰：「賊自恃强，謂我不能救，吾今速去，破之必矣。」於是簡精兵，倍道而進，賊果無備，擊大破之，斬數萬級，獲輜重三千兩。司隸刺史裴操之上狀，帝遣使勞問之。

十年，賊左孝友衆將十萬，屯於蹲狗山。須陁列八風營以逼之，復分兵扼其要害。孝友窘迫，面縛來降。其黨解象、王良、鄭大彪、李晼等衆各萬計，須陁悉討平之，威振東夏。以功遷齊郡通守，領河南道十二郡黜陟討捕大使。

俄而賊盧明月衆十餘萬，將寇河北，次祝阿，須陁邀擊，殺數千人。賊呂明星、帥仁泰、霍小漢等衆各萬餘，擾濟北，須陁進軍擊走之。尋將兵拒東郡賊翟讓，前後三十餘戰，每破走之。轉滎陽通守。時李密說讓取洛口倉，讓憚須陁，不敢進。密勸之，讓遂與密率兵逼滎陽，須陁拒之。讓懼而退，須陁乘之，逐北十餘里。時李密先伏數千人於林木間，邀擊須陁軍，遂敗績。密與讓合軍圍之，須陁潰圍輒出，左右不能盡出，須陁躍馬入救之。來往數四，衆皆敗散，乃仰天曰：「兵敗如此，何面見天子乎？」乃下馬戰死。時年五十二。其所部兵，晝夜號哭，數日不止。越王侗遣左光祿大夫裴仁基，招撫其衆，移鎮武牢。帝令其子元備總父兵，元備時在齊郡，遇賊，竟不果行。

楊善會

楊善會字敬仁，弘農華陰人也。父初，官至毗陵太守。善會，大業中爲鄃令，以清正聞。俄而山東饑饉，百姓相聚爲盜，善會以左右數百人逐捕之，往皆克捷。其後賊帥張金稱衆數

萬，屯于縣界，屠城剽邑，郡縣莫能禦。善會率勵所領，與賊搏戰，或日有數合，每挫其鋒。煬帝遣將軍段達來討金稱，善會進計於達，達不能用，軍竟敗焉。達深謝善會。後復與賊戰，進止一以謀之，於是大克。金稱復引渤海賊孫宣雅、高士達等衆數十萬，破黎陽而還，軍鋒甚盛。善會以勁兵千人邀擊，破之，擢拜朝請大夫、清河郡丞。金稱稍更屯聚，以輕兵掠冠氏。善會與平原通守楊元弘步騎數萬衆，襲其本營。武賁郎將王辯軍亦至，金稱釋冠氏來援，因與辯戰，不利，善會選精銳五百赴之，所當皆靡，辯軍復振。賊退守本營，諸軍各還。于時山東思亂，從盜如市，郡縣微弱，陷沒相繼。能抗賊者，唯善會而已。前後七百餘陣，未嘗負敗，每恨衆寡懸殊，未能滅賊。會太僕楊義臣討金稱，復爲賊所敗，退保臨清。取善會之策，頻與決戰，賊乃退走。乘勝遂破其營，盡俘其衆。金稱將數百人遁逃，後歸漳南，招集餘黨。善會追捕斬之，傳首行在所。帝賜以尙方甲矟弓劍，進拜清河通守。其年，從楊義臣斬漳南賊帥高士達，傳首江都宮。帝下詔褒揚之。

士達所部將竇建德，自號長樂王，來攻信都。臨清賊王安阻兵數千，與建德相影響。善會襲安斬之。建德既下信都，復擾清河，善會逆拒之，反爲所敗，嬰城固守。賊圍之四旬，城陷，爲賊所執。建德釋而禮之，用爲貝州刺史。善會罵之曰：「老賊何敢擬議國士！恨吾力劣，不能擒汝等。我豈是汝屠酤兒輩，敢欲更相吏邪？」臨之以兵，辭氣不撓。建德猶欲活

之，爲其部下所請，又知終不爲己用，於是害之。清河士庶莫不傷痛焉。

獨孤盛

獨孤盛，上柱國楷之弟也。性剛烈，有膽氣。煬帝在藩，盛以左右從，累遷爲車騎將軍。及帝嗣位，以藩邸之舊，漸見親待，累轉爲右屯衞將軍。

宇文化及之作亂也，裴虔通引兵至成象殿，宿衞者皆釋仗而走。盛謂虔通曰：「何物兵？形勢太異也！」虔通曰：「事勢已然，不預將軍事。將軍慎無動。」盛大罵曰：「老賊是何物語！」不及被甲，與左右十餘人逆拒之，爲亂兵所殺。越王侗稱制，贈光祿大夫、紀國公，謚曰武節。

元文都

元文都，洵陽公孝矩之兄子也。父孝則，周小冢宰、江陵總管。文都性鯁直，明辯有器幹。仕周爲右侍上士。開皇初，授內史舍人，歷庫部、考功二曹郎，俱有能名。擢爲尙書左丞，轉太府少卿。煬帝嗣位，轉司農少卿、司隸大夫，尋拜御史大夫，坐事免。未幾，授太府卿，帝漸任之，甚有當時之譽。

大業十三年，帝幸江都宮，詔文都與段達、皇甫無逸、韋津等同爲東都留守。及帝崩，文都與達、津等共推越王侗爲帝。侗署文都爲內史令、開府儀同三司、光祿大夫、左驍衞大將軍、攝右翊衞將軍、魯國公。既而宇文化及立秦王浩爲帝，擁兵至彭城，所在響震。文都諷侗遣使通於李密。密於是請降，因授官爵，禮其使甚厚。王充不悅，因與文都有隙。文都知之，陰有誅充之計。侗復以文都領御史大夫，充固執而止。盧楚說文都曰：「王充外軍一將耳，本非留守之徒，何得預吾事！且洛口之敗，罪不容誅，今者敢懷跋扈，宰制時政，此而不除，方爲國患。」文都然之，遂懷奏入殿。事臨發，有人以告充。充時在朝堂，懼而馳還含嘉城，謀作亂。文都頻遣呼之，充稱疾不赴。至夜作亂，攻東太陽門而入，拜於紫微觀下。侗遣人謂之曰：「何爲者？」充曰：「元文都、盧楚謀相殺害，請斬文都，歸罪司寇。」侗見兵勢漸盛，度終不免，謂文都曰：「公自見王將軍也。」文都遷延而泣，侗遣其署將軍黃桃樹執文都以出。文都顧謂侗曰：「臣今朝亡，陛下亦當夕及。」侗慟哭而遣之，左右莫不憫默。出至興教門，充令左右亂斬之，諸子並見害。

盧楚

盧楚，涿郡范陽人也。祖景祚，魏司空掾。楚少有才學，鯁急口吃，言語澀難。大業中，

爲尚書右司郎，當朝正色，甚爲公卿所憚。及帝幸江都，東都官僚多不奉法，楚每存糾舉，無所廻避。越王侗稱尊號，以楚爲內史令、左備身將軍、攝尚書左丞、右光祿大夫，封涿郡公，與元文都等同心勠力以輔幼主。及王充作亂，兵攻太陽門，武衞將軍皇甫無逸斬關逃難，呼楚同去。楚謂之曰：「僕與元公有約，若社稷有難，誓以俱死，今捨去不義。」及兵入，楚匿於太官署，賊黨執之，送於充所。充奮袂令斬之，於是鋒刃交下，肢體糜碎。

劉子翊

劉子翊，彭城叢亭里人也。父徧，齊徐州司馬。子翊少好學，頗解屬文，性剛謇，有吏幹。仕齊殿中將軍。開皇初，爲南和丞，累轉秦州司法參軍事。十八年，入考功，尚書右僕射楊素見而異之，奏爲侍御史。時永寧令李公孝四歲喪母，九歲外繼，其後父更別娶後妻，至是而亡。河間劉炫以無撫育之恩，議不解任。子翊駮之曰：

傳云：「繼母如母，與母同也。」當以配父之尊，居母之位，齊杖之制，皆如親母。又「爲人後者，爲其父母朞」。報朞者，自以本生，非殊親之與繼也。父雖自處傍尊之地，於子之情，猶須隆其本重。是以令云：「爲人後者，爲其父母並解官，申其心喪。父卒母

嫁，爲父後者雖不服，亦申心喪。其繼母嫁不解官。」此專據嫁者生文耳。將知繼母在父之室，則制同親母。若謂非有撫育之恩，同之行路，何服之有乎？服既有之，心喪焉可獨異？三省令旨，其義甚明。今言令許不解，何其甚謬！

且後人者爲其父母朞，未有變隔以親繼，親繼既等，故知心喪不殊。服問云：「母出則爲繼母之黨服。」豈不以出母族絕，推而遠之，繼母配父，引而親之乎？子思曰：「爲伋也妻，是爲白也母。不爲伋也妻，是不爲白也母。」定知服以名重，情因父親，所以聖人敦之以孝慈，弘之以名義。是使子以名服，同之親母，繼以義報，等之己生。如謂繼母之來，在子出之後，制有淺深者，考之經傳，未見其文。譬出後之人，所後者初亡，後之者始至，此復可以無撫育之恩而不服重乎？昔長沙人王毖，漢末爲上計詣京師，旣而吳、魏隔絕，毖於內國更娶，生子昌。毖死後爲東平相，始知吳之母亡，便情繫居重，不攝職事。于時議者，不以爲非。然則繼母之與前母，於情無別。若要以撫育始生服制，王昌復何足云乎？又晉鎮南將軍羊祜無子，取弟子伊爲子。祜薨，伊不服重，祜妻表聞。伊辭曰：「伯生存養已，伊不敢違。然無父命，故還本生。」尚書彭權議：「子之出養，必由父命，無命而出，是爲叛子。」於是下詔從之。然則心服之制，不得緣恩而生也。

論云：「禮者稱情而立文，仗義而設教。」還以此義，諭彼之情。稱情者，稱如母之情，仗義者，仗爲子之義。名義分定，然後能尊父順名，崇禮篤敬。苟以母養之恩始成母子，則恩由彼至，服自己來，則慈母如母，何得待父命？又云：「繼母慈母，本實路人，臨己養己，同之骨血。」若如斯言，子不由父，縱有恩育，得如母乎？其慈繼雖在三年之下，而居齊朞之上，禮有倫例，服以稱情。繼母本以名服，豈藉恩之厚薄也。至於兄弟之子猶子也，私昵之心實殊，禮服之制無二。此謂如重之辭，即同重法，若使輕重不等，何得爲「如」？律云「准枉法」者，但准其罪，「以枉法論」者，即同眞法。律以弊刑，禮以設教，准者准擬之名，以者即眞之稱。「如」「以」二字，義用不殊，禮律兩文，所防是一。將此明彼，足見其義，取譬伐柯，何遠之有。

又論云：「取子爲後者，將以供承祧廟，奉養已身，不得使宗子歸其故宅，以子道事本父之後妻也。」然本父後妻，因父而得母稱，若如來旨，本父亦可無心喪乎？何直父之後妻。論又云：「禮言舊君，其尊豈復君乎？已去其位，非復純臣，須言『舊』以殊之。別有所重，非復純孝，故言『其』已見之。[六]目以其父之文，是名異也。」此又非通論。何以言之？「其」「舊」訓殊，所用亦別，舊者易新之稱，其者因彼之辭，安得以相類哉？至如禮云：「其父析薪，其子不克負荷。」傳云：「衞雖小，其君在焉。」若其父而有異，其君復有異乎？斯不然矣，斯不然矣。今炫敢違禮乖令，侮聖干法，使出後之子，無情於本

生，名義之分，有虧於風俗。徇飾非於明世，强媒蘖於禮經，雖欲揚己露才，不覺言之傷理。

事奏，竟從子翊之議。

仁壽中，爲新豐令，有能名。大業三年，除大理正，甚有當時之譽。擢授治書侍御史，每朝廷疑議，子翊爲之辯析，多出衆人意表。從幸江都。値天下大亂，帝猶不悟，子翊因侍切諫，由是忤旨，令子翊爲丹陽留守。尋遣於上江督運，爲賊吳棊子所虜。子翊說之，因以衆首。復遣領首賊淸江。遇煬帝被殺，賊知而告之。子翊弗信，斬所言者。賊又欲請以爲主，子翊不從。羣賊執子翊至臨川城下，使告城中，云「帝已崩」。子翊反其言，於是見害，時年七十。

堯君素

堯君素，魏郡湯陰人也。煬帝爲晉王時，君素以左右從。及嗣位，累遷鷹擊郎將。大業之末，盜賊蜂起，人多流亡，君素所部獨全。後從驍衞大將軍屈突通拒義兵於河東。俄而通引兵南遁，以君素有膽略，署領河東通守。義師遣將呂紹宗、韋義節等攻之，不剋。及通軍敗，至城下呼之。君素見通，歔欷流涕，悲不自勝，左右皆哽咽，通亦泣下霑衿，

因謂君素曰：「吾軍已敗，義旗所指，莫不響應。事勢如此，卿當早降，以取富貴。」君素答曰：「公當爪牙之寄，爲國大臣，主上委公以關中，代王付公以社稷，國祚隆替，懸之於公。奈何不思報効，以至於此。縱不能遠慚主上，公所乘馬，卽代王所賜也，公何面目乘之哉！」通曰：「吁！君素，我力屈而來。」君素曰：「方今力猶未屈，何用多言。」通慚而退。時圍甚急，行李斷絕，君素乃爲木鵝，置表於頸，具論事勢，浮之黃河，沿流而下。河陽守者得之，達于東都。越王侗見而歎息，於是承制拜君素爲金紫光祿大夫，密遣行人勞苦之。監門直閤龐玉、武衞將軍皇甫無逸前後自東都歸義，俱造城下，爲陳利害。大唐又賜金券，待以不死。君素卒無降心。其妻又至城下謂之曰：「隋室已亡，天命有屬，君何自苦，身取禍敗。」君素曰：「天下事非婦人所知。」引弓射之，應弦而倒。君素亦知事必不濟，然要在守死不易，每言及國家，未嘗不歔欷。嘗謂將士曰：「吾是藩邸舊臣，累蒙奬擢，至於大義，不得不死。今穀支數年，食盡此穀，足知天下之事。必若隋室傾敗，天命有歸，吾當斷頭以付諸君也。」時百姓苦隋日久，及逢義舉，人有息肩之望。然君素善於統領，下不能叛。歲餘，頗得外生口，城中微知江都傾覆。又粮食乏絕，人不聊生，男女相食，衆心離駭。白虹降於府門，兵器之端，夜皆光見。月餘，君素爲左右所害。

陳孝意

河東陳孝意，少有志尚，弱冠，以貞介知名。大業初，爲魯郡司法書佐，郡內號爲廉平。太守蘇威嘗欲殺一囚，孝意固諫，至於再三，威不許。孝意因解衣，請先受死。良久，威意乃解，謝而遣之。漸加禮敬。及威爲納言，奏孝意爲侍御史。後以父憂去職，居喪過禮，有白鹿馴擾其廬，時人以爲孝感之應。未朞，起授雁門郡丞。在郡菜食齋居，朝夕哀臨，每一發聲，未嘗不絕倒，柴毀骨立，見者哀之。于時政刑日紊，長吏多贓污，孝意清節彌厲，發姦擿伏，動若有神，吏民稱之。

煬帝幸江都，馬邑劉武周殺太守王仁恭，舉兵作亂。孝意率兵與武賁郎將王智辯討之，戰於下館城，反爲所敗。武周遂轉攻傍郡，百姓凶凶，將懷叛逆。前郡丞楊長仁、雁門令王確等，並桀黠，爲無賴所歸，謀應武周。孝意陰知之，族滅其家，郡中戰慄，莫敢異志。俄而武周引兵來攻，孝意拒之，每致克捷。但孤城獨守，外無聲援，孝意執志，誓以必死。每遣使江都，道路隔絕，竟無報命。孝意亦知帝必不反，每每旦暮向詔勅庫俯伏流涕，悲動左右。圍城百餘日，粮盡，爲校尉張倫所殺，以城歸武周。

張季珣

京兆張季珣，父祥，少爲高祖所知，其後引爲丞相參軍事。開皇中，累遷幷州司馬。仁壽末，漢王諒舉兵反，遣其將劉建略地燕、趙。至井陘，祥勒兵拒守，建攻之，復縱火燒其郭下。祥見百姓驚駭，其城側有西王母廟，祥登城望之再拜，號泣而言曰：「百姓何罪，致此焚燒！神其有靈，可降雨相救。」言訖，廟上雲起，須臾驟雨，其火遂滅。士卒感其至誠，莫不用命。城圍月餘，李雄援軍至，〔七〕賊遂退走。以功授開府，歷汝州刺史、靈武太守，入爲都水監，卒官。

季珣少慷慨，有志節。大業末，爲鷹擊郎將，其府據箕山爲固，與洛口連接。及李密、翟讓攻陷倉城，遣人呼之。季珣罵密極口，密怒，遣兵攻之，連年不能克。時密衆數十萬在其城下，季珣四面阻絕，所領不過數百人，而執志彌固，誓以必死。經三年，資用盡，樵蘇無所得，撤屋而爨，人皆穴處，季珣撫巡之，一無離叛。粮盡，士卒羸病不能拒戰，遂爲所陷。季珣坐聽事，顏色自若，密遣兵擒送之。羣賊曳季珣令拜密，季珣曰：「吾雖爲敗軍之將，猶是天子爪牙之臣，何容拜賊也！」密壯而釋之。翟讓從之求金不得，遂殺之，時年二十八。

其弟仲琰，大業末爲上洛令。及義兵起，率吏人城守，部下殺之以歸義。仲琰弟琮，爲

千牛左右，宇文化及之亂遇害。季珣家素忠烈，兄弟俱死國難，論者賢之。

松贇〔八〕

北海松贇，性剛烈，重名義，爲石門府隊正。大業末，有賊楊厚擁徒作亂，來攻北海縣，贇從郡兵討之。贇輕騎覘賊，爲厚所獲，厚令贇謂城中，云郡兵已破，宜早歸降。贇僞許之。既至城下，大呼曰：「我是松贇，爲官軍覘賊，邂逅被執，非力屈也。今官軍大來，並已至矣，賊徒寡弱，旦暮擒翦，不足爲憂。」賊以刀築贇口，引之而去，毆擊交下。贇罵厚曰：「老賊何敢致辱賢良，禍自及也！」言未卒，賊已斬斷其腰。城中望之，莫不流涕扼腕，銳氣益倍。北海卒完。煬帝遣戶曹郎郭子賤討厚破之，以贇亡身殉節，嗟悼不已，上表奏之。優詔褒揚，贈朝散大夫、本郡通守。

史臣曰：古人以天下至大，方身則小，生爲重矣，比義則輕。然則死有重於太山，生以理全者也，生有輕於鴻毛，死與義合者也。然死不可追，生無再得，故處不失節，所以爲難矣。楊諒、玄感、李密反形已成，凶威方熾，皇甫誕、游元、馮慈明臨危不顧，視死如歸，可謂

勇於蹈義矣。獨孤盛、元文都、盧楚、堯君素豈不知天之所廢，人不能興，甘就葅醢之誅，以徇忠貞之節。雖功未存於社稷，力無救於顚危，然視彼苟免之徒，貫三光而洞九泉矣。須陁、善會有溫序之風，子翊、松贇蹈解揚之烈。國家昏亂有忠臣，誠哉斯言也。

校勘記

〔一〕宇玄盧　洪頤煊諸史考異：皇甫誕碑作「宇玄憲」。

〔二〕王頍　「頍」原作「頵」，據本書王頍傳及北史皇甫誕傳改。

〔三〕廣平任人　「任」下原衍「城」字。按：漢書地理志下，廣平國有任縣。至北魏，仍設此縣。魏書游明根傳（元是明根的玄孫）也作「廣平任人」。今據刪。

〔四〕蓋牟道　「牟」，本書煬帝紀下作「蓋馬道」。

〔五〕王充　卽王世充。原避唐諱，省「世」字。

〔六〕故言其已見之　「已」，册府五八四作「以」。

〔七〕李雄　卽李子雄。

〔八〕松贇　北史杜松贇傳，「松」上有「杜」字。

隋書卷七十二

列傳第三十七

孝義

孝經云：「夫孝，天之經也，地之義也，人之行也。」論語云：「君子務本，本立而道生。孝悌也者，其爲仁之本與！」呂覽云：「夫孝，三皇、五帝之本務，萬事之綱紀也。執一術而百善至，百邪去，天下順者，其唯孝乎！」然則孝之爲德至矣，其爲道遠矣，其化人深矣。故聖帝明王行之於四海，則與天地合其德，與日月齊其明。諸侯卿大夫行之於國家，則永保其宗社，長守其祿位。匹夫匹婦行之於閭閻，則播徽烈於當年，揚休名於千載。此皆資純至以感物，故聖哲之所重。

田翼、郎方貴等闕稽古之學，無俊偉之才，並能任其自然，情無矯飾。篤於天性，勤其四體，竭股肱之力，盡愛敬之心，自足膝下之歡，忘懷軒冕之貴。不言之化，人神通感。雖

或位登台輔，爵列王侯，祿積萬鍾，馬踰千駟，死之日，曾不得與斯人之徒隸齒。孝之大也，不其然乎！故述其所行，爲孝義傳。

陸彥師

陸彥師字雲房，魏郡臨漳人。祖希道，魏定州刺史。父子彰，中書監。彥師少有行檢，爲邦族所稱，長而好學，解屬文。魏襄城王元旭引爲參軍事。以父艱去職，哀毀殆不勝喪。與兄卬廬於墓次，負土成墳。公卿重之，多就墓側存問，晦朔之際，車馬不絕。齊文宣聞而嘉歎，旌表其閭，號其所住爲孝終里。

中書令河間邢邵表薦之，未報，彭城王浟爲司州牧，召補主簿。後歷中外府東閤祭酒。兄卬當襲父始平侯，以彥師昆弟中最幼，表讓封焉。彥師固辭而止。時稱友悌孝義，總萃一門。遷中書舍人，尋轉通直散騎侍郎。每陳使至，必令高選主客，彥師所接對者，前後六輩。歷中書黃門侍郎，以不阿宦者，遇讒，出爲中山太守，有惠政。數年，徵爲吏部郎中。周武平齊，授載師下大夫。宣帝時，轉少納言，賜爵臨水縣男，奉使幽、薊。

俄而高祖爲丞相，彥師遇疾，請假還鄴。尉迥將爲亂，彥師微知之，遂委妻子，潛歸長安。高祖嘉之，授內史下大夫，拜上儀同。高祖受禪，拜尙書左丞，進爵爲子。彥師素多

病，未幾，以務劇疾動，乞解所職，有詔聽以本官就第。歲餘，轉吏部侍郎。隋承周制，官無清濁，彥師在職，凡所任人，頗甄別於士庶，論者美之。後復以病出爲汾州刺史，卒官。

田德懋

田德懋，觀國公仁恭之子也。少以孝友著名。開皇初，以父軍功，賜爵平原郡公，授太子千牛備身。丁父艱，哀毀骨立，廬於墓側，負土成墳。上聞而嘉之，遣員外散騎侍郎元志就吊焉。復降璽書曰：「皇帝謝田德懋。知在窮疾，哀毀過禮，倚廬墓所，負土成墳。朕孝理天下，思弘名教，復與汝通家，情義素重，有聞孝感，嘉歎兼深。春日暄和，氣力何似？宜自抑割，以禮自存也。」并賜縑二百匹，米百石。復下詔表其門閭。後歷太子舍人、義州司馬。大業中，爲給事郎、尚書駕部郎，卒官。

薛濬

薛濬字道賾，刑部尚書、內陽公冑之從祖弟也。父琰，周渭南太守。濬少喪父，早孤，養母以孝聞。幼好學，有志行，尋師於長安。時初平江陵，何妥歸國，見而異之，授以經業。周天和中，襲爵虞城侯，歷納言上士、新豐令。

開皇初，擢拜尚書虞部侍郎，尋轉考功侍郎。帝聞濬事母至孝，以其母老，賜輿服机杖，四時珍味，當時榮之。後其母疾，濬貌甚憂瘁，親故弗之識也。暨丁母艱，詔鴻臚監護喪事，歸葬夏陽。于時隆冬極寒，濬衰絰徒跣，冒犯霜雪，自京及鄉，五百餘里，足凍墮指，瘡血流離，朝野爲之傷痛。州里賵助，一無所受。尋起令視事，濬屢陳誠欵，請終喪制，優詔不許。及至京，上見其毀瘠過甚，爲之改容，顧謂羣臣曰：「吾見薛濬哀毀，不覺悲感傷懷。」嗟異久之。濬竟不勝喪，病且卒。其弟謨時爲晉王府兵曹參軍事，在揚州，濬遺書與謨曰：

吾以不造，幼丁艱酷，窮遊約處，屢絕簞瓢。晚生早孤，不聞詩、禮，賴奉先人貽厥之訓，獲稟母氏聖善之規，負笈裹糧，不憚艱遠，從師就業，欲罷不能。砥行厲心，困而彌篤，服膺教義，爰至長成。自釋耒登朝，于茲二十三年矣。雖官非聞達，而祿喜逮親，庶保期頤，得終色養。何圖精誠無感，禍酷荐臻，兄弟俱被奪情，苫廬靡申哀訴。是用扣心泣血，隕氣摧魂者也。既而創巨釁深，不勝荼毒，啓手啓足，幸及全歸。使夫死而有知，得從先人於地下矣，豈非至願哉。但念爾伶俜孤宦，遠在邊服，顧此恨恨，如何可言。適已有書，冀得與汝面訣，忍死待汝，已歷一旬。汝既未來，便成今古，緬然永別，爲恨何言。勉之哉，勉之哉！

書成而絕，時年四十二。有司以聞，高祖爲之屑涕，降使齎册書弔祭曰：「皇帝咨故考功侍郎薛濬。於戲！惟爾操履貞和，器業詳敏，允膺列宿，勤譽克彰。及遘私艱，奄從毀滅。嘉爾誠孝，感于朕懷，奠酹有加，抑惟朝典。故遣使人，指申往命，魂而有靈，歆茲榮渥。嗚呼哀哉！」

濬性清儉，死之日，家無遺資。濬初爲童兒時，與宗中諸兒遊戲于㵎濱。見一黃蛇有角及足，召羣兒共視，了無見者。濬以爲不祥，歸大憂悴。母逼而問之，濬以實對。時有胡僧詣宅乞食，濬母怖而告之，僧曰：「此乃兒之吉應。且是兒也，早有名位，然壽不過六七耳。」言終而出，忽然不見，時咸異之。既而終於四十二，六七之言，於是驗矣。子乾福，武安郡司倉書佐。

王頒

王頒字景彥，太原祁人也。祖神念，梁左衞將軍。父僧辯，太尉。頒少倜儻，有文武幹局。其父平侯景，留頒質於荆州，遇元帝爲周師所陷，頒因入關。聞其父爲陳武帝所殺，號慟而絕，食頃乃蘇，哭泣不絕聲，毀瘠骨立。至服闋，常布衣蔬食，藉藁而臥。周明帝嘉之，召授左侍上士，累遷漢中太守，尋拜儀同三司。

開皇初，以平蠻功，加開府，封蛇丘縣公。獻取陳之策，上覽而異之，召與相見，言畢而歔欷，上爲之改容。及大舉伐陳，頒自請行，率徒數百人，從韓擒先鋒夜濟。力戰被傷，恐不堪復鬬，悲感嗚咽。夜中因睡，夢有人授藥，比寤而創不痛，時人以爲孝感。及陳滅，頒密召父時士卒，得千餘人，對之涕泣。其間壯士或問頒曰：「郎君來破陳國，滅其社稷，讎恥已雪，而悲哀不止者，將爲霸先早死，不得手刃之邪？請發其丘壟，斲櫬焚骨，亦可申孝心矣。」頒頓顙陳謝，額盡流血，答之曰：「其爲帝王，墳塋甚大，恐一宵發掘，不及其屍，更至明朝，事乃彰露，若之何？」諸人請具鍫鍤，一旦皆萃。於是夜發其陵，剖棺，見陳武帝鬚並不落，其本皆出自骨中。頒遂焚骨取灰，投水而飲之。既而自縛，歸罪於晉王。王表其狀，高祖曰：「朕以義平陳，王頒所爲，亦孝義之道也，朕何忍罪之！」舍而不問。有司錄其戰功，將加柱國，賜物五千段，頒固辭曰：「臣緣國威靈，得雪怨恥，本心徇私，非是爲國，所加官賞，終不敢當。」高祖從之。拜代州刺史，甚有惠政。母憂去職。後爲齊州刺史，卒官，時年五十二。弟頍，見文學傳。

楊慶

楊慶字伯悅，河間人也。祖玄，父剛，並以至孝知名。慶美姿儀，性辯慧。年十六，齊

國子博士徐遵明見而異之。及長，頗涉書記。年二十五，郡察孝廉，以侍養不行。其母有疾，不解襟帶者七旬。及居母憂，哀毁骨立，負土成墳。齊文宣帝表其門閭，賜帛三十匹，縣十屯，粟五十石。高祖受禪，屢加褒賞，擢授儀同三司，版授平陽太守。年八十五，終於家。

郭儁

郭儁字弘乂，太原文水人也。家門雍睦，七葉共居，犬豕同乳，烏鵲通巢，時人以爲義感之應。州縣上其事，上遣平昌公宇文㢸詣其家勞問之。治書御史柳彧巡省河北，表其門閭。漢王諒爲并州總管，聞而嘉歎，賜兄弟二十餘人衣各一襲。

田翼

田翼，不知何許人也。性至孝，養母以孝聞。其後母臥疾歲餘，翼親易燥濕，母食則食，母不食則不食。母患暴痢，翼謂中毒，遂親嘗惡。及母終，翼一慟而絶，其妻亦不勝哀而死。鄉人厚共葬之。

紐回

紐回字孝政，河東安邑人也。性至孝，周武成中，父母喪，廬於墓側，負土成墳。廬前生麻一株，高丈許，圍之合拱，枝葉鬱茂，冬夏恒青。有烏棲其上，回舉聲哭，烏即悲鳴，時人異之。周武帝表其閭，擢授甘棠令。開皇初，卒。

子士雄，少質直孝友，喪父，復廬於墓側，負土成墳。其庭前有一槐樹，先甚鬱茂，及士雄居喪，樹遂枯死。服闋還宅，死樹復榮。高祖聞之，歎其父子至孝，下詔褒揚，號其所居爲累德里。

劉士儁

劉士儁，彭城人也。性至孝，丁母喪，絶而復蘇者數矣。勺飲不入口者七日，廬於墓側，負土成墳，列植松柏。狐狼馴擾，爲之取食。高祖受禪，表其門閭。

郎方貴

郎方貴，淮南人也。少有志尚，與從父弟雙貴同居。開皇中，方貴嘗因出行遇雨，淮水汎長，於津所寄渡，船人怒之，撾方貴臂折。至家，其弟雙貴驚問所由，方貴具言之。雙貴恚恨，遂向津毆擊船人致死。守津者執送之縣官，案問其狀，以方貴爲首，當死，雙貴從坐，當流。兄弟二人爭爲首坐，縣司不能斷，送詣州。兄弟各引咎，州不能定，二人爭欲赴水而死。州狀以聞，上聞而異之，特原其罪，表其門閭，賜物百段。後爲州主簿。

翟普林

翟普林，楚丘人也。性仁孝，事親以孝聞。州郡辟命，皆固辭不就，躬耕色養，鄉鄰謂爲楚丘先生。後父母疾，親易燥濕，不解衣者七旬。大業初，父母俱終，哀毁殆將滅性，廬於墓側，負土爲墳。盛冬不衣繒絮，唯著單縗而已。家有一烏犬，隨其在墓，若普林哀臨，犬亦悲號，見者嗟異焉。有二鵲巢其廬前柏樹，每入其廬，馴狎無所驚懼。大業中，司隸巡察，奏其孝感，擢授孝陽令。

李德饒

李德饒，趙郡柏人人也。祖徹，魏尚書右丞。父純，開皇中爲介州長史。德饒少聰敏好學，有至性，宗黨咸敬之。弱冠爲校書郎，仍直內史省，參掌文翰。轉監察御史，糾正不

避貴戚。大業三年，遷司隸從事，每巡四方，理雪冤枉，褒揚孝悌。雖位秩未通，其德行爲當時所重，凡與交結，皆海內髦彥。性至孝，父母寢疾，輒終日不食，十旬不解衣。及丁憂，水漿不入口五日，哀慟嘔血數升。及送葬之日，會仲冬積雪，行四十餘里，單縗徒跣，號踴幾絶。會葬者千餘人，莫不爲之流涕。後甘露降於庭樹，有鳩巢其廬。納言楊達巡省河北，詣其廬弔慰之，因改所居村名孝敬村，里爲和順里。

後爲金河長，未之官，值羣盜蜂起，賊帥格謙、孫宣雅等十餘頭，聚衆於渤海。時有勑許其歸首，謙等懼不敢降，以德饒信行有聞，遣使奏曰：「若使德饒來者，即相率歸首。」帝於是遣德饒往渤海慰諭諸賊。行至冠氏，會他盜攻陷縣城，德饒見害。

其弟德佋，性重然諾。大業末，爲離石郡司法書佐，太守楊子崇特禮之。及義兵起，子崇遇害，棄尸城下，德佋赴哭盡哀，收瘞之。至介休，詣義師，請葬子崇。大將軍嘉之，因贈子崇官，令德佋爲使者，往離石禮葬子崇焉。

華秋

華秋，汲郡臨河人也。幼喪父，事母以孝聞。家貧，傭賃爲養。其母遇患，秋容貌毁悴，鬢鬢頓改，州里咸嗟異之。及母終之後，遂絶櫛沐，髮盡禿落。廬於墓側，負土成墳，有

人欲助之者，秋輒拜而止之。大業初，調狐皮，郡縣大獵。有一兔，人逐之，奔入秋廬中，匿秋膝下。獵人至廬所，異而免之。自爾此兔常宿廬中，馴其左右。郡縣嘉其孝感，具以狀聞。煬帝降使勞問，表其門閭。後羣盜起，常往來廬之左右，咸相誡曰：「勿犯孝子。」鄉人賴秋而全者甚衆。

徐孝肅

徐孝肅，汲郡人也。宗族數千家，多以豪侈相尚，唯孝肅性儉約，事親以孝聞。雖在幼齒，宗黨間每有爭訟，皆至孝肅所平論之，爲孝肅所短者，無不引咎而退。孝肅早孤，不識父，及長，問其母父狀。因求畫工，圖其形像，構廟置之而定省焉，朔望享祭。養母至孝，數十年，家人未見其有忿恚之色。及母老疾，孝肅親易燥濕，憂悴數年，見者無不悲悼。母終，孝肅茹蔬飲水，盛冬單縗，毀瘠骨立。祖父母、父母墓皆負土成墳，廬於墓所四十餘載，被髮徒跣，遂以身終。

其弟德備，聰敏，通涉五經，河朔間稱爲儒者。德備終，子處默又廬於墓側，奕葉稱孝焉。

史臣曰：昔者弘愛敬之理，必籍王公大人，近古敦孝友之情，多茅屋之下。而彥師、道賾，或家傳纓冕，或身誓山河，遂乃負土成墳，致毀滅性。雖乖先王之制，亦觀過以知仁矣。郎貴昆弟，爭死而身全，田翼夫妻俱喪而名立，德饒仁懷羣盜，德佋義感興王，亦足稱也。紐回、劉儁之倫，翟林、華秋之輩，或茂草嘉樹榮枯於庭宇，或走獸翔禽馴狎於廬墓，非夫孝悌之至，通於神明者乎！

隋書卷七十三

列傳第三十八

循吏

古之善牧人者，養之以仁，使之以義，教之以禮，隨其所便而處之，因其所欲而與之，從其所好而勸之。如父母之愛子，如兄之愛弟，聞其飢寒爲之哀，見其勞苦爲之悲，故人敬而悅之，愛而親之。若子產之理鄭國，子賤之居單父，賈琮之牧冀州，文翁之爲蜀郡，皆可以恤其災患，導以忠厚，因而利之，惠而不費。其暉映千祀，聲芳不絕，夫何爲哉？用此道也。然則五帝、三王不易人而化，皆在所由化之而已。故有無能之吏，無不可化之人。

高祖膺運撫圖，除凶靜亂，日旰忘食，思邁前王。然不敦詩書，不尙道德，專任法令，嚴察臨下。吏存苟免，罕聞寬惠，乘時射利者，多以一切求名。暨煬帝嗣興，志存遠略，車轍馬跡，將徧天下，綱紀弛紊，四維不張。其或善於侵漁，强於剝割，絕億兆之命，遂一人之求

者，謂之奉公，卽時升擢。其或顧名節，存綱紀，抑奪攘之心，以從百姓之欲者，則謂之附下，旋及誅夷。夫吏之侵漁，得其所欲，雖重其禁，猶或爲之。吏之清平，失其所欲，雖崇其賞，猶或不爲。況於上賞其姦，下得其欲，求其廉潔，不亦難乎！彥光等立嚴察之朝，屬昏狂之主，執心平允，終行仁恕，餘風遺愛，沒而不忘，寬惠之音，足以傳於來葉。故列其行事，以繫循吏之篇爾。

梁彥光

梁彥光字修芝，安定烏氏人也。祖茂，魏秦、華二州刺史。父顯，周荊州刺史。彥光少岐嶷，有至性，其父每謂所親曰：「此兒有風骨，當興吾宗。」七歲時，父遇篤疾，醫云餌五石可愈。時求紫石英不得。彥光憂瘁不知所爲，忽於園中見一物，彥光所不識，怪而持歸，卽紫石英也。親屬咸異之，以爲至孝所感。魏大統末，入太學，略涉經史，有規檢，造次必以禮。解褐祕書郎，時年十七。周受禪，遷舍人上士。武帝時，累遷小馭下大夫。母憂去職，毀瘁過禮。未幾，起令視事，帝見其毀甚，嗟歎久之，頻蒙慰諭。後轉小內史下大夫。建德中，爲御正下大夫。從帝平齊，以功授開府、陽城縣公，邑千戶。宣帝卽位，拜華州刺史，進封華陽郡公，增邑五百戶，以陽城公轉封一子。尋進位上大將軍，遷御正上大夫。俄拜柱

國、青州刺史，屬帝崩，不之官。

及高祖受禪，以爲岐州刺史，兼領岐州宮監，增邑五百戶，通前二千戶。甚有惠政，嘉禾連理，出於州境。開皇二年，上幸岐州，悅其能，乃下詔曰：「賞以勸善，義兼訓物。彥光操履平直，識用凝遠，布政岐下，威惠在人，廉愼之譽，聞於天下。三載之後，自當遷陟，恐其匱乏，且宜旌善。可賜粟五百斛，物三百段，御傘一枚，庶使有感朕心，日增其美。四海之內，凡曰官人，慕高山而仰止，聞清風而自勵。」未幾，又賜錢五萬。

後數歲，轉相州刺史。彥光前在岐州，其俗頗質，以靜鎮之，合境大化，奏課連最，爲天下第一。及居相部，如岐州法。鄴都雜俗，人多變詐，爲之作歌，稱其不能理化。上聞而譴之，竟坐免。歲餘，拜趙州刺史，彥光言於上曰：「臣前待罪相州，百姓呼爲戴帽餳。臣自分廢黜，無復衣冠之望，不謂天恩復垂收採。請復爲相州，改絃易調，庶有以變其風俗，上答隆恩。」上從之，復爲相州刺史。豪猾者聞彥光自請而來，莫不嗤笑。彥光下車，發擿姦隱，有若神明，於是狡猾之徒莫不潛竄，合境大駭。初，齊亡後，衣冠士人多遷關內，唯技巧、商販及樂戶之家移實州郭。由是人情險詖，妄起風謠，訴訟官人，萬端千變。彥光欲革其弊，乃用秩俸之物，招致山東大儒，每鄉立學，非聖哲之書不得教授。常以季月召集之，親臨策試。有勤學異等，聰令有聞者，升堂設饌，其餘並坐廊下。有好諍訟，惰業無成者，坐之庭

中，設以草具。及大成，當舉行賓貢之禮，又於郊外祖道，并以財物資之。於是人皆剋勵，風俗大改。有滏陽人焦通，性酗酒，事親禮闕，爲從弟所訟。彥光弗之罪，將至州學，令觀於孔子廟。于時廟中有韓伯瑜母杖不痛，哀母力弱，對母悲泣之像。通遂感悟，既悲且愧，若無自容。彥光訓諭而遣之。後改過勵行，卒爲善士。以德化人，皆此類也。吏人感悅，略無諍訟。後數歲，卒官，時年六十。贈冀、定、青、瀛四州刺史，謚曰襄。子文謙嗣。

文謙弘雅有父風，以上柱國嫡子，例授儀同。開皇十五年，拜上州刺史。煬帝卽位，轉饒州刺史。歲餘，爲鄱陽太守，稱爲天下之最。徵拜戶部侍郎。遼東之役，領武賁郎將，尋以本官兼檢校太府、衞尉二少卿。明年，又領武賁郎將，爲盧龍道軍副。會楊玄感作亂，其弟武賁郎將玄縱先隸文謙，玄感反問未至而玄縱逃走，文謙不之覺，坐是配防桂林而卒，時年五十六。

少子文讓，初封陽城縣公，後爲鷹揚郎將。從衞玄擊楊玄感於東都，力戰而死，贈通議大夫。

樊叔略

樊叔略，陳留人也。父歡，仕魏爲南兗州刺史、阿陽侯。屬高氏專權，將謀興復之計，爲高氏所誅。叔略時在髫齓，遂被腐刑，給使殿省。身長九尺，志氣不凡，頗爲高氏所忌。內不自安，遂奔關西。周太祖見而器之，引置左右。尋授都督，襲爵爲侯。大冢宰宇文護執政，引爲中尉。叔略多計數，曉習時事，護漸委信之，兼督內外。累遷驃騎大將軍、開府儀同三司。護誅後，齊王憲引爲園苑監。時憲素有呑關東之志，叔略因事數進兵謀，憲甚奇之。建德五年，從武帝伐齊，叔略部率精銳，每戰身先士卒。以功加上開府，進封淸鄉縣公，邑千四百戶。拜汴州刺史，號爲明決。宣帝時，於洛陽營建東京，以叔略有巧思，拜營構監，宮室制度皆叔略所定。功未就而帝崩。尉迥之亂，高祖令叔略鎭大梁。迥將宇文威來寇，叔略擊走之。以功拜大將軍，復爲汴州刺史。

高祖受禪，加位上大將軍，進爵安定郡公。在州數年，甚有聲譽。鄴都俗薄，號曰難化，朝廷以叔略所在著稱，遷相州刺史，政爲當時第一。上降璽書褒美之，賜物三百段，粟五百石，班示天下。百姓爲之語曰：「智無窮，淸鄉公。上下正，樊安定。」徵拜司農卿，吏人莫不流涕，相與立碑頌其德政。自爲司農，凡種植，叔略別爲條制，皆出人意表。朝廷有疑滯，公卿所未能決者，叔略輒爲評理。雖無學術，有所依據，然師心獨見，闇與理合。甚爲上所親委，高熲、楊素亦禮遇之。叔略雖爲司農，往往參督九卿事。性頗豪侈，每食必方丈，備水陸。十四年，從祠太山，行至洛陽，上令錄囚徒。具狀將奏，晨起，至獄門，於馬上

暴卒，時年五十九。上悼惜久之，贈亳州刺史，謚曰襄。

趙軌

趙軌，河南洛陽人也。父肅，魏廷尉卿。軌少好學，有行檢。周蔡王引爲記室，以淸苦聞。遷衞州治中。

高祖受禪，轉齊州別駕，有能名。其東鄰有桑，葚落其家，軌遣人悉拾還其主，誡其諸子曰：「吾非以此求名，意者非機杼之物，不願侵人。汝等宜以爲誡。」在州四年，考績連最。持節使者郃陽公梁子恭狀上，高祖嘉之，賜物三百段，米三百石，徵軌入朝。父老相送者，各揮涕曰：「別駕在官，水火不與百姓交，是以不敢以壺酒相送。公淸若水，請酌一杯水奉餞。」軌受而飮之。既至京師，詔與奇章公牛弘撰定律令格式。

時衞王爽爲原州總管，上見爽年少，以軌所在有聲，授原州總管司馬。在道夜行，其左右馬逸入田中，暴人禾。軌駐馬待明，訪禾主酬直而去。原州人吏聞之，莫不改操。

後數年，遷硤州刺史，撫緝萌夷，甚有恩惠。尋轉壽州總管長史。芍陂舊有五門堰，蕪穢不修。軌於是勸課人吏，更開三十六門，灌田五千餘頃，人賴其利。秩滿歸鄉里，卒于家，時年六十二。子弘安、弘智，並知名。

房恭懿

房恭懿字慎言，河南洛陽人也。父謨，齊吏部尚書。恭懿性沉深，有局量，達於從政。仕齊，釋褐開府參軍事，歷平恩令、濟陰守，並有能名。會齊亡，不得調。尉迥之亂，恭懿預焉，迥敗，廢于家。

開皇初，吏部尚書蘇威薦之，授新豐令，政爲三輔之最。上聞而嘉之，賜物四百段，恭懿以所得賜分給窮乏。未幾，復賜米三百石，恭懿又以賑貧人。上聞而止之。時雍州諸縣令每朔朝謁，上見恭懿，必呼至榻前，訪以理人之術。蘇威重薦之，超授澤州司馬，有異績，賜物百段，良馬一匹。

遷德州司馬，在職歲餘，盧愷復奏恭懿政爲天下之最。上甚異之，復賜百段，因謂諸州朝集使曰：「如房恭懿志存體國，愛養我百姓，此乃上天宗廟之所祐助，豈朕寡薄能致之乎！朕即拜爲刺史。豈止爲一州而已，當令天下模範之，卿等宜師斅也。」上又曰：「房恭懿所在之處，百姓視之如父母。朕若置之而不賞，上天宗廟其當責我。內外官人宜知我意。」於是下詔曰：「德州司馬房恭懿出宰百里，毗贊二藩，善政能官，標映倫伍。班條按部，實允僉屬，委以方岳，聲實俱美。可使持節、海州諸軍事、海州刺史。」

未幾，會國子博士何妥奏恭懿尉迥之黨，不當仕進，威、愷二人朋黨，曲相薦舉。上大怒，恭懿竟得罪，配防嶺南。未幾，徵還京師，行至洪州，遇患卒。論者于今冤之。

公孫景茂

公孫景茂字元蔚，河間阜城人也。容貌魁梧，少好學，博涉經史。在魏，察孝廉，射策甲科，爲襄城王長史，兼行參軍。遷太常博士，多所損益，時人稱爲書庫。後歷高唐令、大理正，俱有能名。及齊滅，周武帝聞而召見，與語器之，授濟北太守。以母憂去職。

開皇初，詔徵入朝，訪以政術，拜汝南太守。郡廢，轉曹州司馬。在職數年，以老病乞骸骨，優詔不許。俄遷息州刺史，法令清靜，德化大行。時屬平陳之役，征人在路，有疾病者，景茂撤減俸祿，爲饘粥湯藥，分賑濟之，賴全活者以千數。上聞而嘉之，詔宣告天下。

十五年，上幸洛陽，景茂謁見，時年七十七。上命升殿坐，問其年幾。景茂以實對。上哀其老，嗟嘆久之。景茂再拜曰：「呂望八十而遇文王，臣踰七十而逢陛下。」上甚悅，賜物三百段。詔曰：「景茂修身潔己，耆宿不虧，作牧化人，聲績顯著。年終考校，獨爲稱首，宜升戎秩，兼進藩條。可上儀同三司、伊州刺史。」

明年，以疾徵，吏人號泣於道。及疾愈，復乞骸骨，又不許，轉道州刺史。悉以秩俸買牛犢雞猪，散惠孤弱不自存者。好單騎巡人，家至戶入，閱視百姓產業。有修理者，於都會時乃褒揚稱述。如有過惡，隨即訓導，而不彰也。由是人行義讓，有無均通，男子相助耕耘，婦人相從紡績。大村或數百戶，皆如一家之務。其後請致事，上優詔聽之。

仁壽中，上明公楊紀出使河北，見景茂神力不衰，還以狀奏。於是就拜淄州刺史，賜以馬轝，便道之官。前後歷職，皆有德政，論者稱爲良牧。

大業初卒官，年八十七。謚曰康。身死之日，諸州人吏赴喪者數千人，或不及葬，皆望墳慟哭，野祭而去。

辛公義

辛公義，隴西狄道人也。祖徽，魏徐州刺史。父季慶，青州刺史。公義早孤，爲母氏所養，親授書傳。周天和中，選良家子任太學生，以勤苦著稱。武帝時，召入露門學，令受道義。每月集御前令與大儒講論，數被嗟異，時輩慕之。建德初，授宣納中士。從平齊，累遷掌治上士、掃寇將軍。高祖作相，授內史上士，參掌機要。開皇元年，除主客侍郎，攝內史舍人事，賜爵安陽縣男，邑二百戶。每陳使來朝，常奉詔接宴。轉駕部侍郎，使往江陵安輯邊境。七年，使勾檢諸馬牧，所獲十餘萬匹。高祖喜曰：「唯我公義，奉國罄心。」

從軍平陳，以功除岷州刺史。土俗畏病，若一人有疾，即合家避之，父子夫妻不相看養，孝義道絕，由是病者多死。公義患之，欲變其俗。因分遣官人巡檢部內，凡有疾病，皆以牀輿來，安置廳事。暑月疫時，病人或至數百，廳廊悉滿。公義親設一榻，獨坐其間，終日連夕，對之理事。所得秩俸，盡用市藥，爲迎醫療之，躬勸其飲食，於是悉差，方召其親戚而諭之曰：「死生由命，不關相着。前汝棄之，所以死耳。今我聚病者，坐臥其間，若言相染，那得不死，病兒復差！汝等勿復信之。」諸病家子孫慚謝而去。後人有遇病者，爭就使君，其家無親屬，因留養之。始相慈愛，此風遂革，合境之內呼爲慈母。

後遷牟州刺史，下車，先至獄中，因露坐牢側，〔一〕親自驗問。十餘日間，決斷咸盡，方還大廳。受領新訟，皆不立文案，遣當直佐僚一人，側坐訊問。事若不盡，應須禁者，公義即宿廳事，終不還閤。人或諫之曰：「此事有程，使君何自苦也！」答曰：「刺史無德可以導人，尚令百姓係於囹圄，豈有禁人在獄而心自安乎？」罪人聞之，咸自款服。後有欲諍訟者，其鄉閭父老遽相曉曰：「此蓋小事，何忍勤勞使君。」訟者多兩讓而止。時山東霖雨，自陳、汝至于滄海，皆苦水災。境內犬牙，獨無所損。山出黃銀，獲之以獻。詔水部郎婁崱就公義禱焉，乃聞空中有金石絲竹之響。

仁壽元年，追充揚州道黜陟大使。豫章王暕恐其部內官僚犯法，未入州境，預令屬公

義。公義答曰：「奉詔不敢有私。」及至揚州，皆無所縱捨，陳衡之。及煬帝卽位，揚州長史王弘入爲黃門侍郎，因言公義之短，竟去官。吏人守闕訴冤，相繼不絕。後數歲，帝悟，除內史侍郎。丁母憂。未幾，起爲司隸大夫，檢校右禦衞武賁郎將。從征至柳城郡卒，時年六十二。子融。

柳儉

柳儉字道約，河東解人也。祖元璋，魏司州大中正、相華二州刺史。父裕，周聞喜令。儉有局量，立行清苦，爲州里所敬，雖至親昵，無敢狎侮。周代歷宣納上士、畿伯大夫。及高祖受禪，擢拜水部侍郎，封率道縣伯。未幾，出爲廣漢太守，甚有能名。俄而郡廢。時高祖初有天下，勵精思政，妙簡良能，出爲牧宰，以儉仁明著稱，擢拜蓬州刺史。獄訟者庭遣，不爲文書，約束佐史，從容而已。獄無繫囚。蜀王秀時鎭益州，列上其事，遷卭州刺史。在職十餘年，萌夷悅服。蜀王秀之得罪也，儉坐與交通，免職。及還鄉里，乘敝車羸馬，妻子衣食不贍，見者咸歎服焉。

煬帝嗣位，徵之。于時以功臣任職，牧州領郡者，並帶戎資，唯儉起自良吏。帝嘉其績用，特授朝散大夫，拜弘化太守，賜物一百段而遣之。儉清節逾勵。大業五年入朝，郡國畢

集，帝謂納言蘇威、吏部尙書牛弘曰：「其中清名天下第一者爲誰？」威等以儉對。帝又問其次，威以涿郡丞郭絢、潁川郡丞敬肅等二人對。帝賜儉帛二百匹，絢、肅各一百匹。令天下朝集使送至郡邸，以旌異焉。論者美之。及大業末，盜賊蜂起，數被攻逼。儉撫結人夷，卒無離叛，竟以保全。及義兵至長安，尊立恭帝，儉與留守李粲縞素於州，南向慟哭。既而歸京師，相國賜儉物三百段，就拜上大將軍。歲餘，卒于家，時年八十九。

郭絢

郭絢，河東安邑人也。家素寒微。初爲尙書令史，後以軍功拜儀同，歷數州司馬長史，皆有能名。大業初，刑部尙書宇文㢸巡省河北，引絢爲副。煬帝將有事於遼東，以涿郡爲衝要，訪可任者。聞絢有幹局，拜涿郡丞，吏人悅服。數載，遷爲通守，兼領留守。及山東盜賊起，絢逐捕之，多所剋獲。時諸郡無復完者，唯涿郡獨全。後將兵擊竇建德於河間，戰死，人吏哭之，數月不息。

敬肅

敬肅字弘儉，河東蒲坂人也。少以貞介知名，釋褐州主簿。開皇初，爲安陵令，有能名，擢拜秦州司馬，轉豳州長史。仁壽中，爲衞州司馬，俱有異績。煬帝嗣位，遷潁川郡丞。大業五年，朝東都，帝令司隸大夫薛道衡爲天下羣官之狀。道衡狀稱肅曰：「心如鐵石，老而彌篤。」時左翊衞大將軍宇文述當塗用事，其邑在潁川，每有書屬肅。肅未嘗開封，輒令使者持去。述賓客有放縱者，以法繩之，無所寬貸。由是述銜之。八年，朝於涿郡，帝以其年老，有治名，將擢爲太守者數矣，輒爲述所毀，不行。大業末，乞骸骨，優詔許之。去官之日，家無餘財。歲餘，終于家，時年八十。

劉曠

劉曠，不知何許人也。性謹厚，每以誠恕應物。開皇初，爲平鄉令，單騎之官。人有諍訟者，輒丁寧曉以義理，不加繩劾，各自引咎而去。所得俸祿，賑施窮乏。百姓感其德化，更相篤勵，曰：「有君如此，何得爲非！」在職七年，風教大洽，獄中無繫囚，爭訟絕息，囹圄盡皆生草，庭可張羅。及去官，吏人無少長，號泣於路，將送數百里不絕。遷爲臨潁令，清名善政，爲天下第一。尙書左僕射高熲言其狀，上召之，及引見，勞之曰：「天下縣令固多矣，卿能獨異於衆，良足美也！」顧謂侍臣曰：「若不殊奬，何以爲勸！」於是下優詔，擢拜莒州刺史。

王伽

王伽，河間章武人也。開皇末，爲齊州行參軍，初無足稱。後被州使送流囚李參等七十餘人詣京師。時制，流人並枷鎖傳送。伽行次滎陽，哀其辛苦，悉呼而謂之曰：「卿輩既犯國刑，虧損名教，身嬰縲紲，此其職也。今復重勞援卒，豈獨不愧於心哉！」參等辭謝。伽曰：「汝等雖犯憲法，枷鎖亦大辛苦。吾欲與汝等脫去，行至京師總集，能不違期不？」皆拜謝曰：「必不敢違。」伽於是悉脫其枷，停援卒，與期曰：「某日當至京師，如致前却，吾當爲汝受死。」舍之而去。流人咸悅，依期而至，一無離叛。上聞而驚異之，召見與語，稱善久之。於是悉召流人，幷令攜負妻子俱入，賜宴於殿庭而赦之。乃下詔曰：「凡在有生，含靈稟性，咸知好惡，並識是非。若臨以至誠，明加勸導，則俗必從化，人皆遷善。往以海內亂離，德教廢絕，官人無慈愛之心，兆庶懷姦詐之意，所以獄訟不息，澆薄難治。朕受命上天，安養萬姓，思遵聖法，以德化人，朝夕孜孜，意在於此。而伽深識朕意，誠心宣導。參等感悟，自赴憲司。明是率土之人非爲難教，良是官人不加曉示，致令陷罪，無由自新。若使官盡王伽之儔，人皆李參之輩，刑厝不用，其何遠哉！」於是擢伽爲雍令，政有能名。

二十四史

魏德深

魏德深，本鉅鹿人也。祖沖，仕周爲刑部大夫、建州刺史，因家弘農。父毗，鬱林令。德深初爲文帝挽郎，後歷馮翊書佐、武陽司戶書佐，以能遷貴鄉長。爲政清淨，不嚴而治。會興遼東之役，徵稅百端，使人往來，責成郡縣。于時王綱弛紊，吏多贓賄，所在徵斂，下不堪命。唯德深一縣，有無相通，不竭其力，所求皆給，百姓不擾，稱爲大治。于時盜賊羣起，武陽諸城多被淪陷，唯貴鄉獨全。郡丞元寶藏受詔逐捕盜賊，每戰不利，則器械必盡，輒徵發於人，動以軍法從事，如此者數矣。其鄰城營造，皆聚於廳事，吏人遞相督責，晝夜喧囂，猶不能濟。德深各問其所欲任，隨便修營，官府寂然，恒若無事。唯約束長吏，所修不須過勝餘縣，使百姓勞苦。然在下各自竭心，常爲諸縣之最。尋轉館陶長，貴鄉吏人聞之，相與言及其事，皆歔欷流涕，語不成聲。及將赴任，傾城送之，號泣之聲，道路不絕。

旣至館陶，闔境老幼皆如見其父母。有猾人員外郎趙君實，與郡丞元寶藏深相交結，前後令長未有不受其指麾者。自德深至縣，君實屏處於室，未嘗輒敢出門。逃竄之徒，歸來如市。貴鄉父老冒涉艱險，詣闕請留德深，有詔許之。館陶父老復詣郡相訟，以貴鄉文書爲詐。郡不能決。會持節使者韋霽、杜整等至，兩縣詣使訟之，乃斷從貴鄉。貴鄉吏人

歌呼滿道，互相稱慶。館陶衆庶合境悲哭，因而居住者數百家。

寶藏深害其能。會越王侗徵兵於郡，寶藏遂令德深率兵千人赴東都。俄而寶藏以武陽歸李密。德深所領，皆武陽人也，以本土從賊，念其親戚，輒出都門東向慟哭而反。人或謂之曰：「李密兵馬近在金墉，去此二十餘里。汝必欲歸，誰能相禁，何爲自苦如此！」其人皆垂泣曰：「我與魏明府同來，不忍棄去，豈以道路艱難乎！」其得人心如此。後與賊戰，沒於陣，貴鄉、館陶人庶至今懷之。

時有櫟陽令渤海高世衡、蕭令彭城劉高、城皐令弘農劉熾，俱有恩惠。大業之末，長史多贓污，衡、高及熾清節逾厲，風教大洽，獄無繫囚，爲吏人所稱。

史臣曰：古語云，善爲水者，引之使平，善化人者，撫之使靜。水平則無損於隄防，人靜則不犯於憲章。然則易俗移風，服教從義，不資於明察，必藉於循良者也。彥光等皆內懷直道，至誠待物，故得所居而化，所去見思。至於景茂之遏惡揚善，公義之撫視疾病，劉曠之化行所部，德深之愛結人心，雖信臣、杜詩、鄭渾、朱邑，不能繼也。詩云：「愷悌君子，人之父母。」豈徒言哉！恭懿所在尤異，屢簡帝心，追旣往之一眚，遂流亡於道路，惜乎！柳儉去官，妻子不贍，趙軌秩滿，酌水餞離，清矣！

校勘記

〔一〕因露坐牢側　「因」原作「囚」，據北史本傳及御覽六三九、又八一二改。

中華書局

隋書卷七十四

列傳第三十九

酷吏

夫爲國之體有四焉：一曰仁義，二曰禮制，三曰法令，四曰刑罰。仁義禮制，政之本也，法令刑罰，政之末也。無本不立，無末不成。然教化遠而刑罰近，可以助化而不可以專行，可以立威而不可以繁用。老子曰：「其政察察，其人缺缺。」又曰：「法令滋章，盜賊多有。」然則令之煩苛，吏之嚴酷，不能致理，百代可知。考覽前載，有時而用之矣。昔秦任獄吏，赭衣滿道。漢革其風，矯枉過正，禁網疏闊，遂漏吞舟，大姦巨猾，犯義侵禮。故剛克之吏，摧拉凶邪，一切禁姦，以救時弊，雖垂教義，或有所取焉。

高祖膺期，平一江左，四海九州，服教從義。至於威行郡國，力折公侯，乘傳賦人，探丸斫吏者，所在蔑聞焉。無曩時之弊，亦已明矣。士文等功不足紀，才行無聞，遭遇時來，叨

竊非據，肆其褊性，多行無禮，君子小人，咸罹其毒。凡厥所莅，莫不懍然。居其下者，視之如蛇虺，過其境者，逃之如寇讎。與人之恩，心非好善，加人之罪，事非疾惡。其所笞辱，多在無辜，察其所爲，豺狼之不若也。無禁姦除猾之志，肆殘虐幼賤之心，君子惡之，故編爲酷吏傳也。

厙狄士文

厙狄士文，代人也。祖干，齊左丞相。父敬，武衞將軍、肆州刺史。士文性孤直，雖鄰里至親莫與通狎。少讀書。在齊，襲封章武郡王，官至領軍將軍。周武帝平齊，山東衣冠多迎周師，唯士文閉門自守。帝奇之，授開府儀同三司、隨州刺史。

高祖受禪，加上開府，封湖陂縣子，尋拜貝州刺史。性清苦，不受公料，家無餘財。其子常噉官厨餅，士文枷之於獄累日，杖之一百，步送還京。僮隸無敢出門，所買鹽菜，必於外境。凡有出入，皆封署其門，親舊絕跡，慶弔不通。法令嚴肅，吏人股戰，道不拾遺。有細過，必深文陷害。嘗入朝，遇上置酒高會，賜公卿入左藏，任取多少。人皆極重，士文獨口銜絹一匹，兩手各持一匹。上問其故，士文曰：「臣口手俱滿，餘無所須。」上異之，別加賞物，勞而遣之。士文至州，發擿姦隱，長吏尺布升粟之贓，無所寬貸。得千餘人而奏之，上悉配防嶺南，親戚相送，哭泣之聲徧於州境。至嶺南，遇瘴癘死者十八九，於是父母妻子唯哭士文。士文聞之，令人捕捉，撾捶盈前，而哭者彌甚。有京兆韋焜爲貝州司馬，河東趙達爲清河令，二人並苛刻，唯長史有惠政。時人爲之語曰：「刺史羅刹政，司馬蝮蛇瞋，長史含笑判，清河生喫人。」上聞而歎曰：「士文之暴，過於猛獸。」竟坐免。

未幾，以爲雍州長史，士文謂人曰：「我向法深，不能窺候要貴，必死此官矣。」及下車，執法嚴正，不避貴戚，賓客莫敢至門，人多怨望。士文從父妹爲齊氏嬪，有色，齊滅之後，賜薛國公長孫覽爲妾。覽妻鄭氏性妬，譖之於文獻后，后令覽離絕。士文恥之，不與相見。後應州刺史唐君明居母憂，娉以爲妻，由是士文、君明並爲御史所劾。士文性剛，在獄數日，憤恚而死。家無餘財，有子三人，朝夕不繼，親友無內之者。

田式

田式字顯標，馮翊下邽人也。祖安興，父長樂，仕魏，俱爲本郡太守。式性剛果，多武藝，拳勇絕人。周明帝時，年十八，授都督，領鄉兵。後數載，拜渭南太守，政尚嚴猛，吏人重足而立，無敢違法者。遷本郡太守，親故屏跡，請託不行。武帝聞而善之，進位儀同三司，賜爵信都縣公，擢拜延州刺史。從帝平齊，以功加上開府，徙爲建州刺史，[一]改封梁泉

縣公。

高祖總百揆，尉迥作亂鄴城，從韋孝寬擊之。以功拜大將軍，進爵武山郡公。及受禪，拜襄州總管，專以立威爲務。每視事于外，必盛氣以待其下，官屬股慄，無敢仰視。有犯禁者，雖至親昵，無所容貸。其女婿京兆杜寧，自長安省之，式誡寧無出外。寧久之不得還，竊上北樓，以暢羈思。式知之，笞寧五十。其所愛奴，嘗詣式白事，有蟲上其衣衿，揮袖拂去之。式以爲慢己，立棒殺之。或僚吏姦贓，部內劫盜者，無問輕重，悉禁地牢中，寢處糞穢，令其苦毒，自非身死，終不得出。每赦書到州，式未暇讀，先召獄卒，殺重囚，然後宣示百姓。其刻暴如此。由是爲上所譴，除名爲百姓。式慚恚不食，妻子至其所，輒怒，唯侍僮二人給使左右。從家中索椒，欲以自殺，家人不與。陰遣所侍僮詣市買毒藥，妻子又奪而棄之。式恚臥。其子信時爲儀同，至式前流涕曰：「大人既是朝廷舊臣，又無大過。比見公卿放辱者多矣，旋復升用，大人何能久乎？乃至於此！」式欻然而起，抽刀斫信，信遽走避之，刃中於闔。上知之，以式爲罪己之深，復其官爵。尋拜廣州總管，卒官。

燕榮

燕榮字貴公，華陰弘農人也。父偘，周大將軍。榮性剛嚴，有武藝，仕周爲內侍上士。

從武帝伐齊，以功授開府儀同三司，封高邑縣公。高祖受禪，進位大將軍，封落叢郡公，拜晉州刺史。從河間王弘擊突厥，以功拜上柱國，遷青州總管。榮在州，選絕有力者爲伍伯，吏人過之者，必加詰問，輒楚撻之，創多見骨。姦盜屏迹，境內肅然。他州縣人行經其界者，畏若寇讎，不敢休息。上甚善之。後因入朝覲，特加勞勉。榮以母老，請每歲入朝，上許之。及辭，上賜宴于內殿，詔王公作詩以餞之。伐陳之役，以爲行軍總管，率水軍自東萊傍海，入太湖，取吳郡。既破丹陽，吳人共立蕭瓛爲主，阻兵於晉陵，爲宇文述所敗，退保包山。榮率精甲五千躡之，瓛敗走，爲榮所執，晉陵、會稽悉平。檢校揚州總管。尋徵爲右武候將軍。突厥寇邊，以爲行軍總管，屯幽州。母憂去職。明年，起爲幽州總管。

榮性嚴酷，有威容，長史見者，莫不惶懼自失。范陽盧氏，代爲著姓，榮皆署爲吏卒以屈辱之。鞭笞左右，動至千數，流血盈前，飲噉自若。嘗按部，道次見叢荊，堪爲笞棰，命取之，輒以試人。人或自陳無咎，榮曰：「後若有罪，當免爾。」及後犯細過，將檛之，人曰：「前日被杖，使君許有罪宥之。」榮曰：「無過尚爾，況有過邪！」榜棰如舊。榮每巡省管內，聞官人及百姓妻女有美色，輒舍其室而淫之。貪暴放縱日甚。是時元弘嗣被除爲幽州長史，懼爲榮所辱，固辭。上知之，勑榮曰：「弘嗣杖十已上罪，皆須奏聞。」榮忿曰：「豎子何敢弄我！」於是遣弘嗣監納倉粟，颺得一糠一粃，輒罰之。每笞雖不滿十，然一日之中，或至三數。如

是歷年，怨隙日構，榮遂收付獄，禁絕其糧。弘嗣飢餒，抽衣絮，雜水咽之。其妻詣闕稱寃，上遣考功侍郎劉士龍馳驛鞫問。奏榮虐毒非虛，又贓穢狼籍，遂徵還京師，賜死。先是，榮家寢室無故有蛆數斛，從地墳出。未幾，榮死於蛆出之處。有子詢。

趙仲卿

趙仲卿，天水隴西人也。父剛，〔三〕周大將軍。仲卿性粗暴，有膂力，周齊王憲甚禮之。從擊齊，攻臨秦、統戎、威遠、伏龍、張壁等五城，盡平之。又擊齊將段孝先於姚襄城，苦戰連日，破之。以功授大都督，尋典宿衛。平齊之役，以功遷上儀同，兼趙郡太守。入爲畿伯中大夫。王謙作亂，仲卿使在利州，即與總管豆盧勣發兵拒守。爲謙所攻，仲卿督兵出戰，前後一十七陣。及謙平，進位大將軍，封長垣縣公，邑千戶。

高祖受禪，進爵河北郡公。開皇三年，突厥犯塞，以行軍總管從河間王弘出賀蘭山。仲卿別道俱進，無虜而還。復鎮平涼，尋拜石州刺史。法令嚴猛，纖微之失，無所容捨，鞭笞長吏，輒至二百。官人戰慄，無敢違犯，盜賊屏息，皆稱其能。遷兗州刺史，未之官，拜朔州總管。于時塞北盛興屯田，仲卿總統之。微有不理者，仲卿輒召主掌，撻其胸背，或解衣倒曳於荊棘中。時人謂之猛獸。事多克濟，由是收穫歲廣，邊戍無餽運之憂。

會突厥啓民可汗求婚於國，上許之。仲卿因是間其骨肉，遂相攻擊。十七年，啓民窘迫，與隋使長孫晟投通漢鎮。仲卿率騎千餘馳援之，達頭不敢逼。潛遣人誘致啓民所部，至者二萬餘家。其年，從高熲指白道以擊達頭。仲卿率兵三千爲前鋒，至族蠡山，與虜相遇，交戰七日，大破之。追奔至乞伏泊，復破之，虜千餘口，雜畜萬計。突厥悉衆而至，仲卿爲方陣，四面拒戰。經五日，會高熲大兵至，合擊之，虜乃敗走。追度白道，踰秦山七百餘里。時突厥降者萬餘家，上命仲卿處之恒安。以功進位上柱國，賜物三千段。朝廷慮達頭掩襲啓民，令仲卿屯兵二萬以備之，代州總管韓洪、永康公李藥王、蔚州刺史劉隆等，將步騎一萬鎮恒安。達頭騎十萬來寇，韓洪軍大敗，仲卿自樂寧鎮邀擊，斬首虜千餘級。明年，督役築金河、定襄二城，以居啓民。時有表言仲卿酷暴者，上令御史王偉按之，並實，惜其功不罪也。因勞之曰：「知公清正，爲下所惡。」賜物五百段。仲卿益恣，由是免官。

仁壽中，檢校司農卿。蜀王秀之得罪，奉詔往益州窮按之。秀賓客經過之處，仲卿必深文致法，州縣長吏坐者太半。上以爲能，賞婢奴五十口，黃金二百兩，米粟五千石，奇寶雜物稱是。

煬帝嗣位，判兵部、工部二曹尚書事。其年，卒，時年六十四。謚曰肅。贈物五百段。子弘嗣。

崔弘度　弟弘昇

崔弘度字摩訶衍，博陵安平人也。祖楷，魏司空。父說，周敷州刺史。弘度膂力絕人，儀貌魁岸，鬚面甚偉。性嚴酷。年十七，周大冢宰宇文護引爲親信。尋授都督，累轉大都督。時護子中山公訓爲蒲州刺史，令弘度從焉。嘗與訓登樓，至上層，去地四五丈，俯臨之，訓曰：「可畏也。」弘度曰：「此何足畏！」欻然擲下，至地無損傷。訓以其拳捷，大奇之。後以戰勳，授儀同。從武帝滅齊，進位上開府，鄴縣公，賜物三千段，粟麥三千石，奴婢百口，雜畜千計。尋從汝南公宇文神舉破盧昌期於范陽。

宣帝嗣位，從鄖國公韋孝寬經略淮南。弘度與化政公宇文忻、司水賀婁子幹至肥口，陳將潘琛率兵數千來拒戰，隔水而陣。忻遣弘度諭以禍福，琛至夕而遁。進攻壽陽，降陳守將吳文立，弘度功最。以前後勳，進位上大將軍，襲父爵安平縣公。及尉迥作亂，以弘度爲行軍總管，從韋孝寬討之。弘度募長安驍雄數百人爲別隊，所當無不披靡。弘度妹先適迥子爲妻，及破鄴城，迥窘迫升樓，弘度直上龍尾追之。迥彎弓將射弘度，弘度脫兜鍪謂迥曰：「相識不？今日各圖國事，不得顧私。以親戚之情，謹遏亂兵，不許侵辱。事勢如此，早爲身計，何所待也？」迥擲弓於地，罵大丞相極口而自殺。弘度顧其弟弘昇曰：「汝可取迥

頭。」弘昇遂斬之。進位上柱國。時行軍總管例封國公，弘度不時殺迥，致縱惡言。由是降爵一等，爲武鄉郡公。

開皇初，突厥入寇，弘度以行軍總管出原州以拒之。虜退，弘度進屯靈武。月餘而還，拜華州刺史。納其妹爲秦孝王妃。尋遷襄州總管。弘度素貴，御下嚴急，動行捶罰，吏人讋氣，聞其聲，莫不戰慄。所在之處，令行禁止，盜賊屏跡。梁王蕭琮來朝，上以弘度爲江陵總管，鎭荊州。弘度未至，而琮叔父巖擁居人以叛，弘度追之不及。陳人憚弘度，亦不敢窺荊州。平陳之役，以行軍總管從秦孝王出襄陽道。及陳平，賜物五千段。高智慧等作亂，復以行軍總管出泉門道，隸於楊素。弘度與素，品同而年長，素每屈下之。一旦隸素，意甚不平，素言多不用。素亦優容之。及還，檢校原州事，仍領行軍總管以備胡，無虜而還，上甚禮之。復以其弟弘昇女爲河南王妃。

仁壽中，檢校太府卿。自以一門二妃，無所降下，每誡其僚吏曰：「人當誠恕，無得欺誑。」皆曰：「諾。」後嘗食鼈，侍者八九人，弘度一一問之曰：「鼈美乎？」人懼之，皆云：「鼈美。」弘度大罵曰：「傭奴何敢誑我？汝初未食鼈，安知其美？」俱杖八十。官屬百工見之者，莫不流汗，無敢欺隱。時有屈突蓋爲武侯驃騎，亦嚴刻，長安爲之語曰：「寧飲三升酢，[三]不見崔弘度。寧茹三升艾，不逢屈突蓋。」然弘度理家如官，子弟斑白，動行捶楚，閨門整肅，

爲當時所稱。未幾，秦王妃以罪誅，河南王妃復被廢黜。弘度憂恚，謝病於家，諸弟乃與之別居，彌不得志。

煬帝卽位，河南王爲太子，帝將復立崔妃，遣中使就第宣旨。使者詣弘昇家，弘度不之知也。使者返，帝曰：「弘度有何言？」使者曰：「弘度稱有疾不起。」帝默然，其事竟寢。弘度憂憤，未幾，卒。

弘昇字上客。在周爲右侍上士。尉迥作亂相州，與兄弘度擊之，以功拜上儀同。尋加上開府，封黃臺縣侯，邑八百戶。高祖受禪，進爵爲公，授驃騎將軍。宿衞十餘年，以勳舊遷慈州刺史。數歲，轉鄭州刺史。後以戚屬之故，待遇愈隆，遷襄州總管。及河南王妃罪廢，弘昇亦免官。

煬帝卽位，歷冀州刺史、信都太守，進位金紫光祿大夫，轉涿郡太守。遼東之役，檢校左武衞大將軍事，指平壤。與宇文述等同敗績，奔還，發病而卒，時年六十。

元弘嗣

元弘嗣，河南洛陽人也。祖剛，魏漁陽王。父經，周漁陽郡公。弘嗣少襲爵，十八爲左親衞。開皇九年，從晉王平陳，以功授上儀同。十四年，除觀州總管長史，在州專以嚴峻任事，吏人多怨之。二十年，轉幽州總管長史。于時燕榮爲總管，肆虐於弘嗣，每被笞辱。弘嗣心不伏，榮遂禁弘嗣於獄，將殺之。及榮誅死，弘嗣爲政，酷又甚之。每推鞫囚徒，多以酢灌鼻，或椓弋其下竅，無敢隱情，姦僞屏息。仁壽末，授木工監，修營東都。

大業初，煬帝潛有取遼東之意，遣弘嗣往東萊海口監造船。諸州役丁苦其捶楚，官人督役，晝夜立於水中，略不敢息，自腰以下，無不生蛆，死者十三四。尋遷黃門侍郎，轉殿內少監。遼東之役，進位金紫光祿大夫。明年，帝復征遼東，會奴賊寇隴右，詔弘嗣擊之。

及玄感作亂，逼東都，弘嗣屯兵安定。或告之謀應玄感者，代王侑遣使執之，送行在所。以無反形當釋，帝疑不解，除名，徙日南，道死，時年四十九。有子仁觀。

王文同

王文同，京兆頻陽人也。[四]性明辯，有幹用。開皇中，以軍功拜儀同，尋授桂州司馬。煬帝嗣位，徵爲光祿少卿，以忤旨，出爲恒山郡丞。有一人豪猾，每持長吏長短，前後守令咸憚之。文同下車，聞其名，召而數之。因令左右刻木爲大橛，埋之於庭，出尺餘，四角各埋小橛。令其人踣心於木橛上，縛四支於小橛，以棒毆其背，應時潰爛。郡中大駭，吏人相

親懾氣。

及帝征遼東，令文同巡察河北諸郡。文同見沙門齋戒菜食者，以爲妖妄，皆收繫獄。比至河間，召諸郡官人，小有遲違者，輒皆覆面於地而箠殺之。求沙門相聚講論，及長老共爲佛會者數百人，文同以爲聚結惑衆，盡斬之。又悉裸僧尼，驗有淫狀非童男女者數千人，復將殺之。郡中士女號哭於路，諸郡驚駭，各奏其事。帝聞而大怒，遣使者達奚善意馳鎖之，斬於河間，以謝百姓。讎人剖其棺，臠其肉而噉之，斯須咸盡。

史臣曰：御之良者，不在於煩策，政之善者，無取於嚴刑。故雖寬猛相資，德刑互設，然不嚴而化，前哲所重。士文等運屬欽明，時無桀黠，未閑道德，實懷殘忍。賊人肌體，同諸木石，輕人性命，甚於芻狗。長惡不悛，鮮有不及，故或身嬰罪戮，或憂恚顛隕。凡百君子，以爲有天道焉。嗚呼！後來之士，立身從政，縱不能爲子高門以待封，其可令毋掃墓而望喪乎？

校勘記

〔一〕建州刺史 「建」原作「庭」，據北史本傳改。北周無庭州，唐貞觀中始設置。
〔二〕父剛 「剛」原作「綱」，據周書、北史趙剛傳改。
〔三〕三升酢 升，册府四四八作「斗」。下文「三升艾」同。
〔四〕頻陽 原作「穎陽」，據北史本傳改。按：本書地理志上，華原縣有頻山。元和志二、寰宇記三一載美原縣南有頻陽故城。

隋書卷七十五

列傳第四十

儒林

儒之爲教大矣，其利物博矣！篤父子，正君臣，尚忠節，重仁義，貴廉讓，賤貪鄙，開政化之本源，鑿生民之耳目，百王損益，一以貫之。雖世或污隆，而斯文不墜，經邦致治，非一時也。涉其流者，無祿而富，懷其道者，無位而尊。故仲尼頓挫於魯君，孟軻抑揚於齊后，荀卿見珍於强楚，叔孫取貴於隆漢。其餘處環堵以驕富貴，安陋巷而輕王公者，可勝數哉！

自晉室分崩，中原喪亂，五胡交爭，經籍道盡。魏氏發迹代陰，經營河朔，得之馬上，茲道未弘。暨夫太和之後，盛修文教，搢紳碩學，濟濟盈朝，縫掖巨儒，往往傑出，其雅誥奧義，宋及齊、梁不能尚也。南北所治，章句好尚，互有不同。江左周易則王輔嗣，尚書則孔安國，左傳則杜元凱。河、洛左傳則服子慎，尚書、周易則鄭康成。詩則並主於毛公，禮則

同遵於鄭氏。大抵南人約簡，得其英華，北學深蕪，窮其枝葉。考其終始，要其會歸，其立身成名，殊方同致矣。

爰自漢、魏，碩學多清通，逮乎近古，巨儒必鄙俗。文、武不墜，弘之在人，豈獨愚蔽於當今，而皆明哲於往昔？在乎用與不用，知與不知耳。然曩之弼諧庶績，必舉德於鴻儒，近代左右邦家，咸取士於刀筆。縱有學優入室，勤踰刺股，名高海內，擢第甲科，若命偶時來，未有望於青紫，或數將運舛，必委棄於草澤。然則古之學者，祿在其中，今之學者，困於貧賤，明達之人，志識之士，安肯滯於所習，以求貧賤者哉？此所以儒罕通人，學多鄙俗者也。昔齊列康莊之第，多士如林，燕起碣石之宮，羣英自遠。是知俗易風移，必由上之所好，非夫聖明御世，亦無以振斯頹俗矣。

自正朔不一，將三百年，師說紛綸，無所取正。高祖膺期纂曆，平一寰宇，頓天網以掩之，賁旌帛以禮之，設好爵以縻之，於是四海九州强學待問之士靡不畢集焉。天子乃整萬乘，率百僚，遵問道之儀，觀釋奠之禮。博士罄懸河之辯，侍中竭重席之奧，考正亡逸，研覈異同，積滯羣疑，渙然冰釋。於是超擢奇儁，厚賞諸儒，京邑達乎四方，皆啓黌校。齊、魯、趙、魏，學者尤多，負笈追師，不遠千里，講誦之聲，道路不絕。中州儒雅之盛，自漢、魏以來，一時而已。及高祖暮年，精華稍竭，不悅儒術，專尚刑名，執政之徒，咸非篤好。暨仁壽間，

遂廢天下之學，唯存國子一所，弟子七十二人。煬帝卽位，復開庠序，國子郡縣之學，盛於開皇之初。徵辟儒生，遠近畢至，使相與講論得失於東都之下，納言定其差次，一以聞奏焉。于時舊儒多已凋亡，二劉拔萃出類，學通南北，博極今古，後生鑽仰，莫之能測。所製諸經義疏，搢紳咸師宗之。既而外事四夷，戎馬不息，師徒怠散，盜賊羣起，禮義不足以防君子，刑罰不足以威小人，空有建學之名，而無弘道之實。其風漸墜，以至滅亡，方領矩步之徒，亦多轉死溝壑。凡有經籍，自此皆湮沒於煨塵矣。遂使後進之士不復聞詩、書之言，皆懷攘奪之心，〔一〕相與陷於不義。傳曰：「學者將植，不學者將落。」然則盛衰是繫，興亡攸在，有國有家者可不愼歟！諸儒有身沒道存，遺風可想，皆採其餘論，綴之於此篇云。

元善

元善，河南洛陽人也。祖乂，魏侍中。父羅，〔二〕初爲梁州刺史，及乂被誅，奔於梁，官至征北大將軍、青冀二州刺史。善少隨父至江南，性好學，遂通涉五經，尤明左氏傳。及侯景之亂，善歸於周。武帝甚禮之，以爲太子宮尹，賜爵江陽縣公。每執經以授太子。開皇初，拜內史侍郎，上每望之曰：「人倫儀表也。」凡有敷奏，詞氣抑揚，觀者屬目。陳使袁雅來聘，上令善就館受書，雅出門不拜。善論舊事有拜之儀，雅不能對，遂拜，成禮而去。後遷

國子祭酒。上嘗親臨釋奠，命善講孝經。於是敷陳義理，兼之以諷諫。上大悅曰：「聞江陽之說，更起朕心。」賚絹百匹，衣一襲。

善之通博，在何妥之下，然以風流醞藉，俯仰可觀，音韻清朗，聽者忘倦，由是爲後進所歸。妥每懷不平，心欲屈善。因善講春秋，初發題，諸儒畢集。善私謂妥曰：「名望已定，幸無相苦。」妥然之。及就講肆，妥遂引古今滯義以難，善多不能對。善深銜之，二人由是有隙。

善以高熲有宰相之具，嘗言於上曰：「楊素粗疏，蘇威怯懦，元冑、元旻，正似鴨耳。可以付社稷者，唯獨高熲。」上初然之，及熲得罪，上以善之言爲熲游說，深責望之。善憂懼，先患消渴，於是疾動而卒，時年六十。

辛彥之

辛彥之，隴西狄道人也。祖世敍，魏涼州刺史。父靈輔，周渭州刺史。彥之九歲而孤，不交非類，博涉經史，與天水牛弘同志好學。後入關，遂家京兆。周太祖見而器之，引爲中外府禮曹，賜以衣馬珠玉。時國家草創，百度伊始，朝貴多出武人，修定儀注，唯彥之而已。尋拜中書侍郎。及周閔帝受禪，彥之與少宗伯盧辯專掌儀制。明、武時，歷職典祀、太祝、

樂部、御正四曹大夫，開府儀同三司。奉使迎突厥皇后還，賚馬二百匹，賜爵龍門縣公，邑千戶。尋進爵五原郡公，加邑千戶。宣帝卽位，拜少宗伯。

高祖受禪，除太常少卿，改封任城郡公，進位上開府。尋轉國子祭酒。歲餘，拜禮部尚書，與祕書監牛弘撰新禮。吳興沈重名爲碩學，高祖嘗令彥之與重論議。重不能抗，於是避席而謝曰：「辛君所謂金城湯池，無可攻之勢。」高祖大悅。後拜隨州刺史。于時州牧多貢珍玩，唯彥之所貢，並供祭之物。高祖善之，顧謂朝臣曰：「人安得無學！彥之所貢，稽古之力也。」遷潞州刺史，前後俱有惠政。彥之又崇信佛道，於城內立浮圖二所，並十五層。開皇十一年，州人張元暴死，數日乃蘇，云遊天上，見新構一堂，制極崇麗。元問其故，人云潞州刺史辛彥之有功德，造此堂以待之。彥之聞而不悅。其年卒官。謚曰宣。彥之撰墳典一部，六官一部，祝文一部，禮要一部，新禮一部，五經異義一部，並行於世。有子仲龕，官至猗氏令。

何妥

何妥字栖鳳，西城人也。父細胡，〔三〕通商入蜀，遂家郫縣，事梁武陵王紀，主知金帛，因致巨富，號爲西州大賈。妥少機警，八歲遊國子學，助教顧良戲之曰：「汝既姓何，是荷葉

之荷，爲是河水之河？」應聲答曰：「先生姓顧，是眷顧之顧，是新故之故？」衆咸異之。十七，以技巧事湘東王，後知其聰明，召爲誦書左右。時蘭陵蕭眘亦有儁才，住青楊巷，妥住白楊頭，時人爲之語曰：「世有兩儁，白楊何妥，青楊蕭眘。」其見美如此。江陵陷，周武帝尤重之，授太學博士。宣帝初欲立五后，以問儒者辛彥之，對曰：「后與天子匹體齊尊，不宜有五。」妥駁曰：「帝嚳四妃，舜又二妃，亦何常數？」由是封襄城縣伯。

高祖受禪，除國子博士，加通直散騎常侍，進爵爲公。妥性勁急，有口才，好是非人物。時納言蘇威嘗言於上曰：「臣先人每誡臣云，唯讀孝經一卷，足可立身治國，何用多爲！」上亦然之。妥進曰：「蘇威所學，非止孝經。厥父若信有此言，威不從訓，是其不孝。若無此言，面欺陛下，是其不誠。不誠不孝，何以事君！且夫子有云：『不讀詩無以言，不讀禮無以立。』豈容蘇綽教子獨反聖人之訓乎？」威時兼領五職，上甚親重之，妥因奏威不可信任。又以掌天文律度，皆不稱職，妥又上八事以諫：

其一事曰：臣聞知人則哲，惟帝難之。孔子曰：「舉直錯諸枉則民服，舉枉錯諸直則民不服。」由此言之，政之治亂，必愼所舉，故進賢受上賞，蔽賢蒙顯戮。察今之舉人，良異于此，無論諂直，莫擇賢愚。心欲崇高，則起家喉舌之任，意須抑屈，必白首郎署之官。人之不服，實由於此。臣聞爵人於朝，與士共之，刑人於市，與衆棄之。伏見

留心獄訟，愛人如子，每應決獄，無不詢訪羣公，刑之不濫，君之明也。刑既如此，爵亦宜然。若有懋功簡在帝心者，便可擢用。自斯以降，若選重官，必須參以衆議，勿信一人之舉。則上不偏私，下無怨望。

其二事曰：孔子云：「是察阿黨，則罪無掩蔽。」又曰：「君子周而不比，小人比而不周。」所謂比者，卽阿黨也。謂心之所愛，既已光華榮顯，猶加提挈。心之所惡，既已沈滯屈辱，薄言必怒。提挈既成，必相掩蔽，則欺上之心生矣。屈辱既加，則有怨恨，謗讟之言出矣。伏願廣加逖訪，勿使朋黨路開，威恩自任。有國之患，莫大於此。

其三事曰：臣聞舜舉十六族，所謂八元、八愷也。計其賢明，理優今日，猶復擇才授任，不相侵濫，故得四門雍穆，庶績咸熙。今官員極多，用人甚少，有一人身上乃兼數職，爲是國無人也？爲是人不善也？今萬乘大國，髦彥不少，縱有明哲，無由自達。東方朔言曰：「尊之則爲將，卑之則爲虜。」斯言信矣。今當官之人，不度德量力，既無呂望、傅說之能，自負傅巖、滋水之氣，不慮憂深責重，唯畏總領不多，安斯寵任，輕彼權軸，好致顚蹶，實此之由。易曰：「鼎折足，覆公餗，其形渥凶。」言不勝其任也。臣聞窮力舉重，不能爲用。伏願更任賢良，分才參掌，使各行有餘力，則庶事康哉。

其四事曰：臣聞禮云：「析言破律，亂名改作，執左道以亂政者殺。」孔子曰：「仍舊

貫，何必改作！」伏見比年以來，改作者多矣。至如范威漏刻，十載不成，趙翊尺稱，七年方決。公孫濟迂誕醫方，費逾巨萬，徐道慶廻互子午，糜耗飲食。常明破律，多歷歲時，王渥亂名，曾無紀極。張山居未知星位，前已蹂藉太常，曹魏祖不識北辰，今復轔轢太史。莫不用其短見，便自夸毗，邀射名譽，厚相誣罔。請今日已後，有如此者，若其言不驗，必加重罰，庶令有所畏忌，不敢輕奏狂簡。

其餘文多不載。時蘇威權兼數司，先嘗隱武功，故妥言自負傅巖、滋水之氣，以此激上。書奏，威大銜之。十二年，威定考文學，又與妥更相訶詆。威勃然曰：「無何妥，不慮無博士！」妥應聲曰：「無蘇威，亦何憂無執事！」由是與威有隙。

其後上令妥考定鍾律，妥又上表曰：

臣聞明則有禮樂，幽則有鬼神，然則動天地，感鬼神，莫近於禮樂。又云樂至則無怨，禮至則不爭，揖讓而治天下者，禮樂之謂也。臣聞樂有二，一曰姦聲，二曰正聲。夫姦聲感人而逆氣應之，〔逆氣成象而淫樂興焉。正聲感人，而順氣應之，〕順氣成象，〔而和樂興焉。〕〔四〕故樂行而倫清，耳目聰明，血氣和平，移風易俗，天下皆寧。孔子曰：「放鄭聲，遠佞人。」故鄭、衞、宋、趙之聲出，內則發疾，外則傷人。是以宮亂則荒，其君驕；商亂則陂，其官壞；角亂則憂，其人怨；徵亂則哀，其事勤；羽亂則危，其財匱。

五者皆亂，則國亡無日矣。魏文侯問子夏曰：「吾端冕而聽古樂則欲寐，聽鄭、衞之音而不知倦，何也？」子夏對曰：「夫古樂者，始奏以文，復亂以武，修身及家，平均天下。鄭、衞之音者，姦聲以亂，溺而不止，獶雜子女，不知父子。今君所問者樂也，所愛者音也。夫樂之與音，相近而不同，爲人君者，謹審其好惡。」案聖人之作樂也，非止苟悅耳目而已矣。欲使在宗廟之內，君臣同聽之則莫不和敬；在鄉里之內，長幼同聽之則莫不和順；在閨門之內，父子同聽之則莫不和親。此先王立樂之方也。故知聲而不知音者，禽獸是也，知音而不知樂者，衆庶是也。故黃鍾大呂，弦歌干戚，僮子皆能儛之。能知樂者，其唯君子！不知聲者，不可與言音，不知音者，不可與言樂，知樂則幾於道矣。紂爲無道，太師抱樂器以奔周。晉君德薄，師曠固惜清徵。

上古之時，未有音樂，鼓腹擊壤，樂在其間。易曰：「先王作樂崇德，殷薦之上帝，以配祖考。」至于黃帝作咸池，顓頊作六莖，帝嚳作五英，堯作大章，舜作大韶，禹作大夏，湯作大護，武王作大武，從夏以來，年代久遠，唯有名字，其聲不可得聞。自殷至周，備于詩頌。故自聖賢已下，多習樂者，至如伏羲減瑟，文王足琴，仲尼擊磬，子路鼓瑟，漢高擊筑，元帝吹簫。漢高祖之初，叔孫通因秦樂人制宗廟之樂。迎神于廟門，奏嘉至之樂，猶古降神之樂也。皇帝入廟門，奏永至之樂，以爲行步之節，猶古采薺、肆

夏也。乾豆上薦，奏登歌之樂，猶古清廟之歌也。登歌再終，奏休成之樂，美神饗也。皇帝就東廂坐定，奏永安之樂，美禮成也。其休成、永至二曲，叔孫通所制也。漢高祖廟奏武德、文始、五行之儛。當春秋時，陳公子完奔齊，陳是舜後，故齊有韶樂。孔子在齊聞韶，三月不知肉味是也。秦始皇滅齊，得齊韶樂。漢高祖滅秦，韶傳於漢，高祖改名文始，以示不相襲也。五行儛者，本周大武樂也，始皇改曰五行。及于孝文，復作四時之儛，以示天下安和，四時順也。孝景采武德儛以爲昭德，孝宣又采昭德以爲盛德，雖變其名，大抵皆因秦舊事。至於魏、晉，皆用古樂。魏之三祖，並制樂辭。自永嘉播越，五都傾蕩，樂聲南度，是以大備江東。宋、齊已來，至于梁代，所行樂事，猶皆傳古，三雍四始，實稱大盛。及侯景簒逆，樂師分散，其四儛、三調悉度僞齊。齊氏雖知傳受，得曲而不用之於宗廟朝廷也。

臣少好音律，留意管絃，年雖耆老，頗皆記憶。及東土剋定，樂人悉返，訪其逗遛，果云是梁人所教。今三調、四儛並皆有手，雖不能精熟，亦頗具雅聲。若令教習傳授，庶得流傳古樂。然後取其會歸，撮其指要，因循損益，更制嘉名。歌盛德於當今，傳雅正於來葉，豈不美歟！謹具錄三調、四儛曲名，又製歌辭如別。其有聲曲流宕，不可以陳於殿庭者，亦悉附之於後。

書奏，別勑太常取妥節度。於是作淸、平、瑟三調聲，又作八佾、鞞鐸巾拂四舞。先是，太常所傳宗廟雅樂，數十年唯作大呂，廢黃鍾。妥又以深乖古意，乃奏請用黃鍾。詔下公卿議，從之。

俄而妥子蔚爲秘書郎，有罪當刑，上哀之，減死論。是後恩禮漸薄。六年，出爲龍州刺史。時有負笈遊學者，妥皆爲講說教授之。爲刺史箴，勒于州門外。在職三年，以疾請還，詔許之。復知學事。時上方使蘇夔在太常，參議鍾律。夔有所建議，朝士多從之，妥獨不同，每言夔之短。高祖下其議，朝臣多排妥。妥復上封事，指陳得失，大抵論時政損益，幷指斥當世朋黨。於是蘇威及吏部尙書盧愷、侍郎薛道衡等皆坐得罪。除伊州刺史，不行，尋爲國子祭酒。卒官。謚曰肅。撰周易講疏十三卷，孝經義疏三卷，莊子義疏四卷，及與沈重等撰三十六科鬼神感應等大義九卷，封禪書一卷，樂要一卷，文集十卷，並行於世。

蕭該

蘭陵蕭該者，梁鄱陽王恢之孫也。少封攸侯。梁荆州陷，與何妥同至長安。性篤學，詩、書、春秋、禮記並通大義，尤精漢書，甚爲貴遊所禮。開皇初，賜爵山陰縣公，拜國子博士。奉詔書與妥正定經史，然各執所見，遞相是非，久而不能就，上譴而罷之。該後撰漢書及文選音義，咸爲當時所貴。

包愷

東海包愷，字和樂。其兄愉，明五經，愷悉傳其業。又從王仲通受史記、漢書，尤稱精究。大業中，爲國子助教。于時漢書學者，以蕭、包二人爲宗匠。聚徒教授，著錄者數千人。卒，門人爲起墳立碣焉。

房暉遠

房暉遠字崇儒，恒山眞定人也。世傳儒學。暉遠幼有志行，治三禮、春秋三傳、詩、書、周易，兼善圖緯，恒以教授爲務。遠方負笈而從者，動以千計。齊南陽王綽爲定州刺史，聞其名，召爲博士。周武帝平齊，搜訪儒俊，暉遠首應辟命，授小學下士。

及高祖受禪，遷太常博士。太常卿牛弘每稱爲五經庫。吏部尙書韋世康薦之，爲太學博士。尋與沛公鄭譯修正樂章。丁母憂解任。後數歲，授殄寇將軍，復爲太常博士。未幾，擢爲國子博士。會上令國子生通一經者，並悉薦舉，將擢用之。既策問訖，博士不能時定臧否。祭酒元善怪問之，暉遠曰：「江南、河北，義例不同，博士不能徧涉。學生皆持其所短，稱己所長，博士各各自疑，所以久而不決也。」祭酒因令暉遠考定之，暉遠覽筆便下，初無疑滯。或有不服者，暉遠問其所傳義疏，輒爲始末誦之，然後出其所短，自是無敢飾非者。所試四五百人，數日便決，諸儒莫不推其通博，皆自以爲不能測也。尋奉詔預修令式。高祖嘗謂羣臣曰：「自古天子有女樂乎？」楊素以下莫知所出，遂言無女樂。暉遠進曰：「臣聞『窈窕淑女，鍾鼓樂之』，此卽王者房中之樂，著於雅頌，不得言無。」高祖大悅。仁壽中卒官，時年七十二，朝廷嗟惜焉，賵賻甚厚，贈員外散騎常侍。

馬光

馬光字榮伯，武安人也。少好學，從師數十年，晝夜不息，圖書讖緯，莫不畢覽，尤明三禮，爲儒者所宗。開皇初，高祖徵山東義學之士，光與張仲讓、孔籠、竇士榮、張黑奴、劉祖仁等俱至，並授太學博士，時人號爲六儒。然皆鄙野，無儀範，朝廷不之貴也。士榮尋病死。仲讓未幾告歸鄉里，著書十卷，自云此書若奏，我必爲宰相。又數言玄象事。州縣列上其狀，竟坐誅。孔籠、張黑奴、劉祖仁未幾亦被譴去。唯光獨存。嘗因釋奠，高祖親幸國子學，王公以下畢集。光升座講禮，啓發章門。已而諸儒生以次論難者十餘人，皆當時碩學，光剖析疑滯，雖辭非俊辯，而理義弘贍，論者莫測其淺深，咸共推服，上嘉而勞焉。山東三禮學者，自熊安生後，唯宗光一人。初，教授瀛、博間，門徒千數，至是多負笈從入長安。後數年，丁母憂歸鄉里，遂有終焉之志。以疾卒於家，時年七十三。

劉焯

劉焯字士元，信都昌亭人也。父洽，郡功曹。焯犀額龜背，望高視遠，聰敏沈深，弱不好弄。少與河間劉炫結盟爲友，同受詩於同郡劉軌思，[五]受左傳於廣平郭懋當，問禮於阜城熊安生，皆不卒業而去。武强交津橋劉智海家素多墳籍，焯與炫就之讀書，向經十載，雖衣食不繼，晏如也。遂以儒學知名，爲州博士。刺史趙煚引爲從事，舉秀才，射策甲科。與著作郎王劭同修國史，兼參議律曆，仍直門下省，以待顧問。俄除員外將軍。後與諸儒於祕書省考定羣言，因假還鄉里，縣令韋之業引爲功曹。尋復入京，與左僕射楊素、吏部尙書牛弘、國子祭酒蘇威、國子祭酒元善、博士蕭該、何妥、太學博士房暉遠、崔崇德、晉王文學崔賾等於國子共論古今滯義，前賢所不通者。每升座，論難鋒起，皆不能屈，楊素等莫不服其精博。六年，運洛陽石經至京師，文字磨滅，莫能知者，奉敕與劉炫等考定。

後因國子釋奠，與炫二人論義，深挫諸儒，咸懷妬恨，遂爲飛章所謗，除名爲民。於是優遊鄉里，專以教授著述爲務，孜孜不倦。賈、馬、王、鄭所傳章句，多所是非。九章算術、

周髀、七曜曆書十餘部，推步日月之經，量度山海之術，莫不覈其根本，窮其祕奧。著稽極十卷，曆書十卷，五經述議，並行於世。劉炫聰明博學，名亞於焯，故時人稱二劉焉。天下名儒後進，質疑受業，不遠千里而至者，不可勝數。論者以爲數百年已來，博學通儒，無能出其右者。然懷抱不曠，又嗇於財，不行束脩者，未嘗有所教誨，時人以此少之。廢太子勇聞而召之，未及進謁，詔令事蜀王，非其好也，久之不至。王聞而大怒，遣人枷送於蜀，配之軍防。其後典校書籍。王以罪廢，焯又與諸儒修定禮律，除雲騎尉。煬帝即位，遷太學博士，俄以疾去職。數年，復被徵以待顧問，因上所著曆書，與太史令張胄玄多不同，被駮不用。大業六年卒，時年六十七。劉炫爲之請謚，朝廷不許。

劉炫

劉炫字光伯，河間景城人也。少以聰敏見稱，與信都劉焯閉戶讀書，十年不出。炫眸子精明，視日不眩，強記默識，莫與爲儔。左畫方，右畫圓，口誦，目數，耳聽，五事同舉，無有遺失。周武帝平齊，瀛州刺史宇文亢引爲戶曹從事。後刺史李繪署禮曹從事，以吏幹知名。歲餘，奉勑與著作郎王劭同修國史。俄直門下省，以待顧問。又與諸術者修天文律曆，兼於內史省考定羣言，內史令博陵李德林甚禮之。炫雖偏直三省，竟不得官，爲縣司責

其賦役。炫自陳於內史，內史送詣吏部，吏部尚書韋世康問其所能。炫自爲狀曰：「周禮、禮記、毛詩、尚書、公羊、左傳、孝經、論語孔、鄭、王、何、服、杜等注，凡十三家，雖義有精粗，並堪講授。周易、儀禮、穀梁，用功差少。史子文集，嘉言美事，咸誦於心。天文律曆，窮覈微妙。至於公私文翰，未嘗假手。」吏部竟不詳試，然在朝知名之士十餘人，保明炫所陳不謬，於是除殿內將軍。

時牛弘奏請購求天下遺逸之書，炫遂僞造書百餘卷，題爲連山易、魯史記等，錄上送官，取賞而去。後有人訟之，經赦免死，坐除名，歸于家，以教授爲務。太子勇聞而召之，既至京師，勑令事蜀王秀，遷延不往。蜀王大怒，枷送益州。既而配爲帳內，每使執杖爲門衞。俄而釋之，典校書史。炫因擬屈原卜居，爲筮塗以自寄。及蜀王廢，與諸儒修定五禮，授旅騎尉。吏部尚書牛弘建議，以爲禮諸侯絕傍朞，大夫降一等。今之上柱國，雖不同古諸侯，比大夫可也。官在第二品，宜降傍親一等。議者多以爲然。炫駮之曰：「古之仕者，宗一人而已，庶子不得進。由是先王重適，其宗子有分祿之義。族人與宗子雖疏遠，猶服縗三月，良由受其恩也。今之仕者，位以才升，不限適庶，與古既異，何降之有。今之貴者，多忽近親，若或降之，民德之疎，自此始矣。」遂寢其事。開皇二十年，廢國子四門及州縣學，唯置太學博士二人，學生七十二人。炫上表言學校不宜廢，情理甚切，高祖不納。開皇之末，國家殷盛，朝野皆以遼東爲意。炫以爲遼東不可伐，作撫夷論以諷焉，當時莫有悟者。及大業之季，三征不克，炫言方驗。

煬帝即位，牛弘引炫修律令。高祖之世，以刀筆吏類多小人，年久長姦，勢使然也。又以風俗陵遲，婦人無節。於是立格，州縣佐史，三年而代之，九品妻無得再醮。炫著論以爲不可，弘竟從之。諸郡置學官，及流外給廩，皆發自於炫。弘嘗從容問炫曰：「案周禮士多而府史少，今令史百倍於前，判官減則不濟，其故何也？」炫對曰：「古人委任責成，歲終考其殿最，案不重校，文不繁悉，府史之任，掌要目而已。今之文簿，恒慮覆治，鍛鍊若其不密，萬里追證百年舊案，故諺云『老吏抱案死』。古今不同，若此之相懸也，事繁政弊，職此之由。」弘又問：「魏、齊之時，令史從容而已，今則不遑寧舍，其事何由？」炫對曰：「齊氏立州不過數十，三府行臺，遞相統領，文書行下，不過十條。今州三百，其繁一也。往者州唯置綱紀，郡置守丞，縣唯令而已。其所具僚，則長官自辟，受詔赴任，每州不過數十。今則不然，大小之官，悉由吏部，纖介之迹，皆屬考功，其繁二也。省官不如省事，省事不如清心。官事不省而望從容，其可得乎？」弘甚善其言而不能用。納言楊達舉炫博學有文章，射策高第，除太學博士。歲餘，以品卑去任，還至長平，奉勑追詣行在所。或言其無行，帝遂罷之，歸于河間。

于時羣盜蜂起，穀食踊貴，經籍道息，教授不行。炫與妻子相去百里，聲問斷絕，鬱鬱不得志，乃自爲贊曰：

通人司馬相如、揚子雲、馬季長、鄭康成等，皆自敍風徽，傳芳來葉。余豈敢仰均先達，貽笑從昆。徒以日迫桑榆，大命將近，故友飄零，門徒雨散，溘死朝露，埋魂朔野，親故莫照其心，後人不見其迹，殆及餘喘，薄言胸臆，貽及行邁，傳示州里，使夫將來俊哲知余鄙志耳。

余從綰髮以來，迄於白首，嬰孩爲慈親所恕，棰楚未嘗加，從學爲明師所矜，榎楚弗之及。暨乎敦敍邦族，交結等夷，重物輕身，先人後己。昔在幼弱，樂參長者，爰及耆艾，數接後生。學則服而不厭，誨則勞而不倦，幽情寡適，心事方違。內省生平，顧循終始，其大幸有四，其深恨有一。性本愚蔽，家業貧窶，爲父兄所饒，廁縉紳之末，遂得博覽典誥，窺涉今古，小善著於丘園，虛名聞於邦國，其幸一也。隱顯人間，沈浮世俗，數忝徒勞之職，久執城旦之書，名不挂於白簡，事不染於丹筆，立身立行，慚恧實多，啓手啓足，庶幾可免，其幸二也。以此庸虛，屢動神眷，以此卑賤，每升天府，齊鑣驥騄，比翼鵷鴻，整緗素於鳳池，記言動於麟閣，參謁宰輔，造請羣公，厚禮殊恩，增榮改價，其幸三也。晝漏方盡，大耋已嗟，退反初服，歸骸故里，玩文史以怡神，閱魚鳥以

散慮，觀省野物，登臨園沼，緩步代車，無罪為貴，其幸四也。仰休明之盛世，慨道教之陵遲，蹈先儒之逸軌，傷羣言之蕪穢，馳騖墳典，釐改僻謬，修撰始畢，圖事適成，天違人願，途不我與。世路未夷，學校盡廢，道不備於當時，業不傳於身後。銜恨泉壤，實在玆乎？其深恨一也。

時在郡城，糧餉斷絕，其門人多隨盜賊，哀炫窮乏，詣郡城下索炫，郡官乃出炫與之。炫為賊所將，過城下堡。未幾，賊為官軍所破，炫飢餓無所依，復投縣城。長吏意炫與賊相知，恐為後變，遂閉門不納。是時夜冰寒，因此凍餒而死，時年六十八。其後門人謚曰宣德先生。

炫性躁競，頗俳諧，多自矜伐，好輕侮當世，為執政所醜，由是宦塗不遂。著論語述議十卷，春秋攻昧十卷，五經正名十二卷，孝經述議五卷，春秋述議四十卷，尚書述議二十卷，毛詩述議四十卷，注詩序一卷，算術一卷，並行於世。

褚輝

吳郡褚輝字高明，以三禮學稱於江南。煬帝時，徵天下儒術之士，悉集內史省，相次講論。輝博辯，無能屈者，由是擢為太學博士。撰禮疏一百卷。

顧彪

餘杭顧彪字仲文，明尚書、春秋。煬帝時為祕書學士，撰古文尚書疏二十卷。

魯世達

餘杭魯世達，煬帝時為國子助教，撰毛詩章句義疏四十二卷，行於世。

張沖

吳郡張沖，字叔玄。仕陳為左中郎將，非其好也，乃覃思經典，撰春秋義略，異於杜氏七十餘事，喪服義三卷，孝經義三卷，論語義十卷，前漢音義十二卷。官至漢王侍讀。

王孝籍

平原王孝籍，少好學，博覽羣言，偏治五經，頗有文翰。與河間劉炫同志友善。開皇中，召入祕書，助王劭修國史。劭不之禮，在省多年，而不免輸稅。孝籍鬱鬱不得志，奏記於吏部尚書牛弘曰：

竊以毒螫憯膚，則申旦不寐，飢寒切體，亦卒歲無聊。何則？痛苦難以安，貧窮易為蠚。況懷抱之內，冰火鑠脂膏，腠理之間，風霜侵骨髓，安可齰舌緘脣，吞聲飲氣，惡呻吟之響，忍酸辛之酷哉！

伏惟明尚書公動哀矜之色，開寬裕之懷，咳唾足以活枯鱗，吹噓可用飛窮羽。芬椒蘭之氣，暖布帛之詞，許小人之請，聞大君之聽。雖復山川不遠，鬼神在玆，信而有徵，言無不履，猶恐拯溺遲於援手，救經緩於扶足，待越人之舟楫，求魯匠之雲梯，則必懸於槁樹之枝，沒於深淵之底矣。夫以一介貧人，七年直省，課役不免，慶賞不霑。賣貢禹之田，供釋之之費，有弱子之累，乏強兄之產。加以老母在堂，光陰遲暮，寒暑違闕，關山超遠，齧臂為期，前塗逾邈，倚閭之望，朝夕已勤。謝相如之病，無官可以免，發梅福之狂，非仙所能避。愁疾甚乎厲鬼，人生異夫金石，營魂且散，恐筮予無徵，齎恨入冥，則虛緣恩顧，此乃王稽所以致言，應侯為之不樂也。潛鬢髮之內，居眉睫之間，子野未曾聞，離朱所不見，沈淪東觀，留滯南史，終無薦引，永同埋殯。三世不移，雖由寂寞，十年不調，實乏知己。

夫不世出者，聖明之君也，不萬一者，誠賢之臣也。以夫不世出而逢不萬一，此小人所以為明尚書幸也。坐人物之源，運銓衡之柄，反披狐白，不好緇衣，此小人為明尚

書不取也。昔荊玉未剖，刖卞和之足，百里未用，碎禽息之首。居得言之地，有能用之資，增耳目之明，無手足之蹙，憚而弗為，孰知其解！夫官或不稱其能，士或未申其屈，一夫竊議，語流天下。勞不見圖，安能無望！儻病未及死，狂還克念，汗窮愁之簡，屬離憂之詞，記志於前修，通心於來哲，使千載之下哀其不遇，追咎執事，有點清塵，則不肖之軀，死生為累，小人之罪，方且未刊。願少加憐愍，留心無忽！

弘亦知其有學業，而竟不得調。後歸鄉里，以教授為業，終于家。注尚書及詩，遭亂零落。

史臣曰：古語云：「容體不足觀，勇力不足恃，族姓不足道，先祖不足稱。然而顯聞四方，流聲後胤者，其唯學乎？」信哉斯言也。暉遠、榮伯之徒，篤志不倦，自求諸己，遂能聞道下風，稱珍席上。或聚徒千百，或服冕乘軒，見重明時，實惟稽古之力也。江陽從容雅望，風韻閑遠，清談高論，籍甚當年。彥之敦經悅史，砥身礪行，志存典制，動蹈規矩。何妥通涉儻爽，神情警悟，雅有口才，兼擅詞筆，然訐以為直，失儒者之風焉。劉焯道冠縉紳，數窮天象，既精且博，洞幽究微，鉤深致遠，源流不測，數百年來，斯人而已。劉炫學實通儒，

才堪成務，九流、七略，無不該覽。雖探賾索隱，不逮於焯，裁成義說，文雅過之。並道亞生知，時不我與，或纔登於下士，或餒棄於溝壑，惜矣。子夏有言：「死生有命，富貴在天。」天之所與者聰明，所不與者貴仕，上聖且猶不免，焯、炫其如命何！

校勘記

〔一〕攘奪之心　「奪」，各本作「寇」，宋小字本作「敓」。「敓」即古「奪」字。今據改。

〔二〕父羅　按：魏書及北史元叉傳、元羅傳，元羅是元叉之弟，非父子。叉本名夜叉，羅本名羅剎。此處有誤。

〔三〕父細胡　北史本傳，「胡」上有「脚」字。

〔四〕夫姦聲感人而逆氣應之〔逆氣成象而淫樂興焉正聲感人而順氣應之〕順氣成象〔而和樂興焉〕方括號內的文字，據册府五六八補。

〔五〕同受詩於同郡劉軌思　「受」原作「授」，據北史本傳改。

隋書卷七十六

列傳第四十一

文學

易曰：「觀乎天文，以察時變，觀乎人文，以化成天下。」傳曰：「言，身之文也，言而不文，行之不遠。」故堯曰則天，表文明之稱，周云盛德，著煥乎之美。然則文之爲用，其大矣哉！上所以敷德教於下，下所以達情志於上，大則經緯天地，作訓垂範，次則風謠歌頌，匡主和民。或離讒放逐之臣，塗窮後門之士，道轗軻而未遇，志鬱抑而不申，憤激委約之中，飛文魏闕之下，奮迅泥滓，自致青雲，振沈溺於一朝，流風聲於千載，往往而有。是以凡百君子，莫不用心焉。

自漢、魏以來，迄乎晉、宋，其體屢變，前哲論之詳矣。暨永明、天監之際，太和、天保之間，洛陽、江左，文雅尤盛。于時作者，濟陽江淹、吳郡沈約、樂安任昉、濟陰溫子昇、河間邢

子才、鉅鹿魏伯起等，並學窮書圃，思極人文，縟綵鬱於雲霞，逸響振於金石。英華秀發，波瀾浩蕩，筆有餘力，詞無竭源。方諸張、蔡、曹、王，亦各一時之選也。聞其風者，聲馳景慕，然彼此好尚，互有異同。江左宮商發越，貴於清綺，河朔詞義貞剛，重乎氣質。氣質則理勝其詞，清綺則文過其意，理深者便於時用，文華者宜於詠歌，此其南北詞人得失之大較也。若能擷彼清音，簡兹累句，各去所短，合其兩長，則文質斌斌，盡善盡美矣。梁自大同之後，雅道淪缺，漸乖典則，爭馳新巧。簡文、湘東，啓其淫放，徐陵、庾信，分路揚鑣。其意淺而繁，其文匿而彩，詞尚輕險，情多哀思。格以延陵之聽，蓋亦亡國之音乎！周氏吞併梁、荆，此風扇於關右，狂簡斐然成俗，流宕忘反，無所取裁。

高祖初統萬機，每念斲彫爲樸，發號施令，咸去浮華。然時俗詞藻，猶多淫麗，故憲臺執法，屢飛霜簡。煬帝初習藝文，有非輕側之論，暨乎即位，一變其風。其與越公書、建東都詔、冬至受朝詩及擬飲馬長城窟，並存雅體，歸於典制。雖意在驕淫，而詞無浮蕩，故當時綴文之士，遂得依而取正焉。所謂能言者未必能行，蓋亦君子不以人廢言也。

爰自東帝歸秦，逮乎青蓋入洛，四隩咸暨，九州攸同，江、漢英靈，燕、趙奇俊，並該天網之中，俱爲大國之寶。言刈其楚，片善無遺，潤木圓流，不能十數，才之難也，不其然乎！時之文人，見稱當世，則范陽盧思道、安平李德林、河東薛道衡、趙郡李元操、鉅鹿魏澹、會稽

虞世基、河東柳䛒、高陽許善心等，或鷹揚河朔，或獨步漢南，俱騁龍光，並驅雲路，各有本傳，論而叙之。其潘徽、萬壽之徒，或學優而不切，或才高而無貴仕，其位可得而卑，其名不可堙沒。今總之於此，爲文學傳云。

劉臻

劉臻字宣摯，沛國相人也。父顯，梁尋陽太守。臻年十八，舉秀才，爲邵陵王東閤祭酒。元帝時，遷中書舍人。江陵陷沒，復歸蕭詧，以爲中書侍郎。周冢宰宇文護辟爲中外府記室，軍書羽檄，多成其手。後爲露門學士，授大都督，封饒陽縣子，歷藍田令、畿伯下大夫。高祖受禪，進位儀同三司。左僕射高熲之伐陳也，以臻隨軍，典文翰，進爵爲伯。皇太子勇引爲學士，甚褻狎之。臻無吏幹，又性恍惚，耽悅經史，終日覃思，至於世事，多所遺忘。有劉訥者，亦任儀同，俱爲太子學士，情好甚密。臻住城南，訥住城東，臻嘗欲尋訥，謂從者曰：「汝知劉儀同家乎？」從者不知尋訥，謂臻還家，答曰：「知。」於是引之而去，既扣門，臻尚未悟，謂至訥家。乃據鞍大呼曰：「劉儀同可出矣。」其子迎門，臻驚曰：「此汝亦來耶？」其子答曰：「此是大人家。」於是顧盼，久之乃悟，叱從者曰：「汝大無意，吾欲造劉訥耳。」性好噉蜆，以音同父諱，呼爲扁螺。其疎放多此類也。精於兩漢書，時人稱爲漢聖。開皇十八

年卒，年七十二。有集十卷行於世。

王頍

王頍字景文，齊州刺史頒之弟也。年數歲，值江陵陷，隨諸兄入關。少好遊俠，年二十，尚不知書。爲其兄顒所責怒，於是感激，始讀孝經、論語，晝夜不倦。遂讀左傳、禮、易、詩、書，乃歎曰：「書無不可讀者！」勤學累載，遂遍通五經，究其旨趣，大爲儒者所稱。解綴文，善談論。年二十二，周武帝引爲露門學士。每有疑決，多頍所爲。而頍性識甄明，精力不倦，好讀諸子，偏記異書，當代稱爲博物。又曉兵法，益有縱橫之志，每歎不逢時，常以將相自許。

開皇五年，授著作佐郎。尋令於國子講授。會高祖親臨釋奠，國子祭酒元善講孝經，頍與相論難，詞義鋒起，善往往見屈。高祖大奇之，超授國子博士。〔一〕後坐事解職，配防嶺南。數載，授漢王諒府諮議參軍，王甚禮之。時諒見房陵及秦、蜀二王相次廢黜，潛有異志。頍遂陰勸諒繕治兵甲。及高祖崩，諒遂舉兵反，多頍之計也。頍後數進奇策，諒不能用。楊素至蒿澤，將戰，頍謂其子曰：「氣候殊不佳，兵必敗。汝可隨從我。」既而兵敗，頍將歸突厥，至山中，徑路斷絕，知必不免，謂其子曰：「吾之計數，不減楊素，但坐言不見從，遂至於此。不能坐受擒執，以成豎子名也。吾死之後，汝愼勿過親故。」於是自殺，瘞之石窟中。其子數日不得食，遂過其故人，竟爲所擒。楊素求頍屍，得之，斬首，梟於太原。時年五十四。撰五經大義三十卷，有集十卷，並因兵亂，無復存者。

崔儦

崔儦字岐叔，清河武城人也。祖休，魏青州刺史。父仲文，齊高陽太守。世爲著姓。儦年十六，太守請爲功曹，不就。少與范陽盧思道、隴西辛德源同志友善。每以讀書爲務，負恃才地，忽略世人。大署其戶曰：「不讀五千卷書者，無得入此室。」數年之間，遂博覽羣言，多所通涉。解屬文，在齊舉秀才，爲員外散騎侍郎，遷殿中侍御史。尋與熊安生、馬敬德等議五禮，兼修律令。尋兼散騎侍郎，聘于陳。使還，待詔文林館。歷殿中、膳部、員外三曹郎中。儦與頓丘李若俱見稱重，時人爲之語曰：「京師灼灼，崔儦、李若。」齊亡，歸鄉里，仕郡爲功曹，州補主簿。

開皇四年，徵授給事郎，尋兼內史舍人。後數年，兼通直散騎侍郎，聘于陳，還授員外散騎侍郎。越國公楊素時方貴倖，重儦門地，爲子玄縱娶其女爲妻。聘禮甚厚。親迎之始，公卿滿座，素令騎迎儦，儦故敝其衣冠，騎驢而至。素推令上座，儦有輕素之色，禮甚倨，言又

不遜。素忿然拂衣而起，竟罷座。後數日，儦方來謝，素待之如初。仁壽中，卒於京師，時年七十二。子世濟。

諸葛潁

諸葛潁字漢，丹陽建康人也。祖銓，梁零陵太守。父規，義陽太守。潁年八歲，能屬文，起家梁邵陵王參軍事，轉記室。侯景之亂，奔齊，待詔文林館。歷太學博士、太子舍人。周武平齊，不得調，杜門不出者十餘年。習周易、圖緯、倉、雅、莊、老，頗得其要。清辯有俊才，晉王廣素聞其名，引爲參軍事，轉記室。及王爲太子，除藥藏監。煬帝卽位，遷著作郎，甚見親倖。出入臥內，帝每賜之曲宴，輒與皇后嬪御連席共榻。潁因間隙，多所譖毀，是以時人謂之「冶葛」。後錄恩舊，授朝散大夫。帝常賜潁詩，其卒章曰：「參翰長洲苑，侍講肅成門。名理窮研覈，英華恣討論。實錄資平允，傳芳導後昆。」其見待遇如此。從征吐谷渾，加正議大夫。後從駕北巡，卒於道，年七十七。

潁性褊急，與柳䛒每相忿鬩，帝屢責怒之，而猶不止。於後帝亦薄之。有集二十卷，撰鑾駕北巡記三卷，幸江都道里記一卷，洛陽古今記一卷，馬名錄二卷，並行於世。有子嘉會。

孫萬壽

孫萬壽字仙期，信都武强人也。祖寶，魏散騎常侍。父靈暉，齊國子博士。萬壽年十四，就阜城熊安生受五經，略通大義，兼博涉子史。善屬文，美談笑，博陵李德林見而奇之。在齊，年十七，奉朝請。

高祖受禪，滕穆王引爲文學，坐衣冠不整，配防江南。行軍總管宇文述召典軍書。萬壽本自書生，從容文雅，一旦從軍，鬱鬱不得志，爲五言詩贈京邑知友曰：

賈誼長沙國，屈平湘水濱，江南瘴癘地，從來多逐臣。粵余非巧宦，少小拙謀身。欲飛無假翼，思鳴不值晨。如何載筆士，翻作負戈人！飄飄如木偶，棄置同芻狗。失路乃西浮，非狂亦東走。晚歲出函關，方春度京口。石城臨獸據，天津望牛斗。牛斗盛妖氛，梟獍已成羣。郗超初入幕，王粲始從軍。裹糧楚山際，被甲吳江濆。吳江一浩蕩，楚山何糾紛。驚波上濺日，喬木下臨雲。繫越恒資辯，喻蜀幾飛文。魯連唯救患，吾彥不爭勳。羇遊歲月久，歸思常搔首。非關不樹萱，豈爲無杯酒！數載辭鄉縣，三秋別親友。壯志後風雲，衰鬢先蒲柳。心緒亂如絲，空懷疇昔時。昔時遊帝里，弱歲逢知己。旅食南館中，飛蓋西園裏。

河間本好書，東平唯愛士。英辯接天人，清言洞名理。鳳池時寓直，麟閣常遊止。勝地盛賓僚，麗景相携招。舟汎昆明水，騎指渭津橋。祓除臨灞岸，供帳出東郊。宜城醞始熟，陽翟曲新調。繞樹烏啼夜，雊麥雉飛朝。細塵梁下落，長袖掌中嬌。歡娛三樂至，懷抱百憂銷。夢想猶如昨，尋思久寂寥。一朝牽世網，萬里逐波潮。迴輪常自轉，懸旆不堪搖。登高視衿帶，鄉關白雲外。迴首望孤城，愁人益不平。華亭宵鶴唳，幽谷早鶯鳴。斷絕心難續，惝怳魂屢驚。羣紀通家好，鄒、魯故鄉情。若值南飛雁，時能訪死生。

此詩至京，盛爲當時之所吟誦，天下好事者多書壁而玩之。

後歸鄉里，十餘年不得調。仁壽初，徵拜豫章王長史，非其好也。王轉封于齊，卽爲齊王文學。當時諸王官屬多被夷滅，由是彌不自安，因謝病免。久之，授大理司直，卒於官，時年五十二。有集十卷行於世。

王貞

王貞字孝逸，梁郡陳留人也。少聰敏，七歲好學，善毛詩、禮記、左氏傳、周易，諸子百家，無不畢覽。善屬文詞，不治產業，每以諷讀爲娛。開皇初，汴州刺史樊叔略引爲主簿，後舉秀才，授縣尉，非其好也，謝病于家。煬帝卽位，齊王暕鎭江都，聞其名，以書召之曰：

夫山藏美玉，光照廊廡之間，地蘊神劍，氣浮星漢之表。是知毛遂穎脫，義感平原，孫慧文詞，來還東海。顧循寡薄，有懷髦彥，籍甚清風，爲日久矣，未獲披覩，良深佇遲。比高天流火，早應涼飆，陵雲仙掌，方承清露，想攝衞攸宜，與時休適。前園後圃，從容丘壑之情，左琴右書，蕭散煙霞之外。茂陵謝病，非無封禪之文，彭澤遺榮，先有歸來之作。優游儒雅，何樂如之！

余屬當藩屏，宣條揚、越，坐棠聽訟，事絕詠歌，攀桂摛詞，眷言高遁。至於揚旌北渚，飛蓋西園，託乘乏應、劉，置醴闕申、穆，背淮之賓，徒聞其語，趨燕之客，罕值其人。卿道冠鷹揚，聲高鳳舉，儒、墨泉海，詞章苑囿，棲遲衡泌，懷寶迷邦，徇茲獨善，良以於邑。今遣行人，具宣往意，側望起予，甚於飢渴，想便輕舉，副此虛心。無信投石之談，空慕鑿坏之逸，書不盡言，更慚詞費。

及貞至，王以客禮待之，朝夕遣問安不。又索文集，貞啓謝曰：

屬賀德仁宣教，須少來所有拙文。昔公旦之才藝，能事鬼神，夫子之文章，性與天道，雅志傳於游、夏，餘波鼓於屈、宋，雕龍之迹，具在風騷，而前賢後聖，代相師祖。賞

逐時移，出門分路，變清音於正始，體高致於元康，咸言坐握蛇珠，誰許獨爲麟角。

孝逸生於戰爭之季，長於風塵之世，學無半古，才不逮人。往屬休明，寸陰已昃，雖居可封之屋，每懷貧賤之恥。適鄢郢而迷塗，入邯鄲而失步，歸來反覆，心灰遂寒。豈謂橫議過實，虛塵睿覽，枉高車以載鼷，費明珠以彈雀，遂得裹糧三月，重高門之餘地，背淮千里，望章臺之後塵。與懸黎而並肆，將駿驥而同皁，終朝擊缶，匪黃鍾之所諧，日暮却行，何前人之能及！顧想平生，觸塗多感，但以積年沈痾，遺忘日久，拙思所存，纔成三十三卷。仰而不至，方見學仙之遠，窺而不覩，始知游聖之難。咫尺天人，周章不暇，怖甚眞龍之降，慚過白豕之歸，伏紙陳情，形神悚越。

齊王覽所上集，善之，賜良馬四匹。貞復上江都賦，王賜錢十萬貫，馬二匹。未幾，以疾甚還鄉里，終于家。

虞綽　辛大德

虞綽字士裕，會稽餘姚人也。父孝曾，陳始興王諮議。綽身長八尺，姿儀甚偉，博學有俊才，尤工草隸。陳左衞將軍傅縡有盛名於世，見綽詞賦，歎謂人曰：「虞郎之文，無以尚也！」仕陳，爲太學博士，遷永陽王記室。

及陳亡，晉王廣引爲學士。大業初，轉爲祕書學士，奉詔與祕書郎虞世南、著作佐郎庾自直等撰長洲玉鏡等書十餘部。綽所筆削，帝未嘗不稱善，而官竟不遷。初爲校書郎，以藩邸左右，加宣惠尉。遷著作佐郎，與虞世南、庾自直、蔡允恭等四人常居禁中，以文翰待詔，恩盼隆洽。

從征遼東，帝舍臨海頓，見大鳥，異之，詔綽爲銘。其辭曰：

維大業八年，歲在壬申，夏四月丙子，皇帝底定遼碣，班師振旅，龍駕南轅，鸞旗西邁，行宮次于柳城縣之臨海頓焉。山川明秀，實仙都也。旌門外設，款跨重阜，帳殿周施，降望大壑。息清蹕，下輕輿，警百靈，綏萬福，踐素砂，步碧沚。同軒皇之襄野，邁漢宗於河上，想汾射以開襟，望蓬瀛而載佇。窅然齊肅，藐屬殊庭，兼以聖德遐宣，息別風與淮雨，休符潛感，表重潤於夷波。璧日麗光，卿雲舒采，六合開朗，十洲澄鏡。少選之間，倏焉靈感，忽有祥禽，皎同鶴鷺，出自霄漢，翻然雙下。高逾一丈，長乃盈尋，靡霜暉於羽翮，激丹華於觜距。鸞翔鳳跱，鵠起鴻騫，或蹶或啄，載飛載止，徘徊馴擾，咫尺乘輿。不藉揮琴，非因拊石，樂我君德，是用來儀。斯固類仙人之騏驥，冠羽族之宗長，西王青鳥，東海赤雁，豈可同年而語哉！竊以銘基華岳，事乖靈異，紀迹鄒山，義非盡美，猶方册不泯，遺文可觀。況盛德成功，若斯懿鑠，懷眞味道，加此感通，不鐫名山，安

用銘異！臣拜稽首，敢勒銘云：

來蘇興怨，帝自東征，言復禹績，乃御軒營。六師薄伐，三韓肅清，龔行天罰，赫赫明明。文德上暢，靈武外薄，車徒不擾，苛慝靡作。凱歌載路，成功允鑠，反旆還軒，遵林並壑。停輿海澨，駐驆巖阯，窅想遐凝，藐屬千里。金臺銀闕，雲浮岳峙，有感斯應，靈禽效祉。飛來清漢，俱集華泉，好音玉響，皓質氷鮮。狎仁馴德，習習翩翩，絕迹無泯，於萬斯年。

帝覽而善之，命有司勒於海上。以渡遼功，授建節尉。

綽恃才任氣，無所降下。著作郎諸葛穎以學業倖於帝，綽每輕侮之，由是有隙。帝嘗問綽於穎，穎曰：「虞綽粗人也。」帝頷之。時禮部尚書楊玄感稱爲貴倨，虛襟禮之，與結布衣之友。綽數從之遊。其族人虞世南誡之曰：「上性猜忌，而君過厚玄感。若與絕交者，帝知君改悔，可以無咎；不然，終當見禍。」綽不從。尋有告綽以禁內兵書借玄感，帝甚銜之。及玄感敗後，籍沒其家，妓妾並入宮。帝因問之，玄感平常時與何人交往，其妾以虞綽對。帝令大理卿鄭善果窮治其事，綽曰：「羇旅薄遊，與玄感文酒談款，實無他謀。」帝怒不解，徙綽且末。綽至長安而亡，吏逮之急，於是潛渡江，變姓名，自稱吳卓。遊東陽，抵信安令天水辛大德，大德舍之。歲餘，綽與人爭田相訟，因有識綽者而告之，竟爲吏所執，坐斬江都，時年五十四。所有詞賦，並行於世。

大德爲令，誅翦羣盜，甚得民和。與綽俱爲使者所執，其妻泣曰：「每諫君無匿學士，今日之事，豈不哀哉！」大德笑曰：「我本圖脫長者，反爲人告之，吾罪也。當死以謝綽。」會有詔，死罪得以擊賊自效。信安吏民詣使者叩頭曰：「辛君人命所懸，辛君若去，亦無信安矣。」使者留之以討賊。帝怒，斬使者，大德獲全。

王冑

王冑字承基，琅邪臨沂人也。祖筠，梁太子詹事。父祥，陳黃門侍郎。冑少有逸才，仕陳，起家鄱陽王法曹參軍，歷太子舍人、東陽王文學。

及陳滅，晉王廣引爲學士。仁壽末，從劉方擊林邑，以功授帥都督。大業初，爲著作佐郎，以文詞爲煬帝所重。帝常自東都還京師，賜天下大酺，因爲五言詩，詔冑和之。其詞曰：「河、洛稱朝市，崤、函實奧區。周營曲阜作，漢建奉春謨。大君苞二代，皇居盛兩都。招搖正東指，天駟廼西驅。展軨齊玉軑，式道耀金吾。千門駐罕畢，四達儼車徒。是節春之暮，神皐華實敷。皇情感時物，睿思屬枌榆。詔問百年老，恩隆五日酺。小人荷鎔鑄，何由答大鑪。」帝覽而善之，因謂侍臣曰：「氣高致遠，歸之於冑；詞清體潤，其在世基；意密理新，推

庾自直。過此者，未可以言詩也。」帝所有篇什，多令繼和。與虞綽齊名，同志友善，于時後進之士咸以二人爲準的。從征遼東，進授朝散大夫。

冑性疎率不倫，自恃才大，鬱鬱於薄宦，每負氣陵傲，忽略時人。爲諸葛穎所嫉，屢譖之於帝，帝愛其才而不罪。禮部尚書楊玄感虛襟與交，數遊其第。及玄感敗，與虞綽俱徙邊。冑遂亡匿，潛還江左，爲吏所捕，坐誅，時年五十六。所著詞賦，多行於世。

冑兄眘，字元恭，博學多通。少有盛名於江左。仕陳，歷太子洗馬、中舍人。陳亡，與冑俱爲學士。煬帝卽位，授祕書郎，卒官。

庾自直

庾自直，潁川人也。父持，陳羽林監。自直少好學，沉靜寡欲。仕陳，歷豫章王府外兵參軍、宣惠記室。

陳亡，入關，不得調。晉王廣聞之，引爲學士。大業初，授著作佐郎。自直解屬文，於五言詩尤善。性恭愼，不妄交遊，特爲帝所愛。帝有篇章，必先示自直，令其詆訶。自直所難，帝輒改之，或至於再三，俟其稱善，然後方出。其見親禮如此。後以本官知起居舍人事。化及作逆，以之北上，自載露車中，感激發病卒。有文集十卷行於世。

潘徽

潘徽字伯彥，吳郡人也。性聰敏，少受禮於鄭灼，受毛詩於施公，受書於張沖，講莊、老於張譏，並通大義。尤精三史。善屬文，能持論。陳尚書令江總引致文儒之士，徽一詣總，總甚敬之。釋褐新蔡王國侍郎，選爲客館令。隋遣魏澹聘于陳，陳人使徽接對之。澹將返命，爲啓於陳主曰：「敬奉弘慈，曲垂餞送。」徽以爲「伏奉」爲重，「敬奉」爲輕，却其啓而不奏。澹立議曰：「曲禮注曰：『禮主於敬。』詩曰：『維桑與梓，必恭敬止。』孝經曰：『宗廟致敬。』又云：『不敬其親，謂之悖禮。』孔子敬天之怒，成湯聖敬日躋。宗廟極重，上天極高，父極尊，君極貴，四者咸同一敬，五經未有異文，不知以敬爲輕，竟何所據？」徽難之曰：「向所論敬字，本不全以爲輕，但施用處殊，義成通別。禮主於敬，此是通言，猶如男子『冠而字之』，注云『成人敬其名也』。春秋有冀缺，夫妻亦云『相敬』。既於子則有敬名之義，在夫亦有敬妻之說，此可復並謂極重乎？至若『敬謝諸公』，固非尊地，『公子敬愛』，止施賓友，『敬問』『敬報』，彌見雷同，『敬聽』『敬酬』，何關貴隔！當知敬之爲義，雖是不輕，但敬之於語，則有時混漫。今云『敬奉』，所以成疑。聊舉一隅，未爲深據。」澹不能對，遂從而改焉。

及陳滅，爲州博士，秦孝王俊聞其名，召爲學士。嘗從俊朝京師，在塗，令徽於馬上爲賦，行一驛而成，名曰述恩賦。俊覽而善之。復令爲萬字文，幷遣撰集字書，名爲韻纂。徽爲序曰：

文字之來尚矣。初則羲皇出震，觀象緯以法天，次則史頡佐軒，察蹄迹而取地。於是八卦爰始，爻文斯作，繩用旣息，墳籍生焉。至如龍策授河，龜威出洛，綠綈白檢，述勛、華之運，金繩玉字，表殷、夏之符，銜甲示於姬壇，吐卷徵於孔室，莫不理包遠邇，迹會幽明，仰協神功，俯照人事。其制作也如彼，其祥瑞也如此，故能宣流萬代，正名百物，爲生民之耳目，作後王之模範，頌美形容，垂芬篆素。

曁大隋之受命也，追蹤三、五，並曜參辰，外振武功，內修文德。飛英聲而勒嵩、岱，彰大定而銘鍾鼎，春干秋羽，盛禮樂於膠庠，省俗觀風，採歌謠於唐、衞。我秦王殿下，降靈霄極，稟秀天機，質潤珪璋，文兼黼黻。楚詩早習，頗屬懷於言志，沛易先通，每留神於索隱。尊儒好古，三雍之對已遒，博物多能，百家之工彌洽。遨遊必名教，漁獵唯圖史。加以降情引汲，擇善傍徵，築館招賢，攀枝佇異。剖連城於井里，賁束帛於丘園，薄技無遺，片言便賞。所以人加脂粉，物競琢磨，俱報稻粱，各施鳴吠。

于時歲次鶉火，月躔夷則，驂駕務隙，靈光意靜。前臨竹沼，却倚桂巖，泉石瑩仁智之心，煙霞發文彩之致，賓僚霧集，教義風靡。乃討論羣藝，商略衆書，以爲小學之家，尤多舛雜，雖復周禮、漢律，務在貫通，而巧說邪辭，遞生同異。且文訛篆隸，音謬楚、夏，三蒼、急就之流，微存章句，說文、字林之屬，唯別體形。至於尋聲推韻，良爲疑混，酌古會今，未臻功要。末有李登聲類、呂靜韻集，始判清濁，纔分宮羽，而全無引據，過傷淺局，詩賦所須，卒難爲用。遂躬紆睿旨，摽摘是非，撮舉宏綱，裁斷篇部。總會舊轍，創立新意，聲別相從，卽隨注釋。詳之詁訓，證以經史，備包騷雅，博牽子集，汗簡云畢，題爲韻纂，凡三十卷，勒成一家。方可藏彼名山，副諸石室，見羣玉之爲淺，鄙懸金之不定。爰命末學，製其都序。徽業術已寡，思理彌殫，心若死灰，文慚生氣。而齊、魯富經學，楚、鄭多良士，西河之彥，幸不詣於索居，東里之才，請能加於潤色。

未幾，俊薨，晉王廣復引爲揚州博士，令與諸儒撰江都集禮一部。復令徽作序曰：

禮之爲用至矣。大與天地同節，明與日月齊照，源開三本，體合四端。巢居穴處之前，卽萌其理，龜文鳥迹以後，稍顯其事。雖情存簡易，意非玉帛，而夏造殷因，可得知也。至如秩宗三禮之職，司徒五禮之官，邦國以和，人神惟敬，道德仁義，非此莫成，進退俯仰，去玆安適！若璽印塗，猶防止水，豈直譬彼耕耨，均斯粉澤而已哉！

自世屬坑焚，時移漢、魏，叔孫通之碩解，高堂隆之博識，專門者霧集，制作者風

馳，節文頗備，枝條互起。皇帝負扆垂旒，辨方正位，纂勛、華之曆象，綴文、武之憲章。車書之所會通，觸境斯應，雲雨之所霑潤，無思不韙。東探石篑之符，西盡羽陵之策，鳴鑾太室，偃伯靈臺，樂備五常，禮兼八代。

上柱國、太尉、揚州總管、晉王握珪璋之寶，履神明之德，隆化讚傑，藏用顯仁。地居周、邵，業冠河、楚，允文允武，多才多藝。戎衣而籠關塞，朝服而掃江湖，收杞梓之才，闢康莊之館。加以佃漁六學，網羅百氏，繼稷下之絕軌，弘泗上之淪風，賾無隱而不探，事有難而必綜。至於采標緣錯，華垂丹篆，刑名長短，儒、墨是非，書圃翰林之域，理窟談叢之內，謁者所求之餘，侍醫所校之逸，莫不澄涇辨渭，拾珠棄蚌。以爲質文遞改，損益不同，明堂、曲臺之記，南宮、東觀之說，鄭、王、徐、賀之答，崔、譙、何、庾之論，簡牒雖盈，菁華蓋鮮。乃以宣條暇日，聽訟餘晨，娛情窺寶之鄉，凝相觀濤之岸，總括油素，躬披緗縹，芟蕪刈楚，振領提綱，去其繁雜，撮其指要，勒成一家，名曰江都集禮。凡十二帙，一百二十卷，取方月數，用比星周，軍國之義存焉，人倫之紀備矣。昔者龜、蒙令后，睢、渙名藩，誠復出警入蹕，擬乘輿之制度，建觸載旂，用天子之禮樂。求諸述作，未聞玆典。方可韜之頻水，副彼名山，見刻石之非工，嗤懸金之已陋。是知沛王通論，不獨擅於前修，寧朔新書，更追慚於往冊。徽幸棲仁岳，忝遊聖海，謬承恩

獎，敢叙該博之致云。

煬帝嗣位，詔徵與著作佐郎陸從典、太常博士褚亮、歐陽詢等助越公楊素撰魏書，會素薨而止。授京兆郡博士。楊玄感兄弟甚重之，數相來往。及玄感敗，凡交關多罹其患。徵以玄感故人，爲帝所不悅，有司希旨，出徵爲西海郡威定縣主簿。意甚不平，行至隴西，發病卒。

杜正玄 弟正藏

杜正玄字慎徽，其先本京兆人，八世祖曼，爲石趙從事中郎，因家於鄴。自曼至正玄，世以文學相授。正玄尤聰敏，博涉多通。兄弟數人，俱未弱冠，並以文章才辯籍甚三河之間。開皇末，舉秀才，尚書試方略，正玄應對如響，下筆成章。僕射楊素負才傲物，正玄抗辭酬對，無所屈撓，素甚不悅。久之，會林邑獻白鸚鵡，素促召正玄，使者相望。及至，即令作賦。正玄倉卒之際，援筆立成。素見文不加點，始異之。因令更擬諸雜文筆十餘條，又皆立成，而辭理華贍，素乃嘆曰：「此眞秀才，吾不及也！」授晉王行參軍，轉豫章王記室，卒官。弟正藏。

正藏字爲善，尤好學，善屬文。弱冠舉秀才，授純州行參軍，歷下邑正。大業中，學業該通，應詔舉秀才，兄弟三人俱以文章一時詣闕，論者榮之。著碑誄銘頌詩賦百餘篇。又著文章體式，大爲後進所寶，時人號爲文軌，乃至海外高麗、百濟，亦共傳習，稱爲杜家新書。

常得志

京兆常得志，博學善屬文，官至秦王記室。及王薨，過故宮，爲五言詩，辭理悲壯，甚爲時人所重。復爲兄弟論，義理可稱。

尹式

河間尹式，博學解屬文，少有令問。仁壽中，官至漢王記室，王甚重之。及漢王敗，式自殺。其族人正卿、彥卿俱有儁才，名顯於世

劉善經

河間劉善經，博物洽聞，尤善詞筆。歷仕著作佐郎、太子舍人。著酬德傳三十卷，諸劉譜三十卷，四聲指歸一卷，行於世。

祖君彥

范陽祖君彥，齊尚書僕射孝徵之子也。〔二〕容貌短小，言辭訥澀，有才學。大業末，官至東平郡書佐。郡陷於翟讓，因爲李密所得。密甚禮之，署爲記室，軍書羽檄，皆成於其手。及密敗，爲王世充所殺。

孔德紹

會稽孔德紹，有清才，官至景城縣丞。竇建德稱王，署爲中書令，專典書檄。及建德敗，伏誅。

劉斌

南陽劉斌，頗有詞藻，官至信都郡司功書佐。竇建德署爲中書舍人。建德敗，復爲劉闥中書侍郎，與劉闥亡歸突厥，不知所終。

史臣曰：魏文有言「古今文人，類不護細行，鮮能以名節自立」，信矣！王胄、虞綽之輩，崔儦、孝逸之倫，或矜氣負才，遺落世事，或學優命薄，調高位下，心鬱抑而孤憤，志盤桓而不定，嘯傲當世，脫略公卿。是知跅弛見遺，嫉邪忤物，不獨漢陽趙壹、平原禰衡而已。故多離咎悔，鮮克有終。然其學涉稽古，文詞辨麗，並鄧林之一枝，崐山之片玉矣。有隋總一寰宇，得人爲盛，秀異之貢，不過十數。正玄昆季三人預焉，華萼相耀，亦爲難兄弟矣。

校勘記

〔一〕超授國子博士 「超」原作「起」，據北史本傳及御覽二三六改。

〔二〕孝徵之子也 「徵」原作「徽」，據北齊書及北史祖珽傳改。君彥父祖珽字孝徵。

隋書卷七十七

列傳第四十二

隱逸

自肇有書契，綿歷百王，雖時有盛衰，未嘗無隱逸之士。故易稱「遁世無悶」，又曰「不事王侯」；詩云「皎皎白駒，在彼空谷」；禮云「儒有上不臣天子，下不事王侯」；語曰「舉逸民，天下之人歸心焉」。雖出處殊途，語默異用，各言其志，皆君子之道也。洪崖兆其始，箕山扇其風，七人作乎周年，四皓光乎漢日，魏、晉以降，其流逾廣。其大者則輕天下，細萬物，其小者則安苦節，甘賤貧。或與世同塵，隨波瀾以俱逝，或違時矯俗，望江湖而獨往，狎玩魚鳥，左右琴書，拾遺粒而織落毛，飲石泉而蔭松柏。放情宇宙之外，自足懷抱之中，然皆欣欣於獨善，鮮汲汲於兼濟。而受命哲王，守文令主，莫不束帛交馳，蒲輪結轍，奔走巖谷，唯恐不逮者，何哉？以其道雖未弘，志不可奪，縱無舟楫之功，終有賢貞之操。足以立懦夫之志，息

貪競之風，與夫苟得之徒，不可同年共日。所謂無用以爲用，無爲而無不爲者也。故敍其人，列其行，以備隱逸篇云。

李士謙

李士謙字子約，趙郡平棘人也。髫齓喪父，事母以孝聞。母曾嘔吐，疑爲中毒，因跪而嘗之。伯父魏岐州刺史瑒，深所嗟尙，每稱曰：「此兒吾家之顏子也。」年十二，魏廣平王贊辟開府參軍事。後丁母憂，居喪骨立。有姊適宋氏，不勝哀而死。士謙服闋，捨宅爲伽藍，脫身而出。詣學請業，研精不倦，遂博覽羣籍，兼善天文術數。齊吏部尙書辛術召署員外郎，趙郡王叡舉德行，皆稱疾不就。和士開亦重其名，將諷朝廷，擢爲國子祭酒。士謙知而固辭，得免。隋有天下，畢志不仕。

自以少孤，未嘗飲酒食肉，口無殺害之言。至於親賓來萃，輒陳樽俎，對之危坐，終日不倦。李氏宗黨豪盛，每至春秋二社，必高會極歡，無不沉醉諠亂。嘗集士謙所，盛饌盈前，而先爲設黍，謂羣從曰：「孔子稱黍爲五穀之長，荀卿亦云食先黍稷，古人所尙，容可違乎？」少長肅然，不敢弛惰，退而相謂曰：「旣見君子，方覺吾徒之不德也。」士謙聞而自責曰：「何乃爲人所疎，頓至於此！」家富於財，躬處節儉，每以振施爲務。州里有喪事不辦者，士謙輒奔走赴之，隨乏供濟。有兄弟分財不均，至相鬩訟，士謙聞而出財，補其少者，令與多者相埒。兄弟愧懼，更相推讓，卒爲善士。有牛犯其田者，士謙牽置涼處飼之，過於本主。望見盜刈其禾黍者，默而避之。其家僮嘗執盜粟者，士謙慰諭之曰：「窮困所致，義無相責。」遽令放之。其奴嘗與鄉人董震因醉角力，震扼其喉，斃於手下。震惶懼請罪，士謙謂之曰：「卿本無殺心，何爲相謝！然可遠去，無爲吏之所拘。」性寬厚，皆此類也。

其後出粟數千石，以貸鄉人，值年穀不登，債家無以償，皆來致謝。士謙曰：「吾家餘粟，本圖振贍，豈求利哉！」於是悉召債家，爲設酒食，對之燔契，曰：「債了矣，幸勿爲念也。」各令罷去。明年大熟，債家爭來償謙，謙拒之，一無所受。他年又大饑，多有死者，士謙罄竭家資，爲之糜粥，賴以全活者將萬計。收埋骸骨，所見無遺。至春，又出糧種，分給貧乏。趙郡農民德之，撫其子孫曰：「此乃李參軍遺惠也。」或謂士謙曰：「子多陰德。」士謙曰：「所謂陰德者何？猶耳鳴，己獨聞之，人無知者。今吾所作，吾子皆知，何陰德之有！」

士謙善談玄理，嘗有一客在坐，不信佛家應報之義，以爲外典無聞焉。士謙喻之曰：「積善餘慶，積惡餘殃，高門待封，掃墓望喪，豈非休咎之應邪？佛經云輪轉五道，無復窮已，此則賈誼所言，千變萬化，未始有極，忽然爲人之謂也。佛道未東，而賢者已知其然矣。至若鯀

爲黃熊，杜宇爲鶗鴂，褒君爲龍，牛哀爲獸，君子爲鵠，小人爲猿，彭生爲豕，如意爲犬，黃母爲黿，宣武爲鼈，鄧艾爲牛，徐伯爲魚，鈴下爲烏，書生爲蛇，羊祜前身，李氏之子，此非佛家變受異形之謂邪？」客曰：「邢子才云，豈有松柏後身化爲樗櫟，僕以爲然。」士謙曰：「此不類之談也。變化皆由心而作，木豈有心乎？」客又問三教優劣，士謙曰：「佛，日也；道，月也；儒，五星也。」客亦不能難而止。

士謙平生時爲詠懷詩，輒毀棄其本，不以示人。又嘗論刑罰，遺文不具，其略曰：「帝王制法，沿革不同，自可損益，無爲頓改。今之贓重者死，是酷而不懲也。語曰：『人不畏死，不可以死恐之。』愚謂此罪宜從肉刑，刖其一趾，再犯者斷其右腕。流刑刖去右手三指，又犯者下其腕。小盜宜黥，又犯則落其所用三指，又不悛下其腕，無不止也。無賴之人，竄之邊裔，職爲亂階，適所以召戎矣，非求治之道也。博弈淫遊，盜之萌也，禁而不止，黥之則可。」有識者頗以爲得治體。

開皇八年，終於家，時年六十六。趙郡士女聞之，莫不流涕曰：「我曹不死，而令李參軍死乎！」會葬者萬餘人。鄉人李景伯等以士謙道著丘園，條其行狀，詣尙書省請先生之謚，事寢不行，遂相與樹碑於墓。

其妻范陽盧氏，亦有婦德，及夫終後，所有賻贈，一無所受，謂州里父老曰：「參軍平生好施，今雖殞歿，安可奪其志哉！」於是散粟五百石以賑窮乏。

崔廓 子賾

崔廓字士玄，博陵安平人也。父子元，齊燕州司馬。廓少孤貧而母賤，由是不爲邦族所齒。初爲里佐，屢逢屈辱，於是感激，逃入山中。遂博覽書籍，多所通涉，山東學者皆宗之。既還鄉里，不應辟命。與趙郡李士謙爲忘言之友，[二]每相往來，時稱崔、李。及士謙死，廓哭之慟，爲之作傳，輸之秘府。士謙妻盧氏寡居，每有家事，輒令人諮廓取定。廓嘗著論，言刑名之理，其義甚精，文多不載。大業中，終于家，時年八十。有子曰賾。

賾字祖濬，七歲能屬文，容貌短小，有口才。開皇初，秦孝王薦之，射策高第，詔與諸儒定禮樂，授校書郎。尋轉協律郎，太常卿蘇威雅重之。母憂去職，性至孝，水漿不入口者五日。徵爲河南、豫章二王侍讀，每更日來往二王之第。及河南爲晉王，轉記室參軍，自此去豫章。王重之不已，遺賾書曰：

昔漢氏西京，梁王建國，平臺、東苑，慕義如林。馬卿辭武騎之官，枚乘罷弘農之守。每覽史傳，嘗切怪之，何乃脫略官榮，棲遲藩邸？以今望古，方知雅志。彼二子者，豈徒然哉！

足下博聞强記，鉤深致遠，視漢臣之三篋，似涉蒙山，對梁相之五車，若吞雲夢。吾兄欽賢重士，敬愛忘疲，先築郭隗之宮，常置穆生之醴。今者重開土宇，更誓山河，地方七百，牢籠曲阜，城兼七十，包舉臨淄，大啓南陽，方開東閤。想得奉飛蓋，曳長裾，藉玳筵，躡珠履，歌山桂之偃蹇，賦池竹之檀欒。其崇貴也如彼，其風流也如此，幸甚幸甚，何樂如之！高視上京，有懷德祖，才謝天人，多慚子建，書不盡意，寧俟繁辭。

賾答曰：

一昨伏奉教書，榮貺非恒，心靈自失。若乃理高象、繫，管輅思而不解，事富山海，郭璞注而未詳。至於五色相宣，八音繁會，鳳鳴不足喻，龍章莫之比。吳札之論周頌，詎盡揄揚，郢客之奏陽春，誰堪赴節！伏惟令王殿下，稟潤天潢，承輝日觀，雅道貴於東平，文藝高於北海。漢則馬遷、蕭望，晉則裴楷、張華，雞樹騰聲，鵷池播美，望我清塵，悠然路絕。

祖濬燕南贅客，河朔惰遊，本無意於希顏，豈有心於慕藺！未嘗聚螢映雪，懸頭刺股，讀論唯取一篇，披莊不過盈尺。復況桑榆漸暮，藜藿屢空，舉燭無成，穿楊盡棄。但以燕求馬首，薛養雞鳴，謬齒鴻儀，虛班驥阜。挾太山而超北海，比報德而非難，堙崐崘以爲池，西酬恩而反易。忽屬周桐錫瑞，唐水承家，門有將相，樹宜桃李。眞龍將下，誰好有名，濫吹先逃，何須別聽！但慈旨抑揚，損上益下，江海所以稱王，丘陵爲之不逑。曹植儻預聞高論，則不隕令名，楊修若切在下風，亦詎虧淳德。無任荷戴之至，謹奉啓以聞。

豫章得書，賚米五十石，幷衣服錢帛。時晉邸文翰，多成其手。王入東宮，除太子齋帥，俄還舍人。及元德太子薨，以疾歸于家。後徵授起居舍人。大業四年，從駕汾陽宮，次河陽鎭。藍田令王曇於藍田山得一玉人，長三尺四寸，著大領衣，冠幘，奏之。詔問羣臣，莫有識者，賾答曰：「謹按漢文已前，未有冠幘，即是文帝以來所制作也。臣見魏大司農盧元明撰嵩高山廟記云，有神人，以玉爲形，像長數寸，或出或隱，出則令世延長。伏惟陛下應天順民，定鼎嵩、洛，岳神自見。臣敢稱慶。」因再拜，百官畢賀，天子大悅，賜縑二百匹。從駕登太行山，詔問賾曰：「何處有羊腸坂？」賾對曰：「臣按漢書地理志，上黨壺關縣有羊腸坂。」帝曰：「不是。」又答曰：「臣按皇甫士安撰地書云，太原北九十里有羊腸坂。」帝曰：「是也。」因謂牛弘曰：「崔祖濬所謂問一知二。」五年，受詔與諸儒撰區宇圖志二百五十卷，奏之。帝不善之，更令虞世基、許善心衍爲六百卷。以父憂去職，尋起令視事。遼東之役，授鷹揚長史，置遼東郡縣名，皆賾之議也。奉詔作東征記。九年，除越

王長史。于時山東盜賊蜂起，帝令撫慰高陽、襄國，歸首者八百餘人。十二年，從駕江都。宇文化及之弑帝也，引爲著作郎，稱疾不起。在路發疾，卒於彭城，時年六十九。

賾與洛陽元善、河東柳䛒、太原王劭、吳興姚察、琅邪諸葛潁、信都劉焯、河間劉炫相善，每因休假，清談竟日。所著詞賦碑誌十餘萬言，撰洽聞志七卷，八代四科志三十卷，未及施行，江都傾覆，咸爲煨燼。

徐則

徐則，東海郯人也。幼沈靜，寡嗜欲。受業於周弘正，善三玄，精於議論，聲擅都邑，則歎曰：「名者實之賓，吾其爲賓乎！」遂懷棲隱之操，杖策入縉雲山。後學數百人，苦請敎授，則謝而遣之。不娶妻，常服巾褐。陳太建時，應召來憩於至眞觀。朞月，又辭入天台山，因絕穀養性，所資唯松水而已，雖隆冬冱寒，不服綿絮。太傅徐陵爲之刊山立頌。

初在縉雲山，太極眞人徐君降之曰：「汝年出八十，當爲王者師，然後得道也。」晉王廣鎭揚州，知其名，手書召之曰：「夫道得衆妙，法體自然，包涵二儀，混成萬物，人能弘道，道不虛行。先生履德養空，宗玄齊物，深明義味，曉達法門。悅性沖玄，怡神虛白，餐松餌朮，棲息煙霞。望赤城而待風雲，遊玉堂而駕龍鳳，雖復藏名台岳，猶且騰實江淮，藉甚嘉猷，有

勞寤寐。欽承素道，久積虛襟，側席幽人，夢想巖穴。霜風已冷，海氣將寒，偃息茂林，道體休悆。昔商山四皓，輕舉漢庭，淮南八公，來儀藩邸。古今雖異，山谷不殊，市朝之隱，前賢已說，導凡述聖，非先生而誰！故遣使人往彼延請，想無勞束帶，貴然來思，不待蒲輪，去彼空谷。希能屈己，佇望披雲。」則謂門人曰：「吾今年八十一，王來召我，徐君之旨，信而有徵。」於是遂詣揚州。晉王將請受道法，則辭以時日不便。其後夕中，命侍者取香火，如平常朝禮之儀。至于五更而死，支體柔弱如生，停留數旬，顏色無變。

晉王下書曰：「天台眞隱東海徐先生，虛確居宗，沖玄成德，齊物處外，檢行安身。草褐蒲衣，餐松餌朮，棲隱靈岳，五十餘年。卓矣仙才，飄然勝氣，千尋萬頃，莫測其涯。寡人欽承道風，久餐德素，頻遣使乎，遠此延屈，冀得虔受上法，式建良緣。至止甫爾，未淹旬日，厭塵羽化，反眞靈府。身體柔軟，顏色不變，經方所謂屍解地仙者哉！誠復師禮未申，而心許有在，雖忘怛化，猶愴于懷，喪事所資，隨須供給。霓裳羽蓋，既且騰雲，空槨餘衣，詎藉墳壟！但杖舄猶存，示同俗法，宜遣使人送還天台定葬。」是時自江都至於天台，在道多見則徒步，云得放還。至其舊居，取經書道法分遺弟子，仍令淨掃一房，曰：「若有客至，宜延之於此。」然後跨石梁而去，不知所之。須臾，屍柩至，方知其靈化。時年八十二。晉王聞而益異之，賵物千段，遣畫工圖其狀貌，令柳䛒爲之讚曰：「可道非道，常道無名。上德不德，至德無盈。玄風扇矣，而有先生。夙鍊金液，怡神玉清。石髓方軟，雲丹欲成。言追葛稚，將侶茅嬴。我王遙屬，爰感靈誠。柱下暫啓，河上沉精。留符告信，化杖飛聲。永思靈迹，曷用攄情？時披素繪，如臨赤城。」〔一〕

時有建安宋玉泉、會稽孔道茂、丹陽王遠知等，亦行辟穀，以松水自給，皆爲煬帝所重。

張文詡

張文詡，河東人也。父琚，開皇中爲洹水令，以清正聞。有書數千卷，教訓子姪，皆以明經自達。文詡博覽文籍，特精三禮，其周易、詩、書及春秋三傳，並皆通習。每好鄭玄注解，以爲通博，其諸儒異說，亦皆詳究焉。高祖引致天下名儒碩學之士，其房暉遠、張仲讓、孔籠之徒，並延之於博士之位。文詡時遊太學，暉遠等莫不推伏之，學內翕然，咸共宗仰。其門生多詣文詡，請質凝滯，文詡輒博引證據，辨說無窮，唯其所擇。治書侍御史皇甫誕一時朝彥，恒執弟子之禮。適至南臺，遽飾所乘馬，就學邀屈。文詡每牽馬步進，意在不因人以自致也。右僕射蘇威聞其名而召之，與語，大悅，勸令從官。文詡意不在仕，固辭焉。仁壽末，學廢，文詡策杖而歸，灌園爲業。州郡頻舉，皆不應命。事母以孝聞。每以德化人，鄉黨頗移風俗。嘗有人夜中竊刈其麥者，見而避之，盜因感悟，棄麥而謝。文詡慰諭之，自誓不言，固令持去。經數年，盜者向鄉人說之，始爲遠近所悉。鄰家築牆，心有不直，文詡因毀舊堵以應之。文詡嘗有腰疾，會醫者自言善禁，文詡令禁之，遂爲刃所傷，至於頓伏牀枕。醫者叩頭請罪，文詡遽遣之，因爲其隱，謂妻子曰：「吾昨風眩，落坑所致。」其掩人之短，皆此類也。州縣以其貧素，將加振賉，輒辭不受。每閑居無事，從容長歎曰：「老冉冉而將至，恐修名之不立！」以如意擊几，皆有處所，時人方之閔子騫、原憲焉。終於家，年四十。鄉人爲立碑頌，號曰張先生。

史臣曰：古之所謂隱逸者，非伏其身而不見也，非閉其言而不出也，非藏其智而不發也。蓋以恬淡爲心，不皦不昧，安時處順，與物無私者也。士謙等忘懷纓冕，畢志丘園，隱不違親，貞不絕俗，不教而勸，虛往實歸，愛之如父母，懷之如親戚，非有自然之純德，其孰能至於斯乎？然士謙聞譽不喜，文詡見傷無慍，徐則志在沉冥，不可親疏，莫能貴賤，皆抱樸之士矣。崔廓感於屈辱，遂以肥遁見稱，祖濬文籍之美，足以克隆先構，父子雖動靜殊方，其於成名一也，美哉！

校勘記

〔一〕忘言之友 「言」原作「年」，據北史崔廓傳及御覽五〇六改。崔廓與李士謙年紀相差不大，說不上是「忘年之友」，應是「忘言之友」。莊子外物：「言者所以在意，得意而忘言。」此處「忘言」是說兩人友誼之深。

隋書卷七十八

列傳第四十三

藝術

夫陰陽所以正時日，順氣序者也；卜筮所以決嫌疑，定猶豫者也；醫巫所以禦妖邪，養性命者也；音律所以和人神，節哀樂者也；相術所以辯貴賤，明分理者也；技巧所以利器用，濟艱難者也。此皆聖人無心，因民設教，救恤災患，禁止淫邪。自三、五哲王，其所由來久矣。

然昔之言陰陽者，則有箕子、裨竈、梓愼、子韋；曉音律者，則師曠、師摯、伯牙、杜夔；敍卜筮，則史扁、史蘇；嚴君平、司馬季主；論相術，則內史叔服、姑布子卿、唐舉、許負；語醫，則文摯、扁鵲、季咸、華佗；其巧思，則奚仲、墨翟、張平子、馬德衡。凡此諸君者，仰觀俯察，探賾索隱，咸詣幽微，思侔造化，通靈入妙，殊才絕技。或弘道以濟時，或隱身以利物，深不

可測，固無得而稱焉。近古涉乎斯術者，鮮有存夫貞一，多肆其淫僻，厚誣天道。或變亂陰陽，曲成君欲，或假託神怪，熒惑民心。遂令時俗妖訛，不獲返其眞性，身罹災毒，莫得壽終而死。藝成而下，意在茲乎？

歷觀經史百家之言，無不存夫藝術，或敍其玄妙，或記其迂誕，非徒用廣異聞，將以明乎勸戒。是以後來作者，或相祖述，故今亦採其尤著者，列爲藝術篇云。

庾季才 子質

庾季才字叔奕，新野人也。八世祖滔，隨晉元帝過江，官至散騎常侍，封遂昌侯，因家于南郡江陵縣。祖詵，梁處士，與宗人昜齊名。父曼倩，光祿卿。季才幼穎悟，八歲誦尚書，十二通周易，好占玄象。居喪以孝聞。梁廬陵王績辟荊州主簿，湘東王繹重其術藝，引授外兵參軍。西臺建，累遷中書郎，領太史，封宜昌縣伯。季才固辭太史，元帝曰：「漢司馬遷歷世尸掌，魏高堂隆猶領此職，不無前例，卿何憚焉。」帝亦頗明星曆，因共仰觀，從容謂季才曰：「朕猶慮禍起蕭牆，何方可息？」季才曰：「頃天象告變，秦將入郢，陛下宜留重臣，作鎭荊陝，整旆還都，以避其患。假令羯寇侵蹙，止失荊湘，在於社稷，可得無慮。必久停留，恐非天意也。」帝初然之，後與吏部尚書宗懍等議，乃止。俄而江陵陷滅，竟如其言。

周太祖一見季才，深加優禮，令參掌太史。每有征討，恒預侍從。賜宅一區，水田十頃，并奴婢牛羊什物等，謂季才曰：「卿是南人，未安北土，故有此賜者，欲絕卿南望之心。宜盡誠事我，當以富貴相答。」初，郢都之陷也，衣冠士人多沒爲賤。季才散所賜物，購求親故。文帝問：「何能若此？」季才曰：「僕聞魏克襄陽，先昭異度，晉平建業，喜得士衡。伐國求賢，古之道也。今郢都覆敗，君信有罪，搢紳何咎，皆爲賤隸！鄙人羈旅，不敢獻言，誠切哀之，故贖購耳。」太祖乃悟曰：「吾之過也。微君遂失天下之望！」因出令免梁俘爲奴婢者數千口。

武成二年，與王褒、庾信同補麟趾學士。累遷稍伯大夫、車騎大將軍、儀同三司。其後大冢宰宇文護執政，謂季才曰：「比日天道，有何徵祥？」季才對曰：「荷恩深厚，若不盡言，便同木石。頃上台有變，不利宰輔，公宜歸政天子，請老私門。此則自享期頤，而受旦、奭之美，子孫藩屏，終保維城之固。不然者，非復所知。」護沈吟久之，謂季才曰：「吾本意如此，但辭未獲免耳。公既王官，可依朝例，無煩別參寡人也。」自是漸疏，不復別見。及護滅之後，閱其書記，武帝親自臨檢，有假託符命，妄造異端者，皆致誅戮。唯得季才書兩紙，盛言緯候災祥，宜反政歸權。帝謂少宗伯斛斯徵曰：「庾季才至誠謹愨，甚得人臣之禮。」因賜粟三百石，帛二百段。遷太史中大夫，詔撰靈臺祕苑，加上儀同，封臨潁伯，邑六百戶。宣帝嗣位，加驃騎大將軍、開府儀同三司，增邑三百戶。

及高祖爲丞相，嘗夜召季才而問曰：「吾以庸虛，受茲顧命，天時人事，卿以爲何如？」季才曰：「天道精微，難可意察，切以人事卜之，符兆已定。季才縱言不可，公豈復得爲箕、潁之事乎？」高祖默然久之，因舉首曰：「吾今譬猶騎獸，誠不得下矣。」因賜雜綵五十匹，絹二百段，曰：「愧公此意，宜善爲思之。」大定元年正月，季才言曰：「今月戊戌平旦，青氣如樓闕，見於國城之上，俄而變紫，逆風西行。氣經云：『天不能無雲而雨，皇王不能無氣而立。』今王氣已見，須卽應之。二月日出卯入酉，居天之正位，謂之二八之門。日者，人君之象，人君正位，宜用二月。其月十三日甲子，甲爲六甲之始，子爲十二辰之初，甲數九，子數又九，九爲天數。其日卽是驚蟄，陽氣壯發之時。昔周武王以二月甲子定天下，享年八百，漢高帝以二月甲午卽帝位，享年四百，故知甲子、甲午爲得天數。今二月甲子，宜應天受命。」上從之。

開皇元年，授通直散騎常侍。高祖將遷都，夜與高熲、蘇威二人定議，季才旦而奏曰：「臣仰觀玄象，俯察圖記，龜兆允襲，必有遷都。且堯都平陽，舜都冀土，是知帝王居止，世代不同。且漢營此城，經今將八百歲，水皆鹹鹵，不甚宜人。願陛下協天人之心，爲遷徙之計。」高祖愕然，謂熲等曰：「是何神也！」遂發詔施行，賜絹三百段，馬兩匹，進爵爲公。謂季才曰：「朕自今已後，信有天道矣。」於是令季才與其子質撰垂象、地形等志，上謂季才曰：

中華書局

「天地祕奧，推測多途，執見不同，或致差舛。朕不欲外人干預此事，故使公父子共爲之也。」及書成奏之，賜米千石，絹六百段。

九年，出爲均州刺史。策書始降，將就藩，時議以季才術藝精通，有詔還委舊任。季才以年老，頻表去職，每降優旨不許。會張胄玄曆行，及袁充言日影長。上以問季才，季才因言充謬。上大怒，由是免職，給半祿歸第。所有祥異，常使人就家訪焉。仁壽三年卒，時年八十八。

季才局量寬弘，術業優博，篤於信義，志好賓遊。常吉日良辰，與琅邪王褒、彭城劉瑴、河東裴政及宗人信等，爲文酒之會。次有劉臻、明克讓、柳䛒之徒，雖爲後進，亦申遊欵。撰靈臺祕苑一百二十卷，垂象志一百四十二卷，地形志八十七卷，並行於世。

庾質字行修，少而明敏，早有志尚。八歲誦梁世祖玄覽、言志等十賦，拜童子郎。仕周齊煬王記室。開皇元年，除奉朝請，歷鄢陵令，遷隴州司馬。大業初，授太史令。操履貞慤，立言忠鯁，每有災異，必指事面陳。而煬帝性多忌刻，齊王暕亦被猜嫌。質子儉時爲齊王屬，帝謂質曰：「汝不能一心事我，乃使兒事齊王，何向背如此邪？」質曰：「臣事陛下，子事齊王，實是一心，不敢有二。」帝怒不解，由是出爲合水令。

八年，帝親伐遼東，徵詣行在所。至臨渝謁見，帝謂質曰：「朕承先旨，親事高麗，度其土地人民，纔當我一郡，卿以爲剋不？」質對曰：「以臣管窺，伐之可剋，切有愚見，不願陛下親行。」帝作色曰：「朕今總兵至此，豈可未見賊而自退也？」質又曰：「陛下若行，慮損軍威。臣猶願安駕住此，命驍將勇士指授規模，倍道兼行，出其不意。事宜在速，緩必無功。」帝不悅曰：「汝既難行，可住此也。」及師還，授太史令。九年，復征高麗，又問質曰：「今段復何如？」對曰：「臣實愚迷，猶執前見。陛下若親動萬乘，糜費實多。」帝怒曰：「我自行尚不能剋，直遣人去，豈有成功也！」帝遂行。既而禮部尚書楊玄感據黎陽反，兵部侍郎斛斯政奔高麗，帝大懼，遽而西還，謂質曰：「卿前不許我行，當爲此耳。今者玄感其成事乎？」質曰：「玄感地勢雖隆，德望非素，因百姓之勞苦，冀僥倖而成功。今天下一家，未易可動。」帝曰：「熒惑入斗如何？」對曰：「斗，楚之分，玄感之所封也。今火色衰謝，終必無成。」

十年，帝自西京將往東都，質諫曰：「比歲伐遼，民實勞敝，陛下宜鎮撫關內，使百姓畢力歸農。三五年間，令四海少得豐實，然後巡省，於事爲宜。陛下思之。」帝不悅，質辭疾不從。帝聞之，怒，遣使馳傳，鎖質詣行在所。至東都，詔令下獄，竟死獄中。

子儉，亦傳父業，兼有學識。仕歷襄武令、元德太子學士、齊王屬。義寧初，爲太史令。時有盧太翼、耿詢，並以星曆知名。

盧太翼

盧太翼字協昭，河間人也，本姓章仇氏。七歲詣學，日誦數千言，州里號曰神童。及長，閑居味道，不求榮利。博綜羣書，爰及佛道，皆得其精微。尤善占候算曆之術。隱於白鹿山，數年徙居林慮山茱萸㟐，請業者自遠而至，初無所拒，後憚其煩，逃於五臺山。地多藥物，與弟子數人廬於巖下，蕭然絕世，以爲神仙可致。皇太子勇聞而召之，太翼知太子必不爲嗣，謂所親曰：「吾拘逼而來，不知所稅駕也！」及太子廢，坐法當死，高祖惜其才而不害，配爲官奴。久之，乃釋。其後目盲，以手摸書而知其字。

仁壽末，高祖將避暑仁壽宮，太翼固諫不納，至于再三。太翼曰：「臣愚豈敢飾詞，但恐是行鑾輿不反。」高祖大怒，繫之長安獄，期還而斬之。高祖至宮寢疾，臨崩，謂皇太子曰：「章仇翼，非常人也，前後言事，未嘗不中。吾來日道當不反，今果至此，爾宜釋之。」

及煬帝即位，漢王諒反，帝以問之。答曰：「上稽玄象，下參人事，何所能爲？」未幾，諒果敗。帝常從容言及天下氏族，謂太翼曰：「卿姓章仇，四岳之胄，與盧同源。」於是賜姓爲盧氏。大業九年，從駕至遼東，太翼言於帝曰：「黎陽有兵氣。」後數日而玄感反書聞，帝甚異之，數加賞賜。太翼所言天文之事，不可稱數，關諸祕密，世莫得聞。後數載，卒於洛陽。

耿詢

耿詢字敦信，丹陽人也。滑稽辯給，伎巧絕人。陳後主之世，以客從東衡州刺史王勇於嶺南。勇卒，詢不歸，遂與諸越相結，皆得其歡心。會郡俚反叛，推詢爲主。柱國王世積討擒之，罪當誅。自言有巧思，世積釋之，以爲家奴。久之，見其故人高智寶以玄象直太史，詢從之受天文算術。詢創意造渾天儀，不假人力，以水轉之，施於闇室中，使智寶外候天時，合如符契。世積知而奏之，高祖配詢爲官奴，給使太史局。後賜蜀王秀，從往益州，秀甚信之。及秀廢，復當誅，何稠言於高祖曰：「耿詢之巧，思若有神，臣誠爲朝廷惜之。」上於是特原其罪。詢作馬上刻漏，世稱其妙。

煬帝即位，進欹器，帝善之，放爲良民。歲餘，授右尚方署監事。七年，車駕東征，詢上書曰：「遼東不可討，師必無功。」帝大怒，命左右斬之，何稠苦諫得免。及平壤之敗，帝以詢言爲中，以詢守太史丞。宇文化及弒逆之後，從至黎陽，謂其妻曰：「近觀人事，遠察天文，宇文必敗，李氏當王，吾知所歸矣。」詢欲去之，爲化及所殺。著鳥情占一卷，行於世。

韋鼎

韋鼎字超盛，京兆杜陵人也。高祖玄，隱於商山，因而歸宋。祖叡，梁開府儀同三司。父正，黃門侍郎。鼎少通侻，博涉經史，明陰陽逆刺，尤善相術。仕梁，起家湘東王法曹參軍。遭父憂，水漿不入口者五日，哀毀過禮，殆將滅性。服闋，爲邵陵王主簿。侯景之亂，鼎兄昂卒於京城，鼎負屍出，寄于中興寺。求棺無所得，鼎哀憤慟哭，忽見江中有物，流至鼎所，鼎切異之。往見，乃新棺也，因以充殮。元帝聞之，以爲精誠所感。侯景平，司徒王僧辯以爲戶曹屬，歷太尉掾、大司馬從事、中書侍郎。

陳武帝在南徐州，鼎望氣知其當王，遂寄孥焉。因謂陳武帝曰：「明年有大臣誅死，後四歲，梁其代終，天之曆數當歸舜後。昔周滅殷氏，封嬀滿于宛丘，其裔子孫因爲陳氏。僕觀明公天縱神武，繼絕統者，無乃是乎！」武帝陰有圖僧辯意，聞其言，大喜，因而定策。及受禪，拜黃門侍郎，俄遷司農卿、司徒右長史、貞威將軍，領安右晉安王長史、行府國事，轉廷尉卿。太建中，爲聘周主使，加散騎常侍。尋爲祕書監、宣遠將軍，轉臨海王長史，行吳興郡事。入爲太府卿。至德初，鼎盡質貨田宅，寓居僧寺。友人大匠卿毛彪問其故，答曰：「江東王氣盡於此矣。吾與爾當葬長安。期運將及，故破產耳。」

初，鼎之聘周也，嘗與高祖相遇，鼎謂高祖曰：「觀公容貌，故非常人，而神監深遠，亦非羣賢所逮也。不久必大貴，貴則天下一家，歲一周天，老夫當委質。公相不可言，願深自

愛。」及陳平，上馳召之，授上儀同三司，待遇甚厚。上每與公王宴賞，鼎恒預焉。高祖嘗從容謂之曰：「韋世康與公相去遠近？」鼎對曰：「臣宗族分派，南北孤絕，自生以來，未嘗訪問。」帝曰：「公百世卿族，何得爾也。」乃命官給酒肴，遣世康與鼎還杜陵，樂飲十餘日。鼎乃考校昭穆，自楚太傅孟以下二十餘世，作韋氏譜七卷。時蘭陵公主寡，上爲之求夫，選親衞柳述及蕭瑒等以示於鼎。鼎曰：「瑒當封侯，而無貴妻之相，述亦通顯，而守位不終。」上曰：「位由我耳。」遂以主降述。上又問鼎：「諸兒誰得嗣？」答曰：「至尊、皇后所最愛者，即當與之，非臣敢預知也。」上笑曰：「不肯顯言乎？」

開皇十二年，除光州刺史，以仁義教導，務弘清靜。州中有土豪，外修邊幅，而內行不軌，常爲劫盜。鼎於都會時謂之曰：「卿是好人，那忽作賊？」因條其徒黨謀議逗留，其人驚懼，卽自首伏。又有人客遊，通主家之妾，及其還去，妾盜珍物，於夜亡，尋於草中爲人所殺。主家知客與妾通，因告客殺之。縣司鞫問，具得姦狀，因斷客死。獄成，上於鼎，鼎覽之曰：「此客實姦，而殺非也。乃某寺僧詃妾盜物，令奴殺之，贓在某處。」卽放此客，遣掩僧，并獲贓物。自是部內肅然不言，咸稱其有神，道無拾遺。尋追入京，以年老多病，累加優賜。頃之，卒，年七十九。

來和

來和字弘順，京兆長安人也。少好相術，所言多驗。大冢宰宇文護引之左右，由是出入公卿之門。初爲夏官府下士，累遷少卜上士，賜爵安定鄉男。遷畿伯下大夫，進封洹水縣男。

高祖微時，來詣和相，和待人去，謂高祖曰：「公當王有四海。」及爲丞相，拜儀同，既受禪，進爵爲子。開皇末，和上表自陳曰：

臣早奉龍顏，自周代天和三年已來，數蒙陛下顧問，當時具言至尊膺圖受命，光宅區宇。此乃天授，非由人事所及。臣無勞效，坐致五品，二十餘年。臣是何人，敢不慚懼！愚臣不任區區之至，謹錄陛下龍潛之時，臣有所言一得，書之祕府，死無所恨。

昔陛下在周，嘗與永富公竇榮定語臣曰：「我聞有行聲，卽識其人。」臣當時卽言公眼如曙星，無所不照，當王有天下，願忍誅殺。建德四年五月，周武帝在雲陽宮，謂臣曰：「諸公皆汝所識，隋公相祿何如？」臣報武帝曰：「隋公止是守節人，可鎮一方。若爲將領，陣無不破。」臣卽於宮東南奏聞。陛下謂臣，此語不忘。明年，烏丸軌言於武帝曰：「隋公非人臣。」帝尋以問臣，臣知帝有疑，臣詭報曰：「是節臣，更無異相。」于時王

誼、梁彥光等知臣此語。大象二年五月，至尊從永巷東門入，臣在永巷門東，北面立，陛下問臣曰：「我無災障不？」臣奏陛下曰：「公骨法氣色相應，天命已有付屬。」未幾，遂總百揆。

上覽之大悅，進位開府，賜物五百段，米三百石，地十頃。

和同郡韓則，嘗詣和相，和謂之曰：「後四五當得大官。」人初不知所謂。則至開皇十五年五月而終，人問其故，和曰：「十五年爲三五，加以五月爲四五。大官，椁也。」和言多此類。著相經四十卷。

道士張賓、焦子順、雁門人董子華，〔一〕此三人，當高祖龍潛時，並私謂高祖曰：「公當爲天子，善自愛。」及踐阼，以賓爲華州刺史，子順爲開府，子華爲上儀同。

蕭吉

蕭吉字文休，梁武帝兄長沙宣武王懿之孫也。博學多通，尤精陰陽算術。江陵陷，遂歸于周，爲儀同。宣帝時，吉以朝政日亂，上書切諫，帝不納。及隋受禪，進上儀同，以本官太常考定古今陰陽書。

吉性孤峭，不與公卿相沉浮，又與楊素不協，由是擯落於世，鬱鬱不得志。見上好徵祥

之說，欲乾沒自進，遂矯其迹爲悅媚焉。開皇十四年上書曰：「今年歲在甲寅，十一月朔旦，以辛酉爲冬至。來年乙卯，正月朔旦，以庚申爲元日，冬至之日，卽在朔旦。樂汁圖徵云：『天元十一月朔旦冬至，聖王受享祚。』今聖主在位，居天元之首，而朔旦冬至，此慶一也。辛酉之日，卽是至尊本命，辛德在丙，此十一月建丙子。酉德在寅，正月建寅爲本命，與月德合，而居元朔之首，此慶二也。庚申之日，卽是行年，乙德在庚，卯德在申，來年乙卯，是行年與歲合德，而在元旦之朝，此慶三也。陰陽書云：『年命與歲月合德者，必有福慶。』洪範傳云：『歲之朝，月之朝，日之朝，主王者。』經書並謂三長應之者，延年福吉。況乃甲寅蔀首，十一月陽之始，朔旦冬至，是聖王上元。正月是正陽之月，歲之首，月之先。朔旦是歲之元，月之朝，日之先，嘉辰之會。而本命爲九元之先，行年爲三長之首，並與歲月合德。所以靈寶經云：『角音龍精，其祚日强。』來歲年命納音俱角，曆之與經，如合符契。又甲寅、乙卯，天地合也，甲寅之年，以辛酉冬至，來年乙卯，以甲子夏至。冬至陽始，郊天之日，卽是至尊本命，此慶四也。夏至陰始，祀地之辰，卽是皇后本命，此慶五也。至尊德並乾之覆育，皇后仁同地之載養，所以二儀元氣，並會本辰。」上覽之大悅，賜物五百段。

房陵王時爲太子，言東宮多鬼魅，鼠妖數見。上令吉詣東宮，禳邪氣。於宣慈殿設神坐，有廻風從艮地鬼門來，掃太子坐。吉以桃湯葦火驅逐之，風出宮門而止。又謝土，於未

地設壇，爲四門，置五帝坐。于時至寒，有蝦蟇從西南來，入人門，升赤帝坐，還從人門而出。行數步，忽然不見。上大異之，賞賜優洽。又上言，太子當不安位，時上陰欲廢立，得其言是之。由此每被顧問。

及獻皇后崩，上令吉卜擇葬所，吉歷筮山原，至一處，云「卜年二千，卜世二百」，具圖而奏之。上曰：「吉凶由人，不在於地。高緯父葬，豈不卜乎？國尋滅亡。正如我家墓田，若云不吉，朕不當爲天子；若云不凶，我弟不當戰沒。」然竟從吉言。吉表曰：「去月十六日，皇后山陵西北，鷄未鳴前，有黑雲方圓五六百步，從地屬天。東南又有旌旗車馬帳幕，布滿七八里，并有人往來檢校，部伍甚整，日出乃滅，同見者十餘人。謹案葬書云：『氣王與姓相生，大吉。』今黑氣當冬王，與姓相生，是大吉利，子孫無疆之候也。」上大悅。其後上將親臨發殯，吉復奏上曰：「至尊本命辛酉，今歲斗魁及天岡，臨卯酉，謹按陰陽書，不得臨喪。」上不納。退而告族人蕭平仲曰：「皇太子遣宇文左率深謝余云：『公前稱我當爲太子，竟有其驗，終不忘也。今卜山陵，務令我早立。我立之後，當以富貴相報。』吾記之曰：『後四載，太子御天下。』今山陵氣應，上又臨喪，兆益見矣。且太子得政，隋其亡乎！當有眞人出治之矣。吾前紿云卜年二千者，是三十字也；卜世二百者，取三十二運也。吾言信矣，汝其誌之。」

及煬帝嗣位，拜太府少卿，加位開府。嘗行經華陰，見楊素冢上有白氣屬天，密言於帝。

帝問其故，吉曰：「其候素家當有兵禍，滅門之象。改葬者，庶可免乎！」帝後從容謂楊玄感曰：「公家宜早改葬。」玄感亦微知其故，以爲吉祥，託以遼東未滅，不遑私門之事。未幾而玄感以反族滅，帝彌信之。後歲餘，卒官。著金海三十卷，相經要錄一卷，宅經八卷，葬經六卷，樂譜二十卷及帝王養生方二卷，相手版要決一卷，太一立成一卷，並行於世。

時有楊伯醜、臨孝恭、劉祐，俱以陰陽術數知名。

楊伯醜

楊伯醜，馮翊武鄉人也。好讀易，隱於華山。開皇初，被徵入朝，見公卿不爲禮，無貴賤皆汝之。人不能測也。高祖召與語，竟無所答。上賜之衣服，至朝堂捨之而去。於是被髮陽狂，遊行市里，形體垢穢，未嘗櫛沐。

嘗有張永樂者，賣卜京師，伯醜每從之遊。永樂爲卦有不能決者，伯醜輒爲分析爻象，尋幽入微。永樂嗟服，自以爲非所及也。

伯醜亦開肆賣卜。有人嘗失子，就伯醜筮者。卦成，伯醜曰：「汝子在懷遠坊南門道東北壁上，有青裙女子抱之，可往取也。」如言果得。或者有金數兩，夫妻共藏之，於後失金，其夫意妻有異志，將逐之。其妻稱寃，以詣伯醜，爲筮之曰：「金在矣。」悉呼其家人，指一人

曰：「可取金來！」其人赧然，應聲而取之。道士韋知常詣伯醜問吉凶，伯醜曰：「汝勿東北行，必不得已，當早還。不然者，楊素斬汝頭。」未幾，上令知常事漢王諒。俄而上崩，諒舉兵反，知常逃歸京師。知常先與楊素有隙，及素平并州，先訪知常，將斬之，賴此獲免。又人有失馬，來詣伯醜卜者。時伯醜爲皇太子所召，在塗遇之，立爲作卦，卦成，曰：「我不遑爲卿占之，卿且向西市東壁門南第三店，爲我買魚作膾，當得馬矣。」其人如此言，須臾，有一人牽所失馬而至，遂擒之。崖州嘗獻徑寸珠，其使者陰易之，上心疑焉，召伯醜令筮。伯醜曰：「有物出自水中，質圓而色光，是大珠也。今爲人所隱。」具言隱者姓名容狀。上如言簿責之，果得本珠。上奇之，賜帛二十匹。國子祭酒何妥嘗詣之論易，聞妥之言，倏然而笑曰：「何用鄭玄、王弼之言乎！」久之，微有辯答，所說辭義，皆異先儒之旨，而思理玄妙，故論者以爲天然獨得，非常人所及也。竟以壽終。

臨孝恭

臨孝恭，京兆人也。明天文算術，高祖甚親遇之。每言災祥之事，未嘗不中，上因令考定陰陽。官至上儀同。著欹器圖三卷，地動銅儀經一卷，九宮五墓一卷，遁甲月令十卷，元辰經十卷，元辰厄一百九卷，百怪書十八卷，祿命書二十卷，九宮龜經一百一十卷，太一式

經三十卷，孔子馬頭易卜書一卷，並行於世。

劉祐

劉祐，滎陽人也。開皇初，爲大都督，封索盧縣公。其所占候，合如符契，高祖甚親之。初與張賓、劉暉、馬顯定曆。後奉詔撰兵書十卷，名曰金韜，上善之。復著陰策二十卷，觀臺飛候六卷，玄象要記五卷，律曆術文一卷，婚姻志三卷，產乳志二卷，式經四卷，四時立成法一卷，安曆志十二卷，歸正易十卷，並行於世。

張胄玄

張胄玄，渤海蓨人也。博學多通，尤精術數。冀州刺史趙煚薦之，高祖徵授雲騎尉，直太史，參議律曆事。時輩多出其下，由是太史令劉暉等甚忌之。然暉言多不中，胄玄所推步甚精密，上異之。令楊素與術數人立議六十一事，皆舊法久難通者，令暉與胄玄等辯析之。暉杜口一無所答，胄玄通者五十四焉。由是擢拜員外散騎侍郎，兼太史令，賜物千段，暉及黨與八人皆斥逐之。改定新曆，言前曆差一日。內史通事顏敏楚上言曰：「漢時落下閎改顓頊曆作太初曆，云後當差一日。八百年當有聖者定之。計今相去七百一十年，術者

舉其成數，聖者之謂，其在今乎！」上大悅，漸見親用。

胄玄所爲曆法，與古不同者有三事：

其一，宋祖沖之於歲周之末，創設差分，冬至漸移，不循舊軌。每四十六年，却差一度。至梁虞劆曆法，嫌沖之所差太多，因以一百八十六年冬至移一度。胄玄以此二術，年限懸隔，追檢古注，所失極多，遂折中兩家，以爲度法。冬至所宿，歲別漸移，八十三年却行一度，則上合堯時日永星火，次符漢曆宿起牛初。明其前後，並皆密當。

其二，周馬顯造丙寅元曆，有陰陽轉法，加減章分，進退蝕餘，乃推定日，創開此數。當時術者，多不能曉。張賓因而用之，莫能考正。胄玄以爲加時先後，逐氣參差，就月爲斷，於理未可。乃因二十四氣列其盈縮所出，實由日行遲則月逐日易及，令合朔加時早，日行速則月逐日少遲，令合朔加時晚。檢前代加時早晚，以爲損益之率。日行自秋分已後至春分，其勢速，計一百八十二日而行一百八十度。自春分已後至秋分，日行遲，計一百八十二日而行一百七十六度。每氣之下，卽其率也。

其三，自古諸曆，朔望値交，不問內外，入限便食。張賓立法，創有外限，應食不食，猶未能明。胄玄以日行黃道，歲一周天，月行月道，二十七日有餘一周天。月道交絡黃道，每行黃道內十三日有奇而出，又行黃道外十三日有奇而入，終而復始，月經黃道，謂之交。朔望去交前後各十五度已下，卽爲當食。若月行內道，則在黃道之北，食多有驗。月行外道，在黃道之南也，雖遇正交，無由掩映，食多不驗。遂因前法，別立定限，隨交遠近，逐氣求差，損益食分，事皆明著。

其超古獨異者有七事：

其一，古曆五星行度皆守恒率，見伏盈縮，悉無格准。胄玄推之，各得其眞率，合見之數，與古不同。其差多者，至加減三十許日。卽如熒惑平見在雨水氣，卽均加二十九日，見在小雪氣，則均減二十五日。加減平見，以爲定見。諸星各有盈縮之數，皆如此例，但差數不同。特其積候所知，時人不能原其意旨。

其二，辰星舊率，一終再見，凡諸古曆，皆以爲然，應見不見，人未能測。胄玄積候，知辰星一終之中，有時一見，及同類感召，相隨而出。卽如辰星平晨見在雨水氣者，應見卽不見，若平晨見在啓蟄氣者，去日十八度外，三十六度內，晨有木火土金一星者，亦相隨見。

其三，古曆步術，行有定限，自見已後，依率而推。進退之期，莫知多少。胄玄積候，知五星遲速留退眞數皆與古法不同，多者至差八十餘日，留廻所在亦差八十餘度。卽如熒惑前疾初見在立冬初，則二百五十日行一百七十七度，定見在夏至初，則一百七十日行九十二度。追步天驗，今古皆密。

其四，古曆食分，依平卽用，推驗多少，實數罕符。胄玄積候，知月從木、火、土、金四星行有向背。月向四星卽速，背之則遲，皆十五度外，乃循本率。遂於交分，限其多少。

其五，古曆加時，朔望同術。胄玄積候，知日食所在，隨方改變，傍正高下，每處不同。交有淺深，遲速亦異，約時立差，皆會天象。

其六，古曆交分卽爲食數，去交十四度者食一分，去交十三度食二分，去交十度食三分。每近一度，食益一分，當交卽食既。其應少反多，應多反少，自古諸曆，未悉其原。胄玄積候，知當交之中，月掩日不能畢盡，其食反少，去交五六時，月在日內，掩日便盡，故食乃既。自此已後，更遠者其食又少。交之前後在冬至皆爾。若近夏至，其率又差。所立食分，最爲詳密。

其七，古曆二分，晝夜皆等。胄玄積候，知其有差，春秋二分，晝多夜漏半刻，皆由日行遲疾盈縮使其然也。

凡此胄玄獨得於心，論者服其精密。大業中卒官。

許智藏

許智藏，高陽人也。祖道幼，嘗以母疾，遂覽醫方，因而究極，世號名醫。誡其諸子曰：

「爲人子者，嘗膳視藥，不知方術，豈謂孝乎？」由是世相傳授。仕梁，官至員外散騎侍郎。父景，武陵王諮議參軍。

智藏少以醫術自達，仕陳爲散騎侍郎。及陳滅，高祖以爲員外散騎侍郎，使詣揚州。會秦孝王俊有疾，上馳召之。俊夜中夢其亡妃崔氏泣曰：〔二〕「本來相迎，如聞許智藏將至，其人若到，當必相苦，爲之奈何？」明夜，俊又夢崔氏曰：「妾得計矣，當入靈府中以避之。」及智藏至，爲俊診脉，曰：「疾已入心，郎當發癇，不可救也。」果如言，俊數日而薨。上奇其妙，賚物百段。煬帝即位，智藏時致仕于家，帝每有所苦，輒令中使就詢訪，或以轝迎入殿，扶登御牀。智藏爲方奏之，用無不效。年八十，卒于家。

宗人許澄，亦以醫術顯。父奭，仕梁太常丞、中軍長史。隨柳仲禮入長安，與姚僧垣齊名，〔三〕拜上儀同三司。澄有學識，傳父業，尤盡其妙。歷尙藥典御、諫議大夫，封賀川縣伯。父子俱以藝術名重於周、隋二代。史失事，故附見云。

萬寶常 王令言

萬寶常，不知何許人也。父大通，從梁將王琳歸于齊。後復謀還江南，事泄，伏誅。由是寶常被配爲樂戶，因而妙達鍾律，遍工八音。造玉磬以獻于齊。又嘗與人方食，論及聲

調。時無樂器，寶常因取前食器及雜物，以箸扣之，品其高下，宮商畢備，諧於絲竹，大爲時人所賞。然歷周洎隋，俱不得調。

開皇初，沛國公鄭譯等定樂，初爲黃鍾調。寶常雖爲伶人，譯等每召與議，然言多不用。後譯樂成奏之，上召寶常，問其可不，寶常曰：「此亡國之音，豈陛下之所宜聞！」上不悅。寶常因極言樂聲哀怨淫放，非雅正之音，請以水尺爲律，以調樂器。上從之。寶常奉詔，遂造諸樂器，其聲率下鄭譯調二律。并撰樂譜六十四卷，具論八音旋相爲宮之法，改絃移柱之變。爲八十四調，一百四十四律，變化終於一千八百聲。時人以周禮有旋宮之義，自漢、魏已來，知音者皆不能通，見寶常特創其事，皆哂之。至是，試令爲之，應手成曲，無所凝滯，見者莫不嗟異。於是損益樂器，不可勝紀，其聲雅淡，不爲時人所好，太常善聲者多排毀之。

又太子洗馬蘇夔以鍾律自命，尤忌寶常。夔父威，方用事，凡言樂者，皆附之而短寶常。數詣公卿怨望，蘇威因詰寶常，所爲何所傳受。有一沙門謂寶常曰：「上雅好符瑞，有言徵祥者，上皆悅之。先生當言就胡僧受學，云是佛家菩薩所傳音律，則上必悅。先生所爲，可以行矣。」寶常然之，遂如其言以答威。威怒曰：「胡僧所傳，乃是四夷之樂，非中國所宜行也。」其事竟寢。寶常嘗聽太常所奏樂，泫然而泣。人問其故，寶常曰：「樂聲淫厲而哀，天下不久相殺將盡。」時四海全盛，聞其言者皆謂爲不然。大業之末，其言卒驗。

寶常貧無子，其妻因其臥疾，遂竊其資物而逃。寶常飢餒，無人贍遺，竟餓而死。將死也，取其所著書而焚之，曰：「何用此爲？」見者於火中探得數卷，見行於世，時論哀之。

開皇之世，有鄭譯、何妥、盧賁、蘇夔、蕭吉，並討論墳籍，撰著樂書，皆爲當世所用。至於天然識樂，不及寶常遠矣。安馬駒、曹妙達、王長通、郭令樂等，〔四〕能造曲，爲一時之妙，又習鄭聲，而寶常所爲，皆歸於雅。此輩雖公議不附寶常，然皆心服，謂以爲神。

時有樂人王令言，亦妙達音律。大業末，煬帝將幸江都，令言之子嘗從，於戶外彈胡琵琶，作翻調安公子曲。令言時臥室中，聞之大驚，蹶然而起曰：「變，變！」急呼其子曰：「此曲興自早晚？」其子對曰：「頃來有之。」令言遂歔欷流涕，謂其子曰：「汝愼無從行，帝必不返。」子問其故，令言曰：「此曲宮聲往而不反，宮者君也，吾所以知之。」帝竟被殺於江都。

史臣曰：陰陽卜祝之事，聖人之教在焉，雖不可以專行，亦不可得而廢也。人能弘道，則博利時俗，行非其義，則咎悔及身，故昔之君子所以戒乎妄作。今韋、來之骨法氣色，庾、

張之推步盈虛，雖落下、高堂、許負、朱建，不能尙也。伯醜龜策，近知鬼神之情，耿詢渾儀，不差辰象之度，寶常聲律，動應宮商之和，雖不足遠擬古人，皆一時之妙也。許氏之運鍼石，世載可稱，蕭吉之言陰陽，近於誣誕矣。

校勘記

〔一〕雁門　「雁」原作「應」，據通志一八三改。

〔二〕俊夜中夢其亡妃崔氏泣曰　「俊」原作「後」，據北史許智藏傳及御覽七二三改。

〔三〕姚僧垣　「垣」原作「坦」，據北史本傳改。

〔四〕郭令樂　本書音樂志下、御覽五六四作「郭金樂」。

隋書卷七十九

列傳第四十四

外戚

歷觀前代外戚之家，乘母后之權以取高位厚秩者多矣，然而鮮有克終之美，必罹顛覆之患，何哉？皆由乎無德而尊，不知紀極，忽於滿盈之戒，罔念高危之咎，故鬼瞰其室，憂必及之。夫其誠著艱難，功宣社稷，不以謙沖自牧，未免顛蹶之禍。而況道不足以濟時，仁不足以利物，自矜於己，以富貴驕人者乎！此呂、霍、上官、閻、梁、竇、鄧所以繼踵而亡滅者也。

昔文皇潛躍之際，獻后便相推轂，煬帝大橫方兆，蕭妃密勿經綸，是以恩禮綢繆，始終不易。然內外親戚，莫預朝權，昆弟在位，亦無殊寵。至於居擅玉堂，家稱金穴，暉光戚里，重灼四方，將三司以比儀，命五侯而同拜者，終始一代，寂無聞焉。考之前王，可謂矯其弊

矣。故雖時經擾攘，無有陷於不義，市朝遷貿，而皆得以保全。比夫憑藉寵私，階緣恩澤，乘其非據，旋就顛隕者，豈可同日而言哉！此所謂愛之以禮，能改覆車。輒敍其事，爲外戚傳云。

高祖外家呂氏

高祖外家呂氏，其族蓋微，平齊之後，求訪不知所在。至開皇初，濟南郡上言，有男子呂永吉，自稱有姑字苦桃，爲楊忠妻。〔一〕勘驗知是舅子，始追贈外祖雙周爲上柱國、太尉、八州諸軍事、青州刺史，封齊郡公，諡曰敬，外祖母姚氏爲齊敬公夫人。詔並改葬，於齊州立廟，置守冢十家。以永吉襲爵，留在京師。大業中，授上黨郡太守，性識庸劣，職務不理。後去官，不知所終。

永吉從父道貴，性尤頑騃，言詞鄙陋。初自鄉里徵入長安，上見之悲泣。道貴略無戚容，但連呼高祖名，云：「種末定不可偸，大似苦桃姊。」是後數犯忌諱，動致違忤，上甚恥之。乃命高熲厚加供給，不許接對朝士。拜上儀同三司，出爲濟南太守，令卽之任，斷其入朝。道貴還至本郡，高自崇重，每與人言，自稱皇舅。數將儀衞出入閭里，從故人遊宴，官民咸苦之。後郡廢，終於家，子孫無聞焉。

獨孤羅　弟陁

獨孤羅字羅仁，雲中人也。父信，初仕魏爲荊州刺史。武帝之入關也，信棄父母妻子西歸長安，歷職顯貴，羅由是遂爲高氏所囚。信後仕周爲大司馬。及信爲宇文護所誅，羅始見釋，寓居中山，孤貧無以自給。齊將獨孤永業以宗族之故，見而哀之，爲買田宅，遺以資畜。初，信入關之後，復娶二妻，郭氏生子六人，善、穆、藏、順、陁、整，崔氏生獻皇后。及齊亡，高祖爲定州總管，獻皇后遣人尋羅，得之，相見悲不自勝，侍御者皆泣。於是厚遺車馬財物。未幾，周武帝以羅功臣子，久淪異域，徵拜楚安郡太守。以疾去官，歸于京師。諸弟見羅少長貧賤，每輕侮之，不以兄禮事也。然性長者，亦不與諸弟校競長短，后由是重之。及高祖爲丞相，拜儀同，常置左右。既受禪，下詔追贈羅父信官爵曰：「褒德累行，往代通規，追遠愼終，前王盛典。故柱國信，風宇高曠，獨秀生民，叡哲居宗，清猷映世。宏謀長策，道著於弼諧，緯義經仁，事深於拯濟。方當宣風廊廟，亮采台階，而運屬艱危，功高弗賞，眷言令範，事切於心。今景運初開，椒闈肅建，載懷塗山之義，無忘褒、紀之典。可贈太師、上柱國、冀定等十州刺史、趙國公，邑萬戶。」其諸弟以羅母沒齊，先無夫人之號，不當承襲。上以問后，后曰：「羅誠嫡長，不可誣也。」於是襲爵趙國公。以其弟善爲河內郡公，

穆爲金泉縣公，藏爲武平縣公，陁爲武喜縣公，整爲千牛備身。擢拜羅爲左領左右將軍，尋遷左衞將軍，前後賞賜不可勝計。久而出爲涼州總管，進位上柱國。仁壽中，徵拜左武衞大將軍。煬帝嗣位，改封蜀國公。未幾，卒官，諡曰恭。

子纂嗣，仕至河陽郡尉。纂弟武都，大業末，亦爲河陽郡尉。庶長子開遠，宇文化及之弑逆也，裴虔通率賊入成象殿，宿衞兵士皆從逆，開遠時爲千牛，與獨孤盛力戰於閤下，爲賊所執，賊義而捨之。善後官至柱國。卒，子覽嗣，仕至左候衞將軍，大業末卒。

獨孤陁字黎邪。仕周胥附上士，坐父徙蜀郡十餘年。宇文護被誅，始歸長安。高祖受禪，拜上開府、右領左右將軍。久之，出爲郢州刺史，進位上大將軍，累轉延州刺史。好左道。其妻母先事猫鬼，〔二〕因轉入其家。上微聞而不之信也。會獻皇后及楊素妻鄭氏俱有疾，召醫者視之，皆曰：「此猫鬼疾也。」上以陁后之異母弟，陁妻楊素之異母妹，由是意陁所爲，陰令其兄穆以情喻之。上又避左右諷陁，陁言無有。上不悅，左轉遷州刺史。出怨言。上令左僕射高熲、納言蘇威、大理正皇甫孝緖、大理丞楊遠等雜治之。陁婢徐阿尼言，本從陁母家來，常事猫鬼。每以子日夜祀之。言子者鼠也。其猫鬼每殺人者，所死家財物潛移於畜猫鬼家。陁嘗從家中索酒，其妻曰：「無錢可酤。」陁因謂阿尼曰：「可令猫

鬼向越公家，使我足錢也。」阿尼便呪之歸。數日，猫鬼向素家。十一年，上初從并州還，陁於園中謂阿尼曰：「可令猫鬼向皇后所，使多賜吾物。」阿尼復呪之，遂入宮中。楊遠乃於門下外省遣阿尼呼猫鬼。阿尼於是夜中置香粥一盆，以匙扣而呼之曰：「猫女可來，無住宮中。」久之，阿尼色正青，若被牽曳者，云猫鬼已至。上以其事下公卿，奇章公牛弘曰：「妖由人興，殺其人可以絕矣。」上令以犢車載陁夫妻，將賜死於其家。陁弟司勳侍中整詣闕求哀，於是免陁死，除名為民，以其妻楊氏為尼。先是，有人訟其母為人猫鬼所殺者，上以為妖妄，怒而遣之。及此，詔誅被訟行猫鬼家。陁未幾而卒。

煬帝即位，追念舅氏，聽以禮葬，乃下詔曰：「外氏衰禍，獨孤陁不幸早世，遷卜有期。言念渭陽之情，追懷傷切，宜加禮命，允備哀榮。可贈正議大夫。」帝意猶不已，復下詔曰：「舅氏之尊，戚屬斯重，而降年弗永，凋落相繼。緬惟先往，宜崇徽秩。復贈銀青光祿大夫。」有二子：延福、延壽。

陁弟整，官至幽州刺史，大業初卒，贈金紫光祿大夫、平鄉侯。

蕭巋 子琮　琮弟瓛

蕭巋字仁遠，梁昭明太子統之孫也。父詧，初封岳陽王，鎮襄陽。侯景之亂，其兄河東

王譽與其叔父湘東王繹不協，為繹所害。及繹嗣位，詧稱藩于西魏，乞師請討繹。周太祖以詧為梁主，遣柱國于謹等率騎五萬襲繹，滅之。詧遂都江陵，有荊郡、其西平州延袤三百里之地，稱皇帝於其國，車服節文一同王者。仍置江陵總管，以兵戍之。詧薨，巋嗣立，年號天保。巋俊辯，有才學，兼好內典。周武帝平齊之後，巋來賀，帝享之甚歡。親彈琵琶，令巋起舞，巋曰：「陛下親御五絃，臣敢不同百獸！」

高祖受禪，恩禮彌厚，遣使賜金五百兩，銀千兩，布帛萬匹，馬五百匹。巋來朝，上甚敬焉，詔巋位在王公之上。巋被服端麗，進退閑雅，天子屬目，百僚傾慕。賞賜以億計。月餘歸藩，帝親餞於滻水之上。後備禮納其女為晉王妃，又欲以其子瑒尚蘭陵公主。由是漸見親待。獻皇后言於上曰：「梁主通家，腹心所寄，何勞猜防也。」上然之，於是罷江陵總管，巋專制其國。歲餘，巋又來朝，賜縑萬匹，珍玩稱是。及還，上親執手曰：「梁主久滯荊楚，未復舊都，故鄉之念，良軫懷抱。朕當振旅長江，相送旋反耳。」巋拜謝而去。其年五月，寢疾，臨終上表曰：「臣以庸闇，曲荷天慈，寵冠外藩，恩踰連山，爰及子女，尚主婚王。每願躬擐甲冑，身先士卒，掃蕩逋寇，上報明時。而攝生乖舛，遽罹痾疾，屬纊在辰，顧陰待謝。長違聖世，感戀嗚咽，遺嗣孤藐，特乞降慈。伏願聖躬與山岳同固，皇基等天日俱永，臣雖九泉，實無遺恨。」并獻所服金裝劍，上覽而嗟悼焉。巋在位二十三年，年四十四薨，梁之臣子諡曰孝明皇帝，廟號世宗。子琮嗣。巋著孝經、周易義記及大小乘幽微十四卷，行於世。

琮字溫文，性寬仁，有大度，倜儻不羈，博學有文義。兼善弓馬，遣人伏地著帖，琮馳馬射之，十發十中，持帖者亦不懼。初封東陽王，尋立為梁太子。及嗣位，上賜璽書曰：「負荷堂構，其事甚重，雖窮憂勞，常須自力。輯諧內外，親任才良，聿遵世業，是所望也。彼之疆守，咫尺陳人，水潦之時，特宜警備。陳氏比日雖復朝聘相尋，疆埸之間猶未清肅，唯當恃我必不可干，勿得輕人而不設備。朕與梁國積世相知，重以親姻，情義彌厚。江陵之地，朝寄非輕，為國為民，深宜抑割，恒加饘粥，以禮自存。」又賜梁之大臣璽書，誡勉之。時琮年號廣運，有識者曰：「運之為字，軍走也，吾君將奔走乎？」其年，琮遣大將軍戚昕以舟師襲陳公安，不克而還。徵琮叔父岑入朝，拜為大將軍，封懷義公，因留不遣。復置江陵總管以監之。琮所署大將軍許世武密以城召陳將宜黃侯陳紀，謀洩，琮誅之。後二歲，上徵琮入朝，率其臣下二百餘人朝于京師，江陵父老莫不隕涕相謂曰：「吾君其不反矣！」上以琮來朝，遣武鄉公崔弘度將兵戍之。軍至都州，琮叔父巖及弟瓛等懼弘度掩襲之，遂引陳人至城下，虜居民而叛。於是廢梁國。上遣左僕射高熲安集之，曲赦江陵死罪，給民復十年。梁二主各給守墓十戶。拜琮為柱國，賜爵莒國公。

煬帝嗣位，以皇后之故，甚見親重。拜內史令，改封梁公。琮之宗族，緦麻以上，並隨才擢用，於是諸蕭昆弟布列朝廷。琮性澹雅，不以職務自嬰，退朝縱酒而已。內史令楊約與琮同列，帝令約宣旨誡勵，約復以私情喻之。琮答曰：「琮若復事事，則何異於公哉！」約笑而退。約兄素，時為尚書令，見琮嫁從父妹於鉗耳氏，因謂琮曰：「公，帝王之族，望高戚美，何乃適妹鉗耳氏乎？」琮曰：「前已嫁妹於侯莫陳氏，此復何疑！」素曰：「鉗耳，羌也，侯莫陳，虜也，何得相比！」素意以虜優羌劣。琮曰：「以羌異虜，未之前聞。」素慚而止。琮雖羈旅，見北間豪貴，無所降下。嘗與賀若弼深相友善，弼既被誅，復有童謠曰：「蕭蕭亦復起。」帝由是忌之，遂廢於家，未幾而卒。贈左光祿大夫。子鉉，襄城通守。復以琮弟子鉅為梁公。

鉅小名藏，煬帝甚昵之，以為千牛，與宇文皛出入宮掖，伺察內外。帝每有遊宴，鉅未嘗不從焉，遂於宮中多行淫穢。江都之變，為宇文化及所殺。

瓛字欽文，少聰敏，解屬文。在梁為荊州刺史，頗有能名。崔弘度以兵至都州，瓛懼，與其叔父巖奔于陳。陳主以為侍中、安東將軍、吳州刺史，甚得物情，三吳父老皆曰：「吾君子也。」及陳亡，吳人推瓛為主。吳人見梁武、簡文及詧、巋等兄弟並第三而踐尊位，瓛自以巋之第三子也，深自矜負。有謝異者，頗知廢興，梁、陳之際，言無不驗，江南人甚敬信之。

及陳主被擒，異奔於瓛，由是益爲衆所歸。褒國公宇文述以兵討之，瓛遣王裒守吳州，自將拒述。述遣兵別道襲吳州，裒懼，衣道士服，棄城而遁。瓛衆聞之，悉無鬭志，與述一戰而敗。瓛將左右數人逃于太湖，匿於民家，爲人所執，送於述所，斬之長安，時年二十一。

弟瑒，爲朝請大夫、尚衣奉御。瑒，歷衞尉卿、祕書監、陶丘侯。瑀，歷內史侍郎、河池太守。

史臣曰：三、五哲王，防深慮遠，舅甥之國，罕執鈞衡，母后之家，無聞傾敗。爰及漢、晉，顛覆繼軌，皆由乎進不以禮，故其斃亦速。若使獨孤權侔呂、霍，必敗於仁壽之前，蕭氏勢均梁、竇，豈全於大業之後！今或不隕舊基，或更隆先構，豈非處之以道，不預權寵之所致乎！

校勘記

〔一〕楊忠妻　「忠」原爲空格，各本多作「諱」，今補「忠」字。

〔二〕其妻母先事猫鬼　「其妻母」，北史獨孤陁傳作「其外祖母高氏」。

隋書卷八十

列傳第四十五

列女

自昔貞專淑媛，布在方策者多矣。婦人之德，雖在於溫柔，立節垂名，咸資於貞烈。溫柔，仁之本也；貞烈，義之資也。非溫柔無以成其仁，非貞烈無以顯其義。是以詩書所記，風俗所在，圖像丹青，流聲竹素，莫不守約以居正，殺身以成仁者也。若文伯、王陵之母，白公、杞植之妻，魯之義姑，梁之高行，衞君靈主之妾，夏侯文寧之女，或抱信以含貞，或蹈忠而踐義，不以存亡易心，不以盛衰改節，其修名彰於既往，徽音傳於不朽，不亦休乎！或有王公大人之妃偶，肆情於淫僻之俗，雖衣繡衣，食珍膳，坐金屋，乘玉輦，不入彤管之書，不霑良史之筆，將草木以俱落，與麋鹿而同死，可勝道哉！永言載思，實庶姬之恥也。觀夫今之靜女，各勵松筠之操，甘於玉折蘭摧，足以無絕今古。故述其雅志，以纂前代之列女云。

蘭陵公主

蘭陵公主字阿五，高祖第五女也。美姿儀，性婉順，好讀書，高祖於諸女中特所鍾愛。初嫁儀同王奉孝，卒，適河東柳述，時年十八。諸姊並驕貴，主獨折節遵於婦道，事舅姑甚謹，遇有疾病，必親奉湯藥。高祖聞之大悅。由是述漸見寵遇。

初，晉王廣欲以主配其妃弟蕭瑒，高祖初許之，後遂適述，晉王因不悅。及述用事，彌惡之。高祖既崩，述徙嶺表。煬帝令主與述離絕，將改嫁之。公主以死自誓，不復朝謁，上表請免主號，與述同徙。帝大怒曰：「天下豈無男子，欲與述同徙耶？」主曰：「先帝以妾適于柳家，今其有罪，妾當從坐，不願陛下屈法申恩。」帝不從，主憂憤而卒，時年三十二。臨終上表曰：「昔共姜自誓，著美前詩，鄎嬀不言，傳芳往誥。妾雖負罪，竊慕古人。生既不得從夫，死乞葬於柳氏。」帝覽之愈怒，竟不哭，乃葬主於洪瀆川，資送甚薄。朝野傷之。

南陽公主

南陽公主者，煬帝之長女也。美風儀，有志節，造次必以禮。年十四，嫁於許國公宇文述子士及，以謹肅聞。及述病且卒，主親調飲食，手自奉上，世以此稱之。

及宇文化及殺逆，主隨至聊城，而化及爲竇建德所敗，士及自濟北西歸大唐。時隋代衣冠並在其所，建德引見之，莫不惶懼失常，唯主神色自若。建德與語，主自陳國破家亡，不能報怨雪恥，淚下盈襟，聲辭不輟，情理切至。建德及觀聽者莫不爲之動容隕涕，咸肅然敬異焉。及建德誅化及，時主有一子，名禪師，年且十歲。建德遣武賁郎將於士澄謂主曰：「宇文化及躬行殺逆，人神所不容。今將族滅其家，公主之子，法當從坐，若不能割愛，亦聽留之。」主泣曰：「武賁既是隋室貴臣，此事何須見問！」建德竟殺之。主尋請建德削髮爲尼。及建德敗，將歸西京，復與士及遇於東都之下，主不與相見。士及就之，立於戶外，請復爲夫妻。主拒之曰：「我與君讎家。今恨不能手刃君者，但謀逆之日察君不預知耳。」因與告絕，訶令速去。士及固請之，主怒曰：「必欲就死，可相見也。」士及見其言切，知不可屈，乃拜辭而去。

襄城王恪妃

襄城王恪妃者，河東柳氏女也。父旦，循州刺史。妃姿儀端麗，年十餘，以良家子合法相，媵以爲妃。未幾而恪被廢，妃修婦道，事之愈敬。煬帝嗣位，恪復徙邊，帝令使者殺之於道。恪與辭訣，妃曰：「若王死，妾誓不獨生。」於是相對慟哭。恪既死，棺斂訖，妃謂使者

曰：「妾誓與楊氏同穴。若身死之後得不別埋，君之惠也。」遂撫棺號慟，自經而卒。見者莫不爲之涕流。

華陽王楷妃

華陽王楷妃者，河南元氏之女也。父巖，性明敏，有氣幹。仁壽中，爲黄門侍郎，封龍涸縣公。煬帝嗣位，坐與柳述連事，除名爲民，徙南海。後會赦，還長安。有人譖巖逃歸，收而殺之。妃有姿色，性婉順，初以選爲妃。未幾而楷被幽廢，妃事楷踰謹，每見楷有憂懼之色，輒陳義理以慰諭之，楷甚敬焉。及江都之亂，楷遇宇文化及之逆，以妃賜其黨元武達。武達初以宗族之禮，置之別舍，後因醉而逼之。妃自誓不屈，武達怒，撻之百餘，辭色彌厲。因取甓自毀其面，血淚交下，武達釋之。妃謂其徒曰：「我不能早死，致令將見侵辱，我之罪也。」因不食而卒。

譙國夫人

譙國夫人者，高涼洗氏之女也。世爲南越首領，跨據山洞，部落十餘萬家。夫人幼賢明，多籌略，在父母家，撫循部衆，能行軍用師，壓服諸越。每勸親族爲善，由是信義結於本鄉。越人之俗，好相攻擊，夫人兄南梁州刺史挺，恃其富强，侵掠傍郡，嶺表苦之。夫人多所規諫，由是怨隙止息，海南、儋耳歸附者千餘洞。梁大同初，羅州刺史馮融聞夫人有志行，爲其子高涼太守寶娉以爲妻。融本北燕苗裔。初，馮弘之投高麗也，遣融大父業以三百人浮海歸宋，因留于新會。自業及融，三世爲守牧，他鄉羈旅，號令不行。至是，夫人誡約本宗，使從民禮。每共寶參決辭訟，首領有犯法者，雖是親族，無所舍縱。自此政令有序，人莫敢違。

遇侯景反，廣州都督蕭勃徵兵援臺。高州刺史李遷仕據大皐口，遣召寶。寶欲往，夫人止之曰：「刺史無故不合召太守，必欲詐君共爲反耳。」寶曰：「何以知之？」夫人曰：「刺史被召援臺，乃稱有疾，鑄兵聚衆，而後喚君。今者若往，必留質，追君兵衆。此意可見，願且無行，以觀其勢。」數日，遷仕果反，遣主帥杜平虜率兵入灨石。寶知之，遽告，夫人曰：「平虜，驍將也，領兵入灨石，即與官兵相拒，勢未得還。遷仕在州，無能爲也。若君自往，必有戰鬭。宜遣使詐之，卑辭厚禮，云身未敢出，欲遣婦往參。彼聞之喜，必無防慮。於是我將千餘人，步擔雜物，唱言輸賧，得至柵下，賊必可圖。」寶從之，遷仕果大喜，覘夫人衆皆擔物，不設備。夫人擊之，大捷。遷仕遂走，保于寧都。夫人總兵與長城侯陳霸先會于灨石。還謂寶曰：「陳都督大可畏，極得衆心。我觀此人必能平賊，君宜厚資之。」

及寶卒，嶺表大亂，夫人懷集百越，數州晏然。至陳永定二年，其子僕年九歲，遣帥諸首領朝于丹陽，起家拜陽春郡守。後廣州刺史歐陽紇謀反，召僕至高安，誘與爲亂。僕遣使歸告夫人，夫人曰：「我爲忠貞，經今兩代，不能惜汝輒負國家。」遂發兵拒境，帥百越酋長迎章昭達。內外逼之，紇徒潰散。僕以夫人之功，封信都侯，加平越中郎將，轉石龍太守。詔使持節冊夫人爲中郎將、石龍太夫人，賚繡幰油絡駟馬安車一乘，給鼓吹一部，幷麾幢旌節，其鹵簿一如刺史之儀。至德中，僕卒。後遇陳國亡，嶺南未有所附，數郡共奉夫人，號爲聖母，保境安民。

高祖遣總管韋洸安撫嶺外，陳將徐璒以南康拒守。洸至嶺下，逡巡不敢進。初，夫人以扶南犀杖獻于陳主，至此，晉王廣遣陳主遺夫人書，諭以國亡，令其歸化，幷以犀杖及兵符爲信。夫人見杖，驗知陳亡，集首領數千，盡日慟哭。遣其孫魂帥衆迎洸，入至廣州，嶺南悉定。表魂爲儀同三司，冊夫人爲宋康郡夫人。

未幾，番禺人王仲宣反，首領皆應之，圍洸於州城，進兵屯衡嶺。夫人遣孫暄帥師救洸。暄與逆黨陳佛智素相友善，故遲留不進。夫人知之，大怒，遣使執暄，繫於州獄。又遣孫盎出討佛智，戰剋，斬之。進兵至南海，與鹿愿軍會，共敗仲宣。夫人親被甲，乘介馬，張錦傘，領彀騎，衞詔使裴矩巡撫諸州，其蒼梧首領陳坦、岡州馮岑翁、梁化鄧馬頭、藤州李光略、羅

州龐靖等皆來參謁。還令統其部落，嶺表遂定。高祖異之，拜盎爲高州刺史，仍赦出暄，拜羅州刺史。追贈寶爲廣州總管、譙國公，册夫人爲譙國夫人。以宋康邑迴授僕妾冼氏。仍開譙國夫人幕府，置長史以下官屬，給印章，聽發部落六州兵馬，若有機急，便宜行事。降勑書曰：「朕撫育蒼生，情均父母，欲使率土清淨，兆庶安樂。而王仲宣等輒相聚結，擾亂彼民，所以遣往誅翦，爲百姓除害。夫人情在奉國，深識正理，遂令孫盎斬獲佛智，竟破羣賊，甚有大功。今賜夫人物五千段。暄不進愆，誠合罪責，以夫人立此誠效，故特原免。夫人宜訓導子孫，敦崇禮教，遵奉朝化，以副朕心。」皇后以首飾及宴服一襲賜之，夫人並盛於金篋，并梁、陳賜物各藏于一庫。每歲時大會，皆陳于庭，以示子孫，曰：「汝等宜盡赤心向天子。我事三代主，唯用一好心。今賜物具存，此忠孝之報也，願汝皆思念之。」

時番州總管趙訥貪虐，諸俚獠多有亡叛。夫人遣長史張融上封事，論安撫之宜，并言訥罪狀，不可以招懷遠人。上遣推訥，得其贓賄，竟致於法。降勑委夫人招慰亡叛。夫人親載詔書，自稱使者，歷十餘州，宣述上意，諭諸俚獠，所至皆降。高祖嘉之，賜夫人臨振縣湯沐邑，一千五百戶。贈僕爲崖州總管、平原郡公。仁壽初，卒，賻物一千段，謚爲誠敬夫人。

鄭善果母

鄭善果母者，清河崔氏之女也。年十三，出適鄭誠，生善果。而誠討尉迥，力戰死于陣。母年二十而寡，父彥穆欲奪其志，母抱善果謂彥穆曰：「婦人無再見男子之義。且鄭君雖死，幸有此兒。棄兒爲不慈，背死爲無禮。寧當割耳截髮以明素心，違禮滅慈，非敢聞命。」善果以父死王事，年數歲，拜使持節、大將軍，襲爵開封縣公，邑一千戶。開皇初，進封武德郡公。年十四，授沂州刺史，轉景州刺史，尋爲魯郡太守。

母性賢明，有節操，博涉書史，通曉治方。每善果出聽事，母恒坐胡牀，於鄣後察之。聞其剖斷合理，歸則大悅，卽賜之坐，相對談笑。若行事不允，或妄瞋怒，母乃還堂，蒙被而泣，終日不食。善果伏於牀前，亦不敢起。母方起謂之曰：「吾非怒汝，乃愧汝家耳。吾爲汝家婦，獲奉灑掃，如汝先君，忠勤之士也，在官清恪，未嘗問私，以身徇國，繼之以死，吾亦望汝副其此心。汝旣年小而孤，吾寡婦耳，有慈無威，使汝不知禮訓，何可負荷忠臣之業乎？汝自童子承襲茅土，位至方伯，豈汝身致之邪？安可不思此事而妄加瞋怒，心緣驕樂，墮於公政！內則墜爾家風，或亡失官爵，外則虧天子之法，以取罪戾。吾死之日，亦何面目見汝先人於地下乎？」

母恒自紡績，夜分而寐。善果曰：「兒封侯開國，位居三品，秩俸幸足，母何自勤如是邪？」答曰：「嗚呼！汝年已長，吾謂汝知天下之理，今聞此言，故猶未也。至於公事，何由濟乎？今此秩俸，乃是天子報爾先人之徇命也。當須散贍六姻，爲先君之惠，妻子奈何獨擅其利，以爲富貴哉！又絲枲紡織，婦人之務，上自王后，下至大夫士妻，各有所製。若墮業者，是爲驕逸。吾雖不知禮，其可自敗名乎？」

自初寡，便不御脂粉，常服大練。性又節儉，非祭祀賓客之事，酒肉不妄陳於前。靜室端居，未嘗輒出門閤。內外姻戚有吉凶事，但厚加贈遺，皆不詣其家。非自手作及莊園祿賜所得，雖親族禮遺，悉不許入門。

善果歷任州郡，唯內自出饌，於衙中食之，公廨所供，皆不許受，悉用修治廨宇及分給僚佐。善果亦由此克己，號爲清吏。煬帝遣御史大夫張衡勞之，考爲天下最。徵授光祿卿。其母卒後，善果爲大理卿，漸驕恣，清公平允遂不如疇昔焉。

孝女王舜

孝女王舜者，趙郡王子春之女也。子春與從兄長忻不協，屬齊滅之際，長忻與其妻同謀殺子春。舜時年七歲，有二妹，粲年五歲，璠年二歲，並孤苦，寄食親戚。舜撫育二妹，恩

義甚篤。而舜陰有復讎之心，長忻殊不爲備。姊妹俱長，親戚欲嫁之，輒拒不從。乃密謂其二妹曰：「我無兄弟，致使父讎不復。吾輩雖是女子，何用生爲？我欲共汝報復，汝意如何？」二妹皆垂泣曰：「唯姊所命。」是夜，姊妹各持刀踰牆而入，手殺長忻夫妻，以告父墓。因詣縣請罪，姊妹爭爲謀首，州縣不能決。高祖聞而嘉歎，特原其罪。

韓覬妻

韓覬妻者，洛陽于氏女也，字茂德。父實，周大左輔。于氏年十四，適于覬。雖生長膏腴，家門鼎盛，而動遵禮度，躬自儉約，宗黨敬之。年十八，覬從軍戰沒，于氏哀毀骨立，慟感行路。每至朝夕奠祭，皆手自捧持。及免喪，其父以其幼少無子，將嫁之。誓無異志。復令家人敦喻，于氏晝夜涕泣，截髮自誓。其父喟然傷感，遂不奪其志焉。因養夫之孽子世隆爲嗣，身自撫育，愛同已生，訓導有方，卒能成立。自孀居已後，唯時或歸寧，至於親族之家，絕不來往。有尊卑就省謁者，送迎皆不出戶庭。蔬食布衣，不聽聲樂，以此終身。高祖聞而嘉歎，下詔褒美，表其門閭，長安中號爲節婦闕。終于家，年七十二。

陸讓母

陸讓母者，上黨馮氏女也。性仁愛，有母儀，讓卽其孽子也。仁壽中，爲番州刺史，數有聚斂，贓貨狼籍，爲司馬所奏。上遣使按之皆驗，於是囚詣長安，親臨問。讓稱寃，上復令治書侍御史撫按之，狀不易前。乃命公卿百僚議之，咸曰「讓罪當死」。詔可其奏。

讓將就刑，馮氏蓬頭垢面詣朝堂數讓曰：「無汗馬之勞，致位刺史，不能盡誠奉國，以答鴻恩，而反違犯憲章，贓貨狼籍。若言司馬誣汝，百姓百官不應亦皆誣汝。若言至尊不憐愍汝，何故治書覆汝？豈誠臣？豈孝子？不誠不孝，何以爲人！」於是流涕嗚咽，親持盂粥勸讓令食。既而上表求哀，詞情甚切，上愍然爲之改容。獻皇后甚奇其意，致請於上。治書侍御史柳彧進曰：「馮氏母德之至，有感行路。如或殺之，何以爲勸？」上於是集京城士庶於朱雀門，遣舍人宣詔曰：「馮氏以嫡母之德，足爲世範，慈愛之道，義感人神，特宜矜免，用奬風俗。讓可減死，除名爲民。」復下詔曰：「馮氏體備仁慈，夙閑禮度。孽讓非其所生，往犯憲章，宜從極法，躬自詣闕，爲之請命，匍匐頓顙。朕哀其義，特免死辜。使天下婦人皆如馮者，豈不閨門雍睦，風俗和平！朕每嘉歎不能已。宜摽揚優賞，用章有德。可賜物五百段。」集諸命婦，與馮相識，以寵異之。

劉昶女

劉昶女者，河南長孫氏之婦也。昶在周，尙公主，官至柱國、彭國公，數爲將帥，位望隆顯。與高祖有舊。及受禪，甚親任，歷左武衞大將軍、慶州總管。其子居士，爲太子千牛備身，聚徒任俠，不遵法度，數得罪。上以昶故，每輒原之。居士轉恣，每大言曰：「男兒要當辮頭反縛，籧篨上作獠儛。」取公卿子弟膂力雄健者，輒將至家，以車輪括其頸而棒之。殆死能不屈者，稱爲壯士，釋而與交。黨與三百人，其趫捷者號爲餓鶻隊，武力者號爲蓬轉隊。每韝鷹紲犬，連騎道中，毆擊路人，多所侵奪。長安市里無貴賤，見之者皆辟易，至於公卿妃主，莫敢與校者。其女則居士之姊也，每垂泣誨之，殷勤懇惻。居士不改，至破家產。昶年老，奉養甚薄。其女時寡居，哀昶如此，每歸寧于家，躬勤紡績，以致其甘脆。

有人告居士與其徒遊長安城，登故未央殿基，南向坐，前後列隊，意有不遜，每相約曰：「當爲一死耳。」又時有人言居士遣使引突厥令南寇，當於京師應之。上謂昶曰：「今日之事，當復如何？」昶猶恃舊恩，不自引咎，直前曰：「黑白在于至尊。」上大怒，下昶獄，捕居士黨與，治之甚急。憲司又奏昶事母不孝。其女知昶必不免，不食者數日，每親調飲食，手自捧持，詣大理餉其父。見獄卒，長跪以進，歔欷嗚咽，見者傷之。居士坐斬，昶竟賜死于家。詔百僚臨視。時其女絕而復蘇者數矣，公卿慰諭之。其女言父無罪，坐子以及於禍。詞情哀切，人皆不忍聞見。遂布衣蔬食以終其身。上聞而歎曰：「吾聞衰門之女，興門之男，固不虛也！」

鍾士雄母

鍾士雄母者，臨賀蔣氏女也。士雄仕陳，爲伏波將軍。陳主以士雄嶺南酋帥，慮其反覆，每質蔣氏於都下。及晉王廣平江南，以士雄在嶺表，欲以恩義致之，遣蔣氏歸臨賀。既而同郡虞子茂、鍾文華等作亂，舉兵攻城，遣人召士雄，士雄將應之。蔣氏謂士雄曰：「我前在揚都，備嘗辛苦。今逢聖化，母子聚集，沒身不能上報，焉得爲逆哉！汝若禽獸其心，背德忘義者，我當自殺於汝前。」士雄於是遂止。蔣氏復爲書與子茂等，諭以禍福。子茂不從，尋爲官軍所敗。上聞蔣氏，甚異之，封爲安樂縣君。

時尹州寡婦胡氏者，不知何氏妻也。甚有志節，爲邦族所重。當江南之亂，諷諭宗黨，皆守險不從叛逆，封爲密陵郡君。

孝婦覃氏

孝婦覃氏者，上郡鍾氏婦也。與其夫相見未幾而夫死，時年十八。事後姑以孝聞。數年之間，姑及伯叔皆相繼而死，覃氏家貧，無以葬。於是躬自節儉，晝夜紡績，蓄財十年，而葬八喪，爲州里所敬。上聞而賜米百石，表其門閭。

元務光母

元務光母者，范陽盧氏女也。少好讀書，造次以禮。盛年寡居，諸子幼弱，家貧不能就學，盧氏每親自教授，勖以義方，世以此稱之。仁壽末，漢王諒舉兵反，遣將綦良往山東略地。良以務光爲記室。及良敗，慈州刺史上官政簿籍務光之家，見盧氏，悅而逼之，盧氏以死自誓。政爲人凶悍，怒甚，以燭燒其身。盧氏執志彌固，竟不屈節。

裴倫妻

裴倫妻，河東柳氏女也，少有風訓。大業末，倫爲渭源令。屬薛舉之亂，縣城爲賊所陷，倫遇害。柳時年四十，有二女及兒婦三人，皆有美色。柳氏謂之曰：「我輩遭逢禍亂，汝父已死，我自念不能全汝。我門風有素，義不受辱於羣賊，我將與汝等同死，如何？」其女等皆垂泣曰：「唯母所命。」柳氏遂自投于井，其女及婦相繼而下，皆重死於井中。

趙元楷妻

趙元楷妻者，清河崔氏之女也。父儦，在文學傳。家有素範，子女皆遵禮度。元楷父為僕射，家富於財，重其門望，厚禮以聘之。元楷甚敬崔氏，雖在宴私，不妄言笑，進止容服，動合禮儀。

化及之反也，元楷隨至河北，將歸長安。至滏口，遇盜攻掠，元楷僅以身免。崔氏為賊所拘，賊請以為妻，崔氏謂賊曰：「我士大夫女，為僕射子妻，今日破亡，自可即死。遣為賊婦，終必不能。」羣賊毀裂其衣，形體悉露，縛於牀簀之上，將凌之。崔氏懼為所辱，詐之曰：「今力已屈，當聽處分，不敢相違，請解縛。」賊遽釋之。崔因著衣，取賊佩刀，倚樹而立曰：「欲殺我，任加刀鋸。若覓死，可來相逼。」賊大怒，亂射殺之。元楷後得殺妻者，支解之，以祭崔氏之柩。

史臣曰：夫稱婦人之德，皆以柔順為先，斯乃舉其中庸，未臻其極者也。至於明識遠圖，貞心峻節，志不可奪，唯義所在，考之圖史，亦何世而無哉。蘭陵主質邁寒松，南陽主心踰

匪石，洗媼、孝女之忠壯，崔、馮二母之誠懇，足使義勇慚其志烈，蘭玉謝其貞芳。襄城、華陽之妃，裴倫、元楷之婦，時逢艱阻，事乖好合，甘心同穴，顛沛靡它。志勵冰霜，言踰皎日，雖詩詠共姜之自誓，傳述伯姬之守死，其將復何以加焉！

隋書卷八十一

列傳第四十六

東夷

高麗

高麗之先，出自夫餘。夫餘王嘗得河伯女，因閉於室內，為日光隨而照之，感而遂孕，生一大卵，有一男子破殼而出，名曰朱蒙。夫餘之臣以朱蒙非人所生，咸請殺之，王不聽。及壯，因從獵，所獲居多，又請殺之。其母以告朱蒙，朱蒙棄夫餘東南走。遇一大水，深不可越。朱蒙曰：「我是河伯外孫，日之子也。今有難，而追兵且及，如何得渡？」於是魚鼈積而成橋，朱蒙遂渡。追騎不得濟而還。朱蒙建國，自號高句麗，以高為氏。朱蒙死，子閭達嗣。至其孫莫來興兵，遂并夫餘。至裔孫位宮，以魏正始中入寇西安平，毌丘儉拒破之。位宮玄孫之子曰昭列帝，為慕容氏

所破，遂入丸都，焚其宮室，大掠而還。昭列帝後為百濟所殺。其曾孫璉，遣使後魏。璉六世孫湯，[一]在周遣使朝貢，武帝拜湯上開府、遼東郡公、遼東王。高祖受禪，湯復遣使詣闕，進授大將軍，改封高麗王。歲遣使朝貢不絕。

其國東西二千里，南北千餘里。都於平壤城，亦曰長安城，東西六里，隨山屈曲，南臨浿水。復有國內城、漢城，並其都會之所，其國中呼為「三京」。與新羅每相侵奪，戰爭不息。官有太大兄，次大兄，次小兄，次對盧，次意侯奢，[二]次烏拙，次太大使者，次大使者，次小使者，次褥奢，次翳屬，次仙人，凡十二等。復有內評、外評、五部褥薩。人皆皮冠，使人加插鳥羽。貴者冠用紫羅，飾以金銀。服大袖衫，大口袴，素皮帶，黃革屨。婦人裙襦加襈。兵器與中國略同。每春秋校獵，王親臨之。人稅布五匹，穀五石。遊人則三年一稅，十人共細布一匹。租戶一石，次七斗，下五斗。反逆者縛之於柱，爇而斬之，籍沒其家。盜則償十倍。用刑既峻，罕有犯者。樂有五絃、琴、箏、篳篥、橫吹、簫、鼓之屬，吹蘆以和曲。每年初，聚戲於浿水之上，王乘腰輿，列羽儀以觀之。事畢，王以衣服入水，分左右為二部，以水石相濺擲，諠呼馳逐，再三而止。俗好蹲踞，潔淨自喜，以趨走為敬，拜則曳一腳，立各反拱，行必搖手。性多詭伏。父子同川而浴，共室而寢。婦人淫奔，俗多遊女。有婚嫁者，取男女相悅，然即為之，男家送豬酒而已，無財聘之禮。或有受財者，人共恥之。死者殯於

屋內，經三年，擇吉日而葬。居父母及夫之喪，服皆三年，兄弟三月。初終哭泣，葬則鼓儛作樂以送之。埋訖，悉取死者生時服玩車馬置於墓側，會葬者爭取而去。敬鬼神，多淫祠。

開皇初，頻有使入朝。及平陳之後，湯大懼，治兵積穀，爲守拒之策。十七年，上賜湯璽書曰：

朕受天命，愛育率土，委王海隅，宣揚朝化，欲使圓首方足各遂其心。王每遣使人，歲常朝貢，雖稱藩附，誠節未盡。王既人臣，須同朕德，而乃驅逼靺鞨，固禁契丹。諸藩頓顙，爲我臣妾，忿善人之慕義，何毒害之情深乎？太府工人，其數不少，王必須之，自可聞奏。昔年潛行財貨，利動小人，私將弩手逃竄下國。豈非修理兵器，意欲不臧，恐有外聞，故爲盜竊？時命使者，撫慰王藩，本欲問彼人情，教彼政術。王乃坐之空館，嚴加防守，使其閉目塞耳，永無聞見。有何陰惡，弗欲人知，禁制官司，畏其訪察？又數遣馬騎，殺害邊人，屢騁姦謀，動作邪說，心在不賓。

朕於蒼生悉如赤子，賜王土宇，授王官爵，深恩殊澤，彰著遐邇。王專懷不信，恒自猜疑，常遣使人密覘消息，純臣之義豈若是也？蓋當由朕訓導不明，王之愆違，一已寬恕，今日以後，必須改革。守藩臣之節，奉朝正之典，自化爾藩，勿忤他國，則長享富貴，實稱朕心。彼之一方，雖地狹人少，然普天之下，皆爲朕臣。今若黜王，不可虛置，

終須更選官屬，就彼安撫。王若洒心易行，率由憲章，卽是朕之良臣，何勞別遣才彥也？昔帝王作法，仁信爲先，有善必賞，有惡必罰，四海之內，具聞朕旨。王若無罪，朕忽加兵，自餘藩國謂朕何也！王必虛心納朕此意，愼勿疑惑，更懷異圖。

往者陳叔寶代在江陰，殘害人庶，驚動我烽候，抄掠我邊境。朕前後誡勑，經歷十年，彼則恃長江之外，聚一隅之衆，惛狂驕傲，不從朕言。故命將出師，除彼凶逆，來往不盈旬月，兵騎不過數千。歷代逋寇，一朝清蕩，遐邇乂安，人神胥悅。聞王歎恨，獨致悲傷，黜陟幽明，有司是職，罪王不爲陳滅，賞王不爲陳存，樂禍好亂，何爲爾也？王謂遼水之廣何如長江？高麗之人多少陳國？朕若不存含育，責王前愆，命一將軍，何待多力！慇懃曉示，許王自新耳。宜得朕懷，自求多福。

湯得書惶恐，將奉表陳謝，會病卒。子元嗣立。高祖使使拜元爲上開府、儀同三司，襲爵遼東郡公，賜衣一襲。元奉表謝恩，幷賀祥瑞，因請封王。高祖優册元爲王。

明年，元率靺鞨之衆萬餘騎寇遼西，營州總管韋沖擊走之。高祖聞而大怒，命漢王諒爲元帥，總水陸討之，下詔黜其爵位。時餽運不繼，六軍乏食，師出臨渝關，復遇疾疫，王師不振。及次遼水，元亦惶懼，遣使謝罪，上表稱「遼東糞土臣元」云云。上於是罷兵，待之如初，元亦歲遣朝貢。

煬帝嗣位，天下全盛，高昌王、突厥啓人可汗並親詣闕貢獻，於是徵元入朝。元懼，藩禮頗闕。大業七年，帝將討元之罪，車駕渡遼水，上營於遼東城，分道出師，各頓兵於其城下。高麗率兵出拒，戰多不利，於是皆嬰城固守。帝令諸軍攻之，又勑諸將：「高麗若降者，卽宜撫納，不得縱兵。」城將陷，賊輒言請降，諸將奉旨不敢赴機，先令馳奏。比報至，賊守禦亦備，隨出拒戰。如此者再三，帝不悟。由是食盡師老，轉輸不繼，諸軍多敗績，於是班師。是行也，唯於遼水西拔賊武厲邏，置遼東郡及通定鎭而還。

九年，帝復親征之，乃勑諸軍以便宜從事。諸將分道攻城，賊勢日蹙。會楊玄感作亂，反書至，帝大懼，卽日六軍並還。兵部侍郎斛斯政亡入高麗，高麗具知事實，悉銳來追，殿軍多敗。十年，又發天下兵，會盜賊蜂起，人多流亡，所在阻絕，軍多失期。至遼水，高麗亦困弊，遣使乞降，囚送斛斯政以贖罪。帝許之，頓於懷遠鎭，受其降款。仍以俘囚軍實歸。至京師，以高麗使者親告於太廟，因拘留之。仍徵元入朝，元竟不至。帝勑諸軍嚴裝，更圖後舉，會天下大亂，遂不克復行。

百濟

百濟之先，出自高麗國。其國王有一侍婢，忽懷孕，王欲殺之。婢云：「有物狀如雞子，

來感於我，故有娠也。」王捨之。後遂生一男，棄之廁溷，久而不死，以爲神，命養之，名曰東明。及長，高麗王忌之，東明懼，逃至淹水，夫餘人共奉之。東明之後，有仇台者，篤於仁信，始立其國于帶方故地。漢遼東太守公孫度以女妻之，漸以昌盛，爲東夷强國。初以百家濟海，因號百濟。歷十餘代，代臣中國，前史載之詳矣。開皇初，其王餘昌遣使貢方物，拜昌爲上開府、帶方郡公、百濟王。

其國東西四百五十里，南北九百餘里，南接新羅，北拒高麗。其都曰居拔城。官有十六品：長曰左平，[三]次大率，次恩率，次德率，次杅率，次奈率，次將德，服紫帶；次施德，皁帶；次固德，赤帶；次李德，[四]青帶；次對德以下，皆黃帶；次文督，[五]次武督，次佐軍，次振武，次剋虞，皆用白帶。其冠制並同，唯奈率以上飾以銀花。長史三年一交代。畿內爲五部，部有五巷，士人居焉。五方各有方領一人，方佐貳之。方有十郡，郡有將。其人雜有新羅、高麗、倭等，[六]亦有中國人。其衣服與高麗略同。婦人不加粉黛，女辮髮垂後，已出嫁則分爲兩道，盤於頭上。俗尙騎射，讀書史，能吏事，亦知醫藥、蓍龜、占相之術。以兩手據地爲敬。有僧尼，多寺塔。有鼓角、箜篌、箏、竽、箎、笛之樂，投壺、圍棊、樗蒱、握槊、弄珠之戲。行宋元嘉曆，以建寅月爲歲首。國中大姓有八族，沙氏、燕氏、劦氏、解氏、貞氏、國氏、木氏、苩氏。[七]婚娶之禮，略同於華。喪制如高麗。有五穀、牛、猪、雞，多不火食。厥

田下濕，人皆山居。有巨栗。每以四仲之月，王祭天及五帝之神。立其始祖仇台廟於國城，歲四祠之。國西南人島居者十五所，皆有城邑。

平陳之歲，有一戰船漂至海東聃牟羅國，其船得還，經于百濟，昌資送之甚厚，并遣使奉表賀平陳。高祖善之，下詔曰：「百濟王既聞平陳，遠令奉表，往復至難，若逢風浪，便致傷損。百濟王心迹淳至，朕已委知。相去雖遠，事同言面，何必數遣使來相體悉。自今以後，不須年別入貢，朕亦不遣使往，王宜知之。」使者舞蹈而去。

開皇十八年，昌使其長史王辯那來獻方物，屬興遼東之役，遣使奉表，請爲軍導。帝下詔曰：「往歲爲高麗不供職貢，無人臣禮，故命將討之。高元君臣恐懼，畏服歸罪，朕已赦之，不可致伐。」厚其使而遣之。高麗頗知其事，以兵侵掠其境。

昌死，子餘宣立，死，子餘璋立。

大業三年，璋遣使者燕文進朝貢。其年，又遣使者王孝鄰入獻，請討高麗。煬帝許之，令覘高麗動靜。然璋內與高麗通和，挾詐以窺中國。七年，帝親征高麗，璋使其臣國智牟來請軍期。帝大悅，厚加賞錫，遣尚書起部郎席律詣百濟，與相知。明年，六軍渡遼，璋亦嚴兵於境，聲言助軍，實持兩端。尋與新羅有隙，每相戰爭。十年，復遣使朝貢。後天下亂，使命遂絕。

其南海行三月，有聃牟羅國，南北千餘里，東西數百里，土多麞鹿，附庸於百濟。百濟自西行三日，至貊國云。

新羅

新羅國，在高麗東南，居漢時樂浪之地，或稱斯羅。魏將毌丘儉討高麗，破之，奔沃沮。其後復歸故國，留者遂爲新羅焉。故其人雜有華夏、高麗、百濟之屬，兼有沃沮、不耐、韓、獩之地。其王本百濟人，自海逃入新羅，遂王其國。傳祚至金眞平，開皇十四年，遣使貢方物。高祖拜眞平爲上開府、樂浪郡公、新羅王。其先附庸於百濟，後因百濟征高麗，高麗人不堪戎役，相率歸之，遂致强盛，因襲百濟附庸於迦羅國。〔八〕

其官有十七等：其一曰伊罰干，貴如相國；次伊尺干，次迎干，次破彌干，次大阿尺干，次阿尺干，次乙吉干，次沙咄干，次及伏干，次大奈摩干，次奈摩，次大舍，次小舍，次吉士，〔九〕次大烏，次小烏，次造位。外有郡縣。其文字、甲兵同於中國。選人壯健者悉入軍，烽、戍、邏俱有屯管部伍。〔一〇〕風俗、刑政、衣服，略與高麗、百濟同。每正月旦相賀，王設宴會，班賚羣官。其日拜日月神。至八月十五日，設樂，令官人射，賞以馬布。其有大事，則聚羣官詳議而定之。服色尙素。婦人辮髮繞頭，以雜綵及珠爲飾。婚嫁之禮，唯酒食而

已，輕重隨貧富。新婚之夕，女先拜舅姑，次卽拜夫。死有棺斂，葬起墳陵。王及父母妻子喪，持服一年。田甚良沃，水陸兼種。其五穀、果菜、鳥獸物產，略與華同。大業以來，歲遣朝貢。新羅地多山險，雖與百濟構隙，百濟亦不能圖之。

靺鞨

靺鞨，在高麗之北，邑落俱有酋長，不相總一。凡有七種：其一號粟末部，〔一一〕與高麗相接，勝兵數千，多驍武，每寇高麗中。其二曰伯咄部，在粟末之北，勝兵七千。其三曰安車骨部，在伯咄東北。其四曰拂涅部，在伯咄東。其五曰號室部，在拂涅東。其六曰黑水部，在安車骨西北。其七曰白山部，在粟末東南。勝兵並不過三千，而黑水部尤爲勁健。自拂涅以東，矢皆石鏃，卽古之肅愼氏也。所居多依山水，渠帥曰大莫弗瞞咄，東夷中爲强國。有徒太山者，俗甚敬畏，上有熊羆豹狼，皆不害人，人亦不敢殺。地卑濕，築土如堤，鑿穴以居，開口向上，以梯出入。相與偶耕，土多粟麥穄。水氣鹹，生鹽於木皮之上。其畜多猪。嚼米爲酒，飲之亦醉。婦人服布，男子衣猪狗皮。俗以溺洗手面，於諸夷最爲不潔。其俗淫而妬，其妻外婬，人有告其夫者，夫輒殺妻，殺而後悔，必殺告者，由是姦婬之事終不發揚。人皆射獵爲業，角弓長三尺，箭長尺有二寸。常以七八月造毒藥，傅矢以射禽獸，中者立死。

開皇初，相率遣使貢獻。高祖詔其使曰：「朕聞彼土人庶多能勇捷，今來相見，實副朕懷。朕視爾等如子，爾等宜敬朕如父。」對曰：「臣等僻處一方，道路悠遠，聞內國有聖人，故來朝拜。既蒙勞賜，親奉聖顏，下情不勝歡喜，願得長爲奴僕也。」其國西北與契丹相接，每相劫掠。後因其使來，高祖誡之曰：「我憐念契丹與爾無異，宜各守土境，豈不安樂？何爲輒相攻擊，甚乖我意！」使者謝罪。高祖因厚勞之，令宴飲於前。使者與其徒皆起舞，其曲折多戰鬬之容。上顧謂侍臣曰：「天地間乃有此物，常作用兵意，何其甚也！」然其國與隋懸隔，唯粟末、白山爲近。

煬帝初與高麗戰，頻敗其衆，渠帥度地稽率其部來降。拜爲右光祿大夫，居之柳城，與邊人來往。悅中國風俗，請被冠帶，帝嘉之，賜以錦綺而褒寵之。及遼東之役，度地稽率其徒以從，每有戰功，賞賜優厚。十三年，從帝幸江都，尋放歸柳城。在塗遇李密之亂，密遣兵邀之，前後十餘戰，僅而得免。至高陽，復沒於王須拔。未幾，遁歸羅藝。

流求國

流求國，居海島之中，當建安郡東，水行五日而至。土多山洞。其王姓歡斯氏，名渴剌兜，不知其由來有國代數也。彼土人呼之爲可老羊，妻曰多拔茶。所居曰波羅檀洞，塹柵三重，環以流水，樹棘爲藩。王所居舍，其大一十六間，琱刻禽獸。多鬭鏤樹，似橘而葉密，條纖如髮，然下垂。國有四五帥，統諸洞，洞有小王。往往有村，村有鳥了帥，並以善戰者爲之，自相樹立，理一村之事。男女皆以白紵繩纏髮，從項後盤繞至額。其男子用鳥羽爲冠，裝以珠貝，飾以赤毛，形製不同。婦人以羅紋白布爲帽，其形正方。織鬭鏤皮幷雜色紵及雜毛以爲衣，製裁不一。綴毛垂螺爲飾，雜色相間，下垂小貝，其聲如珮。綴鐺施釧，懸珠於頸。織藤爲笠，飾以毛羽。有刀、矟、弓、箭、劍、鈹之屬。其處少鐵，刃皆薄小，多以骨角輔助之。編紵爲甲，或用熊豹皮。王乘木獸，令左右輿之而行，導從不過數十人。小王乘机，鏤爲獸形。國人好相攻擊，人皆驍健善走，難死而耐創。諸洞各爲部隊，不相救助。兩陣相當，勇者三五人出前跳噪，交言相罵，因相擊射。如其不勝，一軍皆走，遣人致謝，卽共和解。收取鬭死者，共聚而食之，仍以髑髏將向王所。王則賜之以冠，使爲隊帥。無賦斂，有事則均稅。用刑亦無常准，皆臨事科決。犯罪皆斷於鳥了帥；不伏，則上請於王，王令臣下共議定之。獄無枷鎖，唯用繩縛。決死刑以鐵錐，大如筯，長尺餘，鑽頂而殺之。輕罪用杖。俗無文字，望月虧盈以紀時節，候草藥枯以爲年歲。

人深目長鼻，頗類於胡，亦有小慧。無君臣上下之節，拜伏之禮。父子同牀而寢。男子拔去髭鬢，身上有毛之處皆亦除去。婦人以墨黥手，爲蟲蛇之文。嫁娶以酒肴珠貝爲娉，或男女相悅，便相匹偶。婦人產乳，必食子衣，產後以火自灸，令汗出，五日便平復。以木槽中暴海水爲鹽，木汁爲酢，釀米麪爲酒，其味甚薄。食皆用手。偶得異味，先進尊者。凡有宴會，執酒者必待呼名而後飲。上王酒者，亦呼王名。銜杯共飲，頗同突厥。歌呼蹋蹄，一人唱，衆皆和，音頗哀怨。扶女子上膊，搖手而舞。其死者氣將絕，舉至庭，親賓哭泣相弔。浴其屍，以布帛纏之，裹以葦草，親土而殯，上不起墳。子爲父者，數月不食肉。南境風俗少異，人有死者，邑里共食之。

有熊羆豺狼，尤多猪雞，無牛羊驢馬。厥田良沃，先以火燒而引水灌之。持一插，以石爲刃，長尺餘，闊數寸，而墾之。土宜稻、粱、床黍、麻、豆、赤豆、胡豆、黑豆等，木有楓、栝、樟、松、楩、楠、杉、梓、竹、籐、果、藥，同於江表，風土氣候與嶺南相類。

俗事山海之神，祭以酒肴，鬭戰殺人，便將所殺人祭其神。或依茂樹起小屋，或懸髑髏於樹上，以箭射之，或累石繫幡以爲神主。王之所居，壁下多聚髑髏以爲佳。人間門戶上必安獸頭骨角。

大業元年，海師何蠻等，每春秋二時，天清風靜，東望依希，似有煙霧之氣，亦不知幾千

里。三年，煬帝令羽騎尉朱寬入海求訪異俗，何蠻言之，遂與蠻俱往，因到流求國。言不相通，掠一人而返。明年，帝復令寬慰撫之，流求不從，寬取其布甲而還。時倭國使來朝，見之曰：「此夷邪久國人所用也。」帝遣武賁郎將陳稜、朝請大夫張鎮州率兵自義安浮海擊之。至高華嶼，又東行二日至鼅鼊嶼，又一日便至流求。初，稜將南方諸國人從軍，有崑崙人頗解其語，遣人慰諭之，流求不從，拒逆官軍。稜擊走之，進至其都，頻戰皆敗，焚其宮室，虜其男女數千人，載軍實而還。自爾遂絕。

倭國

倭國，在百濟、新羅東南，水陸三千里，於大海之中依山島而居。魏時，譯通中國。三十餘國，皆自稱王。夷人不知里數，但計以日。其國境東西五月行，南北三月行，各至於海。其地勢東高西下。都於邪靡堆，則魏志所謂邪馬臺者也。古云去樂浪郡境及帶方郡並一萬二千里，在會稽之東，與儋耳相近。漢光武時，遣使入朝，自稱大夫。安帝時，又遣使朝貢，謂之倭奴國。桓、靈之間，其國大亂，遞相攻伐，歷年無主。有女子名卑彌呼，能以鬼道惑衆，於是國人共立爲王。有男弟，佐卑彌理國。其王有侍婢千人，罕有見其面者，唯有男子二人給王飲食，通傳言語。其王有宮室樓觀，城柵皆持兵守衛，爲法甚嚴。自魏至

于齊、梁，代與中國相通。

開皇二十年，倭王姓阿每，字多利思比孤，〔一三〕號阿輩雞彌，遣使詣闕。上令所司訪其風俗。使者言倭王以天爲兄，以日爲弟，天未明時出聽政，跏趺坐，日出便停理務，云委我弟。高祖曰：「此太無義理。」於是訓令改之。王妻號雞彌，後宮有女六七百人。名太子爲利歌彌多弗利。無城郭。內官有十二等：一曰大德，次小德，次大仁，次小仁，次大義，次小義，次大禮，次小禮，次大智，次小智，次大信，次小信，員無定數。有軍尼一百二十人，猶中國牧宰。八十戶置一伊尼翼，如今里長也。十伊尼翼屬一軍尼。其服飾，男子衣裙襦，其袖微小，履如屨形，漆其上，繫之於脚。人庶多跣足。不得用金銀爲飾。故時衣橫幅，結束相連而無縫。頭亦無冠，但垂髮於兩耳上。至隋，其王始制冠，以錦綵爲之，以金銀鏤花爲飾。婦人束髮於後，亦衣裙襦，裳皆有襈。攕竹爲梳，編草爲薦，雜皮爲表，緣以文皮。有弓、矢、刀、矟、弩、攢、斧，漆皮爲甲，骨爲矢鏑。雖有兵，無征戰。其王朝會，必陳設儀仗，奏其國樂。戶可十萬。

其俗殺人强盜及姦皆死，盜者計贓酬物，無財者沒身爲奴。自餘輕重，或流或杖。每訊究獄訟，不承引者，以木壓膝，或張强弓，以弦鋸其項。或置小石於沸湯中，令所競者探之，云理曲者卽手爛。或置蛇瓮中，令取之，云曲者卽螫手矣。人頗恬靜，罕爭訟，少盜賊。樂有

五弦、琴、笛。男女多黥臂點面文身，沒水捕魚。無文字，唯刻木結繩。敬佛法，於百濟求得佛經，始有文字。知卜筮，尤信巫覡。每至正月一日，必射戲飲酒，其餘節略與華同。好棊博、握槊、樗蒲之戲。氣候溫暖，草木冬青，土地膏腴，水多陸少。以小環挂鸕鷀項，令入水捕魚，日得百餘頭。俗無盤俎，藉以檞葉，食用手餔之。性質直，有雅風。女多男少，婚嫁不取同姓，男女相悅者卽爲婚。婦入夫家，必先跨犬，〔一三〕乃與夫相見。婦人不淫妬。死者斂以棺槨，親賓就屍歌舞，妻子兄弟以白布製服。貴人三年殯於外，庶人卜日而瘞。及葬，置屍船上，陸地牽之，或以小輿。有阿蘇山，其石無故火起接天者，俗以爲異，因行禱祭。有如意寶珠，其色青，大如雞卵，夜則有光，云魚眼精也。新羅、百濟皆以倭爲大國，多珍物，並敬仰之，恒通使往來。

大業三年，其王多利思比孤遣使朝貢。使者曰：「聞海西菩薩天子重興佛法，故遣朝拜，兼沙門數十人來學佛法。」其國書曰「日出處天子致書日沒處天子無恙」云云。帝覽之不悅，謂鴻臚卿曰：「蠻夷書有無禮者，勿復以聞。」明年，上遣文林郎裴清使於倭國。〔一四〕度百濟，行至竹島，南望䎀羅國，經都斯麻國，迥在大海中。又東至一支國，又至竹斯國，又東至秦王國，其人同於華夏，以爲夷洲，疑不能明也。又經十餘國，達於海岸。自竹斯國以東，皆附庸於倭。倭王遣小德阿輩臺，從數百人，設儀仗，鳴鼓角來迎。後十日，又遣大禮

哥多毗，從二百餘騎郊勞。既至彼都，其王與清相見，大悅，曰：「我聞海西有大隋，禮義之國，故遣朝貢。我夷人，僻在海隅，不聞禮義，是以稽留境內，不卽相見。今故清道飾館，以待大使，冀聞大國惟新之化。」清答曰：「皇帝德並二儀，澤流四海，以王慕化，故遣行人來此宣諭。」既而引清就館。其後清遣人謂其王曰：「朝命既達，請卽戒塗。」於是設宴享以遣清，復令使者隨清來貢方物。此後遂絕。

史臣曰：廣谷大川異制，人生其間異俗，嗜欲不同，言語不通，聖人因時設教，所以達其志而通其俗也。九夷所居，與中夏懸隔，然天性柔順，無獷暴之風，雖緜邈山海，而易以道御。夏、殷之代，時或來王。暨箕子避地朝鮮，始有八條之禁，疏而不漏，簡而可久，化之所感，千載不絕。今遼東諸國，或衣服參冠冕之容，或飲食有俎豆之器，好尚經術，愛樂文史，遊學於京都者，往來繼路，或亡沒不歸。非先哲之遺風，其孰能致於斯也？故孔子曰：「言忠信，行篤敬，雖蠻貊之邦行矣。」誠哉斯言。其俗之可採者，豈徒楛矢之貢而已乎？自高祖撫有周餘，惠此中國，開皇之末，方事遼左，天時不利，師遂無功。二代承基，志包宇宙，頻踐三韓之域，屢發千鈞之弩。小國懼亡，敢同困獸，兵連不戢，四海騷然，遂以土崩，喪身

滅國。兵志有之曰：「務廣德者昌，務廣地者亡。」然遼東之地，不列於郡縣久矣。諸國朝正奉貢，無闕於歲時，二代震而矜之，以爲人莫若己，不能懷以文德，遽動干戈。內恃富強，外思廣地，以驕取怨，以怒興師。若此而不亡，自古未之聞也。然則四夷之戒，安可不深念哉！

校勘記

〔一〕璉六世孫湯　「湯」，本書高祖紀上作「陽」。

〔二〕意侯奢　「侯」，周書異域傳作「俟」。

〔三〕左平　通典一八五作「左率」。

〔四〕李德　北史百濟傳作「季德」。

〔五〕次對德以下皆黃帶次文督　北史百濟傳，「皆黃帶」在「次文督」下。

〔六〕其人雜有新羅高麗倭等　「倭」原作「俀」。按：古從「委」和從「妥」的字，有時可以通用。如「桵」或作「椄」，「綏」或作「緌」。「俀」應是「倭」字的別體。本書煬帝紀上作「倭」。本卷和他處作「俀」者，今一律改爲「倭」。

〔七〕昔氏　「昔」原作「苗」，據通典一八五改。

〔八〕因襲百濟附庸於迦羅國　通典一八五作「因襲加羅、任那諸國滅之。」據三國史記，有金官、古寧諸加邪國，均爲新羅所併，疑「於」字是「諸」字之訛。

〔九〕吉土　三國史記三八作「吉士」。

〔一〇〕烽戍邏俱有屯管部伍　通典一八五，「管」作「營」。

〔一一〕粟末　原作「粟未」，據册府九五六、新唐書黑水渤海靺鞨傳、通鑑武德四年胡注改。下同。

〔一二〕多利思比孤　「比」原作「北」，據北史倭國傳、通典一八五、通鑑大業四年改。下同。

〔一三〕必先跨犬　北史倭國傳，「犬」作「火」。

〔一四〕裴清　應作「裴世清」，唐人避諱，省「世」字。

隋書卷八十二

列傳第四十七

南蠻

南蠻雜類，與華人錯居，曰蜒，曰獽，曰俚，曰獠，曰㐌，俱無君長，隨山洞而居，古先所謂百越是也。其俗斷髮文身，好相攻討，浸以微弱，稍屬於中國，皆列爲郡縣，同之齊人，不復詳載。大業中，南荒朝貢者十餘國，其事迹多湮滅而無聞。今所存錄，四國而已。

林邑

林邑之先，因漢末交阯女子徵側之亂，內縣功曹子區連殺縣令，自號爲王。無子，其甥范熊代立，死，子逸立。日南人范文因亂爲逸僕隸，遂教之築宮室，造器械。逸甚信任，使文將兵，極得衆心。文因間其子弟，或奔或徙。及逸死，國無嗣，文自立爲王。其後范佛爲

晉揚威將軍戴桓所破。宋交州刺史檀和之將兵擊之，深入其境。至梁、陳，亦通使往來。

其國延袤數千里，土多香木金寶，物產大抵與交阯同。以塼爲城，蜃灰塗之，東向戶。尊官有二：其一曰西那婆帝，其二曰薩婆地歌。其屬官三等：其一曰倫多姓，次歌倫致帝，次乙他伽蘭。外官分爲二百餘部。其長官曰弗羅，次曰可輪，如牧宰之差也。王戴金花冠，形如章甫，衣朝霞布，珠璣瓔珞，足躡革履，時復錦袍。良家子侍衞者二百許人，皆執金裝刀。有弓、箭、刀、槊，以竹爲弩，傅毒於矢。樂有琴、笛、琵琶、五絃，頗與中國同。每擊鼓以警衆，吹蠡以即戎。

其人深目高鼻，髮拳色黑。俗皆徒跣，以幅布纏身。冬月衣袍。婦人椎髻。施椰葉席。每有婚媾，令媒者齎金銀釧、酒二壺、魚數頭至女家。於是擇日，夫家會親賓，歌儛相對。女家請一婆羅門，送女至男家，壻盥手，因牽女授之。王死七日而葬，有官者三日，庶人一日。皆以函盛屍，鼓儛導從，輿至水次，積薪焚之。收其餘骨，王則內金甖中，沉之於海；有官者以銅甖，沉之於海口；庶人以瓦，送之於江。男女皆截髮，隨喪至水次，盡哀而止，歸則不哭。每七日，然香散花，復哭，盡哀而止，盡七七而罷，至百日、三年，亦如之。人皆奉佛，文字同於天竺。

高祖既平陳，乃遣使獻方物，其後朝貢遂絕。時天下無事，羣臣言林邑多奇寶者。仁壽末，上遣大將軍劉方爲驩州道行軍總管，率欽州刺史甯長眞、驩州刺史李暈、開府秦雄步騎萬餘及犯罪者數千人擊之。其王梵志率其徒乘巨象而戰，方軍不利。方於是多掘小坑，草覆其上，因以兵挑之。梵志悉衆而陣，方與戰，僞北，梵志逐之，至坑所，其衆多陷，轉相驚駭，軍遂亂。方縱兵擊之，大破之。頻戰輒敗，遂棄城而走。方入其都，獲其廟主十八枚，皆鑄金爲之，蓋其有國十八葉矣。方班師，梵志復其故地，遣使謝罪，於是朝貢不絕。

赤土

赤土國，扶南之別種也。在南海中，水行百餘日而達所都。土色多赤，因以爲號。東波羅剌國，西婆羅娑國，南訶羅旦國，北拒大海，地方數千里。其王姓瞿曇氏，名利富多塞，不知有國近遠。稱其父釋王位出家爲道，傳位於利富多塞，在位十六年矣。有三妻，並鄰國王之女也。居僧祗城，有門三重，相去各百許步。每門圖畫飛仙、仙人、菩薩之像，縣金花鈴毦，婦女數十人，或奏樂，或捧金花。又飾四婦人，容飾如佛塔邊金剛力士之狀，夾門而立。門外者持兵仗，門內者執白拂。夾道垂素網，綴花。王宮諸屋悉是重閣，北戶，北面而坐。坐三重之榻。衣朝霞布，冠金花冠，垂雜寶瓔珞。四女子立侍，左右兵衞百餘人。王榻後作一木龕，以金銀五香木雜鈿之。龕後懸一金光焰，夾榻又樹二金鏡，鏡前並陳金甕，

甕前各有金香爐。當前置一金伏牛，牛前樹壹寶蓋，蓋左右皆有寶扇。婆羅門等數百人，東西重行，相向而坐。其官有薩陀迦羅一人，陀拏達义二人，迦利蜜迦三人，共掌政事；俱羅末帝一人，掌刑法。每城置那邪迦一人，鉢帝十人。

其俗等皆穿耳剪髮，無跪拜之禮。以香油塗身。其俗敬佛，尤重婆羅門。婦人作髻於項後。男女通以朝霞、朝雲雜色布爲衣。豪富之室，恣意華靡，唯金鎖非王賜不得服用。每婚嫁，擇吉日，女家先期五日，作樂飲酒，父執女手以授壻，七日乃配焉。既娶則分財別居，唯幼子與父同居。父母兄弟死則剔髮素服，就水上構竹木爲棚，棚內積薪，以屍置上。燒香建幡，吹蠡擊鼓以送之，縱火焚薪，遂落於水。貴賤皆同。唯國王燒訖，收灰貯以金瓶，藏於廟屋。冬夏常溫，雨多霽少，種植無時，特宜稻、穄、白豆、黑麻，自餘物產多同於交阯。以甘蔗作酒，雜以紫瓜根。酒色黃赤，味亦香美。亦名椰漿爲酒。〔一〕

煬帝即位，募能通絕域者。大業三年，屯田主事常駿、虞部主事王君政等請使赤土。帝大悅，賜駿等帛各百匹，時服一襲而遣。齎物五千段，以賜赤土王。其年十月，駿等自南海郡乘舟，晝夜二旬，每值便風。至焦石山而過，東南泊陵伽鉢拔多洲，西與林邑相對，上有神祠焉。又南行，至師子石，自是島嶼連接。又行二三日，西望見狼牙須國之山，於是南達雞籠島，至於赤土之界。其王遣婆羅門鳩摩羅以舶三十艘來迎，吹蠡擊鼓，以樂隋使，進

金鎖以纜駿船。月餘，至其都，王遣其子那邪迦請與駿等禮見。先遣人送金盤，貯香花并鏡鑷，金合二枚，貯香油，金瓶八枚，貯香水，白疊布四條，以擬供使者盥洗。其日未時，那邪迦又將象二頭，持孔雀蓋以迎使人，并致金花、金盤以藉詔函。男女百人奏蠡鼓，婆羅門二人導路，至王宮。駿等奉詔書上閣，王以下皆坐。宣詔訖，引駿等坐，奏天竺樂。事畢，駿等還館，又遣婆羅門就館送食，以草葉爲盤，其大方丈。因謂駿曰：「今是大國中人，非復赤土國矣。飲食疏薄，願爲大國意而食之。」後數日，請駿等入宴，儀衞導從如初見之禮。王前設兩牀，牀上并設草葉盤，方一丈五尺，上有黄白紫赤四色之餅，牛、羊、魚、鼈、猪、蝳蝐之肉百餘品。延駿升牀，從者坐於地席，各以金鍾置酒，女樂迭奏，禮遺甚厚。尋遣那邪迦隨駿貢方物，并獻金芙蓉冠、龍腦香。以鑄金爲多羅葉，隱起成文以爲表，金函封之，令婆羅門以香花奏蠡鼓而送之。既入海，見綠魚羣飛水上。浮海十餘日，至林邑東南，並山而行。其海水闊千餘步，色黄氣腥，舟行一日不絕，云是大魚糞也。循海北岸，達于交阯。駿以六年春與那邪迦於弘農謁，帝大悅，賜駿等物二百段，俱授秉義尉，那邪迦等官賞各有差。

眞臘

眞臘國，在林邑西南，本扶南之屬國也。去日南郡舟行六十日，而南接車渠國，西有朱

江國。其王姓刹利氏，名質多斯那。自其祖漸已强盛，至質多斯那，遂兼扶南而有之。死，子伊奢那先代立。居伊奢那城，郭下二萬餘家。城中有一大堂，是王聽政之所。總大城三十，城有數千家，各有部帥，官名與林邑同。其王三日一聽朝，坐五香七寶牀，上施寶帳。其帳以文木爲竿，象牙、金鈿爲壁，狀如小屋，懸金光焰，有同於赤土。前有金香鑪，二人侍側。王着朝霞古貝，瞞絡腰腹，下垂至脛，頭戴金寶花冠，被眞珠瓔珞，足履革屣，耳懸金璫。常服白疊，以象牙爲屩。若露髮，則不加瓔珞。臣人服製，大抵相類。有五大臣，一曰孤落支，二曰高相憑，三曰婆何多陵，〔二〕四曰舍摩陵，五曰髯多婁，及諸小臣。朝於王者，輒以階下三稽首。王喚上階，則跪，以兩手抱膊，遶王環坐。議政事訖，跪伏而去。階庭門閣，侍衞有千餘人，被甲持仗。其國與參半、朱江二國和親，數與林邑、陀桓二國戰爭。其人行止皆持甲仗，若有征伐，因而用之。其俗非王正妻子，不得爲嗣。王初立之日，所有兄弟並刑殘之，或去一指，或劓其鼻，別處供給，不得仕進。

人形小而色黑。婦人亦有白者。悉拳髮垂耳，性氣捷勁。居處器物頗類赤土。以右手爲淨，左手爲穢。每旦澡洗，以楊枝淨齒，讀誦經呪。又澡洒乃食，食罷還用楊枝淨齒，又讀經呪。飲食多蘇酪、沙糖、秔粟、米餅。欲食之時，先取雜肉羹與餅相和，手擩而食。娶妻者，唯送衣一具，擇日遣媒人迎婦。男女二家各八日不出，晝夜燃燈不息。男婚禮畢，即與父母分財別居。父母死，小兒未婚者，以餘財與之。若婚畢，財物入官。其喪葬，兒女皆七日不食，剔髮而哭，僧尼、道士、親故皆來聚會，音樂送之。以五香木燒屍，收灰以金銀瓶盛，送于大水之內。貧者或用瓦，而以彩色畫之。亦有不焚，送屍山中，任野獸食者。

其國北多山阜，南有水澤，地氣尤熱，無霜雪，饒瘴癘毒蠚。土宜粱稻，少黍粟，果菜與日南、九眞相類。異者有婆那娑樹，無花，葉似柿，實似冬瓜；菴羅樹，花葉似棗，實似李；毗野樹，花似木瓜，葉似杏，實似楮；婆田羅樹，花葉實並似棗而小異；歌畢佗樹，花似林檎，葉似榆而厚大，實似李，其大如升。自餘多同九眞。海中有魚名建同，四足，無鱗，其鼻如象，吸水上噴，高五六十尺。有浮胡魚，其形似魱，嘴如鸚鵡，有八足。多大魚，半身出水，望之如山。

每五六月中，毒氣流行，即以白猪、白牛、白羊於城西門外祠之。不然者，五穀不登，六畜多死，人衆疾疫。近都有陵伽鉢婆山，上有神祠，每以兵五千人守衞之。城東有神名婆多利，祭用人肉。其王年別殺人，以夜祀禱，亦有守衞者千人。其敬鬼如此。多奉佛法，尤信道士，佛及道士並立像於館。

大業十二年，遣使貢獻，帝禮之甚厚，其後亦絕。

婆利

婆利國，自交阯浮海，南過赤土、丹丹，乃至其國。國界東西四月行，南北四十五日行。王姓刹利邪伽，名護濫那婆。官曰獨訶邪挐，次曰獨訶氏挐。國人善投輪刀，其大如鏡，中有竅，外鋒如鋸，遠以投人，無不中。其餘兵器與中國略同。俗類眞臘，物產同於林邑。其殺人及盜，截其手，姦者鎖其足，朞年而止。祭祀必以月晦，盤貯酒肴，浮之流水。每十一月，必設大祭。海出珊瑚。有鳥名舍利，解人語。

大業十二年，遣使朝貢，後遂絕。于時南荒有丹丹、盤盤二國，亦來貢方物，其風俗物產，大抵相類云。

史臣曰：禮云：「南方曰蠻，有不火食者矣。」書稱：「蠻夷猾夏。」詩曰：「蠢爾蠻荆。」種類實繁，代爲紛梗。自秦并三楚，漢平百越，地窮丹徼，景極日南，水陸可居，咸爲郡縣。暨乎境分吳、蜀，時經晉、宋，道有污隆，服叛不一。高祖受命，克平九宇，煬帝纂業，威加八荒。甘心遠夷，志求珍異，故師出於流求，兵加於林邑，威振殊俗，過於秦、漢遠矣。雖有荒外之

功，無救城中之敗。傳曰：「非聖人，外寧必內憂。」誠哉斯言也！

校勘記

〔一〕亦名椰漿爲酒　求是：「名」殆「以」之訛。

〔二〕婆何多陵　「何」，御覽七八六作「阿」。

隋書卷八十三

列傳第四十八

西域

漢氏初開西域，有三十六國，其後分立五十五王，置校尉、都護以撫納之。王莽篡位，西域遂絕。至於後漢，班超所通者五十餘國，西至西海，東西四萬里，皆來朝貢，復置都護、校尉以相統攝。其後或絕或通，漢朝以爲勞弊中國，其官時廢時置。暨魏、晉之後，互相吞滅，不可詳焉。

煬帝時，遣侍御史韋節、司隸從事杜行滿使於西蕃諸國。至罽賓，得碼碯杯；王舍城，得佛經；史國，得十儛女、師子皮、火鼠毛而還。帝復令聞喜公裴矩於武威、張掖間往來以引致之。其有君長者四十四國。矩因其使者入朝，啗以厚利，令其轉相諷諭。大業年中，相率而來朝者三十餘國，帝因置西域校尉以應接之。尋屬中國大亂，朝貢遂絕。然事多亡

失，今所存錄者，二十國焉。

吐谷渾

吐谷渾，本遼西鮮卑徒河涉歸子也。初，涉歸有二子，庶長曰吐谷渾，少曰若洛廆。涉歸死，若洛廆代統部落，是爲慕容氏。吐谷渾與若洛廆不協，遂西度隴，止于甘松之南，洮水之西，南極白蘭山，數千里之地，其後遂以吐谷渾爲國氏焉。當魏、周之際，始稱可汗。都伏俟城，在青海西十五里。有城郭而不居，隨逐水草。官有王公、僕射、尚書、郎中、將軍。其主以皁爲帽，妻戴金花。其器械衣服略與中國同。其王公貴人多戴羃䍦，婦人裙襦辮髮，綴以珠貝。國無常稅。殺人及盜馬者死，餘坐則徵物以贖罪。風俗頗同突厥。喪有服制，葬訖而除。性皆貪忍。有大麥、粟、豆。青海周迴千餘里，中有小山，其俗至冬輒放牝馬於其上，言得龍種。吐谷渾嘗得波斯草馬，放入海，因生驄駒，能日行千里，故時稱青海驄焉。多犛牛，饒銅、鐵、朱砂。地兼鄯善、且末。西北有流沙數百里，夏有熱風，傷斃行旅。風之將至，老駝預知之，則引項而鳴，聚立，以口鼻埋沙中。人見則知之，以氊擁蔽口鼻而避其患。

其主呂夸，〔一〕在周數爲邊寇，及開皇初，以兵侵弘州。高祖以弘州地曠人梗，因而廢

之。遣上柱國元諧率步騎數萬擊之。賊悉發國中兵，自曼頭至於樹敦，甲騎不絕。其所署河西總管、定城王鍾利房及其太子可博汗，前後來拒戰。諧頻擊破之，俘斬甚衆。呂夸大懼，率其親兵遠遁。其名王十三人，〔二〕各率部落而降。上以其高寧王移茲裒素得衆心，拜爲大將軍，封河南王，以統降衆，自餘官賞各有差。未幾，復來寇邊，旭州刺史皮子信出兵拒戰，爲賊所敗，子信死之。汶州總管梁遠以銳卒擊之，斬千餘級，奔退。俄而入寇廓州，州兵擊走之。

呂夸在位百年，屢因喜怒廢其太子而殺之。其後太子懼見廢辱，遂謀執呂夸而降，請兵於邊吏。秦州總管、河間王弘請將兵應之，上不許。太子謀洩，爲其父所殺，復立其少子嵬王訶爲太子。疊州刺史杜粲請因其釁而討之，上又不許。六年，嵬王訶復懼其父誅之，謀率部落萬五千人戶將歸國，遣使詣闕，請兵迎接。上謂侍臣曰：「渾賊風俗，特異人倫，父既不慈，子復不孝。朕以德訓人，何有成其惡逆也！吾當教之以義方耳。」乃謂使者曰：「朕受命於天，撫育四海，望使一切生人皆以仁義相向。況父子天性，何得不相親愛也！吐谷渾主既是嵬王之父，嵬王是吐谷渾主太子，父有不是，子須陳諫。若諫而不從，當令近臣親戚內外諷諭。必不可，泣涕而道之。人皆有情，必當感悟。不可潛謀非法，受不孝之名。溥天之下，皆是朕臣妾，各爲善事，卽稱朕心。嵬王既有好意，欲來投朕，朕唯教嵬王爲臣

子之法，不可遠遣兵馬，助爲惡事。」嵬王乃止。八年，其名王拓拔木彌請以千餘家歸化。上曰：「溥天之下，皆曰朕臣，雖復荒遐，未識風教，朕之撫育，俱以仁孝爲本。渾賊惛狂，妻子懷怖，並思歸化，自救危亡。然叛夫背父，不可收納。又其本意，正自避死，若今遣拒，又復不仁。若更有意信，但宜慰撫，任其自拔，不須出兵馬應接之。其妹夫及甥欲來，亦任其意，不勞勸誘也。」是歲，河南王移茲裒死，高祖令其弟樹歸襲統其衆。平陳之後，呂夸大懼，遁逃保險，不敢爲寇。

十一年，呂夸卒，子伏立。使其兄子無素奉表稱藩，并獻方物，請以女備後庭。上謂滕王曰：「此非至誠，但急計耳。」乃謂無素曰：「朕知渾主欲令女事朕，若依來請，他國聞之，便當相學。一許一塞，是謂不平。若並許之，又非好法。朕情存安養，欲令遂性，豈可聚斂子女以實後宮乎？」竟不許。十二年，遣刑部尚書宇文㢸撫慰之。十六年，以光化公主妻伏，伏上表稱公主爲天后，上不許。

明年，其國大亂，國人殺伏，立其弟伏允爲主。〔三〕使使陳廢立之事，并謝專命之罪，且請依俗尚主，上從之。自是朝貢歲至，而常訪國家消息，上甚惡之。

煬帝卽位，伏允遣其子順來朝。時鐵勒犯塞，帝遣將軍馮孝慈出敦煌以禦之，孝慈戰不利。鐵勒遣使謝罪，請降，帝遣黃門侍郎裴矩慰撫之，諷令擊吐谷渾以自効。鐵勒許諾，

卽勒兵襲吐谷渾，大敗之。伏允東走，保西平境。帝復令觀王雄出澆河、許公宇文述出西平以掩之，大破其衆。伏允遁逃，部落來降者十萬餘口，六畜三十餘萬。述追之急，伏允懼，南遁於山谷間。其故地皆空，自西平臨羌城以西，且末以東，祁連以南，雪山以北，東西四千里，南北二千里，皆爲隋有。置郡縣鎭戍，發天下輕罪徙居之。於是留順不之遣。伏允無以自資，率其徒數千騎客於党項。帝立順爲主，送出玉門，令統餘衆，以其大寶王尼洛周爲輔。至西平，其部下殺洛周，順不果入而還。大業末，天下亂，伏允復其故地，屢寇河右，郡縣不能禦焉。

党項

党項羌者，三苗之後也。其種有宕昌、白狼，皆自稱獼猴種。東接臨洮、西平，西拒葉護，南北數千里，處山谷間。每姓別爲部落，大者五千餘騎，小者千餘騎。織犛牛尾及羖䍽毛以爲屋。服裘褐，披氈以爲上飾。俗尚武力，無法令，各爲生業，有戰陣則相屯聚。無徭賦，不相往來。牧養犛牛、羊、豬以供食，不知稼穡。其俗淫穢烝報，於諸夷中最爲甚。無文字，但候草木以記歲時。三年一聚會，殺牛羊以祭天。人年八十以上死者，以爲令終，親戚不哭。少而死者，則云大枉，共悲哭之。有琵琶、橫吹，擊缶爲節。

魏、周之際，數來擾邊。高祖爲丞相時，中原多故，因此大爲寇掠。蔣公梁睿既平王謙，請因還師以討之，高祖不許。開皇四年，有千餘家歸化。五年，拓拔寧叢等各率衆詣旭州內附，授大將軍，其部下各有差。十六年，復寇會州，詔發隴西兵以討之，大破其衆。又相率請降，願爲臣妾，遣子弟入朝謝罪。高祖謂之曰：「還語爾父兄，人生須有定居，養老長幼。而乃乍還乍走，不羞鄉里邪！」自是朝貢不絕。

高昌

高昌國者，則漢車師前王庭也，去敦煌十三日行。其境東西三百里，南北五百里，四面多大山。昔漢武帝遣兵西討，師旅頓敝，其中尤困者因住焉。其地有漢時高昌壘，故以爲國號。初，蠕蠕立闞伯周爲高昌王。〔四〕伯周死，子義成立，爲從兄首歸所殺。首歸自立爲高昌王，又爲高車阿伏至羅所殺。以敦煌人張孟明爲主。孟明爲國人所殺，更以馬儒爲王，以鞏顧、麴嘉二人爲左右長史。儒又通使後魏，請內屬。內屬人皆戀土，不願東遷，相與殺儒，立嘉爲王。嘉字靈鳳，金城榆中人，既立，又臣于茹茹。及茹茹主爲高車所殺，嘉又臣于高車。屬焉耆爲挹怛所破，衆不能自統，請主於嘉。嘉遣其第二子爲焉耆王，由是始大，益爲國人所服。嘉死，子堅立。

其都城周迴一千八百四十步，於坐室畫魯哀公問政於孔子之像。國內有城十八。官有令尹一人，次公二人，次左右衞，次八長史，次五將軍，次八司馬，次侍郎、校郎、主簿、從事、省事。大事決之於王，小事長子及公評斷，不立文記。男子胡服，婦人裙襦，頭上作髻。其風俗政令與華夏略同。地多石磧，氣候溫暖，穀麥再熟，宜蠶，多五果。有草名爲羊刺，其上生蜜，而味甚佳。出赤鹽如朱，白鹽如玉。多蒲陶酒。俗事天神，兼信佛法。國中羊馬牧於隱僻之處，以避外寇，非貴人不知其所。北有赤石山，山北七十里有貪汗山，[五]夏有積雪。此山之北，鐵勒界也。從武威西北，有捷路，度沙磧千餘里，四面茫然，無有蹊徑。欲往者，尋有人畜骸骨而去。路中或聞歌哭之聲，行人尋之，多致亡失，蓋魑魅魍魎也。故商客往來，多取伊吾路。

開皇十年，突厥破其四城，有二千人來歸中國。堅死，子伯雅立。其大母本突厥可汗女，其父死，突厥令依其俗，伯雅不從者久之。突厥逼之，不得已而從。煬帝嗣位，引致諸蕃。大業四年，遣使貢獻，帝待其使甚厚。明年，伯雅來朝。因從擊高麗，還尚宗女華容公主。八年冬歸蕃，下令國中曰：「夫經國字人，以保存爲貴，寧邦緝政，以全濟爲大。先者以國處邊荒，境連猛狄，同人無咎，被髮左衽。今大隋統御，宇宙平一，普天率土，莫不齊向。孤既沐浴和風，庶均大化，其庶人以上皆宜解辮削衽。」帝聞而甚

善之，下詔曰：「彰德嘉善，聖哲所隆，顯誠遂良，典謨貽則。光祿大夫、弁國公、高昌王伯雅識量經遠，器懷溫裕，丹款夙著，亮節遐宣。本自諸華，歷祚西壤，昔因多難，淪迫獯戎，數窮毀冕，翦爲胡服。自我皇隋平一宇宙，化偃九圍，德加四表。伯雅踰沙忘阻，奉賮來庭，觀禮容於舊章，慕威儀之盛典。於是襲纓解辮，削衽曳裾，變夷從夏，義光前載。可賜衣冠之具，仍班製造之式。并遣使人部領將送。被以采章，復見車服之美，棄彼氊毳，還爲冠帶之國。」然伯雅先臣鐵勒，而鐵勒恒遣重臣在高昌國，有商胡往來者，則稅之送於鐵勒。雖有此令取悅中華，然竟畏鐵勒而不敢改也。自是歲令使人貢其方物。

康國

康國者，康居之後也。遷徙無常，不恒故地，然自漢以來相承不絕。其王本姓溫，月氏人也。舊居祁連山北昭武城，因被匈奴所破，西踰葱嶺，遂有其國。支庶各分王，故康國左右諸國並以昭武爲姓，示不忘本也。王字代失畢，爲人寬厚，甚得衆心。其妻突厥達度可汗女也。都於薩寶水上阿祿迪城。城多衆居。大臣三人共掌國事。其王索髮，冠七寶金花，衣綾羅錦繡白疊。其妻有髻，幪以皂巾。丈夫翦髮錦袍。名爲强國，而西域諸國多歸之。米國、史國、曹國、何國、安國、小安國、那色波國、烏那曷國、穆國皆歸附之。有胡律，

置於祆祠，決罰則取而斷之。重罪者族，次重者死，賊盜截其足。人皆深目高鼻，多鬚髯。善於商賈，諸夷交易多湊其國。有大小鼓、琵琶、五絃、箜篌、笛。婚姻喪制與突厥同。國立祖廟，以六月祭之，諸國皆來助祭。俗奉佛，爲胡書。氣候溫，宜五穀，勤修園蔬，樹木滋茂。出馬、駝、騾、驢、封牛、黃金、鐃沙、賘香、阿薩那香、瑟瑟、麞皮、氍毹、錦疊。多蒲陶酒，富家或致千石，連年不敗。

大業中，始遣使貢方物，後遂絕焉。

安國

安國，漢時安息國也。王姓昭武氏，與康國王同族，字設力登。妻，康國王女也。都在那密水南，城有五重，環以流水。宮殿皆爲平頭。王坐金駝座，高七八尺。每聽政，與妻相對，大臣三人評理國事。風俗同於康國，唯妻其姊妹，及母子遞相禽獸，此爲異也。煬帝卽位之後，遣司隸從事杜行滿使於西域，至其國，得五色鹽而返。

國之西百餘里有畢國，可千餘家。其國無君長，安國統之。大業五年，遣使貢獻，後遂絕焉。

石國

石國，居於藥殺水，都城方十餘里。其王姓石，名涅。國城之東南立屋，置座於中，正月六日、七月十五日以王父母燒餘之骨，金甕盛之，置于牀上，巡遶而行，散以花香雜果，王率臣下設祭焉。禮終，王與夫人出就別帳，臣下以次列坐，享宴而罷。有粟麥，多良馬。其俗善戰，曾貳於突厥，射匱可汗興兵滅之，令特勤甸職攝其國事。[六]南去鏺汗六百里，東南去瓜州六千里。

甸職以大業五年遣使朝貢，其後不復至。

女國

女國，在葱嶺之南，其國代以女爲王。王姓蘇毗，字末羯，在位二十年。女王之夫，號曰金聚，不知政事。國內丈夫唯以征伐爲務。山上爲城，方五六里，人有萬家。王居九層之樓，侍女數百人，五日一聽朝。復有小女王，共知國政。

其俗貴婦人，輕丈夫，而性不妬忌。[七]男女皆以彩色塗面，一日之中，或數度變改之。人皆被髮，以皮爲鞋，課稅無常。氣候多寒，以射獵爲業。出鍮石、朱砂、麝香、犛牛、駿馬、

蜀馬。尤多鹽，恒將鹽向天竺興販，其利數倍。亦數與天竺及党項戰爭。其女王死，國中則厚斂金錢，求死者族中之賢女二人，一爲女王，次爲小王。貴人死，剝取皮，以金屑和骨肉置於瓶內而埋之。經一年，又以其皮內於鐵器埋之。俗事阿修羅神，又有樹神，歲初以人祭，或用獼猴。祭畢，入山祝之，有一鳥如雌雉，來集掌上，破其腹而視之，有粟則年豐，沙石則有災，謂之鳥卜。

開皇六年，遣使朝貢，其後遂絕。

焉耆

焉耆國，都白山之南七十里，漢時舊國也。其王姓龍，字突騎。都城方二里。國內有九城，勝兵千餘人。國無綱維。其俗奉佛書，類婆羅門。婚姻之禮有同華夏。死者焚之，持服七日。男子剪髮。有魚鹽蒲葦之利。東去高昌九百里，西去龜茲九百里，皆沙磧。東南去瓜州二千二百里。大業中，遣使貢方物。

龜茲

龜茲國，都白山之南百七十里，漢時舊國也。其王姓白，字蘇尼咥。都城方六里。勝

兵者數千。俗殺人者死，劫賊斷其一臂，并刖一足。俗與焉耆同。王頭繫綵帶，垂之於後，坐金師子座。土多稻、粟、菽、麥，饒銅、鐵、鉛，麖皮、氍毹、鐃沙、鹽綠、雌黃、胡粉、安息香、良馬、封牛。東去焉耆九百里，南去于闐千四百里，西去疏勒千五百里，西北去突厥牙六百餘里，東南去瓜州三千一百里。大業中，遣使貢方物。

疏勒

疏勒國，都白山南百餘里，漢時舊國也。其王字阿彌厥，手足皆六指。產子非六指者，即不育。都城方五里。國內有大城十二，小城數十，勝兵者二千人。王戴金師子冠。土多稻、粟、麻、麥、銅、鐵、錦、雌黃，〔六〕每歲常供送於突厥。南有黃河，西帶葱嶺，東去龜茲千五百里，西去鏺汗國千里，南去朱俱波八九百里，東北去突厥牙千餘里，東南去瓜州四千六百里。大業中，遣使貢方物。

于闐

于闐國，都葱嶺之北二百餘里。其王姓王，字卑示閉練。都城方八九里。國中大城有五，小城數十，勝兵者數千人。俗奉佛，尤多僧尼，王每持齋戒。城南五十里有贊摩寺，云是羅漢比丘比盧旃所造，石上有辟支佛徒跣之跡。于闐西五百里有比摩寺，云是老子化胡成佛之所。俗無禮義，多賊盜淫縱。王錦帽，金鼠冠，妻戴金花。其王髮不令人見。俗云，若見王髮，年必儉。土多麻、麥、粟、稻、五果，多園林，山多美玉。東去鄯善千五百里，南去女國三千里，西去朱俱波千里，北去龜茲千四百里，東北去瓜州二千八百里。大業中，頻遣使朝貢。

鏺汗

鏺汗國，都葱嶺之西五百餘里，古渠搜國也。王姓昭武，字阿利柒。都城方四里。勝兵數千人。王坐金羊牀，妻戴金花。俗多朱砂、金、鐵。東去疏勒千里，西去蘇對沙那國五百里，西北去石國五百里，東北去突厥牙二千餘里，東去瓜州五千五百里。大業中，遣使貢方物。

吐火羅

吐火羅國，都葱嶺西五百里，與挹怛雜居。都城方二里。勝兵者十萬人，皆習戰。其俗奉佛。兄弟同一妻，迭寢焉，每一人入房，戶外挂其衣以爲志。生子屬其長兄。其山穴

中有神馬，每歲牧牝馬於穴所，必產名駒。南去漕國千七百里，東去瓜州五千八百里。大業中，遣使朝貢。

挹怛

挹怛國，都烏滸水南二百餘里，大月氏之種類也。勝兵者五六千人。俗善戰。先時國亂，突厥遣通設字詰強領其國。都城方十餘里。多寺塔，皆飾以金。兄弟同妻。婦人有一夫者，冠一角帽，夫兄弟多者，依其數爲角。南去漕國千五百里，東去瓜州六千五百里。大業中，遣使貢方物。

米國

米國，都那密水西，舊康居之地也。無王。其城主姓昭武，康國王之支庶，字閉拙。都城方二里。勝兵數百人。西北去康國百里，東去蘇對沙那國五百里，西南去史國二百里，東去瓜州六千四百里。大業中，頻貢方物。

史國

史國，都獨莫水南十里，舊康居之地也。其王姓昭武，字逖遮，亦康國王之支庶也。都城方二里。勝兵千餘人。俗同康國。北去康國二百四十里，南去吐火羅五百里，西去那色波國二百里，東北去米國二百里，東去瓜州六千五百里。大業中，遣使貢方物。

曹國

曹國，都那密水南數里，舊是康居之地也。國無主，康國王令子烏建領之。都城方三里。勝兵千餘人。國中有得悉神，自西海以東諸國並敬事之。其神有金人焉，金破羅闊丈有五尺，高下相稱。每日以駝五頭、馬十四、羊一百口祭之，常有千人食之不盡。東南去康國百里，西去何國百五十里，東去瓜州六千六百里。大業中，遣使貢方物。

何國

何國，都那密水南數里，舊是康居之地也。其王姓昭武，亦康國王之族類，字敦。都城方二里。勝兵千人。其王坐金羊座。東去曹國百五十里，西去小安國三百里，東去瓜州六千七百五十里。大業中，遣使貢方物。

烏那曷

烏那曷國，都烏滸水西，舊安息之地也。王姓昭武，亦康國種類，字佛食。都城方二里。勝兵數百人。王坐金羊座。東北去安國四百里，西北去穆國二百餘里，東去瓜州七千五百里。大業中，遣使貢方物。

穆國

穆國，都烏滸河之西，亦安息之故地，與烏那曷爲鄰。其王姓昭武，亦康國王之種類也，字阿濫密。都城方三里。勝兵二千人。東北去安國五百里，東去烏那曷二百餘里，西去波斯國四千餘里，東去瓜州七千七百里。大業中，遣使貢方物。

波斯

波斯國，都達曷水之西蘇藺城，卽條支之故地也。其王字庫薩和。都城方十餘里。勝兵二萬餘人，乘象而戰。國無死刑，或斷手刖足，沒家財，或剃去其鬚，或繫排於項，以爲標異。人年三歲已上，出口錢四文。妻其姉妹。人死者，棄屍于山，持服一月。王著金花冠，坐金師子座，傅金屑於鬚上以爲飾。衣錦袍，加瓔珞於其上。土多良馬，大驢，師子，白象，大鳥卵，眞珠，頗黎，獸魄，珊瑚，瑠璃，碼碯，水精，瑟瑟，呼洛羯，呂騰，火齊，金剛，金，銀，鍮石，銅，鑌鐵，錫，錦疊，細布，氍毹，毾㲪，護那，越諾布，檀，金縷織成，赤麖皮，朱沙，水銀，薰陸、鬱金、蘇合、青木等諸香，胡椒，畢撥，石蜜，半蜜，千年棗，附子，訶黎勒，無食子，鹽綠，雌黃。突厥不能至其國，亦羈縻之。波斯每遣使貢獻。西去海數百里，東去穆國四千餘里，西北去拂菻四千五百里，東去瓜州萬一千七百里。

煬帝遣雲騎尉李昱使通波斯，尋遣使隨昱貢方物。

漕國

漕國，在葱嶺之北，漢時罽賓國也。其王姓昭武，字順達，康國王之宗族。都城方四里。勝兵者萬餘人。國法嚴整，殺人及賊盜皆死。其俗淫祠。葱嶺山有順天神者，儀制極華，金銀鍱爲屋，以銀爲地，祠者日有千餘人。祠前有一魚脊骨，其孔中通，馬騎出入。國王戴金魚頭冠，坐金馬座。土多稻、粟、豆、麥，饒象，馬，封牛，金，銀，鑌鐵，氍毹，朱砂，青黛，安息、青木等香，石蜜，半蜜，黑鹽，阿魏，沒藥，[九]白附子。北去帆延七百里，東去刦國六百里，東北去瓜州六千六百里。大業中，遣使貢方物。

附國

附國者，蜀郡西北二千餘里，卽漢之西南夷也。有嘉良夷，卽其東部，所居種姓自相率領，土俗與附國同，言語少殊，不相統一。其人並無姓氏。附國王字宜繒。其國南北八百里，東南千五百里，無城柵，近川谷，傍山險。俗好復讎，故壘石爲礫而居，以避其患。其礫高至十餘丈，下至五六丈，每級丈餘，以木隔之。基方三四步，礫上方二三步，狀似浮圖。於下級開小門，從內上通，夜必關閉，以防賊盜。國有二萬餘家，號令自王出。嘉良夷政令繫之酋帥，重罪者死，輕刑罰牛。

人皆輕捷，便於擊劍。漆皮爲牟甲，弓長六尺，以竹爲弦。妻其羣母及嫂，兒弟死，父兄亦納其妻。好歌儛，鼓簧，吹長笛。有死者，無服制，置屍高牀之上，沐浴衣服，被以牟甲，覆以獸皮。子孫不哭，帶甲儛劍而呼云：「我父爲鬼所取，我欲報冤殺鬼。」自餘親戚哭三聲而止。婦人哭，必以兩手掩面。死家殺牛，親屬以猪酒相遺，共飲噉而瘞之。死後十年而大葬，其葬必集親賓，殺馬動至數十匹。立其祖父神而事之。其俗以皮爲帽，形圓如鉢，或帶羃䍦。衣多毛毼皮裘，全剝牛脚皮爲靴。項繫鐵鎖，手貫鐵釧。王與酋帥，金爲首飾，胸前懸一金花，徑三寸。其土高，氣候涼，多風少雨。土宜小麥、青稞。[一〇]山出金、銀，多白

雉。水有嘉魚，長四尺而鱗細。

大業四年，其王遣使素福等八人入朝。明年，又遣其弟子宜林率嘉良夷六十人朝貢。欲獻良馬，以路險不通，請開山道以修職貢。煬帝以勞人不許。

嘉良有水，闊六七十丈，附國有水，闊百餘丈，並南流，用皮爲舟而濟。

附國南有薄緣夷，風俗亦同。西有女國。其東北連山，緜亘數千里，接於党項。往往有羌：大、小左封，昔衞，葛延，白狗，向人，望族，林臺，春桑，利豆，迷桑，婢藥，大硖，白蘭，叱利摸徒，〔一一〕那鄂，當迷，渠步，桑悟，千碉，並在深山窮谷，無大君長。其風俗略同於党項，或役屬吐谷渾，或附附國。

大業中，來朝貢。緣西南邊置諸道總管，以遙管之。

史臣曰：自古開遠夷，通絕域，必因宏放之主，皆起好事之臣。張騫鑿空於前，班超投筆於後，或結之以重寶，或懾之以利劍，投軀萬死之地，以要一旦之功，皆由主尙來遠之名，臣殉輕生之節。是知上之所好，下必有甚者也。煬帝規摹宏侈，掩吞秦、漢，裴矩方進西域圖記以蕩其心，故萬乘親出玉門關，置伊吾、且末，而關右暨於流沙，騷然無聊生矣。若使

北狄無虞，東夷告捷，必將修輪臺之戍，築烏壘之城，求大秦之明珠，致條支之鳥卵，往來轉輸，將何以堪其敝哉！古者哲王之制，方五千里，務安諸夏，不事要荒。豈威不能加，德不能被？蓋不以四夷勞中國，不以無用害有用也。是以秦戍五嶺，漢事三邊，或道殣相望，或戶口減半。隋室恃其強盛，亦狼狽於青海。〔一二〕此皆一人失其道，故億兆罹其毒。若深思卽敍之義，固辭都護之請，返其千里之馬，不求白狼之貢，則七戎九夷，候風重譯，雖無遼東之捷，豈及江都之禍乎！

校勘記

〔一〕呂夸　周書及北史吐谷渾傳、通典一九〇作「夸呂」。

〔二〕其名王十三人　本書元諧傳作「名王十七人、公侯十三人」。

〔三〕伏允　北史吐谷渾傳或作「允伏」，或作「伏允」。

〔四〕蠕蠕　下文作「茹茹」，同音異譯。

〔五〕貪汗山　「汗」原作「污」，據本書突厥傳、北史高昌傳、通典一九一改。

〔六〕訇職　新唐書西域傳作「訇職」。

〔七〕其俗貴婦人輕丈夫而性不妬忌　原脫「貴」字，據通典一九三補。

〔八〕土多稻粟麻麥銅鐵錦雌黃　「錦」，北史疏勒傳作「錫」，御覽七九三作「銀」。

〔九〕沒藥　原脫「沒」字，據通典一九三補。

〔一〇〕青穄　北史附國傳作「青稞」。

〔一一〕叱利摸徒　「叱」原作「北」，據通典一九〇、顧頡剛白蘭考說改。

〔一二〕青海　「青」原作「淸」，據北史西域傳論、通典一九三、御覽七九二改。

隋書卷八十四

列傳第四十九

北狄

突厥

突厥之先，平涼雜胡也，姓阿史那氏。後魏太武滅沮渠氏，阿史那以五百家奔茹茹，世居金山，工於鐵作。金山狀如兜鍪，俗呼兜鍪爲「突厥」，因以爲號。或云，其先國於西海之上，爲鄰國所滅，男女無少長盡殺之。至一兒，不忍殺，刖足斷臂，棄於大澤中。有一牝狼，每啣肉至其所，此兒因食之，得以不死。其後遂與狼交，狼有孕焉。彼鄰國者，復令人殺此兒，而狼在其側。使者將殺之，其狼若爲神所憑，欻然至於海東，止於山上。其山在高昌西北，下有洞穴，狼入其中，遇得平壤茂草，地方二百餘里。其後狼生十男，其一姓阿史那氏，最賢，遂爲君長，故牙門建狼頭纛，示不忘本也。

有阿賢設者，率部落出於穴中，世臣茹茹。至大葉護，種類漸強。當後魏之末，有伊利可汗，以兵擊鐵勒，大敗之，降五萬餘家，遂求婚於茹茹。茹茹主阿那瓌大怒，遣使罵之。伊利斬其使，率衆襲茹茹，破之。卒，弟逸可汗立，〔一〕又破茹茹。病且卒，捨其子攝圖，立其弟俟斗，〔二〕稱爲木杆可汗。木杆勇而多智，遂擊茹茹，滅之，西破挹怛，東走契丹，北方戎狄悉歸之，抗衡中夏。後與西魏師入侵東魏，至于太原。

其俗畜牧爲事，隨逐水草，不恒厥處。穹廬氈帳，被髮左衽，食肉飲酪，身衣裘褐，賤老貴壯。官有葉護，次設特勤，次俟利發，次吐屯發，下至小官，凡二十八等，皆世爲之。有角弓、鳴鏑、甲、矟、刀、劍。善騎射，性殘忍。無文字，刻木爲契。候月將滿，輒爲寇抄。謀反叛殺人者皆死，淫者割勢而腰斬之。鬬傷人目者償之以女，無女則輸婦財，折支體者輸馬，盜者則償贓十倍。有死者，停屍帳中，家人親屬多殺牛馬而祭之，遶帳號呼，以刀劃面，血淚交下，七度而止。於是擇日置屍馬上而焚之，取灰而葬。表木爲塋，立屋其中，圖畫死者形儀及其生時所經戰陣之狀。嘗殺一人，則立一石，有至千百者。父兄死，子弟妻其羣母及嫂。五月中，多殺羊馬以祭天。男子好樗蒲，女子踏鞠，飲馬酪取醉，歌呼相對。敬鬼神，信巫覡，重兵死而恥病終，大抵與匈奴同俗。

木杆在位二十年，卒，復捨其子大邏便而立其弟，是爲佗鉢可汗。佗鉢以攝圖爲爾伏可汗，統其東面，又以其弟褥但可汗子爲步離可汗，居西方。時佗鉢控弦數十萬，中國憚之，周、齊爭結姻好，傾府藏以事之。佗鉢益驕，每謂其下曰：「我在南兩兒常孝順，何患貧也！」齊有沙門惠琳，被掠入突厥中，因謂佗鉢曰：「齊國富强者，爲有佛法耳。」遂說以因緣果報之事。佗鉢聞而信之，建一伽藍，遣使聘于齊氏，求淨名、涅槃、華嚴等經，并十誦律。佗鉢亦躬自齋戒，遶塔行道，恨不生內地。在位十年，病且卒，謂其子菴羅曰：「吾聞親莫過於父子。吾兄不親其子，委地於我。我死，汝當避大邏便也。」及佗鉢卒，國中將立大邏便，以其母賤，衆不服。菴羅母貴，突厥素重之。攝圖最後至，謂國中曰：「若立菴羅者，我當率兄弟以事之；如立大邏便，我必守境，利刃長矛以相待矣。」攝圖長而且雄，國人皆憚，莫敢拒者，竟立菴羅爲嗣。大邏便不得立，心不服菴羅，每遣人罵辱之。菴羅不能制，因以國讓攝圖。國中相與議曰：「四可汗之子，攝圖最賢。」因迎立之，號伊利俱盧設莫何始波羅可汗，一號沙鉢略。治都斤山。菴羅降居獨洛水，稱第二可汗。大邏便乃請沙鉢略曰：「我與爾俱可汗子，各承父後。爾今極尊，我獨無位，何也？」沙鉢略患之，以爲阿波可汗，還領所部。

沙鉢略勇而得衆，北夷皆歸附之。及高祖受禪，待之甚薄，北夷大怨。會營州刺史高寶寧作亂，沙鉢略與之合軍，攻陷臨渝鎮。上勑緣邊修保鄣，峻長城，以備之，仍命重將出鎮幽、并。沙鉢略妻，宇文氏之女，曰千金公主，自傷宗祀絕滅，每懷復隋之志，日夜言之於

沙鉢略。由是悉衆爲寇，控弦之士四十萬。上令柱國馮昱屯乙弗泊，蘭州總管叱李長叉守臨洮，上柱國李崇屯幽州，達奚長儒據周槃，皆爲虜所敗。於是縱兵自木硤、石門兩道來寇，武威、天水、安定、金城、上郡、弘化、延安六畜咸盡。天子震怒，下詔曰：

往者魏道衰敝，禍難相尋，周、齊抗衡，分割諸夏。突厥之虜，俱通二國。周人東慮，恐齊好之深，齊氏西虞，懼周交之厚。謂虜意輕重，國逐安危，非徒並有大敵之憂，思滅一邊之防。竭生民之力，供其來往，傾府庫之財，棄於沙漠，華夏之地，實爲勞擾。猶復劫剝烽戍，殺害吏民，無歲月而不有也。惡積禍盈，非止今日。

朕受天明命，子育萬方，愍臣下之勞，除既往之弊。以爲厚斂兆庶，多惠豺狼，未嘗感恩，資而爲賊，違天地之意，非帝王之道。節之以禮，不爲虛費，省徭薄賦，國用有餘。因入賊之物，加賜將士，息道路之民，務於耕織。清邊制勝，成策在心。凶醜愚闇，未知深旨，將大定之日，比戰國之時，乘昔世之驕，結今時之恨。近者盡其巢窟，俱犯北邊，朕分置軍旅，所在邀截，望其深入，一舉滅之。而遠鎮偏師，逢而摧翦，未及南上，遽已奔北，應弦染鍔，過半不歸。且彼渠帥，其數凡五，昆季爭長，父叔相猜，外示彌縫，內乖心腹，世行暴虐，家法殘忍。東夷諸國，盡挾私讎，西戎羣長，皆有宿怨。突厥之北，契丹之徒，〔三〕切齒磨牙，常伺其便。達頭前攻酒泉，其後于闐、波斯、挹怛三國一

時卽叛。沙鉢略近趣周槃，其部內薄孤、束紇羅尋亦翻動。往年利稽察大爲高麗、靺鞨所破，娑毗設又爲紇支可汗所殺。與其爲鄰，皆願誅剿。部落之下，盡異純民，千種萬類，仇敵怨偶，泣血拊心，銜悲積恨。圓首方足，皆人類也，有一於此，更切朕懷。

彼地咎徵妖作，年將一紀，乃獸爲人語，人作神言，云其國亡，訖而不見。每冬雷震，觸地火生，種類資給，惟藉水草。去歲四時，竟無雨雪，川枯蝗暴，卉木燒盡，饑疫死亡，人畜相半。舊居之所，赤地無依，遷徙漠南，偸存晷刻。斯蓋上天所忿，驅就齊斧，幽明合契，今也其時。故選將治兵，贏糧聚甲，義士奮發，壯夫肆憤，願取名王之首，思撻單于之背，雲歸霧集，不可數也。東極滄海，西盡流沙，縱百勝之兵，橫萬里之衆，亘朔野之追蹤，望天崖而一掃。此則王恢所說，其猶射癰，何敵能當，何遠不服！

但皇王舊迹，北止幽都，荒遐之表，文軌所棄。得其地不可而居，得其民不忍皆殺，無勞兵革，遠規溟海。諸將今行，義兼含育，有降者納，有違者死。異域殊方，被其擁抑，放聽復舊。廣闢邊境，嚴治關塞，使其不敢南望，永服威刑。臥鼓息烽，暫勞終逸，制御夷狄，義在斯乎！何用侍子之朝，寧勞渭橋之拜。普告海內，知朕意焉。

於是以河間王弘、上柱國豆盧勣、竇榮定、左僕射高熲、右僕射虞慶則並爲元帥，出塞擊之。沙鉢略率阿波、貪汗二可汗等來拒戰，皆敗走遁去。時虜飢甚，不能得食，於是粉骨爲糧，

又多災疫，死者極衆。

既而沙鉢略以阿波驍悍，忌之，因其先歸，襲擊其部，大破之，殺阿波之母。阿波還無所歸，西奔達頭可汗。達頭者，名玷厥，沙鉢略之從父也，舊爲西面可汗。既而大怒，遣阿波率兵而東，其部落歸之者將十萬騎，遂與沙鉢略相攻。又有貪汗可汗，素睦於阿波，沙鉢略奪其衆而廢之，貪汗亡奔達頭。沙鉢略從弟地勤察別統部落，與沙鉢略有隙，復以衆叛歸阿波。連兵不已，各遣使詣闕，請和求援，上皆不許。

會千金公主上書，請爲一子之例，高祖遣開府徐平和使於沙鉢略。晉王廣時鎭幷州，請因其釁而乘之，上不許。沙鉢略遣使致書曰：「辰年九月十日，從天生大突厥天下賢聖天子、伊利俱盧設莫何始波羅可汗致書大隋皇帝：使人開府徐平和至，辱告言語，具聞也。皇帝是婦父，卽是翁，此是女夫，卽是兒例。兩境雖殊，情義是一。今重疊親舊，子子孫孫，乃至萬世不斷，上天爲證，終不違負。此國所有羊馬，都是皇帝畜生，彼有繒綵，都是此物，彼此有何異也！」高祖報書曰：「大隋天子貽書大突厥伊利俱盧設莫何沙鉢略可汗：得書，知大有好心向此也。既是沙鉢略婦翁，今日看沙鉢略共兒子不異。既以親舊厚意，常使之外，今特別遣大臣虞慶則往彼看女，復看沙鉢略也。」沙鉢略陳兵，列其寶物，坐見慶則，稱病不能起，且曰：「我父伯以來，不向人拜。」慶則責而喩之。千金公主私謂慶則曰：「可汗豺狼性，過與爭，將齧人。」長孫晟說諭之，攝圖辭屈，乃頓顙跪受璽書，以戴於首。既而大慚，其羣下因相聚慟哭。慶則又遣稱臣，沙鉢略謂其屬曰：「何名爲臣？」報曰：「隋國稱臣，猶此稱奴耳。」沙鉢略曰：「得作大隋天子奴，虞僕射之力也。」贈慶則馬千匹，幷以從妹妻之。

時沙鉢略既爲達頭所困，又東畏契丹，遣使告急，請將部落度漠南，寄居白道川內，有詔許之。詔晉王廣以兵援之，給以衣食，賜以車服鼓吹。沙鉢略因西擊阿波，破擒之。而阿拔國部落乘虛掠其妻子。官軍爲擊阿拔，敗之，所獲悉與沙鉢略。沙鉢略大喜，乃立約，以磧爲界，因上表曰：

大突厥伊利俱盧設始波羅莫何可汗臣攝圖言：大使尙書右僕射虞慶則至，伏奉詔書，兼宣慈旨，仰惟恩信之著，逾久愈明，徒知負荷，不能答謝。伏惟大隋皇帝之有四海，上契天心，下順民望，二儀之所覆載，七曜之所照臨，莫不委質來賓，回首面內。實萬世之一聖，千年之一期，求之古昔，未始聞也。

突厥自天置以來，五十餘載，保有沙漠，自王蕃隅。地過萬里，士馬億數，恒力兼戎夷，抗禮華夏，在於北狄，莫與爲大。頃者氣候清和，風雲順序，意以華夏其有大聖興焉。況今被霑德義，仁化所及，禮讓之風，自朝滿野。竊以天無二日，土無二王，伏惟大隋皇帝，眞皇帝也。豈敢阻兵恃險，偸竊名號，今便感慕淳風，歸心有道，屈膝稽顙，

永爲藩附。雖復南瞻魏闕，山川悠遠，北面之禮，不敢廢失。當令侍子入朝，〔四〕神馬歲貢，朝夕恭承，唯命是視。至於削衽解辮，革音從律，習俗已久，未能改變。闔國同心，無不銜荷，不任下情欣慕之至。謹遣第七兒臣窟含眞等奉表以聞。〔五〕

高祖下詔曰：「沙鉢略稱雄漠北，多歷世年，百蠻之大，莫過於此。往雖與和，猶是二國，今作君臣，便成一體。情深義厚，朕甚嘉之。荷天之休，海外有截，豈朕薄德所能致此！已勑有司肅告郊廟，宜普頒天下，咸使知聞。」自是詔答諸事並不稱其名以異之。其妻可賀敦周千金公主，賜姓楊氏，編之屬籍，改封大義公主。策拜窟含眞爲柱國，封安國公，宴於內殿，引見皇后，賞勞甚厚。沙鉢略大悅，於是歲時貢獻不絕。

七年正月，沙鉢略遣其子入貢方物，因請獵於恒、代之間，又許之，仍遣人賜其酒食。沙鉢略率部落再拜受賜。沙鉢略一日手殺鹿十八頭，齎尾舌以獻。還至紫河鎭，其牙帳爲火所燒，沙鉢略惡之，月餘而卒。上爲廢朝三日，遣太常弔祭焉。贈物五千段。

初，攝圖以其子雍虞閭性懦，遺令立其弟葉護處羅侯。雍虞閭遣使迎處羅侯，將立之。處羅侯曰：「我突厥自木杆可汗以來，多以弟代兄，以庶奪嫡，失先祖之法，不相敬畏。汝當嗣位，我不憚拜汝也。」雍虞閭又遣使謂處羅侯曰：「叔與我父，共根連體，我是枝葉。寧有我作主，令根本反同枝葉，令叔父之尊下我卑稚！又亡父之命，其可廢乎！願叔勿疑。」相

讓者五六，處羅侯竟立，是爲葉護可汗。以雍虞閭爲葉護。遣使上表言狀，上賜之鼓吹幡旗。

處羅侯長頤僂背，眉目疎朗，勇而有謀，以隋所賜旗鼓西征阿波。敵人以爲得隋兵所助，多來降附，遂生擒阿波。既而上書請阿波死生之命，上下其議。左僕射高熲進曰：「骨肉相殘，教之蠹也。存養以示寬大。」上曰：「善。」熲因奉觴進曰：「自軒轅以來，獯粥多爲邊患。今遠窮北海，皆爲臣妾，此之盛事，振古未聞，臣敢再拜上壽。」

其後處羅侯又西征，中流矢而卒。其衆奉雍虞閭爲主，是爲頡伽施多那都藍可汗。雍虞閭遣使詣闕，賜物三千段。每歲遣使朝貢。時有流人楊欽亡入突厥中，謬云彭國公劉昶與宇文氏謀反，令大義公主發兵擾邊。都藍執欽以聞，并貢葧布、魚膠。其弟欽羽設部落強盛，都藍忌而擊之，斬首於陣。其年，遣其母弟褥但特勤獻于闐玉杖，上拜褥但爲柱國、康國公。明年，突厥部落大人相率遣使貢馬萬匹，羊二萬口，駝、牛各五百頭。尋遣使請緣邊置市，與中國貿易，詔許之。

平陳之後，上以陳叔寶屏風賜大義公主，主心恒不平，因書屏風爲詩，敍陳亡自寄。其辭曰：「盛衰等朝暮，世道若浮萍。榮華實難守，池臺終自平。富貴今何在？空事寫丹青。盃酒恒無樂，弦歌詎有聲！余本皇家子，飄流入虜庭。一朝覩成敗，懷抱忽縱橫。古來共

如此，非我獨申名。唯有明君曲，偏傷遠嫁情。」上聞而惡之，禮賜益薄。公主復與西面突厥泥利可汗連結，上恐其爲變，將圖之。會主與所從胡私通，因發其事，下詔廢黜之。恐都藍不從，遣奇章公牛弘將美妓四人以啗之。時沙鉢略子曰染干，〔六〕號突利可汗，居北方，遣使求婚。上令裴矩謂之曰：「當殺大義主者，方許婚。」突利以爲然，〔七〕復譖之，都藍因發怒，遂殺公主於帳。都藍與達頭可汗有隙，數相征伐，上和解之，各引兵而去。

十七年，突利遣使來逆女，上舍之太常，教習六禮，妻以宗女安義公主。上欲離間北夷，故特厚其禮，遣牛弘、蘇威、斛律孝卿相繼爲使，突厥前後遣使入朝三百七十輩。突利本居北方，以尙主之故，南徙度斤舊鎭，錫賚優厚。雍虞閭怒曰：「我，大可汗也，反不如染干！」於是朝貢遂絕，數爲邊患。十八年，詔蜀王秀出靈州道以擊之。明年，又遣漢王諒爲元帥，左僕射高熲率將軍王詧、上柱國趙仲卿並出朔州道，右僕射楊素率柱國李徹、韓僧壽出靈州，上柱國燕榮出幽州，以擊之。雍虞閭與玷厥舉兵攻染干，盡殺其兄弟子姪，遂度河，入蔚州。染干夜以五騎與隋使長孫晟歸朝。上令染干與雍虞閭使者因頭特勤相辯詰，染干辭直，上乃厚待之。雍虞閭弟都速六棄其妻子，與突利歸朝，上嘉之。敕染干與都速六樗蒱，稍稍輸以寶物，用慰其心。

夏六月，高熲、楊素擊玷厥，大破之。拜染干爲意利珍豆啓民可汗，華言「意智健」也。啓民上表謝恩曰：「臣既蒙豎立，復改官名，昔日姦心，今悉除去，奉事至尊，不敢違法。」上於朔州築大利城以居之。是時安義主已卒，上以宗女義成公主妻之，部落歸者甚衆。雍虞閭又擊之，上復令入塞。雍虞閭侵掠不已，遷於河南，在夏、勝二州之間，發徒掘塹數百里，東西拒河，盡爲啓民畜牧之地。於是遣越國公楊素出靈州，行軍總管韓僧壽出慶州，太平公史萬歲出燕州，大將軍姚辯出河州，以擊都藍。

師未出塞，而都藍爲其麾下所殺，達頭自立爲步迦可汗，其國大亂。遣太平公史萬歲出朔州以擊之，遇達頭於大斤山，虜不戰而遁，追斬首虜二千餘人。晉王廣出靈州，達頭遁逃而去。尋遣其弟子俟利伐從磧東攻啓民。上又發兵助啓民守要路，俟利伐退走入磧。啓民上表陳謝曰：「大隋聖人莫緣可汗，憐養百姓，如天無不覆也，如地無不載也。諸姓蒙威恩，赤心歸服，並將部落歸投聖人可汗來也。或南入長城，或住白道，人民羊馬，徧滿山谷。染干譬如枯木重起枝葉，枯骨重生皮肉，千萬世長與大隋典羊馬也。」

仁壽元年，代州總管韓洪爲虜所敗於恒安，廢爲庶人。詔楊素爲雲州道行軍元帥，率啓民北征。斛薛等諸姓初附于啓民，至是而叛。素軍河北，值突厥阿勿思力俟斤等南度，掠啓民男女六千口、雜畜二十餘萬而去。素率上大將軍梁默輕騎追之，轉戰六十餘里，大破俟斤，悉得人畜以歸啓民。素又遣柱國張定和、領軍大將軍劉昇別路邀擊，並多斬獲而

還。兵既度河，賊復掠啓民部落，素率驃騎范貴於窟結谷東南奮擊，復破之，追奔八十餘里。是歲，泥利可汗及葉護俱被鐵勒所敗。步迦尋亦大亂，奚、霫五部內徙，〔八〕步迦奔吐谷渾。啓民遂有其衆，歲遣朝貢。

大業三年四月，煬帝幸楡林，啓民及義成公主來朝行宮，前後獻馬三千匹。帝大悅，賜物萬二千段。啓民上表曰：「已前聖人先帝莫緣可汗存在之日，憐臣，賜臣安義公主，種種無少短。臣種末爲聖人先帝憐養，臣兄弟妒惡，相共殺臣，臣當時無處去，向上看只見天，下看只見地，實憶聖人先帝言語，投命去來。聖人先帝見臣，大憐臣，死命養活，勝於往前，遣臣作大可汗坐著也。其突厥百姓，死者以外，還聚作百姓也。至尊今還如聖人先帝，捉天下四方坐也。還養活臣及突厥百姓，實無少短。臣今憶想聖人及至尊養活事，具奏不可盡，並至尊聖心裏在。臣今非是舊日邊地突厥可汗，臣卽是至尊臣民，至尊憐臣時，乞依大國服飾法用，一同華夏。臣今率部落，敢以上聞，伏願天慈不違所請。」表奏，帝下其議，公卿請依所奏。帝以爲不可，乃下詔曰：「先王建國，夷夏殊風，君子教民，不求變俗。斷髮文身，咸安其性，旃裘卉服，各尙所宜，因而利之，其道弘矣。何必化諸削衽，縻以長纓，豈遂性之至理，非包含之遠度。衣服不同，既辨要荒之敍，庶類區別，彌見天地之情。」仍璽書答啓民，以爲磧北未靜，猶須征戰，但使好心孝順，何必改變衣服也。

帝法駕御千人大帳，享啓民及其部落酋長三千五百人，賜物二十萬段，其下各有差。復下詔曰：「德合天地，覆載所以弗遺，功格區宇，聲教所以咸洎。至於梯山航海，請受正朔，襲冠解辮，同彼臣民。是故王會納貢，義彰前冊，呼韓入臣，待以殊禮。突厥意利珍豆啓民可汗志懷沈毅，〔九〕世修藩職。往者挺身違難，拔足歸仁，先朝嘉此款誠，授以徽號。資其甲兵之衆，收其破滅之餘，復祀於既亡之國，繼絕於不存之地。斯固施均亭育，澤漸要荒者矣。朕以薄德，祗奉靈命，思播遠猷，光融令緒，是以親巡朔野，撫寧藩服。啓民深委誠心，入奉朝覲，率其種落，拜首軒墀，言念丹款，良以嘉尚。宜隆榮數，式優恒典。可賜路車、乘馬、鼓吹、幡旗，贊拜不名，位在諸侯王上。」帝親巡雲內，泝金河而東，北幸啓民所居。啓民奉觴上壽，跪伏甚恭。帝大悅，賦詩曰：「鹿塞鴻旗駐，龍庭翠輦迴。氈帳望風舉，穹廬向日開。呼韓頓顙至，屠耆接踵來。索辮擎膻肉，韋韝獻酒杯。何如漢天子，空上單于臺。」帝賜啓民及主金甕各一，及衣服被褥錦綵，特勤以下各有差。

先是，高麗私通使啓民所，啓民推誠奉國，不敢隱境外之交。是日，將高麗使人見，勑令牛弘宣旨謂之曰：「朕以啓民誠心奉國，故親至其所。明年當往涿郡。爾還日，語高麗王知，宜早來朝，勿自疑懼。存育之禮，當同於啓民。如或不朝，必將啓民巡行彼土。」使人甚懼。啓民仍扈從入塞，至定襄，詔令歸藩。

明年，朝於東都，禮賜益厚。是歲，疾終，上爲之廢朝三日，立其子咄吉世，是爲始畢可汗。表請尚公主，詔從其俗。十一年，來朝於東都。其年，車駕避暑汾陽宮，八月，始畢率其種落入寇，圍帝於鴈門。詔諸郡發兵赴行在所，援軍方至，始畢引去。由是朝貢遂絕。明年，復寇馬邑，唐公以兵擊走之。

隋末亂離，中國人歸之者無數，遂大強盛，勢陵中夏。迎蕭皇后，置於定襄。薛舉、竇建德、王世充、劉武周、梁師都、李軌、高開道之徒，雖僭尊號，皆北面稱臣，受其可汗之號。使者往來，相望於道也。

西突厥

西突厥者，木杆可汗之子大邏便也。與沙鉢略有隙，因分爲二，漸以強盛。東拒都斤，西越金山，龜茲、鐵勒、伊吾及西域諸胡悉附之。大邏便爲處羅侯所執，其國立鞅素特勤之子，是爲泥利可汗。卒，子達漫立，號泥撅處羅可汗。其母向氏，本中國人，生達漫而泥利卒，向氏又嫁其弟婆實特勤。開皇末，婆實共向氏入朝，遇達頭亂，遂留京師，每舍之鴻臚寺。處羅可汗居無恒處，然多在烏孫故地。復立二小可汗，分統所部。一在石國北，以制諸胡國。一居龜茲北，其地名應娑。官有俟發、閻洪達，以評議國事，自餘與東國同。每五月八日，相聚祭神，歲遣重臣向其先世所居之窟致祭焉。

當大業初，處羅可汗撫御無道，其國多叛，與鐵勒屢相攻，大爲鐵勒所敗。時黃門侍郎裴矩在敦煌引致西域，聞國亂，復知處羅思其母氏，因奏之。煬帝遣司朝謁者崔君肅齎書慰諭之。處羅甚踞，受詔不肯起。君肅謂處羅曰：「突厥本一國也，中分爲二，自相仇敵。每歲交兵，積數十年而莫能相滅者，明知啓民與處羅國其勢敵耳。今啓民舉其部落，兵且百萬，入臣天子，甚有丹誠者，何也？但以切恨可汗而不能獨制，故卑事天子以借漢兵，連二大國，欲滅可汗耳。百官兆庶咸請許之，天子弗違，師出有日矣。顧可汗母向氏，本中國人，歸在京師，處于賓館。聞天子之詔，懼可汗之滅，旦夕守闕，哭泣悲哀。是以天子憐焉，爲其輟策。向夫人又匍匐謝罪，因請發使以召可汗，令入內屬，乞加恩禮，同於啓民。天子從之，故遣使到此。可汗若稱藩拜詔，國乃永安，而母得延壽；不然者，則向夫人爲誑天子，必當取戮而傳首虜庭。發大隋之兵，資北蕃之衆，左提右挈，以擊可汗，死亡則無日矣。奈何惜兩拜之禮，剿慈母之命，吝一句稱臣，喪匈奴國也！」處羅聞之，矍然而起，流涕再拜，跪受詔書。君肅又說處羅曰：「啓民內附，先帝嘉之，賞賜極厚，故致兵強國富。今可汗後附，與之爭寵，須深結於天子，自表至誠。既以道遠，未得朝覲，宜立一功，以明臣節。」處羅曰：「如何？」君肅曰：「吐谷渾者，啓民少子莫賀咄設之母家也。今天子又以義成公主妻於啓民，啓

民畏天子之威而與之絕。吐谷渾亦因憾漢故，職貢不修。可汗若請誅之，天子必許。漢擊其內，可汗攻其外，破之必矣。然後身自入朝，道路無阻，因見老母，不亦可乎？」處羅大喜，遂遣使朝貢。

帝將西狩，六年，遣侍御史韋節召處羅，令與車駕會於大斗拔谷。〔一〇〕其國人不從，處羅謝使者，辭以他故。帝大怒，無如之何。適會其酋長射匱遣使來求婚，裴矩因奏曰：「處羅不朝，恃強大耳。臣請以計弱之，分裂其國，卽易制也。射匱者，都六之子，達頭之孫，世爲可汗，君臨西面。今聞其失職，附隸於處羅，故遣使來，以結援耳。願厚禮其使，拜爲大可汗，則突厥勢分，兩從我矣。」帝曰：「公言是也。」因遣裴矩朝夕至館，微諷諭之。帝於仁風殿召其使者，言處羅不順之意，稱射匱有好心，吾將立爲大可汗，令發兵誅處羅，然後當爲婚也。帝取桃竹白羽箭一枝以賜射匱，因謂之曰：「此事宜速，使疾如箭也。」使者返，路經處羅，處羅愛箭，將留之，使者譎而得免。射匱聞而大喜，興兵襲處羅，處羅大敗，棄妻子，將左右數千騎東走。在路又被劫掠，遁於高昌東，保時羅漫山。高昌王麴伯雅上狀，帝遣裴矩將向氏親要左右，馳至玉門關晉昌城。矩遣向氏使詣處羅所，論朝廷弘養之義，丁寧曉諭之，遂入朝，然每有怏怏之色。

以七年冬，處羅朝於臨朔宮，帝享之。處羅稽首謝曰：「臣總西面諸蕃，不得早來朝拜，

今參見遲晚，罪責極深，臣心裏悚懼，不能道盡。」帝曰：「往者與突厥相侵擾，不得安居。今四海既清，與一家無異，朕皆欲存養，使遂性靈。譬如天上止有一箇日照臨，莫不寧帖；若有兩箇三箇日，萬物何以得安？比者亦知處羅總攝事繁，不得早來相見。今日見處羅，懷抱豁然歡喜，處羅亦當豁然，不煩在意。」明年元會，處羅上壽曰：「自天以下，地以上，日月所照，唯有聖人可汗。今是大日，願聖人可汗千歲萬歲常如今日也。」詔留其累弱萬餘口，令其弟達度闕牧畜會寧郡。〔二〕

處羅從征高麗，賜號爲曷薩那可汗，〔三〕賞賜甚厚。十年正月，以信義公主嫁焉，賜錦綵袍千具，綵萬匹。帝將復其故地，以遼東之役，故未遑也。每從巡幸。江都之亂，隨化及至河北。化及將敗，奔歸京師，爲北蕃突厥所害。

鐵勒

鐵勒之先，匈奴之苗裔也，種類最多。自西海之東，依據山谷，往往不絕。獨洛河北有僕骨、同羅、韋紇、拔也古、覆羅並號俟斤，蒙陳、吐如紇、斯結、渾、斛薛等諸姓，勝兵可二萬。伊吾以西，焉耆之北，傍白山，則有契弊、薄落職、乙咥、蘇婆、那曷、烏讙、〔一三〕紇骨、也咥、於尼讙等，〔一四〕勝兵可二萬。金山西南有薛延陀、咥勒兒、十槃、達契等，一萬餘兵。康

國北，傍阿得水，則有訶咥、曷戳、〔一五〕撥忽、比干、〔一六〕具海、曷比悉、何嵯蘇、拔也未渴達等，〔一七〕有三萬許兵。得嶷海東西有蘇路羯、三索咽、蔑促、〔一八〕隆忽等諸姓，〔一九〕八千餘。拂菻東則有恩屈、阿蘭、北褥九離、伏嗢昏等，近二萬人。北海南則都波等。雖姓氏各別，總謂爲鐵勒。並無君長，分屬東、西兩突厥。居無恒所，隨水草流移。人性凶忍，善於騎射，貪婪尤甚，以寇抄爲生。近西邊者，頗爲藝植，多牛羊而少馬。自突厥有國，東西征討，皆資其用，以制北荒。

開皇末，晉王廣北征，納啓民，〔二〇〕大破步迦可汗，鐵勒於是分散。大業元年，突厥處羅可汗擊鐵勒諸部，厚稅斂其物，又猜忌薛延陀等，恐爲變，遂集其魁帥數百人，盡誅之。由是一時反叛，拒處羅，遂立俟利發俟斤契弊歌楞爲易勿眞莫何可汗，居貪汗山。復立薛延陀內俟斤字也咥爲小可汗。處羅可汗既敗，莫何可汗始大。莫何勇毅絕倫，甚得衆心，爲鄰國所憚，伊吾、高昌、焉耆諸國悉附之。

其俗大抵與突厥同，唯丈夫婚畢，便就妻家，待產乳男女，然後歸舍，死者埋殯之，此其異也。大業三年，遣使貢方物，自是不絕云。

奚

奚本曰庫莫奚，東部胡之種也。爲慕容氏所破，遺落者竄匿松、漠之間。其俗甚爲不潔，而善射獵，好爲寇鈔。初臣於突厥，後稍強盛，分爲五部：一曰辱紇王，〔二一〕二曰莫賀弗，三曰契箇，四曰木昆，五曰室得。每部俟斤一人爲其帥。隨逐水草，頗同突厥。有阿會氏，五部中爲盛，諸部皆歸之。每與契丹相攻擊，虜獲財畜，因而得賞。死者以葦薄裹屍，懸之樹上。自突厥稱藩之後，亦遣使入朝，或通或絕，最爲無信。大業時，歲遣使貢方物。

契丹　室韋

契丹之先，與庫莫奚異種而同類，並爲慕容氏所破，俱竄於松、漠之間。其後稍大，居黃龍之北數百里。其俗頗與靺鞨同。好爲寇盜。父母死而悲哭者，以爲不壯，但以其屍置於山樹之上，經三年之後，乃收其骨而焚之。因酹而祝曰：「冬月時，向陽食。若我射獵時，使我多得猪鹿。」其無禮頑嚚，於諸夷最甚。

當後魏時，爲高麗所侵，部落萬餘口求內附，止于白貔河。其後爲突厥所逼，又以萬家寄於高麗。開皇四年，率諸莫賀弗來謁。五年，悉其衆款塞，高祖納之，聽居其故地。六年，其諸部相攻擊，久不止，又與突厥相侵，高祖使使責讓之。其國遣使詣闕，頓顙謝罪。其後契丹別部出伏等背高麗，率衆內附。高祖納之，安置於渴奚那頡之北。開皇末，其別部四

千餘家背突厥來降。上方與突厥和好，重失遠人之心，悉令給糧還本，勑突厥撫納之。固辭不去。部落漸衆，遂北徙逐水草，當遼西正北二百里，依託紇臣水而居。東西亘五百里，南北三百里，分爲十部。兵多者三千，少者千餘，逐寒暑，隨水草畜牧。有征伐，則酋帥相與議之，興兵動衆合符契。突厥沙鉢略可汗遣吐屯潘垤統之。

室韋，契丹之類也。〔二二〕其南者爲契丹，在北者號室韋，分爲五部，不相總一，所謂南室韋、北室韋、鉢室韋、深末怛室韋、太室韋。並無君長，人民貧弱，突厥常以三吐屯總領之。

南室韋在契丹北三千里，土地卑濕，至夏則移向西北貸勃、欠對二山，多草木，饒禽獸，又多蚊蚋，人皆巢居，以避其患。漸分爲二十五部，每部有餘莫弗瞞咄，猶酋長也。死則子弟代立，嗣絕則擇賢豪而立之。其俗丈夫皆被髮，婦人槃髮，衣服與契丹同。乘牛車，籧篨爲屋，如突厥氈車之狀。渡水則束薪爲栰，或以皮爲舟者。馬則織草爲韉，結繩爲轡。寢則屈爲屋，以籧篨覆上，移則載行。以猪皮爲席，編木爲藉。婦女皆抱膝而坐。氣候多寒，田收甚薄，無羊，少馬，多猪牛。造酒食噉，與靺鞨同俗。婚嫁之法，二家相許，壻輒盜婦將去，然後送牛馬爲娉，更將歸家。待有娠，乃相隨還舍。婦人不再嫁，以爲死人之妻難以共居。部落共爲大棚，人死則置屍其上。居喪三年，年唯四哭。其國無鐵，取給於高麗。

多貂。

南室韋北行十一日至北室韋，分爲九部落，繞吐紇山而居。其部落渠帥號乞引莫賀咄，每部有莫何弗三人以貳之。氣候最寒，雪深沒馬。冬則入山，居土穴中，牛畜多凍死。饒麞鹿，射獵爲務，食肉衣皮。鑿氷，沒水中而網射魚鼈。地多積雪，懼陷坑穽，騎木而行。俗皆捕貂爲業，冠以狐狢，衣以魚皮。

又北行千里，至鉢室韋，依胡布山而住，人衆多北室韋，不知爲幾部落。用樺皮蓋屋，其餘同北室韋。

從鉢室韋西南四日行，至深末怛室韋，因水爲號也。冬月穴居，以避太陰之氣。

又西北數千里，至大室韋，徑路險阻，語言不通。尤多貂及青鼠。

北室韋時遣使貢獻，餘無至者。

史臣曰：四夷之爲中國患也久矣，北狄尤甚焉。種落實繁，迭雄邊塞，年代遐邈，非一時也。五帝之世，則有獯粥焉；其在三代，則獫狁焉；逮乎兩漢，則匈奴焉；當塗、典午，則烏丸、鮮卑焉；後魏及周，則蠕蠕、突厥焉。此其酋豪，相繼互爲君長者也。皆以畜牧爲業，侵

鈔爲資，倏來忽往，雲飛鳥集。智謀之士，議和親於廟堂之上，折衝之臣，論奮擊於塞垣之下。然事無恒規，權無定勢，親疏因其强弱，服叛在其盛衰。衰則款塞頓顙，盛則彎弓寇掠，屈申異態，强弱相反。正朔所不及，冠帶所不加，唯利是視，不顧盟誓。至於莫相救讓，驕黠憑陵，和親約結之謀，行師用兵之事，前史論之備矣，故不詳而究焉。及蠕蠕衰微，突厥始大，至於木杆，遂雄朔野。東極東胡舊境，西盡烏孫之地，彎弓數十萬，列處於代陰，南向以臨周、齊。二國莫之能抗，爭請盟好，求結和親。乃與周合從，終亡齊國。高祖遷鼎，厥徒孔熾，負其衆力，將蹈秦郊。內自相圖，遂以乖亂，達頭可汗遠遁，啓民願保塞下。於是推亡固存，返其舊地，助討餘燼，部衆遂强。卒於仁壽，不侵不叛，暨乎始畢，未虧臣禮。煬帝撫之非道，始有雁門之圍。俄屬羣盜並興，於此寖以雄盛，豪傑雖建名號，莫不請好息民。於是分置官司，總統中國，子女玉帛，相繼於道，使者之車，往來結轍。自古蕃夷驕僭，未有若斯之甚也。及聖哲膺期，掃除氛祲，暗於時變，猶懷旅拒，率其羣醜，屢隳亭鄣，殘毁我雲、代，搖蕩我太原，肆掠於涇陽，飲馬於渭汭。聖上奇謀潛運，神機密動，遂使百世不羈之虜一舉而滅，瀚海、龍庭之地畫爲九州，幽都窮髮之民隸於編戶。實帝皇所不及，書契所未聞。由此言之，雖天道有盛衰，亦人事之工拙也。加以爲而弗恃，有而弗居，類天地之含容，同陰陽之化育，斯乃大道之行也，固無得而稱焉。

校勘記

〔一〕弟逸可汗立　周書突厥傳作「子科羅立，科羅號乙息記可汗」。

〔二〕俟斗　周書突厥傳作「俟斤」。

〔三〕契丹　北史突厥傳作「契骨」。

〔四〕當令侍子入朝　「令」原作「今」，據北史突厥傳改。

〔五〕窟含真　本書高祖紀作「庫合真」。

〔六〕時沙鉢略子曰染干　本書長孫晟傳作「處羅侯之子曰染干」。岑仲勉突厥集史卷二：「通典一九七作『沙鉢略之弟處羅侯之子染干』，隋傳殆有脱文。」

〔七〕突利　「利」原作「厥」，據北史突厥傳、册府九七八改。

〔八〕奚霫五部内徙　「徙」原作「從」，據北史突厥傳改。

〔九〕意利珍豆啓民可汗　「豆」原作「寶」，據上文及文館詞林六六四改。

〔一〇〕大斗拔谷　「斗」原作「升」，據北史突厥傳及本書煬帝紀上、又楊玄感傳改。

〔一一〕達度闕　「闕」原作「闞」，據北史突厥傳改。本書裴矩傳作「闕達度設」。

〔一二〕曷薩那可汗　通鑑煬帝大業八年作「曷娑那可汗」。通鑑考異：「唐李軌傳作『曷娑那可汗』。今從隋書。」是司馬光所見隋書與今本不同。

〔一三〕烏讙　北史鐵勒傳作「烏護」。

〔一四〕於尼讙　北史鐵勒傳作「於尼護」。

〔一五〕曷巀　北史鐵勒傳作「曷截」。

〔一六〕比千　或作「比千」。北史鐵勒傳作「比干」。

〔一七〕拔也未渴達　北史鐵勒傳作「拔也末謁達」。

〔一八〕蔑促　北史鐵勒傳作「篾促」。

〔一九〕隆忽　北史鐵勒傳作「薩忽」。

〔二〇〕晉王廣北征納啓民　原脱「啓」字，據北史鐵勒傳補。

〔二一〕辱紇王　「王」，周書庫莫奚傳、北史奚傳、通典二〇〇作「主」。

〔二二〕室韋契丹之類也　「室韋」原缺，據北史室韋傳補。

隋書卷八十五

列傳第五十

夫肖形天地，人稱最靈，以其知父子之道，識君臣之義，異夫禽獸者也。傳曰：「人生在三，事之如一。」然則君臣父子，其道不殊，父不可以不父，子不可以不子，君不可以不君，臣不可以不臣。故曰君猶天也，天可讎乎！是以有罪歸刑，見危授命，竭忠貞以立節，不臨難而苟免。故聞其風者，懷夫慷慨，千載之後，莫不願以爲臣。此其所以生榮死哀，取貴前哲者矣。至於委質策名，代卿世祿，出受心膂之寄，入參帷幄之謀，身處機衡，肆趙高之姦宄，世荷權寵，行王莽之桀逆，生靈之所讎疾，犬豕不食其餘。雖薦社污宮，彰必誅之釁，斲棺焚骨，明篡殺之咎，可以懲夫既往，未足深誡將來。昔孔子修春秋，而亂臣賊子知懼，抑使之求名不得，欲蓋而彰者也。今故正其罪名，以冠於篇首，庶後之君子見作者之意焉。

宇文化及 弟智及

宇文化及，左翊衞大將軍述之子也。性兇險，不循法度，好乘肥挾彈，馳騖道中，由是長安謂之輕薄公子。煬帝爲太子時，常領千牛，出入臥內。累遷至太子僕。數以受納貨賄，再三免官。太子嬖昵之，俄而復職。又以其弟士及尙南陽公主。化及由此益驕，處公卿間，言辭不遜，多所陵轢。見人子女狗馬珍玩，必請託求之。常與屠販者遊，以規其利。煬帝卽位，拜太僕少卿，益恃舊恩，貪冒尤甚。大業初，煬帝幸榆林，化及與弟智及違禁與突厥交市。帝大怒，囚之數月。還至青門外，欲斬之而後入城，解衣辮髮，以公主故，久之乃釋，并智及並賜述爲奴。述薨後，煬帝追憶之，遂起化及爲右屯衞將軍，智及爲將作少監。

是時李密據洛口，煬帝懼，留淮左，不敢還都。從駕驍果多關中人，久客羈旅，見帝無西意，謀欲叛歸。時武賁郎將司馬德戡總領驍果，屯於東城，風聞兵士欲叛，未之審，遣校尉元武達陰問驍果，知其情，因謀構逆。共所善武賁郎將元禮、直閤裴虔通互相扇惑曰：「今聞陛下欲築宮丹陽，勢不還矣。所部驍果莫不思歸，人人耦語，並謀逃去。我欲言之，陛下性忌，惡聞兵走，卽恐先事見誅。今知而不言，其後事發，又當族滅我矣。進退爲戮，將如之何？」虔通曰：「上實爾，誠爲公憂之。」德戡謂兩人曰：「我聞關中陷沒，李孝常以華陰叛，陛下收其二弟，將盡殺之。吾等家屬在西，安得無此慮也！」虔通曰：「我子弟已壯，誠不自保，正恐旦暮及誅，計無所出。」德戡曰：「同相憂，當共爲計取。驍果若走，可與俱去。」虔通等曰：「誠如公言，求生之計，無以易此。」因遞相招誘。又轉告內史舍人元敏、鷹揚郎將孟秉、符璽郎李覆、牛方裕，直長許弘仁、薛良，城門郎唐奉義，醫正張愷等，日夜聚博，約爲刎頸之交，情相款昵，言無迴避，於座中輒論叛計，並相然許。時李孝質在禁，令驍果守之，中外交通，所謀益急。趙行樞者，樂人之子，家產巨萬，先交智及，勳侍楊士覽者，宇文甥，二人同告智及。智及素狂悖，聞之喜，卽共見德戡，期以三月十五日舉兵同叛，劫十二衞武馬，虜掠居人財物，結黨西歸。智及曰：「不然。當今天實喪隋，英雄並起，同心叛者已數萬人，因行大事，此帝王業也。」德戡然之。行樞、薛良請以化及爲主，相約既定，方告化及。化及性本駑怯，初聞大懼，色動流汗，久之乃定。

義寧二年三月一日，德戡欲宣言告衆，恐以人心未一，更思譎詐以脅驍果，謂許弘仁、張愷曰：「君是良醫，國家任使，出言惑衆，衆必信。君可入備身府，告識者，言陛下聞說驍果欲叛，多醞毒酒，因享會盡鴆殺之，獨與南人留此。」弘仁等宣布此言，驍果聞之，遞相告語，謀叛逾急。德戡知計既行，遂以十日總召故人，諭以所爲。衆皆伏曰：「唯將軍命！」其夜，奉義主閉城門，乃與虔通相知，諸門皆不下鑰。至夜三更，德戡於東城內集兵，得數萬人，

舉火與城外相應。帝聞有聲，問是何事。虔通僞曰：「草坊被燒，外人救火，故諠囂耳。」中外隔絕，帝以爲然。孟秉、智及於城外得千餘人，劫候衞武賁馮普樂，共布兵分捉郭下街巷。至五更中，德戡授虔通兵，以換諸門衞士。虔通因自開門，領數百騎，至成象殿，殺將軍獨孤盛。武賁郎將元禮遂引兵進，宿衞者皆走。虔通進兵，排左閤，馳入永巷，問：「陛下安在？」有美人出，方指云：「在西閤。」從往執帝。帝謂虔通曰：「卿非我故人乎！何恨而反？」虔通曰：「臣不敢反，但將士思歸，奉陛下還京師耳。」帝曰：「與汝歸。」虔通因勒兵守之。

至旦，孟秉以甲騎迎化及。化及未知事果，戰慄不能言，人有來謁之者，但低頭據鞍，答云「罪過」。時士及在公主第，弗之知也。智及遣家僮莊桃樹就第殺之，桃樹不忍，執詣智及，久之乃見釋。化及至城門，德戡迎謁，引入朝堂，號爲丞相。令將帝出江都門以示羣賊，因復將入。遣令狐行達弒帝於宮中，又執朝臣不同己者數十人及諸外戚，無少長害之，唯留秦孝王子浩，立以爲帝。

十餘日，奪江都人舟楫，從水路西歸。至顯福宮，宿公麥孟才、折衝郎將沈光等謀擊化及，反爲所害。化及於是入據六宮，其自奉養一如煬帝故事。每於帳中南面端坐，人有白事者，默然不對。下牙時，方收取啓狀，共奉義、方裕、良、愷等參決之。行至徐州，水路不通，復奪人車牛，得二千兩，並載宮人珍寶。其戈甲戎器，悉令軍士負之。道遠疲極，三軍

始怨。德戡失望，竊謂行樞曰：「君大謬誤我。當今撥亂，必藉英賢，化及庸暗，羣小在側，事將必敗，當若之何？」行樞曰：「在我等爾，廢之何難！」因共李本、宇文導師、尹正卿等謀，以後軍萬餘兵襲殺化及，更立德戡爲主。弘仁知之，密告化及，盡收捕德戡及其支黨十餘人，皆殺之。引兵向東郡，通守王軌以城降之。

元文都推越王侗爲主，拜李密爲太尉，令擊化及。密遣徐勣據黎陽倉。化及渡河，保黎陽縣，分兵圍勣。密壁清淇，與勣以烽火相應。化及每攻倉，密輒引兵救之。化及數戰不利，其將軍于弘達爲密所擒，送於侗所，鑊烹之。化及糧盡，渡永濟渠，與密決戰於童山，遂入汲郡求軍糧，又遣使拷掠東郡吏民以責米粟。王軌怨之，以城歸於李密。化及大懼，自汲郡將率衆圖以北諸州。其將陳智略率嶺南驍果萬餘人，張童兒率江東驍果數千人，皆叛歸李密。化及尚有衆二萬，北走魏縣。張愷等與其將陳伯謀去之，事覺，爲化及所殺。腹心稍盡，兵勢日蹙，兄弟更無他計，但相聚酣宴，奏女樂。醉後，因尤智及曰：「我初不知，由汝爲計，强來立我。今所向無成，士馬日散，負殺主之名，天下所不納。今者滅族，豈不由汝乎？」持其兩子而泣。智及怒曰：「事捷之日，都不賜尤，及其將敗，乃欲歸罪。何不殺我以降建德？」兄弟數相鬭鬩，言無長幼，醒而復飲，以此爲恒。其衆多亡，自知必敗，化及歎曰：「人生故當死，豈不一日爲帝乎？」於是鴆殺浩，僭皇帝位於魏縣，國號許，建元爲天

壽，署置百官。

攻元寶藏於魏州，四旬不剋，反爲所敗，亡失千餘人。乃東北趣聊城，將招攜海曲諸賊。時遣士及徇濟北，求餽餉。大唐遣淮安王神通安撫山東，幷招化及。化及不從，神通進兵圍之，十餘日不剋而退。竇建德悉衆攻之。先是，齊州賊帥王薄聞其多寶物，詐來投附。化及信之，與共居守。至是，薄引建德入城，生擒化及，悉虜其衆。先執智及、元武達、孟秉、楊士覽、許弘仁，皆斬之。乃以轞車載化及之河間，[一]數以殺君之罪，幷二子承基、承趾皆斬之，傳首於突厥義成公主，梟於虜庭。士及自濟北西歸長安。

智及幼頑凶，好與人羣鬭，所共遊處，皆不逞之徒，相聚鬭雞，習放鷹狗。初以父功，賜爵濮陽郡公。蒸淫醜穢，無所不爲。其妻長孫，妬而告述，述雖爲隱，而大忿之，纖芥之愆，必加鞭箠。弟士及恃尚主，又輕忽之。唯化及每事營護，父再三欲殺，輒救免之，由是頗相親昵。遂勸化及遣人入蕃，私爲交易。事發，當誅，述獨證智及罪惡，而爲化及請命。帝因兩釋。述將死，抗表言其凶勃，必且破家。帝後思述，授智及將作少監。

其江都殺逆之事，智及之謀也。化及爲丞相，以爲左僕射，領十二衞大將軍。化及僭號，封齊王。竇建德破聊城，獲而斬之，幷其黨十餘人，皆暴屍梟首。

司馬德戡

司馬德戡，扶風雍人也。父元謙，仕周爲都督。德戡幼孤，以屠豕自給。有桑門釋粲，通德戡母和氏，[二]遂撫教之，因解書計。開皇中，爲侍官，[三]漸遷至大都督。從楊素出討漢王諒，充內營左右，進止便僻，俊辯多姦計，素大善之。以勳授儀同三司。大業三年，爲鷹揚郎將。從討遼左，進位正議大夫，遷武賁郎將。煬帝甚昵之。

從至江都，領左右備身驍果萬人，營於城內。因隋末大亂，乃率驍果謀反，語在化及事中。旣獲煬帝，與其黨孟秉等推化及爲丞相。化及首封德戡爲溫國公，邑三千戶，加光祿大夫，仍統本兵。化及意甚忌之。後數日，化及署諸將，分配士卒，乃以德戡爲禮部尚書，外示美遷，實奪其兵也。由是憤怨，所獲賞物皆賂於智及，智及爲之言。行至徐州，捨舟登陸，令德戡將後軍，乃與趙行樞、李本、尹正卿、宇文導師等謀襲化及，遣人使于孟海公，結爲外助。遷延未發，以待使報。許弘仁、張愷知之，以告化及，因遣其弟士及陽爲遊獵，至于後軍。德戡不知事露，出營參謁，因命執之，幷其黨與。化及責之曰：「與公勠力共定海內，出於萬死。今始事成，願得同守富貴，公又何爲反也？」德戡曰：「本殺昏主，苦其毒害。推立足下，而又甚之。逼於物情，不獲已也。」化及不對，命送至幕下，縊而殺之，時年三十九。

裴虔通

裴虔通，河東人也。初，煬帝爲晉王，以親信從，稍遷至監門校尉。煬帝卽位，擢舊左右，授宣惠尉，遷監門直閤。累從征役，至通議大夫。與司馬德戡同謀作亂，先開宮門，騎至成象殿，殺將軍獨孤盛，擒帝于西閤。化及以虔通爲光祿大夫、莒國公。化及引兵之北也，令鎭徐州。化及敗後，歸於大唐，卽授徐州總管，轉辰州刺史，封長蛇男。尋以隋朝殺逆之罪，除名，徙於嶺表而死。

王充[四]

王充字行滿，本西域人也。祖支頹耨，徙居新豐。頹耨死，其妻少寡，與儀同王粲野合，生子曰瓊，粲遂納之以爲小妻。其父收幼孤，隨母嫁粲，粲愛而養之，因姓王氏，官至懷、汴二州長史。充捲髮豺聲，沉猜多詭詐，頗窺書傳，尤好兵法，曉龜策推步盈虛，然未嘗爲人言也。

開皇中，爲左翊衞，後以軍功拜儀同，授兵部員外。善敷奏，明習法律，而舞弄文墨，高下其心。或有駁難之者，充利口飾非，辭義鋒起，衆雖知其不可而莫能屈，稱爲明辯。

煬帝時，累遷至江都郡丞。時帝數幸江都，充善候人主顏色，阿諛順旨，每入言事，帝善之。又以郡丞領江都宮監，乃雕飾池臺，陰奏遠方珍物以媚於帝，由是益昵之。大業八年，隋始亂，充內懷徼倖，卑身禮士，陰結豪俊，多收衆心。江淮間人素輕悍，又屬盜賊羣起，人多犯法，有繫獄抵罪者，充皆枉法出之，以樹私恩。及楊玄感反，吳人朱燮、晉陵人管崇起兵江南以應之，自稱將軍，擁衆十餘萬。帝遣將軍吐萬緒、魚俱羅討之，不能剋。充募江都萬餘人，擊頻破之。每有剋捷，必歸功於下，所獲軍實，皆推與士卒，身無所受。由此人爭爲用，功最居多。

十年，齊郡賊帥孟讓自長白山寇掠諸郡，至盱眙，有衆十餘萬。充以兵拒之，而羸師示弱，保都梁山爲五柵，相持不戰。後因其懈弛，出兵奮擊，大破之，乘勝盡滅賊，讓以數十騎遁去，斬首萬人，六畜、軍資莫不盡獲。帝以充有將帥才略，始遣領兵，討諸小盜，所向皆破之。然性矯僞，詐爲善，能自勤苦，以求聲譽。

十一年，突厥圍帝於雁門，充盡發江都人，將往赴難。在軍中，反首垢面，悲泣無度，曉夜不解甲，藉草而臥。帝聞之，以爲愛己，益信任之。十二年，遷爲江都通守。時厭次人格謙爲盜數年，兵十餘萬，在豆子䴚中。充帥師破斬之，威振羣賊。又擊盧明月，破之於南陽，斬首數萬，虜獲極多。後還江都，帝大悅，自執

杯酒以賜之。時充又知帝好內，乃言江淮良家有美女，並願備後庭，無由自進。帝逾喜，因密令閱視諸女，姿質端麗合法相者，取正庫及應入京物以娉納之。所用不可勝計，帳上云敕別用，不顯其實。有合意者，則厚賞充；或不中者，又以賚之。後令以船送東京，而道路賊起，使者苦役，於淮泗中沉船溺之者，前後十數。或有發露，充爲秘之，又遽簡閱以供進。是後益見親昵。

遇李密攻陷興洛倉，進逼東都，官軍數却，光祿大夫裴仁基以武牢降于密，帝惡之，大發兵，將討焉。發中詔遣充爲將軍，於洛口以拒密，前後百餘戰，互有勝負。充乃引軍渡洛水，逼倉城。李密與戰，充敗績，赴水溺死者萬餘人。時天寒大雪，兵士既渡水，衣皆霑濕，在道凍死者又數萬人，比至河陽，纔以千數。充自繫獄請罪，越王侗遣使赦之，召令還都。收合亡散，復得萬餘人，屯於含嘉城中，〔三〕不敢復出。

宇文化及殺帝於江都，充與太府卿元文都、將軍皇甫無逸、右司郎盧楚奉侗爲主。侗以充爲吏部尚書，封鄭國公。及侗取元文都、盧楚之謀，拜李密爲太尉、尚書令，密遂稱臣，復以兵拒化及於黎陽，遣使告捷。衆皆悅，充獨謂其麾下諸將曰：「文都之輩，刀筆吏耳。吾觀其勢，必爲李密所擒。且吾軍人每與密戰，殺其父兄子弟，前後已多，一旦爲之下，吾屬無類矣。」出此言以激怒其衆。文都知而大懼，與楚等謀，將因充入內，伏甲而殺之。期

有日矣，將軍段達遣其女婿張志以楚謀告之。充夜勒兵圍宮城，將軍費曜、田世闍等與戰於東太陽門外。曜軍敗，充遂攻門而入，無逸以單騎遁走。獲楚，殺之。時宮門尚閉，充令扣門言於侗曰：「元文都等欲執皇帝降于李密，段達知而以告臣。臣非敢謀反，誅反者耳。」文都聞變入，奉侗於乾陽殿，陳兵衞之。令將帥乘城以拒難，兵敗，又獲文都殺之。侗命開門以納充，充悉遣人代宿衞者，乃入謁，頓首流涕而言曰：「文都等無狀，謀相屠害，事急爲此，不敢背國。」侗與之盟。充尋遣韋節等諷侗，令拜爲尚書左僕射、總督內外諸軍事。又授其兄惲爲內史令，入居禁中。

未幾，李密破化及還，其勁兵良馬多戰死，士卒皆倦。充欲乘其斃而擊之，恐人不一，乃假託鬼神，言夢見周公，乃立祠於洛水之上，遣巫宣言周公欲令僕射急討李密，當有大功，不則兵皆疫死。充兵多楚人，俗信妖妄，故出此言以惑之。衆皆請戰。充簡練精勇，得二萬餘人，馬千餘，遷營於洛水南。密軍偃師北山上。時密新得志於化及，有輕充之心，不設壁壘。充夜遣二百餘騎潛入北山，伏溪谷中，令軍秣馬蓐食。既而宵濟，人奔馬馳，遲明而薄密。密出兵應之，陣未成列而兩軍合戰，其伏兵蔽山而上，潛登北原，乘高下馳，壓密營。營中亂，無能拒者，即入縱火。密軍大驚而潰，降其將張童兒、陳智略，進下偃師。初，充兄偉及子玄應隨化及至東郡，密得而囚之於城中，至是，盡獲之。又執密長史邴元眞

妻子、司馬鄭虔象之母及諸將子弟，皆撫慰之，各令潛呼其父兄。兵次洛口，邴元眞、鄭虔象等舉倉城以應之。密以數十騎遁逸，充悉收其衆。而東盡于海，南至于江，悉來歸附。充又令韋節諷侗，拜爲太尉，署置官屬，以尚書省爲其府。尋自稱鄭王。遣其將高略帥師攻壽安，〔六〕不利而旋。又帥師攻圍穀州，三日而退。明年，自稱相國，受九錫備物，是後不朝侗矣。

有道士桓法嗣者，自言解圖讖，充昵之。法嗣乃以孔子閉房記，畫作丈夫持一干以驅羊。法嗣云：「楊，隋姓也。干一者，王字也。居羊後，明相國代隋爲帝也。」又取莊子人間世、德充符二篇上之，法嗣釋曰：「上篇言世，下篇言充，此即相國名矣。明當德被人間，而應符命爲天子也。」充大悅曰：「此天命也。」再拜受之。即以法嗣爲諫議大夫。充又羅取雜鳥，書帛繫其頸，自言符命而散放之。或有彈射得鳥而來獻者，亦拜官爵。既而廢侗於別宮，僭即皇帝位，建元曰開明，國號鄭。大唐遣秦王率衆圍之，充頻出兵，戰輒不利，都外諸城相繼降款。充窘迫，遣使請救於竇建德，建德率精兵援之。師至武牢，爲秦王所破，擒建德以詣城下。充將潰圍而出，諸將莫有應之者，自知潛竄無所，於是出降。至長安，爲讎人獨孤修德所殺。

段達

段達，武威姑臧人也。父嚴，周朔州刺史。達在周，年始三歲，襲爵襄垣縣公。及長，身長八尺，美鬚髯，便弓馬。

高祖爲丞相，以大都督領親信兵，常置左右。及踐阼，爲左直齋，累遷車騎將軍，兼晉王參軍。高智慧、李積等之作亂也，達率衆一萬，擊定方、滁二州，賜縑千段，遷進儀同。又破汪文進等於宣州，加開府，賜奴婢五十口，縣絹四千段。仁壽初，太子左衞副率。

大業初，以蕃邸之舊，拜左翊衞將軍。征吐谷渾，進位金紫光祿大夫。帝征遼東，百姓苦役，平原祁孝德、清河張金稱等並聚衆爲羣盜，攻陷城邑，郡縣不能禦。帝令達擊之，數爲金稱等所挫，亡失甚多。諸賊輕之，號爲段姥。後用鄃令楊善會之計，更與賊戰，方致剋捷。還京師，以公事坐免。

明年，帝征遼東，以達留守涿郡。俄復拜左翊衞將軍。高陽魏刀兒聚衆十餘萬，自號歷山飛，寇掠燕、趙。達率涿郡通守郭絢擊敗之。于時盜賊既多，官軍惡戰，達不能因機決勝，唯持重自守，頓兵饋糧，多無剋獲，時皆謂之爲怯懦。

十二年，帝幸江都宮，詔達與太府卿元文都留守東都。李密據洛口，縱兵侵掠城下，達

與監門郎將龐玉、武牙郎將霍舉率內兵出禦之。頗有功，遷左驍衞大將軍。王充之敗也，密復進據北芒，來至上春門，達與判左丞郭文懿、〔七〕尚書韋津出兵拒之。達見賊盛，不陣而走，爲密所乘，軍大潰，津沒於陣。由是賊勢日盛。

及帝崩於江都，達與元文都等推越王侗爲主，署開府儀同三司，兼納言，封陳國公。元文都等謀誅王充也，達陰告充，爲之內應。及事發，越王侗執文都於充，充甚德於達，特見崇重。既破李密，達等勸越王加充九錫備物，尋諷令禪讓。充僭尊號，以達爲司徒。及東都平，坐誅，妻子籍沒。

史臣曰：化及庸懦下才，負恩累葉，王充斗筲小器，遭逢時幸，俱蒙奬擢，禮越舊臣。既屬崩剝之期，不能致身竭命，乃因利乘便，先圖干紀，率羣不逞，職爲亂階，拔本塞源，裂冠毀冕。或躬爲戎首，或親行鴆毒，釁深指鹿，事切食蹯，天地所不容，人神所同憤。故梟獍凶魁，相尋葅戮，蛇豕醜類，繼踵誅夷，快忠義於當年，垂炯戒於來葉。嗚呼，爲人臣者可不殷鑒哉！可不殷鑒哉！

校勘記

〔一〕河間　北史本傳作「大陸縣城下」。

〔二〕和氏　北史本傳作「娥氏」。

〔三〕侍官　「官」原作「宮」，據北史本傳改。

〔四〕王充　即王世充，見卷七一校記〔五〕。

〔五〕含嘉城　「嘉」原作「喜」，據北史本傳、本書元文都傳、通鑑武德元年改。

〔六〕高略　本書煬帝紀下、册府三五七作「高毗」。

〔七〕郭文懿　「文」原作「大」，據本書越王侗傳、通鑑武德元年改。

宋天聖二年隋書刊本原跋

隋書自開皇、仁壽時，王劭爲書八十卷，以類相從，定爲篇目。至於編年紀傳，並闕其體。唐武德五年，起居舍人令狐德棻奏請修五代史。五代謂梁、陳、齊、周、隋也。十二月，詔中書令封德彝、舍人顏師古修隋史，緜歷數載，不就而罷。貞觀三年，續詔秘書監魏徵修隋史，左僕射房喬總監。徵又奏於中書省置秘書內省，令前中書侍郎顏師古、給事中孔穎達、著作郎許敬宗撰隋史。徵總知其務，多所損益，務存簡正。序、論皆徵所作。凡成帝紀五，列傳五十。十年正月壬子，徵等詣闕上之。十五年，又詔左僕射于志寧、太史令李淳風、著作郎韋安仁、符璽郎李延壽同修五代史志。凡勒成十志三十卷。顯慶元年五月己卯，太尉長孫無忌等詣朝堂上進，詔藏秘閣。後又編第入隋書，其實別行，亦呼爲五代史志。案魏徵本傳，貞觀七年爲侍中，十年，五代史成，加光祿大夫，進封鄭國公。俄請遜位，拜特進。今諸本並云特進。又經籍志四卷，獨云侍中、鄭國公魏徵撰。无忌傳又云，永徽三年，始受詔監修，疑當時先已刊修，无忌因成書而進。今紀傳題以徵，志以无忌，從衆本所載也。紀傳亦有題太子少師許敬宗撰。案敬宗傳，貞觀八年，除著作郎，修國史，遷中書舍人。十年，左授洪州司馬。龍朔三年，始拜太子少師。與今錄年月官位不同，疑後人所益。房喬、志寧初並受詔。又李延壽傳云，被

詔與著作佐郎敬播同修五代史志。按延壽貞觀三年與顏師古同被勑修隋史，其年以內憂去職。今諸本並不載喬等名位。天文、律曆、五行三志，皆淳風獨作。五行志序，諸本云褚遂良作。案本傳未嘗受詔撰述，疑祇爲一序，今故略其名氏。

天聖二年五月十一日上。御藥供奉藍元用奉傳聖旨，齎禁中隋書一部，付崇文院。至六月五日，勑差官校勘，時命臣綬、臣燁提點，右正言、直史館張觀等校勘。觀尋爲度支判官，續命黃鑑代之。仍內出版式雕造。